中国教育领航（第一辑）：教育家型校长与学校发展丛书

思想：
学校教育的精魂

严华银　主编

世界图书出版公司

中国教育领航（第一辑）：教育家型校长与学校发展丛书

丛书编委会

目

录

目录

桃红李白，心暖花开

北京中关村第二小学[①]杨刚

著名教育家苏霍姆林斯基在《和青年校长的谈话》中写道："领导学校，首先是教育思想上的领导，其次才是行政上的领导。"可见，校长的教育思想就是一所学校的"校标"和"校魂"。作为校长，用什么样的教育思想引领学校和师生的发展，才能促进学校和师生的全面、健康、可持续发展？这是每一位校长都应该深入持续思考的问题。二小在多年的办学实践中始终坚持"以人为本，关注发展"的办学思想，充分尊重每一位教师的发展权，充分尊重每一位学生的成长权，让所有师生都能够体会到被关爱、被尊重、被需要、被认可的幸福和自豪，都能够在二小健康快乐地生活、学习和工作，都能够从容自信地获得发展，都能够在学校"桃红李白，心暖花开"教育理念的浸润下，绽放最美的自己！

学生的成才、学校的发展、教工的幸福，往往都源于科学的发展目标、高尚的价值导向、合理高效的管理评价机制。而这一切的实现，又都源于一系列堪称"校魂"的校长教育思想。

正是因为如此，作为校长，在办学实践中我常常深度思考"教育是什么？学校是什么？教师是什么？学生是什么？课程是什

[①]中关村第二小学，以下简称"二小"。

1

么？课堂是什么？一所好学校，它的生命力在哪里？在这样的学校里师生的生命状态是怎样的？……"

文化与理念是办学的灵魂

学校的文化与办学理念，是一所学校的灵魂，是成员共同遵守的价值标准和行为规范。它是一所学校的自然条件，也是一所学校的气质表现。

我认为：一个好的文化是让人向往和眷恋的，一个好的理念是让人舒心和幸福的。校长应不断去思考如何引领学校文化和办学理念，形成自己学校的办学风格和特质。

一、我的办学思想：以人为本，关注发展

作为校长，我一直在思考：怎样的教育才是好的教育？我认为真正落实以人为本的教育就是好的教育，每一位学生都有适合自己成长提升空间的教育就是好的教育。

师生发展是学校发展的根本，关注了人也就关注了发展。学校工作的出发点是人，落脚点还是人。自古以来，关乎人的发展从来不是简单的事情，因为人有丰富的情感，每一个人都是独立的个体，"以人为本"是学校教育的应有之义，也是一个校长对教育最基本的教育情怀。只有心中装着每一位师生，校长才能够有大的责任和使命以及大的胸怀，校长才能够有大的格局、大的视野、大的教育情怀。

在"以人为本，发展为主"的教育理念引领下，学校充分尊重每一位教师的发展权，充分尊重每一位学生的成长权，让所有师生都能够在二小健康快乐地生活、学习，都能够从容自信地获

得发展，都能够体会到被关爱、被尊重、被需要、被认可的幸福和自豪，而这一切正是二小"以人为本"办学思想内涵的体现。

二、我的文化理解：师生向往的精神家园

我一直认为学校应该是情与爱流动的地方，学校应该是师生向往的精神家园。文化强调认同感和体验感。二小在多年办学中得到老师们广泛认可的是二小和谐融洽的人际交往、宽松愉悦的工作环境、活泼进取的学习状态、尊重与赏识的育人环境和积极健康的生活状态，我们把这种氛围称之为"家园式"学校文化。

家园文化，在大家共同的精心培育下得到了师生的广泛认同与积极践行。在这个过程中，每一个二小人的内心都在产生共鸣，都在心生向往，都在描绘梦想，都在追求卓越。2006年7月，老师们把自己对"家园文化"的感情凝结在《我和二小共成长》这本文集中。我们欣喜地看到老师对"家园文化"的理解和共识，那就是："家园文化"是一种爱与尊重的文化。在二小，师生可以自由地对话，"尊重"被给予最好的诠释；在二小，宽松和谐的工作氛围，是满满的包容，是爱的延伸；在二小，谁都拥有广阔的舞台，赏识与激励点燃每个人的梦想！

二小师生既是家园文化的创造者，又是实践者，更是体验者和受益者。这些年，我们在不断加强文化和理念的引领，不断丰富和践行其内涵。家园文化已是二小贯彻以人为本办学思想的具体体现。家园文化得到全体成员的认同维护，并随着学校的发展日益成为学校重要的教育资源和催生教师专业成长以及学生生命发展的深厚土壤，是学校的性格记忆和独有的发展密码。

三、我的教育愿景：桃红李白，心暖花开

教育是回归生命本真的教育。多年的办学实践使我认识到，要办好一所学校，一定要把关注的视点聚焦在育人上。育人，要从育心开始。教育是人与人交流、心与心碰撞的过程。真正的教育要走进人的灵魂深处。德国哲学家雅斯贝尔斯说：教育是人的灵魂的教育，而非理性知识的堆积。

我理想的二小师生是充满生命活力的。生命活力是灵动、多彩、富有创造力的。生命如花期，各有各的节奏，各有各的芬芳。每个生命都是独一无二的，每个生命都是一朵含苞待放的花蕾，蕴含着无限的生机和可能。每一朵花蕾的盛开都需要悉心耕种，用爱守候。始终陪伴学生沐浴风雨阳光，才能收获成长和希望。

伴随着对学校文化和办学理念的思考与推进，我们把这样一种教育愿景和家园梦想，凝练成"桃红李白，心暖花开"八个字。

桃红李白，表达了桃李之间和而不同的自然属性，正如我们每一个人不同的生命形态和个性特质，这既是教育的起点，又是教育的结果，同时蕴含着教育的过程和教育的智慧。从本质上讲，教育更像是精耕细作的农业，而不是生产创造的工业。每一个孩子如同一粒种子，其内在蕴含着无限的生命力，我们应当把儿童看作自我生命发展的主体，发现和点燃儿童生命个体最初始、最独特、最绚丽的光芒。

心暖花开，师生作为生命的主体，其情感、心灵和个性都应得到尊重和理解，给予他们适合的阳光、雨露、沃土，才能绽放最美的自己。"桃红李白，心暖花开"将自然之美、人文之美和艺术之美进行有机结合，彰显了一种典雅端庄、充盈灵动的教育之美，是引领全体二小人进行一切教育教学活动的思想基础和实践依据。

育人与助人是办学的核心

学校的核心工作是育人和助人，一切工作都应围绕"人"来展开。对"培养什么样的人""如何培养人"的思考，应该成为引领学校一切工作的中心。我时常对二小的师生说："二小是大家的，二小的发展是靠大家的，二小的发展是为大家的。"在这里，每位教师、每位学生都是主人，都可以自由地编织美好的梦，创造自己的辉煌。作为校长的我，有责任为他们搭建成长的平台，提供展示的舞台，成就他们的梦想，让每位二小人都尽情地绽放。

多年来，我始终坚信：学校的生命力在于学校中的每个人都快乐地成长。育人要以生命为基点，借助生命资源，唤醒、培养师生的生命意识与生命智慧，引导每位教师、每个学生追求个体生命价值，活出生命的意义。

一、我的学生观：让每个孩子都绽放最美的自己

在教育实践中，如何看待成长中的孩子，如何看待个性各异的孩子，如何看待成绩不够理想的孩子，是每一个教育工作者，特别是校长首先要面对的问题。

每个孩子的内心都拥有一个五彩斑斓的世界，这个小小的世界装满了孩子的梦想、奇异的妙想和一些只属于自己的小秘密。作为教师的我们，如果不懂他们，他们会永远对你关上通往心灵的大门。因此，一名好的教师必须牢牢掌握教育的基本规律——尊重差异，因材施教，面对一个个性格迥异的学生，要采取不同的教育方式，多站在孩子的角度去思考，以孩子可以接受的方式

5

与其相处，这才是走进学生心里最近的路。

1. 每个孩子都是独一无二的小天使

每个孩子都是独一无二的小天使，每个孩子的精神世界都是一本独特的、非常耐读且不易读懂的书，每个孩子的心里都有一个奇幻的梦工厂，他们在自己的造梦空间里神奇地编织着色彩斑斓的童话故事。正如同世界上没有两片完全相同的叶子，孩子们的个性也不尽相同。一片小小的树叶可以展示四季的变化，一个纯真的孩子可以绘出五彩的世界。一个优秀的教育者，一定能发现学生身上的专长和优点，给他们支持和鼓励；也一定能觉察出他们的困惑，给予他们帮助。教育不能泯灭孩子的天性。保护好孩子心中独特的世界，是教育者的责任，也是教育的出发点。

2. 每个孩子都蕴藏着无限的潜能

"世界上没有一朵鲜花不美丽，没有一个孩子不可爱，因为每一个孩子都有一个丰富美好的内心世界，这是学生的潜能。"作家冰心的话时时提醒我们：作为教师，我们要始终相信，每一片绿叶都是春天，每一朵花蕾都会绽放，每一扇窗扉都能够开启，每一条溪流都能够汇聚成江河，而使这一切变为现实的前提就是教师对孩子潜能的呵护和欣赏，这种呵护和欣赏就是爱。因为，爱是唤醒和激发孩子潜能的原动力，爱是走进孩子心灵最短的距离。爱孩子，就是要尊重他们的思维方式，恰到好处地满足他们的小心思、小愿望，让他们在自己独特的世界里自由奔跑。

只有站在生命的本源，教育才会有宏大的境界和沉着的步履，教师也才会在平凡与平淡的工作中感受到教育的无穷魅力。二小以悠久厚重的历史传统、文化精神和智力背景，坚守着教育理想的高地，在这片充满神奇、改写人生的热土上，坚毅奋进，永不松懈，携手打造教育传奇。

正是认识到每个孩子都蕴藏着无限的潜能，二小人不遗余力地为其展示才华提供舞台，让他们更好地张扬个性、彰显特色，对每一个走进校门的学生负责，"顺木之天，以致其性"，使他们成长、成才、成功。

我对培养学生的感悟

——写在 2016 年教师节来临之际

本周二，我录制了由北京市教委新闻中心策划的教师节微视频，主题是"长大后我就成了你"，讲述一位对你影响最大的恩师。我是特别不喜欢录节目的一个人，但这次我没有拒绝，主要是有一个特殊的原因：负责此次栏目的编导是我的一个学生。基于这个缘分，我答应了这个录制要求。有意思的是，当时她在电话里报上是哪届的学生时，我还真想不起来她是谁，之后她说："如果您实在想不起我了，我告诉您我爱人的名字，您一定记得，他也是您的学生，他数学特别好。"果然，我一听名字确实是，她爱人是当时我教的班级中数学很突出的男生。

周二借着节目的录制，他们一起到学校来看我，也开启了我的教师模式，当这位女学生出现在二小时，我立刻就想起她了，她的模样、神态都和小学时一样，变化不太大，只是个子长高了很多。男学生就不用说了，因为几年前我们就见过一次了。我的两届学生一起来看我，我突然感觉特别幸福，同时也感慨万千。这两个学生当时在小学相差两届，一个数学特别好，一个数学特别不好，如今两个人都很优秀，一位是国家机关单位的财务干部，一位是北京市公务员，从事新闻宣传工作。这件事带给我很大的触动，让我引起了无限的思考：作为教师，我们育人的核心是什么？我们的价值体现在哪里？我们的职业幸福是什么？如果抛开了学生，我们教师不会有现在的幸福，或者说我们的幸福指数会很低。作为教师，我们要不断地提醒自己：我们的幸福感在哪？

作为教师，我们的人才观、我们的教育观在哪？如果抛开了学生，我们的教育不是教育，教师不是教师。这两个孩子的例子对我有很大的触动。一个数学很好的孩子，还有一个数学不好的孩子，同样自豪地站在你面前，两个人幸福指数都很高，还走到了一起。我第一次被深深地感动。我们常说教育需要时间去等待，要用时间去评判。数学好的这个同学发挥专长从事财务工作，数学不好的这个同学尽量躲避数学，选择文科专业，考取电影学院做编导工作，在北京电视台工作了五年，现在在北京市教委工作。两个孩子不同的成长道路，却同样优秀。

在我脑海里，那个好学生被记住了，我们认为的好就是成绩好，用成绩把孩子分为好学生、差学生。下课后，很"认真负责"地给"差生"补课，这里的"认真负责"是打引号的。在和这位女学生聊天的时候，她说那时候总被叫到办公室去补课，我一回想确实有这些事儿。那个时候我刚刚工作，为了成绩，经常下课给一些孩子补课。我们教师的责任心，是让每一个孩子都考出好成绩。但即便如此，在老师如此努力的情况下，有些学生成绩仍然不好，因为我们并没有真正走进学生的内心。

我们如何从孩子的角度去思考？我们到底应该培养什么样的孩子？二小的办学理念为什么是"桃红李白，心暖花开"？为什么要绽放最美的自己，而不是一个模子？为什么要进行课程改革？就是让老师回归本真，回归原点，回归自我。我也在反思我们的教学改革：现在的教学方法是否有效？孩子们是否在有效地学习？我们反思：作为老师，我们到底应该做什么？这次学校的课改为什么力度这么大？如果我们只是按照教师的意愿来进行教学，真是有问题的。我们不能只关注成绩，而是要关注每一个孩子在学习过程中收获的学习品质、学习经历、学习体验，固化核心素养。

几天前我在和二年级老师做教研的过程中，就说不要给孩子统一的目标，每一个人的智商是有差异的，而情商、吃苦耐劳的品质同样重要。每一个孩子都是独特的自己，每一朵花都有它的花期，都有它绽放的形式，都有它独特的魅力。反思当年我在补课过程中，我也没有跟每一个孩子近距离沟通，没有很好地与他们交流思想、情感，而只是在讲题。

通过这次课改，希望老师们深入思考，从改变自己做起，打破一些传统的固有的东西，多学习多思考，真正走进孩子的内心。只有走近孩子，才能真正感受到做教师的快乐，感受到孩子的内心世界。同时，教师的幸福感也源于自身的发展，与学生教学相长。只有以孩子为中心，才能成长、发展。从学生的角度出发，才能禁得起时间的沉淀和检验。

在这一点上反思我过去的教师生涯，我觉得我不是一个好老师。但是自担任校长以后，我始终在追寻，让老师们和孩子们去评价我是不是一个好校长，减少外部因素的干扰，踏踏实实，真正做一个从教师和学生角度出发，让每一位学生成长、每一位教师发展的好校长。

二、我的教师观：让每一位教师都实现自我价值

曾为清华大学校长的梅贻琦这样说过："大学之大，乃大师之大，非大楼之大之谓也。"中小学也应如此。因为我深知，没有好的教师，学校的一切无从谈起。校长的责任就是要不断凝聚教师发展之力，让每一位教师在这里找到成长点和发展点，让每一

位教师都能自我实现，从而最终为学生健康成长奠定坚实的基础。

一所成功的学校必然有一个水平一流、勇于奉献、不断进取的教师群体，二小的教师也不例外。他们有着特别的精神风貌：老教师严谨认真，中年教师年富力强，年轻教师热情高涨。他们有着不同年龄段的优势，同时又有着共同的特点：静下心来钻研，静下心来教育教学，安下心来工作学习，捧出心来爱校爱生。他们用一言一语、一行一动来诠释"讲师德敬业第一，做师表爱岗至上，树正气奉献在前，创一流敢为人先"的二小精神。

1. 教师是影响学生的一本书

教师是人类历史上最古老的职业之一，也是最伟大、最神圣的职业之一。校长绝对不能视教师为被管理者，而应视其为学校的第一生产力，学校教育理念的直接传承者和真正缔造者。学校应该尊重每一位教师，关注每一位教师的成长，认可每一位教师的贡献，让每一位教师都身心愉悦地投入工作。

作为教师，最本质的工作就是教书育人，最大的成就就是帮助学生成长、成才。教师在学生们成长过程中给予的一点一滴的关爱，甚至是一句话、一个鼓励、一个关心，都可能会影响他们的一生。当很多年后，我们的孩子成为社会上的栋梁，再回来看我们的时候，我想那将成为我们最幸福的时刻。

作为校长，我希望每位老师真正地成为一名优秀的教师，真正地成为孩子们喜欢的教师，带着浓情厚爱去关爱每一位孩子，陪伴他们快乐成长，让他们拥有更多适应社会发展的能力，真正承担起社会赋予他们这一代人的责任！

2. 每一位教师都有自我实现的需求

好老师不是天生的，而是在教学管理实践中、在教育改革发展中锻炼成长起来的。扎实的知识功底、过硬的教学能力、勤勉的教学态度、科学的教学方法是老师的基本素质。知识储备不足、视野不够，教育教学中必然捉襟见肘，更谈不上游刃有余。国外有位教育家曾经说过："为了使学生获得一点知识的亮光，教师应吸进整个光的海洋。"特别是在信息时代，教师不仅要有胜任教学的专业知识，还要有广博的通用知识和宽阔的胸怀视野。

在教师自我实现的过程中，学校是教师专业发展的助推器和加油站。为此，学校构建"立体覆盖＋自主选择"的个性化培养模式，帮助教师不断更新教育观念、知识结构和思维方式，激发教师自主发展的内驱力，做好学生的"引路人"。

3．每一位教师的成长都离不开团队的滋养

任何一位教师的成长，既需要个人的努力进取，也需要团队帮助。学校要促进教师的专业不断得到发展，就要了解教师的需求层次，并为教师的发展创设空间、组建团队和提供平台，努力推进教师向更高的层次发展。为了让每一位教师根据自身发展阶段的需求选择不同的团队，在团队中找到自己的位置和提升的空间，我们通过立体式、多层次、全覆盖的团队建设，关注到不同学科、不同层面的教师。

我希望二小的老师们人人有追求：人人都成为名师或有望成为名师，人人都是学校的主人，人人都是功臣。我希望二小的老师们人人有舞台：人人都有创新的平台，人人都可以研究新问题，人人都能放开手脚干大事，人人都有发展，有发现，有前途，有价值。

11

我对老师的理解

——2013 年教师节大会上的发言

今天我们在"自己的家里"过教师节，是挺有意义的一件事，既隆重又热烈，既温暖又惬意。在这个特别的日子里，我也特别想和大家分享此刻的感受。

今天早晨在上班的路上，我看到很多孩子手拿鲜花，其中有一位老爷爷带着孙子，孩子手捧两大束鲜花，爷爷抱了些绿植。看到这个场面，我忽然很感动。今天我也收到了很多的祝福短信，认真地阅读，真心地回复。我想，有很多教师都收到了来自学生的鲜花、短信、问候和祝福，这些美好的东西都属于今天这个特殊的日子——教师节。

今天是第 29 个教师节，我们在座的有经历过所有节日的老师，也有才开始过第一个教师节的老师。但无论是哪一种，今天都属于我们每个人。一年一度的教师节，好像是习以为常的事情，而细细品味，每年都会有着不同的感悟、不同的收获。

总书记在万里之外的异国他乡对全国教师进行祝福，我们的总理在大连考察时也向全国教师进行问候，这让我觉得我们应该享受这个最受尊敬的职业，享受这份阳光下最光辉的事业。

我们的工作每天都充满了挑战，同时也充满了希望。我想说，每一位教师都应该尊重我们的工作，热爱我们的工作，这样才能赢得家长的尊重，赢得全社会真正的尊敬，而不是因教师这个职业而得到被动的尊敬。

教师节中有太多太多的感动，这无不来自于我们的孩子。看到孩子们美好的祝福，真正感受到了教师的伟大。作为教师，我们最本质的工作就是教书育人，我们最大的成就也在于此。教师在学生成长的过程中给予的一点一滴的关爱，甚至是一句话、一个鼓励、一个关心，都可能会影响他们的一生。当很多年后，我们的孩子成为社会的栋梁，再回来看我们的时候，我想那将成为我们最幸福的时刻。

育人，从育心开始。希望我们每位老师都能真正地成为一名优秀的教师，真正地成为孩子们喜欢的教师，带着浓情厚爱去关爱每一位孩子，陪伴他们快乐成长，让他们拥有更多适应社会发展的能力，真正地承担起社会赋予他们这一代人的责任！

最后，祝愿老师们，教师节快乐！

德育与教学是办学的生命

一、我的德育观：让儒雅点亮人生

陶行知曾经说过："道德是做人的根本。根本一坏，纵然你有一些学问和本领，也无甚用处，并且，没有道德的人，学问和本领愈大，就能为非作恶愈大。"

育人为本，德育为先。《大学》云："大学之道，在明明德，在亲民，在止于至善。"德育教育作为素质教育的灵魂，是提高教育教学质量的根本保障。只有从小夯实道德之基，学习才有动力，前进才有方向，成才才有保障。在当前教育发展日新月异的形势下，创新和强化德育教育是深化素质教育的重要内容，是办好人民满意教育、奠基学生终身成长的必然要求。

在 2008 年前后大力开展文明礼仪活动的基础上，我结合学校实际，从德育的角度提出了对于学生行为、气质的要求，并逐渐形成了一套以"儒雅教育"为标识的育人体系，为学生成长、为教师发展搭建了相应平台。

首先说儒。"通天地之人曰儒"，语出《法言·君子》，儒本义是指读书人。儒，作为一种由深厚的文化底蕴和精深的学问修养而形成的气质内涵，是我们所追求本真的教育基础。就其内涵实质来说，它包括知识之儒与道德之儒。知识之儒要求我们博闻强识，掌握儒士之才；道德之儒要求我们以正心诚意，养君子之德。儒是师生的立身之本，处事之资。我倡导二小师生做"君子儒"，将积淀深厚的文化底蕴和学养作为追求的目标。

再说雅。《荀子·荣辱》曰"君子安雅"，并注"正而有美德者谓之雅"。可见，博学多才、温文尔雅自古就是君子贤人所追求的人生目标。如何培养根植于传统、着眼于未来的正心而有美德的公民，应该是我们需要积极思考并努力探索实践的课题。雅，作为一种温文有礼又合乎礼仪规范的处事之道，是我所推崇的精神境界。通常，雅有雅言、雅行之分，还原到小学教育中来，即说合乎规范的话——讲文明，做合乎规范的事——负责任。因此，我倡导二小师生的言行举止以"雅"作为标准，润泽性情，才不致偏移道德之范，继而可成优雅文明之质、立优雅文明之校。

"儒雅"一指学识精深，二指气度温文尔雅。这两层含义彼此交织，由内及外，缺一不可。首先，一个人若只是学富五车、才高八斗，而没有雍容温和的风度、宽容博爱的气度、知书达礼的气质，则不可能称其为"儒雅"；其次，一个人若读书不多，即使风度翩翩，仍不能称其为"儒雅"。所以，"儒"是"雅"的内在基础，"雅"是"儒"的外在表现。只有学识深湛，才能养浩然之气；只有气度温文尔雅，才是穷理格物的精神归宿。儒雅教育就是构建一整套具有儒雅特色的育人体系，即通过营造清新大气的儒雅校园，开发动静善思的儒雅课程，浸润内外兼修的儒雅教师，涵养德才兼备的儒雅学生，走出一条立意高远而又脚踏实地的可持续教育之路，为二小师生"胸蕴儒雅，博纳天下"的人生奠基。

儒雅是由内而外的精神和文化特质，作为一种文化素养，需要长期的涵养修炼。所以，我们深知，小学六年的教育影响将会开启孩子一生的希望，这就是我们将"儒雅点亮人生"作为我校核心价值追求的根本理由。

值得一提的是，"儒雅教育"关注的主体对象是每一位教师、每一名学生，在培养目标上确定为两个层面：一是面向全体教师提出"内外兼修，做儒雅教师"的发展目标，引导每一名教师做到教书者必先学为人师，育人者必先行为世范。内外兼修，通过内心世界的丰富、文化底蕴的提升、人格素养的完善来修炼自身儒雅之道。二是面向全体学生提出"德才兼备，做儒雅少年"的培养目标，引导每一名学生追求品德高尚、学识广博，向才能出众、气度温文尔雅的方向努力，真正践行"知行合一"，做一名现代社会中远离肤浅浮躁的儒雅少年。

"儒雅教育"作为学校文化育人理念，不仅涵养了二小的精神文化，更包含了二小历史风格的提炼与面向未来的创新。在我的教育思想里，学校应该一直流淌着涓涓书香和清正雅和的气息，开展富有特色的儒雅课程，我要求二小也是如此，要为培养讲文明、负责任、懂仁爱的儒雅少年累积丰厚的底蕴。

以学校儒雅讲堂为例。它以"文明""责任""仁爱"为核心，将中华传统礼仪规范、现代公民素养与学生的学习生活结合起来，以真实生动的故事案例、轻松有趣的情景模拟，将儒雅的内涵渐渐地内化于学生品行中。我们希望二小的学生通过六年的涵养，能够多一份文明的素养，多一份处事的责任，多一份心灵的感恩。

秋天，在二小，果树街是最美的。这美来自于自然之美，也来自于学生儒雅的品行。红红的山楂缀满枝头，想起那酸酸甜甜的滋味，真是说不出的诱人。虽然学生们每天无数次从树下走过，果实随处可得，但没有人采摘一颗，因为在他们心中校园中任何美好的事物都是值得分享的，与摘下果实自己品尝相比，他们更欣赏、更期待和大家一起采摘果实，分享快乐。我想，学生对文明的践行、责任的认识，都已经从这里呈现。

二、我的课程观：为每一位学生的成长而设计

传统课程最大的特点就是高度同质化，学习统一课程，表面上是学生全面发展，但事实是学生按一个模子发展。这种课程最大的弊端就是把一个个鲜活、灵动、富有个性的孩子，最后培养成了毫无特色的翻版。

我们的课程要使学生的心灵丰富起来。我们要让每门课程的开设都充满生命气息，以生命为基点，来唤醒、培养学生的生命意识与生命智慧。我们希望通过课程的设置与实施，为激发每位学生追求个体生命价值、寻找自我发展之路、活出生命意义而服务，使学生以一种温暖的状态获得智慧的增长和健康的成长；助力学生拥有健康的身体、阳光的心态、儒雅的品行和感恩的情怀，绽放最美的自己！

1. 以人为本构建"育心课程"体系

我们在"以人为本"的办学理念下，紧紧围绕学校育人目标，以"育心"为核心思想开发了育心课程。育心课程具体围绕六大核心素养，将国家课程、地方课程和校本课程进行整合，形成"品行与修养、体育与健康、语言与文化、科学与探究、艺术与审美、实践与创新"六大学习领域，每个领域又分为"必修"和"选修"两个部分。相对丰富的、完善的课程，让每一位学生都能"吃饱"；多元的、个性化的课程，使有个性需求的学生能"吃好"。

2. 丰满灵动的课程，让每一位学生"吃饱"

学校在符合学生的实际发展、合理成长需求的前提下，遵循对学生的培养需求研发必修课程内容。必修课程在保证国家课程高质量完成的基础上，融入了拓展课和实践课，实现了国家课程校本化，让学生能够"知行合一"和"学以致用"。以语文为例，在国家课程的基础上，我们开设了写字课，夯实学生的语文基本功；开设了经典诵读课，弘扬民族文化；开设了课外阅读课，扩充学生的阅读量，提升学生的阅读素养。我们还开设了实践课程"表达与创作"，旨在提升学生的语言素养，凸显语言的工具性，重视交流、表达与实际应用。

此外，我们还打破学校教育的局限，极大丰富课程的内涵与外延，充分利用独特区域的资源，整合社会资源，构建和形成"资源丰厚，渠道多元"的菜单式自主选择课程。菜单式自主选择课程强调给予学生充分的自由选择课程的权利，家长和教师作为课程顾问只提供课程内容的咨询和建议，不干涉学生的课程选择权利。每一个学生都可以从开设的"气象科普""天文启蒙""小记者""小主持""食品营养""电子钢琴""桥牌""陶艺""冰球""棒球""击剑"等173门不同层级的选修课中选择适合自己的、真正喜欢的课程。

丰满灵动的必修课程和自主开放的菜单式选修课程，最大限度地满足了每个孩子的成长需要，从而使在二小的每个孩子都能"吃饱"。

3. 多元的、个性化的课程，让有个性需求的学生"吃好"

我们认为学生是发展的人，是独特的人，是独立的人。因此我们的课程设置与实施应该充分尊重每一位学生的自主发展权，尊重每一位学生的个性发展需求。

学生可以在必修课程中发现自己的兴趣点，在选修课程中得以实现。选修课程一方面是兴趣课程，以培养学生的兴趣为目的。学生可以从自身兴趣出发，自由选择自己喜欢的课程。另一方面是高端课程，为了满足有天赋的、有毅力的、愿意付出的学生的个性发展需求而开设，以精品社团形式开设。从基础课程到兴趣课程再到精品社团课程，二小帮助每个学生寻找到了他们的个性支点，为他们提供了发展的平台，让梦想成真。

三、我的课堂观：让学习真正发生

扎根教学多年，我最深刻的体会就是：好的课堂，必须能够让学生主动学习，以达到"让学习真正发生"。我提倡"不满堂灌、不照本宣科、不熄灭学生思维的火花"的"三不准"，提出"提倡学生上讲台，提倡学生畅所欲言，提倡学生标新立异"的"三提倡"。通过努力，老师们变灌输为启发，变学生被动听课为主动参与，变注重知识传授为知能并重，尊重学生的个性和特长；学生的学习方式也变得更加多元化。学生自主学习、教师引导下的探究学习、师生共同参与的合作学习等，都提高了教学的针对性和实效性，不断挖掘了学生的潜能，最终拓宽了学生提出问题、分析问题、解决问题的探究之路。

在我的教育思想中，我坚定认为课堂的中心应该是学生。备课、上课、听课、评课都要围绕学生的成长展开。我们鼓励教师在课堂教学中跳出思维定式，大胆创新，形成自己的教学风格，不拘一格培养学生。经过不断努力和探索，我校的课堂正在实现主体多元、模糊边界、多维构建的多点颠覆。

1. 主体多元——构建学习共同体

以学生为中心的课堂教学，课堂主体不再是以教师为主的一元式，也不止于师生互动的二元式，而是多元的学习共同体。学校经过多年的实践探索，逐步明晰了以三类主体群为引导的课堂新样态。这三类主体分别是特色教师领军群、校外专家资源库、儒雅少年讲师团。

目前，已有百分之三十的各学科教师组成了特色教师领军群。特色教师领军群汇集了科学院 21 个院所的院士库，囊括了学生敬仰的百名学者专家库，集合了 110 个班级的家长志愿者群等各领域社会资源，这些资源下沉到学校，惠及学生。这些富有活力的学习共同体，促进了课堂主角的华丽转身和课堂样态的精彩蝶变。

2. 模糊边界——课堂无限大

以学生为中心的课堂，既要关注学生现有的学习现状，又要着眼于学生的个性化发展需求。因此，我们的课堂需要跳出原有的"物理"边界，突破课时和地点的局限，模糊学科和年级的分界；需要在尊重学生的个体差异和成长需要的基础上动态生成；需要突破单一的教学模板，形成一种不断发散、延展、丰富的立体课堂。

（1）课堂纵横立体融通

我们要求每位老师均要不同程度地掌握一至六年级各个学科的知识体系，以此适应学生的发展需要。现在，学校每一位教师的手上都有两套教材：一套是本学科一至六年级的教材，另一套是本年级所有学科的教材。通过学科纵向贯通和年级横向贯通，实现课堂的立体融通。

（2）物理边界无限延伸

在课堂的纵横延伸中，课堂环境根据不同的学习内容向"教室外延伸"。英语口语交际课上，师生走进英语情境教室，在购物中心、机舱、餐厅、银行等"真实"的情境中获得身临其境的全英语生活体验。美术课上，师生走出教室，走向校园进行植物写生，呈现了一个以美育美的生态课堂。

课堂的无限延展，不仅模糊了课堂的边界，也模糊了学科的边界，在环境、学科的交叉融合之中真正实现了"以学生为中心"。

3. 多维构建——向新型学习方式拓展

随着"互联网＋"时代的到来，各种新技术快速发展，各种新理念被提出，教育教学也随之发生着巨大的变革。因此，我们尝试借助新型技术不断拓展新型学习方式，如虚拟现实课堂、网络直播课堂、微信互动课堂等。

制度与管理是办学的保障

我的管理观：大道无术

学校管理所遵循的最重要的原则是"以人为本"，就是以"关心人、尊重人、激励人、发展人"为根本指导思想。只有在管理过程中以人文精神为指导，坚持以人为本的工作思路，才能保证学校的各项工作富有成效地开展下去。以人为本的管理，就是要让管理行为符合被管理者的内心需求，让被管理者如沐春风，不断通过自我调适，从"被人管理"发展到"自我管理"。管理，作为一个显性的制度行为，逐渐升华为一种文化，仿佛所有的秩序都自然而然的，就像并没有管理一样。每一个人都可以在学校管理体制的天地里找到角色和定位，并且释放自己的天性。

1. 学校管理的目的是激发教师自我发展的内驱力

教师是一个学校的核心和灵魂，教师既是管理者，又是被管理者。教师在学校管理中具有重要地位，教师的发展和提高是实现人本管理的重要保障。教师是学校中的主体，教师在学生成长的道路上是领航员。学校领导在管理过程中要把教师的作用放在一个主导的地位上，通过一些有效的方法使教师的各方面素质得到良好发展，在各项管理活动中都应该以调动、发挥人的主观能动性和创造性为根本，使全体成员在明确学校目标和自身职能的前提下，充分发挥聪明才智，主动积极地去完成各自的任务，从而为学校管理活动的顺利开展和管理效率的真正提高奠定基础。

2. 学校管理的前提是创设宽松和谐的民主氛围

学校民主管理是一种管理方法，一种管理艺术，一种制度，一种文化和氛围。学校民主是教育民主的前提，学校民主管理即学校管理者在"民主、公平、公开"的原则下，积极地吸纳学校教育有关成员的平等参与和共同决策，科学地将管理思想进行传播，协调各组织、各种行为达到管理目标的一种管理方法，是一种多数人管理多数人的管理方式。它包含着这样几个内容：一是学校民主管理的主体应包括校长、教师、家长、学生、社区代表，校长、教师是主要成员，家长、学生和社区代表是特殊成员；二是学校民主管理要依照法律管理；三是学校民主管理的特点是参与管理。民主管理是学校管理的一个重要原则。学校领导具备民主思想和民主作风，就会形成一种无形的向心力、内聚力。校长团结和依靠教工群策群力办好学校，激发全体教工的强烈主人翁思想，使他们树立事业心，增强责任感，从而使学校管理的整部"机器"在团结和谐的运转中达到管理目标。

在二小的发展进程中，每一位教师都有其独特的价值。作为一线教育的亲历者、参与者、实践者，他们在各自的岗位上共同推进着学校各项教育教学工作。二小不仅尊重每一位教师的价值，更注重倾听每一位来自教育一线教师的声音。每学期一次对教师提案的回复与落实，就很好地体现了学校对教师民主参与学校管理的一种尊重和一种信任。

同时，学校有意通过规范教代会、教师提案等方式来提高教师民主参与学校管理的意识和能力，从而集众人智慧谋学校发展。为此，每学期伊始，学校办公室便早早挂出通知：在全校范围内征集提案，教师可以年级教研组为单位，集中讨论，一事一议，经组长签字后将提案上交至学校办公室，再由校办老师按部门（教育、教学、办公室、后勤）进行分类汇总，最后他们会将整理后的提案郑重地递交给我，少则几十条，多则上百条，有建议、有要求，内容涉及方方面面。（为了规范和提高教师提案质量，在全体会上，我也多次针对教师提案做系统培训，鼓励教师跳出校区、学科、个人等狭隘的视角，从学校实际，特别是三校区的整体出发，提出有价值和有影响力的提案。）

面对教师们的"声声渴望，条条建议"，我首先要求自己拿到提案后逐个审阅，重点记录，同时要求分管各个部门的行政领导对相关提案逐一查看，事先召开内部会议，研究回复意见。行政会上，三校区全体行政干部坐在一起对每一条教师提案进行审议、补充、回复。特别是本学期大组长参与行政会后，为行政干部和一线教师之间搭起一座桥。通过大组长，我们可以更加清楚地了解一线教师的声音，同时更加充分地讨论和沟通组内的每一条提案。在回复提案的方式上，本学期也进行了改进。具有全校普遍意义的提案，由学校办公室在全体会上做统一回复；各校区年级组的提案，由该组负责的行政领导进到组内进行逐一回复，传递学校的精神与措施，深入地做好解释沟通工作。

教师们的提案内容大到学校的管理，小到个人的身心健康。

无论提案内容长与短，无论提案数量多与少，学校的每位领导在行政会上都会逐条讨论。这不仅体现了学校对教师民主参与学校管理的一种尊重，更体现了学校对教师提案工作的高度重视。实践证明，教师提案工作的实施促进了学校管理文化的建设，从中得到的理解和反馈，又使我们重新审视和完善学校的工作，从而加强了学校的民主管理，推进了学校的改革和发展，营造了一个和谐的文化氛围。

3. 学校管理的最高境界是自我管理、自我发展、自我超越

好的管理不是让被管理者感觉到"被管理"，而是激发出被管理者内心的自我管理、自我约束、自我成就的强烈愿望。每一个人都发自内心地呼吁：管好自己，做自己的主人。以人为本的学校管理，就是要在各项管理活动中以调动、发挥人的主观能动性和创造性为根本，使全体成员在明确学校目标和自身职能的前提下，充分发挥聪明才智，主动积极地去完成各自的任务，从而为学校管理活动的顺利开展和管理效率的真正提高奠定基础。好的管理是无形的，管理的最高境界是自我管理、自我发展和自我超越。一个学校一旦拥有了卓越的管理，有形的管理就会上升为无形的文化。这种管理文化让无论是学校领导、教师，还是学生，都能够自觉遵守学校的校规校纪，同时又能够融入校园文化，确定自己的角色和定位，并且不断追求发展和超越。

福之大泽

福建三明学院附属小学[1]林启福

"福泽"，福之大泽，这是对学校和师生教育教学关系的一种生动描述。学校是一条注满幸福之水的长河，老师是一条水源丰沛的幸福小河。在学校和老师的浸润教育之下，学生未来有机会成为无数条幸福的小河。"福泽"，以学校和老师之"福"来润泽学生，润泽他人；学生终有一天也能以自身之福来润泽他人，润泽社会。就此而言，教育，就是人与人之间幸福的润泽，而且是立体交互的润泽。

天地有大，美而不言。走在追寻美好的教育路上，我们笃信：福泽，是教育的美好过程，最终构建儿童多姿多彩的生活。

教育人情怀——"福泽"教育源起

一、基于儿童立场

有一个小故事：

铁棒费了九牛二虎之力也撬不开锁，而钥匙却轻轻一转把锁

---

①三明学院附属小学，以下简称"附小"。

开了。铁棒问："钥匙，这是为什么？"

钥匙回答说："很简单，因为我懂锁的心。"

教育，有时候就是这样，只要你是那把能够打开唤醒成长密码的钥匙，人的发展就水到渠成。这让我回忆起一段往事——"林校长，我的孩子走了，感谢您在他最后的那段日子里，那么认真地呵护一个患病的孩子，那么把我的孩子当回事，让他愉快地在校园里度过一段无拘无束的生活！"1999年就任三明市列东小学（今为三明市实验小学）校长的我意外地邂逅了一个特殊的家庭：一个单亲妈妈和一个患有脑癌的男孩。这个患有脑癌的孩子因为脑瘤压迫脑神经，在学校表现出了异常的狂躁和多动，受到了班主任的多次"调教"。我在偶然中知道这个孩子的事情后，和班主任促膝长谈，以个人体悟代替说教和教师们一起研究教育，关注帮扶，让男孩在生命的最后一段旅程获得了快乐的体验。这个特殊孩子的离去，给了我很多思考和触动。当时，我的脑海中就不时想起孔子"仁者爱人"之说。仁者爱人，这是孔子思想也是儒家学说的最高境界，是儒学主张爱的方式。这种爱的基本原则，触动了我重新审视学校教育的功能和价值。

孔子早在两千多年前就提出了"有教无类"的教育主张，这与当前教育界热议的"教育机会均等""给每个孩子提供适合的教育"有异曲同工之妙，也与现代儿童观相吻合。现代儿童观强调儿童的主体地位，尊重儿童的天性。作为一名现代教育管理者，我深刻地认识到21世纪的教育强调人与人之间心灵的沟通、精神的相遇、生命的碰撞，是一种人类希望、理想和超越的教育。这样的教育落实到儿童角色中，就意味着我们要以儿童的角度来思考教育，走近儿童、了解儿童、尊重儿童、呵护儿童，既关注他们当下的幸福成长，又为他们将来的发展蓄力。

一组数据显示，小学三至六年级学生每日平均做家庭作业1.41小时，比国家规定最长时间超出0.41小时。39.3%的学生在非周末参加课余特长培训，49.4%的学生在周末参加课余特长培训，学生闲暇的时间少之又少。过度的竞争不适当地强化了学生的自我中心倾向，并使相当多的学生不断面对失败，缺乏求知乐趣的体验，伤害了学生应有的自尊、自信。

当前的教育可能无法改变孩子所处的社会环境、家庭环境氛围，但却有义不容辞的责任：保护孩子们心灵中的精神财富——欢乐和幸福。幼竹拔节，小树生长，每个孩子来到学校，都各有所需，他们有的渴望兴趣得到激发，有的渴望习惯得到培养，有的渴望能力得到提升、个性得以张扬，有的渴望享受学习的快乐和成功的体验……一句话，儿童渴望在学校获得成长。

二、基于学校定位

自1997年担任校长以来，我不停地追问自己：什么是教育？教育的目的是什么？什么样的学校才能成为那把轻轻撬动儿童成长的"钥匙"，让儿童蓬勃的生命在教育中获得发展？

一个时期里，我们总认为教育就是为了培养人才，学生接受教育是为未来做准备。这种"人才论"使我们过于急功近利，忽略了教育是最个性化的事，不谈教育是对受教育者本人负责。教育难道不是为了每个人追求幸福美满人生？教育应该帮助每个儿童寻找到独特的"成长钥匙"，使他们从容地开启属于自己的幸福大门，享受自己的人生并帮助别人享受人生。2013年1月，因为工作需要，我从三明市实验小学调任到附小。在附小的两年，我常常仰望门口熠熠生辉的荣誉墙，因为那金光闪闪的辉煌背后凝聚了几代附小人的心血，作为接班人，我不能有辱使命。附小有着全市最好的师资队伍，先后涌现出全国优秀教师 2 名，受国家教育部、人事部表彰 4 人次，省教育厅表彰 20 多人次，市教育局表彰 50 多人次，有省劳动模范 1 名、特级教师 7 名，省、市学科带头人 10 人，高级教师 28 名，市级以上学科带头人和教坛新秀 10 人。优秀的师资来源不断提升着学校的发展水平，也不断凝练成了独具一格的附小人精神：敬业爱岗、无私奉献、勇于担当、追求卓越。正是这种精神，鼓舞着一代又一代的附小教师立德树人、教书育人，培育出一代又一代的附小学子，使附小学子以饱满、阳光、幸福的姿态进入高一级学校学习。

在前几任校长的领导下，这样一支优秀的师资队伍让附小成为有广泛知名度和社会影响力的学校。前仆后继、薪火相传，传承附小沿革发展生生不息的治学精神，传承附小以生为本的办学理念，努力让附小凸显育人的办学特色，产生更广泛的影响力，满足广大人民群众优质教育的幸福期望，更好地引领附小师生实现教育的幸福价值，让学校成为师生共同的精神家园，让附小实现教育新的飞越，这成为交到我手上的接力棒。

三、基于时代需要

在这个信息时代、知识经济时代，我们培养的人才不应该是一批又一批统一规格的工厂"标准件"，人也不应该按部就班地完成标准化动作。我们更应该培养有首创精神、敢于质疑、勇于挑战、善于合作、有个性、有创意的人。社会的需求反映到教育，不仅是升学、应试，单纯强调知识、技能是不能适应社会发展需要的，教育在社会中的重要性越来越明显。21 世纪，经济学领域的"幸福指数"和国内生产总值被广泛纳入各国政府评估体系。美国哥伦比亚大学地球研究所发布的《2013 全球幸福指数报告》

多项数据显示，在156个调查国家里中国位列第93位。幸福，开始作为一个时代的标志，一种文明发展的形态在当今社会被上层建筑纳入国家发展的意识。

三明作为全国文明城市，正在积极构建"开放三明、幸福三明"城市目标，让三明的天更蓝、水更清、景更美、人幸福。在这样的大环境下，今天的教育如果还在拼命单纯追求升学、追求谋生、追求竞争、追求在优秀中挣扎，那么整个国民的幸福生活指数将走向何方？当前，我国基础教育发展进入了一个新时期，人民群众对教育提出了更高的要求，从"有学上"向"上好学"的需求转变。如何办好每一所学校？如何面向全体学生，让每一个学生都得到发展？如何让每一个学生都能享受优质的教育，实现幸福成长？这一切都成为一个从事基础教育的人首先要思考的问题。

四、基于领航励志

2012年，我有幸参加福建省首届中小学名校长培养工程。在三年的学习中，我近距离和教育大师接触，聆听他们的教育理念和治学之道，也有时间反思自己的教育实践，对"校长"这个职业有了全新的认识，对教育家办学追求又有了全新的触动和思考。

当前，纵观全国各级各类学校，不少教育同行都在建构"幸福教育"发展之路，但基于"理念"层面的居多，缺少文化价值的引领、课程体系的支撑和丰富的德育实践载体，降低了幸福教育的目标层次，甚至走向"庸俗化"。

如何通过教育真正让学生走向幸福，提升幸福思维能力，学会创造幸福、分享幸福是我们要不断思考和实践的重大课题。马斯洛的人本主义思想强调人的正面本质和价值，强调人的成长和发展、自我实现，追求的是实现人的"内在价值"。如果能实现这些价值，便可以获得人生最大的幸福和快乐。随着思考和践行的不断深入，我渐渐地发现，教育的过程远远比最终的"幸福"状态更重要：在浸润人文关怀和尊重生命发展规律的认同路上，师生在教育活动过程中获得的心灵滋养、生命获得的拔节成长，就是在当下，在此时发生的。"随风潜入夜，润物细无声"，教育的真正意义就是激发每一个人的生命潜能，于是，"福泽"的教育理念开始萌生。

2015年，我有幸被遴选参加教育部首期中小学名校长领航工程。在全国的八大教育基地中，我参加了江苏教育行政干部培训中心基地学习，得到严华银、季春梅、沈茂德、回俊松、薛法根、张晓东等一批学者和专家的悉心指导，对"福泽"的教育意义和教育价值有了更进一步的梳理和思考：基础教育阶段，如何看待每一个生命个体？如何真正敬畏教育、敬畏儿童？"福泽"，强调教育是一条浸润的长河，流淌着无数条生生不息的小河；教育，尊重每一滴水各自富有的灵性；教育，不做甄别和判断，尽可能对当下每一个生命进行深切关怀和帮助，唤醒生命发展的个体意识，找到幸福的原点，润泽个体的成长，实现人的生命价值的提升。一言以蔽之，教育，是一种幸福的生活。从这个意义而言，福泽，让我坚信自己在做一场真教育。

教育人良言——"福泽"教育诠释

一、"福泽"内涵

古往今来，人类对"幸福"的向往与追求始终没有停止。

在古代，"福"乃"福、禄、寿、喜、财、吉"六大吉祥之首，"福"又分为"五福"。《尚书·洪范》"五福：一曰寿，二曰富，三曰康宁，四曰攸好德，五曰考终命"，把福的形式和内容具体化了。

按照《说文解字》，"示"是"神"的本字，"畐"是酒坛子的象形，"福"表示倒酒祭祀祈福，本义为"求福、祈福"，后引申为"幸福，福气"。泽，润泽、光泽、恩泽之本义。

作为一名教育工作者，我主张学校是幸福之地，校长和教师是学生生命中的福星，以仁爱之心、智慧之水润泽儿童的成长，传播有益于学生身心健康的福音，提升生命的亮度，使福至学生心灵，使学生有幸福人生。即以"福泽（幸福＋润泽）"为思想核心推进学校的幸福教育事业，"福"字是思想、理念、目标、愿景，"泽"是过程、手段、策略、方法。"泽有方法""泽有智慧""泽有大爱"。

那么，福泽教育作为一种教育主张、理念和思想，其魅力何在呢？

我以为，福泽，是关于教育的科学的表达。

"福泽"，福之大泽，这是对于学校和师生教育教学关系的贴切而准确的描述。学校，本身就是一条注满幸福之水的长河，教师则是一条条水源丰沛的幸福小河，在这样的学校和教师的熏陶教育之下，学生未来都应成为无数条幸福的小河。"福泽"，以学校和教师之"福"来润泽学生，润泽他人；学生终有一天又能以自身之福来润泽他人，润泽社会。就此而言，教育，就是人与人之间幸福的润泽，而且是立体交互的润泽。"福泽"，泽被天下，泽之所"被"，应该是普惠的，应该是公平的，绝无厚此薄彼的；而"泽"的动态的过程，恰恰是教育应有的姿态，那就是静静地缓缓地浸润，就像诗中所写的"随风潜入夜，润物细无声"。

福泽，是基于教育现实的理想追求的表达。

二、"福泽"情怀

沈茂德导师说过，基础教育不仅应有"基础知识"的传承与"基本技能"的训练，更应有人生价值的引导和思维的启迪，基础教育绝不是要把每个人炼成钢，它应该为每一个学生的终生发展奠定基础，使每一个学生具备经营幸福人生及推动社会进步的憧憬和能力，使每一个学生都能热爱生命、热爱学习，具有人文关怀与国际视野。真正的教育应该让每一个学生懂得什么是幸福和如何去追求幸福。随着日趋激烈的社会竞争，人们又将关注教育的视线过多地放在应试和谋生上。凡此种种，给教育者和受教育者施加了巨大的压力，使教育渐渐远离生命的本质。作为教育工作者，我们须保持警醒的头脑，冷静地思考教育的终极目标，将教育教学行为从功利主义的泥淖中拔出来，对受教育者予以深切的生命关怀。这种关怀，既是对学生自然生命的关怀，也是对其精神生命的关怀；既是对学生未来生命的关怀，也是对其当下生命的关怀。我们主张摒弃那种以明天的幸福为诱饵、以牺牲学生当下幸福为代价的教育，提倡让师生在自由、和谐、开放、创造的教育状态中获得快乐与幸福。把"幸福"作为学校教育追求的目标，既是立足现实、展望未来的逻辑展开，又是凝聚集体意志、激发个人灵性的能量聚变。基于这种缘由，我们把"幸福"作为师生共同的教育追求，把"幸福教育"作为金钥匙送给所有师生。

在校园里，怎样使每一个鲜活的生命都实现有意义的发展？如何让每一个学生在校园里自由地呼吸？这是教育的使命，更是每一位教育工作者的良知。教育的本真，不是甄别，而是对当下每一个生命的深切关怀。关怀生命，让走进校园的每一个学生自由呼吸、幸福成长，让校园里的一切润泽他们生命的亮度，让每一个学生都有机会过一种完整的教育生活，然后从容地走向属于他自己的幸福人生。作为校长，我们要树立"儿童至上"的教育理念，以儿童的角度来思考教育，走近儿童、了解儿童、尊重儿童、呵护儿童，既关注他们当下的幸福成长，又为他们将来的发展蓄力。

校长当具备以下情怀：

1. 敬畏之心

作为校长，我们需要对教育心存敬畏：敬畏学生、敬畏家长、敬畏教师。因为每一个生命都有存在的理由，每一个生命都是家庭的未来和希望。学校不是工厂的流水线，工厂的"次品"可以重新回炉生产，而孩子是不能被复制的，更是不能被替代的。教育不是万能的，但教育至少应该尊重和敬畏每一个生命。处于基础教育阶段，学生年纪越小，我们越要谨慎，否则就有可能伤害他们的身心。

2. 公正之心

义务教育公平，是教育公平的基础。每个学生都应该是平等的，心理上有安全感，并时刻感受到自己在校园中作为"人"的价值，那就是有尊严的、自由的、快乐的、充实的。归根结底，教育公平就是要发展好每一个不同的"我"，为他们提供适合的教育。

3. 悲悯之心

悲悯的教育含义就是关爱学生，给予学生快乐，同感其苦并拔除其苦。作为教育者，至少应该有发自内心深处的悲悯情怀。我们应倡议老师们做到"三多三少"：多一点赏识，少一点抱怨；

多一点激励，少一点责罚；多一点沟通，少一点冲动。常怀悲悯之心，我们才能更靠近孩子，更温暖孩子，只有这样，教育才会真正渗透到学生的血液里，融入学生的生命里。面对犯错误的学生，有时包容与等待、宽恕与忽略也是一种教育方法。

校长要从关注每一个学生的生存状态入手，让每一个学生都有尊严地、自由地、有个性地成长！有一天，几个学生跑过来问我："雷锋厅天花板空洞洞的，可以在上面画上蓝天白云吗？"我觉得学生们的想法不错，于是请美术老师和学生们一起设计，把学生们脑海中"蓝天白云"的梦想变成现实。"蓝天白云"之间悬挂着许多美丽的花伞，每把花伞都是学生们的作品。学生们画了许多把小花伞，可是天花板的面积小，无法一一展示他们的作品。为了给学生们展示的机会，我让美术组的教师每隔一段时间换一批伞挂上去。蓝天白云梦想的展厅，是学生们自己的创意，他们有什么理由不喜欢？著名语文教育专家李吉林说过这样一句话："要想教育好儿童，自己首先就要变成一个大儿童。"

学校应该是个怎样的地方？学校原本就是学生成长的地方，我们理应让学生站在学校的正中央。我们要时时刻刻提醒自己，提醒教师们：我把学生放在了什么位置？我蹲下来和学生交流了吗？我站在学生的立场考虑了吗？

福泽，是一幅画面——构建"精美雅致、温馨和谐、促学净思、书声琅琅"的幸福校园。

福泽，是一股力量——彰显"底蕴深厚、品位高雅、助人自助、暖意绵绵"的幸福文化。

福泽，是一个承诺——成就"仁爱、严谨、友善"的幸福教师。

福泽，是一份责任——培养"乐学、会学、博学"的幸福学生，开展"体艺熏陶、张扬个性、才艺双全、意趣洋洋"的幸福活动。

福泽，是一种行动——打造"以生为本，生生发展"的幸福课堂。

三、"福泽"基调

福泽，在走向师生，触动师生的内心时，我希望它像彩虹一样，闪烁着人性的光芒。以下是我思考践行中发现"福泽"独有的教育特性：

1. "四生"发展基调：生本、生长、生活、生态

生本。福泽教育的出发点和落脚点在"人"，即保障儿童在学校的绝对主体地位，尊重儿童，热爱儿童，尊重"人"的差异，包容儿童的多样性格；尊重"人"的取向，包容儿童的多元选择；尊重"人"的意见，宽容儿童的偏颇思维；尊重"人"的个性，宽容儿童的棱角特质。

生长。福泽教育关注每个学生的成长，关注每一天学生的成长；珍视学生的兴趣，适度宽容学生的偏好；尊重学生的个性，欣赏学生身上的闪光点。

生活。福泽思想主张学校创造一切可能，让学生过一种幸福完整的生活，对受教育者予以生命的关怀，让校园的每一次活动都能成为他们人生中永恒的记忆。

生态。福泽思想承诺让学校教育真正从学生的发展需要出发，致力于学生幸福成长和一生幸福的不断探索，最终实现人的可持续性发展。

2. "五度"教师风采

福泽思想传承附小优秀师资队伍建设的发展模式，进一步提炼总结"爱岗敬业、无私奉献、敢拼会赢、追求卓越"的附小精

神，以"五度"凝练成教师发展的内生力，呈现出"有教育理想，工作上有热度；有卓越意识，专业发展有高度；有品质需求，生活状态有宽度；能实现成功，生命色彩有亮度；有仁爱之智，服务学生有温度"的幸福教师团队。

3. "九个"核心价值

学校层面——公正、民主、包容。公平对待每一位教师、学生、家长，不谄媚、金钱、强势；尊重师生，形成管理高度共识，不强权、强迫、专断；不分贫贱美丑，悦纳所有教师、学生、家长，不计较，不旁观，不苛刻。

教师层面——仁爱、自尊、自由。宽仁慈爱，保护弱小，有智慧，不粗暴、冷淡，简单；自我肯定，自觉提升职业认同感，不自负、自薄、自卑；发展个性，解放思想，敢于创新，不束缚、教条、依附。

学生层面——独立、善良、快乐。锻炼意志，提升适应能力，不要过多包办、依赖、随和；纯真温厚，修养品行，不嘲笑他人缺陷；学生的每一天都有笑声，不要过度压抑、严肃、沉重。

春风拂来福泽长。"福泽"教育致力于打造幸福校园，成就幸福教师，培育幸福学生，促进学生全面的、富有个性的发展，让他们享受当下幸福，创造未来幸福，为学生的一生幸福打上赤橙黄绿青蓝紫的人生底色，体现学校教育的幸福价值。

四、"福泽"架构

1. 宏观实施

按照"整体规划，突出重点，分步实施，逐步完善，追求品质"的科学规划，学校上下一心，家校合力宏观架构"福泽"思想下幸福教育"12345"工程：

"1"，即明确"1"个理念：为学生的幸福人生奠基。

"2"，即把握"2"个层面：关注师生当前幸福状态，关注师生终生幸福发展。

"3"，即推动"3"个发展：实施幸福教育，构建幸福学校，成就幸福师生。

"4"，即着力"4"个创新：管理创新，德育创新，教学创新，活动创新。

"5"，即实现"5"个目标：认识幸福的价值，理解幸福的思维，创造幸福的能力，奉献幸福的风格，成就幸福的人生。

2. 微观管理

（1）福泽文化

实施"福泽"内涵发展的文化引领管理路径，以"学校精神"为核心，以"校园文化、教师文化、学生文化、家庭文化、课程文化"润泽教育过程，努力使"福泽"文化由外显环境形态向师生、家长内在自觉转变，实现学校从考核管理走向高度自觉的文化联盟发展。

（2）福泽课程

课程发展是学生可持续发展的动力和途径，培养学生的综合素养和鲜明个性是实现学生终生幸福的重要支撑。统筹国家、地方、学校三级课程，以校本活动实践课"走班大课堂"为课程突破口，创造性地开发"福泽"校本课程，打造独具特色的校本课程样板项目，以点带面，全力推进课程基本体系建设，让每个学生都能幸福健康茁壮成长。

（3）福泽课堂

"四生"即生本（以生为本、尊重差异）、生态（师生和谐、可持续发展）、生活（联系生活、提高效益）、生长（享受学习、发展能力），逐步形成"生本角色——生态发展——联结生活——生长心智"幸福课堂共识，学生在老师引导探知中，感受攀登学习高峰的幸福；在同伴互助中，感受分享疑问的幸福；在训练运用后，体验成功的幸福，最终实现人的可持续发展。

（4）福泽德育

探索基础教育阶段影响孩子成长的重要习惯，形成分层序列化培养目标，构建独具附小特质的"幸福学生的样子"；创造性地以"幸福七色花"年级活动情境体验为抓手，践行校训"从小事做起，把小事做好"，引导学生在经典、特色、鲜明的情境体验活动教育中感受幸福、体验幸福、创造幸福、传递幸福，绽放生命成长的精彩。

教育人践行——"福泽"教育战略

一、聚焦核心："四轮"驱动

1. 构建幸福教师团队

"师魂工程、青年教师1358工程、继续教育工程、校本研修工程、人文关怀工程"五大工程树立优质教师队伍品牌。我们正在努力让幸福之花绽放在老师的心田，做到"工作有热度、专业有高度、生活有宽度、生命有亮度、服务有热度"，在区域教育中打造出一流的师资品牌。

2."四生"幸福课堂

"四生"即生本（以生为本、尊重差异）、生态（师生和谐、可持续发展）、生活（联结生活、提高效益）、生长（享受学习、发展能力），逐步形成"生本角色—生态发展—联系生活—生长心智"幸福课堂共识。学生在老师引导、探知中，感受攀登学习高峰的幸福；在同伴互助中，感受分享质疑的幸福；在训练运用后，体验成功的幸福，最终实现人的可持续发展。

3."幸福七色花"体验教育

"幸福七色花"涵盖社会主义核心价值观培养渗透：一年级红色传统教育；二年级绿色生命教育；三年级青色书香教育；四年级橙色感恩教育；五年级金色自信教育；六年级蓝色梦想启航教育及毕业生紫色毕业庆典。学校的"幸福七色花"年级情境式体验活动广受学生、家长欢迎。我们通过体验式活动把成功与幸福的元素融入每个学生的心田，让学生发现幸福、感受幸福、创造幸福、享受幸福，努力让学生在学校的每一天都成为他们生命中阳光灿烂的日子，成为他们一生的幸福记忆。

4."幸福学生的样子"好习惯培养

践行校训"从小事做起，把小事做好"，以"好习惯圆人生幸福梦"为主题打造学生精神文化底色，唤醒学生内在发展需求。学校在整合各年级教师智慧的基础上探索推进每个年级两个学习习惯和两个生活习惯，六个年级二十四个好习惯培养序列，引导学生在情境体验教育中养成良好的道德习惯，在细节中唤醒学生成长的自觉性，努力培养学生良好品行发展习惯，引领学生把简单的事情做彻底，把平凡的事情做经典，构建独具附小特质的"幸福学生的样子"。

二、锁定目标：多管齐下

"福泽"实践

（1）教师发展是关键

立师德、强师能、铸师魂，是"福泽"教育的前提。有幸福的教师才有幸福的学生。

①师魂工程。传承附小沿革发展凝练的"爱岗敬业、无私奉献、敢于担当、追求卓越"附小人精神。定期召开师德事迹报告会，举办师德演讲，评选师德标兵、优秀教师等，在实践过程中比、学、赶、帮、超，形成你追我赶力争上游的良好氛围，培育"有教育理想，有充沛热情，有扎实学识，有道德情操，有仁爱之心"的幸福教师。

②青年教师1358工程。"1358"（即"一年合格、三年成熟、五年骨干、八年优秀"），实现师德和专业发展双提升目标，成立语文、数学、综合学科专家指导组，细化青年教师培养方案，从"入门期、发展期、成熟期"三个阶段提出具体要求，以师德提升、业务学习、课堂发展、课题研究等方面量身定制"三明学院附小教师教育教学能力三年提升行动计划"，抓好师徒结对工作，突出培养年轻有潜力的教师，结合省市各级教学竞赛、送教下乡、磨课教研、教师论坛、开展岗位练兵等形式，扎实教师专业基本功。

③继续教育工程。在实现省市学科带头人和骨干教师比例达到30%，本科比例达到90%的标准水平后，要求每位老师根据自身情况拟订个人发展目标，积极鼓励教师参加各种形式的培训学习和学历进修，提升学历层次，助力个人知识结构和能力素质的再提升。

④校本研修工程。充分发挥学校优秀教育资源和人才优势，采用外聘内推的方式不断强化校本研修的力度，以"专家讲座引领、班主任论坛、教师论坛、大小组常规教研"等为抓手，着力提升教师专业化成长水平，加快教师科教研一体化发展态势。

⑤人文关怀工程。学校倡导"幸福工作，幸福生活"的理念，为全体教职工建了一间集阅读、休闲、娱乐为一体的"教工幸福

书吧"。教师在课余一起读书、品茶、闲聊、欣赏音乐……学校提出"每天健身 1 小时，健康工作 30 年，幸福生活一辈子"的口号，建了一间 180 平方米的教工健身房，内置电动跑步机、可调腹肌板、磁控划船机、动感单车、四方位组合训练器、乒乓球桌等。每天下午老师可利用一定的空闲时间放松身心，锻炼身体。学校工会利用妇女节、教师节、国庆节等主题假日，组织了"为退休教师送鲜花祝福"、气排球赛、趣味运动会、登山走绿道等活动，掀起了师生阳光健康生活新风尚，提升了教师职业的幸福感和归属感。

近三年来，作为"福建省基础教育师资培训实践基地学校"和"三明市学科教师培训实践基地校"，学校接待了省内外 400 多人参观、考察、学习团队。参观学习的校长们对我校的福泽教育理念表示了肯定和赞赏。特别是 2014 年 12 月，福建省第六期小学骨干校长培训班漳州地区 10 位学员跟岗学习后，他们留下了挂职感言："林启福校长和你的中层干部、教师团队在幸福教育的路上，各司其职，有条不紊：办公室、文化办统筹幸福教育校园文化体系宣传规划层面；保卫科落实'平安附小共享幸福'保障层面；总务处推进'绿色环保生态校园'建设层面；教务处、教研室探索'打造幸福课堂'教学层面；德育室着力'幸福教育体验活动'育人层面；一线老师们辛勤耕耘、爱岗敬业，用仁爱书写着幸福教育进行时……学校把全体师生幸福发展作为各项活动开展的落脚点，克服了硬件条件上的困难，全面搭建了展示平台。在和谐积极的氛围中，师生伴随学校发展同步幸福成长，达到了幸福的双赢。附小团队迸发的幸福力量和深深的教育情怀，震撼人心！"

（2）文化建设为引领

近年来，学校将校园文化建设作为推进"福泽"教育的突破口，努力从历史积淀与现实的追求中把握学校文化发展的脉络，初步构建了富有特色的文化体系，推动了学校内涵发展和师生成长。一是注重培育学校精神。学校精神是学校在长期教育实践中积淀下来的并为师生认同的文化传统、价值观念和行为习惯等方面的整合和结晶，是校园文化的内核和灵魂。学校通过组织师生调查访问优秀校友、邀请离退离休老教师回校讲学等，让师生重温校史优秀篇章。教代会开展了学校现状和未来发展大讨论，开展办学理念、"师生幸福寄语""孩子心目中的好老师"征集活动。在此基础上，学校全面规划环境建设、课程设置、教师发展、学生培养等工作，凝练成统领全局的"为学生幸福人生奠基"的办学理念。二是注重优化校园环境。学校向全校学生征集原创温馨提示语，布置了走廊墙面；向学生、家长、教师及优秀校友征集"幸福寄语"，张贴于教学楼的横槛上；开辟了幸福文化长廊，定期展示师生书画、摄影主题作品；开辟了"骄傲的附小人"文化展厅，集中展现校史沿革发展和"福泽"教育远景规划；科学规划了教学楼和科艺楼楼道文化，精心布置了一年级幸福笑脸墙、二年级绿色健康安全链、三年级青色书香园、四年级幸福三明文化民俗展、五年级感恩成长书信长廊、六年级蓝色梦想号列车；组建了特色班级，设计班级"名片"。"天天向上""孔子班""向阳花儿朵朵开"等特色班级不仅以外在环境布置突出班级个性，还在家长委员会的支持下出班刊。《一缕童心》《在幸福里》《童心飞扬》等彩印刊物成为学生手中的新宠，悄悄润泽着学生生命的亮度，记录着学生生命成长的旅程。幸福校园成为附小人梦想启航的摇篮。

（3）课程开发为支撑

开展福泽校本课程体系研发，形成了"福泽课程文化节系列"：三月社会责任担当月，四月教学节，五月艺术节，六月儿童节，九月感恩节，十月民族精神月，十一月体育节，十二月英语节，寒暑假社会生活实践节。在这些融入节日主题色彩的系列活动中，学校坚持把工作落到实处、落到细处：从学生身心健康需要着力，改革大课间活动，除了保留传统的眼保健操、广播操等板块，穿插改编了学生喜闻乐见的《小苹果》学生舞。师生共同参与其中，一起锻炼，舞动校园，其乐融融。从学生好习惯教育着力，围绕"做一个讲文明的好学生"养成教育目标，编写了《与文明礼仪同行》校本教材。根据学生年龄特点，根据不同年级、不同学龄段学生教育的重点，我们确定了不同的礼仪教育目标体系。低年级开展"说、学、做"礼仪教育活动，中年级开展"做文明礼仪少年"教育活动，高年级开展"文明礼仪之星"竞赛活动。从学习知识本领、广泛阅读着力，开展"书香少年评选""读书论坛""淘宝书市"等活动，积极倡导师生博览群书、弘扬经典、享受阅读、养德励志，营造了浓厚的爱阅读、会阅读、善阅读的书香氛围，并鼓励条件成熟的班级借助家长资源为学生"出书"，让"小小作家梦"承载学生幸福生活的足迹。从学生个性发展需要出发，着力于学生的特长兴趣培养，鼓励艺术类教师依据专长办学生社团，组建了小杜鹃合唱团、排舞队、花样跳绳彩队、篮球队、足球队、书法社、绘画社、文学社八大社团，传承和培育学校文化；拓宽教育渠道，积极创设家长参与学校教育的平台，更好地发挥优秀家长的辐射示范引领作用，开展了"今天爸妈当老师——家长百家讲坛"课程。课程中家长借助自己的职业优势，或讲家乡美，或支安全招，或做小制作……新鲜的课堂、新鲜的面孔、新鲜的知识文化大餐给学生带来了全新的成长体验。课程浸润福泽学生，让幸福校园的每一次活动都烙印在学生的记忆中，让他们在不断地参与体验中享受生命的拔节，张扬个性，焕发生命成长的精彩。

（4）课堂架构为阵地

课堂是教育的主阵地。"福泽"课堂理念强调面向全体，多一把衡量的尺子，从传统"关注知识技能掌握"走向"关注人的整体和谐发展"，重新定义"优秀"的标准，提出"不断进步就是优秀"。"福泽"课堂在评价上，关注学生主体的发展，关注教师的成长，注重"赏识"激励，提倡寓教于乐、体验学习，在两者相得益彰的同时保障学生作为课堂主体的地位，形成"爱教爱学、会教会学、教会学会"三级评价指标体系。附小通过系列教育教学改革，着力构建了幸福、愉悦、高效、生动的"福泽课堂"。师生在课堂教学中共同成长、共享快乐、体验成功、享受幸福。在不断的课堂改革实践中，我们感受到课堂上学生的发展犹如登山，有的学生渴望拼命爬到山顶赏风观景，更多的学生享受向山顶攀登过程中的美好。与之相应，"福泽"课堂，就是在课堂上创造有利于全体学生成长的环境，为学生提供不同的学习机会和平台，引导学生在充满自主和愉悦的情景下自主地掌握知识，形成技能并体验学习过程的成功感和自豪感，获得心智和人格的发展。

（5）活动创新显特色

福泽教育的宗旨就是要让每个学生都能在学校快乐地学习生活，自觉地丰富自我、提升自我、完善自我，健康地成长并学有所成。我们以年级为单位，紧扣"习惯、健康、经典、感恩、自信、梦想、庆典"主题，开展"幸福七色花"体验活动。一年级红色传统教育，开展"我爱红领巾"主题活动，以音乐故事的形式使学生了解中国少年先锋队成长的历程，通过佩戴红领巾比赛、唱队歌比赛等形式培养学生对红领巾的热爱；二年级绿色生命教育，通过举办"我运动、我健康、我快乐"亲子运动会，让学生体验生命的美好，增强"生命在于运动"的意识，促进家长和孩子之间的交流和沟通，培养亲子情感；三年级青色书香教育，通过举办"且听书语，共品书香"诵读比赛，使学生进一步亲近经典、感悟经典、诵读经典；四年级橙色感恩教育，开展"感恩，我们的幸福约定"盛典仪式，邀请家长参与体验互动，让学生在无声的教育中体验美好、感受幸福、懂得感恩、增进友谊，有幸福难忘的童年回忆；五年级金色自信教育，开展二十公里"远足行动"，让学生在困难和挑战前学会历练自己；六年级蓝色梦想教育，开展"朝着梦想启航——'写给二十年后的我'"活动，征集学生创意邮戳，召开隆重的"梦想档案寄存"仪式，让学生心存梦想，扬帆起航。近两年来，各年级全面开展"幸福七色花"体验活动，年级组长、班主任在实践中不断调整和完善，把最好的活动创意策划形成书面文字选编校本课程"朝着幸福出发"，构建附小特有的幸福文化特色课程，夯实幸福愿景发展的基础。

（6）评价改革为导向

"福泽"教育的真正落脚点是人，评价的目的是发展。我们通过召开教工大会的民主方式修改完善了面向全体教师的《教工工作考评办法》《课堂教学评价办法》等一系列考核评价、奖学、奖教、奖研评价方式，从人文角度更多地"福泽"教师，激励教师的工作热情。改革学生评价理念，开展全体学生的"三特工程"，即对特长生不满足，实施高起点、高标准的培养工程；对特殊生不放弃不抛弃，实施特别关爱的教育工程；对特困生不嫌弃，实施"捐、减、免、助"帮扶工程，让每一个学生都能在阳光照耀下茁壮成长。在学生养成教育评价过程中，我们树立"重视过程，多元评价"的理念，采取学生自评、小组互评、家长参评、学校综评相结合的评价方式，引导学生在"多元"的评价视角下，自觉反思养成教育行为，不断完善提升自我道德情感，并逐步形成较强的自我教育能力。我们开展了颁发优点卡和"星级美德少年"评选活动，让每个学生"学有榜样，追有目标，赶有动力"。这些有益的尝试，不仅带动了养成教育不断向纵深推进，还促进了学生综合素质能力的有效提升。

三、整体推进：落地生根

1. "福泽"引领幸福学子

"福泽"教育的宗旨就是要让每个学生都能在学校幸福快乐地学习生活，自觉地丰富自我、提升自我、完善自我，健康成长并学有所成。通过三年多的实践和探索，学生们的心田已播下幸福的种子，感知幸福、享受幸福和创造幸福的能力正不断提升。

（1）学生们学会感受幸福

两年多来，在这个以"幸福"为主题的校园里，在环境的熏陶下，在活动的感染下，在幸福的课堂中，在教师的悉心引导下，学生们打开了幸福之"门"，他们学会了感受幸福，对幸福有了正确的理解和认识。新学期第一天，看着学生们如快乐的小鸟兴奋地在校园欢快奔跑，我问起了学生们什么是"幸福"："吃爸爸妈妈亲手煮的年夜饭最幸福""有家就幸福""幸福就是和同学老师，和爸爸妈妈开开心心一起学习、生活""坐在课堂里安静地上课很幸福""幸福就是在校园里和小朋友们一起开心玩耍""以自己的能力为别人服务很幸福"……学生们对幸福有自己独特的理解，我很欣慰，他们已经学会感悟幸福。我更欣喜，他们能从不起眼的小事中感受幸福！随即，我写下了一篇微随笔《孩子，我为你的"幸福"点赞》：

新学期第一天，孩子们刚从欢快春节的梦乡中苏醒，"叽叽喳喳"像快乐的小鸟兴奋地在校园欢快奔跑。孩子的身影和笑脸，让因寒假寂静了很久的校园重新充满了生机。

我走在操场上，情不自禁加入了他们的行列。孩子们很久不见，都很兴奋。我一时兴起，随机问几个孩子什么是"幸福"。

兰玉婷同学说："吃爸爸妈妈亲手煮的年夜饭最幸福。"

韩臻浩小朋友毫不思索地说："有家就幸福。"

李紫彤说："幸福就是和同学老师，和爸爸妈妈开开心心地一起学习、生活。"

颜奕煊说："坐在课堂里安静地上课很幸福。"

王馨澜说："幸福就是在校园和小朋友们一起开心玩耍。"

傅伯尧说："以自己的能力为别人服务很幸福。"

聆听孩子们一串串铜铃般的幸福告白，我不由自主竖起大拇指，为他们简单又丰富的"幸福"点赞！

（2）学生们学会分享幸福

附小的学生无疑是幸福的。走进校园，学生们随时随处都可找到自己的身影：笑脸墙上找到了自己灿烂的笑脸，楼道张贴的温馨提示语、幸福寄语有自己的作品，书法、绘画、寄送边疆的新书有自己亲手写的祝福……学生们在校园找到了归属感，他们在心理上是安稳的，人格上是平等的，他们感受到了自身的价值。因此，你会发现，校园里处处洋溢着幸福的味道：学生们总是穿戴整齐，迈着欢快的脚步走进校园，他们的脸上总是洋溢着自信和快乐的微笑，他们喜欢上学，喜欢老师和同学们，喜欢校园里的一草一木，惬意地享受和分享着学习和成长的幸福与乐趣。

（3）学生们学会创造幸福

学生们积极参与课堂学习和校内外开展的活动。在丰富多彩的体验活动中，学生们感受着、锻炼着、成长着、幸福着。幸福"体验式"习惯教育以自我教育的方法培养学生、以实践活动锻炼学生、以激励机制调动学生，引导学生们在情境体验中提高认识，感受幸福，丰富情感，养成良好的道德习惯；幸福"七色花"活动，培养了学生的健康意识、感恩意识、自信心，使学生绽放生命的精彩；在"福泽"课程活动浸润下，运动会上学生们挑战自我，勇攀高峰；在特长生展示中，学生们徜徉在快乐的音符中，陶醉在优美的舞蹈里；在"绳彩飞扬"跳绳比赛中，学生们洒下汗水，收获喜悦；在"福泽"课堂上，学生们积极参与、质疑解惑；在亲子社会实践活动中，学生们锻炼能力、增长见识，学会感恩；在家长百家讲堂上，学生们互动交流，学会沟通与合作。在寒暑假社会实践活动中，学生们走上街头，开展文明行为劝导活动；走进社区，义务打扫、清除小广告，宣传文明礼仪，走进福利院，为孤寡老人、残疾儿童送去温暖。学生们学会了奉献爱心，懂得了承担社会责任……

在"福泽"教育的浸润和熏陶下，学生们的精神风貌焕然一新，外在的仪容仪表、行为举止，内在的行为习惯、道德修养都发生了显著的变化，校园里洋溢着蓬勃的朝气。去年全市安全教育现场推进会在我校召开，学生池映宽、范子欣作为活动全程的文明礼仪员向来宾展示了附小学生特有的风采，备受好评。全体学生在学校组织下进行了一场地震逃生演练，全程没有一个学生发出不和谐的声音。大家认真演练。训练有素的表演赢得了在场来宾的啧啧称赞。

每学年，学校都要开展评选评先活动：评选"百名学习优秀生"1 200多人；评选"三好学生""优秀少先队员""优秀学生干部""进步生"共600余人次；评选七类"特长生"，分别为小表演家、小小书法家、小小画家、小运动健将、小诵读能手、小小作家和小阅读之星，共计 900 余人次；评选"星级美德少年"500余人次；评选"优秀毕业生"100 余人次。学校通过评比活动，力争"让每个学生捧着奖状回家"，力争"让每个学生获得表扬和肯定"，力争"让每个学生得到成功的体验"，力争"让每个学生分享幸福成长的快乐"。学生们在各级各类的比赛中也取得了可喜的成绩。近两年，全校共有 800 多人次在全国、省、市、区级举办的舞蹈、书法、绘画、写作、羽毛球、乒乓球等比赛中获奖。学校涌现出许多先进典型：林方宇同学入选福建省"学雷锋，我们身边的好榜样"，黄文博荣获省中小学生"诚信之星"荣誉，刘欣洋出演的微电影"男一号"获得全国三等奖，被誉为"三明小百灵"的陈诺圆在全国儿童电视大奖赛的演唱获得特等奖……

2."福泽"助力教师成长

当那一天，你追着问我："老师，下学期你还会教我们吗？"当那一天，你从背后抱了我一下，真诚地说："老师，下学期见。"我就知道，虽然你是那个"状况之外"，但我依然喜欢你。

也许是老师的童年太恬静安逸，无法理解躲在门后把女生吓哭，站在水池边和小朋友过"泼水节"，冲上前去捏别人的脸……是一种表达友好的方式。老师只知道和你接触的第一个月，我头脑里多次蹦出一个词——"状况之外"。从此，老师如同苦行僧一般对你苦口婆心，渴望你能与我一起踏上求取"和谐之经"的道路。于是，每天牵着你的小手离开你制造的"混乱现场"，和你面对面地聊天成了我的特殊工作。后来，我渐渐读懂了你：你有一颗善良纯真的心，握起的拳头是为了被欺负的女孩而挥，坏脾气是因为没有得到他人的理解和尊重。你还会在犯了错（虽然你的错误总是千奇百怪）以后徘徊在我的身旁，"巴结"老师做许多事情，努力改变自己在老师心目中的印象……这一切，老师都看到了。老师愿意在每个日子里和你一起加油，让游离在"状况之外"的你，早日走进"状况之内"。孩子，慢慢来，"状况之外"等你亦是一种幸福。

如果同事好奇，问我：这样也能幸福？我想也许回答起来很牵强，但我依然要说：是的，"状况之外"亦是幸福。有些孩子的成长确实要用比别的孩子更漫长的道路，但陪伴他，见证他成长中的每一个飞越，就是作为教师的幸福。

（摘自附小教师周梦圆"幸福故事"《"状况之外"，亦是幸福》）

福泽教育是指向"人"的幸福，理应包括教师浸润的幸福。

（1）精神幸福丝丝缕缕润师德

"福泽"事业提升了教师生命的亮度，他们发现幸福、感受幸福、创造幸福并享受幸福。学校精心布置教师创意寒暑假作业：阅读教育名家经典著作并写读后感，启发教师与明哲对话，思考当下教育现状，厘清教育本质，提高教师文字表达水平，享受精神富足、心灵高尚的内涵幸福；撰写围绕"幸福"关键字为核心的微随笔、微案例，启发教师发现自己身上的幸福因子，体验感受教育生活的诗意和精彩，调整反思个人行为，激发幸福教育生活的热情；书法临帖练基本功，不仅提升了教师的技能，也丰富了教师的精神需要，陶冶了教师的性情；撰写教师个人幸福寄语，创造教师幸福微能量，营造校园幸福正能量……在遴选的 60 条教师幸福寄语中，教师对幸福的关注逐渐从物质层面上升到精神层面。如陈玉婷老师说："幸福很简单，就在课堂上学生闪亮的眸子里，就在活动中学生成长的心灵里，就在学生成功路上沉甸甸的收获里。"邱珍老师说："看着自己撒下的爱和知识的种子在学生的心田生根、发芽、开花、结果，就是教师最大的幸福……"在

"福泽"教育不断探索前行的征途上，越来越多的教师从平凡的教育教学生活中发现了微幸福，撰写了微感动并分享了自己的微快乐，展现了附小"幸福教师团队"的幸福风采。

（2）物质幸福点点滴滴暖师心

学校全面改善办公硬件，给予经费支持布置雅致个性化办公室，购买绿化盆栽，更新教师办公桌椅，为全体教师配备电脑。教师们享受着更便捷的数字化办公条件，享受着更舒适的办公环境，在学校得到尊重，幸福感油然而生；改建校门口商铺店面，购买健身运动器材，供教师闲暇之余运动健身，教师们崇尚的"健壮体魄、幸福工作"理念深入人心，不断带动越来越多的教师加入课余锻炼健身的行列。学校组建教工排球队、教工乒乓球队……教师们的身体素质得到了提高。教师更加关注个人卫生保健。在学校组织的教工体检活动中，全体教师积极参与，体检参与率100%，体检身体条件满意率超过80%；在开放的"幸福教师书吧"里，管理员周到考虑不同教师需要不定期购买各类点心和咖啡，让很多教师在学校里找到了家的感觉；教师购买专业书籍，学校给予一定程度报销，教师们不断感受到学校对其专业成长的物质支持，教学研究的劲头更足了；学校对教工家庭生活以及工资福利、评职称等都积极地给予关心，第一时间组织班子深入慰问困难教工，递上慰问金表达关爱之情；学校成文规定给50岁以上的教师减少课时数，减轻工作量，给学校离退、离休教师举办仪式，并授予学校荣誉、鲜花礼遇，让长期耕耘在一线的老教师更加感受到学校实实在在的照顾、关怀和敬意，教师的职业幸福感、归属感不断提升。

（3）理想幸福方方面面铸师魂

学校通过师魂工程，不断推出"附小榜样"，引导附小教师团队学有理想、赶有榜样，组建了一支优质的师资队伍。学校书记梁小宁是我市著名特级教师，曾获评"全国优秀教师""省中小学先进德育工作者""省中小学中青年学科带头人""省优秀教育工作者"。在社会享有很高声誉的他，被许多家长和同行称为"师德的表率、育人的楷模、教学的专家"！去年10月，他退休，学校授予他"杰出校友终身成就奖"。他捧着鲜花感慨万千地说："我深切地感受到附小是一个温暖幸福的大家庭，是一个为学生幸福人生奠基，追寻梦想的大课堂，是一个师生不断进步成长的大摇篮。我深深地爱着这所学校，我对附小有一种不可忘却的、深厚的、特殊的情怀。我虽然退休了，但我对附小的情怀永远不会'退休'，我和附小老师们的情谊永远不会'退休'。附小将是我一生永远的记忆。"他带动了附小一批中青年教师的成长成名，为附小做出杰出贡献。学校不断树立梁书记的榜样力量，并于前年12月邀请他回来讲学，讲学中洋溢的附小情怀深深地感染着附小教师。他的学术精神和学术风采成了广大教师前进的一盏明灯，鼓舞着大家更加坚定教育教学理想。在梁书记等一批"榜样"的带动和影响下，近年来，学校涌现出新生代中坚力量。2014年9月被评为高级教师的幸卫芳、杨乾妹，被授予"特级教师"荣誉称号的李春萍，她们都是"70后"的新生代，现在已经逐渐成为新一代名师；学校少先队总辅导员、三明市少先队兼职副总辅导员饶俪婷是"80后"的青年教师，去年4月参加福建省少先队兼职副总辅导员公开竞聘，从全省少先队总辅导员队伍中脱颖而出，光荣当选福建省少先队兼职副总辅导员，并作为福建省代表参加了全国第七届少代会，成为全市少先队工作的领军人物。今天，青年教师余晓微在全国小学英语课堂教学现场观摩活动中摘得一等奖和现场"最佳语音奖"。学校有一大批年轻教师敢于担当，正努力成为新生代的接班人。老师们沐浴着福泽教育的光辉，享受着专业成长带来的幸福与喜悦，展示了我校"实施福泽教育，成就幸福教师"的魅力风采。

3. "福泽"辐射家庭教育

学校充分发挥"专业引领"作用，将教育过程延伸到家庭，将理念渗透到家庭，将教育方法指导到家庭，将教育成效影响到家庭，为学生的健康幸福成长提供充分条件。许多学生在学校参加了"跳蚤书市""跳绳达人赛""家长百家讲坛"等活动后，带着喜悦的心情迫不及待地和家长分享。在他们的感召之下，许多家长开始自觉关注学校的"福泽"教育，登录学校网站，了解校园动态；自觉添加学校的微信公众号。学校微信公众号坚持教育正能量，推送原创和转载信息保证365天不间断，目前关注人数已超过3 000人，在全国新教育排行榜上，一直保持全国第五名。家长们特别关注学校推送的微信息，从丰富的微信息中了解学校动态、学习家教新理念，渐渐自觉参与"福泽"教育联盟，成为"福泽"事业的同盟者。

这学期的家长会上，学校给我们确定的交流主题中，居然会有"给孩子一份营养的早餐"的建议，这样贴心的教育理念着实让我感动。

就早餐这个话题来说，在信息发达、资源丰富、厨房用具便捷的今天，大米、小米、黑米、薏米等各种米，黄豆、黑豆、红豆、绿豆等各种豆，带预约功能的电饭锅、高压锅、蒸锅，甚至面包机都可以预约，做出健康美味的早餐本不该有任何问题，问题是怎样做出孩子喜欢吃的营养早餐。我个人有三个温馨小贴士和大家分享：

1. 要改变观念。如果觉得孩子在外面吃很方便，而全然没有顾及在外面就餐的卫生安全意识，那么你就没有动力给他做早餐，更何况是营养早餐。

2. 给选餐权利。晚上征求孩子对第二天早餐的意见，能做到的尽量满足，不能做到的要和孩子说清楚原因。

3. 营造用餐氛围。睡醒起床后，给孩子一个拥抱，告诉他美好的一天来了。一起坐在餐桌前，喝一杯温度刚好的开水，唤醒我们沉睡的胃肠。一起听听英语，或者聊聊他感兴趣的话题，心情愉悦地品味早餐。

孩子像一棵小树苗，在阳光雨露下正茁壮成长。我们作为孩子的父母，是孩子的第一教育人，应该像学校倡导的教育理念那样体贴入微，除了关心他们的学业，更要从呵护孩子的身心健康做起，从给孩子一份营养的早餐开始。所以，每当迎着朝阳，看着用完早餐后孩子背着书包和我说再见，我觉得美好的一天就从这里开始。

（摘自五年（1）班熊毅阳妈妈幸福家教故事）

两年来，学校 36 个班级都建立了家长委员会（简称"家委会"），并出台了《幸福附小家长公约》。在公约的引导下，家委会组织开展的亲子社会实践活动达到 100 多次，他们自觉和班主任联系沟通，抓住班级特点和学校活动需要共同致力于学生健康幸福成长的教育大计。有部分热心的家长已加入学校的"家长志愿者联盟"，他们常常在学校大扫除中忙前忙后，身体力行教孩子怎样做卫生；他们常常在运动会上跑前跑后，给运动场上的运动员递水鼓劲；他们认真准备，积极参与班级的家长讲坛活动，利用自己职业之便和个人特长为孩子带来丰富的"第二课堂"，为学校、为孩子们做一些力所能及的事。"家事、国事、天下事，事事关心"，我们的家长开始更加重视家庭教育，更加频繁地和老师沟通联系，表现出对"福泽"思想办幸福教育事业的极大支持和热情。在学校组织的"幸福家长寄语"活动中，广大家长积极参与并写下了他们对"福泽"思想下幸福教育愿景的期盼和祝福。

4."福泽"彰显社会和谐

学校充分发挥自身功能，积极参与和指导社区教育，以各种教育活动为依托实践服务社区、影响社区、辐射社区，为共同促进"文明三明、和谐三明、幸福三明"建设添砖加瓦。学校青年教师志愿者积极参与城市环保护绿行动；在以"端午粽香飘，社区邻里亲"为主题的社区活动中，学校接受一路社区举办的"好家风、好家训"故事会和精彩的端午节包粽子大赛邀请，选派部分教师和学生代表参加分享了各自的家风故事并获奖；学校组织书法教师和书法特长生走进一路社区，参与市书协举办的"邻里守望，情暖三明"写春联送祝福活动。学生们用自己的行动"福泽"社区、感恩社会，自觉成为"知三明、爱三明"的小小志愿者，广受群众好评；在得知我市血源紧张的情况下，学校积极组织"做孩子身边的榜样"的无偿献血活动，得到了广大教师和家长的支持。先后两天有90余位教师和家长积极参与献血献爱心活动。市献血站致信附小全体教师和家长，表达了由衷的感谢和敬意。2015年在江苏基地中心组织的新疆地区的考察学习中，我得知新疆兵团十四师皮山农场第二小学受地理环境等情况制约，图书对于当地孩子极为紧缺。我组织全体师生开展"同在蓝天下，共享一本书"的图书捐赠活动。3 000多本图书满载着附小师生的浓浓情谊，辗转3个多月于2016年3月9日抵达新疆兵团十四师皮山农场第二小学。"爱出者爱返，福往者福来。""福泽"引领师生做幸福的创造者和传递者，把"福泽"帮扶的共同守望的目光投向了边疆……学校影响力、知名度日渐提升；继之前中央电视台、福建电视台和《人民日报》《光明日报》《中国青年报》《福建日报》等媒体曾对学校特色办学多次进行报道后，近两年《中国教师报》《基础教育参考》《福建省基础教育研究》《三明日报》，三明电视台、省教育厅等媒体对学校"福泽"教育进行了多层面、多角度的宣传报道，引发了社会各界的广泛关注，并获得了广大家长与学生的高度肯定和社会的广泛好评。

5. "福泽"推动共同体发展

2014年11月，全国幸福学校共同体暨首届幸福学校论坛在杭州安吉路良渚实验学校召开。我校凭借较好的区域办学影响力和显著的办学成果荣幸成为第一届理事会成员之一。此次盛会召开与高端接轨，联动共享全国幸福学校共同体的优质资源，稳健地推动"福泽"教育的发展态势。开展结对帮扶活动，是落实教育公平，加强农村薄弱学校建设，缩小城乡教育差距，促进城乡教育均衡发展的重要举措。我作为教育部首期中小学名校长领航班培养人选，以"林启福名校长工作室"为依托，充分发挥龙头学校的示范、引领、带头作用，组织开展三明市首届小学校长办学思想报告，与梅列区第二实验小学、青山小学等6所同城化和小片区结对联盟学校开展"同城化小片区"教研活动，和周边乡镇开展"城乡手拉手"活动。近年来，学校共派出30余位优秀教师先后到大田县太华中心小学、三元区星桥中心小学、尤溪县东城中心小学等送教，大力开展结对帮扶活动，促进了100多位名师、校长跟岗助理的成长。我着力通过跟岗学习、名师带徒、送教送培、入校诊断、巡回讲学、教育思想报告会等多种方式，以实施"学校帮扶工程""教师帮扶工程"为载体，通过"设施帮扶""教学帮扶""德育帮扶""管理帮扶""活动帮扶"等多种路径，培养出一批有引领示范作用的骨干校长团队，用"高速"火车头带动同城化、小片区兄弟学校和薄弱学校又好又快地发展，将我校福泽教育的理念及优质课带到各校，为当地学校带来了新层次的学科教学理念和方法，对当地教师课堂教学能力的提升起到了较大的作用，充分发挥了学校市区优质教育资源的辐射作用，将"福泽"思想的理念影响到结对联盟学校，促进了城乡教育优质均衡发展。

教育人愿景——"福泽"教育思考与展望

著名的教育家乌申斯基说："教育的主要目的在于使学生获得幸福。"教育即幸福，"福泽"教育既是一个意义深远的哲学命题，也是一项内涵丰富的责任使命。感谢"福泽"，感谢教育，让附小人有幸站在"人"的高度，关注"人"的成长，成就"人"的发展，实现"人"的价值，为学生的幸福成长带来可能，带来机会。我们幸福的共同愿景指出，要让每一个学生都得到发展，每一个学生都得到满足和尊重。实际上，我们远远没有做到，"创造适合每一个学生的教育"永远只是理想。我们从学生发展出发，回归教育本真，去追寻理想的教育，践行我们的责任和事业，但真理永远不可能被穷尽，幸福教育也总会有缺憾。

短短两年多的时间，"福泽"教育在学校落地生根。"福泽"教育是富有情感的，是丰润的，是因人而异的。但客观地说，我们对"福泽"办学的思考和实践还是肤浅的，存在以下问题：

第一，学校治理方面，如何建立以共同愿景为核心、以制度体系为框架、以规则程序为纽带的学校运行机制，深入推进具有我校特色的幸福教育？

第二，师资建设方面，如何培养一支结构合理、素质优良、专业精湛又具有幸福感的师资队伍，特别是教师如何继承学校优良传统又具有当代教育研究精神和教育革新能力？

第三，课程建设方面，怎样结合学校传统与优势，挖掘校内外教育资源，努力开发出体现我校办学特色的校本课程，促进学生全面与可持续发展？

第四，德育活动方面，开展"幸福七色花"年级特色活动，如何将传统美德教育和现代公民素养教育有机融合？

第五，好习惯教育方面，如何建立小学生一年级到六年级科学完整的习惯体系？如何开展家校合作，推进好习惯教育六年一贯制养成？

第六，名校长工作室建设方面，如何协调不同地区之间、校与校之间的联系，践行教育家办学的理念，形成区域的辐射、示范及引领作用？

站在学生的视角采取适合学生成长的基础教育模式，走出一条具有现代教育理念、富有大爱情怀的办学之路，成为我矢志不渝的办学理想。2016年，明晰办学路径，全面开展幸福教育"四轮驱动"工程；2017年，积累幸福教育的经验和初步成果；2018年，幸福教育理念成为共同的自觉行动。教师团队建设更加和谐，制度进一步健全、规范，幸福文化氛围更加浓郁，学校办学条件进一步优化；"四生"幸福课堂探索取得明显成效，"幸福七色花"体验教育更加丰富，幸福大课堂形成学校校本课程特色，幸福教育品牌特色更加凸显，学生成长更加幸福。我要看到在"福泽"教育下，教师尊重学生，走进学生的心里，呵护学生，激发个体的潜能，让会飞的学生飞起来，会跑的学生跑起来，只能慢慢走的学生也幸福地走起来；举众人智慧办成三明基础教育的窗口学校，发挥示范、辐射作用，逐步成为福建省知名学校、全国有名学校。

大道至简，行者无疆。仰望未来的星空，我将坚定探索前行的步伐，坚持"福泽"教育观，做一个"福泽"师生、"福泽"学校、"福泽"家长和"福泽"社会的好校长，在幸福的校园里携手幸福的教师"福泽"幸福的学生，让学校成为一个幸福的地方，让每一个学生真正做幸福的人！

力行"适合教育"

——江苏南京天正小学王九红的教育思想

"适合教育"的背景与理解

一、"适合教育"的背景

2010 年，《国家中长期教育改革和发展规划纲要（2010—2020 年)》首次明确提出"尊重教育规律和学生身心发展规律，为每个学生提供适合的教育"。《中学教师专业标准（试行)》与《小学教师专业标准（试行)》也明确要求，中小学要努力提供适合的教育，促进中小学生生动活泼学习、健康快乐成长；《义务教育学校校长专业标准（试行)》也指出，要全面实施素质教育，为每个学生提供适合的教育，促进学生生动活泼的发展。

江苏省教育厅葛道凯厅长站在教育管理者的视角，认为"适合的教育"是"以人民为中心"的教育发展思想、"以人为本"教育思想的另外一个角度的体现，是素质教育另一个角度的体现，也是因材施教的另外一种表述。对政府来说，要发展"适合的教育"；对学校来说，要提供"适合的教育"；对学生与家长来说，要选择"适合的教育"；对社会来说，要支持参与"适合的教育"。①

二、"适合的教育"研究现状

当前"适合的教育"的研究主要涉及三个方面，即"适合的教育"何谓？为何？何为？

"适合的教育"何谓？冯建军、刘霞认为，"适合的教育"，首先是合乎人性的教育，其次是适合学生群体特征的教育，再次是适合学生个体独特性的教育。② 张新平认为，"适合的教育"是国家教育意志的新表达、以生为本理念的具体化、教育管理的新思维。③

"适合的教育"为何？首先，"适合的教育"乃公平的教育所必需；其次，"适合的教育"是教育多样性发展之必然，而"不适合的教育"则会带来"不适合之痛"，导致"童年的忙碌、恐慌以致消逝"；最后，新的学习理论及教育信息技术理论为"适合的教育"提出了要求并提供了支撑。④

"适合的教育"何为？马健生、李洋认为，"为每个学生提供适合的教育"的含义模糊不清，无法实践。它应该转化而表述为"为每个学生提供可选择的丰富课程"。在物质丰富时代，政府也有意愿为教育投入大量资源的条件下，学校应该而且能够打造"课程超市"，实行选修制与学分制，丰富教学方法，改变评价方

---

① 葛道凯. 适合的教育：江苏教育的当下期待 [J]. 江苏教育，2017 (50).

② 冯建军，刘霞. "适合的教育"：内涵、困境与路径选择 [J]. 南京社会科学，2017 (11).

③ 张新平. 何谓"适合的教育" [J]. 基础教育论坛，2017 (24).

④ 成尚荣. 为每个学生提供适合的教育 [J]. 人民教育，2010 (20).

式，从而把选择的主动权交付给学生，由学生选择适合自身需求的课程组合，真正促进学生个体优势素养与基础素养的发展。①

冯建军、刘霞认为，班级授课制是"适合的教育"的制约因素，阻碍着"适合的教育"的实施，但并不由此否定和废除班级授课制。我们只能在班级授课制的框架下进行改革，寻求可行的出路，包括确立"以学生为本"的理念，建立基本标准和多样统一的教育制度，进行课程、教学和评价的改革，凸显个性的差异。②

成尚荣认为，适合的教育是一个多类型、多层次的结构，存在多维度的适合的教育，但有一个共同的核心思想和原则：因材施教。适合的教育不只是适应的教育，而是基于适应的促进学生更好发展的教育。适合的教育不是给予学生的教育，而是师生共同创造出来的教育。其载体是课程、教学改革，应当以增强选择性为重点，推动课程和教学改革。③ 张新平认为，"适合的教育"要从理想愿景转化为现实存在，当下特别紧要的就是要做好与之相匹配的学校文化营建工作。只有构建起真正平等对待每一位学生的学校文化，切实尊重每一位学生的不同特点和禀赋，在学校集体生活中积极创建让每一位学生都能获得需要满足和成功体验的教育环境，欣赏每一位学生的差异，高度包容学生的表现，"适合的教育"才可能走进和融入学校的日常生活，成为办学、管校、

---

①马健生，李洋. 为每个学生提供适合的教育：何以不可能或何以可能——基于课程的教育功能的分析［J］. 北京师范大学学报（社会科学版），2016（06）.

②冯建军，刘霞. "适合的教育"：内涵、困境与路径选择［J］. 南京社会科学，2017（11）.

③成尚荣. 适合的教育：要义与要点——一种框架性的思考［J］. 江苏教育，2017（50）.

施教的灵魂和主旨追求。①

综上所述，虽然"适合的教育"概念提出已近 10 年，但当前学界对"适合的教育"的研究还处于起步阶段，无论理论和实践都有待深入。所论主要停留于学理辨析和推演，一线的实践行为还较少，尤其是微观层面，一线学校和教师的实践研究更是缺乏。

天正小学"适合教育"思想的凝练

一、天正小学的发展历程

南京市天正小学建成于 2007 年 9 月 3 日。当时有 8 名教师，招收了 68 名一年级新生，以后逐年招生。至 2012 年，天正小学有了六年级，成为一所"完小"。

天正小学是南京市天正置业有限公司开发住宅小区配套建设的小学。小区地处南京市中央门地区，站在小区屋顶可以俯瞰玄武湖，故名"天正湖滨"。为了确保小区开发成功，引进了名校——南京市琅琊路小学，将天正小学作为其分校。琅琊路小学几十年如一日地实施"小主人"教育。《小主人教育：小主人教育的实践范式》荣获江苏省首届基础教育教学成果特等奖。《小主人教育：一体化课程与教学改革探索三十年》被评为首届中国基础教育教学成果一等奖。这样的办学背景使得天正小学在建校伊始就具有了优秀的学校教育思想的基因和高品质的学校发展定位。

在全体天正人的努力下，在不长的时间里，天正小学得到了迅猛发展。现在学校有学生 1 500 余人，教师 81 人。2014 年 11

①张新平．"适合的教育"与学校文化营建［J］．基础教育论坛，2017（09）．

月 24 日至 25 日，鼓楼区人民政府教育督导室对我校进行了素质教育督导考核。通过听取学校自评汇报，察看校容校貌、教育设施设备，观看升旗仪式、学生大课间活动、社团活动特色展演，随堂听课，教师访谈，师生家长座谈，问卷调查，听取社区友邻单位代表意见，相关学科学生素质测试，数学教师基本功测试，查阅相关资料等，鼓楼区人民政府教育督导室对学校素质教育情况进行考核，做出了《关于对南京市天正小学素质教育督导考核报告》，肯定了四条主要成绩：规范办学，教育理念鲜明，办学成效显现；聚焦课堂，教学管理规范，科研引领发展；立足校本，创新育人模式，推进素质教育；优化队伍，加强师德建设，促进专业成长。督导考核总分为 150 分，我校获得了 145.5 分。

现在，天正小学已经成为一所老百姓和政府信得过的优质学校。学校自 2014 年起至今已连续四年面向社会进行电脑派位招生，2018 年参加派位人数与派中比例大约为 20∶1。2016 年，学校被评为南京市文明单位、江苏省文明校园。

二、天正小学"适合教育"思想的凝练

首任校长谢晓富在传承本部优秀教育思想的基础上，提出了天正小学个性化的教育理念——"童心即天，爱心至正"。将儿童天性、儿童身心成长的规律视为天，老师是长大了的儿童，要保持童心，用自己至正的爱关心每一个儿童。作为一种推动，学校于 2011 年申请并立项了江苏省教育科学"十二五"规划课题《适合教育理念下的学校童心文化构建的实践研究》。课题在现任校长王九红的主持下，经过 5 年的研究于 2015 年结题。这一课题的研究开启了天正小学"适合教育"的历程。

由于天正小学是一所新建学校，所以《适合教育理念下的学

校童心文化构建的实践研究》内容主要围绕学校精神文化、课程教学文化、管理文化和校园物质文化等方面进行。其中学校精神文化的构建则是首要且重要的任务。我们将"适合教育"的理念与琅琊路小学"三个小主人"的办学思想和天正集团南京置业有限公司"天道酬正"的企业文化精髓相结合，系统构建了童心文化的体系——一训四风。

校训：敬天·正人。校风：行止有章，思想无疆。教风：诲人不倦，研究不辍。学风：自主勤奋，善思乐学。政风：天道酬勤，平心持正。

以这个体系为框架，我们逐步展开了教师文化、学生文化、干部文化、班级文化、校园物质文化、学校开放文化等学校文化建设的实践。学校初步实现了"校园美丽，生活幸福；人才辈出，桃李芬芳；名师云集，学术品味；南京一流，全省知名"的发展愿景。

2016年课题结题以后，王九红校长撰写了《一所新学校的文化崛起》一书，系统梳理和反思了天正小学在"适合教育"理念下进行学校童心文化建设的历程。该书作为天正小学十周年校庆的献礼正式出版发行，并被评为江苏省2018年教育科研成果三等奖。

正是这一研究历程和反思，我们对"适合教育"有了更为深刻的认识："适合教育"是中国教育传统中因材施教教育思想在新时期素质教育中的发展，"适合教育"是促进每一位学生全面、和谐和可持续发展的教育。因此，"适合教育"是先进的教育，具有强大的生命力和长远的发展前景。我们由此明确并坚定了走"适合教育"道路的信念。

2017年，天正小学由王九红校长和袁晶副校长共同主持申报并立项了南京市"十三五"教育规划立项课题《适合教育理念下学校章程修订的研究》，这是天正小学从学校管理制度层面对适合教育进行的探索。

2018 年，天正小学王九红校长作为主持人申请立项了江苏省"十三五"教育规划立项课题《适合教育理念下小学教师教学智慧发展的研究》，这是天正小学从教师教学的层面开展的适合教育的研究。

天正小学"适合教育"的实践

不同的研究者站在各自的视角给予"适合的教育"不同的理解，站在一线教师的角度，我们对"适合的教育"做如下理解：

首先，从对象上说，适合的教育是指适合学生的教育。此处所指的学生不仅指学生群体，还特别强调"每个"，即要适合全部学生中的每一个学生，要兼顾共性和个性的需要。其次，从目的上说，"适合的教育"是指促进学生发展的教育，不仅要适合学生当前的发展，还要为其今后的人生发展奠基。进一步来说，学生的发展不仅要满足其自身的发展，还应符合社会发展的需要。

纵观天正小学"适合教育"的探索历程，经历了三个阶段：适合学生发展的学校童心文化建设阶段，适合每一位学生规范而个性化发展的学校制度建设阶段，为学生提供可选择的课程和教学智慧研究阶段。

一、树立"童心即天，爱心至正"的教育理念

学校建校伊始就确立了"童心即天，爱心至正"办学理念，开展童心教育。明朝李贽《童心说》："夫童心者，绝假纯真，最

初一念之本心也。"这个"最初一念之本心"最为纯真，最富有创造精神。童心"绝假"，一就是一，二就是二，不能容忍一丝一毫的虚假。童心具有旺盛的生命成长力，无限的创造力。教育的目的就是要教人求真，促进人的创造力发展，所以童心即天是我们的教育价值与目的。童心需要我们的悉心呵护。这种呵护首先体现为要遵循儿童的身心成长规律，其次体现在教师要包容儿童成长过程中出现的各种问题。教师要将这两点做到位，教师就不能居高临下地提要求，做指导，而是要做"长大了的儿童"，要保持童心，从儿童的角度来思考问题。对儿童的爱要富有智慧，要至正——用无差别的爱关心每一个儿童。

2011年，为了进一步推动学校的发展，我们在总结前期办学探索的基础上提出了"适合教育"概念，欲以课题研究为抓手，开展相关研究。2012年2月，我们针对申请立项的江苏省教育科学"十二五"规划课题《适合教育理念下的学校童心文化构建的实践研究》召开开题论证会。专家们的指导进一步加深了我们对"适合教育"理念和童心文化的理解，明确了童心文化建设的具体方式。课题经过5年的研究，于2015年10月顺利结题。

在这一课题的研究过程中，"适合童心"这一班级文化建设主题被凝练出来。在结题会上，子课题《适合教育理念下的学校班级童心文化建设》汇报得到了专家们的高度好评。2017年6月暑假前夕，学校召开了"天正小学班级文化建设研讨会"，会上提出了天正小学班级文化建设的14个问题。全体班主任、教师参与会议，大家畅所欲言，谈了自己对班级文化建设的理解，回顾了自己班级文化建设的行动。本次研讨会第一次在学校层面上提出了天正班级文化的特色与共性问题，正式提出"适合童心"这一班级文化建设的核心价值观。

班级的文化环境对儿童的成长具有很大作用。"适合童心"作为天正班级文化的价值追求和建设路径有以下五层含义。

了解童心：教师要了解班级学生身心特点和发展规律，以便因材施教，有针对性地进行班级文化建设。

尊重童心：在人格上教师要与学生平等，尊重每一位学生。教师要宽容学生，包容差异，长善救失。

适合童心：尊重儿童身心成长规律，采用适合儿童的思维方式与接受能力的教育教学方法，建设儿童舒适生活的物质文化和人格健全发展的精神文化体系。

引领童心：在价值观上要以中华民族优秀传统文化和社会主义核心价值观引领学生，帮助他们树立正确的价值观、人生观。

成长童心：要关心每一个学生，不让一个人掉队；要扬长补短，促进学生全面发展；身心兼顾，知情意行统一；立足当下，放眼长远，杜绝急功近利之举，使学生成长为正直的人，富有正义感的人。

二、建设"行止有章，思想无疆"的学生文化

适合每一个学生不是放任学生，"适合的教育"要给学生一定的规约。适合的教育要处理好学生自由与规约的关系，具体而言就是，学生的行为应有章法，思想应该解放。

1. "行止有章，思想无疆"的提出

培养什么样的学生？这是每一所学校校长和老师都要明确回答的问题。宏观上，我们有党和国家明确的培养目标。《中华人民共和国义务教育法（2015 年修正)》第一章第三条明确指出：义务教育必须贯彻国家的教育方针，实施素质教育，提高教育质量，使适龄儿童、少年在品德、智力、体质等方面全面发展，为培养

有理想、有道德、有文化、有纪律的社会主义建设者和接班人奠定基础。显然，"有理想、有道德、有文化、有纪律的社会主义建设者和接班人"就是我们中小学校学生的培养目标的总体描述。具体到每一所学校，对此可以也应该进行自己学校的个性化解读和操作化描述。就天正小学而言，就是培养"行止有章，思想无疆"的学生。

从天正小学的"天·正"文化话语体系看，"天"就是要顺应儿童的天性，释放其无穷的活力、天马行空的想象力——思想无疆。"正"就是指学生的行为要正，不偏不倚，符合规范，富有章法——行止有章。

2. "行止有章，思想无疆"解读

"行止有章，思想无疆"是从学生外在行为和内在心理两个方面来描述天正学生所应追求的状态。前者讲规矩，后者求自由，两者有机统一。

行止有章。时下有一种观点，那就是认为我们中国的学校管得太严，统得过死，学生身心受到的约束太多。例如上课要双手背后坐得笔直，不得喝水，不得任意走动，不得插话，未经教师允许即使大小便急了也不能自行上厕所……远远不及国外学校的管理，学生根本不需要坐得笔直，怎么坐都可以，甚至可以任意趴着；老师也不端着架子，也不讲究什么教态。我们就是太拘泥于规矩和形式，严重地伤害了学生的创造力发展……客观地说这种观点有一定的道理，但是深究起来我们会发现其有主观臆断性。首先，它忽视了中国情。我们的绝大多数学校的班额都在四五十人以上，这和国外的十几、二十几人的小班额情况大不相同。在发言总量一定的情况下，小班额学生会有更多的机会发表自己的见解，而大班额的学生则没有办法都有机会发言。相应地，教师的教学方式就没有办法较多地使用讨论法、探究法，而会更多地采用讲授法、练习法。对于学生密度较大的学校而言，学生规范的行为是一种必要，有助于减少相互之间的碰撞次数。

其次，将行为自由和思想、精神自由混为一谈。人的行为固然与思想、精神相关联，然而两者并不是简单的一致。行为自由之人思想和精神不一定解放，行为不自由之人的思想和精神未必就不能自主。

我们所说的是行为举止要有章法，不能乱来，但不是绝对地不准自由行动。这里的"章"有着多重含义。首先是人类主流的价值观和道德规范。具体为中华民族传统的美德和社会主义核心价值观。其次是国家的法律制度、小学生道德规范和行为准则。再次是天正小学的各种规章制度。

"思想"一词具有动词和名词两种词性。前者指的是人大脑的思维活动，后者指这种活动的内容或产物。从小学教育的角度看，前者是我们更为看重的。因为它是"渔"，只要有了捕鱼的能力，何愁捕不到鱼呢？基于动词词性的理解，我们对"思想无疆"做如下阐述：学生的思维活动应该活跃，各种奇思妙想值得表扬，平淡无奇的观点应予以肯定，离经叛道的想法也应包容和引导；学生的想象要大胆，可以上天入地纵横驰骋，也可以荒诞不经不受约束。

思想无疆就是思维要自由，想象无界限。要有自己的独立人格，敢于坚持真理。在这里，我们要避免一个误区，即将思想一词狭隘地理解为意识形态的思想——政治思想。

3. "行止有章，思想无疆"学生文化建设

"行止有章，思想无疆"是从学生外在行为和内在思想两个方面为学生文化建设定的标准，而贯穿这一标准之中的则是学生的

自主性。学生主动参与其建设，为实现这一目标而努力，并由此形成了"行止有章，思想无疆"的自主自觉性。之所以提倡这种自主性，既是学生是学生文化建设的主体的角色定位，也是本部琅琊路小学"三个小主人"办学目标在天正小学文化建设上的自然反映。

天正小学学生自主管理是分层来落实的，主要分为全校层面的"自主管理，自我服务"和班级层面的"人人有事干，事事有人干"。

首先，校级层面：自主管理，自我服务。校级层面的自主管理包含三个部分：大队部管理、小能手岗位和志愿者服务。

大队委岗位及职责：

大队长（1人）：统领大队委所有工作（监督岗、国旗班、广播站等）及主抓学习部的工作，召集并主持队委会、中队长联席会，负责组织制订工作计划和进行工作总结，负责上传下达及检查决议执行情况，帮助并领导中队长做好中队工作，负责组织大队活动，召开队员大会，主持"队长学校"，培训积极分子，和副大队长、学习部共同承担学校少先队大活动新闻稿的撰写。

副大队长（3人）：负责协助大队长进行工作，和大队长共同承担学校少先队大活动新闻稿的撰写。一名副大队长负责学习部、宣传部开展工作，具体分管少先队活动课的指导与检查，红领巾广播（录稿、播音、检查收听）等工作；一名副大队长负责组织部、文体部开展工作，具体分管国旗班、升旗手及体育大课间等方面工作；一名副大队长负责纪检部、卫生部开展工作，分管红领巾监督岗（岗前培训，常规统计公布、流动红旗颁发）、全校卫生大扫除、突击性卫生检查，卫生小标兵评比工作。

学习部（2人）：领导各中队学习委员，负责开展各种科技活动、知识性活动，各科学习竞赛和智力竞赛活动；负责组织学习经验交流，反映队员学习上的建议和要求。负责每周五下午第一节课少先队活动课的指导、检查反馈，负责队刊队报的订阅和发放工作。

宣传部（2人）：领导各中队宣传委员，负责组织大队红领巾广播、宣传栏更新等宣传阵地工作；负责向校内外的宣传媒体投稿宣传本校的一些大事及本校少先队活动；负责向本校队员宣传国内外大事，宣传少先队的好人好事等；负责督促检查各中队墙报；负责发展、培训广播站通讯员、编辑和播音员，发动各中队踊跃投稿，利用校电子展示大屏和广播向全校师生宣传校园里的一些大事、宣传少先队活动，增长队员见识及丰富队员的校园生活。

组织部（2人）：领导各中队组织委员，负责少先队的组织发展工作，负责管理和训练学校每周一升旗仪式的相关内容。（提前一周通知相关班级，周四、周五中午组织升旗手训练、主持人讲话内容训练、指挥手训练等）

文体部（2人）：领导各中队文娱委员，负责组织大队的文化娱乐活动，向中队及广播站推荐好的歌曲、舞蹈和游戏；领导各中队体育委员，负责组织大队体育游戏和体育活动，协助体育老师进行大型集会及运动会的进退场秩序维持、场地安排和一些组织工作；负责各中队大课间及课间游戏的组织和监督工作，负责学校广播音响系统的控制工作。

纪检部（2人）：领导红领巾礼仪监督岗小卫士工作，每周四中午进行岗前培训，每日检查笑脸墙的更换工作，周末统计一周各班常规情况，制作PPT并上传校电子大屏公示。月末评选常规流动红旗，做好常规检查各项表格的整理归档工作。

卫生部（2人）：领导各中队卫生委员，检查督促学校卫生工作和卫生宣传工作，协助卫生老师和环保小卫士做好卫生文明班检查评比工作，做好队员的劳动教育和自我服务的宣传工作。

小能手岗位：

小小摄影师：掌握摄影、摄像技能，会处理图片、视频，能独立完成学校各类活动的摄影、摄像任务。

小小讲坛主：紧密围绕小学生关注的兴趣点进行备课，制作课件，可个人或团队授课。

小小模型师：掌握"三模"制作技能，会独立制作"三模"，学生竞赛成绩在市内处于领先地位，并成为科技特色项目。

小小班主任：协助本班或手拉手结对班级的班主任老师进行班级管理。

小小主持人：会主持，掌握采访、拍摄基本技能，会正确使用录音笔，能独立完成学生活动的采访任务，负责校内广播系统播放。

小小科学家：培养科技素养，提高科技创新能力，金钥匙等重要科技竞赛成绩在区内领先，在市内有一点影响力。

小小接待员：学校大型活动的签到、导引、参观解说。

小小指挥手：有较强音乐表现能力，掌握十首乐曲指挥动作，每学期至少担任一次升旗仪式的指挥。

小小督查员：检查督促全校一日常规情况，按要求通报检查结果。

小小书法家：了解中华书法传统文化，掌握书法的基本技能，提高书法书写能力，争取在区内各项比赛中获得好成绩，软笔书法、硬笔书法、校刊刊头、国旗下讲话主题语书写。

志愿者服务：

在四、五、六年级学生中招募有责任心、能安排好自己的时间、热心为大家服务的志愿者。

图书馆志愿者服务内容：

在门口检查借书的同学是否持有借书证，收集要归还的图书；

将图书扫码归还或借阅；

整理出条码破损、书页破损的书籍待修补；

指导借书的同学文明借阅，遵守图书馆规定；

架上图书整理。

保洁志愿者服务内容：

分包走廊无纸屑、无树叶、无灰尘（晨检要求：早上所有门前长廊务必拖干净）；

中午吃完饭，巡查地面、班级门口是否打扫，主要做好督促工作（墙面、门窗必擦）；

放学后，确保分包室内外地面干净，桌椅整齐，讲台、黑板干净。

其次，班级层面：人人有事干，事事有人干。

班主任小助理：协助班主任管理班级各项工作。

值日小班长：提前 10 分钟到校，推迟 15 分钟离校；负责当天班里的全面管理；每天放学后将班务日志填写好向班主任汇报。

文明小礼仪：提前 10 分钟到校；监督同学们每时每刻的仪表；登记漏戴或不戴红领巾、不穿校服的同学，交给值日队长进行扣分。

卫生小白鸽：提前 10 分钟到校，负责教室的全天保洁，课间到保洁区督促同学捡地上垃圾，记录好乱扔垃圾的学生名单。

安全小保卫：随时监督班级有无打闹现象，当出现状况时要主动及时地劝说或调解；做好课间的监督及管理；按时做好记录。

学习小标兵：课前找任课老师询问需要做哪些准备；监督小

组长完成任务；收发作业；分别负责管理好各学科的早读，并适时地带读。

文娱小百灵：负责课前起音唱歌和班里其他的文娱生活。

就餐小营养：负责分餐，领发牛奶、水果，回收奶盒、果皮等。

节能小天使：负责教室风扇、电灯、电脑的开关；学生不在本班教室上课时，应做到人走关灯、关风扇，杜绝无人灯、晴天灯等。

图书小管理：负责捐书、借书、还书的登记工作，确保图书数量；整理班级图书，保证书柜的美观。

黑板小设计：负责每个月出好黑板报。

护绿小卫士：负责植物角的管理，及时浇水、换水等。

物品小邮递：负责每天第二节课下到校传达室班级指定位置取回班级征订的杂志和家长送至学校学生遗留在家的文具、书籍，负责收集大课间、体育课遗留在本班场地上的衣物。

三、开发可供选择的丰富多彩的校本课程

2007 年建校伊始，学校在保质保量地完成国家课程计划的情况下开始了校本课程的开发工作，逐步形成了丰富多彩的社团活动。学校每学期开设近 60 个社团，确保全校每一名学生都至少参加一个社团。每周三下午学校不安排学科教学，全部用来开展社团活动。天正小学的社团主要有以下四个板块：

学科拓展类：儿歌、小小故事会、童话、小书虫俱乐部；趣味数学；小小阅读班；数学思维训练 1、2、3、4；数海探航 1、2、3、4；魔方；英语绘本赏析；剑桥英语考级等。

体育类：橄榄球、美式篮球训练营；足球 1、2；少儿拉丁

舞；空竹，轮滑1、2；少儿太极拳、击剑、武术、健美操等。

艺术类：创意纸浆画；摹画大师；硬笔书法；舞蹈；合唱团1、2；管乐团；手工作品制作；轻质黏土制作；小小奥斯卡；儿童影视作品欣赏；影视绘画等。

科技类：简易机械创意制作；车模；空模；创客空间；3D打印；激光雕刻；电脑绘画；电脑编程等。

这些社团活动经过几年的发展和完善，其中的一些社团逐步编制出较为系统的课程内容和实施计划。学校对这些社团内容进行精选，将"春天里采来的花瓣——天正小学儿歌、诗歌、小古文集""数学错题集""橄动天正——天正小学简易式橄榄球校本课程""创意纸浆画""创意科技与机器人模型制作教程"和新东方儿童英语（低年级）和苏教国际外教英语（中高年级）、合唱团和管乐演唱、演奏曲目等一些较为成熟的校本课程内容有计划地融入学校的语文、数学、体育、美术、科学、英语、音乐等国家课程计划规定的教学内容体系之中，形成独具天正小学特色的教学内容体系。

在2014年鼓楼区审查通过并公布的校本课程名录中，我校的"春天里采来的花瓣——天正小学儿歌集""创意纸浆画""简易科技模型制作教程"名列其中。2014年以后，我们又新增了"春天里采来的花瓣——天正小学诗歌集""春天里采来的花瓣——天正小学小古文集""橄动天正——天正小学简易式橄榄球校本课程""创意科技与机器人模型制作教程"与"走进神奇的3D打印世界"课程。这些校本课程都经过专家的论证，通过区教研室的批准。其中，三本课程教材正式出版发行。这些校本课程不仅在内容上自成体系，有利于促进学生的个性发展，还成为"我课堂"内容体系建设的有机构成。

四、教师教育智慧的发展是"适合教育"的保障

从当前教师工作的实际情况看，保质保量地完成国家课程是教师的主要职责。要在教学中促进每一位学生的发展，就需要教师能够根据每一位学生所处的具体的情况，因材施教，随机应变，拥有教学的智慧。

1. 教师要拥有教学智慧

随着自主、合作、探究的学习方式在课堂中的份额日益增加，师生之间的互动不断增加，教学中生成性事件不断增多，愈发需要教师以丰富的教学智慧来应对。

首先是课程与教学论原理语境中的教学智慧。这是剥离了语文、数学、科学等具体学科知识及其教学特点的教学智慧，是普适性的教学智慧。其研究的是普遍的原理和一般的发展策略。其次是综合课程语境中的教学智慧。它研究的是教师教学综合课程的教学智慧。最后是具体学科的教学智慧——学科课程语境中的教学智慧，这种教学智慧因各种学科的特点而充满各种学科的味。当前我国小学课程以分科课程为主，在这种情况下，教师的学科教学智慧无疑是教师基础和核心的专业素养。

具体而言，学科教学智慧就是教师依据自己的教学观念，对学生所要学习的学科知识进行转化，使之成为让学生能更好学习的知识形态的能力。这种能力是一种高级的综合能力，是教师整合了知识、经验、情感和信念等多种因素之后，融通而成的一种实践智慧，是为了实现正当的目的而实施恰当行为的能力。

教师对学科知识进行转化的行为在实际教学实践中表现为两个阶段：第一阶段是教师面对着设想的学生进行教学，其转化表现为教师将教材形态的学科知识内容转化为预设的易于学生学习

的知识形态。这是一个教学设计的过程，教学智慧体现为一种设计智谋。第二阶段是教师面对真实的学生进行教学，其转化是指上一阶段教师"加工"出的知识形态遭遇学生的学习活动时，可能会出现各种复杂的情况，教师就此进行及时的判断、决策和行动以适应学生的学习。在此阶段，教学智慧体现为一种教学现场的调适机智，它集中体现了教学智慧的意蕴。

2. 关于教学智慧

进入 21 世纪，我国教师及其教学研究出现了一个新热点——教学智慧研究，这是实践和理论两方面因素共同作用的结果。实践上，我国新课程改革倡导建构主义教学理念，强调学生学习中的自主建构，重视课堂上师生双方的积极互动。课堂教学生成性的增强，引起了教师对教学智慧的重视。理论上，20 世纪 80 年代国际教师研究旨趣转向教师实践，实践知识、学科教学知识和反思性实践者等研究领域兴起。这一研究热潮流入我国，与中华民族崇尚智慧文化和追求教无定法、运用之妙存乎一心的教学传统文化相结合，引发出"教学智慧"这一具有浓郁中国文化韵味的研究热点。

纵观"教学智慧"的研究，呈现"两极化"的倾向，即理论界的研究主要围绕概念内涵、特征、分类和养成等方面进行，探讨的是剥离了学科特点的基本原理、规律和普适性的发展策略。与此同时，实践界的广大一线教师也在进行着学科教学智慧的探索，而这种探索往往局限于经验的归纳，缺少理论的指引。因此，消弭"两极化"，在理论的指引下，进行各学科教学智慧的实践研究，改进一线教师的工作，探索各学科教学智慧发展的规律，促进学科教师的专业发展，是当前教学智慧研究的重点所在。

3. "适合教育"理念下的教师教学智慧的发展

教学智慧研究兴起于新课程改革，新课改提倡的"自主、合作、探究"学习方式既引发了教学智慧研究热，也规定了教学智慧研究的旨趣和方式。即既有的教学智慧研究重视的是通过教师的教学智慧发展，顺应和推动"自主、合作、探究"学习方式的实施，其实质是一种教学方式的变革。从这个意义上来说，既有的教学智慧研究的是一种基于教学方式变革的被动性的应对行为，并没有从关注学生主体个性化发展的角度来进行。因此，从适合每个学生的角度来进行教学智慧的研究，是对此前教学智慧研究的一次提升，它更加凸显了教学智慧的学生发展价值，也可以说是对因材施教这一教学思想传统的回归。这是从促进学生个性化发展的目的出发主动采取的行为，教学智慧是实现这一目的的一种有效方式。不仅如此，"适合教育"理念下的教学智慧研究也是对教师职业幸福感提升的一种有效方式，教学智慧可以为教师赋权增能，使教师提高教学效能，摆脱繁杂枯燥的劳动负担，从容应对教学场景中的各种复杂问题，进入到自由幸福的职业状态之中。

幸福教育

山西晋中高等师范专科学校①郭长安

　　教育是一项思想活动，思想决定行动，有什么样的教育思想，就会有什么样的教育实践。只有把握正确的思想航向，教育实践的价值才能够真正实现。而思想的形成又需要一个过程。很多鲜活的教育思想正是在实践的土壤中孕育萌发、潜滋暗长。

　　有专家说过："童年的快乐是会为人一生的幸福奠定基础的；不快乐的童年会为人未来积淀下痛苦与悲伤。同时，童年又不只是玩，也不只是快乐，还是成长中的生命，所以，要尊重儿童的生命主体意识，开发蕴藏在他们身上的巨大发展潜能。人只有一个童年，童年生命成长的快慢与优劣，不只是显现于当下，更会影响到未来。"

　　所以，学校教育应关爱好每个生命，更要发展好每个生命，尤其是关注好每个学生生命成长中的点点滴滴。"学生的心灵需求是我们教育的第一信号！"学校的价值就在于满足学生健康发展的需要，让学生体验到成长的喜悦，人格上健全发展，学习上潜力显现，心理上个性张扬，身体上体魄强壮。在大课堂里有效学习，在学校中健康生活，从小让学生体验、感悟幸福，为他们正确的

---

①山西晋中高等师范专科学校附属学校，简称"高师附校"。

价值观念体系的确立、科学的人生观的形成奠定无可替代的基础。

作为一所"九年一贯制"学校，九年的校园生活，将给学生打下怎样的人生底色？我们的选择是：为学生的一生储备幸福。

"幸福教育"的孕育

我常常想：教育的目的究竟是什么？

每当想到这个问题，我就不由得想到作家张晓风。一次她送儿子去学校，当儿子向她告别后，她看着儿子走进校园的背影渐行渐远，感慨万千。她回到家里，写下一篇散文，题目是"我交给你们一个孩子"。其中有这样一段话："今天清晨，我交给你一个欢欣诚实又颖悟的小男孩。多年以后，你将还我一个怎样的青年？"这一句发问，敲击着每一个有良知的教育者的心。我们的所有教育行为，不都是为了回答这位母亲的发问吗？

也就是说，我们的教育就是为了千千万万母亲的孩子，就是为了我们每天面对的每一个学生。

对于一个具体的学生来说，"教育"首先意味着让他成为一个现在就感到快乐的人。这个"快乐"显然主要不是指吃得好穿得好，甚至也不仅仅是指成才以后将来谋得一份好职业以便过上好日子，而是学生在受教育的过程中，不仅充分体验到求知的快乐、思考的快乐、创造的快乐、成功的快乐，而且还充分体验到纯真友谊的快乐，来自温暖集体的快乐，来自野外嬉戏的快乐，来自少年天性被纵情释放、青春的激情被随意挥洒的快乐……而且，我还要说，这个"快乐"，是学生现在，即成长过程中的快乐，而不是遥不可及的将来的所谓"快乐"。

一个日子，一个学生，就是教育。擦亮每一个日子，呵护每一个学生，就是教育的全部。而学生每一天的成长不可逆转，教师每一天的生活也不可重现——教育的严酷与责任都在于此。

我常常想：在学生的眼中，我们的教室是一个有梦想的家园吗？我们的学校是令学生心灵向往、精神生长、没齿难忘的吗？

每年高考最后一天的晚上，我们总能看到类似的报道：学生宿舍前火光冲天，还伴随着阵阵欢呼。那是刚刚考完最后一科的高三毕业生们在烧书，他们以这种方式庆祝他们"赢得解放"与"获得自由"，欢呼那值得诅咒的日子终于一去不复返了！

看着火光映照着的一张张年轻而狂喜得有些扭曲的脸，我不禁想，12年前，同样是这样一群人，他们跨进小学的头一天晚上，该是怎样的兴奋——明天就要进小学了，从此就是"学生"了啊！他们把小书包放在枕边，看了又看，摸了又摸，就是睡不着。妈妈一遍遍地催促："孩子，快睡吧！明天好早点去学校报名。"他们可能才勉强闭上眼睛，可心里还憧憬着美好的明天。

然而，12年过去了，他们怎么如此仇视自己曾经那么向往的校园生活呢？难道他们天生就不爱学习吗？当然不是。

苏霍姆林斯基在《给教师的建议》中写道："一个10岁的女孩就着眼泪打开写满了2分的记分册，恳求妈妈说：'妈妈，咱们搬到没有学校的地方去住吧。'"对此，苏霍姆林斯基语重心长地指出："我们，尊敬的教育者们，时刻都不要忘记，有一样东西是任何教学大纲和教科书、任何教学方法都没有做出规定的，这就是儿童的幸福和充实的精神生活。不少孩子之所以厌恶学校，就是因为他们的学校缺乏儿童的幸福和充实的精神生活。"

所以，办学生喜欢的学校，办适合学生成长的教育，才是真正的"回归本真"。学校拿什么来吸引学生？答案可能是优雅舒适的校园环境，民主和谐的育人氛围，自主参与的快乐课堂，丰富多彩的实践活动，释放个性的多彩课程……

我常常想：教育，就是用超越知识的人性之光、智慧之光、思想之光，用自己生命的纯净，去唤醒学生的内心。作为校长，我们怎样才能为学生创造一个美好的空间，让生命在这个空间里以美好的姿态绽放？

苏霍姆林斯基有一句话："共产主义教育的英明和真正的人道精神就在于：要在每一个人（毫无例外地是每一个人）的身上发现他那独一无二的创造性劳动的源泉，帮助每一个人打开眼界看到自己，使他看见、理解和感觉到自己身上的人类自豪感的火花，从而成为一个精神上坚强的人，成为维护自己尊严的不可战胜的战士。……人的充分的表现，这既是社会的幸福，也是个人的幸福。"

教育必须针对每一个独一无二的学生，并满足他们"自己"无与伦比的精神世界——性格、志向、兴趣、智慧、能力……这方方面面的独特性，都是我们教育者应该也必须关注并满足的。其中任何一个方面，都可能成为"这一个"学生的精神制高点，成为他一生的自豪所在，促使他成为"维护自己尊严的不可战胜的战士"！

著名教育专家李镇西在《教育为谁》一书中说："研究并发现每个孩子的特点和潜力，就是我们教育的起点；唤醒并发展他们的潜能，帮助他们成为最好的自己，就是教育的终点。"他在《花开的声音》一书中还写过一段话："能够给我的学生留下充满人性的温馨记忆，就是我的教育信念。如果他们感到在李老师身边生活的三年，是他们生命中一段阳光灿烂的日子，我便有了职业幸福。"

如此，我们是不是可以这样表述一所幸福学校的教育理想：让每一个学生都因为遇上自己的学校而有一种幸运感，并拥有温馨记忆。

"幸福教育"的植入

我校位于晋中市区北部的"城中村",北靠占地万亩、高校10所、师生20万人的山西高校园区;南临具有70年深厚底蕴的晋中师范高等专科学校,区位优势明显,文化氛围浓厚,发展潜力巨大。

2014年,我从晋中市特殊教育学校调任后,立足学校已有的两年发展基础,与校委会成员审慎定位学校未来发展方向和策略,在反复对比论证的前提下,在江苏基地各位导师的深入调研、精心指导下,提出了"为学生一生储备幸福"的理念。提出这一理念,主要基于以下四方面的考虑。

一、以人为本要求我们必须践行"幸福教育"

在当今这个"以人为本"的社会里,幸福是人的追求,也是人的需要。德国哲学家费尔巴哈说:"人也同其他一切有感觉的生物一样,他所进行的任何一种意志活动,他的任何一种追求都是对幸福的追求,然而人的幸福的获得需要教育来实现。"1990年通过的《世界全民教育宣言》宣称:教育是人的权利,教育应该造福于人,使人幸福。"幸福"不仅是教育的最终目标,它同时也贯穿于整个教育过程中。学校是师生生命活动的重要场所。关注师生的校园生活质量,关注师生学习、工作和生活的幸福指数,是以人为本精神的重要体现。

二、教育实践告诉我们应该践行"幸福教育"

20多年的工作实践让我坚定了一个信念,那就是:教育,尤其是义务教育，它应当是以人的终生幸福为目的，在教育中创造、生成丰富的幸福资源，培养出能够创造幸福、享受幸福的人；它应当引导每个学生有理解幸福的思维，有创造幸福的能力，有体验幸福的境界，有奉献幸福的人格，成为和谐社会里的"幸福人"；它应当让教师享受教育的幸福，让学生体验幸福的教育，让每位教师、学生在快乐中获得成功与幸福。

三、学校的发展愿景需要我们践行"幸福教育"

作为一所新建学校，没有丰厚的人文积淀，没有现成的经验共享，但社会关注度极高，因为我校配有一流的硬件设施、一流的师资团队。确立什么办学理念，如何让理念落地开花，是学校管理者面临的一道难题。于是学校多次召开专题会议，围绕学校发展愿景展开深入研究，共同勾勒了这样的发展愿景：让学校成为教师的精神栖息地和实现生命价值的场所；让学校成为学生最最向往的乐园。

这里应该有一种真诚互信、尊重赏识、理解宽容的和谐氛围；这里应该有一种自觉自律、严谨认真、精益求精的治学态度；这里应该有一种通力协作、互助共赢、责任共担的团队力量。

这里应该有歌声相伴，有童话相牵；这里应该有生动的课堂，有精彩的活动；这里的学生应该健康、自信、充满阳光！

这种愿景和幸福教育理念不谋而合。

四、中国梦呼唤我们践行"幸福教育"

实现中华民族伟大复兴的中国梦，就是要实现国家富强、民族振兴、人民幸福。实现中国梦就是要实现人民幸福，而教育是人民幸福的根本途径。教育寄托着人民对未来美好生活的希望，教育发展的实质是代表最广大人民的根本利益，核心是实现人的全面发展，就是要让人民获得最大福祉、社会获得和谐和可持续发展，必须要办好人民满意的教育。这充分说明幸福教育在 21 世纪推进国家现代化、实现中华民族伟大复兴进程中的崇高使命，说明幸福教育发展对满足人民群众需求的无比重要性。

基于上述思考，我们将朱永新先生倡导的"过一种幸福完整的教育生活"理念植入学校，并结合实际确定了"为学生的快乐成长奠基，为学生的多元发展奠基，为学生的幸福人生奠基"三维目标，以期让"幸福教育"的理念在我校的生命摇篮中生根、开花、结果。

"幸福教育"的构建（一）

确立了"幸福教育"理念，我们以"幸福校园"为愿景，积极构建幸福文化。我们认为，学校文化就是师生在学校过日子的一种方式。只有用理念文化引领学校的幸福内涵，用环境文化营造校园的幸福氛围，用制度文化保障师生的幸福发展，用行为文化丰厚师生的幸福素养，学校"幸福教育"理念才能彰显其独特魅力。本节主要从"幸福教育"理念文化的构建与解读进行阐述。环境文化、制度文化以及行为文化将在后面的章节专门阐述。

一、办学理念：为学生的一生储备幸福

解读：教育最终指向人的幸福。一个人只有拥有健康的体魄、健全的人格、良好的学习生活习惯、优良的心理品质，才有可能成为积极乐观、热爱生活的人，才有能力感受幸福并创造属于自己的幸福。中小学阶段的教育，就是要为学生的幸福奠基。这里

的"储备"有四层含义。

一是储备好习惯，用习惯奠基幸福人生。著名教育家陶行知说过："教育就是培养习惯。"因此，作为九年一贯制学校，要用9年的时间将好习惯的种子深埋学生心田，使之发芽抽枝，长叶开花。

二是储备正能量，用经典浸润幸福人生。高尔基曾说："书籍是人类进步的阶梯。"我们始终坚信阅读的力量，阅读可以改变人生。因此，学校要高度重视师生的阅读，读经典，读好书，读社会，读人生。

三是储备核心素养，用创新助力幸福人生。众所周知，创新是民族进步不竭的动力。我们高标准配备了科学实验室、数字地理实验室、信息技术专用教室，就是希望学生从小培养创新意识和创新能力，成为适应时代发展的人。

四是储备基本技能，用艺术点亮幸福人生。教育理应遵循学生们的天性和教育的自身规律，"幸福校园"的核心应该是充分关注每个学生的终身发展，真心实意地提高学生学校生活的幸福感知度。在追求学生学业进步的同时，让学生身心健康、快乐成长。因此，加强和普及艺术教育，让学生从小受到艺术的熏陶，我们责无旁贷。

二、校训：立德、启智、健体、尚美

解读："立德"即培养学生的至善之心；"启智"即培养学生的灵慧之气；"健体"即锻炼学生的康健之体；"尚美"即修炼学生的高雅之行。善良、智慧、健康、快乐的人方为幸福的人。

三、校风：求真、求善、求美

1. 求真

"真"有"三真"：真心、真学、真做。

真心：真做人，怀有一颗赤子之心，光明磊落，以诚待人。真心是基础，是前提，心不真则虚，万事皆空，徒劳无益。

真学：真学指潜心做学问，学以致用。学为了用，不为装饰，不为学而学；要用就要学，努力学，实打实地真学，学进去，学成功。

真做：真做事，用心去做，用情去做。全身心地投入，实事求是去做，不计名利去做，不计个人得失去做。做出成效，做出成绩，做出价值。

"千教万教教人求真，千学万学学做真人"是教育家陶行知总结出的教育真谛，阐明了教育的价值观与道德观，指明了教育最本质的属性、最核心的灵魂、最根本的使命。作为现代进步教育思想的实践者，我们应牢记陶行知的话，把"真"字作为自己的立教之本，教学生求真知，说真话，识真才，办真事，做真人。

2. 求善

《孟子·公孙丑上》云："取诸人以为善，是与人为善者也，故君子莫大乎与人为善。"即偕同别人一道行善。孟子说君子最高德行就是与别人一道做好事。曾国藩的理解是："古圣人之道没有比给人行善为大了，用言教诲人，这是以善来教人，用品德来熏陶人，这是以善养人，都是与人为善之事。"清代张履祥说："非善不存于心，非善不付诸行动。"善是好品德，好思想，好学问，好语言，好行为。为师者，应有爱生之心，勤业之责，助人之诚，教人之能。"善"怎样得到呢？一靠教，二靠养。"善"莫大于恕。

恕字为养身之要，立德之基。孔子将自己终身行之的道德准则归为恕。恕的基本精神是："己欲立而立人，己欲达而达人。""己所不欲，勿施于人。"即人们在实现自我价值的同时，尊重他人；自己成功，也让他人成功；自己发展，同时让别人得到发展。在成就他人的过程中，自我德行得到进一步修养。望全体同仁"善"待每一位同事、每一个学生，积善心，行善事，得善功。

3. 求美

美，可理解为发现美，欣赏美，创造美。"美"是人性中最高位的追求，是人性里善良与健康的结合与体现，只有完善的生命才能绽放出真正的美——美的语言、美的举止、美的心灵。求美，即弘扬美德，反对丑恶；创造美景，清除污秽；讲究文明礼貌，反对野蛮粗俗。希望我校师生用心发现美，努力展现美、传递美、创造美，共同踏上美丽的教育之旅。

求，是求索、追求之含义。"路漫漫其修远兮，吾将上下而求索"，表现的是一种坚韧不拔的发展精神，昭示着自强不息的精神实质。求真、求善、求美六字中，真为源，善为本，美为功，求为行动准则。具有真、善、美的人也就是幸福的人。

四、教风：敬业、谨严、精进

1. 敬业

"敬业为立业之本，不敬业者终究一事无成。"敬业是最基本的职业道德准则，是对待工作的一种精神。以尊敬虔诚的心灵对待自己职业的人，必是有尊严的人，充满幸福感的人。

2. 谨严

"博弈之道，贵乎严谨"。谨严，就是严格自律、一丝不苟，是对待工作的一种态度。从严治教，博采众长，方能充实自我，提升境界。

3. 精进

"日日精进，久久为功。"精进，就是锐意进取，不断超越，努力向善向上，是对工作的一种追求。教无止境，教师应当自我修炼，厚积薄发。唯有成长，才有幸福。

五、学风：乐学、善思、笃行

1. 乐学

"知之者不如好之者，好之者不如乐之者。"乐学就是乐于学习，就是要在学习中寻找快乐。兴趣是最好的老师，只有喜欢学习、乐于学习，才能激发起更强的学习动机，才能真正感受到"以中有足乐者，不知口体之奉不若人也"（宋濂《送东阳马生序》）的学习境界。

2. 善思

"学而不思则罔，思而不学则殆。"善思就是善于思考，要学思结合，提高学习效率。思考乃是人生最大的快乐，是打开一切宝库的钥匙。作为学生，只有善于思考才能获得真正的发展。

3. 笃行

"纸上得来终觉浅，绝知此事要躬行。"笃行就是要勤于实践，身体力行。要有坚定的方向，要有明确的目标，要有求真的态度，要有踏实的行动。

六、"幸福教育"每日四问

一问："今天我微笑了吗？"二问："今天我读书了吗？"三问："今天我努力了吗？"四问："今天我行善了吗？"

解读：我们认为微笑是幸福的表情，师生的笑脸就是校园的阳光。读书是幸福的源泉，努力是幸福的姿态，向善是幸福的根本。问话的主体是"我"而不是"你"，不言而喻，这个"我"既包括学生，更包括教师。对于教师而言，微笑面对学生，用心上好每一节课，真诚帮助每一位学困生，仔细批阅好每一次作业，热情帮助每一位同事，这都是"行善之举"！

七、"幸福教育"五个点

点启人生梦想：真正的成长始于一个人为梦想所鼓舞。点燃成长激情：产生自主发展的原动力是优秀教师的第一要务。点明成功路径：为学生画一张自主成长的线路图。点化人性光辉：教育的本质就是发现人性、涵养心智与灵魂。点亮幸福人生：幸福是教育的最终指向。

八、"幸福教育"的"六个一"

一笔一画练好字；一词一句读好书；一点一滴养习惯；一朝一夕学本领；一言一行修身心；一生一世做真人。

办学理念是一所学校的精神追求，需要符合教育方针、教育规律，需要适合学生发展。一所学校只要有了自己的办学理念，学校工作就有了主线，有了灵魂。学校各项工作都必须围绕它展开。确立理念重要，理念落地才是最重要的。

"幸福教育"的构建（二）

理念需要落地，需要一支德才兼备的、有高度执行力的教师团队作为支撑。只有幸福的教师才能培养出幸福的学生。我们坚持"尊重、赏识、激励、服务、唤醒"的原则，关注每一位教师的专业成长，努力让每一位教师都能够感受到专业成长带来的职业幸福感，从而成就一支敬业乐教的幸福教师团队。本节将围绕"幸福教师"的历练进行阐述。

孔子认为，仁者必然是"爱人"的，他本人就是一个极有仁爱情怀的教师。习近平总书记也提出了做"四有"教师的殷切期望。我们在加强师德教育的同时，强化对教师的专业引领，营造积极向上的"研、教、学"的氛围。

一、建立教师专业发展"两个档案"

一是建立青年教师个人专业成长三年发展规划档案。在教师发展中心和教学指导中心的帮助指导下，学校青年教师客观全面地分析自身教育教学业务能力情况，明确发展的目标和努力的方向，这样就从机制上实现对青年教师有效的培训和激励，实现教师教育教学业务水平的可持续发展。学校的青年教师个人发展规划内容主要包括青年教师个人成长三年规划和阶段性目标，学科专业成长目标、教育专业成长目标、教育教学技能成长目标、教育教学研究成长目标、个性化（特色化）发展目标等内容。具体化、可操作、能实现的专业发展目标，激励着全体青年教师积极进取，确保了学校青年教师"一年适应、两年合格、三年成熟"的总体培养目标的顺利实现。

二是建立青年教师专业成长记录卡。为了清晰地反映青年教师每一学年内工作的情况、成长的轨迹和发生的变化，学校组织每一位青年教师填写高师附校青年教师专业成长记录卡，帮助每一位教师反思工作，明确努力方向，同时学校定期梳理汇总，树立先进典型，总结青年教师成长规律。学校青年教师专业成长记录卡的内容包括：与专业发展有关的奖励情况（基本功、评优课、个人获奖、先进荣誉等）；撰写、发表的教科研文章等情况；参与课题研究、开设研究课、做讲座（沙龙）等活动情况；教育教学反思、教学随笔的情况；所教学生（班级）学习和活动情况；教师个性化（教学、教科研特色）发展情况。

二、认真落实教师专业发展"五个一"

1. 读好一本书

我们始终坚信，只有读书，才能让教师过上真正有品质的教育生活，厚积薄发才能成为一名优秀老师。因此，学校在坚持"师生共读"的同时，更关注教师的专业阅读。学校每学期都要为教师购买十几种教育书籍，要求教师每学期至少共同精读一本教学专著。学校为了将教师共读落在实处，利用每周教师例会，推出"读书心得交流"，由教师轮流登台讲心得，谈体会。一本书，往往引发一次深刻的反思，引发一个课题的研究，引发一次教育行为的变革。久而久之，读书成为教师的一种专业自觉。

2. 熟练一个模式

"五环五学"（问题导学——独立自学——交流互学——点拨助学——检测悟学）是我校推出规范课堂教学的基本模式。主旨在于突出学生的主体地位，强化对学生"学"的关注和研究，真正提高学生"学"的效率和质量。关于这部分，下一节将具体介绍。

3. 研磨一节好课

教师的专业成长需要历练，而历练的舞台就在课堂。学校充分发挥师资资源优势，为每位青年教师都配一名老教师作为指导教师，并建立学生评教机制，围绕"上好一堂课"打造了一支优秀教师队伍。

一是把好课前关。以老带新传好"接力棒"。每学期初，学校要组织校内名师示范行动，该行动涵盖所有年级、所有学科，旨在为青年教师树立样板、明确标准。每次学科组教研，都要进行集体备课，对下一周教学内容、教学重难点进行梳理，并提出具体的教学方案。对于个别青年教师，我们还提出了"先听后上"的要求，即必须先听本年级同学科教师的课后，自己再进班上课。这样，保证了教师课前准备到位。

二是优化上课关。以点带面变革教学方法。学校要求，每位青年教师每学期至少研磨一节好课。研磨的基本流程是：

（1）与师傅一起研读教材，一起设计教学。

（2）青年教师第一次试讲，一起反思改课。

（3）青年教师第二次试讲，一起二次反思改进。

（4）师徒同课同构，青年教师面向学科组展示。在不断研磨改进中，青年教师的教学理念得到了进一步的明确，教学策略得到了进一步的优化，教学设计能力、教学反思能力得到了进一步的锤炼，教学自信心得到了进一步的提升。

三是注重课后关。以评促教赢得教学相长。每学期期中、期末，我们都要组织学生评教活动。组织学生代表开展座谈："印象中最精彩（最糟糕）的一节课""我最喜欢的一位老师""我心目中的好课"……我们及时听取来自学生的评价，了解学生的心声。当然，我们也十分注重引导教师开展有质量的教学反思，在反思评价中赢得教学相长。

4. 凝聚一个团队

事实上，在"研磨一节好课"的活动中，我们强烈地感受到：研磨一节好课，成长一名教师，凝聚一个团队是多么重要。关于团队建设方面，我们依然是抓好四项常规教研活动：

一是课例展示。即要求学科组一个月推出一节展示课，并以此作为评价学科组教科研能力的重要依据。"捆绑评价"提升了学科组的科研意识、团队意识和成果意识，更增进了团队之间的友谊。

二是共读共写。新教育倡导教师专业发展的"三专模式"，即让教师在"专业阅读、专业写作、专业发展共同体"中获得应有的发展。我校坚持学科组教师共读共写活动，整体提升了教师的学科素养，同时也营造了浓浓的书香氛围、学术氛围。

三是倡导"无痕教研"。即在上完课后趁热打铁，长则一两节课，短则十来分钟，及时探讨课堂得失的"同伴互助式"教研。这样的随机教研让教师品尝到成长与成功、成事和成人的双重成就感，有效地增强了教师的事业心，也自然地提升了教师对幸福感的理解，难怪有教师会说："能够和大家一起分享成长的喜悦、烦恼和困惑，也是一种幸福。"

四是组织"三微"成果展示。"三微"即微课题、微课堂、微成果。学校定期组织"三微"成果展示，以学科组为单位，分工合作，集体亮相，营造了良好的团队竞争氛围。

5. 坚持一月一引领

教学不仅是技术活，更是思想活。正确的教学思想方能引领教学改革的方向。为全面提升教师的教育教学思想，进一步更新课堂教学理念，我校坚持"一月一引领"，即聘请省内外知名专家做课、做讲座，大大开阔了教师的视野，提升了教师的从教境界。

三、坚持开展"五位一体"校本教研活动

"五位一体"教研模式，即"研课——磨课——答课——引课——辩课"。操作如下：

1. 研课环节

研课作为教研模式的第一环节，有着举足轻重的作用，它决定着整个教研活动的研究目标、方向，甚至决定着活动的成败，尤为关键。研课的根本目的在于教师教学困惑的提炼，教师教学观念的改造，或实践性教学知识的生成。研课应事先确定主题并做好观课活动。对于主题的选择，还应该把握以下要求：切口要小，指向要明，内容要新。要选择好研究的视角和着眼点。研课强调多主体参与和互动，强调"自下而上""就课论课"。具体包括提炼主题、集体备课、立体说课、教学观摩四个步骤。对于"立体说课"和"教学观摩"这两个步骤，一般安排综合素质较强的优秀教师承担。

2. 磨课环节

磨课，就是教师在一定时期内，在教研组成员的协助下，采取多种形式，对某课教学进行反复深入学习、研究与实践的过程。"磨课环节"就是在研课基础上的互动交流、集体反思，从而提升课堂教学水平的一个重要环节，旨在围绕研究主题，结合课堂教学实际，对课堂教学提出更优的改进策略。一般情况下，磨课应关注以下几个方面：磨目标——这节课究竟要干什么？磨教材——课堂需要怎样的教材？磨环节——哪些是课堂必备的环节？磨学生——学生可能出现哪些问题？磨细节——该提什么问题？如何反馈？具体包括执教者现场反思、集体互动磨课、形成新的教学方案三个步骤。

3. 答课环节

这一环节主要包括两个步骤：二次上课、互动问答。在同伴互助、二次备课的基础上，执教者进行二次上课，以教学实践来验证教学设计是否优化，验证教学方法的实施是否有效，验证教学环节的设计是否合理，验证学习方式的选择是否恰当，等等。执教者在进行展示之后，由听课教师就课堂教学的预设和生成对执教者提出疑问，在互问互答中深化教学理念与教学实践的融合。在答课基础上完成专家引领环节，即引课环节。

4. 引课环节

这一环节主要是名师专家的指导。从理论和实践两方面对教学环节和教学艺术进行指导，并预测出在实践中可能出现的问题、困惑，从方法和对策上进行点拨。指导可以处理疑点，化解难点，启发创新点，激活教师的灵感悟性。必要时，导师还可以进行示范操作。

5. 辩课环节

辩课，即在答课引课基础上，再次围绕研究主题，结合课堂教学的再度实践提出问题。展开辩论，真正促进上课教师与听课教师的共同提高。辩课可以真正反思教学过程中的成败得失，使双方都明白哪些是值得肯定的，哪些是需要改进的，从而明确正确的方向。在辩课这一环节中，选好辩论主持人十分重要。这一环节包括同课异构、展开辩论、反思总结、形成成果四个步骤。

"五位一体"的教研模式，基于课堂教学中的现实问题，以改进教学为目标，按照"发现问题，确立主题；设计方案，形成课例；行动研究，案例反思；交流研讨，集体诊断；自我反思，形成新例"的研究思路，采取"一课多人上""一人多次上"等形式，引导教师不断共同反思和改进教学实践，增长实践智慧和提升专业水平。应该说调动了主体（教师）、创设了情境（问题）、营造了氛围（互动参与），实现了"三个有效"。

第一，有效的专业引领。在"五位一体"的教研模式推动下，教师对于理论方面的学习更加主动积极，他们在名师课堂的现身说法中，真切地感悟到教学的本质所在。同时，以"课堂能力提高为目的的专题培训"更加源于教师需求，更加关注教师兴趣，更加贴近教学实际。专题培训使教师在与行家、专家的互动过程中，自主吸纳"我"之所需，并在"专家"与"我"的融合过程中，主动构建"我"所特有的专业能力。

第二，有效的同伴互助。在"五位一体"教研模式的实施过程中，教研组和不同学科教师一起，以问题为中心，以课堂教学研究为平台，以互动方式展示收获与研讨困惑，实现互助共进。同时在这一过程中，通过团队智慧的集中显现，教师培养了精益求精的科研精神，显著增强了"精品意识"。

第三，有效的自我反思。"五位一体"的教研模式坚持了"问题及课题、教学及研究"的思想，优化了"问题——设计——行动——反思"的研究过程。教师经历的是不断发现问题、提出问题、研究问题、解决问题的行动反思过程。教师可以把课堂实践中获得的鲜活而富有生命力的亲身经历作为反思的载体，从而形成教学经验。教师在提高自身专业水平的同时，为参与活动交流的全体成员提供可以共享的经验和成果。因此，教师的反思就变得更加灵活。以叙事为导向的个体反思研究，成为"五位一体"教研模式下的有效成果。

总之，"五位一体"的教研模式有助于提高教师的教学和研究能力，使其养成积极思考的习惯。对教师来说，教研的过程既是一个学习、研究、实践的过程，也是一个合作交流、反思和创新的过程，更是一个专业素养提升的过程。在一次次研究的过程中，教师对新理念把握更准确，对教材的研读更深入，对学情的了解更透彻。同时，教师的点拨引导能力、临场应变能力、教学创新能力得以提升，教学实践不断丰富，教学智慧得以发展。"五位一体"的教研"研"出了教师间合作交流的默契，"研"出了教研组团队理性思维水平的提升。

可以说，"五位一体"的教研模式是百家争鸣的"百姓舞台"，是厚积薄发的教学历练，是教师专业成长由理论走向实践、走向成功和进步的绿色通道，更是青年教师在教学上不断精益求精、完善自我的镜子，是青年教师走向成熟的必由之路。我们会继续探索和实践下去，使之更加完善。

总之，唯有幸福教师，方可成就幸福学生。教师的幸福感源自个人的专业成长。学校就是要让教师的专业发展拥有最大的可能。学校发展，教师第一。组建优秀教师团队，奠基学校美好未来，教师成长，永远在路上！

"幸福教育"的构建（三）

课堂是学校教育的主战场。为全面构建以生为本的"幸福课堂"，我们以关注学生的"学"为重点，以"让学生学会学习"为核心目标，研究"学"、设计"学"、指导"学"、落实"学"，从而形成以"五环五学"为教学流程规范课堂模式。"五环五学"即"问题导学——独立自学——交流互学——点拨助学——检测悟学"。本节将对此流程进行具体解读。

一、核心理念

1. 先学后教

课堂从无门槛到有门槛。即上课之前，学生已经通过自学和小组学习，认真研读教材、查找资料、交流收获，掌握了靠自主学习所能理解的内容，也清楚地知道了还存在的问题，学生是有备而来的。因此，学生在课前的自主学习水平成了决定课堂效果的主要因素。

2. 小组合作

保障学生参与深度交流。学习小组是新课改的一种制度创新，是新模式的一个基本保障。学习小组是一个讨论问题、交流观点、质疑答案、补充看法、分享成果的学习组织。小组的作用至少应体现以下五个方面：自治、氛围、激励、帮扶、督查（小学：最佳小组2人小组，同桌互学；不提倡"团团坐"）。

3. 展示交流

展示即探究，展示中获得自信。新课堂的生命力在展示，展示的过程就是学习的过程，展示有助于学生之间平等交流分享收获，展示有助于教师有重点、有针对性地进行点拨，展示能激发学生的学习热情，展示提供了学生体验成就感、增强自信心的机会。

4. 以学定教

指向更有价值的教学内容。教师在充分关注学生"学"的基础上，有的放矢，精妙点拨，画龙点睛，提升教学品位，真正实现以学论教。

二、流程解读

1. 问题导学

问题导学是学生学习之旅的开始，是由教师根据课标、教材以及学情精心设计，引领学生将学习不断进行深入的导学单。一般来讲，问题导学是学生开展有效独立自学的凭借，因学段的不同而不同，但要突出问题引领，实现学思结合。问题导学的基本要求：体现学科本质；符合学科的性质、功能；体现学科的思想、方法；指向学科主干重点知识；具有深刻的思维价值；指导学生学会提问。

一般情况下，小学低年级问题设计要具体；小学高年级问题设计要趋向简洁，可以提出核心问题，让学生研究。问题导学的呈现方式：导学单（案）或者多媒体课件。

小学特别是低年级问题导学呈现在课内，当堂先学，而不是盲目"前置"，加重学生的预习负担，加重学生的课业负担。

2. 独立自学

独立自学是指学生在教师的指导下独立进行的课前（或课中）先学，也叫作"前置性学习"。这一环节是在目标指导下的自主学习，是为新课做预备、做铺垫、做指引。学生通过先做后学，对新知识有了初步感受和浅层理解，从而更有目的性地进行课堂的学习。这也提升了课堂教学的有效性。独立自学属于备学的一部分。我们认为独立自学的基本要素应为自学教材、尝试练习、引导质疑、自学检测。

教师要充分重视这一环节的指导，培养学生的自学习惯，明确学生的自学方法，设计学生的自学流程，规范学生的自学检测，训练学生的自学质疑能力。"前置性学习"不仅是一种全新的理念，而且是一种可行的实践方式。前置性学习方法和能力培养任重而道远，需要日复一日，持之以恒。

3. 交流互学

交流互学环节是指学生在独立自学的基础上，在小组内、班内交流自学成果，提出自学疑难，互相学习、相互促进，从而增强合作意识，体验学习的乐趣，从中获得持久的学习动力。这样，每个学生的潜能都得到发展，每个学生都可感受前置学习的乐趣。从不同方面锻炼他们自主学习的能力，为学生的课堂学习打下一定的基础。

组内交流时，教师要规范小组交流行为，加强学生合作态度的指导和合作技能的培养，充分发挥小组长作用，科学实施小组评价，确保小组学习的实效性。

全班展示时，教师应注意引导学生展示和质疑同步进行，营造争论的氛围，使学生在辨析的过程中形成共识。教师要鼓励人人展示、组组展示。展示的方式也要多元化，是黑板板书还是口头讲解，是动态演示还是质疑互动，是过程讲解还是要点归纳，是典型析错还是提炼反思，是点到为止还是追问不止……总之，展示哪些问题，如何展示，展示到什么程度，任务如何分配，要由问题本身的教学价值而定。教师在点拨的同时要加强鼓励，学生要学会倾听与适当追问。

4. 点拨助学

点拨助学可以在展示过程中进行，也可以在展示完毕后，教师集中点拨指导。不管哪种形式，教师首先要有充分的预设和准备，在知识的重点难点处进行及时有效的点拨。而且，教师的点拨要和相应的训练巩固相结合，真正使学生熟练掌握，形成技能，达到"当堂学会"的效果。

5. 反思（检测）悟学

当堂检测即课堂教学之末，针对本节课的知识点、学习重难点、易混点、易错点，设计题组，可通过问答、书写、小组竞赛、演练等不同形式检测本节学习效果。当堂完成、当堂反馈、当堂矫正。原则上，每节课应空出5—10分钟进行当堂检测反馈。小学低年级尤应如此，确保课堂作业课上完成。小学中高年级、初中，还应培养学生在检测的基础上进行当堂反思的习惯。

检测题的设计要注重基础性、层次性、针对性、现实性、趣味性和科学性，要让所有的学生都有参与练习的机会，都能享受成功的快乐。

在检测中了解学生对新知识的掌握情况，发现问题，及时纠正，正确引导，巩固成果。一课一测，精当适用，人人过关，课课达标，学习目标"堂堂清"，真正提高学习效果的达成度，开创高效课堂新局面。

当然，"五环五学"不是缺一不可的环节递进，而是完整学习过程的基本流程。

三、课堂文化特征

"五环五学"课堂充分尊重学生学习的主体参与，因而重构了平等尊重的课堂生态，体现出以下课堂文化特征。

一是安全的课堂。教师不仅仅关注学生学习活动的设计，更加关注学生生理健康、环境优美、空气流通、墙壁文化、学生心理健康等。

二是尊重的课堂。课堂从维护最后一名学生座位尊严做起，保证充分的"独学"时间，保证充分的交流展示时间，教师所做的是悦纳赏识、点拨提示、调整学生情绪。

三是均衡的课堂。特别是小组的设置，充分考虑了学生个性差异，较好地实现了品质互补、个性互补，为每位学生的均衡发展提供了可能。

四是互助的课堂。帮助同伴是光荣的，看到同伴的错误也是一种学习，课堂应建立起师生公认的学习规则。

总之，我们构建幸福课堂，就是要努力让学生在课堂收获学习的兴趣，有探究的欲望，形成良好的习惯，获得成长的自信，提高幸福人生必备的品质和能力……

"幸福教育"的构建（四）

"幸福教育"的核心是充分关注每个学生的终身发展，真心实意地提高学生学校生活的幸福感知度。在追求学生学业进步的同时，让学生身心健康、快乐成长，这就要求学校以构建适合学生的课程体系为抓手，以"释放学生个性"为目标，培养智慧阳光的幸福学生。

基于学校"幸福教育"办学理念，我们围绕学校育人目标系统设计学校课程，开设适合每一位学生成长的"四类一体"课程：必修课程（国家课程）、必读课程（校本阅读课程）、活动课程（兴趣体验课程）、德育课程（隐形、默会课程）。这彰显了学校的课程特色。

一、坚持每天 20 分钟的晨诵课

"与黎明共舞，与经典同行。"五年来，我校坚持每天 20 分钟的晨诵课。我校坚持落实"五个一"：每日播放一个经典诵读作品，每周组织一次"班级晨诵展示"，每月组织一次"晨诵观摩研讨"，每学期组织一次"晨诵成果展"，每学年组织一次"晨诵工作表彰评选"。目的在于启迪心智，涵养生命。诵读美文，使全体学生能够丰富语言积淀，实现厚积薄发。诵读经典，使学生受到高尚情感的熏陶。晨诵课程，推进了书香班级、文化校园的建设，为学生的诗意人生奠定了基础。

具体做法：

一是以兴趣为导向，培养诵读兴趣，养成诵读习惯。晨诵有一个意象的说法——"与黎明共舞"，希望学生们在每一天太阳升起的时候，充满期待，以快乐饱满的精神状态开始一天的学习。多种形式的吟诵，充满激情，充满韵味，可以激发学生的兴趣。

二是以积累为基点，提升语文素养，夯实人文基础。我们所说的"积累"，不刻意强调记忆未来可能用到的知识，更不是为了进行记忆力的强化训练，而在于丰富学生当下的生命。晨诵课程从童谣、儿歌开始起步，随后是大量经典的浅易的诗词，再到经典的古文，意在开阔学生的视野，提升学生的语言修养，丰富学生的精神世界。

三是以"品、悟"为方法，体验审美境界，拓展灵性空间。晨诵以"诵、品、悟"为方法，可以激发学生丰富的情感，让学生徜徉在诗的海洋里乐此不疲，进入不一样的审美境界。

四是以生活为原点，丰富生活体验，点燃生命激情。生活既是学生学习的源头活水，又是学习的应用和实践天地。诵读经典，心有所悟，情有所动，经典能点燃学生们心中灵性智慧的火种。在生活中，我们也要引导学生使用诵读中的经典名句，去感受其中所蕴含的道理，以使晨诵最终回归生活，使学生具有人文情怀，增加学生生命的厚度，实现学校的育人目标。

五是以生命为底色，滋润精神生命，养育心灵睿智。晨诵的过程不仅是吟诵，更是情感、态度全身心投入的生命涌动。语言是思想的外壳，是情感的流淌，通过朗读，实现心灵对话、人格感召、艺术感染、生命感悟提升人文素养。

二、坚持每周一节国学课

2015 年起，我校又开设了校本课程——国学经典诵读，并编印了国学经典诵读系列读本。

我们的规划是：一年级《弟子规》、二年级《三字经》、三年级《千字文》、四年级《笠翁对韵》、五年级《论语》、六年级《孟子》、七年级《大学》、八年级《中庸》、九年级《道德经》。

我们的目标是：在学生心灵深处播下优秀传统文化的种子，为学生的幸福人生涂上厚实的精神底色。

我们的策略是：

悦读——激活学习动力；

熟读——做足涵咏工夫；

悟读——唤醒主体智慧；

化读——积淀文化底蕴。

三、坚持每天一小时社团活动

社团活动是我校的一大特色。我校做到了社团活动课程化，一年级到八年级全体学生下午一小时全部为社团活动。周一为硬笔、周二为绘画（小学为水彩画、初中为速写、素描和水粉画）、周三为软笔、周四为器乐（一、二、三年级为葫芦丝；四、五年级为二胡；六、七、八年级为笛子）、周五为校级社团和全校合唱，保证学生人人参与，每天聘请晋中学院或晋中师专的42名艺术系优秀学生担任辅导老师，确保社团活动有效开展。另外，校级社团的足球、乒乓球、篮球、合唱、舞蹈、民乐、健美操、机器人、武术等都搞得有声有色。社团活动受到师生一致好评，学生们一致认为每天一小时的活动，让他们感觉学得轻松、玩得愉快。体艺课程激发了学生的学习兴趣，丰富了学生的学习体验，提升了学生的综合素养，彰显了学生的个性特长。

四、坚持每月一展示

为充分体现学生的综合素养，发挥学生的个性特长，学校坚持每月一展示，给学生搭建展示自我的舞台。

三月，举办读书节，开展读书之星评比；

四月，组织写字大赛，开展书法之星评比；

五月，举办艺术节，开展艺术之星评比；

六月，组织优秀作业展评，开展习惯之星评比；

九月，组织习作大赛，开展写作之星评比；

十月，举办科技创作大赛，开展发明之星评比；

十一月，举办诵读大赛，开展诵读之星评比；

十二月，组织冬三项比赛，开展健体之星评比。

五、全面实施"序列化"的德育课程

根据不同年龄段学生的生理和心理特点，积极构建"系列化"德育教育课程体系：践行好自主管理，夯实学生生命的强度；培养好八大习惯、核心素养，做好心理健康教育，增加学生生命的厚度；开展好各种活动，拓宽学生生命的宽度；孕育好爱与感恩之心，让学生感悟生命的温度；培养好兴趣特长，增强学生的生命亮度；树立好远大理想，让学生做真实、善良、健康、快乐的高师附校人。"序列化"的德育课程不但丰富了学生的德育体验，也促进了学生对隐性知识、默会知识的学习，切实提升了学生的品格修养。正如周一升旗时学生所说的那样，附校学生正在朝着"文雅知礼，懂得感恩"的目标努力前行。（在用应试教育思想办素质教育的今天，我认为学校必须是在素质教育中应试教育办得最好，在应试教育中素质教育搞得最好，这样的学校才能发展得更好）

"幸福教育"的再认识

一、"幸福教育"是一种唤醒

雅斯贝尔斯有一个观点："教育的本质是一棵树摇动另一棵树，一朵云推动另一朵云，一个灵魂唤醒另一个灵魂。"我常想，文化是有图腾的，那么，我们教育的文化图腾是什么？教育的文化图腾应该是智慧。所谓教育，就是爱的智慧，不仅是对智慧的爱，也是充满智慧的爱。所以，当我每次走进教室时，我仿若走进了生命的林子。每个学生都是充满生命潜能和成长力量的生命体，都有自己的小宇宙，并且在按照自己的旋律快乐地运转着。作为教师，有时我站在学生的前面引领，我是点灯的人，激发他们的力量，进行知识与智慧的启蒙，让他们了解生命与世界的秘密，成为"醒在树上的花朵"。有时，我站在孩子的身边陪伴，是与孩子结伴而行的"路人甲"，我和他们一样，只是背包客，在精神冒险的旅行中，我们彼此搀扶，相互砥砺，一起向着远方的地平线一路高歌，你所看到的正是"一树一树的花开"。值得强调的是，也有这样的时刻，我站在学生的后面，静静地等待学生们自我觉醒，欣赏他们前进的背影。其实，教育就是一场旅行，我们在乎的不是目的地，而是沿途中的风景和看风景的心情。我非常喜欢顾城的一段美丽的句子："草在结它的种子，风在摇它的叶子。我们站着，不说话，就十分美好。"教育不是工厂里的流水线，我们要学会"留白"，学会等待，学会欣赏，从某种意义上看，孩子的自我觉醒，才是教育最本质的追求。

二、"幸福教育"是一种推动

所谓推动，就是将孩子引导至人生发展的"高速路口"。针对当下教育的乱象，我们急需努力的是做减法。在我看来，小学阶段需要在三个方面予以"推动"。一是培养孩子积极向上的人生态度。拿破仑·希尔总结了 17 项成功法则，排在第一的就是积极向上的人生态度。当学生每天"向着太阳出发"，在教育的原野上自由奔跑、游戏，从而找到存在的意义，看到未来的曙光时，这样的教育才是有意思、有意义的，这样才能使学生享受教育带来的美好。二是培养学生形成良好的习惯，包括学习习惯、生活习惯、心理习惯等。教育的价值在于让学生成为"受过教育的人"，成为懂得安放内心的有修养的人。教育的主要功能，是让学生懂得坚守文明的底线，懂得"有规则的自由"，这样才能实现"从心所欲不逾矩"。三是培养学生的好奇心。苏联著名诗人巴尔蒙特充满深情地表白："我来到这个世界，为的是看太阳和蔚蓝色的田野。"孩子本就好动、好奇、好问，而学习的魅力正在于为孩子打开未知的世界，带领孩子去聆听世界的节奏、探索世界的奥秘。

三、"幸福教育"是一种成全

爱因斯坦曾说："在人生丰富多彩的表演中，真正可贵的不是政治上的国家，而是具有创造性的、有情感的个人，是人格。"借用到教育中来，我想说，教育真正的可贵，不是所谓社会化而来的种种"服从"和"统一"，而是一个个活泼、快乐、"野性而高贵"的学生。再借用著名社会学家费孝通的表述，就是"各美其美，美人之美，美美与共，天下大同"。所谓教育是一种成全，不仅是为了成全每一个学生，也是为了成全每一个教师、每一个校长，甚至成全所有人，让每一个人在教育当中树立正确的价值观。在这样的成全过程中，教育的价值得以彰显。在我看来，成全有三种途径。一是在班级文化浸润中。梁晓声曾对文化有过文学式的表达："植根于内心的修养；无须提醒的自觉；以约束为前提的自由；为别人着想的善良。"我们每个班级都是一个文化村落，都应该有属于自己的个性追求与独特表达。当然，文化不是碎片化、断裂地存在，而是一个完整的系统。我们应该注重顶层设计，要明确班级的核心价值追求、发展的共同愿景、班训、学生培养标准、班级管理哲学等，这既是将整个班级和任课老师带入一种共同的价值系统中，也是增强班级凝聚力、激发班级发展活力、形成班级发展内生力的重要途径。二是在班本课程建设中，谁立在课程的中央？在我看来，是学生，而不是教师。美国著名课程研究专家多尔有个精彩的论断："课程，是跑道。"我们每天所做的，就是将体现国家意志的课程进行班本化，让国家课程得以落地生根、开花结果。当然，我们也可以在坚守这样的底线基础上，整体建构起属于自己班级的班本课程。值得提醒的是，无论是班本化的国家课程，还是自主建构的班本课程，都应该是以班级为单位的、打通学科界限的、实现整体融合的"全人课程"。换句话说，我们的角色，首先是教育意义上的教师，其次才是学科意义上的教师。具有这样的思维视角，才能实现前面所讲的"对人生命的成全"的价值统摄之下的丰富多彩的班本课程的辐辏格局。三是在班级活动组织中。教育是心灵的转向，而这种转向需要入口、需要抓手、需要平台。马克思认为，人之所以为人，是因为人会劳动。广泛意义上的劳动，体现在教育上，自然包括丰富多彩的活动，要让学生"惬意地栖居在大地上"。只有让学习在活动中展开，解放学生的大脑和四肢，才能让学习真正发生，才能让学生在生命的体验和创造的愉悦中，生成带得走的"学习力"。当然，这样的活动，一定具有儿童性、游戏性、体验性、互动性、生成性等特征。

教育是慢的，也是美好的，我们在成就学生的同时，也会实现自我心灵的转向。我笃信：念念不忘，必有回响。

结束语：

记得叶圣陶说过，教育是农业。那么农业是什么呢？就是该松土就松土，该播种就播种，该除草就除草，该施肥就施肥……一切都顺应庄稼生长的规律，而且每年都重复做同样的事，不会一年一个新花样，一年一个"创新"之类。试想，如果一个农民扛着锄头来到田边，插个牌子，上面写着："我今年要种一亩有特色的庄稼！"我的天！这样的庄稼，谁敢吃？

孔子说："无欲速，无见小利；欲速则不达，见小利则大事不成。"孩子的教育，是急不得的，所有的拔苗助长，都会在当下或者未来受到惩罚；当然，也是等不得的，应当受到教育的时候得不到好的教育，就会影响孩子一生的发展。《学记》上就有这样一句话："时过然后学，则勤苦而难成。"比如孩子记忆力非常好，如果让他们背诵一些经典古诗文，不但需要的时间少，而且还能记忆终生。如果他成年后再背诵，就会耗费数倍的时间，反而不会有好的效果。所以，一定要懂得儿童的成长规律与心理特点，才能施以有效的教育。

教育就是这样，需要朴素的坚持，需要温柔的陪伴。

按照教育规律办学

—— 新疆生产建设兵团第二师华山中学邱成国的教育思想

华山中学办学思想的形成与发展

一所学校最终能给予学生什么？能给予教师什么？

一所学校应该是什么样子的？

教育是什么？

…………

这不仅是华山人思考和实践的起点，更是华山人以办学者的理性和心胸，将满腔热血洒在 56 年对教育的执着追求、实践与研究中。

兵团第二师华山中学建于 1960 年。按照学校发展历程，我们将其划分为四个重要的历史阶段。

艰难起步、生存发展阶段

1960 年，农二师师部由焉耆迁往库尔勒，为了保障和便于机关干部和职工子女有学校就读，师党委决定建立"农二师师直学校"。曾广琴同志被任命为首任校长。建校初期，办学条件非常简陋，除了两间平房教室，基本处在"三无"（无校舍、无师资、无桌椅）状态。开始的两年仅招收 200 多名小学生。1962 年，学校开始招收 2 个班的初中生，每班 45 人。办学条件差、生源面窄、质量不高、经费不足、师资不强一直是办学头十年的情况。20 世纪 60 年代初，正值国家困难时期，曾广琴校长身先士卒，发动为数不多的教工和稍高年级的学生，一边上课一边打土坯、砌土墙、盖校舍、垒桌凳、平校园，努力改善办学条件。就在学校初创、百业待兴之际，"文化大革命"又使这所师直学校遭受重创，校长、教导主任被挂黑牌游街批斗，学校没有正常的教学秩序，教学质量更无从谈起。

20 世纪 70 年代，随着农二师机关干部和职工人数的不断增加，学校不得不扩大办学规模。1971 年，学校更名为"农二师第一中学"。1972 年，学校又开始招收高中班，共 4 个班，每班 45～50 人。至此，学校历经了从无到有，从一所小学发展成为集小学、初中和高中为一体的完全中学。学校规模虽然扩大了，来自内部和外部的压力却更大了。学校一方面要着力整顿和恢复正常的教学秩序，另一方面还要继续改善办学条件，提高教学质量。曾广琴校长带领全体教师凭着满腔的热情和一颗"忠诚党的教育事业"的衷心，坚持社会主义办学方向，坚守讲台，确保教育、教学工作的顺利完成。这是华山中学最艰难的一段历史时期，正是在这样的时期、这样的环境，华山人不畏办学条件的简陋，本着"特别能吃苦、特别能战斗、特别能奉献"的兵团精神，迎难而上，知难而进，艰难探索。

艰苦创业、聚合壮大阶段

随着国家"拨乱反正"，学校也逐渐恢复了正常的教学秩序。师党委本着"要满足职工子女有学上就必须有好的师资"理念，先后从团场学校调集了部分骨干教师补充到师直中学。他们当中大部分是当时的上海支边青年和落实政策的知识分子。1975年，刘昌林校长上任后，一边着力抓建章立制，一边抓教学质量提升。办学逐渐步入了正轨。但之后的十年，学校发展又面临着新的问题。1975年，随着兵团撤销，学校随之交由地方管理，因所在地区是巴音郭楞蒙古自治州，学校更名为"巴州第四中学"。1979年，学校又由库尔勒市管理，学校更名为"库尔勒市第四中学"。短短的8年里，校名几经更改，学校也基本处于有人管却无人疼的状态。1982年，兵团恢复建制，学校再次回归兵团。鉴于农二师的前身是王震将军率领的"中国人民解放军第一野战军二军步兵六师"，战争年代这支部队的代号是"华山部队"。为纪念该部队在解放战争年代建立的卓著功勋，传唱那段红色历史，传承先辈的革命精神，二师党委特别决定将学校命名为"华山中学"。

正是从师党委决定了华山校名起，华山人才找回了自己的根。由于建校历史短、底子薄、基础差，又历经诸多变故，学校的办学水平及教学质量在巴州地区一直处在落后的状况，与州二中、市四中、市五中等地方学校相比还存在着很大差距。尽管困难重重，刘昌林校长带领全体教工立足于学校实际，在着力提升教育质量的同时，在体育特色上找突破口，成立了学生篮球队、田径队等，当时在邓宪煌、王举贤、陈学忠等一批优秀体育教师的指导带动下，师直中学各种体育运动很活跃，参加州、市比赛常常名列前茅，极大地鼓舞了人心，振奋了广大教工的精神。与此同时，学生数量和班额逐渐增加，学校规模随之扩大。刘校长等多次向上级呼吁翻建校舍，师党委认真研究后最终决定新建一栋两层的教学楼，尽管教学楼既无供暖又无供水系统，但在当时却是全校师生无比骄傲和自豪的一件大事。因为这栋教学楼是当时库尔勒最早且唯一的楼房。学校至今仍保留着这栋有着历史意义的教学楼。在解决了生存危机，内外压力得到一定程度的缓解、释放之后，学校发展进入了相对稳定阶段。至此，学校领导提出"赶州二中，超市五中，创建州一流学校"的办学目标。

可以说这段时期学校管理水平、干部队伍和师资队伍建设，学生思想教育、教学质量特别是体育卫生工作等方面均有了较大提高，标志着师直中学走过了由小变大的发展历程，为学校今后的发展打下了良好的基础。

强化管理、规范发展阶段

1983 年至 1985 年，袁征帆接任校长。袁征帆大学毕业后就来到师直中学工作。他从一名普通的数学教师做起，做过班主任、学科组长、教导处副主任、主任、副校长，有着丰富的教育教学和管理经验。作为学校由小变大的见证人，上任伊始，他就着力思考华山中学今后怎么办。这也是华山人心中共同的问题。这个问题不仅关系到学校今后的发展，更关系到这所有着红色基因的兵团学校今后的青春活力。

1982 年 9 月，党的第十二次全国代表大会召开。这次大会高瞻远瞩，把教育提高到了全党战略重点之一的地位，这在党的历史上还是第一次。1983 年 5 月，邓小平为景山学校题词"教育要面向现代化，面向世界，面向未来"。1985 年 5 月，邓小平在全国教育工作会议上再次强调把教育工作搞上去的极端重要性。1987 年 10 月召开的党的十三大提出了"百年大计，教育为本"，把发展教育看作是实现社会主义现代化的基本国策。

这股春风吹绿了全国教育领域，为华山中学的教育改革与发展提供了极好的机遇。基于学校优良的办学传统，立足学校发展基础，袁征帆校长审时度势，明确提出了要把华山中学办成巴州一流、新疆知名的学校发展目标。

发展目标确定后，学校首先面临的是如何在短时间里改变学校的声誉度和影响力。作为校长的袁征帆很清楚，在那个特定的时期最有利的抓手就是高考质量，且生源和师资至关重要。为了扭转学校生源质量差、高考升学率低的现象，学校通过师党委分别从原有教师团队、农二师进修学校、八一中学等学校调集了部分骨干教师，组成老、中、青相结合的精兵强将，重点抓高中特别是毕业班的教学工作。与此同时，袁校长积极推进学校内部管理体制改革，着重抓教育、教学、行政工作中的指挥系统，明确岗位责任制和各个处室的职能等；并通过全面规范、逐步健全相应的规章制度和规范化、精细化的管理狠抓常规工作中重要环节的落实。如：教师集体备课、学生作业的批改、教师教案的书写、干部听课等。在带领广大教师重点抓教学改革的同时，袁校长高度重视教育教学科研工作，组织带领全体干部、教师认真学习教育理论，积极开展目标教学等课题研究，积极邀请各地名校专家、教师到校进行指导、研讨交流，组织干部、教师外出听课交流、学习考察等。在"教材教法过关"的基础上，学校制定了《教师业务提高有关规定》和配套的奖励办法以提高广大教师的学历层次和专业能力。在这些政策的激励下，学校一大批教师通过在职学习和脱产进修等途径取得了本科甚至研究生学历，全面提升了教师的专业水平和教学能力；同时，积极争取上级的支持，为教工改善工作、生活、住房等条件。这些举措对调动广大教师工作的积极性和主动性、稳定教育教学秩序、提高教学质量起到了巨大的推动作用，同时也为教学改革的顺利进行提供了重要保障。在全校师生的共同努力下，1985 年的高考取得了重大突破。参考的 64 名考生有 63 人被录取，升学率达 98.437 5%。喜讯传来，师生们欢呼雀跃。从此，华山人从汗水和付出中看到了希望，对学校发展坚定了信心。

1991 年，按照师党委集中力量办优质教育的部署和要求，教委决定每年通过中考从塔里木各团场学校选拔 20～30 名初中优秀毕业生到华山就读。虽然生源结构和生源质量得到一定改善，学校规模的扩大也导致管理难度加大。为此，学校进行了一系列改革。一是以强化校风端正学风、营造公平公正的育人环境为切入点，严抓考风考纪。通过制定《学生考试奖惩办法》，在巴州地区率先实行单人单桌考试、单人监考的办法，培养学生诚信品格。二是以高效课堂打造、提高教学效率为途径，将课堂由 45 分钟改为 40 分钟。三是在客观分析城乡教育差距、尊重学生认知差异的基础上开始实施分层教学，满足学生差异发展的需要。四是继续通过"请进来、送出去"、培训研讨、学习交流等方式强化师德师能建设。五是在兵团内率先实行专业技术人员考核评聘分开的试点，确立"因事设岗、岗变薪变、低职高聘、高职低聘、能上能下"的人事管理制度。六是与时俱进、抢抓机遇促发展。20 世纪90 年代，信息技术迅猛发展，知识经济蓬勃兴起。学校紧紧抓住机会，着力提升教师教学研究和信息技术应用水平，先后开展了"信息技术与中学各学科教学整合的应用研究""现代教育技术与提高目标教学课堂效率的实验"等课题研究，并适时提出了创建"全国现代教育技术实验学校"的奋斗目标。学校按照"借一点、集一点、省一点、要一点"思路，积极为创建全国现代教育技术实验学校筹集资金，并借此平台为二师和地方培训了千余名需要提高计算机应用水平的各级各类人才。经过三年多的努力，1998年，学校被教育部授予"全国现代教育技术示范校"和"全国电化教育先进单位"的称号。这也标志着华山中学现代教育技术水平已走在了新疆和全国的前列。六是抢抓塔里木油田大开发之机遇，先后与塔里木石油指挥基地、89790部队和电力公司等形成联合办学，不断增强学校办学实力。

袁征帆校长的办学思想可以概括为以下几点：

办学目标：把华山中学办成巴州一流、新疆知名的学校。

培养目标：求真务实、博学求精。

办学指导思想：立足学校实际，着眼三个"面向"要求，坚持以课堂教学为着力点、整体优化的原则，做好"四个结合"。

"四个结合"为：

坚持继承和发扬学校的优良传统与改革创新相结合。

坚持学生德、智、体诸方面全面发展与发展学生个性特长相结合。

坚持抓好常规工作与教育教学科研工作相结合。

坚持严格的科学管理和以人为本的思想工作相结合。

袁校长的办学思想继承、发扬了华山中学的优良传统，吸收了学校20多年来的办学思想的精华，这一办学思想也是集体智慧的结晶，因为有着广泛的群众基础，所以在具体实践中得到了广大干部和教工的认同。这期间广大干部、教工精诚团结，在学校各项工作中落实"四个结合"的办学指导思想，为实现学校的办学目标、培养目标努力工作。在袁征帆任校长的 20 世纪 80 年代初到 90 年代末，华山中学在管理水平、干部队伍和师资队伍建设、学风校风建设、教学改革、教育质量、体育卫生工作、电教工作及社会认可度等各方面都得到了显著提高，受到了上级领导的充分肯定和多次嘉奖。可以说这段时期是学校由弱变强、由落后成为先进的重要阶段，是学校发展进程中的一个高峰，也为学校今后的发展，特别是内涵发展和品质提升奠定了坚实的基础。

理性办学、品质发展阶段

2001 年，年仅 37 岁的邱成国任学校代校长，两年后被正式任命为校长。邱成国是 20 世纪 80 年代的中师毕业生，在团场学校工作过 3 年，1986 年调入华山中学工作，30 多年来从一名普通英语教师、班主任、教研组长、教导主任、副校长、代校长，最后做到校长。其间他通过成人教育取得了本科、研究生学历，读研期间重点攻读课程论和心理学。多年的教育教学实践和诸多岗位的历练为他积累了丰富的教育、教学及管理经验。

邱成国校长上任伊始就碰到几个重大机遇。机遇一：师党委在认真研究、分析二师快速发展离不开稳定的职工队伍的基础上，认识到教育不仅发挥着富民、移民的作用，更发挥着惠民的重要作用，从而做出了将全师优秀初中毕业生集中到华山中学培养的重要决策。机遇二：随着国家西部大开发战略的实施，库尔勒市城市建设步伐加快，人口快速增长，人民群众"上好学"的需求急剧增加。机遇三：国家启动"西部教育援助计划"，开始招收品学兼优的贫困生，即"宏志生"委托优质学校培养。依据学校整体管理水平和办学质量，兵团研究后决定将其中一个"宏志班"

委托华山培养。邱成国校长带领党委一班人从实际出发，做出了"抢抓机遇，力求大发展"的决策；考虑到原有的校区已无法满足发展的需要，提出了建立华山分校的设想，得到了师党委的全力支持。2002 年 3 月，在兵团教育工作会议上，校领导正式提交了建立分校的方案，并做出"两个不"（不以降低教学质量为代价，不以牺牲刚刚改善的教工福利待遇为代价）的承诺，得到了兵团领导的理解和支持。高中部新校区项目很快获批，并于 2003 年 9 月建成后即刻开始使用，确保了高一年级 20 个班的 1 060 名新生如期入学。面对新形势和新机遇，特别是随着"一校两部三段"格局的形成，学校由原来的师生 3 000 人扩大到 6 000 余人，到今天的近 8 000 人。作为一所十二年一贯制、本地区规模最大学校的一校之长，邱成国深感责任重大、任务艰巨。在学校"十五"发展期间要把华山办成一所什么样的学校？学校与疆内外名校的差距是什么？特别是面对这样一所有着红色基因、40 余年办学历史、地区品牌且在疆内有一定声誉的学校，守成还是变革？有哪些传承？于何处创新？……均成为他经常思考的问题，都需要他做出慎重的抉择。作为多年一线教学的实践者，他更深知学校教育是一个复杂的系统工程，在一所十二年一贯制学校要谈改革何其艰难。学校内部长期积压的陈旧思维，校际之间客观存在的巨大差异，学校外部根深蒂固的社会评判等，无一不是这场教育变革的负面因素。作为教育者的情怀、责任、良知、使命感，不断地增强着邱校长变革的信心与决心。长期养成的深入课堂听课、参加教育教学研究活动的习惯使他不仅能更加全面、深入了解学校教育教学及管理工作的实际，也使他清楚地知道，变革最大的阻力一定会来自学校内部，来自我们这个团队，如何达成共识，一同前行，必将考验着华山人内心的承受能力。

改革需要勇气，选择需要智慧，决定需要冷静。在经历彷徨、学习、思考之后，他带领华山人开启了教育改革、内涵发展的新征程，走上了理性办学、品质提升的创新之路。

邱成国校长立足兵团基础教育实际、立足华山校情。一是适时调整了发展思路，提出了"开放式办学、制度化管理、分层次发展"的办学思路和"数字化、生态化、制度化、人本化"的管理理念，进一步明确了把学校办成"兵团一流、新疆名校"的办学目标。二是针对集中办学后高一学生基础参差不齐这一实际，邱校长坚持"聚精会神抓质量，脚踏实地谋发展"的工作方针，提出了"低起点、缓步走、夯基础、重实效"的 12 字教学方针。三是坚持"科研兴校，全面育人"的办学思路，设立教研室以强化教科研工作，全面负责教师的专业发展和能力提升，推进教改实验的实施和学生学业质量的提升。面对扩招后高中师资严重不足的现实，邱校长亲自带队赴疆内外各大专院校招兵买马，补充师资。当时全疆各大高中均在扩大规模，师范或非师范类毕业生供不应求，所以在高中建成的头三年能招来的新教师的综合素质和专业能力同样参差不齐。怎么才能让这些新入职的教师三年内成长成才，甚至成为骨干，同样决定着学校的办学水平和教学质量，特别决定着办学目标的实现。为了让新教师尽快进入角色，邱校长要求教研室、德育处、教务处协调制订培训方案，他们入校即开始培训。邱校长必上第一课：讲华山历史，讲红色基因，讲学校精神，讲优良传统，讲校长的教育观、人才观、质量观等。其他校领导及干部、老教师则围绕师德师风建设等不同方面与新教师交流研讨，确保他们进华山就能受到最先进的教育理念和学校文化引领。专业能力培训和管理能力培训则由名师、骨干负责。当时的语数外学科常常是一或两位老教师带着七八名新教师集体备课、听课、上课、评课、二次备课、换班上课、再听再评，其他学科同样"一带四，或二带五"。组内公开课、推门课常态化；高级教师研讨课、中级教师评优课、青年教师汇报课每学期定期开展。教研活动通过"四定"制度（定时间、定地点、定内容、定中心发言人），扎实有效。师徒结对形式的导师制，为青年教师压担子、搭台子、铺路子，把优秀的青年发展为党员、把优秀党员青年教师推荐到关键的管理岗位的"双推双培"模式，让华山一批又一批青年教师在一到三年的时间里经历了从站稳到胜任到骨干，茁壮成长起来。今天华山的骨干教师、师级的学科带头人甚至名师很大部分都是 2000 年至 2009 年期间招进来的。这种理念先行、价值引领、精神培育、文化凝聚、传承创新、实践打造的以老带新培养模式成为学校教师的培养机制，并逐渐发展和完善为教师的发展机制。2003 年，学校开始了着力于拔尖人才、创新人才的培养机制建设，设立了"夯实基础，发展个性"的首个理科实验班，重点培养数学、物理、化学、生物、信息技术等理科拔尖人才。2005 年，学校又设立了"以文见长"的文科实验班；同年，开始探索国际化教育新路子，在巴州地区率先成立了国际部，先后与澳洲、美国、加拿大等国的高中建立了"1＋2"（在华山读一年高中后赴国外高中读两年）合作办学形式，为新疆学生打开了通往世界的绿色通道。基于对邱校长办学理念的认同，本着对华山教育事业的追求，凭着永不服输的赶超精神，华山团队积极探索、勇于实践，在 2006 年、2007 年连续两年的高考中取得了令华山人至今引以为傲的优异成绩，之后近十年惊喜不断，重本升学率连年攀升，高达 80%，每年被清华大学、北京大学、香港理工大学等知名一流大学录取的学生多达 30 人。

2008 年，兵团普通高中课程改革开始。作为兵团首批高中课改样本学校，学校明确了"积极参与，稳步推进"的课改思路，抢抓机遇，主动作为，在加大对新课改培训力度和经费投入的基础上，选派管理干部、骨干教师到课改先行先试的学校观摩学习、研讨交流，回来后积极探索、勇于实践。一是通过国家、地方和校本三级课程的开足开启的全面落实，为学生的个性发展搭建了有力的平台。二是通过"新课程背景下不同学科教学设计的研究"等，自主开发学案，打造高效课堂。三是积极发挥课改样本校作用，主动作为，承担了兵团"普通高中新课程课堂教学观摩研讨会""校长论坛""兵团中小学校长高级研修班"，师域片区教学观摩和研讨会等各类重大教研活动。这些围绕新课程改革活动的开展、多元的研讨交流形式和扎实有效的教学研究均为我校教育教学质量的大面积提升奠定了良好的基础，也促使学校教师教育教学能力特别是研究能力进一步提升。2013 年 11 月，"华山中学教育研究所"的成立又促使学校的教育、教学、管理和科研水平迈上了一个新台阶。

借普通高中课程改革之力，基于对教育本质的哲学思考和十二年一贯制学校的责任担当，邱校长提出：教育的全部价值与魅力来自于对人性本身的尊重与成全。当今教育必须尊重其自身规律，必须尊重青少年身心发展规律，必须关注人的个体发展、差异发展、本质发展，必须具有时代性、前瞻性。十二年一贯制就应该体现"慢、宽、活"的课程思想（小学慢一点：让孩子玩起来。初中宽一些：让学生动起来。高中活起来：让学生自治）。具有华山特质的"才丰似华、德厚如山"的育人理念就在这样的背景下形成了，"以人为本、尊重差异、着眼未来"的课程改革指导思想成为指导学校未来实践的方向。在随后的近十年里学校不断强化课程建设和教育科研，大胆探索与实践，逐步建构了华山中学"顺应天性、涵养德行、发展个性"的开放式课程体系和"玩在华山"的教学模式。

今天，在华山的校园里，我们时时处处可以看到这样的景象：教学班与行政班分类管理、分层教学；体育和艺术学科的模块化教学、学分制的管理评价、圆桌互动教学、学生疆内外与国内外研学旅行；大学先修课程、学生组织自治；学长教官制的军政训练、"天下之乐在书案"的读书大讲堂；"楼兰号角"管乐团、"小胡杨合唱团"、"雀之灵舞蹈团"在国内外交流演出且佳绩频传……这些课程的建设唤醒了学生、激荡了老师、改变了家长，更引发了教育同行的大讨论和社会层面的大震荡。

在 50 多年的办学历程中，作为师直学校和兵团示范性高中的华山中学优先得到了国家、兵团及社会各层面优先的资源配置和政策扶持，先行发展起来。2002—2010 年，学校先后迎来了由中组部选派的来自清华附中的杨运国、啜秀英副校长，来自天津大学的袁惠龙副校长等援疆干部，他们在华山一待就是三年。他们带来的不仅是京津地区基础教育最先进的教改理念和管理理念，留给华山的还是长期的文化影响和可持续的资源平台。第一次、第二次中央新疆工作座谈会之后，中央决定举全国之力援助新疆的战略部署，再次给学校带来了千载难逢的发展机遇。来自燕赵大地的申翊副校长、郗会所副校长、谢志强副校长、李涛主任、宋英广主任等援疆干部再次把内地先进的教育、教学理念、改革措施，特别是备考经验带到学校，进一步促进了学校教育教学质量和管理水平的提升。华山人知此恩于心，更懂得报此恩于行。几任校领导特别是邱成国校长经常会在各种会议提及我们得到的这些厚爱与支持，以此激励、教育华山人。他常说："华山人必须要有'一枝独秀不是春，万紫千红春满园'的认识与境界，有义务、有责任回报社会，要示范引领，更要帮扶带动薄弱学校，以实际行动促进区域教育均衡发展。2012 年起，学校分别向 33 团、34 团、37 团、38 团、223 团等师域薄弱或贫困的团场学校、巴州的若羌县学校派出中层干部、骨干教师开展实地帮扶。华山人将学校的先进办学理念、管理经验、人文精神与受援学校实际有机结合，大胆探索，创新实践，促进了团场、若羌县基础教育的迅速发展，满足了职工群众对优质教育资源的需要。2013 年，结合新疆实际、围绕新疆社会稳定与长治久安的工作总目标，邱校长提出了"教育维稳"新理念和"教育扶贫"新思路，带领华山人将大爱之手延伸到了几百里外的第一师阿拉尔、几千里外的和田十四师皮山农场、皮山县中小学。华山人通过"派出去"（派干部、骨干教师团队实地援助）或"带进来"（把受援学校师生带到华山跟岗、跟班学习体验）的方式和"手拉手、心连心"的活动，不仅让边远贫困地区、少数民族地区的师生享受到了优质教育资源，也促使华山优质教育资源实现了教育扶贫。

在邱校长的引领和带动下，华山人的这份博爱之心、奉献精神及卓有成效的教育扶贫实践，为新疆基础教育的和谐发展提供了宝贵的经验。华山人的这种感恩社会、回报社会的责任心，更为学校赢得了社会赞誉，提升了学校的办学品位。

邱成国任校长以来，学校先后确立了"四个一流"（一流的师资队伍，一流的教育质量，一流的管理水平，一流的办学条件），"兵团名校、新疆一流"的"十一五"发展目标和"五个一流"（一流的师资队伍，一流的教育质量，一流的管理水平，一流的办学条件，一流的生活质量），"学生喜欢、教师幸福、家长放心、社会满意""西北一流、全国知名"的"十二五"发展目标。2016 年，学校又确立了"学生更加喜欢、教师更加幸福、家长更加放心、社会更加满意"的高质量的教育研究型学校，继续在追问"教育是什么"的千年之问，继续在破解"现代学校如何建"的百年难题。

在邱校长的引领和带动下，华山人始终坚持按照教育规律和青少年身心发展规律办学，始终坚持立足国情校情调整工作思路，科学实施，有序推进。"为国育才"的教育情怀、"才丰似华、德厚如山"的育人追求、"崇尚学术、强化服务"的服务理念、"玩在华山"的教育模式、"自上而下的服务意识和自下而上的责任意识"的责任担当，这所有着红色基因、优良传统、兵团精神的学校在选择与变革中、在发展与奋进中，将一批又一批的兵团职工子女送进理想大学，将一代又一代的可靠接班人送进未来社会，使其昂首走在从优秀到卓越的路上！

务实奋斗

吴兴高级中学①严忠俊

发展：永恒的主题

2001年，为响应教育部"在有条件的地方尽可能实现初高中分离办学"的号召，湖州市教育局把原湖州四中、湖州八中、湖州十二中三所学校的高中部剥离出来，组合成湖州十五中。2004年4月，湖州十五中更名为"浙江省吴兴高级中学"。2005年8月，湖州市织里中学并入湖州十五中。建校之初，这是一所不被看好的学校，当时学校占地23亩，有30个班，1 500多学生。校园里只有一幢教学楼，一幢行政楼，一条200米的跑道，每次开运动会都要到人民广场去借场地，办学硬件老旧乏新……尤其是生源比较差，中考录取分数在市直属学校中是最低的。而且三校合并之初，工作不满五年的青年教师占了一半以上。就在这样的条件下，吴高如初生的孩童般迈出蹒跚的脚步，踏上了不寻常的成长路。

教育家陶行知先生曾说过，"天下事物，合则为强，分则为

①吴兴高级中学，以下简称"吴高"。

弱"。先生的教导，至今仍有深刻的现实意义。然而，中国的教育界久已存在一种现象：中学合并难发展。由几所学校合并组建的中学，往往因为师资和生源的复杂，很难整合成一所学校应有的凝聚力。学校的发展，自然也成为一大难题。

初建的吴高同样存在先天的不足。学校内部的融合、领导班子的组建、师资队伍的协调……放在面前的是一个又一个现实难题。《孙子兵法》云："求其上，得其中；求其中，得其下；求其下，必败。"令人欣慰的是，学校成立之初我们确定了宏大的愿景——创办一流的学校、实现一流的质量、培育一流的人才。在这一目标的指引下，短短5个月我们便走完了从筹建、招生到开学的过程，用最短的时间跨出前行的第一步；耗费4年时间，实现了从旧校址向现代化新学校的搬迁，完成了硬件设施的一场革命，迎来新的发展契机；而从一所普通高中升格为省一级重点中学，我们只花了6年时间。同样的发展历程，省内的兄弟学校大都需要十多年甚至数十年。短短十年，我们赢得了省市主管部门的认可和好评，更赢得了家长、学生的信赖，让更多学生享受到了优质的高中教育，帮助他们跨入了理想的大学。吴高的发展和崛起，得益于"教育即发展"的办学思想、雄厚的师资队伍、严谨科学的管理体系和永不止步的追求。

被评为省一级重点中学以后，2008年，我提出了"三个转移"的新目标，即"传统管理向现代管理转移，规模发展向内涵发展转移，争创名校向成为名校转移"，坚持走内涵发展之路。"三个转移"相辅相成。现代管理是手段，内涵发展是关键，成为名校是目标。有效的管理，能促进内涵发展；内涵发展了，更能促使管理有效。二者的相互作用，一定会促使学校成为名副其实的名校。但"转移"不同于"转变"，是一个渐变的过程。"转移"

让我们有了起点，也有了方向。"转移"要求我们承上启下开展工作，一切从实际出发，实事求是，把握好稳定与发展的关系，在稳定中求发展，在发展中促稳定。

学校管理的境界有三个层次：第一个层次，让教师把事情做规范（小教师）；第二个层次，让教师成为该职位上的专家（能教师）；第三个层次，让教师感受到工作是一种生命历程，感受到生命因工作而快乐（好教师）。实践"三个转移"，就是要追求"第三个层次"的管理境界，让越来越多的吴高教师，感受到在学校是快乐的，工作是快乐的，生命的每一天都是快乐的。

在教学管理方面，我们特别制定了《星级教研组创建标准》和《学科教学常规标准化方案》。制定教研组长、备课组长和教师个人在教研组建设中成果评价标准，利用激励因素，突出团队性，将个人荣誉纳入教研组评估，形成评价制度。评价制度中基础分由教学常规、队伍建设、教学质量三部分组成，奖励分由团队建设、教学质量、辐射引领三部分组成。按比例设置五星、四星、三星。各教研组按照标准先自评，并向领导小组申报相应等级，经复评后确定星级标准。加强教研组标准化建设，旨在规范教研组活动，调动教师工作积极性，增强集体创优意识。二轮课改期间，我校构建了独具特色的"一体两翼"的博才教育课程体系，2014 年 12 月，率先被评为浙江省一级普通高中特色示范学校。

党的十八届五中全会，通过了"十三五"发展规划的建议，提出了必须坚持"创新发展、协调发展、绿色发展、开放发展、共享发展"五大发展理念。如何用五大发展理念指导好学校教育改革发展，有着十分重要的现实意义和深远的历史意义。

当今社会飞速发展，我们要建成小康社会，实现"中国梦"，需要的是大量的创新型、复合型人才，而我们当前的教育由于受考试指挥棒的左右，始终走不出"应试教育"的怪圈，培养的学生知识结构单一，实践能力和创新精神等综合素质缺乏。

要改变我们教育的现状，必须贯彻"创新发展、协调发展、绿色发展、开放发展、共享发展"五大发展理念，把五大发展理念贯穿于整个教育过程，坚持不懈地推动学校教育改革，促进学校教育创新协调发展。

第一，以创新发展激发教育活力。要积极推进学校优质特色发展，探索适应新高考、学考机制的高中教育教学管理体制改革和机制创新。浙江的新考改给普通高中带来了全新挑战：传统的教学秩序被打破，课表怎么排？走班教学怎么"走"？教室不够怎么办？教师是否具有开发选修课程的能力？综合素质评价档案如何记录？因学生选择导致的师资需求波动性的"潮汐现象"如何解决？没有了平行的教学班，如何评价教师的教学质量？……这些都需要以创新发展的理念去面对。无论是教育结构还是培养模式，无论是教学内容还是教学方式，相对于经济社会发展对人才的巨大需求，这些都需要我们充分发扬创新精神，在教育观念、教育体制机制、内容方式等方面进行改革。

第二，以协调发展优化教育结构。我们更关注的是教育内部的协调发展，必须尊重教育规律，尊重人的发展规律和人才培养的规律；要进一步确立以人为本的教育观念，既要关注师生长远发展利益，也要关注师生眼前的发展需求，正确处理学生升学这个眼前利益与学生长远发展后劲和学生全面素养提升的关系，正确处理教师眼前的物质利益需求与教师长远价值实现的关系，正确处理学校发展近期目标与长远规划的关系，真正把学校办成教师辛勤耕耘的乐园，学生健康成长的沃土。

第三，以绿色发展引领教育风尚。以绿色发展引领教育风尚，就是回到教育的本原上去思考教育面临的问题，实现教育和经济社会之间的良性互动，化解内部矛盾，优化外部环境，最终促进教育的健康、和谐与可持续发展。我们要遵循教育教学规律和学生身心发展规律，全面实施素质教育。离开了对教育规律的研究与尊重，无法真正实现教育目标，也不可能全面实施素质教育。只有按照规律办学、按规律育人，走绿色发展的道路，用绿色发展理念，才可能实现每一个人的精彩发展，才有教育系统的"青山绿水"。

第四，以开放发展拓展教育资源。实现教育开放发展，涉及教育内外诸多方面。我们可以面向社会招聘兼职教师，向家长开放，聘请学有所长的家长到学校开设选修课程；向专业协会开放，面向各类专业协会聘用教师；面向社会开放，聘请各类技术人员到学校组建工作室；面向网络开放，以"互联网＋"的思路，充分发挥优质教育资源的平等共享作用……充分利用素质教育基地、公益场馆，以及乡镇、村、街道社区资源，广泛开展各类社会实践活动，让学生多接触社会，参与实践。

第五，以共享发展促进教育公平。教育的共享发展，要解决的其实是社会公平正义的问题。我们讲的"提高教育质量"，是对所有学校和受教育者而言的。促进公平是提高质量的内在要求。共享发展就是要分好蛋糕，让人民共享教育改革发展的成果，让每个学生都能接受公平的、有质量的教育，使全体人民在教育改革发展中有更多的获得感，让人民享有公平的受教育权利，经历平等的受教育过程，获得公平的教育结果。

校长：学校发展的灵魂

一个好校长首先是一个好老师。"学会教学是一辈子的事。"这是我教育生涯中的工作格言。我 32 岁破格晋升为中学高级教师，36 岁成为省物理特级教师，2010 年被评为浙江省功勋教师，2017 年又荣升为中小学正高级教师。我的个人成长史，可以说是教师自我规划、自我教育、自我发展的样本。

1986 年浙师大毕业后，我被分配到浙江省湖州中学任教，这所百年名校为我提供了广阔的舞台，无形之中也给了我巨大的压力，但我立志要做一名一流的物理教师。于是，我努力在课程智慧、教学智慧、管理智慧、人格魅力、思考习惯五个方面修炼自己。教是为了不教，"授人以鱼，不如授人以渔"。为此，我一直在学习、在探索，及时记录教学实践中的疑惑、思考、解决路径及启示，并整理成论文发表。经过坚持不懈的努力，我逐步形成并完善了自己"深入浅出"的教学风格，教学成绩优秀，教科研成果显著，得到了学生、家长、学校和社会的高度认可。从湖州中学的普通教师到年级组长，再到教务处主任，升为校长助理，最后成为教学副校长，在教育的多个岗位上，我积累了最宝贵的一线管理经验。几十年的一线教师生涯，让我对教师的职业充满了感情，也对学校的发展积累了专业且现实的思考。

2001 年，我接受湖州市教育局的任命，成为湖州第十五中学校长，当时只有 38 岁。我国著名教育家陶行知曾经说过："校长是一个学校的灵魂，要想评论一个学校，先要评论他的校长。"从某种意义上来说，校长的思路决定了学校的出路，校长的办学思想决定了学校的文化品位，校长的管理能力影响着学校的发展前景。为了挑起这副重担，我多方请教，见贤思齐，阅读了许多教育管理类的书籍。学校要发展，必须遵循教师第一和学生第一这一"双主体"理念。从学校管理和学校发展来看，教师第一；从教育活动的出发点和目的来看，学生第一。

我认定，无论基础设施和生源条件如何，任何一所学校想要可持续发展，教师才是最核心的竞争力。"教师第一"是强调对教师的培养先行。因为任何好的教育思想都依赖于好的教师去传播、落实。新生的吴高要想走出合并学校的困境，实现快速发展，必须建设一支师德高尚、业务精良的高素质教师队伍。然而，当时三所学校的教师水平参差不齐，教师自身的学习意识不强，怎样才能扭转这种不利的局面呢？我不禁想起了自己从青年教师、教坛新秀成长为教学明星、特级教师的历程。"教师是学校最大的财富""走教科研之路，是教师发展的最大捷径"。建校初我们针对学校青年教师多，教师教育思想、教学能力参差不齐的情况，决定实施青年教师"一三五"校本培训工程，以此为平台，实施全员培训。两年后，我们申报省规划课题《普通高中青年教师校本培训的实践与研究》，用科研的严谨态度、用理性的高度来指导青年教师的校本培训。四年后，我们形成完整的教师校本培训体系，并让培训工作常态化、正规化。通过校本培训，青年教师成长周期缩短，骨干教师的可持续力增强，教师在省市级教科研活动中的影响力增大，学生与家长的满意度提高。

每个教师都有自己的教育哲学。它虽缄默不语，但植根于教师的心灵深处。它就是那只看不见的手，决定着每一堂课的风格和质量。个体的教育哲学的构建，有赖于教师批判意识的觉醒和反思能力的提高，取决于对教育问题做深入的哲学思考。学者肖川认为：教师的职业是一种专业，它包括专业眼光、专业品质、专业技能。因此，从新手到专家是教师专业化成长过程。而教师劳动的特殊性、复杂性、创造性决定了教师的专业发展要靠实践性知识的不断丰富、实践智慧的不断提升。吴高的快速崛起，得益于一直持续地抓教师队伍建设。作为学校特色的"一三五工程""青年骨干教师校本培训工程"和"名师培养工程"，让不同层次的教师都获得了再学习的机会，让每一个教师在专业化的道路上不断发展。

"学生第一"是强调学校的一切教育活动、教师的一切教育行为必须以学生为出发点，并最终成就学生的健康成长。我校的办学理念是"以人为本，促进成长"。作为一所高中学校，高考的鞭策力很强很大，追求知识、提高分数、提高升学率是目前大背景下的"必修课"。作为校长，我必须把它上好、完成好。但我知道，知识不等于力量，知识需要与人格、能力整合后才能转化为力量。因此，我觉得，负责任的高中教育既要对高考要考的知识负责，又要对高考考不出的人格负责。在多年的管理实践中，我们逐渐找到了一条比较有效、有特色的德育路径。发展学生是有方向的，有目的的，有载体的。我校把学校德育、校园文化和"人道、博爱、奉献"精神结合起来，建立完整的校本课程体系。从特色项目到学校特色，再到特色学校，我们选择了一条独具吴高特色的内涵发展之路。

著名学者周国平说过："人生中最值得追求的东西，就是我们应该让学生得到的东西。从哲学上来说，用一个词来概括就是幸福。人要有精神境界，幸福最高的境界就是享受幸福的能力。从这点来讲，教育最重要的目的就是让人的精神能力能健康地生长。"在我理解，生长就是发展。教育即生长，教育即发展。成功的教育就在于对人的潜质的不断发掘与引导自我调整，能帮助人学会认识自我、精准定位，找准前进目标，锲而不舍地为之奋斗，并在其发展的过程中不断培养精神、提升素质、积累知识、彰显个性，从而全面发展，自然而然地走向圆满。

做校长，办教育，一定要以促进学生发展、教师发展、学校发展为己任。我从 2001 年任校长以来，坚持"教育即发展"的理念，立足现实，高站位、深思考，基于学校、教师、学生的发展，合理布局学校的发展架构，提升学校的管理水平。学会当校长是一辈子的事情，让我们且学、且思、且行！

教育即发展

何为教育？古今中外有多少哲学家、教育家对此思考、建树理论。"有为"与"无为"之争，"天赋说"与"白板说"之辩，"外在形塑"与"内在生发"之论……如此种种，皆着力洞悉教育的规律与成长的智慧。

中国教育家陶行知的教育思想对当代中国影响很大，他师从杜威，因此，追根溯源，杜威的教育思想在中国得到了广泛关注与深入研究。大家推崇杜威思想："教育即生活""教育即生长""教育即经验的改组或改造"。与此同时，也有人批评杜威把有机体的生长等同于人的生长，诟病"生长"一词具有歧义，因为生长有正向与负向，而教育应该只朝着正向去。

在我看来，杜威思想最可贵之处在于：尊重儿童、顺应规律、引导发展。这些可贵内核都值得我们大胆拿来！在学习先贤的基础上，以拿来主义的态度，同时规避语言的歧义，我提出："教育即发展"。

在汉语体系里，"发"有扩大、开展的意思，"展"有张开、放开的意思。在哲学里，"发展"是一种变化，是指积极的、上升的、前进的变化，是新事物的产生旧事物的灭亡，是不断地告别旧我迎接新我的变化。

教育即发展，就是以教育为手段，遵循儿童成长规律，激发学生个体内在的发展力，实现学生永续的发展。具体而言，就是学校教育以学生为发展对象，以人内在的发展力为着力点，建构立体的学校生活作为教育的载体，符合成长规律地实施教育行动，实现学生向上的、永续的发展。

当前国家战略的五大发展理念——创新、协调、绿色、开放、共享，适用于各项工作，教育也不例外。教育即发展，也要从"创新、协调、绿色、开放、共享"五个维度来促进学生的发展。

"创新发展"关注教育手段与方向，即通过创新教育手段培养学生的创新意识、创新精神、创新能力，从而培养创新人才。教育手段的创新要着力在培育教育的新载体、打造教育的新平台、推出教育的新举措。创新教育手段是为了更有效地引发出学生内在向上的可能性，激发出学生"见贤思齐"的发展力，而不是简单地灌输知识。培养创新人才，就要在培养学生独立思考力和判断力上下功夫，而不是着力于记住知识的细节。

"协调发展"关注教育对象的内外协调。首先是学生个体的内在协调发展，既包括构成学生发展的德智体美劳各要素的协调，又包括学生发展与其自我的智能类型协调，让发展符合成长规律，符合其独特个性，让学生做自己，成为自己，而不是成为"相同人"、成为"他人"。只有这样的发展，学习者才能"学而不厌"，才能树立起"天生我材必有用"的自信。其次是学生个体的外在良性互动，即学生与同学、老师、家长的良性互动，与学校、社区、国家的良性互动，学生与自然的良性互动。协调发展不是均

135

衡发展，而是强调"学生面对自我是协调的，面对外界是协调的"。

"绿色发展"关注教育资源与环境。绿色发展是追求绿色的发展方式与生活方式，就教育而言，就是要教育节约资源，提高资源的利用率，建设良好的教育生态环境。场馆、设备、课程、教材等等都是教育资源，但最有限最要尊重的教育资源是学生的时间与精力。提高教育资源的利用率，要特别关注、珍视学生时间与精力，不可无端占用、低效占用。学生必须有充裕的时间体验和沉思，才能自由地发展其心智能力。卢梭说："误用光阴比虚掷光阴损失更大，教育错了的儿童比未受教育的儿童离智慧更远。"良好的教育生态是既保持了教育生态的多样性，又保持了教育生态的纯净度；既有课程文化的色彩斑斓，又有核心价值体系的精神引领；既有全面发展的价值追求，又有特色发展的价值肯定；既欣赏优质高分的拔尖人才，又鼓励"不唯分数论"的绿色质量。

"开放发展"关注教育的视野与行动。即用开放的国际视野促进开放的教育行为。任何事物的发展都不可能是该事物内部"封闭运行""体内循环"的结果，因此，学习者的发展是一个与外部环境进行交流、发生互动、生成经验、提升智能的过程，是一个开放的过程。学习者与环境交互的领域越宽、层次越多、方位越全，其经验的积累就越容易发生质变。"读万卷书，行万里路"正是一种学习者的开放姿态。

"共享发展"关注教育的落点。共享是分享，是人道，是温暖。共享发展就个体而言，是培养学生分享的意识；让学生与同伴分享知识、分享方法、彼此帮扶；就学校而言，是与社区、与兄弟校、与贫困校分享资源、分享理念，扶困救弱、均衡互补。共享发展体现了教育发展的人道情怀。

综上所述，教育即发展，就是以教育为手段，遵循儿童成长规律，激发学生个体内在的发展力，通过教育的创新发展、协调发展、绿色发展、开放发展与共享发展，实现学生的永续发展，让发展伴随学生终生。生命不止，生活不息，发展不停。教育即发展，人是目的，人的发展是目的，教育不为功利结果，只为立德树人。

课程观和实施策略

一、课程观：个性而全面发展

我们一直在追问：社会需要怎样的吴高？吴高以怎样的自我来有效地满足社会的需求？吴高怎样才能成为培育未来公民和社会栋梁的优质学校？我们坚守教育即发展的理念，践行"个性而全面发展"的课程观。学校的一切工作和环境设施都努力体现人性化的特点：基于人，依靠人，为了人，发展人。促进学生品学兼优、教师德艺双馨、学校持续发展。

怀特认为，"教育只有一种教材，那就是生活的一切方面"。我们的教育所追求的就是对人的"完整性"即全面发展的追求。教育要培养丰富的人，必须实现课程观的转变，其实质是向全面发展及个性发展的人转变。德国哲学家、社会学家哈贝马斯对全面发展也给予论述，他认为课程的"完整性"是由文化、社会和个性构成的三维动态结构。文化是指知识储备，社会是指个体与群体之间的协调、沟通的能力；个性是指个体间相互理解的能力，并在其中凸显其本身的特征及能力。为此，我们确定了我们的课程体系——博才教育。

二、课程体系：博才教育

博才是博学、博闻、博爱之才。学校开设多样化的课程推进博才教育，打造独具特色的学校文化。其课程模型为一体两翼。

"一体"是国家课程，包括国家必修课程和选修课程，确保国家对教育的基本要求，是普高学生必须达到的国家标准，体现基础教育的国家意志。

"两翼"就是校本特色课程，是在确保国家课程有效实施的同时满足学生个性发展的需要，支持学校博爱、博闻的特色文化建设，体现多样性、个性化、开放性、选择性、丰富性，提升教育质量。

在架构"博才教育"课程体系的同时，我们对三大课程群做了富有特色的定性思考：

博学课程群：课程形象是"读万卷书"，课程目标是"博学，让生活更自信"，学习要求是"好学、善思、明理、敏行"，学生塑形"自信乐活"。课程结构是国家必修课程和国家选修课程，建设策略是构建高效课堂，重点在国家课程校本化，难点在组织分层走班教学。

博爱课程群：课程形象是"怀人道情"，课程目标是"博爱，让生活更温暖"，学习要求是"善良、尊重、感恩、平等"，学生塑形"温暖阳光"。建设策略是从知识、情感、技能的路径培养学生具有博爱之知、之情、之能，着力支撑独具特色的博爱文化。

博闻课程群：课程形象是"行万里路"，课程目标是"博闻，让生活有品位"，学习要求是"进取、健康、沉毅、践行"，学生塑形"追求卓越"。建设策略是让学生在课程里穿越时空，行走古今，了解人文与艺术、科学与技术、社会与实践，行走在物质与精神的世界里。

三、实施策略：开发、开设、管理、评价

1. 课程开发积极创新

采用"分类，分期，有重点，有合作"的策略。

分类：国家课程与校本课程区别对待，国家课程强调校本化、二次开发，着力提高基础课程的教学质量，用国家课程标准思考每一年级的教学；校本选修课程强调"开发一批，转化一批，引进一批"，有步骤有重点地开发特色选修课程，用未来思考每一细节的教育。

分期：选修课程的开发从无到有、从有到精，分为萌芽、成长、成熟三个阶段。目前，我们已开发 123 门选修课程。

有重点：结合我校特色课程群，重点打造，培育精品。我校 2 门课程在"真爱梦想杯"全国校本课程设计大赛中获奖，"急救技能"等 5 门课程成为省网络课程，26 门课程入选市精品课程。

有合作：积极开展校际合作开发。分别与市环保局、市红会联合开发"学做环境检测员""急救技能"，数学组与 12 所兄弟学校联合开发"高考原题教学方略"选修课程。

2. 课程开设扎实规范

必修课程及课时设置严格按照要求，在三个年级开齐开足。学考科目必修课程的并开科目不超过 8 门，高二文科数学尝试分层走班教学。

选修课程周课时不少于 9 节，开齐四类选修课程，编制《选课指导手册》下发学生，学生根据自我意愿与特长，利用网上选课平台进行选课编班，开展走班教学，每个学生拥有独立课表，选修课程的开设超过一级示范校标准。

在选修课程的开设中注重关联：

一是建议选修与自主选修相结合。建议选修课程与学校特色有关，例如红十字急救技能、红十字精神等课程，这些课程是吴高符号，以促进博爱文化建设。

二是课堂与活动相结合。知识拓展类课程一般采用常规课堂教学，社会实践类课程主要采用活动形式，职业技能类、兴趣特长类课程则兼而有之。

三是校内自主开发开设与分享校外资源相结合。依托高校、有关部门和校友，为学生开设"吴高博闻堂"，提供实践基地，开阔视野，分享体验。

四是走班、走教与走校相结合。即自我开发课程实行学生走班，利用外校设施设备的课程实行走校，共同分享校际师资，实行教师走教。

走教，如市红十字讲师团到我校现场辅导，聘请湖州职业技术学院褚又君老师开设公关礼仪课程，请校外专家为学生开讲"吴高博闻堂"。

走校，如高三学生到浙大体验高校生活。我们正在筹划利用假期、休息日，教师带领学生到课程联盟单位进行职业技能类选修课程学习或开展社会实践活动。

在课程实施过程中，注重及时调整、跟进。《浙江省深化高校考试招生制度综合改革试点方案》一公布，我校就积极学习、研究，在最短时间里草拟了《吴兴高级中学 2014 级课程规划方案》，对学生选考的多样性设计了 12 种课程实施方案，并进一步征询意见。

3. 课程管理科学有序

加强组织、制度、设施建设，为课程的开发、开设提供保障，发挥评价对课程管理的促进作用。

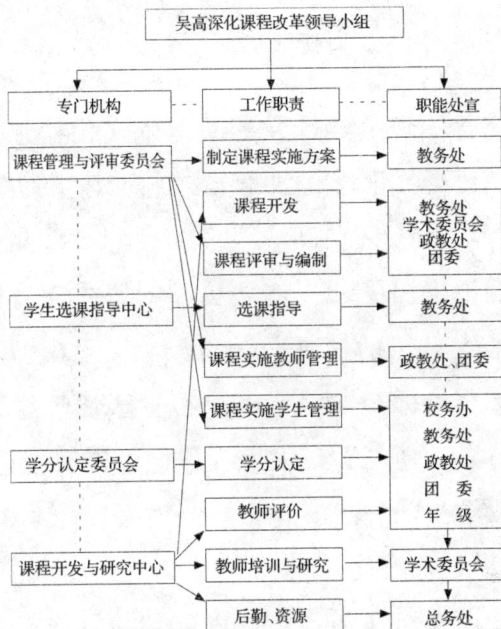

吴兴高级中学课程实施组织结构图

建立制度体系，加强过程管理。例如，从学生的生涯规划到自主选课、学习管理，再到学习评价，都有制度护航。

在设施方面，主要是完善专业教室、场馆，电子学籍管理系统，选课平台。为使选修课程的管理更加精细化、精准化，吴高安装了选修课刷卡考勤系统，充分利用现代科技设备，服务于选修课程的管理及评价。

四、特色与示范

1. 特色建设思路清晰

学校确立了"博才教育"的特色发展道路，特色建设规划思路清晰，基于自身基础与优势，有明确的育人目标和切实可行的培养路径，对已有条件和将积极创造的条件有清晰认知；特色建

141

设规划的系统性强，从课程体系、配套设施到环境文化做了整体设计与架构。

2. 课程方案亮点突出

课程方案充分体现了学校原有的博爱文化特色，并在原有基础上拓展扩容，已形成明显的课程群，符合学校实际和学生发展需求。

学校创造性地提出了"一体两翼"的博才教育课程体系，并形象化地表现为大自然的精灵——蝴蝶，课程模型新颖。学校还从课程形象、课程目标、学习要求、学生塑性、建设策略五个方面对"博学·博爱·博闻"三大课程群做了富有特色的定性思考，视觉独特，贴近学生。

3. 课程建设适切有序

课程开发开设操作性强，调控保障到位，目标达成度高，培育精品选修课程的效果好。努力创造条件，利用校外课程资源，对省网络课程的校本化应用进行了积极探索。"吴高博闻堂"汇聚专家、校友、本校教师和学生，开阔视野，交流信息，播种思想，促进学生成长。

4. 博爱文化辐射引领

2006 年高中课改我们就着手建构有特色的、有全局性的德育课程体系。2012 年深化课改，我们对零散的德育活动进行了有效的整合，我们将红十字德育项目提炼为学校特色，以此为核心，打造了博爱课程群，又设置了博闻课程群。博爱课程群重道德的养成，博闻课程群重见识的博雅。我们结合国家课程，即博学课程群，确立了以"博学·博爱·博闻"为特色的博才教育。

正是因为课程给力，我校的青少年红十字工作才独具特色，才能产生广泛的影响力。

第二届亚太地区青年峰会在北京结束，大会邀请了 5 位观察员，吴高中是唯一以学校名义被邀请的单位。

2013 年 5 月，新华社等 22 家中央驻省和省级新闻媒体记者团来我校采风，对吴高做了"博才教育之路"的专题介绍，中国人道网就此事做了题为"吴兴高级中学唱响红十字精品课"的报道。瞄准课程是因为课程有魅力，课程支撑是学校红十字工作的核心优势。

教学观及教学策略

一、教学观：以人为本

坚持以人为本就是以坚持人的全面进步和发展为本。教育的首要功能就是要使学生有能力把握自身的发展，学会生存、学会做人、学会做事、学会共同生活。以人为本的教育理念的实质就是重视人本身的发展，将个体的全面发展与个性发展统一起来，将个体的人文精神和科学精神的养成统一起来，在信息化的社会环境中能够正确地进行知识的选择和创新。

坚持以人为本就要脚踏实地推进素质教育，勇于进行新课程改革。

新课改背景下的教学观以学习者为本位，旨在促进人的全面和富有个性的发展，要求实现学习者在知识与技能、过程与方法、情感态度与价值观等多方面的发展，实现三维目标的整合。其中，所谓"知识与技能"强调的是学科的基本知识与基本技能，这与传统教学注重知识和技能的学习并无二致，反映了新课改教学观对我国传统教学理念合理内核的继承；所谓"过程与方法"强调的是让学生了解和体验学习的过程和方法，养成善于发现、思考和解决问题的学习习惯，这是对传统教学的发展，体现了教学观的创新与飞跃；"情感态度与价值观"关注的是"形成积极的学习态度和健康向上的人生态度，具有科学精神和正确的世界观、人生观、价值观，成为有责任和使命感的社会公民等"。这是对传统教学观的重大突破。

教育是文化创新、传播和应用的主要基地，是培养创新人才的摇篮。教育无论是在培养高素质的劳动者和专业人才方面，还是在提高创新能力和提供知识技术创新成果方面，都具有独特的作用。以人为本的教学，重点是培养创新精神和实践能力，培养学生求真务实、勇于创新的精神，要让学生树立终身学习的意识，培养终身学习的能力。为此我们的课堂教学的关键是实现"三变"：变"传递"为"对话"，变"学会"为"会学"，变"教"为"不教"。明确"教"的目的在于"学"，"教"的手段要落实到"学"上，教的目标要体现在"学"上，最大限度地激发和培养学生的积极性和主动性，培养学生良好的学习习惯，培养学生的学习力，为学生终生学习和发展奠定基础。

二、教学策略：以"课题驱动，实施有效教学"为例

有效教学是提高学校教学质量的关键。华东师范大学崔允漷教授认为，有效教学的"有效"，主要是指通过教师在一种先进教学理念指导下经过一段时间的教学之后，使学生获得具体的进步或发展。有效教学的"教学"，是指教师引起、维持和促进学生学习的所有行为和策略。它主要包括三个方面：一是引发学生的学习意向、兴趣。教师通过激发学生的学习动机，使教学在学生"想学""愿学""乐学"的心理基础上展开。二是明确教学目标。

教师要让学生知道"学什么"和"学到什么程度"。三是采用学生易于理解和接受的教学方式。

我们致力于高效课堂的建设，持续研究有效教学，并以课题驱动式引领课堂教学的改革。我们长期坚持与华师大课程所合作，在崔允漷、吴刚平、胡惠闵、朱伟强教授的指导下，以三大课题——《指向改进的听评课制度》《"目标导航"课堂学习模式的实践研究》《"目标导航"下，构建"问来问去"课堂新常态的实践研究》为载体，聚焦课堂，持续研究，探索有效教学的学习方法与教学策略，逐步形成了"问来问去"的吴高课堂教学特色，全面提高教学质量，促进学校跨越式增长，有效提升了学校的美誉度、知名度与影响力。

1. "指向改进的听评课制度"的研究

该课题研究的核心问题有三个方面：学习目标的确立；基于学习目标的教学设计；基于学习目标的评价设计。

通过研究，我们达成了共识：课题的选题科学，符合我校实际，特别是课题研究前期的调研全面客观，为课题研究奠定了坚实的基础。课题研究从目标分解入手，入口找得准，起点高，理论性较强，直击课堂教学的要害。参加研究活动的教师，无论是在理论的学习上，还是在理念的更新上都有了长足的进步。基于目标的课堂教学，对提高课堂教学效益有着重要意义。课堂学习目标的确立，围绕目标的教学设计，学习目标的检测、评价等，可以有效地防止课堂教学的随意性，大大加强了课堂教学的针对性，对教学质量的提高大有裨益。

课题研究取得的主要成效：经过两年的研究，老师们掌握了学习目标的分解技术，通过研究制定了合理的学习目标，支撑了教学模式的创新；形成了基于学习目标的吴高教学设计模板，并把评价设计作为教学设计的重要环节，最终形成了独具吴高特色的《听评课制度》。

2. "目标导航"课堂自主学习模式的构建

指向改进的听评课制度是从教师层面来研究有效教学，但学生才是课堂的真正主人。因此，我们以"指向改进的听评课制度"课题为基础，申报了省规划课题"'目标导航'课堂自主学习模式的实践研究"。经过为期一年的研究，我们构建了"目标导航"课堂自主学习模式，课题成果获得省二等奖。在研究过程中，我们重视模式建构，但不模式化、不僵化。华东师范大学教授也提醒我们，不要刻意追求模式的华丽，要真正体现课堂理念，实现课堂理想，给教师、学生足够的空间，只要做到"神似"，模式越简单、操作性越强越好。基于这种思想，我们调整思路，经过反复论证，最终构建了"目标导航"学习模式（见下图）。

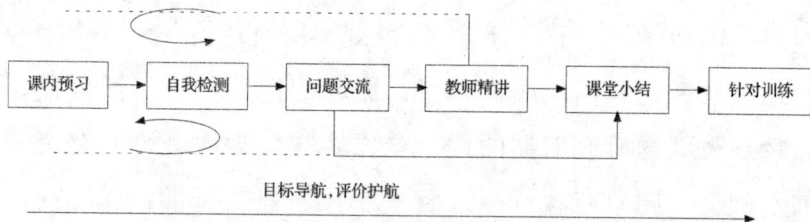

课内预习 → 自我检测 → 问题交流 → 教师精讲 → 课堂小结 → 针对训练

目标导航，评价护航

"目标导航"学习模式示意图

上述六个环节都是在学习目标的导航下逐步运转的。要使得各环节运转高效，教师则必须及时做好科学评价。我们认为，只有真正做到"目标导航，评价护航"，才能体现"目标导航"学习模式的真谛。在"目标导航"学习模式中有两条不封闭"返回线"，它表示可以返回到返回点前面的任何一个环节，充分体现了模式的开放性和灵动性。"目标导航"学习模式，指向明确，集简捷性、灵动性、开放性等于一体，较好地体现了课题研究理念，极具操作性和创新性。

变式1：对于复习课可以将模式调整为下图。

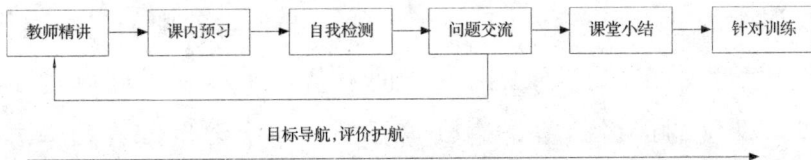

教师精讲 → 课内预习 → 自我检测 → 问题交流 → 课堂小结 → 针对训练

目标导航，评价护航 →

变式2：对于学习目标比较多的课可以将模式调整为下图。

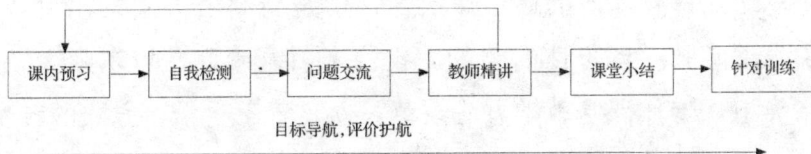

课内预习 → 自我检测 → 问题交流 → 教师精讲 → 课堂小结 → 针对训练

目标导航，评价护航 →

变式3：对于采用类似小组学习及对话式学习方式的课，我们甚至可以将模式简化为下图。

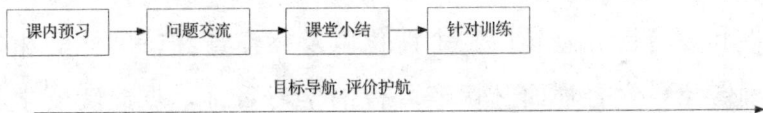

课内预习 → 问题交流 → 课堂小结 → 针对训练

目标导航，评价护航 →

总之，"目标导航"学习模式不是一种僵化、一成不变的固化模式，无论是模式的六个基本环节还是各环节的运行线路，都可以根据课堂的需要、学生的需求进行灵活调整，重新组合，真正实现"一心三主"的课堂理想。

3."问来问去"活力课堂

前两个课题，我们分别从教师的教和学生的学两个维度来研究有效教学。事实上，高效课堂是师生共同的课堂，是有机的、生态的共同体，也是不可分离的。为此，我们在前两个课题的基础上，又申报了省规划课题"'目标导航'下，构建'问来问去'课堂新常态的实践研究"，着力打造吴高的课堂品牌与特色。我们聚焦的是活力课堂、生态课堂的建构。"问来问去"活力课堂即以"学习目标问题化，问题解决目标化"为内核的课堂范式。"问来问去"活力课堂力求实现来之即满足其求知、求解的愿望与要求，激活问来之惑，去之即达到其去疑、去惑的目的，升华问去之问。课堂的基本形态是以问题为主线，即包含教师的目标之问，更包含学生的问来之问、问去之问。基本手段是对问题的多元互动，课堂的最终归宿是达成学习目标，使学生带着升华之问快乐离开。

总之，深化课改的逐步深入，特别是新高考方案的出台，必将引发课堂教学颠覆性的改革。我校未雨绸缪，在华东师大教授的指导下，聚焦课堂教学方法改革，立足于学生学习方式的转变。经过五年的持续研究与实践，以学习目标为切入点，从"目标导航"课堂自主学习模式，到"问来问去"活力课堂，我们力图打通政策要求、学情基础与教学实践的内在联系，解决学习目标的统一性和规范性、差异性和个性化以及操作性和持续性等相关问题，确定出科学合理而又切实可行的学习目标，据此转变学习方式，优化学习方法，在目标导引的视野下，在课堂教学的全过程中，实现"以目标为核心，以学生为主体，以教师为主导，以能力为主线"的"一心三主"的课堂理想，从"目标导航"到"问来问去的活力课堂"，这就是吴高课堂的新样态。

聚焦课堂是我们的态度，创新是吴高发展的动力。五年来，我们借助华东师大课程所这个高端平台，以课题为抓手，坚持每月一次的专题研究，层层推进课堂教学的改革，逐步形成了吴高特色的"问来问去"课堂新常态。课堂教学改革是一个永恒的话题，我们将加大改革的力度，加快改革的步伐，以更大的激情研究课堂，研究高考。我们不忘初心，逐梦前行，凝心聚力，共谋发展，相信未来的吴高会更有品位，更有活力，更有影响力！

教师观和发展策略

一、教师观：教师是学校的财富

我们始终认为，教师是学校最大的财富。正如蔡元培先生所说："大学之大，并非有大楼也，乃有大师也。"新加坡《联合早报》记者在采访新加坡原教育部长黄永宏时，黄永宏说过这样一句话："对于一所学校来讲，教师是最大的财富，优秀教师得之不易，学校不一定要一味追求小班教学，而要注意培养优秀的教师……"教师是学校的最大财富，学校的一切想法和工作最终都要通过教师去执行和落实，学校的领导有责任照顾好自己的教师，而不是一味地指责和压制。学校把教师照顾好，教师才能把学生照顾好，进而照顾好我们的学校。正像校长们常说的那样：把我的教师带走，留下了学校，不久就会人去楼空，校园长满了荒草；把我的学校带走，把我的老师留下，不久的将来就会有更好的学校、更多的生源，处处长满了人才和希望。

对一所学校而言，教师是学校办学理念最直接的实践者，是校园精神与文化内涵最持续的体现者，是教育创新改革举措最关键的执行者，是学生成长历程中最亲密的陪伴者。

教师是教育的关键。一流的学校需要一流的教师，学校的进步首先是教师的进步，高素质教师队伍是学校发展最重要的资源，决定着学校的核心竞争力。所以我们认为，学校最宝贵的财富是教师，教师最大的愿望是发展。

教师是学校的最大财富。优秀教师的智慧，是一座座富有的矿藏，不过开发有一定的难度，弄不好还会造成环境污染，所以

149

开矿需要技术，不要只看到财富，却忽视了瓦斯爆炸的危险。作为校长，"努力改善办学条件"是重要工作，"着力提升学校形象"是重要工作，"潜心培养名师"更是重中之重的工作，甚至应该被视为校长的最大成就。

不重视名师培养的校长是不称职的，不擅长培养名师的校长是不合格的。

二、三维一体：助推教师快速发展

吴高"三维一体"教师专业发展模式，即青年教师"一三五培训工程""青年骨干教师校本培训工程"和"名师培训工程"三大工程，让不同层次的教师都获得了再学习的机会，开创了教师培训的新境界。近年来，一批有学历、有经验、有个性、有激情的教师不断涌现，他们用过硬的专业技能和崇高的师德修养撑起了吴高教育教学的一片蓝天。在这座充满希望的校园中，他们尽情挥洒着饱满的热情，执着追求着智慧的高度，用一场以人生为赌注的学习长跑，沉淀出教育者最深厚的思考，也流淌出教育最美丽的画面。

1. "一三五"青年教师校本培训工程

2001年，学校根据实际情况推出了"一三五"青年教师校本培训工程，其目的是将教龄不到五年的60名青年教师组织起来，进行校本培训，并提出"一年入门，三年成熟，五年成才"的目标。2003年，学校又在此基础上申报立项了浙江省规划课题"普通高中青年教师校本培训的实践与研究"，进一步引领青年教师走上规范化的轨道，形成长效机制。

理论学习是青年教师立足专业的保障。"一三五"培训开设的专家讲座就很好地起到了理论引领的作用。学校几度邀请华东师大教授、浙江省和湖州市的名师来校做讲座。我和校级名师也经常为学员开设讲座，内容涉及校园文化、论文撰写等诸多方面。

自学是教师学习的重要手段。学员们经常以小组讨论的形式，对课堂艺术、作业批改等各种问题进行研究。经验加反思是教师成长的捷径，"一三五"培训时常要求教师联系已有的经验、自身的教学、任教的学科和学校的实际来省察、反思和评议课堂。

"案例教学""主题探究"也是"一三五"培训常用的模式。公开课制度已成为学校的传统，学校常年与华东师范大学课程研究所合作，请高校教授为青年教师指导教学案例、课例的撰写，请市名师为青年开设"如何撰写教学案例"等讲座，校内优质课比赛、教学设计比赛、学习目标比赛等已为常态。有位青年教师感言："通过观摩案例，我终于明白，好课是飘扬理念的课，是孕育激情的课，是挥洒个性的课，是创造空间的课，是自然而然的课，是不拘一格的课。"

不作秀，不浮夸，踏踏实实搞科研。《普通高中青年教师校本培训的实践与研究》课题获得了湖州市一等奖、浙江省二等奖。而"一三五"培训也为青年教师的成长搭建了广阔的平台。我们认为：新教师就如同一棵小树苗，前五年培养好了，以后就会长成参天大树。事实证明，我们的"一三五"培训抢占了最有利的时机，让青年教师赢在了起跑线上！

2. 骨干教师和名师培训工程

教师是职业倦怠的高发人群，教师的职业倦态，不仅会误人子弟，还是个人的悲哀。随着吴高教育教学质量、生源质量的不断提高，极个别教师出现了松懈现象，随着年龄的增加，一直重复枯燥的工作，没有更高的追求，就极容易产生职业倦怠。而一些人三十出头就被评为高级教师的青年教师，也容易失去奋斗的动力，产生教师"高原现象"。为了避免"一到高级就刹车"的情况发生，以高级教师为主体的骨干教师培训提上了日程。

2006年，吴高在青年教师培训的经验基础上申报了又一项浙江省重点规划课题——普通高中青年骨干教师校本培训的实践与研究。在该课题的牵引下，学校积极创设各种机制和环境，促使骨干教师脱颖而出，并提出了"在3年内培养2名左右青年骨干教师成为市学科带头人，培养5名左右青年骨干教师成为市教学能手、教学明星、教坛新秀"的新目标。

骨干教师作为有经验的教师，应该跳出基本功训练的范围，将培训内容聚焦于丰富内涵底蕴，实现隐性知识显性化的工作上。因此，相对青年教师的培训，骨干教师的培训显得更为前沿、专业和细致。培训主要分为三大系列：首先是"学习者系列"，主要开展突显"新"与"博"的教育教学理论学习活动；其次是"实践者系列"，开展"案例教学""教育教学反思""精品课"等教育教学实践活动；最后是"研究者系列"，让教师像科学家一样用探索精神和理性眼光开展各种课题研究活动。

学校之名，很大程度上在于教师之名。为了给普通教师树立榜样，凸显名师的引领作用，2006年，吴高又制定了《名师培养计划》，建立了一整套名师激励机制。2008年，十位教师光荣地当选为吴高首届校级名师。这一至高的荣誉为十位骨干教师的职业生涯镀上了最亮丽的颜色，同时也赋予了他们最神圣的使命。校级名师两年一聘，经过自荐、推荐，最终由教研组、校长室讨论决定。每位名师每月享受80块钱的教研津贴，津贴只是象征性的，但名师的头衔却意味着更高的要求、更大的责任、更完美的表现。

自首届名师产生以来，吴高陆续开展了"英特尔未来教育培训""一堂研讨课""外访学习""教学反思百篇文"等一系列名师培养活动。十位名师撰写的读书随笔、交流笔记、教研论文入选《吴高教科研》，成为重要的学术研究资料。每位名师都要尽可能地为青年教师开设讲座、示范课，承担校本课程和科研课题，并承担带徒弟的重任。每学期，校级名师开课总数累计 400 多节。名师还有较多的机会外出交流经验，他们负责将校外的先进理论和信息带回学校，通过名师讲坛介绍给普通教师。

通过名师工程，吴高现已培养出省特级教师一人、市教学明星一人、市教学能手一人、市教坛新秀三人，先后担任市学科中心组成员十多人。他们的自觉追求，也如同一盏明灯，为青年教师点亮了前进的道路。

学生观和德育策略

一、学生观：发展中的人

学生是什么？在我们看来，学生是具有独立人格的、发展中的、有着完整生命表现形态的生命个体。我们强调的是学生是发展中的人，有着发展潜质的人。

学生是人。学生是独立存在的、具有主体性的活生生的人。学生不是任何人可以随意支配的附属品，和成人一样具有独立的人格尊严、丰富的情感和独特的个性，其生命具有完整性。他是具有主体性、独立人格、创造力以及独特个性的人。

学生是人，意味着我们必须真正将学生视作具有独立人格、思想感情、主观能动性和认知潜能的活生生的人，将学生真正当人看，在教育中赋予学生以"人"的含义：在教育中，我们不仅要尊重学生的人格尊严，还必须将学生视作主动的、积极的、有进取精神和创造性的学习者，还要给学生自由想象与创造的时间和空间，把精神生命发展的主动权交给学生，使学生真正成为学习活动的主人。同时，由于学生是具有独特个性和生命完整性的人，这就意味着在教育中必须要承认和接受学生个体发展的差异性，并将其真正视为人个性形成和完善的内在资源，因材施教，促进学生的个性化发展。除此之外，在教育中我们必须把学生作为完整的人来对待，注意还学生完整的生活世界，给予他们全面展现个性力量的时间和空间。

学生是富有潜力的发展中的人。一方面，学生具有巨大的发展潜能尚待开发，需要教育者科学、合理地开发与发掘；另一方面，学生又是具有一定能力并享有一定权利的主体，他们享有一定的权利并具备行使这种权利的能力，成人不仅不能剥夺或者代替他们行使其权利，还要给予应有的尊重和适当的保护。

学生是富有潜力的发展中的人。首先，意味着教师须相信每一个学生蕴藏的巨大潜能，自觉地将"让每个孩子都获得成功"作为我们的教育信条，相信、热爱每一位学生，使自己成为每一位学生发展道路上的助燃器和指导者；其次，由于学生是处在成长中的人，因此，教师必须以发展的眼光看待学生，把学生作为一个发展的人来对待，要理解学生身上存在的不足，允许学生犯错误，并努力帮助学生改正错误，从而不断促进学生的进步和发展。教师在对学生进行有效的教育和管理的同时，还必须注意尊重和保护学生的合法权利。

学生是独特的人，不是"小大人"。一方面，学生时代是人生命历程中最富生命活力、生命色彩最为丰富斑斓、生命成长最为迅速、最为重要的时段，我们不能简单地将其定义为"成人期"

的准备。相反，必须肯定其作为人完整生命历程的重要组成部分所具有的价值；另一方面，我们还必须承认学生有着生动的、独特的、成长价值不同于成人的生活和内在世界，理解并尊重学生独特的精神生活、内在感受以及不同于成人的观察、思考和解决问题的方式，肯定充盈着纯真情趣、智慧、和谐和生命活力的学生世界的价值。

学生是独特的人，这意味着我们必须尊重学生并深入到学生独特的内在世界，关注学生内心的奥秘，真正把学生当"学生"，尊重学生的生活经验和独特体验，充分关注每一个学生身上蕴藏着的丰富、独特的发展"资源"。将教育由以往单纯的"塑造""改变"和"授予"转变为对学生潜能、灵性的"激活"与"唤醒"，从而实现学生全面人格、自由个性、生命活力以及主体性、创造性的真正"解放"。

总之，要使学生得以健康发展，我们必须"发现学生"，把学生真正当"学生"，用一种全新的学生观来支撑我们的学校教育。用发展的眼光善待学生，我们才能全身心地去热爱学生、理解学生、尊重学生，为有悠久人文历史的中华民族培养出一批批能自立于世界民族之林的人。

二、红十字德育：核心价值观下普通高中德育路径的设计与研究

著名教育学家陶行知曾说过："你的教鞭下有瓦特，你的冷眼里有牛顿，你的讥笑中有爱迪生。"为了使得这些"牛顿""爱迪生"不过早"陨落"，我们必须探究普通高中的德育路径。我们结合学校红十字特色，进行了普通高中德育路径的实践研究，取得了较好成效，产生了广泛影响。在红十字德育即社会主义核心价值观统领下，以红十字活动为德育路径的德育体系，其核心指向

博爱校园文化、博爱课程群、红十字德育系列活动等。

1. 我们对红十字德育的思考

(1) 红十字精神教育能够促进中学生核心素养落地

在普通高中道德教育中开展红十字精神教育是培养中学生核心素养的有效途径。中学生核心素养以培养"全面发展的人"为核心，分为文化基础、自主发展、社会参与三个方面，综合表现为人文底蕴、科学精神、学会学习、健康生活、责任担当、实践创新六大素养。因此，学生的学校生活不能仅是促进其智力的增长，更应该是促进学生知情意行的整体进步，而且能让学生在未来的生活中足以使自己能够协调好与自我、与他人、与自然社会的关系。因此，学校开展红十字活动扩大了学生的视野，给学生搭建了实践平台，红十字事业所独具的对人世苦难的悲悯、对人世困厄的援助都是我们很好地促进学生道德成长的鲜活教材。

(2) 浓厚的红十字氛围，红十字德育体系雏形凸显

我校于 2006 年成立学校红十字会。学校红十字会成立以来，以创建全国红十字模范学校为目标，加强组织建设，积极开展富有红十字特色的各项活动，探索研究红十字精神与德育相结合的有效形式。我校红十字会工作持续健康发展。2007 年，我校成为市唯一一所"浙江省红十字达标校"。2010 年，我校成为市唯一一所"浙江省红十字示范校"。2011 年，我校推荐申报"全国红十字模范校"。学校成功创建红十字德育特色品牌，成为州、市青少年红十字活动基地。

我校连续 8 年举办了湖州市及浙江省优秀红十字会员夏令营活动，我校每年都有会员被评为省、市"优秀红十字会员"，仅2014 年来我校参观、交流红十字德育活动的省内外红十字会、学校共计 30 多所。学校多次在全国做红十字德育经验交流。我校代

表应邀参加了 2014 年红十字会与红新月会国际联合会第二届亚太地区青年峰会，第一次走上国际讲台并做演讲，使红十字德育经验走向世界。

（3）高中德育方式变革与红十字事业相契合

德育改革与红十字事业的契合点是我们在普通高中道德教育中开展红十字精神教育的实践基础。

德育课改强调以学生的生活为出发点建构课程，强调课程应成为学生生命成长的一部分，明确提出了要构建面向生活世界、立足生活世界的德育课程。

红十字事业是在战争的残酷痛苦中诞生的，它的事业不断拓展，从战地救护到贫困救助，从备灾救灾到献血捐赠，从社区服务到青少年教育，它总是在人类最脆弱的时候伸出最温暖、最坚定的手，让人道的光芒驱散绝境的无助。

红十字事业是始终源于生活又服务于生活的，始终是带着人道的情怀面对生活开创自己的事业又发展自己的事业，它必然兼具教育性和生活性。因此，德育与红十字事业有很好的契合点。

（4）红十字精神与青年成长相互促进

我们要用核心价值观和道德理想来引领学生的思想，而红十字精神与社会主义核心价值观相比是具体价值体系，同时它具有普世价值观的特点，因此，红十字精神的传播是促进青少年健康发展的有效途径。

（5）红十字精神与社会主义核心价值观高度契合

党的十八大报告提出的中国社会主义核心价值观"富强、民主、文明、和谐，倡导自由、平等、公正、法治，倡导爱国、敬业、诚信、友善"与红十字人道、博爱、奉献精神具有很高的契合度。

从"人道"的角度看，社会主义核心价值观第一层面涵盖了红十字人道主义的宗旨和理念。民主、文明是人类从野蛮、低级社会向高级社会发展的根本标志。实践和弘扬人道主义，是人类向高级社会行进的一条基本路径。在这一点上，红十字人道主义精神与核心价值观在历史前进方向和目标实现路径上是不约而同、方向一致的。

从"博爱"的角度看，社会主义核心价值观第二层面与红十字运动基本原则相通相融。国际红十字运动规定了"公正、中立"的原则，"公正、中立"原则是红十字运动的精髓。再看社会主义核心价值观关于"平等、公正"的表述，恰好与红十字运动基本原则之"公正、中立"相融合，与国人期盼达到的公平社会之美好愿望相对接。

从"奉献"的角度看，社会主义核心价值观第三层面是塑造高素质的公民群体。人们是否具有奉献的精神境界，是衡量社会风气好坏的风向标，是社会成员之间能否和睦相处、真诚相待、友善相爱的基石。红十字奉献精神与爱国、敬业、诚信、友善的价值观有着天然的趋同性。

人道主义事业是全人类共同的事业。"人道、博爱、奉献"的红十字精神，与中华民族优秀传统文化一脉相承，与社会主义核心价值观高度契合，是人类社会文明进步的重要体现。传播红十字精神和理念，是繁荣和发展社会主义文化、弘扬社会主义核心价值观的重要内容，也是提高中华民族思想道德素质、推动社会主义精神文明建设的必然要求。

因此，无论是从中国传统文化还是现代理念来看，无论是从中国的历史记忆还是从未来角色来看，在学校开展红十字活动，是在为我们未来的领导者、建设者打好"人道"的底色。

2. 总体框架

我们把红十字德育模式的研究框架定义为"三轮驱动"模式，即从博爱校园文化建设、博爱课程群建设、红十字德育活动三个维度进行。

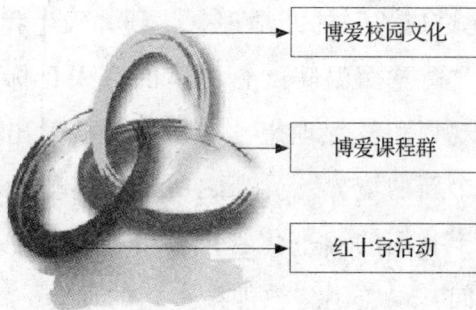

博爱校园文化

博爱课程群

红十字活动

3. 路径设计

路径 1：博爱校园文化建设。主要从博爱教师培养、博爱学生培育、博爱环境建设等方面进行建设与研究，凸显红十字德育特色。

路径 2：博爱课程群建设。进一步丰富博爱课程群容量，将零散的德育活动系列化、规范化，进而课程化，完善红十字德育课程体系。

路径 3：红十字德育系列活动。结合学生年龄特征，开展以红十字为主题的系列活动，如社团活动、志愿者活动、红十字夏令营、生命健康教育等，彰显红十字特色。

上述三条路径不是彼此平行，而是交叉互动的。在研究过程中，我们将整体联动，达成育人目标。

成效凸显，绽放未来

建校 15 年，吴高仅用 6 年时间就完成了浙江省三级、二级、一级重点中学的三步跨越，2014 年又凭借鲜明的办学特色率先被评为湖州市省一级普通高中特色示范学校。吴高独创了以"一三五工程"为代表的教师培训体系，夯实了教师队伍的根基，使教育教学质量连年攀升。吴高制定了精准而完善的顶层设计，从"以人为本，促进成长"的办学理念，到"天生我材必有用"的校训，再到培养"智慧而温暖的行者"的育人目标，无不显示出高瞻远瞩的整体规划和教育理想。一切，都折射出吴高的办学层次已经上升到一个新的境界。吴高之所以始终行驶在良性发展的快车道上，得益于我们的扁平化管理，得益于"立德树人，见贤思齐"的育人方向，得益于"教师第一"的理念。

以实施扁平化管理的头三年为例。2005 年，高一新生录取线为 564 分（远高于市属同类高中学校），招收新生 21 个班，共 1 050 名学生；2006 年，高一新生录取线为 572 分（仅次于湖州中学、湖州二中，列市直属中学第三位），招收新生 20 个班，共 1 014 名学生；2007 年，高一新生录取分数仅次于湖中、湖州二中，继续列市直属中学第三位，共招收新生 18 个班。新生录取分数线逐年提高的数据，也是吴高活力与魅力的体现。吴高严谨科学有序的管理实绩，吸引了越来越多的优秀学子。首批实验班毕业生之一、曾就读于浙江大学的吴建斌说，吴高是他一生的重要阶梯，不仅使他的人生更加丰富多彩，也培养了他各方面的能力，使他能更好地处理一些棘手问题。和他一样，吴高许多毕业生会常常回母校看看，感受日新月异的校容校貌。以 651 分高分考入浙江大学的程冲说："母校是我们所有吴高人的骄傲。"

从 2004 年吴高第一届高考一本（重点）上线只有 6 个，到 2007 年高考一本（重点）上线达 55 人，吴高是市直属中学中三所获得市教育局高考质量一等奖的学校之一。吴高 2009 年一本

（重点）上线达 93 人，黄克柔同学以 678 分的高分，夺得全市第二名、市直属第一名；2012 年一本（重点）上线破百，达 123 人。吴高高考成绩稳步上升，公众对我校的选择率提高。吴高向社会交了一份满意的答卷。我校每年都有学生在省、市举办的数学、物理、化学竞赛中获一、二、三等奖。

早在 2009 年，吴高就被评为市体育特色学校，2015 年，被评为浙江省青少年校园足球特色试点学校。吴高在健美操、定向运动、足球等方面取得了很大成绩：多次荣获湖州市中学生健美操比赛高中组团体一等奖；多次荣获省、市中学生定向运动比赛高中组一、二等奖，在所有湖州参赛的学校中排名第一。2015 年浙江省第六届中小学生校园足球联赛高中组总决赛中，吴高荣获一等奖、省第八名。

吴高作为一个在湖州市中小学教育布局调整中组建的新校，在组建初有一百多名教师，有六十名教师是有五年以上教龄的。我们把剩下那些不到五年教龄的教师都纳入"一三五工程"，进行校本培训。"一三五"意味着吴高希望青年教师一年成长，三年成熟，五年成才。通过培训，青年教师成长得很快。最初他们在市里拿个二等奖都有困难。但通过这种培训，两年后，青年教师已有近百篇论文在刊物发表并获市级以上奖项，部分青年教师独立承担市级以上课题；市里举行的各学科青年教师比武大赛（包括课件制作、优质课、解题能力、案例写作等）中有 80 余人次获奖；吴高严惠峰老师、肖亮老师分别在在浙江省数学、语文课堂教学比武大赛中荣获一、二等奖。2014 年，吴高教师连续三年在湖州市班主任能力大赛中摘得桂冠，并代表湖州市参加省班主任大赛荣获一等奖，代表浙江省参加华东地区班主任大赛获得二等奖。2017 年，宋春学老师荣获市第九届高中语文优质课评比一等奖。课题《"目标导航"课堂自主学习模式的实践研究》获得浙江省教科研二等奖，校本培训专题《"目标导航"课堂自主学习模式》荣获省首届校本培训精品项目，《"问来问去"课堂学习模式》在市属第二届校本培训专题展评中荣获一等奖。

近三年来，吴高教师荣获省五一劳动奖章、省春蚕奖、市红烛奖等多个荣誉称号；历史组获全国巾帼文明示范岗荣誉称号。

2006 年，随着浙江省全面实施新课改，吴高的特色课程体系建设开始了。与此同时，一项独具特色的德育活动也在吴高生根发芽了！

同年 5 月，校"红十字会"成立了。吴高将"人道、博爱、奉献"的红十字精神融入德育实践。18 位不同学科的教师组建了一支红十字校本课程开发团队，合作开发了"红十字精神""生活中的红十字""红十字应急救护技能"等校本课程。"博爱百年""红十字精神""红十字急救技能"等被列为市精品课程，"红十字精神"还荣获第一届"真爱梦想杯"全国校本课程设计大赛特等奖！2010 年，学校成功创建"浙江省红十字示范校"，并通过了全国红十字模范校的考评。2015 年 10 月，学校代表应邀参加红十字会与红新月会国际联合会第二届亚太地区青年峰会，在开幕式上做了题为"Red Cross Youth in Action"的工作交流。吴高连续四年荣获全国红十字青少年知识竞赛活动最佳组织一等奖，连续三年获省红十字奉献服务奖。

自 2011 年起，作为浙江省推进高中新课改的措施之一，"浙江省普通高中特色示范学校评估"取代了省级重点中学评估。新评估打破了以高考成绩论高低的惯例，以创建课程特色为核心内容，鼓励高中多样化发展。2014 年，吴高凭借"博才教育"课程体系和成效显著的课堂教学改革在第一批省一级普通高中特色示范学校中榜上有名！在"天生我材必有用"的校训指引下，近两年吴高人更是以自信、自强、自主的呐喊，呈现出跨越式发展的强劲势头。学校的影响力不断扩大，知名度不断提升。2016 年 9 月至今，江苏省高中校长、山西省孝义市教育考察团、四川省泸州市高中校长、辽宁省大连市高中校长、河南内乡县教育体育局及高中校长、重庆市酉阳县教委领导及高中骨干教师、西安市长安第五中学校长及中层、嵊州高级中学校长等来我校参观考察。2017 年 4 月，江苏省普通高中校长提高培训班学员来校跟岗学习。

各省市的校长们在参观过程中详细了解吴高的办学理念、育人目标、课程特色和发展规划。我主要从国家战略、浙江思路、吴高思考三个维度展开，重点介绍了我校的"博才教育"课程体系。前来参观考察的高中校长们还和我校各年级主任就选课走班、分层教学、课程安排、师资调配等具体问题进行交流。我应邀前往浙江师范大学、湖南省长沙市（高中德育副校长培训班）、四川平武中学等做讲座。

《中国教育报》于 2016 年 5 月发表了介绍我校的文章——《浙北高中的"特色样本"——浙江省吴兴高级中学特色化办学展示》《严忠俊：一条教育理念奉行 30 年》；11 月发表了《多样可选：课程涵育学校精神气质》。

仁智教育

海南省陵水中学张勇

我对几个基本问题的理解

一、什么是教育

教育，即教化培育，以现有的经验、学识推敲于人，为其解释各种现象、问题或行为，其根本是以人的一种相对成熟或理性的思维来认知对待，让事物得以接近其最根本的存在。

教育是以促进人的发展、推动社会进步为目的，以传授知识与经验为手段，培养人的社会活动。

教育是一个教书育人的过程。

教育是在一定的社会背景下发生的促使个体的社会化和社会的个性化的实践活动。

教育伴随着人类社会的产生而产生，随着社会的发展而发展，与人类社会共始终。对于教育的定义，仁者见仁，智者见智。《大学》："大学之道，在于明明德，在亲民，在止于至善。"鲁迅说："教育是要立人。"蔡元培说："教育是帮助被教育的人，给他能发展自己的能力，完成他的人格，于人类文化上能尽一分子的责任，不是把被教育的人造成一种特别器具。"美国教育家杜威说："教育即生活。"英国斯宾塞说："教育为未来生活之准备。"而我国学者李壮则认为，教育是强迫式引导被教育者接受特定的知识、规矩、信息、技能、技巧等。

二、什么是学校教育

学校教育是指教育者按照一定社会的要求和受教育者身心发展的规律，对受教育者施行的一种有目的、有计划、有组织的传授知识技能、发展智力和体力、培养思想品德的系统影响活动。随着现代教育技术的发展、人们生活方式的转变，学校形态将发生变化。在线学校、网上学校将成为新的形态。

学校教育有哪些特点呢？

一是职能的专门性。学校是专门培养人、教育人的场所。

二是组织的严密性。学校教育对人的培养是有目的、有组织、有计划的。

三是作用的全面性。学校教育是面向全体学生，培养全面发展的人。

四是内容的系统性。学校教育的内容特别注重内在的连续性和系统性。

五是手段的有效性。学校具有从事教育的完备的教育设施和教学设备。尤其是现代教育技术的应用，都是学校教育的有效手段。

六是形态的稳定性。学校教育有稳定的教育场所、稳定的教育工作者、稳定的教育内容、稳定的教育对象和稳定的教育秩序等。

三、教育思想的内涵、类型、特征与功能

教育思想是人们对人类特有的教育活动的一种理解与认识，这种理解与认识通常以某种方式加以组织并表达出来，其主旨是对教育实践产生影响。

一般来说，教育思想的类型包括教育理论、教育学说、教育思潮、教育经验、教育信念、教育信条、教育建议、教育主张、教育言论和教育理想等。例如孔子的"有教无类"的思想，陶行知"生活即教育""社会即学校""教学做合一"的"生活教育思想"。这里讲的教育思想主要是在长期的办学实践中形成的自己的教育主张、教育观念。

教育思想的基本特征是具有实践性和多样性、历史性和社会性、继承性和可借鉴性以及预见性和前瞻性。

教育思想具有什么功能呢？教育思想有助于人们理智地把握教育现实，使人们依据一定的教育思想从事教育实践；有助于人们认清教育工作中的成绩和弊端，使教育工作更有成效；有助于人们合理预测未来，规划发展，勾勒出教育发展的蓝图。

我的教育思想的形成——寻找教育的根

我的教育思想的形成，源于我的生活经历和工作经历，以及在这一过程中对人生、对教育的体验、理解与思考。大概可以分为六个阶段，每一个阶段生活印记都很深刻，当时也就一种朦朦胧胧的感觉，一种点点滴滴的实践，渐渐地思想脉络较为清晰，这种"仁智"教育思想日益充盈起来，内化于心，外化于行，融入自己教育生命的血脉之中、灵魂之中，使教育的根在盘根错节、

挣扎前行中扎得更深，伸得更远。

一、一段儿时的故事

我在家中是老大，兄妹四人，父母对我们要求很严，母亲经常在我们面前说："你们不要占别人便宜，人家东西再好都不能要，不能拿。做人要善良厚道，别人家有难处要主动去帮忙。"这在我幼小的心里打下了很深的烙印，我默默地记在心里：不要占人家便宜，要善良厚道，要对别人好！

至今对我影响最深的事情是上小学时，当时国家也很不富裕，家家生活都很困难。我家有三个邻居都是无儿无女的老人，家境更加贫寒，生活更加艰难，尽管我家生活也不太好，但每当我家攒了几个鸡蛋时，母亲就让我给几位老人家送去，家里做一些好吃的饭菜就要给他们几家送点。记忆最深的就是，我们家很长时间才能吃到一次猪肉，而每次母亲都会给三位老人送去，因为我是老大，这个活每次都是我去干。送去三份菜后，锅里剩下的肉已经没有几片了，弟弟妹妹眼里流露出不舍，甚至有点不高兴，我心里也是说不出来的滋味。但是看到三家老人高兴的样子，我心里有说不出的欣慰，也很敬佩自己的母亲。这种事情一直持续多年，在这种一次次送饭的过程中，善良与爱的种子在我心中播种。类似的事情，还有很多，伴随着我的小学和初中时代，直到我到县城去读高中。现在想来，这段经历影响我一生，是一笔不可多得的财富。

二、一位慈祥的老校长

1985 年 7 月，我大学毕业，20 岁刚出头，被分配到安徽涡阳师范学校工作，并担任班主任，从此开始了我的教育生活。我很幸运，遇到了一位好的领路人——付士敏校长。这是一位慈祥的老人，一位德高望重的老校长。他对老师工作上指导、生活上关心，老师和同学们感到特别亲切，特别温暖。一年到头，他是全校起得最早、睡得最晚的人。天天早早起床，到学生宿舍叫醒熟睡的学生，和同学们一起上早操，上早读，吃早饭，个别不太愿意早起的学生是哪个班的，叫什么名字，睡哪个床位，付校长都知道。他像一个老者一样，充满期待，充满希望，充满慈爱，与他们促膝谈心，谈理想，谈未来。同学们都乐意接受，都进步很快。刚刚走上教育岗位的我把这一切都默默地记在心中。

在涡阳师范学校，无论什么事情，只要是付校长安排的工作，大家都乐意去做，更怕做不好对不住付校长。那时人际关系单纯，团队精神特别强，大家团结友爱，互相帮助，互相支持。学校这个大家庭特别温暖，特别有安全感和归属感。积极向上向善的校风已蔚然形成，学校文化在潜移默化中慢慢形成。那时我就想：为什么人人都愿意听付校长的话，个个都愿意为学校做贡献呢？我慢慢明白了，因为付校长有爱心，对学生好，对老师好。这样，老师们就敬佩他、爱戴他，心悦诚服地支持他、追随他。一个好校长就是一所好学校。爱是温暖而充满力量的，传递着满满的幸福。我也思考着教育人生。遇到这样慈爱仁厚的校长，耳濡目染，春风化雨，影响着我对教育的认识，引发我诸多思考。

记得一个夏天的晚上，已经十点多钟了，我在办公室看书，付校长看到我的办公室还亮着灯，就进去和我聊天，他像个长者，谈生活，谈工作，谈专业，谈事业，甚至谈到"男人手头要留点钱，出门要带点钱，以备急用，也有利于家庭和谐。"他说的一句话影响了我一生，他说："你对教学很热爱，也有悟性，多动笔，要把想法变成铅字。"这是一种关爱，一种期待，一种指导，更是一种动力，一种鞭策，一种激励。从九十年代初到如今，我已经在各种期刊上发表了 100 余篇文章。我每年大年初一都要到付校长家中拜年，表达心中的敬意与感恩。后来涡阳师范学校的同事都说："张校长，你的管理风格有点像我们的老校长呀。"

三、一个私立中学

1993 年初春，那是我工作快 8 年的日子，我有了个想法，办一所自己的学校，按照自己理解的教育去办学，去实现自己的心愿。于是我租了一个农机学校的场地，找了一帮志同道合的同仁，这样就有了教学场地和设施，有了教师，然后提出申请。经过评审，学校通过了。我花了 200 元办了一个办学许可证，这样涡阳县第一所私立学校——涡阳育才学校就诞生了。

接下来要做的事情就是做好学校近期工作方案和远期发展规划，关键是做好招生工作。由于刚刚创办，社会不认可，持怀疑态度，于是我们各路人马齐上阵，走街串巷，到学生家中宣传动员，其中的艰辛一言难尽。1993 年 9 月 1 日如期开学，第一批 51 名学生到位了。看着一张张渴望学习的脸，我心里暖暖的，更觉肩上责任沉甸甸的。我暗自下定决心：一定要全心全意，全力以赴，让这些学生快乐学习、健康成长。

那时我和我们的教师团队就有一个朴素的想法：招来这些学生不容易，一定要爱孩子，要让孩子在我们学校进步更大，成绩更好！而这种把爱走在教育的前边的思想，慢慢地变成各位老师的自觉行动，落实在课堂上、活动中，进而变成了教育思想的基石，也结出了丰硕的果实。学生在这种爱的阳光的照耀下，努力学习，刻苦钻研，变得特别懂礼貌，上进心特别强，本来这一届学生学习基础不太好，但在全县中考中成绩名列前茅，在当地引起强烈反响，学校美誉度快速增长，学校规模迅速扩大。

我自己创办的育才中学，成了我的教育实验田，我在这里挥洒汗水，播种希望，思考教育，实现理想，也初步形成了"仁爱"教育思想。

四、一所新建学校

1997 年 7 月，我通过公开招聘成为安徽涡阳四中的副校长，2005 年 10 月成为校长，前后在这所学校工作了近十三年。涡阳四中是一所公办高中，是由香港爱国人士谭兆先生捐资兴建的。他捐资助学的直接原因是崇尚道家文化，而涡阳是老子故里，道家文化的发源地。谭先生的捐资义举令人敬佩，这种教育大爱感动着我，激励着我，也应该成为教育学生有爱心，懂得感恩，回报捐资者，回报社会的重要资源。同时也唤醒了我：本土的道家文化思想可以成为，也应该成为学校文化建设的源头活水。老子"上善若水""天道无亲，常与善人""道法自然""仁者寿"等道家思想就这样渐渐形成了"自强不息、厚德树人"的育人理念；"上善""厚德"的思想就这样在我心中烙下深刻的印记，"向上向善"的思想就这样悄然润泽四中人的心。

开办之初，涡阳四中是个办学条件和生源质量都很差的"十无"学校，百业待举，万事开头难。怎样在完善硬件建设的同时，尽快给学校发展进行目标定位？怎样对学校进行发展规划和思想引领？怎样尽快提升教学质量？即使时代变迁和教育背景不同，但孔子"有教无类""因材施教"的教育思想却永不过时。在这种教育思想的影响下，我们开始实施"分层教学"的教学实践。

根据首届 514 名高一新生的学习成绩，分成初一、初二、初三和高一四个起点层次进行教学，对于不同层次的学生采取针对性很强的教学方案，补缺补差，不让一个学生掉队，让不同层次的学生都能有所收获，都能体验成功，动力十足，进步很快。有位同学中考376分，在初一起点班上课，由于从初一学起，她能学会，学得也就快些，也有了信心。她坚持着，努力着。对于每一点进步，她都非常高兴。她的学习成绩慢慢提高了，最终高考时，她以文科全校第一、全县第三的成绩被重点大学录取。"因材施教，分层教学"也成为涡阳四中的教育品牌。以后涡阳四中对每届学生都进行分层教学，教育质量快速提升，学校美誉度逐渐提高。这是古代"因材施教"教育思想和现代"以生为本"教育理念在涡阳四中的具体实践，是古代教育智慧在当下教育的实际运用。

在促进学生成长的同时，教师专业发展也得到了提升，教师有理想，有情怀，有方法；教师爱学生，爱学校，爱教育，构建了良好的学校教育生态与和谐向上的学校文化。

1998年7月，涡阳四中被评为全市第一所市级示范高中。1999年12月，涡阳四中被评为安徽省首批省级示范高中，创造了安徽教育的奇迹。2004年，刘振云以683分，全市理科第二名的成绩被北京大学录取；2007年，李刚、于新辰同学获高考理科全市前两名，被清华大学录取，并有多名学生被北京大学、复旦大学、中国科技大学等名校录取。涡阳四中受到社会各界交口称赞。办学十年，271名教职工中，有5名省特级教师，60名教师取得硕士学位，比当地高职院校的教师还多，让同行惊叹，而我也是学校第一个取得硕士学位和成为特级教师的人。

这样的成功经历，使我深刻地认识到，从道家和儒家传统文化中汲取营养，并且应用到教育教学实践中去："道法自然"是对规律的敬畏、尊崇与应用，"因材施教"是对人的信任与尊重。指向人的个性发展，返璞归真，回归教育的原点，是实践教育大爱和大智慧的具体体现。教书育人，德育为先，发掘人性中的积极心态，积极天性；潜移默化，细雨润物，唤醒人性"仁善"光辉；仁者爱人，诚意正心，激发正能量。在对传统文化与现代教育理念的比较中，立德树人成为最为鲜明的共同特点，"仁智"教育的种子自此萌发。

五、一所百年老校

2012年9月，我在亳州市教育局干了三年副局长之后，到安徽省亳州市第一中学（简称"亳州一中"）任校长。这是一所百年老校，也是本市教学质量最好的学校。这所学校历史文化悠远深厚，思想资源丰富，已经形成了"教真求真，真教真求"的纯朴校风和"公和勇朴，勤恒细严"的敦实校训。

上任之后，挖掘并传承学校厚重的历史文化，整合并激活学校丰富的思想资源，理清历史逻辑，思考现实境况，谋划未来发展，确立学校发展方向，是急需解决的首要问题。为此，我潜心研究这所学校的特点和学校发展的历史，精心研读学校校史资料，与一些老教师、老校长和老校友交流座谈，获得了非常丰富的第一手资料。最令我惊喜的是，通过访问亳州一中第二阶段"怀恩学校"办学人的后代，发现这所学校办学之初，就建立了较为完善的办学制度，这主要体现在以下几个方面：一是有明确的办学理念，即以"博爱，平等，公平，正义"为办学理念；二是有较为完善的课程体系；三是有"学必知，知必用"这种实用主义的"知行合一"教学模式；四是明确提出了"科学性、现代性和示范性"的办学目标。

在广泛了解和深入挖掘之后，我用"起、承、转、合"四字，高度概括了学校的发展历史和办学特色。许多老教师、老校长不禁感叹道："我们在这里工作了几十年都没有思考那么多，你才来几年就发展了这么多有价值、有内涵的东西，真是高兴啊。"

历经时代风雨，穿越世纪百年，"仁爱""求真"是学校遵循的基本理念。这种思想已经在离退休的老教师身上留下不灭的印记，这也为我的教育思想和办学理念打下深深的烙印，内化于心，并转化为实际的行动。于是，文化立校成为学校发展的必然选择。

我之前在三个学校工作过，又在市教育局任过副局长。之前的管理经验让我明白，教育思想只有最终转化为具体的实施办法和显性的实践成果，才有实际价值与意义。因此，在学校文化发展过程中，"仁爱"思想须"知行合一"，应该在行动中得到落实。对此，学校团队应该积极行动起来，通过科学规划布局，着力打造"五大校园"，即"书香校园、人文校园、活力校园、智慧校园、幸福校园"。在这样的校园氛围中，仁爱文化，无时不有，无处不在。

至今，许多老师还清楚地记得，2012 年 9 月 11 日是我到亳州一中报到的日子，任职见面会刚结束，组织部领导一离开，我就带着班子实地考察调研，立即召开校长办公会议，研究部署工作，20 天建成 9 个教师集体备课室，要求桌椅空调、电教设备、茶水供应都要超过校长室，让老师冬天不冷，夏天不热，才能安心备课，潜心钻研，进行教学研究，并且提出了"94421"的具体要求："9"就是教师集体备课要"九有"，即"有时间、有地点、有计划、有内容、有主发言人、有记录、有检查、有成效、有待遇"；第一个"4"就是老师要进行"四次备课"，即"自主备课、研学备课、实践备课和反思备课"；第二个"4"就是老师集体备课时的四个关注点，即"关注学生现状，确定教学起点；关注自我经验，体现个性特点；关注文献资料，汲取他人优点；关注同伴交流，纠正实践缺点"；"2"即"两个反思"，就是教师对集体备课要从"更新观念与改进行为"两个方面进行反思；"1"就是"一点体会"，即集体备课能够大面积提高教学质量，已经成为教师教学工作的一个新常态。集体备课，共同研讨，已经成为教师的自觉行动。"民主、和谐、向善、向上"的教师文化逐渐建立。"知识是有情感的，教育是有温度的"，全校教师更加积极主动地践行着。情感的表达，温暖的传递，让教师心中有了共同的愿景。这种"仁爱"与温暖、进取与智慧，逐渐渗透到每一个课堂，浸润于每一项活动，传递给每一个学生。

当今，对于普通高中而言，如何提高高考成绩，如何进行科学备考，是省级示范高中绕不开的课题。高考话题沉重，问题复杂，教学改革只能用最简单、最有效的方法来解决。因为，"大道至简，不流归宗"。在教学实践中发现，学生学习中出现的动力不足、成绩不优、考试焦虑、粗心马虎、学习偏科等问题，往往都与学生的心理障碍有关。解决这些问题，如果一味地去强调甚至逼迫学生去努力学习，老师和家长采取空洞的说教和单独的补课等方式，往往事与愿违。因为，学生的学习障碍，许多都是心理障碍造成的。于是，采用学习分析技术和元认知心理干预技术，对存在问题的学生进行集体培训、单独辅导以及学生自我强化练习，技术化、程序化地解决了学生学习存在障碍的根源性和关键性的问题，效果十分明显。这是科学研究的结果，也是教学智慧的结晶。

应用心理专业技术手段，尤其是应用元认知心理干预技术来指导学生学习，已经成为亳州一中提高教学质量的重要抓手。学生的学习障碍解决了，心理问题就迎刃而解了，自然而然地就会爱上学习。为了能更好扩大成果，学校外请心理学专家进行全校性的集体培训，对心理健康教育老师、班主任、骨干教师进行专业培训，并且与相关专业机构合作，聘请元认知心理干预技术专家对一部分学生进行系统干预，跟踪辅导。部分教师跟岗学习，掌握元认知心理干预技术和学习分析技术。学校开办了"学习力提升营"等专项系统活动，对学生进行集体辅导和个别辅导，运用心理专业技术手段，解决学习障碍问题，从而解决心理问题，进而提高学习成绩。这也是亳州一中正本清源、回归本真、摒弃应试、科学备考、寻求突破的科学实践，是亳州一中"考试文化"的一大亮点。

"知识是有情感的，教育是有温度的。"为了更好地体现"仁爱"教育思想，褒奖先进教职工关心学校，关爱学生，热爱学校，热爱教育，我们开展了感动亳州一中"十个一"活动。我亲手制作精美贺卡并在贺卡上亲自撰文书写颁奖词，再给每人献上一束鲜花，颁奖仪式场面感人。下面是我写的颁奖词。

1. 一个梦

2013年5月15日，一个阳光明媚的上午，我校一名职工在办公楼前的大路上看到我走过来，赶紧走上来对我说："校长，昨晚我做了个梦，我们学校有七个学生考上北大、清华了，我可高兴了。"他的话体现了一个后勤职工，在高三复习迎考最关键、最困难的时候，对高考、对学校的关注与关心，一中的成败荣辱，系于每个一中人，他就是总务处的职工张明。

日有所思，夜有所梦。一梦虽易，深情似海。身居后方，却心系前线。不在高三，却关注高考。在决定我校前途命运的关键时刻，每个一中人都以校为家，荣辱与共，还有什么能比做梦还关心着学校的感情更深！

2. 一次大扫除

2013年6月5日上午，马上就要高考了，高三年级一个班的学生在班主任的带领下，正在进行最后一次大扫除。他们认认真真地扫地、擦门窗、擦电扇等，为的是给母校、给下届学弟学妹们留下一个干净整洁的教室，他们就是高三（29）班的学生，班主任就是李迎彬老师。

轻轻地我们走了，正如我们轻轻地来，我们挥一挥衣袖，留给母校一片灿烂的云彩。高三的我们走了，始终不舍母亲的情怀，我们亲自动手，还她一个一尘不染的世界。

3. 一封信

今天是 2014 年 1 月 13 日，星期一，是我校全体教工例会的固定时间，我到一中工作快三个学期了，在座的各位，你们可知道今天是我到亳州一中以后召开的第多少次例会？第 35 次。这是一个后勤老职工在给我写的一封信中记下的。多么用心，多么细心地关注学校的每一次例会，每一点发展。他就是我校后勤老职工黄万军，谢谢您！

"第 35 次会议"，只有最用心的人才能记得，只有发自内心深处的热爱才能如此关注学校的发展。也许最风光的舞台没有他们的身影，但幕后的支持者却功不可没，学校不会忘记，学生不会忘记，我们不会忘记。

4. 一所新任职学校

2016 年 8 月，通过海南省教育厅公开招聘，我作为人才引进到海南省陵水中学，成为该校第 32 任校长。现在回想起来，从 2016 年 3 月我看到海南省招聘优秀校长公告开始，就关注陵水中学了。我上网查询相关资料，思考：如果我应聘成功后应该怎样把这所学校办好？如何把自己的办学思想在学校中体现？如何打造学校文化？……到任以后我就对陵水黎族自治县的经济发展、地域文化特色、自然环境、民风民俗、社会对教育的重视程度，特别是陵水中学的发展历史、办学特色、学校文化、教师队伍、教育现状等方方面面进行了调研，开展了"校长我想对你说"活动，开通了校长信箱、微信平台等，掌握一手资料，对学校的未来发展做到心中有数。另外，我查阅了陵水黎族自治县县志和陵水中学校史，考察了黎族、苗族少数民族村寨，了解陵水黎族自治县的民族风情。我惊喜地发现陵水中学的历史文化与"仁智"教育思想是相互呼应的。

陵水中学始建于1925年陵水孔圣庙中，又一度成为"陵水黎族自治县县立乡村师范学校"和"陵水黎族自治县简易师范学校"。目前校园内有一尊孔子塑像，一个孔子浮雕像，一个桃李亭。儒家思想在陵水中学文化中占有重要地位，但陵水中学缺乏对孔子文化的系统研究和发掘。所以有必要从儒家传统文化、陵水黎族自治县的地域文化、陵水黎族自治县的地理环境和人文环境、学校发展历史、育人目标、发展规划和文化建设等方面进行研究，理清陵水中学文化发展脉络，促进学校文化建设。

第一，从中国传统文化中吸取营养，主要是以孔子为代表的儒家文化和以老子为代表的道家文化。陵水中学作为最初建在孔圣庙的学校，尊孔师孔已经为传统。

《论语·雍也》："知者乐水，仁者乐山；知者动，仁者静；知者乐，仁者寿。"

"仁"是孔子哲学思想的精髓，是儒家文化的核心。《论语》中"仁"字出现一百多次。孔子以"仁"来构建儒家思想体系，并把"仁"作为最高的道德原则、道德标准和道德境界。《论语·子罕》："知者不惑，仁者不忧，勇者不惧。"而《中庸》"智，仁，勇，三者天下之达德也。""仁者人也，亲亲为大，义者宜也，尊贤为大；亲亲之杀，尊贤之等，礼所生也。"仁以爱人为核心，义以尊贤为核心，礼是对仁和义的具体规定。而关于"智"，孔子曰："生而知之者，上也；学而知之，次也；困而学之，又其次也；困而不学者，民斯为下矣。"而"仁义礼智信"为儒家"五常"。

《孟子·离娄下》："君子以仁存心，以礼存心。仁者爱人，有礼者敬人。爱人者，人恒爱之；敬人者，人恒敬之。"

孔子仁智并举，《论语·里仁》中有"仁者安仁，知者利仁"。孔子眼中的"知"就是智慧，而教育就是启迪智慧。可见儒家文化中"仁""知"思想已经成为其思想体系中极为重要的组成部分，对当代教育有重要启示。

而对于教育而言，如果说孔子的"有教无类"教育思想是一种平民教育思想，是"仁爱"思想，那么这给我们当代教育的启示就是教育面前人人平等，体现了教育的机会公平。那么，"因材施教"既是对受教育者的一种耐心和爱心，是对教育差异性的尊重，更是对受教育者"适性、适时、适量"的一种教育方法、一种教育原则、一种教育理念，更是一种教育智慧，同时也是保证教育过程公平的一种实践智慧。"有教无类"体现了教育的起点公平，"因材施教"则保证了教育的过程公平，最终保证了教育的结果公平，体现了仁智并举的价值追求。

再看，《论语》中"学而不厌，诲人不倦"，对学习者和教育者提出了美好期待。"学而不厌"则需要学习者热爱学习、坚持不懈的一种执着的智慧；"诲人不倦"则要求教者具有不辞辛苦、不知疲倦的教书育人的仁爱精神。这从"学"与"教"两个方面都提出了较高的希望与期盼。

老子《道德经》："知人者智，自知者明。"

第二，从地域文化来看。俗话说，一方水土养一方人，陵水黎族自治县作为少数民族地区，山水秀美，民风淳朴。陵水黎族自治县的人民勤劳善良，很早就把《弟子规》作为教育子女的重要内容。他们的《祖训》中就有"圣人训，和亲仁"的古训，他们并且经常诵读，内化于心，形成敦厚朴实的民风。

第三，从陵水黎族自治县的地理环境来看。陵水黎族自治县得尽山水之宠，独享造化之功。东屏南海，北倚牛岭，西搂七仙，南接天涯，美丽的陵河穿城而过，无指山脉延伸而至，绿山清水，风光旖旎。陵水黎族自治县，秉山陵之魂魄，得陵河之性灵。有一传说，古时陵水县城中有一口水井，无论旱涝，井水澄清透明，水质清甜，井中有两条红纹小斑鱼，悠悠自乐。这口井因能检验人的品德而闻名。不论何人，只要靠近这口井，品德优良的，井水就显得澄清透明；品德低下的，井水就呈现污秽浑浊。因此，老百姓就将这口井称为"灵水"，谐音"陵水"，地名由此而得。可见，陵水黎族自治县自古以来，对于人的品德修养十分重视，对品行高尚之人十分崇敬。而孔子"知者乐水，仁者乐山"的思想观念，体现了山的智慧，水的哲学；展示了山的稳重，水的灵动，这与陵水的历史文化与自然环境和谐共生。

第四，从学校历史中走来。

陵水中学处在海南珍珠海岸的山水之间，环境优美，也是一所具有 90 多年历史的老校，"为孩子终身发展奠基，培养全面发展的人"是学校的育人目标。多年来形成了"尚德勤学，创新发展"的校训，"文明有志，勤奋求实"的校风，"严肃认真，一丝不苟"的教风和"刻苦钻研，勇于探索"的学风。学校办学思想的提炼和学校文化建设，是"为了学校，基于学校，在学校中"的一项系统工程，是一个"萃取与结晶"的过程，是一个传承与创新的过程，也是凝心聚力、达成共识、形成共同价值观的过程。

陵水中学校训是"尚德勤学，创新发展"。"尚德"语出《论语》："君子哉若人！尚德哉若人。""尚德"意为崇尚道德。"尚德"放在校训之首，寓意学校重视"立德树人"，"以德治校"。精神为人之根本，德行乃人之灵明。有道德、品行，就会有仁爱之心，就会有人格魅力，就会有吸收力、凝聚力和感召力。"尚德"体现了学校积极的人文精神和共同的价值追求，旨在激励师生以高尚的道德立身，以高尚的道德承载天下重任。

"勤学"，即刻苦学习，勤于思考，是对学生"智慧"的要求。"勤学"来源于《论语》，子曰："敏而好学，不耻下问。"以"勤学"作为校训元素，意在倡导"比学赶帮"、锐意进取之风尚。

"创新"，就是指更新、改变、创造新的东西。创新意识是一个人出类拔萃、创造超越的源泉，创新是一个民族进步的灵魂，是一个国家兴旺发达的不竭动力。要努力建立创新意识和创新精神，比别人更有效，更高效，是指比原来更进步，比原来更优秀，这是一种大智慧。

"发展"，是放眼未来，胸怀抱负，是人的德智体美劳的全面进步，蕴含着尊重规律的务实精神、奋发有为的进取精神、打破常规的开拓精神。对于学生来说，每天都有新的发展，就能学业有成；对于教师来说，每天都有新的反思，就能成人成己；对于学校来说，每天要有新的发展，就能孕育特色。

陵水中学校风是"文明有志，勤奋求实"。《荀子·不苟》："君子崇人之德，扬人之美，非谄谀也。"老子《道德经》："上善若水，水利万物而不争，处众人之所恶，故几于道。"内外兼修，才能成就一个人的完善人格。山水气质。要让学生从小就打好扎实的文化基础，养成良好的行为习惯，涵育优秀的道德品质；要培养师生认识美、发现美、追求美、创造美的能力，发挥师生的主观能动性，共同建设充满和谐美的校园。教育工作，排斥虚妄，拒绝空想，鄙视华而不实。

陵水中学的教风是"严肃认真，一丝不苟"。为师者，应有爱生之心，敬业之责，助人之诚，教人之能。严谨的治学态度来自勤勉自律，高尚的品德来自对教育事业的热爱。为人师表，就应该把学问和人格都融入教书育人之中，达到知行合一。

陵水中学的学风是"刻苦钻研，勇于探索"。韩愈《进学解》："业精于勤荒于嬉，行成于思荒于随。"要想成才，必须勤奋刻苦，钻研有恒。在学习中要自主，更要合作，对于知识的追求不能急功近利，而应该持之以恒，探本求源，这是一种坚韧不拔、始终如一的发展精神，昭示着自强不息的精神实质。

学校的校训与校风、教风、学风，形成了学校的文化符号，直接体现在学校的教学楼、图书馆、宿舍楼等建筑物上。五栋教学楼分别命名为"日知楼""日新楼""格物楼""致知楼"和"致远楼"，宿舍楼分别命名为"德馨楼""兰馨楼"和"慧馨楼"。这些命名体现了中国传统文化的博大精深，又寄托着现代教育对学生发展的殷切期望。学生长于斯，学于斯，浸润其中，潜移默化，默默成长。

第五，从教育的功能来看。教育是促进人的全面发展，是指向未来的行动，是为孩子终身发展奠定基础，为孩子的人生打上基本的底色，定下基本的格调。而当下教育远离尘嚣，远离功利，回归教育的本真，让孩子浸润于"仁智"教育之中，应该是一种选择，一种责任，一种担当。

第六，从陵水黎族自治县教育来看。陵水黎族自治县教育很长一段时间一直比较落后，教育教学质量一直排在全省后三位。学生不愿学习、不会学习，导致大多数学生基础很差，习惯不良，给教学带来很大困难。这就需要树立起学生的信心，进行目标引领，要有爱心、细心和耐心，实施"因材施教"，需要对国家课程校本化，实施分层教学，切实提高教学效率。

万事万物，从"一"开始，道法自然；教育事业，从"一"而终，不断探索；从十岁不愁，到如今知天命之年；从安徽涡阳到亳州，再到海南陵水黎族自治县，我在校长岗位上已有二十载。"众里寻他千百度，蓦然回首，那人却在灯火阑珊处。""仁智教育、山水文化"与陵水黎族自治县的地域文化相通共融，与陵水黎族自治县的地理环境和谐共生，与陵水中学的发展历史一脉相承，与我在多年的教育实践中形成的教育主张相得益彰。"仁智教育"是对陵水中学九十多年历史文化的提炼，"仁智教育"的种子必定会在陵水中学落地生根；山的智慧与水的哲学，应该成为陵水中学开启教育新征程的落脚点。山水气质，应该成为立于天地之间的陵水中学人的一种独有的精神长相，一种特有的精神气质。我们要把这种思想落实到教育实践中去，构建学校课程体系，彰显学校特点、地域文化和少数民族特色，引进积极心理学的观念，激发师生积极向上、主动作为、有所建树，加倍努力继续探寻"仁智教育"的固定点和生长点，使这一思想能有更广阔的教育土壤。

中国教育领航（第一辑）：教育家型校长与学校发展丛书

课程：

教育行塑学生跑道

严华银　主编

世界图书出版公司

中国教育领航（第一辑）：教育家型校长与学校发展丛书

丛书编委会

主　任　王仁雷

主　编　严华银

副主编　季春梅　回俊松

编　委　邱成国　严忠俊　于大伟　张　勇

　　　　郭炳胜　郭长安　杨　刚　杨琼英

　　　　林启福

目录

育心课程体系

——中关村第二小学①的课程建设

　　课程是学校育人的规划，是实现教育目的、培养合格人才的重要保障，是教师开展教学活动的基本依据，是受教育者认识世界的桥梁和媒介，更是一所学校区别于其他学校的育人魅力所在。当前，在课程改革的宏观背景下，如何建构符合当下社会及家长要求、学生喜欢且能够为其未来发展奠基的多元课程，成了摆在每一位教育者面前亟待解决的重要课题。基于此，中关村二小在"桃红李白心暖花开"教育理念的指引下，始终遵循"育人即育心"的课程理念，通过深入地实践探索，构建了系统完善的"育心课程"体系。教师们通过一门门独具特色且丰富多彩的课程，诠释课程背后的中关村二小思维，展示中关村二小课程的新常态，培养学生的核心素养，使他们成长为一个个拥有健康的身体、阳光的心态、儒雅的品行和感恩的情怀的未来社会需要的人才。

　　育人即育心，我们的课程就是要使学生的心灵丰富起来，让每门课程都充满生命气息，以生命为基点，来唤醒、培养学生的生命意识与生命智慧。我们的课程还要促进学生的自主发展，课程建设要为激发每位学生追求个体生命价值、寻找自我发展之路、活出生命意义服务。要让课程助力学生们拥有健康的身体、阳光的心态、儒雅的品行和感恩的情怀，绽放最美的自己！

中关村二小课程新常态

　　中关村二小的课程体系以"育心"为核心思想，在课程设置与实施的

————————————————————

①中关村第二小学简称"中关村二小"。

1

过程中立足于尊重学生个性发展，提高教师职业素养，提升学校育人品质，形成学校育人特色。学校希望通过课程的设置与实施，为每位学生的发展提供合适的课程，使学生以一种温暖的状态获得智慧的增长和健康的成长。

一、丰满灵动的课程资源

"课程资源的丰满灵动决定着课程目标的实现范围和实现水平。没有课程资源的支持，再美好的课程改革设想也很难变成实际教育成果。"在"育心"课程构建的过程中，我们非常期待这些新课程能够创造性地得到实施，从而使我们的课程价值最大化。

1. 心有多大，舞台就有多大

这是发生在 2009 年 10 月一年级形体课上的一幕。"媛媛老师，您真漂亮，我可以像您一样跳舞吗？"一个可爱的小妞妞，用稚嫩的声音问。"当然可以，你喜欢吗？喜欢就可以参加咱们学校的舞蹈兴趣小组。"媛媛老师摸了摸孩子的头说。

兴趣好比路灯，引导你走向成功；兴趣好比船桨，带着你驶向远方；兴趣好比一对羽翼，领着你翱翔天际。兴趣是最好的老师，它会引领你走向光明。中关村二小为每一个像小妞妞一样找到自己兴趣的孩子开设了相应的兴趣班，让每一个孩子的兴趣在这里生根发芽。

怀着对舞蹈的喜爱，小妞妞不怕苦、不怕累，努力练习基本功，很快在兴趣班中成为佼佼者。在 2012 年学校艺术节的舞台上，她用优美的舞姿赢得了在场老师和同学们的喝彩。这个舞台更加坚定了她的舞蹈梦，随后她又找到了媛媛老师。"媛媛老师，我想进学校的舞蹈团，可以吗？"媛媛老师兴奋地抱起了妞妞，高兴地说："当然可以，只要你愿意。"妞妞急忙回答："我愿意。"就这样，小妞妞在中关村二小的舞台上一跳就是六年，从学校的舞台，跳到海淀区的舞台，再到北京市乃至全国的舞台，2015 年作为中英文化交流友好小大使，跳上了英国伦敦大剧院的舞台。

心有多大，舞台就有多大，小妞妞在形体课这一必修课程中找到了自己的兴趣。在媛媛老师的帮助和引导下，小妞妞带着自己对舞蹈的喜爱参加了舞蹈兴趣班。兴趣激发梦想。在兴趣班中，小妞妞不怕苦、不怕累，愿意付出，通过自己的努力成为学校舞蹈团中的一员，并不断在各个级别的舞台上，追寻自己的舞蹈梦。

从基础课程到兴趣课程，再到精品社团课程，学校为每一个学生的个性发展需求搭建了不同类型的成长平台。中关村二小的每一个学生都能根据需求寻找到适合自己发展的课程舞台，实现自己的梦想。

基础课程、兴趣课程和社团课程

基础课程	兴趣课程	社团课程
天文启蒙	仰望星空	星云社
快乐足球	兴趣足球	足球队
快乐旱地冰球	兴趣旱地冰球	旱地冰球队
声乐入门	合唱摇篮	合唱团
乐器入门	乐器摇篮	交响乐团
		行进管乐团
		室内弦乐团
书法入门	书法摇篮	书法社团
戏剧入门	戏剧摇篮	戏剧社团

学校课程内容的设置具有很强的可持续性。学生可以在必修课程中发现自己的兴趣点，在选修课程中深入学习。选修课程一类是兴趣课程，以培养学生的兴趣为目的。学生可以根据自身兴趣出发，自由选择自己喜欢的课程。另一类是高端课程，为了满足有天赋的、有毅力的、愿意付出的学生的个性发展需求而开设，以精品社团形式开设。精品课程会适时进行动态调整。这样一个完善的课程体系，给每一个学生提供了个性发展的平台，为每一个想实现自己梦想的学生搭建了适合自己的不同类型、不同级别的舞台。

2. 从教材视野走向课程领域

翻开学生的教科书时，你会看到他们的目录页上有许多标记：语文书上写着许多这本书中没有的文章题目，数学书上标着不同版本教材的页码，英语书上标着分级阅读的知识点……

传统的教育观念认为：教材就是学生的课程，国家指定的那本教材就是学生一个学期学习的全部内容。随着课程改革的不断推进，我们对教材概念的理解也在不断加深。

首先，我们想到的是：一本教材的教学价值有多少，能不能满足学生的学习需要？指定教材的知识面有多宽，能不能符合学生的认知特点？由此我们想到，学生应该有丰富的学习内容，教师要根据学生的认知情况选择适合的教学内容，从而增加学习价值。基于这样的思考，我们为学生提供了多种教材中的学习内容。

我们的教材有主教材和辅助教材之分。语文课上，学生使用的主教材是人民教育出版社教材，辅助教材是北京师范大学出版社教材、北京版教材、江苏版教材；同时，为了丰富学生的文化底蕴，我们将语文教师集体研发的《紫藤花开——经典诵读》《紫藤花开——汉字书写》校本教材也作为辅助教材。数学课上，北京师范大学出版社教材和人民教育出版社教材都是学生学习的主教材，数学教师集体研发的校本教材《走进美妙的数学世界》是学生学习数学的辅助教材。而在英语的学习中，国家教材对于我校学生来说知识浅、阅读量较少，我们就为学生提供了阅读量大的《典范英语》作为学生学习的主教材，而将国家指定的教材作为学生学习的辅助教材……

各个版本的教材都给学生和教师提供了丰富的内容，然而这些内容是否重复，相关内容其他学科是否学习，学生之前是否有基础，现在学到什么程度？这些都是我们要了解的。我们不想让学生们有重复的学习经历、学枯燥的学习内容，我们想尽可能提高学生的学习效果。

基于这样的思考，我们为教师配发了同学科的1—6年级主教材和同年级所有学科的主教材，供教师选取教学内容。面对一个知识内容，教师在备课过程中，既要清楚该学科其他年级是否要学习，要学到什么深度，还要知晓其他学科是否要学习，学到什么广度。在这一过程中，我们主要依据整合思想，采取分级与分类相结合的教学方式，从而增加教学价值。

以语文学科为例，对于1—6年级教材我们主要从三个类别整合教学内容：一类是名家名篇整合阅读，重点是走近每一位文学家；一类是同一文体整合阅读，重点是感悟语言表达特点；一类是同一题材整合阅读，重点是不断加深对事物的认识。对一个年级来说，我们主要从三个层级整合教学内容。我们将所有阅读课文分为三个级别，即精读课文、略读课文、自读课文。精读课文所选取的是文质兼美、表达特点突出的文章，3—4课时学完；略读课文选取的是表达方式简单、主旨易于理解的文章，1课时学完；自读课文选取条理清晰、适合以读代讲的文章，课下以学习单的形式反馈学习效果。

在实践的过程中，我们认为教材是课程资源的重要因素，它不是静止的，也不是单一的，更不是固定的。我们从学校情况、教师特点、学生实际出发，对教材的价值进行重新判断，将各种学习材料进行重组与加工，逐步从教材视野走向了课程领域。

3. 好教师成就一门好课程

教师是课程资源的重要载体。开发教师资源，创造性地利用教师资源，使得我们的课程更加灵动与鲜活。

晓丹老师喜欢绘本，她把绘本引进了班级阅读之中，每周都会利用半天的时间与学生分享绘本故事。晓丹老师相信，孩子们本就是有故事的。在他们的头脑中不知有多少新奇的灵感，加之他们原本就天马行空、无畏的想象能力，一定能创造出有趣的故事。而那些新奇的想象待在学生们的小脑瓜里，却不能自己跳出来，其实，他们也在期待着，期待被挖掘，被发现，期待被点燃！而晓丹老师就是点燃他们的人。看，她正在和学生读《狮子和老鼠》，没有老师的讲解和提示，甚至有些学生看不清楚，也有没看明白的，但是这些丝毫没有妨碍学生们的创作，学生们恰恰可以用自己的想象填补那些空白。同一本书，学生们用自己的理解编撰了四十余个版本的《狮子和老鼠》，这让晓丹老师看得不亦乐乎！因为学生们本就喜欢故事，他们需要的也许只是一幅画面、一个情境，或是一个声音，激发他们打开自己的想象，进入自己的故事世界。晓丹老师当时的想法是，老师，此时此刻，不是给予，只是——点燃！

就这样，自然而然地，讲绘本故事成了晓丹老师班级生活的一部分。孩子们喜欢的事情往往不用要求，在这个过程中，班里也冒出了几个奇葩，一个女孩，无论今天的故事多么长，回家她都会把它写下来；一个男孩，听了故事后再改编一个新故事；也有不爱写的，每天给妈妈讲自编的故事，晓丹老师建议妈妈原汁原味地录入，渐渐积累成一本自己的故事集。

在晓丹老师的引导下，学生们爱上了绘本，爱上了读书，他们不仅读绘本，还以绘本的形式进行创作，举办了班级绘本创作展。展览会吸引了同年级学生的驻足，这也引发了晓丹老师的大胆设想，创办年级图书馆。于是，"向日葵"年级图书馆诞生了。"向日葵"这一方沃土是学生们最喜欢的地方。他们来到这里，找一个角落静静地坐在那儿，捧着自己喜欢的书籍专注地读起来……那时候，能到"向日葵"读书，对于三年级学生来说是最大的奖赏，这也让其他年级的同学们无比羡慕。这些画面晓丹老师看在眼里，更感动于心间。让所有的学生们都能去自己喜欢的地方读书，读自己喜欢的书，这该多好！于是她主动参与校级图书馆的设计，拜访诸多童书作家，积极组织各年级学生开展读书会……在她的努力下，越来越多的学生走进了书的海洋，感受到了"悦读"的幸福。

从绘本教学的特色教师成为"悦读工程"的设计师，晓丹老师以自身的特色为出发点开设课程，并不断地扩大辐射范围，使更多的学生受益，形成了教育智慧的叠加。

像这样的案例在中关村二小还有许多：爱好天文的朱戈雅老师，从筹建一个年级的天文兴趣班扩展到组建一个校区跨年级的星云社团，现在她拥有了比较成熟的天文课程体系，这门课程已经面向三个校区的所有学生；马骉老师从小就喜欢收集变形金刚，近20年，马老师收集了近百个形态各异、大小不一的变形金刚，这其中隐藏着一个个生动的小故事，有文化的浸染、有友情的珍藏、有悲喜的释放，马老师最爱与他的学生们分享，那些小听众大多是来自各个年级的小伙子；漫画大师聂晨老师利用视频面向全体学生直播他的漫画入门课程……这些老师在主动开发课程的同时，不仅带给了学生知识，也带给了他们无穷的快乐。

4. 让学习成为学生喜欢的事

现代社会是信息化时代，学习资源丰富，学习手段多样，教师教不再是唯一的学习方式。我们希望学生的学习方式是多维的，学习能成为学生喜欢的事。

自主选择式学习：走进教室，看着眼前的几十个孩子，他们虽然年龄相仿，但在性格、爱好、学习风格、学习经历等方面却有很大差异。老师的教学设计能否满足每个孩子的需求，让每名学生在课堂上都有自己的收获，使学生真正学习到知识呢？

秀娟老师利用自主学习单，让学生选择适合自己的学习内容，学生们很喜欢。"新起点英语"这套教材是面向全国小学生编写的，并不太适合二小学生的学习需求。因此，在使用这套教材时，对于每个单元，秀娟老师都会为学生提供几份自主学习单，使学生们可以在同一时间段选择自己喜欢的学习单进行学习。在这个过程中，学生可以自己独立完成，可以和选择了相同学习单的同伴合作完成，可以向老师寻求帮助，也可以登录相关网站进行查询。这种自主的学习，最大限度地满足了不同学生的需求。

例如在学习Jobs（职业）这个单元时，秀娟老师为学生提供了两份学习单，用于复习关于职业的英文：一份是根据图片选择相应的职业词汇写下来；另一份是根据描述猜猜是什么职业，像"a person who flies airplanes（他是一个会开飞机的人）"，答案是 pilot（飞行员）。学生在了解了这两份学习单后，根据自己的情况自主选择。

又如：在学习 My Home（我的家）这个单元时，秀娟老师为学生提供了两份不同的学习单，用于复习表示家里各个房间的英文词汇。这两份学习单在内容的难度上没有差异，而是看房间的角度不同，学生可以根据自己感兴趣的看图方式去选择自己的学习单。

有的时候，两份学习单是有关联的，存在 Information Gap（信息差），选择了不同学习单的学生需要一起合作，用目标语言（此单元关键语言）交换信息，最终完成各自的任务。比如有两份学习单，是在学习 Asking for Help（寻求帮助）这个单元时使用的，持有不同学习单的两位同学用学习单上提供的示范语言和字谜线索进行问答，完成各自的 crossword（字谜）。

当然，有的学习单虽然创意很好，但毕竟是为母语为英语的孩子设计的，因此难度偏大，这时，秀娟老师就会根据学生的情况做些调整。

例如，有份学习单是帮助学生制作一份 Mind Map（思维导图），用文字或图画的形式从不同的方面来描述自己的家。但是学习单上有些语言过难，因此秀娟老师将部分较难的内容改成了学生易于接受的语言，既保留了创意，又让学生们顺利地使用了所学语言。

经过两年的课堂实践，秀娟老师已经积累了《新起点英语》三年级上、下册，四年级上、下册共计 24 个单元的学习单，学生越来越喜欢。虽然老师的要求是选择其中的一份，但很多学生都会选取两份甚至三份。作为老师，秀娟很欣慰，并已经开始准备五年级的学习单了。

活动体验式学习：随着学生自主参与的意识不断增强，学习方式由静态、封闭走向动态、开放的状态，"把课堂还给学生，让课堂充满生命的气息"成为学习方式变革的重要标准。在课堂上，我们通过设计核心活动促进学生自觉、自愿、自主地进行学习。比如：数学学科围绕"如何设计好的活动，帮助学生积累数学基本活动经验"这一主题，在全校范围内开展研究。设计有价值的数学活动，引发学生独立思考，让学生亲身经历观察、描述、操作、猜想、实验、思考、推理、交流、应用的数学活动过程，使学生在"经历、内化、概括、迁移"的过程中唤醒经验、累积经验、反思经验、提升经验、运用并重新创造经验，不断积累数学基本活动经验，达成高层次的认知目标。教师在此活动中起组织、引导、提升作用。这种"自主——合作——探究"的学习方式是学生活动有效性的实质。在教学过程中，教师以核心活动为载体，为学生提供尽量多的自主探究的机会，让他们置身于一种探索问题的情境中，使学生产生强烈的求知愿望，并在积极主动的状态中探索新知识。

网络互动式学习：现在的小学生可以说是互联网的"原住民"，他们是最鲜活的新技术的推崇者。他们不可能与新技术隔离，因此，我们尝试借助新技术，不断拓展新型学习方式。

"微信课堂"也是在日常师生、生生互动中被广泛应用的，如英文绘本故事课，学校的英语老师面向全校学生推出了"大象绘本馆"微信公众平台，每天分享一个精心制作的绘本有声故事，丰富学生的视听学习内容。口语表达课后，学生也在班级微信群里进行互动表达，并将学习成果分享到群里，老师也会及时评价。这一独特的学习方式突破了传统课程资源的狭隘性，突破了时空局限，打开了学生视野，提升了学习效果。

上学期，学校给英语组配发了两大箱子的英文绘本书，这让年轻的郝雪云老师兴奋异常。翻着这一本本绘本，她真想让学生们全部看到！最近几年，公众号十分火爆，雪云老师也是一个公众号迷，"我可不可以做呢？"看着这些绘本，一个念头出现在了她的脑海中：要不要试着将这些绘本传到公众号上呢？于是，"大象绘本馆"微信公众平台就这样建立起来了。她每天与学生分享一个精心制作的绘本有声故事传到公众号，丰富学生的视听学习内容。每天晚上，许多孩子都是听完她的故事才入睡的。这给了这位工作仅仅三年的小老师莫大的鼓舞，同时也引发了她很多的思考。何不借助网络的力量，让更多的孩子参与进来呢？于是，她开设了"绘本郝郝听"板块，让孩子们自己在家把故事录下来，再传到公众号里。学生们很喜欢这种学习方式，他们都争先恐后地读着故事。雪云老师也收到了很多家长的留言，他们说孩子们通过录绘本更加喜欢读英语了。慢慢地，雪云老师将课内学到的内容与绘本结合起来。例如，学习动物单元时，她就制作关于动物的绘本和歌谣，并将它们发送到各个班级群。这样，学生们就能够在第一时间获得本单元的扩展内容。

这在传统的学习环境中是做不到的。公众号就像是一个平台，学生们都可以在上面交流自己的问题和建议。通过公众号，老师了解了许多家长对于孩子学习英语存在的疑惑，并且进一步地了解了学生们需要在英语课上有哪些提高，喜欢什么类型的英文材料，等等。不得不说，网络互动对于教育来说，真的是必不可少的。它打破了传统的空间限制，可以做到在不同的地方学习相同的东西。

学校将 VR（虚拟现实）技术也引入课堂教学：在"太阳系"一课的学习中，学生们戴上 VR 眼镜，在课堂上体验了"宇航员"的感觉。在这个过程中，学生们的感受是"真实"的，学习更是主动、积极的。"网络直播课堂"在我们的学生中十分流行：学校星云社的小讲师们在老师的指导下开设了网络直播课。他们的"天文知识系列讲座"，不仅吸引了身边一大批同学上线同步学习，还收获了不少粉丝，一些粉丝还在线送花点赞。

二、我的课程我做主

好课程一定凸显以人为本，充分尊重每一位学生的自主发展权，尊重每一位学生的个性发展需求，为每一位学生的学习而设计。好课程不仅能让每一位学生都"吃饱"，而且能使有个性需求的学生"吃好"。

1. 此"秒杀"非彼"秒杀"

"时间到，开启菜单式自主选择课程平台系统。"话音刚落，"DI 头脑创新思维""桥牌""软陶""机器人""棒球""冰球"等菜单课程瞬间被"秒杀"完毕。家长纷纷来电询问，能否结合孩子的兴趣特长加选或开设新的菜单课程，孩子没选上某某课程，很失落，教学办公室咨询选课的电话连续两日响个不停。"秒杀"带来兴奋的同时，也引发了我们深刻的思考。

菜单式自主选择课程强调给予学生充分的自由选择课程的权利，让学生从自己的兴趣爱好出发选择参加自己最适合的课程，家长和教师作为课程顾问只提供课程内容的咨询和建议，不干涉学生的课程选择权利。每一个学生所选择的课程一定是适合自己并真正喜欢的课程。那么被"秒杀"在课程外的学生该何去何从？即使还有其他的课程供他们选择，但那些课程是他们真正喜欢的吗？为什么有的孩子放弃选课权利？这些疑问带着我们继续探索。

课程设置前借助网络平台"问卷星"问卷调查系统，展开全面的学生调研、家长调研、教师调研。借助调研数据，进行科学分析，最后确定开设什么课程及某一课程开设的数量。选课前将所开设课程的简介、内容框架、授课教师简介等信息装订成册，发放到学生手中，以便学生充分了解每一个课程的具体信息，而且教学办公室还开设了课程咨询电话，学生可以在选课前进行相关的课程咨询。课程开设后，学生可在开学初前两周进行试听学习，并根据学习情况对所选课程进行调整。

"时间到，开启菜单式自主选择课程平台系统。"又一次熟悉的声音传来，"秒杀"开始，"DI头脑创新思维一班""DI头脑创新思维二班""电子钢琴""趣味物理一班""趣味物理二班""趣味物理三班"等菜单课程同样瞬间被"秒杀"完毕。接下来的两天中，教学办公室咨询选课的电话偶尔响起，个别学生进行课程微调。此"秒杀"非彼"秒杀"。2015年9月，学生成功"秒杀"后，学校根据学生的实际需求，合理、科学地开设了"气象科普""天文启蒙""小记者""小主持""食品营养""电子钢琴""桥牌""陶艺""冰球""棒球""击剑"等170余个选修课程。每一项课程都是因学生的需求而开设的，每一个学生都能选上适合自己的选修课程。

有句话说得很形象，"刚刚出生时我们都是独创，不知不觉就成了盗版"。究其原因，高度同质化的课程结构存在着很大的弊端，在义务教育阶段，如果机械地学习统一课程，表面上是学生全面发展，但事实是学生一个模子发展。所以一个个鲜活、灵动、富有个性的孩子走进来，最后却成为毫无特色的翻版。中关村二小的课程改革就是要改变这一现状，课程的设置充分以学生为中心，从学生的实际需要出发，尊重学生的个性成长规律，最大限度地满足每个学生的个性发展需求，力争为每一个学生找到成长的最佳模式，让每一个鲜活、灵动、富有个性的孩子成长为独特的、最好的自己，绽放最美的自己。

2. 和校外班说再见

喊了多年"累，累，累"之后，各地针对中小学生的"减负令"纷纷出台。下课早了，作业少了，考试的方式也变了，可孩子、家长仍喊"累，累，累"。焦虑，成了形容当下家长心态最常见的一个词。为什么呢？我们来看一组调研数据。

有数据表明：全校约有85.1％的学生或多或少地上了校外兴趣班，仅有约14.9％的学生没有上校外兴趣班。

约有47％的学生报了2—5个课外班。其中，报3个课外班的学生最多，约占全校总人数的13％。值得关注的是，约有5％的学生报了8个以上的课外班。

由此可以看出，"减负"变成了校内减负校外增负。减负令在校园内得到了实施，可是在校外却根本得不到实施。校外丛生的"辅导班""提高班""兴趣班""特长班"等是减负不能真正实施的根本。孩子"减负"、家长增负，负担从课内转向课外；课内减压、课外加压，"双职工"家庭焦虑感十足；政策频出、焦虑难消，减负令不是万能灵药。面对这一普遍的教育问题，作为名校的中关村二小，我们有责任尽自己最大的努力改变这一现状，我们有义务担当起这份社会责任。本着对学生负责、对家长负责、对教育负责、对社会负责的原则，我们打破原有的课程结构，进行课程重组，创新、开发新课程。

课程改革以"一切为了学生的发展"为核心理念。学生是发展的人，是独特的人，是独立的人。课程的设置力争满足"四个需求"：符合学生的实际发展、合理成长的需求；满足家长的需求；遵循学校对学生的培养需求；适应时代的发展需求。以此为基础构建丰富完善的课程体系。

在符合学生的实际发展、合理成长的需求的前提下，遵循学校对学生的培养需求研发必修课内容，在国家课程的基础上，开发出拓展课程和实践课程。拓展课程和实践课程是根据学生、家长、学校的实际需求对基础课程的有效补充。以数学为例，在国家课程的基础上，开发了数学阅读，培养学生数学阅读习惯，提升学生数学阅读素养；培养学生的思维品质，提高学生的思维能力，不仅让每个学生"吃饱"，还让个别学生"吃好"；在玩中学，激发学生学习数学的兴趣，使学生感受到数学的魅力；培养学生发现问题、提出问题、分析问题、解决问题的能力。课程内容既要面向全体，又要考虑学生个性发展的需求，设置适合每个孩子发展的课程，帮助每个学生寻找到他们的个性支点。

通过调研，我们充分了解到学生的实际需求和兴趣，并以此为依据建构选修课课程结构。

从广度上来说，拓宽课程的广度，能让课程变得更为丰富多样，满足不同学生的个性化需求；从深度上来说，逐步打造具有我校特色的精品课程，能满足有某方面特长的学生进一步发展的需求。力图通过校内丰富的、高效的课程体系，满足学生的学习需求，从而减少学生校外报班，减轻学生学业负担。

三、换一种心境看评价

课程设置的多元性与开放性需要我们重新审视评价的价值和作用。我们认为，评价要与课程相辅相成。它除了对学生学业水平进行鉴定衡量，还具有促进学生个性化、差异性发展的功能。

1. 评价是欣赏

习作讲评是习作教学中的一个重要环节，但是在具体的教学实践中，一般都是教师讲学生听，师生之间、生生之间毫无交流。这样的评价学生既无收获，又没兴趣。于是，我们尝试探索了一种新型的评价方式——习作赏评。请看曹老师执教的《乐趣》片段：

教师引导：听了曦月同学的习作后，谁来给她评价一下？

生1评：从你这篇文章里，我可以很清晰地看出你心情的变化。首先，你想钓鱼的时候是很激动的。但是你在钓鱼的过程中，却又赌气了，气愤了，因为鱼儿很久没有上钩。到了最后，你终于钓到鱼了，特别高兴，因为你描写了把鱼提起来时水花溅起时的样子，你的这段描写，让我从中得到了乐趣。你把你的心理活动写得非常细致，我非常喜欢你这篇文章。

师评：这种心理变化的描写，突出了当时心情的变化，一波三折，牵动着读者的内心，我们也跟着她一起走进了文章。

生2评：因为我写的也是钓鱼，所以我从你的这篇文章中可以学到一些东西。第一，文章的结构，你把结构安排得详略得当，可以看出最大的乐趣点就在最后一个段落，你通过钓上鱼后体验到乐趣。第二，也就是你最详细的段落，从这个段落里我抓住几个词：一个是"扯"这个词，另一个是"跳"这个词。这两个词用得非常恰当，特别吸引人，让我一下子特别想往下读。所以我觉得，我可以按照你这样的写法修改我的作文。

师评：特别了不起，在欣赏别人习作优点的同时，能反思自己的习作存在的问题。通过这些动作描写，我们能够想象出当时钓鱼的场景，特别有画面感。值得学习。

生3评：我觉得你的这篇文章写得特别好。但我也想提一点自己的想法，我认为最后应该写一写你钓鱼后的收获或受到什么启示。

生4评：（马上举手）我反对，我认为乐趣就在字里行间的叙述故事的情节中，不用最后再写收获，否则会显得很直白，我认为不好。

…………

师小结：同学们都谈了自己的看法，赏评得很充分。我们既明确了曦月同学是如何通过细致地刻画钓鱼的过程把内容写具体的，也明白了曦月同学是如何通过心理活动的描写表达真情实感的。有的同学还从她的文章中发现了自己习作中需要修改的地方。

就是这样，习作赏评以尊重学生的预作为前提，在欣赏的基础上针对同学的预作进行评价，在欣赏中相互启发，在互动中使得学生与学生之间得到心与心的沟通，情感相互传递，思维得以碰撞。这种评价的方式，顺应了学生身心和语言的发展规律，解放了教师，激发了学生的学习欲望，使学生获得了学习能力。

2. 评价是伯乐

本学期期末考试我们尝试了一种新的评价方式——成长周。以往学生考试最多120分钟就结束，"成长周"则利用一周的时间来完成测评。在这一周里，学生要梳理学习内容，熟悉测评要求，组建合作小组，选择测评题目，分享交流体会。这种评价方式使我们的关注点不再放在最终的结果上，而是更加注重学生主动参与评价的过程。

看，成长周刚刚结束，一年级语文教研组的老师们就热烈讨论起来：

"我会读"测评时的场景使海燕老师印象非常深刻，她激动地说："小开源是我们班一个内向、乖巧、学习努力的学生，但是一个学期以来从来没有跟大家主动说过话。每次我跟她说话，她也是低着头勉强地说上几句。可想而知，在课上她几乎没有举过手。可是就在这次'我会读'的测评中，她不仅做到了正确流利，而且是班里声音最洪亮的几名学生之一。当她读完后，我们的教室里不由自主地响起了掌声！如果说千里马需要伯乐，'成长周'这样的评价就是伯乐，它给更多的'千里马'提供了纵情驰骋的天地。"

话音刚落，于老师紧接着说："你们还记得刚开学那会儿，因为拼音学不好不愿上学的小雨彤吗？在这次的'成长周'中，她除了拼音这部分有些弱，讲故事、看图说话、背古诗和汉字抄写都非常好，她的测评成绩是优呢！"于老师感慨地说："以前我们往往会因为学生某一方面的不足而为他们定性，但是当我看到雨彤小脸上绽放的笑容时，我也在思考，我们的考试究竟要考出学生的什么？"

马老师对同事们说："你们知道家长们是怎么说的吗？"她打开手机读起了家长发来的一段微信："最初听说语文考试要考将近一个星期的时间，

我的心头一紧。但在进行复习的过程中，我却发现，这样的评价方式不仅会帮助孩子有针对性地复习，而且会大大减少往日传统综合考卷题海战术的痛苦。同时，根据每部分考试的重点，我既可以了解孩子在校的语文学习内容，又可以全面系统地了解孩子在学校学习的水平。同时，在进行听、说、读、写、背几个方面的测试时，采用'星级'的形式进行评定，此举既使考试内容严肃，又使考试形式变得活泼多样，激发了孩子们的学习热情。我的孩子们爱上了这个'成长周'。"

评价就是伯乐，海燕老师比喻得非常贴切，我们就是要借助评价发现学生的长处，激发学生的自信，为不同的学生提供不同的发展空间，让每一名学生都呈现好的一面以及展现优势的机会，在评价中都有增量。

这种评价方式不仅促进了学生的发展，还引发了教师对评价的再认识。一年级语文教研组在这次试卷分析中写道：

评价不是禁锢学生的思维，而要立足于学生的发展。比如：对于看图写话这一评价内容来说，以往的闭卷考试在这一题目上为了保证不失分，老师会给学生一种固定的表述模式，虽然学生成绩很高，但是大家的表达惊人的雷同，学生语言发展的空间太小了。为了解决这一问题，在"成长周"中，我们看到了一些改变。第一，从写话变为说话，目的是让学生都能听到大家的表达，并针对他人的表达给予评价。这一过程既培养了学生的倾听能力，又培养了学生的思考与判断能力。第二，从单一素材变为众多素材，老师们事前准备了多幅图片材料，学生抽取其中的一个材料进行表达。目的是培养学生的兴趣，加大信息的交流。第三，在表达的过程中鼓励学生说与别人不一样的内容，目的是激发学生的思维，发展学生的语言。

另外，评价要突出选择性。如果学生只对一张试卷作答，没有任何选择，就不能科学地反映出学生学习的客观实际。"成长周"测评中每一领域的评价内容都不唯一，学生可以根据自己的情况选择内容；每一项内容完成的途径都不唯一，学生可以结合自己的特点选择形式；每一项内容测评的机会都不唯一，学生可以选择自己最满意的一次成绩。在这里，我们看到的是不同学生在不同方面的优势与不足。我们尊重差异，鼓励不同，关注每个学生的个性成长与提升，让每一名学生都有发挥的空间。

课程背后的中关村二小思维

任何发问都是一种寻求，我们一直在寻求着属于中关村二小学生的课程……

一、地域的特点是什么

中关村二小是北京市一所"一校多址"办学格局的品牌学校。中关村校区坐落在中关村高科技园区核心地带，华清校区紧邻清华大学、北京大学、北京语言大学等高等学府，百旺校区坐落在海淀区北部新区中关村国家自主创新示范区核心区内。独特的地域特点引发了我们对课程设置的思考：我们的课程应该具有自主性、创新性，培养学生自主自信、敢于挑战、勇于创新的精神。

二、家长的期待是什么

在 2015 年对我校 4 700 多名学生家长的调查统计中可以看出：家长文化程度普遍较高，绝大多数家长都是本科及以上学历。而且从大体趋势上来看，年级越低（也就是家长越年轻），家长学历程度越高。从家长的职业分布情况来看，其中从事职员、企事业管理人员、科技研究人员、教育研究人员等知识型、专业技术型的人数较多。家长的高学历和优越的工作环境给予孩子的教育是多元的，同时他们期待自己的孩子在学校应该享受到更优质的教育。所以我们的课程设置要在保证国家课程的基础上，为学生提供多元的拓展课程和实践课程。

三、学生的需求是什么

为更加全面而又准确地了解学生对课程的需求，学校通过调查问卷、座谈、网络交流等多种形式对学生进行充分的调研。调研结果显示：学生希望课程内容要丰富，能够满足他们的实际需要；课程资源要丰富，不能只依赖教材；学习方式要丰富，能在实践、自主、开放的环境中学习。从学生的需求中可以看出，学生的视野是开阔的，他们见多识广，这就要求我们的课程设置要突出体现丰富性、自主性、开放性，让每一个学生的个性潜能得到进一步开发。

四、时代的发展是什么

随着"互联网＋"时代的到来，互联网、移动终端等各种新技术快速发展，"智慧教育""教育大数据"等各种新理念被提出，教育教学也随之发生巨大的变革。现在的小学生可以说是互联网的"原住民"，他们是最鲜活的新技术的推崇者。他们不可能与新技术隔离。因此，我们的课程实施要敢于尝试借助新技术，不断拓展新的学习方式。

五、学校的文化是什么

一所优质的学校一定要有自己的文化追求。中关村二小一直秉承着"以人为本"的教育主张，不论处在哪一个发展阶段，都始终坚持学生第一，做到尊重学生、发展学生、成就学生，使学生受到优质的教育，促进学生健康快乐地成长。2014年，学校在"以人为本"核心思想的指导下，将办学理念升华为"桃红李白心暖花开"，这一理念集中体现了中关村二小以学生为核心、尊重生命个体差异、因材施教的教育主张。因此，我们的课程设置既要面向全体，又要考虑个性发展需求，设置适合每个学生发展的课程，帮助每个学生寻找到他们的个性支点。

在探寻的过程中，我们对课程设置目标与实施路径也更加清晰：课程体系的构建要基于我们学校的办学理念，即"桃红李白心暖花开"，"心"要成为中关村二小课程体系建设的核心点。我们希望这里有学校的诚心，有教师的用心，有学生的开心，有家长的放心。

六、课程结构之课程领域

在课程结构上，将国家课程、地方课程、校本课程进行整合，纵向整合为"体育与健康、品行与修养、语言与文化、科学与探究、艺术与审美、实践与创新"六大学习领域，这六大学习领域为"育心"课程的整体框架；再依据学生需求与发展需要，将每个领域的内容横向整合为必修和选修两部分课程，其中必修部分设置为基础类课程、拓展类课程、实践类课程三种类型，选修部分设置为兴趣类课程和社团类课程两种类型。

体育与健康 ●············●········· 科学与探究

品行与修养 ●········· 学习领域 ·········● 艺术与审美

语言与文化 ●············●········· 实践与创新

六大学习领域图

1. 学习领域一：体育与健康

学校将体质健康放在学生培养目标的首位，体育与健康领域同样也位于课程领域之首，其课程设置特点为立足国家体质健康标准，广泛拓展健美操、跆拳道、花样跳绳以及各种球类等项目，着力打造冰雪特色课程。且课程学习的实践性强，通过体育节、运动会、年级联赛等形式使学生练就一身好体魄，在运动中培养学生的精神追求与团队意识。

2. 学习领域二：品行与修养

品行与修养领域课程是由国家课程中的健康与法治、品德与社会、地方课程中的少先队活动课和校本课程中的儒雅课程组成的。儒雅教育是品行与修养课程领域的内涵。其领域课程的主要特色是通过系列的成长纪念日和特色主题教育活动，让中关村二小的学生在六年的儒雅教育中能够多一份交往的文明，多一份处事的责任，多一份心灵的感恩。

3. 学习领域三：语言与文化

语言与文化领域主要由国家课程中的语文和英语两门课程内容组成。这一领域课程最核心的特点就是要强化语言的运用功能。课程设置上突出三个结合，即学习知识与培养习惯相结合、阅读经典与感悟文化相结合、自主积累与个性表达相结合。在阅读、积累、表达中培养学生综合运用语言的能力。

4. 学习领域四：科学与探究

科学与探究领域主要由国家课程中的数学、科学和地方课程中的信息三门课程内容组成。这一领域课程旨在培养创新能力，凸显学科融合，体现学科工具性。课程内容设置紧紧围绕科学素养，以活动为载体，引导学生动手操作、自主探究、实践应用、合作分享。在活动中培养学生渴望探究、勇于质疑、善于思考、巧于操作、乐于合作的习惯，发展学生的学习能力、思维能力、实践能力和创新能力。

5. 学习领域五：艺术与审美

艺术与审美领域包含音乐、美术、舞蹈三门学科，旨在培养学生的艺术修养与审美能力。其课程设计立足三个着力点：一是加强基本功，开设形体、视唱练耳、美术欣赏等校本课程，为学生体验美夯实基础；二是突显民族性，加大民族舞、民乐、国画等学习内容的比重，为学生表现美丰富底蕴；三是搭建"大舞台"，举办舞蹈专场、音乐会、绘画展，为学生创造美提供渠道。

6. 学习领域六：实践与创新

实践与创新领域主要依托综合实践活动课程，从学校以人为本的办学思想出发，围绕"人与自我、人与社会、人与文化、人与环境"这四条线索，分年级设计具有综合性、活动性的系列化课程内容。其课程体现了"知与行""动手与动脑"相结合的特点，让学生在活动中"有所知""有所得""有所悟"。

七、课程结构之课型分类

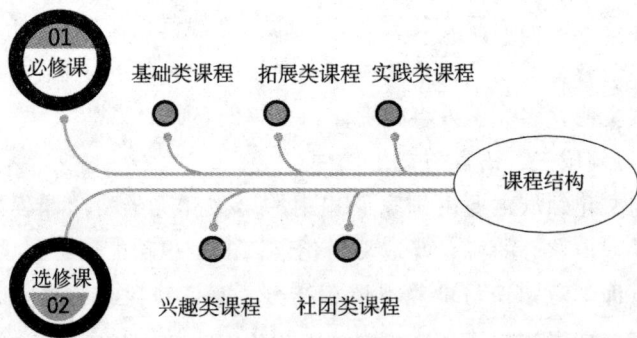

课程结构的课型分类

每一领域都将开设必修课程和选修课程两种形式：必修课程都分为基础类课程、拓展类课程、实践类课程三种类型；选修课程分为兴趣类课程、社团类课程两种类型。

必修课程面向每一位学生，其中基础类课程依据国家课程标准，依托国家指定教材，重在基础知识的学习和基本能力的培养，确保国家课程高质量完成；拓展类课程的内容既源于基础课程，又是对基础课程的补充，重在知识的横向积累和纵向延伸；实践课程的内容是将基础课程和拓展课程中的知识结合起来，在实践中加以运用，形成能力，体现学以致用。

以科学学科为例：基础类课程主要依托的是教科版科学教材，内容涉及生命世界、物质世界、地球与宇宙三大领域中与学生日常生活密切相关的科学知识，学生在初步尝试学习中开启了对科学研究的兴趣，激发了探究的欲望。在教材的基础上，拓展类课程补充了活动体验方面的内容——"快乐搭建""机器人"课程，让学生在动手完成任务时增强实践体验。此外，还补充了专题化研究内容："校园植物""创意模型"课程。通过专题化研究，学生在头脑中形成知识框架。同时，为了补充在基础类课程中实验过程、综合应用等方面开展不充分的现状，结合学生生活中感兴趣的问题开展项目研究类课程——"博物课""科学实验"，让学生学会自主地将科学思维方法运用到实际研究中，提升学生对科学探究的理解及运用能力。拓展类课程的设置发展了学生学习科学的兴趣，提升了学生的研究学习能力。实践类课程的开发源于基础类课程和拓展类课程知识的综合应用与实践。学校在实践类课程中，为学生提供了多种形式、多种渠道的实践内容：校内科技节，通过全体参与多样化的科技活动，让学生在相互交流、探讨中体会到科技的乐趣。校外科技实践活动，走进12个科普场馆和12个中科院院所，了解最新、最前沿的科技发展动态，感受科技对人类生活的影响。同时还开设了"科学盒子""科学公园"户外科学探索课程，使每一位学生主动参与完整的探究过程，激发学生的实践热情。在科技实践活动中，学生体会到了科学精神，丰富了科学知识，懂得了遵循大自然发展的规律。

选修课程包括兴趣类和社团类两类课程，这两类课程依然面向全体学生。其中兴趣类课程以培养学生的兴趣为目的，根据学生的兴趣设置课程，满足学生的需求，学生进行网上"菜单"式选课。在这一过程中，学校完全尊重学生的自主选择，确保每一位学生都能选到自己喜欢的课程。在丰富的课程体验中，学生激发了兴趣，发挥了才能。社团类课程是以学生兴趣为基础，以培养学生特长为目的，为有天赋、肯付出、有个性需求的学生设置的课程。在社团建设中，学校一直坚持打造精品：交响乐团、舞蹈团成为北京市金帆社团，天文社团成为北京市金鹏科技团。社团建设系列化：学校乐团中既有管乐团，也有弦乐团；舞蹈团中既有民族舞团，又有芭蕾舞团，还有现代舞团。社团发展具有可持续性，金帆交响乐团自

1995 年成立以来，走过 20 多年的历史，培养了近千名小乐手。

兴趣类课程是培养学生兴趣、孕育人才的沃土，社团类课程是在兴趣类课程的基础上发展学生兴趣，使学生形成一技之长。以室内弦乐团的发展为例：百旺校区室内弦乐团的成立缘于很多学生对学习弦乐非常感兴趣，为了满足学生的需求，成立了室内弦乐兴趣班，开始了第一批小苗苗的培养。弦乐是众多乐器中较为难学的乐器之一，它不仅要求学生手眼协调、左右脑发展，还要求学生具备一双灵敏的耳朵，通过自己的听来辨别音准。所以，学生光有兴趣是不够的。为了保护学生的兴趣，帮助学生克服学习中的困难，学校邀请了有丰富经验的指挥和专业老师为学生指点迷津，使学生近距离感受弦乐之美。一年的时间里，学生们的琴技越来越棒，对自己越来越有信心。学校就将这一批学生组织起来排练，聘请国内著名的指挥家为学生们进行辅导，给学生们创设机会走近音乐大师. 学校的室内弦乐团也由此成立了。多年的实践经验告诉我们，成立弦乐团不是为了把学生培养成会拉琴的机器，而是在这个过程中使学生受到多元的教育。小乐手们参加了"与爱百福视障孤儿手拉手活动""为敬老院送温暖""与打工子弟学校手拉手""与日本国际学校联谊演出""为社区居民义演""为尼泊尔震后义演捐款"等一系列的公益活动。学生们在艺术素养得到提升的同时懂得了尊重、珍惜、感恩……弦乐团的发展经历了从平凡到优秀的过程，在这个过程里，我们一直努力把乐团里的每一位学生培养成德艺双馨的人，让学生绽放最美的自己。

心暖花开的特色课程

新课程体系的构建与实施，引发了学校教育的变革。我们把美好的教育愿景还原到校园的每一处，还原到每一个教与学的场景中，还原到最真实的感受里。最感动人的力量就在这里呈现了……

一、学校是个图书馆

在好的环境下，人的精神需求自然也会提高。我们学校把阅读当成一项工程来做。秉承工匠精神，考虑所有能影响阅读的因素，逐一分析，逐个论证，把能利用的要素全部充分利用，才形成了我们独有的读书文化——移步换景、随手翻书。

根据学生的不同年龄和阅读习惯进行分区分类。如摆放在楼道里的图书，通常要适合学生课外自主阅读，且多是浅阅读。学生走进学校，进门就有电子互动图书和设计精美的阅读休息区。每到课间和午休时间，这些地方都能看到学生千姿百态的读书形象。学生坐在舒适的坐垫上看大批的绘本，这些浅阅读书籍，带给学生的是愉悦的阅读享受。

楼道间设置了自助借阅区。在这里，学生学会了用掌纹进行自主借阅，没时间进行操作的学生还可以直接坐在阅读区选一本喜欢的书读上一会儿。这个区域多摆放了一些与学科相关的知识补充类书籍，方便了学生对所需问题的查阅，并能够进行分组集体阅读。

教室外的走廊，安装了坐上去很舒服的箱体书柜，每个小柜子里都是学生选出的书。楼梯的拐角、失物招领等处建好了一个个小书架，学生玩累了，随处都可以找到一个既能休息又能看书的地方，阅读时间比没有这些设施前，又增加了很多。这些地方的书，多以知识和游戏类杂志为主，适合短时间获取信息的阅读。

每个年级都设有年级书屋和为英语、数学、科学等学科设计的专业阅读教室，每个班的书架也都存有经典读物。那些需要精读和长时间阅读的书籍大都分布在这些阅读场所。学生在这些区域，将进行深层阅读，接触更为耐读、更有文化品味的作品。

阅读工程的硬件经过设计和试运行，师生反馈意见，再改进。反复磨合，最终达到随手翻书、移步换景。阅读工程中所有室外阅读区，都由学生提出并参与设计和管理。室内阅读区的设计人员，则由家长群体中的图书管理学博士、独立书店负责人、文化创意业内人士和优秀学生代表组成。在阅读推广教师的带领下，这个群体把我们三校区的室内阅读区变成了学生在自习时间里最向往的地方。

杨校长提出了让二小人都记住的几句话：学校是大家的，学校的发展是靠大家的，学校的发展是为大家的！所以，群策群力才是把阅读工程做好的方法。硬件设施基本完善，达到环境育人的目的。更为重要的工作则是师生阅读工作的推进。

为了让学生能更有质量地读书，全面铺开课程改革，语文课时安排，除课内必读书目还有选读书目及拓展阅读。课堂成为阅读分享的主阵地。除此之外，每到开学初，学校都要培训一批高年级绘本阅读志愿者，利用午休时间，每周为低年级做绘本阅读分享。学生间的交流更有实效性。

学生们的阅读活动如火如荼，老师们的培训更要跟上。为此，学校为老师们聘请了一批有实践经验的专家，成立了校内阅读推广小组。专家引领，甚至手把手地帮助解决老师和学生阅读时遇到的各种问题，达到师生共同成长。

在阅读工程建设中，读书节和图书大集两项活动必不可少。读书节已经成为传统活动，借力北京阅读季，形成三大系列读书分享活动——"我与作家面对面""我与编辑面对面""我与译者面对面"。此外，还有学生们自己的最佳现场阅读分享会。阅读活动贯穿整个学期，涵盖所有年级，根据学生在图书大集中自主购买书目的统计结果，推出学生喜欢的书单，在放假时挂到校园网上，使学生把阅读行为延展到假期。

以 2016 年 5 月 16 日至 5 月 26 日为期 10 天的读书节活动数据统计为例：

知名作家和阅读推广人为学生讲座 28 次，分享图书 50 本（套），为教师讲座 3 次，参与师生达 10 000 余人次，涉及儿童文学作品的出版社有 15 家。

图书大集改变地点和书目筛选方式，由室内走向室外，由书店带书改为出版社直接公布书单，由专任教师进行筛选，再带到学校，让学生在开放自由的环境中阅读，在健康的书海中畅游。

经过六年的阅读工程建设，中关村二小低年级绘本阅读、中年级短篇故事阅读、高年级经典文学阅读都形成了师生共读氛围。从低年级开始，引入专业阅读推广人，对学生和教师进行专业化引读指导，如今，全学科的大量阅读分享的益处已初显效果，教师和学生中都有一批能够独立进行绘本和儿童文学阅读研究的人才。朋友圈和公众号成为校外阅读分享的主阵地。交流好书和好文章，成为网络生活中最重要的一部分。这也是阅读时代全面开启的新路径。

真正的阅读是发自内心的需求，真正的好书是来自内心的欣赏。达到这一境界，不是一朝一夕的工作。中关村二小正在践行"把整个学校变成超级图书馆，让师生都能在这里品味书香"。

二、读、行北京

学校每年都有读书节，老师们会结合班级的阅读特点和喜好，为学生组织形式丰富多样、内容活泼有趣的阅读活动。二年（3）班以"北京

——我的家乡"为主题进行交流，这才发现，虽然大家生长在北京，可是对北京却知之甚少。去过几个景点，却弄不清它们的位置；吃过几种北京小吃，却连带着把天津的、上海的全说成是北京的；没有听过评书、看过相声，更不要提了解北京的历史。试想，不了解家乡，又怎样爱家乡呢？

从这天起，该班语文老师带领这群二年级的"小辣椒儿们"开始"读北京"，从书中了解北京。读《老北京的故事》，每天一个老北京的故事，然后队员们回家讲给爸爸妈妈听；接着又一起读绘本《北京游》，随同着书中的小女孩和大黑猫，穿行北京的四九城，又从现代穿越到古代，感叹着"原来，北京的每一个角落都写满了故事！"后来，同学们遇到了《北京——中轴线上的城市》这本书，随同于大武老师的画和文字，在书中一览北京中轴线上的老北京文化。渐渐地，从老师讲学生听，变成学生讲大家一起交流，从每周讲到每天讲，学生将阅读渐渐养成习惯的同时，对北京的了解也与日俱增。后来，家长也参与了进来，"故事爸爸"李一慢老师、作家保冬妮老师为学生讲了老北京的故事。最让学生兴奋不已的是《北京——中轴线上的城市》的作者于大武也来到了班里，为学生讲述北京，讲述中轴线，讲述这本书的创作故事。也正是在这本书的指引下，我们有了行走北京的想法。如果能将"读"与"行"结合起来，在行走中让学生真正去触摸，真正去了解文字背后的故事，学生一定会更加喜爱阅读。

升入三年级，"读行北京——读行中轴线"，就成了我们主要的阅读活动。

10月19日早7：30，大家在钟楼集合，经鼓楼，穿行地安门，来到护国寺品小吃，更欣喜地看到了书中提到的"秋栗香"，兴奋地排起了长队；游什刹海，观浮岛，看野鸭戏水，站在围栏边起笔作画；正午时爬景山，登绮望楼、攀万春亭，站在北京城市中心点，学生打开书，一边对照着画面看，一边兴致颇高地交流着景山的来历，从废墟堆积而成的"山"，到北京城的制高点，俯瞰整个北京城，将紫禁城的美景尽收眼底，大家感叹不已！老师一边听着，一边欣赏着这读、行结合的魅力。看，近处是壮观的紫禁城，炫目的琉璃顶显示着古老皇室的尊严；不远的白塔记载着历史的变迁；远处的中央电视塔昭示着北京无比辉煌的明天！"北京，你真美！""北京，我爱你！"老师能感觉到，这些感叹是由内心深处迸发出来的，那份爱和自豪感也就在那一刻扎根在每一个队员的心中！而这读与行相结合的魅力又是课堂学习无法给予的！

抚摸着古老的城墙，小队员们静静地走在筒子河边，一路聊着书，哼唱着歌，相互讲着老北京的故事，秋风吹拂下格外惬意！就这样，大家一直走到天安门，并偶遇了其他正在走北京的队员们。大家高兴地跑过广场，在正阳门下寻找"0公里计程"的标识。有队员惊呼着："啊，这个也在中轴线上！"接着，一同坐着铛铛车逛前门、品小吃、看天桥，直至永定门。

历时12小时，徒步行走12.55千米，共计19 158步，大家真的用脚步丈量了这座有三千余年建城史的历史文化名城！晚上19:44，天已经很黑了，但农历九月十五的月亮甚亮，像盏明灯指引着通往永定门的路！队员一边兴奋地喊着："永定门，北京的南大门，我来啦！"一边飞奔过去。到了城门边，队员们还不罢休，硬是要举着手电走到城门下找到书中提到的"北京中轴线南端点"的标识。然后，大家兴奋地抱成一团，散开，再抱成一团。这脚步丈量的不仅是有长度的中轴线，更是我们对北京无限的热爱！

之后，其他队员们自行结成小组，在家长的带领下开始分时分段穿行中轴线，累计41位队员行走了北京中轴线。在大家热情的邀请下，作者于大武老师做客二年（3）班，再讲《北京——中轴线上的城市》。大家彼此分享行走的喜悦，将读与行真正有效地结合起来！

读、行的脚步就此开启！

在阅读的基础上，大家一起穿梭于胡同，探究北京一个个古老的故事，探寻神秘北京；一起走进宋庄，在工作室和画家一同作画，体会艺术北京；相约走进国图，走进出版社，体会文化北京；一起登上长城，在长城上赏月，在长城上画长城，体会壮美北京！

近些日子，学生迷上了北京老字号，说："这些可都是老北京的文化！"这不，我们又启程了，在书中了解北京老字号的历史，在行中品味北京老字号的文化，在读、行间爱上这片生我们养我们的热土！

队员们都珍惜这读、行带来的快乐，并立志在这片土地上印满我们的脚印！

从二年级讲北京的故事开始，"读行北京"活动已三年有余。学生从不了解北京，到被书中老北京的故事和文化吸引，再到行走北京，从认知到践行，一步步爱上北京。如果能够在每次行走过程中，组织同学与作者再次交流阅读、交流行走后得到的更深入的了解、发现或想法，不但充分使用了书的资源，更可以将读和行真正地结合在一起！若是能够根据学生的年级特点和阅读喜好，将"读行活动"按年级开展，一定能帮助学生爱上阅读，爱上行走，爱上一种新的阅读体验！

三、数学课还可以这样上

"魔术"，一个带有神秘色彩的词汇，听起来就很有意思；课堂，给人以严肃、传统、认真的感觉。"魔术"进"课堂"该是什么样的一种感觉和体验？你一定很期待吧！没错，这学期，我校的数学课堂发生着翻天覆地的变化，在课程改革的指引下，我校教师根据学生的兴趣爱好自主研究、开发了许多学生感兴趣的数学内容！其中"魔术"课程最受学生的喜爱。

我们是这样操作的，教师首先选择与教学内容有关的适合本年级学生的魔术，把魔术先学会，在课堂先给学生表演，带来一种神秘感，激发学生的学习欲望；其次，分小组研究魔术中蕴含的原理（蕴含了哪些数学知识），然后汇报、解释魔术原理；最后，同桌相互变魔术，向全班展示魔术！整节课下来，学生的注意力高度集中，兴趣一直处于巅峰状态，效果非常好！教师还可以鼓励学生自主创作新的数学魔术。

以数学魔术课"三个骰子"为例，教师先带领学生根据魔术的要求操作：把三个骰子竖着落在一起，用纸筒将其套住，让老师只能看到上面的一个面上的数字。然后老师就很神秘地写一张纸条给每一个学生，写完后告诉学生："请你把纸筒拿起来算一算所有能看到的面上的点数之和，再看看老师给你的纸条。"学生算完后迫不及待地打开老师的纸条。所有人都惊呼，有学生说："太神奇了吧？老师您给的数字就是我们算出来的点数和，您太厉害了！"看着那一双双惊奇又充满探究欲望和崇拜的眼睛，心里满是欢喜，也许这才是数学课堂的最高境界！还有的学生高喊："老师，这里面一定有秘密，您一定知道！""没错，这里面一定蕴含了一定的原理，那到底是什么原理呢？请小组合作研究揭秘！"课堂顿时热闹起来，每个学生都认真地参与研究、讨论，那是一种不用组织的自发的研究团队，是那种神奇的力量在指引着他们。没错，这就是我们要激发的孩子发自内心的探究欲望！有了这样发自内心的探究欲，学生很快就研究出了骰子中点的奥秘。那一刻，学生脸上的喜悦是灿烂的，更是自信的！最后就是学生自己变魔术，每一个环节学生都是热血沸腾地参与，这才是真正与他们相关的课堂，也是他们真正喜欢的数学课堂。直到铃声响起，学生还久久不愿离开，不停地要给老师变魔术。

这就是神奇的"魔术"进"课堂"，颠覆人们意识中枯燥的数学课堂形式，从学生的喜好出发，研究学生喜爱的数学内容和形式，不仅激发了学生的探究欲望，更提高了学生的研究意识和团队意识，同时也体现了玩儿中学的数学理念，更使我们的课程内容和形式丰富多彩。学生乐学，教师乐教，师生共成长！

在课程改革的路上我们还要不断探索，不断创新，一切源于学生的需求，源于学生的兴趣，一切的改变也都是为了服务于学生，使学生受益。这样的课程学生一定会喜欢的！

四、校园里的滑冰场

2016年寒假过后的新学期，对于中关村二小的学生们来说是非常兴奋的，因为他们可以在学校刚刚建成的"仿真冰场"里上滑冰课了。看，全副武装的学生站在冰面上神采飞扬！

为了解决冬季体育场地设施问题，学校经过前期大量的考察调研，最终引进了当今最先进的"仿真冰"技术，在校园里为学生们建成了一个漂亮的滑冰场。从本学期开始，冰雪课程正式纳入中关村二小学生课表，成为一、二年级必修课程。

学生们喜欢滑冰，但是初学滑冰的学生都很性急，想一下子就学会。还有少数学生，在滑冰中遇到困难就不想学下去了。为此，我们站在学生的角度制定了滑冰的学习步骤：

动作一为滑冰的基本姿势，目的是让学生初步掌握滑冰的技巧。其方法是：两脚两腿并拢，两手在背后互握成蹲屈姿势。大、小腿的夹角成110度，上体与地面的夹角为15度，小腿尽力前弓，头微抬起，眼视前方5米处。每次下蹲要静蹲2—3秒。再站起，站起后要挺胸。如此反复，一组练习约5个，最好做3—5组，每组练习后，休息一小会儿，做放松走步练习。这一步对于学生并不难。练习几组后，他们就学会了，也渐渐地克服了害怕的心理。

动作二为蹬冰收腿，其目的是练习蹬冰方法和收腿方法。在蹲屈姿势的基础上，我们教学生做左、右脚轮流侧出和收腿的练习，脚侧出时脚内沿擦地，两脚平行，两脚尖在一条线上，侧出腿向后收到后位，大腿小腿与脚各成 90 度，接着收回后位腿，至两脚并拢，换另一条腿重复上述动作。一组左、右脚各做五次，可做 3—5 组。反复练习，以达到熟练。

动作三为"蹬""移"结合。当身体倾倒到有要跌倒的感觉时，体重控制在蹬冰腿上，当蹬地腿接近蹬直时，浮腿才能落在身体总重心之下而着地。一定不要侧跨，否则就形成反支撑，这是最严重的错误动作。腿蹬地和上体移动要同时完成，这是滑冰中最核心的动作，要反复练习。

动作四为"落"并还原一。当蹬地腿接近伸直时浮腿才能落地，要达到使脚落在身体总重心之下。只有浮腿、臀、上体同时移动，浮腿才能落在身体重心之下。浮腿落地后承担体重，原支撑脚离地面抬起并向后做收腿动作到后位，收到与承担体重的腿并拢，还原到动作一，然后换腿，反复练习上述动作。

有了以上四项基本练习，学生就可以慢慢地自由练习滑冰了。看，学生弯腰、屈膝、重心前移，姿势到位，已经有模有样了！

为了营造快乐的课堂氛围，我们在教与学的过程中适当转换角色：让已经掌握滑冰要领的学生来做示范，老师故意做错动作，请学生指出不当所在。学生在互动的情境下，互帮互学，进步很快。有时候我们发现，给学生创设比赛的情境时，他们会相互模仿，既有竞争意识，也有团队协作，相对于个别辅导，学生对此更感兴趣。

为了保证冰面的润滑，每天清晨上课前和下午放学后，老师们都要对冰场进行清洁与护理。这里倾注了大家的汗水。看到学生在冰面上的每一次滑过、每一次欢呼……我们都乐此不疲！我们和学生一样，喜欢校园的滑冰场！

五、校园的星空

我校在四层教学楼里装修了一间天文教室，它有个好听的名字，叫"问天阁"，名字是从全校师生共同参与的起名活动中，学生投票征集而来的。

"问天阁"的目标是让更多的学生能喜欢天文，加入到"追星"的行列。"趣味天文"课程就是在这里问世的。

上课之初，授课教师并没有急于教授学生天文知识，而是带着学生走进"问天阁"，慢慢地感受它的神奇与魅力。学生被深深地吸引与震撼。自由开放的空间让学生的心情像飞一样，他们开心地看看这里摸摸那里，躺在地上望望天花板上的星空。有的学生情不自禁转转墙上的立体旋转星图。有的学生痴迷地看着望远镜。还有一大部分学生被整个墙面的 88 个星座图所吸引，他们高兴地找自己的星座，还惊奇地发现很多自己不知道的星座，真的有老师说的苍蝇座、乌鸦座……学生还不忘记写出自己的收获！这样的课堂学生非常喜欢！

为了能更好地激发学生的兴趣，授课教师不但以火星（Mars）老师的身份进行了自我介绍，还陆续给每个学生起了个天文名字，例如有的叫天狼星，有的叫大角星，还有的叫牛郎星和织女星。学生特别兴奋，愉快地给自己做起了天文名片，画上自己名字的星座，写上自己的天文名，同小组欣赏，再用击鼓传球的游戏活动，积极抢答拿到球的同学的天文名，这有利于全班同学互相记住对方的天文名。游戏的介入，使很多拗口的天文名，例如天鹅座的辇道增七、英仙座的大陵五、白羊座的娄宿三、金牛座的毕宿五、御夫座的五车二等，学生很快记得滚瓜烂熟，这样对学生学习星座这个单元会有很大的帮助，会让学生感觉很亲切，会让学生感觉是在讲自己的故事！

有了天文名，要想加入到"追星"的行列，还要掌握一个必要工具的使用，那就是星图的使用。授课教师利用"问天阁"里放大 n 倍的旋转星图，很快就教会了学生如何使用。学生更渴望能自己亲手制作星图了。学校购买了星图制作手工材料，为每一个学生进行了复印。星图制作的过程又加深了学生对星图结构和使用方法的印象。虽然没有华丽的外表，但是学生非常喜欢自己动手制作的成果。

开学正是 9 月，在"四季星空"的教学中，授课教师开始从秋季星空讲起，结合着希腊的神话一起认识星座，脍炙人口的大英雄智斗鲸鱼怪，解救美丽的公主。学生听得津津有味。再配合精美的图片，学生很快就能把秋季的主要星座记下来。

"每一个星座都是怎么组成的？""哦，我发现仙后座像个英文字母'w'。""老师，老师，仙王座像个小房子，飞马座是个大方块。"……学生发现了很多记住星座的方法，找到了其中的乐趣。

学生们看着星图认识了那么多星座。在真实的天空，你能找到它们吗？学生们走进天象厅，利用虚拟天文馆这个软件，实时显示出今天晚上八点时夜空中的星座。在繁星点点中，学生尝试寻找星图中的星座。

卢梭在《爱弥儿》中说："问题不在于教他各种学问，而在于培养他有爱好学问的兴趣，而且在这种兴趣充分增长起来的时候，教他以研究学问的方法。"为使学生受到优良的教育，教学就要遵循这一基本原则。

"趣味天文"课的精彩不是在课上的四十分钟里，而是在于用自己对理想的追求在教学过程中去潜移默化地影响学生，给予学生一个精彩的学习过程，让学生也去孕育自己理想的种子，并能让这颗理想的种子在他们的内心生根发芽。

六、让英语课堂"跳"起来

用"跳起来"来形容我们的英语课堂十分恰当，特别想表达的是让课堂鲜活起来。在我们的英语课堂上，学生不再受在传统教室上课的束缚，他们的身心都活跃起来，促进思维的跳动。学生在生动的情境中学习英语。我们学校就有这样的学习环境——英文情境教室。

上课铃响了，今天要学习超市购物单元的内容。学生们走进英语情境室，一进门就被房间内的布置吸引了，他们不停地环顾房间内的摆设，像置身于商店一样——小小的桌子拼成了柜台的形状，房间角落里，摆放着仿真的水果、蔬菜和不同种类的食物模型，旁边还堆放着文具。老师带我们来这里做什么？学生心中充满期待。随后，教师布置活动，学生随机抽取号码，不同的号码有不同的任务，分别扮演成顾客和售货员。作为售货员的学生根据任务，在最短的时间内选取商品、布置自己的柜台、填完库存清单、标价格、做海报。而买家们也会根据需求列出购物清单。当一切准备就绪，开始购物啦！看！学生们在协商，在思考，在用英语交流进行买卖，有的学生还用英语进行讨价。售货员为了使商品卖得好，努力用英文推销。场面非常热闹，就像童年的经典游戏——过家家一样，学生沉浸在快乐中。学生会在课堂上跳起来大声地、自然地运用英语，就因为他们完全投入了，内心产生了一种共鸣。

在课堂情境化的同时，我们也要尊重学生的个性，允许他们进行一定的想象和创造，让他们天生的表演天赋得以展现。肥皂剧的尝试让学生们自编自演，提供了运用语言的平台。学生对于能去英语情境教室上课的期待促使老师们不断地设计新的活动。恰好刚刚学完三个单元，处于综合复习阶段，不如借此机会进行复习，于是就有了肥皂剧之旅活动。教材可以提供给学生最基本的语言，所以以教材的主题为依托，以身边的人物为原型，将教材中的三个单元进行整合，小组抽签选择情境。然后，小组分工合作开始了创编剧本、分角色、彩排。当然，一节课的时间是不够的，为了能去活动教室，学生自愿课下练习。第二节课，一组组情景剧有模有样地上演了，活动中所有学生都有角色，都有语言，非常配合。我们意外地发现，学生们都很大方，敢于表达，连平时不爱发言的学生都能积极参与。

每天下课休息，上完课的学生总是想以各种名义留下来。只要门是开着的，就会有不速之客前来拜访，问他们做什么，回答是："看看。"老师问道："英语课不是来过吗？""还想再看看。"学生回答。看来学生是多么喜欢这里呀！是呀，这里不同于寻常的教室，没有课桌，小椅子可以根据需要随便摆放。墙面有丰富的信息，其中最引人注目的是房间的背景"发现世界"，上面画了不同国家的地图，还标明了特色事物、动物和景观。其他的区域也张贴了丰富的图片，这都是精心设计过的。应该充分利用一下这些环境，这正是最好的教材。于是，以"发现"为主题的英语活动开始了。授课教师设计了发现的任务，并向学生征集做"各国小大使"的活动。"各国小大使"负责用英文介绍不同的国家。于是，学生们各自寻找着，时不时回来向我汇报。一篇篇导游词、一张张海报精彩地呈现了学生的学习成果。还有的学生做了 ppt，配合着音乐和图片介绍异域风情。

语言学习就是 Learning by doing。多元化的英语微环境的创立可以唤醒学生对英语学习的兴趣，可以让学生将书本上的文字内化成为自己的语言，让学生拥有英语思维，敢于用英文交流。让学生在丰富语言的同时，精神世界也充实起来，这正是英语教育真正的意义所在。

系统完善的"育心"课程体系，为中关村二小的学生们提供了一个开放自主的学习环境，提供了丰富的获取知识的途径，搭建了充分展示自我的舞台。学生们正在以一种昂扬的状态获得智慧的增长和健康的成长。

"多元＋个性"的福泽课程体系
——福建三明学院附属小学①课程体系建构

我们对课程的解读

一、教育目标决定学校课程体系

学校是培养人才的摇篮。而课程是人才培养蓝图的具体体现，是实现教育目的与培养目标的基础，它规定了学校教什么和学什么这样一个基本问题。课程及其顺序构成了学生达到教育目的与培养目标所应学习的基本内容体系。有什么样的教育目标就有什么样的课程体系。

课程是一个国家的教育体系中最为重要的组成部分，它直接与教育目的、人才培养目标相联系。在某种意义上，它更体现了一个国家的整体价值取向与理想诉求。任何一个国家的教育目的，都来源于社会的经济与政治等的发展与需要，同时为国家的经济与政治等发展服务。纵观世界上的不同国家，因价值取向不同，其教育目的也不相同。比如西方，美国的教育培养的是自由、独立、自主学习、重视理解、重视实用创造的人，倡导人的个性自由发展；英国的教育重点不是传授死的知识，而是为活人服务，即培养独立工作和独立思考的人，培养有个性的人，培养有专门知识和实用技能的人，推崇绅士风度与精神气质。西方国家的课程观具有注重个体发展、关注生活经验、追求变化等特点。我国基础教育课程经历多次改革，旨在改变过去过于重视书本知识、过于强调死记硬背、过于轻视能力的状况。不同的课程观同时也决定了国家不同的课程结构与管理。我国

①三明学院附属小学简称"三明学院附小"。

课程结构与管理由国家主导，具有统一性和指令性，注重学科基础。我国的课程观具有注重国家利益、注重系统知识、强调稳定等特点。而西方国家的课程结构和管理由政府、学校甚至个人决定，具有灵活性和指导性，注重生活基础和发展基础。

无论哪个国家，要实现其培养目标，主要都是通过学校所设置的课程而达成的。在课程设置方面，我国一方面汲取发达国家先进的教育理念，另一方面依据国情，坚持走中国特色社会主义道路。这也决定了我国的课程设置、课程结构和管理也具有中国特色。

二、"福泽"课程与"福泽"教育理念

2013年，我校提出"福泽思想办幸福教育"的主张，"福泽"教育是温润的，是农业式的静静守候的教育，守候种子破土，守候抽枝吐芽，守候开花结果，用阳光、雨露去呵护每一个生命个体的成长。这样的教育理念，不禁引发这样的思考：如何让走进校园的每一个学生自由呼吸、幸福成长？怎样促进每一个鲜活的生命都实现有意义的发展？什么样的学校课程既关注他们当下的幸福成长，又为他们将来的发展蓄力，为他们的幸福人生奠基？什么样的学校课程能培养学生成为大写的人，既有扎实的基础知识，又具有敢于质疑、勇于挑战、善于合作的品质，还能有个性地发展。一句话，"福泽"教育理念下的"福泽"课程如何让学生从容走向属于自己的幸福生活？

我们认为的"福泽"课程不仅仅是学程、教程，更不仅仅是教材。我们所讲的课程既包括学科课程，又包括活动课程；既包括显性课程，又包括隐性课程。"福泽"课程更侧重活动课程和实践课程。"福泽"课程体系所呈现的是大课程观，即指在课程建构中，调动学校、教师、学生及家长、家庭、社区、社会人士等一切有利于学生幸福成长的资源总和，不断丰富和发展福泽课程体系。"福泽"课程观，强调以学为中心，强调以学生为主体，强调发挥教师的主导作用。

"福泽"课程是对国家课程、地方课程和校本课程进行有机整合和开发，既充分考虑国家、省级教育行政部门对课程开设的基本要求，又从学校的办学传统、办学特色以及学生与家长的实际需求等情况出发，大力进行校本课程的开发，形成了今天具有时代特征和学校特色的"多元＋个性"的"福泽"课程体系。"福泽"课程建设的理念、目标与学校的办学

理念、培养目标是一脉相承的，是办学理念、培养目标的具体化，为学校持续健康发展和学生的发展提供了最基本的保障。

三、"福泽"课程与学校"福泽"文化

"文化"是民族的血脉，也是一所学校的灵魂，文化与课程不可分割。一方面，文化造就了课程；另一方面，课程凝聚着文化，课程的精神积淀形成学校文化的特色。我们在继承学校优良的历史积淀的基础上不断创新，重新审视新的发展前景，理性梳理学校的发展思路，开启了"福泽"思想幸福教育办学主张，重新确立"为学生幸福人生奠基"的办学理念，再度明确提出传承我校"从小事做起，把小事做好"的校训，致力于创造适合每一个学生发展的教育，追求完善的"福泽"课程体系。

"福泽"在今天的意义已经不仅仅是彰显孔子儒家教育的一种基本原则和策略，更表达了"学校这块拥有纯真的教育净土，将回归教育初心，办有良知的教育，将努力让每一个学生都在纯净的、人性的、温情的天空下有尊严地、自由地、个性化地成长，获得应有的发展"。"福泽"文化，正是在一个多元文化的社会背景下，学校群体凝练成的幸福价值体系的认同和共同追求。

我校构建的"多元＋个性"的"福泽"课程体系正是在传承现有学校文化、立足现有课程资源、围绕学生需求来改革、建设的学校课程，由国家课程、地方课程及校本课程组成，创造性把地方课程及校本课程分为人文类、艺体类、学科拓展类、社团活动类四类。它们构成了学校课程的有机整体，拥有共同的培养目标，承担不同的任务，履行不同的责任，分块教学，互相渗透，互相促进，以满足每一位学生的需求，从不同的方面促进学生的发展。

新的课程体系，继续传承和发扬"福泽文化"的内涵，创设适合每一个生命成长的课程，尊重学生的天性，发掘并激发每一个学生的内在潜能，让每一个生命都绽放光彩，让每一个生命都鲜活成长。

"福泽"课程体系建构背景

一、我们的世界和国家

20世纪90年代，随着互联网的迅速发展和逐步普及，世界变成了真

正意义上的"地球村"。这对每一个国家来说，既是机会又是挑战。我们中国，不但要培养具有中国情怀的人，更要培养具有世界眼光的人。同时，我们也看到，无论哪个国家、哪个民族，都有优秀的文化，它们是人类共同的财富，是必须汲取的丰富营养。

我们国家现在是为数不多的在世界格局上有着世界影响的大国，也正走向强国之路，要让中华民族屹立于世界民族之林，很重要的就是要打造教育文化软实力，这也是实施人才、科技竞争的必由之路。从中华民族的伟大复兴战略层面上看，不但要弘扬、传承中华优秀文化，做好特色中国教育，科学设置好课程，还要学习世界各国的教育经验和课程方面的优秀成果，西为中用。真正的自信，不是封闭自己，而是走向开放与包容，把中国文化、教育、课程走向世界，融入世界。

二、我们的福建

福建是中国沿海省份之一，是最早进行改革开放的省份。2014年12月，福建又成为自由贸易试验区之一。福建与台湾相邻最近，与台湾有地缘近、血缘亲、文缘深、商缘广、法缘久的"五缘"关系。福建特殊的地理位置，要求我们培养的人能适应中国开放的经济发展，满足外贸型经济对人才提出的要求，尤其是新兴产业对人才培养提出的要求，能主动接受"地球村"带来的挑战，必须是能走出去、融入世界发展的现代公民和各种人才。

三明市地处福建省中部，是一座新兴的工业城市，是全国创建精神文明先进城市、国家卫生城、园林城及中国优秀旅游城市。三明山川秀丽，风光独特，旅游资源丰富；三明民风淳朴，至今仍保留着丰富的民俗和饮食文化；三明森林资源丰富，享有福建"绿色宝库"的美誉；矿产资源丰富，享有福建矿产"聚宝盆"之美称；近些年，三明一直在积极构建"开放三明、幸福三明"的城市目标，让三明的天更蓝、水更清、景更美、人幸福。三明这一座山城，以山的真诚、朴实、厚重、无私、奉献，影响着这里的一代又一代人，同时也影响着山里人的教育理念。三明虽是山区，但离全国著名沿海城市厦门及省会福州也就是一两个小时的动车路程，所以，虽然山区有它的局限性，但并不闭塞。因此，三明作为山区也许还能充分利用这一地理位置，变山区的劣势为优势。我们不但能看到近景，而且能利用地势，在山上居高临下看到全景和远景，体会"一览众山小"的豪气。我们希望培养的学生既有山的伟岸巍峨，又有海的浩瀚博大。这一如我们学校提出的"福泽"教育，既看到今天学生的需要，又能着眼未来，为明天学生的幸福生活奠基；既关注学生当下的学习兴趣和经验，精选终身学习必备的基础知识和技能，又能注重与现代科技发展的联系，具有时代精神。

三、我们的学校和教师

我校处于三明市中心，地理位置优越。我校是市直属学校之一，是三明的窗口学校。学校创建于 1963 年，五十四载光阴几易其名，经历了从无到有，从小到大，从弱到强的蜕变。学校拥有全市一流的师资队伍，先后涌现出全国优秀教师两名、省劳动模范一名、特级教师七名，省、市学科带头人十名，高级教师二十八名，区、市骨干教师二十多名，大学本科学历达百分之九十，其中硕士两人。我校传承"爱岗敬业、无私奉献、敢于担当、追求卓越"的附小人精神，继往开来推进幸福教育品牌发展。学校教学工作和课题研究等工作一直处于全市的领先地位。校内资源和校外资源都比较丰富，这为校本课程的开发提供了十分有利的条件，能最大限度地利用和拓展校外的课程资源，发挥家长与社区等校内外的人力、物力、财力等资源，把蕴藏于师生中的生活经验、知识储备、文化提炼等转化为课程资源，打造具有鲜明的、独特的校本特色。

对于教师而言，课程可以说是以教材为媒介的儿童学习经验之可能性的构想，并根据这种构想进行的教材与计划的设计。教师是校本课程建设的主人，我们充分发挥教师在课程建设中的主动性和创造性。姜悦老师是一名大学毕业不久的年轻老师，她说："我虽然是一名数学老师，但是我对主持演讲却非常感兴趣。在大学，我经常参加学校的一些演讲活动，在主持演讲方面积累了一些经验。现在学校鼓励老师自行申报校本课程的项目，我想申请'主持与演讲'这个课程，这不但能实现我在大学时的主持演讲的梦想，还能将这方面知识传授给更多学生，这真是太好了！"取得国家二级心理咨询师资格的心理健康老师钟龙清有着这样的希望："对于个体心理来说，再精彩生动的讲授都无法替代个人的亲身感悟和直接体验，哪怕只是一点小小的启示。平时的课堂在时间和场所上都存在局限性。我愿意开设体验式'团体心理辅导'活动课程，通过团体内人际交互作用，促使学生个体在交往中通过观察、学习、体验，提升学生自我的学习能力、自我管理能力、社会适应能力等。"

课程建设将重塑教师的多元角色，实现从"独奏者"到"合奏者"、从"统治者"到"指导者"、从"教书匠"到"研究者"的完美转型。教师将摆脱单纯地消化学校所规定的课程责任的状态，共同致力于实现旨在儿童发展的课程开发。

四、我们的学生和家长

学校的课程是为学生服务的，学生对课程的需求显得尤为重要。我们通过与学生进行小型座谈、发放征求意见卡、随机个别抽查、个别交流等方式，了解学生的学习需求、身心健康、学习兴趣，了解学生对学校课程的建议。问卷中，六年（6）班的邱天玥这样写道："我热爱武术，每次看电视里的人轻松展示各种帅气的动作，心里就很羡慕。要是学校也能够教我们武术那就好了！"五年（6）班的上官可儿说："中国足球目前在世界上水平比较差，每次看到中国足球队的比赛，总有一股冲动，想立刻上去踢赢对手。我多想在学校就能学踢足球，或许将来有一天能为国争光呢！"

从众多学生对学校课程开发的建议和愿望中我们能够看到，他们喜欢形式多样的艺术类课程，如舞蹈、创意美术、乐器演奏；喜欢生动活泼的健体类课程，如乒乓球、羽毛球、篮球、武术；喜欢富有创造、探究精神的科学类课程，如科技制作、动手实践、电脑小报制作等。

现在的家长大多有知识，有能力，他们对孩子的未来也是充满期望的，因而他们希望学校所开发的课程能最大限度地使孩子获益。学校通过召开家长会、与部分家长座谈、个别了解等形式，与家长取得沟通，了解他们对课程的要求和建议。家长还提供了许多建设性的意见，成为课程开发的一股重要力量。

从学生们和家长们对课程开发的建议和意见中可以看出，原有的课程结构比较单一，无法满足学生多元、个性的需要，学校急需构建多元、灵动的课程体系，来满足学生的兴趣，丰富学生的知识，培养学生的能力，使每一个学生都得到发展。

构建福泽教育课程体系的实践与探索

一、确立"多元＋个性"福泽课程体系

我们将我校 54 载发展的学校精神凝练成"福泽"二字，提出"福泽教育"办学思想。"福泽"二字在今天的意义不仅仅是彰显孔子儒学教育的一种基本原则和策略，更表达了"让每一个受教育者都能公平地受到教育，都能受到适合自己的教育，获得应有的发展的教育理想"。

如何实现这一教育理想？如何将学校"为学生幸福人生奠基"的办学理念贯彻到课程与教学层面上？什么样的课程是适合我校"福泽教育"的课程体系，并能满足学生的成长，适应社会发展的需要？学校的课程改革之路又将要走向何方？这是首先要解决的问题。

我们从学校课程现状、学校课程资源、可持续发展需要、外部环境以及教师、家长、学生对课程方面的需求和建议等因素反复研讨、考证、思索。再三地考量，学校决定以"符合学校实际，以学生可持续发展为动力和途径，以培养学生的综合素养和鲜明个性为实现儿童终生幸福为目的"为课程方略。学校将国家课程、地方课程、校本课程三级课程统筹起来，以实践课"走班大课堂"为课程突破口，创造性地开发"多元＋个性"福泽课程体系，打造独具特色的校本课程样板项目，以点带面，全力推进课程基本体系建设。建构主义认为，人的认知结构具有整体性，同时具有发展性，在实践的过程中，通过同化和顺应来实现个体内部知识结构的调整。我们以开发和利用校本课程为突破口，旨在完善课程的三级目标管理，为学生的学习和发展创造更为广阔的空间，在原有的知识结构基础上，使学生自助建构和不断更新自己的认知结构。

"多元＋个性"福泽课程体系遵循"三结合""三坚持""四原则"。

"三结合"即要把课内外的教学与活动结合起来，把全员参与与个性发展结合起来，把综合基础同特长特色结合起来。

"三坚持"一是坚持德育为先。立德树人，把社会主义核心价值体系融入国民教育的全过程。二是坚持能力为重。优化知识结构，丰富社会实

践，强化能力培养。着力提高学生的学习能力、实践能力、创新能力，教育学生学会知识技能，学会动手动脑，学会生活，学会做人做事，促进学生主动适应社会，开创美好未来。三是坚持全面发展。全面加强和改进德育、智育、体育、美育。坚持文化知识学习与思想品德修养的统一、理论学习与社会实践的统一、全面发展与个性发展的统一。全面发展的教育同因材施教和发挥学生的特长并不是对立的、矛盾的。人的发展既应是全面的、和谐的，又应有鲜明个性。唯其如此，才能适应社会主义建设对人才的多方面的需要。

课程开发既要坚持以学生、教师为开发主体，又要注意课程开发的目的性，还要兼顾课程的多样化以及课程的个性特点，因此，福泽课程开发还要遵循以下四个原则：

主体性原则：所谓主体性原则，既要体现学生的兴趣爱好的需要，又要体现社会发展的需要以及社区和学校发展的需要，使学校、教师和学生成为学校教材开发的主体，改变传统的学校、教师和学生仅仅是教材使用者的角色，使其成为学校综合实践活动校本教材的设计者和开发者。课程的开发是根据学校的特色，依据学生的需要、学生的兴趣爱好来决定，依据是否为将来学生的发展奠基来创意地开发和编制的。

发展性原则：《基础教育课程改革纲要》指出，"教材开发应有利于引导学生利用已有的知识与经验，主动探索知识的发生与发展，同时也应有利于教师创造性地进行教学"。校本教材的开发必须考虑培养学生的认知能力和知识技能，也就是应体现国家对不同阶段的学生在知识与技能、过程与方法、情感态度与价值观等方面的基本要求。教材无论是显性的还是隐性的，在开发之前都应具有目的性，都应思考开发这种教材的目标是什么、能不能促进学生发展。如果在开发过程中无的放矢，只是浅尝辄止、半途而废，那么教材的开发就只能是"金玉其外，败絮其中"，没有任何实在的意义和价值。因此，根据不同阶段学生的生理、心理和学习需求，以及学校的发展情况等方面来确定教材开发的目的，这是教材开发必须具备的基本条件。

多元化原则：课程的开发，无论是课程设计，还是课程实施与评价，必须自始至终贯彻多元化原则。该原则包括三个方面：第一，指向学校。

课程开发，其核心理念是以学校为课程开发的场所，是基于学校、立足于学校、为了学校。而所有这一切实际上都是针对每一所学校的不同情况而言的。因此，校本课程开发，必须从学校的师资水准、办学条件、办学模式、办学宗旨等实际出发。第二，指向社区。国家课程以追求基础性与统一性为目标，进而达成共同的理解。而校本课程则应注重社区性与乡土性，要立足于当地社区的特点，要充分考虑当地的风土人情、传统习俗。第三，指向学生。校本课程开发是以学生获得学习的利益为终极目的的。学校以学生为主体，课程本身亦是为学生的学习而存在的。因此，如何适应学生的能力、经验以及现实生活的需要，来设计符合学生利益的课程，应是校本课程设计的最大原则。

个性化原则：校本课程开发最根本的一点就是基于个性化和体现个性化。具体表现在以下三个层面上：一是学生层面。校本课程开发旨在满足资质不一的学生的不同需求，可以更好地促进学生个性的充分发展。学生的兴趣需要肯定是形形色色的，教师在筛选校本课程的时候要考虑周到，尽量针对学生的差异，满足学生的兴趣，满足学生发展的需要，确保每一个学生都能发展。二是教师层面。校本课程开发以教师的专业自主意识与专业自主权力为前提条件，这其实就是教师的专业个性化的反映。三是学校层面。从一定意义上讲，学生与教师个性化的形成会导致学校个性化的形成，会促进学校办学特色的形成。另外，校本课程开发立足于学校的实际，学校的教育理念与办学宗旨均是校本课程开发得以生存和发展的动因。这本身就是个性化问题。在这三个层面中，尊重学生的个性是最根本的。校本课程开发的目的就是要把教学主体的角色还给教师与学生，找回他们在大一统的课程体制中失去的自主性、主体性和创造性。因此，人本化的教育思想是指导或规范校本课程开发的核心思想。

二、确立"多元＋个性"福泽课程体系目标

为了丰富和拓展国家课程目标，彰显学校办学的个性理念，为儿童的幸福人生奠基，我们确定了学校的培养目标。

总目标：

培养学生"六个学会"，即学会做人、学会学习、学会健体、学会劳

动、学会审美、学会创造，为幸福成长奠基。

具体目标：

1. 具有良好的品行习惯，爱祖国、爱人民，初步养成关心他人、关心集体、认真负责、诚实勤俭、勇敢正直、活泼向上等良好品德和个性品质。

2. 具有良好的学习习惯，扎实掌握学科基础知识，形成良好的知识技能，能学会学习、主动学习，具有阅读、书写、表达、计算、信息运用等基本知识和基本技能。

3. 拥有健康的身体和健全的心理。热爱生活，乐于与人交往，有良好的沟通能力，有健康的审美情趣。

4. 具有较广泛的兴趣，尤其在艺术、体育、科技等方面具有较浓的学习兴趣，掌握一定的技能，并能具备一至两项艺术或运动方面的特长。

三、确立"多元＋个性"福泽课程体系内容与架构

国家课程、地方课程和校本课程不可分离，它们构成了学校课程的有机整体，拥有共同的培养目标，承担不同的任务，履行不同的责任，从不同的方面促进学生的发展。

我校将国家课程、地方课程及校本课程按其功能特色创造性地分为学科基础类、人文类、艺体类、学科拓展类、社团活动，共五类。这五类课程分块教学，互相渗透，互相促进，以满足每一位学生的需求。学科基础类课程为学生必修课程，依据《福建省义务教育课程实施计划》，设有品德与生活（品德与社会）、语文、数学、英语、科学、信息技术、体育、美术、音乐、书法等，约占课时总量的80％。地方课程及校本课程约占课时总量的20％。

为了弥补国家课程的不足，体现地方及学校特色，我校通过校本课程的自主开发，开设了人文类、艺体类、学科拓展类、社团活动四类校本课程。其中人文类包括习德课程和微课程；艺体类包括创意美术、乐享音乐、武术、篮球、田径、羽毛球、网球、象棋、围棋等；学科拓展类课程包括经典阅读、硬笔书法、童谣赏析、英文歌曲、走进古诗词等；社团活动课程包括合唱团、舞蹈队、足球队、管乐队、文学社、书法社、花样跳

绳等。（见下表）

课程架构表

地方课程及校本课程	人文类	习德课程	养成教育课程、德育活动课程、综合实践活动、劳动	必修
		微课程	早会、国旗下讲话、新生入学礼、逃生演练、传统节日教育、经典诵读	必修
	艺体类	艺术课程	乐享音乐、舞蹈、合唱、打击乐、创意美术、儿童画、中国画、剪纸、彩陶、书法等	选修
		健体课程	篮球、足球、武术、网球、花样跳绳、象棋、围棋等	选修
	学科拓展类	科普课程	科学探究、趣味数学、电脑小报等	选修
		智趣课程	英文歌曲、数学游戏、童谣、绘本欣赏、走进古诗词、演讲与主持等	选修
	社团活动		舞蹈队、足球队、书法社、合唱团、管乐队、"绳彩飞扬"等	选修

校本课程是学科课程的补充和延伸，学校合理设置了课程表，实施大、小课堂及综合课堂，避免了日常教学课程与校本课程安排上的冲突。学生可以根据自己的爱好选择校本课程来学习，这极大地丰富了学生自身的知识结构。

至此，学校形成了综合性的三级课程体系。我们不仅要开好开全国家课程，更要打通国家课程中必修、选修模块，将其注入新鲜的校本课程血液。由此构成必修课程为本、选修课程为干，校本课程与地方课程辅助的三级课程体系。

确立"多元＋个性"福泽课程实施策略

一、扎实推进基础型课程

基础型课程面向全体学生，是国家对学生素质发展的基本要求，必须夯实。

1. 打造"四生"幸福课堂

为探索"福泽"教育体系下我校的基础型课程如何推进这一问题，2014年我校申报了"'四生'幸福课堂的实践探索"这一省级课题，着重进行"四生"幸福课堂的探索实践。"四生"即生本（以生为本、尊重差异）、生活（联系生活、提高效益）、生长（享受学习、发展能力）、生态（师生和谐、可持续发展）。探索用"幸福教育"润泽学生成长之路，用"幸福课堂"搭建师生成长之桥。课堂是教学的主要场所，打造"四生"幸福课堂旨在落实幸福教育的主要阵地。幸福课堂的构建，有利于提高课堂教学效率，促进学生全面发展，让课堂焕发生命和活力！

通过研讨，各学科根据学科特点和当前亟须解决的教学问题，确立了研究重点。如语文学科《基于群文阅读的生本式幸福课堂实践研究》，数学学科《合理把握学生学习起点的数学课堂生活化研究》，英语学科《小学英语教学生活化的探索实践》，音乐学科《构建幸福生长的乐享音乐课堂——提高小学生识谱能力的研究》，体育学科《促进小学生身体素质成长的幸福课堂实践研究》，美术学科《创建幸福高效的美术生态课堂》，心理学科《关注学生心理，构筑生态课堂》。研讨方案是行动的良好开端，对后来各教研组"扎根学科日常研究"起了导向作用，使各子课题的研究紧紧围绕主题进行。积极探索各学科构建"四生"幸福课堂的教学策略：一是强化团队意识，建构以幸福教研促幸福课堂运作的机制；二是以学为中心设计教学，建构幸福课堂的思维模型；三是推广幸福课堂理念，彰显幸福课堂评价体系的实践成果。

2. 探索幸福课堂的模式

我们的幸福课堂在实践操作层面上吸收了传统课堂的优点，同时体现了新的教学理念。它承载了以下任务：一是两个中心，即以学为中心、以学生为中心；二是多元性，即不同学科或同一学科的不同课型教学模式可以不同；三是互动性，即生生互动、师师互动、师生互动。

我校探索幸福课堂教学模式——幸福课堂几部曲，力图奏响我校幸福课堂的新乐章。如语文学科幸福课堂五部曲：一是激趣引入，让学生"想学"；二是自主探究，让学生"会学"；三是合作交流，让学生"互学"；四是有效互动，让学生"善学"；五是拓展延伸，让学生"活学"。如音乐学科的幸福课堂四部曲：一是情境导入，让学生"想唱歌"；二是歌曲教学，让学生"能唱歌"；三是情绪处理，让学生"唱好歌"；四是拓展创编，让学生"会唱歌"。

幸福课堂教学模式

学科	"四生"幸福课堂的探索实践教学模式
语文	(1) 激趣引入，让学生"想学" (2) 自主探究，让学生"会学" (3) 合作交流，让学生"互学" (4) 有效互动，让学生"善学" (5) 拓展延伸，让学生"活学"
数学	(1) 生活情境导入，让学生"想学" (2) 生活经验借助，让学生"会学" (3) 操作体验交流，让学生"互学" (4) 生活实践回归，让学生"敢学" (5) 解决应用发展，让学生"乐学"
音乐	(1) 情境导入，让学生"想唱歌" (2) 歌曲教学，让学生"能唱歌" (3) 情绪处理，让学生"唱好歌" (4) 拓展创编，让学生"会唱歌"
美术	(1) 课前布置预习，让学生"想画" (2) 灵动愉悦交流，让学生"会画" (3) 制作赏析展示，让学生"赏画" (4) 拓展生态延伸，让学生"乐画"
体育	(1) 导入，让学生"想动" (2) 技术引导，让学生"学动" (3) 合作互动，让学生"互动" (4) 拓展创新，让学生"爱动"

上述"四步"或"五步"不是固定不变的，也不是严格按照一至五的顺序进行的。各个学科根据自身特点，结合知识点的容量与难易，合理选用其中的环节。

3. 实施"四生"幸福课堂评价标准与评价体系

课堂评价是课堂教学的风向标，对课堂教学的发展方向起着极其重要的作用。"四生"幸福课堂实施的评价标准遵循评价内容个性化、评价实施动态化、评价方式生动化、评价主体多元化的原则。

评价内容个性化。虽然我校结合学科特点制订了综合素质评价目标体系，但这只是针对全体学生的共性要求。由于不同年龄段的学生会有不同程度的发展要求，即使是同个年龄段的学生在相同领域中发展依然存在水平差异。因此，评价实施过程既要注重对学生的统一要求，达到基础教育的培养目标，还要关注学生年龄段的差异和同年龄段内不同学生的个体差异，为学生有个性、有特色的发展预留一定空间。

评价实施动态化。学生综合素质评价体系涵盖了多项具体内容，如果把诸多评价内容的实施集中于某一固定模式，显然不太现实，既烦琐也不科学、不客观。因此，我们将评价内容采取分解达标的方式进行评价。在具体实施时注意把终结性评价与形成性评价结合起来，把阶段性达标认定和终结性考查认定结合起来。也就是说，综合素质评价不再只是期末时的一个环节，它贯穿于学生整个发展过程。从学期初的最初评定目标，到阶段小目标的确立与评价、学期中的成长足迹展示、学期末的最终形成等级，定期给学生进行回顾与反思的空间，时刻激励学生自省、自律，避免学生只着眼阶段达标的短期效应现象，更立足于学生的长足发展，确保评价结果的一致性和准确性。

评价方式生动化。学生是评价的主体，因此，小学生综合素质评价还必须充分考虑学生的年龄特点和心理需求，应采取学生熟悉的、活泼的、喜闻乐见的形式，调动学生参与评价的积极性和主动性，增强评价的效果，还可以选择有趣的评价方式，让学生把自己的发展小目标写在上面，时刻提醒自己向着目标努力前进。

评价主体多元化。评价内容涵盖了学生学习成绩、习惯等多个方面，老师不再拥有唯一的评判权，学生本人、同伴、家长、科任老师等都成为整个评价的多元主体，让学生参与评价内容和评价标准的制订。体现评价是教师、学生和家长多面参与的交互活动，不同主体可以拥有各自的评价权，如学习习惯中"自觉完成作业""主动阅读课外书籍"就应由家长为评价主体，而"乐于和同学探讨问题""小组合作时善于沟通交流"等就要由小伙伴作为评价主体。

除以上评价的原则之外，我校的幸福课堂评价体系特别强调以"不断进步就是优秀"。重新定义"优秀"的标准，进而体贴、尊重和激励每一个生命个体，以最纯朴、最温柔、最善良的方式去对待每一个鲜活的生命，帮助学生不断地发现自己学习和生活中闪光的一面，使每一个学生在课堂上都能够感受到自己生命的存在，感觉到自己生命存在的不断优化。

4. 幸福课堂成效：品味幸福滋味，品尝幸福成果

（1）幸福课堂让学生活起来了

通过打造"四生"幸福课堂，师生课堂观改变了。对于幸福课堂，黄小娟老师说："幸福的数学课堂就是学生敢说、敢试、敢挑战！"年轻教师姜悦说："幸福课堂是一个有生活气息、轻松幽默、富有挑战、学有所用的课堂。"体育教师叶海燕说："我眼中的幸福课堂就是和孩子们一同在操场上游戏，汗流浃背并洋溢着笑脸，而后收获健硕体魄。"对于幸福课堂，学生们也有话说。有的说："我眼中的幸福课堂，就是我们每一位学生都能自由地阅读，大胆地质疑，热烈地辩论。"有的说："我眼中的幸福课堂就是让我们每个学生都能得到来自老师与同学的肯定、鼓励、欣赏和赞美。"有的说："幸福课堂就是老师和我们一起阅读，师生一起感悟，一起欢笑。"学生们都感觉到，在"四生"幸福课堂中，课堂气氛更宽松活跃了，老师语言更风趣幽默了，教授方法更灵活多样了。同时，老师们也感觉到，学生们的学习兴趣更加浓厚了，思维更加活跃了，更敢于表达自己的想法了，心情也更加愉悦了。幸福的滋味回荡在师生的心田。

我校优秀青年教师王广，在学校打造"四生"幸福课堂的研究中，注重对教材内容的创造性使用，教学方法也更加灵活多变。她在执教三年级数学"方向与位置"一课时，课前，利用小游戏并配以《前后左右》歌激发了学生的学习兴趣；课中，为了让学生能更好地弄清楚事物之间的位置关系，她带领学生来到学校的操场，观察周边的建筑物，让学生亲身去体验、去感受建筑物的位置关系；然后，再次引导学生把《前后左右》歌改编成了《东西南北》歌，随后两人一组进行练习，巩固了"东西相对，南北相对"的知识，突破了"东南西北顺时针"的难点内容。整节课老师运用多样的方法不断地引导学生思考探究，学生始终兴趣盎然、思维活跃。

下课了，大家还意犹未尽，仍然沉浸在幸福课堂的氛围中。

（2）幸福课堂让老师成长了

近两年，"四生"幸福课堂课题经过不断交流研讨，不断拓宽研究方式，取得了显著的效果。"四生"幸福课堂提高了课堂效率，提高了学生的能力，同时还培养了一支幸福教研的教师团队。我们学校外出参赛的老师屡屡获奖。仅近两年，就有十四位教师在全国、省、市学科教学竞赛中获得一等奖；八位教师的微课作品入围省中小学教师优秀微课视频包征集展评，四位获奖；四位教师在福建省教育厅公布的"一师一优课，一课一名师"活动评比中获省级优课，其中两位教师的优课又获部级优课。

2015年6月，从县城刚调入我校不久的青年教师丁学洪，在三明市小学语文优质课评选与课堂教学观摩研讨活动中，执教的阅读课《临死前的严监生》获得一等奖。

丁老师在完成三步骤教学"一读片段找句子，二读句子猜心理，三读片段说形象"后，学生已经深刻领悟神态、动作描写刻画人物性格特点的方法。传统的教学中，完成第三步骤，教学似乎可以戛然而止。但新课标指出：在小学语文教学中，教师应积极培养学生浓厚的阅读兴趣，拓宽他们的阅读面，增加他们的阅读量，从而使语文课程学习更加开放、更有活力。课堂如何延伸？此时她尝试创造性拓展阅读，出示巴尔扎克的《欧也妮·葛朗台》以及莫里哀的《吝啬鬼》的节选，让学生通过阅读比较这三个片段的共同点和不同点。教师在学生思考、讨论后，引导学生得出结论：三篇不同国籍的作家同样表达吝啬这一主题，却采用了不同的表达方式。正是这貌似无意的"点睛之笔"创造性地使用了教材，将教材内容赋予了新的内涵。这在"读"与"悟"中激发了学生的阅读兴趣，拓展了阅读空间，习得了阅读方法，延伸了语文学习的外延，让整堂课耳目一新，获得了大家的一致好评。这正是我校探索幸福课堂教学模式——语文学科幸福课堂五部曲之第五步拓展延伸，让学生"活学"的很好诠释。

2016年9月，第六届农村及少数民族地区中小学英语课堂教学及教师发展研讨会在贵州省贵阳市举行。我校青年教师余晓微执教的"They sang beautifully"现场课以创新的教学设计、独特的教学风格、扎实的教学基本功，赢得了在场专家评委的高度好评，获得了一等奖，并同时获得"最佳语音语调奖"。她的这节英语课是我校打造"四生"幸福课堂的又一典型课例。

二、规范管理，大力开展实施校本课程

1．强化管理，规范校本课程的开设

为了加强管理，我校将所开设的校本课程统一纳入学校课程表，在三至六年级开设，每周一节课，时间延长至50分钟一节课。统一定于每周三下午第三节课进行。场地根据课程性质和需要分别设在各班教室、学校音乐教室、电脑室、篮球场等。每学期初由任选修课的教师张贴海报，"走班制"的学生打破班级界限自行选择上课的教师和内容。

2．采取"三结合"的方式实施

主要采取选修与必修相结合、分散与集中相结合、固定与灵活相结合的方式实施。

（1）共性课程整班上

对硬笔书法、经典阅读等学生选择比较集中的课程，采取以原班级为单位上课。

（2）个性课程走班上

实行"走班制"学习，满足了学生的兴趣爱好，给了学生以充分的学习自主选择权，体现了学生的主体地位，受到了学生的普遍欢迎。实行"走班制"后，任课教师按照学生的学习基础和接受能力、兴趣特长，确定教学活动。学生也可根据自身学业水平，选择不同课程学习。这能最大限度地让不同兴趣爱好、不同学习基础、不同学习能力的学生获得与自己最相适宜的发展环境。

（3）特色课程外聘教

对某些专业性比较强、学校没有合适的教师来承担的课程，外聘专业教师来校定期上课。这学期学校外聘了围棋、象棋、网球、二胡等特色课程教师，解决了"部分课程教师缺乏，学生想学"的尴尬问题，丰富了我校的校本课程内容。

3．制订多元化评价体系

校本课程学业的评价目的是使学生调整自己的行为，帮助他们改进学习方式。校本课程学业的评价目的绝不是通过考试对学生做出成绩评定，分出等级，甄别学生的优劣。因此，在校本课程的评价指导思想上，要突出评价的发展性功能和激励性功能，重视对学生学习潜能的评价，立足于促进学生的学习和充分发展，为"适合学生的教育"创造有利的支撑环

境。在评价的主体上：调动学生主动参与评价的积极性，改变评价主体的单一性，实现评价主体的多元化；建立由学生、家长、社会、学校和教师等共同参与的评价机制。在评价过程中多侧重学生的学习态度与能力，减少量化，多进行分析性评价。总之，坚持评价主体的多元性、评价方式的多样化、评价内容的多维化。

（1）自评、他评相结合，进行表现性评价

当代建构主义理论认为，认识个体是在主动地解释客观世界，未知个体处在不断发展和改变的过程中。因此，教师要善于发现学生的新变化，将评价贯穿在日常的教学活动中。教师要多采用表现性评价，通过观察，运用多重评估表，对学生平时课堂或家庭作业完成情况和课堂表现等学习状况进行评估。对学生的评价，不能局限于教师本人，学生自己以及学习伙伴都应参与到评价中来。教师在评价的过程中，应注意保护学生的自尊心和自信心。对有个性发展优势的，给予积极评价，使其多方面的潜能得以充分发挥；对某些方面素质处于弱势的，要激发学生的主体意识，让其参与评价，使其在自身原有的基础上获得积极的学习经历和情感体验。

（2）与各项活动相结合，进行展示性评价

教师要善于发现并挖掘学生的优势，给学生创设自我展示的舞台，使其获得自信与成功的体验，激励其不断进步。校本课程丰富多彩，因而可以与学校开展的各项活动和一些节日庆典活动相结合。在"六一"联欢会上、在"绳彩飞扬"活动中、在学校每年5月特长生评比活动中，学习合唱班、舞蹈班、书法班等不同课程的学生们都以不同的形式展示了自己的学习成果。老师们感触也都很深，大家觉得将课程展示与活动相结合，减轻了老师和学生的压力。原来每年庆祝"六一"，老师和学生都要腾出大量时间来排练节目，现在，课程展示与活动相结合，切实减轻了老师和学生们的压力。

（3）期末全面考查，进行终结性评价

一个学期结束后，到底每个校本课程学习班的学生学得怎样？老师们针对每个学生进行全面考察，了解学生的实际水平，进行终结性评价。采用等级＋评语的方式进入学籍档案，为学生下次选课提供了参考，也促进了教师改进校本课程开发的行为。

"福泽"校本特色课程

一、特色课程之一：德育课程——"幸福七色花"

"幸福七色花"年级特色活动课程是我校德育活动课程中影响面最广、最受广大师生及家长欢迎的课程。课程实施体现了三个"注重"：一是注重教育的持续性，二是注重仪式感，三是注重家校合作。

"幸福七色花"蕴含着学生生命成长的教育姿态，象征着在丰富多彩的年级特色活动课程中，教师多样化的智慧引领、儿童多样性的个性发展，着力丰富多样的人生底色，开启幸福之门。"七色"指"红、橙、黄（金）、绿、青、蓝、紫"七种颜色。我们对"幸福七色花"进行了诠释，根据各种颜色的寓意，每一种颜色代表一个主题，达成一个教育目标：一年级红色入队教育课程——学会传承；二年级绿色生命教育课程——学会珍惜；三年级青色书香教育课程——学会学习；四年级橙色感恩教育课程——学会感恩；五年级金色自信教育课程——学会自信；六年级蓝色梦想教育课程——学会追梦；毕业生紫色毕业庆典课程——学会创新。

经过三年的不断尝试、不断探索，"幸福七色花"年级特色活动课程已变成我校传统、经典、特色鲜明的德育课程品牌。活动新闻通过我校网站和微信公众平台进行推送，老师、家长和社会人士纷纷点赞、转发，引起了强烈的反响，也吸引了省、市媒体的频频聚焦。"幸福七色花"年级特色活动已于2015年9月被列为省中小学德育研究专项课题，2016年6月入选福建省中小学德育建设示范项目。

二、特色课程之二：艺术课程——合唱

"我是一朵云，渴望飞向那迷人的远方，高山不能把我阻挡，云雀伴我一路歌唱……"和谐优美的歌声回荡在梅列区第一实验学校光华大礼堂上空。这是三明市第六届中小学生艺术节现场展演活动合唱专场，我校小杜鹃合唱团的学生们在演唱歌曲《我是一朵云》《少年中国梦》。学生们独具特色的演唱风格富有艺术感染力，获得了评委的一致好评，取得了一等奖的优异成绩。

2016年12月，大田建设中心小学要录制校歌《逐梦明天》，他们诚邀

我校小杜鹃合唱团的学生们一起演唱。合唱团的"好声音"余昕雨、蔡玮烨、王彧喆等几位受邀学生全情投入，他们精神饱满，富有朝气，认真按照录音棚老师的专业指导录制歌曲，获得了在场专业教师的积极肯定。

六年（5）班的陈锴圆同学也是学校小杜鹃合唱团的一名成员，她的音色纯净清透、圆润甜美，是合唱团的骨干成员。在合唱团里，她的唱歌技巧有了很大提高，她多次参加全国各级歌唱比赛并获奖。2015年8月，她在内蒙古呼和浩特市举办的"快乐阳光中国少年儿童歌曲电视大赛全国总决赛"中，荣获儿童D组金奖。这是我市少儿歌手在国家级声乐专业性竞赛中获得的最好成绩。她也被誉为"山城飞出的小百灵"。

在我校的合唱团中，一只只"小百灵"脱颖而出，飞上了更高的枝头，飞向了更广阔的天空。其实，合唱历来是我校的特色课程项目。1986年我校就成立了首个合唱团——红领巾合唱团。经过教师坚持不懈的训练，红领巾合唱团学生的演唱水平逐年提高，现已成为一支训练有素的小学生艺术团体，受到了各级领导的高度评价，在全国、省、市等比赛中均获得可喜的成绩。在教育部举办的"全国中小学生迎接新世纪童声合唱比赛"中，我校小杜鹃合唱团作为三明市唯一的代表队获得了金奖；在福建省教育厅举办的"福建省中小学生合唱比赛"中获得金奖，在"三明市中小学生合唱比赛"中获得一等奖的好成绩。《人民日报》《中国青年报》《福建日报》《三明日报》，中央电视台、福建电视台、三明电视台等媒体都曾对我校红领巾合唱团的情况和成绩进行过专题报道。

在福泽教育理念的指导下，在我校艺术教育已经取得可喜成绩的大背景下，为了让更多的学生接受艺术的熏陶，感受艺术的魅力，学校决定开设"班级合唱"课程，旨在进一步提高全体学生的音乐素质，增强学生的集体意识，培养学生团结协助的精神。

三、特色课程之三：体育课程——花样跳绳

2014年12月30日，我校举办了第一届"绳彩飞扬，活力我校"跳绳比赛。随着一阵哨响，五年（3）班的涂振宇在全场师生的欢呼雀跃中，成为我校首届跳绳达人赛的个人纪录创造者。我校从2014年起，除保留每年校运会的跳绳比赛外，另外每年增加一次跳绳达人赛。比赛不但评选出跳绳达人，还评选出全校8人绳、5分钟跳大绳、全班1分钟跳绳评比的冠军班级。

说起我校学生的跳绳水平，临近我校的市列东中学的老师感受很深。由于我校的毕业生大都升入列东中学就读，列东中学每年也举办跳绳比赛，中学老师总是说，附小毕业的学生个个会跳绳、个个跳得好，选上参加跳绳比赛的，附小毕业的学生占大多数。

多年前，我校推进阳光体育运动的特色活动及"体育艺术 2＋1"项目，就因地制宜将跳绳作为每位学生必须掌握的一项体育技能。体育老师布置的体育家庭作业中，有一项就是每天跳绳。我校每位学生的跳绳水平就是这样锻炼出来的。

我校的学生跳绳有这样好的基础，如何让跳绳在具锻炼性的同时带来趣味性和美丽的视觉感？如何能让学生们学会更复杂、更高技能的跳绳技法？杨兰娟和姜琳这两位年轻的体育老师，提出开设"花样跳绳"的校本课程，得到了学校的肯定和支持。3 年过去了，"花样跳绳"班的学生们个个"身怀绝技"，两人一绳，类似"车轮跳"的两人花样早不在话下；将"网绳""绳中绳""双人双绳""乘风破浪""三人单绳"的多人花样也是"玩"得轻车熟路。花样跳绳学员的粉丝最多。"六一"儿童节联欢会的舞台上，花样跳绳的节目最受学生们欢迎，台上的学生在飞扬的绳中边跳边来回穿梭，让人目不暇接，台下师生们热烈的掌声久久都不停歇。

五年（3）班的连函同学从四年级开始走进花样跳绳的课堂。她说，以前觉得跳绳也能玩出花样太不可思议了。现在的她不但学会了跳绳的更多技巧，更收获了友谊和健康。她喜欢这样的课堂。四年（6）班的朱芸洁接触花样跳绳只有一年，她刚刚学会了交叉跳、开合跳。虽然只是学会了花样跳绳的一级动作，但这已经让她爱上了跳绳，爱上了运动。

四、特色课程之四：综合实践活动课程——研学旅行

2016 年 11 月，六年（5）班"天天向上"中队 55 名队员，在班主任邹毅弘老师和其他老师的带领下，以体验式、研究性学习为主要方式，通过采风摄影、写生绘画、采访调查，对三明市宁化县具有喀斯特地貌岩溶景观的宁化天鹅洞、清流县天芳悦谭温泉、清流县李家乡鲜水村冷泉和七星岩、赖坊古名居等景区的地质地貌和风土人情进行了为期一周的实地考察。

学生们在老师的指导下，不但用线描写生和色彩写生的方法绘出一幅幅精彩的画卷，还写出了宁化和清流两地的地质地貌研究性学习报告，并

以网页连载等形式展示学习成果。这样把课堂从校内拓展到校外，"研"有所思、"学"有所获、"旅"有所感、"行"有所成的学习方式，受到广大家长和学生的广泛好评。我校的这次综合性学习活动开创了三明市中小学研学旅行活动的先河。它已经成为我校的又一特色课程。网易新闻、新浪新闻、闽南网、福建省教育厅网站纷纷报道了我校的研学旅行活动这一特色课程。

我们的收获和反思

一、课程建设的成果

课程建设与开发的道路很艰辛，但它的的确确让我们感觉到了我校全方位的变化，所收到的成效远远超出了我们的预期目标。

1. 增强了学校的办学实力

我校自校本课程实施后，教师们从最初的观望、等待、各自为政，到积极请校领导和学科指导组指导校本课程的开发，争先恐后地展示开发的校本课程。这一过程促进了一批科研型教师队伍的成长，将我校教师"敬业爱岗、无私奉献、勇于担当、追求卓越"的精神进一步升华。这些都为学校注入了新的生机与活力，促进了学校和谐发展。一些具有特长的学生走向社会，无形中扩大了我校在社会中的影响。很多家长在孩子身上看到了他们参加周三"走班"大课堂后的成长与变化，对学校的校本开发赞赏有加，也更加支持了！"福泽"校本课程推动了学校品牌建设，助力了学校发展，提升了学校的办学实力。

2. 有力地促进了教师的专业化成长

我校校本课程开发的内容非常广泛，涉及家庭、文化、科技、艺术等方方面面的领域，教师要上好课就必须边学习边实践，不断地研究、探讨、创新，不断提高教育教学能力。

校本课程的开发，掀起了教师学习的热情，改变了教师的思维方式，使学校形成了良好的学习氛围。在这样的环境中，一些青年教师进步得特别快。我校的体育老师杨兰娟、姜琳，她们承担学校"花样跳绳"课程的开发与教学，原来的她们对花样跳绳并没有研究，也不会花样跳绳。她们看到学生们跳绳的基础都不错，为了让学生们学到更多的跳绳技能，她们萌生了开发"花样跳绳"的校本课程想法。为了让自己先学会这项技能，两位老师克服了种种困难，参加了福建教育学院举办的花样跳绳培训班，取得了花样跳绳教研员培训班证书。她们还通过 QQ 群、微信群与全省各地从事花样跳绳的老师们建立联系，经常探讨如何提高自身和学生花样跳绳的技能技巧。正是校本课程的开发与实施激发了教师积极参与教研的热情，让老师们以点带面，辐射开花，对地方课程和国家课程的理解、研究、运用能力也不断增强，有效地促进了我校教师的专业化成长。

3. 激发了学生的学习兴趣，提高了学生的综合素质

我们笃信：兴趣是最好的老师。在我校，根据不同的学习内容，学生可根据不同的兴趣加入到说、唱、跳、写、演等不同形式的课堂中，他们充分感受到了学习各种课程的乐趣，激发了学习的热情。

六年（6）班的余昕雨这样写道："我是校合唱团的一名成员。在合唱团里，我不但学到了许多合唱的技法，有了更多锻炼的平台，还明白了团结一心、互相帮助的道理。我每周都盼望周三'走班'大课堂。"通过校本课程的学习，许多学生产生了浓厚的学习兴趣，真正成了学习的主人，在其他学科的学习中也变得"乐学""爱学"。

校本课程为学校培养了许多有特长的学生。黄玮、任晓丹老师带领的合唱团，其合唱节目多次在市级比赛、展演中获奖或获得好评；钱斌超、曾金群两位老师带领的校足球社团，在全市的各级比赛中，多次获得第一名的好成绩。足球队的队员们从对足球的一无所知，到产生兴趣，到爱上足球。五年（6）班的上官可儿是学校女队的守门员，她感叹是学校的足球队让她实现了自己的足球梦；酷爱数学的学生们通过"生活中的数学"校本课程的培养，逻辑思维能力、解决问题的能力得到很大提高，成绩突出。在我校一年一度的特长生评比中，许多学生都亮出了他们在周三实践课上学到的拿手本领。

在这样的课堂上，学生们不仅掌握了扎实的基础知识，也增强了独立意识、创新意识、与人合作的意识，明显提高了动手实践能力；不但受到了艺术熏陶、文学欣赏的启蒙，还掌握了一定的科学知识，提高了人文素养、综合素质。"福泽"校本课程促进了学生的个性发展，满足了学生多元化的需求，让每一个生命在适合的土壤下，在阳光照耀、雨露滋养下快乐成长。

二、反思：课程建设永远在路上

我们清醒地看到，尽管课程建设取得了一些成绩，但远远不能满足每一个学生的需要；课程资源还未有效整合；课程评价还比较粗放；课程内容还没有吸收最前沿的科技知识……

1. 校本课程开发还缺乏高端的专家引领，开发水平有待提高

校本课程开发要求教师具有关于课程建设的基础知识、经验，课程问题意识、课程改革意识以及课程开发意识。大部分教师没有专业学习过校本课程开发的理论和方法，面临课程开发任务，没有充分的课程理论和实践经验的准备。也少有专家在这方面给予指导。因而教师对校本课程的认识难免存在一些偏差，校本课程开发的水平也有待提高。

2. 现有的课程开发还没有完全与当地资源充分整合

无论是社会学科课程，还是自然学科课程，都与现实生活、地方文化、当地资源有很大的关联，我们学校应该将这些既与学科有关联又有利于学生创新与实践能力培养的课外资源，有计划地引入校本课程开发中的课堂学习之中，丰富学生的学习内容，拓展学生的视野，提高学生的学习效率。虽然，现在学校部分校本课程已经和周边的一些资源结合，但仍然有许多地方特色的课程资源，比如我市的博物馆、科技馆、高校、部队、各种企业等本地特色资源，暂未与我校的课程开发结合在一起。

3. 目前校本课程还不能充分体现学校的特色

我校目前打造的"多元＋个性"的课程体系中，校本课程包括人文类、艺体类、学科拓展类、社团活动等四类。其中人文类包括习德课程和微课程；艺体类包括创意美术、武术、篮球、田径等；学科拓展课程有经典阅读、硬笔书法等；社团活动课程有合唱团、舞蹈队、足球队等。校本课程门类众多，但特色不够突出，尤其还不能凸显我校"福泽"教育的特色。

4. 课程的开发项目不能满足所有学生多样化的需求

我校的众多校本课程开发还不能够满足所有学生的多样化需求。课程的开发体现了"三多三少"。即普及性的多，精品性和提高性的少；艺体类型的多，科技创新类的少；知识技能型的多，德育及心理健康的少。

分析其原因，一方面与有些课程缺乏专业教师有关，由于教师知识结构的局限性和学生对课程的多样性需求存在矛盾，还有的学生个性化的课

程需求无法满足。另一方面，我校校园占地面积小，操场小，没有室内的运动场所，学校专用教室严重不足，这严重制约了我校校本课程的开发。比如没有专用的科学实验室，有关科学实验方面的课程也无法开设。硬件条件不足，导致"走班制"学生的数量受到控制，无法满足更多学生的兴趣和需求。

两年多来，从敢于质疑自己开始，我们勇敢而艰难地迈出了课程改革的一步，一路上且研且思、砥砺前行、始终坚持、绝不懈怠，为的是能在课程改革的路上走得更稳、走得更远！

天正小学"适合教育"的课程建设

一、"适合教育"课程体系的建构背景

所谓"适合的教育",即适合学生的教育。首先,它是合乎人性的教育,其次,它是适合学生群体特点的教育,再次,它是适合学生个体的教育。我们教育者的使命就应该是"顺木之天,以致其性"。

2010年,《国家中长期教育改革和发展规划纲要(2010—2020年)》提出"关心每个学生,促进每个学生主动地、生动活泼地发展,尊重教育规律和学生身心发展规律,为每个学生提供适合的教育"。这是"适合的教育"首次以国家文件的面貌呈现于众。

中国教育学会原会长顾明远曾说:"最适合的教育才是最好的教育。"成尚荣认为,适合的教育不只是适应的教育,而是基于适应的促进学生更好发展的教育。适合的教育不是给予学生的教育,而是师生共同创造出来的教育。其载体是课程和教学的改革,应当以增强选择性为重点,推动课程和教学改革。张新平教授在阐述何谓"适合的教育"中说道:"创建'适合的教育'就是要创建规模和人数适宜的学校和班级,让学生通过'适合'的交往和对话获得教育意义上的成长。"南京教育一直深化"小班化"教育,其内涵就是从适性教育出发,提出"关注每一个"的教育理念。

2017年6月19日,"适合的教育"讨论会在江苏靖江举行。省教育厅厅长、党组书记、省委教育工委书记葛道凯在"适合的教育"讨论会上发表重要讲话,他说:"江苏教育走到今天,要再次回归,把教育与生产劳动和社会实践相结合放到改革的重点上。通过教育与生产劳动相结合,可以让每个孩子在自己的特长与兴趣上得到更好的发展。适合的才是最

好的。"

捷克教育家夸美纽斯和法国教育家卢梭都提出要坚持"以学生为中心"的教育观。他们认为，教育必须适应自然，以学生为中心；教育必须遵循自然的要求，顺应人的自然本性，反对成人不顾学生的特点，按照传统与偏见强制学生接受违反自然的教育，干涉或限制学生的自由发展。这些观点都体现了"以人为本""适合学生"的教育思想。

倡导"适合的教育"理念，发展适合的教育，就是要致力于解决过去没有解决或者没有解决好的以及在教育发展过程中出现的新问题。天正小学为了促进每一个学生的个性发展，给学生提供丰富多样的课程、分层的教学方式、适合的教学手段，让教育适合学生，让每一个学生在学校能找到自己喜欢的课程、喜欢的老师，找到感兴趣的东西，有心理的满足感和愉悦感。天正小学结合学校实际，围绕学校文化和学校特色，充分挖掘课程资源，构建了"适合教育"的课程体系。

二、"适合教育"的课程体系内容

从课程开发的主体来看，课程分为国家课程、校本课程与地方课程。国家课程亦称"国家统一课程"，是由中央教育行政机构编制和审定的课程。校本课程是由学校全体教师或部分教师或个别教师编制、实施和评价的课程。地方课程介于国家课程与校本课程之间，指由国家授权，地方根据自身发展需要开发的课程。天正小学的课程体系是以国家课程为核心，将校本课程有机地融入其中，进而寻求与之相匹配的课程体系。

校本课程的开发可以促进学生个性发展，促进教师专业发展，促进学校特色形成。其中学生的个性发展是校本课程开发的终极目标。校本课程可分为显性校本课程和隐性校本课程。根据顾明远先生主编的《教育大词典》的解释，显性课程又称正式课程，是在学校课程计划中有明确规定的学科教学以及有计划有组织的课外活动，它按照预制的课程表实施，还以规定的科目进行考试。隐性课程与显性课程相对，属于一种"不说话的教材"，也称为潜在课程、隐蔽课程等，是指学校课程计划中未明确规定的、非正式和无意识的学校学习经验。

显性课程和隐性课程并不孤立存在，而是相互渗透和影响。天正小学多姿多彩的校本课程促进着学生综合素质的发展。

1. 丰富多彩的活动

（1）社团活动

适合的教育需要进一步优化教育布局，提供丰富和多样化的教育资源，推动各级各类教育平衡充分发展。因此必须要有与之相匹配的课程体系，而社团不但是学生们活动的阵地，也是学校课程规划的重点，一个社团就是一门课程。社团课程不仅是学校落实国家课程计划不可或缺的一部分，更是丰富校园文化生活、推进素质教育实施的有效手段之一。学校为了发挥学生的特长，陶冶学生的情操，培养学生的兴趣和爱好，促进学生的个性化发展，培养学生的团结精神、实践能力和创新意识，在保质保量地完成国家课程计划的情况下开始了校本课程的开发工作，逐步形成了丰富多彩的社团特色活动。学校每学期开设近 60 个社团，确保全校每一名学生都至少参加一个社团。每周三的下午学校不安排学科教学，全部用来开展社团活动，社团活动已经被纳入到课程计划体系中。天正小学的社团主要有以下四个板块：

学科拓展类：儿歌，小小故事会，童话，小书虫俱乐部，趣味数学，小小阅读班，数学思维训练 1、2、3、4，数海探航 1、2、3、4，魔方，英语绘本赏析，剑桥英语考级，等等。

体育类：橄榄球，美式篮球训练营，足球 1、2，少儿拉丁舞，空竹，轮滑 1、2，少儿太极拳，击剑，武术，健美操，等等。

艺术类：创意纸浆画，摹画大师，硬笔书法，舞蹈，合唱团 1、2，管乐团，手工作品制作，轻质黏土制作，小小奥斯卡，儿童影视作品欣赏，影视绘画，等等。

科技类：简易机械创意制作、车模、空模、创客空间、3D 打印、激光雕刻、电脑绘画、电脑编程等。

在天正，人人有社团，人人上自己喜欢的社团，人人喜欢上自己的社团。学校通过开展丰富多彩的社团活动，给予学生更多的课程补充，让学生感受到了选择的自由、体验的感受、交往的快乐、多元的发展、心理的满足，为学生提供了人人能成才、人人有平台的环境和氛围。

通过社团活动的不断实践与探索，天正小学近年来也取得了不俗的成绩：学生们在各类比赛中频频获奖，天正童声合唱团和管乐团分别成为省、市合唱和管乐协会的成员单位。校园触式橄榄球成为学校的特色体育运动项目，学校因其被评为南京市阳光体育学校。科技社团天正科创工坊被评为江苏省青少年科技教育工作室，学校因其被评为江苏省科技教育特色学校，科技社团还荣获16、17届"驾驭未来"车模比赛团体一等奖。书法、美术社团在历届全国中小学生绘画书法大赛中分别荣获一、二、三等奖。信息社团荣获省一等奖……社团活动的开展极大地促进了学生体育、科技、艺术等多种素养的发展，得到了社会和教育管理部门的高度肯定。

（2）节日文化活动

学校的节日活动能够丰富学校的文化生活，其实质就是一种隐性课程。举办主题节日活动，整合校内外资源，让学生们在丰富多彩的课程活动中拓宽知识、强健体魄、陶冶情操、提高能力，促进生命和谐发展。此次活动中有演讲节、数学节、体育节、艺术节、淘书节、科技节、远足节、英语节、十岁成长礼等主题节日活动。我校的节日活动以实践体验为载体，增强学生的探究和创新意识，培养学生的科学态度和人文精神，发展学生综合运用知识、发现问题和解决问题的能力。下面是一学年的节日活动安排：

一学年的节日活动安排

名称	主要活动内容	时间安排
演讲节	读书成长册、故事大王、课本剧、演讲比赛等	2月
数学节	一、二年级，速算小达人；三年级，4分五星大王赛；四、五年级，智力大冲浪	3月
体育节	田径运动会、趣味运动会、传统老游戏	4月
淘书节	图书跳蚤市场、图书交流、图书捐赠	5月
成长礼	三年级十岁生日会	5月
艺术节	儿童画、书法、班班有歌声、器乐、舞蹈	6月
科技节	生命的源头——水；动物——人类的好朋友；大气——地球的保护伞……	10月
远足节	南京的山水城林	11月
英语节	英语环境布置、课本剧表演、讲故事比赛、演讲比赛、歌曲比赛、画一画并介绍人物、知识竞赛、贺卡比赛、课堂教学展示等	12月

（3）"校园吉尼斯"

学校一直致力于探寻适合学生特点的活动方式，以激发学生的自主发掘潜能，挑战自我。为此，我们开展了校园吉尼斯竞赛活动的研究探索。

"天正吉尼斯"活动是一个系列活动，包括群体考级选拔、达人挑战、吉尼斯展演，鼓励学生们树立晋级目标，发挥个性特长，丰富学习生活。"校园吉尼斯"活动推出"儿歌、儿童诗考级""汉字听写大赛""古诗词考级""课本歌曲考级""跳绳考级"等项目，重在兴趣和全面参与，让学生们在提升学科素质、体能素质和艺术修养的同时也能享受快乐。每次"校园吉尼斯"活动，我们都精心准备，发布海报进行广泛宣传和动员，营造浓郁的氛围。下面是天正小学第四届"校园吉尼斯"活动安排表（2018年3月12日—30日）：

天正小学第四届"校园吉尼斯"活动安排感受（2018年3月2日—30日）

项目名称	项目要求标准	终极挑战人数	负责人
校园辩辩辩	五、六年级组成正反方各五辩，一到四年级为群辩，在获胜的一方中产生校园最佳辩手	1—6年级，每班1人	语文组蔡宁、张佩贤、王莹
拼图大王	看图用七巧板拼出，速度快者胜出	一年级，每班1人	
巧算24	班级动员，班级选出最强者，全校PK	二年级，每班1人	
魔方PK赛	单面还原规定面数的魔方，速度快者获胜	三年级，每班1人	
汉诺塔	同时开始，速度快者获胜	四年级，每班1人	数学组王军
魔方PK赛	在班级里开展魔方单面还原和六面还原PK赛，然后各班选出1名学生参加年级组6面还原比赛。参赛队员互相打乱对方魔方，还原用时最少的获胜	五年级，每班1人	
百词斩	听主持人用英语解释单词，抢答	3—6年级，每班1人	英语组

2. 较为成熟的校本课程

天正小学的校本课程建设遵循青少年身心发展的特点和规律，以发挥每个学生自身的长处，让学生学会生活，拥有自信，获得优秀的品质为目的。在学生心智发展的不同阶段，寻找合适的时机，采用恰当的方法，实施相应的课程。我们以社团活动为基础，对开设多年、学生感兴趣的社团加以重点打造，使之成为规范的校本课程。在 2014 年鼓楼区审查通过并公布的校本课程名录中，我校"春天里采来的花瓣——天正小学儿歌集""创意纸浆画""简易科技模型制作教程"名列其中。2014 年以后，我们又新增了《春天里采来的花瓣——天正小学诗歌集》《春天里采来的花瓣——天正小学小古文集》《"橄动天正"——天正小学简易式橄榄球校本课程》《创意科技与机器人模型制作教程》与《走进神奇的 3D 打印世界》教材。这些校本课程都经过专家的论证，通过区教研室的批准。这些校本课程内容有计划地融入学校的语文、数学、体育、美术、科学、英语、音乐等国家课程计划规定的教学内容体系之中，形成独具天正小学特色的教学内容体系，有利于促进学生的个性发展。

天正小学特色校本教材

下面简单介绍几门富有天正小学特色的校本课程：

（1）创意纸浆画

纸浆画已经成为天正小学的一道亮丽的风景线、一张独具特色的名片。目前，经过美术组的研究与开发，已经出版两本美术校本课程教材。在这两本校本课程教材中，我们重点研究纸浆画的平面制作方法及技巧，如勾线法、平铺法、渐变法、综合法等，同时探索纸浆与其他美术材料的混搭结合。作为我校的校本课程，我们每学期安排一个月的时间用来学习纸浆画。从一年级开始，有计划地将欣赏纸浆画、了解纸浆画、制作纸浆画和创新纸浆画作为天正小学美术课教学的有机组成。纸浆画已经融入天正的美术教学，学生们已经喜欢上纸浆画的创作、创新，并从中体验到动手创造美的快乐。

（2）创意科技模型制作

我校面向全体学生开展了创意科技模型制作和创意机器人模型制作两项科技活动，开发了两本科技校本教材。一方面，科技制作活动丰富了我们日常的科学课堂教学；另一方面，学生也在科技制作过程中培养了动手能力、分析与判断能力、创造能力，以及合作意识与团队精神。

近年来，我们已经逐步尝试利用科学课堂、三模科技班和课外兴趣小组，把这些已经形成校本课程的项目，逐步渗透到日常教学之中，努力做到校本与课本结合，科学和科技融合，动手与动脑并重，理论与实践结合。

（3）校园简易橄榄球运动

2012年我校开展了校园简易橄榄球运动。多年来，橄榄球融入大课间、社团、课堂中。我们以"我课堂"研究为契机开展了课堂教学"橄榄月"计划，让学生们从中学习到更多的橄榄球技术、战术和相关游戏。校园触式橄榄球能够带给学生们的益处很多，除增强学生体质之外，还能够使学生们更团结，更勇敢，更富有奉献精神。

（4）走进神奇的3D打印世界

3D指的是长、宽、高空间的三个维度。3D打印就是在我们熟悉的平面打印基础上增加一个维度，使打印的作品具有高度。打印机与电脑连接后，通过电脑控制可以把"打印材料"一层层叠加起来，最终把计算机上的蓝图变成实物。学生只要将自己的所思所想在电脑上画出来，写出来，算出来，搭建出来……而后交给3D打印机，3D打印机就会将这一切真实地显现出来，学生们就可以看到自己所思所想的结果！

我校于 2014 年 10 月开设了 3D 打印社团，老师们选取了学生非常熟悉的日常生活中的物品——水杯、镜架、梳子、钥匙扣、庭院等作为设计对象，根据学生学习的难易程度，进行有针对性的讲解，让学生既掌握了打印的知识与技能，又发展了想象力和创造力，培养了兴趣。

3. 独特的教师创新课程

在信息飞速发展的今天，信息技术改变着人们的生活方式，移动学习方式也在不断升级，我们已经走入了微学习的时代。因此利用微信这个多功能移动软件，已经成为一种重要的学习方式，也成为传统学习的有效补充。

我国的节日众多，不同的节日无一不是代代相传的文化资产，个别的节日形式虽然风格迥异，但都保留了一定程度的先人智慧及经验成果。我校张伶俐、蔡宁、李华等老师创办了"节日，你好"微信公众号，充分利用公众号平台的互动性，充分利用学生的碎片时间，以图文和音频结合的方式，以学生和家庭感兴趣的节日内容进行课程开发和推广，使学生了解中外传统、现代各个节日的由来与传说，了解中华历史上曾经有过但现在已经失传的一些有趣的节日，积累与传统节日有关的诗词歌赋等。以下为 2016 年 12 月—2017 年 12 月的微信公众号内容。

2016 年 12 月—2017 年 12 月微信公众号内容

节日	内容
元旦	趣说"元"和"旦"
春节	鸡年说鸡
	过年老规矩
	春节的火车站
	年的味道
	门神大拜年
元宵节	正月十五花灯俏
天穿节	天穿节
二月二	龙，为什么二月二抬头
	童谣里的二月二
正月二十五	填仓节

课程：教育行塑学生跑道

节日	内容
朝花节	朝花节
植树节	走，我们去植树
三月三	世界上的奇葩节日
	上巳节
	我的生日，我的节日
愚人节	All Fools' Day
寒食节	寒食与清明的前世今生
清明节	春天里的思念
自行车日	自行车还可以这样玩
谷雨	谷雨节气说仓颉
劳动节	蚂蚁和蝈蝈都在劳动
立夏	立夏，图说
母亲节	献给万能的妈妈
端午	汨罗江畔
儿童节	小鸟的微笑
父亲节	亲爱的爸爸
夏至	图说夏至
初伏	初伏寻味
大暑	我们一起来纳凉
建军节	历代的军装
立秋	瓜趣
处暑	处暑
七夕	七夕节
白露	白露
中元节	中元节
教师节	绘本里的教师
爱牙日	晒晒大牙

节日	内容
国际聋人节	"橙色书包"在行动
国庆节	共祝愿，祖国好！
中秋节	中国人为什么那么爱月亮
重阳节	浓情九月九，温暖重阳日
立冬	秋尽冬来寒而不冷
世界问候日	今天，谁会收到你的问候？
万圣节	九九消寒图

三、"适合教育"的课程体系实施

卢梭在《爱弥儿》中说："什么是最好的教育？最好的教育就是无所作为的教育：学生看不到教育的发生，却实实在在地影响着他们的心灵，帮助他们发挥了潜能，这才是天底下最好的教育。适合的教育才是好教育。"因此，适合的教育不仅要有适合学生的丰富课程内容，最好有适合学生、促进学生个性发展的教学行为方式。天正小学将国家课程和校本课程进行有机整合，形成了具有天正特色的教学方式："我课堂"。

1. "我课堂"建设目的

天正小学"我课堂"文化建设始终将"我"——"学生和教师"放在中心，一切为了"我"的发展。

首先，"我课堂"之"我"体现为学生之我，即从课堂学习行为的角度说，学生是课堂的主人，要用眼看，用耳听，动手做，动口说，动脑想，用心感受。学生之我既是一人之我又是众人之我——我们，我们合作、交流、讨论，辩论……我们相互评价，彼此欣赏，共同进步。概言之，我的课堂我做主。

其次，天正小学"我课堂"之"我"体现为教师之我，即从课堂教学行为的角度说，教师是学生学习的设计者、组织者、引导者、参与者和协助者。具体而言，就是创设情境、铺垫引入、启发点拨、参与研究、组织活动、提供支持、讲解评价……概言之，学生做主我服务，我指导，我评价，我欣赏……

"我课堂"中学生和教师两个"我"互相配合，相得益彰，共同成长。

不同的场合，主角由不同的"我"来担当：当主角时要大胆展示，彰显个性；当配角时则要知道避让，善于补台。

"我课堂"不仅是师生之间通过互动获得知识、促进思维发展的平台，还是相互理解、彼此悦纳、情感交流、精神成长的家园。

2. "我课堂"建设路径

"我课堂"建设的实质就是研究"教什么"和"怎么教"及其两者的相互匹配，由此促进师生的发展，形成天正小学课程与教学上的"我"特色。

首先，校本课程有机融于国家课程之中，形成"我"内容体系。2007年建校伊始，学校在保质保量地完成国家课程计划的情况下开始了校本课程的开发工作，逐步形成了丰富多彩的社团活动，开设了包括信息科学类、科技类、艺术类、书画类、语言类、思维训练类、体育类、手工制作类这八大类近60个社团，构成了天正社团网络，涵盖了学习的方方面面。

社团活动经过几年的淘汰、积淀、发展和完善，其中的一些社团逐步编制出较为系统的课程内容和实施计划。学校对这些社团内容进行精选，编写出了八套校本教材，并将一些较为成熟的校本课程内容有计划地融入学校的语文、数学、体育、美术、科学、英语、音乐等国家课程计划规定的教学内容体系之中，形成独具天正小学特色的教学内容体系。

其次，与"我内容"相匹配形成"我"的教学方式。"我课堂"是对所有学科教学课堂而言的，因此它的建设遵循着共性和个性相统一的原则。一方面，我们概括出所有学科教学具有的共性；另一方面，我们要考虑各个学科教学的个性特征。我们认为，不论哪一种学科的课堂教学活动，都是围绕学生的学习活动进行的，所以从学生之"我活动"这一视角来归纳"我课堂"的共性特征。（详见下表）在此基础上，教师们根据具体的教学内容和教学目标，合理选择和组装相应的"我活动"方式，形成自己的课堂教学的流程。

天正各学科"我课堂"内容整合与教学活动方式表

学科	所整合的主要内容	"我活动"的形式
语文	《春天里采来的花瓣——天正小学儿歌、诗歌、小古文集》（低、中、高年级）	我阅读、我来说、我来写、我讨论、我来演……

学科	所整合的主要内容	"我活动"的形式
数学	《数学错题集》《数学文化读本》	我观察、我研究、我尝试、我操作、我练习……
体育	橄榄球	我准备、我游戏、我活动、我竞赛、我放松……
科学	简易机械创意制作	我探究、我操作、我制作、我实验、我合作……
美术	创意纸浆画	我研究、我绘画、我制作、我欣赏……
英语	新东方儿童英语 苏教国际外教	我来听、我来读、我来说、我来写……
音乐	合唱团演唱曲目、管乐演奏曲目	我来听、我来学、我来唱、我来赏、我演奏、我来评……
信息	编程、创客教程	我研究、我尝试、我制作、我评价……

3."我课堂"建设成效

由于学科特点不同,不同学科的"我课堂"的内容整合和教学方式具有各自的独特性,因此学校采取重点突破、以点带面的策略。重点在语文、数学和体育三个学科进行。

(1)语文大单元整合

"大单元教学"是从"大教育观"出发,遵循系统论和整体论原则概括出来的。从"整合"入手,突破教学内容,突破学习方式,突破学生思维形式,促进学生有效学习,让学生逐渐形成整体把握的语文能力。语文大单元整合教学的集体研究、集体备课、分享教学等形式，摆脱了传统教师教教材、学生学教材的束缚。以单元为单位，将语文的学习置于整个大语文的文化背景下去建构、理解，把整合的思维方式和学习方式传授给学生，在比较高的层次上把握知识结构，减少教学过程中不必要的重复和教学过程中过渡性的环节，因此，大单元整合将是现阶段提高语文课堂教学效果的有效方式。

"大单元教学"要立足于"破"，大胆挑战传统教学中的"教材编排""课时安排""学期安排""学年安排"。把学科知识按照教学的实际需要重新规划整合，综合设计，有序实施。从教学内容和组织架构上看，传统的"单元教学"是单兵独斗，以课本编排的单元为内容进行备课。而"大单元教学"是以一组课文、群文阅读、整本书阅读、各种语文实践活动为一个教学"大单元"进行教学安排。从教学管理上看，传统的"单元教学"管理指向教学个体，而"大单元教学"管理指向整体，教师集体备课，每人承担相应课型任务，并实行"走班"教学。

首先，是内容上的整合。大单元的"整"概括为三大特征：大整合、大迁移、大贯通。大整合，即按相应的主题内容、相应的教学训练点等进行课内外教学资源的整合；大迁移是教学中实现课文与课文之间、课文与群文之间、课文与整本书之间、课堂与学生生活之间、语文课与其他课程之间的迁移；大贯通是在教学流程上，教师先整体"消化"知识，然后重新编程。

其次，是教学形式上的大胆突破。我们探索出以下十种单元课型：单元导读课、单元朗读课、单元识字课（单元书法课）、单元品读课（单元精读课、单元略读课）、单元课外阅读课、单元整理课、单元习作课、单元习作讲评课、单元实践课、单元检测及讲评课。老师们根据单元教学目标和单元教学内容进行选择、整合、创新，因课制宜、因人制宜、因班制宜地完成教学任务。

教师实行"走班"教学，即在单元整合活动周期间，备好年级中的一种或两种课型，在年级组中进行"走班"教学。对学生来说，语文课原本是享受到一位老师的风格和魅力，现在可以享受到五六位老师的风采，欣赏不同语文老师的谈吐和诵读，和不同的语文老师交流观点就是在接纳不同的、更为丰富的语文资源，就是更全面地学语文。这也是大单元整合由内容与形式向"人"整合的转变。

课文课程安排示例

原来教材内容及课时安排	《开天辟地》2课时、《普罗米修斯盗火》2课时，共4课时	
现在教学内容安排：原课文＋课外阅读材料＋习作＋语文实践活动	课时	内容
	第1课时	通读《开天辟地》《普罗米修斯盗火》课文，了解这两篇文章的大意，集中认识、理解课文中的生字、生词
	第2课时	1. 以品读《开天辟地》中整齐的句式为抓手，品析课文内容，了解神话故事想象丰富的特点，感受盘古伟大的献身精神 2. 精读《普罗米修斯盗火》中普罗米修斯被缚片段，展开想象，体会普罗米修斯不畏强暴、为民造福的伟大精神
	第3课时	1. 以自读思考、小组合作、补白等形式，引导学生在对语言文字的揣摩中感受人物形象 2. 群文阅读，走进神话，感受神的形象
	第4课时	行者——孙悟空（阅读一本书）
	第5、6课时	王者——哈利·波特（欣赏一部电影）
	第7课时	比较、交流、分享：孙悟空PK哈利·波特
教学方式：年级"跑班"上课	教师	教学内容
	卢梅、张红霞、吴海峰	《开天辟地》《普罗米修斯盗火》，补充阅读材料《希腊神话》中的几个小故事
	邵娟	行者孙悟空（课前阅读完《西游记》）
	张抗抗	王者哈利·波特（课前安排年级组的学生欣赏电影《哈利·波特》）
	张婷	孙悟空PK哈利·波特

主要成果：一是增加了学生的阅读量。学校以现行的语文教材为主体，围绕语文教材，编写了《春天里采来的花瓣》儿歌集、诗歌集和小古文集，每学期推荐阅读完 20 本整本书籍，围绕单元主题推荐的一本书籍让学生自己进行拓展阅读。在这种课程体系中，每个单元都是一个主题文化大单元。在这样的语文教学中，学生能够接触到更多更广的语文阅读资源，阅读空间大、阅读视野广、阅读内涵深、阅读效率高。学生增加了阅读量，提高了语文知识运用的能力，更加喜爱学习语文。

二是增多了学生的语文实践。学校给学生创设语文实践的环境，开展多种形式的语文学习活动。所以，我们在进行"单元主题整体阅读教学"的过程中，还经常根据教材中的相关主题开展一些课外实践活动来拓宽学生的学习渠道，丰富学生的课程学习资源。比如在二年级"童话"单元里学习课本剧的表演，在五年级的"祖国山河多壮丽"单元中用相机和文字记录祖国山河的美好；在"新年，你好"单元学习中，学生们学习制作花灯、创作灯谜……就这样，在"大语文"教学观的教学理念关照下，教师根据教学目标，整合相应的学习材料，利用这些材料的相同或不同之处进行整体性设计，在语文实践中关注学生认知过程与实践过程的整合，让"学语文"与"用语文"高度结合。

三是提高了教师的课堂效率。大单元整合教学，在课时不变的情况下，教学内容更为丰富。以新课程标准为核心，以教材篇目为基础，确定了每学期七大教学板块的具体内容：教材教学、校本诵读、推荐阅读、自由阅读、习作练习、语文实践活动和评价活动课堂。这些内容使教师积极研讨，努力探索，改变教学行为，改变语文课堂教学效率低的局面，在大单元整合内的课堂框架中实现教学效率的最优化。

语文大单元整合的课堂教学和相应学习活动作为一种课堂文化、学习与生活文化来建构，它涉及学生、教师、家长的心灵，改变了学生和教师的气质与灵魂，改变了整个学校的氛围。学生通过大单元整合的学习，更加热爱语文、热爱生活，有健康的文学欣赏趣味和宽广的文化视野，对事情有独立思考的能力和辩证的思维，提高了参与、组织活动的能力，在学校呈现出一种生机勃勃的状态。

（2）数学文化课

数学文化课开设的背景。数学是人类的一种文化，它的内容、思想、方法和语言是现代文明的重要组成部分。数学学习对于学生而言，不仅具有知识价值，还具有文化价值，即数学学习不仅使学生获得数学知识和数学技能，并据此解决生活、学习和工作中的问题，而且数学学习对于学生的思维方式、价值观念乃至世界观等方面都能产生重要影响（尽管这种影响主要是以一种潜移默化的方式发挥作用的）。由于科学主义数学观根深蒂固，数学"双基"教学传统习惯的强大，以及社会上愈演愈烈的"应试"之风的制约，教师们都有意或无意地维持着知识中心主义的教学观，而弱化数学的文化价值，甚至极端地拒绝或抵制"体现数学的文化价值"。

强调数学的文化价值并不是要否定数学知识的价值，数学知识在数学教学和生活中的重要性不言而喻，我国关于数学的基础知识和基本技能的教学所取得的成果令世人瞩目。然而，如果因此而忽视对学生情感、态度和价值观的培养，牺牲学生对数学学习的兴趣爱好甚至身心健康，那显然是得不偿失的。从现实状况看，片面追求知识的目标所导致的教学中枯燥讲解、过度训练等不良现象比比皆是，触目惊心。许多学生处于苦学、死学、厌学、惧学甚至恨学状态，数学的文化价值被严重消解。

教学内容的来源与教学方式的选择。内容主要来源于三个途径：一是教材中相关的数学文化内容，特别是"你知道吗"栏目的内容；二是西南大学编写的《读本》；三是教师们根据相关教学内容自己编写。为避免这些内容的分散杂乱，在具体编排上遵循"以教材内容为核心，有机融入"的原则。

教学上，规定每位教师每学期上至少一节数学文化课。内容自选，轮流"跑班"教学。

进行教学渗透。但内容较少，不够系统，还要专门地进行。

数学文化课实践。2015年5月，我们选派张高洁老师参加全国第一届数学文化赛课活动，课题"奇妙的图形密铺"获得一等奖。同年10月选派王军老师参加全国数学文化研讨会，献课"我的游戏我做主"，获得与会代表一致好评。2016年1月申报全国数学文化研究实验学校，获得第二批全国数学文化研究实验学校授牌。同年5月选派蔡晓晴老师参加第二届全国数学文化优质课赛课，荣获全国二等奖。

全体教师数学文化课研究情况表

序号	时间	教研活动	活动形式	执教教师
1	2014 年 12 月 4 日	展示课"谁的面积大"	区名师大讲坛（全区数学教师 360 人）	王九红
2	2015 年 12 月 4 日	展示课"中心对称"	区名师送教活动	王九红
3	2016 年 3 月－2016 年 4 月	介绍数学文化研究概况	汇报	王军
4	2016 年 4 月－2016 年 5 月	展示课"绵延不绝的图案" 展示课"我的游戏我做主"	展示课	张高洁
5	2016 年 4 月－2016 年 5 月	选拔教师，参加第二届全国数学文化优质课赛课	展示课	王军
6	2016 年 5 月－2016 年 6 月	全国数学文化读本教材学习会	研讨	王九红
7	2016 年 6 月－2016 年 7 月	制订下学期展示课计划	研讨	王军
8	2016 年 9 月－2016 年 10 月	数学文化教材分析	讲座	王军
9	2016 年 9 月－2016 年 10 月	数学文化研究课"扑克魔术"	研究课	王军
10	2016 年 10 月－2016 年 11 月	数学文化研究课"探索美的奥秘"	研究课	许静
11	2016 年 10 月－2016 年 11 月	数学文化研究课"玩转七巧板"	研究课	芦敏
12	2016 年 11 月－2016 年 12 月	数学文化研究课"一笔画"	研究课	张高洁
13	2016 年 11 月 10 日	数学文化研究课"圆的对称"	研究课	黄丽丽

序号	时间	教研活动	活动形式	执教教师
14	2016 年 11 月—2016 年 12 月	学生活动展示	展示	王军
15	2016 年 12 月—2017 年 1 月	数学文化研究总结会	研讨	王军
16	2017 年 3 月 12 日	方格里的秘密	研究课	许继红
17	2017 年 3 月 12 日	有趣的七巧板	研究课	芦敏
18	2017 年 4 月 7 日	扑克魔术	送教浦口行知小学	王军
19	2017 年 4 月 11 日	和与积的奇偶性	研究课	杨梅
20	2017 年 4 月 13 日	折纸的学问	研究课	倪伟
21	2017 年 4 月 24 日	神奇格子	研究课	陈思
22	2017 年 4 月 26 日	中心对称	展示课	王九红
23	2017 年 5 月 19 日 2017 年 6 月 8 日	神奇的小不点	全国上课、金牛湖送教	张曼
24	2017 年 5 月 30 日	面积是多少	研究课	王军
25	2017 年 6 月 21 日	一笔画	研究课	张高洁
26	2017 年 10 月 18 日	周长是多少	研究课	张曼
27	2017 年 10 月 18 日	田忌赛马	研究课	邓翔
28	2017 年 10 月 26 日	"漫谈数学文化"讲座	集团研训	王军
29	2017 年 11 月 10 日	巧破数阵图	研究课	朱翠萍
30	2017 年 12 月 15 日	间隔排列	研究课	芦敏
31	2017 年 12 月 21 日	数学文化与数学教学	讲座	王军
32	2018 年 1 月 5 日	逃离三角形魔兽	研究课	许继红
33	2018 年 1 月 5 日	魔法框的秘密	研究课	王军
34	2018 年 1 月 16 日	可能性	研究课	黄丽丽
35	2018 年 1 月 16 日	神奇的二进制	研究课	李如江
36	2018 年 4 月 4 日	挖宝藏	研究课	李如江

序号	时间	教研活动	活动形式	执教教师
37	2018 年 4 月 4 日	一共几本杂志	研究课	张曼
38	2018 年 4 月 24 日	奇怪的遗嘱	研究课	倪伟
39	2018 年 6 月 21 日	巧算 24	研究课	许继红

（3）校园简易橄榄球

2012 年我校开展了校园简易橄榄球运动。近几年，橄榄球融入大课间、社团、课堂中。

时间安排：

一、二年级——3 月中旬到 4 月中旬

三、四年级——4 月中旬到 5 月中旬

五、六年级——5 月中旬到 6 月中旬

内容选择：

一年级——抛接球、面对面传接球、橄榄球游戏

二年级——侧向传接球、行进间传接球、带式橄榄球游戏方法与规则、简单小比赛

三年级——进攻线传接球、防守队形、素质练习、TOUCH 橄榄球比赛方法与规则、橄榄球游戏

四年级——TOUCH 橄榄球小型比赛、简单战术

五年级——TOUCH 橄榄球正规比赛的相关规则和方法、素质练习、相关游戏

六年级——TOUCH 橄榄球正规比赛的相关规则和方法、素质练习、相关游戏

评价方法：

每个年级根据所学的橄榄球内容，在单元结束后要进行考核。

一年级——面对面传接球

二年级——侧向传接球

三年级——进攻线传接球

四年级——二打一战术

五年级——比赛

六年级——比赛

4."我课堂"成绩斐然

近几年，天正小学"我课堂"的实践探索取得了一定的进展。2013年鼓楼区小学教学工作总结会上，我校做了《起步高岗立，蜀道奋然行——南京市天正小学教学改革的探索》经验介绍，得到了与会校长和教师们的好评。南京市青云巷小学、小市小学等邀请我校介绍经验。2014年鼓楼区教育局在我校召开"自主学习，我课堂"教学现场会。我校展示了11节不同学科"我课堂"的公开课，《提升教学领导力——南京市天正小学教学文化建设的实践与思考》《行止有章，思想无疆——南京市天正小学学风建设实践探索》两个主题报告，产生较大反响，得到了与会校长与教师的高度认可。

同年11月24日至25日，鼓楼区人民政府教育督导室通过听取学校自评汇报、观看社团活动特色展演、随堂听课、教师访谈、师生家长座谈、问卷调查、学生素质测试、教师基本功测试、查阅相关资料等，对我校素质教育情况进行督导考核，做出《关于对南京市天正小学素质教育督导考核报告》，将学校办学成绩归纳为四条：规范办学，教育理念鲜明，办学成效显现；聚焦课堂，教学管理规范，科研引领发展；立足校本，创新育人模式，推进素质教育；优化队伍，加强师德建设，促进专业成长。考核总分150分，我校取得了145.5分。鼓楼区人民政府教育督导室在2015年的回访中，随机听了9节课，全部为优。

2014年，市教研室在我校举办南京市天正小学体育校本课程现场会，我校展示了4节橄榄球整合课、10个体育社团的活动、两个主题报告，同时做了《"橄动天正"：天正小学简易式橄榄球校本课程》新书发布。

2016年3月，南京市小学教学工作会召开，我校为分会场。胡金涛老师所讲的"玉石文化"公开课充分体现了"我课堂"的风采，在全市美术教师中产生较大反响。各大媒体争相报道。

现在，"我课堂"研究成果已全面显现。数学学科的错题研究、数学文化课研究在深入进行。语文学科的大单元整合教学研究成果丰硕，已经签约出版专著。体育、美术、科学等学科的内容整合已经非常成熟，相应的教学方式改革也成效显著。已做的探索丰富了我们的经验，取得的成绩增强了我们的信心。今后，南京市天正小学将沿着"我课堂"的建设之路继续奋力前行。

5. "我课堂"建设的反思与展望

（1）"我课堂"建设的反思

"我课堂"的建设是一个行动研究的过程。起初，我们并没有这样的一个明确概念。建设期间，我们经历了"挤水提效"和"高效轻负模式建构"两个阶段。这样的过程，呈现了我们对天正课程与教学文化建设认识的深入——从关注知识学习效率到关注师生生命的成长。

我们认为，关注知识学习的效率应该是所有课程与教学改革的基本目标，好的课程与教学首先要能促进学生知识与技能的高效发展。知识与技能的课程与教学目标的达成是过程与方法、情感态度和价值观目标达成的前提与载体。如果没有知识教学的高效率而奢谈学生核心素养的发展，那无异于缘木求鱼。

关注知识学习的高效率，要关注这样的高效率是怎么实现的，不能以牺牲学生良好的学习体验、学生对学习的兴趣和正确价值观的形成为代价。这就是"我课堂"要突出的一点——师生生命的成长。

从"我课堂"建设的历程看，我们采取了重点突破、以点带面的策略。重点在语文、数学和体育三个学科进行，以这三门学科的研究来带动其他学科的跟进。同时，在"我课堂"的建设的推进上，我们采取虚实并进的策略。"虚"就是在全体教师中树立"我课堂"建设理念——师生共同成长的场域，"实"就是通过研究和管理的各种机制扎扎实实地推动各位教师的实践行动。

（2）"我课堂"建设的展望

今后的"我课堂"建设有两个方面的工作：一是要重点抓好语文学科和数学学科已经开展的几个项目的研究，二是要进一步完善和落实其他学科"我课堂"的内容体系和与之相匹配的教学方式体系的建设。

在语文学科，我们开展的大单元整合研究已经取得丰硕成果。在江苏第二师范学院成国庆院长带领的团队的支持下，理论探索和建构有了很大的深入，这对今后进一步研究提供了理论的指导框架。实践上，语文教研组进行了较为扎实和丰实的研究，积累了许多鲜活的课例，这是今后研究的宝贵资源，要精心研读，仔细剖解，总结归纳出规律。同时，要继续进行新的探索，将大单元整合的研究成果放大，辐射学校其他学科的"我课堂"建设，将来作为学校参评省市基础教育教学成果奖的申报项目。

数学学科所做的学生错题研究、数学文化课研究和现场再现三项研究，分别从学生学习的生成性资源、数学课程丰富性内容和教师教学案例知识的角度进行探索。每项研究都有较大的发展空间，都可以形成丰硕的研究成果。实际上，三项研究分别从学生、数学和教师的视角切入，指向学生数学素养的发展和教师数学专业素养的发展。

对于其他学科，要加大"我课堂"建设力度，特别是体育、科学、美术、英语、信息技术、音乐学科，要抓紧实施，品德与生活（品德与社会）、综合实践活动要积极跟上。

体育：橄榄球校本课程与国家课程有机整合，贯通体育课、阳光体育活动、校本体育竞赛、游戏四个方面，整体建构，科学谋划。加强评价研究，形成完善的评价体系。

科学与信息技术：要以 stem 项目为纽带，将简易机械创意制作、3D 打印、激光雕刻、创客、电脑编程、电脑绘画、科技发明等项目有机整合起来，形成大的课程内容与教学方式体系。

美术：要进一步研究纸浆画，突破现有以白色卷纸为原料的现状，大胆拓展报纸、牛皮纸、画报纸等材料的纸浆画艺术效果。将纸浆画内容更多地融入美术课堂教学与社团活动之中，形成全体普遍参与与重点成员专门培养的体系。出更多纸浆画作品，出更多的纸浆画研究成果——课例、文章、专著，促进更多学生的纸浆画技能乃至艺术创造力的发展。

英语：要将新东方少儿英语、苏教国际外教英语与国家课程有机整合，积极探索更加丰富多彩的英语教学内容和体系，进一步巩固和提高天正小学的英语教学质量。

音乐：精选合唱团演唱歌曲和管乐团演奏曲目，并将其有机地融入天正小学音乐课教学之中，整体建构合唱团、管乐团和音乐课内容与教学体系，协调好社团学生的普及与提高的关系。

品德与生活（品德与社会）、综合实践活动：要加强教师队伍建设，在此基础上逐步实施"我课堂"建设。

构建赋予学生学习以生长力量的
学校核心课程

——江苏镇江中山路小学的课程建设

"完善课程体系，加强课程建设，改进课程实施"的课程建设背景与总目标，是我们当前深化义务教育课程改革的重要内容，而其中作为义务教育课程重要"一翼"的拓展性课程的建设，让学校管理者和多数教师感到茫然。基于此，我们在学校"敬仁行章"的办学理念和培养具有规范而自主的精神底色、有积极的创新意识、鲜明的个性追求、有丰富的中国文化积淀的创意儿童的培养目标指引下，努力构建基于学生立场的学校核心课程之拓展的校本课程，意图在课程建设的过程中实现"师生共同成长"的总目标，真正实现学生在智、能、情、意和价值观方面的综合发展。

语文拓展课程：着眼于学生的精神成长

一、课程内容

1. 利用校本教材《古诗文诵读选本》，促进学生的语言构建，提升学生的审美能力，丰厚学生的人文底蕴，培养学生传承中华优秀文化的意识。

2. 立足教材，积极延伸，开展"整本书共读"活动，促进学生的思维发展与提升，养成阅读的好习惯。

3. 整合资源，开发实践课程，培养学生语言应用的能力，提升学生的创造力，使学生学会学习，学会创新，学会生活。

二、课程构建的意义

1. 诵读经典，为学生的人生奠基

经典诗文是中国文化的瑰宝，延续着中国传统文化的生命力，这些优秀的文学作品会对学生的身心发展产生积极的影响，是塑造学生健康人格的必备教材。小学生诵读国学经典可以使他们的语文素养得到全面提升，可以使他们对我国民族文化进行更为深入的感受和体会，还可以促进传统文化的传承。国学经典作品蕴含着浓厚的中华民族传统文化气息，这是在长期社会发展中精神、思想以及文化的重要结晶，具有重要的传统美德教育意义。诵读经典，为学生的人生奠基。

2. 阅读整本书，让书香浸润心灵

1941 年，叶圣陶在《论中学国文课程标准的修订》中第一次明确提出"把整本书作主体，把单篇短章作辅佐"。叶老认为，"国文教学的目标，在养成阅读书籍的习惯，培植欣赏文学的能力，训练写作文字的技能"。而《义务教育语文课程标准（2011 年版）》指出："要重视培养学生广泛的阅读兴趣，扩大阅读面，增加阅读量，提高阅读品位。提倡少做题，多读书，好读书，读好书，读整本的书。"读整本书，有助于学生发展语言、锻炼思维、强健精神、提升境界，能净化学生的心灵。

3. 参与语文实践，全面提升核心素养

《义务教育语文课程标准（2011 年版）》提出："语文课程是实践性课程，应着重培养学生的语文实践能力，而培养这种能力的主要途径也应是语文实践。语文课程是学生学习运用祖国语言文字的课程，学习资源和实践机会无处不在，无时不有。因而，应该让学生多读多写，日积月累，在大量的语文实践中体会、把握运用语文的规律。"不仅如此，课程标准还在第二部分"课程目标与内容"关于"总体目标与内容"中提出"能主动进行探究性学习""在实践中学习和运用语文"；在第三部分"实施建议"关于"教学建议"中提出"教学中努力体现语文课程的实践性和综合性"等要求。语文实践让学生真正成为一个人文底蕴丰厚、会学习、乐创造、会生活的人。

三、课程建构的策略与方法

1. 培养教师的课程意识，从自发校本化走向自觉校本化

（1）构建自主开放的对话平台，让教师成为课程的开发者

在学校的课程开发与研究中，充分发挥学校成员的积极性、主动性和创造性，使教师自觉成为课程的开发者。

（2）搭建专业引领的学习平台，储备有专业知识的新型人才

每一位老师都拥有了"用学习引领成长"的理念。学校搭建"中山风"教学节等平台，邀请全国知名专家、教师进行专业引领，倡导"学习革命"，打造学习型、研究型教师团队。

（3）建设绿色生态的交流平台，让研究成果有效共享与碰撞

学校利用校园网、教研组 QQ、校园云盘等现代生态交流平台，让教师及时共享经验、共议难题、碰撞辩论，形成了良性的交流方式。

2. 进行"四有"教研活动，从有效指导走向自主创新

我校在多年的教学研究中形成了"四有"教研模式，即有"主题"研究，有"专家"指导，有"过程"管理，有"评价"机制。

第一，有"主题"研究。开学之初，语文教研组就确立了本学期的研究主题。如，本学期适逢国家将统一使用部编版教材的过渡时期，确定"比较部编版与苏教版教材异同，进行阅读策略的研究"这一主题，开展了语文组的教研。不同年级的老师将两种版本的教材进行阅读、研究、梳理，找出相同与不同的地方，设计本学期研究的重点，通过讲座、课堂教学展示等方式，进行教研，以确保顺利完成教材的过渡。

第二，有"专家"指导。除了定期邀请市、区语文教研员来学校进行课堂教学指导外，我校多年来一直聘请特级教师常驻学校。宦学义老师、薛翠娣老师等以自己的深厚的知识底蕴指导着老师们，以独特的人格魅力影响着大家，让教研活动更有效。

第三，有"过程"管理。根据我区和我校教育教学的现状，确立了"共同体教研""大组教研"与"组内教研"三位一体的教研形式。京口区教育局提出据"板块融合、强弱搭配、地域邻近"的原则，将区域内 16 所小学和 4 所初中进行"教育共同体"组合，以教学案一体化为主抓手，促进区域教育质量均衡发展。作为组长学校，我们"中山共同体"以高度的责任感去带动共同体成员学校的发展，以"传授经验""解决问题"为主题原则，促进共同体学校之间的交流与合作，拓宽教研渠道，优化教研力量，创造相互开放、优势互补、共同发展的良好氛围，解决课程改革过程中出现的实际问题。"大组教研"是我校全体老师围绕教研主题积极进行课堂教学的研究，共享共赏、共评共议。"组内教研"即采用"自我研习＋同伴互助"的校本培训模式，通过反思表达自己对教育的理解，增长教师的思考力和感悟力，也给予老师们个性化的教学研究空间。我们的同伴互助分为日常性和定期性两种。随堂课探讨、教师结对、问题会诊等是教师群体同伴互助的日常行为。定期性的同伴互助包括公开课探讨、理论专题学习、同构异课等方式。无论哪一种研究，皆有计划、有组织、有教研主题、有研究记录、有总结反思，过程详尽，积累了宝贵的教研过程性资料。

第四，有"评价"机制。学校设计了"课堂教学评价表""教研活动

记录表"。听课专家与教师利用这些表格进行评价与记录。在追求过程性教学目标达成的过程中，我们将课堂教学的评价定位为，既关注评价的"诊断性"，又关注评价的"形成性"和"发展性"，在教学活动中突出学生的主体地位和教师的主导地位。我们肯定每一位教师的进步，也不忽略每一个问题的探讨。每学期结束，学校组织各教研组进行"汇报评比"，教师们群策群力，以感性的故事、丰富的教研活动、有趣的成长经历博得阵阵掌声。全员投票评选出"优秀教研组"，该组组长获得"优秀教研组长"称号。

3. 多元活动，积极创建中山语文特色课堂

(1) 诵经典，让传统文化代代相传

编写校本教材。《古诗文诵读选本》系我校全体语文教师集体编写，由江苏大学出版社出版。这是我市近年来第一部由一所小学集体编写并正式出版的传统经典读本，也是我校实施课程改革、开展中华经典诵读活动的最新成果。

这套丛书按照一年级到六年级小学生的识记、理解能力，由浅入深地分为 6 册，每册又通过"精读"与"泛读"来区分重点内容与补充材料。精读部分选了《三字经》《弟子规》《论语》《史记》《全唐诗》等典籍中的部分内容，供学生诵读、记忆；泛读部分选了《诗经》《千家诗》《笠翁对韵》《世说新语》《唐宋传奇》《大学》《中庸》《孟子》等典籍中的部分内容，为学生拓宽阅读面。在第六册还选录有关镇江的名篇，向学生进行热爱家乡的教育。

组织实施。第一，营造氛围。走进中山路小学，随处可见诗词，墙壁上、走廊里、楼梯石阶上。行走在校园中，漫步在诗香里。值得一提的是，学校将二十四节气的诗歌贴在楼梯石阶上。拾级而上，学生随时能欣赏到这些美妙的诗句。

第二，时间保证。每周晨诵《古诗文诵读选本》的相关内容，利用"红领巾广播"播放名师、专家的讲解或评述。

第三，方法指导。邀请镇江市艺术馆的教师、镇江市广电局的主持人来校进行诵读指导。同时要求教师在课堂古诗教学中有意识地进行诵读训练，让学生掌握一定的诵读技巧。

第四，活动激趣。开展丰富多彩的活动，将枯燥的诵读变为有趣的游戏。如唱诗、诗配画、赛诗会等。2016 年，在"我和诗词有个约会"活动中，有学生唱《春晓》，有学生玩"古诗串烧"，有学生表演古诗词，有学生现场进行"飞花令"……精彩纷呈。

学生在看、听、读、诵、演、唱等多种形式中爱上经典诗词，乐于诵

读分享，从优秀逐步走向优雅。

（2）读整本书，让中山校园处处流芳

确立书目。开学的时候，每个教研组会商议出本学期本年级师生共读书目。书目的确立主要有以下两个原则。

第一，基于教材的原则。我们使用的教材当中，有明确指出的必读书目，有的文章是从名著当中节选出来的，有的课文直接是推荐读物。老师们先进行梳理，列出清单。

第二，基于经典的原则。我们会根据名师的推荐和较有影响力的机构评选出的年度好书，进行自读选择，纳入书单。然后确定本班本学期师生共读的书目。（见下表）

师生共读书目

项目	书目
与本册教材有关的课外阅读书目（梳理全部）	《假如给我三天光明》
	《上下五千年》
	《呼兰河传》
	《繁星·春水》
	《少年读史记》五本
本学期其他优秀书目	《蜻蜓眼》
	《昆虫印象》
	《战马》
各班师生共读书目	五年（1）班《昆虫印象》
	五年（2）班《上下五千年》
	五年（3）班《假如给我三天光明》
	五年（4）班《繁星·春水》
	五年（5）班《战马》
	五年（6）班《少年读史记》
	五年（7）班《蜻蜓眼》
	五年（8）班《呼兰河传》

组织实施。主要有以下三个原则。

第一，时间保证。开设阅读课，让师生有时间读书。午间自主时间，也可以用来进行读书。世界读书日、校园读书节，我校都会有半天的师生共读安排。

第二，读有指导。师生每读一本书，都会经历三个课型：读前推荐课、读中指导课、读后交流课。这一过程让学生读有兴趣、读有所获。

第三，个性展示。每个班级的学生和老师都乐意积极分享他们的读书活动成果。有的采用独特的读书笔记，有的设计成手抄报，有的做成思维导图，有的用PPT、美篇分享。校园的展板上，班级的板报上、学习角里，随处可见师生共读的成果。

评比表彰。我们根据每个班的共读情况进行评比，评选出校园的书香班级，评选出各班的"仁章阅读星""仁章创意星""仁章才艺星"等。

当然，除了常规的师生共读活动，我们还积极利用世界读书日、校园读书节等契机，组织全校范围的师生共读活动。如2018年4月，全校师生进行了"亲近大师，诵读美文"——曹文轩作品诵读活动。在前期共读的基础上，以诵读曹文轩作品片段为内容，进行了班级海选、班级复赛、年级决赛的层层PK，最终评选出学校的"诵读小明星"。此活动激发了学生的阅读热情，提升了学生的人文修养，提高了全校学生的诵读水平，让他们在诵读过程中获得了经典美文的熏陶。

2016年，中山路小学发起"你在长江头，我在长江畔，同饮长江水，共闻读书声"活动，与三江源头的青海玉树县扎芒小学结对，学生挑选自己喜爱的书，寄给玉树结对学校，通过书信的方式交流共读收获。

（3）乐实践，让中山学子个个阳光

语文是实践性很强的课程。语文教育要遵循母语学习的特点和规律，就必须"重视学生的语文实践"。

顶层设计。立足于全面提升学生的核心素养，我校设计了学生的成长系列活动：一年级的入学之礼，二年级的"小豆芽成长记"，三年级的"感恩十年·快乐十年"成长仪式，四年级的"护蛋大行动"，五年级的"祖孙同游南山"，六年级的毕业仪式。系列活动选择"入学""成长""快乐""生命""孝敬""感恩"六大主题，为中山学子的成长助力。

主题阅读。为了保证实践活动的深入，我们根据活动方案，进行了相关的主题阅读。以五年级的"祖孙同游南山"为例，老师们精心选择师生共读篇目——《三字经》（节选）、《奇迹的名字叫父亲》《母亲的姿势》《苹果树上的外婆》等，从优秀的文学作品中感受"孝"的意义，将孝之道植入学生心中。

实践体验。在学校的精心设计下，在各年级老师的用心组织下，在各班家委会的全力协助下，学生每年都能体验到许多的语文实践活动。以四年级的"护蛋大行动"为例，在主题阅读后，学生们开展了一系列的活动："我给蛋宝取个名""我给蛋宝化个妆""蛋宝比美记""斗蛋""我给蛋宝安个家"……在一系列实践体验中，学生们养成了合作、分享、积极进取等良好的个性品质和交往能力，培养了发现问题、解决问题的能力，获得了亲身参与实践的积极体验和丰富经验，激发了创新潜能，形成了对自然、社会和自我内在的整体认识，对生命有了更为积极的认知。

多元表达。实践活动展示成果的方式多种多样：活动报告、调查报告、调查表、画图、摄影、活动日记、活动记录、手抄报和展板等。

精心的设计与组织，为的是学生有效地参与。尊重他们体验、感受，以学生兴趣和内在需要为基础，以主动探索为特征，最终实现学生主体能力综合发展的目的。

英语拓展课程：着眼于儿童学习力的生长

一、课程内容

1. 以培养学生后继学习能力为目标的英语词汇突破教学实践。

2. 在大教材观视野下，以"精品习题、精品教学案"为抓手的轻负担高质量教学实践。

3. 以综合活动课为载体的原版英语绘本或影视作品的主题探究式拓展学习。

二、课程构建的意义

1. 培养学生的思维力，提升学生对于词汇的自学能力

学生拥有自学能力才有较强的后继学习能力。现行的小学英语教材基本上都遵循了新课标提出的作为人的整体发展的要求，但对于在小学阶段要不要教音标及总结单词记忆方法一直争论不休。因此，许多教材（包括牛津小学英语、译林小学英语）对单词的学习都采用了折中的方法，即整体认读（拼读）法及少量的分散难度的不完全的读音归类法。我们的拓展课程倾向于用演绎法来教授读音规则，因为这样有利于学生掌握快速记忆单词的方法并培养自学单词的能力。

2. 着眼于人的教育，提升教学质量

"轻负担、高质量"就是"课外作业少，自主时间多，学习兴趣浓，发展后劲足"。教育是着眼于人的教育，所以质量应是在人本理念引领下的知识、技能、情感态度的综合质量。过劳而累，累而生怨，这样的教师不会真正地关爱学生成长。"抢时间、发怒火、大一统"得来的短暂的好

分数不是真正意义上的高质量。我们认为真正的学生发展是指学生智、能、情、意和价值观的综合发展，而学生发展是"轻负担，高质量"的本义，它指引着我们对国家核心课程校本化的研究和实践。

3. 扩大课程资源，提升教师的专业品质

语言学习就是一种动态学习的过程。现在小学的大部分教材都是以工具性的目标为主，关于品格培养、学生内心世界和思维能力的设计较少。本课程的研究能够拓展英语课程资源，进一步提升英语教师的专业品质。

三、课程建构的策略与方法

1. 授之渔，重突破，着眼英语学习的长远发展

我们学校通过研究和实践，在较短的时间内，就解决了小学英语学习的"拦路虎"——词汇问题。

我们在研究小学生学习心理的基础上开展了三个学期的英语单词教学改革实验。一开始我们就给了学生们一个积极、快乐的心理期待：老师要教给大家一种"悠哉悠哉"背单词的方法，简称"悠悠"法。学生们很兴奋，期待着老师的引领。

在三年级第一学期，我们教完字母后，就把总结出的辅音字母在单词中的读音按字母顺序呈现给学生们。我们给它们起个名字叫"单词音"。辅音字母的"单词音"如下图：

$$
\begin{array}{lll}
Bb— [b] & Cc \begin{cases} [k] \\ [s] \text{（主要在 e，i，y 之前）} \end{cases} & Dd— [d] \\
\end{array}
$$

$$
\begin{array}{lll}
f— [f] & Gg \begin{cases} [g] \\ [ʤ] \text{（在 e 之前）} \end{cases} & Hh— [h] \\
\end{array}
$$

$$
\begin{array}{llll}
Jj— [ʤ] & Kk— [k] & Ll \begin{cases} [l] \\ [f] \end{cases} & Mm— [m] \\
\end{array}
$$

$$
\begin{array}{llll}
Nn— [n] & Pp— [p] & Qq— [kw] & Rr— [r] \\
\end{array}
$$

$$
\begin{array}{llll}
Ss \begin{cases} [s] \\ [z] \end{cases} & Tt— [t] & Vv— [v] & Ww— [w] \\
\end{array}
$$

$$
\begin{array}{lll}
Xx— [ks] & Yy \begin{cases} [ai] \\ [i] \\ [j] \text{（与其他音拼读时）} \end{cases} & Zz— [z] \\
\end{array}
$$

辅音字母的"单音词"

教师在呈现、引读后帮助学生总结出 21 个辅音字母中哪几个字母有两种及两种以上读音（5 个），哪些字母一般只有一种读音（字母音与单词音是一一对应的）。

在 3B 教材学习时虽然仍是以听说为主，但为了与四年级更好地衔接，我们要求学生对词汇和句子要整体指读、认读，在学生学了辅音字母的单词音后，在新学的单词中加强了单词音的认读，使学生深化、熟练字母与单词音的这种对应关系。

在学生对单个辅音字母的单词熟练之后，我们及时给出辅音字母组合的单词音。为了帮助学生形象地理解字母组合，我们和学生一起亲切地称它们为"字母小乐队"，意思为在一起表演，不随意分开。小学阶段常见的辅音"字母小乐队"如下图：

ck— [k]　　dr— [dr]　　ds— [dz]　　kn— [n]
ght— [t]　　ng— [ŋ]　　ph— [f]　　qu— [kw]
sh— [ʃ]　　ts— [ts]　　tr— [tr]　　tch— [tʃ]
th $\begin{cases} [θ] \\ [ð] \end{cases}$　wr— [r]　　wh $\begin{cases} [w] \\ [h] \end{cases}$
ch $\begin{cases} [tʃ]（大部分情况） \\ [k] \end{cases}$

辅音"字母小乐队"

辅音"字母小乐队"的学习先集中一次学习，后续 6—8 节课，每节课温习 2 分钟左右并与随单词指认学习相结合。学生掌握得很快，也觉得很有意思。

到了 3B 后阶段，教师在新授课之前集中两课时学习活跃的元音字母单词音及 r 组合，这次的呈现与辅音字母略有不同，给出例词，因为对辅音字母及其组合的掌握已有助于学生结合新内容学习时进行拼读练习。现呈现如下图：

Aa [ei]　c a ke　n a me　[æ] c a t　m a p
Ee [iː]　th e se　m e　[e] l e g　b e d
Ii [ai]　b i ke　h i　[i] h i s　b i g
Oo [əu]　th o se　g o　[ɔ] n o t　d o g
Uu [juː]　u se　m u le　[ʌ] c u p　b u s
r 组合：
ar— [aː]　c ar　f arm
er— [əː]　h er　c ertainly　[ə] teach er　sist er
ir— [əː]　g irl　b ird
or— [ɔː]　h orse　sp ort
ur— [əː]　n urse　t urn

元音字母单词音及 r 组合

为了顺应小学生的学习心理，我们形容元音字母在单词中的开音节读音为"开开音"，闭音节读音为"闭闭音"，并帮助学生总结出记忆特点。如"开开音"跟字母音相同；"闭闭音"口型由大嘴到小嘴再到大嘴，[æ] → [e] → [i] → [ɔ] → [ʌ]。

至此，学生在真正开始学习拼读、默写单词前已初步掌握了字母（组合）在单词中的基本读音，他们从开始记单词就使用科学的、有规律的方法，而不需要死记硬背。如 rubber 的记忆过程就不是一个个字母的死记而可以是 ru-bb-er 的拼读过程。同样如 m-ar-k，sh-ir-t，一眼就能拼出并快速记住。

对于最活跃的元音字母组合（"小乐队"），学生则在随单词学习的过程中记录并学习。在这一块中有很多"小乐队"一组多音或多组同音，并有许多类似的组合，较复杂。集中学习并不能提高多少效率，我们采用的是碰到即强化记忆并记录在自制的表格中。主要如下图：

$$
ai\,(y) — [ei] \quad al \begin{cases} [ɔːl] \\ [ɔː] \\ [aː]（在 f、m 前） \end{cases} \left. \begin{array}{c} au \\ aw \end{array} \right\} [au]
$$

$$
\left. \begin{array}{c} air \\ are \end{array} \right\} [ɛə] \quad ea \begin{cases} [iː] \\ [e] \\ [ei] \end{cases} ee— [iː] \quad ei\,(y) — [ei]
$$

$$
ear \begin{cases} [iə] \\ [ɛə] \end{cases} \quad ere \begin{cases} [iə] \\ [ɛə] \end{cases} \quad igh— [ai] \quad oa— [əu]
$$

$$
oi\,(y) — [ɔi] \quad oo \begin{cases} [uː] \\ [u]（在 k 前） \end{cases} \quad ou \begin{cases} [au] \\ [əu] \end{cases}
$$

$$
ow \begin{cases} [au] \\ [əu] \end{cases}
$$

元音字母组合

我们接着从单词音律美的角度简单讲一下重读与非重读的概念，及时引出元音字母的弱读音，以便学生较全面地掌握单词拼读法。如下图：

$$
a \begin{cases} [ə] \\ [i] \end{cases} \quad e \begin{cases} [ə] \\ [i] \end{cases} \quad i\,(y) — [i] \quad o— [ə] \quad u— [ə]
$$

元音字母的弱读音

按元音字母的顺序竖起来读可以用一种形象的声音来帮助学生很快记住弱读音。

在这种语感拼读单词的过程中，老师可组织学生开展丰富多彩的小游戏活动，使学生学单词变成一件有趣的事，如找"小乐队"比赛游戏、巧记单词比赛等。

经过两个多学期的粗略培训，学生已经不畏惧背单词，有很多学生自己能总结出背单词的方法（均以单词音的拼读为基础或在此基础上派生出的联想记忆、趣味记忆等）。此"悠悠"法还有一个最大收获：学生很自然地习得了对音标的认识。

有了对应关系可以快速背单词，会了音标基本可以自学单词，学生再掌握老师总结的音标拼读的原则：能看成双元音或双辅音的绝不要看成单的；只有辅音跟元音才能拼读。能拼的一定要拼，不能拼的依次读过去。学生学习单词如虎添翼，完全能自学，学习 200 个跟学习 50 个没有区别。

2. 真研读，出精品，践行"轻负担，高质量"

在中山路小学，我们实行零征订教辅用书（除了上级建议的一科一辅）。有老师私自哪怕偶尔用其他教辅用书都是要受到阻止和批评的。杜绝了老师拿来主义思想后，"研读"成了唯一一条道。大组研读教材，小组研出精品习题、精品教学案（当然这跟每个小组的教师骨干力量的作用发挥离不开，经过多年的良性循环培养，中山路小学的英语优秀教师人数众多，这是两个精品的有力保障）。精品教学案不是课课出，那样又会养成很多老师的懒惰思想。每一册书、每一个单元的不同课型，各出一个精品教学案供大家参考。它展示的仅是一个范例，折射的是一种课程思想。说实话，以前的精品教学案出示案例很费神，但现在易做多了，因为我们始终围绕"语言能力、学习能力、思维能力、文化品格"16 个字的核心素养目标即可。另外，精品教学案的研究绝不做大一统的事情，例如，优质课赛课的案例绝不轻易拿来照搬，反而建议老师根据常态课的可能对其进行删繁就简。

"轻负高质"的另一抓手是"精品习题"。它的外显特征是量少、质高、效果好。我校自 2006 年以来，无数次参加英语学科质量调研，在本区域内独占鳌头，精品习题的确功不可没。它是大家集体智慧的结晶。当研读教材、研究测试目标、探讨、争论变成真实行为的时候，精品习题就水到渠成了。平时每个单元最多只有三份 A4 单页小卷（默写卷、精练题、易错题），复习阶段增加专项小练卷和综合提升卷。伴随精品习题的还有老师和学生们共同总结的非常口语化的"小学英语解题策略"以及一册书最多两页纸的重点知识大盘点。着眼于整个小学阶段的系统化、精品化的教与练，减轻了学生的负担，提高了学生的学习效率。

3. 拓资源，有厚度，深化培养学生核心素养

我们一周只有三节英语课，还有一节综合活动课。因为我们实现了第

一点（学生能自学单词）和第二点（作业负担轻、质量却很优），所以我们从来不占用综合活动课，而是把它作为培养学生核心素养、培养学生"有厚度的人生"的第二舞台。

以五年级为例，五上我们进行了《疯狂动物城》主题歌《Try everything》的系列活动：

（1）我爱记歌词。

（2）视频学唱我能行。

（3）集体表演大家棒。

（4）小组合作创意浓。

最后一个环节，小组上台表演的时候，励志的歌词、动感的旋律、学生们的创意表演（如吉他弹唱、歌伴舞、二声部演唱等形式）让老师除了鼓掌眼睛也湿润了！它真切地告诉我们，学生们的潜力是无限的，我们教师要做的就是激发和搭建平台。

五下教材第一课是"Cinderella"，我们一学期就进行了这一个专题。

（1）原版真人电影（2015 年）赏析。

（2）原版绘本阅读。（有淘宝彩印的纸质书，也有英语组老师自制的三维翻页电子书。阅读过程中有生词点拨、配音标，学生完全能自学。）

（3）PPT 主题探究展示。

（4）5 分钟精彩片段表演。

（5）1 个人或 2—3 人一组原文背诵。经过这些有思维、有合作、有展示的绘本任务学习，学生们的语言能力、思维能力、合作交往能力得到了提高。另外，学生们到六年级学一般过去时就是小菜一碟了，因为故事全文以一般过去时为主。

下面附"Cinderella"探究题：

亲爱的同学们，本学期我们的综合活动 1 进行了"Cinderella"专题，从课本到原版真人电影再到原版绘本阅读，现在进入主题探究阶段。

活动形式：2—3 人，小组合作。

活动呈现：PPT 或双页 post（可以手绘）。

活动内容：（1）任选 1—2 个进行讨论、思考、找资料和阐述。

（2）问题 6 为必做题。（若确实有困难，可以加选前面 5 道题中的 1 道）

活动注意点：为你们的 PPT 或双页 post 加上标题，尽可能美化，有小组成员落款，各种风格都可以。很期待、欣赏你们小组智慧的火花！

1. 成功从来不是偶然的，辛黛瑞拉能够成功的原因有哪些？结合故事内容阐述。

2. 如果你是辛黛瑞拉的后妈，你会阻止辛黛瑞拉去参加王子的舞会吗？说说你的理由。

3. 你觉得辛黛瑞拉的后妈是一个怎样的人？请说出你的理由。

4. 这个故事有不合理的地方吗？如果有，请举例，并说出你的理由。你们小组若有不同意见，可以一并呈现。

5. 假如后妈的阻挠成功了，辛黛瑞拉会变成一个什么样的人？请说出你的理由。

6. 你还想到了什么问题？你的思考是什么？

四、积极的生态评价

有了"轻负高质"的实践意识，还需要一个积极的生态评价环境，我们觉得建立一个好的过程评价是很好的抓手。新课程的教育目的观告诉我们，要关注每一个学生的学习成长。尤其小学生，用过于竞争排队式评价显然是不合适的。但学生们又需要恰当的竞争，用之来激励他们表现自己、表达自己，否则也不能很好地适应未来的挑战。

我们尝试着创建了"英语之星"荣誉卡的激励性过程评价体系。这个评价体系保证每一个学生都有机会赢得荣誉卡。最常见的有默写满分、朗读出色、回答精彩、小组合作积极且声音响亮、勇于挑战自己、考试优秀或进步明显等，都可以赢得荣誉卡。荣誉卡的张数每学期统计一次，但不用来排名，也不跟评三好学生等挂钩，只用来期末兑换礼物（一般都是好吃的），然后与家人或好朋友分享。

这一套荣誉卡活动实施一年多来，学生们在口头表达、小组合作、创造性表演等方面都有着惊喜的变化。班主任老师多次跟我说，性格变得开朗、爱表演、爱分享的学生越来越多了。

创建积极评价的生态环境，还跟老师与学生的沟通交流语、评价语有很大的关系。我们总是跟学生们说：学习躲不过考试。但要记住两点：（1）偶尔考试失败，哪怕是大失手，不见得是坏事。失败的体验也是宝贵的财富，关键是吸取了什么经验教训。（2）跟别人比永远有烦恼，只需跟自己比是保持在优秀区间还是有进步，做到其中一点，你就是最棒的。

数学拓展课程：着眼于儿童智慧的生长

一、课程内容

1. 依托《小学生数学报》等资源，开发数学阅读校本课程，让学生感受数学之美、体悟数学之用、发展数学之思、体验数学之趣，进而培养学生的思维能力。

2. 依托苏教版小学数学教材，开发数学实验校本课程，让每一个学生主动参与、体验或探索，将外在的动手操作和内在的数学思考有机融合，深化对数学结论的理解，培养数学思维能力。

二、课程构建的意义

1. 培养了学生理解和再思考的学习能力

当一个学生试图阅读、理解一段数学材料或一个概念、定理或其证明时，他必须了解其中出现的每个数学术语和每个数学符号的精确含义，不能忽视或略去任何一个不理解的词汇。那么数学阅读就要求记忆重要概念、原理、公式，而书写可以加快、加强记忆。数学阅读时常要求从课文中概括归纳出一些东西，如解题格式、证明思想、知识结构框图，或举一些反例、变式来加深理解，这些都在培养学生的理解、分析和再思考的学习能力。

2. 提升了学生的语言表达能力

数学阅读常要灵活转化阅读内容，如把一个用抽象表述方式阐述的问题转化成用具体的或不那么抽象的表达方式表述的问题，即"用你自己的语言来阐述问题"；把用符号形式或图表表示的关系转化为言语的形式以及把言语形式表述的关系转化成符号或图表形式；把一些用言语形式表述的概念转化成用直观的图形表述形式；用自己更清楚的语言表述正规定义或定理；等等。这些数学素养可以通过数学阅读活动来得到培养。

3. 深化了学生对数学结论的理解

教学中的数学实验，是在数学思想和数学教学理论的指导下，让学生通过操作、观察、分析、猜想和推理等数学活动，经历数学知识"再创造"与"再发现"的过程，亲身体验数学、理解数学。主要是围绕课程标准所设定的课程内容展开实验，让每一个学生主动参与、体验或探索，将外在的动手操作和内在的数学思考有机融合，深化对数学结论的理解。

4. 感悟了数学思想，积累了活动经验

小学数学实验课程的开发设计，是指基于小学生的认知规律和心理特点，根据课程标准的要求，有效利用相关仪器、技术手段以及教材中的素材，开发设计一些可重复进行数学实验形态的教学内容，更好地帮助学生掌握数学基础知识与基本技能，感悟数学基本思想，积累数学基本活动经验，实现培养创新意识与实践能力的数学课程目标。

三、课程建构的策略与方法

1. 数学阅读课程

（1）借力"数学思维能力研究中心"，进行阅读内容的选择与推荐

对数学课外读物的选择与推荐。我校 2005 年就成立了"数学思维能力研究中心"，该中心主要由我校数学骨干教师和教研组长构成，负责课程的研发、校本教材的建构、数学阅读书目的推荐等工作。每学期开始我们每个年级组会由研发中心向学生、家长广泛征集推荐书单，经研发中心审读和学生代表试读评选后，再向全体学生推荐。而每一年，我们又会组织全体学生提出意见和建议，对书单进行修订。

书单本身就凝聚了学生、教师、家长共同的智慧。教师在书单推荐中的作用是配合学习的进程遴选合适的书籍，其中优先考虑学生推荐的书籍，遴选时既考虑保底的必读书目，又考虑提供丰富的有选择性的读选书目，尽可能保证每个学生都能获得充分的阅读滋养。

对《小学生数学报》内容的选择与推荐。《小学生数学报》一直是学生的好伙伴、教师的好参谋。我们研究中心一直借助读报对学生进行数学思想方法的渗透和数学文化的滋养。

阅读数学故事：第一版中有学生爱读的数学史、同学们自己的学习心得体会、知识拓展、引人入胜的连载故事和童话故事等等。阅读这些内容，我们一般会给足学生时间，阅读后进行交流，"读了这个故事，我有什么收获？"

阅读数学知识点：每期《小学生数学报》中会有很多指导学生学习数学的文章，特别是中高年级的第二版中"挑战自我"等内容，紧扣学习进度和内容，我们特别重视这部分材料对学生的阅读指导。一般在阅读后，会组织学生进行讨论："对这个问题你是怎么理解的？你还有不一样的思路吗？"然后再动手做一做"挑战自我"这部分内容。

阅读名师大讲坛：每期《小学生数学报》的第三版都会有"名师大讲坛"，主要是对学生进行思维训练和拓展延伸训练，每期一个专题，先提

供三至四道例题并进行思路点睛，之后给出五道"每日思维操"供学生巩固练习。阅读这部分材料时，一般不给所有学生提要求，学生只要尽力，能理解到什么程度均可，在思维活动课上教师及时肯定每个认真阅读的学生，让大家都感受到数学阅读的乐趣并不断进步。

阅读与动手结合：在中高年级的第三版，常常会有需要动手的阅读材料，如"标准体重与合理饮食""变废为宝""数学眼光看雾霾"等，这些阅读材料与学生生活密切相关，且都是学生感兴趣的话题，所以对这部分的阅读，常常是从课堂中延伸到课堂外，学生分组去测量、去调查、去找资料等等。学生们忙得不亦乐乎，得出结论后交流时的激动也是溢于言表的。

（2）借力内容多元、形式多样的社团课，实施与推广数学阅读课程

在三、四、五、六年级全体学生读报的基础上，每班选拔出10名左右的学有余力的学生组建年级数学爱好者的社团。我校的思维中心活动时，老师指导学生阅读《小学生数学报》，指导学生上网或上图书馆查阅资料，从实际生活中寻找数学问题，同时在社团课上指导撰写数学小论文，给学生以充分思考交流的机会。这样内容多元、形式多样、角度多变的方式，贯穿在数学思维活动课堂的全过程中，就能够碰撞出更绚丽的智慧火花。

阅读社团活动进入课表，每周集中在周五下午开展1小时的读报讲报，有力保证了数学活动的稳定有序。这样在数学教学中，有目的、有计划地对学生实施思维能力的培养，有利于提高数学教学质量，有利于发展学生的思维能力，有利于培养学生的创新能力，从而全面提高学生的学科核心素养。

每学期不定期组织学生走进社会调查数学、走进生活体验数学、走进思维创意数学。同时，根据数学教材的进度选择相应内容组织学生撰写探索小发现，鼓励学生积极向《小学生数学报》投稿，使其感受到成功的乐趣和愉悦，从而激发学生的学习兴趣和求知欲，促进学生非智力因素的良好发展，尤其是学习动机和意志品质得以发展、得以提高，为学生终身发展奠定基础。

（3）借力读报竞赛、课题研发，践行数学阅读课程

借助每年的读报竞赛给老师和学生搭建平台，开展一系列丰富多彩的数学活动。每年组织学生参加编辑部组织的竞赛都取得了骄人的成绩，截至目前已有学生近1,000人次获得过各级各类竞赛奖次，近60人次的老师获得过优秀辅导奖，我校每年也都是优秀组织单位。

在三、四、五、六年级的数学阅读小组活动的基础上，通过有关数学思维培养的4项省、市级课题进行规范引领，这为学校数学阅读的氛围创

设、师生数学素养的提升提供了理论前沿的指导。

2. 数学实验课程

（1）建立"数学实验室"，拓宽学习领域，培养实践能力

我校投资近 8 万元建了一间数学实验室，这也是思维能力研究中心的活动室，为学校数学文化的氛围创设、师生数学素养的提升提供了非常好的保障阵地。老师们从数学学科、学习心理、教学环境等方面入手，积极探索在小学数学教学中开展数学实验的可行性，厘清小学数学实验开发与设计的基本原则与方法。

（2）团队开发、合作探究，建立数学实验教学模式与案例群。

本课程的实施我们秉承"团队开发、资源共享"的原则。

在教师层面：参与校本资源开发。我们组织骨干教师成立开发团队进行数学实验的研究，在各年级形成开发团队探索数学实验的素材与案例，在教学过程中合理安排与实施开发设计出的相关内容，在各年级的衔接上形成数学实验的实施策略，定期组织研讨剖析和反思，阶段性搜集案例，形成可操作性的资料，形成相关的小学数学实验教学的模式和案例群。

经过团队研究，我们设计了实验教师"三要"原则、数学实验课程的基本环节，建立了实验课程教学设计案例群。

数学实验模式的四个基本环节

①创设问题情境，大胆提出猜想	小学数学实验教学的前提条件是创设问题情境，目的就是激发学生的学习兴趣；大胆提出猜想是小学数学实验教学过程中的一个重要环节，是进行数学实验的必备条件
②选择实验方法，设计实验步骤	这是数学实验教学的核心环节，也是主体部分。教师要根据学生的实际情况来组织活动和探究实验，形式一般为四名左右学生为一小组来进行，当然也可以是一个人的探究活动，或者全班一起进行。教师要提出一些实验的注意事项、基本要求。教师的主导作用仍然是不可或缺的。学生要根据老师提出的注意事项和要求来完成实验，整理好实验数据，进而分析比较，得出结论
③开展交流讨论，分析发现规律	这一环节是培养小学生数学交流与合作精神的重要一环。在学生参与讨论的过程中，借助多种形式来培养小学生的语言表达能力、逻辑思维能力以及数学思维的敏捷性，同时鼓励学生学会表达出自己的想法。这对学生思维能力的提高以及学习成绩的提高等，都具有积极的意义

④引导归纳总结，解决实际问题	引导归纳总结、解决实际问题这一环节，与开展交流讨论、分析发现规律常常是相互交融在一起的。学生通过实验操作，获得数据，进行分析，寻找规律，再通过逻辑推理，最终得出结论，这是小学数学实验教学的目标，也是关乎实验成败的关键。教师要引导学生，将所获得的结论、经验和方法运用到今后解决实际问题中去，组织学生参与各种形式的练习活动，并让学生在练习中培养实践能力和创新思维

附：实验教师"三要"原则

第一，"姿态"要大气：从控权到放权。

教师要做到"姿态大气"：在理念上，要从只关注知识技能培养走向关注人的发展；在方式上，要从"离身"学习走向"具身"学习；在材料上，要从封闭单一走向开放多元；在过程上，要从小步子推进走向大空间探究。当然，放权不是放任自流，当学生实验受阻或偏离方向时、实验方法不科学或数据失真时、探究结论遇到困难时，都需要教师的指点、帮助和引领。

第二，过程要完整：从操作到内化。

郑毓信教授曾指出："数学实验要实现对操作层面的必要超越。"数学实验活动的外化与数学思维品质的内化是相互统一的，数学实验不能停留于实验操作的层面，而应引导学生在头脑中实现必要的重构，在活动过程中理解知识对象的内在属性，提升学生思维水平。

第三，视野要完好：从现象到本质。

在实验时，学生往往只会关注那些表面的、外在的、直观的现象，而很难深入知识的深层内核，挖掘知识的本质。这就需要教师加以引导，帮助学生体悟现象背后的本质属性。例如：苏教版五上"平行四边形的面积"实验教学结束后，教师可以引导学生发现实验背后的本质，感受平行四边形可转化为长方形，从而对图形的特征及其内在关系建立起基本的数学感觉。

教材中"数与代数"领域数学实验的部分教学设计

册数	页数	教学内容
一上	$p.82—83$	11—20 各数的认识

册数	页数	教学内容
一下	p.1—2	十几减9
二上	p.42—43	认识平均分
二下	p.1—3	有余数除法
四上	p.30—31	简单的周期
四下	p.50—51	用画图的策略解决实际问题
三上	p.76—78	认识几分之一
三下	p.64—65	认识一个整体的几分之一
五上	p.57—60	小数点移动引起大小的变化
五下	p.71	通分
六上	p.43—44	分数除以整数
六下	p.83	总复习：比和比例

教材中"数与代数"领域数学实验的部分案例

册数	页数	案例内容
一上	p.82—83	运用数学实验培养学生的数感
一下	p.1	十几减9的实验分析
二上	p.8—9	求比一个数多（少）的数是多少
三下	p.100—101	激活经验操作感知
三下	p.100—101	"认识小数"片段分析
三下	p.30—31	简单的周期
三下	p.11	注重实验操作发展运算能力
四上	p.55—56	加法交换律的简单思考
四下	p.96—97	从数学实验的角度理解教材
六上	p.50—51	"认识倒数"实验片段

学生开展数学实验后撰写小论文的部分获奖报告

年级	数学实验小论文
三	《倍数问题画图巧解决》
三	《分巧克力》
三	《怎么买最划算?》
四	《需要带多少钱》
四	《路程、时间和速度》
四	《丈量树高》
五	《圆规和直尺的游戏》
五	《大桥有多长》
五	《闹钟里的学问》
五	《运动场上的最佳组合》

积极参与《数学实验手册》正在开发的资源

一年级	实验1 比长短
	实验2 分一分
	实验3 哪块草地最大
	实验4 摸物体
	实验5 10 的分与合
	实验6 玩扑克牌
	实验7 认识十几
	实验8 图形与数
	实验9 方框中的数
	实验10 排队问题

课程：教育行塑学生跑道

二年级	实验1 同样多
	实验2 有趣的拼搭
	实验3 巧分多边形
	实验4 几个几
	实验5 分一分
	实验6 纸条接龙
	实验7 "身体尺"
	实验8 最长折痕
	实验9 摆长方形和正方形
	实验10 找规律
三年级	实验1 感受倍
	实验2 摆出乘法算式
	实验3 1千克有多重
	实验4 巧找一角币
	实验5 长方形和正方形
	实验6 测量周长
	实验7 拼图形
	实验8 除数是9的除法算式
	实验9 找规律
	实验10 制作轴对称图形
	实验11 比较几分之一的大小

四年级	实验 1　制作简单的量器
	实验 2　制作"杯琴"
	实验 3　简单的周期
	实验 4　摆正方体
	实验 5　简单的拼搭
	实验 6　滴水实验
	实验 7　运动量与身体变化
	实验 8　摸球游戏
	实验 9　抛硬币游戏
	实验 10　用三角尺拼角
	实验 11　折垂直线和平行线
	实验 12　折角
五年级	实验 1　平行四边形的面积
	实验 2　三角形的转化
	实验 3　图形的分割
	实验 4　1公顷有多大
	实验 5　树叶的面积
	实验 6　书本封面的长与宽
	实验 7　一张纸能对折多少次
	实验 8　用计算器探索规律
	实验 9　调查班级同学的视力
	实验 10　怎样围长方形面积最大
	实验 11　一共要用多少根小棒

六年级	实验 1　图形的折叠
	实验 2　感受体积
	实验 3　分割长方形
	实验 4　有趣的多面体
	实验 5　折纸做乘法
	实验 6　动手做除法
	实验 7　感受黄金比
	实验 8　奇妙的百分率
	实验 9　种子的发芽率
	实验 10　怎样折容积最大

（3）资源共享，定期实验，促进教学的新颖和课堂的高效以及学生智慧的生长

我们依据拟定的各年级数学实验的目标，以不加重学生负担为前提，以提升学生数学素养为最终目的，本着共同开发、循环使用的原则，一至六年级均有老师参与实验。这样，实验组成员不管进入哪个年级，都有相应的实验内容继续推进，按照前期的实验思路都能进入课堂进行实践。这种"接力式"地探索出数学实验的实施途径和方式，共同形成案例，搜集成册，以便于其他老师享用资源，促进教学的新颖和课堂的高效以及学生的能力培养。

定期组织实验活动，每个月每个年级安排 1 节数学实验课，地点在数学实验室进行，这样每周都会有数学实验的教研活动在开展。在课堂上，教师让学生经历自主探究与合作交流学习的过程，关注学生在课堂学习中参与数学实验后的发现问题、提出问题和验证结论等方面的表现，从而形成可行性的研究资源成果。

四、课程的评价

1. 课程评价的原则

课程评价是指检查课程的目标、编订和实施是否实现了教育目的，实

现的程度如何，以判定课程设计的效果，并据此做出改进课程的决策。课程评价的方式是多样的。它既可以是定量的方法，也可以是定性的方法。我们积极遵循以下四个"结合"。

（1）知识与能力的考查相结合。

（2）笔试与面试的考查相结合。

（3）课内与课外的考查相结合。

（4）终结性评价与形成性评价相结合。

2. 课程评价的标准

（1）重视过程评价

本课程目标的重点在于培养学生的态度和能力，而非知识和技能。所以评价时，不应该过于看重学生所获得的知识的多少及作品的优劣，而应特别关注学生参与的态度、解决问题的能力，关注学生学习的过程和方法，关注学生交流与合作，关注学生动手实践和所获得的经验与教训。因此要采用形成性评价的方式，一般不采用等级评分的方法，重视对过程的评价和在过程中的评价，使评价成为学生学会实践和反思、发现自我、欣赏别人的过程。同时要强调评价的激励性，鼓励学生发挥自己的个性特长，施展自己的才能，努力形成激励广大学生积极进取、勇于创新的氛围。

（2）以学生自我评价为主

本课程的评价可采用多种方式，如对书面材料的评价与对学生的口头报告、活动、展示的评价相结合；教师评价与学生的自评、互评相结合；小组的评价与组内个人的评价相结合；等等。其中以学生的自我评价为主。学生由于是自我评价，压力较小，可以充分地畅谈自己参与活动的体验、经验和教训，自由地交换意见。同时，这种集体和个人的自我评价也可以使学生享受到健康的民主风气的熏陶和教育。

（3）评价的开放性

本课程具有开放性的特点，评价也应该具有开放性，在学生自我评价的基础上，应尽可能采用集体讨论和交流的形式，将个人和小组的经验及成果展示出来，并鼓励相互之间充分发表意见和评论。这样的评论不仅可以使学生吸收他人的有益经验，还可以加深学生对问题的认识，有助于培养学生敢于和善于发现问题的能力。

我们从评价的科学性、全面性和可操作性等原则出发，结合活动课教学的理论与实践，提出如下我校的创意课程的评价指标体系：

创意课程的评价指标体系

评价项目	评价要点	评价标准	权重
目的、内容	1. 目标明确	符合培养创造意识和能力、发展个性的精神	20％
	2. 内容实用	①贴近生活	
		②贴近学生	
		③丰富学生的直接经验	
	3. 内容综合	①引入多种信息	
		②运用多门学科知识	
	4. 深浅适当	①分量适当	
		②难易适当	
方式、方法	1. 组织形式	①不是单纯讲授的形式	15％
		②具体组织形式得当	
	2. 学生的活动方法	①方法得当	
		②"多法"结合	
	3. 教师的指导方法	①讲解时间不超过1/4	
		②指导方法得当	
活动、过程	1. 活动要素	①具备基本要素	30％
		②有机组合各要素	
	2. 活动步骤	①活动准备	
		②活动导入	
		③活动展开、研究、实践	
		④活动评价总结	

评价项目	评价要点	评价标准	权重
活动、效果	1. 学生的自主性	学生在教师指导下自主地思考、设计操作和解决问题	35%
	2. 学生的能动性	①主动活动面（主动参与活动的人数与总人数之比）	
		②主动活动量（个体主动参与活动时间与总活动时间之比）	
	3. 学生的创造性	①思路设计新颖	
		②方式方法多样	
		③有一定的活动成果	

（4）达成及奖励

达成：结合学校"仁章之星"的评选，选出"智慧星""创意星"。

奖励：①凡是被评为"星级队员"的，可获得学校的奖状（或荣誉卡）一张。

②每学期二至四次被评为"星级队员"的，可在班级做一日小老师，上一节晨会课，负责班级一日常规。

③每学期五至六次被评为"星级队员"的，可参与校级文明岗的值日，换得校级奖品一份，参与学校红领巾播音。

④每学期七至八次被评为"星级队员"的，可担任一次升旗手，进行一次国旗下讲话，在学校公众平台露脸，与校长（或班主任）共同进餐。

备注：需要说明的是，以上机会每学期只用一次。

3. 在低年级实施绿色评价，滋养学生的学习生长环境

（1）"乐考"的意义

为了继续深化规范办学的系列举措，我校积极进行期末评价方式的改革，在区教育局的大力支持下，在仁章校区一、二年级和大禹校区一年级，都将语文、数学的学期期末考试改为期末"乐考"嘉年华活动。

期末"乐考"嘉年华就是尝试用"乐考"游园活动的形式取代以往在严肃考场里试卷答题的传统期末考试方式。在当前着力培养学生核心素养的背景下，这种"乐考"模式不仅能考核学生所学知识点和能力点，还能激发低年级学生参与考试的积极性，锻炼学生的动手动脑能力，更能引导学生学以致用。另外，"乐考"现场以等级评定，不打分，这样的绿色评

价方式避免了考试分数带给低年级学生学业压力，有利于学生的全面发展、健康成长。

（2）乐考的准备

制订计划，精心设计趣味考核。（见下表）

趣味考核计划

活动时间	活动名称	活动规则	评价标准
6月21日（周三）	"我与词语宝宝有个约会"（语文）	学生抽取卡片，看拼音完成十个词语的书写	优秀：①正确写出词语；②书写姿势、握笔姿势正确；③字体美观。 过关：①正确写出词语；②书写姿势、握笔姿势有待改进；③字迹清楚。 不过关：书写有错误
	"畅游诗词王国"（语文）	抽取本学期背诵的两首古诗进行背诵	优秀：①正确、流利，不出错；②声音响亮；③能背诵出诗的韵味。 过关：①基本正确、流利；②提醒不超过两次。 不过关：不能正确背诵两首古诗
	"口算小达人"（数学）	学生抽选十道口算题，1分钟算出得数	优秀：答对10题。 过关：答对8题。 不过关：答对8题以下
6月22日（周四）	"我是小小朗读者"（语文）	抽取一篇课文并朗读	优秀：①正确、流利，不出错；②声音响亮；③感情充沛，表现力强 过关：①基本正确、流利，有错误能改正（不超过3处）；②有感情。 不过关：朗读中出现三处以上错误，不流利
	"奇妙图形馆"（数学）	学生根据电脑和老师的提示，回答问题或动手操作	优秀：答对3题得3颗星。 过关：答对2题得2颗星。 不过关：答对1题以下1颗星

活动时间	活动名称	活动规则	评价标准
6月23日（周五）	"书香伴我成长"（语文）	1. 随机选择考查题目，选择正确答案 2. 简单介绍本学期阅读的课外书目，说说最喜欢哪个人物以及理由	优秀：①回答问题正确；②叙述语句通顺连贯；③内容丰富。 过关：①回答问题正确；②叙述语句通顺连贯。 不过关：回答问题不正确，不能清楚叙述自己本学期课外阅读情况
	"开心购物车"（数学）	学生任选3张题卡，解决购物问题（认数，计算，解决实际问题）	优秀：答对3题得3颗星。 过关：答对2题得2颗星。 不过关：答对1题以下1颗星
附加项目	"我会守规范"（行为习惯）	三天的活动中行为习惯的考察	过关：耐心候考，考前考后自己读课外书，保持教室安静，不影响别人考试

（3）语文计分及奖励标准

第一，四项过关活动有三项过关成绩为"优"，两项过关成绩为"良"，一项过关成绩为"一般"，一项都不过关成绩为"暂未达标"。

第二，四项都能过关的学生得到"语文小能手"奖。

第三，四项都是优秀的学生得到"语文达人"奖。

第四，每一项得到优秀的学生都有相应小礼物一份。

（4）数学计分及奖励标准

第一，过关活动有三项过关成绩为"优"，两项过关成绩为"良"，一项过关成绩为"一般"，一项都不过关成绩为"暂未达标"。

第二，三项都能过关的学生得到"数学小能手"奖。

第三，三项都是优秀的学生得到"数学达人"奖。

第四，每一项得到优秀的学生都有相应小礼物一份。

（5）宣传沟通

校方召开考生家长会，积极做好宣传沟通，得到家长的充分理解和支持。

（6）书面通知

书面通知家长，请家长配合学校，更好地完成此项工作。

（7）"乐考"的收获

镇江电视台、江苏文明网、《镇江日报》等多家媒体争相报道。此举既减轻了学生的负担，又在积极探索绿色评价方式。"乐考"考查的是学生综合素质，不仅涉及学科水平，也关注生活能力。这种考查更全面、更绿色，也更易激发学生的考试热情和学习兴趣，真正导向了对学生核心素养的培养。

总之，从本质上看，学习是一种基于经验的自然生长。生长需要土壤、水分和阳光，而我们学校核心课程拓展的研发过程，因其独特的内在价值，能够成为学生核心素养提升的加速器，能够赋予学生的学习以生长的力量。

幸福课程

——晋中高师附校①幸福课程整体构建

课程的内涵

一、课程的概念

对于"什么是课程"这个问题，不同的人有不同的见解。网络上对于课程的解释是：课程指学校学生所应学习的学科总和及其进程与安排。广义的课程是指学校为实现培养目标而选择的教育内容及其进程的总和，它包括学校老师所教授的各门学科和有目的、有计划的教育活动。狭义的课程是指某一门学科。

二、课程的内涵

"课程"一词在我国始见于唐宋期间。唐朝孔颖达为《诗经·小雅·巧言》中"奕奕寝庙，君子作之"一句作疏："维护课程，必君子监之，乃依法制。"但这里课程的含义与我们今天所用之意相去甚远。宋代朱熹在《朱子全书·论学》中多次提及课程，如"宽着期限，紧着课程""小立课程，大作功夫"等。虽然他对这里的"课程"没有明确界定，但含义是很清楚的，即指功课及其进程。这里的"课程"仅仅指学习内容的安排次序和规定，没有涉及教学方面的要求，因此称为"学程"更为准确。

到了近代，由于班级授课制的施行，赫尔巴特学派"五段教学法"的引入，人们开始关注教学的程序及设计，于是课程的含义从"学程"变成了"教程"。

在大量的教育文献中，人们对课程的概念进行了不同的界说，归纳起

---

①晋中高等师范专科学校附属学校简称"晋中高师附校"。

来有以下几种：课程即教材，这是一种以学科为中心的教育目的观的体现。教材取向以知识体系为基点，认为课程内容就是学生要学习的知识，而知识的载体就是教材；课程即教学科目，包括课程计划、教学大纲和教材，都被看作课程；课程即教学目标，课程学家博比特、泰勒等重视预期学习结果的实现；课程即学习经验，杜威是这种观点的代表人物，认为课程是学生在教育计划指导下所拥有的全部经验；课程即教学计划，包括教学的范围、序列和进程，以及教学方法和教学设计等活动；课程是师生互动的过程与结果，强调课程情境中教师与学生的主体地位；课程是育人媒体，是由一定育人目标、基本文化成果及学习方式组成的，用以指导学校育人规划和引导学生认识世界、了解自己、提高自己的媒体。

这些定义从不同角度揭示了课程的本质，但都是从学校内部、以教学为中心对课程的狭义理解。它们强调课程的逻辑结构、学科体系、教学进程、师生在课程中的作用，以及课程的育人功能等。实际上，因种种历史和惯性原因，教材一直是大家关注的重点，新课改在一定意义上被理解成了"换教材"。当然，教材作为课程标准的载体，必然要反映新课改的精神和理念，教师从教材入手来推行课改无可厚非，但不能将两者画上等号。上述观点都忽略了课程的社会意蕴，包括课程的开发机制、社会目的和社会地位等，而这些正是课程应该从宏观角度进行界定的原因，它是受到国家不同管理机构关注的大课程，不仅指由国家选择和认定、教育基层组织落实和实施的，促进学生社会化发展的社会文化成果，还包括从课程生成到运用整个过程所涉及的所有相关因素。所以，课程应包括课程目标、课程内容、课程实施和课程评价，其中课程内容的主要载体为教材，课程实施的主要途径为教学。

三、课程的多元化、现代化、综合化和研究化

课程多元化，首先是课程管理的多元化。过去只有国家课程，管理模式单一，而1999年6月召开的全国教育工作会议确立了"国家课程、地方课程、学校课程"三级课程管理体制。其次是课程结构多元化。学科课程、实践活动课程、综合课程并存，选修课、必修课并存。这样，既满足了不同发展水平区域的需要，也满足了不同发展水平的学生和每个学生个性发展的需要。课程多元化既是学生个性发展的保证条件之一，也是发挥各级管理部门、学校和教师创造性的重要手段。

课程现代化的基本精神是课程应与时代发展相一致，必须反映最新的

科学技术成果和发展趋势。首先，在内容上体现现代科技和理论研究的最新成果，至少应让学生通过学校课程了解本学科的发展动向和面临的问题。其次，在课程编制上，不仅要考虑学科内在的逻辑顺序，还要用现代儿童心理学和发展心理学的原理整合课程内容。

课程综合化是指打破单一学科界限，将过去的几门课程合为一门或将新的内容融入已有的学科。同时，课程的综合化还强调科学精神与人文精神的统一、民族性与国际性的统一。在课程编制上，既注重科学原理的认识和掌握，又注重态度、方法和精神的综合培养。

课程的研究化是指在高中阶段开设"研究性学习"课程之后，初中、小学阶段也将逐渐开设研究性的课程。这一改革措施的意义是极其深远的。它将改变我国教育重视现成知识的传授和接受、忽视学习过程和发现知识的旧有传统。研究课程的开设，确立了我国教育改革的新方向。

四、国家课程、地方课程、校本课程

《国务院关于基础教育改革与发展的决定》和《基础教育课程改革纲要》都明确提出，为保障和促进课程对不同地区、学校和学生的要求，要实行国家、地方和学校三级课程管理，并进一步指出：国家制定中小学课程发展的总体规划，确定国家课程的门类和课时，制定国家课程标准，宏观指导中小学的课程实施。在保证实施国家课程的基础上，鼓励地方开发适应本地区的地方课程，学校可开发或选用适合本校特点的课程。那么，什么是国家课程、地方课程和校本课程？它们各自的目的是什么？三者之间的关系是什么？随着我国基础教育课程改革的深入和全面推进，迫切需要对这些问题进行深入的研究并做出明确的回答。

1. 国家课程的含义与目的

有学者认为：国家课程是"政府旨在提高教育质量的核心教育策略。它赋予所有学生清楚、全面、法定的学习权利，规定教学的内容和目标，明确学业成就的评价方式"。也有学者指出：国家课程是由教育部主管的，它"负责制定国家课程政策，决策重大课程改革；制定指导性课程计划；制定必修科目国家课程标准，审查并向全国推荐学科教材；指导检查地方课程管理工作；审批地方重大课程改革试验；制定升学考试制度，指导升学考试的实施，确定某些课程管理权限的下放"。还有学者指出，"国家课程是国家规定的课程，它集中体现一个国家的意志，专门为培养未来的公

民而设计，是依据未来公民接受教育之后所要达到的共同素质而开发的课程。它根据不同教育阶段的性质与培养目标，制定各个领域或学科的课程标准或教学大纲，编写教科书。它是一个国家基础教育课程计划框架中的主体部分，也是衡量一个国家基础教育质量的重要标志"。

国家课程是一个国家基础教育课程方案的主体部分，对于基础教育的发展，特别是人才培养的质量和规格具有决定性作用。国家课程的目的主要有以下几个方面：

第一，确保所有学生学习的权利。国家课程是面向全国的，因此国家课程将保证所有学生都享有在一定领域内的学习权利，都享有获得知识、发展智力的权利，从而获得一个积极的有责任感的公民实现自我价值和自身发展所必需的技能和态度。一般来说，国家课程的标准不宜过高，通常是中等偏下，这样就可以保证绝大多数学生都能达到国家课程标准，从而避免因标准过高而将那些处境不利的学生排除在外。这是国家课程最显著的特征。

第二，明确规定学生在接受学校教育期间应达到的标准。国家课程实际上也是一个质量标准，它为学校和社会各界提供了清楚、具体的教育质量标准。国家课程向学生、家长、教师、地方政府、用人部门和公众清楚地界定了期望学生学习达到的成就标准，规定了所有科目的学习应达到的国家标准。这些标准可用来制订改进的目标，衡量目标的达成度，实施监控，以及在不同学生个体之间、集体之间和学校之间就学生的学习成就进行比较。可以说，国家课程是教育评价的重要依据，也是不同学校、不同地区甚至不同国家之间进行教育质量比较的重要依据。

第三，提高学生在接受学校教育期间的连续性和连贯性。国家课程从总体上规定了不同学段的教育目标，这种目标虽然是基本的、较低要求的，但具有强制性和统一性，这就有助于在国家层次上形成一个连续的课程框架，从而使不同学段之间具有较强的连贯性，并为学生的学习进步留有充分的、灵活的余地。因此，国家课程有利于学生在学段之间顺利过渡，并为终身学习打好基础。

第四，为公众了解学校教育提供依据。公众在评价学校教育时的依据是什么？主要的依据就是国家课程及其标准。国家课程可增进公众对学校工作的了解、对学生学习和预期取得的成就的了解。它为公众和教育界人士讨论教育问题提供了一个共同对话的基础。

110

2. 地方课程的含义及其目的

有人认为，"地方课程是根据国家有关规定和本省（或自治区、直辖市）实际，确定本省执行的课程计划和必修科目课程标准；确定本省课程改革方案，报国家教育部批准；审批县以上教育行政部门组织编写的选修教材、乡土教材；审查省编教材（包括经批准编写的、在相应行政辖区内使用的教材）；指导市、县教委选用教材；指导、检查各地课程管理工作，确定中考实施办法，指导考试工作；确定某些课程管理权限下发"。有人认为，"地方课程又可称为地方本位课程，或地方取向课程。它是地方教育主管部门以国家课程标准为基础，在一定的教育思想和课程观念指导下，根据地方社会发展及其对学生发展的特殊需要，充分利用地方课程资源所设计的课程"。也有学者认为，"地方课程是在国家规定的各教育阶段的课程计划内，由省一级的教育行政部门或其授权的教育部门依据当地的政治、经济、文化等发展需要而开发的课程"。还有人认为，"地方课程是指地方政府根据国家课程政策和地方经济、政治、文化等对人才的要求而制定的课程计划和开设的具体课程"。

实际上，地方课程有广义和狭义之分。广义的地方课程是指在某一地方实施和管理的课程，既包括地方对本地国家课程的管理和实施，也包括地方自主开发的只在本地实施的课程；而狭义的地方课程专指地方自主开发、实施的课程。在一般情况下，人们所谈的地方课程都是狭义的地方课程。地方课程的目的主要有以下几个方面：

第一，促进国家课程的有效实施。地方课程是在国家课程的基本精神的指导下进行的。无论是地方出台的各种政策，还是地方开发的各类课程，其根本目的都在于提高人才的质量，满足学生多样化的发展需要，更好地实现国家课程所确定的目标。因此，地方课程与国家课程在主要的目标上是一致的。与国家课程不同的是，地方课程充分体现本地的教育发展水平，紧密结合本地的社会、经济和文化发展现状，充分利用本地的课程资源，具有较强的针对性。因此，地方课程可促进国家课程的有效实施，但不是国家课程的延伸。

第二，弥补国家课程的空缺。国家课程是面向全国的，确保大多数学生甚至所有学生都能接受，强调普适性，而且国家课程只规定一些主要的学科。但实际上，国家课程很难满足全国不同地区、不同学校、不同学生的需要，也很难适应不同地区的实际。现代社会发展对人才的素质要求较多，国家课程不能全部覆盖。因此，国家课程只是规定了最低标准和基本要求，对于国家课程所没有涵盖的、不能满足的、无法考虑周全的内容，地方课程正好可以弥补。

第三，加强教育与地方的联系。基础教育是由地方负责的，办学经费主要由地方负担，因此地方政府总是期待教育能够和地方的社会发展、经济发展、人文传统相结合，能促进地方社会、经济和文化的发展。在现阶段，我国经济发展的地域性很明显，学生对本地区社会经济和文化的了解，对学生毕业后的顺利就业也是很有帮助的。地方课程的覆盖区域、范围或人群相对要小一些，可以增强课程的针对性，使得教育与地方的联系进一步密切。

第四，调动地方参与课程改革与课程实施的积极性。无论是地方课程的管理还是地方课程的开发，都对地方提出了很高的要求。地方要在掌握国家课程政策和国家课程标准的前提下进行课程管理和课程开发，这不仅有利于调动地方参与课程改革、课程实施、课程开发的积极性和主动性，还有利于国家课程的有效实施以及培养地方的课程开发能力，从而促进课程改革的可持续发展。

3. 校本课程的含义与目的

校本课程也有广义和狭义之分。广义的校本课程指的是学校所实施的全部课程，既包括学校所实施的国家课程、地方课程，也包括学校自己开发的课程。而狭义的校本课程专指校本课程，即学校在实施好国家课程和地方课程的前提下，自己开发的适合本校实际的、具有学校自身特点的课程。目前，人们习惯上将学校自己开发的课程称之为校本课程，以区别广义的学校课程。校本课程的目的主要有以下几个方面：

第一，确保国家课程的有效实施。校本课程尽管是以校为本的，但从根本上说，它是在国家宏观课程政策和国家课程标准的框架内进行的，要与国家的教育方针、教育目标特别是人才培养目标相一致，确保人才培养目标更好地实现。因此，校本课程可以是国家课程的改造与创新，比如某学校根据国家课程标准开发的适合本校实际的具有自己特色的科学课程，不再选用其他出版社的教材，而是以大自然四季的变化为主线，培养学生的科学意识、科学思维和科学方法；也可以是学校在国家课程所确定的课程门类以外，新开发、开设的独具特色的课程。无论哪一种，都要求学校、教师要树立课程意识，要了解、熟悉国家课程政策和课程标准，因此校本课程是国家课程和地方课程实施的催化剂和助推器。

第二，照顾学生的个别差异，满足学生多样化的需要。如前所述，国家课程注重的是普适性，很难考虑学生的个别差异，无法照顾不同学生的不同需要，即使地方课程也难以考虑不同学生的不同需要。而校本课程是以校为开发单位和实施单位的，可以更好地了解学生的不同需要，考虑学生的个别差异。

第三，促进教师专业能力的持续发展。教师具有一定的课程开发能力，不仅有利于国家课程、地方课程的有效实施，也有利于其专业的发展。当前教育的发展，要求学校成为不断改革、促进其成员持续发展、充满生机和活力的组织。而学校的课程开发能力，对于形成这样的组织有至关重要的作用。校本课程的开发，要求教师要成为课程与教学的领导者，要在一定的教育理论和课程与教学理论的指导下，在掌握国家课程政策和课程标准的前提下，在充分了解学生的发展特点和现实需要的基础上参与课程改革。这对促进教师的专业发展具有十分重要的意义，是实现教师持续的专业发展的有效途径。

义务教育阶段要以国家课程为主有以下原因。第一，国家课程体现了国家意志，既保证了全体学生接受教育的权利，也为学段之间的顺利衔接提供了保障，地方课程和校本课程的一个重要作用或目的也是保证国家课程的有效实施。第二，由于长期以来我国课程管理的权力相对集中在中央一级，地方政府、教育行政部门、中小学校长以及教师等的课程意识还比较淡薄，课程开发能力、课程与教学领导能力较弱，地方和学校在课程管理和课程开发方面能力有限，经验不足，特别是在校本课程的开发方面还面临着诸多的困难。国家课程中的课程政策和课程标准，都是集中了全国的专家学者、优秀教师以及教育行政部门的负责人，甚至科学家等参与研究、制定、设计和开发的，因此其科学性较强。

课程与文化

一、课程与文化的关系

课程与文化是一对联系最为密切的范畴。就历史发展而言，课程缘起于文化传承的需要，没有文化便没有课程。从教育产生之时起，课程就承担起继承、传递、传播文化遗产的任务，因此，课程是文化的一个组成部分，课程是教育得以开展的物质与精神载体。一方面，文化造就了课程，文化作为课程的母体制约并决定了课程内容的性质；另一方面，课程又创造和形成了文化，课程作为文化的一种重要手段和媒体，为文化的发展、创新及其育人意义的形成、育人标准的定位，提供核心与导向性的途径与机制。

首先，文化不断地建构课程。文化具有开放性与容纳性，文化的这一特点使文化在自身的历史发展进程中不断地与其他领域进行交流与互动。文化因而不断地得以丰富，文化在丰富自身的同时也为课程提供了取之不尽的内容资源与选择空间。因此也可以说，文化在创造和建构自身的同时也在不断地创造和建构着课程。文化具有延续性、动态性和创造性，文化的这一特点使文化拥有了自己的传统、"场域"和变革动力。文化因而不断地得以发展，文化在发展自身的同时也为课程赋予了价值取向、交流空间和革新的内驱力。信息社会的到来，进一步加快了文化交流的节奏与发展的步伐，促进了文化的进一步开放与相互的容纳，这将会进一步增强文化对课程的建构能力。

其次，课程不断地建构文化。文化在建构课程的同时，课程也在不断地建构文化。课程对文化的选择实质上是对文化的重组与再创造的过程，这种重组与再创造的结果便是一种新文化的诞生。表现为课程在建构自身的同时也在建构文化。课程总是通过一定的文本形式、多样的实践过程和丰富的客观结果表现出来，并以一定的课程制度加以保证，课程的表现形式、实践样态与结果形态实质上也是对文化的发展、创造与丰富。随着信息社会的到来，课程内容、课程实施方式以及课程实施的结果都将会发生巨大的变化，课程无疑会进一步地繁荣和丰富文化。

最后，文化与课程走向融合。文化建构课程，课程也在建构文化，文化与课程具有相互建构性。文化与课程的相互建构性是"人为的活动过程与为人的价值追求"的统一。文化与课程均是"人为的活动过程"，同时又包含着"为人的价值取向"。课程与文化的互相建构正是因为"人为的活动过程"的存在才得以发生，也正是因为"为人的价值追求"而得以延续与发展。课程与文化相互建构的"人为性"与"为人性"的统一使课程与文化走向了融合，这种融合体现为"课程文化"。

二、课程与文化的整合

课程与文化作为一种关系性存在，在双向建构的同时要根据时代的需要实现有机整合，否则，文化与课程便处于一种离析的状态。课程的结构、研制等在时代性上与当代文化保持一致，也就是说，课程的发展必须符合时代的发展，课程是一个具有特殊结构的系统，既有共时态的空间性结构要素，也有历时态的时间性结构要素，还有物质性载体要素。文化与课程的整合，就是优化共时态结构、历时态结构：前者包括基于课程研制者的整合，基于学习者的整合，基于学习内容的整合，以及以学习为本的课程空间要素及其关系的整合；后者要求选择整合化教育目标，选择整合化的学习经验，组织整合化的学习经验和评价学习经验，等等。课程的构成必须反映时代的需要，在信息化时代必须加强课程的信息化建设。课程必须不断地整合外在与文化的新的要素。传统的课程注重知识的传授，具有一定的稳定性，这与课程应有的建构性是相悖的，新时期的课程必须具有消化、整合一切外在与课程的文化的能力。努力在促进学生个性全面发展的基础上，进行课程与文化的整合。

课程内容是教育的核心，离开课程内容，文化便失去传承、传播、创新与发展的机制与载体。因为教育在传递、传播文化的过程中，从来就不是简单地复制文化，它会因社会变革、受教育者不同的身心状况以及教育自身价值观的差异，赋予已有文化传统以新的文化意义，它会融合汇总本土文化与外来文化，使原来文化发生性质、功能等方面的变化，衍生出新的文化要素。

我国基础教育课程的价值

一、课程的价值

课程价值体现的是课程主体与客体之间的一种关系，体现的是课程的决策者、设计者、实施者及学习者的需要同课程的属性之间满足和被满足的关系，课程价值关系的主体有社会（人类、国家、社区等）及个人（学生、教师、家长等）。这些主体的需要具有多样化、多层次的特点。新课程改革一改传统的科学主义思想，坚持以人文主义教育思想作为课程价值取向。

课程价值总是与具体的课程内容相联系。一门课程因其具有满足学生的身心发展需要的价值而存在，但这种价值通常隐性地体现在课程标准中，同时也反映在依据课程标准编制的教科书中。这些存在于文件课程中的价值经过课程实施者的理解、整合等形成实际课堂中学生理解的课程。在这个过程中，课程的应然价值和实然价值会存在一定的差异，且由于受时代、社会科学技术发展以及课程理论与实践本身发展等的影响，不同时期课程标准和教科书中体现的课程价值也会存在差异。

二、课程的作用

课程在学校教育教学中处于核心地位，教育的目标与价值主要通过课程来体现和实施。未来学校的竞争将不是学校品牌的竞争，而是课程品牌的竞争。

基础教育课程改革是全面推进素质教育的重要举措，是学校提升综合办学能力的一项重要工作，是整个基础教育改革的核心内容，是为中华民族伟大复兴提供人才培养的系统工程。学校要树立"无处不课程，无时不课程，无事不课程"的大课程观，着眼于促进学生全面而有个性的发展，着眼于促进教师教学实践能力的提高，着眼于促进学校课程整体育人功能的提升，制定科学合理的课程体系，全面推进以创新精神和实践能力为核心的素质教育。

课程是学校最主要的服务产品，它凝聚了人类的文化精髓，也饱含着每位教育工作者的专业智慧。通过课程这个媒介，学生能够学会做人做事，教师得以成就自己的育人职责，并获得专业发展。新课程中提出了研究性课题，改变过去那种重结论轻过程的做法，让学生自己设计、参与探索知识和体验道理的过程，使学生像研究者那样自主地发表自己的观点，自主进行创造探索。

三、课程的管理运作

学校是国家宏观课程管理结构中最基础的一环，也是关系到国家和地方课程理想实现的关键一环。学校在具体的教学和课程建设中的教育水平和学生生命质量，体现了国家课程管理的效果，决定了课程改革的前景。课程意义的重大使课程管理的任务也变得重要而丰富。

1. 课程管理运作机制的作用

学校的课程计划、课程实施和课程评价之间，不仅在程序上具有一定的次序性，相互之间还存在内在的关联。澄清这种本质的联系，通过管理活动将各项课程活动有机衔接起来，能够确保课程运行的合理性、科学性。因此，课程管理运作机制是有效实现课程目标的保障。

2. 建立课程管理运作机制的原则

整体性原则。课程管理工作要着眼于学校课程的整体发展，兼顾国家课程、地方课程和校本课程，同时关注学生发展和教师课程能力的提高，以保证课程管理工作前后连贯和可持续发展。

过程性原则。课程管理不仅是事务性管理，还要保证学校课程工作的有序运行，关注课程流程上的每一环节运行状态，进而保障整个课程流程的顺畅。

主体性原则。这里的主体有三个层面：行政管理主体、课程研发主体和学习主体。也就是说，在课程管理运作的过程中要关注课程领导者、教师和学生的课程管理意识、课程使用需求和课程发展能力，综合获得的资讯会大大提升课程管理的成效。

发展性原则。课程管理活动与常规教学管理不同，课程结构的丰富性、学生选择的多元化使课程管理活动成为一个动态的生成过程。管理者和教师在不断研究和尝试的过程中，促进课程管理机制的不断优化，使课程管理系统以半开放、螺旋上升的状态运行。

3. 课程管理运作机制

学校课程管理的主要内容，决定了学校课程管理要解决的主要问题有两个方面：一是课程愿景的形成、转化和落实过程中出现的问题及解决的方略；二是学校课程规划过程中的主要问题和课程实施过程中的主要问题及解决的途径。将学校课程管理内容做动态的管理过程描述，形成课程管理运作过程。其中，学校对课程政策制定过程和课程变革方案的理解是学校课程管理的基础；对学校课程愿景的形成、转化的管理是学校课程管理的出发点；对学校课程规划和实施的管理是学校课程管理的关键；对学校课程评价的管理是学校课程管理的保障。

学校在管理过程中，第一，是对课程政策和课程变革方案的理解和分析。但是，不同的人都是根据自己的背景（知识经验、资源等）赋予国家政策和改革方案以意义，甚至有些地区或学校的课程执行者从来没有阅读过国家课程的任何政策文件。因此，准确、深刻地了解课程政策和方案并不是件容易的事情，而应付的心态和偏颇的认识常使政策与现实之间产生难以逾越的鸿沟。要避免这种状况出现，就必须结合学校实际情况深入、具体地解读国家、地方课程政策或变革方案，为有效实施这些方案奠定基础。

第二，进行愿景管理，对学校课程愿景的形成、转化与实施进行管理。在学校发展中，愿景引导着学校的发展目标，成为学校课程管理的出发点和归宿。课程愿景塑造的过程是理解和体会国家及地方的课程政策和方案的过程，也是学校教育目标和课程目标澄清的过程，这是确定学校课程规划、课程评价方案、开发校本课程的前提。从国家和地方的课程理想出发、从教职工集体的共同经验和发展需求出发来构建学校共享的愿景，贯彻在日常工作中，并使之持续下去，愿景的机制化会成为教师整体热衷于学校课程建设的动力。

第三，运用目标管理，规划学校课程。进行学校课程规划的管理，要从提高课程的适应性和资源整合的角度出发，进行通盘的设计和安排，形成有本校特色的课程方案。所谓特色，特殊和新颖只是一个层面，最重要的是使课程计划、方案既体现国家和地方的课程理想，又代表教师和学生的利益追求，这自然就能够促进学校的发展。

第四，采取过程管理方式，对学校课程实施管理。学校行政管理系统与课程学术研究组织密切配合，多方参考其他相关人员的意见，制订各层级课程的实施计划，包括课程标准、教学计划、评价方式、实施周期等；并时刻关注实施过程中出现的问题和产生的阻力，随时给予教师支持和帮助，调整实施方案，保持课程实施的动态平衡。

第五，在课程评价过程中，形成性评价是保证管理者随时掌握课程运行动态的必要方法；而教育效果的滞后性，又使每学期结束时进行的终结性评价充满意义。二者的结合将课程发展的过程有机连接起来，也使管理者掌握了课程成效的获取历程。关键是在制订评价指标和确认评价主体时要采取民主的原则，尽量保证课程的直接管理者和使用者以及外围的相关人士全部参与进来，全面斟酌不同人员的评价结果，以确定进一步的管理方略。

"幸福课程"建设案例

幸福教育是一种教育理念，也是一种教育实践，是通过教育的途径实现人们对幸福的追寻，并在追寻中获得幸福。幸福教育就是让学生从小学会体验幸福、感受幸福，在教育的过程中培养学生创造幸福的能力，为实现其幸福的人生奠定坚实的基础。学校实施幸福教育，应构建具有幸福特色理念的课程，并将其作为实施"幸福教育"理念的核心载体和重要途径。

一、"幸福课程"建设的指导思想

我们常常思索：教育的本质是什么？教育的最终归宿在哪里？苏霍姆林斯基给了我们答案，他说："在教学大纲和教科书中，规定了给予学生各种知识，但却没有给予学生最重要的东西，这就是幸福。"所以，理想的教育是：培养真正的人，让每一个从自己手里培养出来的人都能幸福地度过一生。这就是教育应该追求的恒久性、终级性价值。

为促进学校发展，实施素质教育，我校幸福课程设置以"为学生的一生储备幸福"理念为指导，强调儿童本位，遵循学生身心发展规律，适应社会进步、经济发展和科学技术发展的要求，以国家课程架构为基础，以改善学习方式、重塑儿童在课程中的核心价值为特征，关注学生品质和学习能力的提升，努力建设满足学生基础性教育需要和个性化发展需要的九年一贯制课程体系，为学生的终身学习奠定基础，并由此促进教师专业化发展，全面提升学校教育教学质量。

二、"幸福课程"建设的背景

到底什么样的课程才能有助于师生幸福成长呢？仅仅开设国家课程已不能满足学生全面发展的需要，课程结构的改革迫在眉睫。改革课程结构成为我校推进"幸福教育"的第一个突破口。学校从学情、教情、校情以及课程资源等方面进行自我剖析，采取师生座谈会、家长座谈会、问卷调查等方式进行调研，初步搭建框架，构建了"立足学生全面发展的适合学生的幸福课程体系"。

1. 全面发展的历史沿革

在教育史上，人的全面发展是一个永恒的主题，或者换一个角度说，人类的历史就是人类逐步实现自身全面发展的历史。

翻开典籍，我们不难发现，从孔子、苏格拉底到夸美纽斯、洛克、斯宾塞再到蔡元培、陶行知、杜威、苏霍姆林斯基等著名学者，在他们的著作中都可以清晰地找到关于全面发展教育的论述主线。

我国古代伟大的教育家孔子承袭了西周贵族"礼、乐、射、御、书、数"六艺教育的传统，进一步创立了培养"德才兼备的君子"的课程，即我们熟悉的《诗》《书》《礼》《乐》《春秋》；苏霍姆林斯基在长期一线教育的实践中得出的最突出的成果就是"个性全面和谐发展"理论，他把全面发展当成一个教育过程，认为实现人的全面发展必须把学校教育、家庭教育和社会教育紧密结合起来，把课堂教学和丰富多彩的课外活动结合起来，在传授知识的同时培养学生的动手能力，培养学生的兴趣特长，把学生的德、智、体、美、劳和谐发展与培养他们的个性结合起来。

我国学校教育长期以来一直提倡人的全面发展，但由于多种原因，实际上并没有真正实现人的全面发展，甚至与全面发展相悖逆。尤其是长期以来忽视甚至排斥学生的个性发展。学校的模式化倾向特别严重，模式化的目标、模式化的内容、模式化的方法、模式化的过程。教师总是要求学生"听话""安分守己"。学校就像一座工厂，教育就像一条生产流水线，学生像一个个标准化的产品，模式化导致学生的发展一律化和平面化，缺乏个性，缺乏创造精神和创造能力。

未来的学校的职责的不仅仅是传授学生知识，更重要的是培养学生学习的愿望、学习的乐趣、学会如何学习的能力，以及激发学生智力上的好奇心。教育应围绕着四种基本学习加以安排，即学会认知、学会做事、学会共同生活、学会生存。学会认知、学会做事、学会共同生活、学会生存是每一个人一生中的知识支柱，是终身教育构建的基础，也是学校课程与教学构建的基础。

2. 九年一贯制学校的特点

我校是一所九年一贯制的学校，最大优势是周期长、具有连贯性。从2012年建校至今，学校充分利用九年一贯的特点，研究对策，探索九年一贯制课程整体设置，关注幼小衔接，小初衔接、初高衔接，规划建设九年一贯制的整体课程体系，并逐步形成了学校的特色。

在2014年，我们就确立了"为学生的一生储备幸福"的办学宗旨，积极推行幸福教育：成就幸福教师，培养幸福学生，创建幸福校园，着力提高师生的幸福指数，努力培养健康、快乐、聪明、文明的小公民，既立足当前，关注学生当下的快乐成长，又着眼长远，为学生一生的幸福奠定基石。

一开始我们着手于幸福理念的提炼和理论框架的构建，然后在一些点上开始实践、突破，后来我们意识到：要想真正把幸福教育落到实处，必须依托于课程，才能保证全面、科学、系统地实施幸福教育。基于此，从2014年开始，我们全面启动了幸福教育课程的改革。正如华东师范大学课程与教学研究所胡惠闵教授在《学校课程领导力的实践路径》一文中所言："学校课程规划是学校阐释国家课程和地方课程方案的具体体现，也是学校实现教育价值观和培养目标的有力保障。"学校实施幸福教育，应构建具有幸福特色理念的课程，并将其作为实施幸福教育理念的核心载体和重要途径。

三、"幸福课程"建设的目标

学校依托实际，从学生发展、教师发展、课程建设发展出发确立了学校幸福课程的目标，提出"在课程开发与实施中，做到以师生为主体，以人的发展为核心，以培养创新精神与实践能力为目标，充分利用学校现有的教学资源和优势，给学校的发展、教师专业的发展、学生个性的发展提供新的舞台，全面落实素质教育，促使师生共同发展，幸福成长"。

幸福教育的终极目标是提高师生追求和创造幸福的能力，为终生幸福奠定基础。一是让每个学生获得幸福体验；二是提升学生的幸福境界；三是提升学生感受幸福的能力。归根到底是要为学生的一生储备幸福。我们构建的幸福课程要着眼于促进学生全面而有个性的发展，培养好每一个学生；着眼于促进教师教学实践能力的提高，培养好每一位教师；着眼于促进学校课程整体育人功能的提升，办一所好学校；既要关注学生当下的快乐成长，更要关注学生将来的人生幸福。

我们围绕学校幸福教育的办学理念和育人目标，结合学生的发展需要和学校课程资源，突出学校课程特色，确定了学校课程目标。

1. 幸福课程的总目标

幸福课程是九年一贯制的课程，课程强调基础性、连续性、衔接性、发展性，给学生需要的生活与九年义务教育。幸福课程在符合与执行国家标准（达到或者适当超越）的基础上构建让学生喜欢的强大的课程体系，给予学生好的基础，融合学生自我学习，帮助学生探索和掌握所有需要的核心科目，形成最重要的核心能力与关键素养。

2．学生培养目标

（1）良好的社会公德和心理品质——能自觉约束自我遵守公共规则，友好与人相处，有效与人合作。能正确面对来自各方面的表扬与批评。

（2）扎实的学习基础——学科知识扎实，学习方法多样，学习习惯良好。

（3）强烈的问题意识——保持并发展学生的好奇心，并能把好奇心转化为问题意识，从而促进解决问题能力的提高。

（4）初步的实践能力——能将所学知识运用到生活实践之中。

（5）个性凸显——学生个体智能特点突出，群体则呈多元状。

（6）身心健康——身体各项指标达到同龄标准，性格阳光，能适应并积极参加学校的各项活动。

（7）审美情趣——使学生获得审美情趣的熏陶以及初步的审美鉴赏能力。

3．教师成长目标

促进教师更新教育观念，增强课程意识，提高课程执行力和开发能力。挖掘教师潜力，发挥教师特长，促进各课程教师团队整体达标、达优。

四、"幸福课程"的设置原则

课程结构要科学、合理、丰富，坚持按照学生的培养目标和学生身心发展规律，适应社会发展需要和学校实际，科学安排课程；坚持统一性和灵活性相结合的原则，充分发挥新课程体系的教育功能；坚持"学生为本"的宗旨，面向全体学生，因材施教，充分发挥学生学习的自主性、创造性，促进学生积极主动活泼地发展。课程设置要体现均衡性、综合性、选择性。

1．课程设置的均衡性

根据德、智、体、美、劳等方面全面发展的要求，将其内容全部纳入，有利于学生和谐、全面发展；根据学生身心发展的规律和学科知识的内在逻辑及认知规律，把课内外、学校和社会联系起来，把间接的书本知识学习和直接的经验体验结合起来，为学生健全人格的形成和态度、能力、知识等方面的学习与发展创造条件。

2. 加强课程的综合性

注重学生经验，加强学科渗透，各门课程都重视学科知识、社会知识和学生经验的整合，改变课程过于强调课程本位的现象。设置综合课程。如一年级设置品德与生活课，旨在适应儿童生活范围逐步从家庭扩展到学校、社会；一年级开设艺术课，旨在丰富学生的艺术经验，发展学生感受美、创造美、鉴赏美的能力，提高学生的审美情趣。

综合实践活动还包括信息技术教育和劳动实践，使学生通过亲身实践，发展收集和处理信息的能力、综合运用知识解决问题的能力和合作交流的能力，增强社会责任感，逐步形成创新精神和实践能力。

3. 加强课程的选择性

学校课程以具有灵活性、适应地方和社会发展的现实需要为前提，开设校本课程，适应学校的办学方向，开设的活动课以多样化的学习方式使学生的学习成为富有个性的过程。新课程不仅为学生的共同发展奠定基础，也注重学生的个性化发展。

五、"幸福课程"的内容设置

学校有怎样的课程，就会有怎样的师生生活；有怎样的师生生活，就会有怎样的生命成长方式。学校在设置课程时，充分关注师生双方的发展，让师生在课程学习中共享幸福。

幸福课程体系建设，贯彻落实国家课程、地方课程，探索开发学校自主课程。开足开齐三类课程，满足每个学生参与各类活动的要求，激发学生的学习兴趣，为学生创设多彩的校园生活，提升学生的综合学习能力，学校从课程的内容管理、时间管理和队伍管理三个方面入手，按课程建设的基本规范和要求，构建融必修、必读、社团、德育四系列为一体的完整、丰富的晋中高师附校幸福课程体系。

幸福课程建设面对全体学生，从必修到必读，从学科到活动，从智育到美育、德育，进行课程内容和学习要求的整体构建。幸福课程体系是国家学科课程、附校特色课程的统一体，学校研究各类课程内容的纵、横关系。厘清各学段教学任务、策略，合理进行内容整合和功能配合，做好整体课程规划和教学计划，形成"博、雅、情、趣"四类一体的幸福课程体系。"博、雅、情、趣"课程体系包括四个层面，融必修课程、必读课程、社团课程、德育课程于一体。

"博、雅、情、趣"四类一体的幸福课程体系是一个大课程观，通过挖掘校内外教育资源、发挥教师特长，着力开发一系列能满足学生个性发展的、注重激发学生兴趣的、能让学生习得一技之长的、有利于促进学生人生观、价值观形成，以及有利于促进学生艺术素养、科技素养等的课程。如习惯养成类、科技艺术类、体育活动类、兴趣发展类等。这些课程为学生提供了较多的参与体验的机会，为每个学生全面而有个性地发展提供了充分的空间。学生通过这些课程活动的学习、参与，在习得知识的同时，身心得到快乐的体验，综合素质得到全面提升，真正感受到教育的"幸福"。

六、"幸福课程"的实施推进

学校教育应是洋溢着幸福的人生之旅。"博、雅、情、趣"四类一体的幸福课程实施应重在学生参与、体验，丰富的课程内容应为学生自主参与各项活动、体验幸福创造空间，以促进学生个性发展、差异发展和特长发展，彰显学校的幸福特色。

1. 所谓"博"即指国家课程的开全开足开好，是必修课程

必修课程是核心学术课程。中小学阶段的核心学术课程包括语文、数学、英语、地理、历史、生物、物理、化学、综合科学、信息技术等国家规定课程及国际课程，这是学生在校的必修课程，是基础。学校要严格按照国家课程计划，保证课时、保证师资、保证规范、保证质量。这些基础性课程可以保证国家对九年义务教育目标的基础性要求，在促进学生全面发展的基础上，强调基本学习能力的提升，使学生广泛涉猎各科知识，更加博学，是为促进国家对公民素质基本要求的形成和发展而开设。

2. 所谓"雅"即指校本课程中的必读课程

必读课程是由学校自主开发的国学诵读课程，包括国学诵读、整本书阅读。特别是国学经典诵读课程，我校已经坚持5年，初步形成了涵盖小学一年级到初中九年级的一整套校本教材。从《弟子规》《三字经》《千字文》到《笠翁对韵》《论语》《孟子》，再到《大学》《中庸》《道德经》，从了解古诗词格律到鉴赏古典文学作品，学生学到中华传统文化的精髓，在人格、情智和人文精神等方面得到有益的滋润，为学生打好传统文化的精神底色。"国学经典诵读"已成为推动晋中高师附校整体发展的优势项目，

成为学校的"特色品牌"。

关于整本书的阅读，我们推出"全员阅读"系列活动：师生共读、班级共读、亲子共读，每项活动都有具体的实施规划、完整的实施流程和完善的成果呈现。我们打造了"海量阅读"这一语文学科建设的特色品牌。必读课程在学生的心中播下了一颗读书的种子，切实为学生一生的幸福奠定了基础。

学校坚持每天20分钟的晨诵课，"与黎明共舞，与经典同行"。五年来，我校坚持落实"五个一"：每日播放1个经典诵读作品；每周组织1次"班级诵读展示"；每月进行1次"晨诵观摩研讨"；每期举办1次"晨诵成果展"；每年召开1次"晨诵工作表彰会"。

学生通过必读课程，得到文学浸润，变得温文尔雅，变得睿智儒雅。

3. 所谓"情"即指校本课程中的德育序列化课程

在课程改革深入推进、地方教育资源得到开发、校本课程建设已经启动的综合背景下，我们尝试构建了"幸福德育课程系统"，将课程分为基础性课程、拓展性课程、实践性课程三类，目的在于培养学生形成良好的习惯、健全的人格、自律的品格，拥有阳光的心态。我们始终认为，情商和智商同等重要，学校教育要关注学生的智力发展，更要关注学生的情商培养，情智共育，和谐发展。

基础性课程主要指品德与生活、品德与社会以及语文、数学等国家课程；拓展性课程是指学校在国家课程的基础上拓展开发的校本课程，主要包括国学诵读课程；实践性课程主要指基于学生经验、密切联系学生的生活和社会实际，自主开发的另一类校本课程，包括节庆课程、仪式课程和主题课程等。

我校还为学生组建了多个俱乐部：小记者俱乐部、小诗人俱乐部、星星广播等。这些组织既是学生开阔视野、参与生活、发展兴趣的平台，更是对学生进行德育的好渠道。

（1）把基础性课程做"实"

在基础教育阶段，品德与生活课程、品德与社会课程、政治课程是专门的道德课程，是德育的主要载体，对学生树立正确的世界观、人生观、价值观起着重要的导向作用，必须做实。

在学科教学中进行德育渗透，应该根据本学科和学生的特点，找准德育渗透点。在学科教学中，我们提出要培养学生五种幸福素养的目标要求：语文、英语等学科除利用教材中的显性教育因素对学生进行德育外，要着重培养学生的人文素养；体育学科关注和肯定学生的每一点成长，包括学生在体育游戏中的表现，促进学生身心素养发展；音乐和美术学科要注重对学生艺术素养的培养；数学、物理、化学、生物、科学等学科要加强对学生科学素养的培养；信息技术、劳技等学科要渗透对学生实践素养的培养。

（2）把拓展性课程做"精"

传承民族文化精髓，是教育工作者义不容辞的责任。我们着力开发"国学诵读"课程，作为国家课程的补充。这门课以国学为载体，重在"养正"，教学内容以国学经典为主，辅以趣味小故事。每个年级编写一本教材，让学生在品味经典的同时传承民族传统美德。在教学方法的选择上主要采用诵经典、知文意、听故事、明道理、敢实践等方式。如"明道理"，主要是通过"说一说""做一做""唱一唱""议一议""演一演"等不同形式，引导学生思考讨论。学生把孝敬父母、勤俭节约、谦恭礼让等良好素养体现在了生活的一点一滴中。

（3）把实践性课程做"活"

仅仅局限在课堂中的德育是远远不够的，我校为此创建了德育社会化的新模式，设计开发了实践性德育课程，努力使德育课程向"课程化、活动化、综合化、社会化"方向发展。

开发节庆课程，增进学生对民族文化的认同。重阳节，学校组织学生开展"我为老人做一件事"的活动；清明节前，学校组织学生远足到烈士公墓，缅怀革命先烈，开展革命传统教育；"三八"节，学校开展感恩体验课程，通过"护蛋行动""背包行动"等活动让学生们体验妈妈的辛苦。

开发仪式课程，让教育真正走进学生心灵。教育需要情境，校园仪式便是一种触及学生心灵的情境。学校的开学典礼、毕业典礼、升旗仪式、入队仪式等，看似平常，但对学生的教育作用却是不可估量的。

在这个开放、创新的时代，晋中高师附校的幸福德育课程，其实是一种走向整合的学校道德教育。它追求知识教学与道德教育的整合，课内课外的融合，校内教育与校外教育的整合，这可以互相借势，彼此促进，形成教育合力，为学生的幸福人生导航。

所谓"趣"即指校本课程中的社团课程。社团课程侧重学生个性特长发展，注重学生审美情趣、创新能力的培养，主要包括体育类、艺术类、书法类、语言类、传统文化类、科学探究类、信息技术类、综合实践类共八大类课程。目的是加强科技艺体教育，点缀学生璀璨生活。特别需要说明的是，我校将艺术类课程进行社团化实施，要求学生全员参与，旨在为学生提供一种艺术的熏陶和启蒙，从而让学生发现、发掘自己的个性特长，培养学生广泛的兴趣爱好。

学校以科技教育、文艺活动和体育特色项目建设为抓手。在科技方面，大力推广机器人制作、3D打印创意设计等前沿科技项目的教育实践；在体育方面，积极探索足球俱乐部、学生校园广场舞、拉拉操、武术等新型体育教学形态；在艺术方面，积极创造条件组建学校合唱团、器乐团、舞蹈团、国画社团、水粉社团、硬笔软笔书法社团等高雅艺术团队。通过科技、体育、艺术等多管齐下，改进学校的美育教学，着力培养学生的审美情趣和人文素养，让学生的学习生活更加璀璨多彩。每周一进行硬笔书法训练，周二美术（儿童画、水粉画、国画）学习，周三低年级学习硬笔书法，中、高年级学习软笔书法，周四进行以葫芦丝、二胡、口琴、笛子为主的器乐训练，周五进行班级合唱训练和校级社团活动，校级社团有合唱、舞蹈、民乐、素描、国画、水粉画、软陶、剪纸、足球、拉拉操、柔力球、机器人、3D打印、科学探究……近三十个门类的活动课程，满足了不同学生的需求，以此为载体达成学校的发展目标和师生培养目标，实现学校办学的核心价值。

学校开设了这么多社团课程，师资问题又如何解决呢？学校采取了多种渠道：一是提倡本校教师根据自己的特长开发课程。二是合作共享——增添课程动力。学校借助大学城资源与晋中学院、晋中师范高等专科学校等高等院校建立联系，签订"课程与教师发展协议"，建立合作关系，建设教师教育共同体。三是邀请社会热心人士和专家前来开设课程，或协助培训教师。作为学校头等重要的德育工作，要随着新课程的实施更新理念。学校始终坚持把立德树人作为教育的根本任务，丰富德育课程，培育和践行社会主义核心价值观，狠抓以培养良好道德品质和文明行为习惯为内容的养成教育，探索养成教育方法，培养学生良好行为习惯，着力培养学生的自主意识和责任意识，关注学生的精神成长和身心健康，探索德育新途径。学校结合德育现状，组织教师探索学生养成教育的方法，构建德育的系统性、序列化，积极探索德育管理的有效途径和手段。践行自主管理，夯实生命强度，增加生命厚度。

七、"幸福课程"的评价体系

课程改革的根本目的在于提高课程效能。为了更好地衡量课程改革的成败得失，加大对课程效能的研究评价已成为必然。

课程管理评价是一项实践工作，它需要在动态的实践过程中寻求平衡和发展。我们更要关注课程管理评价的运作过程，从课程政策和课程方案的解析、学校课程愿景的建立、课程管理目标的分解、课程运行过程到课程管理效果的评价，每项管理方案的落实情况，人员的匹配、合作情况，机构运行的顺畅性和效率，随机发生的问题及其调节结果，课程管理每个步骤的连续性，课程管理方案持续发展的可能性，等等，每个环节和步骤都需要观察、记录、讨论和调整，以求时刻与课程目标保持一致，最终以优化的方式全面实现课程管理目标。

课程评价改革是推动课程改革最有力的杠杆。我校按照新课程评价理念，突出发展性评价的思想，加强评价的过程性、综合性和个性化。建立标准体系，对各学科各种课型的现代课堂教学评价、综合实践活动课质量、选修课开设情况等，包括学校开设的全部课程建立了一整套课程评价体系，并且根据国家新课程精神，对各科考试从内容到形式，都制定了新标准，逐步形成了学校、家长、学生三级教学综合评价系统。新的评价方式对课程改革的深入起到了全面助推的作用，并有力促进了学生的自主全面发展。

八、"幸福课程"的保障措施

1. 组织保障

学校成立基础教育课程改革办公室，以校长为组长的"幸福课程计划实施领导小组"即学校校委会，它是学校课程决策机构，主要职责是明确本校的培养目标，从实际出发，根据上级颁发的课程计划制订学校年度课程实施方案。由分管教学的副校长任课改办副主任，主抓学校课程的管理和实施工作；教导处是学校课程的管理机构，主要职责是计划、执行、检查、指导、评估学校各门课程的教学工作，并联手学校各学科教师，以促进课程合力的形成。

幸福课程计划实施领导小组牵头编制课程方案，聘请省内外专家、学者、辅导教师成立专家指导团队。课程处负责组建学科中心，审核《学科课程纲要》或《学科教学标准》，负责学科中心组长的培训考核，督促学科中心的研究进展，总结梳理学科中心的研究成果。学科中心负责编制《学科课程纲要》或《学科教学标准》，培训学科教师；收集、归纳、整理档案资料，组织、督导、考核学科教师；向课程处汇报课程工作进展和成果。

2. 制度保障

学校建立相应的制度保障，完善民主、开放、高效的教学模式及课程管理制度。建立"学科课程纲要编写与教学研究制度""课程审核制度""课程计划实施督查通报制度""课程开发实施制度""课程实施经验交流和展示汇报制度""课程选修制度"。学校定期检查各项制度的执行情况，保障课程计划的真正执行。

3. 资源保障

学校在人、财、物等资源方面给予保障。一是整合优化师资队伍，通过学习、培训、反思，提升其业务水平，适时聘请专业教师，优化课程改革骨干师资力量，培养高素质的教师团队。二是调整学校的支出结构，确保课程研发、管理和实施的必备经费。学校管理，不管是国家课程、地方课程的有效实施，还是校本课程的合理开发，都要有必需的设备和经费上的支持。学校要有新课程专项资金，用于加强教室的建设、教师培训、课程实施与开发等方面。三是确保课程建设的场地、设施、设备、网络资源及物资需求。

"幸福课程"的"五环五学"课堂模式

不论课程变革是多么波澜壮阔，课程理想是多么高尚美好，这一切都必须落到课堂教学的实处。因此课堂教学改革势在必行。

一、模式构建

1. 课改背景

我校 2012 年建校之初，生源结构差，教师队伍年轻，没有教学经验，急需一种课堂教学模式规范课堂教学，提高课堂教学质量。在这样的背景之下我们提出了"四环四学"课堂教学模式，即"独立自学——交流互学——点拨助学——反思悟学"学导型课堂教学模式。

2.“四环四学”到“五环五学”

经过两年多教学实践，2014年9月，郭校长带领的科研团队对课改进行实践总结、理论提升，在此基础之上提出了“五环五学”课堂教学模式，即“问题导学——独立自学——交流互学——点拨助学——反思悟学”。在原来“四环四学”课堂模式基础之上加入了“问题导学”这一环节，使我校教学模式更科学、更完善，更有利于课堂教学的开展。

3. 三个层次的课堂要求：规范课堂、高效课堂、智慧课堂

经过几年的探索和实践，大多数青年教师已经成长起来，对课堂有了自己的独特理解。2015年9月，借助首届全国名校领航班这样一个高级别的平台，我校成立了“郭长安名校长工作室”，得到了许多专家的帮助，解决了课改中遇到的很多问题，这为我校课改进一步推进提供了理论支持和技术保障。在“五环五学”课堂教学模式基础之上，我们尝试着由教学模式向教学模型的转变。对教师的课堂教学提出了三个层次的要求，即规范课堂、高效课堂、智慧课堂。目前，我校大多数教师正由规范课堂向高效课堂过渡，为追求智慧课堂的目标不断探索前行。

4.“五环五学”课堂教学模式

“环”和“步”是有区别的，在一节课中，也许只应用其中的某几个环节，在低年级也可能在一节课中重复应用几个这样的流程。总之，在具体实施过程中，可以根据不同年级、不同班级、不同学科、不同教师的教学风格灵活应用。对于年轻教师，首先要达到规范课堂的要求，对于有一定教学经验的教师，应向高效课堂迈进。教无止境，我校获“省、市级学科带头人”“教学能手”称号的这部分优秀教师，已不拘泥于模式的限制，正向智慧课堂的目标前进。

二、模式实施

1. 基本理念

“五环五学”课堂教学模式以关注学生的“学”为重点，以“问题导学——独立自学——交流互学——点拨助学——检测悟学”为基本流程，以“让学生学会学习”为核心目标，研究“学”、设计“学”、落实“学”、指导“学”，从而构建不同学科、不同学段的学导型课堂教学模式，打造焕发生命活力的高效课堂。

2．具体操作

（1）问题导学（引领）

理念：①教学过程是"提出问题——探索问题——解决问题——生成新的问题"这样一个循环往复的过程。课堂活动始终围绕问题进行，由问题开始，再由问题结束。

②设计好的问题是实现高效课堂的关键。什么是好的问题？

例如：在教学"圆的认识"一课时可以设计这样的问题情境，帮学生理解"一中同长"。请 10 名学生玩投沙包游戏，让学生站成一排，将沙包筐放在这些学生的正前方（每名学生离沙包筐的距离不同）。每人投 5 次，谁投中多谁赢。

师问："这个游戏公平吗？"

生答："不公平，因为每个人离沙包筐的距离不等。"

师问："怎么放置沙包筐，10 名同学如何站才能使游戏公平？"

学生们经过讨论商量一致认为 10 名同学围成一个圈，把沙包筐放在圈的中间才公平。

学生们在游戏活动体会到了"一中同长"，进而为进一步认识圆的圆心、半径做了很好的铺垫，也为研究"同一个圆中半径相等"这一圆的特征埋下了伏笔。这样的问题也可以让学生很快地投入到学习活动中。

（2）独立自学

独立自学的核心是独立思考。教师一方面应尽可能地给学生提供足够的独立思考的时间和空间，另一方面为学生提供丰富的课程资源。

独立自学表现形式多样，可以是独立完成一些习题，可以是独立阅读课本，也可以是独立思考某个问题。我们要给学生足够的时间，而不应只流于形式。在学生独立自学的过程中，教师可以巡视学生独立自学的情况，发现出现的问题，可以借机辅导学习有困难的学生，也可以对学生遇到的问题进行适当点拨。

对于学生独立思考问题，课堂的表现形式多是老师或学生提出一个有价值的问题让学生独立思考。这时老师更应该多给学生一些思考的时间，让大多数学生对问题有一些探究，再找学生发言，达到一种"看似静，实则思维在动"的课堂效果。

我校在课改具体实施过程中，在国家课程基础之上，对教材进行了调整，在不违背课程标准基本要求和理念基础之上，对教材的具体素材进行了调整、补充。让教材的具体素材更亲近儿童，站在儿童的立场去思考问题，要体现儿童的意识、儿童的视角，关注儿童的心理，关注儿童的做事方式，顺应儿童的发展趋势。

（3）交流互学

交流互学的形式多样：同桌交流，小组交流，以小组为单位全班交流，教师与个别学生交流，教师与某个小组交流，教师与全班交流，等等。主要根据教学内容及教学活动形式而定。

展示成为课堂的主要表现形式，展示即探究。展示者是相应学习环节、学习内容的组织者和责任人。展示不是碎片化的，而是整体性的。展示不仅要展示结果，还要展示探究过程。展示应尽可能充实、丰富、多样化，可以是小组学习的结论，也可以是未解决的问题。一次好的课堂展示，就是一次好的课堂研讨。在课堂展示中引发、展开有深度的头脑风暴和思维碰撞，是课堂的主要任务，这样，班级的职能就发生了变化，班级为小组之间的深度探究提供了平台，课堂更像是论坛平台。

（4）点拨助学

点拨助学可以在展示过程中进行，也可以在展示完毕后，教师集中点拨指导。不管哪种形式，教师首先要有充分的预设和准备，在知识的重难点处进行有效的点拨。

尽管生本课堂以学生为主，但所有的学习活动都是以学校为前提、为背景的。教师永远是教师，教师的作用不可低估。

教师角色在发生变化。教师应该是敏锐的倾听者，教师应该是准确的判断者，教师应该是高超的评价者。

教师应充分发挥课堂的主导作用，用恰到好处的评价去引导学生更有效地学习。教师可以从以下几个方面对学生的课堂学习进行评价和指导：①好的小组合作；②好的展示；③有共享价值的学习资源；④有价值的质疑；⑤闪光的观点和思路；⑥精彩的讨论。

（5）检测悟学

当堂检测即课堂教学之末，针对本节课的知识点、学习重难点、易混点、易错点设计题目，可通过问答、书写、小组竞赛、演练等不同形式检测本节课学习的效果。

通过检测，教师可以掌握学情，发现问题，及时纠正，正确引导，巩固成果。

132

检测题的设计要注重基础性、层次性、生活性、精准性、趣味性、针对性、创新性、开放性。所有的学生都有参与练习的机会，都能享受成功的快乐。

三、我们的教育梦想——智慧课堂

我们所期待的课堂是学生课堂，学生参与治理的课堂，学生享受成长过程的课堂。学生自治的核心是：相信学生、尊重学生。从小组学习到课堂学习，从学习到学生成长，学生自治应是一个贯穿始终的主题。我们一直在找寻适合学生的最佳教育、教学方法。尊重学生，尊重规律，让学生享受幸福教育是我们不懈的追求。

附：教师随笔

边读边唱，边唱边读

——经典诵读与合唱相遇

一直在和孩子们一起学习国学经典，也一直在和孩子们一起学习合唱，一直希望能够将两者融合，将古典与现代结合，一直在找一个很好的契合点……

直到遇到《游子吟》《厚德载物》……

《游子吟》是一首大家耳熟能详的诗，千百年来被人们传诵。作为国学经典，我们学习了它。由《游子吟》创编的歌曲，我们也学习了。当音乐响起，或吟诵，或歌唱，都是那么美。在吟诵中我们感受经典诗词的情韵，在歌唱中我们感受现代歌曲的魅力。

"厚德载物"出自《易经》，原文是："天行健，君子以自强不息。地势坤，君子以厚德载物。"同名歌曲《厚德载物》不仅题目与之相同，内容上更是从三皇五帝到《三字经》，从《弟子规》到《论语》，对中华传统文化进行了相当精彩的诠释。

天地之间和为贵

百善之中孝为先

父母是生育我们的恩人

要知恩报恩

尊师重道克己复礼

天下归仁

老师教会我们智慧道德

恩重如山

天行健地势坤师法天地彰人伦

几千年礼仪之邦泱泱我大中华

天行健地势坤师法天地彰人伦

几千年礼仪之邦厚德载物传到今

⋯⋯⋯⋯

我和孩子们一起唱着、读着，读着、唱着。读着经典，启迪我们的智慧；唱着经典，净化我们的灵魂。

诵读在继续，歌唱在继续，努力寻找更多的契合点在继续⋯⋯

社团课程丰富学生的学校生活

为进一步落实新课程教育理念，切实推进学校校本课程建设，培养学生综合能力和创新精神，引导学生自主发展、快乐成长，我们学校还开设了面向全体师生、全员参与的晨诵活动以及丰富多彩的学生社团活动，如写字社团、国画社团、合唱社团、足球社团⋯⋯学生们积极参与，享受着学习之外的乐趣。而葫芦丝社团则给我留下了深刻的印象，让我和孩子们受益匪浅。

人们常说："要给学生一碗水，自己必须先有一桶水。"为了便于后期指导学生学习葫芦丝，我也和学生们一起学起了葫芦丝。刚学葫芦丝时，我照着老师的指点，用手指按紧小孔，鼓着腮帮子，瞪着眼珠子，使劲吹起来，手指头按得又红又痛，却一个音也没发出来，真是又气又急，再看看学生们一个个吹得眉飞色舞，我都有点不好意思了。这时我们班的班长跑过来迫不及待地告诉我原因，原来我的手指头没按紧小孔，露出缝隙了。在小老师耐心的指点下，我一遍又一遍地练，终于从小孔里跳出动听的音符。我高兴极了。同学们也不由自主地为我的坚持鼓起了掌。那一刻，我觉得世界上最幸福的事就是学会了吹葫芦丝。不得不承认，青出于蓝而胜于蓝，孩子们学吹葫芦丝又快又准，我不得不佩服啊！日子一天天地过去，从我们的葫芦丝里飞出了一首首优美的乐曲。有时候像清清的溪水淙淙流动；有时候是湖边的孔雀侧着脑袋欣赏自己在水中美丽的倒影；有时候是多情的凤尾竹在皎洁的月光下摇曳⋯⋯

一时间，葫芦丝以其独特的艺术表现力和易学易会的特点赢得了孩子们的青睐。渐渐地，学生们爱上了葫芦丝。现在，学生们很期待每个周四，因为他们可以见到他们可爱的小伙伴——葫芦丝。每节葫芦丝课，学生们过得充实而快乐。吹奏葫芦丝不仅能放松心情，增加生活的乐趣，使学习、娱乐合二为一，又能丰富学生们的艺术修养及道德情操，如那些节奏舒缓、宁静和谐的葫芦丝乐曲，可以使精神松弛、情绪稳定，神经功能因而得到调整，帮助消除压力，促进心态平衡。而那些激越慷慨、欢快的曲子，则带给学生们情感的振作，使学生们的神经系统兴奋，促进血液循环，消除内心的忧郁，提高学习效率。

无论是有声有色的晨诵课还是丰富多彩的社团活动，都让学生们受益匪浅，为学生们提供了丰富的精神食粮，为学生幸福的一生奠定了坚实的基础。希望这样的活动一直坚定地举办下去，祝福我们晋中高师附校的明天会更好！

搭建桥梁身先士卒

初始听说学校紧跟素质教育步伐要进行社团活动时，我是举双手赞成的。学生们在学校除了学课本知识还能学到一些课外知识，何乐而不为呢？然而这一过程中所存在的困难却值得我回味。

怀着欣喜和激动的心情，我们迎来了教授葫芦丝的老师。当那个清纯的小姑娘怯生生地站在讲台上时，我瞬间就忐忑了。不出所料，整整一节课的时间，这个小老师的讲授都让学生们不知所云，更找不到要点，情急之下她走下讲台一个一个地辅导，可是全班有50个人，我们不能像很多艺术课一样进行小班教学。一堂课结束，老师急得满头大汗却收效甚微。

静下心来，我开始认真地分析我们所面临的具体情况：代课的老师是师范院校即将毕业的学生，她虽然专业知识过硬但是却缺少相应的教学方法。我们一个班大多有50个学生，没有小班教学的优势，教师无法进行一对一的细致指导。但必须完成计划，该怎么办呢？我忽然想起女儿学琴的经历。女儿四岁半开始学琴，老师要求必须家长陪同，刚开始不太理解，很快就明白缘由。四五岁的孩子理解能力有限，因此，老师在教孩子的时候要求家长也要学会，以便更好地回家指导孩子的练习。想到此处，我萌生了自己也跟着学生们学习葫芦丝的想法。想到就去做，我很快置备了葫芦丝，开始了又一次新的尝试。我在网上跟视频学习，不懂的向小老师虚心求教。我不是专业的音乐老师，从零开始自然很是吃力，因此，课下练习、回家加班练习就成了习惯。看我学得这么认真，学生们也动了起来，小老师教一次学不会，老师走后我就陪学生们一起练习。我总是不断地鼓励学生们：老师都能努力学习，大家应该学得更好。我们相互督促鼓励，时至今日，短短一年半的时间，我们班学习葫芦丝曲目多达 10 首，在庆"六一"的文艺会演中取得了"优胜班级"的称号。

我很庆幸在陪练中掌握了一门乐器，如今，学生们已经能够"自我修行"了。社团活动的初步告捷，不仅让我更加真切地体会到学生们的学习经历和心理变化过程，也使我在专业化发展的同时不断充实和丰富完善自我，使我成为一名不仅能站上讲台，更能深入学生心灵，理解他们，为他们排忧解难的朋友。为自己成为全面发展的教师努力！

玩在华山

——华山中学课程体系建构

> 一所学校特色鲜明，不是因为它的建筑和外墙多么有个性，一定是因为它的课程与众不同。
>
> ——题记

我是四年（3）班的彭雅喆。自从我上小学后，有一件事让我和妈妈非常苦恼，那就是中午放学后的午休。

由于离家较远，中午放学后我要赶紧乘公交车回家，吃过饭还要急匆匆往学校赶，根本没有时间休息。我下午上课时精神很不好，尤其是夏天，一上课就成了"瞌睡虫"，这严重影响了我的学习。

三年级时，学校开设了午休课程，我赶紧报名参加了。从此以后，我和妈妈再也不为午休担忧啦！

学校非常重视午休课程，老师们非常负责，把各项准备工作做得井井有条。中午放学铃一响，同学们就赶紧去排队就餐。午餐非常丰富，每天有三个菜，天天都不重样。主食有米饭、馒头、包子和抓饭。每天我们都吃得津津有味。

学校还安排专门的寝室。吃完饭后，同学们抓紧时间去寝室休息，由老师和高年级的大哥哥、大姐姐负责照顾我们，大家可以美美地睡上一个小时。

我自从参加了"午休课程"，收获非常大。在这里，我除了学会自觉排队、自己打饭、自己收拾餐具，还学会自己摆放鞋子、自己叠好被子等。学校还专门请来了部队上的叔叔教我们叠"豆腐块"呢！现在，我叠被子的水平都超过爸爸妈妈啦！我的自理能力越来越强，结识的小伙伴越来越多，下午上课可有精神啦！

这样的"小饭桌"，我们可喜欢啦！感谢学校和老师们，让我们没有了后顾之忧。

吃午饭、睡午觉这样的"小事儿"，被我们学校做成了"大课程"。由此看来，学校无小事，事事皆课程。

一、课程内涵、外延之界定

随着我国新一轮课程改革的不断推进，课程一词已经越来越被广大教育工作者所关注。

对于一线中小学教师而言，我们没有能力对这个复杂的理论问题进行深究，也没有必要在这个问题上纠缠不休，但有必要从自身的教育实践需要出发对"课程"这一概念进行自我界定。

我们认为，凡是为了实现教育目标而开展的有目的、有计划、有主题、有内容、有过程、有评价的教育活动，统称为课程。由此来看，除了课程标准、规范教材、课时保障的国家课程，地方教育部门或学校组织开展的各种有意义的教育活动，虽然不一定有文本教材，不一定有固定的课时保障，不一定进入课堂，但因为具备"六有"要素，都属于课程范畴，只不过没有国家课程的开发、实施、管理那么规范、系统。因此，除了国家课程，在校内外开展的各种社团、实践活动，也都被我们称之为"课程"。

二、华山中学校本课程发展历程

华山中学的课程观，是随着半个多世纪教育实践的发展而不断明晰和深化的。回顾课程探索之路，我们大致经历了以下三个阶段。

第一阶段：自建校始至 20 世纪 80 年代初。

这个阶段，我们主要瞄准文化课程建设。在当时的社会背景下，我们的课程观念很淡薄，而且认为只有"文化课"才是"课程"，认为"有文本的"才是"课程"，认为"只有排进课表的"才是"课程"，认为只有进入"课堂"的才是"课程"，其他的如体育训练、竞赛活动和各类教育实践等，充其量也只是"课外活动"。

第二阶段：20 世纪 80 年代中期至 21 世纪初。

20 世纪 80 年代中期，素质教育风起云涌。在此大背景下，我们积极摸索新的德育课程模式。在 90 年代末提出了"德育开花，智育结果"的教育理念，21 世纪又强调"事事有学问，处处皆教育，人人是教员"，形成了"大德育观"，并砍掉总务处，总务和德育二处合为一处。为提高办学质量，落实以学生发展为本的办学理念，我们开始强化学生学习方式和育人模式的改革与探索。在义务教育阶段,我们积极开展综合实践活动;在高中教育阶段,我们积极尝试"清晨20分""学生自主管理委员会"和主题班会实践活动;等等。这样,我们的课堂向外"延展",使学校的各项课外教育活动开始走向规范化和系统化。

这一阶段的标志性成果,是通过开展全国教育科学"十五"规划国家级重点课题"整体构建学校德育体系的研究与实验",把我校的德育工作进行了梳理、总结,形成了学校、家庭和社会三位一体的育人网络,建立健全了管理育人、活动育人的科学育人机制。其中,我们从六个方面着手青少年思想道德建设工作,每个方面又从四点切入进行总结而凝练出系列活动体系,简称为"六个四"工程:即"四校"建设(少年团校、青年业余党校、华山军校、家长学校),"四节"活动(科技节、社团节、体育节、艺术节),四个"手拉手"活动(民族团结手拉手、城乡学生手拉手、与特教学生手拉手、军民共建手拉手),四类社团活动(绿色卫士团、文化社团、专业社团、技能社团),四类社会公益实践活动(青年志愿者、义务植树、支农劳动、礼仪值周),四个主题教育会(主题班会、主题团队会、成人宣誓大会、毕业典礼大会)。

第三阶段:2003年至今。

在新课程改革浪潮的推动下,华山中学提出了"三全育人"理念,即全员、全过程、全方位育人,强调所有教职员工都是教育工作者。在总结和继承学校优秀教育教学改革成果的基础上,我们从学校实际出发,以"发展学生,成就教师"为目标,以全面提升素质教育水平为目的,通过不断创新学校管理,落实多元化评价,激发广大教师既要把本学科专业教学搞好,也能根据自己的爱好、特长开设第二课堂和社团活动,更好地为学生的发展服务。由此,学校积极开发校本课程,以满足学生多样化、个性化成长的需求。我们把为每个学生的个性得到充分发展,作为学校开发校本课程的努力方向。

2012年,我们制定了校本课程开发与实施方案,构建了如下课程框架,把目前小学、初中和高中开设的校本课程进行了全面梳理和优化,使之结构化、系统化(见下图)。在此框架下,各学段结合学生身心发展规律和学校现有条件开设系列课程,如小学突出生活、学习、行为习惯养成教育,初中突出道德、法纪、青春意识教育,高中突出理想、信念、价值观教育。

华山中学校本课程设计框架

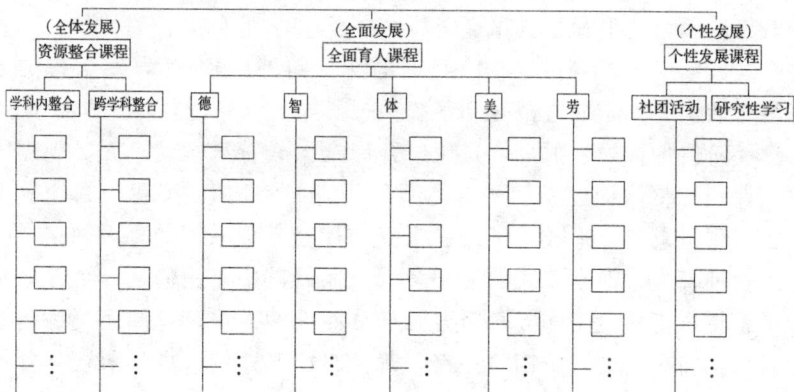

（全体发展）	（全面发展）	（个性发展）
资源整合课程	全面育人课程	个性发展课程
学科内整合　跨学科整合	德　智　体　美　劳	社团活动　研究性学习

华山中学校本课程设计框架

纵观华山中学的校本课程建设历程，与绝大多数中小学一样，有以下两个特点。

一是从"归纳式"逐渐走向"演绎式"。

这是广东教育学院科学教育研究所所长、教授胡继飞在《中国教育报》2009年1月23日第005版上发表的《找寻校本课程开发的规则与范式》一文中概括归纳的。华山中学虽然建校已经五十多年，但对课程的理解和建设，是伴随国家课程改革的步伐逐步从无意识走向有意识，并根据学生发展的需要和学校办学实际，开始主动构建学校课程体系的。其基本顺序为：教师自发进行课外活动实践→课外活动课程化→确定校本课程整体结构→提炼学校课程文化和特色→确定学校教育哲学→指导校本课程的进一步完善。这就是一种"自下而上"形成的"归纳式"课程建构模式。它是在科任教师自发实践活动的推动下，学校管理者组织进行的校本课程规划与开发。

自"十二五"中期开始，我校的办学思想逐渐明晰且渐成体系，课程文化蓬勃发展，校本课程的开发又走向"自上而下"的"演绎式"建构模式，基本顺序为：确立学校教育哲学（办学理念或核心价值）→进行学校课程整体规划→进行具体校本课程的开发。它是由学校管理者来推动科任教师实施的校本课程开发。

二是校本课程价值取向由单一走向多元。

按照胡继飞教授的研究成果，所有校本课程的开发都不外乎具有以下三种价值取向：一是目标主导，即学校想做什么。校本课程要体现学校的教育哲学和办学特色，这是成熟型学校的重要标志。二是需求主导，即学生喜欢什么。校本课程要尽量满足学生合理的需求。三是条件主导，即学校能做什么。学校根据自身在教学设施、文化传统、师资力量、社区资源等方面的具体情形，来考虑能做些什么。

华山中学的校本课程在第一阶段（自建校始至 20 世纪 80 年代初）的开发主要是条件主导型，第二阶段（20 世纪 80 年代中期至 21 世纪初）则是以需求为主导，兼顾目标和条件，第三阶段（2003 年至今）则是以目标为主导，兼顾需求和条件。在具体的校本课程开发中，我们既不能顾此失彼，又不可能平分秋色，能够做到的，就是突出其中一个方面同时兼顾其他两个方面。

三、华山中学课程体系之重构

在课程框架下所建立的校本课程体系，虽在一定时期内规范了各种课程开发行为，但在实践中也不断暴露出其明显缺陷：一是任何一门课程都有多种属性，此树状模型所表达的是二维结构，不能很好地体现课程属性；二是全体发展课程、全面育人课程、个性发展课程三者并不是并列逻辑关系，它们之间既有包容关系，又有交叉关系，这给学校后续的课程开发和管理制造了"麻烦"；三是此模型不具有学校的校园文化特征，不能全面反映华山中学的办学思想、地域特色和价值追求。

"十二五"中后期，华山中学提出"文化兴校，科研强校"内涵式发展战略，开始构建以"胡杨精神"为主题的校园文化，并最终凝练出了"才丰似华，德厚如山"八字校训。为了平衡应试教育和素质教育之间的复杂关系，学校创造性地提出"玩在华山"的课程建构模式，努力创造条件，积极培育既具有浓郁本土情怀又具有广阔国际视野、"才丰似华，德厚如山"的"大写"之人，由此开启了华山中学校本课程建设的重构之旅。

1. 重构之原则

第一，协调好继承和发展的关系。

学校课程建设，一般都要通过课程文化反映学校育人理念，这是对学校办学思想和校园文化的有效传承，但也必须兼顾不同时期社会发展对人才培养的具体需求。

华山中学作为一所兵团学校，非常重视在传承兵团文化的基础上，努力凝练自身所独有的人文精神。以此为起点，我们把"适应环境，长久坚守，无私奉献，乐观向上，开拓进取"的"胡杨精神"作为华山中学校园文化的主题。在对学校发展历程和"华山"二字含义的深刻解读基础上，"才丰似华，德厚如山"就成为全体师生共同的价值追求和精神向往。

这朴实的 8 个大字，其含义非常丰富：

"才丰似华"——才能多样，百花齐放；人才辈出，光彩夺目；文才丰盈，似我中华。

"德厚如山"——品德高尚，厚重如山；公德优良，坚实如山；德育成果，丰硕如山。

综合起来，"才丰似华，德厚如山"表达出了华山中学对多元发展教育理念的积极倡导和对德才兼备教育目标的不懈追求。因此，我们的课程建设，就要始终围绕现代社会要求的"才"与"德"进行设定；我们的课程建设，其价值取向既要体现兵团精神、新疆地域特色，又要面向世界培养具有国际视野的新一代公民。

"教育，是使人求真、至善、达美的崇高事业；课程，乃通向真善美的路径；教学，即追求与体验真善美的过程。"所以，在现代课程建设中，我们要以培养学生科学素养、人文涵养、艺术修养为核心，设置十二年一贯的课程体系，并构建分段目标以及课程内容，从而为各类学生的成长打下基础。课程建设，说到底就是让学生通过多样化的课程学习，发现或滋养出兴趣、爱好，并不断体验、实践，从而形成明确的人生目标和职业规划，以此为创新人才的培养奠基。

第二，处理好"有营养"与"有滋味"的关系。

我们到底要给学生什么样的课程？

这一直是一个"折磨"着我们的问题。

有一次中午放学了，邱成国校长在学校门口外看见不少学生在吃小摊上的烧烤，于是说道："这东西没有营养，少吃点！"学生们却笑着说："没营养但好吃，学校食堂的饭菜有营养但不好吃！"

这个事例，形象、生动、直观地折射出课程建设中有意义与有意思的关系问题。

处理好"有营养"与"有滋味"的辩证关系，恐怕是学校课程建设永恒的主题。强调"有营养"更多的是站在教育者的立场看问题、想事情。可以肯定，如果站在学生的视角看问题、想事情，他们强调的应该是"有滋味"。他们更愿意在"有滋味"中接受"有营养"。就像吃饭，家长更多的是看中有营养，而孩子重视的是有滋味。课程，是为学生服务的，衡量课程改革成与败的唯一标准，当然而且必须是学生愿不愿意学习、学没学到东西。故此，我们给学生提供的"营养套餐"，一定要让学生吃得既"有营养"，也"有滋味"。

"玩在华山"课程建构模式的提出，不是突发奇想，更不是哗众取宠，而是遵循学生身心发展和认知发展规律的。对于不同年龄段的学生来说，"玩"对他们的意义是不同的，"玩"的方法也是变化和发展的。"玩"不仅仅在于"有趣"，更重要的是让学生们玩出"名堂"来，即玩中养德、玩中启智、玩中健体、玩中尚美。一句话，"玩在华山"，就是要顺应天性、涵养德行、发展个性。因此，"玩在华山"理当成为我校课程体系构建的重要指南。

2. 重构之思路

第一，理顺概念之间的逻辑关系。

自新课程改革以来，关于课程的概念和分类可谓五花八门，让人眼花缭乱、云里雾里。比如国家课程、地方课程、校本课程；比如学科课程、综合课程；比如艺术课程、人文课程、科学课程、德育课程、健身课程；比如必修课程、选修课程；比如基础课程、拓展课程；比如知识课程、体验课程、探究课程；比如显性课程、隐性课程；等等。

要想构建科学的课程体系，首先要理顺概念之间的逻辑关系，只有认识上清楚了，思路上才能明晰，行为上才能准确。

经过分析、比对，我们认为，上述概念和分类看起来繁杂，其实，它们是从不同的视角和维度出发来认识课程的。比如，从课程管理看，分为国家课程、地方课程、校本课程；从课程形态看，分为单一学科课程、综合实践活动课程；从课程功能看，分为艺术课程、人文课程、科学课程、健身课程；从课程受众面看，分为必修课程、选修课程；从课程目标层次看，分为基础课程、拓展课程、培优课程。

对于德育课程，我们以为，这是最容易与其他各种课程混淆并处境尴尬的特殊课程。

为了区别于其他课程，我校只把以培养学生良好行为习惯、道德品质、法纪意识和正确价值观为直接或主要目标的教育活动称为德育课程。根据这样的一种界定，我校的德育课程，主要包括国家课程中各学段的思想品德课和思想政治课、主题班会课、团队课、党校军校课程、支农劳动、手拉手活动、节日庆典和经典诵读等。

第二，从多个维度出发构建系统。

华山中学的校本课程体系，主要是从以下几个维度来构建的。

一是从教育对象出发，构建学生课程、教师课程、家长课程。

二是从教育阶段出发，构建小学课程、初中课程、高中课程。

三是从课程管理出发，统筹国家课程、地方课程、校本课程。

四是从课程形态出发，划分单一学科课程、综合实践活动课程。

综合实践活动课程，是一类非常特殊的课程。它涉及所有课程领域，在义务教育阶段和高中教育阶段的学习方式上侧重点亦不同。它虽属于国家课程，有课程标准，但没有课程内容限定，更没有统一的文本教材，在实际操作时基本上也是以学校行为来开发建设的，然而它又不等同于校本课程。

五是从课程目标层次出发，设计基础课程、拓展课程、培优课程。

六是从课程功能出发，分为艺术课程、人文课程、科学课程、健身课程、德育课程。

第三，把"归纳式"和"演绎式"有效地结合起来。

华山中学以前的校本课程建设，基本走的是"归纳式"道路。随着办学历史的延伸和文化的不断积淀，我们已经意识到必须改变发展道路，站在学校的教育哲学、校园文化的高度来审视并重构校本课程。因此，今后的课程建设应该把"归纳式"和"演绎式"有机地结合起来。

3. 重构之历程

第一，华山中学课程体系的宏观架构。

如前所述，华山中学的课程体系设计主要是从六个维度展开的，鉴于第一个维度中的教师课程和家长课程主要是放在学校"十三五"期间重点建设，目前本书只对"十二五"期间的学生课程体系进行介绍。同时，第二维度涉及的三个学段的其他课程维度基本一致，因此，现阶段我们实际是从后面四个维度进行思考和设计课程体系架构的，并由此形成了如下图所示的宏观基本结构模型。

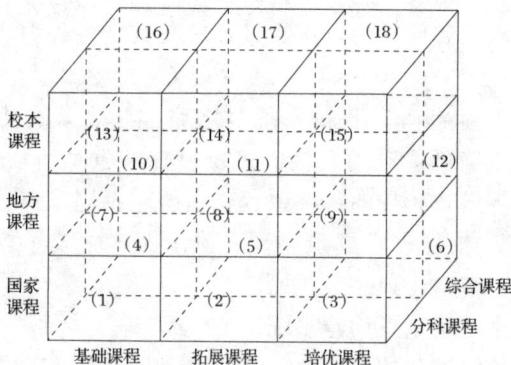

宏观基本结构模型

这个课程体系共由 18 个"小立方体"组成，每个"小立方体"就是一个课程领域，包含三种课程属性。从下往上分为三层，分别是国家课程、地方课程、校本课程，每一层都有 6 个小立方体。按照从左至右、从前往后的排列顺序，依次编号为：国家课程（1）号—（6）号，地方课程（7）号—（12）号，校本课程（13）号—（18）号。具体含义如下：

（1）号小立方体：表示的是国家课程中单一学科方面的基础类课程，如语文、数学、英语等课程就属于此类。

（2）号小立方体：表示的是国家课程中单一学科方面的拓展类课程，如高中选修Ⅰ的模块课程。

（3）号小立方体：表示的是国家课程中单一学科方面的培优课程，目前国内一般中小学校尚无此领域的课程。

（4）号小立方体：表示的是国家课程中综合学科方面的基础类课程，如义务教育阶段的综合实践活动课程、高中阶段的通用技术课程等。

（5）号小立方体：表示的是国家课程中综合学科方面的拓展类课程，如研究性学习课程。

（6）号小立方体：表示的是国家课程中综合学科方面的培优类课程，目前国内一般中小学校尚无此领域的课程。

（7）号小立方体：表示的是地方课程中单一学科方面的基础类课程，如义务教育阶段使用的《可爱的兵团》等。

（8）号小立方体：表示的是地方课程中单一学科方面的拓展类课程。

（9）号小立方体：表示的是地方课程中单一学科方面的培优类课程。

（10）号小立方体：表示的是地方课程中综合学科方面的基础类课程，如新疆一些地方学校义务教育阶段开设的一门综合性课程——新疆。

（11）号小立方体：表示的是地方课程中综合学科方面的拓展类课程，当地暂无此方面课程。

（12）号小立方体：表示的是地方课程中综合学科方面的培优类课程，当地暂无此方面课程。

（13）号小立方体：表示的是校本课程中单一学科方面的基础类课程，如我校在三年级开设的游泳课，要求所有学生参与并掌握这项基本的生存技能。高中开设的舞蹈麦西来普、沙吾尔登和形体课等。

（14）号小立方体：表示的是校本课程中单一学科方面的拓展类课程，如趣味数学、阅读与写作、海洋科普、知识产权教育等。

（15）号小立方体：表示的是校本课程中单一学科方面的培优类课程，如奥数、信息学奥赛、机器人、创客空间、合唱团、管乐团、舞蹈团等。

（16）号小立方体：表示的是校本课程中综合学科方面的基础类课程，如学校开设的综合实践活动课程。

（17）号小立方体：表示的是校本课程中综合学科方面的拓展类课程，

如华山中学坚持开设几年的网脉体验式夏令营课程、支农劳动课程。

（18）号小立方体：表示的是校本课程中综合学科方面的培优类课程，如我校这两年开展的"环塔里木盆地科考夏令营""博斯腾湖微观生物王国探秘科学考察活动""高中莲宸模拟联合国社团"等课程。

从以上模型结构中可以看出，不是所有的小立方体对应的课程领域都一定要进行课程开发，但这不影响我们通过这几个维度对课程体系进行思考与建构。

第二，华山中学校本课程体系的微观建构。

在学校课程体系的宏观架构引领下，我们开始从微观层面构建校本课程体系，即图中对应的（13）号—（18）号小立方体。每个小立方体内都蕴含着第六个课程维度的课程功能，按照我们的划分应包括科学课程、人文课程、艺术课程、健身课程和德育课程。

科学课程，主要是指自然科学中的各种科目和实践活动，如数学、物理、化学、生物、医学、军事、信息技术、通用技术、创客空间、科学考察、实验探究、科技大赛等，课程的主要功能是培养学生们的基本科学素养，使之具有"求真"精神。

人文课程，主要是指社会科学中的各种科目和实践活动，如语言、文学、政治、历史、地理、经济、社会、民族、新闻等，课程的主要功能是培育学生们的基本人文素养，使之追求"至善"美德。

艺术课程，主要是指艺术教育领域中的各种科目和实践活动，如音乐、美术、戏剧、舞蹈、影视、书法、篆刻、艺术展演、综艺大赛等，课程的主要功能是培养学生们的基本艺术修养，使之铸造"尚美"品格。

健康课程，主要是指身体、心理健康教育中的各种科目和实践活动，如体育方面的各种球类、田径、体操、搏击、游泳、滑雪等，心理健康教育方面的青春期教育、心理讲座、心理咨询、心理辅导、游戏活动等，课程的主要功能是培养学生们良好的健康意识、健身习惯、心理素质，使之奠定"固本"之基。

至于德育课程，前面已经做了说明，它是非常特殊的一类课程。根据我们的界定，它可以划分为单一学习内容和综合实践内容，在目标层次上可分解为矫正类、基础类课程，而不能设计成拓展类、培优类课程。矫正类课程，是针对在德行上出现偏差的少数学生而开设的弥补性、纠偏性课程；基础类课程，是针对绝大多数普通学生而言的。从课程形态看，小学至高中的所有国家课程中的思想品德课和思想政治课均属于单一学科内容，其他的如主题班会课、团队课、党校军校课程、支农劳动、手拉手活动、节日庆典、经典诵读等，均可纳入综合实践内容。德育课程的主要功能是立德树人，即通过培育学生形成良好的行为习惯、道德品质，法纪意识，以及正确的价值观，使之具有"知行"统一的德行。它与人文课程在课程功能上是一致的，只是在课程内容设计上各有侧重。

在校本课程体系的微观构建中，我们突出强调了对"玩在华山"课程建构模式的理解和践行。针对上述课程功能，我们依据不同层次学生的需求，分别设计了基础类课程、拓展类课程、培优类课程。

基础类课程，是面向所有学生开设的普惠性的必修类课程，是要让学生"玩"出兴趣。

拓展类课程，是在基础类课程的基础上面向有兴趣、有爱好的部分学生开设的提高性的选修类课程，是要让学生"玩"出特长。

培优类课程，是面对有特长和潜能的少数学生开设的拔尖性的精修类课程，是要让学生"玩"出品位。

根据以上设想和描述，我们还可以用下表来梳理校本课程的体系架构。

华山中学校本课程体系微观模型表

课程功能　＼　目标层次	科学课程（求真）		人文课程（至善）		艺术课程（尚美）		健康课程（固本）		德育课程（立德）	
	单科	综合	单科	综合	单科	综合	单科	综合	单科	综合
基础类课程（"玩"出兴趣）								基础类		
拓展类课程（"玩"出特长）								矫正类		
培优类课程（"玩"出品位）										

表头的横向部分，表示课程功能，每种课程都包含单一学习内容和综合实践内容。表头的纵向部分，是依据不同层次学生的培养目标而划分为三个类别（德育课程例外）。表中的空格部分则代表学校在这两个维度上已经或即将开发与实施的各种具体课程，之所以为空格，是表示它将遵循自下而上的"归纳式"和自上而下的"演绎式"相结合的原则，根据学校的办学实际和学生的成长需要确定具体课程内容。

由此，我们得到华山中学目前各学段主要校本课程的内容体系，如下

课程：教育行塑学生跑道

两表。

华山中学义务教育段主要校本课程一览表

课程功能 目标层次	科学课程（求真）		人文课程（至善）		艺术课程（尚美）		健康课程（固本）		德育课程（立德）	
	单科	综合	单科	综合	单科	综合	单科	综合	单科	综合
基础类课程（"玩"出兴趣）	趣味数学、数学游戏、数学思维	纸工、布工、金工初探，科学种植与栽培，理财与购物，趣味编程初步	晨读30分	中小学职业启蒙教育、远足活动	梯形格写字、形体课、口风琴		游泳、滑冰、篮球、足球、乒乓球、中医药课堂、心理健康	走进传统游戏	传统节日，民俗习惯，爱家、爱校、爱国，国旗下讲话，午休课程，少年团校，礼仪值周，学前习惯训练，安全小卫士，绿色卫士团，支农劳动，14岁集体生日	
拓展类课程（"玩"出特长）	数学绘本、趣味物理、科学兴趣、生物实验、海洋科普、乐高积木、网页制作	24点玩吧、科学实验站、小小魔术师、创意手工、计算机应用、华彩创客、趣味编程	维吾尔语学习、俄语学习、魔法英语、悦读悦美、小小配音员、小小主持人、演讲与口才、故事大王、影视欣赏、集邮	春、秋季学游，学游夏令营，生活社团，职业体验，书里书外，故事会	表演唱、葫芦丝、钢琴、古筝、键盘器乐、华山好声音、书法、舞蹈、国画、彩墨画、插画、衍纸、摄影	剪纸、手工编织、针织	韵律操、炫彩毽子、花样跳绳、花式篮球、街舞、轮滑、武术、跆拳道、天使绳、翻绳、花样游戏、围棋、心理社	花样游戏		基础类
培优类课程（"玩"出品位）	PHOTOSHOP平面设计		课本剧、汉字王国		创意水粉、科幻画、管乐团、合唱团			矫正类		心理咨询

148

华山中学高中段主要校本课程一览表

课程功能＼目标层次	科学课程（求真）		人文课程（至善）		艺术课程（尚美）		健康课程（固本）		德育课程（立德）	
	单科	综合	单科	综合	单科	综合	单科	综合	单科	综合
基础类课程（"玩"出兴趣）			生涯规划		形体课、民族舞蹈		心理健康			
拓展类课程（"玩"出特长）	计算机硬件与基础软件，网络与安全，电脑制作，程序设计，影像视觉，动画设计，平面设计，音、视频编辑，电子技术，趣味化学实验，MOOC社，学科竞赛，数理化生	科学松鼠会、简易机器人、模型制作、电脑艺术设计	古字古文及古文化常识、小说品读、唐诗宋词鉴赏、新概念英语、英语美文欣赏、英语视听说、无处不在的地理知识、小胡杨读者报刊、阅读与小说赏析、中外历史人物评说、文溪朗诵广播站	华山通讯、政治达人、天下至乐在书案	口风琴、声乐、电声乐、吉他、国画、书法、摄影、女子舞蹈、男子舞蹈、街舞、莎士比亚话剧、汉服	服装设计与制作、动漫	排球、篮球、足球、乒乓球、羽毛球、网球、瑜伽、定向越野、棋社、心理社	春季运动会、秋季运动会	基础类	升旗仪式、华山军校、青年党校、支农劳动、青年志愿者、18岁成人礼

课程功能 目标层次	科学课程（求真）		人文课程（至善）		艺术课程（尚美）		健康课程（固本）		德育课程（立德）	
	单科	综合	单科	综合	单科	综合	单科	综合	单科	综合
培优类课程（"玩"出品位）	数学素养	博斯腾湖微观生物王国探秘、环塔里木盆地科考夏令营		模拟联合国、博雅杯辩论赛		合唱团			矫正类	心理咨询

四、华山中学特色校本课程列举

华山中学的课程建设，主要是从国家课程和校本课程两个方面开展的。虽说国家课程是国家教育部门规定的统一课程，它体现了国家意志，反映了国家育人标准，基层学校只能严格执行而不能轻易改变，但是随着课程改革进入"深水区"，我们越来越感觉到国家课程需要全面理解、深刻把握，并依据地域特色、学校实际和学生发展需求而智慧地、有效地实施。我们必须尊重国家课程标准的权威性，但对课程内容及其呈现形式、教学时机、教学策略等方面进行微调是必要的，这符合国家"一标多本"课程设计的总原则。

基于此，我们结合我校的地域特色和现有办学条件，对部分国家课程进行了探索性调整。在校本课程的开发与实施中，我们遵循"开放式办学"的原则，把课程开发自主权充分下沉。我们经过十几年不断修正、打磨、检验，最终积淀下可以延续传承的校本经典课程。

以下列举的是华山中学课程建设中的几个典型实践案例。

1. 一年级数学活动课程探索

目前，家长和幼儿园老师对学前孩子认知能力的关注与培养，使得绝大多数即将进入一年级的孩子早已接触到基本的数学知识，因此，学校常规的课堂教学经常变得无所适从。这一现实，一方面容易使学生对数学学习丧失浓厚的兴趣，另一方面容易使学生在数感尚未真正建立的情况下对所学基础知识只能够机械地运用。为了改变这种现状，老师们在查阅了大量的相关资料后得出如下结论：如果把繁、杂、难的学习内容进行后移，一年级每周需要花 10 节课才理解的内容，可能到二年级、三年级只需要 3—4 节课就会很快达成教学目标，为什么不能把这些内容"后移"，以腾出更多的时间让一年级的学生去玩耍、去阅读、去活动呢？

基于这样的一种认识，数学老师提出了一年级数学课的改革与探索设想：以学科课程为主，活动课程为辅，二者相辅相成，使课程体系更加完善。随后，他们承担了这项课题的研究，对基础课程进行了"排列组合"，由原来的每周 5 节课调整为每周 3 节课，剩下的 2 节课作为数学的拓展课程开设思维训练课，并且在学校的校本课程中开设"数学游戏课"作为培优课程，从而完成了从基础课程到拓展课程再到培优课程的课程建设。

孩子们的数学课时减少了，家长们都特别担心孩子的数学成绩会不会掉下来。

经过一年半的实践，通过多种测试、课堂观察、调查问卷发现，学生无论是行为习惯，还是数学成绩，丝毫没有减弱，反而对数学的学习兴趣更浓厚了，"数学思维"更清晰了。由于学生一周只见三次数学老师，因而师生关系更亲近了；而数学老师由于每周仅有 3 节课时，因此也倍加珍惜，课前的准备更充分，每节课的效率更高了。同时，由于平板电脑的辅助作用，课堂结构得到优化，课堂实效更加突出了。

2. 三年级游泳课程探索

1996 年，联合国教科文组织就提出了学习的"四大支柱"问题，即学会求知、学会做事、学会共处、学会生存。可是，至今全国各地每年都会报道大量的中小学生乃至大学生落水溺亡的事件，这带给我们身处干旱缺水的西北地区教育工作者一个思考：我们的学生应不应该掌握游泳的技能？

从学生未来的生活、生存需要考虑，我们应该开设这门课程。

我校不具备开设游泳课的基本条件，但通过与当地附近一所宾馆反复协商，2012 年 3 月，终于从三年级起开始开设了游泳课。场地、设备由宾馆提供，教练由学校体育教师担任，每周一节。我们要让每个小学生在进入初中前都能掌握游泳技能。这不仅是一项生存本领，也是一项基本生活技能，还可能是危难时救他人性命的资本。

借鉴游泳课程合作开发的成功经验，我校充分挖掘社会相关优质资源，又陆续开发了滑冰、戏剧等校本课程。

3. 五年级英语"零起点"课程探索

12 岁以前是语言学习的黄金期，这早已经成为教育界的共识，于是全国绝大多数有条件的学校都从小学三年级开设英语课程，有的甚至提前到一年级开设，华山中学也不例外。而且，华山中学自 2009 年开始加入北京师范大学跨越式课题研究项目组后，还增加了课时，加强了小学英语教学。

然而，2015 年开始，学校提出取消一至四年级的英语课，原因是学校认为"黄金期"的语言学习是需要合适的语言环境作为前提的，否则，学习效果并不理想。华山中学的学生学习英语的途径和方式基本就是在课堂上，课堂之外几乎没有相应的语言环境；此外，小学低段英语的学习内容和能力要求并不高，这些内容与要求在小学高段就能迅速掌握。况且，到了七年级，学生又要从头学 ABC，这是一种学习时间和人力资源的"双重浪费"。与其每周用几节课时间来学习效果并不理想的英语课程，还不如把时间节省下来加强普通话和传统文化的延伸与强化。

如何让学生从五六年级开始，在"零起点"上有效学习英语课程？这是我校 2016 年初开题立项的一个重要课题。自开题以来，课题组的老师们开展了"起点设在哪里？""学什么？""怎么学？""怎样与七年级有效衔接？"等系列研究。实验的效果到底会如何？我们静待"花开"。

4. 小学口风琴课程探索

作为国家课程的小学音乐课程，始终没有把器乐教学纳入课堂，这不仅使音乐学习内容不完整，而且对学生的音准把握和手脑锻炼也显得不足，这是小学生音乐素养培养的一个缺憾。

口风琴的使用比其他乐器简单、方便，非常适合小学生学习。它既保持了键盘乐器的特性，又吸取了吹奏乐器的优点，是一种能吹奏的非常实用的键盘乐器。

2013 年，我校把口风琴引入音乐教学，开设了口风琴课程，并在学习内容、学习方式、学习评价、习惯培养、教材开发等方面做了大量有益探索，并产生了相应的成果文集。目前，1—6 年级均开设了口风琴课程，每周 1 课时，学生们非常喜欢。不少学生还参加了与楼兰号角管乐团的联合表演，形成了我校音乐教学极富特色的教育风格。

5. 中学形体课程探索

形体课，是对学生进行艺术教育的一项重要课程。它集舞蹈、健美操、戏剧、礼仪、瑜伽、健美、音乐等多种艺术元素于一体，通过借用舞蹈中基本功训练的方法，在音乐的烘托下进行身体基本姿态的活动练习，从而实现健身、健心、健美。因此，国家新课程标准明确提出，要发挥好学校课程资源应有的教育优势，用新课程理念来指导中学形体艺术教育的深入研究和开展，重视和更新"形体与健康"课程内容，为学校创造适应中学生可持续发展的特色课程资源。

在教学中我们发现，学生对直接学习民族舞感到有些枯燥，觉得舞蹈的风格较难把握，因而缺乏持久兴趣。于是，音乐组的老师们决定在课堂上融入趣味组合和芭蕾舞训练，这不仅达到了塑造形体美的效果，还使民族舞具有更强的观赏性和趣味性。为了突破中小学形体课程没有课标、没有教材、没有评价的难题，音乐教研组的老师们分工合作，开始探索、总结适合中小学生形体训练的课堂模式和课程教材。

6. 中学创新实验班课程探索

针对初高中跨度大、衔接难，高中、大学相脱离，不同层次学生发展难兼顾等一系列问题，我们充分发挥我校十二年一贯制的优势，于 2015 年开展了初高中衔接的创新实验班课程探索。

在其他兄弟学校，为了提高高中特别是省级示范性高中的升学比例，通常的做法是初二下半年赶完三年的课程进度，以实现初三全年的毕业总复习。其实，拿出一年来搞复习，大量地"重复"基础知识，机械地训练"基本技能"和疯狂地"刷题"，势必造成时间的浪费和导致大脑皮层兴奋度的下降，这是一种"劳民伤财"的做法。

作为一所十二年一贯制学校，怎样摆脱这一窠臼，走出一条新路？

我们进行了大胆探索，积极试验。我们的做法是，在初三学生完成所有新课程以后，从第二学期开始，依据综合能力水平选拔出年级前 150 人，组成"创新实验预备班"。年级后 30 名学生，在自愿报名的前提下组成"创新实验基础班"。

对于"创新实验预备班"的学生，我们建立了基础课程、特色课程和探究课程体系。其中，基础课程为高中国家课程，着眼于结合学生的最近发展区进行衔接设计，高效率、高质量地达成国家课程教学目标；特色课程为校本选修课程，分科学特色、人文特色、国际特色、大学先修课程；探究课程提供课题研究或与内地名高中、名高校、科研院所的合作进行。在选修课程和学科课程学习过程中，实行动态化管理。中考结束后，再进行一次综合能力选拔测试，选出前 100 名学生正式进入高中"创新实验班"，其课程体系设计也与其他高一学生不同。

对于"创新实验基础班"，学校本着"不嫌弃，不放弃，不抛弃"的理念，建立基础课程和拓展课程体系。其中，基础课程为中考科目课程，但是难度大幅降低，增加音体美课时量，目的是让这些"学困生"慢慢找回自信，找回自我，去面对人生的第一次抉择；拓展课程为劳动技术、公民素养、心理健康，旨在帮助他们成为未来能适应社会的合格劳动者。这个班的班主任和任课教师配置，均为师德修养高、专业能力过硬的骨干教师。

我们的课程实验效果如何？

在 2016 年的中考中，"创新实验预备班"的学生全部考上了本校高中，其中有 6 名学生上了国际班，106 名学生被高中"创新实验班"录取，有 23 名学生被普通实验班录取。在"创新实验基础班"学生留给母校的视频集中，我们发现，多数学生变得开朗、自信并重树生活、学习目标，他们都表达了对母校、对老师的感激之情。他们中 23 人考上当地其他普通高中学校，有 5 人考上职业技术学校。通过培养"创新实验基础班"的学生，老师们普遍反映，这些"学困生"是最可爱的，也是将来最懂得感恩学校、感恩老师、感恩社会的人。其实，能够帮扶起这样一个孩子成人，其教育的价值绝不亚于助力一个"学优生"考取清华、北大。

我们这种"抓两头，带中间"的大胆探索实验，不仅做到了向上看、向上探，而且兼顾了向下看、向下伸，这样就打通了初高中两个学段的"隔板"，既活跃了学生思维，开拓了学生视野，又提升了复习效能，从而增强了学生适应社会、面向未来和可持续成长的能力。

7. 学游夏令营课程探索

为了培养既具有浓郁本土情怀又具有宽阔国际视野、"才丰似华，得厚如山"的"大写"之人，邱成国校长提出了在华山中学上学的几年中，小学生应该走出巴州，初中生应该走出新疆，高中生应该走出国门。为此，学校于 2009 年启动了以"学习，体验，成长"为主题的、由华山中学和"网脉工程"执委会联合举办的"网脉体验式夏令营"活动课程，这一课程以学为主，以游为辅，在活动中提升综合素养。到 2017 年，我们已经举办到第九届。

这种"行走的课堂，流动的课程"分为三个阶段。前期进行若干天的校内培训，内容包括目的地文化介绍、生存技能、自我救护、文明礼仪、团队合作、钱物管理、摄影培训、歌舞学习等；中期在旅行中每晚撰写博文，并进行网络平台交流；后期在校内开展全面的总结、评价、表彰，并要求相关家长参与。总之，我们做到了"活动有方案，行前有备案，应急有预案"，明确了学校、家长和学生的责任与权利。

通过学游夏令营课程的开发与实施，我们与许多地区的学校建立了"手拉手"关系，促进了校际间的师生交流、文化合作，如贵阳市小河区、安徽巢湖、山东青岛、东北沈阳等地的中小学都与我校成了友好校。我们的课程还延展到各大洲，比如我们的学生近几年远赴美国、澳大利亚、欧洲等地参观交流、体验学习，从而拓宽了学生们的知识视野。

此外，我校还举办了以科学考察为目的的科考夏令营活动课程。如2014年7月，举办了为期15天的暑假环塔里木盆地区域综合科学考察夏令营活动；2016年6月，举办了博斯腾湖迷你生物王国探秘科学考察夏令营系列活动等。

我校的夏令营系列课程探索，结出了丰硕之果：《环塔里木盆地区域综合科学考察成果》荣获2015全国中学生科考夏令营科技成果一等奖；《博斯腾湖迷你生物王国探秘科考夏令营成果》斩获2016年全国中学生科技创新大赛一等奖；在2016年高考中，"环塔科考"成员张冰雪以优异的成绩被香港大学录取，并作为新疆籍唯一学子荣获全额奖学金（四年折合人民币50万元）；而另一位"环塔里木科考夏令营"成员李崇今，则以优异的成绩考入南京大学，并在3 000多名应届大学新生中获"苏宁英才全额奖学金计划"项目奖（20万元）。

8. 海洋科普课程探索

海洋，是人类生命的摇篮，也是人类赖以生存的第二空间。我国是世界上人口最多的国家，但陆地空间不足，资源有限，海洋自然就成为我国今后可持续发展的必然拓展选择。

目前，我们已经开发了内容丰富、形式多样、极具特色的课程体系，如全国海洋知识竞赛、全国海洋知识夏令营、新疆南疆地区古海洋遗址探索、走进塔里木河流域管理局、新汇嘉活体海洋生物探秘等。经过两年多的深入实践，教师的海洋教育意识和课程开发能力显著提升，学生们正确的海洋价值观和可持续发展观逐渐树立。

小学段疆内草原学游课程——"老鹰捉小鸡"

"2017年少年儿童海洋意识教育新疆论坛"于10月至11月在华山中

学举办，学校领导和全体生化组教师，以饱满的热情进行全套课程校本教材的开发和编写工作。下一步，我们将着力培养学生热爱海洋、保护海洋、探索海洋奥秘的责任感和使命感，从而使蓝色海洋教育真正成为彰显我校特色的优势课程。

9．学生自主运动会实践课程探索

在华山中学，高中生的自主运动会可以算是一大亮点，它充分体现了"自我管理，自我服务，自我教育，自我发展"的育人理念。以下是河北省保定市援疆干部的感言：

"运动会，历来都是学校的一件大事。在内地，从策划到组织，从项目安排到报名编号，从场地器材的准备到学生的发动，一切都要靠学校领导和老师亲力亲为，大家忙得不亦乐乎。

"运动会上，每个人都战战兢兢，如履薄冰，生怕出现什么'闪失'。

"而在天山南麓塔克拉玛干大漠北缘的华山中学，我却看到了别样的运动会：3 600多名学生自己开秋季运动会。从项目策划到报名编号，从开幕式到闭幕式，从裁判到后勤保障，全部由学生'大包干'。运动会开得是有章有法、有板有眼、有声有色！此情此景，对走过南闯过北的自己来说，也是'大姑娘上轿头一回'，既新鲜，又好奇，更惊讶！我给内地的同事发微信、传图片，可没有人相信，说又不是愚人节，开什么国际玩笑！

"3 600多名华山学生自己举办运动会，再一次启示我们教育管理者：只要我们给学生足够的信任，学生身上的潜能会得到惊人的释放；只要我们给学生们搭建合适的平台，学生们会演绎出精彩的角色；只要我们手中的'线'放一放，学生们会飞得更高、更远。"

五、华山中学课程建设反思与展望

57年的办学实践证明：

一所学校要寻变，哪里是最佳切入点？课程。因为一所学校的课程一旦变了，那么，学校的"模样"自然就全变了。

一所学校，要想走得远，那么在课程建设中，就不能片面追求课程的数量与规模，而应对课程进行系统的思考和整体的谋划。

如果说生活即教育，那么，社会生活的内容就是学校课程的内涵，生活的范围就是课程的外延。

学生自主运动会——裁判员认真裁判

近 17 年的课程建构实践还告诉我们：

"玩在华山"，可以被理解为基础教育全段落发展的一种思路，在现行教育体制的框架内，它遵循了基础教育发展的多元性、连续性和完整性，科学地安排了教学内容，合理地分配了教学资源，有效地平衡了素质教育与应试教育的关系，基本做到了互相兼顾、平衡协调、并行不悖。

"玩在华山"课程建构模式，是以"高效课堂"的打造为先导，以校本课程的配套为支撑，以学校完善的资源、服务为保障，以务实性的教育研究为指导构建起来的完整课程体系。

高效课堂体系，主要解决"能否玩"的问题，重点回答国家课程的教学质量能否保证和效率如何提高，这是我们校本课程体系建设需要关注的一个极为重要的方面。因为只有合理压缩非毕业年级的课堂教学时间，才能换取让学生能够尽情投入到丰富的、可选择的、以素质教育为主要内容的校本课程中去玩的空间。同时，对于毕业年级，则采取一定的"收心"措施，恢复课堂教学的应有强度，强化技巧训练，以保证升学成绩的高度。

校本课程体系、校本研究体系，主要解决"玩什么"和"如何玩"的问题，主要考虑"玩在华山"课程建构模式的具体内容和操作方法。

而服务保障体系，则主要解决能不能"玩得好"的问题，决定着"玩在华山"课程建构模式实施的质量和水平。

进入"十三五"，华山中学将更加重视课程建设，在学校发展规划中明确提出：将学校办成一所高质量的学生更加喜欢、教师更加幸福、家长更加放心、社会更加满意的服务型、研究型的优质学校。那么，要实现这"五个更加"的办学目标，学校着力构建一流的、富有地域气息的课程体系是不二的选择。

为此，学校在课程建设中要充分挖掘和研究十二年一贯制的育人优势，还要向幼儿园进行拓展，实现课程的前置，使之在课程上形成完整的育人体系构建。在学科教学中，全体教师要做好十二年的知识衔接、教材整合、教学改进，从而打造高效课堂，为学生的"玩"创造足够的时间和空间。

此外，"十三五"期间，我们还将从加强教师发展中心、家校协作中心的建设出发，下大气力开发针对教师和家长的课程，尤其是家长课程体系的建立，它将对学校未来发展起着巨大的影响作用。

我们坚信，到 2020 年，我们将真正建立起具有华山特色的课程体系，为孩子的成长插上腾飞的翅膀。

博才教育

——吴兴高级中学课程建设

学校是文化发展的产物，是文化生活的体现，又担负着文化传承与文化创新的使命。不同学校，其人文景观、人际氛围不同，其文化就不同，而学校文化最核心、最根本的是课程文化。

学校管理者在宏观课程建设中会就课程的类别、序列、评价体系等要素建构起共性风格，教育者在微观课程建设中会形成不同学科的个性风格，这两种风格的整合逐渐形成的整体风格，就构成学校的课程文化。好的学校课程文化会关注社会发展需要和学生发展需要，会关注需要的统一性和多样性，通过融合课程知识的科学性与人文性，用课程的文化内涵启发学生心智，提振学生精神，使学生把握自然律令、体验社会价值、领悟生命意义。

那么，我们是如何认识和建设我们的课程文化的呢？

对"课程"的元认知

西方英国著名哲学家、教育家斯宾塞在 1859 年发表的一篇著名文章《什么知识最有价值》中最早提出"课程"一词，意指"教学内容的系统组织"。

课程是指学校学生所应学习的学科总和及其进程与安排。广义的课程是指学校为实现培养目标而选择的教育内容及其进程的总和，它包括学校老师所教授的各门学科和有目的、有计划的教育活动。狭义的课程是指某一门学科。

一、对"课程主体"的认知

从课程开发的主体来看，有三大主体，即国家、地方、学校。与此相对应，课程分为国家课程、地方课程与校本课程。

国家课程亦称"国家统一课程"，它是由中央教育行政机构编制和审定的课程，体现了国家对中小学教育的基本要求，旨在保证教育目标的实现和普通教育的质量。管理权限属于国家教育部。

校本课程是由学校全体教师、部分教师或个别教师编制、实施和评价的课程。在校本课程的开发过程中，课程编制、课程实施和课程评价呈"三位一体"的态势，形成统一的三个阶段。管理权限属于学校、教师。

地方课程介于国家课程与校本课程之间，指由国家授权，地方根据自身发展需要开发的课程。组织编写的原则是有利于地方经济的发展，有利于补充国家课程的不足，有利于学生个性的发展。管理权限属于地方教育行政部门。

国家课程、地方课程、校本课程是不同形式的课程，学校应该如何把握好这三者的关系？

首先，这三者有主次之分，国家课程在中小学的课程体系中占主要地位，因此，我们在推行地方课程、校本课程时，不能贬低或排斥国家课程。

其次，这三者相辅相成、互为补充。地方课程和校本课程是对国家课程的区域化、多样性、个性化的补充。因此，在推广国家课程的同时，应该允许开发一定比例的地方课程、校本课程。

在课程改革中，我们既要坚持国家在课程改革中的主导作用，又要高度重视地方、学校对课程改革的主体参与。这三类课程决策的权力主体在相互交融中形成课程变革的"共同体"。

二、对"课程与文化"的认知

我们谈课程文化，而课程与文化有怎样的关系？长期以来，为了文化传承的需要，课程行使着复制、维持与传递社会文化的功能与使命。课程仅仅被当作工具来看待，学校通过课程来履行和实现教育功能。因此，作为手段的课程，其教学实践成为一种程序性劳动，课程的教学文本以刚性的标准出现在教学计划、教学大纲、教案编写等教学文件之中，教学的任务就只是忠实而有效地传递课程规定的内容，教师只是"课程代理"，学生只是"被动吸收器"。

今天，人们越来越认识到，课程固然是文化传承的重要载体，是国家意志在教育上的集中体现，是学校教育的重要工具，课程更具有主体构建性。就文化主体而言，课程生发学生，课程不是外在顺应与静态复制，不是绝对的知识灌输与机械训练，而是内在超越与动态生成，是人内在心智的发展及其自主创造精神与能力的养成，是主体生命的发现与生长；课程生发文化，通过课程设计、实施与评价，借助文化批判、反思与生成的机制，孕育出、建构起新的文化。

作为工具的课程意图在"学会"，而作为主体的课程则渴望"生成"，前者看重知识、智商，后者看重灵魂、智慧。课程应该既关注"学会"又在意"生成"，既看重"知识、智商"又追求"灵魂、智慧"，因此，课程既是文化的载体，又是文化的主体。

三、对"新课程"的认知

教育有两种基本价值：一是促进人的发展，这是教育的内在价值、根本价值；二是承担社会所赋予的人才选拔功能，这是教育的外在价值、工具价值。现行课程体系的根本问题是把教育的两种价值割裂开来、对立起来。选拔功能被强化为教育的根本价值：为选拔而教，为选拔而学，人的发展沦为选拔的副产品，课程变成了使学生在中考、高考中获得成功的工具、手段。课程实施过于强调接受学习、死记硬背、机械训练，课程评价以选拔为取向，使教育沦为功利主义的泥淖。

新课程从基本价值取向上进行教育的回归，即追求"为了每一个学生的发展"。在这一价值追求下，我国基础教育课程体系必须走出目标单一、过程僵化、方式机械的"生产模式"，实施素质教育课程体系。新课程的"新"具体体现在以下几个方面：

第一，新的知识观使课程目标走出知识技能取向。

新课程不再把知识技能视为凝固起来的供人掌握和存储的东西，它敏锐地发现了知识技能的不确定性，知识技能的本质在于人们通过它而进行批判性、创造性思维，并由此建构出新的意义。由此，新课程的目标超越了知识技能取向，使知识技能的获得过程同时成为学会学习和形成正确价值观的过程。

第二，新的学生观使个性发展成为新课程体系的根本目标。

新课程体系对人的独特性给予充分尊重，把学生看成是具有其内在价值的独特存在，学生即目的，而不是被人塑造和控制、供人驱使和利用的工具。因此，个性发展是课程的根本目标。

新课程还进一步认识到：每一个学生的个性既是具有独特性、自主性的存在，又是关系中的存在。所以，必须在关系中去理解学生的个性发展，去规划课程目标，即从学生与自我的关系、与他人和社会的关系、与自然的关系中整体规划课程目标，全面把握学生的个性发展。

第三，课程生活观使课程植根于生活的土壤。

新课程体系认为，课程与社会生活是相连的，课程不是孤立于生活世界的抽象存在，而是生活世界的有机构成；课程不是把学生与其生活割裂开来的屏障，而是使学生与其生活有机融合起来的基本途径。所以，回归生活世界是新课程的基本理念之一。帮助学生反思、体验、享受生活并提升、完善生活是新课程的基本追求。增进学校与社会的密切联系，增强学校生活的社会性，培养学生的实践能力、社会责任感和关心社会生活的态度是新课程的目标、内容和实施过程的重要特色。

总之，新课程体系实现了基础教育课程概念的重建。课程是教师、学生、教材、环境四因素动态交互作用的"生态系统"。学生与教师的经验即课程，生活即课程，自然即课程。教材只是课程体系中的一个因素，这个因素只有在和其他因素整合起来成为课程生态的有机构成的时候，它才能发挥应有的作用。

博才教育课程体系的建构

一切存在，其背后都有支撑其存在的理由。我校"博才教育"课程体系的建构也有其背景。

一、课程体系的建构背景

1. 宏观背景

为了满足经济社会对人才培养的需要，为了转变育人模式，促进学生全面且有个性发展的需要，推进教育现代化的需要，浙江省出台了《浙江省深化普通高中课程改革方案》。这一方案提出深化普通高中课程改革的重要意义：一是适应现阶段形势，满足经济社会对人才培养的需要，改变目前普通高中"千校一面"的局面；二是转变育人模式，促进学生全面且有个性发展的需要；三是巩固和发展课程改革成果，推进教育现代化的需要，实现普通高中特色化、多样化发展，全面提高普通高中教育质量，有力推进教育内涵式发展。

本次深化课改立足于"寻找适合学生的教育"，按照"调结构、减总量、优方法、改评价、创条件"的总体思路，根据有利于培育普通高中学校特色、促进学生个性发展、为国家培养多样化人才的原则，提出"三个交给"，即把更多的课程选择权交给学生，把更多的课程开发权交给教师，把更多的课程设置权交给学校。为此，要加快选修课程建设，构建富有时代精神、多元开放、充满生机活力、多层次、可选择的学校课程体系，使立德树人的教育目标得到落实；要推动育人模式的转变，扩大学校教育、教师教学和学生学习的自主权，促进高中多样化、特色化发展，引导学生自主选择、自主学习、自主发展，实现共同基础上的个性发展。

我校为了贯彻落实课程改革方案，坚持多样化、选择性、可持续发展原则，结合学校实际，围绕学校文化和学校特色，充分挖掘课程资源，尽最大可能为学生提供丰富且有特色的可选择的课程，满足不同潜质学生的发展需要，构建了"博才教育"课程体系。

2. 微观特色

吴兴高级中学2001年组建，建校基础薄弱，由三所完全中学的高中部组建，师资不足，生源不理想，建筑面积狭小。吴兴高级中学2005年异地搬迁，硬件实施得到彻底改善；坚持不懈抓教师队伍建设，通过自我培养、引进等途径，使师资充足、结构合理、品质提升；坚持学校文化建设，培育学校特色，迅速发展成为浙江省一级重点中学，并在2012年深化高中课改中，发展为浙江省一级特色示范高中。由此可见，吴兴高级中学是一所年轻有活力的学校。

我们一直在努力思考：什么是教育？教育要培养什么样的人？教师需

要什么样的教育信仰？谁需要吴兴高级中学？为什么需要吴兴高级中学？需要怎样的吴兴高级中学？我们在思考中行动，做红十字特色项目想探索青少年德育途径，做教科研想探索有效的教学方法，做文化定位想塑造鲜明的文化形象。我们在行动中提炼，逐渐厘清办学理念、育人目标、办学特色。

办学理念——以人为本，促进成长。

以人为本，是哲学价值论概念，是讲在我们生活的这个世界上，与物相比，人更重要、更根本，"人是目的"。在教育中，以人为本，就是说教育的最终目的是对人的成全，是成全人实现自我价值与社会价值。因此，学校的一切工作和环境设施都努力体现人性化的特点，基于人，依靠人，为了人，发展人。

成长是长大，也是长成；是过程，也是结果；是服从规律，又是获得自由。成长是不断变得更好更强更成熟的一个发展过程。促进成长，是促进学生成长、老师成长、学校成长，即促进学生品学兼优、教师德艺双馨、学校持续发展。

育人目标——智慧温暖的行者。

有用之才，君子不器。培养"具有中国灵魂与国际视野、智慧而温暖的吴高学子"是我们的育人目标。

我们认识到，培养兴趣丰富、人格完整的智慧公民，已是当务之急。"智慧"需要知识，但也要超越知识，在知识背后有关怀天下的大境界在。"温暖"是一种善待的情怀，善待自然，善待人类，善待自我。"温暖"是对生命的尊重，它建构起一种温馨、舒适、宁静的关系。"行者"既是人生旅行的状态表达，又是积极践行的努力姿态，同时还意味着"我能行"的自信与坚持。

怀揣着人道情怀的智者永远是人性的暖流，是社会的福音。

作为全国红十字模范学校，红十字文化已经成为我校的德育特色。以此为基础，我们又按照由特色项目到学校特色再到特色学校的三阶段来探索学校的特色化之路。尤其在深化课改的背景下，我们通过系统的课程架构，与我校育人目标的核心要素——"智慧·温暖·前行"相呼应，确立了以"博学·博爱·博闻"为特色的博才教育。

博才教育是我们实现育人目标的文化土壤。我们期待通过博才教育为吴高学子打好人生底色，让他们既拥有优秀的民族特质，又具有世界胸怀。

3. 哲学支持

世界是多样的、丰富的，人类社会的发展也拒绝单一，它一方面需要多样性的人才，另一方面又促使人有多样化的愿景。社会发展建立在个人发展的基础上，而就人类总体来说，既符合社会的需要，又体现个人的发展，才是最佳的发展。

美国著名的心理学家、教育学家罗杰斯所主张的人本主义思想对教育理论和教育实践产生了深远的影响。他认为，人有自由的意志和自我实现的需要，强调人的主观能动性，强调人的自身有理解自己并改造自我概念和指导自己行为的广阔能源，其理论核心在于使个体发现自己的存在，发现他与整个社会的关系。在他看来，教育应该关注个人的价值、尊严和主观体验，关注人自身发展的潜能，我们应该坚持以人为中心的教育原则，强调学校的课程要以培养"完整的人"或"自我实现"为目标，课程设置应该适合全体学生的需要，与学生经验建立联系，适应学生不同的个性差异。

我校的校训是"天生我材必有用"，这正是对"我"的特殊性、"我"与他人的差异性的清楚认识；是基于"我"的实际出发培养一个独特的"我"，而这个独特的"我"又是一个有利于有用于群体的"我"。这个独特的"我"不用统一的标准去"制造""评价"人的发展，而是真正做到教育要因材施教、学生要因材选教。这与人本主义的理论相契合。

二、课程体系的顶层设计

浙江省 2012 年的课改着力于课程的改革。在我们看来，新课改思路预示着未来发展的方向，因此主动接受，积极跟进，形成特色，办出一个别致的吴高，对教育人来说是很有意义的事。而课改首先从顶层设计做起。

首先，课程规划理念先行，我们是从"一个基于、两个整合、三个体现"来思考的。

一个基于就是基于育人目标、办学理念和办学特色。两个整合就是整合学校育人的时间、空间和资源，整合国家、地方和学校三级课程。三个体现就是课程规划既体现国家对教育的基本要求，又体现学校的特色发展；既体现宏观办学目标，又反映微观课程内容及教育教学方式；既体现学生的共性要求，又满足学生的个性期待。

其次，在做课程系统设计时，注重凸显特色。

作为省红十字示范学校，红十字文化已经成为我校的德育特色，以此为基础，我们确立了课程的"一体两翼"模型，提出"核心课程保大局，特色课程显魅力"。我们有如下的思考脉络：

第一，"一体"的思考。

高考是国家的人才选拔机制，对于学校、学生来说，高考是大局。而高考所考测的课程是国家课程，它体现基础教育的国家意志。因此，把国家课程放在学校的核心地位，是确保国家对教育的基本要求，是学生必须达到的国家标准，是学校课程管理的主体与重点，理所应当地在模型中居于躯干的位置。

第二，"两翼"的形成。

课程建设要体现办学理念、育人目标和办学特色。那么我们的办学理念、育人目标和办学特色是什么？这些具有全局性的比较"上位"的概念，要提炼绝非一蹴而就的，它需要历史的积淀，也需要思想的追问。学校建设中所形成的"一训三风"、红十字特色为办学理念、育人目标和办学特色的提炼奠定了文化基础。

在构建特色课程时，我们发现，没有红十字特色不行，这是多年积累的文化财富。但仅有红十字特色课程也不行，因为其课程的包容度很有限。于是，在顶层设计之初，我们与红色博爱课程相配，设置了绿色旅行课程，并对"旅行"二字做了特别的说明：旅行不仅是地理的旅行，更是思想的旅行，是科技的旅行，是实践的旅行，游走在古今，穿行在中外。这一说明主要是拓宽课程的包容度。于是，这一红一绿的校本特色课程，一个重品行，一个重品质，形成护卫与助飞主体课程的两翼。

第三，"一体两翼"的深化。

首先，我们必须强调"一体两翼"的课程地位。"一体"作为国家课程（包括国家必修课程和选修课程），体现国家意志，体现共性要求，就必须放在核心位置。"两翼"是校本特色课程,是在确保国家课程有效实施的同时满足学生个性发展的需要,支持学校特色文化建设,体现多样性、个性化、开放性、选择性、丰富性,提升教育质量。

其次,课程模型建立后,如何深化课程群的建设?

课程群的名称成为我们遇到的第一个问题,名不正言不顺。

国家课程是学生为学的重点,因此,取其"学",我们把国家课程作为"博学课程"来建设。"旅行课程"容易引起歧义,总需要做烦琐的解释与界定,因此,我们更名为"博闻课程"。这样,"三博"就显现出来了:博学、博爱、博闻。

课程群名称确定后,我们从课程形象、课程目标、学习要求、学生塑形、建设策略五个方面对三大课程群做了富有特色的定性思考,努力做到视觉独特,贴近学生。

博学课程群:课程形象是"读万卷书",课程目标是"博学,让生活更自信",学习要求是"好学、善思、明理、敏行",学生塑形"自信乐活"。课程结构是国家必修课程和国家选修课程,建设策略是构建高效课堂,重点在国家课程校本化,难点在组织分类分层"走班"教学。

博爱课程群:课程形象是"怀人道情",课程目标是"博爱,让生活更温暖",学习要求是"善良、尊重、感恩、平等",学生塑形"温暖阳光"。建设策略是从知识、情感、技能的路径培养学生具有博爱之知、之情、之能,着力支撑独具特色的博爱文化。

从人的全面发展的实质来看,我们认识到,学生的学校生活不能仅仅是促进其智力的增长,更应该是促进其知情意行的整体进步,使其在未来的生活中足以使自己能够协调好与自我、与他人、与自然社会这三个逐渐增大的圈层关系。我们把博爱课程作为道德教育、人格教育、生命教育的重要载体,促进人的社会化。在课程设置上:"博爱之知"可以让学生从知识层面了解国际人道主义事业的缘起与发展;"博爱之情"重在发挥文学艺术的魅力,让学生在道德叙事中潜移默化,净化思想,培养情操;"博爱之能"从体能与技能上促进学生健康生活。这一特色课程是"吴高符号",会赋予吴高学子"吴高特质"。

博闻课程群:课程形象是"行万里路",课程目标是"博闻,让生活有品位"，学习要求是"进取、健康、沉毅、践行"，学生塑形"追求卓越"。建设策略是让学生在课程里穿越时空，行走古今，了解人文与艺术、科学与技术、社会与实践，行走在物质与精神的世界里。

如果说博爱课程旨在促进人的社会化，那么博闻课程则是以促进人的个性发展为目标。在博闻课程设置中："人文与艺术"关注学生的人文素养，培养学生的"情"趣，使学生高雅生活。"科学与技术"关注学生的科学素养，培养学生的"智"趣，使学生科学生活。"社会与实践"关注学生的实践能力，培养学生的"能"趣，使学生愉快生活。

第四，"博才教育"的表达。

当"博学、博爱、博闻"三大课程群形成后，我们发现必须有一个更加"上位"的概念来统领它。结合"天生我材必有用"的校训，我们找到了"博才教育"这个较"上位"的概念，因此，"一体两翼"的博才教育课程体系最终得到了完整表达。

"一体两翼"的博才教育课程体系，其课程模型被形象化地表现为大自然的精灵——蝴蝶，是因为，我们在设计课程模型时，有两个想法：一是不想重复，拒绝抄袭，想有所创新，因此没有采用许多样本学校中出现的几何图形；二是我们的"博学、博爱、博闻"课程是一个有机整体，但又有层次差异，即它们是"一体两翼"，不是"三足鼎立"。这些关系在模型中必须得到体现。

"一体两翼"的生命体很多，选择蝴蝶不仅因为其形象在结构上能生动表达，更在于其隐喻美好：色彩之美，丰富又独特；蜕变之美，突破与成长；飞舞之美，优雅而灵动；奉献之美，传播且成全。我们希望通过课程建设，让课程给学生插上一双隐形的翅膀，带他们飞，给他们希望，让他们的梦想开花！

三、课程体系的配套资源

课程体系的顶层设计绝不能只设计课程本身，还需要对课程实施的物质载体与空间环境进行预设，要为课程实施做好物理场馆与文化环境的准备。

1. 配套场馆建设

兵马未动粮草先行，同样，课程实施场馆先行。我校围绕课程规划，进行了场馆配套规划建设。

我们制定了精品场馆建设的三年规划：多学科联合打造，组团建设四大场馆群，即博雅人文馆、博见科创馆、博考自然馆、博美艺体馆。

博雅人文馆由语文、英语、政治、历史四大学科联合打造，由青春书屋、西文馆、辩论厅组成，将成为吴高"读书节"的重点平台，着重促进学生人文素养的提升；博见科创馆由数学、物理、通用、信息四大学科联合打造，由3DF中心、机器人中心、技术创意中心组成，将成为吴高"科技节"的重点平台，着力促进学生科学素养、动手能力、创意能力的发展；博考自然馆由地理、化学、生物三大学科联合打造，由地理实验室、生化开放实验室组成，将成为吴高"科技节"的重点平台，旨在培养学生探索自然的热情，提高学生实验操作的能力；博美艺体馆由音乐、美术、体育三大学科联合打造，由器乐室、舞台剧场、博美书画坊、尚德武馆、瑜伽馆、舞蹈室等组成，将成为吴高"艺术节""体育节"的重点平台，旨在提升学生的审美情趣，促进学生艺术素养与健康体能的发展。

我们发现，许多学校在建设"精品场馆"时，主要有以下问题：或只从单一学科着眼，孤立地建设场馆；或只从当时的需要出发，短视地建设场馆；或只是为了"拥有"出发，攀比地建设场馆。这样建设的场馆在建成之后，或功能单一，或不能满足发展需要，或因不对"胃口"而闲置，导致资源的浪费。

为此，我们坚持四大建设策略。

第一，系统建构策略。

我们认为，每一个精品场馆都应该被置于系统的网状结构中思考。将其置入学校理念系统、历史人文系统、地理环境系统、学科系统、功能系统以及师生状况中思考，并找到这些系统的交集，在这一交集中定位精品场馆。这样建设的场馆才更彰显学校特色，并充分地发挥作用。

以我校精品场馆"青春书屋"为例。

从学校理念系统来看，"以人为本，促进成长"是我校的办学理念，培养"智慧温暖的行者"是我们的育人目标，再与"智慧、温暖、前行"相呼应，建构了以"博学、博爱、博闻"为特色的博才教育。因此，建设"青春书屋"，旨在让学生通过阅读，增长知识，涵养性情，承载"博才"，促进成长。

从历史人文系统来看，我校是一所年轻的学校，办学才十多年，文化传承的资本单薄；从地理环境系统来看，绿色校园地处清丽江南里崇尚文化的湖州。因此，我们用"青春"为书屋命名，契合清丽江南的青春少年在绿意盎然的青涩校园里坐拥书屋。室内设计也强调现代简洁，色调有米咖的理性书卷气，又有绿色的勃发生命力。

从学科系统来看，语文是具有根本性的学科，为所有学科提供语言的理解力、分析力和表达力。因此，"青春书屋"的书籍不仅要有文学作品，也要有科学读物，帮助学生提升科学素养。

从功能系统来看，"青春书屋"具有多功能的特点，可作为阅览室，可作为教室，可作为教研活动中心，可作为会议室，必要时还可作为小剧场。

从师生状况来看，我校有一批语文教师重视阅读，热爱阅读，喜欢分享阅读，有开设阅读教学的热情；学生的学习能力在全市同龄同级的学生中，处于中等偏上的位置，但前期阅读经历却偏少，阅读水平偏低。一方面教师有能力指导阅读，另一方面学生又需要提高阅读，"青春书屋"也就应运而生。

由此可见，我们正是运用了综合思维，整体思考了各类系统的影响，并在这些系统交织的立体网络中找到了自己的位置，从而设计了这一特色空间——"青春书屋"。

第二，激发需求策略。

场馆建设的确要满足我们当下的、急迫的、紧缺的需要，但并不意味着我们当下急需什么、紧缺什么，我们就去建设什么，这样的建设属于跟随性建设，具有被动性。对于"精品场馆"的建设，我们在看到现实需要的同时，更要具有前瞻眼光，这种眼光要看到未来可能会需要什么，会进一步思考可以用"精品场馆"去激发什么新的需要。这样的建设不是跟随，而是引领；不是仅仅满足当下的需求，而是能满足未来的需求，更是创造需求。

以我校"生命与青春教育指导中心"为例。

为满足当时的需要，最初只建设了个别辅导室"开语轩"。为了更好地为学生提供心理健康服务，学校前瞻性地购买了团体辅导活动包、活动凳子、智能拥抱仪，新装修了小型团体辅导室；购买了宣泄人，装修了基础宣泄室；购买了音乐放松椅，装修了音乐放松室；购买了沙盘，建成了沙盘咨询室；开辟了心理阅览室，增添了心理图书 500 多册，添置了红十字博爱教育、生命健康教育、青春健康教育、光盘等影像资料；建了红十字电子触摸屏幕，购买了心理测评软件。所有设备于 2015 年初全部配备齐全并投入使用。

新空间满足愿望，又激发愿望，为我校心理健康工作的开展提供了有力保障。

第三，内涵发展策略。

场馆的土木工程完工、基础设施完工并不意味着场馆的建设完工，场馆建成后其内涵建设才刚刚开始。内涵发展策略支持场馆建设从物质层面走向文化层面。

例如，"高中数学'3DF'中心"建成后，我校数学组一方面积极开发精品课程，先后开发了市级精品课程 5 项，省网络推荐课程 1 项；另一方面，积极申报市直属学科协作体，主动搭建外向平台，既筑巢迎凤，引来名师指导；又振臂高飞，提高知名度与影响力。

2. 文化环境建设

"办学理念绝不仅仅通过课程体现，办学理念凸显于课程，遍及于校园的建筑、管理，显现于师生的风貌。"我们一直本着"环境即课程"的理念。环境属于"泛在学习系统"，是学生良好行为习惯养成的重要因素。我们将校园文化环境的建设纳入课程建设中进行整体规划，让个性化的校园环境建设体现独特的办学理念、文化基因与课程精神，让"特色"浸润一切人、一切事物，渗透于校园的一切细节。

从精神层面来看，我们通过校风教风学风建设来建设校园文化环境。

我校的校风是"见贤思齐"，其语出《论语·里仁》："见贤思齐焉，见不贤而内自省也。"对一个人，我们要学习他的优点，对其缺点要引为鉴戒、勇于内省。

"见贤思齐"是中国儒家修身养德的座右铭，这一强调自律、自爱、自强、精进的品德和精神在新时代更加闪耀着智慧的光芒。

"见"是看见，更是发现。"贤"者可以是人、自然，可以是古人、今人，可以是老师、书本，可以是家长、学生，可以是朋友、对手，可以是全能之贤，也可以是专才之贤。"思"是"三省吾身"的内省，是对"各美其美"的认同，是"美人之美"的欣赏，是"贤贤易色"的敬慕，是"信而从之"的愿望。"齐"不是水平上的简单一致与绝对相等，不是形式上的整齐划一，而是内在精神之"齐"，是积极向上的精神诉求，是"与贤者为伍"的价值定位，是"与贤者并进"的实践努力。

作为校园文化与精神风尚，"见贤思齐"旨在营造学无常师、择善而从、君子不器、自强不息的文化氛围，强调学生、教师、学校始终以学习者的姿态，包容欣赏，思进思善，点滴积累，与时俱进，成就最好的自己。它没有时间的限制，没有空间的指定，无论今天明天，无论校内校外，"见贤思齐"是永远的指南！

我校的教风是诲人不倦，强调教师用言语、行为，不知疲倦地"诲人"，不让人厌倦地"诲人"。我们认为：要做到"不倦"，"诲人"者必先"诲己"。教师应崇尚精神生活，乐于进行精神对话，并成为精神之旅上的不倦客。要做到"不倦"，教师就要永远有问题意识，有探索的激情。教师要能够面对多样性的学生，面对多样性的教育问题，努力学习，乐于寻找开启不同学生心智的独特路径，做有差异的、个性化的教育，并享受探索的快乐。

在我们看来，"诲人不倦"绝不是浅薄单调的喋喋不休，而是因人制宜的传道、授业、解惑，是能够把握"可与言时"的机会，懂得"不可言时"的等待，循循而善诱。

"诲人不倦"作为我校教风，要求教师自我对精神的完善、才智的增进永远有不倦的追求；希望教师在教育活动中，有充满爱心的工作激情，有认真踏实的工作态度，有勤奋努力的工作作风，有因材施教的工作方法，有永不止息的探索精神，并获得身心愉悦的职业幸福。

我校的学风是学而不厌，强调一个人应有好学精神，知道学无止境，从不感到满足。在我们看来，一个"学而不厌"者，应该知之为知之，诚实地学；好之乐之，愉快地学；不耻下问，虚心地学；多闻多见，广博地学；学而时习，反复地学；学思结合，智慧地学；切磋琢磨，互动地学；温故知新，创新地学。

从"学"的对象来看，向自然学，恬淡智慧；向书本学，博学多闻；向他人学，见贤思齐。从"学"的内容来看，增进人的"德、智、体、美、劳"各方面发展的一切知识、技能、智慧都可学。从"学"的方式来看，专心读书、积极践行都是学的路径，动手、动脑都是学的手段。一方面，每个人都可以选择自己喜欢的学习对象、学习方式，都可以寻找到自己学习的兴趣点，孜孜以求地学习，健康快乐地成长；另一方面，教育要尊重、呵护、引导学生学习的兴趣点，使之"学而不厌"。

当然，学风首先是对教师的要求。师，生之范也。"唯有好学不厌的先生，才能教出学而不厌的学生。"不勤学则无以为智，教师有了"学而不厌"的追求，才能有"诲人不倦"的底气。

"学而不厌"者既备尝学习的艰苦，又尽享思想的快乐；既对"知道"不满足，又对"行道"不厌倦。"学而不厌"作为我校的学风，要求全校师生学知识，刻苦努力，永不履足；学做人，修身养性，永无止境。

从客观物化层面来看，我校建成勒石文化。石之形，美；勒石之文，雅。校园石头上篆刻的文字不乏取自《论语》《道德经》等中华经典，虽寥寥几字，却承载着悠悠几千年中华文化的优秀传统，其深刻的精神内涵被一代又一代人解读并赋予时代含义且继承发扬。这些勒刻于石上的文字徐徐传大音，中华文化优秀的血脉通过勒石培养着智慧、温暖的中国灵魂。

校园里的每一扇窗、每一面墙都可以发挥课程的功能，"以文化人"。这里有关于学校社区、关于国家民族、关于世界的时代信息；在表现形式上，可能是一幅漫画、一个说明、一张榜单，可能是一句格言、一首诗歌、一篇报道，它们都在用正确的价值观去促进学生陶冶性情。在学生公寓的外墙上，有26个金色大字："让人道成为一种信念""让爱成为一种品质""让奉献成为人生亮彩"。雅言浸润人生，吴高学子沐浴着这些文字泛出的温暖光芒。

我们规划校园命名工程，名称来源于特色文化的基本要素。我们希望：路名、楼名在师生的反复称呼中，特色文化以一种更加自然的方式入口、入心。文化育人、环境育人是一个慢活，它似植树，不见其长但日有所增，时间长了，便能养出与众不同的气质。

在细节上，以路牌的设计为例，我们做了如下思考：应该以校园文化为核心体现出四个方面：

一维校园文化：色系与学校视觉识别体系保持一致。

二维校园文化：造型设计与学校建筑风格协调。

三维校园文化：造型设计体现地域风情。

四维校园文化：功能属性新颖化。

在我们看来，路牌的设计，不仅起到导视作用，更是一个诠释路名意义的有效载体，如果我们在每条路的两边配以图文板面对路名的寓意加以展示，那么路牌就不只是导路，更是导心导行，关注学生的心灵，导引学生的行为，路牌就有了互动与教育的功能。

吴兴高级中学命名草案

一、学校路名

博才路（西大门到国旗旗杆）、博学路（问渠桥沿扬塔漾直至学生餐厅）、博闻路（东大门沿运动场直至与博才路交会）、博爱路（学生宿舍前）

二、教学楼名

好学楼（高一）、善思楼（高二）、明理楼（高三）、敏行楼（科学楼）

三、学生宿舍名

好园（女寝）、冠楼（男寝）

四、年级橱窗

高一，智慧窗；高二，温暖屋；高三，行者塔

总之，我们围绕"博才教育"课程体系，从平面视觉体系、空间环境

体系、学生活动体系、文化传承体系四个维度来规划、建设学校的环境文化。

四、博才教育课程体系的实施

1. 课程开发

课程开发采用"分类、分期、有重点、有合作"的策略。

"分类"：国家课程与校本课程区别对待。国家课程强调校本化和二次开发，着力提高基础课程的教学质量，用国家课程标准思考每一年级的教学；校本选修课程强调"开发一批、转化一批、引进一批"，有步骤有重点地开发特色选修课程，用未来思考每一个细节的教育。

"分期"：选修课程的开发从无到有、从有到精分为萌芽、成长、成熟三个阶段。目前，我们已开发141门选修课程。

"有重点"：结合我校特色课程群，重点打造，培育精品。我校2门课程在"真爱梦想杯"全国校本课程设计大赛中获奖，"急救技能"等8门课程成为省网络课程，39门课程入选市精品课程。

"有合作"：积极开展校际合作开发。分别与市环保局、市红十字会联合开发"学做环境检测员""急救技能"，数学组与12所兄弟学校联合开发"高考原题教学方略"选修课程。

2. 课程开设

课程开设分而治之，必修课程与选修课程区别对待。

必修课程及课时设置严格按照教育部、教育厅的要求，在三个年级开齐开足，行政班与教学班并存。在必修课程的开设中，注重以下五点：一是分解课标，逐步对国家课程标准进行校本化的分解，依据省学科教学指导意见研读教材，编写符合我校学生特点的校本教案。二是分层教学，针对不同层次学生的不同需求开展分层教学：优秀学生注重思维力拓展，"学困生"则注重知识巩固。三是培养学习力，关注对学生学习力的培养，促进学生改善思维方法，提升思维品质。四是加强研究性学习在各学科教学中的渗透，培养学生的创新意识。五是专题教育，将外塑与内化相结合，注重在社会实践中提高学生的责任意识，培养学生的美好人格。

对于选修课程，我们编制《选课指导手册》，下发给学生。学生根据自我意愿与特长，利用网上选课平台进行选课编班，每个学生拥有独立课表，开展"走班"教学。在选修课程的开设中注重四个关联：一是建议选修与自主选修相结合。建议选修课程与学校特色有关，例如红十字急救技能、红十字精神等课程（这些课程是吴高符号），以促进博爱文化建设。二是课堂与活动相结合。知识拓展类课程一般采用常规课堂教学，社会实践类课程主要采用活动形式，职业技能类、兴趣特长类课程则兼而有之。三是校内自主开发开设与分享校外资源相结合。依托高校、有关部门和校友，为学生开设"吴高博闻堂"，提供实践基地，开阔视野，分享体验。"吴高博闻堂"为我校师生搭建了一个广闻博见的场所，登堂贤者有校外专家、校内教师，也有校友、在校学生，设坛开讲只为播种思想。在这里，我们期待用最包容的心态，用见贤思齐的虔诚，遇见传奇，相识精彩，期待豁然开朗。四是"走班"、"走教"与"走校"相结合。即自我开发课程实行学生"走班"，利用外校设施设备的课程实行"走校"，共同分享校际师资，实行教师"走教"。"走教"如市红十字讲师团到我校现场辅导，聘请湖州职业技术学院褚又君老师开设"公关礼仪"课程，请校外专家为学生开讲"吴高博闻堂"。"走校"如实验班学生到浙大体验高校，部分学生在中德交流中体验中德互访，教师利用假期、休息日带领学生到课程联盟单位进行职业技能类选修课程学习或开展社会实践活动。

从教学组课方式来看，根据不同课的难易程度和学生的接受程度，个别选修课程已开始实行大小课结合。如"红十字急救技能"，理论部分合班上课；技能操作小班上课，"吴高博闻堂"一般为大课、长课，但大课的规模也会根据教学内容的差异有所不同，可以是全年级，可以是2个班，可以是全体女生。随着选课、"走班"的进一步推开，长短课、大小课的有机组合将更加普遍。

从教学方法来看，选修课程更加注重学生动手操作、亲历情景、亲身体验。例如："跟着世界遗产名录旅行"这门课程主要是任务驱动型课程，教师在完成了基础性教学后，主要由学生自选1—2个喜欢的世界文化遗产，要求学生从该遗产入选世界名录的原因、现状、开发经验或问题、发展前景等方面自查资料、自我整理，在此基础上，小组合作、撰写报告、制作 PPT、展示分享。"学做环境检测员"则需要学生到学校周围水域提取样本、化验检测、撰写报告。

选修课程能在必修课程之外为学生提供更为广阔的学习空间，满足学生更加个性化的发展需要。

为使课程顺利开发开设，我们还建构组织系统，提供组织保障。如课程开发中心、学生选课指导中心；建立制度体系，加强过程管理。例如，从学生的生涯规划到自主选课、学习管理，再到学习评价，都有制度护航；在设施方面，利用电子学籍管理系统、选课平台、选修课刷卡考勤系统，服务于选修课程的管理及评价。同时，健全学生综合素质评价系统，用评价促进课程实施，促进学生成长，成为"智慧而温暖的行者"。

"博爱课程群"的典例分析

一、"博爱课程群"开发的理由

"博爱课程群"是在我校红十字校本课程基础上生发来的。

我校在 2008 年率先开发红十字校本课程，当时开发红十字校本课程是基于我国在学校红十字教育方面缺陷的分析，有补缺与创新的意义。当时，我国在学校的红十字工作主要有两大缺陷。

第一，忽视对学生"知、情、意、行"的整体关照。

大部分学校注重了"活动"二字，比较热衷于在行为层面、技能层面举办活动，特别是强调卫生救护技能的培训，甚至在学生中出现把红十字事业等同于卫生救护的误读现象。在技能层面热闹的同时，遗忘了关照学生在认知上对红十字历史的了解，遗忘了关照学生在情感上对红十字精神的体悟，这势必导致学生对红十字精神内涵的理解肤浅化，红十字事业的人道主义内核在学生的头脑中如浮云而去，没能内化为学生的信仰和心灵诉求。

第二，以红十字活动来统合学校德育教育，并上升为课程体系，还未见论及。

课程是实现教育目的和培养目标的重要手段，课程的设置体现着办学者对学校教育的具体要求，反映着办学者的教育观、学生观和人才观。课程编制直接关系到学生的知识结构、智力结构、个性结构的和谐发展，更关系到人的素质发展。目前，将课程理论引入德育领域，推进德育课程改革，意在完善和强化德育的功能，提高德育的有效性，充分实现德育的目的。因此，我们在把红十字活动作为道德教育、生命教育的重要载体时，就不能仅仅止于具体的、零散的活动开展，更应该在内容、结构、程序、编制、实施、评价方面建构起有特色的、有全局性的德育课程体系，在感性操作中能够实现理性提升。

随着学校发展，红十字由德育特色演化为学校特色，在2012年浙江省深化课程改革、创建特色示范学校的过程中，我们将红十字课程提升为"博爱课程群"，成为进一步支持特色学校发展的特色文化。

二、"博爱课程群"开发的原则

第一，从课程开发的目的来看，遵循学生主体原则。

学校是为学生的学习而存在的，课程本身亦是为学生的学习而存在的。因此，校本课程开发一定是指向学生的，是以学生获得学习的利益、成全生命的成长为终极目的的。学生主体原则要求我们必须根据学生的能力、取向、经验以及现实生活的需要，来设计符合学生利益的课程。就课程的内容而言，应选取与学生现实需要密切相关的内容；就课程的实施过程而言，要依据学生身心发展的阶段来安排；就教学形式而言，应该灵活多样，新颖独特，符合学生心理发展的特点。

第二，从课程开发贯穿的主线来看，遵循教育性原则。

德育课程资源的开发和利用首先要坚持教育性原则，即所开发的课程内容资源应符合国家的教育目标，应包含学生品格的养成、对学生的积极生活态度、对提高学生的文化素养、对学生可持续发展等方面的教育因素。

第三，从课程开发的落脚点来看，遵循生活性原则。

生活是最好的教育。从博爱文化来看，红十字精神诞生于生活，也始终服务于生活。因此，我们必须遵循生活性原则。生活性原则要求我们在课程开发时必须面向学生真实的生活世界，要求教师能够从自然界、学生生活以及社会生活的角度去审视课程与活动的主题，将课堂教学和实际生活融为一体。生活性原则甚至在更多时候，要求教师放手让学生去做，让他们走进社会，在社会生活中捕捉材料，然后把这些丰富的素材带进课堂，来分享他们的体验与感悟。

第四，从课程开发的各环节来看，遵循统整性原则。

在进行课程设计时，统整性原则表现在三方面：知、情、行的统整，即将道德认知、道德情感、道德行为协调起来；师授、生行的统整，即将教师的理性传授与学生的体验学习和道德践行结合起来；各课程元素的个性与共性的统整，即在尊重差异的前提下，找出各要素课堂间的内在联系，并整合为一个有机整体。

第五，从课程开发的视野来看，遵循开放性原则。

21世纪的校本课程需要强调"国际理解教育"与"乡土教育"。目前我国的校本课程开发多重视课程的国家性、社区性与乡土性，而对课程的世界性的关注相对弱化，这是非常正常的、合理的。本课程却有特殊性存在，因为无论是红十字运动还是红十字组织在西方文化背景中发展的历史比较长，比较完善。因此，我们在课程开发时要有世界视野，坚持开放性原则。

三、"博爱课程群"框架的设计

博爱课程群开发必须认清课程、学生、师资的特殊性。该课程的特殊性在于传递红十字的精神内核——"人道、奉献、博爱"，了解人道主义的相关知识，培养博爱情怀，培养基本的救护技能。就学生的特殊性而言，我们必须关照高中生成长的特点和需要。与初中学生相比，他们有更急迫的热望去了解社会，他们更急于提高自我认识世界、评价时事的能力，他们对生活有更强烈的参与意识。从师资来看，课程开发主要需要依托本校教师资源，同时可以争取部分外援。

因此，我们基于红十字的精神内核，基于高中生成长的需要，基于学校的师资，从知、情、意、行的维度设计"博爱课程群"的开发框架，培养学生人道、博爱、奉献之智、之能、之心。

年级分层课程目标体系

目标年级	知识 （人道、博爱、奉献之智）	技能 （人道、博爱、奉献之能）	思想品格 （人道、博爱、奉献之心）
高一	"红十字"相关知识 （班会课、知识竞赛）	急救技能、防病知识与技能 （军训、班队活动）	"博爱"主题教育——情感（感恩主题）
高二	艾滋病相关知识 （班会课、知识讲授、观看影片）	交通安全技能 （汽车驾照考试中交通法规部分内容）	"人道"主题教育——理性（宽容、公正、民主）
高三	无偿献血知识	心理健康维护	"奉献"主题教育——行为（公益、奉献他人、奉献社会）感动中国人物

"博爱"校本课程体系

学科	内容	目标
语文	主题阅读——战争读本（诺贝尔文学奖作品）： 萨克斯《哦，哭泣的孩子们的夜晚》 海明威《战地钟声》《永别了，武器！》 戈尔丁《蝇王》…… 主题阅读——人道读本《亨利·杜南传》《特里萨修女》 亨利·杜南《索尔弗里诺回忆录》 主题阅读——博爱读本（关爱生命、青年同伴教育） 主题阅读——奉献读本（志愿者行动）	1. 感受文学中的理想主义倾向 2. 培养人道主义情怀 3. 提高对现实行为的判断力 4. 树立青少年关心社会、服务他人、乐于奉献的道德观和价值观
历史	红十字会的历史渊源	了解红十字的历史
政治	一、法律章程： 《国际红十字会和红新月运动章程》《日内瓦公约》 《中华人民共和国红十字会法》《中国红十字会章程》 二、红十字事业当代视点	1. 通过法律层面了解红十字会的宗旨，维护红十字标志的尊严 2. 关注红十字当代事业
生物	艾滋病相关知识、疾病防治 志愿无偿献血和捐献造血干细胞相关知识 毒品与烟草的危害	1. 让学生懂得自我保护 2. 让学生对献血有科学的认识
地理	主题阅读——对自然的人道情怀 《增长的极限》 《小的是美好的》 《寂静的春天》……	1. 培养学生对自然的人道主义精神 2. 认识到关心自然实质是关心人类的永续发展
艺体	体现红十字精神的美术、摄影作品欣赏 博爱主题音乐会 健身与健心	陶冶学生的情操，提升学生的审美鉴赏能力，激励学生追求美好的人格

学科	内容	目标
综合实践活动	急救技能：（一）煤气中毒、烫、伤、中暑的知识 （二）校园安全 （三）外伤处理的四项技术 1. 绷带、三角巾的包扎； 2. 止血的种类及方法 3. 三角巾骨折固足； 4. 几种伤员搬运方法	1. 让学生掌握相关知识和技能 2. 提高学生的健康生活能力和自我保护能力 3. 提高学生对他人的救助能力 4. 树立青少年关心社会、服务他人、乐于奉献的道德观和价值观

四、"博爱课程群"开发的过程

我们设计好课程群的开发框架有两个好处：一是为教师提供开发方向；二是让课程群更具有集聚力，让不同课程从不同角度指向同一目标，成就学生，培育特色。

课程群的开发框架对于教师是建议不是限制。对于此框架中的课程，教师可以"领养"，也可以另外自创。我们充分发挥教师课程开发的自主性与创造力，教师们也根据自己的特长提出非常好的开发建议。

目前，"博爱课程群"中有一个精品"课程束"，即围绕"人道、博爱、奉献"的红十字精神开发的一组精品课程：知识拓展类的"红十字精神"、兴趣特长类的"公益广告设计与欣赏"、职业技能类的"现场应急救护"、社会实践类的"人道在行动"。

"红十字精神"由语文学科的教师联合打造，该课程与语文的文本阅读有很好的契合度。从内容来看，文学艺术作品是可贵的德育资源，怀着悲悯之心关注艰难生活中的芸芸众生一直是艺术作品能打动人心的永恒核心，作品中蕴含着丰富感人的人道、博爱、奉献的红十字精神；从教学形式来看，发挥文本阅读德育叙事的功能，避免了直接说教的枯燥和令人反感的强迫性，具有潜移默化润泽于心的效果。因此，该课程通过向学生介绍文学艺术领域里的著名作品，让学生在欣赏作品、领略知识的同时，感受作品和人物身上蕴含的丰富深厚而感人的人道、博爱精神，提升学生的人文修养，使其做智慧温暖的人。该课程分为纪实类作品、绘画音乐作品、古代文论、文学作品、影视作品、人物传记六个部分，每一部分对作品中的红十字精神进行解读，引领学生边欣赏边感受边思考，从文学艺术的角度对学生进行红十字精神的濡染。

公益广告设计与欣赏这门课程是从艺术入手关注公益的。海报设计是现代美术的设计课程的基本门类之一。海报设计学习领域的活动方式既强调创意，又注重活动的功能和目的，多方位地开发设计。公益海报具有特定的对公众的教育意义，其海报主题包括各种社会公益、道德的宣传，或政治思想的宣传，弘扬奉献爱心、共同进步的精神。公益海报让学生在生活实际中认识和体会到海报艺术的存在和运用，认识艺术作品和生活运用之间的相互关系，认识生活对艺术作品产生的影响以及艺术作品能够对生活产生的积极意义。彰显公益海报对学生思想行为的良性影响，增强学生对大自然与人类社会的热爱以及责任感，发展创造美好生活的愿望与能力，使之成为校园文化的一道独特风景。

"现场应急救护"，该课程的亮点是以现场急救为出发点，把自救与互救方法编入教材，让学生掌握因地制宜的现场急救技能。

课程的知识目标是让学生明确救护目的和救护原则，掌握一些救护的基本概念，如什么是伤病现场评估？什么是自我保护？什么是合理使用救护技术？让学生了解现场心肺复苏的意义，了解创伤救护四项技术的用途和意义。技能目标是掌握成人现场徒手心肺复苏术的基本操作方法，掌握现场止血、包扎、骨折固定、伤员搬运的基本操作方法，了解、掌握常见意外事故的现场自救互救方法。情感目标是培养学生的安全意识、救护意识与人道情怀。

该课程如所有课程一样强调科学性，即正确地理解救护原则，知晓救护程序，明确哪些可为，哪些不可为，哪些必须为，哪些必须不为。同时，更加强调可操作性，掌握自救与互救的初级技术，可以降低灾害引起的伤残率与死亡率。这一课程与生命相关，可以指导学生认识：时间就是生命，正确的操作技术是抢救生命成功的关键。

"人道在行动"课程是让学生明确国际人道法的基本原则，掌握国际人道法的根本宗旨；识别违法行为，理解人权法和人道法的互补性；了解旁观者对他人行动可能产生的影响，学会如何分析两难困境；理解人道行为的概念，能够在生活和新闻中识别出人道行动；了解在不同情况下实际开展人道行动时所要考虑和实践的工作的困境；理解人的生命和尊严是神圣不可侵犯的，培养人道情怀并运用于实际。在教学中，教师主要通过案例分析、情景模拟、辩论等方法，基于自身的经验和思维方式来审视突发情况，使学生形成新的视角，从而懂得生命的珍贵价值、学会观察和包容世界、培养人道情怀、提高思辨能力。

这个精品"课程束"关照了课程的聚合力与多向性。在宏观课程设计时，我们始终围绕育人目标和学校特色建构课程体系，让所有的课程都集中在"特色"这个点上，把"特色"做深做透做突出，发挥课程的聚合力量。众多课程捧红"特色"。同时，在课程微观开发时，我们提醒教师注意思考课程目标的多向性和评价标准的多向性，让选修课程既服务于教学又服务于德育，既成全学生成长又成全教师发展。这个精品课程束，涉及语文、美术、音乐、体育、政治、心理健康等学科教师，这些教师在开发这组校本选修课程时，既利用了自己的专业知识，又丰富了自己的专业技能；既拓展了国家课程，又支持了国家课程。

中国教育领航（第一辑）：教育家型校长与学校发展丛书

教师发展：
教育发生的前提

严华银　主编

世界图书出版公司

中国教育领航（第一辑）：教育家型校长与学校发展丛书

丛书编委会

主　任　王仁雷

主　编　严华银

副主编　季春梅　回俊松

编　委　邱成国　严忠俊　于大伟　张　勇

　　　　郭炳胜　郭长安　杨　刚　杨琼英

　　　　林启福

目录

第三章　幸福引领者

第一章　以教师发展为本

——中关村二小教师与团队

　　一个人遇到好老师是人生的幸运，一个学校拥有好老师是学校的光荣，一个民族源源不断涌现出一批又一批好老师则是民族的希望。教师，是学校最美的名片，是学生成长路上最重要的领路人，是学校精神气质的活灵活现。好教师的成长，离不开学校的培育与团队的滋养。浸润在中关村二小家园文化下，学校始终坚持"以教师的发展为本"的理念，给予每一位教师尊重、信任与赏识，积极探索同伴互助式的团队研修模式，让每一位教师都至少参与一个团队，都能在团队中找到自己的位置和发展的空间。经过多年的实践，二小人把这样的团队文化不断传承、发展为"1&N"的教师团队发展模式。教师们在各自的团队中平等对话、相互促进，共同历练成长。

　　教师留给学生最深刻的印象往往不是知识，而是特定的风格和气度，那是教师最美的姿态。在学生眼中，他（她）的老师有着独特的美——

　　我们的数学老师尚老师不仅在课外带着我们进行各种小课题研究，他还是一个魔方高手，他可以用 36 秒将一个打乱的魔方六面复原。同学们都特别崇拜他，背地里偷偷地练习，课间排队找尚老师 PK 呢。

我们的语文教师刘老师是个精力无限大的"文艺女青年"。她不仅带着我们研读绘本、创编故事、续写小说，还带着我们把书本搬到室外。记得当时我们班正在读一本书叫《北京中轴线上的城市》，刘老师就带着我们来到景山，爬上万春厅，站在北京城的中心点打开书俯瞰整个紫禁城，当时的场面把我们都震撼了。

我最喜欢的刘老师可是个跨界达人，别看他是个男老师，琴棋书画样样通，他不仅是我们班的音乐老师，还教我们美术。最牛的是，他能在欣赏音乐的时候，把乐曲的故事和意境全画出来。

我的偶像是聂老师，他可是我们学校的漫画大师，已经创作了上千幅漫画作品。课上，他不但与我们分享他的作品，还为每一位同学创作了一幅漫画肖像，同学们可期待上美术课了。

我们班的闫老师是学校"著名"的主持人，全校大小活动上都能听到他充满磁性的声音。在语文课上，听他朗读课文简直就是一种享受。

每一位教师心中都有一枝美丽的花，每个人都渴望在校园里绽放异彩。在同事们眼中，那才是教师发展的最美姿态。

我们的老师体贴、温和。提醒你多喝水，帮你冲泡好热茶，让工作一天的我们心情舒畅愉悦。有课来不及打午饭，回到办公室，眼前热腾腾的饭菜，窝心、温暖。整洁的办公环境，有活儿我们一起干……

我们的老师睿智、耐心。班里的小豆包不会拼读，对着口型、指着拼音，一字一字地反复练习，不厌其烦。学生点滴的进步，老师看在眼中，小奖状、美食卡，换着花样，激发他们学习的兴趣。你一言，我一语，少教多学，引领学生漫游学海，教知识、更教方法。

我们的老师周到、和气。家里有事了，拉着你出主意、找对策，把你的事儿装在心里。身体不舒服，翻箱倒柜地找一片药，缓解了病痛，也增进了感情。

我们的老师上得舞台，下得讲台。多才多艺，用画笔勾勒校园，是学生眼中的"漫画家"；活动演出，浑厚嗓音的主持人就是我们中的一员；街舞、唱歌、相声、小品，我们入木三分、惟妙惟肖，因为我们还有专属的导演老师！

二小老师以爱和责任、教育艺术和对未来的远见，为学生的成长保驾护航。家长的心里，二小老师的姿态最美——

二小的老师，负责任、懂仁爱。学生在家出现问题，忐忑的电话拨向班主任。寒冷的冬夜，老师来到家中面对面地与孩子谈心、疏导，交融学校教育与家庭教育，家长为之动容、欣慰。

二小的老师，勇担当、敢突破。每一学年的新生入学礼，全校多学科、多工种细化分工，有团队、全员配合齐上阵，调动家长、指导学生、构思节目、撰写报道，将常规的学生入学典礼办成了启智明理、异彩纷呈的盛会。

二小的老师，爱运动、展活力。这里的老师一改往日人们印象中的老师——粉笔、作业、卷子、教导，刻板的印象。他们中活跃着全程马拉松奖牌的获得者、羽毛球赛场的拼杀者、花样跳绳种类的拓展者，还有因为兴趣而带着学生一起健身、一起悦跑的跑团。

二小的老师，苦钻研、专业精。孩子在乐团遇到了乐理难题、演奏障碍，乐团负责老师堪比院校教师细致讲解、指导，解了家长燃眉之急；仰望星空、绘制星图，孩子在社团老师的智慧启发下，走近苍穹，走进天文。

二小的老师，明事理、讲人情。教师节，家长托孩子送给老师的教师节礼物——一盒普通的巧克力。善解人意的老师并没有直接退还回来，为了避免孩子尴尬，而是巧妙地化解，让孩子发给每一个同学，和老师一起分享节日带来的喜悦。

二小老师是一群有热情、有才干、有爱心的青年人。在学生眼中，他们是幽默风趣、严谨认真的良师益友；在同事眼中，他们是工作上的优秀榜样、生活中的贴心朋友；在家长眼中，他们是学识渊博、关爱孩子的有心老师……他们尽情展现着二小教师最美的姿态。

这一切的美好并非个人所能，也不是一日之功。多年来，老师们浸润在二小家园文化下，始终视教师为学校发展的核心，始终坚持以教师为本的理念，给予每一位教师尊重、信任与赏识，汇聚每一位教师的力量，努力为教师搭设多种学习的平台、展示的舞台、提升的天台。积极探索出同伴互助式的团队研修模式，使中关村二小有相继绽放的今日的欣喜，更会有百花齐放的明日的盛景。

第一节　"1＆N"——二小教师发展新模式

古语讲："千人同心，则得千人之力；万人异心，则无一人之用。"不论是三个和尚挑水的寓言故事，还是人们常说的"人多力量大"的俗语，都在强调只有把个人力量汇集起来，才能形成强大的团队力量，从而达到个人力量难以企及的目标。这是其一。其二则是试问："一滴水怎么样才能不干枯？"哲学家回答说："把它放到大海里去。"这简短的对话同样揭示了这个深刻的道理：个人与他人之间是相互支撑的，只有得到团队或者别人的支持，才会有无穷的力量，才不会轻易干涸。这是显而易见的道理。因此在二小，每一位教师都至少属于一个团队，都能在团队中找到自己的位置和发展的空间。比如八大学科专家工作室、班主任工作室、党团工作室、科研项目组、青蓝之约、青年教师沙龙、教师俱乐部等，教师在团队中碰撞思想、分享理念、增进友谊。每一位教师都在团队中前行，感受着来自集体的力量和智慧。

二小的团队建设不停留在这样一个层面，而是注重在力量叠加和智慧共融的基础上，更加强调了个体与团队的互动交融关系。经过多年的实践，二小把这样一种团队文化不断传承、发展为"1&N"的教师团队发展模式，即"1"是团队中的核心，他可以是校长，也可以是一名干部，还可以是一位教师；"N"指团队中的若干个成员。在"1"的带动下，整个团队共同发展进步。每个成员可以是团队中的"1"，也可以是团队中的"N"。任何成员在"1"的位置上，都有一个团队在背后的支持；任何成员在"N"的位置上，都在为团队提供支持，也在团队中共同成长。任何一位教师有可能同时承担着"1"和"N"的双重角色，甚至多重角色。二小就是由若干个"1"带动若干个"N"形成的一个无限大的生命共同体，从而真正实现聚全校教师之力，焕发团队力量生生不息，促进教师职业生命可持续发展。

一、"N"个团队共建教师生命共同体，常态教学同步有序运转

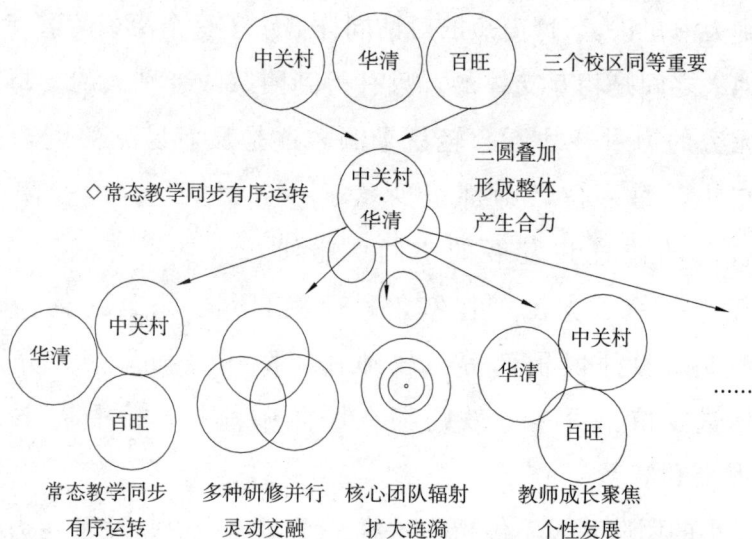

图 1—1

在平日的教学管理中，每一位教学干部都有清晰的工作思路：回到常态、回到基本功，一切必须从根部浇灌。

学期初，教师们会认真上好开学第一课（教学常规要求＋教研活动的实施＋教学计划的解读＋教学质量的调控）统一标准，统一要求，理念上共识。

学期中，教师们围绕常态备课、常态课堂、常态学业质量测评等方面，努力让家常饭好吃又营养，实现常态教学同步有序的自我旋转。

学期末，精心设计教师学习周（反思课堂、反思学业质量，反思教学中的问题）。教师们一个不少，聚在一起，共同参与、体验、感悟。

在几年的同步发展中，合并的西北旺小学的学生、百旺校区就近入学的学生，在优质资源的共享中稳步提升。

（一）多种研修并行灵动交融

二小以课例研修为主线，创设多种研修方式，让三校区教师共同参与精心设计的研修活动。

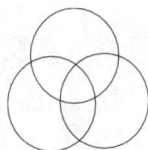

图1-2

三校区同学科横向教研——实现教师同频共振发展

三校区不同学科整合教研——实现教师多元化的综合发展

三校区跨时空网络协同教研——实现教师及时联动发展

（二）核心团队辐射扩大涟漪

在二小，所有学科同等重要，根据学科特点组建核心团队，形成一个同心圆，充分发挥团队辐射的力量，引领周边更多教师共同发展。

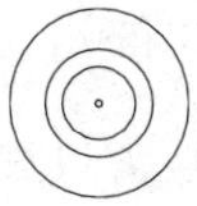

图1-3

1. 核心团队一：引进来、指迷津，前瞻锐思考

为了实现三校区每个学科的同步优质发展，教学管理团队精心策划，聘请学科领域的专家走进课堂，指导每个学科的教学，分别成立了语文工作室、数学工作室、英语工作室、体育工作室、音乐工作室、美术工作室、科学工作室、信息工作室、综合、思品学科的教师也参与到其他工作室中交流研讨。同时，学校多措并举，革新制度，大力将储备资金向教师培养方向倾斜，促使教师走出去，多听课、汲智慧；多交流、攒经验，不断吸收、融汇

校外优秀资源，走在研修的最前沿。

工作室的成立实现了专家和教师面对面、点对点地交流，为每一位教师的成长积淀了营养，以个体发展促团队前行。

一人研修、惠及全员

研究生毕业的付雪婷老师，选择了一篇自己喜欢的课文《瑞雪图》作为自己的新教师亮相课。起初，她头脑中的思路很不清晰，总是刚刚写了些就又全部推翻了，反反复复，焦虑得很。组内的老师们看到她着急的样子，给出搜集资料的建议，全组行动一起备课、说课、上课、评课、再上课。于是，付老师开始大量搜集别人的教学设计，观看一些课堂实录，边看边把自己认为别人设计中好的环节拼起来，再经过集体智慧的打磨。终于，付老师的教学设计在这样磨炼的过程中诞生了。

课上完后，主任大力表扬了付老师"老练""课感好"，这使作为一名新入职教师的她信心倍增。但同时，主任也直截了当地指出了她教学设计中的问题。可巧就在这段时间，学校邀请教研室的专家黄毅来学校为语文老师做讲座。他在谈到备课时说，老师不应该过分依赖教参，更不要依赖网络资源，而应该回到文本本身，深入研读直至"吃透"教材，这样才能正确理解教材，不使教学"跑偏"。黄老师的话仿佛醍醐灌顶，使她豁然开朗。

静下心来，重新备课。细细品读文章，付老师仿佛慢慢走进其中，身临其境地感受到了1962年胶东半岛的第一场雪，雪前、雪中和雪后的美景。此外，她还查阅了作者峻青以及文章写作背景的大量资料，更为这一场在连年的自然灾害后给人们带来吉祥与幸福的瑞雪而感到喜悦与激动！在不断地品读与思考中，付老师的设计思路也逐渐清晰起来：初读课文，整体感知文意；品读重点，感受雪景之美；拓展阅读，体会雪之吉祥。引进专家，示范、引领、指导的作用得以彰显。

教而不研，行而不远。学校非常重视青年教师的专业成长，专门聘请了专家康静涵老师定期来学校开展教研活动，并成立了"康老师工作室"。付老师来到二小工作的第一年，就被吸纳进"康老师工作室"。工作之后的第三个月，主任便鼓励付老师在工作室做一节亮相课。毫无作公开课经验的她，心里非常紧张，但又为能够得到专家的面对面指导而激动不已。付老师将自己反复打磨的《瑞雪图》第三次呈现在大家面前。这一次，她已经没有了之前的紧张与忐忑，而是尽情地享受在和学生、和文本的对话与交融之中！

经过专家的指导，付老师的这一节成熟的课例《瑞雪图》载入了二小优质课例的名录，使更多的老师得到了启迪和借鉴。个体成长也在影响着整个语文教学的团队不断前行。

学科专家工作室，帮助一批批教师实现专业的提升与成长，付老师是二小受益众多的老师当中的一员。同样，曹老师回想起在康静涵老师专家工作室中成长的点点滴滴……

团队打磨、脱颖而出

"这，就是你本次作文课的硬伤！老师过于强势，过分强调技法的指导，而忽略了孩子情感的表达。"康老师直言不讳。

"不指导写法，那该指导什么？"曹老师一脸茫然。

"所以，要从观念上转变。"康老师的脸上浮现出一抹意味深远的微笑。

什么观念？我好歹也当了好几年的老师了，一直这么教作文，这次怎么会不行？曹老师心里根本不服气。

康老师并没有在意他的不快，而是继续追问："你说，作文最核心的是什么？"

"当然是写真情实感呀！"

"对了！所以，我们要在情感上下功夫，而不是一定要纠结于写作技巧上。所以，要从作文课的形式上改一改了，咱们一起重新备备课吧。"

恭敬不如从命，但曹老师内心还是有一些怀疑：倒要看看专家怎么说服自己。

"习作是直面生命的教育，要真实地表达自己的感受和看法……"随着康老师一句句的点拨，一点点的剖析，曹老师心中的疑团慢慢地消失了。看来不得不重新审视自己这么多年的作文教学了，曹老师告诫自己。

活动后，康老师建议下周再上这节课，并推荐大家读一读管建刚老师的《我的作文革命》。回到家，曹老师急忙捧出管老师的书，细品着管老师在作文方面的见解和大胆的革新。管老师提出的"以写定教""六大系统"、返璞归真的作文教学探索，犹如"于无声中"的春雷，冲击着他的内心。同时，他更为康老师尽管已退休，但仍然能了解最新的教育动态，紧跟教育改革的步伐而深感佩服，为自己的固守而汗颜。作文教育观念真得改一改了！

一周后，再次上课，曹老师自信从容多了，孩子们的精彩表现远胜从前。康老师整堂课都在频频点头，课后激动地说："这节课，你始终在欣赏孩子，把话语权交给了孩子。看来下了不少功夫，很有进步，可以作为示范课了。"听着康老师的表扬，曹老师美得像喝了蜜。其他老师也针对这节课展开了研讨，整个活动过程始终在研究、争辩、探讨中进行着。这次团队头脑风暴，更坚定了曹老师作文改革的决心。

随着时间的推移，作文改革一直在曹老师的班级实践着，孩子们变得敢说、爱说、会说、会写了。他上习作课也越来越有特色，曾代表学校在全区上习作赏评展示课，被兄弟校老师称赞："为我们打开了习作教育的另一扇窗"。而这，都植根于他在二小专家工作室这片沃土中的成长。正是专家工作室奠定了他成长为一名业务骨干的基石，才有了曹居涛老师被任命为语文组长的那一幕。

在二小，正是学校为老师们搭建了一个研修团队——专家工作室，专家的循循善诱为老师们指明了前行的道路，才使得青年教师快速地成长，成就自己的教育追求；正是青年教师自身一路不辞辛劳地耕耘、悦纳、吸收，才能快速"变身"，成长为二小队伍中的排头兵，甚至走到骨干教师的队伍中去。同时，骨干教师也不断更新着教学理念，将经验与新理念内化融合，不断推动着二小的整体教学水平的攀登。

2. 核心团队二：挖资源、探内涵，新老共成长

教师的专业发展往往经历这样一个过程：从新入职的新手教师，到熟手教师，再到专家型教师。一个学校的教师整体一定是一个多元的、多维的、多层次的。随着新鲜血液的注入，为了帮助新教师能尽快地适应学校的蓬勃发展，凝心聚力；增加教育教学经验，使新生力量得到科学、准确的指导。"青蓝之约"、师徒结对既是传统，也是学校关心、关注青年教师发展的一项重要举措。

学校为每位新入职的毕业生聘请了一位校内骨干或学科带头人的"师父"，在业务上指导，在思想上引领。搭建"师徒"共研、共修的共同体；相互汲取教育智慧，分享教学经验，激发研修活力，同学习、共成长。

学校青年教师李老师谈起她师父，心中难掩钦佩和感激。

师父领新路，徒弟踏车辙，学研共奋进

她为我之师，一个发现我、影响我、引领我、培养我的人。一时间脑海中浮现出很多画面，充实、创新的课堂教学，九、十点钟办公室里的灯火通明，带领科技团队摘得的座座奖杯，甚至还包括她发的那些被我们笑称"短篇小说"一样的工作提醒，太多太多……

大学毕业那年，我来二小实习。

在党支部组织的拜师会上，我第一次见她。她穿一件宝蓝色的套裙，头发挽起，从容、淡定、干练。简单交谈后，我试探着约听师父一节课，她极爽快地答应："下午就来吧"。当时我就在想：真牛，常态课随便听！究竟有多厉害？出于好奇，我甚至偷偷百度过：她是北京市先进教育工作者，是第一位小学信息技术领域取得中学高级职称的教师，还是北京市魅力女教师。原来师父是名师。

犹记得，我在二小上的第一节信息技术课。严格来讲，只有大半节，因为前半段一片混乱。

最难忘的是她走上讲台跟学生说的那句话："你一走神就可能错过了精彩，你的生活又怎会精彩？"片刻安静，连我也是。那一瞬间，我实实在在地领教了她在课堂上的魅力。

岁寒，然后知松柏之后凋也。师父叫我懂得：教学的厚度在潜心研修与日益积累，在稳扎稳打地锤炼，在脚踏实地地研磨。她说，返璞归真的课堂上自会绽放你的别样魅力！

记得那年，学校科技教育成果大丰收。

北京市科技示范校、金鹏科技奖、科学建议奖等科技荣誉纷纷收获囊中，我们的儒雅少年们登上更大的舞台，荣幸地为习近平等国家领导人做科学小实验。她作为学校科技主管，人人钦佩。总结会上，她站在台上，一个一个地念出成绩背后付出辛苦的老师们的名字，她把光环幻化成彩虹，分享给团队中的每个人。

多少个忙碌的日子，她与我们并肩战斗。我们加班到晚上10点，她10点还没走；我们全心投入辅导学生科技作品，她请来专家指导，东奔西走，只为给我们巨人的肩膀和更强大力量！她，是名副其实的领跑者！

领跑者，多么充满力量的词汇。也许你也想问：领跑累不累？她说，怎么不累？但累的同时也很快乐！她说，与其说是我领着身边的同事奔跑，不如说是同事们在推动着、鞭策着我奔跑，我就是一个累并快乐着、幸福着的奔跑者！

记得那天，我发短信给她，一大段的话只用来表达三个字：我弃权。

那是海淀区"世纪杯"教师基本功比赛，信息技术作为小学科，名额极少，我瞻前顾后，纠结很久。她只回了三个字：凭实力。再没有比这更简单的回答，但我突然好踏实——在这样一个公平公正、机会均等的团队中，只有全心投入、全力备战。

从教学设计到说课答辩，我们一路过关斩将，那紧张备战的48小时里，她是军师、是评委、是送餐员、还是保洁工。当我站在赛场上完成自己的说课和答辩时，我看见场上最严格、最严肃的评委笑了，看见同事为我竖起大拇指，看见师父从容淡定的表情，就像我第一次见她时一样……

沉迷于斯，其心乃专，这就是沈耘老师最真实的写照。她以23年来的脚踏实地、悉心耕耘，收获了从教学到科技教育的累累硕果，培养着一个又一个像我一样青涩的青年教师，成就着一批又一批小小少年的科技梦。

她为我之师，感谢您，师父。

一声"师父"，一份责任。一个学科、一份力量。师父的影响带动着徒弟的完善、革新，这就是辐射的价值。

这样的老师在二小不胜枚举，他们在每一个小团队中都发挥着"传帮带"的作用。身为学校里的"导师"——解蓉老师，从手接聘书那一刻起，就深感责任重大。她说："鸟随鸾凤腾高远，人伴贤能品自高。担任辅导教师以来，我觉得自己也受益其中，在和各学科的优秀青年教师接触的过程中，他们每每带给我全新的启迪和思考，激励我不断地慎独自省！每天大家能在一起快乐地工作、轻松而坦诚地交流、切磋，甚至各抒己见地争论、辩驳，是多么惬意的事情……"

我们且看她是如何依托团队建设，当好"导师"的。

相互交融、渗透聚力，学研展新知

找好定位，常反思

在担任辅导工作的伊始，我始终在不断调整和提示自己——找准定位再上岗。因为我知道：我不是一届生产队长，只管上传下达地往下派活；我是学校党带团工作的一条至关重要的纽带，肩负着对上对下负责的一致性，如何发挥自身的作用，渗透、影响、带动身边的同志，在艰巨的教育教学改革实践中，确定自己的人生定位，找准自己的发展方向，实现自己个人价值……而这些，都与我们的工作有着密不可分的关系。

随着工作的逐步开展，我越来越敢于接受这次挑战，也渐渐意识到，如果仅仅凭借当初的一份勇气和一份责任真是远远不够，要想开展好这份工作，更需要我们怀揣一份担当、一份智慧、一份胸怀、一份包容、一份坚持和一份坦诚。

近两年来的工作实践告诉我，党团辅导室工作的开展具有它的特殊性，因为教师的劳动富有创造性和复杂性。这里的每个人所面临的困难不同、成长的需求不同。因此，对于我们来说：没有固定统一的辅导模式可循，也不可能有千篇一律的辅导策略可依。不能等待，不能依赖；要结合身边老师的实际，融入思考，有针对性地开展工作。

因材施导，实实在在帮到他们

可能是和我个人的性格有关，在实践过程中，我不太追求创出新、突破奇，则更喜欢抓住实。

学校每学期给我们呈现的学校工作计划，以及党支部工作计划，是我们开展党带团的纲本和指导精神。那么在遵循这个纲本开展工作时既不能宏观操作，跟着感觉走，也不能人云亦云，盲目地去干！必须结合身边教师的实际需求开展工作。比如：刚参加工作的老师常规管理最棘手；新调入老师融入集体，尽快跟上二小发展的节拍最关键；学科骨干百尺竿头的自我超越最艰难。必须因人而异，因材施导。

同组的晓璐老师是研究生毕业，专业基础好，工作热情高，但毕竟还处于职业成长初期。新接班后，面对家长的拭目以待、个别生的调皮捣蛋、亮相课的接踵而来，不免一筹莫展。我一边不断肯定和鼓励她的工作态度和干劲，一边利用班前课后的时间坐下来帮她分析学生教育的方法，传授班级管理的经验，协助她备好第一次家长会，并帮她调课，鼓励她走出去积极参加各类教研培训，并在学习中勤于梳理和反思自己的教育教学行为。晓璐老师也非常虚心好学，敬业爱生，仅一个学期班级管理就逐步走向稳定，在期末的师德评价中位居全组之冠！自信的笑容又回到了她的脸上。

以点带面，从专业出发

学校安排我和教完毕业班下到低年级的李冬梅老师"师徒结对"。面对这个青年骨干教师，怎样让她尽快消除从高段到低段的思想落差和困惑，如何助她早日从职业成长期走向成熟期？我们最终在经过交流后取得共识：围绕年段重点——识字教学，制定了"运用多元识字方法提升学生自主识字的能力"的教研专题。由于专题教研开展得有实效，学校让我在1—3年级语文大组教研和学科组长培训中做了专题经验介绍。这个成功的案例，让我获得了新的启示：虽然我们每个辅导员的工作只是党团工作室的一个缩影，但是，我们绝不能把辅导成效仅仅锁定在某个辅导对象的提高上，应当以其为圆心，将由此所引发的积极影响力波及身边的每一位老师身上，才能获得事半功倍的效果。

在与这些老师的辅导交流中，我深刻地体会到：作为辅导员不仅需要我们带业务，更需要我们关注思想；不仅需要我们大事讲原则，小事讲风格，更需要我们放下小我，成就大家；不仅需要我们躬身实践，带头示范，更要坦诚律己，不居功自傲，善荐贤让能。只有将老师们的需求和目标变成彼此的共同需求和目标，才会真正获得辅导实效。

3. 核心团队三：搭平台、同研修，专业促发展

教师肩负着塑造学生精神生命的神圣职责，从事着世间最复杂的高级劳动。家长们常说："一个好班主任就是一所好学校。"班主任，是一个班的组织者、领导者和教育者，更是学生学校生活世界的重要引导。如何帮助班主任从繁重的事务性工作中脱离出来，走向专业化育人，是学校一直关注的问题。

学校为此成立班主任工作室，从班主任教师实际工作问题入手，通过项目共研的途径，促进班主任工作专业理论与科学实践的提升。班主任工作室成立至今，一批批班主任在这里得到成长，经验丰富的班主任在实践的基础上获得更多理论支撑，年轻的班主任在这个集体中获得了可贵的实践经验。

刚刚入职的班主任小刘就是其中一位受益者。刘老师回忆第一次参加班主任工作室的情景：

也许是第一次学习，大家还都迷迷糊糊地不知道该讨论什么，小娟老师就扔给了我们一个重磅炸弹：学生矛盾引发家长失和，家长们来和老师讲道理，甚至要求和对方家长PK。我们都听得心惊胆战，不知所措。是啊，遇到这样的家长可该如何是好？

针对这个棘手的问题，参加活动的特邀教师马北红老师立刻就道出了问题的关键所在——家长没有直接去PK，而是先找到老师，这就说明在家长心目当中，老师的地位还是很高的。其实家长也是想通过这种手段，得到老师的关注、谅解和帮助。听到这儿，我们都沉默了。我们只看到了这位家长的简单粗暴，但他破釜沉舟背后的心情却是我们没有体会到的。接着，马老师又为

我们出谋划策。解决家长问题，首先要解决孩子之间的矛盾，孩子握手言和，家长还怎么打得起来呢？同时，也建议小娟老师亲自到这个学生家里进行家访，以客人的身份出现，拉近和家长的关系。举手还不打笑脸人呢，何况这是自己孩子的老师呢？听了马老师的建议，在班会研究课上，小娟老师特意把两个孩子安排在一个节目当中，并且邀请全班家长参加班会。班会开展得异常精彩，孩子的默契配合打动了每一位参会的家长。课后，那位家长感动得立刻放弃了打架的念头，并且对老师也不由得深深敬佩。

这样的结果，真是让人惊喜，老教师班级管理功底之深厚，看问题之准确深入，更是让我们钦佩！后来的活动中，大家再也没有了担忧和束缚。每次工作室活动，老师们就赶紧抛出自己的困惑，生怕自己的问题来不及解决。从迟疑到主动，这也是工作室带给我们的一份惊喜。

4. 核心团队四：聚智慧、汇力量，团队乐分享

除了专家工作室、青蓝之约、青年教师沙龙等的教研外，在原有期末总结大会的基础上，我们创新了教师发展机制，形成了"学习周"这样一种促团队建设、助教师成长的教育实践模式。在"学习周"上，三校区所有老师都聚在一起，就学校发展、学科建设、教育教学工作进行交流、分享和提升。

"学习周"不是一个人的教育独白，而是所有教师共同参与的"学习场"，在这个"场"里，各组教师们发挥独特的创造才华，一改总结会上读报告、听报告的单一形式，取而代之的是轻松幽默的小品剧、清晰温婉的诗朗诵、动感活动的创编操、自编自导的电影配音……老师们将一学期的思考与感悟，化为一串串珍珠，在舞台上大放光彩。

"学习周"这种交流学习方式，是二小教师团队文化的一个缩影，每一位刚工作或新调入的老师深深被二小大家庭的真诚、敬业、和谐的氛围所感染，从此开启了紧张而愉快的工作旅程。在老师们眼中，"学习周"是"慧聚·智享·融情"的思想盛宴。

"学习周"，起初认为它是类似于教师培训的专用周，老师们在一起共研、探讨。殊不知，说到二小大家庭每学期末的"学习周"，可谓是一场智慧与探索、沉淀与集聚、研磨与展示、激情与绽放的饕餮盛宴。说它是一场宴席，因为这其中有着老师们融情的摆盘切墩、悉心烹调、提鲜增色，让参会同仁们在紧张忙碌的一周吃上营养、多味的一餐。

慧聚——"学习周"里荤素搭配、果蔬肉蛋，选择是与食材相遇的初见。一周紧张充实的学习周，集学校教学、德育、后勤保障等三大领域，会上综述一学期来各领域的多措并举、实践摸索、延展创新，会下老师们一起享受研磨、完善后的新成果、新思路。集聚多方的智慧，让老师们感受到多方力量助力学校稳步发展，指引老师找准方向，阔步前行。

智享——"学习周"里煎炒蒸炸、文武双火，整理是与食材磨合的相识。多领域交叉教研，可谓是"学习周"里的一大特色。一学期大家将问题抛出、将建议凝练、将设想勾勒，年级、校区、学科、部门交叉引见、交流、提升、完善，多种方法、策略的融汇，使得在平日里集中存在的困惑、难点得以疏通，标与本兼得。

融情——"学习周"里品尝酌味、操情擀力，烹炒是与食材历练的相伴。"学习周"里，小到组稿发言、微课展示，再到探访交流、节目演示，每一项活动的背后，凝结的是老师们对于日常工作学习的点滴感悟、宝贵收获与智慧总结。述说、趣说，执笔、宣读、编演，或阳春白雪或下里巴人，或个人或团队，展示的都是老师们动情后真实的情感表达与理智探析。

——闫冬老师

在这一周，三校区老师们齐聚一堂，行政、教学、德育等部门以及所有教研组，总结分享这一学期的工作经历。老师们运用各种形式，或是表演或是演讲，或是歌舞展示或是倾诉访谈，形式活泼，内容真实，感人至深，每一次学习都是一份难得的积淀。在轻松快乐的氛围中，每个人充分体会了二小的家园文化办学理念，桃红李白，心暖花开。

在"学习周"中，老师的目光不再局限于自己的科目上，而是聚焦于学校的各个学科；我们不仅关注到了自己的、班级的发展，更关注到了学校的全局发展，再次审视教师工作的意义，深感教师身上的责任重大。我们是孩子成长的引路人，更是孩子心灵的导师，一切为了孩子，为了孩子的一切。

——宋晓羽老师

在别人结束了一学期的工作，兴致勃勃地准备度过假期时，我们学校的老师们却在期待着每学期期末的"学习周"。与其说是整学期的总结，不如说是半年工作的精华浓缩。我们在每个组总结中，了解到许多我们曾错过的精彩活动和老师们的辛苦付出；在精彩纷呈的讲座中，从各个专家的引领中感受教育最前沿的理念；在学科教研中，掌握现阶段存在的问题已经未来的计划；在特色教师经验分享中，在一个个鲜活的实例中，让我们真正领会到"桃红李白，心暖花开"的真谛。虽然一周很短，但它的含金量以及丰富的内容就像一场教育论坛峰会，让老师们回味无穷。

——郝雪云老师

"一个人若想成功，要么组建一个团队，要么加入一个团队！在这个瞬息万变的世界里，单打独斗者，路就越走越窄，选择志同道合的伙伴，就是选择了成功。一个人是谁并不重要，重要的是他站在哪里，他身后站着多少人，身后站着的是一群什么样的人！"

所以，二小为了教师的成长，教学团队潜心付出、矢志不渝，把发现、唤醒教师的潜在教育智慧作为重要任务，多领域、广角度、分层次，给每位教师搭好台，组好队，在团队中历练，在历练中成长，在成长中不断反哺学校的教育教学工作、反哺学生，师生齐发展。

第二节 "1"个信念——共促教师个体特色化

这里的"1"也许并不单单是"一个人""一位教师"的单纯概念，它更应该是一种信念，希望在学校里的每一位教师都可以真实"做自己"，真正的"有价值"，都能够从职场的专业发展走向生命关怀的个体成长。

一直以来的教师专业发展培训，其中存在的一大缺陷便是缺乏从"个体生命的人"的角度对教师成长进行全面的理解和分析。忽视了教师在职业生涯中个体生命的意义，忽视了教师职业的内在尊严与创造性劳动的欢乐，忽视了教师在教育过程中生命本质和高级需要的满足，忽视了教师是一个情感丰富、蕴含着巨大生命活力和个性魅力的人。因此，作为校长，我努力从教师的心灵出发去感受教师的生活世界，去探求教师的个体成长。一定记住：教师是人，一个具有丰富生命的个体，每一位教师的成长是个体生命完整的发展，而不仅仅是职场中的专业发展。记住了这个，才能真正关注到每一位教师其生命个体的独特性，更甚之关注到其生命的超越性。也就是说，每一位教师都有超越自我生命价值和生命意义的能力，这是一个人之为人的高级精神需求。在教师专业发展中，特别应该正视这一需求，理解这一需求，从而做好校长该做的事：为教师专业的发展、精神的满足提供氛围和环境，提供有助于教师职业成功的机会和条件，进行人文的关怀。做法有三："菜单式培训"满足全员的个体需求；"特色教师"满足个性张扬的教师追求梦想；"私人订制"满足遭遇发展瓶颈期的个体教师再突破。

一、"菜单式培训"——激活每一个细胞

教师的积极性是校本研修有所成效的关键，如何使教师在校本研修的活动中激荡起主动创新的火花呢？我们认为，"自主选择"是点燃教师学习热情的砝码，只有在研修活动中由"规定性"变为"选择性"，才能建构起学校宏观调控下的教师"自主选择"的新机制；在"自主选择"中，不断地强化教师的主体意识和主体行为，使教师在校本研修活动中的主体地位得以落实。我们从一份"特殊"培训菜单的"出炉"看学校教师培养的理念与态度。

放假前的最后一天，李主任还未走到英语教师办公室，就听里面传出热烈的讨论声："唉，我说同学们，整合了《新起点》的教学内容，把一个的单元的内容针对学生的学习情况整合到1—2课时完成，这种任务单的核心活动该怎么设计？"曹老师双眼茫然地看着大家说："我觉得咱们下学期的工作室学习最好能安排围绕核心活动设计的备课方法讲座。"年轻的小刘老师说："对，我可

以上实验课供大家研讨。"冯老师说："我们一起备课研究，工作室我也报名上课啊。"李老师满怀希望地说："其实要我说呀，咱们老师就该走出去，看看国际学校的老师们怎么教，效果怎样，最好和外教老师来个同课异构。""咱们信息太闭塞了，有一些外区县的优质课和讲座挺好的，一定要挤时间走出去学习，要和领导呼吁一下。""学生的口语和听力要是有外教介入培养就提升得更快了，咱们各校区的兴趣班戏剧社能不能请外教来教学啊？""对，这样我们也可以提升一下口语能力！"讨论还在激烈地进行中，此时作为进组倾听教师需求的李主任已经陷入沉思。

彻底放假了，老师们在各自的休假模式中进行休整，李主任却在开会讨论新学期计划，认真倾听了各组老师们的思考和需求，一条一条地梳理出教师发展的需求：上课磨炼、专题讲座、外出交流、校本培训……李主任一边在纸上列着老师们的一条条需求，一边心里打鼓"要想实现每位老师的需求完全不可能啊，如何取舍呢？"带着种种疑问，李主任拨通了杨校长的电话。杨校长听完她的叙述后，说道："老师们提的都是真问题、真需求，我们一定要认真对待，新学期的培训一定要有针对性，要关注到每一位教师的需求。"

"关注到每一位教师的需求"谈何容易？挂了电话，李主任再次陷入沉思。根据老师的需求和英语教学的工作实际，李主任在纸上列出每位老师的需求，并细致分类：老师需求上课，安排工作室的课，并请组长和本人沟通让老师自主选材假期备课；筛选老师们理念需求，落实专家讲座内容；为更有效的活动，每次工作室活动安排一节课和专家讲座内容，让老师们充分交流学习，并安排了外出学习交流及与外教同课异构……一份"特殊"的教师培训菜单逐渐成形了。

教师培训菜单

时间	授课教师	年段	课题	地点	专家讲座	活动负责人	会议纪要大事记撰写
9月24日	孟老师	二年级	典范英语	中关村	怎样备课	张老师	张老师
10月15日	王老师	四年级	新起点 Unit5 Colors	中关村	如何进行案例撰写	黄老师	张老师
10月29日	郝老师	六年级	典范英语	百旺	如何帮助学困生	胡老师	王老师
11月12日	马老师	一年级	新起点 Unit5 Colors	百旺	阅读教学的策略	黄老师	王老师
11月26日	温老师	五年级	典范英语	华清	课堂评价方式的探讨	张老师	李老师
12月10日	富老师	三年级	新起点 Unit6 Colors	华清	中外课堂教学的对比	胡老师	李老师

新学期开学了，老师们欣喜地发现自己的需求成为教师培训菜单中的一项，老师可以根据自己的需求自由选择培训内容，可以有针对性地学习提升。

"菜单式培训"是二小教师成长和提升的重要平台，是老师们实现专业化发展的重要手段。拥有这样一个优质的平台，老师们一定可以创造出无限精彩，实现一个又一个教育梦想。

在二小，校园网的培训专栏每月初都会及时发布本月的菜单式培训内容："世纪杯"赛前培训、思维导图教学指导、新版英语教材解读、如何确定班会主题、简笔画怎样帮助教学……培训所涉及的领域十分广阔，内容也非常丰富，可以说，这是为老师们量身定做、凸显个性的培训方式。这丰盛的"菜单"全部来源于老师的切身需求，都是各学科老师们组内汇总，自下而上提出来的，"干什么学什么、缺什么补什么"，在这里，每一位老师都有自己的"点餐"权利，都可以找到自身发展的生长点。

二、"特色教师"——助力梦想华美绽放

一个有胸怀的学校，会让每一个人找到最擅长的舞台。藏龙卧虎的中关村二小，秉承着是"是龙就得让它他腾飞，是虎就得让它跳跃的思想"，工作中，只要老师有梦想，就搭建舞台供他实现；只要老师有能力，就挖掘他的潜能，让其发挥更大的价值。在二小，教师岗位可以自主选择，为的是激活每一个细胞，形成智慧的合力，实现学校飞速发展。老师们如八仙过海各显神通，带给校园更加绚烂的色彩，带给学生更加丰富的体验。各具特色的私人定制，让老师们怀着浓厚的兴趣，带着无限的热情，积极地投入工作。

特色教师需要在全校有影响力，具有引领和示范作用，全校认可度需在80％以上。特色教师的培养，不能只限于学科内，而要跳出学科看特色，是要在综合性发展的基础上，同时具有自己的特色。特色教师是一个不断积淀、不断成长的过程，不是自上而下给予的特色，而是从教师个人发展过程中，自发产生一些想法和坚持。个人有想法，有能动性，学校再给予帮助、培养和搭台。我们要让所有有梦想的老师相信：心有多大，舞台就有多大。

马媛媛老师的舞蹈梦

2005 年，刚调入学校的音乐教师马媛媛，向学校提出开设形体课的想法。学校行政会上领导一致认同，迅速在三校区低年段开设了形体课。2006 年，马媛媛老师又向学校提出申请建立一支舞蹈队。在学校支持下，中关村二小第一支舞蹈队成立了。2011 年，马媛媛老师再次向学校提出申请想举办舞蹈专场的想法，学校再一次举全校之力在北大百年讲堂举办了舞蹈专场；同年，舞蹈团被评选为北京市金帆舞蹈团。2015 年 1 月 11 日，学校金帆舞蹈团、金帆交响乐团、银帆合唱团共 314 名学生在厚德载物的清华大学联袂出演了大型童话舞剧《野斑马》。看着舞台上孩子们动人的表演，马老师不禁感慨："二小成就了我一个艺术梦。一个社团成就了一批孩子"。随着办学规模的不断扩大，二小舞蹈团也在不断成长，这只舞蹈团也由最初的 24 人，发展成为 300 人的大社团，成为北京市为数不多的金帆舞蹈团。

像这样有专业特长、有发展需求的老师还有很多。他们在实现自我梦想的同时，也成就了学生的梦想。

朱戈雅老师的天文梦

2015 年 1 月，学校天文团被评为北京市金鹏科技团天文分团。这不仅有赖于学校的天文校本课程、天文社团、专业教室的配备，更在于背后有一位默默付出、热心专研的老师。朱戈雅老师是学校的一位科学老师，在一次课程培训后对天文着了迷。开始的时候她自己玩儿，玩着玩着就情不自禁地带着学生一起玩。后来借助外部支持在学校开设了天文社团——星云社，并把天文引入科学校本课程。朱戈雅老师个人兴趣加专业的精神，逐渐成长为一名优秀的天文教师，带着孩子们一起仰望天空。目前天文社团有队员 58 名，他们来自不同的年级，却有着共同的天文梦——仰望星空，快乐成长！2013 年至今，天文社团开展了丰富多彩的活动：路边天文夜、沙漠星空露营、草原观星摄影、我是天文小讲师、小天王争霸赛……一系列的活动社会社团更加具有凝聚力，取得了丰硕的成果。天文知识竞赛，37 人获得了北京市一等奖，占了海淀区 60％的比例。天文观测竞赛，4 支队伍获得海淀区一等奖。从外请教师到自己授课、从社团活动到校本课程，从银河币的奖品设计到星座徽章的制作，朱老师倾注了她无限的热情。现在一批批孩子爱上天文。朱老师为学生开启了对未知星球的探索。

学校的特色教师不亚于区学、区骨，我们对特色教师的奖励力度更大。特色教师在学校如同特级教师在全国的定位。评价要拿数据说话，这个数据需要给老师进行反馈。让我们的特色教师真正立得住，打得响。被家长称为"铁梅"的冯颖老师，仅仅用三年的时间，让一支零起步的弦乐团成为海淀区的翘楚；被冠以"文艺女青年"的刘晓丹老师，用绘本点燃孩子的好奇心；坚持数学学习"学以致用"的尚国兴老师，带领学生一起进行小课题研究，让学生爱上了研究的美；带领学生走进"英文戏剧社"的孟庆超老师，一根跳绳玩出花样儿的赵海涛老师，见缝插针带领学生阅读经典的王霞老师……特色教师如雨后春笋般悄然成长。

任何一个人的绽放都不需要理由，特色教师的评选就是期待每一位教师在自己适合的土壤中，找到自己绽放的空间。特色教师对于学生的影响更加深远，不仅是引领学生对学科产生热爱，更对他一生的成长奠定坚实的基础。

三、"私人订制"——促使个人脱胎换骨

个性化是教师成长不可缺少的维度，只有个体的、自主的发展才是真正意义上的发展。在满足教师整体专业发展的基础上，我们越来越发现传统对教师整齐划一的集中培训、统一集权化的管理、自上而下地单向灌输，很难满足教师个性化发展需求。如何让每一位二小教师都在二小找到自己的生长点和发展点，让每一位教师找到自己的职业幸福感，成为学校必须直面的问题。

在这样的思考下，我们通过为每一位教师打造个性化"私人定制"，激发他们的潜能，实现他们的可持续发展。

让每一位教师做自己擅长并喜欢的事，是学校教师教育的理念，也是校长的心愿。正如"桃红李白，心暖花开"所蕴含的教育哲理，每一个人都有自己的优势和特长，教师亦是如此. 作为校长不仅要用敏锐的眼光去发现，更要积极地为每位老师的个性发展搭台，让每位教师干自己擅长和喜欢的事儿，最大限度地发挥工作的积极性和创造性，享受工作带来的乐趣，实现人生价值。

这一点，在路老师身上就得到了验证。

小路的转型之路

小路 2004 年 7 月大学毕业后来到中关村第二小学，成为一名语文教师。学校对他们这些新教师格外重视，一入校就举办了青蓝之约、拜师会，为他们这些年轻教师安排了师傅，带领这些刚出校门还带着学生的稚嫩和青涩的年轻教师少走很多弯路，使他们快速地成长。同时二小也为他们提供很多机会，专家听评课，

演讲比赛，早读广播员……一年多后，小路加入了康老师工作室。那时课件在做课时是非常流行的，语文课尤其对声音画面要求更高。在大学时，小路选修过 photoshop，由于有点基础，就开始为工作室和组里的老师做课件，由于小路是教语文的，因此在做语文课件时，还是比较有感觉的，受到了老师们的欢迎，慢慢地课件做多了，他发现自己掌握的技能太少了。

一次，小路要做一节现场会的班会课《小水滴在聆听》，学校安排了当时电教的侯福龙老师为他做课件，他被侯老师娴熟的技术深深地吸引了，当时就跟侯老师要了当时做课件比较流行的交互式软件 authware，在侯老师的指导下开始自学研究，此后他的课件水平有了很大提高。老师们总对他做的课件很满意，他的心里美滋滋的，同时也慢慢地喜欢上了电教。由于他不是电教专业出身，掌握的知识有比较少，他便开始到图书大厦买书自学，后来觉得自学不太系统，他又利用周末时间报了北大青鸟的网络工程师培训班，一年多的时间顺利毕业。以后，每逢工作室里、组里有录像课，他都主动要求去帮着录像，其实就是想多摸摸摄像机。后来，电教有活动忙不过来时，他就主动过去帮忙。由于非常喜欢电教，当时他就想要是能成为一名电教老师该多好啊！转念一想，这也只是想想，大学毕业的同学都是一毕业是什么老师，以后就是什么老师，中途转行怎么可能？虽然很想，但每次他都是一笑而过，这不可能。

那时 2006 年快到期末的时候，有一次杨校长问小路："听说你特别喜欢电教？"没想到杨校长会这样问，小路心里怦怦直跳，并连忙点头，"是的"。"电教很苦很累的。"小路说："我觉得电教挺好的，能接触到各种新设备，能为老师们做课件，能修电脑……"他都忘了当时还说了些什么了，只记得校长笑了。在期末填写工作意向的时候，他鼓足勇气在第二意向栏里填上了电教。他想，转行是不可能的，因为太喜欢了，就写上试试，万一呢？期末学习周公布人事安排的时候，他比每次都紧张，就跟买彩票等待开奖似的。等念到中关村电教听到他的名字时，小路满是中奖般的喜悦，他终于体会了什么叫抑制不住的喜悦，心里万分激动！以至于他当天晚上都没有睡好。

到了电教，还真像校长所说的，很苦很累，有时需要加班到很晚，但小路觉得很充实，他很喜欢这种工作状态，因为这里是他发自内心喜欢的地方。再苦再累都要坚持，因为校长的信任，他到了这里，他绝不能辜负校长。除了这些，他也体会到了，自己所欠缺的还很多，于是他便向身边的同事请教，跑到华清向袁老师学习焊各种线，继续买书自己学。功夫不负有心人，通过自己的努力，他能够胜任电教的各种工作了，从摄像到导播，从编片用绘声绘影到 premiere，从焊水晶头到组网，电教中心的每一个设备他都记在心里。

2009 年学校承办北部新区配套小学，小路作为第一批创业教师被派到新校区。虽然充满挑战，但他没有惧怕。百旺校区很大，比中关村和华清校区加起来都大，遇到急活都要跑；新建校事情多，好多设备都是磨合期，需要不断调试，故障率很高，好多新系统需要学习、使用，还有许多参观及其他活动；等把所有这些设备调试好，正常运转，保证重大活动的顺利进行时，小路对百旺的每一个设备，哪怕是一草一木他都非常熟悉，二小就像他的家一样。

2013 年百旺老主任退休了，杨校长把小路叫到办公室，对他说："百旺的后勤工作你能胜任吗?"他坚定地说："我能。""对于后勤工作你觉得你有哪些优势?"小路说了一些。杨校长最后对小路说："好好干!"就这样,小路又一次转型了。

什么样的发现能比人的价值的发现更有意义?在二小,没有身份的差别,也无职位的高低,每一个人都能在其中得到磨砺,成为闪闪发亮的金子。同样身为教学骨干的沈老师,在杨校长的鼓励下走向了管理岗位,用她的专业带动了更多的教师获得专业的发展。

从教学骨干到管理标兵

2005年学校引入市级骨干沈老师,无论从专业上还是从为人上,都获得了周围老师的认可。为了让其在专业上更进一步,发挥高水平教师的影响力,带动团队共同前行,建议她走上管理岗位。但对于陌生的工作领域和多少远离专业的潜在问题,沈老师一直在犹豫中……"作为一名市级骨干教师,在一线的发展空间也已经将近饱和,但在更高的视角,带领团队共同在专业上探索,可能会更好地发展。"校长的一席话打消了沈老师的顾虑,走上了管理岗位,在这些年带领团队的过程中不断学习,不断反思,用不一样的视角诊断自己的教学,提升团队的专业性,激发了教师的内在动力,努力学习,积淀底蕴,拓展视野,成为中学高级教师、北京市级学科带头人、北京市先进工作者、海淀区名师工作站导师、海淀区兼职督学……

"关注每一位教师的成长需求,让每一位教师自主地发展",不仅体现在满足教师专业发展需求方面,同样,适用于教师个人岗位发展的需求。每学年末,发放教师岗位意向表,首先征求教

31

师个人岗位意向，学校会根据教师子女入学的实际情况、个人家庭住址的变动情况和个人专业发展的需求情况为教师调整校区或调换岗位，百分百满足教师需求。

四、个性化脱产培训

初心：从一份人大代表提案说起

"作为在小学工作了二十几年的教育工作者，我发现，目前教师的发展面临着诸多的困难，如工作量大、工作压力大、学习时间零散等，这些都成为教师发展的瓶颈，而学校的健康、可持续发展又必须依靠教师的发展来推动。那些传统意义上的教师培训又不能很好地满足教师个性化的发展需求。为此，如何利用学校现有的资源，为教师的再发展助力，是我一直深入思考的问题。所以，我提出在学校推行"教师个性化脱产培养"的提案，并率先在我们中关村二小进行实践。我希望这份提案能够引起社会特别是教育系统各位同行的关注，让我们共同为教师的再发展助力。

这是杨刚校长作为北京市第十四届人民代表大会代表、海淀区第十五届人民代表大会的代表，提交的关于教师培养的一份提案，也正是这份提案推动了对学校教师个性化脱产培训的思考。

杨刚校长说，推行教师"个性化脱产培训"的初衷就是要为教师创造一个相对安静的、完整的学习时间，让他们有机会跳出日常的教育境遇，通过系统地读书不断更新自己的知识结构；通过反思实践找出自己发展的短板；通过课程培训丰富教师人生体验。

对话：教师个性化脱产培训方案诞生记

作为一名学校主管体育的领导，我从来不曾想过有一天会被校长委以重任，成为全校教师"个性化脱产培训"工作方案的"奠基人"。

2015年7月放暑假前，杨校长找到我，郑重而严肃地跟我提起关于开展学校教师"个性化脱产培训"的想法。校长语重心长地说："咱们二小作为海淀区的重点小学，不仅要在学生教育方面走在前列，同时也要让咱们教师队伍的能力和素质凸显出来。因此，教师'个性化脱产培训'是我一直想要做的事情。"我不禁有些茫然，心里琢磨着："'个性化脱产培训'？老师们早已经习惯了各自的工作岗位，再去培训，大家会不会有顾虑啊？"杨校长看出了我的疑虑，他笑了笑，用坚毅的目光望着我接着说道："'个性化脱产培训'正是希望给学校更多的骨干教师创造学习机会，让教师找到自身价值，特别是在政治思想、专业技能、教学理念上得到进一步提升啊！关于培训形式，我的初步想法是开展为期两月的'半脱产个性化脱产培训'，培训内容包括：听本学科教师的课（包括备课、评课、总结等）；跨学科听其他骨干教师的课；实习班主任工作；理论学习，读书提升；参加校外专家课题和讲座；培训总结……"校长的话不无道理，听起来颇具高屋建瓴的前瞻性思考。可是此刻有个微弱的声音在我心底冒出："'个性化脱产培训'涉及全校教师，实施起来多烦琐啊，最后还要全校性总结太麻烦了，我宁可在校上18节课也不想参加这个个性化脱产培训……"可以想象，当时我的面部表情一定是"囧"的。杨校长似乎早有所料，他语气平静地继续说道："'个性化脱产培训'对于习惯了一个萝卜一个坑的教师们来说都是新鲜事物，要想让'个性化脱产培训'深入人心，真正起到积极有效的作用，首要任务就是要拿出一个行之有效的执行方案来，你负责设计体育学科的'个性化脱产培训'方案。"我一听，头都大了，一连串的问题随即冒了出来：老师们会不会存有顾虑？"个性化脱产培训"教师的名额由谁来定？"个性化脱产培训"教师的课由谁来上？"个性化脱产培训"期间教师所带兴趣小组如何安排？一次"个性化脱产培训"几名教师……杨校长静静地看着我，仿佛在揣摩我的心思，他停了几秒继续说道："关于培训内容只是我的一个初步想法，你也别着急。遇到特殊情况特殊处理，今天你先拿出个初稿来，明天我们再进一步商讨，设计方案的过程便是理解'个性化脱产培训'的最好途径！"回家的路上，我回味着校长的最后一句话，若有所思，可心里仍然感觉没底，"个性化脱产培训方案"究竟该如何制定？具体内容又该如何设计呢？

最终我决定从自己最熟悉的本领域着手，先制定出体育学科"个性化脱产培训方案"以作示范。当晚简单吃了两口饭，我便坐在电脑前，一边在脑子里梳理今天与校长的谈话内容，一边没有目的性地翻看着网络关于"个性化脱产培训"方面的素材。两种不同的声音在心里反复翻腾："校长能做到让老师脱产学习肯定也是经过深思熟虑的，想让更多的老师去深造和提高的想法是很好的，可是老师真的能理解'个性化脱产培训'吗？真的愿意参加吗？会不会跟我一样或多或少有抵触情绪呀？"不经意间打开手机微信，顿时有了灵感：何不咨询一下老师们的意见呢？好主意！我于是在体育团队微信群里提出话题，转眼间各种声音扑面而来。王建、张丽伟、杨杰三位老师均在第一时间发信息说："学校这个举措很好呀，关注教师专业发展，机会难得，我想报名参加。"紧跟着王金良、周彦武、周劲申几位老师同时发来微信想报名参加。真是出乎我的意料，十几位教师同时表达相同的想法。大家认为体育学科培训机会少，培训针对性不强，达不到学习培训的目的，学校如能真正给老师脱产培训的时间那就太好了！但同时大家也提出了担心："个性化脱产培训"中教师的课如何解决？看到大家积极热烈地发表看法和建议，我趁热打铁，询问大家对于"个性化脱产培训"学习的迫切需求是什么？大家纷纷表示，需要提升教育教学理念，需要专家指导，外校听课获取教学信息，推荐好书目等。我兴奋坏了，这不正是我想要的吗？这也更证明了杨校长想法与老师的需求不谋而合，杨校长的"个性化脱产培训"设想是可行可操作的呀！看来我此前的顾虑和担心都是多余的，颇有杞人忧天之嫌，身为主管体育领导的我存有抵触情绪实在不应该呀！想到这里，我顿时有了思路。心动不如行动，我立刻坐在电脑前聚精会神地敲击着键盘，把源源不断涌现的想法整理成方案初稿。整理完毕抬头一看，不觉已经深夜3点钟了。合上电脑的那一刻，我想我已经真正明白了杨校长所说的"设计方案的过程便是理解'个性化脱产培训'的最好途径"这句话的深刻含义，在心底更敬佩杨校长作为学校"总舵手"的睿智和远见。

第二天一早，我便迫不及待地找到杨校长，就培训方案与之交换了意见。杨校长对方案给予了充分肯定，认为方案很细化，很科学，也很合理，真正达到了"个性化脱产培训"学习的目的，建议在行政会上解读，供其他学科做参考。会上，全体行政领导逐一发表了各自看法，并提出了细化的建议。我把大家的建议记录完整并重新修改了体育学科的"个性化脱产培训方案"，眼看着大功告成，我这高兴劲儿真是无以言表。2015年9月，即将开始的教师"个性化脱产培训"第一次尝试，更是一次教师迈向崭新一页的开始，他们必将在专业领域有更大的进步。

体育学科教师"个性化脱产培训方案"的诞生，从无到有，从最初的不理解到深入贯彻，最终获得了杨校长和全校老师们的积极响应和大力支持，这个过程也是我自己思想的一次蜕变和提升，最终脱胎换骨，化蛹成蝶。两宿的不眠之夜确实很辛苦，但看到整理出来完整的培训方案获得大家的认可，我真是倍感欣慰。比提升技能更重要的是提升人的思维格局，这是本次教师"个性化脱产培训方案"诞生过程中给我最大的启迪。

解读：为每位教师私人定制专属课表

"个性化脱产培养"是属于每一位教师的"私人订制"。每期培训的时间为两个月，一个学期共安排两期培训。培训的时间虽然有限，但对助力老师的发展却有着非常重要的作用。因为教师"个性化脱产培训"不是学校统一安排的规定动作，而是针对教师个体发展需要的私人订制；不是面向少数教师的个别培养，而是自主申请、全员参与的个性培训；不仅有面向教师专业成长的培训，而且有面向教师个体发展的多方面提升；培训内容不是静态不变的，而是因人、因需动态调整的。因为每一位教师都独特，每一位教师的成长需求都不一样，因此，每一位教师都有一份专属的课表。这一张张专属的培训课表，是在充分尊重参加培训老师自身发展需求的基础上，与学校对该教师的发展要求相结合，不断地沟通和反复研讨形成的。在前期的沟通中，老师们纷纷提出希望能够进一步走近学生、了解学生；更希望能够跳出教师角色看教育，能够跳出学科观课堂。因此，学校为他们请了班主任师父，走进班级管理实践；多学科骨干教师向他们开放了自己的课堂……学校最大限度地帮助每一位参加培训的老师从综合育人的角度，重新理解教育、理解学生、构建课堂。

例如，从高中调入我校的科研型教师方老师，她有着较高的理论水平和专业素养，但是缺乏小学班级管理经验，她的个性需求就是——"提高班级管理水平和课堂组织学生活动的能力，以及与小学生沟通交流的技巧"这三方面的内容。为此，学校为她私人订制了低年级段的听课学习课程以及与"紫禁杯"班主任跟岗学习。经历了两个月的脱产学习，方老师突破了对小学教育的理解，更加自信地走进了课堂。还有的老师自主要求走出去，向自己崇拜的名师学习，向专家导师学习，学校通过整合各种资源，为他们制定专属课表，通过学习帮助老师们找到自己的发展优势，实现自身的特色发展……

足迹：参训教师的成长故事

一个团队

郝岩——美术教师，年轻的学科组长；

李欣——科学骨干教师，科技达人；

关德强——年轻的信息教师，天文发烧友；

方莉萍——曾经的教材编写者，"年轻"的小学数学教师。

我们这个团队正是学校教师群体的一个缩影，从中可以反映教师发展面临的主要问题：

专业背景复杂，职业成长经历各异，年龄、学历层次丰富，这就使每一位教师在教育中面临的实际问题不一样，个人职业发展需求也不一样。对于这样的教师队伍，大规模统一的培训模式已经不能满足教师的实际需求。所以校长开创性地提出的"个性化培养工程"是非常实际的，也是接地气的。

培训开始，学校调研每位老师的个人需求，对接学校对每位教师的培养需要，私人订制个性化课表，随时调整，方式多样。

两张课表

从这两张课表可以看出两位老师无论是培训内容还是方法，都具有浓厚的个人色彩，可以看出学校领导在人才培养方面的智慧，善于把长板理论和短板理论巧妙结合。既帮助每一位教师修复自己的短板，助力每一位教师优秀，同时关注每一位教师的特点，让每一个教师的长处影响一个团队。

三个阶段

短短两个月时间，我们经历了成长的三个阶段，从一开始的被动听课学习，到在交流反思中进行自我突破，目前我们这一轮培训者都已走向自己的教学教育岗位，开始主动践行自己获得的教育感悟。

参加完个性化脱产培训，可以说我们每个人在教育教学上都有不同程度的提升，但每一个人的提升点又具有自己的个性特征。下面就请大家来听一听我们的个性成长故事！

心·成长（一）

我先来分享我的教育故事——从热爱到真爱。

我1997年参加工作，在我的职业生涯中有4次转化，6年的中学数学教师，3年的研究生，6年的教材编写者，4年的小学数学教师。所以我是一个打引号的年轻数学教师。如果把数学教育领域当作一个圆，那么6年的教材研究经历之后，我觉得我的专业素养已经达到了一个新的高度。来到二小之后，我也能充分发挥我的专业优势，在学校的数学团队发挥一些专业引领作用。但是由于缺乏小学教学的实践经验，特别是班级管理的经验，我觉得我特别需要提高我在班级管理建设、课堂组织管理方面的能力，特别是与小学生沟通交流的技巧。学校出台的这个个性化脱产培训，正好切合了我的个人发展需求。

短短两个月的时间，我通过跟班学习，跟老师一对一交流碰撞，我觉得我对小学教育有了一点点的突破，但正是这一点点的小的突破带我走出了教材，走进了小学教育的春天。这个小小的突破就是对爱的理解。在培训中，从许多一线老师的身上，我找到了他们对"爱"的最好诠释。

教育中的爱并不是干了一件多么了不起的大事，在培训过程中，我感受到：

爱——是润物细无声的，爱是关注"细"节。

这个"细"在班级管理上体现为"持之以恒"。我总结了一下我所接触到的优秀班主任的工作经验，那就是：

关注细则，持之以恒，涓涓细流也能汇聚成无穷的力量！

无论是马老师的"小步子"原则，还是赵老师的"民主"与"细则"的完美结合，都让我看到了"细"的力量！

这个"细"在常态教学中，就是专心致志——专心致志于学生的"小问题"研究：

学生不爱学怎么办？

学生不参与小组合作怎么办？

学生不及时完成作业怎么办？

学生不听讲怎么办？

对这样的小问题想得多了，方法多了，教学进步就大了！

专心致志于课堂常规建设：

脱产培训中，我最热衷的就是走进不同的班级，比较不同的班级常规建设，在比较中，我总能获得一点感悟。

从这两张课堂常规表的比较上，我最大的体会就是：对课堂常规的关注再细致一些，课堂文化就多进步一些。

在培训过程中，我感受到："爱"还是能够蹲下来，走进去！

在培训过程中，我做了一个小调查：学生喜欢的老师和课堂是什么样？

结论是：

顺应学生的需求

走进学生的心里

培训已经结束了，我的教育故事仍在延续——5月份开始，我第一次尝试教低年级的小朋友！两周下来，我发现我的教育主题在悄然发生变化，如果说原来我对数学教育是源于对教材的热爱，现在我觉得这份热爱已悄然变为一份真爱：

真爱我的学校，"家"的氛围成就了每一位教师！

真爱我的同伴，他们创造的"小伎俩"背后折射的"大智慧"让我知道了怎样爱学生！

真爱我的学生，他们让我走出了教材，走进了教育！

心·成长（二）

我是一名年轻的美术教师，正是学校对我的信任，让我担任美术学科组长工作，但我缺乏做组长的经验，不知学科组长应该用什么样的视角带领大家共同工作、共同进步。这是我一直困惑的事情。带着这样的困惑，我主动提出申请，报名参加第三轮脱产培训。

小老师参加行政会

培训期间，杨校长为我们创建了极佳的学习平台，让我们有幸参与到学校最高级别的行政会议中，在行政会上我深入了解了学校的各项工作，让我对学校工作有了更高站位的理解。不仅如此，在会上领导们工作中周详的计划、明确的分工、有条不紊地落实、深入的总结与反思，这些都给我的学科组长工作带来了很多启发。帮我从本质上转变了思考问题的方式，找到了作为学科组长的工作视角。

小橱窗大温暖

带着这样全新的认识，我迫不及待地想进行实践，恰巧这时机会来了。学校交给我组一项设计和制作橱窗的工作，如果是培训前的我，我会认为只有自己干得多，干得好，才是一名好的学科组长。但通过这次的培训，让我意识到个人能力再强，也不如众人拾柴火焰高。这是一次难得的汇聚大家智慧，增强组内凝聚力的好机会。所以我根据大家的性格特点及个人特长，进行了合理的分工。点子多的老师进行设计，善于画的老师负责起稿，耐心细致地进行上色。策划、设计、制作一条龙。我们全组老师全情投入，一直工作到晚上8点多，竟忘记了晚饭的时间，仅仅用了一个晚上就出色地完成了设计、布展的工作。

晚上，我翻看着大家干活时的照片，心中感触良多。情不自禁将老师们忘我的工作瞬间发到朋友圈，并感慨道："艺术家的生活，就是这么任性，不吃不喝也要把活干完……"没想到，刚发出去，回复点赞一个接一个，瞬间爆棚。

从这次布置橱窗这件事，我感觉自己找到了学科组长的工作方法，合理分工把大家更好地团结在一起。面对大家的点赞，我觉得那不是给我一个人，是给我们艺术老师的凝聚力点赞。当然，我也感受到了当组长的那份快乐和幸福，这让我意识到，用心去做每一件事，花儿就会在你不经意间绽放。

扎染坊里共教研

培训期间，我还意识到作为学科组长，还要起到学科引领的作用，带动全学科的老师共同提升。

为此，我走进京城百工坊的民间艺人工作室，向传统民间艺人学习。在学习中，我发现扎染这项有着近2000年悠久历史的非物质文化遗产，还远没有得到大家更广泛的认可，但其内在的深厚文化底蕴和美学价值可以提升艺术老师的核心素养。

于是我特意请来了扎染工艺水平深厚的专业老师，对三校区的美术老师进行专题培训。通过培训，老师们了解了扎染工艺的悠久历史和发展现状，并亲自动手体验了扎染的过程，学习了扎染技法。我还带领老师们讨论如何将扎染与美术课程相融合，为我们今后更深入地挖掘特色课程提供了全新的方向。

通过这次的培训，让我意识到作为一名学科组长，不是只有干得多、干得好才是一名合格的组长，而是要有全方位的视角，工作中要有方法，善学习共成长，让大家都能绽放最美的自己。而这些，最终要让每一颗心灵都能够感受到二小大家庭的温暖。

反思：丰厚个性化脱产培训的内涵

教师是课改的关键，是推动学校发展的根本动力。教师的成长就等于学校的发展和学生的进步。因此，关注教师队伍建设及教师专业成长，是我作为校长最重要的职责。

随着对教师队伍建设不断地深入思考与具体实践，我越来越意识到，个性化是教师专业发展不可缺失的重要维度，只有尊重了教师个性，才有可能实现教师真正的专业发展。

首先，个性是自主性和能动性的一种表现形式，只有个性化的培养才能真正激发教师发展的内在动力。其次，每一位教师都是不同的个体，拥有不同潜能、特长和发展需求，只有个性化的培养才能满足不同教师的发展需求。再次，基于对学生因材施教的培养需求，教师的发展也应该是个性的、多元的。最后，"个性化脱产培训"不是一次性完成的动作，而是持续的推进的过程。每一位教师都要在某一方面取得一些突破、思考和提升，并把这种收获带入到教育教学日常工作中，不断实践、不断提炼、不断反思、不断成长。

我们期望"个性化脱产培训"成为二小教师职业生涯中的加油站，实现他们跨越式成长。

第二章 "五度幸福教师"
——福建三明学院附小教师与团队

"师者，所以传道、授业、解惑也。"自古以来，教师是教育之本。荀子说："国将兴，必贵师而重傅；贵师而重傅，则法度存。国将衰，必贱师而轻傅；贱师而轻傅，则人有快；人有快，则法度坏。"《礼记》载："记问之学，小足以为师"，"师也者，教之以事而喻诸德也"。

当前，我国正处在社会转型时期，各种价值观念充斥于社会之中，这对教师的思想观念、价值取向产生了一定的影响，但教师是教育的基石这一观念没变。"教师是立教之本、兴教之源。"习近平在致全国教师慰问信中，对教师在办好人民满意教育、实现民族复兴进程中的重要作用，做出了新的精辟论述，提到好老师对个人、对学校、对民族的重要性。学校要坚定理想信念，传递正能量，让教师团队在追求卓越的同时，获得内心的幸福感，努力创建"有理想信念、有道德情操、有扎实学识、有仁爱之心"的教师团队。

第一节　附小现象，教师团队力量

一、附小效应

（一）从百人校到千人校

三明学院附属小学创建于 1963 年，坐落于三明市麒麟山脚下，沙溪河之畔，前身是"三明市大桥小学"，1966 年更名为"三明市东方红小学"，1972 年再次更名为"三明师范附属小学"，于 2004 年 6 月 15 日更为现名。半百春秋，学校学生从百人校到千人校，学校先后涌现出全国优秀教师 2 名，省劳动模范 1 名，特级教师 7 名，省、市学科带头人 10 名，高级教师 28 名，区、市骨干教师 20 多名，大学专科学历 100%，大学本科学历占 90%，其中硕士 2 人。

（二）"我们喜欢附小毕业生"

列东中学是三明市里唯一一所市直属初中学校，是省级初中示范校。学校有全市初中校中最强的师资队伍，专任教师中高级教师有 50 多人，全校省、市、区级以上学科带头人或骨干教师已有 36 人。这所学校的老师们常和附小教师说："我们喜欢附小毕业生。"在这所同样是当地名校的学校老师眼里，附小学生综合素质全面、运动能力突出，发展有后劲。附小学生善于独立分析、探索、实践以实现学习目标，能充分发挥自身的主动性、积极性和创造性，不受时间、空间及教学环境限制，自主选择学习方法，制订学习计划。附小学生的特质是快乐、开朗、积极、乐观，他们能努力去感受和体会生活中很多快乐的瞬间，善于发现和发展自身良好的兴趣、爱好，积极参与各种活动，为自己创造发挥优势的机会。

二、无悔的选择

（一）"既是压力，更是动力"

1. 让学生快乐

在新一轮课程改革中，附小是地区基础教育改革的排头兵，肩负着新教材的实施与引领的重任。附小全体教师努力做到："用身心、用智慧、用执着、用真爱为孩子们营造一片海阔天空，让附小成为孩子们智慧航船的起点，让校园充满和谐和希望"。老师努力为孩子们打开个性发展的大门，创设任孩子们自由发展的空间，使孩子们早日具备在新世纪生存和发展的能力。

2. 让家长放心

孩子是家长的希望与未来，每一个学生的成长和发展都牵动着许多人的心。为了让家长放心，为了使每一个学生都在附小这个育人的摇篮里健康地成长，老师们做到用爱心、真心、良心赏识每一个学生，让他们在快乐与健康中成长；老师们会用心地了解每一个学生，建立平等、健康的师生关系，让孩子们在欢乐与激励中奋进；老师们将积极地与家长联系沟通，让和谐、融洽的交流成为促进学生发展的动力。

3. 让社会满意

在科教兴国的今天，教育显得尤为重要，教育工作者更感历史赋予自身的重任在肩，同时还要承担敞开校门让社会评价与监督的舆论压力。附小人的精神就是让压力变动力，在挑战自我的过程中感受成功。在教育局积极开展师德教育工作之时，全体附小人庄严地向社会承诺："老师们会严格遵守教师行为准则，时刻用五条禁令规范自己的言行。老师们会增强责任意识、服务意识、安全意识、法律意识，用老师们美好的心灵和高尚的人格去塑造孩子们幼小的心灵。老师们会以高度的责任感、高尚的品德、严于律己的行动，正教师行业之风，树教师形象，铸教师高尚灵魂。老师们愿意并自觉接受家长、同行、社会的监督"。

附小书记梁小宁说："选择了附小就是选择了压力，选择附小就是选择机会。"老师们用自己的努力与行动，去兑现附小人的每一项承诺，树立老师们的良好形象。

（二）"一个人走得快，一群人走得远"

学校在教师团队建设中，在对教师的教育培养中，在学校文化建设中探索、实践和坚持中秉承这样的发展信条。学校是一支团队，每个成员之间必须要积极合作，紧密团结。再困难的工作过程，只要大家心往一处想，劲往一处使，都能攻无不克，战无不胜。一个团队行动的速度有多快，并不是取决于走得最快的那个人，而是要步调一致，共同前进。也就是说，团队与群体是不一样的，群体可以因为某个事项而聚集到一起，可团队则不仅有着共同的目标，而且渗透着一种团队精神，包括团队的凝聚力。所谓的凝聚力，也就是团队对其成员之间的相互吸引力。在一个团队中，只有每个成员在工作中最大限度地发挥自己的潜力，并在共同目标的基础上协调一致，才能更有效地发挥团队的整体作战能力，最终就可以成为一支优秀的团队。

（三）"立校之本兴校之基"

"一个好老师，可以教出一批好孩子；一个好校长，可以成就一所好学校；一批教育家，可以影响国家和民族的未来！"一个对学校的办学有着"大思路"的校长，才会调动教师的激情，才能唤醒每一位师生最大的潜能，引领学生、教师、学校不断成长进步，从而走向成功！林启福校长重视教师队伍建设，他常说："择校其实是择教师、择好教师，突出反映了人民群众对优质教育资源需求与供给不足的矛盾。解决这个矛盾的根本出路，在于建设一支德才兼备的高素质专业化的教师队伍，这是学校可持续发展的基石。"

随着科学技术的发展和课程改革、素质教育的不断深入，教师的工作任务日益繁重，团队合作更加紧密。常规教学、教师的专业发展、学校的发展、教育的发展，以及高质量地备课、评课、问题研究等细节都需要教师团队合作完成。教师团队建设迫在眉睫。

三、现实的挑战："想说爱你不容易"

总体上而言，学校教师队伍的现状是健康向上的。爱岗敬业、乐于奉献和积极进取仍然是教师队伍的主流。但是，在社会转型加快、经济持续发展、人才断层凸现和教育改革不断深化的新形势下，教师在价值取向、利益诉求，以及自身的角色定位、职能审视和发展愿景等方面，都发生了很大变化，表现出明显的倾向性。以多元视角分析教师队伍的现状，并形成相应的工作对策，对于坚持以人为本，不断提升教师专业化发展水平，进而增强学校的凝聚力和向心力，是十分必要而有意义的。

（一）教师职业地位：待遇低位化 稳定队伍难

［案例］前几年，我市的教师待遇总体偏低。一些年轻男教师不愿意当小学老师，有几位男教师转行。几位年轻的优秀教师也

48

受聘到沿海城市学校任教。

[反思] 由于种种原因，我市的教师待遇总体偏低。在与其他市的横向比较上，我市教师的待遇处于比较靠后的位置，并且这种低位化的态势近期内很难会有根本性的改变。这已成为影响我市教师队伍稳定的重要因素之一。教师待遇偏低，还迫使一些年轻的男教师因家庭经济的压力而转行。部分骨干教师流失沿海城市，对我校教育的高位稳定形成了一定的冲击。教师教学任务重，教学课时多，没有时间解决自我发展、自我提高的问题。如何使教师安居乐业，进而通过教师专业化发展，使其中一部分人逐步成为学校教育的中流砥柱，是刻不容缓的大事。

（二）教师发展困境：职业怠倦高原现象

[案例] 教研活动公开课，讲课教师的教学功底非常好，教学准备非常充分，教学方法也非常得当，课堂教学非常生动精彩。但下课之后，有个小学生兴致勃勃地跑到讲台前面问问题。这位讲课的教师只是不耐烦地看了一眼学生，没有回答学生的提问，而是对学生说："别来烦我"。这与公开课上师生之间积极的互动形成了鲜明的对比。

[反思] 经过了解，这位教师说，自己刚开始当老师的时候，对工作充满了热情。每当看见身边的小学生，心底里总是充满喜爱之情。但是，十几年教育教学生涯过去了，不知不觉就开始厌倦教学，厌烦学生，不想与学生多说一句话，多待一分钟。上公开课只是为了完成学校的任务。由于受社会思潮的影响，加上工作压力大，有些教师并没有从教师这一崇高而神圣的职业高度出发，去思考和把握自己的价值取向和工作态度。更多的是从就业角度，把从教作为一种谋生的手段，因此，表现出来的是思想境

界不高、政治追求不足、进取意识不强。对新教师而言，往往缺乏磨合期的引领指点；对教有所成的高级职称教师而言，有的因为身体健康原因，也产生职业倦怠。

（三）青年教师困惑：技能待提升

［案例］刚开学，我校进了九位新教师，一些家长找到校长，要求不要分到新教师班级，或不安排新教师到自己班级，担心新教师管不住自己的孩子。

［反思］年轻教师有其优势，他们思想活跃、知识新颖，精力充沛、引领时尚，对新事物有较强的敏感度和接受力。但不可否认的是，他们的教育教学经验不足，无论是教育理念、教学方法，还是教学手段，与老教师相比都有一定的距离。所以，要让青年教师在创建学校特色，形成校园文化中发挥作用，克服因人才断层而带来的学校发展阻力，就必须尽快完成以老带新、以新接老的传帮带过程。

第二节　附小教师发展的整体规划

一、"五大工程"：教师发展的引擎

经过多年来的实践和探索，学校通过"师魂工程、青蓝工程、继续教育工程、校本研修工程、人文关怀工程"五大工程树立优质教师队伍品牌，努力达成"工作有热度、专业有高度、生活有宽度、生命有亮度、服务有热度"的团队发展目标，在区域教育中锻造出了一流的师资品牌。

（一）师魂工程

定期召开师德事迹报告会，举办师德演讲，评选师德标兵、优秀教师等，在实践过程中比、学、赶、帮、超，形成你追我赶争上游的良好氛围，培育"有教育理想、有充沛热情、有扎实学识、有道德情操、有仁爱之心"的幸福教师。实施"234"计划，"2"是两种精神，即合作出智慧的团队精神和对学生终生负责的敬业精神；"3"是三种观念，即把教师的发展视为学校发展的关键、学生发展的根本和教师自我职业生命的重要组成部分；"4"是四种意识，即强化"我是附小人"的主人翁意识、强化质量第一的工作意识、强化一切为了学生的服务意识、强化奉献意识。

（二）青蓝工程

实施"青蓝1358工程"（"一年合格、三年成熟、五年骨干、八年优秀"），实现师德和专业发展双提升目标，成立语文、数学、综合学科专家指导组，细化青年教师培养方案，从"入门期、发展期、成熟期"三个阶段提出具体要求，以师德提升、业务学习、课堂发展、课题研究等方面量身定制《三明学院附小教师教育教学能力三年提升行动计划》，抓好师徒结对工作，突出培养年轻有潜力的教师，结合省市各级教学竞赛、送教下乡、磨课教研、教师论坛、开展岗位练兵等形式，扎实教师专业基本功。

（三）继续教育工程

提出"实现省市学科带头人和骨干教师比例达30%，本科比例达到90%"的高品位、高学历、高水平的"三高"目标，要求每位老师根据自身情况拟定个人发展目标。积极鼓励教师参加各种形式的培训学习和学历进修，并规定：凡取得本科学历，学校奖励4000元；取得研究生学历，学校奖励6000元。目前，我校教师大专学历达100%，本科学历达92%，还有两名硕士研究生。

（四）校本研修工程

学校自主开发课程，并通过校本研修平台推动课程设计的合理化、个性化和科学化。每学期组织教师全员参加期初、期末及学科校本培训，老师们通过研讨课例、听讲座、与专家对话等多形式、多途径、多层次的培训，丰富学科素养，提升教育教学水平，重构幸福课堂理念，为学校探究幸福课堂研讨奠定坚实的理论基础。

（五）人文关怀工程

非专业化的人文关怀，对教师专业发展起到重要的推动作用。学校全面改善办公硬件，给予经费支持，布置雅致个性化办公室，购买绿化盆栽，更新教师办公桌椅，为全体教师人手配备一台电脑后，教师们享受着更便捷的数字化办公条件，享受着更舒适的办公环境，最基本的职业条件得到了很好的关照。学校为全体教职工开辟了一间集阅读、休闲、娱乐为一体的"教工幸福书吧"，教师在课余一起读书、品茶、闲聊、欣赏音乐……学校提出"每天健身1小时，健康工作30年，幸福生活一辈子"的口号，开辟了一间180平方米的教工健身房，内置电动跑步机、可调腹肌板、磁控划船机、动感单车、四方位组合训练器、乒乓球桌等，每天下午老师可利用一定的空闲时间放松身心，锻炼身体。由学校工会买单，为女教师提供每年一次的妇科检查。经教代会通过，学校制定了教师慰问制度，已形成常规。如果教师本人或直系亲属生病住院，只要没有重大会议或活动，校长都会带上学校领导班子，亲自到病房探望，送上鲜花，送上慰问金，给予精神和物质鼓励。教师购买专业书籍，学校给予一定程度报销。教师们不断感受到学校对其专业成长的物质支持，教学研究的劲头更足了。

学校工会利用妇女节、教师节、国庆节、重阳节等主题假日，组织"为退休教师送鲜花祝福"、排球赛、趣味运动会、登山走绿道等活动，组织开展教工运动会等，掀起师生阳光健康生活新风尚。落实"自主择岗制度"，每学年下发《教师自主选择工作岗位申请表》，尽量使工作适合教师，而不是让教师适合工作。这样就帮助教师发挥了自己的优势，实现了自己的生命价值，温暖了全体职工的心。学校的考勤制度很严格，是不能触犯的"高压线"，但是制度的背后，因为有了隐性的人文关怀，刚柔并济，学校教师的存在感与归属感日益增强。

二、追寻名师成长足迹

（一）余晓微：每个孩子都喜欢说"英语"

朱永新先生曾说过这样的一段话："享受着教育幸福，你就多了一股创造的激情。你会把每一堂课精彩地演绎，你会把每一句话精心地锻造……你会惊奇地发现：幸福是熙熙攘攘的。"我很享受这样的一句话，幸福是熙熙攘攘的。

那天，因为比赛的关系，一年级的课跳过了一两节。走进一年级的课堂，一些小孩在我进门的刹那就欢呼起来，还说了一些逗我开心的话。那一瞬间，心里是暖的。那天，我比完赛回来，人略显疲惫。下课后，一个贴心的五年级的小女孩走到我旁边。当时的我在忙着指导其他孩子英语上的问题，我本能地以为这个小女孩有问题需要请教，结果她突然冒出一句，"Vivi 你最近是不是不开心呀？"我很好奇为什么她冒出这样的一句话，便问她："为什么你突然这样说？"她告诉我："因为我觉得你最近很少笑了。"反思一下，确实，在准备比赛的过程中，在任课班上课时经常匆匆忙忙，因为压力，也很少会与他们开开玩笑。可是心里也莫名感动于这样细心的观察与问候。我很认真地感谢了那个小女孩对我的关心和问候。相信这样的善良，会让那位小女孩收获幸福和美好。

又或者，幸福就是孩子在英语课上那些灿烂的笑容。很愿意与你们分享一些我在课上录下的视频。一个是我让孩子为课文配音，一个是课文中的 chant，孩子们很乐意在课堂上动起来，充满活力与朝气。

很多家长曾经告诉我，孩子不敢开口读英语。细细斟酌其中的原因，我想是因为孩子不会或者读得不熟练，所以才不敢开口。将心比心，为了让孩子们能敢于开口说英语，我默默进行了一个实验，建立了一个英语交流群，让孩子把自己读得熟练的课文展示到微信群中，一来锻炼孩子的胆量，二来让他们收获成就感。孩子们开始掀起了一股读英语的热潮，也收获到来自家长的许多反馈和肯定。更重要的是，收获到这样的小举动带给孩子们的信心和勇气，这便是我积蓄生长力量的最大动力。

守望孩子的幸福，积蓄生长的力量，这股力量便是源自于教育里细节与幸福的熙熙攘攘的感受。

（二）任晓丹：孩子是天生的"歌唱家"

音乐是世间最美的语言，歌唱艺术是音乐的重要部分。作为一名奋斗在第一线的音乐教师，我深深了解：孩子们是爱歌唱的，在我眼里他们是天生的歌唱家。

在少儿声乐学习中，我生动地范唱让孩子们感到歌声的动听、音乐的美妙，从而对歌唱产生浓厚的兴趣。在发声方法的学习中，多用通俗易懂的语言表达和容易把握的具体手段，切莫语言表达晦涩难懂，孩子们如听天书，无所适从，紧张、拘谨，这种心理不利于声乐学习。在学习的过程中应多给予肯定，给他们自信，不要用刺激性的话来训斥孩子，这样会伤到孩子的自尊心，使孩子们对声乐学习失去自信心。在少儿声乐教学中，不可忽视他们的心理特点，让他们在轻松愉快的学习环境中学习、成长、进步。在我的课堂上，孩子们自由地施展自己的音乐才华，我也从最真挚的歌声中体会到他们的天真无邪，纯净如水。孩子们可爱的肢体动作更能使歌曲生动有趣，充满活力，增强歌曲的表现力。我在课上还注重学生歌唱的表现力，让学生做到声情并茂的演唱，让他们沉浸在音乐的美中，对逐渐培养孩子的想象力、创造思维能力、表现力及审美能力起着很重要的作用。

学会耐心、学会发现、学会肯定，我相信孩子是天生的歌唱家。

（三）邹毅弘：人人都有一双发现美的眼睛

多年以来，我养成了利用相机收集孩子们上课精彩瞬间、孩子们优秀作品资料的习惯，也为了更好地展示孩子们的才华，我于 7 年前在新浪网上创办了博客，专门放置这方面的资料。每次资料上传，都及时通知孩子们和家长上网下载，以留下孩子在小学生涯中的美好记忆。7 年来，博客的浏览量已达 5.6 万人次。我为班级创立 QQ 群，在群里和家长们交流如何培养孩子等家长最为关注的话题，并把班级活动照片及时上传到空间里，供家长们欣赏和下载。这些媒介都很好地为我和孩子们、家长的交流提供了平台，拉近了家校之间的联系、师生关系也更为融洽。

我创办了班刊，结合学校的幸福教育，把班刊命名为《在幸福里》。主要内容有：班级简介、本学年的各种活动照片、取得的成绩，孩子们的作文、日记、个人风采。我告诉孩子们人人都有一双发现美的眼睛，引导孩子们收集各种资料、修改每个孩子们的文章。《在幸福里》成为孩子们和我幸福而又珍贵的回忆，也将成为孩子们幸福成长的档案。以文载道，以教养德，润物无声。小小的班刊，见证着孩子们进步与成长的点点滴滴，也圆了孩子们的小小作家梦。

班级刊物和博客等媒介的交流，使得我和孩子们贴得更近了。这条成功的教学之路，洒下的是汗水，收获的是甜蜜，也再次验证了：教育，从来不是一条捷径，那是树的生长，是根的纵横，是年轮的蔓延，是逐渐地枝繁叶茂，是未来的花与果。

第三节　幸福教师团队的旅程

"木欣欣以向荣，泉涓涓而始流。"师资是立教之基、兴教之本、强教之源，优秀的教师团队永远是学校发展的核心竞争力。"一个人走得快，一群人走得远。"这是附小林启福校长常对老师们说的话，这也是学校在教师团队建设中探索、实践和坚持的一个信条。没有幸福的教师，就很难培育幸福的学生。如何营造和谐、温馨、人文的家园学校，是校长的重要职责和使命。既要有健全、规范、科学的制度管理，也要有温情、柔软的人文关怀。附小努力构建"工作上有热度、专业发展有高度、生命色彩有亮度、服务学生有温度、生活状态有宽度"的幸福教师团队，树立卓越教师队伍品牌。

一、"五度"幸福教师团队建设探索

（一）职业认同："工作有热度"

认同是人们精神稳固的源泉之一，教师的职业认同决定了教师工作行为的基本态度，也深深地影响着教师对自我、对职业的感受。只有教师建立了内在的职业认同，才会有发自内心的精神满足，感受到职业带来的幸福与生命价值、真正的专业发展。

学校定期召开师德事迹报告会，举办师德演讲，评选师德标兵、优秀教师等，在实践过程中比、学、赶、帮、超，形成你追我赶争上游的良好氛围，培育"有教育理想、有充沛热情、有扎实学识、有道德情操、有仁爱之心"的幸福教师。学校完善教学科研激励制度，增强教师职业幸福感，让教师民主参与制定了《三明学院附小教科研奖励实施办法》和《三明学院附小教育教学奖励办法》，公平公正地对教师参加课堂教学观摩、研讨、课堂教学比武、教学技能竞赛等公开教学活动，参加教育主管部门组织的论文获奖、汇编活动，指导学生参加教育主管部门组织的各类比赛活动，参加学校统一命题的期末检测或教育相关部门组织的质量检测制订了具体的奖励办法，杜绝教师之间恶性竞争，进一步提高教师参与教育教学研究的积极性。2017 年 1 月，学校启动了"2016 感动附小"十大人物评选。这次人物评选有躬耕教坛 37 载的老教师，或是刚刚崭露头角的新教师，都传递出了附小的正能量，提升教师职业认同感。

教师对团队意识的认同，是教师发展的催化剂，有了这个催化剂，教师的发展就多了主动与自觉，多了激情和创造。作为一个教师，自己的梦想可能只是"小梦"，国家的梦、教育的梦、学校的梦是"大梦"，只有当"大梦"与"小梦"有机结合、完美映衬时，梦想的实现才特别有意义。

"工作有热度"的教师团队建设是学校实现内涵发展的关键，而教师专业成长的基础，是唤醒教师自我发展的内驱力。如果没有教师自我发展、专业发展的清醒与自觉，反而让教师感受到工作是一种负担。附小通过外驱促内驱的做法是：让每个教师感觉到自己都很重要。当教师感觉到自己很重要时，责任感、使命感才会驱动他由自发工作，进入到自觉前进状态。共同愿景既是学校意志与教师意愿的融合过程，也是教师团队精神的培育过程。老师们参与的过程会对学校目标的产生认同感，增强向心力和主人翁意识。所以，学校在制定长远规划和年度规划时，总是先咨询教师，再开会研讨，形成上下一致认可的愿景。有了认同感才有归属感，有了归属感才会为实现学校的既定目标努力。

2013 年 1 月，学校在继承过去优良教研精神的基础上，经过广泛征求意见和思想大讨论，首次提出办幸福教育的理念，着手在学校管理各个方面的细节上开始渗透"幸福"理念。

2014 年 5 月 7 日至 9 日，首届幸福学校论坛在良渚实验学校隆重召开。学校作为全国幸福学校共同体发起单位之一，选派办公室、教研室代表赴会，共商幸福教育大计。学校凭借较好的区域办学影响力、显著的办学成果，荣幸成为第一届赴会 100 多所知名学校中，36 个理事会成员之一。

2015 年 7 月 20 日至 22 日，北戴河举办 2015 年会暨幸福教育论坛。学校作为共同体的核心理事成员单位，欣然赴约，选派办公室和德育室代表参加研修学习。林启福校长曾在省名校长教育思想报告会上，阐述学校幸福教育办学思想，受到现场领导、专家和听众的一致好评。

学校召开教师代表会，悦纳教师意见建议，在沿革发展基础上提炼出"爱岗敬业、无私奉献、敢拼会赢、追求卓越"的附小教师精神。学校明确打造教师团队的总体目标——全力打造一批思想先进、学有专长、业有专精、教有特色的知名教师团队，倡导充满爱心，尊重个性，追求自由，体现平等，重视法治，倡导宽容，讲究妥协，激发创造等民主教育与教育民主的元素能够贯穿于我校的教育教学工作中，从而不断地提升办学层次，达到教师整体素质与学校综合办学水平同步提高的目的。

"凡事预则立，不预则废"，教师专业发展，要有明确的目标和方向。许多教师都缺乏生涯规划的概念和意识，对自己要达成什么目标，通过几个阶段达成目标，现在自己正处于什么阶段等问题，往往是比较模糊的、不清晰的，有的甚至从来没有考虑过，因此需要学校帮助他们"理智地发现自己，筹划未来的自我，控制今后的行为"。

我校注重引导教师制订专业发展规划，通过"自我认识和自我反思—制定专业发展规划—理论学习和准备—实践和行动研究—总结提升"这几个方面指导教师规划自身的职业生涯，完善自己、发展自己，提升专业素养。

学校组织教师参加《职业发展规划与专业成长》专题培训，制订《三明学院附属小学教师专业化成长三年规划自我设计》，借助 SWOT 技术分析（"S"代表优势，"W"代表弱势，"O"代表机会，"T"代表挑战）引导每位教师充分了解自己面临的优势、劣势、机遇和挑战，通过分析与思考，确定自身发展的优势与不足，确定优先发展的领域。根据《三明学院附属小学教师专业化成长三年规划自我设计》，填写个人基本情况，优势、劣势自我分析，目标定位，自我发展规划，从"学习培训""学历进修""课堂教学""教学研究""教学质量""同伴互助""专题讲座""教学特色"这八个方面拟定适合自己的职业发展规划，提出希望得到的帮助。学校教研室汇总老师们提出的"希望得到的帮助"，尽可能为老师的专业发展铺路搭桥。如：有的老师提出希望能到现场观摩全国著名特级教师的课堂教学，教研室会尽量安排；有的老师提出"论文撰写"比较薄弱，校本培训时就安排《如何撰写论文》专题讲座，并为老师的论文发表提供渠道；有的老师提出希望得到"送教送培下乡"的机会，教研室就让老师自主报名参加"送教送培下乡"的竞选……每一学年结束时，对照《三明学院附属小学教师专业化成长三年规划自我设计》，填写《三明学院附属小学教师专业化成长三年规划发展情况表》，从"目标达成成果""目标未达成方面""调整措施"这三个方面进行小结、反思，根据变化，不断地对专业化成长规划进行评估与修订，促进个人发展规划的实现，使职业生涯规划行之有效。

（二）发展内驱："专业有高度"

1. 制度守护：建规范型幸福教研团队

（1）诊断现状，梯队建设

学习型教师团队的建立，要求学校对自己的团队进行明确的规划。附小教师队伍是从不同地区，不同体系内进行选拔的优秀教师，成长及工作环境不同，文化背景更为复杂。综合本校教师的实际，学校研讨分析得出以下几点：一是高学历教师年轻化；二是老教师的传统教学能力强，但现代教学理论相对缺乏，年轻教师知识新，但实际教学的组织与调控能力相对较弱；三是已取得高级职称的教师对个人发展前景感到迷茫，而年轻教师存在提升教育教学实际能力的焦虑。基于上述情况，全校教师分别编成四个团队：第一团队是高级以上职称的教师团队，第二团队是省、市骨干教师团队，第三团队是教龄 5 年以上的教师团队，第四团队是教龄五年以下教师团队。学校致力于"名师名校"战略发展，全面启动新一轮教师培养方案，着力学校第二梯队、第三梯队培养人选，以学科指导组的建设为抓手，进一步加强省市骨干教师、学科带头人培养规划力度，建立分内容、分团队的目标达标体系，抓实学校梯队发展，加快青年教师成长，保持学校可持续发展的硬实力，锻造一批高水平、高素质，在全市乃至全省全国都有影响力的优秀教师品牌，彰显全市学校一流师资的示范引领水平。

（2）用制度守护、用团队聚力

学校规范流程管理，建立"三级"校本教研网，实行校本教研工作分级负责制：

一级——校长、分管教学副校长校本教研工作制度；

二级——教研室主任、教研组长（备课组长）学科指导团队校本教研工作制度；每学年开学初，成立语文、数学、综合三大学科教研组，安排好大、小组教研组长，各学科指导组成员；

三级——教师校本教研工作制度。

附小确定三大教研组活动时间，语文大、小教研组活动时间是星期二下午第二、三节课，综合大、小教研组活动时间是星期三上午第一、二节课，数学大、小教研组活动时间是星期四下午第二、三节课。教研室每周一在校内网上发布相关安排，督促各组教研活动的开展，使教研活动体现五定，定主题，定主讲人，定时间，定人员，定反馈。语文教研组的"基于群文阅读的幸福课堂探索实践"的研讨，数学教研组"减负增效——提高学生学习参与度"的主题教研，综合组"四生幸福课堂的探索实践"三大教研活动开展有序。各教研组长精心策划每次活动，有理论宣讲，有集中备课，有经验介绍，有说课评课，有案例交流，有录像观摩，有辩论争锋，有共同悦读一本书等，各个教研组都洋溢着务实、民主、宽松的教研氛围，教师在相互切磋、交流讨论中共同提高教学研究水平。

为在全校营造教师积极研讨氛围，变他律为自律，附小教研室每学期开展"晒晒我们的教研"活动。每周各年段教研组将自己教研组有特色的教研活动情况照片，发于学校微信群，老师们不仅在课堂上晒出自身的教学理念，也晒出教师个人对课堂教学改革的探索，更晒出教师的行动意识和创新意识。教研活动照片展示了附小教师良好的精神风貌，促进了各教研组相互借鉴并创新教研形式，推动了附小幸福教研活动深入开展。

2. 创设氛围：建学习型的幸福教研团队

专业成长，是奠定教师职业幸福的基础。建设学习型教师团队，实现教师专业化成长，使教师有职业认同感、工作幸福感、责任使命感，是学校提升教育教学质量的不竭源泉。

学校在各年段创建幸福教研办公室的同时，为全体教职工开辟了一间集阅读、休闲、娱乐为一体的"教工幸福书吧"。"书吧"内环境温馨，整齐漂亮的书柜、丰富的书刊杂志、错落有致的花卉盆景、雅致的藤椅茶座。紧张的工作之余，老师们走进"教工幸福书吧"小憩片刻，享受心灵碰撞的文化之旅。

教师外出学习时有购书权，只要是学校所需、教学所需，学校审批入库后予以报销，作为一种学习资源共享。如语文教师自主购买并经学校审批入库的"群文阅读系列读本""主题阅读系列读本"及相关的课例光盘，对于语文学科幸福课题研究起到促进作用。在书香浸润中，教师开阔了视野，感悟了幸福教育的真谛，投入教研的热情增强了。

附小领导发现学校图书馆的书籍老师们不常借阅，原因是有的过于陈旧，有的老师们不感兴趣。而有些老师买书并不急于读——反正是自己的书，什么时候都可以读的，何必急呢？于是，学校改为借书。清代文学家袁枚说："书非借不能读也。"教研室负责推荐阅读书目单，年段自主选择阅读书籍，购买后到学校图书馆入库，再把书借走。学校鼓励老师边读边勾画或批注，在书上留下自己最真实的心得。老师们还可以在书的最后一页写上自己的姓名和阅读时间。这本书今后将有不同读者的不同批注，后面还有阅读者的姓名和阅读时间。以后老师再读这本书时，可以更快了解书的精华。老师们留给后面读者的，不仅仅是图书，而且是一种精神、一种文化。

多一点书香，便少一份俗气。学校要成就教师，阅读是必不可少的一个渠道。附小要求教师把所读之书向全体教师作分享，将读书的心得在全校交流。在此基础上，学校引导和激励教师将读书、科研、教学、生活等各方面的思考写出来，形成感悟心得，写教育小故事，写教学论文。教师每有新作在报刊上发表，学校进行奖励。有了积淀，有了厚度，越来越多的教师慢慢就有了研究和思考的习惯，为人处事有高度，教书育人有深度，专业发展有力度。

3. 名师引领：建研究型的幸福教研团队

（1）请进来，搭台铺路

为了拓宽教师的职业视野，丰富教师的培训内容，提升教师的专业能力，依托有计划的主题研修，把省内外著名的专家学者请到学校，让教师近距离地走近名家，接受名家的专业指导，引领教师的专业成长。近年来，学校先后邀请了教育部江苏教育基地副主任、特级教师严华银，教育部江苏教育基地副主任刘明远，语文著名特级教师薛法根、福建省教育学院副院长黄家骅教授、福建省教育学院资深教育专家杨立国教授、林文瑞教授和魏声汉副教授等来校讲学、示范，为教师的专业发展提供样本，进一步激发教师专业成长的热情。

（2）走出去，历练洗礼

教师的专业需要多角度全方位的关心与支持，不仅需要理论学习、专家指导，更需要在实践中经历学习、思考、体验和提升。学校抓住一切机遇，为教师的成长提供历练的平台，其中，"走出去"就是一种有效的路径与方式。一是省内外交流研讨。学校每年都投入较大的一笔经费用于教师外出学习，先后选派数十名教师参加全国，省级骨干教师培训；组织教师外出听课学习；每学期都派一批教师参加国家、省、市级的教研活动，教师把外出学习当作最大的福利。学校倡导"教师培训学习成果最大化"，每位教师学习回来后写一份听课或学习心得体会，并以教研组为单位组织学习讨论，或上一堂汇报课，展现其收获，发挥"以点带面"作用。为了落实这项工作，学校进行了外出学习报销制度的改革，即财务人员审核发票，教师上交学习心得并审核过关之后，教研室主任在发票上签名确认，方可交给校长签字。二是农村支教锻炼。结合省、市教育行政部门关于促进教育均衡发展的要求，学校每年都选派骨干教师到偏远的农村学校支教。他们把优秀的校风、务实的教风及有效的教育管理经验带到村小，通过专题讲座、课堂示范、科研引领等，影响和带动农村学校共同进步。

（3）学起来，展示风采

加强反思性实践，成为教师专业发展的重要途径。通过反思活动，增强教研组发展性建设。各教研组总结出了如下几种反思方式：换位成学生角色来反思自己的教学行为；与优秀教师的教学行为作比较，反思自己的教学行为；听学生评价后的自我反思；听同行、专家研究评价后的自我反思；在理论学习时结合自己教学行为的自我反思；在听家长对学生的发展意见时反思自己的教学。学校也开展了微随笔、微案例、微故事的征集活动。如开展教师"教育叙事"征文活动，《丢失的井盖》《一个拥抱的力量》……老师们或讲述当教师的幸福感、责任感，或展现自己独到的教育教学艺术与智慧，或阐述对某一教学片断的理性思考，或总结某一教学行为的价值和经验。一篇篇精彩故事启迪人思考，流露出老师们的教育教学智慧，彰显着老师们对新课程理念下幸福教育教学的理解和感悟。学校精心布置教师创意寒暑假作业：阅读教育名家经典著作撰写读后感，启发教师与明哲对话，思考当下教育现状厘清教育本质，提高教师文字表达水平，享受精神富足，心灵高尚的内涵幸福。撰写围绕"幸福"关键字为核心的微随笔、微案例，启发教师发现自己身上的幸福因子，体验感受教育生活的诗意和精彩，调整反思个人行为，激发幸福教育生活的热情。本学期，学校通过微信平台陆续推送教师的微随笔、微故事。目前，学校微信公众平台的粉丝已达 3 000 多人，因教师的微随笔、微故事短小精悍、真实感人、图文并茂，所以点击率很高，点赞率、转载率也很高。微信推送活动虽说是一个小小的举动，但推波助澜的作用，进一步唤醒和激活了老师们的工作热情。

　　每年的 4 月为三明学院附属小学的教学活动月，学校根据教研研究重点，举办了内容丰富、形式多样的校本教研活动和教师基本功的竞赛。如第二十届教学节，开展青年教师现场片段教学比赛。第二十一届教学节开展"提升教师教学技能，促进福泽教育"竞赛、语文组的诵读能力测试、数学组和综合组的教师的技能测试。第二十二届教学节的主题是"聚焦核心素养，提高教学技能"，进行试卷命题能力竞赛。学校还举办了青年教师"微课堂竞赛"活动，40位教师参加了此次活动。在后续的省微赛中，8位教师入围省微课评选，6位教师喜获省微课赛奖。历届教学节展示了学校教师的风采，引领教师走专业化成长之路，提升了教师整体教学科研水平。

（三）品质需求："生活状态有宽度"

当前，教育行政部门和学校都把促进教师的专业发展放在极其重要的地位上，关注的热点是作为"工作体"的教师，而相对忽视了教师的情感、个性，包括身体和心态。这种做法造成的直接后果就是教师在工作中失去了幸福感，失去了梦想和创造力，失落、抱怨、职业倦怠由此而滋生。

非专业化的人文关怀，对教师专业发展起到重要的推动作用。学校实施人文关怀工程。全面改善办公硬件，给予经费支持，布置雅致个性化办公室，购买绿化盆栽，更新教师办公桌椅，为全体教师人手配备一台电脑后，教师们享受着更便捷的数字化办公条件、更舒适的办公环境，最基本的职业条件得到了很好的满足。学校为全体教职工开辟了一间集阅读、休闲、娱乐为一体的"教工幸福书吧"。教师在课余一起读书、品茶、闲聊、欣赏音乐……学校提出"每天健身1小时，健康工作30年，幸福生活一辈子"的口号，开辟了一间180平方米的教工健身房，内置电动跑步机、可调腹肌板、磁控划船机、动感单车、四方位组合训练器、乒乓球桌等，每天下午老师可利用一定的空闲时间放松身心，锻炼身体。由学校工会买单，为女教师提供每年一次的妇科检查。经教代会通过，学校制定了教师慰问制度，已形成常规，如果教师本人或直系亲属生病住院，只要没有重大会议或活动，校长都会带上学校领导班子，亲自到病房探望，送上鲜花，送上慰问金，给予精神和物质鼓励。教师购买专业书籍，学校给予一定程度报销，教师们不断感受到学校对其专业成长的物质支持，教学研究的劲头更足了。学校明文规定给 50 岁以上的教师减少课时数，减轻工作量，给予温暖和关怀；当退休老师亲手接过校长送上的鲜花，听到校长中肯的评价时，幸福感和自豪感油然而生，对其他教师也是一种激励。学校工会利用妇女节、教师节、国庆节、重阳节等主题节日，组织"为退休教师送鲜花祝福"、气排球赛、趣味运动会、登山走绿道等活动，组织开展教工运动会等，掀起师生阳光健康生活新风尚。落实"自主择岗制度"，每学年下发《教师自主选择工作岗位申请表》，尽量使工作适合教师，而不是让教师适合工作。帮助教师发挥了自己的优势，实现了自己的生命价值，温暖了全体职工的心。学校的考勤制度很严格，是不能触犯的"高压线"，但制度的后面多一些"柔性管理"，让老师们白天想上班，晚上想回家。

学校工会积极开展提升团队合作能力的拓展游戏。团队游戏有比语言更能表达深度的内涵，不用刻板的说教，通过实际行动去体会、去感悟。活动中，每位老师都积极参与、相互鼓励、互相帮助，他们用实际行动诠释了教师应具备的主动、自信、责任、合作等素质。既愉悦了教师心情，又增强了教师团队的凝聚力。沙龙活动从心理品质到养生保健，从情趣培养到情操陶冶，从学习体会到实践操作。既为教师提供了丰富的学习机会，留给了教师培养情趣、发展自我的空间，提升了教师职业生活的品位，又促进了教师之间的相互沟通、相互交流和互相影响，和谐了人际关系，最大限度地发挥教师的能动性，提高教师团队的凝聚力，加深老师对学校工作的认同感，促进教师团队与个体在意识理念上的提高。

（四）育人目标："服务学生有温度"

好老师是有"温度"的人，他能够给学生带来灵魂的温暖。做一个受学生喜欢的老师，这是我们每一位教师一直共同追求的目标。可是孩子们喜爱怎样的老师？2015年，一项在学校范围内进行的调查显示，有五成以上的学生害怕和老师主动交往。这个调查说明师生关系存在不和谐，已成为影响学生学习效果的重要原因，值得我们教育工作者深思。亲其师信其道，良好的师生关系能使学生拥有良好的情绪去面对学习。在学生面前，应该怎样树立自己的形象，怎样做一名学生喜欢的教师？这并非是一件易事。学校以"学生喜欢怎么样的教师"为题向全校学生作过问卷调查，归纳出学生喜欢教师的特征为两个关键要素：一是有"专业素养"，比如有教育智慧，有真才实学；善于管理，严而有度，以身作则，说到做到等；二有"积极心态"，比如风趣幽默、像妈妈那样温柔、有爱心、有耐心、有宽容心；像实习老师那样有平等意识和新鲜知识；像帅哥、美女那样有良好的精神气质。

学生喜欢的教师标准在不同学龄阶段有差异。小学低年级学生比较偏重感性，对老师的外表、性格和态度比较在意。他们喜欢年轻漂亮的、和蔼的、有爱心的教师。高年级学生相对来讲偏重理性，更在意教师的知识层次和教育教学水平以及人格魅力。

他们喜欢知识渊博，既重视知识传授，又重视能力培养，具有创新能力的教师。各学科教师发挥学科实践特性，成就教师培育幸福学生的追求。

语文教研组"大课堂"活动寄语："语文幸福大课堂就是和学生一起遨游书海，点亮智慧航灯，放飞梦想翅膀。"语文组积极开展大课堂生活实践活动，活动异彩纷呈。如新书推荐活动、诗文诵读活动、读书笔记展评、网络阅读、办手抄报、古诗配画、名著研讨活动等。学校开展了"海量阅读，做幸福的阅读达人"网上阅读测试活动，许多同学阅读总过关书目超过 100 本书。张明裕、林星宇、胡纯瑀等同学总阅读总过关书目超过 300 本书，本次活动展示了学校学生良好的阅读积淀和浓郁的书香气息。学校许多班级组建小文社兴趣小组，如四年四班幸卫芳老师组建的"幸福花儿悄悄开"小文社团，积极参加活动，仅一年时间，全班共有 39 篇学生的习作在全国、省、市级刊物发表。三年来，全校有 200 多人次获习作奖。

英语教研组"大课堂"活动寄语："英语幸福大课堂，就是让每一个英文字母游进孩子求知的脑海，让每一个单词筑成连接中外文化的桥梁。"英语组举办了形式多样的英语大课堂活动，开辟了英语角、英语宣传橱窗、英语广播等第二课堂，五月百名英语特长生评选、六月百词竞赛、十二月"欢乐英语节"活动。大课堂活动，为学生提供了更多的学习英语、用英语表达和交流的机会，进一步激发了学生学习英语的热情。

写字教研组"大课堂"幸福寄语："写字大课堂，就是让良好的书写习惯伴随孩子幸福成长。"开展"双姿优秀班级""校园小书法家"评选活动、期末写字过关测试活动，学校积极组织学生写字大课堂的活动，一年来近百个孩子在全国、省、市各类书法比赛活动中崭露头角。

体育教师"大课堂"幸福寄语：幸福是看着学生一天天进步，一天天健康成长。体育教研组常抓不懈，推动"两操一活动"。

科学教师"大课堂"幸福寄语：幸福就是看到学生求知若渴的眼睛闪烁着满足的光芒。科学教研组开展了有趣的科学实验活动。

艺术教师"大课堂"幸福寄语：教师的幸福来自孩子一张张纯真的笑脸、一声声亲切的问候、一首首动听的歌声。艺术教研组配合学校的工作，负责学校百名艺术特长生的评选工作，音乐教师负责音乐类的百名小演奏家、百名小歌唱家、百名小舞蹈家的评选，美术教师负责美术类的百名小画家的评选。音乐教研组指导学生开展了各项文艺活动，寓教于乐，充分发挥他们的主动性、积极性，让他们热衷于音乐。在音乐活动中，挖掘了学生潜力，指导学生参加艺术实践的活动。在三明市"庆祝教师节文艺晚会"指导学生参加《天之大》歌曲伴舞；广场文化，带学生参加演出，节目《快乐男孩》；指导学生排练了舞蹈《春暖花开》和《歌曲联唱》，参加市教育局退休干部和市直学校的孩子们的"老少同乐，共筑中国梦"活动；在第九届海峡两岸林业博览会暨投资贸易洽谈会这届林博会上，指导学生排练舞蹈《朱子家训》，作为弘扬三明朱熹文化的代表节目参加了演出，24个孩子精彩的演出获得了很好的效果。加班加点的音乐教研组成员露出会心的微笑。

学生参加学科实践感言：

亲爱的杨国兰老师，您好！记得一年级上学期，新生入学，妈妈为了不让我有压力，拒绝参加兴趣班，包括练字。我潦潦草草做作业做了大半学期，终于有一天，您歪着头看我做作业，温柔委婉，笑眯眯地对我说："赖特，你长得这么帅，字怎么写得这么丑啊？"您善意的一句话点醒了我，从那时起，我严格要求自己，写字有了明显进步。记得一年级下学期全校的特长生报名参赛，我没有勇气报名，也是因为您的鼓励"赖特，你的字写得那么漂亮，怎么不报名参加比赛？"您为我报了名，我获得了"小书法家"的称号。在校外的硬笔书法比赛还被评为"明日之星"。谢谢您，谢谢您的关爱和细心，还有谢谢您的鼓励！

——您的学生：赖特

亲爱的黄月月老师，您好！您记得吗？您经常鼓励我要大胆地举手发言，要有自信心。就在去年，当我参加故事演讲比赛时，我很紧张，但是我看到您微笑着看着我，让我瞬间不那么紧张了，顺利地讲完了故事。黄老师，您对我真好，谢谢您，我爱您！

——您的学生：陈茗嘉

在幸卫芳老师您的引领下，我们成了名副其实的小书迷。书就像磁铁一样牢牢地吸引着我们的眼球，下课经常可以看到如痴如醉读书的我们，在图书角、座位上贪婪地吮吸着知识的甘露。在您的鼓励下，读书和网络阅读测试成了我最快乐的事情，我就像一条快乐的小鱼，在知识的海洋里遨游。感谢幸老师，陪伴我们快乐成长！

——您的学生：鄢乐鋈

亲爱的杨乾妹老师，您好！很幸运能成为您的学生。在您平日里点点滴滴的鼓励下，我的作业越来越工整，也让我喜欢上了阅读。我最喜欢您组织开展的课前三分钟的演讲了，我的演讲进步很大，变得越来越有自信，课堂上也能积极回答问题。谢谢您，我会更加努力，提高语文成绩。我们永远爱你！

——您的学生：陈嘉硕

亲爱的饶俪婷老师，您好！在这次您带我去北京参加全国"中华魂"践行核心价值观，凝聚中华正能量主题教育活动中，因为我前几天已经很累了，再加上参观人民抗战纪念馆时，书包里的水杯太重了，所以我就要了小脾气——把书包放在地上拖着走。当时您并没有责备我，您在回宾馆时告诉了我这样一段话："昕雨，在你不想做的时候可以向他人求助，叫人帮忙并不是可耻的行为，没有什么好害羞的，但你要记得父母亲只是扶我们上马的人，前方的道路总有崎岖与坎坷，只能依靠自己，遇到困难，在自立的同时学会向他人求助，是我们通向前方最好的方法。"谢谢您的这番话，我一定带着您的这句话朝更好的方向努力着。

——您的学生：余昕雨

亲爱的官梦昕老师，您好！您还记得吗？在我四年级的时候，有一次，我们四个同学要排练节目。就在星期日，您把我们四个叫来一起排练，排练完之后，大家都口干舌燥，您看出了我们的心思，便说："今天排练完之后，我请大家一起吃冰棒。"噢耶！我们高兴坏了，排练完之后，我们一人挑选了一根冰棒，您十分爽快地买了单。当大家都散去时，我便自己等候我阿姨的车，您也陪我一块儿等到我阿姨的车来，一股暖流涌上我的心头！我很幸运认识了您这样一个暖心又体贴的好老师！

——您的学生：陈彦博

叶海燕老师，还记得吗？在去年六一节前，我们武术队要表演一个节目，在表演前的一周，同学们都非常认真地学习各种姿势，我却有一个动作怎么也学不会。眼看就要上台了，我们的节目马上要给大家亮相了，看他们做得那么好，我心急如焚，越是心急我越做不好，正想放弃，您一下看出了我的心思，开导我说："怎么？练了这么久还想放弃，我可不答应，加油！我陪你！"在您的陪伴下，我坚持下来了，最终的表演也得到了老师、同学们的赞扬！谢谢您的鼓励让我学会了坚持！辛苦您了！

——您的学生：邱天玥

创建服务学生有温度的幸福教师团队，让附小教师走向了更高层次的觉醒与发展。

（五）价值提升："生命色彩有亮度"

对学校教师来说，生命色彩是五彩缤纷，而非单色。他们那么努力，那么敬业，那么团结，学校采取怎样的思路和举措，找到教师尊严和价值及职业成就感，提升教师的生命色彩呢？

1. 感恩学生，感受生命亮度

每一个学生的心中，都沉睡着一个学习巨人；每一位老师的心中，都有一颗大爱的种子。我们的工作，就是唤醒，唤醒沉睡在学生心中的学习巨人，唤醒老师自己心中那颗大爱的种子。作为教师，我们一直坚守这样一个信念：孩童时的体验犹如种子深埋在生命里，总有一天会萌芽、会开花、会结果。正如：有一个孩子每天向前走去，他看见最初的东西，他就变成那东西，那东西就变成了他的一部分……如果是早开的紫丁香，那么，它会变成这个孩子的一部分。如果是杂乱的野草，那么，它也会变成这个孩子的一部分。我们能做的就是陪伴，用心灵陪伴心灵，用心灵影响心灵。

老师经常告诉学生要学会感恩，水滴感激大海，因为大海让它永不干涸；花朵感激绿叶，因为绿叶使它如此艳丽；小鸟感激蓝天，因为蓝天任它自由翱翔……因为感恩才会有这个多彩的社会，因为感恩才有人间真情长存，因为感恩才让我们懂得了生命的真谛。而老师们也常常感恩学生。

老师感恩学生微故事精彩语录：

"幸福就是在校园里和小朋友们一起开心玩耍。"王馨澜歪着头回答。聆听孩子们一串串铜铃般幸福的话语，我情不自禁地为他们的"幸福"点赞！

——林启福

清晨，携一路的晨风来到美丽的校园，我的好心情也随之绽放。迎接着一张张灿烂的笑脸，笑应着一句句甜甜的"老师，节日快乐！"心中情不自禁涌动起当老师的快乐。

——黄祖诗

就像小草积蓄力量，花儿攒足勇气，你这棵"小树"，圈上了新的年轮，正需要枝连枝，叶连叶一起踮起脚尖向蓝天生长。此时，我们想知道，"小树"，好久不见，你长高了吗？

——朱小花

孩子们跟随着大师的经典名作一路前行，聆听着老师推荐的各种习作妙招；孩子们欣赏着同龄人的精彩佳作，享受着同学们热情洋溢的点赞，体验着成长的味道。当发现孩子笔尖创造的智慧和阅读点燃的幸福元素，静静流淌于时间的长河时，我也一路感动着，欣喜着，幸福着……

——辛卫芳

让我们停下匆匆的步履，在这样的从容淡定中，和孩子携一路风景，去慢慢品味教师的幸福。

——伊永青

和孩子们在一起，常常可以听见孩子们会像小大人一样的暖心话、贴心话。

"老师，今天你穿得真漂亮！"

"老师，这个巧克力是爸爸从国外给我带的，你也尝尝！"

"老师，你的嗓子哑了，我带了咽喉片，你试试！"

……

最天真的孩子，最简单的幸福，感动就在于此。

——林威华

我不断观察发现孩子们的运动需求，有机结合课程内容开展丰富的体育活动，孩子们在体育课真正动起来了，那种酣畅淋漓的笑声和欢快的运动节奏给我带来了满满的幸福感觉。

——吴世勇

回到办公室，我立刻打开电子邮箱，一封制作精美的贺卡映入眼帘，"Miss王，祝您新年快乐，天天开心！"下面还有一张开心的笑脸。

望着这张电子贺卡，我就像喝了蜜一样，心里幸福满满的。

——王桂英

我想作为一名教师，在平淡的生活中突然接到学生的电话，特别是已经毕业多年后的孩子，问候中还带来他的好消息，那就是我莫大的幸福了。

——王晓妍

孩子们争着嚷着要和我拥抱，特别是班里的应羽茜小朋友，抱了一次又一次，还不停地在我脸上亲吻。此刻，我的嘴在不停地说着："可爱的小天使，我喜欢你。聪明的小博士，我喜欢你。亲爱的孩子，和你抱抱真幸福。"在激动中也不知道自己说过什么话了，只知道我们之间非常兴奋，只知道班级里一片火热。

——吴菊华

有时候，出差回来孩子们都会争先恐后地向我扑过来，抱住我的腿，喊着——

"老师，这几天我没迟到。"

"老师，我这几天很乖，没有哭。"

"老师，我们想你了！"

我一坐下来，孩子们就会放肆地爬到我背上，扑到我怀里。每当这时，我心中涌起的幸福感就会油然而生：谢谢孩子们，我会永远爱你们，然后每天这样幸福地陪伴你们成长！

——杨国兰

"状况之外"亦是幸福。有些孩子的成长确实要用比别的孩子更漫长的道路，但陪伴他，见证他成长中的每一个飞越，就是作为教师的幸福。

——周梦圆

又是一年教师节的前夜，手机铃声响个不停，我滑动了接听键。电话一头响起了低沉的声音："邹老师，我想您！很想回到学校再听您上一节课。"这是已读初一的盛涵堉同学打来的电话。在电话里，我们彼此倾诉着思念之情，从她滔滔不绝的讲述中，我了解到了她上中学后的各方面的情况，并知道她已较快地适应了中学生活。她还时不时地让我给她点建议。从她的话语中，我感觉她又长大了不少，真令我高兴。

——邹秀红

教师学会感恩学生，教师的冷漠就会变成热情，严厉就会变成严格，身心疲惫就会变成健康愉快，感恩学生，我们会自然地流淌着民主、平等与尊重，我们就不会吝惜鼓励和赞扬，会听到学生真诚的意见，会发现学生很多的优点，我们在学生心目中就会是可亲的人、神圣的人。学生则学会对教师的感恩，学会了爱，学会了尊重、理解、信任，学会了欣赏他人，为他人的成功喝彩。

作为教师，我们要感恩学生。正因为有了学生的存在，才有了老师施展才华的舞台。感恩学生，学校才会生机盎然。因为感恩才会有这个多彩的社会，因为感恩才有人间真情长存，因为感恩才让我们懂得了生命的真谛。

2. 搭好梯子，感悟专业成就

团队让每个人更优秀，幸福的教师团队，能让即使平凡的教师也能做出不平凡的业绩。为了促进教师快速成长，学校给优秀教师"出点子、压担子、搭台子、铺路子、做影子"："出点子"即指导制定教师职业生涯规划；"压担子"即委以重任；"搭台子"即创设展示才能的平台；"铺路子"即打破常规，让优秀教师脱颖而出；"做影子"即成为榜样及标杆。通过"五子"工程，不断推出"附小榜样"，引导附小教师团队学有理想、有榜样，锻造了一支优质的师资队伍。

学校书记梁小宁是我市著名特级教师，成立了"梁小宁名师工作室"，曾获评"全国优秀教师""省中小学先进德育工作者""省中小学中青年学科带头人""省优秀教育工作者"，在社会享有广泛声誉的他，被许多家长和同行称为"师德的表率、育人的楷模、教学的专家"。去年10月，他光荣退休，学校授予他"杰出校友终身成就奖"。他捧着鲜花感慨万千地说："我深切地感受到附小是一个温暖幸福的大家庭，是一个为学生幸福人生奠基，追寻梦想的大课堂，是一个师生不断进步成长的大摇篮。我深深地爱着这所学校，我对附小有一种不可忘却的、深厚的、特殊的情怀。我的工作退休了，但我对附小的情怀永远不会退休，我和附小老师们的情谊永远不会退休，附小将是我一生永远的记忆。"

在梁书记等一批"榜样"的带动和影响下，近年来，学校涌现一批新生代中坚力量。2014年6月，教研室主任幸卫芳和学校德育室主任杨乾妹在参评高级教师的市级考核中，以技能考核名列前茅的好成绩脱颖而出，顺利通过"高级教师"评审。学校少先队总辅导员、三明市少先队兼职副总辅导员饶俪婷老师是80后青年教师，2016年4月，参加福建省少先队兼职副总辅导员公开竞聘，从全省少先队总辅导员队伍中脱颖而出，光荣当选福建省少先队兼职副总辅导员；2016年"六一"，她作为三明市唯一一名代表，光荣地以福建省代表身份出席中国少年先锋队全国第七次代表大会，随后，三明芭乐网以《一位能量满满的80后女教师》为题，报道了饶俪婷老师忙碌的一天。丁学洪老师从农村学校调入附小短短三年，在学校语文教研团队的指导下，迅速成长起来，2016年6月参加市小学语文优质课评选活动，获一等奖的好成绩。2015年6月15日至6月16日，在泉州开展了第三届闽浙小学数学课堂教学交流研讨活动，王广老师在市名师工作室领衔人庄声财副校长带领的数学教研团队的倾力指导下，课前运用新颖有趣的数字成语激发学生的学习兴趣，抓住儿童的学习特点，细腻而扎实地进行课堂教学。她呈现的《认识小数》一课，课程理念突出、耳目一新，灵动的教学风格让数学课堂充满生命的活力，给学生以美的愉悦、美的享受。最后，王老师优秀的学科素养，再获现场专家、评委、听课老师的高度好评，荣获此次优质课评选"特等奖"。2016年9月18日至23日，第六届全国农村及少数民族地区中小学英语课堂教学与教师发展研讨会在贵州省贵阳市举行。余晓薇老师在英语团队教师指导下，以其亲切的教态、纯正的语音，层层递进，娓娓道来，她扎实的教学基本功也给评委们留下了深刻印象，最终崭获了一等奖。

附小通过创新教研方式，取得了显著的效果，提高了课堂效率，提高了学生的能力，建立了一支幸福教研的教师团队。近三年，200多位学生在全国、省、市竞赛中获奖，1位教师获评正高级教师，4位教师获评高级教师，1位教师评为特级教师，14位教师在全国、省市学科教学竞赛中获得一等奖；8位教师微课作品入围省中小学教师优秀微课视频征集展评，4位获奖；10位老师在福建省教育厅公布的"一师一优课，一课一名师"活动评比中获省级优课，6位老师优课再获部级优课。

二、特色教研：打造教研资源共享和引领示范高地

（一）分层磨课教研

磨课活动分大、小教研组进行。如语文教研组开展"基于群文阅读的幸福课堂研讨"活动，先进行年段教研，即"确定课题→设计教案→实施教学→互动研讨"，而后进行大组汇报，即进行"二次执教→反思总结"研讨活动。在反复磨课中，无论对于执教者还是听课者，都是受益匪浅。分层汇报课，既有主备教师的亮点设计，也有教研组成员的集思广益。集体智慧的交融、思想火花的碰撞，提升了教师们钻研教材的能力，促进教师们的专业成长。丁学洪老师参加市语文阅读教学竞赛，通过分层磨课教研，在学校语文教研团队倾力指导下，获得市语文阅读教学一

等奖。

（二）片区同城教研

【教研报道】

2016年4月1日上午，教育部首期中小学名校长领航班成员、省名校长工作室领衔人附小林启福校长，带领附小骨干教师一行到大田县城关第三小学，参加大田进修学校组织的"聚焦学科核心素养构建幸福课堂模式"教研活动。林启福校长向陈光养校长赠送了提升幸福教育管理水平的相关书籍，和片区各校的校长探讨交流，解答各校长提出的疑惑，共同探讨幸福学校的发展需求、目标与路径等，探讨从学校层面如何构建培养学生核心素养，帮助片区校长明晰发展方向，进一步提升各校长教育思想和实践创新能力。随后大家分组观摩附小送来的示范课和专题讲座。大田县教育局副局长陈汝江对此次附小送培送教活动给予高度评价，感谢林启福校长作为教育部首期中小学名校长领航班成员，以省"林启福名校长工作室"为依托，开展幸福教育的帮扶活动。

城三小学的严明慧老师在当晚12点发给幸卫芳老师《浸润在发芽的童真里》文章，热情洋溢评析幸老师执教的"读童文品童真"群文阅读课，让曾经在进修学校任教研员对教研有特殊情怀的幸老师备受感动，幸福课堂研讨将各校热爱幸福教研教师的心紧紧相连。

近年来，附小重视发挥其省示范小学帮带作用，积极与农村学校"手拉手"结对，在幸福教育研讨等方面给予全方位、深层次帮扶，促进城乡学校共同发展。近三年来，就为农村学校送课92节次，开设讲座19场次。通过各类"聚焦核心素养，研讨幸福课堂"活动，我们体会到幸福课堂适应了时代的需要，在教学流程中培育核心素养，在自主学习中生成核心素养，在学情研究中提升核心素养，使课堂成为学生真情迸发的乐园、师生思维涌聚的生活高地，共享发展的心路历程、心灵放飞的精神园地。

（三）幸福教师讲坛

每周一次的"教师论坛"已成常规。学校教师"人人有专题，个个能主讲"。每周一下午第三节课，是全校教师例会，一改过去的"校长一言谈"，给每个教师机会，让老师们自愿申报，每周由一位老师主讲，紧扣"教师论坛"的主题，作教学类或德育类讲座。这项活动已经坚持三年了，深受老师们的欢迎。老师们的微讲座主题鲜明，切入点小，既有理论支撑又有生动翔实的案例，从不同角度介绍创建幸福课堂的实践体会，有的介绍如何培养学生良好的学习习惯，有的介绍如何减轻学生心理负担，有的介绍如何改变作业形式，有的介绍如何提高学生上课的参与度，有的介绍提高课堂效率的做法，有的介绍教师如何运用积极的正能量、健康的心态去对待学习、生活和工作，有的介绍班级管理经验，有的介绍班级文化建设，还有的介绍自己的专业成长经历……讲座之后，教研室和德育室安排专人进行点评并做好相关新闻报道工作，激发老师们的参与热情。"教师论坛"旨在激发教师们开展幸福教育实践工作的动力与活力，架起教师们相互学习与沟通的桥梁，促进教师的专业化成长。

（四）主题式教学节

每年的4月为三明学院附属小学的教学活动月，学校根据教研研究重点，举办了内容丰富，形式多样的校本教研活动或教师基本功的竞赛。如第二十届教学节，开展青年教师现场片段教学比赛。第二十一届教学节开展"提升教师教学技能，促进福泽教育"竞赛，语文组的诵读能力测试，数学组和综合组的教师的技能测试。第二十二届教学节的主题是"聚焦核心素养，提高教学技能"，进行试卷命题能力竞赛。学校还举办了青年教师"微课堂竞赛"活动，40 位教师参加了此次比武活动。在后续的省微赛中，8 位教师入围省微课评选，6 位教师喜获省微课赛奖。通过教师技能竞赛的形式，让青年教师在竞赛中展示风采，加快专业成长的步伐。

（五）魅力微信教研

微信教研凭借其方便、实时、高效的特点，已越来越多地应用于学校的教育教学研究之中。

1. 魅力微信主题研讨

为了更好地加强教师之间的合作互动，让他们在交流与碰撞中聚焦观点，提升思想，实现共享共进，学校为教师提供网络流量，教研室安排各教研组组建学科微信群，依托微信群组织了主题研讨活动。

2. 魅力微信即时评课

为打破原来会议桌评课的严肃气氛，改变几家独唱的尴尬局面，形成全体参与、畅所欲言的热烈场面，利用微信群这一平台，开展主题性评课、议课活动。青年教师江晓芬第一次参加市赛研讨课时，听课的校务成员把联系生活设计新实践、新想法发在学校校务成员微信群，远在北京参会的林启福校长进行细致指导，校务成员各抒己见，集思广益，和江老师交流后，江老师根据大家阐述的观点，在团队的指导下，再作深层设计，形成精品教案，课堂精彩呈现，喜获市思品一等奖。当教研室负责人将喜讯发在学校微信群里，得到许多老师热情洋溢的赞许和鼓励。这节课还获得部优优质课奖。江老师感慨地说："即使不获奖，我依然收获满满。"

3. 魅力微信资源共享

许多教师采用自由上传的形式，上传有关课题活动、教育相关文章、活动资料等，教师不仅能即时了解最新、最前沿的教学理念与信息，同时也可以把自己所掌握的资料与大家分享。如教师参加了全国、省、市观摩研讨活动，听课教师将一些经典的课例、听课感言、活动现场照片等资料上传至微信中。老师们深切地感受到：资源共享、合作教研的老师是幸福的。

4. 魅力微信促进反思

学校开展教师"幸福课堂微故事"征文活动。老师们或讲述上课获得的幸福感、责任感，或展现自己独到的幸福教育教学艺术与智慧，或阐述对某一教学片断的理性思考，或总结某一教学行为的价值和经验。一篇篇精彩的故事启迪人思考，流露出老师们的幸福教育教学智慧，彰显着老师们对新课程理念下幸福课堂教学的理解和感悟。"幸福课堂微故事"征文比赛活动，提高了学校教师教育科研思辨能力和解决问题的能力。部分精彩文章还在校本教研活动中和学校微官网展示。

5. 魅力微信构筑心灵茶吧

现如今，老师们遇到的每一个教研小困惑、小难题都可能在微信群中引发一次小范围的研讨；每一次教研课后，大家在以往面对面交流的基础上，会通过微信群在网上各抒己见，或提出建议，或大加赞赏，或细语宽慰……大家都把坦诚、关爱融入浓浓的学术探讨之中。

第四节　教师团队的幸福守望

学校借助教育部全国首批中小学名校长领航工程江苏基地调研组专家、福建师大、福建教育学院、福建教育科学研究所教授专家为指导，开展课题研究，在教育科研的科学指导下稳步推进课题研究。

幸福课堂影响扩大，先后有教育部首届中小学名校长领航班的导师和学员、省级骨干校长培训班跟岗学员、三明市校长任职资格班培训学员、省外学校、沙县虬江小学、沙县金沙小学、大田城二、大田城三、沙县富口中小、尤溪梅仙中小、宁化师范附小等来校参观交流。《三明教研》2015年2月刊登附小的名校风采，宣传学校的幸福课堂实践经验；《时代三明》2015年5月作了《让教育洋溢着幸福的味道》专题报道。幸福课堂探索办学特色日益凸显，教育教学成绩捷报频传，受到各级媒体报刊的宣传报道，广受社会各界和家长好评。幸福团队之花绽放，我们幸福守望。

一、和谐机制：实现教师生命价值和职业价值的高度和谐

教师是职业倦怠的高发人群，表现为激情减退和成就感降低。要打造一支高素质和谐型教师团队，更重要的是让教师建构新的职业价值观，追求一种高位的自我价值的实现，并且在这个过程中体会和享受职业内在无法替代的尊严、幸福和价值。只有如此，才能让每一位教师在学习和发展的进程中显示出自己的生命活力和创新品质，变得自信、自强且富有效能感。学校从转变教师队

伍的管理观念入手，实现管理方式的与时俱进。在使制度管理进一步科学化、民主化、规范化的同时，特别注重人性化的观念管理和情感管理。努力做到少一点指责，多一份交流；少一点强制，多一份共识；少一点疑虑，多一分理解；少一点限制，多一份包容，让老师们感受阳光般温暖的人文关怀。不断劝勉教师挑战自我，挖掘潜能，成就事业的成功和人生的价值。学校领导要经常深入新老教师中间，敞开心扉与老师们促膝长谈，谈理想，谈事业，谈家庭，谈人生，使得教书对老师们而言，不仅仅是一种谋生的需要，更是一种对生命的追求，是一种超越物质生活层面的高层次的精神需要。

二、激励机制：实现教师目标与学校目标的有效和谐

对教师的激励方式是多种多样的，在以人为本的管理模式之下，应以目标激励、成就激励等为途径，实现教师目标与学校目标的有效和谐。

在人本管理理念中，人被看作学校管理活动的核心和可以不断开发的最重要的资源。实施人本化的激励机制就是尊重人的价值，全面开发教职工的潜能，以谋求每个人的全面自由发展，同时围绕学校教学工作这一管理主体，充分利用好学校的人力资源，服务于学校组织内外的利益相关者，使学校目标和学校成员个人目标得到同步实现。因为随着现代学校中"人"的地位的提高，教师成为管理活动主体服务对象，管理活动成功的标志不仅要看原有的学校教育目标是否实现，还要看教师个人的目标是否实现。只有将学校目标和教师个人目标有效地结合起来，才能增强学校的凝聚力，才能充分地发挥教师的主动性、积极性和创造性，才

能使学校获得长久的发展。

三、学习机制：实现教师个人成长与社会发展的高度和谐

当今时代是科技、信息突飞猛进的时代，全社会已经逐步形成终身学习的风气，只有不断充实先进的思想、先进的文化，才能适应社会的飞速发展。作为传道授业的教师，更应该不断更新自己的知识，运用先进的教学模式，为培养未来的人才需要树立终身学习的理念，做好终身学习的打算。教师的教学方法、教学艺术性、教学能力和掌握知识的渊博程度等直接影响着对学生教育的效果。学习，成为新时代教师与时俱进的法宝。只有爱学乐学、知学会学，才能在"互联网＋"时代真正履行一名合格的教师对学生所起到的价值引导、智慧启迪、思维点拨的神圣职责。这就要求教师由一劳永逸的学习完成者转变为与时俱进的终身学习者。

一方灵气一方水，一园桃李一园情。捧一杯香茗，和一群富有朝气的教师们一起感受教育的博大精深，一起倾听心灵花园的隐秘声响，一同欣慰地看着生命对生命的点燃和传递，这是何等幸福的人生！在执着的教育研究和实践中，汇成一条"渐行渐宽"的河，在平和而从容的自我超越中，在真诚而温和的爱中，微笑前行，矢志不移地追寻幸福的教育。

第三章 幸福引领者

——晋中师范高师附校引领教师成长

"做有理想信念、有道德情操、有扎实知识、有仁爱之心的好老师，为学生的一生储备幸福！"每周一的升旗仪式，我都会带领全体教师面对国旗、面对学生庄严宣誓。唯愿这铿锵之音，能内化为全体教师的心灵呼声，能践行于每位教师的日常之中。

2014年8月，我调至晋中高师附校担任校长一职，这是一所刚刚创建两年的九年一贯制学校，新的环境、新的伙伴，给我带来了极其强烈的冲击。社会上评价最高的便是这所学校的师资力量雄厚，教师素质都很高。毕竟耳听为虚，眼见才为实。很欣慰，我遇到了这样一支团队。2012年建校时，学校的校级领导、专任教师均由市人社局、市教育局面向全国公开招聘。专任教师中研究生学历4人，本科学历113人，专科学历3人。教师学历合格率100%，教师平均年龄32岁。

小学部58名专任教师中，中小学高级教师1人（1.7%），中小学一级教师11人（19%）。特级教师1人，省学科带头1人、教学能手6人，市县学科带头人、教学能手12人，优师比例31%。

初中部62名专任教师中，中小学高级教师7人（11.3%），中级教师14人（22.6%）。省学科带头人、教学能手7人，市县学科带头人、教学能手16人，优师比例36.5%。

优秀的教师团队是提升教学质量的有力保证，对这一点我深信不疑。上级把一支优秀队伍交到我手中，我自当努力让每一位教师都绽放光芒。

第一节　幸福起航

初来附校，我并没有急着去指摘什么，也不忙着去推动什么。只是于每日走动间"看着"我们的老师。校园小径、办公室、年级组、教室里、操场上，虽按部就班，各尽其责，但年轻的老师们明显少了一分洋溢在脸上的幸福，行动中多的是一种安于现状的"运作"感。我记得 2006 年中国人民大学就进行过一项调查，结果教师位于"最不和谐的三大职业"之首。我们的教师普遍感到工作辛苦、精神疲惫、报酬偏低，其实就是缺少了幸福感。时跨十年，大多的领导依然更多地强调教师所具有的奉献角色，却忽视了教师作为一个平凡人的需要与获得。显然，这对我国中小学教育的可持续发展是一个潜在的障碍。"幸福"听起来是很大众化的词语，然而与"教育"相关联便显得不同寻常。

"过一种幸福完整的教育生活"，这是朱永新教授推行新教育的核心理念，它如一阵强烈的罡风拂过教育的土地，也很大地助力我们的学校建设与发展。经过理论研读，多校观摩，实践检验，反复研讨，最终确立了学校的办学宗旨：为学生的一生储备幸福。一个不幸福的教师是无法让学生获得人生的幸福的，教师自己要成为一个幸福的人，这是个体的需要，也是教育的需要。

其实，教育就是一种服务。从长期来看，不愉快的人提供的只能是不愉快的服务。最高级别的服务水准是发自内心的。因此，能够让关心、关爱到达教师内心深处的学校，才能为学生提供最优质的服务，这也是学校管理者能为学生做得最好的事情。的确，如果校长给教师以人文关怀，教师内心充满幸福，就会将这种关怀传递给学生，所谓"爱能生爱"。因此，我们不仅要关注学生的持续发展，还应该关注教师的专业成长与职业成就感、幸福感，用"以发展教师来实现促进学生和学校可持续发展"的思想，来指导办学与管理，尊重、善待、引导、规范、激励教师，建设一支人文素养高、专业素质强、乐教和谐的教师队伍，以实现学生、教师、学校的三赢。

道之不行也，我知之矣。智者过之，愚者不及矣。很多时候，人们把《中小学教师专业标准》当作纲领来解读，把那些条条框框看作制约教师的条款，那些没有生命的文字很难与教师个体产生温度。然而静心细读，用心领会，才会咂出其中的深味。

《中小学教师专业标准（试行）》结构与主要内容

基本理念		学生为本　师德为先 能力为重　终身学习
基本内容	专业理念与师德	（1）职业理解与认识
		（2）对学生的态度与行为
		（3）教育教学的态度与行为
		（4）个人修养与行为
	专业知识	（1）教育知识
		（2）学科知识
		（3）学科教学知识
		（4）通识知识
	专业能力	（1）教学设计
		（2）教学实施
		（3）教育教学评价
		（4）班级管理与教育活动
		（5）沟通与合作
		（6）反思与发展
实施建议		

以上"标准"涉及 4 条理念、3 项内容、16 个领域、61 条细则，是国家对合格中小学教师的基本专业要求，是中小学教师开展教育教学活动的基本规范，是引领中学教师专业发展的基本准则，是中学教师培养、准入、培训、考核等工作的重要依据。据此也形成了专业化教师的素质结构图：

```
        专业
        理念
      专业
      精神
  专业        专业
  知识        能力
```

图 3—1

在此层面上凸显教师的主体性特征，即以知识与能力为依托，建立自我价值观，产生职业认同感，通过反思实现提升。

出此建立的是教师成长的内在机制，是对自己所从事职业的深层思考，是教师自我价值的审问与认同。依照"标准"所成就的教师，自然会获得个人幸福感。

围绕"幸福教育"核心理念，"专业标准"即我们所修之"道"，它是我们确定工作方针的最重要依据。

我始终相信：没有一个教师不愿意把工作做好。在这样一所新建学校，我不用摒弃什么，我只需带着我的老师们，带着对他们欣赏和尊重，踏着幸福教育之路，勇敢启航。

第二节　幸福发展

一、循教师发展之路，关注教师师德

午饭后，教师们三五成群地聚在公告栏前，仔细地对照寻找

自己的名字，关注姓名栏后面的那个分值，有的脸上洋溢着欣慰，有的不免流露几分失望。这里反馈的是学校的师德考核结果。是学生、家长、领导多方评价后的结果呈现。

"身正为范"。师德，这是教师的立身之本，也是教师的魅力之源。因此教师应当拥有先进的思想和理念，应当对社会的善与恶、真善美有一个明确的价值取向，应当是社会精神生活的开拓者和领路人，这样的教师才有潜移默化、润物细无声的能力。教师因了解自己的职业而敬业，因敬业乐业而会努力进取，因努力而领略更深刻、更崇高的人生价值，在奋斗的过程中因努力和收获享受教育的幸福。

学校一直关注教师的师德修养。加强师德师风建设，在树师德上，通过组织全体教师尤其是引领青年教师解读《中小学教师专业标准》和《中小学教师职业道德规范》，使每一位教师对"教师"这一职业有了深刻的理解；通过建立师德考核制度，规范教师师德行为；通过面向家长和学生的调查问卷和访谈，深入到学生和家长中了解情况，对于家长和学生反馈的问题及时引导纠正，跟踪管理。

每一次问卷，小孩子们会很认真很认真地去画对勾，计算分数。他们的纯真，他们对老师的感觉，便透过那问卷折射出来，我欣然接受他们这份认真的心。

——花蕾（小学五年级 11 班班主任）

与之前所在学校不同，附校真的会进行一学期一次的师德考核问卷。当考核结果张贴在公告栏，我会下意识地去关注领导、学生、家长对自己的评价反馈，关注那一个个量化的分数。虽然等级之间相差不多，但在激励或警示中，为我的进一步提升指明了方向。

——李生风（初中英语教师）

　　每一次与家长交流，他们对我工作的认可，让我颇感欣慰。"老师水平高，是我家孩子喜欢的老师"。这是最朴实的声音，却激发了我更多的热情，让我在班主任的琐碎磨折中力量倍增，无畏前行。

——高燕（初中 17 班班主任）

二、循着教师发展之路，强调教师阅读

　　"学高为师"，学识是教师魅力之基。过去我们认为要教给学生一碗水，教师需要有一桶水。但从某种角度来说，一滴水就够了，而这一滴水是建立在教师的学养上的能够激发学生滔滔江水的一滴水，这一滴水就是催化剂，让学生与科学、与人生、与历史等产生强烈的化学反应。所以，教师知识需要更新，要不断地研究不同时代的学生不同的心理状态、不同的学习环境、不同的接受知识的方式，其实教师是最需要学习的群体之一。

　　教师职业的专业化既是一种认识，更是一个奋斗过程，既是一种职业资格的认定，更是一个终身学习、不断更新的自觉追求。所以行走在教师专业化成长的路上，学习本身就是教师的生命。好教师的知识结构应当有三块组成，即精深的专业知识、开阔的人文视野、深厚的教育理论功底。如果说课堂是老师的根，教学理念就是一个老师的魂。教学理念怎么样形成？一靠实践中提炼而成，二靠阅读积淀与扬弃。读书便是一个人最好的精神化妆。"师生共读"是学校助教师成长的重要法宝。

　　学校不仅为学生开展国学诵读，每学期要求教师至少读一本

教育教学专著，并利用每周的集体教研活动时间开展读书心得交流；每位教师每学期有一本读书笔记，在每年的读书节开展师生共读活动，每学期还会组织读书沙龙等一系列读书活动；每年为每一位教师征订各级各类报刊和杂志，供他们阅览学习。到目前为止，全校教师已经共读了《教育的本质》《生理心理学》等教育专著。培养了教师的学习精神、钻研精神、反思精神，以使教师逐渐拥有厚重的语言表达、灵活的课堂引导、深入的文本解读、多样的学法渗透能力。

让读书成为一种自觉行为

晋中高师附校 杨志坚

读书是最低门槛的高贵，是恰到好处的美好。

经过几年的努力，读书已经成为每位教师和全体学生的习惯。"读书能让教师过上有品质的生活，能品味生活中的幸福"的理念也扎入了每个教师的内心深处。读书内化为教师成长和进步的学习力，成为教师享受幸福的动力和阳光。

因此，要想成为一名新时代的优秀教师，就必须通过精读教育教学理论专著，从中吸取养分浇灌自己的专业之树；就必须有方向、有意识地研读专业报刊，从中寻觅先进的教育教学理念；就必须经常浏览专业教育网站，利用互联网的巨大优势，从中获取教育科研前沿的信息和成果。请记住：读书使人变得睿智，书中自有教师专业成长的营养素。因此，徜徉于书香的世界，是教师专业成长的加油站、学识提升的助推器。

我们始终坚信，只有读书，才能让教师过上真正有品质的教育生活，厚积薄发才能算得上是一名优秀老师。因此，学校在坚持"师生共读"的同时，更关注教师的专业阅读。学校每学期都要为教师购买十几种教育书籍，要求教师每学期至少共同精读一本教学专著。为了将教师共读落在实处，利用每周教师例会，推出"读书心得交流"，由教师轮流登台讲心得，谈体会。一本书，往往引发一次深刻的反思，引发一个课题的研究，引发一次教育行为的变革。继《生理心理学》之后，2016年，小学部语文老师集中研读著名特级教师管建刚的一本书《管建刚和他的阅读教学革命》，并开展了"指向写作的阅读教学策略研究"，收到了良好的效果。最近我校共读的书籍为张红志的《每一间教室都有梦》和张卓玉厅长的《构建教育新模式》。

目前，教师读书已经成为一种专业自觉。

三、循教师发展之路，抓好教师课堂

（一）熟练一个模式

"五环五学"是校教研室推出的一个规范课堂教学的基本模式，该模式推出近三年，收到了青年教师的广泛认可。为了将该模式的研究引向深入，三年来，校级领导深入课堂开展调研反思，广泛收集优秀课例，组织全体教师进行集中研讨，今年将研究阶段成果辑集成册——《耕耘在课堂》，极大地调动了教师实践的积极性。目前，95%的教师能够熟练运用这种模式，有效提高了课堂教学效率。

在此基础上，教研室又对模式的研究进行了细化，比如：数学学科将"核心问题的提炼"作为提升模式内涵重要抓手；语文学科将"设计言语实践活动"作为重点研究内容。总之，课堂是学生学习的场所，也是学生生命成长的原野。所以，围绕课堂之"效"，我们实现模式向模型的转变，努力追求由教师的单向积极

性的教，转向师生双向都有积极性的动态教学新系统。随着研究的不断细化和深入，课堂教学模式的研究会更趋完善。

（二）研磨一节好课

教师的专业成长需要历练，而历练的舞台就在课堂。学校充分发挥师资资源优势，为每位青年教师都配一名老教师作为指导教师，并建立学生评教机制，围绕"上好一堂课"练就了一支优秀的教师队伍。

一是把好课前关：以老带新传好"接力棒"。每学期初，学校要组织校内名师示范行动，该行动涵盖所有年级、所有学科，旨在为青年教师树立样板、明确标准。每次学科组教研，都要进行集体备课，对下一周教学内容、教学重难点进行梳理，并提出具体的教学方案。对于个别青年教师，还提出了"先听后上"的要求，即必须先听本年级同学科教师的课后，自己再去上课。这样，保证了教师课前准备到位。

二是优化上课关：以点带面变革教学方法。学校要求，每位青年教师每学期至少研磨一节好课。研磨的基本流程是：与师傅一起研读教材——起设计教学—青年教师第一次试讲——起反思改课—青年教师第二次试讲——起二次反思改进—师徒同课同构—青年教师面向学科组展示。在不断研磨改进中，青年教师的教学理念得到了进一步的明确，教学策略得到了进一步优化，教学设计能力、教学反思能力得到了进一步锤炼，教学自信心得到了进一步提升。

三是注重课后关：以评促教赢得教学相长。每学期期中、期末，都要组织学生评教活动。组织学生代表开展座谈："印象中最精彩（最糟糕）的一节课""我最喜欢的一位老师""我心目中的好课"……及时听取来自学生的评价，了解学生的心声。当然，学校也十分注重引导教师开展有质量的教学反思，在反思评价中赢得教学相长。

目前，教师人人能上公开课，人人能承担专题讲座。仅2016年，学校应邀外出讲课近40人次。

强化对教师的专业引领，努力营造积极向上的"研、教、学"的氛围，让每位教师能自信地站在讲台，能深刻地影响学生，能幸福地守护课堂。

四、循教师发展之路，倡导教师写作

写作是教师的魅力之本。

在新教育实验学校规定：老师跟孩子们一起写日记，一起写随笔。看起来很简单，其实道理不在写，而在生活。师生们为了写得精彩，就必须活得精彩。他就必须去想、去思考、去观察、去读书。一开始写了很多的人都会面临一个写的高原，一开始有东西写，做了多年教师，积累了许多东西；写着写着，写不下去了。不一定每天都做大文章。每一天写的东西就是一颗珍珠，这颗珍珠可能并不是很圆滑，很光亮，但是你把这一颗珍珠串起来，就是一串美丽的项链。你单看可能不以为然，但是，集中起来看，就会发现，它很精彩。在写的过程中成长。

从2012年以来，学校坚持每年一个主题，相继开展了师魂绽放、红烛情怀、珍藏感动、幸福回望为主题的教师征文活动。在这一系列征文活动中，广大教师对自己每年的工作和生活经历都做了一个全面的回顾总结，表达着自己内心的真情实感和人生感悟。这些发生在自己身边的充满正能量的故事感染着每一位教师，影响着每一位教师，激励着每一位教师不断修行，提升自己的师德修养和人格魅力。

一扇晴窗，暖意熏人

高师附校初中部　韩颖娟

一扇晴窗，在面对时空的流变时飞进来春花，就有春花；飘进来萤火，就有萤火；传进秋声，就来了秋声；侵进冬寒，就多了凛冽。任什么事物到了我们的晴窗，都能让我们更真切地深味生命。蓦然回首，岁月的留声机，在我耳边咿咿呀呀，呀呀咿咿，翻唱出一首动人的歌。

这是来到附校的第三个年头，这一年我送出了自己手中的第一届中考生。那个叫任可敬的优秀女生，站在国旗下的毕业演讲，回想一次便令人感喟一次。三年，一千多个日日夜夜的守护陪伴，转瞬间他们便脱了层稚气，多了分意气风发，一个个成了窈窕淑女，翩翩少年，如雄鹰振翼，去直面苍穹的风雨。

九月，我与29个新的面孔相遇在初一（17）班。那些稚气未脱的面孔，那在威严面前战战兢兢的表情，那一步也不敢越雷池的"听话"，让我多了一层烦忧。我深思，我当以何种方式让这帮孩子三年后获得真正的成长？必须是心灵的成长。

"为学生的一生储备幸福"，特喜欢这句话，因为它跟我的座右铭"让人们因我的存在而感到幸福"是那么契合。于是，我们有了漂亮大气的操场，有了设备高端的录播室，有了足可傲人的动态教室，有了更加丰富的走廊文化，微笑、读书、努力、行善，我的幸福指数迅速提升。

9月10日，我以学生的身份，与来自全国11省市的40名一线优秀教师，集结于一线优秀教师培训技能提升项目的开班典礼上，度过此生中最有意义的教师节。这次奇妙的相聚，是一场知识的盛宴，是一次真正的提升。走进西北师大博物馆，驻足在王圆禄（敦煌的罪人）的画像前，我难掩激越的情怀，历史的叩问再次激荡在心间。进入教室，与各位老师在教育、教学的交流探讨中迅速建立友谊。聆听讲座，在一次次的头脑风暴中，深深折服于各位老师的人格魅力。观摩课堂，在思想火花的激烈碰撞中，产生对教育方向，高效课堂的深层追问。临窗俯瞰，落日辉映着黄河水，涤荡我的心灵，使离乡的愁思顿消。那悠悠转动的老水车，那慢慢荡着的羊皮筏，那令人垂涎的大拉面，那叫人神往的莫高窟。与兰州相识、相知、相恋、相别，十日一觉兰州梦，此生永忆同窗情。我感恩学校的各位领导，让我获得这次十分宝贵的学习机会；我感恩我可爱的同事，能那么热心地为我解决远行的后顾之忧；我感恩培训中遇到的每一个人，能让我真正地蜕变成长。

其实生活本由无数的琐碎与平凡装点，本是枯燥日子的一个个翻转，然而不经意间回眸，那些刻骨的画面，便牢不可破地黏在了记忆里，暖意熏人。

用岁月在心中写诗

高师附校初中部　韩颖娟

女儿钟情的圣诞节礼物到了，一个水晶的紫色沙漏。乍一看，沙子怎么不流呀？注目凝视，哦，确有一股细得不觉得是沙在流动着，细到极致，如抽出的丝线，散着唯美的光，牵动人心而温暖的情。一如岁月的溪，流过指尖，恍若不觉，回首凝望，宛然在目。

阅读生香

没有人是一座孤岛，每本书都是一个世界。

很偶然地通过微信朋友圈关注了"十点共读吧"的公众号，于是便在每日晚间十点准时开启共读模式，以一种有声方式与读友共约。领读以颇具亲和力的声音带着我们走进了《江城》《岛上书店》《解密》《我们仨》《瓦尔登湖》……有几本书名与作者均第一次接触，但这种有声阅读的方式，让人很快便进入了作品，并带着我的孩子一起享受阅读的快乐。当然，案前、枕边永远少不了我所挚爱的《张爱玲传》《林徽因传》，我喜欢灵魂有香气的女子。

认同一句话：你如今的气质里，藏着你读过的书，走过的路，与爱过的人。

朋友携行

进入附校五年了，免不了重新起步的坎坷与艰辛。欣慰一直有一群朋友携手同行，我们之间的情谊不张扬但醇厚。

这一年，我和女儿依然"理直气壮"地蹭着彩红的车来来回回，为人处世很低调的她不会说多么好听的话，但五年来，她那辆总是满载甚至超员的车，见证了她是一个极其温暖的人。这一年，我们五六个人在学校吃午餐，默契地有了固定的位置，饭罢亦或到操场散步，亦或回办公室闲聊，侃侃八卦，聊聊工作，叙叙旧事，抒抒己愁，减工作压力，抒个人情绪，添生活乐趣。这一年，几次出外培训，我都不用担心女儿上下学、中午吃什么，因为有她们如家人般站在我的身后。小棠，人如其名，温和而快乐的人，每说一句话都很有分量，断是非，慰人愁，我们心照不宣地尊其为大姐。生风，最有趣的是那卖萌的腔调与表情，特别是那张名副其实的樱桃小嘴嘟起来的时候，莫名地就会给我们带来很多的欢笑。瑞琴、小孟、吴薇，话亦不多，笑容明媚，行动温暖。

这一帮人，直言快语，性情相通。因为简单，所以相融；因为善良，所以热量无穷！生活如诗行，那是她们爱的流淌。

领导走心

从教十几年，一直固守一个认知，校长那就是高高在上的存在，自己当敬而远之。然而，是他们改变了我的偏执。

2015年9月，"名校长工作室"在我们学校挂牌，内心并没多大触动，认为只是一个好听的名号罢了。2016年7月，有幸成为名校长写作团队中的一员赴南京学习，一行七人，几日同行，接触下来，两位校长的平易与随和，深入心田。2016年10月，全国首期名校长领航班专家调研团队莅临我校指导工作。座谈会上，一位位老师发自内心的认可与溢于颜表的骄傲，让我对"幸福"的体认有了质感。2016年11月，语文组公开赛课，两位校长一节不落地听完，并给予中肯评价，专业素养与务实勤勉让人心生佩服。

每日早间，杨校长的微信问候会如约出现。亲切的口吻、多样的视角、不凡的文笔、深挚的情感，使人倍感清爽，工作激情勃发。

不经意间便会感受到郭校长传递的温暖。他笑容亲切地蹲在那里和调皮的孩子们聊天，他帮助演讲的同学抚平被风吹起的一角纸张，他很宽容地告诉稿件不过关的我们"没关系，我帮你们写"，他偶尔还会在微信群发着令人捧腹的表情。

有领导如此，我们何其幸运！

60分钟，那紫色的沙流尽数地流到了水晶瓶的另一端，堆积如丘，熠熠生辉。然而，岁月的痕与激越的情写就的诗行，却如行板一直在我的心底延宕。

通过这一系列的活动，使广大教师对自己的教师职业有了一个全新的认识和认同感，对教育事业有了强烈的爱心和责任感。古语说："敬业者，专心致志以事其业也。"学校形成了一个爱岗敬业的教师团队，教师的信念、情感、体验都已达到新的境界，并且形成一种进取态势，使每一个教师的教育能力都得到提升，为享受教育幸福奠定了基础。

第三节　幸福成就

学校的发展靠教师，教师的培养靠学校，没有教师的专业成长，就没有真正意义上的教育教学改革，就不可能实现"为学生的一生储备幸福"的办学理念。从建校起，本着"自我反思、同伴互助、专家引领"的原则，立足课堂，一直关注教师的专业发展与成长，为努力成就每一位教师保驾护航。

一、开展自我反思，增长教师教育智慧

著名教育心理学家波斯纳提出教师成长的公式：教师成长＝经验＋反思。"自我反思"是教师专业成长的有效途径。为此，教研室重点引领教师从以下三个方面进行反思。

（一）学习反思

要求教师在每次学习、培训活动中，认真反思自己的教学理念与教学经验的差异，认识到自己在教学实践中存在的问题和不

足，"有则改之，无则加勉"，使自己的教学理念和思维有一个质的飞跃。

（二）重点课例反思

在学校"同课异构""师徒结对展示课""课堂教学技能展示活动""小课题研讨课"等多项课例研讨活动中，要求教师在每一节课后要在教研组内认真研讨，深刻反思。反思时要做到"3个关注"，即关注个人已有经验的原行为阶段，关注新理念之下课例的新设计阶段，关注学生的学习方式和效果。

（三）日常课堂教学反思

叶澜教授说："一个教师写一辈子教案，不一定成为名师；如果一个教师写三年反思，有可能成为名师。"为此，学校倡导教师一课一反思，教师备课时在教案上预留空白，上完课后将教学得失记录于教案之后，可以写出教学过程中好的做法和经验；可以写教学体验；可以写自己教学中存在的不足；也可以及时记录自己对教学的灵感和思考。日积月累，加强了教师对日常教学工作中的理性思考，促使每一位教师养成一种自我反思的良好习惯，同时有助于教师将平常工作中的点滴经验凝聚与升华，提升教师的教育教学素养和理论水平。

（四）期末总结反思

反思是教师的是一种教育智慧。

在每学期结束时，学校要求每位教师对自己一学期的教育教学工作要做深刻的反思，要认真撰写一份教学反思、一份教学或教育案例、一份教学设计。通过反思，使教师认识不足，总结经验，提高自己的专业化水平，有助于唤醒教师的职业幸福感。

突破教育之霾——语文教学反思

高师附校初中部 韩颖娟

教学的日子琐碎而平凡，经历过了，总禁不住回望，收获也罢，教训也罢，总是一个整理自己思想的过程。

这学期担任七年级17班的语文教学工作，遇到29个未脱稚气的面孔，班容量不大，孩子们也"听话"，不必为维持纪律费心，第一次月考只有一个不及格，貌似还算满意。但望着孩子们并不灵动的眼神，我隐隐担忧。接下来的相处证实了我的预感，没有几个是有个性的，也看不到有智慧锋芒的学生。就是那么听话地来学校，上课，回家完成作业，再来听课，一日日地往复。如机器般，在各科老师的模具里拓印，单曲循环般地沦陷在各科老师所谓的"勤勉教诲"中。

就是简单的字音词语也记忆不准，关于答题技巧、能力提升更是多遍复习，可笑、可悲、可叹！这样的现状令人无奈。

必须改变我的教学思维，必须唤醒学生的自主学习意识，这是我心底发出的声音。

幸运的是，学校一直在致力于课改的纵深发展。教学教研工作开展得轰轰烈烈，微讲座、师徒课、名优课、实录课，讲了不少，也听了很多，可兜兜转转，还是学生的成绩才是最具说服力的东西。然而究竟为什么一节课该学会的东西，得靠老师的"宵衣旰食"般地付出才能获得？似乎从来没有人去思考这个问题。"高效"这两个字对于最后落在考核表上的"四率"而言，不具备杀伤力，因为没有人强调单位时间内的收获，只看最后落在试卷上的那个分数。所以学生们的时间、空间被挤占光了，学生们的大脑也被灌锈了，兴趣、活力那只是空谈，"高效课堂"那只是一个华丽的口号。

最值得自己庆幸的是这学期有机会赴兰州参加国培，与来自全国 11 省市的 40 名一线优秀教师，集结于一线优秀教师培训技能提升项目培训班上，度过此生中最有意义的教师节。这次奇妙的相聚，是一场知识的盛宴，是一次真正的提升。走进西北师大博物馆，驻足在王圆禄（敦煌的罪人）的画像前，我难掩激越的情怀，历史的叩问再次激荡在心间。进入教室，与各位老师在教育、教学的交流探讨中迅速建立友谊。聆听讲座，在一次次的头脑风暴中，深深折服于各位老师的人格魅力。观摩课堂，在思想火花的激烈碰撞中，产生对教育方向、高效课堂的深层追问。我感恩学校的各位领导，让我获得这次十分宝贵的学习机会；我感恩我可爱的同事，能那么热心地为我解决远行的后顾之忧；我感恩培训中遇到的每一个人，能让我真正地蜕变成长。十日学习，一生受益。

最感欣慰的是 2015 年中考成绩揭晓，我们的语文科成绩居于榆次区第一，榆次市第二，仅次于榆次一中。哦，我的学生并不差，中考总算给了我一个平衡的支点，特别是我初三接上六班时，开始五六个不及格，中考结束只剩一个不及格，我真是非常高兴。这说明我的与众师所对立的教学理念（不占课、不拖堂、不多做作业）还是有效的。

其实我深深地理解，我的同事们也是迫于考核的压力，迫于学校以分数来评价教师能力的压力，才不得已去逼迫学生，将学生置于"做题机器"的地步。但是我们清晰地看到学生被每日的课后作业压得没了灵气，压得没了自由，压得少了课堂的灵性与灵动。在他们的身上被包裹了一层厚厚的"分数之霾"，他们已呼吸困难，而为师者却依旧打着"教书育人"旗号，坚定不移地躬耕在所谓的"桃园"，这真是一个值得人深思的现象。

又是一届学生交在我的手中，我当努力在"高效课堂"的践行中，走出一条属于自己的路来。

不管周围的人怎么做，我要坚持自己，站在学生发展的角度，朝着有思想、有智慧的教师行列迈进。

二、加强同伴互助，促进教师专业发展

同伴互助是校本研修的一种重要形式，也是教师专业发展的一项有效策略。更重要的是，同伴互助有助于突破学校中教师之间的相互隔绝，形成一种相互协作、相互支持、相互促进的新型的学校文化，而这种新型的学校文化又能有效地促进教师在互补共生中成长。同伴互助主要有对话、协作和帮助三种形式。

（一）倡导专业对话，实现智慧经验共享

研究表明："教师间的广泛交流是提高教学能力最有效的方式"。交流对话的过程是教师学会教学、学会研究、学会合作的过程。为此，学校提倡教师之间要经常互动、开展专业对话与交流。要求在校本教研活动时间开展"微论坛"活动，同组教师对本学科的教育教学进行信息交换、交流讨论和经验共享；组织深度会谈（即课改沙龙），学校教研室针对我校进行的课堂教学改革先后组织了多次课改专题研讨，"左权宏远学校访学研讨""四环四学课堂教学模式研讨""五环五学专题研讨""规范课堂、高效课堂、智慧课堂研讨"等主题研讨活动。在这些研讨活动中，教师们畅所欲言，把自己的看法、思想、智慧展示出来、表达出来，丰富彼此的思想，共同提高对问题的认识，形成很多有价值的新见解。

现在是"互联网＋教育"的时代，学校积极引领教师开展网络教研，放眼看世界。要求人人在晋中教育网建立自己的个人工作室，鼓励教师们积极撰写、上传教育故事、教学论文、教学随笔、教学反思和教学资源，加强与其他学校的同行之间的交流研讨，学习和吸收各地一线教师的经验。通过各种形式的专业对话，教师们在交流中碰撞出思维的火花，共同收获着研究的乐趣，共同成长，实现了"百家争鸣，百花齐放"的共赢。

（二）加强教师协作，在合作中共成长

教师之间是有差异的。每个教师都有自己的兴趣爱好和个性特长，在教育教学实践中也形成了自己的风格。加强教师之间的合作，充分发挥每个教师的特长与智慧，群策群力，彼此在互动、合作中成长。每学期学校组织各教研组开展集体备课，在校本教研活动时组织相同学科、同年级教师之间，就教学进度、教学内容、教学方式、教学手段、教学过程、练习测试等内容进行商量和讨论，集中大家的智慧，达成共识，有效地促进了各学科的课堂教学；坚持组织听课评课活动，每学期组织开展课堂教学研讨活动，通过"同课异构"活动、骨干教师示范课、青年教师汇报课、课改研讨课等活动加强教师之间的互听、互学，通过相互切磋，取长补短，实现共同提高。

（三）实施"青蓝工程"，实现以老促新，教师共成长

作为一所年轻的学校，教师团队以青年教师居多。为尽快使其适应教育环境的要求和教育角色的需求，从建校起学校就重点实施了青蓝工程。2012 年聘请了全市范围内的教研员和一线名师作为学校骨干教师的"师傅"，指导这些教师尽快成长为学校的中坚力量。学校的骨干教师是青年教师或新任教师的师傅，实现了

教师队伍的梯队培养。"师傅"要关心"徒弟"的成长,要通过传、帮、带指导他们研读课标,钻研教材,备好课和上好课。"徒弟"应虚心向"师傅"学习,多听"师父"的课,用"师傅"的宝贵教学经验不断充实、提高自己。通过几年的教师梯队建设,我校的教师队伍形成了一个良性循环,通过以老促新,以点带面的教师培养方式,使青年教师在短期内快速成长,同时也不断提升"师傅"团队的专业素养。这种同伴互助的方式,有效促进教师共同成长。

师徒结对课例——《往事依依》教学案例

灵动的语言,跃动的情怀

高师附校 韩颖娟 (师傅)

[案例背景]

学校要求出一节实录课,经过同组教研,我们确立课题为《往事依依》,这是七年级课本第二单元的第一篇课文。阅读课文,犹如走进了色彩斑斓的文学天地。处处是名言诗句,令人目不暇接,显示了作者深厚的文学功底。我想:教读此课,并不仅仅是去感知祖国的风物,感悟作者丰富的情感、美丽的语言,而是通过此课的学习,让学生深刻感受到文学的魅力所在,知道如何去读书、看画,培养阅读的兴趣,提升个人的审美能力及写作能力。

为了激发学生的兴趣,我特意联络自己的学生写下了一段文字以加强阅读的感染力,并自写了藏头诗,以创设情境,唤醒学生的情感体验,加深学生对文本的理解。并从以下几个方面进行了设计和突破:在知识把握上强调自主获取,在课堂推进上以"读"促学,在评价体制上以自评、互评、师评相结合。以上设计力图最大限度地从学习内容和学习方式上贴近学生学习的实际,获得有效学习效果。

［案例呈现］

课时安排：1课时。

［教学流程］

一、导入

刚刚过去的语文检测，作文题目要求大家回忆母校，我在大家的作文中看到了与朋友快乐地玩耍、在教室专心地学习、老师的谆谆教导，以及大家对母校一草一木的深切眷恋，但我想如果我们学过了于漪的《往事依依》的话，我们的这篇作文会写得更加出彩。下面让我们共同走进于漪老师的《往事依依》。

二、以自己喜欢的方式阅读课文完成以下任务

读：带着情感、思考、体悟；

听：听自己的声音、听同学的观点、听老师的点拨；

说：朗读、提问、回答、叙说、总结、评价；

写：学会的知识、重点的笔记、自己的感受。

三、检查自主学习效果

1. 为下面红色字注音（加注红色）。

涟漪（   ）绚丽（   ）水浒（   ）水泊（   ）停泊（   ）浩渺（   ）歌咏（   ）

重读（   ）镌刻（   ）阴晴雨晦（   ）谆谆教导（   ）徜徉（   ）（   ）

2. 积累文中的四字词语（学生黑板写出）。

教师备案：

搜索枯肠　历历在目　记忆犹新　雄伟险峻　烟波浩渺　无边无际　茫茫荡荡　走投无路　狼狈逃窜　津津有味　气象万千

眼花缭乱　心旷神怡　油然而生　滚瓜烂熟　鸦雀无声　谆谆教导

3. 积累文中的诗句（找到段落并读出来，并尝试背诵《雪梅》）。

教师备案：

一年之中，风光流转，阴晴雨晦，丽日蓝天，风云变幻，真是美不胜收。

四季风光就活生生地展现在眼前：

万紫千红总是春。	——（宋）朱熹《春日》
春城无处不飞花。	——（唐）韩翃《寒食》
绿树阴浓夏日长。	——（唐）高骈《山亭夏日》
五月榴花照眼明。	——（宋）朱熹《题榴花》
青娥素女俱耐寒， 月中霜里斗婵娟。	——（唐）李商隐《霜月》
梅雪争春未肯降， 骚人搁笔费评章。 梅须逊雪三分白， 雪却输梅一段香。	

——（宋）卢梅坡《雪梅》

四、研读探究

1. 解题"依依"的意思是：萦绕心怀，十分留恋（课下注释）。

2. 围绕"依依"请简要概括出作者回忆的几件往事（抢答）。

教师备案：

（1）小时候看画和《水浒传》插图，犹如身临其境。（以趣

动人）

（2）学生时代读《千家诗》，编织了童年美丽生活的花环。（以美动人）

（3）两位国文老师诵读诗歌的情状，在我心上雕镂下深刻的印象。（以情动人）

（4）老师关于读书的教导，铭刻在心，一生受用。（以理服人）

3．请以小组整合意见，画出本文的结构层次图（学生黑板展示）

4．小组讨论，作者回忆的几件往事都与什么有关？对"我"有什么影响？

教师备案：

与读书（画）有关。

读书，编织了"我"童年美丽生活的花环，开阔了"我"的眼界，开启了"我"的心智，给"我"以美的享受和情感的熏陶，使"我"成为一个志趣高尚的人。正因为这样，"我"才对学生时代有关读书（画）这些往事留下深刻印象，产生了依依之情。

唯其如此才成就了如此一个优秀的于漪。（引入于漪个人档案）

于漪（1929—），女，江苏镇江人。1951年毕业于复旦大学教育系。1978年获"特级教师"称号，上海市杨浦中学语文教师。凡与于漪交往过的人，都称赞她的为人。她正直、敏捷、纯粹、真诚、厚道；她胸襟开阔、性格开朗、才华横溢……历任上海市杨浦中学语文教师、校长，全国中学语文教学研究会副会长、全国语言学会理事、全国总工会执行委员、特级教师。主要著作有

《于漪语文教育论集》《语文教苑耕耘录》《语文园地拾穗集》《学海探珠》《教你学作文》《语文教学谈艺录》等。

她上课注重"教文育人"，认为讲课要有情趣，应把学生带入文学的情趣中，做到声情并茂，以提高学生语文学习的主动性与积极性。有一次在讲课时朗读《祖国啊，我的母亲》，读到动情之处，于老师真的声泪俱下，听课的师生无不为之震撼。

可见，亲近文学，阅读优秀的文学作品，是一个文明人增长知识、挺高修养、丰富情感的极为重要的途径。

五、情感共鸣、能力拓展

阅读下面文段请概括文中教师的特点。（学生自由回答）

那时候读县立中学，我和我的同学们都很自豪碰到一位刚刚大学毕业回来的美女语文老师。与那些一脸严肃的学究式语文老师截然不同，她犹如一股清风，轻拂着我们不安分的心灵；又如一丝细雨，滋润着我们躁起来的青春。一个秋日的午后，阳光透过窗子斑驳地洒进教室，语文老师穿一件白色长裙，外面套了一件淡蓝色小针织衫。她并没有拿书本，微低着头悠悠地在讲台上踱步，喃喃地为我们朗诵着戴望舒的《雨巷》："……我希望逢着一个丁香一样地结着愁怨的姑娘。她是有丁香一样的颜色，丁香一样的芬芳，丁香一样的忧愁……"我们被她嘴里飘出的那美妙的音符深深地吸引住了，仿佛那几尺讲台就是那个窄巷，而她就是那个丁香一样的姑娘。这个浪漫的画面深深印在我的脑海里，每每遇到一些婉约的或是充满惆怅的新派诗词，总会想起这首《雨巷》，总会在心里勾画出细雨窄巷里一身白色长裙的语文老师。后来怀着敬畏的心情读了戴望舒的诗集，《寻梦者》《烦忧》等多篇作品都给我留下了深刻的印象。戴望舒是中国文学史上一个独特的存在，那位语文老师在我心里也是个独特的存在。

——和顺一中　145班　兰晓东

[教师说明]

文中的主人公就站在你的面前，这篇文章出自老师教过的第一届学生之手，我想大家会由衷赞叹这位学生的文笔之好，以及他对老师所教授课程的印象之深，而老师则非常欣慰能在他生花的妙笔下灿然绽放。同时你会发现这一段的写法是脱胎于《往事依依》的第六段的，可见优秀的文学作品对人的影响之深刻。

"我手写我心"

请你从课文及以上文段中吸取精华、灵活运用，回忆并写一个令你印象深刻的听课片段吧。（不少于100字）

写完后，小组互读，展示作品。

小结（教师自创）

于书海里嗅墨香，

漪波泛起心舟荡。

往境随风如水逝，

事趣情美任追想。

依事读出佳年华，

依文体悟细品赏。

好词佳句相与析，

美好情愫共分享。

（请大家把每句诗的第一个连起来读出来：于漪往事依依好美）

让我们共同期待下节课中与课文做更深层的对话吧。

112

［作业］

1. 从"依依往事"中可以看出作者成长的源头在何处？

2. 文中哪些地方最能吸引你，最能打动你的心，为什么？

要求：（1）独立阅读、思考。（2）在书上做好圈点、批注。

［板书设计］

（学生完成）

往事依依　　　　于漪

历历在目　记忆犹新

看	评	听	听
山	千	国	师
水	家	文	教
画	诗	课	导

唤起激情　不断奋进

［案例反思］

本节课因为是第一课时，所以教学目标设定以"读"为主，带动听、说、写的展开，以考查学生自主获取信息能力为主，强调学生自己完成对课文的整体感知。但由于积累字词句环节推进缓慢，还是出现了前松后紧的教学状况，致使后面学生动手写作的环节不得不调整为课后作业。另外，课堂上还是少了点琅琅的书声，可见教学环节的设计还有待改进提高。亮点应该是学生作品的介入，使学生对文章的理解加深，对文学的情趣得以提升，相信会体现在写作训练中。

［改进措施］

1. 训练并培养学生的自主学习能力，基础性知识做到课前把握，加快课堂推进。

2. 课堂把控灵动化，不再为了完成任务而强拖学生走。

3. 强化教学智慧，让学生真正实现乐学、善学、会学、学会。

《往事依依》教学设计

初中部语文　王文博（徒弟）

[教学目标]

1. 能有感情地朗读课文，体会作者在文章中流露的情感，培养学生热爱自己、热爱生活、热爱祖国的思想情感，同时培养学生阅读文学作品的兴趣，自觉养成阅读习惯。

2. 能用简洁的语言概括文章所写的几件事，理清文章脉络，并能表达出所获得的启迪、明做人之理。

3. 品味文中有声有色、文情并茂的语言描写，体会其中的语言之美和意境之乐。

[教学重点]

理清文章脉络和基本思路，感受作者蕴含的思想感情。

[教学难点]

1. 能用简洁的语言概括文章所写的几件事，体会作者在文中表现的身后的感情，培养学生热爱祖国、热爱生活、热爱阅读的思想感情。

2. 品味文中语言之美。

[教学过程]

一、导入

同学们，第一单元，赵丽宏的《为你打开一扇门》，把你带入了文学之门。但我们一踏进大门去就觉得眼花缭乱，似走入仙境，又似走入迷宫。在这浩如烟海的文学世界，让人痴迷又让人不敢

114

涉足。这节课让我们沿着于漪老师曾经跋涉过的脚印，拥抱文学，用她曾经渡过这雾海的小船载我们去遨游五彩斑斓的文学海洋。

二、课文回顾

CCTV—10 有一个系列访谈节目，"探访名师的金色年华"，今天就请各组根据你对课文最感兴趣的一件往事，选择一个角度来制作节目。请各组组长先推选代表充当于漪、主持人，其他同学帮助代表们准备好发言提纲，交给组长要以课文为主要依据，参考课外收集的相关资料，揣摩人物情感，设计人物语言。

访谈提纲：

1. 您觉得什么时期对您今后的发展影响最深？

2. 这个时期中记忆最深刻的事情又是些什么？

3. 您对于生活最大的乐趣是什么？影响最深刻的书是什么？

4. 您已步入了教师队伍，您记忆中最深刻的老师是谁？（是什么使您选择了教师的职业？）

5. 对于您的学生、您的孩子们有什么样的嘱托？

三、品味欣赏

散文之美，在于它的形散而神不散。具体而言，就是形、神俱美。而形美就是指语言风格、词语优美，神美则是指思想内涵有深度和广度。就本篇文章而言，它的形美和神美又在何处？让我们来共同走进课文继续学习，探究感知文章的语言的写法和体会文章的语言之美。

1. 文中哪些词语、句段最能打动你的心，为什么？（3 人左右即可）

教师范例：

第一段：搜索枯肠，表明很多事情难以想起，唯独这四件事

115

情印象深刻。

第二段：雄伟险峻、烟波浩渺等，写出了梁山和水泊的特点。

第三段："风光流转，阴晴雨雪，丽日蓝天，风云变幻"表现出了变化多端的美景。

第四段：春夏秋冬景物和色彩的句子（能否背诵一两句，提醒学生积累词句的重要性）

第五段：雕镂，留下深深的痕迹，表达了印象的深刻难忘。

写看画入了神的几个词语用得准确贴切："凝视""进入画中""'徜徉'于山水之间"。寥寥数词，就把一个痴迷于想象的形象勾勒出来。

阅读文章，要学会扣住关键字词来把握主要内容。

2. 快速浏览课文，思考：作者在对下列往事的描写中，分别侧重于哪个字，请填出。

回忆一：小时候看画和《水浒传》插图，犹如身临其境。（以趣动人）

回忆二：学生时代读《千家诗》，编织了童年美丽生活的花环。（以美动人）

回忆三：两位国文老师诵读诗歌的情状，在"我"心上雕镂下深刻的印象。（以情动人）

回忆四：老师关于读书的教导，铭刻在心，一生受用。（以理服人）

3. 下面我们逐一来感受：

（1）以趣动人

作者能这样做，她用什么方法，你会吗？

凭借联想和想象产生的。

艺术欣赏的最高境界，就是与艺术品产生共鸣。

方法是：其一，培养兴趣；其二，融自己于其中（转换角色、角度、时空）去联想、想象，去探求、去感知。（需笔记）

欣赏此图，说说你在画中看到、听到、闻到、感受到的……

今后在阅读、写作、鉴赏艺术作品中，要运用这种方法去训练自己，相信每位同学都能够在艺术的天空中得到陶冶，逐渐脱离低级趣味，提高自己生命的质量。

（2）以美动人

全班齐读四段。

作者列举的诗句分别是：春夏秋冬，分别用括号括起来。（见课本）

课件展示春、夏、秋、冬图片，学生用课本上的诗句或者自己知道的诗句乱猜。

"春草嫩绿夏草青，秋草枯黄冬草尽；春雨绵绵夏雨急，秋雨凉爽冬夹雪。"除课本上的诗句外，你还能说出描写四季景物的诗句吗？

春天：

春色满园关不住，一枝红杏出墙来。（叶绍翁《游园不值》）

不知细叶谁裁出，二月春风似剪刀。（贺知章《咏柳》）

天街小雨润如酥，草色遥看近却无。（韩愈《早春呈水部十八员外（其一）》）

夏天：

接天莲叶无穷碧，映日荷花别样红。（杨万里《晓出净慈寺送林子方》）

秋天：

无边落木萧萧下，不尽长江滚滚来。（杜甫《登高》）

停车坐爱枫林晚，霜叶红于二月花。（杜牧《山行》）

冬天：

千山鸟飞绝，万径人踪灭。孤舟蓑笠翁，独钓寒江雪。（柳宗元《江雪》）

（3）以情动人

欣赏《南乡子（登京口北固亭有怀）——辛弃疾》

何处望神州？满眼风光北固楼。

千古兴亡多少事？悠悠！

不尽长江滚滚流。

全班模仿跟读，抽查效果。

田汉的《南归》

模糊的村庄/已在/面前，礼拜堂的塔尖/高耸昂然，依稀/还辨得出/五年前的园柳，屋顶上/寂寞地/飘着炊烟。

这首诗抒发的感情：孤独、惆怅、感伤的感情。［诗中的人如果是男的，他回来找什么？故乡、姑娘？结局会怎样？（家园破败、姑娘嫁人或是死了）］

学生个人朗读训练。

（4）以理服人

请同学们有感情地朗读自己喜欢的语段，各取所需，自由朗读，再次品味了文章优美的语句。

设想一下：于漪老师今天也来到了我们的现场，她会对我们说些什么呢？

作者少年时代为什么会爱读文学作品呢？（真正根源）这就要从课文中去寻求答案了。

她热爱大自然、热爱生活、热爱祖国，她明白要去做一个志趣高尚的人。

青少年应该：一是热爱大自然、热爱生活、热爱祖国；二是要多读书，读好书，明做人之理，做一个志趣高尚的人。

本文主旨：这篇课文的内容我们应该认识到的两点。

四、延伸拓展

通过刚才的品味、朗读，我们可以发现：阅读课文，犹如走进了色彩斑斓的文学天地，处处是名言佳句，令人目不暇接。显示了作者深厚的文学功底，这是否是一日之功呢？作者从小酷爱读书，几十年如一日。青少年时代所受的文学熏陶促使她不断奋进，终于成为当今著名的语文教育家。

那么在你的生活中，是否也有过像作者一样的经历？你能否能举一例来谈一谈文学和你的成长有什么样关系？（提示：结合自己想一想，在自己的成长过程中对自己影响最大的一本书或电影。）

五、结束语

回忆往事，总有些事会模糊，但也有很多事情经过许多年也仍旧会记忆犹新，难以忘怀。而这些让我们难以忘记的事总有让我们印象深刻的理由。于漪老师将自己的少年时代的美好记录了下来，同学们可以吗？可以写得一样生动自然有趣吗？文章倒数第二段的话其实也是对我们同学的教诲：读书，读好书可以拓展知识，提升修养，丰富情感，成为一个志趣高尚、有品位的人。所以我们要多读多思，做一个有用的人。

但愿在以后的日子里，同学们能一如既往地与我一起走进语文，体味语文的独特魅力。希望20年后的你们回忆起今天的依依往事时，依然会热爱语文。

[教学反思]

我和韩老师（师傅）同课异构，很有压力，尽管之前我们做过很多次沟通，韩老师也根据我的教学设计给予中肯指导，但听过她的课，再看我的课，明显感觉缺少了一些灵动的成分，只是中规中矩地上下来而已，对于学生的思维发展似乎不够给力。在今后的教学中，一定先强调学生的主观获取阅读体验的能力，强调对学生学习能力的有效指导，不仅仅为上课而讲课，应立足于学生的收获而备课、授课，真正实现让学生提高，让自己发展。

三、磨炼"师能"，提高教师的教育教学能力

"师能"是指教师从事教育教学工作的能力和水平。"师能"是一名教师的基本功，所以，教师要磨炼"师能"，苦练教学基本功。从2012年起历经三年结合晋中市教育局开展的"六项技能大练兵"活动，学校强化教师"书、诵、说、讲、评、做"六项技能的训练。首先狠抓教师的钢笔字、毛笔字、粉笔字、朗诵基本功的训练，学校聘请许多书法和诵读专家对教师进行指导训练。同时，在校本教研活动时，由各教研组安排进行"说、讲、评"的课堂教学技能的训练和展示活动。基本功的训练加速了青年教师的成长，提高了教师的教育教学能力。

四、实施专家引领，提升教师专业素养

教师的专业成长离不开自我反思、同伴互助和专家引领。教师在平时的自我反思和同伴互助中，往往只是局限于自身行为，缺乏先进的教育理念和理论知识，在专业发展的过程中经常会遇

到"瓶颈"问题，这时专家的引领和指导对于教师的专业成长就起到了事半功倍的催化作用。学校非常重视专家引领的示范作用，本着"走出去，请进来"的原则，每年组织教师外出学习与培训，从建校至今短短的几年里，已经有60多人次参加"国培"项目和其他项目培训学习，有部分教师参加网上"国培研修"学习，每年组织学校骨干教师去省内课改名校学习交流。学校规定教师参加学习培训后要开展"成果汇报"活动，凡外出学习与培训的教师个人与团队，返校后需把学习所得向全体教师或在教研组内进行专题讲座，上汇报课，主持座谈会等形式进行成果汇报，以此发挥学习与培训的辐射作用。学校每年都会举办"名家进校园"活动，先后邀请了刘明远教授、郝少林校长、顾淑云校长、赵介平院长、三晋名师杨爱萍、晋中市教研室副主任郑守兵和各教研员等省内外的教育专家多次进校做专题讲座，深入课堂指导教学，对学校教师进行有的放矢的指导和示范引领。通过专家引领，教师们开阔了视野，更为深刻地理解了新课程理念的内涵，提高了教师教育科研的理论素养。

五、搭建展示平台，点燃教师成长激情

教师的专业成长是一项长期系统的过程，当教师的教育力、学习力和教学力和基本功都得到提升时，如何激励教师继续努力前行？"问渠哪得清如许，为有源头活水来。"这"源头活水"就是为每一位教师搭建平台，展示自己，欣赏自己，悦纳自己，点燃教师的成长激情。

（一）组织"六项技能"比武活动

学校组织了硬笔书法、软笔书法和黑板字以及"说、讲、评"

大赛等一系列技能比武活动。同时选拔出一批优秀教师参加了山西省和晋中市的技能大比武活动。有12位教师在活动中获奖，有3位教师被晋中市劳动竞赛委员会记功。

（二）组织各级各类公开课赛讲活动

学校每年都会组织全校教师的赛课活动，涌现出一大批优秀教师。他们代表学校参加省、市、区组织的"三优课""教学能手课""骨干教师评选课""中兴杯"、微课大赛、课件制作大赛等赛讲中都取得了优异成绩。目前，我校有2名省级名师，5名省级学科带头人，6名省级教学能手，3名省骨干教师，和37名市，县级学科带头人和教学能手。

（三）组织"一师一优课，一课一名师"的网上"晒课"活动

通过"研课—磨课—答课—引课—辩课"的"五位一体"的研课模式，然后再推优晒课，通过"研究一课"达到了"受益一群"的良好效果，也取得了令人瞩目的成绩。在2015年的"晒课"活动中，晒课23节，有6节课获得部级优课；在2016年度的活动中，注册率达100%，网上晒课完成95节，有4节课获得部级优课。

六、致力教师科研培训，凝聚优秀团队

鸢飞戾天，鱼跃于渊。一个人可以走得快，但是，一群人一定走得更远。教师的专业发展要靠团队合力，集体智慧。近年来，学校为特级教师、省名师、学科带头人成立名师工作室，推动科研团队的培养和打造，取得了较好的效果。

一是任务驱动。学校教科室明确规定：名师工作室每月进行一次优秀成果展示。展示立足课堂、立足校本。在任务驱动之下，

名师工作室形成了相对完善的月工作流程：每月第一周确定研究专题，第二、三周进行专题研磨，第四周组织成果展示。学校将此项工作作为评价名师工作室团队科研能力的重要依据。"捆绑评价"提升了教师的科研意识、团队意识和成果意识，更增进了团队之间的友谊。2014年11月，小学部白洁老师执教的《夕阳真美》一课荣获全国小学语文课堂教学大赛特等奖。此课例就是名师工作室集体研磨的成果。

二是共读共写。新教育倡导教师专业发展的"三专模式"，即让教师在"专业阅读、专业写作、专业发展共同体"中获得应有的发展。近年来，名师工作室坚持共读共写活动，整体提升了教师的学科素养，同时也营造了浓浓的书香氛围、学术氛围。学校青年教师均有文章在各级刊物发表。

三是倡导"无痕教研"。在上完课后趁热打铁，顺便拉上几位教师，长则一两节课，短则十来分钟，及时探讨课堂得失的"同伴互助式"教研。这样的随机教研让教师们品尝到成长与成功、成事和成人的双重成就感，有效地增强了大家的事业心，也自然地提升了对幸福感的理解。难怪有教师会说："能够和大家一起分享成长的喜悦、烦恼和困惑，也是一种幸福。"

四是开展"三微"展示。"三微"即微课题、微课堂、微成果。名师工作室还定期组织教师个体的"三微"成果展示，以学科组为单位，分工合作，集体亮相，营造了良好的团队竞争氛围。

总而言之，教育的本义在立人，在"上所施"与"下所效"之间，给予人发展的能力，并引其向善。

"幸福教育"是充满温情的教育，倡导尊重、唤醒、激励与鼓舞。在充满温情的教育中，面对的是每一个如此不同的生命。

第四节　幸福守望

"要做一个幸福或实现幸福的教师，教师应当具有幸福的能力。"教师除了要具备良好的知识结构、高超的教学能力、审美的素养和自身的专业发展外，更离不开拥有健康的生命力，这是教师享受和创造幸福的基础和源泉。

校长不经意的一句话、一个脸色可能影响到教师一天乃至几天的心情。所以，校长要像保护自己的眼睛一样保护教师的自尊心，不要随便伤害它。"欣赏每一位教师，尊重每一位教师"，努力践行。

一、维护人格尊严

校长在学校大门口站着看哪些教师上班迟到，实在大可不必。据说，一位教师早上迟到后，校长只是铁青着脸瞪了那位教师一眼，也没怎么批评，可那位教师居然发了脾气。是啊，他迟到可能另有隐情或者苦衷，不分青红皂白地责怪就显得不近人情，教师当然会有情绪了。当教师带着这种不良情绪走进教室时，很可能会"殃及池鱼"。又如例会上点名公布教师考试排名，这和教师在全班公布学生成绩有何区别？这样做置教师的尊严于何地？其实，这只会引起领导层与教师间的隔阂，使彼此的尊重和信任丧失，效果可想而知。

二、尊重岗位选择

校长要尽可能让教师做自己喜爱的工作。因为自主选择岗位，这本身就是一种幸福。每学年结束前，可以让每位教师像学生考大学时填写志愿表一样自主选择工作岗位，比如愿意教课还是做行政工作，是否愿意担任班主任等，学校千方百计尊重教师的选择。如果个人志愿与学校工作有冲突，学校必定专门找教师商量沟通，教师一般都通情达理，能够服从大局。只有选择的才可能是自主的，也只有自主的，才有真正意义上的创新。这样，教育的乐趣就与教育者的职业结合起来，工作就变成了一种享受、一种幸福。

三、实现民主管理

校长尊重教师不能停留在口头和形式上，主要应体现在民主管理学校上。特别是校长要保障教师参议校务的权利。这一权利的起点在于教师拥有"知情权"。凡涉及教职员工切身利益的决策，如聘任、处罚、晋级等均须经过严格的程序。校长真心实意相信教师、依靠教师，教师充分享有决策权和监督权。学校里的重要决策不是"校长说了算"，而是来自教师集体的智慧。一旦校内民主氛围浓郁，教师工作的安全感获得了保障，教师有了当家做主的感觉，以人为本的管理方式才可能建立，教师的积极性和创造力才可能被激发出来。

四、营造和谐氛围

教师所乐见的是一种愉快、合作、开心、高效的办公室文化。这种办公室文化的形成发展与校长的个人风格、学校的管理水平等直接相关。为此，校长首先要着力于软件建设：平时要注意对员工的教育和引导，注意同一办公室的人员构成包别比例，增加办公室的亲和力；还要适当增强人员流动性，避免不团结的教师坐在同一个办公室，也要避免小团体的形成，一旦发现问题要及时采取措施。其次要在硬件建设上下功夫，教师办公室要求宽敞明亮、干净整齐，办公用品够用方便，凡装修过的每一个角落都有值得玩味的细节，传递出强烈的现代感，传递出浓郁的文化特质，体现了对人的关怀。只有"软硬兼施"，才能创造并维护一种良好的办公室文化，教师整天保持一种良好的心境，办公效率才能提高。

五、丰富精神生活

学校一直非常关注教师的身心健康和生活质量，每学年都为教师做免费体检，提倡全体教师通过做广播操，打乒乓球、篮球，跑步等积极锻炼，保持良好的身体状态；为教师解决生活后顾之忧，开办食堂，精心准备一日三餐；提供宿舍，满足不同教师的休息需求；今年开设了心理咨询室，配备了专业的心理咨询师，为教师释放心理压力提供了科学有效的方法和途径；每年学校工会在"妇女节""教师节""元旦"这些重大节日里组织卡拉OK大赛，联欢会、新春猜谜、拔河等丰富多彩的教师活动。通过参与这些活动，增强了教师之间的合作与协作意识，增进了教师之间的沟通与交流，使教师队伍的团队意识和向心力、凝聚力进一步加强。教师过生日时还会收到生日祝福。对那些家庭困难的教师，学校也会及时送去温暖和关怀……学校领导对教师群体的关注和关怀，使每一个教师感受到学校这个大家庭的温暖和幸福，提升了教师的幸福指数。

当然，除了人文关怀，教师还需要物质待遇的提高。只有精神和物质双管齐下，才能切实提高教师的幸福指数。总之，校长作为学校管理者，应该成为教师的保护伞和及时雨，既要即时关怀关注教师眼下的工作、生活，也要为教师以后的发展、美好生活奠定基础。

于是，在校园的师生展台，你会读到这样诗意的文字：

那满园盛开的花

不曾有相同的色彩

那满山挺立的树

不曾有相同的姿态

我们和而不同的心

你有你的色彩

我有我的姿态

我不做辛勤的园丁

将你剪成千篇一律的模样

我不做前行的灯塔

将你指向唯一神圣的理想

我们之间

是智慧与智慧的碰撞

是生命与生命的牵手成长

让学校成为教师的精神栖息地和实现生命价值的场所。这里应该有一种真诚互信、尊重赏识、理解宽容的和谐氛围；这里应该有一种自觉自律、严谨认真、精益求精的治学态度；这里应该有一种通力协作、互助共赢、责任共担的团队力量。

第四章 有温度的学校，有情怀的教师
——华山中学教师与团队

2004 年，已定居上海的退休教师归鼎得知华山中学扩建成立高中部，教师青黄不接，他二话没说便告别家人返回了新疆大漠戈壁，不问待遇就一头住进了边建设边使用的高中新校区，上课、带徒弟，承担培优任务、指导年轻教师……

退休后继续发挥余热，不图名、不计报酬的还有德育标兵李彬、数学"才子"金兆斌、英语名师张敏和全国优秀少先队辅导员武红欣等一批人。

现任华山中学副校长的闫建明老师，因割舍不下学校的工作，毅然放弃了研究生深造和作为西部学者到北京师范大学著名教授麾下学习的机会。

是什么让这些老师割舍不下华山中学呢？

第一节 剑走偏锋：别样的教师观

一、学校中最要紧的因素

一所学校，能不能在社会上立足，取决于哪些要素？

有人说是校长的办学理念是否先进；有人说是治理模式是否科学；有人说是学校硬件是否吸引人眼球；还有人说是升学率高不高……我们想，这些都沾边，但，不是根本所在。

那么，根本要素是什么呢？

——师资队伍。

因为校长再先进的办学理念，没有教师的教育教学行为就不能落地；学校再先进的硬件设施，没有教师的教育教学行为也是一堆"废铜烂铁"，变不成现实的教育生产力。

2010年7月，华山中学建校40周年校庆受到上级教育行政主管部门的高度重视，也受到不少友好人士的支持。征得兵团教育局同意，学校决定校庆期间承办第二届兵团中小学校长论坛。在40年校庆这样一个特殊的时间节点隆重举办论坛活动，论坛的主题自然成了各方关注的焦点。经过上下深入协商、师生广泛讨论，最后大家达成了共识：要凸显学校最重要的因素，要扭住教育的"七寸"，于是"有好的教师，才有好的教育"这样一个主题被确定了下来。借助论坛这样一个特殊的平台和媒介，进一步明确了教师在学校教育中的应有地位，也使"教师最重要"的理念深入人心。

"感谢学校，感谢邱校长在我最无助的时候给予我的帮助。让我觉得我在这个城市有家、有根。我会尽自己的所能在华山中学贡献自己的力量……"说起曾经的往事，华山中学心理学科教师武彩霞依然泪眼婆娑。

"2009年体检时，医生告诉我得了肝包虫，并说受到外力撞击很容易破裂，造成感染，严重时会休克危及生命。我猝不及防，被吓傻了。我从外地来这儿工作，举目无亲，谁能帮我呢？我内心充满了恐惧与无助！"

"一天，接到了邱校长的电话。他说你就在咱们二师医院做手术吧，我给你联系他们的'一把刀'王院长，他曾给很多领导主过刀，医术水平一流。我联系后把王院长的联系方式给你，你把情况详细地给他说清，具体怎么办，你听他的，这样你报销也方便些。顿时间，我的天空晴了。后续住院、手术都很顺利，校长也经常打来电话询问情况。我母亲从外地赶来看我，不住地夸我工作找得好，单位找对啦，说现在哪有这么关心下属的单位呀，还亲自帮你联系主刀专家。你一定要懂得感恩，好好干啊！"

在华山中学，只要事关教职工的事都是"大事"。学校领导把为教职工解决工作生活中的困难视为天职。在我们看来，领导应该担当好衣食父母的角色，俯下身做好服务，心贴心当好"家长"，唯有此，学校这个大家庭才更加温暖，家庭成员齐心干事、团结创业的动力活力才会更强劲。

二、在华山中学，每一位员工都是教师

2016年6月10日，华山中学艺术中心，高三毕业典礼正隆重举行。一个特别的节目——"匆匆那三年"让千余名师生倍感亲切的同时深受感动。"老师，感谢您三年来的理解、呵护和支持。我会经常回来看您的。"台上师生深情拥抱，互道珍重。被称为"老师"、热泪盈眶的是三名住校部生活老师。在华山中学住校部工作了13年的渠秀娟表白说：每天被孩子们叫"老师"，感觉自己很受尊重；这也让我把每天平常的服务和管理工作看得更重。

在华山中学，我们主张"事事有学问、处处皆教育、人人是教员"的大德育观，信守"德育为首"，追求"知行统一"，要求

专职教师之外的各服务岗位的员工，都要做学生生命中的引领者、帮助者、分享者。因此，我们要求教职员工都做老师，比如网络设备维护人员、住校部服务人员、餐饮中心的大师傅、绿化维护工、卫生保洁员、门卫师傅等都是老师。这种身份的转换，待遇的提升，意味着更大的责任和担当。学校要求生活后勤部门的服务老师，不仅做"服务员"，更要做"教导员"，还要做"心理按摩师"。

提起"快乐大叔"，近 10 年从华山中学毕业的学生几乎无人不知，无人不晓。已年近 55 岁的"快乐大叔"是华山中学高中校区门卫负责人。2014 年 6 月，一群青春恣意的毕业生集体写下一份情真意切的离别信，信封上写着"快乐大叔"收。

总是精神饱满、笑容满面、传递温暖、激励自信的"快乐大叔"陈辉多次与教师们同台授奖。"门卫可不简单，学校门卫是外界人士、家长朋友了解华山中学的窗口，是关心和教育每一名进出校门学生的重要阵地。"陈辉说起自己的岗位感悟滔滔不绝。"我真心体察学生的辛苦，适时送上叮嘱、祝福；我细心发现学生的问题，及时与班主任、家长进行沟通，我和很多学生、特别是住校学生成了'忘年交'，尽自己所能关心和帮助他们。"陈辉也常常成为谢师宴的受邀嘉宾。"一批批孩子考上理想大学，步入社会成为有用之才，我也收获了'老师'的幸福。"门卫老师陈辉言语中透着几分自豪与骄傲。

要求教职员工都作"老师"，是"全员、全过程、全方位"育人理念的外化，是学校这个大家庭互相尊重、平等共进思想的体现。华山中学多年的办学实践证明，这种较高的要求和积极的暗示功能，会促进全体教职员工立足岗位、尽心尽责，会促使全校上下形成目标一致、工作同心，会促使各岗位各司其位、相互支持，形成合力。

三、华山的师资培育理念

办优质教育，优秀的师资队伍是决定因素。

长期以来，不少学校甚至"名校"，在师资队伍培养与建设上，抄小路、走近道、寻捷径，使出独门解数抢挖优秀老师，严重破坏了教育生态。

作为兵团一所十二年一贯制的优质学校，华山中学招聘新教师其实并不占优势。一是学校位居南疆城市，处于地缘劣势；二是隶属新疆生产建设兵团，处于国家各项政策支持的边缘；三是外界对兵团"党政军企"一体化的机制知之不多，甚至心存顾虑。

但不少了解华山中学办学情况的中青年教师，特别是周边兄弟学校的名师骨干，想成为华山中学教师队伍一员的也不在少数。

面对渴望成为华山中学一员的兄弟校骨干教师，怎么办？

华山中学没有把周边学校和基层团场学校当成自家的"后花园"。在我们看来，我们和周边学校及同行们是唇齿相依的"金字塔"关系，高中阶段的教育要靠小学、初中来支撑，他们恰似"金字塔"的"塔基"和"塔腰"，如果"塔基"不扎实、不牢固，"塔腰"不挺实，则"塔顶"就难以挺拔向上、风光无限！我们认为，"挖"其他学校的优秀老师，其实就是挖自己的"墙角"；而帮助友邻学校，说到底也就是在帮自己！

虽然招录来的大学生年纪轻、没有工作经验且水平参差不齐，但我们坚持悉心培养、精心帮带，做到学习培训不论资排辈，实现成长成才不设"天花板"。一方面，千方百计做好公寓住房、免费体检、享受公务餐、奖励性工资发放等教职员工的"福利"，另一方面，又用好"培训是最好的福利"这个法宝，为此华山中学这块"肥田沃土"成就了一批又一批年轻教师。

2015 年 4 月，获得第二师铁门关市第三届"百名优秀青年大学生"荣誉称号的郑亚菊，笑意殷殷。她一脸真诚地说："和大学同学以及同龄人相比，我打心底里觉得自己很幸运。"

2010 年 8 月任职华山中学教师，郑亚菊走进一年级，教两个班的数学。"刚走上讲台，就接触到了学校引进的北师大专家牵头指导的'基础教育跨越式发展创新实验研究'课题，学校给我指派了一名'师傅'。新教师汇报课、课题实验研讨课、青年教师评优课等我一样不落，专家点评指导、同伴评课议课、领导听课检查，我都虚心接受。当班主任、带学生夏令营出行我都来者不拒。很忙碌，不轻松，但我入了行上了道，多了几份对事业的热爱和对明天的憧憬。"

2012 年 4 月，在北京朝阳区实验小学观摩学习 10 天，尽享教育思想启迪和数学教学方法传授；2013 年 7 月，赴安徽合肥参加第十届全国"基础教育跨越式发展创新实验研究"年会，感悟"技术与教育的双向融合：技术·对话·革新"的魅力；2014 年 3 月，代表华山中学前往北京参加在海淀区第二实验小学举办的中国教育学会"十二五"规划课题《基于 Pad 的新型教学方法的实验研究》阶段总结暨研讨会，并在学校实践应用层面分享了题为《我们在路上——华山中学平板电脑教学实践交流》报告，受到与会专家的好评；2015 年 12 月，以《小键盘敲开信息化教学大时代》为题，在本地多所学校介绍电子书包教学实践经验。

如今，工作刚满六年的郑亚菊，已是初一年级数学备课组组长。说起自己的成才经历，纯朴的郑亚菊很动情："我很年轻，但孩子们时常挂在嘴边的是'郑妈妈'，做学生的良师益友甚至'亲人'，这让我感到很幸福；我也成为了'老教师'，从生活、工作上关心年轻教师的成长，经常走进年轻教师的课堂进行听课指导。"她继续说到："华山中学为我的成长提供了优质平台和良好的锻炼机会，唯有继续以饱满的工作热情投入教书育人工作中，争取更大的进步，才无愧于学校的栽培和厚望。"

四、华山教师执教理念

"先进教师""优秀工作者"是教师团队发展的风向标。什么样的教师才算得上好教师？什么样的教师才称得上优秀教师呢？

某种意义上，校长心中的"标准"左右着"好教师"和"优秀教师"的评价标准。校园文化各异的学校，推选出的"好教师""优秀教师"也一定带有其自身的文化印记。

那么，华山中学有怎样的文化导向呢？

邱成国校长认为，教育的终极目的是使人脱离兽性，走向人性。那么，好教师必须是教育目的的忠实捍卫者、坚定执行者。"学科教学是载体，育人是根本目的""眼里只有分，心中没有'人'的教师，是不称职的教师""当好经师易，做好人师难""好教师不一定是学科教学的专家，但一定要成为学生成长的精神导师"……秉持这样一些价值尺度，我们引导和激励教师们不断强化育人意识，努力提升育人能力，最大限度地追求精神高贵，力求用广博的学识、积极的行为和高尚的品性影响学生、濡染孩子，成为学生生命中难忘的贵人。

"我愿意立足岗位，做有温度的教育，做有情怀的教师。"说这番话的是多年承担高中政治教学和班主任工作的陈世鸽老师。她多次被评为"优秀班主任""优秀教师"；2012 年被推选为巴州"优秀教师"。

作为一名高中阶段的班主任，陈世鸽坚守使命，以打造学生积极向上的精神长相为己任，把勤学励志教育放在首位，引导学生登高望远，争做心怀天下，有理想、有能力、有担当的栋梁之才。

2014 年 3 月，班里一名女同学的父亲不幸遭遇车祸离世，心脏做过手术的母亲不堪打击多次晕倒住进了医院。家庭的变故让这个刚跨进成人门的孩子陷入焦灼与痛苦之中。在离高考仅有70 天时，孩子情绪跌至谷底。成绩一直名列年级前茅的她，突然提出不想参加高考了。无助的母亲心急如焚，向陈老师发来了求助信。

陈世鸽老师征得爱人同意后，把该学生接到了自己的家中。不管上课和管理班级有多忙，他们每天都要做几个孩子爱吃的菜肴。在那段特殊的时间，她常和这位女孩谈心，并用心写书信鼓励她不忘初心，努力完成爸爸的遗愿。生活上的关心，心灵上的抚慰，让该生慢慢地平静下来。女孩母亲发来短信说：陈老师啊，孩子在您的家里很温暖、很踏实，她说她一定会更加努力地学习来报答您和家人的关爱，您是孩子生命中的贵人……陈老师却说，自己受不起这样的称赞。她说：我是一个普普通通的教书人，有着一颗同样的父母心，只是在你和孩子遇难时，搭了一把手而已！

经历人生巨大风浪的女孩，最终不负众望，以 635 分的佳绩考入清华大学新闻传媒专业，开始了崭新的人生旅程。至今，陈世鸽老师依然和女孩保持着通信联络，依然是孩子们的"知心姐姐"。

评优晋级、选树先进，我们坚持以高尚师德为镜，树起忠诚事业爱心育人的标杆，强调"教书人先正己，育人者必自育"。长期的文化浸润，使砥砺师德、争做人师，成为了华山中学教师成长的价值坐标。

第二节　厘清思路：架构师资培养模型

57年来，华山中学始终扭住师资队伍建设这个"牛鼻子"，根据自己的实际，经过多年的实践与探索，逐步形成了"三阳三头三美"师资培养模型，为优秀师资队伍的打造提供了政策支撑。

学校教师队伍，按照年龄划分为三类：老、中、青。

年轻教师（25—35岁左右），他们生机勃勃，如早晨八九点钟的太阳——我们形象地称其为"朝阳"。

年轻教师数量大，约占教师总体的二分之一，是学校教育、教学的"生力军"。他们素养的高低，直接决定着学校的整体质量和水平。

怎样打造年轻教师队伍呢？

我们采取了压担子、教方法、定目标的策略，使他们人人有"干头"。在教学上不放羊，在班级管理上不放养，针对每一位年轻人的学科特色和个人秉性，配备"经师"——让学科带头人、学科名师"一带三或一带四"，以"青蓝结对"的方式，手把手地传授经验，引导年轻教师掌握教学和班级管理的基本"套路"，提升他们的教学素养和班级管理技能；配备"人师"——让德高望重的老教师、德艺双馨的老领导，以"示范引领"的方式，提升年轻教师的师德修养，引导他们逐步认识教师这一职业的艰辛、理解教师这一事业的伟大。经过五年左右的实践打磨，使年轻教师们实现"一年站稳讲台，三年赢得学生，五年形成风格"的培育目标，初步体验到"成长之美"。

中年教师（35—45岁左右），他们老成持重，如日中天——因此形象地称其为"当阳"。

中年教师约占教师总量的三分之一，是学校教育、教学和治理的"中流砥柱"。他们的个性、禀赋，直接影响着学校的办学特色。

怎样培养中年教师队伍呢？

我们采取了选岗位、给待遇、勤锤炼的策略，使他们个个有"奔头"。中年教师，无论体力、精力，还是经验，均处在教师生涯的"黄金阶段"，因而也是各个学校间抢挖的对象。怎样留住中年教师，成了各个学校必须面对的现实；怎样用好中年教师，是各个学校必须破解的课题。第二师华山中学，在行政管理和教学研究岗位的设计上，充分考虑中年教师的专业特长；在专业职称的晋升和进档、晋级上，充分满足中年教师的利益诉求，从而对中年教师形成足够强度的岗位成长引力，营造了聚贤才、揽英才、留人才的浓厚氛围和健康机制，使他们体会到了"成才之美"。

老教师（50岁以上），他们瓜熟落地，最美晚霞——我们形象地称其为"夕阳"。

老教师约占教师总量的五分之一，是学校的"功臣"。他们的教学经验、教育成果，能否及时的凝练、升华、沉淀，直接关系学校的文化能否传承、学校的"根"能否延续。

怎样呵护好老教师队伍？

我们采取了给活干、定期限、不边缘的策略，使他们每一位都有"念头"。一些学校，老教师不但不委以重任，甚至没有活干，在各项活动中被边缘，直接导致了老教师空心化。一部分老教师产生了"船要靠岸、火车到站"的松懈心理，碌碌无为等退休，拿着高薪混光景，这是一种可怕的"50、55 临界"现象。其实，我们知道，每一位老教师，都是学校的"宝贝"。他们一路风雨，历经沧桑，积淀了丰富的教学经验、班主任管理经验，甚至形成了一定的教育思想。这笔宝贵的精神财富，不仅仅属于他们个人，更属于学校这个培养他们的集体，是学校这块肥田沃土，把当年一株株稚嫩的幼芽培养成棵棵参天大树。我们更深深懂得如何对待今天的老教师，其实就是如何对待明天的我们自己。于是，我们给老教师定下了"铁的规矩"：凡年满 50 岁的女教师、年满 55 岁的男教师，除工作量上适当"照顾"外，其他考核不降低标准，而且还要求他们每年必须完成一篇专业成长回忆录，五年结成一本专集。学校图书馆，专门设一个书架——"华山中学老教师教育、教学成果展览"（论文集）。待到老教师"解甲归田""荣归故里"的那一刻，让每一个人带着满满的回忆，拎着沉甸甸的战果，体味到"成熟之美"。

正是秉持着这种别样的教师观，正是循着这样一种独特的培育思路，我们开拓多种渠道，借助各种方法，来打造有情怀、敢担当、勇探索的师资队伍。

第三节　多措并举：促进师资队伍成长

促进教师团队发展，力争让更多教师走上成长路、成才路、成功路，找到归属感、拥有获得感、提升幸福感，是一项必须用心谋划、持续发力的系统工程。华山中学从人才招聘、岗位培养、文化引领和生活服务等诸方面去做"功课"。

一、不拘一格聚人才

从传统的管理型学校向现代治理型学校转变，我们更加重视落实以人为本的价值取向。我们聚焦教职工队伍建设，进一步把个体发展作为出发点和落脚点，并提出优质教育发展的新要求，目光从学科骨干教师拓展到更多岗位、更多教职工身上，我们既看到了人才培育的差异性，又看到了人才培育的共生性。

作为一个健全的社会组织，一所学校的发展需要不同的人才构建互补互促的共同体，为不同岗位找到适合的人员，为不同人才搭建适合的平台，这既有利于人尽其用，又最大限度地防止人才资源的浪费，从而成全更多的人发挥自身优势，实现自身价值。"专门人员做专门事，不拘一格聚人才"的工作思路，为我们打造思想和专业"双过硬"的教职工队伍推开了一扇门。

在华山中学高三年级，有一位被学生称为"龙哥"的年轻人。他在自己的空间写道：我既然输了自己的青春，就再不能输了我的未来和下一代，更多的应该是从现在学习、从现在做起改变将来，让我和我的新一代在华山中学这片沃土上开花结果。

2013年6月，即将从巴音郭楞技术学院计算机网络技术专业（大专）毕业的王金龙，作为实习生签约走进了华山中学做了教学辅助人员。在资源中心，王金龙跟着师傅穿行于教师办公室、各班级教室做网络设备维护、电脑维修等工作。因为工作细心周到、举止文明，被高三年级部主任看中，调整到年级部做了年级部专

139

职干事。

时光匆匆。在年级部干事岗位上已干满三年的王金龙，现在称得上是"干事专家"。他给自己的定位是既做学生的老师又做学生的朋友。他有一份印在纸上刻在心上，天天要履行的工作时间表：07:45到操场组织高三年级学生跑操；08:10到教学楼检查各班学生进楼静楼……晚上00:40清楼；01:20巡查宿舍……他用心做好每件事，用情把握每个环节，如今他成了高中部各年级争抢的"香饽饽"。约一半的毕业学生（五六百人），通过QQ群、微信和王金龙保持着联系，言谈间既感谢他曾经的帮助，又相互交流现在的学习生活境况。

2016年10月14日，王金龙受邀跟随德育处宋英广主任一同远赴华山中学帮扶援助的巴州若羌县中学，他站在讲台上与教师们分享了华山中学毕业年级德育工作和学生管理的经验，和干事们详细交流了做服务工作的"独门秘籍"。

"累吗？""也累，但习惯了。华山中学有悦纳和欣赏每个人的情怀与心胸，我与华山一起改变，我和师生们一同成长。我因为高中阶段混日子，没考上理想的大学，不希望弟弟妹妹们步我的后尘。"王金龙笑着说："学校给了我跟正式教师一样的待遇，在高中部分配了一套公寓。这让我和父母都很意外，也很自豪。"

在华山中学，这样令父母自豪、让自己骄傲的教职工还不少，因发展魅力聚来的特殊人才也不在少数。现任资源信息中心主任的许强老师也是其中的一位。

平常寡言少语的许强，说起走进华山中学，在华山中学成长的经历竟也滔滔不绝。

我2003年就职于北京太极计算机公司新疆办事处。因为做华山中学新校区高中部数字化校园建设项目监理，结识了平易近人的邱成国校长和勤于学习、坚持规范、处处维护学校利益的一班专业教师。当时几乎是整整一暑期和郑立民、环银泉、谭建勤、王金东等老师吃住在校园工地上，为学校节省开销的同时，也保障了项目推进的速度和质量，见证了华山高中部校园的落成，我也与华山中学结下了善缘，被学校领导、教师们爱校如家、敬业奉献的精神所打动。郑立民老师看出了我的感动，希望我考虑留在华山中学工作。

返回乌鲁木齐市后，陆续奔波于南北疆的几个项目上，但华山中学的影子始终挥之不去。

2004 年春，接到郑老师的电话问我的打算，他诚恳地邀请我到华山中学工作。我手头工作未完，没有即刻表态。2004 年秋，郑老师突然出现在了我面前，一番促膝长谈之后，我感谢郑老师对我的看重，也感叹华山中学有灵活的用人机制。我毅然辞职，义无反顾走进了华山中学这个大家庭。

初到华山中学，我的工资不及在太极公司的一半。有人说我的选择太草率、很失败。可华山中学给了我长远发展的动力和施展才能的空间。

我任教计算机课、通用技术课的同时，先后担任过校园网管、网络技术组组长、教育技术组教研组长，并通过竞聘走上了管理岗位，工作重点是为学校教育信息化发展尽职尽力。

许强坦言：我性格较内向，不擅长语言交流沟通。但我爱钻研现代技术。华山中学用我所长，给了我发挥优势的平台，也激励了我不断深化研究。

许强感慨道：回首这些年我在华山中学的成长经历，印证着华山中学是"发展学生的乐园，成就教师的家园"这一办学理念。我感恩在心，感恩学校领导的培养，感恩学校同事的真诚帮扶和不离不弃……

以开放的姿态接纳人，以向上的精神感染人，靠有情的制度留住人，华山中学聚合和培养了各方面、各类型的人才。目前，华山中学除专业教师外，聘用的各类服务教师占教职工总数的六分之一多，形成了按需设岗、人岗相适、人尽其才、才尽其用的良好格局。

二、营造环境留人才

没有好的教师就不会有好的学校和好的教育；好的学校也应该创设好的环境留住人才，并以良好的环境为人才的成长发展提供强有力的保障。

为此，华山中学同步推动学校软硬件建设，着力打造拴心留人、聚才用才的良好生态环境。

一方面，学校不断加强民生建设，设身处地地解除教职工的后顾之忧。持续完善办学条件，建设花园式现代化校园的同时，我们在校园里为教职工建造公寓式住房和低成本养老住房；提供营养午餐和各色加餐，解决午休场所；专车接送教职工子女往返幼儿园；每年为教职工购买大病、意外保险，安排本地最好的医院为教职工做定期体检；教职员工及家人婚丧大事，校领导和中层管理干部都集体到场……我们这样承诺："进了华山门，吃住行以及生老病死育，学校都管。"另一方面，我们把人文关怀转化为简单、和谐、民主、互助的"家庭"关系，关心、爱护、尊重、帮助每一名和华山中学结缘的教职工，特别是年轻人，用热情、真情、友情、亲情打造拴心留人的优质教育高地。

下面就是华山中学高中历史教师朱泳铭讲述的"故事"。

2017年，是我和妻子朴爽万里奔赴新疆的第十个年头。我们已成为了"地地道道"的新疆人。

大学期间，恩师马学琴教授就曾数次提起和夸赞过华山中学，这使自己心生仰慕。大四那年，女朋友朴爽保送石河子大学"硕师"计划研究生，实践单位选择了兵团第二师华山中学，我们与华山的缘分就此开始。我俩都通过面试走进了华山中学任教，至今已是第六个年头。

六载春华秋实，华山中学给了我们些什么？

是对教育真谛的理解，是我们的拔节式成长。在"崇尚学术，强化服务"这样简单化的人际关系环境中，我们俩都喜欢上华山中学，更喜欢上了教书育人这份事业，也从一个空有抱负、单纯稚嫩的小青年成长为可以独当一面的骨干教师。还攒钱买房安了家。

2012年，朴爽来华山中学第一个年头，就有幸与其他同伴赴北京参加北师大专家牵头开展的"基础教育跨越式发展课题"研讨学习并承担了公开课任务，学校这个举动深深打动了她，她说学校有这样高层次的平台给我们青年教师，还愁不能进步？

我清晰地记得：2015年5月的一天，和邱校长相遇操场，他关切地询问我高三教学工作的收获与感悟。我告诉邱校长：首次从高一教到高三，我有很多收获，也有不少疑惑，很想继续再带一届高三毕业班，邱校长当即鼓励我直接找分管领导谈想法。之后，我如愿以偿。个人想法得到领导的鼓励与尊重，对年轻人真是莫大的幸事。我也因此干劲倍增！

近几年，得益于华山中学这个优质平台，我得到了历练和提升。2014年，我参加兵团专业讲课大赛荣获一等奖；2016年6月，受学校委派参与了自治区高考阅卷工作；2016年7月，参加了在西安举办的全国高中历史学科学术研讨会……

同时，朴爽在学校的鼎力支持与帮助下，顺利完成了研究生学业并拿到硕士学位；2015年受学校委派远赴河南大学参加国培学习；还三次作为带队老师参加了疆外学游夏令营课程……目前，朴爽又担起了九年级基础创新实验班班主任的担子，这将有助于她全面提升班级管理的能力。

和自己的大学同学比，我们的经历最丰富，我们的成长也最快。这，得益于华山中学，得益于我们当年正确的选择。

成长路上，我们很幸福；幸福路上，我们踏歌前行。

学校人文软环境就像一个无形的磁场，对于留人聚才，是一种内隐的、深厚的力量。华山中学团结和谐、充满人情味的"家庭"环境，让教职工们多了几分留恋，多了几分期许，多了几分感动，多了几分感恩，多了几分在这里砥砺情怀、成就梦想的追求。

三、文化引领塑人才

学校文化是什么？

是一所学校在长期的实践、发展过程中积淀、演化和创造出来的，并为其全体成员所认同和遵守的价值观念体系、行为规范准则和物化环境风貌的一种整合和结晶。其核心是共同的价值追求，也就是精神文化。她就像空气，看不见、摸不着，但是弥漫在校园的每个角落，渗透在工作的每个环节，特别在教师队伍建设中发挥着导向作用。

"艰苦奋斗，无私奉献"，是华山中学教师团队精神文化中的价值追求高地。这有其历史渊源。

华山中学植根于兵团，建在天山脚下、大漠边缘，由始建于1960年的师属小学发展而来，历经了半个多世纪的风风雨雨与兵团共同壮大。校名"华山中学"便源于二师前身中国人民解放军部队的番号。由建校初期的二十几名教师、不足十个教学班的子弟小学发展到现在师生近8 000人、160多个教学班的十二年一贯制省级重点学校，在保家卫国、屯垦戍边这一军垦文化的浸润中，"艰苦奋斗，无私奉献"的兵团精神以基因般得以传承和光大。

结合地域特点，华山中学将胡杨作为学校精神文化的具象，引导教职工像大漠胡杨那样扎根艰苦环境、砥砺内在生命力、团结向上、甘于奉献。

近年来，聚焦教育公平要求和新疆社会发展总目标，我们担当使命，自觉扛起帮扶援助兵地偏远、落后和少数民族聚居区、贫困区薄弱学校发展责任，并以此推动精神高地建设，赋予"艰苦奋斗，无私奉献"新的内涵。

"感谢学校让我有了这样非比寻常的支教经历。辛劳并快乐着，平淡并享受着，付出并收获着！"这是华山中学高中语文教师张玉华的支教心声。

巴州若羌县是古楼兰遗址边上的一座新城，位于塔克拉玛干沙漠东南缘，被誉为"中国红枣产业龙头县"，距华山中学450公里。由于种种原因造成的学校教育质量滑坡、生源流失问题引发了当地各族百姓的不满和县委县政府的忧虑。临危之际，华山中学受命与若羌县政府签署了联合办学帮扶援助协议。

华山中学支教团队秉持"文化输出，智力援助，资源共享，人才共用"的大旗，奔赴帮扶学校。专业扎实、责任心强、工作较真的张玉华，被华山中学派出的副校长栾雪辉"钦定"带到了若羌县。一同前往的还有张玉华上小学二年级的女儿。

初到若羌县中学，看到的是无序的课堂、行课期间本该安静却喧闹的操场、把打架视为常态的学生、卫生间角落里"聚会"的烟头……

这些能改变吗？

张玉华沉思中听到自己心底的声音：必须用行动促成改变，必须为这些纯净而需要阳光滋养的学生托起一片蓝色的天空。

张玉华履行副校长职责，深入课堂听课，逮住机会就与学生交心，找准契机就与老师交流。为推动规范管理、提高课堂效率，她修订一项项制度，细化一件件工作，定期召开不同年级教师的座谈会，经常组织中层干部工作研讨会，一次次在校委会上提出改进措施与具体方案。

同时，她主动要求带起了高三（4）班的语文课，并带领高三和初三教师团队科学有序备战高考和中考，每天忙得像快速旋转的陀螺，而自己的孩子只能"放养"。

面对质疑、观望、埋怨、不理解，甚至是无声的对抗，张玉华没有止步，更未退却。

记不清被接纳、被理解、被支持是从哪一刻、哪一天开始的，感觉师生们精神头足了，家长的微笑多了，学校的气象新了。华山中学作为援助大后方又采取了名师送课、远程互动教研、同步训练、体验学习等系列帮扶举措。

坚持着，坚持着，高考的日子一天天临近了，被检阅的时刻到来了……

2015年高考成绩揭榜：若羌县中学本科上线率达到72.5%，比上年度翻一番还要多！教学质量由巴州地区的后三位一跃为前三甲。喜讯传开，学校沸腾了，整个若羌县沸腾了。师生们奔走相告，家长们甚至敲锣打鼓来到县委、县政府道谢，感谢县委、县政府引来华山中学这只援助帮扶的"金凤凰"。

在得知班内全体学生的录取结果后，若羌县高级中学麦力开木老师给张玉华老师发来的短信这样说道："我今年真正地感受到生命的意义、价值——踏踏实实地工作，创造辉煌的成绩，最起码给学生指示好做人的道路，这才是做教师真正的幸福和快乐"！

张玉华副校长和栾雪辉校长用奋斗和奉献以身示范、汇聚合力，带动若羌县中学师生、家长一道自觉地在改变的路上努力奔跑，开创了兵地联合办学的奇迹。

红枣今又硕果满枝，若羌教育换了容颜。

"离开了华山中学，更觉得华山中学大家庭的温暖！"一年的支教生活于张玉华就像一杯清茶，没有华丽的色泽和醇厚的味道，然而淡淡的清香却让人回味无穷、烙印终生。

四、搭建平台立人才

秉承"教师最重要"的思想，学校以知人善用为导向，积极为教师发展搭台铺路，让努力者有希望，让干事者有机会，让善研者有资源，让开创者有空间，力争让每一位教职员工找到最适合的岗位，以最擅长的方式出演最合适的角色，心情舒畅、信心满怀地演绎自己的精彩人生。

学校推行中层干部竞聘上岗制，实施"年级组学校化，组长校长化"管理新模式，实现了管理重心下移，管理权限下放，服务靠前；与之并行的教研组实施学科教研员领衔制，组长、教研员自荐和考察审核相结合。学校着眼长远发展，强化教研引领，积极与北京师范大学、华东师范大学、陕西师范大学、石河子大学等优质高校联袂办学，并加盟专家主持的研究项目；主动与北京人大附中、郑州外国语学校、北京朝阳区实验小学、天津普育学校等知名中小学牵手，争取各种观摩学习机会。2013 年，学校挂牌成立了教育研究所，推动和管理各类前沿性课题研究，指导和协调基于实际问题的小课题研究。一批中青年教师搭乘"科研动车"，结伴走上研究型、专家型成长之路。

2013 年 7 月，北京师范大学主办的"基础教育跨越式发展课题"年会在安徽举办。"全国名师"颁奖环节激动人心。华山中学小学语文教师夏维娜榜上有名。夏维娜第一时间以短信把喜报发给了校长邱成国。眨眼工夫，收到邱校长回复："祝贺你！回来的任务就是带一支像你一样优秀的教师队伍"。

夏维娜的"名师"之路，正是华山中学一贯倡导的"立足岗位，通过专心、专注、专业，从普通教师成长为本土专家"理念的缩影。

夏维娜清楚地记得，有一次邱成国校长到小学楼参加会议，在楼梯口遇见她，问道："小夏，下午有课吗？有空聊聊。"听到校长的"邀请"，她忐忑不安了一上午。下午一上班，就去敲开了校长办公室的门。邱校长放下手中的笔说道："来，小夏，快坐下。""咱们学校有一批像你这样的老师，业务精湛，不囿于做管理干部。我们学校这列快速行驶的列车，发动机里需要你们这些研究型教师成为主要推动力，你们要依托'一所两课题'成就自己。""一所？两课题？""我们学校的教育研究所是课堂实践的研发中心，你要积极参加并发挥作用。学校内部教育改革课题和对外帮扶援助课题同等重要啊！"……夏维娜紧蹙的眉头渐渐舒展开了，忐忑的心落了地。走出校长办公室的她，迎着初春的阳光，看到的不仅仅是自己的拔节成长，还有同伴和孩子们生命的竞相绽放。

她更加努力地借助学校搭建的课题平台，带领组内教师开展教育信息化课堂研究，她带头上示范课，开专题讲座，进行课后反思，撰写教研论文，一步步成为这个课题组专家、同行公认的"名师"。

2016 年 8 月，新学期开学之际，新的课表摆在了夏老师的办公桌上。她任小学中低段的教研员并教授一年级语文课、阅读课。这样的工作安排，既有教学研究的"试验田"，又有推广实践成果的渠道，对于夏老师来说，是再合适不过的了。邱校长的一番话又回荡在夏老师耳畔：起始年级是我们工作的重中之重。学科教学、德育课题的核心成员都在这里，既要把关还要带徒弟、带团队。

夏维娜专心教研，收获成长。她多次参加国家、兵团国培学习；她送课送培帮扶援助的足迹也遍及二师偏远团场和大漠深处的地方学校。

夏维娜说：专心源于真实的感怀和简单的愿望。华山中学为有理想、有专长、有情怀的老师提供了营养丰厚的土壤，我愿意在这块土壤里孕育希望收获美好。

近年来，华山中学共享优质资源扩大辐射带动力，承担了兵团优秀校长高级研修班集中研训、南疆教师继续教育培训、兵团高中骨干班主任培训和兵团中小学校长教育信息化专项培训等任务。

承担这样的工作，一方面我们积极联系各地专家名师，另一方面，借助教育培训这个高端平台，我们的学校领导干部、名师骨干也纷纷走上讲台，分享实践经验，交流收获感悟，既拓宽了视野，提升了认识；又丰富了思想，锻炼了才干。这其中，还上演了一段千里姻缘情定华山的美丽爱情故事：

2017年1月17日，一场"师生恋"婚礼热闹举办。华山中学副校长栾雪辉主持，校长邱成国致辞，三百多嘉宾向一对新人送上了最真挚的祝福。

2008年毕业于石河子大学的舒勇，在华山中学算得上是青年才俊。任教高中政治的舒勇酷爱读书，他有思想、有见地，课堂教学立意高远、风格灵动，工作短短三年，就分别摘得学校、第二师和兵团课堂教学大赛一等奖。同时，舒勇发挥优势，担纲学校"莲宸"模拟联合国社团指导老师，多次带队在全国中学生模联活动中征战，多次斩获佳绩，2016年荣获十佳"全国中学生模拟联合国辅导教师"奖。但舒老师由于课业繁忙不小心就成了一只"单身狗"。

2015年11月，兵团骨干班主任培训班在华山中学如期开班。舒勇按课程计划理所当然地站在了授课讲台上。

他理论联系实际，中外结合，畅谈"互联网思维中的教育"，思想活跃，语言犀利，给学员们带来深刻启迪。

培训结束后，舒勇老师的QQ空间里莫名其妙地收到精妙的宋词留言和优美的各色古体诗。后来，这位神秘的访客揭开了面纱，是兵团第九师龙珍高级中学名叫钟媛的年轻女教师，教高中语文。

原来，授课后，舒勇按惯例给学员留了联系方式。

通过主持人介绍和半天的听课，对舒勇产生了爱慕之心、敬佩之意的钟嫒，返回千里之外的九师后，主动向舒勇发来了爱的电波。

两个优秀的青年男女就这样开始了网络传情。相同的志趣使两人从文学谈到哲学、从历史谈到艺术、从爱情到婚姻，无话不说，无语不讲，情感快速升温。

半年不到，两人就达成了百年好合的婚约。

一年后，华山中学领导积极协调，以人才引进的方式，把才女钟嫒从千里之外的九师调入华山中学工作，成全了这对美好姻缘。

有同事介绍说：高中部年轻人中，要问最幸福的是谁？非舒勇莫属！成婚后，钟嫒还常给舒勇填词、写诗传递爱情，洗衣做饭"精心"伺候着她心中的"才子"……

这正是：千里姻缘一线牵，才子佳人两心连。

情感最易传播和延续。一个有温度的学校和一批有职业尊严和生活幸福感的教师，才更有利于培育精神健康、向上向善、爱学习、会生活的下一代青少年。

五、书香校园育人才

书籍是人类进步的阶梯。所以，学校应该首先倡导读书之风尚，教师应该成为学习型社会的带头人。

华山中学多年前就启动"书香校园"工程，每年在巴金诞辰日和世界书香日前后集中开展读书交流、师生"读书星"表彰活动等，引导学生读书的同时，特别倡导教师成为终身阅读者，用读书促进改变，让读书引领高尚。中小学"书里书外故事会"推动"师生共读"和"亲子悦读"活动，读绘本、诵国学、品经典，读书之风盛行；高中校区"天下至乐在书案"读书大讲堂活动，吸引了爱读书的教师、学生走上讲坛，在交流与分享中启迪智慧、滋养精神、浸润心灵。

我们还通过外请专家名人讲学的方式，推进读书工程。语文特级教师、江苏省锡山高级中学校长唐江澎应邀而来，他在专题报告开头就强调说："知识分子要像女同志爱逛商场一样，爱逛书店。没有这个习惯，就不是真正的知识分子。"

书香校园工程需要领头人，人文气息浓郁的书香也培育和促进了人才成长。

罗玉梅老师，就是沐浴书香享受着成长快乐的一位典型。

"真没想到，我在图书馆工作找到了自信，还受邀参加了国家级全民阅读推广会议！"我原本任教中学语文，因为不善于课堂教学组织，2008 年，从教师岗位转岗到图书馆。想当年，我消沉过，苦闷过，迷茫过；看不到自己的未来，更看不到希望，每天便搬书编书目，用不停歇的忙碌来掩饰自己的失意。

一天，邱成国校长专门走到我面前，郑重地说："罗老师，你一个中文系的本科生，在图书馆也是可大有作为的。你的工作不应仅仅是搬书、编目录"。这一句话，正点中了我的神经中枢，引发了我的沉思。

从那以后，我白天在书架中穿梭，晚上在网上寻觅。台湾的故事妈妈、深圳的三叶草故事家族、小书房的读书活动等，让我眼前一亮：图书馆的重心应该是阅读推广！当我把这个想法告诉邱校长时，邱校长即刻打电话给资源中心许强主任，把我原来编排图书等事务性工作量降到20%，其余时间都用来谋划和推动师生阅读。

尽管我是学中文的，平时也热爱读书，但对于如何开展阅读活动却很陌生。我抓紧一切时间自己加强阅读，同时利用第二课堂时间开设了一个兴趣阅读班。开始，学生就30多个人。怎样带动更多人读书？我在一年级组织了一个周末亲子读书活动，孩子和家长自愿参加，主讲的义工是我和几个热心家长，活动形式是先讲故事再做游戏。这样的活动坚持了一年，几个大人很累。接着，因为图书馆搬迁，活动就顺势终止了。一些参加过读书活动的孩子总会来问："罗老师，周末有读书活动吗？""什么时候才有读书活动？"孩子们一双双渴盼的眼神，令我久久难以忘怀。作为一位母亲，作为一名教师，我再次思考怎样创建一个好的读书平台，吸引、带动更多的孩子读书。

读到法国作家多米蒂尔·埃恩的《洞里洞外的小老鼠》一书，我突然有了灵感，希望孩子们和家长一起通过活动走进书本，了解社会，扩展空间，培养讲故事的能力、整合事物的能力、共情能力。我去和邱校长沟通："一本好书，一种好的阅读方法，一个能和孩子分享阅读的爸爸妈妈，不一定能给孩子有魔法的翅膀，但是它一定能够给孩子一片更宽广的天空。我们可以和家长一起陪孩子读书，通过阅读改变一个孩子，影响一个家庭。"我的想法得到邱校长肯定，这便有了华山中学"书里书外故事会"的雏形。

起初，"书里书外读书活动"没有现成的模式，我就利用放学后和家长、老师共同探讨，从确定什么主题、选择哪些书目、采用何种方式展示到课件的制作，每一环节都要搞好前期"备课"。

一期活动结束，我就进行跟踪调查，了解家长和孩子们的评价和意见。逐渐找到"感觉"后，我邀请更多师生来观摩，推动活动普及。

每学年伊始，我都会找一位热心家长一起给新生家长做一个"如何开展书里书外故事会"的培训讲座，还会定期举办阅读推广座谈会，商议提升"书里书外故事会"的实效。

与此同时，邱校长还搭建平台，通过我把华山中学开展读书活动经验向周边团场学校推广。

从一个老师到一个群体，从几个家长到一批家长，从一个班学生到中小学各班，我们"悦读"的队伍越来越壮大。书里书外故事会活动到如今已举办 134 期，参与的人次已过万，其中家长达 3 000 多人次，学生达 8 000 多人次。

华山中学读书活动的新闻，在《图书馆报》发表 30 多篇，教师的阅读文章累计发表超十万字。《"华山中学书里书外故事会"亲子读书活动》在"出版界图书馆界全民阅读年会（2016）"阅读案例征集活动中获得了二等奖。这些成绩的取得，让我倍感欣慰，备受鼓舞。

当《让阅读伴随学生快乐成长 ——记华山中学书里书外故事会》一文发表于 2015 年 5 月 8 日的《图书馆报》时，邱校长及时点赞："努力了，辛苦了！活动了，快乐了！"当王海梅老师的《带孩子走进"贪吃"的群文阅读》一文发表于 2015 年 12 月 18 日《图书馆报》，校长点评道："海梅老师这篇文章稍加修改就可以发表在比较专业的教育杂志上了。"我说："这是沉淀！"邱校长跟了一句："传播！"

2015 年 6 月，我和葛文珍老师有幸受邀赴江苏镇江市参加了第九届全民阅读推广峰会，得到更多的启迪和鼓舞。在我用心策划、积极推动中，中小学阅读活动更加有声有色，涌现出一批带动少年儿童阅读的"点灯人"。

我自豪，我成了这群"悦读"人的"主心骨"；我骄傲，我成了孩子们成长路上的"引路人"。

"最是花香能致远，腹有诗书气自华。"而今，我们可以清楚地看到，在华山中学，有不少这样的老师：他们气定神闲，谈吐自如；无论是在三尺讲台上，还是在日常生活里，不骄不躁从容而和善，不卑不亢自信而坦荡。这，就是书香的浸润，给人学识启人智慧；这，就是读书的力量，让人从内而外散发气度优雅与精神高贵。

这份学识、智慧、优雅和高贵，对于教育工作者来说可谓意义非凡、弥足金贵。

六、名人进校启人才

激发内力，借好外力，汇聚合力，是华山中学一以贯之的育人传统。

在推动新一轮课程改革进程中，我们努力发掘社会优质资源的潜力和价值，把"名人进校园"作为学校课程建设的重要组成部分。学校领导借助"创新人才教育研究会"、教育部基础教育"领航班"校长培训等资源优势广交朋友，拜访知名教授；帮助教职工建立各自的学术交流圈，诚邀各类专家名人走进华山中学，让师生们零距离、面对面聆听大师的深邃思想，享受精神盛宴。

经多方协调与努力，中国工程院院士、神舟五号飞船和东方红系列卫星总设计师戚发轫院士，上海浦东教育研究所所长、全国"五一劳动奖章"获得者程红兵，北京大学信息科学学院教授、现代教育技术研究所所长何克抗，国家海洋局第一海洋研究所所长、著名科学家马德毅，北京大学国际关系学院院长袁明，北京大学著名文化学者孔庆东教授，巴黎大学艺术史博士司徒双等一批专家教授、大量名师接踵而至。

名师大家们或开启师生科学探究之旅，或带领师生徜徉艺术世界，或指导校园文化建设，或指点师生思考人生大义……

这些高端的教育活动，作用显著、意义深远。华山中学教师杜疆和顶级音乐大家的"相遇"，就助推了管乐团师生的成长。

2017年3月，我有幸带着华山中学楼兰号角管乐团远赴美国，参加了在西雅图举办的西部管乐节。能作为中国唯一一支中学生管乐团出访美国，得益于中国人民解放军军乐团副团长、国家一级指挥张海峰大校的举荐。

在学校领导的鼎力相助下，华山中学和北京第166中学结为了友好学校。楼兰号角管乐团在166中学参加集中训练期间，我们文明、守纪、认真、努力的作风，得到北京第166中学"金帆管乐团"李正华团长和其他指导教师的称赞。经李团长引荐，一批音乐大师表示要为我们这支边疆的乐团提供帮助。

2015年10月1日，中国人民解放军军乐团副团长、国家一级指挥张海峰应邀来到华山中学。张海峰是国内顶级指挥，2001年曾在荷兰获得第十四届世界音乐竞赛暨第九届指挥大赛第一名——最高奖"金指挥棒奖"，成为该赛事60年以来第一个获此殊荣的亚洲人。他也是我国2015年"9·3"大阅兵军乐团的总指挥。张海峰不仅对我校乐团进行了为期3天的训练，还做了题为"在五线谱上踢正步"的讲座，以个人成长经历和军乐团集训为主线畅谈了坚持的力量和爱国的情怀。华山中学和楼兰号角管乐团给这位爱国军人留下了极为深刻的印象。这次经历也埋下了一颗希望的种子。

张海峰团长受邀带一支中国学生乐团参加"第29届美国华盛顿大学西北太平洋区管乐节"。这是这个管乐节有史以来第一次邀请中国的学生乐团。张海峰团长想到了我们这个植根边疆的乐团，并且组织解放军军乐团的作曲家、各色演奏家15人，于2016年5月再次来到我们身边，对乐团进行了为期7天集中训练，并做报告一场、举办音乐会一场。这些音乐大家还与我们同台演出。

张海峰团长还为我们送来了"9·3"大阅兵的所有乐谱，这套内部乐谱珍贵无比，是国事访问相送的礼物。可见张团长对边疆教育的支持与厚爱。

我们和解放军军乐团缘分不浅。2013年乐团在北京集训，解放军军乐团前任副团长、指挥家程义明，国家一级指挥（中华人民共和国国歌的军乐编曲）就给我们乐团做过专门指导，并且收我为关门弟子，给我多方面的指导。2014年5月，现任全国政协委员、解放军军乐团前任团长、中国管乐协会主席、国家一级指挥于海来到我们乐团，不仅指导排练，还为乐团捐赠10万元的先进打击乐器。

我和我们乐团还得到很多大师的帮助。我们还去我国的台湾地区参加管乐节，2014年的端午节之际，指挥林俊吉带领台湾坪镇中学乐团来到华山中学进行了回访和演出。中国交响乐团著名指挥家王琳琳先后三次来到华山中学指导乐团排练；日本指挥石川乔雄今年72岁了，也先后4次来做过指导；前来相助的还有我国香港的指挥家张国明等。

正因为大师名家的倾情相助，身居西部边陲的"楼兰号角"，才"吹遍"祖国的大江南北，"吹进"奥地利维也纳金色大厅，"吹出"了中华儿女的精气神。

秉承开放办学的思想，我们敞开胸襟，我们兼容并蓄。故此，颇受争议的北京大学教授孔庆东也受邀来到华山中学。

2010年5月7日这一天，边陲小城库尔勒的机场候机厅里人头攒动，人们翘首以盼，期待着一个重要嘉宾的到来。他，不是官员，也不是明星，而是当时蜚声文坛的北京大学中文系教授、知名文人、孔子第73代直系传人——孔庆东。孔庆东主要从事当代小说戏剧研究和通俗文学研究，兼及思想文化批判。人称"北大醉侠"。孔教授来到位于西部边陲库尔勒市的华山中学，缘于华山中学的一位普通教师王春燕和她的五十位学生。

那是2009年的秋天，我像往届一样迎来了我的又一届高一新生，我既是班主任又是语文教师。与以往不同的是我在每天的晨读和课前都会为他们读一个人的作品——北大醉侠孔庆东的《遥远的高三八班》。他笔下的自己是一个"全面发展"的好学生，各门成绩都很出色，但他有一种很顽固的偏见，认为理科大学不是真正的大学，认为文科知识分子才是真正的"精神贵族"。他笔下的老师、同学各有特点，各具风采。每天我和同学们一起沉浸在那些看似幽默诙谐，实则朴实真诚的文字中。因为等不及我一个章节一个章节的读，同学们纷纷到图书馆借阅或到书店购买，他们觉得尽管时代有差异，但孔庆东写的就是他们现在的学习、生活。孔庆东作品热，继而从我们班蔓延开来，喜欢孔庆东作品的人越来越多。我那时几乎读遍了市面上所能找到的所有他的作品，我百度他的生平简历，想要了解他的更多情况，我在脑海中想象这个自称"孔和尚"的人到底是一个怎样的"奇人"。

2009 年的寒假，我有了个大胆的想法，要是孔庆东能来我们学校为师生们面对面讲学该有多好。于是，我怀着激动而忐忑的心情给当时声名显赫的孔庆东教授写了一封邮件，尽管我知道结果很渺茫，但我依然执着地认为"有志者事竟成"。后来邱成国校长知道了此事，他联系曾经在我校援教过的清华附中的啜秀英副校长，请她帮忙促成此事，啜校长是个热心肠的人，她联系到曾经和她一起援教过的北大附中副校长，通过反复沟通终于促成了孔庆东教授的华山之行，于是就有了开篇的那一幕。

在华山中学图书馆里，邱校长简要地介绍了图书馆的馆舍布局、馆藏资源、配套设备、服务内容，以及图书馆发展规划，孔庆东教授饶有兴趣地翻看图书馆的藏书，称赞华山中学的图书馆有大学图书馆的风范。在图书馆的孔子像前，孔教授欣然题词曰："登书山之顶如登华山，为大学之道以为中学"。第二天上午，孔庆东教授为华山中学的"孔氏粉丝"做了《读书与教书》的报告，下午又做了《读书与人生》访谈。会场上交流气氛热烈，活动结束，粉丝们争着和孔教授合影留念，久久不愿散去。

孔教授此行不仅为我校乃至巴州的文学爱好者播下了文学的"种子"，也提升了我们读书教书的认知。

七、推举典范树人才

雁群前进需要领头雁，团队发展离不开导向和激励。为此，华山中学十分重视推举典范，发挥榜样的力量和表率的作用，引导和感染身边的广大教职员工和学生树立正确的世界观、人生观和价值观。在工作、学习、生活中，以先进人物为追求目标、以先锋模范为行动标杆，在校园形成见贤思齐、争先创优的氛围，汇聚创新发展的强大精神动力。

近几年，华山中学特别重视弘扬时代精神，评选先进团队、表彰优秀个人，推举典范选树杰出人才，借迎"三·八"国际妇女节、庆"五·一"国际劳动节、迎"七·一"党的生日、欢度教师节等契机，隆重组织表彰庆典，并大力宣讲、传播先进事迹，扩大感召力、带动力、影响力，提升先进典型的知名度和学校的美誉度。

2016年9月30日，兵团第二师宣传部部长等领导、华山中学领导干部参加了欢迎第五届兵团"道德模范"刘小丽老师载誉归来座谈会。

刘小丽，这位华山中学教师的优秀代表，把仁义大爱传播到了千里之外的塔克拉玛干大漠的另一端。她奉献爱心、播撒希望的感人事迹，感染教育着华山中学师生，也在天山南北广为传颂。

1989年，从巴音郭楞蒙古自治州第一师范学校毕业的刘小丽走进华山中学，成为了一名普通的人民教师。她以宽广的胸怀接纳每一位学生，以慈母般的爱心滋润孩子们的心灵。无论是学生还是家长，领导还是同事，都会给她这样的评价：热爱从事的职业、热爱班级、热爱每一个学生。她是华山中学、兵团第二师的骨干教师，也是学生和家长心中的明星班主任。

成长发展的路上，刘小丽的大爱情怀得以不断提升。

2013年，刘小丽得知学校按照兵团教育局的要求派教师去第十四师农场支教的消息，便主动报了名。

带着华山中学优质教学资源辐射带动薄弱学校发展的期望，刘小丽告别亲人朋友和学生，踏上了援教之路。在这里，她被分

教师发展：教育发生的前提

配到兵团第十四师皮山农场第一小学工作。面对复杂的工作环境和艰苦的生活条件，刘小丽鼓足勇气迎难而上。

走进皮山农场第一小学，刘小丽对看到的、了解到的情况深感担忧：学生学习没兴趣，学习成绩普遍偏低，不遵守学校纪律和课堂秩序。"学生汉语文基础薄弱，上学迟到早退、课上随意走动……如果不是真实的经历，我不会相信南疆大漠深处还有这样一所学校。"刘小丽在日记中这样写道。

为了让这些基础薄弱的学生学好汉语言，她给学生开了写字课、口语课，教他们拼音、拼读、识字、朗诵；制作课件、小卡片，采用奖励法提起学生学习汉语言的兴趣；用赏识教育法激励学生，引导他们用心去发现和感受生活之美，让他们喜欢上读书。

为了扩大帮扶带动作用，任教同时，刘小丽主动承担起大量示范课的工作，以生动、活泼、多样的教学方式让各族教师掌握教学方法；举办《班主任的管理艺术》《作业巧布置》《多媒体在课堂上的运用》等专题讲座，把先进的育人理念教授给各族教师。

刘小丽还主动参与各项管理工作，积极建言献策，有力地促进了学校的办学规范化；她放弃周末休息时间，分析教材和学情，设计教学方案，手把手教少数民族教师上网查资料、做课件，帮助当地教师提高教学技能。

为了进一步帮扶促进皮山农场和兵团第十四师基础教育进步，2014年12月，华山中学与兵团第十四师皮山农场党委签订了为期六年的援教帮扶协议。本已结束支教工作返回华山中学的刘小丽再次主动提出援教的请求。这一次，她被任命为兵团第十四师皮山农场教育中心主任，与华山中学的另外四名女教师组成"五朵金花"援教团队来到皮山农场。在华山中学教育研究所的指导下，刘小丽带领"五朵金花"援教团队利用所有业余时间认真开展了全面调研工作，最终编制完成了20多万字的《皮山农场教育发展现状调研报告》，并提出了数十条改革意见。刘小丽多次组织召开相关会议，督促落实改革措施；牵先推行分层教学、推门听课、联片教研等活动。在同事们的共同努力下，短短一年多的时间，皮山农场的教育状况得到显著改善。2016年，内地初中班的录取人数超出2015年三倍，内地高中班的录取人数也比2015年翻了两番，取得了前所未有的佳绩。

任职期间，刘小丽重视校园文化建设，大力推进"阳光校园舞起来"等系列活动，有效增强了少数民族师生的文化认同感和对祖国大家庭的归属感。为进一步增进民族团结，强化各族学生的沟通与交流，刘小丽积极谋划多方借力。2015年6月，她得到华山中学支持，牵头组织了为期一周的"手拉手·心连心 共庆'六一'"活动，将一些从未走出过沙漠的维吾尔族贫困学生带到华山中学，与华山中学的汉族学生结对子。他们同吃、同住、同学习。2016年，她又组织了第二期"手拉手·心连心 共庆'六一'"活动，并将范围扩大到皮山县、若羌县等地区。活动收到了很好的效果，家长和社会各界反响热烈。

2016年6月，华山中学强化兵地教育共建共融责任，扩大兵地基础教育均衡发展网络建设，又与和田地区皮山县人民政府签订了为期6年的援教帮扶协议。由于刘小丽在第十四师皮山农场第一小学和皮山农场教育中心表现出色，皮山县党委点名要她去援教。就这样，刘小丽开启了第三次去和田地区援教的旅程。这次，她在皮山县第一小学担任校长，再一次满怀激情地投入到新的工作岗位中。

162

在皮山县第一小学，除了抓好教学工作，刘小丽还带领教师开展家访活动，全面了解学生的家庭状况；召开家长会，给家长们讲让孩子接受教育的重要意义，转变家长的教育观念。为了改善教学环境，她带领教师打扫厕所、平整操场、粉刷教室；为了能让学生们喝上热水，她利用微信，积极呼吁并募捐到了两万多元善款，购买保温桶、水杯等物品。她还利用周末时间，到集市上帮贫困学生家庭售卖农产品；到公安局等多家单位沟通、协调、解决学生的户口、学籍、贫困补助等问题。

在刘小丽的带动下，皮山县第一小学的面貌焕然一新，无论是校园环境还是师生的精神面貌都有了很大的改观。如今，家长们都以孩子在皮山县第一小学上学为荣。

现在，刘小丽瘦弱的身影是皮山县第一小学的一道风景。当地师生视她为尊贵的客人，她把当地师生当作亲人。学生真诚的笑脸，折射出她文化使者的大爱之光，也激励着她在这个有着特殊意义的工作岗位上坚守属于她的教育理想，续写爱的篇章！

先进典范、杰出人才，是优秀团队的形象代言人，她们身上彰显历史责任和时代使命。华山中学培育和选树的全国模范教师闫建明、全国优秀少先队辅导员武红欣、全国五一劳动奖章获得者刘小丽、新疆维吾尔自治区"有突出贡献的专家"邱成国、兵团优秀党员蔡萍、第二师"民族团结模范"栾雪辉、第二师最美教师李金旭等一批舍"小我"成"大我"的模范先行者，引领了更多追随者，共同把华山中学道德建设推上了新的高度。

第四节　仰望星空：合力创造教育未来

追溯华山中学的发展历程，其实我们的教师队伍建设之路并不是坦途，曾先后走过了"粗放发展""制度管理""人本管理"和"价值引领"四个阶段。

一路心酸，伴随苦痛，但我们从未停步。

"人生可以没有财富，但是不可以没有理想和激情。有了理想的人生，才会不为一时小利所趋，不为一时小碍所挡。作为教育工作者，我们既要仰望星空带着理想和激情前行，更应该脚踏实地做好份内之事，在成就学生的同时不断绽放自己的生命，使自己一直执着而充实地行走在馨香四溢的幸福之路上！"2016年9月10日第32个教师节庆祝大会上，华山中学邱成国校长给大家送上了这样的节日寄语。

"铁打的营盘流水的兵"，是的，真正支撑学校走过来的永远是教师。学校只有把教师队伍建设放到重要战略位置上谋划部署，才能进一步获得发展的主动权。教师和学校的荣耀不在于她从哪儿来，而在于她要向哪儿去。教师的专业成长和团队发展，需要长期的积累和实践锤炼，是系统谋划和持续推动的过程。这是华山中学领导班子长期实践后的新共识。

华山中学的人事管理和人才队伍建设，已走上文化引领、理性发展之路，我们将继续以培育有情怀的教师队伍为己任，为打造有温度的学校提供人才支撑。

我们鼓励教师们带上诚爱前行。教师要做爱的使者，教师有爱、敢爱、会爱，才可能激发出学生的情感与潜能，在潜移默化之中完成由生物人到社会人的蜕变。

我们希望教师们工作专注。教育，是事业，是培养人、塑造人、成就人的伟大事业，平凡而艰辛，普通而光荣。它需要每一位从教者以空杯的心态、谦卑的姿态和淡泊的状态，不图虚名不贪私利，耐得住寂寞，扛得住诱惑，肩负起责任；为此，只有把自己的时间、精力、智慧凝聚到教书育人的事业上，我们才能焕发潜能，演绎精彩，创造辉煌。

我们倡导加强团队合作建设。"一花独放不是春，万紫千红香满园"。各科教师只有同心齐力才能撑起色彩斑斓的天空，所以，我们要共享资源、团结互助、扬长补短；我们要构建家校联合体，打破教育孤岛，共担教育责任，共育栋梁英才。

我们努力推动"悦读"工程。教师因职责而读书，为自我而学习。教师要把阅读当作最好的修行，既要读专业书籍，也要读人文经典，既要精读，也需泛读。徜徉书海，培植更丰厚的人文精神，当是今后从教者的"标配"。教育教学，需要厚实的文化底蕴来支撑，完善的人格，需要丰满的文化养料来滋养。

我们期望教师人人有"绝活"。如果教师擅长幽默，就让教学变得更风趣吧；如果你写有一手漂亮的书法，那就精心设计和展现吧；如果你练得一手娴熟的简笔画，就在课堂用优美线条链接起美妙的知识吧；如果你有播音员般磁性的嗓音，就让学生在诵读中享受学习吧！

人生有时限，进取无穷期。

我们坚信：只有上路，才能遇见成功的庆典；只有历经风雨，才能欣赏到更加绚丽的彩虹！

第五章　实现教师的价值

——吴兴高级中学教师与团队

第一节　教师及其价值特征

教师一词有两重含义，既指一种社会角色，又指这一角色的承担者。广义的教师是泛指传授知识、经验的人，狭义的教师是指受过专门教育和训练的人，并在教育（学校）中担任教育、教学工作的人。在《中华人民共和国教师法》中定义教师是履行教育教学的专业人员。承担教书育人，培养社会主义事业建设者和接班人，提高民族素质的使命。

"教师"最初指年老资深的学者，如《史记·孟子荀卿列传》："齐襄王时，而荀卿最为老师"。后来把教学生的人也称为"老师"。如金代元好问《示侄孙伯安》一诗："伯安入小学，颖悟非凡儿。属句有夙性，说字惊老师。"中国有悠久的尊师重道的传统，古代就有"人有三尊，君、父、师"的说法。

教师团队是教师和管理人员组成的一个共同体，它要求合理利用每一个成员的知识和技能协同工作，解决问题，达到共同的目标，正向管理学家斯蒂芬·P·罗宾斯所认为的那样：教师团队是由相互作用，相互依赖的教师个体，为了教育目标而按照一定规则结合在一起的组织。校长要使得每一位教师有强烈的团队认同感和归属感，表现出强大的凝聚力，使教师团队成员的人际关系由分散、矛盾逐步走向凝聚、合作，彼此之间表现出理解、关心和友爱，并把精力转移到工作任务和团队目标上，关心彼此的合作和团队的发展，逐渐形成工作特色。

教师价值是教师在长期的教育教学实践活动中产生并发展起来的对教师与学生、教师与学校之间本质关系的概括，是学生的身心发展需要与教师是否具有满足学生需要之间的关系状态，也就是教师的综合素质与学生身心发展需要之间的一致性关系状态。教师价值具有相对性、导向性、创造性和社会历史性等特征，创造性是教师价值的最高表现，是教育教学活动的本质特征。

一、相对性

教师价值的相对性指学生需要与教师素质之间构成价值关系是有条件的，表现为主客体关系是相对的。现在的教师是过去的学生，现在的学生可能会是明天的教师。从视角转换看，学生是主体，教师就是客体；教师是主体，学生就是客体。不同的主体可跟同一客体构成不同的现实价值，同一主体对不同客体或对同一客体也会构成不同的现实价值。不同的学生对不同的教师或对同一教师也会构成不同的价值。同一教师可满足学生不同的需要，而作为学生也有不同的需要，且学生的需要是在不断变化的。因此，教师与学生之间形成的教师价值便具有相对性。正如马克思所说："人同世界的任何一种人的关系——视觉、听觉、味觉、触觉、思维、直观、感觉、愿望、活动、爱，总之，个体的一切器官……通过自己的对象性关系，即通过自己同对象的关系而占有对象。"

教师价值的相对性告诉我们，学生的需要是丰富多彩的，教师价值在本质上具有全面性，这种全面性是人的本质全面性的反映，也正是在这种意义上，马克思说："人以一种全面的方式，也就是说，作为完整的人，占有自己全面的本质。"这种全面性自然只能是相对的。

二、导向性或指向性

导向性或指向性是教师价值最突出的特征。教师价值的导向性特征可以表述为教师价值具有行为动力的功能，这一功能借用波普尔的分析，动力充当行动的"引擎"，期望充当"瞄准镜"，支配倾向最终表现为"终结目标"。教师价值的形成最终决定于学生有什么需要及其满足，学生需要既是教师价值的动力和目的，又是教师价值的尺度。这说明，学生需要是形成教师价值的主体深层内容，没有学生的需要就无所谓教师价值。这就说明，教师价值具有导向性或指向性特征。

就学生的心理要素而言，认知、情感、意志缺一不可。相比之下，在认识活动中认知因素占主导地位，在价值活动中则是情感发挥核心作用。马克思说过："激情、热情是人强烈追求自己的对象本质力量。"列宁也明确指出："没有'人的感情'，就从来没有也不可能有人对真理的追求。"认识是价值的心理基础，感情是价值的心理内驱力，正是学生对教师素质能否满足自身需要所表现出来的好坏、利弊、善恶、美丑、有用无用、应该或不应该等不同的情绪态度，决定学生对教师的学识、技能、经验、修养、德行、治学态度等的取舍。面对能满足学生自身需要的时候，学

168

生则表现出好、利、善、美、有用、应该之类的情感，反之则表现出坏、弊、丑、无用、不应该一类的情感，这自然是一种明显的导向性或指向性特征。

此外，教师价值作为一种关系，只有通过教师价值活动，即教师的教育教学实践活动才能达到教师素质满足学生需要的统一，这种统一状态就是教师价值的实现。而教师价值的实现就是学生预定目的的实现，而目的性就是导向性或指向性。

三、创造性

创造性是教师价值的最高表现，又是教育教学活动的本质特征。教师价值的创造性贯穿于教育教学活动的各个环节。毛泽东说过："思想等是主观的东西，做或行动是主观见之于客观的东西，都是人类特殊的能动性。这种能动性，我们名之曰'自觉的能动性'，是人之所以区别于物的特点。"其中的"做或行动"是价值的创造活动。教师在教育教学活动之初要确立行为动机，形成一定的教师价值追求，这种追求是比现实更优越的东西，是高于现实的理想，而理想是包含有创造成分的。高尔基说过："一个人追求的目标越高，他的才力发展得越快，对社会就越有益。"这就表明教师的价值追求与创造性是成正比的。列宁讲："人的意识不仅反映宏观世界，并且创造客观世界。"这就是说人的意识有高于现实的价值追求，能根据自身需要设计出新的改造蓝图，并用行动去实现它。所以，意识追求的创造性首先是指价值追求的创造性。教师的价值追求只有通过改造活动才能逐步变成现实，因此这一理想转化为现实的过程就是创造的过程。

教师价值大小全在于能否创造出精神价值以满足学生的需要，

为社会或他人提供精神服务。离开创造性谈不上教师的价值。

四、教师价值的社会历史性

如果从价值的发展视角进行审视，社会历史性就是教师价值的基本特征。上述教师价值的相对性、导向性和创造性，都蕴含着历史的印记，表现出时代的差别。教师价值的相对性本身就包含时代差异的相对性，不同时代的及其学生与教师构成价值关系，其价值意义是不同的，有差别的，历史性即是相对性；同理，由于不同历史时期学生的价值追求存在差别甚至对立，教师价值的指向不可能完全一样，价值目标必然不同，这就造成不同历史环境下教师价值导向具有时代烙印，表现出历史性。就创造性而言，不仅因不同时代教师的价值追求不同影响其创造活动的方向，还因时代不同，教师进行价值创造的能力和手段不同，这就使教师价值创造带来明显的时代性，一定价值创造总是特定历史条件的产物。

第二节 和谐链：学校·教育·教师·学生

和谐，是中国传统文化的精髓。早在春秋战国时期，晏子曾提出"和与同异"的命题。至于孔子的"和为贵""君子和而不同，小人同而不和"，孟子的"天人合一""天时不如地利，地利不如人和"，更充分体现了中国古人的和谐思想。

教育涉及千家万户，惠及子孙后代，关系国家长治久安，是一个民族最根本的事业，是构建和谐社会的基石。建设和谐社会，需要和谐教育，没有和谐教育，就没有和谐社会，学校、教育、教师、学生是和谐教育的核心，是相互促进的和谐统一体。

一、教师发展与学校发展和谐统一

教师是学校构成的基本要素，没有教师的学校是不存在的。也就是说，教师是学校得以继续开办和发展的关键。学校则是教师展示自身才能的舞台。学校为教师的职业生涯提供平台，让教师得以在学校这一特殊场所实现自己的人生价值。教师发展与学校发展是紧紧相连的。学校发展是教师发展的动力和保证，只有当学校发展时，才会有教师充分、主动的发展；教师是学校发展的主体，教师的发展会进一步推进学校的可持续发展。

（一）学校发展是教师走向成功的基础

学校发展，对教师发展提出了新目标、新要求。教育是未来的事业，它要求教师要有适应时代的教育理念，更多地关注学校的办学愿景，关注学校的特色发展对教师的需求，关注学校的文化，同时也要关注学生的愿望与需求，改变教师职业生存和生活的方式。学校的快速发展，为教师发展提供了新机制。建立了鼓动冒尖，争当领头羊的激励机制，使更多的优秀人才脱颖而出，一马当先；建立了教学竞争与合作的机制，让教师在竞争中相互合作，共同研究，取长补短，加速发展；建立科研兴校的机制，推进教师以科研为先导，出好成果，多出成果；制定青年教师"135""青年骨干教师培养工程"和"名师培养工程"，使一批德才兼备的优秀人才脱颖而出。

（二）教师是学校发展的助推器

教师发展了，学校的办学目标才可能转化为教师的共同追求，并创造出富有生机的教学行为；外在的规章制度才能融入教师的内心世界，并内化为教师的自觉行为。

教师发展了，教师的自我超越的意识就会越来越凸现，一个没有创新意识和创新精神的教师，就等于是在培养昨天的人才，只有教师不断地自我超越，学校的各项教育、教学改革才能得到落实，学校高质量的教育才会得到保证。

教师发展了，教师才会倾注满腔热忱，去完成肩负的神圣使命，才能做到坚持不懈地学习，引导学生在知识的海洋中扬帆远航。

由此可见，教师发展与学校发展只有在互动中才能实现和谐统一，学校党组织特别是校长，有责任也应该创造条件，营造氛围，使学校的发展过程同时也成为教师观念更新、素质优化的过程。教师在充满勃勃生机的教育园地辛勤耕耘的同时，通过积极参与教育实践，努力探索素质教育的规律，充实自我，发展自我，必定会创造出更多、更好的教育教学新成果来推动学校不断地发展。

二、教师是和谐教育的实施者

从狭义上说，教育主要是指学校教育，教育者根据一定的社会要求，有目的、有计划、有组织地对受教育者的身心施加教育，达到教化的作用。教育是培养人的一种社会实践活动，是人类社会发展的必要条件。它由教育者、学习者和教育影响三个基本要素构成。自从有了教育活动，就有了人们对教育活动的认识，在学校教育中，教育者主要是指学校中的教师、教育管理者、课程计划制订者和其他教育工作人员。

教师是教育的实施者、组织者、引导者，教育则是教师是实现其价值的手段与途径。教育不是单纯的知识传授，它更注重的是一种人格、信念的培养。教师在教育的过程中，要注重价值的引导，把学生培养成符合社会发展需要的合格人才。

教育影响即教育活动中教育者作用于学习者的全部信息，既包括了信息的内容，也包括了信息选择、传递和反馈的形式，是形式与内容的统一。从内容上说，教育影响主要就是教育内容、教育材料或教科书，它是教育者和学习者互动的媒介；从形式上说，教育影响主要就是教育手段、教育方法、教育组织形式和教育环境。教育手段、教育方法与教育的组织形式，是围绕着一定的教育内容、教育材料或教科书设计的，因而受教育内容、教育材料或教科书性质的制约。教师把一定的教育内容、教育材料或教科书，以合适的方式呈现给学生，并促使他们有效地学习、积极地发展。正是这种教育内容与教育形式的统一所构成的教育影响，使得教育活动成为一种区别于其他社会活动的、相对独立的社会实践活动。教育者是教育活动的主体，没有教育者，教育活动就不可能展开，学生也不可能得到有效的指导；教育影响是连接教师与学生之间的媒介，没有教育影响，教师与学生者之间就没有关系，就不能构成教育活动。

三、和谐教育呼唤和谐的师生关系

师生关系是教育过程中最基本、最重要的人际关系，是维系教育活动的必不可少的基本要素。因此，良好师生关系的建立、维系和发展，既是教育的基本要求，也是教育教学活动取得成效的必要保证。

师生之间的现实关系是不断变化和丰富多样的，可以从哲学、教育学、心理学、文化学、管理学、社会学、政治学等学科视角进行研究。这些不同角度的研究已表明师生关系的复杂性。但是从师生关系的意义及稳定性等的综合分析来看，师生关系主要包括为以下几方面：

（一）以年轻一代成长为目标的社会关系

师生之间的社会关系是教师作为成人社会的代表与学生作为未成年的社会成员在教育教学过程中结成的代际关系、政治关系、道德关系、法律关系等。师生的社会关系是规范性的，是人与人的各种社会关系在教育教学中的反映。第一，师生之间存在代际关系，即反映人类的经验及其发展与个体经验及其发展的关系。第二，师生之间存在政治关系，是国家、集体与个人关系在教育中的反映，权威与服从关系是师生政治关系的外部表征。第三，师生之间存在文化的授受关系，即人类文化历史与文化现实关系的直接反映。第四，师生之间存在道德关系，即人类现实利益关系在教育教学中的反映。教师和学生之间的交往也必须合乎教育内部的道德规范（如教师职业道德、学生守则等）。教师作为教育者还必须把自己的道德作为一种有效的教育资源，发挥其示范、陶冶的作用。第五，师生之间存在法律关系，即现代社会人们之间的责、权关系的具体体现。教师和学生作为公民具有法律保护的权利、义务、责任，学生作为未成年人，还拥有《未成年人保护法》等法规赋予的权利。教师要尊重和维护学生的权益，学生也要尊重教师的合法权利。

（二）以直接促进学生发展为目标的教育关系

师生的教育关系是指教师和学生在教育教学活动中为促进学生的整体发展和自主发展而结成的教育与被教育、组织与被组织、引导与被引导等主体间关系。它是师生现实关系的体现。教育关系是师生关系的主体，没有教育关系，师生的社会关系同样存在，但没有教育关系，教育活动就难以发生。师生的教育关系也是多样的。首先，从教育过程的主体作用来说，教师和学生是教育和被教育的关系。其次，从教育作为一种组织来说，教师和学生共同生活在学校、班级、教室等社群中，构成组织和被组织的关系。再次，从教育活动的展开来说，教师和学生是一种平等的交往关系和对话关系。

（三）以维持和发展教育关系为目的的心理关系

师生关系的建立与发展不仅受社会需要、社会文化传统、现实制度以及教育目的、任务的制约，也受教师和学生心理活动规律的制约。师生间的心理关系是指教师和学生为了维持和发展教育关系而构成的内在联系，包括人际认知关系、情感关系、个性关系等。师生心理关系的实质是师生个体之间的情感是否融洽、个性是否冲突、人际关系是否和谐。理想的师生关系是一种使彼此感到愉悦、相互吸引的融洽、和睦关系。这种关系使双方缩短心理距离，获得心理安全感、自由感，从而尽快投入到教育教学活动中，提高教育教学效率和质量。

正如习近平所说：百年大计，教育为本；百年教育，教师为本。教育是提高人民综合素质、促进人的全面发展的重要途径，是民族振兴、社会进步的重要基石，是对中华民族伟大复兴具有决定性意义的事业。特别是在当今世界，科技进步日新月异，国际竞争日趋激烈，说到底就是人才的竞争，人才越来越成为推动经济社会发展的战略性资源，教育的基础性、先导性、全局性地位和作用更加突显。"两个一百年"奋斗目标的实现、中华民族伟大复兴中国梦的实现，归根到底靠人才、靠教育。源源不断的人才资源是我国在激烈的国际竞争中的重要潜在力量和后发优势，而人才的培养则需要通过教师辛勤的培育，所以教师在教育扮演着重要的角色，我们都知道一个人遇到好老师是人生的幸运，一个学校拥有好老师是学校的光荣，一个民族源源不断涌现出一批又一批好老师则是民族的希望。国家繁荣、民族振兴、教育发展，需要我们大力培养造就一支师德高尚、业务精湛、结构合理、充满活力的高素质专业化教师队伍，需要涌现一大批好老师。

第三节　吴高：浙北高中的"特色样本"

吴高以造就一支过硬的师资队伍为目标，加强敬业奉献和职业道德教育，倡导全体教师不断学习，更新教育理念，转变教育方法，掌握现代化教育技术，加强教育科研，不断提高教育质量。在校长严忠俊的带领下，吴高人正以脚踏实地、团结拼搏的精神，以饱满的热情、昂扬的斗志努力把学校办成"学生欢迎、家长满意、社会赞誉、市里好口碑、省里好名气、全国好声誉的特色示范高中。"

建校 15 年，吴高仅用 6 年时间就完成了浙江省三级、二级、一级重点中学的三步跨越，2014 年又凭借鲜明的办学特色率先评为湖州市省一级普通高中特色示范学校。她独创了以"三位一体"为代表的教师培训体系，夯实了教师队伍的根基，使教育教学质量连年攀升。她制定了精准而完善的顶层设计，从"以人为本，促进成长"的办学理念，到"天生我材必有用"的校训，再到培养"智慧而温暖的行者"的育人目标，无不显示出高瞻远瞩的整体规划和教育理想。一切，都折射出吴高的办学层次已经上升到一个新的境界。

一、从"红十字"文化到"博才教育"课程体系

"天生我材必有用"的校训倡导每个人充分发挥自己的长处，然而该如何发展学生的长处？那就必须通过丰富的课程与活动来实现。2006年，随着浙江省全面实施新课改，吴高的特色课程体系建设开始了。与此同时，一项独具特色的德育活动也在吴高生根发芽了！

2006年5月，吴高成立了"校红十字会"，并将"人道、博爱、奉献"的红十字精神融入德育实践。18位不同学科的教师组建了一支红十字校本课程开发团队，合作开发了《红十字精神》《生活中的红十字》《红十字应急救护技能》等校本课程。如《生活中的红十字》在师生中开展无偿献血和自愿捐献造血干细胞、器官遗体，预防艾滋病等关爱生命知识宣传教育；《红十字应急救护技能》在班主任、体育教师及年轻教师中培训了2名省级救护师资和76名救护员，在学生中广泛开展应急救护知识普及教育。新颖而实用的课程得到了湖州市红十字会和浙江省领导的高度赞赏。其中，《博爱百年》《红十字精神》《红十字急救技能》等被列为市精品课程，《红十字精神》还荣获第一届"真爱梦想杯"全国校本课程设计大赛特等奖！

渐渐地，"红十字"成了吴高的文化符号，新生进校的第一件礼物就是《让爱成为一种品质》《让人道成为一种信仰》《让奉献成为人生亮彩》等三本红十字读本，学校引导他们认真阅读、积极撰写读后感，并编印了学生作品集。每一个吴高学生都要掌握

急救技能，并获得学校颁发的证书。在湖州市首届"振兴阿祥杯"红十字现场救护技能比赛中，吴高荣获青少年组一等奖。2010年，学校成功创建"浙江省红十字示范校"，并通过了全国红十字模范校的考评。2015年10月，学校代表应邀参加红十字会与红新月会国际联合会第二届亚太地区青年峰会，在开幕式上做了题为《Red Cross Youth in Action》的工作交流。

"红十字"课程铸就了吴高响亮的德育品牌，以此为发端，学校又进一步确立了"一体两翼"的"博才教育"课程体系。"一体"即国家课程，名为"博学课程"；"两翼"即校本特色课程，包括重道德养成的"博爱课程"和重见识博雅的"博闻课程"。学校还从课程形象、课程目标、学习要求、学生塑性、建设策略等五方面对"博学·博爱·博闻"三大课程群做了富有特色的定性思考。目前，学校已开发校本课程132门，其中34门课程入选市精品课程，《急救技能》等7门课程成为省网络课程。

吴高不仅致力于课程体系的构建，在课程实施中也有多重创新。如必修课程在高二文科数学尝试分层走班教学。选修课程周课时不少于9节，开齐四类选修课程，编制《选课指导手册》下发学生，学生根据自我意愿与特长，利用网上选课平台进行选课编班，每个学生拥有独立课表，选修课程的开设超过一级示范校标准。此外还有走班、走教与走校相结合，即自我开发课程实行学生走班，利用外校设施的课程实行走校，分享校际师资的课程实行教师走教。

"'博才教育'课程的价值就是尊重每一个学生的需求和不一样的成才方式。正如北京市十一学校校长李希贵所说，学校要尽可能多地开辟每一位学生奔跑的'跑道'，让课程的价值在每一位学生身上更好地体现。"校长严忠俊总结说。

二、从"目标导航"到"问来问去的活力课堂"

课改最终还是要落到"改课"上面，吴高"博才教育"课程体系的建设策略之一就是构建高效课堂。自 2008 年起，吴高就与华东师范大学课程教学研究所合作，孜孜不倦地致力于课堂教学改革，追求真正的有效教学。

七年间，吴高以课题为引领攻克了课堂教学的数道难关，尤为突出的是刚刚获得浙江省教科研二等奖的《"目标导航"课堂自主学习模式的实践研究》课题。所谓"目标导航"学习模式，就是以"目标确立、目标实施、目标检测"为内核，以课堂自主学习为主要形态的教与学模式。其课堂理想为"一心三主"，即在课堂教学的全过程中，实现"以目标为核心，以学生为主体，以教师为主导，以能力为主线"的理想。

吴高以"基于课程标准的学习目标的研究""基于学习目标的教学设计的研究""'目标导航'课堂自主学习模式的研究"等子课题为抓手，在华师大教授指导下扎实推进课题研究，获得了丰硕的成果。一是制定合理的学习目标支撑教学模式的创新，将以教师为中心的教学目标转变为以学生为中心的学习目标，学习目标的制定基于课标、教材、学情、高考，表述清晰、便于操作。二是精心打磨"目标导航"课堂自主学习模式，构建了课内预习、自我检测、问题交流、教师精讲、课堂小结、针对训练六个基本环节，使课堂从"传授型教学"走向"互动、自主型教学"。三是教师在研究中学习、实践、反思，促进了专业发展；学生从"记中学"转向"做中学""悟中学"，学科成绩明显进步。

课改多年，吴高人一直在思考一个问题：吴高的课堂教学范式到底是什么？正如名品都有各自的品牌一样，吴高的课堂也要有自己的品牌！基于之前的研究，吴高又提出了"问来问去的活力课堂"研究课题。该课题以通俗易懂的名称承载启发式教学的新理念，改变传统的灌输式课堂，把课堂真正还给学生。理念虽简单，但十分契合现代教学观念和有效教学理念，与"目标导航"的研究也是一脉相承的。

"问来问去的活力课堂"如何实现？课堂学习的过程要体现多层次的交流。第一层是学生与老师的交流，老师根据学习目标的设定引导学生思考探究，实现教学相长。第二层是学生与学生的交流，小组讨论疑难问题，提出解决问题的方法。第三层是学生和网络交流，将信息技术融入课堂教学。多层次的交流让学生有更多时间积极参与其中。从教学效果看，这样的学习方式呈现出由慢到快、厚积薄发的特点。

"事实上，课堂教学的本质就是'问来问去'。'问来'就是学生通过学案预习产生问题，带着问题来上课，'问去'就是通过课堂多层交流把问题解决掉。当然，'问来'的技术含量很高，我们追求的是，教师要问就问真正触及本质的问题、有效的问题，问题怎么来？要基于精确的学习目标。"一位语文老师说。

通过七年的课题研究，如今的课堂教学已成为吴高的一大亮点，学生在课堂中的参与度更高，生生、师生之间的交流更加频繁，课堂呈现出民主、平等、和谐的师生关系；学生自主学习、合作学习、语言表达的能力更胜一筹。面对成果，严忠俊自信地说："吴高一直在追求优质课堂梦，课改不可能一蹴而就，但我相信通过持之以恒的努力，我们最终一定能实现梦想！"

三、教育在当下，绽放在未来

自 2011 年起，作为浙江省推进高中新课改的措施之一，"浙江省普通高中特色示范学校评估"取代了省级重点中学评估。新评估打破了以高考成绩论高低的惯例，以创建课程特色为核心内容，鼓励高中多样化发展。2014 年，吴兴高级中学凭借"博才教育"课程体系和成效显著的课堂教学改革在第一批省一级普通高中特色示范学校中榜上有名！

在"天生我材必有用"的校训指引下，近两年的吴高更是以自信、自强、自主的呐喊，呈现出跨越式发展的强劲势头。2014 年，学校高考取得历史性突破。教师连续三年在湖州市班主任能力大赛中摘得桂冠，并代表湖州市参加省班主任大赛荣获一等奖，代表浙江省参加华东地区班主任大赛获得二等奖。

从建校之初三校合并的磨合期，到评上省一级重点中学后的快速发展期，再到成为省一级特色示范学校后的内涵发展期，吴兴高级中学用 15 年跨越了新校发展的三大步。今天的吴高已成为真正的优质学校和品牌学校，成为湖州课改的先锋旗帜、浙北高中教育的"特色样本"。面向未来，学校制定了"博才教育"发展四大工程——学校文化建设提升工程、师德师能建设提升工程、学生素养培育提升工程、服务师生保障提升工程，学校的可持续发展值得期待！

"美好行为的绽放可能在未来，而教育一定在当下。"相信今天吴高意义深远的课改与特色化办学，定将为莘莘学子的人生奠定深厚的根基，也将为未来的教育种下希望的种子！

第四节 教师的专业发展

一、教师的专业品质

教师专业化是国际教师教育改革的趋势。所谓教师专业化是指："教师在整个职业生涯中，通过终身专业训练，习得教育专业知识技能，实施专业自主，表现专业道德，并逐步提高自身从教素质，成为一个良好的教育工作者的专业成长过程，也就是一个人从'普通人'变成'教育者'的专业发展过程。"教师专业化过程实际上就是教师专业发展过程。我国教师教育改革要关注国际教师教育改革新动向，在教师养成教育中要达成以下四项基本品质：即精通学科专业知识、具备扎实的教育教学知识技能、具有强烈的社会与政治责任感以及具有深厚的文化底蕴。

（一）精通学科专业知识

教师的学科专业知识，体现教师的专业性和学术性，是教师专业发展要达成的首要基本品质。它要求教师应当精通某一学科理论知识，特别是要求教师对某一学科专业知识的内容、价值、产生过程、知识间的联系及整个知识体系框架有深刻的理解，明确学科专业知识结构，并能及时了解和掌握学科发展最前沿的内容与趋势，体现教师的专业性和学术性。

精通学科专业知识是许多国家对教师教育的基本要求。比如，英国早在1990年初实施国家课程时，就明确说明要关注未来教师和当前教师的学科知识；在美国教学专业标准全国委员会所确认的成功教学标准的五项基本主张中，其中一项主张为：成功教师要能充分理解其所教学科，以及该学科的知识是如何创造、组织，如何与其他学科相联合，并如何用之于实际情景中的，教师的专业性和学术性主要解决的是"教师教什么"的问题。

教师要精通自己所教的学科，具有扎实而渊博的知识。马可连柯说过："学生可以原谅老师的严厉、刻板，甚至是吹毛求疵，但不能原谅他的不学无术"。苏霍姆斯基也指出："只有教师的知识面比学校教学大纲宽广得多，他才能成为教学过程中的精工巧匠"。对每一个教师来说，不仅要熟悉所教教材的基本内容，形成完整的知识体系，还要加强进修和不断学习，跟踪学科的学术动态，了解新观点，掌握新信息和新技能，不断更新知识，站在学科前沿，实现教师由经验型向科研型转化。

教师应该博学多才。作为一个教师，跟其他的专家不同，他需要掌握各方面的知识，力争"样样通"。一个知识面不广的教师很难给学生以人格的感召。学生年龄越小，他们对教师的期望就越大，他们常常把教师当成百科全书，在他们眼中，教师是无所不知的，无所不晓，如果教师一问三不知，或者经常被问住，学生会非常失望，对教师的信任度和崇拜程度将会大大降低，也将直接影响教师的教育教学效果。因此，教师要勤于学习，不断完善和充实自我，做一个知识渊博的教师

教师应具备教育科学的理论修养。科学的教学需要科学的理论指导，教师要较好地实施素质教育，就必须要掌握好教育学、心理学和学科教学法的理论基础知识，教师不仅要懂得教什么，还要知道怎么教，以及为什么这么教，用科学的理论去指导自己的教学实践，会取得事半功倍的效果。

（二）具备扎实的教育教学知识技能

教育教学知识技能，通常指广义的"教育学知识"。何谓"教

育学知识"？澳大利亚教育学院院长理事会曾在 1998 年的报告中对"教育学知识"做了这样的描述："教师应该对教育学及其教学内容有深刻的理解，以使他们能够针对学习者、课程和教学环境的具体特点，以最有效的方式转换（组织、调试和表达）内容。他们需要这样的'教育学知识'以整合其他的知识和能力。"我们认为，教师的"教育学知识"应包括四个方面的知识，即教育学科知识、教育技能知识、教育实践知识和教育研究知识。

教育是一门科学也是一门艺术，它不仅要求教师掌握其所教学科的专业知识，而且还要掌握"如何教"的"教育学知识"。教师之所以成为教师，关键是善于"教"，能循循善诱、因材施教，根据学生的身心发展规律和教育规律，把艰深的学问艺术地、有效地传授给学生，提高教育教学效果。

教师的教育教学知识技能主要解决的是"怎样教"的问题。养成教师的教育教学知识技能，需要理论课程和实践课程相结合，突出四个领域的课程教育，即教育学科课程、教育技能课程、教育实践课程和教育研究课程，以分别培养教师的教育学科知识、教育技能知识、教育实践知识和教育研究知识，提升教师的教育能力。

驾驭教育教学的能力和教育教学能力是教师应具备的最基本的，也是最根本的能力素质。它要求教师能根据教育教学内容和学生的实际，遵循教育教学应有的规律，以及学生的发展的规律，运用恰当的方式方法，组织好教育教学活动，达到理想的效果。

良好的语言表达能力。语言表达是一切教育工作者必备的主要能力。由于条件限制很多实事不能一一再现，常常需要教师通过语言来描述，把丰富的知识通过语言描述来传授给学生，这就需要教师的语言准确清晰,具有科学性;简明练达具有逻辑性;生动活泼,具有形象性;抑扬顿挫,具有启发性。

较高的创新能力。教师要想更好地完成教学任务,不能被动地等待运用别人的研究成果,或者生硬地照搬照学,而应该以研究者的心态,置身于自己的教育教学活动中去,认真分析教育教学中出现的各种问题,反思自己的教育教学行为,对出现的问题进行探究,找出新的解决方法。同时依据时代要求,善于吸收最新的教育科研成果,并把它创新地应用于自己的教育教学实践中,最大限度地提高课堂教育教学效率。教师的创新包括:独到的见解、新颖的教学方法、创新的思维、凸现的个性、探索的精神、民主的意识等。只有教师具有了创新意识和创新能力,教师才会持续地发展,教育教学水平才会稳步地提高。

较强的组织能力。组织能力是一名教师取得教育和教学成功的有力保证。缺乏组织能力的教师,无论其知识如何广博,都难以完成教育教学任务。

较强的教研能力。教师不仅仅是"教书匠",更应成为教书育人的专家,成为教育教学研究的复合型人才,教研能力也是教师应具备的基本素质之一。教师把教学和教研结合起来,对自己积累的经验进行总结,使其理论升华,成为规律性的共识。对教学中出现的种种问题,进行理论研究,进而探索和发现新的教学规律、教学方法和教学模式,教师只有由教育型向学者型的转变,才能适应知识经济时代的挑战和素质教育的需求。

(三)具有强烈的社会与政治责任感

教师专业发展中的社会与政治责任感特性,体现教师职业的社会性和引导性。教师专业发展的社会与政治责任感特性可分为政治责任特性和社会责任特性两个相互协调的层面。政治责任特性，体现党和国家对教师职业的政治期望和基本职责要求，概括起来讲，就是教书育人，把学生培养成社会主义的建设者和接班人。社会责任特性是指，教师作为社会工作者同样肩负着社会改革和社会管理的一定责任，要具备社会道德审美能力和批判性思考能力，努力成为社会改革和社会管理的积极行动者。

教师今天的劳动，决定着明天的民族素质和人类社会的进步与文明。同样，现代教师教育的一种观点认为：教师是反省的实际工作者，他应该是一个自由人，贡献于知识的价值，并能培养年轻人批判思考的能力。教师不仅是教育工作者，还是社会改革和社会管理的力量，更应成为宣传贯彻党的教育方针的坚定实践者。教师肩负着培养下一代和提高民族素质的重任，要加强对教师的师德教育以及社会与政治责任感的培养。

（四）具有深厚的文化底蕴

要完成教书育人的历史使命，就必须使"教师成为人类优秀文化的拥有者"。文化修养对教师的专业发展起着潜移默化的作用，能够不知不觉地提升教师的教育机制，使教师在执行教育教学任务过程中得心应手。因此，当今世界许多发达国家和地区在教师教育过程中高度重视提升未来教师的文化修养。具有深厚的文化底蕴应当是教师专业发展要达成的一项基本品质。

教师的文化底蕴特性指的是教师的文化涵养性，它是教育智慧和生活智慧的文化基础。综观许多发达国家的教师教育课程设置，教师的文化修养主要包括四个方面，即哲学宗教文化、政治历史文化、科学技术文化和文学艺术文化。

一位学识渊博、言出精辟、有着深刻思想和灵动智慧的教师，更能赢得学生的敬佩与爱戴。为此，许多国家在教师教育课程结构中加大文化修养课程的比例。1995年俄联邦国家高等教育委员会发表的《高等职业教育国家教育标准》，确定了培养教师的最低标准，其教师教育课程内容和要求"已超过学科知识、教育理论和教学能力的范围，扩展到作为教师的所有方面"，明确提出决心要把未来教师培养成"人类整个优秀文化的拥有者"。

如何有效地促进教师专业发展是一个有待于进一步深入研究与实践的课题，我们应当站在时代发展的高度，放眼世界、立足国情，与时俱进、创新发展，重新审视和丰富教师专业发展的品质特性，加快促进我国教师教育改革进程，切实提高我国教师的专业化水平。

二、教师发展的理念和思路

20世纪60年代以来，"教师专业发展"逐渐成为世界上许多国家教育改革与发展的核心。在我国，进入80年代后，尤其是在新课程背景下，教师的专业化发展一直是基础教育改革关注的热点问题。

20世纪80年代，"教师专业发展"作为"教师专业化"的内在理论依据成为当代教育关注的焦点和教育改革的核心问题。人们普遍认识到新课改不仅指向于促进学生的发展，也力求促进教师的专业发展。没有教师的发展，学生的发展就成了无源之水、无本之木；没有教师的发展，学校的发展也失去了有形的支撑，成了空中楼阁。"专业化发展"是教师队伍建设的关键。教师专业化是一个"动态"的发展过程，既包含教师专业成长的过程，也指促进教师专业成长的教师教育过程。教师个体是专业发展的主体，而教师教育是教师专业发展的外驱力。这两条基本路径，前者是内在的、自主的、积极的，后者是外界的、强制的、被动的，但二者在教师专业化发展的进程中相辅相成，缺一不可。

至于"教师专业化"的内涵是什么？理论界就此问题迄今没有一个明确的定论，但分歧不大。在英国，教师专业能力的领域主要划分为三大部分：教师的知识、教师的技能和能力、教师的价值信念与承诺。这三个领域的能力对于教师的专业发展缺一不可，并相辅相成。在我国，教师专业素养主要包括：教育专业知识、教育专业能力和教育专业精神。"教育专业知识"是教师在教师教育和教育实践中获得的、直接作用于教育过程的实用性知识。"教育专业能力"是教师组织教育活动，对学生施加有目的的影响的主体"行动"能力。"教育专业精神"是教师对教育专业所抱有的理想、信念、态度、价值观和道德操守等倾向性系统，是指教师从事本专业工作的精神动力。

显然，"教师专业化"是个内涵不断丰富的过程。早在20世纪60年代，国际劳工组织和联合国教科文组织提出的《关于教师地位的建议》就以官方文件形式对教师专业化做出了明确说明，提出"应把教育工作视为专门的职业，这种职业要求教师经过严格的、持续的学习，获得并保持专门的知识和特别的技术"。据刘捷博士在《专业化：挑战21世纪的教师》一书中的看法，教师专业是"一个形成中的专业"。他认为："要成为一个成熟的教育专业人员，需要通过不断的学习与探究历程来拓展其专业内涵，提高专业水平，从而达到专业成熟的境界。"

由此看来，对教师专业化的学术定义已经不少，但它的内在专业结构可以包括四个方面：一是强调专业知识；二是强调专业能力；三是强调专业精神；四是强调自我专业意识。这是一个成熟的教育专业人员应具备的四大专业素养，也是教师专业化的四大支柱。

三、教师专业发展的途径与方法

在针对学校自身发展的自我诊断中，我们发现新时期的教师教育工作必须关注教师的专业发展，努力挖掘各种有效的渠道，建立以校为本的教研制度和培训制度，致力于提升教师的专业水平，创造一定的情境让教师自己感受提升专业水准的紧迫感，从而积极地、自觉地改变自己的行为和观念。

就教师专业发展的途径和方法而言，应该包括两大方面：一是外在的影响，指对教师进行有计划、有组织的培训和提高，它源于社会和教育发展对教师角色与行为改善的规范、要求和期望；二是教师内在因素的影响，指教师的自主意识、自主能力和个人实践，它源于教师自我角色愿望、需求以及教育实践和奋斗目标。

（一）学校要为教师专业发展创设良好的外部环境和条件

教师专业化是一个动态和发展的过程，主要是指教师在严格的专业训练和不断主动学习的基础上，逐渐成长为一名专业人员的过程。这一发展过程的实现不仅需要教师自身主动的学习和努力，而且需要良好外部环境的创设。

教师的专业发展不仅仅是政府和师范院校等教师教育机构的任务，更是教师任教学校的任务。因此，学校应注重在一个更高平台上有针对性地提升全体教师的专业水平，并针对不同年龄的教师，提出不同的培养与发展规划，努力提供和创设教师可持续发展的空间，引领教师不断走向专业化。

1. 建立各种制度

（1）以师德建设为核心，坚持教师学习制度，努力提高教师的思想政治素质和职业道德。道德是教育之本，是教师之魂。在道德上对教师的要求，首先是对教师职业本身的内在要求，即要求教师自觉做到教书育人，为人师表。

（2）发挥本校名师、学科带头人的专业引领作用，完善带教制度。支持和鼓励青年教师参与各种形式的听课评课和教学比赛活动，建立让青年教师脱颖而出的机制。

（3）建立教师成长档案，丰富教师评价的内容和方法，使教师能看到自己的成长过程。同时，学校也可以通过教师成长档案了解教师的成长过程，了解教师队伍的现状，为促进教师的专业发展和学校的可持续发展提供决策依据。

2. 优化各种资源

（1）完善资源系统，通过各种途径为教师提供丰富的学习资源。要把教师人文素养培养纳入学校发展规划，作为全校教师学习的重要内容。组织教师参加以中外优秀文化、科技创新、城市发展为主要内容的参观考察活动，陶冶情操，体验人生。积极开展文学、历史、哲学、艺术等知识学习，丰富教师的精神世界。

（2）以校本研修为抓手，加强校际合作，整合优质资源，促进教师的专业成长。目前对于校本研修，强调"个人反思、同伴互助和专业引领"这三要素。

3. 创设发展条件

（1）为教师专业发展提供空间，要求教师特别是中青年教师制定个人专业发展规划。有学者认为，缺乏职业生涯规划的教师，其专业发展是缓慢的、自发的，也是盲目的。

（2）采取在职进修、攻读学位、名师指导、社会考察、国内外学术交流等措施，形成多层次、多渠道、多方位的人才培养格局，努力造就一批具有先进教育思想、学识渊博、教学技艺精湛的教育名师，造就一批理论功底扎实、科研能力强、教学经验丰富、勇于开拓创新、善于理论联系实际的学科带头人，造就一批政治业务素质好、年富力强、锐意进取的骨干教师。

（3）关注教师的心理健康和生存状态，帮助教师消除职业倦怠，寻找新的成长点。预防教师"职业倦怠"现象的产生，是学校和教育行政部门应该应该重视和必须做好的工作。

4. 搭建发展平台

（1）培养教师合作、探究的共享意识，积极参加各种学习交流的实践活动，如举办"吴高论坛""吴高博文堂"等，由此增强教师的合作能力，提高教师的学术水平。

（2）开展形式活泼的读书活动，营造一种读书氛围。"腹有诗书气自华"，一个喜欢读书的人气质会变得优雅，心灵会充满阳光，眼睛会闪耀智慧。为了实现教师发展的目标，学校应将教师读书活动引向深入，让更多的教师走进经典，用素养提升生活品位，用智慧书写教育人生。

（3）将课题研究与教师的专业成长和业务考核紧密挂钩，提倡"人人动手做研究，人人动笔写论文"。学校要制定奖励政策，积极鼓励教师开展科学研究以不断提高自己的学术水平和科学素养，鼓励教师开展教学研究以提高自身的教学水平，鼓励教师著书立说，并在出版经费上给予资助。

（4）通过开展"校级教坛新秀""校级名师""我最喜爱的老师"等评选及各种形式的教学比赛、学术研究活动，培养教师拒絶平庸、追求卓越的精神。

（二）教师通过各种路径提高自主发展的意识和能力

教师专业发展问题，归根到底是教师的自我意识问题。没有教师的主动参与和自主发展，就没有教师专业发展。所谓"自主"，就是自己自觉、主动地去追求个人目标。对于教师来说，"自主发展"是一个自主学习、自我完善、自我超越的过程。

基于新课程改革和教师专业化的背景，学习、研究、实践与反思等是构成教师"自主发展"的核心要素，也是实现教师自主发展的重要途径。

1. 学习是实现教师自主发展的"阶梯"

读书与学习，在人的生活中比什么都重要。《论语》的第一章"学而"，讲的就是人为什么要学习。今天，终身学习已不再是一种理念，它已成为一种行动。对于个体来说，学习是生活，学习是工作，学习更是一种责任，是人生命中的重要组成部分。教师作为"学习共同体"中的"首席"，在其成长的过程中，一辈子都需要学习、提高。学习是教师润泽一生的最积极、最有意义的活动。教师不学习，一切都成为无源之水、无本之木，更不要说创新与超越了，可能连最起码的教书育人的底气都没有。因此教师要养成时时、事事、处处学习的习惯：向书本学习、向同行学习、向自己学习、向学生学习。于漪老师说过："现代教学中，教师的教跟学生的学在一个平面上移动，学生是不服你的！你一定要棋高一着，也就是说在深度上要挖掘，在广度上要开拓，你对学科发展的前沿、对学科的走势、对学科的来龙去脉要有所了解"。作为一名教师，只有做到"学而不厌"，才能保证教学的丰富多彩，才能创造有生命、有活力的课堂。

教师发展：教育发生的前提

2. 研究是实现教师自主发展的必由之路

教师要获得专业发展，必须走教育科研之路。需要指出的是，教育科研不仅是一些专家的专利，一般教师也有自己的"话语权"。因为教师工作在教学"第一线"，其中有大量的教学感性认识，有丰富的实践经验，有鲜活的教育教学案例，这些都是开展课题研究最有力的支撑。作为中小学教师，我们的研究要与自己从事的教育教学工作结合起来，研究教学，研究管理，研究课改，研究学生。

3. 实践是实现教师自主发展的有效载体

把学到的东西运用到工作中，这一点非常重要。特别是教师，任何时候都要把读书学习包括研究所获得的知识、成果和能量转化为课堂智慧。教育教学实践活动是教师实践性智慧生成的重要沃土。离开了教育教学实践，就没有教师实践性智慧的生成和发展。在当前的课程改革中，我们并不缺乏先进的教育理念，我们所缺少的是具体的对这些理念的运用、操作和探索。事实表明，真正被大家所接受的高水平的优秀教师，基本上都是在立足于个体优秀教学经验的提炼、概括、总结中，即在实践性智慧的提升过程中，逐步形成一套自己完整的教学主张并为大家所接受。因此，在我们的工作中，应当大力强调实践性智慧的重要性，让教师关注自身的实践性智慧，再一次回到实践中来，在实践中发展，在实践中提高。

4. 反思是实现教师自主发展的"助推器"

教师的工作需要探究，需要实践，更需要反思。善于反思是教师专业化的核心要素。教学反思不是什么新鲜事物，也不是因为我们的关注才出现的。先圣孔子说过："学然后知不足，教然后知困。知不足，然后能自反也；知困，然后能自强也。"可见，自古以来，为师者就有反思的传统。教师的成长离不开反思。波斯纳于1989年提出了一个教师成长的公式：经验＋反思＝成长。一个人或许工作了二十年，如果没有反思，也只是一年经验的二十次重复。在新课程的背景下，反思，可以让我们沉静下来，不再被一天的繁杂琐事所困扰；反思，可以让我们发现不足，渴求新知；反思，可以让我们从看似机械地重复中感受激情和幸福。当教师的教学反思成为一种自觉和习惯后，这样的教师离优秀教师已经不远了。

总而言之，教师专业发展不是一个轻而易举的过程，而是一个长期的、充满着困难和艰辛的过程，需要"内外动力"的激发和助推。从科学发展观出发，我们必须认识到，"外部环境"是教师专业发展的平台与保证条件，"自主发展"是教师专业发展的内在需求和关键因素，二者相辅相成，缺一不可。

第五节　引导教师发展：一场永无止境的人生长跑

校长引导力是在党的教育方针指引下，校长个人和团队采取科学的领导制度和领导方式，通过决策、激励等来吸引和影响师生员工，以培养高素质发展性人才、促进学校发展和超越的能力，它集中表现为校长领导能力和领导水平的决胜实力。严忠俊校长知道，教育的发展、质量的提升，其决定性力量在于教师。学生发展需要教师引导，而教师发展需要校长引导，因为校长是"师者之师"。教师不能把引导学生的责任推给社会或推给旁人，校长也不能把引导教师的责任推给他人或推给别的单位，而应该注重抓好引导的内容、方式和时机，切实担负起"师者之师"的责任。肖川教授说："学校不是一座凝固的建筑，它是产生思想的地方，是一条流动的思想之河。学校管理者面对的是有生命、有差异、有思想的人，一个人的思想才是他真正的生命。只有用心灵唤醒心灵，用思想去影响思想，才能使管理者的思想保持常青，使师生学会思想并用思想提升人生的质量。"作为一个学校校长，肩负着一项特殊的使命，就是要用充满智慧的办学思想去陶冶心灵、滋养灵魂、厚重人格、润泽生命，用校长的引导力和深厚人文情操为教师专业发展提供最大动力。

吴兴高级中学在校长、特级教师严忠俊的引领下，打造"三位一体"教师专业发展模式即青年教师"一三五培训工程""青年骨干教师校本培训工程"和"名师培训工程"三大工程，让不同层次的教师都获得了再学习的机会，开创了教师培训的新境界。近年来，一批有学历、有经验、有个性、有激情的教师不断涌现，用他们过硬的专业技能和崇高的师德修养撑起了吴高教育教学的一片蓝天。在这座充满希望的校园中，他们尽情挥洒着饱满的热情，执着追求着智慧的高度，用一场以人生为赌注的学习长跑，沉淀出教育者最深厚的思考，也流淌出教育最美丽的画面。

严忠俊是浙江省物理特级教师，几十年的一线教师生涯，让他对教师的职业充满了感情，也对学校的发展积累了专业而现实的思考。从一个教育专家的视角出发，他认定，无论基础设施或生源条件如何，任何一所学校想要可持续发展，教师才是最核心的竞争力。新生的吴兴高级中学要想走出合并学校的诅咒，实现快速发展，必须建设一支师德高尚、业务精良的高素质教师队伍。然而，当时三所学校的教师水平参差不齐，教师自身的学习意识不强，怎样才能扭转这种不利的局面呢？严忠俊不禁想起了自己从青年教师、教坛新秀成长为教学明星、特级教师的历程，作为那辈人成长的缩影，这段经历让他感慨万千。在一次教职工大会上，他语重心长地对老师们说："教师是一个特殊的职业，如果你无所追求，一辈子也可以勉勉强强地过去，但如果你想达到一定的高度，不踏踏实实地花时间钻研，是不可能成功的。任何的高度都是通过努力获得的，作为校长，我有责任引领你们重走我们曾经走过的道路，甚至超越我们"！

一、赢在起跑线上："一三五"青年教师校本培训

作为一所刚刚组建的新校，吴兴高级中学有着比同类学校更多的青年教师。一方面，青年教师学历高、有活力、可塑性强，是学校未来的希望；另一方面，青年教师缺乏经验、教育教学技能薄弱、难以担当重任。如何缩短青年教师的成长周期，使他们尽快地学会教书育人过程中应知应会的技能技巧，成了学校最急切的呼唤。

2001年，吴兴高级中学适时地推出了"一三五青年教师校本培训计划"。该计划将教龄不到五年的60名青年教师组织起来，根据教师成长规律，提出"一年入门，三年成熟，五年成才"的目标。2003年，学校又在此基础上申报立项了浙江省规划课题《普通高中青年教师校本培训的实践与研究》，进一步引领青年教师校本培训走上了规范化的轨道。"一三五培训"利用每周三晚上进行，不仅全体学员要参加，中层干部、教研组长也要全部到位，计划刚推出时，遭到了不少老师的反对。有的老师说："我们又不是湖州最好的学校，何必要求这样高呢？"尽管埋怨不少，但学校坚决执行，经过一段时间的培训，老师们慢慢尝到了甜头。

青年教师刚刚熟悉岗位，平时工作又很繁重，怎样才能提高他们的兴趣，使培训既有效果，又不失枯燥呢？通过第一届学员培训班的实践，吴高总结出了不少行之有效的培训模式。

理论学习是青年教师立足专业的保障，"一三五培训"开设的

专家讲座就很好地起到了理论引领的作用。学校几度邀请华师大教授、浙江省和湖州市的名师来校讲座，严校长和校级名师也经常为学员开设讲座，内容涉及校园文化、论文撰写等诸多方面。许多老师至今还对严校长的一次题为"怎样说课"的讲座记忆犹新。当时，一些青年教师根本不懂什么是说课，通过那次讲座，大家茅塞顿开。不久，几位教师参加市里的优质课比赛，第一关就是说课，由于平时的扎实训练，他们的表现十分抢眼，受到了专家的一致好评。

自学是教师学习的重要手段，学员们经常以小组讨论的形式，对课堂艺术、作业批改等各种问题进行研究。为了提高自学的可控性，学校设计了一系列检测手段来保证教师的自学是"自修"而不是"自休"，如要求青年教师做读书摘录、案例收集，写学习随笔，积极参与集体讨论等。经验加反思是教师成长的捷径，"一三五培训"时常要求教师联系已有的经验、自身的教学、任教的学科和学校的实际来省察、反思和评议课堂。

"案例教学""主题探究"也是"一三五培训"常用的模式。公开课制度以成为学校的传统，学校长年与华东师范大学课程研究所合作，请高校教授为青年教师指导教学案例、课例的撰写，请市名师为青年教师开设《如何撰写教学案例》等讲座，校内优质课比赛、教学设计比赛、学习目标比赛等以为常态。在培训中，全体学员先对个案进行观摩，然后开展小组评课。教师们分别从教学目标、教学程序、教学方法、教学基本功、教学效果、教学特色、师生互动、课堂氛围等多个角度进行评课，大家畅所欲言，提出诸多意见。有位青年教师老师感言道："通过观摩案例，我终于明白，好课是飘扬理念的课，是孕育激情的课，是挥洒个性的课，是创造空间的课，是自然而然的课，是不拘一格的课。"

在"一三五培训"期间，学员们在骨干教师的带领下，承担参与了几十项省、市级课题的研究，部分青年教师甚至独立承担课题。此外，学校还先后选派优秀青年教师前往名校跟岗锻炼及出国培训，鼓励青年教师进行研究生课程培训。每学年，学校为每位学员确定教学业务，布置具体的任务。

经过踏实地科研，《普通高中青年教师校本培训的实践与研究》课题获得了湖州市一等奖、浙江省二等奖。而"一三五培训"也为青年教师的成长搭建了广阔的平台。近年来，吴高青年教师已有近百篇论文获市级以上奖项或在刊物发表，在学校所承担的研究课题中，青年教师已成为生力军，学校的课改实验小组也是青年教师担纲，在湖州市举行的各学科青年教师比武大赛中取得了令人瞩目的成绩，其中，严惠峰老师获得浙江省高中数学课堂教学评比一等奖，徐晴老师获浙江省班主任能力大赛一等奖，长三角二等奖。

对此，严忠俊高兴地说："新教师就如同一棵小树苗，前五年培养好了，以后就会长成参天大树。事实证明，我们的'一三五培训'抢占了最有利的时机，让青年教师赢在了起跑线上！"

二、点亮指路明灯：骨干教师和名师培训工程

教师是职业倦怠的高发人群，教师的职业倦态，不仅会误人子弟，更是个人的悲哀。随着吴高教育教学质量、生源质量的不断提高，极个别教师出现了松懈现象，这引起了严忠俊校长的高度重视。他认为，一个有经验的老师如果仅仅想让学生在高考中获得高分，并不是什么难事。但随着年龄的增加，一直重复枯燥的工作，没有更高的追求，就极容易产生职业倦怠。而一些三十出头就评上高级教师的青年教师，也容易失去奋斗的动力，产生教师"高原现象"。为了避免"一到高级就刹车"的情况发生，严忠俊又将以 45 岁以下高级教师为主体的骨干教师培训提上了日程。

2006 年，吴高在青年教师培训的经验基础上申报了又一项浙

江省重点规划课题——《普通高中青年骨干教师校本培训的实践与研究》。在该课题的牵引下，学校积极创设各种机制和环境，促使骨干教师脱颖而出，并提出了"在3年内培养2名左右青年骨干教师成为市学科带头人，培养5名左右青年骨干教师成为市教学能手、教学明星、教坛新秀"的新目标。

教师是靠底蕴上课的，教师在课堂上展现的显性知识仅仅是"冰山一角"，作为智力资本的隐性知识才是冰山主体。骨干教师作为有经验的教师，应该跳出基本功训练的范围，将培训内容聚焦于丰富内涵底蕴，实现隐性知识显性化的工作上来。因此，相对青年教师的培训，骨干教师的培训显得更为前沿、专业和细致。培训主要分为三大系列，首先是"学习者系列"，主要开展突显"新"与"博"的教育教学理论学习活动；其次是"实践者系列"，开展"案例教学""教育教学反思""精品课"等教育教学实践活动；最后是"研究者系列"，让教师像科学家一样用探索精神和理性眼光开展各种课题研究活动。

学校之名，很大程度上在于教师之名。为了给普通教师树立榜样，凸显名师的引领作用，2006年，吴高又制定了《名师培养计划》，建立了一整套名师激励机制。2008年，十位教师光荣地当选为吴高首届校级名师。这一至高的荣誉为十位骨干教师的职业生涯镀上了最亮丽的颜色，同时也赋予了他们最神圣的使命。校级名师两年一聘，经过自荐、推荐，最终由教研组、校长室讨论决定。每位名师每月享受80块钱的教研津贴，津贴只是象征性的，但名师的头衔却意味着更高的要求、更大的责任、更完美的表现。

自首届名师产生以来，吴高陆续开展了"英特儿未来教育培训""一堂研讨课""外访学习""教学反思百篇文"等一系列名师培养活动，十位名师撰写的读书随笔、交流笔记、教研论文入录《吴高教科研》，成为重要的学术研究资料。每位名师都要尽可能地为青年教师开设讲座、示范课，承担校本课程和科研课题，并承担带徒弟的重任。每学期，校级名师开课总数累计要达到 400 节。名师还有较多的机会外出交流经验，他们负责将校外的先进理论和信息带回学校，通过名师讲坛介绍给普通教师。

对于名师培养的意义，严忠俊总结说："校级名师上课都非常出色，即使他们不学习也完全可以胜任。但现在，他们要开设讲座、开示范课，必须不断督促自己读书，才能为青年教师做出最好的表率。通过名师工程，现已培养出省特级教师一人、市教学明星一人，市教学能手一人，市教坛新秀三人，先后担任市学科中心组成员十多人，他们的自觉追求，也如同一盏明灯，为青年教师点亮了前进的道路。"

在吴高，严忠俊校长一直扮演着引路人的角色。身为特级教师的他，刚开始做老师的时候，讲课也很生硬，通过不断的学习，才慢慢有了孔子所说的传道授业的体会。因此，他对学习有着无限的虔诚，也总结了许多有用的经验。为了引领教师们追求职业的幸福感，他无论多忙，都会时刻提醒教师们要多读书，让心灵在书籍中憩息和遨游。新课程的理念注重宽广的知识积累，为此，他提出了"教师没有专业书"的口号，倡导教师宽泛地读书，无限地读书。他常常对教师们说："对我们而言，一篇课文一生会上无数次，但对学生而言，一生只有唯一的一次，所以，我们必须把最好的状态奉献给每一个学生。"正是这样一位理想主义者，在物质至上的今天，提醒老师们不要将人生目标集中在房子、车子上，而是要注重职业高度的提升，也正是这样一位专家型的校长，将吴高这所年轻的学校带向了学术型、研究型的道路，为教师们提供了一个纯净无瑕的"学习型"校园。

[文化：

学校优秀的基因密码

严华银　主编

世界图书出版公司

中国教育领航（第一辑）：教育家型校长与学校发展丛书

丛书编委会

主　任　王仁雷

主　编　严华银

副主编　季春梅　回俊松

编　委　邱成国　严忠俊　于大伟　张　勇

　　　　郭炳胜　郭长安　杨　刚　杨琼英

　　　　林启福

第一章　家园文化

——中关村二小学校文化建设

学校文化是一所学校区别于其他学校的独特标识，是学校的核心竞争力。它是全校师生员工在长期的办学过程中培育形成并共同遵守的最高目标、价值标准和行为规范，是学校办学理念、校训、校风、校貌的浑然天成，更是凝聚全校师生心力的精神纽带。面对一所拥有 45 年发展历史的老校，面对不断发展变化的校区，面对不断增加的人数，用什么样的文化凝聚师生的心，让他们对学校有一种如归家般的亲切感和舒适感？经过多年的传承与发展、探索与实践，杨刚校长和他的团队精心培育并不断丰富"家园文化"的内涵，坚持用"家园文化"引领学校和师生的发展，让学校这个大家庭里充满着暖暖的人情味儿，让走进学校里的每一个人都像回到家里一样熟悉、温暖、快乐、自由和安全……

我们喜欢的学校就应该像家一样，来到校园，就像回到家里一样熟悉、温暖、快乐、自由……在这个家里充满着暖暖的人情味儿，领导给予教师最真切的关怀，教师给予学生最温暖的关心。这家的味道是人与人之间和谐、融洽的相处，我们的校园因此更加宽敞而明亮；这家的味道是心与心之间自由、舒爽的交流，我们的校园因而充满着安全与快乐。

走进中关村第二小学，你就走进一个学习与生活的乐园，就走进了一个家园……

镜头一：孩子们的快乐集会

二小（"中关村第二小学"简称）孩子的运动会，运动场不再是校园的操场，而是延伸到了美丽的奥森公园，挑战10公里长走欢歌笑语撒了一路；二小孩子的开学典礼，不再是列队听讲话，而是可以拿着任务单与三五好友携手闯关，满校园撒欢儿。图书进校园、六一爱心义卖、科技嘉年华、最佳现场……学校举办了各色的节日和活动，孩子在"节日"中收获成长，孩子们在被欣赏、被尊重，平等互爱的家一样的氛围中，不知不觉收获着健康、快乐、从容、自信、责任和感恩。二小是孩子们的学习和生活的乐园，是孩子们又一个家。

镜头二：教师们的精神峰会

舌尖上的English、奥巴马眼中的百旺三、晓丹书场、宫廷穿越、相声小品、诗词歌赋，还有时下热词、热剧、焦点人物轮番上阵……这不是春晚现场，而是二小每学期期末学习周的舞台。舞台上，各组教师们发挥独特的创造才华，一改总结会上读报告、听报告的单一形式，取而代之的是轻松幽默的小品剧、清晰温婉的诗朗诵、动感活力的创编操、生动有趣的电影配音、风格各异的特色服装展示……教师们将自己一学期的思考与实践、收获与感悟，化为一串串珍珠，在舞台上大放异彩。为期一周的学习周将三校区所有教师都聚在一起，就学校发展、学科建设、教育教学工作进行交流总结。学习周是中关村第二小学教师团队文化的一个缩影，更是教师们展示自我，交流学习的精神峰会。

镜头三：家长们的暖心盛会

金色的九月，是温馨的！灿烂的九月，是丰硕的！带着秋的喜悦，迎来了新的学期，开启新的希望！新的起点，承载新的梦想！这一天，小悦在父母的陪伴下，一起参加中关村第二小学开学典礼——"我的学校我的家"暨中关村第二小学建校40周年校庆。二小全校6000名师生都欢聚在百旺校区大操场上，融入二小这个温暖的大家庭。小悦体验到学校的热情氛围和班级的团结友好，跟同学们一起带上红花，手拉手走进操场，从班主任老师手里接过美味的小蛋糕，认识了可爱的"蓝博豆"。小悦的父母真切感受到一份尊重、一份骄傲、一份自豪，手里的相机"咔嚓咔嚓"，记录下这一美好时刻，这是给孩子最好的礼物，也是给家长们最暖心的盛会。在开学典礼上，二小师生和家长一起，把理想写在今天，把愿望刻在今天，在新的起跑线上一起奔跑！

走进中关村第二小学，就走进了一个家园，这是二小人的梦想：让每一名学生、每一位教师、每一位家长都因为走进二小而有一种幸福感，人与人之间都充满了真情……在这幸福的家园中，教师们努力工作，甘于奉献，不断反思；在真情的涌动下，学生们快乐地学习，幸福地成长……

这里是二小师生向往和眷恋的精神家园，这就是二小的家园文化。这是一个关于家的故事，让我们从头说起……

第一节 溯源：家园文化的一脉相承

北京市海淀区中关村第二小学的前身是1949年9月建校的海淀区保福寺小学，1959年9月更名为中关村小学。1971

年 9 月，中关村第二小学作为中关村小学的"一个分部"开始独立办学，正式命名为"中关村第二小学"。建校至今，学校已走过了 45 个年头，在学校 45 年的发展建设中，二小人始终坚持"以人为本"的办学理念和"宽松和谐"的育人环境，这种文化氛围在历任校长的引领和推动下，成为中关村第二小学长久以来稳定发展的根基。

一、有条件要上，没有条件创造条件也要上

早在中关村第二小学建校之初，第一任校长李东久就为全体教师提出了这样四句话：见工作就上；见荣誉就让；见后进就帮；见困难就闯。这种精神为中关村第二小学办学和发展奠定了坚实的基础。我们从当时留下来的文字中可见一斑，1971年正值"文革"时期，办学条件还是非常艰苦的。尤其是"文革"中窗户被砸烂，缺桌子少椅子，面对这种情况，学校提出了自己的办学理念和办学方针。那就是：有条件要上，没有条件创造条件也要上。在这一特定历史环境中，塑造了二小人面对困难无所畏惧、艰苦奋斗、砥砺自强的精神品质，也正是靠着这种无往不胜、无坚不摧的勇气和干劲，李东久校长带着老师们在艰苦的环境中勤于治学，让学校走向了正规。

二、二小的每一位老师不一定是最优秀的，但我们的团队一定是最棒的

1994 年，学校迎来了第四任校长汪蕙萱，汪校长在继承二小精益求精做本真教育的基础上，特别注重师生的发展和团队的建设，记得她曾经说过这么一句话："如果说单打独斗，二小的每一位老师不一定是最优秀的，但我们这个团队一定是

最棒的。"传统视野中,教师要想获得成长更多依赖个体努力,单打独斗,作为同事的其他教师大多情况下是"不在场"的。而实际上,教师的专业成长很大一部分依托的是团队和团队间的对话。教师间的对话和互助,不仅有助于提升教师的责任感,增强教师安全感和认同感,还有助于激励教师主动投入,推动学校变革。为此,从那时起,学校为每一位新入职的青年教师都安排一位有经验的老师作为师傅,帮助他们专业的成长、相互促进。青蓝之约——师徒拜师会,一直发展传承至今,已经成为二小文化的一个部分。学校老师也常常感悟:"在二小,我们不是一个人在战斗,身边有领导老师一起前行,遇到再难的事儿也能一起克服。"

三、让分校和本校一样好,让更多的孩子享受到二小优质的教育

在 2000 年至 2003 年间,作为学校的中层管理者,杨刚已经亲自参与到承办上地实验小学管理工作中,并和学校第五任校长——尹丽君校长一起积极探索名校带分校的最佳管理途径。当时,学校除了承办上地实验小学以外,还参与了海淀外国语实验学校小学寄宿部的建设,在此过程中,遇到最大的难题就是来自家长对名校办分校如何保证分校办学质量的质疑。

2003 年 2 月,尹丽君校长调离时,语重心长地对杨刚校长说:"现在的二小不断地发展壮大,你一定要传承好二小优质办学的传统,打消一些家长的顾虑,让分校和本校一样好,让更多的孩子享受到二小优质的教育。"

面对时任二小校长、现任海淀区委教育工委书记交到自己手中的沉甸甸的接力棒,杨刚校长带领全体二小人,开始了在实践中积极探索名校带分校的最优管理体制。这期间，他始终坚持二小与上地实验小学在教育教学管理上同步发展。面对"上地实验小学有着独立的建制，在人事、财务、评优、评先、检查评比等方面是完全独立的"的管理难题，他始终坚持高标准办学，忙碌地往返于两所学校。在他和全体干部、教师的共同努力下，短短十年的时间，上地实验小学已经成为海淀北部高速发展的素质教育优质校，得到了社会的普遍认可。2008年6月，上地实验小学作为海淀教育的新星和二小正式脱钩，开始独立办学，这是全体二小人共同的骄傲。

文化是历史传统的产物，是对办学、办校经验的深度总结和升华。二小的文化绝不是"拷贝"出来的，也不是仅靠校长个人就能创造的。可以这样讲，文化在二小是一脉相承的，并不是换了一任领导就换了风格，有很多东西是几十年传承下来的。文化是中关村二小长久以来稳定发展的根基，是一代又一代二小人在不懈的研究和探索中创造出来的。教师和学生之所以珍视学校文化是因为它是自己的，是独特的，是以自己学校的传统、现实和未来发展为基础的。

第二节　开启：家园文化的探索之路

2003年，年仅28岁的杨刚校长走上校长岗位。作为一位年轻的学校的领头人，杨校长在满怀教育激情与梦想的同时，深感到自己肩上使命艰巨、责任重大。学校已经具有相当的规模、质量和美誉度，与此同时，由于年龄代际、岗位职责、工作思路的差异，学校也面临着不少挑战。如何既能继承以前积淀的优秀传统，又能够凝心聚力、开拓创新、共谋发展？经过一段时间的沉静思考，杨校长确定了"学校要在继承中发展"的思路。

那么继承什么呢？首先是继承优秀文化。二小有宽松的工作氛围，和谐的人际交往，不用扬鞭自奋蹄的工作作风，每一个人都是这里的主人，每一个人都在追求卓越。这种感觉已经浸润在每一个人的心田，外显于行动。那么，二小形成的这样好的氛围是什么样的文化呢？杨校长通过查阅资料、不断学习，同时研究一些优秀企业的文化，终于找到了答案。

2003 年 6 月，杨校长在全校教师大会提出了，"用家园文化引领学校发展"的理念。家园文化的指导思想是"以人为本、关注发展"；家园文化追求的目标是"自我管理、自我发展、自我超越"。家园文化的具体内涵是这样三句话："二小是大家的；二小的发展是为大家的；二小的发展是靠大家的。"这三句话已经成为每一个二小人所欣赏、推崇并以此作为行为原动力的一种共识。

家园文化的提出既是对学校原有办学文化的提炼，又是对学校美好未来的憧憬。家园文化的提出，源于杨校长在学校的经历，特别是作为教师时的感受和经历。作为校长不是一家之长，高高在上，发号施令，而是要心中装着每一位教师。每一位教师都是学校的主人，都担负着各自的教育任务，都要面对自己所教班级的每一个活泼可爱的孩子。每一位教师都需要被关注、被重视，每一位教师都需要得到支持、获得发展。

家园文化，强调的是在学校办学中要形成利于教师发展、学生成长的软环境，让师生能够在身心轻松的环境中健康发展，促进积极状态的形成，让师生身心愉悦，减少负面因素的不利影响，让全体教师聚焦课堂，聚力在学生身上，让学校成为教师的心灵港湾,成为每一位教师和学生又一个健康的生命家园。

家园文化像一种强有力的凝聚剂,使二小人产生相当的归属感。家园文化借助精神纽带和心理场来唤醒和激发每个成员对学校的深厚感情,把他们紧密联系在一起,从而在校园内建立起团结和谐、信任理解的人际关系,并达成对真理和学校目标的共识和追求。在二小,师生可以自由的对话,"尊重"被给予最好的诠释;在二小,宽松和谐的工作氛围是满满的包容,是爱的延伸;在二小,谁都拥有广阔的舞台,赏识与激励点燃每个人的梦想!

2006年7月,老师们把自己对家园文化的情结凝结在《我与二小共成长》这本文集中。从老师们真挚的感情和质朴的表达中,我们欣喜地看到了家园文化是凝聚二小人心的文化。下面的文字是老师们在《我与二小共成长》文集中的真情述说:

我深深感受到学校大力提倡"家园式"工作氛围和爱的教育,学校积极为老师创设一个和谐、宽松的环境,让每一个老师都能够全身心地投入到教学中去,大家不但没有隔阂,而且乐于互相帮助,让所有老师都是满怀信心地上班、轻轻松松地下班。这种相互体贴、相互关爱的心也会转而投射到孩子的身上,使得班级也会蒸蒸日上地发展。

就是在这样的环境下,我才可以像一棵幼苗一样茁壮成长。风雨来时有人帮我阻挡,需要破芽而出时也有好心的人和我一起努力;当小苗枝繁叶茂,必然会回报这片热土。教师用微笑传达爱,用赏识表达爱,用严格升华爱。拨亮了一盏盏智慧之灯,开启了一扇扇封闭的心扉,点燃了一把把热情之火,陶冶着一颗颗纯洁的心灵。教师是一种快乐的职业,快乐是灵魂的一种感觉。

——数学教师 邢妮

作为一名刚刚走上工作岗位的年轻教师，每天迈进二小的大门，都会感受领导与老师们热情的笑容，老师们之间团结互助的精神，二小大家庭中凝聚着一股积极、乐观、向上的动力，我们被感染着、鼓励着。

——信息技术教师 路长龙

我们这里每一位老师都把自己看成是家里的一员，为这个小家贡献着一份爱。你的嗓子沙哑了，就会有润喉药递到你的手中；当你猛然想起错过接孩子的时间了，这时有人会告诉你已经有人替你了……这里没有一件事会有人袖手旁观，从来不会让你感觉孤独无援。有了这样宽松、和谐、向上的氛围，我们工作起来，充满朝气。

——语文教师 朱旭红

到二小转眼已经四年了。回首这几年，几乎承载了我全部的欢笑、眼泪、懊恼、欣慰……从最初背着手风琴上课到搬着电子琴串班，现在我终于有了一间属于自己的音乐教室，而且是一间非常有音乐特色的专业教室，那几架陈旧得不能再陈旧的钢琴也终于在去年光荣"退休"了，换成了崭新的切尔。而以前只有在电影里才能看到的视频会议居然在我们二小已经成了家常便饭了。但让我感触最深的，还是学校宽松、和谐、积极、向上的环境。二小营造的家一般的温馨氛围，使学校在成为培养孩子的沃土同时，也给教师们提供了成长与展示才华的广阔空间。学校坚持"以人为本"的人性化管理原则，寓管理制度于无形之中，使各项制度的原则性与"家园式"校园文化的灵活性融合在一起。在二小工作是幸福的，更是自豪的！

——音乐教师 刘毅

从老师们朴素的话语中，我们看到家园文化通过对其成员的鼓励、肯定、尊重，以及其他无形的精神与传统，来达到对成员的激励。在一种"人人受重视，个个被尊重"的文化氛围中，在一个鼓舞、激励制度齐全，措施得力的学校中，每个成员的工作、学习、生活等各方面的成绩或优点都会及时受到有形无形的肯定、赞美和褒奖。这样，每个学校成员都会感到鼓舞，产生荣誉感和责任心，自觉地为获得新的更大成功而努力。学校文化对个人的激励作用不同于物质刺激等手段，后者的功利性强，作用短暂；前者属于精神层面的，作用更久远，更显得无形，但力度更大，心理更和谐，带来的行为更具自觉和自主性。

第三节　丰富：家园文化的精神版图

文化是实践的反映。"家园文化"随着学校的发展其内涵也在不断地丰富。家园文化的精神版图在不断扩大，在不同的发展时期，二小的家园文化体现出不同的侧重。在面对学校的内部管理，尤其是教师的工作氛围上，家园文化体现为爱与尊重；在面对二小快速发展，多校区齐头并进的局面时，家园文化体现为平等与包容；在面对尊重学生个体发展上，家园文化体现为以人为本、直指生命成长的文化。随着学校工作的深入推进，家园文化也会继续不断地丰富和深化。

一、凝心：家园文化是爱与尊重的文化

爱与尊重是家园文化的核心。没有爱，就没有教育，没有爱，就没有家园。教育哲学家内尔·诺丁斯曾言："最好的学校与最好的家庭是相似的。"它以爱与尊重为前提，最大限度

地调动了师生的潜能。在二小，每一位老师像爱家人一样爱同事，像爱子女一样爱学生，更像爱自己的家一样爱学校。

在我们学校有这样一位老师，她在平凡的三尺讲台，一站就是二十六年，她用朴实无华的心点燃学生的梦想，她用亲和谦逊的为人，感动着身边的每一位师生，她总是说："大家都是这样的。"她就是我校的最受学生喜欢的班主任之一任海霞老师。

她说：大家都是这样的

任老师爱生胜爱子，她无比投入地爱恋着她的事业。不管碰到学习多么困难的学生，她从来不抱怨，不放弃，不急不躁，默默地陪伴，精心地指导。日复一日年复一年，真心地尊重，由衷地赞美，使孩子的成绩一点一点地提升，使孩子的笑容一天比一天灿烂。她给予学生的时间远远超过了陪伴亲人的时间。那年她的儿子高三，就在孩子"积极备战"之时，灾难降临了，儿子在学校摔伤导致右踝骨折。作为母亲，在儿子最需要她的时候，她却没能陪在儿子的身边，她说"咱家一个孩子，好管！学校40多个孩子，不能耽误！"于是爷爷承担了照顾孙子的任务。在孩子挂拐复课期间，学校的老师不知道谁是那个骨折的孩子的母亲，但要提起那个孩子白发苍苍的爷爷，没一个人不知道。班里的学生听说了这件事，眼里含着泪，为她的儿子写慰问信，折千纸鹤，祝愿哥哥早日康复，顺利高考。她给学生无限温暖，学生也用幼小的心灵温暖她和她的家人。她不禁潸然泪下，那些心甘情愿的付出啊，已然得到了回报！家长感动地握着她的手时，她总是说："二小的老师，都是这样的！"是呀，大家都是这样的！　"二小的老师，都是这样的！"这句质朴的话语，此刻却是最美的言语。在二小，在这里，记载着快乐，流淌着幸福，播种着希望。在我心中，二小就是我的家！因此，把家里的事放在心上是一件幸福的事！

在我们的二小，像任老师这样的老师、班主任还有很多。爱，在竞相怒放的玉兰枝头，在茵茵绿地上，在那悠扬琴声里，在那欢声笑语间，在我们美丽的二小校园中。校园中的每一尺每一寸、每一点每一滴都在诉说，诉说着奉献，诉说着这一切的一切只为了对这方热土的爱。我们为这爱创造的美景心醉。

爱，在那相逢一笑的温情中，在那互帮互助的鼓励中，在那讲台上精彩的表现中，在那挑灯奋战的身影中，在那朗朗的读书声中。校园中的每一颦每一笑、每一人每一事，都在向我们传递，传递着拼搏，传递着无穷无尽的爱的讯息。我为爱创造的一切心醉。

爱，托起我们每个人心中的太阳，使希望洒满我可爱的校园的每一个角落。愿我们心中的这份爱能为二小再创辉煌！

二、聚力：家园文化是平等与包容的文化

随着二小办学规模的不断扩大，我们在办学过程中也面临着新的问题和挑战。那就是，如何让来自不同校区的师生与原二小的师生真正成为一家人，形成更大的合力？

带着这样的思考，二小坚持用"家园文化"引领学校发展，在多校区办学实践过程中，不断分析和吸收来自不同学校的办学思想和文化，缩小校区间的差异，缩短心与心的距离。以"家园文化"的力量推动多校区的发展，实现资源共享、文化共融、品牌共创及合作共赢。在学校多校区办学背景下，家园文化的内涵不断丰富，变得更加平等与包容。

平等与包容就是说，我们校区之间只有地理位置不同，没有先后顺序之分，也没有身份地位之别。有的是统一的管理、充分的接纳、平等的待遇，突出每一个人在中关村第二小学的主体地位。

学校用平等与包容的家园文化接纳来自合并校的每一位师生，让每一位教师都能在二小有最大的发展，让每一位学生都能享受到二小最优质的教育。"家园文化"内涵的丰富，帮助三个校区师生形成了统一的文化认知、愿景认同和观念整合，把三个校区所有的师生凝聚在一起，成为"大二小"发展的主体力量。

在多校区发展建设中，面对承接、合并校师生时，二小心怀海纳百川的胸襟，这个大家庭用她特有的大气与包容，接纳了成府和西北旺小学所有的教师，并给予了教师充分的信任与理解、关心与关爱……

并校第一年

并校的第一年对郑英明老师来说是不平凡的一年，更是她最难忘而又最温暖的一年。2003年7月，成府小学被合并进中关村二小，身为成府小学的一位普通语文教师，郑英明老师的内心忐忑不安。二小的名气在当时已经是响当当的，在各类区级评优课中，在区级大教研组活动中，二小老师都是那么充满自信，过硬的专业素养和较高的教学水平常常令她佩服。现在成为这个优秀团体中的一分子，郑老师感到压力非常大！这时候，主抓教育的鲍校长找到郑老师为她加油鼓劲："别有压力，在二小每个老师只要努力都会有机会。平时有问题，多问身边的老师，也可以直接问我们。你要相信自己，你的水平就代表二小。"每一次教研，每一次学习，老师们充满智慧的思想，主动追求自己发展，同时关注学校发展的热情，都深深地感染着郑老师。渐渐地，她由原来的被动接受任务的状态，学会主动参与，敢于发表自己的见解，逐渐找到了一种主人的感觉。

一年后，郑老师代表学校参加中心学区班队会评比活动，那段日子全组老师都成为队会活动策划的智囊团。为了这次队会，已经记不清多少次组里老师主动留下来加班了。在组织队员活动中，经验丰富的教研组长曾老师细化了组内分工。每位老师拿着任务稿指导学生排练，鲍校长更是每天陪伴着郑老师加班到很晚。郑老师内心充满了感激，这一番话让郑老师心中感到真正的家的温暖，更感受到同事们那里传递来的温暖和力量。前期的设计方案经过十几次的修改终于成型，主题就定为"驻足感恩，与爱同行"。那次展评，郑老师获得了中心学区一等奖，直接晋级海淀区的评比。46位家长也被邀请到现场，他们看到孩子在台上落落大方的展示、充满真情的表演，不禁潸然泪下。从那次队会之后，"驻足感恩，与爱同行"伴随着郑老师继续扎实工作，主动地学习。如今，郑老师已经把二小特有的同事间的那种温暖和关怀传递给每一位像她当初一样的新老师。

N 个第一次

每个人的一生中都会有很多第一次，王玉梅老师也不例外。然而 2006 年对于王老师来说，经历的第一次似乎都集中在了这一年。

七月初忙完期末工作就要宣布新学年的人事安排了，老师们都会非常关注自己下学期的工作。当校领导宣布："王玉梅老师担任中关村校区二年级数学组长和 2 班班主任，并负责1 班和 2 班的数学教学工作"听到这儿，周围的老师都把目光转向王老师，她情不自禁地"啊？"了一声。这一声"啊"表达着她心中的惊讶、忐忑和不安，要知道，王老师是成府小学的老师，到今年才是合并的第三年呀！

学校竟然如此信任重用她！可是她一直教数学，对于她新学期的工作，第一次担任班主任，第一次来到中关村校区，第一次承担组长工作，这么多第一次，她开始怀疑自己能同时胜任这一切吗？思来想去，她找到了舒校长。

"舒校长，我想跟您商量点事。"王老师带着内心些许不安地说。

"有什么事你说吧。"舒校长面带微笑示意她接着说。

"首先，感谢学校对我的信任。今年学校安排我到本校来工作，我很感动，也很高兴。可是，我第一年承担班主任的工作，没有经验，需要静心学习才行；第一年来到本校工作，新的同事，新的环境，还需要虚心请教才行；第一年来本校还要承担组长工作，我担心自己做不好。所以，今年我想还是以本职工作为主，至于组长工作，您看……"

"每位老师的人事安排，都是学校的几位领导一起商议的，你的人品好，有一定的工作能力，你很有实力！其实，你不用有那么多的顾虑，只要你努力做好工作，一定没问题，我们相信你，一定能把工作做好！"

"可是我从成府小学过来，要学习的地方还很多。"

"不管你是从哪来的，我们都一视同仁。就像杨校长在大会中所说的'机会是均等的，但又不能平均分，就看你能不能抓住它！'我们相信你的为人，相信你的工作能力，给自己一次机会，证明给别人看！——成府小学的老师一样优秀！"

"我担心自己做不好……"

"其实，你不用有那么多的顾虑，只要你努力做好工作，一定没问题，我们相信你，一定能把工作做好！工作中遇到什么困难，我们会一起想办法解决的。"

舒校长的话给王老师注入了动力和激情，学校领导的器重和信任让她鼓起了勇气和信心。带着领导的嘱托，带着领导的信任，王老师勇敢地接受了工作任命，事实证明，那一年王老师圆满地完成工作，得到同事领导的充分肯定，更获得家长的认可，她成功了！信任让王老师有了拼搏的动力，更有了那一年满满的收获！

平等与包容是"家园文化"的内涵发展，"我的学校我的家"得到了每个成员的认同。在一个好的家庭中，没有人会被刻意划分为三六九等，在教师心目中，学生是最重要的，在校长心目中，教师是最重要的。教师爱学生就像父母爱孩子，同事之间就如兄弟姐妹之间互相支持，这在中关村第二小学已经是大家非常习惯的事情。平等与包容的惺惺相惜让三个校区的老师更像唇齿相依的兄弟姐妹，汇聚在一起的不仅是人，更是心灵的交融。

三、共建：家园文化是民主与参与的文化

十多年的办学实践，二小始终把重点工作放在教师队伍建设上，不断凝聚教师发展之力，鼓励老师们和学生主动地参与到学校的发展和建设中来。徜徉在二小的校园，这里真正的主人是教师、是学生。在这个幸福的家园里，老师们主动地、创造性地参与学校的管理和建设；在这个幸福的家园里，学校充分尊重教师选择的发展意愿；在这个幸福的家园里，不同校区、

不同岗位的教师都得以极大的发展。

在二小的发展进程中，每一位老师都有其独特的价值。作为教育的亲历者、参与者、实践者，他们在各自的岗位上共同推进着学校各项教育教学工作及育人事业。二小不仅尊重每一位老师的价值，更注重倾听每一位老师的声音。

让建议"有声"

组内提案，是每学期初组内工作的一个固定项目，是学校搭建的一个交流平台。学校希望老师们依据整体发展方向，结合自身工作实际，提出对于学校发展有建设性的意见和建议。

小陈是学校一位新晋的年轻教师，年轻，有活力，性格直爽，对待工作格外认真。然而由于新入职，正处于适应期，加之多头绪的工作与较繁重的任务量使原本热爱运动的他不得不将健身计划暂时搁置，只得借周末休息缓解工作的疲劳。可随着健身时间的减少，体能和精神状态大不如前。

在一次组内提案会议上，小陈被组长邀请发言，先说一说自身的需要，他便把自己近来对身体情况的担心说了出来："其实就是希望自己能和原来一样每天都精力充沛的。"

小陈对于身体情况方面的关注引起了组内老师们的共鸣，但这些又似乎与学校的发展没有太大的关系，到底适不适合在学校提案上进行呈现呢？老师们都不太确定。

这时，组长李老师的一席话让老师们决定尝试一下。

"关系当然是有的，因为关注老师们的身心健康是学校一直在坚持的理念，习主席不是也经常在大会上提倡咱们多提宝贵意见嘛，只不过作为提案上报我们需要尽量写得细致一些，原因和需求写清晰，尽量多提出一些具有可行性的办法，总之我们的初衷主要是以交流为主嘛。"

就这样，一份提议"学校加大对于教师身心健康关注"的提案，被老师们抱着试一试的心态正式上报。

出乎组内老师们意料，在提案反馈会上，学校领导对于此提案特意做了面向全校教职工的反馈说明，教师身心健康是学校教育教学工作的基础与保障，是学校高度关注的方面。同时对接下来将要开展的一系列落实工作进行了介绍。

不出一个学期，亚健康体质检测被引入了学校，学校健身房也开始修建，与此同时，教职工健身俱乐部正式公开招募"会员"，一支支由学校老师自发组建的健身俱乐部正式成立起来，不觉间学校掀起了一股健身热潮。

在那段时间里，小陈加入了学校的跑步俱乐部，在跑友老师们的带动下捡起了被搁置两年的运动。与此同时，学校更多的老师们也加入到了健身的行列，他们通过亲身的经历体会到一些工作方面带来的疲劳并不能够仅通过休息缓解，而是需要通过运动去释放，并随之收获愉悦的心情与持续充沛的生活、工作的动力。

把谏言说"直"

早晨，美好的晨读时光。李老师走进教室，环顾四周，大家或写字或读书，沉浸在浓郁书香之中。忽然看见平日淘气的思扬正静静地读一本书，神情专注，但魁梧粗壮的身躯挤在座位中，显得很局促。他的课桌底下放着一个工具箱，使得不大的座位空间更加狭小。李老师走过去，悄声问："孩子，箱子里放的什么宝贝？"他抬头望着我说："老师，是美术课的水彩颜料。""我能看看吗？""好的。"他把箱子拎出来，打开，里面五彩缤纷，有各色的颜料，画笔，调色板。李老师赞叹道："好高级啊！"他憨厚地笑了。"你这个大块头，桌子下面再放这么个箱子，挤不挤啊！""太挤了，可没地方放啊！"李老师示意他继续读书，打量着教室，寻找着安放学具箱的位置。

四十套桌椅，整齐摆放，但余下的空间很有限。孩子们的书包比我们上学时体积庞大了许多，已不能塞进桌斗里，都放置在桌子旁边的间隙中。环顾教室，李老师最后不得不把思扬的学具箱安置到教室后面的角落，摆放整齐。

回到办公室，李老师急切地把刚刚的经历与组内老师交流。没想到大家都有此困惑："现在是夏天，大家穿得少，还好安置，如果是冬天，同学们的大衣、外套会使教室更加杂乱。"一位老师接着说道："如果为每位同学添置一个小柜子，就方便多了。""对，这个想法太好了，下个学期，咱们就向学校上交这个提案。"作为组长的李老师兴奋地说道。

新学期一开学，一份"关于在教学楼走廊增置学生储物柜"的提案便上交到学校。李老师与组内老师们天天在期盼着学校的回复。可在全校提案回复大会上，这份组内老师们期盼的提案始终没有音讯。

就在老师们困惑的时候，主管华清校区整体工作的王校长推开了五年级办公室的门。王校长微笑着说："今天我是代表学校来回复你们组的提案的。你们的提案从学生实际需求出发，非常好。

"在教学楼道中设置储物柜"这一问题，校长在行政会上带领干部经过几轮热烈的讨论。考虑到华清校区的教学楼，设计建设的是各楼层之间二分之一区域采用玻璃的楼板，通透美观，但因安全的需要都用围栏圈上了。留下的空间比较狭小，同学们排队、活动都非常拥挤，有一定的安全隐患。所以，暑假里在抗震加固教学楼时，对这一设计进行了改造，去掉了围栏，更换了楼板。这一改造，使教学楼内空间大大提升。如果安置储物柜，会使活动空间再次减少。并且，同学们活动时，容易撞到储物柜，有一定的危险。所以，楼道里暂时不安放储物柜，还给孩子们更多的活动空间。同时，针对班级的需求，学校将在教室中放置一个小书柜，创造一些储物空间，同学们的学具、作业本可以放置在书柜里。"

王校长的解释，让组内老师们很快了解了学校的考虑和想法。同时，能站在全校学生安全的角度看待学校的设施建设。

虽然老师们的提议没有被采纳，但老师们挺理解。一个提议必然会拥有两面性，有得亦有失，权其重而决定是否采纳。学校给老师们谏言的充分空间，充分考虑后又给大家细致的答复，这样的管理，怎能不让我们的学校更加可爱呢！

第四节　发展：家园文化的新境界

文化是学校的根，它反映了一所学校的精神长相，彰显了一所学校的文化特性，决定了一所学校的教育样态。学校文化是催生教师专业成长以及学生生命发展的深厚土壤，是学校的性格记忆和独有的发展密码。随着学校办学实践的不断深入，家园文化的内涵也在不断地丰富和发展。

第五节　家园文化的内涵提升

随着多校区的稳步推进，我们开始更多地思考学生个体生命成长的意义，我们希望家园里的每一个人都能够在二小感受到自身存在的价值，都能够在二小绽放最美的自己。我们把这样一种美好的教育愿景，凝练成"桃红李白　心暖花开"，这既是我们的家园梦想，更是我们的教育追求。

"桃红李白"表达了桃李之间和而不同的自然属性，寓意每个生命都是独一无二的个体，这既是教育的起点，又是教育的结果；既包含教育的方法，又蕴含教育的过程和教育的智慧，体现了中关村二小尊重生命个体差异，因材施教、因人而异的教育主张。

"心暖花开"预示着每一个孩子都是花蕾，含苞待放；每一朵花蕾的盛开都需要悉心呵护、用爱守候。学生作为生命的主体，其情感、心灵和个性都应得到尊重和理解，让每一颗心灵都享受到阳光的照耀、雨露的滋润，进而聚力为开，绽放最美的自己。

"桃红李白　心暖花开"彰显了一种典雅端庄、充盈灵动的教育之美，是全校师生共同追求的教育愿景。我们希望，二小是真实的、合宜的、师生能处处发现自己价值的幸福家园。"桃红李白　心暖花开"以一种浪漫主义情怀的表达方式展现了二小人的教育梦想，我们希望：每一缕阳光都应该分享。

无私的太阳给予我们生机和希望，向万物传递温热的力量。太阳给花朵送去灿烂、给大海带去波光。关爱、温暖、活力、希望、正能量、积极向上是足以与自然界的阳光相媲美的人文之光，温暖别人的同时亦能把自己照亮，让更多人享受阳光的滋养。

铂森的故事会

铂森从上幼儿园开始，就发现他与其他小朋友不一样。2014 年，铂森该上学了，想象着他在学校的各种情形，妈妈的心也开始像长了草似的没着没落的。有一天王校长找到铂森妈妈，建议她到学校陪读。班主任赵老师问："看到他了吗？"妈妈很疑惑："他在哪呢？"赵老师指着后排的空座位说："那儿，桌子下面。"铂森不知道妈妈来，正躺在桌下玩得高兴。下课后，铂森发现了妈妈，欢快地跑出教室。还跟同学介绍："这是我妈妈。"

阅读是自闭症孩子锻炼语言能力的一个非常好的方式。为了学会教孩子阅读，赵老师决定让铂森妈妈就在教室外观察老师是怎样教孩子们阅读的。

有一天，铂森回家跟妈妈说："妈妈，你读小兔子好不好？""什么小兔子？"妈妈不解地问他，儿子认真地说："就是分角色朗读，读《要下雨了》那课。你读小兔子好不好？我读小燕子。""好！"儿子要主动阅读，当然要全力配合，妈妈欣喜地答应了。

随着铂森对阅读量的增加，他的识字量也迅速增多，于是真正地喜爱上了阅读。有一段时间，他非常喜欢看《西游记》，平时聊天时，也总是拿故事中的人物来问各种各样的问题。

上学时，还时常拉着赵老师问东问西，比如："赵老师你知道红孩儿是谁吗？他是牛魔王和铁扇公主的儿子呀！赵老师金角大王和银角大王在人间生活了十三年，在天上才十三天是为什么？……"每到这时赵老师就变换方式让他自己解答问题，并适时再提出问题，直到铂森讲出整个故事的情节。

六一儿童节快到了，赵老师准备做一个"我讲小故事"的主题班会。通过一段时间的观察，赵老师觉得铂森可以上台试试，这样可以大大增强他的自信心，对以后的学习生活会帮助很大。于是赵老师找到铂森问他是否有勇气上台给同学们讲个小故事，铂森指着讲台说："就在这吗？"

"对呀，你可以吗？"赵老师反问道，铂森小声说："我有点不敢。"

"没关系，讲不好同学们也会给你鼓掌的，只要你站到前面把你知道的小故事中的人物和发生的事说出来你就成功了。"赵老师耐心地劝慰道。

回家后，妈妈按着赵老师说的解释给铂森，让他明白为大家讲故事是件非常好玩有趣的事儿。

故事会开始了，铂森妈妈好像更紧张些。隔着玻璃窗看着铂森走到讲台，这时赵老师轻声说："开始吧，铂森。"一开始铂森讲得还有点断断续续，后来讲到他喜欢的段落，语速突然加快，表情也丰富了许多，看得出来他这时候很自信。

故事讲完了，还没等老师说话，同学们就热烈地为他鼓起掌来。铂森的脸一下子红了起来。回到座位上，他兴奋的心情还不能平静下来……

分享每一缕阳光，把关心和呵护的暖阳撒播到每一个人的心房，让每一个身处校园之中的学生都能感受到向上的力量，携手共进，一起成长，分担风雨，分享阳光。让思想的洪流在分享中激荡，碰撞出智慧的光芒。我们希望：每一扇窗扉都应该开启。

　　窗扉是兴趣之窗、知识之窗、心灵之窗、成长之窗、梦想之窗……教育就是帮助孩子打开那扇未知的窗，引导他们去探索更广阔的世界。

超级音响师

　　学校广播站里总是能看见一个胖胖的高个子男孩，酷酷地坐在调音台前摆弄着几百个调音键，时不时地跟播音员用手势互动着。他就是学校音响师团队的负责人。四年级开始他承担了学校"小音响师"志愿岗位，这一干就是三年。因为他做事特别靠谱，特别有担当，所以被全校师生尊称为"老翟"。

　　大家可能想不到，这个靠谱的大男孩在四年级时是不服输、有个性、敢在课堂上与老师对峙的孩子。大队辅导员刘老师接到他的申请后，内心十分矛盾：按照招募上的广告，只要有兴趣和意愿参与志愿服务的同学都可以填报申请表，好像没有理由不接受他的申请。可按照他"个性另类"的表现，把此重任交给他又实在不放心。

　　犹豫再三，刘老师遵循了志愿者招募活动的初衷，决定让他试一试。或许是感受到了刘老师的信任，老翟十分珍惜这次机会。一有时间他就泡在音响设备室，虚心地向老师请教，还不时记录下各种设备装置图。不到一年的时间，他就能面对上百个音响按钮操作自如，并且从音响师里的"跑龙套"选手变成了主力队员。

　　2013年暑假，华清校区进行了综合修缮，就连音响设备也升级了，由原来的一处变为三处，从使用一套系统变为室内广播、室外广播、体育专用三套系统。老翟凭借着扎实的基本功，在短短一周的时间就熟悉了设备。自己把所有的设备按钮都照了下来，制作了一份创意十足的培训教材，自发地给新加入的小音响师培训，慢慢地，"老翟"这一尊称也在同学和老师之间流传开来。

转眼间，老翟快要毕业了，他已经将小音响师团队的成员扩展到了二十余人，还培养出了五年级的云天、源久两位继任负责人。在六年级告别母校的升旗仪式上，老翟默默地蹲下身子，让一年级的小同学认真地为他佩戴"蓝博豆"勋章。那一刻，刘老师的心中感慨万千，信任孩子，给孩子一个舞台，他们就会大放光彩！

每一扇窗扉都应该开启，为人师表不仅意味着要拥有渊博的知识、出众的品格，还应该具有卓越的责任心，练就一双慧眼，及时发现每一个孩子身上的闪光点，善于发掘每一个孩子的个性特长，通过适当引导和激励，帮助孩子自主成长。我们希望：每一朵花蕾都应该绽放。

每一朵花都有盛开的时节，有的在春天展颜，有的在夏日吐蕊，有的在秋季扬眉，有的在冬日里傲视冰霜。花期不同，恰如孩子们的天赋秉性不同，每一个孩子都是一朵含苞待放的花蕾，蕴含着无限的生机和可能。

一生的宝贵纪念

在长走的终点，人潮涌动，璇子被小伙伴们簇拥着一起前行。虽然璇子步履蹒跚，但仍然自信。看到于老师，她咧开嘴笑起来并大喊："于老师，于老师在这儿！"她使劲地挥舞着手，阳光般的笑容洋溢在她的脸上，额头上布满亮晶晶的汗珠。鲜红的衣服被风带起，样子真是潇洒极了！

两年前，璇子由于不明原因的小脑萎缩，无法独立行走，必须要人搀扶。当听到学校组织"奥森长走"活动，同学们个个摩拳擦掌，纷纷结队要挑战10公里。与大家的热情相比，璇子很沉默。

于老师认为对于璇子这样的孩子，"同情"和"代劳"可能会伤害她。帮助她树立自信，从侧面支持协助她做事，则会让她体验成就感、价值感，从而乐观地面对生活。于老师把璇子叫到身边，问她要不要挑战试试，只走5公里就可以，或者只是参与此次活动。5公里那么长的路，她从来没走过，也从来没想过要去走，璇子很犹豫。下午，于老师又和璇子的爸爸通了电话，希望他也能支持孩子去尝试并体验一下"长走"活动。以前的实践活动璇子基本上是不参加的，璇子爸爸仍有顾虑：觉得璇子可能坚持不下来，还会拖班级后腿，给老师添麻烦。

于老师真诚地对璇子爸爸说："名次不重要，参与机会难得，璇子想去又有顾虑，如果咱们都不支持她鼓励她，那她以后怎么有勇气面对困难呢？让她试一试吧！"终于，璇子兴冲冲地告诉于老师，爸爸妈妈同意她去长走了，爸爸还特意请假陪着她。于老师心里也非常高兴，知道这是个好的开始。

当璇子公布参加长走活动的消息时，孩子们响起了热烈的掌声，班级互助友爱的表达，是对璇子最好的鼓励。活动当天，于老师被安排在终点签到处服务，看着孩子们欢笑着开始长走，于老师的心里其实挺紧张，特别担心璇子的状况。

当璇子顺利到达终点的那一刻，于老师激动不已。孩子的爸爸感慨地说："没想到，一路上璇子不用扶，也不休息，也不坐收容车，面对其他校区的同学不解的目光也没有退缩，仍旧一步一步地向前走着，才一个多小时就到达了终点！没想到她这么棒！"

老师、璇子和璇子爸爸三个人在荣誉墙那里合影，他们相信这对璇子的一生都是非常宝贵的纪念。

每一朵花蕾的盛开都需要悉心耕种、用爱守候，始终陪伴他们沐浴风雨阳光，收获成长和希望。

第六节　家园文化的美好姿态

学校文化是一个学校的"生态"，是知识的欢乐谷，习惯的训练营，精神的大自然，灵魂的栖息地。在二小，每一个孩子都是独一无二的，每一个教师都怀揣着教育的梦想，通过不懈的努力和心与心的互动，让每一个生命绽放出最美的姿态。

温暖不仅仅有一个角度。学校作为学生第二个家，校园的环境建设、一草一木都要体现着人文性、互动性、参与性、舒适性。我们把学校交还给学生，让每个学生都成为学校的主人，让每个学生都感受到校园的温暖。

小箭头·小脚印

"慢步右行，美在校园"这是学校一直以来倡导的做法。从小养成靠右行走的习惯，既可以在很大程度上保障学生在楼梯和楼道中的安全，又可以较好的保证楼梯楼道中的畅通。怎样帮助一年级的小朋友做到漫步右行呢？明明老师决定让学生们亲身参与到这个教育过程之中。

在明明老师的引导下，孩子通过上网查找、询问家长或观察身边的同学，理解"慢步右行"的意思，还把查到的资料都带来了：同学们有的查找了靠右行这种习惯的起源，有的从生活中观察到的乘坐电梯时有这样的一个牌子写着"左行右站"，还有的看到马路上有一些箭头，有直直的，有拐弯的，汽车就按着箭头的方向行驶等。

孩子们就这样一个一个地把自己的资料展示着分享着，忽然有一位学生站起来说："老师，如果安全委员手里要是拿着一个提示板，这样大家不知道不追跑要靠右行了吗？""对对对，这个主意好"，此时班里响起了热烈的掌声，话音刚落，又有一位同学站起来说："咱们能不能把马路上的箭头也贴在楼道中，这样大家也像开车一样按道行驶，就不会再撞到一起了""在楼梯上贴箭头不好看，咱们能贴小花吗，小脚丫也可以"……在孩子们的思维火花碰撞中，一个又一个的好想法好主意迸发出来。经过好几轮的讨论，最终，大家决定在楼道中贴上小箭头，在楼梯上贴小脚印。

小人物大智慧，真是一群了不起的孩子，"万事俱备，只欠东风"。在材质的选用上，如果用纸做，一遇到水就湿了，肯定不行；用胶条把纸糊上也不行，不太美观。于是找到搞专业设计的家长进行询问，了解到贴在玻璃上的膜比较合适——就这样我们的小箭头、小脚印出炉了！

看到楼道中的孩子们都有意识地沿着小箭头所指的方向前进，踩着小脚印上下楼，大家心里别提有多高兴了！

我和沙子有个约会

六岁的小宝是李老师从教十几年来遇到的最特殊的一个孩子。他长着胖胖的脸蛋，大大的眼睛，非常帅气，但却不会写自己的名字，5以内的数学加减法都算不清楚。最让李老师着急的是他不会与别人沟通，看到这些，李老师心里很难受，她想去帮助小宝，让小宝有保护自己的力量。

学校的阳光心语屋引进沙盘游戏对个别学生进行心理辅导，学生从中受益，在学习、交往、情绪方面有了进步，于是李老师也想通过沙盘游戏来帮助小宝。

这天，天气不错，李老师看小宝的心情也不错，就"连哄带骗"地拉着小宝的手第一次走进了阳光心语屋的心理沙盘室。沙具架上人物的、建筑的、植物的……各类各样的沙具不下上千种。小宝却径直拿起一列火车放在了沙箱的角落里，并且用沙子掩埋了起来。李老师反复提醒他可以关注其他沙具，但小宝就像没有听到一样，一边继续用手不断地往火车上放沙子，一边嘟嘟囔囔地说着什么。看到这一幕，李老师不再坚持，她静静地坐在了一旁的椅子上，就这样陪着小宝。直到小宝不想玩了，才带着他离开了心理沙盘室。

看着小宝第一次玩沙盘的照片，李老师心里久久不能平静：火车是有力量的，是能与外界相通的，却被埋在了沙子中而无法行进。这列火车就像小宝心中一道无形的屏障，他的世界是没有结构的，急需要修复。李老师的心也如同这屏障一样被堵塞着。

一周后的一个午后，小宝再次跟着李老师走进了沙盘室。他还是拿起了那列熟悉的火车，一边用手拉着火车头让火车在沙箱里行进，一边用嘴模仿火车发出的声音。小宝的火车从沙子中浮现出来了，李老师能感受到小宝的内心正有一股力量在涌动。

一切变化都是从第三次开始的。这天，阳光明媚，李老师站在教室门口向小宝招手，他就赶紧跑过来说："是，是去玩沙子吗？"李老师说："是啊。"他高兴地拉起李老师的手就走，小宝不再拒绝做沙盘游戏了。这次，那列火车依然存在，但让人惊喜的是小宝开始关注其他玩具了。樱桃、草坪、牛、羊、草莓、橘子树……都成为小宝沙盘作品中的一员，这些小小的沙具，都是小宝在给自己的心理增添营养，增加能量，整个沙盘看上去有了更多生命的活力。李老师看着小宝的变化，心里高兴极了。

就这样，每周李老师都会带着小宝与沙子来一次"约会"，九次的陪伴，让小宝发生了喜人的变化，他愿意与同学交流了，会写字了，还亲切地叫李老师为"沙子老师"。

幸福不仅一个瞬间。家园文化充满着爱与责任，无论老师还是学生，既是温暖的享受者，也是温暖的提供者，我们想让更多的人因为我们的存在感到幸福。

"爱心书屋"手拉手

2008年起，在学校党支部的倡导下，团支部发起了"关注西部教育，传承绿色文化，成就精彩人生"的捐资助学公益活动。我们走进了内蒙古最贫困的地区，帮助那里的薄弱学校改善办学条件，把先进的教育理念带给那里的老师和学生，那里还留下了我们亲手建立的"爱心书屋"，留在我们心里的还有许多感动而又幸福的瞬间。

"请代我们谢谢送书的好心人"——记得我们刚刚把书搬到阅览室，正准备动手布置时，许多学生围了上来，但只是小心地看着，不敢动手翻阅。当我们告诉他们，这些书都是送给你们的，大家可以自由借阅。孩子们的脸上都露出了惊喜的笑容，纷纷动手挑起了自己喜爱的书籍。5年级的邱灿真一副很懂事的样子，她告诉我们："这些书都是我们平时很难看得到的，所以我们一定会好好爱惜这些书，同时，也请您一定要代我们向给我们捐书的好心人表示感谢。"

"老师，您就让我们再看一会儿吧！"——为了能让孩子们都有机会看这些书，学校老师安排一至六年级学生分批阅览。六年级的王学舟同学拿着一本《神奇的海洋》细细阅读着。我打量了他好一会儿，他才觉察，有些不好意思地说："看得太投入了，没看到你。"王学舟还说："我还从来没见过大海，大海太漂亮太神奇了，我先从书上了解一点吧！"说完，又低头看了起来。因为是分批借阅，看了一个小时之后就要求孩子回到班级，把书让给下一批同学看。学舟哪舍得下放下手里正看得津津有味的书？他们央求老师说："老师，您就让我们再看一会儿吧！"余老师笑着应允了。

"乘着梦想的翅膀在书海里尽情遨游"——三年后，当在我们再次走进"大六号"小学时，刘校长满怀感激地向我们表达："在这几年与当地学校之间的交流活动中，老师们都称赞"大六号"小学的学生知识特别丰富，视野格外开阔。正是你们三年前捐赠的上万册图书开阔了孩子们的视角，让孩子们乘着梦想的翅膀在书海里尽情地遨游。"

面对"大六号"小学孩子渴望知识、渴望教育、渴望成长的眼眸，每一位教师都付出了真情，这个过程带给我们的是教育的快乐，是给予的幸福。

在支教中成就自我

在平谷峪口小学支教的一年是杨劲松老师永远都不能忘记的经历。

作为北京名校中关村二小的教师，杨劲松认为，向农村老师们传递教改信息，与老师们积极进行课堂教学改革，在学校开展的教研、科研活动中介绍先进的教学理念和模式，是义不容辞的责任。

开学初，支教学校的校长安排峪口学区英语教研组长拜杨劲松为师，并对峪口学区下属5个完小的英语教学进行跟踪指导，工作量和压力都相当大。杨老师的徒弟田老师是学区的星级教师，开学初，杨老师先制定好了师徒帮助计划，帮助她备课，研究教材、教法，做到知无不言、言无不尽。在学区评优课中，田老师脱颖而出，受到学区领导和老师们的一致好评，并被推荐参加平谷区的评优课。

杨老师支教的另一项重点工作是负责六年级毕业班的英语教学。农村地区的孩子文化知识不如城里的孩子丰富，父母受文化水平的局限，教育观念有偏差，对孩子缺乏激励和引导，关注孩子学习的甚少。在这样的情况下，要教好英语，就要让学生喜爱英语，实在是很困难。为此，杨劲松采取了一些方法：第一次课上，杨劲松向大家介绍自己："I am Mr.Yang. YANG Y is for Young(年轻的)，A is for Amazing(神奇的)，N is for Nice(优秀的)，G is for Great(伟大的)。所以杨老师是一个年轻的、神奇的、优秀的、伟大的老师"。学生被吸引住了，杨老师趁热打铁，让学生们都给自己选个高端、大气的英文名，还鼓励孩子们都去查一查自己的名字能用哪些词来形容。不知道可以查字典。

农村的孩子虽然显得有些木讷，但他们更质朴，更纯净。杨老师从欣赏他们入手，用微笑去面对他们。杨老师敞开心扉同学生交流，用朴实坦诚的心境解答天真无邪的疑问，解读乡土浸润的童年。课堂上，当学生的回答出现错误时，杨老师会送给他一个"微笑"，微笑只有几秒钟，但留下的回忆会终生美丽。课下，孩子们邀请杨老师一起踢毽子，他都会欣然答应。为了激励学生勤奋学习，杨老师自己给孩子买了小奖品。孩子们那张张笑脸告诉杨老师，他们喜欢这个"城里"的老师。

支教工作时间虽然短暂，但很充实。杨劲松将把这段经历永远地珍藏在记忆里。支教生活给自己人生留下了精彩的一笔，生命因为付出，因为给他人带来快乐而更加丰富和多彩。

绽放不仅一个舞台。在二小的大舞台上，从来都不缺少优秀的演员，每一个二小人都有展示才华的机会，都有成为明星的可能。"桃红李白　心暖花开"的家园文化，让每位教师都享受着工作带来的乐趣，实现着人生价值；让每个孩子都能够自由成长，实现自己的精彩。大家在这个舞台中尽情绽放着最美的自己！

最佳现场　最佳绽放

"最佳现场"就是为学生展示自我而打造的专属空间。在这里没有专家学者，所有的主讲人都是学生。他们自主申请，自选主讲内容。万逍同学讲述的是自己为盲童录制有声图书的故事，她坚持每晚录音，通过微信公众号已经推送了 248 期；关爱老年人的马添戈同学凭借小课题研究，申请到专项基金 1 万元，为安贞社区的老人建设活动室。在这里，每一个小主讲分享的是他们独特的成长经历，获得的是自信地表达，同时，启发更多的伙伴们发现自己的与众不同，为绽放各自的美丽而积蓄力量。

我的学校我的家

"迷物之家"是为迷路的物品寻找家的地方，多有趣的想法，这个创意来自徐思睿同学。这是她响应学校的号召，为帮助同学找回丢失的物品，专门绘制的草图。她的想法得到了老师的支持，鼓励她把好创意付诸于实践。她用了 3 个多月的时间，为迷路的物品装扮这个漂亮的小家。思睿在与大家分享这件事的时候说："我觉得装点学校就像在布置自己的家一样，遇到困难要努力坚持下去！"在她的启发、带动下，更多的校园角落被学生认领，更多的活动由学生来策划完成。交换书屋里的几百本藏书是由学生自主管理的；沙梦园里所有物品器材都是由学生负责维护的；每次活动的音响音效都是由小音响师控制播出的。学生都在以主人的姿态让校园变得更美好。

绽放的那一刻是绚烂的，而为了绽放不断积蓄力量的过程弥足珍贵。在实施教育的同时，我们也在享受着自我教育。在这个过程中，有许多值得用一生的时间去回味的美好事情和精彩瞬间。

学校文化是学校发展中形成的共同的价值观和精神追求，是一种导向，一种凝聚，一种激励，一种约束。二小的家园文化产生于学校 45 年的发展历程中，经过全校师生的探索和丰富，凝练出"桃红李白　心暖花开"的精华，展现了二小独特的气质。在家园文化的浸润下，一代又一代教师、一批又一批学生收获了知识的智慧、道德的高尚和灵魂的温暖。他们的生命在二小绽放，他们的生命在这里精彩，他们的生命在这里留下永远的印记。历经寒暑，家园文化让中关村第二小学不仅成为一个教学活动的场所，而且成为了一个具有独特气质的精神存在。

第二章　福于心，泽于行
——福建三明学院附小学校文化建设

学校文化是学校的灵魂。某种意义上而言，我们认为它是一个学校的图腾象征，是经过时间的沉淀，由教师、学生、家长和学校服务人员等一起工作而积淀下来的关于规范、价值、信仰、传统和礼仪等形成的独特校史和文化场。在这个文化场中，"福泽"成为附小承前启后的独特标识，载进附小54年校史。沿着学校发展的脉络，历数沿革中躬耕教坛的前辈足迹，我们更加笃信：福于心，泽于行。学校文化不会在前方，它应该在前辈和我们大家曾经走过的路上，在那里，我们共同找寻学校文化蕴涵的教育的本真。

"写给二十后的自己"六年级的学生毕业前夕，都要进行这样的一次人生规划，美其名为"蓝色梦想启航教育"。附小就学的孩子在小学六年的时光中，将经历"一年级红色传统教育、二年级绿色生命教育、三年级青色书香教育、四年级橙色感恩教育、五年级的金色自信教育、六年级蓝色梦想启航教育及毕业生的紫色毕业庆典"这样序列化的"幸福七色花"年级情境式体验活动。学校希望每次刻骨铭心的教育体验文化，能把成功与幸福的元素融入每个学生的心田，让学生发现幸福、感受幸福、创造幸福、享受幸福，努力让学生在学校的每一天都成为他们生命中阳光灿烂的日子，成为他们一生的幸福记忆。

"幸福教师书吧"学校的生命力在于教育质量，提高质量关键在于教师。教师需要不断读书，与时俱进学习先进的教育理念，形成扎实的专业知识和学识修养，才能为学生幸福人生奠基。为促进教师提升文化品位和学习积淀，学校开辟了一间集阅读、休闲、娱乐为一体的教工书吧。书吧内环境温馨，整齐漂亮的书柜，丰富的书刊杂志，错落有致的花卉盆景，雅致的藤椅茶座，别致的咖啡器具，精美的茶点……教学工作之余，教师们沉浸在这样的文化氧吧，泡一杯咖啡，读一本好书，品百味人生，享受心灵碰撞的文化之旅。

"今天爸妈当老师"学校每个学期都定期举行两次全校性的"今天爸妈当老师"家长百家讲坛活动。这项活动是学校家校合力教育的特色活动之一，学校倡导广大家长结合自身职业特点和个人特长走进学堂"当老师"上大课。各班家长踊跃报名，他们的讲坛创新教学内容，将插画、剪纸、艺术气球、学理财、学做美食……带入课堂，极大地激发了孩子的兴趣，带着孩子们探索新的领域；他们创新课堂形式，通过讲故事、团体游戏、做小实验、家长和孩子互动等方式展开教学。丰富的课堂，新鲜的面孔，多领域的教学，增长学生见识，拓展学生视野，将家长与学校的心紧紧相连，提升了家校教育的新水平。

"我深切地感受到附小是一个温暖幸福的大家庭，是一个为学生幸福人生奠基、追寻梦想的大课堂，是一个师生、家长不断进步成长的大摇篮。"附小刚退休不久的书记梁小宁手捧鲜花，在和全校教师的退休感言时如是说。正如梁书记而言，三明学院附属小学是温暖幸福的大家庭，是追寻梦想的大课堂，是不断进步成长的大摇篮。正是这大家庭、大课堂和大摇篮，串起了附小一个个幸福的符号，凝练成了附小今天"福泽"教育的文化旗帜。透过筚路蓝缕的岁月，聆听麒麟山下，沙溪河畔的这所学校沿革发展路上的故事……

第一节 "福泽"缘起，追溯一段承前启后的校长情怀

三明学院附属小学创建于 1963 年，坐落在三明市麒麟山脚下，沙溪河之畔，前身是"三明市大桥小学"，1966 年更名为"三明市东方红小学"，1972 年再次更名为"三明师范附属小学"，于 2004 年 6 月更为现名。五十四载光阴几易其名，三明学院附属小学经历了从无到有，从小到大，从弱到强的蜕变。一路走来，历任 9 位校长始终遵循国家教育方针，坚持立德树人的教育原则，创设和谐向上的育人环境，为高一级学校输送了一批批品学兼优、学有特长的学生。"为了学生的发展""为了每一个学生的发展""为了每一个学生的全面发展"成为历任校长"福"于心的执念和"泽"于行的事业。问渠哪得清如许，为有源头活水来。让我们撷取沿革发展中的部分校长事迹回顾这段办学历史。

一、施性杰："让学校像一所学校的样子"

1980 年，施性杰校长走马上任，成为附小第七任校长。当时学校经历前几任校长艰苦卓绝地奋斗，刚刚崭露头角。但是学校仍然面临着严峻的困难，校园基础设施不完善，就连校园基本的安全区域都没有保障。因为地理位置处在市区的中心，学校周围好几家单位车辆、人员都从学校当时的校门口进进出出，严重影响了学校正常的教学秩序和学生活动安全。施性杰老校长当时就和书记等一行人不辞辛苦，一次次奔波周旋于周

围几家单位，重新明确学校校门进出的使用制度，解释说明学校教学秩序和学生活动安全等方面存在的隐患和担忧，请愿协调各单位自立门户自开大门，还学校一片安静的教育环境。在施性杰校长等人的不懈努力下，学校终于有了自己的专用校区。附小的教学秩序和学生的活动安全开始有了保障。仅仅用了两年，学校初考成绩名列全市第一，获市教育先进单位。施性杰校长笑了，他说："学校就应该像一所学校的样子！"

二、邓焕谆："三位一体，学校所做的一切都是为了培养合格加特长的孩子。"

斗转星移，1986 年，附小迎来了第八任校长邓焕谆。在他主持工作的 13 年期间，学校以显著的办学业绩和突出的办学特色，被确定为三明市第一所福建省示范小学、福建省文明学校、全国少先队红旗大队、全国"双有"活动先进集体、全国交通安全小卫士先进集体、全国教书育人特色学校、全国学校艺术教育先进校等多项省级以上殊荣。邓校长面对教育改革的大形势，果敢地抓住基础教育改革和发展中出现的热点和难点，组织开展形式多样、内容丰富、育人效果显著的教育教学活动，在师生家庭和社会中引起巨大反响，促使学校、家庭、社会教育并肩同步，三位一体，全方位锻炼、培养学生的整体素质。学校培养了大批合格加特长的学生，先后有大批学生在课本剧、绘画、书法、舞蹈等各级各类比赛中获奖。1992 年，全国德育工作会议在三明召开，国家原教委党组书记何东昌为学校题词"发挥附小的优势，搞好教育教学改革，全面提高质量"；副主席柳斌题词"为小学生德、智、体、美的主动的生动的活泼的发展而努力奋斗"。学校从此跻身于全省名校之列，得到广大家长的信赖和社会的好评。

三、袁景林："一位好的教师，要做到问心无愧"

学校蒸蒸日上，1999年通过全市公开竞选，袁景林被市教育局任命为附小校长。他到任后，传承了附小迎难而上、追求卓越教育的"钉子"精神，打造了师资队伍、写字教育、德育教育、校园小交警等响亮的教育品牌。学校先后被国家教育部授予全国现代教育技术实验校、全国学校艺术教育工作先进单位、全国优秀（示范）家长学校等称号；连续五届被省委、省政府授予省文明学校等荣誉。一位好的教师，要做到问心无愧，除了传道授业解惑外，还应当有爱心、进取心、责任心，这样才能真正做到'为人师表''无愧人师'。袁景林校长身体力行践行着教师教书育人的本真思考，在教师队伍建设品牌中，他提出了"你发展，我鼓励"的口号，实施"梯级成长"人才发展工程，引领教师沿着"五个梯级"（合格教师—教学新秀—教学骨干—教学能手—教学名师）逐层迈进，激励教师朝着自己的专业梦想努力进发，打造了学校优质的师资队伍，为"福泽"教育的发展奠定了坚实的基础。

四、林启福："一千个孩子有一千种幸福"

2013年1月，林启福调任附小。面对这所在当地享有很高知名度的学校，他开始以教育家的视野和远见审视新的发展前景，理性梳理学校的发展思路。刚接手学校时，他也常常仰望校门外墙上熠熠生辉的牌匾榜，目送步入学校每一个朝气蓬勃的孩子和兢兢业业的老师们。无论是那金光闪闪的辉煌，还是生气勃勃的学生和兢兢业业的教师，极具普世教育情怀和教育管理水平的林启福校长愈发认识到身上的使命任重道远。为了让这样一所好学校走得更快、更好、更远，他举团队之力，科学规划了学校发展远景图，正式命名为"12345"幸福工程，开启了附小走向幸福的康庄大道。他励精图治，深入考究校史发展，聆听学校一线教师声音，准确凝练了学校沿革发展以来教师"敬业爱岗、无私奉献、勇于担当、追求卓越"十六字精神，树起了学校发展的核心价值理念，立起了沿革发展以来熠熠生辉的学校精神。接着他笃实践行，踏踏实实从解决学生课间饮用水、改善教师办公条件做起，处处时时把师生在学校的幸福感装在心中，先后为学生铺上了绿荫球场、塑胶跑道，涂抹上了白云蓝天的梦想天空，改善了卫生间条件；课间上下，他加入学生摇绳的行列，为孩子们呐喊鼓劲；校门口处，经常可以看见他用纸巾为刚吃完早餐来不及擦嘴的孩子擦干净脸庞，或者为无精打采走入校园的孩子拍拍肩膀提提士气；在教师这头，他为各年级办公室配齐了新的办公桌椅和更新办公电脑，装起了柜式空调，为全体教师开辟了"幸福教师书吧"和"教工之家"活动场所。在学校门口，他常常微笑着和老师们打招呼问好，或者关心着哪个老师的家长里短，走上前去和他小声地交流……他用点点滴滴的小"福"润泽师生的心田，唤醒师生在教育中自我发展之路，营造了学校幸福向上的浓浓氛围，彰显了附小特色育人的办学品牌，努力满足广大人民群众对优质教育的幸福期望，更好地引领附小师生实现教育的幸福价值。附小开始站在追求教育质量名校的基础上重新出发，去寻找教育更加和谐、圆融的生态文化场，努力让学校成为师生共同的精神家园，成为一场生生不息的教育接力。"一千个孩子就有一千种幸福"，林启福校长开启了学校"福泽"思想幸福教育办学主张。

人类学家克里福特·爵兹为"文化"这一术语的理解做出了巨大的贡献。在爵兹看来，文化代表着一种意义形式的历史传承。从这个意义上而言，这种文化氛围与精神力量的构建中，历任校长在推动学校发展中积淀的治校精神发挥着至关重要的作用。我们认为，学校优秀文化的传承可以理解为历任校长办学经验的高度总结和升华，它并不是来自于某一个校长的即兴发挥，而是长久以来学校发展沉淀的优秀传统和优秀价值体系的广泛认同。所以，今天的附小像一棵根深叶茂的大树，因为积蓄了54载不断向下扎根的力量，"福泽"文化的凝练才能犹如雨后春竹拔节生长。

第二节　"福泽"诠释，建构一种幸福教育哲学

一、"福泽"文化内涵阐述

什么是一个校长和一所学校的"教育哲学"？美国课程学者泰勒认为，学校的教育哲学指的是对美好生活的看法所持的价值观，以及对社会适应、社会改造和社会分工等问题的态度。它不是一般的学校发展理念，而是带有认识论和方法论意义的教育理念，是积淀在学校中的历史传统，反映了学校的发展背景，体现着校长和广大教师共同愿景的核心教育理念。

林启福校长将附小54载发展的学校精神凝练成"福泽"二字，根植于他个人对中国儒家"仁者爱人，有教无类，因材施教"的优秀教育传统的一种价值认同。"福泽"在今天的意义不仅仅是彰显孔子儒学教育的一种基本原则和策略，更表达了"学校这块拥有纯真的教育净土，将回归教育初心办有良知

的教育，将努力让每一个孩子都在纯净的、人性的、温情的天空下有尊严地、自由地、个性化地成长，获得应有的发展"这样一种博大的教育家胸怀和理想。同时，历任校长和优秀教师们传承下来的优秀育人情怀让"福泽"文化有了最稳固的依靠。

当代著名教育家叶澜教授指出：当今学校文化建设十分现实和重要的任务，不是回避或以精神否定财富的方式来形成学生积极的人生态度，而是要从财富与精神幸福人生关系的意义上，帮助学生形成健康积极的人生观和生活方式。"福泽"文化，正是在一个多元文化的社会背景下，学校群体凝练成的幸福价值体系的认同和共同追求。"福泽"文化，努力从历史积淀与现实的追求中把握学校文化发展的脉络，彰显了学校"福泽"教育思想的幸福价值追求。在这里，学校不仅仅是师生教学相长、薪火相继的地方，更是师生在成全生命个体同时，向往美好教育的幸福田园。"福泽"思想下的文化体系不断通过学校内部的风俗、礼节、象征、事绩和语言等符号，用"人为现象"来彰显学校文化内涵。

福泽，让学校的功能回归初心，如英国哲学家和教育理论家怀特海在他的著作《教育的目的》中指出：教育只有一个主题——那就是多姿多彩的生活。因此，林启福校长的"福泽"思想倡导"童年是一段美好的旅程，让走进校园的每一个孩子自由呼吸、幸福成长，让校园里的一切润泽他们生命的亮度，让每一个孩子都有机会过一种完整的教育生活，然后从容地走向属于他自己的幸福人生。"

古人云："筚路蓝缕，以启山林。"林启福校长，巧借名字之蕴开启三明学院附属小学的教师和学生的幸福之门。"福泽"文化，将在思想的坐标下，从内在的精神涵养出外在的从容姿态，努力显现学校教育的公平、普惠、生长、温润、细腻之功，为学生幸福人生奠基。

二、"福泽"文化独特价值

（一）朴素的校训

"从小事做起　把小事做好"的校训，据说由日本引进的词。最早对 "校训"概念进行解释的是舒新城主编、中华书局1930年出版的《中华百科辞典》，它对"校训"的解释是"学校为训育之便利，选若干德育条目制成匾额，悬见于校中公见之地，目的在于使个人随时注意而实践之。"知行合一，校训成为一个学校的灵魂。附小的校训，传承学校发展的精神，朴素直白地凝练成了"从小事做起，把小事做好"十个大字。

古人云：天下大事必作于细，天下难事必作于易。小事，是多小的小事？学生学会微笑问好，学会规范站姿、坐姿和握姿，学会扫地、整理自己的书包……集一千累一万，最终养成好习惯；老师关注每个孩子的喜怒哀乐，一丝不苟，小事做实，细节做精，帮助学生形成定力，养成好习惯，集小胜为大胜，最终为学生幸福人生奠基。"从小事做起，把小事做好"之校训，就这样站在"儿童视角"，朴素直白地表达学校养好习惯奠基人生的教育目的，巧妙呼应了学校"为学生幸福人生奠基"的办学理念，用言简意赅的教育之道引领师生把简单的事情做彻底，把平凡的事情做经典。历经春秋，书写附小育人之魂，对应了"福泽"之"泽"性——"泽有方法""泽有智慧""泽有大爱"，"从小事做起，把小事做好"这十个大字在朴素直白中，诠释了附小人做事做人的根本准则。

林启福校长认为，好的校训是学校以文化人、润物无声的抓手，一定要反映时代教育的精神，一定要能感染人、鼓舞人、打动人、引导人，让师生行有方向、行有方法，行有力量，根植内心。因此，他考证学校发展历史，重新确立"为学生幸福人生奠基"的办学理念后，再度明确提出传承附小"从小事做起，把小事做好"之校训，进一步丰实个人对校训的认知与践行。他认为，附小的校训符合基础教育阶段学校对儿童教育的个性化办学思考，基于儿童立场，校训通俗易懂，言简意赅，好记好操作。于是，他让工人把校训的字体颜色调成中国红，端端正正地镌刻在教学楼正中的白色墙体上。校训大字红白相间的色觉效果，醒目突出，更是催人奋进。这样，走进校园的每一个师生步入校园，一抬头就能看见并能深受影响和润泽，以此激励附小师生大志向从小处着眼，大目标从小事情做起，涓涓、滴滴、细细、悄悄，最后深入师生灵魂，最终实现学校提出的育人目标和要求，达到文化育人的效果。起点在"微小"处，落点在大福中。基于儿童立场，又深入人心的质朴校训，长期以来成为附小师生的行为自觉，成为激发附小师生心中的行动力量，更成为附小一道活泼生动的校园风景。

（二）自己的语言

"幸福寄语""福泽"文化不只是生动诠释学校的教育理念，更是为了浸润师生心灵的幸福成长。2014 年，学校为了让幸福品牌绽放在校园的每一个角落，根植于每一位教师、包括家长的内心，成为全体师生、家长下意识的思维方式和行动方式，一场"幸福寄语"征集活动在全校如火如荼地开展起来，广大家长、学生和老师以个体对幸福的理解和美好教育的向往，挥毫泼墨，积极参与。幸福像一股强大的黏合剂，紧紧地把广大家长、师生的心再次凝聚在一起，让附小人站在新的起点有了一次对当下对教育的一种理性回归和诗意表达。在这种基于学校教育背景下的幸福语言的交流碰撞，使学校的文化场自然创生出一种智慧、一种气场和一种气质，学校文化变得直觉可视、心灵可感、身临体悟。2015年初，学校从征集的300多则"幸福寄语"中反复筛选，遴选了100多则"幸福寄语"按照儿童喜欢的卡通造型纷纷制作上墙，绽放在校园的每一个角落。

1. 教师寄语

作为一名教师，看到学生们进步了，成长了，成熟了，我就是幸福的。
——杨乾妹

心中有爱，开心付出，快乐得到，陪着孩子，一路花开，一生幸福！
——刘丽梅

幸福很简单，就在课堂上学生闪亮的眸子里，就在活动中学生成长的心灵里，就在学生成功路上沉甸甸的收获里。
——陈玉婷

你柔软的小手，灿烂的笑脸和清脆的童声，是我幸福的源泉。
——丁学洪

2. 学生寄语

努力的汗水是走向幸福的源泉。
——余昕雨

有我喜欢的课程、老师和伙伴，这就是我的幸福。
——刘佳荷

幸福就是读一本好书，享受童年的乐趣，感受大自然的美妙。
——阙焱

成功是幸福，努力但是失败了，也是幸福的
——陈钰

3. 家长寄语

健康是幸福之本，爱心是幸福之源，努力是幸福之路。
——张文超家长寄语

幸福就像影子，只要心中有爱，热爱生活，幸福会如影随形。

——李家萱家长寄语

宝贝，你的每一丝微笑，每一次进步，每一点成长，都是爸爸妈妈最大的幸福。

——吴笛家长寄语

怕什么路途遥远，走一步有一步的风景，进一步有进一步的欢喜；与你同行，幸福，在路上……

——傅伯尧家长寄语

（三）庄重的礼节

有意义的仪式。什么是仪式感？法国作家安托万·德·圣·埃克苏佩里在他的著作《小王子》一书里借狐狸之口表达的："它就是使某一天与其他日子不同，使某一时刻与其他时刻不同。"林启福校长认为师生成长，需要关键事件。怎样才能让师生、特别是孩子对成长中每一个重要的日子刻骨铭心？怎样才能让孩子经历的重要时刻成为助力他成长的重要因素？

教育即常道。在我们常规的学校生活中，也许不经意的一句话、一个动作都会影响到我们的教育效果，因此，不论是多小的事，我们都要充分发挥教育智慧，以建立内心的秩序感。附小作为一所当地的品牌学校，长期以来都很重视通过各种仪式庆典、颁奖活动来启迪孩子的心灵，让儿童的生命与伟大事物交汇在一起，从而形成长久的动力。为了让教育在仪式里发生意义，每个学期的开学典礼仪式上，林启福校长总是亲自拟写开学致辞，表达一个与时俱进的教育主题，不仅向广大师生传递他对大家的问候，还寄予了对大家新学期的教育期许和要求。在附小，每周的升旗仪式庄严而又有创意，不仅有光荣升旗手风采演讲，还有光荣升旗中队风采展示；在附小，师生在外获奖为校争光，无论荣誉大小，颁奖台上都会得到英雄般的喝彩和欢呼；在附小，孩子们的六年小学生活中不仅有新生入学仪式、红领巾入队仪式、十岁成长仪式等传统仪式、还有护蛋仪式、"10公里远足"的出征仪式和凯旋仪式、"写给20年后的自己"的梦想封存仪式、紫色毕业庆典仪式……在附小，新旧教师的结对子仪式、退休教师的欢送仪式、名师课题启动仪式，都在细微处道出了学校对仪式、节日和庆典的重视，学校希望借力仪式的教育，使有意义的事情或者伟大的事物能够拥有一种伟大的时刻，获得神圣、庄严与尊重。

林启福校长总是在和他的团队们说："仪式感很重要，我们做的仪式既要保持隆重、热烈，又要让仪式涉及具体教育情境中的人、事、物，只有这样，才能触动师生的灵魂，引起生命的共鸣。"2017年1月，学校启动了"2016感动附小"十大人物评选。为了让更多师生、家长以及社会人士参与进来，让每个人物都尽情释放自己的光彩，这次人物评选范围涉及学生、教师、学校后勤服务人员、家长志愿者、家委会、校园学生社团，涵括了为学校发展服务的所有人员，把育人功能发挥到了极致。更令人难以忘怀的是，在其后的"2016感动附小人物颁奖典礼"上，无论是才二年级身患肾炎依然自强不息的潘镜冰，还是躬耕教坛37载的教学神话翁艺青老师，或是刚刚崭露头角的校园足球队……都传递出了附小的正能量，成为有口皆碑的学习榜样。更有意义的是目睹整个活动仪式中的师生、家长，大家在这样一次次隆重而热烈的仪式场中共同经历生命的一段旅程，学校里的每一个个体都在这种自我比照中升华提升，形成了自己独特的文化印记。叔本华曾指出："世界当然不是指理论上可以认识到的世界，而是在生命的进程中可以体验到的世界。"学校正不断努力，让仪式感为每一位学生营造一个不断汲取正能量的立体场，在不断唤醒沉睡的生命，激活孩子的潜能，点燃生命成长的幸福。

第三节 "福泽"印证，让学校成为一个幸福的地方

"福泽"作为今天学校教育的关键词，其所继承、衍生的文化作为一种环境教育力量，正在以一种幸福的张力成为陶冶学生情操，发展健全人格，全面提高学生素质的主旋律。学校在历史沿革发展中一路走来，在制度、课程、教师和学生中形成了独具附小特色的文化标识。

一、制度文化 ——一个学校过日子的方法

学校制度文化是学校在日常管理要求或规范中逐步形成的，是全体学校成员认同和遵循的精神规范，体现着学校个体特有的价值观念和行为方式。制度文化作为学校"福泽"文化的重要组成部分，是处于核心精神文化和浅层物质文化之间的中间层文化，它不仅是维系学校正常秩序必不可少的保障机制，也是学校文化建设和学校发展的保障系统。

不以规矩不成方圆。学校沿革发展以来，历任校长在推动学校发展进程中不断完善学校制度的建设。学校历经半百春秋，从岗位管理、教师管理、学生管理、德育管理、教务管理、安全管理和后勤管理七个方面制定了近120条的制度或规定，形成了一个不断传递、认同、强化、体现的反复过程，积攒了厚厚的一笔文化遗产，书写了历代附小人励精图治、一丝不苟的治校精神。

"从小事做起，把小事做好。"从某种意义而言，这是

学校制度文化的经典浓缩。可见，用制度塑造文化必须从细节开始。美国斯坦福大学心理学家詹巴顿曾进行了一项试验：如果有人打坏了一栋建筑上的一块窗户玻璃，而这扇窗户又没有被及时修复，别人就可能受到某些暗示性的纵容，去打烂更多的玻璃。久而久之，这些窗户就给人造成一种无序的感觉。结果，在这种公众麻木不仁的氛围中，更多的破坏就会滋生、蔓延。这就是"破窗理论"。这个理论在学校制度管理中具有很强的教育意义。

【案例1】

2011年6月，学校保卫科接到个别学生反映，课间活动的时间里，有个别高年级同学将矿泉水瓶从楼上扔下，下课和放学时有同学利用水瓶玩水、喷水或者乱扔空瓶，造成了极大的校园安全隐患。学校调查后立即对相关学生做出适度批评教育。为防患未然，学校修订出台了《三明学院附属小学关于学生自带饮用水管理的规定》。规定强调：在上学、放学时（尤其是放学排队时），水瓶一律放在书包的水壶专用侧袋里，不得拿在手上。各班主任通过班会课和晨读课，带领学生共同学习此项规定，并按照规定要求选拔任命一名小安全员，协助班主任在课间、上学和放学时段的督查。此项规定出台后，学生类似的安全隐患排除了，不良行为习惯受到了良好地教育，体现了制度文化建设的真正价值。

当代思想家梁漱溟说："文化就是一个社会过日子的方法。"所以从某种意义上，我们同理认为：制度文化也彰显了一个学校过日子的方法。"学校制度文化建设是学校文化建设的关键一环，我们一定要在执行中注意把制度的刚性约束和人文关怀有机结合。"林启福校长在学校行政会上常常和他的团队这样强调。他认为刚柔并济，才能更好地促进学校"福泽"文化的渗透和内化，学校制度文化建设才能在正确的轨道上早日开花结果，学校才能实现在"福泽"文化引领下走上内涵式发展的可持续性道路。

【案例2】

2016年12月某日，请产假满94天的教师林某带着其他4名教师产妇的共同意愿到校长办公室递交了一份申请书。申请书大致内容是：学校之前制定的《三明学院附属小学教师绩效管理考核办法》中有个别条例不太人文。如发放文明奖的管理规定中指出"请法定假累计超过3个月，将不享受文明学校奖金"。林某认为，本人超过法定假4天，因此就抹杀了她3个月外其他的工作成绩所应得的奖励报酬不合理，而且她代表其他产妇指出，这项规定在其后的年终绩效中也重叠再扣，非常不合理。林启福校长慎重考虑老师们提出的申请后，把这个修订议案提交到了校务会上。经过学校研究决定，2017年1月15日，在学校第八届教职工代表大会第五次会议上，全体代表通过了4项新的修订规定。林某等产妇反映的制度条例修订为"请法定假未超过3个月的正常享受文明奖；超过3个月的请假月份不享受文明奖，其他月份正常享受。"此项规定从2014年追加执行。重新修订后的制度，充分考虑了教职工切身的利益，保障了教师的合法权益，极大地调动了教师的工作热情。林某得知此项决议通过后可以追加这笔绩效，高兴地说："不仅仅是钱，我看到了学校对我们这些产妇的尊重和理解。我们打心里有幸福感了！"

打破以往命令式、控制型管理制度模式，从更高的人文关怀中把握学校管理的尺度，进行人本管理制度建设，这就是学校制度文化不断发展的印记。实现学校管理从制度约束走向文化引领的跨越，林启福校长着力"福泽"发展所折射的现代人本管理理念，引领附小师生从对制度刚性的执行内化为师生高度自觉的文化内需，侧重于体察师生内心，最大限度地调动每个人的激情，让学校成为师生的精神家园。

二、课程文化—— 一个学校静悄悄的革命

课程文化不仅是学校"福泽"文化的组成部分，同时也是学校"福泽"文化的核心部分，是学校"福泽"文化软实力的重要体现和表征。课程文化充分显示学校文化软实力的内涵和品格。

（一）课程与教学内在地体现了"福泽"的教育理念和教育哲学

学校"福泽"文化着眼于学校的培养目标提出"为学生幸福人生奠基"的办学理念深入到课程与教学层面，开始一场"静悄悄的革命"：在课程层面，围绕课程实施、课程管理和课程开发，学校充分考虑场地等硬件条件的局限性，因地制宜发挥学科教师特长，于2015年9月创造性开展"走班大课堂"课外活动拓展培养项目的推动。经过近两年的发展，"走班大课堂"涵括语言类的童话创作、古诗词学习坊、英语口语交际等；技巧类的折纸、趣味数学、电脑绘图等；体育类的花样跳绳、足球、健美操等；艺术类的合唱、舞蹈、乐器表演等具体学科和内容，满足了不同群体、不同兴趣特长的孩子学习本领、激扬个性；在课堂层面，"生本、生活、生长、生态"四生教学理念为课堂教学注入新的活力。"四生"强调面向全体，多一把衡量的尺子，从传统"关注知识技能掌握"走向"关注人的

整体和谐发展"，重新定义"优秀"的标准，提出"不断进步就是优秀"。"走班大课堂"和"四生"幸福课堂理念的提出和执行已经进入课堂和学科领域。课程文化作为学校"福泽"文化建设的重要组成部分，使学校文化建设不再游离于学校日常教学活动之外，而成为教师和学生的日常生活和生存方式。

学校"福泽"课程文化呈现外显的特征就不再是局限于传统的短期性、突击性的"文化活动"和"文化节日"，而是立足于把课程文化渗透到师生校园的常态性活动，把学校文化与每一个教师的日常教学工作联系在一起，与改进教学过程、提高教学质量、在学校文化建设中形成学校特色，形成教学品位和追求教学风格相结合，由此学校文化建设成为全体教师和学生共同参与的常态性的学校生活，实质性地促进了学生发展、教师发展和学校发展，并将三者联系起来，构成学校"福泽"教育发展的新内涵、新要求和新目标。

（二）是课程与教学丰富学校品牌内涵提升品牌价值

课程就是一种机会，一种学生发展的机会，一种教师发展的机会，一种学校发展的机会。在实施新课程改革的过程中，林启福校长意识到欲形成课程文化，先要形成学校的课程特色，进而在先进思想的指引下，逐渐引领师生进入一种有益的课程文化氛围之中。于是，学校在统筹国家、地方、学校三级课程中，把建设好校本课程作为一个强有力的抓手，开始了课程改革背景下学校文化建设理性认识与实践探索。在近两年的时间，学校主动谋求学校、家庭、社会的密切配合和优势互补，共同为学生的发展创造丰富的教育资源，在传承原有的"校园小交警"安全品牌活动外，陆续开发了德育课程品牌项目"幸福七色花"体验式教育活动，校课程品牌项目"家长百家讲坛"活动。

1.幸福七色花

各年级围绕"幸福"核心元素，创造性融入社会主义核心价值观培养，分别以"习惯、健康、经典、才艺、自信、梦想"为关键词架构分层次、递进螺旋阶梯式上升文化主题，开展年级楼道文化建设：一年级"班班幸福树"上挂满了新生的小手印；二年级"健康生态链"中展示生命教育小故事；三年级"经典书香长廊"中铺开了古今经典阅读的长卷；四年级"家乡风土人俗美"引导感恩从热爱家乡开始；五年级"自信风采榜"你比我赶争上游；六年级开启"蓝色梦想号列车"……画在墙上，落到心田。为深入"幸福七色花"文化教育，学校创意开展代表不同幸福色彩的"七色花"体验活动，一年级的红色体验教育，二年级的绿色健康教育，三年级的青色书香教育，四年级的橙色感恩教育，五年级的金色自信教育，六年级的蓝色梦想教育，毕业班的紫色庆典教育，六年一以贯之，形成附小传统的、经典的、特色鲜明的活动。在丰富多彩的体验式活动中，红领巾入队仪式、亲子运动健康跑、书香阅读网络测试、感恩心语墙、自信远足行动和"寄给20年后的我"书信封存仪式创意地将教育融入具体可知、可感的活动实践中，把成功与幸福的元素融入学生心田，让学生发现幸福、感受幸福、创造幸福、享受幸福，努力让学生在学校的每一天都成为他们生命中阳光灿烂的日子，成为他们一生的幸福记忆。

2.家长百家讲坛

为引导广大家长悦纳学校"福泽"教育理念，更好地认同和参与到儿童教育形成强大的家校合力，学校不仅发挥优秀家长的辐射示范引领作用，开启了"今天爸妈当老师——家长百家讲坛"课程活动，还充分发挥"福泽"教育专业发展引领作用，通过学校微信公众号这种新兴媒介推送"家教微言"等栏目进行专业指导，推送优秀家长的"家教微故事"进行现身说法，将"福泽"教育过程延伸到家庭，理念渗透到家庭，教育方法指导到家庭，教育成效影响到家庭，为儿童的健康幸福成长提供良好土壤。

在"福泽"文化影响下，广大家长纷纷成为学校"福泽"教育的"幸福同盟者"，他们更加认同学校的文化理念，更加关注孩子的教育动态，更加主动参与家校合力的活动。在学校百千家长志愿者队伍中，许晗家长是学校"福泽"教育的有力践行者之一。2015 年 9 月，学校积极落实"足球从娃娃抓起"阳光体育活动精神，迅速成立了全市首支校园足球队。但是，足球队的发展前景堪忧：一方面学校没有规范的足球训练场地，足球队的训练受到严重的条件制约；一方面足球队员斗志不高，在各类赛事活动中，成绩不理想，足球队内部人心涣散。在市主管部门的关怀支持下，2016 年 9 月学校铺上了绿茵球场和塑胶跑道，解决了足球队的场地训练问题。但是，因为缺乏系统和专业的训练，足球队的整体水平仍然在全市属于中下游。为了摆脱这种困境，足球队员许晨昊的爸爸许晗敢于担当，主动义务挑起学校足球课程开发、建设的工作。从此，作为拥有足球运动协会科班经验的他，不管刮风下雨，不管严寒酷暑，他始终活跃在运动场上，带着足球娃奔跑、带球、过球……在科学的足球课程训练下，足球队的面貌焕然一新。有心的许教练还创造各种平台和机会，让附小足球娃走出去参加各种历练。宝剑锋从磨砺出，足球队终于从阴霾中走出来，开始在各级各类比赛中崭露头角。2016 年 12 月，在全市少年足球邀请赛中，附小足球获得了冠军。今天，学校足球课程从技术含量走向文化体系，许晗家长期待足球队真正成长，期待这群足球少年插上梦想之翼飞得更高、飞得更远。

三、教师文化——做儿童生命成长的贵人

教师文化是校园文化群的重要组成部分，对整个校园文化具有导向、示范、整合、预警等功能。附小从无到有、从小到大、从弱到强，办学历程中起决定性因素的是人——教师。翻开学校教师团队成长的履历：三明市第一个开展"说上评"教师技能提升比赛；三明市第一个以论坛形式举办教师个性化教学主张；三明市第一个以校长名字命名的工作室；三明市第一个举办"幸福教育"教育教学现场观摩活动……一个个金灿灿的光环，一张张熠熠生辉的奖状，写满了附小人追求"首创"的卓越发展意识，学为人师的精湛技能，乐为人梯的奉献精神和对教育事业不离不弃的忠诚使命和责任担当。学校发展54载以来，先后有8位特级教师，1位正高级教师，28位高级教师，是三明地区职称比例最高、最多的学校，被誉为三明地区"教师成长的摇篮"，被评为"福建省教师培养实践基地校"……荣誉背后，一支高素质教师队伍成为学校发展的重要利器，有力地推动了学校持续、稳定、和谐的发展。近年来，学校在凝练"爱岗敬业、无私奉献、敢于担当、追求卓越"的十六字基础上，鲜明亮出"五度"教师新主张，即着力塑造："有教育理想，工作上有热度；有卓越意识，专业发展有高度；有品质需求，生活状态有宽度；能实现成功，生命色彩有亮度；有仁爱之智，服务学生有温度"的幸福教师团队。教师文化主体的再度建构，让附小教师走向了更高层次的觉醒与发展。

（一）精神文化，在爱的追求中教书育人

教师精神作为教师文化的灵魂，是学校沿革发展道路上，教学与管理实践形成的教师群体心理定式和价值取向，是教师人生观和价值观在教师行为中的聚合。附小沿革发展中，何家鑫、李承柔、孟桂英等老一批教师不仅是业务上的行家里手，还是教书育人崇高师德的传递者。他们是附小人的一分子，却以一分子的能量传承了附小人"爱岗敬业、无私奉献、敢于担当、追求卓越"的精神，成为学校发展史册上抹不掉的一笔，被历任附小教师所敬重、所仰望。苏联教育家苏霍姆林斯基说："人只能用人来建树"。在"附小人精神"的引领带动下，学校一批又一批入职的新教师在这里重新找到了职业发展的新坐标，重新找到了教育人洋溢的激情和斗志，重新找到了热爱教师职业的理由和使命，薪火相继，不断书写附小传奇。在这种爱的追求中，附小38岁的青年教师李春萍执着教育信念，努力追求专业高度，最终成为三明市最年轻"高级教师"和"特级教师"，一时被传为佳话，为附小年轻教师树立了榜样；躬耕教学一线37年的翁艺青老师默默无闻、淡泊名利，创造了"教学神话"，又成为新生代教师学习的楷模，广大家长赞誉的教书匠。在"2016感动附小人物"颁奖典礼上，全场师生、家长都给予他最热烈的掌声。学校给予他的颁奖词：三十七年的兢兢业业，三十七年的不辍耕耘；风雨无法撼动他的信念，困难更难改变他的誓言；他无怨无悔，倾情自己的班级；他孜孜以求，奉献自己的课堂；他三十七年来所教班级成绩为年级第一名；他热心于"传、帮、带"，先后指导十多位教师参加省、市教学比赛，成绩优异；他用真情诠释了自己的选择；他用爱心谱写了教育篇章；他是学生的师长，他是教育的楷模。

（二）学习文化，在书的浸润中拥有智慧

当今是知识爆炸的时代，现有知识每年在以 10% 的速度更新。对于教师而言，学习是一种生活，更是一种工作。当前学习型教师的建设是推进新课程改革的关键，是学习型学校发展的不竭动力，或许将来，谁拥有一批学习型、研究型的教师团队，谁就在未来教育占有制高点。近年来，学校倡导建设"和而不同"的学习文化，一方面建设"学习型"读书团队，学校每个学期都给每位教师一次"阅读奖励基金"的机会，不断鼓励教师多读书、读好书，把学习看作生活中的一部分，看作工作的一种基本方式，做到工作学习化，学习工作化，更有智慧地思考教育与人生；一方面创设开放、自由的学术研究氛围，在学校里开启"幸福教师论坛"，每个学期教师轮流主讲，或谈班主任管理，或谈教学之道，或谈读书心经，鼓励教师大胆说出自己的故事，发表自己的观点，在学习中对话，在争鸣中思考，在思考中创新，在创新中实践，在实践中升华，从而使个体充满张力，使教师团队整体充满活力，在论坛上侃侃而谈的教师俨然成为学识的化身，真理的传播者和未来建设者的人格塑造者。腹有诗书气自华，教师们在阅读中构建教育的新常态，从心开始，走近儿童，关注儿童，共同聆听"福泽"教育路上的育人风景。

【案例 3】

余晓微与她的芨芨草

"沙漠中有一种芨芨草，刚开始发芽的时候，它总是那么缓慢。然而它一夜之间可以长到最高。那么它一夜长高的原因是什么呢？是因为别人在向上生长的时候，它在向下生长。向下生长就是在积蓄力量，就是在培根，就是在养心，就是最好的生长……。"2017 年 3 月 13 日，全体教师在阶梯教室静静聆听余晓微老师分享《积蓄向下生长的力量与智慧，静待幸福》论坛讲座。

余晓微老师认为，阅读是她成长中最好的礼物；学习是她工作中最好的帮手。她长期以来坚持阅读与反思，且行且思，积蓄向下生长的力量，做孩子幸福成长的守望者，静待花开。在学习中思考工作，在工作中不断学习，沉淀美好，且行且思且记录。在学习中，她还常常通过互联网平台虚心向未曾真正谋面的名师沈丽新老师学习，解决教育教学工作中遇到的困难和问题。就像芨芨草积蓄向下生长的力量，在"福泽"思想的引领下，她终于在阅读的积淀中、在学习的阅历中快速成长。大学毕业才第 6 年，她就在三明市英语教师教学比赛中获一等奖的第一名，并代表三明市参加福建省小学英语教师教学比赛再获一等奖，直至一鼓作气在全国小学英语教师课堂教学比赛中获一等奖和"最佳语音语调奖"。

（三）学术文化，在积极的研究中引领专业

文化即人化，当下教育生态之下教师文化的核心是认识"教师是谁"的问题。新课程改革揭示了一种新的教育价值取向，设置了一种新型的课程安排，也鼓励着教师尝试一种新的学习研究方式，最终生成新的教师形象，解决"教师是谁"的问题。在这里，我们学校认为这就是从传统"教书匠"转化为专业"研究者"的新型角色定位。2015 年的冬天，卫生室在班级晨检中发现学生"唇炎"现象较普遍，平均每个班级都有 3-5 个，约超过 100 人的大数据。卫生室以"患唇炎的病因和防患研究"为课题导向，通过调查取证了解学生患"唇炎"的性别比例、年龄比例和生活习惯等方面的数据和情况后，向各班发放了"认识唇炎和预防唇炎"的卫生宣传单，教育引导学生加强卫生健康意识。同时，以预防为主要策略，在班级卫生课上开展"向唇炎告别"为主题的学习活动，并把活动延伸到家庭进行巩固。2016年的冬天，卫生室再度进行数据统计时，患唇炎的从去年的100人左右下降到37人。学校教育管理注重发现问题、解决问题，教学管理上更是如此。作为三明市小学数学名师工作室领衔人庄声财副校长，是学校研究型教师的典型个例。作为数学名师工作室的带头人，他倡导用研究性学习的视角关注学生思维品质，提升学生在课堂的思辨能力，并把自己在长期的教学实践中总结的教学经验，结合课题研究上升到学科专业素养的高度，形成个性化的教学风格，在全市小学数学界享有崇高的学术威望。他认为，在新课程改革中，教师不仅要有对教育事业的炽烈的热情与实现教育目标的神圣感和现实责任感，拥有坚定的教育信念，而且要具有教育教学的冷静理智的判断力和洞察力，冲破既有教学习惯的藩篱与羁绊，积极将自己塑造成学者型、研究型的教育专家的新形象。"螺蛳壳里做道场"，在三明市小学唯一的正高级教师林启福校长的带领下，学校有意识地通过课题研究引导教师团队在各项具体的教育教学工作不断进行思考和反思，促使从日常教育细节中，磨炼自己的教育教学能力，提升研究性学习的能力。

（四）业余文化，在健康的律动中怡养性情

附小教师圈里有句流行的话：工作要幸福，生活要美丽。这句流行语从一个侧面反映了学校教师积极阳光的生活态度和丰盈舒展的生活品质。附小教师团队中，有的擅长琴棋书画、有的爱好打球种花、有的喜欢摄影旅游、有的痴迷烹饪美食……

在教书育人的工作之余，三两同事你邀我，我拉你，有的走进学校精心布置的"教工之家"活动室，打打球，练练身；有的静悄悄地躲进"幸福书吧"沉浸在阅读的快乐中；学校环形跑道上，每天也可以看见不少老师慢跑的身影，良好的健康意识和生活情趣让大家充实快乐，朝气蓬勃。学校认为要培养幸福的学生，教师首先要幸福。教师的幸福不仅应包括"有教育理想，工作上有热度；有卓越意识，专业发展有高度；有仁爱之智，服务学生有温度"，还应包括"有品质需求，生活状态有宽度；能实现成功，生命色彩有亮度"全方位的"五度"发展理念。为此，学校历年来都重视教师课余文化生活的组织和开展，提供各种平台，鼓励教师培养健康的兴趣爱好，热爱生活，做一个身心健康、阳光明媚的人。因为学校致力于"以福泽人"的教育，这种尊重生命发展的生态教育理念相信：一个有生活情趣的教师朝气蓬勃、充实快乐，会把教育教学工作做得更好；一位有生活情趣的教师，会把课堂经营得妙趣横生，会让教育充满生命的活力；一个有生活情趣的教师，才能够静下心来，远离浮躁，修炼定力，努力达到人生的丰盈和内心的舒展，成为一个有修养的、完整的人。

1."三八"丽人行

阳春三月，春意盎然，一年一度的"三八"节又如期而至。学校组织庆祝"三八"妇女节全体教师登山活动。

麒麟山正值玉兰花开、鸟鸣悠悠，81位女教师沿着蜿蜒的小道拾级而上，一路呼吸新鲜的空气，一路赏风观景，一路谈天说地，一路洒落串串笑声，攀登的脚步给工作和生活自由"吸氧"，释放身心。

登山，自古寓意步步高升。这次"三八"丽人行，像花儿一样美丽的她们亲近大自然、亲近同事、亲近生活，更将亲近教育，以特有的丽人风采展现桃李杏坛靓丽的风景线。

2. 绿色教师节

在第 30 个教师节来临之际，三明市血站的采血车驶入三明学院附小，该校以无偿献血献爱心的特殊的方式庆祝教师节。

在献血现场，教师们有序排队、填表、量血压、抽血……当鲜红的血液通过输血管时，教师们脸上都露出了自豪的笑容。因为这记录着他们又一次为生命接力献上珍贵的礼物。

"以无偿献血方式来庆祝我的最后一个教师节，这对于我个人的教师生涯而言是一个圆满的句号。"即将退休的老教师刘丽娜说。此次献血活动，除了像刘丽娜这样有多次献血的"老兵"外，还有不少第一次献血的"新兵"。适量献血可以增加体内的造血功能，有利于身体的新陈代谢。新入职的女教师也挽起袖子毫不示弱。不少老师以实际行动奉献了爱心，担当孩子的身边榜样，彰显"以奉献社会为荣、做孩子身边榜样"的社会正能量。

3. 趣味教工运动会

为庆祝元旦，学校举行了一场别开生面的教职工趣味运动会。学校将全体教职工按任教年级及学科岗位分成八个竞赛小组，设立 1 分钟跳绳、50 米跑、转转乐等个人项目和跳长绳、夹球跳迎面接力、春种秋收、螃蟹接力赛跑等五个集体项目。

趣味活动中，教职工们人人奋勇、个个争先：赛场上，矫健的身影，精彩的动作；赛场边，欢呼的人群，热烈的助威声……整个操场洋溢着辞旧迎新的快乐气氛。

此次教职工活动，不但丰富了教职工的课余生活，缓解大家的工作压力，又锻炼了教师身体，激发了大家的团队精神，充分展现了附小教职工文明健康、朝气活力的精神风貌，推动了和谐校园的建设步伐。

山的俊美托起云的多彩，水的甘醇养育人的灵杰。麒麟山下，沙溪河畔的这所学校里的教师是充实的、是幸福的。因为他们有自己教书育人的生活方式，他们有自己传道授业的文化形态，他们是一群脚踏实地又仰望星空的人，是一群愿意真诚善待自己、善待他人，做儿童生命成长的贵人。

（五）学生文化——一千个孩子有一千种幸福

孩子是由一百组成的

孩子有一百种语言

一百只手 一百个念头

一百种思考方式、游戏方式及说话方式

还有一百种聆听的方式

惊讶和爱慕的方式

一百种欢乐去歌唱去理解

一百个世界去探索去发现

一百个世界去发明

一百个世界去梦想

——节选自 Loris Malaguzzi《儿童的一百种语言》

意大利教育专家 Loris Malaguzzi 创作的《儿童的一百种语言》从儿童视角诗意地表达了他的儿童教育观：孩子从来就不是工厂流水线里的产品或者机器，尊重和孩子有关的任何一件小事，把孩子看作一个和成人一样的独立个体，悦纳孩子的个别差异，用尽可能多的方式去感知孩子发展需求，激发潜能，教育才能真正成全儿童的发展。附小"福泽"教育下的文化磁场从某种意义上而言，也在创造"儿童的一百种语言"。"教育的本真，不是甄别，而是对当下每一个生命的深切关怀。关怀生命，让走进校园的每一个孩子自由呼吸、幸福成长，让校园里的一切润泽他们生命的亮度，让每一个孩子都有机会过一种完整的教育生活，然后从容地走向属于他自己的幸福人生"。林启福校长的儿童教育观受到广大教师的认同和传递，"福泽"理念折射到学校育人的每个细节，不断唤醒儿童蓬勃成长的动力，会飞的孩子飞起来，会跑的孩子跑起来，只能慢慢走的孩子也幸福地走起来，附小就这样成为一个幸福的地方，因为在这里——一千个孩子有一千种幸福。

1. 个性班刊

班刊有一种强大的凝聚力，把我们全班同学的心聚在一起。学校特色中队"天天向上中队"的杨炀同学手捧着制作精美的班刊《在幸福里》一脸自豪地说。"天天向上中队"是自三年级起，由班主任邹毅弘老师结合学校三年级青色书香文化建设主题策划制作的班刊。在家委会协助下，她用图文并茂的纪念册的形式记录下了班级开展交换空间、厨王争霸赛、一站到底等特色活动中孩子们成长的点点滴滴。

随着班级孩子的成长，她又放手成立"班刊编辑部"，把班刊交到班级学生手上，努力营造民主、平等、和谐的班级氛围，充分发挥学生的主体作用，开始培养学生的独立精神，逐步形成学生自我教育、自我管理的能力，为学生提供一个自我管理、自我教育、自我升华、自我展示的发展空间。作为班级文化的重要部分，《在幸福里》成为"天天向上"特色中队一种鲜明的文化气象，反映了朝气蓬勃、创新活力的班级精神。在附小，不仅是《在幸福里》，还有《一缕童心》《小星星》《恰同学少年》等各种班级个性班刊或报刊带着浓浓的墨香成为孩子手中的新宠，悄悄润泽着孩子生命的亮度，记录着孩子生命成长的旅程，以内在班级文化特征体现了"福泽"教育的福祉，营造浓浓的幸福文化氛围，幸福校园成为附小人梦想启航的摇篮。

2. 幸福笑脸墙

有人说，精美的石头会唱歌。可见，环境教育作为一种无声的教育元素，自有其"润物无声"之功。立学长风范，树附小榜样，学校"骄傲的附小人"展厅里挂着从附小走出的各行各业的人物风采简介，吸引了孩子们驻足的目光，谁能说这一颗颗正能量的种子不会在孩子们的心中悄然生根、发芽呢？校园里不仅需要榜样的力量，也需要快乐的符号。为了让一年级的新生尽快融入小学新生活，顺利过渡幼小衔接，做一个快乐的小学生，紧扣"幸福"核心元素，学校开展了"小小笑脸 幸福成长"主题照片征集活动，各班主任精心收集孩子们入校以来最灿烂、最阳光的笑脸照片，制成的"幸福笑脸墙"成为年级楼道文化的一部分。一年级的新生每天在楼道中穿梭，潜移默化感受到"微笑"的力量，明白了走进附小要从微笑生活、快乐学习开始，好好学习，天天向上！基于儿童视角，学校找工人将孩子们喜欢的"蓝天白云梦想"涂抹在了教学楼一楼大厅的顶部，把孩子们自己精心彩绘的油画伞挂上了"天空"，贴心地在大厅的墙柱位置设计了"我和姚明叔叔比比高"的身高体重自测仪器，大厅的墙面上爬满了学生自创的书法作品、绘画作品、剪纸作品和手抄报等优秀作品，成为幸福校园一道生动活泼的风景线。

3.特色文化节

"文化节"作为一种校园文化的时尚元素，成为附小"福泽"教育的新亮点。学校的一年一届体育文化节"绳彩飞扬跳绳达人赛"是立足校情、全面问卷调查后成为附小孩子最喜欢的校本课程活动之一。课程中孩子们自愿报名，每人每周有一次机会去找体育老师升段，达到要求领取相应升段颜色绳子，分别为蓝、绿、红绳以及达人徽章四个级别。取得红绳和达人徽章资格的同学在期末或六一将获得展演机会，并参加一年一度的"绳彩飞扬"达人争霸赛。一根根小小的彩绳跃动着一个个蓬勃朝气的生命，一张张幸福灿烂的笑脸，成为附小幸福的律动。除此之外，六月儿童节"跳蚤书市"是学校一年一度"幸福六一"系列活动的重头戏。活动中，孩子们在家委会的帮助下，各班在指定场地布置摊位，设计个性化店名，精心摆设展台，做好广告宣传，采用各种方法吸引招揽"顾客"。同时，为保证"市场"的稳定，每个班级的学生组成了导购员、收银员、环保员和其他工作人员队伍，他们分工合作，有序完成导购、收款、登记"一条龙"销售。活动通过以物换物和以钱换物的方式，推广循环利用、生态环保的理念，培养学生节约资源、学会理财意识、爱护环境的意识和良好的行为习惯，增强学生团队合作意识和交流创造能力,实现学生间幸福资源共享。十二月英语节借西方圣诞节的节日气氛开展的"圣诞狂欢化妆舞会"让学生在多元文化中培养国际化视野，打开了放眼世界的窗口。五月艺术节开展的"千名特长生评选"，吹、拉、弹、唱、说、写、画、跳……十八般武艺在这个展示自我的舞台上，尽情释放、尽情挥洒，一千个孩子就有一千种幸福。我们努力印证，我们共同守候幸福花开的愿景。

幸福花开附小

——三明学院附属小学幸福学校愿景

麒麟山下，沙溪河畔，我们是幸福的附小人。

我们坚持"为学生幸福人生奠基"的办学理念。

在这里，老师热爱工作。这里有我们乐于共事的专业伙伴，潜心浇灌的芬芳桃李，激励我们发现幸福、体验幸福、创造幸福并传递幸福。

在这里，学生喜欢学校。这里有孩子们喜欢的老师和同学，喜欢的课程和活动，引领孩子们学习本领、修养品行、锻炼身体并激扬个性。

在这里，家长信任老师。这里有家长们和老师共同致力的教育理想，共同参与开发的教育资源，促进家长们自觉成为子女学习的榜样并与孩子共同成长。

守望相助，我们默默守候花开的时刻；

屏息静气，我们静静聆听绽放的声音——

幸福附小成就幸福教师，幸福教师培育幸福学生，幸福学生成全幸福家庭，幸福家庭奠基幸福中国！

第四节 "福泽"展望，浸润形成独具特色的文化品牌

优秀学校文化的精髓在于一脉相承。"福泽"所持有传统文化与现代文化从容的特质，是动态的、发展的、变化的过程，是不断充实的、丰富的过程，更是传承与创造并存的过程。因此，"福泽"文化在面临当下社会新的挑战与冲击下需要勇于传承，需要不断地滋养、丰富和创新。因为，我们相信只有优

秀的学校文化才能孕育优秀的学校教育，塑造外在的文化姿态与品牌特色，真正推动学校的内涵式发展。

一、如何保护学校高雅文化经受社会低俗文化的冲击

台湾著名学者龙应台女士在《文化是什么？》中对"文化"一词作了精辟描述："人本是散落的珠子，随地乱滚，文化就是那根柔弱又强韧的细丝，将珠子串起来成为社会。"同理讲，学校"福泽"文化也是能够把散落在学校中的一个个个体串成一个整体的那根柔弱又强韧的细丝，这根细丝将一个个个体自愿集合，形成学校共同体，为实现学校美好愿景努力；是这根细丝将学校的文化碎片提拎上升，成为学校的文化整体，并通过时间的洗礼积淀成为学校特有的文化底蕴。而这就是学校高雅文化的生态场。可是，当下我们的师生除了"真空"的校园生活外，作为社会生活的群体之一，还真实生活在形形色色的新闻传媒、社会大众化的群体氛围中，低俗趣味的玩笑、不规范的网络用语和社会时尚潮流无形中自然夹带着"混进"了我们的校园，倒施逆行影响了师生的价值观、世界观和人生观。个别教师穿着打扮讲时尚，"修业不修形"的职业文化形象有待提升；学生在社会大染缸里"近朱者赤近墨者黑"，随口讲脏话的现象还时有耳闻，沾染了社会上的不少不良习气，怎样让"大珠小珠落玉盘"，引导孩子自觉抵制摆脱低俗，走向高雅，真正走向"福泽"文化场塑造下具有稳定性的高雅文化情趣追求。

二、如何梳理学校文化与家庭文化、社会文化的联系

学校在 "福泽"文化下引领家风家训，把家长纳入了教

育的共同资源，构筑了家校教育的合为力量，形成了学校、家庭文化的共同磁场，正不断提升着家庭教育的新飞跃，推动着社会文化的高质量发展。与此同时，学校的家长志愿者自告奋勇和部分老师办起了"教师书法社"，开启了"幸福悦读沙龙"等文化活动，学校文化又作为社会文化的一个窗口，正积极吸纳社会的优秀文化，优秀文化的精髓将浸润校园，引领师生提振精神气。如何更广泛地将学校文化的优秀因子渗透到更多的家庭，又如何更好地在传承社会文化中创新发展学校文化，是我们当前思考的重要问题。

三、如何借力传媒时代引领学校文化传播的新变革

随着信息时代的来临，电脑、网络已在校园中普及，网络媒体也一跃成为吸引众多师生眼球的第一媒体。学校也与时俱进，在原有的"红领巾"队报传统纸质宣传基础上，适应时代发展的要求，积极运用新媒体与互联网，重新升级"校园网站"和创办学校微信公众号，开启学校文化传播新平台。学校以"三明学院附属小学微官网"公众号品牌传播教育正能量，积极塑造"为学生幸福人生奠基"的文化场，开设个性栏目，传递"福泽"思想教育理念，引导家风家训，助力社区工作，形成了独具附小特色的公众号品牌，成为三明市学校文化最富有特色的"窗口"公众号，享誉全省，走向全国，好评如潮。但随着时代的发展，多元化传媒时代的发展将引领文化传播的新变革，学校如何更广泛地借助新媒体环境激发传播动力，让新媒体环境更深入地为学校文化建设发挥作用，这一切将是时代赋予我们思考的命题。

第三章 "童心即天，爱心至正"

——"天正"文化的建设

学校文化可以定义为：经过长期发展历史积淀而形成的全校师生（包括员工，下同）的教育实践活动方式及其所创造的成果的总和。这里面同样包含了物质层面（校园建设）、制度层面（各种规章制度）、精神层面和行为层面（师生的行为举止），而其核心是精神层面中的价值观念、办学思想、教育理念、群体的心理意识等。所以，学校文化的发展首要工作是确立学校文化的精神内核。

第一节 天正学校文化体系的构建

学校文化是一种多层次，结构复杂的组合体，其建设需要根据学校办学的社区环境、办学规模、生源状况、教师队伍、办学历史、社会定位、教育形势等多种因素综合考量。

一、天正学校文化的两个基因

南京市天正小学是南京天正置业有限公司开发的住宅小区天正湖滨的配套学校，校名因此而得。南京天正置业有限公司是天正集团旗下一家房地产开发公司。天正集团是一家以输变电设备为主导，以房地产及金融投资为辅，集制造、贸易、科研、投资、服务为一体的大型企业集团。2004年集团总产值高达60亿元，并被评为全国十佳民营企业之一。南京天正置业有限公司秉承集团"天道酬正"的经营理念，并在"尊重土地、尊重作品、尊重人文"开发理念的指导下在南京房地产市场辛勤耕耘，成绩斐然。

为了确保小区开发的成功，造福小区及其附近的居民，鼓楼区政府将其作为南京市琅琊路小学的一所分校进行管理。这种名校办分校的独特性使得天正小学在文化建设上具有了两个传承基因，即南京市琅琊路小学优秀的学校文化和天正置业有限公司企业文化积极因素。

（一）南京市琅琊路小学优秀的学校文化

2014年，琅琊路小学《小主人教育：一体化课程与教学探索三十年》荣获基础教育国家级教学成果一等奖，这是对琅琊路小学30年来办学积淀的充分褒奖。总结琅琊路小学的办学文化，可以作如下的概括。

1. 愉快教育思想

教育者创设生动、活泼、和谐的教育氛围，激发学生的情趣，唤起学生主动性和创造性，在愉快中求发展、在发展中享愉快，这就是愉快教育。琅琊路小学是最早的全国愉快教育协作体七所成员校之一。琅琊路小学所开展的以"快乐做主人"为核心理念的"小主人教育"极大地丰富了愉快教育思想，而愉快教育所宣导的教育理念也深深影响着琅琊路小学的教育和办学。

2. 小主人教育主张

小主人教育是琅琊路小学首创的校本教育主张，提出于20世纪70年代末。小主人教育是在愉快教育思想指导下的教育主张，是愉快教育的实践范式。小主人教育旨在培养学生学做集体的小主人、学习的小主人和生活的小主人。小主人教育的核心理念是"快乐做主人"。以"快乐做主人"为魂灵的小主人教育，回应了小学教育的基本命题，构建小学素质教育的实践范式，时刻引导我们回归教育的本来意义，正确地理解教育，更好地从事小学教育。

3. 办学思想

做小主人教育，培养"三个"小主人，在学校办学的全域促进师生"快乐做主人"，培育快乐的儿童，成就快乐的教师。

办学思想能够回答办学的若干根本问题，包括做什么样的教育、办什么样的学校、培养什么样的人和怎样培养人等。琅琊路小学做的是以"快乐做主人"为核心理念的小主人教育，办的是积极探索素质教育实践范式的实验小学，培养的是快乐的小主人，培养人的方式是在学校教育的全域促进学生快乐做主人。在发展学生的同时，琅琊路小学的办学也旨在促进教师"快乐做主人"，成就快乐的教育人生。

4. 教育理念

快乐做主人具体而言就是培养学生做集体的小主人、学习的小主人和生活的小主人，做快乐的小主人。"快乐的小主人"有三个重要目标维度："主人意识""自主能力"和"快乐体验"。

主人意识的唤醒，旨在引起儿童对自己和对自己所经历的生活本身的意义的觉察，包括个人的身份、角色、特点、权利、义务等，在此基础上决定自己言行举止，选择朝什么方向发展和怎样发展。小主人智囊团、班级会议等活动形式的意图就在于此。

自主能力的培养，旨在促进儿童胜任自己的学习和生活。在"快乐做主人"的教育实践中，自主能力的培养是核心环节，小主人文明岗、小主人讲解团等都是有效的活动载体。

快乐体验的激发，旨在引导儿童享受做主人后的快乐，这样的快乐是在一系列的体验活动中获得的。快乐体验贯穿在教育生活的全域，而不是一种简单的"点缀"。"大手拉小手"等活动都是有助于增进儿童的快乐体验。

5. 发展愿景

琅琊路小学的办学，旨在构建以"快乐做主人"为核心理念的教育共同体，探索其基本理念、实践范式和路径，不断以创新的举措推动琅琊路小学教育的发展，把琅琊路小学办成一所有儿童观、有爱、有理想、有首创精神的学校；办成一所高质量的、让人民群众满意的优质学校；办成一所文化深厚、特色鲜明的，在全省、全国以及华人世界有辐射和引领作用的卓越学校。

（二）天正置业有限公司企业文化积极因素

天正置业有限公司是天正电气集团旗下一家经营房地产的公司。天正电气集团奉行"天道酬正"的企业文化。天正企业文化对天正小学学校文化的影响集中体现在"天""正"二字上。

作为以育人为宗旨的学校，我们对校名"天""正"二字具有的文化内涵和育人因素做了深入的发掘和独具特色的解读。

二、"天·正"的内涵和外延

天 [tiān] 甲骨文和金文中的"天"，是一个脑袋被着重画出的小人，本义为"头"，后引申为"天"（因为两者都是至高无上的）。（丁再献、丁蕾《东夷文化与山东·骨刻文释读》十九章第二节，中国文史出版社 2012 年 2 月版）

天是中华文化信仰体系的一个核心。狭义仅指与地相对的天；广泛意义上的天，即道、太一、大自然、天然宇宙。天有神格化、人格化的概念，指最高之神，称为皇天、昊天等。

正 [zhèng] 根据隶书字形解释，正是一个会意字，从一，从止。"一"意为"一统天下""天下一统"；"止"意为"止步"。"一"与"止"联合起来表示"征战止步于天下一统之时"，引申为"天下统一"，再引申为基准，即天下统一的标准。

从教育的角度看，"天""正"两字的理解具有不同的层次。

对于学生和教师而言，天既指大自然、事物规律，也指人的天性、高悬于人类之上的道德规范。正就是学生和教师的行为要合于天，即要敬畏自然，按事物规律办事，以人类的道德标准要求自己。

对于教师而言，天就是儿童，进而指儿童的精神与身体，再进而指儿童身心的成长规律。这是教师必须尊重的、敬畏的、遵从的，敬天既具有合目的性，也具有合条件性。否则教师既愧为人师，也难为人师。

教师要敬好自己的天，那就要向农民学习，学习他们稼穑的行为与态度。具体而言，就是要有生命意识，要把学生当成活生生的人，处处尊重学生的人格、情感和认知。要耐心等待成长，不做揠苗助长的傻事。要勤奋耕耘。人勤地不懒，一份汗水一分收获。要精心研究。不要认为农民不识字，只会死种田。其实农民最注重研究，选什么种子，施什么肥，何时浇水，何时除草，他们都有讲究。不要抱怨，不要诿过。收成不好时农民绝不会责备土地不肥沃，而想去换块地。要顺应自然，调整心态。天气并非都是风调雨顺，时常要遭遇不测风云。要及

73

时呵护，及时顺应，而不是一味骂天。

天地有正气，敬天是为了更好地正人。教师的使命不仅在于交给学生以知识，更重要的是要让学生按照社会主流的价值观完成社会化。具体言之，就是要使学生成为正则的人、正派的人、有正义感的人。

教师要"正"学生，首先自己要正。人品要正直，为人要正派，处事要公正。我们需要正能量，正榜样的力量是无穷的。

教师要"正"好学生，还要有本事，即要有较高的专业水平。这就要求教师要进行研究：研究学科教学，研究班级管理、研究活动开展、研究课程开发，凡是与教育相关的事都得研究。

教师研究不仅作为"正"人的工具性存在，而且也是让他获得专业能力，摆脱紧张枯燥、机械乏味的日常教育生活压力，进入丰富多彩的、自由幸福的职业生活的路径。做"正"教师也就是做幸福的人。

敬天与正人密切不可分，二者合二为一。天地之间万物竞生，若想长得更高唯有做到正。如果斜了，越大越易倒。无论根系如何发达，养料如何充分，只要是往斜里长，植物肯定是长不高的，这是自然的法则。因此，人敬天的表现方式之一就是努力做到一个"正"字，即做一个正则的人、正派的人、有正义感的人。正人也即敬天，使他人正，使自己正这都是"天"的要求。敬天即正人，正人即敬天；人正则天敬，天敬则人正。"敬天·正人"是天正小学教师与生俱来的使命与宿命！

第二节 "敬天·正人"文化体系

基于上述两个基因的传承，结合天正小学自己的教育哲学，我们构建了独具天正小学自己特色的学校文化体系：基础教育的名校集团化办学作为一种政府推动的教育均衡化举措，在南京同样取得了较大的成功，仅仅是鼓楼区，就有琅琊路小学、拉萨路小学、芳草园小学的成功实践。作为南京市琅琊路小学教育集团的一所分校，我校的创办秉持了和而不同的态度。即要以名校先进的办学文化、优质的师资力量、科学的管理制度、高水平的课程教学质量，来统领、调和其他学校独具特色的积极因素，从而达到集团整体的优质化。在具体落实上，创造性地借鉴了费孝通先生总结的"美美与共，集团大同，美美与共集团大同各美其美，美人之美"这十六字箴言。

一、美美与共，集团大同

集团各校的美美共存并不是各校之美的简单拼凑，而是要以领头名校之美去"和"各校之美。简单地凑合在一块不是集团化办学的应有之义，如果各校只是凑合在一起，仍旧单干，彼此之间不能相互协作，相互取长补短，那么集团这张标签贴不贴都没有意义。之所以用名校来实现集团化办学，就在于发挥名校的龙头作用，即以名校先进文化和优势资源引领、帮助其他学校扬长补短，去糟存精，实现和美发展。从实际情况看，和而不同的集团化办学态度，给集团各校提供了较大的创新、发展空间。天正小学长足的发展充分证明了这一点。建校伊始，学校秉持本部琅琊路小学愉快教育思想和"三个小主人"的培养宗旨，以此为学校的文化之根。在源于母体的同时，我们积极创新于母体，逐步形成独具自己特色的课程、教学、管理和文化体系，办学成绩赢得了社会的广泛赞誉。

二、各美其美，美人之美

每所学校都处于具体的社区，具有不同的生源状况和其他社区资源。师生们在教学过程中形成了自己独有的教学方式方法和校本课程。长期的发展最终积淀出了学校独特的文化，形成了独特的文化传统，这些存在都具有其各自的合理性。

名校的优质资源更为丰富，其名在于声誉、质量、名师、课程、校园、设施等，更在于其所具有的学校文化。名校集团化办学就是要充分发挥这些优质资源的辐射和引领功能，去提升相对薄弱的其他学校。但是，这种引领的作用不是简单地用名校的各种优势去同化其他学校而达成同一化，而应该秉持和而不同的观点大家协同发展。

学校的文化建设是一种校本的建设，即基于学校具体情况——生源特点、学校定位、领导者风格、办学条件、教育的理解（意愿）、学校历史，依靠学校的发展主体——校长（领导团队）、教师和学生（包括学生家长）进行的文化发展。

三、"天正"文化体系

我校经过 9 年的不懈探索，通过自上而下的设计与自下而上的实践归纳，天正小学初步凝练出了独具特色的文化体系。

（一）办学理念：童心即天，爱心至正

儿童身心成长的规律是天，老师是一个长大了的儿童，要保持童心，用自己无差别的爱关心每一个儿童。

（二）校训：敬天·正人

天正小学之名恰当地诠释了我们的教育哲学：循儿童天性而使之正。所以"敬天·正人"就自然而然地成为我们的校训。

（三）校风：行止有章，思想无疆

契合"正"的要求，我们认为学生的行为举止必须要有章法，即要有规则意识，要自觉规范自己的举止行为。这对于当前学生绝大多数是独生子女的状况而言尤为必要。行为是规范的，但学生的思想不能被禁锢，为了发展学生的创造意识和能力，我们提倡学生的思维应该是自由的，想象应该是无限的。

（四）政风：天道酬勤，平心持正

一支好的干部队伍是学校发展的中坚力量。校长作用的发挥需要中层干部这个中介。好干部的基本素养是能任劳任怨：只有勤政才能做好工作，面对抱怨只有平心才能持正，才能不被不良情绪所左右。

（五）教风：诲人不倦，研究不辍

对于教师来说，乐于教书育人，这是天职，但是，教师的工作具有极强的专业性，需要教师有较高的专业素养，而这需要教师的不断研究。研究能帮助教师摆脱繁杂、枯燥的劳动，进入幸福的教书育人的境界。

（六）学风：自主勤奋，善思乐学

在琅琊路小学"自主自律、乐学向上"学风的基础上，我们增加了"勤奋和善思"两个元素。国家领导人殷切希望少年儿童勤奋学习，快乐生活，全面发展。勤劳是我们中华民族传统美德，没有勤奋的学习，就没有今后快乐的生活。学习的目的之一就是让我们变得聪明，善于思考。只有善思才能不惑，才能富有智慧。

以上几方面彼此联系，共同形成了天正小学精神文化，构成以下的有机的整体（如图）。

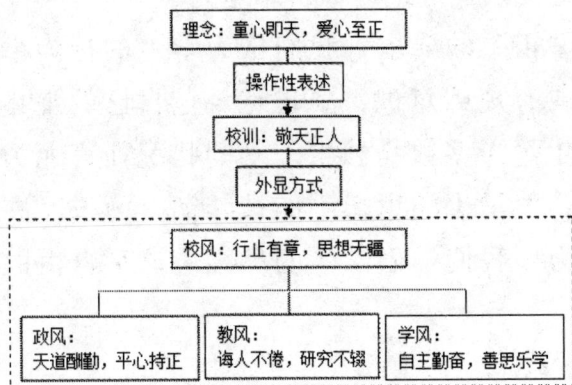

学校标志采用印章式版面设计，用铁线篆巧妙地将天和正两个字嵌在一起。整个构图好像两个人——学生和教师相互依靠，蓝色的学生在前橘红色的教师在后，师生正正地立于大地之上。

发展愿景为：校园美丽，生活幸福；人才辈出，桃李芬芳；名师云集，学术品味；南京一流，全省知名。

第三节　天正学校文化建设的行动方式

学校文化的整体构建应该是双逻辑起点的，一方面要考虑学校文化系统，另一方面要考虑具体学校的情况。一所学校的文化构建应该是两者的有机结合。

基于以上两点，天正小学的文化构建呈现出以下三方面的特点：一是在处理分校与本部关系上遵循源于母体，创新母体的原则；二是在具体实施上采用自上而下的设计与自下而上的归纳相结合的行动方式；三是基于天正小学的校名而形成"天"和"正"两大核心要素的学校文化特色。

学校的教职员工、学生及其家长、社区和教育管理部门都会对学校文化建设产生影响，其中教师和学生是建设的主体。这些影响因素和主体作用的发挥，需要通过一定的行动方式来实现，不同的行动方式各种因素作用的发挥程度和取得的效果是不一样的。就天正小学而言，采用了自上而下的设计与自下而上的归纳相结合的方式。

天正小学是一所新建小学，这犹如一张白纸可以在上面画出画者心中最美的图画，这为自上而下的设计提出了要求和空间。另一方面，天正小学又是作为琅琊路小学的分校而开办的，这又使它具有天然的文化之根——琅琊路小学丰厚的文化积淀，承接本部的文化既是必然又是需要。最重要的一点是，天正小学的教师和学生是学校的主人，他们有权利主张自己的文化观念，发挥自己的文化创造力。

一、顶层设计与实践归纳相结合

我国古代《学记》就说："君子既知教之所由兴，又知教之所由废，然后可以为人师也。"又说："使人不由其诚，教人不尽其才。其施之也悖，其求之也佛。"就是说，教师对学生要诚心，要了解学生的学习情况，了解他们的优势和劣势，因材施教，否则就达不到育人的目的。李贽的《童心说》凸显了中国近代式的"人的觉醒"的思想文化主题。教育家王守仁提出了儿童教育必须顺应儿童的身心特点，以诱导、启发的方法代替"督""责"的方法，使他们"趋向鼓舞""衷心喜悦"，这样儿童自然地就能不断长进。

陶行知先生提出"解放儿童"的宣言："解放儿童的头脑，使之能想；解放儿童的双手，使之能干；解放儿童的眼睛，使之能看；解放儿童的嘴巴，使之能说；解放儿童的空间，使之能接触大自然和社会；解放儿童的时间，使之能学习自己渴望学习的东西。"他提出的这"六大解放"，真正使学生手脑并用，自觉地学习，创造力得以尽量发挥。

教育思想家卢梭提出了自然主义教育思想，要求教育适应儿童天性的自然发展。教育要按照儿童身心发展的顺序和特点进行，就必须保护儿童善良的天性，使之得到自由的发展。美国教育思想家杜威利用"教育即生长""学校即社会""从做中学""儿童中心"等理论使儿童真正从受压迫的教育中获得了解放，使学校教育跨入了新时代。到80年代，苏联提出的合作教育强调了儿童的现在与未来的联系，重视教师在教育过程中的作用。为我们认识教育促进儿童自由发展提供了有益的启示。

20世纪最伟大的教育家之一，誉满全球的夏山学校创始人A.S尼尔认为：让教育适应学生，而不是让学生适应教育。他用60年的时间，在夏山学校实践了突破传统教育观念的理想，创办了现代教育史上最著名的学校，被誉为"最富人性化的快乐学校""因材施教的典范"。

基于以上的理论基础，我校展开了"适合教育理念下的学校童心文化构建的实践研究"，以此作为学校文化建构的起点。

二、天正学校文化资源的开发利用策略

与社会经济发展需要资源一样，学校文化发展也需要资源。然而，资源之于需要总是存在缺乏感，如何开发和利用好学校文化的发展资源，关乎学校文化发展的水平。

（一）学校文化发展资源的理解

人们对"资源"一词的认识在不断深化，外延不断扩大。《现代汉语词典》对"资源"一词的解释是，生产资料和生活资料的天然来源。这一解释较为狭隘地将"资源"限定在"天然"的范畴，人为的不在其中。经济学的定义宽泛了许多，认为"资源"是指一国或一定地区内拥有的物力、财力、人力等各种物质要素的总称。其指称的资源可分为自然资源和社会资源两大类。前者如阳光、空气、水、土地、森林、草原、动物、矿藏等；后者包括人力资源、信息资源以及经过劳动创造的各种物质财富等。这一界定将"资源"一词限定在"物质要素"范畴内。

从学校文化建设的角度看，"资源"一词的外延应该由物质要素扩展到精神领域。学校文化发展资源，就是指能有助于学校文化发展的一切资源。包括人、财、物、时间、空间、信息。这样的界定不仅包含了物质的要素，还包含了文化的要素，如学校的历史经验、校风、制度等。这也就是说文化本身就是一种资源，是一种可以进一步开发的文化，相对于将要建设的文化而言是一种源头，故而我们可以将这种文化称为"文化资源"。就一所具体学校而言，其文化发展资源有一部分是该学校专属的，别的学校不能共享，它可以称之为该校的校本文化资源，具体包括学校早期特有的理念、精神、体制、机制、制度，独特的地理、地貌，意义深远的历史、事件，特有的人物及人物故事，特有的建筑、文物以及其他特有资源等。

（二）学校文化发展资源开发利用策略

学校文化发展资源的开发利用策略，就是指学校建设主体将可资学校文化发展的一切物质和文化的因素发掘和利用起来，实现学校文化的发展。以下结合南京市天正小学的文化建

81

设实践谈几点具体做法。

1. 放大既有资源

南京市天正小学在开设学生社团时，为了解决师资问题，聘请了一位中学退休老师——洪志健老师。洪老师所学的专业是物理，对电学、光学、机械制作、维修等方面非常精通，平时喜欢搞些小发明，小制作。更关键的是他喜欢孩子，喜欢教孩子进行各种小制作。

学校没有仅仅将洪老师作为一名普通的社团教师，而是充分发挥其作用，为他成立了"洪爷爷科创工坊"。专门利用负一层100余平方米的场地建设了一间工坊，由他采购，添置各种设备、器材。在他的领衔下，学校几位科学和信息老师共同努力，先后开发了《简易机械制作》《创意科技与机器人模型制作教程》两套校本课程。课程内容涵盖机械制作、车模、海模、航模、机器人等多方面。几年来，课程由刚开始的购买现成塑料材料和小电机组装各种简易机械，到制作"雪糕棒"系列机器人，再到利用生活中废弃物进行小发明创造。"洪爷爷科技工作室"也逐步发展为"天正科技工坊"，成为鼓楼区青少年科普示范基地、江苏省青少年科技工作室，学校也成为江苏省科技教育特色学校。

科技创新课程激发了青少年的科技意识、科技兴趣，提高了他们的创新精神和动手能力，帮助他们从小树立爱科学、学科学、用科学的精神，培养了他们互相协作、团结友爱、坚持不懈、刻苦钻研的良好品质。同时，天正小学和社区共建的鼓楼区青少年科普示范基地，构建了一座社区、学校、家庭三位一体的"科技教育立交桥"，为和谐社区、和谐社会做出了贡献。为表彰洪志健老师的先进事迹，区教育局特意到校向其颁奖，赠送"德育一束花"。同学们将亲手制作的纸浆画——"不老情怀绘晚秋"送给了洪爷爷，感谢洪爷爷培养了他们对科学的热爱，教会了他们动手动脑搞创造。洪爷爷面对荣誉，面对学生们对他的爱戴，显得异常激动，不禁回顾起三十年教育之路。并赋诗一首作为获奖感言：辛勤耕耘卅三载，年过半百志不衰。病魔困难吓不倒，执着追求育英才。

洪老师的精神极大地鼓舞了天正的老师们，现在学校又兴建了一所以计算机为平台的科创工坊，将3D打印、激光雕刻、创客、机器人、电脑编程等项目纳入其中。其中3D打印成功召开了江苏省首届现场会，3D打印校本课程即将出版发行。

2. 避补短缺资源

诚如以上所言，资源相对于需要来说始终存在缺乏感。面对缺乏我们要善于避和补。即避开自己的短处，另辟蹊径，用别的资源来弥补不足。

天正小学处于南京市中心城区，土地资源紧缺，学校占地仅8083平方米，生均占地面积和生均运动场地面积严重不足。怎样解决这一问题？是叹气抱怨，还是动脑筋想办法？

首先，学校积极利用边角地带。大搞垂直绿化，窗台、廊道、屋顶都尽可能种植花草，栽种较大的乔木以增加绿量。在确保绿量增长和校园更加美丽的基础上，学校选择一些合适的灌木地带开辟为学生的运动区域。

其次，向空中发展。平面不足空中补，我们在体育馆的室内外墙面做了3面攀岩墙，面积达80多平方米。又在原灌木区域增设双杠、爬绳、爬杆等7组攀爬和练习上肢力量的器械。这样不仅有效地解决了运动场地不足的问题，还针对性地发展了学生的上肢力量。

由于活动的场地面积增加了，运动器材和设备丰富了，使得学生原本课间哄闹现象得以避免。现在，同学们的课间活动变得更加有序、文明，他们更加爱玩、会玩，玩得更加健康了。

3.彰显隐性资源

学校文化发展资源的存在样态是丰富的，有些以显性的方式存在，有些则以潜隐的方式存在。前者容易看得到，后者则需要慧眼才能发现。这就好像在一堆原石中挑选玉石一样，需要学校文化建设主体具有良好的观察力、敏锐的感受力、专业的鉴别力，要能在许多司空见惯、习以为常的事物和现象中发现有助于学校文化发展的因素。进而从学校的核心价值观出发，对其独具特色的资源因素加以加工利用，使其成为富有学校特色的文化构成。

南京市天正小学是一所为新建住宅小区配套的学校，小区名为"天正湖滨"，学校因此得名。我们觉得"天""正"两字笔画虽少但字义深厚。"天"既可指天地——大自然，也可指天道——自然规律，还可指天理——人类崇高的道德规范。"正"字的意义很多，但都具积极意义。例如：不偏斜，与"歪"相对；正确，与"错"相对；大于零，与"负"相对；纯，与"杂"相对；两方相对，好的、强的或主要的一方，与"反""副"相对；等等。从字的构成上看，"政""整"等字皆有"正"之因素。从此二字出发，凝练出了独特的天正的精神文化。如：

办学理念：童心即天，爱心至正；

校训：敬天·正人——循儿童天性而使之正；

管理文化：天道酬勤，平心持正。

比如一棵树，如果土壤非常肥沃，雨水足够充沛，阳光特别灿烂……那它就会生长得非常快。但是，如果这棵树长得不正，歪了，那么这些有利的条件就变成了让它倒下的力量。而且，条件越好倒下得就越快！教育孩子也是这样。"正"的标准就是中华民族优秀的道德规范和社会主义核心价值观。"正"字的动词意义就是我们每一个人于己做一个正则的人、正派的人，于他人做一个公正的人、主持正义的人。

契合"正"的要求，我们将"行止有章，思想无疆"作为学校的校风。我们认为学生的行为举止必须要有章法，即要有规则意识，要自觉规范自己的举止行为，这对于当前学生绝大多数是独生子女的状况而言尤为必要。行为是规范的，但学生的思想不能被禁锢，为了发展学生的创造意识和能力，我们提倡学生的思维应该是自由的，想象应该是无限的。

4. 激活消极资源

天正建校伊始只有 2 个班，68 名学生，尽管随后班级不断增多，但是体育老师们觉得学生人数少，在区里参加各项活动难以取得好成绩。学校大课间活动只是让学生排队从楼上下来做两遍广播操，体育课更是"一多三少"——说得多、动的少、器材少、游戏少。加之体育教师队伍较为年轻，缺少领头骨干（连一名拥有区级骨干称号的教师都没有），研究力量不足。所以，存在只满足于完成常规任务，叫做才做，不叫不做，工作缺乏主动和创造的问题。如何激活这个团队，帮助他们形成昂扬奋进的精神和积极研究的品质，是摆在我们面前的一项紧迫任务。

首先，让教师们在成功中树立信心。成功能增强自信，激发活力。成功来自扎扎实实的努力和深入的研究。为此，大家一起研究提高体育课效率和增加大课间学生运动量的办法。规定每节课至少使用一种体育器材，组织一个游戏活动。教师集中讲话不能超过两次，要尽量在行进中组织教学。大课间确保30分钟的时间，列出活动菜单，每周一换。跑步进场，先做基本素质练习，然后进行各种有趣的运动项目。冬季大课间改为"三环"模式，即一、二年级在校园的内环跑，三、四年级在校园的外环跑，五、六年级沿学校和天正湖滨小区的外面人行道跑。为了在区冬季三项运动会上实现零的突破，我们进行了认真地准备，精选队员，请专家进行技能指导，努力提高运动队训练质量。一套"组合拳"下来，学校在当年鼓楼区冬季三项运动会上取得了总分第二的好成绩，且总分距离第一名只有1分之差。这个成绩让全体体育教师喜出望外，极大地增强了自信心。

其次，采取"高温高压＋催化剂"的促推策略。由于我校新建不久，在体育特色方面还没有明确的建设方向。适逢南京市举办亚青会和青奥会，橄榄球运动是比赛项目之一，为了营造良好的橄榄球文化氛围，组委会在全市推广这项运动。橄榄球运动的特点之一就是人往前跑，球却不能往前传，这一点特别有助于培养学生团结、奉献和勇敢的精神。鉴于此，我们研究决定将其作为学校主要的体育项目，要在体育课、大课间、运动比赛等多方面开展这一运动。具体做法是将橄榄球运动列为近期重点开发的一门校本课程，由体育组承担开发任务。任务推进很慢，客观原因是橄榄球运动大家在师范大学里没有学过，后来的工作实践中也没有接触过，缺少本项运动的知识与技能。主观上存在畏难情绪，觉得时间短任务难度大。尽管南京市青奥组委会在教练人员、学习机会上给予了很大的支持，学校也邀请了大学老师和专业队的一些专业人员来校进行指导，参与研究。但是一年多的时间过去了，课程开发进展甚微。

面对这种情况，我们采取了化学中"高温高压 + 催化剂"加快反应的做法。学校取得南京市教研室的支持，承办天正小学校本课程建设现场会。这对于教师专业发展来说是一个非常好的机会，但也是时间紧（只有两个多月的时间）、压力非常大的一件事。为了充分展示学校的体育工作成绩，决定开设 4 节公开课，10 个体育社团活动展示，两个经验报告。我们还想锦上添花，决定在现场会上推出我们的橄榄球校本课程用书。为了完成这一艰巨任务，我们添加了"催化剂"，橄榄球校本课程一书谁写谁署名，校长和分管领导只要没参与写作一律不能署名，写得好就公开出版。这极大地调动了大家的积极性。大家分工合作，请善于摄影的家长帮忙拍摄师生示范动作，请专家来校指导论证。跑区校本课程委员会审批，跑出版社落实出版合同。他们还广泛征集书名，最终采用《橄动天正——天正小学简易式橄榄球校本课程》这一非常生动而又具有学术味的名称。

现在，学生们进行橄榄球运动的身影在天正校园里随处可见，天正小学被南京市评为"阳光体育特色学校（橄榄球）"，荣获全国首批体育工作先进校。更重要的是体育教师团队已经成为"战斗力最强组"。

5. 扭转不良资源

随着学校的发展，社会美誉度越来越高，通过上级安排、研究和培训机构介绍，来校参观、交流、学习的参观团日益增多。这是学校发展的标志，是大家对我们工作的认可。然而由于组织管理没跟上，造成了正常教学秩序受到冲击的现象。加之有些观念上的误区，一些教师和干部心生埋怨：好好的安静校园里整天有一群人在走来走去，让人不得安宁。时不时地还要上公开课给他们听，这不是增加我们的负担吗？原本是好事现在却成了不良的资源。

针对这种情况，我们先和校班子成员进行沟通，然后召开全体教师会分析利弊，统一认识。通过交流，大家意识到外来的教育考察参观团是一种有价值的资源，关键在于合理地运作，发挥其积极作用，避免和减少其负面影响。

我们认为，教育参观团对于学校文化建设的积极作用体现在以下几方面：一是可以促使教师研究自己的教学，干部研究自己的管理。要上好公开课那就要认真备课，投入上课。要给外来教师领导介绍自己管理经验，那就要认真梳理和总结、思考自己管理的过程。也许说的只是所想，还没有落实，但说得多了，必然会在自己管理中有所落实。

二是教育参观团是一种帮助学校进行管理的力量。不论教师和学生，在别人注视自己的时候，总是会将自己最好的一面展示给别人，控制自己不好的一面，这是人之常情。这是一种"新常态"，但时间久了就会成为一种自然状态，就会形成师生的良好的习惯。

三是给学生和老师带来了许多积极的变化。增长了师生的见识，增强了师生的自信心。提高了学校自豪感。学生在遇见生人时不再拘谨，放得开。教师课堂的驾驭能力得到了锻炼，养成了公开教学的心理优势，不再害怕。

四是结交了许多朋友，和许多兄弟学校结成了研究共同体。同时扩大了天正的知名度，给学校做了宣传。天正小学的愿景就是：校园美丽，生活幸福；桃李芬芳，英才辈出；名师云集，学术品味；南京一流，全省知名。借助于各地的参观考察团，天正之名得到较为广泛的宣传。

我们奉行名实相符，实至名归的发展原则。盛名之下其实难副，于己心存惶恐。有实无名则怀才不遇，于己心里委屈。参观团的到来恰好助推了天正的名实发展，2014年11月鼓楼区政府教育督导室对我校进行了为期两天的素质教育督导，督导项目总分150分，我们获得了145.5分！今年学校又荣获"江苏省文明校园"的称号。

总之，每一所学校面临的资源境况千差万别，相应的，学校文化发展资源开发利用的具体做法也是多种多样的。面对千变万化的实际情境，我们学校管理者只能反求诸己，努力做到以下三点：

一是要有强烈的文化意识，执着于学校文化发展。只有全身心地投入，才能"登山则情满于山，观海则意溢于海"，一切"景语"在我心中皆是"情语"。凡所见之物，无一不蕴含可开发利用之机，无一不可资学校文化发展建设。

二是要有文化资源洞察力。要识得学校文化发展资源的有无、多少、优劣、显隐，能够从消极中发现积极因素，破除各种遮蔽，把握住学校文化发展的正确方向。文化资源洞察力犹如"钩子"和"手电筒"。这就如同"赌石"一般，大量的原石不断从眼前经过，要能够从中"钩出"有价值的石头，进而用"手电筒"去仔细观看，深入研究，确信其有无，明白其如何。

三是要有资源价值最大化的能力。这是一种实践智慧，体现为见景生情，见机行事。而这种能力的获得不仅要基于上述两点——执着与洞察，还需要我们的悟性。悟性的本质不在于先天禀赋，而在于后天坚持不断地悟，慢慢地、坚持不懈地悟——渐悟，这是实现资源最大化能力的不二法门。

第四节　实践举隅

一、天正小学儿童发展现状及需求调查问卷及数据分析

亲爱的小朋友：

喜好是最佳的老师，为了让你们在天正校园里幸福、健康的成长，学校想根据你们的需要、喜好、特长"量身定做"大家喜欢的课堂、德育活动和阵地、校园文化以及校本课程。希望你如实填写问卷中的内容。

（一）基本资料

姓名 （可不填）		性别	年龄	班级	
特长 [可多选]	□书画□棋牌□舞蹈 □唱歌□旅游□手工制作 □上网□看书□运动 □烹饪□摄影□玩游戏 □其他：				

（二）童心德育

你所在的班级经常开展班队活动及特色活动吗？	□经常□偶尔□很少□没有
你对学校目前组织的特色实践活动有何建议？（如远足、春游、秋游、实践基地拓展等）	□保持 □适当增加，增加： □进行调整，调整：
国旗下讲话，你希望是什么形式？	□以教师为主体，组织国旗下讲话 □以班级为单位，学生组织国旗下讲话 □学生为主，教师为辅，组织国旗下讲话
你希望参与学校的哪些管理？（可多选）	□红领巾监督岗 □学校活动摄影 □小小接待员 □小小播音员 □小小讲解员 □其他：
你建议如何评选三好生等优秀学生？	□主学科老师选 □所有任课老师选□家长选 □学生选 □学生老师（包括所有任课老师选）一起选 □其他建议：
你对学校德育活动还有什么建议？	比如：校园吉尼斯、学生讲坛、大型节日活动等建议：

（三）童心课堂

你现在在课堂上处于何种状态?	□上课内容课前都已学会 □每节课的知识都能掌握 □每节课掌握部分知识 □每节课听不懂
你认为你的课堂存在的问题是?	□教师讲解过多 □枯燥练习过多 □效率低下 □教师专业能力有待提高 □无
你自己在课堂上存在的问题是?	□无 □容易走神 □喜欢讲话 □易受干扰，注意力不集中 □喜欢做小动作
你理想中的课堂是什么状态? （1）（可多选）	□自由 □平等 □轻松 □高效 □气氛活跃 □充分表达 □动手操作 □敢于质疑 □其他:
你理想中的课堂是什么状态? （2）	□教师为主 □学生为主 □师生结合
你理想中的课堂是什么状态? （3）（可多选）	□自主预习 □自主探究 □自主练习
你喜欢在课堂上使用哪些语言? （可多选）	□我认为 □我补充 □我质疑 □我反对 □我觉得 □其他:
你觉得课堂上的知识你都掌握了 吗?	□完全掌握 □基本掌握 □有的没有掌握 □完全没有掌握
你最喜欢的课堂学习方式?	□自主学习 □教师讲解 □合作学习

（四）童心课程

你喜欢国家规定小学必开的哪些 课程?（可多选）	□语文 □数学 □英语 □品德 □体育 □音乐 □美术 □科学 □信息 □综合实践
你认为这10门必修课程中哪些课 程应该增加课时量?（可多选）	□语文 □数学 □英语 □品德 □体育 □音乐 □美术 □科学 □信息 □综合实践
近年来，我校已经增开了一些校 本课程，你参加了哪一项?	□趣味数学 □快乐古诗文 □英语口语 □弟子规 □故事赏析 □儿童影视赏析 □三模科技 □硬笔书法 □儿童文学影视赏析 □趣味英语数学 □魔方 □超轻黏土 □创意纸浆画 □电脑美术 □空竹 □美式篮球 □轮滑 □少儿太极拳 □足球 □啦啦操 □小小主持人 □智慧阅读 □创客空间 □英语阅读与动漫 □模拟联合国 □3D打印 □管乐团 □合唱团 □舞蹈

（续表）

你认为我校增开的校本课程，哪些很有必要？（可多选）	□趣味数学 □快乐古诗文 □英语口语 □弟子规 □故事赏析 □儿童影视赏析 □三模科技 □硬笔书法 □儿童文学影视赏析 □趣味英语数学 □魔方 □超轻黏土 □创意纸浆画 □电脑美术 □空竹 □美式篮球篮球 □轮滑 □少儿太极拳 □足球 □啦啦操 □小小主持人 □智慧阅读 □创客空间 □英语阅读与动漫 □模拟联合国 □3D打印 □管乐团 □合唱团 □舞蹈
你认为还可以增加哪些必须学习课程？	
你认为还可以增加哪些选择学习课程？	
家长注重你进行哪些方面的教育？（可多选）	□语文 □数学 □英语 □艺术
你觉得自己的能力在课程学习中得到培养了吗？	□未得到 □有一点得到培养 □得到培养
你希望社团开展时间为？	□每天放学都可以开展 □统一时间开展 □自由选择参加时间

（五）童心文化

你所在的班级文化布置经常更换吗?	□经常 □偶尔 □很少 □没有
你最喜欢班级文化的哪个版块?	□大黑板□评比栏 □英语角 □数学园地 □少先队角 □图书角 □其他:
你对班级文化布置还有什么个性化建议?	
你最喜欢学校哪个文化角？（可多选）	□行健亭 □攀岩墙 □小舞台 □升旗台 □种植园 □贵早园 □空中花园 □图书角 □笑脸墙 □广而告之 □其他:
你建议学校还可以增建哪些环境建设点？（多选题）	□假山 □亭子 □涂鸦墙 □高大树木 □其他:
你对学校绿化满意吗？有何建议?	□满意 □不满意 建议:
你对学校课间活动场所面积满意吗？有何建议?	□满意 □不满意 建议:
你对学校走廊文化布置有何建议？（可多选）	□增加学生作品 □增加个性展示 □增加多媒体发布平台 □其他建议:

你觉得学校可以增加哪些体育设施建？（可多选）	□篮球架　□乒乓台　□棋盘　□羽毛球网 □足球门　□其他建议：

该研究主要针对 3—6 年级天正小学儿童。调查采用定性深访与定量研究相结合的方式，通过科学的抽样方法，建立具有代表性的样本总体，以样本总体的情况推估和描述整体情况。在操作阶段，将能够反映儿童发展需求的问题以题目的形式体现在调查问卷中，作为数据采集的工具。在执行阶段，主要采取问卷调查搜集数据。最后，通过系统的数据分析，反映天正小学发展现状及需求调查问卷。调查随机在 3—6 年级任意抽测 6 个班，定量调查共发放问卷 280 份，回收问卷 269 份，回收率为 96.1%，有效问卷 269 份，有效率为 100%。

1. 学生对童心德育的认知

通过调查我们发现，目前所在班级 97.6% 的学生反应对于童心德育活动时最感同身受的是经常开展班级特色活动，这说明目前学校是比较注重童心德育活动的建设，但是从"你对学校目前组织的特色时间活动有何建议"发现，67.8% 的学生还是希望适当增加，有的希望增加春、秋游，有的希望增加课外实践活动，这说明好动、好活动是儿童的天性，接近大自然是符合儿童身心发展特点的，这是儿童心理特点需求。

6—12 岁的儿童，自我意识开始觉醒，他们根深蒂固的需求是希望自己是活动的主体，在问及国旗下讲话的形式，全部调查问卷无一人选择"以教师为主题，组织国旗下讲话"，45.7% 的学生选择"以班级为单位，学生组织国旗下讲话"，"54.3% 的学生希望"学生为主，教师为辅，组织国旗下讲话"。而在学校的小能人管理中，学生更是充分希望自己参与各个岗位，小小监督岗、小小接待员、小小摄影师、小小播音员、小小讲解员……都是学生们的热门选择，学生还希望争当小小美食家，参与食堂管理，提出了许多他们愿意尝试的角色。比如小老师上讲台、天正小讲坛，让我们充分意识到，学生的自我意识的觉醒，以及为了实现自我价值的充分的愿望。对于学校童心德育活动还提出了一些好的建议。

如何评选三好生的选项，是对于学生参与评价的调查，37.3%的学生希望自己选出三好生，62.7%的学生希望学生老师一起选，没有学生希望全由主学科老师选，而比较有建设性的意见是希望三好生评选从平时开始，进行量化打分的形式，公开、透明评选。

2.学生对童心课堂的需要

从目前学生在课堂的状态来看，他们在课堂上呈现的状态是不一样的，11.3%的学生由于家庭比较重视教育，在课外辅导班提前学的缘故，上课内容在课前已经掌握，7.9%的学生每节课还有部分内容没有掌握，而大多数学生每节课的内容基本能够掌握，但是学生反应目前天正小学课堂存在的问题也是显而易见的：31.5%的学生认为教师讲解过多，22.9%的学生认为枯燥练习过多，而还有1.2%的学生认为教师专业能力有待提高。

学生希望的课堂是自由的、平等的、高效的，这3个选项都是100%，他们还希望课堂氛围轻松、活跃，能充分表达，能有更多的动手机会。有92.3%的学生理想中的课堂是以师生结合的形式为主。每个学生内心都希望自己是发现者，所以自主探究、自主练习也是100%，自主预习也达到了87.2%。学生自信了，他们在课堂上能大胆表达，我认为、我补充、我质疑、我反对……成了他们的课堂用语。从学生喜欢的课堂学习方式发现，由于学生个体的差异性，发现喜欢自主学习的学生占到47.4%，而也有 32.1% 的学生则喜欢教师讲解，还有 20.5% 的学生则喜欢合作学习。

3. 学生对童心课程的需求

对于课程，学生有着自己的喜好，除了课程本身，还受到老师本身等各种因素的影响，比如综合实践的喜欢率达到89.7%，科学和信息也是相对比较受学生欢迎的，而语文、数学、英语等国家课程由于有学习压力、学习压力大，所以喜欢率相对较低。而得分最低的是品德，只有 33.6%。

在学校开设的社团校本课程中，学生每人都参与了至少一门的自主选择的课程，在这些校本课程中，三模科技、趣味英语、超轻黏土、篮球、管乐、空竹、3D 打印、轮滑、创意纸浆画等很多课程学生认为很有必要，得到了学生们的普遍认可，尤其是学生的自主选择权交到了学生手里。在必须的学习课程里，学生的答案也很有意思，有的学生认为"游泳""理财""厨艺"等应该成为必须学习的课程，选择性的课程比如"魔方""珠心算"等都有提及，这为后期社团课程开设提供了一个良好的参考作用。

在南京的大氛围下，校外学习也已经成为学生课程体系中一个重要的内容，调查发现，93.8% 的学生都有校外课程，主要涉及的课程有语文、数学、英语，其中数学的比例最高，另外艺术类比例也相对比较高，不过，呈现出不同年级的不同特点，越往高年级，由于升学压力，学生校外课程主要集中在语文、数学和英语。针对校外补充较多的情况下，学生希望校内更多的补充学生感兴趣的校本课程。在校本课程的开展时间上，43.8% 的学生希望自由选择参加时间，还有 40.3% 的学生希望每天都可以开展。

4.学生对童心文化创建的需求

学生在学校要度过美好的六年，因此对于童心文化环境的创设是他们迫切的需要，从调查看，44.6% 的学生认为目前的班级文化布置偶尔更换，36.7% 的学生所在的班级文化经常更换。学生最喜欢班级文化的"图书角"，在那里许多学生能自主找到自己想看的书籍，还有部分学生喜欢评比栏，这里见证了他们的努力和学习过程。对于班级文化很多学生提出了建设性意见，比如学生建议班级增设成长袋，还有的学生建议班级墙上增加电子屏，在信息化的今天，可以发布学生作品，新闻，视频等。

学校的文化角也深受学生喜爱，比如小舞台、小花园等，还有学生建议种植园可以让学生分班轮流去负责。对于校园童心文化建设 86.6% 的学生希望增设涂鸦墙，75.2% 的学生希望学校增设高大树木，可以遮阴，避免夏日体育课的直射。对于学校的整体绿化 43.9% 的学生还是不满意的，有学生建议每个班增加常绿植物，可以缓解用眼疲劳，还有的学生认为走廊过道、屋顶可以做绿化，特别值得一提的是学生提的四楼平台可以做成空中花园，非常有意义。学生普遍对学校高年级的活动场所不满意，希望能开辟新的活动场所，建议四楼平台做成活动场所，这个建议也得到了学校校园文化的认可。对于走廊文化，学生很喜欢多媒体发布屏，92.1% 的学生希望增加多媒体发布平台，希望同时可以上网，93.3% 的学生希望在走廊增加学生作品。对于体育设备，学生希望操场可以增设篮球架、乒乒台、棋盘台，还有学生建议有可能的话增加单双杠、云梯、秋千等体育器材。

二、天正电气企业文化摘要

（一）"天正"释义

天：取广阔博大之意，意味着天正电气的未来无限广阔。

正：正气浩然，堂堂正正做人，堂堂正正做事。要做成大事，首先要做好人，要讲信誉。

（二）"天正"LOGO释义

天正的LOGO由7个风格一致的元素以2，3，2的形式组成，形成统一的整体，其内涵为：

追求卓越，超越自我：标志着天正电气不断超越自我的精神，元素以方中见圆，由小至大以对角线形式排列，产生一种强烈的上升感，之间以流畅的线条链接，充满活力，象征天正电气的事业动力十足，发展迅猛；

一马当先，多元发展：标志同时体现天正电气的经营模式，三组元素的中间一组象征着天正电气的主导电气产业的发展，傲视群雄，两边的组合象征着天正电气的多元化发展在二、三产业齐头并进；

人尽其才，众志成城：标志着天正电气的凝聚力，所有元素均以相同的角度、方向及表现形式规范地排列，元素之间的凹凸配合恰到好处，象征着天正电气人力资源运用的艺术和天正电气团队的凝聚力。

（三）"天正"英文释义

英文单词"TENGEN"是一个独创的单词，"TEN"英文是"十"，引申为"十全十美"；"GEN"是英文"General"

和"Genius"的前缀。"TENGEN"表示天正电气是一个集聚众多优秀人才并具备领袖气质的企业。

（四）天正广告语

天正电气的广告语是"天正电气，不一样的来电感觉"。

TENGEN 天正电气

三、黑龙江（正职）校长跟岗学习安排表

时间		内容	负责人
周一	8：00	观看升旗仪式、参观校园	朱芹
	9：00	天正：一所新学校的文化建设历程	王九红
	13：30	教学工作情况介绍	蔡宁
周二	8：15	综合学科研究课及评课（科学）	赵云龙
	13：30	德育"小能人体系"的建构	张高洁
周三	8：30	天正信息工作情况介绍	严以华
	13：30	社团参观	王军
	15：40	天正党员讲坛	李娟
周四	8：15	天正书香校园建设情况介绍	张佩贤
	13：20	青年教师研究课及评课（语文）	
		区教学研训课（数学）	王军
周五	11：10	行政会、合影	李娟
	13：20	学习交流	王九红

第四章　幸福文化

——晋中师范附校这样营造幸福文化

所谓学校文化，是学校全体成员共同创造和经营的文明、和谐、美好的生活方式，是学校核心价值观及其主导下的行为方式和物质形态的总和。在文化立校的今天，学校文化建设及其作用备受关注。

有人说："三流的学校做制度，二流的学校做品牌，一流的学校做文化。"是的，在多元文化并存的今天，学校表层的竞争是升学率的竞争，中层的竞争是名师名校长的竞争，而深层的竞争是文化的竞争。一所学校，只有重视学校文化建设，发挥文化的力量，才能从根本上提升学校办学的品质。

作为一所新建学校，学校文化建设从何入手？如何才能积淀形成真正属于学校的特色文化并逐渐渗透到工作的点滴之中？……千里之行，始于足下，我们唯一能做的是从常规管理做起，用心做好每一件事，用朴素的坚持成就独有的校园文化。

第一节　文化的力量

作为一名教育工作者，我经常会问自己：什么是文化？文化的价值究竟是什么？每当想起这样的话题，眼前就会浮现出一幕幕令我感动的画面……

2014 年是我校建校的第二个年头。5 月 16 日，是一个普通的日子，却值得我用心珍藏。那天，榆次区"逸夫片区"教研活动在我校举行。活动的第一个安排是小学部学生的大型诵读展示——《与黎明共舞 与经典同行》。

早 7：30，教导处许慧主任已经组织全体小学部师生整齐列队，安安静静地等候开场。信息中心郝丽萍主任已经协同科室人员备好了音箱……

8：00，诵读展示整点举行。当悠扬的前奏音乐缓缓响起，当主持人白洁、花蕾老师端庄地出现在主席台前，当主持人响亮地说出第一句主持词……那一刻，心中装满着激动与兴奋，忽然有一种《春晚》拉开序幕的喜悦与神圣，又时而间杂着几许紧张。

诵读有序进行，渐入佳境！一年级组的《春之韵》，诵读与舞蹈相结合，营造了浓浓的春的气息。二年级组的《唐诗宋词》，志高气远，人文丰厚。中年级组的《千字文》，意蕴悠远，余音袅袅。五年级组的《文言短篇》，抑扬顿挫，张弛有度。六年级组的《长江之歌》，铿锵嘹亮，气势恢宏！当 6 名年轻的教师代表登台展示童诗组合《就这样芬芳》时，全场响起了经久不息的掌声！

诵读持续 45 分钟，板块分明，衔接紧凑，无论是学生的上下场，还是音乐的随机跟进，效果都是出奇的好！那是怎样宁静优雅、震撼人心的 45 分钟啊！精彩的背后是所有小学部师生以及所有工作人员全身心投入的默契！我们的彩排仅仅进行过 1 次，如果不是每日 20 分钟的诵读积淀，何来此刻的华丽绽放？我深深地感谢我的小学部团队！

2016 年，建校第四年了。"六一"儿童节即将来临，小学部组织年级长策划六一活动并征求大家的意见。最初的设想是将常态化的特色课程向家长进行汇报展示,比如形体、体操、诵读、绘画等。结果,大家一致认为"六一"是学生们自己的节日,我们不仅仅要展示课程成果,更重要的是要让学生全体参与。于是,"花儿朵朵开,童心向未来"的活动主题由此确定。

然而,要想重新编排、设计、打磨,实在不是说句话的事。在年级长的带领下,以年级为单位的大型排练拉开序幕。时间紧张,老师们加班策划;场地紧张,年级长自主协调。更令人感动的是,老师们自己花钱购买表演服装与学生同台展示。短短两个星期,一场长达 90 分钟的大型团体展示呈现有序,精彩纷呈。

值得欣慰的是,如此规模的大型活动,不需要过多的开会协调,不需要三番五次的重点强调,有的只是小小的小学部微信平台。这种高度的自觉、空前的凝聚,靠的就是一种"求真务实、追求卓越"的团队精神,靠的就是一种"要么不做,要做就做最好"的团队信念!

事实上,从高师附校建校的那一天起,我们就坚定地认为:我们的教师是优秀的,我们的团队是最棒的!人人拥有自信,人人自觉追求更好,这不就是一种最好的文化吗?虽然无形,但却拥有最强大的力量!

由此,我又想到了北京中关村二小杨刚校长用心经营的"家园文化"。

2015 年 10 月,我跟江苏基地的领航班学员一起走进了北京中关村二小,我被深深震撼了!震撼不仅仅源自学校儒雅大气的环境设计,更源于一种浓厚的现代学校的文明气息。北京中关村二小的"家园文化"强烈地吸引着我们,令所有与会代表流连忘返。我感觉在二小校园处处有景致，处处有创意，处处都温馨，处处都美好。这大概就是文化的魅力！

活动期间，我们观摩了由中共海淀区委教育工委、海淀区教育委员会主办，中关村第二小学承办的"聚力·绽放——中关村第二小学教育家办学实践研讨会"。杨刚校长做了主题发言。他发言的题目是《桃红李白，心暖花开》，其中杨刚校长深情解读了"家园文化"。

杨刚校长说，学校是个特殊的地方，它的核心在于育人。学校的生命力就是要促进每一位师生快乐和谐地发展。而这样发展的基础就是要为师生创造一种快乐的、纯净的、和谐的工作和学习氛围。"家园文化"的指导思想就是"以人为本、关注发展"；"家园文化"追求的目标就是"自我管理、自我发展、自我超越"；在管理中力争实现从"有形制度约束—淡化制度管理—自觉自律践行—实现自我超越"的管理境界。

杨校长还介绍说，在大家共同的精心培育下，"家园文化"得到了老师们的广泛认同。形成了对"家园文化"的理解和共识：那就是"家园文化"是一种爱与尊重的文化。在二小，师生可以自由地对话，"尊重"被给予最好的诠释；在二小，宽松和谐的工作氛围，是满满的包容，是爱的延伸；在二小，谁都拥有广阔的舞台，赏识与激励点燃每个人的梦想！

他说二小的"家园文化"可以解读为朴实的三句话："二小是大家的，二小的发展是为大家的，二小的发展是靠大家的。"目前，这三句话已经成为每一个"二小人"所欣赏、推崇并以此作为行为原动力的一种共识。

说实话，在学校文化建设中，老师们广泛认可的还是和谐融洽的人际交往、宽松愉悦的工作环境，活泼进取的学习状态。

有了这样的文化氛围，学校的凝聚力就会充分彰显。

在中关村二小，我还读到了这样一首小诗：

根与叶的对话

我的学校是一棵大树，

它有深深的根，扎入了肥沃的泥土，

它有丰美的营养，源源不断地输入给我们，

让我们成长。

我的学校是一棵大树，

它有直直的干，挺起了健美的身躯，

它把蓬勃的朝气，娓娓不倦地传递给我们，

让我们茁壮。

我的学校是一棵大树，

我们是它绿绿的叶，

我们加倍地汲取养分，

做它最满意的孩子。

我的学校是一棵大树，

我们是它累累的果，

我们尽情地绽放美丽，

做它最骄傲的孩子。

有人说："世界上最大的挑战是把同样的梦想注入每个人心中，以创造一致的意见和独特的文化。"在这首小诗中，我们欣喜地看到：学校这样一个大家庭中，师生拥有同一个梦想——好好爱我们的孩子，好好爱我们的家园。读这样的小诗，你是不是感觉到教育的无限美好？你是不是也心生无限的激情和生命的活力呢？

这就是学校文化的力量！

第二节　学校文化的构建（一）

著名教育家苏霍姆林斯基说："用环境，用学生自己创造的周围情景，用丰富集体精神生活的一切东西进行教育，这是教育过程中最微妙的领域之一。"这让我想起了关于操场的故事。

建校之初，由于种种原因，学校基建工程进展缓慢，以致两年内学校都没有正规的塑胶操场。2015 年 9 月，全校师生按时返校开启新的学年。与以往不同的是，校园西边多了一块塑胶操场！

一时间，师生欢腾雀跃！小小操场成为师生骄傲的源泉。大家纷纷拍照晒在微信里，顺手写上一句："我们有操场啦！""美丽附校，我爱你！"一块操场带给学校的绝不仅仅是体育课的正常开展，绝不仅仅是多了一处像样的健身场所……更多的是由此生发的对学校真诚而强烈的爱！

你瞧，清晨，年轻的班主任带着学生在操场晨诵；傍晚，老师们都来到操场散步健身……一块操场焕发出师生内心的激情，绽放出师生灿烂的笑容……

是的，环境变了，师生感觉也不一样了，精气神更足了，行为习惯更变得文雅了。

优美的校园环境是生动、具体的育人教材，优美的校园环境起到了春风化雨、润物无声的作用，学生身处这样的环境，就能感受到美，从心灵上享受到美，从行动上表现出自觉爱护美、自觉保护美，进而美化学生的心灵，陶冶学生的情操，达到全面提高学生素质的目的。

当我真正体验了一块操场带给师生的幸福感之后，我最大的启示在于学校文化建设，必须坚持学生立场，要最大限度地多一点"孩子的味道"！

学生喜欢这块操场，是因为操场带给他们实实在在的快乐！在每一种特定的文化环境中，人们所形成的文化价值取向和文化行为都是生活经历和体验的结果，没有经历和体验就不可能感知到一种文化真正的内涵和意义，当然，也就无法形成自觉的文化行为。

有一则报道说，德国人为了让人们在喧嚣而繁忙的都市生活中体验到安静的价值，他们封闭了鲁尔区一段近60公里的高速公路6个小时，来自当地及世界各地的近200万人涌上平日车水马龙的交通主动脉，共同体验"安静的生活"。

所以，学校文化建设必须有学生的参与。我常常这样设想，如果能在校园辟出一个空间，按照课本的描述设计场景，让书中的情境在校园再现，一定颇有几分趣味。当然，作为一所新建校，学生参与学校文化建设的空间还很大，比如：我们可以给每个年级一间空教室，让他们自己创意并设计属于自己的文化空间，也许会是一间别致的书屋，也许会是一间魔幻的展厅，也许会是一间清新的咖啡屋……总之，一切皆有可能。

总之，只要我们坚持学生视野，把握教育内涵、做好整体设计、关注细节打造，学校文化将会创意无限，精彩无限。

第三节　学校文化的构建（二）

关于学校文化，在我接触过的文献资料中，有很多种解读，但总体精神是一致的，大都包含着理念文化、环境文化、制度文化、行为文化等。在学校"幸福文化"构建的探索实践中，我们也坚持立足这样的"四个层面"，围绕"为学生的一生储备幸福"这一核心目标进行细致梳理，反复推敲，使"幸福文化"内涵不断丰富和提升。

我们的总体思路是：把理念层面的框架构建好，让师生共同追求；把环境层面的氛围营造好，让师生共同享用；把制度层面的标准设计好，让师生共同坚守；把行为层面的活动落实好，让师生共同感受。

一、理念文化——构建学校精神家园

人活着，得活出一种精神！一个有着健康向上、积极进取精神的人，走到哪里都传递着一种正能量，走到哪里都能带来强有力的人格磁场。

一所学校也是如此，需要一个共同的信仰，一种向上的精神。这种信仰和精神就是学校发展的共同愿景，是学校文化的核心所在。鲜明的理念文化能够迅速凝聚人心，鼓舞士气，激发师生斗志，能够跨越时间和空间，给师生的一生以深刻的影响。

学校围绕"理念文化"开展系列讨论研讨。第一步，畅想美好愿景，酝酿办学理念；第二步，开展"三风"研讨，提炼学校精神；第三步，缔结共同目标，坚定教育信仰；第四步，计学校校徽，内化学校精神；第五步，共创一首校歌，唱响学校精神。

于是，我们共同勾勒出了这样的美好愿景：

让学校成为教师的精神栖息地和实现生命价值的场所。这里应该有一种真诚互信、尊重赏识、理解宽容的和谐氛围；这里应该有一种自觉自律、严谨认真、精益求精的治学态度；这里应该有一种通力协作、互助共赢、责任共担的团队力量。

让学校成为学生最最向往的乐园。这里应该是生机勃勃，洋溢快乐的；这里应该有歌声相伴，有童话相牵；这里应该有生动的课堂，有精彩的活动；这里的孩子应该健康、自信、充满阳光！

于是，我们共同凝练出这样的办学理念：为学生的一生储备幸福。

于是，我们共同确立这样的校训：立德、启智、健体、尚美。

于是，我们一起推崇这样的教风：敬业、谨严、精进。

于是，我们一起引领这样的学风：乐学、善思、笃行。

于是，我们共同唱响这样的校歌：《我们是幸福快乐的附校人》。

构建幸福校园，成就幸福教师，奠基幸福人生，成为全校师生共同的目标和信仰。"我是高师附校教师，面对国旗，面对学生，我庄严宣誓：我要立志做一名有理性信念，有道德情操，有扎实学识，有仁爱之心的好老师。努力为学生的一生储备幸福！"每周一升旗，我们都会听到教师的庄严宣誓。"我宣誓：我是高师附校学生，学习是我的天职，成人是我的本分。我要努力做一名真实、善良、健康、快乐的人。在家做一个好孩子，在校做一名好学生，在社会做一名好公民。"这就是我校学生的誓言，朴素却坚定，执着而从容。

在此基础上，学校还提出了幸福教育"每日四问""五个点""六个一"。

"每日四问"：今天，我微笑了吗？今天，我读书了吗？今天，我努力了吗？今天，我进步了吗？

"五个点"：点启人生梦想，点燃成长激情，点明成功路径，点化人性光辉，点亮幸福人生。

"六个一"：一笔一画练好字，一词一句读好书，一点一滴养习惯，一朝一夕学本领，一言一行修身心，一生一世做真人。

在构建学校理念文化的过程中，我们调动全体教师、学生、家长参与，收到了很好的效果。我们清醒地知道，在我们的手中是许许多多正在成长中的生命，每一个都是如此不同，每一个都是如此重要，他们都对未来充满着憧憬和梦想。他们渴望得到老师的深爱，需要老师的帮助、引导以及培育。让他们成为最好的人、幸福的公民和杰出的社会栋梁。这是我们的追求，也是教育的使命！

附：

校歌创作过程简述

史进智

晋中师范高等专科学校附属学校校歌初稿由儿子史新章同学起草，原文如下：2012 年，晋中高师附校建校。立德启智，健体尚美，我们以附校为荣。学习是我们的天职，我们的红领巾，我们的队旗，在鲜艳的五星红旗下飘扬。我们是共产主义接班人，让我们去创造美好的未来，美好的未来！题目是《美丽的高师附校》。

2015 年 11 月 28 日，在儿子创作初稿的基础上，我和他商量，听取了他对学校校训、办学理念以及关于附校誓词的介绍，并再次阅读了任可敬同学的国旗下讲话，在参阅最新中小学生守则、分析附校发展前景的基础上，结合儿子初稿中提到的"魅力的高师附校""立德启智，健体尚美"等学生心目中的附校形象和地位以及附校的幸福教育理念，开始下手修改、编撰歌词。

事实上，对于附校校歌的编写，早在20天以前就受儿子的感染，在写初稿的时候，他很认真很耐心，我看到他参考关于文明城市创建的一些材料，抱着头脑在那里苦思冥想，很受感染，便决定帮助他完成心愿。后来的几天，由于我忙着搞大学生创业大赛，便把创作歌词的事儿搁置下来。恰巧的是，抽调附校孙立果帮助我接待记者，那几天，立果同志多次和我谈到想让我帮助学校创作校歌歌词一事。加之受儿子创作的感染和启发，我便答应。在思考的基础上，于昨天下午完成。全文如下：晋商故里，大学城旁，荡漾着附校的魅力风光。文化铸魂，科研兴校，一生的幸福在这里储备，人生的梦想这里起航。成长、成人；成人、成才，我们是幸福快乐的附校人。啦啦啦啦，啦啦啦啦，一代代师长同心托起幸福的希望。乌金山下，潇河之畔，留驻着我们的美好时光。立德启智，健体尚美，科学的奥妙在这里探索，中华的美德这里传扬。成长、成人；成人、成才，我们是幸福快乐的附校人。啦啦啦啦，啦啦啦啦，一辈辈学子携手绽放智慧的光芒。啊，美丽的附校，可爱的附校，前程灿烂辉煌。

上述歌词共两大段落，高潮部分是"成长、成人；成人、成才，我们是幸福快乐的附校人。"与"啊，美丽的附校，可爱的附校，前程灿烂辉煌。"

虽然歌词不算太好，也不尽专业，但感觉还比较满意。因为这首校歌歌词，是附校文化的表现，是附校发展背景的再现，也是附校办学理念、管理思想的体现。

附校校歌的旋律由我的师范同学、现平遥县西关小学政教主任、音乐老师罗新武同志创作。在创作中，接受了《抗日军政大学校歌》（现在是国防大学的校歌）创作思想和风格，符合少儿歌曲规律和校园歌曲要求。

愿这首歌曲经久不衰，越修改越好！

2015 年 11 月 29 日榆次军安小区

（作者为我校校歌歌词创作者，小学部四年级 11 班史新章同学的家长）

二、环境文化——彰显润物无声的育人功能

优美的校园环境是生动、具体的育人教材，优美的校园环境起到了春风化雨、润物无声的作用，学生身处这样的环境，既能感受到美，从心灵上享受到美，也能从行动上表现出自觉爱护美、自觉保护美，还能帮助其他同学一起来爱护美、保护美，进而美化学生的心灵，陶冶学生的情操，达到全面提高学生素质的目的。舒适的环境文化能唤醒师生对美的自觉追求，能使师生保持一份愉悦的心情，能激发师生工作学习的激情。

学校站在学生立场积极营造诗意和谐的环境文化，既关注硬件环境的建设，更强调人文环境的走心。精益求精，做好细节。

在教学楼内，每层都设计有师生展示栏，在展示栏的一侧，都配有这样的小诗：

那满园盛开的花 / 不曾有相同的色彩 / 那满山挺立的树 / 不曾有相同的姿态 / 我们和而不同的心 / 你有你的色彩 / 我有我的姿态

我不做辛勤的园丁 / 将你剪成千篇一律的模样 / 我不做前行的灯塔 / 将你指向唯一神圣的理想 / 我们之间 / 是智慧与智

走在读书长廊，你会看到醒目的标语：享受阅读，你就多了一份生活的诗意。温馨而诗意的语言，一定会让你倍感亲切，暖暖的关怀，美美地期待，悄然间激起心中幸福的涟漪。

关于环境文化，我校还在进一步完善之中，常常这样设想：如果能在校园辟出一个空间，按照课本的描述设计场景，让书中的情境在校园再现，一定颇有几分趣味。常常这样设想：如果能在校园辟出这样一个空间，还原农家生态，让学生体验春种、夏耘、秋收、冬藏……

当然，教师的言传身教也是环境文化的重要组成部分。教师的示范，和谐的师生关系较之自然环境更加直接，更加深刻地影响着学生。良好的师生关系能促进学生健康成长，形成良好的道德品质和世界观。教师的一言一行，一举一动，都应该体现自己的精神风貌，教养水平和文化素质，都应该成为学生表率。所以，一个好的教师，应注意服饰打扮，保持良好风度，举止言谈要礼貌待人。要求学生做到的，自己先做到，注意细小行为，处处示范于学生。"身正为师，学高为范"，没有真正幸福的教师，很难培养出真正幸福的学生。为此，学校坚持开展"我是正能量""寻找附校最美教师"等系列活动，通过微信平台，每周推送一名正能量教师。用身边人教育和感染全校师生，引导全校师生学有目标，行有榜样。学校还通过主题征文，集聚正能量。目前，已编辑出版了系列丛书《师魂绽放》《晴窗暖阳》《馨香满园》。

建校之初，有的家长素质较低，来到学校依然大声嚷嚷，甚至和老师直面无理取闹。怎么办？我们在校门口立了一块牌子，上面写着："您彬彬有礼、轻声慢步走进校园的高雅举止，不仅是对我们的极大支持和鼓舞，更显示了您良好的人文修养和高尚品质。"

这块牌子还真管用，从此后，再听不到大声嚷嚷的声音了。

现在，在楼道内，你会看到这样的温馨提示："安静是一种素质，让我们为了安静的学习环境，一起努力！"

记得《人民教育》有一篇报道是对话北京一零一学校，记者问校长郭涵：刚才讲到学生很迷恋一零一，除了可以开阔眼界，还有其他原因吗？郭涵校长的回答是：环境。他说：因为学校好玩儿。学校有 4 个荷花池，学生们假期出去，把从五湖四海带回来的水灌到里头。春天荷花还没长起来的时候，航模小组的飞机呜呜呜在湖上转。我办公室对面的山坡上有一个小亭子，经常能看到不知道哪个班级又在那里上课。大雪天我们可以停课，给他们时间，出来疯玩儿。学校就是充分利用这样的教育空间。学生喜欢这所学校是因为学校给他的东西他接受了，他很快乐。环境文化的魅力就在于此。

附：教师随笔

奔跑的青春

初中部教师贾佩

晨曦的一抹阳光洒向了这片充满生机的土地。红绿蓝白的交相辉映中，我们看到了生命最初的律动。忆及曾经的那段"灰黄"岁月，不禁总有感慨涌上心头：灰黄的天际，似乎青春的步伐也随之放慢了脚步；张牙舞爪的沙石，我们只能蜷缩着静静观望；下午六点的铃声响起，是大家缓缓离开的脚步……

可突然的那么一天，当红绿相间的塑胶跑道呈现在我们眼前时，一切都像魔术师的手带给了我们另一番生命的景致：丽日蓝天，整齐划一的操场给了青春起跑的号角；迎风招展的旗帜，欢迎着我们与她相伴起舞；六点的乐声，是我们相聚的时光……

看，原本安静的跑道上响起了坚实的脚步声，一个、两个、三个……这些原本在白天安静伫立讲台的守护者在这时变换了另一种模样。享受的笑容洋溢在脸上，愉快的汗水滴落衣衫，有力的摆臂紧跟大家的步伐，挥舞着双手召唤同伴的加入。间或抬眼望向教室的灯光，会不经意间看到课间休息的孩子们紧紧趴在窗台上指点着操场上移动的人群，忽闪的大眼睛充满了诧异和惊喜。男女老少，在这方自由的天地中奔跑着、跳跃着、坚持着……天色渐晚，夕阳的余晖中是一道道拉长的身影，自在而美好。

听，经过身边的是一声声或清浅或粗重的呼吸，每当这时，体育老师又承担起了教师的责任"同志们，注意调整呼吸，鼻吸口吐，两步换气……"多么专业的技术指导。每当运动完的同伴急匆匆将要离开，也总会有一声提醒回荡在耳畔"要做拉伸运动，不然腿会变粗……"随即而来的是大家的哄笑声。乒乓球台四周成了大家热身的宝地，即使在这样的广阔天地中，大家总会有意无意地提到我们的孩子，今天谁怎么了，那几天谁进步了……老师们呐，无论在哪无论在做什么，孩子是永恒的主题。"加油，坚持"不知谁又冒出了这样一句鼓励，大家原本疲软的脚步又变得更加有力。

"九月份，太原国际马拉松可是开始了，大家谁有兴趣来挑战，我们从半程开始循序渐进………"

"我……我……" 好多个我……

今年的马拉松由于报名人数过多，采取了摇号的方式，结果可是几人欢喜几人忧呀……可是没关系，继续奔跑，来年再战！

在我们的奔跑中，附校的落日余晖别有一番景致。

从这时起，似乎生命焕发出了另一种光芒，青春在跑道上继续延展，幸福在律动中不断升华，追求在奔跑中越发清晰。

奔跑吧，青春！

奔跑吧，我们！

奔跑吧，附校！

三、制度文化——传递温馨人文关怀

非常推崇这样一句关于"教育"的名言：教育意味着一棵树摇动另一棵树，一朵云推动另一朵云，一个灵魂唤醒另一个灵魂。（出自德国哲学家雅斯贝尔斯《什么是教育》）

任何一个团队的发展，离不开纪律的保障。集体纪律的保障，离不开具体的规章制度。如何充分发挥制度的规范约束功能、引导激励功能？我们从改变教学常规管理制度做起。比如，我们对教师"到岗"的要求是这样表述的：

到岗要求：准时并尽可能提前。

提示：假如你是每天提前半小时到岗的人，你必定是一个有出息的人；假如你是每天提前分钟到岗的人，你只是一个遵守规范的人；假如你是个经常无故迟到的人，你可能就是个难成大事的人。

记住，以身作则，言传身教，你永远是学生的榜样！建议你每天早到半小时，带着微笑、带着激情，带给学生和同事一

天的好心情……

如今，在校园，教师提前候课已经成为一道靓丽风景。青年教师史健强说："从教的第一天起，我就坚持每天早到15分钟，久而久之，成为一种习惯。每日15分钟，成为我和学生心灵沟通的最好时机。更为可喜的是在老师的影响下，学生也养成了守时、高效的做事习惯。"

不是吗？师生的成长首先要从培养自己的生命自觉开始，要对自我有所作为，才可能对他人、对民族、对国家、对社会有所作为。正所谓"教天地人事，育生命自觉。"

"不以规矩不能成方圆"，规则意识是未来公民的基本素养。"依法治校"也要求学校要形成科学完备的制度体系。很多人不喜欢制度，并不是因为制度本身不好，而是因为制度这个名称已经约定俗成，带有强制性、刚性和约束感。其实，制度最大的好处，就是给人带来安全感。它通过肯定师生权益，让师生明白什么事情是被允许的，不做什么事情会避免惩罚。它用一种刚性的力量，引导着师生的校园行为。但如果制度本身不能够被人接受，那么，这一切美好的愿望就无法实现。

为了让制度变得让人愿意接受，增强制度的心理认同感，我们从命名上让制度变得温馨可爱。比如教学常规制度可以变名为《教师工作手册》；班级规章制度可以变身为《家庭公约》；学生一日常规可以变身《校园为人处世10条修身宝典》；等等。如此一变，给人的感觉却截然不同，一个是倡导美好行为的，一个是约束人的，您说，大家会喜欢哪一个？就这样，让制度传递温馨人文关怀。给师生一个接受制度的好理由。其实，这正是我校构建制度文化所遵循的一个基本原则。

四、行为文化——拓展梦想自在飞翔

任何层面的文化，最终都要转化为实实在在的行动，学校应该因地制宜开展丰富多彩的活动，并在坚持中不断创新，在创新中积淀自己的行为文化。

我校建校以来，坚持每日 20 分钟经典诵读、坚持每日 1 小时艺术社团活动、坚持每日 1 小时阳光体育运动……同时，为进一步检验活动效果，我们定期组织专题展示活动，原则上每月一次。渐渐地，形成了初具学校特色的行为文化——"每月一星"评选。

我校"每月一星"评选的基本日程如下：三月，阅读之星；四月，写字之星；五月，艺术之星；六月，智慧之星；七八月，创造之星；九月，习惯之星；十月，写作之星；十一月，健体之星；十二月，诵读之星；一二月，实践之星。

这里以"写作之星"评选为例。为了更好地落实学生素质测评，避免"为评价而评价"的简单操作，切实提高评价对教育教学过程的导向作用，从 2016 年 9 月起，我们推出了为期一个月的学生"随笔大赛"，这项活动就是为配合"写作之星"评选而设计的。大赛主题是：就在今天。参赛要求是：真实，有创意。提倡全员参与，提倡每日一记。

请大家先来看一位五年级学生的一组随笔题目：

2016 年 10 月 2 日 《我又挨骂了》

2016 年 10 月 3 日 《"运气"让我吃烧烤》

2016 年 10 月 4 日 《可恶的老爹》

2016 年 10 月 5 日 《妈妈最好别回来》

…………

通过这组题目，我们是不是又一次触摸到了真实的童心？学生多彩的童年生活被历时一个月的"日记大赛"真正唤醒。五年级语文老师马莉婷感慨地说："近一个月的大赛，极大调动了学生写作的热情。更重要的是：学生的表达明显变得流畅了，日记的内容越来越彰显童真童趣了。而且，此次大赛也充分调动了家长的积极性。有家长打来电话说，如果不是这次比赛，我还真没太关注过孩子的日记呢！事实上，近一个月的活动，点燃的不仅仅是学生写作的热情，更是全体小学部教师共享研讨的热情。活动的过程远远超出结果本身。

当然，文化活动是行为文化的重要载体，但是不管设计什么样的文化活动，都必须关注学生所体验到的心理感受。规模的大与小、花样的多与少都不应是学校文化活动追求的目标，最重要的是这些文化活动是否符合学生的需要，学生在参与这些活动的过程中能否获得一种愉悦的心灵感受和富有启发的心灵触动，这才是学校文化活动乃至文化要素设计的基本出发点。只有符合学生需要、重视学生感受的文化建设，才能让学生获得真正有价值的文化体验。

"人生天地间，各自有禀赋。"学生是成长中的生命，每一个生命都与众不同，每一个生命都值得精心呵护。这就要求我们必须一切从学生的成长出发，充分考虑学生的各种需求。在此理念引导下，我们尊重每个生命个体的差异，给学生更多的展示平台，全方位、多角度对学生进行表彰，培养学生多方面的兴趣爱好，让每个学生充分发挥自己的个性特长，让每个学生都能做最好的自己。让多彩的行为文化带着孩子的梦想飞翔！

附：我校书香校园创建汇报材料之一

阅读就是种树

晋中师范高等专科学校附属学校 杨志坚

曾经有一位儿童作家这样说，我们种一棵树的目的是什么？我们需要一张桌子，可以种一棵树。但是，如果种一棵树只是为了制作一张桌子，就忽视、蔑视了一棵树的价值。一棵树，当然可以是一张桌子。但是，同时它可以不使水土流失，是一片浓荫，可以让人遮阳避暑；可以让孩子玩耍，可以拴一根长长的线，让风筝在天上飞；可以让鸟鸣唱筑巢；可以花团锦簇，果实累累；可以千秋傲立，成为沧海桑田的见证……这就是种一棵树的价值。

阅读就是种树。阅读的价值就是一棵树的价值。

我校围绕"为学生的一生储备幸福"这一办学理念，扎实推动全员阅读活动，营造了浓郁的书香氛围。我们明确一个目标：用国学塑造健全人格，让经典照亮幸福人生。坚持五大理念：以兴趣为导向，以积累为基点，以"品、悟"为方法，以生活为原点，以生命为底色。依托一套校本教材：一年级《弟子规》，二年级《三字经》，三年级《千字文》，四年级《笠翁对韵》，五年级《论语》，六年级《孟子》，七年级《大学》，八年级《中庸》，九年级《道德经》。实施四大策略：悦读，熟读，悟读，化读。形成三项特色活动：每日晨诵20分钟——与黎明共舞，与经典同行；全员阅读——班级共读、亲子共读、师生共读；"读写绘"一体化活动。

行动就有收获，坚持才有奇迹。一本本好书把学生带入最美丽的世界和最美好的心灵，一个个经典伴随学生的心灵成长，一张张书页引领学生的个体精神完整发育。学生因阅读而悄然改变。

一、阅读，让学生多一份真善美的秉持和追求

一般来说，真善美是最被人们普遍认同的最简练、最基本的价值。对真善美的认知和追求是具有普遍性的人类基本价值，是多个民族在生活实践中的基本度量衡，也是每个人成长中具有基础性意义的立人之本。书籍里包含美、和平、尊重、爱心、宽容、乐观、责任、合作、谦虚、诚实、朴素、自由、团结、专注、想象、宁静、勇气、热忱、虔诚、感恩、纪律等。不是通过说教，而是通过一个个具体的形象，编织成一缕美丽的网，呵护着孩子们，让他们在漫长的人生路途中保持纯真；保持向善之心；保持尚美之心。童年见识真善美越多，他心中的真善美就越多，他就会成为追求真善美的人。

二、阅读，让学生多一份厚重的人文积淀

坚持不懈的阅读，能让学生多一份厚重的人文积淀。正所谓厚积薄发。童年时代，我们引领学生读幻想文字的读物，读荒诞文字的读物；读中国神话传说，读国学经典；读名人传记，读中外名著……通过阅读，我们可以在有限的生命当中欣赏无限的美文，体验精彩的人生。

三、阅读，让学生多一份心灵的慰藉

阅读是一种情感陶冶，精神享受，许多文学名著和社会科学作品本身就具有强大的感染力，渗透着一种无形的精神震撼力。例如：孩子们讨论什么是美，什么是善，可以去看看雨果的《巴黎圣母院》《悲惨世界》；去读读《简·爱》《钢铁是怎样炼成的》《平凡的世界》等作品。通过阅读，必然会给孩子以强烈的心灵撞击。一个热爱读书的孩子，会从书籍中得到

心灵的慰藉，从书中寻找生活的榜样，从书中净化自己的心灵；书中的人物往往就会成为他生活的旗帜，书中的道理往往就成为他人生的坐标。相反，不读书，不重视自身修养的人，往往是不幸福，不快乐的人。

四、阅读，让学生多一份生活的诗意和美好

书籍是美好的化身，阅读是美妙的旅程。对于孩子来说，最吸引人的，最能打动他们的无非就是故事。儿童对于故事的兴趣，有时甚至超过游戏乃至电视动画节目，儿童会不厌其烦地反复聆听好的故事。而故事所具有的想象空间和迷人的内容，对孩子理解世界和社会，培养好奇心，训练语言能力以及促进亲子感情等方面，都起到至关重要的作用。那些充满趣味、智慧、情感和价值观的故事，几乎能够将阅读的所有重要意义和目的充分实现，孩子们在这些蕴藏着爱、责任、友情、自我等人类文化的伟大主题的图书中，孩子在这些精神母乳的抚育下，渐渐长大。他们会拥有一个色彩斑斓的世界，会拥有一个瑰丽无比的梦想，会拥有一份生活的诗意和美好。

五、阅读，让学生多一份可贵的书卷之气

阅读不一定能改变我们的长相，但一定可以改变我们的品位和气质。在人心浮躁的当下，安静实在是一种难能可贵的良好素质。从儿童身心发展的规律来看，儿童更需要培养宁静、专注的心态。书读多了，眼光远了，胸怀宽了，道德修养提高了，人生境界也就提升了。读书，可以使我们的心灵变得辽阔而宽广，坚韧而顽强，可以使我们获得一个温煦宁静的内心世界，以对抗外部世界的喧哗与浮躁。实践证明，读书的孩子是安静的，是从容的，是阳光自信的，是豁达开朗的，是文雅知礼的……这些就是一种书卷气息。

孩子的成长除了必要的物质之外，还要有精神食粮——书籍。众所周知，犹太人的做法是，滴一点蜂蜜在书上让婴儿爬过去舔，以此告诉孩子书本是甜的。英国人的"起跑线"计划是给刚出生的婴儿送一个"阅读包"。包括几本儿童图书和阅读记。新加坡人的做法是，医院护士必须告诉产妇一个重要事项："读书给婴儿听"。

把阅读的种子播撒在孩子的心中，我们责无旁贷！

第四节　　学校文化的再认识

在且行且思中，我们对于"文化"这一概念有了更多的感知和理解，我深深感觉到"文化"无处不在，它真实而又有温度地存在于我们身边。它可以宽泛，宽泛到海阔天空，然而，它却又可以精致，精致到每一处细节！其实，学校的一砖一瓦，一花一树，包括每一位老师学生都是学校文化的一部分，学校文化的建设就是一个一个细节的推敲与打磨，一个一个平凡的用心与坚守。

一、学校文化就是师生过文明日子的方式

关于文化，著名国学大师梁漱溟先生说过这样一句话："文化就是一个社会过日子的方式。"由此，我们是不是也可以这样认为：学校文化即指师生过文明日子的方式。

如今，我校师生已经习惯了这样的美好：

沐浴晨光，漫步校园，孩子们一张张幸福的笑脸，一声声稚嫩的问候，让我倍感温暖。他们在附校的怀抱里茁壮成长，行为一天比一天文明，习惯一天比一天好转，学习一天比一天用心，兴趣一天比一天浓厚，个性一天比一天张扬……

每日晨诵，书声琅琅，孩子们在老师的陪伴下，与黎明共舞，与经典同行，让我倍感欣慰。《弟子规》《三字经》《千字文》《笠翁对韵》《论语》《孟子》，国学校本教材引领孩子们亲近国学，积淀厚重的人文底色。

走进课堂，动静相谐，孩子们在老师的指导下，徜徉书海，汲取营养，让我倍感振奋。五环五学教学模式，让孩子真正成为课堂的主人，学习的主人。他们在学习中感受快乐，他们在体验中自信成长。

二课活动，异彩纷呈，孩子们在琴棋书画中接受艺术的熏陶，让我倍感舒畅。教室、舞蹈室、合唱室；民鼓队、柔力球队、田径队……到处都有孩子们蓬勃的身影。

在日复一日的忙碌中，在年复一年的耕耘里，我们挥洒激情和汗水，我们奉献爱心和智慧，我们体验教师职业的崇高与美好！

…………

我想教育本应该是朴素而平凡的坚守，顺木之天，以致其性；春种夏耘，秋收冬藏……安安静静，朴朴素素，却舒适自然。这不就是最纯正的学校文化吗？

二、学校文化绝非一蹴而就，需要慢慢积淀

学校文化是在一定的社会历史环境中，学校全体成员在长期的教育实践中逐步创造和形成并共同遵循的具有独特凝聚力和稳定性的思想观念和行为方式，它需要慢慢积淀。

很荣幸，借助"名校长领航班"这一平台，我认识了著名的顾苏云校长以及她所经营的江苏省苏州市景范中学。一位心忧天下的文化先贤，一条流淌千载的教育血脉，共同定义了苏

州市景范中学得天独厚的办学特质。在宋代名相范仲淹创办的"义庄""义学"旧址上，担负"先忧后乐"的道义与责任，今天的景范人正以"上善若水"的情怀，演绎着理想中至真、至美的教育境界。

景范中学注重学校的文化建设，充分挖掘学校深厚的文化底蕴：给学校的十大建筑命名都体现文化，如"文正殿"，取范仲淹的号；"先忧楼""后乐楼"，摘自范仲淹的《岳阳楼记》中"先天下之忧而忧，后天下之乐而乐"；"岁寒楼"取自"松竹梅""岁寒三友"。顾校长的一句话发人深省："墙面会说话，草木成课本，景色也育人。"在景范中学，一草一木、一砖一石，都有着浓郁的文化气息。校园里有一棵高大的枇杷树，每年的6月都结满了果实，果实被赠送给一届又一届的毕业生，取名"成功果"。

如果不是现场聆听顾校长的精彩报告，如果没有身临其境去体验， 我们无法真正领悟这千年积淀的学校文化的厚重。可以说，景范中学，利用学校的文化底蕴，让学生深刻了解自己学校的文化内涵，用德育文化浸润学生的精神世界，"以文化引领发展"。当一种思想深入学生的内心时，它就会转化成一种力量，这种力量引导着景范学校的学生走入高中、走向社会，走向多彩的人生！

三、学校文化是一种坚持，一种创新

在完成这一话题的准备过程中，我读到了一本家庭教育的著作，书名是《最美的教育最简单》。这是家庭教育专家尹建莉的第二部家庭教育著作，在内容方面和《好妈妈胜过好老师》并列。本书仍采用案例写作的手法，紧贴当下教育现实，还原

教育真相，让大家看到美好的教育并不复杂，有效的教育往往是朴素而简单的。在这里，我们可以分享一些作品目录：

其实，在儿童的教育问题上，不需要学富五车，只要让心态回归自然，回归常识就可以了。家庭教育如此，学校教育依然。我想，教育需要克服浮躁，教育就是以一颗平常心，持之以恒、一以贯之、坚持不懈地做好每一件小事。

比如，有的老师坚持每日一个成语故事，坚持下来，就形成了"成语故事"课程；有的老师坚持一份每周班报，坚持下来，就形成了班级特色文化；有的老师坚持班级循环日记，坚持下来，就出版了班级成长专著……在温柔的坚持中，在细节的创新中，教育积淀为鲜活而灵动的学校文化。

在《中小学管理》（2015.07期）杂志上，我读到清华附小窦桂梅校长的一篇文章：《我为儿童做的几件事》。文中提到窦校长长期坚持每天早上迎候师生，并称这种"迎候"是"一种持续和稳定的关怀"。窦桂梅校长认为，作为教育学意义上的校长，他必须像苏霍姆林斯基一样，天天与儿童打交道，认识、了解甚至熟悉学校的每一个儿童。于是，每天早晨，她披着清晨的霞光，站在学校门口迎接每一个学生走进校门，很少间断。有时出差，学生们几天没有看到她，回到家里就要跟家人说"今天没有看到窦校长……今天又没有看到窦校长"孩子们把每天在校门口看到校长当成了一种期待。在窦校长的带动下，学校的相关教师，甚至学生、家长义工，每天早晨也站着路口或校门口进行鞠躬，竖起大拇指，互相问候与赞美、击掌和拥抱。走过多少个清晨，就会有多少个故事。

如果你读过苏霍姆林斯基《给教师的一百个建议》这本书，你就会从书中了解到苏霍姆林斯基每天早上五点半起床给孩子们写童话、编教材，八点钟伴着灿烂的朝阳，迎接每一个学生的故事。教育就是以这样朴素而美好的方式将真切的关爱化为阳光般的纽带，将教师、学生、家长和学校联结在一起，形成了无限信赖的合力。这种坚持带给我们的不仅仅是感动和震撼，更是一种文化的坚守。

值得庆幸的是，在我们的日常管理中，我们已经在坚持这种不经意的举动：每天早午间的巡查，我会主动和学生打招呼、击掌、握手、甚至拥抱。目的其实很简单，我要把我最真诚的问候传递给学生，我要用我的激情感染身边的每一个人……

有一天，我正在楼道巡查，一个女生跑到我身边悄悄对我说："校长，我觉得你有时候很奇怪。"说完就很快跑远了。我知道，她一定是觉得我和同学们打招呼时，样子太萌吧！然而，我觉得，和孩子在一起，就应该保持一颗童心，不是吗？

我坚信：学校文化需要这样朴素而温柔的坚持。

后记：

教育的目的是让生命得以更好地发展。把学校文化做细、做实、做好，让每个生命得到最大可能的发展，让每个个体都成为最好的自己，这就是最好的教育，这就是学校文化的最伟大意义。

我校作为一所九年一贯制学校，经过尽五年的努力，形成了以"幸福教育"为核心价值的文化建设新体系，形成了从容的教育节奏和高远的教育追求。在我们看来，没有谁是一座孤岛，教育就是一种唤醒，向孩子传送生命的信息，培养他们"面对一丛野菊花而怦然心动"的情怀；教育就是一种推动，在温暖的教育旅程中，我们在乎的不是目的地，而是沿途所看的风景和陪伴自己看风景的人以及看风景的心情；教育就是一种成全，虽然我校孩子入校之前整体显得阅历浅、视野窄、不自信，但是经过几年具有学校特质的有品位的教育生活后，心灵发生了根本的转向，成为雅趣而高贵的、民族而国际的、传统而现代的附校学生。只要我们坚守初心，坚持"做有故事的教育，办有温度的学校"，学校就一定会成为孩子的文化圣园、精神家园、成长田园。

一句话：文化育人，幸福溢满心田；生命写诗，梦想照亮未来！

第五章　七剑下天山

——华山中学校园文化建设

文化，是一所学校的根、一所学校的魂。

没有根、丢掉魂，再漂亮的外表，再齐全的设备，也仅仅是一个壳，不能叫真正的学校。

德国教育家斯普朗格曾指出："教育是一种文化活动，这种文化活动指向不断发展着的主体的个性生命生成，它的最终目的，是把既有的客观精神（文化）的真正富有价值的内涵分娩于主体之中。"

——题记

教育从来都是一种文化活动，并以校园文化的形式得以集中展现。

学界普遍认同的说法是：校园文化是指一所学校在长期的教育实践过程中积淀和创造出来的，并为其成员所认识和遵循的价值观念体系、行为规范准则和物化环境风貌的一种整合和结晶，表现为学校的"综合个性"。

它是一所学校的灵魂，是一个学校精神与氛围的集中体现，也是学校得以生存的根基，更是学校可持续发展的精神动力。校园文化建设是素质教育的重要组成部分，内容是"文化"，对象是"人"，作用是"以文化人"，落脚点是"使学生掌握知识，发展能力，陶冶情操，培养个性，全面发展。"

校园文化，具有文化的一般特质，又具有自身的规定性。它是一种特殊的组织文化。皮特森指出：校园文化"是一组规范、价值和信念、典礼和仪式、象征和事迹，这些因素构成了一所学校不同于其他学校的个性，正是这些不成文的因素随着时间的流逝促使教师、管理者、家长和学生一起工作，一起解决问题，共同迎接挑战和面对失败。"

到底是什么让一群如此有差别的人能够凝聚起来，并让他们和其他群体区别开来？

我们以为，文化彰显我们做事的方式。当我们选择一所学校的时候，就同时也选择了一种生活方式，并在这种生活方式中养成了一种独特的气质和风范。

六十多年前，王震将军率领的中国人民解放军一部西进大漠、戈壁，扫匪平叛，安邦定国。华山中学也随即带着中国革命的红色基因和屯垦文化的古老血脉，降生在塔克拉玛干大沙漠北缘的胡杨林间。

57年无悔岁月，风沙磨砺，57载执着坚守，顽强成长，一个"大写"的华山中学崛起于天山之南、大漠之北！

第一节　薪火相传　铸剑华山

笑江湖浪迹十年游，空负少年头。对铜驼巷陌，吟情渺渺，心事悠悠！酒冷诗残梦断，南国正清秋。把剑凄然望，无处招归舟。

明旧天涯路远，问谁留楚佩，弄影中洲？数英雄儿女，俯仰古今愁。难消受灯昏罗帐，昙花一现恨难休！飘零惯，金戈铁马，拼葬荒丘！

——梁羽生《八声甘州·七剑下天山》

飞雪天山，将苍穹穿作洪炉，溶万物为黑铁。雪将住，风未定，车自东而来，滚滚车轮碾碎了地上的冰雪，却碾不碎天地间的寂寞和剑客的担当。他们不仅是仗剑的侠，更是知识与信念的宣化者，一群教育侠客注定要在这边陲大漠谱写传奇。

1947年，由王震将军率领的三五九旅干部团在山东渤海地区组建了教导旅后，整编为中国人民解放军一野二军步兵第六师，在解放大西北时赢得"猛虎劲旅"之美誉。部队1949年进疆，1953年6月集体转业，开启了屯垦戍边的新征程。同年6月5日，新疆军区转发中央军委命令，步兵六师改称中国人民解放军新疆军区农业建设第二师。1954年新疆生产建设兵团成立后，第二师归属兵团建制。1960年，华山中学建校成立。

在这所浸透红色理想的校园里，老一辈的革命者聚亘古黄沙为炼炉，取千年胡杨做柴薪，引延安精神当火种，化刀枪剑戟成铁汁，历几代人刚毅坚卓奋斗，以文化武，在新的时代将人民军队的铁剑锻造成了文化的利剑！

从延安宝塔山擎来的火种是华山教育铸剑之魂，这星星之火"生在井冈山，长在南泥湾，转战大西北，扎根在天山"，它有着"热爱祖国，无私奉献，艰苦创业，开拓进取"的兵团精神之气质底蕴。

剑炉之薪，是来自塔克拉玛干大沙漠的"英雄树"——千年胡杨。胡杨是新疆地区最古老的树种之一，它主要分布在极度干旱的塔克拉玛干沙漠之中。胡杨树被维吾尔族称之为"托克拉克"，意为"最美丽的树"。由于它能任凭沙暴肆虐，任凭干旱和盐碱侵蚀，历经严寒和酷暑的打击而顽强地生存，又被人们称为"沙漠英雄树"。余秋雨先生曾赞美它说：胡杨树一千年不死，死了一千年不倒，倒了一千年不朽，铮铮傲骨千年铸，不屈品质万年颂。如果你在它的身躯上雕一个洞，一定会有黄颜色的水流出，当地人把它称作胡杨泪，这样一个树中的"大漠侠客"，它心中也会有痛和泪，但它还是那样顽强，不倒不朽，擎道枝劲干以为刀剑，笑傲黄沙风尘，挑战命运和自然。以大漠胡杨为薪，必燃不屈烈焰。

铸剑之石，采天山黑石。古书有云："天山有黑石，乃天外飞石，质坚且韧。古之名剑必取上等之料，得天外飞石可成名器。无名石者不可铸名剑，名剑既出，天下可安。"《中和集》卷四《慧剑歌》曰："自从至人传剑诀，正令全提诚决烈。有人问我觅踪由，向道不是寻常铁。此块铁，出坤方，得入吾手便轩昂。赫赫火中加火炼，工夫百炼炼成钢。"华山文化名剑之材有安邦定国之气。几十载风雨传承，华山人从天山出，仗剑行天涯，今安邦定国者有之，光耀华夏者有之，承接万世文脉者有之……华山校园中有百十块来自天山支脉霍拉山的原石，静卧校园，五十七载春秋已幻化成文化符号，传颂昨天的故事，讲述今朝的传奇，更静待后来贤者，塑造明日的辉煌。

淬剑之水，引自博斯腾湖。万年冰峰天山雪，接天连日赋异禀。化作涓流向南来，开山穿石入博湖！博湖泽被万里沃土，孕育巴州人杰，古西域之地，星散三十六国，虽人文、风物、信仰各异，然都受惠于博斯腾湖恩泽。博湖之水养万物而不争，有仁爱天地之心，有包容万象之气。

华山铸文化之"剑"，历甲子岁月，经烈火烧制，千锤百炼，血汗润之，冰水淬之，在瞬时腾起的雾气中，名剑终出炉，七剑下天山！

七剑者何？

曰观念之剑干将莫邪也；曰管理之剑凌虚若谷也；曰精神之剑照胆也；曰气质之剑含光、承影、宵练也；曰责任之剑太阿也。

预知七剑之锋芒，且听君细细道来。

第二节　观念之剑干将莫邪：德才相辅，双剑合一

剑缘：干将。春秋时吴国人，中国古代传说中造剑的名匠，曾为吴王造剑。后与其妻莫邪奉命为楚王铸成宝剑两把，一曰干将，一曰莫邪。根据大约成书于东汉末年的《吴越春秋》记载，干将"采五山之铁精，六合之金英"，以铸铁剑。三月不成。莫邪"断发剪爪，投于炉中，使童男童女三百人鼓橐装炭，金铁乃濡，遂以成剑。"制成的两柄剑分别被称为"干将""莫邪"，剑身均有花纹。干将剑"作龟文"，柳氏《龟经》曰"龟一千二百岁，可卜天地吉凶。"拥有龟纹的干将剑象征德行。莫邪剑"作漫理"，漫理为水纹。拥有水纹的莫邪剑象征才华。干将莫邪，德才相辅，双剑合一，永不分离！

剑诀：才丰似华　德厚如山

华山中学高中部胡杨广场有一巨石，乃天山奇石，重约168吨，形似磊山，正面书：才丰似华，德厚如山。此八字为华山中学校训，亦乃干将莫邪剑之剑诀。

剑式：十二

才丰似华——才能多样，百花齐放；人才辈出，光彩夺目；文才丰盈，似我中华。

德厚如山——品德高尚，厚重如山；公德优良，坚实如山；德育成果，丰硕如山。

钝剑干将：德载万物

佩剑之士：德师李彬

2016 年 10 月 11 日，下午八时，一位华山老者——李彬老师在秋风悲鸣中与世长辞。当日的病房里，华山中学邱成国校长、刘丽华书记等学校领导和很多老师陪他走完了生命的最后一程。其后，邱成国校长怀着深深的敬意与李老师的儿子一起为逝者擦拭遗体，换装入殓。在追悼会上，邱成国校长代表华山中学全体师生和家长致悼词，并向德高望重、深受师生爱戴的李彬老师鞠躬致意。

李彬老师，于 1945 年 9 月 23 日出生于甘肃省甘南临潭，1953 年至 1954 年在甘肃临潭新城寇家桥小学读书；1955 年 9 月 5 日至 1963 年 7 月在农二师八一中学读书，1963 年 9 月至 1966 年 7 月毕业于塔里木农大园林系。1966 年 8 月至 1969 年 6 月在农二师 29 团值班二连工作；1969 年 7 月至 1970 年 12 月响应党的号召远赴巴基斯坦参与修筑中巴公路项目，在第二大队机械中队任文教；回国后，至 1972 年 2 月在农二师 29 团团直校任教，1972 年 3 月调任农二师华山中学教师。1972 年至 1980 年任教高中语文，1980 年至 2006 年任教高中历史；于 2006 年 9 月在第二师华山中学光荣退休。

李彬老师是华山一位师德高尚、教艺精良的优秀教师，是不折不扣的一位仁德之师。李老师在岗工作 40 年，在华山中学教师岗位工作年满 34 载。李彬老师忠诚于党和人民，热爱教育事业，始终勤恳教书，兢兢业业育人，甘守三尺清苦讲台，奉献了毕生的心血。他勤于学习，善于钻研，不断充实自我，以强烈的事业心和博爱的情怀，团结同事，关爱学生，毫无保留地帮带年轻教师进步，孜孜不倦地培育一届届学生成长，桃李遍天下，师恩传九州。他呕心沥血坚守教育一线工作，把一批批边疆学子送进高等学府；他无怨无悔做学生成长中的引路人，培育出了自治区文科状元魏娜、西北五省文科状元种佳玲、曾在全军演讲大赛中获第二名的某部军官冯新等杰出人才。

李彬老师，生性纯朴，为人友善，品行端正，淡泊名利。办理退休手续后，李老师仍心系教育，应邀在华山中学高中发展壮大的关键时期回到校园，承担了德育研究和德育管理工作。"李彬工作室"成了帮带年轻教师进步、交流德育工作方法的中心。一份份德育工作简报浸透着李老师的心血，一次次讲座为教师们送上育人良方。李老师还积极为学校文化建设建言献策，贡献自己的才智。至今，李老师开启的住校部宿舍文化传承出新，作用凸显；李老师带领师生命名的"华兴路"让在校师生精神振奋，让远行的学子深深留恋；他创作的华山中学校歌"华山之歌"代代传唱，永远镌刻在广大师生的心田。

培育桃李四十载，鞠躬尽瘁铸师魂。

李老师在广大同事和大批学子的心中，树起一个标杆、留下一段记忆、成就一种不竭的动力。李老师之德载华山万物而不争，启百代来者思仁德。他就像那块敦厚的"华山石"，端立校园，乾坤朗朗，正气浩然。他是佩德行之剑干将的华山传奇，此剑既出，定仁师楷模。

锋剑莫邪：才耀天山

佩剑之士：才师归鼎

1963年，新疆塔克拉玛干大沙漠南缘，一位意气风发毕业于清华大学的江苏青年注定要把他的青春奉献给这片热土。归鼎老师，20世纪50年代的江苏才子，考取清华大学工程物理和核物理专业，却因那个动荡的年代未完成学业，来到了兵团第二师且末煤矿工作。下井挖煤，出井读书，他把岁月当成最好的苦乐修行。历经苦难磨砺并未让这位才子暗淡，却让他成为华山教育历史上第一才子。

20世纪80年代的华山中学在艰难中发展，什么都缺，缺人、缺钱、缺物、缺生源。就是在这样艰难的岁月中，老一辈校领导却有一颗干好教育的火热之心。要办一所好学校，一定要有好教师。1985年，刚刚平反的归鼎准备离开南疆，返回江苏老家。时任华山中学校长的袁征帆虽与这位大才子素未谋面，但早已久仰归鼎之才名，他要想尽办法把这位才子留在华山中学任教。那一夜，为了追赶远去的归鼎，一辆老旧的嘎斯卡车，在茫茫沙海中咆哮着狂奔了近五百公里，终于在吐鲁番的大河沿火车站截住了归鼎。袁征帆校长一行与归鼎在火焰山下，煮酒论道、把酒问天，恳谈到黎明，终于打动这位才子，他毅然决定留在南疆，到华山中学任教高中物理。归鼎老师来到华山中学后，有了用武之地，显露才华横溢之本色，成为一位名副其实的学科领军之师。他大刀阔斧推进教学教研，带头撰写各种教育教学论文，培养指导大批青年教师，为华山中学的后续发展打下了坚实基础。他自己也成为二师物理教学名师，在新疆兵团基础教育界享有极高声誉。

峰剑莫邪，其光微寒，剑从鞘出，排解万难。归鼎老师就是华山莫邪剑的佩剑者，其人出剑，逢题可解，一身才华，威震天山。退休后的归鼎老师回到江苏，居于上海，后来经邱成国校长推荐，被上海莘格中学重用，建立了物理DIY工作室，又带出了一大批优秀学子。

干将莫邪再出鞘，引领才俊谱新篇。

把德才的追求凝练于华山中学的校训里，已成为每一位华山人内化外显的修行，存在于每一位华山人的气质风范中。他们继承创新，锐意进取。

义务部杜疆老师所带的楼兰号角管乐团，东渡日本，西行欧洲维也纳，远赴重洋美利坚，世界各地均留下了楼兰号角的"天山欢歌"；杜疆老师遍访国内名师大家，中国人民解放军军乐团指挥、清华教授、北京166中学金帆管乐团……他一直在路上寻觅。小学部孙楠老师所指导的合唱团唱遍神州大地，用声之美征服韩国政府评委，向世界送上"大漠回响"。高中生物组吴娜老师，带领学生科研团队几年如一日赴博斯腾湖科考，终修成正果，斩获全国青少年科技创新金奖，个人也获全国十佳科技辅导教师殊荣。高中政治组舒勇老师7年前建立了新疆第一个中学生模联社团，先后于北大、复旦、美国芝加哥大学等舞台上，向世界展示华山学子的思考与睿智。模联社学生李岳阳、黄子萱从全球60个国家候选学子中脱颖而出，成为新疆首个"耶鲁全球青年学者项目全额奖学金"获得者……

第三节　管理之剑凌虚若谷：风清气正，收放自如

剑缘：仁师侠者之剑凌虚若谷。相剑师风胡子点评：剑身修颀秀丽，通体晶莹夺目，不可逼视，青翠革质剑鞘浑然天成，嵌一十八颗北海"碧血丹心"。虽为利器却无半分血腥，只见飘然仙风，果然是名器之选。剑虽为凶物，然更难得以剑载志，以剑明心，铸剑人必为洞穿尘世，通天晓地之逸士。虽为后周之古物，沉浮于乱世经年，然不遇仁者之侠者，则不得其真主。曰：空谷临风，逸世凌虚。

剑诀：量、简、合、放、爱

佩剑之士：校长邱氏

剑式：凌虚若谷之雅"量"

在一定程度上讲，校长的气质决定了一所学校的气质，校长的性格决定了一所学校的性格，校长的格局决定了一所学校的精神长相，可见一所学校的校长就是这所学校文化之魂的最好显像者。手持凌虚之剑的邱成国校长，就是一位有雅量的教育侠客。凌虚剑柔中带刚，招式变化间透露着正气雅量。

有一次邱校长和一位教师"过招"，虽无胜负，但却为华山中学老师和学校领导之间的关系催生出了一种新生态。这一天，校长办公室的门被人理直气壮地推开了，一位老师怒气冲冲地走进校长办公室，伴随着暴雨般的言语，这位老师向校长倾吐着学校的决策失误以及给老师们带来的伤害。邱校长面对突如其来咄咄逼人的质问，先是气定神闲地解释和解答，继而双方激烈辩论，最终却谁也没说服谁。事后邱校长讲，他很感谢这位老师的率真和直白。正是这位老师的责任感激发了邱校长的思考，并让他为学校定下一条铁规：老师因为学校的事和校长拍桌子红脸辩论，不仅被允许，而且应成为华山中学的一种风气。一个学校的校长和领导要有雅量，不能因为老师为了争取自己的利益和学校领导进行辩论，就打击老师，工作上给"小鞋穿"，反过来看，可能是学校管理层的服务没到位，甚至是我们的决策失误；同样一个老师不能因为学生指出老师的不足就为难学生，甚至傲慢地觉得自己没问题。容人容事之量乃为师之前提。

华山校园山形石上有铭文："为大学之道以为中学"，就是讲，追求大道学问要有中庸之态度，在治学中不能偏执，要容得下各方意见和建议，才能做成大学问。邱校长还讲，一个人要有雅量，一所学校更应该有雅量，不能因为自己学校办得好就可以随便伸手去疯狂掐学苗，要给其他学校留有余地和生存空间。

剑式：凌虚若谷之从"简"

一所学校的掌门人，应该深知对于学校教师而言最为难受的是什么？一个优秀的教师队伍最讨厌做的事是什么？邱校长认为搞乌烟瘴气、七大姑八大姨的人际关系是学校文化氛围和环境的毒瘤。邱校长凌虚若谷第二剑斩的就是搞人际关系这条中国传统文化之糟粕。他高调提出：华山中学人际关系简单化。

为什么要倡导人际关系简单化？

其一，搞人际关系的学校往往管理层不团结，校领导层相互掣肘和内耗，中层小集团化，在执行学校政策时效率低下，甚至半途而废。其二，让老师们很痛苦，必须选边站队，察言观色，失去自我。其三，会在很大程度上冲击教师教育教学的根本，老师忙着搞人际关系，从而无暇教书、无心育人。其四，助长文人相轻之风，学校正气难立。邱校长对搞人际关系之重疾出剑从不手软，历来都是剑锋所指必有所伤。几年下来，人际关系简单化，成为每一个华山人深谙之文化。这么多年走来，老师们过年不用给任何学校领导和中层团队拜年、发短信、送礼；不用考虑要和谁关系搞多好，老师只要做好了自己的教育教学工作，都能得到学校的认可和赏识。教师的职业尊严正是在这种氛围中有了文化上的尊重。一位老师在谈及留在华山最重要的因素时就说，这里人际关系简单，因为他不会搞人际关系，不擅长拉拉扯扯、勾勾搭搭，但在华山这里他平台很好，发展得很不错。邱成国校长仗剑凌虚一招"简"式，让校园文化在人际关系上得到了很好的呈现。

基础教育中的一线教师，深恶痛绝的事情不少，能排进前三位的就有开会。班主任会、学科组会、年级组会、行政例会、集体学习大会等，不一而足。如何解除老师们的痛点，邱校长仍然用的是凌虚"简"剑式。精简各种会议，在学校管理层学习《罗伯特议事规则》，会议严格分类，以议题为中心，发言严格控制时间等措施，让老师从文山会海中解脱出来，还老师一方宁静的书桌与讲台，让以前会议的时间变成教师的运动健身时间。华山中学全校大会由每周一次改为每月一次，各部门各年级和学科组也逐渐在会议中全面采用《罗伯特议事原则》。在新疆中小学校中，华山中学的"简"会之风，已成为又一大亮点。

剑式：凌虚若谷之力"合"

华山中学高中部教学楼后草坪上有几株奇怪的胡杨，名曰"五杨合力"。2003年建校时，有老师在戈壁滩上捡起了五棵被人丢弃已久的小树苗，想带回校园种植。当时的校园绿化种植者认为，这几颗几近干枯的树苗怕是活不了，就让绿化工随意找个地方栽上。绿化工也认为无法成活，便随手将五棵树苗一起埋在了教学楼后的角落里。可是，奇迹发生了，后来这五棵树苗不仅活了下来，还长在了一起，长得又高又大又壮，风姿绰约。这五株连蒂胡杨，恰似华山中学合作文化的象征，也像邱校长"合"剑式的法门。剑式法门不仅在于解决当前的问题，更重要的是形成一种依托于招式的剑道文化。学校管理不仅仅在于建章立制，更在于形成师生共同的行为习惯和信仰基础。作为一所十二年一贯制，有着近8000师生的完全中学，怎样实现学校有效管理？如何促进学校各部门在执行力上形成合力，而不是相互推诿？如何让各教研组进行有效教研提升课堂效益？邱校长在学校管理上用出了凌虚剑招："合"。

管理部门与服务部门的"和合"剑招。

2014 年，华山中学掌门人邱成国校长在行政会议上"亮剑"，祭出了凌虚和合剑招，并在当年的教代会上向教工代表详细阐释了凌虚和合剑招的要义和目的。其后，校领导合署办公，校长与书记、各副校长、各中层领导分别合署在一个办公室，各部门干事也进行了合署。这样做的目的是基于学校工作的核心在育人，校管理团队的宗旨在服务，工作的对象都是人。对人的服务和教育，以功能严格区分，会造成因部门独立带来的协调成本大，在解决问题上并不能做到多管齐下。合署办公的优点这些年确实明显，在各部门各司其职的同时，学校大型活动，学校各部门都配合得相当好，而且在合力作用下，很多问题得到了比较智慧的解决。各处室的干事合署办公，同样让他们相互学习，合作协调，极大地提升了服务的效率和质量，取得了令人满意的服务效果。

学科组和班级组的和合剑招。

华山中学学科组的教学工作和班级组的德育工作，是学校工作的中心。随着华山中学的快速发展，每年会有一些新鲜血液融入华山教师团队。如何让青年教师在教育教学上更快成长？如何发挥各层次老师在教学和班级管理上的优势？如何避免教学上的单打独斗和育人带班上的经验不足？华山中学学科组的集体教研、集体备课和班级组制管理充分领悟了凌虚剑诀之合。学科教研之合：每个备课组每周单独一天下午集体教研，晚上集体备课，集体分享读书心得，集体运动。

班级组制的集体管理模式。班级组制的合剑精髓在哪里？班级管理构成学校德育管理的基础，也是学校德育管理的细胞。在传统的班级管理中采用班主任制，有很大缺陷，比如，经验丰富的年纪较大的班主任体力不如年轻班主任，而年轻班主任热情有，激情也有，但管理班级技巧和方法经验不足。如何让二者取长补短、形成合力？如何让所有教师都关注育人？华山中学推出了班级组制度。两个班编为一个班级组，班级组设组长一名，由经验丰富的优秀班主任担当，副组长两名分别为这两个班的常务管理者。班级组管理工作聘请带这两个班的科任教师，承担学生日常管理工作。

高二年级组长王良惠老师在班级组管理经验交流中曾谈道：以往班主任制好似"单人单桨皮划艇赛"，运动员累得精疲力竭其他人等在河岸当"观众"，而今班级组制是"众人划桨赛龙舟"，岸上"观众"均下水做了队员，这种班级组制度，很好地发挥了每一位老师的育人和管理班级的优势，分解了传统班级管理给班主任带来的诸多事务性工作，形成了全员育人的新格局。

新时期，邱校长在凌虚"合"剑式中更是和华山中学教育研究所创出了适应未来教育研究型学校运行管理的"三轮驱动"招式，对学校传统部门进行了深度整合——形成三大中心。这一切的改变，都离不开仁者出剑，合剑成式，可料敌先机，破天下奇剑奇招。

剑式：凌虚若谷之真"放"

天下教育武林言学校文化者，莫不言学校掌门之功，而华山中学邱成国校长在校园文化建设中凭凌虚一招"放"剑式，破天下教育武功，福泽华山教育，成华山行为文化之特色。

所谓"放"剑式，其一在于校长不独贪权力，而是层层放权，以借招而成己用，达己及人，共同进步，一起成长，此剑招不在"制胜"而在双赢。一所学校的校长固然在教育教学、学校管理、育人教研上可能都非常优秀，但学校毕竟不是校长一个人的学校，是学校所有参与者的学校。治学校者，如烹小鲜，校长在很多方面的"无为"恰能成就教师的大可为。华山中学掌门人邱成国校长在放权方面可谓深谙此道。校长权力下放中层，通过管理"三轮驱动"，进一步分解校长权力，并优化学校教育教学管理，在根本上推进学校制度化管理，形成良性的管理文化。在这种制度文化的影响下，扁平化管理更是深入一线教育教学。

年级部管理模式的出现，推进了"年级组学校化，组长校长化"，让年级组更贴近学生日常管理，年级组长对年级的发展更有决策权、发言权。年级管理中"放"文化也随处可见，高中教育阶段的学生早操、课间操、晚自习管理，华山中学采用了学生"小黄帽""小红帽"管理系统，让学生自我管理、自我服务、自我教育，从而实现学生自我发展的学生管理模型。

学生会、社团联合会管理文化相继在"放"剑式下舞出了自己的管理模式。在学生发展中心和团委的指导下，学生会干部全校民主选举产生，社团联合会由学生社团负责人民主投票产生。三千多人的春季和秋季运动会，全由学生策划、组织，从项目裁判到运动会组织管理、运动项目成绩管理、颁奖管理等，体育组每次只派出两位指导教师，其余全部由学生会组织完成。

"放"剑式，看似无招其胜有招。华山中学因此而收获的不仅仅是"解放"校长，成就教师，"解放"教师，造就学生多方面的才能，更重要的是学生主体意识的养成和在不断的试错中去找寻那条"对"的路。

所谓"放"剑式，其二在于搭建平台，让做事者有成就感、获得感。校长操虑校事方方面面，很多事不能亲力亲为，如何让专业的人把专业的事做"专业"？校长"放"剑式，用若谷心态迎八方才俊，倾犬马之劳助师生成长。

小学部王小龙老师的舞蹈社团，张健老师的街舞社团，在学校搭建的平台上，在各自的领域里同样做到全疆一流，全国知名；2014年，赵金辉老师负责的"环塔里木科学与文化考察项目"启动，学校全方位保障，三十几人的师生考察队伍，历时半个月，完成了环塔里木五千多公里的考察；高中部吴娜老师是高校生物化学专业高才生，来华山带学生做科技创新《博斯腾湖微生物调查》，学校为了让吴老师带的科研小组能顺利进行，先后投入近百万元建生物技术实验室、组织培养实验室和生物数字化实验室，2015年吴老师所带团队不负众望，拿到全国中学生科技创新金奖；2013年，舒勇老师要在华山高中做辩论联赛，学校采用项目负责制，让舒勇老师全权负责，学校管理层和各部门以联勤服务的模式，全方位配合，现华山辩论联赛已是第四届，华山辩论之风极盛，辩论队征战全国，享有"天山雪豹之誉"。

为什么会有这么多的团队能成功？为何会有这么多人愿意在自己喜欢的领域做得很好？其背后的校园文化背景是什么？邱成国校长"放"剑式，是他们愿做事、做成事的重要原因。老师愿意做事，学校一定给平台，华山中学的做法就是论证项目，一旦启动，就由主导老师做项目负责人，负责支配和调集资源，学校领导层、各部门，就成了这个项目的"服务员"，用邱校长的话讲，他们是华山各种项目无工资的"打工仔""拎包者"。

凌虚"放"剑式，以若谷之心胸成全了更多青年才俊之梦想，为华山的未来留下了宝贵的财富。如今这种校园文化，正像凌虚剑上的一十八颗北海"碧血丹心"宝石，熠熠生辉，光彩夺目，引八方贤才，归华山门下，成教育梦想。

剑式：凌虚若谷之仁"爱"

华山中学掌门人邱成国校长，有侠者之气，智者之虑，仁者之爱。校园里，有流浪猫流浪狗数十条，邱校长讲，这些流浪的猫猫狗狗不要赶它们，它们构成了学校爱心教育的一部分，我们要做的是给这些猫猫狗狗一份"尊严"。他引用古希腊哲学家第欧根尼和亚历山大的对话讲："我不需要荣华富贵，我要的是你现在不要挡着我的阳光。"

华山中学高三楼有只传奇的"学术狗"，甚是出名。它在学校 3 年了，常常跑到高三楼道和教室，3 年时间里，基本上"听"过高中所有老师的课程，上课时安卧在教室后的墙角，"状态"甚是"认真""专注"。传说这只狗尤其"偏好"数学课。每一届上高三的学生对这只狗尤其尊重，很多孩子逗趣地把这只狗称为学术狗"大师兄"，老师上课时为活跃气氛，有时也会拿它打趣。遇见"学术狗"在后面"听"课，讲到某个问题，问同学们会了吗？若有同学说不会，老师便讲，后面的狗都会了，你还不会，想想是啥原因？当然打趣归打趣，华山人都很爱护这些校园里的生灵，从不会伤害他们，校长说这是华山人的仁爱。

仁者之爱见于细微，华山校园渤海湾的旁边有一鸭鹅棚，里面养了几只鹅和一群鸭，春暖化冰时节，这群鸭鹅便快活地在水塘中嬉戏，时而鸣叫的那份天真，分明能唤起学子埋藏心底的乡愁。邱校长说，建鸭鹅棚是为了减轻孩子们的思乡之苦。华山中学大多数学生来自团场连队，二师屯垦的区域非常大，很多孩子来自几百乃至上千公里外的塔里木盆地腹地，孩子们十几岁就来到华山中学住校念书，离家远，平日难得与亲人相聚。为了缓解他们的思乡之情，邱校长让绿化工人养了这些鸭鹅，希望孩子们看见它们，能有一份在家的感觉。这浓浓的仁者情怀，细致入微的思虑考量，让校园充盈着温情暖意。

华山中学校园里，不仅有流浪猫、流浪狗，也曾经有一位拾荒老奶奶在校园里捡了十多年垃圾。邱成国校长叮嘱门卫说不要拦她，让她进校园，而且还专门在体育馆地下室给她批了一块空地，让她堆放回收的旧瓶子和废报纸。那些年，老奶奶时不时会捡到学生丢失的价值上百元的钱和物，她都如数交给德育处，并寻找失主。2013年，华山中学评选感动校园人物，同学们还投票给这位校园中的拾荒老奶奶，给她颁了感动校园人物奖。如今老奶奶虽已不在，但她已成为华山校史上奇特的一笔，成为师生仁爱之心的一份记忆。

第四节　精神之剑照胆：侠肝义胆，浩气长存

剑缘：侠剑照胆，古代剑名。铸于南朝·梁陶弘景《刀剑录》中载："武丁在位五十九年，以元年岁次午铸一剑，长三尺，铭曰'照胆'，古文篆书。"

剑诀：临危而出，义无反顾

佩剑之士：华山双义

侠肝忠义胆，修竹为谁青？邱成国校长经常讲，如果我们华山中学培养的学生不敢担天下之责，没有崇高之理想，没有活出人性的高贵，我们的教育在很大程度上就是失败的。任何时代都需要英雄，华山校园文化中的高贵如果没有变成人的行动，我们的教育会失去华山前辈历经万难保留下来的精神火种。

老一辈华山人,用热血和青春为了祖国的解放事业与和平安定,奉献出了自己的一切,华山人不能忘记。新时代,华山之子应续写前人的英雄传说,谱写崇高的大义华章。只有新时代的义士,堪佩千古名剑照胆。

佩剑者传奇之一:梨城英雄王春生

2008 年 5 月的孔雀河水波光粼粼,梨城库尔勒的梨花伴着春日的微风,沿河洒下无边的洁白,像两条长长的素雅挽联,传颂着王春生这个名字。这位 37 岁的华山中学毕业学子,退伍军人,在湍急的孔雀河里搜救少数民族兄弟时,献出了自己年轻的性命。

5 月 21 日中午,库尔勒市振兴学校一名学生到孔雀河游泳,被激流冲进橡皮大坝处的漩涡中。最先赶到的库尔勒市园林局职工吐尔洪·尼亚孜跳入河中,在岸上众人的帮助下,几经周折将学生救了出来,可吐尔洪·尼亚孜却被湍急的河水冲走。火速赶到的民警和一些市民沿孔雀河岸全力搜寻,但由于当天河水流量大,给搜救工作带来困难。当得知吐尔洪·尼亚孜落水,正在照看店面的王春生撇下生意,赶到现场,连续两次跳进河中搜救,最后,因体力不支被卷进漩涡。14 时 30 分,在库尔勒市建设桥西侧的孔雀河中,一群素不相识的人肩并肩、手拉手,把王春生从漩涡里拉出来,送上在岸边等候的救护车,但因落水过久,王春生最终还是没有能再醒过来……

"我们几个人是一起下水的,第一次没找到,第二次下去还是没找到,我和刘洪就上了岸。"参与搜救的库尔勒市园林局的房力流着眼泪回忆说:"上岸后发现王春生被卷进漩涡,等大家把他从漩涡里拉出来,他已经失去知觉了……"

巴音郭楞日报、库尔勒晚报、巴音郭楞电视台对英雄救人的事迹做了大量的连续报道，他们的名字传遍华夏第一州，响彻了天山南北。无数群众被深深感动了，他们用各种方式祭奠缅怀英雄。

5月21日晚，市民自发地在英雄逝去的那段孔雀河的护栏上，扎了一排小花圈，两边的石柱上挂着"沉痛哀悼英雄，我们永远怀念你"的挽联。5月23日上午，在王春生的追悼会上，上千名素不相识的群众自发地赶来为英雄送行……

那天如果不去救人，10天后他就要当新郎了，可这永远成了无法兑现的承诺……

"春生是个善良的人，不管认识不认识，只要有困难，他就会伸出援助之手。"来自伊犁的一位推销员说，一次聊天无意间说孩子的学费没有着落，王春生当即拿出300元钱，让他给孩子交学费。后来还钱时，塞了几次，他才收下。

王春生行义举已经不是第一次。一名男子曾经爬到建设桥的栏杆上乘凉，不慎掉进孔雀河中。王春生发现后奋不顾身跳下河去，将这名男子救上了岸。2006年8月的一天，一名男青年醉酒后拿着冰冻的矿泉水瓶砸汽车，还掏出匕首向行人挥舞。王春生上前劝阻，男青年拿匕首刺向他。王春生将匕首夺过，并将其送回家中。

"春生爱管闲事，喜欢助人为乐。"同样在孔雀河畔开超市的李德全说，"一次，小偷在风帆广场偷东西逃跑，他看到后拔腿就追。"

"碰到这样的事，春生应该这样做，其他人遇到也会出手相救的。"王春生的父亲，68岁的王宗仁抑制住丧子之痛，说："春生是个孝子，他突然离去，对所有的亲人都是晴天霹雳。但他死得光荣，我们也要坚强地活下去。""当时有那么多互不相识的群众都跳进河水，用双手把春生托上岸，我感到很欣慰！"

回忆起当时的情景，现场的一位目击者回忆说，那是一场生死大营救，那是人性光芒的闪耀，许多平凡的人在那一刻表现出超乎寻常的勇敢。王春生也是其中的平凡者，但他又是华山人的骄傲，是光照梨城的英雄！

佩剑者传奇之二：华山之子朱汉卿

2009年5月29日19时许，博湖县宝浪苏木大桥小河道通向中央的水文观测点上，一位依靠在铁栏杆上的少女突然失去重心，翻进打着漩涡的湍急河水中……说时迟，那时快，岸边一位少年边脱外套，边纵身跃入水中……

"我全看到了，那个大哥哥就那样什么也不顾地跳了下去。他下去后使劲地推这个姐姐，他的衣服全是水，太重了，他用尽最后的力气推着姐姐。我看到姐姐的头被大哥哥硬是推出岸边的水面，我就跑去拉姐姐，浪太大，我没拉着，我就伸条腿进水里，大哥哥再次奋力地将大姐姐一推，我终于抓到了大姐姐的手，可是大哥哥这时候被漩涡一下卷走六七米，我看到他被水卷着还望着我喊'救命'……"说到这里，小杨顺早已哭成了泪人。

被救的女孩叫咸姝卉，回族，14岁，焉耆县二中初三学生。咸姝卉的母亲孔雪花在焉耆县一小任教，她声泪俱下地说："当我们赶到博湖县医院时，孩子在抢救。警官告诉我们，我们的孩子得救了，可救人的孩子还没找到……"

救人的孩子被打捞上来已是二十多个小时以后，他"高高举着双手，呈托举状，面上似乎还挂着笑容……"这便是由兵团第二师25团中学考入华山中学，正在读高一的学生朱汉卿留给这个世界的永恒记忆。

5月31日8时起，25团通往医院太平间的路上，人流不息，来自四面八方的群众早早赶来为小汉卿送别。前来送别的有朱汉卿生前的同学、老师和乡亲，而更多的是被他感动的素不相识的人们。

小小的太平间门前里三层、外三层，不到两小时就聚集了数百人。被救少女咸姝卉和父母来了；二师25团7连看着小汉卿长大的大叔大爷来了；老师和同学来了；白发苍苍的老人拄着拐杖也来了……

朱汉卿的爷爷奶奶，一对90岁高龄的老人预感到了异样，闹着要去库尔勒华山中学看看孙子是不是真去了学校。原来为了老人家的安危瞒着爷爷奶奶的朱建忠夫妇不得已说出真相后，两位老人双双晕死过去，被送往医院抢救……

满场的哭声和惋惜，朱汉卿的妈妈哭晕过去了好几回。

咸姝卉的母亲孔雪花号啕大哭，她伏在朱汉卿的灵柩前喊道"……孩子，你为咱丫头，把命都给丢了，让我说啥好？我是记下了，这丫头的命是你给的，孩子，你走好，我们永远不会忘记你的救命之恩……"

当天，当朱汉卿的灵柩被送到50多公里外的库尔勒市殡仪馆时，华山中学的师生已早早地在这里列队迎候。送别汉卿同学时，挽幛上写着："河中噩耗儿郎取义，虎渡呜咽英雄成仁""英勇救人壮举撼人间，博湖故里英名永流传""挺身而出英雄气概百年在，捐躯救人骄子义举万古存"……苍松翠柏，向逝去的少年致敬；鲜花绽放，彰显年轻生命的华光；哀乐声声，哭诉着无尽的悲痛；挽联低垂，昭示逝者的勇敢与崇高。

担任班主任的周登峰老师看上去十分憔悴，原本少言寡语的他变得愈发沉默。在殡仪馆，他长时间地看着朱汉卿的遗容，泪如雨下，喃喃自语："怎么能少一个，怎么能少一个啊？"

华山中学邱成国校长眼噙热泪说："生命之可贵，在于它生来的平等；生命之可贵，在于危难之际把生的希望留给别人。朱汉卿把生的希望留给了别人，把死的危险留给自己，在他下水救人的一念间，已经完成生命价值与人性光辉的升华，完成社会道德的完美示范！"

兵团第二师25团党委书记、政委尤益民这样评价道："他的行为，给社会带来了一股清风：路见为难，挺身而出。他用弥足珍贵的勇气，用自己宝贵的生命诠释了当代青年报效家乡、报效人民的崇高理想。"

6月6日，刚刚出院的咸姝卉拖着孱弱的身体，在父母的陪同下再一次来到朱建忠家。面对两位一下变得苍老的长辈，咸姝卉跪倒在地："叔叔阿姨，大哥哥已经去了，以后我就是你们的女儿，我会为你们养老送终的……"陶冬兰一把将姝卉搂在怀中，朱、咸两家人相拥而泣。孔雪花哽咽着说："我们的女儿得救了，你们的孩子却走了。若不嫌弃，就让姝卉认你们夫妇为干爸干妈吧……"朱建忠说："汉卿已经走了。儿子做得对。在那样的紧急时刻，我想谁都会冲上去的。你们也别太难过，起来孩子，你要更加珍惜生命，好好学习，只有学好了将来考个好大学，才对得起你父母，救你的大哥哥在地下也就含笑九泉了……"从这天起，这素不相识的汉回两家人便成了一家。

1992年12月出生的朱汉卿，尚不足17岁就永远地去了。他如此年轻，还没来得及实现自己的远大志向，还没来得及享受美好的青春年华，走得这般匆忙，但他舍己救人的壮举却弹奏出了生命的最强音。

2009 年 6 月 16 日，兵团第二师综治委员会、第二师见义勇为基金会追授朱汉卿同学"见义勇为好学生"；共青团第二师委员会追授朱汉卿同学"优秀共青团员"；第二师华山中学追授朱汉卿同学"见义勇为先进个人"；共青团华山中学委员会追授朱汉卿同学"优秀共青团员"荣誉称号。9 月 25 日，第二师追授朱汉卿同学"民族团结进步模范个人"荣誉称号。

英雄虽逝，精神长驻，华山中学校史馆里永远珍藏着朱汉卿一张叫《多彩的青春》的手抄报，他的事迹将在华山中学一直被传颂下去，他的英勇事迹被华山中学舞蹈团改编为《开都河之子》，传遍天山南北……

华山双义士，照胆剑在身；危难之际出，光彩照后人。

没有华丽的招式，有的是一颗勇者之心，一颗碧血丹心。他们用鲜活生命擦亮了这绝世古剑，让世间正气浩然长存！

第五节　气质之剑含光、承影、宵练：尚美求真，灼灼其华

剑缘：《列子·汤问》中，孔周曰："吾有三剑，唯子所择，皆不能杀人，且先言其状。一曰含光，视之不可见，运之不知有。其所触也，泯然无际，经物而物不觉。二曰承影，将旦昧爽之交，日夕昏明之际，北面而察之，淡淡焉若有物存，莫识其状。其所触也，窃窃然有声，经物而物不疾也。三曰宵练，方昼则见影而不见光，方夜见光而不见形。其触物也，然而过，随过随合，觉疾而不血刃焉。此三宝者，传之十三世矣，而无

施于事。"

这三把宝剑彰显华山中学校园文化尚美教育的三个方面：含光者，是音乐教育入道合体之状；承影者，是美术教育遇道引信之状；宵练者，是体育舞蹈教育依道创习之状。

剑名：含光

剑诀：声者含光，宜远宜长，黄钟大吕，化功显扬

佩剑之士：孙楠、杜疆

中国古代的哲人认为，音乐具有"教化"之功能。孔子曰："广博易良，乐教也。""兴于诗，立于礼，成于乐。"音乐对人的精神能起到激励、净化、升华的作用。音乐是情感的艺术，它充分利用鲜明的节奏、优美的旋律、丰富的和声、美妙的音色来表情达意，因而能直接触动学生的情感中枢，震撼学生的心灵，对学生的情感世界、思想情操甚至道德观念的渗透和影响都很大。一所学校校园文化的构成和音乐教育是不可分离的。音乐具有形象性、情感性、愉悦性三大基本特征，它主要是在音的运动与结构中，让人们感知美、审视美、享受美。音乐在人类文化中的作用具有入道合体之功，能上通神性，下冶情操。文化者，以文化人，华山中学艺体中心的几位音乐教师身佩含光剑，在美育教学中形成了自己的独特风格。

含光剑士之一孙楠：吟出天山合声

含光剑，化大道无形而通人性至美。华山中学小学的音乐常规教育让口风琴、合唱走进课堂，通律而合音，然后修人格。孙楠老师是华山中学合唱团指导教师，成立华山中学童声合唱团，个人遍游天山南北，寻找合唱教育之法，奔走国内，遍访合唱名家，自己深入钻研，不断尝试更好的教学方法……所有这一切，都在不言不语中进行。合唱团成立第二年，就唱出了

名堂，乌鲁木齐、上海、香港、首尔……他们用声音诉说新疆故事，向更多人讲述新疆的神秘与美丽，也同时陶冶自身的性情。孙楠老师谈及音乐教育，常引用苏联教育家苏霍姆林斯基的话："音乐教育——不是培养音乐家，而首先是培养人"。随风潜入夜，润物细无声，含光握在手，人剑宜相得。

含光剑士之二杜疆：唱响楼兰欢歌

含光剑，通德、智、美、形四道，剑招美轮美奂，喻六感，上可通天地大道，下可抚万物苍生。能让音之剑——含光发挥如此大威力的只此一人：楼兰号角管乐团指挥杜疆。管乐作为西洋乐器，要建立管乐团凭一人之力谈何容易，从团员招募，到乐器训练，到参与各种活动，杜疆老师在前几年付出了难以想象的努力。从吹奏简单的乐曲到参与世界一流管乐节比赛，杜老师含光剑招其一在于借力，他充分利用了各方资源，从北京 166 中学、清华附中、中国人民解放军联合军乐团、奥地利管乐指挥大师、台湾管乐专家、日本著名指挥、美国华盛顿大学管乐教授……能找到的、可利用的资源，在杜老师手里运筹帷幄，让华山中学楼兰号角管乐团几年时间就成长为国内知名中学生管乐团。如何把楼兰号角管乐团办好，杜老师含光剑招其二在于专注和坚持，从建管乐团起，杜老师就全身心投入到管乐发展中，寻找一切机会让管乐团的成员有所收获，从向家长普及管乐知识，到自己四处拜师学艺，无不殚精竭虑，尽心尽责。如果说 2013 年华山中学楼兰号角管乐团在维也纳金色大厅奏响的时候，我们看到的是一种惊喜的体验，那么，2017年在美国的西北管乐节上收获美国乐团和观众的掌声，这是杜疆老师和他的楼兰号角管乐团让华山人能和世界最高水平的管乐一较高下。杜疆老师，含光在手，长袖善舞，人道合体，声达万物。

剑名：承影

剑诀：七彩承影，如梦如幻，德艺相容，道法相通

佩剑之士：尚美二将

19 世纪法国美学家库申说："美感是一种特别的情操，美的特点并非刺激欲望或把它点燃起来，而是使它纯洁化、高尚化。"在一所学校里，如果我们的学生不懂审美、为美，很难想象他们未来会让这个世界变得更美。

华山中学美术组朱高亮、邹平两位老师，被称为华山尚美"哼哈二将"，是学校尚美文化的倡导者。

朱高亮善书法、国画。他常讲："见画如见人，中国画之精神，当与道、艺、技相通，又与情、理、法相融。明大道者，意远；得真艺者，畅神；知诸技者，通律。有真情者，谓真人；明真理者，得真画；辨诸法者，谓真能。"以立德、修身、长技、入道为华山美术教育之出发点，依托特色课程，建立了完善的美育课程体系。邹平老师善西洋画，组织艺术生到全疆各地写生，邀请清华、央美、川美等专家进校园。朱高亮老师内敛，邹平老师张扬，哼哈二将，一主内，一主外，相得益彰，配合得体。把承影剑学练得炉火纯青。华山中学校徽设计，学生 18 岁成人礼徽章设计都融入了二位的智慧和心血。在这尚美二将的通力合作下，华山中学的美术教育硕果累累，香飘四溢，稳执全疆中学美术教育之牛耳！如今二位正在进一步优化校园物态文化环境，凝练华山美育课程体系，推广尚美文化。这两位剑客常说：字画之功力根子在人心，心生性，性入道。世间本来很美，但我们被眼花缭乱的色彩蒙蔽了，美育之真谛就是要唤醒人类心底之美。承影之剑在其遇道而引，校园文化

因美而显，师生气质因美而彰。

剑名：宵练

剑诀：塑形其表，守成于里；显自体魄，美在心灵

佩剑之士：形者诸星

宵练者，依道创习。宵练剑的剑招之根本在于变。华山中学体育形体组老师各个身怀绝技，虽都持宵练，但剑招各异，分之可称独门绝学，合之有撼天之力。为何在华山中学体育和形体教育中会是这种文化？我们先得问体育的目的是什么？中小学体育之目的是：掌握体育锻炼基本技能，健康锻炼增强学生身体素质，成为终生运动的践行者。传统体育课程，就像传统的剑谱一般，修习之法枯燥无味而没有效率，不能很好地吸引学生。华山中学体育组对此进行了探索和改革。其一，高中体育模块化教学，学生每学期可以按照兴趣，通过网上选课系统，选择自己喜欢的项目。球类、武术类、健身类十几个模块供学生选择。体育老师依据自己特长，独自带一个模块，手持宵练教习绝学，各成一家。几年下来，体育组宵练剑招即有小成，目前他们也负责教工队伍的体育锻炼模块，让更多的老师成为体育健身和运动的爱好者和追随者。体育模块化，取代了传统的按年级分类的体育课程，这些年跟踪研究表明，学生体质不但没有下降，反而经过系统化训练，获得了更多专业体育技能。现 CBA 广厦篮球队主力队员胡金秋，就是华山中学体育模块化教学的受益者，更多的学生因在这里爱上一项体育运动，而成为终生运动的践行者。

宵练之幻化无穷更在剑舞之美。华山中学有一门形体课程，每两周一次课，这里有两位专业的形体舞蹈老师，他们不仅教同学们形体礼仪，也教同学们交际舞蹈，还教必修民族舞

蹈。高一所有学生必修新疆维吾尔族舞蹈麦西莱普，高二必修蒙古族舞蹈沙吾尔登。华山中学邱成国校长在指导设置这门课程时讲，新疆的学生一定要有浓浓的本土情怀，要成为新疆多民族文化的体验者和宣传者，所以华山毕业的学生必须会一支维吾尔族舞蹈和蒙古族舞蹈。华山中学的形体老师们，他们不仅承担学校课程，还承担华山中学舞蹈社团的指导工作，他们虽都持宵练却各有特长，王小龙老师擅现代舞，李金旭老师长于舞蹈创作，张建老师街舞雷动天下，李天鹏老师青睐民族舞，张静老师在舞台情景创作上独树一帜……一套《舞术健身操》，打出的是华山体之魄；一段《山鹰之邦》，展现的是华山形之美。因有这样一批形者诸星，普惠于学生，华山中学艺体中心已经聚集起雄厚的校本艺体生源，成长为能够独立创作表演大型综艺演出项目的文艺团体，有能力承接兵团级别的文艺演出项目，敢于跟专业文艺团体同台较艺，并屡获殊荣。

　　谁持宵练当空舞？大道变换隐其中。文化魅力藏不住，灼灼其华耀西域！

第六节　责任之剑太阿：怀家国情，做天下事

　　剑缘：楚国的都城已被晋国的兵马围困三年。晋国出兵伐楚，是想得到楚国的镇国之宝：太阿剑。世人都说，太阿剑是欧冶子和干将两大剑师联袂所铸。但是两位大师却不这样认为，他们说太阿剑是一把诸侯威道之剑，早已存在，只是无形、无迹，但是剑气早已存于天地之间，只等待时机，凝聚起来，天时、地利、人和，三道归一，此剑即成。相剑师风胡子说：太阿剑是一把威道之剑，而内心之威才是真威，王身处逆境威武

不屈，正是内心之威的卓越表现。正是王的内心之威，激发出太阿剑的剑气之威！（见于《越绝书》）

剑诀：鬼魅当道，太阿出鞘。锋芒所向，点化顽愚。临危争先，剑指千里。

剑式：教育维稳五十六法

佩剑之士：华山援教众侠

作为兵团第二代，华山中学校长邱成国于2010年率先在第二师范围内主动探索"教育均衡"发展模式，于2013年大胆提出了"教育维稳"的主张，并积极倡导全校师生员工和广大家长，要以主人翁的责任感，关注当地教育均衡发展，关注新疆社会稳定大局，从我做起，从小事做起，在力所能及的范围内，发挥学校和个人的作用，为维护社会稳定树表率、做贡献。2013年底，经过多次讨论，华山中学党委确定了"主动出击，勇敢担当，立足兵团，面向南疆，发挥优势，稳步探索，由近及远，兵地结合，深入基层，引领辐射"的四十字"教育维稳"行动纲领，拉开了华山中学援教帮扶之大幕。一时间，华山众侠奋勇争先，宣太阿之威，得教化之功，成就了勇担责任的华山中学校园文化之新气象。

佩剑者传奇之一：三侠铁门开先河

2012年起，鲍永生、张文志、郑立民三位男士分赴34团、38团、33团挂职校长援教，传播先进理念，输出管理经验，共享教育资源，在短短3年时间里，便使受援学校的教育、教学和管理水平得到了显著提升，对各团场文化生态的优化也起到了积极的助推作用。

佩剑者传奇之二：双侠楼兰传捷报

2014年，栾雪辉、张玉华远赴楼兰故地若羌县，挂职若羌县中学校长、副校长，两年光阴，即将若羌县高考升学率提升了五十多个百分点，使若羌县教育质量由巴州倒数后三位跃居前三甲，师生奔走相告，家长欢欣鼓舞，自发到县委、县政府送上感谢信，感谢华山中学的倾力帮扶，感念华山人的大爱恩泽各族百姓。

佩剑者传奇之三：侠女皮山绽金花

2015 年，刘小丽、李金旭、于晓平、高雅娜、秦晓燕组成华山中学"五朵金花"团队，远赴 1400 公里之外的和田地区皮山农场挂职援教，两年岁月，一举扭转了当地双语教育被动局面，师生精神面貌焕然一新。

"第二师最美教师"李金旭在给皮山农场的孩子们上音乐课

佩剑者传奇之四：众侠南疆续传奇

2016年至今，胡伟、刘小丽、张超、张庆磊、于海静、易伟、王远征、李金旭、冯丽华、于伟东、樊明辉、刘怀达、胡玉婷、肖晶亮、程自强、郭徐风等，接力援教，继续奋战在南疆大漠腹地，频传捷报，续写传奇！

在回顾华山中学所走过的57载教育历程时，邱成国校长坚定地认为："稳定问题，是新疆基础教育必须面对的显著有别于内地省区的主要矛盾，应该将为维护社会稳定和长治久安总目标服务作为办学的重要任务，坚决摒弃两耳不闻窗外事和唯升学率的应试教育保守思维，要敢于打开校门办教育，走入社会担责任。

主动彰显优质学校的社会价值，紧密团结和带动更多南疆薄弱中小学校，积极配合党和国家的治疆方略，牢牢把握基础教育主导权、话语权，共同守住基础教育思想阵地，真正发挥好基础教育的根基作用，为党分忧，为国解难！"

如今，这一认识已不仅是邱成国校长一人的主张，而正成为华山中学广大教师、学生和家长的共识与行动。由此，家国情怀和责任担当已经升华为华山中学校园文化最突出的特征之一。在"教育维稳"实践中，根据南疆少数民族聚居区基层中小学校现状，华山众侠已经探索并总结出了一整套行之有效的做法，我们称之为"教育维稳工作56法"，它们将其化作太阿之剑式，临危起舞，披荆斩棘，细致入微，攻坚克难。

在华山众侠的示范、引领下，有越来越多的教育界有识之士正加入到"教育维稳"的行动之列，胸怀家国情，誓做天下事！

人们常说，校园文化的本质是润物无声，静待花开。可是，今天纵观华山中学的文化面貌和发展演变，我们分明又看到了对校园文化的另一种别样的注解——七剑下天山，侠骨胜柔情；戍边守西域，铁血颂英雄。

第六章 博爱

——吴兴高级中学学校文化建设

文化，是一种包含精神价值和学习、生活方式的生态共同体。而学校文化，是坚守学校自身的追求和理想下积累和创造的生态共同体。吴兴高级中学办学十五载，向前看只有梦想和目标，无法追溯太多过去的历史故事，变成学校今天的教育叙事；也无法深挖学校积淀多年的隐含精神，变成学校课程的资源。然而，吴高人经历十五载的坚守不辍，创造了吴高自己的故事、自己的景点、吴高老师自己的教学资源、吴高学生自己的个人成长。

春风袅袅，杨柳扶疏百花争艳；夏日骄阳似火，枝繁叶茂挺拔有势；秋雨潇潇，熳烂银杏都满径；冬霜寒栗，傲骨蜡梅暗香浮动。校园里这些四季风景的十五次轮回，无声地述说并见证了吴高十五载以来，办人本教育，建人文吴高，沐人道精神，促人生成长的探索和坚持。

第一节 关乎人文，以化学校

"学校文化"是学校在发展进程中的一种文化积淀，是学校向心力与学校根脉的情怀；是师生学习方式与教学方式的体悟。对学校文化的建设与探究，意味着对文化的传承、选择、交流乃至创新的研究，其实质都是在文化中的研究、基于文化的研究、也是为了文化的研究。吴兴高级中学十五载的办学时间虽浅，但在全校师生共同的追寻、共同的创造下，逐渐丰富积淀成师生共同的坚守理念。

一、办学理念：以人为本　促进成长

"以人为本　促进成长"可以从四个层面来理解，即办人本教育、建人文吴高、沐人道精神、促人生成长。"百年大计，教育为本；教育大计，以人为本"，人是教育的核心和目的，人既是教育的实施者，又是教育的传播者。"以人为本"提倡认识人、尊重人、关爱人、成就人，其出发点是学校这个教育平台，而落脚处是学生的人生成长，这种成长不仅仅着力于三年的高中教育，而且伴随终生。

二、核心文化：博爱文化

核心文化是学校精神的高度凝练和学校行为的内在表现，体现出学校独有的文化内涵和办学特色。"博爱文化"凝结了两个方面的文化源头，第一是来自于中国儒家的仁爱思想，第二是滥觞于西方现代的博爱精神。"仁"是儒家传统的核心思想，如："樊迟问仁，子曰'爱人'"，（《论语·颜渊》）"老吾老以及人之老，幼吾幼以及人之幼"（《孟子·梁惠王上》），"博爱之谓仁"（韩愈《原道》），体现了家人之爱、家族之爱、家国之爱。"博爱"是西方文化的核心价值，彰显人对上帝的爱、人对同类的爱。两者都强调广泛地去爱一切人与生命，自爱爱人，爱人若己。两种文化源头并非完全脱离割裂，而是互有关联补益。通过对博爱精神文化发展的寻绎，结合吴高办学实际，"博爱文化"的内涵体现为：智慧、温暖、

行者。

智慧是比知识更高的认知层次。学校教育倡导获得知识，更加肯定增进智慧。智于性，慧于心，表明了深入人性和人生的博爱文化。

温暖既是名词，也是动词，重视人与人、人与社会、人与自然的和谐关系，体现了博爱文化所特有的情感的温度、生命的热度。

行者是行动的人、行善的人、行进的人，不凝滞、不狭隘、不拖沓、不落后，化流动和践行的状态为乐于做事、融于世界的积极人生。

三、办学特色：博才教育

围绕办学理念和核心文化，立体建构"博才教育"课程体系，包括三个维度：博学、博爱、博闻。博学维度基于主体课程，激发读万卷书的学习热情，使学生涵养智慧；博爱维度基于德育特色，启导怀人道情的道德动力，使学生懂得温暖；博闻维度基于素质拓展，促使行万里路的实践行动，使学生成为行者。

四、育人目标：智慧而温暖的行者

"智慧"是指引导学生学习知识，鼓励追求智慧；
"温暖"是指启发学生思想情感，肯定内心温暖；
"行者"是指敦促学生行为活动，成就积极行者。

五、一训三风

【校训】天生我材必有用
"天生我材必有用"语出唐代大诗人李白的《将进酒》。

面对困难和挫折，步履坎坷的诗人发出了充满激情和斗志的喊声：天地造就了我，在天地之间，必有我的用处。

这是自信的呐喊！自强的呐喊！自主的呐喊！

"天生我材必有用！"一个"必"字有豪迈之气，这是人性的张扬，有蓬勃的朝气与坚定的信念。坚信自己是有用之材，在天地之间定有自己的立身之地和施展之机。

"天生我材必有用！"有着对个体特殊性和成长规律性的尊重。"我材"非"彼材"，世间的"我材"是多样性的，教育就是要随顺"我材"的特性，"直木能为栋，曲木可作犁"。

"天生我材必有用！"有一种内心的淡定与平等。无论是大用之材，还是小用之材，适得其用皆为才，既景仰经世治国之大用，又重视洒扫修园之小用。

"天生我材必有用"作为校训，秉承了"因材施教"的传统理念，体现"个性发展"的时代诉求。强调无论教师还是学生都自我认同，自我激励，自信有为，奋发向上，基于"我材"，努力成才，成为对家庭、国家、民族、人类有用之才。

【校风】见贤思齐

见贤思齐，语出《论语·里仁》："见贤思齐焉，见不贤而内自省也。"大意是见到德才兼备的人就向他看齐，见到没有德行的人就反省自身的缺点。对一个人，要学习他的优点长处，对其缺点短处要引为鉴戒勇于内省。

"见贤思齐"是中国儒家修身养德的座右铭，这一强调自律、自爱、自强、精进的品德和精神在新时代更加闪耀着智慧的光芒。

"见"是看见，更是发现。"贤"者可以是人、自然，可以是古人、今人，可以是老师、书本，可以是家长、学生，可以是朋友、对手，可以是全能之贤，也可以是专才之贤，甚至可能是坏人身上的优点。"思"是"三省吾身"的内省，是对"各美其美"的认同，是"美人之美"的欣赏，是"贤贤易色"的敬慕，是"信而从之"的愿望。"齐"不是水平上的简单一致与绝对相等，不是形式上的整齐划一，而是内在精神之"齐"，是积极向上的精神诉求，是"与贤者为伍"的价值定位，是"与贤者并进"的实践努力。

作为校园文化与精神风尚，"见贤思齐"旨在营造学无常师、择善而从、君子不器、自强不息的文化氛围。强调学生、教师、学校始终以学习者的姿态，包容欣赏，思进思善，点滴积累，与时俱进，成就最好的自己。它没有时间的限制，没有空间的指定，无论今天明天，无论校内校外，"见贤思齐"是永远的指南！

【教风】诲人不倦

"诲人不倦"语出《论语·述而》篇，篇中有两章孔子说了"诲人不倦"这句话。"诲人不倦"，讲的是教学态度，教师用言语、行为，不知疲倦地"诲人"，不让人厌倦地"诲人"。作为"万世师表"的孔子成就了"诲人不倦"的最高境界：有教无类，因材施教，言传身教，精神烛照。

要做到"不倦"，"诲人"者必先"诲己"。教师应崇尚精神生活，乐于进行精神对话，并成为精神之旅上的不倦客。

要做到"不倦"，教师就要永远有问题意识，有探索的激情。教师能够面对多样性的学生，面对多样性的教育问题，努力学习，乐于寻找开启不同学生心智的独特路径，做有差异的、个性化的教育，并享受探索的快乐。

"诲人不倦"绝不是浅薄单调的喋喋不休，而是因人制宜的传道、授业、解惑，是能够把握"可与言时"的机会，懂得"不可言时"的等待，循循而善诱。

"海人不倦"作为我校教风，要求教师自我对精神的完善、才智的增进永远有不倦的追求；希望教师在教育活动中，有充满爱心的工作激情，有认真踏实的工作态度，有勤奋努力的工作作风，有因材施教的工作方法，有永不止息地探索精神，并获得身心愉悦的职业幸福。

【学风】学而不厌

"学而不厌"出自《论语·述而》："默而识之，学而不厌，海人不倦，何有于我哉！"讲的是一个人应有好学精神，知道学无止境，从不感到满足。

一个"学而不厌"者，应该知之为知之，诚实地学；好之乐之，愉快地学；不耻下问，虚心地学；多闻多见，广博地学；学而时习，反复地学；学思结合，智慧地学；切磋琢磨，互动地学；温故知新，创新地学。

从"学"的对象来看，向自然学，恬淡智慧；向书本学，博学多闻；向他人学，见贤思齐；从"学"的内容来看，增进人的"德、智、体、美、劳"各方面发展的一切知识、技能、智慧都可学；从"学"的方式来看，专心读书、积极践行都是学的路径，动手、动脑都是学的手段。一方面，每个人都可以选择自己喜欢的学习对象、学习方式，都可以寻找到自己学习的兴趣点，孜孜以求地学习，健康快乐地成长；另一方面，教育要尊重、呵护、引导学生学习的兴趣点，使之"学而不厌"。

当然，学风首先是对教师的要求，师，生之范也。"唯有好学不厌的先生，才能教出学而不厌的学生。"（陶行知）不勤学则无以为智，教师有了"学而不厌"的追求，才有"海人不倦"的底气。

"学而不厌"者既备尝学习的艰苦，又尽享思想的快乐；既对"知道"不满足，又对"行道"不厌倦。"学而不厌"作为我校的学风，要求全校师生学知识，刻苦努力，永不厌倦；学做人，修身养性，永无止境。

六、校标解读

校标最基本的辨识元素"WG"，来自"吴高"的首字母，以代表学校名称：吴兴高级中学。

"W"的设计形态表达了三重意蕴：

"W"是"我"，是认识自我，是"天生我材必有用"。张扬自信！

"W"是"WM"，即我中有"我们"，我在"我们"中，寓意博爱文化：师生个体与学校整体相依，与国家民族相依，与世界相依，与自然相依。传播温暖！

"W"如舞蝶，寓意吴高一体两翼的课程体系，即"博学、博闻、博爱"三大课程具备如此特质：色彩之美，丰富又独特；蜕变之美，突破与成长；飞舞之美，优雅而灵动；奉献之美，传播且成全。成就博才！

"G"的设计形态表达了三重意蕴：

"G"不是封闭的圆，寓意：不满足，学而不厌；不闭锁，海纳百川。促进成长！

"G"是"GO"，是走，是进行了，是达到，寓意"前行者"形象：对未知充满好奇，对远方充满渴望，在行走中体验。发现改变！

"G"是"高"，是高度，是着眼整体，立意全局；是高尚，是诲人不倦，是见贤思齐，止于至善！

"W"与"G"是合围，像书页、似湖笔、如月琴，寓意：校园谈笑有鸿儒，师生往来有雅音。

校标是学校办学理念、育人目标和办学特色的符号表达，是学校人文精神的艺术体现。校标用外相表达内涵，寓深意于美感，展现吴高人自信、博爱、优雅、追求卓越的优良品质。

第二节　路行十五载，文化当自觉

著名社会学家费孝通先生曾有经典的论述："所谓文化自觉是指生活在一定文化中的人对其文化有'自知之明'，明白它的来历，形成过程，所具有的特色和它发展的趋向。"

对学校文化的自觉探究，意味着对通过厘清学校文化为我们提供了怎么样的学习依据、学习方式与人生意义，通过对自身学校文化的发展历史、现实状况与未来趋向的观察、分析与反思，整合而成的总体性自我认识与行动规划，从而实现创新文化、改善境遇，最终实现师生人生境界的提高。学校文化决定着人们思考、感觉和行动的方式，因此正确理解和塑造学校文化是教师群体提升、学术成就提高以及学校走向成功的关键，学校文化就真正成为吴兴高级中学变革的"发动机"。

我们知道，学校文化建设不应该是各种文化产物的简单移植和翻版，而应该是从我们学校"自身定位和学校资源"的沃土上生长、发展起来的。

故而，吴兴高级中学的创建与发展过程，便是学校文化不断丰富、深化的过程。而学校文化的成长，全然映照着师生的创造、师生的真情。

一、少年吴高，摸索前行

2001 年 9 月湖州四中高中部、湖州八中高中部、湖州十二中高中部合并为湖州市第十五中学。2004 年 4 月更名为"湖州市吴兴高级中学"。2005 年 8 月，织里中学并入，从而有了现在的吴兴高级中学。

从 2001 年起抓师资队伍，到 2007 年起抓德育特色，到 2009 年起，创建学校文化，再到 2010 年借力高校，坚持校本培训，与华东师范大学签订《指向改进的听评课制度实践与研究》，逐步走向科研高度，又到 2012 年起创建省级特色示范学校，打造"博学、博爱、博闻"博才教育课程体系。至今十五载，吴高的师生们一直坚守不辍，正如 2009 年 12 月 15 日的《中国教师报》上报道了题为"教师学习：一场永无止境的人生长跑"般，不断丰富学校文化内涵，提升学校师生们的文化品位。

二、众师寻文千百度，终成一训三风

2010 年 1 月 26 日至 3 月 10 日，学校众师们开启了行政楼 406 会议室长达两个半月的学校文化形象征集讨论。

老师们从幽兰空谷自芳菲的"经"，步入荡气回肠长悠悠的"史"；从百家争鸣潜深意的"子"，寻至闲逸诗情吟美画的"集"。历经两个半月，七十五天的唇枪舌剑、熟读精思、审思明辨，最终锁定了《论语》《唐诗》的粹华。一训是一种规范，一种理念，更是一种灵魂；三风是三种承诺，三种行动，更是三种姿态。一训三风是在诉说、是在镌刻、是在永不停歇地寻找一个自我的吴高，踏入吴高自我文化的道路！"天生我材必有用"是一种顶天立地，斗志昂扬的自信；"见贤思齐"

是一种学无止境，时刻反省的自律；"诲人不倦"是一种循循善诱，上下求索的自爱；"学而不厌"是一种孜孜以求，并肩作战的自乐。

三、关注生命，提升价值

从教育发生学的观点来看，教育因生命而发生，生命是教育的原点，教育是生命的需要。敢于探索、充满智慧的吴高人虽没有厚重文化底蕴可深挖，却敢于开创。将红十字会"保护人的生命和健康"的宗旨、"人道、博爱、奉献"精神纳入学生的生命健康教育的重要载体。

2006 年红十字精神作为德育教育首次走进吴高，便引起了广大师生的极大热情，以红十字为载体的系列活动如专题讲座、专题活动、技能培训等，在学校如火如荼地开展，取得了很好的育人效果，因此，学校逐步形成了以红十字为特色的德育模式，并取得了一系列的成果，先后被确立为市红十字实验基地、省红十字先进学校、全国红十字模范学校，《红十字精神》获得全国校本课程设计大赛特等奖，显现了红十字的品牌效应，也为特色办学奠定了坚实的基础。

一堂急救技能知识培训课，逐渐成为吴高师生的一节必修课，在操作训练环节，从红十字协会外借到学校的老师自主学习上岗，生动而详细地向参加学习的师生们讲解并演示止血、包扎、心肺复苏、骨折、触电、烫伤、溺水等常见的急救知识与技能。通过急救培训，掌握了急救的基本技能，大大提高了在面对意外事故和危重病发生时的应急能力，这不仅对他人是一种帮助，对自己也是一种保护，更是一种自我精神的升华。

一股红十字志愿服务的精神，逐渐成为吴高师生的一种必然信念。无论是走进社区，关爱孤寡老人；还是无偿献血，学习烟草、毒品、艾滋等健康教育活动，都是让学生们认识生命之可贵、珍惜生命之存在、欣赏生命之美好、提升生命之意义、实现生命之价值。

四、创特机缘，深化博爱

2012 年，浙江省深化普通高中课程改革，推进普通高中多样化和特色化的发展，为每个学生提供适合的教育，以满足不同潜质学生的发展需要。学校开始吴高思考：如何创造性地办出学校特色，促进学校发展？

红十字精神是吴高的特色，是吴高的名片，但还只停留在零散的学生志愿者活动层面，为使这张名片更加响亮，吴高在探索，吴高更要提炼，打造出基于红十字的吴高办学特色。

2014 年 10 月 19 日晚上，红十字会与红新月会国际联合会第二届亚太地区青年峰会开幕式在北京举行。本届峰会的主题围绕"青年人道主义者在行动"，吴兴高级中学原副校长吴建新，校务办副主任莫幸华以大会观察员身份应邀出席会议。莫幸华主任代表学校在峰会开幕式发表了题为《Red Cross Youth in Action》的演讲，用英语向与会代表介绍了该校从2006 年成立学校红十字会以来在红十字青少年工作方面所做的点点滴滴。他首先向大家介绍了学校成立红十字会后将红十字活动作为学校德育特色的发展历程，详细介绍了学校如何建构"博才教育"课程体系来支持人道主义的传播，学校如何将人道主义传播融入学校德育教育实践、生命教育体系，如何将人道主义传播融入校园文化建设的实践与研究。他的演讲获得

170

了与会代表的高度肯定。大会邀请的 5 位观察员中，我校是唯一以学校名义被邀请的单位。

"红十字博爱月"成传统，入人心。为深化学校"博爱文化"建设，动员和凝聚更多的力量参与红十字事业，弘扬红十字"人道、博爱、奉献"精神，培育和践行社会主义核心价值观，促进和谐社会的建设。逐渐形成了吴兴高级中学红十字会"红十字博爱月"惯例传统。活动月相继开展，红五月，颂青春，主持人大赛。全校进行《红十字自救互救》知识竞赛，"心肺复苏"应急救护技能比赛，红十字手抄报设计大赛，举办"红五月"大合唱比赛。

传人道，献爱心。2016 年 9 月 22 日，吴兴高级中学慈善义工团挂牌成立。由学生义工团代表陈锋同学宣誓，倡议全校师生加入校慈善义工团，壮大义工团队，开展慈善义工活动，为学校慈善公益事业贡献自己的力量。由校领导代表徐国华副校长、各支部党员代表、教师代表和学生代表向市慈善总会捐赠募集的物资。经过全校师生的共同努力和爱心奉献，共集捐赠款两万余元，书本及物资若干，这些物资将由慈善总会统筹分配，捐献给贫困地区的学校和家庭，由严忠俊校长代表学校致辞，他期望义工团积极响应号召，践行慈善公益活动，为吴高义工活动出一份力，同时也希望义工团各位负责任人逐渐完善内部机制，让吴高义工团逐步走向成熟。孙阿金副会长代表慈善总会致辞，希望我校的慈善活动能够再接再厉，并在现场感召全校师生能投身到公益事业中来！开启了吴高全体师生的爱心慈善公益之旅！

承办湖州市优秀红十字青少年夏令营，让红十字渲染青春的风采。

2016 年 7 月，营员们参观警犬基地，与警犬亲密接触。参观戒毒所，了解毒品危害知识。学习红十字会运动知识，学习国际人道法，应急救护知识理论及实践技能，小组营员讲述各自的青春。参观国防基地，提升营员们的爱国情操、民族归宿感。

勇于开创，积极探索。参与探索人道法项目是专门为 13-18 岁青少年设计的介绍国际人道法及开展人道教育的项目。项目旨在探索战争、武装冲突中凸现的道德和人道问题，核心内容是保护人的生命和尊严。主要学习目标是引导青少年用人道视角观察国内外各种事件，帮助青少年将人道原则融入日常生活中，提高青少年的社会意识和公民责任意识，增强他们勇于探索的创新精神和解决问题的实践能力。

2016 年 10 月 12 日的浙江省探索人道法项目试点工作，全省 11 个区市红十字会、红十字学校工作委员会、人道法项目试点学校的领导老师近 80 人观摩了人道法公开课。开展探索人道法项目教学要与培育和践行社会主义核心价值观、弘扬中华民族"孝慈仁爱"的传统文化、红十字青少年志愿服务、预防校园暴力和校园欺凌、应急救护培训、国防教育等六个方面结合起来，融会贯通，充分发挥项目对青少年的教育作用。

五、静动相宜，让学生出彩

顾明远先生说过，教书育人在细微处，学生成长在活动中。优秀文化进校园得以顺利开展的一个重要路径是要依托活动来进行。在学校活动中，介绍中国的昨天与今天，展望中国的明天。由于湖州地区人文场馆资源比较丰富，我们会带领学生参观各种场馆，去湖州历史博物馆、科技馆、烈士陵园等进行相关实地学习调研。学生是学校文化建设成果的体现者和享用者，课程是学校文化引领学生心灵的重要载体之一。吴高老师们自主开发相关校本教材，如文物鉴赏、歌唱艺术、书法之美、国画之雅、中国文化民俗等，可以让学生比较系统地了解中国，梳理中华传统文化。

为了体现"以人为本，促进成长"的办学理念和"博才教育"的办学特色，打造特色鲜明、个性美好的吴高，学校创新校园文化建设的途径和方法，用"吴高博爱四季风"统领"博爱文化"建设，用主体化和序列化的校园文化活动培养、温暖吴高学子。展开感恩季、民俗季、艺术季、游学季系列活动。"博爱四季风"打破时空界限，从人与自我、人与他人、人与艺术、人与世界等维度来促进学生认识自我，认同自我，健康而自信地成长。

感恩季：以母亲节、重阳节、教师节、国庆日、校庆日、成人礼、毕业礼等为系列的教育活动。让学生体验父母的厚爱与艰辛，认识国家的伟大与滋养，了解学校的历史与成就，引导学生尊师重道、明理感恩。

民俗季：以清明节、端午节、中秋节、元旦、春节、元宵节为系列的教育活动。通过祭奠先贤、手工花灯、书写春联、元宵灯谜等民俗活动使学生了解中国民俗活动并体味其内在意涵，培养民族情感，认同、传承、发展民族文化。

艺术季：以读书节、科技节、艺术节、体育节、社团活动展示周为系列的教育活动。通过经典阅读、科学实验、文艺表演、书画创意、运动展示、学生社团等活动，让学生亲近艺术、崇尚科学、热爱运动，提升人文和科学素养。

游学季：以博爱月、红十字夏令营、国际游学为系列的教育活动。通过走进高校、志愿服务、社会实践、结对游学，让学生亲近自然、亲近社区，开拓视野、提升能力。

第三节　自然之物态，写照吴高人

"一草一木一石都含情，一颦一笑一思总关情"。我们积跬步，虽未至千里，我们积小流，也无成江海。而十五年的求索追寻，吴高的师生们与吴高的一草一木、一湖一石相伴左右，同样沐浴在春风夏阳里，也磨砺在秋雨寒霜下。是吴高人的智慧与温暖焕发草木湖石的生机与活力，还是草木湖石的生机与活力熏陶了吴高人的智慧与温暖。有草木之温柔，有山石之坚强，有湖水之清澈，我们相信，第一个十五年砺剑的风雨兼程，必然会催生无数个十五年的吴高智慧与温暖，吴高生机与活力。校园里的一草一木一石既是文化的物化，也是精神的物化，是学校办学特色的形象演绎，是文化培育吴高人的内涵背景。

一、名言勒石，传大音

2007 年秋，严校长与校领导深思熟虑后，斥资求石，师生采颉，勒以名言，布于篱树之下，花草从中。一些名言揭示教育真谛，更多名言取自《论语》《道德经》等中华元典。虽寥寥数字，却承载着中华文化的优秀精神内涵，更表达着吴高师生对传统文化的深入思考，对理想信念的真情追求，对教书育人的全面理解，对校园师生的真挚热爱。

名言勒石传大音，勒石文化形成伊始即焕发出无尽的力量和影响，每天行走于勒石间的师生们，一读、一思，读解文章源源不断，自然而然地形成了《勒石文会》的惯例，也成为吴高最富诗意的传统活动。在此略选两篇，以赞吴高师生心灵充实的真情。

【掬水处，留香】——对"上善若水"的解读

——2005 级张芳芳

"上善若水"语出老子《道德经》："上善若水。水善利万物而不争，处众人之所恶，故几于道。"整句话的意思是：最完美的品格，高尚的情操，应像水一样。水滋养万物，造福万物却与世无争。水总是处于人们所不愿处的地方洁身自好，故达到完美境界，符合自然法则。

流动的水，自由，奔放而博大；静态的水，平和，沉静而含蓄，真水无香，真人无名。

历史赋予水深沉的品格。"海纳百川"是对其宽容之赞颂；"滴水穿石"是对其韧性之刻画；"流水不腐"是对其生命力之肯定；"滴水之恩当涌泉相报"则表达了对生命个体互动的道德观之追求。

临水筑校，临水而学，必使居于此处之学子贴近水之灵气，吸取水之精华。校园本是育人之圃。求学于此，博学，明智，更学为人之道。所谓一方水土养一方人，水如明境；水淡然，心泰然；水自然，心坦然。杨塔漾之美，是水镌刻的明净；吴高之美，是水挽起的品质。

于万物之中吸一丝水之灵气，于杨塔漾畔寻一尺生之厚度。

掬水留香。

【律己反省力求精彩】——解读"行己有耻"

——2006 级陈燕

湖水荡漾，春光明媚，这里就是我们的校园；书声琅琅，意气风发，这是吴高学子的风貌；块块石头静卧着，句句名言镌刻其上，我沐浴于浓厚的校园文化的氛围中，感受着"行己有耻"的深意，如坐春风。

"行己有耻"出自《论语》，这里的"行己有耻"，就是要求对自己的行为要有羞耻之心。作为吴高的学生，我们应经常对自己的行为进行反省。应时刻遵守校规、校纪，树立正确的学习观，严于律己。真正地做到"行己有耻"，是我们每个吴高学子的目标。

学习生活中，遇到老师若没有打招呼，应自省；看到地上有纸条而袖手旁观，应自省；碰到周围同学遇到困难而未伸出你的双手，应自省；考试中若有想瞥一眼的念头，应自省。我们的行为有那么多需要我们来静静思索。那么，你还在等什么呢？从此刻起开始对你的言行举止进行反省，让美丽的吴高因我们而更加辉煌！

名言勒石，犹如天工的雕塑、自然的灵芝。以山脉的形式、文化的意识、树根的姿态，给我们师生以教育、以熏陶、以沐浴……

二、四美塔漾、风雅校歌共传情

美好晴空下，触动校园里的每一次邂逅，从图书馆出口的平台上展开双手，拥抱塔漾，阳光洒在身上，指尖不由自主跳动在书籍的字里行间，突然想起一首叫《收获辉煌》的校歌。

四美塔漾，处处真情

塔漾四季，四美交替。春雨温润，小荷露尖尖，娇羞状；夏暑酷辣，翠盘连田田，绰约状；秋风萧瑟，残叶凋零零，闲愁状；冬雾缠绵，秀水归寂寂，沉静状。岁岁年年，年年岁岁，景相似人不同。

悠扬校歌，字字风雅

叶翠香樟，波起塔漾。素石风雅伴成长，伴成长。梦想从这里起航，从此青春不再迷惘。天生我材必有用，我们挺起时代的脊梁。诲人不倦，育芬芳，学而不厌更自强。见贤思齐铸灵魂，前行的明灯我们点亮。我们托起理想，我们谱写华章。我们播种希望，明天收获，明天收获辉煌。

流云 2011 年 8 月三稿于杭州古荡

第四节 一曲高歌，再认自我

学校特色与文化的建立、联结、发展，贵在持之以恒，贵在一以贯之，更贵在创造文化的新生长力。吴高十五载的追寻，十五载的积累，向后看就是结果、修正，故而我们需要总结学校发展文脉，提炼内在精神和办学理念的基础上，把精神与文化形象化、系统化、识别化。

我们深挖"历史沉淀"，提出了本土自带的江南文化气息，同时在文化节点设计中有所体现，如湖州文化特色元素的运用，也可以开辟专门的文化墙。

我们转向"国际的视野"，《国家中长期教育改革和发展规划纲要（2010-2020 年）》明确指出要提高我国教育国际化水平，适应国家经济社会对外开放的要求，培养大批具有国际视野、通晓国际规则、能够参与国际事务和国际竞争的国际化人才。随着教育国际化的浪潮，我们认为"国际的视野"的凸显很有必要，它体现出一种宽广的、前瞻的教育观，一种与时俱进、合作共赢的教育追求。"国际视野"的体现更多是在课程、行为、活动层面。

我们构建"绿色教育""拥有学校师生、社会成员强烈的归属感和教师职业幸福感的需求供给型生态""拥有师生共同愿景与个性成长有机融合的合作竞争型生态""拥有校内外资源系统整合、共生共荣的学校集成型生态""拥有不断创新、自我完善、持续发展的创生型生态"。以校园基地所处位置，湖州东部开发区为出发点，以国际化、现代化的治学理念为准则，充分突出湖州地域文化特色，为学生提供一个培养兴趣和个性展示的教育平台，让校园为学生服务。同时，引领浙江省对外教育交流趋势，向世界展示具有湖州文化底蕴的现代化绿色教育示范基地。

一、设计博爱文化主题

博爱，谓广泛地爱一切人。据《中国大百科全书》"博爱"词条为："关于全人类普遍地爱的思想和主张。它提倡人们互相和普遍地爱，爱每一个人和爱一切人。中国儒家主张的博爱，是有差等的。战国时期的墨翟提出'兼相爱，交相利'，主张人们不分亲疏远近，毫无差别地爱一切人。在西方，明确举起博爱旗帜是在资产阶级革命时期。法国1830年7月革命中，资产阶级为推翻复辟的封建王朝，提出自由、平等口号的同时，提出了博爱的口号，并打出了蓝、白、红三色旗帜，分别代表自由、平等和博爱。广义的博爱文化具有中西文化特色，我们将注重博爱文化与教育文化的契合点，将博爱文化融入学校环境文化建设中。

根据学校文化特色实际，结合办学特色的三大维度，在校园空间中系统构建以"博爱文化"为核心的具有学校个性特色的环境文化，使办学特色从课程体系深度延展到校园环境，凸显"智慧、温暖、行者"的文化理念，以形象、直观、生动的物质载体渗透到校园各个角落、渗透到师生身心中。

二、变"形"变"名"，让生命更丰盈

我们在思考，十几载形成的个性校园建筑文化，不应仅仅停留于形成怎样的个性校园场景，而是积极关注如何使这些场景通过某些载体，尤其是"课程化"的途径。由浅至深，进一步发挥"文化的力量"，真正内化影响每一位吴高人。尝试让个性校园建筑文化成为"开学第一课"，不仅提升学生对学校的认知与认同感，而且能让校园文化融入师生的灵魂深处，让其受益。

（一）变"平面"为"立体"

文化的设计应用立体的思维，变幻的视野，在"形"上做文章，从地上、树上、墙上、楼上（楼内）、网上，从景观到人文，通过不同的形式予以呈现，让文化的校园不单调。

1. 教学交流区——博学（智慧）主题文化区

根据学校一体两翼的课程模型，提出"博学"维度代表的是主体课程，延伸到学校环境中，以教学楼为主体的建筑楼群也是一所学校的核心功能建筑，因而该区域以"博学文化"为主题，体现"好学、善思、明理、敏行、乐活"的智慧文化因子，既呼应学校办学特色，又深入挖掘、整合、提炼学校文化

优势资源，力求多角度地立体呈现学校办学特色。

校门入口形象区，是由外部环境向校园环境的过渡空间，是展示学校文化和办学特色的重要区域，在设计上应体现大气磅礴之感。主要采用引导功能的轴线处理手法，以东西向主干道为景观轴线，形成一个有序的空间序列。由于广场中心开阔，人的视线可以连贯地欣赏到景观大道、主题雕塑、文化小品等，充分展示了校园的广场文化。该广场定位为学校理念精神展示，包括"以人为本，促进成长"的办学理念、"天生我材必有用"的校训、"见贤思齐"的校风、"诲人不倦"的教风和"学而不厌"的学风。考虑到校园中已有大量的文化勒石，表现形式应避免采用重复的手法，但需与周边环境协调。

在视野开阔的位置设计一面或几面博学主题墙，遴选中国传统文化中关于博学主题的经典故事，予以创意表现，并展示该名言提出者的生平简介和成果，激励学生广泛学习文化知识。

2. 生活休憩区——博爱（温暖）主题文化区

"博爱"维度从德育角度出发，发扬学校红十字文化特色，从"博爱之知""博爱之情""博爱之能"三个层面注重培养学生的社会责任感和人道情怀。"一滴水珠能够折射太阳的光辉"，博爱是一种崇高的人道主义精神，却并不遥远，每个人都可以在日常生活中感受到。因而在宿舍、餐厅形成的生活休憩区域中注入博爱主题文化，着重注入"善良、尊重、阳光、感恩、平等"的温暖文化因子，将高尚化为平常，形成人与自我、与他人、与环境和谐相处的博爱文化氛围。

文化长廊（博爱园）：餐厅前公共绿地较为开阔，靠近路边，为了增加该区域的利用率，吸引学生到此活动，结合文化主题，以体现红十字精神文化的中外名人为设计素材，形成一个集博爱文化展示、学生社团活动及休憩娱乐的场所。

"博爱家"造型小品：以具有博爱精神的中西文化名人为设计内容，如孔子、墨子、孙中山等，可结合他们所提的博爱理念文字，表现这些"博爱家"身上"善良、尊重、阳光、感恩、平等"的优秀品质，鼓励学生在争当"博学家"的同时，更重要的是要做一名智慧而温暖的"博爱家"。

3. 活动实践区——博闻（行者）主题文化区

"博闻"维度从"人文与艺术""科学与艺术""社会与实践"三个层面建构课程，也体现了当前素质教育的内涵，给学生更多的选择，充分发挥每个人潜能，注重学生创新精神和实践能力的培养。"博闻"凸显了一种"行万里路"的行者姿态，因而该主题对应到校园环境中的运动区域，注入"进取、健康、沉毅、践行、卓越"的行者文化因子，在利用大面积的操场、绿地，营造体育氛围的同时，为学生展示"博闻"主题文化。

涵思园："涵"是包含、包容，是涵泳、涵育。"涵思园"结合东门附近的环境，此处靠近湖边，较为幽静，定位为学生静思、阅读的场所。可适当增设景观座椅，增加文化小品，营造一片舒适、安静的精神净土。

文化传承景观带：外围绿化带指的是校园周边的绿化范围，在这里有大面积的绿化空间，交通通过性并不高，隔断了外界的嘈杂环境，比较幽静，因此除了对校园起到软隔断功能，我们还将这个空间定位为文化传承景观带，在这里设计像水中涟漪一样形态的石材圆形铺装，几个圆形相互叠加，中心是一个无边缘的水池。每组涟漪象征一届的学生，上面一圈圈的纹样由每届毕业生名字雕刻形成，象征校园文化和精神通过一届届学生向外传播。

（二）楼名、路名命名方案

结合学校办学理念和特色，整合儒学文化和博爱文化，丰富和提升学校文化底蕴和品位。

1. 教学楼——博学楼

典出《论语·雍也》："君子博学于文，约之以礼，亦可以弗畔矣夫！"告诉学生要广泛地学习文化知识，提高个人修养和品位，呼应办学特色和文化主题。楼群分别命名为高一好学楼、高二善思楼、高三明理楼、实验室1敏行楼、实验室2乐活楼。

2. 行政楼——择善楼

典出《论语·述而》："三人行，必有我师焉。择其善者而从之，其不善者而改之。"在提倡博学多闻的同时，也提醒师生要取精华去糟粕，择善而从。

3. 宿舍楼——里仁苑

典出《论语·里仁》："里仁为美。"意思是同品德高尚的人住在一起，是最好不过的事。寄望居住于此的学生都亲近仁爱精神、人道精神，做一个"怀人道情"的仁者。5幢宿舍楼分别命名为诚楼、宽楼、和楼、敏楼、惠楼。

4. 餐厅——一箪园

典出《论语·雍也》："一箪食，一瓢饮，在陋巷，人不堪其忧，回也不改其乐。""箪"是古代盛饭的圆竹器。孔子称赞弟子颜回饮食简朴、居住简陋却安贫乐道。提倡自足自乐的饮食文化。

东西向主干道——博才大道；南北向干道2（行政楼与餐

厅之间）——卓越路；

南北向干道 3（餐厅与宿舍之间）——阳光路；南北向干道 4（教学楼与操场之间）——进取路。

结　语

一座学校，一群师生，一种文化，一种品格，一种智慧。吴高人历经十五载的探索，构建了"以人为本，促进成长"的办学理念和以"博爱"核心文化为主线，逐层展开，吸纳了传统和现代的先进文化精华，立足教育的共性，呈现吴高的个性，加以整合、提炼，形成了整体统一、逻辑严密、层次分明、特色鲜明的学校文化顶层设计。

为了学校文化走向系统性、规范性、唯一性、识别性，彰显吴高自身文化特色、陶冶吴高师生情操，更好地实现"智慧而温暖的行者"的育人目标。未来，吴高人依然坚守学校的办学特色与教育理想追求，有机整合学校文化、地方文化、传统文化，始终坚定地走在探寻学校规划的深化路上，创建自身厚重文化的积淀路上。

中国教育领航（第一辑）：教育家型校长与学校发展丛书

［情怀：
教育精神之源

严华银　主编

世界图书出版公司

中国教育领航（第一辑）：教育家型校长与学校发展丛书

丛书编委会

主　任　王仁雷

主　编　严华银

副主编　季春梅　回俊松

编　委　邱成国　严忠俊　于大伟　张　勇

　　　　郭炳胜　郭长安　杨　刚　杨琼英

　　　　林启福

目录

第一章　有温度的校长
——杨刚校长的成长经历

"有温度的校长，成就有温度的学校。这种春天般的'温度'，源于杨刚校长和学校教师身上的'人文情怀'。这种'人文情怀'体现在'共治''共享'的民主办学理念中，体现在二小教师'把简单的事情做彻底，把平凡的事情做经典，把每一件小事都做得更精彩'的工作理念中。这些基于儿童视角的教育思想，在当下较为浮躁的教育文化氛围中，可以说是十分难得，真正是'有温度'的教育。"——这是江苏省教育行政干部培训中心常务副主任严华银教授对杨刚校长及其团队的描述。

那么，这样一位有温度的校长，具有怎样的教育情怀？又有哪些传奇的成长故事和独特的教育思想？他又是怎样用自身独特的人格魅力带领着全体二小人，实现了"办好每一个校区，发展每一位教师，成就每一位学生，满意每一位家长"的教育梦想的呢？

就让我们跟随着他的成长经历，共同去探寻答案吧！

个人简介

杨刚，男，汉族，籍贯北京，中共党员，中学高级教师，研究生学历。1974 年 6 月出生，1995 年 7 月参加工作，现任中关村第二小学校长。先后荣获"中国可持续发展教育开拓者奖""全国

百名教育管理杰出人物"、首都劳动奖章"北京市'五四'奖章"、
"海淀十大杰出青年"等。现任中华全国青年联合会第十二届委员
会委员、北京市第十四届人民代表大会代表、北京市青年联合会
第十一届委员会常委、海淀区第十六届人民代表大会代表。

第一节　我的师范之缘

1990 年 7 月，我初中毕业考入了北京第三师范学校。

当时的北京第三师范学校我们习惯就叫她三师，同时期还有
北京第一师范学校等几所师范类的学校和各区县的师范学校。当
时三师是北京市最好的师范学校，名气非常大，北京市海淀区很
多名校的校长、名师都是从这里走出来的。三师培养出了一大批
优秀的教育工作者。现在的北京第三师范学校已经没有了，变成
了首都师范大学的一个院系——初等教育学院。校址也搬迁到海
淀区白锥子，原址变成了人民大学附属中学的一部分。

回想 20 世纪 90 年代初，作为在北京农村生活的孩子，转户
口（农转非）依然是最重要的一条学习目标。记得当年中考填报
志愿的时候，我自己坚决不报中专，但又为了从农村尽快考出来，
我就和家人认真研究招生简章，最后报了提前招生的师范类的学
校——北京第三师范学校。报三师有几个想法：一是提前招生，
不行还有退路；二是我觉得当老师也不错，比我年长三岁的姐姐
也在高考后考入了师范学校；三是我报考的专业是初等教育理科
专业，学制是五年的大专班，学习三年后，学校有个测试，80%
的学生可以留下来读大专，这样就不用参加高考了。同时我也报
考了北京市房山区最好的中学——良乡中学。当时我也做了最坏
打算，万一要是没有提前被师范录取，就继续读高中。实在不行
以后我还可以接父亲班到工厂做工人。父亲是原北京二七机车厂

的工程师。

中考成绩出来了，我考了 584 分，当年满分 600 分。我如愿地考上了北京第三师范学校。凭当时的成绩完全可以考入清华附中、北大附中等市里的重点中学。就这样我和师范结缘了，如愿成了一名师范生，从此开启了我的师范生活。

第二节　我的师范之情

从 1990 年 7 月到 1995 年 7 月，五年的师范学习给我留下了难忘的回忆。人生最美的五年青春时光也让我有了很多的人生思考，特别是对未来的教师生涯有着美好的憧憬；同时也更多地增加了我做人做事的阅历和感悟。师范的学习有乐趣也有痛苦，有收获也有艰辛，这是我人生新的开始。

一、对我影响最大的两位老师

1. 我最崇拜的数学老师

我师范的专业是初等教育理科专业，理科课程很多，包括：物理、化学、生物、数学等。我的老师水平也都很高。我对其中一位老师印象很深，至今我还记忆犹新，他就是教我们的高等代数的林敬映老师。林老师可不简单，他是归国华侨，当时教我们的时候大约 50 多岁，瘦高的身材，帅帅的，慈祥的笑容，和蔼的声音，可亲切了。听他的数学课特别的轻松，现在我还能清楚地记得他上课特别爱用的一个词"来的"。为啥记得特别清楚，因为我在小学、中学的老师课堂上从来没有听过这个词。比如：他经常在讲例题时，边指着黑板上的式子边说，你们看，是不是这样"来的"比较容易。当然林老师最让我敬佩的是他的教学风格，他在课堂上总是那么有耐心地给我们讲课，只要是同学们提出的问题，他都不厌其烦地一遍遍讲解，没有一点着急和不耐烦的样子，永远是面带笑容。我从来没有看到林老师对我们任何一位同学急躁发脾气，他的课让你一点都不觉得累。他完全是和我们平等的，他让我们懂得了什么是健康的师生关系，让我们学会了自主把握自己的学习。应该说我师范学得最好的学科就是高等代数，我想这和林老师对我的启发和影响有很大的关系。当然我自己从小就特别喜欢数学。

2. 我对班主任老师的一些不解

理论上说：每一位学生都应该对班主任老师是最亲的，因为班主任老师和学生接触的最多。但我对我的师范班主任老师好像没有那么深的感觉，原因是老师对我的感情也不是那么深。事物就是这样相互作用的。

我的师范班主任老师从我们入学带了我们四年，她是位年轻的女教师，教我们生物课。因为年龄相对接近，加上我们绝大多数都是住宿生，我们特别愿意和班主任老师在一起。班主任带着我们去爬山采集标本，到博物馆参观古生物，到公园去搞活动等等。融洽的师生关系让我们感觉很幸福。但随着时间的推移，我们很多同学和我们班主任的心理距离疏远了，为什么呢？因为，经过几年的学习，我们越来越多的同学感受到了班主任老师就对我们班那么有数的几个她比较喜欢的同学上心，对于我们其他人的感情都很淡，而且这种认识已经成为我们很多同学不说的共识。同时，我们还有非常明显的比较，我们年级和我们隔壁的班级的班主任对待他们班的每一位学生都是那么的疼爱，当时也真是让我们很多同学羡慕不已。我想这种经历也深深地影响着我今后的教师生涯，因为从那时候起，我就下定决心，我要做一位学生都喜欢的教师，将来我要喜欢我教的每一个孩子，不管是什么样的孩子，我要让每位学生都能够感受到我真挚的爱。

二、见习时的学生让我对未来的教育事业充满期待

师范第二年第一学期，学校安排我们要到小学去见习。当时我去的学校是北京市海淀区万寿寺小学。那是我第一次正式走进小学的大门，一切都是那么的新奇。我被安排到了四年级的一个班，全方位地跟着这个班的语文、数学老师听课，开展班级活动。当时我除了上语文、数学课外，我还清楚地记得还上了一节体育课，一起和孩子们准备运动会、搞联欢，那个半年让我充满了兴奋。当时指导我的师傅都非常的和蔼可亲，对我给予了很多的帮助。短短几个月我就和我所教班级的孩子们建立了深厚的友谊。我现在一想起来都是满满的幸福：想到了孩子们灿烂的笑脸，想到了和他们无忧无虑地玩耍，孩子们太天真可爱了，他们是那么的纯洁。在最后的告别欢送会上我和孩子们都哭了，他们为我表演了很多的节目，最后孩子们给我唱了当时正在流行的小虎队歌曲《放心去飞》。孩子们的真情让我深深地感动，我感受到了孩子们的天性，更加让我加深了对当时我们常说的"教师是太阳底下最光辉的事业"这句话的理解，坚定了我将来成为教师的决心。

第三节　我的为师之感

一、上班——不像想象中的那么美好

1995 年 7 月，我进入了海淀区乃至北京市的名校——中关村第二小学，光荣地成了一名正式的人民教师。一切都是那么的兴奋。可是从 9 月 1 日正式走入教室的大门开始，我才知道，现在我才刚刚步入作为教师的正轨。为啥说是正轨，因为我要真正独立直面我自己的教学任务，面对学生的教育问题。那时候我才感

悟到，不管我们是见习还是实习，我们都是理想的局外人，我们没有真正走入教师的常规工作，只是一种实践体验，真的上手了，出入太大了，原来上班没有想象的那么美好。虽然学习和工作完全是两回事，但不管遇到什么困难，我一直坚信着：每一位学生都重要，每一位学生都需要我的关爱。我和同学们在一起每天都是特别的开心，孩子们也都很喜欢我，不管是那几个淘气的男孩还是那些学习成绩不好的学生，他们都特别喜欢我这个大朋友老师，他们喜欢我这个副班主任的程度远远超过了班主任老师。因为我尊重他们之中的每一个人，爱他们每一个人。

作为刚刚踏入工作大门的血气方刚的小伙子，工作上我还是比较有理想和追求的。我工作的第一年是教四年级，大家都知道，中年级是安排新毕业教师最好的年级，因为中年级相对压力较小，既没有一二年级习惯培养的压力又没有高年级即将面对的升学压力。当时我负责一个班的数学，还要负责全年级的奥数班，每天既要和本班的孩子打交道，还要和全年级数学好的孩子打交道。我虽然年轻，没有经验，但丝毫没有放松对自己的要求，始终像老教师看齐。我愿意动脑筋，肯钻研，再加上在学校住宿，没有家庭负担，应该说是全身心地扑在工作上。我相信，好教师不是凭空而来的，是需要付出的。经过一年的辛勤付出，我工作做得有声有色，得到了学校、家长和学生的认可，于是我顺利地升入了高年级——五年级。

二、一个大嘴巴——激活我的教育观

按当时的话说，我所教的班里有很多的差生，这些差生就是成绩不好的意思，我教的数学成绩也不例外，当时有十多个学生的数学成绩在六七十分，还有两三个学生经常不及格。所以，每天放学后我要给这些孩子补补课，当然前提是得到了家长的支持，现在想起当时让我感动的还有很多事。比如说，有的家长在接孩子的时候就把热腾腾的饺子给我送来了，因为他们知道我住校，晚上吃不到可口的饭菜。但让我到现在都特别难受和对我走上管理岗位做了校长影响最大的一件事至今难忘。我的一个学生叫王天骄，小伙子比较内向，数学成绩不太好，他还总是不完成作业。我经常给他补课，效果时好时坏。有一天他又不完成作业，而且前面的错题也没改，补课的时候还不上心，于是他爸爸接他的时候，我当时就很生气地向他父亲告了状，没想到当时他的父亲当着我的面就给了孩子一个大嘴巴。我都没有想到，也没来得及反应。事后我非常后悔，这件事我一直记得，场景仿佛就发生在昨天，这件事深深地触动着我，也深深地影响着我，一直到今天成了校长，我还都一直思考着这样的问题：如何面对学习有差异的孩子，如何关注每一个学生的个体需要，怎样才能最大限度地因材施教。对于这件事，我一直很内疚，虽然不是我的主因，但这个嘴巴是因为我而起，而且是完全可以避免的，所以至今我觉得我欠学生一个大嘴巴。换成今天的我，肯定不会发生这样的问题了。

三、人人平等——不埋没人才

我记得刚参加工作的几年，我绝对在学校是最小字辈的。但是学校给年轻人创设的机会确实特别多的。比如说学校对团支部建设非常重视，学校的团员活动丰富多彩；学校给年轻人安排最好的师傅；等等。在这样的环境中，也让我有很多的学习提高的平台。

我所教的第一个班是从四年级一直带到六年级的，连续教三年，这也是在学校开了先例，而且紧接着我又连续教了三年的六年级毕业班。对于我这样刚参加工作的年轻老师，学校给予了我极大的信任，我想这就是学校优秀文化的具体体现。这种经历直接影响着我今后走上校长岗位的思想，那就是尊重每一位教师的价值，让每一位有梦想、有能力的教师都有实现自身最大价值的舞台。

四、小提案——大影响

现在我还记得，刚参加工作的第一年寒假，学校召开教工大会，我们几个住校的年轻人，也试着提了一份建议就是改善住宿条件，帮助解决住校教师在校收看新闻问题以及吃晚饭问题。当时我们也是抱着试试的态度，没想到时任的汪校长高度重视，很快为我们教师宿舍配备了电视，也协调帮助我们解决了晚饭问题。2016年9月的教师节前夕，北京市教委新闻中心采访我，主题是：长大后我就成了你——说一位至今对你影响最大的老师。当时我就谈到了我的老校长对于我们还没有什么资历的年轻教师的关心和重视一直深深地影响着我。今天我做了校长，继承了老校长的优秀传统，关心关注每一位教师，关注刚刚走上工作岗位的年轻教师，最大限度地关注有困难的老师们。

五、大扫除——大收获

有一年，学校临时接到通知，第二天要有一个大的接待任务，要有领导到学校来参观视察。由于学校是刚刚新装修完没有多长时间，很多地方清理还不到位，于是学校就组织所有团员教师连夜加班清理。我当时是团支部书记，第二天校长通知我周二要在全体会上好好总结一下，表扬感谢一下老师们。当时我心里有点发虚，因为我还没在全体教师面前做过这样的事，另外我也想，这不都是应该做的吗，有什么好总结的呢？经历了这件事若干年后，我渐渐明白了当时校长的用心，那就是尊重每一位教师创造的价值，不断凝心聚力，发挥团队优势，这是学校教师队伍建设的核心。

第四节　我的管理之悟

一、家长告状——让我学会多角度处理问题

2001 年 1 月，我做了学校的德育主任，负责一个分校的德育工作。这对于我来说是一个全新的挑战。在做德育工作的几年里，让我学会了如何更好地处理家长和学校以及家长和教师之间的矛盾，学会了多角度看待教育问题、多角度处理教育问题。

记得有一次我们一位有几年工作经验的年轻班主任被家长告状，原因是孩子在学校犯了错误，老师很严厉地批评了孩子，放学后孩子就一直哭，家长心疼孩子，于是气愤地到学校来告状。我详细地了解了此事的情况，找到了这个年轻教师，和她进行了耐心的沟通，她也虚心地接受了我的建议，说好了和家长面对面谈一谈，表示由于当时急躁，希望得到家长的理解和谅解。于是我把家长和老师请到了一起，可出乎意料的是刚没说几句，我们的年轻教师就和家长嚷嚷了起来，我赶紧把老师请出了会议室。之后，我又耐心地做家长工作，代表学校和老师向家长表示歉意，希望得到家长的理解，同时也提到了老师工作的不容易，希望家长也多理解。最终得到了家长的谅解。而后我又和当事的老师进行耐心的沟通，希望她也多能够站在孩子和家长的角度考虑一下问题，老师也后悔了，她当时听到家长的不理解，觉得委屈，一时冲动，所以和家长发生了冲突。

这件事事后我也在反思，下次遇到这样的问题，还要在之前把工作做得再细一些，多做一些预案，同时在处理类似家长和学

校教师矛盾的事情要多角度思考问题，多学会换位思考，这样我们的工作才能够更加有效，才能够从心理上解决问题。

二、大局与细节——一次提案对我的影响

记得我刚做学校分校负责人的第一个学期，学校的教代会后，我们的老校长对我说，今年的提案工作由你来负责，我当时一听就有点丈二和尚摸不到头。这是我第一次接触全校提案，我认真地看着每一条提案，觉得有些提案提得不太合理，有些提案在全校教师大会上都说过很多次，根本无法落实，可是老师们还提，当然很多提案还是非常好的。我按照教育、教学、后勤、工会等进行了分类梳理，拿到干部会上，校长带领我们逐一进行研究，形成决议，最终由我在全体教师会上逐一向老师们回复。会后，校长表扬了我，说我代表学校回提案说的条理非常清晰，重点突出。

此次的提案工作让我学会了很多，尊重每一位教师民主参与学校管理是学校办学的头等大事，学校的发展是和每一位教师有着密切的联系的，学校的每一位教师才是学校发展的真正主人。

第五节　我的校长之道

一、我的 28 岁

2003 年 2 月，我被海淀区教委聘任为北京市海淀区中关村第二小学书记和校长，从此开启了我的校长之路。当时我只有 28 岁，这对于我来说绝对是一份沉甸甸的责任，更是巨大的挑战。但我凭什么敢做这个校长呢？我想源于我对教育的追求和强烈的责任感。那么我自己那么年轻，如何带好这样一所大校名校是我

上任后一直在思考的首要问题。当时我要面对很多挑战：学校已经发展到一个较高的阶段，在社会上有着较高的知名度和美誉度；学校内有很多资深的教师，都是我的前辈师傅，都是看着我在学校成长起来的；干部团队的整体年龄结构偏大；教师们还有更高的需求等等。以前在工作中都有师傅或者领导带领我工作，现在我没有依靠了，我是领头人了。学校下一步需要怎么走是摆在我面前重要的问题。经过一段时间的学习和静心梳理，我渐渐梳理清楚：留下好传统，大胆往前走。于是，我确定了"学校要在继承中发展"的总体思路。

二、我与学校共成长

那么继承什么呢？首先是继承学校优秀文化。二小，从我走进她的那天起，我就深深地爱上了她。这里有宽松的工作氛围，和谐的人际交往，不用扬鞭自奋蹄的工作作风，每一个人都是这里的主人，每一个人都在追求卓越。这种感觉已经浸润在每一个人的心田，外显于行动。那么二小形成的这样好的氛围是什么样的文化呢？我认真查阅资料不断学习，同时研究一些优秀企业的文化。2003年6月，我在全校教师大会首次提出了"用家园文化引领学校发展"的理念。家园文化的提出既是对学校原有办学文化的提炼又是对学校美好未来的憧憬。家园文化，强调的是在学校办学中要形成利于教师发展、学生成长的软环境，让师生能够在身心轻松的环境中健康发展，促进积极状态的形成，让师生身心愉悦，减少负面因素的不利影响，让全体教师聚焦课堂，聚力在学生身上，让学校成为教师的心灵港湾，成为每一位教师和学生又一个健康的生命家园。

家园文化提出后得到了全体老师们的普遍认可，在老师们当中形成了共鸣，统一了思想，凝聚了力量，规范了行动。

家园文化的提出，源于我在学校的经历，特别是作为教师时的感受和经历。我想，作为校长，真的不是一家之长高高在上、发号施令，而是要心中装着每一位教师。每一位教师都是学校的主人，都担负着各自的教育任务，都要面对自己所教班级的每一个活泼可爱的孩子。每一位教师都需要被关注，被重视。每一位教师都需要得到支持，获得发展。家园文化就是充分尊重每一位教师在团体中的个体成长。

在家园文化的引领下，我充分尊重每一位干部教师，最大限度地发挥每一位教师的主观能动性，2006 年 7 月，学校成功召开"培育和践行家园文化"主题大会，进一步确立了学校的文化定位和内涵，老师们还出版了《我与二小共成长》书籍，记录了老师们在发展过程中的新的体会感悟。这是我的卷首语：

走进二小，就走进了一个家园。这是二小人的梦想：让每一名学生、每一位教师都因为走进二小而有一种幸福感，人与人之间都充满了真情，这也是我们的教育理想。

在这个幸福的家园中，校区之间只有地理位置的不同，没有先后顺序之分，更没有身份地位之别。有的是彼此的尊重，有的是充分的接纳，有的是平等的待遇。

在这个幸福的家园中，学校充分尊重教师选择的意愿和专业发展的愿望，使每一位教师都可以在不同校区、不同岗位上得以最大限度的发展。

在这个幸福的家园中，学校给予师生浓浓的人文关怀，干部给予教师热情的帮助，教师给予学生真情的付出……

在这个幸福的家园中，教师们努力工作，甘于奉献，不断反思；在真情的涌动下，学生们快乐地学习，幸福地成长。

三、艰苦与升华

2003年2月上任伊始，学校由三个校区组成：一个是中关村二小本部；还有一个是学校1998年接手的位于海淀区高科技园区上地信息产业基地的中关村第二小学分校——上地实验小学，上地实验小学的前身是一所农村学校，随着产业园区的发展搬入了新的教学大楼；同时还有一个合作的民办校——海淀外国语实验学校，这个学校的小学寄宿部由中关村第二小学派出师资进行承办。2003年7月学校合并了一所薄弱校——成府小学，承接了一所新建的小区配套小学，我们把它叫华清校区。上任短短的三个月时间里，学校就由原来的一校三址快速发展到了一校五址。这么多的校址办学这在当时海淀区也是独一无二的。

五个校区，五种情况。本校是老校区，肩负着学校发展的带头重任；分校上地实验小学年轻有活力，老师们又有较高的追求目标，向着本校看齐；合并的薄弱校的老师们有点诚惶诚恐，不知未来会是怎样；新建的华清校区的家长对学校寄予了很高的期望；在民办校工作的二小教师觉得特别辛苦，面对住宿的孩子、服务要求较高的家长，感觉压力巨大，身体吃不消。而我要身兼五个学校之中的三个校区的法人代表，面对三个班子，三套财务。

面对这样复杂的局面，我感觉身上的责任巨大。学校遇到了前所未有的挑战，学校的发展和辉煌可不能毁在我的手里，我千万不能让二小的浓茶变成白开水，我要对每一个校区的发展负责。

1. 机会均等

2006年，海淀教委要评"奥林匹克教育示范校"，本校和分校上地实验小学都报名了。评选的结果出来了，分校上地实验小学被评上了，而本校没有被评上。当时我一看结果出来了，和我的预期不一样，我觉得要给也要给中关村二小本校，于是我打电话给教委的主管领导，说明了我的理由：本校没有评上，分校评上了，怕是在本校老师当中说不过去。但是教委领导很认真地对我说：哪个学校做得好就评给哪个学校。事后我冷静下来，觉得领导说得是对的。是啊，分校上地实验小学虽然才成立只有几年的时间，但老师们年轻、有朝气、有活力，工作中敢于创新、敢于实践，健美操、棒球等活动确实开展得有声有色，我也承认比本校好，只是碍于面子，我觉得应该给本校，是我错了，本校的奥林匹克教育就是缺少创新和成果，分校获得此荣誉是理所应该的。这件事深深地教育了我，面对多校区的发展，我要对每一个校区负责，对每一个校区的老师负责，而不能够论资排辈，要尊重每一位教师创造的价值。我经常对我们的干部提起这个事情，让干部们从我这里汲取教训，在我们的管理工作中，尊重事实，公平待人处事。老师们需要的是共同发展，而不是平衡。

2. 尊重生命

2006年元旦前夕，一次意外发生了。我们学校的三年级的一位非常优秀的小男孩，不幸从楼梯上跌下来，摔到了头部，在医院抢救了几天，还是不幸去世了。善良的家长特别的通情达理，在大家的共同努力下，善后工作很快处理完了。在这个过程中，我也始终保持了镇定，但事后我也深深地陷入了痛苦之中，脾气变得暴躁，当年干部的年终奖和年级组的优秀组奖励都取消了。当时很多干部和年级组老师也说都扣除掉不合适，但我坚持就是没给。虽然是一次意外，事情也得到了妥善处理，但我很长时间才从这件事情中走出来。

从那以后，我真正把安全工作放在了最重要的位置上，提要求，抓落实，体现在具体的工作中。如：学校每月设安全月奖，年终设立安全奖。每天班级、年级、校级三级安全巡视，所有活动都签订安全责任书，学校每学期期初和期末要召开两次安全教育大会等。应该说现在我们学校的安全到了一个比较高的级别，但我知道这背后是有惨重的教训和代价的。

其实我特别想对我们所有校长说：作为校长，学校发展、教学质量都是重要的，但作为学校办学，最重要和最保底的事就是尊重生命、敬畏生命，这个比任何的教育教学活动，任何的教育成果都重要。给学生一个健康安全的环境和保障才是最重要的。

3．冲破逆境

作为学校的校长，绝不仅仅是教育教学工作，如果做不好财务保障工作，是当不好校长的。

在刚当校长的几年，正好赶上学校的飞速发展，同时也经历了学校办学经费和教师工资全面改革的阶段。在这段发展时间，学校既要考虑教师的绩效奖励还要经历若干次来自各级各类的检查，包括教育主管部门、发改委、财政局、纪检等部门的单独检查，还有各级的多部委联合检查等等。这当中学校也经历了太多的困难，很多的时间学校都在接受检查，甚至无暇顾及学校的教育教学，这其中的艰辛只有经历过了才能够体会到其中的累心，也真是一言难尽，困境中的滋味非是几页纸能够道明的。随着国家综合改革的不断深入以及国家对教育投入经费的加大，随着学校治理的深入，学校的财务工作也越来越规范透明，让校长也能够把越来越多的时间和精力放到教育教学上。

经历这段时间学校的发展，让我对于学校的内涵有了更深更全面的认识，对于校长的责任有了新的理解，对于学校财务工作的重要地位有了深刻的思考：财务工作是涉及学校发展的大事，没有良好的财务保障学校就不能健康发展或是学校发展受到障碍和限制；没有好的经济基础做保障，教师的合法权益就得不到有效保障；没有健康的财务环境，学校的正常教育教学就得不到很好开展，就会束缚教师发展和学科建设。

虽然学校的财务工作在国家经济建设发展过程中越来越完善和规范，各项财务工作已经上升到法制的高度，财务工作必须与时俱进，所以财务工作依然是我们校长要不断重视的问题，因为现在国家投入加大了，检查监督的力度也在不断加大，依然需要作为财务第一负责人的校长高度重视。只有财务工作安全规范，学校的各项工作才能够合理正常有效运转。

四、又一次蜕变

1. 勇敢抉择

如果说从 2003 年作为校长开始，学校就进入了高速发展阶段，在这段时间真是一边摸索一边实践，在实践中反思，在反思中提升。

2008 年 6 月，教委免去了我中关村第二小学分校——上地实验小学的书记、校长职务，分校和二小正式脱钩，开始独立办学。说实在的当时我真的舍不得分开，在我作为分校校长的 5 年多的时间，学校实现了高起点跨越式的发展，一举发展成为海淀区北部的名校，得到了当地百姓的认可。不舍的同时，心里无限地感慨和欣慰，在这里让我收获了很多，学到了很多。

一所学校短短十年实现了飞速发展，我认为主要基于以下几点：首先是有着一支优秀的教师队伍，学校发展的最关键因素就是取决于教师。这绝不是一句套话，而是亲身经历和感受。一所学校能不能办好取决于校长能不能带出一支优秀的教师团队，我说的是团队而不是教师个体。另外一个就是追求，一个好的团队要有好的追求。二小的分校，虽然仅仅是十年，但老师们在平时的教育教学工作始终向着二小本校教师和工作看齐，这样也成就了学校发展的辉煌。再次，不管是办分校，还是办一个学校，我们只要给予老师足够的真诚，平等的机会，欣赏的目光，广阔的舞台，老师们一定能够实现超出想象的发展。

2. 新的机遇与挑战

在分校和二小剥离的同时，二小又迎来了一次新的更大的发展机遇。在教委的高度信任下，学校又勇于承接了海淀北部新区一所新建校。这所学校是海淀区当时新建小学中占地面积最大的小学，起初规划当中是两所学校，后来整合成一所五十亩地的大学校。新的学校的接手给二小带来新的机遇，老师们欢欣鼓舞，因为作为一所名校，其实二小本校的办学条件相当的艰苦，才只有八亩地，连正经的操场都没有，这次一下有了五十亩，简直变成了"土豪"。同时对于我这个年轻的校长，在工作了5年之后，也能够重新梳理我的办学思想和实践经验，在原有的基础上发生一次真正的蜕变。

新的学校紧邻百望山，百望山也叫望儿山，相传北宋杨六郎与辽兵在山下激战，佘太君登山观阵助威因此而得名。同时学校又隶属海淀区新规划的百旺新城内，老师们集思广益，最后取名"百旺校区"，预示着百事兴旺。

百旺校区的硬件建设我们没有参与，由施工单位完成。但后期的校园环境建设完全是由我们自主设计完成的。当时我们开了很多的研讨会，成立了三个行动小组。我们有总设计师、总建筑师、信息工程师，这些都是我们自己的老师。所有建设倾透了我作为校长的几年感悟，倾注了全体二小人的心血。百旺校区的建设完全是人性化的建设，处处体现"以人为本"的理念。包括防撞洗手池、不同高度的厕所隔板、采光通风一流的教室、符合人体的弧形座椅、班班教室里的紫外线消毒灯、既开放又安全的半截窗户护栏，学生喜欢的"沙梦园"、梦想书屋、交换空间、快乐农庄等等。

2009年9月1日，学校在百旺校区进行了隆重的开学典礼，新校区正式投入使用。截至今天百旺校区已经在北京市甚至全国声名显赫。从办学之初到现在接待过的参观学校团络绎不绝，我可以自信地说我们的百旺校区在软硬件建设上在全国是属于一流水平的。

说实话，学校校园环境在2009年建校后基本没有再投入，但依然让大家那么的喜欢。我想这最主要的是学校在建设中全方位的"以学生为本"，学校所有的环境是为学生成长服务的，有了这样的想法和做法，我们到什么时候都是对的，都不会落后。其实在我们的校长当中大家好像对"以人为本"这个词太熟悉不过了，但又有多少人能够真正做到以人为本，很多校长在各种会议的发言或是到学校参观时大谈阔谈如何如何的以人为本，而你实际到学校看看转转，和老师们聊聊天，你就会发现真是天壤之别。我们的教育缺少太多太多的以人为本，我呼唤我们的教育的"以人为本"要真正从思想出发，付出行动，我们需要的是取得成效的以人为本。

3. 一校多址办学实践现场会

2013年12月5日，海淀区教委在中关村二小百旺校区召开了一校多址办学实践现场会，向全区、全市、全国推广学校的办学经验。为什么要开这个会，因为中关村第二小学的一校多址办学真正实现了同步、优质、均衡发展，真正为当地百姓提供了统一的高水平优质教育。

二小的一校多址办学模式在全国也是独一无二的，因为二小的多址办学真正实现了多校区一个标准、一个质量。二小的多校区办学是把学校的几个校区用文化、扁平的管理模式，信息技术手段进行高度融合，把几个校区办成了一个学校。在二小没有本校和分校之分，没有质量好坏的差异，在二小家长不用择校，每个校区的教学质量都是一致的。

4．为什么别人不容易复制

这和办学的初衷有直接的关系，在全国不断推进"加大优质教育资源的辐射力度"方面，各地区都有很多的做法，有的是名校挂牌，有的选派骨干教师，有的是输出管理，有的是办成分校等等，这些办学形式最主要的是没有直接把学校的办学目标定位在和原有本校齐平的高度，只是不同形式的接管、托管、参与管理等。而二小的办学目标首先定位在要办就办出二小水平。有了这个目标就是付出行动。如何把多校区办成同一个水平，这需要我们投入大量的时间和精力。为了保障多校区同步、优质，我们采用了以横向扁平管理为主，纵向校区管理为辅，形成立体交叉、同步共振的发展态势。这其中最重要的还是人，这就要求我们的干部和教师更辛苦，更要多付出，责任心更强，要有更多的担当。

最让我欣慰和激动的是学校从承接百旺校区的第一年开始就得到了当地百姓的高度认可，实现了学校高起点跨越式发展，同时由于新校区的发展也给中关村第二小学整体的发展带上了新的台阶。

回想学校这些年快速的发展，能够让我忘我工作的是一种强大的使命感和责任感。我一直坚信，校长的深层意义是一种付出大爱与责任的工作。校长要善良，要爱身边的每一位师生，不论处于一种什么样的状态，都要用我们的大爱去感染身边的人，用我们的责任去担负起教师的光荣使命。我经常和老师们聊天说，如果我们为了钱就不要当老师，赶紧跳槽。教育不是以经济利益为驱动，教育是心灵与心灵的对话和影响，教育的幸福在于我们的成人和助人。

五、绽放最美的自己

作为教育工作者，我们都在思考着，怎样的教育才是好的教育？

我认为真正落实以人为本的教育是好的教育，每一位学生都有适合自己成长提升空间的教育是好的教育。

从 2013 年起，学校不断梳理明晰中关村二小的育人理念，逐步形成了"桃红李白心暖花开"的教育愿景。桃红李白：寓意着每个生命都是独一无二的，每一个生命都是一朵含苞待放的花蕾，孕育着无限的生机和可能。心暖花开预示着每一朵花蕾的盛开都需要精心呵护，其心灵和个性都应该得到尊重和理解，让每一颗心灵聚力为开，绽放最美的自己。

1. 关注每一位学生的成长需要

从 2009 年 9 月开始，学校每年的开学典礼都是三个校区的学生聚集到百旺校区，共同开启新学期的第一课。为什么要劳心费力大动干戈地集中在一起，首先是基于学校"一个二小、一个标准、一个质量"的引领，更主要的是我们的初衷是让每一位学生都同等感受到二小的优质教育。开学典礼对学生来说是重要的活动，孩子们应该在一起共同经历。有很多一校多址办学的学校采用的是各个校区错时进行开学典礼，校长赶往各个校区，当然这样比较简单。但我觉得这种形式在各个校区存在很大差异，不利于学校整体工作的同步发展。

我们学校统一的开学典礼经历了全校在一起设立一个大舞台，发展到六个年级六个分舞台，很多学校的开学典礼主要集中针对一年级新生和六年级毕业学生。分舞台就是要保证尊重每个年级学生的需要，到 2013 年我们又专门为一年级开设了新生入学礼，为二至五年级准备了"开学总动员"活动，让每一位学生真正参与其中。我认为，从开学第一天起，每一天的学校生活都应该是属于孩子们的，从第一天开始就把学习的主动权还给学生。

针对全校的学生的发展需求和学生的差异需求，学校还开发完善了学校的"育心课程"，最大限度满足更多孩子的个体需求，满足学生"既要吃饱又要吃好"的需求。

2. 关注每一位教师的发展需要

在关注每一位学生的发展的同时，我们更要关注每一位教师的发展需要，要想实现"桃红李白心暖花开"的办学愿景，首先就要关注每一位教师的个体发展需求。

教师的工作是有灵性和创造性的，但我们很多教师受到长期教育体制和思想的禁锢，发展被限制，很多教师是在被动的工作，教师缺乏自主性和创造性，设想如果教师没有了工作的激情和工作的乐趣，我们怎么可能培养出热爱生活、具有创造性的学生。

不夸张地说，我们很多学校的教师和学生的关系还停留在一元阶段，就是教师按照教学内容和以考试为目的，以教师为中心地传授知识，距离我们社会发展到现阶段的多元学习主体、共研共进的开放的学习关系相差很远，这里最大的问题是我们的教育体制和学校管理体制的问题。

作为校长，应该最大限度地激发每一位教师的潜能，让每一位教师都能发挥自己的优势，都能够在学校找到自己工作的生长点和发展点，都有实现自己梦想的舞台，实现满园春色发展态势，都能够绽放属于自己的最美姿态。

从 2014 年开始，学校积极倡导教师们在教学中形成自己的教学风格，不要去模仿别人，努力成为学校的特色教师。学校把特色教师定位为学校最高水平的教师，高于教育部门评选出来的各种骨干教师。

常态教学课我们的课堂更加开放，打开教师们怕听课的心结，我们强调听课是从学生的角度去观察每一位学生的生长，而不是对教师品头论足，我们就是要给教师释放更多的思想空间，激活老师们的潜能。

我们的教师现在的确很辛苦，因为老师们参与了大量的无效劳动，包括各种形式的学习、培训、继续教育等等，不是说这些活动没有效果，但这些参与形式最大的问题是老师在身心疲惫下被动地加班加点开展，这种学习严重忽视了人的主体作用和人的主观能动性，没有从教师的实际出发，所以根本不会取得好的效果。心理学的研究表明，人在积极健康的状态，干自己喜欢的事是不觉得累的。从 2015 年开始我们首创了教师的个性化脱产培养工程，针对每一位教师个体的发展需求，制定有针对性的个性化培养方案，满足教师个性化发展需求。努力让每一位教师发挥自身优势和特长，在学校干自己喜欢的事，真正感受到工作带给每个人的乐趣，实现自身教师职业的幸福体验。

3. 聚力绽放研讨会

2015 年 10 月 22 日，海淀区教委召开"中关村二小教育家办学实践研讨会"，我觉得这既是对学校多年办学的高度肯定，也是对于我这个年轻的老校长的认可。教委规定用两个核心词作为这次研讨会的主题，经过一段时间的研究，我们确定了"聚力·绽放"，我觉得这真实的反映这些年学校所呈现的状态。凝心聚力是每一位优秀校长必须具备的领导力，更是学校持续发展的动力；绽放最美的自己是我们每一个人的人生追求，我们的办学就是在不断地聚力，不断地绽放，聚力为开，一次次地聚力就是为了最美的绽放，教育就是这样如此的美妙。人生也是这样如此的美妙。

六、领航在行动

2015 年 4 月，我被北京市教委推荐参加"全国首期名校长领航"学习。这使我站在了教育的更高平台看教育，这个班的目标是培养未来教育家型校长。我和七位来自不同省市的校长有幸成为江苏教育基地的学员，几年来的实践学习，我觉得我对教育又有了更好的认识和定位，我的教育情怀有了新的提升。作为一名校长要有大的胸怀和抱负，要有远大的理想和追求，要能够有大的担当和使命。对于我的教育热情和梦想注入了新的活力。

我和我的七位全国名校长领航的同学形成了新的学习共同体，相互学习和促进。以我的名字命名的名校长工作室由来自北京市不同区县的七名优秀校长组成。我们共同探讨、共同提升。我所在的海淀区中关村第二小学作为北京市教委名校长培训实践基地、北京师范大学校长研修学院考察基地、首都师范大学初等教育学院校长实习基地积极承担了各种任务，不断发挥着引领示范作用。同时每年学校接待来自国内外的参观学习团很多，通过这些机会不断交流我的教育理念和学校的办学感悟，不断发挥影响辐射作用。努力在路上，教育家型校长成了我今后的梦想追求。

第二章　厚德载福

——林启福校长的成长经历

　　源远流长的中国历史长河中，道学家们讲究"气象"，说人皆有气象，譬如说周敦颐的气象如"光风霁月"。论起林启福校长，在近20年的校长生涯教育办学历程中，他身上折射出的博厚儒雅、谦和温恭的教育气度，也自有一番气象。走进他办公室，正对的墙上有一幅"厚德载福"的墨宝，巧藏名字之蕴意外，似乎也不难读出他崇尚仁德、包容得福、豁达开明的人格志趣和教育追求。从大山深处的一个小小的自然村走出来的农家娃，从乡村走到县城，从县城走向省城，从省城走向首府北京，走向祖国的大江南北，怎么一步步蜕变成今天走在教育家型校长路上的践行者，怎么坚守初心引领山城教育走向广阔的天地？让我们翻开他的成长履历，聆听他心灵深处如大山般厚重的声音。

　　林启福，福建三明学院附属小学校长、党支部书记，特级教师，福建省首批中小学正高级教师，福建省首批中小学名校长，全国首期名校长领航班学员，兼任三明市教育学会副会长、三明市心理学会副会长、三明市特级教师协会副会长、三明市小学品德与生活（社会）学科教师培训实践导师，先后被授予"全国青少年普法教育先进个人""福建省优秀教师"等荣誉称号。中国共产党三明市第九次代表大会代表。

第一节 求学篇

一、童年——因一颗柔软心萌发"教师梦"

我出生在大田县文江乡的一个小自然村，那时候交通闭塞、不通公路。初中毕业考上师范参加面试时，我才第一次到县城。"山外还有山，世界真大！"我从此更加发奋学习，憧憬有一天能走向更广阔的世界。当时家里有六个兄弟姐妹，我排行老四，下面还有弟弟、妹妹。父母又都是农民，家境自然贫困。但是，父亲都送我们读书。也许父亲自己读书少，知道没有文化的痛苦。母亲更是深明大义，希望子女都上学，宁可自己累点、苦点。农家人原始朴素的教育观念，促成我日后跨出家门，走出农门的机缘。

小学四年级，我遇到一位下乡的"知识青年"刘老师。她带着一个长得胖胖的三岁小男孩，小男孩非常可爱。刘老师来自大城市，不仅长得美丽，知识渊博，且心地善良。记得当时教室在二楼，地板是木板铺成的。乡村孩子很会捉弄"城里的女教师"。上课时，刘老师转身在黑板写字，调皮的同学就用力踩响地板，一阵"咯吱咯吱"的声响，引来课堂一片喧哗。她转过身回来，不愠不火，大家马上静静地不作响，好像什么也没发生。

全班男同学都做过这样的恶作剧，大家也因此而沾沾自喜，觉得很有挑战权威的"男孩子"的勇气。哪个不敢做这样的恶作剧，哪个男同学就不"勇敢"了。于是，一次上课，老师转身板书，也鼓起勇气猛踩一下地板，同学们老师转身过来，朝我座位的方向瞪了一眼，又继续么事也没发生。我暗自得意没有被老师发现，也总算"勇敢"了一回。

　　放学时，刘老师突然把我叫住。"糟了，被刘老师发现了！"我想一定要挨一阵大骂了。刘老师等同学们都走散后，轻轻地对我说："没想到你也会这样做？"她的声音很轻也很低沉，充满了委屈和伤心。一时间，我惶恐不安，手足无措。刘老师静静地望着我，没有说第二句话，眼泪就突然哗哗地流下来。我突然觉得自己很龌龊，更不配担任一班之长。之后的三四天里，我心里始终总在自责。想到刘老师只身一人带着孩子，从优越的城市里来到这么偏远的小山沟里，多么不容易！我们这些村野孩子，却只顾自己作乐，从不体会老师的良苦用心。此后，谁在上课时踩地板作弄老师，我就立刻站起来大声呵斥，"不许胡闹！"。从此以后，刘老师的课堂里总是"静悄悄了"。

　　时至今日，回首童年的那段时光，如果刘老师把我臭骂一通，我心里可能更舒服，也会更加倔强。她的宽容和柔软和那句"没想到你也会这样做"，一经触碰就让我陷入深深的自责。也许从那一刻起，一个懂得走进孩子心里、有悲悯之情的老师，一个善于激发人的同情心、能够让学生自我修正的老师，一个善于克制自己、包容学生错误的老师，走进了我的心田，开启了我童年的"教师梦"。

二、初中——因一份知遇恩选择中师路

　　初中要到乡所在地读书，距离家有30多里路，当时的客车票是两毛钱，为了节省这两毛钱，通常每周往返学校都是走路。中考结束，我的成绩超过中师录取分数线60多分。父亲才突然发现"老四"这个孩子挺会读书。迫于家境困难，他毫不犹豫替我选择了上师范这条路。一是省钱，师范有助学金，包分配工作；二是

跳出了"农门",不再是农业户,变成了城市居民,国家保证粮食供给,每月有饭票二十九斤,不用担心饿肚子。更重要的是可以减轻家里负担。没想到的是,班主任黄老师特意到我家,找到我父亲说:"这个孩子很会读书,应该选择读一中,今后一定会考上大学。"黄老师是英语学科教师,他工作勤勤恳恳,一丝不苟,对学生特别和蔼可亲。平时我的英语学不好,口语方面尤其差。来自农村的我,平时也少言寡语,十分内向,在他的鼓励和信任下,初中二年级开始,居然还担任班长。因为黄老师的帮助和鼓励,我的各科成绩都很好,包括英语学科。黄老师跑了那么远的路,专程到访做我父亲的工作。校长也到我家,劝说父亲让我上高中。望着年迈的父母,想着困窘的家境,我还是毅然遵从父亲的意愿,踏上了师范求学之路。但值得欣慰的是,通过黄老师和校长为我前途奔波和苦口婆心劝说的这件事,我深深地感受到了他们为学生未来着想的负责态度,对我是莫大的激励和鼓舞。2016 年 9 月,习近平主席和北师大师生代表座谈时说,一个人遇到好老师是人生的幸运,一个民族源源不断涌现出一批又一批好老师则是民族的希望。当好老师,当像黄老师和校长这样的好老师,把自己的温暖和关爱倾注到学生身上,真心为学生的前途和命运着想,像他们那样"为学生终生发展负责",成为我担任二十年小学校长最大的教育誓言和追求。

三、大学——因一段未了愿梦圆大学城

20 世纪 80 年代初,中小学还非常缺乏教师,农村更是以民办代课教师为主。因此,踏上中师之路,意味着三年后奔赴乡村当小学教师,也意味着上大学是遥不可及的梦想。

在师范一年级时,数学教师郭老师成为改变我人生的一个贵人。她鼓励我说:"多读书,机会也许就会来临。"郭老师帮我买

了英语广播电视大学的教材，还让我担任数学科代表。在她的鼓励下，后来我担任了学习委员、副班长、班长。

到师范的第二年，开始有了中师保送生，可以通过考试，升入福建师范大学深造。名额很少，一届毕业生也就一到二名。在我即将毕业时，开始推荐保送生。第一榜名单中并没有我的名字。大概因为在二年级时我病休了三个月，因此没有计算我的成绩。当时班主任找到教务处，说林启福这个学生的成绩一直很好，要统计一下他的成绩。重新统计后，我的学习成绩每个学期都是年级第一名，包括病休三个月的那个学期。第二榜公布时，我就排在了第一名。之后的保送生考试，只考了语数英三门，因为之前一直有听广播英语的缘故，我顺利进入全省的 102 名人选，再通过面试，录取到福建师大教育系。1987 届全校十二个毕业班中，仅有两人保送到福建师大。

命运之神再次眷顾我的时候，又有一个小插曲。

父亲看到我取得中师毕业证书，松了一口气，说家里还有弟弟、妹妹和姐姐都还在读书，家里负担很重，大学就别念了，有一份稳定的工作可以了。就这样，眼看喜从天降的大学梦想就要破灭。

当时我们村里真正的大学本科院校还没有人考上过。我被福建师大录取的消息一传十，十传百，村里人纷纷议论，说林家孩子会读书，可惜家穷上不了。父亲也是特别爱面子，又特别倔强的人，听到村里人这么一说反倒硬要争一口气，"砸锅卖铁也要送孩子上大学！"就这样，我又幸运地走到省城，开启了我的大学生涯。

大学时期，我贫瘠的阅读得以弥补。在学业并不紧张，专业课程更是简单的情况下，图书馆成为我的最佳去处。我开始广泛涉猎：《红楼梦》《西厢记》《巴黎圣母院》《时间简史》《爱弥尔》

《民主主义与教育》……从文学名著到古今中外的历史；从百科全书到人生哲理丛书；从教育的起源著作到现代教育的发展拷问。经典与现代，中方与西方，文学与历史，为我打开了广袤的天地。在阅览室里，有几百种杂志，其中《教育研究》《课程教材教法》《读者文摘》我是每期必看。

更令我难忘的是那些满头银发、戴着老花镜却依然执着在学术上探索的一大批老教授。《普通心理学》的史老师，平时看上去没有一点生机，走在路上好像还在思索"神经元条件反射的机制原理"。可是到了讲台，两只眼睛发出透亮光芒，仿佛一下变得年轻。他最喜欢的是同学与他争论，我们不敢在快下课时提问题，一提问题准会拖课，史老师甚至会忘记吃饭的时间早过了。他经常说忘记吃一两餐物质的食粮不要紧，精神的粮食可一餐不能少！我们的很多教材也都是这些教授编著的。那时的教授没有权力欲，也没有铜钱味，他们珍惜学术上的地位和教学领域的权威，专心在自己的学术领域上研究，使大学成了教育的学府和学术的圣地。这段弥足珍贵的大学教育，绝不仅仅是学习知识，掌握技能，更为深刻的意义在于重塑一个完全独立的精神灵魂和文化标记。我也是从大学时代开始认识到学校教育，应该少一些行政化倾向，多一些平等的学术交流和纯粹的教学研究。"师生平等、人人平等"和"追求学术研究"的理念也许是从大学里就植入我的心底。

大学毕业分配，学校要我留校任职。因为当时是保送生，所以要征求原保送学校同意。我的辅导员专程从福州到三明与师范校长交涉，最后"不欢而散"。其实，老师们用心良苦，但我的态度很简单，"在哪都是当老师，服从安排"。就这样，我回到了母校——三明师范学校，开始了我真正意义上的教师生涯。

第二节　成长篇

一、初为人师——因一场师生缘缔结教育情

刚参加工作，杨真才校长安排我到学校办公室，除了学科教学，负责档案管理和文字工作，我自己还提出要担任班主任工作，学校自然答应。当时自己的这个选择，后来证明是非常正确的。

当时是"按县编班"实验工作，我班上的学生全部来自大田，都是"老乡"。这些孩子都是大田农村来的，家境都不好，普通话带有浓厚的"大田"口音，而且多数都比较内向，但有一个特点，心地善良、吃苦耐劳。为了尽快学好标准的普通话，每天早读课，我就和大家一起练口型，还专门请高年级同学担任辅导员，帮助指导说普通话。同时严格既定，"不允许任何人、任何地点、任何时间用方言说话。"并根据大田人特点有针对性地加强普通话练习。终于，在基本功竞赛中，我们班同学的"三字"（钢笔字、粉笔字、毛笔字）、"一话"（普通话）在年级名列前茅，同学们平时不敢说话的现象逐渐消失了，也更加自信、开朗了。

但是，文艺水平仍然是短板，唱歌、跳舞整体水平差。为了改变这种状况，我特意安排文艺骨干担任班长。班级大力开展唱歌和舞蹈比赛，每周末开展文艺晚会，逼着同学们上台表演，以此提高文艺表演水平。记得一次学校合唱比赛，我们班同学积极准备，特意外聘教练指导，我还从师范附小借了花束等道具。同学们一遍又一遍地唱，大有不获奖不罢休的劲头。比赛开始了，全班同学人人憋着一股劲，个个精神抖擞，尽情发挥。成绩出来了，可惜！仅仅微小差距未能获奖。比赛结束，我赶忙去送教练，并归还道具。随后，到宿舍找班上同学，可一个也没有找到。原

来全班同学都静静地坐在教室，悄悄流着眼泪。那一刻，我震撼了，为同学们强烈的集体荣誉感所感动，走到他们中间也情不自禁地流下了眼泪。恰巧那天是杨校长值周，他看到了这一幕也深受感动。杨校长对同学们说："我知道你们都来自大田，而且都来自农村，那里缺少音乐、美术教师，从小没有接受过正规的音乐教育，比赛没获奖不能怪大家。你们已经很努力了，下次比赛一定能获奖。"当晚，杨校长就去找了组织比赛的团委书记，非常严厉地指责他："为什么这样的班级没有获奖？至少应该是优秀奖、人气奖！"杨校长对我们班的偏袒，更激发了同学们的斗志。我们班还先后获得"三明市暑期社会实践活动先进单位"和"福建省先进班集体"。在毕业会演中，大田班的演出获得巨大的成功，班级里涌现了一大批文艺"精英"。我和我的同学们相信：勤奋是可以弥补自身的不足，努力是成功的基石。

每次出差返校，我总是提着行李直奔班级，详细了解我不在学校期间发生的每件事。班级成为我的"家"，每个同学都是家里的成员。我深爱着这个家和家里的每个成员。由于班主任工作出色，两年后，我被提拔为年段长，不再担任这个班的班主任工作。听到这个消息后，全班同学都惊呆了。那个暑期，我收到了班级同学四十多封信，他们哭着说："林老师，您不爱我们啦？您怎么不管我们呢！"二十多年过去了，我对"大田班"每一个同学还记忆犹新，他们的长相、名字、性格都深深烙印在我心里。我们彼此时常联系，他们或喜或忧也都乐意与我分享。

苏联著名教育家苏霍姆林斯基说："请你记住，教育——首先是关怀备至地深思熟虑地小心翼翼地去触及年轻的心灵。"初为人师，我幸运自己选择从班主任工作开始，在相濡以沫的日子里，给予学生的不仅仅是知识、技能，更是与学生相处中，一起生活，一起奋斗的汗水、泪水结成的友谊，是共同面对生活挑战对人生价值思考的引导。

二、上任校长——因一场教育改革催生使命感

1997 年，三明市教委从大中专院校中层干部中考察选用部分市属中小学校长，我也成为其中人选。就这样，当年 28 岁的我被任命为三明市列东小学（后来更名为三明市实验小学）的书记、副校长，主持学校工作。列东小学是 1986 年福建省认定的首批办得好的十六所重点小学之一，学生以机关干部子女为主，教师中也有很多干部家属，是社会上公认的一所教学质量高但管理难的学校。我陡然感到了身上的压力和重担。

当时，三明市教育改革如火如荼，在全国率先开始实行初高中分离、义务教育阶段免试就近入学。《中国教育报》曾经以"三明打造无择校市区"为题，报道三明市推进素质教育的经验做法。如何切实转变以升学为主的应试教育模式到全面推行素质教育，是我思考的一个重大的时代使命。当时，小学毕业考试，语数两门成绩要达到 194 分以上才能上重点中学。而上了重点中学，意味着这些少数学生一只脚已经迈进了大学的门槛。而多数上不了重点中学的学生，则基本上与大学无缘，只能读技校或者直接就业。因此，过度过早的竞争在小学里就愈演愈烈。语数每门成绩要达到 96 分以上才是"好学生"，学生家长的压力多大啊！哪怕一点点的失误都可能影响孩子一生。小学到了六年级，体育、音乐、美术等课程基本上取消了，"考什么教什么""题海战术"盛行，"不能输在起跑线上"的传统应试教育愈演愈烈，严重影响了学生的健康成长。

为此，我们组织开展了素质教育大讨论，学生、家长、老师、社会各界人士都参与其中。大家纷纷发言，"现在的孩子苦啊，那么多的作业，没有时间玩，没有时间参加体育锻炼！""孩子睡眠

严重不足！""孩子脾气大，少考一分就造成巨大的心理压力。""我们过去读小学哪有这么多作业，现在也一样工作。"如何还给孩子童年的快乐？如何把孩子的世界还给孩子？……在激烈的碰撞中，我想起了一个刚刚逝去生命的孩子。

"林校长，我孩子走了，感谢您在他最后的那段日子里，那么认真地呵护一个多动症的孩子，那么把我的孩子当回事，让他愉快地度过校园里一段无拘无束的生活！"那时，我意外地邂逅了一个特殊的家庭：一个单亲妈妈和一个患有脑癌的男孩。这个患有脑癌的孩子因为脑瘤压迫脑神经，在学校表现出了异常的狂躁和多动，受到了班主任的多次"调教"。我偶然知道这个孩子的秘密后，在不动声色中和班主任促膝长谈，我告诉老师们"一个儿童教育者应该有农夫的步调，一张一弛，春种、夏长、秋收、冬藏，是节气的守候者，耐心守候生命拔节的声响；是温润的浇灌者，静待发芽、开花、结果。"就这样，我和老师们一起让男孩在生命的最后一段旅程获得了快乐的体验。这个特殊孩子的离去，给了我很多思考和触动。当时，我的脑海中就不时盘桓起孔夫子"仁者爱人"之说。仁者爱人，这是孔子思想也是儒家学说的最高境界，是儒学主张爱的方式。这种爱的基本原则，触动了我重新审视学校教育的功能和价值。未来的竞争是科技的竞争，科技的竞争是人才的竞争，而人才的培养落实在基础教育的小学阶段，应该是人的身心全面发展。

于是，经过这场素质教育大讨论之后，我们初步达成共识，在学校确立了"为社会未来着想，为孩子一生奠基"的办学理念。我们着力于"奠基"工程，应该包括培养儿童的积极的态度、良好的情感、扎实的知识基础、健康的体魄、学会学习的方法和能力、大胆的想象与创造、勤于动手的社会生活实践能力、强烈的爱国精神和社会责任感等。那种"只会做题"的抱大的一代，是我们教育偏离"人"发展畸形的时代产物。大学和师范学校任职经历，让我更加深刻理解到单纯"应试教育"的危害。于是我开始卧薪尝胆，大刀阔斧摸索和形成自己的校长管理之术。

1. 以办好学校为己任

初任校长，学校当时在校生 2300 多人，班生规模达到 60 多人，学校还附设一个学前班、一个印刷厂。学校占地 8900 平方米，生均占地不到 4 平方米。建筑面积 6000 平方米，生均建筑面积不到 3 平方米。如何控制办学规模、扩大用地、增加建筑面积成为全面推行素质教育最迫切的问题。为此，我意识到没有大刀阔斧的"破"与"立"，很难改变现状。于是，我指导撤除附设的学前班，印刷厂资产评估后剥离搬迁，并推行划片招生控制办学规模。两年后，学校面貌有了改观。新的一幢综合楼矗立起来，增加了图书馆、阅览室和八间音乐、美术、综合实践的专用教室，在校生数控制在两千人以内，音、体、美、社会等技能学科全面落实。减少了考试次数，学生的学习成绩不在排名公布，并建立了学生综合素质评价方式，语文数学成绩不再是占统治地位，初步形成学生全面发展评价体系。校长的管理，首先是有改革的勇气和主动作为，要以把办好一所学校为己任。

2. 公平是管理的第一要素

校长要赢得师生家长的爱戴和尊重，依靠校长的"人治"行不通，要牢牢把住"公平"二字，通过制度来管理。我们主动申报了三明市福建省"校务公开、民主管理"试点单位，推行办学思想公开、校务公开、财务公开，干部选拔和重大工程项目实行公开招聘、招标，激发了广大职工的主人翁精神。在推行民主管理的过程中，不仅仅是"还领导清白、给群众清白"，更重要的是发挥了群体的智慧和力量。也使教师之间更加团结和谐。学校校务公开的做法在全市电视会议上作典型经验介绍，还被评为"福建省校务公开先进单位"。

3. 校长要把老师装在心里

当时，市实小有一栋 1970 年盖的简易宿舍，属于 C 级危房，不能参加房改。我在考虑，学校占地严重不足，是否可以争取政府支持，通过土地置换的办法，把宿舍拆除恢复教学用地，由政府另外划拨一块土地让老师集资建房。通过努力，这个想法终于实现。集资房与后来市委市政府实施的"园丁工程"合并，学校老师的住房问题全部得到顺利解决。我无数次看着那座破旧的宿舍楼，现在终于拆除并盖起了崭新的教学综合楼，还建设了当时全市小学最大的一间多功能学术报告厅和一间开放的书廊。这个工程当时得到市长的高度赞扬，他专程到学校视察，鼓励我继续创新工作方式，不断改善办学条件，努力改进师生生活、工作环境，办出全市一流质量的学校。在市委市政府的支持下，我们还征用一块土地，这块土地涉及市公安局、市林业局、市法院和检察院等多个部门，学校运动场地扩大了，还全部铺上了塑胶。海外版的《人民日报》头版刊登了"让出黄金宝地，造福子孙万代"的专题报道。

为了能让老师们安心工作，学校主动与市实验幼儿园、市属列东中学建立紧密联系，推行基础教育一体化工程，开展幼小、小初的衔接教育，同时解决了教师子女入园和就读初中的直通问题。此外工会开展"五必访"活动（教师生病住院必访、教师家庭有困难必访、教师家庭有了纠纷必访、教师工作遇到困难必访、教师情绪不稳定必访）、大龄未婚青年教师的联谊活动等。把教师的事放在心里，急教师之所急，尽力帮助解决教师遇到的各种困难，使学校成为有凝聚力的温暖大家庭。"文人相轻""互相诋毁、互不买账"等不良现象消失了，取而代之的是"心往一处想，力往一处使"的患难与共的和谐氛围。

4. 用人之道

校长要当乐团的指挥家，让各种乐器在不同时候发出声响和谐地演奏同一首曲子。人的个性、优势不一样，都能发挥才智、贡献。我在两所学校管理中都培养一支团结奋进、高效得力的干部团队，使我有闲暇时间"对着一棵树发呆"，可以思考教育更深层次的问题。在学校的管理和发展中，打造一支优秀的教师团队是校长的重要职责和使命。从提高学历层次到培养教师的科研能力，从提升教师素养到聚焦课堂教学实效，从提高教学质量到关爱每个孩子的成长，成为我校长岗位工作的"攻坚战""持久战"，这也是使学校勇立潮头、始终处于全市小学中标杆校的秘诀。我也日渐走向成熟，步入名校长行列。

5. 校长的修炼

校长要"术有专攻"，要深入课堂第一线，在学科业务上要引领教师的专业发展，就要坚持亲自上课。关于学科教学，在多年品德与生活（社会）教学实践中，我积累了自己的经验：一方面研读教材、把握教材、依靠教材，又不满足教科书的"束缚"，大胆创新生成；另一方面研究儿童的特点，注重时代特点与未来对人的可持续性发展要求，把握德育教育的现实性与前瞻性、历史性与时代性、针对性与实效性，知行统一；三是让儿童在情境体验和活动交往中感悟、辨析、认知、践行。2003 年我被评为高级教师，2006 年又被评为特级教师，2016 年成为福建省首批中小学正高级教师。专业上的发展与成功，改变了长期以来小学校长多是事务型、经验型的印象，证明了小学校长也可以有"学术味"。

上任校长，我在经历一场追求学校教育价值的大讨论、大改革。在这场大改革中，年轻的我没有退却，在时代改革潮流强大推动力下，挑起了校长应有的改革勇气和开拓创新的劲头。

第三节　领航篇

一、入选名校长——因一次拔节的培养提升影响力

2012 年，我入选参加福建省首批中小学名校长培养工程，参加了为期三年的连续培养学习。这次学习，我重新深入思考教育的目的意义，重新审视自己的办学实践与办学思想。通过高层次、高水平的研究型培训，包括拓展教育视野、修炼名家为主的理论研修；学习借鉴先进学校办学经验的影子培训；提高个人素养为核心的读书指导和教育反思；开阔视野、增长见识为目的的高校培训；培养批判精神和质疑能力的"校长论坛"；思想交流、智慧碰撞、观点争辩为目的的校长教育思想研讨会……足迹遍及祖国的东南西北，尤其再次走进北大、北师大、上海复旦、西南大学的研修，也走进北京、上海、浙江、广东、深圳等地小学实践考察，我个人的理论素养、战略眼光、胸襟视野、专业精神及办学治校能力等都得到了提升。

苏霍姆林斯基认为："校长的领导首先是思想的领导，其次才是行政领导。"校长的办学思想就像舵盘，决定着学校的走向，在学校、教师、学生的发展中发挥着决定性的、不可估量的作用。所以，在名校长培养工程推荐 100 本教育专著中，我精选了二十几本细细阅读，在读中感悟，在读中思考。在感受先哲的人生哲学、教育理想及对教育本质的认识中，"把孩子们当作活生生的人来看待，让校园里充满民主、平等，让老师、学生在校园里自由呼吸，从而到达心灵之花自由开放的生命田园"像一道道闪电划过我的脑海，嵌入我的心灵深处，成为我的座右铭。不断的深度阅读，也激发了我的幸福教育理想。如何寻找教育的美丽风景，

培养幸福教师和幸福学生？苏霍姆林斯基提出"教育就是培养幸福的人"。在长期教育实践经验的基础上，我深刻意识到当下的教育不能盲目推崇优秀，应该把培养健全人格、幸福品质作为教育目的，激发潜能，培养心性，触动灵魂。"幸福"是衡量人生的唯一标准，是所有目标的最终目标。因此，幸福比优秀更重要！基于这样的认识，我提出：让学校成为儿童幸福成长的地方，构建幸福教师团队，实施"福泽"育人，培养幸福的人，成全幸福的家庭，为幸福的中国奠基。我认为，基础教育就应该要充分让儿童享受成长的过程，幸福比优秀来得重要，一个人的生命旅程中不能缺失童年的快乐和坚守，缺失童年的人格是不完整的。教育不仅要关注儿童当下的幸福，同时要为儿童一生的幸福奠定基础。于是，在考证现任学校的沿革发展基础上，2013年3月，我提出"为学生幸福人生奠基"的办学理念，我想办幸福的学校，成就幸福的师生。

2015年4月17日，福建省名校长教育思想报告会闽西北专场，在三明市政府礼堂隆重召开。福建省名校长培养专家委员会的导师都来了，全省名校长培养班学员和三明全市的骨干校长近五百多人参加，会场上人头攒动。今天场上的嘉宾是湖南师大教育学院院长常顺亮和浙江温州教育院院长王振中，是很有分量的人物。我有幸作为承办单位——三明市和南平市教育局从中遴选的四位校长之一登台作报告。

虽然，之前我一再表明不是登台的"料"，没有什么自己的教育思想，但是福建省教育学院黄家骅副院长三番五次地点拨、开导我，还两次深入学校实地考察，专门提前听取我的报告，给我把脉诊断，指点迷津。最大的问题是思想理念聚焦在哪里？他对"幸福"一词不满意，认为全国各地包括福州市很多学校都提"幸福"教育，但都没有什么建树和影响力。几番激烈的思想斗争后，我确立"幸福立校、福泽办学"为报告会的主题。

报告中，我在阐述自己"幸福"教育主张的缘由、依据、内涵和具体实践与成效中，也表达了对附小深沉的爱："附小这块阵地，给了我实践教育理想和办学思想的土壤；附小这个团队，给了我最大的支持和帮助；附小的学子们，他们的天真烂漫，他们如饥似渴的求知欲给了我前行的力量；这个伟大的时代，这个充满变革与交融，精英辈出的时代，这个教育现代化、信息化、国际化的时代，给了我勇于创新的不竭动力。仰望星空，脚踏实地，怀揣自己的教育理想和责任担当，矢志不渝朝着教育的美好愿景不断前行。"台下掌声雷动，而我也被自己感动了。轮到与专家、现场嘉宾"真刀真枪"的互动环节了，我针对专家提出的"幸福教育具体目标""幸福感的价值"和"幸福教师的建设"等问题对答如流。在与听众互动环节中，针对"当前教师压力大不幸福"的问题，还机智地引用网络热议的"世界那么大，我想去看看"的教师辞职书一事，提出了我的见解。现场还有嘉宾提出"学校事务多，没人愿意当干部"等问题，我直面问题的回答，让会场上气氛达到了高潮。导师黄家骅对我的表现频频点头，在点评环节，黄院长不乏赞誉之词。那时，我心里对黄院长"拔节"成长的助推充满了感激。

更幸运的是，不久我接到了教育部中小学卓越校长国培计划项目管理办公室通知，我入选了教育部首期中小学名校长领航工程，成为首期 64 名学员之一，福建省小学校长仅有的一个名额。命运之神再次眷顾我这个"幸运儿"。

二、领航实践——因一场高规格的引领开启新天地

1. 部长的话

2015 年 5 月，教育部首期中小学名校长领航工程正式启动。

我有幸作为福建省教育厅选派的唯一一名小学校长参加这种最高规格的学习。教育部副部长刘利民为我们这批来自全国各地的64位学员做动员，他说："今天我不是作报告，因为你们经常作报告，而不是听报告。我是来为大家鼓劲的，你们应该成为中国第一批教育家型的校长。教育家型校长不是闭门修炼，而是置身祖国各地去领航实践，以燎原之势推动中国基础教育的发展。"他掷地有声的话中，透露着对我们的殷切期待与厚望。接着他又说："教育家型校长要有时代的责任担当，要有执着的教育情怀与坚定的教育理想信念。靠培训出不了教育型校长，但教育型校长一定要有培训学习、相互借鉴、拓宽视野。"刘副部长言简意赅的鼓劲加油深深触动了来自偏远小山城的我，能够参加国家级最高端的校长培训，能够面对面与教育部的专家和全国教育界精英人物对话，无疑开启了我教育世界的一个崭新的天地。

2. 我的新"家"

因为与江苏基地季春梅博士有一面之缘，又目睹江苏基地的优秀培养设计方案，我毫不犹豫地选择了江苏基地。就这样，我和来自全国东西南北的另外7位校长结成了学习共同体，在江苏教育行政干部中心季博士的召唤下组成了一个新"家"。在这个新"家"，我们青梅煮酒论教育，把酒言欢缔真情。

新疆兵团华山中学的邱成国校长，是兵团二代"根正苗好"富有家国情怀的好校长，被大家称为天山之南的教育"侠客"。他的"文化维稳"教育思想展现了他独有的教育情怀。

青海西宁二十一中的于大伟校长，不言则已，一言惊人。在江南园林般的学校里，他极力反对当下"分数论英雄"的单一教育评价方式，坚持"把孩子的一生幸福送给孩子"，他独创的学生社团活动完整成体系，"用孩子创造的生活教育孩子，用孩子的创造成就激励孩子"，纯粹的认为可以有一种没有"攀比、没有功利性"的真教育来改变中国教育的现状。

来自鱼米之乡富庶之地——浙江，湖州吴兴高级中学的严忠俊校长，率性、直爽、干练，做事雷厉风行。他构建的"博才教育、博爱文化"造就了一大批优秀学子，信奉的教育理念"天生我材必有用"，培养出一支优秀的教师团队，在江南教育上独占鳌头、熠熠发光。

来自北京中关村二小的杨刚校长，年纪最轻，守正持重，这源自于他深厚的教育修炼。二小享有清华大学、北京大学和中关村的丰富资源，从一个校区发展为三个校区，实现了名校办分校、名校带弱校的品牌效应。二小"蓝博豆"小精灵、金帆交响乐团、金鹏科技团等品牌文化标识和学生社团，令人叹为观止。就在前不久，习近平总书记还亲自观看了二小冰球队的比赛。

来自安徽亳州一中的张勇校长，是我们的老大哥，是全国高中化学学科的专家，更是学校管理的行家。"与学生在一起，才会找到教育的价值"，他这么说也一直这么坚持着。不久前，他为了不担任教育局长，只身到了海南陵水中学，继续践行他的"仁智教育、山水文化"的教育梦想。

来自山西晋中高专附校的郭长安校长，大气豪放，内心丰富，是北方的真"汉子"。善良的他总希望来到世界上的每一个生命都能感受到温暖和柔情，享受到生命的成功与幸福。参观了他曾经任职的山西晋中特殊学校，我们亲眼见证了这所学校的孩子们一件件精美的作品和精彩的演出，令人震撼，感人至深。

最后一个家庭成员，来自七彩云南的美丽姑娘杨琼英校长，是真正的"杨门女将"。她的"童心文化"灵动富有创意，童真、童趣、童玩，打造了一所童话般的学校。在她的学校里有"半天童"，也就是半天可以不上课，还有可以跳级的"跳跃童"，自主选择学习时间的"休假童"。她的智慧与灵气，自然成为家庭里的宠儿。我们也非常庆幸家庭中来了这个唯一的"小妹妹"，她会带给我们教育灵动的思考和丰富的色彩。

3. 家长

严华银主任，这可是我们从心底里敬重的"泰斗级"的人物。"革命人永远是年轻"，生活中的严主任走起路来脚步生风，精神抖擞。平日紧张的工作之余，邀我们来几把"掼蛋"，赢也好输也罢，极具生活的交往方式，大家乐在其中，有时不经意的一句话，都展现出教育无痕的无穷魅力。工作中，他深邃的教育哲学观和独到的教育思想让我们获益良多。他每到一所学校，总是细致入微地考察、诊断，而后亲自撰写诊断报告。报告中既有对学校历史文化的解读，更是对学校问题的精辟剖析和对学校未来发展的高屋建瓴的研判指导。那种"一语中的"的精准把脉，我打心里不由得为拥有这样的"伯乐"而庆幸与自豪。

季春梅副主任优雅知性，工作起来却雷厉风行。她做起事来风风火火，我们这些校长常常跟不上节奏。常常是基地组织的一项活动刚结束，来不及喘口气，她又下达若干项棘手的任务。因此，好几个校长都怕她，在后面称之为"灭绝师太"。但我们这些校长都清楚，真需要季主任的"高压"手段，否则我们领航校长恐怕难以长进，"领航"真的只是"镜中花、水中月"了。季主任学识渊博，已经具有深厚的社会学、心理学、医学知识，已经是博士的她，还在攻读博士后。"家"里有这样一位具有优秀天赋又学无止境的人，不由得令我们这些领航校长扼腕自叹。

来自东北地区的班主任回俊松博士，英俊潇洒，处世低调。他总是勤勤恳恳地为我们服务，哪怕再细小的事情，也考虑得十分周全。我遇到困难时，最喜欢请他帮忙。"没问题，一定办到"。他常常和我包括我的团队这样说。我们在按规定时间完成基地任务时，他都会诚恳地说"谢谢"。出了差错，他也总是说"没关系"。我们碰头开会，他常常是主持人，他主持简单不失严谨、轻松不失专业，会议总是进行得顺畅、高效和圆满。

这就是我在领航学习的新"家"。每当到江苏南京学习，我们就是"回家"了，回家的感觉真好。

4. 我的工作室

领航班校长不是荣誉，是责任担当，是领航示范。刘利民副部长说："领航校长不要闭门修炼，要投身实践去引领示范，带动区域的教育，努力办好每一所学校，为中国基础教育的发展贡献才智。"

2015年6月我开始筹建工作室。在福建省教育厅教师工作处杨振坦处长的直接关心下，工作开展非常顺利。市教育局的分管领导黄茂峰副局长是个极其开明又富有教育智慧，学者型的领导，对我的工作更是鼎力支持，人事科方科长也是极力促进，多方指导帮助。江苏基地导师团队，更是从理论和实践等方面指导工作室建设，提供了《名校长工作室建设方案》的范本。

2015年9月，江苏基地副主任刘明远代表项目办为我颁发了"林启福校长工作室"牌匾。接过工作室的牌匾，接到的是沉甸甸的责任，是教育部领航校长的期盼，是骨干校长和工作室成员的信任，更是千千万万个孩子渴望得到更好的教育，追求美好人生的深情厚望。

为建设好工作室，让骨干校长借力提升，拥有更高的教育眼界和更丰富的教育思想，我开始以"扶贫"方式，牵手企业家协会、商会募捐等筹措资金近10万元，为尤溪、大田、永安等10多所薄弱学校改善了办学条件，以解决学校当下最实际的困难，传递教育帮扶的力量，让受帮扶的学校师生们真正享受教育扶贫政策的阳光，感受社会的关爱；开始以"扶志"的方式"走出去"积极创造骨干校长跨县、跨市甚至跨省与名校长学习的机会与平台，"学起来"要求知行合一，要将学习成果转化为落地的教育实践等方式，提高工作室骨干校长理论修养和实践能力，实现办学思想与办学行动的统一。近两年来，我们走进江苏，近距离聆听薛法根校长、奚亚英校长和彭小虎校长的教育良言；我们走进沙县，首开三明市小学校长同台展示办学思想与践行的先河；我们走进闽侯、走进大田，传递教育人的良知，撸起袖子共同助力共同体的成长；开始"扶业"，带头"送教送培"活动，并发挥自己所在学校优质师资资源，选派教学技艺精湛的学科教师到农村学校支教或送教，呈现扎实有效、灵动个性的课堂风采，给予农村教师最直接的示范和引领。"种子"作用日益显现。

工作室遴选出来 8 位骨干校长，在一次次不断"走出去"和"学起来"的实践中办学思想开始凝练、教育情怀更加鲜明：沙县金沙小学卓光淮校长，是有 30 多年校长经验的老大哥，他放弃了教育局舒适的位置，在新建的一所工业园区学校，实践"生态幸福教育"梦想。沙县夏茂中心二小的周丽婷校长，她委婉拒绝厦门优质学校向她伸出的橄榄枝，践行"尚美"教育，执着坚守乡村教育，为的是让大山里的孩子能够走向更广阔的天地。叶文香校长在梅列区陈大中心小学，谦虚好学的她，智慧地提出改变农村孩子自卑的"赏识教育文化"，点燃了孩子们自信的内心力量，仅仅用了不到 3 年时间，把农村一所小学变成与城区学校一样富有生机活力。因为管理工作出色，她很快调任到一所城区的大学校担任校长。三明市梅列区洋溪中心小学张升家校长，通过乡村少年宫的建设和在全省率先实行"周末班车"，为农村的孩子丰富了课余文化生活的同时，也安全保障了孩子往返偏远乡村的交通问题。大田县城关第三小学陈光养校长参与学校的选址、征地、建设、招生，成为新建学校的首任校长。学校的诞生与成长，就如同母亲孕育自己的孩子，"倾注心血，精心呵护"。大田县太华中心小学苏元炜校长，是全市最年轻的高级教师，他以自己的专业素养敏锐地发现留守儿童存在的家庭教育缺失，导致孩子的学习、生活习惯不良问题，大力践行"养正"教育。闽侯甘蔗中心小学的郑守云校长，淡定的外表下汹涌着澎湃的教育激情。尤溪洋中中心小学的颜肇鹏校长，集诙谐幽默、开朗豁达于一身。他崇尚"本真"教育，就是要让孩子回归天性、追求自然、享受成长的快乐，"本真至善，立己达人"成为他的教育理想。

工作室的核心成员中，杨乾妹副校长睿智、干练，落笔有神，颇有文采，是工作室的得力干将。庄声财副校长是三明市数学名师工作室的领衔人，思维活跃，他的数学课堂充满了探索、思辨和智趣。朱小花主任，文笔清新，始终保持一颗童心、一份对教育的挚爱和对生活的热爱与憧憬，工作细心、勤勉、热情，是工作室的积极分子。幸卫芳主任一口流利标准的普通话，以深厚的文学素养和缜密的逻辑思维能力，成为学术讲座的常客。伊永青主任的朴素无华、公道正派，是个好帮手。热爱生活，酷爱旅行的她，常常随笔就是几篇好诗句。

一群可爱的人成了我的工作室成员，组成了我的教育学习共同体，组成了我领航校长实践的又一个小"家"。2016年2月13日，我受江苏教育行政干部培训中心指派，在教育部首期中小学名校长领航班2017年度集中研修活动上作工作室建设汇报。"务实接地，又登高望远，展示了中心工作的真实写照，发言思路清晰，表达得体大气，真正不辱使命！"我的导师江苏教育行政干部培训中心副主任严华银如此褒奖。"这个校长讲得很好！"教育部领航校长项目办副主任于维涛为我点赞。其实，我知道自己点滴成绩背后，是基地导师、是我的工作室团队的支撑和帮助。校长们和我的团队成员都在努力做同样一件对生命和成长富有意义的善良的事，都走在追求美好、成全生命的路上。我们低头做事、抬头看路的同时，将会不断仰望星空，共同创造充满活力的教育新生活。

5. 成长与孵化

2015年11月，在教育部国培计划项目办的安排下，江苏基地在中国教育干部网络学院网上直播中，我按照既定主题"我们心目中的教育家型校长"现场阐述并进行网上直播。在直播中，我以"万世师表"孔子的"有教无类""仁者爱人"教育思想开启我的话题。我提出，崇尚"有教无类"教育主张的校长，须具备以下情怀：一是敬畏之心。敬畏学生、敬畏家长、敬畏老师、敬畏责任。心存敬畏，语有所规；心存敬畏，行有所止；心存敬畏，不敢懈怠。二是公正之心。每个孩子的人格都应该是平等的，心理上是安全的，并时刻感受到自己在校园中作为"人"的价值。教育公平就是要发展好每一个不同的"我"，为他们提供适合的教育。三是悲悯之心。悲悯的教育含义就是关爱学生，同情弱者，给予学生快乐，同感其苦并拔除其苦。我传递给老师们的理念是"全接纳，慢引导"，以悲悯之心，以智慧之水润泽学生的成长。"高山仰止，景行行止。虽不能至，然心向往之"。这次直播发言，严华银副主任敏锐地发现我的朴素"教育思想情怀"。他中肯地对我说，林校长所具有的对中国农村孩子悲悯情怀，力求教育呼唤未来的希望，是当下教育型校长应有的可贵品质。幸福教育应该是福泽的过程，福泽是动态的、浸润的，校长和教师都是一条条幸福的小河，静静地流淌着生命与希望。严主任充满哲学思考的话语，对我是鼓励也是一种鞭策，推进了我对教育的思考。

在江苏教育行政干部培训中心基地学习时，得到严华银、季春梅、沈茂德、回俊松、薛法根、张晓东等一批学者专家的悉心指导，我对学校"福泽"意义认识进一步深化。教育的过程远远比最终的"幸福"状态更重要。也只有在教育的过程，师生的共同追求与成长中，找寻教育的本真，在浸润、柔软、人文的环境中滋养心灵，助力生命的拔节成长。从"幸福"到"福泽"，我的办学思想终于找到了一个合适的定位，开始形成具有学校独立标识的办学形态。

第四节　梦想篇

20年的校长管理历练，历经无数次的教育憧憬和实践，走过一段段里程碑意义的精神养育时光。我从一个初出茅庐的青年小伙走过宽厚稳重的不惑之年，逐渐把教育的目光投向更趋向理性、趋向生态的教育原点。与此同时，我发现教育做久了，自己的内心不知不觉中也变得越来越柔软，面对学校里这些纯真可爱的孩子们，我总是不断地，反复地追问自己：家长、社会把一个个天真烂漫的孩子送到学校，他们充满各种发展的可能性，我们给他们怎样的教育？培养什么样的人？怎样培养人？

心存敬畏，语有所规；心存敬畏，行有所止；心存敬畏，不敢懈怠。站在"福泽"教育的风景里，站在名校长领航的路上，向内审视自己的教育良知，向外探寻自己的教育梦想，在浮躁的社会环境下，我有责任守护学校这块拥有纯真的教育净土，办有良知的教育，让每一个孩子都在纯净的、人性的、温情的天空下有尊严地、自由地、个性化地成长；我也有责任传递教育的声音，带动区域的共同体，努力办好每一所学校，让千千万万个孩子渴望得到更好的教育、追求美好人生的深情厚望得到期许和兑现。

"高山仰止，景行行止。虽不能至，然心向往之"。我深知，只有投身教育实践的沃土，怀揣教育梦想、坚定教育信仰，在责任与担当、智慧与创造中砥砺前行，才能实现真正的蜕变与升华。

不忘初心，教育永远在路上……

附记：

一、儿子眼中的我

我打小不认为我爸一个正科级的小学校长算得上什么成功人士。但在那个年代，三明的小学校长、老师，多为大中专毕业，我爸是全市第一个科班毕业的小学校长。当时也有人议论，认为本科毕业生到小学任职有些屈才，但他自己却从不这么认为，在其位谋其政，任其职尽其责。这一干，就是整整 20 年。

我曾经"笑话"我爸，这么多年也没能更进一步。他说："爸爸老了，没有你们年轻人的冲劲了。"我慢慢却明白，其实他是把心给了教育。他说："从事教育多年的人，心会变得越来越柔软。"父亲这几年取得了不少成绩，但随之而来的是更大的压力。前几日他赴京汇报校长工作室建设情况，晚上到达北京，第二天会议结束后立即乘火车回三明准备市长调研。赞赏和认可是有，白发也添了不少。有时候，"晋职"不如"尽职"，有一种成功，叫作坚守。

——云南财经大学林康炜《我的父亲》节选

二、学生眼中的校长

排队回班级时，忽然听到林校长的声音从队伍的前面传来："刚才演讲的曹晨曦同学在哪里啊？"同学们纷纷用手指向我，兴奋地报告着："校长，校长，她就是曹晨曦！""晨曦同学，你今天的演讲真不错，声音也非常好听，真是了不起的孩子，让我抱抱你吧！"我简直愣住了，瞪大双眼看着校长，真不敢相信自己的耳朵。只见校长身体微微一蹲，手臂一弯，温和地将我一搂抱了起来。同学们欢呼雀跃着，纷纷向我投来羡慕的目光，有的在热烈地鼓掌，还有的高声地说："曹晨曦，你真的是太幸福啦！"……那时的我在校长温暖的臂弯里，比吃了蜜还要甜！我开心地笑着，宛如春天里盛开的花儿，灿烂无比。

我10岁的那个星期一意义非凡！我是幸运的！我是幸福的！未来的日子，我将牢记林校长的教导做一个可爱、幸福的孩子，带着爱，快乐前行！

——三明学院附小四年（1）班曹晨曦《带着爱幸福前行》节选

我读初一那年，我的母校——三明学院附属小学，来了一位新校长。听说他是一位如《窗边的小豆豆》中的小林校长一样的人，宽厚仁爱，机敏睿智又不失幽默与诙谐，只是我未曾见过。

教师节到了，我和同学回母校看望老师，终于回到了这个久违的充满温暖回忆的地方。"林校长再见！"正值放学铃声响起，孩子们蹦蹦跳跳却不失规矩地排队走出校门，孩子们纷纷向他挥手告别。哦，这个就是传说中的小林校长，比我想象中的更儒雅，更随和。

我印象最深的就是那一天谈到了"理想"。林校长抿了一口茶，眼底闪着光芒，关切地问道："浩男，你有什么理想吗，以后想成为怎样的一个人？"说实话，在林校长委托妈妈借给我《乔布斯传》这本书之前，我少有想法，但此刻，我的心中已经有了答案："作家！""作家好啊，很有想法。"林校长拍了下手，认同地点点头，"每个人都要有自己的人生规划！用一支笔的力量改造整个世界，用文学为别人带去温暖与希望。我相信你一定能做到！"

仅此一面，林校长那温暖如春的笑容就一直留存于我的心中……

——三明二中高二（4）班陈浩男《一面》节选

三、学生家长眼中的校长

"小锗圆，祝贺你又获得全国声乐竞赛金奖，希望你继续努力，快乐歌唱，幸福成长！"每年，当我的女儿陈锗圆参加全国各类声乐竞赛时，都会第一时间得到林启福校长的热情支持和鼓励，让远赴北京、重庆、内蒙古等地参赛的孩子和我，深切地感受到了来自三明学院附属小学这个大家庭的温暖。

我眼中的林校长，儒雅、和蔼，是家长和孩子们的朋友，更是"幸福教育"理念的引路人和践行者。桃李不言，下自成蹊。林校长倡导的幸福教育尊重每个孩子，积极创造适合每个学生发展的教育环境，充分激发孩子们的智慧和潜能，以环境育人、以细节立人，不仅浸润了孩子的心田，也拓展了家庭教育思路，让家长受益匪浅。相信孩子们在"福泽"思想幸福教育的浸润中，拥有幸福的现在与未来；相信我女儿陈锘圆会像一只美丽的"山城小百灵"，在幸福里放声歌唱！

——三明学院附小六年（5）班陈锘圆家长曾婷《我眼中的林校长》

四、教师眼中的校长

人的一生会有许多遇见。有一些人的出现，会使你的生命发生很不一样的改变，变得更美好，变得更有意义。林启福校长于我，就是这样一个美好的遇见。

在他的眼里，每一位老师都是优秀老师，即使教书很一般的老师，他也有优过于别人的地方，何况他还在努力呢。我就是在他的鼓励下不断成长成熟起来的。1998年我刚调入三明市实验小学（原列东小学），除了语文教学，还承担办公室的文字材料工作，编写《简报》。办公室主任出身的林校长，对我的文稿审核很认真，甚至一个标点符号的使用，他都反复斟酌。对于我写得好的部分，他从不吝赞赏，有时反复品读玩味，有时直接画线旁注。在他的指导和鼓励下，我从一个只会写风花雪月的文学爱好者成长为一名既会教学又擅写公文的办公室副主任。

2013年1月，在林校长的推荐下，我调入市教科所任副所长。临别前，林校长认真地找我谈了一次话，叮嘱我在提高业务水平的同时，也要注意学习管理经验，提高行政管理能力。与此同时，林校长也离开他工作了 26 年的三明市实验小学，调到了三明学院附属小学任校长、书记。消息传来，好些老师都哭了，因为舍不得这样的好校长。

——三明市教育科学研究所副所长卢永霞《印象：我的校长》

五、挂职助理的印象师傅

师傅常说："我不会做大事，只好从小事做起，把小事做好"。从师傅治学思想、教师管理中我能感受他的实在、真诚。面对老师，他从不说教，而是让他们在"做中学"，在思考中成长。他总是能在合适的时机给干部、老师好的点子，在老师、干部裹足不前时，送上鼓励："你肯定行！"

跟岗期间，附小有七位老师参加了三明市第二届教师技能大赛，成绩不太理想。反馈上，七位年轻教师的汇报中有失误的深深自责与沮丧，有赛前的忙碌紧张，又有赛后的反思与总结……用师傅的话说："老师们的汇报有些沉重。"老师们讲完，师傅发话了。让我讶异的是，当校长的他没有批评与指责，有的是暖暖的鼓励和殷切的期望，正像润物无声的细雨一般。他只简单地说："过程和结果都很重要，成长和成绩一样重要；微小的劣势是失败的重要原因；未来还很长，要追求人生更高的尊严和价值。"他就这样风轻云淡，亲切地同老师们沟通，看起来就像老师们的兄长一般，可我却在老师们瞬间坚定的眼神中读出了感谢和拼搏的勇气。

跟岗时，曾有记者到校采访。当记者问林校长对打造"幸福校园"的设想时，林校长的一番话打动了我。林校长说，衡量一个学校的幸福与否，要听孩子们有没有笑声，要看老师们有没有笑容。李镇西曾经指出：让每一位学生和老师都幸福地微笑，让芬芳的笑脸绽放，就是好学校。"成就幸福师生"，师傅林校长正在附小这片沃土中，和他的团队们用行动证明这就是最好的学校。

——三明市梅列区第一实验学校副校长林欣欣《师傅二三事》

"这是 2016 年教育部的工作要点，你们要认真看一看，要有所了解。""你们思考一下'幸福学生'的样子应该是什么样的？""学校教育、家庭教育、社会教育、自我教育这四者之间应该是一种什么样的关系？""一所优质学校应该具备的条件？"……这是师傅林校长每周"面对面"启发我们思考的学习主题。除了坚持每周一篇心得，每天与林校长面对面的交流，每周思考一个问题，每月一本书等，"我时常会静下来思考一些东西""你们一定要多看书、勤动笔"诸如此类的教诲不绝于耳。

工作上谆谆教诲，生活上更是倍加体贴。记得三、四月份时我咳嗽老不好，师傅林校长知道后询问我的病情，看我的症状和他夫人的症状有些相似，就将他夫人在医院开的药方照相发给我，让我看看能否按着吃药，还时常询问我咳嗽有没有好些。一段时间后，见我的咳嗽还是不好，他又拿出了姜茶，说我的症状像冷咳，喝点姜茶也许效果很好。

"有一个无法到达的地方，它的名字叫远方。"师傅林校长，一位全国名校长领航班的学员，正以强烈的教育使命感，炽热的教育情怀以及深邃的教育思想，一步步地迈向他的远方……

——三明市梅列区第二实验小学校长助理陈丽梅《师傅二三事》

第三章　毅力与智慧

——王九红校长的成长经历

王九红校长从一个中等师范毕业生到取得教育硕士学位，再到获得教育学博士学位；从一位普通的小学教师，成长为教研员，再成长为优秀的小学校长。他的足迹见证了他有超凡的勇气和毅力，也见证了他的智慧的生成和发展轨迹。这是南京师范大学喻平教授对王九红校长的描述。

那么，这样一位有智慧的校长，具有怎样的教育情怀？又有哪些传奇的成长故事和独特的教育思想？他又是怎样以一个博士校长的学识修养和理想追求带领着全体天正人，实现了"童心即天、爱心至正"为魂灵的"适合童心"的学校文化建设的呢？

就让我们跟随着他的成长经历，共同去探寻答案吧！

个人简历

王九红，男，汉族，籍贯江苏，中共党员，博士，正高级教师，江苏省小学数学特级教师、江苏省"333"高层次人才培养工程第 2 层次领军人才。1966 年 12 月出生，1986 年 8 月参加工作，现任南京市琅琊路小学教育集团天正小学校长、江苏省教师指导委员会委员、江苏省卓越教师培养计划项目专家委员会委员、江苏省首批领航名师培养基地小学数学教学首席专家、江苏省中小学教师培训学会学校和校长发展专业委员会理事长（小学）、江苏省教师发展研究所兼职研究员、南京师范大学硕士生导师、南京晓庄学院兼职教授，是南京市中青年拔尖人才、南京市有突出贡献专家、南京市首批名师工作室领衔人。

校长是一名实践者，名校长的成长历程其实就是他们学习、研究和工作的历程。就王九红校长而言，其成长历程可以用四个关键词来概括，那就是学习、教学、管理和研究。

第一节　学习：要将"金字塔"的底座建得更大

一、无奈的自学之路

1986 年我以优异的成绩从江苏省淮安师范学校毕业，是盱眙县 20 名同学中唯一的三好生。我被分到了县西南山区一所非常偏僻的乡中心小学工作，这对于一直家住县城，具有城镇户口的我来说，心情的失落甚至沮丧可想而知，我看不到一丝希望的光芒。在经历近一年的彷徨、苦闷、消沉和愤懑的情绪波动之后，我逐渐认识到学习可能是我解决眼前的困境，为自己开辟将来前程的唯一之道。因为我既没有丰厚的经济基础去铺垫发展通衢，也没有众多的社会关系去疏通发展的途径。心思一宁，偏僻而冷清的校园反而成为我读书自学的好地方，每天早晨在鸟儿的鸣叫声中我开始晨读，放晚学后的校园一片寂静是我挑灯夜读的学园。我当时非常爱好体育，成为一名中学体育教师是我当时的理想。我报名参加了成人高考，以高出录取分数线两倍多的分数考取了上海体育学院函授班。正当我高兴之时，却得到了县里的令人沮丧的通知：因为我是一名小学教师，所以不允许也不需要再参加高一级进修学习。这在今天的年轻教师看来可能觉得不可理喻，而在当时的教育管理体制下却是一种正常而普遍的现象。我不肯"坐以待毙",又偷偷参加了初中体育教师教材教法合格证书的考试,这次非常幸运,考试的成绩得到了认可,我获得了我自学生涯中的第一张专业证书。

我在师范学校实习时曾在一所乡初级中学教学过英语,这样的经历让我对英语学习有了一定的基础和兴趣,同时我也认为要想进一步的发展,英语无疑是我必须认真学习的科目,于是我参加了英语专业专科段的社会自学考试。为什么参加社会自考,而没有选择函授、电大、刊大等那些比较容易通过的学习形式?我的想法是:一是社会自考含金量比较高,听说国外也承认这样的学历。二是因为前文说到的教育局管理制度的控制,函授、电大、刊大等报名都需要单位开具的介绍信。我不愿意为了学习而去找关系,走后门。当时的社会自考既没有各种辅导班,也没有今天的缩小考试范围的特别信息,这是真正的自学考试——先自学后考试。经过两年的自学,我通过了英语专科段的多门课程。这时我觉得每次报考一两门课程太浪费时间,因为那时的自学考试每年考两次,且两年内的科目不重复。为了不浪费时间,我又报考了汉语言文学专业。我又用了两年半的时间获得了我汉语言文学的本科毕业证书。这期间,我还参加了中国数学会举办的奥林匹克数学教练员的培训,考取了二级教练员证书。

自从进入县实验小学,我就开始从事小学数学的教学工作。我觉得以上的学习内容与小学数学都不吻合,对小学数学教学水平的提高作业不太直接。当自学考试开设了小学教育专业(本科)之后,我又开始了小学教育(数学方向)的自考历程。

对于学习,我有一个朴素的想法:只有将学习的金字塔底座建造的非常大,学习金字塔的高峰才能更高。秉持这种想法,我在随后的时日里又继续自学,先后获得文学学士证书、小学教育专业本科证书。这些证书的获得在有些人看来完全没有必要，一名小学教师中师学历就已合格，专科足以够用，还学两个本科干什么？考学士学位又有什么用呢？但我不这么认为，我要继续学习，因为此时我已觉得学习已经成为我生命的一部分，是我的一种生活方式。

二、系统规范的学习

自考虽然让我获得了文凭，但我总觉得这样的学习方式有着较多的局限性。我不再满足于自学，我总想着有一天能够走进大学接受正式的大学课程教育，进行系统规范的学习，接受大学校园浓郁的文化气息的熏陶。但是，在当时的教育管理制度下，考研是一种奢望，领导是不会批准的，没有介绍信哪个大学也不会让你报名。直到 2000 年（那时我已调到县教育局工作），幸逢机缘，教育局领导终于同意我参加教育硕士的脱产班考试。从获取报名机会到考试只有短短两三个月时间，我白天在单位上班，晚上坐在书桌前挑灯夜战。功夫不负有心人，我终于如愿以偿地走进了我向往已久的南京师范大学的大门。

在南师大学习期间，我不仅认真上好每一节课，学好每一门必修的课程，还像久旱的土地吸收甘霖那样吮吸每一滴知识。我旁听了许多老师的课——教育哲学、教育学原理、课程与教学论、管理心理学等等。不管是南师大还是河海大学和南京大学，只要有讲座我都一概挤进去，听！文学方面的——文学史、古诗吟唱、文学鉴赏、小说研究等；政治经济方面的——西方后现代主义、国有企业的改制、外交官眼里的西方国家等；教育文化方面的——西方学校教育中的去道德化现象、费孝通对于文化的理解、中国古代教育心理学的研究等。不仅听，我和同学们还大胆地问，大胆地说。也许是大学宽松的氛围，也许是我们的初生牛犊之胆量，我们"旁若无人"地参与着各种活动。这些学习活动不仅极大地丰富了我们的知识，拓展了视野，更训练了我们的学术思维，造就了我们的学术勇气。我觉得在南师大的脱产学习是我人生当中的一次蜕变，一次进化，我受用终身。

我在学习中成长，学习于我是发展的动力，也是生活的方式。我已经离不开学习的生活了，我仍将继续学习，这种想法推动我去奔向学习的又一个驿站——攻读博士学位。我一直在一线从事小学数学教学工作，哪怕是担任校长期间，还做过几年小学数学教研员。我梦想着在小学数学教学方面能够有较为精深的研究，能够在中国的小学数学教学领域具有专业话语权。那时我认为，中国的小学数学教学研究处于一种"真空"状态，高校的教授们主要研究高校和中学数学的教学，很少沉下来研究小学数学的教学。小学数学的研究者主要是一线的教研员和一些名特师。这些人大多是中师生的学历，数学知识大多停留在算术和初等数学水平，缺少高等数学知识，难以用高观点来看待数学教学。在研究方法上，大多采用经验总结法，缺少科学规范的量化研究。鉴于以上主客观考虑，我决定报考数学课程与教学论专业的博士。

想法是好的，实施起来确实异常艰辛的。因为，我的本科和硕士都不是数学课程与教学论专业，所缺的知识太多太多。就一门高等数学的高山已经让我难以逾越，何况还有一条博士英语的大老虎拦在我的面前！攻城莫怕坚，读书莫畏难。前进有险阻，苦战能过关！承蒙上天眷顾，2008年我如愿以偿地考取了南京师范大学课程与教学（数学）博士生。攻读博士学位，对于一位在职校长——同时担任一个班数学教学的我来说，管理工作、教学、学习和家庭的多方面压力是巨大的，在学生、教师、校长和丈夫、父亲多种角色之间进行切换是艰难而痛苦的，但我"痛并快乐着"，因为我在学习，在成长。经过三年的认真学习，于2011年获得博士学位和学历。

第二节　教学：营造师生诗意的栖居

一、坚持不离课堂

学以致用，我的所有学习都围绕着我的教育工作这个中心，而课堂教学则是这个中心的中心。二十多年的教学生涯使我逐渐认识到：教师是用自己的全部才学和情感来工作的，需用终身的学习积累来备课。

我从乡中心小学到县城的实验小学，再到省城的名校。经历了普通教师、学校中层领导、副校长和校长的职务，又从事了教研员、教研室副主任的工作，甚至还担任过几天教育科副科长的行政职务。但不论怎样变化，我都对教学情有独钟。我间或离开了课堂，但最终我还是回归了课堂这方充满魅力的天地。从不知道如何上课的师范生，到害怕上课的新手教师，到略窥教学门径的中年教师，再到今天的省特级教师和正高级教师，这消耗了我32年的时间。这段时间是我生命的青春季节，花样年华。我不知疲倦地在课堂教学的道路上跋涉，不知疲倦地耕耘，一点一滴地收获自己的劳动果实。我曾连续8年担任毕业班的教学工作（这是艰巨的任务，也意味着荣誉，因为你的任何一次失误都会导致你的"下台"），也曾在南京市五年级数学质量调研统考中，均分名列全市前茅，全校第一。1997年我幸运地被列为淮安市"十百千"工程的培养对象，2001年被评为淮安市首届学科教学带头人，2007年又通过了南京市学科教学带头人认定，2012年被评上特级教师。2016年被评上正高级教师，这在当年的南京市是唯一在职小学数学正高级教师。我曾获得省级优课评比一等奖2次，市级优课评比一等奖 3 次，曾受邀多次在全国各地开设公开课和讲座。现在我仍然站在一线的讲台上，今年又送走六（4）班的同学们。

二、积极探索课堂

我的这些经历和探索使我得以从更多的视角去审视课堂教学，我对课堂教学的理解不断演绎，逐渐深刻。我觉得课堂应该成为师生双方诗意的栖居，在这一栖居里师生的智慧得到生长，个性得到张扬，生命的幸福得到实现。对教师和学生而言，课堂是他们学校生活的主要场所，课堂教学活动是他们生命历程中的重要一段。课堂教学不仅是学生认知活动的过程，更是学生焕发生命活力，促进智慧生长的过程，还是教师教育智慧生长和享用的过程。课堂理应充满智慧，理应成为师生诗意的栖居。

最近几年来，我一直在用自己的课堂实践对此进行艰难的探索。首先，我严格遵循教育教学的规律，特别重视数学认知心理学知识在课堂中的运用。我不喜欢一节课进行"奇技淫巧"式的"加工"，更讨厌"哗众取宠"式的"展示"。我讨厌"盲目跟风"的教学与研究态度，对"让学习真的发生""让思维看得见""为理解而教""前置性学习""翻转课堂"等等时髦和流行进行思考和辨别，洞悉其实质和缘由。时刻保持清醒，防止迷失正确方向。我主张包括探究、发现、有意义接受甚至被动机械接受等方式在内的多种学习方式的恰当选择和正确运用。因为建构主义、认知主义、行为主义等心理学理论都有其合理和欠缺的因素，任何一种教学方式（模式）都不可能包打天下。所以我的课堂讲究效率和效益，讲究知识与技能、过程与方法、情感态度和价值观等教学目标的和成。这个和成之和具有智慧的意蕴，有点像打麻将中的"和（hú）"。日常的教学不是一节课，是许多节课组成的整体。所以，教学的效益追求要有整体观、长远观和大局观。不要指望每把牌都成大牌，要"能和大牌和大牌，能和小牌和小牌。"只要每次都和牌，那就一定赢。

其次，我追求富有生成性的课堂，因为丧失了生成性的课堂，只会沿着机械、僵硬和呆板的程序进行，难以逃脱程式化的樊篱。没有生成的课堂必然是沉闷、压抑和死寂的氛围，桎梏着学生创造灵性的生长；没有生成的课堂我们无法敞开心扉，进行自由地对话、情感的沟通和智慧的碰撞。缺失了生成的课堂是一潭死水，滋养不出生命的活力。我们要关注生成，珍视生成，既要在"灵光一闪"的时候把握住时机并加以利用，又要具有不怕"出人意料"的勇气和恰当应对的机智。"节外生枝"抑或就是通向峰回路转、柳暗花明、豁然开朗境界的路径。珍视生成，利用生成，创造生成——课堂将走向智慧，充满活力。

对生成性课堂的追求，导致了教学智慧这一研究主题的产生。近十几年来我一直追踪研究教学智慧。我申报并主持了江苏省教育科学"十一五"规划重点自筹课题小学数学教师教学智慧研究，该课题于2011年9月结题，出版专著《小学数学教学智慧研究》，被教育部中小学教材中心推荐为中小学图书馆馆藏书，荣获江苏省教育科研成果（理论创新）三等奖、南京市教育科学研究理论创新一等奖。

"人，诗意地栖居于大地之上。"高古的诗人荷尔德林且吟且行，渐行渐远……而"诗意地栖居"则成为我们的追求。人类需要诗意，教育需要诗意，课堂需要诗意。智慧课堂就是师生诗意的栖居。在这诗意的栖居里，师生们获得生命的尊严与快乐，共享美的熏陶。童真荡涤出教师纯洁的感情，师德濡化了学生美好的心灵。在这里，人人敞开锁闭的心扉，激活沉睡的潜能。心与心彼此悦纳，思与思相互启迪。在这美好而温馨的诗意里，师生们流连忘返，乐此不疲……

第三节　我的研究之路

一、我适合当一名小学老师吗？

从事教师（特别是小学教师）这一职业并不是我自觉自愿的选择，而是出于一种偶然和无奈。那时，我觉得一名身高近180厘米的"彪形大汉"整天和小孩子们在一起实在是有点委屈和不伦不类，每当学校组织学生到社会上进行一些公开活动时，我都感到特别自卑，仿佛每一个人都在嘲笑我这样一个"另类"和没出息。我总是尽量躲在后面，与队伍保持一定的距离。特别是从事工作以后的头几年，女教师们身上不断挤压过来的种种职业优势——亲切的神情、儿童化的语言、天生的表演才能、心安理得的自我定位……让我无时无处不感到自卑和苦恼，我不断地问自己：我适合当一名小学教师吗？我能成为一名好的小学教师吗？那时的学校工作于我而言真的是一种枯燥乏味的义务。

二、课题研究——引领我进入研究者殿堂

是研究改变了我的职业生存状态。我觉得我有一个特点，就是干一行总想着干好它。虽然不想当教师，但是既然干了就要干好它，而干好它就要研究它。先是研究怎么站稳讲台，让领导和同事们认可。怎么能把班级学生的分数抓上去，让学生和家长们信任。那时我的心得有二：一是对学生要严，我信奉严师出高徒，所以上课很狠；二是对学生要熟悉，要因人而异，"各个击破"。我那时还是以学生的考试分数为主要衡量标准，考取县中的人数越多越好。善于发现有"潜力"的中差生，认为抓他们才是最有

价值的事情。优生总归是优生，有些差生累死了也不会涨分数。而抓"潜力生"就不一样了，抓了见成效，见效快。所以，我所带的毕业班成绩总体很好，有些年份还"放了卫星"，深受大家好评。

从 1992 年起我开始从事课题研究，先后参加了邱学华的尝试教学法的研究、中科院心理所现代小学数学教学研究和淮安市教研室方学法老师主持的江苏省教研室重点课题"小学数学讨论式教学研究"等课题研究。先后成为中国尝试教学研究会会员、江苏省教育学会会员、江苏省心理学会会员、南京师范大学课程与教学研究所研究员、中国徐特立教育研究会特聘研究员，被中科院心理所现代小学数学教育研究中心授予"先进工作者"称号。1996 年独立承担县级课题"小学六年级数学教材重组实验"，该实验通过县教科室和教研室的鉴定，评为教科研成果。1996 年参与学校申请立项的省教科所课题"节奏教学研究"，担任子课题"课堂结构序向控制"课题组的组长。1998 年调至盱眙县教研室，主持县教研室的省级教研立项课题——"三段式"小学数学课堂教学方法研究。历经三年的努力，克服了众多困难，于 2001 年通过专家组鉴定顺利结题。2002 年该课题经专家组评比，获淮安市优秀课题三等奖，同年在盱眙全县推广。2001 年申请并立项省教育学会立项课题——"探究式"小学数学课堂教学模式研究。2003 年经南京市校长公选调至南京市拉萨路小学担任副校长，新岗位的第一件工作就是撰写"小学智慧教育的实践"的省级立项申请书和研究方案。当时智慧教育的研究刚刚起步，各方面的资料还比较少，因此此项工作具有一定的挑战性，我经常泡在南师大的图书馆寻找资料。在校长周荣华的领导和全体师生的努力下，在专家们的支持下，此项课题先后被江苏省教育课题规划办和中央教科所立项为"十五"课题，其阶段性成果还被评为江苏省教育科研成果三等奖。我现在正主持着两项课题的研究：一项是南京是"十一五"规划课题"小学作业设计与批改研究"；另一项是江苏省"十一五"规划课题"城市小规模学校校本研修制度的创新研究"。

在我的研究中，小学数学教学研究始终占据一定的分量。我参与了教育部课题中小学生学业质量分析与指导研究，并担任小学数学命题组组长。2007年分别受上海市教委和江苏省中小学教学研究室邀请，为上海和江苏的各市教研员和其他人员开设讲座。2006年曾受教育部《小学数学课程标准》修订组组长史宁中先生之邀，对课标的修订提供意见。

纵观我的研究经历可以发现许多变化：角色上，从课题研究的被动参与者到掌管课题研究全局的主持人；研究状态上，从一切等待别人安排任务到自己主动研究探寻；方法上，从做事务到经验总结再到符合教育科研规范的量化的实证的研究。这期间，我的生活状态也在悄然的改变。虽然工作量比以前更大，头绪比以前更多，但我已不再像以前那样感到枯燥和乏味。我甚至为了将研究做好而连续三年放弃了学校组织的暑期旅游活动，顶着南京的酷暑，埋头于学校的校本课程的研究。研究真的让我走上了幸福之路。

三、写作——我的教育智慧生长的途径

叶澜在《教师角色与教师发展新探》中说："具有教育智慧，是未来教师专业素养达到成熟水平的标志"。教育智慧是教师得以从繁重、琐碎、枯燥的工作和缺乏尊严的工作方式中抽身出来，进入理想生活方式、美妙生存状态的唯一选择。

那么如何获得教育的智慧呢？写作，它是教师教育智慧生长的一条有效途径。我从1995年在《教师之友》上发表第一篇文章

《运用矩形图巧解牛吃草问题》以来，已经发表各类教育教学文章有100多篇，其中有几篇还被人民大学报刊全文转载。《课堂提问：从经验走向科学》《小学数学作业的功能与设计》《小学数学试卷讲评的艺术》《浅谈新课程背景下数学作业批语撰写》《教师"贿赂"学生现象的社会学剖析》《如何让孩子在考试中胜出》等十余篇文章在核心期刊发表。《推门听课值得提倡》《我们需要什么样的名师》等文章在《中国教育报上》《扬子晚报》等报纸发表。著有《教育智慧的生长：南京市拉萨路小学校本培训的个案研究》一书，主编《智慧园》校本教材3套，参编《新课程概念解析及实践引领》（撰写70000余字）、《教育经济学教程》等书。出版专著《小学数学教学智慧研究》《一所新学校的文化崛起》等书。

我的写作涉及我的教育生活的多个方面：教育理论思考、数学教学研究、学校管理、课题研究等。其表达形式也多样，大到课题研究报告、调查报告，小到教后记、教育日志、随笔等。它们都具有一个共同的特征，那就是强烈的实践取向：基于实践、通过实践、研究实践、为了实践、表述实践。它不是一种为写而写的写作，而是一种为做而写、边写边做、做写相互渗透、有机统一的研究方式。

第四节 管理：脚踏实地仰望星空

我在管理上奉行"脚踏实地仰望星空"原则，即认为学校的管理一定要基于学校具体的实际条件，决策和行动都要"量体裁衣，看菜吃饭"。同时，要志存高远，不被现实的困难所压倒，也不能满足于现有的良好状况，要朝着心中理想的目标不停迈进，力争每天进步一点点。

学校的发展过程就是校长的发展过程，我不赞成将教师比喻成红烛，因为"蜡炬成灰泪始干"，"泪始干"未免太悲凉了。教师应该教学相长，活到老学到老，修炼到老，到了退休的时候成为"炙手可热"的人——大家争相挽留和聘请。这说明这位教师的教育教学本领很大，师德品行优良。校长也应该成为这样的人。

我觉得优秀的校长应该锻炼出三条强健的"腿"——管理部门的信任、较高的业务水平和优良的德行，只有这样才能避免"金鸡独立"的晃动。两条腿的"走人"，才能鼎立于学校复杂的管理情境之中，实现自己的兴校理想。

一、江苏教育学院附属小学——小学校，大追求

2006 年 7 月，我来到江苏教育学院附属小学担任校长，一年后又兼校党支部书记一职。这是一所小规模的学校，学校从创建起至今，一直保持每个年级仅 2 个班的规模。校园占地 4100 多平方米，建筑面积 6000 多平方米。基于小规模的实际，我们因地制宜，扬长避短，提出了"精实"教育这一独特的办学理念。唯小才可以精，唯小才易于实。培养有高尚精神和精明大脑、作风踏实和身体结实的学生。"精实"不仅是办学目标，也是实现目标的途径和手段。"精"就是要通过教师们的精心的施教、精致的管理，实现精品的目标；"实"就是要立足学校实际，用实在的工作，取得办学的实绩。

1. 扬长避短——走出小规模学校校本研修的困境

我发现小学校的校本教研较之于大学校面临诸多困境，如单位成本高、组织活动难、切磋合作机会少、研究氛围差和教师发展动力弱等。为了破解以上的困境，我校作了多方面的探索。以"鲶鱼"增强发展动力。以骨干教师的评选活动为"鲶鱼"，以奖惩制度为"鲶鱼"，以检查和反馈为"鲶鱼"。这些

"鲶鱼"切实激活了教师专业发展的动力。三年内，有 2 名教师分别被评为市、区学科带头人，6 名青年教师被评为区优秀青年教师。为提高教研活动的效率，学校积极探索活动新形式。"视频课例分析"、网上评课和"生成式问题研讨"就是其中采用较多的三种方式。学校地处南京市琅玡路小学、力学小学、拉萨路小学等名校的环抱之中，我鼓励老师们主动参与他们的各种教研活动，还经常请这些名校的名师来校上碰头课，举办讲座和沙龙。同时，积极与其他小规模学校合作，实施区域教研资源共享，提高资源利用率。

"以写促研"是我校为了突破小规模学校校本研训工作困境而实施的一条独特策略，这主要基于以下两方面原因：首先是教院附小领导对写作在教师专业发展中重要作用的深刻认识。写作不仅仅是作为研究的一个阶段而存在，它还帮助教师摆脱繁杂的教育工作，使他们得以抽身而出，并以"居高临下"的姿态去审视自己的行为，帮助她们带着对实践更全面、更深刻的理解和把握回归现实生活，从而变得更自由、更从容。其次是江苏教院附小丰富的社区资源为实施"以写促研"策略提供了条件。江苏教院附小地处虎踞路 175 号，与之为邻的教育研究机构和媒体云集：江苏教育学院、江苏教育科学研究院、江苏教育报刊社、江苏教育电视台等。这些教育研究机构和教育媒体还举办多种教育教学的论文评比和征文活动。这些媒体和活动一方面为附小教师的写作提供了发表和评比的平台和机会，另一方面为附小教师的研究和写作提供了专业指导。我也多次邀请专家们来校指导教育科研，开设教育教学论文写作指导讲座。有近百篇文章在《江苏教育》《江苏教育研究》《江苏教育学院学报》《小学教学研究》《小学生数学报》《小学教师培训》等报纸杂志发表，有几十篇教育教学论文获"教海探航""师陶杯"等省级教育论文评比奖项。

2. 作业革命——一项坚持了十年的校本研究

伴随着新一轮课程改革，我校提出了"作业革命"的口号，努力贯彻课改精神，用新的教育教学理念改造我们的教育教学行为。我们以作业为突破口，申报了南京市"十五"规划课题"提高小学生自主学习能力的作业形式和指导策略的研究"。研究取得了成功，产生了巨大的影响。《现代快报》《金陵晚报》《中国少年报》《今日早报》（浙江）《广州日报》《海峡都市报》，江苏电视台、南京电视台少儿频道、中央电视台等多家新闻媒体先后进行了报道和宣传。2006年，凤凰卫视中文台还两度邀请刘春生老师进行了深度访谈，把我们的教学创新成果和师生的人文情怀事迹传播到世界各地。2007年4月，刘春生老师的研究专著《作业的革命》也成功地出版。

"作业革命"阶段之后，我们再次立足本校的教学现状和教研发展，仔细寻找在作业方面存在的问题及研究新的切入点，将既有成果进行推广和深化，围绕"让学生的作业可爱起来"的主旨，确立了"可爱的作业——小学作业设计与批改研究"的主攻方向，开始了新一轮的对作业研究方面的探索。我们力求实现一个质和量的进步，从过去的微观实验到宏观探索，从教师个人研究到学校全面推广，从语文学科辐射到其他各个学科。该课题由我和刘春生副校长两人共同主持，于2007年被批准立项为南京市"十一五"教育科学规划课题。"可爱的孩子、可爱的老师、可爱的作业"，成为这一阶段研究的主旋律。

提升学习力的作业研究，契合了当前规范办学的精神，是实施减负增效的一条基本途径。只有作业精简了，才有可能将学生的负担减下来。只有学生的学习力提高了，才有可能实现增效的目的。

2009年12月1日的上海《新闻晨报》刊登了我两年来不布

置作业，学生成绩不降反升的情况，引起较大反响，《解放日报》、江苏电视台、广播电台，南京电视台也都进行了报道和采访。这从一个方面表明了我校提升学习力的研究取得了实效。

作业研究推动了学校的发展，促进了教师的专业发展，产生较大的社会反响。2009年《金陵陶研》杂志专门开辟专栏"热点追踪"刊登了我校教师的13篇文章，研究成果"可爱的作业——江苏教育学院附属小学的作业研究"被评为南京市首届基础教育教学成果二等奖。

3. 体育特色——小场地的大体育

学校全面贯彻实施《学校体育工作条例》《国家教育锻炼标准》及《学生体质健康标准》，抓好体育教学，努力提高教学质量，保证学生每天一小时体育活动时间，开展"大课间"活动。坚持开展"两操""两活动"，结合学生年龄特点组织体育活动。积极开展群众性的体育活动和趣味田径，每年都举行一届校运动会、"冬季三项运动比赛"活动。我校还成为国际田联少儿趣味田径实验学校。

为了解决运动场地狭小问题，我校主动与近邻的南京市清凉山体育运动学校合作。合作实现了双赢，体校解决了体育生就读问题，我校则得到其运动场的使用权，并组建了校足球队。在体校和南京市足协的关心支持下，几年来，我校足球队先后获得中华"健力宝少年小甲A足球活动"江苏赛区冠军，江苏省第十一、十二、十三届"省长杯"足球赛小学男子组比赛第二、三、二名，鼓楼区小学足球赛男子组第一名等佳绩。学校在区中小学生运动会和冬季三项运动会上屡获佳绩。

二、南京市天正小学——一所新学校的文化崛起

2012年7月，我来到南京市天正小学担任校长。天正小学是

68

一所新建学校，有着独特的办学背景——天正集团南京置业有限公司小区开发配套学校、南京市琅琊路小学分校。

天正小学建校伊始，就确立了"童心即天，爱心至正"教育宗旨，将童心教育作为自己的办学理念。来到天正之后，我认真查阅资料，不断学习和思考。吸收并融合了本部琅琊路小学"三个小主人"的办学思想和天正集团南京置业有限公司"天道酬正"的企业文化精髓，构建了童心文化的体系——一训四风。校训：敬天、正人。校风：行止有章，思想无疆。教风：诲人不倦，研究不辍。学风：自主勤奋，善思乐学。政风：天道酬勤，平心持正。

以这个体系为框架，我们逐步展开了教师文化、学生文化、干部文化、班级文化、校园物质文化、学校开放文化等学校文化建设的实践。学校初步实现了"校园美丽，生活幸福；人才辈出，桃李芬芳；名师云集，学术品味；南京一流，全省知名"的发展愿景。

天正小学的实践表明学校文化建设是学校发展的有效路径，学校文化发展是学校发展的标志和目的。

1. 教育智慧——天正教师文化建设的追求

传统的教师发展观，往往将教师的发展作为学生发展的工具，于是"春蚕到死丝方尽，蜡炬成灰泪始干"成了教师职业生活和职业精神的定位与写照。这很凄美，甚至悲壮，但是我认为这不是教师职业应有的属性，教师与学生一样，是活生生的人，也有发展的需要，也有追求自己生活幸福的权利，如何处理好学生发展和教师发展的关系？让教师拥有教育智慧！教育智慧可以让教师在促进学生发展的同时，享受教育生活的幸福。

天正教师智慧文化的表现方式是什么？通过什么路径去建设？这是一个难以回答的问题，而且是一个要持续解决的问题，就天正小学这所新建学校而言，我认为先要建设好"诲人不倦，研究不辍"的教风，目的是建设一种新型的研究型教师文化，凸显教师的专业性。基于这种认识，天正小学的教师文化建设，始终围绕着教师专业性进行，以促进教师专业发展为载体，促进教师研究文化氛围的形成。

2. 行止有章，思想无疆——天正学生文化建设的目标

我们要培养什么样的学生？这是每一所学校的校长和老师都要明确回答的问题。在思考这个问题的时候，我想到了天正小学的"天·正"文化话语体系。"天"就是要顺应儿童的天性，释放其无穷的活力，天马行空的想象力——思想无疆，"正"就是指学生的行为要正，不偏不倚，符合规范，富有章法——行止有章。"行止有章，思想无疆"是从学生外在行为和内在思想两个方面为学生文化建设描画了标准，而贯穿这一标准之中的则是学生的自主性。

天正小学学生文化的自主性体现为自主管理和自主学习两个方面。天正小学学生自主管理是分层来落实的，主要分为全校层面的"自主管理，自我服务"和班级层面的"人人有事干，事事有人干"。校级层面的自主管理包括三个部分：大队部管理、小能手岗位和志愿者服务。通过锻炼，同学们的自我管理能力得到了提高，懂得了尊重他人与合作创新。

自主学习方面，我们提出了"自主勤奋、勤思乐学"的学风，在学风建设方面做了许多工作，重点是抓学生良好学习习惯的养成。如早读习惯、课堂习惯、作业习惯、一年级新生良好的学习和生活习惯。

3. 天道酬勤，平心持正——管理文化的态度与追求

许多人认为，一位好校长就是一所好学校。但我认为，校长其实只是一位"成事不足，败事有余"的人：一位校长想凭借一

己之力办好一所学校大多是力有不逮，而一所好学校败在一位校长手里那却是容易得很。一位好校长若想办成一所好学校，他首先得要带出一个好的领导班子，再由这个好的班子去引领出一群好的老师，最终由这群好的教师教育出许许多多的好学生，这样才能办成一所好学校。显然，好的领导集体和好的教师团队是办好一所学校的中坚力量。

"天道酬勤，平心持正"是天正小学管理文化的价值取向。前者讲的是任劳，后者讲的是任怨，只有任劳任怨的干部才能管理好学校。在具体实践方面，第一，干部能身先士卒。对于我校而言，从建校开始至今，一直都处于由小到大的发展之中。教师及干部的配备也处于由少到多的状况，这就使得我们的干部和教师往往身兼多职，既当指挥员又当战斗员。在当好一名教师的同时，干部们不忘自己的干部角色，每人都恪尽职守，保质保量地完成自己分内的各项管理工作。每当遇到困难情况，干部们都一马当先冲在前面。第二，充分发挥党支部战斗堡垒作用。我校现有 44 名党员，党员教师占全体教师数的 55％，这是我校发展的中坚力量。针对这一校情，校党支部承担了学校干部和教师师风建设的重任。几年来，党支部以"办人民满意的教育，做人民满意的教师"为宗旨，以师德建设为切入点提升教师职业情怀，不断激发和增强教师的使命感与责任感，争做一名优秀的"爱心＋智慧"专家型教师，逐渐打造出一支师德高尚、业务精良、素质过硬的教师队伍。第三，规范制度，完善机制。平心持正既需要干部的自我修养，也需要制度的完善与制度的监督。秉持"以德治校，文化引领，科学管理"的管理理念，学校建立并完善了各项制度，汇编了《学校管理手册》。

三、"三足鼎立"——做一名优秀的校长

如果将支撑校长的力量称为"腿"，那么依据"腿"的多少，可以将校长的类型分为三种：一条腿金鸡独立型、两条腿走人型、三条腿鼎立型。三种类型校长的站立姿态各有风貌。

一条"腿"校长只能金鸡独立。这一条"腿"指的是上级的校长任命。没有上级管理部门的一纸任命书，谁也不能具有校长的合法身份，哪怕这个人管理水平很高、业务非常精湛、社会名望很大也不行。现在的公办学校的校长都是上级管理部门任命的，只要有了上级的任命就可以名正言顺地当校长。作为对上级信任的回报，受任命的校长都会认真工作——以认真完成上级布置的各项任务为工作重心，以严格执行上级的各种规章制度为准则。但是，如果只凭上级的信任（任命书就意味着上级的信任）可能还不足以当好一名校长，很可能他是处于一种金鸡独立的状态，这种状态下，校长可能摇摇晃晃，不可持久，一旦有外力推动大多会跌倒。

两条"腿"校长会走人。这第二条"腿"指的是校长较强的业务能力，主要包括两个方面业务：校长管理业务和校长教学业务。具有较强业务能力的校长可以称之为能人，能人校长往往能做事，做成事。于是能人校长大多很自信，肯做事。有条件要上，没有条件创造条件也要上，甚至"明知山有虎偏向虎山行"。有时候就忘记别人的感受，想不到别人并不具备像他那样的能力。时间长了，大家可能觉得跟他一起做事非常累。如果能人校长的个人品行上再有点问题，那他可能就会遭遇滑铁卢。上级对这样肯干事、能干事、干成事的校长总体是肯定的，觉得还可以用，于是就调动他到别的学校继续当校长。能人校长就像两个轮子的自行车必须不断地动才能保持不倒，一旦定在一处往往就会倒。

三条"腿"校长能够鼎立不倒。两条"腿"的能人校长也只能走路，那我们校长想在一所学校长期扎根到底还需要什么力量来支撑？还需要这样的一种力量——校长的人格魅力。校长的人格魅力与校长的业务能力以及上级的任命三足鼎立就可以在任何一个高低不平的地方——学校长期地站立下来。校长的人格魅力实质就是校长高尚的道德品质和较高的情商。自己立身很正，是榜样，大家情愿追随。即使有不到之处，大家也能理解。最不济遇到小人，那他想击也无懈。同时他会调节自己情绪，使自己不被负面情绪所压倒，又能激发同事们的高昂激情，使他们不惧困苦，勇往直前。所以，三条"腿"校长在一所学校不仅能够长期屹立不倒，而且深受学校师生们的爱戴。

上级任命、业务能力、人格魅力是校长的三条"腿"，缺一不可鼎立。拥有其一已经困难，三者兼具难度则呈几何级数递增。然而，如果我们想成为一名好校长，那就必须去力争。

第四章　多重磨砺

——郭长安校长的成长经历

第一节　春之播种　懵懂光华

年少的时光，不管经历了多少，回忆都是美好的。那些吃过的苦，受过的伤，都成为生命成长的力量。回头想想，四季如春。

我的家乡在平遥县城南一个偏僻的小山村，进村有一段弯弯曲曲的盘山小路，一侧沟壑纵横。有歌谣传唱，"平遥城三道门，三十里路枣树坪，枣树坪，是好村，弯弯曲曲像条龙"。

说是枣树坪，却不见枣树，漫山遍野种满了核桃树、花椒树、宾果树。秋天一到，全村人都忙碌起来了，孩子们猴子似的上树摘果子，女人们踩着高低不同的凳子剪花椒，男人们挥舞着木棍子啪啪地打核桃。沟沟梁梁上，男男女女、老老少少，欢声笑语。

我家人口多，勤劳耿直的父亲，善良厚道的母亲，养育了我们姊妹七个。我是家里排行最小的，上面有五个姐姐，一个哥哥，所以也是在全家人的百般呵护中长大的。那个年代，农村生活虽然苦，却也是最开心快乐的。每天放学后帮着家里干点农活，经常上山割草就追了野鸡野兔，山下河里打了水战，腰间别个木制手枪，学着各种英雄人物飞檐走壁，感觉特别威风。

山里的风，小河的水，泥土的芬芳，果实的飘香，温暖的家，懵懂的心，那年我十二岁，第一次一个人离开家去上学，留恋与不舍，胆怯与孤独，渴求与期盼，身后这片热土就是我走出去的力量。

走出去才知道世界的精彩，在那片知识的海洋中，我如饥似渴，同为农家孩子的我们，贫穷使我们更加努力。翻山越岭我们笑声一路，口袋里的干馍片，茶缸里的白开水，教室里的课桌上我们趴着午睡，刺骨的寒风里我们跺着冻僵的双脚，呵着冰凉的双手，饥饿和寒冷在四季里轮回，少年的我们也在四季里越蹿越高，我们的梦也在四季里生根发芽。

那个年代，男孩子心里都有一种英雄情结，我喜欢读各种人物传记。荆轲刺秦，风萧萧兮易水寒，壮士一去兮不复还；精忠报国的岳飞，怒发冲冠，仰天长啸；赤壁周郎，谈笑间樯橹灰飞烟灭；汨罗江畔徘徊的屈原，路漫漫其修远兮，吾将上下而求索；断头台上的谭嗣同，我自横刀向天笑，去留肝胆两昆仑；卧薪尝胆，忍辱负重的王者；腰下常挎带血刀的将军，与这些灵魂为伴，常常让我热血沸腾，读他们那些金戈铁马，挑灯看剑，醉卧沙场，大雪满弓，沧海一笑，在他们的悲壮与豪迈，乐观与豁达，从容与自信，胆识与勇气，寂寞与伤痛的世界里，我做着自己的英雄梦，这种梦想陪我成长，给我力量。

1988年我走入太谷师范的校门，现实与梦想的落差让我一度困惑，在这个琴棋书画，笔墨纸砚的世界里，去哪里找我的刀光剑影？我不愿做一个小女人似的带着一群小孩子玩老鹰捉小鸡的游戏，可是我又该去哪里呢？我开始在迷茫中挣扎。

白岩松说过"没有一代人的青春是容易的"。我们的青春就像奔流不息的江河，呼啸着追求我们想要的一切。

中师的校园里，虽然我一度迷茫，但总有一种青春的力量牵引着你。他们的才华、他们的活力、他们的智慧、他们的笑脸，就那样光芒万丈地照进了我的心里。他们就在我的身边，我看得见，摸得着，我牢牢地握在手里。他不像我那个虚无缥缈的梦飘在空中，他让我实实在在地走在路上。我第一次开始思考我为之奋斗的人生目标——人民教师。她那么平凡，却能让梦想开花；她那么细微，也能让春风化雨；她默默无闻，却芬芳四溢。

我要迈出我人生坚定有力的第一步，从珍惜每一片时光开始。我一点一点积累着，在这个充满才华、学问，同时又是一个充满竞争与挑战的小舞台，小社会。我努力充实自己，教室里的埋首，操场上的坚持，各种组织活动的积极参与。

在一次学校组织的演讲赛中，我认识了即将毕业的同学A，在众多佼佼者中，她是最朴实的那一个，瘦弱的她站在演讲台上，阳光照着她清秀的脸，她就那样娓娓道来。身为农家孩子的她，和我有着相同的经历，深爱着家乡的那片山山水水。她说，毕业后她要回到那里去，她希望家乡的孩子也能接受最好的教育，她要带他们诵读最美的文字，让他们的童音与心灵共舞；带他们去看流水，听泉水叮咚，小溪潺潺和波涛汹涌；带他们去闻花的清香，静听花开的声音；带他们去看山，让他们感受仰视与俯视的角度；带他们走过四季的小树林，让他们寻找春天的欣喜，夏天的繁茂，秋天的飘零，冬天的光秃；带他们去听鸟叫，看燕子筑巢，大雁南飞；带他们数星星、看月亮；带他们聆听小雨滋润万物的沙沙声，看小雪花顷刻间漫山遍野的洁白；带他们堆雪人，打雪战，陪他们笑，陪他们闹，在他们心里播种一粒美丽的种子，用爱的力量孕育他们，静待他们开花结果，那是怎样的一种幸福成长呢。

我彻底被她融化了，那是怎样的一种用心，一种慈爱，原来用心做一名老师可以如此幸福。请赐我一个七里香的树墙吧，让我的芳香溢远四方，让孩子们可以随意穿梭。

她，是我的恩师，一位满头花白头发却有和蔼笑容的长者。从第一眼见到她时，她的身体内散发出的静水深流的力量就深深吸引了我们每一个人。娟秀的字迹却清晰有力，柔和的语调却掷地有声，平实的话语却扣人心弦。她曾经历过"文化大革命"的浩劫，可在那样的动乱中依然潜心治学。她说这是她的志向所在，每当站在讲台上的那一刻似乎是她最幸福的时刻，她觉得这就是意义，因为教育有所期待，生活才有希望，人才会有坚持下去的力量。

那节课上她讲了一个源于古希腊的美丽的传说。

相传古希腊雕刻家皮格马利翁深深地爱上了自己用象牙雕刻的美丽少女，并希望少女能够变成活生生的真人。他的真挚的爱感动了爱神阿劳芙罗狄特，爱神赋予了少女雕像以生命，最终皮格马利翁与自己钟爱的少女结为伉俪。

你期望什么，你就会得到什么，你得到的不是你想要的，而是你期待的。只要充满自信的期待，只要真的相信事情会顺利进行。事情一定会顺利进行，相反地，如果你相信事情不断地受到阻力，这些阻力就会产生。成功的人都会培养出充满自信的态度，相信好的事情一定会发生的。

赞美、信任和期待具有一种能量，它能改变人的行为，当一个人获得另一个人的信任、赞美时，他便感觉获得了社会支持，从而增强了自我价值，变得自信、自尊，获得一种积极向上的动力，并尽力达到对方的期待，以避免对方失望，从而维持这种社会支持的连续性。这就是心理学上所说的皮格马利翁效应！

这堂课让我突然明白，就是因为这样的自我期待与他人期待，他们才能在任何环境中都从容面对。这是他们前行的动力，更是对任何人任何事所应抱有的正确态度。

师范学校的三年生活，有太多难以忘怀的点点滴滴，也有太多能引领我成长的人和事。但所有的一切都融进了责任、期待当中。有责任应做好我所应承担的一切，期待一切都会更好。

前方是延伸的铁轨，走出校门的那一刻，少了懵懂，多了坚定，找到了铁轨延伸的方向。

第二节　夏至未至　积蓄力量

毕业后，我回到了我家乡的一所乡办中学，也是我曾经就读的母校。熟悉的校园，熟悉的老师，让我倍感亲切。只是从这一刻起我的校园角色发生了翻转——不再是学生，而是三尺讲台上的老师。

还记得第一次以这样的身份穿梭在校园中，第一声稚嫩的"老师好"悠悠传入耳鼓：那是一个满脸洋溢着笑容的女孩，那清澈的眸子倒映着阳光的影子。记得陶行知先生曾说过："在教师手里操着幼年人的命运，便操着民族和人类的命运。""老师"这样一个称呼，让我不经意间挺直了腰身，坚定了步伐，也打湿了心灵，我的心变得沉甸甸的。环顾校园，杨柳依依，随风轻扬；笑靥如花，映射朝阳；书声琅琅，回荡天际……这里，有即将属于我的那高高的三尺讲台。

登上讲台的前一夜，一次一次地重温着明天见到学生要说的话，一次一次地问自己我要给学生留下怎样的第一印象，一次一次地从床上坐起来翻看讲课教案……就这样从深夜看到黎明，前所未有的紧张袭满全身。一步一步走向那间教室，却觉得这条路好长好长，走不到尽头。紧紧地抓着自己的书本，强作镇定充满气场地站定。

"上课！"

"起立!"

"老师好!"

看着这群满脸稚气的孩子,渐渐的放松心情。第一节课,作为语文老师的我首先要树立我的"师道尊严",不是威严震慑,而是语言征服。爱因斯坦曾说过:"使学生对教师尊敬的唯一源泉在于教师的德和才。"

在拿到班级名单的那一刻,我就在思索,怎样向孩子们传达我的期待。虽然我们素未谋面,虽然我们不曾了解。对,诗歌,传统诗词蕴藏的巨大魅力……把我的期待、我的要求、我的希冀结合孩子们的名字藏在诗里,每一个孩子都有。43个孩子每个人我都写了两句诗,揣摩他们名字中所蕴含的父母的期待,转而以古典诗词的形式呈现出来,传递到孩子们手中。

我的每一句话,孩子们都瞪着好奇的眼睛望着我,期待着自己的那一句,也静静地听着别人的这一句,小小的心里就这样被好奇填满。看着他们忽闪忽闪地盯着我的大眼睛,悬着的心慢慢放下,我的目的似乎就这样达到了。

后来一次家长会后,有一位家长特意提及此事,孩子放学回家后硬要让父亲补出诗句的后两句,然后他把我写的这两句诗小心翼翼夹在他的日记本里,轻轻地说了一句"我会努力的……"

这是我第一次感受到教师工作的意义,带给孩子以希望,让他能够对自己充满信心,相信自己会成为更好的自己。教育家陶行知曾一再强调"你的教鞭下有瓦特,你的冷眼里有牛顿,你的讥笑中有爱迪生。你别忙着把他们赶跑。你可不要等到坐火车、点电灯、学微积分,才认识他们是你当年的小学生。"也让我清晰地认识到,作为老师,我所做的每一件事都是有作用的,也许微小、也许烦琐,但都会在孩子的心里投射下大大的光晕。

工作与生活相似,有信心满怀、春光灿烂的日子,就有阴霾满天、狂风暴雨的时刻。

下课铃刚刚打响。

"老师，快去教室，赵轶飞……"

还未踏进教室门，早已听到沉重的敲击声。急速跨入教室，只见这个平日里闷声闷气的男生用力地拿拳头捶打着课桌，拳头早已黑紫，所有人沉默在侧，不知所措。

"赵轶飞，快停下……"冲过去一把按住他的胳膊，却看到他挂满泪水的眼睛，"走，办公室……"

这暴风骤雨般的一幕，多少让我有些紧张。可这样行为的背后，一定有这个孩子不为人知的隐痛。等待，也许是这时最有力的语言。我等着，等着他平复心情，等着他擦干眼泪，等着他愿意慢慢说出他的小秘密，我们就这样静静地坐着。虽然我的心里充满疑问。

这本就不是一个普通的孩子，从入学第一天起，他的既定动作就是进入教室、放下书包、趴在课桌上，如此循环往复。听到过班主任提及他跟着奶奶生活，从未见过他的父母。

"老师，他们说我是傻子，说我没人要……"低低的声音把我的思绪拉回这里，我看到那个刚刚舒展的小拳头又紧紧地握住，再一次重重地落到了桌子上。

每一个孩子都是有尊严的，无论他以怎样的形式呈现在我们眼前，他以怎样的表现投射在别人眼里。

"你显然不同意他们的说法，对吧？可是你用伤害自己的方式来反驳他们，有作用吗？反驳别人最好的方式是结果、是行动。你需要用行动来证明自己，你跟他们一样的聪明和优秀。你愤怒是因为他们伤害了你的尊严。但要赢得尊严一定要用事实说话，而不是伤害自己……"

那一天，我看到一个成长在不完整家庭孩子内心的灰暗，也明白了每一个孩子在他做出不可思议行为背后总有他当时自己无法跨越的深渊。工作的第一个年头里，在与各种不同特点孩子们的交流接触中我开始学会沉下心来等待，慢慢说慢慢做，而不是一出现问题就急于寻求原因，加以苛责。也看到了，家庭教育在孩子成长过程中的重要意义，完整和谐的家庭、积极健康的教育，是孩子正确认识自我和世界的重要途径。

名作家肖川在《教育的理想与信念》一书中说："当我们学会用等待的心情看待学生时，我们就会对学生少一点苛责、少一点失望、少一点冷漠，而多一分理解、多一分信心、多一分亲切"。我想，当一个老师学会了等待就会用等待的心情去看待学生，学生就能得到老师的多一分关爱、多一分理解、多一分信任和多一分鼓励，老师就会看到学生慢慢成长和进步的希望。

正如苏霍姆林斯基的呐喊："爱人吧！对人的爱是你道德的核心！应当这样生活：让你的道德核心健康、纯洁、强大无比！做一个真正的人，这就是说要为你周围的人贡献出自己心灵的力量，让他们更美好，精神上更富有、更完美；让你生活中接触的每一个人从你那儿，从你的心灵深处得到一点最美好的东西。"

教师更应如此。当面对那些调皮和不懂事学生的时候，我们要心平气和地教诲，用耐心去等待他们取得一点点的进步，不能期待一次谈话、一次教导、一次表扬就能取得立竿见影的效果。当面对那些学习较差的学生的时候，我们要悉心辅导、多加鼓励和表扬，不要指望一次辅导、一次鼓励、一次表扬学习就有很大的进步；当面对常犯错误学生的时候，我们要调整好自己的心态，用宽大、仁爱的胸怀去容纳他们这样和那样的错误，不要因为自己一时的情绪、瞬间的冲动而丧失信心放弃对他们的教育。

有人曾经说过，每一粒种子都会发芽，但最终的结局却大相径庭，有的长成参天大树，有的永远是一棵平凡的小草。那又怎么样？树有树的价值，草有草的快乐！

作为语文教师的这些日子，在共读书、共成长的过程中，开始明白对学生的尊重、宽容和等待是教育的原动力，这份爱才是照亮学生心灵的灯光！

第三节　夏至已至　缤纷绚烂

作为语文老师的时光是学着如何成为老师，如何成为更好的老师的征途，从教的第二年，在这条征途尚未完全清晰时，我的身上多了另一个称呼"班主任"，这个世界上最小的可似乎也是最充满挑战的"主任"。我又变成了一个新人，需要重头再来。可这时的重头再来，已经找到了方法和途径：在实践中积累、在书本中探寻、在前人中模仿、在个性中独辟蹊径、在团体中取长补短。

在班主任工作中，大家常常开玩笑说："我们在和孩子斗智斗勇"。记得第一次带班时，班级男生占了绝大多数，调皮捣蛋不乏其数，尤其在自习课、晨读中更是花样百出。最初从教室后门的那一方玻璃上可以一窥全貌，但久而久之，孩子们似乎掌握了规律。于是我只能另辟蹊径，好出其不意、随时监督。教室外面紧邻一片园子，我便变成了身手敏捷的"猴子"，借助枝丫翻上墙头，从他们认为我不会出现的侧窗户一看究竟。可这终究不是长久之计，我不能实时把学生放在自己监管之下吧？

作为班主任，最矛盾的问题在于管理的尺度该如何把握？管理的终点又是什么？投石问路，于是开始在埋首于各名家言论中探寻答案。

魏书生在《班主任工作漫谈》中提到"我们不能把学生当作没有思想、没有情感的被动的受管理者，而应该把他们当作有思想、有意志、有情感的主动发展的个体。成功管理的前提是尊重他们的意愿，尊重他们的人格，把他们当作实实在在的人，而不是驯服物。"

在这样一段话中似乎找到了答案。学校、班级绝不是制造同一型号、统一规格的升学零件的机器，学校、班级应是学生向前行驶的渡船，班主任应是渡船上的划桨者，每一个孩子应该拥有一定自主选择航向的权利，但是整体航向不能偏移。结合《中学生守则》，参考国外学生的守则要求，首先提出了班级基本要求，所谓"无规矩不成方圆"。这些基本要求更多的是精神层面的引导，例如：能够正确地认识和评价自己。看到自己是一个广阔的世界，尊重并忠实于自己的善良意念，在矛盾纠结中做出正确的选择；能够尊重别人。从对别人的尊重、理解、帮助、爱护中得到别人对自己的尊重、理解、帮助、爱护……从对别人的帮助中获得人生的自豪感和幸福感。"己所不欲，勿施于人""勿以善小而不为，勿以恶小而为之"。正如余秋雨所说："最让人动心的是苦难中的高贵，最让人看出高贵之所以高贵的，也是这种高贵。凭着这种高贵，人们可以在生死存亡的边缘上吟诗作赋，可以用自己的一点温暖去化开别人心头的冰雪，继而，可以用屈辱之身去点燃文明的火种。"因为在一场优秀的教育里，并不只是让孩子学会披荆斩棘，还有他面对人世的乐观态度。

西方近代教育理论的奠基者夸美纽斯就非常重视道德教育，在他看来，德育比智育更重要。夸美纽斯把世俗道德的培养从宗教教育中分离出来，成为一个独立的部分。他把智慧、勇敢、节制、公正称为基本的德行，作为自己的道德教育内容。教师之责，立德树人。对于班主任而言，德育更是首要任务。这是各家之言的体悟，更是前人经验的一再告诫。

但是作为集体生活中的教师一员，班主任的个人之力显然是有限的，更多的力量应来自于集体本身，这也是德育教育的原则之一。集体教育原则是苏联教育家马卡连柯首先提出并坚持实行的。"教育者面对受教育者的集体进行教育，同时依靠并通过集体，教育其中的个别成员。社会主义教育要求培养出集体主义者，而集体主义和共产主义思想只有在集体的生活和交往中才能培养出来。"这条原则是他主张的"平行教育影响"原则，由集体对个别人提出要求，从而有力地发挥学生集体的教育作用。

求学生涯结束后，曾一度因为各种原因放慢过读书的脚步，而当自己再一次如学生般遇到问题亟待解决时，才真正领会到"书到用时方恨少"的难过与尴尬。而也是这样一次寻找答案的过程，再次让我深刻意识到书本带给我们的不仅仅是知识，更是思想的洗礼与思维的开阔。著名教育家朱永新老师说："教师的读书不仅是学生读书的前提，而且是整个教育的前提。"专业阅读能使教师进入一种研究的状态，根据自己想要探寻的方向，博采众家观点，在研究中进行阅读，自然行动也就带有研究性。而带有研究性的教育行动，是一种避免无效劳动的智慧实践。同时，教师的专业实践也同样需要阅读的支撑，在阅读中寻找理论依据，在阅读中探寻新的方式，在阅读中深入思考，毕竟行动是需要思想来指导的。

正是因为这时深刻领悟到读书之益，才让我在未来每当遇到问题时总会求助于书本。而为了尽可能避免"书到用时方恨少"的尴尬，读书也渐渐成了我的一种生活习惯。在班主任生涯中更是一再把阅读作为浸润心灵的重要手段，美国著名诗人惠特曼在他的一首诗中说："有一个孩子每天向前走去，他看见最初的东西，他就变成那东西，那东西就变成了他的一部分。"不是恰好生动地说明了阅读在孩子精神成长上的作用吗？

当我在书本的陪伴中不断向前跨越，在书本的帮助下不断解决问题，我深切地体会到人的精神成长是和阅读紧密联系在一起的，因为人的智慧和思想都首先来自于文化和文明的传承，然后才是对文化的消化、总结和吸收。

但是，在教育教学管理中总有各种突发意外状况让我们措手不及，无从下手，这时具有丰富经验的前辈便成为不可多得的宝藏，仿佛是活生生的百科宝典。

"快，有个家长找你，在下面都快炸锅了……"

来不及细想，便快速向下走去。只见，两位家长围着邻班班主任喋喋不休地说着什么，一看到我，便齐刷刷地向我走来。

"武涵玉是您班的学生吧？这个小姑娘向我闺女借钱不还，还威胁我家闺女……"家长火冒三丈地说，"请他家长来一趟吧，我们当面说说……"

尽量安抚家长情绪，了解事情的来龙去脉，各位家长全部到位，可孩子们之间的说辞却完全大相径庭，各有各的理直气壮，家长在旁各护各的孩子，瞬间整个办公室乱成了一锅粥，情绪越发激动，言语也越发不客气，我与邻班班主任看着眼前这一幕似乎不知该如何解决。

这时，平素向来关照我们的李老师悄悄把我们拉到一边，这是一位拥有二十年班级管理经验的老教师。

"把家长跟孩子分开，然后安抚好家长情绪，请他们先回去，跟学生好好做好思想工作，了解清楚到底是怎么回事，不能委屈孩子，但也不能错了我们置之不理、小而化之……再这么纠缠下去，问题没办法解决……"

听了李老师的话，我们分头行动，安抚家长、询问情况、舒缓孩子的心情，终于第二天我们班的孩子开口了"老师，我的确借了钱没还，昨天那么多人，我不敢说……"

借钱风波在李老师的帮助下顺利解决，在后来对孩子的引导教育中，很多经验丰富的老师也一再提供帮助和提醒我谈话中注意的问题，这一件小小的风波，让我看到了自己身边的这座宝库——前人的经验，这是从实践中积累的灵活处理问题的方法，是书本中的间接经验所无法替代和弥补的。

从他们的身体力行中，我开始慢慢模仿，班主任工作的琐碎繁杂在他们手中渐渐变得条理清晰；班主任工作的千头万绪在他们的指导下开始循序渐进；班主任工作中的烦躁焦虑在他们的细心指导和开解中变得自然顺畅。

李镇西老师在《给年轻班主任的一封信》中如是说："年轻人，如你所说，你的确遇到了很多很多困难，这些困难是你参加工作之初没有想到的。你说，读师范的时候，你想到过学生的调皮，想到过上课的挫折，但就是没有想到，现实的教育里曾经有的教育理想是那样的苍白无力！你读了很多教育理论著作，可是面对现实，你感到自己被逼到了教育的悬崖绝壁，于是，你不得不退缩，向你过去所不齿的"野蛮教育"缴械投降。于是，你很累，不停地喘息，有时还感到窒息。我只想说，这一切就是"教育本身"。教育的复杂性，教育的艰巨性，以及教育过程的不可预测性……都在其中了。但是，教育的挑战，教育的智慧，还有你所期待的也就是我经常所说的"教育的幸福"也在其中了。问题只能你自己去解决。我只能帮你分析，我可以建议你改变思维方式，拓展胸襟与视野，调适好心态……可最终问题的解决还得靠你自己。其实，这里应有一个思维方式的转换：作为一个基层的教育者，无论校长还是教师，要打碎"镣铐"是不可能的，这也不是我们的任务与使命；既然"镣铐"不可能打碎，甚至卸下"镣铐"都不可能，那我们要思考的就是，如何在"镣铐"的束缚之下把舞跳得相对自如一些，甚至优雅一点？给你一个班，作为班主任，在不违背上级总体要求的前提下，如何让这个班充满生机，富有特色，尤其是对孩子富有吸引力，给孩子的未来留下温馨而富有人性的记忆？在这些方面，你都不是一点创造的空间都没有的。从某种意义上说，真正的教育艺术，就是"戴着镣铐跳舞"的艺术。在与教育的"周旋"（"周旋"就包括了应对与超越）中形成自己的教育个性，就是我们的教育大智慧。有了意义、有了价值、有了尊严，你就可以更幸福。"

渐渐地在团体的影响中，在自我的提升中，我找到了作为班主任的"三项基本原则"：爱、尊重与唤醒。我也给予了这三个词新的内涵：尊重是"己所不欲勿施于人"，是学会站在别人的角度换位思考；爱，是给孩子以温暖的心灵感受；唤醒，每一个孩子都是一块金子，需要打磨、抛光，帮他发现自己的光芒。教育需要的不是虚伪的理解，也不是矫饰的微笑，更不是空洞的说教，教育最大的力量是真诚，真诚才是为师者最大的魅力。

在班级管理中我经常会发现：我们的孩子很容易被感动，却很难被说服；他们不是愿意出现问题，而是想要引起注意或提出抗议。因此，我深深地感受到作为教师、作为班主任不断地修养身心是何等的重要。己所不立，又何以立人？因而，我把反思作为了职业生涯中的基本行为。通过反思，调整自己的教育观、教学观、学生观，使自己在教学中始终保持清醒的头脑。

就这样，在书香的浸润里，在前人的辅助中，在自我的反思下，我看到了教育更真实的样子——不仅有困惑与纠结，也有顺遂与感动；不仅有磨砺与艰辛，还有相扶与相携；不仅有坚守与执着，更有挑战与从容。在这样的征途中，其实我们都可以更幸福！

第四节　流光更迭　筑梦起航

回顾 7 年的教学生涯，浸染着我全部的青春，包括心血和汗水，正如冰心的小诗所提到的"成功的花，人们只惊羡它现实的明艳，然而当初它的芽儿，浸透了奋斗的泪泉，洒遍了牺牲的血雨"。我不敢说自己是一个成功者，可我是一个追求者，慢慢追求自己的教育梦想。从教以来，我先后做过班主任。团支部书记，政教主任，在追梦的路上我一直追问自己：教育的精魂到底是什么？我还没有找到确切的答案，而这样的追问也必将会伴我一生，也正是在不断的追问中，我才拥有了尝试的勇气和探索的毅力。

1998年5月，在一次学校校长换届选聘中，我有幸从一名普通教师走上了校长岗位，并有幸留在自己所在的学校从事工作。

我所在的学校虽是一所乡办中学，却有着深厚的文化底蕴，无论学校校风，还是教师的教学作风都是严谨的，成绩也是首屈一指的。当我从老校长手里接过这根棒子时，就像接到圣旨一样小心翼翼，我甚至怀疑我稚嫩的肩膀能否胜任，我太清楚曾经历任的校长是如何的披星戴月，呕心沥血，他们的荣耀我必须坚守，带着他们的嘱托和信任我必信心万倍。

在春华秋实相接的日子，作为教育工作者重新出发的起跑线。我站在讲台上的机会会少了许多，我简单而纯粹的生活会渐渐离我远去。那些每天注视孩子们洋溢笑脸的日子；听着他们偶尔的突发奇想；小心翼翼地保护着他们小小的又大大的自尊心；在课堂上听着他们真切的感受，和他们笑闹成一片的日子……那将是我特别留恋和开心的岁月。今天我何其有幸而又不幸地走上了更高一级的管理岗位——校长。"有幸"是因为这是大家对我工作的肯定与支持，是对我付出和曾取得成绩的认可，更是大家对我的信任与期待，我必然心存感恩，正所谓"长风破浪会有时，直挂云帆济沧海"。"不幸"的是不再能与他们朝夕相伴，我深知一校之长，绝非易事。更多人的工作、更多孩子的教育奠基将会与我息息相关。我将承载更多的希望与梦想，有自己的也有他人的。

从一线教师到管理者，角色的突然转变让我一时间难以适应。从专业发展到如今的全面统筹，从关注自我修养到关注学校的宏观发展，工作给了我太多的突破命题。我唯有全面整理思路，调整角色，加强学习，开创性工作，才能在实践中把握工作的脉搏，适应岗位的需求。

角色的转变，有着挑战的沉重的压力，但我更愿意将之视为人生的机遇。古人云：穷则独善其身，达则兼济天下。虽然此语用于我不太贴切，但我更乐意将这个岗位视作自己全面发展的全新舞台。在这个舞台上，我可以舞出除教学外的另一番风采，将自己多年所思、所想纳入具体的实践中，进一步触摸教育的精魂。

我国著名教育家陶行知曾经说过："做一个学校校长，谈何容易！说得小些，他关系千百人的学业前途；说得大些，他关系国家与学术之兴衰。"没有走上工作岗位时，并未意识到前路艰辛。我相信只要我不怕付出，找到方法，就一定能建设好一所学校，一定能培养出一批批优秀的学生，也能塑造好一支强大的教师队伍。纵使信心满怀，也为前路荆棘做好了准备。可当我真是正开始投入工作时，才意识到，我远远低估了我将要面对的困难。因为在最初的日子里，我感受到的不是甜与乐，更多的还是困惑与迷茫，困难与压力。

作为新任校长，身份与责任的转变，很多自己认为得心应手的事变得复杂了。学校整体的内部管理、运行情况，领导班子成员之间的合作，教师队伍总体的合作，教师与学生，教师与家长，学生与家长，很多事当你一下都面对的时候，就像进入了巨大的漩涡，忙乱与无助是最大的感受。要管的事情很多，却找不到切入点；要了解的情况很多，却找不到信息源头……"剪不断，理还乱。"李煜的词我可谓感同身受。但无论怎样，我从来都是一个不服输的人，于是我开始全身心地投入到工作中，没头绪就找个头绪出来，想要尽快适应、尽快改变。正因为有这种想法，我每天总会第一个走进校园，最后一个离开校园，在启明星与月色的陪伴中颇有孤注一掷的味道，家、校之间的两点一线，学校成了笼罩在我心头的一点暗影。可是，尽管我披星戴月，全力以赴，但工作的成效并不显著。很长一段时间里埋首在纷繁复杂的事务中，只顾低头拉车，却忘了抬头看路：对于教师与学生的成长、教学的管理、学校的发展都缺失了全盘考虑，老师们没有因为我的付出而有更多的改变，学校的统筹工作依旧不能十分顺利地开展。第一次在工作岗位上被巨大的孤独所淹没，此时的我陷入了孤独无助的境况。

古语云："欲速，则不达；见小利，则大事不成"。当我静下心来，不再急于求成想要改变，老校长的一句话回想耳畔"人，无论出于什么样的身份地位，都要学会思考，作为教育工作者，更要学会反思……"。正如威廉·杜拉姆在《思维的革命》一书中指出："假如一个人掌握了思维的力量，那么他就会加速成功的频率。"我知道，我在工作方向上出了问题。

于是我开始静下心来阅读和反思，"反思的本质是一种理解与实践之间的对话，是这两者之间相互沟通的桥梁，又是理想自我与现实自我心灵上的沟通。"（朱小蔓《教育的问题与挑战——思想的回应》）终于在重重迷雾中看到了一丝光亮，工作的切入点渐渐成功展现在眼前。

我清晰地知道只有明确了方向才能找到路径前行，所以我首先要做的就是对自己的角色进行定位。西方学者斯佩克认为校长有三种职业角色："教育者、领导者和管理者"。认为校长作为教育者的主要职责是："不断学习并反思；建立学校远景目标；审查远景计划和教育活动方案；指导并促进合作研究；实施教学计划并进行教学评价；改进校园文化；改进对学生的服务质量；检测学生的发展情况。"校长作为领导者的职责是："准确定位学校的现状；预设学校的远景目标；促进全校师生就远景目标达成共识；界定学校变革的能力和限度；规划并实施变革；为全校树立榜样；授权给教职工；建立起相互信任的人际关系；检测和评价学校的发展；欣赏并表扬他人取得的成绩；关心员工、学生和学校；激励员工和学生；改进个人间和团队的人际关系。"校长作为管理者的主要职责是："筹备和计划组织；通过循环反馈系统进行管理；指挥和施行；评价和改进"。斯佩克将校长作为教育者、领导者和管理者的社会角色及其任务与职责表述得非常详尽，为我认识校长角色的整体轮廓，掌握角色任务与职责提供了权威的借鉴。我认识到"校长"，不仅仅是单纯意义上的领导者，更是教育者和管理者。

苏霍姆林斯基的那句名言："校长对学校的领导，首先是思想的领导，其次才是行政领导。"作为校长，对自我有了清晰的认识，前段的工作经历——那巨大的孤独无助感也告诉我，我一个人绝对无法正常开展工作，任何时候，我们都需要团队的理解、帮助和支持，需要大家的力量。这是班主任工作带给我的有益经验之一，一个优秀的班级是每一个人共同付出的结果。学校不就正是一个扩大化的班级吗？只有每一个人都目标一致、携手共进，我们的学校才能成为充满生机与活力的共同体。融入团队、建设团队成为我首要的切入点。

要激发教师的活力，发挥教师的主观能动性，让所有教师自觉自愿地去工作，这是我的首要职责。管理学教授弗郎西斯指出："你可以买到一个人的时间，可以雇一个人在指定的时间到一个指定的岗位去工作，你可以买到按时或者按日计算的技术操作，但是你买不到热情，你买不到创造性，你买不到全身心的投入，你必须设法去争取这些。"

因而，我不再着急颁布一系列的要求规章，而是先走进教室，走进办公室，站在全新的角度去观察和了解师生的反映，倾听师生们的呼声。身为校长，其实更通俗一些我更是一个学校的大家长，关注的范围从学生扩大到教师、中层、职工。教师是基石、中层是纽带、职工是保障，缺一不可、不能偏废。正如看病求医，对症方能下药。了解大家的困难，才能共同解决困难，也能够相互理解。沟通是最好的桥梁。

众所周知，教师的工作烦琐、辛苦，尤其是中青年教师，不仅是学校教学工作的中流砥柱，更是家庭的一片天地，肩负着较为沉重的生活重担。因而，我找到了我的工作策略：尽量减少教师的课外负担，不超负荷要求，只要求提高工作效率，不允许延长时间；校长、主任能够协调，独立完成的各类事务，不要求教师参与；工作相关的各种会议、事项安排放在正常工作时间内完成，缩短会议时间；各种活动突出重点，立足解决实际问题。

渐渐地，当我漫步校园时发现了许多美好的事情：楼道里问候声多了一点，办公室嘈杂声低了一点，脸面上笑容灿烂了一点，语气中轻快了一点……我们的距离感在逐渐消亡，就是这一点一点，让我看到了进步的曙光。

同时学校的另一个突出问题开始呈现眼前，学校除了办公经费之外，几乎无任何财源。教学设备添置、校舍维修等，基本未纳入预算，要依靠各级政府拨款解决，学校硬件设备不完善或是个"空白"，急需添置，资金短缺、办学条件相对落后。学生的安全问题是学校头等大事，安全设施的维护、添置需要经费；学校的根本任务是教育教学，硬件设施的更新，教学设备的添置需要经费……当教师积极性不断高涨的时候，作为校长有义务与责任为这个"家"创造更好的环境与条件。

于是我们共同走上了开源节流之路。求人不如求己，先节流再开源。在学校的集体倡议下，节水节电爱护公物，从上到下的好习惯养成教育轰轰烈烈地拉开序幕。涮洗拖布要入桶，各种抹布要入盆，盆中水再入桶，洗洗涮涮细水流……这样一系列的小要求以顺口溜的形式通过班主任传达到每个学生耳中，并要求大家积极行动起来。孩子们的习惯渐渐有了改善，水资源的多次重复利用、电的节约使用、公共资源使用时限延长，在我们的共同努力下逐步得以实现。节流做到了，我开始努力征得社会资源的帮助与支持：个人、团体沟通交流，学校的参观解说，在社会整体越来越意识到教育重要意义的当代，虽困难重重，但也有所收获。社会企业愿意捐助一些新的桌椅板凳，个人企业家愿意捐助学生奖学金以鼓励孩子们继续努力……通过这样一段经历，我看到这个社会释放出的巨大潜力和善意，教育的潜力与辅助教育的善意。

这样，在领导班子成员的通力协作下，在全体教职员工的不懈坚持下，在我们对教育理想的不断坚持下，学校稳步发展，并开始走向了更温暖的未来：校园环境的不断改善、教学设施的不断更新、教学成绩的稳步提升、良好习惯的不断养成、学习风气的不断浓郁。

看着校门口的那片草地，枯了又荣了；看着校门外的那片夕阳，落下又升起；看着校园里的树上的那窝鸟雀，飞走又飞回；看着校园里的孩子，走了又来，高了更高了……内心涌动起一份莫名的欣喜与感动，这似乎是我一直在追寻的教育的意义吧。

作为校长，我开始站在另一个高度和角度来审视教育，游走在教室之间，面对一个一个天真稚嫩的面庞，面对大家的微笑问候，在这样一段工作经历中，我清醒地认识到，校长与教师的最大的区别就在于校长的思想对整个学校的发展具有更深远的影响力，是一个学校建设的核心所在；同样，校长也更易将自己的思想转化为具体的校园文化生态。对此，身处校长岗位，我必须慎之又慎，成为一个好校长，绝不是一朝一夕的事，需要实践的积累、思考的深入、持续的创新，需要涵养的人格、升华的理想、前瞻的目光。但同样，也为我持续探索、勇于实践创造了大好的机遇。把握机遇，打造精彩，这就是我的人生向往。

第五节 莳住时光 暖意生香

"我在时光里莳住，期待，在每一个风轻云淡的日子里，可以写出锦瑟生香的暖字，依着阳光安暖，悄然长成一朵潋滟的花；等待，春天的光影落在时光的蒹葭，你们眼中那寂静的妥帖，便是我在花间筑下的梦。"这是在我教育随笔当中的一段文字，从普通教师到一校之长的蜕变与成长，虽有过坎坷和忧愁，但更多了一份从容、平和与积淀。

2009年9月，晋中市教育局公开选拔校长竞聘中，我报考了，并如愿走进一片从未接触过的陌生天地——晋中特殊教育学校。这是我对自己从事教育管理工作以来又一次新的挑战和历练，一座陌生的城市，一片陌生的教育领地，我的选择，我无怨无悔。

记得我第一次走进这所学校，这所建于繁华闹市的特教学校，对面是榆次区太行小学和榆次一中，隔着一条马路，对面是书声琅琅，琴声踏歌，操场上孩子们的欢笑声，呐喊声不时传送过来；还有那些相拥着走出校门的青春明媚的男孩子和女孩子，他们笑着，闹着，高谈阔论着；而这里，显得冷清多了，紧闭的校门，安静的教学楼，安满防护铁架的窗户，裂缝的宿舍楼，破旧的食堂。角落里僻静的小院里，几间昏暗的宿舍，住着一群盲孩子，潮湿单薄的被褥，没有表情的稚嫩的面孔。那一刻，莫名的心酸。

面对着这个特殊的群体，作为跟他们不太相同的生命体，我们该如何融入彼此的生命。

回顾我们生活的现实世界，我们很少能在公共场合看见这类儿童。平常他们都生活在什么地方呢？是否是因为家长的虚荣心或是社会的排斥，使他们被残忍地隔绝在大多数人的生活之外呢？我们面对的只是一群折翼的天使，他们可能不会成为国家的"栋梁之材"，但是，只要是降生在这个星球的生灵，他都有存在的意义。作为一个人，他更有生存、学习、爱与被爱的权利。作为教育工作者，我清晰地知道这一点。

在担任这一职务之前，我的工作和生活从未与这群特殊孩子产生过交集，对于他们的教育现状、生存状态、生活境遇没有丝毫的了解。对于特殊人群的了解，仅仅限于曾经舞台上耀眼夺目的邰丽华，她曾带给每个人深深地震撼，我们看到了特殊人群绽放出的生命光芒，可作为校长，我该如何让他们绽放光芒、感受到生活得暖意与明媚？

看到校园的第一眼，从心酸的那一刻起，我已在心底许了无数承诺，可爱的孩子们，上帝为你们关上了一扇门，我要为你们打开一扇窗。你们和健康孩子拥有同一片蓝天，我愿成为你们的眼睛，将春天草长莺飞的熙攘，将夏日朵朵摇曳的嫣然，将秋时硕果累累的收获，将隆冬白雪皑皑的纯净都放入你们眼里、耳中。

从开学第一天起，我便把家搬到了学校，每天和孩子们吃食堂，陪他们操场跑步，和他们一起上课。晚上和他们上自习，看着他们熄灯睡觉后，才开始整理我一天的工作。

裂缝的宿舍楼怎么办？找专家评估，打报告请示，规划重建。没有宿舍孩子们去哪里住？紧挨学校的出租楼、商铺楼找各种关系，能腾出多少算多少，为此陪了多少笑脸，吃了多少闭门羹，挨了多少骂早已记不清了。好在有各级领导的支持，爱心人士的关怀，孩子们总算能暂时有临时宿舍可以入住了。

新的宿舍楼也开始着手规划了，新的问题又出现了。拆迁涉及周边的住户，意见有了分歧，有的支持，有的坚决不拆，好话说了多少，道理讲了无数，各种不配合。这种情况，我必须拿出我足够的耐心、诚心，人心都是肉长的，在大家的共同努力下，总算宿舍楼的建设能如期进行了。

特殊教育和普校教育不一样，因没有竞争与升学压力，所以不少老师比较松散，没有把过多心思放在教学上，只是一味地尽一个看管的责任，一味地看管必然会导致学生的逆反。

记得开学不久，初中一小姑娘回家途中走丢了，家长着急地哭天抹泪，没有办法找学校要人。老师们也为她的安全担忧，大家都紧张起来了，社会这么复杂，一个小姑娘，耳朵听不见，沟通有障碍，遇上坏人可怎么办？我安慰他们，一定要冷静下来，想想是哪个环节出了问题。仔细询问她的父母，她身边的同学、朋友，才有了点眉目，她好像有一比她年长的朋友在外地打工，顺着这一线索，让她一最好的朋友在 QQ 上给她留言，终于有回信了，知道她安全，大家悬着的心才暂时放下了，可还得想办法把她找回来，后来又打听到她所在的城市地址，竟在千里之外的湖南，老师们很快赶了过去，根据她提供的地址，结果也是一场空。茫茫人海，想要找一个人实在是太难了。线索断了，大家又开始紧张了，各种猜测，怎么办，回去，可万一她要确实在这里呢。火车站里，大家吃着方便面都不忍离去，这里是唯一的线索，咱们再等等吧，后来大家又想出了一办法，让她好友继续和她保持联系，并装作打工的样子来找她，让她到车站来接站，开始她怎么说都不行，要么就没回复了。这也是一场耐心的考验，多次QQ留言，车站等了三天，就在大家都灰心要报警的情况下，终于看到她小小的身影，老师们都激动了，眼泪唰唰的，都哭了，抱住她久久不敢松开。孩子也哭了，这么多人为她担心，这么多亲人来找她，她想回家了。

通过这件事，我也进行了反思，学校一味地看管，管得了人，管不住心。如何去打开这些孩子的心扉，让他们感受到温暖，看得到希望，才是最重要的。

学生的教育，就是一种爱的教育，在学校教师大会上我反复强调，以爱育人，以爱育爱。这些孩子身体的残疾已经让他们处于弱势了，必须给他们更多的爱，让他们有阳光的心态，有直面挫折的勇气，让他们有自己的独特之处，相信他们。作为特教老师，我们更要有足够的耐心。他们就像我们的孩子里面最弱势的那一个，在他们身上要倾注更多的爱心，决不能抛弃他们。上帝夺取了他们的光明，必然给他甜美的歌喉和听风一样的耳朵；夺取了他们甜美的声音，必然给他聪慧的大脑和美丽的眼睛。要慢慢地、静静地去注视他们，等待他们，都会发现他们身上最美的、最闪亮的东西。

一群男孩子就喜欢打篮球，我就给他们找老师，找最好的教练去指导他们；有的孩子喜欢跳舞，就给他们修最宽敞明亮的舞蹈室，大大的落地镜子，让他们穿最美的舞蹈衣，透过镜子让他们看见自己优美的身姿和自信的笑脸；有的孩子喜欢做手工，就给他们买七彩的丝线，各种漂亮的珠子，让他们编织各种梦想，把那些活灵活现的小物件挂起来，摆起来，教室里，楼道里，展厅里；有的孩子喜欢画画，就给他们买五色的水彩画笔，各色的宣纸，把他们的精品一幅一幅装裱起来；有的孩子喜欢看书，喜欢写作，就把他们的作品存起来，让他们打着手语大声朗读，虽然言语不清，但我相信，我们都能听懂，那是他们最美的梦想。

我不再把他们关起来，要带他们走出去，和正常孩子一样，呼吸清新的空气，享受大自然的天地大美。把学校的大门打开，走出去也请进来，让更多的人去关注和帮助他们，也让所有的人来欣赏我们的孩子，他们不仅活泼可爱，更心灵手巧。他们的舞蹈可以惊艳四座，他们的歌声震撼人心，他们的作品更值得收藏，他们就这样唱着、跳着、笑着，走出了校门，走出榆次，走出山西，走进了北京央视的舞台。一届一届的孩子就这样带着满满的自信走进了理想的大学，走入了社会，也是我们做教育人最幸福的时刻。

如今我又要离开这里，走向下一个征程，环顾校园，宽敞明亮的宿舍楼，干净整洁的床铺；洗衣房里凉着孩子们漂亮的校服；操场上，男孩子们矫健的身影，洒满金色阳光的跑道；舞蹈室里，传来孩子们练功踩在地板上有节奏的律动；语训室里，那些可爱的小东西们又跑过来依偎着我；展厅里，孩子们那些精美的作品，那些可爱的小物件，顺手我悄悄地取了两个；现代化的教学楼里，设备齐全的各种活动室、电脑室、阅览室；教室里那些熟悉的身影；楼道里向我挥手告别的同事；又一次我眼睛湿润了，有太多的不舍和留恋，虽然我要离开了，可是我是带着他们给我的幸福又一次走在路上。

在特教学校的五年，学校职业教育硕果累累。学生精心制作的美工作品曾多次在全市、全省乃至全国获奖，受到各级领导和社会各界人士的一致好评。文艺、体育方面也是人才辈出。学校先后荣获"山西省特殊教育示范校""山西省特殊教育先进学校""山西省残疾人之家""晋中市花园式单位""文明单位"，还多次被评为市直工委先进党支部。衷心感谢上级领导和社会爱心人士的大力支持和一如既往的关怀，没有这些，就没有孩子们今天的幸福。

窗外，阳光依旧暖暖，穿过玻璃洒落在身上。突然很留恋这个季节：恋着窗外那一抹葱茏的绿，也美的扣人心弦；这个春天，有花香，有疏影，有小桥，有烟雨，便是妥帖安放在心上的三寸日光。莅住在这段时光，感动于他们的坚韧与不屈，感念于他们的成功与坚持，生命的馨香，就这样萦绕在身旁。

第六节 诗意缱绻 幸福花开

人生就像一段旅程，在乎的不是目的地，而是沿途的风景，以及看风景的心情。一路走来，有辛酸，有困惑，但更多的是感恩，是感动。在无数个回味的夜晚，作为一个教育人，我反复地问自己，什么样的教育才是好的教育？教育的终极目标是什么？如何做一个好的教育人？

2014年9月，我调入晋中师范高等专科学校附属学校。这是一所晋中市教育局直属的九年一贯制学校。2012年9月正式投入使用。学校位于晋中市北部的"城中村"，北靠占地万亩、高校10所、师生20万人的山西高校园区；南临具有70年深厚底蕴的晋中师范高等专科学校，是一所区位和文化优势明显，改革和发展潜力较大的育人摇篮。

学校虽已建校两年，但因周边拆迁工作的制约，导致很多校园建设不能正常进行。

塑钢铁皮搭建的围墙，简易的临时校门，一条通向教学楼的铺砖小路，尘土飞扬的土操场，没有设备的功能室，堆在角落里的图书，临时搭建的食堂……有的只是一批年轻的教师，一群朝气蓬勃、精力旺盛的孩子。

新校人文积淀不足，更没有现成的经验分享，且特殊的地理位置、重要的教育使命，使得学校的社会关注度极高，这些情况一一摆在面前。

看着这座在尘土中肃立的学校，我又一次陷入沉思，这是我教育路上的又一次挑战与机会。我如何将我最初那个芬芳四溢的梦想植根在这片土地上，让孩子们可以在芬芳里随意穿梭。

带着我年轻的团队，我再一次走在路上。没有星期天，没有寒暑假，夜晚不知几点回家，经常误过饭点，可是都没有抱怨，他们和我一样执着，他们心里同样住着一个芬芳的年轻的教育梦想。我感谢他们，有他们一路陪伴，幸福在路上。

在所有附校人的努力下，我们共同见证了附校的成长和变化。校门有了，围墙建起来了，安全有了；草坪有了，树木有了，尘土少了，绿色多了；操场有了，笑声多了；宿舍有了，食堂有了，老师们感觉温暖多了；会议室有了，心理咨询室有了，舒服多了；图书室有了，舞蹈室有了，音乐室有了，各科实验室都有了，录播室有了，电脑室有了，孩子们的梦想多了。

大厅里的地板，干净多了；教室里的布置，精心多了；楼道里的角落，花草多了；每面墙上的主题，鲜明多了；展厅里的作品，精致多了；办公室里那些年轻的面孔，成熟多了。

细雨润物，花开有声，学校建设不仅有环境文化、制度文化、行为文化，更要有精神文化的引领。作为一所新建学校，确立什么样的办学理念，如何让理念落地开花，是我们面临的又一道难题。

曾经执教的学生，走上工作岗位写信给我，感谢曾经对他的教导，最大的收获不仅是知识，而是让他储备了今后拥抱幸福的基础和本能。我与我的老师们分享这份感悟，一起讨论教育的初心，思考教育的定位。共同勾勒了这样的发展愿景：让学校成为教师的精神栖息地和实现生命价值的场所；让学校成为学生最向往的乐园。这里应该有一种真诚互信、尊重赏识、理解宽容的和谐氛围；这里应该有一种自觉自律、严谨认真、精益求精的治学态度；这里应该有一种通力协作、互助共赢、责任共担的团队力量；这里应该有歌声相伴，有童话相牵；这里应该有生动的课堂，有精彩的活动；这里的孩子应该健康、自信、充满阳光！这种愿景和幸福教育理念不谋而合。

回想自己过去的从教经历，从农村中学语文教师、农村中学校长、特殊教育学校校长等各个岗位的实践，最终印证和坚定了自己的信念——学校教育是储备而不是兑现，特别是基础教育主要是为一个人的发展奠定学习基础的过程、学识储备的过程。

在反复对比论证下，在江苏基地各位导师的深入调研、精心指导下，我校提出了"面向全体，为学生一生储备幸福"的办学理念。

"为学生的一生储备幸福"作为学校的办学理念，我将它悬挂在学校教学楼的上空，也将它刻在每个附校人的心里，希望每个附校人每天能看得到，做得到，这是一种教育使命，更是我们不变的教育初心。

围绕幸福教育理念，学校从精神文化、环境文化、制度文化、行为文化四个层面入手，彰显我校幸福教育特色品牌。

用精神文化引领学校的幸福内涵。学校的校训为：立德、启智、健体、尚美。旨在一种至善之心、灵慧之气、康健之体、高雅之行；善良、智慧、健康、快乐的人为幸福的人。学校的育人目标：为社会培养合格公民，为家庭培养优秀子女，为学生奠定幸福人生。教师誓词："我是高师附校教师，面对国旗，面对学生，我庄严宣誓：我立志做一名有理想信念、有道德情操、有扎实学识、有仁爱之心的好老师，努力为学生的一生储备幸福。"学生誓词："我是高师附校学生，我以附校为荣，学习是我的天职，成人是我的本分，成才是我的理想，勿忘父母养育，勿忘老师教诲，我立志做一个真实、善良、健康、快乐的人。在家做一个好学生，在社会做一个好公民，让家长为我骄傲，让学校为我自豪。"

用环境文化浓郁校园幸福氛围。为引领师生追求幸福教育，坚守教育，乐享生活，学校精心设计了主题鲜明的楼层文化，包括行知长廊、读书长廊、科技长廊、艺术长廊四大主题。特别是围绕"幸福"这一核心，在教学楼层设计了温馨的幸福教育"每日四问"：

今天我微笑了吗？

今天我读书了吗？

今天我努力了吗？

今天我行善了吗？

我们认为微笑是幸福的表情，师生的笑脸是学校的太阳，读书是幸福的源泉，努力是幸福的姿态，行善是幸福的根本。而对于老师而言，微笑面对学生，用心上好每一节课，真诚帮助每一位学困生，仔细批阅好每一次作业，热情帮助每一位同事，这都是"行善"之举！

幸福教育"五点"：点启人生梦想，真正的成长始于一个人为梦想所鼓舞。点燃成长激情，催生自主发展的原动力是优秀教师的第一要务。点明成功路径，为学生画一张自主成长的线路图。点化人性光辉，教育的本质就是发现人性，涵养心智与灵魂。点亮幸福人生，幸福是教育的最终指向。

"六个一"：一笔一画练好字；一词一句读好书；一点一滴养习惯；一朝一夕学本领；一言一行修身心；一生一世做真人。

用制度文化保障师生的幸福发展。我们在充分听取教师意见的基础上，制定了以《教职工绩效考核制度》为核心的14种教师常规管理制度，并经过教代会讨论通过，各科室制定和完善相关工作制度。学校各项工作有章可循，也初步形成了谁的事情谁负责，各人的事情各人做的现代管理模式。

用行为文化丰厚师生的幸福素养，习惯奠基幸福人生。著名教育家陶行知说过："教育就是培养习惯"。因此，作为九年一贯制学校，要用九年的时间将好习惯的种子深埋学生心田，使之发芽抽枝长叶开花。读书浸润幸福人生。高尔基说："书籍是人类进步的阶梯。"我们始终坚信阅读的力量，阅读可以改变人生，书籍是人生的精神食粮。有福方读书、读书方有福。活动助力幸福人生。顾明远先生说过："没有爱就没有教育，没有兴趣就没有学习。教书育人在细微处，学生成长在活动中。"艺术点亮幸福人生。教育理应遵循孩子们的天性和教育的自身规律。在追求学生学业进步的同时，提高学生学校生活的幸福感知度，让学生身心健康、快乐成长。

以"释放学生个性"为目标，培养智慧阳光的幸福学生，积极打造适合每一位学生成长的"博雅情趣"课程。"博"指国家课程，是必修课程；"雅"指校本阅读课程；"情"指德育课程；"趣"指活动课程，兴趣体验课程。"与黎明共舞，与经典同行"，学校坚持每天20分钟的晨诵课；坚持每周一节国学课，2015年起，我校开设校本课程，编印了国学经典诵读系列读本，目标在于启迪心智，涵养生命，通过诵读经典，使学生能够丰厚语言积淀，实现厚积薄发，受到高尚情感的熏陶，从小志高气远，丰富孩子们的人文情怀，增加生命的厚度，目标在于在学生心灵深处播下优秀传统文化的种子，为学生的幸福人生打下厚实的精神底色；坚持每天1小时社团活动，我校做到了社团活动课程化，一年级到八年级全体学生下午一小时全部为社团活动，周一为硬笔、周二为绘画、周三为软笔、周四为器乐、周五为校级社团和全校合唱，保证学生人人参与，每天聘请晋中学院或晋中师专的42名优秀艺术系的学生担任辅导老师，确保社团活动有效开展；坚持每月一展示，充分展示学生的综合素养，张扬学生的个性特长，给学生搭建展示自我的舞台。"序列化"的德育课程不但丰富学生的德育经验，也促进了学生对隐性知识、默会知识的学习，切实提升了学生的品格修养。

以"欣赏每一位教师"为理念，成就敬业乐教的幸福教师。一个民族不能让校园里的老师们笑起来，这个民族的未来就不会有多少笑脸。教师群体的幸福指数影响着整个社会的福祉与和谐，只有幸福的教师才能培养出幸福的学生。

我喜欢季羡林老先生对幸福的概括，幸福有三要素：一是要有希望，二是要有事做，三是要有幸福的心。有事做并能做成事，才会有成就感和幸福感，比如开车、做医生，熟练驾驭才幸福。我们做教师的更是如此，只有有了足够的教育经验，甚至是上升为教育的艺术，能信心满满地走进教室，教学得到家长和学生的赞扬，什么时候就有幸福感了。

学校为促进教师专业化成长，造就一支业务精湛的高素质教师队伍，狠抓教师六项技能练兵，做到在教学中训练，在训练中提升。开展教师共读活动，只有读书，才能让教师过上真正有品质的教育生活，厚积薄发才能算得上是一名优秀的老师。我们要求教师每学期精读一本教学专著，三年来，我们共读的书目有：《教育的使命》《苏霍姆林斯基给教师的100条建议》《56号教室的奇迹》《生理心理学》《教育的目的》等。

学校开展温情师德教育，多聆听楷模，"附校讲堂""师徒结队"的培训引领，不仅提升了教师的教科研水平，更引领了教师的精神成长。"学校给我们请来了身边的、平凡岗位中涌现出来的杰出教育工作者，他们对教育的解读不是那些高深的理论，缥缈的艺术，而是从心底散发出来的最为朴实的人性芬芳，这也让原本并不轻松的教育，变得亲切自然，真实有趣。"这是我校青年教师孙永昌参加培训后写下的心得。

积极构建幸福课堂，课堂作为教育最重要的场所，是教育的根基，课堂教学的方向对了，才能真正实现教书育人。我校在课堂教学模式层面上做了很多探索，提出了"五环五学"（问题导学—独立自觉—交流互学—点拨助学—检测悟学）课堂教学模式。在不断探索的路上，我们又进行了大胆的改革，根据学生的情况，根据课堂教学实际设计了三种不同的课题模型：规范课堂、高效课堂、智慧课堂。规范课堂教师带着教材走向学生；高效课堂老师带着学生走向教材；智慧课堂学生带着教材走教师，这种课堂模型使课堂有弹性、有张力、有生命、有活力，教师的教学操作更加开放，教师的活动设计更加科学有效，课堂教学更加规范高效和智慧。

全力打造科研团队，一个人可以走得快，但是，一群人一定走得更远。学科组坚持"五位一体"研磨模式：研课—磨课—答课—引课—辩课，提升了学科组成员的科研意识、团队意识和成果意识，更增进了团队之间的友谊，也自然地提升了教师对幸福感的理解。难怪有教师会说："能够和大家一起分享成长的喜悦、烦恼和困惑，也是一种幸福。"

岁月如歌，奋进留痕。短短四年时间，学校在各级领导的亲切关怀下，在全体附校人的团结拼搏下，取得了骄人的成绩，学校现有特级教师1人，山西省名师培养对象2人，省级学科带头人、教学能手20人，市级学科带头人、教学能手28人。青年教师中有60多人次在省市课堂教学大赛中获奖，2015年6节优质课喜获部级优课。学校办学综合水平得到了社会的认可，中考成绩每年稳居前位。

在学校师生展台，有这样一段文字："我不做辛勤的园丁，将你剪成千篇一律的模样；我不做前行的灯塔，将你指向唯一神圣的理想。我们之间，是智慧与智慧的碰撞，是生命与生命的牵手成长。"这就是我们每个附校人追求的一种教育情怀。

对学校幸福教育的探索始终在路上，它不是一朝一夕，它是一个复杂的漫长的过程，需要一代一代教育管理人和师生的共同努力、代代积淀、千锤百炼而成。但我坚信：教育不仅是生活，更是幸福；教育不仅是奉献，更是收获。怀揣"为师生的幸福人生奠基"的梦想，聚焦师生成长，凝练学校特色，在追逐幸福教育的大道上，我将风雨无阻，不断前行。

第五章　百转千回

——邱成国校长的成长经历

第一节　成长记事，家有少年正成长

一、出生在普通的兵团家庭

1949年新中国成立，中国人民解放军第一兵团进驻新疆各地区，承担起了国家赋予的屯垦戍边新使命。这一群来自五湖四海的兵团人用自己的青春、热血和生命，把戈壁变成良田，把荒漠变成绿洲。人们常用"三千年不朽"的胡杨来形容兵团人的意志品质。

1965年，邱成国出生在新疆生产建设兵团农二师27团的一个普通团场职工家庭。

上世纪五六十年代团场职工的顺口溜是"献了青春献终身，献了终身献子孙"。邱成国的父亲曾经是一位革命军人，现在屯垦戍边成为团场职工的他，把军队的雷厉风行，踏实认真用在了种地上：不管连队分给他多么贫瘠的地，几年之后他都能把它改造成肥田。

父亲这一辈兵团人用他博大的胸怀、坚忍的个性不仅撑起了一个家，更是像山一样让邱成国感到踏实，并且深深地融进了血液中。

说起小时候的邱成国，那真是个不折不扣的"捣蛋鬼"。

二、偷苹果的小男孩儿

"嘘……小点声，咱们先来安排这次的'作战计划'：大胖，你力气大，负责在树下装苹果；二虎，你跑得快，通风报信的事就交给你了；小黑，咱俩身手敏捷就来爬树。"年幼的邱成国像一个军事家一样部署着此次"作战计划"。

小时候，在邱成国家北面有一条河，河的两岸是两排防风固沙的白杨、胡杨，整整齐齐，郁郁葱葱。挨着杨树林的就是成片的果园，靠最外边的是苹果树，再往里面是梨树。每到秋天，果园里结满了果子，走在路边果香四溢！看园的老大爷没事就在果园边儿牵着狗溜达，谁能偷吃上他家的果子，那别提有多兴奋，多刺激。

邱成国是他们这帮孩子的头儿，也就是"老大"。他勇敢，讲义气，最关键的是脑子灵，主意多，所以自然而然地成他们的头儿了。秋季正午，烈日炎炎，此时正是果园大爷睡觉的时候，邱成国和小伙伴们在离果园不远的树林里玩耍，玩累了，就躺在草丛里准备睡觉。突然，邱成国一个鲤鱼打挺一跃而起说："要不咱们今天中午去偷苹果吧！""好啊！"大伙听了来了精神，一个个都爬了起来。于是就是开头的那一幕。安排好了，大伙儿恨不得赶紧溜进果园开始偷苹果，"哎！别着急！别着急！我们先来预计一下这次偷苹果的结果，好做准备，如果这次苹果偷成了，那我们功成名就！如果那老头发现了，我们就朝北边使劲跑，我早就暗中观察，发现那里有一个小洞，我们应该都能钻出去，被抓住可就惨了，少不了一顿毒打，如果……如果被那老头发现，还到爹妈那里告状，我们就老老实实的承认错误，说下次再也不敢了。你们可得见机行事，不可莽撞！"小伙伴们听了邱成国的话顿时目瞪口呆，偷果子，偷鱼，偷苞米很多次了，这么精密的作战计划还是头一回。原来每次做了"坏"事被母亲责罚时，母亲都会问他：知不知道错在哪里了？于是小邱成国早就有了对事情后果的预见和反思的经验了。"别愣着了呀！你们听仔细了没？还敢不敢了！""敢！"小伙伴们异口同声地说。说做就做。

在果园的周围，是一条长长的灌木丛，灌木丛里面就是一圈长长的壕沟。灌木丛，密密的，还长着长长的尖刺。他们沿着灌木丛的豁口，一个一个小心翼翼地钻了进去。这大大的果园啊，果树成行成排的，整整齐齐，枝繁叶茂，上边结着一颗颗又大又红的苹果。中午的阳光照在苹果上，像宝石在发光。大胖打头阵，小黑紧随其后，二虎跟上，邱成国负责最后的接应和观察。他们不敢往里边走，就在边上找到了一棵比较茂盛的果树，小黑和邱成国噌噌噌几下就爬了上去。他们两人在上边扔，二虎、大胖在下边捡，小兜子装不下了，就把汗衫脱下来，铺在地上，把苹果放了上去，"太慢了，快晃树！"小黑答应一声，就站在树上，一人抱住一个枝干，用力地摇晃起来，哗啦啦地就掉了一地的苹果，乐坏了，赶忙捡起来，忙得不亦乐乎。

正在他们干得热火朝天的时候，只听到一个苍老的声音："那谁啊？"他们一听这声音，啊！看果园的老头带着狗来了。二胖儿在树下小声地喊了一声："老头来了，快跑！"邱成国像猴子一样"噌"地跳下了地，撒腿就跑，他们几个抓起地上的汗衫，兜起苹果，起身飞跑。"快往北边跑"邱成国跑在最后一声大喊。

夕阳下几个小伙伴吃着香甜的果子，欢笑着……毫无疑问这次偷苹果虽然被发现，但还是偷着了。

邱成国回到家，妈妈手拿扫帚板着脸，"糟了，老头告到家里来了"邱成国心想。"妈，我错了，下次再也不敢了，您揍我吧！"只见举起的扫帚刚要落下，却被重重地摔在桌子上，"竟然敢偷东西！惩罚是少不了的，但是成国啊，妈想说，也不期望你们能成什么伟人，只要能做一个自食其力的人，能自己养活自己，不给社会添麻烦，也就足够了……要行得正，走得端，做一个堂堂正正的人！"母亲那粗糙的双手抚摸着邱成国的脸颊，竟比扫帚打在身上还要疼。

多少年过去了，那个偷苹果的小男孩如今已经成了校长，然而母亲那意味深长的话却永远萦绕在他的心头。

"行得正，走得端，做一个堂堂正正的人"这句话成了邱成国坚定的指针与坚强的力量。

三、未来的劳改犯？

赵老师是邱成国的班主任，他中等个，头发总是永远很整齐地待在头上，眯眯眼上架着副眼镜，一副很有学识的样子，嘴角时不时露出善意微笑，最难得的是他的皮鞋总是擦得油光锃亮。

邱成国打心眼里不喜欢这个赵老师。当然，也是有原因，这位赵老师来自5连，平日里告诉同学们为人要真诚大气，可每次在食堂打饭总是少给钱，多拿东西。甚至，还听其他连队的同学说，赵老师总是很喜欢班上的女同学。

还记得那次食堂里依旧吵吵嚷嚷，每个窗口都排满了老师和学生，这所学校是27团中学，附近连队的孩子老师都在这吃饭，"你倒是多给打些呀！"赵老师似笑非笑的冲食堂打饭师傅说。"赵老师，咱们食堂您是知道的，每人每种菜一勺，见您是老师辛苦，给您已经多打了。"师傅说。"你这菜这么多，再给我一勺怎么了？你不就是一个食堂打饭的嘛。"赵老师面目狰狞，开始找茬了。"赵老师，您怎么能这样说话，还有这么多孩子没吃上饭，咱们的饭是定量的呀……"排在赵老师身后的邱成国目睹了这一切，给这位原本心目中地位就不怎么样的班主任又打了一次折扣。"你给不给打？小心我举报你！"见自己不占理，赵老师开始强词夺理。"赵老师，师傅说的对，我们应该按照规定来……"赵老师不知道身后站的是自己班上的学生，转脸见是邱成国，扔下1.5元钱，拿起饭盒，匆匆地走了。临走前推了推鼻子上的眼镜，捋了捋头发，狠狠地瞪了邱成国一眼。"每次都这样，少给钱，多打饭，哪有这样的老师？"师傅像是自言自语，又像是在向邱成国诉苦。"为人师表"到底是什么意思？如果，以后我成为老师，会是一名学生喜欢的老师吗？此时已经是高中生的邱成国在心里埋下了小小的种子。

"别打了，快别打了！"混乱中，两个扭打在一起的男孩被同学们拉开，邱成国擦擦脸上的鼻血，脸扭在一边默不作声，"怎么了，怎么了？都这么大了怎么还打架！我倒要看看又是谁在班里翻云覆雨。"赵老师闻讯赶来。完了，这次估计又要背黑锅，被冤枉了，邱成国心想。"好呀！邱成国，又是你打架，上次因为一点小事也是你和2班同学大打出手。""赵老师，上次是因为咱们班同学被2班欺负，我没有错！""是啊是啊，上次邱成国没有错！"周围同学也小声附和。"都给我闭嘴！"赵老师严厉制止了邱成国。那位男生见邱成国被赵老师批评，得意扬扬地把手插在了口袋里。"还不快给李同学道歉，邱成国？"果不其然，这次依旧没有弄清事情的原委就让我道歉。凭什么？邱成国心想，于是平静地说："我没有错。""还说你没有错！看看把人都打成什么样子了？赶快！我还有我的事情呢！别在这里耽误时间！"邱成国看看自己手上的鼻血，再看看毫发未伤的李同学，心中有一团怒火在燃烧！又是偏袒他！又是冤枉我！不就是因为李同学的爸爸是5连的连长吗！好！既然我错了，那我就错到底。

只见邱成国一个箭步跨到李同学的面前，狠狠地在李同学脸上捶了一拳。鲜红的血从鼻子里瞬间流了出来，正准备再踹一脚，同学们见状赶忙拉架，赵老师趁机使劲踹了一脚邱成国，邱成国绝不服输，趁乱在赵老师的肚子上捶了一拳，周围的同学都惊呆了，没想到邱成国连老师都敢打，赵老师一手扶着眼镜一手揉揉肚子气急败坏的大声说道："连老师都敢打！真是不要命了！你小子今后就是个劳改犯！蹲大牢！不信我们走着瞧！"那时赵老师已经给邱成国下了定义，但在年幼时母亲对邱成国的教育中早早就有了"公平"二字，正是这两个字让他敢于挑战权威，挑敢于为了自己不公的待遇谋取公平的权益。

后来，因为打老师，邱成国并没有占上一点便宜，也更没有人敢站出来帮他说话，他又背了黑锅，不但写了检讨书，要不是爸爸妈妈来学校求情，他差一点被开除。但是赵老师的举动却深深刺痛了他的心。那个时候，他郑重其事的在心中镌刻下了"公正"这两个大字。无论是今后当了班干部，还是教师，直到现在，走上学校领导岗位的邱成国在管理学校的过程中，也确实践行了公平与公正，不忘初心，方得始终。

四、当电工的梦想

1971 年，场里决定给各家通电了，看着叔叔们扯电线，邱成国心里无限的期盼与兴奋。电线架好了，安上了钨丝灯泡，当夜幕降临时，家里终于不再点煤油灯，轻轻一拉灯绳，昏黄的灯光却让整个房间透出了温暖。家里的收音机是妈妈最喜欢的娱乐工具，听音乐、电影、评书，少年的邱成国也在母亲的影响下接触到了不少的文学艺术作品。

不久，那默默发光的钨丝灯泡是疲惫了吧，不再发光，于是母亲叫来了场子里的电工。电工很忙，在快要晚饭的时候带着自己的工具箱和梯子来到了家里。看着叔叔专注地修理电路的样子，年少的邱成国觉得那是一份了不起而神奇的工作，因为经过电工叔叔的修理，钨丝灯会再次亮起，开始它的工作旅程。修理结束了，再次轻拉灯绳，钨丝灯似乎又带着微笑照亮整间屋子，给整家人带来光明与温暖。"太感谢了，你们休息会，我去做饭，就在这吃，辛苦你们了。"妈妈感谢地说。哥哥弟弟妹妹们也拍着手开心地欢呼着"哦，太好了，又亮了。"之后在屋里自由地玩耍着。妈妈为了感谢电工，去厨房做饭去了。

"饭好了，你们几个赶紧把板凳摆好，过来端菜。"菜端上来了，妈妈竟然做了平时从未做过的辣子炒肉！平日里，哪里见过肉啊，就算过年做一回，家里孩子多，一人也只能尝两口，有时去厨房偷吃还要被妈妈骂！看着平时不曾见过的肉，他和兄弟姐妹们都呆了。那香喷喷的味儿扑鼻而来，口水似乎都要情不自禁地溢出来了。饭桌上，妈妈不停地给电工叔叔夹菜，懂事的几个孩子们也深知最好的饭菜是用来招待客人的，所以孩子们都不敢夹菜，只吃着自己眼前的饭。

客人吃完饭离开了，兄弟姐妹们疯狂地站起来争着抢盘子里剩下的肉。身为四川人的母亲做了一手好饭，孩子们把抢到的肉放进嘴里是件多么开心和幸福的事！

场子里的电供应不稳定，所以每家几乎一两个月都会请电工来家里维修，大家都会用平时少见的好饭好菜招待电工。之后家里的收音机、电灯再坏了，母亲还会请来电工，邱成国发现每次电工来的时候家里的饭菜就大有变化。"以后长大了我也要当电工，这样就可以经常吃到香喷喷的大餐了。"

五、他成了留级生

1978 年 6 月，14 岁的邱成国连续两天高烧不退。退烧药，热毛巾似乎对这个少年没有起到任何作用。顽固的高烧来的是那么的凶猛和蹊跷。预感不祥的母亲准备把小邱成国从床上抱下来让卫生所的医生给瞧瞧。就在这时邱成国呻吟地喊了声妈妈就瘫在了母亲的怀里，不省人事。慌乱的母亲大声呼喊着，邻居们赶紧叫来了卫生所的医生。医生掰开眼睛看了看对母亲说，孩子得了伤寒，快没希望了，让母亲做好心理准备。这话一出，母亲顿时觉得天都塌下来了。4年前大儿子二儿子去河里游泳，那一游却再没有回来。4年后，小儿子也被诊治为无希望，难道这就是命运吗？难道三个儿子都要这样离自己而去吗？难道……但母亲骨子里不相信命运会对她如此不公，她不相信她的儿子一个个都要死去！她很快停止绝望，果断的决定带儿子去大医院看看。母亲找来场子里开大车的司机师傅，师傅听到消息迅速地将孩子抱上车，拉着母子俩赶往焉耆县的河南医院。

到达河南医院师傅抱着昏迷的孩子到了急诊室。医生摸了下滚烫的额头，快速进行降温，并进行其他相应检查和住院安排。好不容易小邱成国苏醒了，一身的疲倦与无力。经过几天的化验与检查，医生最终确诊是胸膜炎。医生交代母亲，这个病是个慢性病，富贵病，不能生气，不能累着，营养也要跟得上，否则很容易复发。虽然不是特别乐观，但较之于最初医生所说的没有希望，这个消息足以让人喜悦。与其说是喜悦，不如说更是人对生命的渴望，对亲情强烈的眷恋。儿子死而复生的转折，让这个每日操劳的母亲再次拥他入怀时是那么的踏实和满足。住院期间母亲竭尽全力悉心照顾他，自己省吃俭用尽量给孩子做营养一点的饭菜。邱成国的病情也在医生的治疗下得到控制，精神一天天好了起来。好转的邱成国与同病房的病友也熟悉了起来，认识了一位老师和一个高考生。

和病友日渐熟悉，他们之间的话也越来越多了。夏天的阳光很好，闲暇之余，三个病友还会来到医院旁边的开都河畔，晒晒太阳，呼吸呼吸新鲜空气。那位大哥哥 1 米 83 的个子，人长得帅气精神，就像个大明星。可他因为生病不能参加那年的高考，这些让他沮丧和低落，毕竟他平时在班里是班长，学习成绩也好，他深信知识改变命运，但错失了高考。他不知道未来的命运会怎样，而且女朋友升入大学后最终也会和自己走向分离。小邱成国在心里不免对这位完美的哥哥感到惋惜和遗憾了。"知识改变命运"邱成国嘴里嘟囔着，"是啊，孩子"老师病友说话了。"在你这个精力最旺盛的年纪真的要好好学习，用知识来武装自己。将来考上好学校，为自己谋求更好的发展前途。胸膜炎也不是什么难治之病，恢复好，适当锻炼，要努力学习了。美好的未来需要现在的付出"，在一天天与他们的交往和聊天中，邱成国仿佛开始意识到知识的重要性了。每当他看见完美哥哥，他的这种意识就越来越强烈，这曾经是他从未有过的想法。也就在那时他给自己定下了目标：努力学习，考中专！

一个月后，邱成国出院了，学校也已经放假了，他的初二年华就这样溜走了。开学上初三，初三面临的是人生中重大的中考，以他的成绩中考就是天方夜谭，所以他和家人商量后决定留级，重新读一遍初二。9 月份开学了，邱成国告别了原来的同班同学，成为一名留级生，学校鉴于他原来的表现和状态，把他放在了当时初二的差班。在邱成国心里，差班就差班，反正他要奋进了，班主任让他当班长，他心里美滋滋的。然而熟悉他的乡亲们却并不看好他，在他们看来邱成国留级没有任何意义，只是枉费时间和精力而已，他能改变自己太阳都打西边出来了。邱成国不管别人怎么议论，只顾自己上课认真听课，做好笔记，早上在妈妈的督促下，起床背书，那股子专注劲儿自己都快不相信了。妈妈看到这些，心里阵阵的欣慰与温暖，那个他心里最淘气最不成器的儿子却越来越懂事了。当时的好班、中班、差班都是实行的轮换制，即每次考试后依据成绩来不断地调换。虽然他在差班呆的也很是自在，和同学们玩得也好，但内心深处他还是下定决心想要通过自己的努力调到好班，既能证明自己的实力和决心，也能为下一年初三的学习营造更好的氛围。第一次期中考试成绩出来了，他完全达到了好班的水平，这对他来说是莫大的鼓励，但有些老师还是提出了疑义，依据留级生的规律，刚开始的时候会比较轻松自如，毕竟在吃老本，越往后越吃力，成绩也会下降。邱成国也不知道后来会怎样，但他非常笃定自己以后的态度和方式，每天早上他都早起背书，有时候真的起不来，就想偷下懒多睡一会，严厉的妈妈就会把他被子掀起来严肃地告诉他：这么懒，又不能坚持，还想保持学习成绩，简直就是妄想，考中专更是门都没有！忍受不了妈妈的唠叨和刺激，邱成国迅速穿好衣服，比平时更大声地读着书。在不懈的坚持下邱成国的成绩一直保持得很好，让对他有疑义的老师也不禁对他刮目相看了。与此同时，邱成国也从未放弃锻炼身体，慢跑、快走是他坚持的方式。他的小身板也比原来强壮些了。

初三一年的拼搏与坚持，中考结束了，大家在心里忐忑地等着成绩，邱成国以280多分的好成绩考上了巴州第二师范。全家人都分外开心，邱成国心里更是喜悦。他考上师范啦，他可以当电工啦！（在他的内心他一直认为考上中专就是当电工）

六、老师，最可爱的人

1980年邱成国考上了中专，一家人都沉浸在喜悦之中。他用一个好的结果证明了自己的坚持和努力，也让老师和曾经不看好他的乡亲们对他刮目相看。他更是为自己能当电工这样一份好职业而兴奋，最初的梦想自己终于实现了。后来别人告诉他师范出来不是当电工，而是当老师。他还对此深表怀疑，以为别人是在逗他开心。在他询问完老师之后才恍然大悟：师范毕业后是当老师，这个结果让他不免沮丧和伤心起来。难道自己的电工梦就这样破碎了？他知道自己曾经那个最初的梦想就这样渐行渐远了……

假期过去了，随着开学的来临，邱成国也要做好去报到的准备了。十月中旬，邱成国流着眼泪缓慢地骑着自行车，去往自己的学校巴州二师范（现第二师八一中学）。

到了学校，学校并不算大，一排土坯房子就是教室。情绪低落的他按照通知书上的地址找到了自己的班级。一位戴着眼镜，瘦高又儒雅的老师在教室里微笑着迎接他和同学们，老师的微笑让失落中的邱成国感到了一丝温暖，走进去更让他眼前一亮，黑板上已经书写了漂亮的艺术字"同学们，欢迎你们，梦想，我们一起来完成"温暖又鼓舞人心的问候，再看看教室两边的墙体也贴上了用英语写的标语"Where there is a will there is a way（有志者事竟成）""An hour in the morning is worth two in the evening（一日之计在于晨）"多么激励人的话语。"同学们陆陆续续地进来，每来一位学生老师都会报以会心的微笑，大家也都被眼前的一切吸引了，干净整齐的教室，色彩鲜亮的艺术字，温暖的问候、激励的话语。这些全是班主任吕老师精心的准备和布置。他一说话声音更是吸引了大家，教室里一片安静。他的声音中气十足，很像是话剧演员的声音，磁性而具有穿透力和感染力。大家对班主任的第一印象都很好，邱成国隐约觉得这位老师应该还有更让自己佩服的东西。

在接下来学习的日子里，这位吕老师在课堂上标准而话剧般的发音一直吸引着全班同学。他的授课极其清晰，对于基础差的学生极其的耐心。吕老师经常对他们讲，师范毕业后的未来就是成为一名教师，而教师首先要把自己的素养培养好才能去教育学生。闲暇之余，吕老师会像朋友一样和他们交流，经常去男生宿舍看看他们的生活，和他们聊一聊。鉴于邱成国的健谈和开朗，吕老师让他担任班里的生活委员。在平时的管理中他与老师经常交流，老师的宗旨就是作为班委要比别人想到更多付出更多，要用真心和关心让大家凝聚在一起。邱成国开始感受到了自己在班级里的责任和使命，这种使命不容他懈怠。

在与老师更多的交流与了解中，同学们才渐渐知道他们心中了不起的老师曾经荣耀而光芒四射的历史。吕老师毕业于某外国语学校，他所修的第一语言是俄语，第二语言才是英语。他在大学期间曾经留学于苏联，担任留苏学生会主席。留学学习结束后他毅然回到中国，23岁的他意气风发，那一年他担任了北京外国语学院语言教研室主任。凭借着自己扎实的基本功，他翻译了高尔基的《海燕》，并分别用俄语、汉语出版了《海燕》的朗诵版。"在苍茫的大海上，狂风卷集着乌云。在乌云和大海之间，海燕像黑色的闪电，在高傲地飞翔……"原来那时而舒缓、时而低沉、时而高昂，充满豪壮情怀和感召力量的声音是来自于自己的老师！崇拜感油然而生，吕老师越发的成为邱成国和孩子们心中的榜样。然而在1966年开始的"文革"中，吕老师生命中的暴风雨也随之而来了——他被作为右派打了下来，发配到新疆的连队劳动改造。一个曾经的留学生背负着罪名来到了乡下，干起了农活，种庄稼、养猪、修路、凿井（现在还有老师当年凿的那口井），完全不一样的世界，完全不一样的生活。但他仍像一只海燕一样高傲勇敢地接受命运的安排。"看吧，它飞舞着，像个精灵——高傲的、黑色的暴风雨的精灵……它笑那些乌云，它因为快乐而高叫！它深信，乌云遮不住太阳——是的，遮不住的！"他诵读着，他更深信乌云是遮不住太阳的，遮不住的！这个声音一直在心底支撑着吕国军。

坚韧与乐观终于让这只勇敢的海燕看到了阳光，1976 年"文革"结束了，多少的冤屈被平反了，多少的耻辱被洗血了，吕国军也不例外，平反后的他恢复了自由，那是很久未有过的轻松与释然。他没有立即回北京，而是决定留在新疆继续贡献，做了一名师范院校的老师，继续着自己的教育理想，继续着自己曾经的奉献梦想！老师身上的一切于无声处感染着他的学生们。

一天下课回宿舍，邱成国发现自己从家里带来的面条和辣子酱少了很多，锅灶也不见了，邱成国愤怒了，这样的事情已经不是第一次了，谁干的大家心里都很明白，学校的后勤人员有的素质就是很差，一副痞子无赖的德行，经常从食堂"拿"些东西揣到自己包里，进入学生宿舍时也不忘"带走"点东西。很多学生对此非常不满意，但也无奈。愤怒的邱成国找到后勤人员质问他们为什么要拿自己的东西，他们不屑一顾地翻了一眼邱成国，赖不兮兮地说了句"拿你的东西咋了，拿你的是瞧得起你小子，你还应该感谢本大爷呢。"说着几个人互相挑着眉毛你看看我，我看看你地大笑了起来。再也无法忍受的邱成国一个拳头轮了过去，他们撕扯了起来，同学和老师忙跑来把他们拉开了。吕老师了解情况后，要求工人给邱成国道歉，工人非但不道歉还狠狠地甩了句："你给我小心点！"通报学校后，没想到学校不想追究此事，毕竟传开来对学校影响不好。这样的决定让吕老师无法沉默，他三番五次的找校领导，认真而坚决地要求校领导给学生一个说法。在吕老师的强烈要求下，学校终于妥协了，工人给邱成国道了歉，收起了自己嚣张的气焰。从未有过的痛快，同学们看到这个结果拍手叫好，吕老师带给了他们尊严，更教会了他们什么叫正义。

吕老师，在用自己的人格魅力感染着学生，学生们在他身上感受到的是专注、是正义、是责任和爱，更是坚韧与强大。

吕老师让邱成国改变了对老师的看法，不再对自己不能做电工而遗憾，反而更清晰地萌生了要当老师的梦想，要做像吕老师那样的老师！

七、一场"意外"

转眼间就到了中师的第三年，邱成国已经长成了一名身姿挺拔、意气风发的帅小伙儿。他辞去了班长等职务，只想在最后一年拼尽全力拿到一等奖学金。他能力出众、成绩优秀、人缘又好，得到了众多老师和同学的一致好评。功夫不负有心人，很快一个好消息传来了，由于他在校的优异表现，学校决定给他一个留校任教的名额。说不高兴是假的，这是学校对他的肯定，更是他自己努力付出这么多年的回报啊！邱成国觉得心都快从胸腔里蹦出来了，他想跑、他想喊，他想大声喊向远在家里的母亲，妈妈！儿子没让您失望！

校园外成排的白杨树笔直地站在路边，粗壮的树干高过周围所有的房子，大家仰起头来，才能看见它们那些像大伞似的树冠、茂密的绿缎子似的树叶。风吹过来，树叶哗哗啦啦作响，天空蓝得沁人心脾……夏天来了，马上就要毕业了，很快就可以走上工作岗位在母校工作了。邱成国学习的劲头更足了，因为很快他将迎来他教师生涯中的第一批学生——在年龄上只比他小两三岁的"同龄人"，他已经开始计划如何去站稳讲台，如何去教书育人了。

就在这个时候，邱成国面临了一个难题。他们班的一位男同学因与高中部的学生发生口角，被人堵在厕所里面拳打脚踢了一通。可是学校只是要求班主任老师对打人的学生进行了批评教育，非但没有按照校规校纪给予打人的学生相应的处分，甚至连必要的道歉都没有。被打的男同学咽不下这口气，他想"以暴制暴"，把受的委屈再打回去。他找邱成国求助，他深知邱成国在同学心目中的威信，也只有他才能把大家组织起来给他出这口气。邱成国知道"以暴制暴"是绝对不行的，他说："我们要文斗，绝对不能武斗！"那如何个"文斗"法呢？带着这个疑问，邱成国又陷入了沉思中。

夜已经深了，墨色的天空繁星点点，新疆的夏夜静谧而凉爽，邱成国听着宿舍的同学们此起彼伏的微微鼾声，翻来覆去无法入睡。他不是不知道如何"文斗"，只是他更知道"文斗"之后对自己的前途和人生究竟意味着什么！

第二天一大早，邱成国有条不紊的开始指挥：先给班里的男生讲清楚被打同学所受的不公平待遇，接着请文笔好的人给学校写请愿书，同时派性格随和的人去女生宿舍游说……于是，中师三年级临近毕业的一场罢课在邱成国的策划下开始了。

事情一发生，校领导非常重视。学校答应对之前的打人事件进行认真审查，一定会公正公平处理此事。但同时也要追究罢课的责任，对策划者一定要严惩不贷！

于是，留校任教的资格就这样被取消了。同学们都为邱成国惋惜，恩师们更是"恨铁不成钢"，所有人都认为他是意气用事毁了自己的大好前途。只有邱成国自己知道，这样的结局是他意料之中的。但是他不后悔！他坚信毕业后不管工作分配在哪里，他都一定会做一名优秀的人民教师！

这场"意外"，让我们看到了邱成国的早慧，更看到了他身上的"侠气"：从小就有自己判断力的他知道所要承担的责任后，还能为了同学打抱不平而断送了自己在当时人看来非常好的前途，这不能不说是一种令人佩服的胆识和义气！也正是这份胆识和义气才成就了后来追求公平、重情重义、救危扶难的邱成国！

第二节　百转千回，青年而立不忘初心

一、读书，一辈子的选择

严格地说，邱成国并不具备当一名好老师的先决条件，但他似乎天生就有阅读的习惯。从教 20 多年来，正是这个良好的习惯逐步增强了他做一名优秀英语老师的素质。

他最早接触的书当然大多是文学作品，所以一踏上讲台，英汉对照的文学成了他献给学生最好的礼物。刚当英语老师第一周，他特意每节课"挤"出十分钟的时间给学生们读凡尔纳的英汉对照的科幻小说《海底两万里》。从那以后，他坚持每学期给学生读长篇英汉对照名著《红与黑》《悲惨世界》《基督山伯爵》《老人与海》……年轻的英语老师邱成国在当时没有意识到课外作品对于教学的意义，只是把自己的阅读爱好迁移到自己的课堂上，并"传染"学生；但他历届的学生每每回忆起自己的中学时代，往往会提起邱成国老师为学生们朗读的英文文学作品时那令人心潮澎湃、荡气回肠的时光。就这样从课内到课外，邱老师为学生打开了一扇又一扇的文学窗口、文明的窗口、文化的窗口，本来枯燥的语法和机械式记忆单词的英语课在学生眼前变成了一片辽阔而绚丽的世界。

当然，如果仅凭对文学的兴趣是不可能成为一个优秀的英语老师的。英语教育既然是一项事业，它就必须靠科学的理论来指导。写到这里不得不提三位杰出的教育家的名字：孔子、陶行知、苏霍姆林斯基。

当邱成国真正开始潜心研究教学时，有了一定的教育实践体会之后，再读大教育家的著作，被他们的激情与思想打动。邱成

国首先是被三位教育家教育论著的行文风格和语言所吸引。无论是中国的孔子、陶行知还是苏联的苏霍姆林斯基，他们的语言朴素亲切，内容不缺乏文学性。可以说，这三位教育家是邱成国教育事业的真正启蒙者——他从陶行知的著作中读了"真教育"三个字。"真教育是心心相印的活动。唯独从心里发出来的，才能打动心的深处。""生活即教育""教学做合一""教人求真""教做真人"等教育思想与实践都是"真教育"这棵大树上结出的硕果。这些精辟的教育观点直接影响了邱成国英语教育的改革。

在苏霍姆林斯基博大精深的教育思想体系中，闪耀着一个大写的"人"字。以前邱成国的教育视点更多的只是停留在某一个环节上，而现在，苏霍姆林斯基这位 30 年代就投身于教育事业的教育家告诉邱老师："教育，首先是人学！"他开始自觉地从人性和规律的角度来审视他的学生和他的教育。

南怀瑾先生的《论语别裁》邱成国花了三年时间读完，他领悟出《论语别裁》的核心思想就是"佛为心，道为骨，儒为表，大度看世界；技在手，能在身，思在脑，从容过生活"，邱成国以《论语》的思想修身、治校、处事。

无论是 80 年代中期"以思维训练为中心，以口语训练为突破口，促进听说读写全面提高"，还是 90 年代初期"以应试英语为生活英语"，一直到最近的"英语教育中……"近 20 年来，邱成国通过阅读，走在教育探索的路上，始终沐浴着三位教育家"民主、科学、个性"的思想光芒。

随着阅读面的扩大，邱成国视野也扩大了。近几年内，他写了很多论文《午休课程：真实情境"逼"出设计力》《一体化发展之路越走越宽》《论校园文化建设的思想与实践》……

他至今怀念"万类霜天竞自由"的学术氛围，因此他读了很多著作《开明英语语法》《英语学习》《高级英语》《外语阅读技巧教学》《NEWS》……这些著作的观点不一定全能理解，或者即使理解也不一定全都能赞同，但这些著作不仅开阔了他的视野，更主要的是，从那时候起，他越来越明确地意识到自己的身份："我是一名研究型的英语教师！"从那时候起，他就提醒自己，尽管也许一辈子都可能只是一名英语老师，但这不妨碍我通过英语教育传播人类文化的精华。

再后来他读了《西方哲学精神》《史记》《汉书》《西方哲学史》等，这些阅读不但赋予他独立思考的信念，而且他从历史和文化的角度俯瞰英语教育，真正践行了用自己的思想去召唤、推动每一个灵魂。

在一堂课中将课外阅读很好引入教学的例子。课后有许多老师评价他这节课知识丰富，视野开阔，充分体现了学生的自主学习能动性。有一位老师问他备课花了多长时间，他说："花了10年。"

当时，他想到苏霍姆林斯基在《给教师的一百条建议》中讲的一件事：一个在学校工作了三十三年的历史老师上了一堂非常出色的观摩课，有一位老师问他："你的每一句话都有巨大的思想威力。请问，花了多少时间来准备这节课，可能不止一两个晚上吧？"那位老师回答说："这节课我准备了一辈子，而且，一般地说，每堂课我都准备了一辈子。但是，直接针对这个课题的准备，则花了大约一个小时。"苏霍姆林斯基评论说，这项回答打开了教育技艺的一项奥秘，这种"一辈子"的准备，就是——阅读。

邱成国在当了校长后，每次在全校大会上都会强调："作为老师，我们要不断读书，不停地学习。"他说："我喜欢苏霍姆林斯基不仅仅因为他是教育理论家，更是教育实践家。他善于把非常深刻的道理用通俗而又优美的语言表达出来，每一位教师都能读得懂。"

是的，阅读，不停地阅读，这应该是每位教师生命体现的一

情怀：教育精神之源

种方式。

从一位普通的英语教师成长为如今心系教育，责任担当的校长，这并非偶然的机会或者天生骨子里的天赋，这成功来源于异于常人的努力与坚持，这努力来源于对知识的渴求和对科学的教育不断地追求。如今作为校长的他每次出差、开会等待时间手中都会拿着一本书，他常说："阅读像呼吸一样重要！"

二、何去何从？

除了读书自悟外，最便捷的提高方式就是与同行切磋，向大师学习。自从被提拔为教务处副主任之后，邱成国有了一些外出学习的机会。与其他外派学习的同志不同，每次外出学习，邱成国都十分珍惜学习的机会。课堂上他如饥似渴地聆听专家教授的报告，把要点认真地记在笔记本上；讨论时他每次都逼自己积极参与，越来越精彩的发言总能赢得专家教授和同学们的好评；每次发言，他都能够引经据典，结合现实，娓娓道来。这些精彩都来自于课余，以前读过的书此时都派上了用场。邱成国感受到了读书带来的回报是丰厚的，便更加如饥似渴地阅读。周六周日，同学们都出去玩了，他一人待在教室里，阅读教育文献。邱成国用阅读把自己的课余生活填的满满当当。他知道自己来自于较为落后的边疆，自己的起点低，总是有一些不够自信。邱成国决心要抓住这些机会，努力学习，不断提升自己，让自己的业务水平和专业素养不断地提高。功夫不负有心人，如同一颗冉冉升起的新星，他的表现引起了许多人的注意，他的自信心也越来越强。

人一旦优秀了，机遇便纷至沓来。某年，邱成国获得了一次去深圳学习的机会。检验自己的机会到了！

八十年代以来，深圳作为我国改革开放的试验田和桥头堡，经济飞速发展起来。城市的发展离不开人才，人才的培养离不开教育。深圳的教育事业一直走在全国的前列。深圳中学的教育改革，搞得风生水起。并且还有很重要的一点——深圳的工资待遇很高。邱成国的心动了，趁着在深圳进修的机会，他找到深圳某所中学，要求试讲，他要称称自己到底有几斤几两，他想改变自己的命运。

听说他来自遥远的新疆，接待他的老师眼睛里流露出了不信任的神情，邱成国被深深伤害了，他央求道："这样吧老师，我试一下，如果不合你们的要求，我马上走！"经不住他再三的央挽，人家勉强答应他，给他一个最低层次的班级。

这几年的刻苦钻研果真没有白费。课堂上，邱成国既注重引领，又尊重学生的主体地位，没有倚仗着自己专业知识的优势，大包大揽。在他的组织下，学生既有个体自学，又有小组的合作，课堂教学十分高效，学生自觉主动参与到学习中去。这节课受到深圳中学领导教师的高度评价！

"年轻人，好样的！欢迎加入我们深圳中学！"一位副校长紧紧地握住邱成国的手，热情地说。

邱成国兴冲冲地回到驻地，第一时间打电话把这个好消息告诉了妻子，深圳中学开出极其优厚的条件：给他一套100平的房子，解决深圳户口，工资是新疆工资的好几倍！

躺在床上的他仍然沉浸在喜悦中，久久不能平静，看来自己的业务水平还是不错嘛，谁说中专生就没有未来呢？罗大佑说得好，"野百合也有春天"。哈哈……邱成国不由得笑出声来……他的手触到一本书，那是他来深圳进修时，班上的学生送给他的。扉页上工整地写着：老师，别忘了我们，早点回来！看到这些字，邱成国的眼睛红了，鼻子一酸，眼泪差点掉了下来。那些可爱的孩子们哟，或许他们不十分聪慧，但他们那渴望知识的眼神，让人难以忘记……那片洒过父辈汗水的土地哟，或许它十分贫瘠，但它却是生他养他的热土，让人难以割舍……他想到临走时，老校长到车站送他时说的话"好好学习，学校需要你哩！"

好几天，他吃不好睡不好，人也明显黑瘦了，他一直在抉择，究竟是留下还是离开？

人们发现，课堂上那个曾经十分爱回答问题的邱成国沉默了；课间他在走廊的一角静静地坐着，眼睛空洞而无神……一连好几个夜晚，他早早地躺在床上，眼睛却大睁着，痴痴地盯着天花板，直到耳边传来舍友的鼾酣声……

没有谁愿意和钱过不去，人们穷其一生，不断努力，不就是想挣更多的钱，过更好的日子吗？正所谓"天下熙熙，皆为利来；天下攘攘，皆为利往"。但是，有没有比钱更重要的东西呢？人活着，到底图什么呢？

"有的人活着，他已经死了；有的人死了，但他还活着……"他不由得背起臧克家的诗《有的人》。如同一道闪电照亮漆黑的夜空，一瞬间，他感到躁动不安的心宁静下来了，如同一股清凉的风吹过山谷，他听到了自己的心声……我要回去！他轻轻地说。深圳不缺人才，边疆才是我的家。回到华山去，那里才是我生命的舞台！

三、咬定青山不放松

"我不去想是否能够成功，既然选择了远方，便只顾风雨兼程。"优厚的待遇放弃了，邱成国横下一条心，决定在华山中学大干一番。他改革考试制度，打破以往五六十个学生在一起考试的做法，推行"单人单桌"考试，狠抓考风考纪；他说服校长，千方百计筹措资金，大力建设现代教育信息技术……由于想法多点子活，教学管理成绩突出，没多久，邱成国就被提拔为学校副校长，主管教育教学。

舞台大了，邱成国也产生了更多的想法。

当时，库尔勒有三所非常好的学校，巴州二中、华山中学、库尔勒市第四中学。彼此竞争十分激烈，互不相让。在巴州形成了三足鼎立的局面。邱成国主管教学后，狠抓课堂教学改革，通过引入现代教育手段，为传统的教学插上了腾飞的翅膀。他对课堂教学提出新的评价标准，一堂课的精彩与否，不在于教师讲得是否精彩，而要看学生学到了多少。他让老师少讲，学生多讲，让学生参与到学习中。他的这一套受到不少老教师的反对，有一些老教师甚至到他办公室和他展开激烈的辩论！课堂改革的阻力很大。

课堂改革走到十字路口，改还是不改？

改！课堂教学是学校的生命线。改革当然伴随着阵痛，但一定要改！邱成国把课堂教学改革与教师的年终考核挂钩，学校的各种评先选优都与教学成绩、教学改革挂钩。很快，全校教师统一了思想，教育教学成绩渐渐有了起色。华山中学无论中考还是高考，渐渐把其他两所学校甩在身后，一家独大。

华山中学的可喜变化，上级领导看在眼里，喜在心上。上级组织部门几次找邱成国谈话，希望为他换一个工作岗位，给他一个更广大的舞台，把二师和兵团的教育带上一个新的高度。他思前想后，婉拒了。一方面，他的确热爱学校，离不开和自己一起成长的学校。他曾当着全校教师说，我热爱华山中学，这一辈子，我这一百多斤就撂在这里了。另一方面，他也有自己的小算盘。他对自己的教育生涯有很清楚的规划，他要做特级教师，评上正高级职称，享受国务院的政府津贴。在学校里从事纯粹的教育工作，办好一所学校，当然比走仕途更容易达到自己的目标。况且，他心里清楚，自己热爱的是教育事业，而不是走仕途。

很多老师都不相信邱成国说的话，不相信他会放弃到兵团教育局当官的机会，甘心在一所学校当一名校长。一次，邱成国遇到学校的物理老师小周。这是个有些倔强的家伙。他径直走过来问邱成国："一般而言，男人都想用做官来证实自己，学而优则仕。同理，教而优亦可仕，你说不想做官，是真心话还是说给我们听听的？"

邱成国笑了，他说："我小的时候调皮捣蛋，是老师让我幡然醒悟，是教育改变了我的人生。我认为，证明自己的方法有很多，做官只是其中一种。但我更想在教育领域证实自己的能力！"

二十几年过去了，邱成国是这样说的，也是这样做的，他确实也实现了多年前给自己的定位——成为一名特级教师，享受国务院特殊津贴。今天的华山中学，在邱成国校长的带领下，在广大教职工的共同努力下，一路向前。而这一路上，邱成国始终抱着"咬定青山不放松"的精神，根植于教育这块沃土，辛苦耕耘，默默奉献，用自己的行为诠释了教育的本质！

"板凳要坐十年冷，文章不写一句空。"教育，塑人灵魂，铸人精神，需要长时间的耕耘，邱成国做到了！

四、家庭是力量的源泉

有位婚姻专家说："事业是男人的全部，而男人是女人的全部。"妻子和丈夫的命运会紧紧地结合在一起，生活上是如此，工作上也是如此。

邱成国就有一位了不起的妻子。无论是学习还是工作，无论是去大城市还是留下，无论是当官还是平民，他的妻子张秋云对他从来没有多余的要求，只是默默地支持与陪伴。1986年邱成国调入华山中学任教，工作几年之后他意识到，如果不及时学习新的知识，培养提升自身的能力，就会很容易落后。他深知要想在一个行业中深入发展下去，充电是必不可少的途径，利用充电的机会充实自己，同时也提高了自身未来发展的"含金量"。邱成国正在华北师范大学进行研究生的学习，当时正值毕业的关键时刻，忽闻妻子要临盆的消息，他紧张有序的学习生活被第一次做父亲的喜悦之情打乱了。他无法静下心来继续学习，心里惦记着妻子和儿子的同时又不想耽误这难得的学习机会，最终丈夫的责任感和做父亲的喜悦之情迫使他请了几天假。回到家看见妻儿相安无事，他放心了，可妻子却着急了，不停地催促他：你看我们母子平安，没什么大事，你赶紧回学校吧！"听到妻子说这番话的时候，邱成国心里就有深深地愧疚和感动，愧疚的是在妻儿最需要他的时候，他却未能及时陪在他们身边！然而妻子的坚强和对他工作的理解又时时让他感动，让他心无负担。在妻子生下儿子的第三天，他拗不过妻子的再三催促，无奈之下把妻子和儿子送到了团场父母家，依依不舍地离开她们，返回学校继续学业。

　　邱成国总是说：他和他的妻子没有轰轰烈烈的爱情，却有长长久久的感情。妻子这几十年来任劳任怨，相夫教子，对家庭付出极多。对她的家人，她总是充满着爱心，永无止境地奉献。无论是每天六点起来为全家准备早餐，还是亲手缝衣服和被子，作为医护工作者，照顾双方年迈父母的重担也压在她的身上……生活里的每一处都能看到她的关怀。在他繁忙的时候，妻子照顾着他；在他专注工作的时候，妻子从不抱怨；在他职业生涯进入低谷的时候，妻子安慰着他。无论他面临什么样的选择和困难，妻子都能理解他，支持他。在这几十年的婚姻里，他们相伴走来，拥有了太多太多浓得化不开的亲情与感动。因此，在邱成国的心里家庭的理解和支持就是他力量的源泉。

第三节　事业浮沉，在故事中成就故事

一、失败的谈话

美国斯坦福大学埃利奥特·W·艾斯纳说过这样一句话：学校是个共同体，在这一共同体中，拥有不同聪明才智的学生、老师、学校行政人员和公众，可以最大限度地将他们的观点、理由和灵感贡献出来，从而不仅可以创造一种具有优越性的教育愿景，而且可以创造一种能实现这一愿景的有效组织。

华山中学有几位老师进职称的条件不够，心里很不舒服。为了安抚老师们的情绪，袁振凡校长要求邱成国作为副校长单独找老师们谈话。可当时他手头事情多，时间比较紧，也想快点解决此事，于是就把那几位老师一起找来共同谈话，结果"双拳难敌四手，一嘴难辩众口"，谈话以失败告终。这次谈话也让邱成国开始思考学校的人事管理制度需要策略。

兵马未动，粮草先行。学校管理，理念先行。此后，华山中学在邱成国的带领下更注重的是推进民主化。他把华山中学这五十多年办学历史总结了一下，在"文革"前期更多的是和国家的大背景是一样的，人治的观念更多一些。改革开放之后，华山中学进入了人治和法治的完善过程。到了新世纪，更多推进的是制度化建设，在发展中更多的后劲是不断地完善学校的制度化建设，在这个基础上再文化立校。

对于邱成国来说：制度的制定有两个通道，一个是自上而下的制度设计，还有一个是自下而上的制度设计，他们走了一个中庸。从上来说，有对制度建设的思考。作为广大的教职员工，对制度有他们的理解和期盼，拿出来大家讨论，就用学校的民主政

策来推进。所以早在 1998 年设计华山中学的制度化管理，到 1999 年，形成了华山中学制度管理的办法，到了 2002 年以后，华山中学提出了制度化管理，分层次发展的目标，建立了一个比较完善的以人事制度改革为切入点和抓手，来完善学校的各项规章制度。所以在这个阶段华山中学提出了开放式办学，制度化管理，分层次发展。之后又提出了人际关系简单化，办事程序化，管理制度化，追求人本化的教育管理理念。然而要实现人际关系简单化，就必须要实现管理的制度化，要有完善的制度，这种制度的设计就应该符合学校的发展，符合广大教职员工、师生员工的要求。所以经过多种形式的讨论，然后以专业技术人才考核竞聘上岗为机制，按国家的大趋势来做。现在这条制度已经完全通畅了，全校从校级领导到普通的保洁员，全部纳入到了考核，而且这个考核政策公开，考核过程公开，考核结果公开。

2011 年 9 月邱成国作客演播室时总结道："这种制度化管理首先从党委一班人对权利的敬畏，对制度的尊重开始，所以得到了广大的教职员工的认可，得到了社会的认可。在制度面前做到了'有情的制度，严格的执行'。"

"智"为人格魅力之翼，管理水平公平公正才是最为持久的魅力人格特质。邱成国校长在理性思考中，常常"茅塞顿开，豁然开朗"，常常"登泰山而小天下"。在思考中，他逐步建构了新的管理系统。在建构中，他静静地前行，渐渐地成长。在 2008 年的一次外出学习，这时的他抛弃一切杂念，静心学习，在管理层面打开了新的局面，悟出不能循规蹈矩，在学校管理的过程中要思想创新，开始进行顶层设计，华山中学此时也走向了新时代。

二、制度需要改革

2016 年 11 月，第二师的教育评估工作开始了，其中有一项现场座谈，而且座谈的同志都是随机抽取。当调研同志问："在很多学校，很多老教师拿到了高级，职称到顶了，临近退休，存在懈怠的现象多吗？"当时座谈的会场里寂静了一下，然后好几个声音响起："懈怠？怎么会？""我们这儿没有懈怠一说啊！"调研同志笑着说："多少都会有的吧？""没有！我这儿马上退休了，还是班级组组长，年级安全卫生委员呢！"七年级的魏欣老师响亮地回答！调研同志……

这不是华山老师心齐，集体"作弊"，而是因为"懈怠"这个词对华山老师来说有点陌生。从讲台上头发花白的常青树，到激情洋溢的青年教师，他们在校园里都是面带微笑，干劲十足！秘诀在哪儿呢？这就是科学管理带来的动力！

在华山，没有永远的"高级"，没有绝对的"初级"，因为"高职低聘""低职高聘"已经被广泛认可。可是，在"高职低聘"实行之初，却是掀起了一阵波涛。

有一位高中语文教师，进入华山工作时职称已为中级。工作一段时间后，学生颇有微词，学校为此调整了班级。但不过两周，任课班级的学生反应更强烈。年级组长、备课组长进行听课，深入调研后，发现他课堂管理松散，上课没有激情，基本处于照本宣科的状态，已经不能适应华山中学如火如荼的教学改革。该教师自己也承认他的课堂教学有问题。情况在语文教研组会议、学校行政会上讨论后，有了两个决定：一是本着对老师负责、对学生负责的原则，决定暂停他的教学工作，改为听课、学习；二是绩效工资按初级职称发放。决定一出，这个老师顿时不干了，他气势汹汹地去办公室找邱校长，搡开门就问："不上课可以，我按时听课、改作业，难道不是上班吗？凭什么扣我的钱？"邱校长走上前，请他冷静下来，坐在沙发上，倒了杯温水轻轻地放在他的面前，说："你先喝杯水，不要太激动了！有什么问题一个一个说！"然后，在他的旁边坐下，看着他，不再说话。

办公室里寂静无声，只能听见这位老师粗重而急促的呼吸声。渐渐地，声音轻了、平缓了。这时，邱校长说："你的事我都清楚，你现在说说吧。"他喝了口水，喘了几口气："邱校长，不上课可以，听课学习可以，但凭什么给我发初级的绩效？"邱校长说："学校发展的根基是教师，是一线站在讲台上的老师，这是学校的命脉所在。你不能胜任课堂教学，就需要别的教师分担你的工作。在华山，岗变薪变，你做到什么级别的工作，就拿什么级别的绩效工资。"说到这儿，邱校长拿出《华山中学绩效考核办法》，递给了他。他看了之后，低下了头。又经过几番谈话，他低着头走出了办公室。后来，他仍然不能适应课堂教学，又去了图书馆，绩效工资几度调整，他都不再有其他想法了。

这件事在华山反响很大，邱校长和各级校领导也给大家做出解释，"高职低聘"使高职称教师意识到：自己所体现的水平、承担的责任与职称应是相当的。岗变薪变势在必行。

有"高职低聘"，那么是不是可以"低职高聘"呢？2009年，一位风华正茂、激情洋溢的年轻人走进华山，他就是杜疆。杜老师顶着压力组建"楼兰号角管乐团"，利用周末排练，寒暑假、十一小长假校园里都会有管乐声传来。有付出就会有回报，楼兰管乐团走进维也纳金色大厅，跨越海峡赴台湾参加桃园艺术节等等。这时，邱校长提出："我们有'高职低聘'，保持高职称教师的工作热情，也可以有'低职高聘'，给初级教师中级绩效，甚至中级教师给高级待遇，激发年轻教师的拼搏进取之心。"就这样，一批青年教师走上华山主舞台，奏出华山新旋律。

在这里，大家疑惑华山绩效的算法。其实，没有奥秘，只是邱校长更"聪明"。绩效工资进行试行，其他单位将80％作为基本，20％作为考核，而邱校长认为这样的分配方式不能激发教师的工作热情，大胆提出"20％作为基本，80％作为考核"。一提出，行政会一片哗然，认为不符合政策，职代会也不会通过。"一石激起千层浪"，反对声一片。第一次职代会没有通过。邱校长当时很平静，他在会议结束时说："职代会没有通过，我们不会实行。这样才说明学校是教师在做主。大家想不明白，这很正常，我们再沟通。"

会后，邱校长经常走进办公室，参加各备课组会议，听一听老师们的想法，将他的心意与大家沟通："其实，这样做才是真正保护大部分一线教师的利益。大家认为这样以后不敢请假、不敢生病，请放心，我们一定会在别的渠道为大家做好保障。"这时，他内心就有了筹建"华山教师关爱基金"的想法。渐渐地，大家了解了，第二次职代会，通过了《华山中学绩效工资考核办法》。现在，在有的学校出现经常请假、工作懈怠、一线教师埋怨的时候，华山中学最大限度地保护了工作在一线教师的利益，利用绩效工资体现多劳多得。

高职低聘、低职高聘、绩效考核新举措，在质疑声中，邱校长砥砺前行，正是为了办好的学校、做好的教育，他对学校的情、对老师的爱，在看似"无情"的制度面前，恰恰是"真情"的体现，也为他后期很多设想的实现做好了铺垫。以后，肯定还会有很多创新举措，但只要为了学生好、为了老师好、为了学校好，邱校长还会坚持下去，华山也会一直在成长的路上！

三、儿子上学记

从小到大，在别人眼中，邱先阳给人的感觉是一个特别的孩子。不仅特别，他甚至还给人感觉有一些神奇。这特别和神奇与他的爸爸相关。他爸爸邱成国是华山中学校长，按一般人的理解，作为校长，在教育资源上得天独厚，那么，近水楼台先得月，肯定是让名师指导上尖子班。但是邱先阳他爸的教育经是不走寻常路。

现在，整个社会，哪个做父母的不是望子成龙、望女成凤呢？但是人同此心，方法却不一定对，有的拔苗助长，有的欲速则不达。在教育方面，一方面，你追我赶，家长不让自己的孩子输在起跑线上；另一方面，许多家长却又走上了另一个极端，往往会逼孩子上各种补习班和兴趣班，说是为孩子好，实际上，却使许多孩子失去童年的快乐，失去初中时的活泼，失去高中时的开朗。成长就像一棵树一样，给他阳光雨水，然后，让他挺起胸膛拥抱阳光，这是自然的过程，就像花开的声音，是生命喜悦的绽放。这些，又有多少家长真正能够懂得呢？

而邱先阳是幸运的，幸运的不是他有一位当校长的老爸，而是他有一位真正懂得教育的老爸。通常，人们关心的是孩子的成绩，成绩不好才宽慰地说让孩子成人也不错。这实际上是把次序搞错了，本末倒置。如何让孩子在恣意发展个性的同时，快乐地学习，吸纳各方面的营养，成为一个全面发展的人才，一个茁壮成长的学生。这才是最重要的。

如今邱先阳已是一个开朗乐观的爱跳街舞的大型企业的管理者，阳光、自信而乐观。在邱先阳眼里，邱校长是长辈，也是朋友，更似哥们。这是一种平等的开放式的积极的关系。在成长过程中，使他拥有了自由的、恣意地生长的土壤，没有被没完没了的课业压迫，没有被逼着上兴趣班，没有被剥夺读课外书的爱好。阳光、雨露，给了他充足的空间，发展自己的个性。

在邱先阳刚上小学时，妈妈还是很紧张的，因为她想给孩子上补习班，但邱成国却不赞成，他主张的是采取鼓励和放养的方式。他相信自己的儿子行。他知道学校里哪位老师教学能力最强，可是就是不将自己孩子放在这位老师班里，而是将邱先阳丢在年轻的老师手里，这既是给年轻老师一种暗示，也是一种信任，更促使了年轻老师在教学上追求素质教育，而不是死抓学习成绩。这种理念也让邱先阳有了更多的自主时间，别的孩子埋头做作业，不停地抄写字词时，他可以任性地读课外书，钻进爸爸的书房里看书。邱成国从不批评，而是鼓励邱先阳看完后讲给妈妈听。妈妈成了听众，邱先阳则成了说书人。这样的场景不只是一时，而是成了家常便饭。

初中阶段，虽然功课紧张，但邱先阳仍然有足够的时间学习街舞，天性活泼的他成了同学当中的最活跃分子。做一件事，就认真地做好，这是邱校长潜移默化给他的身教。正是这样的教育理念，让邱先阳在成长的过程中，有了自觉和坚韧的品质。在一件事情上，人可以失败，但绝不轻言放弃，做最好的自己。邱成国的这些教育理念不是在口头上，而是在父子之间的那种默契和交流中，是一种身教。同样，这种素质教育的理念也润物细无声地影响着学校许多老师的教书育人。

回看邱先阳的求学经历，从小学到中学再到高中，邱成国坚持自己独特的眼光，不择班，不随众，做自己认为对的。正是源于此，邱先阳成了家长眼中好学生，更是许多同学效仿的对象。虽然初中功课紧张，但邱校长始终坚持不择班，不选择有教学能力的老教师，以及学校的名师，而是把邱先阳放在年轻老师班里。这一点倒是难能可贵的。记得初三毕业时，邱先阳主动做志愿者，积极地帮助到校的新生，带他们进宿舍，介绍美丽的校园。

都说高中是一道分水岭，它决定着孩子未来的走向。但是邱成国并不焦虑，他不把邱先阳排进名师班里，而是将邱先阳放在新转到学校的张腊丽老师的班里。虽然有人对新老师持怀疑的态度，而邱成国并不这么想，邱先阳也用优异的成绩给出了精彩的答案。各方面均衡发展，收获也多。除了努力用成绩证明他的优秀外，他还是热心肠，浑身散发热情的高中生，有一件事就充分说明了他是怎样的一个人。当初高一报名时，邱先阳虽然自己也是新生，但他又一次充当起了志愿者，帮助新生找班级，带新生入住宿舍，而自己忙得顾不上报名。这样的一个孩子，怎能不叫邱成国欣慰呢？

孔子说过："少年若天性，习惯成自然。"这是强调说儿童、少年时期形成的习惯，就像人的天性一样，成为一种自然力量，支配着人的行为。而一个成功的人晓得如何培养好的习惯，当好的习惯积累多了，自然会有一个好的人生。邱成国正是用自己的理念培养了儿子好的习惯，让他在成长的过程中走得稳健而扎实。

四、老师故事中的他

你走进校园，任意拦住一位老师，请他谈谈邱成国校长，每个人都会与你讲述几个故事，或夸赞，或欣赏，或埋怨，但往往都会以"邱校长是一位好校长，是一个好人"来做结束语。你肯定会纳闷，夸赞、欣赏就罢了，为何有埋怨也会有这样的评价。你且不急，细细看来。

忙，是华山的特征！华山中学的老师，承担着很大的压力，有来自工作岗位本身的，有来自社会的，既要在不增加学生负担的基础上保证教学质量，又要开展丰富多彩的活动，每天连轴转。很多人都奇怪："为何华山中学的老师有如此大的干劲？不累吗？"累，怎么会不累。很多老师一工作，精神抖擞，神采飞扬，一走下讲台，就累得端杯的手都发抖。又会有人问："这样值得吗？不怕生病吗？"怕，怎么会不怕生病呢？都是凡人，都吃五谷杂粮呀！但有邱校长，有华山中学这个大家庭在身后，老师和他们的家人就很安心。

华山中学武彩霞老师，是一位年轻的心理教师，个子不高，嘴角总是抿着温柔的笑。有一次，她身体出现不适，去医院检查，患上了肝包虫，需做手术治疗。当时的她独自一人生活在库尔勒，家人都在北疆，这样的疾病顿时让一个小姑娘慌了神。她手足无措，四处打听哪个医院这个手术做得好。可七嘴八舌，她更是六神无主。无奈之下，她想起在新教师欢迎会上，邱成国校长说："很多年轻人家都不在库尔勒，有什么困难就找学校，就来找我。不一定能彻底解决，但一定尽力而为！"可她一个小小的心理老师，没有为学校做什么贡献，邱校长会帮吗？几经挣扎，实在没有办法的她试着拨通了邱校长的电话，还没有说几句，眼泪就哗哗地流了下来。邱校长赶忙说："你不要着急，慢慢说，你是哪位老师，有什么困难吗？"彩霞老师定了定神，说："邱校长，我是新来的心理老师武彩霞，我生病了，不知该怎么办？"邱校长立刻关切地说："武老师，不慌，什么病？现在有什么困难？"这时，武老师将自己的情况告诉了他，邱校长立刻回答她："你先不急，我先咨询一下熟悉的医生，一会给你回复。"挂了电话，他立刻打给了当时农二师库尔勒医院的某位大夫，将武老师的病情告诉了他，咨询治疗方案，"邱校长，这个病不是大病，在巴州我们做得最好，你让那位老师来这儿就行。"邱校长立刻追着问："那你亲自给做。我们这位老师还年轻，没有结婚，一个人生活在库尔勒。必须是最好的手术团队。"大夫惊讶地说："邱校长，就是个普通老师，你这么重视啊？""你说错了，在华山，在我邱成国这儿，老师就是最重要的，没有什么普通不普通。要是我家里人，我还不会这么求你呢。"邱校长很郑重地回答他。大夫感动了："好，邱校长，我一定亲自做这个手术。你把我的电话给这位老师，让她放心。"

就这样，从入院检查到手术，武老师一路绿灯。这位大夫还亲自与科室主任、医生一起带着鲜花去看望她。武老师的家人说：

"有华山在，有邱校长在，姑娘我们放心啦！"

其实不仅仅是老师，就连老师的家人，邱校长也热情相助。有一年，生物组王铮老师的丈夫心脏患了心脏病。她面容憔悴、疲惫地去请假，恰好邱校长在，立刻主动地联系了乌鲁木齐的某医院，对那边的某领导说："这是我们非常敬业、非常优秀的老班主任，请你们一定好好安排！"该领导很不理解地问："邱校长，你家里人这么管可以理解，学校老师也行，你是校长嘛！可这老师的家里人你也操心？你管得过来吗？"邱校长说："我邱成国不算什么，是因为华山中学你们才这么重视我！华山就是个家，老师好，学校才好；老师的家里太平，他们才能安心啊！"该领导回答："你说的对，我们一定好好做这个手术！"在资源紧张的情况下，该医院为王老师的爱人安排了单人病房，院领导还带着鲜花去慰问。王铮老师在爱人一好转，就赶回来上班，爱人也很支持，说："咱华山这么爱护老师，爱护老师的家人，咱家人就要支持老师，支持华山！"

在他看望生病的李彬老师时，了解到普通教师大病报销比例很低，他四处奔走，筹建"华山中学教师关爱基金"，要让普通老师没有悲情，没有后顾之忧。现在，大家就理解为什么华山老师这么拼，家人也理解、支持了吧。

邱成国校长不仅在生活上关心老师和他们的家庭，在利益面前也以一线老师为首要。有一年，兵团进行某项评选活动，当时，邱校长与另一位英语高级教师张敏老师一起申报。听闻某教育局报了副校长，他悄悄地压下了自己的材料，报了张敏老师。兵团教育局批评他这样不对，他笑着说："哎呀，这大家都报领导，老师们看了，不是会有想法吗？我就自私了一点，安安老师们的心嘛！"

是呀，邱校长经常会"私心"。2012年，房价居高不下，他在高中部盖了教师公寓楼，解决了一大部分青年教师的住房，他笑称："我这盖好梧桐树，要招来研究生这些金凤凰呢！"老校区教师住房老化、高中教师子女进入小学上学路途辛苦，令他忧虑。2015年，"华山中学养老公寓"开始筹建，个别人要当"钉子户"，放言"没有百万不挪窝"，有些外单位的人也坐等观望。邱校长与筹建的刘书记多次召开座谈会，调研周边房价，还开了两次全校的说明会，邀请退休教师、外单位代表等列席，说明方案。他动情地说："我成长在华山，我老了，也想和熟悉的朋友们住在一起。我们一定会为大家营造最好的居住环境，为拆迁户争取最大比例的补偿，为教师争取最优惠的房价，也会把退休教师们放在心上，华山的今天你们功不可没！"就这样，老住房顺利拆迁，而且，三层楼的食堂加健身活动中心也奠基开工。

他这些"私心"的故事有很多很多，不过我们都很喜欢，因为这是一个普通教师心里都有的"自私"。他"自私"地为老师着想，想着大家高高兴兴地上班、平平静静地生活、安安稳稳地养老，这样才能"全心全意"地教书育人。这样"小我"的管理艺术，融汇了邱校长"大家"的智慧。

五、学生眼里的"男神"校长

一所学校的校长，更少不了的是他与学生的故事。

那是2014年的秋天，华山中学一年一度的秋季运动会进行到了最后的时刻。加油声、呐喊声、欢呼声此起彼伏，孩子们肆意欢笑着，不仅仅是为了运动会的精彩纷呈，更是为了即将到来的国庆七天小长假。唯有操场上的东南一隅似乎不太一样，这里坐着整个高三年级的学生，他们的注意力都被围在一起的一小堆人所吸引。那是高三年级所有的班长，他们正在和一个高瘦的男生激烈地讨论着什么。随后，高瘦男生深深地吸了一口长气，像是给自己鼓了劲一样，快速地跑向主席台上的邱校长。在他身后，是全部高三学生伸长的脖子、屏住的呼吸和满心的期待。只见他到了主席台前，向所有在场的校领导和老师们行礼，之后就开始向邱校长汇报着什么……

闭幕式开始了，邱校长讲话环节，高三的学生们听到了他们梦寐以求的话"大家都知道，高三的同学们是没有节假日的。刚才你们的学生会主席代表你们向校长请愿，我现在郑重的通知你们，高三国庆节可以休假三天！"高三学生开始沸腾了，没想到又听邱校长说："你们的保证是休假回来绝对全身心地投入到紧张的学习中，我相信大家，所以，你们不仅可以休假三天，而且在这三天里严禁高三任何老师布置作业！"幸福来的猝不及防，在短暂的停顿后，学生回过神来，开始疯狂地齐声大喊："男神！男神！男神！"

在场的所有学生，包括初三、高一、高二的学弟学妹们也参加到了这场疯狂的呐喊之中，他们发自内心的为他们拥有这样一位开明的校长而骄傲自豪！这位校长可以为了让他们少喝可乐多喝牛奶，统一给学校超市的可乐加一块钱，而牛奶和酸奶学校补贴一块钱；可以在下雪天不让他们上课反而把他们全赶到操场去打雪仗；可以和他们在毕业晚会上跳舞；可以在放假时对着欢呼解放的他们吹口哨……这是他们的男神！

正是邱成国这种张弛有度的教育理念，那一届的高考成绩又创新高，而且全校十二个年级多人次在国内外比赛中获得大奖。

说到获奖，不得不提华山中学的"模联"社团。这个社团的孩子多次在新疆和全国模拟联合国活动中表现出色、获奖无数。2016年更是传来喜讯，华山中学高二的两名学生——黄子瑄和李岳阳分别收到"耶鲁全球青年学者"（Yale Young Global Scholar）项目方发来的贺电：他们二人成功获得了2017年耶鲁大学

"耶鲁全球青年学者"计划北京项目资格及美铝（Alcoa）基金会提供的该项目全额奖学金。这在新疆地区尚属首次！

"模联"社团能取得如此骄人的成绩，与该社团的负责老师、华山有名的"才子"——舒勇老师是绝对分不开的。而提起舒勇，他和邱成国校长之间有着很多有趣的故事。

六、一杯送行酒

教育的目的在于促进人的发展，学校的发展根本需要一支专业而优秀的教师队伍，学校教师的稳定是每一个校长应该思考的课题。教育需要定力，教师的成长更需要对教育教学实践的创新持久的坚守。校长的责任在教师发展中就是让教师们发现他们坚守教育的价值。

由于身体原因，十多年了邱成国校长就已滴酒不沾了，但为了留住"华山才子"舒勇老师，校长亲自带着酒请他吃饭。这事得从舒勇老师的一封辞职信说起。2015年春季刚开学，舒勇老师推开了校长办公室的门，给校长口头说到要准备辞职去企业的事。从舒勇老师的陈述中校长想知道这个小伙子辞职的理由：舒勇老师是四川人，父母亲戚均在内地，家里有个哥哥。2008年舒勇老师从新疆石河子大学毕业后进入华山工作，家里父母全由长兄照顾。2015年其嫂子被查出患急性尿毒症并导致双肾衰竭，让这个普通的家庭陷入困境。舒勇老师对家人非常孝顺，得知家人出了变故，希望能为家里帮忙，把几年的存款全数给了哥哥，而且还希望挣更多的钱帮家人渡过难关。这时候库尔勒正好有一家民营企业集团公司找到舒勇老师，希望他能到企业做行政副总的工作，年薪十万元。在家庭经济的压力和高薪面前舒勇老师选择辞去他喜欢的教育工作。2015年舒勇老师带高三，他向学校承诺半年后带完这一届高三后才离职，这一举动也为学校挽留这位"才子"

留下了机会。

在未来的几个月中邱校长找到书记、副校长、中层主任、学科组老教师和舒勇老师谈心，帮他分析自己当前的困难和未来的发展规划，希望他能不要被眼前的困难蒙蔽了双眼，选择真正适合自己发展的职业道路。所有的努力好像都没有什么作用，舒勇老师还是执意要离开教育岗位，去企业挣钱。学校当时的难题在于并不知道舒勇老师去了库尔勒哪家企业。最后邱校长不得不亲自出马，得想办法挽留这位老师。

2015年5月底，离高考还有十来天的一个周末。邱校长给舒勇老师打了一个电话"舒老师，你好，你最后还是确定要辞职去企业吗？"舒勇老师："是的，校长，但我会做好高三的备考工作，站好最后一班岗。"邱校长："这样吧，既然你去意已决，作为你长辈和朋友，想个人请你在一个小馆子吃个饭，喝一杯送行酒。你带上一两个要好的朋友，我也带上一两个朋友，也算为你饯行。"在一个沙湾大盘鸡的小馆子里，校长带来了几瓶他同学十几年前从国外带回来的好酒，在桌子上就说开了。舒勇老师也带去了在华山工作七年整理的近十万字的教育随笔。那晚舒勇老师非常痛苦，他把自己和华山的教育往事叫作"职业的初恋"，这次他离职是失恋了，是残酷的现实打败了教育的理想主义。这时候校长举起了酒杯，办公室胡主任赶忙拦着说："校长，你十几年没喝酒了，何况你的身体不能喝酒……"可还是没拦住，校长说："舒老师，你知道为什么我找这么多人来劝你留下吗？因为你适合做教育，你读那么多书，这些东西在教育上是无价之宝，你对华山最宝贵的地方是你对学生拥有很大的影响力。教育需要定力，是挖井的功夫，我多希望和你一起感受在教育教学中掘出甘泉的时刻的幸福……眼下暂时的困难我们一起来帮你克服"一席话后舒老师声泪俱下，说了将要去的企业，也表示自己会考虑留下。

舒勇老师当然是留下了，依然在华山做着自己喜欢的教育教学工作。他带的新疆中学生模拟联合国社团在七年之后的 2016 年全国第三届中学生模联大会上终于荣获最高奖，他组织负责的华山博雅杯辩论联赛也办到了第四届，他所带的模联的学生黄子萱、李岳阳也在 2016 年双双获得了"耶鲁全球青年学者"项目 10 万美金的全额奖学金……他在华山教育教学的路上不断掘进，享受着教育的甘泉。这背后是一位校长的识人眼光和一位校长对青年教师的引导，这是一位校长的一杯送行酒……

七、不一样的悼词

陶行知先生曾对为师者说："个人一举、一动、一言、一行，都要修养到不愧为人师表的地步。"熟悉李冰老师的人都知道，多年来，李冰老师身体力行，大部分节假日，不是在家陪伴亲人，而是在学校陪伴如同自己孩子的学生。源于对工作的一份责任感，他宁可自己再苦再累，也不想对不起学生，对不起自己的良心。他用自己对教育工作的一腔责任心和爱心赢得了学生的爱戴、家长的信赖和领导的认可，自己也从中实现了自我价值的体现。在职期间他本人先后多次被评为优秀班主任、先进工作者。退休后被学校返聘，还成立了"李冰老师工作室"。华山中学许多年轻教师在李冰老师大爱帮扶、引领示范下成长迅速。

李冰老师因病逝世，在得知丧讯后邱校长带领部分老师第一时间赶到李冰老师病榻前，强忍悲痛亲自为李冰老师擦洗身体、换寿衣……并且含泪写了一份不一样的悼词。邱校长常说：老教师是学校一笔特殊的财富。虽然老教师上了年纪，由于身体和精力的原因，可能工作没有年轻时得力，知识、观念等也可能陈旧了，接受新鲜事物比较慢，但他们有着丰富的工作经验和解决实际问题的能力，有着年轻教师缺乏的管理班级、指导学生的技巧和智慧。老教师积极的精神状态对年轻教师也有着巨大的影响力，让年轻教师接受正能量，把学校好的校风传承下去、发扬光大。我们知道在即将离开学校，特别是离开朝夕相处的学生时，每一个教师都会有着特别的情感和思绪，或欣慰，或遗憾，或伤感，或心满意足，或恋恋不舍，或感慨万千……学校理应组织学生、教师对奉献了一辈子的老教师表达尊重和感谢。邱校长此时用这种方式为李冰老师送别，其实，就是让老教师有尊严地、幸福地离去，让他们获得一种自豪感和安慰感。这既是中华民族尊老敬长的传统美德，又是对老教师工作的肯定和感谢，更是在给年轻教师一种信心和希望。年轻教师总有年老退休的那一天，他们会因为这样的仪式感而更加看重、珍惜自己的岗位，从而更加努力地工作。

在邱成国校长眼里，为学校有所作为和无所作为的人，应该区别对待。

华山中学像李冰老师这样一生钟情栽桃李的老师还有很多，他们像一个磁场，滋润着学生，也带动了一群人。他们用平凡而又不平凡的人生轨迹演绎"梅落香如故，烛熄泪不干"师者的真义。他们虽是华山中学普通教师中的一员，但他们为学校的建设和发展做出了贡献，学校理应给予他们特殊的礼遇。

在华山中学，无论是老师还是学生、甚至几万名家长，都知道邱校长的电话号码。他总说他是透明的，如果学校好，请你告诉大家，如果学校有做得不好的，请你告诉我，因此他的电话犹如华山中学的公共号码，无人不知。老师有难处了会告诉他，学生烦恼了会给他发信息，家长困惑了会给他打电话……而每天繁忙的他从无怨言，把这当成宣传、建设学校的一条通道。他愿意在这点点滴滴中践行自己的教育理念。同样透明的不仅是他的言行，更是华山中学的各项制度，从招生到考核，每一条制度都体现了学校以教师为基础，以学生为原则的思想。邱成国校长以他的担当、包容、大气在华山中学用自己人生的每一天，构建着与学校、教师、学生、家长一个又一个故事。而在这些故事中，成就了他最平凡却又充满价值的教育情怀的动人故事。

第四节 目标愿景，知天命时顺势而为

一、学校体系完善

都说五十岁"知天命"，邱成国校长认为知天命并不是听天由命、无所作为，而是知道了理想实现之艰难，故而在前人之师上顺势而为，更多地学会了思考。工作上，邱校长仍是"发愤忘食""乐以忘忧"，但对个人荣辱已经淡然，在学校管理上则有更多的思考。

邱成国校长说：三流的学校靠权力，二流的学校靠制度，一流的学校靠文化。其实，这反映出管理理念的进化过程：经验管理→制度管理→文化管理。他认为，要实现文化管理不是一蹴而就的，而是在前两个阶段基础之上形成的。因此，文化管理中应该包含制度文化部分，也是文化管理的基础和保障。邱成国校长在学校建设校园文化中非常重视制度文化建设，除了财、物、事的制度化管理外，对人的管理更是突出强调管理制度的诊断、评价、导向、激励作业。

邱成国校长知道，以教职员工为对象的人事管理和以学生为对象的德育管理是学校日常管理工作的中心内容，也是除教学和科研之外，搞好学校教育、规范办学行为的最重要的方面。在近些年的工作中，邱成国校长注重在管理中转变指导思想，强化服务意识，以"人本化"作为出发点，从校园文化的高度来理解人

事管理和德育管理的意义，明确和理顺学校管理的系统性结构，努力构建公平、公正、公开的完全透明的用人机制，全面打造规范、顺畅、高效的开放式学生自主管理平台，使管理工作获得了全方位的突破。

邱成国校长强调在校园文化中要以人为本，我们的人事管理必须走民主管理之路。为了打造以人为本的民主化用人机制，1998 年，华山中学开始了专业技术人员考核评聘分开的尝试。2003 年，学校开始试行学校中层干部全员竞聘上岗。2006 年起，学校全面推开了人事制度改革工作。邱成国校长多次召开全校大会，明确告诉全体教职员工，要从一开始，就坚定不移地实行"党委高度统一思想、政策公开透明、考核办法民主制定、考核结果与评聘挂钩"的原则，追求"因事设岗、岗变薪变、低职高聘、高职低聘、能上能下"的改革目标，并致力于打造独立开放的监督平台，对各级领导的权限做了明确限制，规范了各类责任追究制度。以管理的内容定岗位，以岗位的需要定人员，杜绝因人设岗的现象。经过实践探索，近年来，学校在已经建立起的《华山中学专业技术人员考核办法和实施细则》《华山中学招录教师程序及管理办法》《华山中学各部门临时聘用员工程序及管理办法》的基础上，又先后对招生、岗位津贴发放、建设施工、招投标、职能部门职责划分等大家关心的热点问题制定了相应的、便于操作的管理和考核细则。对全体中层干部全部实行竞聘上岗，对所有新调入人员和新进入学校的应届大学毕业生一律实行聘用制。在这一系列人事制度改革措施推行的过程中，全体教职员工对"管理育人、服务育人、全员育人"的理念获得了持续的转变，在深切感受人事制度改革所带来的压力的同时，他们也切实感受到了改革带来的事业发展机遇和收入的明显增加，工作积极性、敬业精神显著提高。目前，华山中学的用人机制变得越来越民主，整体氛围变得越来越和谐，学校基本实现了由"人际关系简单化"向"人事关系透明化、公开化"的转变。而这一切都是邱成国校长所想所盼所思的方向与愿景，在这条通往愿景的路上，邱成国校长和华山中学还将一直走下去。

二、玩在华山

邱成国校长经常说：玩是孩子的天性，我们做教育就是应该顺应孩子的天性，找出孩子自身发展的规律，引导他们向最佳的方向发展。因此他提出"玩在华山"的教育模式，就是希望当我们的学生离开校园的时候，带走的不仅是知识，更重要的是培养适应社会的多种能力、健全的人格。

要玩，首先要保证学生玩得起，邱成国校长胸有成竹，因为他知道，华山是十二年一贯制学校，在已基本解决中高考压力的前提下，在行为主义和建构主义作为行动指导思想，他提出 1—8 年级，高一至高二"玩在华山"及初三高三"拼一把"的模式。并且他经过论证和前期诊测，提出初三下学期的"创新教育"实验班的启动，更是为华山义务阶段学生的"玩"指明了方向，从初设的实验班的课程来看，更是"玩"得无法无天。当然，要想真正"玩"得起，我们教师的课堂也应成为师生"玩"的主阵地，让每一节课，孩子们都充满期待，每一节课都充满兴趣。这样，课上课下才会越"玩"越精彩。

其次，他要求要让孩子们玩得正式，就要让玩进课堂，要建立系统的、完善的玩的课程。

因此，现在的华山已把各项提升学生能力，打造学生素养，陶冶学生情操的活动正式纳入课程中。"游泳课""形体课"等，以及社团的活动内容进课表，让学生"玩"的堂而皇之。大家众所周知舞蹈是一门综合性艺术，它集体能、艺能、知能、气质于一体，对青少年各方面素质均起着促进作用。它能让学生在舞蹈中真实地感受美、认识美、理解美、表现美。而当今我国施行的中小学教育大纲的美学教育体系里，仅只有音乐和美术两种。我国现在也未建立较为完整、系统的中小学舞蹈艺术教育体系，舞蹈课依然未进入广大中小学的课程表。而华山中学在打造个性文化的校园文化的引领下，以地域特色为基础，邱成国校长向全校师生提出四会：人人会唱蒙古族歌曲、会跳蒙古族舞蹈，人人会唱维吾尔族歌曲、会跳维吾尔族舞蹈的特色教育。因此，"舞蹈进课堂"成为华山中学艺术教学特色的一条主线，从小学到高中，"形体课"成为华山中学特有的校本课程。学生们个个走入宽敞而专业的舞蹈教室，接受系统的舞蹈学习，从"麦西来甫"到"沙吾尔登"舞蹈教师的自编教材让舞蹈课的内容更加贴近校园文化要求。学生在学习基本动作的基础上，各班自主编排舞蹈作品，使学生创造出属于学校自己的校园文化，用作品主题引导学生向真、向善、向美、向上。活动课程化为学生积极参与，全身投入校园文化的实施中给予有力的保障。目前学校进入正式课程的特色课有：足球课、形体课、滑冰课、游泳课、跆拳道课、乒乓球课以及书法、儿童画、手工、摄影等美术模块教学。

华山中学每学年开展"四节"（科技节、艺术节、体育节、社团节），使四节成为学生施展才华，展现特长，让学生"玩"出品质，同时也是学生提升自信的快乐记忆。邱成国校长也常常与同学们一起跳起欢快的麦西来甫，同学们在他不太协调却认真的舞步中，享受着玩在华山的幸福。

是的，"对学生的成长负责，为学生的幸福人生奠基"，这正是邱成国校长孜孜以求的。他也一直在思考中摸索，在实践中前行，在反思中创新。他希望在华山中学这座百花园里，教育之花必将开得绚烂多彩。

三、心中的愿景

作为兵团二师师部所在地的唯一一所十二年一贯制的学校，邱成国校长心里清楚，学校一直都受到历届师党委的呵护和关照，这是学校之所以能够发展的重要保证。与此同时，邱成国校长却无时无刻地不在关注着二师基层团场教育。团场学校师资缺乏，条件不足，这种不均衡状况也同样制约了华山中学的发展。邱成国校长明白，作为西部地区的学校，教育均衡化是向更高水平迈进的现实需要，因此，在发展学校成为本地区的优质学校的同时，邱成国校长从不敢忘记应该承担的教育均衡化的社会责任。近几年来，邱成国校长带领华山中学主动推进二师区域内教育均衡化的进程，并将其作为一项关系自身成败的战略来抓。近几年来，华山中学先后与33团、34团、38团中学结成了一对一的援教对子。同时，邱成国校长在克服自己学校师资力量不足的情况下，抽调中层干部及骨干教师，不仅给他们选派了校长，还有计划地派出骨干教师进行支教，并对该校实施全方位的诊断和支援，这些措施在短时间内就已经收到效果。接下来，邱成国校长要求在已经取得的经验基础上，逐步扩大与基层团场中学开展双向交流的规模，增加沟通的渠道，力争将二师区域内基础教育均衡化更好地开展下去，为兵团的基础教育均衡化发展助力。

如此付出，只因邱成国校长清楚地认识到，只有大家都好了，华山中学才会更好。而为了学校更好，邱成国校长紧密的寻求社会力量的支持。为此，学校拓展发展空间，自1991年开始尝试与一些优秀企业、事业、部队联合办学，既解决他们的子女就学的问题，又为学校开展多方面的教育活动提供场地、人员、技术、物资，为学校的多样化发展教育拓展了空间。在如何用好社会力量，如何让更多的有志之士对教育的关注和支持不会浪费，邱成国校长又通过多种渠道努力审批成功"教育基金"，这基金主要用于资助贫困学生和奖励优秀学生，也为关心、支持教育的企业人员提供了一项利人利己的便利途径。

在各方力量通过努力汇集一处时，邱成国校长没有忘记一块他一直牵挂着的群体，他总是说："进了华山中学门就是华山人，出了华山门还是华山人"。对于华山校长，是邱成国校长最为关注的，就像离家的孩子，时刻挂念在父母的心上。在他的推动下，华山中学校友会于50年校庆后成立，他希望把走出华山的学子都联络起来共同关注、帮助母校发展。目前已有多批学子回访母校并以多种方式帮助母校。

而其中，巴州江苏商会会长李厚锚就是这众多校友中的一位，李先生也是邱校长的学生，毕业多年来常与他的邱老师联系，经商有成的他总想为母校做些什么。恰逢2014年7月，华山中学要举行首届暑假环塔里木地区文化传承暨综合科考夏令营活动，而对母校近年来推行的"玩在华山"的模式一直很感兴趣的李先生与邱老师商量，决定资助这项活动，他说："这样的活动即是生态与地理综合考察，又是人文与历史考察。这不仅是对学生的锻炼学习，更是对家乡的热爱。作为企业家，作为华山的校友，能为母校做点事，感到非常荣幸。"随后，华山中学环塔里木盆地文化传承暨综合科考夏令营圆满完成任务，并由相关老师整理成科技实践活动案例，荣获第31届全国青少年科技创新大赛一等奖，并被评为"十佳科技实践活动"。

这美好的一切，都是邱成国校长一生中的一个又一个结点，这些结点还在继续，这些美丽的结点，在他奋斗的时间里，永无止境。

四、大漠"侠客"

邱成国校长经常提及武侠小说中的侠客，他认为"侠"是正义的化身，代表着"铁肩担道义"。而在以华山中学为依托，深化教育引领、帮扶作用时的他就像教育行业的一位"侠客"，践行着责任、使命、担当的承诺。

随着国家"兵地融合"和"教育维稳"战略的提出，邱校长积极响应国家的号召，选派优秀的领导干部以及骨干教师远赴千里之外的和田皮山、若羌县进行援教，将华山中学数十年摸索出来的管理理念与优质的教育教学资源与之共享。邱校长认为，学校是民族团结的一线阵地，课堂是文化认同的主渠道，优质教育是争夺下一代的主要依靠，基础教育关乎新疆的未来。于是，华山中学联合华中师范大学、塔里木大学等高校力量，主动向十四师皮山农场伸出援手，启动了引领帮扶援助和田十四师皮山农场教育发展试点工作。与此同时，华山中学作为援助大后方，也提供了全方位的支持，组织了"共学共居共乐、交往交流交融"师生结对扶贫帮困活动，开展了多次捐助。邱成国校长率华山中学艺体教师团队深入南疆若羌县、38团、皮山农场，一线送课交流并开展了同台演出等文化交流活动。同时，华山中学积极组织和田地区少数民族儿童来我校共度儿童节，让他们住进华山中学儿童的家中，感受汉族同胞们的温暖与热情。这些点点滴滴的做法，为教育维稳起到了积极的推动作用。

"在偏远地区，特别是少数民族聚居贫困地区做帮扶援助是与各种困难较劲的持久战，重在交心，贵在坚持。不求功在当下，但一定利在千秋。"正如邱校长所说，在少数民族聚居的贫困偏远地区进行帮扶援助困难重重，但邱校长却像一名侠客一样，与所有华山人一道，不畏艰险，共同将"兵地融合""教育维稳"工作做扎实，做到实处。

尾　声

　　一般来说，一个人当前所取得的成就往往与其曾经的经历密不可分。邱成国校长早期的人生经历对他以后治理华山中学，形成自己独到的教育理念产生了重要的影响。

　　俗话说：穷人家的孩子早当家。邱成国校长在上初中的时候就懂得了体谅父母，想要早点拥有一份待遇高并且体面的工作，挣些钱来照顾妹妹，为这个家庭减轻负担。这种责任与担当意识，在他成为华山中学校长之后，更加凸显。在担任校长期间，他致力于为全体教职工及其家庭谋幸福。他认为，华山中学的老师既然那么辛苦，付出了那么多的心血，耗费了那么多的精力，牺牲了那么多本应陪伴家人的时间，为什么不应该给予他们更多的服务与保障呢？因此他提出校长要当好老师们的"保护伞"，大力推行民主治校，为教师主动成长提供最佳保障。这样的话，教师能够更加有效地表达自身意愿，更加充分地行使自身权力，更加全面地获取自身利益。邱校长还重点强化了学校的服务体系。一方面，他想方设法增加教师收入，不断改进后勤保障服务，满足教师物质利益需要。另一方面，为教师专业成长开辟更多路径，帮助教师获取职业幸福感。在服务过程中，有人问及，校长的作用又如何体现呢？用邱校长自己的话讲，就是"校长专给大家拎包！"总之，在华山中学，邱成国校长始终认为，作为校长，要担得起责任，还要受得了委屈，要敢于当好教师的"保护伞"，要能够为教师撑起一片天！让兢兢业业的华山人能够在工作与生活中收获满满的幸福感。

　　邱成国校长选择一辈子扎根于位于西北边疆的华山中学，做一辈子的华山人。这样的选择，这样的抉择，不正是体现了一个华山人对华山中学这片热土最诚挚的感情吗？这种辛勤与坚韧，这种认准一件事就要做到底，不为利益所动摇的精神，不正体现了华山中学校园文化中所推崇的"活着一千年不死，死了一千年不倒，倒了一千年不朽"的"胡杨精神"吗？"适应环境、长久坚持、无私奉献、乐观向上、开拓进取"作为兵团第二代，作为一名华山人，邱成国校长继承了兵团人和华山人能吃苦、艰苦奋斗的优良作风，将"胡杨精神"作为华山中学校园文化建设的精神主题，并将其深深融入华山中学的发展与建设中去。"胡杨精神"更被我们视为华山中学校园文化的灵魂。

俗话说：侠之大者，为国为民。成为华山中学校长之后，他的这种行侠仗义之风渐渐演化为了心系天山的家国情怀。在我国，教育均衡化是国家中长期教育改革和发展的明确方向。但是，教育均衡化绝对不是教育"大锅饭"，不是以切割优质教育资源弥补教育薄弱环节为目的的简单的"均贫富"，而是在共同发展前提下的"手拉手"，是在回归基础教育本质规律基础上的"传帮带"。邱成国校长和一批批华山人在做大、做强华山中学的同时，加大了与各团场学校、地方学校的教育资源共享和对口帮扶，充分发挥了在本地区的教育辐射作用。他在教育这片领域努力践行着"教育维稳"战略，他与所有的华山人一道，谱写了一曲曲"兵地融合"的壮歌。

第六章　在教育第一线守望教育理想

——严忠俊校长的成长经历

　　"行遍江南清丽地，人生只合住湖州"。山清水秀、人杰地灵、历史悠久的江南小城湖州，古称"吴兴"，吴兴高级中学的校名由此而来。年轻的吴高只有 15 年的建校史，比起历史悠久的百年老校，它并没有值得炫耀的过去，但已拥有值得骄傲的今天。从 2001 年到 2007 年，仅用 6 年时间，吴高就完成了从一所普通高中到省一级重点中学的华丽蜕变，2014 年又率先被评为浙江省首批普通高中一级特色示范学校，实现了又一次飞跃。吴高的发展故事和它的校长严忠俊密不可分。它的迅速崛起，就是校长严忠俊十多年来殚精竭虑挥洒写就的一篇精彩文章，诠释了他"教育即发展"的教育思想。他的努力和才华，尽显其中。

　　这究竟是怎样一位校长，能够在这么短的时间内创造出这样斐然的成绩？让我们一起走进他的人生故事，去感受不平凡背后的付出与坚守，艰辛和快乐！

第一节　砥砺奋进，自我规划成就精彩人生

一、一不小心入对行

　　"长大后我就成了你"，和那些从小立志为师的典范不同，严

忠俊入"教师"这行纯属偶然。在浙江师范大学60华诞之际，他作为知名校友应邀参加庆典活动，在为数理信息学院师生作讲座时，严忠俊再次回忆起这个偶然却影响他一生的选择。

"我是土生土长的湖州人，1982年参加高考，那时上了录取分数线后，班主任才打电话通知考生体检和填报志愿。我家在练市农村，离城里的高中学校有30里路。天有不测风云，来了一场强台风，电话线被刮断，此时正值老师通知考生参加体检。班主任打不通电话，联系不上我，他急得要死。事也凑巧，我自己觉得考得不差，就一早步行到学校查分数。班主任看到我吃了一惊，他说你马上填志愿，其他同学都填好了，今天要上交，明天一早坐轮船去湖州体检。我惊喜的同时就犯难了，没有父母建议，没有同学商量，如何填报志愿。班主任在边上催我快点填写。抱着试试的心态，在班主任的建议下，第一批第一志愿我填了浙江师大（师院）。高高兴兴回到家，向家里人讲起填报志愿的情况，家人高兴的同时对我报考的学校不赞同。我的一个姨娘（妈妈的姐姐）是民办教师，她特别生气，说好不容易考上了大学，怎么会报师范。我说，只是填着玩玩，录取的可能性几乎为零。"

"几乎为零"就是有一线希望，人生总会有许多意料之外。也许是天意，严忠俊等来的恰恰是浙师大的录取通知书，做一名教师的事实已无法改变。他不是一个纠结的人，既然木已成舟，那就顺水推舟吧。既然以后要一辈子做老师，那就认真苦练那"十八般武艺"。

追求卓越是一种品质，献身教育是一种情怀，在严忠俊的学生时代，这种品质和情怀就闪出了光芒。他清醒地认识到：苦练基本功，努力使自己成为一名受学生欢迎的优秀教师。大学四年，他不敢蹉跎。任课老师对学生要求极高，物理专业的学生想蒙混过关是不可能的，挂科是家常便饭。同年级中绝大部分同学有补考经历，"四大力学"将近一半同学要补考，甚至有人二次补考。还有数理方程也很难过关，就连选修的物理实验也会有人补考。可严忠俊没有补考过。说他是"学霸"一点不为过，但他又不死读书，反而爱好广泛，特别喜欢体育。跑步、排球、篮球……他样样都行，好多次被误认为体育专业的学生。至今，大学生活留给他最深的印象是：为了学习，心无旁骛；为了学好，起早摸黑。

英国教育家怀特海认为，通过教育给人一种宗教般的情怀是很有意义的。师大的教师常来学生寝室"串门"，谈生活，谈理想，闲聊中常能感受到老一辈教育工作者的伟大情怀。那时浙师大的老师有句口头禅："以后你们都要做老师的，这样是不行的。""老师"这个词在这些老教授心中是无比神圣的。在这些教育前辈的耳提面命之下，经过正规而系统的师范教育，严忠俊对教育有了一种宗教般的情怀，这种宗教般的情怀就是献身教育事业的使命感和责任感。

二、初心不忘勤修炼

1986 年参加工作，1995 年破格晋升为中学高级教师，2000年被评为省特级教师，2016 年被评为正高级教师；1997 年任湖州中学校长助理，1999 年任湖州中学分管教学副校长，2001 年任新组建的吴兴高级中学校长。严忠俊的个人成长史，我们完全可以把它编成一本青年教师成长修炼手册。

1986 年，大学毕业的严忠俊被分配到浙江省湖州中学任教。湖州中学是湖州最好的重点中学之一，名师云集，贤才辈出。初出茅庐的他能成为其中一员，倍感幸运，又压力山大。走上工作岗位的第一年，他就立志：一定要见贤思齐，努力做一名一流的物理教师。认真踏实的工作态度和勤奋刻苦的钻研精神让严忠俊在年轻教师中脱颖而出。刚入职时，他连续四年带初三毕业班。

由于教学效果突出，1990年转入高中部教学。1993年到1998年，他连续5年执教毕业班，成为毕业班"专业户"。拼命三郎式的工作作风为他带来了高质量的教学成果，使得他所带班级在高考中年年取得好成绩，名列省前茅。以1993学年他第一次执教的高三班为例，由于教师紧缺，他担任班主任的同时，又挑起三个毕业班的教学工作，为了上好每堂课，他几乎每天晚上到学校加班，并备课到深夜。一分耕耘一分收获，当年他所带的班级在高考中整体成绩优异，其中两位学生还分获理科省第十一名和第十四名。特别是在1994年高考中，他所带班平均分达116分，高出湖中平行班平均分6分之多，居省领先位置。

严忠俊对科研有着特殊的热情，备课时喜欢对教材进行系统地分析和研究，课后喜欢反思教学的困境。想不明白，他就跑新华书店、图书馆看书，或是向老教师请教。他及时记录疑惑、思考解决路径及启示，并整理成论文发表。超常的付出让他品尝到了快速成长的甜头，他成了一位名副其实的专家型老师。他的课堂教学极有特色，课堂节奏松弛有度，处理教材深入浅出，尤其注重发挥学生的主体作用，深受学生喜爱，也赢得了无数同行的尊敬。省特级老师、省功勋老师、市物理学科教学骨干……面对这些荣誉，他深知重任在肩，不仅自己要在教学上更上一层楼，更要为全市的学科教育教学发展尽心尽力。

作为一名物理教师，严忠俊喜欢用物理原理来思考问题，就像物理课本中所说：运动是绝对的，静止是相对的。对教师来说，他认为：享受是相对的，劳累是绝对的。劳累有三个层次：一是"不劳也累"，二是"劳累"，三是"劳而不累"。能得天下英才而教育之，于他来说是做了自己喜欢做的事情，何累之有？一名教师只有自我规划、自我教育、自我发展，才能成就精彩的教育人生。

三、坚持"精教"与"活学"

严忠俊说："当初做教师是很偶然的事，但做一个优秀教师要成为必然的事。"凡是上过严忠俊校长的课，都会对他的课堂印象深刻。在近30年的物理教学中，他一直坚持"精教""活学"，在教学中引导学生发挥他们的主体作用，激发他们的兴趣，以此达到物理课堂上与学生的"思维共振"和"情感共鸣"。物理学科是一门以实验为基础的学科，在物理教学中，老师用深入浅出的生动语言和有趣的实验，把物理原理以新奇的方式展示在学生面前，才能引起学生的兴趣，使课堂气氛活跃起来，引人入胜。

高中物理大多通过"抽象思维"来完成，内容多、分量重、难度大，很多高一学生反映物理难学。而严忠俊的课堂，是出了名的教法灵活，丰富新颖，深得学生们喜爱。比如根据学科特点，他会挖掘我国古代、近代，尤其是现代改革开放以来在物理科技方面取得的成就，用他广博的视野和丰富的知识结构，把学生引入到物理教学的情境中来，培养他们主动探知的欲望。纵观整个高中物理，力学、电子学、光学、原子物理学等，每学期初，他都给会给学生作一次导读，让他们对物理的模块学习有整体的印象，建立物理的概念，掌握物理的规律。

他的课堂，每节课前都会有一张预习清单，"有序的预习会让一堂课的效果事半功倍。"严忠俊说。他习惯了俯下身子，倾听学生的提问，并把他们的问题梳理，结合课标转化为预习单。他说，在提问中，可以与学生一起体会交流之乐，在交流中就可以激活学生的物理思维。严忠俊校长就是如此，醉心于课堂上与学生思维的碰撞。他的教学设计更多地考虑如何发挥学生的主体作用，如何在知识上留有"余地"。"提问是学生主动性学习的表现，是他们对知识的渴求，在强烈的求知欲下，学什么都快。"严校长总结了这么多年来的教学经验，每堂课都让学生有参与的时间与空间。他说，即使将来有一天，他们离开了老师，离开了课堂，还能自己自主地学习，不断地获得新知。

"学会教学是一辈子的事。"这是严忠俊教育生涯中始终奉行不悖的工作格言。他认为：教是为了不教，授人以鱼，不如授人以渔。为此，他一直在学习，在探索，并努力将学习和探索的成果施之于实践教学。他形成了独特的教学风格，取得了大量的教学科研成果，后来被评为省教坛新秀、市教学能手、市教学明星，破格晋升为中学高级教师、省中学物理特级教师。即使走上学校领导工作岗位后，仍坚守在教学一线，把教学看作是自己事业的重要部分，亲自上高三课程、带年轻教师、主持教改实验，还多次应邀到兄弟学校和湖州师院、浙江师大讲学，发挥"传帮带"的作用，培养了一大批学科骨干，为提高学校教学质量和全市物理学科教学质量发挥了重要作用。一个个荣誉的背后，是肯定和赞许，更是责任和压力。

第二节　多管齐下，破解合并校发展困境

一、翻篇归零又起航

2001 年，当时教育部有一个号召：在有条件的地方尽可能地实现初中和高中分离办学。湖州市教育局为响应号召，在 2001 年把原来的湖州四中、湖州八中、湖州十二中这三所学校的高中部剥离出来，组合成了湖州十五中。但是谁当校长，这成了教育局领导面临的棘手问题。此前，教育领域内存在着一条"合并中学难发展"的魔咒，再加上这个新学校面临着生源差、办学条件简陋、多校融合困难等诸多难题，这个新合并学校校长一职实在是

个"烫手山芋"，没人愿意接。经过多方考察，精挑细选，最终这个校长人选锁定了时任湖州中学副校长的严忠俊。

从湖州中学的普通教师到年级组长，再到教务处主任，升为校长助理，最后成为教学副校长，在"步步高升"的过程中，严忠俊积累了最宝贵的一线管理经验，并表现出非同一般的组织管理能力。是待在百年名校继续顺风顺水地过日子，还是接受挑战，破除万难，挑起这副重担？别人对你有期待，你就会不一样；你对自己有期待，当然会更不一样。初生牛犊不怕虎，在局领导的鼓励支持下，严忠俊愿意勇敢地挑战一下自己。那年，他 37 岁。现在的他回想起当年的那个决定，还真有点后怕，万一失败了呢？也许正因为那时年轻，所以不惧怕失败，敢于冒险闯一闯。

理想很丰满，现实很骨感。当初任校长的严忠俊穿过破败而幽深的小巷，站立在新校矮小而斑驳的校门之前，他不禁倒吸了一口凉气！当时的湖州十五中，占地面积仅 23 亩，一眼就能望到底。一幢教学楼、一幢行政楼、一幢寝室楼、一个小型操场、一个简陋的食堂，这是学校的全部硬件。没有多媒体教室、没有室内体育场、没有大型图书馆，想要啥没啥。办学之初，每个年级仅设 10 个班，约 1500 名学生。生源参差不齐、师资力量青黄不接、办学硬件老旧乏新……怎样在这"诸多大山"的"压迫"下翻身、发展，是摆在学校面前的首要大事。那段日子，严忠俊冥思苦想，夜不能寐。他暗自发誓，作为学校的掌门人，绝对不能懈怠，一定要以促进学生发展、教师发展、学校发展为己任，让新生的十五中成为有口皆碑的好学校，为家乡的教育事业做出自己的一份贡献。在这片全新的天地，一张以发展为核心的蓝图徐徐展开了！

二、建章立制树新风

白手起家，千头万绪，偌大一个学校，要从哪个环节开始突破呢？"不以规矩，不成方圆"，严忠俊觉得，一个学校的定位很重要，不同学校的校风肯定不一样。针对学校创办之初的情形，严忠俊提出"抓校风、抓质量、苦练内功，迎接大发展"的发展目标，将刚性的管理和柔性的教育相结合。

当时校级领导班子统一思想，决定从细节入手，严抓校规校纪。于是，学生们立刻感受到了不同以往的校园氛围。政教处和年级部合作起来，推行百分考评制度，严格按照《中学生日常行为规范》管理，从卫生到纪律，从早读到晚自习，从课堂规范到就寝秩序，方方面面都拟定了管理细则，由班主任、学生干部负责落实。碰到严重违反校规校纪的学生，政教处出面给予比较严厉的处罚。记得当时，学校的位置还在市中心，周围有许多网吧，部分学生一有空子就溜到网吧上网，严重影响了校风。学校为了整治学生上网问题，曾组建过网吧突击侦查队，侦查队的主力队员便是政教处领导和班主任。学校划分了几个片区，分几路"兵马"，在中午吃饭时间、傍晚放学时间到各网吧巡查，查到一个，处理一个。一段时间严打之后，学生上网吧问题明显好转。现在想来，巡查、整治、处罚这些行为还属于管理的低级阶段，但这种刚性管理，在建校之初是迫不得已的办法，也是短时间内很快见效的方法。在严加管理的同时，学校也狠抓德育。教室、走廊、餐厅、公寓处处都是德育阵地；课内、课外、晨会、晚自习时时都是德育时间。让学生学会做人，学会学习，从小事做起，从自己做起，于是校风一点点好转。

建校初的刚性管理不仅针对学生，还针对老师。严格考勤制度，规范请假制度；细化教学常规检查，从纸质教案到作业批改，从课堂效率到课后辅导，方方面面都进行规范化管理。有些老师平时懒散惯了，一开始很不适应。但是看到校长在严抓细管，还常抓不懈，也就自觉行事，慢慢地习惯成了自然。有些措施，一开始有好多老师抵制。比如，要求五十岁以下的教师必须学会运用多媒体技术授课。可当时好多教师连电脑都没碰过几次，多媒体教学对于他们来说非常困难。可这是现代教育的发展趋势，学校必须要贯彻落实。于是，学校配备了两个多媒体教室。上课要用多媒体设备的老师就提前登记预约。教务处会定期去检查登记本，这样逼得老师们不得不去学习多媒体技术了。

严忠俊一直认为，一名校长在实施一项制度时，只要求教师们做到而自己做不到，那是没有说服力的。因此，他也和那些老师们比着学，比着用。这样一来，教师们感觉有校长在旁边和他们竞争，有校长在和他们一起克服困难，那他们看待这个问题就是另一种角度了。严忠俊说："从一线教师到校长的好处在于，能处处将自己置于和普通一线教师平等的地位，并且能够深入体会一线教学的动态。比如说课堂教学，我可以把自己作为教师的经验用校长的行政权威贯彻下去。在教师队伍建设上，我也可以较好地平息教师们的怨言，增强教师队伍的凝聚力。"

在吴高，严忠俊一直扮演着引路人的角色。身为特级教师的他，刚开始做老师的时候，讲课也很生硬，通过不断地学习，才慢慢有了韩愈所说的"传道授业解惑"的体会。因此，他对学习有着无限的虔诚，也总结了许多有用的经验。为了引领教师们追求职业的幸福感，他无论多忙，都会时刻提醒教师们要多读书，让心灵在书籍中憩息和遨游。新课程的理念注重宽广的知识积累，为此，他提出了"教师没有专业书"的口号，倡导教师宽泛地读书，无限地读书。他常常对教师们说："对我们而言，一篇课文一生会上无数次，但对学生而言，一生只有唯一的一次，所以，我们必须把最好的状态奉献给每一个学生。"正是这样一位理想主义者，在物质至上的今天，提醒老师们不要将人生目标集中在房子、车子上，而是要注重职业高度的提升和职业幸福感的获得，也正是这样一位专家型的校长，将吴高这所年轻的学校带向了学术型、研究型的道路，为教师们提供了一个纯净无瑕的"学习型"校园。

三、抓教师队伍起家

良好的校风是学校发展的基础，有了这个基础之后，学校才能更上一层楼。几十年的一线教师生涯，让严忠俊对教师的这份职业充满了感情，也对学校的发展积累了专业而现实的思考。从长远角度看，无论基础设施和生源条件如何，任何一所学校想要可持续发展，教师才是最核心的竞争力。一流的学校拥有一流的教师，一流的教师培育一流的学生。新生的湖州十五中要想走出合并学校难发展的魔咒，实现快速成长，必须建设一支师德高尚、业务精湛的高素质教师队伍。

作为一所刚刚组建的新校，吴兴高级中学有着比同类学校更多的青年教师。一方面，青年教师学历高、有活力、可塑性强，是学校未来的希望；另一方面，青年教师缺乏经验、教育教学技能薄弱，难以担当重任。如何缩短青年教师的成长周期，使他们尽快地学会教书育人过程中应知应会的技能技巧，成了学校发展最急切的呼唤。

学者肖川认为：教师的职业是一种专业，它包括专业眼光、专业品质、专业技能。因此，教师从新手到专家的过程是教师专业化成长过程。而教师劳动的特殊性、复杂性、创造性决定了教师的专业发展要靠实践知识的不断丰富、实践智慧的不断提升。严忠俊认为，进入教育岗位前五年，是教师专业成长的关键期。

职业进程中的任何压制和助推都会对他的职业信念、专业精神和教学思想产生重大影响。所以对待教师尤其是青年教师，应该少一点批评，多一点鼓励；少一点管制，多一点关怀；少一点苛求，多一点引领。对青年教师要实行发展性和多元化的评价，把表现的机会更多给予老师，彰显他们的成果，鼓励他们的进步。

2001年，学校适时地推出了"一三五青年教师校本培训计划"。学校在组建初有一百多名教师，其中六十个教师是有五年以上教龄的，其他不到五年教龄的教师都纳入了"一三五工程"进行校本培训。根据教师成长规律，提出"一年入门，三年成熟，五年成才"的目标。2003年，学校又在此基础上申报立项了浙江省规划课题"普通高中青年教师校本培训的实践与研究"，进一步引领青年教师校本培训走上规范化的轨道。"一三五工程"利用每周三晚上进行，不仅全体学员要参加，中层干部、教研组长也要全部到位。为了杜绝许多学校教师培训"雷声大、雨点小"的现象，学校实行了严格的培训管理。每周的活动做到时间、地点、内容"三定"，均要有签到、有记录。新老结对、专题讲座、观摩研讨、课例示范、业务竞技、论文撰写……培训的内容丰富多样又具体实在。当时教师们常常白天工作，晚上培训，青年教师的压力很大，工作量也很大。计划刚推出时，遭到了不少老师的反对。有的老师说："我们又不是湖州最好的学校，何必要求这样高呢？"尽管埋怨不少，但学校坚决执行，经过一段时间的培训，老师们慢慢尝到了甜头，学习的劲头也越来越大。

那时青涩稚拙的教师，现在大部分已经成了学校骨干，有些还成为省、市级名师。当他们聚在一起，谈起当年那段青春学习时光，不无感慨地说："感谢那段忙碌的岁月，让自己迅速成长。"相约星期三，在那些看似平常的日子里，实实在在发生了许许多多不平常的故事。年轻人在一起，同学习，共发展；聊工作，谈人生。严忠俊和这群朝气蓬勃的年轻人在一起，看到了吴高未来的希望。当第一届"一三五"学员毕业的时候，很多老师上台发表感言。其中凌勇老师就模仿马丁·路德·金的风格发表了《我有一个梦想》的演说，只不过他的梦想是对学校美好未来的展望。所有在场的教师都沉浸在未来的构想中，都被凌老师的激情之言感染了。现在，这些构想都一一成了现实，凌老师也早已经是校英语教研组的大组长、市名师班的成员，在湖州市的英语界都有一定的影响力。新教师就如同一棵小树苗，前五年培养好了，以后就会长成参天大树。事实证明，"一三五工程"抢占了最有利的时机，让青年教师赢在了起跑线上！

第三节　与时俱进，勇于创新实现新跨越

一、一路高歌向前行

经过 3 年的磨合期，学校被评为省三级重点中学，实现了第一次飞跃。更为重要的是，整个学校呈现出一种朝气蓬勃、和谐发展的气象。2004 年 4 月"湖州十五中"更名为"浙江省吴兴高级中学"，2005 年 8 月，学校易地搬迁，湖州织里中学并入，短短几年间，吴高实现了由"杂牌"向"精品"的转变，硬件设备与核心软件均得以提升，学校先后被评为省二级、省一级重点中学。从 2001 年到 2007 年，仅用 6 年时间，吴高就完成了从一所普通高中到省一级重点中学的华丽转身，实现了第二次飞跃。

吴兴高级中学的新校址在湖州城郊风景如画的西山漾风景区，占地面积 200 余亩，建筑面积 6.5 万平方米，绿化面积 6 万平方米。校园环境显现出鲜明的江南特色：校在水中、房在林中、人

在绿中、美在景中。走进校园，扑面而来的是一股清新自然之风、一派鸟语花香之境，清香四溢的花草树木与其间一幢幢现代建筑相映成趣。学校的各种教学设施均按照省一级重点标准配备。新颖别致的图书馆面积 3000 平方米，现有图书 8 万多册；高标准的餐饮中心面积 7000 平方米，可同时容纳 3300 多名师生就餐；现代化的学生公寓 5 幢，可容纳 3000 余人住宿……这里，处处渗透着对学生的人文化关怀。

历经六年磨砺，充满朝气的吴高除了拥有"年轻"所独有的勇气、自信、执着外，更多了一份成熟、理智和清醒。成绩属于过去，脚下的路依然漫长，吴高进入了全新的发展时期。如果刚建校时，严忠俊考虑最多的是如何快速发展学校，那么异地搬迁之后，在更广阔的舞台上来开拓，在更高的视野下来做事，他更关注如何让发展变得有序、和谐和可持续。"教育即发展"，发展无止境，当校长必须要不断突破，不断创新。"学会当校长是一辈子的事"，这是严忠俊很推崇的一句话。

一个学校要成为名校，主要有两方面：一个是必须有好的教师队伍，名校必须有名师；再一个就是要有一个较好的文化积淀，让学校有底蕴。建校的时候，这两者都是缺乏的，首先就抓教师队伍建设，努力提高课堂教学质量。事实证明，这条路走对了。2008 年，严忠俊在进行宏观的分析和微观的设计后，又提出了"三个转移"的新目标，即"传统管理向现代管理转移；规模发展向内涵发展转移；争创名校向成为名校转移"，坚持走内涵发展之路。

二、学校管理出高招

从某种意义上来说，校长的思路决定了学校的出路，校长的办学思想决定了学校的文化品位，校长的管理能力影响着学校的发展前景。严忠俊以发展吴高为己任，但他认为学校并不是一个人的，是属于每一个老师和每一个学生的。领导一所学校，仅靠校长一个人的力量远远不够，需要管理团队的共同努力。其中"中层管理者"承上启下，是学校办学能否成功的关键。

2005年吴高迁入新校址时，学校的规模已经很大，每个年级都有十多个班，学生数突破2500。一个年级独居一幢教学楼，相当于一个小的学校。原来金字塔式的管理模式显得呆板落后，缺少灵活应变的能力。严忠俊是一个敢想敢做的人，他觉得这种管理格局已经过时，应该与时俱进施行一套更高效有力的管理体系。他研读了很多管理类书籍，向许多教育老前辈请教，也跟校级领导班子成员和中层干部磋商。终于，大家有了新的思路，那就是实行"处室年级部负责制，扁平化管理"的模式。新的模式按照校长—年级部联系副校长—年级部（处室）—备课组（班主任）—教师（学生）的体系运作。当学校规模扩大时，原来的有效办法是增加管理层次，而现在的有效办法是增加管理幅度。当管理层次减少而管理幅度增加时，原先金字塔状的组织形式就被"压缩"成扁平状的组织形式。

2007学年，吴高各年级部设正副主任两名，由中层正副主任下到年级兼职。总务、政教、教务三位主任兼任高一、高二、高三年级部主任。由一位副校长担任年级的联系领导，起联系和指导作用。每个年级部除正副主任外还配备两名助理。副主任和两名助理每人各管6～7个班级，对这些班级的教育教学进行全面管理。正主任主持全年级工作，直接领导班主任和各学科备课组，其主要职责如同一位分校校长。新的模式中年级部直接面对本年级几十名教师和近千名学生，管理直接具体，再加上年级部领导在本年级兼课，对年级情况了如指掌，管理将更细致、精确、科学。在各分块管理中，形成了年级之间的竞争局面。各个年级犹如站在同一起跑线上的运动员，在竞赛中谁也不甘落后，可以形成年级之间比、学、赶、帮、超的良好竞争态势。年级部助理的设立，也为学校提供了后备干部力量，有助于青年干部的迅速成长。

年级部管理为吴高"正校风、促教学、上质量、促招生、快发展、上品位"提供了有力的保证。新生取录分数线逐年提高，学校高考一本率、本科率、上线率逐年递增。学校变得越来越有活力，也越来越有魅力。首批实验班毕业生之一，曾就读于浙江大学的吴建斌说："吴高是我一生的重要阶梯，不仅使我的人生更加丰富多彩，也培养了我各方面的能力，使我能更好地处理人生中的棘手问题。"和他一样，吴高许多毕业生会常常回母校看看，感受日新月异的校容校貌。以市直属文科第一的高分考入复旦大学的黄克柔说："选择吴高是我最正确的选择，母校是我们所有吴高人的骄傲。"

在一次访谈中，严校长对记者说："我希望通过这样的管理模式，以其柔性、灵活性和开放性，给参与学校管理的教师以更大的民主决策自主权，使全校教师能形成共同的愿景，使学校文化提升到更高的品位，使每一位吴高的师生和学校一起获得发展。"

三、科研兴校显活力

在建校之初，为了促进青年教师快速成长，狠抓"一三五青年教师校本培训工程"，经常利用晚上开展技能练兵活动，并主动为青年教师搭台，让青年教师到名校跟岗培训，让青年教师在省市级教研活动中有身影、有声音。随着学校的发展，教师培训的重点及时转移，开展"青年骨干教师校本培训工程""名师培养工程"，培训内容也从教学技能转向教学科研。为帮助教师提高教科研水平，学校经常邀请高校专家、省市名师来校讲座，严校长和校级名师也经常为学员开设讲座，内容涉及教育理论、论文撰写、教学技能等诸多方面。

严忠俊最常挂在嘴边的话就是："教师是学校的最大财富""走教科研之路，是教师发展的最大捷径"。依托"一三五青年教师校本培训工程""青年骨干教师校本培训工程"和"名师培养工程"，学校两次荣获"浙江省教科研先进集体"的称号。严忠俊说："在教师队伍建设方面，我们的特色有三点：一是把教师培训工作当作一项关系到我校发展的战略任务来抓；二是立足于校本培训；三是把培训实践转化为科研课题，以求获得理论支持和实践提升"。

科研的目的是为了教育教学水平的提高。学校一直致力于课堂教学的研究，主动与华师大课程所合作，开展研究活动，极大地提升了教师的科研能力与科研水平。借助华师大这个高端平台，聚焦课堂，坚持每月一次的专题研究，在逐步形成吴高课堂特色的同时，科研已成为教师的新时尚。2015年，严忠俊主持的课题"目标导航"课堂自主学习模式的实践研究获市属和市校本"培训专题"展评活动一等奖、省二等奖。还出版了《目标导航课堂自主学习模式研究》一书。教师是靠底蕴上课的，教师在课堂上展现的显性知识仅仅是"冰山一角"，作为智力资本的隐性知识才是冰山主体。骨干教师作为有经验的教师，应该跳出基本功训练的范围，将培训内容聚焦于丰富内涵底蕴，实现隐性知识显性化的工作上来。

"我是一名一线教师。"严忠俊校长的这句话，不是一个校长对自己的标榜，而是一种实实在在的工作标准和工作态度。这种自我要求带来的好处，便是从一线教育的经验出发，更好地了解教师、了解学生，让校长的工作更有针对性，更有亲和力。有着这样一位平民校长的吴高师生无疑是幸福的，在很多个日子里，他们上下齐心，努力在这种平等和谐的氛围中去提升吴高的文化内涵，去描画吴高的美好前程。

四、名师团队有魅力

教师是职业倦怠的高发人群，教师的职业倦怠，不仅会误人子弟，更是个人的悲哀。一个有经验的老师如果仅仅想让学生在高考中获得高分，并不是什么难事。但随着年龄的增加，一直重复枯燥的工作，没有更高的精神追求，就极容易产生职业倦怠。一些三十出头就评上高级教师的青年教师，也容易失去奋斗的动力，产生教师"高原现象"。为了避免"一到高级就刹车"的情况发生，严忠俊又将以45岁以下高级教师为主体的骨干教师培训提上了日程。

学校之名，很大程度上在于教师之名。为了给普通教师树立榜样，凸显名师的引领作用，2006年，学校制订了《名师培养计划》，建立了一整套名师激励机制。2008年，蒋玉宇、肖亮、严惠峰、刘晓东、曹旭英、梅一莲、邓伟雄、阎凤霞、黄贵生、陶鎏等十位教师光荣地当选为吴高首届校级名师。校级名师两年一聘，经过自荐、推荐，最终由教研组、校长室讨论决定。每位名师每月享受教研津贴。津贴只是象征性的，但名师的头衔却意味着更高的要求、更大的责任、更完美的表现。

校级名师上课都非常出色，即使他们不学习也完全可以胜任。但现在，他们要开设讲座、开示范课，必须不断督促自己读书，才能为青年教师做出最好的表率。通过名师工程，十位教师的思想理念、职业高度都有了明显的提升。他们的自觉追求，也如同一盏明灯，为青年教师点亮了前进的道路。

如我校的数学名师严惠峰，刚参加工作的时候，面对50个学生也会紧张。经过多年的培训，现在的他无论面对多少老师和专家，讲课都能从容自如。正是这样的功底，让他在浙江省优质课比赛中获得了一等奖的佳绩。从前，他上完一堂课就算完成任务了，如今，他每一次课后都要细细揣摩；从前，他批改作业时总是怪学生不用心，现在，他一旦发现学生错误，总是先反思自己：哪个知识点讲得还不够透彻？哪个题目的切入点不对？……在教学中，他倡导学生"自然地学"，让学习变得很"生活"，他的"将课本数学转化为生活数学"的理念，与新课改的理念不谋而合。

吴高的教师不仅专业过人，敬业精神更是让人钦佩。"市教坛新秀"曹旭英老师总是对学生投入无限的热情，每次考完试，她无论多晚都要在当天把卷子批改出来，第二天及时讲解，以提高教学效率。在她的橱窗里，有一个小小的玻璃瓶，那是教师节的时候，学生们送她的礼物。打开玻璃瓶，一张张五彩缤纷的纸条上写满了学生对她的一片深情——"祝曹老师桃李满天下""曹老师：上了您的英语课，我才知道英语也可以上得那样有趣"……

"见贤思齐"是吴高的校风。在名师的引领下，青年教师们也不甘示弱。年轻的第二届"一三五培训班"学员宋老师感受到了自身巨大的变化，他说："进入吴高之后，我享受到了教学的乐趣，真心地爱上了这个职业。每当看到周围教师的拼劲，我就有一种危机意识。现在，我们这批青年教师都自觉地参加培训，将学习升华为了一种内驱力。"

"与吴高结识，是一种幸运，也是一种幸福。"这是吴高的学生和家长们常常发出的感叹。客观地说，吴高也许并不是许多尖子生升高中的第一选择，但进入这所学校的孩子，却没有一个后悔过。他们总是感叹自己的幸运，这很大程度上缘于吴高出类拔萃的教师队伍。

第四节　上下求索，将理念升华为实践动力

一、德育为首育新人

"学生利益无小事，关心学生，为学生服务，帮助学生克服生活和学习上的困难，让学生快乐成长，全面发展"，这是严忠俊担任班主任时的管理理念，虽然朴实无华，但却是教育情怀的写照。因此，当学生生病时，他会主动陪学生上医院；当学生家庭经济有困难时，他会从自己微薄的工资中节省出一部分，适时给予补助，虽然不多，但体现了关爱之心，向学生传递了正能量。为了加强班级管理的针对性，他经常家访，或找学生谈心，和学生交朋友，及时掌握和了解学生的思想动态、学业状况。对学困生，常利用课余时间进行辅导，受到学生及家长的好评。

从普通班主任走上领导岗位后，他更加关注整体学生的全面发展。"以人为本，促进成长"就是吴高的办学理念。一个学校，德育是灵魂，在大大小小的会议上，严忠俊经常跟老师们讲，一定要立德树人，为国植贤，坚持德育多样化。

德育最好的阵地就是课堂。严忠俊喜欢用自己的事例为证。物理是理工类的学科，跟德育关系不大，但其实不然。比如讲电的时候，可以给学生讲我国现在的能源现状，唤起他们的责任意识、危机意识，号召他们继承中华民族节约的美德；讲到一个物理学家，可以讲他的爱国精神和探索真理的意志；讲到像核电这样的高端技术，可以激发学生的兴趣和志向，可能对他的一生都会造成很大的影响。物理尚且如此，那其他的学科也行。其实任何一门学科的教学中都能很好地融入道德教育。德育在课堂里是最容易体现的，而拥有德育的课堂才是丰富多彩、有血有肉的。

课堂内有德育，课堂外也有德育。严忠俊立足现实，高站位、深思考，努力拓展德育途径，合理布局学校的德育架构，整体构建"博爱四季风"德育体系。以感恩季、民俗季、艺术季、游学季系列活动为主体的德育体系，体现了"以人为本，促进成长"的办学理念和"博才教育"的办学特色，用主体化和序列化的校园文化活动培养智慧、温暖的吴高学子。学校每年举办"科技节""艺术节""体育节""读书节""成人节"等活动，成立了各种学生社团和多个兴趣小组，全方位、多角度地发展学生个性，全面推进素质教育。比如首届"青春读书节"活动，活动主题是"在名著中感受高尚"。活动包括七个部分："我读名著"征文比赛、"推荐我喜爱的书"广告设计比赛、"跳蚤书市""名著精彩片断"朗诵会、"演绎名著"短剧表演、"佳片有约"名片赏析、"名著课堂"讲座。这些活动力求从不同角度为学生提供能力展示的平台，让学生有更多机会亮出多姿多彩的自我。

二、有温度的育人场

2016年7月，一则微信朋友圈里的消息，在湖城引发了一场爱心接力。吴兴高级中学一名家境困难的高三毕业生小徐突然脑出血而紧急住院治疗。正在一筹莫展之时，了解到情况的班主任何颖老师，7月2日傍晚6时多，在微信朋友圈里发了一则信息求助，呼吁大家都来帮一把，让小徐一家渡过难关。正是这则消息引出了一场爱心接力，给正为手术费愁眉不展的小徐父子俩点亮了希望。

"加油""快点好起来""钱不多，也想尽一份心意"……消息发出去后，便立即引起了回应。最先是高三（六）班的同学和任课老师们，然后是隔壁班的，最后扩散到了整个吴兴高级中学。大家转发，一时间，熟悉、不熟悉小徐的人、学长学妹、学生家长，甚至是其他学校学生，也都伸出了援助之手。

在何老师的手机里，满满存着的是各种汇款记录，有几元、几十元，也有几百上千元的。来自高三（八）班的汤进哲，在家长的支持下，一下子捐了 1000 元；高二（四班）班集体捐款 793.5 元，高三（十六）班 600 元……到 7 月 3 日 11 时多，一天不到的时间内，捐款就达到了 3.5 万余元。截至 7 月 5 日 11 时左右，捐款已达到上百笔，捐款总额 51933.43 元。在各方援助下，小徐顺利接受了造影手术和磁共振检查。检查结果显示小徐脑中是血块，排除了肿瘤可能，怀疑为脑血管畸形导致的破裂出血，医生说可以采取保守疗法。

现在小徐同学已经顺利地跨入了大学之门，他和他的爸爸给学校送来一面锦旗，锦旗上写着：关爱学子，仁爱无疆。谈起那段生死一线的经历，小徐数度哽咽。他说："感谢吴高的老师和同学，等以后有能力了，也要尽自己所能去多帮助别人，回报社会。"相信在小徐的故事中，所有参与的人都感受到了满满的爱和正能量，而这份爱也一定会传递下去。

小徐的故事是学校践行红十字精神的一个缩影。红十字是吴高的一张亮丽名片，"人道、博爱、奉献"的红十字精神，吴高人不仅口头传播，还积极践行着。做一个"温暖而智慧的行者"，入心，入行，这是严忠俊对所有吴高学子的期待。2006 年 5 月吴高成立了"校红十字会"，种下了"人道、博爱、奉献"的精神之种。2007 年学校决定将红十字活动确立为学校德育的主要载体，将红十字活动与学校德育相结合，用"人道、博爱、奉献"的普世价值观和体现人道主义精神的红十字实践活动来教育引导学生们的思想，帮助他们塑造健全的人格，以提高德育的实效性。在2009 年我校进一步明确定位建设"红十字德育特色学校"，2010 年创建为"浙江省红十字示范校"，2011 年通过全国红十字模范学校验收，2014 年 10 月，学校应邀参加红十字会与红新月会国际联合会第二届亚太地区青年峰会，在开幕式上作"Red Cross Youthin Action"专题交流，吴高的青少年红十字工作首次登上了国际舞台。

苏霍姆林斯基特别强调，学生各方面要和谐发展，有机地成为缺一不可的统一体，而其核心是发展高尚的道德。所以，要充实学生的精神生活，使学生成为大写的人，并在各个领域充分表现出自己的天赋才能，使自己的个性得到充分发挥。因此，无论把学校建成怎样的"现代化、民主化的和谐校园"，其思考的出发点和终结点都应该是：到底想把学生培养成什么样的人？学校所有的一切都应该围绕这一点来展开，培养目标既是出发点，也是归宿。吴高树立了"以人为本，促进成长"的办学理念，一直在努力追求自己的精神气质，构建具有情感温度的育人场。严忠俊一直坚信：教育应该关怀的是人最根本意义上的和谐与幸福，要让教育成全学生的美丽人生。

三、一草一木总关情

作为一个省一级重点中学，应该在学校的品位上下功夫，要切实地推行素质教育，要关注学生 10 年、20 年之后的竞争力，而素质教育的推行，不仅要在学科教学上下质的功夫，还要在校园文化上下质的功夫。对于一所新学校来说，缺乏的是历史的传承和文化的积淀。可当下缺乏不等于永远没有，建构自己的独特文化，对首任校长来说，是艰巨的，又是幸运的。在校园文化建设方面，严忠俊主要抓了两项工程：一是建构学校的勒石文化，二是着力打造学校的"一训三风"。

提及这两项工程，严忠俊总会怀着十二分的敬意谈到他的良师益友——湖州中学王慧才老校长。说起他们的缘分，还要追溯到严忠俊刚跨入湖中校门任教开始。王校长博闻强识，对国学有精深的研究，语文、历史、哲学……他可以轻松驾驭多门学科的课堂，深受学生爱戴。他常说：做一名好老师，首先要管好自己的课堂，想方设法抓住学生的心；师德是有效教学的灵魂，教师的一言一行会影响学生的一生。因为王校长的以身作则，湖中的老师们都不敢放松懈怠，拼命苦练内功。当年，王校长常鼓励年轻的严忠俊，不要埋没自己，要木秀于林，不怕风吹。严忠俊36岁就评上了省物理特级教师，就是在王校长的督促下实现的。王校长常鼓励年轻教师要努力去尝试和争取，可自己却淡泊名利，数次推却局里给他的荣誉和奖励。他说，当一名校长，就是要学会服务别人，鼓舞别人，成就别人。他的管理理念深深影响了严忠俊，不为私利，一心为公，才能赢得大家的信任和尊敬。校长应该具有教育情怀，在自己的一亩三分地里努力去实现自己的教育理想。一所好的学校评价标准绝不是考上了几个重点大学，学科竞赛获了好名次，而应该关注学生心灵的成长，潜能的开发，社会价值的体现。一个学校应该有一个学校的文化品位，一个学校独特的文化表达不是装裱和张贴出来的，而是浸润和积淀下来的。

2005年学校易地新建，在逐渐完善教学设施配置后，于2007年下半年开始动手运作，斥资求石，勒以名言，布于校园篱树之下。花草丛中，构建了一道使人赏心悦目的校园石文化景观。勒石名言取自《论语》《道德经》等中华元典，寥寥数字，却承载着中华文化的优秀传统。全校师生亲历了此项工程的全过程：初荐格言警句，领导小组层层筛选，确定了40余条名言为首批勒石文字，并发动组织全校师生精心选择勒石文字的字体，参与解读勒石文字的征文比赛，选出优秀作品并几易其稿，最后编印成《名言勒石传大音》一书。多姿多彩，特色鲜明的校园石文化，使学校的一树一花、一碑一石都蕴含着无尽的文化教育意义，成了吴高的一道亮丽风景线，成为校园文化建设中的一个崭新元素，更使之成为吴高校本课程中丰厚的一页。

　　校园文化是一个逐渐总结、积淀、提炼、提高的过程。在建校初期，学校的"一训三风"是：校训—崇德、砺志、成才、报国，校风—严谨、求实、开拓、创新，教风—学高、身正、敬业、爱生，学风—勤学、善问、慎思、笃行。这样的"一训三风"正确但毫无特色，全面却印象不深。印象不深，就难以在学校风行。因此，在2007年首先修改了校训，"天生我材必有用"响亮而又自信，体现人性的张扬和豪迈，强调"基于我材，努力成才"的发展理念。2008年下半年开始，严忠俊又组织教师，讨论修改校风、教风、学风。经过反复讨论，在2010年5月确定了新的"一训三风"：校风是"见贤思齐"，教风是"诲人不倦"，学风是"学而不厌"，并赋予其时代意义的解读。为了让"一训三风"深入人心，在师生中开展了多种形式的学习教育活动。如解读"一训三风"征文比赛：把优秀征文整理成册，然后发给下一届学生欣赏学习，再请新一届学生解读，然后再把优秀的征文集合成册。这样一届一届地传承下去，让学生们打上吴高烙印。

四、"博才教育"细规划

　　课程是一棵会生长的树。在红十字德育课程的基础上，学校进一步完善和创新，设计出"一体两翼"博才教育课程体系，突出"怀人道情"的博爱特色课程内容，努力让学生成为一个"智慧而温暖的行者"。2014年吴高成为浙江省首批普通高中一级特色示范学校。省评估组评价：吴高的博才教育极具哲理性、包容性和操作性，课程模型新颖，课程视角独特。乘着课改的风前行，吴高勇于突破创新，这次走在了最前列。

教育即发展，发展永不止步。吴高"创特"成功之后，严忠俊又有了一个新的愿景，那就是把吴高建设成为更有品位、更有活力、更有影响的特色示范学校。为了这个愿景，他带领行政团队围绕"博才教育"特色进行了顶层设计：一个规划，四大工程，N项行动。通过多种形式，历经半年打磨，制定了《吴兴高级中学"博才教育"中长期发展规划》。在这个规划的引领下，推进四大工程，具体指：学校文化建设提升工程、师德师能建设提升工程、学生素养培育提升工程、服务师生保障提升工程。围绕这四大工程，以项目推进的方式，每年完成8～10个行动。专人负责，全员参与。

说起这个发展规划和四大工程，这还是他当教育局局长的收获。2011年8月，由于突出的治校成绩，市教育局擢升严忠俊为吴兴区教育局局长。离开吴高，有万般不舍，但这是行政命令，前面有更大的担子需要他去挑，不服输的他选择了再次挑战自己。可这次挑战，缺少了前进的动力。政府机关的管理体系与工作模式和学校有点不一样，最重要的是，作为一名教师离开了教育第一线，离开了学生和课堂，大有英雄无用武之地的感受。就像鱼儿离开了水，鸟儿找不到可依的枝，严忠俊觉得自己失了根。三年之后，趁教育局人事变动之际，他郑重地提出了申请，希望重回吴高担任校长。2014年8月，他终于又回到了自己的精神家园——吴高，在这里，他将继续他的教育梦想。发展规划，项目推进，务虚和务实……这些是严忠俊新学到的管理经验。所谓"当局者迷，旁观者清"，以前当校长时没想明白的事情，当局长时有了更清晰的认识。一旦跳出校长这个圈子，感受过更宏观的教育格局，他对学校治学有了更高位的思考，更全面的谋划。国家有中长期发展规划，一个城市也有中长期发展规划，那一个学校也应该有一个发展规划。学校在发展过程中，首先要有正确的办学方向，然后大目标和小目标要结合，步步推进，层层落实。在校行政会议上，务虚时谈理想，谈目标，务实时就针对具体问题谈应对策略。任何行动都要有人去负责和推进，职责明确，才能让学校的运作更高效。

比如 2015 年，围绕四大工程重点推进八项行动："博爱文化"设计行动、学校制度完善行动、有效教师实施有效教学行动、师德师风建设创新行动、红十字工作创新行动、生命健康教育创新行动、校园美化提升行动、后勤服务体制行动。前两个行动由严忠俊本人亲自负责。人人都有必司之职，事事都有可循之章。各处室结合自身实际，不断完善方案，基本完成预期目标，如完成《行政干部岗位职责》和《教辅后勤人员岗位职责》。在教学管理方面，由教学副校长史文波负责的"有效教师实施有效教学行动"也有了新的突破。通过多层面征求意见和建议，修订了《星级教研组创建标准（草案）》，到 2017 年已经实行三届了。各教研组根据自己学科情况拟定了《学科教学常规标准化方案》。在实施绩效工资考核背景下，如何调动教师的内驱力和工作积极性一直是困扰严忠俊的大问题。不拼个人，拼团队，建立一种新的评价制度无疑是一次有益的尝试。

第五节　学无止境，在互助中担起领航之责

一、走向教育的远方

从校长到教育局局长，而后又返回学校重新担任校长，这样的经历在旁人听来就是一个故事。32 岁破格晋升为中学高级教师，36 岁即成为浙江省中学物理特级教师，吴兴高级中学校长严忠俊身上有着太多的"不可思议"与传奇。而这样一位有着一线

丰富的教学管理经验，又具备领导者前瞻眼光的"教育家型"校长，位列 2014 年教育部首期"校长国培计划"——卓越校长领航工程名单，亦是实至名归。

名校长领航班是教育部加强教育管理者指导工作的重要内容，旨在加强我国基础教育高层次人才队伍建设，培养一批具有较大社会影响力的教育家型校长。首批名校长领航班共有 64 名中小学校长，经层层遴选而来，将进行为期 3 年的在职连续培养。严忠俊也成了该班浙江省唯一的一位高中校长学员，也是湖州市首个名校长领航工程研修班学员。

2015 年 6 月，江苏基地进行了第一次集中学习。培训中心特地为严忠俊指定了两位导师：一位实践导师，来自江苏省锡山高级中学的唐江鹏校长；一位理论导师，来自华东师范大学的博导范国睿教授。两位导师都是教育界的重量级人物，他们在各自的领域有着令人瞩目的成就。范教授建议要敏锐地感知大数据对教育的影响，要预见未来教育的发展趋势。唐校长首先从价值论的角度指出，办学的一切目的是为了学生，这才是教育的终极意义；其次从方法论的角度指导他要冷静科学地明确当下的历史方位感，清晰地知道自己从哪里出发，又将向哪里前行。

教育家是一个神圣的词语，严忠俊心目中的教育家型校长是怎样的形象呢？在一次校长论坛的发言中，他提出：教育家型校长首先应该是一个仁者，有着兼济天下的广阔胸怀，爱教育，做教育，同时在享受着教育，在长期的思考中发展，在不断的实践中锤炼，视教育如生命，愿意成就师生幸福；他拥有智者的眼光，有渊博的知识，但不停留在知识上，因为懂得教育规律，明晰学校发展的契机，所以他有天马行空的办学策略，有不拘一格的教学方式，能够得心应手地调动教育资源；他有行者的实干精神，用行动去践行自己的教育理想，去做，并且做到！"高山仰止，景行行止，虽不能至，然心向往之。"未来的路任重道远，成为教育家型校长并不容易，但严忠俊心向往之，相信在两位导师的指引下，在其他校长同学的帮助下，他会走得更加踏实、稳健。

二、领航者之旅扬帆

因为是浙江省唯一的一位高中校长学员，也是湖州市首个名校长领航工程研修班学员，湖州市领导非常重视，加大了对名校长工作室的经费投入、设施备配备置等，并为工作室开展学术交流、课题研究、成果推广创造条件。为带动更多的学校优秀青年校长成长发展，依托国培计划卓越校长领航工程，市教育局正式发文，采用学校推荐、上级部门审核的方式，遴选了十位弟子，作为严忠俊名校长工作室的学员，传帮带，促提升。2015 年 10 月 19 日，中小学校长国家级培训计划卓越校长领航工程名校长领航班严忠俊校长工作室启动仪式在吴高隆重举行。湖州市教育局钱旻副局长、市继续教育中心钱月新主任等领导见证了这一庄重的时刻。

严忠俊校长工作室学员湖州第一中学副校长刘丹，与湖州五中副校长徐雪莉、湖州练市中学副校长侯根林、湖州新世纪外国语学校副校长施晓红，是通过了 2015 年市教育局组织的副校长候选人选拔后刚刚上任的年轻校级领导。他们回想起当天的情景，依然记忆犹新。刘丹说："我曾经在湖州中学做过多年的共青团工作，2010 年，借助中国国家汉办和美国大学理事会主办的'赴美韩语教师志愿者'项目，成功入选，并前往美国北卡罗来纳州工作交流。不同于一般教师的工作经历让我感受到了教育教学、学校管理工作的特色与价值。如今，站在一个全新的平台，我既觉得信心满满，又深感惶恐与不安，不过也是在这样一个特殊的时期，加入到严校长的队伍中，这给我了方向。相信在严校的指导下，我会收获更多。"施晓红如是说："尽管从事过 11 年班主任工作，多年的年级组、办公室工作锻炼，但身处校级领导的岗位，又来到新的学校，不免有些困惑与不安。曾经的为人处事方式，过去的教育教学管理经验，都将随着新环境的来临而面临挑战，能否适应并且做出自己的一些成绩来，需要具备点'匠人精神'，沉下心专一思考，拼全力真诚付出。对于严忠俊校长，一直以来存有的是满满的敬意与佩服，特别是他带领吴兴高级中学在那么短的时间里梳理出学校的文化与管理脉络，形成了自己的特色，并成功申报省一级特色示范高中，真的非常不容易。作为工作室资历最浅的学员，我要借助这个宝贵的机会，多多向导师请教，争取更大的进步。"

"长风破浪会有时，直挂云帆济沧海"，领航的意义不只在于自身光芒的显露，更在于一个"领"字。苍穹之上，雁群飞过，人们欣赏的是领飞大雁身后齐整的队伍与昂扬的姿态。在严忠俊看来，自己在领航之路上还有更多工作要做。

当老师时，严忠俊以敬业奉献的态度和勇于开拓的精神为学生提供最好的教学质量，让学生领略最美的师者风范；当教学领头羊时，他以自己的博爱之心、聪慧之才引领青年教师一路向前，在同行心中树起杏坛榜样；当校长时，他以自己的广博见识和卓越能力高瞻远瞩，一心为学校和学生的将来殚精竭虑，探索求新，不断突破自我。在严忠俊的带领下，短短15年，吴兴高级中学从组建时的名不见经传，迅速成长为一所省一级重点中学、省第一批特色示范学校，学校声誉日渐隆起。从吴兴高中强势崛起成为湖州基础教育的一个典范，到个人终身学习走向教育家型校长，再到作为领航者引领更多人发展，"教育即发展"的思想始终是严忠俊教育生涯的主线，而他会继续信奉这一教育信条，为教育的发展担起更多的责任。在教育的第一线守望教育理想，为了教育的诗和远方，他一直在风雨兼程。

中国教育领航（第一辑）：教育家型校长与学校发展丛书

[治理：
现代学校的标志

严华银　主编

世界图书出版公司

中国教育领航（第一辑）：教育家型校长与学校发展丛书

丛书编委会

主　任　王仁雷

主　编　严华银

副主编　季春梅　　回俊松

编　委　邱成国　　严忠俊　　于大伟　　张　勇

郭炳胜　　郭长安　　杨　刚　　杨琼英

林启福

目录

第一章　以人为本

——中关村二小的管理变革

什么是管理？什么是学校管理？学校管理的内涵是什么？学校管理在学校的发展建设中起着怎样的作用？它又是怎样随着学校的发展变化而变化的……作为学校的校长，这是其管理好一所学校每天都必须要深入思考的问题。在党的十八届三中全会首次提出"治理"理念的大背景下，学校的管理理念和管理方式也必须发生变革，才能真正达到管理的最佳效能。在多年的办学实践中，在"以人为本"办学思想的引领下，中关村二小的管理始终遵循"以人为本"的原则，就是以关心人、尊重人、激励人、解放人、发展人为根本指导思想来进行学校管理，这种以人为本的学校管理就是学校治理。它体现在更多的人或是所有人都参与管理，人人都是主体；在一种民主和谐的状态下进行；在实现过程中每个人都是主人；体现在最终实现了共同的价值目标以及个体的价值目标。

第一节　我对管理和治理的理解

关于管理的定义，至今仍未得到公认和统一。因为人们对于管理的认识也在随着人类社会的进步在不断发展。管理通常被解释为主持或负责某项工作，人们在日常生活上也是在这个意义上去应用管理这个词的。但自从管理进入人类的观念形态以来，几乎每一个从人类的共同劳动中思考管理问题的人，都会对管理现象做出一番描述和概括，并且顽固地维护这种描述和概括的正确性甚至唯一性。

例如：西方各个管理学派，按照其各自的管理理论，对管理的概念有不同的解释。其中：

管理是一种程序，通过计划、组织、控制、指挥等职能完成既定目标；

管理就是决策，决策程序就是全部的管理过程，组织则是由作为决策者的个人所组成的系统；

管理就是领导，强调管理者个人的影响力和感召力对管理工作的重要意义；

管理就是做人的工作，它的主要内容是以研究人的心理、生理、社会环境影响为中心，激励职工的行为动机，调动人的积极性……

综合各种观点，对管理的比较系统的理解应该是：管理是管理者或管理机构在一定范围内，通过计划、组织、控制、领导等工作，对组织所拥有的资源（包括人、财、物、时间、信息）进行合理配置和有效使用，以实现组织预定目标的过程。这一定义有四层含义：第一，管理是一个过程；第二，管理的核心是达到目标；第三，管理达到目标的手段是运用组织拥有的各种资源；第四，管理的本质是协调。

当然了，每个人对管理的理解都是不一样的。我认为管理是一个过程，管理是为了达到组织目标的一种活动，管理是协调组织内部各种资源的关系使之更优化、更有效地达到组织的目标。

关于治理这个概念是 20 世纪 90 年代在全球范围逐步兴起的。主要体现在公共管理领域，治理是一个内容丰富、包容性很强的概念。

我个人认为治理是对原有管理理念的提升，它的特别之处在于用一种社会发展的眼光思考什么样的管理方式可以实现共同利益的最大化。

治理的本意是更好的公共服务。治理不是一套规则条例，而是一个活动过程；治理更好地强调多元主体和在民主和谐的状态下共同参与管理，以实现共同预期目标。

第二节　以人为本的学校管理就是学校治理

什么是学校管理，或者说管理在学校中如何更好地发挥作用？我认为，管理要结合学校的具体特点。学校的特点就是教师和学生每天教学相长的地方，是教师与学生心灵对话的地方。学校明显区别于其他单位或环境，从主体、目标、实施过程都是完全不一样的。学校面对的对象是人，是教师和学生，作为学校管理者要始终围绕"人"这个字去思考、去实施。

那么，在学校组织中人的特点主要体现在哪些方面？首先是尊重与被尊重、体现平等、做事处事公平公正、有展示自我的舞台，有自我实现价值的空间。

我认为学校管理和其他行业管理的目标是一致的，都是希望通过组织管理实现最好的预期结果。但是学校管理最重要的是要通过管理最大限度地发挥人的主观能动性，最大限度地发挥人的潜能，最大限度地形成团队的合力，通过组织引导，最终形成人的自觉自愿行为，最终实现组织发展和人的个体价值和精神提升的共同目标。

好的学校管理就是学校治理，它体现在更多的人或是所有人都参与管理，人人都是主体；在一种民主和谐的状态下进行；在实现过程中每个人都是主人；体现在最终实现了共同的价值目标以及个体的价值目标。

第三节　中关村第二小学的管理变革

二小的管理理念是一种"以人为本"的"和谐管理"，二小的管理尊重每一位二小人，包括：二小教师、学生和家长。二小的管理体现每一位二小人都是学校的主人，体现每一个人都以主人的姿态参与学校的发展和自身的发展。二小的管理追求的是人的和谐及其共同发展。二小的管理始终在不断的追求从有形制度管理—淡化制度管理—无形管理—自我管理—自我发展—自我超越。二小的管理最终是为了不管，二小的管理追求的最高境界是大道无数。

我认为中关村第二小学的管理从学校实际出发，抓住了学校的特点和本质，一切从人的成长出发，一切又都为了每个人的发展。在管理的过程中充分发挥调动每一个人的主观能动性和潜能，实现共同目标和个人目标的双赢局面，应该说中关村二小的学校管理充分体现治理的理念，是一种较高水平的学校治理。

一、家园文化——使学校管理变革为多元治理

多年来，中关村第二小学在"以人为本"办学思想的引领下，在学校发展与管理建设中，立足教育发展的最新形势，以办好人民满意的教育为目标，坚持以人为本，科学管理，着力推进教育管理改革创新，加快教师队伍专业成长，营造人文温馨的校园环境，打造核心竞争力，学校教育教学质量显著提高。

在学校发展过程中，中关村二小始终尊重每一位师生和家长的成长和参与权，充分发挥每一位二小人的主体地位，逐步形成了全体二小人共同认可的"家园文化"，逐渐凝练出"家园文化"的核心——学校是大家的，学校的发展是为大家的，学校的发展是靠大家的。这三句话已经成为每位二小人推崇并以此作为行为原动力的共识。在家园文化的浸润下，学校逐渐形成了以教师、学生及家长为主体的民主参与式管理，即"以人为本"的多元治理。

中关村第二小学"以人为本"的多元治理，以"人"和"人的发展"为出发点和落脚点，体现的是一种尊重、一种民主、一种和谐，它强调的是教师、学生、家长多主体的主动参与和动态共治，是有温度、有人文情怀的，它符合二小办学气质和办学风格的管理样态。

这种治理理念的孕育和形成，离不开学校深厚办学文化的滋养。因为学校文化是一所学校区别于其他学校的独特标识，是学校的核心竞争力，是全校师生员工在长期办学过程中培育形成并共同遵守的最高目标、价值标准和行为规范，是学校办学理念、校训、校风、校貌的浑然天成，更是学校治理理念的内涵体现。

有什么样的学校文化，就有什么样的管理理念。多年来，中关村二小始终倡导"二小是大家的，二小的发展是为大家的，二小的发展是靠大家的"的"家园式"学校文化，强调教师、学生、家长都是学校的主人，每个人都有参与学校管理和发展建设的权利，同时也肩负着如何通过自身的努力，让学校获得持续发展，让家园里更多的人获得更大发展的义务。为此学校最大限度地尊重和保护每个人参与学校管理和建设的积极性、主动性，并不断激发每个人自我发展的潜能，努力满足他们自我发展的需求，最终实现教师、学生和家长民主参与学校管理和实现自我发展需求的动态平衡，促进学校健康、均衡的可持续发展。

在二小，每一位师生不仅是学校发展建设的主人，更是自我发展、自我完善的主人。他们在积极主动参与学校民主管理的过程中，不仅享受到了做主人的乐趣，同时也获得了实现自我发展的机会，促进了自我价值的提升，实现了精神需求的不断满足。

1. 教师——学校民主管理的主人

理念指引方向，管理推动发展。近年来，二小围绕"以人为本"的指导思想，坚持"聚精会神抓教学，一心一意谋发展"的工作思路，凝心聚力、创新发展，不断强化质量意识和精品意识，以人文管理为支撑，切实提升学校领导班子管理水平，加快教师队伍专业成长，推进校本科研跨越发展，铸就社会各界认可的"二小品牌"，教学质量稳中有进，学校声望日荣日显。逐渐成为小学教育的龙头和窗口，成为践行和引领教育改革发展的一面旗帜。所有这些发展得益于学校的教师们的多元共治，教师们的主动担当和自主发展。

让建议"有声"

组内提案，是每学期初组内工作的一个固定项目，是学校搭建的一个交流平台。从学校的角度出发，我们希望老师们能够依据学校整体发展方向，结合自身实际，提出对于学校发展有建设性意见。

小陈是学校刚参加工作的年轻教师。有活力、性格直爽，对待工作格外认真。然而由于新入职，正处于适应期，加之多头绪工作与较繁重任务量使原本热爱运动的他不得不将健身计划暂时搁置，只得借周末休息缓解工作的疲劳。可随着健身时间的减少，体能和精神状态大不如前。

在组内提案会议上，小陈被组长邀请发言，先说一说自身的需要，他便把自己近来对身体情况的担心说了出来："其实就是希望自己能和原来一样每天都精力充沛的。"

小陈对于身体方面的关注引起了组内老师们的共鸣，但这些又似乎与学校的发展没有太大的关系，到底适不适合在学校提案上进行呈现呢？老师们都不太确定。

这时，组长李老师的一席话让老师们决定尝试一下。

"关系当然是有的，因为关注老师们的身心健康是学校一直在坚持的理念，只不过作为提案我们需要尽量写得细致一些，原因和需求写清晰，尽量多提出一些具有可行性的办法，总之我们的初衷是以交流为主嘛。"

就这样，一份"学校加大对于教师身心健康关注"的提案，被老师们抱着试一试的心态正式提交。

接到老师们的提案后，学校行政班子非常重视，在提案反馈会上，校长特意对此提案做了面向全校教职工的反馈说明：教师身心健康是学校教育教学工作的基础与保障，是学校高度关注的工作，对接下来将要开展的一系列落实工作进行了介绍。

不出一个学期，亚健康体质检测被引入学校，学校健身房也开始修建，与此同时，教职工健身俱乐部正式公开招募"会员"，一支支由学校老师自发组建的健身俱乐部正式成立，不觉间学校掀起了一股健身热潮。

在那段时间里，小陈加入了学校的跑步俱乐部，在跑友老师们的带动下捡起了被搁置两年的运动。与此同时，学校更多的老师们也加入到了健身的行列，他们用亲身的经历知道了一些工作方面带来的疲劳并不仅仅通过休息缓解，而是还需要通过运动去释放，并随之收获愉悦的心情与充沛的生活、工作动力。

2. 学生——学校发展建设的设计师

"学生有不同的个性，成才的路有千百条，仅通过文化学习把学生送入大学是有限度的，努力发掘学生的特长，让他们走特长发展之路，方能最大限度地做到人人成才，做到学生与学校共赢。"二小的学生，除了颇具特色的文化课与多学科共同发展的学习外，他们更是学校发展建设的主人，是自我发展、自我完善的主人。因此，我们鼓励学生为学校的发展建言献策，在学习之余，留心身边的人、事以及环境，让他们在主动参与学校建设中经历成长。

快乐农庄诞生记

在中关村二小百旺校区操场的西南角，有一块绿油油的菜地，地里那紫色的茄子，绿色的辣椒、韭菜、小白菜，红色的西红柿，它们以各自的色彩向人们尽情展示着自己旺盛的生命力。

之前这里摆了几张石头面的乒乓球台，孩子们偶尔过来打打球。

一次偶然的机会，一个小男孩的提议，改变了这块土地的命运。

2013年，学校号召各班同学给学校提意见，三年（15）班刘凤莲老师将班里的孩子们聚集在一起，大家七嘴八舌地为二小发展建言献策。"老师，我觉得操场上那个乒乓球台子，利用率不高，应该充分利用起来，比如做个游戏区什么的或者搞一些种植养殖？"王海屹同学兴奋地发表着自己的观点。会后刘老师让班长把大家的提议写成文字，共计3条，上交给了学校。

学校将学生的提议进行了梳理，大家围绕王海屹同学的提议召开了好几次讨论会。考虑到有些老师自己花钱租地，周末去享受种地的乐趣；又考虑到现在的孩子对农作物的生长过程缺少了解等情况，我们最终决定将其开辟出来种菜——既可以满足老师们的需求，又可以让学生亲自感受并体验亲近自然的乐趣。

说干就干，2014年春天，这块土地竟然被开辟成农田，成了学校各个年级组老师们自己的责任田，并由老师们自己命名为"快乐农庄"。

如今"快乐农庄"已经两岁了，它成为师生们亲近自然、放松休闲的好地方。我们还特意聘请了专业的老农师傅们来管理一部分土地，另外一部分则是师生们的"自留地"，而这些农民师傅就是师生们最好的老师。在师傅们的指导下，师生们也体验一下劳动的乐趣，感受一下田园生活，并分享收获的喜悦。尤其让老师们惊喜的是，孩子们在这个快乐农庄里收获了学习和成长。

3. 家长——学校课程改革的助行者

随着家长对教育的期待增加以及对教育多元化的关注，家长和学生需要一种从校园走向社会、在轻松愉悦的自然状态下的家校活动。以实践为基本形式的家校活动融入我校儒雅教育理念，帮助学生们直接体验社会，扩展学生的学习空间和视野，培养学生良好的品质和素养。各班的家委会充分借助每一位家长的力量，发挥家长的才能，为学校、班级策划出很多计划周密、目的性强、寓教于乐的活动课程。

4. 整合、合作、合力

不同文化背景、不同职业特色的家长朋友们走上校园的讲台，为学生提供了丰富且专业的讲座；班主任老师们利用休息日参与家委会活动，在欢声笑语中促进了师生情谊；成功的家校活动，整合了优质的家长资源，创建了良好的家校关系、师生关系和生生关系。

学校教育办公室对家校共育计划提出了"三个一"的建议，鼓励各班围绕"儒雅教育"开展一节家长大课堂、一次实践活动、一次分享经验的交流，班主任老师负责"三个一"家校共育计划的实施，科任教师在社团中进行家委会管理模式的探索，以此在我校形成立体的、全员参与的家校合作氛围。

每个学年，学校将各个班级和社团的家委会活动整理编辑成全校"家校活动短片"，供老师和家长们交流。截止到目前，全校开展了600多次家校活动，200余场家长讲座，为我校"儒雅教育"拓展了新天地。

通过家校活动，家长们认识到：孩子要成长为一个健康的人，需要学校教育这一撇，更需要家庭教育这一捺。互相支撑才能让他们成长的每一步更加坚实，才能让这个"人"字写得端庄、敦厚。

每个学期，学校还会组织家委会开展交流研讨，分享组织家校活动的经验，促进家委会工作的整体提升；而家委会也为学校中期发展、校园文化建设等献计献策，助力学校发展。

通过这样的交流活动，家长们达成共识：爱心是家委会工作的基础和出发点，家委会成员要有从大多数学生利益出发的博爱之心，不求名利、不计得失、量力而行、尽职尽责地开展家校活动。

学校工作的方方面面，时时刻刻都有家长的影子，都有家长的智慧和力量。他们和学校成员一起工作和学习，校园秩序井然有条。这样的"教育结构"，让学校工作获得"规范化"和"人性化"的双丰收，时时散发出充满智慧和真诚的阳光活力。一切都是透明的、公平的、民主的、温暖的，全面而高效。

融的是心，是观念与动力，聚的是心，是智慧与合力。以"心"出发，教育不再孤立、不再对立、没有漏洞、没有偏私，促进学生、教师与学校的和谐发展。

二、多校区共治：实现同步、优质、均衡、特色发展

中关村第二小学于1971年建校，从1971年建校至今，学校共参与了7个学校或校区的发展建设，成为海淀区参与办学形式最多的学校之一。面对学校的发展变化，二小人在家园文化的引领下，在实践探索中始终坚持"一个二小、一个标准、一个质量"，学校通过管理变革，实现多校区多元治理，最大限度地确保多校区同步、优质、均衡、特色、可持续发展。

1. 治理理念——一个二小、一个标准、一个质量

校区数量再多、规模再大，都是中关村二小这个大家园里不可分割的一部分。为确保多校区同步、优质、均衡发展，学校提出了"一个二小、一个标准、一个质量"的多校区办学治理理念，并在多校区的发展建设中不断深化，持续推进。

2. 治理环境——用学校文化凝心聚力

首先，在校名上做文章，用"校区"传递"大二小"的治理理念。

2003 年承接华清家园配套学校后，我带领管理团队，首先对几个校址进行了重新命名，把位于中关村高科技核心园区的老校址更名为中关村第二小学中关村校区；把承接的华清家园配套学校命名为中关村第二小学华清校区；2009 年承接百旺新城配套学校后，再次把这一校址命名为中关村第二小学百旺校区；同时，三个校区一至六年级的学生班号也是从"1"班开始，依次顺延。

这一举措从名称上就把"本校"与"分校"的概念区分开来，很好地体现了我校一贯倡导的"校区之间只有地理位置不同，没有先后顺序之分，也没有身份地位之别。有的是统一的管理、充分的接纳、平等的待遇，突出每一个人在中关村二小的主体地位和对学校发展的重要意义"的办学思想，为此后推行"三个校区、一套班子、一个二小"的"大二小"治理格局做好了积极准备。

其次，创设师生认同的学校文化治理氛围，用文化的力量推动多校区的发展。

众所周知，营造现代学校非制度文化氛围，是学校内部治理

的有效推力。它弥补了学校内部治理结构中正式制度的生硬与漏洞，使得正式制度在学校文化土壤中更有效地发挥效能。

带着这样的思考，我坚持用"家园文化"引领学校发展，在多校区办学实践过程中，不断分析和吸收来自不同学校的办学思想和文化，缩小校区间的差异，缩短心与心的距离。以"家园文化"推动多校区发展，实现资源共享、文化共融、品牌共创及合作共赢。例如，多年来学校一直坚持利用校园网为过生日的老师送上一份祝福：清晨，当老师们打开校园网，听到欢快的生日歌、看到燃烧的红蜡烛时，都会与过生日的老师一样，体会到浓浓的家园之情。

在学校精心培育下，"家园文化"治理氛围得到了老师们的广泛认同。在浓浓的家园文化浸润下，老师们在各自的岗位上努力工作，倾情奉献，不断反思，大胆创新，真正成了学校发展的主人。在这里，学校给予教师浓浓的人文关怀，干部给予教师热情的帮助，教师给予学生真情的付出……人与人之间充满着像家人一样的真情。在真情的涌动下，三校区均呈现出和谐、进取、蓬勃发展之势。

"家园文化"的确立，帮助三校区师生形成了统一的文化认知、愿景认同和观念整合，达到了对三校区的思想与文化整合，把三个校区所有师生凝聚在一起、融合为一体，成为"大二小"发展的主体力量。同时，这种浓浓的家园文化治理氛围的形成，也为学校进一步推行同步、优质、均衡的治理制度创设了良好的环境准备。

3. 治理模式——从扁平化管理到立体网状管理

在整个国家治理体系和治理能力现代转型的大背景下，

学校作为具有公共管理职能的社会组织，是国家治理体系中的基本组成单位，其治理水平的高低，必然会影响到整个国家治理的现代化水平。为此，学校只有不断完善和优化学校的内部治理结构，坚持依法治校的基本原则，切实转变办学和管理的理念、思路、方式与手段，才能适应社会和时代提出的新要求。

基于以上思考，结合中关村第二小学建校 45 年来所经历的特殊办学背景及办学历程，学校构建了家园文化下的网状治理结构，采用"扁平化管理到立体网状管理"的治理模式，确保实现多校区同步、优质、均衡发展。具体体现为：

网状治理结构的主要方式以横为主、以纵为辅，横纵结合，构成立体治理网络。"横"主要体现学校在教育、教学、教研、后勤等方面对各个校区统一的扁平式治理，保证校区间的同步优质发展。"纵"主要体现学校对各个校区发展的科学放权，允许校区结合自身特点因地制宜，实现校区的特色发展。

（1）业务横向治理

校长的工作重心是抓全校业务（而不是抓校区），弱化校区的行政功能。学校的教育、教学、后勤、人事分别安排一位副校级领导干部负责，统筹管理三个校区的相应工作，确保三个校区各项工作齐头并进。这几位副校级干部根据工作需要，有相对固定的校区，三个校区都设有业务办公室，办公校区根据每日具体工作自主安排。其中，三校区教学横向治理又分为语文、数学、英语、体育教育、艺术教育（含音乐、美术学科）、科技教育（含信息、综合学科）六大领域，每一个领域分设一位负责人，统筹三校区该学科建设、教师发展以及学生培养。

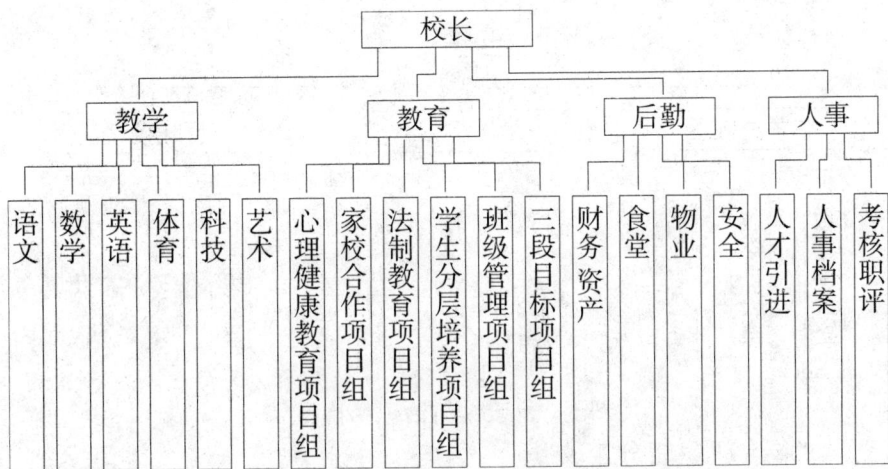

图1 学校业务横向治理管理结构图

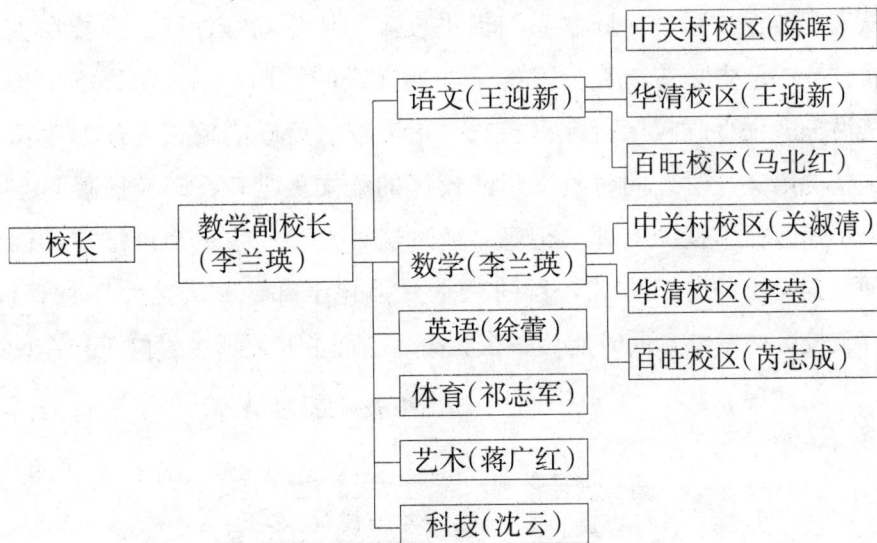

图2 教学团队业务横向治理结构图

（2）行政纵向治理

校区设一名行政牵头副校长，三个校区分别设立教育、教学和后勤办公室。行政副校长主要职能是结合校区实际情况统筹、协调、落实本校区各项工作，牵头负责协调推进学校的每周工作、处理校区日常事务性的工作。

15

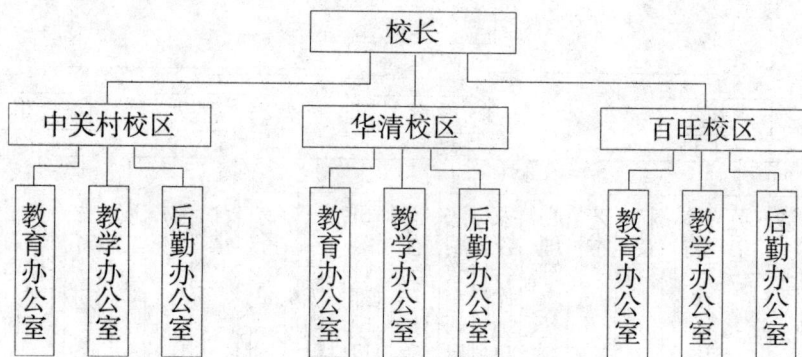

图 3 行政纵向治理结构图

（3）治理职能分工交织

为了让各级主管领导既能从微观层面负责好校区内工作，又能从宏观层面加强校区间联系与促进校区间优质均衡发展，学校在主管领导的职责分工上充分发挥了职能交织的作用，如：德育副校长鲍海楠兼任百旺校区行政副校长；华清校区行政副校长王迎新主抓全校的语文教学，同时负责华清校区的语文教学；百旺校区德育主任丁伟兼任学校团支部书记等，通过这种网状的组织治理结构和治理职能交织的分工方式，目的就是要强化干部的"大二小"意识，打破校区的壁垒，同时能够站在更高的层面上开展所主管的工作。

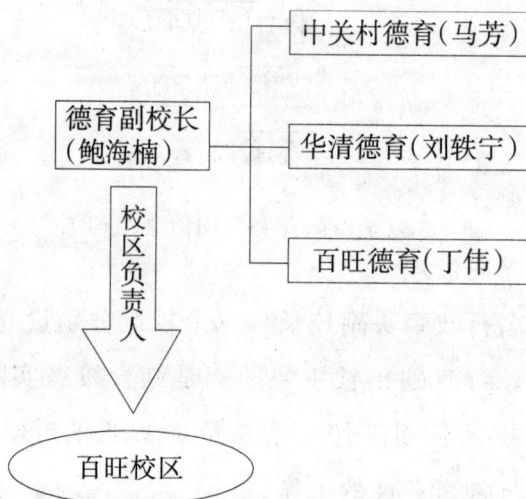

16

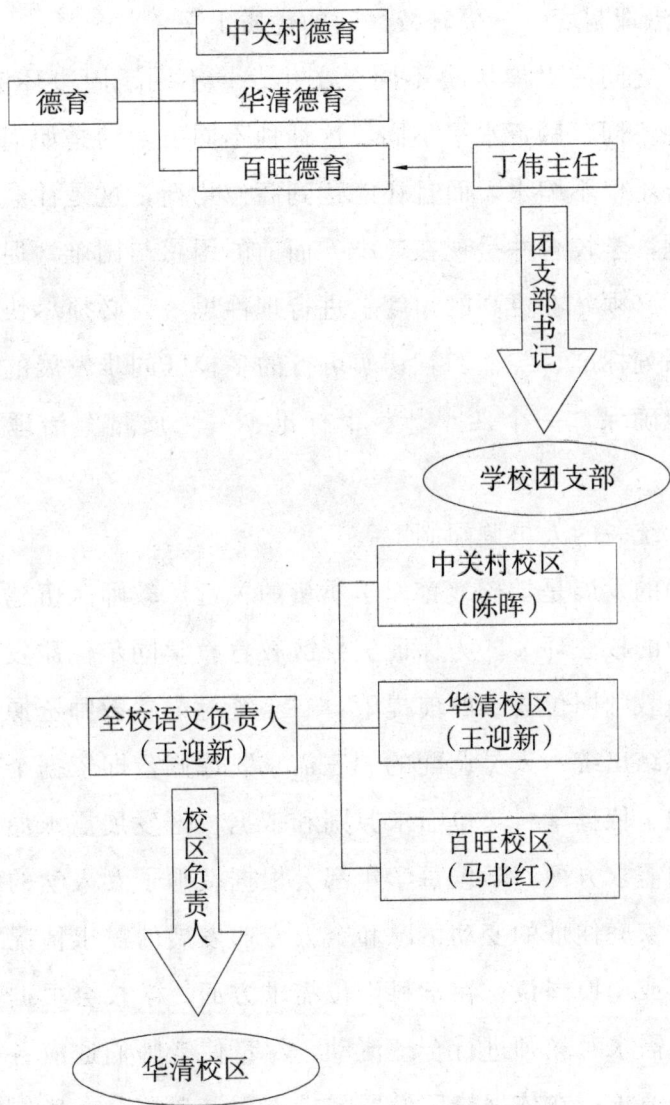

图 4 治理职责分工交织示意图

这样的网状治理结构，能够全面覆盖到学校治理过程中的每一个点，保证了校内治理的一致性与和谐性，确保了多校区同步、优质、均衡、特色发展的"大二小"治理理念的全面落实。

4. 治理制度——提升校区间的优质水平

校区之间的发展历史不同、文化背景不同、周边环境不同、学生来源不同、师资水平不同，这种种不同引发的是如何才能使二小教育不仅不缩水，而且还能达到高位均衡，这是社会最为关注的问题。学校合并呈现在二小人面前的困惑与困难，促使学校管理团队必须站在更高的角度上进行理性思考，必须尽快构建并出台一系列标准、统一、且切实可行的多校区同步发展的治理制度，才能确保"一个二小、一个标准、一个质量"治理目标的实现。

（1）统一的人员调配制度

教师的发展是学校教育教学质量的关键，教师队伍建设是学校管理中的核心环节。为保证三校区教育教学同步优质发展，在充分尊重教师岗位需求的前提下，二小统筹配置教师资源，并在实践中总结出统一人员调配的"三需求"原则，即依据个人意向需求原则、依据学科岗位需求原则和依据校区发展需求原则。在个人意向需求方面，学校每学年都会根据教师子女入学的实际情况、个人家庭住址的变动情况和个人专业发展的需求情况为教师调整校区或调换岗位；在学科岗位需求方面，学校会根据每学年岗位设置需求对教师进行合理流动，尽量使老师们适应各个校区中岗位的要求；在依据校区发展需求方面，学校会在确保每个校区、各个年级组骨干教师数量相对均衡的前提下，对新接收的校区配备更多的骨干教师，让他们担任各年级、各学科教研组长、大组长，最大限度地发挥他们的辐射引领作用，尽快地促进校区之间的优质均衡发展。

以上三项原则每学年会有不同的侧重，形成了二小教师调配上的动态管理。这种统一的人员调配制度，有效地保障了各个校区教育教学质量的同步提升。

（2）统一的教育质量标准

教育质量是学校发展的生命线，是二小多校区同步、优质、均衡发展的根本所在。为此，二小人努力做到"三个坚持"：

第一，坚持教育教学工作同步实施。

学校定期召开教育教学业务工作会，制定统一的工作规划，明确三校区的教育教学目标、内容及主题，保证各校区的工作计划和进程高度一致；建立统一的教育教学评价制度和激励机制，激励三个校区共同发展、共同进步。

例如，定期开展学期初、学期末两次学习周活动，全体教师共同参与，教育教学部门要分别组织形式多样的会议，可以是总结会、研讨会、专题会或者是表彰会。其目的就是要直接面向每一位教师，第一时间传递学校核心工作的发展动态，确保每一个人知晓目标、领会精神、感受文化、吸纳营养、学习榜样、丰厚底蕴。

第二，坚持教师发展研修制度全面覆盖。

在研修状态下工作的职业生活始终是中关村二小追求的目标。教师专业发展研修制度对提升学校教育教学水平发挥着重要作用，着力培养内外兼修的儒雅教师是均衡三校区教师育人水平的重要途径；搭建研修平台，创设研修形式是提升不同学科、不同发展阶段教师专业能力的有效举措。

搭建研修平台——平台搭建既要考虑高度更要顾及全面，力求关注每一个领域的发展。为此学校应各个学科教师的需求，相继建立了九个专家工作室（包括语文、数学、英语、体育、科技、信息、音乐、美术以及班主任工作室），并制定了各学科工作室的发展规划、入室规则及活动要求，以此来规范工作室的管理。在规范、完备的制度保障下，三校区各个团队的教师依托工作室进行常态化教研，开发校本课程，开展深度研修，培养骨干力量。

创设研修形式——师徒结对、伙伴共研、青年教师沙龙、党团工作室等，是学校教师研修制度体系中重要的研修形式，丰富多样的形式使得研修之路充满活力，吸引着众多教师修炼在其中，成长在其中。

第三，坚持学生培养目标同步落实。

如何让每一名学生和家长都有对同一个大二小强烈的归属感，让每一名学生都享受到中关村二小给予的优质教育，这是中关村二小作为一所品牌学校的爱与责任。毋庸置疑，中途合并的学生的学业基础参差不齐，学习习惯各有不同，面对这种情况，二小人的首要任务就是用平等与尊重的心态接纳每一位学生，帮助他们尽快融入并缩小差距，使他们在二小这个幸福的大家庭里健康、快乐地成长。即便他们中有80％的农民工子女，有只读一年就要跟随父母离开北京的短期借读学生，只要他们走进了中关村二小的校门，学校就有责任为他们的全面发展倾注心血。为此，学校推出了《班级接纳合并校学生管理办法》等确保学生培养目标同步落实的相关制度，在合并之初，便将基础薄弱校的学生按照一定的比例分流到其他校区骨干教师的班级中，让他们尽快融入优秀的集体，给他们以最大的帮助，使他们在最短的时间，与原二小学生同步、优质发展。

随后，进一步完善并优化了《班级学生同步评价细则》的相关内容，为合并校学生建立了个人成长档案，出台了个性化评价指标，采用多元评价的方法记录学生的成长变化，鼓励其成长为最好的自己。

（3）统一的后勤服务保障

后勤服务在学校发展中起到最基础的支持作用。二小实行统一的后勤服务管理，安全、财务、财产、卫生、食堂、物业等工作都设专人负责，并制定了配套的《后勤服务管理制度》，用制度不断规范和提升后勤管理人员的服务意识、责任意识、管理意识和发展意识，打造科学化、规范化、制度化、社会化的多校区大后勤管理格局，保障三校区后勤工作同标准、高质量。

例如，在安全工作中，学校制定了翔实的《校园安全管理条例》，通过安防监控系统、电子巡更系统、身份识别系统等，确保多校区安全无死角。在物业管理上，在公开招投标相关制度的保障下，选择同一家服务商为三校区提供服务，保证服务标准一致，服务水平相当。在食堂管理上，推行同样的管理标准和同样的饭菜食谱，确保每个校区的师生都能够享受到同等质量的就餐及服务。

5. 治理保障——信息技术打破时空限制，实现实时互动

多校区优质办学的一个最现实难题是如何克服空间上的距离，来实现校区间的统筹管理与同步发展。中关村二小采取"教育＋互联网"的模式，逐步完善了校园网络管理系统，充分利用现代信息技术的优势，为三校区统一搭建多维的技术联络立交桥，打破三校区的空间限制，实现了三校区教育教学和行政等工作的全面、实时、零距离沟通。目前，学校的网络运行管理模式主要体现两部分内容，即一套系统，两个平台。

（1）高效顺畅的视频互动系统

面对教师们跨校区开会难、教研难的问题，2006年2月，学校成功开通了中关村和华清两校区的视频会议系统，使二小的信息化建设实现了飞跃。随着学校的不断变化，2009年学校又开通了三个校区的视频会议系统，再一次加快了二小现代信息化建设的步伐。近年来，学校逐步扩展了原有系统，目前共建有8个视频会议室及远程教室，拥有24个视频终端以及MCU设备，可以同时召开多组视频会议，随时进行远程会议、教育教学研修等，有效满足了异地同步会议、同步教研的需求。

但是在使用的过程中，我们也发现：由于使用部门和使用频率的增多，视频会议系统的使用时间和使用地点出现了重叠和交叉，为此学校相继出台了《学校视频会议系统申请流程》和《学校视频会议系统使用须知》等管理制度，以此来规范视频会议系统的使用流程，提高视频会议系统的使用效率。

现在，在规范有序的视频会议系统各项制度的保障下，多组视频互动系统已经被广泛应用在学校日常的各种教育教学活动中，成了老师们每日工作中不可或缺的工具，最大限度地满足并服务于学校三校区教育教学管理工作。

一根通向百旺校区的光纤

一根光纤，连接起来的不仅是三个校区的网络，更是三个校区人们的心。资源共享，优质同步，一根光纤承载起了这个理念，更承载着二小人对教育事业不竭的热情与渴望。这条光纤上传输的一点一滴，不仅仅是那些排列组合的0和1，更是让三个校区的老师学生，享受着那种近在咫尺的资源共享，享受着那种你我虽远隔千里，却如坐在对面的直观。

报告厅里响起一阵阵掌声，伴随着掌声的是台下人们赞叹。"太神奇了！坐在这里就看到了那么远的课堂。""你看，不仅老师和孩子能互动，他和咱们这里也能互动。""这种方式评课也很方便啊，人家学校都不用为了听课跑来跑去了。"就在这些朴实的赞美声中，站在最后一排一群人，眼中饱含着感动与欣慰……

这一群人是谁？他们就是二小的电教团队。早在 2004 年，中关村二小华清校区建成，一个学校，两个校区，虽然仅仅相距十五分钟的路程，但是开会，听课，研讨都成了问题。面对着这个严峻的问题，电教团队拟出了很多种解决方案。

刚开始，大家想要通过模拟信号的传输来完成视频的直播，经过了实验后发现，长距离的线缆铺设，使得模拟信号的传输受到强大干扰，如何解决信号噪音让大家又一次沉默了。那个时候，网络远程视频并不发达，国内应用案例屈指可数。但为了实现两个校区便捷快速的交流沟通，他们各处寻找完善的解决方案，并研究国外的相关案例。经过一次次实验，一套套设备的筛选、测试。最终，实现了视频会议系统的搭设。

2009 年，中关村二小承接百旺新城配套小学——百旺校区成立了。12.7 公里的距离，一个小时的车程，让一个学校的两个校区在五环的南北遥遥相望。同步、优质、均衡的理念一直贯彻在学校的各个方面，但面临着这个距离的困难，所有人又一次陷入了深思。

那年暑假，窗外的阳光洒满了操场，校园中一排柳树青翠滴绿地飘荡在跑道旁。教室里侯福龙主任、路长龙老师等人写写画画地在讨论着什么。"中关村和华清之间的光纤还好说，但是到百旺……确实有点远"路长龙老师锁紧了眉头，手中的笔一下下敲打着本子，哒哒的声音一下下地敲打着大家的心。"光纤铺过去还只是开始，我们这次要上高清的视频会议系统。"侯福龙主任的一句话让大家一下子抬起了头。"上高清视频会议系统？咱们带宽不够啊！""光纤的问题已经很头疼了，要是上高清，咱们这些网线都得重新布"大家你一言我一语，刚开始还沉静的教室一下子热闹了。

侯主任喝了口茶，"中关村到华清的四芯光纤已经不够用了……我们电话信号占了一芯，监控占了一芯，网络用了两芯。这次不仅要铺一条八芯的光纤，我们的网络也要随着光纤的铺设进行大规模的改造。"

一个大胆的设想就这样迸发了出来——铺设一条穿过五环，连通三个校区的光纤。改造校区的网络是个细致活儿，路长龙老师回到百旺校区，就开始详细规划起网络改造的工程。百旺校区教学楼、行政楼、食堂、体育馆相隔几百米，教室多，距离远，空间广。改造起来困难重重。密集的网线就像是整个校区的血管神经，不仅要伸到每一个角落，更要在集中于核心机房，变得有条理、清晰。于是路老师就这样"住"在了核心机房里，一条条网线，从哪里来，到哪里去，贴上标签，打上条码，绑上线，理出序……闲下来的时候，拨通家里的电话："亲爱的，这些天辛苦你了……等这边工程结束，我一定回去好好陪陪你和孩子……"电话那边传来的是两岁女儿的啼哭，电话的这边是一个父亲的哽咽。

在百旺改造的同时，中关村这边也忙得不可开交。侯主任的电话几乎已经处于过载状态。"什么？码流要这么高么？那我们如果多个会议同时进行怎么办？""设备这么贵？不行，价格我们接受不了。""如果您无法确定性能，就把样机拿过来我们一台一台试！"侯主任带着几个老师，把送过来的视频会议样机一台台地测试，调整，再测试。

"老大，今儿晚饭吃什么？"

"庆丰包子……"

"夜宵有想法么？"

"多买一斤庆丰包子……"

一个个深夜，大家聚在一起并没有那么劳累，反而随着不断地调试，视频传输不断地优化，几个人多了更多的欢乐。

经过了半年时间，这条光纤在地下绵延十几公里，终于将中关村和百旺联通在一起。

这一次网络改造，让三个校区的网络传输速度达到千兆。于是，高清会议摄像头，高清 MCU 终端，都应用起来。三个校区，不管跨越多远的距离，坐在会议室，就像坐在一起一样。

2013 年，中关村二小一校多址办学现场会在百旺校区召开，在报告厅，三个校区通过视频会议互动、听课、研讨。距离那么远，距离又是那么近。

这群人站在最后一排，他们笑了，他们就是中关村二小的电教团队，他们用双手将这根光纤铺向百旺，连接起了三个校区的师生——

从听课视频的直接观看，到三校区图片库的随时查阅；从网上图书馆上浩如烟云的电子藏书，到三校区实体图书馆网上借阅、送书到手的便捷。

（2）完备简捷的内部办公网

面对学校教师多，教育教学活动多，面对信息交互飞速发展的今天，多校区办学如何让全体教师及时、方便、准确、有效地进行信息发布、沟通、互动，这是保障多校区有效办学的一个重要问题。

根据发展需要，二小自 2003 年起自主开发了基于二小环境的操作性很强的校园日常办公网，完成了在学校任意一点对学校信息的有效分享、交互和使用，极大地促进了三校区教育教学资源共享与核心业务的同步推进。随后，在使用的过程中根据老师们的建议，学校逐步规范了校园日常办公网的使用流程，出台了《校园办公网使用及维护权限》等配套制度，进一步明确了"信息发布专区、文件共享专区、VOD 点播专区、学校照片库、校园电子图书馆、学生电子学籍管理"等重要区域管理人员的职责，最大限度地确保校园日常办公网的使用规范和使用价值。目前，校园日常办公网已经成为老师们每天工作必不可少的平台。

为实现高效的行政审批、业务流转，减少干部教师在校区间的奔波消耗，学校于 2009 年引进了现代 OA 智能网上办公平台，并在《中关村二小 OA 智能网上办公平台使用办法》的保障下，实现了校区间公共资源配置、人事档案管理、各种行政审批等工作的网络化管理。

与此同时，学校自主开发的协同办公系统、智能排课选课系统、学生课堂评价系统、教师网上测评系统等，也都在日常的教育教学中得到了广泛应用，并成为老师们工作的常态。这些网络应用系统和应用平台，成了中关村二小校园网络管理系统中重要组成部分，它们的开发使用和有效管理，对推动多校区同步、优质、均衡发展起着举足轻重的作用。

二小人以"家园文化"为引领，以管理制度为保障，以教育质量为核心，以信息技术为支撑，实现了多校区同步、优质、均衡、特色发展的目标。在从一个校区到多个校区的发展过程中，中关村二小不断探索管理变革，以适应学校、学生和社会发展的需要。

三、学校治理升级：直面新问题，做好新常态

近几年，学校已经形成了非常良性的发展态势，学校治理的重点更加关注每一位教师和学生的更深层次的需要，更加关注师生的生命健康，更加关注学生的生命教育。

1. 注重学生身心健康研究，陪伴学生快乐成长

学生身心健康是我校学生培养的重要目标。随着社会快速发展，很多家长担心自己的孩子输在起跑线上，而忽视了身心健康这个儿童成长中最基础的部分。在二小身心健康是育人的第一要素，也是二小崇尚运动、阳光活力、勇于挑战的精神气质。近两年来，学校先后组织教师参加了40余次健康工程活动，同时为有相同运动爱好的教师成立各类俱乐部。长跑俱乐部就是其中很有代表性的一个，在教师的带动下，越来越多的学生自发地参与到体育运动中来：2013年的金秋，学校在奥林匹克森林公园举办第一届少儿长走大会，这项活动得到了家长和社会的广泛认可，迄今为止少儿长走大会已经吸引学生与家长累计1万多人次参与，将近60％的挑战者成功完成10公里长走。长走大会的效应在持续增温，健走道、运动场上常常看到学生运动的身影，热爱运动已经成为二小学生的健康风尚。

同时，学校还关注学生的心理健康，引导学生以阳光般的心

态对己、对人。心理健康教育宣传周，是学校为学生量身定做的心灵之约。"认识新朋友"鼓励学生迈出自信的第一步；"沙盘游戏"是在沙具的拼摆间，引导学生积极交往，捕捉他人优秀品质；"心情气象站"帮助学生用形象的心情贴纸表达自己的情绪；"优点大爆炸"里学生感受到来自同伴的赞美。正是在活动里学生们体会到了分享的快乐，传递着满满的正能量。健康的体魄、阳光的心态是二小人的教育追求，这也将成为学生一生的财富，为今后的可持续发展奠定基础。

2. 推行"个性化教师培养"，实现教师自我价值的突破

目前，教师的发展面临诸多困难，如工作量大、工作压力大、学习时间零散等，这些成为教师发展的瓶颈。如何利用学校现有资源，为教师再发展助力，学校进行了"个性化脱产培训"的课题研究。

推行"个性化脱产培养"的初衷就是要为教师创造一个相对安静、完整的学习时间，让他们有机会跳出日常的教育境遇，通过系统地读书，不断更新自己的知识结构；通过反思找出自己发展的短板；通过课程培训丰富教师人生体验。

"个性化脱产培养"不是学校统一安排的规定动作，而是针对教师个体发展需要的私人订制；不是面向少数教师的个别培养，而是自主申请、全员参与的个性培训；不仅有面向教师专业成长的培训，而且有面向教师个体发展的多方面提升；培训内容不是静态不变的，而是因人、因需动态调整。

3. 安全工作深入推进——师生健康安全有保障

学校许多工作尽管是常态，但有时也会发生意想不到的事情，这就要求校长具备快速正确处置突发事件的能力，做到亡羊

补牢，将事件处理作为提升学校工作安全级别的契机。

跳出工作误区，守好安全的底线

——校长在安全教育大会上的思考

近来，学校后勤安全问题频发（消毒灯事件、暖水壶事件、磕碰伤事件）虽不至酿成不可挽回的恶果，但希望能引起每一位干部的重视和警惕。后期安全保障是学校一切工作的基础，是保底工作。一所学校的发展，纵使有 10 000 分的优秀，没有安全是 1 的这项保证，教育教学工作再优秀也为 0。希望每一个人在确保安全的前提下，开展每一项工作。

我常说，安全是头等重要的大事，也是学校保底工作。有些安全隐患在短期内可能影响不大，而事情一旦发生就会有极大影响，我们甚至无法预估。同样，安全事件一旦发生，就不仅仅是简单的"头痛医头脚痛医脚"，而是要彻底地全面检查，总结反思，改进提升。不能就事论事，也不能处理完就完事。

从最近这几次事故中，凸显出学校后勤保障工作的一些误区：

首先，在工作职责确定上不够清晰。学校后勤工作人员是学校安全工作的第一负责人，具体工作可以找相应施工单位和公司，但不能交给外人去做。比如：端午节前疑似食物中毒的问题，虽然这件事学校没有主体责任，但现在出了问题，就要处理好，且须做好后期工作，假期考察送餐公司，让每班都出家长代表去考察，选择好送餐公司后发家长通知书，让家长自愿选择，反思我们现在的问题，很多家长还不知道我们现在的送餐公司。所以，这件事既然做了，就要提供规范到位的服务，最终保证每个家长和学生知情。

其次，对突发事件的处置还不够及时。结合端午节前的事，我们处理突发事件的反映还应该更快，第一时间要反映，立刻启动应急预案。但现在的问题是，预案都做了，一旦发生意外却手忙脚乱，不知所措；再如，我们之前培训新闻发言人工作，这次突发事件没有做到第一时间发出声音，统一答复。

任何事情前前后后，从头到尾要处理妥当才算完成。

再次，对学校后勤工作的特殊性认识不够。学校安全以孩子安全为出发点，学校后勤的特殊之处就在于服务对象是学生。所以，各项工作需要在国家规范的基础下，寻找符合学生身心特点的个性化定制。比如，学生天性淘气好动，那么在基建、设施设备选择过程中要尽量避免隐患。

最后，工作态度上不能"坐、等、靠"。后勤安全保障工作需要有能动性，不能有依赖思想。一个环节的工作不能依赖另一个环节，比如，门框的尺寸不能以统一为准，一旦个别门框过窄就需要及时调整。

每一次事故，都是一次反思和整改的机会。希望所有干部引以为戒，在小事中及时总结，担当更大些。力争让后勤工作上一个台阶，才能让坏事变好事。同时，很多意外都是可以防控的。

安全工作不只是后勤部门的工作，也是每一位行政干部的职责；教育教学的组织活动，更需要把安全放在第一位。

我们千万不要等到事情发生了，再去追责，再去悔不当初，因为有些事情根本不允许，也根本容不得我们后悔！比如说涉及学生生命安全的工作，凡是涉及学生安全的工作，我们每一位干部做事情之前都必须随时关注最新社会动态和相关报道，不仅要考虑周全，更要未雨绸缪，提前做好预案，这样，即便意外发生，我们也能够处变不惊，运筹帷幄。

教室里"造"碧云蓝天

——面对雾霾，班子会的研讨

3月开春，北京气象部门持续发出雾霾橙色预警，连日的雾霾天给我心头笼罩了一团阴霾。从教育部、市教委、区教委相关部门发出的一份份关于减少中学生体育课课时和暂停户外活动等文件，重重地压在办公案头。"从孩子的身心健康考虑，的确不能让孩子暴露在浓浓的雾霾中，若仅是通过减少或暂停学生们热爱的体育课和对学生身心有益的户外活动，无疑是剥夺了学生活动锻炼、健康成长的权利，压抑了孩子们活泼、好动的天性，给原本阴霾的空气中又添一份阴沉。"带着这些思虑，我走进行政会会议室。

"今天行政会我们一起来讨论一下雾霾之下学校该如何应对?"走进会议室，我一坐定便把思虑数日的问题抛给了在座的行政干部们。

"面对恶劣的天气，后勤工作需要全面升级，确保将师生安全与健康放在学校工作的首位。"后勤主任接着说："合理安排雾霾天气的师生膳食，增添梨水、木耳、茶饮等缓解师生上呼吸道负担。"

"对对对，还有我们需要每周对教室、办公室进行彻底消毒，预防病毒滋生；尽可能争取为各班安装空气净化器，缓解室内因空气不流通带来的空气污浊等。"侯主任补充道。

"除了这些，还有吗?"我再次发问。

一时间，行政班子有点摸不着头脑，面面相觑，陷入沉寂。"应对雾霾天，学校在做好后勤基础保障工作的同时，更应该注重对课程的调整与创新。"我的话再次打破沉寂。"遭遇雾霾天气时，体育课首先应按照预案及时转入室内进行。但接下来我们要需要研究和创新的是室内体育课、课间操的形式，如何让孩子们在室内活动起来？"这番话似乎打开了行政班子的思路。

"我们可以创编室内雾霾操，让孩子们在室内做早操。"

"还可以把北楼的空教室整理出来作为孩子课间的活动区。"

"我们还可以组织一些丰富的智趣游戏。"

"除了体育课和课间活动，各学科老师也可以针对雾霾天设定相应的课程预案，灵活调整课时内容。雾霾过后，天气放晴，各学科教师可以根据学科特点和教学进度及时调整课程内容，带孩子们到室外上课，让孩子们尽情享受阳光和空气。如语文课可以观察学校春天的变化，数学课丈量学校的设施，音乐课倾听自然的声音，美术课写生……"我再次畅想，眼前已浮现出一幅幅生机勃勃的校园图景。

"校长，我觉得我们还可以借雾霾天，通过学校广播、电子屏或班会等对孩子们进行环境教育和健康教育，提高学生应对雾霾的自我防护意识和环保意识。"

"对，这样还可以通过孩子们的行动来影响家长，提醒家长安全出行，健康饮食。"

"……"

此时，雾霾仍笼罩在北京上空，但在这间小小的会议室里碰撞的设想仿佛凝心聚力为孩子们在雾霾之下营造了一片快乐成长的"碧云蓝天"。

多年办学实践使我们体会到，学校文化与制度是相互补充、相互支持的，学校文化只有在与之相匹配的制度下才能存活并得以滋养，同样，学校制度也只有在成熟的文化底蕴中才能充分发挥效能，才能够共同为学校内部治理结构的完善提供持久、稳定的张力和有效的保障。而学校文化和制度又是在学校的改革与发展中不断地变化、发展的。

3. 依法治校——学校办学行为再规范

安全工作是学校的底线工作，学生在校安全是学校一切工作的重中之重。安全无小事，事事必做细。学校的安全工作再到位，学生的磕碰伤等突发事件的发生也在所难免。在以往教师处理学生磕碰伤事件的过程中，往往存在着因责任划分不清，只注重处理结果而忽略了事发过程等问题，为后续工作的顺利开展留下了一定的风险。

为规范解决突发问题的流程，提高干部、教师的法制安全意识和用法制思维解决突发问题的能力，在校长大力倡议之下，学校教育部门、后勤部门主管领导，多次与教研组长、教工代表及班主任进行沟通协商，出台了《学生磕碰伤事件处置方案（试行）》制度，后经行政会讨论完善并通过了此项制度。此项制度的出台，为广大教师提供了依法解决问题的依据，极大地提高了教师依法解决问题的能力。

中关村二小教育管理在不断创新与改革之中，学校不仅成为学生学习的场所，更是每一名师生的温暖之家，在全校师生用智慧和汗水共同治理下，学校不断谱写跨越发展的崭新篇章。

第二章 构建学校治理体系
与治理能力现代化
——福建三明学院附小的管理变革

"治理"——原指政府的行为方式，以及通过某些途径用以调节政府行为的机制。党在十八届三中全会提出"推进国家治理体系和治理能力现代化"后，教育作为社会系统的分支、重要的民生事业，也顺应时势所需，强调"推进治理能力与治理体系现代化，是深化教育领域综合改革，提升教育质量，不断满足人民群众'上好学'需求的重要手段与途径"。于是，"构建学校治理体系与治理能力现代化"开始以一种新思路强烈冲击着一线实践者的教育理念与教育行动。在学校，当课程体系、教学方式、信息技术、师生素养等变革元素发生激烈碰撞，学校治理结构、管理方式、制度文化要做出怎样的调整与回应，这是学校管理者的重要课题。

第一节 教育发展呼唤管理变革

一、对学校管理存在的普遍问题的思考

现象一：一所好学校的持续发展是靠个人的能力和经验吗？

一个好校长带动一所好学校。校长先进的教育思想和办学理

念，个人风格与魅力能引领一所学校不断前行与发展。然而，当好校长离开这所学校，如果没有留下深植校园、化进人心的制度，那么原本有着个人风格烙印的管理就容易走样，在此之下打造的所谓"教师团队"也许会很快瓦解，变成一盘散沙，而学校很可能会陷入滑坡的境地。

在学校管理过程中，也存在着这么一种现象：如在天气恶劣时，需要做出是否停课的决定时，有的校长的决定会不断受到质疑，甚至当他的决定很正确时，也会面临一系列的质疑，比如某天突然有暴风雨，学校通知停课，你总能听到有人说"其实天气没那么糟"或者"我们还能坚持上课之类的话"。而有的校长与老师、学生、家长打成一片，令人吃惊的是，即使是他做出了一个错误的决定，一样能得到支持，比如由于听从天气预报，学校通知停课，最终坏天气并没有来，以往的责难声变成"注意安全总没有什么坏处"的声音。而如果我们继续上课，结果狂风暴雨，听到的反应是"天气预报并不是都那么准确，概率是50%"，他却能得到教师、家长及社会的包容与理解。

思考：为什么校长调离后，有的学校继续保持生机勃勃，而有的学校容易陷入滑坡，如何保持学校发展的"长治久安"？怎样才能做到不因校长的更换影响到可持续发展呢？为什么会有"暴风雨现象"？对学校管理有什么启示？学校管理如何增进与各方的相互信任和支持？如何同老师、学生、家长及社区建立起尽可能大的"无异议区"，促进学校管理环境的良性循环？如何规避经验型管理带来的弊端？

现象二：学校不愿组织学生春游

春暖花开，草长莺飞，正是出门踏青的好季节，和同学们一起春游，是不少学生最大的期盼，有一则报道：一名四年级学生给校长写信称，"班上好多同学都想春游，我想很多哥哥姐姐弟弟妹妹们应该也跟我们的想法一样，所以希望校长给我们一次春游的机会吧，这是孩子们的请求"，最终这位校长还是拒绝了。春游容易出现事故就不再组织春游；放学后学生在校园内受伤，很多学校放学后就一律清校；长跑有学生受伤，就不再举办长跑活动；夏天有学生溺亡，就一律禁止学生游泳，这样的例子不胜枚举。

思考：学校和老师当然知道春游对于学生成长的益处，为什么越来越少的学校愿意组织孩子出去春游及类似的活动？有什么办法改进"学生活动与安全"两难困局？

现象三：这样的"研究"对教师的专业发展有多大的帮助？

教师职称评聘、晋升其中有一项要求：教师要开展课题研究，论文发表。有位教师在正式刊物上发表了很多论文，他私下说：教育教学研究并不是什么困难的事，首先因为我们是一线教师，缺乏深厚的教育理论知识，也缺乏必要的研究条件，要想如教育家式地进行实验研究，这是不可能的；要想通过大量的调查来进行研究，也不现实。你可以先找几本教育、教学方面的书籍，再找几期教育类的杂志，将这些内容翻阅一下，看看别人是怎么写文章的，再看看当前教育、教学的研究热点问题是什么。如果这些文章中有几篇是关于同一个主题的，将这些文章复印下来，回家以后仔细琢磨，根据这些问题所提供的材料，对这些文章进行重新编排、组合，就成了一篇新的文章。如果你觉得这种方法太麻烦，还有更简单的方法，你只要看一本教育学书，然后选择里面的一个原理，先将这一原理介绍一下，然后根据教育学书的叙述，写你是如何根据教育理论从事教育、教学工作的。其实，教师的教育、教学研究很简单，你按照我的说法做，一定会有收获的。我的几篇文章就是这样写成的。

思考：教育、教学研究就是这样的吗？一线教师的教育、教学研究就这么简单？如若不是，教师们为什么不会、不愿真正投入教育教学研究？为什么"浆糊加剪刀"不乏其人？是什么使教师的参与的热情不高？是制度缺失？激励措施不到位？还是为教师成长搭建的平台不接地气？这不得不引起我们的思考。

当前学校管理中，还存在许多急需改进的现状：学校管理精细化、规范化、标准化程度还不够高，停留在经验型管理的阶段，依赖个人的经验和力量来监管，制约学校的长期发展；有些学校现有各种考核机制、管理制度不够科学，不被广大教师认同，严重影响教师工作热情及工作状态；学校工会组织、教师代表大会在学校管理的作用未得到充分发挥；教师、学生的主体地位没有得到充分尊重，教师、学生和家长参与谋划学校发展的意愿没有得到充分的满足等。

二、建设现代学校的呼唤——从管理走向治理

面对以上种种现象不得不引发我们的思考，如何使学校管理规避"人治"的不足，如何才能可持续发展？从管理走向治理，也就成了必然。

党的十八届三中全会的主题是"全面深化改革"，在改革总目标中提出了"推进国家治理体系和治理能力现代化"的要求。这既是执政党需要关心的核心问题，也是国家健康科学发展的重要保障。教育部 2014 年工作要点开篇第一部分标题就是"深化教育领域综合改革，加快推进教育治理能力现代化"，学校作为

国家社会系统的有机组成部分，所有教育应顺应时代发展走向依法治教。实现从管理到治理的转变，建立现代学校制度，这既是顺应国家治理体系和治理能力现代化的时代要求，也是完善学校内部治理结构，保持学校活力，促进校园和谐，凝聚发展力量，提升办学水平的现实需要。

仅依靠好校长的人治，是建不成真正好学校的。学校不能总是指望靠"强人"来管理，甚至"强人"的管理力度往往是用牺牲学校里的一些甚至很多民主氛围来换取的。所以，好校长必然会领导学校建立一种民主而科学的管理制度，构建适应教育现代化的现代学校制度，依靠制度管理从规范走向自觉，逐渐形成健康、积极的学校文化。

学校的管理不能只依靠校长的个人素质，在社会民主与法制意识普遍逐渐增强的今天，制度对一所学校的"长治久安"、可持续发展有着基石的作用。因此，要从"人治"走向"依制而为"，也就是要实现由"管理"向"治理"的转变。

"治理"相较于"管理"，"治理"处于上位概念、它从宏观入手、谋划学校的发展战略、从学校的组织结构、运行机制、制度的制定与实施进行顶层科学设计。如：学校章程、学校长期发展五年规划、队伍建设方案、干部选拔任用等。因此"治理"具有宏观性、长期稳定性。"治理"走向微观则是"管理"，通俗地说治理层如同企业的董事会，代表性人物是董事长；管理层是企业职能机构，代表性人物是总经理，"管理"指向具体的活动、对任务进行组织、分解、协调、指挥，保证任务得以完成。从这个角度来说，任何缺失管理的顶层设计只是空中楼阁。

"治理"相较于"管理"，既是目标又是手段，从传统"管理"到现代"治理"的跨越，虽只是一字之差，却是一个关键词的变化，管理更多指向某一个教育活动，强调组织协调指挥，它更微观。管理中存在不确定性，甚至随意性，表现更突出的是"人治"，缺乏科学性。而治理更强调对事物进行科学的规划与顶层设计，更具指导性、宏观性与稳定性，也更具备"法治化"的科学性。因此，治理更表现为它不是某一个领导的个人意志，而是凝聚着一个集体的管理智慧与科学体系。一是学校治理应是一所学校的办学思想、文化价值的隐性表达，也是教师、学生、家长在管理过程作用发挥和地位的直接呈现；二是学校治理强调民主平等、多元参与对学校事务进行共同管理；三是更加注重发挥自主性、能动性，更加注重激发内生动力，更加注重和谐局面的构建；四是强调制度和文化引领，虽然管理者的个人素质、治理的制度及文化都是影响学校治理水平和高度的重要因素，但是与人的因素相比，治理的制度及文化更具有稳定性。

如前面春游活动，究其原因有二：一是收费、二是安全。首先我们要树立以生为本的价值观，明确把学生封闭在学校里，没有春游等实践活动的学校教育是有缺陷的；二是让诸如此类的实践活动从顶层设计上让它成为一门课程，以课程形式加以固化，在课程设计时，寻找"游"与"教"的融合点，活动形式可多样：如把春带回家、把春带进古诗诵读中、"植物标本采集"等活动。制定好活动要求及评价标准，最后将春游等实践活动视为一门课程考核；三是活动过程中采用家校协作方式，活动时间、活动路线，由家长委员会协商决定。家长参与，安全的工作细化到每一个家庭之中，把事故发生的可能性降到最低。

再如如何让老师真正研究起来呢，一是可以从制度入手，从人性化的管理入手，让老师减轻"抄备课"负担入手，提倡老师们在集体备课基础上，分工进行电子备课，允许教师上网查找相关教案，教学资料，并结合学校实际进行更细致更深入的思考，进行体现教师个性化的修改。坚持"课后再反思"，可以说每一次的备课写教案和教学反思，都能让教师在原有的基础上获得新提高，二是从开设教师讲坛常态化入手，每周的教师例会挤出半小时，安排好主讲与点评人员，让他们从不同角度介绍平时教学中的案例思考与实践体会，让老师真正研究起来。三是要以人为本，让教师认同、热爱这项职业，在教学相长中体现自身价值，促进教师激发内生动力，主动参与、主动作为、主动研究。

"治理"是个热词，但我们也要清醒"管理"并不是一个过时的词，从"管理"到"治理"，并不是对过去管理经验和方法的否定，治理不排除具体的管理行为和管理制度的建立。客观上也要求，提高管理者管理意识水平。换一句话说，在有科学设计的法制框架下还要建立和完善相应的管理制度，指导管理实践，提高管理效率。因此学校在"治理"发展路上，每一个具体的工作都要落实在具体的管理中，需要管理的艺术。

所以，从"管理"走向"治理"，不断提高依法办学、自主管理、民主监督、社会参与的能力，建立科学、合理、完善的现代学校治理结构，是时代不断进步的必然要求，是构建现代学校的召唤。

第二节　探索"福泽"教育下的依"理"治校

按照"整体规划，突出重点，分步实施，逐步完善，追求品质"的科学规划，学校上下一心、家校合力宏观架构"福泽"思想下幸福教育"12345"工程。提出管理创新，从管理走向治理，实施"福泽"内涵发展的文化引领管理路径，以"学校精神"为核心，把重心落在"理"上，即要讲法理、讲情理达成师生内在自觉行为转变。

一、讲"法理"——约束中共识

懂得约束的花朵，常常能够用警觉的气味驱走害虫；懂得用河床来"约束"的河流，更能容纳和扩充河水，河床也随之变得越来越宽阔深远，水流更能通向远方。在学校治理进程中，如何才能走在约束里呢？

1. 依法治校和加强制度建设

治理要讲"法理"，也就是要依法治校和加强制度建设，从经验型管理向制度管理转变，可以从下几个方面入手：第一，按照国家的相关规定，制定完善的学校章程、教育教学、学籍管理等各项制度；校规必须透明、公开；校规内容要合法，对不合法、不合理的应适时修改、废止、清理。第二，严格保护学生的受教育权及其他各项权利。第三，完善民主监督机制。校务公开，推进教师代表大会，家长委员会对校务的民主参与和监督。第四，严格教师管理，维护教师权益。

如我校制定学校办学章程，并且以章程形式确定了"为孩子幸福人生奠基"的办学理念，经过师生共同商议，形成学校的发展五年规划，同时学校各部门的责任与义务、各种的决策，校务公示等，都必须经过"校务会、教代会、家委会"的审议并进行民主监督，并不是由校长拍脑门、一时性起而所决定，这样就能从制度上规避了管理者的经验化弊端，提高学校决策的科学性。

所以我们说："约束，是为了走得更远；约束，是为了走得更稳；约束，是为了避免走弯路"。

2. 在共识中依法同行

一个百来人的交响乐团，为什么在演奏中能表现得那么和谐，对乐曲的诠释如此一致，那是因为每一个乐团要经过多次排练，首先是加强演奏员们对乐曲的理解和认识，即形成"共识"，然后对如何将乐曲更好地表现出来形成一致想法，即达到"共鸣"，最后将共识和共鸣落实到行动上，实现"共行"，最终表现为完美的演奏效果。因而从管理到治理过程中，如何让校长、教师、学生及家长从共识、共鸣到共行呢？

（1）我为人人，人人为我——达成共同愿景

对于一个学校而言，共同的愿景和目标等同于大家的努力方向和向心力所在，是一个组织发展的灵魂。共同的目标具有引导、凝聚、激励等诸多功能，能够发挥引导方向、凝聚人心、砥砺前行的作用。共同的愿景是一种精神理想，它能让学校每位成员，个人或集体不仅看到现在学校的样子，还可以想象它的未来。

如：学校开展了学校现状和未来发展大讨论，开展办学理念、"师生幸福寄语""孩子心目中的好老师"征集活动，凝练成统领全局的"为学生幸福人生奠基"的办学理念。明确发展方向，形成我们共同展望的幸福愿景。

幸福花开附小

——三明学院附属小学幸福学校愿景

麒麟山下，沙溪河畔，我们是幸福的附小人。

我们坚持"为学生幸福人生奠基"的办学理念——

在这里，老师热爱工作。这里有我们乐于共事的专业伙伴，潜心浇灌的芬芳桃李，激励我们发现幸福、体验幸福、创造幸福并传递幸福。

在这里，学生喜欢学校。这里有孩子们喜欢的老师和同学，喜欢的课程和活动，引领孩子们学习本领、修养品行、锻炼身体并激扬个性。

在这里，家长信任老师。这里有家长们和老师共同致力的教育理想，共同参与开发的教育资源，促进家长们自觉成为子女学习的榜样并与孩子共成长。

守望相助，我们默默守候花开的时刻。

屏息静气，我们静静聆听绽放的声音——

幸福附小成就幸福教师，幸福教师培育幸福学生，幸福学生成全幸福家庭，幸福家庭奠基幸福中国！

（2）倾听心声，采纳合理化建议

在日常管理中，我们敞开并不断创新沟通渠道，通过座谈交流、调查问卷、校长信箱、校长热线、QQ及微信群、校园论坛等形式，广开言路，在多层面的对话中，汇聚改进工作的良策，倾听教师、学生及家长心声，采用合理化建议，引导舆情的正确释放，把师生的精力集中到关注学校持续发展的目标上来。

如我们通过教职工大会民主方式修改完善《教职工工作考评办法》《课堂教学评价办法》等一系列考核评价、奖学、奖教、奖研评价方式，从人文角度更多地"福泽"教师，与教师达成制度的共识，激励教师工作热情和工作成效。

（3）构建平台，鼓励多元参与

我们注重构建平台，鼓励多元参与到学校的教育教学中来，首先发挥学校校务会、教师职工代表大会、家长委员会以及学生的作用，让教师、学生和家长参与学校决策的酝酿生成过程，让学校的决策入脑、入心，与大家达成共识；其次充分尊重教师、学生和家长的知情权、参与权、建议权、监督权，集中民智，尊重民意，从而赢得更多的民意支持，在实施决策过程中能得到更广泛的资源回应；第三搭建如"家长百家讲坛""我与孩子共成长亲子活动""我为学校发展献计献策"等多种平台，鼓励家长、社区参与到学校的管理和课程建设中，群策群力发挥家长的辐射示范引领作用，弥补学校教育单打独斗、一厢情愿的不足。

如我们搭建家长参与学校教育"同鸣"的平台，开启了"今天爸妈当老师——家长百家讲坛"系列活动。各班的优秀学生家长借助自己职业优势，把五彩缤纷的大千世界带进了孩子们的课堂：或动手做美食，或讲理财小妙招，或教网上购物，或进行科技产品制作……他们创新课堂形式，通过讲故事、团体游戏、做小实验、家长和孩子互动等方式开展活动。孩子们兴趣盎然，情绪高涨，积极参与，收获了知识，陶冶了情操，拓展了视野，新鲜的课堂，新鲜的面孔，新鲜的知识文化大餐给孩子们带来了全新的成长体验。同时家长的辐射示范引领作用，弥补学校教育的不足，最终家校"同行"形成强大的合力。

二、讲"情理"——担当中人文

1. 教育最核心问题的要求

学校治理应以人为本，无论怎样进行改革，都不能忽视教育最核心的问题——发展人的教育、培养人的教育。

第一，在学校治理的所有要素中，教师是第一要素。教师具有被管理者和管理者的身份，而教师们具有较强的自主性倾向，学校的工作计划也是通过教师群体来实现的，因此，在现代学校管理中，要凸显其管理者的身份，体现出他们是学校的主人，重视教师的参与意识和创造意识，使教师的才能得到充分发展。

第二，学校治理也应树立起以学生为本的思想，他们自己在管理过程中的一切行为，是否愿意接受管理，是否主动参与管理，总要根据自己的兴趣爱好、需要和动机作出有目的的选择，可能积极接受，也可能完全抵制。所以我们在管理过程中要把学生看成发展中的人，独立的人，平等的人。

第三，学校治理注重营造一个相互尊重信任的环境，着重营造一个教师之间、师生之间相互尊重、相互信任的氛围，促进教师的自我管理，促进学校和谐可持续发展。

2."福泽"办学思想的要求

学校确定"福泽"为办学思想，倡导教育思想的正本清源，要回到以学生为本的价值轨道上来，学校原本就是学生成长的地方，我们理应让学生站在学校的正中央，以儿童的角度来思考教育、走近儿童、了解儿童、尊重儿童、呵护儿童，既关注他们当下的幸福成长，又为他们将来的发展蓄力。

倾听孩子的心声

"雷锋厅天花板空洞洞的，可以在上面画上蓝天白云吗?"林校长觉得孩子们的想法不错，于是请美术老师和孩子们一起设计，把孩子们脑海中"蓝天白云"的梦想变成现实。"蓝天白云"之间悬挂着许多美丽的花伞，每把花伞都是孩子们的作品。孩子们画了许多把小花伞，可是天花板的面积小，无法一一展示他们的作品，为了给孩子们展示的机会，林校长让美术组的老师每隔一段时间换一批伞挂上去。蓝天白云梦想的展厅，是孩子们自己的创意，他们有什么理由不喜欢？

从关注每一个孩子的生存状态入手，让每一个孩子都在纯净的、人性的、温情的天空下有尊严地、自由地、个性化地成长！

聆听教师的心声

一次课上，我改作业的红笔刚好用完。于是我随口问道："谁有带红笔，可以借老师吗？"

"我有带。"辉辉大声喊道。

"我也有带，老师借你。"悦悦边说边跑到我的跟前。

看着我把悦悦的红笔接过来，辉辉不开心地小声嘀咕道："老师怎么不用我的红笔？"我听见了，走到他身边悄悄地承诺："下次一定用你的笔，好吗？"第二天一到班级，辉辉笑眯眯地跑到我跟前："老师，笔给你。"此时正准备掏红笔的我，连忙把自己的笔收回文件袋中。"谢谢你，辉辉！""不客气，林老师！"那一刻，我笑着告诉自己：了不起，不小心成全了一个孩子的愿望！

还有一次，一阵清脆的早读铃刚响起，班级门口一个男孩的身影摇摇晃晃、气喘吁吁地站在那，高高举起手中的保温杯，朝我挥手，是辉辉。我走到他跟前，刚想问"今天早晨还有没有拉肚子，你带了这么大罐的药来喝？"

"老师，你的声音哑了很久，我和妈妈一大早就起来熬这个银耳羹，你赶紧趁热喝了吧？"辉辉闪着明亮的大眼睛把它递到我手上。顿时，一股暖流涌上心头。说实在的这段期末复习，因为职业病嗓子疼好几天了。此时，我双手托着这罐爱心羹，百感交集……

原来，爱与被爱都是一种幸福！

——附小林彩萍老师的教育微故事节选

爱是可以传递的，校长通过爱激活教师的积极性，同时教师将爱传递到教育教学之中；学生感恩的行动感染了家长，激发家长参与学校管理的热情，同时将家长把爱融入家庭教育之中。正因为爱，让学校、教师、学生、家长有了共同的担当，拧成一股绳，劲往一处使，融入学校管理之中。

爱在担当里，让爱福于心，让爱泽于行，以学校和老师之"福"来润泽学生，润泽他人；学生终有一天又能以自身之福来润泽他人，润泽社会，并进而反哺、润泽学校。

第三节　建立以校为本的治理结构

随着教育改革改制的不断深入，中小学校实行校长负责制，学校自主办学、独立管理环境大大改善：如在遵循党的教育方针、依法办学的前提下，学校有个性办学思想的自由权；中层干部选拔任用自主权；校本课程、德育课程自主设置和调整权；教师及其他专业技术人员的职务评聘权；津贴调整和绩效分配独立权；根据学校自身条件，自主开展教学研究、社会服务和教育教学改革主动权。教育管理权利的下放为校本化管理创造了宽松的外部环境。

学校自身发展和管理的问题，要由学校中人来解决，要经由校长、教师、学生和家长的共同探讨、分析来解决，学校发展及管理进程中，学校内部遇到的诸多问题的解决、诸种方案在学校中如何有效实施。真正对学校问题有发言权的是校长、教师和学生，他们对学校的问题有真切的体会和全面的把握。

正基于此，我校依据"求实、创新"和"福泽教育"的办学理念，培育积极向上的群体价值观的需要，结合学校实际顶层设计学校治理结构及运行机制。

一、充分发挥"三会"的民主管理作用

通过章程制定，明确"三会"的职能，三会即"校务委员会、教代会和家长委员会"。

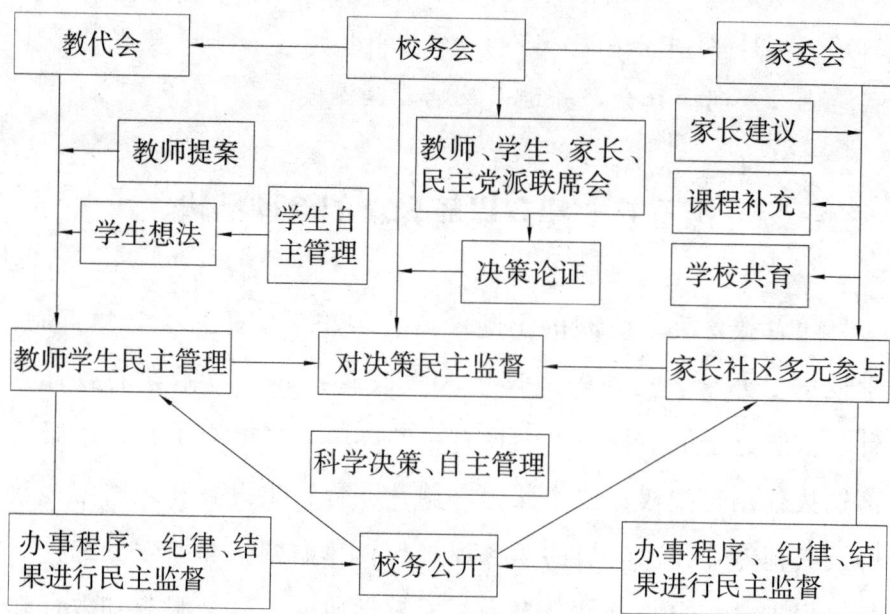

"三会"：学校内部治理结构

现代学校制度的精髓是理顺治理结构。我校坚持以章程制定与实践为核心，建立一套依法办学、自主管理的制度体系；通过

校务委员会、代表大会、家长委员会的建构与运行，形成决策、执行、监督有机结合的学校管理体制与运行机制，构建科学决策、民主监督、社会参与三者相互制约相互协调的治理结构。

1. 校务委员会

校务委员会作为校长负责制的核心决策机构，把校长负责制具体化和固化，是落实校长负责制的具体途径。通过校务委员会完善校长负责制的内涵，促进决策民主化。校务联席会作为校务会的延伸与补充，邀请工会代表、教师、学生、家长代表及民主党派人士参加，对学校的重大决策进行论证，确保决策的合法、合理、合规。对决策的可行性多了份保证，达到"科学决策，自主管理"的基本目标。

2. 教代会

不断健全"教代会"，努力提高民主管理、民主监督的水平。教代会是校内民主监督的重要机构，由教职工代表组成的学校民主议事机构。其主要职责是负责日常教职工对学校工作的参与、监督、评价并负责收集教师的意见和建议，整理教职工群体中的舆情，维护教职工的合法权利，负责向理事会提出学校改革的议案，正确、具体界定教职工代表大会的职能，教职工代表大会监督的实现方式、教职工代表大会与工会的关系，教职工代表大会监督作用的发挥等，以达到"民主监督、民主管理"的基本目标。

3. 家长委员会

积极践行"家长委员会"制，充分发挥社会参与、课程补充，家校共育，民主监督的作用。家长委员会是实现校外监督的重要机构，也是社会参与的重要途径。明确界定家长委员会的职能，研究产生的程序、监督参与方式和载体，以及与学校互动的媒介等，以达到"社会参与，家校共育"的目标。

"云对雨，雪对风，晚照对晴空。"12月9日，三明市鸿濛国学馆的余养健老师到三明学院附小为四、六年级经典阅读兴趣班的学生上国学启蒙课。余养健老师从国学的基本内容、学习国学的方法入手通过朗诵和唱歌的方式，教孩子们学习《声律启蒙》，让孩子们了解声韵格律，让学生们领略到不一样的国学文化。

孩子们有秩序地来到格氏栲活动现场进行植树体验活动。天公虽不作美，淅淅沥沥的小雨却没能阻挡大家的热情，同学们分工合作，三五个一群，有的挖坑、有的扶树苗、有的培土……就像一个个"园林大师"在装点家园。转眼的功夫，在同学们的辛勤劳动下，一棵棵小树苗便傲立在和风细雨中。虽然大家裤管和鞋子沾满了泥土，但眼前这一片新生的春意让大家忘记疲劳，满心欢喜。本次亲子植树活动以植树护绿，美化三明为载体，让孩子们在参与绿化活动中，增强绿化意识、环保意识，同时，又为孩子和家长架起了一座相互沟通的桥梁，让孩子和家长增进了感情。

以上只是家委会参与学校管理与孩子共成长的小插曲，学校36个班级都建立了家长委员会，并出台了《幸福附小家长公约》，在公约的引导下，为了共同的目标积极参与班级、学校的管理，充分发挥家委会的作用：一是为了学生更好地成长，参与学校日常事务的管理，并组织学生进行各类社会实践活动。二是参与学校的课程开发，让来自各行各业的家长参与到学校的社团课程、特色课程的开发中去。三是通过恳谈会、征求意见会等，邀请家长参与到学校重大措施及重大政策的实施当中，充分吸取家长的意见。四是通过学校的家庭教育培训课程，及家长沙龙、家长论坛等，不断提高家长对教育的理解程度，从而支持学校的发展。

五是参与到学校问题的解决，家委会还是家校之间的润滑剂，在沟通协商家校矛盾时，有重要的作用。学校管理最根本的目的是为了孩子的发展，家委会与学校共同行进在为学生幸福人生奠基的路上。

二、激活不同管理机制的作用

1. 校务联席会议决策机制

校务联席会作为校务会的延伸与补充，成员由工会代表、教师、学生、家长代表及民主党派人士组成，学校教师的评优评先、教师的职称晋升、工程造价及审议，绩效工资方案等重大决策，都必须校务联席会议审议通过才能实施。

2. 部门负责制

	办公室	德育室	教务处	教研室	保卫科
绩效考核	绩效管理的统筹、汇总与公示等	班主任量化考核、教师职业道德考核等	教师工作量核算、考核、教师考勤量化、教学实绩等	科研成效、专业化成果	安全意识、值日到岗、安全责任落实等
日常管理	学校的宣传与报道、岗位设置、上传下达等	学生行为习惯养成、学校等	课程编排与设置、兴趣小组的管理、日常教学秩序管理	教研团队组建与指导、教师成长计划与安排、日常教研组织与督促	学生安全教育、教师的责任意识、各种突发事件的预防与演练、各种安全措施调整与改进等。

部门人员的组成由各部门负责人组织推荐，交由校务审议通过，干部评价启动联动责任，进行捆绑考核，每学期向全体教师述职，优秀率达到 80％作为科室考核的底线。

3. 年级组负责制

在管理上将"年级组"作为运行主体，将更多的管理和运行放到年级。即"年级组负责制"让管理与育人的重心下移，我们的做法如下。

首先，让管理发生在基层：如实行班级学科教师捆绑，量化积分考核时，以班级为单位，年级长组织年级老师互评，从班级管理的量化积分，担任本班教学各学科教师的质量分值等综合角度出发，评选出本年级的文明班级，根据积分不同，按班级对教师进行绩效考核；学校按一定比例把名额下放至年级，根据年级自评的分数，评定年度考核等级，评选出校、区优秀教师；学校活动以年级组为单位开展，由年级长统一协调开展，本年级如有老师因出差无法上课需要代课时，由年级长进行安排、统计，最后上报至教务部门。学校工会组织的活动，也按年级为单位展开，并评选出一、二、三等奖，由于奖项的不同，活动经费也加以区别。

通过在年级组的小范围内对教师进行有针对性的管理；有利于增强年级组的凝聚力，有助于教师建立对组织的归属感。

其次，让教育落实到学生。如根据学生的年龄特点，分年级制定学生的学习习惯、生活习惯，根据要求层次的不同，由年级长组织开展有针对性，有年级特色的活动，促进学生良好习惯的养成。

年级	学习习惯	生活习惯
一	1. 做好课前准备 2. 规范三姿"站姿、坐姿、握姿"	1. 面带微笑打招呼 2. 干干净净每一天
二	1. 书写规范工整 2. 上课认真听讲,积极发言	1. 自己的事情自己做 2. 学会与同学友好相处
三	1. 每天阅读半小时 2. 及时认真完成家庭作业	1. 每天锻炼一小时 2. 遵守秩序有规矩
四	1. 合理有效安排时间 2. 坚持每天预习、复习	1. 学会感恩 2. 保护环境、爱护公物
五	1. 自主学习、敢于质疑 2. 善于收集、整理和运用信息	1. 诚实守信有担当 2. 自信、自强、不自满
六	1. 独立思考,善于交流与合作 2. 制定并努力实现合理的目标	1. 尊重他人,学会与异性交往 2. 热爱劳动,参与志愿服务

又如布置年级"文化走廊"。"文化走廊"要围绕年段幸福教育"七色花"主题来布置。呈现主体与局部的一致性,要符合学生年龄特征和心理特征,彰显班级个性。

年级工作制赋予了年级以及年级负责人一定的自主管理空间,与学生生活在一起的各个学科教师能够在"年级管理"中及时地沟通和共享各类信息,以实现年级的管理"发生在班级,落实到学生"。

最后,让研究跨越学科边界。年级负责制打破了年级组与学科组的界限,年级部门捆绑、备课组长、教研组长与年级长捆绑考核相结合能有效引导教师跨越学科边界,共同开展富有实效的教育教学活动,共同开发适合本年级学生的综合性课程,实现提高年级质量、务实学生年段学业、促进全面发展的目标。

在年级工作制中，年级负责人是领导年级教育教学活动、关注本年级学生发展质量的第一责任人，管理年级教育、教学等各项工作，能够极大地削减层级传递式管理中的信息衰减。年级长的管理能力得到很大的提高，逐渐能够独当一面，成为学校管理及改革的中坚力量。年级组负责制产生了新的功能，优化了学校管理。

4．学生自主管理制

学生的自主管理，应该是让全体学生参与管理，参与全面管理，参与管理的全过程，即无论班级的大小事情都让学生参与决策、参与行动、参与评价，从而体现他们在班集体中的主人翁地位。做到充分调动全体学生关心集体、热爱集体、建设集体，为班级及学校的管理做出贡献。

"我们的队名是——天天向上。"

"我们的口号是——诚信勤奋快乐向上！"

铿锵有力的集体呼号嘹亮地响彻在附小上空。这是本周一三明学院附小"天天向上"中队集体主持本周升旗仪式的一幕。

在仪式上，中队人人都是升旗手，他们集思广益、自主策划主持人、升旗手宣言、升旗口号，全面展示了这个"福建省先锋中队"先锋集体风貌。

中队集体主持升旗仪式，是基于学校"为学生幸福人生奠基"的办学理念下，面向全体，共同担当升旗使命的新举措，改变少部分优秀升旗手参与体验锻炼的做法。此项改革，展示了优秀中队特色风采，更激发学生的集体荣誉感和班级的凝聚力，成了学校教育的一道靓丽风景线。

——摘自 2016—01—06 校园网新闻

这是学生自主管理的一个缩影，我们从一年级开始就灌输

"自己的事情自己做"的道理，三年级开始我们倡导"自己的事情自己管"，在每个班级里，"事事有人做，人人有事做"。根据班级工作的需要，设计各个管理岗位，如课间、卫生区、作业、报纸杂志的收分发、门钥匙的保管；日光灯、电视、电脑、电风扇的管理等。每个孩子都有自己的管理岗位，有明确的职责。对一些管理角色还实施动态管理。如值日班长、每周升旗手等职位以竞选方式轮流担任。学生不仅参与班集体的管理，学生自主管理还包括：大队委竞选；学生自己的活动自己策划；校园内部自我管理和自我服务。同时学校文明礼仪岗、小交警队成员、学校升旗手都产生于学生的提议，遵从于学生的推选。

学生的自主管理能从事情的本身出发，更多地考虑学生的心理特点和心理需求等方面的情况，往往更符合学生的客观实际，容易被学生接受，具有鲜明的针对性，可以大大提高学校管理的效率和质量，调动学生参与的积极性、主动性，有利于增强学生的创新意识，提高实践能力，培育高尚的品格、健全的身心。

第四节 弥漫与浸润，让制度成为文化

学校制度文化是学校在日常管理要求或规范中逐步形成的，是全体学校成员认同和遵循的精神规范，被个人行为能力、集体所接受的共同标准、规范、模式的整合。制度文化作为学校"福泽"文化的重要组成部分，其本质是以人为本，以人的全面发展为目标，通过共同价值观的培育，使全体成员的身心能够融入系统中来，变被动管理为自我约束，是维系学校正常秩序必不可少的保障机制，在实现社会价值最大化的同时，实现个人价值的最大化。

一、共同的契约：从小事做起，把小事做好

制度文化的形成与建设有历史的积淀，在学校发展进程中不断完善，学校历经半百春秋，从岗位管理、教师管理、学生管理、德育管理、教务管理、安全管理和后勤管理七个方面制定了近120条的制度或规定，形成了一个不断传递、认同、强化的过程，书写了历代附小人励精图治、一丝不苟的治校精神。

从小事做起，把小事做好——从某种意义上而言，这是我校制度文化的经典浓缩。制度塑造文化必须从细节开始：学生学会微笑问好，学会规范站姿、坐姿和握姿，学会扫地、整理自己的书包……老师关注每个孩子的喜怒哀乐，帮助学生养成习惯，一丝不苟，小事做实，细节做精……这一件件构成了学校管理的日常，如何将小事做好、做细、做实、做精，这是我们学校制度建设的抓手和着力点。让制度落在实处，让一件件小事不产生"破窗效应"，谨防产生第一块破窗逐渐形成我们的管理共识。

如学校保卫科接到个别学生反映，课间活动的时间里，有个别同学在走廊里玩篮球，篮球不慎从五楼落到操场，造成了极大的校园安全隐患，学校调查后立即对相关学生做出适度批评教育。为防患未然，学校修订出台了《三明学院附小关于学生携带体育用品管理的规定》。规定强调：在上学放学时携带大件体育用品必须用网袋装好，不得在楼梯、走廊及上学、放学路上打篮球、踢足球等，在上课期间把它们放在学校专门指定的位置。在校园网重新公布值日教师职责及相关的要求，各班主任通过班会课和晨读课带领学生共同学习此项规定，并按照规定要求选拔任命一名小安全员，协助班主任在课间、上学放学时段的督查。此项规定出台后，学生类似的安全隐患排除了，不良行为习惯受到了良好的教育，体现了制度文化建设的真正价值。

制度文化形成的前提是要得到大多数人内心的广泛认同。"学校制度文化建设是学校文化建设的关键一环，我们做出一项规定，拟定一个方案，形成一个制度，要从人性化角度去思考"，这是我校制度建设达成的共识。我们认为制度并不是冷冰冰的，它也能体现温度，一定程度要有人文关怀，这样的制度才会有生命力，才能更好地促进学校"福泽"文化的渗透和内化，学校制度文化建设才能深植校园、化进人心。

如学校执行坐班制，强调要加强对老师考勤的严格管理，在一次抽查中，发现一位平时工作非常认真，深爱学生喜爱的老师违反考勤管理规定，提前一节课离开学校。校长与这位老师交谈，了解到她的孩子今年正在读高三，她想提早回家为孩子准备营养的午餐。校长慎重考虑后，将考勤管理制度作了人性化的修改，把自己的修改方案提交到了校务会上，经过学校研究决定，修订为"家中有孩子参加高考的，或孩子尚小正在哺乳期的女教师可以提前向学校提出书面申请，在教务处备案后可以弹性坐班"，从这么一件事，我们感觉到很多制度"刚性规定多，柔性补充少，规定哪些不能做的制度多，怎么体现人文关怀的少"的不足，并以此为契机，学校组织教师进行讨论"对于学校的规章制度，你有什么看法，你认为哪些方面可以改进或补充"，通过集思广益，吸收了不少的合理化建议，通过教代会对学校的制度进行了人性化的修改与补充。

这只是我们人性化管理的一个小片断，我们从一件件小事中反思，从小事中见大事、进而建制度。如针对学校学生大都是独生子女，自我意识比较强，不善于整理物品及与人和睦相处，面对这种情况，我们便制定《三好三做起的规定》即：做个讲卫生好孩子，从会扫地做起；做个有礼貌的好孩子，从会打招呼做起；做个守纪律的好孩子，从不迟到做起。这样的规定就是从小事着手，可操作性强；小事中看管理，进而对制度进行调整：如《三明学院附属小学课堂常规管理制度》《三明学院附属小学教师值日管理制度》；以发展的眼光作制度改进，制定了《三明学院附属小学教师学历提升制度》《三明学院附属小学幸福教师悦读沙龙活动方案》《三明学院附属小学鼓励教师参加心理咨询培训方案》……

我们要有一双问题眼：善于在管理中发现问题，善于从现象中找到本质；要有一双千里眼：以发展的眼光，从小事里看到发展趋势，让制度文化在小事中生长，在小事中弥漫。

二、习惯的力量：让人人敬畏制度

无以规矩，不能成方圆。学校的制度作为学校的"法"，是为了保障学校实现一定目标而制定的全体成员共同遵守的行为准则，是学校管理者与全体成员必须共同维护的"契约"，在学校治理进程中，"法"的呈现是制度化管理，它克服了"人治"的不足，需要人人对制度进行守护，对制度有敬畏之心。

1. 秉执"公平公正"之心，做到"一视同仁"

规章制度是否能落地生根，需要学校管理者率先垂范，成为制度的守护者，"其身正，不令而行；其身不正，虽令不从"，作为学校管理者，更应严格执行学校的规章制度，维护制度的权威。规章制度要发挥效力，更需要决策者秉执"公平公正"之心，无论领导还是教职工，都应统一尺度，不因职务、亲疏和人群的不同而有所不同，一旦违反，都一视同仁接受处罚，这样才能促使师生主动、自觉地遵守各项制度。

2. 杜绝"下不为例"之辞，恪守"敬畏制度"

曾国藩一生始终常怀敬畏之心，坚守基本准则，最终大业辉煌，成就了自我。敬畏是人生的大智慧，不仅是一种人生态度，也是一种行为准则。做到心有所畏，言才有所戒，行才有所止。怎样才能让每个部门及个人对制度心怀敬畏之心呢？

制度执行过程中，坚决杜绝"下不为例"，下不为例是制度破坏的最好借口，它绝不可能是仅此一次。学校管理对全体成员生活、工作与学习活动而提出的具有指令性的行为准则，它与校园文化、道德建设所不同的是，学校制度是一种硬性的管理手段，它明确提出"应该遵循什么""提倡什么""禁止什么"。制度执行的过程中，要严格落实"刚性原则"，也就是明确要求学校中的每一位成员，都必须严格遵守制度所规定的日常规范与行为守则。管理有刚性的一面，同时也是管理者与被管理者最容易产生冲突与摩擦的一面，因而，管理者要创造有益于制度顺畅实施的外部环境，并严格执行，对自觉遵守的，要予以表扬；反之，则予以批评和处罚，避免"网开一面"，杜绝"下不为例"，这样才能让每个人对制度心怀敬畏之心，从而达成行有所止。

3. 坚持"刚柔并济"之道，增强推广力度

制度的作用，不仅仅有其刚性的一面，还有激励的功能，由于面向的对象是人，学校管理者不能完全采用刚性的、生硬的和僵化的管理方式，则需要根据特定的问题和情境，按照"理解好、落实好、完善好"的理念，综合运用多样化的管理方式，避

免"千篇一律"式的"对号入座"。"学校制度文化建设是学校文化建设的关键一环，我们一定要在执行中注意把制度的刚性约束和人文关怀有机结合"，校长在学校行政会上常常和他的团队这样强调。我们认为刚柔并济，才能更好地促进学校"福泽"文化的渗透和内化，学校制度文化建设才能在正确的轨道上早日开花结果，学校才能实现"福泽"文化引领下走上内涵式发展的可持续性道路。

总之，我们制定学校规章制度时，要着眼于身边的小事，以发展的眼光做好制度设计、以公平之心守护制度，做好监督，让人人敬畏制度，做到心有所畏、言有所戒、行有所止。注重刚柔并济，制度才能深入人心，教师的敬业与否及工作状态投入值是无法用制度和数值来量化，它是制度长期坚守下形成自觉的行动。制度文化在师生自觉与不自觉的言行之中，融入师生发自内心的行动理念，最终内化于心、外化于行。

三、浸润式的管理艺术

学校管理的核心是对人心的管理。不仅有文本性的制度，像财物管理、工程招投标……它们体现为文本式，有严格的程序化特征，而任何文本式的都是一种外显制度；而化于自觉，弥漫式、浸润式的管理艺术，则是"隐性制度"，"隐性制度"是对每个人内心的约束和激励作用更为明显，是学校治理中重要的精神财富。"隐性制度"充分运用马斯洛的需要层次论、激励因素、罗杰斯的人本主义等理论，掌握人性的特质，带人带心，实施符合人性的精神管理，达到管理的最高境界——经营"人心"的精神管理。正基于此，我校在学校治理过程中，逐步形成"尊重、赏识、激励"的制度文化。主要表现在以下几个方面。

1. 在尊重中凝心

"一个好校长，就是一所好学校"。校长是学校的灵魂，校长的办学思路、教育行为、管理行为和风格等对学校工作产生全局性影响。作为校长如何把自身的办学思想、办学理念贯穿到师生中去，他的一言一行直接影响着教师的发展、学校的发展和学生的发展。

"福泽"倡导教师们做幸福传递者，林启福校长率先垂范，善待、尊重每一位教师和学生。教师们很少见他发过火，他总是用亲切的话语和他那特有的微笑去迎接每一位教师、家长、同行、领导和来宾。他的微笑给人以亲切，给人以鼓励，给人以奋进。孩子们眼里他是一位平易近人、和蔼可亲的校长；在老师们眼里他像家人、像兄长一样关心爱护他们；家长眼中的林校长，儒雅、和蔼，是家长和孩子们的朋友。是的，微笑是一种振作，是一种坚强，是一种超脱的魅力；微笑是一种风度，它具有热情和友善，具有接纳和体贴，具有宽容和豁达，具有轻松和乐观。微笑是尊重、是友善、是鼓励、是真情、是赞赏。校长总是用微笑感染每一位教职员工，鼓励他们，尊重他们，为教师减轻不少的压力，使学校学生的学习环境变得更加和谐、宁静，师生们能散发出青春的活力，从而提高教与学的激情。

2. 在赏识中聚力

20 世纪美国最伟大的成功大师卡耐基说过，人类最本质的心理需求是渴望获得他人的尊重与认可。对于成人如此，对于孩子来说，他们又何尝不渴望得到父母及老师的爱和尊重？如果我们能让孩子感到轻松，感到被人接纳和尊重，那么孩子就更有可能因为喜欢学习而学习，乐于创造和冒险，乐于接受新观念，如果我们的教师获得赏识，其工作干劲就会越来越高涨，其创造能力将进一步增强。

林校长主动蹲下身来，融入教师和学生中间，了解情况，征求他们的看法，聆听他们的声音，对于学校制定的规章制度是否合情合理，对学校的发展是否有高招妙计等，倡议老师们做到"三多三少"，即：多一点赏识，少一点抱怨；多一点激励，少一点责罚；多一点沟通，少一点冲动。常怀悲悯之心，他身体力行，总是以赏识的眼光看自己的部属，做到"容人之过，用人之长，记人之功，委之以任，代之以礼，施之以惠"，通过赏识激活教师的积极性，同时教师将赏识传递到教育教学之中，以爱育爱、以心感心、以情移情，才会达到预期的教育效果，同时师生关系融洽，学生才会发自内心的信任教师、热爱教师；通过赏识调动家长参与学校管理的热情，同时将家长赏识融入家庭教育之中。管理团队以赏识的视角和方式融入学校管理之中。这样，使学校的每一个成员都能够学会赏识，将赏识融入学校发展的各个方面，从而形成隐性的制度文化。

3. 在激励中释放

每个人都希望出人头地，马斯洛的"层次理论"告诉我们，人的最高需求是"自我价值的实现"。当自我人生价值实现，人的内心才能出现所谓的"高峰体验"。有了这种欲望之后，人类才会积极成长，努力向前。这就是有效激励，有效的激励会点燃员工的激情，促使他们的工作动机更加强烈，让他们产生超越自我，并将潜在的巨大内驱力释放出来形成良性的循环。

我们不从同的角度，不同的侧面来调动教师积极性，所采用策略之间不是完全割裂的，而是存在着互相交叉甚至部分的互相包容，我们在教师幸福团队构建实践中，根据不同的情况，综合运用各种激励的策略，收到预想的效果，对教师激励的多渠道策略，我们从以下几个方面入手。

（1）"共生"激励——团队向心力

自然界中有这么一种现象，一株植物单独生长，往往会因为单调和缺乏生机而难以长大，甚至会枯萎，而与众多同类植物一起生长时，则根深叶茂，生机盎然，人们把这种现象称之为"共生效应"。

"滴水怎样才能不干涸？"佛教创始人释迦牟尼曾经这样问他的弟子，弟子回答不出来，释迦牟尼说："把它放到大海里去。"是的，一滴水的寿命是短暂的，但当它汇入海洋，与浩瀚的大海融为一体的时候，就获得了新的生命，赢得了共生效应。拥有最好的教师，才能办出最好的教育，我们充分利用共生效应，进行教师内在品质的提升，努力为教师成长搭建舞台，关注教师在工作中的精神状态，引导教师共同参与和体验中转变获得职业认同感和体现自身价值，焕发教师的生命活力。

做法一：学校通过创设一个和谐、合作的内部环境，组成一个个共同体，让每一位教师人尽其才、人尽其用，老教师的经验和理性，新教师的冲劲与灵性优势互补，教学相长，产生共生圈的向心力。

做法二：建设"学习型"读书团队，学校每个学期都给每位教师一次"阅读奖励基金"的机会，开展"参与一个课题，精读一本专著，撰写一篇论文、开一次讲座"的四个一活动，不断鼓励教师多读书、读好书，把学习看作生活中的一部分，做到工作学习化，学习工作化，进行自我追问，提升专业素养，产生共生圈的原动力。

做法三：创设开放、自由的学术研究氛围，在学校里开启"幸福教师论坛"，每个学期教师轮流主讲，或谈班主任管理，或谈教学之道，或谈读书心经，鼓励教师大胆说出自己的故事，发表自己的观点，在学习中对话，在争鸣中思考，在思考中创新，在创新中实践，在实践中升华，逐步形成在合作中共同成长，产生共生圈的绩效力。

（2）"榜样"激励——典型发动力

榜样的力量是无穷的，我们可以引导教师学习我们自己队伍中的榜样和身边的典型大力弘扬他们的心境自己，使之成为每一位教师学习的榜样和效仿的楷模。

聚焦一：2017年1月，学校启动了"2016感动附小"十大人物评选。这次人物评选范围涉及学生、教师、学校后勤服务人员、家长志愿者、家委会、校园学生社团，涵括了为学校发展服务的所有人员。更令人难以忘怀的是，在其后的"2016感动附小人物颁奖典礼"上，无论是才二年级身患肾炎依然自强不息的潘镜冰，还是躬耕教坛37载的教学神话翁艺青老师，或是刚刚崭露头角的校园足球队……都传递出了附小的正能量，成了有口皆碑的学习榜样。默默无闻、淡泊名利，躬耕教学一线37年的翁艺青老师创造了"教学神话"，又成了新生代教师学习的楷模，广大家长赞誉的教书匠。在"2016感动附小人物"颁奖典礼上，全场师生、家长都给予他最热烈的掌声。学校给予他的颁奖词——三十七年的兢兢业业，三十七年的不辍耕耘；风雨无法撼动他的信念；困难更难改变他的誓言。他无怨无悔，倾情自己的班级；他孜孜以求，奉献自己的课堂；他37年来所教班级成绩均为年级第一名；他热心于"传、帮、带"，先后指导十多位教师参加省、市教学比武，成绩优异；他用真情诠释了自己的选择；他用爱心谱写了教育篇章；他是学生的师长，他是教育的楷模。

聚焦二：我校开展了一系列主题活动——"毕业典礼感恩""评教学微故事、做幸福教师"。每年评选教师先锋即："师德先锋""学习先锋""教学先锋""奉献先锋""帮扶先锋""感动附小"校园人物评选，引导老师们从身边的榜样思考教育理想，发现职业价值，寻找幸福源泉。以师爱为主题的教育活动，让老师们时刻铭记自己的使命与职责，让每一位教师牢记用心灵启迪另一颗心灵的理念。教师生日收到校长亲笔书写的生日贺卡和学校送上的蛋糕，组织教师们以备课组为单位互送"生日祝福"，节日里收到校长亲自送上的鲜花……校长的关心感染着教师，教师的爱心传递给学生，师爱生，生爱师，在这种爱的追求中充分发挥教育的力量。

聚焦三：阅读——打开了我的一条阳光大道，我结缘了沈丽新老师的《原来英语可以这样教》。解读沈丽新老师的成长之路，我开始用笔记本记录了教学中的问题和自己的反思，我用起手机微信记录教学点滴……

榜样——关注教学里的能者，寻找他们身上美好的品质，并且用他们强大的正能量感染自己，以此作为前进方向。这是自己坚持的力量来源。遇上学校的梁小宁书记，我看到了坚持的品质。遇上林启福校长，我看到了大教育家的情怀。遇上沈丽新老师，我看到了心目中英语教师的美好…

也许是更多的积累和反思，更多的榜样引导方向，慢慢地，我初尝了教育里幸福熙熙攘攘的感受，如此甘甜，如此美好。我开始享受着教学带给我的快乐。

——附小余晓微老师全国赛课获奖感言节选

（3）"鲶鱼"激励——激活发展力

挪威人爱吃沙丁鱼，但是当渔民将外海捕捞的沙丁鱼运回渔港时，大多数的沙丁鱼已经死了，而死鱼却卖不上好价钱，有一名渔夫，却总能将活鱼运回港口，这引起了人们的好奇，原来这名渔夫用了一个很简单的办法，他在有沙丁鱼的鱼舱里放进了一条鲶鱼。鲶鱼进入鱼槽后，因其活力而四处游动，扰得整个槽里的鱼上下翻滚，也使水面不断波动，增加了水中的氧气，如此这般，就能保证沙丁鱼活蹦乱跳地运进渔港，这一现象产生的效应在心理学上被称为"鲶鱼效应"。

如何在管理工作中发挥"鲶鱼效应"呢？我们做了有益的尝试。

将"鲶鱼"植入到班主任工作中

根据老师个人特点打破常规，引入体育、美术、英语、音乐等教师担任班主任。美术教师邹毅弘担任班主任的"天天向上"中队，在她个人艺术教育的熏陶下，举办了"爱心献妈妈"中队彩陶艺术展、"在幸福里天天向上暨天天好声音展示活动"春节联欢会、"天天向上杯"厨王争霸赛美食节和"交换空间""一站到底""小鬼当家"等创意品牌班级活动，"天天向上"中队被授予"福建省先锋中队"，多次受到市电视台的采访报道。鲶鱼效应出现了，学校纷纷出现了"体育特色班"等各种特色班级，各班都纷纷开展各种特色活动；"天天向上""孔子班""向阳花儿朵朵开"等特色班级不仅以外显环境布置突出班级个性，还在家长委员会的支持下出班刊，《一缕童心》《在幸福里》《童心飞扬》《小星星》《恰同学少年》等各种班级个性班刊或报刊成为了孩子手中的新宠。

"家长助教"的鲶鱼效应

"抢球时，要眼观六路，知道跑位随时招呼同伴传球。"

"身体上去卡住，不要光用脚。"

这是家长助教许晗带领附小校足球队常说的话，也是在"2016年第三届海峡两岸室内五人制足球邀请赛"与澳大利亚布里斯班队教学比赛的场景缩影。这是我校成立校园足球队以来，第一次获得名副其实的国际交流学习机会。在家长助教许晗的大力支持和引荐下，足球少年们在为期四天的学习活动中，有幸获得和大咖切磋交流的实战训练，席间，许爸爸还特别邀请外籍球星和小球员们互动交流。

"家长助教"许晗是三明市足球协会副会长，也是三明学院附小在推动"福泽"教育发展中涌现出的优秀家长代表。在他的感召下鲶鱼效应出现了，家长们纷纷主动申请到学校组建了"国学社""书法社""读书会"等，形成了百花齐放的局面。

我们积极探索和实践以幸福文化引领学校管理创新的路子，达到从管理到治理的转变，通过采取系列措施，完善内部管理机构，努力使"制度文化"入脑、入心，从外部的强制转化师生内在自觉行为，凝聚发展力量，促进校园和谐，从而实现学校管理从制度约束到文化引领的跨越。

第五节　反思与展望

"依法而为"与"靠人来管"相比，可以大大降低人的水平素质变化对管理质量产生的影响。怎样依法治校，怎样的治理结构才能达到"不是老马也识途"。以治理的理念做好学校工作，建立现代学校制度，构建和谐校园，还需要管理者以更大的智慧，根据具体的教育情境不失时宜地调整自己的管理行为，真正做到"思之有序""行之有法"，在方寸之地起舞。以更大的智慧，敢为人先、争创一流责任感的推进学校内部治理结构现代化进程。

一、不断完善学校内部的治理结构

学校章程是现代学校制度建设的核心与起点，是学校办学过程中依法办学、自主管理、民主监督、社会参与的基本依据，也是学校内部管理的纲领性文件。教育部《全面推进依法治校实施纲要》明确提出："到 2015 年，要全面形成一校一章程的格局。"但是，长久以来，中小学的章程建设处于被忽视的状况。很多学校制定章程简单随意，内容不规范，基本没有体现出学校特色，也没有充分体现出学校、教师、学生和家长等相关利益主体的意志。学校章程是学校自我管理、自我发展的契约文件，其核心要素是对学校治理结构的规范和明确。通过规范学校内部各方的责、权、利制度，确保校内各相关利益主体具有平等参与学校管理决策的机会，同时又依靠相互监督机制来制衡各利益主体的行为，使各主体行为统一于学校整体目标。这些制度包括健全校长负责制，建立有教师、学生及家长代表参加的校务委员会，完善民主决策程序，拓宽社会参与学校办学与管理的渠道等。

我们通过章程来梳理学校的治理结构，合理架构"校务会"，全力实践科学决策；不断健全"教代会"，努力提高民主管理、民主监督的水平；不断完善"家委会"职责，充分发挥社会参与的作用。不断形成鲜活的改革案例和实践探索，探索出章程立校，完善学校内部治理结构建设新路子。

二、不断注入文化引领与文化管理新内涵

时代在变化，对教育的需求也在变化，同时学生的变化与教师对事物的理解和个人的发展，都给我们提出了新的要求，如何不断创新学校管理体制，给文化领引和文化管理注入新内涵，要不断去丰富它、完善它、使之更趋于合理、趋于科学，让具有学校特色的制度文化达到更高境界，实现文化引领的精神凝聚。要进一步形成"敢超越、更卓越"的学校精神，输入"学生成长、教师发展、学校跨越"的内生动力。形成共同的价值观与理念、认同学校的制度文化、培养积极奋进的集体人格，是学校文化建设的重点。要在体制上确保人才辈出、有所作为者心情舒畅的工作局面的形成。

三、进一步发挥社会资源在学校治理中的作用

在深化教育领域综合改革和全面推进依法治教的大背景下，如何让学校教育摆脱"势单力薄""单打独斗"的困境，更加发挥家长、社区等社会资源在学校治理中的作用，是摆在我们面前的一个亟待解决的问题。

在新的时期的历史环境下，学校已成为一个开放的系统，学校要面对家长、社区，面对上级领导等，并与之发生各种各样的

联系，学校与周边的环境是融为一体的，而如何使校内因素一体化，保持学校强大的竞争力和凝聚力，这就要求我们正确认识协调的意义和作用，不断提升自身的协调意识，需要学校以开放的心态开发利用其他资源。学校可以利用的资源很多，除了政府提供的基本公共服务资源之外，还有家长资源、社会资源、网络资源、国际资源等。在实践中努力锻炼，积极主动争取社会、学生家长等各方面的配合和支持，开拓资源渠道，从而形成一股教育合力，提升学校治理的效率和水平，才能提高办学质量，达到育人的目的。要增强教育合力，一是要建立社区代表参与学校治理的制度和机制，引入社会和利益相关者的监督，密切学校与社区联系，促进社区代表参与学校治理。二是实现资源共享，互通有无。除了学校要有效利用社区资源之外，学校还要尽可能地向社区开放资源。三是充分发挥社区在未成年人保护和校外教育中的作用。学校教育、家庭教育、社会教育构成完整的教育体系。促进社会多元参与，有助于学校治理走向深度改革。

"路漫漫其修远兮，吾将上下而求索"，随着改革开放的不断推进和信息化时代的挑战和变革，新形势下教育资源的整合与优化，社会和家长对优质教育的强烈需求、教育的发展既充满了机遇也面临着挑战，学校工作的活力与秩序，教师的培养与使用，教师工作的考核与奖惩，学生的成长与发展，教学传统的继承与创新，课程改革的推进与教育质量的提升，学校对社会、社区的责任和义务等新情况和新问题，都期待着教育管理者应用现代社会公共治理理论认真研究并予以积极回应。面对时代的挑战，学校教育变革与管理没有终点，我们且行且思，用心行走在学校治理的路上……

第三章 责任与爱的管理

——晋中高师附校的学校管理

每一个有责任感的人，都如一艘负重前行的船，只要有方向、目标在，就不会停止自己的航程。任重道远，砥砺人生，创业的艰辛默默体会。日复一日的奔波辛劳，只为了心中那份承诺。

——郭长安

第一节 幸福教育管理制度的起源——爱与责任

2014 年 8 月，我被任命为晋中高师附校校长并主持工作。晋中师范高等专科学校附属学校创办于 2012 年 9 月，是山西省晋中市教育局直属的唯一的九年一贯制学校，位于晋中市北部的"城中村"，学校北靠占地万亩、高校 10 所、师生 20 万人的山西高校园区；南临具有 70 年深厚底蕴的晋中师范高等专科学校；东、西两侧交通发达，是一所区位和文化优势明显，改革和发展潜力巨大的育人摇篮。

然而，作为一所新校，既没有丰厚的人文积淀，更没有现成的经验分享。特殊的位置、重要的使命，使得学校的社会关注度极高。

什么是好教育？什么是好学校？学校教育要培养什么样的人？我对学校管理的核心理念和校长的定位有了更高的认识。优秀校长应该是有理想的教育者、优秀的管理者、学校的设计师、教育理念的践行者；校长应该是学校的精神领袖，应该有超越时空的教育梦想，应该有强烈的办学激情；校长应该树立科学管理、民主管理、人本管理的学校管理理念；校长要重视学校文化建设，构建人文管理制度，组织有效的校本培训和校本教研活动，积极改进学校的评价制度；校长要熟悉教育政策法规，提高依法治校的能力和水平；校长要积极开展心理健康教育，完成学生心理健康和教师心理健康的使命。

我在思考：新建的附校，如何凝心聚力，提升领导力，打造核心文化，实施高效管理，促进学校、教师、学生最大化的发展，是我们亟待解决的又一难题。

经过一个月的探索和思考，我校确定了紧紧围绕"一切为学生的健康成长"这一中心开展各项工作，把"为学生的一生储备幸福"作为学校的办学宗旨，作为学校一切工作的出发点和落脚点。确立了"依法治校、以德立校、科研兴校、质量强校、特色润校"的办学思路，把"教育是事业，事业需要奉献；教育是科学，科学需要求真；教育是艺术，艺术需要创新；教育是管理，管理需要沟通；教育是服务，服务需要质量"作为学校的办学信念，明确了"为社会培养合格公民，为家庭培养优秀子女，为学生奠定幸福人生"的育人目标，树立了"立德启智、健体善美"的校风……

在工作中既关心学生的知识、技能的掌握，也关心学生的身体健康和心理教育，还注重学生行为习惯和健全人格的培养。为使这一中心真正落到实处，所有任课教师必须以高度的责任感、使命感，做好教书育人工作。所有校委会成员、班主任都能通过科学、民主管理，自觉做到管理育人。所有教辅人员都能自觉做好本职工作，为学生服务，做到服务育人。

通过家长委员会、教师代表大会、工会等机制营造民主和谐的校园氛围；通过制度落实、政策引领营造团结进取的工作氛围；通过舆论导向、理论学习营造了比学赶帮超的学习氛围；通过文体艺活动、社团课程化等系列活动营造健康向上的文化氛围；通过师德师风建设、养成教育，营造了充满关爱的生活氛围。

第二节 幸福教育管理过程——依法治校

"所谓依法治校，就是结合法律法规制定出制度、规矩、方法、计划，有目地的去运行和管理学校"。学校管理科学化，可以帮助校长实现复杂问题简单化、系统问题条理化、学校管理规范化，不仅增强了工作的可操作性，而且极大地提高了学校管理效益。具体做法如下。

一、明确办学目标，引领附校发展

学校是校长负责制，班子分工负责，责权统一。校长负责制在我校执行顺畅，运转良好，党政和谐，班子团结，群众认可。在学校管理体系的构建中，我们一直倡导的是：高层次决策，低重心运行，增加了独立性也就等于给予了创造性。

根据学校实际，学校提出发展的目标是：一年奠定基础，二年初具规模，三年彰显特色，五年建成品牌。

落实目标分三步走：规范发展—内涵发展—品牌发展。

第一阶段：构建办学理念，形成管理体系，确定科研方向、整合教师队伍。各项工作呈现出良好的发展态势。

第二阶段：落实办学理念，完善规章制度，形成独特的办学模式，靠法治不靠人治。

第三阶段：形成主流意识，主动按规则和程序办事，全面提高学生素质。教会每一名学生，形成办学特色。

目前，我校已经进入到第三阶段——品牌发展。

特别是 2015 年 9 月 20 日，教育部首期中小学名校长领航班江苏基地为"郭长安名校长工作室"举行了挂牌仪式。"名校长工作室"是以名校长为带头人，引领地区中青年校长成长，推动区域校长队伍建设，促进基础教育优质、均衡发展的重要路径，是"校长国培计划"——首期中小学名校长领航工程在培养名校长过程中的重要内容。目前，"郭长安名校长工作室"吸纳了晋中市 12 名优秀校长，举办了 30 余次专题学习和培训，"幸福教育"品牌辐射越来越广，"幸福教育"理念实践将继续向着更深、更远处前行。

二、重视领导作用，明晰领导责任

领导的作用——校长：重无为而治；副校长：重有为而治；中层：重能为而治。

我认为，校长应当好"四种角色"：校长是投石者——激发工作热情；校长是操盘手——为大家争得利益；校长是后勤部长——为教育教学提供后勤保障；校长是舵手——掌握学校这艘船扬帆远航。

我给班子提出了"四项要求"：要有鲜明的文化人特征；要做勤奋高效的学习者；要研究教育规律；要精通教育管理。

中层是学校的中坚力量，是学校管理的脊梁，他们既是学校各种决策的参与者，又是执行者；他们的价值取向、工作作风和工作能力直接决定和影响着学校执行力的强弱。中层领导的作用发挥得好，学校运作灵活，一通百通，全盘皆活。因此，给中层提出了"三项任务"：教好一门课；抓好一个点；带起一个面。

这样，增强领导的责任意识，表率意识，就增强了领导班子的凝聚力和战斗力。

三、完善管理制度，赢得全校人心

学校管理体系的完善，需要制度做保证，根据"以人为本，制度管人"的思想，做到办事有章可循，有据可依，执行制度时做到公开、公平、公正，并紧密团结学校行政班子，各司其职，各尽其责，大家配合，劲往一处使，心往一处想，学校领导班子之间，校领导和教师之间，班主任与课任教师之间都要搞好协调，和睦相处，形成一个上下一心、精诚团结、牢不可破的坚强的战斗集体。从而达到"不靠人治靠法制"，遇事"不找领导找制度"。

学校成立初期，每到绩效发放时间，总有很多老师找到校长室、分管科室领导处，核对成绩，怨声载道。经过深入了解，深入一线进行广泛调研，多次组织召开教师代表座谈会、中层领导反思会，对已有的规章制度进行反复研究推敲，学校多次完善以

《教职工绩效评价考核制度》为核心的 14 种常规管理制度，并通过教代会的审议通过执行。

修订完善后的制度体系更加具体务实，更具操作性，也极具人性化。这些制度以量化考评为手段，对教师的师德、考勤、教案、作业、教研教改、评教评学、教学成绩、专业技能等方面全方位考核、全过程管理。做到上课、活动、办公天天考核，教研教改周周进行，教案作业月月检查。对班级从班风建设、体育卫生、二课堂活动、养成教育、安全工作等方面进行全面考核，做到日日有记载、月月有总结。并且将考核结果直接与绩效、晋级评模挂钩，做到常规工作有章法。

有了各种规章制度做保证，全校教职工正在进入主动和自觉的工作状态。

四、实施精细化管理，追求卓越成就

2017 年，我校小学部学生节目《欢欣鼓舞》入选晋中市 2017 年春晚，排练演出时间适逢学校寒假期间。如何有效调配人手？如何与上级节目组沟通？如何确保 32 名学生的安全往返、顺利演出？

接到任务后，校委会责令分管政教工作的许慧副校长全面对接工作，统筹安排。实行"分管校长—值日领导—家长代表"三级协调小组，保证演出圆满完成。

分管校长负责对接导演组，与值日领导沟通协调，对可能出现的重大情况及时给予协调解决。

值日领导全天跟岗，负责学生的纪律、往返安全，对出现的突发状况能够有效解决，汇总当天情况，通知第二日值日领导。

家长代表协助老师管理，帮助学生化妆、绑鼓等。

正是由于学校的精心安排，附校师生完美演绎出了一场责任接力赛，通过组织活动，透露出附校精细化管理工作扎实有序。

"学校无小事，事事皆教育"，在管理中融入精细化思想，就会形成"精心是态度，精细是过程，精品是成绩"的工作理念，我校实行"无缝衔接"的工作制度，每日设置一名值班领导，由校委会人员担任，楼道有值班教师，校门口有值班人员，要求在学生到校前到校，在学生离校后离校，上下课时间，科任教师必须等到下节课老师的到来方能离开，最后，值班领导汇总一天的上课情况、学生养成情况、安全排查情况等汇总至校长室。

除了《教师晋升职称考核办法》外，学校管理处处体现着依法治校和人文关爱，各功能室张贴管理职责，各班级张贴《中小学生守则》，各楼层张贴教育名言……各项规章制度的制定，最终落实的执行上去，力求将各项工作做细、做精、抓实、抓好。

建校以来，学校工作有序推进。特别是每月一期的《简报》，详细记录了附校的发展历程。五年来，《简报》已编辑130期，成为附校对外宣传、凝聚心气的重要平台。平均每学期，我校有80余条信息在山西日报、晋中日报、新浪网、晋中教育网、晋中教育信息等媒体报道。

第三节　幸福教育管理过程——以德立校

以德立校，促进学校内涵发展。学校管理从人治到法治，再上升到德治，不仅仅是客观理论上的突破、管理水平的飞跃，更是学校发展的跨越及理想追求的新境界。

看待一所学校治学是否严谨，学习氛围是否浓厚，育人环境是否良好，其影响是有诸多因素的，但在诸因素中，"德"的建设是贯穿始终的。"德"是核心，如何在教书育人过程中讲师德、讲道德、讲美德、讲公德是做人之本、工作之基。

其实，通俗地说，讲"德"就是要求管理者实施"人性化"的管理，通过人性的力量唤醒人性美、发挥人性美，尊重人、引导人、激励人，发现人的价值，发挥人的潜能，发挥人的力量。用"德"将干部、教师的自身发展、自身价值与学校的短期及长远目标有机地融合起来，使学校形成一种稳定和谐的人际关系和积极向上的工作精神，从而推动学校不断前行。

一、以德立校，服务是根本

2017年农历正月十二，浓浓的年味还未走远，学校就接到了领学生新书的任务，在微信群："各位老师，下午2：30在花园路新华书店领书。如果您在榆次且下午没事，请主动报名参加领书。谢谢！报名方式：微信群发送姓名，即可。"在杨志坚副校长的带动下，一呼百应，身在榆次的教师就自觉加入到领新书的队伍中，丝毫没有抱怨，把附校的幸福精神浸润到每一处。这，就是我们附校，快乐、无私、奉献、幸福！

在高师附校"领导就是服务"的管理理念深入人心，作为领导干部应当满含使命感、责任心地去投入工作，率先垂范，给教师以信心、信念和强有力的支持。"教师心中可以没有校长，但校长心中却不能没有教师。只有校长发自内心地为教师服务，才会让教师带着愉悦的心情工作，才能使教师舒畅地投入到教学之中……"我校要求教师做到的，干部首先要做到。比如要求教师精心备课，认真上课，绝不拖堂。

第一，干部要在召开学校工作会时精心备会、讨论环节，开会时态度认真，绝不拖会。每学期，校领导要把所有科任教师的课听一遍，中层干部每周至少听一节课。于点滴小事中树立威信，让教师们认同，感受到领导者的模范作用，从而形成干部、教师上下同心，积极学习、积极思考、积极行动、积极创新的工作氛围，始终保持团结向上的工作活力。

第二，强调不同层次的老师，研究不同层次的服务。管理者为老师服务，目的是让老师更好地为学生服务，将来学生才能更好地为社会服务。

2017年5月15至19日，七年级和八年级师生赴晋中市综合实践基地参加体验活动。41名教师，五天四晚。无论是出发前的准备工作，还是一个小时五十分的徒步前进，还是五天约40课时全程守护，处处都体现着教师为学生服务，无怨无悔、无私奉献的精神。这其中有许校长、刘庆波主任、孙永昌主任等领导以及刘海波老师、杨洁老师与基地的无缝对接，更有以贾佩老师为例的带病坚持工作、日夜操劳的班主任精神，还有杨春青、张丽花、韩颖娟等有经验教师的细心打点……由于时间有限，我就不一一点名。五天中，每一位老师都尽心尽力，为能够给学生们留下美好回忆，尽自己所能，创造着更舒适的学习和生活环境。（初中部孙立果《不忘初心追逐梦想——在教育的道路上奋勉前行》）

第三，在学校管理中，校领导把教工的健康文化当作福利来抓，工会每年都会举行各种教职工活动，例如教职工拔河比赛、元旦猜谜活动、趣味运动会、三八卡拉OK大赛等；每天课间操，都能看到教师在一楼大厅跳健身操；每日放学后，操场上三三两两的教师在跑步、男教师们组织打篮球、踢足球友谊赛，女教师们打乒乓球……教工的身体锻炼活动开展得如火如荼。

第四，在实施管理中，学校树立教职工主人翁意识，树立为学校、教师、学生服务的意识，经常深入教师中间，与教师平等交流，还通过教职工代表大会、家长会、电子信箱等多种形式，广开言路，广纳良言。学校领导鼓励教师发表不同意见，充分尊重大家的批评和建议。

总之，我校从讲"德"做起，从领导干部做起，使全校上下"同心同德"，从而唤醒了教师内心的善良人性，激发了工作激情。在激励、关爱中，学校凝聚了力量，实现了稳步发展、不断前行。

二、以德立校，民主是关键

民主是学校治理的最高境界。民主，是指在国家教育法规前提下，让广大师生参与学校管理，以使学校发展符合广大师生的共同愿望，让每一位教师和学生都能充分展现自己并形成主动发展的动力和能力，使学校成为提升个体生命质量的民主集体。

要实现民主管理，学校就要成为学校成员发展可能性的发现者和创造者，师生成为主动寻求自身健康发展的主体。学校成员的发展需要在学校生活中得到关注，并形成主动发展的动力和能力。每一位成员都要在创建民主集体的过程中实现主动发展，丰富生命实践、提升生命质量。在高师附校成立的六年中，学校先后修订四次《教工绩效考核制度》，每一次制度修订都是基于每位教职员工的切身利益，召开教工代表大会，发扬民主决策精神。改革和发展的实践告诉我们，没有民主的管理，就没有民主的教育，没有制定政策时的民主，就没有执行政策时的严格。

因此，民主管理凝聚了人心，增强了合力，带来了教育教学质量的稳步提升，促进了学校整体工作的和谐发展。

三、以德立校，公正是核心

教育的价值到底在哪里？除了考试分数以外，我们要给孩子们什么？我们认为教育的根本价值在于使每一个孩子获得成功，在于唤醒他们心中的自信与自尊，帮助他们学会做人，不断从成功走向成功，体验生命的快乐。

上学期，由于学校组织了男子足球赛和篮球赛，在课堂上教师就要对其辅导，那么，女生干什么呢？场地就一块，老师就一名。因此，我就想到了让女生来学习啦啦操，一方面可以培养女生自信、阳光的个性，另一方面也可以和学校的足球赛、篮球赛遥相呼应。最初的目的，就是让学生在玩中学会技能。目标讲解清楚后，就开始实施。

第一阶段，让学生自学为主，教师辅导为次。

一开始的学习是学生自愿报名，想学就学，不想学也可以参与其他运动。在学习过程中，令我印象最深刻的不是学习最快的学生，而是 17 班的王同学。说实话，因为体育教师带的班多，学生的名字记住的不多，再加上学生本身就不活跃，一个学期快结束了，我几乎都发现不了王同学的存在。

动作初步学成，到了教师辅导时间，我发现王同学学习很认真，但是很害羞，一出错就不知道该怎么办了。而我的教学目的就是，只要你愿意学，我就一遍又一遍地教，一遍又一遍地鼓励，不让学生的梦想在我这里夭折。等到验收成果的时候，王同学已经完全掌握了动作技能。

惊喜还在后面。在第二阶段，全体女生展示中，王同学已经成了他们班的能力担当，并且担任小组长，由她领导的学习小组，动作标准又扎实。

通过啦啦操运动，该学生不仅学会了技能，更收获了自信和成长。（初中部孙立果《不忘初心追逐梦想——在教育的道路上奋勉前行》）

让每一个学生心里充满阳光，让每一位学生实现自身合理发展，不辱没任何一个学生的才能是我们作为教育者的责任。我们不能戴着有色眼镜看待学生，应充分相信"每一位学生都是人才"。在教育的过程中，我们应该平等对待每一位学生，关注学生特长，因材施教；同时关注学生学习动机，强化学生自我管理意识，培养自我管理能力，发挥好学生自身的内因决定作用，在此基础上，教师对学生进行合理的指导与帮助，真正做到教师主导与学生主体的完美结合，真正实现每个学生潜能的充分挖掘，圆每一位学生的成才梦，圆每一位学生的大学梦。

四、以德立校，德育序列化是载体

自 2012 年建校以来，我校从安全教育、纪律教育、理想教育、爱国主义教育等方面入手，紧抓德育工作不放松，始终把德育教育作为学校工作的重中之重。通过学习《社会主义核心价值观》、教育部《关于全面深化课程改革落实立德树人根本任务的意见》《中小学生守则》《中小学生日程行为规范》和晋中市中小学德育系列化工作的相关规定，我校经过几年的的探索、实践，基本确立了"立德启智健体尚美"的德育培养目标。

1. 构建家校沟通的多元平台

"家庭是孩子的第一个课堂，父母是孩子的第一任老师"，一个温馨、快乐、民主、和谐的家庭，对孩子们的健康成长至关重要，家庭教育既是学校教育的基础，又是学校教育的补充和延伸。家庭教育的优劣，对孩子一生的学习和发展有着决定性的影响，已经是不争的事实。可是，现实生活中，父母离异、外出打工导致的家庭教育缺失姑且不论，家庭教育失位、家庭教育不当的现象屡见不鲜。有的父母对孩子过分保护、过度溺爱、过高期望，而有的父母却过分专制、过分挑剔，甚至漠不关心、冷嘲热讽，种种表现，不胜枚举。

每学期之初，我校即召开新生家长会，以班级为单位选拔素质优良、关心孩子、热心学校工作的家长，组成家委会，开办家长学校，建立家长微信群，在此基础上，选拔优秀家长组成校级家委会，让他们了解孩子在校各方面表现，交流家庭教育心得体会，分享家庭教育成功经验，参与到学校德育教育以至各项工作中来，为学校教育和发展建言献策。

2. 构建部门协同的实施机制

学校是德育工作的主阵地。为确保德育工作的畅通高效实施，学校成立校委会、政教处、团委会、大队委、宣教室、心理咨询室，构成了部门齐抓共管、通力协作的德育教育体系。

校委会是学校德育工作的决策者和领导者。可以说，德育教育总目标和分段目标的确立，是校委会全体成员智慧的结晶。学校领导班子一向注重加强德育教育队伍的建设，建设和完善德育工作规章制度，打造过硬的德育工作队伍，一手抓学习，一手抓管理，营造和谐的德育环境，建设高品位校园文化，营造良好的环境教育氛围，开展丰富多彩的德育活动，拓宽育人渠道，加强学校、家庭、社会网络的联系，优化教育环境，全方位育人树人。

政教处是学校德育工作的执行者和实施者，是校委会和其他德育工作部门的联系纽带和桥梁。主抓德育常规，促进规范管理。政教处下属自管会，是学生德育建设和管理的生力军，学生日常行为规范和管理，都由自管会加以执行。心理咨询室则是德育教育的核心部门，是学生心灵的港湾，为德育工作提供了智力支持和技术保障。一支品行好、能力强、工作踏实、乐于奉献的班主任队伍，是学校德育工作的强有力保证。团委会、大队委紧密配合政教处的工作，宣教室是学校德育工作的延伸和补充，是学校德育成果的展示台。

学校新闻发布会

"在这里，我想再次表扬小记者和播音员们，为你们点赞。你们在宣教室的组织带领下，成长很快，变得非常优秀，作为学生，我们就是要学会担当，做一名有使命感的未来栋梁"。12月23日，郭校长在2016年度校园新闻发布上说。本次活动的目的是为了体现学校办学的公开化、透明化、民主化，更重要的是我们小记者站和广播站一年里学习和时间的实力表现。会上，小记者们落落大方地向三位校长提问，提出的问题富有思想，语言组织精炼干脆，关注的问题涉及学校学生养成习惯、教学质量、课后作业、心理教育、工程建设等情况，得到了在场老师和同学们的一致好评。活动由广播站播音员赵梓勖主持，他的主持声音洪亮，气质佳，更重要的是应变能力强，出色地完成了该项工作。照相、摄像、会后采访由广播站第四组完成，大家各司其职，有序而又忙碌着。最后，会议在庄严而又激烈中完美落幕。

3. 构建社区联动的"教育网"

学校政教处与社区居委会、关工委、消防队、交警队进行协调沟通，形成了社区联动的德育教育网。

社区是一个特殊的生活圈，其特殊性就在于它不单单是人们休养生息的地方，同时也是人们通过区域性的教育活动学会做人、实现人的社会性的一所大学校，更是中小学生了解社会、感受社会纷繁和美、体悟民情、增长才干、丰富感情的大熔炉。关工委作为中小学生德育教育的重要组成部分，关工委成员里有教学经验丰富的离退休老教师、有枪林弹雨里走过来的老红军、有见证共和国成立和发展的老党员及大学生青年志愿者等，他们在对学生进行革命传统教育、法制教育、乡土文化教育、生涯教育等方面有着得天独厚的优势。市消防队、交警队更是积极配合我校开展的交通安全、消防安全教育，每个学期，都会走进校园，开展交通安全讲座，举行消防安全演练，实实在在提高了学生的安全意识和自我保护能力。几年来，我校通过多方努力和沟通协调，初步建成了以学校为中心，以郭家堡社区和晋中市关工委、市消防队、交警队联合互动的德育教育机制，从而形成了有效合力。

4. 构建学生参与的自主管理平台

德育工作的有效开展自然离不开学生的自主参与。几年来，学校尝试通过大队部、自主管理委员会、广播室等学生自主参与的管理平台，落实学生自我管理。这也是我校德育工作的一大特色。自管会工作在后面将有具体介绍。我校"校园之声"广播室自成立以来，紧紧围绕"为学生的一生储备幸福"的办学理念，开设"法制时空""心灵驿站""历史上的今天""文学沙龙""音乐欣赏""附校动态"等栏目，关注国内外热点话题，宣传国家法制法规，关注学生健康成长，积极传播校园正能量，传播人类优秀文化遗产，展示学生佳作，使学生紧紧把握时代脉搏，提高法律意识，增强自我保护能力，认识中华文化的博大精深，汲取民族文化智慧，吸收人类优秀文化的营养，从而提高思想道德修养和文化品位。

第四节　幸福教育管理过程——科研兴校

科研兴校是学校内涵发展的核心所在，作为校长，我始终坚持以"促进每一位教师专业发展，促进每一名学生个性发展，以师生互动发展推动学校的整体发展"的办学思路，积极构建学校科研新常态，努力追求学校内涵新境界。

一、抓实四项常规，形成科研新常态

1. 名师工程：促进教师专业化成长

一是大力推进名师工程，促进师资队伍素质整体提高。我校以深化课程为目的，选准突破口，有效开展学科教学与科研工作，不断健全青年教师的培养机制，加大培训力度，积极为青年教师的成长搭建展示平台，不断完善"教坛新秀、教学能手、学科带头人"的教学评价体系。

二是建立名师资源库，努力为教师创造外出学习和培训的机

会，主动为教师联系学科名师和教育专家，定期承担和举办大型对外教学展示交流活动，为教师搭建展示平台。加大教师继续教育与业务技能的培训力度，提高教师专业素养；在全校范围内开展读书系列活动，营造阅读氛围，树立终身学习、受益终身的学习目标。

三是学校教学智囊团建设也步入正轨，形成常态化运作。在教学智囊团的影响和帮助下，一批青年教师迅速成长，在国家、省、市、区各级比赛中屡获佳绩。2014年，小学部语文教师白洁荣获全国苏教版语文教学大赛特等奖。

2. 课题研究：打造教学与教研相结合的科研队伍

学校走科研兴校之路，努力打造强大的教学与教研相结合的科研队伍。通过立足本校实际，立足课堂教学，立足校本培训，依托学科组建设，进一步理清校本教研的基本思路，以"反思、同伴互助、专业引领"为核心要素，以"学科组""智囊团"和"工作室"为活动载体，提升学科教研的层次，推动学校教研活动向学习型组织和合作型团队转变，向专家学者型组织发展。

3. 新基本功修炼：切实优化教师的行动策略

为了进一步引导教师将"教师教"的课堂转型为"学生学"的课堂，我校提出教师"新基本功"，即问题设计开放之功、过程设计关联之功、信息捕捉处理之功、互动推进生成之功。要求教师设计的问题不再是唯一答案，而要对知识、人和教学过程全开放。要求教师整体、互动推进结构化，使环节与环节之间有内在逻辑的深刻关联。要求教师承担起课堂即时调控的重要角色，在过程化研究中捕捉各类问题，即时改进教学。要求教师将师生互动的重心下移到"关注学生在每一个教学环节中呈现的状态"

上来。

4．校际教研：加强学科交流与合作

学校开展校本教研活动，不断拓展校际教研交流活动。学校进一步创新和丰富"主题教学""同课异构"等形式新颖、富有实效的学科教研模式和教学比赛，积极开展区域互动、交流观摩活动，加强与兄弟学校之间的学科交流与合作，加强与各乡镇兄弟学校的交流，增强示范功能、导向功能。

二、抓好两项创新，打造科研新亮点

"为学生的一生储备幸福"，是我校的办学理念。践行这一理念，就需要我们用先进的教学理念、务实的科研精神，引领教师在专业成长中找到幸福。就需要我们用鲜活的多元课程、丰富的实践体验引领学生在和谐发展中张扬个性。科研兴校是学校内涵的核心所在。多年来，我校致力于课堂教学模式创新和校本研训模式创新，取得了阶段性成果。

1．"五环五学"，打造活力课堂

学校全面启动"五环五学"学导型课堂。以关注学生的"学"为重点，以"问题导学—独立自学—交流互学—点拨助学—检测悟学"为基本流程，以"让学生学会学习"为核心目标，研究"学"、设计"学"、落实"学"、指导"学"，从而构建不同学科、不同学段的学导型课堂教学模式，打造焕发生命活力的高效课堂，提高了每位学生的自主学习能力，改变了学生的学习方式，真正实现了乐学、好学、善学、会学。围绕课改，组织了系列专题活动，包括赴课改名校访学、课改微论坛、领导上课改示范课等，多年的实践，以"五环五学"为依托的课堂模式日臻完善。

2．"五位一体"，提升校本教研的水平和质量

学校围绕"研磨附校好课"这一目标，扎实开展"研课—磨课—答课—引课—辩课"活动。通过专家引领、师徒结对、同课异构、附校讲坛、自我反思，切实提高了青年教师把握课标、处理教材、驾驭课堂的能力。

"研课"作为教研模式的第一环节，有着举足轻重的作用，它决定着整个教研活动的研究目标、方向，甚至决定着活动的成败，尤为关键。研课的根本目的在于教师教学困惑的提炼，教师教学观念的改造，或实践性教学知识的生成。"磨课"就是教师在一定时期内，在教研组成员的协助下，采取多种形式，对某课教学进行反复、深入地学习、研究与实践的过程。"磨课环节"就是在研课基础上的一个互动交流、集体反思从而提升课堂教学水平的一个重要环节，旨在围绕研究主题，结合课堂教学实际，对课堂教学提出更优化的改进策略。而答课环节主要包括两个步骤：二次上课—互动问答。在同伴互助、二次备课的的基础上，执教者进行二次上课，以教学实践来验证教学设计是否优化，验证教学方法的实施是否有效，验证教学环节的设计是否合理，验证学习方式的选择是否恰当等。执教者在进行展示之后，由听课教师根据课堂教学的预设和生成对执教者提出疑问，在互问互答中深化教学理念与教学实践的融合。在答课基础上完成专家引领环节，即引课环节。这一环节主要是名师专家的指导。从理论和实践两方面对教学环节和教学艺术进行指导，并预测出在实践中可能出现的问题、困惑，从方法和对策上进行点拨。通过指导，处理疑点，化解难点，启发创新点，激活教师的灵感悟性。必要

时，导师还可以进行示范操作。"辩课"，即在答课引课基础上，再次围绕研究主题，结合课堂教学的再度实践提出问题。展开辩论，真正促进上课教师与听课教师的共同提高。通过辩课，真正反思教学过程中的成败得失，使双方都明白哪些是值得肯定的，哪些是需要改进的，从而明确正确的方向。

总之，"五位一体"的教研模式有助于提高教师的教学和研究能力，使其养成积极思考的习惯。对教师来说，教研的过程既是一个学习、研究、实践的过程，也是一个合作交流、反思和创新的过程，更是一个专业素养提升的过程。在一次次研究的过程中，教师对新理念把握更准确，对教材的研读更深入，对学情的了解更透彻，同时也使教师的点拨引导能力、临场应变能力、教学创新能力得以提升，教学实践不断丰富，教学智慧得以发展。同时，"五位一体"的教研研出了教师间合作交流的默契，研出了教研组团队理性思维水平的提升。

可以说，"五位一体"的教研模式是百家争鸣的"百姓舞台"，是厚积薄发的教学历练。是教师专业成长由理论走向实践、走向成功和进步的绿色通道。更是青年教师在教学上不断精益求精、完善自我的镜子，是青年教师走向成熟的必由之路。

三、围绕一个重点，提升科研新内涵

卢梭说过："教育必须顺其自然——也就是顺其天性而为，否则必然产生本性断伤的结果。"学校的教育，应该创设一个和谐的生态教育环境，让师生在安全、人文、和谐的环境中成长，个性得到张扬，潜能得到发展，生命得到激扬，让生命因教育而

精彩。多年来，围绕"课程构建"这一重点，提升科研新内涵，取得了阶段性成果。

构建学校科研新常态，打造学校科研新亮点，追求内涵发展新境界，是我校不断的追求。目前，我校的科研氛围纯正而浓厚。一批青年骨干教师快速成长起来，学校的名师梯队正在形成。建校五年来，初中部罗丽洁老师被评为山西省优秀教师，杨洁梅老师被推荐为山西省名师培养对象，刘庆波、王耀光、马改清、郝丽萍老师获榆次区中考教学标兵奖，石莉莉老师获晋中市音乐教师技能大赛初中组一等奖……小学部教师许慧被评为山西省特级教师，赵建华老师被评为晋中市模范教师，张莹老师获晋中市音乐教师技能大赛小学组一等奖，白洁老师获全国小学语文课堂教学大赛特等奖……我校教师还多次应邀到市内各校交流研讨，进一步彰显了我校作为市直学校鲜明的教改特色，也充分展示了我校课改的阶段成果。

当然，学校的科研工作应该成为促进学校全面发展的重要抓手，密切与学校的教育、教学、教研的实践相结合。学校还需要在教学科研实践中重视反思，善于反思，才能将科研水平推向更高水平。

第五节　幸福教育管理过程——质量强校

"百年大计，教育为本""教育大业，质量为重"。教育的基础功能和基本作用是教书育人，是通过培养和提高人的素质和能力为国家和社会发展提供充足的人力资本、智力支持和人才保障，那么对于教育事业、教育行业、教育工作而言，教育教学质量好与坏就自然成为衡量教育优劣的绝对标准。

一、抓教学常规管理，保证教育教学工作顺畅有序

教育教学工作是学校各项工作的中心，如何抓好常规管理，是学校工作的重要环节。

1. 抓各类计划的落实，保证教育教学工作具有科学性、连续性

教学管理是建立在科学性和计划性的基础上。每年学期开学我首先抓各类计划的制定，保证教育教学工作具有科学性、计划性，加强统筹管理和目标管理，使工作有的放矢，有目标、有方案、有规划、有管理。通过各部门反复研究协调，使各类计划清楚地反应学期各项工作。我们共制定如下计划：《学校教学工作计划》《学校教育科研工作计划》《校本教研工作计划》《教导处工作计划》《各教研组工作计划》《教师业务学习计划》《教师个人工作计划》等。

2. 抓住教学环节，保证教育教学质量逐步提高

每学期开学，我组织一线教师召开教育教学工作会议，落实工作计划，明确工作目标，提出教育教学具体目标。

（1）抓备课

备课是上好课的关键。如何提高教师备课质量是上好每一堂课的关键。开学初，学校根据本校工作实际，明确提出备课的具体要求。尤其是要做到：环节齐全、目标明确、重点突出、难点突破、设计合理、板书规范、习题适当、反思跟上。如何精备一堂课，要求教师"掌握课标，吃透教材，挖掘到位，知识准确。"

（2）抓课堂

如何提高教学质量，课堂是龙头环节。实施新课改以来，学校明确提出：如何上好一堂课，关键应做到"主导作用到位，主体全员参与，讲究课堂艺术，师生配合默契，精讲多练，层次分明，因材施教，各有所得。"此外，教师要讲究语言艺术，板书规范工整，教具使用合理。开展全员听课，教师讲课要让大家来听来评。一堂课要经得起推敲、点评。教学领导要首先完成听课任务，每学期我按学校要求完成听课节数。同时，检查听课情况：听课节数，听课人数，听课学科。要求任课教师要开展互相听课，互相评课活动。

（3）抓反馈

如何检验一堂课的教学质量，我在抓批改评反馈环节上做了大量文章。①开放性习题。教师在布置作业时，由过去的固定习题改为开放性习题，由学生自主选做。习题难易程度具有不同档次，习题数量也由学生自主选定。②月考制。为了及时反馈教学情况，提高课堂教学质量。我校建立了月考制，每月举行月考，内容都是近期所学知识，试题由任课教师自拟，体现双基，侧重技能。注意培养学生分析问题和解决问题的能力。③质量分析会。定期召开教学质量分析会。由包组领导亲自主持会议，年组长做综合发言，学科教师各自分析所教学生各类情况。同学科教师对比成绩，找出差距与不足。想出改进方法，提高教学质量。

3. 抓师资队伍，保证教师综合素质的提高

学校的教育教学质量取决于教师的教学水平，教师的教学水平取决于教师的综合素质。我在抓教师队伍建设上采用了以下几点做法。

（1）抓培训

我校始终把教师培训工作当作一件大事来抓。2012—2013 学年第一学期，学校分别组织初中部教师多次外出学习与培训。假期所有学科教师参加学校、区、市级以上培训。通过外出和网上学习和培训，教师的视野宽了，眼界远了，观念新了，方法多了。"一切为了学生，为了学生的一切，为了一切的学生"成了他们终身追求的目标。

（2）抓学习

我校在抓教师业务学习，校本培训，继续教育上加大投入力度。为了使教师在极短的时间内迅速提高个人素质，学校精心制定《教师业务学习计划》，为教师定了大量的刊物和资料。学校定期组织教师集中学习、业务讲座。教师人人有自学笔记和体会文章。

二、抓新课改工作实施，保证教育教学质量逐步提高

2012 年 9 月我校开办以来，就把基础教育课程改革工作放在重要地位来抓，历时半年的时间，我主抓了此项工作，取得了飞跃式的进展。具体做法是：围绕一个中心，抓住两个关键，制定三年规划，启动四项工程。围绕一个中心：以基础教育课程改革工作为中心，全面实施新课改，用新的教育理念创办一流的学校。抓住两个关键：在实施新课改两年的时间里，我们发现实施的关键在教师，深入的关键在评价。制定三年规划：我们结合学校具体情况，提出了实施新课改的整体框架，制定了三年发展规划，明确每个阶段的发展目标。启动四项工程：①抓学习与培训，促教师综合素质的提高；②抓课改教学模式的改革，促龙头环节作用的凸显；③抓评价机制的改革，促师生个性化的发展；

④抓校园文化活动的开展，促师生整体素质的提高。经过半年的不懈努力，我校受到社会各界和上级领导的高度赞誉。

1. 扎实开展校本教研，让智慧共享

一是利用学科组展开立足课堂的校本培训。一周一次，一次一主题。从课标解读到课堂操作，从集体备课到同课异构，立足课堂的教学行动研究，深受教师好评。大家一致认为这种基于问题的教学研讨，真正收到了一研一得的培训效果。

二是积极创造各种机会，开展"走出去，请进来"专家引领行动。先后请晋中师范高等专科学校赵介平副院长、晋中市教研室高德喜老师、张晓刚老师、宫志林老师、张冬媛老师、郭春娥老师等深入课堂进行指导。一学期来，我们还先后派洛晶、周梅、马晶晶等骨干12人次到哈尔滨、北京、厦门等地学习培训。我们还组织60余名骨干教师先后到和顺北关示范小学、左权宏远学校进行考察学习。大大开阔了教师的视野，坚定了教师的课改信念。特别是小学低段语文，在高德喜老师的指导下，初步形成了阅读教学的"双课时流程"，目前正在全面铺开实践之中。

三是启动"教师梯队培养工程"，并聘请晋中市、榆次区各科教学专家18人担任指导教师，我校40名优秀青年教师与专家结对拜师，为教师专业成长搭建了更为优质的平台。

四是改进了集体备课模式，形成了"两环节八步骤"的集体备课流程。即独备环节四步骤：潜心解读文本，关注语言特点；提取教学重点，分配课时任务；关注语言运用，设计训练方式；反复练读练写，推敲指导细节。集体备课环节四步骤：明确教学目标，梳理教学流程；分享教学智慧，形成教学共案；形成预设文稿，制作教学课件；课堂实战演练，完成教学改进。

2. 认真落实技能练兵，让专业成长

根据市局安排，结合我校实际，我们认真制定实施方案，细化过程落实，责任到人，全员参与。10月29日，晋中高师附校教师技能大练兵正式启动。11月15日，召开晋中高师附校教师技能大练兵推进会并启动"我在技能练兵活动中"主题征文。12月27日，组织了第一届教师诵读技能展示活动。目前，技能练兵初具成效。

一是主题明确，技能练兵氛围浓厚。我们提出练兵工作"六个坚持"：即坚持在"活"上求特色；坚持在"悟"上求效果；坚持在"精"上求质量；坚持在"用"上求水平；坚持在"评"上求效率；坚持在"展"上求提升。学校领导率先垂范，教师人人参与，计划周密，安排得当，掀起了练兵高潮。

二是强化运用，技能练兵突显实效。在技能练兵活动实施阶段，学校又以"构建有效课堂，提升实践能力"为主题，以学校为主体，以教研组、备课组为基本单位，开展了基于岗位、基于课堂、基于问题、基于教师发展需求的学习与研究，全面深化校本研修，着力提高教师教书育人的能力，着力提高校长的教育教学管理能力，着力提高骨干教师的指导示范能力，真抓实练，凸显大练兵的实效性，各项练兵有条不紊。

三是专家引领，技能练兵活动彰显特色。为了提升技能练兵的质量和品位，我们定期请进专家进行专题讲座、专项培训。我们将诵读技能练兵和书香校园建设紧密结合，聘请诵读专家——晋中师范高等专科学校赵介平副院长进行定期指导。学校推出了晨诵课程，成立了师生诵读社团，并派小学部洛晶老师参加国家级"经典诵读教育班"进行专业培训。"诵读"将成为我校技能练兵乃至提升学校品位的一大特色。

四是"五条路径",技能练兵实现常态运作。"五条路径"即:实践反思——基于自我反思的专业能力训练;同伴互助——基于团队合作的专业能力训练;行动研究——基于专家引领的专业能力训练;网络教研——基于信息手段的专业能力训练;展示比武——基于成果反馈的专业能力训练。

第六节 幸福教育管理过程——特色润校

随着教育事业的发展,高师附校坚持以人为本,促进教师专业发展、引领学生快乐成长,在"立德启智健体尚美"的校训引领下,不断完善办学条件,提升办学质量,打造魅力课堂,培养个性学生,逐步走出了一条教师专业提升,学生特色成长,学校品牌发展的成功之路。

一、晨诵课程初见成效

以兴趣为导向,培养诵读兴趣,养成诵读习惯。学校就将"晨诵课程"纳入小学课程体系。坚持"以积累为基点,提升语文素养,夯实人文基础;以生活为原点,丰富生活体验,点燃生命激情;以生命为底色,滋润精神生命,养育心灵睿智"的开发宗旨,形成了以"四大板块"为内容的课程框架:古诗文板块、儿歌板块、国学经典板块、特色晨诵板块。我们坚持"五个一",即每天20分钟一节晨诵课;每周组织一次"班级晨诵展示";每月组织一次"晨诵观摩研讨";每学期要组织一次"晨诵成果展"；每学年要组织一次"晨诵工作表彰评选"。"与黎明共舞，与经典同行"诵读课程，为学生开启了一扇诗意的门，为师生架起了一座心灵的桥。

二、"全员阅读"助力师生深度学习

学校利用每年一届"读书节"，积极倡导全员读书。同时推进诵读课程，营造校园诗意氛围。同时，我们还通过每月一期的《简报》，一学期一期的《校报》，激发全校师生崇尚读书、崇尚写作的热情。实践证明，全员阅读实现了师生深度学习的开展，特别是结合语文学科"大阅读大写作"课题研究，学生阅读逐步引向深入。

三、活动课程助力学生特长发展

学校围绕"每班形成一个特色，每生拥有一个特长"的目标，积极开发活动课程。充分利用教师资源，要求每位教师必须开设一个社团，自主组团，利用每周五下午活动时间开展社团活动。目前，开展了书法、美术、舞蹈、花样跳绳、十字绣、健美操、古筝、脸谱、科技、英语等20多个社团，保证学生人人参与。社团定期开展活动，极大地激发了学生的创造力。

我校小学部以班级为单位，以书法、绘画、器乐为主要内容，特聘专业教师进行指导，确保每天1小时社团活动时间。低年级主要开设葫芦丝、硬笔、水彩画，中高年级主要开设二胡、笛子、软笔、国画。受到师生一致好评。学生们一致认为每天一小时的活动，让他们感觉学得轻松、玩得愉快。

目前，我校"三类一体"课程体系初步构建，形成了基础学

科类（必修课程）、人文修养类（必读课程）、活动技能类（兴趣课程）"三类一体"的课程体系，课程内涵不断丰富，学生个性充分发展，学校办学特色日益彰显。

1. 校园广播站

2014 年 9 月 4 日，我校广播站正式开播。广播站实行组长负责制，组长提前一天安排播音内容，并把任务分给组员。内容收集齐后，汇总、串词，交给老师审核。

播音内容：播音员在播音室准备期间必须熟悉节目稿件的内容，保证稿件的健康性、知识性、趣味性。对稿件中出现的不当用词用句，应及时修改。所播出的内容，必须有较强的连贯性，必须健康且符合中学生，不得有与国家政策、学校规章制度相违背的内容。

音乐：播音时间可合理运用背景音乐，播出时适当调低背景音乐声，提倡播出一些校园歌曲、流行音乐、古典民乐等，不宜播放节奏感强烈，内容不适合学生的歌曲。

播音员提前要熟悉稿件。做到熟读，有感情地读，抑扬顿挫。

值日组长负责填写当天活动记录表，播音员在播音结束后，整理好稿件和播音器材，保持广播室的整洁，关好广播站的门窗。

主要栏目有：

《一周快讯》——校园新闻、国内外新闻

《名人故事》——古今中外名人故事

《每日一歌》——流行、英文、儿歌、校园、民歌

《文学星空》——名家名作

《佳文赏析》——优秀作文、文章

《好书推荐》——每周推荐一本书

《戏曲赏析》——戏曲介绍

《励志故事》——人生哲理故事

《典故溯源》——历史典故、成语来源等

《体育资讯》——励志故事、寓言故事、名言警句

《给你提个醒》——良好的习惯、学校的不良行为等

《声声传祝福》——给老师、同学点歌送祝福（每天）

2. 小记者社团

小记者站成立于 2014 年 3 月，小记者站担负着我校活动的组稿撰稿工作。每周一篇稿件。稿首先由初稿（语文老师辅导）—投稿—审稿—发表（校报、简报、公众号、小记者周报、媒体等）。目前，我们共收到小记者稿件 600 余篇，对外发表 200 余篇，极大地提高了学生的写作兴趣。每周召开一次例会，进行一次专题学习。同时，我会尽力为小记者们综合实践活动机会。学校运动会、六一艺术节、社团展示、领导视察等场合，都能见到小记者活跃的身影。11 月，全国首期领航名校长（江苏基地）视察我校时，江苏省干训中心严主任说：小记者充分代表了附校学生的综合形象和素质，他们谈吐大方，礼貌得体，形成了高师附校的靓丽风景线。

5 年（15）班刘金洋：从前我很内向，自从参加了小记者社团后，我变得自信了，与人交往的能力提高了，通过每周一篇稿件，我的写作水平也有明显提高，再也不发愁写作了。

3 年（22）班安雨露：当一名小记者，不仅提升了我与人交往的胆量、教会了我很多写作手法，还让我知道了做任何事情都

要坚持不懈，才能成功。

7 年（23）班刘文娟：本学期我成了一名小记者，虽然时间很短我还没有完全适应，但是我相信，一个学期的时间一定会把我打磨成一个优秀合格的小记者，碰到困难要迎难而上，而不是退缩。在细节方面，写作时要注意用语，注意文章的格式，尽可能地把自己最好最高质量的文章呈现出来。还要培养自己提问时落落大方的能力，这一点还是做得不够完美。但我相信，只要我再努力一点点，就可以达到更高的境界。

同时，为了提高小记者的业务水平，在学校宣教室策划下，请校内编辑部、优秀语文教师、校外专家进行写作和采访辅导，收到了明显效果。一是借着 11 月 8 日中国记者节之际，举办了小记者、播音员表彰暨培训大会，对表现突出的学生进行了表扬，给予他们鼓励，同时请市教育局电教馆史进智主任做了《小眼睛、大世界》专题讲座，收到良好效果。二是我校 2016 年度校园新闻发布会。为了突出学校办学公开、透明、创新的发展特点，提高学生综合素质，举办了首期校园新闻发布会。会议得到了校领导和在座师生的一致好评。

社团定期开展活动，极大地激发了学生的审美能力和创造力，使学生们真正快乐成长，储备幸福。

第七节　创新与变革

一、努力开创"九年一贯"管理新格局

今年年末，学校校级领导班子进行新的分工，打破原来"学

部"各自为阵的"分离型"管理格局，形成了"九年一体化"管理新格局。新的一年，我们将在学校管理、课程衔接和师资融通等方面进行大胆尝试，真正取得"6＋3"大于9的效果。具体设想如下。

首先，要实现学校管理目标的一体化。真正将不同阶段的教育融合在一起。

其次，要保证课程体系的连贯性。课程与教学的连贯衔接是九年一贯制学校的核心特征。九年一贯制的根本价值就在于打破了初中与小学的界限，从教育环境、课程设置、教学方法、指导形式及管理方式等方面进行整体设计，有效推进中小学教育的有机衔接。如：可以通过初中教师与小学教师的互相听课、兼课，相互了解对方的教育教学及学生阶段性发展特点，共同学习研究，实现中小学的资源共享、有机衔接。还可以通过同学科教师的联合教研等方式，实施纵向专业沟通和引领。通过借助多媒体技术建立"6＋3"学校间的优质资源共享平台，实现课程资源网络共享。此外，可重点安排五、六年级和初一年级各学科教师进行专题研讨和"会诊"，商讨小六、初一的课程跨度和教学衔接问题。教师是课程的建设者和引领者，要实现课程与教学的连贯衔接，就必须搭建起中小学段教师之间良性互动的平台，开发全方位、多层次、多形式的教学研讨交流。

第三，要实现教师队伍的整体融合、贯通使用。要积极建立"6＋3"学校的师资贯通使用机制，从九年全程的角度去认识与理解学生的发展和教学的定位，着力营造和培育新的学习共同体和学校组织文化。

进一步推进课堂教学改革，提高教育教学质量。

从 2014 年起，我校展开第一轮课堂教学改革，推出了以"五环五学"为基本流程的课堂教学模式。模式推出近 3 年来，不断改进与完善，规范了教师的教学行为，凸显了学生主体参与，课堂焕发出无限的生命活力。

同时，为了使教师能更准确把握学生个性特点，使教师的教要最大限度地适应学生的学，从而针对不同层次，最大限度地开发利用学生的差异，促进学生的发展，在教学目标、内容、途径、方法和评价上区别对待，使各层次学生都能在各自原有基础上得到较好发展，学校创新学生的编队方式，科学实施"分层走班"。

2017 年 4 月，我校班子成员和骨干教师赴江苏景范中学了解和接受"分层走班制"这一全新的教学组织方式。他们走进苏州"景范中学"，聆听"走班制"的专题讲座，深入课堂听课观课，对分层"走班制"模式、实施办法、评价等进行了全面的了解。此次考察，为我校的教学改革提供了新的借鉴与思考。

二、实施基本思路

1. 合理分层

打破原有行政班格局，按学科分层编班，称之为"学科班"。一般从初一年级第二学期起开始分层，分层依据为学生的基础知识、学习能力、学习态度三方面。一般每个年级可分为 3 个层级，各层人数从高到低呈"倒三角"趋势。

2. 动态调节

分层后的"学科班"也不是固定不变的，而是根据学生发展情况进行动态管理。原则上，一学期调整一次。

3. 自主选择

学生在确定分层结果之后，可以根据个人实际情况提出升层或降层申请，报由学校教导处批准后，可以选择进入自己满意的层级进行学习。

4. 分层施教

教师根据不同层级的学生，制定出不同的教学目标，设计不同的学习内容，实施不同的教学策略。一般情况，各个层级从低到高应分别侧重知识掌握、方法指导、能力培养。

5. 分层考核评价

在分层考核中，我们以"学生分层—目标分层—评价分层"为主线，根据不同层次学生能力的差异，设置不同的评价标准，让每一位学生在每一个阶段都能体验到成功的快乐，都能以"成功"来奖励自己，并取得更大的成功。

三、深入开展学校心理健康教育，促进学生身心健康发展

在全面贯彻教育方针、实施素质教育的过程中，心理健康教育正在逐步引起人们的重视，开展心理健康教育，既是学生自身健康成长的需要，也是社会发展对人的素质要求的需要。要加强学生的心理健康教育，培养学生坚忍不拔的意志、艰苦奋斗的精神，才能增强青少年对社会生活的适应能力。

1. 领导重视，建立健全管理机制

我校充分认识到心理健康教育是德育工作的重要组成部分，将心理健康教育纳入学校总体规划之中，由校长管理，政教处直接负责，专兼职心理教师和班主任具体组织实施，建立健全管理运作机制，使心理健康教育有了组织上的保证。学校现有专职心理教师两名，均持有国家二级心理咨询师证，另有兼职心理教师若干名。加强师资队伍建设是搞好心理健康教育工作的关键，为了使心理健康教育工作专业化，提高心理健康教师的基本理论、专业知识和操作技能水平，学校经常派出两名专职心理教师参加心理健康教育相关培训。

2. 学校设施齐全，功能完备

我校心理辅导室建成于 2015 年，总面积 250 平方米左右，有办公接待区、心理测评区、个别咨询区、团体沙盘区、音乐放松室、团体活动室等功能区，师生可在其中开展心理健康课、团体心理测验、个别咨询、团体辅导、沙盘治疗、音乐放松与治疗、家庭辅导等工作。

心理辅导室是学校心理辅导工作的平台，以学生为主体，在专兼职心理辅导老师指导下，以开展心理健康教育与训练、个别心理辅导和集体心理辅导为主要工作方式，面向学生、教师和家长提供学校心理健康服务的专门场所。

3. 用科学手段，开展丰富活动

（1）建立心理档案

建立学生心理档案是加强学生心理健康教育工作的重要条件和必要保障，不仅可以检测学生的身心健康发展，根据学生心理档案情况做相应的心理辅导工作，对于提高学校心理健康教育的针对性和有效性具有重要作用，还可以为学校的宏观管理提供决策依据。目前学校已初步建立初一、初二年级学生的心理档案。

（2）课程开设

心理健康教育课是心理健康教育主要渠道之一，也是我校心理健康教育的重要一环。学校在初中三个年级开设了心理健康课，每周一节，心理健康课主要围绕以下几个方面展开。

自我认识——帮助学生探讨青少年时期身心发展的特点，从而帮助学生认识自我，帮助学生分析个人生活中的各种有用资源，分析自我发展的方法，学会接纳个人的不足并探索弥补的方法，从而达到悦纳自己的目的。

人际交往——帮助学生认识人际关系的重要性，并学习人际交往的技巧，如表达同理心、尊重他人、自我表露、致歉等与人沟通的方法；帮助学生懂得对父母的养育感恩，发展良好的家庭氛围，学习如何处理与父母的关系；帮助学生分析青少年时期的两性心理，学习适当的异性交往的态度与方法。

学习考试——主要包括帮助学生认识学习环境，了解初中与小学情境的差异；帮助学生培养主动积极的学习态度；帮助学生了解各种有用的学习策略，并应用于学科学习；介绍有效的学习方法及降低考试焦虑的方法；培养学生创新意识。

情绪管理——帮助学生提高对情绪的洞察力，了解自己的情绪特征；学会尊重他人，关注他人的感受；适时表达自己的情绪，合理宣泄不良情绪，提高对挫折的应对能力，保持积极、乐观的心态。

（3）主题班会

学校政教处积极倡导班主任开展主题班会，班主任根据每个班级的学生心理需求，开展丰富多彩的主题班会，如针对学生学习目标缺乏、学习动力不足等问题，开展"坚持""梦想"等主题的班会课。班主任充分利用课堂教育主阵地，积极配合学校进行学生健康心理的培养。

（4）心理咨询

心理咨询室主要接待有心理辅导需求的学生，对有一般心理问题的学生进行个别辅导，帮助他们解决心理困扰；发现和鉴别出具有较为严重心理问题的来访者，向家长或监护人提出建议，将其转到有关专业心理咨询和治疗机构。学生可在办公接待区预约心理咨询，然后在规定时间内到个别咨询区接受辅导。

（5）心理讲座

在学校心理健康教育中，讲座是较为可行的一种措施，其一次可以面对众多学生，在中学心理健康教育中有很大的发展空间。根据学生不同时期的一些心理发展需求，定期开展一些普及性专题讲座。

（6）课题研究

结合我校"为学生的一生储备幸福"的办学理念，我校申报的《初中生主观幸福感现状调查及提升策略探索》作为中国教育学会"十二五"科研规划重点课题的子课题及示范校获准立项，我们将以幸福感为抓手推动积极心理健康教育，用积极的内容和方式激发学生自身内在的积极品质，让学生学会学习、生活、交往，学会创造幸福、分享快乐，成为快乐高效的生活和学习的主人，从而塑造充满乐观希望、积极向上的美好心灵。

第四章　从管理到治理

—— 华山中学的学校实践

一所学校，恰似一个"大写"的人。

人，由骨骼、血肉和灵魂组成。如果说课程体系是"血肉"，办学思想是"灵魂"的话，那么，学校治理结构无疑就是"骨骼"了。

"骨骼"不结实，学校怎能站得住、走得稳、跑得快？

所以，如何搞好学校治理，怎样"强筋健骨"，历来都是一个重要的研究课题。

第一节　心声：众人评华山

2016 年 9 月 10 日，华山中学艺体科教中心，歌声、笑声回荡在大厅里，甜蜜、欢乐写在师生的脸上。教师节表彰大会刚一结束，60 岁的退休老教师张敏还没走下领奖台，就被几位新来的大学生团团围住，大家央求张老师讲讲自己的成长故事。面对年轻人渴盼的目光，张老师讲述了自己在华山二十多年的过往——

我从教 35 年，从走上讲台时的那个英语自学起步的高中毕业生，到退休时的中学正高级（教授级）教师，我感谢教师这个职业成全了我的生命，更感谢华山中学成就了我辉煌的人生。

虽然从小就喜欢教师这份职业，但我的专业起点很低。在我的从教生涯中，坚持自学是伴随了自己几十年的一个"习惯"，通过自学，我先后取得英语大专、函授本科学历，特别是1997年调入华山以来，长期从事实验班、"小尖班"的英语教学工作，并担任班主任。领导的信任，家长的重托，孩子们天真求知的眼神，迫使我全方位地提升自我，全身心地投入到工作之中。

2012年正高级职称评审时，在乌鲁木齐论文答辩的闲暇，有位其他学校参评的老师偷偷问我："张老师，你评正高花了多少钱？"这个问题一下把我问懵了、问傻了。我疑惑地说："我不知道评职称还要花钱呀！"一位老评委在私下闲聊时告诉我，其他几所学校上报的参评人员都是一位校领导和一位老师，唯有你们华山中学只报了你一位老师。老评委的话，让我真真切切感受了啥是华山中学人际关系简单化！

华山中学，是个"另类"学校，她能让每一位愿意成长的教师潜心教研、专心教学和安心育人。

2016年10月17日，晚上，西安外事大学某寝室。大一新生秦昊洋，一位来自新疆库尔勒华山中学高三基础班的学子，此时的他心潮澎湃，思绪万千，再也抑制不住对母校的思念之情，于是他把自己高中三年的心路历程作了梳理，并在网上发了出来——

高中的每一年都是我愿去怀想的。三年里一步步的成长，让我在华山的学习中养成了许多好习惯，也改变了我许多执拗。

高一开始住校不习惯，觉得家里可自主安排学习，但对大量的学习内容一时无措，安排好的学习计划常常被打乱，想学好语文又没背熟，最后经常被语文老师留下来听写，直写到就剩那一两个人。

高二，我们这一届"有幸"逃过了华山中学"摘辣子"的义务劳动。"摘辣子"是华山中学初二和高二年级的"必修课"。记得上初二时，说要去"摘辣子"，那是个什么东西，该多好玩，学校硬性规定十天内不许父母探望，这些着实让人兴奋。又是第一次远离家长，当时到团场后的群居是一晚上的躁动和不眠夜，但如此的美好却被一天下来的劳动剥的体无完肤，因为机械式的动作后，吃饭端碗、拿筷子都感觉不到自己的手在哪儿。然而十天后滴滴汗水换来的"劳动能手"和"非洲人"奖，让自己真真体味了付出的美丽。

高三是艰辛的、痛苦的，就像分娩时的最后一搏，这一年每一个挺过来的我们都刻骨铭心。华山的高三让我习惯了寂寞，习惯试题一轮接着一轮的"疯刷"，因为这是实现人生华丽转身的"必答题"。

在华山母校的三年还有许多回忆。考试不能作弊、男女生不能过密交往、不能打群架、不能带手机，是四条不能触碰的"华园高压线"。这些近乎严苛的规章时刻约束、警醒着我们：多一分冷静，少一分任性，多一分果敢，少一分优柔，多一分独立，少一分依赖。从高一新生军训，到每年的春季秋季运动会；从每周一的升旗仪式，到十八岁成人礼，每一项活动我们自己都是"角儿"，在缤纷的"舞台"上尽情释放，演绎属于自己的那份精彩！

这，就是青春，甘甜中夹杂着些许苦涩，但我们无憾无悔。

终生难忘啊，滋养了我六年的母校！

2016年10月7日，晚上9点，华山中学高二年级活动室。

按照惯例，长假之后的当天晚上组长们是要进班的，32岁的高二年级组长肖明老师正在和他的战友们——班组长和副组长讨论着下一阶段的工作部署。这已是他担任年级组长的第二个年头，由最初刚接任时的诚惶诚恐，甚至焦虑得睡不着，到现在的挥洒自如，游刃有余，他经历了怎样的蜕变呢？他以这样一段朴素的文字，回顾了八年来"华山论剑"的"故事"——

眨眼，来华山中学工作已经是第八个年头了。

静下心来，细细规整自己的思绪，发现自己有太多要诉说的。

从一名青涩懵懂学子成长为一名中级教师，同时担任高二年级一千两百多号人的"司令员"，这是压力，也是动力，更是师生们对自己的倚重。记得刚接到学校的工作安排时，我曾诚惶诚恐，甚至焦虑过，但平复后认为，唯有尽自己所能、全身心扑在教学和年级服务上，才能不辜负众人对自己的信任。

伙伴们要问，为什么自己能如此快地成长起来？

我归纳了三个方面。一是得益于华山中学一直倡导的"崇尚学术，强化服务"的办学理念；二是得益于"年级学校化，组长校长化"的治理举措；三是得益于人际关系简单化的宽松氛围。

以往的七届校长论坛自己都是聆听者。今年的校长论坛，我有幸从一位听众变成了主讲人之一。《班级组制的管理优势》的报告，这是我们全组一年来大胆探索的成果展示，也是华山中学在高一实施"年级组学校化、年级组长校长化"实践经验的交流。为了能够客观、全面地展现班级组管理的优势和存在的问题，我花了将近一周时间来做"功课"。自己的报告博得了与会77所学校同仁的掌声。平心而论，我们的探索虽取得了成绩，但还存在许多"不如意"，毕竟是"大姑娘上轿头一回"。探索的路从来不是平坦的，但我无所畏惧，因为有学校赋予我们的职能权力和团队的帮衬。

自己年轻，缺少经验，这是劣势，但这也恰恰是自己的优势：精力充沛、不乏激情、善于思考、勇于担当。

在华山中学工作是幸福的，因为我不需要花大量时间和精力去处理人际关系。领导之间，光明磊落，坦坦荡荡，一门心思谋求学校的发展；同事之间，就事论事，真诚相待，集中精力搞好年级组的建设；师生之间，相互尊重，互学共进，全部身心用来琢磨学业成长。

学校这种"崇尚学术、强化服务"的理念，"年级组学校化、年级组长校长化"的举措，"人际关系简单化"的氛围，为我们年轻人创造了机会、搭建了平台、营造了土壤。所以我发自肺腑地说，华山中学是我人生的福地，它让我这根教坛"幼芽"，快速成长为学校的"顶梁柱"。

感谢华山！

2015年11月21日，高一年级第一次家长会。高一（18）班王瑞琦同学，她是我校实验班的孩子，来自库尔勒物探三处，这是一家石油勘探单位，孩子的爸爸在新疆工作，妈妈带着孩子在河北老家，为了解决两地分居问题，妈妈决定带着孩子来新疆，但是新疆的教育质量一直是父母担心的问题。母亲邢炜华说在河北时就听说了华山中学的名字。心想要来新疆的话，一定让孩子选择华山中学就读。是什么因由让这个孩子的家长执意要选择华山中学呢？孩子的妈妈这样说——

我家祖籍河北，跨越七千多里，来到新疆。

　　我的孩子能考入华山就读，是幸运的。因为孩子遇到了一位懂教育、会管理的校长。

　　刚入学才两个月，孩子们就自己举办秋季运动会。从开幕式到闭幕式，从报名筹备到各项比赛，从报道宣传到颁发奖状……都是由孩子们自己来完成的。三千多人的运动会，开得有条不紊，有声有色，有板有眼，着实让家长们"开了眼"。

　　这样的自主运动会，我的孩子受益最大。上高中以前，由于我的家庭条件相对优越，孩子从小娇生惯养，特别是被爷爷奶奶宠着，所以，都十五六岁了，连个内裤、袜子都不会洗，更不用说关心照顾人了。通过在华山两个月的历练，孩子的自理能力明显长进了。这要感谢运动会给孩子创造的机会——我的孩子被分配到器材服务组，他们每天要按时放置、回收比赛所用的各种器材，去得最早、回得最晚；三天下来，手磨出了水泡，做家长的疼在嘴上，却乐在心里。因为不经历一番这样的磨砺，孩子怎能长大？

　　"玩在华山"的办学理念，让孩子们学会生活，学会做人，学会自我管理。华山这种以人为本、德才兼备的教育模式，孩子们喜欢，家长们认可。

　　学校为孩子成长所付出的艰辛努力，我们做家长的永远记在心里！

　　一所地处祖国大西北边陲的兵团师直属学校，短短半个世纪，就跻身于新疆维吾尔自治区示范性高中行列，得到党和政府各级组织的褒奖——

　　如新疆生产建设兵团原副司令员宋建业，曾这样赞扬华山：第二师华山中学，其办学理念先进、管理模式超前、办学实绩突出，是兵团基础教育的一张靓丽"名片"。中华人民共和国教育部，对华山中学各方面的工作，给予了充分肯定，曾授予华山中学"全国教育系统先进集体"荣誉称号。中央精神文明建设指导委员会，也高度认可华山，授予华山中学"全国未成年人思想道德建设先进单位"荣誉称号。

……

短短 56 个春秋，华山从一个"菜鸟级"的兵团师直学校，蜕变为新疆基础教育界的"领头雁"，赢得如此多的掌声与喝彩，其奥秘何在？

让我们一起走进华山，寻找其"强筋健骨"的秘籍吧！

第二节　飞跃：从管理到治理

管理，是人类发展到一定阶段的产物。

管理，最初是掌管事务。传说黄帝时设立百官，"百官以治，万民以察"。官者，管也。百官，就是负责主管各方面事务的官员。

治理一词，在汉语典籍中出现的也很早。

《荀子·君道》："明分职，序事业，材技官能，莫不治理，则公道达而私门塞矣，公义明而私事息矣。"

2013 年 11 月《中共中央关于全面深化改革若干重大问题的决定》提出："全面深化改革的总目标是完善和发展中国特色社会主义制度，推进国家治理体系和治理能力现代化。"在这一总目标下，《决定》指出，教育领域要"深入推进管办评分离，扩大省级政府教育统筹权和学校办学自主权，完善学校内部治理结构。"

治理一词，正式在我们党的决议中登台"亮相"，学校治理这一命题，首次以党的最高文件形式呈现世人。

从管理走向治理，是我们党治国理政的重大理论创新和实践创新。学校治理命题的提出，既反映了时代和教育自身对于学校组织建设的新诉求，又体现了人们对于当代学校治理发展的新思考。

有人可能要问，管理与治理仅一字之差，能有多大差别呢？

我们认为，从传统"管理"到现代"治理"，虽只有一字之差，但绝对不仅只是一个语汇的转换或翻新，而是学校教育管理思想的一场深刻变革。

管理与治理，其字源、本义及引申义，可以做多学科、多角度比对。但这里，我们是从教育管理学的角度入手，加以区分的——

五十多年的办学实践，我们认识到：

传统的学校管理模式，一般以行政班子作为单一的主体对学校进行管控，学校系统内的其他组织如工会、共青团、学生会以及学生社团等，在学校管理中只起辅助或陪衬作用。师生作为学校主体的地位没有得到充分尊重和确认，师生参与管理学校的主体作用没有得到充分发挥和施展，师生谋划学校发展的意愿和自身发展的诉求没有得到充分的理解和满足，由此而生发的种种矛盾和纠纷，自然也就难以得到及时有效的化解，学校工作在推进中无法得到广大师生的配合和支持。

现代学校治理，强调学校治理过程中多元主体地位与功能的凸显，它包括政府、社会、家长、学生和教师等多元社会主体，在学校运行中所具有的主体地位和功能。也就是说，学校治理的主体不再是以往学校行政班子，而是一个多元的主体群。

这样看，以往的学校管理，是校内管理层的"专治"，其他人等以被管理者的身份，被排除在管理体制之外；而现代学校治理，则是多元主体的"共治"，"被管理者"上升为管理主体，成了管理体制内的人，实现了自我管理；所以，传统管理模式体现的是"专制思想"，而现代学校治理彰显的是"民主思维"。

五十多年的办学实践，我们体会到：

传统的学校管理，往往是垂直、纵向的，强调的是自上而下强制约束，执掌和行使决策权的范围封闭，难以吸收师生智慧，有时甚至脱离实际。这样的决策由于既不透明又不接地气，往往得不到师生的理解和支持，实施起来也常常被动，甚至受到抵触和抵制。

现代学校治理，颠覆了这种居高临下的态度和作风，充分发挥职工代表大会、学校学术委员会、家长委员会以及学生自治团体的作用，让教师、学生、家长和社会，广泛参与学校决策的酝酿生成过程，充分尊重教师、学生、家长和社会的知情权、参与权、建议权和监督权，集中民智，尊重民意，反映民情。这样，不仅从制度层面提高了决策的科学化、民主化水平，从而赢得更多的民意支持，而且能在实施决策的过程中得到更广泛的民意响应。

这样看，旧有的学校管理，信息传输方向是单一的；而现代学校治理，强调上下、内外的信息交流与互通，信息传输方向是双向的。

五十多年的办学实践，我们体味到：

传统的学校管理，缺乏必要的法律和制度规范、约束，管理者往往"拍拍脑袋做决策、拍拍胸脯作保证、拍拍屁股一走了之"。其管理往往是某个管理者（校长）个性的张扬，具有很大的随意性和不确定性，管理受个人好恶的影响，被打上了个人性格的"烙印"。

现代学校治理，则完全不同。因为，学校治理现代化的关键是制度，在建设现代学校制度的过程中，首先要体现法治精神，即民主法治社会中所普遍尊崇的法律至上、公平正义、保障人权、权力制约、社会和谐等价值追求；其次要体现民主意识，要让家长、教师和学生在规章制度和班规公约的自下而上到自上而下的生成和实施的全程参与中受教育，从而激发师生的主人公意识，激活学校各基层组织的活力，培育家长、师生在学校事务和教育教学活动中自我管理、自我服务、自我教育、自我发展的内生动力。

这样看，以前的学校管理，"人治"色彩较浓厚，而现代学校治理，张扬的是法治精神。传统管理制度容易造成"奴才人格"，而现代治理结构培养的是公民意识。

上述三个视角的简单比对，我们得出这样一个总的结论：

"治理"相较于"管理"，它克服了"管理"行为的人为、单向、封闭、控制、垂直性等弊端，体现了法治、多向、开放、参与、内生、回应性等更多的善治因素，是一种多元、开放、互动的行为模式。

从"管理"到"治理"，更加强调多元参与，更加注重发挥自主性、能动性，更加注重对人性的尊重。

第三节　方略：日渐明晰

1960 年，为了解决兵团子弟入学难问题，一所拥有一百多名师生的师直小学，在天山南麓、塔克拉玛干大沙漠北缘的戈壁滩上，白手起家。

风霜雪雨 56 载、冬去春来 56 年，当年的"幼苗"已成长为新疆基础教育界的"参天大树"。

回顾我们的成长路程，大致可分为四个"段落"。

1960 至 1975 年，这十五年，我们称之为"生存发展阶段"。学校草创，百废待兴，相应的规章制度也是"一片空白"，凭一股政治"热情"和一颗"衷心"搞管理。来自内部和外部的压力很大，这是华山中学最艰难的时期，学校为了生存而艰苦奋斗、上下求索。

1976 至 1984 年，这十年，我们称之为"规范发展阶段"。随着国家"拨乱反正"，走出政治"阴霾"，学校也建章立制，步入了正轨。华山中学在解决了生存危机后，进入了相对稳定的时期，内外压力得到一定程度的缓解、释放。

1985 至 2000 年，这十五年，我们称之为"内涵发展阶段"。随着国家改革的深入，我们也系统梳理、全面规范，建立健全了相应的规章制度，管理进入精细化阶段。向制度要效率，向制度要效益，向制度要质量，是我们追求的目标。

2001 以来的 15 年，我们称之为"品质发展阶段"。格物致知，找准"焦点"，实施精准化管理；重点思考如何自加压力并开启教育自觉的发展新路，华山中学步入了从优秀走向卓越的"快车道"。

回头望，在不同的发展时期，治理中我们聚焦的"视点"也不同。

在"生存发展阶段"，背负内外的压力，我们紧盯学校生存的基础性问题，并以此作为学校管理的立足点；在"规范发展阶段",出于稳定的需要,我们开始思考学校内部的结构性问题,并以此作为学校管理的着眼点;在"内涵发展阶段",为了发展的需要,我们力求解决学校的系统性问题,并以此作为管理的着力点;在"品质发展阶段",为了实现从优秀走向卓越,我们深挖制约学校飞跃的深层次问题,并以此作为学校管理的发力点。

建校 56 年来,华山中学的管理体制(治理结构),随着社会的变革经历了一个较长的演变过程:

先是农二师党委领导下的校长负责制(1960—1966),后是学校"革委会"制(1968—1974),再到巴州党委领导下的校长分工负责制(1975—1982),如今是校党委领导下的校长负责制(1993—2016)。

学校治理,是一项复杂的系统"工程"。

所以,对学校治理的认识,是伴随我们的探索脚步而逐渐深刻的。

经过 56 年的实践摸索,我们日渐明晰了学校治理的"路线图",形成了如下的治理方略。

站在校园文化建设高度、以"三轮驱动"管理模型为支架、紧紧扭住民主这根生命线,建构现代学校治理结构,实现治理的制度化、人本化、生态化、数字化,完成"五个一流"的"学生喜欢、教师幸福、家长放心、社会满意"的教育研究型优质学校的办学目标。

一、站在校园文化建设高度

56 年特别是近 15 年的办学实践,证明了一条真理:要搞好学校治理,首先要突破传统观念对学校管理的低层次界定,要抛弃为了管理而管理的简单思维。要从校园文化的高度认清治理的重要作用和基本思路。

以各种管理制度的制定和实施为主要表现形式的学校治理，基本属于不可见的非物态状况，又时刻处于动态的变化当中。在学校治理过程中，它对校园物质文化部分具有指导和引领作用，对各种具体的物态组成也具有分配和改变功能。

校园治理的这些特征，符合精神文化的基本属性。正是因为这个原因，许多教育专家在探讨校园文化时，都将学校治理作为校园文化的重要组成部分，单独列项，并以管理文化予以命名。从这个意义讲，学校治理的过程不再是各项管理制度的简单制定和管理措施的简单实施，而是对校园文化的主动设计和整体建构。学校的管理者们必须自觉地站在校园文化的认识高度，充分理解学校治理的意义，科学行使学校治理的职能，将校园文化的观念贯彻到学校治理的各环节、全过程。

那么，怎样的治理才算得上优秀的学校治理呢？

我们以为，应符合以下两个"尺度"。

其一，关键要看学校治理能不能贯彻校园文化的理念。只有完整地贯彻了校园文化理念并实现了系统管理的各项目标，才能称得上是优秀的学校治理。那种没有校园文化理念引领的学校管理，有时也可以达到很高的管理水平，但是，功能上的高水平并不代表文化上的高品位和高价值。如那些打着"发展学生、成就教师"旗号，却实行严苛的管理措施并禁锢了学生个性成长和扼杀了教师幸福成长的学校，充其量是"技术训练营和技能培训地"，根本就没有真正的校园文化可谈。

其二，要以学校治理的各项实践培育和滋养校园文化。校园文化是学校最高层面上的精神表现，既高于学校的一切实践活动，又植根于这些实践活动之中。因此，如果能够在学校治理的方方面面很好地贯彻校园文化理念，也就等同于在进行校园文化的具体培植和细节构建。理解了这一点，学校的管理者们就能够从单纯的管理角色中超脱出来，实现"跳出治理看治理"，达到"治理即文化"的新境界，并升华成自觉的"文化人"。而学校治理本身，也将转化成对校园文化自觉培育和全面滋养的长期过程。

建校 56 年来，特别是近 15 年来，我们的学校治理始终高擎"胡杨文化"的旗帜，以"适应环境、长久坚持、无私奉献、乐观向上、开拓进取"的胡杨精神，浸润学校治理的每一个环节。天山、大漠、戈壁、胡杨，正是大自然特有的物性，孕育了华山独有的人文性。

二、以"三轮驱动"管理模型为支架

随着社会需求的变化和人才培养目标的发展，学校的办学思想必须不断完善，办学目标必须适时调整。

教育管理学原理证明，学校办学目标的实现，有赖于管理模式的科学性。

因此，根据形势发展的需要，结合学校的实情，我们依据系统论、教育管理学、人类伦理学和马斯洛的需求理论等，创制了华山中学教育研究型学校管理的"三轮驱动"模型。

1. 模型的理论基础

管理学告诉我们，不同的组织结构会产生不同的组织效率。管理的载体是"组织"，而组织要素，通常包括人员、组织结构、

目标、技术和信息等。因此，华山中学管理模式的变革就要从这五个方面着手，其中"牛鼻子"当属组织结构的变革。

2. 模型的形成过程

借鉴软科学研究中的灰色系统理论的建模方法，本模型的建构经历了以下三个步骤。

语言模型。这属于定性分析阶段，该阶段主要对学校办学思想、办学目标、改革思路、实践策略等进行梳理、明确，并用简练、准确的语言表述出来，形成语言模型，即华山中学教育研究型学校"三轮驱动"管理模型。

网络模型。这属于因素分析阶段，该阶段对语言模型的各种显露的和隐含的因素进行深入剖析，然后找出诸因素间的内在关系，并用相应的图形表示出来。

优化模型。这属于实践检验阶段，该阶段一方面是按照建构的模型进行组织结构与工作职能调整，并在实践中检验其科学性、可行性，进而优化模型；另一方面，通过实践改革为新型管理模式铺平道路，奠定基础。

3. 模型的结构及功能

华山中学既然选择走研究型发展之路，就必须要遵循"人的全面发展"的教育规律，就必然要倡导"崇尚学术、淡化行政、强化服务"，就必然要强化"自上而下的服务意识与自下而上的责任意识"，就必然要营造"人际关系简单化、人事关系透明化"的民主管理氛围。因此，学校的职能就必然集中体现在"教学""研究""服务"三大模块上。通过实践探索和理性反思，我们建构了华山中学教育研究型学校运行管理的"三轮驱动"模型。

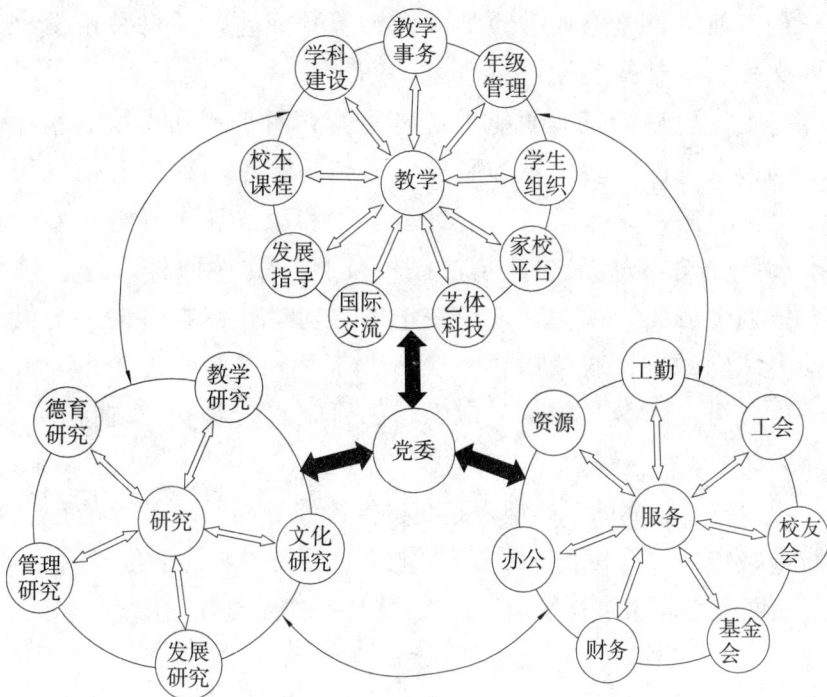

图 1 华山中学研究型学校"三轮驱动模型"

此模型，由三个大轮构成，分别对应着教育研究型学校的教学、研究、服务三大核心职能，排头兵是教学职能。每个大轮的中心轴即为该轮的核心职能，它被若干个节点上的小轮围绕着，表示每个核心功能模块都是由若干个小的功能模块组成，中心轴与节点之间由"辐条"连接。三个大轮的驱动、转向与协调是靠中间的方向轮即"党委"模块所提供。所有轮的自行运转和轮与轮之间的连接都靠制度（工作流程和管理制度）来约束。

"教学轮"，是教育教学的统称，指教书育人融为一体，不可分割。所以，"教学轮"上没有传统的政教处或德育处、教研室，而其他各个小轮职能不分行政级别高低，要围绕着大轮运行。

"服务轮"，是对各小轮工作职能的准确定位，意为要靠牢固树立"以人为本"的思想，主动做好联勤服务保障。

"研究轮"，是指所有教职员工都要围绕工作中的具体问题而

123

展开校本研究，不仅研究教学问题、德育问题，还对关系学校发展的文化、治理等问题进行研究。

三个大轮，即三大职能不是彼此孤立而是相互支撑、相互促进、和谐共进的。教学轮和服务轮遇到的疑难困惑需要借助研究轮来解决，解决结果反过来促进教学轮和服务轮更好地运转；教学轮和研究轮，都需要服务轮提供硬件、软件联勤保障。校党委，把握大方向，即为三大轮按正确方向运转掌控方向、提供思想动力和党的方针政策指导。

由此可见，教学轮，是中心轮；研究轮，是智力支持轮；服务轮，是联勤支援轮。

根据"三轮驱动"模型，我们将传统的校内行政部门界定打破，功能重新定位，并以此为支架，组建了三大中心：学生发展中心、教师发展中心、家校合作中心，构建起较完善的学校治理结构。

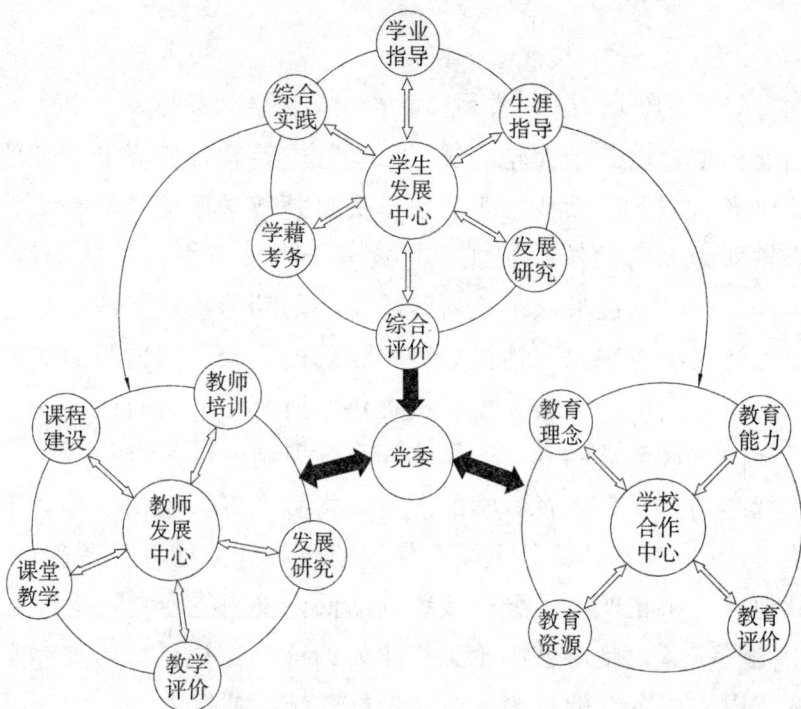

图 2 　"三大中心模型"

三、紧紧扭住民主这根生命线

民主，其核心思想是平等，第一要义是尊重人性。

认清了这一点，才算真正吃透学校治理的精髓；也只有将这一点落到实处，才算真正扭住了现代学校治理的生命线。

1. 营造民主治校的文化氛围

近15年来，我们始终将民主意识和民主精神作为校园文化最重要的内涵之一，以文化启蒙的方式加以宣传和塑造，让民主治校的理念深入人心，并转化为师生员工的内生性需求。为此，我们倡导"崇尚学术、强化服务"的价值取向，秉承"德育开花、智育结果"的教育哲学，坚持"办事程序化、管理制度化"和"两个有利于"（有利于学校的发展，有利于师生成长）的工作原则，逐步营造出以教师为先、教学为上、育人为本的人际关系简单化的良好氛围，为民主治校赢得了最广泛的民意基础，营造了浓浓的文化氛围。

（1）倡导"崇尚学术，强化服务"的价值取向

面对一日千里的教育形势和白热化的竞争实况，2003年我们提出了"文化立校、科研强校"的治校理念，倡导"崇尚学术，强化服务"，并于2013年成立了华山中学教育科学研究所。

作为基础教育支撑的中小学校，少有哪个中小学像华山中学这样，建立教育科学研究所。少有哪个中小学，一年开两次教科研年会，做到组组担课题，人人见成果。

一所普普通通的中小学，为什么要花力气成立什么教育科学研究所？

这不是"小马"配"大鞍"吗？有人提出了质疑。

还真不是。

因为我们明白：一所学校，如果仅在经验层面打转转，而不能上升到理论高度；如果仅仅停留在感性层面思考问题，不能升华到理性去思考，她是不会走得远、飞得高的。

我们更懂得：21世纪学校的竞争力在课程（特色课程），教师的竞争力在课堂（个性课堂），而这一切的"原动力"在科研。

因此，只有让教师置身于科研的常态下成长、成才、成名、成家，一所学校才能走得更远、飞得更高！

（2）形成"自上而下的服务意识和自下而上的责任意识"

在传统的学校管理理念下，管理者推崇的是官本位思想，奉行的是我说你听、我打你通"应答式"的管理模式，喜欢发号施令，甚至颐指气使。这种直来直去、看似高效的管理模式，在管理层与被管理者之间，形成了一种管控、指挥与服从、听命的工作关系。

久而久之，官僚主义在校园弥漫，最终演化为阻碍学生成长、教师发展的一块"绊脚石"。

这种"粗暴"的工作关系，与现代学校治理结构的要求格格不入。针对此，我们提出了"自上而下的服务意识"的治理理念。这一理念，属逆向思维，就是拿"官本位"思想开刀，旨在打破旧有的工作模式。十几年的实践探索，华山中学的管理层，逐渐由以往高高在上的"官老爷"、指挥者，蜕变成为师生提供优质服务的勤务员。管理层的这一角色转换，让人们欣喜地看到，管理者转变了思维、放下了身段，转换了工作方式、设身处地为对方着想。老师们用了一句时髦的歌词来形容这种质变：如今的管理层痛苦着师生的痛苦、幸福着师生的幸福！这些变革，换来了老师们的盈盈笑脸。

这一新理念，不能不说是对传统学校管理理念的一次"革命"！

在传统的学校管理理念下，由于管理流程是自上而下、层层施压、分解落实，从方向上看是单向的；管理层指令的传达、信息的传输，其方向也是单向的，而且由于管理层与被管理者之间环节过多且信息明显不对称，极易造成指令信息的"衰竭"和对指令信息的误解；在管理中，被管理者的被动地位，也决定了其参与决策的主观意愿低下，这一切往往会造成被管理者对管理层的逆反、抵触心理甚至抗拒行为。

长此以往，被管理者应有的主人意识泯灭，形成了"奴才人格"，甚至误认为学校的事情是领导层的事，于是乎，事不关己高高挂起，站在门外观"风景"。

为了打破这种"奴才人格"和"对抗性"的人际关系，我们大胆提出了"自下而上的责任意识"这一新的治理理念，并以多种方式，唤醒师生的主人翁意识。如今，"学校是我家，成败靠大家；什么你我他，都是咱们家"，成了华山校园的流行语、口头禅。基于这样一种正确的认识和正能量四溢的氛围的支撑，被管理者对管理层提出的学校发展愿景和具体任务，有了更多的理解和更高程度的认可，从而产生了积极的认同心理。反过来看，这种积极的认同心理，更容易促成被管理者主动担当意识的建构。以往是"要我干"，而今是"我要干"。被管理者的这一角色觉醒，使管理层与被管理者之间那种抵触、抗拒变为理解、认同，由以前的背道而驰转变为今天的相向而行。

这一新理念，难道不是对传统学校管理思维的一次颠覆吗？

从权利与义务的视角看，"自上而下的服务意识和自下而上的责任意识"，是对管理层和被管理者旧有权利与义务格局的一次全新编排：原权利方被赋予了新的义务，而对承担义务的一方来讲，又给予了新的权利。这一全新编排，排出了校园勃勃生机：华山中学大事小情的决策过程，没有了一言堂的戾气，代之以群言堂的盛景。依法依规、平等协商，成为华山人的理念追求；角色清晰、责任担当，成为华山人的行动自觉；集中民智、反映民意，成为华山人的决策原则。

"自上而下的服务意识和自下而上的责任意识"，触碰了传统学校管理模式的痛点，切中了传统学校管理理念的要害，顺应了现代学校治理的时代潮流。

（3）倡导"人际关系简单化"

中小学校，相较于家庭、单位和社会而言，校园内的角色较单一：一群成年的老师与一批未成年的学生；校园内成员的关系较单纯：成人老师与未成年学生之间、成人老师之间、未成年学生之间三种关系；学校肩负的任务较单一，概括起来就四个字：教书育人。

中小学校，单一的角色背负单一的任务，缔结成的就应该是单纯的人际关系。若让社会上那些世俗的、复杂的、"扯不断、理还乱"的人际关系，"挤进"中小学校园并大行其道，既违背中小学校园生活逻辑，又不合乎教育道义；既不利于学生成长，又不利于教师自身发展。所以，于情于理，中小学校园，人际关系应该而且必须简单化。

当今社会，人们都意识到自然资源的金贵，提倡避免资源浪费，然而，有一种最大、最宝贵的资源，人们却视而不见：心力资源。心灵的荒芜和生命能量的浪费——有限的生命和精力，留给了无端的猜忌和无休止的纷争；美好年华，留给了察言观色、溜须拍马、阿谀奉承等最不应该的地方。自然资源的浪费，可用具体数据和模型衡量，看得见；而心力资源的耗损，没法用数字和金钱显示，看不见。这难道不是一种人类文明的悲哀吗？

美学上，有个著名审美原则：简单就是美。

"人际关系简单化"的治理理念，正是基于此种现实剖析和审美价值判断而提出的。

面对中小学校园单一的角色和较单一的任务，应如何治理？

现代管理学倡导"以人为核心"。

这没有错。

因为，校园所有的事情，无论大与小、难与易，最终都由"人"来完成。那么，围绕"人"思考问题，围绕"人"琢磨事情，便是顺理成章的。而且，我们做事儿，不是最终目的，促进学生的全面发展、成就教师的幸福人生，才是我们的终极归宿。

但是，如果管理过程中"以事情为原点"来考虑，换言之，学校的管理围绕"事"思考问题，围绕"事"琢磨事情，会是怎样的一番情形呢？

从这种思维出发，实施学校管理，管理层就不是每天琢磨着如何"管理人"，而是思考怎样"做事情"、如何把事情"做好"。

学校管理，以人为核心，促进人的全面发展和以事情为原点，围绕"事"考虑问题，两者并不相悖。因为，前者是从管理的最终归宿考量的，后者是从管理的具体途径出发的。目的与途径，两个概念应界定清楚。

基于这样一种界定，我们认为：现代学校治理，不是让下属

（教师、学生、家长）服从于自己的权力，而是上下一起服务于某件事情，实现共同的愿景。所以，学校制定各种管理制度、完善各项规章条例，不是为了"卡"人，跟谁过不去，而是为了"成"事，成就共同的事业。

围绕"事"思考问题、进行治理，不是回避人与人之间复杂的社会关系，不是刻意掩盖人与人之间固有的矛盾，更不是掩耳盗铃、自欺欺人，而是删繁化简，围绕"发展学生、成就教师"这两件"事"，展开治理：就事论事，以事定岗、以岗定人；以事论事，岗变薪变，能上能下；凭事说事，以责束人，以绩成人。

以往校园内复杂的人际关系以及利益博弈，就恰如一张隐形的"蜘蛛网"，束缚着我们前进的脚步，禁锢着我们创造的思维，阻碍了学校的进步。

而围绕"事"想问题、围绕"事"做文章的治理理念，就是在一定意义上"目中无人"，就是走出以往这种凡干事必先考虑这个人的利益、那个人的利益，甚至考虑某些人七大姑八大姨利益的处事模式，一句话，就是撇开复杂的人际关系而直奔工作的主题，就是摆脱"蜘蛛网"的牵绊而集中精力干事。

长此以往，就会掸掉教师身上的世俗浮尘，恢复教师人格；长此以往，人际关系简单化，就成了师生工作、学习的价值判断和审美追求。

这种围绕"事"做文章，人际关系简单化的治理理念，给华山校园带来了清新之气：

等级（官本位）观念淡化了，岗位责任意识强化了；支配人去干的观念淡化了，围绕任务共谋划的意识强化了；管理层"团团伙伙"构建"小圈子"观念淡化了，搭台子组建队伍谋事的意识强化了；靠权力压人的观念淡化了，凭工作能力、人格魅力服人的意识强化了。

这种围绕"事"做文章，人际关系简单化的治理理念，使校园一扫颓废之气，生发了新气象：

看眼色行事没有了市场，"论功行赏"成为管理层的判断时尚；干事为讨某些人欢心没有了市场，能否促进师生发展成为了工作成败的衡量准则；溜须拍马、阿谀奉承、拐弯抹角没有了市场，朴实平等、真情流露、率真表达成了做人本色。

如今，在人际关系简单化的华山校园，师生"怕"校长、书记，不是怕资源、审批和评估等权力掌握在他们的手上，而是敬畏他们清廉、果敢的人格魅力；师生"怕"中层管理者，不是怕他们手中的管理权、指挥权，而是敬畏他们主动担当、顾全大局的工作作风；师生"怕"年级组长，不是怕他们手中的考核权、裁决权，而是敬畏他们舍小家为大家、公而忘我的工作干劲。

人际关系简单化，真的不简单。师生逐步摆脱了以行政级别和官位高低数英雄的世俗标准，形成了以工作业绩大小、学术成就高低和专业成长快慢论成败的崭新尺度。

人际关系简单化，的确不简单。它在纷扰喧嚣的大千世界成就了学校一方"圣洁"，为师生们纯洁的心灵营造了一块可以安放的"圣土"。

其实，唐代青原行思禅师早在一千多年前就参透了世俗红尘，用佛家偈语启示世人：人本为人，何必刻意为人；世本为世，何必刻意处世！

是的，华山中学人际关系简单化的治理理念，就是让纷繁喧嚣的校园，回归本初；就是掸去教师身上的世俗浮尘，恢复教师人格。

15 年的实践告诉我们：一旦把人世间很多世故打破，就能尝到生活本初的滋味——简单之美！

2. 建立民主治校的治理结构

我们站在校园文化建设的高度，根据"玩在华山"办学理念和"三轮驱动"模型，以"三个中心"（即教师发展中心、学生发展中心和家校合作中心）的架构取代原有部门行政机构，用更加简洁高效通畅的机构设置，为民主治校提供组织保障。

为优化治理结构，我们进行了大胆探索：

实行"精简校级、配足中层"的策略，采取了"一套班子、三块阵地"的做法。

我们推行了"扁平化"管理，"砍掉"后勤处，将其职能并入德育处，让德育工作获得具体抓手的同时，也使后勤服务（保障服务被赋予育人功能）更加贴近师生。

推行中层部门负责人合署办公、部门干事合署办公，最大限度地减少中间环节，提高管理效益。

在年级组层面，大力倡导"年级组学校化、年级组长校长化"的工作理念，建立年级既分工又合作的三个委员会，分别负责教育教学、综合安全和文化宣传工作。

在班级管理方面，努力探索"班级组制"管理模式，以突破学生的管理教育由班主任一人承担的瓶颈。

在学生管理层面，以教师的引领为先导、以学校的服务为基础，引导和鼓励学生自我管理、自我服务、自我教育、自我发展。

在家校合作方面，我们建立多层级的家长学校和家长委员会，多管道宣讲我们的办学理念，征得家长的理解和认同；以年级组为单位，每年召开两次家长会，不断更新家长的教育观念，提升家长的教育技巧；通过学校开放日、职场达人进校园、家长进课堂、教师家访、致家长一封信和微信群等多种渠道，编织家校间沟通、交流、合作的纽带，引导家长和社会，理性地参与我校的治理，打破了学校成为"教育孤岛"的局面。

（1）实施"精简校级、配足中层，一套班子、三块阵地"策略

针对学校十二年一贯制、小初高三段、分两个校区办学的实际，华山中学实施了"精简校级、配足中层"的策略，采取"一套班子、三块阵地"的做法。以管理的内容定岗位，以岗位的需要选人员。我校不设立德育副校长、教学副校长、后勤副校长，而是设立学段副校长，副校长对自己"承包"的学段"全面"负责，学段间定期轮岗，从而大大压缩管理层的职位数量，增强了执行层的力量。

这一策略，基本实现了两个校区、三个学段的管理工作因合署协作而分工明确、权责统一，基本消除了校区之间、学段之间以及学段内部的相互掣肘、相互抵触和无效内耗，既降低了学校治理成本，又切实提升了管理效能。

这种做法，有利于发挥十二年一贯制的优势，保证华山中学的育人理念既体现学段特色，又保持其整体性、连续性，为培育"才丰似华，德厚如山"的"大写之人"，争得了足够的时间和空间。

"精简校级、配足中层，一套班子、三块阵地"这种治理理

念，形成了全校贯通的执行力。上至校级领导，下至中层、一线老师，任何一项工作，做到了说了算、定了干、看落实，实现了有理念、有措施、有检查、有反馈、有总结、有整改。学校先进的办学理念，走出了校长室，真正落了地，变成了师生的教育行动，并最终开花结果。

（2）中层干部既能上，也能下

1998 年开始，我校在新疆兵团内率先实行了专业技术人员考核评聘分开的试点，确立"因事设岗、岗变薪变、低职高聘、高职低聘、能上能下"的人事管理制度。

2003 年，实行中层干部全员竞聘上岗，成为兵团教育系统第一个"吃螃蟹"的学校。

我校中层干部实行公开竞聘上岗和任期制度。我们坚持党管干部的方针，按照民主集中制，秉着公开、公平、公正、竞争、择优的原则，从一线教师中选拔优秀干部。干部既能上也能下，打破了干部只能上、不能下的传统；三年一任期，打破了干部终身制。能者上、平者让、庸者下，保持了中层干部队伍的生机活力，打造了坚定有力的"执行层"，为民主治校，夯实了组织基础。

（3）建构合署办公管理新机制

学生找部门问个情况、办个事，楼上楼下到处跑；脸难看、话难听、事难办，家长跑断腿、磨破嘴也没办成事——这就是以前各部门分割办公时的真实情景。

怎样便利地为家长办实事？怎样提高学生学习的效率？怎样畅通教师成长的通道？老思想、老做法、老体制，显然已经不适应新形势下学校发展的需要。

系统论的创立者贝塔朗菲认为，系统是由诸要素组成，组成系统的要素以合理、有序的形式构成整体，就会实现 $1+1$ 大于 2 的效果；反之，构成系统的要素以混乱、无序的方式构成整体，则会导致 $1+1$ 小于 2 的结果。

华山中学，就是要探索在部门及人员不变的情况下，通过优化构成要素，实现 $1+1$ 大于 2 的效果。合署办公机制，就是这样一种大胆探索和有益尝试。

合署办公，顾名思义就是各部门的工作人员在一个大办公室内办公。通过合署办公，打破原来各部门条块分割、各自为战、各自为政的格局，形成上下联动、相互补充、通力合作的一盘棋局面。

合署办公，根据不同的需要，划分为不同的类别。从职能、性质划分，有校长、书记的党政合署；有德育、教研、教务、团委、少先队中层部门的主任合署；有校办、党办中层部门的主任合署；有各部门的干事合署。从学段、层次划分，有高三、高二、高一、初中、小学各年级的合署，有同层级不同班级的合署（班级组合署）。从需要、活动划分，有固定的合署，也有临时的合署。无论哪种形式的合署，目的只有一个，那就是因服务而生，为服务而来，以效率为首。

华山中学的合署，不是简单的合并。各类别的合署，不是简单打通隔墙、桌椅板凳搬家、人员聚拢。它强调德育、教学与教研的融合，注重对教育规律的遵循，追求管理与服务的相得益彰，走出貌合神离的误区。

例如，在义务阶段的小学和初中部，已经建构了德育主任与教研主任"一肩挑"的工作模式。合署办公，使德育与教研，不再是两股道上跑的火车，而是二者相互渗透，有机结合，融为一体。

合署办公体制最显著的优点，是破除了以往各部门之间的壁垒，解决了以往各部门单打独斗、各自为战、小团体主义至上而顾此失彼的被动局面。

合署办公，既加强了部门之间的沟通、交流，增进了解、加深理解，又整合了部门之间的工作任务，减少重叠、缩减环节、降低行政成本。

合署办公，不仅可以实现信息共享、优势互补，相互启发、集思广益，形成合力，而且部门意识被淡化，条块观念被打破，你中有我、我中有你，少了扯皮、少了推诿、多了担当。

合署办公，领导与干事同室，既有助于互相监督、互相敦促，更有助于提升政策的执行力，提升工作的效率。

几年来的实践证明，合署办公体制，破除了以往各部门"自扫门前雪"的陈规陋习，打造了比奉献、比服务、比态度、比配合、比能力的局面，形成了"一条龙服务"的格局，让学生、家长和老师，尽量在一个地方解决所有问题的愿望成了现实。

由竞争走向竞合，将管理转化为服务，把服务变成行动，让每一个有问题而来的人都能得到满意的答复，让每一个合署办公室都成为华山靓丽的窗口，已成为每一个华山人共同的价值追求。

（4）实行"年级组学校化，年级组长校长化"

小学、初中、高中三段，两个校区，近八千师生，十二年一贯制，怎么治？如何理？

确实是一个难题。

我们提出的"年级组学校化，年级组长校长化"治理理念，对于我们这样"超大规模"的学校，不失为"明智"之举。

"年级组学校化，年级组长校长化"，实际上就是将工作重心前移、管理权力下沉和服务靠前。

这样做，把管理的担子"压"给年级组，充分调动年级组的积极性、主动性和创造性，为一线教师提供了锻炼的"机会"、搭建了成长的"平台"；同时，也"解放"了校长。校长从"前台"退到"幕后"，从日常琐碎的管理事务中，解脱出来，集中精力思考办学理念、谋划学校发展未来。

"两化"治理理念，实现了化整为零、任务分解、压力下传，既"解放"了校长，又"成就"了教师，妙哉！

"两化"治理理念，还有利于促进"自上而下的服务意识和自下而上的责任意识"的落地、坐实。

"两化"治理理念，首先有利于"自上而下的服务意识"坐实。

"年级组学校化，年级组长校长化"，不是校长、书记推卸责任的"借口"，要当什么"甩手掌柜"，而是在这种新架构下，重点琢磨如何为年级组提供"优质服务"：方向上的引领、方法上的点拨和硬件上的保障，即如何为他们排忧解难，使之轻装上阵。所以说，放权不是放任，放权不是放羊。

"两化"管理理念，其次有利于"自下而上的责任意识"坐实。

"两化"理念下，年级组要做两个重新界定：一是角色重新界定。现在，年级组就是一个"迷你"学校，教育、教学如何管理，人、财、物怎样配置，年级组长要统筹谋划、合理安排。二是责任重新界定。有一句台词这样说："我的地盘，我做主!"那么，在"两化"架构下，就要求年级组"我的事儿，我负责!""我的任务，我担当!"这样，既有利于消除"等、靠、要"的思想，又有利于减少推诿、扯皮现象的发生，从而强化角色、责任和担当意识。

实践证明，只要一个个年级组"出彩"了，一所学校便成功了。

可见，"年级组学校化，年级组长校长化"的治理理念，是一步妙棋!

（5）从班主任到班级组，众人划桨开大船

班级，是学校的细胞。

只有"细胞"有了生机，学校才有活力。

那么，如何管理班级?

以往的班主任工作制，虽有很多优点，但最大的弊病是形成了一个人累死、其他人事不关己高高挂起观洋景和教书与育人"两股道上跑火车"的现象。为了打破这一局面，我们实施了班级组制，即两个行政班"捆绑"成一个班级组，设立组长、副组长、学科教师、生活导师等岗位，下设三个委员会，分别负责教育教学、文化宣传、安全卫生工作。同一班级组的老师合署办公。

这种打破常规，角色重新定位的做法，目的就是要突破旧的瓶颈，开创"众人划桨开大船"的新格局；就是把所有任课教师调动起来，纳入到"班级组育人的工作圈内"，形成教育的合力；就是要形成一个一荣俱荣、一损俱损的班级组"命运共同体"。

班级组制下，教师首先要根据自己的专业特长、兴趣爱好和脾气性格，自主选择"角色"；其次明确自己"角色"的权利与义务，即自己该享有哪些权利，应承担什么职责；第三是理顺工作程序，从学生的学习到生活，从日常事物的管理到突发事件处置，做到按"规则"办事，努力实现问题不上交，矛盾不激化，既教书又育人。第四是坚持责、权、利相统一的原则，做到奖罚分明，既有经济上的硬考核，也有精神待遇上的真兑现。多劳多得、少劳少得、不劳不得，把按劳取酬落到实处。

"一个和尚挑水喝，两个和尚抬水喝，三个和尚没水喝"，是管理学中著名的"和尚悖论"，这一悖论也是我们改革初期所担心和忧虑的，但在我们的努力下，这一悖论被化解掉了，形成了"三个和尚"既分工、又协作有水喝的全新格局。

（6）学生自我管理、自我服务、自我教育、自我发展——唤醒学生的"主人"意识

教育的目的是什么？

这是每一位教育工作者，应该认真思考和必须回答的问题。

英国著名教育家怀特海先生，以哲学家的视角，对此做了深邃的思考，从教育论、教学论和教育体制等多方面，予以了回答。

由于东西方文化的差异和翻译的原因，这部伟大的著作，普通教师今天读起来确实感到艰涩难懂。

我们一次购进400多册，放在图书馆，要求每位教师，借来读，拿来"啃"，领会其内涵。

实践证明，我们的老师特别是管理层，读懂了怀特海先生这部伟大的著作，吃透了《教育的目的》，有例为证。

我们学校，从早操、早读，到午休、晚自习；从一日三餐监

督，到自行车的规范摆放；从周一的升旗主持，到周六的自主大阅读；从学期初的新生军训，到每年两次的春季秋季运动会；从高二的成人礼到高三毕业的篝火晚会，等等，校园的一切活动，均由学生们担纲"主角"，而教师却成了引领者、参与者和分享者。

我们懂得：一项活动，其实就是一个平台；一个"岗位"，便是一次机会。在这些多姿多彩的平台上，学生们自我管理、自我服务、自我教育，从而最终实现自我发展。

有人可能要问：为什么要让孩子们担纲各种活动"主角"呢？

问得好！

"学校"到底是什么呀？是孩子们学习、生活和成长的家园。

既然如此，学校的真正"主人"应该是谁呢？

是校长，是老师们，还是上级主管部门？

都不是。

孩子们，才是学校的"真正"主人。

所以，我们的教育工作者，既要重新"定位"自己——我们是引领者、参与者和分享者；又要重新"定位"学生——孩子们才是学习活动和学校事务真正的主人。

所以，学校必须积极为孩子们搭建"舞台"，创造"机会"，把孩子们推到"舞台中央"，聚到"镁光灯下"，让他们演绎属于自己的那份精彩。

唯有如此，孩子们的"主人翁"意识才会逐步被唤醒，并逐渐学会"当家作主"！

3. 完善民主治理的制度体系

为适应品质发展的需要，使学校从优秀走向卓越，我们对学校的各项制度进行规整、梳理，革故鼎新，推陈出新，先后推出"倒三七"绩效考核、高职低聘和低职高聘、中层干部全员竞聘、岗位与工资挂钩、特殊贡献奖励、学术能力考核等一系列新制度，实现了工作重心进一步下移，权力进一步下沉，服务进一步靠前。

同时，我们对学校的民主决策机制和执行机制进行明晰，建立起党委会、校委会、职工代表大会、学术委员会等不同层级和不同功能的会议制度，确保决策信息和执行路径双向通畅。

近 15 年，我们还建立、健全了以下五项治理制度。

教师招聘学科组负责制。我们将招聘教师的权力完全下放到学科组，从招聘计划的拟定、专业知识与技能的考核，到是否决定录用等，都由学科组教师团队"说了算"，最后只需把结果报给学校备案。这一制度的建立，使领导干部任意安插亲信的历史，一去不复返。

教师邀请专家制度。任何一位教师都有权邀请自己认为有水平、有能力的专家来校开展学术交流。学校倡导教师建立自己的学术圈子和网络（人才资源库）。

教师个人申请培训制度。如果教师认为能找到适合自己的学习场所，可申报，学校批准后可前往学习。

教育协作议事会制度。我校成立由政府主管部门、家长代表、社区代表、专业人士代表以及教师代表等组成的教育协作议事会，议事会按照章程参与学校管理工作，作为学校的咨询、协作机构，架起政府主管部门与学校，社会与学校沟通、交流、合作的桥梁。

信息公开制度。我校实行校务、党务双公开，畅通民主渠道，切实保障教职工的知情权、参与权和监督权。让权力在"阳光下"运行。给师生、社会一个明白，还管理层、学校一个清白。

在此基础上，我们重点就学校招生、建设施工等，关系各方切身利益的问题制定了便于操作的管理和考核细则。

这一系列的努力，使学校治理做到了说有所依、做有所据，从而为民主治校提供了强有力的制度保障。

（1）"拿掉"校长手中的招生"特权"

对于华山中学这样一所在本地区享有较高知名度的优质中学来说，每年的招生季都是校长的"头痛季"，因为"说客"和"条子"纷至沓来，管理层疲于应付。

为了体现招生制度的公平性和严肃性，随着民主治校理念的形成，华山中学党委果断决定，从2005年起，将学校的招生权完全下放给教务处，学校领导层全面退出招生工作，校长也不例外。而教务处的招生计划、招生过程，完全按照程序化的招生制度严格执行，招生条件、录取结果详细公布，接受社会各界的"全方位"监督和"检阅"。

我们的这一"特殊"制度，校长确实是"丢掉了"招生特权，但是，学校却赢得了学生、家长和社会的广泛赞誉和一致好评，营造了一片风清气正的教育"艳阳天"。

（2）"倒37"，用好经济"杠杆"，激活一池"死水"

工资奖金，是每一位教职员工的生活来源，也是学校治理的重要经济"杠杆"。

2006年，在学校教职工中全面推行人事制度改革，"倒37"的绩效考核机制在全国教育系统开了先河。

一般的中小学校，奖金"大盘子"中，70％拿来作为基础部分，论资排辈，职称高、工龄长，理所当然多拿；职称低、工龄短，自然就要少拿。30％拿来作为奖励性绩效发放，因为比例小、"不痛不痒"，自然就养了一批"慵懒散"、不思进取混日子的人。

而我们学校来了个倒3∶7，即30％作为基础绩效，70％拿出来作为奖励性绩效。这一简单的重新排列，不得了！它排出干劲、排出激情、排出了效率。以往那种"干多干少、干好干坏、干与不干一个样"的"大锅饭"，被彻底打破了，一池子"死水"，泛起了"波澜"。我们学校的老师们，"撅着蹶子"干工作，"撒着花儿"干事情，就不足为奇了。

"倒37"，正可谓四两拨千斤。

"大众创业、万众创新"，是时下中国社会的流行语。那么，什么是创新？其实创新一点也不神秘，就学校治理而言，创新就是体制内的人敢于尝试体制外的人所做的事情。

4. 构筑民主治校的发展空间

我们围绕民主治校所进行的系列探索，在不少方面已经超越了国家现有政策的规定，比如三大中心主任的岗位与上级组织部门的传统编制无法"对接"，又如"倒37"工资分配方案与上级人事部门的现有政策无法"匹配"，教育研究所在上级教育主管部门的体制"目录"中也"找不到"。为此，我们以校党委会的名义与上级主管部门积极沟通、协调，努力征得领导的理解、支持，在服从组织要求的大前提下，学校内部进行灵活调整，科学安排，做到人尽其才、物尽其用。

另外，一些改革措施如"倒37"工资分配方案也曾面临教师的阻力，学生自我管理方案遇到家长和社会的质疑，为此，我们同样拿出足够的诚意，耐心解释，以提高大家的认知；通俗讲解，求得各方的认同。

正是有了这种敢于"捅破"现有落伍政策"天花板"的勇气和敢于"越雷池"的信心，正是有了对教育的执着和对人的真诚，我们为民主治校构筑了相对宽松的腾挪空间。在"管、办、评"没有完全分离的时代背景下，能拥有这样一份勇气、信心和真诚，委实难能可贵！

56 年特别是近 15 年来，我们始终以莎士比亚《哈姆雷特》的这句名言自警、自省、自勉："我即使被关在果壳之中，仍自以为是无限空间之王。"

第四节　探索：永远在路上

56 年的办学实践告诉我们，有些事情，如若跳出"学校"这个圈子看，比如学校治理如果从医学角度去审视，会另有一番"韵味"——

治，从病理学上说，其实就是"治疗"。一个人，有了病，不治疗怎行呀？理，从病理学上讲，当然就是"调理"。一个病人，吃了几副药、扎了几次针，不可能立竿见影、药到病除，需要调理。

由此我们说，学校治理，其实也是一个"治""理"过程。所以，学校内外出现了问题，不回避，应及时"治"，找准"病灶"，对"症"去下"药"；二是学校出了"问题"，不心急，要懂得"理"，允许"病人"有个康复期。

56 年特别是近 15 年的办学实践证明：一所名校、一位名师，对于一个学生人生的真正意义与价值，其实不在于它教会了孩子多少知识，也不在于给孩子们多少技巧，而是一种生命性灵的润泽。孩子们是被这所学校特有的文化滋养大的。因此，校园文化建设，将始终是我们学校治理的核心和灵魂。

56 年特别是近 15 年的学校治理实践，使我们深深体会到：

现代学校治理，必须构建决策科学、执行坚决、监督有力的权力运行体系，努力实现干部清廉、清明、清正。

建立现代学校制度，要把民主融入学校治理的全过程，不留"死角"；把民主渗透于教育教学的各环节，不留"空白"；把民主贯穿于学校教育、家庭教育和社会教育的各方面，不挂"空档"。

学校治理要与学生、教师、家长贴得近些、再近些。校长，要树立为老师、学生的成长"提袋"的思维；中层管理者，要形成教师、学生的发展"拎包"的理念。因为，某种意义上讲，学校治理就是为师生和家长"服务"。

学校不是某个人（校长）才艺的"炫技场"，而是学生成长、教师发展和家校协作的"大舞台"。

56 年特别是近 15 年的探索，还告诉我们这样一个朴素的道理：

民主与法制，是车之两轮、鸟之两翼，法制是民主治校的"守护神"。然而封建社会在我国延续几千年，其流毒颇深。因此在学校治理方式上，要进一步强化依宪治校、依法治教，要依据国家相关的教育法律法规，积极建构以法制为基础的治理体系，根除学校治理中有法不依、政大于法等现象。要把法制挺在前，绷紧法制治校这根弦，让学法、守法、按法律办事，成为全校每一个成员的基本素养。

10年前，我们就明确提出了"数字化"的治校理念，即利用互联网和大数据，整合校内各种信息资源，形成一种全方位、全时段、高效便捷的人机互动管理系统。但是，由于经济因素的制约和管理层意志力的缺失，这一理念始终没有真正"落地"，我们的数字化治理体系始终没有踢出第一步，这也是我们十年来学校治理最大的缺憾。

借助互联网＋，让现代科技为现代学校治理插上腾飞的翅膀，是我们下一个五年学校治理中应重点考虑的问题。

都说当操作工易，做治理者难。是的，机器是"死的"，而人是"活的"。人，有血、有肉、有情感……正因为难，我们才知难而进，迎难而上；正因为难，我们才以胆和识做"笔"，以真诚和坚守为"墨"，在教育管理学上，去描摹属于华山人自己的一片色彩。

实践没终点，探索无止境；在继承中创新，于传承中超越。我们会进一步打破旧有思想的禁锢，更新观念，摸准教育发展的"脉搏"，深化各项改革，提高办学的开放水平，形成与时代发展相适应、与社会进步相一致的充满活力、富有效率的学校治理模式，办出具有华山特色、国际水准的现代教育。

华山人，完全有信心为中国基础教育对更好治理模式的探索提供华山方案。

第五章　现代学校的体制保障

——吴兴高级中学的学校管理

2013 年 11 月，《中共中央关于全面深化改革若干重大问题的决定》全文公布，明确提出了"深入推进管办评分离，扩大省级政府教育统筹权和学校办学自主权，完善学校内部治理结构"的教改新思路。自 20 世纪 80 年代以来，政府对教育管理体制进行了一系列改革，这些改革的核心是下放管理权限、引入竞争机制、落实办学自主权、提高学校的生机与活力。应该说，通过改革，逐步确立了学校相对独立的主体地位，大大激发了学校的办学活力。然而，由于学校法人治理意识不完善，尚未从根本上真正理顺政府监管和学校自治、学校办学与社会问责之间的关系。十八届三中全会提出了由"管理"走向"治理"的新思路，一字之差，蕴涵着重大的理论创新，治理的精髓是多元参与，因此，中国教育管理体制变革的核心是从管理逻辑走向治理逻辑，学校治理是现代学校的体制保障。

第一节　嬗变：学校从管理走向治理

一、学校管理与学校治理

学校管理：学校管理是学校管理者通过一定的机构和制度采

147

用不定期的手段和措施，带领和引导师生员工，充分利用校内外的资源和条件，整体优化学校教育工作，有效实现学校工作目标的组织活动。

学校治理：学校治理是指学校管理各种方式的总和。它是使相互冲突的或不同的利益得以调和并且采取联合行动的持续的过程。

二、学校从管理走向治理

"管理"存在着主体与客体的界分，即管理者与被管理者。当代管理变革的一个重要理念和价值取向，即以"治理"消除这种主体与客体的区别。"治理"往往指"协同治理"，强调社会多元主体的共同管理。在这种模式下，尽管校长依然是学校管理功能和责任的承担者，但是由于校长、教师、学生等不同行为主体间形成了一种有机合作关系，从而让更多行为主体以"管理者"的身份出现，承担治理责任。

"治理"相较于"管理"，既是目标又是手段，它克服了管理仅限于手段的片面性，体现了更多的善治因素，包括服务性、法治性、透明性、参与性、内生性、回应性，是一种多元、开放、互动的行为模式，克服了"管理"行为的人为性、单向性、封闭性、控制性、约束性、垂直性的弊端。从"管理"到"治理"，虽只一字之差，但更加强调多元参与，更加注重发挥自主性、能动性，更加注重激发内生动力，更加注重和谐局面的构建。因此，在党和政府的领导下，动员社会团体和组织，发动社会和个人的力量，用法制的手段推进社会服务、社会管理，既能保持社会活力，又能促进和谐稳定。

传统的管理是一种科层制，具有强烈的行政色彩，具有自上而下的垂直性。治理的完整表达是共同治理，强调的是一种民主性、协商性、公开性与透明性。治理的主体具有多元性，在很大程度上，治理是对管理的一种扬弃与超越。这种扬弃与超越，正是需要在也必须在制度层面得到体现。对治理的呼唤，正是对制度变革的呼唤；对治理的要求，也正是对制度变革的要求。实施治理的本质与核心，恰恰是一种制度的变革与创新。治理与管理的不同，从根本上看，是制度设计与制度运行的不同，因而也是制度的力量或制度产生作用与效果的不同。制度的力量本身说明其所禀含的能力或功能。由此，我们可以进一步认识到，治理能力的现代化乃是与制度的现代化息息相关。治理能力的现代化，本质上是指以良好的先进的制度设计与制度安排实现治理能力的发展。

正如复旦大学国际关系与公共事务学院教授唐亚林所言，治理现代化包含三个重要的逻辑要点：一是制度，二是组织体系，三是能力。即以能力建设为导向，以组织的功能优化为重点，以制度建设自我完善为落脚点，充分展现中国特色社会主义制度的优越性和独特性。

第二节　制度建设：学校治理的关键

一、学校治理与学校制度改革

学校治理创新的核心就是建立现代学校制度。依法办学、自主管理、民主监督、社会参与，现代学校制度的这些基本特征要求，一要理清学校与行政、社会的关系，重在明确学校的办学自主权，为学校行使教育权创造良好的政策环境和社会环境；二要处理好学校的内部关系，制定完善的章程和制度，重在保障教师的专业自主权和学生的健康快乐成长，形成学校内部的民主风气。所以，现代学校制度是对家长和社会，教师和学生对学校管理的知晓与监督、参与与表达的积极回应，是保护和激发校长、教师从事教育改革与实践的积极性、创造性的有效途径，也是践行以人为本的管理理念、实现依法治校、构建和谐校园的必然要求。

首先，推进学校治理是因为在既往或现行的教育中，学校治理能力存有不足与缺陷。而这种不足与缺陷，又是由于制度的制约与障碍。吴兴高级中学建校 15 年来，随着我国的教育改革在不断推进，学校的改革也在不断行进中，学校改革的重心仍在学校制度改革上。如学校内部管理体制的改革，学校教学制度、课程制度的改革等。这场堪称旷日持久的学校改革，也在不断地显现出积极的进展与成效。然而，与教育改革总体目标要求相比，现行的学校制度变革，依然存在突出的问题与差距。一是学校改革存在着路径依赖，受到原有制度惯性的强烈影响，改革在进行中，却不自觉地走向既有的路径，人们对原有学校制度的习惯性遵从阻碍了改革的脚步。二是学校制度的改革长期停留在一种状态，缺乏实质性的变化与改观，从而导致对改革的麻痹与懈怠。因此，学校制度变革的艰难或停滞不前，便成为深化改革、学校治理的动因。

另一方面，从推进学校治理的需要来看，学校的领导者，包括主管学校的领导者和校内领导者，还没有形成一种现代治理意识与治理观念。对待学校事务和学校工作，领导者们还习惯于传统的行政管理，习惯于政府对学校的控制。而在学校自身层面，共同治理学校的意识也没有在学校校长和学校教师中很好地确立。这对推进学校治理自然形成了障碍。

其次，建设现代学校制度已成为现阶段深化教育改革的重要内容与任务，这也应成为推进学校治理的突破口和关键。《国家中长期教育改革租发展规划纲要（2010—2020 年）》对深化教育体制改革进行了全面部署，其中，建设现代学校制度已成为深化教育体制改革的重要内容与任务。《规划纲要》在提出建设现代学校制度的同时，对如何建设现代学校制度进行了明确的表述，这就是：适应中国国情和时代要求，建设依法办学、自主管理、民主监督、社会参与的现代学校制度，构建政府、学校、社会之间的新型关系。从这一表述中，我们能够认识现代学校制度的内涵，也能认识建设现代学校制度与推进学校治理能力现代化的密切关联。现代学校制度所遵循的法治理念，所倡导的自主性、民主性、共同参与性等同学校治理的要求与特性并无二致。现代学校制度正是遵循现代治理理念而构建的学校制度。走向治理，是现代学校制度建设的出发点，也为现代学校制度建设确立了宗旨与方向。建设现代学校制度实质上是建立一种新型的学校治理制度，也是建立一种共治和善治的学校制度。离开了治理理念的引领，我们难以想象如何建设现代学校制度；同样，离开了建设现代学校制度，我们就难以想象如何推进学校治理的现代化。因此建设现代学校制度也就理所当然地成为推进学校治理能力现代化的关键。

二、构建社会与学校的新型关系

建设现代学校制度，需要重构社会与学校的新型关系。长期以来，我国基础教育学校与社会之间存在着一种隔离的倾向。学校虽然处在社会之中，但学校实际上也游离于社会之外。由于学校自我封闭于社会，社会对学校的发展也表现出一种支持的缺乏。社会对学校的关心，也只是作为社会成员中的学生家长对学生学习成绩的关心，对学校升学率的关心。在较普遍的范围内，我国的基础教育学校，只与政府发生着联系，很少与社会发生联系。随着课程改革的不断深入，我们在构建社会与学校的新型关系中，做了大胆的尝试与改革。我们聘请了法制副校长，定期来学校讲课；我们开办了吴高博闻堂，邀请专家、学者及社会精英，为广大师生开设讲座；我们大力开展社区志愿者活动，为学生提供更多的接触社会的机会；我们还与大学合作，请大学老师与学校教师共同开发选修课程；我们常年坚持办好家长学校，请家委会成员参与学校的管理，大力促进社会对办学的参与，促进学校对社会的适应。在构建一种新型的社会与学校的关系的同时，更多地激发社会参与办学的热情，扩大了社会参与学校管理的渠道，也从另一个维度增强了对学校的共同治理，促进学校治理能力的全面提升。

三、构建学校内部的和谐关系，促进学校的共治与善治

建设现代学校制度，本质上也是为了使学校制度更加民主化和人性化，从而更好地调动学校师生的积极性，促进学校以人为本的快速发展。依据《规划纲要》的要求，在基础教育学校内，建立现代学校制度，和谐的学校环境是与进一步深化学校内部管理体制改革相关联，也是促进学校共治与善治的重要保障，在构建和谐的学校内部关系，我们主要从以下四个方面进行。

1. 共同参与强化主体意识

传统的学校管理模式一般就是以行政班子作为单一的主体对学校进行控制，学校系统内的其他组织如工会、共青团、学生会以及学生社团在学校管理中只起辅助或陪衬作用，师生作为学校主体的地位没有得到充分尊重和确认，师生参与管理学校的主体作用没有得到充分发挥和施展，师生谋划学校发展的意愿和自身发展的诉求没有得到充分的理解和满足，由此而发生的矛盾和纠纷自然也就难以得到及时有效的化解，学校工作在推进中无法得到广大师生的配合和支持，长此以往必然影响学校的发展。所以，面对复杂多元的学校主体，单纯依靠学校的行政推动显然已不适应形势需要了，必须动员以师生为主体的学校各方面力量形成合力，共同参与学校治理，如学校工会、团委、学生会等，为广大师生搭建更多的平台，使更多的教师和学生参与学校的治理工作。这里最基础也是最重要的，就是要注重主体培育。要加强法律政策宣传，教育师生和学生自治组织依法行使权力、履行义务，依法维护合法权益，正确处理集体与个人的关系，在支持事业的发展与谋求个人的进步成长中获得双赢。

2. 沟通协商提高决策能力

传统的学校管理往往是垂直的、纵向的，强调的是自上而下，强制约束，执掌和行使决策权的范围封闭，难以吸收师生智慧，有时甚至脱离实际。这样的决策由于既不透明又不接地气，往往得不到师生的理解和支持，实施起来也常常被动，甚至受到抵制。随着改革开放的深入和学校民主管理进程的推进，师生参与学校管理的民主意识不断增强，师生对学校管理与决策的公开、公正、公平更加期待，对平等协商沟通的诉求更加强烈。因此，必须改变过去那种居高临下的态度和作风，发挥教职工代表大会、年级组、教研组、家长委员会以及学生社团等团体的作用，让教师、学生和家长参与到学校决策的酝酿生成过程之中，充分尊重教师、学生和家长的知情权、参与权、建议权、监督权，集中民智，尊重民意，这样，不仅从制度层面提高了决策的科学化、民主化水平，从而赢得更多的民意支持，还能在实施决策的过程中得到更广泛的民意响应。在日常管理中，要敞开并不断创新沟通渠道，通过座谈交流、校长信箱、校长热线、QQ群、微信群、吴高论坛等形式，广开言路，在多层面的对话中，汇聚改进工作的良策，引导舆情的正确释放，把师生的精力集中到关注学校持续发展的目标上来。

3．多措并举形成合力

传统的学校管理人治色彩较浓，缺乏规范科学的管理体系。社会治理现代化的关键是制度。在建设现代学校制度的过程中，首先要体现法治精神，即民主法治社会中所普遍尊崇的法律至上、公平正义、保障人权、权力制约、社会和谐等价值追求；其次要体现民主意识，要让教师和学生在规章制度和班规公约的自下而上到自上而下的生成和实施的全程参与中受教育，从而激发师生的主人公意识，激活学校各基层组织的活力，培育师生在学校事务和教育教学活动中自我管理、自我教育、自我监督、自我服务的内生动力。在注重制度建设的同时，重视德育的教化作用，通过丰富多彩的德育实践活动和校园文化活动，提升师生的品质修养和行为自觉。

4．服务导向更新职能理念

"管理"与"治理"从本质上讲，最大的区别就是前者强调控制，而后者强调服务。随着信息时代的到来和市场经济的不断发育，人们的思想与行为越来越开放活跃，对学校管理而言已无法通过单向的控制与约束来实现目标的达成，只有在加强和创新学校管理中坚持和运用社会治理的理念，牢固树立以人为本、服务为先的意识，变控制为疏导，变约束为服务，切实解决师生思想、学习、工作和生活中的困难，依法维护师生的合法权益，及时回应师生的正当诉求，积极创造宽松愉快、向上进取的环境，主动提供与师生的成长与发展相适合的服务，才能凝聚人心，汇聚能量，协同步调，从而实现学校与师生个人的共同发展。

现代学校制度的构建是立体的、多维的，同时也是整合式的。这样的现代学校制度，正是一种新型的学校治理制度。这种制度的良好建构与实施，也必将大力推进学校治理能力的现代化。

第三节　学校治理制度案例：吴兴高级中学治理总方案

教育质量是基础教育改革与发展的主题，如何提高质量是当前教育改革发展的核心问题。建构学校教育质量治理体系，为办学质量提供保障系统，全面提高学校教育质量，特制定本方案。

一、指导思想

以现代教学管理理论为指导，构建学校教育质量目标管理系统，强化教学质量监测与评价，实施教育质量目标管理，调动校长、教师和学生的积极性，促进教学理念和教学行为的转变，促进教育质量的全面提高。

二、基本原则

1. 正确的质量观原则

实行全面质量管理，全面提高教育质量，实现"以人为本，促进成长"的育人目标，促进学校进一步提高教育质量和办学效益。

2. 评估监测可操作性原则

重视监测措施的可行性和监测结果的可比性，通过质量监测，及时了解教学质量的变化情况，调整教学策略，并为教育决策提供依据。

3. 过程管理原则

克服重结果、轻过程的现象，加强对教育全过程的检查、督促，把教育管理具体落实到教学工作的各个环节中，促使学校、教师对教学情况进行有效调节与控制，激励学校领导、教师对教学情况进行深刻反思，发现问题，改进教育。

4. 评价的多元性原则

教育管理和评价的内容要多元化，既要重视学生的学业成绩，也要重视学生的学习能力、创新能力和实践能力；要重视各方面人员在教育管理过程中的作用，实行教师、校长共同参与的教育质量层级管理及监测，动员各种教育教研力量参与质量管理及监测，提高治理效益。

5. 发展性原则

坚持"以人为本"的现代管理理念，充分调动广大师生的积极性，促进教育管理队伍不断优化，促进教师专业水平和学生学业水平的提高，促进师生的共同发展。

三、吴兴高级中学教学质量管理领导小组

组长：严忠俊

副组长：吴建新、潘悦昌、史文波、徐国华

组员：徐红、田葵、吴红权、陶鎏、莫幸华、俞作为、方建华、朱丽萍、徐莉、刘晓东、曹旭英、李红宇、卞红莲、鲍明海、费红丽、杨丽萍

领导小组下设 4 个工作小组：

决策与规划组：

组长：严忠俊

副组长：潘悦昌

组员：徐红、莫幸华、方建华、朱丽萍、刘晓东、费红丽

教育质量治理组：

组长：吴建新

组员：吴红权、卞红莲、鲍明海

教学质量治理组：

组长：史文波

组员：田葵、陶鎏、徐莉、曹旭英、李红宇、杨丽萍

后勤服务保障组：

组长：徐国华

组员：俞作为

学校教育质量管理工作领导小组日常办事机构设在校长室。

四、总体目标

1. 治理系统化、规范化、科学化

形成教育质量监测与评价机制，使教育管理规范化、科学

化，符合新课程改革、新高考和各学段学生培养目标的要求；建设一支由校长、中层、教师、学生等组成的教育管理队伍，形成教育工作齐抓共管的新局面。

2. 大幅度提高教师的素质

造就一支师德高尚、学科知识过硬、教育业务精良的教师队伍。提高教师的教育能力和专业水平，促进教师的发展，使教师的综合素质有较大幅度的提高。

3. 全面提高学生的学业成绩

用科学的评价手段测量学生的进步程度。以学生现有的学业成绩水平为基准，通过形成性评价，促使学生能在教育质量管理及监测过程中取得长足进步。

五、主要措施

1. 加强调控和指导，提高教育管理的效益和管理者的水平

主要包括：树立"质量第一"观念，统一思想、抓好教育常规工作，重视教育工作计划的制定和组织实施，实行有序管理、完善各项管理制度，依法治校、加强对教育全过程的管理、加强对教育工作的指导、定期对中层领导及其他教育管理人员的专业水平和管理能力进行考评，作为年度工作考核的重要内容等。

2. 加强德育工作的管理，提高德育工作的实效，形成德育品牌

主要包括：进一步加强德育工作，逐步形成自我激励、自我约束、自我管理、自我提高的制度文化；进一步丰富红十字德育课程体系，让吴高学生具有特别的素质和特别技能；进一步做好高一"读书节"、高二"科技节"、高三"成人节"等活动，形成

德育课程，成为特色精品活动；加强志愿者服务活动，强化学校、家庭、社会三位一体以及志愿者活动、红十字精神传播等的德育功效，形成组织规范化、活动多样化、成效最大化的局面；进一步强化安全意识，重视安全设施投入，不断提高消防水平；通过班主任能力大赛等活动，形成一支素质良好、富有爱心和奉献精神的班主任队伍；大力培养各层面学生干部，推进分年级学生自主管理制度，探索有效的行为规范训练体系。

3．加强教学工作的管理，提高教师的教学能力和专业水平

（1）抓好教师队伍的基本建设，努力提高教师队伍的整体的素质

教师队伍的建设工作要侧重抓好以下几个工作：①教师的继续教育培训工作。提高教师的教育教学理论水平，主要通过校本培训及省市教师继续教育中心的专业培训；②抓好新课程的理论学习和实践探讨工作，努力适应深化教育和教学改革的需要，建立与现代教育相适应的教学模式；③抓好教研组的教学研究活动，提高教师学习教材、研究教材、运用教材的能力，集中学校的教学力量的骨干，为学校的教学发展出谋划策；④加快学校的骨干教师、学科带头人和名师的培养步伐，发挥其在教学工作中示范作用；⑤充分利用课题研究的平台，发展教师的理论水平和教学能力。

（2）加强教学管理工作，提高教学质量

学校的教学管理在学校教学的整体质量中具有决策作用、指挥作用、规范作用和评价作用。在管理过程中，教学主管部门必须做好以下几个方面的工作：①做好学校教学质量的调查研究工作，努力真正掌握教学管理的第一手资料，保证教学管理工作决策的准确性；②做好学科教学质量水平的层次调查、年级质量结

构的组成调查、质量产生原因的调查，质量影响因素的定位评价，准确反映造成学校质量现状问题的评价工作。③制定各年级的教学目标管理实施细则，在教学管理的过程中，必须积极贯彻学校的管理意图和管理的基本要求，认真抓好各项工作的实施和落实工作，做到有目标、有措施、有布置、有指导、有检查、有落实、有评价，对于在落实过程中出现的问题，应该积极反馈，提交学校研究解决。④要做好教学质量的发展状况的监控工作，突出过程管理的效应作用。⑤做好教学服务工作。教学服务工作的核心是保障教学的基本秩序和教学质量，为提高教学效率和教学的效果做出贡献。在教学管理的过程中，要侧重解决好教师的教学器材的保障、教研的组织保障、教学教具的供应、教学的秩序建立、教师理论学习的组织等。

（3）加强教学研究工作，提高教学的水平

充分发挥教务处、研训处、教研组的教学研究功能，要以课题研究为龙头、以校本教研为中心、以教育理论学习为手段，努力提高学校的教育教学，每年根据学校发展的情况和教育教学中出现的问题，开展相应的课题研究，不断培养教师的研究习惯和研究水平，促使教学研究形成氛围，达到以教研促质量的目的。同时要加强校本教研活动，加强学科的集体备课，提高集体备课效率。集体备课必须集中体现教材的学习与研究工作、教学方法和教学模式的研究工作、有效训练模式和能力发展的方法研究工作、做好教学反思和教学反馈工作等，以真正解决教学中出现的各种实际问题。

（4）加强课堂教学的管理，提高课堂教学的效益

课堂教学质量的问题是教学中存在的普遍性问题，在课堂教

学的过程中，必须加强课堂的常规管理和教学效率的提高，加大课堂教学过程中学生参与的力度，准确制定学习目标和教学方法调控，灵活进行教学模式切换，提高学科教学的实效性。课堂教学管理要形成以学科教研组管理为中心的管理模式，教研组要建立听课、说课、评课的教学研究管理形式，定期召开以教学研究为中心内容的教研组活动，把教学研究的触角延伸到学科的课时教学的管理中，努力激活课堂教学管理的机制。同时教研组要积极配合教务处的管理要求，及时向学校教务处反馈课堂教学管理的信息，为学校教学决策提供基本的依据。

（5）建立学校教学质量检查的基本制度，提高教学质量监控的能力

学校以各学科的阶段性测试、期中考试、期末考试等形式进行学校教学质量检查。质量检查考试工作由教务处统一命题、统一组织、统一阅卷、统一统计、统一评价为原则。坚持每次大考后的"双重质量分析"制度，即教研组和年段的质量分析会制度。教研组内质量分析侧重从学科专业知识、试卷难易及知识缺漏等方面开展质量分析，年段质量分析侧重从教与学的配合、课堂教学管理、师生互动关系等方面开展质量分析。在质量检查中，要坚持反馈问题，促进教学、提升教学质量的基本原则，努力以课堂教学的管理为中心，真正反映课堂教学的实际水平和实际情况，提高学校教学管理决策的正确性。

（6）加强学生的学风培养、形成自主的学习氛围

在学生的学习过程中，学风管理是教学管理的重要内容。学风是学生学习质量的根本保障，是提高学习质量的基本因素。在学风培养的过程中要侧重做好教学常规管理工作，引导学生在预

习、听课、实验、复习、作业、拓展课外知识等方面养成科学的态度和良好的习惯，形成严谨的作风和善于钻研的精神。努力培养学生主动学习的精神和积极进取的态度，创造良好的条件和环境，引导学生广泛涉猎课外知识，构建良好的知识面，培养学生的创新精神，敢于质疑、善于质疑，用质疑的态度来提高学生的学习品质和学习水平。

（7）加强学生的学习心理的辅导，增强学生的学习信念

学生的学习心理的培养是学科教学过程中的一个基本工作，积极、健康和向上的学习心理，是促进学习发展的原动力，是良好学习兴趣的基础，是创造精神的因素。在学习心理培养的过程中，我们教师应该注意学生心理发展的基本特点，注意学生学习兴趣的变化轨迹，注意学生学习成绩变化的态势。同时要关注社会大环境对学习心理的影响作用，引导学生正确认识社会非主流思想的特点和实质，引导学生正确认识时尚的内涵和意义，摆正自己的位置，明确人生的目标，树立正确的理想，培养和发展学生的健康学习心理。

4. 加强对学生学业成绩的监测，全面提高教育质量

主要包括：构建以促进学生发展、提高学业成绩为目标的学生评价体系；重视对学生学习能力的培养和考查；发挥考试和社团活动的评价功能，重视对考试和社团活动结果的科学使用。

六、组织实施

1. 加强宣传，营造氛围

要高度重视教育质量目标管理，加强对教育工作的领导，在机构、人员和经费上予以保障，逐步形成教育质量目标管理

机制。

2. 根据本方案的精神和教育实际，制定具体实施办法

实施办法要求真务实，防止搞形式主义，同时，各地要抓紧部署义务教育阶段教育质量目标管理及监测工作，并创造条件鼓励和支持教师参与研究和探索。

第四节　治理体系：学校治理的核心

一、学校治理体系的构成要素

教育治理体系的推行为建构现代学校治理体系提供思路。从教育治理的角度，教育部部长袁贵仁提出，当前我国推行教育治理的目标之一就是要形成政府宏观管理、学校自主办学、社会广泛参与的格局，更好地调动中央政府和地方政府的积极性，更好地激发每个学校的活力，更好地发挥全社会的作用。由此可见，学校治理体系的合理化程度和发展水平，将直接影响学校教育治理目标能否达成。主要体现在以下四个层面。

1. 观念层面

要为师生个体发展给予真正的关注。当下的学校管理体现了以人为本、尊重特色和差异等教育理念，但在具体的学校管理中仍呈现以学校管理者为主体的权力取向的组织管理，而且将社会附加在教育上的额外价值当作学校必须重视的条例，甚至不得不追求的教育目标。因此，学校管理中缺乏一种对教师成长和学生个体发展的真正的教育关怀，但现代学校治理的目标终究是要实现教师和学生的发展，因此，"现代学校治理体系"的建构必须

立足于此。

2. 制度层面

不仅能够建立适合本校发展的制度体系，而且在制度形成过程中能够充分做到民主参与。科学的治理体系就是要构建一个共同目标的制度集合，并且各个制度之间相互作用以此形成一个体系。在建构学校治理体系的过程中，学校都应有适合本校发展的较为完善的制度安排和规范的教育教学秩序。而对于学校内部制度的建立，仅凭领导者的一己之力，几乎无法做到鼓舞人心、深谋远虑或明察秋毫。因此，在学校这个范围较小的组织中，应尽可能做到全员参与。因为只有这样对于学校和在其中生活学习的师生来说，所有的学校规章制度才是具有合法性和可操作性的，才是真正属于他们的，也才是能够真正被认同和执行的。

3. 行动层面

要建立包括校长、教师、学生、家长的合作伙伴关系。正如美国学者艾利森认为："在达到政策目标的过程中，（政策）方案确定的功能只占 10%，而其余的 90% 取决于有效的执行。"学校的制度规定能否起到规范、约束、激励、保障等作用，关键要看能够落实到人们的行动中。治理理论要求治理主体能够多元化、治理过程体现民主化、具体方式能够采用合作对话式。因此，学校治理体系中人们的行为模式也应该体现治理理论的上述基本特征。具体而言，在学校治理体系中，学校组织管理不是单方面的行政指令，而是"以协商为基本的教育决策机制"。并且在具体对话过程中，校长与教师之间、教师与学生之间、学校与家长之间都是基于学校教育和学生发展出发而共同合作的"伙伴关系"，而这种关系不仅是学校治理体系的组成部分，同时也正是学校治理能力现代化的集中体现。

4. 监督层面

应为学校提供建设性意见。治理本身除了制度层面外，还有一个重要的内容便是一种权力的分配与运行，而无论是哪个方面，必要的监督都不可缺少。现代学校治理体系是一个包括理念、制度、行动的系统，因此，为保证其合理运行，促进学校治理能力现代化的提升，在建构学校治理体系时，针对其制定与实施的整个过程都需要一定的监督。但需要注意的是，学校治理模式下的监督应该突破原来问题聚焦式监督，而应更多采用发展建议式监督，这样才能使监督成为优化学校治理体系和完善学校治理能力的动力与保障。

二、优化学校内部治理的运行机制

优化学校内部治理结构，要求在学校内部建立决策权、执行权与监督权既相互制约又相互协调的运行机制，保证管理与决策执行的规范、廉洁、高效。

1. 健全科学民主的决策机制

一是要依法明确、合理界定学校内部不同事务的决策权，健全决策机构的职权和议事规则，完善校内重大事项集体决策规则，大力推进学校决策的科学化、民主化、法治化。二是搭建多种形式的沟通平台，建立科学有效的师生利益诉求表达机制。在各级决策机构中增加广大师生、家长代表的话语权，让利益相关者参与学校的重大决策。三是建立重大决策的论证评估机制。对有关学校发展规划、基本建设、重大教育教学改革等决策事项，应进行合法性论证，开展合理性、可行性和可控性评估，建立完善职能部门论证、邀请专家咨询、听取教师意见、专业机构或者主管部门测评相结合的风险评估机制。

2. 建立规范有序的执行机制

推进现代学校制度建设的工作重心之一是聚焦学校内部运行机制。这要求学校重视管理创新；调整机构设置，降低管理重心；坚持以人为本，进行绩效管理；建立责任制度，实行反馈激励，充分调动中层干部与教师的工作积极性与主动性，使学校有限的人、财、物等达到最佳组合。比如，浙江新高考的实施，走班制是学校内一种教学组织形式的变革。从班级授课制转向走班制的治理变革，需要行政班管理制度、教学班管理制度、学生活动管理制度、教师管理制度等相关教学支持系统及制度与之相配套和衔接。学校要制定新的学生课表、安排场地存放学生的物品、确定班主任的工作时间和教学班级管理职能、安排学生的课外活动及场所等，否则选课走班制的实施就会出现教学管理上的混乱。

3. 建立有效制衡的监督机制

学校内部决策、执行和监督三权制衡的管理体系是学校内部治理结构的基本框架。优化学校内部治理要有过程思维，除了要建立起制度或规则、程序，还要建立科学的监督机制，建立相应问责机制。在重大决策执行过程中，学校要跟踪决策的实施情况，了解教职员工、学生、家长对决策实施的意见和建议，全面评估决策执行效果，并根据评估结果决定是否对决策予以调整或者停止执行。确保权力行使的合法性和组织结构有效运转。

4. 重视学校文化激励作用

加强学校文化建设（非制度），是学校内部治理的有效推力。

它弥补了学校内部治理结构中正式制度的生硬与漏洞，使得正式制度在学校文化土壤中更有效地发挥效能。校园文化与正式制度相互补充、相互支持，为学校内部治理结构的完善提供一种持久的、稳定的张力。因此，学校要将自身的文化积淀和长期实践凝聚的管理经验提炼出来，营造和谐氛围，使学校的内部治理上升至更高的层次和境界，推动学校现代转型。

第五节　扁平化管理：学校治理体系的一个模型

由于面临高中入学高峰，21世纪以来，有不少重点高中走上了一条规模扩张之路。学校规模的扩大，使得优质教育资源得以充分利用，越来越多的学子得以享受较好的高中段教育，但学校原有的管理机制与运行体系出现了诸多问题。如班级数、学生数和教工数量呈不断增长趋势，一个年级的教学班已达到20个班的规模。在此背景下，年级部应运而生，而且茁壮成长，它在学校管理中的重要性与实用性，在短短几年内已经超越教研组，成为学校管理中的基层行政单位。

一、年级部管理的理论架构

年级部管理是学校为解决层级结构的组织形式在现代环境下面临的难题而实施的一种管理模式。当学校规模扩大时，原来的有效办法是增加管理层次，而现在的有效办法是增加管理幅度。当管理层次减少而管理幅度增加时，原先金字塔状的组织形式就被"压缩"成扁平状的组织形式。

这种扁平化的管理不仅在学校，在企业，甚至在世界范围内都得以大行其道，一是分权管理成为一种普遍趋势，金字塔状的组织结构是与集权管理体制相适应的，而在分权的管理体制之下，各层级之间的联系相对减少，各基层组织之间相对独立，如吴高，高一、高二、高三，三个年级部相对独立，扁平化的组织形式能够有效运作；二是学校快速适应规模迅速扩大的需要，在扩张到一定程度后，必须回到办学的本源上来，针对"大学校"的实际，深入关注学校管理的根本问题，实现从规模扩张到内涵发展的转变。三是现代信息技术的发展，特别是计算机管理信息系统的出现，使传统的管理幅度理论不再有效。这样，实施管理重心下移，凸显年级管理效能，年级部就成为学校基层职与权、管人和管事的统一体。

学校实行统一领导，强化年级部管理的模式，以此带动处室管理，形成年级部与处室互动的局面。

二、年级部管理的崛起

2005 学年吴高自迁入新校址时，就实行了"处室年级部负责制，扁平化管理"的模式。新的模式按照校长—年级部分管副校长—年级部（处室）—备课组（班主任）—教师（学生）的体系运作。为了克服由于年级组的升格而可能引起的混乱，协调各职能处室和教研组的关系，年级部主任由学校中层兼任。由一位副校长担任年级的分管领导，起联系和指导作用，年级部实行主任负责制，上对校长负责，下对年级师生负责。同时还要协调好与各处室的关系，与此种组成方法可以使各职能处室之间原有存在的沟通障碍和不协调性在同一年级共同利益的驱动下予以解决，顺利实现各职能部门之间的平行沟通。

吴高各年级部设正副主任两名，由中层副职下到年级兼职。年级部还配备了政教员、教务员、后勤管理员。年级部主任总揽年级全面工作，兼管年级教学工作，副主任分管年级德育工作，包括学生和班主任这一块。每个年级部都有一位分管副校长联系工作。

为了提升与强化年级组地位，年级组长改称年级部主任，使之与各职能部门成为平行行政管理部门。明确年级部责权任务，年级部全面负责本年级的教育教学工作，完成学校下达给年级的教育教学目标管理任务，直接对校长负责，再由年级部根据学校下达目标制定本年级每期（年）工作计划。同时年级部还要负责本年级教师思想教育工作，教师培养工作及党组织建设和群团工作。

年级部直接管理本年级备课组和班主任。传统管理模式是由教研组管理备课组，而这种形式容易导致不同学科的教师相互封闭、各自为战、缺乏互相交流的倾向，加之教研组职责和权力的分离，不利于对教师实施有效的管理，实际上是由教务处承担了对全校教师有关教学方面的日常管理。传统管理模式名义上是由政教处通过年级管理班主任，而年级也因为职责和权力的分离，仅仅局限于上情下达，谈不上对班主任进行管理。由年级部作为一级行政组织直接管理本年级备课组和班主任后，中间环节被取消，管理层级清晰，管理权力得到落实，将有效改变旧状，实现管理效率和教学效率的统一与提高。

两年来的实践证明，学校组织结构的扁平化改革是组织管理发展的内在要求，也是未来的组织管理形态之一，有利于加速组织管理信息的流通，提高管理的效率；也是促进教师专业化发展的客观需要。

为了更好地优化学校管理，进一步完善"公平竞争，人尽其才"的用人环境和干部能上能下、能进能出、充满活力的管理机制，建立和培养一支优化、精干、高效、廉洁并具有生机活力的学校干部队伍，进一步促进学校的改革、稳定和发展，为我校创建全国一流示范性高中打下坚实的组织基础。根据学校实际，实行中层正副主任兼年级部正、副主任管理模式。各年级再配备两位助理。经过征求意见、宣传发动、报名、资格审查，于6月27日下午进行了竞聘演讲，民主测评，7月1日校长正式聘任。

三、年级部管理的操作环节

2007学年，吴高各年级部设正副主任两名，由中层正副主任下到年级兼职。总务、政教、教务三位主任兼任高一、高二、高三年级部主任。每个年级部除正副主任外还配备两名助理。副主任和两名助理每人各管6—7个班级，对这些班级的教育教学进行全面管理。正主任主持全年级工作，直接领导班主任和各学科备课组，封闭运作，形成独立的反馈回路。其主要职责如同一位分校校长，管好该年级的近千名师生。年级还配设教务员、后勤管理员。

每个年级部都有一位分管校长联系工作。年级部如果有解决不了的问题可以汇报给分管校长，分管校长如果在解决中还有困难，可以上带到校务会议研究。由于政教、教务、总务三大主任都下到年级部，原来三大处室的功能就被分解到各年级部，由各年级部自行组织安排。大量教育教学的具体工作由年级承担起来。为了保证各处室线上的工作能有序进行，学校设立了办公室，每条线上都安排了一个联系人，负责处理各处室线上的日常工作。

为体现年级管理的职权，人事统一的原则，在原有的基础上学校赋予了年级部足够的权力，如对教师的选聘，任课任职（班主任、学科组长等）的安排的建议，业绩考核、各类评优；学生的学籍管理、奖惩决定，班级工作的检查考核，师生教育活动组织等。学校对年级部实行学年度目标考核制度，年级又对备课组、班级实施学期、学年度目标考核制度，细化德、智、体、美、劳各项年级管理目标，每一位教师对自己任教的班级以及本人的教学目标了然于胸。

在学生的自主管理上，学校在每个年级部设立学生分会，由学生分会组织开展各项活动；在共青团方面，每个年级部成立团总支部，由教师团员担任团总支部书记，委员由学生团员担任，带领全年级团员开展共青团工作。

四、年级部管理优势分析

年级部管理的特征是管理层次得以简化，领导重心下移，提高管理效率；决策和执行融合在一个整体之中，克服了教学体系和教育体系两种形式运转所导致的脱节现象，使教育和教学真正相互联系、相互渗透，统一为一条主线贯穿始终。

有助于管理从宏观粗放向微观精细方向发展。新的模式中年级部直接面对本年级几十名教师和近千名学生，管理直接具体，再加上年级部领导在本年级兼课，对年级情况了如指掌，管理将更细致、精确、科学。传统模式中战线过长、力量分散、工作粗放、对一线情况了解不透、管理脱离实际和决策上的失误等缺陷得到了有效遏制。

有助于充分发挥备课组的职能作用。年级学科备课组是学校管理体系中最前沿的教学组织，是落实学校教学管理各项措施的最关键环节。备课组建设的成功与否直接影响学校教学管理质量和教学水平的提高。在原来的模式中备课组的教学、教研和教改的安排、计划均由教研组负责，作为年级教学实体的备课组职能作用得不到充分发挥。新的模式下备课组职能意识将大大加强，表现在以下三个方面。

其一，由于共同的目标和压力使备课组的整体意识和协作意识加强，表现在教学计划和教学进度的高度统一性，教学各环节如课堂教学、作业、练习和统一测试等各方面的高度协作性。

其二，青年教师的培养工作加强。年级学科教学成绩的优劣与该备课组全体教师有着直接关系，各备课组都很重视把青年教师尽快培养成为称职教师的工作。新老教师共同备课，相互听课，集体研究，取长补短，极大加速了青年教师的成熟步伐。

其三，教研、教改更加扎实。备课组均为同级课程，自然有共同的课题去研究，教师们群策群力，共同探讨和研究非常有利于教研、教改的推进。

有助于年级之间竞争局面的形成。各个年级犹如站在同一起跑线上的运动员，在竞赛中谁也不甘落后，可以形成年级之间比、学、赶、帮、超的良好的竞争态势。

有利于青年干部的迅速成长。新的管理模式职责清楚，任务明确，干部大多要下到年级独当一面，思想压力大了，工作干劲增了，况且管理工作的各个环节，如计划、实施、检查、总结和反馈等，都要亲自考虑或处理，这种环境非常有利于迅速增长实际才干和积累实际工作经验，对青年干部的成长起到极大推动作用。

第六节 治理能力：学校治理的层级

治理能力，决定着学校的治理水平，关乎着学校的办学水平、办学层级，因此，快速提升学校的治理水平，是学校管理者的当务之急。

一、学校治理能力存在的问题

治理是在信息化、全球化、民主化语境下的新型管理范式，比较分析学校治理方面的现状，我们认为学校治理能力主要存在以下问题。

1. 缺乏独立性，主体意识偏弱

学校作为重要的、特殊的社会组织，承担着立德树人、传承文明、创新文化等重要使命，这些重要职能要求学校必须在坚持社会主义办学方向、遵守国家法律法规的前提下，按照教育规律自主、科学地办学。然而，分析当前学校的办学行为，在主体性方面存在着不少不足：一是在办学模式上，千校一面现象普遍，有个性、有特色的学校缺乏；二是片面追求升学率，为社会上的某些片面观念所左右，忽视对教育规律、办学规律的遵循，缺乏对学校教育真谛的坚守。家长望子成龙、望女成凤无可厚非，社会拿学生考试、升学成绩来评论一所学校的教育质量也是无法左右，但学校不能因此而改变自己的办学策略，把"育人"变成"育分"，把"教育"变成"教知识"，把"学校"变成"考试"的加工厂。一所学校如果独立思维不足、人云亦云、亦趋亦步，其治理能力必然低下。

2. 缺乏创新能力，墨守成规

创新对于一个学校的重要性不言而喻，只有学校管理的创新、教育教学的创新，才能有效满足教师学生的发展需求，才能为师生的成长、社会发展提供高质量的服务。就目前学校而言，创新能力的不足主要表现为：习惯于以往的经验和思维，满足于眼前利益，或有改革但缺乏系统的思考，导致学校千校一面，缺乏个性、特色，也缺乏灵魂。在我国，历次教育改革大多是以自上而下来推进的。改革的目标任务、内容要求、方式方法以及改革效果的评价基本上是由政府控制的，对大多数学校而言，往往是被推着行动的，而不是主动思考、积极参与。在改革行动中，迫于"教学质量"的压力，带着镣铐跳舞，甚至对改革的意图并不十分清晰，对自己学校存在的问题了解不详，解决矛盾问题缺乏有效的方法策略，采取的措施路径针对性不强。而这些情况的存在，不仅阻碍了某些改革的积极推进，学校自身也得不到改革所带来的效果，而且因所谓的"改革"带来了大量人财物的浪费，使得师生疲于应付、身心倦怠。

3. 缺乏开放性，一叶障目

在当前信息化、知识化时代，学校要获得更有利的生存和发展机会，都必须走开放式的发展之路，闭门自守只会因循守旧，蒙住自己的眼睛，一叶障目自绝发展之门，只有加强开放才能放大视野、开阔胸襟、打开思路，才能使自己走得更快、更远。学校只有通过与外界进行物质和能量的交换，才能促进学校自身的健康持续发展。

4. 重管理，轻治理

从治理的职能看，协调、沟通是治理最重要的职能，但分析目前学校管理的现状，重管轻理情况相对突出。一些学校为了方便"管"而制订出抑制人性、被人吐槽的规定，诸如不惜牺牲师生身心健康大搞题海战术、疲劳战术，甚至连双休日、法定节假日也用来补课等，这种重"管"的做法，表面上满足了学校管理者的某些期望，但对学生、对教师却是一种不小的伤害，从师生们的反感程度看，其最终的不良效果也就不言自明了。

二、提升学校治理能力的实践

在教育综合改革的背景下，学校教育品质的提升离不开内部治理能力的提高。从学校管理到学校治理，不仅是理念上的重大飞跃，而且对校内各管理主体提出了更高的要求，提升学校治理能力，已迫在眉睫，重点可从以下三个方面进行实践。

1. 确立治理理念，明确治理价值

美国学者勒温（K. Lewin）认为，在组织变革中，人的变革是最重要的。组织要实施变革，首先，必须改变组织成员的态度。由管理转变为治理，不只是一个概念上的区别，而是观念、思维方式及行动方式的一个大调整。管理往往是垂直的，是自上而下的，科层制、行政的色彩较浓，而治理则强调各个主体是平等的、合作的，它强调的是民主、协调、沟通，关注的是学校活力的激发，使校内各主体的主动性、积极性、创造性充分调动起来。因此，实现从教育管理到教育治理的转型，首先，需要校内从领导到教职工在思想观念上来个大转变，让师生真正理解学校治理的重要性，并能以主人翁的姿态，主动参与到学校各项事务的治理过程之中，而不再如过去那样，仅仅把学校管理看作是少数领导和干部的事情。其次，学校只有牢固确立治理的意识，对外才能更好地理顺政校关系，把握办学主动权；更好地理顺家校关系和社校关系，保障家长和社会人士有效参与学校管理的权利。对内更好地理顺学校内部关系，真正落实师生在学校管理中的主体地位，有效地促进教师专业发展，促进学生充分、全面、个性发展。

2. 依法治理学校，完善治理环境

学校组织环境的变化需要学校内部组织及时做出变革，在新教育革新时代，按照以人为本、质量为上、内涵发展、精干高效的要求，组织的变革必须从原来的以外延为主的变革向以内涵为主的变革发展、从以组织结构为中心的变革向以人为中心的变革发展、从激进式的变革向渐进式的变革发展。科学合理的组织结构设计乃是学校组织高效有序运作的基础，同时也是组织结构调整和变革的前提。学校的根本任务是立德树人，教育的目标是培养国家所需要的高素质的公民，对这些基本价值观，每一个教育者必须具有清晰的认识。学校必须根据国家制定的《全面推进依法治校实施纲要》要求，让法治的精神深入到每一个人的头脑中。学校需要建立科学、高效的治理体系，从制度上对学校进行变革设计，形成目标一致、职责明晰又相互协调的学校组织系统、决策系统、执行系统、监督系统、评价系统。

3. 重视治理队伍培养，提高干部领导素质

提高学校治理能力，关键在管理者队伍建设，特别是校长的领导素质。在推进教育治理现代化的时代，更需要有敢于担当、锐意进取、宽广胸怀的"狮子型"领导，只有这样的领导，才会勇敢地面对各种挑战，才会主动去思考问题、寻求解决问题或困难的办法，才会更有效地动员师生、家长和社会参与学校管理，才会积极地去调动校内外各种教育资源，才会更好主动面向社会、服务社会。因此，校长的领导力，起着关键作用，校长在理念、品性、知识、能力和行为等方面的素养，左右着学校整体的治理能力。校长要主动转变角色和行为，从原来的学校管理者逐步转变为学校的决策人，为学校发展确定学校章程、办学理念、发展方向，明确学校的特色追求等。校长既要主动接受监督，摆脱对教育的功利性追求，摆脱"官本位"束缚，还权于教师，还权于学生，基于促进成长的理念，为师生的成长搭建舞台，创造条件，提供机会，又要注重激发教师的生命自觉和发展意识，把各种教学自主权还给教师。把学习权交给学生，激发学生的积极性，让学生主动参与学校事务。为家长、社区参与学校的教育管理活动创造条件，为学校工作构建全方位的立体教育环境。

第七节　四大工程 N 项行动：治理能力提升案例

创建省一级特色示范高中以来，作为省红十字示范学校，博爱文化已经成为我校的德育特色，以此为基础，我们确立了以"博学·博爱·博闻"为特色的"一体两翼"博才教育发展之路。为此，学校经过反复酝酿、论证，确定了"博才教育"发展规

划四大工程建设，即学校文化建设提升工程、师德师能建设提升工程、学生素养培育提升工程、服务师生保障提升工程等四大工程，其中每一个工程结合学校的发展状况，又由若干个行动进行支撑，每一个行动的都聚焦学校现状，针对学校真问题，解决真问题，如2016年度重点优先发展的八大行动为：博爱文化设计与实施行动、完善学校管理制度行动、核心价值观下普通高中红十字德育体系研究行动、综合素质评价完善行动、有效教师实施有效教学行动、调动教师积极性·增强凝聚力行动、文化校园建设行动、后勤服务提升行动等，这些行动的确定，不仅是对学校问题的解决，更体现了学校的治理理念，治理能力也在各项行动中悄然提升。下面是"有效教师实施有效教学行动方案"。

附：有效教师实施有效教学行动方案

一、前言

"有效教师"是英文 effective teacher 的汉译，正如"课程""有效教学"等概念一样，"有效教师"这个概念在特定的教学环境下有着不同的含义。美国唐纳德.R. 克里克山克（DonaldR. Cruickshank）等人明确地提出"有效教师"的定义：所有的教师都会对他们学生的生活产生一些影响，而某些教师会持续地产生更大的和更积极的影响，他们似乎与学生相处得更好，在教授学生真知方面更成功。我们把这样的教师称为"有效教师"。美国洛林.W. 安德森（LorinW. Anderson）所下的定义是：有效的教师是指能够实现自己预定的目标并能达到学校管理者和教育行政部门为其制定的目标的教师。美国学者哈莫切克

（Hamacheck）在其所著《好教师的特点及其对教师教育的意义》一书中给"有效教师"所下的定义为："有效教师"是这样一些人，他们充满人性、有幽默感、公正、有同情心，无论是和学生个体还是和学生集体相处都更容易、更自然。他们的课堂似乎是企业运行的缩影，放映出开放性、自发性和灵活性。

总的来说，有效教师界定的标准主要是两个，一个是从社会的要求来界定的，还有一个就是从学生的自身发展来界定的。第一个标准是社会取向的，因此衡量一个教师是不是"有效教师"关键就在于他（她）在特定历史时期有没有达到社会群体所公认的要求；另一个标准是个体取向的，正如 DonaldR. Cruickshank 所说，"有效教师"的标志是对学生的生活产生更大的、更积极的影响，更成功地帮助学生获取真知。

"有效教师"是从"有效教学"以及"有效课堂"研究中衍生出来的，它也属于教师专业发展的研究范畴。

二、有效教师的培养行动

1. 行动理念——整合"三大培养工程"，加大培养力度

"一三五"工程是我校针对青年教师的校本培训工程。学校自成立以来一直扎扎实实地做好"一三五"工程，并与时俱进地拓展"一三五"工程校本培训的组织方式和学习方法，深化、细化青年教师校本培训的形式和内容。

职业倦怠和动力不足阻碍了高级教师的发展，甚至在一定程度上导致了优秀教育资源的退化。要改变这一现状，学校实施骨干教师培养工程，一方面需要进行制度变革，建立有效的激励机制，以使骨干教师焕发职业热情、产生发展动力；另一方面需要通过有效的培训活动，不断提升骨干教师的教学观念、教学思

维、教学知识和心理品质，获得专业上的可持续发展，让骨干教师在这样的情形下找到自己的价值，产生对教师职业的认同感，体验到职业幸福。基于此背景，我校实施了骨干教师培养工程。

名教师队伍的数量和质量，直接关系到整个学校教育教学质量的高低，也直接关系到学校能否持续发展。2007年3月，学校被确定为省一级重点中学，现在又被评为省特色示范高中，基于此发展契机来实施"名师培养工程"已成为我校创名校、出名师、显特色，继续提升办学水平和内涵层次的必然选择与现实要求。目前我校有专任教师200多人，中青年教师占绝大多数。名师数量与同类省一级重点中学差距悬殊。仅有省特级教师1名，构建一个开放、高效的名教师成长平台，加大人才资源开发力度，带动全校教师队伍整体素质的全面提高，已经刻不容缓。

经过实践与反思效果，我们认为，三个工程截然分开，一方面精力有限，同时培训资源也得不到保障，为发挥培训效益，我们准备将三大工程进行有机整合，共享培训资源，做好常规的校本培训工作。

2. 行动方案——聚焦教师需求

方案一：骨干教师高级研修

（1）指导思想

为加大骨干教师的培训力度，进一步促进骨干教师的专业发展，以课堂研究为总体目标，以提高教师新课程教学能力为重点，以提高培训质量为主线，贴近课改，贴近课堂，贴近教师；坚持以教师的可持续发展为本，以提高教师的能力和水平为核心，开展多类型、多层次、多渠道的培训。为提高我校教师的业务水平和教育教学能力，帮助参训教师进一步了解当前国际国内教育的先进理念和实践探索，学习教学改革的目标、方法和路径，提升参训教师的工作使命感、积极性和创新性，为骨干教师的长足发展服务。拟进行《骨干教师高级研修》专项培训。

（2）内容与方式

内容：教育理念、课程改革、教学改革等。

方式：请进来与走出去相结合的方式。

请进来即请省内外名师、专家来校进行专题讲座与培训；走出去即借力高校，到高校（名校）进行集中培训。

（3）培训时间

对于请进来视情况酌情安排。

集中培训：每年七月，具体时间视情况确定。

（4）培训对象

校骨干教师（首期为教研组长、备课组长、中层及以上管理人员），每期 50 人左右。

（5）培训考核

培训结束后，参训人员必须提交不少于 2 000 字的相关论文或培训感悟，并以此作为报销相关费用的依据。

方案二："一课一优师"活动

总方案按省、市"一课一优师"活动要求进行。但我校下列教师必须在五月之前进行晒课："一三五"学员、校教坛新秀、市名师工作室成员、名师培养对象。

三、有效教学的提升行动

1. 行动理念——追求有效的课堂教学

实施有效教学，最关键的因素是教师。导致课堂教学效率不高的原因有很多：一是观念旧，拿着新教材，唱着过去的歌谣。二是有惰性，常有"拿来主义"，鲜有创新精神。三是关注点有偏差，教学时只关注教，忽视学生的动态生成。四是反思少。在新课程背景下实施有效教学，我们在以下方面不断提升教师的专业素质，培养教师树立先进的教学理念，理念是灵魂；丰富教师知识储备，知识的厚度增加了，课堂就能深入浅出，左右逢源；培养教师的反思力，叶澜教授有一句著名的话：一个教师写一辈子教案不一定成为名师，如果一个教师写三年教学反思，就可能成为名师。

2. 行动方案——大课题引领下的课堂研究

（1）指导思想

为加大教师研究课堂的积极性和参与力度，加强教学的有效性，我们实施大课题引领下的课堂研究策略，即在学校大课题（校长、副校长负责）的引领下，各教研结合教研组特点与实际，选择相应子课题的研究，并以此为载体，聚焦课堂，聚焦有效的课堂，聚焦有效课堂的研究。

（2）研究内容

内容：研训处协同学校确立大课题研究方向，由研训处负责执笔申报立项；教研组协同研训处确立子课题研究内容，由教研组负责申报立项，当年未能立项的下一年度优先申报。

2016年度课题研究的具体内容：

大课题："目标导航"下构建"问来问去"课堂新常态的实践研究

子课题：

数学组：高效课堂下高中数学"目标检测"优化设计的实践研究（市教研课题）

历史组："史由证来，论从史出"——构建"能力主线"高效课堂的行动研究（市教研课题）

物理组：高中物理课堂学习目标确立的深化研究（市教研课题）

生物组：高中生物错题库的建设与利用的研究（市规划课题）

语文组：高中语文课堂学习活动有效性的实践研究（市规划课题）

英语组：学习策略运用——高中生英语学习力的提升途径设计与实施（市规划课题）

地理组：分层走班教学模式下，中等生源学校提升地理教学效率的策略分析（市规划课题）

（3）研究方式

采用华师大教授指导，研训处主管，教研组负责实施的研究方式，每月不少于一次的专项集中研究，研究内容包括开题论证、阶段性成果汇报、中期报告、汇报课、研讨课、展示课、结题报告等。我们认为，通过这样的形式，不仅可以加强课题研究的参与度，更主要的是能够使更多的教师关注课堂，从而加强课堂教学的有效性，提升教学质量。

（4）研究人员

以教研组长为核心，课题负责人（含执笔）为骨干，辐射教研组各成员。

（5）行动评价

评价采取过程性评价和终端考核相结合的评价方式。

过程性考核主要是对子课题的开题、过程性管理、中期汇报等进行考核，终端性考核由研训处聘请相关专家对子课题研究的结题报告进行考评，评出一等奖两项，二等奖两项，三等奖三项，并适当给予奖励（具体标准待定）。

吴高渴求有效教师，吴高的学生更渴求有效的课堂，我们在行动，我们必须要行动。

中国教育领航（第一辑）：教育家型校长与学校发展丛书

德育课程：
重要的是育人

严华银　主编

世界图书出版公司

中国教育领航（第一辑）：教育家型校长与学校发展丛书

丛书编委会

主　任　王仁雷

主　编　严华银

副主编　季春梅　回俊松

编　委　邱成国　严忠俊　于大伟　张　勇

　　　　郭炳胜　郭长安　杨　刚　杨琼英

　　　　林启福

目录

第一章 "儒雅教育"

——中关村二小的德育课程

"人无德不立，校无德不正，国无德不兴。"立德树人是学校教育的首要任务。如何让全校4700余名身处不同校区的学生拥有近似的德育实践经历，对学校德育教育的内涵不断加深理解，并形成共同的教育价值观，最终成长为符合社会和时代需要，且具有中关村二小特质的德才兼备的儒雅少年，是中关村二小德育教育的永恒主题。经过多年的探索与实践，二小人在家园文化的引领下，以"儒雅点亮人生"为核心价值追求的"儒雅教育"作为学校德育工作的指导思想，通过整合学科课程、活动课程、社会实践等内容，利用学校、家长、社会三大资源，构建了以儒雅讲堂、成长纪念日、社会实践、家长力课程、特色主题教育为支撑的五大类德育课程，构建了儒雅教育德育课程体系，让一届又一届的学生在充盈着灵动质感的德育课程这个广阔的天地中，受到儒雅教育的浸润与感染，传承二小的育人文化。

第一节 我们只做一件事

——基于学校育人理念下的"儒雅教育"德育课程体系建构

"人无德不立"，如果说中国的这句古老名言道出的是中华传统的文明观，那么结合意大利诗人但丁说的"道德常常能填补智慧的缺陷，而智慧永远填补不了道德的缺陷"，某种程度上已经表明了人类的文明观。道德，摸不到但看得见，一个有道德缺陷的人无论在其他方面多么卓越，也最终会落得满盘皆输。同理，"国无德不兴"，一个国家的兴衰不取决于一个人的所作所为，但取决于整个国家的人的德行。涓涓细流是汇成赏心悦目的汪洋大海还是冲破堤坝、推波助澜，其根本在于引导。伟大的中国梦在酝酿，和谐社会的美好期待在沸腾，而国民素质作为其重要保障，提升之路势在必行。

历史发展到今天，如何培养根植于传统、着眼于未来并有美德的公民，应该是我们需要积极思考并努力探索实践的课题。随着学校近十年不断地发展变化，面对同步、优质、均衡、特色发展的办学目标，我们的德育工作始终追求简约而不简单的信念，致力于做好一件事——基于学校育人理念下的"儒雅教育"德育课程体系建构。

近十年，老师们同心同德，大体从三个方面做了对师生有一些影响的事：

寻一条路——寻一条以"儒雅点亮人生"为核心价值追求的儒雅教育之路；

聚一群人——聚一群能"想点大问题、做点小事情"的有教育情怀的人；

建一个场——建一个具"创新精神"且时刻充盈灵动质感的德育课程场。

几年来，关于这三个方面在思考与行动并举的过程中，我们加速了多校区德育课程系统化、规范化的进程，通过采取一系列措施和策略，力求构建好一个德育工程网，逐渐形成一套以"儒雅教育"为标识的育人体系，以培养儒雅品质为根本目标。通过儒雅教师、儒雅少年的培养，辐射带动儒雅家长的建设，进而塑造儒雅校园，将完善的"儒雅教育"体系浸润在每一个校区里，实现教师全员可持续提升，学生全面可持续发展。

在一块空白的土地上，有人孜孜前行，便走成了路，如今的中关村二小正迈步于一条简约而不简单的德育课程体系建构之路。

一、寻一条路——寻一条以"儒雅点亮人生"为核心价值追求的儒雅教育之路

面对新世纪德育课程改革十多年的发展历程，面对中关村第二小学这样一所经历了四十多年的大校，我们一直在思考的问题是如何做到在继承中发扬，如何使我们的学校教育获得持续发展，稳步提升。从理念内涵到外在形象的统一，我校"儒雅教育"希望建立一个个性鲜明、独特创新、人文经典、系统持续的德育课程体系，值得精雕细琢、传承发展。

经过认真思考和静心梳理，我们充分认识到二小在多年的办学中，得到了老师们的广泛认可、学生们的真心喜爱，传承的是二小和谐融洽的人际交往、宽松愉悦的工作环境、活泼进取的学习状态。我们把这种氛围称之为"家园式"学校文化。

我们力求营造和谐家园的工作氛围，提倡教师积极健康的工作状态，最大限度地发挥各种组织的作用，使每一位教师都能够在二小发挥潜能，实现自身价值的提升。我们认为，学校的使命是帮助每一位教师在教育工作中获得成功，在成功的愉悦中感受幸福；学校的责任就是帮助每一位学生获得发展，着眼于每一位学生潜能的开发和特长的发挥，并为其终生的幸福打好基础。因此，学校应该是师生实现生命意义的地方，是师生展示才华的地方，更是师生追求幸福的地方。从而逐步明确了学校将以"儒雅点亮人生"为核心价值追求的"儒雅教育"作为学校德育工作的指导思想，确立的依据是它涵盖了二小的精神文化，包含了二小历史风格的提炼与面向未来的创新。

（一）"儒雅教育"核心价值阐释

1. 儒

儒，作为一种由深厚的文化底蕴和精深的学问修养形成的一种气质内涵，是我校所追求的本真的教育基础。"通天地之人曰儒"语出《法言·君子》，其本义是指读书人。就其内涵实质来说，它包括知识之儒与道德之儒。知识之儒要求我们博闻强识，掌握儒士之才；道德之儒要求我们以正心诚意，养君子之德。儒是师生的立身之本、处事之资。我们倡导师生做"君子儒"，将积淀深厚的文化底蕴和学养作为追求的目标。

2. 雅

雅，作为一种温文有礼又合乎礼仪规范的处事之道，是我校所推崇的精神境界。《荀子·荣辱》曰："君子安雅"，并注"正而有美德者谓之雅"。通常，雅有雅言、雅行之分，还原到小学教育中来，即说合乎规范的话——讲文明，做合乎规范的事——负责任。我们倡导师生做人做事要遵从其本义，即正规的、标准的、美好的、高尚的。以"雅"作为标准，润泽性情，遵从道德之范。

3. 儒雅

"儒雅"谓学识深湛，谓气度温文尔雅。这两层含义彼此交织，由内而外，缺一不可。"儒"是"雅"的内在基础，"雅"是"儒"的外在表现。只有学识深湛，才能养浩然之气；只有气度温文尔雅，才是穷理格物的精神归宿。审视中关村第二小学的过去和现在，学校一直流淌着涓涓书香、清正雅和的气息，浸染着这样的教风、学风，我们更加强调师生博学、崇正、尚礼，修炼自身成为内涵博雅、外表素雅、谈吐文雅、举止典雅、气质高雅之人。与此同时，我们深知小学六年的教育影响将会开启孩子一生的希望，这就是我们为什么将"儒雅点亮人生"作为我校的核心价值追求的根本理由。

4. 新儒雅

新儒雅，是一种传统和现代的结合。中关村第二小学努力培养根植于传统、着眼于未来，正心而有美德的公民。因而，它承接了古老文明中合乎礼仪规范的君子之风，行为的适度节制恰恰是美德的核心和要义所在，但保留了现代精神中奔放自由的追求，强调开放的态度、积极的氛围、活泼的心灵。这样的"雅"不是出于外在的强制甚至是压制，而是在"儒"的基础上自然而然的表达和流露。

5. 儒雅教育

儒雅教育就是构建一整套具有儒雅特质的育人体系，即通过营造清雅大气的儒雅校园，开发动静善思的儒雅课程，修炼内外兼修的儒雅教师，涵养德才兼备的儒雅学生，影响求真至善的儒雅家庭，走出一条立意高远而又脚踏实地的可持续发展之路，为二小人"胸蕴儒雅，博纳天下"的人生奠基。

（二）"儒雅教育"的培养目标

秉承"以人为本，促进师生可持续发展"的办学理念，我校"儒雅教育"关注的主体对象是每一位教师、每一名学生。因此"儒雅教育"在培养目标上确定为两个层面：

1. 教师发展目标

面向全体教师提出"内外兼修，做儒雅教师"的发展目标，引导每一名教师做到：教书者必先学为人师，育人者必先行为示范。要内外兼修，通过内心世界的丰富、文化底蕴的提升、人格素养的完善来修炼自身儒雅之道。

2. 学生培养目标

面向全体学生提出"德才兼备，做儒雅少年"的培养目标，引导每一名学生追求品德高尚、学识广博、才能出众、气度温文尔雅的努力方向，真正践行"知行合一"。

（三）"儒雅教育"育人体系

横纵坐标：通过建立一个人文经典、系统持续的学校教育文化单元，逐步形成规范立体、主线鲜明、横纵贯通的"儒雅教育"育人体系。即：

纵向关联　构建养成教育层级，以系统的成长目标滋养学生；

横向综合　建立团队共研机制，以扎实的项目研究引领教师；

横纵贯通　丰富完善网状动脉，以鲜活的德育课程浸润校园。

这样横纵贯通的网状动脉，就像是架设起了教师发展和学生培养的高速路，使老师们的实践探索之路畅通无阻，使创造出的鲜活的德育校本能够真正滋养学生。

图 1

（四）养成教育目标的确立

根据学生低中高三个阶段身心发展的特点及"儒雅教育"的内涵，我们梳理出"文明从我做起—我做事我负责—心怀仁爱"三个层级的成长目标。遵循不动摇、不放弃、贵在持久的教育理想，使养成教育规范化、细目化、序列化、长期化，让我们的学生通过六年"儒雅教育"的涵养，能够多一份交往的文明，多一份处事的责任，多一份心灵的感恩。

学生成长目标往往是一个概括性的、愿景性的描述，如何将高高在上的目标转化为具体行动？如何增强目标达成的可行性？我们不妨借鉴企业"目标管理"的概念、学习目标设定的 SMART 原则以及采取剥洋葱法运用此原则来制定目标。例如：所谓目标分解就是要将总体目标细化为一个个更为具体的目标，这些更为具体的目标一旦达成，我们所追求的总体目标即告完成。

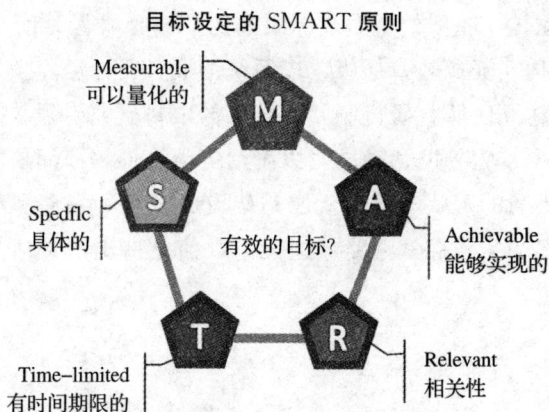

目标设定的 SMART 原则

Measurable
可以量化的

Spedflc
具体的

有效的目标？

Achievable
能够实现的

Time−limited
有时间期限的

Relevant
相关性

麦当劳的生产方式——无论何时、无论何地、无论何人来操作，产品无差异，因为我们有严格的量化操作手册。

——吉姆·坎塔路波（麦当劳前董事长）

图 2

运用 SMART 原则制定目标——剥洋葱法

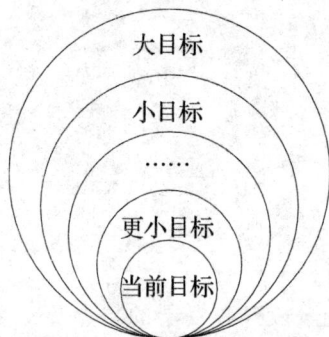

大目标

小目标

……

更小目标

当前目标

所有的管理现象只要抽丝剥茧，当你问到第六个问题时，几乎能彻底理清！

——刘顺仁《财报就像一本故事书》

图 3

鉴于此，经过师生共同发现、分析、探究，达成了分解目标共识，并将其逐步梳理固化下来，加以实践，以此来不断诠释和丰富儒雅教育的内涵。

纵向关联：构建养成教育层级，以系统的成长目标滋养学生。

低年级（一、二年级）对应"讲文明"的成长目标。孔子曰："不学礼，无以立。"文明是学生行为规范最基本的要求。对于低年级的学生，他们缺乏对规矩、待人、处事、礼仪等内容的认知和学习，所以这阶段的德育培养要点在于养正，使他们学会基本的文明礼仪，遵守相应的规矩，学会自理自立，对自我情绪有相应控制能力，做文明人、行文明事。

中年级（三、四年级）对应"负责任"的成长目标。"士不可以不弘毅，任重而道远。"责任感是做人成才的基础。而现在部分学生重视自我需求，却缺乏关心他人、关心社会的责任意识和担当品质。所以针对中年级学生，我们德育培养的关注点在于责任，培养他们敢于担当、自尊自律、认真负责、关心他人及社会的精神，使他们树立坚定的志向，逐步担负起对自己、对家庭、对集体、对学校、对社会以至于对国家的责任。

高年级（五、六年级）对应"懂仁爱"的成长目标。古语有云："仁者爱人，有礼者敬人。爱人者，人恒爱之；敬人者，人恒敬之。"仁爱即宽人、慈爱、爱护、同情的情感。它既是中国传统文化的精髓，更是心灵浸润的底色。针对高年级学生，我们德育培养的关注点为仁爱，我们强调学生不仅要有小爱更要有一种大爱，不仅爱人、爱物、爱亲，更能推己及人，深入到爱社会、爱国、热爱每一个生命，从内心深处升腾出悲悯和博爱的情怀。

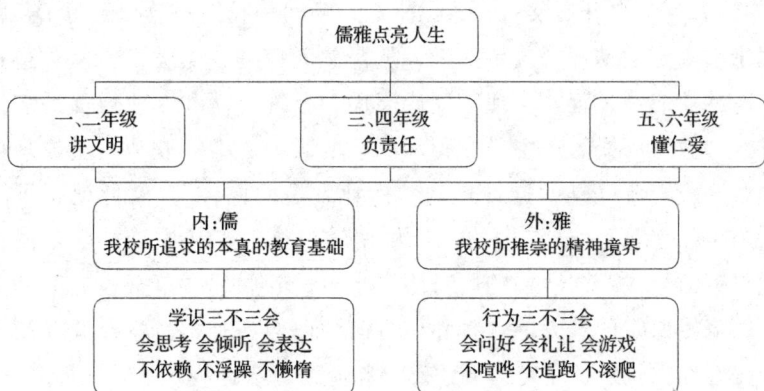

图 4

儒雅教育从理念阐释到每一处细节的孕育与甄选，我们不断探索与实践。比如：我们潜心研究，什么才是中关村二小的学生最应该努力培养的好习惯？怎样才能够给我们培养出来的每一名学生烙下印记？三个校区大力开展了"三不三会"主题教育，探索符合二小风格的学生成长阶梯。长达一年的征集访谈，倾听每一个学生、老师、家长的声音，带着不同地区的差异，不同校区的特点，不同生源特质的表达却给了我们同样的焦点与期待。言行和学识两个层面"三不三会"的实践，儒雅少年成长阶梯的引领给大家带来了共同努力的方向。

这个过程是促使师生间有效地利用多种渠道搭建沟通平台的过程；是促进德育干部之间的互补与合作，不断提升和培养工作执行力的过程；是促进教师间的成果汇报与展示，加强校区之间的相互学习的过程；是促进师生间的交流与沟通，形成良好的校区共融局面的过程，老师们感到大家的心聚拢了、思想共融了、力量强大了。

二、聚一群人——聚一群能"想点大问题、做点小事情"的有教育情怀的人

为了改变因校区分散、人员庞大出现的带不动、跑不快的局面，为了实现共同的教育目标，首先需要树立一座强有力的组织保障屏，为此，我们确立了建构单元式项目群组、团队共研的模式，将德育重点工作切割成板块，排列成单元，以使之规范立体，主线鲜明，横纵贯通。

"儒雅教育"自开展实践探索以来的 7 年间，我们的教师经历了从被动接受理论灌输到主动开展改革探索，从茫然无措到自觉尝试，从被迫适应到努力超越的成长过程，实现了理论层面、心理层面和专业层面的多维发展和提升。教学一线的班主任教师和高校的教授、专家联袂，组成理论与实践相结合、交流互动共同促进的"专业发展共同体"，就此诞生了"班主任专家工作室"。工作室中的成员根据学校德育工作主旋律，依据自身专业优势，结合成不同主题的项目研究小组，开展起"草根模式"的实践研究。耕耘在课堂的广大德育教师用自己的敬业精神、教学经验和长久积淀的实践性知识，启迪了德育新思路，拓宽了育人新视域。

横向综合：建立团队共研机制，以扎实的项目研究引领教师。

针对三大成长目标，结合学校德育主旋律，班主任工作室的探究项目也随之不断发生变化调整。比如：2009 年，我们建立三级目标项目组、班级管理项目组、学困生转化项目组、心理健康教育项目组、法制教育项目组、家校共育项目组六大项目研究小组。2011 年进行整合，调整为三级目

标项目组、特色班级建设项目组、学困生转化项目组、心理健康教育项目组、法制教育项目组和家校共育项目组。2013 年调整为开学第一课项目组、儒雅教育项目组、学生分层培养项目组、心理健康教育项目组、法制教育项目组、家校共育项目组。2016 年调整为校本教材开发项目组、综合评价改革项目组、心理健康教育项目组、法制教育项目组、家校共育研究项目组。

【案例】2016 年发布招募的项目研究主题

一、校本课程开发项目组

我们将进一步推动德育课程改革，改革的关键聚焦于校本课程的开发，校本课程体系的构建和实施已成为学校品牌创建的主要抓手，并成为全体教师积极关注的热点内容。校本课程开发的价值来源于校本课程开发过程而不仅仅是课程本身，我们认为：过程本身即教育。本项目组致力于遵循"德育课程化、活动化、特色化"的工作思路，带领各位教师逐步梳理完善德育课程体系框架并不断丰富形式，创新载体，从而获得良好效果。

二、综合评价改革项目组

长期以来，评价作为整个教育过程的最后一环，常常被看作是最重要的一环，始终对学校的教育实施产生着重要的影响，评价的标准也随之成为引导学校教育发展的方向。在众多理论研究和实验进程中，"评价改革是教育改革系统中最敏感和核心的部分"，从这个意义上来说，本项目组希望用评价打开教育转型发展的突破口，和老师们一起围绕"为什么评""评什么""怎么评""评的怎么样"等几大问题进行深入的探讨，在学生综合素质评价的目的、原则、内容、方法、经验总结推广研究上下功夫，促使教师更新观念，促使学校向新的育人模式转型，以此来推动课程改革的可持续发展。

三、心理健康教育项目组

我们深知，青少年的心理健康现状是不容忽视的，它为我们亮起了警告信号，作为教育工作者有责任挑起这副担子，不能仅仅把工作停留在了解问题、分析问题的水平上，而是要着手尝试去解决这些问题，使心理健康教育更具有实际的意义。本项目组以项目引领、全员推动的模式拓宽心理健康教育的广度；通过理论学习、个案共研、参加沙盘培训、开展心理健康教育宣传周等活动方式探究心理健康教育的深度，引领每一位教师都要关注学生的心理健康，每一位教育工作者都来掌握心理健康教育的基本常识，努力营造校园和谐的心育氛围，开展好心理健康教育并使其产生实效。

四、法制教育项目组

法制教育是学生生活教育、成长教育的重要内容。在培养儒雅少年的目标体系中，法制教育是不容忽视的一环。在日常生活与游戏中制定规则的实践，站在对方的立场上思考行动，养成公德心等道德是中关村第二小学法制教育的基础。本项目组着力在法制启蒙教育的问题上进行深入研究。根据小学生的年龄特点、思想实际和接受能力，通过生动活泼的空中课堂宣讲、少年模拟法庭等形式，引导学生树立正确的生命观、价值观、成为思想健康、人格健全的社会公民。

五、家校共育项目组

家庭教育和学校教育都应以孩子为教育主体，相互配合，形成教育合力。只有充分认识家校共建共育的重要性，提高教师和家长的合作共建教育意识，才能使教育的途径得以畅通，教育才能有成效。近年来，我们积极推动的"家校共育"计划的基本理念是，"国民素质从娃娃抓起，娃娃素质从家长抓起""家长好好学习，孩子天天向上"，基本模式是"'三个一'家校共育计划"。本项目组是在现有模式的基础上，进一步促进家校教育系统化，构建家校教育的课程体系，使得家校教育常态化和持续化，并不断创新家庭教育工作新格局，促进家校合作发展，获得双赢。

"草根模式"的研究成效喜人。几年来，无论是研究主题、研究方式还是研究成果，对于德育新课程的实施、教师专业发展以及学生的成长都发挥了重要的引领作用。老中青三代教师热情投入实践研究，德育研究的广度和深度有了新变化，主要体现在三个方面：一是德育学科教学研究活动活跃。各年级都强化了校本研究，教师都注重了"专时专用"以及自身教育教学行为的反思。二是德育重点领域研究的丰富。研究的课题涉及德育课程设计、实施、评价、管理以及德育校本课程开发、德育活动的创新等方面。三是德育课题研究组织和研究形式的多样。"班主任工作室"每三年发布研究计划和项目，教师自愿申报，然后按照选定的专题，组成若干跨校区跨年级的项目小组，项目组长由区级以上学科带头人担任。在组长的带领下，项目小组不定期开展学习、实践研究。不同方式、不同内容、不同特点的教研，唤醒了教师发展的主体意识，每一位教师变得更加自信、更加成熟，每个个体的成功凝聚成团队发展的巨大力量。这种共研共促的团队研修方式，真正从教师的角度出发，为教师不断提高自身专业素养、学识修养和可持续发展提供了一切平台与帮助，鼓励教师向着内外兼修的儒雅教师发展目标不断迈进。

此外，学校还尝试组织开展了"生命教育专家工作坊""案例式研究""青年教师沙龙"等多种专业发展共同体的培训，这些基于"自主、合作、探究"的多样化研究方式，能够作为一种"活性因子"直接移入或有机渗透到学校德育系统的各个方面和各个环节，从而促进学校的整体德育工作得以优化。

三、建一个场——建一个具有"创新精神"且时刻充盈灵动质感的德育课程场

我们通过整合学科课程、活动课程、社会实践等内容，利用学校、家长、社会三大资源，构建了以儒雅讲堂、成长纪念日、社会实践、家长力课程、特色主题教育为支撑的五大类德育课程。

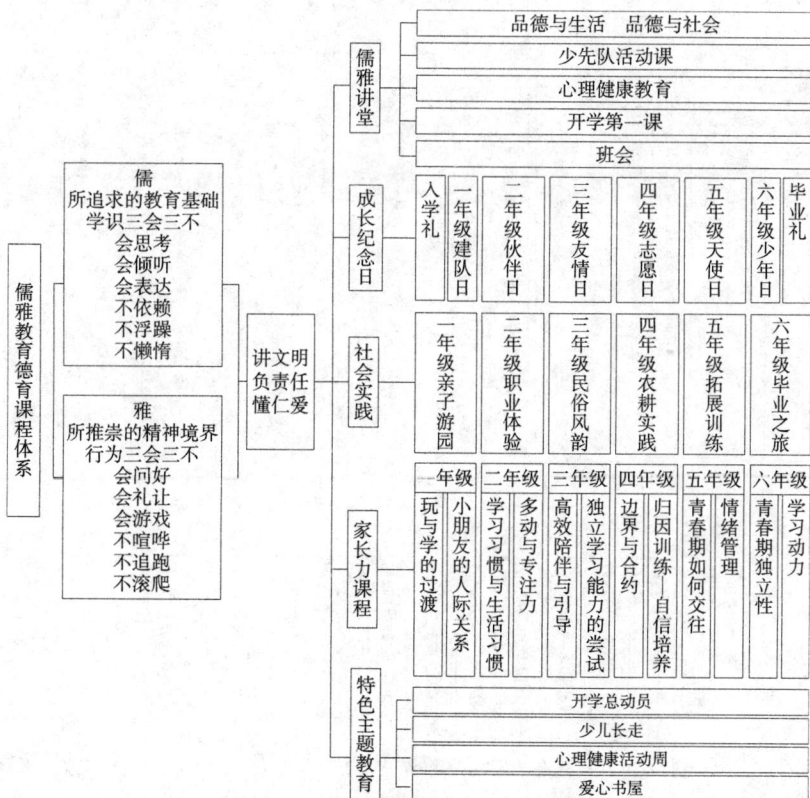

儒雅教育德育课程体系

儒——所追求的教育基础 学识三会三不：会思考 会倾听 会表达 不依赖 不浮躁 不懒惰

雅——所推崇的精神境界 行为三会三不：会问好 会礼让 会游戏 不喧哗 不追跑 不滚爬

讲文明 负责任 懂仁爱

- **儒雅讲堂**：品德与生活 品德与社会 / 少先队活动课 / 心理健康教育 / 开学第一课 / 班会
- **成长纪念日**：入学礼 / 一年级建队日 / 二年级伙伴日 / 三年级友情日 / 四年级志愿日 / 五年级天使日 / 六年级少年日 / 毕业礼
- **社会实践**：一年级亲子游园 / 二年级职业体验 / 三年级民俗风韵 / 四年级农耕实践 / 五年级拓展训练 / 六年级毕业之旅
- **家长力课程**：一年级 玩与学的过渡 / 二年级 小朋友的人际关系 / 三年级 学习习惯与生活习惯 多动与专注力 / 四年级 独立学习能力的尝试 高效陪伴与引导 / 五年级 边界与合约 归因训练—自信培养 / 六年级 青春期如何交往 情绪管理 青春期独立性 学习动力
- **特色主题教育**：开学总动员 / 少儿长走 / 心理健康活动周 / 爱心书屋

图 5

儒雅讲堂以"课"的形式，通过《品德与生活》《品德与社会》学科课程、少先队活动课、心理健康课、法制教育课、开学第一课、班会等途径丰富学生的知识，涵养学生的底蕴，让正确的价值观和美好的品德如种子一样扎根于学生心中，从而生根发芽。

少先队活动课

一年级 学自立	二年级 爱岗位	三年级 有责任
1.我是文明小使者	1.岗位我能行	1.我能对自己的事负责
2.我是敬老小孝星	2.人人有岗、人人有责	2.学习雷锋，友善先行
3.我是家务小能手	3.学当「领头雁」——民主选举中小队干部	3.我愿意为大家做事
4.自己的事情自己做	4.身边的好人好事	4.我为中队献智慧
5.雷锋——我心中的榜样	5.我的中队我做主	5.书屋是我家
6.争戴独立自主章	6.争戴岗位服务章	6.争戴明理负责章

四年级 护环境	五年级 乐志愿	六年级 会分享
1.传承勤俭节约好习惯	1.小队圆桌会议——我们能帮助别人	1.大手拉小手，一、六年级手拉手互助行
2.环保微行动	2.竞聘校级志愿岗位	2.如果我六岁，为一年级新生介绍学校
3.我的学校我当家小小少代会1	3.小行动 大改变	3.在信任中成长
4.我的学校我当家小小少代会2	4.爱心传递1	4.大手拉小手，为一年级上一节队课
5.美丽校园中的护绿小使者	5.爱心传递2	5.让母校记得我
6.争戴环保先锋章	6.争戴志愿服务章	6.争戴交流分享章

图6

开学第一课

01课《我的学校 我的家》	02课《三会三不伴我行》	03课《有礼 有朋友》	04课《我的社团 我的梦》	05课《校园安全知多少》	06课《快乐学习从倾听开始》	07课《爱集体 讲责任》	08课《有爱就有责任》	09课《懂你的爱》	10课《爱身边的人》	11课《爱的传递》	12课《有爱 有希望》

图7

中关村第二小学 一至六年级 心理课程

一年级：做个受欢迎的人、别人进步我高兴、学会交朋友、我们都是好朋友、不一样的我、快乐的小天使

二年级：和陌生人打交道，我行、我与同学比什么、夸夸别人、帮助别人我快乐、我会倾听、我有一个好习惯

三年级：互为益友、合作互助好处多、宽容待人、真诚赞美朋友多、认识自己的情绪、镜子里的我

四年级：我为集体献力量、我是情绪小主人、我爱同学、我爱老师、我爱爸爸妈妈、我喜欢我自己

五年级：男生女生怎样交朋友、学会沟通、我爱同学、交往从尊重开始、人生相知贵在知心、我是独一无二的

六年级：为理想起航、爸爸妈妈请你听我说、学会与异性交往、你来我往、我们在一起、欣赏自己

图 8

成长纪念日强调以仪式教育促进儒雅精神的传承。仪式教育是一个内外兼修的过程，从入学礼到一年级建队日、二年级伙伴日、三年级友情日、四年级志愿日、五年级天使日、六年级少年日，再到毕业礼，六年内的八个"礼"，构成了学生成长的阶梯，让孩子们在小学的学习生活中，在属于他们特有的时间节点上，留下成长的足迹，留下深刻印象和美好愿望。

社会实践强调学生的自主参与和体验，我们根据学生的成长需求，设计了一年级的亲子游园、二年级的职业体验、三年级的民俗风韵、四年级的农耕实践、五年级的拓展训练和六年级的毕业之旅，六年内让学生从认识学校到认识自我，从传承文化到走进生活，从走进社会到走近世界，层层深入，环环相扣，不仅延展了学生的视野，更让他们在参与和体验中获得自主成长和发展。

家长课程通过家长学校和家长大课堂的形式，搭建家长学习平台，其目的在于让家长理解儿童教育，关注学校教育，积极参与到教育中，向儒雅家长的角色逐步靠拢。

特色主题教育课程是独具特色的德育课程，重在促进儒雅品质的养成，它以特色活动为载体，开学总动员、少儿长走、心理健康教育宣传周、爱心书屋等主题活动不仅为学生提供了展示自我的舞台，而且有效地培养了孩子们的实践能力和创新意识，促进其合作、分享、积极进取等良好个性品质的发展，使他们亲身体验到成功的乐趣，并在活动中快乐成长。

我们深知德育课程对于学生而言应该是快乐的，是他们与同伴与老师共同走过的一个又一个成长历程。对于每一位德育团队成员而言，怎样让全校4700余名身处不同校区的学生拥有近似的德育实践经历，对儒雅教育的内涵不断加深理解，感受到自己是二小大家庭中最具魅力的成员，是一个又一个的挑战。课程主题的选择考验着我们对儒雅教育落地生根的理解与把握；课程内容的设计考验着我们是否了解每一个校区学生群体的情况与需求；课程形式的安排考验着我们能否用最明晰的方式带动所有学生参与其中；课程的实施过程考验着我们校区间、团队间是否有着顺畅沟通和高效执行的能力。

肩负着重重考验，老师们凝心聚力。回顾几年来一路走过的印记，我们可以充满自豪地说，我们在为学生创建充盈着灵动质感的德育课程场在这个广阔的天地中，一届又一届的学生受到儒雅教育的浸润与感染，二小的育人文化得到了很好的传承。

第二节　特色课程范例

一、把事件做成活动，把活动做成课程

在德育课程开发的实践探索过程中，我们不难发现，发生在生活中的一些事情，特别是偶发事情，极易成为课程的资源，并且是最为生动、鲜活的德育资源。在强调学生的主体地位、强调课程与生活相联系的背景下，学生的生活事件通常成为他们自我研究、讨论、探索的素材。学校及时抓住事件，巧妙利用素材，适当爆料使之持续发酵，继而从中获得意外收获，这一过程是师生在教育情境中共同创造的一系列"事件"，通过这些"事件"，师生共同建构其内容与意义，引导更多的乃至全校的师生投入其中，形成活动，活动开展实施的过程也就是一个课程开发的过程。

当把课程的实施过程当作课程的开发过程时，当学生的主体性充分发挥的时候，当他们积极参与到课程创生过程中的时候，学生实际上也在"创作"课程事件。由此，事件课程观认为，课程是由情境引发并由学生经历的事件，并通过学生参与事件解决而达到创生。由于"事件"被赋予课程目的，特称课程事件。课程事件关注学生参与的过程，并通过学生口头的、图像的、行动的"文本"来展示，这是学生生命的展现过程，教师对此过程的关注与引导体现了教师的主体性，因此，课程事件的主体除了学生以外，教师也是课程事件的主体。周围生活中发生的事件很多，只有那些被关注的并通过学生的各种"话语"表现的事件才有可能成为显性课程，那些未被关注却对学生存在着影响的事件则成为隐性课程。

【案例1】特色主题活动课"mini 秀阁招投标"

"自主"更容易创造奇迹

学校的教学楼建了 45 年了，一直是那个老样子，一条不宽的走廊，单侧教室，另一侧墙壁上由于跟校外的一栋出租楼紧密相连，原本通透的几扇大窗便常年紧闭。印象中，学校除了每隔六七年一次常规的修缮粉刷，最大改善的一次就是抗震加固工程，里里外外翻了个新，但格局造型始终没变。楼道里依然素素静静的，缺了点儿"美"，更缺了些"内容"。

有人说：应让学校的每一处墙壁和草坪都会"说话"。为此，学校的老楼老这么素着可不行，这是极大的资源浪费不说，也不符合潮流。于是，一个简单的改造，把楼道里常年紧闭却带有"飘窗"资质的好几个窗口变成了展台，美其名曰"mini 秀阁"。顾名思义：不大，2 米见方，进深 0.8 米。也不算小，这么一个能站进三个成人的空间，每个楼层 5 个，上下四层共 20 个。经过修饰，倒也是像模像样的一方天地，计划用于宣传或学生作品展示，分配给四至六年级每班一个。

秀阁华丽亮相后，似乎并没有太受欢迎，察言观色便知：老师们的关注点可不是环境升级的欣喜，而是布置任务的艰巨。

"这可比布置墙报复杂，还是立体的。"

"这一学期得换几次呀？是不是开学弄一回就行了？"

"又到了考验班主任琴棋书画无所不能的时候了。"

"还是原来的假窗户好，至少不用搭理它！"

…………

不对呀，这秀阁"秀"的可是学生，不单纯是布置环境，更不能是班主任包办。这一点一明确，老师们的讨论开始务实起来：

"秀学生作品，秀班级特色，秀个人特长也行啊……"

"让学生自己弄，都大孩子了，会有创意的。"

"学生组合也可以，几个志趣相投的一起做更有意思。"

"别老指定那几个能写会画的，让其他学生也都参与参与，只要学校不搞评比就行，要不还得能力强的上。"

"不一定非得老师指定，可以让孩子们自己报名。"

"干脆来个招投标，谁的主意好谁来，还能锻炼孩子们自己写方案呢……"

"这个好，这个好。"

…………

三天后，一场五年级学生的"迷你秀阁公开招标会"正式上演了。投标的主角都是五年级一班的 11 岁的孩子，招标的是五年级一班班委会（由学生代表、家委会代表，正副班主任组成），标的物是第一期"迷你秀阁"阁主。宣讲标书、竞标答辩、评审投票……所有招投标的程序正规有序地进行着。5 个竞标人及团队纷纷亮相，积极而投入，全班同学被深深地吸引，那阵势兴许不亚于万科集团拿地时的认真与激烈。整整一节班会，由三个男生组成的"我的空间我做主"小团队竞标成功，展示主题是乐高模型搭建，并推介乐高的益智价值，最大亮点是他们承诺将展出至少五件乐高限量版珍藏机器人模型。

接下来的一周，三个男孩子设计配饰、动手布置、书写介绍、亲自讲解、维护展品……忙得不亦乐乎。

第一期的 20 个秀阁，吸引了很多学生参与招投标，吸引了很多学生、老师驻足欣赏，还吸引了很多家长为孩子出招。它绝不仅仅是一处环境布置，也不只是让墙壁"会说话"，它更是让墙壁"真说话"，那每一个秀阁背后都是一场无比精彩的招投标大会，都是一群孩子的灵性在闪光。

（一）从实际出发演绎德育课程

把校园还给学生。当我们站在学生的角度思考时，学校应该是学生的学校！校园的一切都应该围绕有利于学生更好地发展而设计。我一直很欣赏泰戈尔的一句话："教育就是向人类传递生命的气息。"但是，在一个封闭的环境中，我们该如何向学生传递生命的气息？

小小秀阁的创设，便成了老师和学生除了课堂以外的又一个交往的场所，它唤醒了老教学楼内的生命力。学校改变的不仅仅是一面墙壁，而是转变了一种育人的理念——学校应该是学生成长的地方，应该一切以学生为出发点。这是二小在校园环境建设中体现的一种理念、一种视野、一种和谐。

（二）将事件加工演绎成活动，将活动做成课程

经济领域常用的一招——招投标，如今在教育领域也派上大用场了！本着以学生为本、以过程为重等多个原则，经过反复论证，最后"秀阁"招标不仅给学生参与引入了竞争机制，更在学生中形成一种合作攻关的氛围，更重要的是它能够鼓励"隐性人才"。老师们更精的"算盘"是"不求所在，但求所用"——只要是人才，不论其学习成绩、纪律表现、同学关系等，只要为我所用就欢迎。

我们有理由相信，只要承认和尊重学生的主体地位，只要肯放手，学生一定会给我们一个惊喜。退一步说，即便出现一些瑕疵，也不必苛求。一则可以有自谅地说道，毕竟是孩子们独立在做事。再则锻炼学生本身也是我们的目的，秀阁的质量不是我们的唯一追求。让学生亲身实践、自主经营、自负其责才是硬道理。

最初的环境布置问题，只是一个事件，经过加工演绎成了有趣的活动，这个活动只要持续地、创造性地开展下去，就会成为所有学生都可以参与其中的活动，久而久之也便能够形成德育课程中的一枝独秀。

（三）为创新能力的培养营造氛围

1. 为个性发展提供广阔空间的校园文化

如同平庸蕴含于标准化中一样，创造性蕴含于个性之中。个性的发展离不开一个人所生活的环境，个性是在与其生活环境相互刺激的过程中形成的。环境如果不断刺激一个人做出主动的、独特的反应，为其提供个性发展的机会，其个性自然会得到较为充分的发展。反之，如果环境总是对个体富有个性的、独创性的表现做出否定的反应，一个人的个性自然被迫收敛，甚至被完全磨灭。要创造一个整洁的校园环境、标准的行为规范、一致的体操动作、统一的穿着服装并不难，难的是整洁中有变化，标准中有自由，一致中有特色，统一中有个性。一个好的校园环境应该是鼓励学生标新立异、有利于学生自由表现的宽松的文化氛围。

2. 民主的师生关系

"迷你秀阁"招投标的前前后后，反映出一个重要的因素变化——师

生关系的转变。师生关系是影响学生成长非常重要的因素，也是与创新能力的培养息息相关的问题。"秀阁"刚刚亮相之初，传统教育的师生关系在大家的最初反应中自然而然地显现出来了，尽管我们已经吸收了太多的先进理念，掌握了太多的教育策略，但根深蒂固的观念依然会有残留并不失时机地涌现一下。比如，那种不平等的人格关系，教师不仅是事件过程的控制者、活动的组织者、内容的制定者和成果的评判者，而且仿佛是真理的化身和绝对的权威。差一点，秀阁的布置就成了教师是主动者，是支配者，而学生是被动者，是服从者。在这样的师生关系下，不要说学生的创新能力不可能得到良好的发展，甚至正常的人格也难以得到健康的发展。

要有效地培养学生的创新能力，就必须极大地改善师生关系，充分尊重学生的思想（意见）、情感（体验）、意志（欲望）和行为方式，使学生能在轻松愉快的气氛下表现自己，表达自己的思想和情感。一个优秀的教师应该是这样的：能够借助活动开展，营造一种生动活泼的教育教学气氛，使学生形成探求创新的心理愿望和性格特征，形成一种以创新的精神吸取知识、运用知识的性格，并且帮助学生能够创造性地应对环境的变化。

【案例2】

"广告球"在长大

说起"广告球"，它在我们中关村二小的校园里可称得上是一位人人关注的"大明星"！每个人都在关注它的变化，都在为它的成长付出不懈努力。它的诞生可要从我们学校的地理位置说起。

一、"广告球"诞生记

我们学校地处中国的硅谷——中关村。校园周边就是商业区，到处充斥着"科技""信息"等飞速发展的鲜活元素，处处彰显着无限的活力与生机。然而路边站牌、小区墙上、电线杆上经常被不法商家张贴小广告，广告宣传单也由原来的用糨糊粘发展成了不干胶贴纸，这几乎成了中关村的"特色标志"。在美丽街景的映衬下，一块块小广告显得触目惊心。人们把街头小广告，称作城市的"牛皮癣"，不仅影响了城市的市容环境，而且污染着人们的视觉。每天上下学的路上，学生们都能看到这些有碍观瞻的小广告洋洋得意地趴在墙上、躺在地上，"要怎么对付它们，才能让我们的家园更加整洁呢？""我们能不能做点什么呢？"这样的思考也经常成为孩子们班会的主题。

然而，就在我校却有着这样一个默默无闻的孩子，几年如一日，和他年迈的奶奶一起，在来往的上下学的路上，坚持不懈地清理着那些小广告，他就是同学们早已熟悉的五年级（1）班的李尧同学，看到清理下来的小广告，也让我们看到了她们祖孙俩淳朴美丽的心灵。李尧和他的奶奶做出了大家一直以来都想到却没有做到的事情，他以自己的实际行动履行着小公民的责任和义务。几位大队干部联名推荐他当"光荣的升旗手"。这是我校对于在校园中表现突出学生的最高荣誉奖励，这也说明李尧的行为赢得了队员们的尊重。同时，我校小记者在《红领巾看校园》这个栏目中专门采访了李尧，采访中，李尧的一段话深深地打动了大家："说起我撕小广告的事，还是因为我的奶奶对我的影响，奶奶说：'在中关村生活了一辈子了，眼看着城市建设得越来越好，不忍心看着这样的好环境遭到破坏。'我们只是为社区做了一点儿小事，尽了一点儿微薄之力。现在已经有一些热心的行人和我一起加入到了撕小广告的行列中，我在想：如果每位同学路过时撕下一片小广告，人多力量大，我们的社区、我们的城市一定会变得更加整洁。"李尧的亲身经历成为最好的活动倡议书，在他的带动下，很多同学在上学、放学的路上自觉加入到清理小广告的行列中。为了看到大家的行动，同学们都不约而同地把揭下来的小广告带到学校交给老师。就这样，我们的小广告球诞生了！

二、"广告球"变大了

一时间，大队部变成了非法小广告的"储存库"了，存放这些各式各样的小广告成了难题，怎么处理最合适呢？在辅导员老师的组织下，少先队员们想到了一个好主意，可以把小广告贴在一起，组成一个小小的球，每天量一量小球的周长，就知道队员们的收获有多少了！这个直观的、富有竞争乐趣的积累方式得到了队员们的认可与支持，调动全体队员的参与意识，大家都急着想看到广告球快点长大。于是，每天早上，广告球都会端端正正地躺在校门口，哪位队员揭下了小广告，就为它贴上。广告球最初的直径只有6厘米，一个星期过去了，两个星期过去了，慢慢地，广告球的个头儿越来越大，每天都有队员们走过去摸摸它，看看它！

三、"广告球"成长记

在活动中，队员们发现揭下小广告可不是想象的那么容易，手上沾满污物、趴在地上又脏又累等情况，都是他们在平时的生活中没有遇到过的。队员们还遇到了来自其他方面的困难，来自行人的嘲讽就是其中之一。一次，等车的小伙子一边把烟头扔过去，一边说："这个你捡不捡？"严重刺伤了队员的自尊心。对于孩子们遇到的种种困难，辅导员老师们给予了极大关注，及时调整队员们的心理，并跟大家一起讨论了应对的方法。

随着实践经验的不断积累，队员们总结出了针对不同质地小广告的不同清理方式，自备了塑料袋、各种小工具，为城市的清洁做出自己力所能及的贡献。队员们甚至摸清了一部分长期在中关村地区非法张贴小广告的流动人员的"工作时间"，早上七点以前，流动人员会利用街道上行人比较少的时间来粘贴。队员们就充分利用七点到七点四十这段时间来清理小广告，让小广告消失得无影无踪！

在活动中，队员们渐渐明白了：现实社会中并不只有真善美的内容，也有不美好甚至是丑陋的现象，需要我们用强大的内心力量战胜它们。在深入的思考和实际锻炼中，孩子们不但没有被某些人的不理解甚至冷嘲热讽所打压，反而更加激发了"我爱首都我爱家，清洁文明靠大家"的信念，清理起小广告更有劲头了。

四、"广告球"该不该长大？

三个月过去了，广告球渐渐变大，周长已经有140多厘米了，上面有队员们揭下的上万张小广告。队员们还利用寒暑假、学雷锋日等节假休息日，帮助周边社区清除小广告。六（4）中队的小记者康懿荘一直跟随活动采访，她说："保持城市整洁美观，不只是环卫工人的责任，每一个人都有责任和义务维护城市清洁，尽管我们的年龄小，也要做出自己的努力！在你做过好事之后，心情会怎样？是不是感到有点儿自豪，觉得自己是好人，感觉很有价值感和成就感？"童真的语言代表了队员们的心声。在我们的调查中，一些家长说：我们非常支持这项活动，孩子是社会的未来，今后环境要靠他们维持，今天让他们多一份责任，多一份爱心，多一次行动，明天我们的环境才会更美好。"

"广告球"活动受到了学校周边社区、学院的一致赞扬，经常会看到路过的行人在队员们行为的感召下，揭下小广告递给孩子们。就这样，孩子们天天盼啊，盼啊，期待着广告球一天天的变大，越大就越让人有成就感。

恰在此时，少先队大队发声了：队员们，我们各个中队在近期都来召开一次主题队会，一起来研究研究，广告球到底该不该不停长大呢？一时间，孩子们各抒己见，展开了热烈且务实的讨论。道理越辩越明，期盼着广告球快快长大的美好的愿望演变成了深刻的思考。

五、"广告球"明星记

随着"广告球"事件的不断发酵。北京晚报、北京新闻等多家媒体进行了追踪报道。凝聚全体队员心血的"广告球"先后在首都博物馆"与奥运通行"收藏品展览，在第二届国际文化创意博览会中与各界人士见面，在社会上引起广泛的讨论。王岐山副主席参观了展览，高兴地对孩子们说：感谢你们的努力，感谢你们对北京清理小广告工作的支持。市委常委、教育工委书记朱善璐热情地鼓励老师和队员们要继续开展好这样有意义的教育活动。首都博物馆的叔叔们笑着说："你们的广告球真是一件艺术品，我们这里的展品中数它最棒。"

正是队员们"我为人人，人人为我"的强烈责任感，促使"广告球"活动长期开展。我们知道：作为未来的公民，一个人的言行会影响到家庭、集体和社会，每一个社会成员在享受一定权力的同时，必须承担一定的责任和义务。队员们必将走出校园，走向社会，从小有了责任感的体验，将在他们成长的道路中激发出更强烈的责任感，促进其自发自觉地在未来社会中发挥作用。

二、心有多大，舞台就有多大

梦想的力量是毋庸置疑的，这从中华民族薪火相传的五千年历史上可见一斑。古往今来，不敢说每一个有梦想的人都取得了成功，但是每个成功的人必定有一个敢于为之拼搏的梦想。

屈原有梦，便有了那句"路漫漫其修远兮，吾将上下而求索"；孟子有梦，生于忧患而死于安乐，所以他说："故天将降大任于斯人也，必先苦其心志，劳其筋骨，饿其体肤，空乏其身，行拂乱其所为，所以动心忍性，增益其所不能"；岳飞有梦，一句"莫等闲，白了少年头，空悲切"激起多少奋进的中华儿女；孙中山写得出"天下为公"；周恩来也写得出"为中华之崛起而读书"……

我们也可以有梦想，我们的学生更应该有梦想，我们今天的教育就要为这些怀揣梦想的下一代提供筑梦的舞台，我们今天的教师就是为这华美演出拉开大幕的人。

（一）留心孩子的特长

孩子们的潜力是无限的，只是缺少发现潜力的人，每个孩子都有长处，只是需要发现并支持孩子的长处，如果做到了这一点，我们就会发现我们的孩子在某些方面，已经是从优秀到卓越了。

有一个落魄的青年流浪到了巴黎，他期望父亲的朋友查尔斯叔叔能帮助自己找一份谋生的差事。"数学精通吗？"查尔斯问。青年羞涩地摇头。"历史地理怎么样？"青年还是不好意思的摇头。"那法律怎么样？"青年窘困地垂下头。查尔斯接连发问，青年都只能摇头告诉对方——自己似乎没有任何长处，连丝毫的优点也找不到。"那你先把自己的住址写下来，我总得帮你找一份事做。"查尔斯最后说。青年羞涩地写下自己的名字和住址，转身要走，却被查尔斯一把拉住了："你的名字写得很漂亮嘛，这就是你的优点啊。"把名字写好也算一个优点？青年在对方眼里看到了肯定的答案。我能把名字写得叫人称赞，那我就能把字写漂亮，能把字写漂亮，我就能把文章写得好看……受到鼓励的青年，一点点地放大着自己的优点，他的脚步立刻轻松起来。数年后，青年果然写出了享誉世界的经典作品。这个年轻人就是家喻户晓的 18 世纪法国著名作家大仲马。

孩子的成长是一个长期的过程，需要不断地给予鼓励和自我激励。发掘一项优势潜能，能够极大地激发他们的自信心和自尊心。生活中有很多孩子都拥有一些诸如"能把名字写好"这类小小的优点，但却常常被我们忽略了。要培养孩子的"特长"，我们就要留心孩子有哪些爱好，有哪些长处可以发展为"特长"，然后在这方面刻意培养孩子的兴趣。

【案例3】特色主题活动课《最佳现场》

你抢到票了吗？

最近，孩子们见面相互间流行起一种新的问候语"你抢到票了吗？"说起来就像是老北京那句"您吃了吗"一样自然，原来这都是学校最新策划的《最佳现场》活动惹的"祸"。

《最佳现场》活动公告

1. 面向全校同学公开招募主讲人。

只要你愿意

2. 主讲人可以展示爱好、秀才艺特长、讲述成长故事……

内容由你定

3. 主讲人需提前三天发布海报广而告之展示主题，提前一天发放观众席位。

感兴趣的小伙伴自己来约票吧

活动公告一经发布，孩子们个个跃跃欲试，报名者络绎不绝，由于观看现场可以不受老师挑选指定，自愿报名，每场只有200多个名额，还是利用中午午休的时间，但席位有限，先到先得，能拿到票那简直是莫大的特权。因此，那真的是去"抢"票才有机会。

本校王老师的儿子连续两场都没有"抢"到票，这第三场无论如何都得成功，因为这场的主讲人是他最好的朋友鸣鸣，作为亲友团说什么也得去现场助阵啊！"抢票日"这天，儿子连午饭都顾不得多吃，早早就冲出教室排了个第三名，终于如愿以偿拿到票了！他得意地跟鸣鸣显摆："怎么样，够兄弟吧，我保证使劲鼓掌，就看你的了啊！"鸣鸣一边帮忙发票，一边看着排得长长的"抢"票队伍，心里既兴奋又紧张。

"最佳现场"第三场开始了，报告厅坐满了来自各年级的同学。"走进小博物学家"的大标题醒目地打在大屏幕上，报告厅讲台上摆满了鸣鸣带来的"宝贝"。原来鸣鸣是个小自然迷，专门爱捉昆虫，收集各种矿石，最爱在大自然中"寻宝"。听说有了《最佳现场》，鸣鸣动心了，他用了两个多月的时间整理了他从各地寻回来的宝贝，这回都带到学校与大家分享，有矿石、化石标本300多块，昆虫标本50多种，种子标本100余种，海螺、贝壳标本100种，各朝代瓷片200多件，各国钱币200多枚。小伙伴们都惊呆了。

鸣鸣动情地讲述着每一件标本背后的故事，并带领大家畅游矿区、森林、博物馆……共同体验他所着迷的博物世界的精彩与神奇！活动结束后，很多同学和老师纷纷围着他求教，热烈地讨论和一句句的赞赏让鸣鸣品尝到了前所未有的幸福和自豪……这一天他特别开心，他说他会终生难忘。《最佳现场》让鸣鸣着实火了一把，后来，不少同学受到他的感染，也对矿石啊、昆虫啊产生了兴趣，不时拿来各种"宝贝"与他交流，结交那么多志趣相投的朋友，他觉得无比快乐。

《最佳现场》一方小小舞台，坚定了鸣鸣学科学、爱科学的信心，他暗暗立志长大要做一名科学家！这个从小喜欢找蜗牛、抓蝴蝶、满地乱挖的"小淘气"，这个在班里学习成绩不起眼的"普通生"，在班主任禹老师的慧眼引导下，成了大家刮目相看的小博物学家，连他的家长都万万没有想到，家里那些妈妈常常趁他不注意就给清理了的破玩意儿居然成就了他，并且一发不可收拾，研究起来越来越带劲，也越来越像样。

由于鸣鸣的那股子认真劲儿，在2015年的全国科技活动周开幕式上，老师推荐他作为学校代表，为国务院副总理刘延东奶奶、科技部部长万钢爷爷等国家领导人讲解了创意工程作品"能源输送线"的科学原理及运行步骤。那一刻，作为二小的学生他自豪极了！他永远不会忘记刘奶奶的嘱托：学好科学，报效祖国！

鸣鸣在禹老师的指导下根据自己的经历创作了一首小诗：

也许，你觉得我是个捣蛋鬼，

家里的东西拆了装、装了拆，

研究发电机、破坏电磁炉、组装零件我有办法。

我贪玩好动，有时甚至被责罚，

可你知道吗？我的梦想是做个大发明家。

成为中国的爱迪生，创造一个又一个神话！

也许，你觉得我是个昆虫迷，

蜜蜂、飞蛾、甲虫，甚至是可恶的蟑螂，

都是我珍爱的宝贝，看上千遍也不疲乏。

我是捕捉蝴蝶的高手，我还是发现蜘蛛的专家。

你知道吗？我的梦想是做个昆虫学家。

成为中国的法布尔，续写昆虫王国的新童话。

也许你觉得我是个探险家，

登高山、钻窑洞、挖树根、采矿石，

兜里装得鼓鼓囊囊，满身经常是泥巴。

我是地质博物馆的常客，假期常驻图书大厦。

你知道吗？我的梦想是做个地质学家。

成为第二个李四光，让祖国的科技实力越来越强大！

我是新时代的中华少年，

历史和未来将由我们焊接，

时代的接力要靠我们传递。

我要努力实现我的科学梦想，

为祖国的明天谱写更加辉煌的篇章！

这是一次关乎孩子自己寻找"优势"与"动力"的课程，一次让孩子蜕变的良机；

这是一个旨在令孩子认识自我、突破自我、激发潜能的舞台；

这是一次为独一无二的孩子量身打造的一个充满影响力的独特的成长体验。

无需华丽语言，家长和孩子盈眶的热泪就是证明！

无需深沉道理，孩子一点一滴的改变就是真理！

孩子那一句："《最佳现场》明年一定要继续，我们还想来"已胜过千言万语！

（二）每一个学生都是主角

曾经听过一个小故事：小胖回家说，幼儿园要选小朋友跳舞，还要选几个敲鼓的。小胖说想去跳舞，如果老师不选我跳舞，我就去敲鼓。我力气大，敲鼓会敲得很响的。过了几天，小胖兴冲冲地回家宣布，我选上啦！妈妈问跳舞还是敲鼓呀？小胖脑袋一偏，说都不是，是观众。爸爸妈妈都笑了，爸爸小声咕哝了一句，观众还要选吗？这老师，糊弄小孩儿呢。只有外婆跟小胖一样高兴。说当什么都行，只要高兴就好。看小胖多高兴啊！

这个故事感动了我。我欣赏这位幼儿园老师，她以春雨润物般细腻的方式让孩子们接受了一个道理：不可能每个人都参加跳舞和敲鼓，但是，演出不仅需要演员，还需要观众。有观众的欣赏，演出才有意义。从这个角度说，观众也是一个虽然普通却很重要的角色。投入地观看演出，为演员鼓掌欢呼，那就扮演好了自己的角色。

从更大的范围来说，这个故事中的老师、小胖和幼儿园的小朋友们，还有小胖的爸爸、妈妈和外婆，都扮演了各自的角色，共同演绎了一场多姿多彩的生活情景剧。

同样，在校园生活的情境中，我们每个人都以各自的方式演绎着与众不同的故事。你有你的天地，我有我的世界；你有你的辉煌，我有我的精彩。看似扮演着迥然不同的角色，但都是自己成长历程的主角。无所谓"大人物""小人物"，只要我们找准人生坐标，说好人生的台词，不管身处顺境还是逆境，都能荣辱不惊，就可以完成自己形象的塑造，展示生命的充实和人生的风采。

然而，并不是每个人都永远可以唱主角，也不是每个人永远只能做小人物。特别是这些还不满12岁的孩子们，人生的精彩才刚刚起步，谁能说哪个孩子日后会有怎样的一出戏呢？我们实在是无需在成长阶段就给孩子们选定主角、配角，分出三六九等。更不敢轻易就剥夺了任何一个孩子有可能成为主角的机会。

所以我们倡导学校教育要真正以学生为主体，这是对教师提出了更高的要求。让德育真正在教师的头脑中生根发芽，对德育的目标、方法、内涵有了更高层次的把握。课程实施中不但给学生自主成长提供足够的时间和空间，还能适时适当地指导，让他们成为道德实践的主角。教师们精心设计实践平台，使学生成为积极的参与者和自身道德素质的塑造者，为人生的发展奠定坚实的道德基础。

【案例4】特色主题活动课《开学第一课》

每一名学生都是主角

我校一年一度的《开学第一课》是属于我们自己的一个大舞台，这个舞台上蕴含着学校五年来的教育历程，凝聚着全体师生共同的期望与愿景。

看似这样兴师动众、劳心劳力的做法，无非是要告诉学生们：学校这个家有多大？我们有多少伙伴家人？无非就是要让每一位学校的主人都来见证家的发展，感受家的温情，分享家的快乐！创建一个充盈灵动质感的德育活动场。这样一个个活动场的形成首先依托于我校以"儒雅教育"为核心理念的总体育人目标。"儒雅教育"就是我校开展德育活动的精神指标，"儒雅点亮人生"的核心价值观引领着我们不断探索、创新独特的主题教育活动。我们认为，全校师生唯有心向一致，统一认识，在一个充满希望和美好的共同愿景下才能凝心聚力，并肩前行。因此，像《开学第一课》这样一个承载着"儒雅教育"浸润人心的主题活动，我们是一定要让每一个人都来参与的。

每一个人都参与

2009年，百旺校区正式投入使用，我们把大家统统请到了百旺校区这个新家，师生家长近6000人欢聚在了一起，中关村二小这个大家庭中成员一个不少的都出席了现场，在那一天大家亲眼看到，我们的家变大了，我们就是要让每一位主人都来见证新校区的落成。在那一天，我们还请全校师生一起来热烈迎接一年级新生和家长走进校园，让第一次正式迈进学校大门的他们深深地感受到我们只有一个二小，我们都是一家人。这样的迎接新生的形式一直延续了下来，直至今年，为了满足孩子的父母都能够亲历现场的迫切需求，我们专门为三个校区全体一年级学生举办了"新生入学礼",使每一位家长都有被尊重的感受,使每一名新同学都有成为二小主人的自豪感。

每一个人都是主人

2010年,我们以《新学年新足迹》为主题,更加强调了对各个年级学生的关注,我们想:《开学第一课》绝不仅仅是做给一年级和六年级的,其实每一个年级都重要,每一名学生都应该成为主人。于是,我们集三校区同年级的合力,将本年级学生成长的特色一一呈现,年级里最有意思的事情、最具号召力的活动登上了《开学第一课》的舞台,这昭示着每一名同学的成长都有目标,每一个年级的学生都能够明确自己努力的方向。

2011年,我们的家40岁了,我们希望让每一名学生都来为学校庆生,分享家的喜悦。这期间,我们更加注重关注每一名学生的感受,力求让不同层面、不同年级、甚至名不见经传的学生当一回明星。

对于我们来讲,《开学第一课》是一个仪式,是一个生动、活泼、有意思的仪式,更是二小富有教育意味的重要一课,这个大课堂上,每个人都是学习的主体,每个人都有参与的机会。五年来,7600多名家长在开学第一课中与学生同欢乐同放歌;在全校267名老师中,先后有150多名教师成为策划团队的核心成员;越来越多的学生走上舞台,起初的一个舞台已经不足以满足大家张扬自我的愿望,2012年,我们搭设的六个坐落于学生方阵中的舞台格外醒目,格外受学生欢迎,它使每个年级的学生都拥有了一方展示的天地,让每一个人都能够张开双臂拥抱属于自己的新学年。学校这个大舞台上,从来都不缺少优秀的演员,每一个二小人都有展示才华的机会,每一个二小人都有成为明星的可能。

每一个人都是主角

《开学第一课》的大舞台上,我们每个人都以各自的方式演绎着与众不同的故事。但如何真正实现让每个人都是主角,如何让大家都有亲身参与的体验,这是我们追求的又一个目标。2013年,在开展一年级新生入学礼的同时,我们组织三个校区二至六年级的学生同步开展了项目体验式的开放活动——《带着梦想出发——开学总动员》,带来了不一样的精彩。

学生走进校门,首先会领到一张任务单,按照提示去寻找和参与自己要完成的任务。"校园剧场""儒雅讲堂""交流空间""分享专区""梦想邮局"……三个校区,267名教师,300多位家长志愿者分布在各个项目专区,组织活动,专岗服务。宋老师是当时"梦想邮局"场地的负责人。

她亲眼看着学生们郑重地写下自己的梦想：

"祝愿居住外地的爷爷早日康复，放假了，我还会回老家陪您。"一位四年级的学生写道。

"我真的好想好想养一只小狗陪着我。"二年级的小同学要寄给妈妈。

"还有一年就毕业了，我一定加油考上理想中学，大壮，我相信你！"这是六年级的学生准备寄给自己的。

"孙爷爷，听了您的讲座特别受鼓舞，感谢您为中国航天事业做出的巨大贡献，我一定好好学习科学知识，将来也能为中国航天事业做贡献！"这是五年级的女生写给中国科学院院士、中国"两弹一星"功勋科学家孙家栋爷爷的。

"我非常喜欢《中国少年报》，祝愿这个报纸越办越好！我长大了想当个编辑。"这是三年级的小男生写给报社的。

4600 多封明信片真的像是给梦想插上了翅膀，有飞往教育部的，有飞向航天城的……孩子们满怀欣喜地把希望投进邮筒，还一再追问邮局的叔叔阿姨"这个一定能寄到吧？"

两周之后，很多孩子收到了期待中的惊喜：《中国少年报》来信了；中国航天部航天大队来信了，还寄来了一本书；乡下的爷爷来信了；教育部部长亲自回信了……社会各界对孩子们的问候、回复、指引为我们的学生点燃了希望，开启了梦想，孩子们享受着备受关注的喜悦。还有什么比这样的开学典礼更让学生难忘的呢？我坚信，待这小小的梦想的种子饱满成熟之时，定会绽放出独特的花朵！

几年来，场面热烈的《开学第一课》，实实在在地教育着每一个二小人，使参与其中的每一个人在潜移默化中受到学校文化的陶冶，并伴随每一年的教育主旋律开启新学期的希望。在这个过程中，我们从来没有忘记去诠释教育的本质：尊重与爱。

《开学第一课》是中关村第二小学儒雅教育体系中校本课程的典型，类似这样的系列教育活动还有各年级的社会实践活动、六年级毕业礼、一年级建队日等，我们从来都是别具匠心地把三个校区同年级的师生组织在一起开展活动的，我们的目的只有一个——让二小的每一位学生都可以享受到最优质的教育。

像这样一个个充盈灵动质感的活动场是实现儒雅教育的重要载体，而"场"的营建则是我们三个校区德育研修团队共同追求的教育目标。三校区师生的融合、联动和共进，让我们觉得大家的心聚拢了，思想活跃了，力量强大了。就像我们共同去打造《开学第一课》的过程那样，我们让一个人能想的问题，扩展到多个志趣相投的人一起想，能想得更周全；让一个人能办的事，发动起多个人一起办，能办得更漂亮；让一个人能做的探索，联动更多的人一起探索，能让思考更加深刻。我想：意识重叠处即是智慧生长处，这样智慧叠加的过程就是教师自我发展、相互促进的过程，就是成就学生成长、成就学校发展的过程。

第二章 "福泽"德育课程
——福建三明学院附小的学校德育课程

"做人先修德",思想道德教育在学生成长的道路上占有极其重要的位置,古今中外的教育家都很重视德育。儒家学派创始人孔子注重培养德行、言语、政事和文学四科的人才。西方哲学家苏格拉底也认为知识就是道德知识,也就是关于何谓美善,何谓正义,何谓节制的知识,最大的学习就是善的学习。可见,古往今来,德育是教育的灵魂,是育人的根本。

"国无德不兴,人无德不立。""人而无德,行之不远。"学校教育正如习近平主席谈治国理政道理是一样的,"立德树人"是教育的根本任务,只有提倡和发扬好德行,至善至美的校园才能营造和谐发展的氛围,才能实现教育的真正目标——培养全面发展的人。

第一节 德育的现实思考与应对策略

一、德育的现实思考

当今,大数据时代迎来了教育信息化新时代,面对激烈而复杂的竞争和充满各种诱惑的社会生活,德育面临着前所未有的挑战。学校管理者们对德育的重要性都有清醒的认识,把德育置于一个非常高的位置,通过探索和实践,总结出了不少德育经验,但是德育的成效却不理想,普遍存在"高耗低效"的现象。

【案例1】

向日葵中队召开以"民族精神代代传"为主题的中队会——《弘扬民族精神,争做世纪好少年》。中队会分为三个乐章:中国了不起、中国人了不起、做个了不起的中国人!队会的内容丰富,形式多样,各小队八仙过海——各显神通，有唱歌、跳舞、诗朗诵、讲故事、相声、书法、剪纸、乐器表演等，也有小队发言，队员们豪言壮语，慷慨激昂……看起来这次队会热热闹闹，举办得很成功。活动结束后，记者采访学生：什么叫民族精神？中国的民族精神有哪些？学生竟支支吾吾答不上来。看来，这次精心筹划的队会远远没有达到预期的教育效果。

反思：学校开展德育主题活动，往往存在"假、大、空"的现象，不少班主任认为，德育主题教育活动就是组织学生排练一场节目，既劳神又费力，满足于形式上的轰轰烈烈，缺乏真正走进学生内心深处、引起学生强烈共鸣的针对性强的教育内容。

【案例2】

每周一举行的升国旗仪式，本是对学生进行爱国主义教育的德育常规活动，但是随着国旗下训话模式的展开，学生把升国旗、唱国歌当作一种机械重复的活动，疲于应付，甚至出现躁动不安的现象，他们早已失去了对国旗的敬畏，有人戏谑：升国旗仪式就是"批评会"，升旗仪式的神圣与庄严不复存在。

反思：升国旗仪式的模式化、刻板化，就像农村给小牛上嚼子、套笼头的情形，小牛本来想怎么撒欢就怎么撒欢，一套上笼头之后，就由不得它要牛性了，德育的鲜活性不复存在。说教式的德育，往往会出现"负教育现象"，即德育成效与德育目标背道而驰，产生了"负效应"。

【案例3】

学校举办春游、秋游活动，组织者的意图是，让学生走出校门，亲近大自然，培养学生的环保意识，促进班集体的凝聚力。但是，笔者曾问卷调查过参加此类活动的老师、家长和学生，活动的效果令人失望。学生的兴奋点在于不用坐在教室里上课，没有家庭作业，可以买很多零食吃；教师们的关注点则在于学生的安全。

反思：春游、秋游活动随意性强，仅仅是给学生"放一天羊"，再无别的意义，忙于应付任务，这就是德育活动中常见的"零效果现象"。

【案例4】

三月是"学雷锋活动月"，学校制订了详细的活动方案，通过校园网站、微信公众平台、校园广播、电视台、黑板报、LED屏等营造了浓厚的宣传氛围，轰轰烈烈地开展"学雷锋"国旗下演讲、主题班队会、讲故事比赛，倡导"志愿服务""日行一善"……

反思：在学校的精心组织下，三月"学雷锋"活动的确取得了一定的成效，但"雷锋"真是三月里来，四月里走吗？如何建立"学雷锋"的长效机制？如何让学生把学校和老师的要求转化为自身的内驱力？好的德育应当不拘囿于一隅，不死守于一时，应内化于心，外化于行。

【案例5】

"老师，我儿子最听您的话了，替我说说他吧！他在家什么也不干，连一双袜子也不洗；说他一句，就不耐烦，甚至大声顶撞……"我们常常听到类似这样的谈话。学生在家在校表现不一致的现象相当普遍。有的学生在家里不干家务，但是在学校里的值日却做得相当好；有的学生在学校里对老师很尊敬，对同学很友好，但是在家里对父母却很刻薄，经常出言不逊，甚至还辱骂家长。

反思：学生之所以会有这种"两面派"的表现，主要原因是学校和家庭对孩子的要求及教育方式的不一致。德育的"触须"要伸向家庭、自然和社会的方方面面，包括家庭琐事、饮食起居、课外游戏及社会生活。

以上案例仅仅是学校德育的一些现象列举，但不难窥探出当前小学德育工作存在的问题：德育大多以说教，以灌输式教育为主，脱离生活，缺失"儿童视角"；学校、家庭及社会合作不紧密；德育活动碎片化，缺乏层次性、整体性、系统性和有效性。具体地说，包括德育目标抽象化、空泛化，教育内容书本化、知识化、成人化，活动过程形式化、随意化，德育评价单一化等，常常出现"负教育现象"或"零效果现象"。上述原因弱化了德育的成效。

二、应对策略：德育课程化

每一个孩子都是一个独立存在的生命体，教育的终极目标是育人，是为了唤醒孩子的灵魂，不在于起跑多快，而在于跑得多远。每个孩子的枝枝叶叶、花花果果绽放得灿烂，还是枯萎，源于学校环境的"勃勃朝气"，也源于生活的历练和浸润。面对当前学校德育工作"高耗低效"的现状，作为管理者，我们不得不思考：德育工作的视点应聚焦在何处？如何找到德育工作创新的生长点和突破口？如何提升德育的实效性？

每个孩子都是复杂多样、鲜活而灵动的，单一、枯燥的德育方式，自然很难触发他们的兴趣、感悟与发现。弥补和扩充德育的"内环境"和"外环境"，构建校本德育课程体系，探索开发出让学生舒展个性、自主参与的校本德育课程，才能有效改变学校"空口号、假兴奋"的德育现状，才能创造一片璀璨的德育时空。

（一）德育课程开发的契机

随着课程改革的持续推进，学校管理者的课程领导力已经上升到一个十分重要的位置，《义务教育学校校长专业标准》提出，校长应具备有效统筹国家、地方、学校三级课程，为学生提供丰富多样的课程。从2013年开始，学校紧扣"福泽"教育办学主张，进行福泽课程开发。其中，校本德育课程是重点开发的课程之一，从此，"德育课程化"开启了学校德育的新思维。

（二）"德育课程化"的内涵

什么是德育课程化呢？德育课程化，就是在明确国家教育目标、学校德育目标和课程改革目标的基础上，建立三级德育课程和评价体系，凭借教育管理者对教育准确而深刻的理解，结合本校的实际情况，创造性地组织落实德育目标。

（三）"德育课程化"的优势

将碎片化的德育活动设计成德育校本课程，从校情和生情出发，以学校的办学理念和办学特色为指导，进行课程开发的顶层设计，纲目并举，既有课程目标、课程内容、活动组织与实施及课程评价，还有师资、课时、活动场地、经费、制度及教学管理的保障，形成完整的、稳定的体系架构，有效地克服了德育活动的盲目性和随意性，确保活动常态化、规范化、系统化。学校、教师、家长、学生、社会共同参与校本课程的开发设计，构建促进学生品格成长发展的开放性、立体化的德育课程体系，较好地弥补了德育学科课程之外学校德育课程的空白。

如：形成了"德育课程化"的理念，前文案例2列举的升旗仪式，我们将它设计为一门校本课程。课程目标设定为：一是落实升旗制度，规范升旗仪式；二是升旗仪式每周一主题，进行社会主义核心价值观教育；三是通过升旗仪式，展示班级风采，表彰学生身边的榜样，培养集体荣誉感和争先创优的意识。在课程目标的指引下，升旗仪式不再套路化和模式化，少先队开展主持人、升旗手、护旗手、小摄影师、小记者等岗位的公开竞选活动，进行规范、专业的培训；依托文明班级评比开展"升旗中队"的评选活动，展示班级风采，加强集体凝聚力；组建"国歌领唱团"，带领全校师生唱出国歌的气势；开展"身边的榜样"颁奖仪式，受表彰的师生走红地毯，校领导致颁奖词……通过学校网站和微信公众平台报道每周的升旗仪式，以点赞、转发、评论等方式进行课程评价。升旗仪式以课程的形式开展，有效地达成了"形式上吸引人""内容上教育人"的效果。

再如：前文案例3中阐述的春游、秋游活动，形成一门"郊游课程"，效果完全不同。经过前期的调研，根据各年级的课程目标和学生年龄特点，各学科教师共同参与开发"春游课程"及"秋游课程"。在课程设计时，寻找"游"与"教"的融合点，详细罗列出一至六年级学生每年春游、秋游的活动目标、活动地点、形式、内容、要求及评价标准。如"春游课程"：低年级学生开展"植物标本采集"活动；中年级开展"风筝制作及放风筝"比赛；高年级开展"植树绿化"活动。每个班级进行分组，选出组长，命名小组名称，提出小组口号，根据活动主题开展竞赛等。以课程的形式规范郊游活动，郊游不再是单纯的游玩及走马观花，避免了常见的"放羊"现象，使得活动更具有教育效果。

第二节　"福泽"德育课程的架构

一、"福泽"德育校本课程的开发策略

课程是学校育人的核心载体，也是儿童成长的核心。将长期游离于课程之外的德育活动纳入校本课程体系，教师和学生不再为活动而活动，在课程目标的指引下，不断丰富德育内容，实现德育方式的转型，建构起基于活动的德育校本课程，真正落实"立德树人"的教育根本任务，学生逐渐形成自己的价值观，教师成为专家、学者，学校的办学影响力也将逐渐扩大。

学校开发"福泽"德育课程时主要遵循以下策略：

（一）德育课程理念与办学理念相吻合

有什么样的课程就有什么样的学校，什么样的学校就需要什么样的课程。清晰的办学理念是校本德育课程开发的前提和基础。根植于学校文化沃土，从中汲取营养，才能创生文化底蕴深厚的校本德育课程，服务学生成长。学校在历史沿革发展的基础上，在历任校长的共同认可和传承发展的基础上，提出"福泽教育"办学主张，确立"为学生幸福人生奠基"的办学理念。"福泽"表达了"学校这块拥有纯真的教育净土，将回归教育

初心，办有良知的教育，将努力让每一个孩子都在纯净的、人性的、温情的天空下有尊严地、自由地、个性化地成长，获得应有的发展"，这样一种博大的教育家胸怀和理想。仰承学校的"福泽文化"，校本德育课程理应让每一个孩子在生活和学习中，在实践性的情感体验中，经历动机的冲突、情感的激荡、认识的升华，从而获得道德认识和生命的感动，感受幸福、创造幸福、分享幸福、传递幸福及奉献幸福。由此，学校开展了校本德育课程设计与实践探索。

如：学校开设了"幸福七色花"年级特色活动课程，使学生在基础教育阶段的六年中，每一学年参与一门刻骨铭心的体验课程，贯穿于小学教育的整个时段。该课程的实施不但强调个体的积极参与和内心体验，而且注重集体活动中的互相感染，互相教育，把成功与幸福的元素融入每个儿童的心田，给他们的童年留下幸福的印记，为他们的幸福人生奠基。"幸福七色花"年级特色活动课程已成为"福泽"教育"四轮驱动"的一轮。

（二）德育课程开发以"福泽课程体系"为指导

在"符合学校实际，以学生可持续发展为动力和途径，以培养学生的综合素养和鲜明个性，为实现儿童终生幸福为目的"课程方略的指导下，学校构建了"多元＋个性"福泽课程体系。福泽课程的总目标是：培养品行端正、习惯优良、基础扎实、体质强健、拥有特长的小学生，为幸福成长奠基。我们在福泽课程总目标的指导和课程整体框架的要求之下进行了德育校本课程的开发。

（三）德育课程开发关注"儿童视角"

儿童与成人不同，每个孩子都是天生的"游戏家""幻想家"。真正的儿童教育，是让儿童能够享受童年快乐，释放童年的天性，让孩子像个孩子，而不是少年老成，老气横秋，导致"儿童不像儿童，儿童不是儿童"的悲哀。课程的核心是儿童，应该从儿童中来，到儿童中去，德育课程究其根本是一门引导儿童探寻生活意义的课程。在德育课程的目标设定、活动内容及培养方式的选择方面，都应站在儿童的视角去考虑。

如：学校精神范畴的隐性德育课程倡导儿童文化，校歌由学生自己谱，校标从学生的作品中遴选，学校的温馨提示语和"幸福寄语"向学生征集；"幸福笑脸墙"让每一位刚入校的新生找到归属感；"蓝天与白云的梦想"展示厅给予学生遐想的空间；走廊楼道上学生自创的书法、绘画、剪纸和手抄报等优秀作品，给学生提供了展示的平台……

基于以上认识，我们确立了学校德育校本课程开发的指导思想：遵循"福泽"教育办学主张，将学生从书本加课堂的封闭关系中引领到一个开放的生活德育场中，诱发和唤醒学生的道德体验，构建有针对性、趣味性、实效性和可操作性的校本德育课程，让每一个孩子都有机会过一种幸福完整的教育生活。

二、"福泽"德育课程体系框架

经过近三年的研究，学校的德育课程体系初见规模。

三明学院附属小学"福泽"德育课程一览表

显性德育课程			隐性德育课程
学科德育课程	德育微课程	德育活动课程	
按国家规定开齐开全《道德与法治》课程、《品德与生活（社会）》课程	1. 早会、课前三分钟、升国旗仪式、集会等课程 2. 校刊、班刊、板报、广播、网站等课程	1. 班队活动课程 2. 年级特色活动课程 3. 校园节日文化课程 4. 传统节日活动课程 5. 养成教育课程 6. 网络德育课程 7. 社会实践活动课程 8. 家校联动课程	1. 物质范畴的隐性德育课程，以优美环境育人 2. 精神范畴的隐性德育课程，以多元文化育人 3. 制度范畴的隐性德育课程，以"人文化"的管理育人

三、"福泽"德育课程的实施原则

（一）实践性原则

品德教育要回归生活，小学德育课程的实施，就是学生亲身经历和动手实践的过程。"引导儿童在实践中发现和提出问题，在亲身参与丰富多彩的社会生活中，逐步形成探究意识和创新精神。"

（二）主体性原则

德育课程建设的本质是要尊重学生，以学生的经验为中心来组织课程，也就是从学生的兴趣和需要出发来组织课程内容。要"激发儿童主动想做什么，而不是由教师支配儿童去做什么"。要注重"发展儿童的自主性、思考与判断能力，让活动真正成为儿童的活动"。

（三）针对性原则

小学德育课程的活动内容和活动形式的设计要因时、因地、因人制宜，要讲求针对性。"因时"是指活动教学要注重时代性，要关注社会新的发展变化。"因地"是指活动内容要处理好普适性与学校所在地域特殊性的关注。"因人"是指活动内容、活动形式要适合儿童的年龄、心理和认知特点，活动过程应"让儿童尽可能多地体验到成功感和自信心"。

（四）整合性原则

在课程实施过程中，应有意识地将学生的经验、社会生活及核心问题联系起来，与各学科中的相关内容整合在一起，淡化学科界限，形成综合课程。

（五）实效性原则

德育活动教学要改变追求表面热闹的现象，设计要朴实，教学过程要务实，评价要求实，提升德育实效。

四、"福泽"德育课程的师资保障

德育课程的开发与实施，需要一支高素质的德育师资队伍，学校致力于"德育专业发展共同体"建设。

（一）加强班主任队伍建设

过去，学校注重于培养学科教师的专业发展，而忽略了班主任的专业成长。近年来，学校注重班主任队伍建设，一是开设"班主任论坛"，讲述学校好故事，传递学校好声音，做到"周周办讲座，人人有专题，个个会主讲"。每位班主任都从德育工作者的视角，或展示班级文化，或分享学生好习惯教育故事，或交流德育微课程的开发与实施经验。二是开展班主任"师徒结对"活动，发挥优秀班主任"传帮带"的引领作用，通过学习交流、跟踪管理、个别指导、个案剖析等形式，促使青年班主任的成长。三是鼓励德育微课题研究。学校将德育课题进行分解，根据年级特点、文化内容进行细化，每个年段确立一个微课题，倡导班主任"人人做课题"，以"小、活、实、快"的微课题研究推动课程开发，确保课题源于工作实际，归于工作实际，激发选题、研究的热情，消除教师不想做、怕做课题的畏难心理。一时间，课题研究发展态势强劲，使"星星之火"形成了"燎原之势"。四是支持班主任参加培训和学习。学校不仅创设机会选送班主任参加各级各类培训，还鼓励班主任参加"心理咨询师"考试和"家庭指导师"考试，凡考试通过，取得相应等级证书的班主任，可获2000元奖励。五是每学期两次的德育专题研讨会，与同城化小片区学校一起探讨德育难点和热点问题，在思维的碰撞中进行观点的交流，从而提升问题认知水平，促进专业素养提升。六是建立和完善学校班主任工作岗位责任制和激励机制，评优评先及职称评聘向班主任倾斜，绩效分配也向班主任倾斜，班主任月津贴300元，这是目前三明市小学班主任津贴的最高水平。

（二）加强德育专干队伍建设

学校重视德育室、少先队、年段长等德育专干的选拔和培养，坚持标准，早选苗，早育苗，保证德育干部后继有人。在选配德育干部时，重点考虑年龄结构、知识结构以及专业结构，从而优化德育师资整体结构，提高整体素质。

（三）加强"全员育人"队伍建设

我们倡导"人人都是德育工作者""教育无小事，事事育人""教育无闲人，人人育人"。一是提升全体教师的育人观念、意识、方法和能力，要求他们以身作则，在各学科教学和日常管理中渗透德育教育，形成德育经验。如：向全体老师征集"教育微故事"，遴选典型的"微故事"，通过学校的微官网进行推送，促进全体教师梳理教育经验，凝聚教育智慧。再如：全体教师全程参与每周一次的"班主任论坛"及每学期两次的德育专题研讨会，在讨论和交流中汲取经验。二是鼓励全体教师自愿申报"班主任"岗位，特别是鼓励技能科教师担任班主任，有助于特色班级的形成。邹毅弘老师感慨地说："没想到美术老师也可以担任班主任，校长信任我，学校委我以重任，我一定会把班级带好，班级管理、活动开展、课程开发，一项也不落下！"

德育队伍的整体素质提升了，教师们才能从繁杂、琐碎的具体事务中悠然自得地抽身而出，开展德育课题研究，开展校本德育课程的开发与实施。

第三节　"福泽"德育课程实施的评价体系

课程评价是引导、鉴定课程开发、建设及实施全过程必不可少的重要手段，起着导向和监控的作用。

一、评价标准具体化

德育课程评价要构建具体的评价目标体系作导向，尽量让评价指标显性化，根据这些指标对学生进行逐项评定，就能避免课程评价的空洞和流于形式，引领教师全面关注学生在课程实施过程中的发展状态，引导学生自觉地将评价与日常行为表现联系起来。

如：分层序列化好习惯教育课程，六年级行为习惯养成教育重点之一"尊重他人"，将评价要点具体描述为：耐心听他人说话，不随便打断他人说话；专心听别人说话，不一边听一边考虑自己的事；当他人批评自己时，平静地听他把话说完；不打扰他人的学习、休息、工作和生活，一旦妨碍了他人能及时道歉；未经允许，不动他人的东西；用过的东西放回原处；到老师办公室要喊"报告"，到他人房间先敲门，得到允许后方可进入；学会保护自己的隐私，自己的家庭情况不随便告诉他人；不随意打听他人的隐私。

再如："幸福七色花"年级特色活动课程，从学生参与课程学习与活动的态度、分工情况、小组合作、成果展示及总结反思这五个方面进行评价，再细化每一个方面的评价标准。"小组合作"的评价标准为：与小组成员分工合作；经常与同学交流自己的心得体会，并善于听取他人意见，对组内有困难的同学能热情地给予帮助和支持；能经常参与小组讨论，小结阶段成果，对下一步的计划提出完善和调整的建议。

二、评价主体多元化

传统的评价方式，通常以教师为评价主体。这样的评价往往带有较强的主观因素，带有片面性，不利于学生的全面发展。评价主体多元化，可由教师评价、学生自评、同桌互评、小组互评、家长评价相结合。在学生自评方面，因年纪小，学生的自我评价意识较薄弱，可引导他们从两个方面进行自我评价：一是现在的"自我"与曾经的"自我"作比较；二是将自己的期望与实际收获相比较。让学生，尤其是让所谓的"差生"发现自我的价值，找到自信。

如：

三明学院附属小学二年级学生"分层序列化好习惯"评价表

班级：_____ 姓名：_____ 行为习惯、品德操行总评：_____

品德表现	自我评价				同伴评价				家长评价				教师评价			
	优	良	合格	待合格	优	良	合格	待合格	优	良	合格	待合格	优	良	合格	待合格
1. 书写规范、工整 (1) 书写时"双姿"正确。坐姿端正，做到3个"一"：手握笔的地方离笔尖一寸，眼睛离书一尺，身体离桌一拳 (2) 答题细心、准确、书写规范、字体端正，按照正确的笔画顺序书写，页面清洁，格式正确 (3) 养成"提笔即练字"的习惯，逐渐提高写字速度和质量																
2. 上课认真听讲，积极发言 (1) 听：坐姿端正，上课注意力集中，专心听老师和同伴的发言 (2) 想：积极动脑，认真思考，勇于提问，有自己的想法与见解 (3) 不乱喊叫，发言前先举手，积极回答。集体中发言声音响亮；小组或同桌的交流中，能积极参与发言，音量控制在以不影响其他小组为宜																

品德表现	自我评价				同伴评价				家长评价				教师评价			
	优	良	合格	待合格	优	良	合格	待合格	优	良	合格	待合格	优	良	合格	待合格
3. 学会与同学友好相处 （1）与同学发生矛盾时，能彼此谅解、友好相处 （2）遇到需要帮助的同学要热心帮助，学习做个"热心人" （3）初步掌握处理与人相处的简单技巧，体验与人友好相处的快乐，有自己的好朋友																
4. 自己的事情自己做 （1）在校：当好值日生，做好课前准备，自己整理文具、书包 （2）在家：早睡早起，自己穿衣、洗漱、整理房间、整理书包，帮助家长做力所能及的家务 （3）在小区、公共场合：能爱护环境，不乱扔果皮纸屑																

在以上表格 4 项好习惯指标中，优达 14 票以上，总评优秀；优达 12票以上总评良；优少于 10 票总评为待合格；其余总评为合格。评价结果作为"班级明星""星级学生""三好学生""优秀少先队员""优秀毕业生"的评选依据。

三、评价实施动态化

在课程具体实施时把终结性评价与形成性评价结合起来，把阶段性达标认定和终结性考查认定结合起来，注重收集反映学生阶段性达标成果，建立学生成长档案。也就是说，德育课程评价不再只是期末评价的一个环节，它必须贯穿于学生整个发展过程，避免了只着眼于阶段达标的短期效应现象，更立足于学生的长足发展，确保评价结果的一致性和准确性。

如：六年级的蓝色梦想教育年级特色课程，在学期初要求学生制订个人近期小目标，每个月利用一节班队活动课，引导学生回顾与反思，时刻激励学生自省、自律，通过一个学期的实践之后，要求每一个学生以漫画或照片的形式将小目标实现过程展示出来，召开"如何实现小目标"座谈交流会，然后通过自评、互评、教师评及家长评的方式，对本课程的学习进行总体评价，最后再指导学生根据自己的梦想制订长远的目标，制订实施计划。

四、评价内容个性化

个性化的评价，能唤起学生的学习兴趣，张扬学生的个性，开发学生的潜能。学校在德育课程评价方面推行"优点卡"和"进步卡"，要求老师、家长、同伴于细节处去发现学生的优点和进步的闪光点，具体评价内容涉及多角度、多层面，如尊重老师、孝敬父母、仪容仪表、待人接物、勤劳俭朴、遵守公德、爱护设施、讲究卫生、文艺特长、动手能力、集体荣誉感等诸多方面。

"优点卡"一至六年级一套共十二张，分为正反两面，正面填写"老师的话"，反面填写"家长的话"，内容通常使用第二人称，必须具备时间、地点、人物、细节及点评五个要素。"进步记录卡"由学生自己填写，旨在"自己和自己比"。

优点卡

_____年_____班　　　　姓名_____　第_____周

　　今天上午体育课后，你到水池边洗完手时，发现另外一个水龙头没有关上，自来水正在哗哗流淌，你立即走过去关上了那个水龙头，这说明你懂得水是生命中最宝贵的东西，任何人都不应该浪费它。你的表现真让老师高兴。

签名：

```
                     进步记录卡
    _____年_____班        姓名_____   第_____周
    这一周我改正了一个坏习惯：_____
    老师对我的评价：_____
    同桌对我的评价：_____
    下一周我的目标是：_____
             每天进步一点点，每天开心一点点。
```

五、评价方式生动化

学生是评价的主体。因此，小学生课程评价还必须充分考虑年龄特点和心理需求，应采取学生熟悉的、活泼的、喜闻乐见的形式，调动学生参与课程活动的积极性和主动性，增强评价的效果。

如：分层序列化好习惯教育，针对学生喜欢电脑游戏的特点，模仿"游戏升级"的方式，开展了"星级学生"评选活动。此项活动由"一星级学生—二星级学生—三星级学生—附小优秀学生—附小明星"金字塔形的体系构成，建立了科学有效的学生评价激励机制，分为认星、创星、争优三个环节。每学年开学初，由学生根据自身实际，对照"年级好习惯养成教育达成标准"，自愿提出争星目标，并在班级公开承诺；学生根据自己认定的星级内容，在日常学习生活中努力践行；采取班会、团队活动形式，每学期对创星情况进行交流，主要是认星学生的成果交流、感悟体会和努力方向，班主任给予适当点评和鼓励；学校根据学生认星和创星情况，每学期表彰一次星级学生。

六、评价结果意义化

课程评价结果不能仅仅是填写在素质报告单上给家长看、给学生看的等级和评语，还应和学生后阶段的发展结合起来，成为学生下一个阶段的目标或发展起点，也应和学校的各项学生表彰制度挂起钩来，不论是评"三好"，还是评比各种单项荣誉，都应该以课程评价的结果为最直接、最有效的依据。

如：学生参加德育课程学习的表现，通过每周班级明星的评选，每年"六一"三好学生、优秀少先队员的评选，荣誉升旗手的评选及每月一次的"家访日"活动等进行表彰与奖励。

第四节　"福泽"德育课程校本特色案例

童年播种下的美好，如善良、诚信、坚韧、顽强，有朝一日终会萌芽、长叶、开花、结果。"福泽"德育课程，旨在让儿童的内心储蓄美好，为他们的未来打下丰实的"人生底子"。

一、"幸福七色花"特色课程多彩绽放

"幸福七色花"年级特色活动课程是学校德育活动课程中影响面最广，最受广大师生及家长欢迎的课程。

（一）源起

幸福是什么？不同的人有不同的解读，因为它是一种独特的内心体验。在苏联作家瓦·卡泰耶夫笔下，有一朵神奇的"七色花"，珍妮用七色花的花瓣实现了愿望，在帮助他人的同时，找到了真正的幸福。那朵神奇的七色花是孩子们梦寐以求的，我们从这个童话故事中受到启发，自主开发设计了"幸福七色花"年级特色活动课程，"赤橙黄绿青蓝紫"，这是天真烂漫的儿童喜欢的色彩，因为这是彩虹的美丽，内心充盈着孩子们五彩斑斓的世界。学生在基础教育阶段的六年中，每一学年开展一个主题的幸福德育课程，把成功与幸福的元素融入每个儿童的心田，给他们的童年留下幸福的印记，为他们的幸福人生奠基。

（二）构建

"幸福七色花"蕴含着直抵学生生命成长的教育姿态，象征着在丰富多彩的年级特色活动课程中，教师多样化的智慧引领，儿童多样性的个性发展，着力丰富多样的人生底色，开启幸福之门。"七色"指"红、橙、黄（金）、绿、青、蓝、紫"七种颜色，我们对"幸福七色花"进行了诠释，根据各种颜色的寓意，每一种颜色代表一个主题，达成一个教育目标：

一年级红色入队教育课程（红色代表激情、真诚）——学会传承

二年级绿色生命教育课程（绿色代表生命、希望）——学会珍惜

三年级青色书香教育课程（青色代表青春、时光）——学会学习

四年级橙色感恩教育课程（橙色代表阳光、温暖）——学会感恩

五年级金色自信教育课程（金色代表收获、成长）——学会自信

六年级蓝色梦想教育课程（蓝色代表梦想、未来）——学会追梦

毕业生紫色毕业庆典课程（紫色代表智慧、探索）——学会创新

一年级是儿童学习生涯的起始阶段，开设红色入队教育课程，在孩子们的心中播撒爱国、善良、正直的种子。

二年级的孩子已经逐渐有了"生"与"死"的概念，他们对自己是从哪里来的，生命会到哪里去充满了好奇，因此开设绿色生命教育课程，通过开展亲子运动会、亲子植树活动、护蛋行动等，辅以黑板报、倡议书等多样方式传播生命教育的意义，引导学生认识生命、珍惜生命、守护生命，提升生命的价值和尊严。

三年级的孩子刚刚开始学习独立阅读，应当养成自主阅读的习惯。仅从课本和作业中获取的好成绩可能会带有一定的虚假性，到了初中、高中后续乏力，原因是什么？没有海量阅读。阅读是最廉价的高贵之举，阅读是最美的姿态，因此以"青色书香教育"为主题，通过开展"21天阅读习惯养成大赛"和"悦读点亮童年"网络阅读测试活动，引导学生广泛阅读，为他们的人生打下坚实的基础。

四年级是孩子们人生的第一个十岁，他们渐渐懂得，在自己的成长过程中，离不开家人、老师、同学的帮助，也离不开社会的关爱和大自然的赐予，因此，以"橙色感恩教育"为主题，通过举办"我们十周岁了"盛典仪式，引导孩子们心怀感恩，学会关爱。

五年级的孩子身心逐渐成熟，应培养他们健全的人格，自信是完整人格中非常重要的一部分，金色自信教育课程通过二十公里"远足行动"等活动载体，让孩子们挑战极限、超越自我，经历挫折、磨炼意志，从而收获自信及完整的人格。

六年级的孩子将面将人生的第一个转折点，学业规划意识的培养很重要，以"蓝色梦想教育"为主题，开展"写给十年后自己的一封信"活动，引导孩子们初步学会思考和规划自己的人生。

毕业生的紫色毕业庆典，通过举办别具一格的毕业典礼，圆满地为小学生活画上句号，使孩子们牢记"今天我以附小为荣，明天附小为我骄傲"。

（三）探索

近三年来，我们不断尝试，不断探索，以年级为单位，开展"幸福七色花"年级特色活动课程。

1. 注重教育的持续性

个性的形成发展是在教育影响前后衔接、连贯一致的过程中实现的，一种稳定的个性需要长期前后一致的教育影响。

【案例1】五年级金色自信教育课程

现在的孩子大多是独生子女，从小娇生惯养，二十公里"远足行动"对他们来说是一次强有力的挑战。我们把这项活动分为五个阶段：一是开展为期一个学期的体能训练，以集体跑操和体育家庭作业的形式抓落实。二是报名阶段，我们把"远足行动"分为四个梯级战队，能顺利走完10公里的称为"远足队"，能走15公里的称为"勇士队"，可以走20公里的，称为"尖刀队"，特异体质孩子留校做好宣传和后勤工作，称为"别动队"。三是"远足行动"出征仪式，各班级亮出队标和队名，喊出活动口号，进行庄严的宣誓。四是"远足行动"开始，为了磨炼孩子们的意志，由年段统一配餐，发给每个老师和学生一瓶矿泉水，两个白馒头，不得带零食及饮料。孩子们开展拉歌比赛，捡拾垃圾环保行动，互相鼓励，互相帮助。五是返校时，少先队组织隆重的欢迎仪式，一年级的小朋友和校领导站在校门两侧列队欢迎勇士们胜利归来。六是以"远足行动"为主题召开主题班队会，孩子们纷纷畅谈感悟。这门课程贯穿于整个学年，有计划、有系统、分层次地进行，先前的体能训练是远足行动的有力保障，后面的自主报名、出征仪式，活动的具体细节承接了先前的教育基础，并在程度上逐步深化，因此，达成了较好的效果。

2. 注重仪式感

有人认为，仪式只是一种惯例，一种常规，例行公事罢了，其实不然。仪式感的营造，能点燃师生的激情，帮助他们树立信念，增强文化的凝聚力，使学校充满生命力。师生成长，需要关键事件，借力仪式的教育，使有意义的事情或者伟大的事物能够拥有一种伟大的时刻，获得神圣、庄严与尊重。

【案例2】二年级绿色生命教育课程

二年级开展"护蛋行动"，活动之前，举行庄重的"蛋宝宝认领"仪式，林校长亲自把蛋宝宝送到每一个孩子的手中，孩子们小心翼翼地把蛋宝宝捧在手心里。此时，在舒缓动听的音乐声中，主持人深情地说："同学们，捧在你手中的蛋宝宝就是一个鲜活的生命，如果你爱惜它，它就可以在世上多停留几天；如果它不小心碎了，就再也回不来了，因为，生命不能重来，也没有返程票……"在这种氛围的感染下，孩子们纷纷表达了自己的护蛋意愿，我们在贴纸上看到了他们写的护蛋宣言："亲爱的蛋蛋，在接下来的时间里我要对你像对自己那么好！""我保证，我在你也在！""蛋宝宝，让我当你的妈妈吧！"稚嫩的话语中，无一不表现孩子们坚定的信心！有了仪式的铺垫，神圣感和使命感油然而生，孩子们担起了爸爸妈妈的职责，精心地呵护蛋宝宝。

　　3. 注重家校合作

　　学校常常自负地认为，教育就是学校的事、老师的事，其实不然，家庭是孩子最具个性化的学校，家长是孩子最早也是最好的老师，学校应努力探寻家校合作的有效途径。

　　【案例3】三年级青色书香教育课程

　　三年级开展"21天阅读习惯养成大赛"，通过手机 APP，识别二维码进入主页面报名之后，孩子们每天以图片和语音的形式上传阅读书目、读书心得，完成阅读作业之后，可分享至朋友圈，让亲朋好友为自己点赞加油。活动设最佳人气奖和坚持奖，开学后进行活动小结及颁奖。家长非常支持，他们鼓励孩子报名参加活动，督促孩子每天至少阅读半小时，每天上传图片和阅读心得，然后在朋友圈分享。在这种亲子阅读的和谐氛围中，孩子们逐渐养成了阅读的好习惯。

　　"幸福七色花"年级特色活动已开展三个轮回，在与学生、老师和家长的交流中，在他们的习作中，我们真切地感受到孩子们那一份份沉甸甸的收获。

　　年级感恩主题的特色活动落下帷幕，看到学生在活动中发自肺腑的文章，听到他们饱含深情的表达，学生家长落泪的感动……内心一次又一次的受到触动，心中便有了些宽慰。我还抱怨什么，再累再忙，当看到这些时，就足够了。我想：如果让我感谢，我应感谢谁呢？感谢家长、感谢孩子、感谢自己……

——刘丽梅老师

　　从来没走过这么远的路，当走到妙元山驿站的时候，我的腿脚都迈不开了，但看到大多数同学都选择继续挑战，争当勇士，我想他们都能坚持，我也不能落下……

——胡纯瑀同学

现在的孩子都是在蜜罐中长大的，从来都不知道苦的滋味，平时上放学都要接送的女儿，竟能一次性走15公里，看见女儿精神抖擞地回到学校时，不知怎么的，我的眼泪就哗哗地流下来。

——张婉婷妈妈

在"幸福七色花"德育课程的熏陶下，孩子们经历了一段成长的心路历程，这是弥足珍贵的。十年、二十年之后，当孩子们回想起孩提时代曾经历过的这些难忘的课程时，也许会心一笑，也许思绪连连，也许某一项活动就成了他们人生曲折道路上前行的力量——因为，心里装满了童年的美好，即使阴霾漫天，他们的内心也总有一片纯净的天空。我们期望六年影响一生，为学生的幸福人生奠定扎实的基础。

二、"分层序列化"好习惯课程助力成长

"积一千，累一万，不如养个好习惯。"每个人都有梦想，但是成功与失败最大的区别，来自不同的习惯。好习惯是开启成功的钥匙，坏习惯则是一扇向失败敞开的门。历史上的成功人士无一不是因养成良好的习惯让他们终身受益。

我们认为，基础教育的本质就是习惯养成教育，但是学校在开展养成教育的过程中，提出的目标往往是笼统的、模糊的，内容宽泛，贪多求全。我们也走过一些弯路，曾提出"小学生十个好习惯""小学生一百个道德好习惯"。近年来，学校紧扣"福泽"教育办学思想，就如何开展小学生好习惯教育问题进行了认真的思考和积极的探索，广泛征求老师、家长、学生及有关专家的意见和建议，构建了"分层序列化好习惯教育"课程。

（一）源起

"分层序列化"好习惯教育课程源于校训"从小事做起，把小事做好"。正如江苏教育行政干部培训中心常务副主任，教授、特级教师严华银的评价：起点在"微小"处，落点在大福中。

该课程遵循《加强和改进未成年人思想道德建设的若干意见》提出的"三贴近"原则，即"贴近实际、贴近生活、贴近未成年人"，也与习近平总书记提出的"核心价值观要在落细落小落实上下功夫"相吻合。我们认

为，学生良好习惯的养成是持之以恒，不断强化的过程，应从小事抓起，从细节抓起，从当下抓起。不同年龄、不同学段的小学生行为习惯教育应各有侧重点。"分层序列化"好习惯教育课程倡导师生做好小事，倡导"习惯修身，细节立人"，并为其赋予了丰富的文化内涵：正心以以为本，修身以为基，良好修养乃立身之本，而修养通常来自细节，行为养成习惯，习惯形成品质，品质决定命运，从点点滴滴做起，从身边事做起，从自己做起，从而汇聚幸福人生的强大力量。

（二）构建

按照由易到难、由浅入深、螺旋上升的递进顺序，从"学习习惯和生活习惯"两个维度制订好习惯养成教育目标，提出每个年级 2 个学习习惯和 2 个生活习惯，六个年级 24 个好习惯培养序列，构建了"分层序列化好习惯教育"课程。引导儿童在情境体验教育中养成良好的道德习惯，在细节中唤醒自身成长的自觉性，努力塑造良好品行发展习惯，把简单的事情做彻底，把平凡的事情做经典，构建独具附小特质的"幸福学生的样子"。

三明学院附属小学"分层序列化"好习惯教育课程一览表

年级	学习习惯养成教育课程	生活习惯养成教育课程
一	1. 做好课前准备 2. 规范三姿："站姿、坐姿、握姿"	1. 面带微笑打招呼 2. 干干净净每一天
二	1. 书写规范工整 2. 上课认真听讲，积极发言	1. 自己的事情自己做 2. 学会与同学友好相处
三	1. 每天阅读半小时 2. 及时认真完成家庭作业	1. 每天锻炼一小时 2. 遵守秩序有规矩
四	1. 合理有效安排时间 2. 坚持每天预习、复习	1. 学会感恩 2. 保护环境、爱护公物
五	1. 自主学习、敢于质疑 2. 善于收集、整理和运用信息	1. 诚实守信有担当 2. 自信、自强、不自满
六	1. 独立思考，善于交流与合作 2. 制订并努力实现合理的目标	1. 尊重他人，学会与异性交往 2. 热爱劳动，参与志愿服务

（三）探索

1. 课题引领

我们对《小学生"分层序列化"好习惯养成教育的策略研究》课题的现实背景及意义进行了论证，向老师、学生及家长发放了调查问卷，理性地进行分析，广泛征求意见和建议，确定了课题研究的目标与内容，提出了课题研究基本构想，制订了课题研究进度。2016年7月，该课题入选2016年福建省中小学德育B类研究课题。

2. 观念植入

（1）全体师生熟背24个好习惯，各年段制订4个好习惯的具体达成目标，通过校讯通、学校网站、微信公众平台、班级QQ群微信群、家长会等方式向全体家长宣传24个好习惯，与家长达成共识。

（2）以"好习惯圆人生幸福梦"为主题，通过"国旗下讲话""班主任论坛""教师讲坛""红领巾讲坛""家长百家讲坛"，传播好习惯理念，交流好习惯培养方法，讲述好习惯故事。

【案例4】班主任论坛

感恩习惯的培养不是一朝一夕的事，感恩教育是教师、家长和学生之间的互动，缺乏任何一方的努力都不能取得很好的效果。

前段时间，学校启动了"家庭幸福早餐"工程。各班级微信群和QQ群里家长掀起了争先"晒"早餐图片热潮，我们班也不例外。孩子们从营养早餐中感受到了家长的爱，吃出了幸福的味道，懂得了感恩。一个孩子在作文中这样写道："丰盛的早餐，倾注了妈妈对我无尽的爱。我知道，对于工作繁忙、身体不适的妈妈来说，天天变着花样做饭是件很辛苦的事情。所以我以后要在生活中多帮助妈妈，让妈妈也感受到我给她的幸福。"我们班级还针对这个营养早餐开展了家长百家讲坛活动——《营养早餐全家总动员》。一堂课很短暂，却给孩子们带来了一份丰盛的营养知识大餐，让孩子们懂得了很多健康知识，并且学到了做营养早餐最基本的常识。这节课过后，第二天正好是周末，孩子们迫不及待地行动起来，都想通过自己的小手，让父母吃上自己做的营养早餐。家长们纷纷表示吃到孩子们亲手做的早餐很感动、很幸福。此后，班级微信群经常能看到一个个在厨房忙碌的小身影……

——摘自林秀珍老师班主任论坛讲座稿《培养感恩之心，激发感恩之情》

【案例5】班主任论坛

培养低年级学生良好的书写习惯，"奖励刺激"是激发书写兴趣的好办法之一。平时批改作业时，我会在学生的作业本上打 A，A＋，A＋＋这样的符号。孩子们可以根据 A＋或 A＋＋数量的不同，来换取相应的奖品。自从有了这个换购单，每次作业发下去时，孩子们都会迫不及待地打开本子，看看自己得到了什么。有了第一次 A＋，学生还想得到第二次，第三次……甚至在同学之间形成了竞争的局面。在潜移默化中，对孩子们的书写起到了良好的推动作用。

期中和期末，我还会应学生的要求，在班级内开展书写比赛。写得好的孩子可以获得奖励。小学生天性好胜，不少孩子为了能在比赛中获得好名次，平时做作业都特别注重规范书写。我班上有个小朋友，一年级时写字特别潦草，龙飞凤舞，没几个人能看懂。后来，为了能在写字比赛中获得好名次，不爱写字的他，居然主动要求妈妈每天监督自己练字半小时……

——摘自刘颖老师班主任论坛讲座稿《培养低年级学生良好的书写习惯》

3. 情境体验

以年段为单位开展好习惯教育情境体验活动，采取环境熏陶、任务驱动、全员参与、小组合作、成果展示、表彰激励等有效措施抓落实。

【案例6】"分层序列化好习惯教育"

12月5日上午，六年段"热爱劳动，积极参加志愿服务"好习惯展示活动在校园里热火朝天地开展起来。活动分三个环节进行：劳动技能比赛、颁奖及授志愿小分队队旗仪式、"清理校园卫生死角，为全国文明城市添彩"志愿服务活动……

据悉，本学期以来，六年段扎实开展"分层序列化"好习惯培养活动，着力推进"热爱劳动，积极参加志愿服务"好习惯的养成教育：提出"幸福早餐工程"，倡议学生利用周末时间为家人准备健康、营养的早餐；实施"每天做件家务活21天好习惯养成计划"；开展校园安全志愿者、环保志愿者招募、培训及督导活动；举办以"积极参加志愿服务"为主题的手抄报比赛和主题班会；倡议开展"小鬼当家"活动；开展"为三明点赞，为文明点赞"亲子志愿服务等……

——节选自2016.12.07校园网新闻《六年段之"热爱劳动，积极参加

志愿服务"》

【案例 7】"分层序列化好习惯教育"

11 月 29 日上午，三年级"每天锻炼一小时"好习惯养成教育展示活动如火如荼地进行着。

．展示活动分三个部分：广播操、集体跳大绳、特色运动。各班同学不仅能在时间上扎实落实"每天锻炼一小时"，还在展示活动中玩出了花样，玩出了特色，玩出了创造力。

三（3）班、三（4）班色彩鲜艳的毽子和花样短绳表演，给冬季的附小带来了阵阵温暖。三（2）班的跳圈圈以及三（6）班的花样运球活动极大地挑战了同学们的协调能力。三（1）班的跳格子和三（5）班的跳皮筋活动，让孩子们感受到传统运动游戏的快乐与魅力，同时也让老师和家长们重温了童年的记忆。

据悉，三年段各班级还围绕好习惯开展了"每天锻炼一小时，幸福生活一辈子""我运动，我健康，我快乐"为主题的班会活动和手抄报优秀作品展示。同时，将这项好习惯的养成从课内延伸到课外，从班级延伸至家庭，从校内延伸到校外，充分利用课余时间和假期积极参加各种运动，使"每天锻炼一小时"的目标真正落实到孩子生活中的每一天。

——节选自 2016.11.29 校园网新闻《三年段之"每天锻炼一小时，幸福生活一辈子"》

【案例 8】"分层序列化好习惯教育"

11 月 28 日上午，二年段"自己的事情自己做"趣味竞赛活动在操场上拉开序幕。二年段全体师生和部分家长参加了本次活动。

…………

"自己的事情自己做"好习惯教育注重"家校合作"，很多孩子在家里主动叠被子、拖地、洗碗、穿衣服，有的还帮爸爸妈妈捶背、倒茶、做早餐。家长们纷纷在微信朋友圈及家长群"晒"孩子在家做小主人的图片及视频，获得朋友圈里的点赞和好评。

——摘自 2016.11.29 校园网新闻《二年段之"自己的事情自己做"》

4. 家校携手

根植于孩子生命、骨髓和血液中的好习惯一定是来自于家庭的培养。我们通过多种方式，提升学生家长对好习惯养成教育的重视程度。如：成立家长委员会；向全体家长征集好习惯教育微故事，通过学校微信公众平台进行推送；开设家长论坛、家长沙龙，开展"走千家，访万户"活动等。

【案例9】家教微故事

孩子，做公益是"幸福"的

作为一名家长，我由衷支持附小提出的"幸福教育"。这种注重孩子成长先于成功，成人重于成材的培养很有特色。"学相同，做相同，思相近"，我相信，培养孩子的"幸福观"是一项浩大长远的工程，学校正在做，我们家长更要责无旁贷用实际行动共同践行。

我是三明市无偿献血志愿者协会会长，至今已无偿献血212次。在长期开展宣传无偿献血等志愿服务活动中，我总会创造机会带上儿子林星宇一起参与，让他感受与奉献同行的幸福、传递与爱心相融的幸福。

在耳濡目染下，林星宇对公益事业十分热心，他明白无偿献血可以使众多生命垂危的病人重获新生。在多次参加街头献血宣传活动中，他像一名真正的志愿者，向过往的市民发放无偿献血宣传单，热情地回答有关献血的咨询，毫不含糊。有的市民看着孩子这股热情和真诚劲儿，随即走进爱心献血屋参加无偿献血。林星宇会贴心地为献血者端上温开水，用树叶吹奏《学习雷锋好榜样》等歌曲，缓解献血者的紧张心理压力，感谢叔叔阿姨的献血义举。

"孩子，做公益是幸福的。"林星宇渐渐懂得了幸福的意义和责任。一路成长中，无偿献血的公益事业渐渐融入了他的精神生活，附小开展的多次无偿献血活动他都积极响应并在班级动员宣传，他的《热血救人》《献血大王的故事》深深感染了周围的听众，他的作文《爸爸的爱心》讲述了爸爸的献血事迹，在2014年培育社会主义核心价值观全国小学生"正能量"作文大赛中，喜获国家级一等奖。他积极参加校内外组织的各种捐资助学、灾区捐款和敬老助残活动……现已经六年级了，他仍常常和我分享校内外发生的"幸福"故事，在他眉飞色舞的讲述中，我发现美好的"幸福观"在他稚嫩的思想里生根、发芽……

家校践行，助力成长。我庆幸，在附小的"福泽教育"里，孩子们更加懂得"幸福"的意义和责任，懂得关爱他人，懂得感恩社会，懂得担当责任才会拥有真正的幸福。

——摘自学校微官网2016.4.17 六年（1）班林星宇爸爸《孩子，做公益是"幸福"的》

三、其他特色德育课程简介

（一）德育微课程

德育微课程就是在一定的情境下，教师用相对较短的时间，有目的、有计划、有系统地对学生进行德育教育，通过学生积极的认识、体验与践行，使其形成社会期望的品格的教育活动。学校的德育微课程无时不在，无处不有，如：早会、课前三分钟、升国旗仪式、集会、校刊、班刊、板报、广播、网站等微课程。

【案例10】"课前三分钟"微课程

六年（5）班开发了"课前三分钟"德育课程，学生担任主持人、主讲人和点评人，没有生硬的说教，也没有枯燥灌输，紧扣主题进行演讲，配以图片、数据以及短视频，内容涵盖科学知识、感恩教育、名人典故、中国梦、点评时事、国家法律法规等，个个都充满正能量，把"大德育"化身为"小水滴"，改"大水漫灌"为"精准滴灌"，自然而然地达到了德育效果。

（二）班队活动课程

班队活动课是小学德育教育不可或缺的阵地之一，虽然被列入课表，却是一门"三无"课程，无课程标准，无教材，无课程评价，正因为如此，班队活动课形同虚设，常常被学科教学挤占，或者班主任把它上成了批评会、思想教育会，大大削弱了班队活动课的育人功能。我校充分发挥年段长和班主任的作用，集众人智慧，开发年级班队活动课程，促进班队活动课的科学化和规范化。

【案例11】"烹饪"课程

天天向上中队开发了"烹饪"微课程，从四年级起，每周五下午最后一节班队活动课上"烹饪课"，以饮食文化欣赏课和烹饪操作课为主，还包括美食品尝、课后器具整理及卫生清洁等。授课教师由班主任邹毅弘老师和家长志愿者担任。为了检验该课程实施的成效，天天向上中队每学期开展一次"厨王争霸赛"，方案的制订、活动的前期准备、厨师评选都由学生和家长委员会成员共同完成；洗菜、切菜、调味、装盘由小组成员分工合作。

以下是第二届"天天向上杯"厨王争霸赛新闻掠影：

6月4日适逢周末，倍受关注的第二届"天天向上杯"厨王争霸赛鸣锣开赛。

比赛当天，"小厨师""小帮厨""小记者"个个精神抖擞，家长们挂上"美食评委""记分员"工作牌，去超市采购食材、布置现场，大家忙得不亦乐乎。激动人心的厨艺比拼开始了，按照比赛规则，每组要完成四道指定的菜品。小主厨、小帮厨们按照赛前讨论的分工，各尽其职；煎炸、炖煮、翻炒、调味……小主厨们有条有理、忙而不乱；小记者拍照、记录菜品制作、采访小厨师和家长的参赛感受……现场热闹非凡却又忙中有序……

——节选自2016.6.06校园网新闻《"天天向上"展厨艺爱意融融大家庭》

（三）校园节日文化课程

学校特有的"节日"意义非凡。开发校园节日文化课程，这是促进学校德育工作的一种有效途径。

如：三月社会责任担当月，四月读书节，五月艺术节，六月童玩节，九月感恩节，十月科技节，十一月体育节，十二月英语节，寒暑假的社会实践活动月。围绕"校园节日文化"打造德育课程，对学生更具吸引力，提升了学生的兴趣度与参与度，学生在课程学习中感受文化的魅力。

（四）网络德育课程

当今是一个数字化、网络化时代，信息容量大，传播速度快，特别是一些负面信息，影响范围之广，危害之大，小学生生理、心理的不成熟性和非稳定性，很容易在不知不觉中成为不良信息的"污染"对象。因此，学校开发了网络德育课程。

【案例12】"网络道德"课程

学校网络道德课堂整体风格以孩子们喜欢的卡通形象为主，开辟"心理漫画""心理信箱""心理自测""荣誉升旗手""露一手""成长烦恼答疑""模拟体验""红领巾图书馆""有奖问答""争章晋级小游戏""知心话聊天室"等栏目，还有亲子互动的栏目，如："亲子总动员""父子齐闯关""母女共赏读"等。通过生动形象、喜闻乐见的形式，把教育内容放到网络道德课堂上，用主旋律占据网络阵地，传递正能量，鼓励学生浏览、投稿、发表见解，变传统的灌输式道德教育为参与式道德教育，从而达到"教是为了不教"的目的。

【案例13】"微电影"课程

学校开发"微电影"课程，以本年段应养成的好习惯为主题拍摄"微电影"，孩子们自编自导自演，用直观、形象的情景剧形式拍摄好习惯养成过程及成效。优秀作品在全校展播。

（五）社会实践活动课程

让社会实践不走过场的最好方式就是形成社会实践活动课程，培养学生融入社会的意识和服务社会的责任感。

【案例14】寒暑假社会实践活动课程

学校开发了寒暑假社会实践活动课程，社会实践活动课程做到"七有"，即有目标、有主题、有方案、有布置、有落实、有评比、有展示。课程目标设定为：一是培养学生融入集体生活的情商；二是磨炼学生意志，培养抗挫折能力的逆商，三是引导学生形成树立理想、信念的志商；四是培养学生学会合理安排生活、购物、旅行的财商；五是培养具有公民素养，有崇高道德品质的有德商的现代公民。在课程目标、课程内容、活动建议的指引下，学生自发组成社会实践活动小分队，深入工厂、农村、社区、博物馆、科技馆、图书馆、少年宫、教育实践活动基地等开展实践活动。

（六）家校联动课程

家长是孩子最好的老师，家长们来自各个不同的行业，有着不同的优势和特长，开发家校合作课程，有利于拓宽教育渠道，创设家长参与学校教育的平台，更好地发挥优秀家长的辐射示范引领作用。

【案例15】"家长百家讲坛"课程

学校开发"家长百家讲坛"课程。每学期向家长发一份"百家讲坛"——德育课程资源征询单，征询单写上学校诚挚的邀请以及德育课程资源需求的几大方面，班主任与家长进行沟通，动员家长报名授课，主动为学校提供德育课程资源，成为学校"百家讲坛"的义工讲师。然后年段长组织协商各年级的课程安排，包括时间、地点、主题、授课方式等，义工讲师们根据安排提前备课。

义工讲师们走进课堂，借助自己职业优势，或讲家乡美，或支安全招，或讲理财小妙招，或现场指导做美食，或开展心理团体游戏……新鲜的课堂，新鲜的面孔，新鲜的知识文化大餐给学生带来了全新的成长体验。不仅充分发挥家长义工的特长，较好地弥补了学校教育的不足，丰富了学校的德育课程，而且增进了家校沟通，促进"家校合作"。

第五节 "福泽"德育课程的反思与展望

德育课程化建设，我们一路走来，一路收获，一路思考，一路展望。

一、收获：欣喜与感动

经过三个学年的探索与实践，校本德育课程已散发出迷人的芬芳，结出了累累硕果。"幸福七色花"年级特色活动课程、"分层序列化"好习惯课程、"家长百家讲坛"课程已形成学校特色鲜明的德育课程品牌。活动新闻通过附小网站和微信公众平台进行推送，老师、家长和社会人士纷纷点赞、转发，引起了强烈的反响，也吸引了省、市媒体的频频聚焦。

（一）德育课程化，创设育人新机制

德育校本课程的开发使德育提升到课程地位，纳入学校课程计划，不仅能以规范、稳定的形式，有计划，有步骤，有针对性地开展活动，还能从课程的高度全面审视德育，整合各种德育资源，克服了传统德育"高耗低效"的问题，使学校德育发生了全方位、根本性的变革。

在领导体制上，由过去的条块分割，多头管理向集中统一、互相合作、有机协调转变；在德育目标的制订方面，由抽象化、空泛化转变为具体化、充实化；在德育形式上，开辟了德育的新途径，创建了德育活动的新载体，更好地促进知与行的有机统一与结合；在活动内容的安排上由成人化向儿童化转变；德育评价实现了从只重定量评价到既重定量评价，更重定性评价，从只重分数到既重学习，更重习惯，从只重终结性评价到更重过程性评价的转变；在德育环境上，通过开发利用社区德育资源及家长德育资源，推动德育的生活化与情境化，使学校形成了浓郁的德育氛围与良好的德育环境。

（二）德育课程化，提升学生的核心素养

自学校开设德育校本课程以来，德育不再是说教，不再是灌输，而是引导孩子们在情境中体验，在生活中感受，在社会上实践，德育变得鲜活，变得灵动。我们不是为活动而活动，而是根据学生生命成长的核心要素设计德育课程，既注重个体的参与，又注重集体的协同。不但有个体的积极参与和内心体验，而且在集体活动的氛围中孩子们互相感染，互相教育。在德育课程的浸润和熏陶下，孩子们的精神风貌焕然一新，外在的仪容仪表、行为举止，内在的行为习惯、道德修养都发生了显著的变化。文明成为每个孩子最闪亮的名片，无论在学校、家庭还是社会，孩子们都会微笑问好，用微笑点缀文明三明；孩子们学会了感恩，自己的事情自己做，别人的事情帮着做；孩子们学会了礼让，文明候车，主动让座。在附小校园里，每一天演绎着幸福的故事，余昕雨同学用比赛奖励的 500 元购书卡选购图书，赠送给学校图书馆；林星宇同学在爸爸的熏陶下，主动担任小小志愿者，多次参加无偿献血宣传活动；刘欣洋出演微电影《守望》"男一号"……

（三）德育课程化，促进德育队伍专业化成长

德育校本课程的开发，掀起了教师学习的热情，改变了教师的思维方式，使学校形成了良好的育人氛围。老师们通过班主任讲坛、德育经验交流会、附小微官网、QQ 群、微信群探讨德育课程开发，探讨德育微课程的设计，探讨课程评价的方法……校本课程的开发与实施过程激发了教师积极参与德育专题教研及探寻德育新思路的热情，老师们以点带面，辐射开花，对国家课程、地方课程及校本课程的理解、研究、运用能力也不断增强，有效地促进了教师的专业化成长。

二、反思：机遇与挑战

当今社会，教育信息化是不可阻挡的浪潮，各行各业都在信息化带动下迅猛发展。孩子们的视野开阔了，获取知识的途径方便快捷了，不再迷信教师，迷信书本，不再人云亦云，他们思维活跃，敢于质疑，乐于尝试新鲜事物。这对德育来说，既是发展机遇，也是一种新的挑战。德育课程化建设虽然已经取得了喜人的成绩，但课程化建设永远滞后于学生的发展变化，滞后于瞬息万变的社会发展步伐，还存在许多不足。

（一）"一体化"德育课程合力还不够强大

学生是社会生活中的人，他们的成长与家庭、学校和社会是息息相关的，只有目标一致，形成合力，为学生营造教育的大环境，才能真正地实现育人目标。但是，教师、家长和社会还是存在"重智轻德"现象，往往表扬孩子的聪明而不是表扬他的努力、诚信、感恩；社会上各种思潮给孩子带来各种负面影响；"单亲"家庭、"留守儿童"家庭教育的缺失……这些因素给德育教育带来许多新问题。我们应在"一体化"课程建设方面多下功夫，进一步促使"家校联动"课程及"社会实践活动"课程往纵深处

发展，整合利用自然资源、学校资源、家庭资源及社会资源，凝聚"一体化"德育课程合力。

（二）德育课程特色化研究还不够深入

课程开发，是一场深刻的教育革命，德育课程开发，开启了学校德育新模式。虽然"幸福七色花"年级特色活动课程和"分层序列化"好习惯教育课程已经有了明显的突破，但德育微课程、校园节日文化课程等的探索不够深入，还没有形成更多成熟的校本德育课程范例，还没有产生广泛的借鉴、辐射和推广作用。

（三）德育课程的育人功能还不够显著

德育指向的是每一个人，"不求人人成才，但求人人成长"。学生思想道德品质的主流积极、健康、向上，但还有一些特殊的儿童总是游离于课程之外，游离于老师和同学之外。"德育课程"如何让每一个孩子都乐于参与，都成为课程的主人？怎样使每一个孩子都得到浸润与成长？有待于我们进一步研究。

（四）德育课程评价体系还不够科学

德育评价对于优化育人过程、提升育人效果具有重大的理论价值和实践意义。目前，学校的德育课程评价体系还不够完善，不够科学。应进一步探索包括德育课程设置、课程目标、课程内容、课程实施等全方位的评价体系，着重加强德育课程实施的动态化评价。

三、展望：追求美好，成全未来

（一）让每一个儿童都站在德育课程的正中央

学校是儿童成长的地方，教育者理应创造最适合他们发展的空间，让每一个儿童站在学校的正中央。我们将进一步践行"学生是课程的主人"课程观，即：学生不是课程被动的执行者，而是课程的开发者和创造者。鼓励学生在课程开发和实施过程中发挥自己的主观能动性，将德育与生活紧密结合，在课程活动中反思自己的生活，检视自己的不足，不断地更新和超越自己。

（二）让每一个儿童在美的氛围中育德

美的事物是儿童最容易，也是最乐意接受的。德育校本课程建设不可以没有美。注重"拿美来浸润心灵"（柏拉图语），较之其他课程显得更为重要，因为美与善是紧密结合在一起的。人不善，既无德，也不美；反之，行善养德，人的行为则美。德育课程教学应注重立美育人，教师注重彰显自己的人格美，善于借助和营造教学资源美、教学环境美、教学过程美，用以影响、陶冶、美化学生的心灵，促使他们成为具有"德美"的人。

（三）让每一个儿童在建构德行中提升幸福品质

小学德育课程是引人求真、导人向善的课程，不是生硬灌输，不是乏味枯燥的说教，而应满足师生在心理上的幸福诉求，提升教学的幸福性品质。德育校本课程的教学要深化发展，提升教学境界，引领学生在建构德行中感受快乐，追寻生命的意义，享受到源自心灵深处的幸福。

守望相助，我们默默守候花开的时刻；屏息静气，我们静静聆听绽放的声音——期待每一个生命都在"福泽"德育课程的润泽下傲然怒放！

第三章　知行合一

——镇江市中山路小学德育特色课程建设

"活动课程"的概念最先是由美国进步教育家杜威提出来的，孔子的知行统一，陶行知的"知行做合一"都是对活动课程的探索与研究。活动性德育课程是通过活动的形式，以经验、生活、劳动、社区等作为内容来体现德育目标、德育内容的活动课程。学校有目的、有计划、有组织地开展活动，以学生的兴趣、需要和能力为基础，充分利用校内外的教育资源，通过丰富多彩的活动项目与形式，增进学生的道德认知和实践能力，改善其道德生活。道德原则和规范行为只有在活动中转化为个体行为的稳定的个体特征，才会成为孩子内化的道德品质。

我校的德育课程开发与实施始终以"立德树人"为根本，坚持围绕一个核心，突出两个重点，做到四个转变。即围绕校训"敬仁行章"，以"仁爱的情怀，规范的行动，创意的生活"这一核心办学理念作为课程开发与实施的工作指南。突出两个重点，即学生层面"培养学生良好习惯，提升学生核心素养"和家长层面"提升所有家长家庭教育素养，降低家庭教育错误率"。四个转变指：一是转变行为习惯养成教育的方式，以学生喜爱的形式，唤醒学生进行自我教育，变"要我做"为"我要做"，让学生完成由"他律"到"自律"的转变；二是转变传统的学生活动方式，开展丰富多彩的年级活动与社会公益活动，逐步实现从课堂延伸到课外，从知识传授转向社会活动，变静态的书本知识讲解为现实生活道德问题的重演，注重道德技能训练，注重培养道德思维与实践能力，提升学生的综合素养；三是转变传统的评价方式，实施校园"仁章之星"评比，变单一型评价为多元评价，变结果性评价为过程性评价，充分发挥评价的激励作用，引导学生比、学、赶、帮，形成良好的学风、班风与校风；四是转变家校合作共育的方式，积极开展家委会带领下的家长读书学习活动，让

"百名优秀家长"评选增加新内涵，家校合作共同促进学生健康成长。

第一节 变革习惯养成方式，唤醒学生自我教育

著名思想家培根曾经说过："习惯是一种顽强而巨大的力量，它可以主宰人生"，培养良好的行为习惯是学生成人、成才不可或缺的基础。在全面实施素质教育的过程中，我校大力推进学生习惯养成教育，2006年在全省首先推出了"行为习惯考级"活动，同时以新的信息技术与网络为支撑，与我市著名软件公司合作在全国率先自行开发并使用班级评比软件，在全校开展"七色花"中队评比。以"行为习惯考级"与"七色花"中队评比作为学生养成教育的两翼，前者侧重于学生个体行为习惯的养成，后者侧重学生群体良好班风的形成，两者点面结合，相互补充，相互促进，以新颖有趣的形式真实亲切地走进学生的心灵，大大提高了学生行为习惯养成教育的实效。

近年来，为促进科学的学生综合素养评价体系建设，我校在"行为习惯考级"基础上，摒弃了以往的三好学生评比，设计了"仁章"星级队员绿色评价方式，从自理、礼仪、关爱、阅读、智慧、才艺、创意、活力、规范九个方面对学生进行综合性的评价。同时，针对学生良好习惯的养成需要反复强化训练这一特点，我校开展了"21天养正行动"和形式多样的"八礼四仪"教育活动，配合学生进行行为习惯的养成教育。

一、深入调查研究，科学确定内容

在推行市教育局"好习惯伴我行"的实践过程中，针对当代独生子女以自我为中心、缺乏自理能力、疏于关爱长辈、依赖性强、集体观念淡薄、合作能力欠缺等思想行为现状，在广泛的调查和充分的酝酿后，2006年我校在全省首先推出了"行为习惯考级"活动，由点到面抓养成，并在全校开展"七色花"中队评比活动。通过扎实有效的训练指导将学生的品行习得外化为可观可感的实际行动，促进学生养成良好的行为习惯。

根据多年积累的小学德育工作经验，关注眼前，着眼未来，从最基础、最能影响学生未来发展的品行抓起，依靠从小、从严、从长的养成教

育方法，抓实抓细行为习惯养成教育。在班级管理方面，我们去粗取精，剔虚存实，将早读、做操、课间、卫生、路队、午休、礼仪等最能体现日常班级管理质量和良好班风的七个方面作为考评内容；在行为习惯考级方面，则着力于学生学习、生活、做人三大行为习惯的培养，细化十二方面的要求，制定出《中山路小学学生行为习惯考级方案》，并以此为载体，推动家校联合，促进学生良好习惯的养成。

在行为习惯考级方案的制定和实施过程中，我们紧紧抓住"六好"（即"把话说好，把路走好，把课上好，把字写好，把操做好，把地扫好"），从自我服务、自我爱护、自我劳作、身心健康等方面细化生活习惯的要求，从课前准备、课中听讲、课后巩固、读书习惯等方面细化学习习惯的要求，从孝敬父母、尊敬师长、悦纳同伴、餐桌礼仪等方面细化做人习惯的要求。三大习惯、四个内容、六个等级，组成了学生六年在校期间需要养成的行为习惯体系。

二、强化过程管理，健全保障制度

行为习惯养成教育的根本目的是要将良好品行内化为学生的自觉意识、自主行动，从而滋养学生未来一生的发展，好习惯的养成注定是一项必须长抓不懈的艰巨任务，是一个言传身教、耳濡目染、相互影响的系统工程。其中，过程的管理显得尤为重要，它既要求对每一项内容真抓实干，还要求有相应的制度保驾护航。在好习惯的养成教育中，校长是第一责任人，每一位教职员工都是工程的建设者。学校成立了以一把手校长为第一责任人的领导小组，并由德育处、教导处齐抓共管、和谐推进的工作小组，实行四制管理。一是行政蹲点负责制，行政人员每人负责 2－4 个班，与正副班主任一起管理学生，引导学生，要求教师做到的行政先做到；二是一日十巡指导制，以《中山路小学学生一日常规》为抓手，配套制定了《中山路小学教师一日常规》，勤巡查，勤记录，并及时指导相关教师做好教育工作；三是每日会诊制，每天下班前，在校长室召开十分钟会议，提出问题，及时予以诊治；四是沟通制度，每位行政与所负责的班级相关教师经常交流沟通，达成共识，形成合力，并帮助解决棘手的问题，处理突发矛盾。

"七色花"中队考评则采用"双检制"。首先是周一至周五采用每天检查和随机抽查相结合的形式每天评分。检查严格按照评分软件的量化标准进行，检查过程努力实现处处有人查，定时有人查，时时有抽查，检查有密度，有力度，决不迁就，并及时公布检查结果，通过检查彻底打消同学们可能存有的侥幸与松懈心理，并逐渐变成同学们的自觉行动。另外，"七色花"评比软件在设计之初就考虑到灵活性和拓展性，因而留有较大的升级空间。一周中七项考评全部达标，考评软件则自动生成一朵"七色花"标志，学校对外公示屏滚动播出上周"七色花"中队评比结果，进行全校表扬，其评比结果还与班主任工作奖励挂钩并作为评选文明班级的前提条件之一。同时建立及时反馈制度，每天由值日校长将前一天的检查评比的情况汇总，在第二天学生做操期间利用1到2分钟进行反馈，表扬先进，提醒后进，提出今后的努力方向与教育重点，以便班主任在午会课上进行教育落实。

另外，为了进一步强化"七色花"中队评比过程管理的科学性与激励作用，在评比过程中，我校着力突出两方面的工作：一是统一思想，提高认识。通过专题会议进一步明确开展"七色花"中队创建的意义，使所有班主任都能意识到评比只是学生行为养成与纠正的重要举措，并非是加在班主任的身上的又一枷锁，是学生在校需要遵循的游戏规则，并非班主任考核的唯一指标。为此，学校首先加强了评比细则的学习与评比意义的宣传解释工作，要求值日行政能够仔细准确记录及时反馈检查评比的情况，反馈时不仅要指出其存在问题，更要帮助班主任分析发生问题的原因，共同制定解决问题的策略，并要求跟踪调查与帮扶。二是加强交流，增进了解。在班主任工作例会上让做得有成效的班主任做经验交流，有的班级评比"七色花"小队，有的班级评比"七色花"明星，有的班级将它与班委的竞选结合起来，有的班级将它与学期过程中的各项"仁章之星"评选挂钩……通过班主任的交流与沟通，既增强了"七色花"中队评比活动的认可度，也为班级开展好评比活动增加了可供尝试的范例。学校还不断改进评比方案，将学生评、家长评与教师评的结果进行汇总评出月考级优秀班级与校级小明星，学校在集会时大张旗鼓地表彰校级行为习惯考级小明星，营造良好的舆论氛围，为行为习惯考级增加动力。

三、发挥引领功能，注意科学操作

在对学生行为习惯进行考级的具体操作过程中，我校注重发挥评价的鼓励和引领功能，积极引导学生向善、上进，不搞一次定性，不做一锤定音。一方面，我们积极尝试将评价的权利交给孩子，通过开展"我的校服我做主"等活动，设立"校园小卫士"等活动，成立大队部学生综合管理部，调动孩子参与活动的积极性；另一方面，在充分发挥老师和家长的引导和监督职责的同时，尽力追求操作过程的科学性和实效性，为学生拾级而上制定目标、铺设台阶，为学生养成良好的行为习惯受益终身而服务。

比如在学生行为习惯考级过程中，我校经过反复讨论，审慎选择，具体操作过程分四步进行：

第一步，定向——每位同学在老师和家长的指导下，仔细阅读《中山路小学学生行为习惯考级指标》，对照指标要求，检查自己的习惯养成状况，选择所考级别。第二步，自评——根据所考级别指标细则，一一对照，在师长的指导下，采取自我评定的方式，确定自己能否通过考级，在填报高级别考核申请时，必须逐项通过前一级别考核指标。确定后，填报申请书，向所在班级考级委员会申请。班级考级委员会由班主任、学生、家长代表组成（一年级学生可由家长填写申请表）。第三步，互评——班级考级委员会通过同学互评、班主任和任课老师评定、并征求家长意见，初步通过考级名单，在班级张贴公告，一周内无异议，正式宣布。在考核期间如有不当行为，则要求填写行为限期矫正书，如实填写矫正项目，矫正时间，并由矫正监督人督促，15 天内必须矫正到位。否则，降级评定。第四步，颁证——举行习惯考级证书颁发仪式。如此循环，申报下一级别考核，每学期考核一次。学校考级委员会将不定期进行检测，并通过问卷调查、师生座谈会、家庭访问等调查班级考级委员会的工作情况。

而"七色花"中队因关乎整个班集体的尊严与荣誉，因此评比过程中着重体现"公正、公平、公开"的原则，在"七色花"中队的评比中，为避免单一检查的片面与偏颇，值日校长、总值教师、德育处、教导处、总务处、体育组、值日教师、大队委共同承担检查任务，这样既强调了评比的目的和执行者的态度，又体现了评比标准的合理性和竞争机会的均等性，"公正、公平、公开"原则的贯彻落实较好地营造了风清气正的竞争氛围，有效实现了评比的建设意义。

"少成若天性，习惯成自然"。在习惯考级、在行为矫正的训练活动中，我校通过教师示范、强化训练、竞赛展示、评星夺章的形式反复培训，以点带面，引导学生认认真真地做好每一件事，踏踏实实地过好每一天，真正培养出会吃饭、会读书、会生活的阳光智慧少年，为孩子铺设直达未来的德行轨道。小学生行为习惯考级活动产生了积极的教育效果，得到家长的普遍赞同。全校同学积极参加行为习惯考级活动，读方案、递申请，同学议、老师评、家长论。行为习惯考级活动开展以来，许多同学每天都把自己的一举一动记录下来，和行为规范进行比较，时时提醒自己注意。有的改掉了以前刷牙、洗脸一分钟解决的"快毛病"和上课插嘴、脾气善变等坏毛病；有的学会了刷鞋、钉扣子，自己准备文具、叠被子、整理房间；有的还学会了与人友好交往等等。

活动在社会上引起了广泛关注，《镇江日报》、《京江晚报》、镇江教育信息网等媒体都在醒目位置报道了此事。"行为习惯考级"案例获得了江苏省未成年人思想道德建设案例评比一等奖，学校被评为镇江市未成年人思想道德建设先进集体，此项举措还得到了全国校长培训班学员、广东省校长培训班学员与广东省班主任培训班学员等来自全国各地来访者的高度认可。"七色花"中队考评在学校营造了"人人争优秀，班班赶先进"的教育氛围，其中涌现了一个个令人称赞的"七色花明星""七色花中队"，达标的"七色花"中队数正与日俱增，他们成为学生群体努力追求的目标。集体荣誉的感召与捍卫又从另一个侧面促进了个体的成长与完善，无形中实现了更高层次的行为习惯养成。

四、围绕三个"需要"，扎实推进 21 天习惯养成

"21 天养正行动"作为行为习惯考级的有力补充，为养成学生良好的行为习惯提供了详细、具体、可操作的行动方案。

随着社会文明的发展，工作节奏的加快，越来越多的孩子无法在中午回家与父母享用午餐，选择在学校与小伙伴们共进午餐便是学校最常见的现象，如何实现"吃出用餐好习惯、吃出文明好素养、吃出优雅好气质"

成为我校需要思考的问题之一。因此，新学年的第一个月，我校统一部署、制定并落实中山路小学学生"就餐好习惯"行动，以下是我校大禹山校区学生"自助式午餐"的做法。

（一）学生自助式午餐的采纳背景

原来的午餐模式像大多数的学校一样，食堂提前做好饭菜，分装后由学生自取。快餐式的饭盒、均等的饭菜量，使得个体差异的需要难以得到满足；快餐的口感，快速完成吃饭的任务，这些都和平时在家里的吃饭不一样，吃饭的生理和心理需要得不到满足。因此，需要改变午餐模式，主要有以下三点：

1. 孩子生长的需要

"生长"在词典上指在一定的生活条件下生物体体积和重量逐渐增加、由小到大的过程，在这里是把学生看成小树、小苗，在小学的六年时间里，学校希望中午在学校就餐的学生都能吃到喜欢的饭菜，吃饱、吃好，身体健康。

2. 孩子交往的需要

学生每天在校学习生活 6 小时，除去课堂上小组合作讨论、课间休息以外，个体单独交往的时间其实不多，孩子们都很渴望有更多的自由支配时间。因此，午餐和午休就成了孩子们在校时间中为数不多的休闲时光，他们在这时候"话匣子"完全打开，需要聊天、嬉闹、玩耍，因为他们感觉到那时候不是在上课，不是在学习，他们是自由的。站在儿童的视角来看，孩子们渴望得到的时间应该要保证，要得到尊重，而自助式午餐就为他们提供了交流的机会。

3. 学生素养的教育需要

每个孩子进入学校是要接受教育的，家长、老师、社会都期待他们全面发展，健康成长。在学生核心素养的培养中，生活和学习的意义同样重要，吃饭、午休是学校生活的重要内容，也是学生核心素养养成的重要途径，期间可以让孩子们自主管理、动手实践、学习知识、培养能力，同时在整个过程中需要学校充分尊重孩子们的个性、尊重个体之间的差异，真正把教育播种到每个孩子心里，让孩子成为校园的主体。

基于学生的需要，我校尝试着进行了学生的午餐模式的改变。本着尊重差异、各取所需、坚持节约的原则，实行了自助餐模式，在改变中针对出现的问题不断尝试改进。

（二）学生自助式午餐的具体做法

学生午餐模式的改变，在制定实施方案时，许多困难摆在了眼前。比如：供餐模式发生的改变，餐具、厨房设备需要更换；自助打饭打菜时间较长，饭菜保温问题必须解决；自己取餐具、取饭、取菜、找座位、分类归还餐具，孩子们平时生活中基本没有接触和练习，训练、教育难度很大；要求学生"光盘"，每个孩子对于自己食量的估计和对所取饭菜的估计有差异，需要老师指导和训练；午餐值班教师原有的工作职责和工作时间需重新调整、重新培训。

为确保学生自助式就餐模式的顺利改革实施，我校制定了详细的实施方案和计划时间表，并严格执行落实：

第一，根据自助餐模式调整食堂餐桌布局，更换餐具，添置、改造部分厨房设备。

第二，对全体教师进行集中培训，明确午餐值班教师的工作任务和值班时间，并组织全体学生培训，进行实地模拟训练。

第三，利用集体晨会、班会、午会时间进行就餐礼仪的教育。

第四，在实施过程中广泛听取学生和老师的建议，及时调整方案，总结经验，形成做法，定期组织教师培训。

第五，在午餐和午休时间，从教师管理逐步过渡到学生自主管理，加强了学生评价激励机制。

（三）学生自助式午餐的自我管理

小学生自我管理是指小学生自己主动采取的用来控制和协调班集体、小组、个人以及各种环境、物质因素的行为。其特点是每一个孩子都轮流体验提醒者、引导者的角色，从而激发自我管理、自我约束的意识，从而进一步"做好我自己"。使用自助式午餐模式后，经过一段时间的观察、研究，学校尝试学生自我管理的方式。

1. 设立引导岗位，体验自我管理

学校德育处从三、四、五年级各班中抽调有较强管理能力和具有一定责任心的孩子，成立了自主管理队伍，佩戴统一标识——小红帽，试点设立"小红帽引导岗"，采用全员轮岗体验式自我管理。把每天的就餐管理任务分配到各班，班主任再依次按照学生的学号，把"小红帽引导岗"安排到每个孩子，并培训其岗位职责。

（1）全员轮岗，定点巡视

采用全员轮岗体验式自我管理，让每个就餐的孩子既是被管理者，又是管理者，不仅让他们慢慢地知道自己应该文明安静地就餐，更让外界的约束真正地内化为孩子自己认真吃饭的好习惯，逐步达到学生午餐自主管理的要求。

随着每天上午第四节的下课铃声，小红帽们会快速地带好自己的记录本到达食堂。根据需要，各位班主任将每天值日的18名小红帽分成两组，分别在9个岗位上定点巡视。第一组的9名孩子到达食堂立即站在巡视点值日引导；第二组的9名孩子则立即就餐，用餐结束就替换第一组的小红帽上岗巡视。这样的安排既保证了小红帽不耽误第4节课上课时间，还让他们和其他学生一样，在就餐时间段内正常用餐，更加保证了学生就餐时9个岗位时时都有小引导者的提醒和管理。

（2）注重方法，巧妙管理

经过一个多月学生自我管理的尝试，小红帽们反馈最多的问题就是"老师，我提醒了说话的同学，但是他们不接纳我的建议，怎么办呢？"是啊，因为自助餐的模式，尊重了孩子自己选择座位的权利和自由。因此小红帽们常分不清说话的孩子是几年级几班的。所以班主任又利用班队会，进行了多次小红帽引导者的工作方法指导和培训。比如一个就餐的孩子总是喜欢不停地说话，首先要做的就是走到他的身边进行提醒；在提醒无效的情况下，小红帽可以直接将这位说话的孩子请到邻近的无人或人少的餐桌就座，必要时可以向巡视的值厨老师寻求帮助等。

2. 布置食堂环境，营造育人氛围

食堂环境的布置是一种潜在的教育。食堂的墙面上不仅张贴了师生共同商讨确定的《吃饭的约定》里的相关内容，还定期更换张贴同学们自己动手制作的文明就餐小报，内容包含了营养均衡膳食、如何吃出健康等内容。每张餐桌上则粘贴了从老师和学生中征集来的就餐文明提示语，这些提示语简短、易懂，读起来朗朗上口："细细嚼，慢慢咽！""光盘，我们在行动……"食堂地面上有很多小圆点，它们就是为了方便同学们在排队就餐时，能做到不争不挤不插队，安静有序地进行排队、取餐。如果遇到不小心打碎餐盘，同学们也会自觉主动地走向"诚信角"，自己记录下班级和姓名，事后按价赔偿。这样的实践体验更有助于孩子养成诚信和负责任的良好品质。

（四）学生自助式午餐的多元评价

为了进一步把学生放在学校教育的主体位置，通过尊重、信任、引导和激励等影响作用，充分调动学生的内在动力，培养自理习惯、激发工作热情、提供展示机会，提高学生组织、沟通、管理能力，以达到学生自主管理的目的。

1. "仁章之星"评比促进文明就餐习惯的养成

借助学校的德育品牌活动——仁章之星评比，德育处设立了兑兑乐——"自理星积分银行"（仁章之星共有九颗星，自理星是之一），"自理星卡"是"自理星"积分产生的唯一途径，凭"自理星卡"可以到学校设置的"兑兑乐"银行兑换相应的积分。

（1）"自理星卡"的发放

每日午餐时发放200张"自理星卡"，在食堂餐具回收点的值厨老师根据以下标准发放"自理星卡"：

①学生在食堂内安静就餐，餐后做到盘中无剩饭。

②饭后保持仪容整洁，面部、衣服上无米粒、无油渍。

③摆放餐盘时能安静有序地排队，并按指定位置将餐盘摆放整齐。

④一年级学生在教室就餐，要求就餐时做到不剩饭剩菜，在规定的就餐时间内用餐完毕等。

（2）"自理星卡"的回收

卡片回收采用"年级记分日"机制，固定记分时间和年级。学生获得的"自理星卡"达5张以上即可携带卡片前往"兑兑乐"教室进行回收登记，每张卡片积1分，由工作人员将卡片回收，并在积分系统录入相应积分。

（3）罚分

发生下列四种情况，将由工作人员在积分系统中扣除相应积分，并出具书面告知单：

①就餐途中奔跑，大声喧哗，排队等待时随意说话。

②学生午餐时随便说话，出现明显的不文明就餐现象，如跷二郎腿、将食物撒漏在桌面和地面、使用餐具时发出较大声响等。

③携带与就餐无关的物品进入食堂，如跳绳、鞋套、书本、笔袋等。

"小红帽"每天要将检查的情况反馈至"兑兑乐"，便于工作人员出具书面告知单，并及时反馈到班级。

"自理星"积分扣除告知单

_____班_____同学：

您于_____月_____日在_____违反了"自理星"积分管理办法罚分条例第_____条，扣除_____分。

特此告知！

镇江市中山路小学（大禹山校区）

_____年_____月_____日

（4）"自理星"积分兑换规则

①积分不可以转赠他人。

②积分不会被清零、作废、逾期。

③积分可以在"兑兑乐"自由兑换相应分值的用品。

（5）兑换物品

周四、周五中午 12：20—12：40 为全校学生兑换时间，学生可以根据自己登记的积分，选择相应分值的文化用品进行兑换。

"兑兑乐"积分银行兑换物品一览表

卡通铅笔	2分	拼音本	3分
铅笔	3分	田格本	3分
橡皮	3分	练习本	4分
直尺	10分	作文本	4分
荧光笔	10分	便签本	5分
记号笔	10分	软面抄	15分

钢笔	16分	单层文件袋	5分
水彩笔	45分	风琴文件夹	60分
小剪刀	5分	餐具套盒	50分
笔筒	5分	生肖水杯	150分
笔袋	7分	彩泥	160分
文具套装	8分	焖烧杯	220分
特色体验式兑换			
与校长共进一次午餐	50分	参观江科大校园	40分
担任"小红帽"志愿者一天	30分	担任升旗手一次	30分

学生们用自己获得的自理卡换取餐具、餐盘等小奖品，把就餐好习惯延伸到校外，在其他场合也能做到文明就餐，让这个好习惯陪伴一生。

2. "21天养正行动"助力学生自我管理

结合学校德育处开展的"21天养正行动"，制定了文明就餐习惯养正评价表。每天的午间或午会时间，学生根据自己中午就餐的情况进行自评，同桌互评。这样的评价不仅让学生每天可以静心反思自己当天的就餐是否遵守了约定，还能在小组互评中相互学习就餐好习惯，以不断促进自己良好就餐习惯的养成。

面对自助式午餐的新模式，全校师生共同履行着"吃饭的约定"。学生不仅养成了文明就餐的习惯，而且慢慢地喜欢上了这样的自助午餐模式。

从积极心理学上来说，弘扬学生优点，有利于抑制和纠正错误行为的产生。为此，学校提出了养正从弘扬学生正气入手，班级内设置文明记录员，学生每做一件文明的好事，都会在自己文明档案内得到相应的积分，给予及时的肯定。除了充分发挥学生志愿者的作用，学校蹲点行政还深入到各年级各班，及时了解活动过程中遇到的问题，制定并调整方案，如郑霞老师、汤秀梅老师结合学生年龄特点，因人而异，按需设岗，将养正行动落地，落实到每一天、每一件小事中的做法就在全校得到了推广。此外，学校的"仁章之声""禹山小喇叭"广播台定期总结学生在活动中的表现，大力弘扬表现突出的班级及个人，通过典型树人、示范引领的方式，褒奖善人善事，推动"21天养正行动"教育活动深入开展，助力学生产生持之以恒的自觉行动。

除了要求人人参与的"文明就餐"21 天养正活动，我校德育处还针对学生年龄特点，满足学生成长需要，制定了"我的习惯我做主"细则要求，由学生自行选择，自觉加入到"21 天养正行动"教育活动中来，内容包括：

（1）文明礼貌，我见到师长、同学能敬礼问好。

（2）讲究秩序，我上下楼梯能靠右行。

（3）好学上进，我能专心听讲，并能积极发言。

（4）诚信守时，我能按时上学，及时完成老师布置的任务。

（5）勤俭节约，我能节约水电，爱惜学习用品。

（6）健康自律，我读写姿势正确，讲究个人卫生。

（7）团结友善，我能文明游戏，关心同学。

（8）强身健体，我能每天进行体育锻炼。

这种由学生自行选择的"订单式"养正计划，备受广大学生和家长的欢迎。在学校开展行为习惯养成教育各种活动中，感触最深体会最多的就是我校的学生和家长了，他们的肺腑之言可以真实地诠释我校工作成效的方方面面：

【案例1】六（2）顾译丹同学感言

在学校开展的21 天养正活动中，我给自己定了一个小小的目标——每天坚持读书 30 分钟以上并摘抄内容，做笔记。

开始的几天内，我都按照既定计划认认真真阅读自己选择的那本历史书——《大秦帝国》，并且，将其中的人物和重点内容都用一个本子记录下来。在细致的阅读中我发现了无数的"黄金屋"，知道了中国法律的来龙去脉，明白了中国第一个统一的帝国崛起的过程。不过，我没有想到，这件事想要一直坚持竟然这么难。

大概从第 10 天开始，我不像之前那样认真了，因为摘抄和记忆书中的知识点是一件枯燥繁琐的事情。不过我想起开始时自己做下的承诺：坚持就是胜利！说到就要做到，我不再胡思乱想，咬咬牙坚持了下来。当时我没有想到，这个决定对我有多大的帮助。现在，我可以自然而然地用上书中的写作手法，写起作文来得心应手。

【案例2】二（1）方予珩家长感言

众所周知，低年级孩子的自主学习能力不强，意识控制力差，在没有家长的监督与提醒的情况下，孩子的学习主动性可能达不到大部分家长的期望值。

幸运的是我们学校为培养孩子良好的行为习惯，进行了"21天养正行动"活动，毫无例外，我的孩子也参与了这次活动。这21天来，给我最直观的感受就是孩子的书写能力突飞猛进。

中国孩子对中国汉字的天生敏感性，在我孩子身上颇有体现，他在幼升小之前就认识两三千汉字，只是在书写方面一直没找到一个合适的契合点，正好趁着"21天养正行动"计划，我们制订了"千字练习"计划——每天坚持书写48个字左右，"21养正行动"结束，孩子就能完成一千字的练习计划。

起初的一两天，孩子在写完之后会长吁一口气，如释重负的样子，而且花的时间较长，可想而知，孩子也许只是在应付一项任务而已。但在坚持短短一周以后，就有了明显的变化，孩子会主动与我探讨某个字的结构组成，或是怎样写才会更具韵味，且书写速度大幅提高。

坚持练习的天数越多，反而越写越轻松，坚持到一半天数的时候，孩子自己拿出第一、二天写的字与最近写的字进行比对，结果是惊人的。起初的字虽工整，但现在写的字除工整以外，结构更合理，字形更具韵味，孩子看到了坚持的成果，他感到很兴奋。

在接下来的时间，他非常享受练习的过程，并开始关心文字背后的故事，查了很多关于文字发展的资料，还对各朝代书法大家非常感兴趣，为此我们还去了书法大家王羲之的故居，了解王羲之的传奇故事，学习他的成功秘诀。我想这就是除了提高书写能力本身以外而得到的额外养分了。

直到完成练习的最后一个字，孩子对书写的热情非但没有减弱，反而一直高涨。"21天养正行动"结束后，他还坚持每天练习书写，这已然成了他每日必做事宜，不再是任务，而是自发的，如今他的书写水平应是同龄孩子中的佼佼者。

不仅如此，由一点渗透到多点，孩子如今的阅读习惯、写日记的习惯、运动的习惯等，都得到了很大的改善，这都是在"21天养正行动"所获得的正面的、长远的影响。

　　好的习惯会让我们受益终身，有 21 天，就会有 210 天，2100 天……涓涓细流最终能汇成浩瀚的江河。希望我们的孩子都能有一个好的学习习惯，好的行为习惯，为实现未来美好人生夯实基础。

第二节　体验多彩教育活动，提升学生综合素养

　　长期以来，我校始终把体验教育作为少先队活动的一项重要内容，着力组织和引导学生全身心地参与实践，用心体验，用心感受，不断把全面发展的要求内化为自身的素质。从一年级新生入学到六年级学生毕业，学校设计了一系列教育活动。突出入学仪式、成长仪式、隆重的毕业典礼的重要性，感受生命成长的力量；凸显八大精品活动，全面实施八礼四仪教育，引导学生注重自觉实践、自主参与、自觉遵守道德规范。

一、精品活动

（一）体验"四礼"，感受成长

1. 入学礼

"带着长辈的希望，带着童年的梦想，我们背上书包，跨进校门，正式成为了中山路小学的一员……"在主持人洪亮的声音中，隆重的新生入学仪式拉开了序幕。学校校长致辞并介绍中山路小学悠久的历史；家长代表寄语一年级新生，希望他们在接下来的时间里，好好学习知识，养成良好的习惯，做德才兼备的好孩子。学校为了欢迎新同学，特意为每位同学准备了一份特殊的入学礼物：一本"仁章"星级队员评价手册，引导他们从入学第一天起就争做"仁章之星"；一份文明三字歌折页画册，这是毕业了的哥哥姐姐为他们准备的，希望小弟弟妹妹们讲文明学礼仪；一张书签希望孩子们从小爱上读书；一把小尺每天量量自己的进步与不足；一块橡皮擦去学习生活中的不愉快。这些礼物装在一个印有"成长的足迹"字样的记录袋中，希望它陪伴孩子们 6 年，见证他们达到一个又一个目标。

　　通过庄重的仪式让一年级小朋友感受到入学是人生中的一件大事，是学习的开始，是走向成才的起点，以此激励孩子们珍惜读书机会、勤奋学

习，争做富有理想、充满活力和创造力的新一代建设者和接班人。

2. 入队礼

学校一直把爱国主义教育、学生行为习惯养成与双拥学军相结合，把部队军营作为教育资源的一部分，用军人爱国爱民、严守纪律、坚毅果断等品质来教育孩子，影响孩子。

每到队日，中山路小学仁章校区的孩子会在 73056 部队举行庄严的"军营飘起红领巾"新生入队仪式，禹山校区的孩子则会来到句容茅山脚下的新四军纪念碑前庄严宣誓，放飞梦想气球。当解放军叔叔帮每一位新队员戴上了鲜艳的红领巾时，孩子们激动的心情溢于言表，这一刻，责任与担当刻在了每个队员的心间。

3. 成长礼

在部队举办"感恩十年·快乐十年"的集体生日一直是学校的传统。为期一天的活动中，孩子们参观了部队的内务，那整齐划一的物品摆放给孩子们留下了深刻的印象。参观完内务，孩子们身着统一定制的纪念衫进行了队列训练，那一举手一投足还真有军人的架势。"兴汉礼，少年强，抒胸臆，国运昌！愿中山之书声朗朗，育中华之国家栋梁！"成长礼上，孩子们祭拜孔子与父母，高举右拳，大声诵读誓词，"责任"二字烙在每个孩子的心上。紧接着的文艺演出也是精彩纷呈，每个孩子都走上舞台，尽情展现风采，台上、台下热闹、欢腾。活动尾声是孩子们齐聚部队操场，齐唱生日歌、分享美味的蛋糕，那一只只满载孩子们美好心愿的气球腾空而起，越飘越远。

孩子与父母、老师一起，体会自身的成长，分享快乐与感动，铭记父母的养育之恩、师长的教诲之恩、同学的帮助之恩，感悟生命的精彩，珍爱身边的亲情、友情，珍惜当下的幸福生活。

4. 毕业礼

六年的小学生活令人难忘，孩子们在静谧而神圣的校园学会做人、学习、交往、实践，临别之际通过隆重而有意义的毕业典礼让孩子们真切地体验小学生活的快乐。

孩子们来到美丽的大自然中，进行团队拓展训练，在教练的带领下，一次次挑战极限、突破自我；同伴之间紧密合作，不放弃、不抛弃，共同抵达胜利的彼岸。临别的汇报演出，同学们在舞台上尽显才华，老师们动情的致辞，家长们殷切的希望，大家拥抱、流泪、高歌……充满温馨和回味的毕业典礼为孩子们的小学生活画上了圆满的句号。

（二）关爱生命，学会感恩

生命教育应让学生懂得有关生命的知识，学习做人及与他人、环境和谐相处的道理，了解自己的潜能和不足、寻找自己在不同群体的角色，最后达到深化人生观、内化价值观、统整知情意行的目的；通过生命教育，使学生认识生命、珍惜生命、尊重生命、热爱生命并完善生命，不断提升自己的生命价值和人生价值，成为优质自己；通过生命教育，赋德育以生命性，从而提高德育的实效。这也是本课程实施的主要目的。

1. 小豆芽成长记

每个孩子升到二年级都会经历小豆芽的成长过程，小豆芽从萌芽到长大，倾注了孩子们的精心呵护。他们每天仔细观察，或写或画，记录下小豆芽的成长，感受生命的奇妙。

2. "护蛋"大行动

作为一种特殊的教育手段，"护蛋行动"每年都会在四年级孩子中进行。最初开展这个活动就是为了培养学生的爱心、责任心，让他们体会父母养育的艰辛，感悟生命的成长不容易，需要无尽的付出。孩子们把鸡蛋当成子女、伙伴，用心装扮他们，给他们穿衣、取名，精心制作"蛋蛋"的小窝。为了保护自己"孩子"，孩子们也是各尽所能，有的把蛋宝宝放在手套里再挂在脖子上，有的把蛋放在网兜里，有的干脆把蛋放进米里，有的则在盒子里铺上厚厚的棉花。他们 24 小时贴身守护，丝毫不敢怠慢。每天"蛋爸爸""蛋妈妈"都带着自己的"儿女"到校上课。即使在课堂里，孩子们都是"蛋不离手"。户外的体育课却成了最大的考验，尽管困难重重，孩子们都竭尽所能想办法、找窍门，保护好自己的"蛋宝"。

活动过程中，孩子们用鲜活的文字记录下活动的体会与感受，字字真情流露，这样的活动真真切切让孩子学会感恩，珍爱生命。

（三）亲近自然，研学乡土

"读万卷书，行万里路""胜日寻芳泗水滨，无边光景一时新"。每学年我校都会给学生提供至少两次机会，有组织、有秩序地带领他们与大自然进行亲密的接触，触摸大自然的一草一木、一花一叶，这些活动使学生活跃了身心，陶冶了情操，增长了见识。

学校一改传统的春、秋游形式，以研学之旅寻访自然。孩子来南京梅花山前做足功课，深入了解梅花，来到梅花山时赏景、诵景、画景、拍景。镇江有着悠久的历史，很多景点久负盛名，新兴景点富有趣味。孩子们来到西津渡、"三山"、南郊等寻觅家乡历史与文化，来到大江风云、世业洲开心乐之岛等尽情玩耍。改良与创新的春、秋游研学活动，让孩子在活动中践行"八礼"，真正读懂自然这本无字活书。

（四）传承节日，感悟文明

尊老爱幼是中华民族的传统美德，每到重阳节，五年级的孩子便会带着祖父祖母一同登南山。活动弘扬了中国的传统文化，践行社会主义核心价值观，弘扬尊老敬老的传统美德，营造了关爱老人的浓厚氛围，培养了孩子的爱心和社会责任心。

每到登山活动时，孩子们都紧紧搀扶着祖父祖母，步履坚实地登上南山顶，登顶后祖孙一起共赏南山美景，整个南山洋溢着浓浓的祖孙情谊。

（五）创新载体，发展自我

学校的德育活动除了关注社会、生活层面，更关注孩子自身的发展。"辞旧迎新乐翻天"中，孩子们策划、组织，通过"文具馆""游戏馆""美食馆"等进行活动，所得的收入全部捐赠，帮助有困难的人，进行"手拉手"系列活动。"体育嘉年华"主张人人参与、强身健体。"艺术嘉年华"从海选到展出、展演，学生全程参与，一幅幅美术作品、一件件手工制作培养了孩子的艺术审美。压轴的一台文艺演出，更是将活动推向了最高潮。

一直以来，我校都在积极进行科学合理的设计、编排形式多样的德育活动，提供一种生活环境，使其成为一种生活方式，促进学生自主、和谐地发展，培养道德能力与行为习惯，从而形成和发展个性品格。

二、志愿服务

秉承我校面向全体的教育原则，在活动中，我校为每一个队员创造参与的机会，搭建展示的舞台，在不断参与体验中逐步自我完善。在此基础上，我校以开展"小橘灯"志愿服务活动为载体，引导未成年人用实际行动弘扬志愿者服务精神的先进做法屡次被人民网、新华网以及省、市级的多级新闻媒体报道，不断激励着我校的小志愿者们主动亲近社会，自觉服务于社会。

（一）志愿者服务团队的沿革

2011 年 06 月，中山路小学成立了志愿者服务团队，小志愿者们牢记"奉献、友爱、互助、进步"的志愿者服务精神，凭着一种互助、不求回报的精神，凭借自己的双手、头脑、知识、爱心开展各种志愿服务活动，无偿帮助那些需要帮助的人们。

2013 年起，全市中小学生志愿活动使用了统一名称——"小橘灯"志愿者，并使用统一标志。根据"小橘灯志愿者"的名称含义，标志将"小橘灯"的造型与志愿者英文字首"V"、"心"形、火苗、蜡烛和一张笑脸有机结合，组合成"燃烧自己，照亮别人"小橘灯志愿者标志。

（二）"小橘灯"志愿服务的点滴

1."握紧双手"——并肩走

故事一：

11 岁的王宇婕，是大港中心小学的学生，2011 年上半年发现不幸罹患皮肌炎（具有皮炎和肌炎的自身免疫性疾病）；8 岁的钟倩倩，是丹徒区三山中心小学一年级的学生，在 2013 年元旦被查出患有白血病，巨额的医疗费使这两个普通的工薪家庭不堪重负，她们的遭遇牵动着中山路小学师生的心。在学校"小橘灯"志愿者团队的倡导下，小志愿者们走上街头，进行报纸义卖活动，为这两位身患重病的同学筹集善款。

活动当天，小志愿者和家长们早早来到城市客厅，高举横幅、喊出口号，为这次活动宣传鼓劲。只看见身着翠绿校服、佩戴印有"小橘灯"志愿者标志的"小红帽"们，在大市口附近向路人宣传此次报纸义卖活动的情况，不少市民一听是为两位重病的孩子募捐，非常支持，主动奉献爱心。不到一个小时的时间，200份报纸就全部卖完。

故事二：

2013年，谏壁镇雩北小学读三年级的王金铭身患严重的"脆骨症"，碰不得摔不得，是个典型的"瓷娃娃"。12月份，她急需医药费去上海手术，一家人为高额的费用发愁。

11月份，学校"小橘灯"志愿者们积极为患病的同龄小伙伴举行了义卖活动。480份《京江晚报》在一个多小时内销售一空，经过清点，当天共募捐到1997.4元善款。另外，还在校园里举行了"爱心跳蚤市场"，大家为筹集王金铭的医疗手术费奉献爱心，活动共筹得善款6792.7元。

这样的活动既锻炼了小志愿者们与陌生人交流的胆识，又使他们体会到了为他人奉献的快乐，更让他们深刻地感受到了镇江这座"大爱城市"的魅力。

2. "缤纷冬日"——暖城市

故事三：

在"缤纷冬日"的活动中，学校"小橘灯"志愿者们表现出了很好的小主人翁精神，他们的清扫身影成了街头最亮丽的一道风景线，孩子们用真情和汗水擦亮了城市的绿色的出行——自行车，更用自己的行为传播着社会的道德，每一个行人都向他们投去赞许的目光，孩子们也在这种快乐的氛围中展开心灵的翅膀，向社会传递着正能量。

3. "栽花植树"——慰英灵

故事四：

每年的3、4月份，是特殊的月份，学校"小橘灯"志愿者们都会来到市烈士陵园进行"缅怀先烈，珍爱家园"的活动。小志愿者们敬献花圈、种下新苗、参观纪念馆，通过这样常态化的活动，他们再一次走进了中国历史，走进了自然，为低碳环保宣传做出了自己的努力，他们在烈士面前庄严宣誓，一定会好好学习，天天向上，热爱祖国，热爱人民。把重任扛在肩头，用努力夯实人生。

4. "关爱地球"——倡环保

故事五：

为了"倡导低碳生活"，从2013年起，学校"小橘灯"志愿者团队在每年的 3 月 21 日都会倡导并组织"地球——我们的母亲"画展及关爱地球宣传活动，不断提高全校师生环保意识。同学们纷纷表示以后一定会保护森林、节省资源，用实际行动来兑现自己对地球母亲的承诺。

故事六：

在西津渡，学校"小橘灯"志愿者们每年都开展"为镇江文化添文明"的活动，他们弯下腰捡掉一片片废纸、一个个烟头、一个个白色塑料袋……通过志愿服务，他们更加深刻地了解和感受了镇江的历史，提高了文明意识，并深刻地意识到做一个文明游客的重要性。

5."图书漂流"——生活美

故事七：

读书是一个美好的习惯。随着现代化水平越来越高，人们逐渐被手机、电脑、电视所"绑架"。早在 2013 年 4 月，学校"小橘灯"志愿者就参加了总站的图书漂流活动。如今，他们每年都会在校内"图书漂流"现场交换自己珍爱的图书，在校外向路人分发宣传手册。一次次体会活动的乐趣，更重要的是深刻了解了健康生活方式的重要性。

6."交通安全"——我能行

故事八：

随着时代的不断发展，"交通安全"已经成为人们生活中重要的一个社会性话题。为了更好地倡导文明出行，关注自身和他人安全，学校"小橘灯"志愿者们经常性地走向街头进行"文明交通"导行和宣传活动，该项志愿工作目前已经成为志愿者团队的一项常态活动。

7."助力西部"——共成长

故事九：

在青海省玉树藏族自治州玉树县扎芒村，有一座小学，叫扎芒村小，是玉树县结古镇村小中最偏远、气候最恶劣的一所学校。学校"小橘灯"志愿者团队发起"你在长江头，我在长江畔，同饮长江水，共闻读书声"的公益活动，小志愿者们与扎芒小学的 20 名学生结对，挑选了自己喜爱的12 本书，寄给结对学校的学生，镇江的学生和玉树的学生，共同朗读一本书，让孩子们从小感受到公益的温暖。

故事十：

在扎芒村小，一、二年级和学前班的 30 多名学生的家分布于茫茫草原深处的各个地方，那里高寒缺氧，气候恶劣，没有多少经济来源，家庭贫困，他们因为缺少衣物和取暖用的煤而常常冻得瑟瑟发抖。得知消息后，学校一、二年级全体志愿者们积极行动起来了，他们自发的拿出"零花钱"，共筹集善款1.3万元，帮助自己的小伙伴们温暖过冬。

美德需要传承，活动则是"小橘灯"志愿者们传承美德的载体。七年多来，中山路小学的小志愿者们，在阳光下通过一次又一次小小的行动传播大爱，用源源不断的正能量感动着身边人，影响着身边人，用真诚的温暖践行着美德少年的情怀，用爱来证明新时代少年先锋的价值，用爱来点燃镇江这座大爱之城。

第三节 评比校园"仁章之星"，引导学生互学赶帮

传统的学生评价在功能上过分强调甄别与选拔功能，在标准上片面强调相对性评价标准忽视以被评价对象的进步为参照标准进行评价，在内容上过分注重可以量化的内容，在方法上过多注重定量方法而忽视定性的评价手段，在评价主体上忽视了评价主体多元、多向的价值。

为了弥补传统评价中的不足，鼓励学生互学赶帮，实现自我的全面发展，我校的"仁章之星"评价改革以多元智力理论为指导，力争让不同孩子得到不同的评价，获得肯定收获成功体现评价的导向作用，营造积极向上的育人环境。以学生个体为评价对象，努力做到对每一名学生有全面、客观的评价，促进学生全面发展，学有特长，成为有价值的人，拥有健康生活的能力、爱的能力、学习的能力、实践的能力、创新的能力、担当的能力、合作的能力等，并由此形成习惯，用评价助力学生的发展。这一评价实现了以下几个方面的转变：

第一，从以德智体为主的"三好学生"评价，转变为既鼓励全面发展，也鼓励学有专长的评价。

第二，从以学业成绩为主要指标的评价，转变为以平时良好习惯的养成、各类活动的参加与学业成绩并重的评价。

第三，从以正副班主任为主的评价，转变为以所有老师、家长共同参与的评价。

第四，从学期结束的一次性评价，转变为平时的每月与学期结束相结合的评价。

评选原则陈述如下：

第一，本着实事求是的原则，坚持公开、公平、公正原则，认真做好评选推荐工作。

第二，对学生关爱、礼仪、自理、阅读、智慧、活力、才艺、创意、规范九个方面进行评定、考查，重视过程性评价。

第三，开学初，各年级由教研组长与年级组长牵头，制定各学科，各年级、班级竞赛、评比标准，以参与竞赛的成绩、课堂表现与期末成绩作为评定的依据。

在评比的内容与标准上分成低、中、高三个年级段，分层制定不同的内容与标准（低年级示例）：

一、"仁章"自理星

1. 早晚认真刷牙，每次刷牙不少于1分钟，饭后漱口；每天睡觉前自己洗脸洗脚，准备好第二天所穿衣物。

2. 学做一些力所能及的自我服务性劳动，如穿衣服、脱衣服、穿鞋等。

3. 自己整理书包，按照课表准备好第二天的学习用品和书本，书包内物品摆放有序，整洁干净。

4. 上课前，在课桌左（右）角放好文具和书本。

5. 用过的物品、看过的书归类摆放。

二、"仁章"礼仪星

1. 仪表整洁，讲究个人卫生，能正确、坚持佩戴红领巾。

2. 同学之间互谦互让、不打闹，表现突出，能得到认可。

3. 尊敬师长、工友，见面能主动问好，放学时与老师、同学说"再见"。与人交往时学会使用礼貌用语。

4. 就餐先请长辈入座，自己再入座，大家起筷时才能动筷，文明午餐，吃饭不讲话。

5. 课间开展文明游戏，不追逐打闹，上下楼梯靠右行。

三、"仁章"关爱星

1. 能关心班级同学，与同学和睦相处，当同学有困难时，能热情帮助。

2. 能孝顺父母，听父母的话，做力所能及的家务。如整理自己的房间、抹桌子、扫地等。

3. 能尊敬师长，乐意听从师长的教导。

4. 在班级获同学好评，有半数以上的同学认可。

四、"仁章"阅读星

1. 热爱读书，每天坚持读课外书不少于 20 分钟，每月阅读总量不少于 1 万字，初步形成良好的独立的阅读习惯。

2. 乐意与同学分享好书，会用一两句话介绍书籍内容或自己的阅读心得。

3. 认真参加早读，能有感情地朗读课文。

4. 本年度要求背诵的经典诗文要熟练背诵。

五、"仁章"智慧星

1. 有良好的学习习惯，在班级中有榜样作用。

2. 学习成绩语文、数学学科总评达到优秀。

3. 其他各学科总评成绩达到良好或者大部分学科成绩有明显进步。

六、"仁章"活力星

1. 对体育有兴趣，积极参加体育锻炼，能遵守课堂纪律上好体育课，不无故缺席。

2. 体育平时成绩与总评成绩都达到良好。

3. 积极参加学校和教育主管部门组织的体育比赛，获得校级二等奖以上的。

七、"仁章"才艺星

1. 对艺术有兴趣，能遵守课堂纪律上好美术、音乐课。

2. 学科平时成绩达到良好，总评成绩达到优秀。

3. 积极参加学校和教育主管部门组织的才艺活动，获得校级二等奖以上的。

八、"仁章"创意星

1. 对科技有兴趣，喜欢阅读科技类书籍，愿意动手动脑。

2. 在各个学科的学习或活动中有创新意识和创新能力。

3. 积极参加学校和教育主管部门组织的科技活动，获得校级二等奖以上的。

九、"仁章"规范星

1. 课堂上能够认真倾听，积极发言。

2. 按时独立完成作业，书写认真，正确率高，和自己比有进步。

3. 能遵守小学生日常行为规范。

4. 在班级进行的规范评比活动中名列前茅。

（中高年级段略去）

第四节　着力家校共育工作，促进学生健康成长

家庭教育是人生教育的原点，在社会、学校、家庭三结合造就人才的教育活动中，是长期发挥作用的因素。它对人才的成长，对社会主义建设大业的成功，对民族未来的兴盛，都有重要作用。在教育已全面向纵深发展的今天，放弃家庭教育等于葬送孩子前程，赢得家庭教育就是赢得孩子的未来。

父母是孩子的第一任老师，家长既要教会孩子学习知识，又要教会孩子学会做人。要培养孩子"做一个有道德的人"，首先要求家长本人是"一个有道德的人"，父母的言传身教对孩子的成长起着决定性的作用，它

比学校教育更能塑造孩子的道德品行、文化品位和价值观念。家庭的职责在于给孩子提供一个良好的家庭环境，营造一个浓厚的学习氛围，陪伴孩子健康成长，配合学校、教师完成对孩子的教育。

一直以来，我校特别重视家校共育工作，重视充分发挥好家庭、学校的合力作用，本着共同的教育目的，在育人的道路上各司其职。遗憾的是，很多家长并没有真正认识到做父母的责任，或者不能正确履行做父母的责任。调查显示，将近70％的家长认为自己是"失败的家长"和"不称职的家长"，接近75％的家庭教育方法欠妥或有严重偏离。实践证明，家长教育孩子同样是一门学问，需要通过各种方式树立正确的观念，学习科学的教育方法。

一、评选"优秀家长"

1. 开展比学互动活动，激励家长争做"优秀家长"

为了让每个家庭动起来，让每个孩子、每位家长都参与到此项活动中来，让美德深入人心，使美好行为成为时尚，我校除了利用家长学校对"百名优秀家长"评选条件进行学习外，还要求孩子、家长之间，相邻家长之间积极开展"比学互动"活动，激励家长照着评选条件去做，对照优秀家长去学。与此同时，精心为家长设计了《优秀家长积分卡》，内容包括家长自评、学生互评、学校评价、社区评定等部分，每一部分设定不同分值，增强评分的可操作性和客观性。

2. 组织社区走访活动，帮助家长学做"优秀家长"

为了形成整体合力，我们积极争取社区、居委会的支持，在评选周期内，居委会同志利用自身的地域和时间优势走访了一个又一个家庭，及时将一些问题家庭存在的不足反馈给家长，提出改进意见，帮助一个又一个家庭改善了待人接物的行为方式，提高了他们的文明行为修养，使和睦的家庭成为人们竞相仿效的对象，使美德受人尊重，使丑行无可遁形。评选过程成了一条无形的道德轨道，有力地引导和规范着良好民风的形成。

3. 举办家长培训学校，指导家长学做"优秀家长"

从2007年第一届优秀家长评选活动开始，我们就将"如何成为一名优秀家长"作为一个重要专题纳入家长学校培训内容，并通过本校家长中的成功和失误的典型案例来启发和引导家长，身边人说身边事，可学可戒，入耳入心，震撼心灵。许多家长来到学校都畅谈自己的收获，畅谈自己现在的教育方法，他们说以前对孩子总是批评，语言简单粗暴，经常对孩子说一些丧气、打击他们的话，现在自从参加了"百名优秀家长评比"活动，参加了家长学校培训班，他们彻底改变了教育方法，再也没有简单、粗暴的语言了，取而代之的是充满温暖、鼓励的话语，是健康向上，毫不懈怠的精神风貌。

4. 开展读书活动，学习引领成为"优秀家长"

孩子需要读书，家长也需要读书，为了提升家长的家庭教育素养，我们精选了由中华家庭教育网推荐的《不输在家庭教育上》这一丛书，发动和引导广大家长参与以班级为单位的集体读书活动。

活动的第一阶段，我们组织骨干教师参与了"家庭教育讲师"培训，开展了全校班主任阅读沙龙活动，先让老师开始学习《不输在家庭教育上》一书。

活动的第二阶段，"不输在家庭教育上"学习活动深入到家庭。在班主任老师的指导下，每天由一位家长分享一个教育故事，通过音频的方式上传至班级 QQ 群或者"晓黑板"，解读相关教育方法，通过"一读二悟三议"的方式，引发家长对教育问题的热烈讨论。到学期结束，家校在理念上的融合碰撞、目标上的思想统一、方式上的交汇对接都引起了教师和家长的广泛的研究和探讨，家长们通过学习、交流，在育儿方面的错误率正在逐步降低，正在自主成长为"优秀家长"。

5. 宣传推广先进典型，激励家长愿做"优秀家长"

每年"优秀家长"评选揭晓时，我校都要精心组织一场震撼人心的颁奖典礼，并邀请电视台全程跟踪报道和现场直播。学校宣读完颁奖词后，获奖家长都要上台亲述自己的教育事迹，家长们真挚深刻的现身说法，既教育了家长，更激励了教师。为了充分发挥这些材料的精神力量，我们组织专门力量对优秀家长的育人事迹进行了加工整理，并将它们编辑成册。百名优秀家长评选活动开展十二年，我校编辑出版了数本优秀家长育人案例集，并将它们免费赠给单亲、军属等特殊的家庭。这股向上、向善的精神力量，汇聚、凝结成家校合育的正能量，激励、引领更多的家长回归家庭，用心地陪伴、守护孩子健康成长。

二、聚焦问题解决

在家校合作共育，特别是家长读书活动的开展过程中，也遇到了很多问题。毕竟，家长不同于孩子，要引导他们每天放弃一部分休闲或自由活动的时间，形成读书的习惯、反思的习惯，提升育人的水平，需要采用各种方法来激励。针对过程中出现的一些问题，学校需要及时的干预，聚焦问题巧应对，积极引领家长正确的理解和操作。

1. 家长参与度不高怎么办

四年级的朱洁老师给我们带来这样一个案例——《鲜花和掌声送给积极的家长》。

家长读书活动的开展，刚开始是很不容易的。起初，有的家长对读书交流活动是漠视的，也有的是出于观望状态。记得第一天，一号家长将读书内容发到群里，一天下来，跟帖回复的只有八位，于是，第二天一早，朱老师告诉了学生，他们的家长也在开展读书活动的事情，并提出希望：每天当家长检查你们作业的时候，别忘了，问一问你的爸爸妈妈读书作业交了没，孩子们听罢很是兴奋，人人都回家盯着父母学习并分享。朱老师承诺孩子们：每天分享文章的家长，孩子就可以得到一面小红旗，而发言交流的，老师则通过读书加分的形式显现在孩子身上。所以第二天，交流人数一下子就达到了22人，不发言的家长老师也不批评，但是他们的孩子会着急，班上有几个总不发言的家长，孩子跟老师抱怨说，他每天都提醒爸爸妈妈，可他们就是不发，老师反过来开导他，可能你的父母真的比较忙，你还要多提醒几次。就这样，班级家长的参与度可以说达到了80％－90％，从活动开展之后从未间断过。

2. 家长学习后过度放养怎么办

在活动中，三年级的盂盈老师敏锐地觉察到班级开放式讨论带来的问题。比如：教育案例中比较多地强调给予孩子"爱"，要每天给孩子一个拥抱，要接受孩子的平凡，要蹲下身子和孩子对话……什么"控制，让爱变成了伤害""你的孩子举世无双，何必羡慕别人""别让成人思维毁了孩子的梦想"等，听得多了，看得多了，家长每天在反思自己对孩子太严厉了，要求高了，不该成天把"别人家的孩子"挂嘴边了。看似是好事，家庭氛围更融洽了，母慈子孝其乐融融了。其实不然，家长们在教育孩子的问题上已经把握不住"度"了，已经搞不清"严格"和"严厉"区别了，因而对孩子的要求也在不断降低，这给学校教育带来不小的冲击，一时间，家校合育的力量在抵消。尽管老师在讨论中一再强调"教育的底线"，强调"只和自己比，比什么，怎么比。没有目标或目标过于容易达到，会让孩子停步不前"，但感觉效果微乎其微。孩子们呢，他们知道父母每天都在学习，尝到的好处就是越来越宽松，即使犯了错，不管错误大小，家长也是云淡风轻地教育一下了事。怎么办？家委会积极应对，特地邀请了我市德育方面的专家陈静老师，给班级全体家长和孩子作了主题为"爱与规矩"的讲座。活动让家长意识到给孩子空间是重要的，但却不能走入另一个误区——过度放养，这样可能会导致孩子缺乏界限，所以家庭教育要坚持"底线"，要追求情感上的温柔，行动上的坚定；孩子们知道了懂得进退，守住底线才会被同伴喜欢和接纳，才能做出遵守社会规则与道德的事情。

现在，从活动推行前期部分教师、家长的抵触和观望，变成了今天越来越多的教师和家长自然而然参与其中，或推荐或分享或争论，活动把学校、家庭的力量拧成一股绳。

三、典型故事分享

在全面落实家长学校的过程中，每天都在发生着大大小小的故事。这让我们认识到"学习比不学习好，大家一起学比一个人学习要好"。一起学习、分享得失、抱团取暖会产生巨大的能量，引发观念的改变，引起家长角色的改变，家长由被动接受转为主动参与。而我校的"百名优秀家长"评选活动，以及专门为此项活动设计的荣誉证书，并由孩子向家长授奖，则促进了更多的家长自觉学习、自我觉悟，优化家庭教育。由此，学校常常借助年级组长活动、班主任沙龙活动时间，给家长或教师提供分享的平台，推广家校合育过程中的典型案例，以此促进家校合育工作的进程。下面就是家长和教师各自提供的案例：

1. 把最好的方法教给孩子

这是一位三年级家长的故事：

这位家长有两个孩子，女儿大，在三年级；儿子小，刚上幼儿园小班。两个孩子平时在家为一点点小事就会掐。恰巧有一天，班级群里学习的一个主题是帮孩子释放负面情绪，里面有个妈妈让孩子在不开心的时候通过画画发泄不良情绪。她觉得挺好，于是就要求两个孩子，当你们觉得彼此就要打起来的时候，姐姐就去画画，弟弟就去阳台玩玩具，等愤怒的情绪过了再见面。那天早上，两人吃早饭的时候开始你一言我一语，忽然弟弟撒腿往阳台跑，边走边喊："我快要受不了姐姐了！"然后玩了五分钟的玩具回来继续吃早饭。姐姐没想到弟弟能克制自己并真的消化负面情绪，自己不好意思了。后来他俩一起去上学，到了校门口，弟弟说："姐姐再见，注意安全。"姐姐第一次笑着跟弟弟说再见，原先女儿都是摆着老大的姿态。

正是由于每天的学习和讨论会让这位家长感到有收获，所以已经养成了每天早晨一到办公室就先听班上的读书活动的主讲录音，甚至办公室同事有时都会和她一起听，听到有感触的地方了还会和她讨论。有一次她外出开会，发现坐她旁边的一位其他单位的男同志也在看《不输在家庭教育上》，还在写笔记。立即感到有共同语言，于是他俩就交流了起来，两个人都认为这样的学习方式更有效，家长的收获更大。

2. 爸爸的参与让交流更热烈

在班级中，关注孩子成长，妈妈总是一马当先，但是读书活动中，老师们发现，只要是爸爸当值，当天的活动就会特别热烈，比如我校四年级曹京奥爸爸分享当天，曹爸爸不仅自己精心准备了读书的内容，而且一整天就守在手机边和家长互动，只要有家长回复，他就立马回应，所以那天的参与度特别高，家长们的讨论也越来越深入。有一个家长调侃说，仿佛走进了直播间。

我校二年级贺若溪的家长，因为妈妈是福建人，说话口音很重，于是轮到他们家分享案例那天，录音频的任务就交给了普通话稍微好一点的爸爸，为了追求质量、按时上传音频，他提前苦练了两个多小时。还有王唯伊的爸爸妈妈，为了让案例听起来更生动，他们全家进行了分角色朗读，录制的音频得到家长们的一致称赞。

有了这样的精心准备，家长们参与讨论的积极性更大了，有的就案例谈感受、谈收获，有的会分享相关的美文妙招，还有的会联系自身经验展开交流，班级群中的学习气氛相当浓厚。

二年级一位家长这样说："在学校的有序组织，老师的积极推动，家长的热情参与下，读书活动在如火如荼进行着。家长们每日生活中多了一个期待的项目——通勤路上、家务时间，在每天的这些零碎时间里，都有一位家长的声音陪伴着度过，内容每天更新，来自《不输在家庭教育上》这本书，围绕当日播报的主题，家长们分享心得，反思教训，发言之踊跃，话题之深入，时间不多，收获却不小。"

四、收获主要成效

1. 引起广泛共鸣

活动得到了家长和社会的广泛认可，从 2007 年至今，我校的"百名优秀家长评选"活动已连续进行了十二届，当初家长的抵触、邻里的观望变成了今天齐声喝彩，拍手称快，评选活动成为一个美与道德的强力磁场，把家长、社区的力量统统吸引过来。

2. 实现家校和谐

许多对学校有误解、对教师存抵触的家长，开始客观看待问题，冷静反思自己，主动来校沟通交流。家长的这种改变进一步促进学生抛弃偏激狭隘的心理，敞开宽容阳光的胸襟。最终使得家校结合更加紧密，学校与社会的关系更加和谐。

3. 提高教学质量

中华家庭教育网的发起人顾晓鸣教授说过："学校是教学工作的主战场，家庭是育人工作的主战场。"家校合育、职责分明带来的是家长、教师精神面貌、道德行为的改变，这给学生学习带来的进步也是直接而深远的。多年来，在镇江市、京口区组织的 10 余次教学质量调研中，我校所有被调研科目教学质量都稳居全区第一。

4. 促进社会文明

评选活动促使家长们深刻认识到自身对孩子的榜样作用，感受到自己的言行时刻受到关注，自己的生活方式不仅是自己的事，还关系到整个家庭以及孩子的未来，因此处处严格要求自己，时时对照检查自己。更为宝贵的是，由于父母的言传身教，沐浴长辈德行春风的孩子们也变得更有责任，更懂感恩，更富修养了。当前，学校所在社区范围内，见贤思齐蔚然成风，孝敬老人有口皆碑，互谦互让成为时尚，尊师重教堪称榜样。

第四章　德育课程滋养心灵
——晋中高师附校的德育课程建设

第一节　课程理解

一、德育的内涵

校训是一所学校办学理念的集中体现。从国内著名大学的校训，我们来看德育的内涵和定位：

北京大学：爱国进步　民主科学

清华大学：自强不息，厚德载物

暨南大学：忠信笃敬

厦门大学：自强不息　止于至善

集美大学：诚以待人，毅以处事

红河学院：里仁明德

…………

从以上校训中不难看出，无论是享誉国内外的清华、北大，还是名不见经传的集美大学、红河学院，都无一例外地把德育写进了他们的校训里：爱国、奉献、敬业、荣誉、责任、诚信、坚毅、刚强、求实、拼搏……以上德育内涵，自然也是莘莘学子的不懈追求和目标。

关于德育的内涵，历来专家学者都有不同的定位和解读。我国古代把"教"字解释为"觉悟"，就是说"教"就是提高人的觉悟，即德育的意思。在古代的教育思想中，特别要求统治者善于教化民众，"得民心以治天下"。我国古代名著《学记》里说："建国君民，教学为先。""君子欲化及成俗，其必由学乎。"孟子说："善政不如教之得民也。善政民畏之，善教民爱之。善政得民财，善教得民心。"这里所讲的"教学""教""学"

都是讲教化之意。我国"五经四书"中的《大学》里指出："大学之道，在明明德，在亲民，在止于至善。"这里，所讲的"大学之道"的"道"，即教育；而"明明德""亲民""至善"讲的都是德育的内容。因此，古人讲"道"，实质上讲的是德育。我国古代教育家，虽还没有用德育的概念，但都主张统治者对民众施以德育，以此作为统治人民的手段。在我国近代教育史上，曾用过"道德教育"和"训育"等概念，以示德育。而明确使用"德育"概念的，是西方资产阶级教育思想输入我国之后。我国著名教育家陶行知先生在《中国教育改造》一书中，谈到学生自治问题时说："近世所倡的自动主义有三部分：一智育注重自学，二体育注重自强，三德育注重自治。"这里，他明确使用了"德育"的概念，并把它看成整个教学不可分割的组成部分。

现代汉语从广义和狭义两方面对德育加以解释。广义的德育指所有有目的、有计划地对社会成员在政治、思想与道德等方面施加影响的活动，包括社会德育、社区德育、学校德育和家庭德育等方面。狭义的德育专指学校德育。学校德育是指教育者按照一定的社会或阶级要求，有目的、有计划、有系统地对受教育者施加思想、政治和道德等方面的影响，并通过受教育者积极的认识、体验与践行，以使其形成一定社会与阶级所需要的品德的教育活动，即教育者有目的地培养受教育者品德的活动。

二、德育的内容

关于德育的内容，我们在上述各大学的校训里可见一斑。对于处于基础教育地位的中小学来说，不仅要向学生传授科学知识和各项技能，更是学生接受德育教育的神圣殿堂。德育教育的涉及面广，内容丰富，根据学生不同年龄段的认知水平及生理、心理特点，小学和初中的德育教育侧重点也有所不同。

《小学德育纲要》规定："小学德育主要是向学生进行以'爱祖国、爱人民、爱劳动、爱科学、爱社会主义'为基本内容的社会公德教育和有关的社会常识教育（包括必要的生活常识、浅显的政治常识以及同小学生有关的法律常识），着重培养和训练学生良好的道德品质和文明行为习惯，教育学生心中有他人，心中有集体，心中有人民，心中有祖国。"具体德育内容主要有以下方面：热爱祖国的教育；热爱中国共产党的教育；热爱人民的教育；热爱集体的教育；热爱劳动、艰苦奋斗的教育；努力学习、热爱科学的教育；文明礼貌、遵守纪律的教育；民主与法制观念的启蒙教育；良好的意志、品格教育；辩证唯物主义观点的启蒙教育。

在初中阶段，"德育教育的主要内容是加强国情教育、法制教育、纪律教育、品德修养，正确的世界观、人生观、价值观教育，民族团结教育，心理健康教育等。

第二节　实施背景

一、立德树人，势在必行

【案例1】

2012年11月16日，5名男孩被发现死于毕节市七星关区街头垃圾箱内。经当地公安部门初步调查，5名男孩是因在垃圾箱内生火取暖导致一氧化碳中毒而死亡。5名男孩年龄均在10岁左右。

【案例2】

2015年10月18日下午，湖南邵东县发生一起未成年人劫杀女教师的恶性事件。据说当时三少年因到小卖部偷盗被发现而临时起杀心，遂用棍棒杀害女教师，之后三人淡定地到当地网吧上网。事后由于三名嫌疑人没有达到刑事责任年龄，被送往工读学校。

【案例3】

据《中国青年网》2016年11月25日报道，在杭州某纺织厂宿舍楼内一名年仅11岁的男孩，杀死了比他更小的7岁男孩，并藏于纸箱内，理由是怀疑小男孩偷了他的钱。

儿童是祖国的花朵，是初升的太阳，更是每一对父母的心头肉，甚至承载了一个家庭、一个家族的全部未来和希望。他们是幸运的一代，更是幸福的一代，他们衣食无忧，享受着家人的宠爱，享受着现代文明所带来的一切。可是，我们的孩子们果真能像父母老师期盼的那样健康成长吗？有的孩子在家顶撞父母，在学校不服从老师管理与教育，在社会上言语失当，举止粗鲁，厌学弃学，流连网吧，盲目跟风、攀比、早恋，甚至考试作弊、离家出走，涉足不健康的娱乐场所，赌博、偷窃、勒索等。更有冲动暴躁、逆反心理严重、唯我独尊者。弑杀父母、残害老师的极端事件发生。至于任性、自私、狭隘、懒惰、拖拉等行为更是比比皆是。上述案例中，这些未成年人，一方面由于缺乏保护、缺乏安全知识而成为受害者，另一方面又成为目无法纪、手段狠辣的施暴者。

为什么我们的孩子会是这样？父母的溺爱？社会的影响？恐怕更多的是教育的缺失吧！多年来，由于种种原因，特别是片面追求升学率而产生的问题，使学校教育活动始终离不开应试教育。某些陈旧的教育观念严重偏离了素质教育的方向和目标，影响了中学生的正常心理发展。如：设立重点班，使学生心理失去平衡，甚至畸形发展；不恰当的教育方法，一成不变，没有充分了解现代中学生的心理、生理发展特点；仍然采用封闭式、程式化方法去管理和教育学生，有的简单偏激，有的冷漠放任，造成师生关系紧张，学生感到困惑；学校生活单调乏味，不注意用丰富多彩的活动去满足青少年的精神需要，使他们转向外界寻找刺激和补偿等。所有这些，都会促成中学生心理发展偏离正常轨道，产生不良行为习惯。可见我们必须要追根溯源，教育才能有的放矢、治标治本。

二、立德树人，教育先行

培养高素质的公民，道德教育是不可或缺的重要一环，尤其是在学生人格逐渐形成的中小学时期显得尤其关键。从 2016 年秋季开始，初中思想政治教材改名为《道德与法治》，要求各年级配备专职的法制教师，强调要加强对中小学生的法制教育，从小树立法治观念，提高法律意识，要依法办事，要有道德底线。至此，加强德育教育，培养具有扎实文化基础、具备自主发展能力、具有强烈责任感担当新世纪的接班人和主力军的重任，第一次提升到了法治的层面，也实实在在地摆在了我们每一位教育工作者的面前。"百年大计，教育为本，教育大计，以德为先。"这是每一个教育工作者的神圣使命。陶行知先生说："因为道德是做人的根本。根本一坏，纵然你有一些学问和本领，也无甚用处。"他还说："教师的职务是'千教万教，教人求真'；学生的职务是'千学万学，学做真人'。"立德树人，教育先行，加强德育工作，刻不容缓。

落实立德树人根本任务是全面贯彻党的教育方针的迫切需要。把党的教育方针具体化、细化，转化为学生应该具备的基本素养，更有利于其在具体的教育教学过程中贯彻落实。近年来，素质教育取得显著成效，但也存在课程教材的系统性、适宜性不强，高校、中小学课程目标有机衔接不够，部分学科内容交叉重复，学生的社会责任感、创新精神和实践能力较为薄弱等具体问题。要解决这些问题，关键是进一步丰富素质教育的内涵，建立科学的课程体系和评价标准，树立科学的教育质量观。

三、立德树人，且思且行

众所周知，未来社会的竞争，是科学技术的竞争，更是人才的竞争。随着世界多极化、经济全球化、文化多样化、社会信息化的深入发展，各国都在思考 21 世纪的学生应具备哪些素养才能成功适应未来社会这一前瞻性战略问题，面对日趋激烈的国际竞争，我国要深入实施人才强国战略，提升教育国际竞争力，也必须解决这一关键问题。

第三节　理据阐述

自 2012 年建校以来，我校从安全教育、纪律教育、理想教育、爱国主义教育等方面入手，紧抓德育工作不放松，始终把德育教育作为学校工作的重中之重。作为一所新建校，加之九年一贯制的办学体制，德育工作的开展基本上是摸着石头过河。经过几年的探索、实践，基本确立了"以德启智立德树人"的德育培养目标。

我校德育系列化目标、任务、措施主要依据如下：

一、社会主义核心价值观

2012 年 11 月召开的十八大，首次用 12 个词 24 个字概括了社会主义核心价值观。社会主义核心价值观是社会主义核心价值体系的内核，体现社会主义核心价值体系的根本性质和基本特征，反映社会主义核心价值体系的丰富内涵和实践要求，是社会主义核心价值体系的高度凝练和集中表达。富强、民主、文明、和谐，是国家层面的奋斗目标；自由、平等、公正、法治，是社会层面的价值取向；爱国、敬业、诚信、友善，是公民个人层面的道德准则。

二、教育部《关于全面深化课程改革落实立德树人根本任务的意见》

2014 年 3 月 30 日，教育部以教基二〔2014〕4 号印发《关于全面深化课程改革落实立德树人根本任务的意见》。该《意见》分充分认识全面深化课程改革、落实立德树人根本任务的重要性和紧迫性；准确把握全面深化课程改革的总体要求；着力推进关键领域和主要环节改革；切实加强课程改革的组织保障四部分。

三、中小学生守则

四、中小学生日程行为规范

五、晋中市中小学德育系列化工作的相关规定

在认真学习贯彻中国学生发展核心素养的基础之上，我校确定了"培养八大习惯，创建六自品格堂""为学生的一生储备幸福"的德育序列化培养思路。

"八大习惯"即：文明礼仪、学习习惯、阅读习惯、写作习惯、健体习惯、勤俭朴素、卫生习惯、安全习惯。"六自"品格即：自立、自信、自尊、自控、自省、自强。

第四节 体系构建

一、构建家校沟通的多元平台

【案例1】

2012 年 9 月，蒙蒙的细雨中，我校迎来了新学校的首批学生。初一的孩子们，还未脱尽小学生的稚嫩和天真，叽叽喳喳，活泼可爱，讨人喜欢。可在这些学生中，有一个女孩子显得与众不同：夸张的衣着、不屑的眼神、冷漠的表情，甚至还化着虽不浓重但很明显的妆容……这是初中生吗？为什么会有这样的表现？老师们百思不得其解，其他孩子也都窃窃私语。果不其然，入学没几天，这个孩子的表现令人大跌眼镜：迟到早退、不完成作业、上课睡觉、顶撞老师，甚至与校外不良青年一起出入网吧等社会娱乐场所。经了解，这个孩子的父母均为某高校老师。怎么可能？没人会相信这个孩子会来自这样的家庭。后来大家才知道，孩子的父母中年得子，对孩子无节制的溺爱，导致了今天的恶果。虽然在老师们多年耐心

细致的帮助和关爱之下，这个孩子逐步矫正了自己的不良行为习惯，并升入高一级的学校。但其父母对孩子的所谓"爱"，需要每一个做家长的深思。

【案例2】

2015年6月9日晚，贵州省毕节市七星关区田坎乡茨竹村的4名留守儿童在家中死亡。这四名儿童是一兄三妹，最大的哥哥13岁，最小的妹妹才5岁。警方的初步调查结论是疑似集体喝农药自杀。四兄妹父母常年吵架、打架，后来母亲离家出走，从此杳无音讯。多年来，孩子们遭受很严重的家庭暴力，导致"性格很孤僻"。他们的爸爸有一次殴打老大，把左手臂打到骨折，右耳朵撕裂。在村民们的描述里，四兄妹基本不出门，不仅不跟村里的大人打交道，也不跟村里同龄的孩子一起玩耍。后来其父外出打工，但并没有请人帮忙照顾孩子，只是在离开前给孩子办了一张银行卡，放在老大身上。从此之后，4兄妹包括最小5岁的妹妹在内，不仅生活要全部自理，还要养家里的两头猪。此后，4兄妹辍学。兄妹们就好像与世隔绝。他们的悲剧，并不是物质上的贫困，虽然处于贫困地区，但4兄妹并不缺少吃、穿，导致他们走上绝路的主因，是缺少关心和爱护。

以上两个案例可说是家庭教育的两个极端。其实，"家庭是孩子的第一个课堂，父母是孩子的第一任老师"，一个温馨、快乐、民主、和谐的家庭，对孩子们的健康成长至关重要，家庭教育既是学校教育的基础，又是学校教育的补充和延伸。家庭教育的优劣，对孩子一生的学习和发展有着决定性的影响，已经是不争的事实。可是，现实生活中，父母离异、外出打工导致的家庭教育缺失姑且不论，家庭教育失位、家庭教育不当的现象屡见不鲜。有的父母对孩子过分保护、过度溺爱、过高期望，而有的父母却过分专制、过分挑剔，甚至漠不关心、冷嘲热讽。种种表现，不胜枚举。

每学期之初，我校即召开新生家长会，以班级为单位选拔素质优良、关心孩子、热心学校工作的家长，组成家委会，开办家长学校，建立家长微信群，在此基础上，选拔优秀家长组成校级家委会，让他们了解孩子在校各方面表现，交流家庭教育心得体会，分享家庭教育成功经验，参与到学校德育教育以至各项工作中来，为学校教育和发展建言献策。

二、构建部门协同的实施机制

学校是德育工作的主阵地。为确保德育工作的畅通高效实施，学校成立校委会、政教处、团委会、大队委、宣教室、心理咨询室，构成了部门齐抓共管、通力协作的德育教育体系。

校委会是学校德育工作的决策者和领导者。可以说，德育教育总目标和分段目标的确立，是校委会全体成员智慧的结晶。学校领导班子一向注重加强德育教育队伍的建设，建设和完善德育工作规章制度，打造过硬的德育工作队伍，一手抓学习，一手抓管理，营造和谐的德育环境，建设高品位校园文化，营造良好的环境教育氛围，开展丰富多彩的德育活动，拓宽育人渠道，加强学校、家庭、社会网络的联系，优化教育环境，全方位育人树人。

政教处是学校德育工作的执行者和实施者，是校委会和其他德育工作部门的联系纽带和桥梁。主抓德育常规，促进规范管理。政教处下属自管会，是学生德育建设和管理的生力军，学生日常行为规范和管理，都由自管会加以执行。心理咨询室则是德育教育的核心部门，是学生心灵的港湾，为德育工作提供了智力支持和技术保障。一支品行好、能力强、工作踏实、乐于奉献的班主任队伍，是学校德育工作的强有力保证。团委会、大队委紧密配合政教处的工作，宣教室是学校德育工作的延伸和补充，是学校德育成果的展示台。

【案例 3】

我校初中部 13 班学生赵世坤是个不幸的孩子。在他三岁时，父亲因车祸去世，母亲受到突如其来的巨大打击导致精神失常。祸不单行，不久，奶奶又气又急，也撒手人寰。只剩下他与年迈的爷爷相依为命。可爷爷年老力衰，加上患有高血压、关节炎等疾病，基本丧失了劳动能力。这样的情况，对于一个农村的家庭来说，几乎陷入了绝境，虽然当地乡政府、村委会把他们纳入农村低保的范围，但一个月区区 120 元钱的低保金，实在是杯水车薪，就连维护日常的生活也很困难，更何况孩子要读书，而且正是长身体的时候，必要牛奶、鸡蛋等营养品也是需要的。可家里哪有多余的钱呢？2012 年秋，高师附校迎来了我们的第一批学生，当时的小世坤还是小学五年级的学生，站在人群里，显得又瘦又小。我校孙立果老师得知他的不幸身世后，打心眼里心疼这个孩子，决定竭尽所能来帮助他。虽然孙老师刚刚毕业参加工作，工资很低，但她从此把这个孩子当作自己的亲弟弟来对待，给他买学习用品，给他买换季的衣服，给他买生日礼物。隔三岔五，向班主任和各代课老师了解他的情况，带他到操场上打球，带他看电影，并到他家里帮着爷爷干活……在她的带动下，我校太谷籍的另外九名教师也加了进来，他们设立了"赵世坤成长基金"，由孙老师统一管理，解决了孩子学习上的后顾之忧。几年来，他们默默帮助着这个孩子，并决定一直帮助孩子到大学毕业。

孙老师曾说，他们做得微不足道，但正是这微尘之爱，给了一个孩子健康的成长环境，给了他幸福的关爱和体验。我校现已成立了"关爱困难儿童基金会"，越来越多的教师和职工加入了进来。

三、构建社区联动的"教育网"

学校政教处与社区居委会、关工委、消防队、交警队进行协调沟通，形成了社区联动的德育教育网。

社区是一个特殊的生活圈，其特殊性就在于它不单单是人们休养生息的地方，同时也是人们通过区域性的教育活动学会做人、实现人的社会性的一所大学校，更是中小学生了解社会、感受社会纷繁和美、体悟民情、增长才干、丰富感情的大熔炉。关工委作为中小学生德育教育的重要组成部分，关工委成员里有教学经验丰富的离退休老教师、有枪林弹雨里走过来的老红军，有见证共和国成立和发展的老党员及大学生青年志愿者等，他们在对学生进行革命传统教育、法制教育、乡土文化教育、生涯教育等方面有着得天独厚的优势。市消防队、交警队更是积极配合我校开展的交通安全、消防安全教育，每个学期，都会走进校园，开展交通安全讲座，举行消防安全演练，实实在在提高了学生的安全意识和自我保护能力。几年来，我校通过多方努力和沟通协调，初步建成了以学校为中心，以郭家堡社区和晋中市关工委、市消防队、交警队联合互动的德育教育机制，从而形成了有效合力。

四、构建学生参与的自主管理平台

德育工作的有效开展自然离不开学生的自主参与。几年来，学校尝试通过大队部、自主管理委员会、广播室等学生自主参与的管理平台，落实学生自我管理。这也是我校德育工作的一大特色。自管会工作在后面将有具体介绍。我校"校园之声"广播室自成立以来，紧紧围绕"为学生的一生储备幸福"的办学理念，开设"法制时空""心灵驿站""历史上的今天""文学沙龙""音乐欣赏""附校动态"等栏目，关注国外内外热点话题，宣传国家法制法规，关注学生健康成长，积极传播校园正能量，传播人类优秀文化遗产，展示学生佳作，使学生紧紧把握时代脉搏，提高法律意识，增强自我保护能力，认识中华文化的博大精深，汲取民族文化智慧，吸收人类优秀文化的营养，从而提高思想道德修养和文化品位。

第五节　重点课程和项目介绍

我校构建的德育系列化体系中，学生自主管理和心理健康教育最具特色，最有成效。

一、自主管理

著名的教育学家苏霍姆林斯基说过：没有自我教育，就没有真正的教育。我国著名教育家陶行知先生也曾说："要解放孩子的头脑、双手、脚、空间、时间，使他们充分得到自由的生活，从自由的生活中得到真正的教育。""生活、工作、学习倘使都能自动，则教育之收效定能事半功倍。所以我们特别注意自动力之培养，使它关注于全部的生活工作学习之中。自动是自觉的行动，而不是自发的行动。自觉的行动，需要适当的培养而后可以实现。"2014 年秋季开学伊始，我校开始正式启动"自主管理模式"，作为培养八大习惯的主要抓手。学生自主管理包括学校自主管理，班级自主管理，和学生自我管理三个模块。

（一）自管会人员构成及选拔

自管部主要由主席、副主席及所属六个部门构成，即学习部、纪检部、心理部、宣传部、劳卫部、体艺部。自管会在学校政教处的指导下开展工作。

每学年新学期开学后一个月左右，由年级长、班主任、各代课教师组织班级同学报名，再进行班内演讲，从而选出各班自管员。之后由政教处牵头，学校团委、教导处、教研室协同工作，本着公平、公正、公开的原则，采取自己选定自管职位，自主确定管理方针方案的办法，通过抽签确定演讲顺序，现场打分，择优选取，从班级的自管成员中竞选产生一批有影响力的自管干部。

（二）班级自主管理模式形成依据

所谓"班级自主管理模式"就是以班级为教育教学管理的基本单位，通过班主任的有效组织，放大班级管理的功能，实现班级的"自主"管理，以充分发挥班级学生的主体参与性而形成的相对稳定的班级管理工作模式，在此重点介绍班级自主管理。

社会性是人的本质属性。社会参与，重在强调能处理好自我与社会的关系，养成现代公民所必须遵守和履行的道德准则和行为规范，增强社会责任感，提升创新精神和实践能力，促进个人价值实现，推动社会发展进步，发展成为有理想信念、敢于担当的人。自管会正是这样一个参与性和实践性都特别强的学生自主管理机构。

1. 相信学生的智慧，放手是爱

首先，在班级管理中采用"民主"管理的策略。建立了班级岗位责任制，实行班干部竞选轮流制、值日班长制度。这样便形成了有班主任、班干部、学生组织的三级管理网络。全班学生轮流担任"值日班长"，保证人人都有参与班级管理的机会，形成一种人人平等、人人有责、相互促进、相互交融的良好机制。从课前的准备到课堂内外的情况，自习课的组织，孩子们管理得井井有条，一本本班级日志记录了孩子们一天的劳动成果。平时一直被认为的几个"差生"同学，通过当选"执政"，不但纪律意识增强，学习也明显进步了。在担任值日班长期间，他们展现了自己出众的组织才华和能力，找回了自尊，增强了自信，发现自己原来也很棒。全班同学在班主任的指导下，共同参与班级管理，调动了所有同学的积极性和主动性，使每一个学生个性得到充分发展，并锻炼了他们组织、管理、和语言表达的能力。这就是信任的力量。

其次是依法治班。无规矩，不成方圆。班主任要相信学生集体的智慧，学生最了解自己，自己管理自己也最有发言权和针对性，所以我们发动全班学生为班集体制定班规，学生在制订过程中知晓了班规的内容，明确了班级、老师和个人努力的方向，真正感受到了自己就是班级的主人。但在制定和实施中，班主任要组织制度运转使各项工作犹如钟表齿轮般和谐，这样才能达到工作预期的目的。

2. 给学生自由的心灵空间，让他们展翅飞翔

自主管理活动是学生自我教育的重要途径。学生们在活动中自主设

计、自主参与、自主总结成败得失，他们的才华得以施展，并进一步增强了责任意识。从班会的组织、班级文化的设计、手抄报的张贴、爱心活动的发动等各种活动都由学生自己组织，并多次获学校"最佳组织奖""先进班集体"等，这都是学生热爱班级、积极组织参与、放飞思想的结果。运动会期间，在班主任不在的情况下，学生管理得井然有序，获得精神文明班级奖。一系列的自主活动激发了学生发展自我和完善自我的热情，形成了个体心理发展的良性循环。这正是"给学生一片天空，他们就会自由飞翔"。

3. 自评与互评使学生的自身价值得以实现

在平时的教育教学中，时时进行自我评价和相互评价，体现了公平公正的教育思想。在每周的班会上，同学们根据平时的量化，自评或互评选出优秀小组，优秀值日班长、进步之星，热爱劳动之星、积极回答问题之星等，班内形成了星光灿烂、积极进取的浓厚氛围。被表扬的学生积极行为得到肯定，自信心增强，未被表扬的同学看到别人的长处，自我激励。各项活动在班内掀起了比、学、赶、帮、超的热潮，同学们的学习成绩也稳步上升。

二、心理健康教育

心理健康教育是我校德育工作的又一亮点。作为德育工作的重要组成部分，学生心理健康教育是实施素质教育、提高学生综合素养的重要途径。

根据教育部《中小学心理健康教育指导纲要（2012年修订版）》及《晋中市教育局整体构建学校序列化德育体系意见》，结合学校"为学生的一生储备幸福"的办学理念，以学生的幸福感提升为目标，关注和挖掘每个学生的积极心理品质，加强人文关怀和心理疏导，根据中小学生生理、心理发展特点和规律，把握不同年龄阶段学生的心理发展任务，运用心理健康教育的知识理论和方法技能，培养学生积极乐观、健康向上的心理素质，充分开发他们的心理潜能，促进其身心全面和谐发展。

我校心理辅导室于2016年暑假建成，位于学校相对安静、明亮舒适、方便到达又出入不太明显的初中部东三楼，这样避开了学校比较喧闹的教学区，最大限度地减少了噪音对心理咨询工作的影响。房间内阳光充足，通风良好，室内摆放有绿色植物。这种积极向上的环境能潜在地调动来访学生内心积极阳光的情绪，有利于咨询工作的顺利开展。心理辅导室分为办公接待区、个别心理辅导区、团体活动室、心理测评档案区、心理放松阅览区、宣泄区等。学校心理辅导室是组织和实施心理健康教育，面向全体学生、教师和家长提供心理健康辅导的重要场所。

（一）服务学生

目前我校在小学四到六年级和初一年级开设心理健康必修课，初二、初三年级以团体辅导为主，另外也定期举行心理讲座。

1. 心理健康课

根据积极心理学现阶段的研究成果，积极心理品质与个体的主观幸福感、生活满意度、学业成绩等较好的行为表现之间有显著的相关关系。积极心理品质也被称为性格力量和美德。塞利格曼总结了人类普遍的六种美德，对六种美德进行科学的测量研究之后，提出了与六种美德对应的24种人格力量。抓住学生心理发展的特点，将积极心理品质的培养作为学校心理健康教育的重点，这对提高学生心理健康，增强应对挫折的能力，实现全面发展有非常重要的意义。因此，我们构建了以培养六大美德24项积极心理品质为核心目标的课程体系。

附：六大美德24项积极心理品质

一、智慧和知识：创造力、好奇心、开放思想、热爱学习、有视野（洞察力）。

二、勇气：真诚、勇敢、坚持、热情。

三、仁慈与爱：友善、爱、社交智能。

四、正义：公平、领导力、团队精神。

五、修养与节制：宽容、谦虚、谨慎、自律。

六、心灵的超越：审美、感恩、希望、幽默、信仰。

我们将24项积极心理品质进行提炼之后，将课程浓缩为五大板块：积极学习、积极自我、积极关系、积极情绪、积极生活。五大板块教学内容贯穿四到七年级，每个版块下又分成若干个主题，根据小学和初中学生不同的年龄特点，五大板块内容又有不同的要求：

（1）小学阶段

积极学习——着重对小学生的学习兴趣和态度进行辅导，培养学生的好奇心、创造性思维、谨慎等心理品质；

积极自我——帮助学生进行正确、合理的自我评价，培养学生的自尊心和自信心；

积极关系——帮助学生体验和探索群体生活，学习社会规则，发展自己的社会交往、助人、公平、善良等心理品质；

积极情绪——帮助学生体验和管理自己的情绪，获得更多的幸福体验；

积极生活——培养学生健康的生活情趣、乐观的生活态度和良好的生活习惯。

（2）初中阶段

积极学习——着重对学生的学习动机、学习方法策略进行训练和辅导，培养学生的批判性思维、洞察力、自制力等心理品质；

积极优势——让学生对自己有一个全面的了解，关注如何发现和利用自己的特长；

积极关系——帮助学生学会与同伴、老师、父母的沟通，发展学生宽容、谦虚、感恩等心理品质；

积极情绪——让学生学会调节自己的情绪，培养学生的心理韧性，发展乐观、幽默等心理品质；

积极生活——引导学生如何合理消费，如何安排自己的闲暇生活，同时合理规划自己的未来，进行职业的选择和准备。

在课程安排方面，力求根据学生不同年龄和学段最易出现的心理问题对症下药，以解决其心理问题。如面对刚刚升入初中的学生，为了让他们尽快适应初中生活，安排寻找、我的老师、从"新"开始、我的自画像、背后留言、优势取舍、拜师学"忆"、自我暗示的魔力、自信"不倒翁"、自我诊断、时间分割等课程，到第二学期，面对进入青春期的学生，有针对性地安排了情绪万花筒、管好你的愤怒怪、非语言的情感交流、写给自己的祝贺信、我的友谊之花、你会倾听吗、爱的天平、亲子之间、成长的代价、偶像大比拼等。

2. 团体辅导

九年级学生以团体辅导为主，通过定期的团体辅导，培养学生一些积极的心理品质，如"自我管理与自我控制""勇于承担责任""发展积极的同伴关系等"。另外，也根据其他教师的反馈及调查问卷的结果，针对学生最需要解决的问题，确定一些团体辅导主题，如"同伴互助""创新思维训练""考试焦虑缓解"等等，确定活动对象及活动时间、场所等，然后在全校范围内以海报、广播的形式公开招募小组成员，筛选之后定期组织小组活动，在与小组成员的互动中使他们的问题逐步得到改善。

3. 专题讲座

根据学生不同时期的一些心理发展需求，定期开展诸如"新生入学适应心理辅导""初三考前心理训练""怎样欣赏和喜欢你的老师""你想恋爱吗"等针对全校学生的普及性专题讲座。

4. 心理社团

社团活动中，讲授一些有趣的心理学知识，学习日常生活学习中一些典型的心理现象，根据所学的心理学知识，用科学的方法正确看待身边的一些心理现象，普及心理学知识，如开设走进心理学、有趣的心理实验、色彩心理学、如何看待心理测验、神奇的错觉现象、走进梦的世界、心理暗示与算命、囚徒困境、沙盘体验、神奇的催眠等讲座和活动，让学生充分参与和体验，帮助学生缓解压力，提升个人的心理品质；通过体验沙盘游戏，了解人格结构理论、冰山理论等，在体验感悟的基础上获得自我的提升。同时在班级中开展一些简单的调查研究，初步培养学生的科研能力。

5. 个别咨询

心理咨询室全天接受学生预约咨询，咨询时间为每天社团活动时间和自习时间，指导帮助学生解决在学习考试、生活和成长中出现的问题，排解心理困扰，促进学生更好地发展。对个别有严重心理疾病的学生，及时识别并转到相关医疗机构。

（二）家长指导

家庭作为孩子的第一课堂，对学生进行心理健康教育离不开家长的言传身教与和谐的家庭氛围，我校充分利用"家长学校"，定期开展一些针对家长的讲座，如"怎样读懂孩子""如何与孩子良好的沟通""如何看待孩子考试成绩"等等，向家长普及心理健康常识，为家长提供促进孩子发展的指导意见，协助他们共同解决孩子在发展过程中心理行为问题，并指导家长改善家庭教育环境，注重自身良好心理素质的养成，以积极健康和谐的家庭环境影响孩子。

此外，也对家长进行一对一个别辅导，有针对性地帮助家长了解和掌握孩子成长的特点、规律以及心理健康教育的方法。

（三）服务教师

教师是构成学生幸福生命的重要力量，积极心理品质的形成离不开良好环境的创设，即建立一个良好的学校生态系统，这样可以更好地帮助学生健康成长、幸福生活，促进他们在未来应对压力和挫折时，更多地采用积极方式。

为了创设良好的心理环境，我们邀请校外心理健康教育专家或本校教师，针对教师工作和生活中存在的一些心理困惑及心理需求，采用团体心理辅导的理论与方法，通过各种体验式活动，以"专题工作坊"的形式进行短期体验，如：职业生涯的探索、沟通的艺术、竞争合作、开拓与创新、意向对话、沙盘体验等，关注教师的幸福感，同时也努力营造学生健康成长的支持性环境。

在心理健康教育过程中，融入人文元素，关注学生、家长和教师的心理品质优化和健康人格的培养，努力让幸福教育从"心"开始。

（四）心理健康教育案例呈现

【案例1】

［案例描述］

1. 来访者基本情况

来访者小琴（化名），初二年级女生，15岁，1.6米左右，身体健康，发育良好，无重大躯体疾病史，独生子女。家住山西晋中，从小与父母一起生活，家中物质条件较好，与父母关系一般。小学成绩优秀，初中以后成绩有所下降，常常感到学习枯燥，不明白学习意义何在。在校与老师关系较差，同伴关系一般。

2. 个人陈述

我不知道我是怎么了，每天过得浑浑噩噩的，说得难听点，我觉得自己像是行尸走肉，每天做的事情都没有意义，似乎没有什么事能让我真正感兴趣。我看到周围的同学都在很努力地学习，可是我不想学，我找不到学习的乐趣，而且我也不羡慕那些成绩好的同学，他们喜欢的我也不怎么热衷。我常常会思考：人活着的意义到底是什么？有人告诉我说是为了父母，为了周围的人，可是我觉得那对我而言并不重要，我感觉生活很没有意思。老师也找我谈过话，可是他们根本不知道我在想什么，就知道批评我。我曾经有个非常好的朋友，但是她背叛了我，我再也不愿意相信别人了，我现在最好的朋友是个男生，有些心事会和他说，可是我们并不是在谈恋爱，我觉得他们谈恋爱也挺无聊的。上周曾经割腕过，但是被父母发现及时阻止了。

3. 咨询师观察和他人反映

（1）咨询师观察

小琴自知力正常，对自己的情绪现状有一定的认识，心理过程协调一致，神情中稍微透着一些疲惫，也有一丝不符合这个年龄的"看破红尘"的味道。以前上课中也曾注意到，小琴在课堂上缺少兴致，表现不积极。

（2）他人反映

据小琴班主任反映，小琴是典型的"问题学生"，不爱学习，又不听老师的话，有"早恋"行为，各科老师多次做思想工作无果，老师们也很是无奈。

4. 评估与诊断

（1）对来访者心理状态进行评估

来访者小学成绩较优异，初中以后成绩开始下降，下降原因主要是学习兴趣不足所致，证明其心理活动过程及智力水平正常；从上课中及咨询室内的言行举止、情绪表现上可判断其情绪较稳定；自知力正常；个性有些桀骜。

（2）鉴别诊断

① 与精神分裂症相鉴别

根据病与非病的三原则，求助者的知、情、意是统一的，对自己的心理问题有自知力，有主动求助的行为，无逻辑思维的混乱，无感知觉异常，无幻觉妄想等精神病的症状，因此可以排除精神病。

② 与抑郁症相鉴别

抑郁症典型表现为"三低"：情绪低落、思维缓慢、精神运动性迟缓，伴有自罪自责，且有自杀意图，社会功能受损。求助者表现出大部分抑郁症的症状：情绪低落、活动减少、有自杀念头等，但思维正常，社会功能正常，有较强烈的社交兴趣，故可排除抑郁症。

（3）基本诊断

属一般心理问题中的消沉。

5. 咨询目标的制定

根据以上评估与诊断，与来访者协商，制定以下咨询目标：

（1）具体目标与近期目标

探讨造成当前状态的诱因；帮助来访者认识自我，发现生活兴趣；消除来访者的一些不合理信念，改善来访者对父母及周围人的态度，并与来访者父母联系，进行家庭干预。

（2）最终目标与远期目标

在达到上述目标的基础上，重构来访者的认知模式，帮助来访者树立坚定的理想和信念，使来访者更好地面对今后的生活；完善来访者的个性，促进来访者的心理健康发展，达到人格完善。

6. 咨询过程

第一阶段：咨询初期。

第一次来访是在上完我的课以后，得知学校心理咨询室刚刚开放，于是想找我聊聊天。她说上初中以来心情很不好，常常情绪很低落，觉得什么都没意思。正好上节课是一节关于价值观的课，于是我从这节课的内容入手，将课堂"拍卖会"上呈现的物品（友情、金钱、爱心、智慧……）让来访者进行选择，但来访者表示对这些物品都不感兴趣（在"友情"上稍有些犹豫），即使是绝大多数学生喜欢的名校、金钱、聪明等，小琴也感到对她并没有吸引力，这也正是小琴前来咨询的原因。

在后面的会谈中渐渐了解到：小琴在学校过得并不开心，每天的学习对她而言只是完成学校的任务，只是因为别人都在学习，她想与别人保持一致，不至于让自己显得太另类，学习成绩并不突出。本来与同学关系不错，但被好朋友"背叛"以后开始不相信友情。现在有一个很要好的朋友（男生），但小琴一直在强调不是"恋爱"关系。来访者说到自己，相比同龄人而言似乎更加成熟，别人追求的东西在她看来有些"无聊"。

第一次面询主要了解了来访者一些信息，并在来访者流露出自杀的想法时，及时进行了危机干预，并与来访者一起制定了咨询目标。

第二阶段：干预阶段。

在第一次咨询中小琴说自己的成长背景与别人有些不一样，这次咨询中重点探讨了来访者的家庭。

会谈中了解到小琴与父母的关系不算融洽，小琴把自己与父母之间的关系理解为一种责任和义务，认为父母只是给自己提供了一个生存的环境，父母对小琴似乎缺少情感上的支持。小琴在很小的时候就承担起家里的责任，尽管做了很多事，但很难得到父母的表扬，但是一旦做错事会立刻被批评。有时候在学校考试中获得好成绩，回到家也没有得到鼓励。关于朋友，父母的观念是：不存在真正的朋友，所谓朋友只是在相互利用。起初小琴并不认同父母的说法，但在被朋友背叛以后小琴的想法开始动摇，尽管现在有一个很要好的朋友，但是又不敢完全敞开心扉。

干预阶段的咨询主要围绕以下几个方面展开：

帮助来访者学会换位思考，运用理性情绪疗法帮助改变来访者正视现实，改变对"背叛"的好友态度；

引导来访者发现父母对自己的爱，学会辩证地看待父母对自己施加的影响；

帮助来访者拓宽生活空间，重构认知模式，找到生活目标，建立坚定的理想和抱负。

【案例分析与反思】

1. 判断依据

这是一个不算完整的咨询案例，因期末考试而中断。从来访者提供的信息来看，我初步判定为一般心理问题中的消沉。消沉是指心灰意冷、沮丧颓唐的消极情绪，主要表现为情绪明显低落，对什么都不感兴趣，心里悲观、抑郁，当陷入消沉时，会为正常的生活点染上一层灰或黑的色彩。一般来说，消沉的产生有这样一些情境：希望落空，又看不到现实生活的复杂性；意志薄弱，遇到挫折就灰心失望；受一些人生观、价值观的影响，认为人生不过如此，理想、前途都是无稽之谈。

小琴的主要问题在于找不到生活的意义，精神萎靡不振，对生活抱有一种无所谓的态度，在她的叙述中充满着"低落""没有意义""心死"这样的字眼，并且表现出自杀意图，我起初怀疑是抑郁，但是小琴在咨询室的会谈中思维正常，也没有自罪自责感，饮食睡眠正常，我于是将小琴的问题判定为消沉。

2. 案例反思

我认为造成小琴当前问题的原因主要有以下几点：

（1）心理逆反期

小琴正处在与父母、家庭渐行渐远的青春期，独立意识和自我意识逐渐增强，迫切希望摆脱父母的严格控制，获得父母对其独立人格和选择意愿的充分尊重，这让本来就淡漠的亲子关系更是雪上加霜。处于青春期的小琴似乎也格外"脆弱"，在成人看来一些并不严重的事情可以成为小琴的应激事件。

本案例中，好友的"背叛"可视为挫折情境，曾经的知心好友突然远离，对小琴而言是一个不小的打击，让她从此对友情不再信任。处在青春期的小琴心理发育尚不成熟，并且十分珍视同学之间的友谊，非常希望得到朋友的关心和帮助，而当她如此看重的友情一旦失去，小琴立刻陷入了消极的情绪，加上父母灌输给小琴的关于朋友的看法，更强化了小琴对友情的负面态度，让小琴开始怀疑友情是否真的可靠。

（2）家庭因素

相比小琴所遇到的挫折，我想更重要的原因还是来自于家庭。从小琴的叙述中得知，小琴在家里动辄得咎，父母经常否定小琴所做的事情，这让小琴常常不知所措，长此以往，越来越灰心。根据埃里克森的八阶段理论，如果父母对儿童的限制过多，对儿童的尝试行为不进行鼓励的话，不利于儿童形成意志品性和目的品性，这或许是造成小琴意志比较薄弱，生活缺乏目标的一个原因。

而且，父母的价值观念往往会在一定程度上变成孩子看重的东西，孩子的价值观很多是由父母的价值观内化而来。小琴父母几乎没有"奖励"只有"惩罚"的教育方式，让小琴不知道什么是重要的，长此以往让小琴逐渐心灰意冷，小小年纪就"看破红尘"。据小琴所说，小琴在家的学习环境比其他同学要差一些，对于小琴取得的成绩父母很少有回应，父母对小琴的学习并不太看重，父母对于学习无所谓的态度，让小琴很难发现学习的意义所在。

父母对小琴缺乏关爱导致小琴与父母的关系比较淡漠，认为父母只是给自己提供了经济上的支持，小琴曾经表现出的自杀行为大概也是一种唤起父母关注的表现吧。

第六节　德育目标和任务的分解

学校的德育总目标是：培养八大习惯，创建"六自品格堂"，为学生的一生储备幸福。实施策略是："八大习惯九年落实"。学校将德育目标具体分解在不同学段、不同年级，循序渐进，认真落实。

表1　一年级具体目标落实表

项目	内容
文明礼仪	1. 见到老师和客人要主动问好 2. 公共场合不大声喧哗
学习习惯	1. 按时完成作业 2. 养成正确的读书写字习惯
阅读习惯	1. 能阅读拼音小故事 2. 课外多看书、多识字
写作习惯	用铅笔写字，养成先看示范字，再写字的习惯
健体习惯	按时做两操
勤俭朴素	1. 不买小摊食品 2. 按时吃饭，不吃零食，爱惜粮食
卫生习惯	1. 早晚刷牙，饭前便后要洗手 2. 不乱扔果皮纸屑
安全习惯	1. 同学之间要好好相处，不打架、不骂人 2. 不与陌生人交往

表2　二年级具体目标落实表

项目	内容
文明礼仪	1. 会用礼貌用语 2. 每天要佩戴红领巾，见到老师要问好，行队礼
学习习惯	1. 认真听讲，独立完成作业 2. 每天预习半小时
阅读习惯	1. 养成利用工具书、生活渠道主动识字的习惯 2. 自觉阅读课外书
写作习惯	能试着用简短的语言来进行表述
健体习惯	1. 每天锻炼身体一小时 2. 出操集会快、静、齐
勤俭朴素	1. 早饭尽可能在家里吃，不买路摊上的食品 2. 节约水电，及时关掉水龙头和电灯
卫生习惯	1. 不随地吐痰，不乱扔垃圾 2. 主动捡拾废物，能自觉维持环境卫生
安全习惯	1. 路边行走靠右行，横穿马路要当心 2. 不单独去河边、井边玩耍

表3　三年级具体目标落实表

项目	内容
文明礼仪	1. 用文明语言和别人交谈 2. 主动排队上下车
学习习惯	1. 独立学习和思考问题 2. 作业干净整洁
阅读习惯	主动阅读课外书
写作习惯	1. 学写钢笔字，做到规范、整洁。养成及时、认真完成作业的习惯 2. 留心观察周围事物，学习写日记
健体习惯	1. 每天坚持锻炼身体 2. 有良好的用眼习惯
勤俭朴素	1. 养成节约用电的好习惯 2. 合理使用零花钱
卫生习惯	1. 勤洗澡，勤换衣 2. 值日工作能认真完成，并能保持学习环境的清洁
安全习惯	1. 离家、离校要向家长和老师打招呼，征得同意再出去 2. 不玩刀具，不做危险性游戏

表4　四年级具体目标落实表

项目	内容
文明礼仪	1. 自觉遵守公共秩序 2. 用文明语言和行为与他人交往
学习习惯	1. 自主学习，积极思考 2. 作业干净整洁并且正确率要高
阅读习惯	1. 养成静心阅读、带着问题阅读并试着和同伴一起解决问题的习惯 2. 每天坚持静心阅读书报，养成摘记的习惯

114

项目	内容
写作习惯	及时将自己的所见所闻写成周记或日记
健体习惯	1. 每天锻炼不少于一小时 2. 有良好的心理素质
勤俭朴素	1. 自己的事情自己做 2. 为父母做一些力所能及的事情
卫生习惯	1. 衣服干净整洁 2. 认真完成值日工作,保持校园、教室的清洁
安全习惯	1. 遵守交通规则,上下学靠右行 2. 不闯红灯,不在路上追逐打闹

表5 五年级具体目标落实表

项目	内容
文明礼仪	1. 热情大方,友好真诚,关心帮助朋友 2. 与积极健康的人做朋友
学习习惯	1. 耐心专注地倾听,在边听边想的基础上,养成听后及时发表自己观点的习惯 2. 养成大胆响亮地说,说完整话、连贯话的习惯
阅读习惯	1. 读书时勤做笔记,注意积累材料 2. 养成不动笔墨不读书的好习惯
写作习惯	养成勤做笔记的好习惯,学会交流心得
健体习惯	1. 每天积极锻炼 2. 用积极健康的心态对待生活与学习
勤俭朴素	1. 勤俭节约,不乱花钱 2. 爱惜粮食不浪费,养成节约粮食的好习惯
卫生习惯	1. 认真完成值日工作,保持校园、教室的清洁 2. 遇到破坏环境的行为主动制止
安全习惯	1. 不玩火,不玩电,不乱动家用电器 2. 注意饮水安全卫生,不喝生水

表6 六年级具体目标落实表

项目	内容
文明礼仪	1. 不欺负，不侮辱小朋友 2. 不给别人起绰号，也不叫别人的外号
学习习惯	1. 课堂上积极回答问题，提出问题 2. 写完作业要认真检查，要严谨，认真负责
阅读习惯	1. 养成主动地带着问题静心读课文、自觉解疑的习惯 2. 认真而有选择地阅读书报，养成摘记的习惯
写作习惯	养成先列好提纲再落笔，写后自觉修改习作的习惯
健体习惯	1. 走路抬头挺胸，步伐有力，精神面貌良好 2. 挤时间锻炼，坚持每天阳光体育1小时
勤俭朴素	1. 不挑食，偏食，少吃零食 2. 随手关掉水龙头，养成节约用水的好习惯
卫生习惯	1. 能自觉维持环境卫生 2. 自己可以洗手绢、袜子、小衣物等，保持个人卫生
安全习惯	1. 遵守公共秩序，不急追猛跑 2. 注意安全，不做有危险的游戏

表7 七年级具体目标落实表

项目	内容
文明礼仪	1. 使用文明礼貌用语，在校在家都用普通话 2. 每天穿校服，衣冠整齐、干净、文雅端庄，举止得体
学习习惯	学会倾听的习惯，上课时不做小动作，不做与学习无关的事，能认真倾听其他同学发言，能给予积极的评价，能仔细倾听老师讲解，能按要求认真练习
阅读习惯	每天至少阅读一篇文章，要有简单的读书笔记
写作习惯	培养写作兴趣，保持勤动笔的习惯

项目	内容
健体习惯	按时上两操，做操态度认真，姿势正确，做到快、静、齐
勤俭朴素	珍惜自己和别人的劳动成果，对家里、他人、国家、集体的财物都要爱护
卫生习惯	不随地吐痰，不乱扔垃圾，主动捡拾废物，能自觉维持教室和卫生区的环境卫生
安全习惯	1. 了解重大传染病和食物中毒、生活水污染的知识及基本的预防、急救、处理常识 2. 了解简单的用药安全知识

表 8　八年级具体目标落实表

项目	内容
文明礼仪	1. 不带五类禁带物品 2. 爱护公物，不毁坏集体财产
学习习惯	养成善于思考的习惯，上课专心听讲，认真思考，能积极发言，善于发现，并能大胆发表自己的见解，课前能预习，不明白的问题能做好标记
阅读习惯	每天安排 20 分钟的自由阅读活动
写作习惯	1. 养成观察感知、体验积累的习惯 2. 养成多阅读多思考多练习多修改的习惯
健体习惯	挤时间以各种方式锻炼，坚持每天阳光体育一小时
勤俭朴素	每日三餐按时进食，不挑食，不偏食，不吃零食，不暴饮暴食，朴素节俭，不乱花钱
卫生习惯	培养学生良好的公共卫生习惯和个人卫生习惯，形成讲究卫生、健康第一的风气
安全习惯	1. 了解青春期常见问题的预防与处理 2. 了解艾滋病的基本常识和预防措施

表9　九年级具体目标落实表

项目	内容
文明礼仪	1. 不贪图小便宜，做到拾金不昧 2. 尊重他人，孝敬父母，为人处世诚实，与人和睦相处
学习习惯	养成与人合作的习惯，能主动和同学、老师合作，共同解决问题，与同学交流时，能尊重别人的意见和观点，能清楚地表达自己的观点和见解
阅读习惯	多读书，读好书，与图书交朋友
写作习惯	1. 要有选择地摘抄，选择特别感兴趣的片段 2. 养成写日记、记随笔的习惯
健体习惯	到阳光下、操场上、大自然中去活动，形成运动爱好和特长，养成经常进行户外活动的好习惯
勤俭朴素	在打扮上不要过分，不要追求新奇时髦，更不要互相攀比
卫生习惯	养成良好的饮食习惯和饮水习惯
安全习惯	了解校园暴力造成的危害，学习应对的方法

第七节　德育教育的开展和实施

几年来，我校扎扎实实开展德育工作，利用班会、家长会、升旗仪式等各种方式和渠道，主要从安全、日常行为规范和习惯、心理健康、核心素养、理想教育、磨难与挫折等方面对学生进行教育。安全教育主要包括食品安全、交通安全、用电安全、防溺水安全、烟花爆竹燃放安全、网络安全、消防演练、地震演练、防性侵教育等。依托学科教材、升旗仪式、国旗下演讲、大型节日纪念日举行相关活动，展开公民素养、中小学生核心素养、国情教育、法制教育、生涯教育等。如学雷锋见行动、五四演讲、抗日战争胜利日纪念活动、G20峰会、感动中国、开学第一课、长征胜利80周年、父亲节、母亲节等系列活动已成为学校德育教育的品牌活动。追寻教育的幸福源泉，养成良好的习惯，提高学生的公民素养；进行心理健康教育和理想教育，培养健全的人格，加强学生的自主管理能力，弘扬"六自"精神，力求通过序列化德育，励志让每一个学生幸福绽放。

经过几年的努力，基本形成了序列化德育体系，具体介绍如下：

一、让自主管理承载八大习惯

我国著名教育家叶圣陶说："教育就是培养习惯。"好习惯是学生一生受用的东西，因此，学校德育应将习惯养成放在首位。我们的做法是：八大习惯，八大重点，九年推进，月月有主题，周周有考核，自主抓落实。

（一）培养良好的文明礼仪习惯，特别是待人接物的习惯

（二）培养良好的学习习惯，特别是自主预习的习惯

（三）培养良好的阅读习惯，特别是在阅读中思考的习惯

（四）培养良好的写作习惯，特别是每天写日记的习惯

（五）培养良好的健体习惯，特别是每天锻炼一小时

（六）培养勤俭朴素的习惯，特别是不穿名牌服装，不吃垃圾食品的习惯

（七）培养良好的卫生习惯，特别是不随地吐痰，不乱扔废弃物的习惯

（八）培养良好的安全习惯，特别是增强安全意识的习惯

对于八大习惯的培养，我们本着从长效着眼，细节入手的理念，将八大习惯目标具体分解到九年当中，同一种习惯不同年级有不同的侧重，反复训练，螺旋式上升。月月有主题是把八大习惯目标的培养具体分化，以"每月一事"活动为载体，重在细节，贵在坚持，这样就形成了每月一主题的德育序列活动。周周有考核，每周班级根据各班不同学情，制定出"八大习惯"周目标，学生与老师，学生与学生互相监督完成，并做好考核与记录。八大习惯的培养还有一个重要抓手是：学生的自主管理。

学校的自主管理、班级的自主管理、学生的自我管理都为培养学生的"六自"品格（自立、自信、自尊、自控、自省、自强的品格）而服务。

自立。唯有自立方可驾驭人生。如雏鹰的羽翼，如长大的宣言，更代表一种心智的成熟。（自理的能力：锻炼生活自理，学会自己洗红领巾，整理书包，学会自己打扫房间，学会值日，具备生存的能力；自立之美：举止优雅、服饰得体、仪容整洁、语言礼貌，提倡语言美和行为美。）

自信。成功的人生始于自信。微笑、文雅知礼、礼让都源自于自信。

【案例1】

慵懒的午后，或许你还睡意未全退。如果你在这时走进附校，校园广播里悦耳的音乐和播音员动听的讲述一定会像一股清泉流入你的心田。那是校园广播站的小同志们精心筛选，认真编排之后的成果。他们总能在老师的帮助下利用课余时间把最前沿的新闻、最经典的传统文化、最积极向上的正能量传递给大家。附校的校园广播是孩子们的乐园，这里给了自信的孩子们充分的自主，老师给了孩子们更多的信任，孩子们的自信便随着校园广播一起远播。自信的身影——周一的升旗仪式，从大会主持，到升旗唱国歌，再到国旗下演讲，都由孩子们自己完成。整齐的仪仗队、嘹亮的国歌声、庄严的敬礼，时时处处，孩子们的自信和国旗一起冉冉升起。

自尊。一切成功的原动力。自尊是一种尊重、尊严，是一种美德，追求自尊，是源于人类对美的追求，让每个孩子正确地对待别人的批评，能虚心地接受别人的批评意见，更有助于学生思想品德的健康成长。以教师师德为保证——要求每位教师对学生宽容、豁达、有耐心，对犯错误学生的处理要讲究方式方法，用爱心去唤醒学生的上进心、自信心，帮助他们清除自卑感，排除他们的烦恼和悲伤；积极向上氛围为助推剂——自尊心强的人，各方面都会去努力做好，体验幸福，乐在其中。

自强。奋发向上，永不退缩，永不放弃。

【案例2】

临近中考，一名优秀的初三学子罹患重病，生命危在旦夕，自强的孩子，勇敢地和病魔作斗争，自强的师生不懈努力，一时间，"轻松筹"刷爆了附校每一个人的朋友圈，短短几天，附校师生筹集善款十万余元。

我们用行动对"自强"做出了最好的解释：自强，就是对未来充满希望，永远向上，奋发进取；自强，就是志存高远的雄心，百折不挠的信心、勇往直前的决心。

自控。战胜了自己才能战胜别人。塑造学生的灵魂，需要高度情境化的自控教育，从而培养学生自我教育、自我控制的能力。重视生活的指导——以人为本，体验生活，追求真善美，提高学生的抗挫能力，由"要我这么做"转变为"我要这么做"，做到自律。

自省。在自省中矫正，走向成功。

【案例3】

每天放学前，孩子们都会"暮省"，总结反思自己的一天。无论是成功还是失败，都是一种收获。孩子们知道，经得起失败的人才能成功，经得住成功的人才能获得更大的成功。

子曰："吾日三省吾身：为人谋而不忠乎？与朋友交而不信乎？传不习乎？"学校强调感恩教育和自省教育的结合，倡导良好的德育氛围。

礼文化：诵读国学，传承经典，诵读声声也常常回荡在校园里，帮助学生吸取中国传统文化的精髓，孝敬父母，尊敬师长，而且对于曾经帮助过自己的人，也应该发自内心地感激，而不应该忘恩负义。

反思文化：给学生布置感恩作业的目的，就是让学生学会自省，通过每天的观察反思，善于发现别人的优点，自律自己的行为，学会对帮助过自己的人心存感激，培育学生的健康心态，进而塑造学生的健全人格，学会诚实待人，诚信做事。

二、幸福教育从"心"开始

"心"即指心理健康教育。我们认为，只有真正走心的教育才是有效和有用的教育。教育要关注人的内心世界，关注人的心理健康。关于这一点，前面已有介绍，此处不再赘述。

三、丰富活动助力幸福成长

（一）微学堂德育活动

注重班会课的德育教育，每周班主任例会开展微学堂讲座，班主任教师定期班会展示，在这样的课堂中培养学生热爱祖国、孝敬父母、尊敬师长、团结互助、勤学自强的优秀品质，不断提高学生的综合素质和人文素养，使孩子们学礼、知礼、懂礼。

（二）社团实践活动

学校坚持每月一次活动，开展了丰富多彩的社团实践。如参观大学城、义卖、捐赠等活动，让学生在参与、实践、体验中，向快乐出发，感受幸福，学生收获快乐和满足，也挖掘出了自我更多的潜能，从中收获了珍贵的切身体验。低年级同学参加的多为丰富有趣室内体验活动，比如插花，蜡染，做蜡像、石膏像，做植物标本书签等，这些活动提高他们的动手能力和艺术感受能力；高年级的同学在教练的带领和指导下参与了足球、篮球训练等激烈对抗的户外活动。在这些活动中，同学们挥洒着汗水，相互鼓舞，团结合作，感受到了坚持与集体协作带来的喜悦，这些活动同学们累在心头，喜在眉梢。

（三）"家长学校"德育活动

家庭教育是孩子健康成长的重要一环，孩子诚实、感恩、节约、责任等良好品质的培养与家庭教育密切相关，因此我们把家庭教育作为学校工作的有效补充，我校定期安排家庭教育公益讲座、书香家庭评选、家长开放日等活动，同时为了让家长参与学校工作的监督与管理，我校还成立了家委会，这些有效的活动和组织使家长们进一步掌握教育子女的方法，培养孩子良好的行为习惯，也使我校加强了学校、家庭、社会"三教"结合、和谐育人的德育工作环境。

德育序列化活动与学校的幸福教育理念一脉相承，在这里我想说：幸福很抽象但也很具体，幸福是遇到同学时一个甜甜的微笑；幸福是对着老师一个恭敬的敬礼；幸福是看到一片废纸后的一弯腰；幸福是排队打水时的一个文明礼让；幸福是课间操的井然有序；幸福是上下楼梯的不拥挤；幸福是细节上的微不足道；幸福是风雨来临时的大爱无言。对于附校的莘莘学子而言，幸福无时不有，幸福无处不在，我们附校每个人正在积极地努力并幸福着……。

今天，我们不断做德育活动，将优秀的德育活动固定化、序列化，从而达到课程化的要求。目标只有一个，那就是主动做好德育、抓实德育，培养学生的人生幸福感，要以幸福的教育润泽幸福的学生。人生是为了追求幸福的，追求幸福是人的本性。所以我们提出了"幸福教育"的理念，将人类对幸福的追求与人类对教育的追求来了个"完美结合"，为学生的一生储备幸福。

第八节　成果呈现

"一分耕耘，一分收获"，全校师生辛勤浇灌的德育之花结出了累累硕果。八大习惯基本养成，六自品格逐步完善。自我管理提高了学生自主管理的能力，增强了班级亲和力，提升了班级的综合实力，实现了班主任工作的优化；心理健康教育塑造了学生健全的人格，使他们更加阳光开朗，更加积极向上。他们爱国爱家，他们尊师爱校，全校呈现出团结向上、民主和谐、奋发进取的幸福教育图景。

下面推荐我校师生的一些习作：

日记，沟通师生情感的桥梁

初中部教师　张小棠

去年的九月，淅淅沥沥的秋雨中，我们迎来了第一批报道的新生。来到教室里，面对着一张张年轻而稚气的，带着激动、兴奋，还有些许羞涩，甚而慌乱的脸，我暗想：这是一张张纯洁如雪的白纸，我一定要帮助他们描绘出最美丽、最动人的画卷。

初一的学生生理和心理正处于急剧发展和变化的时期，他们既成熟又幼稚，既好强又脆弱，既憧憬未来又不知如何去实现理想，在这一时期需要我们的家长和教师予以更多的关注和关爱。虽然我不是班主任，但作为一名语文教师，作为一位孩子的妈妈，我愿以一颗慈母的爱心，关注孩子们思想、心理和情感的变化，关注个性特点，尊重个性差异，帮助他们走出误区，走出迷茫，一步步走向成长和成熟。而日记，则成为师生之间心灵和情感交流联系的纽带和桥梁。

六班学习委员任可敬同学，是一个聪明好学、多才多艺、人见人爱的好学生，但处于青春期的她，也不免会遭遇困惑、困难甚至挫折。月考中语文发挥失常，从日记中，看出她很失落，我写道："虽然你看起来很洒脱，但我知道你内心的伤痛。不过，我更相信，经过磨砺的珍珠，才更加璀璨，更加夺目"；她的日记《我终于明白了你的良苦用心》，借妈妈挂窗帘一事表达了对母亲的感恩之情，我批复："感受生活中平凡的、点点滴滴的爱，铭刻于心，珍藏于岁月之中，你的人生会因此丰润而美好"；她考好了，引起班里个别同学的嫉妒，孩子不解、困惑，我安慰她："宽容洒脱，以德报怨，只有这样的人才能真正无敌于天下，应该感谢你的对手，他会让你更加强大。"经过任可敬同学的刻苦努力和父母、老师的谆谆教诲，她获得了"雷锋式好少年""八大习惯之星"的荣誉称号，她的文章也相继在《晋中日报》《山西青年报》等刊物上发表，在晋中市举办的"中华经典读写大赛"上，她取得了一等奖的好成绩。

王颖同学，能写善画，聪颖灵秀，同时又是运动场上的宠儿，但她心理压力很大，多愁善感，自卑，甚至有自残倾向。发现这一点，我劝她："不能老这样情绪低落。生活中有灰暗的东西，甚至还有阴暗、黑暗，但更多的是光明和温暖。老师希望你走出伤感，走出迷茫，走向阳光。"王颖情绪虽然有所好转，但依然郁郁寡欢，我不气馁，一次次开导鼓励，我写道："你的写作渗透着淡淡的忧伤，我真的不解。王颖，生活是多彩的，青春是美丽的，你白白净净，文文静静，能写会画，前途更是不可限量，为什么这样不开心呢？扫除心头的阴霾，绽放出明媚的笑脸，好吗？"这一次，王颖终于给了我期待已久的答复："好的!"虽然有点底气不足，但我听来，好似天籁一般。

薛帅同学，人如其名，帅气阳光，但学习基础很差。本学期刚开学不久，他爸爸突发脑溢血住进了医院，昏迷二十多天，我和班主任、代课教师及时做好他的心理疏导工作，我在日记中鼓励他："薛帅，不要难过，相信大夫，相信现代医学的进步，你爸爸一定会挺过去的。老师更相信你是坚强的男子汉，你会是我们的骄傲。"在他爸爸生病期间，薛帅同学坚持到校，认真学习，成绩大幅度提高。对于班里其他一些学习基础差的同学，我也从不放弃，像齐佳豪、张启超等同学，我也通过谈话、聊天、日记批阅等形式，走进他们的内心世界，了解他们的思想和心理，促进其心理的健康和成熟，使他们健康快乐的学习成长。

日记，让我和学生们走进了彼此的心里，和同学们相处的日日夜夜，风风雨雨，酸甜苦辣，都化作了生命中最温暖、最美好的回忆。

铭记历史守望和平

——纪念反法西斯抗战胜利70周年演讲稿

初中部九年级14班　胡新鹏

各位评委老师，亲爱的同学们：

大家好！我是来自晋中高师附校的胡新鹏，今天，我演讲的题目是《铭记历史守望和平》。

大家还记得9月3日的大阅兵吗？当雄壮的国歌在天安门广场响起，当鲜艳的五星红旗在蔚蓝的天空高高飘扬，当整齐划一、精神抖擞的参阅部队从天安门前走过，当各种高科技、现代化的新式武器和装备依次亮相，当70万只和平鸽从天安门城楼飞过，当习近平主席铿锵有力的"正义必胜、和平必胜、人民必胜"的宣言在耳畔响起，亲爱的同学们，坐在电视机前的你作何感想？

我想，千千万万的中国人会心潮澎湃，感慨万千。我们自豪，我们的国家强大了！我们感慨，这一切，太来之不易了！如烟往事，历历在目！

从清朝末年开始，中国与帝国主义国家签订了数也数不清的不平等条约，割地赔款，开放口岸，俯首称臣，丧权辱国。尤其是 1931 年"9·18 事变"以后，日本帝国主义的铁蹄踏遍我神州大地，山河破碎，饿殍遍地。面对日寇的侵略，中华儿女不屈不挠，奋起反抗，历经艰苦卓绝的浴血奋战，中国军民用自己的血肉之躯战胜了日本侵略者的坦克大炮，取得了自清朝以来中国人民抵抗外侮的第一次全面胜利。作为反法西斯战争的东方主战场，中国人民做出了最为杰出的贡献，同时也付出了最为惨重的代价，抗战期间，中国直接和间接经济损失达 6000 余亿美元。中国军民伤亡总数超过 3500 万人。

殷忧启圣，多难兴邦。时代的车轮滚滚向前，转眼间，到了公元 2015 年。中国，已经是一个有决心、有能力捍卫国家和领土完整，维护地区和世界和平，努力为人类做出更大贡献的世界强国。在纪念中国人民抗日战争胜利 70 周年暨世界反法西斯抗战胜利 70 周年之际阅兵，不是为了仇恨，也不是为了炫耀武力，相反，这次阅兵，只为铭记历史、守望和平，开创未来！"

"国家兴亡，匹夫有责"，作为炎黄子孙，作为中学生，我们同样应肩负起中华民族伟大复兴的历史重任。那么。我们应该怎样来做呢？有理想，有抱负，具胆识，重情操，努力学习，充实自己，将来报效国家，这不就是当代中学生爱国主义情怀的朴素表达吗？

"谁怜爱国千行泪""一寸山河一寸金"。老师们，同学们，让我们铭记历史，珍爱和平，让我们凝聚中国力量，为实现中华民族复兴的伟大梦想，努力奋斗吧！

我的演讲完毕，谢谢大家！

一厘米的爱

初中部八年级 6 班　成进羽

在浩瀚无垠的银河系里，每个人宛若一粒小小的尘埃，但我们都是自己星空的主题。而在父母的星空里，我们是他们永恒的主题。从我落地的第一声啼哭，到现在进入人生的花季，他们始终不渝，对我付出着。一点一滴的水汇聚成大海，一丛一簇的花靓丽了整个春天，他们用一厘米的爱，筑起我心中的长城！

蹒跚学步

随着一声响亮的啼哭，我降临在这个世界，给他们带来欢笑，带来泪水。他们陪伴着我一天天地成长，一点点地进步。儿时，我开始学着说话，第一次清晰地喊出"爸爸、妈妈"，我不知道你们心里是怎样的喜悦和激动。长大些了，又想要学走路，我坚持不要你们扶，一个人跟跟跄跄地向前走出一厘米，你们悄悄在我身后，保护着我。没走几步，我便倒在爸爸宽厚而温暖的怀抱中。那一刻起，我明白了什么是爱，第一次感到这是多么奇妙的一种关系。感谢你们对我无微不至的关怀与呵护，正是你们的悉心照料，我这株小树才得以茁壮成长。是你们的爱，让我每天如沐春光。"谁言寸草心，报答三春晖。"你们是阳光，温暖了我的世界，你们是星光，点亮了我的生活。

月光启蒙

从小到大，你们见证了我无数的荣耀：你们参加了我的第一次表彰，你们记录了我第一次获奖，你们保留了我的每一次成长……同时，你们又给了我最深刻的启示。每次，当我犯错的时候，妈妈总是把我叫进房间里，耐心地教导我，教会我明辨是非、善恶、美丑，在我心里树立了正确的价值观、是非观，教会我为人处世的道理。当我做错事时，她总是严厉地看着我，从她的目光里，我看到了鞭策；当我与朋友相处不和谐时，她又会温柔地告诉我，让我学会宽容与理解，从她的话语中，我感受到了鼓励；当我开始埋怨、推卸的时候，她又细心教育我要善待生活，从她的面容中，我看到了希望。感谢你们，我亲爱的父母，在我迷茫的时候为我指明了方向，在我伤心的时候，抚慰我的心灵，在最柔和的夜里，给我最深刻的启示。月光朦胧，我静静地思考着，琢磨着那些年月光下妈妈的教诲。你们是雨露，点点滴滴滋润了我的心田。

感动继续

终于，在你们的努力之下，我一天天进步了。我开始学着为你们做一些事，开始关心你们的生活，关注你们的喜怒哀乐。我会在你们劳累一天后，送上一杯我帮你们泡的茶，无论多晚，都会在你们门口悄悄道一声"晚安"，我开始记住你们的生日，给你们一份惊喜。年华逝去，你们的眼角多了细纹，你们的青丝已多了些银发，而我，正一天天长大，一天天成熟，学会做你们的乖女儿，学会做你们的小棉袄。我正在长成参天大树，给未来的你们依靠！感谢你们，我生命中最美的一道光！

就这样，你们用一点一滴的爱温暖我的心房，用一厘米的爱，筑成了我心中的万里长城，让我学会在未来的生活中，抵御一切困难，因为这是用爱筑成的城墙。我亲爱的父母，谢谢你们赋予我生命，让我快乐、健康地成长！我更祈愿你们笑口常开、幸福安康！

传承孝道践行孝道

小学部六年级9班　薛景庭

尊敬的各位老师、亲爱的同学们：

大家好！我是来自晋中高师附校六年级一班的薛景庭。今天我演讲的题目是《传承孝道践行孝道》。

古语道：百善孝为先！孝是中华民族优秀传统文化的精髓之一，中国人民一向视孝为最高美德。东汉时期，贫民董永卖身葬父，感动天帝，遂派女儿帮他还债，孝感之名由此而来；晋代王祥横卧坚冰，为多次陷害他的继母求取活鲤，孝心感天动地，冰雪自行融化，活鲤跃出水面；中华先祖舜，不计前嫌，对父亲恭顺，对弟弟慈爱，以仁义治天下，名垂千古；汉文帝刘恒，仁孝之名，闻于天下，侍奉母亲，亲尝汤药，重德治，兴礼仪，始现"文景之治"之盛世。贫民如此，帝王亦如此。由此可见，孝道存，则国家文明，堪称礼仪之邦！孝道存，则家风优良，堪称幸福之家！孝道存，则受人尊敬，堪称栋梁之才！

也许有人会说，"孝"在今日社会，已是一个"过气"的词，激不起众人的欲望了。我们读《二十四孝》，感觉那似乎是十分遥远的故事。其实细细想来，它近在咫尺，离我们并不远：2013年感动中国新闻人物陈斌强，一位普普通通的乡村教师，一位"绑着"母亲上班的孝子——妈妈得了老年痴呆症以后，丧失了日常生活能力。为了能每天亲自照顾母亲，他每天用一根布条把母亲绑在自己身上，骑着电动车行驶30公里去学校上班。一连五年，风雨无阻。曹翠花，一位普普通通的农村妇女，她30年如一日精心照顾多病的婆母、公爹，毫无怨言。17年内，她一共做了1856双布底鞋送给全县15个乡镇敬老院里的孤寡老人。一个朴实的农村妇女，用自己的双肩和双手撑起了一片爱的天空！这样敬老孝亲的故事，可谓不胜枚举！他们的赤子情怀，甚至超出了一般的血缘和亲情！

对于一个家庭来说，孝道是一个家庭的内核，是亲情得以寄托的港湾！在我的家庭，爷爷奶奶对我百般呵护，爸爸妈妈对我关怀备至，但我并没有因此而变成一个不懂孝道的孩子，因为我从爸爸妈妈那里学到了孝顺老人就是把好的食物先让爷爷奶奶吃，好的用品先让爷爷奶奶用，尊重老人，理解老人，关爱老人！他们用心和行给我树立了一个孝敬老人的榜样！我是幸运的，因为我生活在一个老人健在、父母恩爱、和谐和美的家庭！我是幸福的，因为我生活在一个亲情满满、孝道融融的家庭！

孝道需要传承，孝行需要延续，作为少年的我们就应该有孝心！当务之急就应该把孝心转换为爱！比如：为爷爷奶奶端碗饭，为爸爸妈妈倒杯水，帮助家人打扫房间！用心去做自己力所能及的每一件事情，就是自己表达孝心的最好表现！

同学们，让我们从今天做起，从小事做起！让我们一起努力，把孝道内化为孝心，把孝行播撒到父母、长辈的时空，相信我们定是孝道最靓丽的风景，定是祖国最灿烂的花朵！

在此我要大声呐喊：让我们行动起来，传承孝道，践行孝道！

我的演讲到此结束，谢谢大家！

幸福 2014

小学部教师 刘丽丽

老师，

您的眼睛像月亮，

我们是一颗颗星星，

在您的微笑里开心地闪烁；

老师，

您的眼睛像海洋，

我们是一条条小鱼，

在您的怀抱里快乐地游来游去；

老师，

您的眼睛像天空，

我们是一朵朵白云，

在您的目光里自由地飘来飘去……

这段文字不是出现在教师节或"六一"或开学典礼或毕业典礼，而是出现在了一名教师的婚礼上，而我，就是这名教师。

在那个没有骑着白马的王子将我从一个灰姑娘变成一个美丽新娘的日

子里，我收到了很多人的祝福，一直陪伴我成长的家人的祝福，一起并肩作战的同事的祝福，一路指引我成长的领导的祝福，一块儿从小嬉笑玩闹的同学的祝福……带给我最强烈的心灵冲击的还是这些可爱的小天使们的祝福。

后来我才知道，为了录制这个只有短短几分钟的祝福视频，几名家长一起精心选材，精心编排，在数学老师的大力支持下，经过整整一个下午的努力，才让那些仅仅一年级的小淘气们站得整齐，读得优美……所有人的辛苦付出都只是为了让我在那一天、那一刻感到幸福。这份幸福伴我走过了整个2014……

短短的婚假结束，再次回到那间熟悉的教室——我和孩子们幸福的小天地，我带着家长和孩子们带给我的满满的幸福，把我给孩子们带的喜糖分给他们，他们把糖捧在手里，像捧着珍贵的宝物一样，那时，他们的幸福一定比我的还多，这些小可爱们把喜糖带回家，分给爷爷奶奶、爸爸妈妈、家里的兄弟姐妹每人一颗，那天，每个家里都是甜甜的……

曾几何时，我也以为那一天或那几天的幸福，会转瞬即逝或慢慢变淡。可是，随着光阴流转，我发现，一切似乎都在变，周围的伙伴越来越可爱，调皮的孩子们越来越可爱；光阴流转，我发现我也越来越可爱；光阴继续流转，我发现，我们都没有变，伙伴还是那些伙伴，孩子还是那群孩子，我也还是我；光阴仍在流转，我发现，我们都变了，我不再怀疑自己的能力，因为我是孩子们喜欢的老师，孩子们也不再怀疑自己的能力，因为他们都是老师喜欢的孩子，孩子们没有明白的，我就再讲一次，孩子们没有背会的就再背一次，还不会写的就再写一次，连小宝贝们都知道笨鸟先飞，人一己百，我们还担心什么呢？

人们都说，一个女孩儿一定要嫁一个爱你的人，你才会幸福，如果，爱你的人你也爱，你就是满满的幸福。人们也说，教育就像一场单恋，作为老师的你爱着一群人，而这群人还不知道你在爱着他们，尽管如此，你还是觉得自己是幸福的，如果有一天，你爱的这群人也爱你，那你就是满满的幸福。这些满满的幸福都从2014开始了……

生活在继续，幸福在继续，在每一天的时光流逝里，我们用心感受着生命的热情、温暖、期待，幸福无处不在！

我们爱幸福，幸福爱我们。不要设立遥不可及的梦想，不要追求童话般的幸福，不要羡慕别人拥有的，不要忽略属于自己的，珍惜你所拥有的一切，当经历了生活，真正明白平平淡淡的生活、真真切切的情意才是幸福！

在每一天的时光的流逝里，我感受着生命的热情、温暖、期待！

初三，再见

2016 届初三毕业生　秦怡华

送给 2016 毕业以及还能重聚的我们。——题记

三年前我们踏入这个学校，只有红砖路和土操场的学校。入学时我们都想着毕业，可现在却因为离开母校而难过。

你还记得吗？那年夏天的草长得很高很茂盛。奇怪的是我们明明都不知道彼此的名字，却喊着口号把一个个顽固分子连根拔起。我们把彼此手套上的苍耳认真拽下来，然后攒成一把抛向远处。阳光很好，天很蓝，我们却不是那年的我们了。

你还记得吗？军训时我们在阳光下汗流浃背却一动不敢动，嘴上一直抱怨喊口号走正步很傻，却在军训汇演时挺直了腰杆。或者是因为前一个班的口号喊得整齐而故意在喊口号时提高音量。军训结束好多人哭了，因为训练的痛苦，也因为教官的离开。刚刚穿上校服的我们，还没有懂得分离的重量。

你还记得吗？每一年运动会的进行曲都振奋人心。每一年开运动会都要跋山涉水走过那一段尘土飞扬的路，路上总有人偷偷去小卖部买水买零食，总以为老师没有发现自己的行踪，实际却是老师悄悄包容我们的一切淘气行为。

你还记得吗？每次拔河用尽了力却一直拔不过隔壁班，或是拔河赢了欢呼雀跃闹着笑着合力抛起所有任课老师。

你还记得吗？每个星期一早上升旗宣誓时总要把誓词改掉，然后大声念给旁边的同学，最后笑倒一片人。

你还记得吗？每个六一总能沾小学的光去看节目，总是有人偷偷带扑克牌、三国杀、小说或是手机，然后几个人聚在一起闹一个上午，不过很多时候这些东西都会被没收，那几个人也总会喝几个课间的"茶"。

你还记得吗？我们还欠彼此一些账，一包给力餐或是两根火腿肠。我们能相互分享一块巧克力，也会因为一包辣条而吵得不可开交。

你还记得吗？课上总有吃不完的零食，睡不完的觉；课间总有打不完

的闹，开不完的玩笑；课桌上总有写不满的答案，摆不完的书；中午总有写不完的数学作业，背不完的英语单词；放假总有写不完的卷子，看不完的书。可是我们的三年马上过完了。

我们最终各奔东西，相逢遥遥无期。不要忘了虽然一直吐槽却很爱戴的老师，不要忘了彼此，不要忘了一起哭过笑过的日子。我相信我们还会再见，我相信我会一直想念，我相信我们都会很好，我相信我相信的一切都会实现。

再见了，相互嫌弃的老同学！

再见了，不会再有的留堂作业！

再见了，我可敬可爱的老师们！

再见了，来不及说出的谢谢！

再见了，很嫌弃却又很深爱的母校！

再见了，那个年少轻狂的时代！

再见了，我的青春，我的梦！

第九节　经验和反思

几年来，我校德育工作基本上是在探索中实践，摸索中前行。如果要说经验的话，主要有以下几点：

一、加强机制创新，着力创建一套领导主抓、部门主管、跟进落实的工作机制

我校坚持"育人为本、德育为先"，构建了中小学德育序列化体系。为此，学校把师资配备、辅导室建设纳入年度工作计划，从公用经费中按每生每年3—5元单列活动经费，为开展心理健康教育提供了重要保障。我们建立健全了校长总负责，分管校长牵头主抓，政教处、团委会、自管会齐抓共管，年级组长、班主任、科任教师全员参与的长效机制，政教处、团委会、自管会层层落实，做到了年年有计划，月月有重点，周周有主题，做到了跟进落实不留空当、考核评价不留死角。

二、实现能力提升，着力创建一支专兼结合、素质优良、相对稳定的德育教师队伍

我们注重学校政教干部队伍的培养培训，先后派出分管校长、政教主任、团委书记、班主任、心理健康教育教师参加了国家级、省级、市级等各种层次的提高培训，形成了经常性的学习研讨制度，并充分发挥家长学校和家长委员会、社区、关工委的作用，建成了一支专兼结合、素质优良的德育教师队伍。

三、注重硬件建设，着力创建一间设施齐全、功能完备、标准较高的心理辅导室

我们严格按照《晋中市中小学心理辅导室建设标准》，规范了心理辅导室建设。在场地面积、设施配备、课程设置、档案管理等方面，达到规范化、科学化、合理化的目标。心理辅导室选用亲切的名称，体现人文关怀，拉近师生距离。布置讲究温馨、亲切、自然、放松，墙角摆放绿色植物，墙壁悬挂陶冶性情的图片、书画和温馨话语，给学生以宁静的空间。

四、明确目标育人，着力创建一系列阶段性、发展性和积极性为主的教育模式

我们以"为学生的一生储备幸福"为终极目标，努力培养学生的核心素养，大力推进"八大习惯""六自品格"行为养成教育。根据我校学生年龄跨度较大的特点，按照纵向分段、各有侧重的思路，分层确定德育目标，制定了"八大习惯，九年实施"的教育模式。

五、实施示范引领，着力创建一批敢于创新、特色鲜明、带动整体的先进典型

我们在全面发展的基础上，注重培训先进典型，评选出一批优秀班主任、师德标兵、文明班级、"八大习惯"之星，从教师、学生不同层面树

立了学习榜样，起到了很好的示范带动作用。

当然，在德育教育的实践中还有很多的不足和问题。

一是由于建校时间短，很多实践和尝试都还停留在常规层面，真正卓有成效的实践成果还显得不够成熟，还有待进一步精致与提升。

二是基于校本德育的理论研究还显得不足，需要在今后的实践中加大力度，进一步完善和充实。

三是学生综合实践教育的时间还不够充分，形式还比较单一，特别是参加社区实践教育活动还需要进一步开放与创新。

四是家庭教育工作还不够深入细致，尤其是在家长培训、家长参与学校监督管理方面落实还不够到位，还需要进一步强化与跟进。

经过几年的努力，我校的德育工作成效显著，水平也有了质的飞跃，达到了健全学生人格、调整学生心态、开发学生潜能的目的。但和先进学校相比，还有一定的差距。今后，我校将坚持不懈狠抓德育工作，一如既往、大胆尝试，继续探索德育工作的新途径、新方法，力争走出我校德育的特色之路，努力把我校办成学生向往、家长信任、社会支持的高质量、高品位的品牌学校，为学生的一生储备幸福！

第五章　立德树人，德育为首

——华山中学的德育课程

2015 年 12 月 15 日清晨，库尔勒市建国路在兵团第二师华山中学门口，6 岁女孩徐莲向站在寒冷的雪地里执勤的 3 名民警敬礼，表达她的谢意。当孩子妈妈问为什么会突然想到向警察叔叔们敬礼时，小徐莲说："雪这么大，我的眼睛都睁不开了，可警察叔叔为了保护我们，一直守在那里，我就是想谢谢他们。"这个被称作寒冬里的"敬礼娃娃"，温暖了无数新疆网民……"

2009 年 5 月 29 日，博湖县宝浪苏木大桥小河道通向中央的水文观测点上，焉耆县二中初三回族学生咸姝卉突然失去重心，翻进打着漩涡的湍急河水中。朱汉卿纵身跳入河中，用尽最后的力气推出了被救回族少女咸姝卉，而朱汉卿被漩涡卷入了河道中。朱汉卿被打捞上来已是 30 日 16 时许，他"穿着整齐，高高举着双手，呈托举状，面上挂着笑容……"这是朱汉卿留给这个世界的永恒记忆，面对死神，朱汉卿把生的希望留给了他人。获救女孩那一声"以后我就是您的孩子"将汉回两个家庭紧紧连接在一起。朱汉卿先后被授予"新疆青少年民族团结标兵"、"新疆首届民族团结好少年"、兵团"十佳美德少年"、兵团"民族团结进步模范个人"、第二届兵团"道德模范"等荣誉称号。他是当之无愧的开都河之子。每年的 5 月 29 日这一天，华山中学全体师生都要共同缅怀英雄朱汉卿，他的感人事迹被师生们创编出舞蹈《开都河之子》，在校园中流传……

库尔勒市金三角商贸集团物业公司副经理刘春生是华山中学 1984 届校友。2016 年，已经 51 岁刘春生不顾个人安危制止偷窃行为、遭歹徒报复并负伤的消息传开后，在华山中学校友和师生中引发热议，赢得赞誉。华山中学的候国庆老师在微信圈中发文写道：春满梨城驱寒意，光芒四射显本色。英气铸就道德魂，雄纠震慑群鬼魅。

舍己救人的英烈王春生、见义勇为模范刘育杰、自治区"民族团结好少年"朱汉卿等。大家为这些典范表现出的高尚品德、英雄气概所打动，同时也为华山学子传承兵团精神、弘扬美德力量而倍感欣慰。

高二（8）班王奕欢的妈妈作为医院的招聘面试官，在参加了学校组织的一系列培训和校园模拟招聘会后，她写下了这样的感受：同学们满怀期待来到医院的面试点时，我作为医院的招聘方代表严肃认真地提出了"自身优点、医患关系"等问题，同学们认真地倾听、沉着自信地回答着每个问题……这把我带入深深的思考中。青春年少的我们，曾对医生的职业充满崇敬，可是工作多年后，我们似乎开始变得有些麻木，有时还会有抱怨和不满……我们是否还能不忘初心？这令我感到惭愧，同学们眼里的光芒让我再一次看到医生职业的崇高，也让我看到更多的希望，我越来越有信心。我相信，我们未来的医疗环境也一定会越来越好！

华山中学语文老师、皮山农场援教团队负责人刘小丽已经是第二次到皮山农场援教，两年前她只身一人赴皮山农场援教一年，那里的学校、孩子已经让她割舍不下。事隔一年，刘小丽又主动申请再一次到皮山农场，用自己的热忱和激情带动少数民族地区的教育发展。"阿卜杜许库尔买买提""美合热阿依阿卜力米提""布海丽倩木""阿卜杜萨迪尔"一个个少数民族学生，从刘老师的口中说出来总是那样自然、亲切。长大想当校长的努尔曼古丽在路上看到刘老师，会邀请到家里吃大盘鸡；工作上遇到阻力的汉族特岗教师会找刘老师；家庭有困难需要帮助的维吾尔族教师也会来找刘老师……援教若羌、皮山，搞好该地区的教育，就好比在民族孩子的心间，撒下了一颗正义的种子、"红色"的种子，经过持续的"浇水、施肥、耕耘"，若干年后，一个孩子就是一棵参天"大树"，一个班级就是一片"大森林"，或者说，若干年后，我们将收获一代人——一代爱党、爱国家、爱民族、爱团结的人。

在华山中学的周边，常常能听到这样的赞叹："华山中学的学生就是不一样……"，每当大家问到哪些不一样，听到最多的回答便是"华山的学生很诚信、很礼貌、很阳光、很包容，华山的学生很勤奋、很努力，他们思维灵活、视野宽广、乐观自信、有艺术品位……"。

这些称赞中也总少不了我们的老师，华山的老师特别敬业、特别爱学生，非常有方法……这些称赞常常能让华山的老师们品尝做教育的幸福和那份发自心底的快乐。"发展学生、成就教师"，老师们正如校园里高大的胡杨树，发扬着"适应、坚守、奉献、乐观、进取"的胡杨精神。

为什么华山中学教师有如此优秀的教风、学生有如此优秀的学品，毕业生临别时心存感激，在工作岗位上有诸多的好评？为什么华山中学的家长积极配合学校教育，主动形成教育合力？

华山中学，历经 57 载的实践与探索，德育工作实行校长负责的管理体系。学校党组织充分发挥政治核心作用，加强对党员教师的教育，在德育工作中起率先垂范作用。学校工会、共青团组织充分发挥先锋模范作用，动员、带领广大教职员工，人人是德育工作者。在学校的领导下，校内形成德育工作网络，明确责任、齐抓共管、落实到人。

学校的德育工作可以分为三个时期，1960—1992 年、1992—2003 年、2003—2015 年。

1960—1992 年，学校当时没有专门管理德育工作的部门，德育工作紧跟政治形势，还没有形成完整的体系。这个时期，《中国革命与中国共产党》《道德品质教育》《社会发展简史》和《辩证唯物主义常识》等，为德育的主要教材。

1992 年，政教处成立，成为主管德育工作的部门。1994 年，学校印发新修订的《中学生日常行为规范》。要求每个班级利用学前教育、晨会课以及周会课等，学习《规范》，理解其要求，以此规范每个学生的言行举止，引导学生争做合格的中学生。

2003—2015 年是学校德育工作的第三阶段。高中部建立后，学校撤销原政教处，改为德育处。在德育处的领导下，学校德育工作解放思想、大胆开拓，走出了一条具有华山特色的德育之路。2003 年，学校提出"德育开出五彩花、智育结出丰硕果"的办学理念。后来撤销了总务处，其工作纳入德育处工作之中。一个问题学生背后一定有一个问题家庭，学生的问题一定也是老师的问题。基于这样的育人思考，华山中学明确提出"大德育观"，力求每一个教职员工都成为德育教师，全校上下一盘棋，形成人人管、个个问的德育工作局面，逐步形成了"事事有学问，处处皆教育，人人是教员"的大德育观，落实全员育人、全过程育人、全方位育人，培养师生、影响家长。为民族和社会，培育才丰似华、德厚如山的"大写之人"，成为华山人的终极育人目标。

邱成国校长对此曾这样解释：只有"大写之人"，才可能有大胸怀；只有大胸怀的人，才可能堪大责；只有敢于担当的人，才可能成就大事业。华山提出：加强"全员、全过程、全方位"德育实践，将师德师风建设、学生德育管理和后勤服务工作，统一归口德育处，通过资源整合，以此强化各方面工作的育人功能。比如，德育处明确了生活老师的工作内容：学生宿舍日常管理考核、住校生思想教育工作、生活技巧指导和日常问题处理等。这一明确，使原来的"阿姨、保姆"转变为"生活老师"。身份的界定，待遇的提升，意味着更大的责任和担当。华山要求：生活教师，不仅做"服务员"，更要做"教导员"和"心理按摩师"。

华山中学管理层，反其道而行之，大胆提出了"玩在华山"的课程建构模式。作为基础教育支撑的中小学教育，其核心价值，在于为每个孩子的人生架构一个知识、能力的"底板"并铺就一层道德的"底色"。每一个学生，走出校园，步入社会，就是以此为基础，去描绘和成就属于自己的那份"多彩"人生。

在华山中学，人人既是教育者，人人也是受教育者，这里是师生精神的共同成长乐园。最根本的得益于华山中学"立德树人、德育为首"的育人之道。华山中学育人之道就是遵循教育规律、创新教育理念，构建十二年一贯制的新型德育课程体系。

华山中学一直致力于办人民满意的教育，建立学生喜欢、教师幸福、家长放心、社会满意的研究型优质学校。学校党委提出："学校管理不是管理人员越多越好，关键是被管理者，也就是学生能否实现自我管理"，为此，学校倡导"人际关系简单化、办事程序化""强化学术氛围、淡化行政意识"，为教师们营造了潜心教书、静心育人的育人环境。

在教师层面，学校强化师德师风建设，形成了"爱岗敬业、理念先进、业务精湛、勇创一流"的师德教育思路，对全体教师的总体要求"青年教师学做人师、中年教师做好人师、老年教师堪为人师。从表现看师德、从课堂看师能、从结果看师绩。"塑造"博学、求精、务实、创新"的教风。华山中学开展师德大讲堂，讲述"华山好故事"，向身边的优秀同行们学习等活动和培训实现了常态化。在"大德育"观念指引下，华山中学的教师们在这片教育的沃土上默默耕耘，用心陪伴着学生，教育的"农人"，植根于教师心底的共同价值追求是播种着"真、善、美"的种子。

在华山中学教师们的眼中，邱校长是一位受人敬重、视野宽广，有着深厚的教育情怀和丰富的教育智慧的教育家型的校长。他说："我这辈子就是要努力做好教育这一件事，教育是值得我们去做一辈子的事业。一位教师'专心，就会专注；专注，就会专业；专业，就会成为专家。'"邱校长和老师们随时会出现在学生们的课堂和活动中，他们和学生们一起参与，一起思考。

在家长层面，华山中学积极落实"为国教子、以德育人"的教育部家庭教育的指导方针，提升家长的道德素质和育子能力。多年前邱校长就提出子女家庭教育与学校教育配合的工作方向——"教育1个、引导2个、影响4个、带动一片"，即通过教育好一个孩子，引导好两个家长，影响好四个老人，进而带动更多人关注教育、提升教育能力。提高了家长素质，就赢得了教育的主动权。新型的家校关系，积极形成了德育合力。

自2001年开办家长学校至今，已经形成了有家长参加的"学校家长委员会"—"年级家长委员会"—"班级家长委员会"的三级组织。给家长之间搭建一个沟通的平台，通过经验介绍和分享，让家长学习他人优秀的育儿经验，并有选择地用于自己的教育中。定期进行专题辅导、典型报告、家校交流，为科学培养学生和促进其身心健康成长起到了积极的作用，深得广大家长和社会的好评。

新学期致辞中，邱校长引用"德乃才之帅，才乃德之资"寄语全体师生，要做一个"才丰似华，德厚如山"的大写之人。

在多年来的校园文化积淀和熏陶下，华山的学生形成了并传承着"勤奋、诚信、团结、守纪"的优良学风。

华山中学德育课程体系，以时间为"经"，以教育实践为"纬"，建构起了华山中学全员、全过程、全方位的德高课程体系的"网"。

"经"——是以华山中学"十二年一贯制"构建时间体系，小学、初中、高中三个学段，既各有侧重，又相互衔接；既突出学段特色，又强调整体谋划。我们正是遵循这样的德育原则，明确了各段的培养目标。

养小德才能成大德，华山中学义务部通过对学生的学段心理及年龄特征的进行研究，将小学一至六年级的德育目标定为"六自"，即"自理、自护、自尊、自学、自律、自知"的养成教育。叶圣陶说："教育是什么，往简单方面说，只需一句话，就是要养成良好的生活、学习和行为习惯。"

每个人的生活都是由一件件小事组成的，一年级学会自理，培养学生的自信心和劳动习惯。二年级学会自护，培养学生的生存能力。低年段让学生知道在家庭中做个好孩子。三年级学会自信，培养学生讲文明懂礼貌的好习惯。四年级学会自学，掌握基本的预习方法，培养学生良好的学习习惯。中年段要使学生知道怎样做个好学生。五年级学会自律，使学生有自主、互助的意识，培养学生从他律到自律的习惯。六年级学会自强，懂得正视困难、有克服困难的决心；培养学生的受挫意识。高年段使学生知道在社会上做个好公民。

这"六自"构成了习惯训练的主体框架，涵盖小学行为习惯训练的整个过程。

这"六自"一方面循序渐进地形成了分层的目标，逐步形成自己年级组的管理风格。另一方面又根据学科、教育教学活动的实际情况，根据整体习惯的薄弱环节，又确定了阶段要点的强化训练点，低段的站、坐、说、行；中段的读、写、打、做；高段的自主、合作、探究。每个年级在的实施的过程中遵循"抓住时机，具体指导；以身作则，为人师表；重视联系，双向配合"的原则。养成教育主要以训练法为主，同时配合其他方法；课堂问题课后及时解决，绝不拖延。

我校发挥课内外的优势，通过"知、比、纠、行"教育系列开展行为养成教育。"知"即提高学生的道德认识，使他们懂得"是、非、善、恶、美、丑"。"知"：教孩子学会"站、行、坐、说、读、听、写、备、打、问"十字行为习惯。近年来，华山中学在"才丰似华，德厚如山"的育人理念的引导下，小学部在德育工作方面潜心研究，大力整合现有资源，编写了《华山中学小学生培养良好行为习惯行动指南》《华山中学小学生养成教育教师指导手册》《华山中学小学生养成教育家长指导手册》等德育校本教材，促进了学生良好行为习惯的养成。在设计和施教时依据学生不同年龄和身心发展规律特点，按照由浅入深、由低到高、由具体到抽象的规律来确立德育目标，使德育目标更贴近学生的现实生活。以学生为本，尊重学生，发展学生，尊重学生成长的规律和合理需要，采取灵活多样的教育方法，使学生乐于接受德育课程的内容，进而内化于心，外化于行。

为了提升二年级学生队列行走的质量，落实"一条线"行走、楼道"轻声、慢步、靠右行"的行为习惯，了解"12·4"法制宣传日，让学生懂法守法，让学生简单了解《未成年人保护法》及法律在我们生活中的重要性，我们开展了《我是自护小能手》《交通法规我知道》《我是自护小专家》《我是自护小能人》等班队会，鼓励学生做一名知法守法的孩子。

杨贤江说："自学成才的要素：第一对所学习的功课一定是要适于自己的兴趣。第二学习要专注。第三学习要自信。因此，我们在每次的活动中都将我校的远足课程（实践活动）与所有学科进行整合，通过各学科教师的指导、学生的自查资料、汇报交流、形成问题、带着疑惑进行实践活动，使学生不仅开阔了眼界，还增长了知识，更让学生感受到了自我学习的成就感。

自律是一扇窗子，打开它，你拥有的将不仅仅是窗外的风景，还有等待你的成功。毕达哥拉斯说："不能约束自己的人不能称他为自由的人。"如果我们总在一种被要求的环境下学习和生活是很难进步的，所以我们应该学会自己约束自己，自己要求自己，变被动为主动，自觉地遵守《华山小学生日常行为规范》，拿它来约束自己的一言一行。

习惯养成教育虽不是德育的全部，但却是德育中最"实"的部分，是看得见、摸得着的，它是德育的"硬"的指标。德育是期待，德育是塑造心灵的工程，不可一蹴而就，不能急于求成。如果把美好的品德比喻成竹子，那么生命的拔节需要春风的呼唤，需要春雨的滋润，需要阳光的沐浴，更需要自身积极向上。道德更重要的是养成。学校要营造良好的德育环境，提供美德成长的沃土。

华山中学的德育课程体系以空间为"纬"，以系列实践活动构建空间体系，说到底，就是德性与德行两个维度。所谓德性，主要侧重于道德知识的灌输，即以学生的生活逻辑为线，建构道德知识体系，培育道德核心素养，使学生学会分清美丑、辨别善恶，认清角色，明了责任，敢于担当；所谓德行，主要是通过培养学生的道德情感、磨砺道德意志和落地道德行为。

道德知识的建构和核心素养的培育，主要依托于学科课程和学科渗透课程。

第一部分是学科课程。包括小学的"品德与生活"、"道德与法治"、"品德与社会"、初中的"思想品德"以及高中的"思想政治"。这是我校德育课程的主渠道。

对于国家德育课程，高度重视师资配备，由专业教师授课，华山中学在各学段都做到开全、开足、配齐，一不搞课时"克扣"，二不搞师资"打折"，三不搞经费"挪用"。

作为十二年一贯制的学校，初中在小学与高中之间起到不可替代的衔接作用，华山中学更是在初中阶段以学校为主阵地，借助家庭、社会搭建德育平台，以培养学生的道德、法律、青春的意识为目标，树立学生自爱、自信、自强的意志品质！

学校教育的核心工作就是培养全面发展的社会主义建设者和接班人，而中学生就是未来的主要建设者和接班人，直接关系到整个社会的前途和命运。中学生正处于青少年时期，其心理生理发展具有不成熟、可塑性强的特点，在面对错综复杂的社会时，能否全面认识、理性分析问题，不仅是学校的责任，而且也是一个社会问题。

国家课程中的课程是华山中学德育教育的主阵地，初中德育课程以"三自"（自爱、自信、自强）教育为支撑，培养学生的道德、法律、青春意识为目标。在七年级上册道德与法治"爱在家人间"一课的教学中，政治组王老师进行这样的教学设计：在母亲节这一天，让七年级全体学生参加"护蛋行动"，孩子们把鸡蛋放在书包中，这一天，他们正常学习、生活，但不能破坏鸡蛋，在护蛋过程中孩子们小心翼翼，他们想方设法把生鸡蛋包装好，时时刻刻牵挂着自己身上的蛋，行动小心谨慎，有的学生不小心弄破了蛋，伤心得流下了眼泪，不少同学在体验行动的日记中记录了自己护蛋的体会，感悟到父母平时小心翼翼地呵护自己，无微不至地照顾自己是多么的不易！在国家课程这一德育教育的主阵地上，老师们认真研读课程标准，精心备课，在课堂上言传身教，营造教学情境，推动学生情感态度价值观的升华。

学科德育渗透课程是华山中学的德育课程体系建设的第二个部分。

华山中学的学科渗透课程即语文、历史、地理等人文课程和数学、物理和化学等自然课程。学生一天二十四个小时，三分之二用于学习。而学生每天在校的三分之二时光，又是在课堂中度过的。充分挖掘学科课程中的德育"基因"，发掘其特殊的德育"功能"，这是华山中学德育课程的主神经。

高一语文张玉华老师在课后写下了这样的教学随笔：

《诗经·氓》主要写了在自由恋爱的情况下，男女主人公青梅竹马，在情窦初开的年纪里互相爱慕，"总角之宴会，言笑晏晏""不见复关，泣涕涟涟；既见复关载笑载言"，男主人公的一举一动都牵动着懵懂少女的心，等到蒂落瓜熟，当爱情变成婚姻时，女主人公任劳任怨，操持家务，"三岁食贫""女也不爽""三岁为妇，靡室劳矣""夙兴夜寐，靡有朝矣"。如此勤劳善良的女主人公遭到抛弃后，认识到婚姻爱情的价值：女子不要沉迷于爱情，她不用眼泪去祈求男子，而是下决心与负心的男子分手。

教学到这首诗时，我班级组正好有两位学生在谈恋爱，我想，不如就利用这个契机在课堂上对学生早恋的情况进行相关的引导吧，这样既可以让身在其中的学生面对这个情况时，知道该如何做，也可以让其他学生清楚今后如果自己遭遇这样的情况该如何面对，并且利用教材内容进行引导可以不露痕迹，消除学生的戒备心理。于是，在"合作探究"环节，我设置了这样一个问题："女主人公的爱情婚姻为什么以失败而告终？请同学们谈谈自己的看法。"在叫了（10）班其他两位女生后，我有意叫到了早恋方的女生（学生事先并不知道），请她谈谈对这个问题的看法。这位女生谈道："我认为女主人公爱情婚姻失败的第一个原因是她缺少对男主人公的考察，被热恋蒙蔽了眼睛，以至于主动说出'将子无怒，秋以为期'（婚期）；第二个原因是她婚后过于勤劳，可能疏于自我打理和提升，再加上年长色衰导致的。"这时，我问这位女生："如果你在青春期遭遇了这种情况，将如何做？"她的脸蓦地红了，支吾了几秒低下头没有回答，我就让她坐下了。

我想，如何对待早恋这个问题已经引起了她的思考，接下来我顺着她的话说，在恋爱这个问题上，如果女孩子过于主动，收获的大多是苦果，不要说是在古代，就是在今天，在各种高档化妆品盛行的今天，我们依然无法抵挡岁月对容颜的侵蚀，如果在该珍惜的青春年华中，不致力于抓紧时间去学习知识，提高自己，为今后的薄发而厚积，那么，当有一天，岁月的流逝让我们青春不再，美丽的容颜不再时，我们拿什么留住我们深深挚爱的曾经，因此我希望同学们记住："爱情之路的确幸福而美好，但同样也会有痛苦和伤害。任何美好的东西往往都有等量的苦难。正因如此，真爱才越发显得美好。不要因为怕受伤就不敢去追求幸福，对未来、对生活还是要勇敢一点。只是不要随意开始一段感情，更不能随便放弃一个曾经。无论男性还是女性，拥有独立的人格，拥有真诚负责的态度，懂得珍爱、珍重，才是具备了爱的能力，才能获得真正的爱情和幸福。因为，真正的爱情与责任相连，甚至与生命相依。而正值青春年华的我们，因为还不具备爱的能力，所以不适合过早地涉入爱情，因为违背自然规律盛开的花大多不会结果。"

同样的内容在（9）班教学时，我也有意识地问到了早恋中的男生，想通过男孩子的视角看看他如何看待女主人公的爱情婚姻以失败而告终。结果，这个男生也谈到了第一是因为常年的生活操劳，使女主人公失去了青春的美貌，进而使她在丈夫面前失去了吸引力；第二是女主人在操劳的过程中放弃了对自身的打扮，从精神上也无法吸引丈夫；第三可能是当时的男权社会制度造成的；还有就是男主人公本身就是一个用情不专的人。这个男生的观点有结合时代背景谈到的，也有结合自身审美观谈到的。这时我问他，假如你现在正在被某位女生爱慕，你将如何做？他想了想说："应该不会太当真吧，毕竟现在还是要以学业为主。"他的这个回答让我觉得很符合他因为过早当家而具备的冷静和清醒，同时，我也对他们所谓的爱情究竟会走向何方而有了底，同样，我也在幻灯片上打出了在（10）班引导时说得那段话。

这次之后，我也问了两个班级的副组长，我们三人共同的引导和教育后，没有发现这两个学生继续亲密交往的现象。

这时我想起了弗洛姆的话："爱是需要学习的。没有经过学习的爱情是幼稚的，甚至是危险的。"

这节语文课，张老师颇具教育智慧，及时抓住这一教育的契机，将处于青春期的男女生心中朦胧的情感进行正确的引导，培养理性的爱情观，塑造真善美的人格。

校学非常重视学生的心理健康工作，不仅有专职的心理健康教师，同时从小学一年级至高三都开设了心理健康课。5 名心理教师取得国家二级心理咨询师资格证。为了能够将学生的心理工作做得更扎实、更有效，一方面是针对全体学生进行心理授课，普及心理健康知识，为每位学生建立心理健康档案。另一方面，对一些特殊情况的学生建立个人心理档案，并定期对这些学生进行心理疏导。除此之外，在低、中、高各段，我们都开设了心理社团。不仅是那些喜欢心理学的学生的殿堂，同时，社团学生也承担着心理健康知识的宣传者。通过对周围学生的影响，进而带动整个班级，成为义务的心理宣传者。与此同时，为了提高全体教师心理辅导的技能和水平，面向教师我们开展了"阳光心田携手同行"的阳光生讲座培训等，在一定程度上为教师辅导学生提供了理论支撑和操作方法指导。教师的心育水平得到提高。在不抛弃每一个孩子，不放弃每一个希望，让爱滋润每一块心田的思想宗旨下，开展了"大手拉小手，一对一帮扶"计划。性格外向的有纪律问题，内向的不违反纪律。学习成绩多数不好，在品德方面并无劣迹。心理型阳光生给人的感觉是"怪"。他们的行为违反常态，不符合一般学生的逻辑，令人费解。心理型阳光生的思维方式与众不同。

这些问题往往与遗传、家庭教育、童年经历有关。此类问题的学生在种类的界定和程度的判断上需要一定的心理学相关知识作为背景。我校非常重视学生的心理健康工作，不仅有专职的心理健康教师，同时从小学一年级至高三都开设了心理健康课。心理老师的配备也是一般学校无法比拟的。

心理健康课从 2005 年进入课堂，高一、高二、高三三个年级每班每两周一节课，课程内容根据各年级学生的特点各有侧重，且都是围绕着发展指导开展，高一上学期主要侧重于新生适应的指导，包括意识、行为、策略、心理调整等方面的指导，高一下学期主要是开展生涯指导，从指导学生的自我探索——兴趣、性格、能力、价值观入手，探索自己，了解自己，提升自己，再从指导学生探索外部世界，了解专业、职业世界。通过心理健康课的生涯指导，学生对了解自己、文理分科、专业选择、职业要求等内容都有了深入的了解。高二主要从悦纳自我和人际关系指导入手，并深入探讨异性相处之道，通过一系列的心理健康课，提升了学生对自我要客观合理认知的意识，学会了调节情绪的方法，掌握了和萌动青春相处的方法，以及早恋的自我保护与分手后的心理调适等。高三主要开展团体心理辅导，以"解压"为主要目标，所以高三的课均在团体辅导室开展，通过热身游戏、主题活动和分享等环节，促进学生间的相互支持、相互帮助，并通过分享将感悟迁移至现实困难，给予学生更多的思考和帮助。

学校有效利用社会资源，促进家、校、社会力量间的协作，增加学生指导方式的多样性。

大学生志愿者开展系列发展指导活动，促进学生对大学的向往，激发学生的内驱力。自 2015 年以来，我校共有两批北京对外贸易大学的大学生志愿者来到我校参与学生发展指导。

开展家长培训，转变家长教育理念，促进家长对学生的指导。每年在 6 月对初三毕业生的家长进行专题培训，内容包括孩子暑期生活建议、初高中衔接家长如何指导孩子做好高中准备、高中生的心理特点和学科特点、亲子沟通技巧等。

陶行知先生说："生活即教育。"高中阶段正是学生世界观、价值观、人生观的形成期，家长委员会在学校生涯规划的课题组老师的带动下，组织了高一职场达人的家长们进校园讲课，分享成长故事，积极提炼人生经验。高二阶段课题组心理老师们继续组织家委会进行培训，在全年级组织了大型校园模拟招聘会，把家长资源带入到新型的"课堂"。

邀请家长进校园，对学生开展生涯指导。在高一下学期组织职场达人进校园课程，结合心理健康课的生涯指导内容——探索外部世界，各班邀请6位不同行业的家长进班授课，利用周三上午的发展指导课，向学生介绍不同行业的就业前景和职业能力要求，再通过家长对自己职业发展之路的分享，激励学生在高中阶段不断地探索自己，并对未来进行有的放矢的规划，提升学生的学习内驱力。在高二上学期，组织校园模拟招聘课程。教师根据学生高一四次大型考试以及高二的入学考试，对分数进行分析，划分一本、二本、三本、大专的分数线，以及大学英语四六级的分数线，教师填写学生的学历、英语成绩，并将简历表发放给学生，学生填写三份，为模拟招聘会做好准备。招聘会的公司、企业代表均为高二年级学生家长，经过两次心理教师的细致培训，提前做好招聘准备——企业文化介绍、拟招聘职位、招聘职位要求、招聘题目等，并将这些信息制作成海报，提前一周贴在班级的宣传墙上，以供学生提前了解招聘信息。招聘会那天，家长两人一组，一组代表一个单位，一位负责招聘，一位负责记录学生表现，并及时填写学生面试的优缺点及给予的建议，共同完成招聘和面试信息回执等内容。模拟招聘会结束后，通过学生写的感受发现，学生们大都感受到了就业的压力，同时对自己的未来都有期望，但是阅历和经验以及对职业世界了解太少，使得学生在理想的职位面前很无力，所以，参加模拟招聘会，也让学生更加明确了生涯规划的重要性。

苏格拉底说："教育不是灌输、而是点燃。"人生规划需要目标的灯塔方能激发出前行的动力。真正的教育是给走向成年的学生们树立远大的志向、公民的责任和积极的思维方式。

这一系列的活动引发了学生对职业道德的深入思考，多种能力储备的迫切需要，进一步注入了更强学习的动力，激发了对中华民族之崛起而读书的信念，这种强烈的共鸣也再一次激发了家长、老师们的使命感，提升了我们的人生格局和境界。

华山中学的德育课程体系除了学科德育课程、学科渗透课程，还包括第三部分，即活动课程和隐性课程。

对学生的道德情感的培养、道德意志的磨砺和道德行为的落地，主要借助于活动课程：包括晨会、升旗、班队会、体育活动、社会实践和传统教育活动等各类活动课程化，这是我校德育课程的主阵地。

为了更好地加强班级建设，德育处、团委根据中学生德育目标，结合本班实际每月至少组织召开两次主题班会和两次团会，融合理想信念、勤学励志等教育，并进行班会展示。各个学段充分发挥升旗仪式、班团会课、开学典礼、入队、入团等育人平台作用，有序落实传统美德教育、文明礼仪教育、民族团结教育、法制教育、安全教育、励志教育等；坚持开设少年团课、青年党课，精心组织十四岁集体生日、十八岁成人礼、毕业典礼、校园之星表彰等，充分开展清明祭先烈、庆"六一"谢党恩、向国旗敬礼等节日系列活动，为学生健康成长打下了坚实的根基。引导学生树立正确的人生观、世界观和价值观，华山中学每年都会组织中小学生开展中华经典诵读活动，并定期开展中小学经典诵读比赛。通过开展中华经典诵读活动，引导中小学生了解中华文明，形成民族意识，让中小学生在传统文化的滋养中，建立行为规范，提高文明素质，树立正确的人生观、价值观，为学生的健康成长奠定良好基础。

撬动大能力的"午休课程"：

近年来，学生午休期间缺乏监管成为困扰很多学校的一道难题，不仅家长牵肠挂肚，也令教师非常头痛。为了解决这一问题，通常情况下，一部分没有老人的家庭要么将孩子送到学校周边的"家庭小饭桌"，要么就只能让孩子自己管理自己。而被老人照看的学生，因为大多数老人缺乏科学的教育理念与必要的教育方法，容易溺爱，往往被助长了不良习气；"家庭小饭桌"又以盈利为目的，路途安全和餐后休息通常很难得到保障，食品安全事故、交通事故以及孩子间的冲突现象屡有发生。

2013年5月的"我国基础教育和高等教育阶段学生核心素养总体框架研究"，为学校课程体系建设及课程设计提供了方向，即以学生为主体、为学生的终身发展奠基。由此，我校便决定将学生午休管理作为一门课程，规范化地予以设计、实施和评价，这也与学校所承诺的"办一所让家长放心的学校"目标相一致。

午休课程中分为午餐和午睡两个环节，让学生学会合理膳食、科学午休，课程目标由管理午休课程的各年级组对课程内容进行统筹与细化设计，并在此基础上逐步培养学生的生活自理能力、规则意识和综合素养。800多人同时用餐，而且要保证在餐厅与教室相隔500米距离的情况下，午餐送达两栋楼不同楼层的各个班级教室、学生排队盛饭与吃饭，均要在30分钟内完成；在午餐后50分钟内，要完成集合前往午休室、35分钟午休、起床整理床铺及集合进班等一系列动作。这就需要所有学生都要有很好的安全、时间、集体等意识，而能使这些工作顺利进行并有效完成的前提，就是共同规则下学生良好习惯的养成。

学校参考相关年龄段学生营养摄入需求，以米饭、包子、馒头、抓饭等为主食，搭配一荤两素菜品，从周一到周五进行轮换调剂，在保证食品安全的前提下，让学生吃得饱、吃得好，这是基础。在学生打饭之前，每天都会有教师向学生讲解当天饭菜品种、营养成分和相关饮食文化及其对身体与成长的作用，这种在真实情境中的讲授具有非常强的时效性和针对性，在保证学生接受相关知识的同时，能够有效避免学生的不良行为。学校对就餐形式也进行了规定：低年级学生采取学生自主与教师协助的方式，自己盛饭，教师盛菜；高年级学生自己盛饭菜，学生根据自己的饭量确定饭菜多少，在用餐过程中食不语，不走动，不挑拣，不剩饭，保持餐桌餐具整洁，每天对细节进行量化评价。在这一过程中，学生的就餐礼仪、自主意识、营养意识、节俭意识和感恩心态等获得了重点培养。午睡培养学生的自理能力和团队意识，有序列队、安静入室，物品摆放整齐，正确姿势卧床，寝不言，卧具叠放整齐等。午睡管理，充分发挥年级组教师的积极性与主动性，由他们对午睡全过程实施具体管理和考核评价。

在学校层面，构建"和谐德育"评价体系，将午休课程评价结果与各年级组及教师个人日常考核挂钩，并给予不同层次的绩效奖励。同时，加强班主任及值班教师评价，定期召开年级组午休课程展示和评比活动，对好的经验和做法予以推广，还将结果向家长定期及时公布并征求意见。学校工勤人员也开始重新认识自己工作的性质和意义，自觉加入到育人工作者的行列。近期，午休课程中采用"以大带小"形式，在一个高年级学生身边安排两个低年级学生，采取哥哥姐姐照顾弟弟妹妹的方式，为他们创设互帮互助的真实情境。午休课程让学生得到了充分休息，保证了下午上课精力充沛，学习效率大大提高。他们的规则意识、互助意识和团队精神也都明显提升，班级管理更为顺畅。

一位三年级的家长写了这样的随笔：

看到孩子们自己动手，开心离开的场景，我既感慨又佩服。华山中学的课程真是处处皆教育。在家里孩子准备一下碗筷都懒得动手，在这里竟能根据同学们需求帮着一起盛饭，不忘叮嘱："同学，端稳，慢点！右行！"盛上饭的孩子不停地说着："谢谢你！……"20多米的距离，经过之处没有一点抛洒。有些家长写信感谢学校，午休课程让孩子不再挑食，还常给我们普及营养知识。感谢华山中学想家长所想，午休课程让孩子习惯变得更好了，也让我们工作没有了后顾之忧！

四年级（4）班的家长李宝英留言：

孩子每天回到家自己洗饭盒，帮助家长收拾餐具，早晨起床知道自己叠被子，不需要家长提醒。通过孩子写的日记我们家长才知道，老师每天都是等学生打完饭之后才吃饭。孩子感谢老师们的付出，在家中吃饭前都要等长辈先吃，他才动筷子，孩子懂得了感恩。另外，前期经老师点评吃饭注意事项后，孩子现在吃饭时不怎么掉饭，懂得了节约粮食不浪费。学校的午休课程让孩子受益匪浅，我们家长也在不断改变。感谢华山中学的老师们的悉心教导，这将是孩子一生的财富。

中国未成年人网脉工程自 2009 年 4 月进入华山中学以来，与华山中学联合，已经成功举办了七届网脉体验式夏令营，经过七年的沉淀，义务部网脉体验式夏令营已经沉淀为校本课程，它是以中央未成年人网脉工程为课程平台、以"学习、体验、成长"为课程目标，以校内学习、校外实践为课程学习方式，不断得到广大家长的信任和孩子的喜爱，同时也更加深刻的理解"玩在华山"模式下的课程建设和实施。在每届夏令营的过程中，我们将重点关注以下几个方面：习惯养成教育的进一步落实、学生动手动脑能力的提升、学生知识技能的掌握以及综合能力的提升，多个方面相融合，将其具体到夏令营的每一天和每一项活动之中，让夏令营的课程让学生内化于心、外化于行。在前期的校本课程学习中了解、掌握目的地文化、理财、习惯养成（物品整理、交通安全、文明礼仪等，即学会自理、自护、自信、自学、自律、自强）；中期我们以实践、感受、学会目的地特色文化（如：泥人文化、茶文化、手工编织文化等），领略不同的风土人情，感知不同地区人们的生活状态和生活场景。

在活动过程中收获知识、增长见识、提高胆量、增强自信、强健体魄、收获快乐，学会自理、自律、自护，增强团队意识，提高动手能力。

七年级师生远足：

由于华山中学义务部和高中部是两个校区，每年的五月组织七年级全体师生参加往返于两校区间的户外徒步活动（二十余公里），在到达高中校区后，以班级组小组为单位，完成由地理、生物、思品、心理、校史等方面共同设计的学案任务，在团队任务驱动下，学生们的积极性空前高涨。途中，孩子们互相鼓励，口号声、歌声、笑声、编织出一曲动人的乐曲。很多体质较弱的学生，在同学们的帮助下，一次次咬牙坚持，不断突破自己的极限，这种精神反过来也不断激励着身边的每个人。

这样的系列课程设置，是华山中学一直以来，都是把学生的身心健康和终身发展放在重中之重的位置上。磨炼意志、成长心灵、强壮精神、承担责任；深刻的教育来自学生自己深刻的感悟，用体验召唤生命内力的觉醒。这些都是科学的课程体验对学生的意义，超出了单纯的体能考验，却与教育的本质相契合。"我们是优秀的华山中学学生，我们是祖国未来的栋梁之材，用双脚丈量大地我们豪情满怀，用翅膀分割蓝天。我们壮志凌云，没有比脚更长的路，没有比人更高的峰。""超越自我，成就梦想；超越极限，成就奇迹！勇敢面对、永不言败。""再苦再累，不掉队。我行，我要行，我能行，我一定行！""要让老师为我们骄傲！要让家长为我们自豪！要让母校为我们光荣！"当每个班级组响起出发前的口号时，每位同学都被这种精神所感染，还记得孩子们成功完成徒步挑战时，被汗水沁透的笑容是那么骄傲与自信，仿佛再也不会畏惧任何困难！

这不禁让我们感慨，德育不仅仅局限于课堂当中，更不是单一的划江而治，德育之花应该是万紫千红的。五月是一年中充满活力的季节，为让学生们更好地感受学校的文化，华山中学组织初中学生远足实践活动。并且在远足活动中，通过学生亲身的体验，培养学生克艰攻难的毅力和吃苦耐劳的精神；强化集体意识、纪律观念和环保意识；培养良好的心理素质和团队协作精神；教育学生继承革命光荣传统，感悟长征精神。丰富学生课外生活，历练学生的意志品质，增强体质的考虑，

与此同时，部分家长对子女能否胜任这种挑战的担忧不可避免，不过，年级组把活动的理念、目标及活动组织保障向学生和家长讲清楚后，家长基本上都对活动表示支持。还有的家长主动要求一起参加这次远足拉练活动。而学生们无疑将这样一次远足拉练视为一次宝贵的人生收获。一个个摩拳擦掌。

智慧家长、助力成长：

家庭是孩子的第一课堂，父母是孩子的第一任老师，家长的育人水平在很大程度上对孩子影响非常重要。我们开设了家长课堂，转变家长的教育观念，同时给予家长一些解决问题的可操作的方法指导。在"玩在华山"的全新教学模式的实施中，华山中学转变课堂结构、转变教师观念、

转变原本单一的评价方式，这每一步的推进和转变都离不开家长的理解与支持。我们结合中华人民共和国教育部印发的《中小学健康教育指导纲要》，以及学生心理发展特点和我校德育培养目标，确定了家长学校课程的内容：1－3年级学生的德育培养目标是"自理、自护、自强"，打基础、教方法、养德行，形成良好的学习和生活习惯，家长培训重点是家庭氛围营造、树立正确的家庭教育理念；4－6年级学生的德育培养目标是"自学、自律、自强"，家长培训重点是学习方法指导、品行培养、同伴交往、青春期的早教育；7－8年级学生的德育培养目标"自立、自主"，家长培训重点是青春期教育、亲子沟通。学校开展了50期的家长培训，建立三级家长委员会，建设以学校教育为中心、家庭教育为基点、社会教育为依托的三位一体的"和谐德育"管理网络；增强教师家庭教育沟通能力，提高家长育人水平；掌握学生的第一手资料，开展每学期三期《携手育英才》的培训活动：《如何培养孩子的好习惯》《智慧营造良好的家庭氛围》《善用表扬与批评，会使孩子更自信》《悦读越美》《注意力是孩子成功的基石》等，传授给家长培养孩子良好的行为习惯的方法和技巧；建立"微信平台"，及时反馈学校教育教学问题及家长的困惑，还将实用的教育资讯传达给家长；定期举办聚焦不同问题的家长年会，使家校共育更有方向，沟通更加通畅。合理利用心理咨询室，安排具有心理咨询师证的老师定期举办学生心理健康辅导，及时疏导学生学习压力，培养学生健康心理和良好人格品质。

一年级（7）班杨语晗同学的家长参加了夏维娜老师《悦读越美》的讲座后，说了这样一段话：

年过三十，工作、家庭、生活经常让人感觉疲累，已经记不清上一次静心阅读是什么时候了，但听过夏老师的讲座又让我重燃对阅读的热情。现代人的生活似乎已经离不开手机了，以至于我们现在的阅读量很少，阅读方式又全是碎片化的，既没多少收获又没什么营养，这是因为阅读没有成为生活的一部分，没有常态化。让孩子爱上读书，并不是靠我们的说教，我们要用自己的行为去影响孩子，当你想要对家庭抱怨的时候，忍耐一下，去买些亲情类的书籍，当你觉得无法教育孩子的时候，去买些亲情类的绘本，这比发怒抱怨的效果要好百倍千倍。因为阅读的教育是无声的。

二年级（8）班张廷轩的家长听了黄语涵妈妈的《父母如何培育孩子

的好习惯》交流讲座后，说：

我很深刻地体会到特别是在孩子认知和行为形成的关键时期，我们应该尝试着回到家放下工作、放下手机，拿起书，和孩子一起阅读、学习，陪孩子一起玩耍，坚持有规律的生活，改变自己的同时培养孩子养成良好的学习生活习惯。

七年级（6）班家长孙均峰听了《父亲在家庭教育中的定位与作用》提醒父亲们：

我们不单单是养家糊口的劳动者，万不可以事业忙为借口，疏忽家庭教育，挣钱什么时候能够满足，事业没有穷尽，永无止境！挣钱什么时候都不晚，但孩子教育不一样，过这个村没这个店，孩子的成长就像一趟单程的旅行，不可逆转，所以孩子不是母亲一个人的，更需要我们担当起为人父的责任，义不容辞、当仁不让成为孩子成长的参与者。

近年来，学校在家校德育教育工作的细节上狠下功夫，急家长之所急，从邀请各个领域的教育专家办讲座，到我们发现身边的优秀班主任，对教育有着深刻感悟的家长朋友们；从宏观的教育理念到符合学生身心发展的教育行为，我校在不懈努力，真正做到了让更多家长受益。

2015年的家长年会，在会议策划委员会、众多参与的教师、家长、学生的共同努力协作中，给家长们呈现了一场引发大家深度思考的家长年会。每年5月18日是成人宣誓日，年满18周岁的学生在爱国主义教育基地——"18团渠纪念碑"下，举行隆重的成人宣誓大会，并邀请老军垦、老干部及上级领导参加，为刚满18岁的公民佩带成人徽章、颁发成人纪念封和公民手册，铭记这一神圣的时刻，牢记18岁公民肩负的责任和义务。十八岁成人礼时，学生的一封真挚家书更让会场无数家长潸然落泪……当我们对孩子的成长出现困惑无助时，当我们不知如何去爱孩子时，回到原点，遵循教育规律，让春风化雨，德育开花。这也是我校提出做学生喜欢、教师幸福、家长放心、社会满意的服务型、研究型的优质学校最直接体现。学校开展的各项活动都得到家长的支持。利用寒暑假学校安排学生开展"五个一活动"；学校每年开展的"四节"（科技节、社团节、体育节、艺术节）活动都离不开家长的参与。各类社会实践活动，家长们保驾护航，深度参与，共同为学生营建更好的成长契机与环境；科技节布展家长设计筹备；艺术节家长为学生化妆、导演，舞台上有家长与学生的同台演出；学生的入队仪式、主题班团队会上到处都有家长的影子。

2004年5月，为了加强家校沟通，在义务部小学段德育处的倡导下，学校成立了小学家长学校。主要任务是向家长传授教育子女的基本常识。家长学校邀请家长深入课堂听课；定期召开家长会，向家长介绍学校发展状况，介绍孩子在学校的表现，加强学校与家长的沟通、交流。

2005年3月18日，义务部小学段德育处开展"五个一"活动（一部好的戏剧作品、一部好的电视剧或电影作品、一部好的文艺类图书、一部好的社会科学方面理论文章和一部好电影）。在义务部德育处安排下，义务部各班开展了主题班会交流观摩活动。农二师"关工委"、宣传部的领导、学校领导、校级家长委员会成员和年级组长参加了活动。杨新华老师在三年级（2）班召开的《爱满天》主题班会、冯燕老师在五年级（5）班召开的《寒假"作业"》主题班会和张文志老师在八年级（4）班召开的《人间第一情》主题班会，通过不同的视角，展示了小学生丰富多彩的假期生活，展现了小学生的艺术才华和综合素养。

在马兰基地度过难忘的十四岁集体生日：

在2016年5月，八年级全体师生共同度过了一个让人难以忘怀的集体生日，地点选择在了马兰军博园（原马兰军区驻地），作为新疆生产建设兵团的孩子们来说，在这个渗透着保家卫国和屯垦戍边精神的地方，完成自己的十四岁生日礼，有着别样的情怀和意义！

在活动当天，我们组织学生通过参观马兰基地旧址，让学生全面认识和了解中国的"两弹一星"这段历史，培养学生的爱国情感和国防意识，树立和增强青少年肩负的历史重任和责任担当意识。更是煞费苦心地为城市的孩子们营造一个野外生存的环境，让孩子们体验集体生活和集体生日，开展自主管理，锻炼学生的生活技能，探索和思考自我，寻找过去成长的轨迹，旨在使青少年珍惜十四岁的青春年华，迈好青春的第一步。很多学生在集体中感受温暖，大家互帮互助，体验中关爱与被关爱的喜悦，真正把培养团队精神和集体荣誉感，塑造少年的个性、锻炼意志力，落到了实处，让学生在感悟中成长。

也许正如八（7）班张梓萌同学写的那样：

十四岁零点的钟声终于在我们的期盼中敲响了。过了这零点，我们每一个人，都已经迈过了那道门槛，进入了一生中最珍贵的十四岁。

当全体师生齐诵《少年中国说》时，我们看到了华山学子们，满怀激情，豪言壮志！我们听到了华山学子们，面对着先辈志愿，庄严宣誓！

学校积极开展四个"手拉手"活动："与民族娃娃手拉手""与农村孩子手拉手""与残疾娃娃手拉手""与军人手拉手"。每年5月的民族团结教育月，皮山、若羌民族学生同唱一首民族歌曲，跳一只民族舞蹈，结一户民族亲戚。新疆各族人民像石榴子一样牢牢抱在一起，为民、汉学生牢固树立"三个离不开"的民族团结思想奠定基础。

义务部的主题班队、高中部的主题班团委，自主性选题从准备到实施，全由学生动手、积极参与，老师提供学生所需要的帮助和指导。班会课的内容是融德育于智育、美育活动中，以学生喜闻乐见的方式进行，《不给别人添麻烦》《我的集体我的家》《做个真正的男子汉》《做个有内涵的女孩》《拒绝苦涩青苹果，友谊花开万里香》等班会，同学们积极策划、组织，气氛活跃，实现了自我教育。

教育的目的是什么？

英国著名教育家怀特海先生，以哲学家的视角对此做了深邃的思考，从教育论、教学论和教育体制等多方面，予以了回答。由于东西方文化的差异和翻译的原因，这部伟大的著作，普通教师今天读起来确实感到艰涩难懂。华山中学的管理层，一次购进400多册，放在图书馆，要求每位教师借来读，拿来"啃"，领会其内涵。

在华山中学高中部的德育课程以"四自"教育为支撑，培养学生正确的世界观、人生观、价值观为目标。即学生的自我管理、自我服务、自我教育、自我发展。换句话说："真正的管理是自我管理，真正的学习是自主学习，真正的发展的是主动发展。"

华山中学，从早操、早读，到午休、晚自习；从每天的作业提交，到期中、期末的考风考纪督查；从一日三餐监督，到自行车的规范摆放；从周一的升旗主持，到周六的自主大阅读；从学期初的新生军训，到每年一次的春季、秋季运动会；从高二的成人礼到高三毕业的篝火晚会等，校园的一切活动，均由它的主人——学生们担纲"主角"，而教师却成了引领者、参与者和分享者。华山人懂得：一项活动，其实就是一个平台；一个"岗位"，便是一次机会。在这些多姿多彩的平台上，学生们自我管理、自我服务、自我教育，从而最终实现自我发展。

高中部军训课程的学长教官制度：

每年暑假对入学的高一学生进行为期10天的全封闭军政训练，使学生了解军队建设、基本军事常识，强化学生的意志品质、集体观念、纪律素质、独立生活能力等，为学生尽快适应高中生活奠定基础，"华山军校"作为"兵团优秀少年军校"和2002年全国首批"少年军校示范校"，最独特的是学长教官制度，由优秀学长培训担任教官，进行学生的"自我管理、自我教育、自我服务"，育人效果非常突出。

传统的军训是以武警教官训练为主，班主任教育管理为辅，军事色彩过重，教育手段单一，学校的育人目标很难通过部队教官渗透到军训中去。教官在军事训练上虽在行，但一般都缺乏对高中学生身心特点的了解，也没有受过专业的教育学培训，育人方法相对简单，很难胜任学习指导和生活指导等方面的要求，更无法将军训的过程与后期的教学目标进行必要的串联。通常情况下，这些作用必须由班主任老师来发挥，但在军训过程中，班主任往往只能在训练间隙开展班级建设和学生教育工作，对教官也比较陌生，难以形成合力，也就容易导致训练和教育形成"两张皮"。此外，这种教官主导、班主任辅助的军训模式将学生变成了被动的受训者和被教育者，很难实现学生的自我认知、自我管理和自我教育，从而导致军训的育人效果不持续、不深入，也不符合我校不断发展的育人理念。

自2012年起，华山中学在以往多年实施校园封闭式军训的基础上，开始尝试实行"学长教官制"军训模式，即不再直接由部队士官担任军训教官，而是从在校或当年毕业的高年级学生中选拔品学兼优的学长，由他们出任军训教官，并从训练、生活、学习等各方面，对高一新生进行全方位的训练和指导。在实施过程中，我们重点做了以下几个方面工作。首先，高标准确立教官候选人条件。不仅要求候选人有较好的身体协调性和大方端庄的仪表仪态，还要求他们有较强的语言表达能力、组织协作能力和顽强的意志品质。此外，为了给新生树立表率，候选人的日常表现和学习成绩也必须作为对学长教官的重要考核指标。其次，学长教官的选择要经过严格的选拔和审核。学生根据招募要求，提出个人申请；班级以班会形式，根据申请者各方面的表现，进行评选推举；年级组就申请学生的品行、能力、特点等方面，充分讨论、认真筛选，向学校提出推荐名单，并进行一轮入选公示。最后，学校组织体育老师对一轮入选的学生进行体能测试，符合条件者入选，并在全校公示。经过选拔所产生的学长教官要在部队进行全封闭训练，无论是作息时间，还是训练内容，都与部队新兵保持一致。学长教官们除了要出色地完成各项训练任务，还必须进行授课培训和讲解练习，不仅自己要能做好，更要教好、讲好、示范好。最后，在部队的封闭军事训练结束后，学长教官们还要接受团体心理辅导培训、高中各学科学法指导培训、住校生自理能力和交往能力指导培训等一系列的培训和学习，以确保在学习和生活方面对新生给予规范有效的指导和悉心呵护。

我们为每班选派两名学长教官，一名男生，一名女生，两名教官既有合作，又有明确分工。在安排各班教官的时候，要考虑教官性格和能力等方面的互补性。两名教官发挥各自特长，在训练、生活、学习等各方面相互配合，相互补充，强化军训效果。训练中，班主任老师给予教官极大信任和支持，在学生中树立教官威望，在班级建设和管理上得到教官的配合和帮助，班主任和教官相互支持，相互协作，从而使得两名学长教官加班主任的组合所产生的效果远远大于一名部队教官加一名班主任的组合效果。

高二学生姜天赐经历多轮选拔，获得了期待已久的学长教官的训练机会。他说：

部队的受训完全颠覆假期的生活状态，起初我感觉很累，过了两天，感受到了军队生活的充实，发现自己的内心不是一般的强大。离开了部队，回到学校真正的考验才正式开始。接下来我们面对的将是新一届学生，一个我们未知的群体。见面那天告诉自己：若是连自信都没有的话，那么就不配谈努力，我要拼尽全力让学弟学妹刮目相看！我每时每刻提醒自己——我现在是一名教官，我肩负的不仅是教官的责任，还有学校的信任与重托。踏着整齐的步子我们一次次从学生中走过，"懒惰"一词从我们的生活中彻底消失了。我想："我既是教官、又是小老师，他们遇到的困难我都曾遇到过，我有能力有信心教好他们！"那段时间，无论天气多炎热、训练多辛苦，我不喊苦不喊累。我们是标杆，又怎能倒下去？我每天都能微笑着面对，我用这样的方式激励他们，在他们心中种下一颗坚强的种子。训练中，我一丝不苟地要求每一个军姿细节，训练间隙，我结合自己的感受给他们当起了老师，指导高一的学习、宿舍生活。渐渐地，学生们认可了我们，佩服我们，每次见到我们都会大声呼喊：教官好！这令我无比开心。15天风雨历程，我们走过。要求自己，摆正心态，磨炼心智。回首，只觉得如熔炼了自身一般，天地变得明快，世界变得更加美妙。

德育课程：重要的是育人

自主运动会课程发展：

华山 3500 名学生自己召开春季、秋季运动会。运动会开得有章有法、有板有眼、有声有色。学生自主筹办运动会源于 2007 年，这是我校邱成国校长提出的以学生为主的教育理念，是学生自主管理的一次大胆尝试！邱校长指出："新课程和素质教育要求让学生自我学习、主动实践和自我发展，我们让学生自己举办运动会就是这种理念的体现。通过这样的活动，提高了学生组织大型活动的能力。教师要敢于放手，给我们的学生搭建足够大的平台做好技术指导和服务，相信我们的学生会很出色"。我校的办学理念是"玩在华山""学在华山""成长在华山"。"玩"是让各种活动课程化，是让学生在实实在在的活动形式中体验、感受，从而受到教育。"玩在华山"是学生自主举办运动会的指导思想，学校大胆践行让学生自主举办运动会正是"玩在华山"理念的具体落实。我校高中历届运动会总参与人数达 3500 余人，参加比赛的学生达 1360 人，共设田径项目、轮滑竞速和教职工趣味活动三大内容，包含 9 个小项。要组织好规模这么庞大的运动会确实不是一件易事，然而我们从总裁判长到各机构的负责人等运动会的组织者全部是学生，担任运动会裁判工作的学生有 100 人，另外还有负责宣传、广播、卫生、治安、考核等志愿者学生 50 人。整个运动会的组织工作，从项目策划到报名编号，从开幕式到闭幕式，从场地安排到裁判和后勤保障，全部由学生"大包干"。真正实现了让学生成为运动会的主人！至今连续十届学生自主举办的运动会均圆满成功，从前期准备到运动会的圆满结束，各个学生组织分工合作、辛勤付出，构建了民主、温馨、和谐的校园氛围。

高一（19）班陈景玥说：

作为运动会仲裁组的成员，我更是深感压力。在学生会主席史君哲的带领及指导下，我渐渐熟悉自己的职责。从刚开始的不知所措到后来的能够参与进去处理各项事件，对我来说是个不小的成长。但在工作过程中仍存在一些问题：一是在对运动员投诉进行仲裁中带有一些感情色彩；二是缺少行事的果敢；三是缺少对大局的把握。在今后的学习生活中，我会继续努力，取长补短。

高一（19）班汪君阳在运动会的总结中说：

作为新高一，在高中生活的第一年就有幸能参与到学校如此重大的活动实属幸运，当初作为参与者的我深有所感，而如今作为组织者的我，更是有很多想说的。学校能把一个有着3600多人集体参与的活动完全交给学生去组织、管理，既充分给予了学生信任，又对我们有着高度的期盼。从整个运动会的大局时间表再到其细节，每一步都由我们自主来完成，每一步都需要学生去亲自落实，对我们实在是一个挑战，但在挑战中我也对一个活动的组织有了初步的认识：我们的组织流程如下：时间表——细化分工——集体讨论——逐一落实——多次讨论，查漏补缺——活动前例会再次落实到每个点、每个人——彩排——各个方面的沟通——分组监督——收尾工作。从裁判员、运动员的宣誓、到每一沟通、运动员的管理与服务，监督组对每一个部门的工作完成效率的客观评价，都要精细、公平、公正。每一次大型活动的组织对组织者来说都是一次成长的机会，我对此次机会的获得感到荣幸与感恩，毕竟不是每个学校都有这样的机会，毕竟不是每个人都有这样的机遇，我能全身心地投入其中并组织，对我来说已经是一次不小的成长，我享受它、感谢它。希望华山中学的活动能越办越好，更多的人能深受其益！

自己举办运动会培养的是学生的沟通、交流的表达力，团队合作的协调配合力，面对困难百折不挠的意志力，面对得失宠辱不惊的调控力，面对新事物的接受力等"五种能力"。

3500多名华山学生自己举办运动会，再一次启示我们的教育管理者：只要我们给学生足够的信任，学生身上的潜能会得到惊人的释放；只要我们给孩子们搭建合适的平台，学生们会演绎出精彩的角色；襁褓中的婴儿，永远学不会自己走路！只要我们手中的"线"放一放，学生们会飞的更高、更远。

国旗下讲话，"讲到了师生的心坎上"。

升旗仪式，是对青少年进行教育的难得契机。

可是，国旗下讲话，为什么"讲"不到师生的心坎里？

因为，应景之作多（今天这个节、明天那个日，围绕节日打转转，跟着季节跑），"高、大、上"甚至"假、大、空"多，说教多；扣人心弦的少、"接地气"的少、"促膝谈心"式的少。

怎样使国旗下讲演，讲到师生的心坎上？如何使升旗仪式，触及师生的灵魂？

华山人进行了大胆尝试、积极探索。

以立德树人为总目标，结合实际，讲述华山好故事、传播华山好声音、树立华山好形象——华山人厘清了思路。

做到主题鲜明，内容丰富，表达方式灵活：如演讲、诗歌朗诵、歌曲演唱、情景剧表演、讲故事等；要将前期准备、升旗仪式和效果延伸整体构思——华山人明确了具体要求。

社团课：顺应天性、涵养德行、发展个性，让教育回归本真。

学生申请自主开设各种学生社团：模拟联合国社团、"小胡杨"文学社、截拳道社、街舞社、心理社、动漫社、话剧社、影视欣赏社、国画社、书法社、足球社、篮球社等30余个。还开设丰富的校本课程，各年级还有丰富多彩的年级活动。老师们发挥自己的长处，积极担任社团指导老师。每到周末，学校还会放映经典影片，开展知识讲座，组织各种文艺晚会。老师主讲的"华山读书讲堂"和学生主讲的"周末好时光"读书活动深受欢迎。

充分的自主性为同学们张扬个性、展示才华提供了广阔舞台！让学生在自我管理中玩出能力！

隐性课程包括校园文化建设（胡杨文化和胡杨精神）、班级建设和制度建设。这是我校德育课程的主抓手。

校园文化、以文化人、悦读越美——让书籍润泽心灵。

胡杨树，生而千年不死，死而千年不倒，倒而千年不朽。胡杨大多生长在大漠戈壁，生存环境恶劣，没有和煦的阳光，也没有充足的水源，更没有人类精心的呵护，但它顽强地生存，是兵团人"艰苦创业，顽强不屈"的精神化身。

在华山中学的校园宿舍楼旁生长着两棵高大的胡杨树，金秋时节，金色的胡杨叶片在湛蓝的天空映衬下格外的美丽，同学每天从高大的胡杨树下经过时可以感受沙漠胡杨强大的生命力。校园的华兴路上的一处山形石上刻着这样一首藏头诗"登书山之顶如登华山，为大学之道以为中学"。

华山的厕所也有"文化味"，也是环境育人的"重要阵地"。

厕所，是人们学习、工作和生活不可或缺的一部分。但在中国，厕所却沦为了"藏污纳垢"、书写污言秽语和宣泄不健康心理的场所。在校园，厕所同样也是校园文化建设的"短板"和"洼地"。

作为华山中学环境育人的一部分，厕所理应成为展示华山学子文明素养的"窗口"，理应成为华山中学一道靓丽的"风景线"。为此，华山中学开展了厕所净化、美化活动。由学生自己来净化、美化厕所，让厕所变为他们"涂鸦""宣泄"的"乐园"，本身就是对学生思想的感化、精神的提升和灵魂的净化。

华山的文化不止写在墙壁上、刻在石头上，更通过阅读滋润心灵。

孩子的成长是一段彩色的阶梯，每一个年龄，需要不同的童书和不同的阅读方式。我校借助读书活动为学生寻找到了最适宜的童书，并倡导儿童应回归一种积极的朴素的生活方式——"晨读、午听、暮聊、周诵、月演"。阅读的书籍和儿童的生活相关联，能润泽儿童心灵，从而改变他们的生命状态。童书——最美妙的空气，让阅读浸润孩子的心田。

清晨，伴随着一缕缕阳光，孩子们背着书包如同一群叽叽喳喳的鸟儿们蹦蹦跳跳地跑入校园，脸上洋溢着说不出的喜悦。不一会儿，孩子们步入小学楼轻声慢步地走进教室，准备好学习用品后便沉浸在自己的书香之中。渐渐地孩子越来越多，可教室里却越来越安静，平日里这一只只叽叽喳喳的鸟儿们竟如同走进了兔子洞一般，腰板一挺，小脑袋瓜随着书本微微摆动，时而紧皱眉头，时而露出惬意的微笑，更有甚者竟不觉地笑出声来，起初，个别孩子还会好奇地瞅一眼。但现在，鸟儿们对这样的情景早已不以为然了，都会各自沉浸在自己的书境之中，享受书中古今中外的趣事奇闻。

孩子们面对书本展现出的不同的表情，老师们也不觉放轻了脚步，静静地坐下，手压一本书，时而惆怅满怀，执笔作下，时而又如获至宝，豁然开朗。师生们投入地共读书时的画面，是华山校园一幅美丽的风景！

一位老师写下了这样的晨读感受：此情此景，不得不感慨一句：有书读，有所得，真乃人生一大幸事！

中午3：35至3：42，这上课前七分钟对孩子们来说是最快乐、最放松的时间。只要广播中传来轻松悦耳的曲声时，教室里的学生，有在和好朋友分享趣事的，有在图书角整理书本的，有在看自己刚买的新书的，还有的在给盆栽浇水，听到乐曲纷纷走到自己的座位上。你看，那一个个小背影坐得笔直，一动不动生怕错过故事中的哪个情节，时而面庞上浮现浅浅笑意、时而悲伤难过。小姐姐甜美的声音说："今天狐假虎威的寓言故事就讲到这了。"

沉浸在故事中的孩子："啊！七分钟过得这么快呀！我还没听够呢！"有的孩子说："哎！怎么结束了呢？"另一个孩子说："没事，明天有我喜欢的知识小百科呢，后天还有十万个为什么呢！"孩子们仿佛接受了这件事，都回过神来，开始迎接下午第一节课的到来。

随着时间的推移，学生们发生了微妙的变化。早晨晨读音乐响起学生会自觉拿出书本读书，课间操音乐响起学生会跟着节奏一起舞动。课前，少了攒动多了轻声交流；课中，少了呆板多了活跃；课后，少了喧闹多了交流。孩子们的倾听更有耐心了，甚至在家长中也引起一阵轰动，说孩子最近跟我们谈话，会倾听了，一遍就明白妈妈的语意了。我想这正是学校开展听读的初衷吧，潜移默化对学生进行心灵的浸润，帮助他们形成良好的倾听习惯，尤其对低年级学生来说，会听更重要。

除此之外，我校的"书里书外故事会"活动从 2009 年的尝试摸索阶段，到 2013 年 3 月 9 日第一场书里书外故事会，至今已成功举办了 41 期，正是这样多元化的活动方式引发了小学生的"阅读热"。为演好一个童话剧，几个孩子必须利用课余时间排练，家长要当好策划、导演、剧务等。孩子演出时，家长及时点评。故事会中，同学们饱含感情地朗诵了一首又一首诗歌，通过舞蹈来表达对妈妈的爱。小歌迷用甜美的歌声歌唱母爱。在场的妈妈个个都很激动，书香的种子就这样不知不觉中播进孩子的心田。

低年级通过讲、唱、说、舞各种方式来展示自己的读书心得，如一年级小朋友表演了有趣的情景剧《咕咚来了》。在推荐好书环节，六年级的一个女同学手拿一本《儿童文学》杂志，一上台就说："在没有《儿童文学》之前，妈妈的话总是：'别看电视了，快去拿本书看！'有了《儿童文学》后却变成：'别看书了，快去床上睡觉！'"《儿童文学》的诱惑力就是这么大！从这以后，我们学校订的《儿童文学》经典版、时尚版、美绘版、选萃版从来未在馆里停留过，过刊也都被借走，新书还没到就被预定，涌现出了一大批"阅读小博士"。华山人深知：一个孩子，如果在成长的关键阶段，没有读到适合那个年龄段该读的书，将是该生无法弥补的缺憾。读书，是门槛最低的高贵！

"三八"妇女节那天，书里书外故事会的主题是"送给妈妈一份特别的三八礼物"。在暖场阶段，播放着每个孩子从牙牙学语到现在上三年级的照片，同时配着歌曲《时间都去哪了》。这场活动的互动题目是："在我们生活中，母爱让你肆意去索取、享用，却不要任何回报。这个人在我们身边生活了近十年，这份爱也在我们身边存在了近十年。同学们，你们了解这个人，懂得这份爱吗？"每一个问题都触动了孩子的幼小心灵，有些同学感动得眼角湿润。

教，就是孝加文，即以文化人（化者，感化、同化、教化也），使之孝。为什么要教人孝呢？因为，百善孝为先，孝乃做人之根本。"善"很多：忠诚、宽厚、仁义、果敢、守时、勤勉……为什么要把孝作为"百善"之首？一个人最宝贵的是什么？性命。谁给予的？爹妈。如果一个人，对给予了自己最宝贵东西的人——父母，都不能善待，那就枉为人也。育，就是云加月，即云和月才能构造出一种美妙意境。没有月，光有云，漆黑一片；光有月，没有云，白光也不算意境。可见，育，就是营造意境、情境或者环境。那么，教和育合起来，就是在一定的意境（情境、环境）下，使人懂得孝，学会悲天悯人。

在高中部，周六的海量阅读课程继续延续了阅读这一重要的学习方式，老师们每周两节课的"天下之乐在书案——华山读书讲堂"总能吸引许多同学聆听，学生们主讲的"周末好时光"读书活动深受欢迎。

开学第一节班会课后，高一第五班级组的大组长张老师和其他老师、同学们一起提炼班级培养目标：培养品德高尚的人，培养能力卓越的人，培养成绩优异的人，与学校"才丰似华、德厚如山"的校训相得益彰。同学们把自己的目标写在了墙壁上，更印在了心里，成了这个班级极具凝聚力的文化。近年来，学校实施班级组制，张老师和班级组老师们一起把两个班级团结在一起，既合作，又竞争，共同成长。班级组的老师践行全员育人理念，团结协作，展现在一个班级组学生面前的不再是一位班主任，而是以大组长为核心的教师团队，他们团结协作、言传身教，共同引领班级发展。

所以，华山中学的老师们在这样的育人环境中、在齐心协力的工作中，都有一个共同的教育目标，就是要努力成为学生成长的领路人，成为励志大师、备考专家和解决学生问题的心理医生。

邀请专家对学生进行专项指导也是华山文化的一部分，学校邀请多位专家、学者和校友来我校进行指导。他们分别是：中华人民共和国建国50周年和60周年阅兵庆典军乐总指挥、中国音乐家协会常务理事、中国管乐学会会长、国家一级指挥、现任解放军军乐团总监于海将军，北京第166中学金帆管乐团团长李正华，中国交响乐团合唱团常任指挥、副团长王琳琳，中国管乐学会秘书寇宇飞对我校的管乐社团、合唱社团进行专项指导；邀请巴州知名生态摄影家、企业家雷洪老师为两百多学生、老师和家长开展爱鸟周专题摄影讲座；邀请北京大学国际关系学院副院长、国际关系研究所所长袁明教授走进华山中学高中校区做《全球视野下的大国青年》的讲座；邀请新东方总裁周成刚一行到华山中学开展公益讲座；邀请从澳大利亚留学归来的华山学子邱先阳在华山中学高中部五楼报告厅与高二平行班和高一模联社的学生们一同分享了他的个人成长经历；邀请华山学子、篮球国家青年队队员、浙江广厦俱乐部队员胡金秋回到母校，与学弟、学妹分享自己篮球职业生涯的历程，感恩母校的培养和帮助；邀请中国解放军军乐团副团长、国家一级指挥张海峰率军乐团演奏家专项指导我校管乐社团并参与演出；邀请巴黎大学艺术史博士司徒双博士开展《卢浮宫的镇宫四宝——古希腊与文艺复兴时期的杰作》的讲座；邀请来自清华美术学院的邱松教授，他向学生介绍清华美术学院的教学内容，并通过学生作品展示清华大学美术学院系别的不同，激励美术特长生努力学习，实现梦想。在华山就能够听到来自北京知名专家的精彩讲座。

每年 6 月，在德育处的主持下，高一举办学生"社团节"活动，以各类学生社团为基本活动单位。活动的宗旨是给学生提供一个张扬个性、特长和能力的舞台，以此展示学生审美、欣赏、评论、演讲、辩论、绘画、摄影、书法等个性特长及独立组织活动的能力，为培养和提高学生的综合素质和人文修养产生积极的作用。

9 月，在教务处的主持下，举办学生"体育节"活动。活动的宗旨是推动全民健身，发挥学生的体育特长和体育竞技水平，展示学生的体育竞技道德和集体主义的团队精神。

12 月，在校工会的主持下，举办师生"艺术节"。活动的宗旨是为全校广大师生提供展示自身艺术特长的舞台，内容可以是歌舞、小品、相声、器乐、声乐、魔术、杂技等多种形式，以此丰富师生的校园文化生活，提升师生和学校的艺术品位。

为初三、高三毕业班学生举办隆重的"毕业典礼"，邀请家长代表、教师代表、学生代表讲话。校长亲自为毕业生颁发毕业证，同时逐个与学生合影留念。

近年来，学校通过下派校长、教师援教和结对援建的方式，与二十余所基层薄弱学校建立起紧密协作关系，把教师支教和学生互访常态化。在带动均衡发展的过程中，让师生通过交换生的方式感受差异，并体验担当责任的方式、途径和意义；率先提出"教育维稳"主张，开展"环塔"文化传播行动，与南疆少数民族聚居区学校师生结对共建，通过结对认亲，文化认同教育，加强交流与沟通，为夯实新疆社会稳定和长治久安的基础探索出路。这种以责任担当为导向的社会关系的打造，有力促进了师生和家长文化意识的觉醒，对责任的自觉担当使得"大德育"理念深入人心。

一位在华山学习的跟岗培训的教师在日志中这样写道：华山中学是一个激励人的地方，不仅仅是平时课堂和主题班会，老师随时都会出现在他们眼前，在高考之前，班主任们半夜起来，亲自在家给全班同学煮鸡蛋，高考前每人发两个鸡蛋和一个火腿肠，象征十全十美，让高二的学弟学妹给他们列队欢送，设立凯旋门，校领导亲自上每一辆送考车为学生们打气鼓励，这所有活动，让孩子们信心满满。一个这么关心你的学校，老师，孩子怎么可能不燃起来奋斗精神呢？

德育，既要内化于心，更要外化于行，华山中学经过近 60 年的发展，德育课程体系不断走向成熟。"才丰似华，德厚如山"的校训经历岁月润物无声地滋养了一代代学子。

又是一年毕业季，2014 届的一位同学毕业时留给学校信箱中有这样一封信：

十二年来，我的成长与母校相守、相连，难舍我亲爱的母校，我们成长的温馨家园，无论走到哪里，都是拨动我们心弦的美好力量。感谢华山中学，感谢邱校长，感谢我所有的老师们，感谢您用多彩的课程点亮我的生命，感谢你们在我无助时的鼓励，感谢我迷茫中步步相随……我的华山，我永远爱您！一首小诗送给我的母校。

信签上整洁隽秀文字里流淌着对华山的爱……

每天把您的名字挂在胸前，

我能感受到您博大的爱，

您永远是我的一片森林，

我是一粒微小的种子。

我的思想在你的呵护中发芽，

每次仰望您的时候，

您的肩膀就像一座木头房子，

容纳了蓝天和白云。

我曾想想我们能永远和您站在一起，所有美丽的清晨和夜晚，

在您脚下默默地醒来，睡去。

直到今天，

我长成了一棵树，

重温那些您给我的爱，

我才更像您，

在岁月的风雨中，

站在人生的某个角落，

总会形成一片绿色的荫蔽。

美术特长班的班主任邹老师在他的毕业最后一课中，为学生写下了这样的叮咛：

亲爱的同学们，带着正直和善良做人，带着严谨和勤奋求学，带着责任和努力做事，带着温暖和爱心生活。

华山教师带着教育的使命感在静心做着教育，用情陪伴，用心浇灌，静待花开。

第六章　教育之魂

——吴兴高级中学的德育课程

德育，是一个教育人永恒思考的问题。《左传》有言："大上有立德，其次有立功，其次有立言。"此为人生三不朽，而立德为首，故德教必为先。

回顾数十年来德育发展之路，我们注意到：德育教育形式从课堂说教灌输为主，过渡到社会实践活动为主，现在又倾向回归课堂、开发课程。在这螺旋的递进中，我们看到社会的发展、时代的变迁。但德育教育形式犹如做一道菜，即便同一种食材，做法万千而众口难调，本土化的才是有灵魂的德育课程。

第一节　德育课程体系

一、学校德育

有人说，德育是教育的灵魂，犹如人的生存需要盐分，不可或缺，但万万不能叫人直接吃。德育这种特别而美好的东西，必须经历长时间的熏陶和培养才能拥有。因此，德育的价值取向在于：不刻意去落实多少知识与能力，而是如何将国家对青少年的道德要求，内化为学生的核心素养，外显为学生良好的道德行为。

（一）适合自己的，才是最好的

当前，中小学德育工作被重视的程度日益增加，全社会对青少年的教育关注已经到了一个巅峰时期。作为德育工作者，我们倍感尴尬的是德育实效的不高。教育的环境、对象越来越复杂，交流学习的机会越来越多，面对文化的多元化和多样性的价值取向，"拿来主义者"最容易迷失方向，东拼西凑、拾人牙慧都往自己德育工作上套，最后发现实效不高。一所学校的发展历史，往往带有自己的色彩。正确定位，坚定方向，经过反复的杂糅、萃取、整合，根据学生的实际需求，选择有效的德育载体，形成的本土化德育模式，才是最适合本校学生的。

（二）与时俱进的，才能保持活力

随着社会的发展，我国的政治、经济、文化、教育、道德等方面都发生了前所未有的变化，人们的价值观、道德观在经济大潮的冲击下开始出现多元化趋势。这样一来，与这种社会环境处于同质状态的中学生的道德观念和价值取向，也越来越显现出多元化的趋势；学校主流道德教育内容与学生自身"亚道德"体系的冲突日益明显；社会全方位的信息攻势和学校长年相对不变的德育模式容易产生巨大落差。因此，德育需要时效性、有效性和针对性。遵循学生的心理规律，源源不断地注入思想活水，方能使德育教育具备强大的可持续发展能力。

（三）有特色品牌的，才能长久立足

目前，不少学校的德育工作都是跟着社会政治形势转。社会有什么热点，就赶紧开展什么，开展结束后，热情便一落千丈。学校德育工作应该打造自己的品牌，有正确的德育理念和清晰的工作思路，在明确的发展方向上不断创新，这才能够增强师生的信心和凝聚力，形成学校发展的强大内核动力。

二、德育课程

一般来说，德育课程从主体上分类，可以分为国家德育课程、地方德育课程、学校（校本）德育课程，三者相辅相成。依据新的课程观，学校德育课程又可以分为显性德育课程和隐性德育课程两个类别。显性德育课程体系包括：学科性德育课程、德育与学科教学的渗透、活动性德育课程等。隐性德育课程包括：学校的校园文化、校园内对学生思想道德产生影响的人和物，以及家庭和社区的教育环境等。德育工作是一项复杂的社会系统工程，将德育课程化，是对德育工作的整合，能够形成更大合力。

（一）德育课程化，有利于体现学校德育工作的本质特征，提高德育的有效性

将德育课程化，能很好地避免德育的离散性、随机性。对德育各个活动的全过程进行全方位、多角度、深层次地建立，形成可操作的体系，从而体现出学生的主体性；强化学生的道德体验，体现德育工作的本质

特征。

（二）德育课程化，有利于遵循规律实施学校德育工作，提高德育的实效性

德育工作遵循的规律主要有学生身心发展规律、品德养成规律、德育过程中师生互动规律等。凡是规律的遵循都是一个持续不断地实施、发展的过程。而在学校里，只有以课程为载体才能保证德育能够持续不断的实施。在新课程体系下，教师、学生、教材和环境形成动态交互作用，回归生活世界，从而使德育生活化，提高了其实效性。

（三）德育课程化，有利于增加学生吸收德育的信息量，提高德育的针对性和时效性

按照系统科学的整体性、层次性、有序性原理，把学校德育整体划分为若干个系统，形成一个完整有机的整体，可以扫除日常零散德育工作上的盲点，扩大德育学习和修炼的空间与时间。

三、吴高解读

德育是基础教育的重要内容，是全面推进素质教育的灵魂。2002年中宣部发布了《公民道德建设纲要》，而学校德育工作是贯彻落实《公民道德建设纲要》的重要阵地，也是学校管理的核心工作，它在保证人才培养方向上和促进学生的全面发展上都起着决定性作用。2007年10月15号，党的十七大指："科学发展观，第一要义是发展，核心是以人为本。"体现在学校德育工作中，就是要尊重学生的多样性、独特性，充分体现个体发展水平的层次性，发挥学生的积极主动作用。德育的实现是教育者、被教育者、教育环境三方面互相作用的结果。马斯洛需要层次理论认为，人的一切行为都是由需要引起的。学生的需求往往是多指向的，并非所有需要都能自己清楚知觉。德育工作要帮助学生发掘自我需求，发展自我。

《国家中长期教育改革和发展规划纲要（2010—2020）》中把"育人为本，德育为先"作为了一项重要的战略主题，并特别强调，要"创新德育形式，丰富德育内容，不断提高德育工作的吸引力和感染力，增强德育工作的针对性和实效性"。

我国一直都十分重视中小学德育工作，"德育为首"已成为学校教育的基本原则。但长期以来，我国的德育工作存在着许多问题，理论和实践还不完善；在形式上过于简单呆板；内容上过于"假、大、空"；在德育

方法上重说教、轻实践经验，操作费时低效，导致学校德育工作长期落后于青少年成长的需要，很少或者很难融入德育对象中去。受传统教育发展方式的束缚，学校德育功利色彩浓厚，生硬的规范、空洞的说教也使德育缺乏层次性和针对性，投入多产出少，对学生的思想品德教育如隔靴挠痒，苍白无力，没有实效。

2016 年，《中国学生发展核心素养》的提出，是在新的历史时期，高屋建瓴地落实立德树人这一战略目标的重要途径，它的提出，使得教育"立德树人"的育人价值更加凸显。

第二节　红十字德育：吴高德育课程体系

一、德育体系建构背景

（一）建校背景

2001 年三校合并，诞生了吴兴高级中学。2005 年，校址异地搬迁，同年再并入一所镇级中学。当时的吴高人信心满满，充满干劲，但同时也是迷惘的。老师是四所学校合并的，文化是多元的，学校也没特色，怎么样才能站住脚？正如我们所理解的一样，适合自己的，才是最好的。吴高人开始梳理历史，挖掘潜力，正确定位。

（二）与红十字结缘

红十字对吴高来说，是平台，是载体，更是倾心的遇见。2006 年 5 月，在湖州市红十字会的指导下，学校成立了"校红十字会"。吴高在当时湖州同类学校中起步较晚，但在活动中，吴高人欣喜地发现：红十字精神与传统中国文化灵犀相通；红十字精神的传播与当代中国社会主义核心价值观能够和应而鸣；红十字组织的运行叩准了中国公民社会成长和政府制度改革的足音；红十字事业的践行与今天中国塑造负责任的和平大国形象有共同的鼓点。于是，我们开始思考：开展红十字工作，与我校的德育工作是一种什么关系？是几项活动的开展，还是德育工作的主要抓手？

2006 年 8 月，浙江省高中新课改开始全面实施，对于刚刚开始接触"红十字"的吴高而言，是个难得的机遇。在 2007 年，红十字活动被确立为学校德育的主要载体，用"人道、博爱、奉献"的红十字精神教育和塑造学生的思想行为。由此，红十字德育活动成为我校的特色项目。

二、德育体系建构历程

（一）课程化

2006 到 2011 年，红十字德育工作在吴高制度化、课题化、课程化。

2007 年，吴高创建为"浙江省红十字达标学校"。但是，创建不是目的，只是给了我们一个更高的要求，我们想把红十字工作这个特色项目，做成学校的特色。那么首先，就要将零散的德育工作，做一点小小的改变，让它变得有序。

2008 年 3 月，我们做了一个尝试——开发红十字课程，让红十字精神进课堂。一支由 18 位涵盖文学、艺术、政治、历史、科学、心理等不同学科的教师团队，开始围绕着"红十字"，着手在内容、结构、程序、实施、评价等方面建构起有特色、有全局性的德育教育课程体系。2007 学年，首轮课程开发了《解读红十字精神》《生活中的红十字》两门课程。《解读红十字精神》着重从精神层面来阐释，引导学生进行人物品读、了解红十字渊源及当代视点，进而感受红十字精神内核；《生活中的红十字》着重于日常生活的可操作层面，如安全技能、疾病防控、无偿献血、远离毒品与烟草、心理健康辅导等。两门课程当时在高二年级校本教学中开设，每周一课时。目的是让学生了解红十字渊源及当代视点、感受红十字精神内涵，了解无偿献血、捐献造血干细胞、预防艾滋病等关爱生命知识，教育青少年学生树立"尊重科学，珍爱生命"的意识。

结合我校扁平化管理，学校也建立了三级红十字工作网络：校级、年级、班级。理事会宏观思考学校红十字工作，常务副会长、秘书长具体负责常务工作。年级部德育副主任负责本年级红十字会工作。各班成立红十字小组，班主任兼任辅导员。学校红十字会在组织建设、宣传、学习和培训、志愿服务、会费管理、评比奖励等方面，先后制定了 10 项规章制度。

2009 年，我们把建设"红十字德育特色学校"列入学校三年发展规划，提出"让人道成为信念"的工作理念。2010 年，创建为"浙江省红十字示范校"。2011 年通过了"全国红十字模范校"考评。课题让红十字德育工作有了高度，课程让红十字更接地气，真正走入到学生中。在德育课程化的过程中，红十字课程的开发为学校德育活动提供了长期的、持续的、深入开展的机制和载体。成功的德育，不仅需要现实的载体，更需要润物无声的教育来潜移默化。

但是课堂上的"知"是为了生活中的"行"。弘扬红十字精神，不仅可以增进学生的品格提升，也可以引导学生的行为改善。为此，如果把红十字活动仅仅局限在教室里，局限在师传生受的教学形式中，局限在一个个间断的45分钟里，那是远远不够的，甚至是背离和反否。学生行为的修正、改善，需要在多样化的环境中，在多频次的刺激中，去亲近道德榜样，去体验内心冲突，去强化良好行为。

（二）体系化

2012年，浙江省深化课改着力于课程的改革。湖州市也轰轰烈烈地做起了校园文化，倡导明确学校的核心文化。新课改思路预示着未来发展的方向，因此需要我们教育人主动接受，积极跟进。我们就想，什么是吴高的特色，人无我有、人有我优，这样的文化是需要吴高师生达成共识的，是师生共同的意义世界。红十字德育特色已然在学校里生根发芽，是吴高师生共同认可的。

于是，在继承原有一训三风的基础上，我们将红十字精神中的"博爱文化"作为我校的核心文化。学校确立了"一体两翼"课程体系，即基础课程（博学课程）和特色课程（博爱课程、博闻课程）相结合的博才教育课程体系。其中的红色博爱课程重在"情（意）"，课程形象是"怀人道情"，课程目标是"博爱，让生活更温暖"，建设策略是从信仰、知识、操作的路径培养学生具有人道博爱奉献之心、之智、之能。这支博爱课程，涉及语文、数学、音乐、美术、体育、心理、政治、历史等学科，涵盖学生高中三年的德育教育工作。

红十字精神在吴高形成学校特有的博爱文化。虽然没有百年老校的深厚文化底蕴，但结合自身的发展特点和时代需要，找到了"红十字"文化这个重要载体，发展了符合学生成长的育人体系，创设了吴高的德育文化品牌。本着道德认知与道德实践并重、统一要求与个性发展相结合、学校教育和社会影响相统一的原则，培养吴高智慧而温暖的行者。结合学校博爱文化，遵循学校整体体系架构，2014年"吴高博爱四季风"开始统领博爱文化的课程体系建设，用主体化和序列化的校园文化活动培养智慧、温暖的吴高学子，将德育各个活动的全过程，进行全方位、多角度、深层次地建立，形成可操作的体系。

（三）红十字德育课程体系

随着红十字精神的传播，越来越多的学校成为红十字组织的成员，学校把红十字会作为道德教育、生命教育的重要载体，作为加强学生技能培训的重要依托，作为学校拓展学生综合能力的重要平台。在实践操作方面做了许多积极的有益的尝试，并总结出了一些实践经验。但通过对相关材料的分析，目前我国在红十字精神教育方面存在以下缺陷：

一是忽视对学生"知情意行"的整体观照。

大部分学校注重了"活动"二字，比较热衷于在行为层面、技能层面举办活动，特别是强调卫生救护技能的培训，甚至在学生中出现把红十字事业等同于卫生救护的误解现象。在技能层面热闹的同时，遗忘了关照学生在认知上和情感上对红十字历史的了解和体悟，这势必导致学生对红十字精神内涵的理解肤浅化，红十字事业的人道主义内核在学生的头脑中浮云而去，没能内化为学生的信仰和心灵诉求。

二是以核心价值观下红十字活动来统合学校德育工作，并上升为德育课程，还未见论及。

课程是实现教育目的和培养目标的重要手段，体现学校教育的具体要求，目前将课程理论引入德育领域，推进德育课程体系化，意在完善和强化德育的功能，提高德育的有效性，充分实现德育的目的。然而，许多学校把红十字活动作为道德教育、生命教育的重要载体时，仅仅止于具体的零散的活动开展，缺乏在内容、结构、程序、编制、实施、评价方面建构起有特色的有全局性的德育体系。德育课程体系化变得非常重要。

1. 总体框架

我们把吴高德育课程体系框架构建为"三轮驱动"模式，即从博爱校园文化建设、博爱课程群建设、红十字德育活动等三个维度进行。

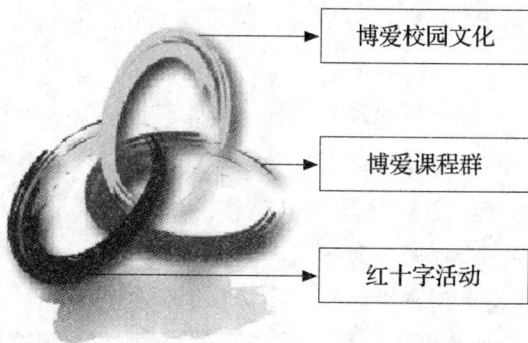

博爱校园文化

博爱课程群

红十字活动

（1）博爱校园文化

主要包括培养博爱教师、培养博爱学生、建设博爱环境等方面，凸显红十字德育特色。培养师生有人道博爱奉献之心，有人道博爱奉献之智，有人道博爱奉献之能。打造充满人道关怀的校园环境，发展充满人道关怀的师生关系，连接充满人道关怀的教育环节。

（2）博爱课程群

主要指不断完善博爱课程群，将零散的德育活动系列化、规范化，进而课程化。

（3）红十字德育系列活动

结合学生年龄特征，开展以红十字为主题的系列活动，如社团活动、志愿者活动、红十字夏令营、生命健康教育等，彰显红十字特色。

上述三条路径不是彼此平行，而是交叉互动的，共同形成了驱动吴高德育教育的"三驾马车"。

从 2016 年开始，吴高在学校层面开展了八大行动，其中在德育方面提出了"建立核心价值观统领下的吴高红十字德育体系和完善综合素质评价体系"。这是以学校特色品牌为命名，以核心价值观为引领，以核心素养发展培育为主线，以行动德育为途径，以德育队伍和德育网络建设为重点，以综合素质评价为手段，以立德树人为根本目标的系统工程。

我们将坚持学校红十字德育特色品牌，在继承中发展创新，系统性完善充实，衔接好核心素养，落实在德育行动，呈现在德育评价。完善体系中内涵、项目、评价、支持四大系统。从红十字精神传播（培育红十字文化及普世价值观，践行核心价值观，传承中华优秀传统文化）、博爱课程体系、探索体验行动（生涯规划、三生教育、青春健康，人道法行动等）、核心素养发展、知行合一的评价体系（从课程选修、人道行动、核心素养等三方面进行定性与定量、过程与终端、自评与他评、诊断与改进相结合的评价考核）着手。培育与红十字德育体系内涵相关的班主任、德育导师、生涯指导师、心理咨询师与心理健康持证教师、人道法项目指导师、志愿服务导师等专业型队伍。

从 2008 年新课改以来，共开展 132 门选修课。其中德育类湖州市级精品课程 17 门，浙江省网络精品课程 1 门，全国校本课程特等奖 2 门。

2. 红十字德育的路径

"博爱四季风"是吴高红十字德育的主要路径之一。"博爱四季风"即由吴高"博爱四季风"德育课程群为支撑，以感恩季、民俗季、艺术季、游学季系列活动为主体的德育体系。

（1）感恩季

以母亲节、重阳节、教师节、国庆日、校庆日、成人礼、毕业礼等为系列的教育活动。让学生体验父母的厚爱与艰辛，了解学校的历史与成就，引导学生尊师重道、明理感恩。

（2）民俗季

以清明节、端午节、中秋节、元旦、春节、元宵节为系列的教育活动。通过祭奠先贤、手工花灯、书写春联、元宵灯谜等民俗活动使学生了解中国民俗活动并体味其内在意涵，培养民族情感，认同、传承、发展民族文化。

（3）艺术季

以读书节、科技节、艺术节、体育节、社团活动展示周为系列的教育活动。通过经典阅读、科学实验、文艺表演、书画创意、运动展示、学生社团等活动，让学生亲近艺术、崇尚科学、热爱运动，提升人文和科学素养。

（4）游学季

以博爱月、红十字夏令营、国际游学为系列的教育活动。通过走进高校、志愿服务、社会实践、结对游学，让学生亲近自然、亲近社区，开拓眼界、提升能力。

"博爱四季风"打破时空界限，从人与自我、人与他人、人与艺术、人与世界等维度来促进学生认识自我，认同自我，健康而自信地成长。体现了"三变""一核三翼"的德育工作特色。"三变"就是强化学生的内驱力，倡导变"说教"为"对话"，变"静听"为"活动"，变"活动"为"课程"，最大限度地激发和培养学生的积极性和主动性，培养学生良好的道德习惯，为学生终生学习和发展奠基。"一核三翼"就是在德育工作的全过程中，提出"以学生为核心（一核），以活动为主体，以课程为主导，以实践创新为主线（三翼）"的理念，充分体现学生学习的主动性。教师的主导性则主要体现在活动课程的制定、资源的提供、流程设计、评价引导等方面，设计符合学生认知规律的活动方案，指导学生独立探索与合作学习，激发学生发散思维和创新意识。

3. 德育课程体系的管理机制

德育体系构建中不能缺少合理的、可操作的德育课程评价体系及机制。在博爱四季风德育体系中，学校建立了学生德育工作的管理机构体系，使组成该体系的各个部门、各个层次能密切配合、相互协作，努力让该体系中各个方面的积极作用能得到最大限度的发挥。德育工作的管理机构体系如图 1 所示：

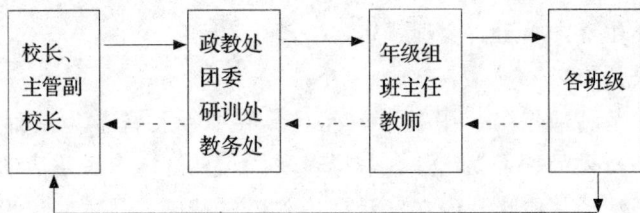

图 1

该评价体系有如下特点：①中学校长或分管业务工作的副校长是该体系的主要领导者、决策者，其他各个环节都要定期或不定期向他汇报工作，对他负责。②该体系既可以从上到下逐级输入或输出信息，也可以从下而上逐级反馈信息，形成一个动态的、可控的、相互关联的、完整的闭合系统。③政教处是学校德育工作的责任机构，是整个体系中的一个关键环节，它在校长或分管副校长的直接领导下，在学校党支部、团委的密切配合下开展工作。④该体系的最基层单位是年级组，组员主要由授课老师和班主任组成，对学生进行思想品德教育，主要靠他们来实施，学校的德育工作计划，主要依靠他们来具体落实。

在德育建设上，吴高一刻也没有停止过脚步，应该说，我们的思路是明确的，建构的体系也是富有特色的，正是这样有序地开展工作，才会有长远的发展和较好的成效，以及丰富多彩的活动。

第三节　红十字德育课程的实施

在建构德育课程体系的过程中，教学的开展也有相应的变化。

一、建立品牌活动

在德育课程体系建构的最初阶段，我们不仅开设红十字课程，更将以前零散的德育活动进行有效的整合，建立起系统化的活动序列。主要形式有两类：

一类具有单一性特征，如主题阅读、主题讲座、安全应急技能培训演练、主题募捐活动等。之所以叫单一性活动是因为活动的形式相对单一。

红十字大课堂

类型 项目	主题阅读	主题讲座	主题音乐会	安全应急技能 培训演练	主题募捐活动
主要实施者	学生	教师	学生	学生	师生
目标重点	知、情	知、情	知、情	行	行
活动形式	阅读	讲座	音乐会	培训、演练	募捐
活动要求	写读后感、随笔、摘记	1. 体会、领悟 2. 做笔记	体会、领悟	至少掌握一项技能	1. 认识活动意义 2. 自愿

例如，在主题阅读中，每年学校送给新生的第一件礼物是《让爱成为一种品质》《让人道成为一种信仰》《让奉献成为人生亮彩》等红十字读本。这套约45万字的红十字读本，是在2007年初，学校结集了18名语文教师，分成3个小组，历时半年，选录名著、时文精品编印成册的，并每年进行适当修编，现已合集为《红路》。这套读本作为每一届新生进校的见面礼，用一种极柔和、极自然的姿态，用一种极具情感魅力和极具思想感染力的方式在为孩子们的心灵积聚着一个个道德榜样，为学生的品质铺垫着人道底色。在主题阅读活动中，教师引导学生与文本交流，撰写读后感、随笔，文本所发挥的德育叙事功能很好地在两本学生作品集（《做带光行走的人》《让爱把我点亮》）中得到体现，文集本身也成为他们彼此分享情感与思想的平台。

在主题讲座中，教师借助图片展示、视频播放等多种方式，或向学生讲述人道精神的发展历程，或展示了在极端艰苦的战争环境中红十字精神的巨大感召力，或引导学生去思考当代技术与人生之间的张力与对峙……

在主题募捐活动中，学校红十字会发动会员与灾区贫困学生开展"手拉手，结对子"活动，捐赠衣物、学习用品等。

针对当前青少年普遍存在的心理健康问题，每年心理月、高考季，学校就依托国家心理救援队，专门建立了红十字心理健康志愿服务队，定期对学生开展青春期心理健康讲座、心理咨询服务、考前学生心理辅导等，不仅帮助学生解除青春期困惑，而且在帮助学生释放迎考压力和正常发挥考试水平上起到积极作用。

一类则具有综合性特征，如红十字博爱月、红十字夏令营。与单一性活动不同，综合性活动强调同一活动中融合多元主题和多种形式。博爱月由学校独立承担，夏令营则主要得益于市红会的支持。在每年 5 月举办的"红十字博爱月"活动中，学校会开展"人道、博爱、奉献"主题黑板报、"感动身边人"主题班会、知识竞赛等活动，使广大学生从中受到教育。在连续 8 年承办的湖州市红十字青少年夏令营中，通过接受救护技能培训，走进警校、戒毒所，开展素质拓展训练等活动，传播人道主义精神。我们希望，学生们在这些德育活动中感受的是过程的绚烂与激情，带走的是心灵的高尚与美好。

二、"吴高博爱四季风"的开展

以为了体现"以人为本，促进成长"的办学理念和"博才教育"的办学特色，打造特色鲜明、个性美好的吴高，学校以感恩季、民俗季、艺术季、游学季为主要抓手，整合了第一阶段的系统活动。在具体开展中将"博爱四季风"德育体系分解为年级阶段性目标，但又打破时空界限，按照"总体目标，一以贯之；年级目标，各有侧重；情意兼顾，知行统一"的原则。

考虑学生的高考备考压力，游学季主要放在高一年级进行；鉴于高二学生的知识、心理等基础和特征，高二年级以艺术季为核心。而感恩季、民俗季则贯穿整个高中，高三则主要进行强化和修正。

"博爱四季风"是三层深入，以主题活动为核心，其横向由吴高"博爱四季风"德育课程群支撑，表现形式为系列活动，纵向结构是学生成长的各个学期，根据循序渐进的规律，对不同年级的学生分步要求，反复强化，螺旋上升。

"博爱四季风"将每学年德育目标通过每学期的系列专题活动来落实，根据"一项专题，多条途径；有主有辅，协调配合；分工合作，形成合力"的原则，多部门合作、多主题开展、多形式组织。政教处、教务处、研训处、总务处、团委和教研组统筹为德育大军，政教处牵头，其他部门则在与自己部门职能特点相匹配的主题开展中，发挥部门优势和特长，独立或合作承担德育工作，将德育课、文化课教学、社会实践活动、心理健康教育、班主任工作、团组织及学生会工作等多种德育途径运用到各年级的德育工作中去，从整体上对处于不同阶段的学生因势利导，扬长避短，实施具有针对性的指导，使德育工作系统化，做到"年级目标，各有侧重；系统科学，自然达成"，使学校德育目标更明确，德育工作更具科学性。

第四节　项目驱动："探索人道法"案例

创新是一个永恒的主题。在原有的良好基础上，注入新鲜血液，不断开拓创新，真正让德育工作有声有色、有血有肉，推动德育工作健康可持续发展，是学校2014年创新后德育发展的必需之路。在德育课程体系中，近年来，我们重点打造"探索人道法项目"。

一、项目背景

探索人道法：是针对13至18岁青少年的一个国际教育项目。该项目通过一系列探索性的互动教学，旨在向青少年介绍国际人道法的基本规则，帮助学生在探索过程中明事理、辨是非，尊重人的生命和尊严。其中，国际人道法旨在于武装冲突期间保护人的生命和尊严，并减少和预防战争造成的痛苦和破坏。

该项目于2001年在全球启动，至今已在全球70多个国家开展。中国红十字会自2005年开始与红十字国际委员会东亚地区代表处合作开展探索人道法项目，已经在北京、天津、上海、江苏、浙江、河南、山东、香港、澳门等地落地。2015年，浙江省探索人道法项目五年行动计划初步实施，我校成为浙江省首批试点学校。

探索人道法的核心是保护人的生命和尊严。在高中学校开展探索人道法的相关工作，不仅能够丰富学生的知识，更有助于提高学生思想品德修养，帮助学生树立正确的世界观、人生观和价值观，在关爱人的生命健康、倡导文明生活方式、提高社会公德意识方面发挥了积极作用。同时它是一项针对13至18岁青少年的一个国际教育项目。能够使高中生个体对国际动态、多元文化、人类共同命运等方面有多元的、全球视野的认知和关切。《中国学生发展核心素养》中学生应具备能够适应终身发展和社会发展需要的必备品格和关键能力，综合表现为 9 大素养：社会责任、国家认同、国际理解；人文底蕴、科学精神、审美情趣；身心健康、学会学习、实践创新。其中，社会责任、国家认同、国际理解均能在开展探索人道法的德育实践中体现。在教学过程中，积极引导学生有设身处地、推己及人的情感体验，从武装冲突中人的生命与尊严到日常生活中"扶不扶"的两难困境，都潜移默化地将传统中华民族优秀文化和践行社会主义核心价值观相结合。能够潜移默化地培养学生独立思考、合作沟通、思辨解决实际问题的能力，发展学生的核心素养。

同时在教学方式上，该项目的推进，有助于转变教学模式。探索人道法教学模式与传统教学模式有很大不同，它更加注重师生互动，其教育教学方式是老师引导学生，以小组协作，集体讨论、互动参与、"探索"式教学为主的学习。通过老师引导，学生参与课堂讨论、角色扮演等方式，共同探索寻求解决人道问题。在这种新颖的教学模式里，学生是学习的主体，通过寓教于乐，逐渐掌握多元看待事物、分析事物的方法，开阔眼界，提高思想深度，也促使教师切实地改变教学方式，将学科教学与德育有机融合。

二、项目开展内容

2015 年 9 月，探索人道法走入吴高校园，在全省率先开设探索人道法课程。

这是一个全新的项目，经验少、榜样少。作为浙江省首批试点学校，结合我校实际情况，特别制定了《吴兴高级中学探索人道法项目行动方案》，通过全校师生共同努力和通力合作，实现 4 个目标：成立一支探索人道法师资队伍，开发一门探索人道法精品课程，申报一项人道法德育课题，建立一个探索人道法的社团。

（一）一支队伍

良好的师资是学校课程教学、科研开发的重要保障。学校有完善的红十字会工作机制和强大的师资队伍，以学校红十字骨干教师为基础，逐步建立了一支长期稳定的、充满活力、质量可靠的专门负责探索人道法的师资队伍，为该项目的开展提供了保障。连续两年选送了 4 位教师参加省探索人道法项目师资培训。我校的严梦丹老师在 2016 年暑期全省第二期项目师资培训班上被选为助教，参与辅助授课。同时加强对外交流，在省市红会领导的大力组织和支持下，长期稳定与其他试点学校共同开发、相互观摩，相互学习有关试点经验，积极参与湖州市本地化讲义的编写工作。

（二）一门课程

学校原创新设计了"一体两翼"博才教育课程体系，探索人道法课程与学校原有课程体系主旨内容不谋而合。学校在2015年9月初成立课程开发小组，边探索边开展校本课程。在浙江省"探索人道法"项目试点工作经验交流会上，我校优秀师资严梦丹老师、沈炎霞老师分别开设《地雷之殇》《旁观者的两难困境》课。目前《探索人道法》课程在高一年级全面铺开，与《红十字应急救护技能》成为吴高学子必修课。全课时为8课时，已纳入德育课程建设，丰富了"怀人道情"的博爱特色课程。

在开课基础上，总结实际教学经验，广泛征求师生意见，组织骨干师资力量，编写符合我校"博爱文化"特色、同时也便于学生阅读参考的校本教材。学校编写的18课时校本教材《人道在行动》于2016年已入选湖州市普通高中精品选修课程，属于社会实践类选修课程。

《人道在行动》课程内容

教学内容	课程设置	课时安排	上课地点
儿童兵	理论	1学时	红十字教室
地雷之殇	理论	1学时	红十字教室
人道视角	理论	2学时	红十字教室
国际人道法基本知识	理论	2学时	红十字教室
国际人道法基本规则	理论与实践	3学时	红十字教室
红十字与人道行动	理论	1学时	红十字教室
历史上的人道行动	理论	1学时	红十字教室
中国的人道行动	理论	1学时	红十字教室
生活中的人道行动	理论	1学时	红十字教室
难民和难民营	理论与实践	3学时	红十字教室
保护被关押者	理论与实践	2学时	红十字教室

（三）一项课题

在反思中研究课题，在研究中反思教育。科研，具有鉴别力。课题，帮助我们的教育前行。探索人道法项目在我校甚至在我省都处于初步试行阶段。探索人道法进课堂、进校园的过程中，必定会出现特定性问题，但这些问题在探索人道法教育领域具有普遍研究意义。在校园文化建设中，针对探索人道法的德育过程做教育科研的课题，是需要的，也是新颖可行的。学校在明确集中研究范围后，建立专门的研究团队，《在高中学生开展探索人道法的德育实践与研究》成功申报 2016 年浙江省教科研规划课题，目前已经结题。

（四）一个社团

青少年是探索人道法项目面对的重要对象，也是德育活动的主体。学生在探索和感悟人的生命与尊严的过程中起着主导地位。因此，我们感到十分有必要成立一个以学生为主体、由学生为主导的学生社团，让学生在自我组织、自我实施和自主管理的方式中开展德育活动。2016 年 4 月 14 日，"吴兴高级中学探索人道法社团"成立，第一批社员达 47 名。为学生在课堂教学之外更进一步地举办同伴互助课堂、辩论赛、模拟法庭等丰富多彩的活动，搭建了第二课堂新平台。社团旨在让越来越多的吴高学子一起探索人道法，同时真正将人道、博爱、奉献的红十字精神融入每个人的价值观中，保护人的生命和尊严，学做温暖而智慧的行者。在短短一年多的时间里，社团与学校辩论社合作，组织了校第一次探索人道法辩论赛。还体验了炮兵站活动、人道救助站活动等。参与举办模拟联合国大赛等，发扬人道精神。开辟浙江省第一个探索人道法高中同伴课堂，从同伴视角讲述学生眼中的人道精神。2017 年 3 月 15 日，社团新社员招新，本次新入会的会员共有 86 名，目前社团共有 133 名会员。

自开展以来，探索人道法项目将项目教学核心内容融入学生生命健康教育，将课程课题开发融于德育课程体系，作为学校德育特色的有力补充和有效载体，不断助力吴高德育工作的开展。

第五节　红十字德育成效

能够坚持把小事做好，坚持把小事做实在。在艰难的起步中坚持自己的梦想，在凡繁芜杂中坚持自己的特色，在一路坦途中选择不断创新。吴高坚持特色办学，正确把握方向，与时俱进，亮出自己的办学理念。近年来也看到了一些成效。

一、学生层面，个性而健康成长

在德育教育中，我们着力开发学生的潜能，培养学生的创新精神、实践能力、合作意识和社会责任感，着眼于学生的全面发展。我们坚持把德育放在首位，并与时俱进，探寻德育新思路，结合时代要求、学校生源状况和地域特色，把培育学生"博爱"当作德育的核心内容，通过各种形式的主题教育活动和科学规范的课程建设，推动形成厚重的校园文化积淀和清新的校园文明风尚，使学生在日常学习生活中接受先进文化的熏陶和文明风尚的感染，最终完成人格的塑造。

学校的升旗仪式、午间主题教育、主题班会、校园广播、黑板报……都是启迪影响学生的阵地；学生会、校团委、社团联盟、志愿者联盟、"生涯规划指导中心"、"生命与青春健康教育指导中心"、合唱团以及各种体育团队等，都是学生张扬个性、展现自我、接受教育、参与历练、实现自我管理与成长的舞台。探索人道法社团活动还受到红十字国际委员会东亚地区代表处官方微信公众号报道。多元化的人才培养模式及严爱结合的管理模式，既是吴高的优良传统，又是吴高的办学特色之一，学校一方面为高校输送大批优秀学子，一方面又为每一位学生成为健全的、合格的、社会的人打下坚实的基础。2010 年，卢芳同学被评为浙江省红十字十佳青少年；2015 年，施洋格同学被评为浙江省红十字十佳青少年；2016 年，朱祚同学被评为浙江省红十字十佳青少年。

德育的根本目的就是育人，吴高德育工作使一个个鲜活的生命拥有幸福美好的心态，提高了心理素质，开发了心理潜能，增强了适应能力，促进了学生在生活上自理，行动上自律，心态上自控，情感上自悦，最终促进了学生人格的全面发展——在具体的生活、学习的实践过程中，形成一种自己做人、做事的风格和习惯，成为孩子终身学习和可持续发展应具备的素养。

二、教师层面，修身而内涵提升

德育工作者首先是教师身份。只有教师具有博爱文化的教育理念，才能使得博爱在学校的各项工作中落实。通过课题研究、课程群、重点项目的建设，教师的专业能力得到了明显发展。

德育师资队伍壮大。一支优秀的红十字骨干教师团队，在学校班主任、体育教师及其他年轻教师中培训了 2 名省级救护师和 76 名救护员；一支充满活力的探索人道法师资队伍，平均年龄 30 岁以下，包括 4 位省级师资和 1 位全国核心师资；一支覆盖面广的心理健康教育团队，包括 1 位专职心理教师，8 位国家心理咨询师，浙江省心理健康 A 证教师 1 位，B 证教师 24 位，C 证教师 64 位。

课程开发能力提升。结合"博爱四季风"的读书节活动，研训处每年精心选好书，让教师研读，如《名师课堂经典解读》《给教师的一百条新建议》《有效教学》等。开展教师论坛等活动，加大了教师之间的交流力度，营造了浓郁的交流氛围，促进了他们深入的思考。德育体系课程群中，教师开发的校本课程有 18 门获得市级及以上精品课程，《红十字精神》荣获第一届"真爱梦想杯"全国校本课程设计大赛特等奖。在各级各类德育论文、德育课题等竞赛中，学校教师屡获佳绩。

三、学校层面，品牌而特色发展

德育体系的架构下，学校打造的特色品牌影响广泛。

吴高已经连续 8 年承办湖州市优秀红十字青少年夏令营，2013 年更承办了浙江省优秀红十字青少年夏令营。2016 年，学校获浙江省红十字奉献服务奖。学校每年接待前来参观交流红十字德育活动的省内外红会、学校平均 30 余所。多次在全国、省、市做"博爱四季风"红十字德育经验交流。2014 年，学校受邀参加红十字会与红新月会国际联合会第二届亚太地区青年峰会，在开幕式上做了题为《Red Cross Youth in Action》（青年人道主义者在行动）的工作交流，是大会邀请的 5 位观察员中，唯一以学校名义被邀请的单位，"博爱四季风"红十字德育经验正走向世界。

2014 年 5 月，省教育厅组织新华社、中央广播电台、中国新闻网等 22 家中央驻浙和省级新闻媒体开展"教育环浙行"集体采访活动，学校以"博爱文化濡染下的博才教育之路"为主题介绍了我校结合红十字德育工作建构博才教育课程体系、优化课程体系的路径，"去粗取精的课程、从无到优的特色"的学校红十字工作引起了强烈反响，记者团一行 28 人对我校青少年红十字德育工作作了深入报道。

第六节　红十字德育在未来

成功的德育，不仅需要现实的载体，更需要润物无声的教育来潜移默化，注重学生的体验内化，在社会实践活动中，在校园人文环境的体验中，丰富学生的精神世界，提升学生的素养品位。吴高的德育体系就是让德育寓于日常生活中，让学生耳濡目染，绝对不是生硬的说教。我们把老师的灌输，变成学生的主题阅读、主题演讲、主题故事会，或者让学生来选择，甚至亲自策划德育教育活动，这样使德育教育更接地气，更为学生所喜闻乐见。寓教于乐，效果显著。当下，把德育工作放在首位已经常态化，但更应该具体化。

高中升学压力是摆在所有高中校长面前最大的一座山，而德育育人的目标是始终不可改变的一种教育方式。弘扬红十字精神作为我校德育的一种理念，可以与学生的综合素质教育联系在一起，与新的教学改革联系在一起。2014年浙江省新高考出炉，随之而来的是学生生涯教育、综合素质评价等社会热点问题。我们知道，吴高的德育体系，又将迎来新的完善和整合。

中国教育领航（第一辑）：教育家型校长与学校发展丛书

艺术课程：
重要的是艺

严华银　主编

世界图书出版公司

中国教育领航（第一辑）：教育家型校长与学校发展丛书

丛书编委会

目录

第一章　绽放最美的自己

——中关村第二小学的艺术课程

华丽的舞台，轻盈的舞步，唯美的演出，雷动的掌声……这是每一个怀揣艺术梦想的莘莘学子梦寐以求的情景。为了点燃孩子们的艺术激情，培养孩子们的艺术情操，成就孩子们的艺术梦想，中关村第二小学为学生们量身定制了许多丰富多彩的艺术课程，让具有不同兴趣爱好和不同潜质的孩子都能够找到自己的生长点和发展点，都能够自信地站在学校为他们搭设的一个又一个炫美的舞台上，绽放最美的自己；都能够从容地把他们在艺术课程中习得的审美情趣、团队精神带到未来的学习和生活中，并让他们受益终生。

"没有人知道为什么，太阳总下到山的那一边；没有人能够告诉我，山里面有没有住着神仙……盼望着假期、盼望着明天，盼望长大的童年"。这首《童年》歌曲经久不衰，童年总是那么美妙，童年总是那么无忧无虑，童年总是那么天真无邪，童年总是那么纯洁圣灵。就像是一片无遮无挡的蔚蓝天空，又像是一股甘甜的山泉，从山上"哗哗哗"地流下山，诉说着童趣与快乐。看到了你们，让每一位教育者不得不认真思考，在你们真善美的世界里，要在你们心中播下一颗爱的种子，让它生根、发芽、开花，最后结出丰硕的果实；为你们插上艺术的翅膀，伴你们在人生路上展翅翱翔。孩子们，让我们一起从"心"开始。

谁若是有一刹那的胆怯，也许就放走了幸运在这一刹那间对他伸出来的香饵。

——大仲马

1

第一节　为孩子创造成长的机会

英国伦敦当地时间 2015 年 8 月 11 日晚 19:00，大型童话舞剧《野斑马》激荡伦敦大剧院，拉开中英文化交流年"中国文化季"的序幕。中国驻英国大使刘晓明的夫人胡平华、中国驻英国大使馆公使衔文化参赞项晓炜、英国皇室相关成员及大伦敦地区 14 个市的市长均出席观看。伦敦大剧院上下三层近两千个座位座无虚席。感人至深的剧情，灿烂奇幻的布景，铿锵激昂的背景音乐与美轮美奂的舞蹈奇观征服了现场的每一位观众。观众如醉如痴，继而爆发出经久不息、愈演愈烈的欢呼声与喝彩声。

爱丁堡当地时间 8 月 12 日晚上，中国人民解放军军乐团联合来自浙江长兴百叶龙艺术团及我校金帆舞蹈团，共同为中英文化交流年带来中国的问候，虽然我校舞蹈团平均年龄不到 11 岁，但能在世界规模最大最有影响的军乐盛会上惊艳亮相，史无前例！孩子们在以爱丁堡城堡为背景的场地上，穿着《野斑马》舞剧中绚丽的服饰，向现场 8 000 名观众，展示"敬畏自然，热爱生命"的主题。她们轻舞飞扬，曼妙舞姿充分展示孩子们的艺术素养，赢得观众热烈掌声，欢呼声经久不息。

8 月 14 日，在圆满完成了两场《野斑马》的音乐伴奏任务之后，我校金帆交响乐团又再次登上爱丁堡艺术节的舞台，在爱丁堡 AMC 剧场进行交响乐团的专场演出。孩子们以饱满的情绪，精湛的技巧，演奏了英国当地知名曲目。乐曲时而高亢激昂，时而低回婉转，现场观众被美妙的音乐感染，沉醉其中。每首乐曲演奏完毕，掌声经久不息……演出结束返场后，观众们久久不肯离去，争相与小演奏家们合影留念，有些观众还饶有兴趣地与小演奏家交流学习音乐的体会……可以说我校金帆交响乐团的精彩演出，俨然成为爱丁堡艺术节上一道独特的风景，更是为中英文化交流年增添了一抹亮丽的色彩。

伦敦 Merton 区的市长 David Chung 对《欧洲时报》记者表示："非

常高兴能在中英文化交流年的"中国文化季",看到如此高水平的演出,孩子们的演出非常精彩!很难相信这是全部由儿童演绎的舞剧,太棒了!"

伦敦红桥区议员 Joyce Ryan 说,她曾是位小学教师,也看过中国传统舞蹈,不过这是第一次看全部由儿童演绎的舞剧:"我要双手点赞!可以想象孩子和老师们下了多少功夫,当得知最小的孩子只有 7 岁时,我真的很佩服中国孩子的演出水平。"

带着两个女儿特地从剑桥赶来的英国观众罗斯特,妻子是华人,他说女儿从小在英国长大、对中国文化很感兴趣,这次从华社得知演出信息后很早就订了票,希望让孩子更多接触中国文化和艺术。两个女儿也对同龄中国孩子的表演赞不绝口。

演出结束后,大使夫人胡平华和大伦敦地区市长上台看望小演员们。胡平华代表刘晓明大使祝贺孩子们演出成功,对孩子们说:"《野斑马》是中英文化交流年'中国文化季'的特色节目,小演员们的精彩表演不仅为英国观众带来崭新而美好的视觉体验,为中英文化交流年做出了贡献,也使英国观众感受到当代中国少年儿童的精神风貌。大家要为自己处在中外文明文化大交流、大融通的时代感到庆幸,为自己身后的伟大祖国感到自豪。希望同学们在英期间多结交英国朋友,努力做中英文化交流的友好使者。"

当我在北京数九寒冬的夜色中离开清华大学返回家中的时候,《野斑马》交响乐的主旋律还不断地萦绕在我的脑海中,不断响起,挥之不去,犹如一股股暖流温暖着我。那热爱自由的野斑马,那善良的斑马姑娘,还有那细腻委婉、激动人心、大气磅礴、感人至深的交响乐……回想在演出结束的时候,雷鸣般的掌声响彻礼堂!乐池的升降平台将全体乐团成员从乐池里托举上来,让他们呈现在全体观众面前。他们和舞蹈团、合唱团的小伙伴们一起接受全场观众的欢呼和赞美。正是交响乐团、舞蹈团和合唱团的完美配合,才使得这次演出获得了全场观众的一致认可。这一切的一切,都已成为孩子金色童年里最难忘、最珍贵的回忆。

　　还记得三团召开剧本说明会时的场景，导演于大雪绘声绘色地描绘舞剧的场景，孩子们听得是那样的认真和入迷，会场上不时传出欢笑声、掌声，又有悲泣声，小的孩子不由自主地大声说："不能这样，太残酷啦，坏东西！"最后说到斑马姑娘为了动物王国的和平死了的时候，场上的气氛一下无法得以控制，乱成一团糟，"不行，不行！""不能死，不能死！""我们要让她复活，复活！"场上这时响起了雷鸣般的掌声，"复活，复活，复活，复活……"我的眼睛湿润了，孩子们善良、可爱、童真的心打动了所有人，斑马姑娘复活了。舞蹈的孩子们异口同声："我们能够跳好！"合唱的孩子们："我们能够唱好！"交响乐团的孩子们："我们能够拉好！"这一切让我深深地感动，学校一定为你们做好。就这样，孩子们一起走到了动物园亲身感受各种动物的形象和姿态，孩子们一起观看野斑马的视频，一起投入到了紧张的排练之中。

　　这样一部舞剧，孩子们没有接触过，但只有理解了，才能演奏出情感，所以前期工作是必不可少的。负责交响乐团的李静和路卉老师搜集了《野斑马》的故事介绍和演奏光盘，在排练时，边让学生聆听音乐边声情并茂地给学生讲解剧情。在学生听得津津有味，联想翩翩时，两位老师还发动大家："听了这个故事，你对于《野斑马》有什么自己的想法？你心中的《野斑马》剧情是什么样的？"乐团学生兴奋不已，自己除了演奏，还能当编导。

　　两天后，两位老师就陆续收到了几十份剧本。不得不承认，孩子们的想象空间是无限的，有个孩子这样写道："有一个小女孩儿在窗前练琴，突然一阵风吹来，把书桌上的墨水吹洒在白纸上，这张白纸变成了黑白斑马条纹，小女孩儿赶紧将纸拿起，这时又来了一阵风，纸将小女孩儿包裹住，把她吹向了一片丛林，变成了斑马姑娘……"

　　这个充满想象的美丽童话是来自于学生，教育不是强加给学生，而是从学生中来，适合的才是最好的。

　　又到了排练时间，这次排练不是音乐，而是剧情分享，学生热情高涨，对剧情改编充满了爱意。

大家一致认为，结尾处斑马姑娘不该死去。于是老师把"墨水"改编剧情讲给了大家。有一位同学立即在现场把结尾改编："当狐狸追杀两只斑马时，他们被逼到了悬崖，两只斑马手牵手跳了下去，再一睁眼时，他们回到了窗前，共同拉起小提琴，演奏着完美的结局……"

听了这样的结局，老师学生的心里都暖暖的。

《野斑马》演出中舞台上一段小提琴与独舞的完美融合，空灵奇幻。这个设计原本是由两名小提琴手上场，而最终只能由一名小提琴手展示。

副首席彤彤听到不能上场的消息时，没有说什么。看得出很遗憾，她多么希望站在舞台上的人是自己啊！一段时间，彤彤一直情绪低落，排练也打不起精神。

乐团老师把彤彤叫到办公室："彤彤是不是有什么事想不通啊？"这刚一问，她的泪水已在眼眶中打转了。

"彤彤，老师知道你心里很不舒服，有什么想法说出来，哭出来发泄一下。"

"我都练得那么出色了，付出那么多的时间，最后竟然……"她的情绪一下子就爆发了，泪水夺眶而出。

舒缓了一下她的情绪后老师和她交流："想想我们演绎舞剧中的斑马姑娘，她为了保护朋友们的生命最终献出了自己的生命。"

待彤彤情绪渐渐稳定了，老师继续说："彤彤，你是出色的乐手，台下的乐池中也需要有出色的首席带动乐队啊？"

听完老师的话，看得出彤彤还是有些不情愿地走了。在第二次排练前，彤彤主动找到了老师："老师，妈妈说了，是金子在哪里都会发光，您放心吧！"接下来的排练和演出，彤彤作为副首席带领大家完成了任务，也起到了不小作用。

一、为孩子创造成长机会的方法

（一）培养想象力和创造力

各团队教师引导学生、鼓励学生大胆想象和猜想，丰富学生的想象力。在学生训练的过程中，舞蹈训练和学生的日常生活相联系，时常为学生创建展示的机会，观看者、表演者共同商讨。在展示过程中，经过分析和全身心的感受，切实将自己融入所表达的角色中，这样舞蹈表现力也会展示得淋漓尽致。艺术创作具有原创性，是一个发明的过程，是从无到有的过程。在学校舞剧作品的排练演出中，让孩子们充分认识他们的成长，带他们走进一个全新的世界。儿童们主动参与演出的一切过程，从排练到舞台布景、化妆、服装、道具等都要孩子们亲自出力。这样全面的参与过程可以充分发挥孩子们的想象力，调动思维能力，培养创造才能。

（二）激发表演潜能

这台舞剧的表演是学校中最有价值的举措，而且对于教育有极大的帮助。在音乐的帮助下，孩子们的动作更加的灵活、丰富多彩、富有动感，在动作、音乐与舞者的感情融为一体时，舞蹈表现力更是不期而遇。舞蹈表现的最高境界就是动作与音乐的完美结合，在感情的世界中去欣赏音乐的律动，将音乐扩散到身体周围。舞蹈能够直观地表达生活中的喜怒哀乐，舞蹈是美的艺术，充分表达舞者的内心感受，扮演的人物角色，表演的故事情节，深深地吸引着这些活泼可爱的孩子们。让孩子们亲自参与表演的全过程，使他们尽情地欢歌起舞，这是孩子们个性发展的需要，把最美绽放在舞台上。

（三）感受挫折，学会感恩

在台上、台下遭受到的挫折，甚至是磨难，其实都是有益于孩子们成长的宝贵财富。没有人知道为了一个环节，即使一个很简单的爬或跳，孩子们一遍又一遍地练习，甚至需要上百次。为了一段乐曲，乐团的孩子们又需要多少次合练，合唱团这么高的声音是孩子们多年训练的结晶。在无数次的排练中，有人晕倒过，有人受伤过，有人流过血，有人流过泪。我们的孩子更清楚，这一切还有老师的精心呵护、家长的全力支持，舞台后，上百名教师、家长在为演出服务。我们也欣喜地看到孩子们所有的手持道具，即便是同样的道具（如刀）也都编号且按顺序码放整齐，道具的摆放完全是按照演出的流程和演员上下场的顺序，这可以确保每一名演员在最短的时间内以最高的效率拿到他们表演所需的道具、服装。500多人的后台井然有序。孩子们说："我们是在享受！享受舞剧的真善美；享受观众热烈的掌声；享受谢幕时望着满场观众深深地鞠躬时的情景，那是一种圆满的感觉"。这是属于我们的荣耀，是属于我们的快乐。是的，孩子们只有在台前与幕后的强烈对比中才会产生幸福的感受。这一切将进一步激发学生更好地投入到学习合唱、交响乐、舞蹈的课程之中。

（四）增进友谊

舞剧的演出是集体智慧的结晶。对于一部演出成功的儿童歌舞剧作品，从排练到演出，每一位小成员都是非常重要的。他们不是孤立的，需要相互之间默契的配合。孩子们在学习、演出这类舞剧体裁的过程中，会通过使用一系列视觉的、听觉的信号和动作，来表达自己的想法、意见和建议，对于沟通与表达能力的形成具有重要作用。需要相互沟通、帮助，那就要学会换位思考，能够设身处地为他人着想，将维护他人的利益作为自己行为的动机和目标。学会了体谅、学会了奉献，这是一个集体参与的过程，就是学习合作和交际能力得到提升的过程，无形中已加强了孩子们之间的凝聚力，缓和了矛盾并增进了友谊。艺术教育更重要的是，它有助于人格的形成。其学习过程也是促使形成富有个性化的、独特的、稳定的、统整的行为模式、思维模式和情绪模式的过程，无疑对人的当下生活，对今后的成长、发展，对塑造形成健全人格和完美人性，起着决定性的作用。

（五）提高审美能力

马克思说："如果你想得到艺术的享受，那你就必须是一个有艺术修养的人。"艺术大师罗丹说："世界上不缺少美，而是缺少发现美的眼睛。"而要培养美的眼睛，艺术教育就必不可少。因为艺术教育的目的之一是审美。审美是艺术教育价值的核心意蕴。艺术教育对于唤醒与塑造儿童的美感具有重要的意义。每个孩子内心深处都有一种审美的潜能，只是它取决于是否能够被浪漫地唤醒，又是否在相应的精确之后，能够被综合塑造为更高层次的美的意境、生命的境界。通过舞剧表演，在孩子心中播下美好的种子，可以形成螺旋上升的经验结构，形成足够丰富的感受、感知以及沟通能力。因而，艺术教育也是对美感的唤醒。艺术教育唤起人对审美的需要，培养人的审美趣味，形成人的审美观念。通过对艺术作品的感受、欣赏、理解和创造，人会逐渐形成一定的审美能力。一旦人成为审美的人之后，那么在日常生活中，就能按照美的样式来改进自己的生活。

二、给我们带来的思考

（一）继承和传承中华传统美德

中国是有着悠久文明的国家。在世界几大古代文明中，中华文明是没有中断，延续发展至今的文明，已经有 5 000 多年历史了。这是源于自古中国的无数先贤，上究天文、下穷地理，提出的博大精深的思想体系。他们提出的很多理念，如孝悌忠信、礼义廉耻、仁者爱人、与人为善、天人合一、道法自然、自强不息等，至今仍然深深影响着中国人的生活。一代戏剧大师莎士比亚直言："无言的纯洁的天真，往往比说话更能打动人心"。"源于童真"的要求看似简单，其实操作难度难以想象。今天我们的学生用实际行动宣扬动物保护主义、宣扬世界上各物种和平共处精神、歌唱生命永恒的舞台艺术作品，正可以在校园内深入浅出地贯彻传统"仁爱"的教育思想理念，可以不宣教、不刻板，潜移默化地让学生理解人与人、人与社会、人与自然关系的真谛，让我们的孩子正确地看待世界、看待社会、看待人生，梳理自己独特的价值体系。培养中国人独特而悠久的精神世界，让中国人具有很强的民族自信心，同时也培育了以爱国主义为核心的民族精神。

（二）面对现实生活中的不良道德现象

舞剧中播撒下美和善的种子，也没有回避现实生活中真实存在的各种丑恶现象。可以说，儿童降生之初，对社会一无所知，大多是在成人的精心呵护与照料下度过无忧无虑的童年。对儿童而言，他们的生活就像被一堵堵高墙围了起来，而成为一片逍遥自在、悲伤与哀愁无法进入的乐园。而家人的呵护与疼爱，以及从童话作品中了解对于美好世界的描述，就是这一堵堵高墙。但是，儿童必定会逐渐长大，迟早有一天，他们要面对真实的社会与人生。一旦他们走出童年时期环绕着自己的那些高墙，就会接触到许多此前不曾知晓的现实生活的真相，包括现实生活中的种种不良道德现象，从而发现世界并不像一些童话所描写的那么完美。因此，这部童话舞剧也告诉我们的孩子现实生活其实并不完美，并且告诉儿童应该怎样去正确面对不完美的现实生活。

（三）孩子之间的"传帮带"，更加激发他们在成长过程中不断地求知

这台舞剧将继续进行下去，他是我们学校文化的传承。每一次排演都是一次全新的挑战。每一次复演相对于前一次而言，参演学生年龄更小，人数更多，对三个团将是更大的挑战。教师间的"传帮带"在学校教师中起到举足轻重的作用，对此，我们尝试学生之间的"传帮带"，这一举措更是带来意想不到的惊喜。我们在社团课程当中采用的"老带新"方法，舞蹈、交响乐、合唱的主要成员都设立"AB角"，A角由经验丰富、年龄大些的老队员担任，B角由年龄较小的队员担任，提前进行新老磨合。在毕业生离校的时候，另一组的队员能够很快进入角色。在这里，小老师精益求精地练好自己的环节，并把它毫不保留地传给学弟学妹们。学弟学妹有更多的学习指导时间，进步可以说是突飞猛进，校园内外都留下他们的身影。今年演出主力演员就是首演时跳群舞的小演员，她们之前对主角的角色耳濡目染，很多主角舞段在之前已经能完整跳下来，只是在细节上还需要老师进行精雕细琢。所以，这一次

的演出联排只用了两个半月的时间，很多学生已经能把独立的部分完成。我们不要低估我们的孩子，《野斑马》将常演常新。

（四）全员艺术的普及

多场演出的观众主要面向全校一至六年的学生、家长、社会人士。在可容纳千余人的剧院现场，秩序井然。台上小演员在入神演奏，台下小观众们也在入神欣赏，章节间适时的鼓掌欢呼，使得整场演出有序、圆满。学习艺术不是面向一部分有艺术特长的学生，而是面向全体学生。通过一次次这样的观赏熏陶，让孩子从小就知道如何欣赏交响乐、懂得欣赏交响乐中的礼仪、知道一支交响乐团由哪些乐器构成。让每一名学生学会欣赏高雅音乐，懂得高雅艺术的观赏礼仪；让每一位学生都受益于学校艺术教育的积淀。这才是学校普及艺术教育的关键。通过一部舞剧不仅培养学生的个性特长、审美情趣、创新精神、合作意识，也是全面提升学生个体素质与综合能力的重要路径。更重要的是给予更多孩子求知的欲望、参与社团的欲望，让更多的孩子直接参与进来，这才是我们艺术教育最好的传承。

1. 一个艺术特色精品课程的成长

我们在舞剧《野斑马》中倾听了奇迹般的 90 分钟交响乐的持续演奏。演奏单位是北京最高的艺术荣誉称号获得者"北京少年金帆交响乐团"，承办单位就是我们学校——北京市海淀区中关村第二小学。

2. "一枝独秀"金帆少年交响乐团

中关村第二小学"金帆少年交响乐团"于 1995 年正式成立，乐团现有团员 160 余人，平均年龄 10 岁左右，最大的 12 岁，最小的 8 岁。一代代金帆人带着金帆之情，从这里出发到世界各地，发扬着金帆人的文化和精神。

在课程中，学生伴随器乐学习，不仅锻炼协调力、合作力、意志力，还会触及与器乐相关的历史、作品、流派、器乐思维、审美经验、交流手段、制造工艺、民族记忆、人文精神与人性智慧等，因而这一领域为我们提供了产生独特而生动的音乐及相关人文价值和效果的可能性。中关村第二小学作为金帆行动的实践者，我们知道音乐课堂教学应贴近生活，参与生活。而学校的金帆音乐教育必须应做到：将学生带进广阔时空，不只是课堂；探索神奇的音乐世界，不只是课本；注重学生的健康人格的建树，不只是学生学科成绩的发展，是学生全面素质提高的发展。如一位教育家坦言："成功的音乐教育不仅在学校的课堂上，而且也应在社会的大环境中进行。对社会音乐生活的关心，对班级、学校和社会音乐活动的积极参与，将使学生的群体意识、合作精神和实践能力等得到锻炼和发展……"这种音乐教育可以"丰富学生的情感体验，培养积极乐观的生活态度。"这也是《音乐课程标准》对音乐教育的诠释。因此，学生金帆艺术团的教育，是学校课堂音乐教育的延伸和补充，通过金帆艺术团为学生们搭建学习、实践、展示的平台，使得学生能够成为情感丰富的、创新型的、复合型的人才。这既是社会的需求，也是历史发展的产物，更是北京市中小学生艺术教育的一个亮点。

乐团的孩子们曾到台湾、香港、澳门、深圳等地区进行演出，又曾去过朝鲜、韩国、美国、英国、法国、奥地利等国家进行演出，与国内外青少年进行艺术文化交流，受到中外专家广泛的赞誉。我们荣获"第37届维也纳国际青年艺术节"第一名、"第二届维也纳'至高荣耀'国际音乐节"第一名和"最佳表演奖"、施坦尼劳斯国际音乐艺术节金奖、全国少儿艺术最高奖"蒲公英奖"——金奖、全国艺术展演一等奖，蝉联历届北京市学生艺术节展演一等奖等诸多殊荣。

在长达100多项的"乐团大事记"中，逐一细致地记述了乐团从成立到今天的每一次意义重大的演出、外事活动和国际赛事。在社会的聚焦和关爱中一点点发展，每一步都踏得坚实有力，没有"娇骄"二气。仔细看看这些记录的文字，从街道医院到国际剧院、从乡村农舍到机关军营，到处都留下了"金帆少年交响乐团"的足迹。

二十年来，我们演出过中外名作100多部，作品涵盖古典、浪漫以及现代轻音乐和电影配乐等，并且得到了著名指挥家黄飞立、李德伦、郑晓瑛以及青年指挥家雷零、刘凤德等的精心指导。用著名指挥家黄飞立先生的一句话评价是"业余的团队，专业的水平。"

孩子们正是在一次次演出中、一次次排练中、一次次实践中陶冶了情操，培养了性格，树立了自信，开发了智力。他们在悠扬琴声的伴随下，一天天长大；在优美旋律的熏陶中，一天天成熟。音乐让孩子们学会了审美，懂得了关爱，度过了难忘的小学生活，升入了理想的中学，成了一名全面发展、充满自信、品学兼优的好学生。

2015年12月26日上午，中关村第二小学百旺校区，迎来了20届金帆少年交响乐团的校友、老师们。大家欢聚母校，"以音乐与爱的名义"共同见证和分享"中关村第二小学金帆少年交响乐团20周年庆典"的辉煌，共同追溯、品味金帆20载的桃李芬芳，共同庆祝小金帆20岁生日！翻开小金帆20年的成长画卷，一些人、一些事早已凝结成恒久不变的温馨记忆。这20年里，小金帆收获了成功，更收获了成长。一张张泛黄的照片、一段段演出的视频带我们走进小金帆20年的记忆手册。

我和金帆的故事

琴缘与人生

梦想是沙漠中的一片绿洲，她给绝望的人们带来生机；梦想是高山上的一丝流水，她给沉默干旱的大自然带来激情；梦想是照亮人生路途不灭的一盏明灯，她引导我们在人生的道路上一直前行！每一个人都有自己的梦想，我也有属于自己的艺术梦想。

小时候我不奢望自己能成为小提琴家，也不奢望能取得很高的成就，我只想去认真地练习，因为我要加入二小金帆交响乐团，也希望我以后的生活有小提琴的声音陪伴。

走上社会和工作岗位后，艺术、音乐作为一个业余爱好继续陪伴着我，并给我的生活带来了丰富多彩的体验和机会。我在单位负责海外业务，在与外国企业的交流和沟通中，音乐和历史文化总能成为一个很好的话题帮助我拉近和对方的距离，提升了工作的效率和水平。同时在业余时间，我有幸成了国家大剧院青年室内合唱团的男高音声部长和中国国家博物馆志愿者协会的志愿讲解员。在周末和节假日，通过排练、演出和讲解中外历史、艺术展览等活动延续了我小时候的艺术生命，并使在母校学习期间培养起来的爱好和梦想真正成了我的一个自然的生活方式。在得到继续学习、不断提升自己的机会的同时又去回馈社会，与更多的人分享我们成长的经验与心路历程，这是我认为最幸福和最有价值的事情。

音乐赋予我想象的灵感

我是杨植淳，现在就读于清华大学新闻与传播学院硕士二年级。音乐赋予我想象的灵感，一听到音乐，脑海当中就有源源不断的画面闪现。所以，学习新闻的我，在读研究生时，听从了音乐的指引，选择了新闻纪录片专业。研一时，我为清华交响乐团策划拍摄纪录片《赋格》。音乐让我更加能包容他人，站在别人的角度考虑问题。因为音乐中并没有标准答案，拿到一份乐谱每个人都有自己的演绎。

我的另一个爸爸——"柳爸爸"。说到"柳爸爸"的这个称呼的由来，其实也是顺理成章的，我从 6 岁就和柳老师学习打击乐，用我母亲的话说，柳老师在我的小手都握不住鼓槌的时候就特别耐心地一步步教我学习打击乐，直到我上中学、上大学。13 年了，几乎每周都会去看柳老师，和他非常快乐地学习打击乐。如果在生命遇见一个人就是缘分的话，那我和柳爸爸的缘分已持续 13 年，已经从师生情变成了亲情。逐渐地，随着越来熟悉，跟柳老师的聊天内容也就不仅仅局限在专业上了，他还会关心我的成长以及我的生活。他看着我从一个"小豆包"长成了具有一定专业素养、可以独立思考的成年人，在这个看似漫长却又转瞬即逝的过程中，他就像是一个"父亲"一样，在专业上对我严格要求，在生活上对我关怀呵护，后来我就亲切地叫他"柳爸爸"。我的柳爸爸现在依旧是乐团指导老师中的"颜值担当"，只要是出现在乐团排练厅就精神焕发，我为柳爸爸骄傲！

我的才气源于您

我是邵其然，现就读于中国人民大学。我 2006 年从中关村二小毕业，今天回到母校，依然能看到很多熟悉的面孔，算一算也快 10 年了，你们依然奋斗在教育的一线岗位上。我想深深向你们鞠一躬，为这份坚持，为这份热爱，你们辛苦了！

刚刚看到小学生、中学生的展示，我的思绪也不由自主地回到了过去。这张照片拍摄于我和苗成森小朋友一样大的时候。左边是我小提琴的启蒙者，既亲切又认真的王向伟老师。那时的我还是一个懵懂的小孩，对小提琴没有太深的感觉，对未来也没有太多的想象，只是每到周末都会期待着到王老师家练练琴，顺便尝尝她家自制的冰棍儿。

时间一转眼来到了小学六年级，这张照片拍摄于我和庞博一样大的时候。那时我刚刚通过小提琴考上了 101 中学，沉浸在简单的喜悦和对未来的期待中，但当时的我无论如何都不会想到，二小 6 年的综合素质教育对我今后的发展产生了多么大的影响。

这些照片（高中阶段）拍摄于高中时期，那时课业负担很重，但在学习之余，作为特长生的我需要每天坚持练琴。大家仔细观察照片，可以看到我周围有很多二小毕业的同学。我们就这样每天共同奋斗，一点儿也不觉得辛苦。是二小，是金帆，给予了我这么多宝贵的友谊。

这些照片（大学阶段）拍摄于大学时期，生活更加多元化，小提琴对我的影响也更加显著。多年素质教育对我的塑造，得以在乐团演出、合唱指挥、艺术活动策划等学生会的各种活动中派上用场。大学同学们说我有一种特别的才气，但是我心里很清楚，正是在二小埋下了才艺的种子，慢慢生根、发芽，最终长成参天大树。二小一届又一届的优秀学子，都踏上了一条与众不同的才艺之路，等待他们的，也注定是更加灿烂多彩的明天。

友情变爱情

我叫刘梦遥，1996 年毕业。从 1996 年的秋天开始，我一直支援着小金帆的排练和各种演出。而那个时候，小我两届的她也已经开始学习单簧管，但还没有加入到小金帆中来。巧的是，在 1997 年小金帆成立两周年新春音乐会上，我作为乐团成员，她作为合唱队成员，一起参加了那场演出。就这样，不经意的两张照片，我们就这样幸运地"在一起"了。但很遗憾，那场演出以后，我就回到了 101 中学金帆乐团继续排练，她随后进入了小金帆，所以我们并没有相识的机会。

1998 年，她从二小毕业，去了 101 中学，同样进入了金帆乐团，成了我真正的小学妹。可当时我已经升入了初三的毕业班，随后考到了其他学校。因此，短暂的暑期集训过后，我们再次擦身而过，除了记住彼此的名字和相貌，便再没有联系。

幸运的是，在以金帆毕业生为班底的金帆爱乐乐团里，我们再度重逢了！过去的十几年好像只是一瞬间，我们彼此并没有觉得陌生。相反，我发现，我们有着相似的轨迹——先后随小金帆去过朝鲜参加演出，有着共同的乐团好友和指导老师，学生时代有过同样的班主任，最重要的是，我们有着同样的对音乐的热爱……而这一切，都是从加入小金帆那一天开始的。十几年的乐团生活，让我们有着特殊的默契，有着别人无法理解的惺惺相惜，所以这次难得的重逢，我们发誓这辈子再也不要错过彼此，永远不再分开。现在，除了照顾家里家外，我们还会一起练管乐，一起参加排练和演出，一起和十几年的乐团好友聚会聊天……仿佛 19 年前在小金帆一样。我们是夫妻，更是知己！现在，她就坐在我的身边（台下），她叫王菲，1998 级乐团毕业生。我们的乐团宝宝也即将出世，我们全家一起来参加这场盛会。我相信这不是普通夫妻可以有的经历，我们觉得非常珍惜，音乐给我们带来的远远不止这些。

细细品味每一名毕业孩子的成长历程，心中顿然感受教育的初心。霍姆林斯基说："音乐教育——这不是培养音乐家，这首先是培养人"。学习音乐对调解心态，健全人格有着积极的作用。音乐教育能够完善自我品格的形成，对培养一代新人全面协调地发展起着重要作用。在全面推行素质教育的今天，音乐教育作为塑造人类美好心灵，培养高尚道德情操和提高全民素质的重要途径，已逐渐得到社会的高度重视。在很多优秀的音乐作品中，都凝结着作曲家崇高的精神。正是这种催人奋进精神感染人、激励人、教育人。孩子也正是在这一首首优美乐曲的熏陶中，激起热爱生活、热爱祖国的激情。音乐带给孩子们深深的思考，孩子们从中获取意味深长的教益。所收获的教益、潜在的内涵、高雅的欣赏能力已在孩子的心中打下了深深的烙印，为今后的品格形成打下了良好的基础。

三、多个艺术特色精品课程的产生

（一）发展学生的个性，为学生开发多样化的课程

在金帆少年交响乐团成功的办团课程下，使我们更加牢记"为了一切学生，为了学生的一切，一切为了学生"的宗旨，要为每一个学生提供锻炼的机会和施展才能的舞台，让他们绽放最美的自己。学校陆续产生了金帆舞蹈团、银帆合唱团、银帆管乐团、室内弦乐团、行进管乐团、民族乐团等品牌社团。社团整体发展，彰显个体生命潜能多方位地发展。社团凭借着它的自主性、综合性、丰富性、趣味性、实践性、创造性、开放性、生成性和辐射性等特质成为促进学生个体生命整体性发展的催化剂和激素。各社团充满着学生成长的气息，在这里我们不在意你的语数英成绩排第几位，只要你有兴趣、有爱好，我们就会走在一起，一起进步，一起成长。琳琅满目的社团活动，让我们更多地看到孩子们的活泼和天真，好学和聪敏。丰富多彩的社团活动，让更多的孩子找到成功的起点，不断积累自信。

苏联教育家苏霍姆林斯基曾作过这样的精辟论述："最主要的是在每一个孩子身上发现最强的一面，找出他作为人发展根源的'机灵点'，做到使孩子能够充分地显示和发挥他的天赋素质，达到他年龄能达到的卓越成绩。"教育的技巧在于充分发掘和发展其内在的个性特点和特长，使每一个学生都能找到自己个性与才能发展的独特领域和成长点，为实现自己的可持续发展奠定基础。

金帆交响乐团、银帆合唱团

电钢琴、视唱练耳

油画、创意绘画、线描、彩铅

陶艺、丙烯画、书法

社团　兴趣小组　社团

兴趣小组

音乐　舞蹈

金帆舞蹈团、民舞团、芭蕾舞团

街舞、拉丁舞

美术　选修　兴趣小组

社团

戏剧　影视表演

社团

兴趣小组

校园剧

社团

兴趣小组

主持人社团

京剧团、话剧团

视频制作、摄影俱乐部

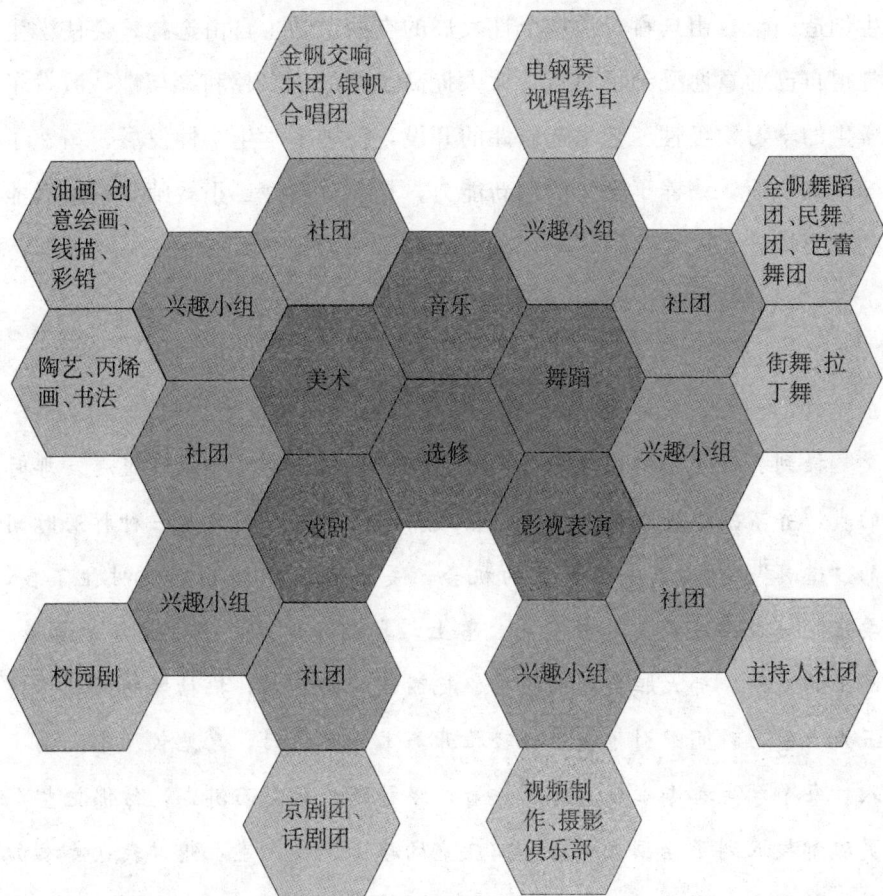

选修课程设置让学生既发展自己的兴趣，又加快与社会的接轨，从而为学生提供了设计自己成才目标的可选择性，令学生的学习积极性大大提高。由于每个学生先天遗传素质、家庭教育、环境影响等方面千差万别，所以得到的教育效果必然在具有一定共性的同时又具有个性。而恰当地处理好课程的设置则是有效地培养学生个性的一个重要的方面。如果说必修课的教学使学生得到基本素质的种种训练，获得必须具备的基本知识和技能，那么艺术选修课的教学则使学生开阔知识视野、培养兴趣爱好、强化素质训练、发展个性特长。

选修课内容源于学生。选修课目的在于提高学生的综合素质，为学生创造一个自由选科、适应个性发展的空间。学生自由选择，会使学生觉得自己的意愿受到了尊重，大大提高了学习的兴趣和参与性，激发了学生的学习积极性。艺术选修课的开设，促进了学生个性发展，拓宽了学生知识面，培养了学生的创新能力，是充分发挥二小教师和学生潜能的重要措施。

（二）感悟

我和美术社团的不解之缘

提到我和美术社团的不解之缘，这便要从小学二年级时说起。那时的我，并不知道什么美术技法、格式。甚至觉得社团只是一种打磨时间的"道具"。但是，一次偶然的机会，美术社团的指导老师叫住了我，要我把一沓画送到美术教室去。路上，我翻开画卷，小心翼翼地翻着。画上的美景，那大胆自然的轮廓、艳丽缤纷的色彩，把枯燥的纸装饰得五光十色，瞬间吸引了我。轻轻推开美术教室的门，只见教师中坐满了人。每个学生都专心致志地创作着，眼神随着笔尖而游走，仿佛把整个灵魂都投入到了绘画当中……回教室的路上，我一直在想，我也要参加美术社团。在那里，我感受到了国画的豪情大志、儿童画的异想天开、素描画的精益求精……"社团"，这其实是一个多么美妙的词语！日月流逝，天地萦回。这便渐渐成了我与社团的一种永不可割舍的羁绊。我和社团，就像群星与明月，带领我们前进；就像嫩草和绿茵，把我们当成一家人……古人云："人各有志，行行出状元。"我的"志"，就在"美术社团"这个词语中酝酿……

鼓励自主。学生的生存地位和生命价值的体现，在一定程度上反映了学生主体人格发展的水平。学生的生存地位不仅取决于学生是不是学校的主人，而且取决于其是不是具备了当主人的自主精神和自主能力。相对于其他的活动而言，孩子们的社团活动是基于学生兴趣展开的较为自主的一种活动方式，只有主动，人才能发现自己的生成性、可能性，才能与社团建立亲近的关系。

我和我的萨克斯

萨克斯是一个拥有华丽外观和具有美妙音色的乐器，当我第一次在电视上看到美国著名的萨克斯演奏家肯尼·基吹奏《回家》这首乐曲时，听到那悠扬婉转的旋律，我便被它迷住了。从那一刻起，我决定加入中关村二小管乐团，要好好学习它，将来也要做一个出色的萨克斯手。没有任何事物可以一蹴而就，我自然也不例外。萨克斯最重要的就是要练好基本功，通过吹长音和音阶，把气息调得又稳又长，把音阶掌握得熟练而准确。记得我刚开始练习萨克斯时，总是喜欢跟老师学习乐曲，而不喜欢反复练习那枯燥乏味的音阶和长音。由于在家练习得少，结果上课时，吹出的声音不是跑调就是哆哆嗦嗦的。我变得非常急躁，并感到灰心，时常想到放弃。好在我的老师既温和又耐心，他很快发现了我的问题出在思想上，他告诉我："万丈高楼平地起，不要急于求成，只要踏踏实实地打好基础，终有一天你会登上理想的高峰。"听了老师的话，我羞愧地低下了头。是啊！"台上一分钟，台下十年功"，我只看到肯尼·基辉煌的一刻，却不知道他台下的艰辛付出。学习需要的是恒心和毅力，不能吃苦耐劳的人，就不会有成功的喜悦。

此后，我在笔记本上写下了："锲而舍之，朽木不折；锲而不舍，金石可镂"的座右铭。每当我练习乏力，想要偷懒的时候，看着笔记本上的座右铭，又使我平添了无穷的动力，推着我继续默默地坚持下去。

现在我已经取得了萨克斯三级证书。我不奢望自己能成为音乐家，也不苛求能取得特别优异的成绩，我只想认真地练习，锻炼自己的耐心和毅力，希望我的一生都有美妙的音乐与我相依相随！

树立自信。"自信是成功之母，自卑是失败之父。"不怕孩子找不到

19

成功，就怕孩子没有自信去找成功。自信是以接纳自己为前提的，无论遇什么样的情况，都应在面对现实的同时有接纳自己的勇气，尤其当身处不利境遇甚至恶劣境遇的时候，仍应保持对自己力量的信心，我相信每个正常的生命都有生存和发展的能力。自信是支撑人的重要精神支柱。

音乐是我的好旅伴

我们是二小百旺校区的第一批学生，也很幸运地成为二小弦乐团的首批团员。从入团到现在，我对乐团的看法和乐团对我的影响一直在变。

刚入团那年，我对乐团的印象蛮不错，也是在那时第一次感受到了合奏的魅力。而每换一个曲子，我都很高兴，因为我又能听到新的音乐了。从那时起我开始对古典音乐产生了兴趣。

渐渐地，每周好几个小时的排练，每次重复着同样的曲子，这样的日子枯燥乏味。同时老师要求很严格，我们必须十分专心，我感到厌倦了。而且，小课内容的难度也不断加深。手抬不高，弓走不直，没有表现力等毛病总被老师批评。我觉着无所谓，练琴总是应付了事，得过且过。

五年级时，因一次考核没通过而没能参加重要的全市比赛，比我年龄小的学生都去了，我感到很羞愧。刘老师知道后对我进行开导，告诉我别太泄气，只当这是一次挫折，接下来要好好地练琴。于是我开始努力改正自己的不规范动作，增加练琴时间并提高练琴质量。虽然也很枯燥，但每有一点进步都得到刘老师的鼓励，我开始重拾信心。后来考八级时，遇到的考官竟然是我最崇拜的大提琴教授朱亦兵，我很认真并顺利地完成了演奏。当后来看到评语上写着"非常好"时，我喜出望外，高兴极了。因为这是我第一次获得考级"优秀"的成绩，还是朱教授评的！我永远也忘不了这件事，同时心里十分感谢刘老师、乐团其他老师和家人对我的帮助和鼓励。

从考核失利到考级优秀使我明白了"一分汗水，一分收获"的道理，努力后成功的喜悦使我难以忘怀。之后，我练琴更主动了，乐团排练也更踏实认真了，不再把练琴当负担，而是当作追求成功的必要过程。学习就是这个道理，过程难免枯燥，但成功却让人快乐！

经过这么多年的学习、排练、演出和比赛，我不仅收获了很多音乐知识，知道了许多音乐名家和世界名曲，还认识到团队协作的重要性，以及付出努力才能成功的道理！

现在，乐团排练和练琴已成为我生活中不可缺少的一部分。我还常常去听音乐会，看到演奏家们在台上精彩自如的演奏，很是钦佩，想以后能像他们一样拉琴……音乐已成为我的好旅伴了。

促进自立。虽然小学生参加社团并没有像大学生社团那样，体现一种完全意义上的自主，但是他们不论是一开始的"盲从"，还是老师、同学、朋友或家长的推荐，在一个个社团的选择和参加的过程中，我们的学生们也逐渐找到了感觉，一种体验主动、独立选择并做出决定的感觉。从某种意义上说，儿童选择性地参加各类社团活动是对成长模式的一种自主选择。此外，在一次次的社团活动中，孩子们时常处于主人翁的位置，学生的主动意识、参与意识在这一过程中得到了加强，教育效果显著。

第二节 全员课程的普及与提高

一、多彩课程的开发

长期以来人们对艺术教育的认识缺乏科学性和全面性，普遍认为艺术课不过就是玩耍和游戏。唱唱歌，乱涂乱画，除了训练一种手艺外，就学不了多少知识。在他们看来，艺术课上通过经典作品学习，艺术文化与人文知识未免有点强人所难和小题大做，而所谓通过艺术学习挖掘每个人身上的潜能更是让人觉得不可思议。然而，任何一个受教育的人，如果缺少基本的艺术能力，就不算是受到完备的教育。同样，任何一个有教养的人，都会接受过不同的艺术熏陶。

艺术把人类社会的发展历史融进一个个音符，化作一幅幅生动的画卷，记载和传承着人类的灿烂文明。艺术担负着探索人生要义的使命，也承担着指导人生道路的责任。艺术把一切在人类心灵中占据地位的东西都拿出来提供给我们的感性和情感，让人深刻体验到审美的愉悦。艺术给人的想象插上高飞的翅膀，把人的思维注入形象的因子，使人的创造性充满了活力，发展潜能得到了充分的开发。总之，人类生活如果没有艺术是不可想象的，我们可以认为艺术教育，从本质上来说是一项塑造人的工程。它具有唤醒、联系和整合人的内在力量，它通过对人审美能力的培养，通过建构人的审美心理结构达到人的自身多种潜力的挖掘，让人这种高级动物能够以更富个性的姿态生动地栖息在大地上。

艺术要面向全体学生，将艺术教育贯穿整个教育过程，将课堂教学、课外活动、社会实践结合起来，让每个学生都享有接受艺术教育的机会，让每一个学生都能接近艺术，体验艺术，从而爱上艺术。让艺术成为学生成长的助推剂，让每一个孩子都能有自己的艺术爱好，让学生们用艺术陶冶情操，增进修养，真正成长为全面发展的人。

中关村第二小学从建校以来，一直秉持"人人艺术"的发展理念，让艺术浸润每一个孩子的心灵，让每一个孩子的生命中都流淌着艺术的血液。为了让每一个孩子都能亲身体验艺术，在实践中探索和发现艺术美，中关村二小真正做到了根据不同年龄段身心发展的差异为每个学生提供最适合的教育。学校开设了课堂内外的多种选修课程，并以学校任课教师为主体，编写出了系列专门教材。学生可以选择自己喜欢的课程、喜欢的活动。这种教育环境，就为每个学生开辟了成才的路径。

二、课程教学改革

艺术教育是素质教育不可或缺的重要内容。艺术教育不仅是培养艺术人才的基础，而且能促进学生德智体美全面发展，为经济发展、社会进步、文化繁荣提供人才支持，为提升国家软实力做出新贡献。艺术教育是引领社会风尚、培育社会主义核心价值观、弘扬民族精神的重要载体，是培养艺术人才的基础工程。要切实推进艺术教育改革发展，促进学生全面成长，弘扬中国精神、中华美德、中华优秀文化。

现阶段，美育仍是教育事业中的薄弱环节，存在"重应试轻素养、重少数轻全体、重比赛轻普及"的现象，所以要对美育工作进行改革。首当其冲的，就是课堂教学改革。必须开齐开足艺术课程，提高学生审美和人文素养。学校美育课程建设要以艺术课程为主体，各学科相互渗透融合，重视美育基础知识学习，增强课程综合性，加强实践活动环节。要以审美和人文素养培养为核心，以创新能力培育为重点，科学定位美育课程目标。美育实践活动是学校美育课程的重要组成部分，要纳入教学计划，实施课程化管理。

中关村二小的艺术特色主要体现在音乐、舞蹈、美术上。在艺术课堂教学上，立足于"以审美为核心，以兴趣爱好为动力"的理念，坚持"在做中学"的原则，开设了丰富多样的艺术课程，采用必修课和选修课相结合，基础课和拓展课相衔接的方法。选修课主要是体现多元化，以学生需求为本，激发兴趣；体现校本化，尊重学生发展需要，形成特长。这里主要介绍必修课，必修课具体分为基础课和拓展课。

（一）音乐——感情的语言

蔡元培曾经说过："没有音乐的教育是不完全的教育"。音乐不仅能使人类的精神爆出火花，还能使人类的精神愉悦、获得美感，这是由于音乐在流动过程中，通过人的听觉直接作用于人的心脏，以至于每一根神经都在随之颤动。当然，音乐不仅仅是一种听觉艺术，更是一种需要人全身心参与的艺术活动。因此，音乐教学活动，除了听觉上的训练，还需要直接参与音乐实践，用自己的身体律动和情感去体验音乐作品。

中关村二小为了让每一位学生更好地体验、感受音乐，将基础的歌唱教学、音乐欣赏和器乐教学、音乐实践结合起来，培养学生对音乐的兴趣，提升学生对于音乐的感受和鉴赏能力，使学生获得审美体验。

基础音乐课具有极强的平等性、人文性，不仅仅是使每个学生会唱歌，更重要的是培养学生的音乐理解能力、音乐表现能力、音乐创造能力，以及与音乐相关的文化修养。具体内容是教材中的经典音乐作品的学习。一、二年级侧重开发音乐的感知力，体验音乐的美感。目标是学生能自然地、有表情地歌唱，乐于参与其他音乐表现和即兴创造活动。三至六年级侧重于保持学生对音乐的兴趣，使学生乐于参与音乐活动，同时培养音乐感受与鉴赏的能力，表现音乐的能力及创造力。

在教学方法上，打破传统的歌唱教学模式，融合了国外三大教学法（达尔克罗兹、柯达伊、奥尔夫），运用达尔克罗兹的体态律动，让学生听音乐走节奏，用身体真正地感知、表现音乐；运用一些简单的奥尔夫乐器，让学生感受、编创不同的节奏；高年级的同学运用奥尔夫声势打出多声部节奏；老师运用柯达伊的手指五线谱教孩子们识谱，运用手势谱辅助孩子们建立音高概念，进行多声部合唱训练，并取得良好的成效。

拓展课是课堂教学改革的重点部分，也是区别于传统的音乐教学的重要内容。拓展课重视音乐实践，鼓励音乐创造，帮助学生们理解多元文化。具体分为欣赏与合唱、器乐、实践三个部分。

欣赏与合唱是拓展课的第一种形式。感受与欣赏是音乐学习的重要领域，是整个音乐学习的基础，是培养学生音乐审美能力的有效途径。通过欣赏（校本），培养学生的音乐感受能力、音乐欣赏能力，使学生养成聆听音乐的习惯，积累欣赏音乐的经验。通过合唱、视唱练耳等训练，培养学生集体合作能力、培养多声部演唱能力，树立正确的发声与音准能力。

拓展课的第二种形式是器乐教学。器乐教学是音乐教学的实践过程，所以应强调艺术实践积极引导学生学习器乐。通过演奏创编将学生领进音乐学习，获得音乐审美体验，提高音乐素养，增强学生音乐表现的自信心，培养学生良好的合作意识和团队精神。器乐教学通过打击乐、竹笛、排箫、尤里克克等乐器的教学，培养学生对音乐的直接经验和丰富的情感体验，使学生掌握音乐相关知识和技能，能够领悟音乐内涵，提高音乐素养，拓展学生的艺术视野。

拓展课的第三种形式是实践。在生动多样的艺术活动实践中，让学生亲身参与，激发学生学习音乐的兴趣，在不断的实践过程中，逐步培养和提高有利于学生终身发展的音乐能力。通过艺术节、小型专场、聆听音乐会等形式，培养学生的音乐审美能力、主动参与能力、音乐表现能力、音乐交流能力。以兴趣为主，以丰富多彩的教学内容激发学生对音乐的兴趣，丰富精神生活，提高音乐素养，培养学生的专业技能，团队合作能力和舞台表演能力。

（二）舞蹈——用形体讲话的艺术

舞蹈课以培养学生肢体能力为主导，以全面培养学生的艺术修养、人文素质为目的。通过舞蹈教学，使学生掌握舞蹈的基本常识，增强体质、改变不良姿势，体会舞蹈的艺术魅力，提高学生的艺术修养和外在气质。

将"情境教学"巧妙地运用于课堂，利用语言、道具、音视频等材料引导学生感受大自然，体验社会的同时，充分调动想象，产生强烈的表达愿望，创编出一个个鲜活、生动、有趣的舞蹈形象。

通过欣赏，让学生对美产生直观的、初步的印象。同时培养他们对音乐的感受能力，使他们在情感上产生共鸣，全身心地沉浸到情感交流和情绪体验之中，从而受到春风化雨般的感染和陶冶。通过欣赏优美的舞蹈促进学生对美的认识和追求。

基础舞蹈课以学生为主，根据学生的年龄，提出针对性的教学方案，设置符合不同年龄段学生身心发展的教学内容，比如：一年级（上）分别教《小叮当》《照镜子》《小蜜蜂》《圈圈舞》《小小兵》等舞蹈，一年级（下）教《郊游》《小王子和小公主》《老鹰捉小鸡》《钓鱼》《小司机》等舞蹈。

对学生来说，这样的每节课都是不同的情境体验，总是充满着新鲜感。这种以学生为主题开展的教学，教学目的被悄悄地植入到课堂活动中，鼓励学生大胆创编动作，表达情感，塑造角色，让学生在愉悦地体验中实现训练、情感和人格的共同发展。

舞蹈拓展课重视舞蹈实践，在舞蹈实践中，让学生从"想跳舞"到"爱跳舞"。具体分为欣赏与实践两个部分。

舞蹈拓展课的第一种形式是欣赏。感受与欣赏是舞蹈学习的重要领域，是整个舞蹈学习的基础，是培养学生舞蹈审美能力的有效途径。通过欣赏《东方红》史诗、《宝莲灯》《胡桃夹子》《猫》《大河之舞》等国内外著名舞曲，让学生对美产生直观的、初步的印象。同时培养他们对音乐的感受能力，使他们在情感上产生共鸣，全身心地沉浸到情感交流和情绪体验之中，从而受到春风化雨般的感染和陶冶。舞蹈欣赏更高的目标是使学生通过欣赏优美的舞蹈促进学生对美的认识和追求。

实践是舞蹈拓展课的第二种形式。通过舞蹈实践，尤其是自编自演的作品，培养孩子的想象力、创造力，促进孩子智力发展。同时舞蹈演出能培养孩子表演的能力，使孩子们不怯场，表现力强，增强自信心，拥有更好的心理素质。

（三）美术——揭示真理的谎言

美术课程以对视觉形象的感知、理解和创造为特征，是学校进行美育的主要途径，是九年义务教育阶段全体学生必修的基础课程，在实施素质教育的过程中具有不可替代的作用。美术的基本理念是使学生形成基本的美术素养，激发学生学习美术的兴趣，在广泛的文化情境中认识美术，培养创新精神和解决问题的能力。

美术基础课主要采用绘画与制作的形式。按美术课程的四大领域针对重点内容有选择地授课，包括"造型·表现""设计·应用""欣赏·评述"和"综合·探索"四个学习领域。

针对不同的年级，采用不同的方式。针对一、二年级的学生，采用游戏的方式，大胆自由地把所感所想事物表现出来，体验创作的乐趣，发展学生的感知能力和形象思维能力；针对三、四年级的学生，采用个人或集体合作的方式参与各种美术活动，学习美术欣赏和评述的方法，丰富视觉、触觉和审美经验，发展美术实践能力，培养学生审美理解力和鉴赏能力；针对五、六年级的学生，运用形、色、肌理和空间等美术语言，以描绘和立体造型的方法，记录所见所闻，发展美术构思与创作能力，培养学生立体空间能力，开发创作设计思维能力。

美术拓展课重视美术实践，弘扬民族传统，促进学生们理解多元文化。分为创作和实践两种形式。

创作是美术拓展课的第一种形式。根据学生不同年龄段的认知发展特征，开设了不同年龄段的课程。开设的课程根据学生年龄递增，兴趣点发生变化的特点进行设置。根据学生理解力以及动手能力的特点，课程难度逐年递增。依据以上原则，制定了一至六年级的不同课程，每个课程都是系统地学习一项艺术种类，陶冶学生美术情操，增强审美意识。一年级学习泥塑，使学生在制作泥塑的过程中掌握捏、挖、挤、压等造型技巧，培养动手实践能力。二年级学习纸工，锻炼学生手指的灵活性，发展动手能力，同时也培养学生按步骤有顺序地认真做事的好习惯。三年级学习创意绘画，促进学生形象思维和想象力的发展，使儿童左右脑都得到很好的开发。四年级学习国画，培养学生对中华民族传统文化的热爱之情，让学生借助笔、墨、水的功能来表现自己感兴趣的事物，陶冶情操。五六年级学习固体水彩和版画，通过设计、制版、印刷等过程，让学生体验感受版画的形式美感，培养学生构思创造能力、动手制版能力以及吃苦耐劳的能力。

美术拓展课的第二种形式是实践，具体形式是参加艺术节、举办作品展、观看画展、艺术展等。目标是使学生在实践展示的过程中增强对艺术的认识，陶冶学生的艺术情操，提高审美意识。

在上述的内容标准中，虽然艺术学科是分别陈述的，但在总体目标的指向上是一致的，它们之间表现出一种相互交叉融合和渗透的态势。虽然没有涉及其他学科，但我们已尝试与其他学科建立联系，强调各门艺术学科之间，以及艺术与其他学科之间的联系，综合相关的学科并置，进行比较和对照。综合在使用两种或更多学科资源时，其方法是学科之间的相互强化，并往往表现多学科之间的统一。艺术在沟通和形成各学科之间的各种联系中具有其他学科无法相比的优势，因此，艺术的教学能够并且应该利用这一优势，尤其注重各门艺术之间以及艺术与其他学科之间的联系。用这种方式建构学科之间联系的重要意义，在于它有助于学生认识整体、部分及其相互关系。但是，有两个方面要注意：一是在学习中，无论是相关综合还是类似的方法，它们的基础首先是各门艺术学科本身的知识能力。建构和形成这些联系，永远是教学的任务。

三、《交响音乐走进课堂》丛书全国发行

金帆交响乐团是我校第一张名片，名扬已在外。如何让二小全体学生，让北京市各学校的学生，甚至让全国的所有学生，喜欢交响音乐、

聆听交响音乐、感受交响音乐，我们所有音乐教师利用一年的业余时间编写制作了音乐欣赏教材、教参、配套光盘，本书共计36课。

目　录

很多同学都以为交响乐很难懂，就避而远之。其实，交响音乐并不难懂，一句话就是多听。听得多了，从中感觉到一种身心的愉悦，这就叫懂了。当然我们也需要积累一定的音乐知识和聆听的经验。

第一，要培养自己的音乐记忆力。交响音乐是由一个个主题构成的，这些主题经过不断地变化逐渐发展为一部交响乐。所以我们要记住这些主题，然后在音乐的发展中去分辨这些不同主题的变化和再现。每一个主题都代表着一定的音乐形象，认识到这些主题就更能容易理解音乐的表现了。为了分辨这些主题，我们还必须掌握一定的识谱能力。

第二，要了解基本的音乐要素。如旋律、节奏、节拍、速度、力度、音色、调性、调式、和声等，另外还要学会一些基本的音乐术语，如情绪的术语：优美、欢快、雄壮、热烈；旋律的术语：歌唱的、抒情的、跳跃的旋律；节奏的术语：舒展的、紧凑的、进行曲节奏等。

第三，要学会分辨音乐的结构。虽然，交响音乐的结构比较庞大，但它就像一座"楼房"，再高的楼房也是由一层一层房子构成的。分辨音乐的结构就是要听出一层一层的"房子"，每层"房子"都清楚了，整栋"楼房"就清楚了。

第四，要学会分辨管弦乐队中各种乐器的音色。交响音乐是由管弦乐队演奏的，它是由弦乐器组、木管乐器组、铜管乐器组和打击乐器组组成的，每一种乐器都有独特的音色，同时又可以表现一定的音乐形象，熟悉了这些乐器的音色，对我们感受音乐表现的形象就会有更大的帮助。

第五，要学会感受音乐的情绪，并产生一定的联想。任何一段音乐都会引起我们的情绪体验，感受音乐的情绪是欣赏交响音乐的基础。在情绪感受的同时必然会产生一定的联想，其中，有些是描绘性的，很容易使我们联想到生活中的某种形象。

交响音乐是音乐宝库中灿烂辉煌的瑰宝。它是我们了解世界的一个窗口，是丰富人生体验的桥梁，是使我们的人格更加高尚的精神食粮。

愿美好的交响音乐永远陪伴着你，带给你更多快乐！

第三节 融合课程的建立

一、《野斑马》是融合课程的产物

这部融合交响乐、舞蹈、合唱等多种艺术形式的童话舞剧，由张继钢、张千一两位艺术家在原剧基础上进行了创造性的改编，从孩子的视角对经典作品进行了全新的诠释。《野斑马》全剧分为四幕，讲述了善良的斑马姑娘为了友谊与和平牺牲自我，以此来唤醒人性的故事，体现热爱自然、歌唱生命、礼赞人性、崇尚友爱的教育主题。这将是由中国孩子演绎的第一部中国童话舞剧。

爱艺术的民族是可爱的

爱艺术的时代是多彩的

爱艺术的国家是强大的

爱艺术的社会是人性的

艺术是人类文化宝库中的一颗璀璨明珠。在人类历史发展的长河中，艺术以其特有的方式在社会发展和民族振兴中发挥着十分重要的作用。一个没有艺术的社会和民族是不可想象的，没有艺术的教育和没有艺术的人生同样是不可想象的。《野斑马》的成功上演，正是二小多年来艺术教育的积淀，是学校素质教育的真实写照，更是学校办学理念和办学实践的综合呈现。

（一）艺术节是融合课程的体现

年级	音乐		美术		舞蹈	戏剧、校园剧
	自选	固定	自选	固定	自选	自选
一年级	班班开口唱、卡拉OK	"我的二小我的家"歌词创编演唱、器乐独奏	蛋壳创作、硬笔书法、葫芦画	头饰创作、软笔书法、手工制作	独舞、双人舞、群舞等	班级自选
二年级	班班开口唱、卡拉OK	"我的二小我的家"歌词创编演唱、器乐独奏	扎染、硬笔书法、葫芦画	头饰创作、软笔书法、手工制作	独舞、双人舞、群舞等	班级自选
三年级	班班开口唱、卡拉OK	"我的二小我的家"歌词创编演唱、器乐独奏	纸盘绘画创作、硬笔书法、葫芦画	石头画创作、软笔书法、手工制作	独舞、双人舞、群舞等	班级自选
四年级	班班开口唱、卡拉OK	主题创作歌曲、器乐独奏	个性T恤衫创作、硬笔书法、葫芦画	石头画创作、软笔书法、手工制作	独舞、双人舞、群舞等	班级自选
五年级	班班开口唱、卡拉OK	主题创作歌曲、器乐独奏	京剧脸谱创作、硬笔书法、葫芦画	5米长卷创作、软笔书法、手工制作	独舞、双人舞、群舞等	班级自选
六年级	班班开口唱、卡拉OK	主题创作歌曲、器乐独奏	留给母校的纪念创作、葫芦画	5米长卷创作、软笔书法、手工制作	独舞、双人舞、群舞等	班级自选

根据年级的不同，分别制定不同的活动项目，既有全员参与，又有体现个性张扬的项目。丰富多彩的校园艺术节活动恰恰给孩子们创造了发挥各自才能的天地。与此同时，孩子们的才能和情趣也为校园文化增添了极为丰富的内容。"五月的鲜花最美丽，五月的歌声最嘹亮"，五月是我们自己的节日。小书画家们拿起手中的画笔，腾起想象的翅膀，涂抹心中艳丽的色彩。艺术节的展厅里摆满了他们的美术、工艺、书法等作品。在文艺演出专场，小天使们正用亮丽的歌喉，优美的舞姿，憧憬着美好的未来。那妙语连珠、挥洒自如的山东快书，"三句半"等令人振奋不已。"它不需要用任何抽象的理智形式，像法律制裁一样，从外面强加于人。它像空气一样包围着受教育者，让他不知不觉地去感受、去体会，从而心甘情愿地接受教育"。"它像风一样无影无踪，却又像风一样不可抗拒。东风一吹，草木皆绿，百花齐放"。在这样校园文化生活的氛围中，就像呼吸空气一样，把从四面八方吹来的美的风，吸进自己的肺腑，渗入自己的血液，从而使自己的心灵得到净化，人品美化，感情高尚化。

（二）艺术节让孩子们更热爱艺术课堂

多样的活动让学生有了选择的余地，特别的奖项无时不在吸引着学生。心理学家研究证明：当学生的行为表现受到教师的肯定、激励和赞赏时，他们就会产生愉悦、积极主动的情绪体验，就会以饱满的热情、百倍的信心，投入到学习中去。同样，学生在艺术节上获得了成功感，直接地受到了艺术感染和激励，特别是在参与音乐和创造音乐的活动中体验成功的愉悦，使得他们对音乐更加感兴趣。艺术节中一幅幅优秀的书法作品、一件件精美的手工制品，婀娜多姿的舞蹈，让学生进一步产生一定要学好它的强烈愿望。而更多的学生为了在艺术节上一展身手，课堂上不再是被动的、机械的，而是主动热情的参与其中。

（三）艺术节与选修课互相促进

校园艺术节太多的形式让学生们喜欢得不得了，学生们踊跃报名参加，施展自己的个性才华。我们深深地感受到学生们的才能远远超过了我们的想象："生活中不是缺少美，而是缺少发现！"每次的艺术节我们都会欣喜地发现，平时默不出声的"他"原来是个钢琴能手，平时少言寡语的"她"原来是个舞林高手……在这些活动中我们发现了更多的艺术人才，一些学生在校内外的选修课堂学到的知识，在这里有了展示的舞台。选修课活动在我校出现了蓬勃发展的势头，形成了一种可喜的局面。选修课堂为艺术节的成功举办提供了人才，培养出的一些特长生成为班级艺术节节目策划者或指导者，在他们能力的发挥及带动之下，使得艺术节的艺术水准越来越高。艺术节又促进了选修课的发展，同学们自觉地加入到选修课中，吸收更多的知识营养来丰富自己。

艺术节活动一年一次，但它带给师生们的震撼不止一次，它充分体现了我校的文化品质和艺术修养，展示了二小朝气蓬勃的精神风貌。通过活动，我们可以骄傲地说："给孩子一片蓝天，他们就可以搏击长空。"徜徉在校园文化艺术节里，让我们对未来充满无限希望，它必然会成为我校培养追求真善美的一道亮丽的风景线。

二、社会大课程为孩子人生奠基

用爱触摸音符。5 月 8 日中午，当北京中关村第二小学百旺校区的五年级孩子和室内弦乐团团员开展了"走近盲童——感受他们的世界"融合教育艺术体验课，我随机拉住几位孩子问他们的收获。

"他们与我们没有区别，能唱歌、能拉琴。原来感觉他们看不到，什么都干不了、干不好，现在发现他们能干好和我们一样的事，甚至我们做不好的事，他们都能做好。他们会定向越野、会骑马、会拉二胡，这些我都不会。""他们眼睛看不到，能唱这么好，肯定练了很长时间，我觉得他们这种肯吃苦的精神值得我们学习。""活动开始前，看到一位盲人同学要下台阶，我赶紧去扶她，她说，没事，我能自己下去。她说这句话时，让我很震撼，我们之前太担心他们了，他们很独立。之前对和他们接触，我有些排斥。但是通过这次课，我发现他们和我们一样，没有什么区别。我们班有些同学都没有他们乐理知识掌握得好，而生活条件比盲童好很多，我们没有他们懂得珍惜，他们比我们坚强。"

当天来自北京"爱百福"福利院的22名盲人孩子走进中关村二小百旺校区，与二小的孩子们一起上了两小时融合教育艺术体验课。

体验课首先由二小的一位音乐老师为盲童上了20分钟微格音乐课。在播放完《天鹅湖舞曲》片段后，老师问盲童："知道这一段落音乐的主奏乐器是什么吗？"一位长得相对较高，据说已在上小学6年级的孩子，站起来答道："小号。""那你感受到的小号音色是什么样的？"音乐老师接着问。"挺尖、挺嘹亮的。"盲童答。接下来，音乐老师又播放了一段《那不勒斯舞曲》，示意盲童听完音乐后，表达一下这段音乐给他们的内心感受。只见音乐响起后，几位盲童不由自主地在座位上摇晃起身体。一位盲童在老师提问示意后，说出自己的感受："听完这段音乐，我觉得很欢快。"另一位男孩接着答，"我觉得很激动。"

20分钟微格音乐课结束后，其中一位叫盼盼的男孩用二胡为大家演奏了一曲《月亮代表我的心》。演奏完毕，老师向同学们介绍，盼盼还有算"星期几"的特长，随便说出一个日期，盼盼就能说出是哪年哪月的星期几。与盼盼的极短互动后，4名盲童走上舞台，与盼盼一起，合唱了一首《爱在人间》。温情的歌词加上盲童们投入的演唱，透过前排同学的背影，看到有老师在抹着浸湿的眼角，5年级孩子观众区，则爆发出热烈的掌声。

"他们唱歌很好听，我们全年级同学都给他们鼓掌了。他们听音乐时和唱着歌拍手时，脸上的表情一直微笑着，感觉他们很幸福、很快乐、很自信，而且我觉得他们很大胆，发言和上台一点都不怵。"孩子们的掌声是对"爱百福"视障孤儿最大的友爱。

生命，需要尊重。教师的生命、学生的生命都在学校这个丰富的教育场中相互影响、相互融合、共同成长，而且人的生命成长都是通过积极主动地转化生命资源而实现的。这次社团活动中的学习和成长是以学生主体实践活动为主线的。学生在做中学，在学中做，学生的实践体验贯穿在整个社团活动过程的始终，具有极强的实践性。孩子们亲身参与、积极思考、用眼睛去看、用耳朵去听、用嘴巴去说、用双手去做、即用自己的身体去经历，用自己的心灵去感悟。他们传递着爱心，传播着文明。

第二章 "福泽"艺术课程
——福建三明学院附属小学的探索

　　每周三，是孩子们一周中最开心、最期盼的一天，因为那天下午有他们喜欢的"幸福走课"大课堂，可以自由选择自己感兴趣的课程。但他们又有一点儿烦恼，因为想上的校本课程实在太多了，40 余门的课供他们选择，如艺术类的民族舞蹈、拉丁舞、合唱、打击乐、剪纸、彩陶、国画、儿童画、线描画等。"幸福走课"大课堂是孩子们锻炼自我，展示自我，发展自我的最佳舞台……

　　天际鱼肚白，山上流苏绿。遥望碧水浪里浮，悄入竹排去。

　　绿水映夕阳，红塔连星天。待到来日东初白，光明尽磊落。

——《卜算子·昼夜》许晨昊

　　春风细雨虫沙，花开树冒嫩芽，暖阳冻湖初化。

　　花红柳绿，渔翁湖中船下。

——《天净沙·春》林钰洺

　　这一首首朗朗上口、抑扬顿挫的诗词，将人与大自然和谐相处的画卷在人们面前一一展开。听者，无不如痴如醉，沉浸在美妙的诗歌里。原来，六年（5）班的孩子们正在开展"诗词创作大会"呢！在悠扬的古琴声中、在清亮的笛音里、在曼妙的舞姿中，孩子们摇头晃脑地朗诵自创的古诗词，师生们赏在其间，乐在其间……

　　以上一幅幅真实而灵动的画面仅仅是我校"福泽"艺术课程的掠影，在"福泽"课程体系的浸润下，艺术的种子已深深地根植于每个孩子的心中，流淌在他们的血液里，与他们的身心融为一体！如今，学校艺术教育已绽放出迷人的精彩，丰富性、多样性的艺术课程使每一位师生受益，每个孩子至少有一门艺术特长，他们在各级各类的赛事中崭露头角。

第一节　艺术教育的探索历程

艺术教育是塑造学生全面发展的一项重要的研究性课题，旨在提升孩子们的艺术修养，培养艺术特长，在潜移默化中提高道德水准，陶冶高尚的情操，促进身心的健康发展。艺术教育在我校始终占有一席之地，多年来，我们坚持不懈地探索实践，走过了一段段艰难的历程。

一、传统教育背景下的艺术教育

在传统教育模式下，艺术教育不受重视，往往被边缘化，闲时上一上，遇到考试就让一让。出于小升初的压力，家长为了孩子能考上理想的中学、老师为了学生能取得理想的成绩，只好把学生对艺术的喜爱和追求放到一边，无暇顾及。孩子在升学的压力下，也只能一心读书，无暇发展自己的爱好和特长。同时，学校因面临统考的压力，多年以来，只招聘语数英老师，导致音乐、美术学科的师资力量严重缺乏、很多班级的艺术课程只能由语数老师兼职，经常挤占挪用艺术课。这使得学生在仅有的少量艺术课中得不到完整的艺术教育，更谈不上艺术素质的培养。这种现象在全国都很普遍，我校也不例外。全校当时 30 个教学班，只有一个美术老师和一个音乐老师。很多班级的艺术课程都只能由其他学科教师兼职。在小升初的压力下，艺术课形同虚设，艺术教育对孩子们来说，是一种可望而不可即的"奢侈品"。

二、传统教育向素质教育转型背景下的艺术教育

1985 年 5 月，邓小平同志在《中共中央关于教育体制改革的决定》中明确指出："在整个教育体制改革过程中，必须牢牢记住改革的根本目的是提高民族素质，多出人才，出好人才。"这是素质教育最初的思

想源头。

　　1992年，学校正式成立福建省少年儿童业余艺术学校三明分校，开始迎来艺术教育的春天。孩子们利用周末时间到艺校，学习合唱、舞蹈、绘画、剪纸、书法等多种艺术课程。可是，由于名额、时间、场地和师资的限制，老师们也只能挑选优秀的孩子进行培训，所以，这种方式只有少数艺术特长生受益。如：拉丁班，全校只有19人参加培训。经过培训，这些孩子参加全国拉丁舞锦标赛，有4个同学获得了各年龄组的金奖。

　　这个阶段学校的艺术教育，重在培养少数艺术特长生。学生外出参加艺术比赛，虽然也取得了一些不错的成绩，但大部分家长和老师，还没有摆脱"应试"思想，只把艺术教育作为学校教育的补充，艺术还没有成为"正规军"，这远远不能满足广大学生的艺术需求。艺术教育对学校教育来说，还只是一种"点缀品"。

三、素质教育初期的艺术教育

　　艺术教育既是素质教育的内容，又是素质教育的手段。它对学生综合素质的培养具有重要作用。可以促进人格的完善，促进心理健康，促进各种教育目标的实现，促进个性的自由发展。随着素质教育口号的提出和在素质教育的倡导下，艺术教育也随之获得了较为充分的发展空间。学校开始重视优秀艺术人才的引进，2004年、2005年连续两年面向全市招考在职优秀艺术教师，配齐配全艺术专职教师。组建艺术教研组，开学初制订艺术教研组计划，每周定时开展教研活动，组织教师参加艺术教育的赛课、片区探讨及外出学习交流活动，使艺术教师的专业发展得到提升。2004年编排的群舞《瑶山小百灵》到北京参加中央电视台全国少儿春节联欢晚会的演出，获得一等奖，这是三明市第一个获得此殊荣的学校。

　　2002年，全省艺校全面停止招收学员。学校另辟蹊径，通过两种方式开展艺术培养，让更多的孩子参与进来，一是开设兴趣小组，由本校艺术教师进行授课，每周三下午最后两节课就是兴趣小组的活动时间。学生可以自行报名，但是仍由艺术教师进行面试选拔。二是在校内组建各类艺术社团，如：合唱团、舞蹈队、文学社、国画社、书法社、手工小组等。艺术教育成为学校教育必需的"营养品"。

四、"福泽"教育背景下的艺术课程

2013年1月，学校确立"为学生幸福人生奠基"的办学理念，提出了"福泽教育"办学思想。福泽教育指的是"幸福＋润泽"为思想核心推进学校的幸福教育事业。我们认为，学校是幸福之地，校长和老师是学生生命中的福星。以仁爱之心、智慧之水润泽儿童的成长，传播有益于学生身心发展的福音，提升生命的亮度，使学生福至心灵，享受幸福生活。在"福泽"教育背景下，学校构建了"多元＋个性"的福泽课程体系，旨在创设适合每一个生命成长的课程，尊重孩子的天性，发掘并激发每一个孩子的内在潜能，让每一个生命都绽放异彩，每一个生命都鲜活成长。

艺术教育不再是"门面活儿"，不再是学校教育的"点缀品"，不再是精英教育，"福泽"课程体系的建构催生了"福泽"艺术课程，"艺术教育课程化"体现了"让每个孩子都能接受艺术教育的熏染，为他们的幸福人生奠基"的普惠教育理念。"一枝独秀不是春，万紫千红春满园"，在"福泽"艺术课程理念下，"福泽"艺术课程成为每个学生的"必需品"。

第二节　校本化艺术课程的探寻

一、校本课程开发的必然性

（一）艺术教育改革的需求

全国学校艺术教育工作会议强调：要深入贯彻落实党的十八大、十

八届三中、四中全会和习近平总书记系列重要讲话精神，全面落实立德树人根本任务，加快推动学校美育工作，提高学生审美和人文素养，培养德智体美全面发展的社会主义建设者和接班人。美育也称审美教育、艺术教育，国家将美育提高到了重要高度，是因为在人才培养的整个过程中，美育是必不可少的，具有不可取代的特殊教育功能。艺术课程是学校实施美育的主要内容和途径，对于提高学生审美修养、发展形象思维、健全学生人格等具有重要的作用。

（二）学生自身成长的需求

在素质教育的大背景下，学生们不再愿意天天围绕着语数学科打转了。学生们的生活，需要用唱歌来抒发自己的情感，需要用节奏来表现自己的快乐，需要用舞蹈来跳出自己的精彩，需要用手中的彩笔来描绘出自己的幸福生活……他们期盼多样化的，可供自主选择的艺术课程来丰富他们的课余生活，满足他们的自身发展的需求。

教学故事 1

"抗议！抗议！"当我走到四年（3）班的教室门口时，一阵阵的抗议声让我惊呆了！是什么事让孩子们如此激动？是学生受到了不公平的待遇吗？我忐忑不安，走进去看见班主任在班级里，心稍稍放了下来。这时班主任看到我来了，如释重负，赶忙跑过来说："卢老师，你来啦！那我走了，本来还想借用你半节课时间讲评作业，但这些学生们都不愿意，看来是讲不成了。"看着她无奈地离开教室，我不禁笑了起来，看来学生们还是很爱上我们音乐课的。当我走进教室时，那如雷般的掌声让我心头一暖，我故意严肃地对学生说："老师不怕辛苦，特地多上课为你们讲解作业，你们这样抗议对吗？"学生们七嘴八舌地说："可我们最喜欢的就是音乐课呀！我们下次语文课时认真听讲，可以把时间补回来的！"

同学们的一番话语让我顿时意识到他们对自己喜欢的课是那么渴望。艺术课是让他们感受美的课，课堂上教师声情并茂地演唱、教师信

41

手拈来的示范画，都可以激起学生的学习兴趣。也许你一个小小的鼓励，一个眼神，就在他心中种下了艺术的种子，也许他长大后并没有从事艺术事业，但他拥有一双灵巧的耳朵和一双慧眼，能感受音乐的美，能体会美术作品的神奇。

——摘自卢赛华老师教育微故事《抗议！抗议！》

教学故事2

四年级组办公室里，四年（3）班的数学老师对刚下课回到办公室的我说："小晨昨天下午有没有去上你的美术课？"我说："有啊，怎么啦？""她前天晚上没做数学作业，下午我就打算让她做满三节课的数学作业。可是，才过了一节课，我一转身，她就跑了。我还担心她跑到哪里去了。第二节课下课，她又在我身边出现了。问她这节课去了哪里，她也不说。原来是偷跑回班级上美术课了。看来，小晨真的是非常喜欢上美术课呀！"

听了数学老师的话，我心里暖暖的。原来，小晨是这个年段出名的捣蛋鬼、这个特别让人头疼的特殊生，什么课都可以不去上，就是不能不上美术课！连这样的学生都这么喜欢上美术课，我更要以十二分的热情来上好每一节课！

——摘自邹毅弘老师教育微故事《"我要上美术课！"》

孩子们在艺术课堂里，可以大声歌唱、可以跟着节奏尽情舞动、可以在画纸上尽情描绘。可是多年来，在升学压力下艺术课程被边缘化。从校级领导到大多数语数老师，都认为艺术课是可有可无的，随意挤占。可是，孩子们是多么渴望得到艺术的熏陶，多么渴望通过艺术课来释放被压制的天性啊！

（三）弘扬传统民族文化的需求

中华优秀传统文化是中华民族的突出优势，是我们最深厚的文化软实力。但是，随着我国经济的高速发展和融入国际社会步伐的加快，许多传统文化正经历着前所未有的冲击和破坏。很多年轻人认为传统文化赚不了钱，不珍惜，更不懂得欣赏，也不屑去学习，导致一些古老的民族民间文化正在逐渐消亡。没有自己传统民族文化的国家，是没有文化底蕴的国家，一个不尊重自己历史，不能发扬光大自己文化传统的民族是没有未来的民族。因此，弘扬、保护我们的传统民族文化刻不容缓！孩子们应当是中华优秀传统文化的传承者和弘扬者。这就需要我们从小培养孩子们对民族文化的热爱和对民间艺术的欣赏，以及重视对民间艺术的学习和传承。

（四）"福泽"教育发展的需求

"福泽"教育的落地生根，需要课程的滋养。有什么样的课程，就培养什么样的学生。学校提出"以符合学校实际，以学生可持续发展为动力和途径，以培养学生的综合素养和鲜明个性为实现儿童终生幸福为目的"的课程方略，建构了"福泽"课程体系，其中艺术课程是一项重要的课程内容。什么样的艺术课程既关注孩子们当下的幸福成长，又为他们将来的发展蓄力，为他们的幸福人生奠基？什么样的艺术课程更能培养既有扎实的基础知识，又具有首创精神，敢于质疑、勇于挑战、善于合作的有个性的人？艺术课程应该为福泽教育的发展做出自己的担当。这里的艺术课程不再是精英教育，而是福泽全体学生的幸福教育，每位学生都能参与到艺术体验与艺术活动中。这就要求学校和教师更加关注学生，以学生为主体，充分整合资源，为学生提供丰富有趣的活动，鼓励全体学生参与艺术体验与实践，提升学生的整体艺术素养。

二、挖掘课程资源，凸显校本化

我校地处闹市区，学校占地面积严重不足，生均校园面积仅为省定标准的22%。学生的活动场所严重受限，多功能教室建设困难，硬件设施设备不足，没有音乐室、美术室、舞蹈厅、展览厅等艺术课程资源。在这样的现状下，强化课程资源意识，提升教师对艺术课程资源的认识水平，因地制宜地开发和利用身边有价值的艺术课程资源，是我们迫切需要研究的课题。

（一）发挥优秀师资队伍资源优势

教师是最重要的艺术课程资源。附小的艺术教师团队是一个积极向上、拼搏进取、才艺兼备的优秀团队，艺术专任教师配备之齐全为全市学校之最。其中音乐学科和美术学科的领衔人卢赛华和邹毅弘老师，都是三明市第一期骨干教师和学科带头人、县区级学科带头人实践导师，参加省市级学科技能大赛均获得优异的成绩。近年来，随着学校对艺术教育的重视，我校艺术教师师资队伍日益壮大。

音乐组的老师个个"身怀绝技"：卢赛华老师似乎天生就是为艺术而生的，曼妙的舞姿、优雅悦耳的钢琴演奏、甜美的笑容，举手投足之间都散发着属于她自己的艺术魅力，把生命的华彩绽放在课堂上、舞台上，逐渐凸显出"婉约、灵动、和谐"的教学特色，形成了"以境悦声，以情感人"的教学风格。李海明老师擅长管弦乐和打击乐，他在舞台上、在训练场上表演架子鼓、吹奏萨克斯的样子简直是帅呆了，他义务组建学生管乐队和民乐队，每天早晚组织学生训练，从来不计报酬。他特别希望开发行进打击乐队课程，一次次地找校领导申请购买设备，通过视频、文字介绍等多种方式介绍行进打击乐队，说服学校支持他开设此课程。在他的努力下，学校组建三明市第一支行进打击乐队。任晓丹老师嗓音纯净、甜美、具有很强的感染力，是三明市教师"好声音"比赛金奖的获得者，在我校社团活动中承担童声合唱团的教学任务。科学的发声方法和细致的指导，激起了孩子们对童声合唱的喜爱。毕业于师大音乐教育系的黄玮老师擅长指导童声小组唱，多次带领学生在省市，乃至全国的比赛中获奖。90后的纪兰萍老师具有古典美，擅长古筝和舞蹈，当她行云流水般地演奏古筝时，简直就是一位美丽的画中仙，孩子们亲热地管她叫"萍姐姐"。

美术组的老师也丝毫不逊色，都是"小清新文艺范儿"：邹毅弘老师是个全才，音乐、美术、书法、摄影、运动样样都行，上课幽默风趣，书法绘画信手拈来，唱歌、弹琴、运动也不在话下。她还是个"拼命三娘"，文化办副主任、教研室副主任、综合组教研组长、班主任，身兼数职，特别擅长组织各种创意活动，是孩子们的大朋友。刘云屹老师专攻国画。她淋漓尽致的泼墨画，常常引发孩子们的阵阵惊叹。沈娟老师擅长软陶、水粉画，在她的巧手下，一块块毫无生命的陶土，一会儿就变成一个个栩栩如生的小动物。刘婷婷老师笑容可掬，上课富有激情，指导的儿童画富有童趣。国才老师的书法可是一流的，你看他凝神屏息，潇洒地挥毫泼墨，一会儿工夫，一幅刚劲有力的书法作品就出现在大家眼前。潘旭晖老师的剪纸功夫堪称一绝，一张张红纸，一把剪刀，只听得一阵"咔嚓咔嚓"声，一幅幅精美的剪纸作品就应声出现了……

拥有这样一支优秀的积极向上的艺术教师队伍，是学校"福泽"教育艺术课程的重要保障。

（二）利用家长、社会和自然资源

教育家陈鹤琴先生早在 20 世纪 50 年代就提出："大自然、大社会就是活的教材。"学校地处三明市委市政府所在地，毗邻麒麟山公园、白天鹅公园、江滨公园、城市绿道，背依三明的母亲河——沙溪河，市区附近还有国家 AAAA 级景区格氏栲森林公园、瑞云山公园，学校附近有人民英雄纪念碑、市图书馆、艺术馆、青少年宫、书画院……丰富的自然资源和社会资源使艺术教育更具有生活性、生成性和审美性，使学生的艺术素质得到和谐的发展。

随着课程改革的深入，学校不断拓宽"三位一体"的教育渠道，挖掘家长、社区和社会人士中艺术教育人才资源，如：高校的艺术教师、书画院的书画家、艺术馆、青少年宫的艺术教师、社区离退休的专业艺术工作者，邀请和鼓励他们参与到艺术课程的开发和实施中，成为艺术课程的校外辅导员或授课教师，增强了学校艺术师资力量。

（三）链接地方民俗文化资源

地方民俗文化资源是学校艺术课程开发不可或缺的课程资源。三明有着深厚的传统文化积淀，如：荣登 2000 年中国十大考古新发现的三明市岩前镇万寿岩旧石器时代文化遗址；世界客家寻根的宁化石壁客家祖地；展示三明龙舟文化、红色文化的三元区民俗文化园等。在民间民俗艺术方面，如：沙县"送灶"时的竹制"八卦灯"、肩膀戏；三明各地的不同特色的龙灯、花灯、走马灯……仅龙灯就派生板凳龙、烛桥龙、香龙、草龙等。再如大田各村喜欢的"汉剧"艺术、大田建设的"舞黑狮"等。这些都是三明民间艺术的瑰宝，挖掘、继承三明优秀民间民俗文化，并发扬光大，是我校艺术校本课程应该承担的责任。

我们引导学生课前收集相关的艺术品，上网查找地方民俗民风资料，组织参观、调查、考察美术馆、博物馆、艺术作坊、艺术工作室，参加社区组织的文艺会演、音乐会等，通过艺术观赏和了解，学生徜徉在艺术氛围之中，不仅学到了知识长了见识，还提高了艺术鉴赏能力。

第三节 "福泽"艺术课程的整体构架

一、建构"福泽"艺术课程体系

《教育部关于推进学校艺术教育发展的若干意见》指出"学校艺术教育是学校实施美育的最主要途径和内容。艺术教育能够培养学生感受美、表现美、鉴赏美、创造美的能力"，要"深化艺术课程教学改革，加强科学研究，大幅度地提高学校艺术教育的教学质量。"可见，艺术课程校本建构是当前艺术教育改革、提高艺术教育质量的有效举措。

林启福校长将附小54载发展的学校精神凝练成"福泽"二字，提出"福泽教育"办学思想。"福泽"二字在今天的意义不仅仅是彰显孔子儒学教育的一种基本原则和策略，更表达了"让每一个受教育者都能公平地受到教育，都能受到适合自己的教育，获得应有的发展的教育理想"。我们的艺术课程如何实现这一教育理想？如何将学校"为学生幸福人生奠基"的办学理念贯彻到艺术教育课程与教学层面上？什么样的艺术课程是适合附小"福泽教育"的课程体系，如何满足学生的成长，适应社会发展的需要？学校艺术课程改革之路又将要走向何方？这是首要解决的问题。

以"多元＋个性"的福泽课程体系为指导，学校艺术组建构了"福泽"艺术校本课程体系。如下表：

三明学院附属小学"福泽"艺术课程一览表

课程类别	参加人员	地点	课程内容
教材拓展类艺术课程	全体学生	各班教室	对教材中合适的内容进行拓展延伸
幸福走班艺术校本课程（周三下午）	全体学生	各班教室	乐享音乐、合唱、舞蹈、管弦乐、打击乐、民乐、演讲与主持、古筝、书法、儿童画、中国画、素描、彩陶、剪纸、折纸、创意美术等
艺术社团（放学后）	部分学生	音乐活动室、部分班级	合唱、舞蹈、打击乐、演讲与主持、书法、儿童画、素描、剪纸、花样跳绳、健美操等

二、"福泽"艺术课程的总目标

我校是全国艺术教育先进集体，在20世纪90年代初，学校艺术组编导的童话剧《森林卫士》、课本剧《寒号鸟》获全国少儿戏剧、曲艺录像评比一等奖，并进京演出，得到了中央领导的赞誉；歌舞《瑶山小百灵》获得了全国第四届"校园之春"文艺节目比赛一等奖，还参加了中央电视台的春节联欢晚会演出；童声合唱《静夜诗》《总书记和我们手拉手》获得了国家教育部基础教育司举办的"迈向新世纪童声合唱比赛"金奖；多次应邀参加了福建省农运会、海峡两岸林业博览会、世界客属大会开幕式等大型文艺演出；学生的绘画、剪纸、书法作品在全国、省、市、区频频获奖。成绩只能代表过去，如何在高起点状态下突破创新，以校本课程的形式拓宽艺术教育之路，福泽到每一位学生呢？我们确立了"让每个孩子都能接受艺术教育的熏染，为他们的幸福人生奠基"的普惠教育理念，"福泽"艺术课程不再是精英教育，不再仅仅培养少数的艺术特长生，而是让艺术课程成为每个学生的"必需品"。

学校确立了"福泽"艺术课程总目标：

通过艺术的感知与欣赏、表现与创造、反思与评价、交流与合作，培养学生的审美能力，提升综合素养和能力，激发学生对艺术的热爱。

让每个孩子都学有所长，为他们今后的幸福人生提供自我发展的空间。

形成尊重、关怀、友善、分享等品质，塑造学生健全完美的人格，培养他们良好的心理品质。

三、"福泽"艺术课程的实施策略

（一）以课堂为主阵地，全面提升学生艺术素养

根据课程方案规定的课时数和学校班级数，配齐配足艺术专职教师，保持艺术课程开课率达到 100%。低年段和中年段音乐、美术课程每周 2 节，高年段音乐、美术课程每周 1 节。

在艺术课堂上，老师们大胆创新，改变了传统课堂中教师"一言堂"，学生被动接受的授课方式，让学生真正成为艺术课堂的主人。

1. 利用学生的好奇心，让学生当小老师

老师是怎么备课的、站在讲台上教学生的感觉如何，这都是学生特别好奇的事。在高年级的音乐美术课上，让学生自由报名体验，将这些学生组织起来，一起研读教材，再让学生申报自己想执教的内容，然后教学生如何收集资料、如何进行教学设计、如何制作幻灯片等内容，给学生一定的时间准备和制作，再对他进行指导。最后，这名学生充当教师的角色，在课堂上当起小老师。讲完后，再由其他同学进行补充。一方面，有参与体验小老师的同学，积极性特别高；另一方面，其他同学也很好奇：同学来当小老师，到底能不能上好课呀？所以，课堂的学习

气氛很活跃，互动也很频繁，学生真正成了艺术课堂的主人。

2. 发挥特长生优势，当好艺术课堂的小助教

从小学习艺术的孩子，到了小学高年级，艺术功底就开始扎实起来，表现欲望也比较强。因此，在上音乐课的时候，让学生自己弹琴，带领同学们进行视唱活动；让唱歌好的同学进行范唱、指导唱歌；让舞蹈好的同学示范和指导舞蹈动作；在教学乐理知识时，也让有特长的学生进行讲解。在上美术课时，特长生做手工、绘画等环节的示范教学。在课堂里，特长生挑大梁，老师协调指导，学生学习兴趣很高。

3. 打破常规，启用艺术教师担任班主任

按照学校的常规做法，一般安排语数教师担任班主任工作。语数教师教学任务繁重，重视学科教学，但对学生艺术特长的培养就不够重视。因此，学校开展班主任竞聘，打破常规，欢迎体育、美术、音乐等艺术教师担任班主任，既可以创特色班级，又可以激发学生的艺术兴趣，培养学生的艺术特长，展示特色班级风采。如：由美术学科带头人邹毅弘老师担任班主任的"天天向上"中队，艺术教育的特色日益突显。班级举办了"爱心献妈妈"中队彩陶艺术展、"在幸福里天天向上暨天天好声音展示活动"春节联欢会、"天天向上杯"厨王争霸赛美食节和"交换空间""一站到底""小鬼当家""研学旅行"等创意品牌班级活动，搭建了班级艺术教育实践活动的平台，开启了班级孩子艺术启蒙的大门，涌现出了陈锘圆、杨炀、陈嘉硕、李响、罗艺航、肖骏等一批拔尖的艺术特长学生，班级也被授予"福建省先锋中队"荣誉称号，多次受到市电视台的采访报道。

这些有益的尝试，使艺术课堂更加生动、活泼、有趣，激发了学生们学习艺术的热情，也大大提升了学生的艺术素养。

（二）开设校本艺术课程，满足学生个性化需求

立足于学校"幸福"特色发展，为儿童提供一个自主、合作的学习机会和空间，使不同兴趣爱好和不同潜质的孩子都能够找到自己的生长点和发展点，使其将知识学习、实践体检、态度养成、能力培养等统一

起来形成综合能力，学校每周三下午开设丰富多彩的校本课程，三年级以上的学生开始实施"幸福走班大课堂"。艺术类课程有：乐享音乐、合唱、舞蹈、管弦乐、打击乐、民乐、演讲与主持、古筝、书法、儿童画、中国画、素描、彩陶、剪纸、折纸、创意美术等。为了让活动更加扎实有效，把原来40分钟一节课改成50分钟。

实行"走班制"后，艺术教师按照学生的学习基础、接受能力及兴趣特长等，确定教学起点和教学内容。学生也可根据自身水平，根据不同教学目标的课程进行有的放矢地选择、安排自己的课程结构。这种做法，充分调动了学生学习的主动性。最大限度地让不同兴趣爱好、不同学习基础、不同学习能力的学生获得与自己最相适宜的发展环境。

（三）组建艺术社团，形成学校艺术教育特色

有的孩子的兴趣爱好非常广泛，既喜欢唱歌，又喜欢舞蹈、还喜欢绘画，周三校本课程无法满足孩子们的多个愿望，因此，在孩子们和家长们的期盼下，艺术社团开班了。学校开设了合唱、舞蹈、打击乐、演讲与主持、书法、儿童画、素描、剪纸、花样跳绳、健美操等艺术社团，孩子们根据自己的喜好报名，艺术教师利用放学后的时间进行至少1小时的艺术指导。艺术社团活动开展以来，受到老师、学生和家长的好评。

（四）创新艺术活动载体，给每个学生艺术展示的舞台

近年来，我校在普及艺术教育，提升全体学生综合素质的同时，为孩子们搭建了各种艺术展示的平台。

1. 千名特长生评选

每年5月校园艺术节，拉开了特长生评选的帷幕，全校36个班级选送的各类优秀选手准备在学校舞台上展示风采，亮出水平，角逐各项特长生评选。在这支声势浩大的特长生队伍中，孩子们刻苦学艺，各展其能：小歌唱家们百灵鸟一样的金嗓子余音缭绕；小演奏家们十八般乐器各上阵，美妙的音符像清泉、像洪钟、像天籁；小书法家们气定神闲，笔墨生辉，龙飞凤舞；小画家们用五彩斑斓的色彩和奇妙的想象创

作了一幅幅的艺术品;小诵读能手们在经典诵读中品味书香的芬芳;小作家们精妙构思,生花妙笔;小英语之星谈吐大方,表演生动……孩子们娴熟的才艺,生动的展示,不俗的技能博得了在场不少助阵家长的掌声和欢呼声。在"千名特长生评选"活动中,很多孩子脱颖而出,成为学校"六一"文艺会演的小演员。

2．班级联欢会

利用中秋、国庆、元旦等节日,各班举行班级联欢会,让没能在学校"六一"文艺会演上展示的孩子们也有展示的舞台,让所有的孩子享受到艺术的快乐。

3．英语节

每个班的孩子们一起学唱圣诞歌曲,在英语节上欢快地拉歌、开心地跳集体舞、进行"创意圣诞树"制作比赛、"最萌圣诞老人"的评选等活动,有机地将艺术教育的成果与英语节融合在一起。

4．开展丰富多彩的比赛活动

为深入推进学校的艺术教育,促进学生全面发展,培养学生个性特长,为学生主动学习、普及艺术教育、发现艺术拔尖人才、健康成长创造良好环境。除了在每年 5 月的艺术节中"千名特长生"的评选活动,学校还举办了一系列比赛,以赛促练。由于比赛种类多,而且并不限制各班参赛名额,所以,孩子们可以选择自己喜欢的、擅长的比赛报名。再者,班级各类比赛获奖人数和各班文明班级评比挂钩,这就促使班主任老师积极主动地为学校的艺术教育添砖加瓦。

表一　音乐类

序号	比赛名称、种类	比赛时间	参赛人员	呈现方式
1	"我是小戏迷"传统戏剧比赛	3月	爱好者参加(结合"千名特长生"的评选活动)	择优参加"六一"文艺会演
2	"我是故事大王"讲故事比赛	4月	同上	同上

序号	比赛名称、种类	比赛时间	参赛人员	呈现方式
3	"我是小演员"课本剧比赛	5月	以班级为单位参赛（结合"千名特长生"的评选活动）	年段间比赛，择优参加"六一"文艺会演
4	"笑星大联盟"相声、小品比赛	5月	同上	同上
5	"帅气演奏家""附小好声音""小舞蹈家"	5月	同上	同上
6	"歌唱祖国"班级合唱、演讲比赛	9月	以班级为单位参赛	择优参加"歌唱祖国"庆国庆活动
7	排舞比赛	11月	同上	择优参加"六一"文艺会演
8	"家乡的艺术"民俗表演赛	12月	同上	结合美术类的"家乡的艺术"举行民俗文化节

表二　美术类

序号	比赛名称、种类	比赛时间	参赛人员	呈现方式
1	"我眼中的春节"儿童画、手抄报、摄影、彩陶比赛	下学期开学时（注：布置在寒假实践作业里）	全体同学（班级初选后再进行校级评比）	综合性画展
2	"我有一双巧手"手工艺品制作比赛	3月初（结合"三八节"）	同上	手工艺品展
3	"我们的科学幻想"科幻画比赛	4月初	同上	科幻画展
4	"我是书法家""我是小画家""我是小雕塑家"等比赛	5月（结合书法特长生的选拔）	全体同学（学生自由报名）	综合性书画展

序号	比赛名称、种类	比赛时间	参赛人员	呈现方式
5	"节日手抄报"比赛	2月、4月、5月、8月、9月	全体同学（班级初选后再进行校级评比）	节日手抄报展
6	"我爱中国画"国画比赛	6月初	同上	中国画展
7	"教师节快乐"贺卡制作比赛	9月初	同上（结合教师节的其他活动进行）	校门口展板展出
8	"我和我的祖国"绘画比赛	9月底	全体同学（班级初选后再进行校级评比）	主题画展
9	"家乡的艺术"系列比赛："剪纸艺术在我身边""家乡的桥""风筝飞呀飞""魅力油纸伞""京剧脸谱"等各类比赛	10月初到12月底	全体同学（班级初选后再进行校级评比）	结合音乐类的"家乡的艺术"举行"民俗文化节"展示活动

表三　综合艺术类

序号	比赛名称	比赛时间	参赛人员	呈现方式
1	"环保时装秀"	5月	以班级为单位	择优参加"六一"文艺会演
2	"运动会入场式"	10月	各班级全体同学	校动会开幕式
3	"我爱古诗词" 1. 古体诗词创作比赛 2. 为古诗词配画 3. 幻灯片设计制作 4. 配乐诗朗诵（要求幻灯片播放和朗诵同步）	11月	五、六年段	创作古体诗，朗诵并配上背景和音乐，分别评出4个奖项。

序号	比赛名称	比赛时间	参赛人员	呈现方式
4	"超级变变变"创意比赛	12月	以班级为单位（三、四、五、六年段参加）	专场演出
5	"猜猜我是谁"创意化妆变装赛	12月	全体同学	在"超级变变变"专场演出中展示

这些形式多样的比赛，有很多比赛都是要求全员参与。这么多的比赛，孩子们忙得过来吗？到底该怎么指导呢？我们聪慧的艺术教师有办法：第一，艺术组11位教师进行科学的分工合作；第二，有的比赛准备任务安排在寒暑假进行，开学便收集各班的参赛作品进行评比和布展；第三，发挥艺术课堂优势，在课堂上进行专项指导；第四，利用周三"幸福走班制"艺术校本课程进行指导；第五，利用社团活动进行指导；第六，按照比赛的难易程度划分参赛的年段；第七，充分激发出班主任的智慧，由班主任指导；第八，家校密切配合，排练出集体性的节目。以往的"六一"节，艺术教师们总是被文艺会演牵着鼻子走，每个人负责排练几个节目，演员们都是去各班挑选出来的。这几年来，自从用了这些方法，有效地减轻了"六一"节目编排的压力，只需在这些比赛中发现好节目、好苗子即可。以班级为单位参与演出，既普及了艺术教育，也促进孩子们的全面发展。

"福泽"艺术课程全面实施以来，大多数学生都掌握了一到两项艺术特长，还涌现出一批拔尖的艺术人才："瑶山嘞，山峰哦绿油油嘞……"舞台上那位自信可爱的小女生是我校"小演唱家"称号的获得者陈锴圆同学。陈锴圆同学在近年参加的市、省和全国声乐比赛中，均获得金奖，被记者们亲切地誉为"山城小百灵"；杨炀同学作为福建省的代表，参加了全国艺术特长生的钢琴比赛，获金奖；苏辛同学，从一年级起就开始写歌，短短的3年时间，就创作了20余首儿歌；杨逸鹄同学，作品在省、市赛中频频获奖……这些孩子，是我校福泽艺术教育之树结出的丰硕果实啊！

"福泽"艺术课程受到学生、老师和家长们的热烈欢迎：

林晨同学说，我和我的同伴最喜欢参加学校的"笑星大联盟"的比赛了。在表演小品的过程中，我发现了不一样的自己。我惟妙惟肖的表演得到了同学们和老师的表扬，心里别提多高兴了！

晓丹老师说，虽然，放学后我们再进行艺术辅导，工作时间变长了，任务更重了，但看见孩子们快乐地在乐海中徜徉，在艺术的殿堂里漫步，我们甘之若饴。

语文老师杨乾妹说，排练课本剧的过程中，孩子们对课文的理解更加深刻了。同时，我发现，平日里学习成绩不理想、课文怎么都背不下来的孩子，却特别喜欢排练课本剧，才一天的工夫就能把所有的台词背得滚瓜烂熟，真是让人刮目相看！

陈锘圆妈妈说，附小在"福泽教育"办学主张的引领下，着力打造充满艺术氛围的校园，挖掘孩子艺术天分，提升孩子们的审美情趣和艺术修养，在孩子们童年时光种下艺术的种子。我女儿获得的点滴成绩，源于学校的精心培养，也源于林校长拓宽了我们家长的家庭教育思路。我的心里充满了感激与感动……

四、"福泽"艺术课程的评价

（一）对学生的评价

1. 注重发展性评价

俗话说：一样米养百样人。由于每个人的艺术资质不一样，经过艺术课程的学习，就要让所有学生都达到同一个标准，那是不切实际的。"福泽"艺术课程注重发展性评价，即评价不再仅仅是甄别和选拔学生，不用同一把尺子衡量孩子们的艺术能力和艺术修养，而是促进学生的发展，促进学生潜能个性、创造性的发挥，使每一个学生具有自信心和持续发展的能力。其实施的关键是要求教师用发展的眼光看待每一个学生。附小艺术课程以"人人学会感受美、欣赏美、创造美"为宗旨，以每个孩子掌握一至两项艺术特长为目标，对一些有艺术天赋的孩子，对他们进行高起点的培养，提出更高的要求。对于艺术天赋一般的孩子，降低标准，遵循普及化原则。也就是说，"福泽"艺术课程，让"会飞的孩子飞起来，会跑的跑起来，既不会飞又不会跑的优雅地走起来！"

2. 注重过程性评价

"福泽"艺术课程注重终结性评价，更注重过程性评价。从学生进行艺术学习的参与热情程度、分工情况、在学习过程中的合作能力、表现力、成果展示及总结反思等多方面进行评价。

3. 注重多元评价

"福泽"艺术课程评价不仅仅关注学科评价，还关注学生美的言行和综合素养。在艺术课程的熏陶下，学生学会区分什么是真正的美，什么是跟风、盲从、盲目追求时尚；什么是哗众取宠，是喧哗与浮躁；什么是高雅和低俗。

（二）对艺术教师的评价

学校对艺术教师的评价，并非只看重教师的一节课上得好不好，或者说，仅仅以教师自身的专业的强弱进行评判，而是进行综合性的评价。既注重教师的专业精神，又注重敬业态度；既注重授课过程，又注重艺术课程的开发能力；既注重艺术教育的成果，又注重对学校管理的奉献。

第四节　"福泽"艺术课程校本特色案例

一、"乐享音乐"特色课程，让学生享受音乐之乐

来自四年级孩子的一篇周记

生活中处处有音乐，车上有音乐、手机有音乐、电脑也有音乐；我们学校里也到处都有音乐，升旗时的国歌声、上课的铃声、做操时的音乐声……音乐已经融入了我们的生活中，记忆小帆中，也有一条船儿记

录着我与音乐课的故事：

已经下了三天雨了，同学们都被这雨下得心烦！

"丁零零"，上课铃声响了，我们都不情愿地进入了教室。那节课是音乐课，正巧在下雨。老师说："今天不学书中的歌曲，我们来感受大自然送给我们的最原始也是最优美的歌曲！"之后，他让我们趴在桌子上，我们轻轻地闭上了眼睛。教室里鸦雀无声。听到了，听到了！耳旁响起了清脆的雨滴声。"嘀嗒，嘀嗒。""听见了吗？大自然送给我们的音乐多么的美啊！多么的清脆啊！"

窗前，薄薄的雾像一片纱似地，在窗外慢悠悠地飘动着。有一种神秘的感觉！"咚咚咚，咚咚咚……""雨滴声越来越清脆！"因为雨变小了，也就模糊地看见雨滴在"纱"中自由穿梭。"叮叮叮，叮叮叮"雨声中的我浮想联翩：雨妹妹轻盈地跳着舞，唱着歌。姿态是那么美丽，清脆甜美的歌声使周围的一切显得那么安静。雨始终会停下，可我始终不会忘记自然送给我们的最清脆、最优美的音乐课！

这是我校开发音乐校本课程过程中的一个缩影。在音乐课的上课过程中，音乐组的每位教师教授的不仅仅是课本中的音乐知识，音乐元素也不是枯燥的"强弱弱""四三拍"等，它将生活中的声音融入教学，通过学生已有的生活体验，直观地感受节拍、强弱等音乐要素。同时，将国家课程与地方课程有机结合，将家乡的音乐、传统戏曲欣赏等富有特色的课程融入课堂。选择内容健康向上，适合学生欣赏和传承体验的客家山歌、梅林戏、大小腔戏、肩膀戏、南词、闽剧等地方戏曲让学生欣赏，运用多元手段培养学生感受美、发现美的能力，提高学生的核心音乐素养。

（一）"乐享音乐"课程的内涵

"乐"是快乐，"享"是享受，"乐享"顾名思义就是快乐地享受，是一种感受和体验。音乐是声音的艺术，它以声音为其表现手段，通过音乐意象的塑造，以有组织的音为材料来完成的。音乐是时间艺术，它不同于视觉，它必须在时间中展开，随着时间而流逝。音乐家把他的思想用音符、节奏、旋律等来表达，作为欣赏者是否能感受到作曲家所描绘的意境？在聆听欣赏音乐中是否能得到快乐的体验？作为音乐体验，它是没有标准答案的，因人而异，但是它是心灵的讯息，是要用心来感受的。我们的"乐享音乐"课程就是要培养学生感受和体验音乐中的美。

很多家长说："我课外让孩子学习乐器，学跳舞等。"首先，我们要肯定家长对孩子培养的重视和付出，但是，学习乐器或声乐、舞蹈，并不是说你就会欣赏音乐了。在你弹奏出的旋律中是否是带情感的？你唱出的歌可以打动人心吗？你跳的舞是否让人心潮澎湃？有多少人弹出的只是音符而没有情感，唱出的只是歌词而没有感动，跳出的只是动作而没有思想。

"乐享音乐"课程也许无法教会你演唱和演奏的技能，但我们给予孩子们的是一双灵敏的耳朵，一双明亮的眼睛，一颗敏感的心。"乐享音乐"课程能听出音乐中的真善美，听出喜怒哀乐，能释放出孩子们心中的感动。

（二）"乐享音乐"课程遵循的原则

音乐艺术是凭声波振动而存在，在时间中展现，通过人的听觉器官而引起各种情绪反应和情感体验的艺术。"乐由情起"，音乐也是最富有情感的艺术。黑格尔曾说："音乐是精神，是灵魂，它直接为自身发出声音，引起自身注意，从中感到满足……"我们在音乐教学过程中，要遵循是以审美为核心，以兴趣爱好为动力的原则，引导学生积极地参与体验和用心聆听感受，享受音乐的美。

因此，我们在音乐教学中：

1. 以聆听为主，注重音乐感受

在"乐享音乐"课程中，注重聆听，以听觉感受体验为主，通过激发学生音乐学习兴趣，感受鉴赏音乐美，情感体验外化等培养学生音乐审美情趣和审美能力。在欣赏活动中教师借助音乐作品进行聆听、联想、想象、模仿、分析、比较等激发学生自觉地学习、促其形成对音乐学习的浓厚兴趣与求知欲望。

2. 以实践为辅，注重音乐体验

在"乐享音乐"课程中，配合体验，以音乐实践活动为辅助，通过老师指导学生亲身参与的各项音乐实践活动，形成与完善音乐技能和发展音乐表现能力。如画旋律线表现音乐、律动感受音乐、即兴创作与表演创作等，通过各种实践活动，将抽象的音乐感受化为具象的表现形式。

（三）"乐享音乐"课程的达成目标

我国两千多年前的著名教育家、圣人孔子就是一位音乐爱好者和倡导者，他认为："移风易俗，莫过于乐。"雨果也曾说过："开启人类智慧的宝库有三把钥匙，一把是数字、一把是字母、一把是音符。"这些名言道出了音乐教育对提高全民素质的重要性，即音乐教育不光是培养音乐家的专业教育，更是培养合格欣赏者的普及性音乐教育。在素质教育的今天，让所有的学生都受到音乐美的熏陶是每个音乐教师的责任。提高他们的艺术素质和音乐审美能力，并在音乐教学中培养他们的创造性，促使学生德、智、体、美的全面发展是"乐享音乐"课程的目标。通过"乐享音乐"课程，我们希望能激发学生对音乐的兴趣，感受和体验音乐艺术的魅力，培养他们欣赏美的耳朵。在教学中通过教师的引导，通过有趣的音乐活动，学生能熟悉音的高低、长短、强弱和音色，以及节奏、力度、速度、调式等音乐的表现手段，提高学生的音乐感受能力和创造能力。

（四）"乐享音乐"课程的整体构架

"乐享音乐"校本课程一览表

"乐享音乐"校本课程	教学内容	要达到的教学目标
一年级	音符消消乐	每个孩子都能认识 do re mi fa sol la xi 这七个音，并用优美的声音唱准这单音。在课堂中进行"音符消消乐"的游戏，通过多样的形式帮助学生学习，不仅能唱准，还能初步听辨出每个音，为班级合唱教学打下良好的基础。

艺术课程：重要的是艺

"乐享音乐"校本课程	教学内容	要达到的教学目标
二年级	节奏大比拼	通过认识 X　XX　XXXX 这三种基本的节奏型，逐步增加到附点和休止符的学习。通过有趣的竞赛活动，增强学生对节奏训练的兴趣，为合唱和打击乐训练做准备。
三年级	视唱我能行	通过两年的音乐学习，学生已经具备了一定的音乐基础知识。通过多样的学习方式，鼓励学生进行视唱训练，边唱边划横拍训练稳定的节奏感。
四年级	和声初体验	在熟悉了节奏和旋律的基础上，将二年级学过的柯尔文手势运用到发声练习中，进行单音和简短旋律的和声训练，训练学生的音准。
五年级	合唱我最棒	通过卡农和二声部的合唱训练，学生能具备科学的发声方法和良好的音准节奏。在班级合唱教学中，我们承认差异，发挥优秀学生自身的特长和优势，补足后进学生的不足，科学分工合作，不仅有歌唱家，还有演奏家，打击乐手等，合唱教学扎实开展。
六年级	乐队指挥家	充分结合学生处于变声期的生理特点，转变教学重点，引导学生多听多欣赏，发挥其主体性，将他们定为小小指挥家，聆听、感受作品，分析情绪等。
备注	"乐享音乐"校本课程的参与对象为该年段的所有学生，活动时间是在平时的教学过程中逐步渗透，目的是扎实培养学生的音乐表现力与感受音乐的能力。	

（五）"乐享音乐"课程的实践探索

合唱是一种多声部的集体演唱形式，具有丰富的艺术表现力和感染力。新课标提出"要更加重视并着力强调合唱教学，使学生感受多声部音乐丰富的表现力，尽早积累与他人合作演唱的经验，培养集体意识和协调合作能力。"合唱教学可以提高学生的音乐素质，增强学生的集体意识，培养团结协助的精神。香港著名童声合唱教育家、指挥家唐少伟先生也说过："搞好童声合唱最基本、最有效的方法就是加强学校普通班级的合唱教学"。

在"乐享音乐"合唱教学中，我们根据不同年龄段的学生制定不同的学习目标：

低年级学生，着重抓好节奏、音准和正确的发声训练，培养学生良好的歌唱习惯，唱好齐唱，为学习合唱打好基础。学生通过教师引导掌握正确的歌唱姿势，通过气息训练知道合理地运用气息，通过感受与体验初步了解颅腔的位置，能用轻巧的声音、高位置地演唱歌曲。学会柯尔文手势，并能根据手势进行简单的单音和声与旋律和声练习。

中年级学生，进一步掌握科学的歌唱技能技巧，能在声乐作品中表现和谐、统一、均衡、生动富有感情的合唱，着力于审美情感和能力的形成。进一步加强合唱的基本训练，由简单的和声训练过渡到二声部轮唱训练，再由二声部轮唱过渡到二声部合唱。

高年级学生，巩固学生良好的歌唱习惯，加强对学生进行声音控制力的训练，逐步提高合唱要求。每个学员都能用一致的方法来演唱，声音和谐统一，融为一体，让声音流动起来有"漂流感"，能用轻细、明亮的声音演唱童声合唱作品。

在"乐享音乐"的教学中，我们承认学生的个体差异，将学生分成三组：音准好的学生根据音域的不同分别编为高声部组和低声部组，音准稍弱的学生编入打击乐组，分工合作，这样能保证全体学生参与，也能让音乐素养稍微薄弱的学生在演奏打击乐器的过程中，通过聆听和感受，逐步提高他们的音乐素养。这种立足于开发学生的潜能和优势，因材施教的课程设置，让每一位学生通过分层教学，合唱水平得到不同程度的发展，为学生音乐能力及其他能力的持续发展创设了舞台。通过实施，学生的合唱水平得到了很大的提升。只要我们勤于钻研、勇于尝试，不断总结反思与改进，"乐享音乐"教学一定能让孩子们真正享受音乐，体会到音乐带来的快乐和幸福。

"乐享音乐"课程班级合唱训练的方法：

1. 培养学生兴趣

兴趣是最好的老师。不同的老师引领学生走进班级合唱的情况各不相同，所以，我们进行了集体备课，有意针对学生实际从简单易行的训练开始，做到循序渐进。利用一些简单的和声游戏，让学生从一开始就感受到和声的美妙，进而喜欢上合唱这种演唱形式。

2. 聆听优秀合唱作品

如《好日子》《乘着歌声的翅膀》等，还有维也纳童声合唱团等知名合唱团体的经典作品，让学生在聆听中感受合唱艺术的魅力，激发学生对合唱的喜爱之情。我们还根据各年段中的合唱歌曲教材，适当地补充教材外相同难度的合唱歌曲。通过对合唱作品量的积累从而达到学生对合唱艺术逐步深刻的认识。

合唱是综合性和艺术性很强的艺术形式，要求教师有较高的综合素养，否则对音乐作品不可能有深刻的理解，学生也就不可能正确地、有情感地演绎作品。因此，我们选派了在声乐方面专业水平完成最强的任晓丹老师任校本课程的合唱老师。

我们要求教师要勤于笔耕，总结经验。俗语说"好记性不如烂笔头"，在实践层面一定有许多有价值、有经验的东西，包括对歌曲的改编以及教学设计、教学反思、论文、经验总结、合唱教学随笔等，都有意识地进行积累和保留。

面对全体学生，是我们核心的课程理念。班级合唱的实施者就是全体学生，它是需要相互配合的群体音乐活动，同时也是一种以音乐为纽带进行的人际交流。有助于养成学生共同参与的群体意识和相互尊重的合作精神。希望更多的学生通过班级合唱教学走进音乐，走进美妙的合唱艺术，享受合唱艺术带来的愉悦和幸福。

音乐教师班级合唱教学随笔

以前总觉得合唱是一件很难的事情，不是一般的学生可以完成的。音乐课中歌曲的二声部由于学生经常唱不准，因此都被忽略，直接当成一声部来唱。总觉得要进行合唱训练，就要专门组成一个队伍，精心挑选高素质的学生，一个专门的场地，还得配备至少两名教师才能完成。自从实施班级合唱教学以后，我的这个观点得到了很大的转变。首先，一年级和二年级时，学生就通过形式多样的活动解决了节奏和音准的难点，同时，也进行了合唱的基础训练，如我在上二年级的课时，将"冰雪消融｜冰河解冻"这句简单的节奏进行变化节奏练习，变成"<u>冰雪消融冰河解冻｜冰雪消融冰河解冻</u>"和"<u>冰雪消融冰河解冻冰雪消融冰河解冻</u>"这样三个不同的节奏型，再进行卡农练习和三声部的节奏练习等，二年级的学生很容易就完成了节奏变化练习和卡农练习，同时三声部的节奏练习也不会太困难。这个效果让我大吃一惊，如果学生能长期坚持训练，三年级的卡农形式的二声部歌曲教学对他们来说就一点都不难了。

一个四年级学生的心声

从小妈妈说我没有天赋，五音不全，又是"公鸭嗓"，我从来都不知道自己有一天会喜欢上音乐，幼儿园上音乐课时我都偷懒。刚上一年级时，虽然有正规地上音乐课，但我认为唱歌是女生的"专属游戏"，既无聊又无趣。上课时我总是无精打采，可是不久，居然喜欢上了音乐课。这是怎么回事呢？感谢卢老师，是她打开了我的音乐之门，让我爱上了音乐课。

卢老师上课非常有趣，所以我听得特别认真。起初，老师教的音符我一个都不懂，卢老师告诉我们："每节课我们都将进行'音符消消乐'的游戏，请同学们认真学习，争取为自己小组加分哦。"我一听，来劲了，消消乐游戏不是我最擅长的吗，我一定要为小组加分，于是我打起精神来上课了。老师为每个小音符起了好听的名字，编成了儿歌，我一下就记住了它们的名字，在每节课的"音符消消乐"游戏中，我都积极举手，为小组赢了很多分。

二年级时又来了节奏大比拼，由于卢老师激发了我对音乐的兴趣，我发现自己越来越喜欢音乐了，每节课我都特别认真，节奏这个小问题一定都难不倒我。妈妈夸我说："从没觉得你会唱歌呀，虽然声音依旧哑，但好像不跑调了。"我开心极了。

三年级时视唱训练，由于我完成的不是很好，我很着急。卢老师安慰我说："别着急，每个人都有自己的特长，你的声音比较沙哑，音域不高，进不了合唱队，就进伴奏队如何，利用你节奏感的优势当好小队长，带领本组队员为合唱队伴奏。我们是一个大集体，大家都是里面的一员。"老师的话让我重新树立了信心，这个小小的音乐小组长带给我莫大的自信。

现在我四年级了，我越来越喜欢音乐课和合唱了。不仅如此，由于我节奏感好，卢老师和李老师还选拔我进了学校的打击乐队，进了打击乐队我如鱼得水。妈妈总是说："儿子，家里的东西都快被你敲破了。"其实我心里知道，是我太喜欢音乐了，是音乐给我带来了快乐！

二、"创意美术"特色课程，奇思妙想中的无限创意

（一）"创意美术"课程的内涵

"创意"就是创立新意，而新意既包括新思想、新观念和新想法等，也包括新意象、新形象和新表象等。创意是一种思维和意识活动。创意美术与我们通常理解的美术，还是有所区别的。创意美术的重点在于"创意"二字，而美术仅仅是激发孩子创造力、想象力的一个载体！当然，这个载体还可以是其他的，但是创意美术通过画笔、颜料、纸张和各种工具材料，可以天马行空、任意涂鸦，可以带给孩子更大的发挥空间。

有不少家长喜欢并希望孩子画画的时候，要对照参照物画得能有多像就多像。而创意美术更加注重的是孩子的创造能力，创作不一样的并属于自己的作品：天空可以是方的，谁说树上不能结西瓜呢？孩子们的心思是天真烂漫的，教师要做的就是鼓励孩子把对这个世界上看到的，心里想到的，勇于表达出来！

孩子们为什么喜欢创意美术课程？其实很简单，仔细看看孩子的作品你就会明白了：每一幅画都是孩子自己的作品！老师不仅教会孩子技法，更重要的是教会孩子用艺术表达自己的想法，这也是附小倡导的"美术是儿童的语言"。只有在这样的艺术课堂上，才能解放孩子的天性，释放孩子们创作的小宇宙，让孩子创造美、感受爱和幸福。

（二）"创意美术"课程的达成目标

通过创意美术课程，我们希望能够充分挖掘每个学生的潜力；培养学生多方面的素质；体验到合作带来的团队力量和智慧；利用多元化的材料，建立学生从多个角度观察和思考的能力；激发学生的创造力，并能在多元化的艺术创作中，得到满足和肯定、获得成就感，从而促进学生以更大的兴趣和创作热情投入到美术活动中；通过学生们的作品，使老师、家长得以走进他们的内心世界，直观地感受学孩子们的心声和需求。而且，从美术学科核心素养的角度来看，这样的创意美术课程，科学地将"学科知识""学科活动"融为一体，聚焦于学科精神、学科文化，反映学科之趣、学科之美，从而形成学科核心素养。

（三）"创意美术"课程遵循的原则

提倡课程要面向全体学生、面向生活、面向社会。要贴近学生生活，符合学生的经验获得规律，促进学生发展，促进社会的进步和可持续发展。

核心培养目标定位在以学生发展为本，培养学生想象力、创造力、动手能力、协作能力，培养学生终生的学习能力。在注重基础知识和基本技能的同时，更要注重基本能力和基本态度的培养。

进一步注重课程综合化问题，加强和各学科之间的联系。同时也加强与人文精神的整合，培养学生对学科知识的整体认识与综合解决问题的实际能力。

进一步呈现个性化和多样化的趋势，从而为学生个性发展预留了充分的空间。

克服以"书本为中心"和以"教师为中心"的两种倾向。课程内容的载体——教材，将不再是学生获得知识的唯一渠道。那些有利于学生学会学习、学会思考、学会创造和发展的资源在新的教育价值观引导下，将会逐渐占据主要地位。

（四）"创意美术"课程的整体构架

创意美术校本课程通过两个方面进行开发：一是与美术教材相结合，把教材中的一部分内容引申为创意美术的内容；二是自主开发出适合本年段学生进行的创意美术课程。

三明学院附小"创意美术"校本课程一览表

	教材拓展类的创意美术课程	校本品牌创意美术课程	
一年段	《五彩路》《漂亮的建筑》《谁画的鱼最大》	创意游戏节	每个孩子都能通过简单的制作方法，做一个可以玩的手工作品。引发孩子们对学习美术的兴趣，开始体会到美术活动带来的乐趣。
二年段	《奇妙的爬行》《奇妙的小闹钟》《会变的小手套》	创意纸艺节	通过对纸杯、纸盘、纸条的创意设计，制作出一个属于自己的独特的艺术品。激发出孩子们的艺术创想。

教材拓展类的创意美术课程		校本品牌创意美术课程	
三年段	《有趣的拼图》 《面具》 《机器人》	创意帽子节	了解各国、各民族和传统的帽子文化，设计并制作出一项有创意的帽子。让孩子们的知识面、视野得到拓宽，设计和动手实践能力得到提高。
四年段	《快乐的人》 《有趣的属相》 《棋牌乐》	创意舞龙节	了解中国传统民俗"舞龙灯"活动，龙的制作过程，舞龙基本动作。通过讨论、分工、合作、展示，让孩子们感受传统文化的魅力，学会如何高效合作。
五年段	《提线纸偶》 《学画抽象画》 《造型别致的椅子》	创意环保时装节	通过欣赏时装、观看环保宣传片，让孩子们用家里的废旧材料，设计制作一套服装，并在年段活动上，各班进行环保时装秀。引发孩子们对环保问题的思考，增强设计和实践能力。
六年段	《图形的魔术组合》 《箱板上的新发现》 《神秘的礼盒》	创意插花节	欣赏家居装饰，学习、了解插花艺术。能独立设计并制作出一个富有美感的插花艺术品。让孩子们感受到生活的幸福和生活的美。
时间安排	各班的美术课堂上	时间安排	周三下午"幸福走班大课堂"

（五）"创意美术"课程的实践探索

美术教师教学随笔

美术老师一定要注意引导学生们利用废旧物品丰富手工创作材料。材料的多样性对于学生在美术活动中创造力的开发是非常重要的，而生活中废弃的各种易拉罐、瓶桶、大小不一的方形盒子等废旧物品正好可以迎合这一需要。让学生自由选择材料，借助原有的形状、功能，结合学生的经历进行再利用和随意创造。用剪刀剪去瓶颈或瓶底，再用卫生纸、包装纸、谷粒、豆粒、叶子碎片、花布碎片等材料对瓶身进行装饰，就会做成独具匠心的笔筒、物件存放筒等。

利用超轻黏土随意造型，相对于废旧物品的想象造型，黏土的随意性对学生表现力与创造力的发展空间更大。学生可以完完全全根据自己的意愿任意造型，可以表现各种几何图形，表现爸爸妈妈、老师同学的形象或生活情节，可以表现小猫小狗、花花草草等。在捏制的过程中，学生们反复经历"回忆、再现、想象"的思维过程，在不断探索和实践中进行艺术创造。

美术教师教学后记——《卵石的世界》

卵石画是传统纸笔绘画的一种超越，鹅卵石因常年被水冲击变得形态各异，本身就是一件艺术品。我在教学中，引导孩子们仔细观察鹅卵石的形状，联系已有经验，说说它像生活中的哪些物体，需要修改哪些部分可以更像什么，用什么办法可以变成你想象中的东西。比如，有的石头形状像水果，于是便在石头上画上草莓、鸭梨、西瓜等水果；有的石头像昆虫，便在石头上画上瓢虫、蜻蜓、蝴蝶、毛毛虫等；有的石头大大的、圆圆的、方方的，便在石头上画高山、流水、人家、高楼大厦等，孩子们不仅体验到创作的快乐，还能感受石头的神奇变化。

在石头原形想象画的基础上，可以引导孩子们进行简单的石头组合拓展绘画。通过几块石头的拼摆，展示出动态的毛毛虫、小鱼、小马、花草等动植物，再加上必要的线条和色彩，一幅幅逼真的绘画作品就产生了。此外，还可以结合一些故事情节，加大石头绘画难度。还可以用AB胶等黏合剂对鹅卵石进行造型的组合。

由于并不限定孩子们用什么形式来创作卵石画，孩子们的创作热情非常高涨。能根据卵石本身的特殊造型或者独特的花纹，创作出各具特色的卵石画和卵石造型作品。

各年段学生们非常喜欢创意美术校本课程。因为在这里，他们的天性得到了释放、个性得到了发挥、独特的想象力和创造力得到了展示。每个学生的作品都得到了老师的表扬。老师会拍照下来，上传到学校网站、博客和家长微信群里。

部分创意美术课程节日的活动流程：

1. 创意帽子节

提前布置本年段的所有学生进行有关帽子知识的收集，每个班分组进行。一组分析和收集古代帽子的作用；一组分析和收集现代帽子的作用；一组分析和收集国外帽子的用途和图片；一组分析和收集民族帽子的设计方法和特色在哪里；一组分析制作帽子的材料可以有哪些。然后，进行汇报和交流，再分析我们可以用生活中的哪些材料来制作帽子，用什么方法可以让帽子的外形进行改变。最后，每个同学制作一顶造型特别、色彩搭配合理的帽子，戴在头上，参加帽子节的展示和比赛活动。每个班评选出最佳创意奖、最佳造型奖、最佳色彩奖、最佳制作奖、最佳上镜奖、最佳表演奖等奖项。每个奖项根据班级人数，分别评选出 8 到 12 位同学。

2. 创意舞龙节

每个班制作龙的方法并不一样。下面这个案例是用废旧纸箱为主材料进行制作的。活动要求各个班分四个组，以小组为单位，利用废旧纸箱等材料，分别设计制作出独具特色的中国龙，并能以小组为单位进行舞龙的表演。

活动流程：

（1）知道龙在现实生活中不存在，是古时候的人们用组合的方法，想象出来的一种神兽。了解龙在历代以来形象上的改变。

（2）欣赏一些欢庆节日的视频。初步了解各地舞龙的习俗和特色。

（3）通过视频，了解民间艺人是如何制作中国龙的。

（4）各小组讨论：可以用我们身边的什么废旧材料来制作中国龙。讨论完交流，和老师同学们一起讨论制作的可行性。

（5）各小组根据讨论的结果，进行细致的分工，选出组长和副组长。组长负责设计和制作龙头，还负责设计龙的整体颜色的搭配；副组长负责设计和制作龙尾；组内的其他同学，每个人按要求设计制作一截龙身。

（6）具体指导中国龙的做法后，每个同学利用课余时间分别在家进行制作。周三下午实践课时，大家把在家做的部分都带到学校继续完成，组长和老师一起检查把关、指导。

（7）请三名民间舞龙队的队员到学校为学生们讲解舞龙的基本动作。

（8）各班完成制作龙的任务后，全体同学在操场进行中国龙的设计、制作展示和比赛。评出最威风的龙、最帅气的龙、最可爱的龙、最鲜艳的龙、制作最精美的龙等奖项。然后，各班进行舞龙比赛（只要求会做简单的翻、摆动作即可），评出最佳舞龙队、优秀舞龙队、最帅舞龙队等奖项。

关于"创意美术"课程，孩子们有好多话想说：

三年级吴梦瑶小朋友：我最喜欢帽子节了，让我们了解到好多有关帽子的知识。比如说，在古代，帽子是人们身份的象征；在现代，帽子除了能为我们遮阳保暖，还能区别人们的职业和民族呢！在外国，也有帽子节，人们戴着各种漂亮的帽子举行活动，我很羡慕。我们年段的帽子节，每个人都做了一顶非常漂亮的帽子，老师还为我们举行了展示和比赛活动，我还获得了最佳创意奖呢！

四年级周艺涵小朋友：我们年段的舞龙节才真是有难度呢！不但要考验每个组的合作能力、还要考验每个同学的动手制作能力、还要考验组长的配色能力。如果龙的配色不好看、龙头制作得不帅气，我们的龙就不威风了！

张可心小朋友：我是组长，负责做龙头和设计龙的颜色，还要和副组长一起去买材料。我觉得完成任务之后，我变得更能干了，还知道了很多有关舞龙的知识。这个赛龙节真是太棒了！

李睿思小朋友：我们组最聪明了！我们想到了用十几米长的绸带来制作龙身的方法。把课桌拼起来，再把绸布铺在课桌上，有的同学负责剪亮片，有的同学负责用订书机把亮片订在绸布上，有的同学负责把牛奶箱固定在绸布下。所以，我们的龙跑起来不会断掉，舞起来也很方便。我们组在舞龙节获得两个大奖哩！

伍翔宇小朋友：2016 年的"六一"节，我这辈子都忘不了这一天，我的儿童画作品获得了三明市的一等奖。那天，我登上了领奖台，市领导亲自为我颁奖，还上了三明电视台的新闻呢！

第五节 "福泽"艺术教育的收获和展望

一、艺术课程结硕果

（一）艺术教育让学生生命的成长更为丰盈

福泽艺术课程的实施，全面提升了学生的艺术素质和艺术素养，不仅使学校在音乐、美术等方面获多个省市级集体的重要奖项，学生个人参加艺术类比赛的成绩也很突出，多个学生获省市乃至全国金奖，校内的艺术之花已经开始遍地开放。

一个艺术特长生的成长

六年（5）班有一个瘦瘦小小、其貌不扬的小男生，叫杨炀。这个孩子兴趣爱好特别广泛。"福泽"艺术教育开展之初，他二年级，开始在学校周三下午的艺术校本课堂里学习硬笔书法。在国才老师的引导下，他迷上了书法，每天勤练字，还会拿着自己的作品，天天缠着国才老师为他点评。短短的半年时间，三年级时，他就被选送参加了福建省书法比赛，获得小学组金奖！得奖之后，他学习书法的兴趣更浓了，又学起了软笔书法。在参加班级联欢会后，他发现，音乐会使人陶醉，放学后又参加了"乐享音乐"社团。四年级时，他又迷上了钢琴。书法、唱歌、钢琴、儿童画、朗诵都让他着迷。连续两年，他参加校特长生的评选，分别得到了"小书法家""小演唱家""小演奏家""小画家"和"小朗诵家"的称号。2016年暑假，由于钢琴弹得出色，经过层层选拔，他代表福建省参加了全国特长生展演的钢琴比赛，获得了金奖。同年暑假，还参加了省中小学书法比赛，获得了一等奖。载誉归来后，班主任老师问他，杨炀，你学了那么多东西，累吗？时间安排得过来吗？他说，时间是挤出来的。虽然每天我都很迟睡觉，但是，我喜欢这些，每天不弹琴不写字就睡的话，就一定睡不着。做我喜欢的事情，一点都不觉得累！

李泽厚先生曾谈论过艺术的意义："看齐白石的画，感到的不仅是草木鱼虫，而能唤起那种清新放浪的春一般的生活的快慰和喜悦；听柴可夫斯基的音乐，感到的也不只是交响乐，而是听到那种如托尔斯泰所说的'俄罗斯的眼泪和苦难'那种动人心魄的生命的哀伤。也正因为这样，你才可能对着这些看来似无意义的草木鱼虫和音响，而低回流连不能去了。读一首诗、看一幅画、听一段交响乐，常常是通过有限的感知形象，不自觉地感受到某些更深远的东西，从有限的、偶然的、具体的诉诸感官视听的形象中，领悟到那日常生活的无限的内在的内容，从而提高我们的心意境界。"这就是艺术教育的价值所在。艺术的学习，丰盈了学生的生命，让学生的生命有了宽度。

（二）艺术教育成为"福泽"教育的主力军

在校园里，如果没有了艺术气息，没有了悦耳的歌声，没有了灵动的身影，没有了曼妙的舞姿，没有了充满童趣的画，那么，学校就没有了生机，没有了诗意和远方。"福泽"教育在艺术的浸润下，更加灿烂有活力。无论学校的发展规划，还是学校提出的"福泽"教育培养目标，不管是学校"福泽"教育的手段方法，还是成果评价，艺术教育都成为不可或缺的一部分。艺术教师在学校的管理和教学中不再是旁观者，而是积极的建构者，甚至成了主力军。不论是在平时的课堂，还是节日的活动展示，甚至在学生寒暑假实践活动的设计，乃至担任班主任，我们都能找到艺术和艺术教师的身影，都能听到艺术嘹亮动听的声音。

学校艺术校本课程有效地促进全体学生各方面的成长。如乐享音乐，是以合唱为主的教学，来参加乐享音乐学习的同学，在班级合唱比赛中，就起到引领和示范作用。艺术教师的指导、特长生的引领，使各班的合唱水平得到了很大的提高，并具有一定的水准；让学生们脑洞大开的"我们的科学幻想"和"超级变变变"等比赛活动，更是将艺术和科学有机地结合起来，培养了学生的创新意识和艺术的综合运用能力。学生们除了参加周三"幸福走班制"和课余的学校艺术社团活动以外，大多数艺术比赛都要求全员参与。多管齐下，最大限度地体现了学校"福泽"教育的核心内涵，艺术教育成为学校"福泽"教育的主力军。

（三）艺术教育丰富了"福泽"教育的内涵和品质

"没有艺术的校园不是校园"。我们的艺术教育也在校园文化建设中得到了体现。

学校的楼道文化：与学校的"幸福七色花"年段特色活动相结合。各楼道体现着各年段的文化特色。如：三年级"青色"书香教育。三年段的那个楼道墙面上，就图文并茂地介绍了一本本好书、古人读书的励志故事、同学们的读书感言。让同学们走在楼道上，就能感受到阵阵书香。

蓝色梦想天空：位于学校雷锋厅顶上，用丙烯颜料喷绘了蓝天白云、茂密的树冠和翱翔的鸟儿。雷锋厅原来的水泥地，被改造成绿色的"草地"（绿色塑胶地板）。学校买了一批油纸伞。在中高年级组织"魅力油纸伞"伞面设计制作比赛，把优秀作品挂在"天空"上展示。孩子们特别喜欢这个蓝色梦想天空，经常在"草地"上聊天、玩耍，或是躺着欣赏在风中摇曳的多彩油纸伞。能用自己的双手布置校园，孩子们别提多自豪了！

各年段的年段特色文化建设、各班级的班级文化建设、书吧文化、各年段办公室的办公室文化建设、学校的礼仪文化……校园处处都充满了艺术的氛围，丰富了"福泽"教育的内涵和品质。

三年来，"福泽"艺术教育校本课程的实施，附小的师生们，已像夜空中那璀璨的星河一般，开始熠熠发光。

"天天向上"中队这颗闪亮的艺术新星

六年（5）班"天天向上"中队，在学校这条璀璨的艺术星河中，绝对是一颗非常闪亮的星星！

该班的班主任是美术学科带头人邹毅弘老师。在学生的艺术教育方面，她是个行家。2015年1月，她的班级成功举办了"在幸福里天天向上"新年联欢会暨天天好声音展示活动。在那次晚会上，全班每个人都至少参与了四个节目：全班大合唱、全班手语歌表演和集体舞，还进行了个人的才艺展示。那次晚会后，学生们学习艺术的热情更为高涨了。经过一年多的学习成长，学生们日渐成熟，陈锘圆、杨炀、罗艺航、伍翔宇等同学已经成长成能独当一面的艺术人才！2016年11月，"天天向上"中队进行了为期一周的研学旅行活动。开创了福建省研学旅行的先河。三明电视台、三明日报、福建省教育厅网站都报道了这个活动。在活动前，他们学习风景、建筑的写生方法、收集三明各地的风土人情，进行"我爱家乡美"幻灯片制作比赛、进行《舍标的设计与制作》的学习和比赛。每个组分别排练四个节目:两个集体节目分别是合唱和舞蹈;另两个节目是相声和小品,这两个节目要求人员不能重复,也就是说出演了小品就不能再出演相声;全班合排三个节目。除了全班性的节目是由班主任老师负责排练的,其他节目都由各组自己负责。包括主持稿,也是学生在晚会现场当场撰写。

班主任老师很欣喜地看到,每个组的小导演们,在指导组员们排练时,俨然是个合格的小老师了:舞蹈示范动作,一招一式都很到位;歌曲的指导和歌唱表演时的走位,也都耐心地进行指导。而组员们都很配合小导演的安排,尽心地学习。舞蹈和歌唱表演的排练累了,就排练相声和小品。值得一提的是,有的小组相声和小品,都是原创的。贴近学生们的生活,受到了大家的喜爱。

11月10日的研学旅行篝火晚会获得了圆满的成功!除了电视台记者、当地的居民和游客,还有一些家长全家总动员,特地驱车一百多公里赶过来观看。他们很高兴地看到:自己的孩子在舞台上是那么自信和阳光;平时连课间操都做不好的孩子,在舞台上跳舞时,却是那么认真和投入;四个组的相声和小品轮番上台,孩子们诙谐有趣的表演,时不时逗得观众们哈哈大笑。他们这才发现,原来自己的孩子这么优秀、这么有语言天赋,而且肢体语言也居然那么丰富啊!看着孩子们在舞台上大放异彩,其实不光是家长们、观众们掌声不断,连班主任和带队老师们也都禁不住为他们竖起了大拇指。孩子们的努力和付出,老师们都看在眼里,也深深地为这些热爱艺术、热爱生活、努力学习、天天向上的孩子们所折服!

如果没有学校艺术教育对全体学生的长期润泽、如果班主任不重视每个学生的艺术教育,那么,就不会有这些热爱艺术的孩子们,也就不会有这些精彩节目,也就没有了这么难忘的多彩童年!

三年来,全校共700余人次获得国家级、省、市、区级声乐、器乐、舞蹈、绘画、书法比赛方面的奖项。如:"2016年福建省中小学校外教育艺术素质区级展演"器乐、舞蹈、声乐的比赛,附小学生共52

人获一至三等奖。其中，声乐更是包揽了全部的一等奖。在由福建省教育厅和文化厅联合主办的"海峡杯"闽、渝、台三地少儿歌手大奖赛三明地区的选拔赛中，我校吴思睿同学获儿童 A 组金奖，陈锴圆、蔡玮烨、王彧喆、黄梓杰、李君杰的男生组合包揽了少年 A 组全部金奖。另外，三个组别共选出银奖 15 名，我校 6 名学生获奖；铜奖共选出 21 名，我校 6 名学生获奖。2016 年暑假，杨炀同学的钢琴代表福建省参加了在北京举行的全国特长生展演，获金奖；陈玺同学作为福建省唯一一名代表，受湖南卫视金鹰纪实频道邀请，参加 2017《青春中国快乐新星》元旦少儿联欢晚会的录制；罗艺航等同学的群舞参加了 2017 年中央电视台少儿春晚的录制，并获一等奖……也是三明市学生获奖最多，获奖级别最高的学校。

附小艺术教师们，一颗颗闪亮的星

卢赛华老师和邹毅弘老师经过两年的培训和考核，同时被评为三明市中小学学科带头人、县（区）级学科带头人实践导师。卢赛华老师在省、市音乐各项技能大赛中多次获一等奖。邹毅弘老师在省、市教学比武中，多次获得一等奖。在市中小学教师书画大赛中，邹毅弘、刘云屹、沈娟、林廷玉、章国才、罗玥洁等教师的书画作品，连续三年都获得了市一、二等奖的好成绩。艺术组的其他教师，在三明市课堂教学比武、教师技能大赛、一师一优课、微课比赛中，也屡屡斩获第一名。学科论文也屡在刊物上发表，或是在省、市级获奖汇编……附小是三明市艺术类教师获奖最多的学校。

二、"福泽"艺术教育的展望

展望一：艺术课程的特色更加鲜明。

我们将遵循学校艺术教育特点与规律，继续探索艺术教育与其他相关学科相结合的途径与方式，充分整合多个优势项目和社团活动载体，达到"人无我有"和"人有我优"，将学校的艺术教育与办学品位提升有机融合，积极实施体育、艺术"2+1"项目，艺术课堂、校本艺术课程、学生艺术社团和丰富的艺术比赛交相辉映，以赛促学、促练，整合发展。每学期按照校本课程安排表、社团活动安排表、全年各类艺术比赛安排表进行艺术活动。依托综合性艺术比赛，如：运动会开幕式、环保时装秀等，抓好综合性艺术课程，探索综合性艺术课程的新路子，从根本上增强我校艺术课程发展的"厚度"，当好学校福泽教育"推进器"和"主力军"。

展望二：艺术教育为学生幸福人生蓄力。

"缺少艺术修养的人，不是高雅的人。""世界上充满了各种各样的美，只是缺少发现美的眼睛。"有了艺术修养，可以提高人们的生活品质。艺术的思维，可以给人的创造带来灵感和启发。

《国家艺术课程标准》指出：艺术课程作为学生的必修课程，对学生的人格成长、情感陶冶以及智能的提高等，具有重要价值。由此可见，没有经历艺术教育的人生是不完整的人生。艺术教育对于学生当下的发展及未来的人生走向都有着无可替代的作用。

每个人的成长道路并不都是一帆风顺的。在成长的过程中，每个人都会有困难，也会有挫折。如果不能自我消化、自我化解，这些困难和挫折会变成重重的压力把人压垮的。希望经过学校及全体艺术老师的努力，我们的艺术教育能为学生幸福人生蓄力，使学生成为有艺术修养、有艺术能力，能用自身的艺术能力化解生活中的困惑、解决困难、正面对待挫折，能用自己的人格魅力感染周围的人，能用自己的艺术智慧让自己拥有幸福人生，这样的一个综合性人才。

展望三：让艺术滋养师生的生命。

美育是心灵的教育，是提升一个人、一个学校、一个社会基本素质的重要途径。作为基础教育的窗口示范单位，学校今后依然不遗余力地推进艺术教育，保证艺术课程的顺利实施，用艺术之"美"努力唤醒每一个孩子心灵的成长，用"福泽"艺术课程浸润孩子的心灵，让我们的艺术活动真正惠及学生的艺术心灵深处。教师也同样需要艺术来滋养生命，化解工作的压力。三年来，学校除了工会组织的文体活动以外，还特别开展了教师书法社、教师瑜伽练习社、教师合唱团、教师舞蹈团等社团。希望通过长期的艺术熏陶，教师们能获得源源不息的艺术力量，在教育学生的过程中，获得教育的快乐、品味人生的幸福。

溪水潺潺，荡漾起美妙的声与色的旋律，飘逸出生命的华彩与灿烂。如果说，"福泽"教育是一组欢快的四季曲，那么，艺术校本课程就是那灵动跳跃的节奏；"福泽"教育是绿色的使者，希望的象征，艺术校本课程就是温柔的天使，那抹明媚的阳光。愿附小一朵朵可爱的小花，在"福泽"教育的润泽下，幸福快乐成长，散发出独具魅力的香气！

第三章　艺术课程点亮生命

——晋中高师附属学校的探索

教育的目的就是为了培养人的各方面的能力，培养人的兴趣爱好，适应社会的发展要求，实现自己的目的。为了满足自己的需要，安顿自己的情绪进行各种社会关系的活动及自我构建活动，不断地完善自己，超越自我，达到情感本源的精神所在。人最开始来到这个世界上并没有认知，但是却有着独特的感情。人的感情有与生俱来的本源性，每个人都向往着不断完善而美好地生活，以此来安顿自己的情感，得到精神上的满足。

"人不是为了活动而活动，也不是为了发展而发展。当他的活动、发展离开了安顿自己情感的目的时，它们就有可能成为人的异己物"，当代的社会教育，并不是为了追求学生发展的终身幸福，而是单纯地为了达到教学的目的，追求学校的升学率。现代化的功利性质导致原本的教学工具成为压抑人、奴役人、折磨人的异己物。学校帮助学生健康成长的考勤管理、作业、分数、教学方法等教学手段反而束缚了学生的发展，成为剥夺人幸福生活的"教育因素"。教育追求的终极性价值就是能够培养每个人，让每一个从老师手里培养出来的人都能够因为学校的培养而终身受用，终身幸福。教学大纲规定了学生该掌握和学习的东西，却没有给予学生最应该通过教育得到的东西，那就是：幸福感。作为学校，我们希望每一个学生都能够学有所得，在幸福中学习，以至于终身幸福。幸福是每个人都有的权利，孩子们也一样。

第一节　追求学生终身幸福是学校教育的出发点

一、幸福的理解

幸福是一个比较宽泛的概念，是主观形式与客观内容的统一。主观是指人的主体感受，是一种让人觉得快乐的心境。这种幸福可以传染给他人，从而让身边的人也觉得幸福。但是一个人是否真的觉得幸福，并不是取决于个人的意志，而是取决于他的欲望、人生需要是否得到满足，是否从内心觉得快乐。

人生有两种需要：一种是生存需要；另一种是发展需要。生存需要是人需要的基础，如果没有物质和精神作为基础，那么人就不会从内心深处感到真正的幸福。人们对生存需要都有自己的追逐，需要注意的是在对生存追逐的时候要保持适度原则，不然就会产生贪婪的思想。发展需要是对目标的确定和追求以及最后的实现。这种需要是要在人的发展中不断得到补充，从而成为人们进一步发展的动力。

由此可见，幸福的客观内容包含人生重大需要、欲望和生存发展。更贴切地说，它是以主观形式的方式表现出来的，即快乐的心理体验。作为一种标准来衡量主体产生幸福的心理感受，从这个角度来说，幸福是一种客观性的主观存在。

我们需要明确的是，主体需要、欲望的满足以及生存和发展的完满都是具有相对性的。对于一个相当贫困的人而言，也许他拥有了别墅，味蕾上天天享受着美味的滋养，那么他就会从心里觉得他是一个非常幸福的人。但是，对于一个亿万富翁而言就不一样了，兴许一碗农家菜就能带给他无比的快乐，因为贫困人的幸福是他每天就能感受到的平常事儿。因此我们说它是相对的，这种相对源于主体的不同，不同的主体会有不一样的主观感受和需要。

所谓幸福感就是一种内心感受，它的形成是因人而异的，要以个人的价值标准为基础。只有在某种价值标准得到个人的认可的时候才能形成相应的幸福感。因为每个人的感觉和需要不同，从而使每个人对幸福感有不同的认识。

"需要"就是还没有得到满足的要求，如果一种需要得到满足了，我们就不会再追逐了，也就不再是我们的需要了。同时我们也要明白一件事儿，每个人的需要是无限的，是没有终点的。因为人是不断成长与发展的，在成长与发展的过程中我们还会产生许多需要。人类社会的发展就说明了这个道理，当人们的物质生活得到满足后，就会慢慢追逐精神的满足。从这一方面上说，人们的需要是不可能全部得到满足的，所以，每个人总会有感觉到不幸福的时候。

甚至有的时候我们还会发现主体的需要是相互冲突的，我们将造成的主体幸福的差异以幸福度为尺度来进行衡量。所谓幸福度，我们可以引用哲学的思想"事物的质变与量变是辩证统一的"来进行解释，同时它需要经历"量变—质变—量变—质变"这一段循环过程。如"福兮祸所伏，祸兮福所倚"一样，当达到幸福这个度时再往前发展就会超过这个度，福就会变成祸，幸福的事情就会变成不幸的事情。

幸福度包括三个方面的度。其一是物理上的度，这一度指的是要有一定的客观物质作为基础。如果一个人食不果腹，那么就不会感到幸福，因为他没有幸福的物质基础。其二是心理上的度，即内心感受，这个就要因人而异了，不同人的精神层面是不一样的，如果一个人在人生追求的过程中，享受自己所得到的一切，尊重自己得到的一切，学会给自己留下余地，那么就会知足常乐，同时他的幸福度就会高。相反，如果刻意追求一些自己根本就不可能完成的事情，一味地苛求自己，那自然是自寻烦恼，从而郁郁寡欢，事事不遂心愿，那么幸福度就会很低。其三是伦理上的度，从这方面来讲它的衡量标准就和前两个不同了，是以他人的幸福为尺度。这就和奉献精神相互联系了，当面临集体幸福和社会幸福时，我们要以大无畏的眼光来看待，牺牲自己的幸福来保全集体和社会的幸福，从而我们也会从他人的幸福中得到幸福。

由此可见幸福度是很复杂的，它集主观性和客观性于一身，社会尺度和个人尺度相结合，同时它又因人而异，具有相对性。总之，幸福感是一种很微妙的东西。

二、当前中小学生幸福感的现状分析

当前我国中小学生的教育中，还存在很多的问题，我们对部分中小学进行了调查，结果显示在目前的中小学教育中，主要存在以下问题：

（一）学生课业负担沉重

我国的教育模式还是比较传统的应试教育，虽说素质教育一直在提，也一直在施行，但是始终无法放开手脚去推行。以分数论英雄的情况短期内还无法得到改善，学生从幼儿园开始，到小学、初中、高中都要面临残酷的升学压力，要想上好点的学校，必须考得高分。目前我国大部分的教学模式就是灌输、讲解，学生要想考高分，取得好的成绩，就必须深埋在题海战术里，将大部分的时间和精力投入在学习和课业上。在很多学校，小学生在学校的课外活动很少，"音、体、美"的课程设置也较少，而初中生的课外活动就更少了，音、体、美的课程更少，有的甚至没有，被需要参加考试的其他科目直接取代。所以总体来说，中小学生用于娱乐、社团活动和体育锻炼的时间非常的少，有的学生甚至被学业压迫得连最基本的睡眠时间都无法得到保证。

另外，受中国国情的决定，我国国民普遍存在教育忧虑的现象。这种现象在现实生活中是非常普遍的，家长总是忧心自己孩子的学习成绩。家庭条件好的家长存在攀比心理，生怕孩子的成绩比别人差，或者无法达到自己的期望；而生活在中下层的父母，又希望自己的孩子能够通过学习改变自己的命运，跻身上层社会。最终，这些焦虑都被投射到孩子的身上，导致孩子们被动地接受来自父母的压力。在这些情况的作用下，导致目前我国中小学生的孩子普遍存在课业负担过重的现象。

（二）心理问题突出

中小学生还存在心理问题突出的现象，需要社会多加关注。调查显示，常见的心理问题主要有：

1. 紧张、焦虑状态

由于受到繁重课业的束缚，又缺少放松的时间，很多孩子长期睡眠不足，精神压力大，而家长和教师又无法及时地帮助疏导，使得孩子内心容易出现紧张、焦虑的心情，充满压力感。

2. 人际关系紧张

有很多中小学生还存在人际关系方面的问题。现阶段的孩子大多为独生子女，从小在家受家长的溺爱，缺少与人相处的能力，导致在集体中不会与人交往，缺少团队协作能力。这些学生给人的感觉就是缺乏耐心、性格孤僻、爱发脾气等。

3. 情绪状态不佳

当前很多中小学生缺少的不是物质，而是缺少关爱，尤其很多农村的留守儿童，由于父母长期不在身边，导致这些孩子叛逆、孤独、悲观，甚至产生一些破坏性行为、攻击性行为、逃学、偷窃、违抗性行为等，这些情绪会给他们的正常生长带来极大的负面影响。

（三）人文价值精神缺失

作为教育者，不仅要关注学生的学习成绩，也应该关注学生的全面发展和人文价值精神。人文教育可以帮助孩子正确地理解人生观和价值观，自觉树立起高尚的人文理想，培养良好的素质修养。而当前的中小学教育，学校忙于将孩子培养为考试机器、解题机器，缺少对孩子精神上和心理上的关心，使得孩子们普遍缺少人文价值精神。具体表现为如下几个方面：

1. 理想危机

很多孩子不知道理想的含义是什么，不知道应该树立一个什么样的理想。还有些孩子粗浅地将理想定为赚钱，成为富翁等，这反映了我们教育的缺陷，缺乏对孩子的人文价值关怀和引导。

2. 情感危机

很多中小学生存在情感上的危机，表现为情感冷漠，缺乏感恩之心。认为别人对自己的关怀是理所当然的，不会回报。

3. 厌学危机

很多中小学受繁重课业的压迫，讨厌上学，讨厌学校的一切。

4. 责任危机

责任缺失也是当前中小学的常见问题。一个表现是对自己不负责任，不管是学习、生活还是自己的未来，都没有很强的责任。一个表现是对他人的不负责任，表现为自私自利，我行我素。

三、学校教育应该以追求学生幸福为出发点

"教育是培养人的事业，是一个通过培养人，让人类不断走向崇高，生活得更加美好的事业。"所以，我们应该正确地认识教育的目的。从教育的目的出发，将教育的工作重点不再局限于学业成绩的提高，而是要综合培养学生的美好性格、学生的完善品质，以及勇于追求幸福的勇气。

美好的性格和完善的品质都必须从小学阶段就开始培养，要让孩子们从小学阶段不仅学到知识，还能体会到属于他们的快乐童年。这也是我校一直以来追求的目标。学校生活是人一生中重要的阶段，尤其是中小学阶段，处于人生的启蒙阶段，很多习惯和性格的养成，都影响着人的一生。学生在这个阶段，不仅要学会基本的书本知识，同时也需要学会如何树立正确的人生观、价值观，如何为自己的终身幸福奠基。教育要培养学生追求幸福的能力，要有助于学生的长远发展，所以，在教育中要注重孩子感受生活、追求幸福的能力培养。

教育的过程是一个需要不断探索和改进的过程，需要不断地结合社会需求、人的发展来进行调整。教育过程中的经历和体验都可以丰富和完善学生的人生发展，同时还能为学生的终身发展奠基。面对当前我国高强度的竞争压力和严峻的生活压力，我们不得不反思教育的真正意义。只着眼当下功利性的追求而忽视学生个体长远发展是否正确？我们的教育模式是否存在问题？如何教会学生在体会当下幸福的同时追求明天长远的终身幸福？这些都是学校需要考虑的问题。

我校近几年来也在不断探索"幸福教育"的问题。因此，我校将办学宗旨定为"为学生的一生储备幸福"，校训定为"立德启智，健体尚美"。我们不仅这样想，在教学的过程中我们也在不断尝试，比如我们开展了大量的社团活动来丰富学生的课余生活，让学生在学习之余有放松的机会，通过这些娱乐活动还能培养孩子的团队协作能力、人际交往能力和人生价值观的培养，帮助孩子树立正确的人生理想。

第二节 "音、体、美"活动课程

一、对"音、体、美"活动课程的思考与定位

我校为九年一贯制的中小学校，"为学生的一生储备幸福"作为我校的办学宗旨，是一个凝聚力量、统一思想、引领行动的旗帜。以此为依据，我校在办学理念中提出了"为学生的一生储备幸福"的思想，并运用这个思想指引我校的教学课程设置。什么是"幸福教育"呢？一方面，教育是要求每一个孩子的心都能够受到鼓舞，从而感到快乐、满足和幸福；另一方面，要消除青少年思想中的虚无的幸福理想，回归到现实生活。我校提倡"幸福教育"的理念，其出发点和落脚点都是为了让孩子能够有一个多彩的童年，能够有一个幸福的学习经历。"立德启智，

健体尚美"作为我校的校训，其整体含义为修养品德、启发心智、康健体质、追求美好。这是学校为自身营造的校园氛围，也是学校所追求的精神面貌。学校以此为校训，是希望老师成为师德高尚、身心健康、业务过硬、追求美好的好教师，希望学生成为德、智、体、美、劳全面发展的好学生。

近年来，我校一直遵循办学宗旨和校训实施教学，崇尚实现真正意义的素质教育。因此我校大力发展音乐、体育、美术等社团活动，希望能够为孩子们带来快乐的学习体验。我校努力将社团活动发展成为我校生活中的重要组成部分，希望通过社团活动能够提高我校学生的思想道德素质、综合能力，拓宽知识面，从而促进我校学生"德、智、体、美、劳"的全面发展。我校的社团活动主要在教师的指导下，根据学生的年龄、兴趣、个性等不同元素，开展多种类型、多种体系的社团活动，包含了音乐、美术、体育等各个专业，取得了很好的成效。通过实践证实，社团活动对我校文化建设和学生身心健康发展都起到了巨大的促进作用，成为促进我校学生综合素质提升和能力全面发展的不可替代的教育形式。

二、音乐活动课程与中小学生幸福感的关系

音乐能够给人带来快乐的感受。有的时候，一首好的歌曲可以让人身心愉悦，排除不好的情绪。通过音乐还可以调节自己的情绪：在情绪过于激动的时候听一些低沉的歌曲，可以让自己的情绪能够变得平稳；在情绪非常低落的时候可以适当地听一些愉快的歌曲，可以放松自己的心情。学会管理好自己的情绪，才能够让自己保持一个好的状态，使自己面对各种事情的时候从容不迫，井井有条。对于中小学生来说，是一个培养良好的习惯的重要阶段。我校注重培养孩子的各个方面的特长，让学生了解音乐，享受音乐，使他们能够利用音乐充实自己的精神世界

及学习生活。我校的本次教学内容主要是针对不同的年级都有相应的音乐方面的学习：对于小学的社团，安排在每周四进行乐器的教学，在学校成立一个合唱团，初中社团在周四分年级进行教学，初一年级进行口琴教学，初二年级进行笛子的教学。在每年的大型节日的时候，在学校进行歌咏比赛，以此来培养学生的兴趣爱好。

（一）上好音乐课，让孩子们从内心爱上音乐

音乐课对于中小学的音乐课堂来说就是唱歌，每个孩子都希望自己能够唱出最美丽动人的原始声音，能够展现出自己独特的嗓子。不管是动听的还是不动听的歌声，都能够传达出每个人想要表达的意思。我们教孩子们认识音乐，了解音乐，最后希望他们能够通过音乐表达出自己的意思，享受到音乐的魅力，用他们的热情来感染每一个人。我们会从认识谱子开始教学，然后引导学生注重在唱歌的时候能够打开"听觉通道"，慢慢地教会他们开始学习唱歌，让他们一起学会合唱，让他们感受到音乐的魅力。

为了让孩子们感受到音乐所要表达的意思，我们实行经典视频加音频的教学。让孩子们在听音乐的同时能够感受到音乐所要表达的意思，情境相互结合，然后替孩子们讲解关于这首音乐的故事，使他们更加理解音乐的内涵。在了解了音乐所要表达的思想之后，关掉视频，让孩子们闭着眼睛感受音乐的魅力，提倡"用耳朵唱歌"，用心感受音乐带来的感受。但是在训练合唱的时候，还是存在一些问题，比如说孩子们有的不敢大声地歌唱，有的音调拿捏得不是很准，对于农村的孩子来说，基础方面有些缺失，对于合唱二声部或三声部的合唱歌曲还是有一定的难度。这说明教育方法还有待完善。有一个教师成功引导学生教学的经历，讲的是一位音乐老师刚刚在上课的时候，将1、2、3、4、5、6、7写在黑板上，然后他问全班的同学：同学们，哪一位能把这七个音符唱一遍？当时全班的学生把眼睛瞪得大大的，没有人敢说，终于有一个胆

子大点的学生站起来说："老师，那不就是我们数学上学的阿拉伯数字1到7吗？"后来这位老师将七个音乐字符编上名字，用游戏的方式带着学生把《找朋友》的歌曲编写进了"do、re、mi、fa、sol、la、xi"的七个唱名。然后，这个老师又带着他们模仿手势，别出心裁地让他们把自己手势编到自己喜爱的歌曲里面去，让他们展示自己的创新能力，然后同学们积极地表演出了自己的歌曲。大家通过创新灵活的学习方法，将音乐的谱子完全掌握了。对于这种年龄阶段的学生，其实有一定的学习能力，只要我们能够用合适的方法去引导他们，就能够让孩子们变得越来越优秀。

对于目前的音乐教学来说，音乐的教育方法还存在着一些不完善的地方，比如课时数不足。初中的音乐课一周只有一节，课时数相对更少，在四十到四十五分钟的时间内，不能够完全掌握全部的教学内容，更不容易让孩子得到放松。我校还开展了其他的音乐活动来培养孩子的音乐情操，从而让孩子们爱上音乐，从音乐教学活动中体会到幸福和快乐。

（二）通过律动教学调动孩子们的积极性

现在的音乐教学具有多审美的方式，为多审美化音乐教学增添魅力的重要通道是"动觉化道"音乐教学，在里面加上舞蹈、游戏以及声势等表演，大多数的孩子更加喜欢律动和声势。对于舞蹈的话，相对来说，要求比较高，孩子们都比较好动，所以更加喜欢模仿。这些律动和声势具有简单和易模仿的特性，孩子们可以在游戏中学习律动。下面主要介绍了我校在律动教学方面的经验。

孩子们在游戏的同时还能够通过表演歌唱，用声势和律动巧妙地诠释着对音乐的理解，能够将音乐和律动结合在一起，而小孩最喜欢的莫过于对声势的热爱。不同的音乐有不同的声势动作，根据音乐的内容，结合声势进行设计，能够使人体的发展更加协调，最大限度地发挥身体的化能，伴着音乐可以随意地发挥，得到孩子们的一致欢迎。但是调查显示，通过这些对声势和律动的学习，成果并不是特别明显，虽然能够很好地接受，但是所有的孩子不能做到全部统一。对于一些平时比较活泼好动的孩子有的时候并不是认真地学习，当然最后就会达不到预期的效果，所以在对待这些特殊情况的时候需要单个对待，积极地解决这个问题。对孩子们教声势和律动的时候，不能想当然地教学，当孩子们的声势和律动不到位的时候应该积极地引导他们，如果孩子们一旦失去了对声势和律动的兴趣，教学就没有那么容易进行了。所以在对学生教学的时候应该注意到个体的差异，关注每一个学生的发展，对于不认真的同学要积极地去教育，多重视他们的表现。只有充分地调动他们的积极性，才能够将多审美的音乐教学发挥出来。对于在能力上比较差的学生，更要多加培养，给予及时的培养。想要律动和声势带来美感，在多审美的教学中，第一个动作特别重要，所以，在进行第一个动作的时候需要做到整齐统一和准确，达到多审美律动和声势带来的美感。除了第一个动作需要整齐准确之外，还有第一个乐段的动作需要认真地操练。越是简单的动作，就是最基础的动作，就要做到完美地表现出基础的声势和律动的统一。只有表现出了统一，孩子们拥有了自信，才能在其中找到自信与快乐。做好学生对其声势与律动的管理，帮助学生协调统一，才能达到事半功倍的效果，从而规范好学生的教学。多审美的教学模式才能真正地发挥它的效用，达到教学的目的。对于声势和律动的教学，同样地适合于任何年龄阶段的人，不管是社会上的各界人士，还是学生，都可以通过对多审美的教学展示出美感，在今后的学习和生活中，声势和律动在多审美的教学中将会应用得更加广泛，发挥更大作用。

（三）发挥器乐的作用，激发孩子的学习兴趣

目前我国大部分中小学的音乐教学都还是局限于简单的唱歌教学，

因为唱歌教学不需要太多的设施，教学过程更加简单。但是长此下来，学生会逐渐对音乐课失去兴趣。我校鼓励教师采用器乐教学，这样可以提高孩子们的学习兴趣。

对于器乐的教学来说，我国的中小学一直都在实施，已经实行了很多年。中小学的器乐教学一直都是竖笛和口琴，随着社会的发展，笛子在小学的教育中深得大家的喜爱。器乐对于当代社会的人来说，已经是一个流行的趋势，会一点乐器能够将自己的情感表现出来，增加自己的情感素养。对于我校的一些农村学生来说，可能没有机会学习到乐器，对乐器的基础还处于比较差的掌握水平，所以更加需要老师专业的辅导。器乐的教学时间相对于未接触过乐器的学生来说可能需要的时间更长一点，应该鼓励学生积极地找老师请教，老师也要多关注他们。

随着传统器乐的发展，目前在小学初中阶段对葫芦丝进行了推广教学，使其成为中小学教学的主流。它的音色比较优美动听，所以在最开始容易引起学生对葫芦丝的喜爱。当然想要学会一门乐器光靠喜爱是不行的，还得益于一个老师引导教学。想要学习好葫芦丝或者口琴的第一件事情就是需要有一个好的习惯，这个习惯需要老师在课堂上进行培养。对于学习乐器，并不是每个人都一学就会，需要坚持不断地练习，不断地完善自己的不足。除了基础的练习外，还可以针对学生的平时教学做一些平时的练习，鼓励学生之间互相学习，让学习掌握快的学生带动基础比较弱的学生。同学之间互相帮助，互相促进。有的学生可能会碍于面子或者其他的心理因素不想去请教他人，就需要老师能够善于观察，帮助有困难的学生学到知识，鼓舞学生能够迎难而上。对于能够突破自己的学生给予适当的鼓励，赞美优秀的学生。只有学生在受到鼓舞认可的时候，才能够激发学生的潜力，更加热爱乐器，学到知识，给学生带来快乐，使其快乐成长，受益终身。我校的办学宗旨就是"为学生的一生储备幸福"，注重学生的幸福感，培养学生的业余爱好，让学生能够有一技之长。

　　每年"六一"儿童节组织全校师生进行大型的文艺会演活动，鼓励同学们踊跃参加。初中部每年"五四"青年节，组织了以"致青春"为主题的歌咏比赛，也取得了不错的成效。

　　综合而言，我们应该积极地完善中小学生的音乐教学制度，健全管理体制，对于教学中存在的问题积极地探讨解决办法，使之成为适合于中小学生的教学内容和模式，同时增加学生的教学课程及音乐教师的师资力量，通过对学生音乐方面的培养，使他们快乐学习，终身受益，并得到终身幸福。

三、美术活动课程与中小学生幸福感的关系

　　从古至今人们一直在追逐幸福，如今越来越多的领域在关注和研究关于"幸福"的问题，其中主要研究了"幸福教育"的主题，这一主题已成为了教育界中新的思路和方向。近年来深入改革了新一轮基础教育，其中体现素质教育的重要途径是基础美术教育，人们也更加关注儿童幸福感的形成、维护及其发展。不管是小孩还是成年人对幸福的向往是没有本质区别的。但是从儿童身心发展的特点来看，儿童幸福感具有一定的独特性，而成人幸福感的构成比较复杂。在通常情况下，成人获得幸福感的重要途径之一就是实现自我需求，主要表现就是得到了社会的肯定和认同，在很大程度上来说这种幸福感的获得更多地取决于社会因素。但是和成人相比较，儿童就要单纯更多。儿童幸福感更多的是在强调自己的内心感受，比如得到的满足、获得的快乐以及得到的归属感等。社会因素对儿童幸福感的影响非常少，所以就表现得更加的自然和纯粹。但是儿童是不断成长的，而且是社会中非常重要的一员，所以他们也需要得到社会的认可和肯定。在开展美术教学的过程中，老师要充分了解学生的身心特点，全面发展学生的能力，尽可能地将儿童幸福感

最大化，从而来实现美术教育教学的最终价值和意义。我们都知道儿童思维和心灵健康发展的基础之一就是开展美术教育，这是因为美术可以唤起儿童早期的精神活动，借助美术的形式儿童可以自由表达自己内心的感受及其愿望，同时儿童还可以在这些看似非常简单的美术创作过程中得到心灵的满足。美术教育并不是闲暇时的消遣和调剂，而是一种智力，一种良好的思维方式。在美术教育的帮助下，儿童可以获取他们需要的内部力量，这样才能勇敢地克服现在以及今后生活及学习上的困难和障碍，这样才能获得更多的幸福感。

纵观现阶段我国的基础美术教育，仍然存在着很多的问题和不足，必须通过课程改革才能促进美术教育的正常发展。值得庆幸的是，在20世纪末我国开展了新一轮基础教育课程改革运动。进行改革的主要目的就在于在21世纪构建起符合素质教育要求的基础教育课程体系。《基础教育课程改革纲要（试行）》明确指出："现阶段我国教育必须改变课程内容'难、繁、偏、旧'和过去重视书本知识的不良现状，切实加强课程内容与学生生活以及现代社会和科技发展的联系，投入更多的精力去关注学生的学习经验和兴趣。"在新课程改革的过程中，很多研究者吸收和借鉴了西方先进的教学思想，同时充分考虑并结合了我国教育的实际情况，从而提出了一个重要理念：回归儿童生活。也就是说尊重儿童的主体地位，充分发挥儿童的主观能动性，尊重儿童当下生活经验的价值，高度重视儿童生活状态和生活方式，立足于儿童的现实生活，为儿童构建幸福的生活。在《基础教育课程改革纲要（试行）》的指导思想下，《中小学美术新课程标准》也打破了过去传统美术教学的知识框架，使用全新的视野和角度来关注和重视儿童生活，不断加强儿童学习活动的综合性，注重培养儿童学习的兴趣，高度参与合作和注重情感体验，必须重视培养儿童创新精神。希望通过开展美术教育，从而提高儿童的整体素质，使每个儿童都能拥有获得幸福的能力。

（一）美术教育应回归儿童生活

作为 20 世纪最伟大的教育家、哲学家，杜威在《民主主义与教育》一书中提出了"教育即生活""教育即生长""教育即经验的不断改造"的著名观点。杜威说生活的过程就是教育，社会生活的形式之一就是学校，也就是说学校也成了生活的重要组成部分。学校生活一方面要和儿童的日常生活相一致，另一方面要和学校之外的生活相一致。学校应该逐渐成为符合儿童发展的雏形社会。在开展教育教学的过程中，学校必须充分尊重儿童的天性，选用的相关教材以及教学内容都要符合儿童心理发展水平和特点。除此之外兴起于 20 世纪后半期，以平纳、格鲁梅特为代表的生活经验重构课程流派投入了很多的精力来关注儿童，这些学者认为儿童是完整的人，也就是独立存在的个体。他们认为儿童只有作为一个独立存在的个体，才会具有价值、尊严及个性，这应该称为开展教育教学的出发点及其归宿。此流派代表强调学校课程绝对不能仅仅局限于系统化的书本知识，而要高度关照个体当下作为"具体的活生生的存在"的"生活经验"。陶行知先生是我国最早主张教育应该回归儿童的代表，他非常反对我国自"学而优则仕"的科举制度时代形成的功利主义教育观；强烈反对传统观念中强调以牺牲儿童当下幸福生活为条件来谋取未来幸福生活的思想；反对忽视儿童时期生活的价值，否定儿童作为独立生命体存在的状态。美术教育主张回归儿童生活就是强调注重儿童对美术活动的兴趣、体验等主观感受，而不是刻意地去追求掌握美术知识技能，主要目的就在于力求在生动丰富的活动中让儿童自然而然地去感受美、欣赏美、创造美，这样才达到了教育的目的。因此我校在美术教学的过程中，首要任务就是了解学生的性格特点，充分考虑儿童学习美术的兴趣和爱好，不断丰富儿童的艺术感受和体验，不断挖掘儿童的艺术天性和潜能，充分调动和激发儿童参与美术活动的热情，使得儿童能最大限度地发挥自己美术创作的想象力和创造力。基于这种情况，我校要最大限度地发挥儿童各方面潜能，形成幸福的心理体验，在开展美术教育教学的过程中必须重视儿童生活。杜威在研究中就非常注重将儿童的生活经验纳入到课程内容的选择范围中。他说儿童时代的生活和成人的生活具有同样重要的地位，在课程教学内容中融入儿童生活经验，可以更好地激发儿童学习的兴趣和爱好。近年来新课程改革在不断地深入，人们逐渐形成了新的共识，即在课程内容中融入儿童的日常生活经验。

（二）引领儿童关注自然、关注生活

所谓美与不美只是人内心的一种感受体验罢了，这只是一种经历和过程。但是美术教育中的体验就是感悟儿童心境和体验审美，它既可以完全释放儿童的心灵，也能让儿童通过美术语言来表达自己内心的真情实感。杜威曾经就这样说过，教育如果不以儿童的生活为出发点，在很大程度上就会造成浪费。所以我校在开展美术教育教学的过程中，要将教学内容和儿童的生活紧密结合在一起，要始终坚持课堂来源于生活，大自然就是课堂的教学理念，让学生在大自然中感受美。苏霍姆林斯基曾经为低年级老师提出了这样的建议："在儿童入学前的一年时间内，老师要经常带领儿童去自然界旅行"。把儿童带到大自然中去，那里不仅有鲜明的形象，而且现象之间也有必要的因果联系，带领儿童去欣赏大自然，儿童在欣赏美的事物面前就会有惊奇的感觉，同时还会进行思考和分析。所以在美术的日常教学中，美术教育应该改变单向的技能传授和灌输，更加关注儿童的审美体验；应该改变一纸一笔的传统美术教学方式，更多地鼓励儿童走近自然、走近生活。但是现在的现实就是开展美术教学研究不能争取到经费。所以我校的美术老师要注重和学校进行良好的沟通，尽自己的最大努力搞好美术教育教学，这样才能得到学校领导的支持、帮助和理解。在学校条件允许的情况下，美术老师要尽可能地多组织社团活动，多和当地的大学生进行有效的合作，定时请一些大学生进入学校指导，帮助中小学生进行社团活动的学习，其中小学社团活动主要有硬笔书法、软笔书法、校级社团活动等；初中社团开展的活动主要有硬笔、乐器、水粉及机器人社团等。在美术教育教学活动中开展社团活动，学生们不仅可以获得身心的愉悦，而且学生在潜移默化的影响中会更加热爱美术，热爱生活。陶行知先生曾这样说过，要让孩子在玩中学，学中玩。在美术教学过程中，老师应该营造一个有趣的活动内容和轻松的活动形式，让学生们在玩乐的过程中学习知识，开发智力，体会大自然的美，用心感受生活。美术教师要尽可能用游戏作为教学方法，引导儿童在大自然和游戏的交互过程中释放自己的天性。通过开展游戏，尽可能地将枯燥乏味的课程知识情景化、情境化，这样才会对学生的成长及其内在精神世界产生积极的影响。

（三）基于儿童生活，关注民族文化

现代社会的文化多种多样，在当前视觉文化良莠不齐的现实环境下，我校有些儿童对以娱乐性、刺激性、商业性较强的外国大众文化十分关注，一味地去学习外国的各种文化，没有详细地区分优秀文化和落后文化，而且对自己民族的东西不关注，不学习。这些现象都使得我校儿童对本民族文化的归属感不断降低，对本国的文化情感逐渐降低。这些不良的现象令无数仁人志士不断担忧。儿童的心智等各方面发育还不够成熟，他们具有可塑性和可教性。因此，教师作为学生人生道路上的领路人、学习的指导者，应有意识地为儿童生活提供正确的指导，将我校的儿童生活与民族文化有机结合起来，引导儿童对民族文化的关注，这样不仅利于民族文化的保护和传承，而且也利于增强儿童的民族归属感和自豪感。

新课标的改革对美术课提出了新的要求和目标，在课程内容设置上要将民族传统文化融入儿童的学习生活中去，儿童美术教育要在民族文化的熏陶下进行，以儿童生活为基础，利用儿童已有的经验，以文化为主线，加强对多元文化艺术的认同和理解，提高儿童的视觉素养，培养儿童热爱本土文化，尊重和接纳不同文化的包容情怀。通过对本校的儿童进行详细的调查分析，可以知道大部分儿童更愿意接受综合探索这种学习方式。这一特点为民族传统文化融入儿童生活提供了可能。教师利用学生的这种心理特征，开发儿童生活与民族文化相结合的美术课程资源，丰富课堂内容，使课程内容更具创新性、亲和性和意义性。比如，我校可以经常通过参观博物馆、艺术馆来欣赏民间艺术等方式来让儿童了解我国优秀的传统文化，在不断的传统文化的熏陶下，学生会渐渐地喜欢上我国的民族文化。邀请一些民间艺人走进课堂或者是在学校里组织一些文艺的演出，给平淡的课堂带来清风，激发儿童对民俗文化的热情。

此外，我校还利用传统节日培养儿童的民族情感，发展其创造力和动手能力。传统节日承载着浓重的文化色彩和丰富的内涵底蕴，是我国民族文化发展的结晶。在教学中，教师借助节日文化开展了丰富多彩的活动。比如，利用春节这个最具有民族特色的传统节日，鼓励孩子动手制作新年礼物送给相应的亲戚和朋友。中秋节可以讲述"嫦娥奔月"的故事，使儿童感受节日的丰富内涵，并设计自己喜欢的月饼，增强学生对传统节日的兴趣。利用元宵节可以组织灯谜等活动，使学生逐渐了解相关的知识，认识"闹花灯"的来源，学习元宵节的花灯制作，了解猜灯谜、吃汤圆等习俗。这样的课程活动融知识性、文学性与趣味性于一炉，不仅紧贴儿童生活，而且也易使儿童接受和理解民族文化。让传统文化在美术课上变得更为平实和贴切，儿童学习起来也更为有趣。

通过美术教学活动，提高儿童的美术学习兴趣和审美情趣，增强儿童的动手能力和创造能力，启迪智慧，陶冶情操。开发和利用身边的民俗教育资源，拓展儿童的生活经验和眼界，丰富儿童的学习生活，使儿童感受民俗文化的魅力，激发爱国热情和归属感，为儿童获取幸福能力奠定文化根基。

四、体育活动课程与中小学生幸福感的关系

如蔡元培所言："殊不知有健全之身体，始有健全之精神；若身体柔弱，则思想精神何有发达？或曰，非困苦其身体，则精神不能自由。然所谓困苦者，乃锻炼之谓，非使之柔弱以自苦也。"由此可见，锻炼对身体非常重要。人们自古以来就很注重锻炼，由此教育部也提出了"每天锻炼一小时，健康工作五十年，幸福生活一辈子"这一响亮的口号。只有每天都坚持锻炼，我们才能健康学习，健康工作，健康生活，拥抱幸福。

诺丁斯在《幸福与教育》中说道：人的幸福，就是教育的最终目的。现在"幸福教育"这一理念也逐渐引用到了教育的领域。"幸福教育"就是让学生们在学习中健康、快乐、幸福成长，只有孩子们快乐幸福，老师们才可以在快乐幸福的气氛中得到快乐和幸福，这样才能达到双赢的效果。

基于"幸福教育"这一理念，全国很多中小学提出"幸福体育"口号。在课间开展许多体育活动，让孩子们在活动中促进学生身心发展，丰富学生课间生活，活跃校园文化氛围，从而让每一个孩子都拥有一个幸福的童年。这样不仅可以强身健体，还可以提高孩子们的学习热情和效率，同时又可以把幸福感和快乐感带给这些学生。这一措施也保证了学生每天一个小时的体育锻炼时间，培养他们"德、智、体、美、劳"全方面发展，可谓是益处多多。

课间体育活动的形式多种多样，都是选取师生喜欢的活动进行的，目的是提高师生的积极性，让学生积极参加到这些体育活动中，同时可以极大地提升校园运动的品质，提高师生的身体素质。据调查，大部分农村中小学校的锻炼时间都严重不足，大部分就只是做早上的晨跑和中

午的广播体操、眼保健操，时间总共不到一个小时。对于体育课中活动项目很少，内容枯燥乏味，学生们的积极性很低，老师的教学热情也很低，只是在形式上做做，效果不乐观，就提高学生的身心健康和个性发展而言成了一句空话。为此，我校组织多种类的体育锻炼活动，以确保孩子们的锻炼需求。本节主要介绍我校的大课间体育活动实施情况。

（一）大课间体育活动的意义

大课间体育活动，就是学校在上午第二节课课后安排 40～50 分钟时间，组织全校师生开展体育活动。这些大课间体育活动的开展，增加了学生的活动时间和运动项目，丰富了活动内容，打破了传统的课间操模式，同时也响应了保证学生每天一个小时的体育锻炼时间的要求。这一方法有效地全面拓宽了学生的视野，营造了一个轻松的集体环境，也让学生们融入其中，在活动中学习和欣赏别人的优势，改正自己的不足，注重团队精神，从而满足学生们的生理和精神娱乐的需求。

在"幸福教育"的理念下，我校开办的体育活动为广大师生搭建了一个有效的平台，使之成为体育教学的继续和补充，打造不一样的精神品质。这个平台是"幸福教育"的基础，也是健康、快乐、幸福的基础。大课间体育活动在精神层面上有很大的作用，它可以让学生们紧张了一天的大脑得到有效放松，起到很好的调节作用；它可以在运动中启发学生们的思维，得到灵感；它可以让学习较差的学生在轻松活泼的环境中展现不一样的自己，摆脱自卑的心理，有利于他们的身心健康发展；它还可以让学生们在无拘无束的氛围中加强相互之间的了解，建立良好的友谊；同时，在相互平等的平台上可以拉近师生之间的距离，增进师生、学生之间的交流和感情。

同时，通过这样一个大课间体育活动，有利于加强学生们的纪律意识，在活动中培养他们的团队协作意识和集体主义精神，让他们明白"一滴水漂不起纸片，大海上能航行轮船和军舰；一棵孤树不顶用，一片树林挡狂风。"一滴水只有放进大海里才永远不会干涸，一个人只有当他把自己和集体融合在一起的时候才能最有力量。团队精神是要从生活和教育中不断地培养规范出来的。因为人的思想是从小造就的，小时候如果没有培养好，长大以后再重新培养团队精神就是很困难的。就像建房子一样，基石不打好，后面的一切努力就白费了。因此在活动中会让他们在不知不觉中养成互帮互助，坚持不懈的品质，提高心理承受能力，同时其他的精神品质也会同步慢慢形成。

我曾看过有人用"良药不苦口"一词来形容"幸福体育"，我觉得非常贴切。同时，要达到这个目标就要在体育项目和内容上多下功夫，因为现在的很多学生还停留在"良药苦口利于病"的层面上，他们在心里还没有深深爱上体育，只是觉得对自己有好处，必须去做。就像是吃药一样，虽然药很苦，但是它可以让你健康。所以，在今后的路上，要让学生真正喜欢体育，爱上体育，积极参加体育。只有这样才有幸福、快乐，才能养成崇尚体育的潮流，才符合"幸福体育"的理念。

（二）大课间体育活动实施的途径与策略

1. 活动内容

大课间体育活动要达到科学安排的要求，就得充分引用哲学思维：一切从实际出发，一切以时间、空间、地点为转移，具体问题具体分析。要根据学校体育教学的任务设置教学项目和内容；根据学生的身体素质和生理规律的不同增加丰富多彩的项目；根据四季变换、性别差异和自身条件选择合适的内容。一切要站在学生的角度分析，一切以提高效率和"幸福教育"为目的。具体可以分为球类和其他项目，球类包括篮球、乒乓球、羽毛球、排球、足球等，其他项目包括武术、跑步、跳舞、踢毽子、跳皮筋、体育游戏、传统养身健体运动、队形队列练习等。

同时，要根据我校的优势、劣势和学生生理的特点开发合适的活动项目，增加有趣的内容，例如校操、跑操、韵律操、健美操、器械操、武术操、啦啦操、校园集体舞、街舞等，同时也可以根据本地的风土人情编一些活动或者民族舞蹈，从而也达到宣传本地文化的目的。为了进一步激发师生的创新热情，从小培养学生的创新精神，响应国家"大众创业、万众创新"的号召，学校鼓励师生自创活动项目和内容，自制自带活动器具，同时注重激发学生积极主动参与运动的兴趣，培养创造能力。

我校是一所九年一贯制的中小学，大课间体育活动非常丰富：有广播操、健美操、武术、校园集体舞，街舞，啦啦操，韵律操等，全校师生都积极参与其中，形成了极好的"幸福体育"氛围。全校充满着一种活泼、积极向上的张力，与此同时也提高了学校的凝聚力，不仅达到了锻炼身体的目的，也全面提高了学生的综合素质。爱锻炼就是爱祖国，爱父母，爱自己。因为在祖国的伟大复兴的历程中，需要千千万万身体健壮、意志坚强、朝气蓬勃的人，而体育锻炼恰好可以培养出这样的人才。"身体发肤，受之父母，不敢毁之"，我们每个人的身体毛发皮肤都是父母给的，爱惜我们的身体就是我们行孝尽孝的开始，同时拥有健康的体魄也是我们做人做事的基础，就如"身体是革命的本钱"的道理一样。只有懂得爱自己的人才懂得爱他人，如果没有健康的身体就没有爱他人的本钱。我相信如果学生们懂得了这"三爱"，那么他们的精神品质就会得到升华。

我校充分利用与地方俱乐部的合作关系，每天下午有固定的活动时间，有专业的足球训练。每学期全校组织足球联赛，初中小学都参与，分年级进行，有冠军奖杯，这可以激发学生的兴趣，提高参与度。

与此同时学校形成了许多社团，周二水粉画，周三硬笔书法，周四乐器（初一年级口琴，初二年级笛子），周五机器人社团。此外，也组织了以"致青春"为主题的歌咏比赛，团体操表演，使课外活动内容得到丰富发展，成为大课间体育活动的有益补充。

这些丰富有趣的活动，成功地吸引了全校师生的目光，使全体师生在这样一种奋发向上的校园文化氛围中不断成长。在近几年的体测报告中，他们的健康状况得到极大的提高，同时学习氛围也变得相当好，精神状态得到极大的改观，学习效率也提高了不少。

2. 活动形式

活动形式分为三种：其一是集体活动；其二是分班（组）活动；其三是分男女活动。其中以集体活动为主，分班（组）活动为辅。所谓集体活动，就是指打破年级的范围、跨年级地进行集中锻炼，这种活动涉及的范围比较广，需要动员一定的人力、物力、财力，在活动过程中进行统一组织，统一管理。分班（组）活动就是指不跨越班级，在本班内以小组的形式进行活动。这种活动与前一种活动相比是不相同的，它所涉及的范围小，一般不需要财力和物力，相对好组织一些。

3. 活动组织

大课间体育活动原则上安排在上午第二节课后，具体时间段可能发生变化，一切从实际出发，但是在时间上有一定的限制，一般不少于35分钟。在活动中要做到时间、地点、人物、任务、器具落实到位，任何一个环节都不能落下。同时要组织协调好各方面的事情，提前写好策划，还要预备其他的方案，以防出现意外，最重要的是要检查安全问题，排除一切危险因素。划分好责任制，使每个人明确自己的职责，做到每个环节都有人负责。

一是学校领导负责制。

大课间体育活动要加强领导，保证时间，保证流程。使每个流程都有人领导、有人指挥。同时要建立校长责任制，学校主要领导要到操场，要成为主要的责任人，亲自参与活动。在参与的过程中要眼观六路，耳听八方，做到及时发现问题，及时解决问题，这样就提高了学校对活动的重视程度，提高师生的参与度与积极性。

二是班主任负责制。

（1）保证出勤人数，动员全体同学积极参加。

（2）自己要起到带头作用，积极参加活动，加强引导，培养学生"我爱体育"的意识。

（3）要清楚班级的总体状况，发现每个学生的优势，引导他们扬长避短，配合体育老师组织好这次活动。加强活动中的监督，让学生都认真对待每一件事，使活动真正做到有效进行。

三是体育艺术教师和值日教师负责制。

（1）做好事前工作准备，负责音乐的选择和活动流程的编写。活动流程的编写要从实际出发，音乐要积极向上，起到带动作用，提高广大师生的热情。

（2）提前安排活动场所，以及退场的顺序。

（3）负责编写大课间体育活动的全部过程。

（4）做好指挥和示范，同时配合班主任组织好所带年级（班）的大课间体育活动，负责本班的安全。

（5）监督活动的全过程，做好检查和批评工作。

4. 活动评价

学校提前制订好详细工作计划和活动实施方案，编写好策划书，有组织、有顺序地开展大课间体育活动。注重过程指导，加强体系的编制，把开展大课间体育活动与当前的时事政策相结合，加强推进课程的改革，把"幸福体育"的理念落到实处，切实保证每个学生每天一个小时的体育锻炼时间，促进学生全面提高身心健康，提高综合素质，建立检查评比制度。为了提高大课间体育活动的质量，使"幸福体育"真正落地实处，让大课间体育活动的开展能够永久地坚持下去。学校要加强大课间体育活动的制度完善，使活动能够有效地、有序地进行。

从总体上来说，与传统的课间操相比，大课间体育活动的时间更长，涉及的活动项目更多，内容更丰富，组织形式更多样。活泼的体育氛围不仅有利于学生的身心健康，同时也提高了学生的综合素质。

五、开展其他校园社团活动为孩子"制造"幸福

近些年来，我校的社团活动开展种类多，也取得了很多的成绩。开展足球社团活动，建立了足球教育实践基地；开展科学活动，连续多年获得了机器人比赛一等奖，创建了全国创客教育基地（创客教育：利用电脑网络编程的设计，旨在提高学生动手实践能力）。2015年，我校编排的舞蹈选入了省级卫视春晚并参与了表演。这些成就不仅为学校争得了荣誉和社会地位，同时也符合我校的办学宗旨，通过社团活动提高了学生的学习兴趣，实现了劳逸结合，真正地符合了"幸福教育"的办学方针。

第三节 经验与反思

中小学教育对学生的后期发展具有非常重要的意义，可以为学生的终身发展奠定坚实的基础。不管是提升学生的智力水平，还是促进学生身心的健康发展，在这一过程中，教育工作者必须花费较多的精力来关注，同时还要有积极的作为。现阶段我国教育体制的重心几乎全部放在了学生智力的发展方面，绝大多数家长都忽视了学生在成长的过程中是否快乐。近年来我国频繁报道有关教育的负面新闻，很多家长才慢慢地意识到心理健康和"幸福教育"对于学生成长的重要意义。但是综观目前教育的现状，国外基本上是在大学阶段开设幸福课程，基本上没有关注学生在中小学阶段的"幸福教育"。我国有关"幸福教育"的研究仅仅局限在德育教学和心理学领域，几乎没有学者从教育管理角度出发，

借助人本管理的理论基础开展研究。

本节结合当前教育改革的实际情况，试图从"幸福教育"的研究方法和研究视角上改进和创新教育，通过问卷调查及访谈等实证研究方式，对我校中小学师生展开抽样调查，通过本地原始数据统计发现在现阶段的教育过程中，存在的主要问题和不足就是老师给学生布置了大量的课外作业，学生的学习压力非常大；绝大多数学生的身体和情趣发展都比较缺乏；老师没有及时有效地疏导学生的心理情感；教师普遍存在职业怠慢的现象以及师生没有建立新型和谐的关系。在展开调查的基础上，学校的教育体制、家庭教育、学校管理、社会环境及学生自身等因素都会影响"幸福教育"的发展。本节深入分析了问题的成因。结合调查中存在的问题，本节对构建"幸福教育"体系的路径探索如下：

我国一直推行的应试教育体制，学生的升学压力大，老师的教学任务大，导致很多师生已经不堪重负。为了改变这种局面，现行的教育改革势在必行。针对教育体制层面存在的问题，以高考改革为政策导向，逐渐促进教育模式从应试教育转变为素质教育。创新教育模式，核心就是建立多元评价体系，始终围绕评价内容全面化、评价过程动态化及评价主体多元化这三个方面的内容来进行；改革的载体就是推动教育服务均等化，希望通过优化完善中小学布局，从整体上提高中小学教师队伍素质及推进义务教育"小片区"管理等方面的工作，从而更好地推动教育改革服务均等化的进程。

学校管理已经成了教育管理的重要载体，学校是实践"幸福教育"的根本途径。实践"幸福教育"的根本途径在学校。在实践"幸福教育"的过程中要始终不渝地坚持以学校不动摇，为学生创建和谐宽松的校园环境。此外在实践"幸福教育"的过程中，学校要明确办校管理理念、充分发掘校园幸福文化的重要内涵、切实保障幸福课堂的质量和效率、尽可能地拓展家校共建的各种渠道，创造民主、平等和自由的教学环境，倾力打造幸福校园和课堂，尽可能地拓宽师生幸福的空间。

实践"幸福教育"的最本质的目的就是保障学生的全面发展，所以始终要将学生放在第一位，充分发挥学生的主体地位，最大限度地激发学生的潜能，注重学生个性的发展，大力提倡学生全面个性的发展。学校的教育管理者要从培养学生的幸福思维的角度出发，使学生能够养成健康的心理状态，指导学生发展自己的个性，这样才能更好地培养学生的幸福能力。

老师的职责就是传道、授业、解惑，老师创造的幸福感会对学生产生重大的影响。学校要以师为本，大力培养爱岗敬业的幸福教师。充分发挥老师的主体作用，让老师能够有效地参与管理学校的事物。学校还要搭建老师成长的专业平台，尽可能地畅通教师职业上升的各种渠道。当然学校也要留心关注教师业余生活，注重身心疏导减压。师生要构建新型和谐的师生关系，师生之间要相互学习共同进步，这样师生才能在教育中感受到幸福，才能更好地提升"幸福教育"的水平。

现阶段的中小学生的"幸福教育"理论研究和教育实践都处在初步发展、逐步完善的阶段，由于"幸福教育"具有一定的特殊性，而且交叉渗透在各个学科中，鉴于"幸福教育"的特殊性和在各个学科中的交叉渗透，"幸福教育"的课题研究是一个长期系统的工程。社会条件会不断地发生变化，随着社会条件的变化，"幸福教育"还会有新的问题出现，还需要广大同仁们的努力和探索。由于本节的研究重点在于"音、体、美"等社团活动，再加上我校的研究水平和时间精力非常有限，没有深入透彻地分析存在的问题，所以提出的相关建议的可行性还需要进一步论证。这些都是需要进一步努力学习的地方。在以后的工作中，只有不断总结和完善经验，"幸福教育"的研究才会更加深入，从而才会有更大的推广价值。

第四章　艺术与教育

—— 华山中学的艺术课程

第一节　艺术教育之我见

在片面重视数、理、化学习的当下，由于没有受到良好的音乐、文学、美术、哲学、美学等人文学科的滋养，人们内在的精神世界严重失衡。什么时候我们才能摆脱功利主义、物质主义的纠缠，以一种审美的心态、一种平和的心态、一种欣赏的心态、一种爱的心态来对待人生？中国人的身上最缺乏的是审美精神。蔡元培先生临终前念念不忘的，仍然是"科学救国，美育救国"这8个大字。

几十年的社会实践，证明了蔡先生的认识是正确的：只有美，才能让中国人摆脱功利主义、物质主义的纠缠，唯有美育塑造人的健全心灵，颐养超越精神。美育正是学校教育的一个着力点。

一、音乐改变命运

20世纪70年代，因贫困造成的一系列问题成了委内瑞拉面临的重大社会问题。青少年与毒品为伍，拉帮结派，枪战不断。委内瑞拉著名的音乐教育家、指挥家、钢琴家、经济学家、社会改革家和政治家何塞·安东尼奥·阿布莱乌博士希望通过免费的音乐训练来帮助数以千计的孩子远离犯罪，用音乐拯救孩子们"无助"的灵魂，挽救走向歧途的孩子。

"音乐能够为孩子带来精神上的富足，帮助他抵抗物质上的贫穷。培养孩子树立自尊心和自信心。音乐会让他们感觉来到了另一个国度，来到了另一个星球。音乐实际上是改变整个社会的一种媒介，并必将影响孩子们的一生。"阿布莱乌40年的大胆探索改变了孩子们的命运，虽很特殊，但并不偶然，这又一次让我们感受到了艺术教育的重大意义。

这就是艺术教育的情感价值。让孩子学习专业技能不是最重要的，重要的是在学习艺术的过程中多角度、多方面、多渠道的情感体验。孩子们有机会选择自己喜爱的方式进行表达自我和相互交流，使情感得到丰富，建立友谊和学会分享；艺术教育，使孩子们在学习中体现默契和树立自信，便于提升自我的人格和净化自我的心灵，这对学生的人格成长、情感陶冶都有巨大作用。

二、艺术滋养心灵，文化润泽生命

汪文渊，华山中学2014届毕业生，2008年进入华山中学"楼兰号角"管乐团，演奏单簧管；塔娜，华山中学2015届毕业生，2010年进入乐团，演奏打击乐；郑德芳，华山中学2016届毕业生，2009年进入乐团，演奏长笛。华山中学管乐团，三年走出三个中高考状元！他们一手玩音乐，一手抓学习，不仅实现了"状元梦"，而且还分别被北大、人大、复旦名校录取。

要问为什么，我们会骄傲地说："是艺术教育滋养了文化教育！"

因为对音乐的兴趣、向往和热爱，在这里他们不仅感受着音乐里每一个跳动的音符，更可以尽情地释放自己的内心世界。音乐给了他们另一个世界，一个想要多大就有多大的世界，让他们自信、开朗，在这里快乐成长。在感受着艺术的巨大魅力的同时，更要让他们知道，艺术修养要得到全方位的提高，管乐不仅是乐器的美妙，还有合作意识的培养与锻炼，需要懂得倾听、与人合作、学会理解、共同分享，这是爱和智慧的升华！正是这艺术的洗礼，让他们在各方面都严格要求自己，并拥有一个共同的能力：对时间超强的管理能力。他们能全身心地练习，更能全身心地学习！在枯燥的高考备考阶段、在紧张的高考冲刺阶段，这些练习和排练都成了他们学习的一种放松和调节，带给了他们无限的自信和欢乐！

这些孩子的表现让我们深切感悟到：艺术教育的智能价值。美育中进行的智育，这就是最好的说明。有着艺术的理解也使学生得以更深入、更全面地理解其他学科，如学生的视觉能力、听觉能力、动作协调能力、语言表达能力和适应环境的能力等都与艺术教育有着紧密的联系。艺术与创造力和想象力也相互影响，触类旁通，还有学生形象思维能力和科学思维能力的发展都离不开学生在艺术教育中的联想、推理、分析、综合等能力的发展。它不是单纯的艺术知识传授与艺术技能培养，而是一种提高学生智力和智慧，培养学生审美能力、创造能力、合作意识和个性，帮助学生初步形成正确的世界观、人生观、价值观的教育方式。

艺术滋养了他们的心灵，文化将会润泽他们的生命！

三、艺术，让美国文化"接受"了一个中国孩子

他是乐团建团以来第一任乐团学生团长，人称外号"大总管"，他就是曾经的华山中学管乐团团长曹思伟。用"做事干练，办事细心，谋事用心"来形容他一点也不为过。他在乐团吹大号、萨克斯，每次排练总是第一个来，训练结束最后一个走，把乐团的排练厅收拾利索后才离开；每次外出演出和比赛时，他总是最后一个下车，检查车上有没有落下东西。在乐团他就像个大哥哥，照顾着一帮学弟学妹们。正是这种长期的担当、付出和历练，机遇垂青了这个有准备的人，2014年曹思伟以优异的成绩留学美国，考入费城天普大学。为什么选择天普大学？因为他要考天普大学的行进管乐团，全美国700多学生报考这个团的8个席位。他以第八名的成绩考入乐团，也是天普大学行进管乐团中唯一一个外国人——中国人！

艺术是人类情感的传递者。华山中学对艺术的重视和培养不仅仅是教会曹思伟一个技能，或者是让他表现得很突出，更是影响了这个孩子的一生。他在美国的发展，并没有因来自祖国边疆甚至偏远南疆库尔勒而感受到巨大差距，而是感觉自己各方面并不比当前先进的乐团差。华山中学曾经给他的所有支撑，是他今天取得成就和人生发展的很有力的一个支点。

这就是艺术的文化价值。世界是多元文化的，不同的民族，有着不同的艺术，不同的艺术归于不同的文化。人们在艺术的学习与教育中，也与这些多元文化交流着、碰撞着。艺术的交流学习就使学生有机会接触丰富的艺术信息，认识与理解世界各地各民族的艺术与历史、文化意蕴，感受其特色，形成对本民族文化的认同，热爱和对多元文化的尊重，参与文化的传承与发展。因而，艺术是无国界的，民族的就是世界的。

教育的终级目的是什么？是人，是真、是善、是美，是做一个真正意义上的人，做一个世界人，让世界上所有的文化所有的人相互尊重、相互平等！科学没有国界，艺术更没有国界，恰恰是因为艺术开启了两种文化的对话，打通了两种文化之间的交流。

没有艺术的教育是不完整的教育，学校作为学生教育的最主要场所，有责任对学生开展正确、完整的艺术教育。艺术课程又是融音乐、舞蹈、戏剧、美术等多种艺术门类为一体，具有鲜明的人文性、综合性、创造性的教育，它能够丰富学生生活；能怡情养性、优化其精神世界；能够使学生继承优秀的艺术文化，提高其艺术修养，最终提高民族的艺术情趣与艺术品位，因而，艺术教育是其他任何教育无法替代的。

四、漫长的"定位"之路

对于艺术教育，人人心存向往，但是，由于基础教育发展中存在的诸多问题，尤其是应试教育带来的强大压力，使得艺术教育长期以来普遍遭到弱化和边缘化，突出表现在学校不重视，教师不在乎，学生不敢想，家长不上心。

20 世纪 80 年代，华山中学处境比较艰难，不仅在兵团和新疆教育界没有什么影响，即使在本地区也只能位居二流，当时就连我们本学校一些老师的孩子甚至都选择了到外校去就读。古人云：知耻而后勇。正是在这样的困境中，我们开始了奋力追赶。但是，实事求是地说，我们的拼争更多地是以升学率为导向的，在应试上我们绞尽了脑汁、想尽了招数。因为，社会和家长对一所学校教育教学质量好坏的评价主要以考试成绩为依据，而不是以人的全面发展及学生综合素质与能力为根本。处于此种生存环境下的华山中学，无暇关注其他，因而对艺术教育的重视程度也就可想而知了，更谈不上在艺术教学质量的考核与评价方面能有所突破。

随着独生子女数量的增多，父母望子成龙、望女成凤的心情愈加迫切。家长们片面地认为，抓艺术之类的素质教育是"捡了芝麻，丢了西瓜"。他们在意的是让孩子在学校多学文化知识，提升解题能力，拿到卷面的高分数，升入好学校，将来找个好工作，很少关注孩子其他方面的素养。因此，所有与提升考试成绩没有直接关系的课程，特别是艺术课程，在大多数家长的眼中自然就沦为了"副科"，没了地位。甚至有些家长错误地认为，美术、音乐课就是教学生们画画、唱歌、跳舞，多开设只会耽误孩子的学习成绩。

对于艺术教育，学校心有余而力不足，因为教师不专业，课时没保证。

背负升学压力的华山中学，虽然课程中设置了艺术课，但艺术课一直处于一个很尴尬的地位，因学校无法满足艺术课老师的专业科班出身，大多数是由其他学科老师半路转过来，或者由其他学科教师兼职，教师的专业知识和专业素质难以保证。在校园内，很多教师也认为音、体、美是副科，当遇到语文、数学、外语等课程教学任务繁重，课时不够时，当期中、期末考试来临时，这些艺术课自然就"让位"给了语、数、外三大课，艺术课似乎变得可有可无，已经"名存实亡"，导致艺術课老师被边缘化，情绪受挫，热情不高。同时，由于学校缺少针对艺术教师专业知识、业务能力的提高培训，老师们也就更没有时间愿意进一步学习和研究艺术课。

对于艺术教育，不但软件"软"，硬件设施也不完善。

艺术教育不仅需要专业师资，还需要教学资源、技术力量的不断投入。但是，多年来学校的运动场地、美术教学课堂和辅助工具、音乐演奏器材以及必要的运行经费等都得不到保障，这些问题一直困扰着学校艺术教育的发展。比如，学习美术这个科目，画种多，工具繁杂，价格也不菲。如果让学生家庭负担购买准备这些物品，就出现因家长怕花钱而学生不想学的情况，往往直到学期结束，有的学生甚至连一只真正的绘画铅笔也没有备好，用的还是自动铅笔。没有必备的工具，怎能画出一幅像模像样的作品呢？这个问题很现实。再如体育课，想开设足球课程，可没有专业的足球类场地，体育课就常常无奈地变成了在教学楼前水泥路上的跑步课。由于硬件不具备，老师们有心无力，多数时候只能就地取材开展简单的体育活动。老师上课没劲头，学生上课没兴趣，教学效果哪还谈得上呢？

没有艺术滋养的教育，是残缺的教育。缺少艺术陪伴的人生，是干瘪无味的人生。

第二节　一次真正意义上的教育"突围"和自我蜕变

一、经历苦痛，方能自省

在升学率大战中身心俱疲的华山中学，开始静下心来反思。片面追求高升学率，实质上背离了教育教学规律，不但会从根本上削弱学校自身的系统构建，而且遗患很多。我们不禁问自己：培育人才的学术圣地为何演变成了你死我活的应试战场，为何要"我花开来百花杀"？除了追求高升学率，中学教育还有无其他出路？基础教育的使命和责任究竟是什么？经过深刻的追问与思索，华山中学人义无反顾地决定要退出恶性竞争，静下心来追寻学生成长和发展的规律，从而完成了一次真正意义上的教育"突围"和自我蜕变。

2008 年，新疆全面进入普通高中新课改，这让华山中学人看到了契机。我们认真学习国家课改文件，深刻领会新课改精神，认为这是学校深入改革、趁势而为的大好时机。学校从调研入手，在教师中做了大量工作，毅然决定削减现有各学科课时，严格按国家规定的课时排课，开足开齐包括音乐、美术、通用技术和综合实践等在内的所有课程；全部停掉教辅材料的购买和使用，要求教师研究教材、研究课堂、研究学生，自编习题和各种学习资料，并积极争取，成为新疆兵团系统唯一的 9 个学科均为样本学科的新课改样本学校。

在这一过程中，我们认真研究教育规律，学习借鉴内地和沿海地区一些学校的教改经验，围绕"发展学生"这个主题，对全校课程进行系统设计，提出了"玩在华山"的办学模式。

"玩在华山"办学模式就是以"高效课堂"的打造为先导，以校本课程的开发为支撑，以不断提升的服务为保障，以普惠性的艺体教学为辅助，以丰富的社会实践活动为依托，以务实性的校本研究为指导，大幅度压缩非毕业年级的课堂教学时间，让学生能够尽情投入到丰富的、可选择的、以素质教育为主要内容的文体活动和综合实践活动当中，使学生真正获得"玩"的时间，并且"玩"得有内容、有组织、有目标、有效果。与此相呼应，对教师的课堂教学内容和教学方法做出深度调整，明确降低以升学率为主要指标的教师考核标准，依据素质教育的多元化特征，拓宽教师绩效的评价尺度，重点强化研究性教学的导向。让教师摆脱繁重的应试教学任务，静下心来，以相对轻松的心态，关注自身的专业成长和学生的个性发展。

这里必须说明，"玩在华山"的"玩"并不是通常意义上"玩耍"

的"玩",而是指有丰富内涵的素质教育实践课程。我们认为,从根本上讲,"玩在华山"办学模式的提出和推行,是我们对教育理想和社会现实之间关系所做出的一次自我反省和自我调控,它遵循了基础教育发展的多元性、连续性和完整性,科学地安排教学内容,合理地分配教学资源,有效地平衡素质教育与应试教育的关系,基本做到了互相兼顾、并行不悖。

我们正是在以上一系列认识的基础上,显著强化了艺术教育力度,开展了艺术课程体系的重构。

（一）痛下决心的重新定位

艺术是什么?是真、是善、是美。懂得美、欣赏美,才会发展成一个向善的自我,善是人类共同追求的价值,进而达到人性的最高层次实现真我!校长邱成国在谈到华山中学艺术教育时常常感慨地说:"开展艺术教育不是使学生都成为艺术家、歌唱家、画家,但可以培养一个会欣赏艺术的合格观众,可以培养健康的审美观和良好的道德情操,最起码让我们的学生会唱歌、会跳舞,让所有学生在校园都能感受到艺术的美好,学艺术的人不会变坏。"这一朴素的想法,指引着华山中学人对艺术教育的方向。

学校作为学生教育的最主要场所,有责任对学生开展正确、完整的艺术教育,最大限度地发展学生的想象力和创造力。而要达到这一目标的最主要途径,就应该是学校要正确构建出科学的、整体的、系统的、序列化的艺术课程。在体现国家课程与地方课程培养目标一致性的前提下,大力开发校本课程,以课程体系为核心,积极建构艺术课程。根据本校的培养目标和课程资源状况,运用艺术形式和艺术方法,通过音乐、美术、书法、舞蹈等艺术途径进行课内外美育活动,设置出序列化的、层次性的、丰富多样的可供学生选择、灵活安排的课程,以满足学生多元化发展的需求,培养学生自主意识、团队精神、人际交往、合作学习等能力,增强学生的社会意识,提升学生的人文科学素养。

（二）艺术课程体系重构的原则

正是基于上述对艺术教育的思考与定位，我们始终在探索推进艺术课程体系重构的最有效的方法。我们意识到，要实现艺术教育的目的，发挥艺术教育的作用，就要紧密依靠学校的课程建设，特别是要探索建立以立足于学生发展为核心价值观的"玩中学、学中玩"的相应的课程体系和教材体系。

课程设计要着眼于学生的发展，这是课程价值取向的定位问题。未来的发展方向是否正确，前提是现在的定位是否准确。定位的过程，就是统一思想的过程。新课改主要体现以人为本、以学生发展为中心，强调创新精神和实践能力，定位在"人"的发展上，因而，我校的艺术课程必须要着眼于学生的发展，立足于面向全体学生，使学生在不断的学习中，充分发挥个性，提高学习兴趣，培养学生的创新精神和实践能力。

1. 科学性与系统性相结合的原则

在我校办学思想的指导下，进行整体设计，它是系统的而不是随意的、零碎的。建立课程体系，有序开发系列课程，突破了单一的学科课程，将课程的内容延伸到教室和学校以外，强调课程内容的开放性、整合性、灵活性。我们不是简单地将课程内容盲目扩大，而是对课程内容进行精心选择与整合，有的放矢，为不同年龄、不同能力、不同特点的学生设定不同的课程配置。

2. 基础性与发展性相结合的原则

华山中学在"才丰似华，德厚如山"的校训指导下，在遵从顺应天性、涵养德行、发展个性的"玩在华山"的课程建构模式下，大力推行普惠性的艺体教育，不仅要面向全体学生开齐、开足国家规定的艺术类课程，保证教学质量，促进学生艺术教育的全面发展，更明确了要"强化艺体科教"的方向，突出艺体科技教育的重要性，为教育的长远发展奠定基础。

3. 统一性与多样性相结合的原则

根据华山中学学段多、规模大的特点，我们强调艺术课程在不同学段有所侧重并形成各自特色，但同时不能违背基础教育的连贯性和持续性，要求其在学校整体层面必须统一，特别是对教育思想的贯彻要协调一致。在此基础上，各段以艺术课程目标为着眼点，分别设计了与之对应的"核心课程"（全面育人课程）、"特色发展课程"（个性发展课程）。把"全面育人课程"分为"全面参与型"的基础课堂、"年级普及型"的基础活动两个板块。以基础课堂为中心，普及一切艺术教育；把"个性发展课程"分为"社团活动"和"研究性学习"两个板块。在这四个板块下又有若干个具体课程，根据学生年龄特征和发展需要，在小学、初中、高中分别开设多样性的艺术课程。

4. 本土化与国际化紧密结合的原则

华山中学位于新疆南部的库尔勒，特殊的地理位置呈现出鲜明的地区特色、民族特色，因而，我们的艺术课程坚持保持自身优势，散发浓浓的本土情怀；同时，为服务于学生的终身发展，拓宽学生的视野，为学生发展兴趣爱好和特长潜能提供多元的学习平台，积极鼓励和组织参加国内外各种交流和比赛，让更多的学生亲身体验、感受国际水准的艺术现场，提高艺术品位，努力实现让学生的专业水平与国际接轨。

二、不走寻常路——华山艺术课程体系建构

将艺术教育纳入到学校教育的主旋律，追求升学教育与素质教育的均衡发展，扩大受益面，用艺术提升品质、滋养生命，以现代化教育人的胸怀和眼界，整合国际、国内的艺术教育资源，创新学校艺术教育模式。

（一）管理先行——课程改革下的机构改革

华山中学开展艺术教育走的是一条"强化艺体科教"之路，是学校不断发展中对艺术教育的一条自觉建构的道路。学校高度重视艺术教

育，率先成立"艺体科教中心"，这是我校在课程改革大潮下首先进行的机构改革，建立健全包括后勤服务体系、设备资源保障体系、教育教学质量评估考核体系在内的艺体科教中心管理制度，更好地对艺体教育进行全面系统地统筹管理。

艺体课程的实施需要相应的学校管理制度与体系的现代化作为前提。结合学校发展的整体情况，逐步完善与制订艺体课程发展的顶层设计、管理办法，进一步明确提升艺体教育管理的新思路、新要求和新举措，从制度层面去解决艺术教育管理中所存在的短板和瓶颈，在整个学校范围内形成目标明确、合作协调、高效运行、发展引领的管理体制，以确保我校艺体教育在起步之初就走上制度化、规范化、科学化轨道，打牢学校艺体课程体系的制度根基。

（二）目标引领——方向不对，努力白费

艺术课程的核心是美育，让"授业"成为"传道"的载体，让学生成为"解惑"的主体，让艺术课堂中显现的知识性教学内容成为美育的工具与载体，以丰富学生的语言表达、情感表述以及在内心世界里懂得欣赏美、分享美、创设美为主要教学指导，真正践行"真、善、美"的艺术学科精神及培养艺术核心素养能力。

艺体课程的总目标：一是学生以个人或集体合作的方式参与各种艺术课程活动，开展各种乐器、舞蹈、形体、武术、绘画、手工制作等艺体课程，学习艺术欣赏和评述的方法，丰富视觉、触觉、听觉和审美经验，体验艺术课程活动的乐趣，获得对艺术学习的持久兴趣。二是了解基本艺术语言的表达方式和方法，正确表达自己的情感和思想，丰富生活。三是在艺体学习过程中，激发创造精神，发展艺体实践能力，形成基本的艺术素养，陶冶高尚的审美情操，完善人格。

艺体课程的总体目标突出展现了艺术学科的学科精神：真、善、美。一个人只有具备了欣赏美、表现美的能力，才会具有善的本质，发展成一个向善的自我。善是人类共同追求的价值，进而达到人性的最高层次做到真的自我！同时艺体教育应贯穿践行的学科核心素养：基本识读（认知和理解）、艺术表现（感知和能力）、审美态度（素养结果）、创意能力（智力结果）、文化理解（背景与环境）。

现行艺术学科通用教材都有其共同的不足之处：内容编排散乱，缺乏连续性、连贯性；部分内容脱离学生学习生活的认知水平；学习内容也大多如蜻蜓点水，学生对所学习的内容很难有深入了解；学生不能通过课堂学习建立系统的学科知识框架；注重知识与技能，忽略艺术课堂教学过程中的美育作用，较难满足当下学生对艺术素养积累的需求。

因而规划、重构我校艺体课程体系框架，旨在正本清源，通过课程及教学内容的整合，让艺术课堂回归艺术教育的本质，追求"真、善、美"的学科教学。

（三）艺术课程体系框架——课程架构支撑艺术灵魂

充分发挥我校十二年一贯完全制的优势，因地制宜、因材施教，所以艺术课程设计的整体规划按照"三层四面、五段三性"原则进行艺体课程体系建构。

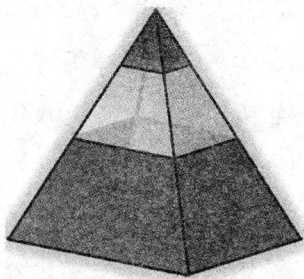

三层四面金字塔式艺术学科建构框架

1. 三层——金字塔的三个层

塔基部分：主要是平时常规艺体课堂教学，这是我们艺体课程课堂教学工作的核心。

塔中部分：主要以第二课堂、社团活动、节日活动、研究性学习等形式为主，开展各类艺体校本课程教学活动，这是艺体课程学科教学工作的开发、延伸和拓展。

塔尖部分：艺体课程学科教学的专业培养阶段，满足我校学生专业发展的需求。

在金字塔的这三个层面里，逐步实现艺术课程的分层目标：艺术学科逐步回归艺术的育人本质，不断促进艺术类教师的专业发展，进而形成完整、稳定、可持续循环发展的艺术学科教学课程体系，最终，探寻"以美为本"的跨学科教学方法。

2. 四面——金字塔的四个面

每个艺术类学科，根据本学科教学内容、类别、性质、总体要求、最终的学科目标等，进行分类、提炼、整合，最终形成本学科四个层面。例如美术学科四面：思维绘画、立体手工、自然书法、诗情画意（赏析及拓展、跨学科合作）。在这四个面的规划指导下，教师根据学生特点，可以开设丰富多彩的教学模块。我校美术学科现已开展的教学模块有：创意绘画、自然书法、立体手工、彩墨中国、数字创想、美术赏析、诗情画意等7种模块教学，极大丰富了学科内容。

3. 五段——教学课程规划（学生分段形式）

根据学生成长、认知、学科学习规律等特点，我们将全校的学生分成五个段。初段：一至四年级；中段：五至八年级；高段：九至十一年级；专业段；衔接段：四、七、十一年级。

4. 三性——课程规划设置原则

正是因为每段学生的学情不同，决定了艺术学科四面教学内容的设置原则。

专业性：艺体教师执教模块的专业性，艺体教师自身的专业素养。

连续性：教学内容的连续性，根据各段学生的认知能力，教学内容要循序渐进，形成完整的模块教学体系。

持续性：课程框架可以适应学生、学校的发展，教学内容可以根据具体情况调整，使之具有较强的适应性和发展性。

（四）育人为本——全员是重心，基础在课堂

一直以为课本是学生的世界，其实，世界（生活）才是学生的课本。剥去学生习得的科学知识，剩下的才是教育的真正价值。"才丰似华，德厚如山"的校训，时刻警醒着我们：如何使学生才丰？怎样使学生德厚？少数人的才丰是不是我们值得炫耀的才丰？少数人的德厚是不是我们追求的德厚？答案是显而易见的，面向全体的、以生为本的艺术教育，才是艺术课程的根本。如何落实"三层四面、五段三性"的课程体系下的艺术课程才是真正的核心。"玩在华山"的办学模式给了艺术课程无限的发展空间。

1. 玩出"才丰"的丰才课程

在"三层四面"的整体规划和要求下，我校艺体课程的开发以学生的"全体发展""全面发展""个性发展"为着眼点，形成了丰富支持"才丰"的丰才课程。

根据课程开发的主体划分，开齐、开足国家课程、地方课程和校本课程；从课程开发的功能划分，打好基础课程、加大拓展课程和提升专业课程；从课程开发的范围划分，不断丰富校内课程、加大开发校外课程。

2. "玩全"国家课程，着力资源整合——夯实塔基

开齐开足国家课程。国家教委规定中小学各年级每周音乐、美术各1课时。我校不仅认真落实到位，而且课时在数量上，不包含课外艺术活动，都远远超过了国家的规定：小学一至六年级音乐、美术、体育每周各3节，七至八年级每周各2节，高一高二每周各开设1节，毕业年级也都各有侧重，都远远超过国家规定的课时数。艺体课程在保障时间的基础上，学校更看重艺体课程的实质效果。在认真执行国家课程的过程中，老师们也逐步发现了一些问题，就是学校学情与教材之间有不匹配的现象，为了实现艺术课程教学目标和提高课程教育质量，引领教师科学有序地实施课堂教学，切实提升学生艺体综合素养，奠基学生的一

生的艺术修养，学校着力进行课程整合。

课程资源整合，积极开发校本教材，努力打造多样的音乐、多彩的美术。艺术教学中的整合，可包括艺术学科与其他学科之间的融合、不同艺术门类之间的融合、同一艺术门类的不同方面之间的融合，不仅音乐和美术开始交叉融合，舞蹈、形体、武术、影视等也进入艺体课程。

多彩的美术。美术学科将国家课程重新整编，根据学科目标，学科体系"三层四面"的建构，将美术内容整合为：思维绘画、立体手工、自然书法、诗情画意（赏析及拓展、跨学科合作）四个面。在这四个面的规划指导下，教师根据学生特点，又开设出丰富多彩的教学模块：创意绘画、自然书法、立体手工、彩墨中国、数字创想、美术赏析、诗情画意等7种模块教学。这7个模块分别在不同年级开设，并有自己的测评标准。

一、二年级开设：手工模块、儿童画模块，书法模块。一、二年级2年4学期，美术课堂要注重学生锻炼眼、脑、手的协调配合能力，是学生初步掌握如何运用正确的方法触摸、感知、表达认识世界的起始阶段，是学生智育发展、丰富情感的重要时期，是发展学生空间思维能力、拓展想象力的关键期，是"玩在华山"办学模式实施过程中让学生明白、理解"什么才是有意义的玩"的认识阶段，更是幼儿美术教育的难点及重点。

三、四、五年级开设：书法模块、绘画模块、摄影（电脑绘画）模块、手工模块。三、四、五年级3年6学期，应该是学生在"玩在华山"办学模式实施过程中理清思路阶段，知道"我该怎么玩才有意义"的提升阶段、寻找兴趣点及爱好方向的阶段，所安排的模块都是老师专业特长的教学模块。此阶段美术课堂注重培养学生的观察能力、认知能力、分析能力，通过美术课堂的学习能主动发现生活"美"的各种存在状态，展现美术课堂中的德育功能。

六、七、八年级开设：绘画模块、摄影（电脑绘画）模块、手工模块、书法模块。六、七、八年级3年6学期，应该是学生在"玩在华山"办学模式实施过程中"我喜欢这么玩"的自主阶段，引导学生深入体会在"玩"的过程中产生的各种体验与感受，并能在"玩"的过程中积累、收获丰富的经验。美术课堂逐渐注重、渗透较为专业的知识性学习，通过美术课堂学习，开阔视野、体会生活、感悟人生，从发现"美"过渡到表现"美"、应用"美"，初步具备创造"美"的能力，感受到学习美术的快乐，强调美术课堂中的德育教育功能。

九年级至高中：美术鉴赏模块、绘画模块、手工模块、书法模块。九年级因中考需要，以绘画模块为主要教学内容。为确保美术中考成绩，每轮升到八年级美术课的任课老师跟到高中继续担任九年级及参与高中美术教学，充分做好过渡衔接工作。

高一高二年级2年4学期，应该是学生在"玩在华山"办学模式实施过程中"玩出花样与成就"的精品阶段，在此阶段的学生已经能通过各种"玩"展现自身的价值，获得成功的喜悦，并能掌握如何在"玩"中进行创新与发展。此阶段以美术鉴赏为主要学习内容，同时开展绘画及美术实践等教学内容，重在丰富学生的学习生活，使美术课堂成为学生抒发情感、创造"美"、表现"美"的青春活力的载体与平台，发挥美术课堂中的德育教育功能。

经过这一系列的资源整合和校本开发，能更好地适合教师、学生更为长久的成长与发展，使学校的美术教学工作重新焕发活力，学生也更加喜爱多彩的美术课堂。

多样的音乐。音乐学科在国家课程的基础上进行资源整合，大力开发，形成识谱、口风琴、声乐、形体、芭蕾、民族舞蹈等多种内容的校本教材，极大丰富了音乐学科的教学内容，更好地对课程进行了有效的资源整合，鼓励学生进行体验性、研究性和反思性学习，为学生提供生动有趣，丰富多彩的内容和信息，拓展艺术视野，提高整体素质，并使音乐学习更有趣、更鲜活，使每个学生获得成功感。

把"学生的终身发展"作为终极目标，让他们受到艺术的熏陶，培养兴趣、发展个性特长，让艺术课堂回归艺术教育的本质，追求"真、善、美"的学科教学。

3. "玩好"地方课程，彰显民族特色——丰富塔基

作为一所处在少数民族聚集区的学校，我们在艺术教育方面，依托民族文化资源，充分发挥民族地域优势，走一条艺术教育的特色之路。

（1）普及两项活动。

人人会跳民族舞。从新疆艺术学院专门招聘舞蹈教师，开设民族舞蹈普及课，形成班班有自己的舞蹈队。人人学唱新疆歌。新疆民歌百听不厌，这是新疆人的自豪和骄傲！学校利用音乐课教学生唱新疆民歌，要求人人会唱一支新疆歌。更鼓励老师开设浓郁民族特色的音乐校本课程，最终形成班班有自己的合唱团。

（2）特色阳光大课间。

学校着力打造"阳光大课间"，从小学、初中到高中，开展"大家唱、大家跳"艺术特色活动。高一年级人人会跳维吾尔族舞蹈"麦西来普"，高二年级人人会跳蒙古族舞蹈"沙吾尔登"。利用阳光大课间平台，整合民族文化资源，开展师生喜闻乐见的阳光大课间活动。

（3）以赛促学展才艺。

重视竞赛环节，以赛促学，提高艺术教育质量，这也是学校艺术教育的一大亮点。除学校有计划地开展年级、班级比赛外，每逢重大节日、重大集会、文艺会演，各个艺术社团都会积极展演。在美术课上教学生创作民俗风情画，定期进行交流展示，组织各类画展，进行互相学习。高一年级的红歌大合唱，唱出了新时代学生的精神风貌；管乐团改编完成了《天山欢歌》组曲，将更多具有少数民族风情的热瓦甫、手鼓、纳格拉鼓等乐器融入演奏中。在庆典音乐会上，孩子们身着民族特色的演出服，将新疆少年的风采展现得淋漓尽致，使全场欢腾。

突出地域显特色，强化内外多联动，不断提升学生多民族艺术文化修养。

4. "玩精"校本课程，提升学生才艺——发展塔中

校本课程是为落实《中共中央国务院关于深化教育改革、全面推进素质教育的决定》，体现素质教育的基本要求，立足于面向全体学生，促进学生的创新精神和实践能力的培养。学校鼓励老师自主开发校本课程，以第二课堂、社团组织、研究性学习为载体积极推行校本课程，作为金字塔体系的中间层是艺体课程课堂教学的补充和延伸，使学生充分发挥个性、提高学习兴趣，让全体学生在参与实践中获得发展。按照这一指导思想，每个年级都开设第二课堂，每个学科都有相应的社团，并在教务处的安排下，校本课程全部编排进课表。

第二课堂，是学校为每个年级的特色发展开辟的一个广阔的艺体空间，为年级建设搭建一个多彩的舞台，重在"激趣"、重在年级全体学生的参与。年级有充分的自主权，结合年级学生特点、文化特色，将舞蹈、运动和团队活动结合起来，积极提倡健康的生活方式，鼓励孩子们热爱一项运动或有一项艺术特长，融艺体教育于多种多样充满趣味的活动中，将这些活动在全年级进行普及，形成本年级学生特有的艺术项目和特色活动。例如：一、二年级重在跳绳，学会单跳、双跳、简单的花样跳绳；三、四年级学会踢毽，学会正确的踢法，应用各种踢法参与教学比赛，并通过不同的踢毽要求完成一定次数的测评；五、六年级玩转健身球，学会健身球的步伐、手法，以及组合动作，并能表演。就是在学校要求的同一项活动中各年级也有自己的特色。例如在团体操项目上，每个年级各有绝招：可爱的一年级小朋友重在基本的步伐训练上，但老师们将简单的俏皮舞蹈动作融合其中，在配合动感十足的音乐《倍爽》，一年级小朋友的天真可爱顿时展现；二年级的孩子们在《鼓魂》的音乐中，将武术动作融合在其中霸气十足；三年级更是将乒乓球动作和舞蹈动作相结合，让他们在优美的舞姿中了解乒乓球的基本动作；

四、五、六年级的孩子们也是将年级的特色活动篮球、啦啦操、扇子等艺术课程中学到的知识和舞蹈、体育等动作相结合。每个年级在第二课堂的推动下，每年都能为全校带来一场场动感而富有特色的艺体活动。第二课堂的坚持推广，加大了对学生的艺体教育的普及，让全体同学从中受益，最终全面提升学生的综合素养，也为构成五彩缤纷的校园添砖助力。

华山社团，在"玩在华山"模式推动下，每个学科都要求老师开一门社团课，作为课堂教学的补充和延伸，满足部分学生对音乐、美术、体育等艺术有浓厚兴趣、爱好的需求，着重发展他们的实践能力和创新能力，形成基本的音乐、美术、体育素养，陶冶高尚的审美情操，完善人格。每个社团在艺术课程学科金字塔体系的指导下，都有详细的社团计划、社团活动实施方案，以及对应的社团课教案。学生根据自己的兴趣爱好、特长发展，自由选择适合的社团进行学习拓展。华山中学现已开展的艺体类社团接近百个，极大地满足了学生多样性的发展和提升。

三、特色社团，引领专业发展——塔尖培养

我们在关注艺体教育大众普及和个性发展的同时，要让有突出特长的学生得到专业性的发展和提升，重在专业引领。因而，学校根据学生需求成立特色社团。学生自主申报，进行专业选拔。教师进行专业指导和培养，不拘泥于学段规定的学习内容，注重艺术特长的拓展和延伸、艺术修养与人文素养的融合与提升。正是在这样的课程理念下，华山中学"楼兰号角"管乐团、合唱团、舞蹈团、街舞社团等特色社团不断发展壮大，取得了长足进步。可以说"楼兰号角"管乐团的发展历程代表了华山中学校本课程特色社团的成长过程。

（一）不拘一格降人才

"楼兰号角"管乐团团长杜疆老师，是新疆艺术学院优秀的毕业生，

是一位典型的"80后"大男孩，凭借着优秀的专业功底，他完全可以留在乌鲁木齐市并有一个很好的发展前途。当邱成国校长在乌鲁木齐市的招聘会上初识了这位小伙后，杜老师的激情、专业、梦想，一下子激活了在邱校长心中多年的华山管乐梦。邱校长真诚地表达出他心中一直有的华山乐团设想，以及乐团在华山中学将会有的美好蓝图。邱校长心想这就是华山中学音乐需要的人才，一定要想方设法留住他。当得知杜疆老师的女朋友是一位优秀的舞蹈专业的毕业生时，邱校长就更有信心了，因为对一对有着梦想的年轻人，华山中学完全可以提供足够广阔的发展空间，因为华山中学正要面向全体同学开设礼仪课，这在全新疆也没有几个学校能做到，我们学校完全可以因为她而开设一门形体礼仪课。为了留住人才，邱校长一直在做积极努力，包括在杜疆老师已被乌鲁木齐市的一些单位录用并愿意用高薪聘请的情况下，邱校长仍不放弃，仍与杜老师多次取得联系，不喝酒的邱校长专门请杜老师喝茶、聊天、谈人生的理想、聊华山管乐的发展。"留在乌鲁木齐市，对我个人来说可能发展的机会更多一些。但是邱校长的真诚、坦诚，以及他对音乐的理解，尤其是音乐对学校的发展，他都看得非常准和非常远。邱校长这种干练、坦诚的性格打动了我，学校这种快速发展的活力吸引了我。我决定为母校做点事情。"抱着这样的想法。2008年，杜疆来到华山中学开始了创建学生乐团的工作。

（二）万事开头难

建校之初，华山中学没有艺术社团，艺术活动也没有充实着校园生活。2008年新疆全面进入普通高中新课改阶段，华山中学深化素质教育，开创"玩在华山"的教育模式，致力于以高效课堂为前提，以完善育人课程为基础，以促进学生发展为根本，大力普及艺体教育，为学生提供适合全面发展和促进个性发展的优质教育。

杜疆老师率先抓住机会，积极争取组建管乐社团。紧紧围绕学校发展艺术教育的主线，打造特色课程、特色社团。这是一支神奇的社团，从最初的 20 多人发展到最多时的 170 多人，跨越中小学 12 个年级，站在一起高矮不等，最高的 194 cm、最矮的 105 cm，最小的 7 岁、最大的 18 岁，以致国家军乐团国家一级指挥张海峰团长第一次看到我们的乐团时都大为吃惊，这是他见过的最奇特的管乐团，老中青三代结合啊！

作为"楼兰号角"乐团的灵魂人物杜疆老师，他深知要带出这样一支团队，困难是可想而知的，但他坚信：只要有激情，就不信没办法。

艺术节比赛场上、音乐厅专场演出时，熟练、精准的指挥手势，准确到位的情绪处理，博得了管乐界专家、领导、家长、学生的一致好评。在这光环的背后，有他鲜为人知的艰辛付出。杜疆上学时主修音乐表演小号专业，有十几年的管乐学习经历，自从担任华山中学"楼兰号角"管乐团主要负责教学及指挥开始，他就暗下决心：把指挥这门学问学透学通。除了乐团每周安排 23 节排练课，周六周日要组织乐团能够登台演出的学生按时排练，他还要反复不断地进行自我练习。在他的刻苦努力下，他从不能准确判断各种乐器音色到能精准地给出各声部指挥手势；从面对几十页厚厚的管乐总谱不知如何识背，到能用半天时间背记下时长为 8 分钟，380 多小节并带有多处变换拍子的管乐总谱。这样的经历虽然辛劳，但他却充满了收获的愉悦。他牢记导师说过的一句话：一个优秀的指挥者可能给作品带来更大的光彩和感染力，一个拙劣的指挥者也能使好端端的作品面目全非。只有不好的指挥，没有不好的乐队。现在，杜疆老师可以自豪地说："感谢所有帮助过我的老师们，我正在指挥艺术的道路上砥砺前行。"

他根据学生年龄特征和发展需要，设置了小学、初中、高中的具体课程，乐团也分成四个阶梯团，有效地针对学生进行基础知识学习、技能的深度与广度的调整与整合，构建出乐团自己的课程体系。

（三）无私奉献，辛勤坚守

每逢双休日和寒暑假，我们几乎都能看到杜疆老师在学校忙碌的身影。管乐团的训练除了每天下午的社团训练外，其余都是利用休息日时间进行训练的，而参加的比赛也都是在假期当中举行的，算下来，他已经有几年没有好好休过双休日了，要是遇上知名的邀请赛，一个假期最多也就休息五六天。每次活动，都会涉及组织学生、发放服装、搬运乐器、赛前培训、出行安全等很多相关协调事宜，劳累辛苦他最清楚。但是在他的意识里，没有把这些视为加班或者额外的工作，他热爱这份工作，爱管乐团，爱乐团中天真可爱、为了音乐梦想而努力拼搏的孩子们。他的努力付出，使得华山的管乐团成为全新疆技术水平一流的品牌学生乐团，社会知名度也越来越高。

"天山南北好旋律，墙内开花墙外香。"他带领管乐团多次参加各类社会实践活动，逐渐走向社会大舞台。

难忘的维也纳之行

"楼兰号角"管乐团成立仅仅两年多，便接到奥地利中国关系促进会、世界音乐艺术教育发展协会的邀请函，并且是新疆唯一的参演代表队。

"为了祖国，为了兵团，为了传播民族文化，我们一定要成功。"指挥杜疆老师如负泰山，他鼓励乐团的孩子们。

这个校园乐团毕竟才训练了两个月，需要解决的难题还多得很。在加紧训练的同时，他仅用半个月时间，就改编完成了《天山欢歌》组曲，全曲分为《甜甜的歌儿迎宾客》《纳兹空》《塔塔尔族民歌》《塔吉克族鹰舞》4个篇章。为将更多具有少数民族风情的音乐元素融入演奏中，杜疆在乐曲中又加入了热瓦甫、手鼓、纳格拉鼓等乐器。乐曲在一次次排练中不断完善；孩子们的演奏水平在专业老师的突击培训下突飞猛进。

庆典音乐会上，身着民族特色演出服的 39 个孩子脑海中只有一个念头：为祖国增光、为兵团添彩。他们神情专注、配合默契，将兵团少年的风采展现得淋漓尽致。

作为压轴曲目的《欢乐颂》，由华山中学"楼兰号角"管乐团与奥地利"萨尔茨堡"青年管乐团共同演奏。那一刻，在场的中外观众都强烈地感受到了兵团孩子们的激情以及他们对祖国的热爱。

喜悦的泪水像开闸的水流，孩子们经受了严峻的考验，他们相拥而泣。39名成员中，最小的只有10岁，此次行程跨越两大洲、途经三个国家，路途遥远、远离家乡，但是孩子们用自己的行动证明了——兵团少年强。

奥地利中国关系促进会和世界音乐艺术教育发展协会在给华山中学"楼兰号角"管乐团颁发的荣誉证书上写道：在中奥建交40周年之际，盛大隆重的庆典音乐会在维也纳金色大厅举办。贵团在音乐会上的杰出表演给各国观众留下了深刻的印象！衷心感谢贵团为中奥友谊的发展做出的贡献！

出彩的宝岛之旅

2013年8月4日，华山中学"楼兰号角"管乐团作为西北地区唯一一支参赛团队参加台湾桃园管乐节。

每年一度的桃园管乐节，是桃园县暑期的一场音乐嘉年华。2013年的管乐节，有来自多个国家和地区的100多个团队。受到活动主办方台湾华夏文化教育艺术交流协会的邀请，华山中学"楼兰号角"管乐团欣然赴约。

在此期间"楼兰号角"管乐团加紧准备，5名成员报名参加小号和萨克斯等乐器的个人演奏比赛，乐团集体参赛准备了《雷神进行曲》《罗马风格》《桂冠诗人》《大众赛马》《新疆欢歌》5首曲目，要向宝岛台湾同胞和世界各国朋友展示新疆多民族文化交融的管乐艺术，并借以展现兵团人的精神面貌。

在台湾桃园管乐节上华山中学管乐团奏响了来自祖国大西北的和美

乐章。身着靓丽少数民族服饰的乐团成员每每登台献艺，次次赢得阵阵掌声。当地媒体称：桃园管乐节吹新疆风，传统服饰"吸睛"。

此次演出，"楼兰号角"管乐团个人演奏获 2 枚金牌、3 枚银牌，团体演奏获铜奖。从台湾桃园县立平镇国民中学管乐团指挥林俊吉先生手中接过奖牌的美好瞬间，被相机定格，也成为"楼兰号角"管乐团师生的甜蜜记忆。

互访的波士顿大学之程

2015 年 8 月 6 日，华山中学"楼兰号角"管乐团在波士顿大学艺术学院音乐厅举行交流演出。此行的主要目的在于与波士顿大学 CFA 的教授等有关专业人士进行交流互动。学生们纷纷表示到美国这几天交流访问，让他们见识到了美国民众的待人接物的礼貌以及美国对教育和文化的重视，他们认为这是美国之所以强大的软实力。演出在早上 10 点正式开始，乐团的成员们各施其力，轻盈的长笛、沉重的鼓声、嘹亮的萨克斯风完美地搭配在一起，交相辉映。

此次活动的负责人表示，华山中学的孩子们非常聪明且刻苦，在波士顿大学交流访问的这几天，他们每天早上由波士顿大学管乐团助教分排一个半小时，然后由指挥排练一个小时，仅用了四天时间就达到了今日表演的水平。他还提到，中国的管乐还处于初级阶段，华山中学"楼兰号角"管乐团这样的位于中国西北内陆地区的学生，能来世界顶尖的波士顿大学交流学习是一次非常难得的机会，此次经历极大地提升了学生的音乐素养，以及英文交流能力，并且开阔了视野，对他们今后的成长有很大的帮助。

"教育就是要成全人的发展，奠定人的幸福。"校长邱成国这样定义教育。看着乐团孩子们的灿烂笑容，邱校长说："祝愿师生们在艺术中发现美、创造美，追求美好生活！"

学校恰恰为乐团的成长奠定了最好的平台。党委书记刘丽华说：

"学校现在提出'玩在华山'。怎么样高品质地玩，而且在玩中能够有这种体验式的感悟收获，把兴趣变成一种追求，把兴趣变成一种特长。通过艺术在教育中的作用提升其对人生的影响。"

"楼兰号角"管乐团的孩子们用妙韵之音叩响了世界的大门，弘扬了中国音乐文化。"楼兰号角"管乐团已经成为我校一道亮丽的风景线。

想方设法为学生开设游泳课、滑冰课。我校地处南疆，缺水少冰，而且学校设施有限，但为了让孩子学会游泳，获得一项生存技能，学会滑冰，掌握一项体育技能，学校与当地有条件的专业场馆建立合作关系，从小学开始，开设这些课程。我们的想法是，将来所有华山中学学生都能掌握这两项技能，尤其是在生死攸关的关键时刻能为自己的生命争取到那最宝贵的几分钟。

开展中外学游夏令营课程。学校提倡小学生应走遍新疆，初中生应游遍全国，高中生应走向世界。为此，学校已组织5届网脉体验式夏令营，每次均分为：疆内团、疆外团、国外团。学生在外出之前先进行5天的校内培训、学习，掌握本地风俗民情，排练新疆歌舞节目，了解目的地的整体情况。外出过程中，不但要学会遵规守纪、自我管理、互帮互助，每天还要撰写博客日志，记录下自己的"心路"历程。学游期间，会安排专门的教师全程跟随，除了带队管理，还要进行跟踪评价。学游结束后，回到学校，再进行终结性评价，结束课程。

文化课堂只能给学生知识，而学校丰富的艺术课程，却能为孩子们提供广阔的"试验田"，为孩子们涵养德行、发展个性搭建了宝贵的平台。通过艺术课程"三层四面、五段三性"的架构体系，更有丰富多彩的"才丰"课程，让学生在艺术课堂学习的过程中理解和明白：艺术就是一种美，美就是内在的道德品质，美是埋在心里最根本的精神动力，美就是精神，美就是生产力，美就是创造，美就是幸福生活的源泉。通过"以美为本"的系列化艺术教育，让学生逐渐由内到外地美起来。只有由内而外美起来的民族才是有内涵的民族，才能获得自信并在世界赢得尊严！而这一艺术的教育培养过程也正是我校追求"德厚"的积淀过程！

四、强保障，重成效

制度保障——建立学校艺术教育管理机构，专设艺体科教中心，由该中心对艺术类课程进行统筹规划、设计、实施和管理。建立健全决策、执行、考核、奖惩制度，明确部门发展目标，促进学校艺术教育制度化、规范化，用制度保障艺术课程的稳步推进。

师资保障——学校把提升教师的艺术教育水平作为教师专业发展的重要内容，纳入教师发展计划。除了从艺术院校引进专业老师之外，对其他艺术教师进行各种模式的培训，采取师徒结对，不断提升教师专业知识和执教能力。华山中学现有相关专业教师 57 人，每年每位老师参加兵团级或师级培训至少两次，加上区域性连片教研、校级培训研讨，学校每年参加培训的人数多达几百人次。我们还努力打破学校本位思想，将专家名人进校园变成一种常态，聘请艺术方面的专家、学者来校讲学、辅导，先后聘请多位知名专家为学术顾问，指导学校艺术教育。同时，通过向高水平艺术院校引进师资，加强合作等方法，保障了专业教师队伍的成长。2013 年，华山中学与北京市第一六六中学签订了两校管乐联盟协议。

华山中学教育研究所外聘学术顾问名单

序号	姓名	工作单位
1	何克抗	北京师范大学教育技术研究中心
2	肖川	北京师范大学教育学部教育基本理论研究院
3	戚业国	华东师范大学教育学院、教育部校长培训中心
4	霍益萍	华东师范大学教育学系
5	李瑾瑜	西北师范大学教育学院
6	杨存昌	山东师范大学研究生院

艺术课程：重要的是艺

序号	姓名	工作单位
7	周青	陕西师范大学教育学院
8	蔡文伯	石河子大学师范学院
9	廖肇羽	塔里木大学西域文化研究所
10	陈雨婷	天津教育科学研究院
11	叶忠	南京师范大学教育科学学院
12	王连群	保定市教育科学研究所
13	吴娟	北京师范大学教育技术研究中心
14	刘军	首都师范大学教育技术学院
15	曹培杰	中国教育科学研究院（重庆实验区）
16	李涵	河南省第二实验中学
17	陈立华	北京市朝阳区实验小学
18	吴勤文	昌吉州教研中心中学
19	张利	第二师教研室中学
20	刘建祎	新疆草原生态研究所
21	王琳琳	中国交响乐团
22	李正华	北京市第一六六中学"金帆"管乐团
23	梁志斌	首都师范大学
24	杜玉潇	北京川布兰生物技术开发有限公司
25	王陆	首都师范大学
26	钟寿仙	北京中国石油大学
27	万朝林	南京大学历史系
28	张海峰	国家军乐团
29	李蓉	"黑鸭子"演唱组合
30	陆江立	二师科技局
31	梁玉霞	郑州外国语学校
32	王蕾	北京市第一六六中学

经费保障——我校为切实搞好艺术教育，解决艺术课程发展中的经

费问题，加强了对艺术教育的经费保障措施。首先，严格规范艺术教育经费保障的各项程序，成立了专门的工作领导小组，确保艺术教育经费落到实处。强化预算管理，凡事"预则立，不预则废"，做到清清楚楚地办事，明明白白地花钱，以此保证经费的正常有效投入；建立财务公开制度，确保资金分配使用规范、安全和有效；强化监督检查，对经费使用情况进行全公开，接受全校师生的监督和质询。积极自筹，主动承担各级各类大型活动，积极争取各项资金，实行统一管理，单独核算，专款专用，确保艺术教育长远发展。我校还将根据学校发展状况和财力增长水平，适时调整对艺术课程的投入标准，以更好地促进课程水平的巩固和提高。

让学生真正有"玩"的时间。学校要求各学段各学科都要通过提高教学效率来大幅度压缩课堂教学时间，所有非毕业年级学生的课堂学习时间压缩 30％—50％，腾出来的时间用于将所有校本课程全部排入正式课表，让学生尽情地投入到完全自主的文体活动、探究性学习、社会实践、社区服务、名著阅读等各项活动当中。

华山中学艺术课程时间（每周）统计表

序号	年级	早跑操（一周）	音乐（40分钟/节）	美术（40分钟/节）	体育（40分钟/节）	大课间、课间操（60分钟/每天）	社团、二课堂（40分钟/每天）	平均每天课程时间（小时）	每周课程时间总计（小时）
1	小学1—6年级	0	3节	3节	3节	5天	5天	2小时52分钟	14小时20分钟
2	初中7—8年级	0	2节	2节	2节	5天	5天	2小时28分钟	12小时20分钟

艺术课程：重要的是艺

序号	年级	早跑操（一周）	音乐（40分钟/节）	美术（40分钟/节）	体育（40分钟/节）	大课间、课间操（60分钟/每天）	社团、二课堂（40分钟/每天）	平均每天课程时间（小时）	每周课程时间总计（小时）
3	初中9年级	1小时15分钟	1节	1节	3节	2小时30分钟（一周）	0	1小时25分钟	7小时5分钟
4	高中1—2年级	1小时40分钟	1节	1节	2节	3小时20分钟（一周）	2节	1小时48分钟	9小时
5	高中3年级	1小时15分钟	0	0	2节	2小时（一周）	0	55分钟	4小时35分钟

让学生有丰富的"玩"的内容。在《华山中学校本课程开发方案》的指导下，我校艺术教师认真研讨，依据自身优势和特长，结合各学段学生的情况和特点，自主申报课程方案、课题研究。教研组、备课组实行集体讨论、系列设计、整体规划、统筹考虑，开设了可以满足学生发展需要的丰富课程，分为必选和任选两类：体现学校特色和学生发展需要的课程，要求每位学生必选，如：民族舞蹈、游泳、书法、口风琴、礼仪与形体等；满足学生自身个性特长、爱好需求的课程，学生可自主选择一项，如：管乐、合唱、国画、跆拳道等。所有课程都有专职负责教师，严格要求按照教务处所排课表，认真有序地组织课堂教学。

让学生有"玩"的充分保障。学校以校园改造为契机，加大艺术场馆和设施建设的力度，尽可能为艺术课程提供一切便利条件，让所有实施课程都能有属于自己的舞台，为艺术教育的专业化发展提供了强有力的物质保障。

从2003年开始，我校不断改善艺术办学条件，增设各类设施。除已有的上课教室外，2004年，高中部建成了艺体中心；2010年，建成高中部特色画室、美术专用图书室、美术作品展馆；2013 年，青少年活动中心投入使用，开辟了多个社团专用活动室，如电声乐队排练室、舞蹈排练室、民族器乐排练室等；2014 年，义务部综合音乐大厅落成，除了承接各类大型文艺展演活动，该音乐厅可作为学校管乐团、合唱团、话剧社等团队排练活动的场所，全年开放使用；2015 年，华山中学武术基地、跆拳道基地、健身基地等也陆续建成。现有各类专业训练场馆 47 间，总面积为 65 063.27 平方米，可同时容纳 3 000 名学生参加活动。

附表：

2016—2017 第一学期华山中学校级社团登记表

序号	学科	教师学段	负责人	社团名称	学生年级	上课时间	上课地点
1	美术	小学	高亚娜	"创意水粉"社团	三、四	周一、周二	中学 506
2			高亚娜	"创意水粉"社团	五、六	周五	中学 506
3			雷哲	书法社团	五、六	周五	小学 503
			张志杰	科幻画社团	三、四	周三、周四	小学 502
4			张志杰	科幻画社团	五、六	周五	小学 502
5			黄华	国画社团	二、三、四	周一、周二	小学五楼
6			黄华	国画社团	五、六	周五	小学五楼
7			袁玉婷	彩墨画社团	二、四	周一至周四	小学 507
8			付雁斌	摄影社团	五、六	周五	小学 504、D01 室、户外
9							
10			肖璐瑶	剪纸手工社团	五、六	周五	中学 508
11		初中	刘全舟	插画社团	七、八	周五	中学 404
12		高中	邹平	美术社团	高一、高二	周二、周五	体育馆四楼画室
13			朱高亮	书法社团	高一	周五	体育馆四楼
14			张任远	版画社团	高一、高二	周二、周五	教学楼地下室 104

艺术课程：重要的是艺

序号	学科	教师学段	负责人	社团名称	学生年级	上课时间	上课地点
15			余凌艳	舞蹈社团	一	周一、周二	小学四楼
16			范凌波	器乐社团古筝班	五、六	周五	小学地下室
17			牟方莲	器乐社团钢琴班	五、六	周五	小学地下室
18			牟方莲	合唱团节奏韵律课、基本乐理和听音视唱练耳	合唱团（低段）	周一至周四	小学地下室 D02
19			杜疆	管乐团	一至六	周一至周日	管乐训练场
20			唐栋天	"华山好声音"艺术社团	二、三、四	周一	音乐厅
21	音乐	小学	唐栋天、张英	"华山好声音"艺术社团	五、六	周五	音乐厅
22			徐芝静	舞蹈社团	五、六	周五	中学 520
23			孙楠	合唱团	一至六	周一至周五2大课间、周一至周四	中学 413
24			张英	合唱团声乐指导	合唱团（中段）	周一大课间	中学 413
25			张英	合唱团声乐指导	合唱团（低段）	周二下午第3节	中学 413
26			胡沛沛	合唱团键盘器乐课	合唱团学生	周一至周五2大课间、周五	中学 507
27			王小龙	舞艺舞蹈团	一、二、三、四	周一至周四	小学地下室
28			董显	舞艺舞蹈团	舞艺（小班）	周三、周四	小学四楼

序号	学科	教师学段	负责人	社团名称	学生年级	上课时间	上课地点
29			黄晓寒	舞艺舞蹈团	七、八	周五	中学420
30			马骏斐	管乐团行进打击乐	管乐团学生	周一至周日	管乐训练场
31		初中	马骏斐	管乐团音乐基础与视唱练耳	管乐团学生	周一至周日	管乐训练场
32			张益民	声乐社团	七	周一	中学503
33			张益民	声乐社团	八	周五	中学503
34	音乐		孙楠、韩霞	合唱团	高一、高二	周五、周二	教学楼地下室音乐教室
35			杜疆	管乐团	高一、高二	周五、周二	青少年活动中心108
36			李泓伯	翻唱社	高一、高二	周五、周二	青少年活动中心205
37		高中	蒋欣然	电声乐社	高一、高二	周五、周二	青少年活动中心104
38			张婧	女子舞蹈团	高一、高二	周五、周二	青少年活动中心一楼形体教室
39			李天鹏	男子舞蹈团	高一、高二	周五、周二	青少年活动中心三楼形体教室
40			张醒龙	曳步舞社团	高一、高二	周五、周二	体育馆
41			杨文瑞	吉他社团	高一、高二	周五、周二	青少年活动中心105、106

艺术课程：重要的是艺

序号	学科	教师学段	负责人	社团名称	学生年级	上课时间	上课地点
42			汪洋	小学田径训练队	一、二、三、四	周一至周四第4节	操场
43			马新梅	"绳彩飞扬"社团	二、三、四	周三、周四	中学楼前
44			马新梅	"绳彩飞扬"社团	五、六	周五	中学楼前
45			钱欣欣	武术社团	二、三、四、五	周一至周四	中学楼地下室武术训练基地
46			安惠民	羽毛球社团	五、六	周五	中学楼地下室羽毛球训练场地
47		小学	赵飞	篮球社团	五、六	周一至周四第4节、周五	操场
48			马传明	跆拳道社团	一、二、三、四	周一至周四	中学楼地下室跆拳道训练基地
49	体育		马传明	初中田径训练队	五、六	周五、周六	操场
50			金绪茂	花式篮球社团	一、二、三、四	周三	操场
51			金绪茂	花式篮球社团	五、六	周五	操场
52			吴德强	足球社团	三、四	周一至周四	操场
53			李强	足球社团	七、八	周五	操场
54		初中	鞠敏	足球训练队	七、八	周一至周五	操场
55			郑平新	乒乓球社团	七、八	周五	中学楼地下室乒乓球训练基地
56			张成勇	排球社团	高一、高二	周二、周五	排球场
57			李辛	男子篮球社团	高一、高二	周二、周五	篮球场
58		高中	石岩	女子篮球社团	高一、高二	周二、周五	篮球场
59			王廷国	足球社团	高一、高二	周二、周五	田径场
60			李胜利	乒乓球社团	高一、高二	周二、周五	体育馆地下室

第三节　艺术放光彩，课程显效果

　　通过对艺术课程的重新构建，经过连续几年的实施和改进，华山中学艺术课程门类逐渐丰富，课程内容渐成特色，艺术社团数目和参加人数成倍增长，各种艺术、体育活动遍地开花，社会实践活动形式和内容日趋多样。付出终会有回报，近年来，华山中学艺术教育也取得了累累硕果。

一、中考艺术成绩稳步提升

　　借助"玩在华山"模式的成功推行，华山中学艺术类中考成绩实现了质的飞跃。在全师 23 所学校大约 2200 名考生的艺术统考中，我校音乐成绩连续三年名列前五，美术成绩更是取得了大幅提升，2016 年上升到了第六。华山中学普惠性艺体教学和丰富的艺术课程实践已经呈现出良好的发展态势。

二、高考艺术类考生上线率连年攀升

　　在学校对艺术教育的大力倡导及努力践行下，华山中学的高考美术教育也取得了突破性进展。2014 年，华山中学 15 名美术类考生专业、文化成绩全部达到零批次录取线，其中张韵璇、张晨、王雪瞳三人考入四川美术学院。2015 年，美术高考取得质的突破，时艳艳同学考入清华大学，淡雅兰、马莉、蒋若涵、刘帆、徐娅宁、杨逸萍等八名同学考入中央美术学院，戴龙泉、刘靖宇两位同学考入中国美术学院。考入国内这三所美术顶尖院校的人数占全体美术生人数的 39％。另外，魏可晴、孙玲两位同学考入四川美术学院。华山中学美术高考以优异的成绩在这一年摘得全新疆第一。2016 年，华山中学美术高考再次以全新疆第一的排名取得辉煌成绩，并在去年的基础上更上一个台阶。在全部

15 名美术类考生中，弋语可和李新钰二人被清华大学美术学院录取。王一宁、李钰颖、魏心怡三人被中央美术学院录取。黄旭燕、欧阳紫薇、孙一嘉三人被中国美术学院录取。这样，我校被清华大学、中央美术学院、中国美术学院这三大国内顶级美术学院录取的学生达 8 人，占总人数的 53%。录取人数连续在全新疆排第一，录取比例在全国一流。

录取院校	2015 年		2016 年	
	录取人数	录取比例	录取人数	录取比例
清华大学	1	3.57%	2	13.33%
中央美院	8	28.57%	3	20.00%
中国美院	2	7.14%	3	20.00%
其他	17	60.71%	7	46.67%
总人数	28		15	

三、社团硕果累累、声誉远扬

在学校的大力支持帮扶下，在老师们的辛勤努力下，在学生的积极响应参与下，华山中学各社团都在茁壮的成长，并形成了各自的体系和特色。其中管乐团、合唱团、足球队、街舞社团、综合科考队等都已发展成为新疆内外颇具影响力的学生社团。

华山中学"楼兰号角"学生管乐团成立于 2008 年，在短短的几年中，就连续取得令人瞩目的成绩。2011 年 2 月 8 日，赴奥地利维也纳，参加中奥建交 40 周年庆典音乐会，获优秀演出奖。2011 年 10 月 28 日，在中国国家大剧院参加清华大学附中"华韵印象"民族交响音乐会。2012 年 7 月 23 日，赴韩国首尔，参加中韩建交 20 周年韩中青少年学生交流演出。2013 年和 2016 年，先后两次参加台湾桃园国际管乐节暨精英大赛，第一次取得团体铜牌，个人 2 金 3 银的成绩；时隔三年，又取得了团体银牌，个人 1 金 6 银 15 铜的好成绩。2012 年 12 月 12 日，参加新疆生产建设兵团中小学艺术展演，获器乐组金奖。2015 年 8 月赴美国波士顿大学交流演出，2017 年 1 月，将再赴美国参加西雅图管乐节。乐团还曾先后邀请到台湾著名乐团指挥林俊吉先生、北京一六六中学"金帆"管乐团李正华团长、日本著名指挥石川侨雄先生、中国国家军乐团国家一级指挥张海峰团长、中国音乐学院管弦系长笛专业陈兆荣教授、中国音乐学院指挥系钢琴艺术指导李月教授、香港著名指挥张国明先生等，来华山中学进行了多场专题讲座，并指导排练，共同演出。另外，华山中学"楼兰号角"管乐团还与北京一六六中学的"金帆"乐团建立友好联盟。

华山中学童声合唱团，虽成立才几年，但同样取得了非凡的成绩，几次参加全国大赛获得奖项。曾先后邀请国家一级作曲、指挥家郭志强，新疆合唱学会理事黄小刚，国家一级指挥孟大鹏，中国高等教育学会音乐教育专业委员会副理事长任保平，中国合唱协会常务理事陈国权，中国音协合唱联盟青少部主任徐德昌等，亲临我校，对合唱团进行指导交流。合唱团积极组织各类大型音乐会。邀请 24 团中学、28 团中学、33 团中学、38 团中学、库尔勒市二小、市四小、市三中、市四中、市实验中学，来华山中学参加"共同的梦想"新年合唱音乐会。参加各类大型合唱比赛，作为新疆唯一学生合唱团赴京参加全国合唱大赛。2014 年，赴北京参加第十二届中国国际合唱节，获得童声组优秀表演奖。2016 年，赴韩国参加第一届韩中国际合唱节，获得少儿组银奖的佳绩。

华山中学街舞社团一举夺得全新疆中学生广场舞和街舞大赛两项第一。

多年来，华山中学的艺术社团已形成梯队建设、严格管理。社团有计划、总结、反思、备赛、参赛方案。各社团多次参加师、市、区艺术节比赛屡获殊荣，积极参加国内外各种交流和比赛，促进文化交流，也展示了边疆青少年良好的精神风貌和较强的综合素养。现在学校艺术社团已形成"一枝独秀不是春，百花齐放春满园"的艺术氛围。

四、师资队伍初见效

优秀师资队伍是学校发展的根基，也是学校发展的根本内涵。学校艺体教师队伍建设水平的高低，也决定着学校艺体教育质量的好坏。华山中学在强化艺体教育的同时，狠抓艺体教师队伍建设，不断提高教育质量，促进了学校的健康发展。

我校艺术教师队伍现状：

一是教师年龄结构合理，不断注入新鲜血液。

目前，我校共有艺体类教师 57 人，其中专职体育教师 26 人，专职音乐教师 11 人，专职美术教师 12 人，专职舞蹈、形体教师 8 人，占学校教师总数的 11％，其中 35 岁及以下 39 人，36 岁至 45 岁 13 人，46 岁以上 5 人。从年龄结构可以看出，我校的艺术教师队伍年龄结构适中，且趋于年轻化，是一支充满活力的教师队伍。

二是教师学历达标，专业技能过硬。

华山中学摒弃以往教师兼职艺术课程的做法，要求艺术教师必须是专业科班优秀毕业生，坚持多年在全新疆乃至全国吸纳优秀的艺术教师。现已全部实现专人专职，并且要求艺体教师在完成基本的教学任务后，每人必须开设一门到两门校本课程。

三是狠抓课题研究，提高艺术教育的水平。

华山中学提出了创建教育研究型优质学校的发展目标，号召艺术教师积极参与学校各级课题研究，深入进行课堂教学研讨，关注校本课程研发，将提高课堂教学质量和活动育人能力作为提升学校艺术教育水平的重要途径。

近三年来，华山中学艺体科教类教师在国家级、省级、师级、校级等报刊上发表论文 66 篇，共有 83 名教师先后在国家级、省级、地州级各种比赛中获奖，其中荣获国家级奖项的数量达到 76 次、省级达 90 次、地州级达 74 次，获奖总次数多达 240 余次。

通过扎实开展艺术教育工作，我们突破了传统教学的束缚，充分调动了领导、教师、学生、家长的积极性，这种"以人为本"的育人理念和不拘一格培养学生技能的人才观念的变化，充分唤醒了学生的自我意识，把学校看作是学生弘扬个性、凸现主体、焕发活力、体现价值的场所。以课程设计为核心观的变化，进行各学科之间的有序整合，课程没有主次之分，每一门课程都是全面实施素质教育的重要一环。丰富生动的艺体课程活动，突出了学生在艺体教育活动中快乐成长的主体地位。艺体教育的蓬勃开展，促进了学校的稳步发展，提升了办学品位，加快了校园文化建设，产生了良好的品牌效应，显著扩大了华山中学在全新疆的影响力。

第四节　我们的骄傲与自豪

一、异彩纷呈的艺术节——想象与惊叹的盛宴

为丰富学生校园文化生活，大胆培养学生的创新精神、自主意识，彰显个性，提高学生的艺术感知、鉴赏能力，在华山中学艺体科教中心的组织下，学校各部门全力配合，到目前为止，华山中学高中部已举办了 10 届学生社团艺术节。在艺术节期间，社团课作为重点内容进行展示，既有本校老师开设的课程，也有家长、社会专业人士等担任辅导员的课程，更有学生自主开展的活动项目。学校鼓励学生自己申报社团，在校团委的指导下，独立进行社团的运行和管理。对于高年级学生的社团，学校更侧重于研究性的课程开发，引导学生能以思辨、研究的视角，正确地看待知识、看待艺术、看待社会、看待世界。高中部还成立

了社团发展研究小组，不断开拓创新，鼓励和促进学生原创社团的健康发展，增强中学生自我教育、自我管理、自我服务的能力和创新、创造、创业意识，推动学生全面发展。一个个学生社团就好似一个个迷你的"小社会"，为培养学生的沟通表达力、团队合作的协调配合力、迎接挑战百折不挠的意志力、面对得失宠辱不惊的自制力、对待新鲜事物的接受力等，都创造了良好的发展契机。

华山中学义务部自 2003 年以来，已举办了 14 届校园艺术节，一届比一届强。尤其在学校凝练出"才丰似华，德厚如山"的校训指引下，在"玩在华山"课程建构模式下，学生们真正玩出了高雅，玩出了品味，玩出了快乐，玩出了精彩。华山学子在玩中提高了艺术素养，在玩中挖掘了艺术潜力，在玩中发挥了个性特长。艺术节届届有惊喜、回回有创新、年年盼到来。"我的舞台我做主"，激情洋溢的朗诵、惟妙惟肖的课本剧展演、精心创意的时装秀、想象奇特的 T 台秀，各个兴致高昂、个性突出；"唯舞独尊"的街舞大赛、优美空灵的合唱音乐会、激情欢快的管乐音乐会、整齐壮观的团体操，各个自信大方、神采飞扬；软陶、国画、版画、书法、油画、水粉的多彩画展，带给学生一场场视觉上的饕餮盛宴。

二、自主管理运动会——自主与创新并举

华山中学着眼于培养"才丰似华、德厚如山"的"大写之人"，特别注重学生自我管理、自我服务、自我教育、自我发展能力的培养。在学校的美育过程中，更注重的是学生能力的获得，人生修养的提升。作为基础教育支撑的中小学教育，其核心价值在于为每个学生的人生架构一个知识的"底板"，并铺就一层道德的"底色"。每一个学生，走出校园，步入社会，就是在这个知识"底板"和道德"底色"上，去描绘和成就属于自己的那份"多彩"人生。所以，我们更加注重艺术课程中

"自主教育""创新意识"的培养。在学校提供的诸多课程、众多社团中，无论是社团汇报、艺术节展演，还是篮球联赛、大型文艺晚会等，从策划、组织到服务、评比，都由学生自主创新，实施自主管理，使得大批学生得到了锻炼。

高中部校区每年四月份、九月份分别举办全校春季、秋季运动会。四月份以"春季创意运动会"为主题，展开以球类为主的学生运动会，在运动会开幕入场仪式上，学生们全情投入，展开想象，围绕主题大胆创意，形成了一个个诠释体育精神、具有班级特色的精彩节目，这项活动已成为华山学子每年最期待的班级艺术展示项目之一；九月秋季田径运动会，学生们依据所长，尽情绽放体育之美。尤其值得一提的是，高中部有四个年级（含初三年级），每届运动会总参与人数达 3 500 多人，参加比赛项目的学生达 1 500 多人，担任运动会裁判工作的学生有 100 人，另外还有负责宣传、广播、卫生、治安、考核等志愿者学生 50 人，为期 3 天。如此规模的大型运动会，从策划到组织，从项目安排到报名编号，从划分场地到准备器材，从裁判培训到志愿服务，从开幕式到闭幕式，全部都由学生自行组织管理，让学生真正成为运动会的主人！连续多年，运动会开得有章有法、有板有眼、有声有色，井然有序。

3 500 多名华山学生自己举办运动会，再一次启示我们的教育管理者：只要我们给学生足够的信任，充分的自主权，学生身上的潜能会得到惊人的释放；只要我们给孩子们搭建合适的平台，学生们会演绎出精彩的大戏；只要我们手中的"线"放一放，学生们会飞得更快、更高、更远。

三、十二年美术教育贯通改革探索

华山中学是一所规模较大的十二年一贯制学校，各学段师生人数和教学资源的分布都比较均衡。随着近年来学校艺术课程整合和普及的效果逐渐显现，艺体科教中心的教师们正在思考和探索进一步深化教学改革的方式和路径。其中，美术组提出了将十二年美术课程进行全贯通的改革思路，并对课程内容和教学方式进行了大胆创新，并已经初见成效。在此，我们将其作为案例进行框架展示。

华山中学十二年一贯制美术课程贯通式改革方案

——美术教师自我觉醒之路

（2015 年 12 月）

一、美术学科教学改革的背景

二、华山中学美术学科教学目前存在的问题及解决方案

三、美术学科教学改革的原则

四、美术学科教学改革设计方案

五、急需解决的问题

六、改革效果预期及跟踪评价

七、如何分阶段评价改革效果

此次美术教学改革方案动及全身，旨在发挥每一位美术教师的优势，调动每一位美术教师的工作热情，为学生营造一个全面学习、实践美术学科的校内学习生态环境。因牵扯面较大，无疑是在原本平静的湖面上丢进一个大石头，也许起初会让部分老师觉得不适应，也许会给一些学校相关部门增加麻烦。但我们觉得只要这次改革的方向是对的，对学生的成长、对老师的发展有利，就应该排除万难，力推改革。这条改革的路上虽没参照，只要有学校领导的大力支持、有学校各部门的大力支持，相信我们一定可以走出一条属于华山中学的美术教学创新之路，一定可以实践出一条更为全面诠释"玩在华山"教育模式的美术教学之路。

时至今日，回头看看在华山中学走过的教育之路，是满满的幸福和

沉甸甸的收获。我从一个懵懵懂懂的青年教师成长为一个能够有所作为、对学校发展有益的中年教师，积蓄的过程中有领导的宽容、同事的帮助、学生的努力。有磨砺才会有收获，苦乐相伴、来之不易，今天回头拾起这一路走过的，着实是奠定我们成熟的美术教学课程体系及丰富的专业教学经验的坚实基础。

我们在培养美术特长生的起始阶段由于缺少对美术专业高考的正确认知及教学经验，在课程编排和实施上缺乏针对性和实效性，加之在招生策略上只重专业能力的错误认识，导致学生素质不高，自我管理能力低下，专业教师也缺乏相应的管理经验，所以在整个学校中，美术生就是差下生的代名词。2009 年，第一届美术毕业生没有考入美院的，这个结果让我们警醒、让我们反思。我们认真完整地审视首轮三年教学中的所有细节。我们仔细分析了学生因素、课程因素、管理因素，竭力联系各友好学校，横向比较，寻找差异。痛定思痛，开始推进美术特长生教育的改革尝试。方向比努力更重要。我们把华山中学美术教育重新定位为：高起点、高质量、高成效。学校取消美术特长班，充分利用学生对美术的兴趣，吸纳爱好美术的学生强化特长，并要求他们在学习、生活各方面具有引领、示范、榜样作用，使美术特长生成为活跃校园文化生活的中坚力量。彻底颠覆学习不好就去学美术找出路的思路和做法，彻底转变美术特长生在老师和同学中的不良印象。"走出去、请进来"，让我们不断改变、微调课程体系、管理模式，教学内容和方法都有了可靠的依据。我们现在已经从重教学结果顺利转变到重教学过程，并能够清晰地抓住教学过程中每一个节点的核心。"以不变应万变，以无招胜有招"已经成为我们课程体系的核心思想，做足每一个细节，经过三年的不断积累，成绩的提升自然会水到渠成。

十年磨砺成剑。美术学科的本质是"美育"，美术学科的精神是"真、善、美"，华山中学美术特长生教育培养取得的成绩，不能掩盖华山中学常规美术课堂教学的光彩，只能是常规美术课堂教学一个方面的成绩表现。相信我们大力推行、践行的华山中学美术课程改革，一定会让我校的美术课堂教学处处焕发生机、硕果累累。打造出独具华山中学特点的美术学科金字塔结构的教育教学课程框架体系。

学，然后知不足；行，而后知道远。

共勉于我今后的教学之路。

第五节　未来与思考

科学发展的前提是科学决策，用科学的决策制度引领科学发展。华山中学从沉痛的教训和反思中走出来，顶住压力，砥砺前行，虽然艰辛，但也取得了一定的成效，办学成绩得到了社会各界的高度肯定和称赞，这让华山人看到了希望，坚定了信心！然而，发展要进一步向前推进，还有一些深层次的问题和矛盾亟待破解。

一、体制和机制的制约

毋庸讳言，各种体制性的束缚和机制化的约束，是当前学校发展改革所面临的最主要的共性问题。

在宏观方面，以行政化为主要特征的教育管理体制，在很大程度上遏制了学校的创新驱动，各个学校必须听命于教育行政部门的统一管理和严格调度，难以真正获得办学自主权，外行指挥内行的情况屡见不鲜。同时以高考成绩论成败的学校评价体制改革进展缓慢，学校教育活动被迫围绕升学率展开的局面，并没有得到根本扭转。另外，中小学校还依旧被视为是政府行政管理的一个基本单位，不得不为此承担诸多与教育活动不相干的社会事务，"婆婆"众多，疲于应付，不堪重负。

在微观方面，学校内部的管理机制同样呈现出浓厚的行政化特点，过时的不合理的部门设置和因之而生的管理掣肘普遍存在，落后的制度观念，因人而治的思想表现还是十分突出，这些都严重影响着学校的管理效率。同时，"教而优则仕"的观念仍然富有吸引力，教师的专业优势和学术地位还没有得到有效确立和普遍认同，教师的职业幸福感难以谈起。华山中学的领导和教师对诸如此类的制约感触颇深，而且多少显得有些无奈。随着学校改革的不断深化，这方面的压力也就越发明显。

正因为如此，华山人对体制性的问题始终给予高度关注，以极强的政治敏锐性捕捉政治机遇，积极主动地四处游说，不厌其烦地解释沟通，毫无怨言地承担义务，从而为自身拓展出了一定的发展空间。同样，华山人对机制性的问题也特别重视，已经开始从系统性高度着手研究和调整自身的管理结构和运行机制，以求理顺各种关系，减少内部矛盾，最大限度地保证在学校内部形成教育发展的合力。

然而，要想真正有效突破体制和机制的制约依旧十分困难，这在很大程度上已经远远超出了一所学校自身的能力。尽管如此，正如校长邱成国所言："单纯指责体制的弊端是没有用的，简单的'等靠要'也是没有希望的。只有在理想与现实之间寻求妥协，立足实际，主动出击，尝试创新，影响变革，担当责任，才能获得机会，才能赢得重视。"他的话道出了华山中学发展进步的缘由。

二、资源的稀缺与流失

教育资源的稀缺与流失已经成为影响当前基础教育均衡发展的主要原因之一。地处南疆少数民族聚居区的华山中学对此感受尤为强烈。

多年来，办学经费短缺、技术设备落后、信息交流不畅、优秀师资难求、生源基数偏小、学生起点较低、优质生流失严重等问题一直困扰着华山中学。时至今日，尽管国家不断加大对南疆地区的教育投入，但这些问题尚未得到根本好转。反之，由于南疆社会的稳定问题日趋严峻，甚至出现了生源和师资加速流失的不利现象。

对此，我校的领导和教师也有比较清醒的认识，资源的稀缺在很大程度上具有客观性，资源的流失也有一定的合理性，怨天尤人也没有任何意义，唯一正确的态度就是直面现实，做好自身定位，扎扎实实发展自己，按照教育规律办事，办出特色，才能赢得理解和关注。

正是基于这样的思路，华山人把内涵式发展视为学校生存的根本，多角度自我充实，全方位自我提升，不贪图虚名，以实力说话，并且不遗余力地承担社会责任，耐心细致地做好与家长群体的深入沟通，最终形成了良好口碑，争取并稳定住了自身发展的资源基础。

尽管学校对这方面的艰苦付出感慨颇多，但始终认为自己只是为数不多的幸运儿。联想到改革的艰辛与不易，我们对那些依旧饱受资源稀缺和流失之苦的众多薄弱学校充满理解，在发自内心地给予帮扶和呼吁更多优质学校关注教育均衡的同时，更热切期待国家能够出台更多具有实效和针对性的政策，以有效缓解资源稀缺和流失所造成的不利影响。

三、人才队伍建设滞后

学校人才队伍既包含教师队伍，也包含管理队伍，只有将这两支队伍都建设好，才能保障学校整体工作的不断进步。事实上，像我校这样地处西部边远地区的学校，在人才队伍建设方面始终面临着各种各样的困境。

人才队伍建设滞后一直是大家看在眼里、急在心头、却很难见效的问题。一方面，当前中小学校的教师主体基本来源于各地师范院校，但我国师范教育水平的参差不齐和整体上比较落后的状况，决定了由师范院校毕业生占主体的中小学校教师队伍的起点相对较低。

这种情况在我校表现得非常突出。学校中、老年教师当中，相当一部分是过去的师范类中专生和大专生，青年教师则主要是新疆本地师范院校毕业生。内地师范院校，特别是名牌师范院校的毕业生几乎是凤毛麟角。即使到了今天，我校也很难招到一流大学的毕业生，更不用说更高学历的优秀师资。

另一方面，由于目前还缺少专门针对中小学校管理人才的培养体系，学校的管理人员基本都是从教师队伍转岗而来，因此，低起点的教师队伍也就决定了低起点的学校管理队伍。我们对自身人才队伍建设滞后的状况有着清醒的认识。一方面积极争取各种优惠政策，千方百计创造条件，做好服务，尽力吸引高素质的人才落户华山。另一方面，将更大的精力放在对自身既有队伍整体能力和水平的不断强化和提升方面，采取"先天不足后天来补"的策略，坚持不懈地开展全员培训，使得师资队伍建设不断向前推进。即便如此，与自治区发达地区学校和内地学校相比，我校的人才队伍建设滞后的状况还没有根本改变，人才建设依旧任重而道远。

为此，华山人在不断苦练内功的同时，衷心期盼国家能够进一步统筹规划，在人才政策上予以西部边远地区学校更多的倾斜。为了守住西部热土，培育一方英才，传播优秀文化，学校不仅要为学生的成长奠定基础，而且也应该成为边疆稳定和社会安宁的基础。

第五章 成人之美

——吴兴高级中学艺术教育

第一节 高中艺术课程的定位思考

一、艺术课程的性质和价值

艺术课程作为义务教育阶段学生的必修课程，对学生的人格成长、情感陶冶以及智能的提高等具有重要价值。艺术课程综合了音乐、美术、戏剧、舞蹈以及影视、书法、篆刻等艺术形式和表现手段，对学生的生活、情感、文化素养和科学认识等产生直接与间接的影响。艺术课程不是各门艺术学科知识技能数量的简单相加，而是综合发展学生多方面的艺术能力；艺术课程也不仅仅是培养学生的艺术能力，同时还培养学生的整合创新、开拓贯通和跨域转换的多种能力，促进人的全面发展。概括起来，艺术课程具有如下性质和价值。

（一）课程性质

1. 人文性

艺术课程是一种人文性课程，它不再把艺术视为单纯的消遣娱乐或单纯的技艺，而是把它视为人类文化的积淀和人类想象力与创造力的结晶，具有极高的人文价值。艺术记录着不同时代的文明，凝聚着浓厚的人文精神，闪烁着人类的智慧。艺术课程用艺术的感人形式、丰富内容和深刻的人文内涵，打动学生的心灵，接近学生的生活，表达学生的情感和文化追求。

2. 综合性

艺术课程是一门综合性的课程。它不仅仅是某一门艺术学科的知识、创作技能、文化背景、风格流派等内容的综合，还是音乐、美术、戏剧、舞蹈、影视等多种艺术学科的综合以及艺术学科与其他学科的综合，是一门在课程目标、课程结构、课程内容上探求综合性改革的新型课程。

3. 创造性

艺术课程涉及的各种创意、设计、制作、表达、交流以及多视角的连接和转换，为学生提供了创造性解决问题和发挥其艺术潜能的机会，赋予他们表达自我和发挥想象力的空间，艺术课程是一门具有创造性的课程。

4. 愉悦性

艺术课程在大量充满情趣的个人或集体的创造、表演、欣赏、交流、评价等活动中，为学生提供丰富的感性材料和信息，使学生尽情、自由地参与多种艺术活动，体验艺术学习的快乐和满足，获得身心的和谐发展。

5. 经典性

艺术课程将古今中外一切经典性的文化艺术遗产，自然地融入课堂教学，成为学生成长的文化养分。接触经典艺术有利于培养学生健康、高尚的艺术品位，使他们知道艺术在人类发展史上以及在不同国家、民族文化环境中的价值。这些方面的探求和学习，会不断增加和保持学生学习的动力，激发学生的兴趣。

（二）课程价值

1. 创造美、鉴赏美的价值

艺术课程重视学生在艺术学习中创造美和鉴赏美的实践，通过音乐、美术、戏剧、舞蹈、影视等艺术学科的综合与联系，使学生的艺术经验不断得到丰富和升华，获得感受美、创造美、鉴赏美的能力和健康的审美情趣。

2. 情感价值

艺术课程为学生提供多角度、多方面、多渠道的情感体验，学生有机会选择自己喜爱的方式进行自我表达和交流，使情感得到丰富，达到人格的提升和心灵的净化。

3. 智能价值

艺术课程通过各类艺术的综合和联系，全面培养学生的视觉能力、听觉能力、动作协调能力、语言表达能力、认识自我和适应环境的能力。在艺术涉及的联想、推理、分析、综合等活动中，学生的形象思维和科学思维得到协调发展，智力和创新能力得到不断提高。

4. 文化价值

艺术课程使学生有机会接触丰富的艺术信息，认识和理解本民族与世界各地艺术的历史、文化意蕴，感受其特色，形成对本民族文化的认同、热爱和对多元文化的尊重，参与文化的传承与发展。

5. 应用价值

学生在艺术课程中获得的艺术能力和经验，使学生毕生受益，使他们的生活变得丰富多彩、富有情趣，使他们的工作和学习变得更有效率和更富创造性。

二、艺术课程的目标定位

艺术课程是基础教育阶段的课程，它的目标定位着眼于使孩子们从小喜爱艺术，为他们终身学习艺术、享受艺术奠定良好的基础。随着科学技术信息时代的到来，视觉形象和声音形象进入世界的各个角落，追踪普通人生活的每时每刻，那么，基础教育阶段的艺术课程目标必须立足于学生完整人格的发展。

艺术课程的总目标是：通过各学段的学习，不断获得基本的艺术知识技能以及艺术的感知与欣赏、表现与创造、反思与评价、交流与合作等方面的艺术能力，提高生活情趣，形成尊重、关怀、友善、分享等品质，塑造健全人格，使艺术能力和人文素养得到整合发展。

（一）艺术与生活

艺术课程要从不同角度引导学生理解艺术源于生活又高于生活的特点，逐步使学生运用自己喜爱的艺术手段反映生活和表现生活，扩展生活的经验，领悟生活的意义和价值。学生要学会感受美、表现美、鉴赏美和创造美，让自己的生活方式艺术化，并充满生活的情趣，提高生活质量。

学生通过对自然和社会生活的观察，认识艺术的要素和组织原理，在艺术活动中不断加深对生活的认识，拓展生活经验，学会体验生活的乐趣，在生活经验和艺术经验的相互作用与转换中，获得用艺术的方式表现和美化生活的能力。

（二）艺术与情感

在艺术课程中，教师要引导学生学习运用基本的艺术技能，创造性地表达、交流自己的情感和思想。艺术是人类的精神生活的创造性表现，任何艺术形象都包含着特定的情感和思想信息。教师要引导学生通过感受艺术，体验人类丰富的情感和思想，这对于丰富学生的精神世界、净化心灵，陶冶情操、培养积极乐观的生活态度等，都具有突出重要的作用。素质教育需要培养学生全面发展，尤其是对于艺术之美的感知与经验的建构。艺术是审美的教育，综合的艺术教育特别有助于学生的身心发展。

第二节　吴兴高级中学艺术课程体系的构建

马利坦说："教育的主要目的，在最广泛的意义上就是'塑造人'，或者更确切地说，帮助儿童成为充分成型和完善发展的人。"

我们认为，教育就是发展，就是要让人性中固有的那些美好的禀赋依次生长出来，并不断丰满起来。好的教育就是给它们创造良好的环境，让它们生长。

人是发展的核心，我们追求的是人的全面发展与社会发展的统一。社会的可持续发展，基础在于人的可持续发展。就教育而言，实现学生的全面和谐发展是"以生为本"的教育理念的终极目标。

因此，教育就应为学生的全面和谐发展提供"发展的源泉、动力和永不枯竭的持续后劲"，也就是要使学生具备全面和谐发展的基本能力和生存智慧，而基础教育作为学校教育的重要基础部分，更应着眼于学生终身的全面和谐发展。

作为基础教育阶段的艺术教育课程，正是实现学生全面和谐发展所不可或缺的课程门类。

艺术教育不是单纯的艺术知识传授与艺术技能培养，而是一种提高学生智力和智慧，培养学生审美能力、创造能力、合作意识和个性，帮助学生初步形成正确的世界观、人生观、价值观的教育，在开发学生潜能、促进学生素质全面发展中起着非常重要的作用。

艺术教育在中学教育中是其他任何教育无法替代的。没有艺术的教育是不完整的教育；没有艺术滋养的教育，是残缺的教育；缺少艺术陪伴的人生，是干瘪无味的人生。学校作为学生教育的最主要场所，有责任对学生开展正确、完整的艺术教育。

高中艺术教育的健康发展，离不开家庭教育和社会教育的通力配合，更离不开良好的社会机制，尤其是要切实改变中学教育的评价方式及艺术学分修习方式，构建符合新课程改革的评价体系。

一、吴兴高级中学艺术课程体系构建的背景

高中艺术教育课程的开发与构建是社会生活对艺术人才的需求，是学生自身成长的需求，是学校内涵发展的需求，还是教育规律的需求，更是全球化发展趋势的需求。

（一）新课程改革的时代趋势

2010 年 5 月《国家中长期教育改革和发展规划纲要（2010—2020年)》强调：推动普通高中多样化发展，旨在促进办学体制多样化，扩大优质资源，推进培养模式多样化，满足不同潜质学生的发展需要，探索发现和培养创新人才的途径。

早在 2001 年，国家教育部颁发的《基础教育改革纲要（试行)》中就鲜明地提到"普通高中课程标准应在坚持使学生普遍达到基本要求的前提下，有一定的层次性和选择性，并开设选修课程，以利于学生获得更多的选择和发展的机会，为培养学生的生存能力、实践能力和创造能力打下良好的基础"。

国家新一轮教育改革的指向就是要鼓励普通高中办出特色——"创特色学校"。2012 年秋季，浙江省开始实施《浙江省深化普通高中课程改革方案》，全面启动深化普通高中课程改革，重点"加强选修课程建设，开发开设各类选修课程"。根据方案，"2015 年，在普通高中学校全面建成具有自身特色，基本满足学生多样化选择学习的课程体系。"

课改新方案的最重要内容就是大幅度提高高中选修课比例。选修课分知识拓展、职业技能、兴趣特长、社会实践四大类，学校可根据本校本地区实际设置选修课程。必修课学分从 116 分减至 96 分，选修课学

分从 28 分增至 48 分。

艺术课程：重要的是艺

艺术学科是这次高中新课程改革实施的关键所在，是最能够体现新课程改革实施精神的地方。以往在常规教学的高中阶段，艺术学科是被忽视的边缘学科，并且一直把初中和高中作为一个学段进行课程设置，往往受"应试教育"的影响把中学阶段作为升学的准备阶段，忽视了高中阶段学校教育独有的价值和特征。

同年，为推动浙江省普通高中多样化、特色化发展，根据《浙江省中长期教育改革和发展规划纲要（2010—2020 年)》要求，浙江省决定以创建课程特色为主要内容开展浙江省普通高中特色示范学校建设评估工作。浙江教育厅副厅长韩平说，特色示范高中，除了要有优秀且富有特色的教师团队，还要有一个让学生全面、个性发展的课程体系。但现在很多高中没有个性化发展，只看升学率。通过特色示范高中的评定，浙江想扭转高中只看升学率这一现象。

任何特色学校的创建都是以发挥本校优势，以点为突破口开始的。特色学校的发展轨迹一般是：优势项目（特色项目）—学校特色—特色学校。促进学校艺术特色办学的有效途径就是课程体系的建设。

学者在论及"特色教育"时指出："开展特色教育、接受市场检验是学校发展的必然趋势。特色教育从本质上讲就是以学校为本的教育，需要以独特而鲜明的教育哲学为理念基石，以创新的课程体系为载体。"

我们意识到，浙江省课改新方案和普通高中特色示范学校建设评估工作的启动是吴兴高级中学深入改革、趋势而为的大好时机。国家基础教育改革如此重视艺术教育，也给高中艺术教育提供了一个前所未有的探索艺术教育、参与整体改革的机会。

正是基于这样的认识，吴兴高级中学在深化课改、创办特色示范学校的过程中，针对如何寻找适合学生的教育这一问题，对培养什么人、怎样培养人、选择怎样的合适教育和选择怎样的课程作了缜密的逻辑思考，并在选修课和必修课的分类、分层教学上进行了有益的探索。

（二）学校的办学思路和发展定位

从 2001 年组建而成，到 2005 年异地搬迁，吴兴高级中学在极短的时间内迅速地完成了量的积累和扩张，紧接着新的课题摆在了吴高人的面前，怎样实现质的提升和飞跃？

创新是学校发展的核心。近年来，吴兴高级中学将创新的要求倾注于教育教学和学校管理的每一个层面。

2008 年，吴兴高级中学提出了进一步落实科学发展观，提升学校内涵，实现"三个转移"的新目标，即"传统管理向现代管理转移；规模发展向内涵发展转移；争创名校向成为名校转移"，坚持走内涵发展之路。

2009 年，学校被评为浙江省一级重点中学；2014 年，学校被评为浙江省一级特色示范高中；2015 年，学校独具特色的"一体两翼"博才教育课程体系也逐渐搭架成形。

一路走来，风风雨雨；一路走来，硕果累累。我们用 15 年时间完成了一次真正意义上的教育"突围"和自我蜕变。

我们一直在努力思考：什么是教育？基础教育的使命和责任究竟是什么？教育要培养什么样的人？教师需要什么样的教育信仰？谁需要吴兴高级中学？为什么需要吴兴高级中学？需要怎样的吴兴高级中学？

我们在思考中行动，我们在行动中提炼，逐渐理清了自己的办学理念、育人目标、办学特色，提炼出自己的精神气质。

"教育即发展，一切要以促进学生、教师、学校发展为己任"是我们吴兴高级中学一直秉承不变的理念。"博才教育"是我们实现育人目标的文化土壤。我们期待通过"博才教育"为吴高学子打好人生底色，让他们既秉承优秀的民族特质，又具有世界胸怀。建设更有品位、更有活力、更有影响力的特色示范学校不仅是学校内涵发展的需要，也是时代与社会发展的要求，也是人的多样化发展的需要。

为一所特色学校冠名不难，难的是如何使这种特色成为一种稳定的独特的学校文化，而良好的艺术教育应当是其中一块不可或缺的重要拼图。

二、吴兴高级中学艺术课程构建的理念

文化是学校的根、是学校的魂。校园有了文化，才有了发展的底蕴；校园有了艺术，才有了灵动的色彩。如果说文化是坚实的根，那么艺术教育就是绽放的绚丽花朵。

作为学生受教育的最主要场所，学校有责任对学生开展正确、完整的艺术教育，最大限度地发展学生的想象力和创造力。那些为艺术比赛获奖和为各种加分而进行的"艺术教育"都是短视的、有害的。艺术教育是面向全体学生，以提高每一个学生的艺术修养为目的的素质教育。

没有艺术素养，全面发展就无从谈起。没有真正的教育观在头脑中扎根，就不会有真正的艺术教育。

我们认为，开展艺术教育不是使学生都成为艺术家、歌唱家、画家，但可以培养一个会欣赏艺术的合格观众，可以培养健康的审美观和良好的道德情操，为他们终身学习艺术、享受艺术奠定良好的基础。

我们不能简单地把艺术教育看作一门课程，而是看作为中学阶段一个重要组织部分，看作是人生的一种经历，让每一个学生在参与中体验艺术的魅力，得到艺术的滋养，获得成功的快乐。

所以学校要对艺术教育的功能、地位以及重要性有全面、正确的认识，要坚定不移地贯彻"德、智、体、美、劳"全面发展的教育方针，要坚决杜绝那种把艺术教育看成是"可有可无""点缀""茶余饭后"的错误观念，做到艺术教育的和谐发展。

只有因势利导地开展艺术教育教学工作，让学生在学习过程中赏心

悦目，才能提高他们对艺术的兴趣和欣赏水平；只有将艺术教育与健康向上的学校文化结合起来，才能够使普通高中艺术教育沿着健康蓬勃的方向发展，才能够真正促进素质教育的实施。

因此，高中艺术教育课程的开发与建设，既要符合高中学生的特点，又要符合高中学生的审美需求；既要借鉴国外好的经验做法、填补高中艺术教育的空白，又要符合与尊重中国教育的发展趋势及规律，改变中国高中艺术教育的弱势。把现代审美中突出的艺术问题与民族艺术传统结合起来；把学生的艺术兴趣与系统的艺术知识的传授结合起来；把艺术技能与艺术创造结合起来，把活动、鉴赏和评价结合起来。通过艺术教育，真正达到培养学生健康的生活态度，提高学生的人文和艺术素养，促进学生素质全面发展。

基于对当下艺术教育的理解与思考，发展和完善学生的完整人格，为学生的终身发展打下良好的基础，是我们吴兴高级中学艺术教育的出发点，也是我校艺术课程建设的出发点。

我们意识到，良好的教育要以适合的课程为载体。要实现艺术教育的目的，发挥艺术教育的作用，就要紧密依靠学校的课程建设，特别是要探索建立以立足于学生发展为核心价值观的"博才教育"相应的课程体系和教材体系。

因此，吴兴高级中学的艺术教育课程建设，在体现国家课程与地方课程培养目标一致性的前提下，以课程体系为核心，大力开发校本课程，积极建构艺术课程。

我们始终在探索推进艺术课程体系重构的最有效的方法。根据本校的培养目标和课程资源状况，运用艺术形式和艺术方法，通过音乐、美术、书法、舞蹈等艺术途径进行课内外美育活动，设置出多样的可供学生选择、灵活安排的课程，以满足学生多样化发展的需求，培养学生自主意识、团队精神、人际交往、合作学习等能力，增强学生的社会意识，提升学生的人文科学素养。

在吴高人的教育理念下，艺术课应该平易近人，能够反映生活并与生活联系紧密，还能接近每个人的心声。艺术课应该具有青春活力，能够言说自我，反映个人内心的情感。通过艺术课，能够倾诉自己被压抑的情感和内心世界。艺术课还应该在艺术实践，艺术理论，艺术创新上不断探究和完善。

在吴高人的教育愿景中，就是通过我们特色艺术课程的构建，要让艺术教育回归本真，利用唱歌、器乐、舞蹈、绘画、摄影、制作等多种艺术手法，力图让每个学生都能通过自己擅长的方式参与其中，获得认识自我、表现自我的机会；引导他们以审美的眼光发现和把握世界，真正去感知艺术、学习艺术、了解艺术以及发现艺术的美，引领学生开展感知、体验、想象、欣赏、表现、表演等艺术活动，以艺术的方式丰富自己，放飞心智，体验成功。

三、吴兴高级中学艺术课程构建的目标和原则

我们认为，有怎样的课程才会有怎样的学生，要培养我们期望的学生就要设置目标明确、分工合理、评价完善的课程。课程目标就规定了不同领域的课程对于学生发展的作用，阐明了各领域目标间的相互关系，通过不同的学科或各种课去完成。

所以，理清艺术课程的目标是学校管理者的首要任务。

新课改主要体现以人为本、以学生发展为中心，强调创新精神和实践能力，定位在"人"的发展上。因而，我校的艺术课程必须要着眼于学生的发展，立足于面向全体学生，使学生在不断的学习中，充分发挥个性，提高学习兴趣，培养学生的创新精神和实践能力。

课程设计要着眼于学生的发展，这是课程价值取向的定位问题。未来的发展方向是否正确，前提是现在的定位是否准确。

基于艺术教育本身的特点、新课改的时代趋势、学校的发展定位以及我校对艺术教育和艺术课程构建的思考，吴兴高级中学艺术课程构建的目标就是：满足不同潜质学生的需求，发展和完善学生的完整人格，为学生的终身发展打下良好的基础。

为了实现该目标定位，我们遵循并坚持了以下几项原则：

（一）一切以学生发展为本的原则

新课程的最高宗旨和核心理念就是"一切为了每一位学生的发展"。我国相关教育法规、文件界定的普高任务之一是：为高等学校输送合格新生。教育部颁布的《普通高中课程方案（实验）》指出："普通高中教育是在九年义务教育基础上进一步提高国民素质、面向大众的基础教育。普通高中教育为学生的终身发展奠定基础。"可见，学校肩负着"升学"任务，同时肩负着"为其终身发展奠基"的任务。因此，学校在进行艺术课程体系的研发与构建时，除了考虑其直观可见的升学，必须顾及延续性发展的"终身奠基"的双重任务。

校本课程的开发，最根本的目的是学生的发展需要，即教育部《基础教育课程改革纲要》中指出的"学生的适应性"。无论是学校的办学理念、特色优势、教师特长，还是所在地的社区经济、社会发展需要及人文自然现象，都必须以是否符合学生发展需要这一根本宗旨来选择、来开发，要通过符合学生身心特点来实施。

因此，艺术课程的构建要从学生的实际出发，根据学生的最近发展区别确定课程目标，考虑学生的需求、兴趣、能力进行设置课程内容，充分发挥课程的育人功能，使每一个学生的艺术潜能都获得充分发展。

（二）独特性和互补性相结合的原则

国家、地方和校本这三级课程是基础教育阶段课程的一个整体，它们有着共同的培养目标，在不同的层面实现不同的课程价值、承担着不同的任务，从不同的方面促进学生的发展。三者不能相互替代，国家课程和地方课程不能成为学校课程的全部，同时，在进行校本课程开发时，也不能将其简单地变为国家课程的延伸和补充。不同学校间的课程资源要存在差异性，没有差异性，也就失去了创造性。要考虑课程实施的客观条件，结合学校及所处社区、地域的特点开发课程。地域化、个性化的课程资源与现成教科书上的带有共性的内容形成互补。

（三）普及知识与提高技能相结合的原则

坚持课程面向的全面性和普适性，促进学生的全面发展是我校艺术课程开设的一个重要价值指向。要通过艺术课程使每一个学生获得一定的艺术基础知识和基本技艺，同时承认、尊重学生发展存在的差异和独特性，注重学生的禀赋和兴趣，因人施教，提升学生的艺术技能，促进学生全面和谐发展。活动类课程突出个性、发展特长，侧重培养学生的实践能力和社交能力，增强学生的道德意识和社会责任感。

四、吴兴高级中学艺术课程体系的构建

在吴兴高级中学的理念中，教育应该关注个人的价值、尊严和主观体验，关注人自身发展的潜能，坚持以人为中心的教育原则，强调学校的课程要以培养"完整的人"或"自我实现"为目标，课程设置应该适合全体学生的需要，与学生经验建立联系，适应学生不同的个性差异。

要实现该目标，即必须将课程体系的构建内化到学校整体教育教学工作中去，促进学校工作的整体联动，优化各项资源，实现内涵式发展。

从2012年开始，我们对艺术课程改革开始了大胆探索和积极实践。

其中以艺术课程审美化实施带动学校课程审美化实施，不仅要求教师从"忠实执行"走向课程创生，树立课程意识，从而促进专业发展，而且推动校长从简单管理走向课程领导，做到提升学校课程建设能力，促进学校课程文化的建立，形成校园文化，最终形成美育特色学校，完成学校艺术教育品牌创建的过程。

（一）课程体系的顶层设计

科学发展的前提是科学决策，用科学的决策制度引领科学发展。

2008年始，学校提出了进一步落实科学发展观，提升学校内涵，实现"三个转移"的新目标，坚持走内涵发展之路，教代会通过了《吴兴高级中学三年发展性规划（2008—2010年）》。由于规划翔实、具体，设有达成检测点，可操作性强，所以比较好地引领了学校教育教学改革的发展。

随着课改的深化，2015年我们将办学愿景描述为：建设成为更有品位、更有活力、更有影响力的特色示范学校。同时，对学校办学理念进行了重新梳理——从为学生的成才打好基础、为教师的发展搭建平台转变为努力寻找适合学生的教育，突出学生的主体地位。我们对理想的吴兴高级中学学生的形象做了设计："具有中国灵魂与国际视野、智慧而温暖的吴高学子"——这就是吴兴高级中学的育人目标。

与此同时，认真学习国家和浙江省课改文件，深刻领会新课改精神，研究教育规律，围绕"发展学生"这个主题，借助校本课程和综合实践课程在过去几年中奠定的基础，融合已有的"红十字文化"，通过系统的课程架构，与我校育人目标的核心要素——"智慧、温暖、前行"相呼应，确立了以"博学、博爱、博闻"为特色的博才教育。

2016年，结合学校传统与办学实践，学校围绕"博才教育"特色进行了顶层设计：一个规划、四大工程、N项行动。历经半年打磨，《吴兴高级中学"博才教育"中长期发展规划》浮出水面。

2017年，学校文化建设提升工程、师德师能建设提升工程、学生素养培育提升工程、服务师生保障提升工程等四大工程已经正式启动。

（二）校本课程的选择开发

校本课程开发最终目的是为了使课程更加符合学校教师和学生的发展特点与实际需要，从而将课程改革更好地落到实处，提高课程改革的成效。一句话，校本课程的开发与实施，应以人的发展为目标。

2001 年，《国务院关于基础教育改革与发展的决定》和《基础教育课程改革纲要》都明确提出，为保障和促进课程对不同地区、学校和学生的要求，要实行国家、地方和学校三级课程管理，并进一步指出：学校在执行国家课程和地方课程的同时，应视当地社会、经济发展的具体情况，结合本校的传统和优势，学生的兴趣和需求，开发或选用适合本校的课程。

2003 学年开始的新课程改革实验，将校本课程开发列入重要内容，成为学校课程计划实施的一种普遍性要求，被提上了重要议事日程。因此，通过开展教育科学研究，根据学校实际，进行课程资源开发，就成了广大教育工作者的一项重要的工作任务，是新课程理念下学校和教师必须实施的一项重要行为。

学校的校本课程选择与开发集中体现了一所学校的教育价值取向，也制约着教育的活动方式，直接影响到学生的发展和整体教育质量的提高。

校本课程的开发不仅是一种结果，而且是一种过程，更是一种意识。

一所学校必须注意在抓好科学实施国家课程，努力探索各学科科学教学模式的前提下，根据地区、学校、师生的差异，努力开发建设好自己具有地方特点、学校特色的校本课程，这既是适应我国各地区社会、经济发展的差异和对教育多层次、多元化的要求，广泛地满足学生的兴趣与需要，促使学生和谐发展，形成学校特色的基本要求，也是建设一支现代化的教师队伍的重要途径。

因此，学校及教师应充分发挥积极性和创造性，努力创造条件，建设满足社会发展需求和学生愿望的选修课。学校及其所在地区具有的某种特殊条件，教师具有的某些特长，都是课程的重要资源，可以成为一些特色课的生长点。

需要指出的是，教师不能停留在"本本"这一层面上，教材不再仅仅是由专家编制，教师执行的，物化的、静止的、僵化的文本形态，也是师生在教学过程中共同创制的，鲜活的、过程性的、发展着的活动形态。

对于课程体系的构建和课程的开发与实施，我们主要采用分步进行：首先在数量上下功夫，着力于多样化和选择性；其次在质量上做文章，着力凸显课程的提升智慧、融合文化、塑造人格的功能。

在认真分析了本地和本校具备的资源特点，充分遵循和考虑了本校学生的实际需要以及教师具有的某些特长的基础上，2009 年至今，我校组织教师开发了 132 门选修课，其中艺术课程有 38 门，属于市级精品课程 10 门，省级网络推荐课程 3 门。选修课程体系的多样化，增强了学生的选择性，改变了学生的知识结构，促进了学生差异化、个性化的发展。此外，学校还建设了艺术实践基地，来支持学校的艺术教育。

湖州市艺术类精品课程名单

序号	课程名称	开发教师	批次
1	歌唱艺术	赵捷	第一批
2	心灵瑜伽	马晓敏	第一批
3	公益广告设计与欣赏	姚德荣、姚颖	第一批
4	一起来演舞台剧	李贝、朱晓莺	第一批
5	室内装潢欣赏与配色设计	李颖	第二批
6	书法之美	姚德荣	第二批
7	传统运动养生	宣玉霞、鲍明海、沈昌、潘美岐	第四批
8	形体艺术	马晓敏	第四批
9	趣味电子琴	赵捷	第五批
10	校园排舞	潘美岐	第六批

浙江省网络推荐课程

序号	编号	课程名称	开发教师	批次
1	128	心灵瑜伽	马晓敏	2015 第六批
2	147	形体艺术	马晓敏	2015 第六批
3	2	形体雕塑	马晓敏	2016 第七批

（三）课程资源的整合优化

课程资源整合是指对实现课程目标的各种因素进行整顿与组织，使其形成有机联系的整体，呈现出系统性、动态性与开放性特征。整合课程资源一直是课程体系构建过程中的一道实践难题，很多时候往往忽略了对现有的课程资源的整理、筛选、验证和跨学科的资源开发和整合，忽略了学生在开发过程中的参与性、主动性和积极性，忽略了课程资源开发的教育功能和实践功能。

吴兴高级中学艺术课程的优化，坚持以审美教育为核心，注重学生艺术基础知识和基本技能的培养，使学生形成健康向上的审美情趣和正确的审美观念，发挥艺术教育在开拓人的创新思维中的独特作用，培养学生的创新精神和实践能力，进而塑造具有高尚审美情操和创新能力的人。

1. 整合三级课程资源

国家课程、地方课程和校本课程构成了我国的三级课程管理体系。教学的有效性必然需要突破现行国家课程的约束和限制，因而必须要在课程标准的基础上，根据学生的特点，立足于学生的学习实际和升学需求，以学生视角和需求去整合，提供最接近其发展的校本课程，使学生的知识与能力结构更趋于和艺术之间的协调发展。

2. 优化基础与实践课程资源

一方面要通过优化课程，促进学生艺术基础知识和基本技艺的提升，通过课程学习，实现学生个体"功能性素质"的发展；另一方面要培养学生运用美的标准和规律来观察世界、发现世界和感知世界，树立审美观念，提高审美能力，特别是充分发挥基础艺术课程在诱发和引导人的联想能力中的独特作用，实现创造目的，实现学生"人格性素质"的发展。第三方面要通过实践的途径，实现"功能性素质"上升到"人格性素质"的转变。没有艺术的实践，特别是没有艺术的情感体验，学生难以获得鉴赏美、创造美的能力，也就失去了基础艺术教育的意义。还要把丰富的艺术课外活动作为课堂教学的延伸和补充，纳入课程教学范畴，以弥补进入课内的公共艺术课程时间和内容等方面的局限性。

教学资源整合不仅是技术的，也是艺术的。教学资源整合需要遵循一定的操作程序，即要确定教学目标。根据教学目标来选择一定的教学资源，并对这些资源进行有效组织。在此基础上，进行实施与评价。因此，必须要依照特定的教学情境，根据学生的发展水平与身心特点，合理地进行教学资源的整合。

这就要求教师在教学过程中具有探究的精神、创新的精神。教师通过在教学实践中对学情、课堂效益、教学效果等进行的审视和分析，探索国家教材的使用与开发，发现和研究过程中的问题，对有效的经验进行理性的总结和提升，形成适合本学科、本学段艺术生的教材优化重组成果，并实现自身专业化发展。

3. 开拓校外课程资源

《普通高中课程方案（实验）》"课程实施与评价"指出："学校课程既可以由学校独立开发或联校开发，也可以联合高校、科研院所等共同开发。"我校在进行课程资源整合时，充分加大与高校（湖州师范学院）和校外艺术机构的对接工作，内外联动，以高校生源基地的方式，在专业常规课及部分专业集训期间，由高校教师指导或直接授课，针对高校艺术专业的需求与不断变化的专业发展趋势以及高考形势有的放矢地开展工作。通过走校的方式，充分利用职业学校的优质技术、设备资源，从而改变我们的教学策略和教学内容，增补和完善部分专业的大纲和课本。

在"博才"教育办学模式的指导下，在明确的课程目标下，秉承提升学生核心素养的理念，以学生的"全体发展""全面发展""个性发展"为着眼点，将兴趣教育、特长教育、艺术高考需求相结合，吴兴高级中学艺术课程最终构建了如下体系：

艺术学科基础课程、艺术素质拓展课程、艺术实践课程、地方艺术特色课程、艺术素质提升课程五大板块，涵盖文化学科、艺术专业及人文素养培养及拓展实践等内容。在这五个板块下又有若干个具体课程，并根据学生自身的兴趣、爱好、认知水平及未来发展需求，在课程内容上加强对学生终身学习必备的基础知识和技能学习的要求训练，并着力培养学生的艺术表现力和审美能力。

五、吴兴高级中学艺术课程体系的实施策略

尊重学生的个体差异性，根据学生的差异因材施教，是新课程改革和素质教育的必然要求。

任何教育都以学生为主，要求时刻发挥学生在教育中的主体地位。教师要时刻把握学生的心理，深入了解他们的性格特点和专业水平，根据不同层次的学生制订不同的教学计划，并采取多样化的教学方法，充分调动他们的学习热情，强化他们的审美意识。在教学上，合理利用分层教学、单独辅导的方法：对水平相对较低的学生进行个别辅导，及时进行总结，将每阶段的问题与变化都记录在案，为他们制订适合其发展的计划，督促鼓励他们按时完成；对有潜质的学生要稳中求进，手把手教学。还要注重与学生的交流与沟通，带他们一起听听音乐会，与专家"零"距离接触，亲身感受体验，提升他们的审美能力，从而提高他们的欣赏水平。学生的学习水平因各种因素参差不齐，教师应该站在全局的高度，加强个别辅导，少一些指责与批评，多一些鼓励和表扬，并积

极帮助他们树立好的典型，从而带动学生的整体水平上升。

我校艺术课程"差异教育——走班制分层分类教学模式"的实践，正是落实这一精神的大胆改革和尝试。这一改革，打破了原有固定编班、统一开设必修课的旧秩序，建立了行政班与教学班并存、必修课与选修课兼有、师生双向选择的教学新秩序，提升了办学理念，创新了教学模式。教师的授课方式可以根据学生的兴趣选择、能力特长、自己的专业特点和不同年段安排授课方式，采取针对性措施，注重基础，适当降低难度、放慢速度、注重落实。

（一）分层原则：兼顾能力与兴趣，体现动态与递进

分层走班教学是建立在承认学生差异，面向学生差异，从学生有差异的学习需求出发实施教学的基本理念。我校的分层不是简单以学生的成绩或学生的智力进行，而是根据学校的实际情况，根据学生的现有学习水平、能力倾向、学习兴趣、教师评价和学生自评 5 个方面的综合，也就是说我们同时兼顾学科能力和兴趣。

学生有选择"学什么"的权利，更有选择"如何学"的权利。具体教学中针对不同层次学生的实际，在教学目标、教学内容、教学途径、教学策略以及教学评价等方面都有所区别，为学生创造多种尝试、选择、发现、发展的条件和机会，形成了具有吴兴高中特色的分层走班教学体系。

（二）分层实施：优化教学过程，建立新的教学体制

我校的艺术课程体系的基础课程以国家课程为本，结合本校学生最近发展，在教学目标的调整、教学内容的增删上进行探索与实践；发展课程则是学生根据自身的兴趣、爱好及未来发展需求，选择不同专业，在课程内容的设置上以艺术高考为本；拓展课程是在前两个课程相对成熟之后拟展开的设置，其主要面向艺术特长生的培养，主要目的指向促进学生终身发展的素养培养。

其中高一年级开设的课程主要为艺术学科基础课程，具体课程主要包括："音乐鉴赏""美术鉴赏""影视鉴赏""戏剧鉴赏""舞蹈鉴赏"等课程，这些课程是学校艺术教育的通用课程模块，主要目的是让学生全面了解、掌握艺术基本知识，培养一定的艺术鉴赏能力，形成较为系统的艺术知识体系。这类课程主要是以限定选修和选修课的形式面向全体学生开设。

在高二年级和高三年级，我们在学生中主要开设艺术发展课程、地方艺术特色课程和艺术实践课程。这些课程是学校公共艺术教育柔性课程模块，主要是让学生广泛涉猎艺术知识，参与艺术实践和体验，传承和发展地方特色文化艺术，提升学生综合艺术素质。这类课程是根据学生的艺术兴趣和特长，面向学生开设选修课程。

我们通过调查发现，有部分学生喜欢单人授课方式，也有部分学生喜欢小组授课方式，并且学生之间的兴趣、能力和特长差异性较大。

鉴于以上的种种差异，因此我们采用多样化的教学方式。

1. 小组课

对于高一刚入学的学生，第一年的主要任务是打好专业基础。这种授课形式对于初学者来说主要是解决共性的问题，如建立正确的歌唱状态、演奏姿势、手形等。通过歌唱选修课、键盘选修课、音乐社团活动、校合唱队的训练，采取小组模式，集体练声、分别回课、典型指导、个别纠正、相互观摩、相互评议。对存在的共性问题，大家讨论，教师重点讲解、范唱、范奏，举一反三。学生听课观摩、取长补短、自主探究，既节约时间又能相互学习，扩大了教师的授课面，培养了学生分析问题、解决问题的能力，实现了资源共享，对教与学都起到了很大的促进作用，大大地提高课堂教学的质量。

2. 团体课

这种授课形式主要是对小组课的补充，主要以鉴赏课为主，加强乐理、声乐演唱、乐器演奏基础理论的讲授和中外名曲音乐常识欣赏等学习，解决学生知识面过窄的问题。主要内容为乐理基础知识、视唱练耳、初高中阶段名曲的鉴赏、各种曲艺形式和中外著名歌唱家、演奏家、作曲家的视频欣赏。推荐优秀书籍，以提高学生的综合艺术素质。课前让学生对所学的知识提前预习，初步了解和掌握，随后教师通过讲解并总结归纳所学知识，并把知识运用到实践中。在教师的指导下，用哼唱、模唱、默唱、背唱、演唱等多种方法学习音乐，反复聆听体验音乐，教师再根据学生的情况点拨、分析和引导，这样对于学生了解和掌握所学音乐知识起到了很大的促进作用，教学效果显著提高。

3. 实践课

艺术离不开舞台实践，舞台是学生展示自我的最好地方，也是检验教学效果的最好手段和方法。教师就该为学生创设艺术实践的平台，提供艺术实践的机会。我校每年举办的艺术节、元旦文艺会演、中德交流联欢会、红十字夏令营、"红五月"大合唱、社团活动等活动，以及省市级举办的相关艺术活动比赛都是提高艺术素养最好的平台。学生在音乐实践和合作的过程中，成员之间取长补短、相互促进、共同提高，这样有利于巩固和运用理论课、技能课中学到的知识、技能、技巧，解决理论与实践相结合的问题，让学生能够感受到学习音乐的无限乐趣。同时，让学生走出校园、走向社会、在社会的大舞台充分锻炼和展现自己的艺术才能。在参加艺术实践这个活动过程中，学生的积极性很高，学生的主体地位被肯定，每个人都充分地展示了自我。另一方面，通过艺术实践活动来培养学生的心理素质，锻炼他们的艺术表演能力和应考能力，为高考面试打下良好的基础。

针对艺术特长生，我们开设的艺术素质提升课程主要是根据部分学生发展艺术特长的兴趣和要求，利用周末时间选择性地开设部分实用性强、应用范围广的艺术特长提升课程，让学生在前三年艺术学科知识学习和艺术综合能力培养的基础上，形成一定的艺术技能，获得一定的艺术特长，这类课程是艺术教育的技能提升模块。

此外，学校还会根据艺术特长生的水平和意向进行合理的发展规划指导，如艺术特招生（高水平艺术团）、艺术类考生、三位一体报考资格生等不同的艺术特长生发展规划的制订、专业导师培养的组织安排等。艺术特长生的培养应以学生个性特长发展方向为前提条件，教师根据特长生的实际情况，结合教学经验，记录并总结特长生的培训重点，为特长生建立一套完整的培养体系，从而达到更高效的培训效果。

分层的目的主要是为了让所有学生能在原有基础上获得最大发展。所以，我们对学生分层并不是静止不变的，而是动态可变的。学生在每学期的期中、期末，可根据自己的实际情况作层际调整，采用双向流动的模式，鼓励每层的学生都积极递进，但是也允许跟不上的同学向下一层次调动，让各科学习更适合他，以调动各层次学生学习的积极性、主动性。

在分层走班教学的实施过程中，组织形式上的变化并不是我们首要关注的重点，我们更加注重的是分层走班教学改革背后的教学理念、教学目标、教学方法、教学策略的转变，即关注教师的教学如何能在教学目标、教学策略、作业布置等方面适合不同层次的学生，做到因人而异、因势利导，体现因材施教。

（三）分层评价：体现差异性，强化多元性

分层是手段，发展是目的，是必修走班的一个总原则。在对不同层次的学生进行评价时，不能用一把尺子去衡量。因为学生之间的差异比较大，采用统一的评价标准，难以调动学业水平好的学生的学习积极性，同时也会伤害学业水平低的学生的信心，不利于学习兴趣的激发。

因此，在评价时，在尊重差异性的基础上，强调过程性评价和终结性评价相结合，既考虑学生学习的过程又考虑学生学习的结果。重点考核学生的进步、变化和发展，多给予鼓励性评价，激发学生的积极性、自信心，使他们不断向高层次目标迈进，促进每个层次的学生都得到发展。

学习的过程包括日常考勤、课堂表现、作业完成情况、日常学段检测成绩、模块学分认定考试成绩、课外活动与实验参与程度等。例如，学分认定 A 层占 40％，B 层占 50％，C 层占 60％。学习的结果指学校统一组织的模块考试（考查）成绩，模块考试在学分认定中 A 层占 60％，B 层占 50％，C 层占 40％。

第三节　吴兴高级中学艺术课程的特色与亮点

在新课改的背景下，在"以人为本，促进成长"的办学理念的指引下，我校立足校情、生情、师情，面向全体学生，保证艺术教育的普遍开展和优先发展地位，通过这几年的深化课改的实践，吴兴高级中学学生的艺术课程一人一课表，学生间选课差异度显著，知识结构明显不同，学生得到个性化发展，逐步形成了自己的特色。

与此同时，艺术特色教育作为我校推进素质教育的重要途径和重要载体，取得了显著成效，也成为学校办学理念的最好阐释。

一、艺术课程与研究性学习的结合

我校将艺术课程和研究性学习方式相结合，这是艺术教育领域的一次教学创新和有益尝试。

在艺术课程中使用研究性学习的方法不仅能使学生亲身获取艺术实践的机会，积累直接经验，拓展和完善学生艺术知识结构，养成严谨的学术研究态度，习得相应的研究方法，还能增强学生对艺术课程的学习兴趣，促使他们通过主动探究去寻求艺术形式的真谛，激发学习艺术、热爱艺术的热情。从而，有利于学生艺术修养的提升；有利于学生树立积极向上的人生观、价值观。

2009 年，我校姚明雅、沈佳芸、庞恩芳这 3 名普普通通的高中女生因为开展研究性学习与湖剧结缘，并深深地爱上了这门濒临失传的艺术。她们和同学一道查资料、访艺人、学唱腔，执意要拯救湖剧这枚"失落的珍珠"。她们的研究课题《寻找失落的珍珠——湖剧》获得了 2009 年浙江省中学生研究性学习成果展示一等奖。

艺术课程和相结合研究性学习还能丰富学校现有的课程结构形式，促使教师教育、教学观念的改变，将"自主性、探究性"的学习方式引入艺术课程的学习之中，能有效地改变音乐、美术等课程一直以来的"被动接受"的学习方式，能有效地推动素质教育发展，其在提升教育教学质量、提高教师专业素质、促进学生全面发展、培养学生综合能力、提升学生审美情趣方面都有积极的作用。

二、给学生提供广阔的实践展示平台

艺术实践是审美教育的重要组成部分。参加艺术实践，既能提高学生的艺术表现力，使学生深刻领悟艺术的美感，又能使学生更加透彻地理解课堂内容，弥补课堂教学的不足。

现代课程观认为："课程是受教育者各种自主活动的总和"，"强调以学习者的兴趣、需要、能力、经验为中介实施课程"，"强调活动是人的心理发生发展的基础，重视学习活动的水平、结构、方式，特别是学习与课程各因素的关系"。

因此，学校十分重视学生的艺术实践活动。学校教务处、团委、学生处、孔子学院工作处等部门密切配合，营造了浓郁的艺术氛围，给学生提供了广阔的实践平台，为学校审美教育的发展起到极大促进作用。

（一）重视艺术社团组织的建设

学生艺术活动社团，是学生进行自我艺术教育，提高自身修养和综合素质的重要方式。为了学生的全面成长，我校非常重视学生文学艺术社团的组织、建设和管理，特别安排专任教师指导学生课余艺术活动的开展，以艺术课堂教学为核心，以学生艺术社团为辅助，为学生搭建成长的舞台，形成浓郁的校园艺术文化氛围。为了使社团活动规范化，学校成立了社团联盟，下设运动地带体育社、文学社、广播社、表演社、动漫社5个大社，5个大社又下设许多部门。学生以社团为中心，以社团活动为依托，开展与社团活动内容相适应的社会实践和社区服务活动。近年来，我校体育社拿到了多个运动比赛奖项，文学社出版了季刊《羽非》、年度刊《坐看云卷云舒》，广播社主办了校园主持人大赛，动漫社出版了漫画刊物，合唱团、民乐队、话剧社多次参加市级文艺会演、比赛并获奖，其中励竹话剧社的校园话剧《校园夕阳情》及《敬礼》获得了2013年、2015年全市中小学生文艺会演校园剧类一等奖。

（二）定期举办学校各类艺术活动

学校团委学生会每年定期举办迎新晚会、红五月大合唱、元旦文艺会演、校园文化艺术节、十佳歌手大赛、十佳主持人大赛等大型活动，学生参与面广，参与人数多，表现突出，受到广大师生的好评。

在这种艺术活动的过程中，教师退到幕后，把学生推到艺术学习的前台，"借力打力"，激发学生的学习积极性，引导学生自主解决问题。学生们"玩"着成长，也"玩"出了成绩。

这样的艺术活动不仅是提升学校文化品位的重要文化载体，也能激发学生的潜质和热情，培养其进取精神、想象力和创造力，使学生的专业学习与课余文化生活有机结合，既提高了学生的学习积极性，又提高了学生艺术实践能力，能有效提升学生的艺术素质和综合素养。

与此同时，我校积极组织学生参加省市级文艺会演，一方面让学生集中展示教学成果和才艺，另一方面为学生提供更多的锻炼和成长的机会。我校合唱团、民乐队、话剧社、健美操队多次参加市级文艺会演、比赛并获奖，可谓硕果累累。

学校领导不无自豪地说："只要给学生舞台，他们展现的肯定是最出色的！"

（三）通过艺术课程对外传播中国文化

学校自 2012 年起，与德国霍恩林姆柏格一级文理中学开展国际校际交流和合作。我校的文化推广活动也日益增多，而开展艺术活动是其中非常有效的途径，也是学校对外传播中国文化的窗口。

每年定期有德国学生在我校进行各种交流、学习及体验活动。我们的国画课、手工、茶艺课、民乐、书法课、武术课、健美操课等，形式多样、内容丰富，给德国学生留下了深刻印象。特色音乐课让德国朋友见识到了中国音乐的博大精深；我校老师们注重实践、灵活多样的教学方式让德国友人耳目一新；我校学生较强的自主、自立精神和动手能力也给德国朋友留下了深刻的印象，让他们体验了不一样的课堂。通过这些活动，不但弘扬了中华文化，还极大地提升了学生的艺术表现力、积累了艺术表演经验、丰富了人生阅历。

通过在课程建设、师资培养及艺术实践三个方面的精心打造，经过多年的建设与实践，吴兴高级中学的艺术教育取得了辉煌的成绩。校园艺术氛围日益浓厚，文化品位日趋提升，为学生的全面成长创设了良好的条件。

第四节　吴兴高级中学艺术课程构建的保障措施

学校的改革，最终必然会触及学校组织机构和管理方式的转型。如何改变与当前学校变革不相适应的管理机制？如何形成一种新的管理体制，既能让每个人的积极性和创造力最大限度地发挥出来，又能促进个体的发展，使他们成为有价值的人？为解决这些问题，我校从学校管理、学生管理、教师发展、家校联系等方面对管理机制进行了变革和创新。

一、教育管理制度化

学校成立艺术教育领导小组，校长任组长，要为艺术教育系统的构建和艺术教育的发展指引方向并提供保障。建立学校艺术教育管理机构，专设艺体科教中心，由该中心对艺术类课程进行统筹规划、设计、实施和管理。建立健全决策、执行、考核、奖惩制度，明确部门发展目标，促进学校艺术教育制度化、规范化，将艺术教育和艺术活动从"第二课堂"搬进"第一课堂"，用制度保障艺术课程的稳步推进。建立完善的课堂教育教学体系，结合实际制订和完善相关的教学计划、考评办法，确保公共艺术课程设置和运行的规范化、科学化。

二、场馆设备现代化

为了确保艺术教育全面有效地开展，学校在有限的条件下，努力改善办学条件，在按照教育部和省、市相关规定设置艺术教育设施基础上，加大了艺术教育所需的硬件建设投入，建成功能齐备的专业教室多间，除了满足正常的教学任务，还能保证课外选修及学生社团和各类艺术活动开展的需要。

三、师资队伍专业化

多样化的课程对教师提出了更高的要求，而教师的教学技能限制、专业限制、师资不足和教师专业培训不足是艺术综合课程标准与教材推广实践中遇到的最大问题。因此。作为教师，要更新课程意识、教学观念，掌握课程开发所必备的知识、技术和能力；作为学校，要着重加强师资队伍建设，充分挖掘教师的艺术教育潜能。

在艺术类教师的培养上，我校铺设了更多的教师培训路径，借助校外的合作型力量，坚持"走出去，请进来"的方式，选送教师外出学习，积极引进优秀教师，尽快提高学校艺术教师的素质，激发他们对学校艺术教育的工作热情和提升他们的业务能力和水平，进一步提高教师的课程领导力。

同时引导教师自我定位，给予教师空间，给教师选择，让每一个教师朝着自己的梦想，运用自己的智慧走上一条适合自己的道路，并成立学校课程研究所，建立学校课程网，加强导师的梯队化培养，建立多元化的教师评价体系，制定教师可持续发展的激励措施，从而实现可持续发展。

四、艺术活动常规化

组织大型会演、展览、节日活动、校庆等来检验学校艺术教育的成果，但仅仅停留在这一水平是不够的，必须与艺术教育课程设置相适应，学校应该设置富有特色的"汇报演出""汇报展览""学校艺术节"、各类"杯赛"等，并将这些艺术节定期化、经常化。

我校每个学年的常规艺术活动有四项：中德交流艺术表演、"红五月"大合唱、学校艺术节、元旦文艺会演。除此之外，学校要积极组织学生参加各级教育行政部门举办的艺术展演活动。这些艺术活动不仅是教学成果和学生才艺的集中展示，更是为学生提供更多的锻炼和成长的机会。

第五节　吴兴高级中学艺术发展之未来

一、总结过去：生成与增强学校的特色

一切为了学生，为了一切的学生，为了学生的一切。

艺术教育是面向全体学生，以提高每一个学生的艺术修养为目的的

素质教育。只有因势利导地开展艺术教育教学工作，让学生在学习过程中赏心悦目，才能提高他们对艺术的兴趣和欣赏水平；只有将艺术教育与健康向上的学校文化结合起来，才能够使普通高中艺术教育沿着健康蓬勃的方向发展，才能够真正促进素质教育的实施。在深化课程改革的道路上，吴兴高级中学不断探索，实事求是，尊重学生，尊重客观规律，努力创设适合学生的艺术教育。我校开展普通高中艺术特色教育的实践表明，发展艺术特色能最大限度地提高学生艺术素养和审美能力，能更有效地推进素质教育，能提升教师的能力和素质，提升学校文化品位，实现学校内涵式发展。

（一）学生在选择中体验成功

学生能够根据自己的兴趣爱好与学科能力水平选择适合自己的艺术课程，真正打造了适合学生发展的教育。学生的学习兴趣浓厚了，学习的动力增强了，自信心提升了，学生的学习主动性、参与性明显进步，提升了学生的艺术修养，培养了学生良好的审美情趣，让学生获得亲身参与艺术实践的体验与经验。

吴兴高级中学艺术课程建设实施 5 年来，成功地实现了"六个还给"：把时间还给学生，把兴趣还给学生，把选择还给学生，把课堂还给学生，把能力还给学生，把快乐还给学生。

（二）教师在挑战中提升能力

课程的开发、设计、实施与评价的过程，正是教师不断地吸收当代知识研究的新成果，反思自己的教育实践，发挥自己的专业自主性和创造潜能，发挥自己的优势和特长，获得专业的自主成长和持续发展的过程。

"差异教学"中出现的挑战有利于教师职业素养的全面提升。任课教师除了传授课本理论知识，还必须加强自身专业水平的提高以满足学生对知识的更高需求，必须时刻掌握更多的教学手段和方法吸引学生对学科学习的兴趣。

在这个过程中，促使教师更新教育观念，增强教师课程意识，提高课程开发能力和专业技能，这无疑为教师的专业发展提供了良好的契机和广阔的空间。国内外的许多校本课程开发实践表明，校本课程开发的最大受益者是教师。

（三）学校在改革中深化发展

校本课程开发是当前我国基础教育课程改革的重要内容之一，是我国课程改革走向多元化的开始。校本课程的开发本身就是新一轮高中课程改革的有机组成部分，也是本轮课程改革的一个热点和难点。

高中艺术课程的开发可以突破课改的难点，为当前的课改超越障碍提供了新途径。自启动校本课程的开发实施以来，学校形成了浓厚的教育科研氛围，掀起课程研发和课堂改革的热潮。学校的办学理念和办学水平上升到一个新的台阶，办学影响力进一步提高，各类人才不断涌现。

校本课程开发强调学校利用自身的资源自主规划、自我负责，这十分有利于学校发挥各自的优势，形成自己的特色。学校艺术课程的开发既是学校文化的构建过程，也是学校特色的生成过程。

校本课程开发的过程还是一个由各方面人士参加的合作和探究的过程，其中以艺术课程审美化实施带动学校课程审美化实施，不仅要求教师从"忠实执行"走向课程创生，树立课程意识，从而促进专业发展，而且推动校长从简单管理走向课程领导，做到提升学校课程建设能力，促进学校课程文化的建立，形成校园文化，最终形成美育特色学校，完成学校艺术教育品牌创建的过程。

在这样的过程中，教师在课程专家及其他相关人员的指导和帮助下，能加深对语文课程和校本课程的认识，反思他们自己在教学中所遇到的问题，并找到问题的答案。校本课程开发同样需要借鉴他校的经验，也会促进校校之间的合作和交流。

校本课程研发与实践，改变了学校仅实施国家课程的简单格局，有利于学校挖掘自身潜力，结合学生发展方向，走内涵发展的道路。全国各地许多学校、全国教育服务中心参观团等，纷纷就"选课走班，差异教学"问题来我校进行观摩交流。

信心坚定，执着坚守，在坚持中让改变发生，改变已经发生。

二、思考未来：营造全员艺术教育的氛围

一所学校只有拥有优秀的学校文化，才能实现高质量的学校教育，才能凝聚成学校的核心竞争力。因此，要将艺术教育从艺术知识的传承、艺术技能的训练，引导到培养学生审美情趣和繁荣校园文化的层面上来，使得艺术教育特色与学校文化建设相得益彰，使中学生艺术教育更富有生机和活力，更富有可持续性，只有这样，艺术教育才能发挥其最大效能。

（一）努力创设艺术教育的环境和氛围

从创设艺术的环境和氛围入手，每幢楼、每个楼层、每条走廊，都布置有不同主题的学生艺术作品，有书法、素描、色彩、摄影作品等，既美化了校园，也展示了艺术教育的成果。艺术教育特色建设，使我们的校园不仅是花园，更是一个艺术乐园。

（二）开发学生潜能，全面拓展成才渠道

只有注重艺术教育的普及与提高，面向全体学生，促进学生全面发展，让每个学生得以充分展示自己，才能让每个学生都有成功的机会，这样才能贴近学生最佳发展区，进行因'能'施教，从而激发潜能，张扬个性，开启适合每个学生的最佳发展路径，特别是为部分文化基础薄弱、又有其他方面潜能的学生，提供成才平台。

（三）以艺术欣赏与展现为切入口，让人文精神充满校园

广泛开展课外、校外的艺术教育活动，建立艺术社团和兴趣小组。

如多年坚持举办的元旦文艺会演、新生才艺比赛、校园十佳歌手大赛、主题辩论会、主持人大赛、社团展演等丰富多彩的文化活动，浸润着师生的心灵，塑造着独具特色的学校文化。

（四）强化艺术教育向其他学科的渗透，营造全员艺术教育的氛围

艺术教育和学科教学的相互渗透有利于学科教学的拓展，同时也强化学校艺术教育的特色。如在语文教学中的课本剧的编排演出，即涉及音乐、舞美等艺术表现形式；在英语教学中的英语歌曲大赛等。每一门学科的每一位教师都能成为一名艺术教育者。艺术与心理教育的课程整合在学校德育中的课题研究，也是促进更深层次的艺术教育与研究的重要途径。

吴兴高级中学开展艺术教育走的是一条"将兴趣教育、特长教育、艺术高考需求相结合"之路，就是在完成国家课程计划、保证学科课程和活动课程到位的前提下，突出艺术教育的重要性，从课程设置、师资培训等方面想办法，以课程化方式加强艺术教育，以艺术课程设计为核心，探索艺术课程建设中的全面和谐发展的艺术教育之路。

吴高以人为本，创设平台，让每一个学生都享受艺术教育，让艺术教育适应每一位学生的学习，让每一个学生的审美个性都得到张扬，充分激发学生的兴趣爱好，让学生快乐学习，快乐成长。

回首过去，吴兴高级中学凭借传承与创新的完美交融，向世人递交了一份份优秀的答卷，所有的成绩都在诉说着吴兴高级中学的优秀与辉煌，但吴高人知道，这些对于他们来说，都已是过去。

潮平两岸阔，风正一帆悬。明天，吴高人将薪火相传，风雨无阻，一路高歌，一路前行！

中国教育领航（第一辑）：教育家型校长与学校发展丛书

综合实践活动课程：

重要的是"合"

严华银　主编

世界图书出版公司

中国教育领航（第一辑）：教育家型校长与学校发展丛书

丛书编委会

主　任　王仁雷

主　编　严华银

副主编　季春梅　回俊松

编　委　邱成国　严忠俊　于大伟　张　勇

　　　　郭炳胜　郭长安　杨　刚　杨琼英

　　　　林启福

【目录】

第一章　着眼未来育人才

——北京中关村第二小学社会实践活动课程

全国科普日上为习爷爷做实验、小学生的提案上"两会"、小学生当上交通观察员……中关村第二小学的学生在综合社会实践活动课程里的收获远非如此。"老师，我的建议被相关部门采纳了！""我获得了北京市中小学生科学建议奖！"每一天，每节课，每个活动中，都有每一位孩子绽放的精彩……而这一切，正是体现了中关村二小的综合社会实践活动课程能够促进孩子们较好的成长。"着眼未来育人才"是中关村二小综合社会实践活动课程的育人目标。这一育人目标的设立，是基于当下"互联网+"的信息时代对未来人才的需求决定的。课程体系的设置关注了"人与自然""人与社会""人与自我"等领域，打通了学科的壁垒，实现了多学科的有效融合，让学生们在活动中体验，在体验中创造，在创造中发展，在发展中成长，在成长中成才，最终更好地适应未来社会的发展，更好地服务社会。

"每个人都有理想和追求，都有自己的梦想。现在，大家都在讨论中国梦，我以为，实现中华民族伟大复兴，就是中华民族近代以来最伟大的梦想。这个梦想，凝聚了几代中国人的夙愿，体现了中华民族和中国人民的整体利益，是每一个中华儿女的共同期盼。历史告诉我们，每个人的前途命运都与国家和民族的前途命运紧密相连。国家好，民族好，大家才会好。实现中华民族伟大复兴是一项光荣而艰巨的事业，需要一代又一代中国人共同为之努力。"

——摘自 2012 年 11 月 29 日习近平总书记在参观"复兴之路"展览讲话

民族复兴的伟大中国梦，一时间在海内外中华儿女心中激起了强烈共鸣，也引起了教育工作者的思考：怎样发挥课程的核心价值？怎样在课堂上帮助孩子筑梦？怎样让每个人有理想和追求，有自己的梦想？我们要借助学校丰富灵动的综合实践活动课程体系帮助每一个孩子种下梦想的种子，静待它生根，发芽，开花，结果。

中关村第二小学综合实践活动课程的目标是：在校园里全方位地构建适合学生发展的课程，期待帮助孩子启梦、助力孩子做梦、成就孩子圆梦。在校园里要让孩子对自身及周围的人和事感兴趣；在课堂上要让孩子伸长感知世界的触角；在活动中要让孩子获得探究世界的方法。我们的最终目标是要让每一名孩子成为全面发展的人！

第一节　还孩子一个梦想

一、小学生的提案上"两会"

（一）张及晨的七彩梦

在经合组织（OECD）公布的 2013 年 PISA（即"国际学生评价项目"）测试结果中，中国上海在数学、阅读、科学三个领域表现优异，在 65 个国家（地区）中均列第一。虽然第二次获得 PISA 冠军，但是随后公布的问题解决能力测试水平则位于所有参加 PISA 测试国家的倒数第二！数据的背后反映了突出的问题：扎实的学业基础并没有在问题解决中表现出优势。学生过于注重书本知识的学习，直接导致学生社会责任感、创新精神和实践能力的培养得不到有效落实。学生们将学习聚焦到知识技能的学习，只知道要掌握大量的知识，却回答不出为什么学习？产生了许多高分低能的孩子……

为了解决"培养什么样的人，怎样培养人"的核心问题，早在2001年，国务院出台了《关于基础教育改革和发展的决定》，启动了第八次基础教育课程改革。至此，课程的结构发生变化：在小学至高中设立的综合实践活动为必修课程。

基于基础教育课程改革转型期的需要，基于学校培养全面发展的人的目标，学校全方位打造综合实践活动的课程体系，让孩子从课业负担中脱身，还他们一个梦想，助他们圆梦！

（二）"给汽车配上急救包"的构想

孩子如何会关注到生命价值，如何发现社会生活中的问题，这源于我们在中高年级开设的研究性学习领域的实践与探索。

研究性学习是我校四至六年级综合实践活动课程领域，是学生在教师的指导下，从自然、社会和学生自身生活中选择和确定研究专题，主动地获取知识，应用知识，解决问题的学习活动。张及晨在参与研究性学习的过程中，参加了一次急救培训。真实的体验和每日乘坐私家车上下学促使他将研究主题聚焦到将乘车出行的危险因素与急救方法和急救用具——急救包建立关联。在老师的指导和帮助下，应用文献研究、调查研究等方法，对自己的研究主题进行深入探究，通过大量的资料和数据的收集和分析，最终给北京的交管部门提出了《关于驾驶员急救培训及车载急救包的建议》，用自己的研究性学习的成果为社会生活尽一份力。

张及晨的研究性学习成果不仅上了北京"两会"，开启了小学生参政议政的序幕，更开启了孩子的七彩未来梦想。他不仅仅在研究性学习中的收获和成果令人刮目相看，而且全方位的能力得到锻炼，视野开阔了，关注点更多了，触摸世界的方法更独特了。从过去不善言谈的腼腆孩子蜕变成为侃侃而谈的翩翩少年，更在其后续发展的道路上持续探究，收获成果，不断添加学习、生活的色彩，持续聚焦自己的未来梦想。

张及晨的建议上北京"两会"，这样能在社会上引起反响的孩子的研究成果还不计其数，让李及晨、王及晨……许许多多的孩子拥有梦想，开启他们梦想之门，是我们教师义不容辞的责任。

二、让每个孩子都有梦

怎样让每一个孩子都有梦呢？经过多年的探索与实践，基于"教育即生活"的思考，基于"从活动中学"的实践，我们从孩子的发展出发，通过经历活动、体验感悟、交流分享获得自我发展的方向和目标。

（一）综合课程实施：有梦——鲜活的内容

中国古代自夏商起，便有了"庠、序"，也就是学校。孟子曰："庠者养也，校者教也，序者射也。"经过时代的变迁，中西文化的交融，学校的形制和教育对象也在不断发展变化。辛亥革命后，实行了新学制，"学堂"一律改称"学校"，并一直沿用至今。学校是培养人才的摇篮，作为一个特殊的社会组织，学校将培养社会所需要的人为己任，并且学校要成为学生成长和未来发展而积蓄能量的基础阵地。学校发展的历史绵延四千余年。在学校里，接受训练和学习的对象以及学习内容也发生了翻天覆地的变化。纵观历史变迁，从只有少数贵族能成为接受教育的对象，到现在所有适龄儿童都要接受义务教育，说明社会文明离不开教育，国家的发展寄托于教育。

随着社会经济的不断发展，社会分工对人的需求不断提高，越来越多的教育工作者关注到这样一个现象：部分学校教育培养出来的人无法满足社会需求，无法适应社会的发展。这成为全世界的一个共同探讨的话题：我们的学校教育出了什么问题？

近代美国教育家杜威提出了"教育即生活""学校即社会"的远

见卓识的教育主张。在我国，著名的教育学家陶行知先生也提出了"教育即生活""社会即学校"等鲜明的主张。他们的教育主张对现今的教育，特别是综合实践活动课程有着重大的现实指导意义。学校教育要重视生活和教育的关系，要避免学校与社会脱节，要注重学生所学的知识能够胜任解决实际问题，为学生适应社会奠定基础，让教育回归学生的生活世界。

中关村第二小学的综合实践活动课程体系的设置，关注了小学生的学习和生活领域，从学校课程计划到班级实践课程，从年级主题活动安排到校级发展平台搭建，形成班级、年级、校级、社会立四维体的综合实践活动课程体系，目标是让学生有丰富的活动体验、实践经验、让他们逐步在活动中发展，在发展中不断成长。让每一位孩子经历内容丰富、形式多样的实践活动，激发实践学习的积极愿望，理解知识与社会生活的内在联系，学会用科学的态度、方法解决现实生活中的问题，增强服务社会的能力，形成初步的技术素养和信息素养，发展创新精神、实践能力和社会责任感。

中关村第二小学综合实践活动课程体系图

【班级实践】包含研究性学习、志愿服务、德育课堂、劳动技术和信息技术教育等多个板块，是落实综合实践活动课程的基础单元，也是学校综合实践活动课程体系的"细胞"，目的是让学生经历综合实践活动课程所涉及各个领域的实践体验。

面对小学阶段的孩子，我们想通过课程的实施，培养学生参与实践活动的兴趣，激发好奇心、求知欲，初步学会发现问题和提出问题，初步养成科学探究活动的态度；学会制定活动方案，初步具有规划意识与规划能力；了解并初步体验调查访问、实验观察、文献收集与整理的基本方法，发展探究问题的初步能力；引导学生亲近并探究自然，热爱自然，初步形成自觉保护周围自然环境的意识和能力；考察周围的社会环境，初步形成反思、探究社会问题的习惯，自觉遵守社会行为规范，增强社会沟通能力，初步养成服务社会的意识和对社会负责的态度，经历简单的劳动和技术实验，学会简单的设计与制作，能够使用基本的劳动工具，体会劳动与技术在社会发展中的重要性。

【年级主题活动】初步形成"自然游戏""多彩节日""趣味天文""食品营养""航天科普""科技创新"等主题单元。目前还在进一步开发实施中。这是根据学生的年龄特点以年级为实施单位的主题活动内容，既有学校的顶层设计又有年级自主生成，以期更贴近学生的学习和生活。综合实践活动的目标与活动的内容、方式是密切关联的，没有亲自经历就不会产生相应的经验，因此，我们的老师在规划某一年级主题活动时需将活动目标与学生活动的具体任务相关联。

游戏背后的思考：通过孩子们的亲身体验，无论是鸟妈妈还是雏鸟的角色，都能让学生体会到手忙脚乱。学生"真实"地面临鸟类在繁殖期的生存压力：既要为雏鸟获取足够的食物，又要保护雏鸟，防止其他动物的侵扰。在艰辛的体验中逐渐建立对野生动物及自然的敬畏之情。在分析评价时，让学生搜寻剩下的虫子，观察虫子的颜色，使学生切实体会保护色的作用在物种个体存活时的重要意义：与周围环境颜色越接近的个体，越有可能逃避捕食者的视线。以实际体验的方法，巩固学生已了解的自然常识。

在活动分享过程中，让孩子们交流自己游戏过程中的体验，体会鸟妈妈既要捕食又要保护家中的宝贝的心力交瘁感受。感悟自己家庭生活中，孩子与父母的关系，通过学生自己担当母亲的实际职责，感悟出母子间不同视角的情怀。

对于一年级学生，心理年龄还处于具体理解阶段。抽象的概念，若与实际生活剥离，则很难被学生理解与领悟。因此，我们的老师在设计年级主题活动时尽可能地做到知行合一、感同身受、设身处地。通过精心设计的、让学生充分体验的活动，通过一系列由浅入深的问题引导学生由内而外的思考，从而形成有意义的学生体验活动。孩子在游戏的过程中梳理思维，建构知识，感悟亲情，体验了问题解决的快乐。

【校级发展平台】包含最佳现场的师生讲堂、传统学生节日（科技节、艺术节、体育节等）、社团传承、科技实践、科技论坛等……这些都构成丰富的校级发展平台。这是学校融通校内资源、教师资源、社区资源、家长资源、学生资源及中科院科普资源，为每一位学生提供发展空间，让孩子在校园里有时间汲取、有机会体验、有空间交流、有平台分享，让所有的孩子都参与进来，在原有的基础上有发展，有提升，全面成长。

【社会大课堂】包含军训、游学以及社会实践。社会大课堂是北京市提供给所有中小学的课程资源，包含了丰富的人文、自然资源，以爱国主义教育基地、文化设施、科研院所、工厂、农村、社区等社会场所，打通了学校教育与社会生活的断层。学校依托社会大课堂资源，开展多样的实践，有助于引导学生自主学习，主动发展。

鲜活的课程实践活动内容，让学生们逐步养成21世纪的生存技能，将学生打造成终身学习者，让学生在活动中成长，在活动中动手动脑促进思维，要在思考中发现问题、提出问题，同时通过探究达到分析问题、解决问题。学生只有获得了认知世界的方法才会激发起可持续发展的动力。

（二）多样实践活动：助梦——丰富的资源

中国科学院作为国家自然科学最高学术机构和全国自然科学与高新技术的综合研究与发展中心，是国家科学技术研究与发展体系的重要组成部分，也是国家科学技术传播普及事业的重要组成部分，承担着传播科学知识、弘扬科学精神、宣传科学思想和科学方法的重要职责，发挥着国家科学思想库、知识库的重要职能。

中关村第二小学毗邻中国科学院，学生中有众多中科院的子弟。家长对孩子的教育极为重视，也愿意成为学校多样实践课程的开发者和实施者。学校多年形成的家长课堂模式：每年每个年级至少有4位来自中科院各个院所家长能给予孩子非常高端的前沿科普讲座或者带着全班孩子走进院所重点实验室，开拓孩子视野，让孩子感受祖国的科技进步，开启孩子的科技梦想。

学校周边各院所林立：心理所、微生物所、纳米所、声学所、电工所、化学所、理化技术研究所、中科院天文台……随着中科院一年一度的开放日，学校科技教师带学生走进中科院各个院所，走进国家重点实验室。参观、体验不仅让孩子兴奋，更让老师激动：这么好的资源能否让学校的孩子享受到，让孩子在小学6年间，每个学期有目的地走进一个院所或一个重点实验室，让孩子感受在科学家身边成长，让孩子在科技创新的氛围里浸润。在孩子毕业离校时，回顾曾经走进12个中科院院所的经历，和我们国家顶尖的科技创新亲密接触，荣誉感和自豪感油然而生，在孩子心中播下科技创新的种子，让孩子感受科技创新并不遥远，助力孩子形成多彩的创新梦！

基于这样的思考，学校科技教育团队教师对学校科技教育体系进行了梳理，与中科院行政管理局工作人员做好对接，全面调研中科院院所的情况：专业方向、适合年级、场地大小、体验项目、科普时段……通过实地考察，初步形成了"走进中科院之前沿科学体验活动课程"以主题活动的形式固化在学校的综合实践活动课程体系中。此项创新课程项目已经申请了海淀区区财政专项资金的支持，在 2017 年即可启动第一轮的实践体验课程。结合中科院资源，学校科技教师在中科院专家的指导下，将中科院资源转化生成适合小学生的、互动参与体验式的学习资源，形成适合每个年级的学习单元，让孩子们走进中科院、了解科技前沿、爱上科技创新。

学校计划依托中科院北京地区的天文台站、植物园、博物馆、野外台站、国家院所重点实验室、大科学工程及各种科普基地，组织开展形式多样、通俗易懂、参与性强的科普活动。"走进中科院之前沿科学体验活动课程"拟定每学期一次，每次一个主题的方式开展，从 1—6 年级逐渐深入，初步的设计方案如下表：

学期	活动地点	活动内容（可选）
一年级上	古脊椎动物与古人类研究所 中国古动物馆	讲解恐龙灭绝背后的故事 3D 电影演示地球生命演化的历程
一年级下	中国科学院植物研究所 北京植物园	解读树木年轮，揭秘过去气候变化 系统进化国家重点实验室、植被生态国家重点实验室开放植物园展区科技讲解——探秘植物世界 植物园探宝——绿色宝贝发现之旅 植物栽培专家咨询
二年级上	中国科学院动物研究所 国家动物博物馆	动物系统分类与进化 动物科学知识 宣传生态环境保护

二年级下	北京天文馆 （国家天文台/空间中心）	邀请来自国家天文台或者空间中心的专家参与互动
		带领孩子们来一次星际旅行，探索行星、恒星、黑洞的秘密、宇宙大爆炸、UFO 等
		分组完成天文科学探索任务，并参与有奖问答
三年级上	中国地质博物馆 中科院地质地球物理研究所 中国古脊椎动物与古人类研究所	邀请来自中科院专家参与互动
		带领孩子们学习了解国宝级珍品矿石标本和化石收藏，并完成馆内寻宝的分组探索任务
		采用数字化、仿生、虚拟现实等技术，让青少年在浓郁的科学氛围中，通过亲眼目睹、亲手操作和亲身体验，轻松步入精彩纷呈的地学空间
三年级下	北京自来水博物馆 中科院生态中心 中科院地理科学与资源所	邀请中科院专家讲解一滴水的前世今生、世界水资源分布等
		学习了解自来水的处理工艺，了解水厂的供水特点，珍惜水资源
		通过视频动画、互动、游戏、分组探索等形式，学生加深对自然资源尤其是水资源的认识与理解
四年级上	北京自然博物馆 中科院动物研究所/ 中国国家地理研究所	邀请中科院专家讲解自然与人类历史与奥秘，博物学的起源与发展
		跟随专家了解珍贵的孤品标本，分组探索展厅的科学故事
		在专业老师的指导下，以生物进化为主线，学习生物多样性以及与环境的关系，构筑起一个地球上生命发生发展的全景图
四年级下	国家天文台沙河观测台站	学习天文基础知识，能运用天文知识解释各种常见天文现象
		从四季星空到太阳系，从古天文到时间历法，从行星到星系，领略天文学奥秘
		参观人体太阳钟、日晷、光电星像仪、月球仪等测量仪器
		学习用光学望远镜观测太阳
五年级上	中科院奥运村科技园区	邀请中科院专家讲解奥运村科技园区各研究所概况
		分组参观园区内艺术与科学相结合的不同科学主题的科普展项，如数字地球、第一张月面图、太阳历广场、嫦娥奔月等
		了解园区内各研究所特色的实验室和科研场馆，如遗传发育温室群、遥感科学长廊、动物标本馆等
五年级下	中科院微生物研究所	趣味科普报告
		显微镜下的世界：用显微镜、解剖镜观察微生物 "走进细菌和病毒的世界"特色图片展览
		实地参观微生物科普馆
六年级上	北京市规划展览馆 （中科院遥感地球所）	邀请中科院专家讲解遥感技术在城市规划中的作用
		以科技、艺术手段展示北京城市递变的历史足迹，与同学共同探讨保护与发展的话题
		学生在专家的带领下，见证北京未来城市发展规划与畅想

综合实践活动课程：重要的是「合」

六年级下	中科院心理研究所	心理学户外科普园地、心理梦工厂以及多个实验室 心理学科普展览，通过展板、互动展品等多种形式进行科普宣传 科普讲座传播心理健康知识

中国科学院的科普资源只是众多资源中的一类资源，助力学生成长的还远远不只这些。中国航天员科研训练中心的航天教员官们，在完成航天员训练任务之余来到学校，为五年级的学生开设"小小航天员"课程；学校的学生能有机会走进航天城，实地探察航天员的训练生活的地方，深刻感受航天精神之博大精深。我们的学生能亲自聆听中国探月首席科学家欧阳自远院士的"中国探月计划"。我们的学生能享受北京市雏鹰计划的资源，走进中国人民公安大学，体验"模拟探案"；走进腾讯儿童频道，多维体验互联网企业；我们的学生能在腾讯18岁生日庆典上和各行各业的专家、学者一起畅想未来科技发展……许许多多资源给予学生的体验、实践，为他们打开了多个通道，丰富着孩子的生活世界，孕育着学生的探索与追求。

（三）年级主题活动：圆梦——有趣的主题

有趣的主题，一直是综合实践活动开发与实施过程中的重要一环。学校一年级综合实践活动主题单元设计中突出关注了学生起点和兴趣。学生从走入学校的第一天是从认识老师和同学开始的，从了解学校的环境，熟悉、适应一个新环境开始的。因此，学生在实地观察、体验、经历中逐步从未知到已知，从陌生到熟悉，让校园成为学生探知社会的第一个支点。在校园里，学生逐步提升自己的观察能力，收集多维信息，参与多样活动，获取多样体验，循序渐进地形成良好的行为习惯，为后续的实践与探究做好储备。下图为一年级入学主题单元设计。

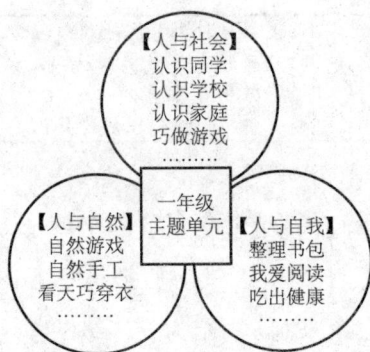

一年级综合实践活动主题单元设计

为了确保全校各年级的主题单元能落实，学校将综合实践活动课程进行校级整体规划，设置了年级主题活动专属时间，开展丰富有趣的主题活动。

中关村第二小学综合实践活动实施安排表

时间安排	实施年级	校级主题板块	年级特色活动实例
每周一 下午半天	三年级	趣味天文	家庭微旅行计划
	四年级	食品营养	自护自救我能行
每周四 下午半天	一年级	自然游戏	设计我的小书皮
	二年级	多彩节日	小小纸里有乾坤
每周五 下午半天	五年级	航天科普	走进公园真探究
	六年级	科技创新	圆明园里鉴文化

在一次次的斟酌主题思考中，在一次次的集体备课的研磨中，在一次次的活动实施的积累中，在一次次的课后反馈评价中，我们的综合实践活动课程不断丰厚起来，不断适合学生的需求，同时也是国家课程校本化开发的一个很好的切入点。其中，学校顶层设计的综合实践活动主题规划，不仅需要经过年级组各学科教师的反复论证，还要经过一轮轮的教学实践才能遴选出最适合孩子的年级活动主题，才能

真正落实实践性、开放性、自主性和生成性的特点。让学生真正在实践活动中参与进去，深入下去，生成出来，推广出去。

下表中列出了各年级一学期的主题单元学习内容，师生可以根据本学期学校教育主题、学生的学习特点及兴趣有选择地使用，并且增加年级特色主题，以丰富、完善综合实践活动的课程内容，满足学生多样化的学习需求。

中关村第二小学1—6年级综合实践活动主题活动内容

年级	一年级	二年级	三年级	四年级	五年级	六年级
领域	人与自然	人与自我	人与自然	人与自我	人与社会	人与社会
板块	自然游戏	多彩节日	趣味天文	食品营养	航天科普	科技创新
实践活动内容	自然接龙	家庭树	我们的"问天阁"	色彩的诱惑	百年航天	篮球穿过半片纸
	我是自然一分子	月宫与嫦娥	认识方位	哪里有淀粉？	中国航天60载	重心的妙用——制作平衡鸟
	倾听自然的声音	中秋佳节	星座的来源	离不开的脂肪、蛋白质	小小航天员	创新与发明
	自然寻宝	印度的曼陀罗	遥远的星星	水如何被吸收？	飞天大英雄	缺点列举法
	松鼠过冬	过一过排灯节	玩转星图	多喝白水有益健康	太空生活1	制作简易肺活量测试仪
	叶子找朋友	印度美食	制作星图	食物中的维生素	太空生活2	制作简易浇花器
	大树朋友	庆丰收，说感恩	漫步春季大曲线	可乐与牙齿的斗争	太空漫步	主题附加法
	种子的行进	感恩父母	仰望夏季大三角	好甜的馒头	太空穿针	创意吸管灯
	昆虫的变态	各地感恩节	识别秋季四边形	Vc是酸的吗？	飞出地球	改造书包
	自然模仿	世界各地迎光明	熟悉冬季大钻石	食物中的Vc	嫦娥奔月	制作纸飞机弹射器
	我是谁	冬至习俗	天象厅里望星空	巧做酸奶	玉兔驻足	材料改进法
	镜中的世界	圣诞节	天象厅里数星星	鸡蛋新鲜吗？	中国"火星人"	设计制作悬浮笔筒
	叶子的世界	冬至	观星工具望远镜	美味银耳汤	火星计划	制作磁性书签

果壳玩具	新年好	动手制作望远镜	海带汤中有淀粉吗？	太空之旅	设计与制作1
生态金字塔	年的故事	望远镜里来观测	纸怎么变透明了	我们的神舟	设计与制作2
小鸟与天敌	春节习俗	动手组装望远镜	健康食谱我来选	我们的天宫	设计与制作3

　　鲜活的内容、丰富的资源、有趣的主题，让学校综合实践活动立体丰满，突出学生的主体地位，引导学生主动发展。面向学生完整的生活世界，为学生提供开放的个性发展空间，注重学生的亲身体验和积极实践，发展创新精神和实践能力。通过综合实践活动课程的设计让孩子在实践中发现梦想，用丰富的资源和有趣的主题助力孩子圆梦。

第二节　涂抹梦想底色

一、绿色的生态梦——小学生的实验获习爷爷点赞

　　人与自然领域的研究性学习，打造孩子绿色生态梦。在"珍爱生命之水"科技实践活动中，二小学生以丰厚实践成果，真切的直观感受，客观的实验数据，在2011年全国科普日上邀请习近平爷爷一起做了"地球妈妈的雨衣"的科学实验，获得了习爷爷的夸赞："小学生的研究能关注水土流失问题，用实验数据告诉公众增加植被能保护水土，真是不简单！"

　　习爷爷的鼓励，让孩子们增加了动力，在全校范围内开展了"珍爱生命之水"的主题宣传活动，让同学、老师和全家人都参与其中，让大家共同了解北京水资源短缺的现状，让大家都参与到护水、节水的行动中来，以自己的实际行动珍爱生命之水。

地球妈妈的雨衣

9月18日，我们带着自己的研究成果"地球妈妈的雨衣"模拟实验，来到社区向大家分享我们的发现。11点钟左右，习近平爷爷微笑着走到我们中间，仔细地观看我们的实验演示。我们在三个大小相同的容器中，设计了一个25°的斜坡，分别铺上了浓密的小草、稀疏的小草和裸露的土壤。我邀请习爷爷和我的同学同时向三个容器中倒入100 ml的清水，通过收集装置，分别收集到有浓密植被、稀疏植被和裸露土壤三种不同容器中排出的水，测量排出水的总量并观察其清浊状态，并将实验结果向习爷爷和大家做了汇报。我们得出的结论是：有浓密植被的容器中排出水最少，而水质最清，相比之下，裸露的土壤的容器中排出的水量最多，而水质最浑浊。由此我们可以得出结论：植被就像地球妈妈的雨衣，能帮助人类进行水土保护。我们想借助这个实验让大家明白有植被的土壤可以最大程度的减少水土流失。

习爷爷耐心听取了我们对实验结果的总结。他表扬了我们对自然环境的关心，并且告诉我们，他的曾经工作过的地方就在陕北，那里曾经水土流失严重，但经过多年治理，现在已经有了改善。习爷爷还勉励我们从小养成爱科学、学科学的好习惯，增强对科学技术的兴趣和爱好，掌握科学知识，培养科学探究能力，长大以后为社会做贡献。这次活动增长了我的见识，让我们和国家领导人零距离接触，真是开心又荣幸！

二、红色的仁爱梦——小学生当上交通观察员

"为什么会堵车呢？是什么造成堵车呢？怎么去解决堵车呢？"这是五年级8班梁凯翔提出的问题。他在周末乘坐私家车回家的路上遇到近在咫尺的家，竟然开了一个小时的困扰。由此，这个五年级学生当起了交

通观察员，探究一下究竟是怎么回事，为联想桥附近交通疏堵出谋划策。

人与社会领域的研究性学习，打造学生孩子红色的仁爱梦。发现社会生活中的问题，探究其中原因，分析解决问题办法，形成解决问题的策略，为社会生活解忧出力。

梁凯翔同学发现了联想桥附近的拥堵问题，他没有纸上谈兵，空谈疏堵建议，而是花费大量的时间做实地观察，对周末多时段的车流量和拥堵状况做统计、分析；做访谈，走访交警队叔叔阿姨，了解解决拥堵的常规方法，最终自主提出了"设立小车调头专用车道、设置自行车护栏"两项建议，形成自己的疏堵方案。并亲自将方案提交给海淀交通支队的孙春帝警官。

在这样的研究性学习中，梁凯翔乐此不疲，乐在其中，用自己稚嫩的研究成果为海淀的交通出行出力。孩子的研究成果、孩子的疏堵建议受到孙警官高度评价。他希望每个交通参与者都能像凯翔小朋友一样积极参与到首都的交通建设中来，都能为创建良好的出行环境出一份力。

有了第一次的成功探索，就有了再一次研究性学习的动力。梁同学又将自己喜欢的机器人编程和社团学习的 3D 打印技术进行了融合，开启了"3D 打印和乐高 NXT 在公交车投币箱的应用研究"。通过大量的数据收集和代码编写，经过反复尝试、建模，最终设计、并打印出公交车自动分类理币投币箱雏形。他希望自己设计的简便、低成本的公交车载硬币、纸币分类理币装置，能节约人力资源，有朝一日能在公交车上看到自己的小创意。

研究性学习是学生在教师指导下，从自然、社会和学生自身生活中选择和确定研究专题，主动地获取知识、应用知识，解决问题的学习活动。中关村第二小学借助学生自主小课题研究、年级主题活动、学校科技实践活动、科学建议、科技论坛等多种资源和方式为学生搭建起研究性学习场。研究从学生的兴趣出发，以贴近学生生活实际的主题活动形式开展，根据学生自身的知识和能力，引导学生经历提出问题、确定主题，制定方案等过程，学习文献研究、调查研究、实验研究等研究方法，在老师的指导下，逐步学习分析与综合、归纳与演绎、分类与比较、概念判断推理等逻辑思维方法，养成探究习惯，形成科学态度和创新精神。

以上的多个实例中，学生的研究选题都来源于日常生活中遇到的不便或者感兴趣的内容，在老师的指导和帮助下，自主开展研究，用自己的亲身体验与实证收获了研究性学习的成果，并将成果分享出去，从而提升了研究性学习成果的价值，建立学生自我认可、同伴认可、社会认可的良性循环，从而提升学生的自信。有助于让学生将目光聚焦到日常的生活中，聚焦到社会生活中，善于发现问题，愿意主动探究，有办法开展研究，最终帮助学生获得适应未来社会生活的能力。

三、蓝色的科技梦——"公园"里面学探究

在学校里很多孩子都有着蓝色的科技梦，梦想成为科学家，成为

工程师，成为发明家……然而，要想实现科技梦，首先要学会像科学家一样做研究。因此，我们在五年级开设了"科学公园"实践探究主题活动，目的是让每一个孩子经历科学探究的全过程，要在科学探究的每一个环节中都有直接体验，都有思考感悟，从而全面提高学生的科学素养。

其实，通过科学课程的学习，学生对科学探究的一般过程已经非常熟悉了。

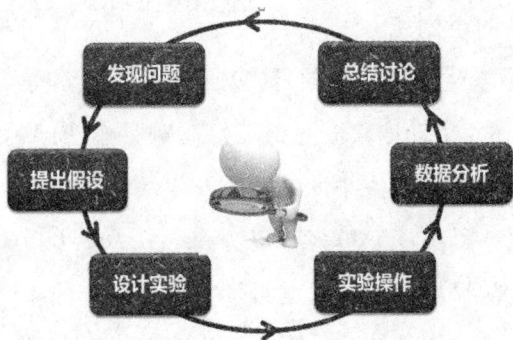

科学探究的一般过程

但当孩子们走进"公园"，真正开展科学探究时，却发现孩子头脑中的科学探究还只是概念，还没有学会发现问题，解决问题的方法和手段。因此非常有必要让孩子们经历体验科学探究全过程。

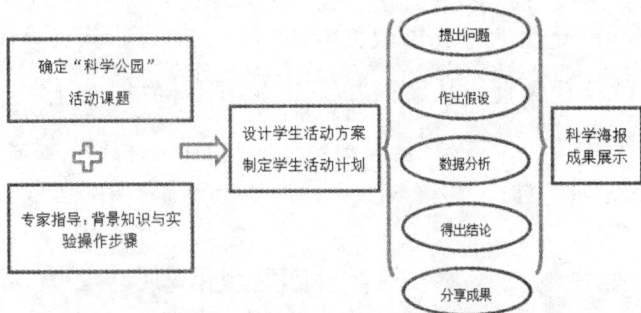

"科学公园"主题活动安排

五年级（1）班的研究主题是"底栖动物多样性探究与水质评价"，学生们通过第一阶段的科学知识和科学方法的储备，查阅文献资料，以及分组、分工，完成了对研究课题的初步了解。什么是底栖动物呢？底栖动物多样性和水质有什么关系？怎样测量底栖动物数量？用什么工具统计数据……每个组都有许许多多的问题生成，同学们期待走进奥林匹克公园，对水体进行实地探究。

第一步采样：当孩子们兴奋地拿着采集工具来到水边，已经完全忘记了分工，抢着挖底泥。经过老师的提醒，终于能够按照实验要求分工，力气大的男同学进行底泥样本采集。根据数据的可靠度，实验需要在上下游分别设置 2 ~ 3 个采样点，这样收集到的数据才能有说服力。

第二步筛选：要对采样样品进行相关处理并记录相关数据。女孩子们发挥了细心的特长，将底泥进行初筛，放置在白色托盘内，逐一筛选细小的底栖动物，记录种类及数量。

孩子们惊喜地发现，采样点 A 的底栖动物数量特别多，在 B 点采样的 1 个小组的同学拿起工具就跑到 A 点去采样，认为自己的动物样本不够多，就不好。

第三步数据分析：在科学导师的指导下，同学们使用科学计算器对实验得到的相关数据进行特定的计算并最终对水质进行合理的评价。

第四步得出结论：全班 7 个组有 4 个组的同学得出结论：奥林匹克公园水质严重污染。

原因分析：1 个组由于采样不合格，造成数据偏差；1 个组在两地采样，且样品混在一起，数据收集不准确；还有 1 个组没有掌握数据计算方法，没有获得实验结果。通过几个小组的分享，孩子们真实地感受到在科学探究过程中每一步都需要严谨、科学。无论是采样，还是收集数据，以及数据分析，都来不得半点马虎和随意，否则直接影响到研究结果的真实性和可靠性。科学精神的培养和科学态度的树立来源于孩子的切身体会，真实、有效。

科学探究到此还远未结束，每个组的学生分工合作将科学探究过程可视化，用自己喜欢的形式呈现在科学海报上，并将本组的研究成果用语言清晰、简练地表达，将学习活动成果分享传播。

学校借助这样的实践活动设计，引发孩子产生科学探究的兴趣，搭建科学探究的活动支架，让学生经历种种探究过程，产生多样的问题。通过问题的解决、结论的获得，生长孩子探究世界的手臂，开启科技创新之门。

四、橙色的创新梦——活动中间会合作

综合实践活动既是直接经验取向的课程，也是一种实践取向的课程。一定要在实践活动过程中获得直接体验，构筑起学生的人生经验。

"咱们的孩子不会合作！"——华清老师发现的问题。"很遗憾，我期待的精彩创意没有在华清校区实现！"——活动的主办者。

2015年学校开展了创客嘉年华活动中的"纸板创意"活动：全班分成6个小组，在40分钟之内，每个小组将30块纸板拼接、组合，搭建完成1个创意结构。

百旺校区的学生创意的中国龙

在华清校区四年级的一个班级中，每个孩子都想让大家完成自己的创意，在 40 分钟中反复争论，没有人去分析任务完成的步骤，该如何分工？该怎样合作？该如何在规定的时间内完成创意搭建。时间就这样慢慢溜走了……面对这样的现状，引发了我们的思考。

在实践中合作，在合作中体验，是对孩子合作意识的很好培养。为在活动中培养学生的合作意识，学校在今年的科技创新嘉年华中的主题活动中，着重开展基于"合作"的综合实践活动，其中三年级的主题活动为"四通八达的立体交通"。

情境创设：同学们都有在立交桥上行驶的经历，在图片和电视中也对立交桥的结构予以了解，今天全班同学就用 A4 纸搭建四通八达的立体交通。

第一步：探究纸的结构。学生通过探究了解用折叠法可以增加纸的承重能力。

第二步：自主建桥梁，可以是直桥，也可以是弯桥。大家约定桥面宽度统一为 3 厘米。每位同学完成 2～3 个桥面制作，可高可矮，可直可弯，但桥面的宽度都为 3 厘米。

第三步：设计小组立交桥。每位同学贡献自己桥梁，连接成小组立交桥。此时孩子已经开始跃跃欲试了，各种各样的状况也开始出现。有的小组没有人设计桥梁拐弯，连接成一个大长桥；有的组各种高矮，各种转弯的桥梁应有尽有，设计出的立交桥蜿蜒曲折；有的小组开始增加设计：收费站、加油站、服务区……使

得孩子们的设计更灵动，更真实。

第四步：班级立体交通网的联通，不仅让学生兴奋，老师们也跟着激动起来，各班的设计铺满了整个楼道。看着孩子们设计的四通八达的立体交通网，看着集全班同学力量与智慧的实践的搭建成果，老师们不停地拍照、记录着，引导孩子们品味合作的惬意。孩子们的创造性和合作积极性完全被激发出来，活动中孩子们体会自己和集体密不可分，体会到每个人都是集体中不可缺少的一分子，只有个人贡献多一点，小组成果才会多样；只有小组成果多样，班级成果就会更理想，更完善。学生们收获了合作成果，享受着合作的快乐。在课后反思中，孩子关注到了规则：无论做成什么形状的桥梁，桥面的宽度永远是3厘米。这样的规则为合作埋下了很好的伏笔，孩子们在反馈中表达出就是这3厘米，把全班的桥梁连接在一起，因此，在合作做事情时需要考虑好合作的连接点。孩子的切身体会让孩子学会合作，乐于合作，了解合作有方法。

综合实践活动过程中，让学生体验合作中遇到的问题与困难，形成合作的成果对于孩子来说非常重要，让学生有直观的体验——合作很重要，合作有必要，合作有方法，合作效率高。"四通八达的立体交通"主题活动设计，强调学生的亲身经历，不断获取新的经验，如与人合作等；重塑人生经验：如人需要相互帮助、彼此支持。这就是综合实践活动课程的核心价值所在。

第三节　让梦想照亮现实

一、真研究：小学生建议被采纳

"沈老师，您看今天的新闻了吗？""我儿子的建议被采纳了！"随着这兴奋的话音，我接收到了家长发过来各大媒体的新闻链接：《北京五道口将拆除铁道，拥堵路况不再上演》。千龙新闻报道：据了解，随着新京张高铁清华园隧道的建设，五道口、四道口、双清路道口三个平交铁路道口将于近期拆除，随后重新铺设沥青路面，恢复交通。届时，该路段早晚高峰的拥堵状况将得到缓解。人民网报道《京张铁路百年老站清华园站今晨关闭，"五道口"将被拆》……五道口地区的交通拥堵状况终于有盼头了。

2015年暑假，家住五道口附近的三年级6班吴题同学也是被每个周末令人挠头的出行问题所困扰，于是开始了历时半年调查、分析、对比、研究，最终向北京交通部门提出了"关于提升五道口道路通行效率的建议"，并以此项目参加了北京市中小学生科学建议奖活动，并一举荣获2015年北京市学生科学建议奖。在不断深入研究的过程中，吴题同学将自己的研究分享给同学们，在同学和老师们的帮助下不断完善研究。不仅将自己的研究成果传播出去，而且还收获更多考虑问题的视角和解决问题的方法。

2016 年 12 月 31 日，随着最后一班火车驶离宇宙中心五道口，吴题同学的研究课题真正参与了北京市的智能交通建设，也是小学生在为北京的社会生活出谋划策的又一个实证。

其实，作为研究性学习课程和学校传统科技实践活动，六（1）班沈语墨的"关于设置社区助老微信与 QQ 群公益平台的建议"、六（8）班陈妍的"关于建设北京市全民健身公共服务体系的建议"、六（19）班沈疏桐的"关于市政公交一卡通可兼容电梯 IC 卡收费系统的建议"、五（10）班何昊阳"关于利用手机短信平台和 GPS 定位技术实现拼车调度的建议"、六（11）班朱相成"关于在北京新建城区道路推广大叶椴与皂荚作为行道树的建议"都从每年上千份的市级建议中脱颖而出，获得市级科学建议奖。除此之外，学校每年都有各个年级的研究小课题在班级、年级和校级进行分享。下表中是 2014 年部分学生的研究课题，从孩子们的选题中，可以深切地感受到孩子们的选题源自身边事儿，孩子们的研究更关注交通、社区、节能及生活。可见，同学们通过研究性学习，已经将关注点聚焦在发现日常生活和社会生活中的问题，并用自己所胜任的方式开展研究，并将研究结果进行分享发布。

2014 年中关村第二小学研究性学习课题分享登记表

1	208 张笑语	关于防止小偷偷车的建议
2	213 孙翊博	关于加快推进北京市公共交通工具使用新能源汽车的建议
3	209 李冠西	关于北京市居民养老的建议
4	306 曹聿文	关于行车记录仪的改进建议
5	309 李煮宁	关于中小学开展模拟飞行课程及运动的建议
6	405 李昊	关于利用建筑治理大气污染的建议
7	407 赵子谦	关于城市照明采用太阳能供能型的建议
8	410 白云天	关于北京"优待"公交的建议
9	415 李嘉琛	关于修改交通指示灯的建议
10	416 魏东杰	关于机动车加装酒精和汽油等检测仪的建议
11	417 马志鹏	关于在北京市推广空巢家庭安装呼叫系统的建议
12	501 翟安可	关于在媒体和公众场合大力宣传老年急救知识的建议
13	503 王坷轩	关于加强社会弱势群体自我防范和自我保护能力的建议
14	504 高子婷	关于垃圾车进行垃圾分类的建议
15	506 罗嘉阳	关于进一步加强北京雾霾天气防治的建议
16	508 王家瑞	关于建立社区园艺教室的建议
17	515 马博	关于公共卫生间安装节水水龙头的建议
18	601 王欣宇	关于推进北京市社区养老服务的建议
19	615 曹亮	关于建议推广社区教育—厚美居 APP 的建议
20	216 邓乐容	关于北京增设社区儿童图书馆的建议

综合实践活动课程：重要的是「合」

21	217 王乐萱	关于增加公共交通工具人脸识别系统的建议
22	309 黄与成	加快路面积水排泄方法：排水板栅上加装垃圾防护网
23	310 郝天诚	关于在三环以内设置完整的自行车道的建议
24	314 朱宸琳	关于北京公共场所卫生间适用性的调查与建议
25	317 苟恩铭	关于利用北斗卫星建立学生定位安全系统的建议
26	317 缪海文	关于改进北京郊区农村生活垃圾收集和处理的建议
27	405 陈思危	地铁站口早餐点情况调查和建议
28	409 张润昕	关于基于移动智能终端建立老人健康监护联动系统的建议
29	416 宋静远	关于利用我国北斗导航定位系统缓解公路交通拥堵的建议
30	506 武祺越	关于在学校设立"换衣屋"的建议
31	507 丁童心	关于改造和预留垃圾分类丢弃口的建议
32	508 詹蕊菁	关于让水资源节约保护意识深入人心的建议
33	511 宋鹤	关于减少教师吸入粉尘的一点建议
34	511 宋鹤	关于雨天增强安全性伞柄的建议
35	515 刘照渊	关于西北旺和航天城地区设立多个公共自行车点的建议
36	516 薛飔晞	如何利用互联网进行社区基层文化建设
37	602 关与坤	关于博物馆、名人故居、名胜古迹等制作二维码为中小学生增强科普知识的建议
38	611 陈晓萌	关于优化现有交通资源的建议

二、实体验：本草园里品药香

学校的校园环境也是综合实践活动课程体系中的不可或缺的资源：快乐农庄里学生体验农耕，种植太空蔬菜。百余种校园植物，成为学生研究的目标。动态植物名片、扫码认植物在校园随处可见。果树一条街上挂满枝头的红彤彤的山楂、黄澄澄的柿子，让每个孩子心里满是喜悦。

"最有效的学习途径是通过最直接最真实的经历与体验引发学生对知识的渴求。"——犹太教育理论家费厄斯坦。怎样把学校药用植物园"本草园"里的药用植物和学生探究活动建立联系？薄荷、玉竹、枸杞、鱼腥草、金银花、景天、紫菀、芍药和桔梗……每天孩子们都从这些药用植物身边经过，这些药用植物有什么功效？有什么药理？是哪个部位入药……针对一系列的问题，学校专门开设了"药用植物嘉年华"实践活动，将植物带入课堂，将学生带进药植园，开展药植物的探究，不仅认识药用植物，而且还了解了简单的中药常识。

每年夏天，一走进本草园，就会嗅到一股清凉的味道，这是绿油油的薄荷散发出来的清香。暑热难耐时，食堂会给大家调制薄荷饮，清心去火，香甜可口。在实践活动中，孩子们触摸着薄荷叶片的清凉，观察薄荷的生长环境、了解其药用部位及价值，并过实验探究薄荷的防腐性能，使得同学们对路边这一簇簇不起眼的薄荷产生兴趣，产生一串串的探究问题：是不是许多清凉的药品中都有薄荷的成分？薄荷中的有效成分是外用好还是内服更好？……实实在在的体验，让孩子们对各种药用植物产生探究的欲望。探究影响芍药保鲜的因素；探究影响玉竹种子发芽的因素；探究桔梗扦插繁殖了解植物繁殖方式；通过景天干旱胁迫实验探究植物对环境的耐受能力；提取枸杞色素，探究枸杞色素的稳定性；探究金银花最佳浸泡提取条件；实验探究百里香的化感作用及对蚂蚁的驱赶作用……一个个不同的植物样本，种种不同的实验现象，开启了学生药用植物探究的大门，越来越多的孩子会在课间流连在本草园中，越来越多的孩子在分享药植园里的实验成果。也许在这些孩子中就会有未来的药学家、未来的医生。孩子们的多样职业体验就从校园开始……

三、巧操作：玩出来的数字科学家

这里说的操作并不是指综合实践活动过程中的操作过程，而是泛指一种学习类型，即劳动技术教育和信息技术教育等领域的操作层面的技能学习样态。

随着现代信息技术的发展，新的设备、新的软件层出不穷，信息技术教育正面临巨大的挑战，移动学习、虚拟现实、增强现实、各种新媒体不断冲击着传统的课堂学习模式，因此在信息技术教育中让学生与未来学习"相遇"，让学生应用数码工具对未知进行探究，成为数字科学家。

"智能交通"是一节典型的数字科学家体验课程。

探究工具：手机、相机。

实验材料：智能车套件。

活动设计：

第一步，合作搭建反冲小车，让小车有动力能前行。【实践操作】

第二步，小车竞速，方法不限，比出速度最快的车。【明确规则】

第三步，分析竞速过程。【梳理思维】

方法一，规定起点和终点，谁先到达终点谁快——路程相同，时间短的车快。

方法二，计时 10 秒，走的距离长的车快——时间相同，路程长的车快。

在反复的竞速中，自主建立 路程＝速度 × 时间的概念，在实践中形成数学模型。

第四步，用数码工具记录竞速过程。【收集数据】

第五步，使用 QQ 影音工具提取竞速结果。【数字化处理】

第六步，应用软件提取数据，计算小车速度。

课堂中每位学生一直在体验操作性学习——搭小车、比速度、建模型、记录数据、提取数据、计算数据，最终算出谁的小车跑得快。在完成任务的过程中解决了信息技术、工具使用、数学分析等多学科问题。学生获得的是有意义的探究方法，有价值的问题思考。这样的课程像"玩"一样，但又激发学生会"玩"、巧"玩"，在玩中形成探究能力，适应未来发展需要。

四、享服务：我是梦想传播者

还有一类课程样态在学校随处可见，那就是志愿服务，学校的各个服务岗位，都少不了小小志愿者的积极参与，热情服务。学校 2012 年 11 月起，面向全体同学征集志愿岗位，立刻得到了热烈的响应。同学们根据自己的兴趣和特长，自愿报名参与、自主选择岗位，先后有两千多人次参与到志愿服务活动中来。慢慢地，志愿服务发生了悄然变化，从"被动"到"主动"，自发开展志愿服务活动三年来，越来越多的班级、学生自发行动起来。志愿服务已经渗透于校园生活的各个方面。因为自发，所以珍惜；因为珍惜，所以热爱；因为热爱，所以持之以恒。在志愿服务的课程样态中，最核心的是学生的自主管理。他们在实践中锻炼能力，随着志愿服务的岗位不断完善，内容日趋丰富，方式日益多样。小志愿者团队逐渐形成了自我管理、自我教育、自主活动的自主管理模式。志愿服务中孩子们以大带小、以老带新，使宝贵的经验和可贵的志愿服务精神得以传承。

学生成长的多样性需求，促进课程体系的完善建构；学生在课堂上灵动生成，要求课程内涵不断地丰满；学生在活动中成长、在探究中思考、在体验中感悟。课程体系的建构让学生获得适应未来学习、生活的丰富的生命体验，成为一名有素养，善思考，会实践，有梦想的小学生。

　　在学校课程体系中，"综合实践活动"课程，是与其他课程领域有着本质区别的课程领域，是面向全体学生的，以提升学生对现实问题解决和对知识的综合运用为目标的，更强调解决问题的实践过程及由此产生的丰富多彩、生动鲜活的体验。结合学校多年的实践，我们将学校的综合实践活动课程落地为研究性、体验性、服务性、操作性四种样态，期待为学生提供丰富的生命体验。

第二章　照亮幸福人生

——福建三明学院附小综合社会实践活动课程

【案例1】阳光正好，这个初夏我们远足啦！——记五年段"远足行动"综合社会实践活动课程

阳光不燥，微风正好，5月18日早上8点，三明学院附属小学五年级全体师生齐聚学校操场，参加五年级20公里远足活动。远足是一个好"玩"的活动，一瓶水和两个馒头作为"午餐"，在徒步20公里的过程中，孩子们在亲近自然的同时，磨砺意志，培养团队精神，用顽强的意志战胜困难，用坚实的脚步追逐梦想，完成20公里的徒步远足。

远足活动尽显附小学子朝气蓬勃的气息和奋发向上的精神，成为三明学院附属小学"幸福七色花"年级特色体验式教育活动的一个缩影。

【案例2】三明市城市居民饮用水资源的调查—— 记四年段环保主题综合社会实践活动课程

东牙溪水库储存的是三明市区人民的"生命之水"，其水质的好坏直接影响着市区人民的身体健康。三明学院附属小学四年段全体学生来到东牙溪水库进行水资源调查。他们事先通过网络了解了水资源调查的方法并进行了合理的分工。分组询问了东牙溪水库工作人员关于水库和水质的基本情况；聆听了中村乡人大主席和分管企业的副乡长介绍的政府为了保护东牙溪水库采取了建沼气池、制约当地乡镇企业发展、大力提倡退耕还林等的措施；采访了中村乡村民，了解到村民们能自觉遵守公共卫生、不乱砍伐、开荒并节约用水……

这次调查活动不仅给同学们上了一堂生动的环保课，还提高了孩子们通过互联网搜集、处理信息和研究性学习能力。

像这样以年段、班级为单位，将信息技术与研究性学习相结合，融入学生社会实践活动的课程正是三明学院附属小学综合社会实践活动课程的缩影。通过该课程学习，孩子们走进社会，了解社会，关注社会，并以自己的实际行动为社会做力所能及的贡献。孩子们学会了担当，培养了主人翁意识和社会责任感。

第一节　幸福来敲门
——综合社会实践活动课程开发的必要性

一、历史的声音

古人云，"读万卷书，行万里路"，古往今来，凡成大事者，无不经过社会实践的历练和艰苦环境的考验。如：北宋时期的政治家、科学家沈括，他一生致力于科学研究，在众多学科领域都有很深的造诣和卓越的成就。幼年时期，在读到 "人间四月芳菲尽，山寺桃花始盛开" 这句诗时，他就提出了 "为什么我们这里花都开败了，山上的桃花才开始盛开呢？"为了解开这个谜团，沈括约了几个小伙伴上山实地考察一番。四月的山上，乍暖还寒，凉风袭来，冻得人瑟瑟发抖，沈括茅塞顿开，原来山上的温度比山下要低很多，因此花季才来得比山下来得晚呀。凭借着这种求索精神和实证方法，长大以后的沈括写出了《梦溪笔谈》，这本书内容丰富，集前代科学成就之大成，在世界文化史上有着重要的地位。

同时，许多著名学者治学时也非常重视实践活动。清初理学家、文学家陆世仪说："学问从致知得者较浅，从力行得者较深，所谓躬行心得也。"郑板桥介绍自己的治学经验："非闭户读书……长游于古松、荒寺、平沙、远水、峭壁、墟墓之间。"为摆脱"窗下之陋"，深入生活，以"天地为师"，足迹所及，遍布天下名山大川。陶行知说："行是知之始，知是行之成。"施良方说："大多数意义学习是从做中学的。" 历史证明，社会实践是生活和学习的源泉，引导学生在实践中观察、认识、体验、思考、积累，方能够磨练意志、施展才华、增长本领。

二、现状的思考

知识不仅存在于课堂上，更存在广阔的大自然、社会中。美国教育家杜威认为，教育就是儿童生活的过程，而不是将来生活的预备。他说，生活就是发展，而不断发展，不断生长，就是生活。因此，最好的教育就是"从生活中学习，从经验中学习"。教育就是要给儿童提供保证生长或充分生活的条件。那么，既然教育是一种社会生活过程，那么学校就是社会生活的一种形式。他强调说，学校应该"成为一个小型的社会，一个雏形的社会。"在学校里，应该把现实的社会生活简化到一个雏形的状态，应该呈现儿童的社会生活。就"学校即社会"的具体要求来说，杜威提出，一是学校本身必须是一种社会生活，具有社会生活的全部含义；二是校内学习应该与校外学习连接起来，两者之间应有自由的相互影响。因此，必须把学校教育和学生综合社会实践活动课程密切联系起来．将综合社会实践课堂教学回归生活和社会。

三、当下的需求

2013 年 1 月，林启福校长调任附小，同年提出了"福泽"教育办学主张。"福泽"是幸福教育的核心思想，"福"字是思想、理念、目标、愿景，"泽"是过程、手段、策略、方法。学校构建的福泽课程体系，就是过程，就是手段，就是策略和方法。上述的综合社会实践活动课程体系正是在"福泽"教育理念和教育哲学的影响下逐步完善起来的，并且符合学生兴趣、家庭需求和社会要求。

（一）培养幸福学生

课程发展是学生可持续发展的动力和途径，培养学生的综合素养和鲜明个性是实现儿童终生幸福的重要支撑。2013年学校确立了"福泽"教育办学思想，旨在构建独具附小特质的"幸福学生的样子"，让孩子在经典、特色、鲜明的情境体验活动教育中感受幸福、丰富幸福、体验幸福、创造幸福、传递幸福，绽放生命成长的精彩。

（二）培育幸福家庭

雅斯贝尔斯在《什么是教育》这本书里说："教育是人的灵魂的教育，而非理性知识和认识的堆集。"社会实践，是对学生"养成教育"的重要组成部分，是注重对学生进行训练，帮助学生认识自我的有效途径。鼓励家长参与学校的活动，和教师共同组织和开展社会实践活动，和孩子们搜集资料、一起做调查、搞研究，并分享着孩子们的成功体验和幸福感。

（三）缔造幸福社会

2016年9月13日上午，中国学生发展核心素养研究成果发布会在北京师范大学举行。学生发展的核心素养，就是以培养"全面发展的人"为核心，分为文化基础、自主发展、社会参与三个方面。时代要求培养学生的社会参与能力，做个合格公民。为此，更新教育理念，改变教学方法，创设生活情景、打造有生命力的课堂，调动学生学习的主动性、积极性，提升学生的社会参与能力迫在眉睫。通过"认养一棵树，栽培一种花""我的低碳生活"等体验与创意活动，让学生把自然、和谐的生态环保意识和简洁、节能、文明的绿色生活理念带回家。结合"低碳行动"，引导学生了解个人及家庭能源使用方式对节能减排的意义和作用，树立"节能环保，珍爱自然"观念，让低碳理念从校园延伸家庭，辐射社会，让绿色走进家庭，让低碳融入生活。

第二节 筑就幸福花园
——综合社会实践活动课程的开发

一、课程的总体目标

积极开展各种综合社会实践活动课程，鼓励学生积极主动地参与其中，让学生学会沟通、理解，提高学生的语言表达能力、创造思维能力和组织交际能力，提高学生通过互联网搜集、处理信息进行研究性学习的能力，使学生在实践活动中分享幸福、传递幸福、创造幸福。

通过综合社会实践活动课程构建家庭教育、学校教育、社会教育"三位一体"的德育活动网络，提高学生的道德素质，让孩子幸福、健康、快乐成长。

二、课程的开发策略

（一）"为学生幸福人生奠基"办学理念的基本要求

所谓的幸福教育，就是能卸掉学生的抵触情绪，让学生爱上学习，能自主学习，并不断体验学习的快乐。换而言之，一所幸福的学校要有学生喜欢而且能够真正学有所获的课程，才能开启学生的多彩人生。例如：我校六年段扎实开展"分层序列化"好习惯培养活动，着力推进"热爱劳动，积极参加志愿服务"好习惯的养成教育：通过"幸福早餐工程"，倡议学生利用周末时间为家人准备健康、营养的早餐；实施"每天做件家务活——21天好习惯养成计划"；校园安全志愿者、环保志愿者招募活动；举办以"积极参加志愿服务"为主题的手抄报比赛和主题班会活动；"小鬼当家"活动；"为三明点赞，为文明点赞"亲子志愿服务等一系列活动。通过近一个学期的养成教育，孩子们能积极参加劳动，积极参加志愿服务，自己的事情自己做，争做一个有社会责任感，勇于担当的小小志愿者，做一名优秀的附小学子。

（二）"从小事做起，把小事做好"校训的有效延伸

古人云：不积跬步，无以至千里；不积小流，无以成江海。说的就是想要成大事、大气候必须从小事做起的道理。在日常教育中，要求同学们从点滴做起，从身边的小事做起。附小地处市区交通主干道，上学、放学期间，学校门口常常拥堵不堪，为此，学校向全体少先队员发出倡议："低碳生活，绿色出行，做文明幸福三明人"。学校倡议步行路程在半个小时之内的同学们，采用步行或乘坐公交车等绿色出行的方式，用实际行动努力践行"低碳生活，绿色出行"，为 "文明城市"增光添彩。通过学校教育让全体少先队员们把"低碳生活，绿色出行，做文明幸福三明人"的理念转达给自己的家长，向家庭、向社会辐射。

（三）"福泽教育"办学主张的充分彰显

苏霍姆林斯基说过，"为了使孩子成为有教养的人，第一要有欢乐、幸福及对世界的乐观感受。"在"福泽"教育思想下家校协作力推的"幸福营养早餐工程"在附小"火"了，我校五年段的孩子们在家务劳动实践基地积极参加劳动实践。孩子们以小组为单位共同制定菜谱，计算所需费用，进行人员分工，学习烹饪，在活动过程中孩子们体会到了干家务的艰辛。家务实践体验后，许多同学利用节假日，给父母放假，为家长准备丰盛的营养早餐。如今在三明学院附属小学各班级微信群和 QQ 群里，家长们掀起了争先"晒"孩子利用在家务劳动实践基地学到的本领为家长准备早餐图片的热潮。一份份营养、健康、丰富早餐是附小孩子们利用周末时间为父母准备的爱心早餐。学校家务劳动实践基地活动的开展引起了家长的纷纷点赞，这一举措得到了家长们的大力支持和广泛好评，家长们积极行动起来，"晒"早餐、"晒"幸福……

（四）"多元＋个性"福泽课程的幸福体验

早在 20 世纪，著名的苏联教育家苏霍姆林斯基就曾说过："在

教学大纲和教科书中，规定了给予学生的各种知识，但却没有给予学生最宝贵的东西，这就是幸福。理想的教育是：培养真正的人，让每一个自己培养出来的人都能幸福地度过一生，这就是教育应该追求的恒久性、终极性价值。"著名教育家乌申斯基说："教育的主要目的在于使学生获得幸福，不能为任何不相干的利益而牺牲这种幸福，这一点当然是毋庸置疑的"。放置在"幸福指数、中国梦、美丽中国"等大背景下，让所有学生都有一个美好的梦，成为幸福的人，是理应追求的教育理想。让孩子享受当下的幸福，为他们的未来储备幸福，让教育充盈幸福感，这不仅仅是一种教育境界，对师生发展、社会进步而言，更是一种责任。把"福泽课程"作为学校的"现在进行时"，是追求教育本质的回归，教育因为幸福的方向，才有了特殊的意义。

美国思想家梭罗在《种子的信仰》里说"如果你在地里挖一方池塘，很快就会有水鸟、两栖动物及各种鱼类，还有常见的水生植物，如百合等等。你一旦挖好池塘，自然就开始往里面填东西。尽管你也许没有看见种子是如何、何时落到那里的，自然看着它呢……这样种子开始到来了。"我们尽可能多地为孩子们创造条件，充分发挥社会实践的作用，精心设计社会实践活动课程的载体，大力推动学生参与社会调查、志愿服务、公益劳动、科技创新等实践活动，引导学生在服务他人、奉献社会中升华对社会主义核心价值观的认知理解；引导学生在实践中亲身体验，良好的习惯和品行不断地内化为学生自身的素质，在精神愉悦中感悟"多元＋个性"福泽课程带来的幸福体验。

三、课程的开发模式

学校在综合社会实践活动课程实施过程中注重研究性学习、信息技术教育在内的综合实践活动各系列之间相互渗透与延伸，提倡学生学习方式的多样化，强调研究性学习不是教室内的单调实验，信息技术教育也绝不是简单的上网搜集资料。任何一项综合社会实践活动课程采取多种多样的活动方式，方案设计、资料搜集、调查、考察、观察、访问、实验、测量、制作、宣传、表演、辩论、答辩、讨论、反思等等，通过学习、活动方式的多样化促进学科整合，达成综合社会实践活动课程的目标。

学校综合社会实践活动课程强调学生学习与生活的联系，从学生已有的生活经验出发，让学生亲历研究的过程。学生在研究性学习过程中走向社会，走向生活，亲历实践，获得体验，同时运用网络搜集信息，丰富对课题的探究，对认识理解的加深，培养解决实际问题的能力。在实践中，根据低、中、高年级学生的学情特点，我们的综合社会实践活动课程主要有以下模式，概括如下表：

三明学院附属小学综合社会实践活动课程模式表

分类	"社会实践＋研究性学习"模式	"社会实践＋研究性学习＋网络自学"模式
适合年级	低、中年级	高年级
学习方式	调查法、访问法、实验法	调查法、实验法与资料综合研究法
特点	对某个问题进行社会调查或进行一项实验然后小结，形成研究成果	既有实践性活动，也运用网络资源。培养学生的媒介素养，学会收集信息、筛选信息及处理信息
举例	三明市城市居民饮用水的调查、春游（寻找春天）	研学旅行、心理小课题研究课程

四、课程的师资建设

综合社会实践活动课程是一门培养学生跨学科素养的实践性课程，着眼于发展学生参与实践的积极体验和丰富经验，提高学生对自然、社会和自我之间内在联系的整体认识，培养学生的社会责任意识、问题解决能力、实践创新精神。由于综合社会实践活动课程实施的艰巨性和复杂性，综合社会实践活动课程的师资队伍建设显得尤为重要。

（一）组建学科教研团队

学校根据实际情况，选派责任心强、知识丰富、综合素质高、勇于创新的教师担任专职教师，组成学科教研组，具体实施学校综合实践活动课程计划，开发和实施社会实践活动校本课程。

（二）加强对专兼职教师的培训提高

我们通过"请进来，送出去"等各种形式对专兼职教师实施全员培训，使每个教师都清楚课程理念和实施策略，积极参与对综合实践活动的有效指导，适应新课程需要。

（三）聘请专家，优秀家长现场指导

我们聘请专家、优秀家长共同开发课程资源，请优秀家长到校参加"家长百家讲坛"活动。他们借助自己职业优势，给孩子们带来新鲜的知识文化大餐，较好地弥补了学校教育的不足，丰富了学校的综合社会实践活动课程。

（四）设计课程方案，在实践中反复修改完善

在综合社会实践活动课程实施过程中要求不断总结与反思，对课程方案存在的问题要及时修改，便于下一轮学习的借鉴和使用。

五、课程资源的开发

《基础教育课程改革纲要》要求，"积极开发并合理利用校内外各种课程资源。学校应充分发挥图书馆、实验室、专用教室及各类教学设施和实践基地的作用；广泛利用校外的图书馆、博物馆、展览馆、科技馆、工厂、农村、部队和科研院所等各种社会资源以及丰富的自然资源；积极利用并开发信息化课程资源"。开设综合社会实践活动课程，应重视各种课程资源的开发和利用，使之更好地为培养"幸福学生"而服务。

三明学院附属小学课程资源分类表

资源分类	资源例举
自然资源	走进清枫谷、走进陈大瑞云山
社会资源	幸福绿道、人民英雄纪念碑、三明市中小学社会实践活动基地
社区资源	图书馆、科技馆、养老院、福利院、气象局
家长资源（隐性资源）	家长志愿者
人文资源	寻访朱子文化、研究三明小吃

六、课程框架的构建

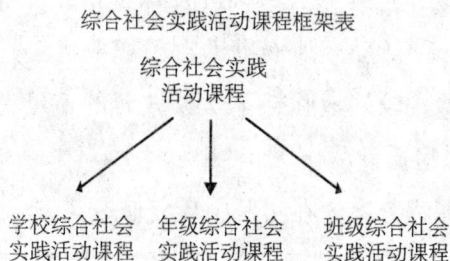

综合社会实践活动课程框架表

综合社会实践
活动课程

学校综合社会　　年级综合社会　　班级综合社会
实践活动课程　　实践活动课程　　实践活动课程

综合社会实践活动课程框架图

（一）学校综合社会实践活动课程

1.寒暑假综合社会实践活动课程

　　组织学生参加社会实践活动是培养学生融入社会的意识和服务社会的责任感的重要途径。我校开发了寒暑假综合社会实践活动课程，社会实践活动课程做到"七有"，即有目标、有主题、有方案、有布置、有落实、有评比、有展示。2013年寒假以"中国梦"为主题，2013年暑假以"告别舌尖上的浪费，走向文明餐桌"为主题，2014年寒假以"三爱三节"为主题，2014年暑假以"家风家训伴我行"为主题，2015年暑假以"为文明点赞 为三明点赞"为主题，2015年寒假以"践行社会主义核心价值观"为主题，2016年暑假以"传承伟大长征精神 争做民族复兴栋梁"为主题，2016年寒假以"传统节日 我们在行动"为主题。例如：2015年寒假社会实践活动，很多同学都参加到社会实践活动中，低年段同学在春节走亲访友之际，向亲朋好友征集"社会主义核心价值观"的自创格言，为"社会主义核心价值观"代言；中年段同学用照片和视频记录践行社会主义核心价值观的典型人物和事迹，传递正能量；高年段同学则是践行志愿服务精神，开展"小小志愿者行动"。孩子们走上街头、走进社区、来到敬老院、儿童福利院，来到公园、绿道，送温情、献爱心……

在寒暑假社会实践活动优秀作品选评和展示时，给予大家很多震撼和感动：四年（6）班爱心小分队的同学和家长前往三明市芦桥敬老院慰问老人，通过送节日祝福语、新春礼物、打扫卫生、表演节目等方式为老人们庆祝新春佳节，还把此次活动录制下来，经过剪辑，加上片头和片尾，制作成光盘。三年（6）班的程好同学，用摄像机和笔记录了爱岗敬业的清洁工人的辛勤劳动。四年（3）班的魏凯昂同学采访了自己的亲人，请他们说什么是诚信，怎么做到讲诚信，录制了光盘《听亲人说诚信》。四年（6）班的施睿捷同学上交的视频《我的三姨》，记录了他的三姨是三明市蓝天志愿救援队的一员，参加山地救援，去寻找失踪的老人等。

2. "家长百家讲坛" 综合社会实践活动课程

家长是孩子最好的老师，家长们来自各个不同的行业，有着不同的优势和特长，开发家校合作课程，有利于拓宽教育渠道，创设家长参与学校教育的平台，更好地发挥优秀家长的辐射示范引领作用。学校每学期两期的"家长百家讲坛"课程已开设4年，家长们走进课堂，担任老师。他们借助自己职业优势，或讲家乡美、或支安全招、或讲理财小妙招，或做小制作，或开展心理团体游戏……新鲜的课堂，新鲜的面孔，新鲜的知识文化大餐给学生带来了全新的成长体验，较好地弥补了学校教育的不足，丰富了学校的德育课程。

（二）年级综合社会实践活动课程

学校依托社会资源，结合三明当地特色，在各年级开设综合社会实践活动课程，拟定每学期一次，每次一个主题的方式开展，循序渐进，逐步深入。

三明学院附属小学各年级综合社会实践活动课程表

时间	地点	活动内容（例）
一上	走进清枫谷	跟着唐诗去旅行
一下	陈大瑞云山庄	春游
二上	三明市人民英雄纪念碑	爱国主义教育
二下	城市交通主干道	交通安全劝导
三上	同学家（交换空间）	到同学家中共同学习生活1-2天
三下	三明市气象局	观云识天气
四上	拓展基地	亲子综合社会实践活动
四下	东牙溪水库	三明市城市居民饮用水的调查
五上	校外实践活动基地	岩前综合实践活动基地实践活动
五下	三明市心理健康辅导站	"幸福，心的体验"课程体验
六上	尤溪、宁化	研学旅行：寻访朱子文化、探访红色足迹
六下	永安、沙县	了解三明小吃

【案例1】成长路上，有诗，也有远方！

每一首唐诗，都是鲜活的游历图；每一位诗人，都是资深的旅行家。古诗是中华文学宝库中一颗璀璨的明珠，是我国古典文学皇冠上最闪亮的钻石。附小太阳中队的小朋友们，在一年段段长赵伯珍老师及家委们的精心策划下，一年级开展了"跟着唐诗去旅行"主题综合社会实践活动课程。他们带着唐诗走进春天，他们在唐诗中寻觅春天的足迹。

【思考】中国古典诗词蕴含着艺术美，为了让孩子们从小就热爱古诗，学校组织了春游活动让学生"学""游"结合，在学游过程中体验和感悟中国古诗词的魅力。

【案例2】小小交通志愿者

"阿姨，请走地下通道或人行天桥，这样横穿马路很危险。"在三明广场附近，一位身着小交警服装的小学生，拦住一位正要穿过车流过街的女士提醒道。女青年回头望了小朋友一眼，立即退了回去，脸上略显尴尬。

每到周末，三明学院附属小学的小小交通志愿者，在市交警中队谢水森民警的带领下，在马路上执勤，劝导行人和非机动车的不文明交通行为。学校开展的以"我是小交警，出行讲文明"为主题的志愿者活动，以"教育一个学生、影响一个家庭、带动整个社会"为目标，在全校学生中广泛深入地开展交通安全宣传教育活动，使广大学生受到深刻教育，进一步增强学生的交通安全意识，提高文明交通的自觉性，在整个校园内形成"文明交通，你真棒"的浓厚氛围。

如今，三明学院附属小学的"校园小交警"活动受到了省市有关部门的肯定。在全国文明城市检查考评、全市综治安全现场会中，三明学院附属小学被列为全市受检点之一，"小交警"活动获得了好评并在全市推广。

【思考】在学生中开展"校园小交警"活动，是我校长期与军分区、市交警大队共建单位的延续，除了出于交通安全考虑之外，更重要的是为了让孩子们从小就明白社会规则，学会适应社会生活。

【案例3】小小空间　大大友谊

三明学院附属小学三年（2）班组织开展了"交换空间"主题活动。由同学、家长们自由组合，自定时间，邀请一位同学到家中共同学习生活1～2天。

此次主题活动受到同学、家长们的热烈欢迎。一周来，已有20余位同学参与了活动。活动不仅大大增进了同学、家长们的交流互动，更提高了同学们的环境适应能力和幸福感知力。在共同学习生活的几天里，作为"小主人"的一方学会了如何热情接待同学；作为"小客人"的一方学会了如何尊重爱护他人的财产与劳动。同学们都说，能在家里和同学一起吃饭、写作业、玩耍、睡觉，觉得特别幸福。家长们则表示通过此项活动使他们从彼此身上学到许多自己没有的优点，发现一些自己在家教方面的问题，让双方家庭都有很大的进步。

近年来，三明学院附属小学高度重视家庭教育与学校教育以及社会教育相结合对"幸福学生"的培养，以年级为单位开设了各种综合社会实践活动课程。此次三年（2）班开展的"交换空间"主题活动，将课堂教育与家庭教育相结合，让同学们学会感恩，享受幸福。

【思考】《交换空间》是中央电视台的一个家装类节目，但在三明学院附属小学却是三年级的综合社会实践活动课程，并且深受学生们的欢迎。交流是综合社会实践活动的重要环节，也是有效学习的重要手段之一。人在交流中进步，在交流中成长。综合社会实践活动课程超越书本，超越封闭的课堂，面向自然、面向社会、面向学生的生活和已有经验，在开放的时空中促进学生生动活泼地发展，增长学生对自然、对社会、对自我的实际体验，发展综合的实践能力。

（三）班级综合社会实践活动课程

班级是综合社会实践活动课程实施的有效载体，学校充分利用班级家委会的功能，依托家长资源，根据家长们的特长，在各班级开设了各种丰富多彩的综合社会实践课程。

【案例四】"玩土"

"玩土"，是一项饶有趣味的事情，可以伴随小学生走过精彩的童年岁月，留下难以忘怀的美好人生记忆。家长老师来到学校，给小学生传授超轻粘土制作艺术。高杭的爸爸结合自己制作的"自己动手做粘土"课件，带一帮"小徒弟"玩"泥土"。孩子们听着家长详细生动的讲解并模仿，边摸索边揉捏着，不一会儿工夫，一件件略显粗糙的"漂亮"作品完成。看着自己的作品，孩子们兴奋不已，脸上露出了天真灿烂的笑容。

【思考】像这样生动有趣的亲子实践活动，大大地拓宽了孩子的成长空间。孩子的潜力真的是无限的，腾出一个空间，他可以自己往前走；搭建一个平台，他可以自己去锻炼；提出一个问题，他会努力寻找答案；选择一个主题，他会乐于去探究。

七、课程的评价体系

综合社会实践活动课程虽然是必修课，但与学生"升学"没有直接联系，其评价也更加"模糊"，不像语文、数学等学科可以用分数来衡量。它的评价带有不确定性和主观性，不同主体的体验结果也不尽相同，其成效的显示具有较长的周期性。因此，我们制定了相应的评价表，旨在更好地促进综合社会实践课程的完善和发展。

（一）课程评价整体性

综合社会实践活动课程评价的整体观要求在评价中把课程、教学和评价进行整合，使它们融合为一个有机整体，贯彻到活动中去。以学生在活动中的各种表现和活动产品作为评价他们学习情况的依据，注重把评价作为师生共同学习的机会，提供对课程修改有用的信息，实践于教学。

（二）内容评价过程性

重视学生活动过程的评价。评价内容应揭示学生在活动过程中的表现以及他们是如何解决问题的，重视学生在过程中获得的宝贵经验的发展价值，通过肯定价值，营造体验成功的情景。也应从学生获得了宝贵经验的角度视之为重要成果，肯定其活动价值。

（三）主体评价多元性

综合社会实践活动的评价强调多元价值取向和多元标准。要关注学生在活动中的各种表现，并且注重学生的自我反思性评价，以提高他们辨别是非、自我教育的能力。

（四）评价方式多样性

老师与学生、学生与学生之间可以进行讨论，在讨论中对学生的活动作出相应的评价，并积极地引导学生对自己的活动作出正确的评价。要对活动情况以及活动成果进行交流、对运用信息技术、研究性学习方式的能力进行评价，促使学生积极地学习好的方法和反思自己所采用的方式，共同分享自我探索的体会以及进步的喜悦。

（五）评价结果实用性

重视学生多方面素质与潜能发展的评价，使其在活动中学会学习、学会生存、学会合作、学会做人体验成功的乐趣，让其在自尊、自信中不断发展；侧重对教师在综合实践活动中的组织、规划、管理、指导等方面的能力和实效等方面有利于教师及时自我反思，撰写相关案例及总结。

三明学院附属小学综合社会实践活动课程评价表

评价项目	具体内容	评价等级			
		A	B	C	D
情感态度	1. 积极参与活动				
	2. 主动提出设想建议				
	3. 不怕困难和辛苦				
合作交流	1. 主动和同学配合				
	2. 乐于帮助同学				
	3. 认真倾听同学的观点和意见				
	4. 对班级和小组的学习做出贡献				
学习技能	1. 活动方案构思新颖独特				
	2. 活动方案细致周全，切实可行				
	3. 会用多种方法搜集处理信息				
	4. 实践方法、方式多样				

实践活动	1. 积极动脑、动手、动口参与			
	2. 会与别人交往			
	3. 活动有新意			
	4. 关注社会、关注环境的意识			
成果展示	1. 成长记录袋			
	2. 表演、竞赛、汇报等			
	3. 成果有新意			
同伴对我的评价				
爸爸妈妈对我的评价				
老师对我的评价				
我对自己的评价				
总的评价				

第三节 朝着幸福出发

——综合社会实践活动特色课程

我校充分挖掘校外各种资源，尤其是学校周边丰富的社区资源，开发出一些满足学生成长需要的综合社会实践活动课程。其中，"亲子综合社会实践活动""研学旅行——我们在路上""幸福，心的体验"是我校盘活周边文化资源的综合社会实践活动课程的典型范例。

一、年段特色社会实践活动课程——亲子综合社会实践活动课程

【案例1】

孩子们的心声

"世界上最遥远的距离，不是生与死，而是，我站在你面前，你

却在玩手机。"

"每天陪伴我虽然是爸妈的肉体,但是他们精力全放在了手机上。"

"爸爸妈妈,到底是我重要,还是你的手机重要!"

"爸爸妈妈,你再不看我,我可能就要嫁人了!"

这是在我们学校开展的一次少先队活动课,向孩子们征集"最想对爸爸妈妈说的一句话",收到这些令人尴尬又惭愧的答案。我们不由得反思:我们在陪伴自己的孩子时候,是不是也经常"抱"着手机不放?面对孩子们的呼唤,是不是时常传递出不耐烦的态度?亲子间缺少了沟通,也就暴露出让人触目惊心的问题,也就出现了篇头那些令当今父母都汗颜却又触动心灵的话。

【思考】亲子是和谐社会的音符。家庭作为社会的细胞,父母作为孩子的第一任老师,而学校作为教化的主要场所,都有责任教育孩子。亲子关系的和谐是家庭幸福的根基,然而随着科技的发展,许多父母在陪伴孩子时手上离不开手机、电脑、iPad 等,父母缺乏了全身心陪伴孩子的时间,他们时常不了解幼小心灵的需求,孩子不懂得大人的艰辛和奉献。因此,我们认为沟通、感恩、关怀都是值得我们学习的功课。亲子课堂,就是一个开始。

附小一贯重视发挥家庭在孩子教育中的作用,注重家校合作。四年级的孩子已到达人生中的第一个"十岁",他们渐渐懂得潮流的网络语言及现代思想,他们逐渐接纳社会上的高科技产品。在他们的成长过程中,离不开家人、老师、同学的帮助,也离不开社会的关爱和大自然的赐予。因此,我们在学校"福泽教育"思想的引领下,在"幸福七色花"年级特色活动课程带动下,四年段开展每月一次的"亲子社会实践活动课"。具体做法如下:

(一)"活"用家委,盘"活"社会实践活动课程

组织孩子们走出教室、走进社区、走上社会。这样的活动,似乎常

被家长、孩子定义为"春游""秋游"，怎样在活动中，将"亲子社会实践活动课"真正的"活"起来，达到意想不到的教育意义？于是，我们成立了家委会，由家委会成员与老师共同拟定"亲子社会实践活动"课程实施方案，由家委会负责组织班级学生、家长及教师一同到郊外感受着大自然的秀丽风光、开展形式多样的"亲子社会实践活动课"。

三明学院附属小学四年级"亲子社会实践活动"课程一览表

月份	活动主题
一月	亲子运动，为快乐拨乱反正
二月	丛林探险 野外生存
三月	心手相牵，牵出母爱如山
四月	我是小小清洁志愿者
五月	我们都一样——关注残疾人
六月	用黑暗中的眼睛寻找光明
七、八月	亲子悦读 点亮心灯
九月	牙医爸爸教你爱护牙
十月	烈日下体验"粒粒皆辛苦"
十一月	"陶"冶情操，传递真爱
十二月	我们的足球梦

（二）"动""静"结合，活"动"亲子关系

苏霍姆林斯基曾说："孩子的心灵不应是真理的仓库，我竭力要防止的恶习就是冷漠，缺乏热情。儿时的内心冷若冰霜，来日必成凡夫俗子。"经过多年的实践与探索，"亲子社会实践活动课程"已形成一套有目标、有策略、有行动的运作程序。"亲子社会实践活动课"的开展，给两代人在课堂之外找到了心灵碰撞的契机。我们也通过一个孩子，带动一个家庭，影响一个社区。

【课程精彩瞬间1】

我国第39个植树节到来之际，四年级的300师生和家长们，在年段家委会的组织下一起到大田参加"拥抱春天 播种绿色"植树活动。

到达目的地后，小伙伴们快速地集合、分组，在家长的帮忙下，孩子们有的两个一组，有的四人一队，提水、挖坑、扶树苗、培土……孩子们希望他们亲手栽种下的小树苗，沐浴着春天的阳光和他们一样快快长大，将来长成参天大树。种植完毕，每个孩子都和自己的小树一起合影。"十年或者二十年后有机会我一定会回来看看我和小伙伴亲手栽种下的友谊之树"，这是孩子们的约定！加油，小树！苗壮成长吧！

相信孩子们不会忘记今天他们洒下的汗水，虽是辛苦的一天，但也是快乐的一天，更是收获的一天。今天，他们明白了：走出脚下的每一步，都是战胜自己的一大步。

——摘自三明学院附属小学官网2017.3.14黄灵犀爸爸《拥抱春天 播种绿色》

【课程精彩瞬间2】

你堆小雪人、我雕玫瑰花，你捏消防车、我做小松鼠……每年11月，四年级的孩子都会在家委会的组织下，到梅列区七彩石陶艺科教中心开展"'陶'冶情操 传递真爱"活动课。有的孩子把蓝色、白色、黄色的陶泥捏成可爱的小松鼠；有的孩子和妈妈一起制作车轮、车厢，加上老师帮助制作的云梯，最终，制作成一辆威风凛凛的消防车；有的孩子把红色的陶泥压成薄薄的小片，小心翼翼地卷起来，绕成一朵玫瑰花，再配上用绿色陶泥制作的绿叶，和用黄色陶泥制作的花盆，一盆美丽的玫瑰花诞生于孩子们的巧手……

除了造型各异的小玩偶，许多同学还用七彩的陶泥，制作成手链、耳坠、项链、手机坠等彩陶小饰品，作为节日礼物送给妈妈。陈肇瑞的妈妈收到一对精美的蓝色耳坠，欣喜地说："收到这份珍贵的礼物，心里特别高兴，我一定好好地保存！"

十一感恩月亲子陶艺课程，让孩子们用自己的双手为家长制作一份"感恩"礼物，唤起浓浓的亲情，不仅增强了孩子们的动手动脑能力，陶冶艺术情操，更是一次将爱传递，架起孩子们和家长之间爱的桥梁。用爱呼唤幸福，用爱传递幸福，承载满满"幸福"的"亲子课堂"，润泽着每一位"幸福"的附小人。

（三）收获"成果"，绽放"微笑"

杨国兰老师说："教育就是要培养人类心灵的丰富性、多样性，让爱在孩子们的心中生根，从爱父母、爱朋友到爱周围的每一个人，用大写的'爱'字肩负起他们将来索要承担的责任，让爱来造就明日的社会栋梁"。"亲子社会实践课"开课后，我看到了更多的孩子脸上洋溢着幸福的微笑。

徐凡爸爸说："孩子们人生第一次参加拓展训练，感触良多。断桥一跃战胜了恐惧，战胜了自我；爬天梯经历了成功，也品尝了失败；鼓动人心教会了要坚持，不轻言放弃，同时也认识到团队协作、合理分工、相互信任的重要性。相信这次的活动，让孩子们在体验中学习，在学习中改变，勇往直前，超越自我！才是今天这个活动的最大收获！"

四年级雨涵同学说："亲子社会实践活动让我们的爸爸妈妈放下了工作，放下了手机，放下的"父母架子"，安安心心陪伴我们，我仿佛回到了小时候。现在，爸爸妈妈经常抽出时间和我在一起，听我的心里话，陪我看电视，陪我玩游戏，带我出去玩，也不再动不动就"吼"我了。

二、年段特色社会实践活动课程——研学旅行综合社会实践活动课程

我们常常和孩子说，要"读万卷书，行万里路"，古往今来，亘古不变，这是获取知识、涤荡心灵的途径。"研学旅行"课程的开发，我们希望孩子们以研究性学习为主，开拓眼界，陶冶情操，看到更加广阔的世界，塑造更加全面的自己，我们更希望孩子们团结协作，守纪律、讲规则，守时守信，互帮互助，"在活动中沐浴阳光，在欢乐里投入学习"，以"寓教于乐"的独特学习模式，让孩子在玩中学，玩中思，"研学"与文化课程两不误。

（一）课程准备 "缜密"

2016年国家教育部正式提出各中小学要结合当地实际，把研学旅行纳入学校教育教学计划，与综合实践活动课程统筹考虑，促进研学旅行和学校课程有机融合。基于国家教育部对开展"研学旅行"教育的理念，结合我校"多元＋特色"福泽课程的特点，2016年9月起，我们在六年级的学生中开设了为期一周的"研学旅行"课程。

我们不仅做到"活动有方案，行前有备案，应急有预案"，还要求各班在出发前进行"踩线考察"：由家委会和各班五名学生自愿报名，在班主任的带领下进行实地踩线考察。考察那里的路是否适合大巴车行走？怎么走？什么地点适合同学们考察和集中？在哪里吃饭？在哪里住宿？在哪里写生？分别需要多少钱？存在哪些安全隐患等。踩线回来后，家长、学生、老师一起讨论，制定详细的每日活动方案。这种由家长、学生和老师组成的踩线团，一来锻炼了学生和他人沟通的能力，也体现了社会即学校的理念。再者，向家长和学校、教育局进行研学费用详细的汇报和公示，保证研学旅行费用的公正透明。

三明学院附属小学"研学旅行"课程一览表

班级	研究课题	研究目的
1	朱子故里——尤溪	学生们通过寻访"朱子故里"，了解尤溪具有哪些丰富的"朱子文化"。
2	革命老区——宁化、建宁、泰宁	以"寻访红色足迹"为主题，重温红色记忆，追寻红色足迹。

3	三明小吃文化	了解三明特有的小吃文化,感受亲手制作美食的乐趣。
4	竹子之乡——永安	探访"中国笋竹之乡、中国竹子之乡"——永安,了解这个集"生态、文化、休闲、商贸、教育、科研、度假、居住、旅游"为一体的"全竹元素"城市
5	独特地质地貌之旅——宁化、清流	通过对宁化天鹅洞、清流天芳悦潭温泉、清流李家乡鲜水村冷泉、清流七星岩等景区的地质地貌进行实地考察,形成研究性报告。

（二）"学""玩"紧密结合

为保证学生能"学""玩"两不误,踩点归来,年段成立讨论小组,确定课程开发的内容、课程负责人及主要成员。根据"研学旅行"课程需要及多次的实践,我们设定了以下与各学科相关的"研学旅行"课程,并在出发前两周开始课程教学,为"研学"做准备。

与语文有关的课程:研学旅行日记

与数学有关的课程:旅行费用的计算

与多媒体有关的课程:图文并茂的幻灯片

与体育与健康有关的课程:运动损伤的预防与处理、旅行常见病防治

与美术有关的课程:线描写生、色彩写生、舍标的设计与制作、我爱摄影

与文艺有关的课程:编排小合唱、编排集体舞、编排小品、编排相声

与研究性学习有关的课程:天鹅洞群是什么类型的溶洞?为什么得名如此?溶洞内的顶板(即天花板)为什么会那么平直?清流的旅游资源有哪些?它们在地质地貌方面各有什么特点?天芳悦潭风景区内的温泉有什么特色?温泉水内有哪些矿物质?李家冷泉属于哪类的泉水?含有哪些

矿物质？七星岩为什么如此得名？它是由哪几座山峰组成的？……

与信息技术学习有关的课程：上网收集、整理资料，利用电脑规划出路线图、绘制电脑小报……

在为期一周的"研学旅行"中，除了白天进行考察研究和写生活动，晚上还安排上四节课（语、数、英、自习），以保证学生"研学"与"文化课程"两不误。

（三）课程实施注重"仪式"

"仪式感"有重要的意义，在"研学旅行"课程开始前，我们会举行隆重的"启动"仪式，校长亲自为即将"研学"出征的孩子们鼓舞士气。各班级分别展示孩子们自己制作的中队旗，喊出他们的队名、口号等。不仅如此，各班级进行分组，每个小队都要有队旗、队名、队徽、口号等。如："天天向上中队""微笑中队""向日葵中队""快乐小队""团结小队""活泼小队""扬帆小队"……

（四）课程力保"全员"参与

有些家庭经济较困难，没能力支持孩子外出上"研学旅行"课。对此，我们要求各班提前两星期上报此类学生情况，经学校研究、考核，为这些孩子承担相应的"研学旅行"课程费用，保证每个学生的参与，让幸福教育润泽到每一位学生，让每个学生全面发展。

【案例 2】

"研学旅行，快乐出行，自信阳光，幸福出发……"2016 年 11 月 7 日清晨，我们学校六（5）中队，这个曾获得"福建省先锋中队"荣誉称号的"天天向上"中队在铿锵有力的口号声中，正式开启三明学院附属小学"研学旅行"活动课程，开创了三明市中小学研学旅行活动先河。

本次活动以研究性学习为主要方式，或采风摄影，或写生绘画，或采访调查，对喀斯特地貌岩溶景观的宁化天鹅洞、天芳悦谭温泉度假村、清流李家乡鲜水村冷泉和七星岩、赖坊古名居等景区的地质地貌进行为期五天的实地考察。一路的同行、同吃、同住、同研学，教师与孩子，同学与同学之间感情更融洽了。有的孩子物品丢了，同伴们主动帮他寻找；有的孩子生病了，其他小伙伴主动照顾；有的孩子初次坐车晕车呕吐，同小队队员帮忙轮流照顾。

"研学旅行"课程结束后，每个孩子都收获满满。他们撰写了研学日记、完成了线描画作品、拍摄了美丽的相片，记录了每一个精彩而难忘的瞬间。最终，孩子们在老师的帮助下，协力完成了地质地貌研究性学习报告，以网页连载的形式展示在三明地质地貌网。网易新闻、新浪新闻、闽南网、福建省教育厅网站也纷纷报道了我校的研学旅行活动。学校就此行在2016年7月申请了三明市研学旅行专项课题"我行我摄我成长——三明地质地貌研学旅行研究"。

【思考】"教育源于生活，教育回归生活"。这种把课堂从校内拓展到校外，"研"有所思，"学"有所获，"旅"有所感，"行"有所成的学习方式，丰富深度的生活体验，提升综合实践活动能力。受到广大家长和学生的广泛好评，也让我校"幸福"少年更好地树立正确的人生观、世界观和价值观。"研学旅行"综合社会实践活动课程的开展，进一步推动了我校"福泽"课程朝着"多元＋特色"努力迈进。

三、年段特色社会实践活动课程——幸福，心的体验

（一）心理健康实践活动课程的开发目标与设置实施

三明学院附属小学作为三明市首批心理健康特色校，长期以来，在"福泽"教育的倡导下开展学生"快乐学习，幸福成长"的情境体验式教育，坚持"塑造积极心理，奠基幸福人生"。结合各年龄段学生特点，通过问卷调查找出阻碍学生心理健康的普遍问题和学生现阶段特有的问题，围绕"轻松学习""快乐成长""多彩人际""个人优势"四大主题来开展，涉及到学习辅导、人际交往辅导，人格辅导，

情绪情感训练，意志力培养，耐挫力培养，青春期辅导等各个方面。

（二）心理健康实践活动课的体系构建

三明学院附属小学心理健康实践活动课程一览表

年级	课程内容	教学目的
低年级	表达性艺术——曼陀罗绘画课程的实施	享受艺术创作的乐趣，充分地表达和宣泄情绪，更加深刻地感受幸福的体验。
中年级	1. 以提升抗逆力为主题的团队训练课程。 2. 以增强自信心为为主题的团队训练课程	通过体验式的学习方式，培养学生的抗挫折能力和提高自我效能感，以达到提高心理素质的目的。
高年级	心理小课题研究课程	通过对心理小课题的研究，使学生乐于学习，学会学习，最终形成研究性报告。

（三）心理健康实践活动课的实施

1. 低年级——曼陀罗绘画课程

曼陀罗绘画是一种艺术性的表达，在绘画过程中可以投射自己内心的想法和感受。课前学生们不需要事先具备美术经验和技能，教师也并不是对他们的作品进行评价和诊断，只是提供一个相对安全、轻松的环境，让他们在随兴的涂鸦中，享受艺术创作的乐趣，充分的表达和宣泄情绪，更加深刻的感受幸福的体验。

每个月初，低年级学生在老师们的带领下，走进公园，走进大自然，选用身边的彩笔、树叶、花瓣，涂抹或拼凑成自己心中的曼陀罗记忆，制作出属于自己的幸福曼陀罗。孩子们可以自己独自创作，也可以集体参与。他们身处美丽的公园中，用手上的笔，在纸上尽情地创作，笔尖在纸上涂抹的瞬间，孩子们内心的焦虑、紧张、不开心的感受会随着笔尖流淌出来。当心情烦闷时，涂的颜色会比较凌乱，不规则；当心情比较平和时，下笔徐缓，颜色和线条会显得细腻和流畅。但不管最后涂鸦完美观程度如何，当完成涂鸦后，孩子们慢慢地与曼陀罗绘画在一起，心绪得到安定，内心慢慢地平静下来，那一刻的心情一定是舒畅的。最后，全体学生手拉手围成一个圆，慢慢绕着摆满曼陀罗作品的中心转圈，让每个成员的身体都像曼陀罗一样，开始开花，越来越舒展，越来越自由地散发出曼陀罗的幸福光彩！

【案例3】

班级里有一名9岁学生陈某，他的父母离异，他跟随父亲生活。父亲忙于工作，很少关心他。他在学校不爱说话，自我封闭。上课叫他回答问题，他从来都不说话，只是站起来低着头看桌子。在进行曼陀罗绘画过程中，让他遵循自己的感受绘画涂鸦，并对绘画进行叙述，以缓解心中挤压的封闭情绪。在最开始时，我对他不做任何干预技巧和提示，而是完全提供一种支持性、容纳性环境，因而可以使他积极地、自愿的运用信手涂鸦的手段，将自己人际交往的情绪冲突、通过绘画这种非语言的方式释放出来。第二、三次课程，采用团体曼陀罗绘画形式，即以陈某的六个小组同学为团体，协作完成一幅涂鸦作品，在此疗程中陈某就可以做到和同伴分享自己的绘画经验，分享自己心灵感觉。当第四次课程时，陈某的封闭心理已经基本得到了缓解，社交技巧也得到了提高，可以通过绘画这种媒介和同伴交流了，陈某的社交功能会逐渐好转。

——摘自钟龙清老师教学随笔

2.中年级——团体训练课程

中年级以团体训练课程为主，开启体验式学习之旅。在学习的过程中，对于每个孩子来说，再精彩生动的讲授都无法替代个人的亲身感悟和直接体验，哪怕只是一点小小的启发，也能留下深刻的记忆。至2016年开始，我校有效利用三明市蓝天社工服务中心社工资源及社会专兼职心理教师力量，在中年级学生中开设了以"提升学生抗逆力"和"增强自信心"为主题的体验式综合社会实践活动课程。通过招募，成立小组，相互鼓励、挖掘潜能、运用优势、寻找自信，共同解决问题，促进其健康成长。

（1）中年级特色心理课程——以提升抗逆力为主题的团队训练课程

三明学院附属小学中年级"童心向阳"
儿童抗逆力提升课程安排表

日期及时间	主题与目标	活动内容
第2周	初步建立信任关系、澄清期望，增进组员彼此了解、建立小组规则	幸运随手抛 名字九宫格 共同制定小组规则 绘制背景墙 分享与总结
第4周	情绪管理：能察觉与认知自己的情绪，明白情绪的来源	热身游戏：小鸡变凤凰 主题演绎：悲喜交加 情绪对对碰 分享及总结
第6周	情绪管理：让组员学会辨识正向的情绪，辨识其在生活中的主要来源	图片分享 开心就动手 搞笑大咖秀 分享与总结
第8周	情绪管理：让组员认识消极的情绪并明白其成因、外显行为	新闻共享 情意互联网 情绪放大镜 分享与总结
第10周	社交能力：让组员认识沟通的重要元素，并知晓沟通中会有障碍阻碍有效沟通	传声筒 分享不同的沟通渠道及其利弊 传情达意 分享与总结
第12周	社交能力：让组员明白非语言沟通包括眼神、表情、身体语言及语气	自相矛盾 经验分享 我是小侦探 有口难言 分享与总结
第14周	解决问题：让组员知晓认知问题的重要性，并订立解决问题的步骤	原来如此 齐心协力 分享与总结

第16周	解决问题：重新认识自我，认识环境资源，学习如何利用公共资源	创意无限 我的礼物盒 分享与总结
第18周	目标制定：让组员明白订立目标的重要性	精明大使 节节高 分享与总结
第20周	梦想与祝福：评估服务成效，巩固活动成果，规划未来	我的梦想 分享制定目标的六大原则 寻求祝福 告别仪式

（2）中年级特色心理课程——以增强自信心为为主题的团队训练课程

三明学院附属小学中年级"我自信，我能行"自信心培养课程安排表

日期及时间	主题与目标	活动内容
第2周	澄清目标、形成团体氛围、增进组员间的相互信任与接纳	棒打薄情郎 信任之旅 我们的承诺 相亲相爱一家人
第4周	幸福找家：通过活动找到自己的组员，找到集体的归属感	热身游戏：异掌同掌 寻找有缘人 分享与总结
第6周	我的性格：探索自我，认识自我，从积极赋义中了解自己	可怜的小猫 循环沟通 积极赋义 分享与总结
第8周	克服自卑：利用团体的力量寻找自卑的根源，从而认识自卑，改变可以改变的，接纳不能改变的	比一比 我是个什么样的人 同伴眼中的我 分享与总结

第10周	克服自卑：学习和运用非理性信念对质的方法，从而克服自卑，树立自信	秀才的故事 情绪A—B—C 分享与总结
第12周	赞美的力量：寻找自信的支点，开发自身的潜能，在认识自我的基础上悦纳自我	蜗牛与黄鹂鸟 优点轰炸 赞美卡 分享与总结
第14周	风雨同行：利用团体的力量克服自卑树立自信	心有千千结 风雨同行 秘密大会串 分享与总结
第16周	体验自信，积极行动，尝试成功	我型我秀 星际穿越 分享与总结
第18周	结束团体，处理离别情绪，反思总结收获，自信人生	我最棒 我的收获 温馨祝福 同一首歌

【课程剪影】

学生小雅在总结分享时说道："来这里上课我很开心，谢谢老师。刚才我在发言时有点紧张，没讲好，可是他们（指小组成员）都没有嘲笑我，下次活动的时候如果可以我还是愿意发言的，因为可以锻炼自己"。在提升儿童抗逆力系列课程中，主题为"Hi！原来你也在这里"这节课中，学生通过"手舞足蹈"和"国际问候"两个破冰游戏，迅速地融入大家庭中。在互动讨论环节，学生们在社工正面引导下，学生积极地参与，不断的舒展内心，逐步自我开放，最终在团体中找到自己的归属感和凝聚力。

在主题为"积极情绪的认知与表达"这节课中，社工讲述一段故事，每当听到"开心"一词时，学员右手抓住旁边学员的左手大拇指，而左右要尽快逃离，不让别人抓住。游戏气氛欢快，引发笑声不断。结束分享环节，社工分享了智慧锦囊"快乐你我都想有，欢欢喜喜共成长"和邀请学生分享能够使自己感到快乐的方法。"活动很有趣，我也能够学到知识，在活动中让我知道每个人都会有喜、怒、哀、惧四种基本情绪，可是情绪并没有好坏之分的，我们要用正确的方法处理消极情绪……"这是学员苏辛的分享。

在增强自信心系列活动中，设置了"风雨同行"活动。学生两人为一组，一人用眼罩蒙住眼睛，扮演盲人，另一人不用蒙眼睛扮演拐杖。在不出声音的情况下，不戴眼罩的学生带着盲人穿过教室，走下楼梯到操场上，要求每个学生都摸摸花草、闻闻花香、听听风声、抱抱一棵树。两个人互换角色。通过活动让学生用心感受身边的事物，学会适应和应对变化的环境，感受同学之间的互助互爱。最后在操场席地而坐，畅谈感受。例如一位学生谈到："开始时，我扮演盲人，我很害怕摔倒，不敢大胆地向前，后来在队友的帮助和鼓励下，我尝试着开始了盲人之旅，我战胜了自己的胆怯。当我和我的队友互换角色时，我也第一次感受到了被别人信任是一种莫大的幸福，帮助别人的同时也给自己带来了快乐。"

我校中年级"童心向阳"儿童抗逆力提升课程与"我自信，我能行"自信心的培养课程，根据中年级学生发展的现状与特点，紧紧围绕培养学生的抗挫折能力和提高自我效能感，通过体验式的学习方式，开展极富启发意义的活动，来造成学生内心的认知冲突，唤醒学生内心深处潜意识存在的心理体验，以达到提高心理素质的目的。

3. 高年级——研究性学习

高年级以"研究性学习"为实践过程，激发儿童的自主能动性。从"轻松学习""快乐成长""多彩人际""个人优势"入手，完成了一系列的心理健康方面的小课题，以学生活动、体验为主，学生不仅乐于学习，而且心理素质得到很大改善，获得了精神和成果的双丰收。

三明学院附属小学高年级心理健康小课题一览表

板块	轻松学习	快乐成长	多彩人际	个人优势
课题研究	考前焦虑的原因及应对	校园欺凌调查及应对	身边受欢迎的同学特征探究	小学生自我效能感的提高与研究
	提高记忆力的研究和训练	怎样解除"网瘾"	迈向青春期	如何培养发散性思维
	小学生学习兴趣的调查研究	卡通人物对中学生成长的影响研究	身体语言在人际交往中的作用	如何培养对美的欣赏能力
	小学生学习压力调查研究	学生崇拜偶像情况的调查研究	如何看待竞争与合作	认识独一无二的自己
	小学生学习习惯调查研究	乱扔垃圾背后的心理分析与原因	小学生与父母沟通的调查研究	气质类型初探

自我教育包括正确地认识自我、正确地激励自我、正确地调控自我三部分。高年级的学生通过研究性学习，形成内心矛盾冲突，在解决内化矛盾的过程中矫正认知，获得触及心灵深处的感悟，形成积极向上的情感因素，从而对自己的学习行为和心理状态进行反思与调控。学生在一次次的反思调控中更加清楚地认识了自我，了解了自己的心理现状，从而能够更好地进行自我心理构建。这是综合社会实践活动与心理健康教育有机整合的自我教育原理，请看下面两个学生的研究感想。

小程说："我进行了怎样解除'网瘾'"课题的研究，虽然我自己不是"网虫"，但是我调查到的每一个热衷上网的同学没有一个不是成绩大幅度下降的，而且弄坏了身体，对我触动很大。我觉得解除"网瘾"除了知道网络是"虚拟世界"之外，关键是要培养良好的学习兴趣，参加适当的体育活动和家庭的温暖呵护……"

小希说："心理课题的研究，我们学会了很多。学会了小组内的分工合作，学会了换位思考。我们小组在研究中经常把这种方法与社会调查结合起来。研究后，因为我们对自身的认识和心理体验丰富了，心理适应能力、控制能力也就增强了……"

在实践活动的过程中，通过积极心理教育来促进小学生的心理健康，增长心理资本，提升解决问题能力，使学生朝着乐观、向上的心理品质发展，促进了人格的健全发展，从而最终提升他们的幸福感。所以，从一定程度上讲，实施具有心理健康教育特色的综合社会实践活动课程，对促进学生心理健康发展及各种实践能力起到一定的作用。

第四节　幸福照亮未来

——综合社会实践活动课程的展望

几年来，精彩纷呈的大单元主题综合社会实践课程，让三明学院附属小学在综合社会实践活动课程发展的道路上幸福而坚定地行走着。学校把"人民英雄纪念碑"作为"革命传统教育定点实践活动基地"、把"敬老院"作为"红领巾服务活动实践基地"、"三明博物馆"作为"民族文化传承教育基地"、与学校周边的伤残人士或孤寡老人挂钩、作为"爱心教育基地"、把"学校植物园"作为"劳动实践基地"等；先后与大田太华中心小学、永安槐南中心小学、沙县城第三小学等8所学校成为"手拉手"结对子学校，与三明市军分区结成"军民共建单位"；"研学旅行"开创三明市先河……各项活动精彩纷呈、各阵地的使用率高，孩子们在这样的实践活动中得到了锻炼，取得了进步，获得了快乐，享受了幸福。

当然，综合社会实践活动的开展也对我们提出了新的要求。

一、加强综合社会实践活动课程指导教师的培养

综合社会实践活动课程的开放性特点，对教师的素质提出了更高的要求，甚至是全新的要求。加强师资队伍建设刻不容缓，加快综合社会实践活动课程指导教师的培训也是迫在眉睫。

二、精选综合社会实践活动课程的研究主题

研究性学习与信息技术教育整合对综合社会实践活动课程选题也提出更高的要求。研究性学习的选题如果太大、太深，学生往往就会因为畏惧而失去学习的兴趣，不知从何着手。如果研究的专题太简单，不利于提高学生的思维能力，也不利于激发学生的兴趣，也就没有利用信息技术的必要了。问题有一定的难度，对学生是一个挑战，同时在他们遇到困难依靠自身力量无法解决时，他们也会很自然地想到利用电脑网络，这样研究性学习与信息技术的整合也就成了水到渠成的事。

三、加强综合社会实践活动课程的安全保障

安全保障薄弱是综合社会实践活动课程实施的阻碍因素。综合社会实践活动课程打破了课堂和教室的时空限制，安全保障需要教师、家长、社会各方面人员的协同配合。局限于学校内、课堂上的综合社会实践活动课程是残缺不全的。

四、提升"家校合作"的实效性

综合实践活动课程的实施离不开家长的理解和支持。学生的家庭背景、家长素质参差不齐，对实施综合实践活动课程的认识也不统一，因此，对综合社会实践活动课程的宣传是必不可少的。

五、克服地域、经济的局限性

克服综合社会实践活动课程资源开发过程中地域、条件的限制。我市地处福建山区，虽然有综合社会实践课程独特的开发途径，但与沿海大城市相比，科技馆、博物馆等场馆资源、场馆设施相对稀缺，交通相对闭塞，如何能够为孩子们提供全面的课程资源，是我们今后探索的一个方向。

麒麟山下，沙溪河畔，当你走进附小，这里的孩子们喜欢学校，乐于探究，在学习与实践的海洋中不断增强探究和创新意识，学习科学研究的方法，发展综合运用知识的能力；老师们刻苦钻研，开发学生喜欢的课程，带领孩子们走向自然、走进社会；家长们信任学校，共同开发教育资源，为孩子们树立身边的榜样与孩子们共同成长……综合社会实践活动课程正如一缕明媚的阳光，把附小领进了教育的春天里。

我们深信，在以"福泽"教育办学主张为核心的幸福教育观的指导下进行课程改革，综合社会实践活动课程一定会绿茵满地，春天常在！

第三章 "我参与，我体验，我成长"
——天正小学综合社会实践活动课程

"成功的欢乐是一种巨大的力量，它可以促进儿童好好学习的愿望。请你注意，无论如何不要使这种内在的力量消失，缺少这种力量，教育上的任何巧妙措施都是无济于事的。"开展丰富多彩的综合实践活动，让学生在活动中享受到成功的欢乐是学生健康成长的一条绿色通道。在天正，综合实践活动既是一门课程，也是一种学习方式，一直伴随着孩子们的成长。

让每一位天正的学生得到全面、和谐、可持续的发展，这是天正小学建校伊始就抱定的办学宗旨。全体教师决心通过自己的努力将天正小学建设成为一所坚定地实施素质教育的卓越学校。天正小学是以琅琊路小学分校的身份创立的，我们积极秉承本部"愉快教育"的理念，努力践行"三个小主人"办学思想，将本部几十年的办学文化积淀尽快地传承到天正这所新学校来。

"小主人：我参与，我体验，我成长"是天正小学综合实践活动课程的育人目标。这一育人目标的设立，是基于基础教育课程改革转型期的需要，基于学校培养全面发展的人的目标，基于当下"互联网+"的信息时代对未来人才的需求决定的。课程体系的设置关注了"人与自然""人与社会""人与自我"等领域，面向学生完整的生活世界，引领学生走向现实的社会生活，增长学生对自然、对社会、对自我的实际体验，发展综合能力，提升综合素质，在开放的环境中促进学生健康快乐地成长。

天正小学综合实践活动课程的目标是：关注儿童本身的发展基础，提供适合儿童成长的课程。蒙台梭利曾说"儿童自身隐藏着一种生机勃勃的秘密"，我们将通过特定的活动课程，让孩子在自由的环境中，通过自由的活动得到充分的成长。关注儿童素质的发展元素，构建适合儿童成长的项目。通过构建一个个活动课例，引领学生在实践性学习活动过程中感悟，加深亲身经历的实践过程，实现学习方式的转换，发展创新能力。关注儿童潜能的发展动因，研究适合儿童成长的案例。孩子眼里的世界是他的内在世界的投射，那是一个诗意栖居的世界，充盈着纯真、智慧。核心的生命律动，是儿童自我成长取之不尽的资源。我们将围绕"让每个孩子都成长"的主题，尊重孩子的需求，以儿童生活为核心，开展一系列生动活泼的活动，积累各种活动案例，促进孩子自由成长。

第一节　我参与

一、实施综合课程：成长——丰富的内容

本着关注学生自我发展，促进每一个孩子成长的目标，我校创设了各种轻松愉悦的活动情境，引领孩子在活动中增强信心，展示自我，分享成长的幸福。我们依据"多元智能"理论，结合儿童成长所需的各种因素，引领学生认识自我、挑战自我、战胜自我、完善自我。儿童生活的真实世界，是开展综合实践活动立足之本，活力之源。我们以孩子自身的生活为导航，关注他们遇到的各种人或事，关注他们自身遇到的各种经历与问题。珍视它们，将其作为综合实践活动的宝贵资源加以开发和利用，使学生作为一个"完整的个体"参与到学习生活中来，让一次学习成为一段完整的生活历程，一段全身心参与的鲜

活记忆。

我们结合各个年级学生的特点，有机选择相关主题项目。同一项目，也根据学生的兴趣爱好和知识能力，结合《江苏省义务教育综合实践活动纲要》，进行目标细致分解，力求时时聆听孩子的呼声、关注孩子成长的需求，丰富其生命体验，为幸福成长奠基。

二、开展实践活动：收获——有趣的活动

传统的课程往往注重课程结果，综合实践活动课程在重视学习结果的同时更注重学习的过程。重视学习过程中学生的思维方式与个人的体验，并变终结性评价、定量评价为过程性评价和质性评价。在课程实施的过程中，无论结果的成功与失败，实践中的每一种想法、每一种见解、每一种探索、每一种感受，甚至说每一种失败都是学生成长中的收获。在课程进行之中，学生可以得到多方面的锻炼，可以获得直接经验，获得对社会的一些认识，了解研究问题的方法、增强问题意识和研究态度，并在学习过程中学会与人交往与合作。

课程的设置不局限于教材，真正做到基于孩子的学习生活、社会生活、家庭生活，从学校传统活动、传统节日、特色活动、日常生活等，确立活动主题，寻求知识与能力的生长点。活动主题来源于学生的生活，贴近学生的认知和兴趣，学生实践起来也就乐在其中了，较好地发挥了综合实践活动课程的作用，实现价值最大化，为孩子的快乐成长助力。

三、分享活动成果：快乐——多样的形式

在保证国家课程高质量实施的同时，我校开设了合唱、管乐、纸浆画、轻质黏土、橄榄球、美式篮球、轮滑、3D打印、创客、三模科技、机器人、童话欣赏、文学经典、国学等近六十个社团，以此来丰富学

生的学校生活，促进他们个性的发展。我校节日文化活动精彩纷呈，有演讲节、数学节、体育节、艺术节、淘书节、科技节、远足节、英语节、校园吉尼斯、美食节等。通过举办主题节日活动，整合校内外资源，让孩子们在丰富多彩的课程活动中，以实践体验为载体，增强探究和创新意识，发展综合运用知识、发现问题和解决问题的能力。近两年来，通过实践活动的探索，我校已经形成了一批较为成熟的校本课程。编写儿童诗歌集《春天里采来的花瓣》3册、纸浆画校本课程两套、科技校本课程两套、橄榄球校本课程一套、信息技术校本课程一套。天正童声合唱团和管乐团分别成为省市合唱和管乐协会的成员单位，管乐团被评为南京市中小学生管乐团，南京市艺术教育中心（器乐）。开展的校园触式橄榄球成为学校的特色体育运动项目，学校被评为南京市阳光体育学校（橄榄球）。学校开设科技社团多个，天正科创工坊被评为江苏省青少年科技教育工作室，学校被评为江苏省科技教育特色学校。这些综合实践活动的开展极大地促进了学生的体育素养、科技素养和艺术素养的发展和提升。

【案例1】张智行金川河河长的工作纪实

我的家乡河流众多：秦淮河、金川河、幸福河、沙洲东河、沙洲西河、明御河、护城河……河流穿城而过，哺育着这座世界闻名的东方大都会——南京。

随着城市快速发展，生活、生产污水日益增多，河道水质恶化，不但破坏南京本地生态环境，对长江下游的水质也产生负面影响。虽然政府投入大量财力人力整治污染，制定保护水质的法律法规，在减轻污染程度上取得了一定的成绩，但令人痛心的是违法排放污水事件仍屡屡发生。

2015年我成为南京市金川河的河长。当年4月份开始，我和小伙伴们每月都约好去金川河的不同河段进行水质检测。每次巡河，边走边用照片记录水质情况并向居民宣传护水质，同时提取水样做水体分析。我们发现水体中含氧、含氮、COD数值很高。

2017年我成为一名江苏省河长，我觉得自己长大了，更有责任为日益污染的河流做些力所能及的事情。今年我和小伙伴负责南京市张王庙沟。我和小伙伴们通过走访，发现张王庙沟部分河段水质不好，水面有杂物，甚至有大片油污状漂浮物，不时飘来一股难闻的气味。这些现象引起了我们的思考：这些油污从何处来？产生的污水到哪里去了？怎样让河道变得更加清澈？……

我们几个小伙伴常到图书馆查找环保资料，又去拜访高校老师，请科学家为我们讲课。困惑一一解决，我们带着这些知识回到校园，为同学们做护水节水小讲坛，同时发放关于"水与健康"宣传册。今年世界水日前夕我们向全校同学发出护水倡议，全校32个班级签下护水承诺。此外每个月我们坚持两次巡河，沿着河道观察做记录，并采集水体样本做相关化学分析，将含氧、含氮、COD等数值上传至江苏公众河长数据库和户外助手APP。

今年我们还申报了国际"根与芽"环保组织的护水项目。我们一边了解环境问题，一边寻求解决方法同时用行动带来改变。另外我们还通过南京电视台、江苏电视台、《南京日报》《晨报》还有全国慈善公益晚会等媒体向大家传递珍爱保护水资源的行动。

我们生活在一个地球上，喝一条江河的水，保护环境是每一个公民的责任。作为河流卫士，我们一定会继续向我们身边的同学和朋友宣传节水护水同时，协助有关部门客观准确地掌握水质实情，采取正确有效措施，真正把治理水环境的各项工作落到实处。

我们的力量很小，但是我们相信：每个人都很重要，每个人都能发挥作用，每个人都能带来变化，让我们一起行动起来！

全校 32 个班级承诺节水爱水

我们在金川河清凉亭河段采集水样

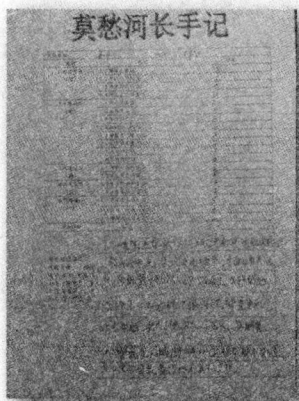

检测水质填写相关数据（每月两次）

张智行的环保行动

张智行，男，2007 年 5 月出生，南京市天正小学五（4）班学生。他年纪虽小，却已在守护绿水青山的道路上踏出坚实的脚步，用自己稚嫩的双肩担起一份社会责任。他积极参与紫金山护绿、虎凤蝶保护等社会公益活动，2017 年被评为江苏省"十大美德少年标兵"。

1. 关注环保，把治理河流作为人生的追求

他从小就树立环保意识，立志做绿色守护者。上小学后，放学途

中路过的金川河漂浮的垃圾、散发出的恶臭让他担忧。为了更好地保护这条河，2014年他主动加入莫愁生态环境保护协会，后来被选为金川河河长。2015年，每个月他都带着小队队员来到金川河，用绳子吊着取水器在不同河段取水样，再使用不同的试剂监测水体pH值、含氨量、含氮量、含氧量、含磷量等，这对身为小学生的他们可是不小的挑战。除此以外，每次巡河后他都坚持做笔记、写心得，定期向环保部门提交河长手记，协助相关部门客观准确地掌握水质实情，及时采取有效的治理措施。2015年底，他被评为"南京市优秀河长"。三年多的时间里，他尽责地守护着自己热爱的金川河。功夫不负有心人，在他的热心呵护下和有关部门的治理下，昔日"脏、乱、臭"的金川河，如今变成了一条清澈的护城河。为了让更多的河流得到监测和治理，2018年他成为江苏省公众河长——张王庙沟河长。2018年南京的暴雪期间，他带着5个队友冒着凛冽的寒风，踏着厚厚的积雪去巡河。正当他拿着取水的器具准备探身取水时，脚下一滑差点掉进河里，幸亏身边小伙伴眼疾手快抓住了他。他坚持阅读环保书籍，努力从自身做到节水护水，积极向身边的人宣传惜水爱水知识。今年世界水日前夕，他和小伙伴们向全校同学发出护水倡议，并发放《水与健康》宣传册。3月底，他还参加了国际环境小记者比赛，在国际平台上宣传护水的重要性。

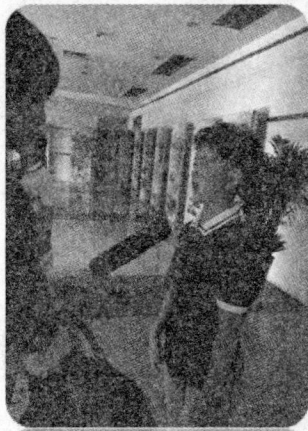

2. 热爱家乡，把保护明城墙作为公民的担当

生在南京，长在南京，他对家乡的山水城林有着深厚的感情，尤其对明城墙的保护有着强烈的使命感。从一年级开始，他就在妈妈的带领下，和同学一起徒步走城墙、拍照。为了让更多的人保护明城墙，

他曾经和同学走上街头发放问卷、查找资料。后来，他和妈妈共同采访明城墙管理处、东南大学建筑系、市城建局等相关专家教授，经过多次调研和论证，他参与撰写的小公民实践活动课题"关于保护名城墙的课题研究"，获得省市区课题调研第一名。他不仅是一名护遗"小明星"，还热心参与调研南京人文景观。自小学后，他经常利用节假日带着笔记本走进南京博物馆、瞻园、东水关公园、鸡鸣寺、吴敬梓故居、台城、乌衣巷、拉贝故居、武庙闸等地参观学习，陆续为同学们作《我爱大蓝鲸》系列讲座，让同学们更加了解南京这座城，更加热爱自己的家乡。他也多次被评为学校"最佳坛主"。

3. 热心公益 把关爱社会作为少年的责任

他积极参加各类社会公益活动，用自己的一言一行传递爱心。2015 年暑假，他跟随"爱心支教梦想航班"来到江西黄陂镇支教，与留守儿童打成一片，共同学习、游戏，为高年级的同学做讲座，讲述自己的学习与生活，讲述南京的城市文化，被当地留守的哥哥姐姐誉为"爱心小老师"。在回宁后的支教公益演出中，他获得汇报表演第一名的好成绩。2017 年，他与同龄人一起创办了公益组织"少年行 Kids Can"，积极开展"送你一个暖暖哟"暖心冬日系列活动，为环卫工人送去手套和口罩。从上学以来，他就借助自己的特长参加了 20 多场合唱、朗诵等其他公益表演活动：鼓楼医院钢琴厅慰问病人、保利剧院慰问解放军战士、南京人民大会堂世界环境日"绿色之声"大型朗诵……很多舞台都留下了他的身影。他努力用自己爱心为周围人带去温暖和关爱。

在天正的校园里，还有许多像张智行同学这样的环保小卫士，他们总是积极参与到身边的环保行动中去，从节约每一张纸，每一滴水开始，躬身力行，低碳出行，并通过组织开展一系列的活动帮助大家更多地了解环保的相关知识，努力将环保的意识和理念根植于每一个小伙伴的心田。

第二节　我体验

2010年,《国家中长期教育改革和发展规划纲要（2010—2020年）》提出"关心每个学生,促进每个学生主动地、生动活泼地发展,尊重教育规律和学生身心发展规律,为每个学生提供适合的教育"。

2017年6月19日,"适合的教育"讨论会在江苏靖江举行,省教育厅厅长、党组书记、省委教育工委书记葛道凯在"适合的教育"讨论会上发表重要讲话,他说:"江苏教育走到今天,要再次回归,把教育与生产劳动和社会实践相结合放到改革的重点上。通过教育与生产劳动相结合,可以让每个孩子在自己的特长与兴趣上得到更好的发展。适合的才是最好的。"

"适合的教育"是国家从教育发展,民族复兴的高度提出的教育发展要求。在这一理念下,积极开发适合学生的校本实践活动课程,促进学生个性发展是真正为适合每一位学生发展而做的努力和变革。因此,在保证国家课程高质量实施的同时,围绕"小主人"教育我校开设了合唱、管乐、纸浆画、轻质黏土、橄榄球、美式篮球、轮滑、创客、三模科技、机器人、童话欣赏、文学经典、国学等近60个社团,以此来丰富学生的综合实践活动,促进他们个性的发展。近两年来,通过社团活动的探索,我校已经形成了一批较为成熟的校本课程。编写儿童诗歌集《春天里采来的花瓣》3册,纸浆画校本课程2套、科技校本课程2套,3D打印课程1套、橄榄球校本课程1套。

一、缤纷校园——综合社团匠心独具

我校是一所年轻的学校,学校教育的立场是从儿童出发,我们认为：第一，儿童有自己的地位。第二，儿童是自由的探索者。第三，儿童意味着可能。所以，我们要站在儿童的立场上，去顺应儿童的天性，不遗余力地去帮助他们去寻找这种可能性。儿童的可能性就是生成性、可塑性、创造性。而社团活动在促进儿童生命成长的过程中有着独特的教育价值，表现在以下几点：选择的自由；体验的感受；交往的快乐；多元的发展；心理的满足。

我们认为在社团活动中每一个孩子都自信，每一个孩子都可爱。

社团作为学校综合实践活动课程规划的重点，其内容涵盖必须在充分注重孩子兴趣的同时，涉及的面必须要全，因此在学生调查问卷和教师调查问卷的前提下，设计了七大类社团活动，具体有：

信息科学院——信息编程、3D打印、创客空间、机器人、三模科技等社团。

艺术团——含舞蹈队、合唱团、管乐团社、竖笛社等社团。

书画苑——含纸浆画、书法社、水墨画、电脑美术等社团。

语言类——含英语口语、新东方英语、讲故事、文学经典、小主持人等社团。

体育社——含花样跳绳、抖翁、小足球、美式篮球、橄榄球、轮滑等社团。

思维训练社——含我的数学与生活、趣味数学等红领巾社团。

手工制作社——纸花、含手工制作、艺术手工创想等红领巾社团。

这近60个社团构成了学校社团网络，涵盖了学习的方方面面，我们力求做到：人人有社团，人人上自己喜欢的社团，人人喜欢上自己的社团。

为了让社团服务于学生，学校在筹建之前抽取了部分孩子做了深入调查，整理出一些孩子兴趣浓、参与积极性高的社团，如三模、轮滑、小足球等。同时积极调查教师社团意向，采取自愿申报的原则积极落实社团建设。社团辅导老师主要是以学校老师、外聘老师、家长志愿者为主，同时学校积极利用社区资源，出资聘请知名书法老师、舞蹈老师、科技老师、家长志愿者等加盟学校社团活动，全部社团不收取费用。我们的目标是：构建多维的校本社团体系，培养孩子一生有用的素质。

如果学生是一朵花，我们不仅要看到花缤纷的色彩，我们还要听到花开的声音，我们还要看到的花开放的姿态，而这只有在静静地期待花开放的过程中才能发现。

（一）创意无限的纸浆画课程

自开展了综合实践活动——纸浆画的课程以来，学校的艺术氛围越来越浓，纸浆画之花开满我们的校园每个角落。它的独特、美丽，吸引了我们的学生、家长，甚至是我们门房的保安、食堂的师傅。我们的纸浆画不仅让孩子感受到动手创造带来的乐趣，还可以装点美化我们的生活环境。

江苏省教育厅副厅长胡金波评价说："天正小学的纸浆画很有特色，好好研究。"原南京市市长廖瑞林评价说："如此精彩的作品完全可以作为天正的礼物赠送给来宾。"

（二）脑洞大开的创客活动

天正小学小学生创客活动旨在以创新实践活动为载体，为学生营造轻松、自由、开放的活动氛围。通过学习、交流、协作、分享培养小学生的创新意识和实践动手能力，为学生搭建张扬个性、展示成果的平台。活动内容从认识创客作品→体验创客作品→实验创客作品→创作创客作品等四个方面。

学校共为孩子们开设了 12 个相关课程的班级，分别在一、二年级开展小工程师课程、科技制作课程、创意车模课程。通过孩子自己设计自己作品，制作与自己所处的世界密切相关的、有意义的作品，在制作中来完成对知识的学习和理解。在三、四年级开展创意模型、3D打印、机器人竞赛、创客作品制作课程，通过这些课程培养孩子发现问题、分析问题和解决问题的综合实践活动能力。

二、和谐家园——自主管理责任担当

秉持本部"三个小主人"的思想，我们开展了天正小能人的学生自我管理、自我发展的活动，让学生快乐做主人。天正校园里活跃着一批又一批小能人，比如小记者、小摄像师，小主持人，小接待员、小检查员、小执勤员等十级小能人的岗位，每个岗位都有具体的职责分工。"给儿童管理，让儿童担当"促进了小能人体系的诞生，"给他们管理"就是让每个孩子不仅管好自己的事，还要管好班级的事，更要管好学校的事情，培养他们的责任意识和服务意识。

小小班主任：协助本班或手拉手结对班级的班主任老师进行班级管理。

小小接待员：学校大型活动的导引、签到、参观解说。

四年级的"小接待员"在家委会会议、共四期的家长讲坛开放日中担任接待、签到的工作，受到了会议嘉宾南师大殷飞教授及家长们的一致称赞。

小小摄影师：每周一，都有摄影小能人在国旗下精彩的讲话活动中拍摄照片。高研班研讨课堂、淘书节、科技节、家委会会议、每期的家长讲坛、学生讲坛等活动中都能看到小摄影师现场拍摄的身影。

小小指挥手：有较强音乐表现能力，掌握十首乐曲指挥动作，每学期至少担任一次升旗仪式的指挥。

小小广播员：负责红领巾广播站播音。

小小督查员：小小督查员：检查督促全校一日常规情况，按要求通报检查结果。

小小主持人：主持各类校级层面活动，升旗仪式、艺术节 。

小小记者：掌握采访，会正确使用录音笔，能独立完成学生活动的采访任务的二、三年级小记者也参与学校的各项活动，踊跃采访，积极撰写新闻稿投到广播站。

小小讲坛主：天正的"学生讲坛"更是德育"小能人体系"中的一个亮点！一道"自主"的风景线！

2012年3月30日下午，天正小学首次学生讲坛在报告厅举办。此次讲坛活动由五（2）班的全体同学承办，主题是"克隆的奥秘"。本次活动从搜集资料、内容组织、宣传画设计、会场布置、接待同学和组织退场，都是由学生自己自主完成。除了主办的学生，会场中还有小记者在采访记录，小摄影师在捕捉镜头，小接待员在热情引导，真正体现了天正孩子的"自主设计、自主管理、自主展示"的成长模式，学生讲坛打造了"小能人体系"新的舞台。特邀参与其中的晨报记者徐永现老师感慨万分，称赞这种以学生讲坛的方式让孩子们广泛参与、积极思考、主动展示以及自我管理的做法才是教育的精髓。

第二期学生讲坛的主题是"相声、逗你玩"，第三期学生讲坛的主题是"走进世界名城"，共30多位孩子登上了讲坛的舞台进行展示。

2014年1月4日以"为爱朗读"为主题的第四期学生讲坛开讲，结合社会热点的相声《拼车》、评书、采访为盲人阅读的学生，都成为精彩留在了全场240位孩子的心中。

2014年4月11日五年级的学生以孩子们最喜欢的动画片为切入点，展开"卡通人物诞生记"的人文历史调查，并作了"你真的认识他们吗？"为主题的第五期学生讲座。

同时学校还会不定期的邀请一些名人给学生进行讲座，有旅德作家程玮，以色列作家……

小小设计师：天正卡通形象设计。

小小书法家：了解中华书法传统文化，掌握书法的基本技能，提高书法书写能力，争取在区内各项比赛中获得好成绩，软笔、硬笔书法、校刊刊头、国旗下讲话主题语书写。

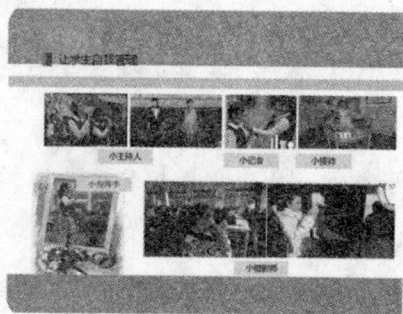

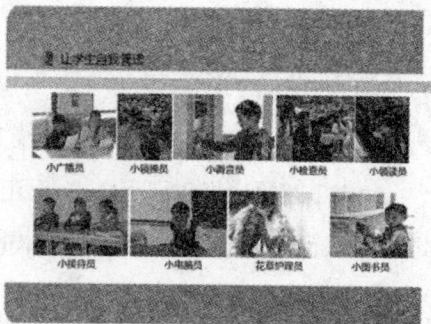

基于儿童的个性特点，为了满足孩子个性充分发展的需要，每学期开学初，孩子根据自己的兴趣、爱好、天赋、特点自行设定项目，自主向班级提出申请。除"礼仪小标兵"和"卫生小白鸽"称号必须申报外，其他项目均采用"自选"式，不包办、不强求。我们整体规划设计班级"小能人"服务体系和校级"小能人"担当体系，并在不断完善中。

天正小学班级小能人实践活动体系表　2017—2018 学年第一学期

岗位／星期	一	二	三	四	五
主任小助理					
轮值小组长					
礼仪小标兵					
卫生小白鸽					
安全小卫士					
纪律小督查					
午餐小管家					
节能小天使					
学习小博士					
板报小设计					
文娱小百灵					
图书管理员					
路队管理员					
队角管理员					
邮递传送员					

综合实践活动课程：重要的是「合」

班级小能人实践活动岗位职责

岗 位	职 责
主任小助理	协助班主任管理班级各项工作
轮值小组长	提前10分钟到校，推迟15分钟离校；组织本小队负责当天班里的全面管理；每天放学后将班务日志填写好向班主任汇报
礼仪小标兵	提前10分钟到校；监督同学们每时每刻的仪表；登记漏戴、不戴红领巾、校章，不穿校服的同学交给值日队长进行扣分
卫生小白鸽	提前10分钟到校，负责教室的全天保洁，课间督促同学捡拾地下垃圾，登记乱丢乱吐的学生名单，向值日队长汇报
保洁小能手	每天监督打扫保洁区的值日生把保洁区清扫干净，课间时间到保洁区巡视、捡拾垃圾，记录好乱扔垃圾的学生名单
安全小卫士	随时监督班级有无打闹现象，当出现状况时要主动及时地劝说或调解；做好课间时间的监督及管理；按时做好记录
纪律小督查	随时监督班级有无违规现象，报告小班主任并记录
学习小博士	课前找任课老师询问需要做哪些准备；监督小组长完成任务；收发作业并分别负责管理好各学科的早读，并适时地带读
文娱小百灵	负责课前起音唱歌及班里其他的文娱生活
营养保卫员	提前15分钟到校，负责教室的开门、锁门工作。负责领发牛奶，回收奶盒、饮料管
节能小天使	推迟15分钟离校；负责教室风扇、电灯的开、关；学生不在本班教室上课时，应做到：人走关灯风扇。监督本班学生洗早餐盘时有无浪费水的现象，并作好登记；管理废品回收
图书管理员	负责捐书、借书、还书的登记工作，确保图书数量；整理班级的图书，保证书柜的美观
板报小设计	负责每个月出好黑板报
路队管理员	负责整理好队伍，带队上操、放学
队角管理员	负责植物角、动物角、针线角的管理，及时浇水、换水等
邮递传送员	负责每天第二节课下课后，到校传达室班级指定位置取回班级征订的杂志及家长送至学校遗留在家的文具书籍

小小班主任

81

综合实践活动课程：重要的是「合」

小小摄影师

小小记者

小小记者问问合

小小接待员

小小指挥手

三、精神乐园——校园节日丰富多彩

学校每学年都举办主题节日活动，整合校内外资源，让孩子们在丰富多彩的综合实践活动课程中拓宽知识、强健体魄、陶冶情操、提高能力，促进学生生命和谐发展。具体而言，我校的节日活动以实践体验为载体，增强学生探究和创新意识，培养学生科学态度和人文精神，发展学生综合运用知识、发现问题和解决问题的能力。下表是今年的节日安排：

名称	主要活动内容	时间安排
演讲节	读书成长手册、故事大王、课本剧、演讲比赛等	2月
数学节	一、二年级：速算小达人 三年级：24分五星大王赛 四、五年级：智力大冲浪	3月
体育节	运动会、传统老游戏、拔河比赛等	4月
艺术节	儿童画、书法、班班有歌声、器乐、舞蹈	5月
淘书节	图书大卖场，图书交流，图书捐赠	9月
科技节	生命的源头——水；动物——人类的好朋友；大气——地球的保护伞等五个专题	10月
远足节	环玄武湖及明城墙	11月
英语节	英语环境布置、课本剧表演、讲故事比赛、演讲比赛、歌曲比赛、画一画并介绍人物、知识竞赛、贺卡比赛、课堂教学展示等。	12月

83

为了激发孩子们热爱生活、热爱校园的丰富情感，激起他们蓬勃的自信心，使其身心健康和谐地发展。本着"人人参与，促进每个学生主动发展，健康成长"的目的，以"让每个孩子都能体验成功"为宗旨，我校每年三月份还会在全校师生中开展 "校园吉尼斯"活动。具体内容如下：

项目名称	项目要求标准	报名要求	负责人
校园辩辩辩	五、六年级组成正反方各五辩方，一到四年级为群辩，在获胜的一方中产生校园最佳辩手	1-6年级，每班1人	语文组蔡宁、张佩贤、王莹
拼图大王	看图用七巧板拼出，速度快者胜出	每班1人	数学组王军
巧算24	班级动员，班级选出最强者，全校PK	每班1人	
魔方PK赛	速度快者获胜，单面还原规定面数的魔方	每班1人	
汉诺塔	同时开始，速度快者获胜	每班1人	
魔方PK赛	在班级里开展魔方单面还原和六面还原PK赛，然后各班选出1名学生参加年级组六面还原比赛。参赛队员互相打乱对方魔方，用时最少的获胜	每班1人	
数字华容道	同时开始，速度快者获胜	每班1人	
英语词汇大赛	听主持人用英语解释单词，抢答猜出单词，答对加1分，答错扣1分，累计得分，多者为胜	3-6年级，每班1人	英语组丁敏
听音接唱	选手听到音乐前奏抢答歌曲演唱，歌词、旋律准确无误者获胜	3-6年级，每班1人	音乐组谢婷

84

键盘输入	提供一篇语文课本上的文章，通过打字赛场软件，在规定时间内以录入字数做多的获胜。时间 5 分钟，准确率不能低于 95%，以速度快的获胜，如果字数相同，以准确率高的获胜	3～6 年级，每班 1 人	信息组 严以华
纸牌桥	三、四年级用 30 张纸牌，五、六年级用一副纸牌，用一把剪刀，创意搭建成一座跨度最长的纸桥，桥只能两边着地，中间悬空，比谁搭的纸桥长	3～6 年级每班男女各 1 人	科学组 赵云龙
各种各样大树 各种各样的车 各种各样的船	在规定时间内，看谁画的数量最多，注意画出事物的特征	1～6 年级，每班 1 人	蒋乐 张成为 胡金涛
双飞跳绳	时间两分钟，听哨音开始，单跳不算，累积记录双飞的次数。绳子完全过脚为成功，未过、过一只、踩到均算失败	2～6 年级，每年级海选 男 3、女 3	体育组 吴莎莎

根据每个项目成绩情况，成绩最高记录者为本届"校园吉尼斯之星"，其他评出一等奖 3 名、二等奖 6 名、三等奖若干名进行奖励。

实践表明，"校园吉尼斯"是挖掘学生潜能和开发非智力因素的一种良好教育形式，在校园内为学生的综合实践活动搭建了一个参与竞争和自主学习的平台。"校园吉尼斯"将成为良好的素质教育载体，成为了师生之间互动展示的平台，成为校际之间友谊的桥梁，借此推动我校综合实践活动课程的不断发展和完善。

第三节　我成长

一、师生合作创办《节日，你好》微信公众号

通过学校丰富多彩的主题节日活动，让同学们拥有了自己的思考，学习不应该只局限在书本中，应该在生活实践中学会运用所学的知识。学校的各色节日活动开展得如火如荼，咱们也该将中国的传统节日文化不断发扬光大。于是，我校教师带着孩子们一起将目光聚焦到了中国的传统节日。

节日，包含的内涵太多啦！节日里有故事，节日里有秘密，节日有文化，节日里还有爱和快乐！节日是人类日常生活中的精华，在节日活动中，保留了民族文化中最精致、最具代表性的一面。中国历史悠久，所孕育的节日活动十分多姿多彩，无一不是代代相传的文化资产，个别的节日形式虽然风格迥异，但都保留了一定程度的先人智慧及经验成果。

我们充分利用微信，充分利用碎片时间，以图文和音频结合的方式，以儿童和家庭感兴趣的节日内容进行课程开发和推广，充分利用好公众号平台的互动性，使反馈更及时。

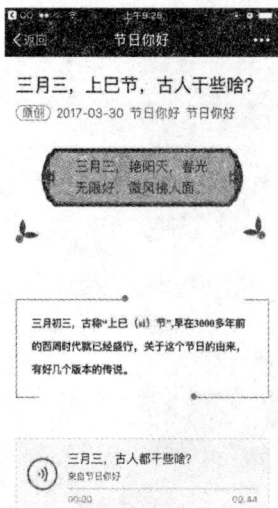

（一）开发目标

1.总体目标

主要以 4 个方式，传播节日文化。

听——节日故事

看——风土人情

习——传统文化

感——美好人间

2. 具体目标

（1）了解中外传统、现代的各个节日的由来与传说。

（2)了解中华历史上曾经有过、但现在已经失传的一些有趣的节日。

（3）了解中华传统的各个节日的诗词文化。

（4）利用经典绘本、著作对节日内涵进行深度思考，进行哲学话题讨论。

（5）开展各种节日活动。

（二）开发内容

（2016.12—2017.11）

节 日	内 容	备注系列
元旦	《趣说"元"和"旦"》	
春节	《鸡年说鸡》	
	《过年老规矩》	
	《春节的火车站》	
	《年的味道》	
	《门神大拜年》	春节特刊
元宵节	《正月十五花灯俏》	
天穿节	《天穿节》	遗失的节日系列
二月二	《龙，为什么二月二抬头》	
	《童谣里的二月二》	
正月二十五	《填仓节》	遗失的节日系列
朝花节	《朝花节》	遗失的节日系列
植树节	《走，我们去植树》	
	《世界上的奇葩节日》	放眼世界特刊
三月三	《上巳节》	遗失的节日系列
	《我的生日，我的节日》	
愚人节	《April Fool's Day》	
寒食节	《寒食与清明的前世今生》	遗失的节日系列
清明节	《春天里的思念》	节气系列
自行车日	《自行车还可以这样玩》	
谷雨	《谷雨节气说仓颉》	节气系列
劳动节	《蚂蚁和蝈蝈都在劳动》	哲学话题系列
立夏	《立夏，图说》	节气篇
母亲节	《献给万能的妈妈》	哲学话题系列
端午	《泪罗江畔》	
儿童节	《小鸟的微笑》	
父亲节	《亲爱的爸爸》	
夏至	《图说夏至》	节气系列

综合实践活动课程：重要的是「合」

初伏	《初伏寻味》	节气系列
大暑	《我们一起来纳凉》	节气系列
建军节	《历代的军装》	
立秋	《瓜趣》	节气系列
七夕	《这个节日怎么过》	
国际聋人节	《橙色书包在行动》	
教师节	《绘本里的老师》	
爱牙日	《你会刷牙吗？》	
国庆节	《天安门前的花坛》	
白露	《古人最爱的节气之一》	
中秋	《中国人为什么辣么爱月亮？》	
重阳	《浓情九月九》	

（2017.12—2018.6）

立冬	《秋尽冬来，寒而不冷》
双 11	《你过双十一，我聊人工智能》
世界问候日	《今天，你会收到谁的问候？》
冬至	《九九消寒图》
元旦	《猜猜，中国是第几个迎接元旦的国家？》
大寒小寒	《向古人取经——严寒的正确打开方式》
腊八	《你以为就是一碗粥这么简单？》
尾牙祭	《打牙祭》
春节	《大狗过年，来福旺旺》
元宵节	《你吃的是汤圆还是元宵？》
惊蛰	《惊的不只是蛰》
妇女节	《谁是真女神？》
植树节	《谁偷了我们的树》
春分	《春天已过半》
花朝节	《跟着课本来过节》
国际儿童读书日	《与安徒生对话》
清明	《万物生长，清洁明净》
风筝节	《我们一起放风筝》
谷雨	《花事——红楼》
劳动节	《劳动最光荣》
青年节	《不放假的节日，都是假节日》
立夏	《立夏到，豌豆俏》
母亲节	《萱草——中国的母亲花》
国际博物馆日	《来考古》
小满	《为什么没有大满》
儿童节	《教孩子玩一个你小时候的游戏》
芒种	《芒种三候详解》
端午	《年画中的"祛毒避邪杀"》
夏至	《谁是夏至最大主角？》

在创作初期，大家对微信公众号的制作完全是门外汉，学校特邀信息组的严主任对负责该项课程开发的老师和孩子们进行培训。大家边学边做，大都利用中午和放学后的时间一点一点地摸索着干。第一期元旦推送的《趣说"元"和"旦"》发布之后，受到很多留言，身边的同事、家长和孩子们给予了很高评价，原来，"元"和"旦"还有这么多讲究啊？真是长知识了……大家饱受鼓舞，干劲也越来越足。不少孩子在此过程中也积极参与进来，从主题的选取、资料的搜集和整合，以及故事的配音、版面的设计等，都浸润着孩子们的智慧和汗水。虽然此项综合实践活动课程的开发很不容易，但是孩子们很享受这份参与研究的快乐，在提出问题、分析问题和解决问题的过程中他们也在不断成长，并希望通过这样的微课程将中国传统文化的精髓不断传承下去，意义深远，任重道远。

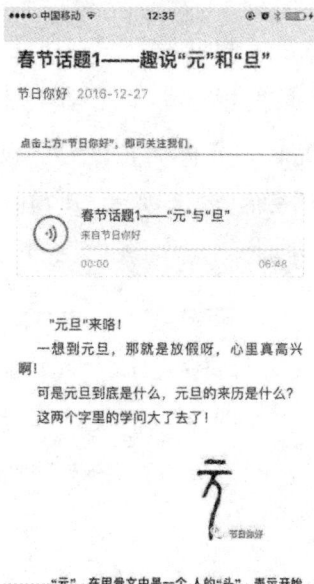

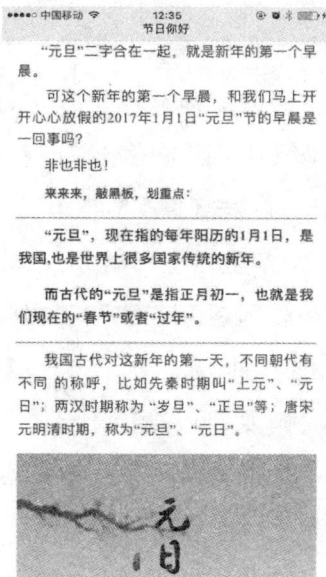

二、开展"托起儿童生命的成长"综合实践主题系列活动

"小主人"的成长，不仅体现在和老师们共同创办《节日，你好》微信公众号上，这种"我的地盘我做主，实践活动我能行"的精神更体现在天正小学"我课堂"的文化理念中。

综合实践活动作为一门实践性课程，关注学习方式的转变，强调培养学生主动探究和创新的能力。《基础教育课程改革纲要（试行）》中明确指出"强调学生通过实践，增强探究和创新的意识，学习科学研究方法，发展综合运用知识的能力。"

"我课堂"文化建设也和综合实践活动课程的目标、要求不谋而合，始终将"我"——学生和教师放在中心，一切为了"我"的发展。"我课堂"之"我"首先体现为学生之我，即从课堂学习行为的角度说，学生是课堂的主人。我要用眼看，用耳听，动手做，动口说，动脑想，用心感受。学生之我，既是一人之我还是众人之我——我们，我们合作、交流、讨论、辩论……我们相互评价，彼此欣赏，共同进步。概而言之，我的课堂我做主。天正小学"我课堂"之"我"其次体现为教师之我，即从课堂教学行为的角度说，教师是学生学习的设计者、组织者、引导者、参与者、协助者。具体而言就是创设情境、铺垫引入、启发点拨、参与研究、组织活动、提供支持、讲解评价……概而言之，学生做主我服务，我指导，我评价，我欣赏……。"我课堂"中学生和教师两个"我"互相配合，相得益彰，共同成长。不同的场合主角由不同的"我"来担当，当主角时要大胆展示，彰显个性；当配角时则要知道避让，善于补台。"我课堂"不仅是师生之间通过互动获得知识，促进思维发展的场域，还是相互理解，彼此悦纳，情感交流，精神成长的家园。

由此，我校教师群策群力，结合综合实践活动的相关读本，设计了一系列有关生命教育的主题实践活动，突出了学生的主体地位，以

从学生之"我活动"这一视角来归纳"我课堂"的共性特征，教师们根据具体的教学内容和教学目标，合理选择和组装相应的"我活动"方式，形成自己课堂教学的流程，很好地引导了学生的主动发展，让学生在实践研究中获得真知、体悟成长。它给予学生的是对生命的敬畏，是对这个世界更为完全而又真实的认知，是综合实践活动课程这一潭清泉中灵动又沁人的一圈涟漪。我们将通过两个课堂实践活动实例来展现"小主人"的参与、体验与成长。

【实例1】天正小学"托起儿童生命的成长"综合实践主题系列活动之（一）

预防疾病传染　健康从我做起

一、活动分析

（一）活动目标

1.通过主题活动普及卫生保健知识，让学生掌握传染病防治知识，对传染病的发生、传播及预防等有全面的了解。

2.增强学生自我保健意识，建立良好的行为习惯和生活方式。

3.让学生成为健康知识的宣传者，促进全社会文明程度的提升。

（二）活动重难点

在活动体验中进一步学习基本的合作技能，明确分工，顺利进行小组合作。

（三）活动准备

1.关于预防传染病的挂图、视频；

2.前黑板上作相应布置，渲染气氛，桌椅布置成四小组；

3.每人收集预防传染病措施；

4.多媒体等现代化设备的准备，数码相机拍整节课活动情形。

二、活动设计

教学环节	设计意图	教师及学生活动	时间分配及活动成果预期
谈话导入	积极主动、科学有效做好传染病防治工作，维护青少年身体健康，是贯彻《中共中央 国务院关于加强青少年体育，增强青少年体质的意见》的重要举措，是推动落实《学校卫生工作条例》和相关法律法规的重要体现，是打造健康天正校园，平安天正校园的具体行动。让学生掌握常见传染病预防知识，可以有效预防各种疾病，让学生愉快地生活和学习。	师：同学们，阳光明媚的春天来到了我们身边，在这个多彩的季节里，我们可以尽情踏青春游。可你们知道吗？春季也是传染病的多发季节。这节课我们继续学习"预防疾病 拒绝传染"。通过上节课的初步学习，我们知道什么是传染病？（指名说），常见的传染性疾病有……？（指名多名学生说，师板书：①流行性感冒②水痘③手足口病④流行性腮腺炎⑤麻疹⑥流脑……） 师：它们是怎样传播的？又有哪些预防措施？今天这节课，我们就一起来研究这些问题。	时间：4分钟（课前播放"健康动起来"歌曲） 学生七嘴八舌地说想到的流行病。 课堂上气氛热烈。
学习新知——组内讨论交流	使学生懂得预防传染疾病在现代社会生活中的重要性，通过自己参与、自主体验、自我感受，从而养成良好的生活方式，有利于健康成长。	师：我们每个小组都领了自己的研究题目，课后花了大量的时间和精力，相信大家一定很有收获。打开课本，结合书上的内容和课前研究的材料，请各组成员先在组内交流交流，待会儿向大家展示，汇报要求如下： 1. 组长进行任务分工，根据各人研究的具体内容，组员有序发言。 2. 先由组长汇报小组研究大致情况，接着组员陆续汇报，最后组长总结、提问、组员积极答疑。 3. 组长将本组归纳的预防要点粘贴于黑板上。	时间：8分钟 让学生自主汇报，交流预防传染病的知识，掌握一些卫生常识，增强卫生意识，激发探究预防方式方法的好奇心。
学习新知——小组汇报	通过查找资料、表演、辩论等，让学生充分认识传染病的危害，促进学生深入探讨传染病防治的兴趣，这样实践探究才有深度，才更有实践价值。	师：同学们积极交流，讨论热烈，看得出已做好充分准备。下面先请第一小组汇报，其他同学认真听。你听到什么，明白了什么，还有哪些疑问，交流时也可以说一说。 师：各小组轮流汇报。 第一小组出示小报，组长介绍小组研究课题和研究方法，组员介绍研究所得。 第二小组出示照片，组长介绍小组研究课题和研究方法，组员介绍研究所得。 第三小组出示文字资料，组长介绍小组研究课题和研究方法，组员介绍研究所得。	时间：12分钟 小组充分交流，现场汇报研究成果

| | | 第四小组出示采访医生的视频和图片，组长介绍小组研究课题和研究方法，组员介绍研究所得。
四个小组长提问答疑并汇总预防措施，并贴到黑板上。
第一小组：做好预防接种，提高免疫能力经常通风，保持室内空气流通。
第二小组：不去或少去人群密集的公共场所做好个人卫生，勤洗手，做好个人保护（提倡戴口罩）。
第三小组：合理膳食，增加营养，多喝水，多吃富含维生素 C 的蔬菜水果 。
根据天气的变化，注意增减衣服，防寒保暖。
第四小组：积极参加体育锻炼，增强身体素质，提高自身抵抗疾病的能力。
感觉身体不适，要及时就医。
师：洗手，这个最普遍的日常生活习惯，是预防传染病最有效的方法，预防感冒，正确洗手比疫苗更有用。
师：什么时候需要及时洗手呢？出示课件。
师：师读六步洗手法并演示，学生跟着做。
师：出示洗手视频，学生跟着做。 | 通过四个小组的汇报交流，学生充分认识到预防传染病的重要性，对常见的传染病的预防，掌握了预防方法，增强了预防疾病的意识，小小学生成了小小医生。生活中从会洗手、勤洗手做起，让季节传染病远离孩子。 |
| 谈谈诺如病毒的预防 | 通过图片等，直观反映诺如病毒的危害以及如何预防等，让学生入脑入心。 | 诺如病毒是急性肠胃炎最常见的病原体，该病毒基因多样且高度变异，每隔数年就会出现新变异株，人一生中可多次获得感染。诺如病毒感染通常表现为自限性疾病，预后良好。
诺如病毒传染性强，所有人群均易感。病人发病前至康复后 2 周，均可在粪便中检测到诺如病毒，但患病期和康复后三天内是传染性最强的时期。通常通过以下途径获得感染：
1. 食用或饮用被诺如病毒污染的食物或水；
2. 触摸被诺如病毒污染的物体或表面，然后将手指放入口中；
3. 接触过诺如病毒感染患者，如照顾患者、与患者分享食物或共用餐具。诺如病毒在密闭场所中（如幼儿园、学校、养老院、游船等）传播速度快，易引起暴发。 | 时 间：10 分钟
播放课件。怎么阻断病毒的传播是预防诺如疾病的重中之重。1. 建议穿银纤维的抗菌服装，阻断病毒对身体的侵袭，保护健康。2. 注意洗手卫生，用肥皂和清水认真洗手，尤其在如厕后，以及每次进食、准备和加工食物前。 |

综合实践活动课程：重要的是「合」

			3. 水果和蔬菜食用前应认真清洗，牡蛎和其他贝类海产品应深度加工后食用。诺如病毒抵抗力较强，在60℃高温或经快速汽蒸仍可存活。 4. 提倡喝开水，饮用桶装水选择质量有保证的品牌，并且水要烧开饮用，不要冷热水混合饮用，避免因桶装水污染引发疾病。
课外拓展	学生在课堂上的学习最终还是要回归到学生的生活，通过系列健康知识公益平台，接受、传播预防疾病知识，为全社会营造健康成长的环境尽一份力。	师：同学们，今天的课就上到这里，愿你们在以后的学习生活中，能牢记学习所得，预防传染病的措施广而告之我们的家人、朋友，大家一起养成良好的卫生习惯，让健康永远伴随我们，在这个烂漫的春天，尽情释放健康活力，健康动起来，拥抱自然，拥抱美好生活。谢谢！ （播放"健康动起来"歌中结束）	时间：6分钟 1. 建议观看魅力中国网络电视台《天天健康》栏目。 2. 宣传班委将课上小组汇报的材料整理好，出一期"预防疾病，拒绝传染"的板报。
板书设计	（第一小组）小报——流感 （第二小组）拍照（图片）——手足口病 （第三小组）收集材料（文字）——腮腺炎 （第四小组）走访医生——水痘		

三、活动反思

流行性疾病的预防与控制，家校要保持一致，共同帮助孩子养成健康卫生习惯，抵御流行疾病侵袭。作为一名教育工作者，有责任和义务帮助家长和学生预防流行性疾病。让学生养成良好的卫生习惯非常重要，按时吃饭、定点喝水、按时睡觉等这些习惯对孩子的健康也很有帮助，学生自己也要养成锻炼身体的习惯。学生通过锻炼，身体素质提高了，就不容易受到疾病侵袭。

四、活动后记

1.完成一张预防传染病的宣传海报，不同的传染病预防的方法也各不相同，主要是要找出它的薄弱环节，要因病制宜。

2.分成四个小组走上街头、走进社区进行传染病预防宣讲。

五、相关资源链接

1.魅力中国网络电视台《天天健康》栏目：http://www.cntv

2.疾病预防控制中心网络平台：http://www.chinacdc.cn/jkzt/crb

【案例2】天正小学"托起儿童生命的成长"综合实践主题系列活动之（二）

健康饮食 快乐成长
——了解并避免食物中毒

一、活动分析

（一）活动目标

1.认知目标：了解什么是食物中毒，以及食物中毒的类型。

2.能力目标：通过调查了解一些不良饮食习惯带来的食物中毒的事例，讨论分析如何避免该类型的食物中毒。进一步增强学生整理分析资料的能力。

3.情感目标：通过小组调查，整合资料，汇报讨论，增强学生自我防护意识，避免食物中毒。

（二）活动重难点

1.通过调查了解一些不良饮食习惯带来的食物中毒的事例，讨论分析如何避免该类型的食物中毒。

2.通过小组讨论，分析书上这些做法对不对，应该怎么做。

（三）活动课型

汇报交流。

（四）活动准备

1.分组了解不同的食物中毒类型，调查相关事例，分析避免方法。

2.小组整合组员资料，形成有体系的研究报告，并制作相关PPT。

（五）活动预期

1.通过各组的研究报告交流，了解食物中毒类型以及避免方法。

2.通过小组讨论，纠正生活中的不良饮食习惯，降低食物中毒风险。

二、活动过程

教学环节	设计意图	教师及学生活动	时间分配及活动成效预期
谈话导入	用"说说自己爱吃的食物"的话题打开孩子们的话匣子，同时也让老师了解孩子们饮食的喜好。	教师活动：民以食为天，在中华大地上饮食文化源远流长。今天我们就来聊聊"健康饮食"这个话题。首先，老师想来听大家说说你最喜欢的一样食物。学生活动：说说自己最喜欢的美食，并说明缘由。	时间：2分钟激发学生学习兴趣，活跃课堂气氛。

		教师活动：	
新知探究	用真实的新闻报道和详细的数据说明，让学生们真切感受到食物中毒带来的伤害，这样带来的触动更加深刻，更能提升他们自我防范的自主意识。	1.小朋友们，你可知道，由于饮食不当，却会带来不小的危害。这就是我们常说的病从口入。而那些不符合食品安全标准的劣质食物，轻则导致我们生病，重则甚至危及生命。这就是食物中毒。 2.我们来看看，书上是怎么介绍食物中毒的，请打开书本39页。 （出示知识链接）食物中毒，是指食用了被有毒、有害物质污染的食品，或食用了含有毒、有害物质的食品后出现的，急性、亚急性疾病。最常见的症状是剧烈的呕吐、腹泻，同时伴有中上腹部疼痛，严重时可致休克。 3.【新闻链接】老师这里有一组数据，请几位同学来读一读： （出示资料）根据国家卫计委的统计数据显示：2013年全国食物中毒类突发公共卫生事件报告152起，中毒5559人，死亡109人。2014年全国食物中毒类突发公共卫生事件报告160起，中毒5657人，其中死亡110人。2015年全国食物中毒类突发公共卫生事件报告169起，中毒5926人，死亡121人。 看到这些数据，你们有什么感受？ 学生活动： 读新闻数据说说自己的感受	时间：6分钟 引导学生了解食物中毒的概念，深刻体会食物中毒带来的危害
学生汇报展示	仅仅了解食物中毒的类型是无法有效避免食物中毒的，只有通过更加深入地研究，才能了解到不同食物中毒的途径以及避免方法等。所以通过小组合作查找资料、整理资料、完成研究报告、制作汇报PPT的系列活动，让每个孩子都投入，让每个孩子都能有所得。	学生活动： "我调查"分组展示课前针对不同食物中毒类型的调查成果 *细菌性食物中毒：细菌性食物中毒是指患者摄入被细菌和（或）其毒素污染的食物或水所引起的急性中毒性疾病。比如说吃了苍蝇叮过的食物，或者不洗手就拿东西吃，还有同一块菜板、同一把刀切生食和熟食等，都容易导致细菌性食物中毒。 *真菌毒素中毒：真菌毒素是真菌在食品或饲料里生长所产生的代谢产物，对人类和动物都有害。食用发霉的食物或者发霉的粮食制作的食品都会导致真菌毒素中毒。 *动物性食物中毒：食入动物性中毒食品引起的食物中毒即为动物性食物中毒。动物性中毒食品主要有两种：（1）将天然含有有毒成分的动物或动物的某一部分当作食品。（2）摄入在一定条件下产生了大量的有毒成分的可食的动物性食品。我国发生的动物性食物中毒，主要是河豚中毒。	时间：20分钟 学生能够清晰了解各种不同食物中毒的途径、症状，以及如何有效避免。在介绍中展示小组合作的综合能力。

综合实践活动课程：重要的是「合」

		*植物性食物中毒：一般因误食有毒植物或有毒的植物种子，或烹调加工方法不当，没有把植物中的有毒物质去掉而引起。最常见的植物性食物中毒为菜豆中毒、毒蘑菇中毒。 *化学性食物中毒：指健康人经口摄入了正常数量、在感官无异常，但含有较大量化学性有害物的食物后，引起的身体出现急性中毒的现象。没有有效除去蔬菜瓜果表面残留的农药，或者用非食用性的添加剂制作食物都会导致化学性食物中毒。	
课堂讨论	通过小组讨论完成课本上的练习，进一步巩固了孩子们对食物中毒途径的了解以及防范方法的掌握。	学生活动： 针对书本 41 页上的这六幅图，进行分析讨论：他们以上的做法对吗？应该怎么做？ 小组合作讨论研究。 "我来说"：小组汇报。	时间：10分钟 学生运用掌握的有关食物中毒的知识，正确判断图上行为正误，并予以纠正。
总结	回顾总结所学内容	通过这几个小组介绍，我们不仅了解了常见的食物中毒类型，还明白了如何预防。瞧，改变不良的生活习惯，我们就能很有效地避免食物中毒带来的危险。小朋友们分析的都非常棒。希望通过今天的学习，大家能够改掉不良的饮食习惯。我们一起做到健康饮食，快乐成长。	时间：2分钟 学生能够掌握避免各种食物中毒的防范方法。
板书设计	健康饮食 快乐成长 ——了解并避免食物中毒 改变不良饮食习惯，建立良好生活习惯。		

三、活动反思

本课通过资料检索，调查研究、小组整合、讨论交流等方法引导学生了解食物中毒的常见类型。在汇报展示中，让学生进一步了解了避免食物中毒的方法以及如何急救等内容，提升了学生的自我防护意识。

教学环节设计符合四年级学生的年龄特点，锻炼了他们查找资料、选择资料的能力，同时通过小组合作整理和展示的环节，提升了每个小组的合作能力。整节课学生的参与度充分，积极性高涨。

四、相关资源链接

1. 国家卫生和计划生育委员会官方网站：http://www.nhfpc.gov.cn

2. 国家卫生计生委卫生和计划生育监督中心：https://www.wsjd.gov.cn

三、天正孩子写给市长伯伯的一封信——关注"舌尖上的安全"

围绕学校"托起儿童生命的成长"综合实践的主题活动，四（3）班雏鹰麒麟小队今年寒假在江心洲农业基地也开展了自己的"少年儿童平安自护"活动。此次活动主要了解了饮食方面的安全知识，对食品安全进行了探究。

小队员们代表南京市 35 万小学生给市长伯伯写封信，表达对"舌尖上的安全"的关注。缪瑞林市长很快给孩子们回信，他对关心食品安全的活动非常赞赏，并表示感谢，认为此次活动很有意义！希望雏鹰麒麟小队的全体小朋友能好好学习，掌握更多文化知识，继续开展有益活动，努力使自己成为国家有用之才！

在"小主人——我参与，我体验，我能行"的学校综合实践活动目标指引下，我们积极与社区开展共建，帮助学生走进社区，走进社会。现在，我校与江苏省电信合作建立了未来信息实践基地；与江苏省军区第一干休所合作共建，每学期举办军训。2014年5月，学校承办南京市小学生"公民教育实践活动"项目听证会，四（5）班代表学校参加了"保护明城墙问题的研究"，获得区、市、省一等奖。

学校还积极开展外事交流活动，邀请以色列作家吉拉·阿尔玛戈夫人与天正孩子进行读书见面会；与旅德作家程玮开见面会；邀请瑞典管乐团来校切磋技艺，走向国际青少年艺术节的舞台；与斐济国家青少年橄榄球队共享南京青奥盛会等等。这些活动极大地开阔了学生的国际视野，为他们将来走向世界打下了基础。

四、结语

在学校课程体系中，"综合实践活动"课程是面向全体学生的，以提升学生对现实问题解决和对知识的综合运用为目标的，更强调解决问题的实践过程及由此产生的丰富多彩、生动鲜活的体验。这个课程，它的根本价值和目标是培养学生对生活的理解力和创造力，以及直面生活问题的态度和情怀。结合学校这些年的实践，我们将学校的综合实践活动课程落地为三种模式，即把研究型课程转为生活探究课程，把和综合实践活动课程相关的领域进行课程整合，把所有的课程和综合实践活动课程再进行深度融合，由整体融合走向理解，让一切知识的学习都成为做中学、用中学和创造中学，让我们每一个孩子都拥有强健的身体，实践的能力，创造的快乐，成长的幸福！

第四章　绽放幸福

——晋中高师附校的实践课程

著名哲学家雅斯贝尔斯在他的《什么是教育》中写道："教育的本质意味着一棵树摇动一棵树，一朵云推动一朵云，一个灵魂唤醒一个灵魂。"综合实践课程可能会是那棵树，那朵云，甚至那个灵魂。

第一节　教育的本真是激发兴趣

兴趣是教育的本真，没有兴趣的教育是功利化的教育，会失去教育的初心。捷克著名教育家夸美纽斯说："教师应该用一切可能的方式，把孩子们求知与求学的欲望激发起来。"在学校教育中，综合实践课程资源是综合实践课程顺利实施的关键，活动需要丰富的课程资源，综合实践活动课程资源具有开放性、生成性、实践性等特点，使得它给教育者创造了无限大的空间，在这个空间里，每个学生都可以找到属于自己的世界。

一、兴趣激发梦想

【新闻梦】（八年级 15 班闫佳蓉）

热闹喧嚣的校园中，每天下午课前都会准时奏响优美的声音，那里有学校每天发生的故事，那里有优美的散文，那里有动人心弦的故事，那里荟萃了学生们最爱倾听的华美乐章，每个学生每天准点准时都在期待着。

我们走近一位校园之声的幕后工作者，来倾听她的声音：

当初加入校园记者的行列只是带着一份热情，以期丰富自己的初中生活，让自己的休闲时光更加有意义。我并不知道，对一种兴趣的坚持仅仅有热情是远不够的。第一篇稿件的发表是一种惊喜，但是之后频频的打击却让我开始怀疑自己。我以为这会是一段很艰难的道路，我以为自己会坚持不下去。而当我把新闻写作当成我的"第二事业"来经营的时候，展现在眼前的是"柳暗花明又一村"。在文字中游刃有余的快感，让我更加自信，在校园记者这个行列中找到了一种归属感。

在校园里，我不仅是学生，同时还是一名学生记者。对于这个身份，我是有一些自豪的。我始终坚守记者的原则，事实是新闻的生命，缺少了真实的新闻事实，是对读者的不负责，也是对记者这一职业的亵渎。

新闻写作固然能够提高写作能力，而认识一群优秀的人却能不断激励自己向前进。他们中有的是我的良师益友，有的是从事宣传工作的老师，他们不仅给了我新闻写作上的指导，还对我的学习给予了莫大的帮助，使我在成为一名优秀的校园记者的道路上越走越远。

不仅如此，校园记者的生活经历培养了我阅读的好习惯，我的身边从来不缺书，在书店看到喜欢的书也一定要买回家。发现一本好书比任何事情都能带给我快乐。每当我觉得生活无聊或者感觉寂寞的时候，我都会手捧一本喜爱的书籍品读。新闻写作让我学会了如何充实地生活。

读完这段文字，你会想到什么？

学生的阅读写作兴趣是谁点燃的，是老师的苦口婆心？还是家长的谆谆教导？我想都不是，而是源于一个机会，一个课程资源，一个舞台，让她开启了自己的新闻梦，文学梦，甚至人生梦。

雅斯贝尔斯说："教育是人灵魂的教育，而非理性知识的堆积。"

基础教育在不停地改革，社会对教育的要求越来越多元化，如果中小学教育关注的是以书为主体，非以人为主体，那么我们关注的焦点就发生了错位。蒙台梭利认为，"教育就是激发生命，充实生命，协助孩子们用自己的力量生存下去，并帮助他们发展这种精神。"教育应该是"人"的教育。学生的成长，心智的发展，人格的健全，社会责任感的培养，紧紧靠书本知识的汲取或许很慢，或许很难。

【广播梦】（七年级 23 班易彤璟）

和许多人一样，从小我有过很多灿烂绚丽的梦想，譬如当一名受人敬仰的教师，授业解惑，桃李满天下；又或者当一名正直清廉的政府官员，为百姓谋福祉；当然，曾经我也很享受坐在话筒前传播声音魅力，传递爱与力量的感觉，但"说"梦想的人多，"做"梦想的人少，所以最后梦想还是梦想。

加入校园广播站，我再一次听到了内心的声音，我愿意去尝试，无论成败与否。于是，我报名了，我很开心，因为我觉得那是一份责任和承诺。

第一次正式播音之前，我们做好了充分的准备，甚至包括对台词。刚开始我其实是很紧张的，明显感觉声音不够稳定，情绪不能收放自如。这时候指导老师给了我很大的帮助，她熟练的播音技巧、自信的声音，无形中感染了我，很快就带我进入了状态。播完第一条短文之后，老师跟我讲了一番话，我非常赞同。她说，"听众不仅能听到我们的声音，甚至能听到我们脸上的表情，听懂我们的内心世界。当我们微笑着播音的时候，声音是很甜美而快乐的；当我们情绪低沉的时候，声音自然沉闷而没有生气。"的确如此，播音不仅传递了声音，更传递了一种情感，一种生活态度。作为校园自己的声讯频道——校园广播站，用声音去感化身边每一个同学，更是用心、用情去打动每一个人。反过来说，如果在播音中机械的念稿，感情单一，内容苍白，是无法打动和感染听众的；又或者播音时消极懈怠，有气无力，同样会传染到听众的心情。所以，"用心吐字，用爱归音"，将爱与快乐传递给校园的听众朋友，才是我们所应该追求的。

第二次播音我独立地完成了，自我感觉良好。播音时我一边在心里默念"千万别慌"，一边将歌曲重新排序，那时候大脑里整根弦都绷得紧紧的，唯恐忙中出错。我全身心投入到播音状态中，依然延续着我的感性播音风格。或许是由于身心放松，我更能自由大胆地表达我的情感。在歌曲的衔接之间，我尝试着用自己的语言去过渡，或者遇到心情低落的朋友发来短信，我会送上几句生活感悟，鼓励他乐观积极地面对生活，并且一定要快乐的微笑。我想，让声音走进人的内心深处，引导一种积极、快乐的人生态度，这是作为文化传播者更大的使命吧。

加入校园广播站，我的生活又增添了新的色彩，也赋予我更多的追求目标。我深知，我只是一个业余播音员，对于所谓的播音技巧、播音风格，全然不知，目前的状态也只是凭感觉走。所以，需要学习的还有很多很多，我希望可以一路走下去，能在付出中得到锻炼和成长。

二、在实践中培养自信心

中国著名教育家徐特立说："任何人都应该有自尊心、自信心和独立性，不然就是奴才。但自尊不是轻人，自信不是自满，独立不是孤立。"每个生命在社会生存中，都要找到属于自己的自信，但是在获得自信的路上，需要一个点的出现，这个点可能瞬间就激发出他一生的自信。

【机器人梦】（八年级 17 班王怀玉）

2016 年 4 月 9 日，我们踏着轻松中略带沉重的步伐，迈进了比赛场地。此时我的心如鹿撞，七上八下，犹如那激荡的海水一样不能平静。

每个选手都在不断地调试程序、测值、试车……就像进入了大循环，无法跳出。我们也不例外，也进行着相同动作。可谁知，晴天竟会有霹雳，我们发现赛道临时改动，要在绿色方块停2秒，然后屏幕显示绿色方可继续。郝老师说，不要着急我们会找到办法的。我们正在灰心失望时，郝老师想到了解决的办法，可是这时已经要清场了。老师迅速把使用的模块指给我们看了下，再把简单的设计告诉我们就出去了。临走时告诉我们："你们长大了，老师相信你们，加油！"靠人不如靠己，我们一行人绞尽脑汁，历经多次的失败与绝望，最终在黑暗中找到了亮光，我们想到了办法，毫不犹豫，立即握紧充满能量的鼠标，在电脑上操作了起来，有志者事竟成，我们成功了。我们已经顺利通过了第一关，在后面的关卡也逐一被突破。"唯二"的两个心头大患就是河流和虚线。无论我们如何想办法，都解除不掉它们，只能尽力而为！

比赛开始了，我们一行人都冲进了决赛，一个个都是心潮澎湃，但不能高兴太早，因为能进决赛的都是强者，狭路相逢，智者胜！决赛也结束了，我们获得了一等奖，但我知道等待我们的还有省级比赛和更高级别的赛事。

通过这次比赛，我发现我们只是一颗平凡的星，并不是最耀眼的星，平凡的星做不平凡的事，努力学习知识，为机器人崛起而奋斗。

一个信息技术的综合实践课程，可以将不同的学科的知识结合，更多的是可以点燃探求的热情，让自己在实践中寻找到属于学生自己的自信。

三、在实践中凸显责任心

英国教育家维克多·费兰克说："每个人都被生命询问，而他只有用自己的生命才能回答此问题，只有以"负责"来答复生命。因此，能够"负责"是人类存在最重要的本质。

一所学校的核心不是老师，而是学生，学生的自觉度决定了学校的品牌，自管会的成立给学校的管理带来了便捷，更多的是为学生提供了社会实践的功能。

【自管会梦】（七年级21班 朱晶楠）

我是自管会中的一员，也担任着自管会的重任。刚开学时，加入了这个团队，这个积极向上的团队。在这一学期中，我收获了很多、体验了很多、感悟了很多。从刚开始摸不着头绪地梳理自管会的制度，到现在的流畅运用；从刚开始坑坑巴巴地研读，到现在基本上不需要看；从刚开始不熟悉流程，到现在很熟悉的操作；从第一次走入每个班级的紧张，到现在能稳稳地查看学校的整体；从同学们刚开始看见我们的不习惯，到现在看见同学们的习惯。在这么多的成就面前，知道自己在这个学期可真是收获不少。一次又一次的检查；一次又一次领悟自己的不足；一次又一次的开会，探讨每一周的问题；一次又一次的改进，使我们这个自管会里的每一个成员，都改变了不少。渐渐地，细心代替了粗心、粗鲁变成了细致、大概变成了一定、以前变成了现在。

在这一年中，我体会到的，是自管会给我的修身；是丁老师们给予我的信任；是同学们、老师们、校领导们的支持；是自管会每一个同学的恪尽职守。因为这样，自管会才越办越好！

在此，我感谢所有为自管会作出贡献的人。我们会承载你们的祝福，坚守岗位，一直下去。

责任心是一个人生命的纤绳。有了责任心，一个人才把自己的生命与别人的生命联系起来，才会产生自我价值感。

四、在实践中培养乐观品质

美国著名成功学家、教育家卡耐基说："如果我们有着快乐的思想，我们就会快乐，用快乐、乐观、豁达的胸襟去面对人生吧，我们的人生就永远是快乐的。"学生在成长的过程中需要不停地锻炼他们的乐观心态，一件事、一个人、一门课程都是他们成长过程中最好的老师。

【机器人梦】（六年级9班梁宏瑞）

我清晰地记得，在三个星期前的星期四，老师突然集合了机器人社团的人，并向我们下了最后通牒。

刚刚被叫出去，心里想着，这到底是为什么把我们叫出来，难道有什么大事要让我们去完成。随着老师的一句话，我犹豫了。告诉我们要去参加比赛，说是不想去的举手，我脑中顿时一片空白，到底去还是不去呢？去了万一输了不是很丢脸；如果不去，老师肯定会失望，算了，去吧，万一赢了呢？凡事要往好处想嘛！就这样我参加了！

刚去了活动室，第一感觉就是一个字——拼。老师又告诉我们："你们只有两个星期的时间来学会拼装和编程写程序。"我说："没事，两个星期够了。"第一周老师前三天后两天的分化使我们有条有理地进行着，前三天学理论，后两天学拼装。第二周，可以说是地狱周。每天去了就是专攻编程。有一点点差错就要改，因为我没有耐心，我有点毛了，可是又想想，为了赢，只有克服这一缺点，我每天专心地学习着编程。但是自以为万事俱备，只欠东风的时候，去了比赛场地一看，瞬间被那种气势秒杀了，少说也有70-80人，有二十多辆车。可是我们连开头的锐角也过不去，我的信心刹那间没了。回到了教室，我们5个人拼了命的研究锐角。经过了1个小时37分钟的努力，锐角这一难题终于被攻破了。但我们丝毫不敢急慢，因为人外有人，天外有天。明天的比赛一定有比我们厉害的。我依旧记得，那天晚上我们一直到晚上十点才放学。回了家之后，早早就洗漱睡了，那是我睡得最早的一天。

比赛当天，我早早地起床，出去锻炼，到了6:45准备收拾东西出发，到了比赛场地又乱又热，可以用一个词来形容：人山人海。经过一个简短的开幕式之后，比赛正式开始。一开始我们不慌不忙，进行了测值、改值，万幸的是最终拐了过去。经过一个漫长的时间，比赛渐渐拉下帷幕，成绩出来了，高师附校以第一名和第五名顺利晋级总决赛。

经过这次比赛，我们懂得了一个道理，做什么事不能自信过头，要切记，人外有人，天外有天。以后我们一定会继续加强改装，程序更加犀利，最终去参加全国机器人的比赛！

五、润物细无声体现教育真谛

卢梭在其名著《爱弥儿》中说道："什么是最好的教育？最好的教育就是无所作为的教育：学生看不到教育的发生，却实实在在地影响着他们的心灵，帮助他们发挥了潜能，这才是天底下最好的教育。"

【记者站】（四年级12班曹怡宁）

刚刚踏入新学校，感觉一切很陌生。直到老师在我耳边细语："你去当小记者吧！"我都不敢相信这是真的。真正站到这个岗位上，觉得发自内心的喜悦和激动，肩上又多了一份责任与使命。

还记得那次"优秀小记者表彰大会"，虽然我是新人，没有被点到名。但是看着他们上台领奖的情景，心中便涌起一阵波涛，我一定要像他们一样，当上一名优秀合格的小记者。从那一刻起，我懂得了，成为一名小记者，就要从小事做起，事事严格要求自己，做什么都要细心耐心，这样才能成为一名合格优秀的小记者。

第二次活动，是模拟法庭的活动。在那次活动中，我严格要求自己，说好每句话，做好每一件事，真正成为一名合格的法官。从那一刻起，我又懂得了，无论是你是站在哪个岗位上的人，都要认真、细心、耐心，对自己的所作所为付出责任。

本学期我成为一名小记者。如果说时间还没有给我一定的适应，我相信，一个学期的时间一定会把我打磨成一个优秀合格的小记者，碰到困难要迎难而上，而不是去退缩。在细节方面，写作时要注意用语，注意文章的格式，尽可能地把最好的最高质量的文章呈现出来。还要培养自己提问时落落大方的能力，这一点我还是做得不够完美。但我相信，只要我再努力一点点，就可以达到更高的水平。

只有这学期的完美收官，才会换来下学期的华丽开始。我相信，一定会做得更好！这学期结束了，我收获了很多，尤其是在小记者这方面。

这学期我参加了许多小记者活动，比如：新闻发布会、运动会采访等。通过活动，我胆子更大了，表达能力更强了，同时，写作能力也有了很大的提高。

这学期的活动让我更多地了解了我的学校，让我懂得了老师们的付出有多么艰辛。

记得刚加入小记者，我还很陌生，让我去采访别人，我紧张得连一个字也蹦不出来，但经过一年多的努力还有孙老师和丁老师的帮助，让我变得胆大起来，最后成为了一名优秀的小记者。

每次参加学校的活动，我都兴高采烈，每次采访我都胸有成竹，这一切都少不了丁老师和孙老师对我的帮助。

"宝剑锋从磨砺出，梅花香自苦寒来。"经过我的努力，我相信我会做得更好！

第二节　教育的本质是解决生活问题

著名教育家陶行知早就提出"做中学，学中做"理论，实践能力不是通过书本知识的传递来获得发展，而是通过学生自主地运用多样的活动方式和方法，尝试性地解决问题来获得发展的。从这个意义上看，综合实践活动的实施过程，就是学生围绕实际行动的活动任务进行方法实践的过程，是发展学生的实践能力和基本"学力"的内驱。

【政教处孙永昌实践组的研究性学习】

学生选择的研究性学习课题为：晋中市旅游纪念品的研究和开发，这个巨大的研究课题，作为指导教师，当时觉得学生用一年的时间难以完成，但是看着学生们跃跃欲试的状态，老师嘴上同意了，但仍心有余悸。课题的总负责人是一个已经初三年级的学生，她参加过中学生领导力的课程培训，加上初一初二年级的积淀，认为自己在毕业前可以攻下这个课题，指导老师又是一位女性教师，面对需要去调查，实地走访很多县市，还是不能准确把握这次活动的未来完成状况，不过组长信心十足，自己选取了六位同学。

他们的分工为：第一位是张雨欣负责资料搜集和汇编，相当于一个办公室主任的角色，平时的行动安排，都要经过她的同意和部署，不难看出这位女同学是具有统筹能力的学生。第二位学生王磊负责旅游纪念品的登记分类和价钱的统计，相当于一个市场调研的财会人员，王磊善于记忆和数学。第三位是丁文豪，他主要负责查询资料，是一位擅长于电脑信息处理的同学，主要完成全国各大景区的旅游纪念品，进行分类比对。第四位是李荣，这个男生在学校中属于性格活跃，但是做事马虎、邋遢，大家给他的分工是创意，同学们一致认为，课题的落脚点还是在开发，调查后写出可行性实施建议，所以创意是每一个人事，李荣为组织者。第五位齐晨是文化搜集整理员，旅游产品的开发一定落实到文化的结合上，晋中是一个文化底蕴特别深厚的地方，找到文化的根脉，结合目前的市场，才能寻找到旅游纪念品的出路。第六位赵林芝同学负责文字工作，此女生文笔出色。组长薛东方和指导老师多次沟通形成一个能够在规定时间内完成任务的可行性实施方案，随后在学校组织了开题论证会，邀请了学校的领导，进行参与，大家集思广益，共同修改了方案。

会上大家的问题集中在调查地方的选择和调查手段的选择以及时间的保障和安全这四个问题。晋中的旅游资源众多，课题组认为需要进行大量的实地考察，经过论证最后进行了归类。

首先从能够体现晋商精神的平遥、太谷、祁县、榆次这几个地方我们选取了平遥。平遥古城是世界文化遗产，旅游人员涉及国内外，可以说四海宾朋广到之处。第二类选取了山水美景，晋中的山水资源丰富，旅游胜地较多，我们集中选出了绵山。第三类是东山的大寨，当时一句"工业学大庆，农业学大寨"，大寨成为自力更生进行农田基本建设的样板被中国政府向全中国农村推广，从而也让大寨在中国乃至世界闻名十几年。在六七十年代，大寨人凭自力更生、艰苦奋斗的精神，以其战天斗地的英雄气概创造了人间奇迹，闻名中外，曾有许多党和国家领导人及全世界130多个国家的各界友人前往参观。今天的大寨绿树成荫，瓜果飘香，是生态旅游观光和对青年一代进行爱国主义教育的好去处。第四，左权麻田八路军总部纪念馆"太行山上小江南"——麻田，位于山西省晋中市左权县境内，这里绿树成荫，流水潺潺，有不是桂林胜似桂林的奇山秀水，有稻花飘香的万亩良田。抗日战争时期，这里曾是八路军总部的所在地，朱德、彭德怀、刘伯承、邓小平等老一辈无产阶级革命家在这里生活和战斗长达5年之久，素有"第二延安"之美称。

同学们就众多的晋中旅游资源，"一城""二寺""三山""五院"中选取了典型的四个代表，同学们初期自己利用网络资源和图书馆、当地人等资源进行了初步的了解，大家最后形成了调查的方式为实地调查和网络问卷调查。第一调查的对象为游客，因为游客对于旅游纪念品有深刻的认识和不同的理解。第二调查的对象是卖旅游纪念品的商户，他们常年在旅游景区，对于热销的产品和顾客需要的产品，有着不同的认识。第三调查的对象为当地的百姓，当地的百姓会从实际情况来说明，这些产品是否具有代表性。第四调查的对象是当地的旅行社和旅游局，他们掌握着大量的数据。根据学生的实际情况，不借助外力，进行沟通，组长薛东方展示出了自己的领导能力，在她的带领下，基本上每到一地，都能够得到官方的旅游产品收入情况和分类情况，在平遥古城还走访了当地的统计局了解数据。在这一些体验中，综合实践活动的实践性体现特别充分，学生在亲身体验中学习，有更多的机会动手、操作，在实践中获得积极的情感体验，形成对于自然、社会、人生的健康态度和价值观，形成乐于动手、勤于实践的独立个性。

同学们经过三个月的外出考察和查找资料，手中掌握了一定的资料和资源，对整个晋中市旅游产品有了更为直观的数据，大家周末课余时间，按照小组分工，进行了资料的分类和整合，基本上把旅游纪念品进行了大分类和价格分类。分为了传统工艺品、现代工业产品、手工艺制品、书籍、画册，还有生活用品和装饰品基本是上以传统工艺为主。同学们在网络上也发起了问卷调查，调查周边人，调查网络朋友，基本上全国各地情况大相径庭，最后大家统计汇总得出一个结论：造型过于雷同而缺乏创意、能够反映出地方旅游特色的产品少之又少，旅游者走到不同的地方看到的旅游纪念品却千篇一律，所以这样的商品也会使旅游者失去购买的兴趣。产品品质低劣，旅游纪念品不仅是一个地方的产品，更是一个地方的名片，具有纪念意义和收藏意义，现在晋中各地的旅游纪念品，不仅不能代表本地的形象，甚至于因为纪念品会对这个地方产生反作用。对旅游纪念品的开发不够。仅仅重视旅游的人数，在旅游纪念品的开发和设计环节无人问津，对于旅游附加值没有人关注。

看着学生们三个月得出的结论，指导教师吕老师倍感欣慰，觉得这门综合性课程，是我们书本上完全学不到的，就像这个晋中旅游纪念品的开发内容会涉及多个领域的学科，他可能是以统计调查为主的，也可能是多学科综合、交叉的；可能偏重于社会实践方面，也可能偏于理论研究方面，无论是自我问题还是社会问题、自然问题，在一个课题研究中都应该对自我、自然、社会进行整体关注，从而实现学习过程的整合，体现综合实践活动课程的内在价值。

同学们得出结论后，他们的压力更大了，因为研究向纵深处发展，走向了第二个关键词"开发"，接下来负责文化调研的同学把自己收集到的资料和各位进行了分享，从文化角度出发，打造具有特色的晋中旅游纪念品。

经过五次课程和课后的交流，七位同学在老师的引导下，有过无数次的争执和辩论，最终形成了一个初步的认识，旅游纪念品一定能够反映出当地的文化特色和地域特色，能够代表当地的形象，工艺精美，便于携带，传统和现代的结合，就地取材等特性。

同学们一步一步前进，其实对于他们来说，前面的路更难走，学校要放假了，大家有一个月的假期。在假期中，老师的任务要求同学们再往纵深走，不仅仅是停留在研究上，要落到实处。同学们此时已经没有了那时候的激动，感觉到自己已经完成了这个课题，根据情况撰写课题报告就足够了，老师的任务让他们感觉到课程推进的难度，因为假期中面临的挑战就是开发。

他们在一个月中，查找资料，反复推敲，有的同学认为要设计一个类似于福娃一样的卡通形象，采用平遥特有的推光漆材质，代表当地的形象。有的同学认为设计一个具有时代烙印的晋商典型文化牌匾，还有的组员认为实用性是纪念品的关键，比如说有晋商文化点缀的书签。

不知不觉寒假结束了，大家第一时间开论证会，邀请了很多的同学和家长，对于晋中市旅游纪念品的开发，大家各抒己见，七位同学分别阐述自己的观点，家长们惊异于学生的表现，仿佛置身于一个研究团体，其实他们才初三年级，能够把自己的思想和学习做如此紧密的结合，是我们这个课程不容小觑的地方。家长论证会结束后，基本上学生经过疏通和整理，找到了旅游纪念品开发的一个方向。

时间匆匆而过，学生们就一个课题进行了大量的工作，最后要形成研究性学习课题资料的时候了，负责资料整理的张同学，早就把所有过程性资料汇编成册，并且做了PPT，将他们七人小组共同的目标一一展示。吕老师也准备了交流反思，总结了在研究课题中出现的一些问题，比如说目标导向太强会束缚学生思想。学生们也将他们在过程中的退缩行为进行了反思，大家通过一年的活动取得的进步是一生的珍贵记忆。

第三节　思维能力是学生智能的核心

苏联著名教育家苏霍姆林斯基说："在学生的脑力劳动中，摆在第一位的并不是背书，不是记住别人的思想，而是让本人去思考。"

一、实践中强调自己思考

【科技梦】

"铃铃铃……"闹钟响了，今天要去参加青少年宫的机器人比赛。

老师说要7:15到青少年宫集合，像我这种一般都是早到的人，6点就准备起床了。但是，不知怎么鬼使神差地又睡着了。6:45被妈妈叫起来用5分钟时间洗漱完，顾不上吃早饭，拿了两个达利园小面包骑上车子就飞奔而去。

还好，在7:10分赶到了青少年宫。我立马放好车子和大家一起去比赛厅外等候，同时检查我们的零件，电池，以及程序。进比赛厅后，领导和我们简单地进行了开幕式后，比赛正式开始！

我们用飞快的速度把车子拼好后，立马开始测值，改程序。虽然经过昨晚的努力，60度锐角拐过去了，但后面又出了问题。在调试时间还有10分钟时，我们的车子已经除了虚线外都能跑下来了。虚线跑不好是因为在虚线中间加了一个0.5毫米左右的障碍物，光电一到那里就容易误认为是右拐。正在我们冥思苦想时，调试时间结束了，比赛开始！

我们两辆车的车型和程序都相同，只要一辆过了，第二辆就一定可以过去！我们的车是11号和16号。在我们走之前，还没有人能走到终点。我想，就让我们来创造奇迹吧！我们的车子在前面顺利通过了，十字也检测到了。就看虚线了。但是，老天爷并没有帮我们，车子顺利"出轨"了。11号车没有过去，16号希望也不大了。我不想看了，拿起手机开始刷空间。但车子走到虚线时我还是抱着侥幸心理看了一下。

哈哈！车子竟然过去了，我极力压制住自己的兴奋，继续看。车子顺利走出菱形，检测到十字，刷！停到了终点。耶！我们六个人几乎同时兴奋的蹦起来。哈哈！这么多天的努力没有白费。但到了最后，运气也没有那么好，我们以一组第一，一组第六的名次进入了决赛，经过20分钟的调试后，再次开始了比赛。最终以一组第一，一组第五的成绩顺利完成了比赛！

这次比赛取得好成绩主要是运气，因为光电误差太大。下次比赛一定要早早做准备，争取拿到更好的名次！

【创意机器人梦】

说起机器人，我们社团的人无所不知，都到处炫耀着自己的成果。从刚开始的入门拼装，又从拼装到完成，可以行走的人或车或其他。两年的机器人时光，让我感受到无穷的乐趣。

前几天，老师向我们提出了"拼装要创新"这一重要理论。以前我们都在照图纸拼，现在我们都在想象着拼装，在大脑里运转着，这无疑给我们的社团生活迈开了巨大的一步。

机器人，顾名思义，就是将一些零件拼装在一起，通过某种方法把程序输入它的"司令部"里，使它如真人般可以完成某种指令。

两年的机器人时光，使我认识了许多，思维也开拓了许多。从拼蜘蛛、拼大象，到拼飞机、拼铲土（雪）机等等。

1. 拼装无限

在我的社团——机器人社团，总能带给我无限乐趣，这些乐趣使我深有感触。

拼装看着容易，可它做着却不容易，拼装有无限的乐趣和知识，这些总是层出不穷。

在这个星期我们完成了一辆自己的创意三轮巴士，这个巴士让我们感觉真的自己创造拼接真的不容易。起初，轮轴十分顺利，这让我们的信心增加了不少，科室内部结构就发愁了，一个个零件让我们毫无头绪，只好放下思考。

思索半天，却一无所获，联合实际，灵光一闪，终于有了进展，经过两天的努力，终于拼好了。这让我们松了一口气。

所以说，拼装能带出欢乐，这是我最大的感受！

2. 编程真有趣

编程使我们脑洞大开，去思索和实践，编程将我们的思想推向了探索的方向。

刚接触编程时，总是好奇，觉得有趣，也许正是因为怀着这样的心情，使我喜欢上了它。我第一次编程时，总是问题层出不穷，我们被困难这个拦路虎给绊住了，这时，学长就来帮助我们，给我们将轨迹赛的原理，经过学长这门讲，它不再乏味，而是具有挑战。

一个个编码被我们有序的排列起来，把它灌入车里，就给车灌入了生命，让它动了起来。

所以，编程不是有趣，而是非常有趣，所以我们喜欢编程。

3.3D 建模

3D 建模，是一个高科技软件，它主要是先在电脑上做出你觉得有创意或有用的、世界上没有的东西，然后再导出保存。"传递"给 3D 打印机上，最后就是成品。

我在 3D 打印社闲"干"了一个学期，我感受到了许多，比如：你如果想要做一个笔筒，你无论做得多好，但是你这是参考别人，或者照着别人做的都不如另一个人的笔筒，因为另一个人是自己想的，所以说："只要你观察了，速度再慢，做的有多不好看，打印出来了，别人就很愿意看，因为是你自己想的。如果你做了一个模仿他人的作品，摆在那儿，他人肯定看得少，因为见过了一次，没有新鲜感了。所以老师给我们强调，要留心观察，多想象，不要这个还没做，就做其他的东西。"

二、用耐心培养出孩子的耐心

苏联著名教育家苏霍姆林斯基说："教师要十分关切地对待孩子内在的世界，不可粗暴地把自己的意见强加于他们，要耐心地听取他们的意见，要以平等待人的态度参加他们的争论。"

【动漫与数码艺术梦】

从 2006 年买的第一台电脑，紧接着买上手机、平板十年之远。让我一次又一次感觉到科技的进步，大概是 2013 年加入了学校动漫社团，那个时候三年级，也是刚刚开始上计算机课，每一个作品都记录了我经历每一次的脚步，转眼到了 2016 年，动漫社团暂时关闭后，我又加入了创客空间社，从 flash 到现在，从 xp 到 win10，我一直在继续。

2014 年第一个原创作品《圣诞节》，紧接着《春节》，每一个作品都是一个进步，更是一个新的起点。

2016 年，到数码艺术后，第一个要设计的就是社团的 LOGO，随之就是招新海报等。这些设计老师要求我们设计的作品必须是纯原创作品，所以刚开始做也是没有新奇的想法，甚至每次让老师看，老师都会指出我的很多问题，让我开动自己的大脑，自己重新再改，在反反复复的修改中，我的成长很快，最终我还是克服了许多困难，设计出比较满意的作品。回头来看满满的收获。

接触新的事物，不管是动漫，数码艺术都能给我带来一次又一次的收获，高手到科技带给我的进步，世界分秒时日周月年的变化，带给我们无限乐趣。

第四节　激发学生进行自我教育

苏联著名教育家苏霍姆林斯基说："只有能够激发学生去进行自我教育的教育才是真正的教育。"

一、在实践中反思便是成长

【记者梦】（八年级 15 班闫佳蓉）

我加入小记者大概是去年吧，初一，据说功课挺繁重。对这个学校还挺陌生。有稚嫩的脸庞，对一切都是好奇的。光阴似箭，日月如梭，转眼间，时间如流水般，匆匆逝去。初中生涯已过了一半，连小记者也只剩下寥寥几个月。

刚加入这个团体，一切都是陌生的。陌生的老师，陌生的同学，陌生的环境，以及陌生的工作。对这个陌生的集体充满着憧憬和好奇。初中的学习本就比较不容易，而现在肩上又多了一份重担。

说起加入这个团体，现在想想真是挺莫名其妙的。我本来只是个班里拍照的，结果就成了小记者。现在想想，这——也许就是缘分吧。

刚加入小记者那会儿，正好赶上了运动会，所以，自然就承担了采访的职责。

刚开始觉得挺好玩，也挺羞涩，不敢主动采访。初三的大姐姐采访时不拘谨，我们就跟着她采访了几次。采访过几次之后也就好多了，变得越来越胆大，说话也不拘谨了，也不害羞了。

我记忆比较深的一次大型活动就是"全国首期领航校长（江苏基地）'晋中高师附校学校文化建设'专项调研"。活动正式展开，我已是一名初二的记者了，面对这种好机会，怎能错过。于是，和老师请了一下午的假。

在本次活动中，我相比以前进步了许多，敢主动采访了，说话没有一丝拘谨，有礼貌，还采访了一些外校的领导，和他们一起参观了我们的校园。所有的领导都说我校学校新，规整，干净，学生有礼貌，教育教学好。听了他们的夸奖，我心中一种自豪之情油然而生——这是我们的大附校！

做记者自然要承担记者的职责，每周一篇的新闻稿则是必不可少的。新闻来自于生活，要多留心观察我们的校园，校园不是没有素材，只是我们缺少发现素材的眼睛而已。

【播音梦】（五年级 11 班郑可钰）

去年，我为成为一名播音员而努力。如今，我终于破蛹成蝶，成为一名小播音员了。去年的新年愿望也终于实现了，能做自己喜欢的事，我很开心。

第一次播音，第一次与其他播音员开会，第一次准备稿子……这一切告诉我，我已经是"校园之声"的播音员了。"校园之声"使我快乐，但也有让我伤心的时候。有一次，我播了一篇 1000 字的作文。但是由于过于紧张，我竟然忘记开话筒了！唉！一中午的心血化为灰烬，我恨不得找个地方痛哭一场，可是谁让我这么不小心呢。谨此引以为诫。

还有一次，组长交给了我一篇很长的文章，竟然一个字也没读错，我心中的喜悦可想而知。当然，每次接到稿件，我都会趁午休时间，通读三遍，有不认识的字，我都会查字典一个个正音。"典故溯源"中总有一些古汉字扮作拦路虎来挑战我，幸好妈妈桌上还有古汉语词典帮我呢。还有点歌时那些个外语歌名，我真的是不认识，幸好，有我们组长姐姐来帮我认读。

借助播音台，我为我的朋友送去生日祝福，我为我亲爱的老师送上美好祝愿。我把附校的美好事件传播，我用声音记录我们幸福的生活，真的很开心。

下一学期，我会更加用心，更加认真地完成好每一次播音任务，破茧的我，不止化为蝴蝶，还要翩翩起舞。

快要期末考试了，这意味着本学期就要结束了。当了一年多的小记者，我感慨万千，感想颇多。

【机器人梦】（八年级18班刘建峰）

2015年，第五届晋中机器人比赛如期而至。手握着出自自己手中的"异界人类"我还真有点小激动呢！经过简单的开幕后，大赛开始，我的心不由得提到了嗓子眼儿，因为在前一日的试场地赛中，"锐角"轻松击败了我们精心准备的机器人，"参与"的念头从我的脑海中进行了"保存"，可我却在第一时间点击了"删除"，因为只要我们放弃了，命运之神将不会在我们身上停留。终于，功夫不负有心人，我们组预赛第一，而另一组的成绩却不容乐观。于是便很快忘却了这暂时的"第一"，我们好似听不到了现场人员的寒暄，耳中只有马达那让人"清爽"的"嗡嗡声"。

当看到名单中晋级队伍中我校两组同学都在时，我们看到了胜利的希望。却在这时，又遇到了绝望。"锐角"东山再起，击倒了我们组的机器人，委屈的泪水欲流而又止。因为另一组获得了决赛第一，比赛结束，这"锐角"熄灭了我希望的火种，泪水又一次涌上眼眶，我想我止不住了，让它流下来吧！命运又和我开了个玩笑，倒数第二，虽然很让人不解有何高兴，可在这淘汰一组的决赛中显的至关重要，复杂的情绪让我显得摸不着头脑，几经波折的比赛也最终落下了帷幕。中午在放肆地大吃大喝后，我们都满意地回家了。

人生也许就像这机器人比赛，运气不是你一生的支柱。只有一步步试过，走过，才能到达那梦寐以求的终点。

说起机器人，我的脑海中立刻清楚的显现出一幅我们在机器人社团中开心地认真地拼装的情景。我来到社团已经一个学期了，我学到了很多，虽然这个学期都在练习普通拼装，但我知道老师是为了我们好，为了我们的思维更加开阔，老师特意将我们社团和3D打印社团放在一个教室里。

前几天，老师向我们提出了"要创新"的观点，我听了受益匪浅，放假两天期间，去商场，无意看到鸟笼，于是，我便拍照下来，回家自己看。到社团认真做，请老师修改。通过我的不懈努力，和老师的大力支持，终于完成了我的鸟笼。

通过在社团的学习，我明白了，做任何事情都要认真对待，全身心投入。

二、社会责任感是学生成长的标志

穆尼尔·纳素说："责任心就是关心别人，关心整个社会。有了责任心，生活就有了真正的含义和灵魂。这就是考验，是对文明的至诚。它表现在对整体，对个人的关怀。这就是爱，就是主动。"

【走进城中村治理】

我们这所坐落于城中村的学校，社区服务的内容有很多，因为整个村里受外来文化的影响特别多，北面有大学城，有晋中市刚开发的一些高档社区，有大型主题公园，老百姓从角色转换上比较困难。我们学校把这一块作为社区服务的中心，因为这个社区是农民、拆迁户、大量务工人员、知识分子、商人。社会各种人群的一个集散地，这对于中小学生来说，是一个很好的契机。我们一年中开展社区服务的内容很多，重阳节走进社区广场，慰问老人，清理学校周边的小广告，卫生集中整治，慰问表演等形式多样。

但一次暑期的社区服务交通乱象治理活动，赢得了村委会的大力支持和社区的高度评价。我校的社区服务主要在暑假期间，学生有充足的实践。由于地理位置的因素，正处于开发阶段，学校周边社区环境道路拥堵，卫生脏乱差。初二年级（5）班的同学，就这个问题，进行了社区调查和服务。

学生们通过走进社区，和社区人员进行了联系，了解到社区之所以出现如此严重的问题，是因为周边大力开发，十所高校入住，有大量的消费群体，包括大学生和农民工。环境恶化。道路拥堵不堪的另外一个原因是整个村民都是依靠餐饮业和小商品销售为生，这个地方原处于农村，所以没有集体意识，城市管理员也不会进入村中管理。

同学们又进行了实地走访，发现大都是本村村民在经营，虽有卫生清理员，但是随着庞大的做生意团体，加上道路本身狭窄，意识不到位，所以环境交通是社区管理的一大问题。同学们虽然未步入社会，但是通过社区人员介绍，都增强了自己的责任意识，他们想通过暑期解决这个难题。

同学们首先划出道路图，按照他们所经营的范围划分，梳理了道路交通拥堵的时间段，再将不同时间段的卫生情况汇总。做足前期准备工作后，学生们又印制了环境、卫生保护的宣传页。开始走进实地，在社区人员的参与下，同学们逐个给商户们发放宣传页，告诉商户们如何维持卫生，不要占道经营，注意交通的顺畅，便于生意兴旺。还有的同学采用蹲点管理，整个村里当时可以说是一道亮丽的风景线，各商户都觉得十几岁的孩子都如此有意识，他们也逐渐注意自己的行为，并且将卫生员打扫的时间，卫生清理的方法，道路拥堵的时间，逐一进行了告知，学生们用自己的方式方法感染着周边的每一个人。

经过同学们隔三差五的社区服务，一个假期下来，在开学的时候，学校的老师都明显感受到周边的环境变好了。社区的工作人员也深有体会，认为孩子们虽然很小，但是这种有意义的社区服务，促进了社区规范化的发展。社区居住的百姓，见了学校的孩子都在点赞，认为我校的孩子责任意识更强了。学生以服务者的身份参与到服务社区的各项活动中，多方面体验并认识服务对象，用自身的知识和能力为社区提供有意义的服务，不断增强对他人、社区乃至整个社会的服务意识。

学校教育的重要职责是要培养学生成为具有创新精神和实践能力的好公民，认识到自己对家庭、社会和国家的责任，形成强烈的社会意识。学校不仅要通过政治思想教育和公民道德规范来实施，还要鼓励学生服务于社区。因为社区服务与社会实践是一种全新的、有活力的、给社区和学生双方带来亲和感的举措。它不仅可以帮助我们发展学生、提高教育的实效性，增强学生对他人、对集体、对社区乃至整个社会的服务意识和使命感、责任感，实现学生在认知、能力、情感、态度等领域的全面、协调发展，而且能够强化学校与社会互动的气氛，以帮助社区的精神文明建设，为创立一个学习化社区做出贡献。

三、让孩子动手是一种能力

苏霍姆林斯基说："让学生体验到一种自己在亲身参与掌握知识的情感，乃是唤起少年特有的对知识的兴趣的重要条件。当一个人不仅在认识世界，而且在认识自我的时候，就能形成兴趣。没有这种自我肯定的体验，就不可能有对知识的真正的兴趣"。

【劳动技术梦】

在小学阶段的劳技课程教学设置中，班主任王老师曾经进行过水果沙拉制作的教学。在教学过程中通过引导学生学习和动手实践，使学生一方面通过课程学到了一定的基本劳动技术，另一方面培养了学生的劳动观念，让学生切实体会到平时吃的水果沙拉是如何制作的，又怎样通过各个步骤最终成为可以食用的。通过引导学生体会制作师的巧妙记忆，从而在学生心目中树立起尊重制作师，尊重劳动并珍惜劳动果实的思想。

美术老师齐老师指导学生剪纸，剪出各具特色的形态。剪纸设计好后，齐老师再指导学生对剪纸作品进行装饰，用彩带、皱纹纸等制作各种边框镶嵌在剪纸周围，最终制作成型。在制作和设计过程中，老师在旁边教学生剪、折、贴等手工技能。然后，再指导学生将优秀的作品进行布局呈现在展示台上，形成教室里的一道亮丽的风景线。还可以让学生们把在劳技课程中学会的内容应用于班级装饰，把班务栏进行创造型设计，编制、手工等各种创意作品都可以应用到其中。这样既可以将劳技课与学生的现实生活紧密地结合起来，又可以调动全体学生的积极性，还可以给学生带来创造美的成就感。

有一次劳技课，张老师指导学生制作铅笔盒，因为时间的限制，不可能在课程上对与铅笔盒相关的内容做详细的解释和演示，于是借助现代化教学手段在白板上将所选纸盒的大小、硬度、美观性、结构、造型、功能、实用性，纸盒的切割、分隔、粘连方式等内容一一展示，以供同学们制作时参考。学生完成后，张老师又分别从铅笔盒的实用性、美观性、造型、制作等多种角度对学生作品进行评议。最后，评出"创新奖""精致奖""坚固奖""美观奖""参与奖"等多种奖项。这样，既大大地节省了教学时间，又极大地激发了学生学习的热情，还给劳技课堂带来了无穷的乐趣。

初中毕业后，部分学生就要去职业高中，所以对各种职业都要有一个初步的了解。学校内部环境美化就是一个很好的尝试，我校的校园外围植被参差不齐，学校后勤赵老师带领同学们对校园的植被进行美化，赵老师给同学们讲解植被美化的构思，美化的方法。同学们先在图上构思，接着拿起剪刀和修剪锯逐个体验，共同完成，感受劳动的成果，并且深刻体验到要爱护好学校的环境。

生活化教学，劳动技术课程很多都与生活息息相关。陶行知先生也说过"活的人、活的问题、活的文化、活的武功、活的世界、活的宇宙、活的变化，都是活的知识宝库，都是活的书"，生活就是一本教科书。劳动技术课程教学要更加的生活化，贴近学生的生活，让学生在一种自然轻松的环境下完成课业。课堂内容的导入也可以更加生活化，教师要善于捕捉生活现象，将生活现象与课程内容相联系。课堂上也可以创设一些生活化的情景。

劳动与技术教育是跨学科的学习领域，强调各学科基础知识的综合运用，同时也强调融合社会、经济、环境、法律、伦理、心理与健康等方面的教育视野，注重各学科知识的联系和综合运用。学生的劳动与技术学习活动，不仅是已有知识的综合运用，还是新知识与能力的综合学习，劳动与技术教育内涵的深化和外延的拓展，丰富学生的学习内容，改进学生的学习方式，促进学生全面发展。

综合实践课程就是通过实践整合课程资源，起到催化剂的作用，奠基了其课程价值的独特性，旨在回归育人的教育本质。

四、让学生成为一个"独立"的人

意大利著名教育家蒙台梭利说："教育首先要引导孩子走独立的道路，这是我们教育关键性的问题。"学生在学校培养不了独立的能力，如何走入社会中生存，校园周边课程资源的利用，就打开了这个谜底。

【社会实践梦】

每学年的学期初，我校都要和各所高校建立合作，完成社会实践课程。学生在暑假期间明确活动的主题、项目，开学初组建活动小组，制订活动方案，准备必要的活动条件，远足的活动我们主要设置体验、挑战、征服三个层次。学生在一天中可选取三所高校，每组有一个带队教师。带队教师主要是监督学生完成情况和完成质量还有安全，不对学生有其他任何帮助，并且要设置障碍。带队教师还需要学生照顾她的行动。

我们的一组学生进入了晋中学院、山西传媒学院、太原理工大学这三所学校，选取的内容是了解大学，带队教师是王老师，总共11人。我们设置的目标是了解大学的基础建设情况，完成基础建设数据比对，并且有学校的规划设计方案和校史。最后比对哪个高校布局合理，基础建设良好，形成汇总材料。时间是1天（8:00—18:00）。学生8点准时从学校出发，走了没一会儿，王老师就为学生设置了第一个难题，她的高跟鞋扭着脚疼，不便于前行，学生们开始等，王老师一直不动，后来一位同学机灵，发现这原来是王老师故意拖延大家的时间，就跑回学校为王老师借了一双运动鞋。

刚进入山西传媒学院的校园，学生们不知道从哪儿开始入手，面对偌大的学校，面对川流不息的人群，大家都不知所措，就开始见到大学生逐个问，大哥哥、大姐姐们只能告诉他们一个大概布局的位置，无法提供准确的信息。同学们根据大学生的口述，基本上把山西传媒学院的校园规划图画出来了，加上自己的实地察看，有了一定的了解，但是无法获取准确数据，以及各个位置的建筑材料和建筑构思。大家正在商讨时候，王老师说她的身体不适，需要卧床休息，学生们有的说把王老师安排到学生的宿舍，有的说原地找个角落休息。后来有人提议，问问学校有没有医院，一打听，才知道大学里面是有校医室的，就把王老师送进去，当然王老师故意拖延他们的时间。他们一边照顾王老师，一边想办法如何获得数据，学生们就把来到传媒学院的目的告诉校医，校医提供了一个地方，就是每个大学的后勤中心，有准确的规划图纸和构思创意图。同学们瞬间有了如获至宝的感觉，再问寻下找到了后勤中心，和后勤处的人员沟通后，经过后勤工作人员的一一介绍，大家把数据全部收集完毕，大家在后勤人员的指挥下前往了校史馆，将山西传媒学院的校史了解完毕。道谢后，大家赶往了晋中学院。到晋中学院时午餐时间已经到了，大家学会了节约时间，迅速吃完饭后就散开行动，每人安排一个方位，问过往学生，了解整个大学的布置、格局。基本图汇编好后，大家就集中起来。上班时间到了，他们准备前往后勤中心，同学们正要行动，王老师说她将自己手提包落在山西传媒学院。（设置的目的是拖延时间，分散群体，让他们明白时间不够用的情况下，可进行内部分组）同学们正要一起去山西传媒学院找包时候，组长说我们时间不够了，现在只能有一位同学去找包，剩下十个人进行分组，一组进入校史馆，一组进入后勤中心。大家分组后，一个小时在门口集合。大家分组行动，王老师暗中观察，发现了学生在社会实践中明白了统筹规划。

在走到理工大学门口的时候，大家发现时间还有两个半小时，连回去汇总的时间，应该是很充足，又开始放慢脚步，但是王老师此时已经告诉了后勤中心的老师，不轻易让学生获取数据。大家去了后勤处，说明来意，太原理工大老师告诉同学们，负责人下午请假，其他人看不到这些数据。同学瞬间慌乱了，不知道怎么办，跑到学校院子里继续打听，问了很多人，都没有准确数据。眼看着时间不早了，王老师又口渴了，大家给她找水喝，忽然一位同学发现，其实每个楼的侧面或者旁边都有关于这些建筑物的一个标牌，回来马上汇报组长，最后组长召集大家，研究决定，分头行动，每人负责一块，剩下两个人进行三所高校的比对工作汇总。此时我们不免又会相信社会实践课程真的超越了课程本身的内涵，延伸性更强了，不断引导学生在活动中发现和解决问题，积累和丰富经验，自主获取知识，发展实践能力和创新能力。

同学们采集到数据后，按照学校整体布局，将2000多亩的太原理工大学资料，一个小时全部斩获，随后进入校史馆获取最后信息，学生们回到学校还有半小时的总结汇报时间，我们再次看到他们的分工，按照学校不同的功能区，学生们各自掌握一块，最后将总体的情况跃然纸上。组长在做最后的汇报时候胸有成竹的样子，让我们对社会实践课程有了更深的领悟。

综合实践课程真的是一门生成性的课程，随着实践活动的不断展开，学生的认识和体验不断丰富和深化，新的活动目标和活动主题将不断生成。在课程初期王老师并没有给学生设置很多困难，但是随着学生找到了方法后，王老师也随着课堂逐渐生成新的问题，要求学生去解决，学生在实践中学习，不断提高和发展。

第五章　才丰似华

——华山中学综合实践活动课程

"今天中小学传统的信息技术课即将消亡，将被多学科融合的综合课取代，你们相信吗？"

20世纪90年代初，在一次教职工大会上邱成国校长抛出这个问题时，会场如同在平静的水面扔了一块大石头，教师们惊讶地一个一个张大了嘴，要知道当时别说西部偏远地区就是东部发达省份的老师，也未必人人都"摸"过计算机。

时隔二十多年后的今天，邱成国校长的预言变成了现实。

正是因为当初邱成国校长对老师们的善意提醒，正是因为信息技术学科教师的居安思危，所以从那时起华山人就开始思考信息技术的未来之路如何走。从2000年成功选型建设全疆首个中小学千兆校园网，到两校区双核心千兆主干、100M互联网"数字化校园""一卡通"系统的全面使用，再到数字化学习实验班的开设……随着时代脚步的飞速发展，我校的信息技术发展之路不但没有越走越窄，反而越走越宽阔，走上快车道，带动全学科快速成长，并逐步迁移、融合，形成了具有华山中学特色的综合实践活动课程体系。

普罗塔克曾经说过："儿童不是一个需要填满的罐子，而是一颗需要点燃的火种！"

以现代信息技术为支撑的综合实践活动课程，正是一根点燃火种的引线。如我校的综合实践活动课程《环塔夏令营文化苦旅》，会遇到一番什么样的神奇境遇呢？又如综合实践活动课程《博斯腾湖微观生物王国探秘》，在这个"王国"里，有什么秘密呢？

朋友，本人愿陪你一起走进华山中学的综合实践活动课程，一探究竟。

第一节　综合实践活动课程探微

《国家义务教育中小学综合实践活动课程指导纲要》指出，综合实践活动课程是基于学生生活的直接经验和成长背景，体现经验和社会生活的教育价值，促进学生综合素质发展的综合性、经验性、实践性课程；强调活动要围绕人与自然、人与自我、人与社会三条主线开展活动，所涉及的信息技术教育、研究性学习、社区服务与社会实践活动、劳动与技术教育等四大板块，是相互渗透、互为关联的。

自综合实践活动课程被正式确立为国家必修课程以来，教育界人士对它的理解各不相同，专家和学者也各执一词。

比如有人认为，综合实践的四大领域可以相互独立，认为学校开设的劳动与技术教育或者信息技术教育，就是综合实践活动课程；也有的学校认为，利用课余时间开设丰富多彩的活动，就是综合实践活动课程；后来有学者提出，围绕一个个主题开展的研究性学习应作为综合实践活动课程，其他学校课余开展的活动只能作为一种单一的活动形式；最后，有专家提出只要符合综合实践活动课程的综合性、开放性、自主性、实践性、生成性等特点的教育行为，都属于综合实践活动课程。

在这里，我们界定的综合实践活动课程概念，指向最后一种意见。

第二节　华山中学综合实践活动课程的"DNA 模型"

在系统总结、理性反思、实践探索的基础上，我们借鉴生物学科DNA 双螺旋结构继承、复制的特性，构建了华山中学综合实践活动课程的"DNA"模型（见下图）。至此，我校把"综合实践活动课程"确立为"基于综合问题实践研究的教学活动课程"。

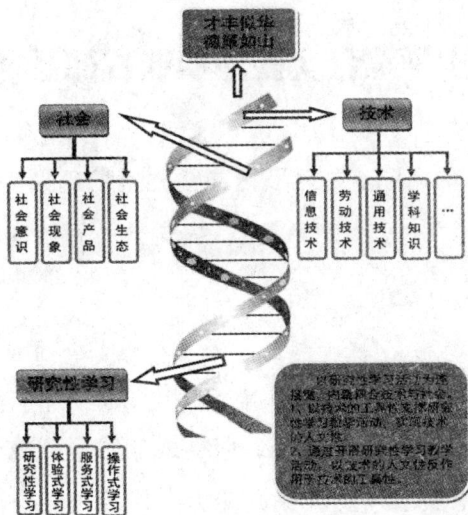

华山中学综合实践课程的"DNA"模型

作为"DNA 模型"中的两条主链，"社会"决定"技术"，"技术"能动地作用于"社会"，这种决定性和能动作用，是借助研究性学习作为关键链进行传递的。其中"社会"是指基于校内外各种社会、生活环境中相关人、事、物及其现象等综合问题，它是课程研究的目标主体；"技术"是指信息技术、通用技术、劳动技术及其他学科知识等综合技能，它是课程研究的基础内容。研究性学习，将社会现象和综合问题转换为技术需求，不断促进技术的创新与发展；而技术的创新与应用，又通过研究性学习转换为推动社会进步的生产力。

建构了这样一种"DNA"课程模型，便能够使综合实践活动课程摆脱形式之争，走出名称的尴尬，回归综合实践活动课程的宗旨和本义，也使得"基于综合问题实践研究的教学活动"课程更加科学有效，从而为培养具有浓郁本土情怀和宏阔国际视野的"才丰似华，德厚如山"的"大写"之人，提供了综合实践活动课程支撑。

第三节　华山中学综合实践活动课程体系的构建思路

在廓清了概念的内涵、外延及内在诸要素的逻辑关系后，华山中学结合自身实践，以"DNA课程模型"为先导，开始建构属于自己的综合实践活动课程体系。

一、课程目标

通过体验式学习、操作式学习、服务式学习及研究性学习，使学生在各种实践活动中获取信息、提升能力、体验情感、凸显个性和发展多元思维，在智慧地"玩"中，锻造创新精神，培养使命感和责任感，为最终培养出具有浓郁本土情怀和宏阔国际视野的"才丰似华，德厚如山"的"大写"之人做好铺垫。

二、运行机制

综合实践活动课程的实施，要注重学生自主实践与教师的有效指导相结合。教师指导的主要任务，一是引导学生形成问题意识，让学生从日常生活中发现或选择自己感兴趣的问题；二是在活动的展开阶段，可以采取多种多样的组织方式，如个人独立活动、小组合作活动、班级合作活动等；三是在活动过程中要遵循"亲身实践，自主探究"的原则，处理好认识与实践、体验与建构的辩证关系，引导学生对自己感兴趣的课题或活动主题持续、深入地探究与实践。

三、管理制度

实行学部课程领导制。课程分为小学、初中和高中三段，三个领导小组，组织制定课程实施方案，培训和安排教师，关注课程实施过程，协调安排重大活动，保证综合实践活动课程的顺利开展。课程领导小组，定期召开指导教师与管理人员例会，负责日常的检查、指导、协调工作，交流经验、破解难题。建立安全保障制度，学生的校内活动课程教师负责监控。开展校外实践活动，年级组、家委会和指导教师要预先提出集体外出活动的计划和申请，形成预案，待学校批准后方可执行。学生的校外实践活动，老师和相关家长都要参与，由家长担任监护职责。

四、课程评价

由于综合实践活动课程不以单一学科知识体系为基础，不过多强调知识的系统性和逻辑的严密性，不过度强调课程内容的指令性，与逻辑性、系统性、指令性较强的学科课程有一定差别，这也就决定了对综合实践活动评价和学分的认定，在过程、内容、方式以及主体性上，与其他传统学科具有很大的不同。

综合实践活动课程对学生的评价，应注重对学生的表现和素质发展进行整体评价，注重评价方式的多元化，评价内容上关注过程、兼顾结果。评价方式上，可采取自我评价和他人评价、个别评价与集体评价、形成性评价与总结性评价等相结合的形式。评价的途径上，既要有成果展示、研讨答辩，也应有访谈观察、成长记录等。评价时应兼顾综合实践能力、态度、情感和价值观等各方面。总之，评价时应坚持激励性、差异性、全面性、过程性和多元化原则。

"玩在华山"综合实践活动课程体系一览表（按空间和时间划分）

常规课程	课外课程	校外课程
信息技术 劳动技术 通用技术 综合实践活动课程 学科综合实践	安全、绿色小卫士 午休课程 书里书外故事会 华山电视晚播报 华山校园广播 校园绿色网吧	网脉学游 夏令营 研究性学习 支农劳动

第四节　华山中学综合实践活动课程体系的构建过程

华山中学在综合实践活动课程的行动研究中，不断探索，积极尝试，大致经历了四个时段：初期探索阶段、规范运行阶段、品质提升阶段和创新发展阶段。

一、初期探索阶段

我校信息技术与劳动技术教育作为两门独立课程开设，活动分散，形式单一呆板，未成体系，缺少整体思考。

改革开放之初，邓小平曾高瞻远瞩地提出："计算机从娃娃抓起"，这让我们认识到计算机必须进校园。为此，我们成功突破了地处偏远、资金困难、观念保守、体制滞后的时代重围，使计算机信息技术为学校的未来插上了腾飞的"翅膀"。

20世纪中叶，小小鼠标器，随心所欲地点击着多彩的屏幕图标，神奇的计算机使老师们的传统教学告别了"铅与墨"，步入了"光与电"。抵挡不住"Windows蓝"的诱惑，老师们又主动体验动画课件给课堂教学带来的高效与便捷。实践证明，计算机信息技术给未来课堂带来了新一轮的革命性变革。

　　汹涌澎湃的计算机信息技术浪潮，要求中小学校必须做出理智的选择。

　　摩尔定律督促着信息技术飞快的发展，是追逐有效还是追求更高速？是随大流还是独辟蹊径？选择谁我们华山中学才能更快的踏上信息高速公路？处在"十字路口"的华山人想起几年前"Windows 蓝"的往事，纠结的心绪依旧在脑海挥之不去。这一次，我们一定要把决定权交给技术专家，要相信专家的眼力。当今各个学校万兆网络的发展主流，已印证了当年华山中学技术选型时的科学性、预见性和大胆性。

　　"一卡通"技术，对中小学教育教学的意义在哪里？同样是曾经困扰我们的一个难题。

　　东方地球物理勘探有限责任公司下属的第三地质调查处，是一家大型国有石油勘探企业，其科研机构属于非盈利单位，但他们却创造了巨大财富，获取了丰厚的利润。追问缘由，他们曾自豪的回答：平时利用技术进行多方位地质勘探并收集地质数据信息，采用先进的信息技术将地质信息按照相关性形成采油数字地质地图，这些"数字地质地图"使得先期进入塔里木盆地的采油公司们争相高价购买……这，就是他们的财富"密码"！

　　在过程中产生数据、存储数据、整合数据的理念，为华山中学教育财富地图的描绘提供了有益的启示！

　　今天的华山校园，学子们利用校园"一卡通"熟练的开启教室门、逛校园超市、吃饭、洗浴、借书、机房上机、自助圈存等虽显得"稀松平常"，但这恰恰得益于十几年来教育教学数据产生的"教育数字地图"的支撑。

二、规范运行阶段

我校信息技术驶入快车道，带动学校全学科快速成长，信息技术学科迁移、融合并入综合实践活动课程体系。综合实践活动正式纳入课表，每周两节，课程以体验式外出社会实践活动为主，课程逐步趋于规范化。

（一）让劳动，成为学生成长的"必修课"

屯垦戍边，是党和国家赋予新疆生产建设兵团的一项特殊使命。作为兵团基础教育一张亮丽名片的华山中学，自然把定期参加劳动作为了孩子们成长的"必修课"。在义务段的初二年级、高中段的高二年级，我们都安排一次秋季下基层团场勤工俭学劳动课程，为期十天。在行课期间，制定严密的课程计划并提出严格的纪律要求。做到课前有发动、课中有评比、课后有总结。劳动技术课程的开设，既让孩子们初步掌握了一门基本的劳动技能，又在劳动中磨砺了意志、净化了心灵、陶冶了情操。下面是高二（20）班的寇曼丽同学劳动后的感言：

伴着夏末的气息，带着初秋的飒爽，我们拉开了支农劳动的序幕。

在我的脑海中，似乎还残留着去年高二学长出发前的影像，怎么这么快就轮到了自己？但，这是我们华山的一门课程，一门走出教室、亲近自然、熟悉农民的社会实践课，我们应该放下手中的笔与墨，去体味那不一样的课堂。

9月16日，带着无限的遐想，我们出发了。身着迷彩服的我们，带着一张张可爱的笑脸，坐在大巴车上，一遍遍憧憬着即将迎来的劳动生活。沿途的风景，着实很美，尤其是进了团场以后，一望无垠的辣子地，红透了半边天，仿佛是欢迎我们这些远道而来的"采摘者"。在喜悦和激动中，我们到达本次的课堂——21团5连。一排像仓库的房子，便是我们十天的家。

午后的阳光是那么闪耀，将每一粒辣子都照得令人目眩。就这样，我们开始了第一次摘辣子劳动，尽管手脚显得有些笨拙，但大家干得很卖劲儿。第一天就在好奇、兴奋和欢笑中度过了。

"原来摘辣子也有技巧！"刚才还在我身旁的李芳不一会儿就摘到我前面去了，"这可不行，我不能拖大家的后腿儿，给班集体抹黑！"于是在喝水的间隙，我凑到那些"摘辣子能手"跟前，虚心求教起来。在多次求教后，我终于掌握了其中的秘籍——分支持，一捋到底！虽然还不十分娴熟，但效率大大提升了，这，就是进步！我暗自给自己加油。

摘了两三天，劳累的并发症便彰显了它的威力。先是脚疼，接着是腰疼，最后是浑身疼。越到后面，每一次弯腰都是一次极大的生理挑战，但为了班级荣誉，我依然咬牙坚持着，没有吭一声。如果说前几天是好奇与兴奋的支撑，那么现在全靠毅力和斗志的支持。自己心里总在想，现在若放弃，前面的辉煌将成为后悔的印记，要坚持，再坚持！

回望过去的十天，在清晨烈风中，我们不为寒冷，奋力向前；在中午的烈日下，我们舍弃阴凉，努力拼搏；在午后风雨里，我们没有退缩，继续战斗；在"回家"的路上，我们忘却劳累，高歌欢畅……

那片充满酸甜苦辣的辣子地呀，将成为我一生的珍藏。

高二（8）班宋健同学也用一首稚气未脱的诗，对劳动课程作了小结：

末夏凋零秋色泛，日暮月升与君伴。

栉风沐雨共患难，清霜艳阳同苦战。

精诚团结不落单，班级至上不涣散。

一语加油斗志满，百言疲惫心未倦。

中秋寄愿月下欢，亦盼归家亦留恋。

韶光易逝思流年，十载难抵此十天。

（二）综合实践活动课程的艰难前行

20世纪末，华山中学把网脉工程及其数字化教学引进了校园，义务部（小学和初中）的学生有近一半都在平板数字化环境下学习。在全新的学习方式下，单纯的计算机课程已不能满足孩子们成长的需要，于是学校把原来一周两节的信息技术课，一分为二，一节信息技术，一节综合实践活动课。对于这种拆分，当时出现了不同的声音。

有的学生问计算机老师：原来你不是教信息技术课的吗？为什么我们不上电脑课了？

有的教师说：综合实践活动课程要用到大量的信息技术，如网络搜索、信息下载、Word 文档编排和 PPT 成果汇报演示等，学生们必须先学会了相关技术，才能开设综合实践活动课程，否则综合实践活动课就成了"空中楼阁"。

还有的教师迷惑地说：我们原来教信息技术，还有点"专业性"，可现在教像折纸、叶贴画等内容，有点像美术课里的手工制作，像"保护眼睛"的技巧与要求，思想品德课也有涉及，我们课上研究"不倒翁"，可关于它"不倒"的原理那是物理课的内容……现在呀，我们综合实践活动课程有点"四不像"，好像随便拉出一个老师就能上，我们连自己的"专业方向"都找不到了……

有的教师更不知所措：我好像看到一、二年级组的文化墙上都已经贴出了孩子们用叶子做出的各种作品，很多是父母"指导"孩子制作的，既然家长都能"指导"，还要我们学校的"专业"老师干吗？

师生们在疑惑中思考，在思考后走向清醒：综合实践活动课程是一门基于多学科的全新课程，不是某一门专业科学知识所能完全支撑的，它需要多学科"立体交叉支撑"。

走出"泥泞"后的综合实践活动课程，终于走上常态化、步入正轨。为了学科发展之需，学校又相继引进心理、科学专业的教师开设相应的课程。在丰富了内容后的综合实践活动课程里，老师们带领孩子们走出校园，走向企业，走进电视台、广播电台，走进社区，走进医院，走进军营，走进棉田、辣椒地……这一课程极大地满足了学生的综合发展和个性需求。

（三）让家庭成为生活的"第一"实践课堂

"你可以不让孩子参加各种学习培训班，但一定要让孩子在家里学做家务"，在家长培训会上邱校长总是如是说。按照邱校长的"育儿经"，我们开始从一年级尝试做起，课程的基本内容有：第一周擦桌子，第二周叠被子，第三周整理书包，第四周叠衣服，第五周系鞋带，第六周穿衣服，第七周洗餐具，第八周择菜，第九周洗袜子，第十周收拾书桌。然后依次循环训练。

经过若干周的循环实践训练，一年级(8)班姚艺杰的妈妈写来了这样一段感悟：

第一次拿到华山中学发的《收拾餐桌自理能力自评表》，里面有三项大的评价标准：能够主动收拾餐桌；能收拾餐桌；能在家长督促下收拾餐桌。

我和孩子商量，到底我们该给你评多少分？问孩子你给自己多少分？一个在爱的包裹下成长起来的孩子有着天然的高自尊，她希望我们能够给她最高评价打个A档，可是，最终我们给她打了个B。因为我们清楚地记得，在她大约5岁的时候，我给她做好饭出门办点事，等我们回家，发现她在用稚嫩的小手尝试着洗自己的碗，那一刻我们既感动又欣慰。

而今上小学了，按理说孩子长大了长高了能力应该提升了，可是她却变懒了，原因在哪里？

学校的自评表让我们真正静下心来开始思考，孩子的"退步"是谁之过？

细细想一想，我们又有多少家长把注意力聚焦在孩子的学业成绩上，而忽略了孩子的生活能力培养。马丁·塞利格曼作为积极心理学之父，他多年的研究告诉我们，培养乐观自信孩子的窍门是：提升孩子的掌控感。孩子的自信源于她对事物的掌控，她做得越好，掌控感越强，越有自信。而自信给孩子带来的不仅仅是乐观，最终是幸福感。

孩子将来成人后的生活要靠她自己去掌控，教会她"幸福的密码"比让她做更多的"加减乘除"更有意义。

我想我也正在犯着其他父母同样的错误，给孩子施加太多学习任务，而忽略了她生活能力的锻炼。

记得前段时间，日本一个四岁小姑娘，妈妈癌症去世后，小姑娘在厨房为悲痛中的爸爸做早餐的微信在圈里疯传。孩子娴熟地操作着厨房的一切，我甚至没有感到太难过，因为这个孩子不仅能照顾自己，更能照顾家人，她的母亲在天堂也会欣慰地笑。这让我联想到了自己的童年，由于家庭的原因，从小学六年级开始我就能照顾家人，发面、蒸馒头、生火、炒菜，全都靠自己，也正是那个时候培养起的自信，让我对未来的生活工作应对自如。

对比我的童年和自己孩子的童年，我们的不同就是我给孩子的照顾太多，"爱"得过分，而放手的机会太少，让她吃"苦"的机会太少。

不要低估孩子的能力，他们有无限的可能。我坚信这句话，因为我的曾经就很好地佐证了它。

（四）小小电视台助力孩子们的主播梦、电影梦

"校园电视台、广播站，不能总是老师们把持着累得够呛，要让更多的学生参与进来……"邱成国校长的一席话，让资源中心的老师们明白了工作的方向。

是的，校园电视台、广播站是孩子们的舞台，孩子们才是它的真正主人，我们的专业老师只有做好"剧务"，才是定位准了自己的"角色"。在这一思想的指引下，我校的电视台、广播电台办的"有鼻子有眼儿"，很像回事。

在广播站，孩子们在这里经历录音、剪辑、主持、选材等一系列学习实践，在行动中研究，于探索中实践。为了搞好校园广播，小主持们综合运用各种学科知识，用自己的"声音"为师生们服务；也恰恰是这支小小麦克风，让学生们锻炼了胆略、历练了口才、找到了自信，获得了成就感。可以说，小小校园广播站，成就了一批批孩子的主播梦。

随着时代的进步，学校已不再满足声音信息的简单传递，又投入巨资创办了图文声并茂的校园电视台，并确立了"以学生为主，教师为辅，鼓励学生自主创新开设栏目，学生自主管理"的运行新模式。几年走下来，从最初的节目录制、新闻播报、剪辑，到后来的微电影脚本创作、拍摄与编辑发布，再到现在成立央视"影视小屋"基地，孩子们徜徉在电影梦的乐趣中。

下面就是影视社团指导教师薛永伟写下的实践活动课程体会：

期末临近，师生们格外地忙碌，因为在放假前学校要召开隆重的家长年会。

今年该为家长们准备些什么新"套餐"呢？

为此老师们头疼不已，这时有老师提出，应该让家长多听听孩子心底的声音，于是《孩子心底的声音》这个栏目被提上日程，为了能按时在初中家长年会上播放，校园广播站和校园电视台的同学们，积极参与到声音录制和视频的拍摄中。

在拍摄前期，校园电视台通知七、八年级的同学们，凡是有什么想对爸爸妈妈说的，但平时又不敢说的话都可以来校园电视台倾诉。在随后的一周里，校园电视台迎接了不同的孩子，青春期的孩子总是有着五彩斑斓的想法，开心、快乐、烦恼、忧愁、无奈、愤怒……摄像机如实记录下了他们的笑脸、愁眉和泪眼。接下来是后期编辑，校园电视台的同学们要将长达4小时的视频原始素材，整理剪辑成4分钟的小片，一遍遍地回看，一次次地倾听，一帧帧地筛选，小编辑们力求通过 4 分钟的精彩诉说，告诉家长们自己内心最真实的声音。怎样借用视频媒体的形式为大家讲述一个打动人心的故事，让家长们产生共鸣，这给广播电视社团的小团员提出了挑战。

随着《孩子心底的声音》短片一稿、二稿、三稿的不断打磨，终于，《孩子心底的声音》终稿生成。校园电视台的同学们聚在一起审阅自己的作品："妈妈，虽说我一进家门，就把自己关在自己的小房间而无视你们的感受，其实我真的很爱你们。""爸爸，当考试不理想时，其实我也很在意，但我的'无所谓'，只是为了维护自己的'尊严'，并不是不想学习好"……听着同伴们的"诉说"，他们被自己的"作品"感动地留下了热泪。

1 月 6 号，是初中家长年会举行的日子，上千名家长步入会场。随着大幕亮起，一幅幅画面在大屏上播放，《孩子心底的声音》向爸爸妈妈诉说着，顿时全场陷入沉寂，当短短 4 分钟的小片结束诉说时，到场的爸爸妈妈们都哽咽起来……看着爸爸妈妈们流下了激动的眼泪，校园电视台社团的小团员们都高兴地松了口气：我们把同学们的故事"讲"成功了！

（五）给校园的网络加上"纱窗"

互联网作为一个新兴事物席卷全球，大大小小的网吧如雨后春笋般出现，五彩缤纷的网络虚拟世界深深吸引着校园里充满好奇的孩子们。然而，网瘾少年也一度成为家校关注的焦点，令全社会大伤脑筋。邱校长说："一定要把孩子们从街边网吧拉回校园来！"

怎样达成邱校长的心愿呢？

综合实践活动课程的老师们动起了脑筋，既要满足学生了解社会动态、查阅资料、下载信息的需求，又要让孩子们远离污染、免受毒害，只有通过我们的技术，给校园网络加上"纱窗"把"蚊蝇"挡在外面，对！加"纱窗"。经过近三个月的努力，华山中学"绿色网吧"

呈现在师生面前。很快，绝大部分沉迷街边网吧的学生回到校园上网。为了充分发挥"绿色网吧"的作用，我们实行教师技术保障，学生专人负责维护的"双管齐下"管理制度。孩子们在机房里，或进行创客的探索与实践，或查找感兴趣的资料，或听音乐聊天……遇到问题可以随时请教专业老师，孩子们在有益的"玩"中，增长知识，获得技能，在健康的信息环境里，享受着网络带来的神奇与快乐。

（六）信息技术助力图书馆走向现代化

每年新生入学，我校都有一门"必修"的课程：图书馆入馆教育。

到图书馆借阅图书、查找资料，首先要进行拍照。学生们很惊讶，为什么要拍照？管理员老师告诉孩子们：为了保护自己。学生还是迷惘，说他们以前借书，每人办一张借书卡，上面贴上一张照片就可以了，借一本登记一本，还的时候划掉就行。还有观察仔细的学生说，我们的书里还有条形码啊，一串串的数字，那些是干什么的？管理员就拿来一张卡，放在读卡器上，电脑屏幕马上就出现了读者的相关信息，管理员拿着扫枪往书上一扫，书就借好了。还书时，只要再扫一下，就完成了归还手续。学生们看后惊讶地说："真神奇！"

高效的管理，得益于新技术的运用。我校图书馆引进"金盘图书馆管理系统"，实现了图书采购、典藏、查询、流通、盘点等业务的计算机管理，同时与学生的"一卡通"对接，极大地提高了图书借阅效率。

图书馆走向规范化、科学化之后，邱校长又对图书馆下一步的工作提出了明确要求：图书馆的重点工作不是简单的借还图书等常规工作，而是要让图书馆走进师生，开辟图书角、教室图书墙等，拉进图书与师生的距离，主动服务师生的生活学习；要开展师生喜闻乐见的读书活动，培养师生终生阅读的习惯；要利用互联网和大数据建立"网络图书馆"，购买电子图书，实现"线上线下"同时为师生提供"24

小时服务"，最终让图书馆成为师生生活、工作、学习不可或缺的一部分。

三、品质提升阶段

我们以课题研究为抓手，以研究性学习为主要依托，将信息技术教育渗透于综合实践中，把研究性学习贯穿于信息技术教育与社会实践中，从而打通了三个板块的"隔板"，实现了学科大融合。

（一）科学素养源自于好奇心的培养

记得有一天上课，我问三年级的孩子们："蚂蚁真的只喜欢吃甜食吗？"孩子们愣了，心想老师的问题好奇怪啊！

第一个孩子说："蚂蚁当然喜欢吃甜食了，每次我们看到地上有糖的时候都有不少蚂蚁围在糖的周围。"第二个孩子说："蚂蚁的鼻子可灵了呢！"第三个孩子说："蚂蚁太小了，不过可多了。"第四个孩子说："不过也不一定，蚂蚁也吃一些小虫啊，虫子不是甜的吧？"第五个孩子说："不对，蚂蚁有可能喜欢吃酸甜的食物，葡萄藤上一般都有很多蚂蚁呢。"突然，第六个孩子问了我一句："老师，您说呢？蚂蚁到底是不是真的只喜欢吃甜食啊？"

我没有急于给出答案，而是顺势引导说："我们可以去召集一下蚂蚁伙伴，给它们设计一个充满酸甜苦辣咸各种美食的场地，让它们自己来选择，再告诉我们它们的最爱吧！"听到这儿，孩子们特别兴奋，一心只想出去捉蚂蚁了……可是蚂蚁太调皮了，喜欢到处乱跑，我们怎样让他们乖乖地呆在我们设计的场地内呢？这时孩子们都不说话了，呃，不知道……安静片刻后，孩子们自己开始小声的议论起来，放水里？好像不行，会淹死的！放盘子里，会跑的！那怎么办？放瓶子里？口径太小没有办法给食物分类放置呀？就这样，大家你一言我一语地议论着，最后有个孩子灵机一动，把放有蚂蚁的纸盘放进水里，兴许就可以了呢……孩子们在讨论中商议着下节课的活动分工与实验方法……

我校的科学教育，从未停止过对学生智力发展的研究。为了提升学生的智商和情商，我们逐渐构建起了"自主—探究—实践"的科学课程体系。我们打破封闭式教学的束缚，创造性地进行开放式教学，引导学生们在"玩"中学习，在"玩"中培养兴趣，在"玩"中培育科学素养。

材料中所展现的就是我们的非常规科学课堂，《蚂蚁》这节内容，原本该节内容只需引导学生了解蚂蚁的身体结构及生活环境就完成了教学目标，可是，这对于学生们探究未知世界的能力培养远远不够，所以，我们把研究《蚂蚁是否喜欢吃甜食》《蚂蚁是否会游泳》《蚂蚁团队的力量》《蚂蚁会识路吗》等，作为了科学课的教学重点和突破的方向。

又如四年级的科学课，我们根据学校所处周边是我国最大沙漠——塔克拉玛干大沙漠的实际，我们设计了——走近罗布人村寨远足科考课程。我们以"初步探究胡杨及周边的生存环境"为题，首先让学生对胡杨的叶子进行观察，通过细心观察，同学们会发现胡杨的叶片有三种不同的形状，我们会及时提出相关问题引导同学们思考；我们还指导学生对胡杨周边的水域进行取样，通过对区域水样加热，获得浅褐色的结晶体，最后再探究该混合晶体的成分等。

这样的例子还有很多，不同年级在不同时节都会开设不同主题的课外探究活动，让学生多观察、多思考、多设计、多实践，久而久之，学生在不断的探究中就会有新发现，层出不穷的新思维，不断碰撞的新火花，将陪伴着他们去享受科学探秘的神奇乐趣。

（二）让数学回归生活

一提起数学，大家的第一印象就是抽象二字，但是，最初数学却是来自于我们的日常生活，所以，我校又把抽象的数学还原到生活，让学生在活动中去"考察""实验""探究""想象"，让学生到生活中去发现问题、解决问题，从而磨砺实践能力、提升创新能力。

比如，三年级数学《分数的初步认识》一课，全课以"折一折""分一分""涂一涂""说一说"等活动为主线，组织学生在小组中展开对分数二分之一的初步认识，感受分数的意义以及分子、分母的含义，引导学生从整体上感受分数的来源以及价值，这样的课堂设计，每一个知识点都是孩子们通过自主思考、小组活动、合作动手操作习得的。

再如我校一年级的数学思维训练课，老师们借助"七巧板""数位筒""小棒游戏""钟表""扑克牌"等多种载体，营造生活环境，让学生们在真实的场景中动手、动脑，在有趣的动手活动中形成数学思维。

（三）探索学校心理学的生存之路

2004年8月，华山中学率先在巴州地区引进一名专职心理教师，她就是张明春老师，毕业于四川师范大学心理系，她这样回忆当年的一幕幕：

"记得，刚上大学那会儿，辅导员就告诉我们，教育心理学是一个新的专业，找工作时有机会，但挑战更多，如果确定以后要去学校工作，最好辅修其他专业。所以，很多同学听从老师的建议在课余辅修了英语、数学、语文等专业，为的是增加面试成功的机会。果不其然，毕业了，招聘会上需要我们专业的单位寥寥无几，有少数几个但都是各地的名校，招聘条件也出奇的相似：以从事行政和其他学科教学为主，心理教育工作为辅。年少轻狂的我，一路过关斩将，也曾有幸被重庆、广州的学校青睐，但依恋家人的我最终在兵团第二中学和第二师华山中学两所实力相当的新疆学校中犹豫、徘徊。从地理位置到福利待遇'兵二'似乎都优于华山，可是邱校长的一句话让我坚定了来'华山'的想法，他说，心理学是一个独立的学科，不是任何学科的附属品，在学校应该有自己独立的地位，它会在育人方面发挥自己特殊的作用。"

随着社会经济的发展，社会矛盾、价值观念冲突的进一步加剧，学生的心理问题也日趋突出，心理健康教育也成为学校教育的一个必不可少的重要组成部分，心理健康教育越来越引起教师、家长和社会的普遍重视。但是我们发现，这种重视更多的是在于出现问题之后，需要借助心理教师的专业知识进行辅导帮助时，这样的"重视"是"马后炮"。

如何才能实现将心理预防最大化，将辅导最小化？

将心理健康教育与学校各项活动结合，主动融入各项活动而不是"等客上门"，既丰富了活动的内容，又寓心理教育于活动之中，实现"双赢"，至此，我们找到心理学发力的切入点。

如八年级组织的十四岁集体生日活动课程，除了常规的德育目标外，义务部心理教师还加了心理训练"元素"。八年级（7）班杜本元同学曾在日记里写道："第一个活动项目就是五公里的负重拉练。我们背着沉重的包裹，从红山水库一直徒步到马兰军博园。在这五公里中，我学会了分担。也许是体质弱的原因，班里的一些女同学没走几步就早已气喘吁吁。作为团员的我，应当起到带头作用，于是我立刻拎起同学的一部分包裹放在了自己的肩上。尽管有些累，但这种勇于分担的精神得到同学的认可，我为此感到骄傲……这个集体生日，培养了我独立自主的意识，也使我的学习更加充满动力。年年岁岁花相似，岁岁年年人不同。生日只是一个人生命的开始，一个新起点的开始，给自己一个新的方向，面带微笑，书写快乐的人生！"

（四）小胖墩儿终于吃蔬菜了

由于我校相当一批孩子离学校较远，加之父母工作繁忙，这些孩子中午不回家，中午匆匆在学校周边的小饭桌吃上几口，就在校园周边游荡至下午上学，因为我校处在市中心繁华的人口密集地段，加上新疆地区严峻的维稳形势，我校党委一班人果断决定，将午休、吃午饭作为一门课程来研究。

在吃午饭时，值班老师发现三年级一个胖嘟嘟的男孩，看着餐盘发呆，就问，孩子你为什么不吃饭呢？孩子回答说，没菜怎么吃呢？这可把老师弄糊涂了，餐盘中明明有胡萝卜、豆角、芹菜，怎么说没菜呢？老师指着餐盘中的菜说：这是什么？小男孩噘着小嘴说："这不是菜，肉才是菜！"旁边几个小胖子也跟着附和"这哪里是菜，肉才是菜！！"不用问，这几个孩子几天来饭吃得非常不如意。

怎样改变他们偏食的不良习惯？

于是，我们就带着孩子从认识蔬菜开始，我们买来花盆、土和种子，在科学老师的带领下，开始种菜。孩子好期待呀，天天趴在花盆边，看菜苗出土，并按科学老师的要求做好观察记录，小苗渐渐长大，但生虫、黄苗等问题接踵而至，为了拯救菜苗，孩子们问老师、请教家长、查阅资料，忙得不亦乐乎。在这个过程中，孩子们知道了植物的生长需要充足的阳光、水和养料，还需要精心的培育，孩子们就这样等着、盼着。几个月后终于结果实了，孩子们体悟到餐桌上的各种蔬菜原来如此不容易呀。

有了第一步的认识，紧接着我们又和科学老师一起，通过实验了解不同蔬菜的营养价值，了解人体生长每天必需的养分，揭示营养与健康、营养与长寿、营养与疾病等奥秘。在这个过程中，孩子们意识到，虽然蔬菜的味道不及肉食美味可口，可蔬菜对于我们每一个人的健康成长却是必不可缺的，我们不能挑食、偏食，更不能厌食，吃饭不能"任性"，只有营养均衡了，我们才会拥有一个健康的体魄。

认识上去了，孩子们觉得蔬菜也没有那么难吃了！

可见，要改变孩子们的错误认识，光靠简单的说教恐怕不能奏效，要寓教于课程之中。

（五）多彩悦读，成就精彩人生

华山中学通过举办校园书香节，组织全校学生开展以读书为主题的综合实践活动课程，深受师生和家长们的喜爱。其中义务部的周末亲子读书活动"书里书外故事会""跳蚤市场"和高中部的"天下至乐在书案"周末读书大讲堂，就是富有华山特色的综合实践活动课程。

每个周六晚上，高中部图书馆一楼大厅都会灯火辉煌，同学们济济一堂，认真聆听由图书馆主办的读书讲座，讲座内容涉及历史、人文、科普等，主讲人既有阅历丰富的老教师，也有穿着校服的稚嫩学生。"天下至乐在书案"读书讲堂课程，是一个师生交流思想和展示自我风采的综合实践活动课程，无论对老师还是学生，都是一个很好的锻炼自我、提升自我、成熟自我的舞台。

基于书香教育的读书综合实践活动课程

课程名称	活动时间	活动时长	活动内容	参与人员
校园书香节	每年4月和11月	两个月	年级组、教研组、班级读书活动	全体人员
"天下至乐在书案"读书讲堂	周六晚上	每次1.5小时左右	读书讲座	高中生、教师
"书里书外故事会"亲子读书活动	双休日	每次1.5小时左右	亲子读书活动	小学生、初中生、教师家长
"周末好时光"读书活动	周日	每次1.5小时左右	班级读书会	高中生、教师
小胡杨读者社团	周二、周五	每次两节课	读书指导课	高一、高二社团学生
图书"跳蚤市场"	双休日	每次2小时左右	读书分享交换	小学生、家长
图书馆学生志愿活动	课间、双休日	1—3小时	协助图书馆老师开展日常管理和读书活动	高中生

小学部的"悦读越美"活动课程，更是深得师生、家长的青睐。

比如，二年级组开展的"阅读分享，好书交换站"跳蚤市场活动，因为这次互换图书的对象是一、二年级的小朋友，在活动开展之前，二年级的"大"学生精心制作了邀请函，并开展了班级对口手拉手活动；为了保证活动的有序进行，二年级的财务小管家们，以组为单位对所卖图书的书名和价钱进行了统计。"好书交换站"活动中，摊主们把一本本大小不同、厚薄不一的图书井然有序的摆放在自己的摊垫上，或大声吆喝，或耐心推荐，或讨价还价，还有免费赠送和以物换物的。这次活动，为"阅读分享，好书大家读"搭建了平台。以书换书，孩子们将自己读过的书籍与其他小朋友交换，交换的过程使孩子领悟到资源共享的乐趣，懂得互相分享是一件美好的事情，从而培养孩子正确的价值观。另外，在这样的实践活动课程中，既有利于培养自己的沟通能力，自主能力，又锻炼了胆量，练就了口才，丰富了孩子们的学习体验空间。

四年级（4）班徐心茗的爸爸在"书里书外故事会"的调查表上写道："活动基本上是学生和家长主持的，老师大包大揽的少，这种模式我很喜欢。活动很有新意，使孩子们都有机会展示自己的长处，有助于孩子自信心的培养。"

他的这一段话，道破了综合实践活动课程的本质，它强调超越教材课堂和学校的局限，在活动时空上向大自然、学生的生活领域和社会活动领域延伸，密切了学生与自然、与社会、与生活的联系。

"书里书外故事会"活动，以班为单位，由孩子和家长策划，孩子全员参与，对应年级的家长自由参加。一堂故事会只设定一个主题。在这个平台上，每个孩子都有机会展示自己，从选主题、选书、编剧本、找背景音乐、准备舞台道具、布置场地，到课件制作、剪辑、写串词，再到新闻报道、现场采访、问卷调查、摄像、摄影……只要你会的，这个舞台都可以"装"得下。

小小读书活动，成了联系社会、沟通家庭的大纽带。如在第120期"浓浓重阳情，深深敬老意"活动中，三年级（8）班赵子涵的奶奶代表爷爷奶奶们发表了感言，她说今天的书里书外故事会传达了一个信息：老人也需要关爱，需要快乐和健康，需要你我他的一声深情的问候。孩子们的精彩表演弘扬了尊老敬老的传统美德，加强了学校与老人们之间的情感交流，营造了爱老敬老的校园氛围。

阅读活动，不仅仅在自己的校园里开展，我们还通过远程网络技术和其他团场的学生同步进行，如远在千里外的38团、33团，我们以这种形式带动周边的孩子读书。2016年元旦，我们给巴州图书馆送去了三个节目，受到巴州图书馆读者们的热烈欢迎。周边兄弟学校相继派人来华山跟岗学习，同时，我们也走出去，传播我们的经验，2016年2月23日，到34团、35团，和这两所学校的师生交流了我们的读书经验。为了让大家更好地了解我们的活动，2016年3月18日，我们举办了"一路书香，一生阳光"的书里书外故事会三周年庆典活动，邀请了其他学校的老师来观摩。之后，大家纷纷效仿这种模式，开展各校的读书活动。我们还建立了"悦读越美"QQ群，大家在群里分享感悟、传播快乐。

（六）通用技术课程在磨砺中逐步长大

"全球大多数商品都印有中国制造的标签，然而，为什么中国培养不出创新型人才？""信息技术已经渗透到各个领域，工业自动化一条龙，机器人服务业……未来社会职业技术性人才一定比普通大学生的需求量更大……"

一次次外出教育培训学习，一位位专家学者对创新型人才培养的呼喊，在不断地改变着我们对通用技术课程的认识。

华山中学的通用技术课程，是随着教育部《普通高中课程方案（实验）》出台，从没有实践室，就在班里做；没有设备工具，就亲手制作；

到课堂结构重新设计，理论融入实践，再到通过实践活动来体验理论，到后来是基于研究性学习、项目学习、网络学习、多学科整合下的通用技术，一路风雨、彩虹无限。

2014年3月，随着创客教育在全国各地的逐步兴起，以及国家对新疆政策的倾斜措施，华山中学的通用技术课程又迎来了一个新的春天。华山中学静心思索，反复研讨论证，认为实践活动是创新教育的有效载体，创新就必须让学生知道什么是"新"。在实践活动场所的建设上，综合考虑，超前谋划，不仅引进最新的技术实践设备，如3D打印机、激光雕刻机、数码雕刻机、数控车床等，还进行了配套的课程建设与开发。我们一边学习一边尝试开设了STEM课程、创客空间、创客工作室、科技创新、机器人等课程。在学科教学上，做到因人而异、因材施教，除常规已有的方法方式外，还大胆开拓、勇于探究，在学困生中开设了中学生生涯规划和角色扮演相结合的触摸未来教育，在创新实验班开设研究性学习与个性发展相结合的创客教育等。

四、创新发展阶段

根据学校的自身实际和学生的成长需要，我们从学游课程、学生生活、社区服务等方面切入，逐步建构了富有特色的综合实践活动课程。如围绕塔里木大沙漠进行的民俗文化调研、海洋中队的海洋综合实践活动和围绕博斯腾湖水质开展的实践探索研究课程，就是其中的典型代表。

（一）环塔夏令营，文化探秘苦旅

新疆地处祖国西部边陲，属于相对落后的少数民族聚居区，特别是我们华山中学所在的南疆沙漠盆地，各方面更为落后。这种客观条件的限制决定了我们在基础教育改革中面临着更大挑战。

但我们也有自身优势，最大的优势就在于南疆丰富的自然资源、悠久的丝路历史和多元交汇的文化生态。所以，如何扬长避短，就成为我们构建自己的综合实践活动课程体系时重点考虑的问题。

正是基于这样的现实和认识，环塔里木盆地文化传承暨综合科考夏令营课程应运而生了。

第二师华山中学 2014 环塔里木文化传承暨综合科考夏令营，于 7 月 10 日开营，7 月 24 日闭营，整个行程 15 天，全体营员 38 人。一路风尘、一路艰辛、一路凯歌。从库尔勒，到七个星佛寺，至博斯腾湖，宿巴伦台；翻越达坂城，观石林，宿洪加里克沟；经巴音布鲁克大草原，走独库公路，至库车，进克尔克孜

千佛洞，看克孜尔尕哈烽燧；再由库车到阿克苏，了解神木园的千年古树——胡杨林；往阿拉尔，观西域文化园，进 359 旅纪念馆，看昆岗古羌人遗址；驶往喀什，走和田，入皮山，去且末，到若羌；经 38 团、37 团、36 团、34 团，至孔雀河，最后回归库尔勒市。一路了解各民族文化、发展与现状，寻求中华民族文化的认同，寻找共同的根；观摩古代丝绸之路痕迹，追溯历史的沿革；关注教育现状，为破解教育的均衡化发展提供第一手信息材料；采集动植物标本，了解生态环境现状，为进一步的科学探究铺路子。

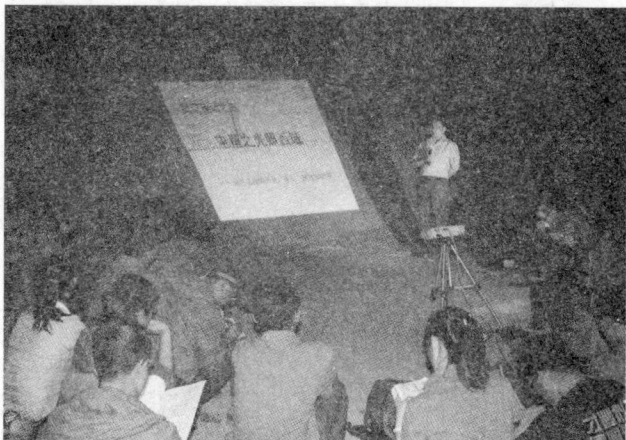

环塔里木盆地文化传承及综合科考夏令营活动课程

本次环塔里木盆地文化传承及综合科考夏令营活动课程，我们走出教室，走进自然，感知、体验、收获，累并快乐着。

2016 年，环塔里木盆地文化传承暨综合科考夏令营科研成果，荣获第二师青少年科技创新大赛一等奖、兵团青少年科技创新大赛一等奖、全国第 31 届青年科技大赛一等奖以及全国十佳科技实践活动课程等系列殊荣。

参加环塔科考的营员们，在各自的高考中亦斩获佳绩，分别被复旦大学、南京大学、武汉大学、天津大学、北京第二外国语大学和华中科技大学等著名高校录取。

2016 届毕业生郑德芳就是"环塔科考"成员之一，在高一时她参加了学校科技社团，有趣的科学实验激起了她浓厚的学习兴趣，高一暑假时她被选中参加"环塔科考"实践活动课程，让她"零距离"接触新疆各具特色的民族、民俗文化。郑德芳同学在科考日记中写下这样一段文字："通过科考实践活动课程，我对家乡新疆有了更加清晰、更加立体、更加全面的认识，同时，科考所需要的严谨认真、踏实负责的实践精神已深深烙进了我的骨髓、渗进了我的血液，这次活动，让我更加热爱我的家乡——美丽而神秘的新疆。"

科学考察占用的大量课余时间并没有让郑德芳的学习成绩下降，反而是直线提升，而且各方面素养和能力都得到显著提升，在 2016 年的高考中，郑德芳同学以 632 分夺得巴州文科状元，并被自己心仪的复旦大学录取。

（二）海洋科普"之花"，"盛开"在大漠新疆

不能因为我们生活在广袤的沙漠地带，就让海洋在我们心中变得那么遥远，为了圆孩子们的海洋梦，为了培育既具有浓郁本土情怀又具有宏阔国际视野的"大写"之人，华山中学开设了"海洋科普在新疆"的综合实践课程。在发展学生海洋科学素质能力，培养学生海

洋意识的课程目标下，成立海洋科普工作小组，在节假日开展常态化的海洋科普活动，让海洋主题活动走进了校园，激发、培养了孩子们对大海的兴趣，感受了海洋的魅力和胸怀。

2014年10月，我校成为"全国海洋科普教育基地"；2016年12月，我校又成为"全国海洋意识教育基地"，成为西北地区唯一一所海洋基地学校。经过将近一年多的讨论、设计，学校于2016年10月正式建成了海洋科普场馆，为孩子们了解海洋提供了场所。遵循"因龄因地制宜"的海洋教育特色发展理念，以孩子们的视角走近海洋，以沙漠、胡杨的精神认识海洋；结合新疆地域特色，以沙漠变迁、古海洋遗址探索、博斯腾湖、孔雀河、塔里木河等地域资源为基础，开展海洋科普教育活动，探索并开发出一套适合新疆本土化的海洋育人课程体系。

我们还发挥十二年一贯制的办学优势，开展小课题研究，渗透科学研究的方法和理念，充分利用本地涉海、河流湖泊管理等相关企事业单位的资源，走进博斯腾湖研究所，走进塔里木河流域管理局，让孩子们更多地学习和了解乡土知识和资源。通过对疆内河流湖泊的了解、认识，引入海洋教育的主题，从河流到大海，从金色胡杨文化到蓝色海洋文化，以研究海洋的思路研究孔雀河、塔里木河流域、博斯腾湖。我们完成的小课题研究有《在南疆地区中小学校开展海洋科普教育的策略研究》《STC课程理念对高中生科学素养培养的作用——博斯腾湖微观生物王国探秘》《探索新疆南疆地区古海洋遗址科技实践活动》等，更可喜的是，国家海洋宣教中心拟于2017年10月份在我校召开"全国少年儿童海洋意识教育新疆论坛"。

海洋争端问题日益激烈，如何提高民众的海洋意识变得更为迫切。少年儿童的海洋意识教育，是国民海洋意识教育的重要组成部分，作为教育机构，切实加强少年儿童的海洋意识教育，对于贯彻落实国家建设海洋强国的发展战略，践行综合实践教育理念，具有十分重要的现实意义和深远的历史意义。

以海洋科普教育为中心，我们进行了海洋意识问卷调查，了解新疆尤其是南疆的海洋意识现状，有针对性地进行校园和社会型海洋科普宣传活动。组织学生参加全国海洋知识夏令营；通过社会实践寻找新疆的海迹地貌；系统学习新疆水系知识，了解南疆的母亲河——塔里木河，了解库尔勒的母亲河——孔雀河等；为库尔勒市民众讲解海洋、河流知识；让孩子们知道新疆的特色水生动植物。在此基础上，我们对自己感兴趣的领域进行小课题研究，大处着眼，小处入手，用研究海洋的思路与科学方法研究内陆的河流湖泊，达到相同的教育目的。

海洋科普教育工作，在于对学生进行海洋知识的科普，提高公民的海洋意识。在今后的海洋科普教育工作中，应对校园海洋活动精益求精，以学生自主设计海洋社会实践活动内容为主，开展学生自主探究的海洋夏令营和海洋主题研究性学习实践活动；联系社会，对本地区群众进行海洋意识宣传教育；继续发挥华山中学海洋科普教育基地的辐射、引领作用。

海洋科普教育其实就在我们身边，蓝色梦、强国梦，不能只是空喊口号，尤其是在新疆、在南疆，更应化做我们的实际行动。华山中学海洋科普教育基地，作为西北地区普及、宣传海洋意识教育的一个支撑点，应不断发展壮大，积极发挥示范和带动作用，为新疆乃至整个西北地区公众海洋意识的普及与提高，做出应有的贡献。

（三）博斯腾湖微观生物王国探秘

作为华山中学生物科技社团的辅导员，吴娜老师在短短的五六年时间内，就完成了从一个大学生物专业的优秀毕业生到优秀科技辅导老师、从理论研究到实践探索的"华丽转身"，下面就是她和她的团队"成长的故事"：

作为沉睡中的雄狮，我们中国正在一步一步地崛起，但是我们不得不清醒地认识到，我们确实面临着雾霾、水污染、食品安全、沙漠化等困扰，还有我们一直位于 V 曲线低端的这种窘境。这一切的根本原因，在于我们教育的过程中忽视了创新人才的培养，这也就回答了著名的"钱学森之问"。

2001 年，我们引入"做中学"，主要让学生在实验中去发现问题、提炼问题、解决问题。但是相信大家和我一样，没有感受到"做中学"的理念在我们的教育过程中出现。华山中学的创新人才教育正处于一个不断摸索和起步阶段，我们主要分三步走：第一步是走近科学，第二步是走进科学，第三步是走进科研，我们的科技实践活动课程，就属于第二步走进科学阶段。

我给大家介绍一下我们的课题：这个科技实践活动课程最早起的名字是"迷你生态王国探秘"，之后进行了修正，改为"微观生态王国探秘"，但在明确了研究方向和内容之后又改为"博斯腾湖野生鱼类资源及其饵料生物资源的初步考察"。经过一年多的基础科技实践活动，我们取得了优异的成绩：在香港举办的第 30 届全国青年科技创新大赛中，我校荣获了全国一等奖，并且被评为全国十佳科技实践活动奖。

那么，接下来跟大家分享一下我们曲折的试验过程和艰辛的成长故事。

第一步是组建团队，我们戏称为"博斯腾湖三结义"。最初我校的情况是：我们一直在做小课题和小发明，但总是止步于兵团大赛，而不能"冲进"全国赛，偶尔有一次我们做的关于焉耆盆地辣椒调查的科技实践活动课程，非常幸运地闯入了全国赛，最终获得了二等奖。这次偶然的成功，既给我们增添了科研动力又给我们许多有益启发，我们要以此为契机，壮大我们的教育科技工作队伍。记得在带学生做焉耆盆地辣椒的那个课题的时候，一个人非常辛苦，为了打破孤军奋战的局面，到了该组建一个科研团队的时候了。于是就跟我的师弟、师妹们一起商量来做这件事，非常感谢他们对我的高度信任，跟我走上了科研这条"不归路"。

当时，我们的科研工作可谓"一穷二白"。

为什么说"一穷二白"呢？有这样一次经历可以说明问题。我跟学校办公室打电话说想用学校的车带学生出去考察，办公室负责人当时就说可以，但是要交500块钱的费用。我们三个老师就嘀咕：是不是学校不支持我们的工作啊？但是箭在弦上，不得不发，于是我们咬牙把钱交了。另外，我们在进行pH值的测定用的是pH试纸，这从侧面也说明我们根本就没有什么必要的实验仪器。所以当时的条件很窘迫，而且我们出去野外考察采样还担负着学生的一份安全责任。

后来，邱成国校长知道了我们的确在认真做活动课程之后，就要求我们参加学校教育研究所的课题开题答辩。在开题答辩的过程中也是非常坎坷，因为学校教育研究所研究的课题基本上都是和教育、教学、管理相关的，突然出现我们这样的另类课题，感觉有点像旁门左道，但最后还是以微弱的优势成功立项。通过了这次答辩，我们终于成为"有身份"的有钱人了，我们购买了相应的专业设备和实验仪器，工作也逐渐步入正轨。

那么，微观生物王国探秘究竟要研究什么，研究内容和研究方向必须确定。我们带着学生去了博斯腾湖管理局和环保局，向那里的专业人士请教，在沟通和交流的过程中，我们才逐渐明确了研究方向和研究内容——水质和浮游生物的研究，而对如此专业的领域，我们之前一无所知，在未知领域我们如何"教"学生成为我们的一个重大课题。所以，没有办法我们必须在做中"学"。

在明确了研究方向和研究内容之后，探究的流程也是困扰我们的一大问题。比如采样，采样先干什么、后干什么、采集什么数据、需要用什么仪器，在使用仪器的过程中要注意些什么，等等。这个时候我们就必须学会去邀请校外专家，借助外力，比较幸运的是 2014 年我们学校被批准为全疆首个海洋科普基地，我们就邀请了国家海洋局的王宗灵主任给我们做讲座。我们对整个科研流程有了一个初步的了解，为什么说是一个初步的了解呢？因为王宗灵主任本身是学物理的，他只能把他在工作过程中了解到其他同事如何做的交代给我们。就这样，我们边做、边学、边修正。

带着学来的技术、带上必要的设备，我们出去实践和考察了。

在考察的过程中，我们发现了一系列的问题，针对这些问题，我们不得不再回头寻找专家帮助解决。当然我们不可能再去青岛把王宗灵主任请过来，这样一是花费大量的时间，二是耗费财力和物力，于是我们就想"就地取材"。经了解得知，博湖县的环保局是不做这样的研究的，最后找到巴州有一个博斯腾湖研究所，通过调动学生家长的资源，找到了一个工程师。这个工程师学术水平及学术道德都非常好，得知我们是华山中学学生科技实践课程后，便对我们进行了系列的理论培训和实验指导，也对我们遇到的一系列问题进行了解答。这样，我们逐渐清晰了考察思路。

我们"博斯腾湖三结义"均是高中生物老师，而且满工作量，所有的科考、实验工作都是周六、周日带领学生出去做的，所以不能像专职科学家那样涉及很多问题，而是集中有限的精力主攻一两个方向。下面我摘取部分内容给大家介绍。

我们对博斯腾湖的野生鱼类进行了一个调查，发现博斯腾湖里原来最早的土著鱼——是大头鱼，后来开都河宝浪苏木闸的建成，阻止了扁吻鱼、塔里裂腹鱼溯河产卵，从而衰退。后来人工引入鲤鱼和鲫鱼，之后引入了河鲈、池沼公鱼，现在湖里主要盛产池沼公鱼。

博斯腾湖鱼食用安全么？这就涉及博斯腾湖的污染问题。经我们调查，博斯腾湖的污染主要来自三个方面：农田排水污染、工业废水污染和生活污水污染。虽说，博斯腾湖是全国最大的内陆淡水湖，但是由于农田废水大量排放，每年约为 4.8 亿立方米入湖，博斯腾湖已经开始向咸水湖发展。工业废水每年大概排入 3500 万吨，这使得博斯腾湖水恶化，湖里的生物链、生物网在逐渐退化。最后一个是生活污水排放 600 万吨，这会造成湖水的富营养化。

博斯腾湖水质究竟如何？特别有意思的是有一次我们在实验室做实验，刚好有一些领导参观，问我们测的水质怎么样？我说目前测的还比较良好，他说不可能吧，那些污染企业检查了才处理，不检查就不处理。这引发了我们决定要对湖水进行真实的监测的决定。

2014 年 10 月，我们对落霞湾的水质指标进行了检测，结果如下图。

9月18日	透明度cm	水温℃	PH	盐度 PPT	溶解氧%	BOD₅	COD_Mn
1	36.5	16.0	8.2	1.07	94.3	4.6	23.0
2	37.5	16.1	8.5	1.11	95.3	4.7	23.5
3	37.0	16.2	8.5	1.13	94.5	3.7	23.8
平均值	37.0	16.1	8.35	1.1	94.7	4.3	23.4

落霞湾水质指标检测结果

博斯腾湖的鱼味道鲜美，致使博斯腾湖鱼味道鲜美的饵料生物成分是什么样的？

我们对鱼的饵料生物成分进行了调查和显微的观察，如下图所示。

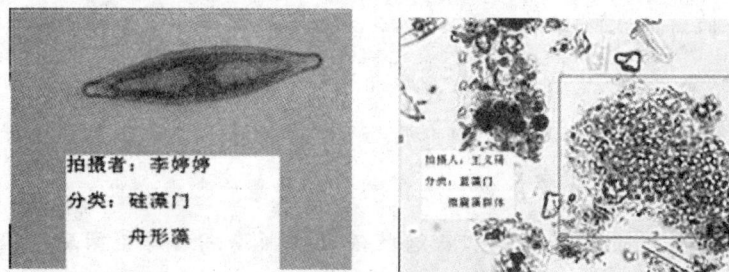

鱼饵生物成分调查结果 1

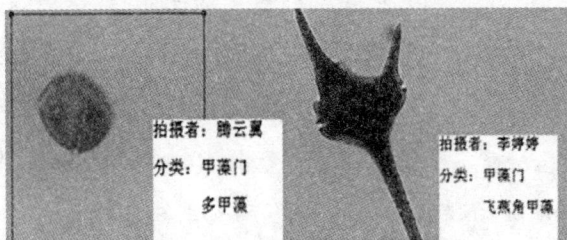

鱼铒生物成分调查结果2

　　通过本次科技教育实践活动课程，使同学们了解了博斯腾湖面临的严重污染问题，及其可持续开发利用的重要性。

　　本次实践活动课程主要包括：启动阶段、准备阶段、实地考察及总结交流四个阶段。启动阶段：用主题词在 CNKI 上进行专业文献检索；阅读摘要进行文献筛选、排序；对有效文献进行阅读，归纳获得有效信息，撰写文献综述，及勾勒出粗略的研究思路与计划。准备阶段：通过采访了解污染区域、污染类型、污染季节；通过专家讲解，掌握本次考察中湖水理化性质、污染物监测、微生物及浮游生物四类实验流程、实验器材的使用、实验方案、实验日志的书写方法。实地考察阶段：为期一年的跟踪实地考察，观察博斯腾湖水质、污染物指标、浮游生物及微生物的季节性变化，了解水质现状及水质污染的来源，对全湖的污染点进行标识。总结交流阶段：以"大数据"准确地展示实验结果，科学有效地阐述自己的观点。依据污染物类别设计"生态修复模型"；构建"政府—环保局—企业—居民绿色生态网"；划分博斯腾湖全湖污染分区及污染类别的确定及污染治理的方法，拯救博斯腾湖。

　　我们的收获。从学生角度看：本次科技实践活动课程，学生通过自主选题、查阅资料、设计方案、开题答辩、调查访问、实地考察、实验验证、分析实验数据、得出结论、结题答辩等环节，经历了完整的科学探究过程，极大地提高了同学们的科学探究能力。

在活动过程中，学生学会了检测水体水质监测的方法：如透明度、pH值、盐度、溶解氧、总氮、总磷、BOD、COD、氟化物、硫化物、有机磷农药等检测。掌握了浮游生物野外采样、样品固定、显微观察、生物学分类及定量计数的操作规范并能准确鉴别出常见浮游植物的七大门种类、浮游动物的四大类的种类。掌握了微生物的野外采样、实验室分离、计数的方法。

本次活动过程，学生学会进行长时、持续地研究，学会了收集研究资料与数据，撰写开题报告、研究方案、结题论文、结题报告。

生物科技社团的同学们对博斯腾湖的水样进行检测

在考察过程中，引导学生体验科学研究的过程及其中的艰辛和乐趣，培养严谨的科学态度，实事求是、坚持到底的科学精神，同时还能帮助学生认识科学、技术与社会（STS）三者的相互关系。

通过小组活动，培养学生合作、互助、分享的态度与能力。另外，通过学生与外联单位联系沟通、采访活动，可极大地锻炼学生的胆识，学会走进社会与他人进行有目的有意义的沟通、交流。

从教师角度看：可以使科技辅导员的再学习和科研能力得到大幅

度的提升。在活动过程中，涉及化学、地理、生物学科，可以引领辐射带动更多的科学爱好者加入到科技辅导员的队伍当中来，从而带动科技辅导员队伍的发展。

从社会影响角度看：教师和学生会将活动新闻在网站上进行发布，从而得到更多同龄人、家长、社会团体的关注。通过在友好学校进行"爱护母亲湖，净水巴州人"讲座、系列宣传板的巡展、发放倡议书等方式，使更多的学生加入到我们的行列中来。通过向市民发放"爱护母亲湖，净水巴州人"宣传手册、建设以《博斯腾湖水质监测及改善》为主题的网站宣传水质现状及水质改善的必要性，将节水、净水的意识传入社会，从而使更多的人参与到资源保护的活动中来，促使博斯腾湖开发利用活动与生态环境的承载力相协调，走可持续发展之路。

第五节　华山中学综合实践活动课程的反思与畅想

作为素质教育理念下诞生的综合实践活动课程，必然会渗透到各学科中去。每个老师都应该是综合实践活动课程理念的践行者。不管你教授哪一门学科，你都要带着综合实践活动课程的"DNA"，进行基于综合问题实践研究的教学活动，只有这样一种思维下的教学活动，学生才会发现现象背后的问题，透过现象抓本质，然后去分析问题，解决问题。

现在，华山中学的课堂模式在不断地调整、完善，其实这与综合实践活动课程的思维模式推动有关。也许有一天，大家如果都有了这种综合实践活动课程的思维能力，综合实践活动课程作为一门独立的课程，将在华山中学消失，但综合实践活动课程的"DNA"会嵌入各个学科之中，生根发芽，开花结果。

我们的综合实践活动课程探索之路，虽取得了一些成果，但路还很长。比如有的综合实践活动课程教师，角色定位不清，总觉得自己属于"副科"，在高考科目面前"挺不起腰杆来"，这势必会影响综合实践活动课程的健康发展。

但我们坚信，只要沿着河流的方向走下去，一定会见到宽阔无比的海洋。

综合实践活动课程：重要的是「合」

第六章　教育之本

——吴兴高级中学综合实践

综合实践课程是教育部课程改革设立的新的教学实践课程，2001年正式成为国家课程。它对于学生的实践能力的提升、整体素质的发展有着极为重要的意义。

第一节　世界即课堂：理念先行

一、综合课程

综合实践活动课程是高中阶段教育课程结构上，学生的一个生长点。它基于学生的直接经验，密切联系学生自身生活和社会生活，体现其对知识的综合运用的课程形态。是一种以学生的经验与生活为核心的实践性课程，世界即课堂。综合实践活动课程不是其他课程的辅助或附庸，而是综合程度最高的课程，它具有自己的特殊价值和独特功能，与其他课程具有等价性与互补性。总体来说，本课程一般需具备整体性、实践性、生成性、开放性、自主性的性质。在课程定位上，需着眼四个方面：

（一）突出学生主体

本课程倡导学生对活动主题的自主选择和主动实践，是充分发挥学生主体性的课程。要求学生积极参与、自主实践，同时要求教师有针对性地加以引导、指导。

（二）面向学生生活

综合实践课程超越书本，超越体系化的教材，超越封闭的课堂，在开放的时空中面向自然、面向社会、面向学生的生活和已有经验，促进学生生动活泼地发展，增长学生对自然、对社会、对自我的实际体验，发展综合的实践能力。因此，综合实践课程的实施的一个最基本的要求，就是密切联系学生的生活背景和已有经验，从学生所处的实际自然环境和社会环境出发，展开综合实践活动的全过程。

（三）注重学生实践

在综合实践活动实施过程中，要引导学生在具体的自然情境和社会情境中开展调查、考察、参观、访问、实验、劳动、服务等实际的活动。综合实践活动的实施不能停留在纸上谈兵的状况，不能把学生关在教室里进行综合实践活动，更不能把综合实践课当作一门具有系统的书本知识的课程，一课一课地来教。

（四）强调活动综合

综合实践活动不是以知识点的方式来组织内容的，它的活动内容是开放的，面向学生生活世界的学生感兴趣的各种话题、主题或问题。因此，综合实践课程的实施强调通过活动来综合运用学生已有的知识和生活经验，开展综合性的实践活动。

二、吴高认识

2016 年，我国正式公布了中国学生发展核心素养体系。核心素养是超越知识、能力和态度的综合表现，也是最必要、最关键的基础性素养。它关注学生适应当今与未来发展，适应社会、终身学习、成功生活、个人发展的关键素养。强调跨学科综合能力、知识、能力和态度的综合。综合实践活动课程正是从学生的真实生活和发展需要出发，将生活情境转化为探究主题，通过研究性学习、服务学习、实践学习等活动，提倡实践、探究、合作、反思等多样化的学习方式，注重知识与经验的整合，注重发展学生的创新精神、实践能力、创造能力、合作能力、交往能力、服务精神和社会责任感以及良好的个性品质，对学生核心素养的培养具有独特价值。

教育即发展，发展即目的。加德纳的多元智力理论中提出，大多数人具有完整的智能，但每个人的认知特征又显示出其独特性，在八种智能方面每一个人的侧重点不一样。八种智能的组合与操作方式各有特色。这八种智力是：（1）逻辑数学智力：包括数学、资料、事件的逻辑顺序、问题解决的各步骤等；（2）语言智力：包括头脑风暴活动、书面的单词、辩论、演讲、公众报告等；（3）空间智力：包括视觉呈现物、图表、几何设计、图形、艺术化展示、雕塑等；（4）音乐智力：包括口头声音辨别、歌词、乐曲、乐理、背景音乐、文化特色（特定音乐与特定文化的联系）等；（5）身体运动智力：包括运动、跳舞、角色扮演、仿制物品、建立方案、游戏等；（6）人际关系智力：包括小组工作、跨文化方案、小组解决问题、合作活动、分享等；（7）内省智力：包括记日志、以一个著名的政治家或运动员的身份写信、自我管理、道德判断等；（8）自然智力：包括从环保和人类学的角度看问题、自己管理一个大牛奶场，对代表植物与动物利益的思想进行道德判断等。这告诉我们，每个学生都是独特的，也是出色的。对每一位学生均要抱以积极、热切的期望，为他们提供多种发展平台并从多个角度给予评价；学校需观察和接纳学生，重在寻找和发现学生身上的闪光点，发现并发展学生的潜能，这才是最终目的。高中是一个学生从自然人走向社会人的重要时间节点。综合实践课程不像其他的课程群，有边界，有范围。它面向学生的整个生活世界，它随着学生所处的社区背景，自然资源以及现实生活的需要和问题，不断变化着。本课程的开发和建设，极具创造性和挑战性，更要以学生为本，充分尊重学生、发展学生。

在构建中，学校要以教育部颁布的相关文件为纲，结合校本实际情况，整合学生的成长规律和认知规律，加快开发校级教材，积极创办具有学校特色的综合实践课程。

体系的建构，要能够拓展综合实践活动课堂教学的空间，变通综合实践活动课堂教学的方法，在民主的教学气氛中，使学生真正成课堂的主人。教师是课堂教学的组织者、引导者，更是参与者、实践者。

当然更要建立健全科学、合理的综合实践活动课程的评价机制，引导综合实践活动课程快速、健康的成长，在探索中不断改进和完善评价机制。

如何将综合实践课程与学校文化、学校历史有机的结合、健全机制、形成特色，是我们今后长足发展的方向。吴兴高级中学坚持以培养"做智慧而温暖的行者"为育人目标，打造出个性鲜明、人文美好的具有中国情怀和国际视野的吴高学子，成长为一个真正的行者。结合校情、教情、学情，我们希望这样的课程可以让吴高的学生在花季年华中，打开视野、体验社会、学会感恩。潇洒行走在世间，行于人与人之间，行于自然之间，行于社会之间，而心中怀有爱。心中有爱，行者无疆。

第二节　三叶草：吴高的综合实践课程体系

一、综合实践课程建构背景

2014 年，在深化课改的背景下，我校通过系统的课程架构，与育人目标的核心要素——"智慧·温暖·前行"相呼应，确立了以"博学·博爱·博闻"为特色的博才教育。其中博闻课程群：课程形象是"行万里路"，课程目标是"博闻，让生活有品味"，学习要求是"进取、健康、沉毅、践行"，学生塑形"追求卓越"。建设策略是让学生在课程里穿越时空，行走古今，了解人文与艺术，科学与技术，社会与实践，行走在物质与精神的世界里。但"尽信书，不如无书。"一个人的知识、能力都是有限的，特别是在这种信息技术迅猛发展的社会。查询、处理、运用信息的能力尤为重要。通过查找资料和自主实践，掌握了一定的方法，并学会如何鉴别信息，灵活运用信息的能力。学习书本知识的目的是什么？是为了解决生活中的实际问题。解决生活，必然要跳出书本狭隘的圈子，从生活、自然以及社会交往中去学习。做一个行者，行万里路，便是在拓展了的学习领域和实践中得出来的。

2016 年，学校围绕"博才教育"制定了新的发展规划，启动四大工程，N 项行动。至 2017 年学校文化建设提升工程、师德师能建设提升工程、学生素养培育提升工程、服务师生保障提升工程正式启动。综合实践课程体系的构建在学校博才教育新规划中占据重要一方，体系的完善要紧跟学校的顶层设计变化。

二、综合实践课程的"三叶草"体系

学校一直以来坚持以培养"做智慧而温暖的行者"为育人目标，综合实践课程的建构要和学校顶层设计一脉相承。以博才教育课程体系为依托，以学校博爱文化为内涵，丰富饱满实践课程的内在意义。

教育是师生共同创造的生活。基于真实问题情境开展真实的研究，经历生活化和社会化的过程，是综合实践课程的理想形态。在我们看来，综合实践课程在生活中，缘于生活又为了生活。整个世界都可以成为学生的综合实践课堂。于是我们设想，在架构的综合实践课程体系中，如何将学生的学科世界和生活世界联系在一起，又如何将生活世界和学生的综合实践活动结合起来。于是我们初步推出了吴兴高级中学综合实践课程的"三叶草"体系。

我们将本体系的建构方向定位为：围绕学生"行者"角色，以行者为核心，将学校"博才教育"课程群中"博闻课程群"进行更加详细的调整和架构，经过多次探讨、研究，拟定了综合实践课程体系由三大板块组成，通过两大路径实现"教育即发展"的教育思想。整合校本课程，开展综合实践课程；整合社会实践，利用周边社区资源，建设实践基地，拓展课程资源。建立了一个综合实践课程的"三叶草"体系。

三叶草，一般只有三片叶子，传说能够找到第四片叶子的人可以实现美好的愿望。它生命力旺盛，涨势蓬勃，象征着学莘莘学子饱满蓬勃的青春。每一片叶子都寄语着不一样的意义。而第四片叶子则需要学生通过在三方面的学习成长中自我感悟，主动寻找，成为一个真正的行者。

第一片叶：知识实践叶。主要包括：校本选修研究性学习、科技节活动等，关注自然。侧重国家课程、地方课程与校本课程之间的关联，学科课程和生活课程之间的交互。也整合了校本课程，引导学生充分段利用校本课程资源包，开展综合实践活动，节省了人力、课时，做到了优质整合。

第二片叶：能力提升叶。主要包括：社团活动、学生干部的管理与培训等。整合校本课程、注重挖掘学生人与人之间的交往能力和合作能力，挖掘学生自身的创新能力和服务精神。既包含人与人之间，又包含人与自我发展之间的综合实践活动。

第三片叶：情感升华叶。这一块内容主要包括：国际交流、浙大行、军训、志愿服务活动等，整合校本选修课程，侧重与社会的沟通与联系。

三、"三叶草"体系的具体实施

路径一：整合校本课程，打造综合实践课程。

　　校本课程是指学校组织教师（主体是教师）或其他人士根据相关的政策结合本学校的实际情况和学生的需求而开发的课程，它属于动态管理课程。形成特色是校本课程开发的最高境界，当然，特色的形成不是一朝一夕的，是在整合学校实际资源和学生的实际需求，立足本校，形成体系，像经营品牌一样打造自己的校本课程，校本课程最忌讳无源之水，无本之木。近年来，我校结合自己的定位和学生的实际需求，积极组织教师开发校本选修课程。从 2008 年新课改以来，共开发 132 门选修课。其中综合实践课程有 45 门，湖州市级精品课程 13 门，浙江省网络精品课程 3 门。

综合实践类湖州市精品选修课程名单

序号	课程名称	开发教师
1	跟着世界遗产名录旅行·中国卷	田葵、蒋玉宇
2	中国旅游文化地图（风俗篇）	朱淼芳、刘丽丽
3	文物鉴赏	孙章青
4	走近浙籍数学家	潘建峰、刘晓东
5	学做环境检测员	曹生初、黄贵生
6	垂钓江南	潘悦昌、吴红权
7	青春悦读	田葵、蒋玉宇
8	玩转地理实验	刘孔亮、杨晓波
9	生活中的生物技术	陈立俊、金红斌
10	环保小卫士	吕自学、钱宇能
11	摄影文学欣赏与写作	殷芬、姚丹凤
12	社交礼仪	褚又君／湖州职业技术学院
13	数字星球与地理	刘孔亮、杨晓波等

综合类浙江省网络推荐课程名单

序号	课程名称	开发教师
1	中国旅游文化地图（风俗篇）	朱淼芳
2	学做环境检测员	曹生初、黄贵生等
3	玩转地理实验	刘孔亮、杨晓波、黄贵生

　　路径二：整合活动和资源，拓展课程体系

　　在三叶草体系的建构过程中，在学校过去的日常社会实践活动与周边资源的利用上，我们经过反复斟酌，不断实践探索，最终也成系列的开发。

（一）知识实践叶

连续十年举办的"吴高之春科技节"，为学生的个性发展提供实践与交流机会，激发广大学生学习、探索、掌握和运用科学知识的兴趣，从而启迪科学心智，提高科技素质，培养科技创新精神和实践能力。"环保购物袋设计比赛"和"低碳环保现场签名活动"树立学生环保节能的思想意识，培养学生的创新能力。"校网班级主页设计比赛"进一步丰富和活跃了校园网络文化，发展了学生利用信息技术的意识和动手动脑能力。"小制作、小发明及金点子创意大赛"激发了学生的创新能力……"高空落鸡蛋""水火箭""水果电池物理实验""化学自制镜子创新实验"等比赛，均是从国家课程中延伸出来的，极大地激发了学生学习科学的兴趣，培养了学生的实践能力。

在校本课程研究性学习中，我们多依托学校校本课程，鼓励学生回归自然，仔细观察身边的问题并积极思考，通过查阅文献资料、上网搜索等途径寻找适合的解决方案。培养学生具有辨认问题，研究问题、收集资料、建议可能解决方法、积累经验。帮助学生获得对有关问题的意识和敏感，培养学生积极的研究态度。

如在选修课《环保小卫士》市级精品课程教学中，将环境行动经验融于学习生活中，使教学活动生活化，培养学生处理环境问题的能力，在学校、家庭和社区中具有自觉的环保行为。要求以共同学习小组的方法来进行环保课程学习，充分发挥每个学生的自主性和能动性。了解环境监测的方法，会做简单的环境监测实验。学生能呈现如《关于家庭不同材料对去除农药残留效果的研究》《居室装修后室内空气中甲醛浓度的测定》等研究性学习成果。

（二）第二片叶：能力提升叶

目前学校有校级学生会、团委；年级学生会及团支部；各班级班委会；吴兴高级中学社团联盟，下设各级学生社团；吴兴高级中学志愿者联盟，下设各志愿者分队；吴兴高级中学慈善义工团；吴兴高级中学红十字会以及学生业余党校等学生组织和团体。

在社团活动中，尊重学生的兴趣、爱好，注重发挥学生的自主性。指导教师对学生实践学习的全过程进行有针对性的指导，不包揽学生的活动。学生在社团活动中自主学习、自主实践、自主反思。

在学生干部的培训与管理中，紧紧围绕促进学生学习这个中心，牢牢抓住培养学生成才这条主线，提高学生干部综合素质和能力、组织协调能力。近年来，在学校指导和学生自发组织下，逐步完善了各级各类学生组织，培养他们自我管理、自我服务、自我教育意识，展现出吴高学子"天生我材必有用"的自信与豪气。

（三）第三片叶：情感升华叶

学校也充分实现学校、家庭、社会三方结合，拓展学校综合实践活动课程内容。如湖州市妇保院、八里店福利院、湖州市科技馆等。我校以此为课程资源，通过与这些单位的前期接洽，达成协议，建立了实践基地，带领学生走进基地，开发一系列主题活动。注重拓宽学生的国际视野、培养学生的跨文化素养。促进学生情感、态度、价值观水平的提升，对于培养学生的独立生活能力、自主解决困难的能力、与人沟通的能力有十分积极的作用。在国际交流、浙大行、军训、志愿服务活动等上，注重培养学生与社会的沟通与联系。

在志愿者活动中，融合学校博爱文化，加深同学们对志愿者活动的理解促使他们形成关心他人、诚恳助人、乐于奉献的积极态度和情感，传播人道、博爱、奉献的红十字精神；培养他们的公民意识、参与意识、服务社会的意识、社会责任感和主人翁精神；培养他们善于沟通、乐于合作以及适应环境的能力；满足学生实现自我价值需求。

在军训中，锻炼学生意志，培养纪律性，塑造集体主义精神，促进良好校风、班风的建设。也培养学生自我约束能力，提高学生身体素质。

吴兴高级中学综合实践课程主题活动年级安排表

年级	高一	高二	高三
能力提升叶	社团活动	社团活动	社团活动
	学生干部管理	学生干部管理	学生干部管理
知识实践叶	校本选修研究性学习	校本选修课程	校本选修研究性学习
		研究性学习	
		科技节	
情感升华叶	军训	浙大行	志愿服务
	国际交流	国际交流	
	志愿服务	志愿服务	

四、体系的评价机制

在管理层面，构建完整的组织系统和制定开展综合实践课程的保障体系，是综合实践课程顺利实施的关键。学校建立了三级综合实践课程工作网络：校级、年级、班级，确保工作的有效开展；建立了教务处、政教处团委、年级部"三位一体"的国防教育活动实施小组，明确各自的职责。教务处负责校本课程开发、研究性学习等工作，政教处团委负责有关学生社团、学生干部活动具体事宜，年级部负责综合实践课程与学科教学的结合、课程开发工作落实等。

评价机制在使用的过程中要具有实用性和可操作性，是有形的东西，而不是无形的东西。把评价机制深到细处，落到实处。在综合实践活动起到督促和正确引导的作用，而不是约束，甚至阻碍的作用。

我校对学生的课程评价是多元的，有老师评价、学生互评、家长评价等多种形式，活动中有评价，活动后也有评价。

学校还成立"综合素质评价体系"领导小组，校长任组长，学校中层干部任组员。其中创新实践项目主要考查学生参加研究性学习、实践活动及科技创新活动的情况，包括科学实验、技术操作、职业体验、军训，以及实践活动和研究性学习中形成的作品等情况。制定了《吴兴高级中学学生综合素养记录手册》，做好日常的工作记录。

学生学习完"研究性学习"课程后，要以写实的方法自述学习的过程和成果，并由课程指导教师写出简要评语并签字。同时，参加志愿者活动、军训、紧急疏散演练、参观、社会调查等活动以写实的形式自述，提供累计时间、相关的标志性表现和荣誉等情况，提供相关旁证材料，由相关的组织教师或信息核实教师签署意见，每学期结束前由班主任以写实的方式录入。

最后以行政班为单位，由学生自行申报、提供相关旁证材料，采取学生自评、学生互评和班级教师评议小组民主评议相结合的办法。班级教室评议小组民主评议的权重不高于 30%。对"实验及技术操作能力""研究性学习""社会实践"综合评价，最终等地按照 A 等不超过 25%，C 等不超过 5% 的比例进行综合评价。评价在班级内公示，公示无疑后，由班主任在规定时间里录入"浙江省普通高中学生成长记录系统"。

五、体系的资源支持

作为一所特色示范学校，学校有丰富的综合资源为学生提供全面的场地技术支持、师资支持等。

（一）设备场地完善

学校建有湖州市红十字青少年活动实践基地，生命教育课程创新实验室，生命与青春健康教育指导中心，生涯规划体验中心、学生社团专用会议教室，辩论厅、舞台剧厅、青春书屋、武术馆、瑜伽馆等精品场馆，为学生开展各级各类社团活动、学生干部管理培训等提供了充足的场地保障。

每年科技节活动中，化学、物理等教师学科团队均会提供技术支持，指导学生进行相关活动。地理实验室、高中数学 3DF 中心创新实验室为开展研究性学习提供了技术支持。学生在地理实验室中研究地质变化,利用实验室配备的无人机设备研究有关地理环境问题。依托"高中数学 3DF 中心", 3D 玩转墙,加强数学选修课程建设,创新数学课堂教学模式,积极开展学生探究性学习和研究性学习,充分体现数学的学科价值和育人价值。

在志愿者服务中,我校加强与省、市红十字会、慈善义工总会的联系,与科技馆、八里店社区等结成对口基地,利用共青团志愿汇 APP 为学生提供活动场地和技术支持。

（二）师资力量充足

综合实践课程体系建立,对教师提出来更高、更专业化的要求。在综合实践类教师的培养上,我们坚持学科教师一专多能的充分利用。所有社团均配备一名指导老师。输送青年教师参加各类别项目培训,如军事辅导教师、职业指导师、心理咨询师、探索人道法师资、应急救护培训员等的培训。鼓励教师开发开设校本选修课程,参与省市精品课程、研究性学习课题的申报。

第三节　共志则同行：具体项目驱动

在课程实践的过程中,我们发现,学生总是能够寻找到自己相同兴趣、相同爱好。渐渐的能够形成一个团体,为同一个目标,同一个梦想,共同努力。这样由学生自发形成的团队,与一般群体不同,他们之中无形流动着一股团体动力。团体中的成员总是努力进行合作,并越来越要求提供和寻求合作,客观态度也更多。成员积极性更高,表现为"我们需要",而不是"我需要"。同时结构更稳定,成员的感情和目的得到更大的发展。团体作为一个"社会场",对个体的影响更加巨大。

高中学生正处于生命中最美好的时节，就应该有活力、有朝气、有梦想；青春，也应该有意义、有价值。只有将青春与个人、志趣凝聚在一起才能真正激发学生内驱力，才能真正实现自我的社会价值。苏格拉底说："教育是一个自发的过程。"学生在不断的有意识的自我要求中获得成功，学习也成了自我实践和自我体验的过程。在实践中，学生找寻到了共同的伙伴，一起前进一起奋斗，更能够看到自己的理想、看到美好未来。当一个学生的内心世界积极、对未来充满憧憬时，他的外部就是闪光的。所以，一旦学生有这方面想法及意识时，我们都无条件积极关注，并在适当时候给予支持。下面就能力及情感两方面的重点项目进行简单的介绍。

一、志愿者在行动

（一）爱，就在一起

自学校红十字成立以来，志愿者服务工作历来是我校的一张精神名片。我校红十字志愿者的奉献精神向来为全体师生称道。当前志愿者活动正吸引着越来越多的人参与，青年成为志愿服务主要参与力量，而对志愿者的要求也越来越高，我校以"一训三风"为指导，积极参与精神文明建设，用我们的行动为公益事业贡献力量。

但一开始的志愿活动，更多呈现的是"哪里需要，去哪里"，活动零散、学生被动、内容偏政策化、效率不高。由此，学生开始思考学校志愿服务的现状和问题。一是关于红十字志愿服务现状、存在的问题及解决对策研究，郑泓韬同学基于志愿服务现状分析，对构建学校志愿服务长效、激励机制进行探索，构想了我校志愿者管理模式。二是关于我校志愿服务的意义和价值研究，屠潇天同学提出志愿服务具有社会价值意义、文化价值意义和个人价值意义，认为志愿服务是我们高中阶段学生人格孕育的实践路径。

学校团委是学校层面管理学生志愿服务的职能部门，为了工作的效率，在学生的建议和策划下，由校团委牵头，成立了一个全校性的志愿服务总队——吴兴高级中学志愿联盟，来负责红十字志愿服务的具体事务，在团委的协助下成立若干的红十字志愿服小分队，这样就构成了全校性的管理志愿服务系统。从志愿服务的时间上来看，较集中在寒暑假，尤其是在暑假，便于安排一些有计划周期长的志愿服务。

校内活动：学校每次举行大型活动，志愿者联盟秘书处都会积极组织挑选合适的志愿者开展活动服务。在每年的红十字博爱月期间完成篮球赛、自编操、校园十佳歌手、十佳主持人等志愿服务月活动。在篮球赛的活动中，志愿者负责摄像，分管各个场地，维持现场秩序和环境整洁等任务。自编操比赛时，志愿者完成了入场和退场的引导工作，同时进行各班参赛队伍人数排查。十佳歌手和十佳主持人的比赛中，志愿者们也得到了更好的锻炼，他们维持现场、调节音响设备、计时。此外，在每次中高考考场整理编排、校运动会等活动中，志愿者也投入了极大的热情。无论何时走入吴兴高级中学校园，都可以看到一抹特别的风景：穿着胸前绣着志愿者服务标志，背后写有"吴兴高级中学志愿服务"字样红马甲的学生穿行在校园里，大门口、球场上、食堂里、塔漾边，处处可以见到他们忙碌的身影。同学们亲切地称它为"吴高红"。

校外活动：长期以来一直与科技馆、八里店社区等地结成对口基地，开展各种社会公益服务活动，去湖州市福利院中心慰问孤寡老人，参加"温暖黄丝巾"捐书活动等。去年，我校志愿者策划发起创建"湖州市高中志愿者联盟"。"湖州市高中志愿者联盟"是为更好的整合各校高中生志愿者资源，统筹规划而成立的地区性志愿服务组织。各校志愿者组织以此为桥梁和纽带相互沟通交流，在活动中相互配合，更好地完成志愿服务活动，提升自身道德素养。目前"湖州市高中志愿者联盟"的创建工作仍在紧锣密鼓地进行中。

每年的周末和寒暑假，吴高都会组织志愿者在湖州科技馆进行志愿者服务，主要开展引导及项目的工作。也始终以接力的方式为结对社区的孤寡老人送温暖，利用寒暑假开展志愿服务活动等。这样的服务，吴高的志愿者已经坚持了快十年。

（二）慈善义工团

2016 年，吴兴高级中学慈善义工团被正式授牌。随后，学校义工团积极参与了在湖州市以保护流浪宠物为主题的"无价的爱"慈善公益活动、捐书活动、慈善一日捐等活动。培养了学生敢于担当、乐于担当的责任意识，在合作中树立了团队精神，同时也增长了学生社会服务经验。这也是由吴高学生牵头联系湖州市慈善总会并筹备成立的。义工团的成立，代表着吴高的志愿服务和义工服务将更多一个平台，更上一个台阶，更好地为慈善公益事业贡献自己的力量。

二、社团健康发展

（一）社团联盟

中学生社团具有独特的"育人"功能，作为连接学校和社会的纽带，社团活动在引导学生走向社会的道路上扮演着重要的角色。中学生社团是培养学生实践能力和创新精神的新途径。学生在社团活动中展现自己，会给自己带来自信，收获一些课堂上学不来的知识，促进了自我全面发展、优势发展和健康发展。

吴兴高级中学社团联盟成立多年，是多个学生社团的总负责机构。社团联盟以"天生我材必有用"为宗旨，以丰富同学的课余生活为目标，积极与各社团协商并组织多项活动，同时也肩负着各大社团招募纳新的工作，为社团工作注入新鲜血液。目前，学校社团联盟由辩论社、广播社、音乐社、古风社、励竹话剧社、吉他社、军体社、民乐社、配音社、I心理社、羽毛球社、落思哲学社、北斗国防社、跆拳道社、工笔画社、动漫社、魔方社、模联社、书法社、歌唱社、四月天文学社、益智社、光影社、健康美食社、原创社和探索人道法社26个社团组成。每个社团均聘请指导教师策划并指导社团活动，确保活动开展的科学性与有效性。根据学生的兴趣与实际社团运行情况，社团实行优胜劣汰制。每年11月份的招新活动、年末举办的社团联盟年度总结暨才艺展示，是对学生社团联盟一年来工作的全面检验，以期充分发挥学生社团在综合实践课程中的作用。

如：北斗国防社，社团口号：仁者不忧，知者不惑，勇者不惧。旨在培养同学们的爱国精神和对政治、军事等的关心程度，推广普及政治军事常识，增加同学们对国防事业的了解；为毕业后有参军意愿的同学们提供咨询；协助学校开展爱国主义教育和精神文明建设。社团是"开放性"社团，即非社员也可参与活动（观看纪录片、专题讲座等）。邀请学校军事教育老师为社员开展《大国间的战略平衡》《萨德问题》等军事知识讲座、军营体验等活动。并与模联社、探索人道法社、军体社等有关国防教育社团相互合作，共同开展国防教育实践活动。

心理社，包括心语e站和I心理社。心语e站，作为辅助学校心理健康工作而成立的社团，成员大多数由心理委员组成，以朋辈辅导作为理论出发点，在学生中开展心理健康教育宣传活动和心理互助活动。其主要任务是：协助心理辅导站开展心理健康教育活动、负责校园心理知识的传播、校内心理健康教育活动的组织策划、定期接受培训、在同学中实施朋辈互助、营造关注心理健康的良好氛围等。I心理社，则是以"行动为匙、以心交心"为主旨。希望通过学习、探讨心理学的方式来贴近人与人之间的关系。日常以读书沙龙、TED演讲为主要活动形式。

辩论社，社团宗旨是给每一个人一个舞台，培养自己的思辨能力、演讲能力、逻辑能力，挖掘自我潜能。每学年均开展"纵横杯辩论赛"，范围涉及高一高二年级。同时也经常联合探索人道法社举办专题赛事，是近年来发展最快的社团之一。2016年学校启用了辩论厅作为社团活动场地。

另外广播社是作为学校最年长社团，每周都负责热点新闻播报、生涯知识的宣传等，广播栏目丰富多彩，同时也承办每年一度的博爱月十佳主持人大赛；光影社为学生提供练习摄影技术和PS技术的机会，利用地理实验室配备的无人机、单反相机等设备，运用社团有生力量专门负责学校运动会花絮采撷、学校重大活动瞬间捕捉，同学成长历程汗水与欢乐的记录。

走出校门，社团联盟也充分利用学校资源，与学校的志愿者联盟一起，参加湖州慈善总会、湖州市共青团委举办的各类活动。

（二）模联社

模拟联合国是世界三大学生活动之一，它通过模拟联合国的议事方式，影映当下世界格局，共同探讨国际焦点问题来提升参会代表的责任感、大局观、人际交往能力，在1998年北京大学引入后就在中国各地传了开去。

中学生核心素养中重点指出，学生要有责任担当，其中，国际理解的重点是指：具有全球意识和开放的心态，了解人类文明进程和世界发展动态；能尊重世界多元文化的多样性和差异性，积极参与跨文化交流；关注人类面临的全球性挑战，理解人类命运共同体的内涵与价值等。模联社的创建，打开了吴高学生新世界的大门。

对于当下的中国高中生而言，模联有一个比较特殊的方面在于，它是打破校门藩篱最直接的活动。不可否认，就目前而言，吴高的社团联盟舞台大多在校园之内，对外的联系有但并不频繁。模联社的创建，填补了学校社团活动范围这一块短板。

在高考的重压下，学生在成长过程中，往往只把高考当做唯一目标，而忽视了多元文化发展。等到了社会，乃至到了大学校园，很可能都已经比部分同龄人落后许多了。这就是所谓的落差感。而通过实际的模联活动，会使学生之间在参与中潜移默化地形成一种交流。这种交流是互相欣赏、互相学习的，当然也是互相影响的。

在高中学生开展模联活动，正契合综合实践课程的主要核心，将人与自然、社会融合在一起。在知识方面，能够对知识的融会贯通，有意识地打破学科边界，建立"学以致用"的初步印象。在情感方面，能够明白责任的意义，知道自己的一言一行都有可能引发相应后果，勇于面对。能够扮演好自己的角色，同时能进一步思考"手段"与"目的"的辩证问题。在能力方面，能够与同龄人互相交流，拓展视野，了解生活上、个人发展上更多的可能性。能够培养演讲能力、写作能力、阅读能力，学会使用网络搜索引擎。

2017 年 2 月 7 日，第一届 2017 菰城模拟联合国会议在吴高校园里顺利进行。由吴兴高级中学模联社举办，邀请了四川大学、对外经贸大学、北京林业大学、英国利兹大学及宾夕法尼亚大学中，曾组织参与全国性模联会议的优秀模联人负责学术指导。吴兴高级中学和湖州中学、湖州新世纪外国语学校两所高中的学生一同参加了活动。此次大会的主题是"1993 年卢旺达局势"，参与的同学们代表当时联合国安理会的各国、无国界医生组织等不同角色对 1993 年的卢旺达局势进行深入探讨。重演 1993 年卢旺达大屠杀的历史进程，随着会议的进展，卢旺达大屠杀的端倪渐渐浮出水面，代表们在此过程中提出建立军事缓冲区、设立战区医院等具有建树性的措施，有效限制了卢旺达大屠杀的规模和杀伤性。通过活动，学生们了解了卢旺达问题的由来，发展了对国际政治的兴趣，提高了爱国热情和社会责任感。最后还评选出最佳代表奖、最佳文件写作奖等奖项。

回顾模联社的建设过程，用学生的话来说，"模联人就是追梦人，或许这样的追逐很多人并不能理解，那又怎么样呢？"综合实践课程，正是送给怀揣着大小梦想的少年们的一个舞台。

第四节 集腋成裘

一、学校层面：实践提升校园文化

通过综合实践课程体系的实施，学校充分利用了开放的学习空间整合了校园资源。教师根据综合实践活动课程的要求，结合本校的实际情况，充分利用教室、操场、树林、草地等，让学生深入生活、融入社会、放归自然。实现人与自然的水乳交融，真正体现"绿色发展"的教育理念。

营造出温暖和智慧的博才气氛。在综合实践活动课堂教学中，学生是课堂真正的主人，教师要为学生成为课堂的主角去出谋划策，为学生营造一种自由、和谐、民主的气氛。在这里学生可以自由发表自己的见解，激发学生的兴趣，深入挖掘学生的内在潜力，把他们学到的知识与现实生活找到最好的接洽点。实现从理论到实践的过渡。活学活用。学以致用。改变为了考试而学习的学习氛围。学生主动学、喜爱学、学有所成。

二、学生层面：实践促进快乐成长

综合实践课程完善学生的个性和完整的人格，全面提高学生的素养和能力。培养了学生的综合素养和人文精神，为学生的整个人生夯实了内涵基础。培养了学生动手能力和实践能力，达到学以致用的目的，具备了适用社会的生活经历和生存技能。培养了学生全方位、多层面、立体式认识问题、分析问题、解决问题的能力。充分挖掘了学生的内在潜力，激发了学生的兴趣，调节启动了学习的主观能动性，培养了一个个个性鲜明、素质综合的吴高行者。

2015年暑假，吴高的学子联合湖州其他学校青年志愿者，在湖州市中心自发组织筹办了"青春暖人间，梦想心相连"慈善义卖义演活动，得到了社会各界人士的支持和赞扬。这次活动自7月初开始组织，志愿者秘书处经过初步方案确定、收集义卖书目、联系赞助、联系场地等诸多过程，最终于8月8号在爱山广场如期举行了义卖义演。在活动过程中，我校志愿者和市各高中同学表现积极，促成了这次活动的成功，使得很多同学了解到了志愿者这个组织，激发了同学们的服务热情。2016年、2017年暑假，我校志愿者与湖州市妇保院共同发起志愿者服务活动，在医院门诊大厅引导市民使用医院新启用的自助挂号设备，并维持现场秩序。

学校有多名学生被评为市大中学生暑期社会实践优秀个人，学校多次获省、市大中学生暑期社会实践优秀组织奖，市优秀志愿服务集体等荣誉称号。志愿者钮雨晴同学说："我们每一个人都是最耀眼的太阳，但是你不发光就永远不会为人所用，永远无法绽放自己应有的光芒。可能你没有傲人的成绩，但你有着真诚的心；可能你没有卓越的能力，但你有着满腔的热血；可能你没有过人的天分，但你有着毫不畏惧的精神。每一个人实现自己人生价值的方式不同，在吴高，在这个小小的活动中，我们能够实现着自我的价值。"

2015年，我校郑泓韬同学荣获了"浙江省优秀学生干部"称号。他的成长，正式通过各类社会实践"养成"的。

徐衍同学，是吴兴高级中学模联社创始人之一。因对自己的口才、逻辑能力不自信。在机缘巧合下接触了模联活动。渐渐成为了一个全新的他，参加了2017年全国中学生模拟联合国大会。一个热爱交流、热爱在舞台上展示自己的学生，通过综合实践活动找寻到了自己的"真爱"。一个舞台不适合自己，那就去寻找另一个舞台。

三、教师层面：实践铸造高素质人才队伍

具有全新教育思想和具有现代意的教育理念。参与综合实践课程的教师更加善于认识新事物，剖析新事物，接受新事物，有较其他教师更为先进的教育信仰，适应现代教育的发展，与时代的发展同步，对于新的教育现象，能够尽快理解、把握。

更加善于学习先进的教育理论，发现、认识、理解、接受新的教育现象。善于观察周围世界的事物，熟练地掌握各种技能、技巧，综合实践活动教师要走出去，扬长避短。取他人之长为己所用。不断提高自身整体素质，终身学习。

改变了传统教学模式，放下架子，成为活动的参与者、实践者。在综合实践中，教师除了具备广博的基础知识和精深的专业知识外，还必须在活动中去亲身的体验与实践，在活动中与学习相互交流，共同提高，甘愿作学生的观众，甚至是学生。在实践中不断探索、创新发展。在这过程中，教师也因此能够走出课堂、走出教材。

第五节　远行更需思

他们已经学会行走，怀着对这个世界小小的爱，向着心中的方向。而我们需要为他们点亮前行的方向，告诉他们：孩子，勇敢地走下去，世界就在你心中。如何指引他们找到第四片叶子，需要反思。

一、走出大而光的误区

综合实践课程给教学活动注入了新鲜的血液，它超越学科的界限，

跨越时间的阻隔，飞越空间的距离。这样开放的特性，让综合实践课程的开展带给人"热热闹闹、轰轰烈烈"的感觉。于是在课程管理中，存在太大的自由度。综合实践活动容易走入大而广的误区。我们不能简单地将实践活动看作是学生自己自娱自乐的活动。综合实践课程的具体实施，需要结合学校育人目标和顶层设计，以融合的形式进行主题设计。而并不是将一些活动简单拼凑在一起。各项活动之间需要内在的联系。这也是我们学校后期要反思的。目前而言，随着学校社团联盟的壮大，学生社团活动越来越多，于是你一个、我一个，到了年终展示，常常出现杂乱无亮点的情况。在平时，也不便于管理和指导。因此基于学校、学生实际，我们设想以共同主题组织学生社团活动。如以"学校校庆""感恩"为主题，各社团开展相关活动，让学生在某一学习领域或活动框架内，沿着一个相对明晰的线索活动。

同理，针对志愿者联盟的活动，也需要让志愿服务更加规范化，主要有以下"6化"设想：1.志愿者主题的硬朗化；2.志愿者资源的均衡化；3.志愿服务的针对化；4.志愿者的专业化；5.管理机构的责任化、具体化；6.志愿服务的公益化。

二、走出"学生包办"的误区

综合实践活动是一门综合的课程，以直接经验获得为主。通常需要联系学科课程和生活世界，更侧重学生的个人感悟和个性化发展。但在综合实践活动中，尤其近年来学校发展侧重于志愿者服务和学生社团活动。在这些活动中，涌现出了一大批优秀的学生，也放心让学生自主体验实践，于是针对教师"教"这一块反而有些淡化。但是，教师在综合实践活动中承担的指导工作、组织与管理学生开展活动等职责是不可推卸的。如社团活动指导时，会存在部分老师"全权放手"，一学期都不关注一次的情况。在校本课程研究型学习时，部分教师对学生呈现的成果报告不及时给予回馈和评价，没有做好活动总结。对总结阶段引导学生对活动过程的体验、认识和收获这一阶段常常容易忽视，自我的反思和总结也没有。这些都需要反思和改进，不能放手让学生"包办"。

三、走出隔断家庭资源的误区

综合实践课程的内容面向学生的生活、面向实际、面向社会。但在我校综合实践课程中，比较薄弱的一面则是与家庭的联系。我们注重对资源的开发和利用，但在实际操作层面，作为校外课程资源最直接、最丰富的家庭课程资源，往往利用不到位，甚至有时隔断了家庭资源。家长在孩子的成长过程中的影响力是任何学校、老师都无法替代和超越的。如何充分利用这一块丰盛的资源，将家长自身具有的资源优势充分挖掘，是接下来课程体系完善时考虑和倡导的。

第七章　基于生活的教育
——西宁二十一中学社会实践活动课程建设

当孩子高中毕业的时候，孩子，家长还有老师会在一起围绕上什么大学，学什么专业进行分析和讨论。本来上什么大学，学什么专业应该尊重孩子的想法，基于孩子的想法家长，教师和孩子一起分析探讨，但现状多数不是这样。孩子面对选择大学、选择专业的时候，多数孩子是一脸迷茫，没有想法。有些虽有着明确的选择，但当问到他们是否了解这个专业，为什么要选择这个专业的时候，他们往往回答并不了解这个专业，也不确定自己是不是真的喜欢这个专业，更不知道自己的天赋是否适合这个专业。他们只是道听途说，只是被某些专业的光环所吸引，很多孩子当自己上了大学才知道选错了专业，走上了岗位才发现选错了行。只有很少的孩子会基于自己的兴趣、特长以及对相关大学和专业的了解作出理性的分析，正确的选择。孩子之所以没有主见，不能作出理性的判断和选择，是因为他们长期以来被剥夺了选择的权利，失去了选择的能力；是因为他们已经失去自我，对自己的兴趣、特长也不是十分了解了；是因为他们对家庭、学校之外的世界了解得太少了。

当我和学生聊天的时候，我发现无论是中学生还是大学生，很多孩子的思想都是空泛的，对生活、对人生、对世界的认识那么狭隘，甚至是无知。他们的沟通能力根本不可能为自己打开通往一个新世界的大门，乏味、单调的交流，被动局促的表达，甚至很多孩子已经失去了对世界的好奇，变得麻木而少有激情和自信，我感受不到他们生命的活力。所有的一切使我的内心充满了对他们未来的担忧，我想他们走入社会一定会有更多的艰辛。是什么把他们变成了这样？是他们单调乏味的生活，是为了考试的学习。单调乏味的生活使他们失去了对世界的兴趣和好奇，为了考试的学习使他们沦为知识的容器、考试的机器。学生不知道学习的真正意义和目的，知行不能结合，行知不能合一，空有知识却没有思想，空有理论却没有行动的勇气和智慧。

当我和一个低年级的小学生聊天的时候，那小家伙头脑中的"怪物"，让我瞠目结舌；他小嘴滔滔不绝的"絮叨"，让我赞叹不已；他们因对世界的好奇而提出的千奇百怪的问题，让我应接不暇。他们浑身充满了生命的冲动、生命的活力。初生牛犊不怕虎，其实任何生命都有他原始的冲动，都有征服世界、统御世界的雄心。我们应该为那些原本鲜活的生命却因在我的学校待了几年，生命的冲动、生命的活力就开始枯竭，生命似乎开始枯萎而难过、懊悔。我们更应该为保护好孩子们不怕虎的雄心，同时又让他们具备打败老虎的智慧而思考我们教育，去开展我们有智慧的教育。

我做校长二十余年，培养的学生很多，我发现有些当年我很坚定地认为是优秀学生，将来一定有出息的孩子，十几年过去了，甚至二十年过去了仍一无所成，有些甚至生活得还很艰辛。现在回忆起来，其实他们当年在校的时候有很多不足，只不过被他们优异的考试成绩所掩盖，当时的他们围绕着课本上的那点知识竭尽了所能、耗尽了精力，心无旁骛地学习着课业知识，当时的我给了他们很多赞许，赞扬他们对学习的专心不二，赞扬他们为学习竭尽全力，号召其他学生向他们学习，笃定地说他们将来一定比别人有出息，而那些不好好学习的孩子将来一定没出息，甚至给这些学习好的孩子打工都会被拒，然而十几年后的事实竟让我无比惭愧、无言以对。我在自己的青年时代，用自己精力最充沛的十几年、二十几年做了一个令人汗颜的"实验"。

静下心来反思一下，孩子对自己未来的迷茫，对自己兴趣的疑惑，对自己潜力和适合的领域的无知，这些是孩子的错误吗？孩子大脑的空泛，情感的缺失，实际能力的匮乏，生命力的脆弱，也是他们自己的过错？孩子专心学习，为求知识竭尽全力有什么错？我们试想一个孩子几乎完全是在成年人的规范和控制下生活，当他们自我意识开始萌发的时候，想对世界、对生活有些自己的看法的时候，我们却给他们扣上了叛逆的帽子。一个人有了自己的看法，有了自己的想法，这本是长大了的表现，我们却认为是叛逆，是背叛。如此孩子怎么可能还会长大，怎么可能自信自立。

一切生活的美好和挑战激励着人生活的冲动，唤醒着人求知的欲望，这些是生命的源泉。通过生活实践的体验和感悟产生对生活的认知，再用认知指导生活的实践，实践，认知，再实践，再认知，这是人成长必然历程，是我们成长的土壤。当我们压抑甚至剥夺了孩子自己的生活，无异于断掉了他们生命的源泉，铲除了他们赖以生存的土壤。使孩子的生命变成了无源之水，孩子何来独立思考，独立行动。生活——孩子自己的生活才是他们生命的源泉，孩子只有从他们自己多姿多彩的生活中才能汲取到丰富的营养，才能不断生长。一个没有自己生活的孩子，生长所需要的养分就得不到供给。一个孩子竭尽全力求知本无错，但如果他用他的全部的力量、全部的青春去汲取的是单一的营养——知识，那么无论这营养吸收得有多充分、足量，由于是单一的并且他汲取营养不是为了满足生命生长的需求，而只是为了满足他或他人的功利需要而已，于他的生命成长毫无价值！所以我们看到很多孩子分数很高，但未来却并不光明。即使学习成绩优秀的孩子最后也成了优秀的人才，也并不能说明我们给他的知识对他的成才有什么价值，那只是因为他的生命力相较其他孩子来说更强，没有被我们抹杀掉，是因为他能在高效吸收课本知识的同时，吸收其他丰富的营养而已。

生活是孩子生命的源泉，多姿多彩的生活才是孩子成长需要的肥沃土地。

第一节　用课程为孩子提供生长的养分

学校教育的根本任务就是为孩子的生长提供所需要的营养，孩子生长所需要的养分就来自学校教育资源——课程。学校课程是在学校有目的、有计划、有选择地对学生进行的教育活动，课程是学校开展教育活动的载体。学校的课程水平决定着学校的品质，影响着学校的教育质量。课程就是学校的产品，也是学生生长所需要的营养，没有好的课程就没有好的教育，没有好的课程，学生就不会有健康的生长。从一个孩子的个体来说，他的生长需要的养分肯定不是单一，应该是丰富的。从孩子群体来说，不同的孩子生长需要的养分应该又是不同的，更应该是多元丰富的。因此以孩子健康生长为目的的学校课程必须丰富，学校应该甚至必须为丰富课程的开发和设计做出最大的，富有智慧的努力。

学校课程由国家课程、地方课程、校本课程组成。学者认为：国家课程是国家教育部门规定的统一课程。它体现了国家意志，反映了国家教育标准，是专门为了公民接受基础教育后所要达到的共同素质而设计的课程。它根据不同教育阶段的性质和培养目标，制定各科目课程标准，编写教科书。它是基础教育课程框架的主体部分，对基础教育的质量起着决定性作用。地方课程是在国家规定的各个教育阶段的课程计划内，由省一级教育行政部门或所授权的教育部门依据当地政治、经济、文化的发展状况及其对学生发展的要求，充分利用地方课程资源而设计的课程。地方课程可以克服国际课程单一，很难全面顾及不同地区教育需求的弊端，是国家课程的补充；也是学生了解社会，接触社会，关注社会，学会对社会负责，增强社会责任感的有效途径。校本课程是以学校为基地，以国家及地方制定的课程纲要基本精神为指导，以满足学生需要和体现学校办学理念、特色为目的，在具体实施国家课程和地方课程的前提下，由学校成员自愿、自主、独立或与校外团体、个人合作，利用校内外现有条件和可挖掘的资源而研制的多样性的可供学生选择的课程。校本课程是国家课程计划中不可缺少的组成部分，它充分尊重和满足学校师生的独立性和差异性，特别是能更好地满足学生在国家课程和地方课程中难以满足的那部分发展的需要，对促进学生最大限度的发展起着不可替代的作用；更好地满足教师的职业理想、专业发展、教学风格的多种需要，为教师提高素质提供了机会；更好地满足学校整体发展、凸显特色、弘扬个性的需要，让学校充分利用本校、本社区的教育资源，充分发展学生潜能，全面实现课程的社会职能。

校本课程是学校教育资源的重要组成部分。它首先是国家课程的补充，国家课程重要特点是统一和共同，用统一的课程培养共同的素质，校本课程就应该是多元和个性，用多元的课程满足学生个性发展的需要。其次，它在国家教育方针落实和国家课程的有效实施上都起着至关重要的作用，校本课程还要为教育的根本目的服务，不能为了个性而个性。校本课程是一所学校的教育价值取向、教育智慧和教育特色的体现。校本课程的优劣首先取决于课程的价值取向，课程的价值取向就是学校的教育价值趋向，是校长、教师基于对教育价值的理解而形成的教育价值取向。第四取决于课程的科学性、合理性。课程是围绕某一目的而展开的教育、学习过程，过程是否适合学生，是否符合认知规律、认知的发展规律、情感的发展规律，决定了课程的质量。最后，取决于课程开发的智慧、能力，有了方向，有了规律的指导，剩下的就是与实践结合的能力和思考，这是智慧的体现。

　　总之，一所好学校必须有好课程，一个好校长必须拥有课程的设计能力，甚至是开发能力；一个好校长必须有正确的教育价值观，对教育规律有深刻的理解，最终组织好学校所有人力和物力资源富有智慧地开发出自己学校的优质课程。

第二节　校本生活是校本课程重要组成部分

　　如果说课程就是一切对学生有影响的事物，那么学校中一切事和物都是我们的教育资源，就是我们的校本课程。关于物的部分在前面校园文化在已经作了阐述，在这里我们主要讨论事的部分。学校中的事就是师生在学校的生活，本章只讨论学生在学校的生活，本章提及的生活特指学生在学校的生活。生活是通过生活的形式、生活的内容、生活的内涵对孩子产生着影响。

　　课程应该是孩子的学习过程，课程中必须有学习，有真学习。学习不是记忆，记忆只是学习中很少的一部分。过去的文人都会作诗，现在的孩子学习了很多诗，背了很多诗，却很少会作诗，这是因为我们现在是通过背诗来学诗，是以拥有诗的知识为学习目标而记忆性地学习，这不可能让我们的孩子学会作诗，只有以作诗为目的学习，才可能学会作诗。以作诗为目的的学习必不是以记住了多少诗为目的，记忆不是学习的全部，知识的记忆、知识的灌输只会让学习变得乏味、单调。真学习必然是以理解、发现为前提，以顿悟、重构为追求的学习。孩子在发现、体验和感悟中，实现顿悟和重构才是真正的学习，才是充满快乐的学习。发现、体验和感悟是一个"做中学、学中做"的过程，顿悟和重构就是这个过程的必然结果。生活就是孩子"做"的重要载体，让孩子在生活中发现、体验和感悟，在生活中顿悟和重构，才是充满快乐的真学习，这应该是课程开发和建设的立足点。

我们一些不足的教育可能就是重视知识的建构，忽视了于认知与实践结合的重构；长于空谈心性的道德规范的架构，短于道德生活的道德体验、道德认同。学习不是认知与实践的结合，不能遵循实践、认知、再实践、再认知的学习规律，就不可能达到寻求真知的目的，思维也不可能有创新，知识再不是指导我们进行更好的实践，学习就没有多大的意义了。如果我们把道德当知识去考查学生，我们的学生会答得很好，他们在应该怎么做和不应该怎么做的选择不会出什么错误。但在行动和生活中就不一定了，因为对道德规范的认同决定了他行动的准则，对生活中道德的正确体验才会把道德的规范转变为做人做事的准则，真正成为有道德的人。

生活就是课程，好的生活就是好的课程，好的生活就是好的课程。从教育的效果看，好的生活一定是学生自己的生活，好的教育就是让孩子过上自己的生活。如果学校的生活是成人的自娱自乐，对孩子的影响就不会彻底、深刻，再好的教育目的，再好的教育内容也不会深入孩子的内心并最终被孩子吸收成为其生长的养分。从教育的内容看，好的生活一定是多姿多彩的生活，好的教育就是让孩子过上多姿多彩的生活。在多姿多彩的生活中，学习才可能是丰富的，丰富的学习形式，丰富的学习内容，才能满足不同学生的需要，为不同学生提供生长所需要的丰富养分。从教育的目的看，好的生活一定是有意义的、有道德的、是认知与实践相结合的。好的教育就是让孩子过有意义、有道德的生活，从而让孩子的人生富有意义，让孩子成为有道德的人；好的教育就是让孩子的认知遵循实践、认识、再实践、再认识的学习规律，让知识成为指导实践的思想，让实践成为求知的源泉。

第三节 用社会化实践教育统领校本课程的开发建设

很多孩子都不知道自己想干什么，能干什么，喜欢干什么，适合干什么，教育的目的是促进人的发展，那么教育首先要让孩子明确自己的发展方向，让孩子找到自己想做的事、适合做的事，并让他们去做想做的事、适合做的事。此时，孩子们就会把学习和发展变成自己的需要，他们的学习就有了内在的动力，就会有持续的激情，才会迸发出创新的意识。

孩子终究要走进社会、适应社会，服务于社会，判断孩子是否成才，不是只看今天学业成绩的好坏，甚至根本就不看现在成绩的高低，而是看他在未来能否适应社会，满足社会的需要，我们不能只关注孩子的今天，而要着眼于他们的未来，着眼于孩子一生的幸福，我们再不能让孩子成为高分低能的营养不良的人。孩子的成长之路不但要有对课本知识的挑战，更要有学习社会知识、社会技能的挑战，以及经历社会生活的挑战。

孩子成长的本质是一个自然人进化发展成为一个社会人的社会化过程。教育终究是为了孩子在未来更好地踏进社会、服务社会、适应社会、融入社会，是为了孩子能动地去改造社会、推动社会的进步。教育要追求培养孩子的社会适应性，所以学校要把培养孩子的社会适应性当作自己教育教育的价值取向。

学校要坚守教育的核心价值观，一个正确的教育教育取向是学校的根本，没有正确的目的，手段和方法的意义就不大了，甚至对错误的教育取向的方法和手段越有效对孩子的伤害越大。当今社会对教育的价值认定已鲜明地分为两种。一种立足于社会现实以升学为目的，一种立足教育本质以人的发展为目的。前者是社会普适价值观，后者是教育的核心价值观。完全被社会所裹挟的学校会以升学为根本目的，甚至是唯一目的。有教育理想，教育责任的学校，永远会坚守教育的核心价值观，一切以孩子的发展为目的。

孩子的发展是为了成为一个合格的社会人，是为了更好地踏进社会、服务社会、适应社会、融入社会，是为了孩子能动地去改造社会、推动社会的进步。国家的教育方针也要求我们的教育与生产劳动相结合，与社会实践相结合。那么我们就不能把孩子关在家里、教室里、书本里，必须让孩子从象牙塔中走出来，走进社会。学生的生活必须是与社会相结合的，要"学于社会，学予社会"，学生的生活不能是生活在象牙塔中的自我陶醉，孔子教育的成功就在于做到了在社会中学，在社会中做。所以，多姿多彩的生活必须以社会生活为追求，我们要用社会生活开拓他们的视野，用社会生活磨砺他们的品质，用社会生活增长他们的才干，用社会生活丰富他们的思想，用社会生活提升他们的品德，最终用社会生活点亮他们的未来。

社会是共同生活的个体，通过各种各样社会关系联合起来的集合。社会强调同伴的作用和意义，并且延伸到为了共同利益而形成联盟。社会是由长期合作的社会成员，通过发展组织关系形成团体，进而在人类社会中形成机构、国家等组织形式。学生在校的学习生活本身就是一种社会生活，同学关系、师生关系是学生在校的主要社会关系，学生就是他的社会角色。但学生社会关系的简单、社会角色的单一，使孩子在校的社会生活过于简单，从而对社会缺乏全面、深刻的了解。现代学校体制强大而完善，学科高度分化，教育的极度功利性，学校教育不断强化，导致社会的教育功能缺失，使得孩子离社会越来越远，"学校自学校，社会自社会"，这一切都造成了我们的孩子一旦踏入社会，便不能很好地适应社会，服务于社会，不能满足社会的要求。

第四节　校园社会的萌发

在当今的社会环境下，让学生深入社会，了解社会或是充分了解社会还是有一定的困难。走进社会有困难，但让社会走进校园却可以实现。如果我们能在校园中建立一个虚拟的社会，打破学生之间原来简单的同学关系，建立起工作关系、劳动关系等更多样化的社会关系，让学生除了"学生"这个角色外能扮演更多社会角色，就能使学生在建立这种更为复杂的社会关系的过程中，在社会角色的扮演中，过上更为多元的生活，那么学生对社会的体验不足、了解不足、感悟不足的局面就会得到改善，学生的生活也会变得多姿多彩。同时，这种多姿多彩的生活也为孩子走出校园的生活实践做好了铺垫，提升学生社会实践的学习质量也就有了保障。

让社会走进校园就是师生在校园中共同创建一个虚拟的社会，使学生过上多姿多彩的社会化生活，用社会化教育统领校本课程的开发和建设，让社会化实践活动成为校本课程的载体，校本课程所承载的知识、技能又成为学生更好地进行社会化实践活动的引领和指导。最终实现学习和社会生活的结合，实现社会即学校，学校即社会，生活即课程，生活即学习。

围绕着创建一个有社会生活的学校，我们进行了大胆的实践，对学校进行了大胆改造。创建社会化校园的初期，学校通过发行虚拟货币（智慧币）使孩子有了虚拟的购买力，为市场经济的产生做好了准备。学校又从100多门校本课程中选出有作品的课程，指导学生把他们的作品投放到校园内的市场上销售。这次转型学校出现了叶脉书签工厂、女工坊、酸奶吧、五彩之都生物工厂、木业制造厂、DIY工厂、常青藤工厂、陶艺剪纸、书法篆刻、墨艺国画工作室等20余家工厂。孩子们都跃跃欲试地为第一次自己工厂产品展销，努力学习着工艺，努力赶制着产品。

孩子们对新鲜事物总是充满好奇，也总是跃跃欲试。很快第一次展销就由陶艺工厂率先举办了，学生为自己产品标上了价格，摆放在简陋的会场上，怀着忐忑的心情等待着他们的顾客，课间的时候他们的展台很快被学生围得水泄不通，他们的产品被抢购一空，买到的孩子充满了欢笑，陶艺工厂的孩子更洋溢着快乐，充满着自豪。孩子们清点着自己的所得，最初的忐忑烟消云散，留下的是孩子的自信。他们讨论着今后如何定价格，反思着这一次销售活动的经营和教训，讨论如何加快生产，谋划着下一次的销售活动。

一个小举措，一个小变化，引发了学生学习生活的本质变化。学校有了学生自己的工厂，学生们选出厂长，制订章程，学习材料当作生产资料，学生变成工人，学习场地变成生产场地，学习团队的领袖变成了厂长，学生的管理变成了工厂员工的管理，学习变成了工作，作品变成了产品，产品又变成了商品，学习的目的是为了创造出更多的财富，学习的内容不再仅仅是一个手工的技能还要学习生产经营、学习管理，学生由学习者变成了学习者加劳动者加管理者。学生之间不仅仅是共同的学习者，不仅仅是同学关系，学生之间初步中建立起了劳动关系。

第一次成功的展销不但大大鼓舞了陶艺工厂的学生，也大大鼓舞着其他工厂的孩子们，孩子们的热情，孩子的主动性空前高涨。同时也在校园中引起了很大反响，很多孩子都开始行动起来，利用自己的兴趣、一技之长开始创业，各种工厂、公司如雨后春笋般应运而生。学生自己发现了很多创业契机，不但有工厂，还有贸易公司、广告公司、教育培训公司、活动策划公司、演艺公司、中介公司，全校各种工厂、公司达到90多家。在这一阶段中，孩子们之间逐步实现了劳动的交换，关系由简单的同学关系变为同学加同事的关系，劳动实践的合作得以真实强化。孩子们不论年龄大小都可以充分发挥创造力，根据自己的特长，依据自己的能力，按照自己的所需开办工厂，制造不同的商品，涌现了很多创业者。

王志利是学校"小不点制造工厂"的厂长，2014年12月年，仅上小学三年级的他就开始创业，现在已经是社会化教育实践活动中响当当的小CEO了。当时他郑重其事的敲开了我的办公室，拿着一份方案交到了我的手里，这张简易的稿纸上用歪歪扭扭的文字写着"小不点公司的章程"——即使章程都不能称之为章程，我被他的勇气所打动，对他进行了细心指导和鼓励，就这样学校最小的CEO诞生了。他尝试带领他的团队开始了超轻粘土的产品制作。超轻粘土是一种兴起于日本的新型环保、无毒、自然风干的手工造型材料，相较于以往的儿童手工造型材料，它更易于造型，保存时间也更长，但是并未大规模地在低学龄段孩子中间推广开来，王志利人小志气高，他很合时宜地找准了商机，动用他的小小智慧和勇气，开办起了属于他的公司。他通过网上学习，掌握超轻粘土手工制作的知识和技能，再用他掌握的知识和技能对他的员工进行培训。很快在他的公司中每个员工（其中不乏高年级小学生）都专注于自己的学习和工作，他的商品一经推出，常常一抢而空、供不应求。通过近两年的社会化实践的锻炼，现在的"小不点"无论是在公司的管理、经营上，还是在小社会乃至大社会的各种沟通、协调能力上，都远远超出同龄孩子，他凭借着自己的自信和人格魅力已经成为学校非常知名的人物。

刘玉杉同学是"智博教育"机构的法人，他在工厂遍地生花的大形势下另辟蹊径，创办了智博教育。他最初的想法是聘请一些优秀的学生做他的员工为学习后进的学生进行补课，帮助他们提供学业成绩。学生似乎并不买账，员工招不到，补课的学生也没有，业务几乎没有。但他没有放弃，努力寻找新的商机，他看到工厂的负责人大都没有科学的企业管理方法，也没有财务管理的相关知识，企业的经营管理水平亟待提高，于是他找到学校负责企业、公司管理的工商局，提出为企业管理者进行企业管理培训。一个初一的学生做企业培训、学业指导是何等的困难？他顶着别人的嘲笑和现实的困难，开始搜集资料，学习企业管理知识和财务管理知识。业余时间就跑到父亲的公司去现场学习，向父亲学习 HR 课程，十几岁的他脱口而出的 HR 专业理论和财务管理的专业术语甚至令众多成年人惊讶不已。最终他的培训方案通过了工商局的审核，双方达成培训协议，他获取了第一笔业务，他在谁都不信任的情况下走出了第一步。后来他又为 L.C 演艺公司免费诊断并做了 4 期培训，让 L.C 在众多企业中脱颖而出，刘玉杉也因此一举成为社会化教育实践活动中别人讨论的热点，签订了多家问题企业的诊断和培训合同。他后来讲，在他的创业过程中不但学了一些企业管理和企业培训的知识，而且和他的父亲有了更多的共同语言，围绕着企业管理和企业培训，父子之间的交谈更多了，交谈的更愉快了。

苏霍姆林斯基说："要使人的个性得到充分的发展，就要让他从事他喜欢的劳动，而且他越深入到这种劳动中去，他的能力和天资就会得到更好的发展，他的生活也会更幸福。"学校的社会化实践活动使孩子从单一的学习中走出来，让学习和实践结合起来，学习的效果要拿到校园社会去上检验，要赢得更多同学的认可。这时孩子的创造力得到了激发，他们会用自己智慧的创造不断提升自己的产品质量和品质，他们不但提高自己的技能，而且还主动进行学科整合，他们跨学科、跨课程围绕着自己的需要将不同学科的知识整合在一起，为自己的发展服务。让我感叹的是孩子们的天资是那么的好，看到的是他们的天资得到彰显和发展后孩子的可爱和快乐。

学习的气氛、目的、形式、内容都发生了改变，学生原来的学习目的只是为了学会某个知识或技能，从而学会制作某一个作品，现在的学习却是为了能做一个受其他同学喜欢而购买的商品；学生原来的课堂只是听教师讲、自己练的课堂，现在的学习是在教师讲的基础上，围绕着如何做出市场欢迎的产品、如何建立工厂的管理体制、如何学习更好的工厂管理办法和营销手段进行的探索和实践。在工厂中出现了高级工带初级工的工厂对员工的培训和学习方式。学习目的、内容的改变，促进了学习形式的转变，学生的自主学习、合作学习成为主要学习形式。一个工厂里出现了很多种角色，很多新的知识，学习活动更新鲜，学生对这些新鲜的学习形式、学习内容充满了好奇，个个都积极参与，努力在自己的岗位上积极学习、工作。学习为了更好的实践，实践激发了学习的热情，同时实践为学习明确了目标，学习和实践紧密结合。

学校生活本身就是社会生活的一部分，只是学生的生活目的是紧紧围绕着学习而产生的，社会关系过于单一，使之不像是个社会，当我们把社会生活的目的赋予学生，使学生在校生活的目的发生一个社会化转变，剩下的就交给学生吧，学生很快创造出了属于他们的更接近社会的生活方式，建立了近似于社会的社会关系。从我们的校园社会的萌发来看，学生完全有能力推动"校园社会"的发展，他们的创造力、对校园社会的推动力真的让我们瞠目结舌，他们所释放出的能量完全是链式反应的，巨大无比，真的让我们的引领手忙脚乱，这正是孩子生命活力的体现。在"校园社会"的创建好发展的过程中，孩子的生命变得鲜活起来，孩子的生活变得丰富了，孩子的脸上洋溢着快乐和自信，这不就是我们想看到的，想追求的吗？其实在"校园社会"的创建中我们所面临着种种挑战也是我们没有经历的，这一切也为我们的教育增添了活力，让我们也感受到了教育的快乐。

初中有个孩子，学习并不优秀，性格内向，还稍有表达障碍。起初在社会化实践中，面试多家公司，都被拒之门外。看着其他同学，都有了工作，每个月都有自己的工资报酬，他毅然决定利用对电脑的爱好自己创业，开一个广告公司。公司的注册审批就历尽周折，最终在教师的指导下公司终于审批下来，他也第一次体验了成功的感觉，似乎有了一点自信。接下来他开始为自己的第一单广告业务奔波，好不容易，他接了体育协会的第一个订单，但他在做宣传海报方面经验不足，所做海报像素低，模糊不清，第一笔业务以失败而告终。他没有气馁，没有放弃，一次次找各家公司恳求别人给他一次机会，终于又得到了一笔业务。这次他吸取了上次的经验教训，通过从网上下载资料，看广告制作的教学视频，努力提高制作广告的技术，最终达到了客户的满意。第二单成功拿下体协的广告制作，并与其签订了长期合作的协议。现在他以他的朴实，做事的踏实已经赢得了大家的认可，CBD演艺中心、超级演说家等多家公司成了他的合作伙伴。他本人也发生了很大改变，整个人精神焕发，他能够结合PPT，用自己的语言流畅地表述自己的想法，各方面的能力都得到很大提升，已不再是那个内向的小男孩了，而是手下有六七个职员的公司老总了。

经过了一个社会快速发展时期，在学校引领下，学生的创造力得到空前的释放，在学生的推动下，校园社会得到极大的发展完善，不但有了最初的实业，还有了文化、服务、贸易等，到后来，社会公共事务的管理体制得以构建，校园社会已初步形成规模，孩子的兴趣得到了更大的满足，更多的孩子找到了适合自己的社会角色，找到了自己的社会生活，有了更真实的社会实践和体验，自身的特长得到了发展，但仍有部分孩子他们即不善经商，也不愿意从政，他们有思想、有研究探索的能力，更愿意在研究、学习上有所作为，他们成立了科学院，有自然科学、社会科学、文学领域的研究团队，学校因势利导，指导他们以研究课题立项，向校园社会发布自己的研究课题，研究计划，谋取社会的赞助，同时学校配套支持，从而获得研究经费，并定期向赞助人和学校汇报研究成果。这种运作模式不但让那些爱好读书爱好研究的孩子在校园社会也找到了角色，有了好的回报，使他们的价值得到认可，同时他们也能和社会很好地相融合，再不是远离社会，不善沟通的"象牙塔中人"，为今后走向社会做了实践的准备。另外这种运作模式增强了这些孩子的责任感，他们既要对教师、学校负责，又要对赞助人负责，他们不但增加了对科学兴趣，学习了研究方法，具备了一定的科学思想，更重要的事树立了对社会负责的意识，有了从书本中走出来与社会沟通交往的实践，促进了他们综合素质的发展。

第五节 "小政府"的诞生和发展

当今每所学校都很重视学生的自主管理，自主管理是一种有利于培养学生自主意识，体现学生的教育主体地位的管理和教育模式。通过自主管理提高学生自立、自信、自强的意识，提高学生的管理能力，同时学生的社会责任感，担当的意识都会得到加强，对民主、自由、公正的理解也能得以加深。但在一所一般的学校中，自主管理仅仅限于对学生的学习生活，管理的内容、方法和形式相对单一，学生自主管理达到的教育目的和意义是有限的。在一个"校园社会"中就不一样了，"校园社会"的复杂性会为学生自主管理提供丰富的资源，使学生自主管理达到的教育目的和意义更好达成。

在孩子的创造中，孩子的生活得到了丰富，多姿多彩的生活初见端倪。伴随着孩子生活的丰富，校园社会化的发展，对管理的要求越来越高，管理的内容越来越多。校园社会的管理需要的是社会化管理，它不仅仅是于对学生的一般意义的管理，还要对校园社会的生产、经营次序的管理，是为了保障社会化生活的秩序，为了保证"校园社会"能够健康有序地发展而实施的管理。面对这样的管理，学校原有的自主管理体制已经无法满足。伴随着虚拟社会的不断发展和丰富，学校适时地引导孩子创建适应社会管理的管理体制，并且伴随着"校园社会"的发展不断完善着自己的社会管理体制，适应着社会管理的需要。

首先，孩子创建了智慧银行，对学校发行的智慧币进行管理。学生立法委员会制定了《西宁市第二十一中学智慧币管理条例》，规定智慧币与人民币的汇率，学生可用智慧币兑换人民币作为奖学金，并依条例管理智慧币的发行和流通，同时开展存取款、贷款等银行业务。通过加强对智慧币的管理，维护了智慧币的信誉，稳定了货币流通的秩序，使智慧币在社会化实践活动中很好地发挥着稳定市场，调动学生学习、劳动、创造积极性的作用。

其次，孩子们成立了工商局，对各公司、工厂的生产经营秩序进行维护。他们通过立法会制定了《西宁市第二十一中学公司法》，开始规范公司、工厂申报注册的审批过程。孩子们依照《公司法》检查企业、公司的生产、经营活动，并对违纪的生产、经营依法进行处罚。通过工商局的有序管理，市场秩序、生产、经营的规范性都有明显的改观，消费者和企业的合法权益得到了有效维护，同时，校园的社会秩序得以稳定，校园社会向着健康、文明、法制迈出了坚实的一步。

最后，孩子们又创立了资产管理部、人力资源和社会保障部、统计局、体育协会等，把校报也改办成他们自己的报社；他们制定了相应的"资产管理办法"、《劳动法》《学生事业单位内部管理条例》《公务员管理条例》《破产法》《学生学业奖励制度》《学生最低收入保障条例》，对学校用于社会化活动的场地、仪器设备及材料经费等资源进行合理有效的分配并负责日常的管理，使得公共资源发挥了最大效能；他们还依法建立劳动关系，保障学生的合法权益，统一规范了人力资源市场，落实学生就业补偿金和最低社会保障金的发放，解决失业学生再就业问题，对有争议的劳动关系进行调解和仲裁，完善劳动关系协调机制。另外，对参与公共事务管理的学生的监督管理也有法可依，为建设高素质的学生管理队伍，促进勤政廉政，提高工作效能提供了强有力的保障。

随着体制的健全，学生会已不再是原来的学生会，它俨然就是个"小政府"。立法会也有了更多的立法实践样本，对法律和法律条文的理解力有了提高。裁决会依法对学生在社会化实践活动及日常学习生活中的纠纷、违纪行为进行处分裁决的实践。裁决委员会不仅仅是依据《西宁市第二十一中学学生管理条例》对学生的违纪行为进行裁决，他们还要依据社会化管理各种法规对公司、企业和个人的违法行为进行裁决，对经济纠纷、民事纠纷进行裁决。学生的司法实践更接近生活，让他们更真实地体验了法官的工作，司法实践更丰富，对法律的理解，对法治的认识得到了提高，法制观念得到了加强。

至此，一个针对校园虚拟社会的管理体制基本形成，这即是校园虚拟社会健康、有序发展的保障，更是学生参与社会公共事务管理实践的平台。通过体制的完善，管理的规范，管理者树立了"法不授权不可为"的理念，学生有了"讲规则、守契约"的精神和意识。参与管理实践的学生的管理能力得到了广泛、充分的提高，管理自信得到了加强。

吴高辉担任校学生会主席，他就任不到两周就组织召开了"第一次学生全体行政人员工作会议"。第一次组织这样的大型会议，没有任何经验的他事无巨细、亲力亲为，写讲话稿、安排会议流程、操心会场布置、邀请与会嘉宾，他都带领着学生会成员一起研究、一起策划、一起落实。那段过程对于他而言是无比艰难的，他不仅要操心大会的召开还要兼顾学业成绩，同学的不配合、老师的不理解他也都默默承受。最后大会圆满落幕他赢得了所有人的掌声，他的工作能力、公信力、领导力得到了所有人的认可，学生会在他的带领下稳步向前大有作为。美丽的蜕变源自于务实的奋斗，他在奋斗前行的道路上永不止步。

学生会的体育协会，下设田径分会、篮球分会、排球分会、足球分会、乒乓球分会、羽毛球分会等，负责学校所有体育赛事的组织管理和学生身体素质、体育成绩测试考核，同时联系校外的相关体育组织，参加社会各种体育比赛和体育交流活动。学校每个班级都是其会员单位，并定期向体协缴纳会费（智慧币），会费主要用于裁判员、运动员的培养，大型活动的经费开支和体协管理人员的薪酬。会费也是体协工作的压力，体育活动不丰富，赛事组织的不好，大家就不愿意交会费，就要退出体协，所以在二十一中，每个月都有赛事，每个月都有学生身体素质测试。每年九月底学校的秋季田径运动会是体协最重大的赛事，学校体协在赛前一个月就开展赛事宣传，营造大赛氛围，接下来利用十天左右的时间制定并完善运动会中最艰巨的任务——田径运动会的秩序册，最后安排各项比赛相关事宜并策划开幕式表演活动。大赛开始后的每个比赛日都是体协最忙碌的时候，比赛各个项目的检录、组织、裁判，比赛后的闭幕式活动、颁奖、比赛奖金发放奖项评比等，都让体协的每个成员绷紧神经，一刻不得松懈和马虎。

裁决委员会也不仅仅是依据《西宁市第二十一中学学生管理条例》对学生的违纪行为进行裁决，他们还要依据社会化管理各种法规对公司、企业和个人的违法行为进行裁决，对经济纠纷、民事纠纷进行裁决。学生的司法实践更接近生活，司法实践更丰富，对法律的理解，对法治的认识得到了提高，法制观念得到了加强。

学生创造的生活为他们自己创造了更多的社会实践角色、实践内容，极大地满足了孩子个性的需要、发展的需要，孩子多姿多彩的生活已经展现在我们的眼前。我们看到了孩子创造的力量，当我们给孩子一点空间，给他们一个平台，给他们一点点能量，一个链式反应就开始了，最终释放出的能量让我们所有的老师都感受到深深的震撼。随着社会化活动的深入渗透，孩子们创造着社会、发展着社会，社会建构越来越完整，社会角色越来越丰富，也为孩子们创造了更多的体验内容，更多孩子的兴趣得到了满足，特长得到了发展。孩子对社会、对自己的认识也有了明显改变，他们相互影响、相互学习，用自己创造的生活教育着自己，用自己创造的成就激励着自己，用自己的勤劳和智慧改造生活，改造着自己的社会，在劳动中享受着快乐，增强了自信。他们在不同角色的扮演中了解着自己，寻找着自己，更多的孩子找到了自己喜欢并能适应的角色，快乐地劳动，快乐地学习。

最初孩子只想办公司、挣大钱，都嫌公共管理岗位工资低不愿意干，甚至在起初阶段，某些公共管理岗位空缺，甚至学生会工商局局长的位置都无人问津。但市场是残酷的，很多孩子在市场的竞争中失败了、淘汰了，很多公司破产了，一系列的失败让孩子们开始重新认识自己，孩子开始冷静下来，由最初的疯狂开公司，不管自己适合不适合，认为开公司就能挣到钱，开始寻找更适合自己的工作岗位。但通过实践的体验，孩子们开始理智选择就业方向，开始根据自己的能力、特长去寻找适合自己的岗位。

第六节　让孩子带着对生活的好奇与憧憬，
"走出去、请进来"

伴随着"校园社会"的进步和不断丰富、完善，孩子们获得的学习、实践资源越来越丰富，学生对社会的认知得到了提升，对社会的本身兴趣也得到了提高，"走出去、请进来"就成了水到渠成之事。何谓水到渠成？学生有了自己的社会实践的经验，有了自己生活的背景，有了了解社会的需要，这就是水到渠成。有了一定的经验，有了背景和需要，"走出去，请进来"的效果会更好。学生带着自己的实践经验和问题走进社会的相关领域，把相关领域的人士请进学校来做讲座，或者与孩子们一起开论坛。学生有了公共的经历，就有了更多共同的语言；有了初步的认识，交流就会更深刻，学习的内容及目的就会更清楚。虚拟社会与现实社会的融合，学生与真实的社会角色的对接学习，这种真实与虚拟的联线对孩子的影响更大，真正的社会实践、社会调查的借鉴性、有效性更强，对学生的影响更全面，也更深刻。

这是一则校报《浅草》的报道：2016年10月，学校组织裁决委员会、立法委员会、学生会和《浅草》报社的学生代表到青海省高级人民法院学习，做了一次很有意义的"走出去"的实践。此次活动是由立法委员会的学生通过向青海省高级人民法院发送邮件邀请函促成的，接到邮件后，省高法相关部门非常重视，高度赞扬了学生的社会实践能力，并与学校达成了学生长期社会实践的意向。

在这次参观学习过程中，让孩子们受益最大的当属同学们到青少年法庭旁听的一场庭审。孩子们观摩了庭审的全过程，从法警将上诉人带至法庭庭审开始，到法庭调查、法庭辩论和上诉人申诉的三个核心环节，再到最终的法官宣判以及庭审结束后与审判长的座谈，孩子们更切实地体验了庭审的各个环节，对庭审的步骤及细节有了更深的认识，对自己今后在社会化活动中的裁决实践有了更有效的指导作用，同时孩子们通过这场旁听开拓了眼界，对生命的高贵和法律的威严也有了更深刻的体会。

让学生带着兴趣，带着问题走进社会，让学校的社会化实践教育与学生的社会实践教育有机紧密结合起来，既增加了学校社会化教育实践的内涵，也提升了学生社会实践的品质。学生对社会的认识、理解更全面、更深刻，同时把这种认识和理解应用到自己的学校社会化实践活动中，在实践中进一步理解和掌握，学生的公民意识，职业素养、道德素养、精神素养得到了有效的强化，学生对自己人生职业生涯会更全面、清晰、合理、科学地规划，为孩子今后步入社会奠定了良好的基础。

第七节 用正确的价值导向引领孩子
树立正确的价值观

教育的根本任务是引领孩子价值观的方向。如果离开了生活，我们所教育的价值观可能只会成为孩子头脑中的知识，即便有所认同，那也是很肤浅的，正如我们看到的，孩子的是非选择测试是没有问题的，但行动往往背离他们的选择，这是因为做选择测试时只是知识的呈现，是依据知识做出的选择，而行动时才体现出价值观的判断，是用心做出的选择。要想让我们的价值观成为孩子的价值观，就必须让孩子在生活中去体验、感悟，而不是简单的说教。只有这样，价值观才可能根植于他们的心中，不再只是表面的知识，而真正成为他们的价值观。价值观有正确和错误之分，其中生活的影响起着决定性作用，拥有什么样的生活就可能树立什么样的价值观。

教育的任务如果是为了让孩子心中爱、知识、信念的种子得以萌发，你们就必须让孩子的生活中充满爱、知识和信念。这就要求我们创建的校园社会必须充满爱、知识和信念，社会化实践活动必须是有道德的，必须是有利于学生正确价值观形成的，校园社会的核心价值观一定是正确的，校园社会的核心价值观必须是社会主义核心价值观。

社会本是复杂的，有浩瀚大海，有清澈小溪，也有污流浊水。校园社会可能不是浩瀚的大海，但也绝不能是污流浊水，而必须是清澈小溪。我们既要用人类的文明引领校园社会的发展方向，又要用有力的体制保证校园社会的健康发展，更要充分发挥孩子的自我净化作用，保持校园社会的纯净。

对校园社会的管理必须以学校引领为前提，学生自主管理为根本。

我们的学生自主管理有四大机构：学生代表大会、学生立法委员会、学生会、学生裁决委员会。他们分别承担着不同的管理责任，掌握着不同的权力，但又相互制约、相互监督，同时接受广大同学的监督，通过公众选举体现学生的公共意志。通过这种民主体制，确保了社会是民主、公正的，同时由社会制定一系列的法律规章，规范每个权力机构行使权力的行为，使学生的权益得到保障，社会法制精神得以树立，从而提高学生的法律意识，提升学生的契约精神，最终使之成为合格的公民。通过由学生自己创造的法制、公平的社会中的社会生活，培养学生爱岗、敬业、诚信、友善的素养，最终使之成为有道德的、能服务于社会并能促进社会发展的优秀公民。

第八节　让社会教育课程化体系根植校园

学校的课程必须以学生为本，要建立以学生为本的课程体系。以学生为本的课程应该有以下几个特点：第一，符合学生的胃口，是学生喜欢的，学生的兴趣能得到满足。第二，有孩子生长所需的养分，孩子的特长能得到发展。第三，学生能自己参与开发。第四，课程必须与生活紧密结合。只有这样每个学生的个性才能得到尊重和关怀，学生才能过上多姿多彩的生活，才能获得生动活泼、健康全面的发展。

确切地说，西宁市第二十一中学的每一个活动都是一门课程，每一个活动项目的背后是一门学科知识的支撑，是学生不断探求知识、逐渐提高学习技能、陶冶情操的过程。

社会化实践活动课程化是一个有意义的尝试，是促进学生全面和谐发展的理性思考，是提升生命质量的价值追求。教育学者叶澜指出："教育是直面人的生命、通过人的生命，为了人的生命质量的提高而进行的社会活动。"那么，这种把目光对准"人"的知识、学科和社会生活中的一切等都可能成为社会化实践活动的课程。如果说，课程是为了生命的课程，实现人的发展就是深化了课程的内涵；我们的体味是一切致力于学生的全面发展，对学生全面发展起促进作用的活动就是课程广而泛之的外延。

学校是生活的学校。别样的校园生活里，潜栖着富有生命教育意义的弥散的、诗意般的社会化实践教育活动课程资源，如隐性地承载于知识、技能中的"课程扩张"；更有的是广大师生热情地、自主地将人类创造的所有物质文明、精神文明，以及生动活泼的自然存在物开发成为富有针对性的、特色鲜明的、外显的社会化实践教育活动课程。西宁市第二十一中学社会化实践教育活动模式展示的就是这样的一个课程体系。

社会化实践教育活动，帮助我们从观念上拆除了阻隔学校与社会、课程与生活之间融会贯通的藩篱，我们发现生活中所有潜在的具有教育意义的素材，都通过学生个人的经验即"经历"和"体验"被激活了，这些素材伴随着学生的实践、体验、感悟，内化成了自身生命中的一部分，这就是动态的社会化实践教育活动课程生成的整个过程。在这个过程中，学生的生命灵性获得充分展现，情感得到陶冶，学生主动创造生命意义的积极性获得充分发挥。那么，这种"把学生的生命作为课程的原点和核心，把学生的生活经验作为课程的内容和资源。基于学生的现实生活，引导他们不断地超越，过有意义、有价值的生活，提高生活质量，促进生命发展更全面和完善"，就是一个真正意义上的课程。

社会化实践教育活动的目标就是让孩子在社会化实践的生活中更好地完成人的社会化，最终能适应社会、服务社会，满足社会需要，成为能独立思考、独立行动，人格高贵的人。拥有高贵人格的孩子，将会拥有高贵的人生。那么社会化实践教育活动课程的目标就应该更加具体、更加明晰、更加多元化。首先，知识、技能的获取应该是学生的第一要务，只不过这种知识与技能的获取方式比较独特，它是以孩子过上自己的生活为原则，以让孩子过上多姿多彩的生活为基础，更容易被学生接受并实践，知识与技能的传授渠道更加顺畅。当然，社会化实践教育活动课程的目标焦点也应该是整个过程与方法。其次，在整个过程中我们应该重点培养学生的思维方式、做事态度、体验过程及实践能力。但是，高贵人格的构建也异常重要，情感、态度与价值观的培养也应该贯穿整个教育过程，使学生拥有丰富的情感，能够正确处理自己的情感，让学生成为一个情感丰富、有血有肉的社会人。

第九节　社会化实践活动是校本课程的土壤

课程应该以学生为本，应该以让学生过上自己的生活，过上多姿多彩的生活作为课程建设的目标，那么校本课程必须根植在社会化实践活动的土壤上，以社会化活动为大背景，不仅让课程成为社会化实践活动的需要，更要让社会实践活动成为课程的目标，用社会化实践活动的需要让课程内容和形式得以拓展和丰富，用课程提高孩子参与社会实践活动的能力，提高社会化实践教育活动的水平。实现知识与生活，知识与实践相结合的学习过程，做到学中做，做中学，行知合一，实现学生知识、技能和方法，情感、态度和价值观的全面发展。

每个学校都有社会、文学、艺术、运动、实践课等传统学科，在二十一中由于有社会化实践活动，课程的需求就发生了质的变化。学生基于生活，其中实践产生对知识的需要，这种需要成为拓展校本课程的催化剂，为校本课程的丰富起到催化作用，从做好一个员工，经营、管理好一个企业，到贸易、文化传播、人力资源社会管理再到经济、法律、政治，几乎进入社会需要的知识都成为学生想知道、想了解的。

相应课程的开发与建设不但是自然而然的，而且成了学校课程开发的导向和动力。这部分课程成为学校校本课程重要的补充和发展。

学生的参与使课程更鲜活。只有学生更明白自己需要什么，只有生活才能让学生明白自己需要什么，只有学生才能说出学生更懂得话，更明白的道理。因此课程的开发一定要有学生参与，教材中一定要有学生的语言，这样的课程，这样的教材学生才喜欢，这样的课程才更鲜活。

学校给孩子们一个平台，建立一个体制，让孩子们创造自己的生活，一个个团队的建立，一个个活动的产生，这就是课程，这就是孩子自己创建的课程。他们在自己的课程中体验着生活，感悟着社会，增长着才干，这种课程是活的。我们引导孩子把自己的经验、感悟说出来、写下来，放进我们的教材，我们的教材就鲜活起来了，孩子就喜欢读了。他们的语言和行动在我们眼里都是稚嫩的、不成熟的，但却是孩子们能理解的、喜欢的。这正是他们走向成熟的起点，是他们成长的起点，其实这才是有效的课程、有意义的课程，比我们的自娱自乐好得多。

其实很多时候我们并不知道孩子是怎样长大的，我们的教育对孩子有多大的影响，我们也说不清楚，很多我们不注意的因素可能对孩子的影响更大、更有效，而这些因素就在孩子的生活中。我认为最有效的教育就是孩子自己创造的生活，所以课程的内容就应该是孩子创造的生活、孩子创造的成就。课程的意义就应该是用孩子创造的成活教育孩子，用孩子创造的成就激励孩子。

社会化实践活动的课程化的鲜明特点是用知识引领行动、用知识引导行动。通过知识的渗透和学习，提升学生个体的实践能力，增加每个学生成功的可能，从而获得自信，培养兴趣。社会化实践活动不能一味强调活动，不能只是在实践中体验，形成经验的积累和改造，更需要与知识的结合，更需要知识的直接学习，不但注意行知合一，也要注意知行合一，让学生学会用知识引导行动，重视对知识的间接学习和实践应用，避免陷入经验主义的泥沼，提高学生学习的有效性。生活的体验、实践的过程是为了孩子发现问题、产生学习的需要，生活的目标、实践的目的是激发孩子学习、探索的热情。生活的体验、实践的过程是为了把孩子间接获取的知识放到生活和实践中去感悟和验证，使孩子真正地理解和认同，从而形成孩子自己的知识、技能、情感、态度和价值观。

校园生活的社会改造为孩子提供了一个多姿多彩的生活，更多的孩子找到了适合自己的社会角色，找到了社会实践的载体，过上自己的生活，在生活中体验、感悟、理解人生和社会，并认识自我，改造自我。在社会化实践活动中，我们不能用孩子活动本身的目标的达成来衡量活动的成功与否，这是实用主义的功利思想，是教育的大忌。其实活动的目标应该是参与活动，更有效的参与活动，活动就是活动的目标，有了活动必有收获，有了有效的参与，收获必然丰富。这些丰富的收获就是孩子生长的养分，有了丰富的养分，孩子的健康生长就是必然，孩子的健康生长才是我们的终极目标。我们不要在乎孩子能否在社会化实践活动中成为一个优秀企业家，一个优秀社会管理者，按这个标准衡量，可能很多孩子都不成功，社会化实践活动也没有意义。其实孩子能否成为一个优秀的人才，那是未来的事，他们还要经历大学的学习，经历真实社会的历练，我们只是为他们今后更好地学习和历练打好基础，因此在这里没有成功和失败，成功积累的是经验，失败积累的是教训，不论是经验还是教训，都是孩子成长的养分，只要参与，只要有效地参与，收获则是必然。

社会化教育实践活动使孩子过上了自己的生活，使孩子有了多姿多彩的生活，实现了"用孩子创造的生活教育孩子，用孩子创造的成就激励孩子"，这就应该是教育的真谛，也是我想追求的教育。社会化教育实践活动让孩子的生活变得多姿多彩，孩子的个性得到了尊重，兴趣得到了满足，特长得到了发展，孩子心中"爱、知识和信念"的三颗种子得到了萌发，为长成参天大树奠定了厚实的基础，这应该就是教育的目的，也是我想追求的教育目的。

中国教育领航（第一辑）：教育家型校长与学校发展丛书

[领航：

推动校长成长的国家智慧

严华银　著

世界图书出版公司

图书在版编目（CIP）数据

中国教育领航. 第一辑 / 严华银主编 . -- 北京：
世界图书出版公司, 2018.8
　ISBN 978-7-5192-5032-4

　Ⅰ . ①中… Ⅱ . ①严… Ⅲ . ①教育－研究－中国
Ⅳ . ① G52

　中国版本图书馆 CIP 数据核字 (2018) 第 180758 号

书　　　　名　中国教育领航. 第一辑
（汉语拼音）　ZHONGGUO JIAOYU LINGHANG.DIYI JI
编　　　　者　严华银
总　策　划　吴　迪
责　任　编　辑　王林萍
装　帧　设　计　刘　陶
出　版　发　行　世界图书出版公司长春有限公司
地　　　址　吉林省长春市春城大街 789 号
邮　　　编　130062
电　　　话　0431-86805551（发行）　0431-86805562（编辑）
网　　　址　http : //www.wpcdb.com.cn
邮　　　箱　DBSJ@163.com
经　　　销　各地新华书店
印　　　刷　大厂回族自治县祁各庄乡冯兰庄兴源印刷厂
开　　　本　787 mm×1092 mm　1/16
印　　　张　124
字　　　数　1 674 千字
印　　　数　1—6 000
版　　　次　2018 年 8 月第 1 版　2018 年 8 月第 1 次印刷
国　际　书　号　ISBN 978-7-5192-5032-4
定　　　价　880.00 元（全 10 册）

中国教育领航（第一辑）：教育家型校长与学校发展丛书

丛书编委会

主　任　王仁雷

主　编　严华银

副主编　季春梅　回俊松

编　委　邱成国　严忠俊　于大伟　张　勇

　　　　郭炳胜　郭长安　杨　刚　杨琼英

　　　　林启福

为造就中国"教育家型校长"
贡献"江苏智慧"

一

有人说，每一时代都有一时代的文学；亲历这许多年中国教育改革发展的波澜壮阔，我倒觉得，每一时代也都有每一时代的教育。

当声势浩大的课程改革经历近乎 20 年的风云变幻，艰难推进，遭遇上考试评价的瓶颈，遭遇上社会道德滑坡的困局，遭遇上人工智能与全球素养的新格局，遭遇上中国社会转型的大变局，课程教学改革必然面临新的问题、新的挑战。十九大之后未来中国发展目标的新定位，必然对我们新时期新教育提出新要求。

教育如何奋力前行？如何尽快实现"公平而有质量的教育"？这自然需要高层的顶层设计，基层的齐心鼎力，需要政策制度的先行，体制机制的变革。但其中有一项非常重要的工作，那就是需要培养和造就一大批卓越的能够引领中国教育科学、健康和可持续发展的教育英雄！

2015 年初，教育部启动中国首期中小学名校长领航工程，全国经层层申报遴选产生的 64 位校长，经由双选，由同样经过申报答辩产生的 8 家国家级校长培训基地培养，为期三年，将这些校长培养成为"教育家型校长"。本人所在的江苏教育行政干部培训中心，有幸成为其中的一家基地。

这是中国有史以来首次举办的最为高端的校长培训项目。被培养的对象起点高，每省仅两人，可谓是校长优，学校牛，绝对的凤毛麟角；目标高，定位在"教育家型校长"，应该说距离"教育家"仅仅一步之遥；取法"上"，用的是精英保育法，每一基地 8 名学员，小班化，每一学员选配两名导师——

一位理论导师、一位实践导师，远远超越了一般的博士培养路数。

这是被寄予了中央高层、教育部和中国教育厚望的国家工程。从当年温家宝总理提出教育家办学，从新中国成立数十年顶端的科技人才一直呼之难产，从弥漫几十年的教育应试的参天雾霾一直驱之不散，从一波又一波的课程教学改革总是难以见出明显的"绩效"，我们还是在坚韧不拔地寻求掘进和重大突破。这一工程就是其中的一项重要的举措。

我们就是这样来理解这样一项国家工程的。当8位校长从全国8个省市（含兵团）来到我们中心，初步接触交流，初次在导师的引领下进行培养方案的研讨论证，我们深深感受到这些校长的优秀甚或卓越，深深感受到他们的发展的冲动和急迫，我们开始感受到压力，感受到责任，感受到使命。我们共识到，就是应该通过这样的国家工程，培植一批又一批担当中国教育转型使命的教育英雄，以通过他们来引领和带动中国教育的顺利转型，从而为中国培养出真正一流的人才。

二

那么，究竟怎么来完成这样一项国家工程呢？究竟如何顺利地将这些校长培养成为教育家型校长呢？

我所在的中心组成相应的专业团队，专事这项工程的研究和实施。首先我们思索并需要解决的是如下问题："教育家型校长"，是什么样的校长？是不是就是校长中的教育家呢？首批由省乃至国家层面遴选出来并加以重点培养的这64位校长，应该是怎样的校长？在整个校长发展的过程中，他们应该处于怎样的发展阶段？这类校长又应如何培养使之早日成长为教育家型校长呢？

我们是这样回答的：

什么是"教育家型校长"？所谓"型"，原意为"铸造器物的模子"，引申为"式样""类型"；顾名思义，我以为，教育家型校长，就是具有教育家基本模样的校长。

弄清这一问题，必须首先弄清什么是教育家。按照孙孔懿先生在《论教育家》（人民教育出版社2006年版）中的分类，校长类教育家应该是学校管理专家，是属于教育实践家，或者说是实践的教育家。孙先生认为，校长类教育家，是指有创新、有贡献、有影响的教育实际工作者；和所有的教育家一样，崇高的人格、闪光的思想和丰硕的业绩，构成其内涵和影响力的主要元素。

所谓教育家模样，则是指一定的教育家底色和特点，部分的教育家品格和品质，比如在人格和教育品格、教育理解和思想、办学实践和实绩等的某些领域基本接近教育家的程度、层次和方面。

于是，我们可以这样说，教育家型校长，就是准教育家，他们已经初具教育家的风姿，可能还稍缺那么一点教育家的神韵。教育家型校长更进一步，再上层楼，就应该是形神兼备的教育家。

基于此，我们可以试着"回溯"，什么样的校长最具有发展为"教育家型校长"乃至校长教育家的潜质呢？

我以为，应该是那些相当成熟、比较稳健同时又富有创新品质的资深校长。由此，我们可以试着建构优秀校长发展的基本路线和主要阶段：入职校长—称职校长—（稳健）成熟型校长—（有个性）创新型校长—教育家型校长—（校长）教育家。

在这六个发展阶段中，不难发现，成熟阶段，自然是校长发展的高原期；创新阶段，是瓶颈期，从培养的策略而言，在此处着力，就是抓住了高端校长发展的关键。

教育部名校长"领航工程"遴选的培养对象，就应该是在成熟校长之上的富于个性的创新型校长。这类校长，刚刚突破自身发展的"高原"，他们最具有成长为校长教育家的潜质，以此为起点，最能达到四两拨千斤、顺势行千里的效果。而这类培养的示范和典型价值，也是以一当十的。

三

明确了这些问题的答案，我们开始我们与这些名校长共同探索、共同发展的培养与发展之旅。在这一过程中，我们逐渐摸索出一些规律性的东西。比如，这样一类中国现今处于校长成长与发展"金字塔尖"的校长，单单从校长本身素质能力的角度去培养是远远不够的，必须结合其学校的进步与发展一起来考量；单单从一般理解的提升其理论素养是远远不够的，必须充分考虑其学校管理实践素养的提升和发展；单单从专业的角度给其引领和指导是远远不够的，必须考虑其在管理实践和引领他人他校的过程中实现对自己的超越。基于这样的考虑，我们在教育部国培办关于该项目顶层设计的基础上，确立了校长与学校"双主体发展"目标，为培养对象配备了理论导师与实践导师"双导师"，还设计了基地专家为名校长"领航"与培养对象领航工作室成员的"双重领航"机制，最终建构了既关注培养对象的成长又重视培养对象所在学校发展"双重成果"的评价标准。这样的设计和安排在国内首期领航工程国家级培养基地中独树一帜，自成风格，深受学员及所在学校广大教职员工欢迎，而且赢得了学员所在省市教育行政的高度认可。

有了这样的培养、发展理念和思路，又如何使之落实到具体的培养过程当中呢？三年中，我们以培养对象的"教育思想"的凝练为核心，以关乎教育家型校长发展和卓越学校发展的关键元素的梳理、概括、提升与完善为工具抓手，将原本也许较为枯燥无味、平淡无奇的培养和发展过程开展得有声有色，情趣丰盈。

四

三年中，我们重点紧扣的校长与学校发展的元素有如下 9 个方面。

1. 回顾"成长经历"

本环节要求领航校长回顾、梳理在数十年的人生履历中，特别是从师范生走向教育家型校长过程中，促使自己教育理念、观点，办学能力，管理水平，学校品位提升，教育思想形成、转变、提升的某些关键性事件、人物、契机、书籍等。在梳理并呈现的过程中，要求特别关注成长的阶段性：一般重点关注求学、为师、进入管理、初为校长、成为现在的自己、领航他人的细节、故事等，最要展示思想和观点的变化和递进性，尤其展示重大变化的关键性环节，比如迷惘时节的痛苦，觉醒阶段的艰难，蝉蜕过程的曲折。

记得一位伟人说过，人的正确思想是从哪里来的？是从天上掉下来的？是头脑里固有的？不是。人的正确思想只能从社会实践中来。

自己的实践自己最为清楚，哪些实践过程激发了自己的思维，哪些教育实践促进了自己的教育理解，奠定了自己教育思想的基础，只有自己最为明晰。

由自己来分析揭示自己思想产生和形成的前因后果，这是思想完善、成熟的前奏，从自己的"知其然"到"知其所以然"，这样的反思彻入骨髓，这样的提升深刻扎实。

2. 践行"治理变革"

本环节关注领航校长在学校管理领域与时俱进、因地制宜的"执行"能力，考验和观察校长的"创新能力"。"治理"是基于十八届四中全会《决定》和"法治中国"而有的学校管理新概念。其核心和关键词是：民主、共治、和谐、依法施教。作为领航校长，不管自己理解如何，学校变革怎样，都必须有思考、有谋划，有比较及时的因应举措。本部分的梳理呈现，特别要求重点关注如下要素：

（1）治理、治理与管理的分别判断；

（2）学校治理、学校治理与学校管理的理解；

（3）本校治理理念（包括制度和人性化、人文性）的确立；

（4）本校治理结构的建构；

（5）本校治理制度和架构的设计与完善。

通过新时代新学校治理结构的变革，观察领航校长的创造和机变．也正是经由此一环节，考验领航校长的教育理解、主张和思想实行、落地的能力。

3. 发展"教师与团队"

本环节关注领航校长的办学思想和思路的成熟程度。这里的教师是一个集合概念，指的是教师团队、学习型组织，本部分要求展示的，既有团队和学习型组织建设，也有优秀教师专业发展的激发和追求，还有学校围绕教师教育教学所开展的各类校本研修工作、教师培训等。主要内容聚焦在如下5个方面。

（1）本校教育教学的实绩、特色和亮点，强调与教师的高度相关性内容。

（2）本校教师团队状态：精神（师德、人文、敬业）、教育教学业务能力、特色等。

（3）对于新时代教师的意义和价值的理解。

（4）教师与教育、教师与学校、教师与学生关系确定。

（5）为队伍的培养和建设所开展的相关具体工作。

①教师发展的理念和思路；

②对教师专业标准、对教师专业品质的理解；

③教师队伍、团队、优秀骨干发展规划；

④重大项目、工程的设计和开展；

⑤培训和发展模式的创新，比如校本研修制度、名师带徒、工作坊等模式的运用；

⑥绩效分析：与现实教师队伍状态和教学业绩之间的关联度。

通过教师与团队建设，考量领航校长对于教育本质的认识和把握。教师即教育，学校一切工作中，教师永远处在第一位置。不仅如此，采取行之有效、持之以恒的措施，成功发展教师和构建具有高尚师德的教师团队，对于校长的智慧和教育思想的是否卓越，是一个极好的判别标准。

4. 完善"学校文化"

本环节关注领航校长在学校建设、发展过程中，提炼、发展与完善学校文化的能力与成果。"文化"所指学校的基于长久的发展历史、传统而形成的精神品格，一般可以包括教育哲学（价值观）和校训，以及与之相关的"三风"，在不同的学校、不同的历史文化背景下，还有诸多形式的文化，比如教师文化、学生文化、课程文化等领域。本部分呈现主要内容如下：

（1）学校文化建设已经取得的成果，相关的文化系统的建构；

（2）学校文化内涵阐释；

（3）梳理、揭示学校文化的来源和因果：学校从创建到现在成长、发展史，关键时代，关键阶段，关键校长，个性教师和学生典型的分析；

（4）"文化"在教师教学、学生学习、课程和管理领域的落实（教师、学生、课程、教室、宿舍等）；

（5）"文化"的效应和价值发挥。

文化是学校的精神内核。有人说，有什么样的文化就有什么样的学校，文化即学校。还有人说，文化是一所学校的隐性课程，有什么样的文化就有什么样的学生。所以，看一所学校的文化建设，看一个校长在文化建设中的作为，就可以判断校长和学校品格和品位。

我们正是要通过校长完善其所在学校文化的过程，深化校长对于教育的理解，提升其教育的理想和思想，从而凝聚出其自身教育思想的精髓。

5. 建构"学校课程"

本环节关注在校长引领和主导下的学校课程建设尤其，是课程体系建设。本部分我们重点关注：

（1）学校课程及课程体系的理解：课程是什么？课程在学校教育教学中的地位如何？课程与学校教育价值观、课程与文化、课程与教师、课程与学生有着怎样的关系？

（2）呈现基于学校文化、面向全体学生构建的课程体系，包括目标、内容、评价等要素；

（3）课程及课程体系阐释和解读：①整体课程架构和体系的理解；②系统中各子系统之间关系（国家课程、地方课程、校本课程）；③部分特色课程的解说。

（4）课程的实施推进情况描述，包括教师认同、课堂模式建构，计划、策略和成效等。

（5）反思与经验。

学校课程是学校的核心资源，课程是学校教育价值观和校长办学思想的重要也是主要载体。新时期的好校长，应该全身心致力于学校课程的建设，在捍卫国家课程地位的前提下，积极主动建构基于学生发展需要，基于本校历史和现实文化，指向学生个性成长和未来发展的"校本课程"，并最终建构具有鲜明个性的学校课程体系。

通过这样的内容呈现，正是要考验和提升校长的教育理解和理想在学校中落实落地的能力，也就是教育家型校长必备的思维力和创造力。

6.建构"德育课程"

本环节关注校长对于立德树人问题的认识和把握，重视德育自然应从德育课程的建设做起，而建设德育课程必须从德育的理解做起，所以本部分要求校长从如下几方面着力呈现：

（1）德育课程理解，比如其意义和价值，比如与智育课程以及其他课程的关系。

（2）理据阐述。

（3）德育课程体系建构。

（4）重点德育课程或项目的重点解说。

（5）德育课程教学实施描述。尤其是在当下这样的应试情境下，德育课程如何不折不扣地卓有成效地开设并扎实评估。

（6）成果呈现。

（7）反思与经验。

尽管中共中央十八届三中全会明确提出教育的根本目标在于立德树人，但从实际教学中看，落实到位的还不多。因为只要残酷无情的"应试"中，只要教育行政官员和校长们还食着"人间烟火"，谁都不敢在判定着教育是不是"满意"的人民和依然铁面无私的考试面前"玩火"。但问题是，卓越的校长就是应该有智慧和有坚守，在夹缝中，在改革中，将"立德树人"的工作通过德育课程的巧构和力行，做得风生水起。榜样的力量以及我们培训的力量就在于能够让这些优秀者以大视野、大格局、大力度，把一般人眼里的不可能化为可能并在学校教学中落地生根且开花结果。

这一环节正是对校长们的教育执行的一个检验。

7. 建构"艺术课程"

本环节展示的内容与上一环节基本一致。这一环节关注领航校长的教育思想的科学性和全面性。教育指向人的素质全面发展，仅仅围绕智育课程的应试，违背教育的基本规律。艺术课程或者艺体课程恰恰是最能成就现代文明人的最为重要的课程，因为体育素养和艺术素养最能显示一个人的生活品质和品位。

而且如今的艺术教育正显示出越来越丰富、越来越重要的特点。比如艺术课程日益走向综合，不仅音乐和美术开始交叉融合，戏剧、舞蹈、影视等也进入艺术课堂；艺术课程综合了音乐、美术、戏剧、舞蹈以及影视、书法、篆刻等艺术形式和表现手段，对学生的生活、情感、文化素养和科学认识等产生直接与间接的影响；综合艺术课程是将各艺术门类具有内在的关联（如通感、通识、价值、功能等。）和艺术学习内容及其他形式的内容统整在一起的，在同一人文主题统领下的一种课程模式。

学生通过这些内容和过程，获得特定的艺术知识和技能，具备到一定的审美能力和对艺术的理解，可以净化自己的心灵和情感，提高人文素质。这样意义和价值的艺术课程或者称之为综合艺术课程，具有如下内涵：

（1）综合艺术课程所涵盖的课程内容既有各艺术门类的学科知识，亦有学生获得的主体经验；

（2）综合艺术课程以统整或去边界的方式将有同一主题的课程内容组织在一起；

（3）综合艺术课程将学科课程内容组织在一起的依据是课程内容之间的内在联系，如课程内容同性的关联性和课程内容价值或功能的关联性等；

（4）综合艺术课程的价值、职能表现为消除学生原有知识体系中各类知识之间的界限，提高综合艺术能力，不仅仅局限在单科的知识技能，使学生形成关于世界的整体性认识和全息观念，深刻理解和灵活运用知识。

通过学校艺术课程建构过程和成果的展示，正可以发现领航校长全面发展的教育观，真正的对于孩子一生幸福奠基的教育理想，与现实相抗衡的学校发展观，从这样的角度，校长本身也可以更加清晰和坚定自己的教育理解、主张和思想。

8.建构"综合实践活动课程"

本环节关注的是校长对于学校教育真正价值和意义的理解。古人为什么要创办学校？为什么要把孩子送到学校？古人没有升学、没有上大学这样的设计和安排，那孩子还要上学干什么？我们今天还有多少校长会思索这样的问题！学校是孩子从家庭走向社会的一个过渡平台，学生通过知识教育、生活技能教育获得未来社会生活必需的素养和技能，就可以海阔凭鱼跃，天高任鸟飞。我们今天的学校大多背离了学校教育这一初衷和本心。因此，通过综合实践活动课程，似乎可以让教育特别是学校教育回归本真。

按照课程方案，从小学至高中设置综合实践活动并作为必修课程，其内容主要包括信息技术教育、研究性学习、社区服务与社会实践以及劳动与技术教育。强调学生通过实践，增强探究和创新意识，学习科学研究的方法，发展综合运用知识的能力。增进学校与社会的密切联系，培养学生的社会责任感。在课程的实施过程中，加强信息技术教育，培养学生利用信息技术的意识和能力，使学生了解必要的通用技术和职业分工，形成初步技术能力。

"综合实践活动"课程是一种与各学科课程领域有着本质区别的新的课程领域，是我国基础教育课程体系的结构性突破。

它是一种经验性课程。综合实践活动课程超越具有严密的知识体系和技能体系的学科界限，是一门强调以学生的经验、社会实际和社会需要和问题为核心，以主题的形式对课程资源进行整合的课程，以有效地培养和发展学生解决问题的能力、探究精神和综合实践能力为目的的课程。

它是一种实践性课程。综合实践活动课程尤其注重学生多样化的实践性学习方式，转变学生那种单一的以知识传授为基本方式、以知识结果的获得为直接目的的学习活动，强调多样化的实践性学习，如探究、调查、访问、考察、操作、服务、劳动实践和技术实践等。因而，综合实践活动课程比其他任何课程都更强调学生对实际的活动过程的亲历和体验。学生是通过动手操作实践的方式来获得经历和体验的。动手实践，是综合实践的基本学习方式。

这样的课程若是真正构建和实施到位，对于学生、未来公民的生存生活能力的提升，将是功德无量的。

通过综合实践课程建构过程和实施成果的展示，正可以看出优秀校长对于学校教育价值的准确认识，正可以看出在如此应试背景下，行政应对和社会应对的智慧以及教育管理的智慧。当然，这一过程，更可以让优秀校长发现自己教育思想的亮点和伟大之处。

9. 凝练"教育思想"

本环节从校长培养和发展的角度看，常常被看成是一个终极目标。形成了自己的独特的教育思想的校长才是一个教育家型校长，因为"立言"应该是中国人对于成名成家者的最高期许。问题是，对于一个校长而言，"教育思想"究竟是什么？

这里的教育思想实际是办学思想，即校长对于教育的认识、理解，见解、主张、理念、观点，在具体的办学实践中的执行和落实，或者说是从学校的教育教学和管理行为中梳理总结出来的教育理念和思想，是共性与个性的统一，一般与特殊的统一。最重要的是富于个性。

这样说来，教育思想，并不是一个高不可攀的东西，只要是校长，只要对教育有理解，有主张，有实行，又形成了自己的观点，并且在办学中有功绩，最终有很好的经验，那就是具有了较好的教育思想。它一般指，总体的对于"教育""学校教育"的理解，基于此的对于办学、管理学校、人才培养和学生发展的理解和主张等。具体展开，应该有：①学生观；②学校（教学）观；③质量观；④人才观；⑤发展（不断超越）观（规划观、计划性）；⑥对于某些相关内容、观点的看法；⑦正在思考并寻找路径的问题。

本部分呈现五方面的内容。

（1）自身教育思想依据的一般性理论和思想；

（2）教育思想产生和形成的过程，要体现其渐进性和阶段性特点；

（3）教育思想的要点及其阐释；

（4）这样的教育思想在学校教育教学和管理实践中的体现和落实；

（5）反思与经验。

上述九个方面，前八个方面的梳理实际是第九方面的基础工程。九九归一，百川流海，这是我们领航校长培养的思路和策略，也是教育家型校长成长发展的基本轨迹。

五

2018年5月，三年培养任务完成。我中心精心组织安排了一场该项目8位校长及所在学校的成果展示活动。8位校长及其团队成员认真准备，各自用各自的方式进行了充分的个性化表现。整个活动高大上而又细、实、活，体现了江苏中心的培训特色和品质。作为项目的主要责任人，我用下列文字概述三年共同走过的路程：

骏马秋风才塞北，杏花春雨又江南。这"塞北"，不仅仅是"塞北"，我们的帮扶足迹，穿过塔克拉玛干沙漠，深印在皮山、和田、若羌等南疆地区的数十所学校；这"江南"，又何止是"江南"，我们的教育强音，彻响于怒江峡谷、崇山峻岭的山山水水之间。

这一群教育行者，阵容并不壮大，少时十数人，多时数十人；问题是，当五湖四海出类拔萃的校长精英与长三角首屈一指的教育专家一朝相逢，而且一发而不可收地亲近、交融，其生发的聚合和裂变，其结晶的意义和价值，你怎么估量都不为过！

曾记2015，北京受命，南京启航。从此，基地精致组织协调；导师沉稳领航引导；学员潜心研学，竭力修正，其教育内涵逐渐丰富、厚重，其学校文化越发凝练、科学。三年中，被"领航"者，又"领航"着各工作室的成员和学校；三年中，基地、导师、学员、学员的学员，还"组合"成志同道合的"教育志愿军"，一组一组，一次一次，赴边疆，走山寨，让教育的"精准帮扶"，生根校园，直抵教师，落地课堂，深入每一孩子的心底。

就是在这样的"层递领航"中，我们的理念、能力，我们的情怀、境界，我们的思想、功德，经千锤百炼而不断精进；而且，就在这样的行走中，我们"扩容"了"领航"内涵，升华了教育价值、人生境界，终于，我们真的可以无愧于"教育家型校长"的称号。

我们还积累了许多教育的感想和哲思，创造了许多美好的邂逅和故事；我们更收获了厚厚的友情，沉淀了悠悠的思念。

这里，我们撷取三年中一路生活的"散点"，轻拂去岁月的"尘封"，从痕迹到线索，从即景到场面，定能够复苏记忆，活跃联想，让所有的亲历者偶尔或者常常回放、回望或者回味——

因为，不论是谁，一生中又能有多少这样的三年呢？

六

感谢世界图书出版公司，出版这套书，为中国教育家型校长的成长事业慷慨奉献。让我深深感受到中国不乏有见识有良知的出版社、出版人和出版家，尤其是在他们身上内隐的崇高的人文情怀和家国情怀，这应是如今极为难觅的出版家精神！

本丛书的成型，最要感谢教育部启动的带有开辟之功的名校长领航工程，让我及团队有机会经历这一人生难得的培养过程；还要感谢本人所在中心的最高领导，江苏第二师范学院、江苏省教科院的党委行政，他们的特许尤其是经济上的特许让我们可以全力以赴，以最有效的方式完成这一工程。还要感谢慷慨受聘担任本项目理论导师、实践导师的专家、校长，他们来自江苏、上海的教科研院所、大学和中小学名校，三年中，一直随我们南征北战，他们的临场观察、与校长交流指导，促进了我们培养思路的成熟，也催生了这部书稿。特别要提及的是我中心的老主任，也是我的老师，全国著名的学校与校长发展研究并指导专家程振响先生，也是此项目的第一任首席专家。他在项目的前期做了大量的工作，可谓呕心沥血，为项目的成功开展奠定了坚实的基础。惜天不假年，在此项目工作的中前期英年早逝。作为继任者，不过是承其遗志和余绪，勉力奋发，力争不负其志其托，假如能由此出发，真的建有半步一步之功，这自得先生在天之灵的照护。此书也算是我们后来者对先生的回报。中国教育步入转型期，而且步履维艰，我们都得努力！

转型期的教育发展，需要教育精英，我把他们称为教育英雄。英雄的意义在引领，英雄的价值在示范。本丛书所展示的，恰恰是在学校和校长发展领域，从发展元素的角度，所做的精彩呈现、展示和解说，这对那些处在成长和发展的上升时期的校长以及他们的学校，无疑是最有价值的典型、样本，楷模和榜样。

严华银

2018 年 8 月 3 日于拉萨布达拉宫脚下

上篇 理解篇

教育家型校长·内核

领导力：教育家型校长的文化品格

今年5月，教育部正式开启中国名校长培养的"领航工程"，相关文件称，本项工程"旨在培养造就一批具有较大社会影响力的教育家型校长"。对"教育家型校长"，我理解就是校长中的"准教育家"，距离教育家最近的校长，已经具有教育家模样的校长。这个"模样"应该是有模有样，是由外到内，从形到神的"模样"。我认为，教育家型校长的最为重要的模样之一，是"领导力"。

"校长领导力"是近几年在校长发展研究领域的"热词"。但对其内涵之理解，却是众说纷纭。不少人将其理解为一种以管理为中心的综合能力和素质，我认为校长的"管理力"与"领导力"是既相关又有别的不同层级的概念。"管理力"是单纯依靠权力而有的"管制"和"治理"能力，"领导力"则是淡化权力因素，更多地基于个性品格和综合素养而有的"率领"和"引导"魅力。"带头""示范"和"做表率"，"引领众人前行"，这样的极少权力因素的"领导"方式，与主要通过权威、制度和相关规定包括处罚措施促使员工被动劳作这样的"管理"方式，有着天壤之别。

观察那些富于领导力的校长，少有官派，从不摆谱，常常把自己"混同"于普通的"老百姓"。绝少号令，几无呵斥，甚至不需要太多的会议，他自己可能永远都不知道自己究竟有什么"领导力"。其团队阳光透明，和谐温馨，如同家庭；其成员则任劳任怨，主动进取，每个人都知道什么时候在什么位置做什么事儿，对校长则尊崇钦敬，折服信任。"同呼吸，共命运"

是这类学校——实际是真正的"共同体"——的文化氛围和共同价值。

如是而言，校长领导力则是教育家型校长超越了权力和管理的、赢得师生尊崇并追随的特殊影响力。

根据我对江苏乃至全国数十位优秀的教育家型校长的长期观察和分析，校长领导力是这类校长期的教育及管理实践中，其"人格""教育品格"和"管理品格"不断提升、逐渐完善，并有机融汇、"化合"和"升华"的结晶。

人格是领导力的基础。这里所言的"人格"实际所言乃是"有魅力"的人格，常常又被称为"人格魅力"。它所指的是一个人在性格、气质、道德品质等方面具有的很能吸引人的力量。优秀校长为团队成员所折服，几乎无例外地首先总是因为其人格之优异。比如，言己，则勤奋进取，自励自谦，律己以严；待人，则诚厚友善，怜悯恻隐，乐于助人，宽以待人；情绪上，平和稳定，乐观开朗，豁达自信，总能传递欢乐、舒畅和正能量；理智上，敏锐机智，富于想象，敢于突破创新，却又严谨缜密，有较强的逻辑性；意志上，自觉主动，果决坚韧，一旦认定目标，便奋不顾身地坚持到底；在领导团队方面，总是率先垂范，行胜于言，自能才求人能，示范多于指令。司马迁在《史记》中，借孔子言评价"飞将军"李广，"'己身正，不令而行；己身不正，虽令不从'，此李将军之谓也"，一语道破了"身正"这样的"人格魅力"。作为领导力之基础，对于首领之重要，远超过作为权力表征的"命令"意义和价值。无数企业家、政治家事业成功的事实都充分地证明了这一点。校长引领的是知识分子最为集中的教师团队，现阶段，我国校长的产生机制决定了校长最能让教师服膺的，一是教育教学的真能耐，二是优良人格的真魅力。我以为，作为教育家型校长，你很难做到前者永远最优，但完全可以也应该做到后者永远最好且越来越好。比如博爱、慈悲、敬畏，求真崇德、与人为善等。而这恰恰是"身正为范""正己而后正人"的学校教育的真谛。

如果说人格是领导力的基础，那教育品格就是校长领导力的基础。从教学、教育到管理是我国校长成长发展的基本路线和轨迹。正是在这样漫长的教育生涯中，优秀的教育实践主体总是基于自己的学识、修养和人格等因素，形成自己对于教育的独特认知和理解，且一以贯之地践行自身所理解或者理想的教育。这样一种稳定的教育理解和教育践行，我把它叫作教育品格。教育家型校长的优秀教育品格，主要表现在如下几个方面：出类拔萃的教育教学能力。所谓教育教学能力包括学科素养、教学素养和教育素养。对于优秀的教育工作者而言，在成长和发展的不同阶段，各有其表现的重点和侧重的方面。独特而科学的教育理解和理想。教育、学校教育、教育关系、课程建设、学科教学、人才及培养、教师发展等关键问题，经由自身的长期实践体验和感悟，经由历史的和国际的比较分析，有着超乎现实和常人的认知并逐渐形成了自己独特的教育理想和办学追求。坚韧而智慧的执行和推进。一旦认准认定了的教学、教育目标，突破创新的教育设计和安排，总是会不遗余力，坚持不懈，奋不顾身地落实、执行并推进到位，但又不是只顾埋头拉车，必要且适度地避让、转弯、折中、调整、妥协，使得原先的观望甚或反对派逐渐转而成为铁杆的支持者、赞助者和追随者，工作的开展越到后期越加顺利。此外，卓越的学习素养和综合素质也是教育品格的重要内容。具有优秀教育品格的教育实践者，做教师，绝对是一个优秀教师；做班主任，一定是一个优秀的班主任；而做校长，就没有任何理由不成为优秀的校长。假如我们仍然信服"一个好校长就是一所好学校"的判断，那么，我们就可以分析，"好校长"之"好"，关键就在于卓异的教育品格，这是校长带领师生沿着教育、办学和人才发展规律顺利前行的前提、基础和保障。

管理品格是校长领导力的核心。校长首先是学校的主要的管理者。尽管现实中国"强势行政"背景下，教育行政掌控学校的格局未有大变，真正的办学自主权和法人实有地位并不到位，但不同学校还是有着很多不同的管理理念、策略和方法。同类型的学校间从制度和文化的层面看还是差异很大。我以为，这一切与校长的管理品格的高低关系极大。比如，新形势下，对于学校管理和治理、依法治教、现代学校制度的认识和理解；比如对于校长职能、价值的认识和定位；比如对于学校民主管理、治理结构的安排和落实；比如对于学校课程建设和文化建设的"领导"和决策；比如对于团队成员学习发展规划及机制设计；等等。富于优秀管理品格的校长可能更多的不是谋略弄人，而是分权放权，协商研讨，尊重保护；不是管控和限制，而是人文关怀，背景支持，责任担当；不是细节上的指手画脚、说三道四，而是确定方向，把握大势和大局。有人说，高明的学校管理往往是精神上的儒家"有为"、行为上的道家"无为"。优秀的管理品格似乎可以说是儒、道哲学的集成。在富于如此管理品格的校长领导下工作，师生应该是教学紧张，但生活愉悦；心灵自由，但言行自律。无管理其名其行，却得治理之实之神。在这样的学校里，师生享受到的才是真正幸福的教育生活。

优秀的人格、教育品格和管理品格在优秀校长身上，分别或者交互成长，只有当各自发展到一定高度和层次，才开始渗透、会聚、交融，化合而为一种新的"物质"，这就是"校长领导力"。校长领导力，与人格有关，与教育品格有关，与管理品格有关，但校长领导力，又不是单的人格、教育品格和管理品格，它是"品格"之上的"品格"。按照冯友兰先生对于人生境界的分层，校长领导力已然临近了一般校长难以企及的"天地境界"。

校长领导力有些什么特点呢？

校长领导力作为一种特殊的影响力，它特殊在综合、丰富、博大、高远、内隐，常常无处可见，却又无所不在，正如古诗所谓"江流天地外，山色有无中""平常看不见，偶尔露峥嵘"。可见，校长领导力是一种精神层面的"虚像"。校长领导力又相对比较稳定、持久，富于耐性和定力，如缓缓东风轻轻唤来绵绵春雨，滋润万物，化人于无形。这种不管而治、不教而成的"化育"之功，呈现出的是一种"软实力"。校长领导力也还是一种"慢教育"。它在校长管理学校的过程中慢慢显现，团队成员在学校生活中慢慢感受，由单向到互动，由线到面，再由平面到立体，由被动到主动，由认同到融入，最终与之浑然一体。这种具有"虚像""软实力""慢教育"特征的校长领导力，已然具有了"文化"的特质、价值和魅力。所以，我把教育家型校长特有的校长领导力称为"文化品格"。我以为，正是一代代优秀校长尤其是教育家型校长的"文化品格"的示范、引领和影响，逐渐积聚而为一所所优秀学校的"文化品格"，把学校带入了"文化管理"

至高境界，从而让生活其间的教师和学生，耳濡目染、潜移默化，富于"自由之思想，独立之精神，创造之才干"，使得教育实现其理想的真价值，使得教育尤其是学校教育真正成为人生之必需。

思维力：教育家型校长的创造之源

众所周知，思维是智力的核心。对于生命个体的成长和发展而言，越往后来，越到高处，决定其快慢、高低、优劣的一定是思维力的强弱大小。对一般校长而言，也许按部就班、循规蹈矩、率由旧章或者求同、服从、遵守，就能让自己和学校发展到比较稳定、成熟和适应现实、让社会和领导认可的阶段；若是要出类拔萃、一枝独秀，成为引领区域教育发展的排头兵，自己成为校长中的教育家型校长、领航校长，优异思维力的如尖端新锐武器一般的威力和价值就越发显得重要甚或不可或缺了。纵观这许多年国内最为优异的企业家的成功秘诀，关键是他们超常的思维力，比如王石的"简单思维"，马云和张瑞敏与时俱进的"互联网思维"。所以有一位学者说，校长教育家就是赢在"思维力"。这与我长期的观察、分析和研究的结论高度契合。

与优秀的教育家型校长交流，我觉得与一般的校长比，就思维而言，至少有如下几点尤为值得关注。

第一，冷静和理性是教育家型校长思维的底色。

多年前与一位资深校长交流，其一段话迄今不忘：校长面对的上级领导和部门着实太多，真的无法计数，从行政到事业，从政府到党委，从教育到与教育相关的部门，从正式的到非正式的，只说最对口的教育行政和事业这两块，如果算上省、市、县三级，直接、间接发号施令的就有几十个部门和单位。一年中这些部门只要分头下发三五个文件，含自发的和转发的，你可以想象，一所如我这样最基层的学校，一年中总共要收到并落实的文件指示和精神有多少。如果再加上每年几乎每天都不间断的各级各类重要会议部署的安排事项，那要累计一下真是不可胜数。其中还不乏重叠的、交错的、打架的。一个校长在这样的生态中如果真的全都按照上级和领导的文件会议精神做教育，干工作，践行教育梦，又怎么可能？我的策略是，凡文件来了，请相关校长分头认真学习，看看哪些可以融入我们正常的工作中去，哪些需要等一下，观望了以后再说。我绝不会见到风就是雨，"雷厉风行"执行的，如果那样，我的学校永远也不会有今天，我自己也早已有身无魂，不知是谁身在何处了。更遑论什么功德、荣誉和地位了。

心中有"我"，有"我的学校"，有当年毛泽东所言的"中国实际"，即使是上级文件，即使是领导讲话，都要追问是否与"我"适合，是否真的可以为"我"所用。因为越往高层的政策、指示和精神，往往都是从较大的范围，从整体、全局的大面而论的。即便是最近的教育行政的指令，也不是专门为某一所学校"量身定制"，当然应该学习领会其核心要素，斟酌梳理出符合我校实际的关键要点，将"普遍真理"与我校实际紧密结合起来，反复研究，认真消化和吸收，制定出真正适合"我"、适合"校情"的思路、策略和举措。这样对待上级会议和文件，落实领导指示和精神，才是在上者决策和文件发布的真正意图，这样的贯彻落实和执行才最有利于学校的真正发展和成功。这与虚与委蛇、弄虚作假的糊弄和应对无关。

第二，求异和思辨是教育家型校长的思维特质。

就思维而言，求异和批判是最为优异的品质。所谓教育，从根本上说，就是为了培养人的个性和求异思维，这应该是一切创造之源头。作为校长，依据教育价值、教育政策和学校发展的大势，我们当然需要保持与党和国家大政的高度一致，但就具体的发展路径、策略、措施和方法的层面，我们则必须百花齐放。近几年来，学校文化成为热词，许多学校开始借用某种据说是放之四海而皆准的"程序"，只需大投入，据说短时间内就可以"打造"炮制出上档次的"学校文化"。不少学校正是以此迅速完成了学校文化的建设工程，据说还在不少评比中获得好评和大奖。到一些学校考察，你会惊奇地发现，本应各具特色、斑斓多彩的"文化"在很多学校几乎是千篇一律的"程式"和"标准件"，犹如中国的中小城市的布局和建筑风格。

这期间，除了一些校长对于学校文化的无知，还无以排除思维的品质和方法的低幼和弱智。当各种学校发展模式和教学模式风起云涌、席卷中国大地时，我们是跟风、赶潮，还是应该有自己的独立思考和坚守，或者另辟蹊径、独树一帜，走自己的道路，这是衡量一个校长、一所学校思想层次和高度的试金石。教育家型校长选择的总是后者。

当然，另行开辟，自出机杼，也不是一件稀松平常的事儿。建设学校文化，你得研究学校文化是怎么一回事儿，建设又有什么规范和要求，弄清楚并再来操作，那多费心劳神，哪有程序化省事省力。但问题是，你如此建设出来的是"文化"吗？是你这个学校的"文化"吗？现成的课堂教学模式，被别人实践证明有用的方式方法，借鉴和移植，这本没有错，但是"我校"学生和老师教学时候的适应性如何？对于教学的正面、负面影响有哪些？在此基础上考虑，可以拿来吗？还是应该改造了以后为我所用？那么又如何改造和完善呢？与徽州古城的歙县中学陈玉明校长、南京拉萨路小学严瑾校长交流，才明白，在学校发展和文化建设问题上，遇事多问几个为什么，多做探求分析，纵横比较，正反对照，前前后后想清楚，上上下下说明白，思辨，正是他们"弄潮儿向涛头立，手把红旗旗不湿"（宋代词人潘阆《酒泉子》）的奥秘之所在。

求异和批判常常会有创造，而思辨又可以确保创造突破的稳妥和周全。

第三，反求诸己和反思是教育家型校长的思维常态。

反求诸己和反思是教育家型校长最重要也是最有价值的思维品质、方式和习惯。孟子说："行有不得，反求诸己。"（《孟子·离娄上》）其意思是说，事情做得不成功，遇到了挫折和困难，或者人际关系处理得不好，就要自我反省，一切从自己身上找原因。学校工作千头万绪，要与上下左右、方方面面的人、事打交道，每天不知要处理多少涉及教师和学生的事儿，问题、困难、矛盾、焦虑、痛苦可以说是数不胜数。作为领导，完全可以居高临下，占据道德和权力的制高点批点江山，问责部下，批评教师，怪罪当事人，而且还煞有介事，八面来风。但这样的校长要想赢得人心，赢得追随者，进而将学校建设成为发展"共同体"，那几乎是不可能的。教育家型校长几乎无例外的，首先是"反求诸己"，从自己出发，寻找自身作为领导者的责任；换位思考，分析当事人的问题所在，主观和主观之外的客观因素；这表现出的是一种十分优秀的思维品质、方法和习惯，同时，理解、善解人意、宽容并担当，这也体现了管理者优良的道德人格境界。

反求诸己的校长也自然是一个成熟的反思者。反思几乎伴随优秀校长成长和发展的始终。按照哲学家约翰·洛克和黑格尔的观点，反思是心灵以自己的活动作为对象而反观自照，是对自己的思想和心理感受的思考，是对自己体验过的东西的理解或描述，它是个体经验的主要来源。当一种来自本校教师的并不很起眼的教学主张推行之后获得成功并广泛认同，或者当一种外来的模式在本校倡行遭遇不同程度的反对和抵制，最应该做的就是寻找问题的关键，分析问题产生的原因，梳理实行过程中的得失，进而总结出成功之经验和失败之教训。还不仅仅如此，关键是发现有益于未来工作的改善和提升的策略和措施。"经一事，长一智"，便是因为当事人用心反思的勤勉和智慧。这也是教育家型校长即便顺畅地走到熟练型校长的层次，也依然能够攀升不止的方法论基础。

第四，想象和思想是教育家型校长的思维至境。

教育家型校长都是极其富于想象的。想象是人在头脑里对已储存的表象进行加工改造形成新形象的心理过程。它能突破时空的束缚，达到"思接千载""视通万里"（刘勰《文心雕龙·神思》）的境域。想象并不是一般人都能具有，就校长而言，想象之生，源自自身对学校发展和自身发展的现状的不满足和不满意，想象是进一步发展和自我超越的"先头部队"，而想象最为重要的价值在于可以预见未来。与文学的想象有别，教育家型校长总是基于形象又不忘理性，纵情放胆而又适"度"合"格"，与某些校长虚夸的想象相比，教育家型校长从不高调大言以玄虚惑众，更不炒作炫技以沽名钓誉，他们总是脚踏现实之大地，仰望蔚蓝之星空，借鉴优秀者的经验和成果，经由科学的分析和论证，描画未来学校发展的愿景和蓝图。

教育家型校长正是在这样不断的管理实践中滋生和丰富想象，又在这样的想象中探索践行，思想的火花便在其间逐渐绽放开来。

　　思想是思维运动的成果，思想是教育家型校长成长的标志。在教育和学校管理实践中，对于教育的独到的理解，对于实践的深入且持久的反思，某些零星的或者成型的"结论""意识""理念""观点"就自然生成了。教育家型校长的教育思想成长一般经历着下列四个阶段：第一，长期的认同和追随之后，对于教育开始逐渐产生自己的理解，比如对于"应试"的反叛和突围；第二，对于现实、自我乃至所谓的成功和成就的俯视和超越，比如对于学校文化的认识和建设，从开始流连于外显的"形"的打造到后来专注于内在的"神"的追求；第三，从开始的散点和碎片化的教育理念、观点的凝练、锻造，到用系统思维和整体观念来建构自己的集束的成体系的教学观、教育观和学生发展观；第四，着眼于锤炼、精粹和简括，将个人的教育思想转化、升华而为学校文化的一部分，潜移默化地引领师生自主、自由地生长。教育家型校长也许不一定是一个完美圆满的思想家，但是他的思想集中体现了其思想和精神的文化因子一定会渗入此学校的血脉，积淀、孕育、喷薄，从而光耀未来。

　　新疆兵团第二师华山中学邱成国校长，积几十年民族地区教育教学及学校管理的经历和经验，针对区域社会发展现实，思索学校教育、学校课程与民族和谐、社会稳定的关系，提出"文化认同与融合"的教育理念，表现出他对教育的深度理解和个性化主张，也展现了一个富于责任和担当意识的教育家型校长的高尚情怀。

　　思维决定成败，思维的高度决定发展的高度。正是优秀的思维力的不断作用，优秀的教育家型校长才能够在自己的成长和发展历程中，即使风云变幻，尽管饱经沧桑，依然如中流砥柱，定海神针，执掌学校，引领师生，同构共生，一路高歌猛进、建功立业，在成就教育的同时，成就了自己。思维力是教育家型校长的创造教育功德的源源不绝的动力源泉。

　　教育家型校长的优秀的思维力是如何锻炼出来的呢？

　　一个人优秀的思维力是基因遗传加上教育引导和培养的结果。家庭和学校的大爱、宽容，教师正确的引领和指导，特别是对于已经彰显的个性和求异品质的鼓励、保护和培育，就是思维力的"温床"和"摇篮"。蒙台梭利说，教育与阅读不是教给学生相信，而是教给学生思考和斟酌。在这样的理念指导下的教育活动中，思维力的增长和增强才可能成为现实。

优秀的思维力也是发展主体自我训练的结果。个性独立、解放，思想自由、舒展，凡事多问为什么，永远不轻信，不迷信，绝少崇拜，始终"有我""有心"，这样的修炼、不断修炼才有可能成长起生命个体的优秀的思维力。

现实的中国教育，具备优秀的思维力的校长还不是多数，中国教育应试之"惨烈"，中国国民对于教育和孩子成长的众多误解和误区，与我国校长群体的思维力的"柔弱"有一定的关系。求同、顺应、适合、从众，几乎是多数校长的共同思维和追求，对于教育问题的真相不敢言说，对于学生成长的规律少有发声；对于教育应试之弊端，不敢揭露和捅破；对于科学的教育不敢主张更不能实行；甚而至于因长期浸渍于"应试"之泥淖而被逐渐同化，固以为教育就应该是如此这般，就应该是应试加分数。之所以如此，这除了校长群体本身的思维品质的问题，再有就是社会、行政对于学校、校长和教育教学的横加干预和指责。反过来说，如果全社会真的呼唤教育家型校长群体的涌现，必须从培养校长们的优秀的思维力开始。而思维力之成长，又与行政、社会息息相关。

全社会尤其是行政对于校长办学、校长发展的理解、尊重、宽容和保护，是优秀的教育家型校长思维力成长和发展的必要环境和条件。

创造力：教育家型校长的功德之基

衡量教育家型校长最为重要的指标是功德。校长是办学、做教育实践的，没有办学成果，没有超乎寻常的实绩，怎么能称之为"教育家型校长"？古人言圣贤完人有"三立"——"立功、立德、立言"，"功"是排在第一位的。而"功"从何来？自然得之于创造之力。而创造力是怎样的一种"力"？教育家型校长的创造力又从何而来呢？

创造力，是由知识、智力、能力及优良的个性品质等复杂因素综合优化构成，能够产生新思想、发现和创造新事物的能力。创造力是人类特有的一种综合性本领，其主要成分是发散思维，即无定向、无约束地由已知探索未知的一种特殊的思维。按照美国心理学家吉尔福德的看法，发散思维当表现为外部行为时，就代表了个人的创造能力。可以说，创造力就是用自己独到的方法创造新的、别人不知道的东西的一种能力。

如此说来，具有了以人格奠基的卓异的"领导力"和以知识奠基的优秀的"思维力"，教育家型校长的创造力便在此基础上，自然而然地逐渐生成了。

那么，凭借此"创造力"，教育家型校长又是如何"建功立业"的呢？据我对大量优秀教育家型校长的观察分析，我以为他们的呕心沥血、建功立业一般都经历传承、开创、成业并进而锤炼精神、产生思想、丰厚文化等几个环节和阶段。

教育家型校长的创造力首先表现为传承之智。

传承是传统和文化得以延续的主要方法。一个国家、一个民族，其历史悠久、文化丰厚，全得益于传承之功。一所学校，百年甚至数百年老校，其"老"之关键不在于其"年龄"，而在于代代传人——校长的传承之功。与某些视校长职位为"权力"、办学就是为了产出即时"政绩"的校长不同，优秀的教育家型校长，总是对学校的历史、文化、传统包括历任校长的功业、思想充满敬畏，把继承、捍卫、发扬光大视为自己的神圣使命，绝不轻易否定，也从不敢推倒重建。到国内外很多优秀学校，每见数百上千年前的建筑和树木还是精气神十足地斑驳而立，且还依然焕发着青春活力，发挥其原本的实用，总让人感慨系之。当然，继承也不是毫无原则地一股脑儿地全盘接受，以至于"食古不化"，进而导致固步自封；而是如鲁迅先生之所谓"拿来"："运用脑髓，放出眼光，自己来拿"。这也就是如毛泽东所言，剔除其封建性的糟粕，吸取其民主性的精华。历史长河中如星光闪耀的那些校长、教师"英雄"，那显示着教育的普世价值，如春风化雨般潜移默化地影响了多少代莘莘学子的校训，它们几乎历世事沧桑、朝代更迭、政治变幻而无有少变，应该已经具有了灵性甚或神性，岂可以以一人之权势和意念而轻易改易之。不仅如此，需要致力的是不断研究、挖掘其神韵和精髓，并使之在新形势下进一步发扬光大。也不仅如此，学校的财富尤其是堪称文化的财富是一个经由长期的积累而形成，每一代校长和每一位教育工作者都为之付出艰辛，倾注心血，洒下汗水，这自然少不了一代又一代传人在传承基础上的"开创"之功。

教育家型校长的创造力第二表现为开创之识。

就一所优秀学校的文化成长史而言，传承从来都是主流，但仅有传承又何来发展？传承基础上的开创才是文化不断进步和完善的"活性炭"。就现实教育而言，我们一方面鼓励大胆创新，努力提升和发展，但教育和其他社会事业尤其是经济发展大有不同，教育是"农业"，是慢工出细活，需要文火微风温柔的阳光，所以开创之"识见"尤显重要。

开创是基于对于既往历史文化深度了解的发展，这是一个学校文化修炼的必由之路。与时俱进，才可能生命之树长青。但这样的发展，它需要理念、设计和思路。摸清家底，知晓优劣，理性分析，集体研讨，改造什么，修补什么，增加什么，一块石头、一棵大树、一幢新的建筑，都需要斟酌、论证，在专业引领下做出顶层设计并拿出具体的行动策略和思路，以确保文化的存续和越来越精纯。开创应该是在敬畏历史和文化的前提下谨小慎微地"添加"和完善。开创不是大开大合，不是我行我素，而是在前人的基础上多做加法，少做减法，对自己的欲望则多做减法，少做加法。更需要克制和收敛一己之个性、私心和政绩的冲动。而且要么不做，一旦决策，新做的必须做成精品，添加的必须做成极品。开创需要秉持规律，追求和谐，需要从整体性上来观照和考量。某些急功近利的校长总是希望主政一方，能够大干快上，立竿见影，心想事成，做有实绩，从而达至青史留名。教育家型校长则恰恰相反，从不急于事功，而是站在高处，审视历史文化的来龙去脉，发现俨然浑金璞玉的整体功用，以及这一整体中可以进一步雕琢的部分，部分之美原来是从属于整体的美感和谐的。很多年前，我到江苏南通的一所高中，那应该是第二次前往，发现校园临水的一个角落焕然一新，精致的建筑配以绿化带和小园子，沾着水的灵气，亭亭玉立，与整个校园的格局浑然一体。我惊叹于其如斯美轮美奂，后来才知道，这是现任校长用多年时间，动用多种资源甚至包括欧美建筑设计师的力量精心完成。这样的创造，堪称经典，将与学校的发展相始终，成为学校文化的有机体。

教育家型校长的创造力第三表现为生成思想。

教育思想的生成是教育家型校长成长并走向成熟的标志，教育家与一般的教育工作者的最为鲜明的区别性特征就是"思想"。丰富的教育教学及其管理经历，对于学生、学校、教育的深度思考和研究，加之自身独特优秀的思维品质，日久天长，关于教育的理解、主张进而升格为思想，便是水到渠成的了。教育家型校长思想之生成也不是一个早晨就"灵魂深处爆发革命"，一下子就冒出一个体系，实际总是经历下列几个阶段。一是理念迸发阶段。由于丰厚实践，也由于有大量的学习、考察和比较，再加上求异创新以达超越一般的欲望的驱使，常常自觉不自觉总会有一些思维的火花闪现，比如我国语文教学领域最近几年很多极富个性色彩的语文教育观如"某某语文"一类，可谓风起云涌，成为中国语文教育的世纪奇观，现如今对其意义、价值以及对于语文课程建设和语文教育的发展的影响还很难估量。而在校长层面，在大量的小学，假以理念和文化名义的"某某教育""教育就是某某"也一时风行全国，令人目不暇接，比如"教育就是欣赏""智慧教育"等。这样的提法在一个特别学校的特定的时期，面向特定的学生群体，肯定有其合理的因素，但以为教育真的就仅仅是"欣赏"，教育真的主要是为了培养"智慧"，显然是不稳妥、不合适，甚或是背离教育的原则和规律的。但我们不必因此否定这样的理念和思想火花的进步意义，这实际是几乎所有的优秀校长发展过程中难以绕过的阶段，这是思想散点和碎片化的阶段，这是思想成长的初级阶段，相当于思想的"学语学步"。二是矫正、调整和修补阶段。理念提出，提出者总会与团队成员或者追随者在教育教学实践中力行，而不管你以为再多正确、优秀的教育观，一旦践行，一旦与教育教学结合着实施和推进，其无论是正能量还是负能量，无论是先进还是落后，都会暴露无遗。果如此，倡行者的反思跟进就显得异常重要。于是，清理、修补、矫正和调整的工作就是再正常不过的了。三是逐渐展开并渐成体系阶段。散点的理念不断被提出，修补和完善的工作不断地开展，久而久之，由点及面，就极有可能勾连出学校教育的思想系统，正所谓触类旁通，一通百通。观察中国优秀的名校，其发展过程中一定有几位"先知先觉"的教育家型校长曾经高视阔步、长袖善舞，曾经真正占据过教育大局的制高点，以其教育理解、主张和思想"经营"学校，引领学校实现了跨越式发展，其独树一帜的思想的"建构"是一般人无法企及的。

教育家型校长的创造力第四表现为泽及文化。

优秀校长的优秀教育思想毕竟属于校长个体，这样的思想常常可能会成为该校文化的一部分，但也有可能出现异变，"人走茶凉""人去政歇"，这在现实中不乏成例。优秀校长杰出的创造尤其思想的创生，只有融汇成校长个体独特的文化品格，显示出无比强大的生命张力，才能够渗透、化合而为学校文化的一部分，从而实现超越，达至生生不息。校长之文化品格要想融入学校文化的"血脉"，一般要求校长的精神品格异常高尚，创造的成果足够丰硕，成就的思想真正卓越。这似乎是一个优秀校长在一所学校被该校文化、历史"接纳"必经的三个阶段。当你用三五年时间率领师生勤于耕作、精于开拓、勇于求索，不断进取和超越，在继承的基础上有创新，实现了从教学质量到学校文化的突破和超越，可能才会有学校师生、家长、社会乃至行政的认可和接受；而经历过风雨同舟、艰苦备尝，共同体成员对于引领者和决策者的个性、品格、领导力有了越来越深刻的认识和了解，于是便从心底里产生了钦敬和折服，认同和追随便成为自然；有了这样的基础，教育家型校长的理念和思想之火花迸发并进而成燎原之势，便都在预料之内了。这一方面是校长自身的发展境界的必然，另一方面，追随者的参与和投入便如"众人拾柴火焰高"，于是所谓校长的教育思想往往是集体智慧的结晶了。学校的物质财富增加并增值，那是文化的外显；校长的精神品格逐渐彰显，成为师生效行的典范，这是校长个体文化品格的伟力辐射。而思想作为校长精神的内核，源于本校文化和校长自身的才干和魅力，这是任何学校文化所不愿错失的"财富"。这才有可能被师生所接收，文化所吸纳，历史所认同。再经由如沧海桑田般的"裂变"升华，变化融汇，这才成为其真正的有机组成部分，从此，校长的教育生命和文化生命获得拓展和延伸。

创造力的源头是思维力，思维力是创造力产生的源源不绝的动力。但创造力又反作用于思维力，旺盛的创造力和丰硕的创造成果，又带给优秀校长以自信、激情和灵感，促进思维力的不断发展和强劲，于是，创造的火种便又绵延不绝地奔突和绽放。

在当下行政强势的中国背景下，创造力的发展和发挥需要组织和领导的支持、宽容和保障。在以烟草著称的云南玉溪市，有一所百姓交口称誉的第一小学，其校长杨琼英最近荣膺教育部全国首批"领航校长"64人之列。当培训基地导师赴玉溪一小调研诊断、梳理杨校长及学校的成长轨迹时，该市分管副市长杨洋博士，市、区两级教育行政部门领导的管理理念给大家留下极为深刻的印象：教育的投入和环境建设是政府和行政的事，具体办学、学校发展是教育专家和校长的事。据杨琼英校长介绍，在得知自己被教育部审批参训"领航班"，杨副市长竟然设家宴为之庆贺，并感谢杨校长对玉溪教育的贡献，令杨校长异常感动。而青海西宁21中的于大伟校长是教育部领航班学员中的另类校长，他对于现实应试带给中国学生和教师的"灾难"深恶痛绝，他基于大量教育经典阅读和学校教育教学改革实践而有的教育理解、主张绝对超前和领先，他以一片近乎虔诚的教育情怀，执着得近乎痴迷和疯狂的追求，在西北这一片并不肥沃的教育土地上，办成了一所"西北风、江南味"的特殊学校，他并不以应试的骄人作为办学的唯一目标追求，而是以一种名为"智慧币"的载体，推进一种社会化实践活动，培养学生的生活能力、自主精神和综合素养，而且努力促成师生教学生活的真正愉悦和快乐，享受学校教育的快乐。这所学校的建设和发展，于校长的特立独行，主要得益于几任市、区教育行政领导的鼓励和首肯。

领导的重视和支持，会带来校长的自信，对自身的积极的肯定；而宽容和保护，则给予创造者无限的安全感。教育家型校长与生俱来的创造潜质，长期积累的教育及管理的知识、能力以及综合素养，在这种自信和积极精神和态度的推动下，加上这样友善环境的保障，其创造的才干将以"当量"的层次迸发出来。

我们从这些优秀校长和学校发展的故事中，发现了当下仍很强势的行政背景下教育发展、校长创造力激发的关键所在。

教育家型校长创造力的发展和壮大尤其需要全社会培植起对于教育专家的尊重和敬畏。我们总是讲要以学生的终身发展为本，要尊重教育规律，要尊重青少年学生成长、发展的规律。问题是，这些规律究竟是怎样的，谁最懂得这些规律，似乎并没有人深究。因为，习以为常的是，几乎所有与教育有关无关的社会人士、家长代表、行政官员，都可以对于教育说三道四，吆五喝六，都可以对学校、对校长指手画脚、发号施令。教育的应试演变到今天这样的惨烈、非人的地步，与全社会的以"考分""升学名次"为唯一指标的"绑架"有着重大的关系。学校教育是极为专门的科学，正如同外科医生和医学专家才有资格对于手术之成败有发言权一样，对于教育，只有教育专家才有发言权。敬畏教育专家，尊重他们的意见和建议，才有可能办出科学的教育。而一旦全社会真正尊崇和服膺校长的教育主张和思想，校长便可以自由放任地思考思想，舒心大胆地探索探求，心无旁骛地实施践行，创造力、创造精神就不仅仅是火花闪烁，而应是星光璀璨、光耀人寰了。

表达力：教育家型校长的思想之翼

什么是表达力？广义而言，表达力是人类主要用言说、书写兼及其他方式表情达意的能力。这几乎是生活中的每一生命个体都具有的能力。即便是身有残疾的生命个体，他（她）也仍然可以借助神态、表情、手势和其他肢体动作来表达意图、抒写情感。这是一般的表达力。就团队领袖而言，某种程度上，表达力就是鼓动、激励、引领、号令、影响团队、实现"领导"的精神利器。马克思和恩格斯靠一部《资本论》征服世界、影响人类发展进程和历史走向，列宁和毛泽东其演说的魅力几乎可以说不仅感化世道人心，而且征服整个国家民族，改变了相当长一个阶段里时代发展的节奏、格局和进程。

对于教育家型校长而言，表达能力，或者说有力度的表达，其意义和价值怎么强调都不过分。

在北京中关村二小，杨刚校长和他的团队确立了"桃红李白，心暖百花开""绽放最美好的自己""儒雅点亮人生"等办学理念，表达的是对于儿童教育目的、目标、价值取向的理解和主张；"二小是大家的，二小的发展是靠大家的，二小的发展是为大家的""把简单的事情做彻底，把平凡的事情做经典，把每一件小事都做得更精彩"，则从学校管理、教育教学策略、学校文化氛围营构的角度，表达了他们的办学理解和理想。这样的文化呈现，合"童心童性"，合教育规律，又简洁明了，如清水芙蓉般天然无饰。

与青海西宁21中的于大伟校长交流，很多人感受最深的，是他教育演说家的"天生丽质"。只要言及教育、办学、师生成长，他就会侃侃而论，从夸美纽斯的《大教学论》，到杜威，到陶行知的生活教育观，旁征博引，以理证事，谈其教育理想，热情洋溢；论其教育主张，理据丰盈；言及课程建设，条分缕析。于大伟校长总说："我在西北地区办学校，就是要圆一个梦，圆一个理想教育梦。"所以他提出"用教育的坚守成就我们的梦想"：就是要办一所心中的学校，这个学校有西北风，更有江南味；就是要培育出心中的学生，既有北国豪情，又富于江南气质；就是要坚守心中的教育，崇尚博雅，立意天地。这样的教育梦想，是中国底蕴，有国际视野；这是典型的中国教育梦。而这样的表达，我们不难看出，是一种极富个性和意蕴的英雄校长、教育家型校长的表达。

上述两所学校的优异，与两位校长优异的表达力有着不可或缺的关联。而这也带给我们关于校长表达力的许多启迪。

一

对于优秀校长特别是教育家型校长而言，表达实际也是一种创造。这样一种带有创造性的表达主要集中在哪些方面呢？

19

1. 凝练办学理念

优秀校长区别于一般校长的极为重要的方面，就是思想。思想源自思维，思维过程中需要借助语言；思想需要凝练，思想需要完善和提升，这也离不开语言。在与来自全国多个地区的领航校长交流研讨中，我们发现几乎无例外的，他们的办学能力、实绩绝对是一流的，各有其个性、特点和"落地"的招数，无论学校还是校长本人，在当地甚或省内外都有一定的知名度和影响力。而一旦论及教育理解、办学思想，则立时有高下之分。问题的关键就在于，思维品格、理性层次尤其语言能力，较大程度制约了理念凝练的水平。

2. 感染团队成员

在具体的学校工作中，优秀校长更多的是通过其优秀的领导力引领团队，发展学校，但其办学理念、人文情怀和教育思想也需要言说、演讲来解释和阐明。优秀的言说和演讲自会产生优秀的表达效果，团队成员易于理解、接受，易于被打动、感染，从而受到促进、鼓舞；相反，言不及义的表达，则大大削弱、消解和损害内容、理念和观点的精髓传递。上述北京中关村二小杨刚校长的表达如清水芙蓉、质朴无华，直抵师生心灵，自能让人心领神会，心悦诚服。青海西宁 21 中于大伟校长一向立意高远，高屋建瓴，尤善引经据典，以与教育现实、学生学习现实比照而论，富于穿透力和震撼力，因而能顺利地征服人心，率领全体师生展开无论规模还是声势都很浩大的教学改革实验。或如春风化雨，或如重锤响鼓，优秀艺术的不同表达，可以深度感染和激励团队成员积极探索和改革，践行教育理念和思想，实现教育目标和理想。

3. 展示领导风范

学校管理者的至高境界在于人格和领导力的逐渐成熟。古人云："己身正，不令而行；己身不正，虽令不从。"（《左传·襄公二十年》）但作为现代中国的教育家型校长，担当着引领和成就学校未来，辐射并影响区域教育进步，甚或示范和改变国家教育的某些领域和层面等重大使命和责任，则必得有高超的语言表达功夫不可；否则，教育理念、思想的"引领"，办学价值、经验的"影响"，管理实践、艺术的"示范"又何以实现？或者即便实现，其效果又能如何？在如今这样网络互联、信息壅塞、传输极速的时代，简明精要、直抵本质、富于感染和穿透力的表达，可以说是校长领导魅力的不可或缺的有机组成部分。

此外，对于教育家型校长而言，学校文化的表达可能应该是最为重要的表达。校长的教育理解、教育主张，校长的教育思想、教育理想，几乎都可以从各类文化标识、符号、理念、训词中体现出来。而且这些也是最为直接地影响、感染、潜移默化学校师生员工的教育因子和教育元素，其中的优异者，常常可以留在很多学生和教师记忆深处一辈子。

校长的表达又不仅仅限于此，从口头而言，还表现在为获得员工、学生乃至社会各界信任、支持的演讲能力；从书面而言，还表现为言事明理、阐发观点、传布思想、铺叙成篇的论证能力。

二

教育家型校长表达，有别于一般职业人员，有别于一般校长，他们的表达应该是思维的灵动闪现，应该有着鲜明的教育特点和文化水准。虽然说内容决定形式，但表达的优秀也可以提升思维的层次和思想的水平。灵动的成熟的教育表达一般具有如下特点。

1. 教育家型校长的表达应该高远而不失信实

这是由学校教育的本质特点决定的。教育是涵养人性、改善心智、提升素养、修炼精神的事业，确定教育核心价值，明晰学校发展目标，描述人才培养理想，自然需要站位高远以触摸星空，立志宏大以播惠山水。但临星空之浩瀚还需足踏大地之坚实，望宏阔之山水还需珍惜溪流之涓涓和抔土之细细。高远和信实间的折中和平衡从来都是教育工作者始终把握的辩证大法。对着小学生，炫示"培养有中国灵魂、世界胸怀的大美学生"的理想，尽管政治上绝对正确，但表达的信实度显然有问题。别说小学生，即使成人要真正准确理解"中国灵魂""世界胸怀"和"大美"的内涵，也极其困难。再加之又没有切实有力的相关理念、思想的详细精准的阐释和相关教育思路、策略的支撑，没有务实高效的教育教学操作的跟进，这样的所谓"高远"和宏大叙事，就只能是广告式的教育忽悠。在福建三明学院附小，校长林启福引领团队成员艰苦奋斗、励精图治，尤其注重切用、本真的学校文化蓝图的勾画，而这样的建构又反过来影响和促进了学校尤其是学生素质的成长和发展，使这样一所占地相当局促的小学跃升而为三明乃至福建最为优秀的小学。理想、先进、前瞻，可能是校长表达、学校文化表达的基本特点，但必须谨循信实这一根基，方可致宏大久远。

2. 教育家型校长的表达应该优美而不失质朴

表达的目的是要引领，是要说理，是要征服，是要感染和影响，是要鼓动和激励，这就决定了表达本身必须富于美感和魅力，于是，"优美"便成为表达的外显的特征。所以古人说："言而无文，行而不远。"（《论语·雍也》）看上述杨刚校长从儿童视角面向孩子的学校文化的表达，形象生动，富于诗性之美；而于大伟校长关于教育理解和理想、教育目的和价值的阐释则基于本土，切合实际，遵从事理，力求辩证，富于理性之美。但不管是表达的诗性还是理性，都是有所本，有所据，从实情，究真理，不是花言巧语，言过其实，耸人听闻，因而让人始终感受到美的表达之中的教育大道之"正"。这就很好地回避了华而不实，言过其实的非常态的表达。这许多年来，学校文化建设成为"热点"，很多学校以之作为"项目"、作为"工程"，大干快上出许多"口号"，假以理念和文化的包装和外衣粉墨登场，或浓妆艳抹如演员之脸，或务虚谈玄如老道"卦辞"，像"只有不会教的老师，没有教不好的孩子""一切为了学生，为了一切学生，为了学生的一切"等，虽然有着"绕口令"和"转蘑菇"的回环之"美"，其所言教育理念之"虚"、之"绝对"，总让人闻到文化掮客哗众取宠的广告之味，至于骨子里想什么又能究竟做得怎么样，实在叫人难以揣摩。比如，这世间有谁能够"为了"某人的"一切"，连上帝也从未曾夸口，即便是党和国家领导人也未曾轻言，作为校长就敢如是说，这是"包天"之诺，也是大言欺世，这几乎表征的就是一种极具典型性的教育"忽悠"。这就似乎给古人不幸而言中："文胜质则史。"（《论语·宪问》）

"有言者不必有德。"（旬况《荀子·劝学》）

3. 教育家型校长的表达应该凝练而不失澄明

表达是要别人接受的，校长的表达是要教师和学生接受的。接受的关键是记住、理解并逐渐认同。这就要求其丰富的思想结晶表达为简明扼要的语言，短小精悍，却又明白晓畅。江苏张家港的一所百年历史的小学校，主体建筑正对校门的墙壁不很显眼的一角，镶嵌着一块方方正正的古砖，上面镌刻着三个楷体阳文大字——端、勤、毅，其与青砖同色，虽不醒目，却让人思之味之，记忆深刻。仔细揣摩这三字，一字一顿，字字义丰，却又不艰深晦涩，稍做思考就能逐渐味出其微言大义，即便是小学生也能知晓得七不离八。江苏南京师大附中是一所百年老校，其校训"嚼得菜根，做得大事"，其言也简，"人生为一件大事而来，为一件大事而去"；其义也明，吃得"菜根"之苦，方可为成大事之人。"菜根"之喻，朴素，生活化，却又形象、生动，令人会心得意，永志不忘。现实中不少学校的文化表达主要是校长的表达，唯恐不古奥深邃，唯恐不独树一帜，唯恐不高屋建瓴，因而引经据典，因而华词丽句，大有古人吟诗写词之"语不惊人死不休"之气概。最为常见的就是，很多学校的校训或者价值观的表述，都需要在本就"冗长繁杂"句子之外，另加更为"长篇大论"、条分缕析的"注解"，读其文尚且不易，不知有多少学生有耐心把注解读完；即便读完，又有多少学生会一下就记住。这一类机械之极的形式主义表达如今已经蔚然成风，而且大有逐渐蔓延之势。殊不知，以形式雕琢之美淹损文化表达之真义真谛，这是典型的"买椟还珠"之翻版。言虽简而义明晓，语虽凝而旨清晰，不以文害义，不以形伤神，这是表达的要义。

三

教育，顾名思义，首先是从"教"开始的，离开了言说表达的"外显"，教育有时就几乎无以顺利实现和达成。这其中，校长的言说号令、校长的以文论理、校长寄寓了教育理想和理念的文化表达，都是至为重要的教育工具和手段。那么，校长的教育表达，这样一种重要的表达的艺术，何以修炼才能获得呢？

1. 教育思想的厚重是核心

马克思说，语言是思想的物质外壳。任何一种形式的表达都是生命个体情感和思想的外显。所以，优秀的表达一定是源自优秀的思想。这就决定了，优秀校长的优秀，其基本的前提是思想的优秀。表达问题，其根本在于思想，在于教育思想的根深叶茂，博大精深。青海21中于大伟校长，十余年间，孜孜于"虚拟社会化实践课程"的体系建设，与专家诚恳谦虚地交流对话，向学校教师不遗余力地游说传布，得专家首肯，获老师认同，终于成就了21中独树一帜的"综合实践活动课程"体系，在当今如日中天的应试背景下居然如"星星点灯"，长盛而不衰。究其理，就在于于校长之交流、之游说，其最大的魅力就在于其秉持的教育理念、思想和理想，教育价值观，传承了从中国孔子到古希腊亚里士多德，到杜威、陶行知、胡适等历代教育先贤的教育哲学，旨在借助生活、虚拟社会，通过教师引领下学生的主体体验，逐渐由"家庭人"顺利地、循序渐进地转化而为"社会人"。因而这样的课程理念、设计和实施科学，切合教育本质和"初心"，坚守了"求真向善审美"的教育之正。于是，即使在如今"茫茫"横流中国、塞满苍天的应试雾霾里，仍然以其科学和卓越的伟力巍然屹立而无以撼动。

2. 教育人格的完善是关键

校长的言说之正，还应该契合自身的行为之正。知与行，说和做，照理是一枚硬币的两面。一个人的外与内，一个校长的神与形，是"合一"的，"统一"的。但现实教育中，校长、教师中，教育言说与教育践行，教育行为与生活行为高度一致、完全一体的究竟有多少呢？正好像当下之官场，一个贪得无厌的"老虎"只要还没有"东窗事发"，只要有机会"教育"和"训诫"他人和下属，他都可以毫不脸红、一本正经地就反腐倡廉问题而高谈阔论。一个热衷"有偿家教"的教师仍然可以在课堂上认真教导学生"无私奉献"。校长呢？即使已经把师生带向应试的"水深火热"，却时时宏论"素质教育"的"桃源胜景"。现实中国基础教育问题成堆、隐患深重，与一些教育当事者、教育当局者的知行两分、口是心非有着绝对的因果关系。从表象看，局中人各有其难，为着单位、部门、学校的利益，为着学生和家长的当前利益，似乎事出有因，情有可原；但从本质看，从长远看，则是为己为私，而尽误天下苍生和民族未来。有教师和校长坦言，自身数十年的教学和教育经历，一直信守，面对学生，言说"我"自己相信的话，要求他们做"我"自己已经或即将做到的事；在与所教近十届学生"后来"的交往交流中，其最深的体会是，学生们所尊崇的一定是那些"知行合一"的老师。如今，很多学生厌倦当下之教育，除了应试的极端化和负担的极度化因素，某些区域的"忽悠"式教学、"忽悠"式教育，一定是不可忽视的方面。

3. 教育实践的驾驭是基础

作为办学核心主体的校长，其所表达，主要是办学，主要是教育实践、教学生活。优秀的表达一定是源自表达者优秀的教育实践。尽管知识、经验、理论借助互联网、云平台已经信手可得，尽管借助云计算、翻转课程也可以重组知识，生成新的理论，但是，就具体的教育而言，实践出真知，仍然应该是一条颠扑不破的道理。就因为时代社会在不断发展进步，教育实践尤其是转型期的中国教育实践不断出现和遭遇新的困难和问题，一方面某些旧有的理论已经很难解释当下教育的现实，另一方面新的教育实践尤其是不断解决问题和困境的探索也催生新的教育理论和思想。如是，一个经过教育实践的艰难困苦历练的校长，才有最为真切和深切的教育感悟和教育思绪，才可能有最为贴地和接地的教育理念和教育言说。更为重要的是，纵观古今中外的教育历史，真正堪称"教育家"的，直到今天思想和理论还能百读而不厌的，一定是那些在教育的实践领域做出重要探索和重大成就的实践家。孔子、孟子如此，苏格拉底、柏拉图、亚里士多德如此，杜威、陶行知、苏霍姆林斯基莫不如此。于是我们可以说，没有能力驾驭教育实践，没有丰富的教育实践的经历，要具有优秀的教育表达几乎是不可能的。即使能够，也是很难有生命力的。

4. 表达艺术的学习是路径

学校的文化表达、校长的教育言说，更多地表现为明理以服人，抒情以感人。口头的言说需要"感染"，形成鼓动人心的力量；书面的阐述，需要条分缕析，丝丝入扣，产生震撼魂魄的效果；学校理念的昭示，需要精粹凝练，"增一字则嫌长，减一字则嫌短"，才能发挥引领号令的作用。所以，同样是弹琴，伯牙就可以使"六马仰秣，游鱼出听"。那么，古人推崇的、决定"言"之"行而久远"的"文"又从何而来呢？除了一般的语文素养和语言素养的修炼，下列几个方面不可不格外重视。一是提升修辞力。斯坦福大学的校训"让自由之风吹拂"是诗化的抒情，诗意盎然；哈佛大学的校训"与柏拉图为友，与亚里士多德为友，更要与真理为友"则是排比再加上层递，逸兴遄飞。二是增强逻辑性。教育，教书育人，言传身教，几乎片刻也离不开"说理"。说理，是要让人心悦诚服，就需要符合理性和事理的阐释、分析、判断和推理，而不是强词夺理、蛮不讲理的"大言"说教、唬人；就是要让受教者既知其然，且知其所以然。这就需要施教者的循循善诱，因势利导；这就需要有章法，有顺序，有张弛，有缓急。不少学校中问题成堆、教师心气不顺、工作执行不力、质量难以保障，很多都是因为学校成员对于学校文化、学校发展缺乏认同，而这种格局之造成，与主要领导人的交流能力的缺乏尤其是有深度有层次富于科学和理性的表达缺失是极有关系的。三是充实文化味儿。表达与"文化"密不可分。因为任何文化都必须借助语言来呈现，而富于厚重文化内蕴的表达则可以丰盈思想的张力。南京师大附中的"嚼得菜根，做得大事"，正因其"菜根"这一富于中华农耕文化特点的朴素而含蓄的比喻，才让我们感受到其教育意义的丰富和开放。如今，领袖人物论及国计民生，甚至在国际关系领域的交流，恰当的诗文经典恰切地引据，几乎是讲好中国故事的必备。其间的内涵、深意、韵味、想象空间和弦外之音，非同小可。

表达，对于教育家型校长而言，是传布思想、抒写情感、发号施令、推进执行的不可或缺的"工具"和"利器"，甚至是"思想的翅膀"。但表达不过是一种言说，或口头，或书面，假如仅止于言说，仅止于言说的"思想"，仅止于言说的"情感"，仅止于言说的"号令"，它就永远成不了真正有生命的、可以飞翔且久远飞翔的翅膀。其言说的背后、言说的基础、言说的内核，还是灵动的"思维"、坚实的"创造"以及言说者的精神风范和文化品格。

课程设计力：校长领导课程教学的关键

"有什么样的课程就有什么样的学生。"可见，学校教育全程中课程的意义和价值。就一所学校而言，优秀的课程从哪里来？当然从优秀的设计和建设而且首先是设计来。就此言之，学校成员主要是校长和老师的课程设计力，将决定一所学校学生培养的层次和学校发展的水平。什么是课程设计力呢？先看课程。广义而言，课程是指学校为实现培养目标而选择的教育内容及其进程的总和，它包括学校老师所教授的各门学科和有目的、有计划的教育活动。再看设计。设计是一种有目标有计划地进行技术性的创作与创意活动，它是把一种计划、规划、设想通过某种形式传达出来的活动过程。所谓课程设计，是指按照一定的教育目标，有计划地进行的学校课程规划、开发、建设的创造活动。而有关这样的创造活动的能力，就是"课程设计力"。在学校中，必须具备这样的课程设计力的，主体是老师和校长。

与一般教师的学科课程、单项课程的设计能力有别，校长的课程设计力则主要体现在学校课程的价值确定、整体规划和系统建构等诸领域。

确定学校课程价值，是课程设计的核心。不论是什么样的学校，其课程的核心价值自然体现为教育的目的。为了人的发展，为了孩子的终身发展奠基，这是几乎所有教育和学校教育、所有学校课程孜孜以求的共通的目标。在这样的通识和共性追求下，不同的学校又是可以有着自己独特个性的追求的。这种独特追求往往表现为致力于学生素质素养的某一和某几方面的侧重点的不同。比如有的追求学生全面、综合素养的培养，有的追求道德和人文素养的培养，有的追求学生审美素养的培养，有的则重在学

27

生的思维品质的训练，还有的更加强调学生运动素养、生存规则和体育精神的培养。这就需要课程设计者根据学校发展历史、具体情况，根据教师素质特点、整体水平和能力来做出客观分析和精准判断，从而确定学校的课程价值追求。

课程整体规划是课程设计的主体。学校课程从价值观确立到建构、实施和评价是一项宏大的工程，必须要有站位高端的总体构想，要有符合教育规律和逻辑的框架结构，要有保障推进执行到位的环环紧扣的制度设计和机制安排。

课程体系建构是课程设计的关键。我国学校的课程体系建设自课改后才有比较明确的概念，教师课程意识、课程开发能力的培养和增进也才由此而得以强调。所以，近许多年来，校本课程才被一些学校或自发或自觉地以零星的分散的方式"开发"和"建设"。但课程只有形成体系，才能发挥其"整合"和"集束"的威力，真正实现指向明晰、重点突出的"育人"功能。优秀的校长正是要以学校文化内核和价值观为核心元素，整合国家课程、地方课程和丰富多彩的校本课程，构建基于学校历史传统、体现教育教学个性的课程体系。现实教育应试依然"刀光剑影"，教师专业成长遭遇应试教学和分数比拼的制约和"瓶颈"，学生发展尤其是作为人的发展和终身发展依然还只是"理念"。改变此格局和怪相，正需要一群对教育有理解有追求的校长寻找到突破口和抓手。我以为，这个突破口就是"课程建设"，这个抓手，就是校长引领教师设计和开发课程，建构和完善学校课程体系，进而精准实施，到位落实，由此，学生的真发展、教育的真价值，获得真实现。

校长的课程设计力的强弱大小，取决于下列因素。一是对于教育特别是学校教育价值的科学认识和理解。20多年的应试几乎"摧毁"了社会对于教育的科学"认知"，而且这样的对于教育少有科学认知的"社会"又反转来"绑架"了学校教育。教育人最需要的是理性回归教育"初心"，深思什么是教育、孩子为什么要接受教育、孩子应该接受什么样的教育这样一些教育"本源"问题。教育人的自觉才有可能"启蒙"和引领社会，从而才有可能在社会的支持下推动教育的顺利"转型"。二是对于课程特别是课程价值的科学认识和理解。这许多年来，各类教育观念、课程理念、教学模式纷至沓来，往往一个口号方才唱罢，另一个理念又忙着登场，校长、教师疲于应付，逐渐失去理性和科学判断。特别是我们在不知是谁的引导或者"误导"下，陷入了永无休止的关于"学习者中心课程""社会中心课程"和"知识中心课程"的扯皮纷争中，厚此薄彼，非此即彼，少了客观分析，少了融通综合，导致关于课程问题的认识"一地鸡毛"。殊不知三类课程各有其特点，各有其价值。对于学校教育而言，应该是兼收并蓄、互补长短。这需要校长引领教师认真辨析清楚，从而在课程设计中综合权衡。而就具体的课程设计、建设的总体目标而言，就是要在学生全面发展的基础上，"尊重和满足学生的差异性特点和多样化需求"，提供选择，彰显自主，达成个性和创造精神的更充分更主动的发展。这样的"高位"实际是教育的本质要求，与现实的教学之间并非水火不能相容，只要上下一心，真抓实管，尤其是行政科学"作为"，所有的办学主体切实按照课程规范实施教学，课程对于学生发展的真价值就能真正实现。三是学校文化与课程设计和课程体系建构的关系处理。就一所学校而言，文化是其"精神"和价值观的集中和凝聚，是上位概念，学校课程设计和课程建设应该紧紧围绕学校文化内核而开展。可以说，有什么样的学校文化，就应该有什么样的课程，进而有什么样的学生。因此，学校课程设计和课程体系建构应该与学校文化建设同步进行。文化的充实和完善，课程的设计和建设，上下联动，左右逢源，共同推动学校内涵和品质提升、教师能力和素养发展，从而使得丰富多彩的课程满足所有学生既全面又个性的发展需求。

校长使命：课程建设与教学推动

校长的第一使命究竟是什么？仁者见仁，智者见智。观察十余位正在培养和发展中的教育部"中小学名校长领航班"学员——未来的"教育家型校长"，他们本人及其学校之所以有今天，比较一致的原因便是，他们十分重视学校课程建设与教学推动。由此我深感，这也就是校长最为重要的使命。有人不禁要问，难道明确方向、价值观引领不重要？建章立制不重要？教师发展不重要？文化建设不重要？实际上都是重要的。但是，这些问题中，有的是某一时段的重点，有的是学校工作的局部，还有的是如陆游所言的"功夫在诗外"，需要教学工作之外的时间和精力来加以解决的。唯有课程建设和教学推动是学校工作的主体，也是学校一切工作的核心，是一个学校校长必须时刻牵挂于心，时刻关注到位，时刻小心"经营"和打理的；唯有课程建设和教学推动，是学校一切工作的枢纽和牛鼻子，是牵其一发便可动其全身的。试想想，前此所述的哪一项工作不可以通过课程建设与教学推动来加以体现和落实？

如果说，课程建设与教学推动是优秀校长的主要使命和责任，那么，担当这一责任，完成这一使命，必须具备的能力和素质——课程领导力，就应该是校长的核心素养。

那么，什么是课程建设？在现阶段，当课程改革的"红利"早已释放殆尽、教师对课程改革普遍感到疲累的今天，我们又该如何进行学校课程建设呢？

课程建设是一所优秀学校发展的基础工程，好学校的主要标准就是看其课程。好的校长、优秀的校长，主要是在课程建设领域有卓越成就的校长。道理很简单，有什么样的课程就有什么样的学生。一所学校相对比较稳定的课程体系的建构实际标志着一所学校的成熟和稳健，标志着校长教育理解和教育主张，教育观点、理想和追求的成熟和稳健。进入此境界的校长也就意味着已经具有了教育家的情怀和教育家的模样，或者说已经是教育家型校长。

有人也许要说，从课程的角度而言，课改之初，不是已经提出了国家课程、地方课程和校本课程的三级课程架构了吗？还要提什么课程建设呢？问题关键也就在这里。

从理念看，三级课程体系是一个非常理想化的顶层设计，但胎里带来的缺陷十分鲜明：国家课程的开发主体是顶级的教育部及其所辖机构，校本课程开发的责任主体当然是办学单位——学校，地方课程的责任方是谁呢？谁是代表地方的呢？是省级、市级，还是县级甚至乡镇级？所以你看今天的学校，究竟有多少所学校有完全意义上的三级课程体系呢？不仅如此，第八次课改以来，尽管国家级行政强势推进，省级教科研部门摇旗呐喊，但办学主体却并无多少冲动和热情，高调忽悠，虚应形势，口头的"素质教育"，实质的"教育应试"；对上"素质"漫天，对下"应试"遍地。几乎就是现实教育的常态，所有的局中人都心知肚明。不过是少有人捅破那一层窗户纸罢了。不久前有关衡水高中教育现象的争论就是一个很好的证明。

问题就在于这一场耗资巨大的教育改革运动，少了经过科学论证的顶层设计和系统安排，尤其没有教育教学评价机制和监管机制的配套跟进，应试的高烧不退，分数比拼的"动能"不减，冠以"质量"提升实质分数比拼的"交易市场"正方兴未艾，要求地方最善于追求"GDP"的官员放弃经济成本最低的教育政绩的狂热，要求帽子握在死盯着升学比例的这样的行政领导手里的校长们实行真的"课改"，无异于虎口夺食，缘木求鱼。

所以，即便是责任主体甚为明晰的校本课程，在多数学校又有多少实质性进展呢？即使有所"进展"，仔细观察你会发现，其建构的目标指向又有多少是指向学生的个性成长和创新能力发展的呢？多数还主要是有利于升学、考试，有些甚至假校本课程之名开设的就是直接指向应试的系列讲座、活动或者训练。不仅如此，有些中学假"国家课程校本化"之名，对部分涉及考试课程，从主体内容、知识要点和序列、教学进度等方面，一律按照考试的"标准"，实行伤筋动骨的"校本化"——实际是极端功利的"考本化"。不少学校5个学期甚至6个学期才能完成的课程任务，只用三四个学期便教学完毕。这样的课程实施，既沾了应试的实惠，还落了个"课程改革"的美誉。既然已经明确了国家、地方和学校三级课程体系，各自的职责、功能都有着明确的界定，比如国家课程就应该是国家意志、主流价值人才培养的目标和导向的主要体现和实现。若都这样"校本化"了，国家意志和价值"消解"了，那代表国家层面的教育目标和价值又如何实现呢？

实际上，所谓的"国家课程的校本化"，指向的是"学校根据学校自身的实际情况创造性地执行国家课程，更好地实现国家课程的目标。这包括学校根据学校的特点和条件，就课程资源、单元进度、授课顺序、教学方法等课程议题进行自主决策"（《校本课程开发》，吴刚平著，四川教育出版社2002版）。不愿意在自己应该或者说可以"作为"的领域施展拳脚，却要偏偏在不可以随意"下手"的领域"兴风作浪""兴师动众"，其用心不言而喻，其价值取向是危险的。

显见，国家课程应该是国家意志的体现，代表的是主流价值和人才培养的目标和导向。在三级课程体系中，它应该是权威的通识课程，是应该受到尊重、遵守，是不可随意更动、改变的。而真正体现学校和地方教育特色、个性，满足学生个体的创造性发展需求的，则应该是地方课程尤其是校本课程。无视国家课程的权威地位，无意于校本课程开发的努力，这是对于课程政策、规范的背离，也是对于课程建设的无知。

从这一意义而言，狭义地讲，我认为，一所学校的课程建设，实际主要是校本课程建设，或者说是以校本课程开发为主体的课程体系建设。课程建设实际主要目的和价值就在于，通过学校课程的整体建构，通过积极开发富于个性色彩的校本课程，弥补国家课程通识和共性教育之不足，满足本地、本校以及每一学生个体个性和创新精神的成长和发展。从这一意义而言之，校本课程建设、课程建设就是学校个性、特色的建设，也就是特色学校建设。

一般而言，学校课程建设，大都经历如下几个阶段。

一是零星"课程"的开发阶段。往往是少量的先知先觉者，常常是一些年轻教师，因为思想和理念的适度超前，因为不甘于现状，根据自己的兴趣爱好，也为满足部分学生的个性发展需求，突破应试的藩篱，在校长的默许下，开选修课，创建兴趣小组，进行校内外实践活动。这样的"开发"，一般不是有意或刻意而为之，也没有什么专家或专业的引领和指导，甚至有人对"课程"和"校本课程"的概念还没有弄得很明白，但自己热衷，而学生又喜欢。赶上"课程改革"，便借船下篙，稍加提拎和完善，便演化为这样那样的"校本课程"。而这时的学校，对于课程建设还处于"草创期"，尤其对于国家课程还心存朴素的敬畏，根本谈不上什么"校本化"国家课程。这应该是学校课程建设的初级阶段，也是自发阶段。

二是有一定规模的"课程"开发阶段。因为课改深化的要求，因为在上者的造势推动，"校本课程"被作为检验"课改"的硬性材料，一些课改前锋学校一时超乎寻常地重视，有些高中很短时间开发出数十上百种校本课程。但这时的开发，尽管有对于校本课程的理性认识，但还是就"校本"而"校本"，满足于校本课程之"有"和"数量之众"，还未能从更高的课程视域来认识校本课程的意义和价值，因而内涵不丰，质量不高。与此同时，少量学校开始启动"为我所用""为应试所用"的"国家课程校本化"运动。这是课程建设的中级阶段，也是较为低级的自觉阶段。

科学规范的课程建设必须超越这两个阶段，进入学校主体的高度自觉阶段。它不应是零打碎敲，也不可以剑走偏锋，更不能瞒天过海以"邀功请赏"。它应是在科学的课程规范下，按照教育规律和学生成长规律科学设计，统筹安排。它的出发点和归宿点，就在于学生的身心健康全面完整的成长和发展。一般而言，有如下几个环节值得高度重视。

第一，价值追求高位。课程建设的总体目标就是要在学生全面发展的基础上，"尊重和满足学生的差异性特点和多样化需求"，提供选择，彰显自主，达成个性和创造精神的更充分更主动的发展。这样的"高位"实际是教育的本质要求，与现实的考学之间并非水火不能相容，只要上下一心，真抓实管，尤其是行政科学"作为"，所有的办学主体切实按照课程规范实施教学，课程对于学生发展的真价值就能真正实现。

第二，构建强调整体。对于一所学校而言，成熟的标志应该是课程的成熟，课程成熟的表现就是体系化。所谓课程体系化，我以为就是课程的自成体系并与学校文化、学生发展的三位一体。学校文化的核心是学校的教育哲学思想、办学旨趣，整个课程体系的架构、单一课程的建设都必须在这样的思想和旨趣的观照下进行，正所谓纲举目张。特别要注意的是，在这一过程中，对于国家课程必须有高度的尊重，所谓"校本化"，只能是"持正守本"前提下，主要表现在形式、方式上的微调。如此，由文化而课程，由课程而学生，这样的学校才可算是有文化品格的学校。

第三，机制实现联动。课程是学校实力的核心，兼具软硬、静动之特点；课程建设是学校工作的宏大"叙事"，是学校发展的关键"工程"，需要多方联动，多管齐下。学校文化的成熟和基本成型，课程理解和主张的达成共识，课程建设的理论、策略和方法指导到位，都是必要条件；校内部门、年级组等之间纵横关系的和谐协同，是基本保障。仅靠校长的"强推"，少数先行者的"自发"，必将流于"游击"式的琐碎和散乱，难以成气候，难以走得久远。

第四，参与必须全员。课程实施的关键在教师。只有从教师群体中内生出来的课程才有健康旺盛的生命力。改变精英开发、编写课程、教材的传统模式，倡导每一位教师直接参与、开发课程，在课程改革深化的今天尤为重要。自己开发建设，自己实施教学，甘苦自知，驾轻就熟，这自不必多说。更为重要的是，开发课程的过程实际是教师研究教育、研究学生、研究教学的过程，自然是自己成长发展的过程。长期应试导致的中国教师教学知识、能力、观念和素养的僵化、固化、陈旧化，正需要如课程建设一类的学校发展新举加以刺激、突破以使洗心革面、脱胎换骨。否则，基础教育的"转型"，又怎么可能顺利实现？

好的课程要实现好的价值，需要有好的教学实施。优秀的教学实施，来自优秀校长在引领课程建设之后的科学的教学推动。从笔者接触的教育部中小学名校长领航班的多位校长的实践看（如北京中关村二小的杨刚校长、新疆兵团二师华山中学的邱成国校长、浙江湖州市吴兴高中的严忠俊校长和青海西宁21中的于大伟校长……校长的亲力亲为地引领，教学模式的建构和共识，倡导而不是强制地推广方式，渐进而不是一窝蜂的策略，教师自主、选择的原则），下列几个方面可以说是确保课程教学推进有序、有效的十分可贵的元素。

第一，校长亲力亲为地引领最为关键。

第二，教学模式的建构和共识是重点。

第三，自主选择、多元并存是原则。

第四，柔性策略，鼓励多元。

考察一所所学校课程建设和教学推动的成功经历和丰富多彩的历史，我的十分强烈的感受是，它集中展现的是该校校长的核心素养，也就是课程领导力的卓异。

领导力修炼：从行政官员走向教育家

党的十八届三中、四中全会以来，由诸如"转型""法治""治理""简政放权""新常态""管办评分离""现代学校制度"等专业术语所描述的我国政治、社会改革的"进行时"，标志着传统教育行政的"任性"开始被越来越多地约束，居高临下的权力"管理"逐渐被富于人文和情性的"领导""治理"和"服务"所取代。正是在这样的"新常态"下，"领导力"的修炼，对于教育行政官员尤其是教育局长，就显得异常重要。

教育行政的领导力是教育行政官员尤其是教育局长超越了权力和管理力的、赢得学校和校长尊崇并追随的特殊影响力，是教育行政官员在长期的教育及管理实践中，其"人格""教育品格"和"管理品格"不断提升、逐渐完善，并有机融汇、"化合"和"升华"的结晶。其中，"人格"是品德之魅力，"教育品格"是教育理解和践行的层次和水准，"管理品格"则是实施教育行政和管理的个性和风格。这样的"领导力"，就教育行政官员而言，一般表现为如下能力和水平。

一是规划和决策能力。这一能力，与"管理品格"相关联，实际是教育行政官员领导力的集中体现。区域教育历史和现实的估量分析，未来教育与社会经济事业发展的协调，教育在社会事业发展中的同步和略有超前的目标定位，都需要教育行政站在全局的高度，结合现代化和国际化的高标格，在科学考量、论证的基础上，做出科学的顶层设计和安排；而对如何分阶段、按要求，采取符合教育发展规律的战略、行动、项目，来逐渐推进规划的实施，达成教育的健康和可持续发展，则需要在广泛研讨、充分民主的前提下，做出决断。规划和决策之好坏、优劣又往往取决于民主水平的高低和科学精神的强弱。一旦低弱占了上风，领导个人意志甚嚣尘上，独裁专权，规划便常常成了"鬼话"，"决策"成了"专断"，事物便会走向反面。当然，规划和决策带有一定程度的"法规"的性质，也不是每一届行政都要另起炉灶、各行其是；常常，在成熟的规划和优秀的决策之后，不断地推进，务实地执行，稳妥地落实，审慎地完善，乃是后来者的主要工作，这既是一种尊重和敬畏，也是一种负责和担当。在依法治教的今天，这也许比规划和决策本身更为重要。

二是引领和培养能力。这与"教育品格"相关联，规划和决策能力本身已经包含"引领"的价值。试想，只要在上者规划到位，决策科学，校长们就可据此安静办学和教育，少受黑暗中摸索和折腾之苦，这是最好的也是无声的引领。但我这里所言则是指对于区域教育专家型人才培养的"引领"和"培养"。当下之中国，教育的"应试"早已将从行政到学校的所有教育人事生生拽入"非常态"甚或"反教育"的泥淖，很少有人能够幸免。如何拨乱反正？一方面，需要通过行政的力量强势调控，刹车转轨，但沉疴之重很难一夜间"妙手回春"；另一方面，凭借行政权力、资源，大力催生和促进教育家型校长和教师的滋生和成长，这也许是治本之策。这些都需要教育行政的"引领"，需要有实实在在的"培养"举措。这就要求教育行政官员准确理解教育，精通教育规律，把握教育人才成长之道，而且富于非同寻常的人才情结、教育品格和家国情怀。于是，高远的视野、宽广的胸怀、丰厚的底气，加上职业和事业的使命和责任，行政官员也就会像爱护眼珠一样爱护教育人才，像重视生命一样重视教育人才的培养，并且通过决策、行动、项目和亲身的指导，实现教育专家的快速成长和成熟，达成区域教育生态的渐渐演进和变化。

三是保障和监管责任。这与"人格"和"管理品格"相关联。学校和校长的成长和发展从来都需要组织及相关机构的监管。富于领导力的教育行政官员，对于辖区内的校长，不仅仅是依靠冷冰冰的纪律和制度——尽管这是必要的、不可或缺的，但更注重友情提醒、善意劝诫、互相勉励，真正做到防患于未然。这就让监管变成了真正的爱护和保护。富于领导力的教育行政官员对校长绝不会先放任、纵容，而一旦出事又躲避和推卸。领导力实际也是一种责任担当。当学校需要资金、资源和条件等支持和帮助时，他们一定从大局出发，从实际需要出发，千方百计克服困难，总能雪中送炭；当处于发展过程中的校长和教师个体需要关怀和鼓励，他们也常常锦上添花。如今，教育内涵的提升遭遇许多困境和艰难，社会对教育的认知出现如南辕北辙的偏斜，最需要的是教育行政通过行政的力量，经由宣传、引导、教育等多种"动员"方式，启蒙教育认知，培养全社会对于教育专家、优秀校长和教师的尊重和敬畏之心，关键是形成如下共识：教育问题，听教育专家的；办教育，让教育家来。这也许是对于教育的最大也是最好的监管和保障。

显见的事实是，具备如此领导力的教育行政官员少之又少。而教育行政官员又如何发展出优秀卓越的领导力呢？我以为，一方面需要教育行政官员顺时而变，不断放权，划清权力边界，克服"管控"欲念；强化担当，不越位，敢担责；走向服务，纡尊降贵，甘为人梯。另一方面以学习为要务，思考为常态，修炼心智，提升精神，从而逐渐达成如上所述的"三格"合一，并快速转化和不断提升超越权力和管理力的特殊的影响力。

论及校长，我们常说，一个好的校长就是一所好的学校；同理，一个好的教育行政官员尤其局长，就是一个区域好的教育。前提是，这样的教育官员，必须具有卓越的领导力，必须逐渐成长为如孙孔懿先生《论教育家》一书首提的"行政教育家"一类。而教育行政类教育家与校长教育家、教师教育家大批涌现之时，也就是中国教育走向规范、科学和卓越之日。

校长：谁来"保护"？

一

前不久，一则教育新闻让校长们尴尬：

3月14日，大雨，但为了迎接前来视察的玉林市关工委领导，广西玉林容县容州镇第一中学让数百学生冒雨做操表演，现场领导则打着伞观看。一名学生向记者透露，学校一周前就通知称，玉林市会有很多大领导来视察。"那天下午领导来了，学校说，就算下狗屎也要做操，更别说下雨。"

（3月17日央广网）

教育内外的各方人士均可以从不同的侧面对这一"学校行为"或者是"校长行为"进行分析评判：处事刻板，不以人为本，形式主义，惧官媚权，欠缺教育品格等。所言皆是，但很多人有所不知的是，在今天中国的学校，这样的故事几乎每天都在上演。不要说中小学，即便是以培养学生自由思想、独立精神的高校，也还是有"厅级"乃至"副部级"的校长在上级"派来的"的普通办事人员面前毕恭毕敬，不敢稍有怠慢。

当在上者呼唤"教育家办学"时，有谁想过如今一些校长们的生存环境呢？有谁想过这样的生态环境与教育家长成间的关系呢？

在现行体制下，在学校管理长期形成的定式下，当下"行政管理"很多是合理和必需的，党的领导和组织保障，规范的行政管控和监督，围绕课程、教学和质量的引领、指导和评估，等等。但还有很多现下学校和校长遭遇的管理中的困局。

1. "围剿"困局

校长在教师和学生面前有脸有面、有形有神，尊严和权威十足。但一旦面对区域内外的行政部门和官员——不仅仅是教育，便立即少了许多精气神。现实中，任何一个校长几乎很难不遭到各方非教育的行政和准行政因素的"围剿式"干扰——会议、文件、检查评估、电话通知，几乎与一个小的社会和行政机关没有什么区别，在某些区域，某些学校数位校长，光是应付多头行政的会议都有困难。还有形形色色假以权力和其他非常冠冕的名义的"伸手"，比如报刊订阅、图书营销直至相关教材和准教材的推广等，可以说经年不绝，将校长们折腾得焦头烂额。有校长常慨叹，要是真的能像先贤那样"两耳不闻窗外事，一心只教圣贤书"就好了；中华之大，为什么就不能容得下一所安静做教育的学校？

2. "紧箍"困局

"质量"，是行政、社会、家长合力套在中国校长头上的一个"紧箍咒"。由于种种人所共知的主客观因素，原本神圣的教育"质量"概念，已经被矮化和窄化为"分数"，成为如今扣压在学校、教师尤其是校长头上的一座大山。在中国的不少区域，一些校长仅仅因为一两次学生统测的分数的问题，而被毫不犹豫地"问责"甚或免职。而且在这个问题上，几乎是约定俗成的"共识"，"人民不满意"，这就是最大的政治。至于说学生发展的"质量"是不是仅仅只有分数，为什么分数出现问题，"人民"和社会对于教育和孩子成长发展的规律认识有没有问题，如何通过有效的机制和策略正确引领社会科学认识和理解教育教学、人才质量等问题，那就少有人问津了。在"应试"几乎走向白热化的情境中，被牢牢绑定在应试战车上的校长们，已经没有谁敢于夸口"常胜将军"、永远"金刚不坏"，几乎每个校长每所学校都随时可能遭遇一次"滑铁卢"。在如此"紧箍"的紧紧勒逼之下，我们又能做出怎样的教育，培养出怎样的人才？

3. "折腾"困局

还有一些意外的事件。学生安全出了问题，比如偶然事件导致的不测，由于某些家长和社会的因素，很多时候校长会被折腾得没有自尊，没了安全感，直至死去活来。上级部门和法律机构在强大的"民意"和"稳定"的追求面前也常常乱了分寸，少有主张。行政部门和所辖机构出于政绩或者其他目的的对于教育教学的"指挥"和"指导"有时也令校长们苦恼。

比如某地某校教学模式的学习和推广；比如一种带有某些领导个人意志的教育观念或者理念的宣传和落实。前者本该由学术机构倡导，后者则应为教育方针之所规定，但权力一旦"越位""作为"，学校和校长就无所适从了。荣誉称号如"某某单位"的评比，也是令校长牵扯许多精力、很费周折的事。据不完全统计，一般学校被各级教育行政和准行政所挂荣誉牌一般都在数十上百，成了当代教育的一大奇观。除此而外的非正常折腾，比如招生、招聘问题上的权力"染指"因素，就更加不一而足了。

二

都说教育神圣、学校圣洁，校长是教育教学的内行和专家，做教育，办学校，理当听校长的。为什么还会如此这般遭遇"围剿""紧箍"和"折腾"呢？是校长们自感能力不够而"忧惧"？是校长们觉得缺少领导而"恐慌"，故而集体"请求"各方神仙"莅临指导"？还是校长们天生"软骨"少智，不知运用法律法规、教育规律科学理性应对和拒绝？应该都不是。而是因为校长的权力所自、学校的资源所来、教师的发展所依都跟这些部门和机构有着千丝万缕的联系。那么行政或相关者为什么对学校的"管理式"干预总是不肯撒手呢？

行政权力的天然惯性。大政府、全掌控的管控理念，机关或者某些事业单位的工作形态，会议、文件、检查、评比等的传统运作模式，积淀而成的思维和行为的巨大"惰性"。

对于教育的传统情感和方式的重视和关心，一些部门和领导是绝对真诚地高度重视教育，其表达的方式就是管理的细节化或称之为"无缝对接"。一年一度由行政多部门"诸侯"合力进行的考核便是集中的体现。这自然常常演变为好心办坏事。

也有不同动因和目的功利。某些行政领导的偏颇的政绩观，误导出部门行政的乱作为。有些区域，几乎教育行政的任一部门每学期都要搞一两场波及全区域学校和学生的有一定规模的"活动"。据说这些部门也有苦衷，机关领导集体年终也有对部门的考核，考核就必须有"政绩"。电影里曾经喊出的教育理想是不论是什么样的学生"一个都不能少"。而生活中的校长呢？对于这样干涉和干扰，却是"一家都不能得罪"。所以，那一位下令学生"下狗屎也要做操"的校长，你只要设想也许他刚刚经受了一系列类似的骚扰事件，你就一定会理解他彼时彼地的心态了。即便是副部级，在权力面前，在决定校长及学校的多方资源供给的哪怕再多低微普通的权力代表面前，校长就无法不低头。换成你我，又能怎样？难道真的效陶渊明不为五斗米折腰，前往"南山""围篱种菊"？

三

上述问题的产生可以说由来已久，讨论其解决也远非一日。比如学校和校长的"去行政化"从中央层面开始推动，至今依然"养在深闺"，号令难产。但我以为，基础教育已经迎来新世纪以来最好的发展机遇，教育家型校长、教育家的产生已经具备了相当优异的政治和政策的背景。

一方面，从中央层面推动的"依法治教"的改革早已出发并全面发力。从2010年《国家中长期教育改革和发展规划纲要》提出"促进管办评分离"，到党的十八届三中"决定"再次提出"深入推进管办评分离"，到十八届四中全会对深入推进依法行政、加快建设法治政府做出一系列制度安排；从习近平提出"四个全面"，到教育部刚刚发布《关于深入推进教育管办评分离　促进政府职能转变的若干意见》，特别是近两年来中央政府在行政管理体制尤其是行政审批制度方面改革的空前规模和力度，足以见基础教育管理体制的革命性变化已经到来。

另一方面，也是不可忽视的方面，数十年累积且难以撼动的应试的冰山也已呈现"末世"之"衰颓"。国人中先知先觉者、优秀群体、发达区域的城乡百姓，对于教育、人才和学生成长，对于教育质量的认识和理解越来越趋向科学，越来越趋向成熟。而越来越多的教育工作者尤其是校长对现实教育的弊端和问题看得越来越清晰，越来越深刻，鄙弃非理性教育，回归和追求人的精神成长的教育，已经成为越来越多国人的共识。

不能不说的是，我们今天之所处的时代特征。一度"缓行"的改革的"再出发"，国家政治、经济、社会从管控到治理的全方位"转型"，教育也从应试的功利向素质的人的成长方向"转轨"；特别是正呈燎原之势的大型国企的"混合所有制"改革，也"迁移"给学校管理变革的无限丰富的想象；李克强在最近的一次电话会议上针对"简政放权"和审批制度改革的讲话，更是提示或者启发我们如何激发才智，把一切关于学校变革的"或然"转化为"实然"的路径、策略和方法；尤其要提到的是国家层面的多部文件中早已破题的学校董事会制度、现代学校制度，在部分区域和学校的"破冰"试点已经初显成效。

这是一个大变革的时代，这是一个万象更新的时代，按照孙孔懿先生在《论教育家》中的观点，"每当一段动荡的历史时期之后，总需要一种统一的理论规范人们的思想和行动，也总会有人挺身而出，打破众说纷纭、思想混乱的局面，提出'正本清源'的任务，自觉进行理论反思，重新对经典做出自己的解读"，"当一种教育倾向发展到极端需要给予纠正时，总会有一位或几位教育家挺身而出，提出相反的教育观点，开辟新的局面"，可以预见，优秀教育家成长的气候条件已经万事俱备。

于是，提出"保护"校长，为中国当代教育家的成长培植土壤、保驾护航，应该是正当其时。

四

校长"遴选"：从机制上保证"法人"的地位不被矮化。

我国基础教育的校长一般的选拔任用的主体是教育行政部门，使用主体是学校。近乎"行政任命，学校使用"。有些区域由于管理权限的规定和历史沿革，校长的任用和管理还得组织部门甚或宣传部门授权。随之便衍生出"行政级别"，也就有了教育的所谓"行政化"。而"谁授权便听命于谁""授权给谁谁就得被管着"这几乎是官场运作的"铁律"。所以在这样一种权力授受体制下，要求校长昂首挺胸、不唯命是从是强其所难。

实际上，稍稍研究一下港澳台地区和西方国家校长产生的机制，就会发现，校长之产生，除了单一的行政任命制，还是可以有一些其他路径选择的。而这样一种选择，对于优秀校长的涌现、校长的优秀成长、学校发展生态的营构，可能价值意义更大。如香港校长那般在官员面前的"从容"，实际是一种教育常态，不是什么牛气，也不需要什么牛气。如果我们的校长在现有产生机制的基础上学习和借鉴一点别人的做法，是不是可以有所变化呢？

比如在不改变现有干部制度的前提下，在现有选拔任用机制的基础上，学校在组织部门和教育行政的领导下，组成相关的董事会，其职责之一是代表学校方选聘校长。董事会的成员组成应该是学校教工代表、施教社区代表、家长代表、教育行政代表和党组织代表。校长的基本条件和要求由董事会研制，主要是根据已经颁发的中国校长专业标准，也依据学校特点和未来发展的需求。选聘程序一般包括校长条件公布、参选者报名并递交材料、材料审读并初步筛选、确定候选人、教育行政或者组织部门审核、董事会或者学校教职工代表大会投票确定人选。在这样一个选聘程序框架结构中，董事会是唯一代表学校利益的相关方。通过这样的机构产生的校长，他所听命与传统任命制下校长所听命的对象是有着实质性区别。但这样的程序是不是会导致校长与教育行政、党的组织部门关系的"阻隔"和"撕裂"呢？答案是否定的。董事会成员中分别有教育行政和组织部门两方代表，选聘程序中特别设定相关组织机构的审核，这就确保了所有候选人的政治上的纯洁和可靠。如果组织部门和行政机构对这样的校长再配套出台相关的有关党纪政纪的约束性条例和规定，那就更加没有什么后顾之忧了。

这是一个在现行党管干部的体制下，在"去行政化"的呼求声中，参照了国企改革"混合所有制"模式而设想的方案。可以预期的是，这样的方案下，由学校董事会选聘出来的校长，可以一定程度上解决校长"听谁"和"为谁"的问题，解决可以不听谁、不为谁的问题。今天少量民办学校在这一问题的解决上，似乎已经跨出了一步。假如我们可以容忍民办学校校长们的作为，我们就应该以之为一种教育"新常态"的试点，从而破解学校教育、校长管理中行政和准行政干预的世纪难题。

唯有这样的选聘制度设计和安排，唯有将"教育"理想和教育价值实现作为毕生职业追求而不是主要向领导和权力负责的校长，才有可能成为"教育家"。

五

行政"作为"：从体制上保证教育的独立存在不被弱化。

在依法治教的背景下建立现代学校制度，其核心要素在学校的自主管理。如何实现学校管理的"自主"？一方面当然需要学校办学主体的"主体自觉""自求进步"，另一方面，也是最为重要的方面，需要传统的教育行政和相关级机构的"简政放权"。

学校管理者的"自主管理"，总让我想到课堂教学中的"自主学习"。大概从20个世纪改革开放之初，这一口号喊了30多年，其间还有轰轰烈烈的"课程改革"的力推，但学生课堂中的"自主"是不是真正落实到位了呢？答案应该是不言而"都懂的"。为什么如此？关键是影响"自主"的核心要素——总存掌控欲望的教师"稳居"课堂要冲。教师只要身居课堂，他就有为学生做主的冲动，而且这样的"冲动"有其重要的认识论和教育学基础，那便是"我"比学生"先知先觉"，"我"为之"做主"比学生"自主"要有效要到位。现在看来，根治这一顽症只能指望基于无限开放的网络平台的"翻转课堂"了，依据慕课和微视频的学生的"自主"先学，几乎可以完全超越课堂，学生可以不分时间和地点地任意学习，再多神通广大的教师也难以掌控学生的学习，这时候的"自主"算是完完全全、真真切切、势不可挡地实现了。

同理，校长和学校自主管理的实现尤其需要在上者的管理自觉和权力让渡。只有当教育行政以及相关管理主体变"自信"为"信人"，化"管理"为"服务"，抑制权力欲望，控制权力冲动，校长的自主才有可能，学校依法办学才会少有甚或没有干预和骚扰。如今，从上至下正在全力推进的简政放权和审批制度改革，正是从政策和制度层面的一场权力自身的深刻革命，犹如壮士断腕，几乎等同于教学领域的源自网络技术的课堂革命。

由此联想到学校和校长的去行政化，有人以为是校长的"恋官贪权"。这真是岂有此理？从学校角度，它天性与权官位绝缘，何以有资格言"去行政化"？解铃还须系铃人，少了或者没有了"婆婆妈妈"，你想"行政"也"化"不起来。

当行政退居"二线"和"后台"，当校长可以心无旁骛地引领教师和学生两耳少涉窗外事，一心教读圣贤书，这样的学校、这样的校长，这样的教师和学生可能才最具有创造性。

六

社会"共识"：从价值观上保证学校的功能不被窄化。

谁最懂教育？教育最应该听谁的？当然应该听教育家的，听校长的。但现实是，随着政治家政治理想的口号式表达，满足"人民"的教育需求变成今天校长们无从选择的选择。问题是，基于现实国情，基于优质教育资源稀缺与民众接受教育需求的差距较大的现实，升学和应试变成了"人民满意"的主要甚或唯一指标。不仅如此，顺应民意，地方政府和党委也将这作为了考核和评价校长的主要甚或唯一指标。在中高考面前的"成王败寇"，已经是国内许多区域学校包括最优秀学校校长的宿命。

问题是，教育真的不是这样的，关乎人的发展的教育绝对不是这样做的。什么是教育？什么是人的发展？什么是真正有益于人的发展的真教育？我们还有谁愿意静下心来，听听校长们包括那些被免去职务的校长们的声音呢？我总以为，校长除了带领教师实现培育人才的使命，在当下中国，他们还应发挥引领社会和民众对于教育的正确认知和科学理解的价值。而这一点，长期以来被严重忽视。这其中的原因，大家应该是都懂的。最为关键的一点是，一个正常的社会，一个有前途的民族，应该是尊重和敬畏英雄的。一个被庸俗民意所裹挟、不尊重科学、不敬畏教育专家的民族，一定是潜藏危险的。

正因为此，多年前，在被问及教育的"应试非常态"如何改变时，我提出迫切需要从上至下的综合施治，迫切需要一场"教育启蒙"运动。而启蒙首先从清理教育的误区、谬论开始，启蒙更需要包括党委和政府的鼎力支持。这样的支持则主要应从力挺教育家、校长对于教育的理解和引导，重树和不断抬升中国校长的"权威"和地位开始。

而作为学校和校长，可能也需要从制度层面精心设计、主动作为，充分利用现有的学校教育资源，比如"家长学校"的价值提升和模式改变，将其建构成为引领家长科学认识、正确理解教育、孩子发展和成才规律的宽阔平台。

有这样的过程，校长的教育尊严，社会对于教育家、对于教育的敬畏，有望重树。

七

这三个方面，都是从学校和校长工作的外围而言的。如果要言依法治教，也还有校长如何治理学校的问题，这就是该问题要涉第四个方面，那就是"管理'民主'：从内部制度上保证校长的价值不被异化"。这一部分要论述的是校长作为学校的最高"领导"，他的价值重要的是在于寻找目标和方向，描绘蓝图和思路，生产理念和思想，建设资源和文化，引领和带动组织成员自我发展并进而发展学生和学校，而其具体的管理则需要内部制度、体制和机制的建构，比如依法组阁，依法建立架构和系统，其中民主管理自然是其中应有之义。在这一点上，南京长江路小学已经有了十分成功的实践，他们的实践和思考能够给我们很多启示。

当这些问题都能逐渐有所解决，一片支持、支撑、维护和保卫校长和未来教育家的土壤就会逐渐产生并肥沃起来。一旦校长们可以昂首挺胸、堂堂正正做人做事做教育，教育家成长、教育家办学就不再仅仅是政治家和平民百姓的口号和理想。

这一天终将到来。

领航・智慧

领航：从"创新型校长"走向"教育家型校长"

随着高层"教育家办学"和"需要涌现一大批好教师"的呼唤，教师、校长专业发展问题已经成为教育事业的重中之重，被推入科学化和规范化的快车道。2014年，教育部启动"旨在培养造就一批具有较大社会影响力的教育家型校长"的"校长国培计划——中小学名校长领航班"，首批64位校长迅速产生，并于2015年4月在北京集合并参加教育部举行的既高端又简朴的"起航式"。可以说，随着本项目以及与之相关的一批项目的开展和实施，一个由名校长"领航"的"教育家办学"的时代即将或者说已然到来。

问题也由此产生，"教育家型校长"是什么样的校长？是不是就是校长中的教育家呢？首批由省乃至国家层面遴选出来并加以重点培养的这64位校长，应该是怎样的校长？在整个校长发展的过程中，他们应该处于怎样的发展阶段？这类校长又应如何培养使之早日成长为教育家型校长呢？

这些问题也是如今校长发展领域绕不开的话题，需要回应；而恰当的回应，更有益于教育部名校长领航工程包括各级各类校长培养工作的有序高效优质地开展。

一、目标定位：具有教育家基本模样的校长

在国内外关于校长发展的理论研究中，在很多校长培训实施方案中，

常见"骨干校长""优秀校长""卓越校长"这一类表述。这类概念，似乎也可大致看出校长发展某几个阶段的一些特点，可以将校长中的优秀与一般区隔开来。但形容词所描述，其局限显而易见，几乎无法清晰界说任一概念的基本内涵，比如何为"骨干"？何为"优秀"？何以区别"优秀"和"卓越"？"骨干"与"优秀""卓越"孰前孰后？都比较含混模糊。

"教育家型校长"这一概念的引入，恰恰为优秀校长发展的层级和阶段划分提供了一个切口。

什么是"教育家型校长"？所谓"型"，原意为"铸造器物的模子"，引申为"式样""类型"。顾名思义，我以为，教育家型校长，就是具有了教育家基本模样的校长。

弄清这一问题，必须首先弄清什么是教育家。按照孙孔懿先生在《论教育家》（人民教育出版社 2006 年版）中的分类，校长类教育家应该是学校管理专家，是属于教育实践家，或者说是实践的教育家。孙先生认为，校长类教育家，是指有创新、有贡献、有影响的教育实际工作者；和所有的教育家一样，崇高的人格、闪光的思想和丰硕的业绩，构成其内涵和影响力的主要元素。

所谓教育家模样，则是指一定的教育家底色和特点，部分的教育家品格和品质，比如在人格和教育品格、教育理解和思想、办学实践和实绩等某些领域基本接近教育家的程度、层次和方面。

于是，我们可以这样说，教育家型校长，就是准教育家，他们已经初具教育家的风姿，可能还稍缺那么一点教育家的神韵。教育家型校长更进一步，再上层楼，就应该是形神兼备的教育家。

基于此，我们可以试着"回溯"，什么样的校长最具有发展为"教育家型校长"乃至校长教育家的潜质呢？

我以为，应该是那些相当成熟、比较稳健，同时又富有创新品质的资深校长。由此，我们可以试着建构优秀校长发展的基本路线和主要阶段：入职校长—称职校长—（稳健）成熟校长—（有个性）创新型校长—教育家型校长—（校长）教育家。

在这六个发展阶段中，不难发现，成熟阶段，自然是校长发展的高原期；创新阶段，是瓶颈期，从培养的策略而言，在此处着力，就是抓住了高端校长发展的关键。

二、发展起点：成熟稳健而有创新的校长

教育部名校长"领航工程"遴选的培养对象，就应该是在成熟校长之上的富于个性的创新型校长。这类校长，刚刚突破自身发展的"高原"，他们最具有成长为校长教育家的潜质，以此为起点，最能达到四两拨千斤、顺势行千里的效果。而这类培养的示范和典型价值，也是以一当十的。

这一层次的校长一般具有如下特点。

一是有比较丰富的教育实践和稳定的办学实绩。这类校长的教育教学经历一般在 25 年以上，担任副校长、校长至少 10 年以上。就管理而言，其中的多数，一般都有多所学校办学经历。他们几乎一律学科教学十分优秀，教育工作尽心到位，管理卓有成效，是学校内外尤其家长和社会公认的优秀老师、优秀班主任和优秀校长。

二是有比较前瞻的教育理念和丰富的管理经验。好学、善学，扬长避短，又取长补短，是这些校长的理性和智慧所在。极为重视学校教学质量，在应试问题上，绝不含糊，以之共识为学校生存发展的基础工程。但其超越之处就在于，又高度重视学校文化建设，其理念和思想，其教育价值观的确立，富于国际视野和哲学高度，企求以此引领师生提升内涵，全面发展。尤善反思，漫长而丰富的实践的纵向观照，与优秀的左邻右舍的横向比较，不断分析总结，不断再战再思，积淀下非常圆熟的治校经验，与自己的个性品格"合成"而为独特的管理风格，从而确保治下的学校几乎无例外地长期稳健发展。

三是富有胆识和"经营"艺术。当学校发展到相对比较成熟的阶段，又不甘于现状，进取人格、职业敏感、对团队和学校的责任和担当，特别是"停滞即落后"的忧患意识，使得这一类校长总是或主动或被动地在这一阶段，艰难而不懈地寻求在学校发展的某些领域"突围"，有些甚至还

常常会被他人不解地冠以"会折腾"，比如真正践行和渐近实质性的"素质教育""不让一个孩子掉队"，国际合作；比如课程开发，学习型组织建设，名师培养等。但这类校长又总能恪守中庸，绝不动摇基础，绝不影响大局；他们的个性呈现，总是如夏初时候的小荷"尖角才露"，不轻易张扬，永远不会刺目；宏观大势的把握、世道人心的揣度、教育与行政关系的处理，恰到好处，犹如一个高明的舵手，行舟于三峡，自如躲闪，游刃有余，总能领先他人，又快又好地直达终点。

相较于"教育家型校长"和校长教育家，他们的不足和欠缺也很明显，集中表现在下列两个方面。

他们有丰富的教育业绩，但还够不上"丰硕"。什么是"丰硕"？我以为，从教育成果的角度看，更多体现为学校内涵和文化、学校品格和品质的博大宏阔、内蕴精深；学校教师团队的师德崇高，学识卓越，教格超拔，真正堪称师表；而学生则不独为"高分"之子，而应为优能优品之才，不是少许的出类拔萃，而是群体的超凡脱俗。其学校和教育的影响力不仅仅是现实的社会好评，而应是深远的历史回声；不仅仅是一届届学生今天的美誉，而应是未来的他们心头悠远的怀想。

他们有自己的教育思想，但还不够"闪光"。什么是"闪光"？应该是集束出现，辉耀大地，亮丽久远。这就要求校长对于教育、学校、学生发展，对于人才、人才培养，具有科学、系统的认识和把握，并在自己的办学、管理中有着切合实际的运用和富于创造性的践行，且取得令人服膺的成效。在此基础上，建构带有本人和本校鲜明个性特色的治校理念和教育思想。理念零星、琐碎、散乱，甚至还淹没于自身的教育行为和管理故事中，长期缺乏专业理论支持，总是依靠政策文件和直觉，反思的层次和深度不够，因而难以将感性和经验上升为理性和系统性的"思想"。这大概是这些校长虽有"思想"而一时还难以"闪光"的主因。而这一因素又直接影响了其教育业绩的"丰硕"程度。

成熟稳健型校长之上的创新型校长是本次领航工程"教育家型校长"培养的起点人选。只有明晰了这类校长的基本状况、整体特点，我们的"领航"和出发才能立足准、起步稳，这几乎是这一工程成功的前提。尤为重要的是，这也是在上者遴选培训对象的基本条件和标准。从本次已经产生的 64 位校长学员看，总体十分优异，但也不必讳言，个体间差异、差距还是较大。这与我们的研究滞后和遴选机制未能完善有关。

三、培养模式：理论、实践双导共进，课程、平台立体融通

清楚了"从哪里来，往哪里去"，我们就可以研讨这一培养工程的实施问题。

一是"双主体发展"战略。教育家型校长是未来的实践性的教育家，不管如何，其身份仍然是校长，其根基和立足点、其发展的载体是学校。因此，如同人之"灵肉一身"，"长"和"校"也难以片刻分离。因此应该确立此一工程"发展与成就"的培养理念、目标和思路：发展校长，成就学校。两者相辅相成，互动共进，"螺旋式"上升。"双主体发展"战略，不仅使培养效率倍增，而且使发展效益扩大。

二是"理论与实践双导"策略。对于一线教师和校长的专业发展，"实践导向"，经由培训和指导，引领发展对象着重修炼和提升具体的教学和管理的操作层面的能力，那是理所当然的。而对于在这一层面已经相当成熟的创新型校长而言，一方面当然需要继续在实践领域"取法乎上"，技术、策略和方法的学习、借鉴依然重要，但另一方面可能十分需要专业理论的系统研读，这不独是未来一般的提升理论素养，关键是要以之解释现实的教育现象，解释自己的教育和管理行为，尤其是要以此为指导，梳理、整理进而凝练自己的教育经验、理念和思想，使之更为科学、系统和符合教育规律，并反过来观照和矫正自己的教育和管理行为。

三是层次不同的基地构建立体的研修平台。本项培训由国内八家单位分别承办，八家分领学员，分头培训。理论上说，每一承办单位都是一个理论研修基地，每一承办单位还会以自己所在区域最优学校作为实践研修基地，这样的理论和实践"双导""双修"，当然不错。但对如此起点的发展群体，这样的平台仍然过于单一和平面。就理论基地而言，可以突破

"单一承办"的局限，建立全国性的"领航工程"协作共同体，两三家机构自愿组合，合作"办学"，开放培训。具体培训实施过程中，有分有合，有行有止，有放有收，为的是广视野，扩胸怀，长见识。就实践基地而言，可以突破"跟岗学习"的局限，建立"示范跟岗学校""在职学校"和"帮扶学校"的三级基地网络。在专业引领下，到跟岗基地体验求知，回在职基地践行并修正，去帮扶基地辅助并指导，三重体验，多重感悟，自有无限收获。大开放的理论基地加上多层级的实践基地组合为真正立体的研修平台，其意义和价值是可以预期的。

四是为滋养多重知能、素养而设的高端研修课程。除一般常规的理论、实践课程外，这一类校长根据其发展阶段和重点，应该着重加强下列课程的研修：教育启蒙类，如哲学与教育、教育哲学，中西方教育史，中西方教育家思想，《四书》选读，苏霍姆林斯基与陶行知研究等；政策法规类，如党的十八届三中、四中全会"决定"，中长期教育改革和发展规划纲要，有关"依法治教"的一系列法律法规，有关教育的一系列"标准"等；课题类，如中国近代以来的教育发展历程，走向国际化的未来中国基础教育等；综合拓展类的，如转型期的中国政治、经济和文化，互联网与全球一体化，未来经济形态与人才需求等。这类课程，貌似不甚关乎教育，但实际都是做教育、办学校的人素质养成之必需。多方汲取，养气养神，对完善学校教育、完善自己的教育理念和思想，其裨益莫大。

仰望星空，跳出教育，纵横比较，有背景，深底蕴，厚高度，开阔胸襟，舒张气度，再来看教育，就会别开生面，别有洞天；再来做教育，就能业绩由"丰"而"硕"，就能思想由散"点"而成"束"，进而"闪光"并"闪闪放光"，直至光耀天地，久久不息。

下篇 行动篇

问诊·校长与学校

云南玉溪一小诊断报告

这是我们中心领航工程项目专家组到达的第一所学校。云南，彩云之南；玉溪，美玉溪畔，那是最美的地方。到了之后才知道，玉溪一小的教育教学在地方上的光彩无比的评价和美玉一般的名声。

几天的调研、交流，我们专家组一行感受最深的是如下几点。

一是高品位。学校教育价值追求人性化——倡导"生命、阳光、快乐"的教育教学，回归教育规律和本真，追求教育的理想。

二是很精致。学校建筑追求艺术化、精品化；环境布局人性化、生态化；学校管理细节化、细致化。

三是国际化。地处西南边陲，远离中心城市，但在杨校长及其团队的引领下，充分张扬云南特别是玉溪独特的地理优势和少数民资文化资源，与国内外多个地区的很多学校结成友好学校，实现了互访、互通、互动，某种程度上可以说真正实现了教育的国际化，这给正在立志和有心走向国际化的同类学校提供了十分难得的宝贵的经验。

四是优成效。玉溪一小显然是玉溪市的一流学校，在地方上享有极佳的声誉。特别是"整合"了其他学校资源，扩张了办学规模之后，几个校区的文化逐步融合之后，学校的实力和美誉更加为社会所公认。玉溪一小和红塔一样成为区和市对外交往和宣传的两张名片，这是很了不起的事儿。

五是真文化。玉溪一小的文化形神兼备，真正以文化人，学校文化早已内化为玉溪一小人的自觉行为。与教师们的交流实际已经是看出了精气神的强大，所有人都像维护自己的眼珠一样，非常维护学校的声誉。这让我们十分感动。学校的童心文化、小草精神，都显然已经深入人心。在这一点上，从我们后来对北京中关村二小的考察看，两所学校都有很多的共性。

除此而外，在空间和平台建设、资源优势和资源开发、团队精神、激情和理想、历史文化的传承和接续、创造和现代元素的融合诸多领域，一小都给人留下深刻的印象。

而这所学校的校长杨琼英同志的人品和领导力，对于团队的影响力，以及对于本校文化的理解和表达力，都是超乎寻常的。杨校长确乎已经具备了教育家型校长的基本元素。

对于这所学校的观察，也引发了我们很多思考。

一是领导力对于一个好校长、教育家型校长，比什么都重要。什么是领导力？从杨校长身上，我们感受到的是她的个人品格、教育教学品格和管理品格的高度融合、和谐统一。这所学校之所以有今天，她的骨干团队成员之所以汇聚到她的旗下，或者即使有好的机会发展，也不愿弃之而去，一方面是因为这所学校的优势，另一方面也许是更为重要的方面，是因为杨校长个人的卓异的领导力。从这一意义而言，好校长首先是具有好的领导力。

二是文化力的"制造"需要好校长的创意和执行。这其中，尊重规律，尊重人包括教师和学生，十分关键。而文化、价值观和教育哲学的"构建"需要校长带领团队经历艰难的创造。所以，从这一意义而言，思维力、创造力是教育家型校长的不可忽视的元素。

三是政府、教育行政、社会与学校教育关系处理，在现阶段比什么都重要。尽管现在反复强调建立现代学校制度，实现官办评分离，但教育和学校如今这样的管理格局、依存关系，其积弊由来已久，运作习以为常，指望一个晚上解决，那无异于痴人说梦。所以现实看，校长主动积极设法、科学考量、智慧处理与行政的关系有时候比学校管理更为重要。我以为千方百计赢得行政的关心、支持、帮助，是校长的经营策略或者说是基本功。当然，尊重、敬畏校长和真正的教育专家可能是未来社会和教育行政乃至政府必须认真努力践行的事。这一切还是需要假以时日。

四是教育家型校长培养机制尤其是平台搭建、课程设置问题，从玉溪一小的观察中，我们被启发出很多想象。这需要我们一路观察、研讨、交流之后再综合、梳理，并加以归纳、提炼。

我们的建议如下。

第一，进一步明晰发展的愿景和目标。

学校的发展已经在较高位，很多理念也很超前和科学。但整体感觉，未来学校发展的定位不够明晰，近期和远期目标展望未有清楚明确的表述。老师们也还都一时半刻说不到位，我们现在在哪里，我们将往哪里去。

第二，文化建设还需要进一步完善。

文化相对比较高位，人文内容丰富，但科学性内容、技术化程度还需要改善。

文化是有温度的，它需要激情，所以说激情教育肯定是正确的，但教育从理念、策略和方法的角度看，它更加需要理性，需要逻辑思维和规律，所以学校文化常常应该是"温和"的，是不是可以更加平和、中庸、温良恭俭一些？"阳光和快乐"可以，"创造和超越"相对于小学生是否过于夸张了一点？要回避"广告"和"口号"的燥热。因为那些生命短暂，文化则是永久甚至是永恒的。

有些文化标识的描述语言可能还需要进一步斟酌。

第三，进一步开发、建设课程并使之体系化。

活动比较丰富，质量和素质都很一流，但是，具有整体思维、本校特点和科学教育的一小课程体系还没有完全建构起来，需要加快步伐，比如德育课程怎样来建构？"安全"问题的活动如何使之课程化？

第四，进一步建设高品位教师团队。

队伍建设要加大力度。构建旨在促进教师专业发展的学校研修机制，努力用较短的时间建设一支与一小名声、地位和文化相匹配的教师团队，特别重点培养一批学科领军人才。在队伍建设问题上，要注意三个方面的问题：一是专业引领第一，比什么都重要；二是注重发展的起点，可以从本校国际合作的优势出发，走校长和教师的国际化道路；三是展开专门的专题的研究，在研究中践行，在践行反思中成长。

第五，进一步引领区域教育和学校发展。

通过名校长工作室扎实有效的工作的开展，做好经验的总结和推广，思想的梳理和凝练等，使得工作室成员能够如种子一样传布、播撒，从而发扬光大。其间，要特别注意的是范围、层次、高度，以与领航班的地位对等匹配。

第六，进一步为家庭教育提供支持。

这是一件值得很多成熟的学校探索的开创性工作。家庭教育的改善需要学校中的家长学校来提供支持。做这件事，需要顶层设计、战略思考、整体布局。教师、班主任已经在校长的引领下有了许多探索甚至有些成功的经验。但对于孩子道德素养成长的规律、四种教育的关系、家庭教育的价值等还要深入研究，重视家庭教育的意义和价值。学校应该为家庭教育提供智力、策略、资源和与之相关的各方领域的支持，在家长学校的建设上做出努力探索，把学校中的家长学校做成真正意义上的"家长的学校"。

第七，进一步提升校长和团队成员的思维理性。

校长自身的科研、思想的梳理、凝练，需要校长本人具有理性思维。学校的文化的完善、价值观的确立，更需要全体一小人的思维理性。而这来自于大量的阅读、思考和对于教育问题的探究和思辨。这可以从有关教育基本问题的启蒙做起。

青海省西宁市二十一中学诊断报告

于大伟是一位很有个性的校长，这几乎是我们专家团队中所有成员的共识，他总是强调"我不是坐而论道者，我是一个身体力行者；你看了我的学校再发表你的意见，做出判断"。西宁二十一中是一所极有风格的学校，我在学校调研、诊断过程中，曾经说，假如你不是按照常规的方式，而是采用诸如空运的方式，比如直升机，在不知东南西北的状态下空降到该学校，你怎么能设想你是身处一所坐落在大西北的学校呢？

所以，真的，看了于校长所在的学校，看了他亲力亲为一手办起来的二十一中，你只有相信，相信于校长原先的表白和强调绝不是矫揉造作，绝不是夸大其词；你只有震撼和钦佩服膺，这只有英雄校长才能办出这样的学校。

于校长是一位校长英雄。他有内涵、豪情和理性，充满胆识和智慧，富于理想而又扎根现实，敢于突破而又坚守本真，他纯真、热情，有责任担当；有教育理解，有人格，有梦想，又有激情、真诚，善于言说，富于感染力。

于大伟校长总想圆一个梦。什么梦？就是理想的教育梦。一所心中的学校，这个学校有西北风，更有江南味；培育出心中的学生，既有北国豪情，又富于江南气质；坚守心中的教育，崇尚博雅，立意高远。这样的教育梦想，是中国底蕴，有国际视野；完全切合中国梦，这是典型的中国教育梦。从这一意义说来，于校长应该是或者早已是英雄校长、教育家型校长。

二十一中的教育理念和文化建设独具一格。他们提出"用教育的坚守成就我们的梦想"，立意高，定位远；格调宏阔，大气、开放，体现了对于教育的敬畏和尊重；超越一般的技术和技能，展现了一种大教育的情怀。

二十一中的课程教学很有个性，是真的"以人为本"，真的发展"素质"，发展学生的个性和特长。他们的"智慧币"综合实践活动，他们的校园虚拟社会、图书阅览室的开放管理等，这一类工作实际是在课程建设和课程资源建设等领域做出的十分难能可贵的探索，而且已经通过一段时间的实践显示出成效和旺盛的生命力。

二十一中的教师很有境界。激发教育情怀，树立教育理想，一切为了学生的发展呕心沥血，其中"红地毯"项目的设计和策划，足以见教师们"育人为本"的教育境界和无私奉献的精神品格。从我们接触的一批中层和教师们的精神状态看，他们舒缓舒展，广博典雅、宁静安然，真的是做教育的一群。这是二十一中未来发展可以依赖的中坚。

在三天调研过程中，我们也发现了一些问题，尤其是未来发展中还有不少困难，特建议如下。

第一，进一步完善学校文化体系。

学校尽管已经初步构建起了比较全面的文化系统，而且有些表达已经相当有高度，较精准，但还要进一步斟酌，以求稳妥贴切，圆融通透。尤其是价值观确立之后，还需要所有教师的自主学习、主动追求。这就需要管理者有意为之，通过文化建设提升工程，通过讨论、梳理并成体系这样一个过程，使有形的文化表达、文化符号，逐渐内化为教师、学生的内在精神，外显为学习、工作和生活方式，从而让"文化"真正活起来。

第二，进一步建立科学、统整的学校课程体系，尤其要提升全面领导、管理学科课程、国家课程、国家考试课程的能力和水平。

重视对于国家三级课程体系的研究，在尊重国家课程的前提下，厘清校本课程尤其是活动类课程与学校文化、学生发展之间的关系。接着可能需要确立诸如"生活化""融合性"等核心价值理念，并围绕这样的教育价值观，同时以"智慧币"活动为基础，考虑总体布局和构建符合本校实际的课程体系。

第三，进一步总结、反思"智慧币"活动，完善社会化实践活动的机制。

进一步研究本活动与学生其他学习尤其是智育课程学习的关系；更要深度研究本活动与学校的核心价值追求之间的关系，使之成为学校课程体系和文化体系的有机组成部分；从课程规范的角度来挖掘意义和价值，从价值观层面和目标体系层面来挖掘其内涵和意义，从教与学操作层面来研究对其他课程建设的辐射作用以及面上推广的路径。

第四，进一步强化优秀团队建设，培育能够发挥领军作用的专家型教师群。

强化和提升校长和教师对于教育的研究意识和能力，浓厚研究氛围，以学科教学、课堂教学为重点，开展卓有成效的校本研修活动。近期可以通过设立高端教师培养工程或者"内引外联"名师组建名师工作室，着力打造学校精英人群，采取请进来、走出去方式，发展教师个性特长、专业能力，为学校教育教学的健康可持续发展奠定基础。

第五，进一步强化学校管理者和教师的质量意识，教学质量提升应该视为近期发展的重中之重。

要积极主动向优秀学校学习，在提振所有教师的精气神的基础上，启动学校质量工程，力争用三到五年时间，在学校全面质量稳定、学生综合素质优秀的前提下，在教学质量领域必须实现突破。

第六，进一步开放办学，通过"新常态"的家长学校建设，宣传教育主张，推进教育启蒙，影响家庭教育。实现家庭教育、学校教育的和谐一体，最终达成学校、家庭、社会和发展主体个人的自我教育的和谐一体。这也许正是于大伟校长的理想的教育。

新疆生产建设兵团华山中学诊断报告

邱成国是新疆生产建设兵团华山中学校长，也是教育部首期名校长领航工程江苏干训中心班学员。对他特别关注，是由于他在第一次集中时所做的汇报交流，交流中提及"教育维稳"的理念。还记得与会专家对这一理念的质疑和邱校长稍有点情绪化的辩解。后来我成了邱校长的指导老师，再后来就有了2015年暑初带着专家和学员前往他所在学校的调研和诊断。

华山中学之旅很不平凡，这几乎是我们随行所有人的感受。邱校长煞费苦心，不仅安排我们观察华山中学，而且走访了华山中学对口援助的南疆地区多所中小学，其中绝大多数是民族学校。两三天时间，我们从乌鲁木齐到喀什，再到皮山、和田，去到三所小学，带着慰问品访问了两户维吾尔学生家庭，接触了相关团部、师部和兵团总部的教育领导，亲身感受到民族地区百姓的贫穷、教育的落后，尤其是民族矛盾和种种社会不稳定因素导致的经济社会和教育发展的迟缓。沙漠的浩瀚不测、胡杨的古老顽韧，激不起我们的诗性，忧虑的阴云笼罩在我们每一个人的心头。听不懂普通话的维吾尔族孩子，艰难开设着的普通话课程，严重的师资紧缺，不在少数的维吾尔族孩子的辍学，让我们忧心忡忡。这真是不到新疆不知地域有多辽阔，不到南疆真正难以理解稳定和谐有多么珍贵。

当然也有让我们欣慰和感动的，那就是华山中学派驻在各所学校支教的教师。他们从远在千余公里之外的华山过来，一干就是半年甚或一年，抛妻（夫）别子，冒着多重不稳定甚或危险因素，帮扶教师，引领教学，关爱孩子，甚至以本就不多的工资资助民族孩子和家庭。与这些老师交流，他们并无多少慷慨激昂，也没什么豪言壮语，就是为了这些孩子，就是为了未来区域的更少一些不稳定因素。

短短几天的考察、调研、研讨和分析，我们谈论最多的是下列几个关键词。

一是情怀。邱校长和他的团队、他的学校，富于极为高尚的人文情怀、教育情怀和家国情怀。

他们通过真诚的无私奉献和努力，直接通过教育的理解、主张的践行和推动，推动区域教育共同一体发展，影响区域乃至国家教育战略、政策的研制和走向，从文化认同、政治稳定、民族和谐的角度和高度，开拓了教育的新思维、新理解。小小一所学校，其产生的教育辐射力和影响力，以及由此生发开去的社会影响力和对于稳定的或显性或隐性的作用和价值，都是不可低估的。

这种情怀主要是通过如下方式或者是渠道实现的。

邱校长的极富感染力的语言表达。他的兵团二代的身份，他的对于新疆人民的感情，尤其是对于新疆稳定和谐的渴求，通过他的富于人格魅力和家国情怀的个性化语言表达出来，极有鼓动性和感染力。邱校长为人诚厚，乐于助人，而且充满正气、阳刚之气、浩然之气、正能量，为人着想，为教师着想，为团队成员着想，更为着更多区域乃至南疆和新疆的教育着想，他总是想通过这样一种文化和价值观的引领，达成不仅是教育的均衡和繁荣，更加期盼为新疆的和谐稳定做出贡献。这在现实得几乎功利化的中国社会和中国教育的背景下，十分了不得！

邱校长早已建立的名校长工作室，早已辐射区域教育，为区域特别是南疆教育的均衡发展进而社会稳定，做出了积极的努力。

二是文化。华山中学的校训"才丰似华（花），德厚如山（文化根基）"，他们的教育理念"玩在华山（玩也华山，成也华山；现代思想、科学精神）"，他们对于教育价值在特定的新疆地区的理解"维稳"，我们觉得都应该是十分优异的。

三是现代。他们的学校管理制度，充分体现了民主、平等的思想，尊重了教师的自主和主体，学校在"法治教育"和"依法治教"的背景下，构建了一整套合情合理合法的管理系统，实现了教师的能进能出、能上能下，为学校管理、发展走出了一条新路。

另外，在"团队"建设和文化"表达"诸方面，邱校长和他的学校都表现出不同凡响的胸襟、人格魅力和教育智慧。

在几天的观察、交流和研讨中，我们也发现了一些可以改进和完善的地方。为此，特提出如下建议。

第一，进一步建构和完善学校的文化体系。尽管文化建设已经很完整，很全面，也很丰富，但从部分表述的科学、逻辑等更高的要求和标准看，有些还稳妥不够，还需要对照教育规律、学校办学的目标和理想等来进一步梳理和审视。比如中学以"玩"作为一种教育教学的理念，也许对于现实学校教育的"拨乱反正"有着矫枉过正的价值意义，但这样的表述是否又会从一个极端走向另外一个极端呢？

第二，进一步强化研究意识，提升研究能力。华山中学已经进入一个很高的发展平台，如何使之平稳发展并走向更高的平台，最为重要的支撑一定是教师。现在看来，优秀卓异的科任教师、在整个新疆乃至国内有着一定影响力的教师，还不是很多，优秀教师团队还没能打造出来。这就需要邱校长及其团队围绕教师发展问题，面向全体，着力高端，通过名师工作室等多种形式和渠道建设一支越战越勇、越来越过硬的华山教师队伍。

第三，抓住关键点，努力构建华山中学课程体系。以"教育维稳"为核心理念，研究新疆社会尤其是南疆社会的背景特点，研究这种社会形势与教育尤其是学校教育的关系，研究儿童、青少年教育与家庭和谐、与社会和谐之间的关系，研究学校教育与社会的关系，从而来准确定位这一理念的价值意义，并在此基础上，依据国家课程规范，逐渐构建自己既符合基础教育一般规律又独具特色的课程体系。

第四，进一步凝练思想，锤炼表达力。在学校课程体系设计、建构并教学推进的同时，邱校长应该尽快整理、梳理自己的办学主张思想和教育理解，在一定的理论指导下，借助一定的框架和系统，凝练自己的教育思想。这其中尤为重要的是，概括、提升和体系化。

第五，进一步扩大辐射范围。教育思想的凝练、名校长工作室工作的深入开展，以及一批批教师和管理者的南疆支教，邱校长及其学校的办学理念、教育思想，跨越天山、飞过沙漠，走向全疆和全国。

附录：

邱成国来信

严老师你好！

非常高兴收到您的诊断报告！这份报告也是我一直在盼望和期待的，首先向您表示我由衷的感谢，您辛苦了！

拿到报告，我将原定召开的会议推迟了5分钟，为的就是先睹为快。读后也确实如此，如沐春风，让我既感到开心，又觉得受益匪浅。我不得不感叹，专家就是专家，短短几天时间，就已经将我们这所学校摸透了，并且如此精准地指出了我们存在的主要问题，给出了解决的办法，正中要害，让我豁然开朗，实在钦佩！

接下来，我准备将您的诊断报告传达到学校各部门，组织全体教师认真学习，并在即将召开的全校学术年会上，针对您所指出的五个方面的问题，展开专门研讨，谋求解决之道。我也会将您的报告递交给第二师和兵团教育局有关领导，我认为这将有助于他们借助专家的视角更加全面地了解我们这所学校。

顺便说一句，您在报告中对我个人的评价有些过高了，这让我有诚惶诚恐的感觉，压力很大哦……

另外，告诉您一个好消息，上个月兵团党委授予我们"兵地共建共荣模范单位"，并给予600万元奖励，这是兵团教育历史上史无前例的一件事，说明我们的做法已经得到上级的充分肯定，《教育报》也在头版做了专门报道，这些荣誉中也有老师您的一份功劳！

好了，先汇报到这里吧。以后我们还会寻求您的支持和帮助。

再次感谢！

学生成国　敬呈

2015 年 12 月 25 日　于库尔勒

北京中关村二小诊断报告

看过太多的口号，看过太多的光鲜和伪饰，看过太多的假以"发展"之名而实质是坑害孩子的"应试"和"功利到死"的教育，来到北京市海淀区中关村二小，我们觉得十分舒服，尽管湿气寒冷，尽管雾霾深重。有几点十分深的感受。

第一，总体看，学校发展十分优秀。

可以用如下句子来描述我们的观感：认认真真的校长，勤勤恳恳的教师，安安静静的学校，踏踏实实的教育，快快乐乐的学生。

求真向善审美的教育在这里早已变成了现实、事实和真实；文化和思想的表达，本真、平实；没有国内常见的一般小学的那种幼稚、夸张、言过其实，耸人听闻。

这是二小历任校长特别是杨校长及其团队办出的一所按照规律办出的学校。

第二，尤其是，学校文化建设已经比较成熟。

其办学理念"二小是大家的，二小的发展是靠大家的，二小的发展是为大家的""儒雅点亮人生"，显得平实、朴素。其"扁平"的管理机制和模式，三分校"一统"管理、均衡发展的机制，尤其是课程建设的整体水准，比如生活类课程（校园中的花草树木：本草园、蔬菜园、果树园）、生存类课程（人文与科学、现代与传统，引领与自主、校内与社会生活）的理念，德育的理解和实施，家园式文化的建构等都已经达到了一定的高度和水准，有些应该已经十分圆融。

关键是每一个教师的精气神——阳光、大气、儒雅，包括工友师傅。

在这所学校，大家真的做到了：把简单的事情做彻底，把平凡的事情做经典，把每一件小事都做得更精彩。

关键是每一个学生的形态情，自由，开朗，大气，生龙活虎，却又守规矩，很文明，课堂、课余时间里一个个温文尔雅，花草树果成熟的季节却不会有一个孩子去乱踏乱摘一草一果。

学校依据学生创意而设计的文化品牌——蓝博豆，其形象生动、寓意灵动深刻，集中展现这所学校的文化内涵的深度和境界。

领导魅力，文化引领，教育自觉。这是一所我心中的最为理想的学校。

第三，可以说，中关村二小是中国小学教育的标准和规范。

在这所学校，儿童视角展现得最为充分。杨刚校长问得最多的问题：这件事，这样做，孩子喜欢吗？各年级的孩子对于好老师的标准有什么不同吗？都是什么样子？

在这所学校，因材施教是被提及最多的教育原则，他们提出，桃红李白，做最美好的自己。"桃红李白"，是个性；"绽放最美的自己"，"最美的自己"当然也是个性。"个性和创造力成长"成为学校和教师的最爱，这与教育的价值、孩子发展的核心素养，可以说高度一致，这是当下中国教育最为缺失的东西，在这里，被如此鲜明的强调和重视，让我们很振奋，这是中国教育的希望和活力之所在。

基于本土、接轨国际、切合规律的也应该是中国孩子都能享受到的学校。

杨刚校长，我们想说，其独具的领导力、创造力和表达力，作为教育家型校长必备的动力元素，应该说均已经达到一个相当的标准，与其学校发展的层次是正相关的，是高度一致的。

基于儿童视角，我们觉得还是有一些问题需要提出来进一步商量。

一是"桃红李白、心暖百花开"。这一有关教育目标和目的的表达，在逻辑关系上，似还欠稳妥。既有"桃李"之谓，后面还需要再提"百花"吗？究竟是先有"心暖花开"，还是先有"桃红李白"？

二是"绽放最美好的自己""儒雅点亮人生"两句集中表达学校办学思想的句子中，"绽放"和"点亮"的使用，均显得生硬，不很妥帖。虽然是一种拟物，总感到有着不成熟的夸张的味道。

三是在有关教学问题的理解上，还有一些重要的问题需要厘清。比如"三维目标"的"分解"呈现需要进一步探讨，可以如部分老师课堂教学中那样分开呈现吗？再进一步，三维目标是不是课堂教学的目标？跟小学生抽象、机械、教条地灌输所谓的"价值观"合不合适？我们究竟是教给孩子思维，教给孩子选择，还是定格了的思想、真理？

四是与小学生论"儒雅"品格的修炼和培养，是不是有点凝重？是不是还是有我们过于成人化的东西在其中？相比较而言，可能与蓝博灵的创意相一致，提"博雅"似乎更顺理成章一些。

五是集中展示学校建设发展成果的展示片中的有些语言表达还是没有完全脱开成人的味道。

为此，我们提出如下建议。

第一，进一步探索并正确处理好"儿童视角"与"成人引领"的关系。

从所见的现实尤其是杨刚校长的理念看，儿童视角得到了比较多的重视和体现。但仍然有部分的问题需要进一步斟酌。比如有些生硬的表达如何做得更加妥帖，更加温和，更加符合儿童的认知。当然，适当的高度、一定的前瞻和教师经验理性的引领也不容忽视。还是一句话，"把平凡的事情做经典"，一定需要哲学思维、教育智慧和假以时日的打磨和推敲。

第二，进一步建构和完善学校课程体系。

有什么样的课程才会有什么样的学生。假如我们把"儒雅"作为二小教育的学生定位，那我们必须考虑构建以"儒雅"理念为核心的课程体系。现在看，二小已经有了比较好的基础，已经有了一系列与之相关的校本课程和综合实践活动。但依据课程建设的规律和规范，从整体上来"顶层设计"并循序渐进地推进建设，可能还需要一个阶段和过程，需要全体二小人调动精气神来辛勤耕耘。

第三，进一步深化学校文化建设。

这原本已经是二小的一个亮点。但要知道文化建设永远在路上，它几乎就是伴随学校成长发展的始终的。从这一意义上讲，文化永远都需要完善。除了如上所述的关于某些文化理念的阐述和表达的稳妥问题，还有一些问题需要解决。

比如，"儒雅"的表达，我们以为相较于"博雅"就单薄了一些。前者"儒""雅"几乎同义，可能就集中于人的精神气质的层面；而后者，则"博""雅"两义，"博"以言"学知"，"雅"以表涵养。这两者恰恰是生命个体在社会化过程中必须兼修的核心素养，假如以"博"为长，以"雅"为宽，再辅以"个性"成长之"高"，可能就可以顺理成章、水到渠成地"生成"或者"孵化"出真正的创造性学生和人才。这恰可以建构出一个人才成长和培养的"三棱锥"，也是"金字塔"。

再比如，"蓝博豆"已经是学校文化的一个最佳的载体，源自学生的"发明"和创意，而且已经开始了关于以之作为"图腾""徽标"等标识的构想。这非常好。但还可以进一步动员学生拓展思维，打开视界，从"蓝""博""豆"与"蓝博豆"的或分或合的角度全面深入地解读，揭示其可能隐含的各类文化信息和内涵；也还可以从歌、舞、文学（魔幻、科幻、哈利波特）、剧本的角度，来设计和策划，创作和创造，接着整合，金帆、银帆、金鹏等艺术科学社团，表演、展示，将"蓝博豆"真正做成为学校文化的最优秀的载体，学校走向世界的一张最鲜活的名片。

第四，进一步地建设高层次的精英教师团队。这可能还是需要通过与相关行政部门和教师培训机构争取，通过专项设立、合作培养等方式，在已有的基础和层次上，培养各学科"教育家型教师"，以此激活所有教师专业成长和发展的精气神。从而通过 5 年左右时间的努力，改变目前的这样的高校专家类的路径依赖，实现真正的校本研修和自主发展。

第五，进一步提升国际交流和交往的水平。以与自身北京这样的国际化都市、首都一流学校的地位和身份相切合。

第六，就杨刚校长而言，进一步提升思维力，对教育问题、依法治教问题、现代学校制度诸问题自己深度的探索，尤其是强化对自身教育思想的梳理、整合，并使之系统化。

安徽省亳州一中诊断报告

到亳州一中，两天的观察、座谈、交流，很多感受，很多启发。

来到亳州，几乎是"突然遭遇"，并未做好准备，那样多的历史、传统、英雄、文化的元素如同春雨、夏风、秋天的黄叶、冬日的第一场雪扑面而来，真正让人喜不自胜。

亳州的历史，可说是源流正宗，道儒合一。老庄故里，自由哲学，让人觉得博大精深的同时，更进一步近距离感受老庄其人的品格风范，他们的庄谐并重，尤其是庄子的放任豁达和"好玩"，给人很多关于教育的启迪。教育是不是可以更为简单、朴素甚或"好玩"一些呢？

亳州一中的历史文化，可说是起点独特，中西合璧。就在这样的亳州"道儒合一"的中国背景下，100 多年前，两个来自美国的包氏，挟着基督的济世精神和西学、西方民主的因子，办起了一所学校，这就是亳州一中的前身。

张勇校长的经历和故事也很不一般。临难受命，力挽颓局，以两三年之力一举解决古老的亳州一中的生存问题，使学校、教师和亳州教育摆脱多年的"阴影"。

就凭此一点，就证明张校长是一位有着在特定时期特有的责任和使命担当的英雄校长。

我们以为，如今的亳州一中，已经具有了很好的发展基础。

一是质量的基础。教学质量已经处于全大市绝对领先的地位，把原本的危机和威胁较远地甩在了身后。

二是教师的基础。挟着这样一种整体升学率和质量的迅速攀升，教师的元气开始逐渐恢复，精神开始高昂。

三是教学的基础。备课组建设，集体备课，从大家初步的认同到场地、时间的保障，都开始走上正常化的轨道。

四是文化的基础。历史底蕴的深厚一定程度上决定了学校发展的高度。学校已经成型的校风"教真求真，真教真求"，校训"公和勇朴"等体现了一定的层次和含金量。

假如要言特色，我以为这样两个方面似乎比较明显：

一是心理教育的课程化。这在一般的重点中学中很难一见，而这与当下中国处于高压下的高中学生的心理状况和心理需求是切合的。

二是应试系统的科学化。高中不言应试异常困难，社会和行政的绑架让教育无路可逃。但即便是应试也是可以"科学"一些的。应该说，亳州一中在这一点上，走对了路子，也走出了实绩。

但是，问题也是很为明显。

一是质量危机刚刚过去，升学问题依然作为主要矛盾，失败的阴影一时还难以彻底消除。

二是应试在从校长到教师的话语系统中还占据着绝对主体和主导地位的阶段。

三是衡量教学、教育和质量的主要标准，评价教师的主要指标还停留在教学质量和分数层面。

四是学校主要工作几乎都是围绕分数指标体系来集中运作。德育、课程、文化、综合实践活动呢？

也正因为此，成败论英雄，分数绝对崇高，必然导致学校工作重心的偏斜，导致教师发展、学生发展问题上的片面性和极端化。

于是，学生的"全人发展""个性"和"创造性"成长问题，教师队伍建设问题，价值观引领问题，规范的制度建设问题，课程体系、文化体系建构问题，甚至学校发展的中长期规划问题，都还没有真正重视并成为管理者和所有教师的共同追求。

从我与所有教师交流时的课堂氛围就可以看出，教师的团队精神、集体荣誉感和精神价值认同，教师的专业素养、综合素养等领域都有或多或少的问题。

从整体上看，假如用学校发展和校长发展的阶段论来衡量，我以为，这所学校，这所具有百余年历史的老校其真正的发展还处在一个层次比较一般的发展时期，是一个高中发展的初级向较高级发展的阶段。

而张勇校长，则处在高中校长发展的中高级阶段：理念、理论、品格、精神，如果对照我研究的教育家型校长的标准——领导力、思维力、创造力和表达力，都是没有任何问题的。

正因为如此，校长的优秀与高度，与学校本身发展的相对滞后、教师层次的相对低平之间，存在着较大的差距。这样的差距，有时候有意义、有价值，尤其是在快步走出低谷的"原初"阶段，其引领并获得的追随效应，是十分重要的。但是，一旦进入缓冲期，那一股"兴奋劲"和"好奇心"逐渐淡去，而校长自身的调整又不及时，可能就会逐渐转化而为负能量甚或反作用力。

正是基于上述观察和分析，我们提出亳州一中和张勇校长发展的"转型"概念。学校可能需要从目前比较热衷的单一的应试倾向和格局中跳高一步，与国家社会的"转型"相一致，开始逐渐走向促进学生全面发展、培养全人的适合孩子素质成长的教育；而张勇校长则应该从满足和适应社会和行政的单向需求，也就是主要的应试需求，很快转向不仅追求教学质量而且更加追求满足人的发展的教育的需求，这种需求才是教育也是所有孩子的真正的需求。也只有这样，张勇校长才有可能成为不仅有教育情怀，而且有人文情怀和家国情怀的优秀的教育家型校长。而与之相关联，亳州一中才有望成为真正的中国名校，成为与百年老校，与中西合璧的教育发展起点，与亳州的历史文化相贯通一致的教育高地。

据此，特提出建议如下：

在度过了学校发展的"艰难时世"之后，又处在中国教育的特定的转型期，或者称为"后应试"的时代，必须关注下列两个方面：

第一，科学处理好四组关系。

正确看待并处理好教师的教学实绩与道德品质、人文情怀的关系。

同样在安徽，此问题的处理比较好的是歙县中学，可以与该校多交流，向他们多取经和学习。仅能教出分数的是什么样的教师，学生最为喜欢和尊崇的是什么样的教师，应该通过大讨论，正引导，达成共识。另外，在学校规划研制、文化建设的过程中，通过价值观的确立、解读和宣讲并最终的认同，引导教师核心素养——教学素养和人文素养实实在在地成长。

正确处理好既有的研修、备课（主要是集体备课）的形式、制度与活动开展的实效性的关系。

通常的状态，或者说是我们在其他许多学校观察到的状态，集体备课的优势是显然的，但是若是教师群体的整体素质不高，加之监管和控制不到位，常常会流于形式，甚至走到初衷的反面。现在看来，亳州一中的状态还是有着许多问题，有些甚至是严重的问题。

从管理机制的角度看，要慎重处理好年级部和传统的处室关系。

关键是要调动中干部的积极性、所有员工的积极性，要么做好协调工作，运用一定的机制，使新老管理体制间找到合适的结合点；要么就必须在新老体制间反复斟酌和权衡，选择第三条道路，比如可以学习优秀企业或者部分中小学已经开始实施的扁平化管理的策略，特别是当"治理"的法治理念逐渐成为社会共识，借助这一轮的学校治理结构的"升级换代"，可以做一点高中管理机制的突破创新，这倒是符合道家哲学"物极必反""否极泰来"的道理的。

协调处理好管理者的理念、理论和优秀理想与教师实际理解和操作的关系。

主要领导人的理念先进、理论层次高、思想比较超前，当然是引领学校发展前行的基本要求甚或是前提，也是领导人取信于员工的基础性条件。但是总是高屋建瓴、气势如虹，总是让在下者觉得领导人高高在上，甚或不食人间烟火，两者间的差距过大而出现油水分离，鸡对鸭讲，那就会出现"分割"和"分离"的。这就需要管理者纡尊降贵，更多俯下身子，与教职员工拉近距离，让整个学校所有员工都成为"一家人"。所谓"一家人不说两家话"，不仅是情感上的，也包括思想和理路上的。

第二，着力推进和深化几方面的问题的解决。

强力推进学校发展规划的研制。不要以为规划仅仅是制订计划。规划常常被认为是不兑现的"变化"，有人甚或认为是"鬼话"。要认识到，研制规划的过程，实际是集中和凝聚智慧，提升所有成员精气神，建设团队和学习型组织的过程，是体认学校发展愿景和共同价值观并形成共识的过程。

启动学校动文化建设工程。

与规划研制的价值取向一致，文化建设也是提炼学校精神，特别是达成学校价值观认同的过程。

考虑到亳州一中独特的背景和发展渊源，我们觉得，在学校文化建设时，要注重深入研究道家文化、儒家文化的精髓，要关注它们的融合，从中发现和提炼与亳州一中历史进程切合的学校文化的内核。

要重视西学东渐过程中，办学起点时的"实用"主义的教育观在当下的意义和价值。要关注重视生活，重视经世致用这样的教育理念，与我国现实教育中某些主流教育理念和思想的关联。

大力度重视团队建设，从专业发展和综合素养提升的角度，建设一支符合素质教育要求、能够满足学生全面发展要求的教师队伍。

作为学校规划的重要内容板块，研制专门的教师发展五年规划。规划要视野开阔，定位高远，目标明晰，措施扎实，注重实效，尤注重监管和考核的跟进，争取五年出成果、出人才。

其中青年干部团队、名师团队和班主任团队尤为关键。可以设立指向十分明确的专题培训班，比如"高级后人员"专项、"特级和正高后备人员"

专项等。采取"请进来，走出去"、专题研训、区域外跟岗、自主研修等策略和方式。

开启符合本校特点和亳州历史文化特点的课程及课程资源建设工程。

从发展学生全面素质的高度、高中教育"转型"的高度，从有什么样的课程就有什么样的学生的理念出发，构建国家课程、地方课程和校本课程三位一体的亳州一中课程体系。顺应着新一轮高中课程标准修订的大势，以校本课程为突破口，借助亳州历史和地理，从培育亳州一中人、亳州人、中国人和地球村人的角度立意，构建体现亳州一中独特个性与体现国家意志的国家课程体系相一致的课程系统。

进一步强化教学和学校管理，走精致化的学校发展之路。

充分激发每一员工的潜能，充分发挥团队力量；在继续发展教育教学科学化的同时，在人性化、人文化、精致化上做文章。在这一点上，我们觉得亳州一中可以向北京海淀区中关村二小学习。

总之，在这样的"转型期"，从技术走向艺术，从战术走向战略，可能是张勇校长与亳州一中全体成员需要重点关注、研讨和解决的问题。

衷心祝愿亳州一中转型顺利，发展平稳；张勇校长百尺竿头，更进一步。

福建省三明市三明学院附小调研诊断报告

2016 年 6 月 26 日至 29 日，我们（教育部中小学名校长领航班江苏基地专家团）在学员林启福校长所在的学校——三明学院附小进行了为期三天的观察、研讨和交流。其间，听校长和相关领导学校发展的总体情况报告，召开相关层次的座谈会，参与学校未来创新发展的高端论坛，参观校园，还有机会与地市教育局主要领导和分管领导两度深层次交流，应该说对该学校的历史、现状和未来发展有了比较全面和深入的了解。以下是我们的诊断分析，供三明学院附小和三明教育行政领导决策时参考。

一、印象三明

走进三明，眼亮心明。这是一座集自然之静美与人文之广博、温馨和谐、极为宜居、世外桃源般的山林城市。山明水秀的生态，穷究天理的朱熹理学，精忠报国的南宋文山传奇，现代革命史共产党人播下的红色基因，丰富多彩、代有传人的客家文化的交融和传承，汇合，激荡，交融，成就了三明、三明文化、三明人乃至三明教育的独特品格。

与三明人交流，尤其是与教育人交流——从市教育局领导到三明学院附小的普通老师，越发觉得"三明"之市名，名副其实。这里果真是"景明"，青山如黛，澄江如练；果真是"人明"，诚厚待人，阳光透明；果真是"心明"，此山此水，洗涤尘渣，此地此情，让客心澄明。

二、印象附小

前后在三明学院附小两整天时间，参与有关学校发展战略的高端论坛，听林启福校长和班子成员围绕不同专题和领域的介绍和阐发，印象最深刻的是如下几个关键词：幸福、福泽、蓝天白云大屋顶、梦想伞、七色花、德育体验、团队、儿童视角．感受最深的是如下几点：阳光、明亮；诚厚、大气；严谨、认真；心灵自由，精神幸福；充满精气神，真正高大上。学校文化中，最好的表达是"从小事做起，把小事做好"，体现的是最为平和、实在、切用的教育价值。学校课程系统中，最为完整和卓异的是德育课程以及在此基础上初步构建的幸福课程体系。其中有三点，可以成为三明学院附小的品牌、特色和闪光点：一是一流的校长。校长的对于教育的热爱、热忱，几乎就是为教育而生。其教育理想、理解和理念，沉稳、厚重、大气，已经形成了与自己身份匹配的教育思想，其表达和践行应该说是小学校长中绝对的佼佼者。他提出的"四生""五度"等"幸福教育的核心要素"很有层次，值得研究。二是优秀的课程。七色花幸福教育体验教育（远足行动最有亮点）极具个性和品质，在当下学校德育工作效益不彰的大气候下，无疑是一枝独秀。三是卓越的团队。附小的团队是一个很难得的学习型组织、合作型团队、创造型集体。其合作精神、执行力、教育成效令人感佩。管理者和教师们的表达和思维也都不同寻常。这充分表明他们与践行同时的反思、学习、研究和思索，不断结出硕果。

合而言之，三明学院附小在思想与践行、团队与合作、体系和系统、规律和科学、气质和风度等方面都表现得非常优秀的学校。在这所学校，与老师们交流，看师生的教学生活，总让人情不自禁地想到 20 世纪 80 年代曾经非常流行的一首歌曲，歌曲的几句歌词"笑意写在脸上，哼一曲乡居小唱，任思绪在晚风中飞扬"，用以描写"幸福教育"和"幸福生活"着的师生的样子，似乎是比较贴切的。

林启福校长的教育理解、主张和思想是优秀的：纯正、端庄。林校长的办学实践是成功的，卓有成效的。三明学院附小的办学目标、定位实在，可望而可即。但如何走向全国有名、成为一流学校？这是我们要研究并回答的问题。

三、附小发展中存在的问题

附小距离一流学校究竟还有多远？我们在观察、调研、交流过程中，觉得有三个问题最为关键。

一是硬件条件严重制约学校品质的提升。校园面积与学生数量之间严重不成比例，学生缺少基本的活动空间，而且存有较大的安全隐患。基本的教学设施和资源，比如图书阅览室、运动场地、各类活动课程实施课堂等，因为校舍面积的制约，无法全面、足量供给，严重影响了国家课程和校本课程的实施，严重影响了学校学习资源的开发和建设和学生基本正常活动的开展，严重影响了学生综合素养的养成以及义务教育学习发展的基本目标的实现。

从学校发展和社会事业发展的角度看，学校层次的进一步提升，学校品牌和窗口效应的发挥，区域教育、文化发展地位的呈现，也都受到极大的制约。这是十分可惜和遗憾的。

二是学校文化的系统性和科学性还存在问题。

三是师资的发展似乎遭遇瓶颈。高端教师和管理者的成长和发展的机制和平台还比较缺乏，如何尽快让一批已经具备较高资质的优秀者脱颖而出、走出三明和福建，在省内外享有盛誉？应该作为问题予以关注和研究。

四、我们的建议

1.进一步丰富和完善幸福教育的内涵，以此为起点，构建和完善高品位的学校文化系统。

（1）对于三明学院附小教育核心元素的确定和解读需要研究。

我们认为，"福泽"教育似乎更可以表现该校教育的个性特点。"福泽"，从名词看，福之大泽，学校本身就是幸福的长河，老师和同学都将成为幸福的小河；从动词看，以学校之福来润泽别人，润泽自己；以自身之福来润泽他人，润泽社会。（教育价值观）

福泽，泽被天下，泽之所"被"，应该是普惠的，应该是公平的，绝无厚此薄彼的。泽，恩泽普惠，泽被天下，其动态的过程恰恰是教育应有的姿态：那就是静静地缓缓地浸润，就像"随风潜入夜，润物细无声"。

（2）要让儿童视角和立场深入人心，落实在每一个文化元素的表达中，每一个学校活动和课程的建设和实施中。

"从小事做起，把小事做好"，恰恰是最为入心的孩子的表达。但有关德育课程十要素的归纳比较混乱，缺少逻辑关联，主要是分类不当，标准不一，角度不准。比如所提要求是对谁而言，对自己、对社会、对学校？从学校角度而言，就有文化、教师、教学等方面，必须目标确指，把握好标准和尺度。比如教学领域所提的"以学定教"，肯定是正确的。但怎么来进一步挖掘和完善其内涵？"学"，仅仅是学生的学？"教"，究竟如何来教？在教的过程中如何呈现自己？这些问题最终都需要从学生和学生学的角度和方面进一步挖掘和研究。

可不可以将"福泽"确定为学校教育价值观，将"从小事做起，把小事做好"作为校训？在此基础上认真深入地解读，假以时日，逐渐丰富并完善。接着是通过课程体系来支持和支撑，并进而实现三明学院附小的教育理想和追求。

2.在深化文化及其价值理解的基础上，进一步优化学校文化实现的方式和路径。

学校的文化建设是丰富的，表达和叙事也是优秀的，学校管理者和教师们付出的劳动是可以想见的，一代一代三明学院附小人的贡献是有目共睹的。比如理想星空、幸福星空等学校环境文化、七色花德育课程建设等尤为令人瞩目。但还有许多见诸墙壁上的口号虽然政治上正确，也是一种带有鲜明时代特征的一种文化，但还是显得过于浅薄、直白，与现代教育还是有些距离。"文化"应该重在"以文化人"，"化"重在逐渐地潜移默化，是一种由内而外的转化。所以在心头的文化无他，关键是在"心""化"上做文章。这就需要我们认真研究学校历史、过于张扬的口号、普世的教育理念与学校文化究竟是什么关系。

这里有几个关于文化建设的理念郑重提出，供大家参考。

学校文化是一个非常复杂的系统，其建构的过程是一个漫长的过程。成熟的学校文化可能是需要一所学校中的多少代校长和教师甚或学生共同努力、代代积淀、千锤百炼而成。也就是说，文化的主体应该是内生的，真正的学校文化可能主要不是外显出来的物质、有形、文字和图片的东西，而应该是精神或者说可以转化而为精神层面的东西。所以有人说，学校文化就是我们这一群人"在这所学校学习、生活和工作的方式"。而这需要一代又一代校长和师生的努力奋斗才能够达成，这样的"内生"过程，是学校文化的关键。

学校文化建设永远在路上，只有进行时，没有完成时；学校存在一天，学校文化就将发展一天；学校文化永远是一个完全开放、总在运动的系统。

学校文化作为学校发展形而上的价值观，还需要与学校课程体系的建设紧密结合、同步开展，因为文化最终的落脚点在学生，但文化最为直接地作用于学生，必须借助、经由、依靠课程，所以才有"有什么样的课程就有什么样的学生"的教育观。

就附小而言，对于已有的文化表达和文化呈现，有的在墙壁上，有的在教室内，有的在平时大家的口头上，需要做一些清点，那些纯属口号、少有内容、不着边际的，应逐渐被清理。有专家说，让学校中的墙壁说话，是指让墙壁本身的艺术美说话；让学校中的草坪说话，是指让草坪上的花草树木用它们自己蓬勃旺盛的生命力说话，绝不是张扬空洞无物的口号和随随便便的标语。一般意义上的政治宣传，与富于内涵的潜移默化的教育还是有着重大的区别。

3.进一步强化名师团队的培育，全力推进"教育家型教师"的发展，以此提升学校品格，成就区域教育品牌。

"三明"之有名，主要是靠什么？还是靠的三明的相当优秀的有名的历史文化，包括名人名事名地等。学校之有名，也因为名校长、名教师、名学生。其中最为重要的是名教师，当下的附小，林校长作为名校长自不用说，而已经和正在成长为中学高级教师的附小群体已经出现。如何让这批人迅速跃升？如何让紧跟其后的那一批嗷嗷待哺的教师更加快速成长，感受到希望在前？可能学校和地方教育行政部门需要沟通，需要寻求支持，是否可以启动与此相关的"名特优教师培养工程"？是否可以在教育行政的支持下，列入大市的名师培养计划？

这可能需要林校长和团队成员站在附小未来发展和名校成长的高度来认识，也需要地方教育行政站在三明教育和社会事业发展的高度来认识。

我们习以为常的，老师总是因为学生的成长和成果而骄傲；什么时候能做到让我们的校长和局长，因为老师的成长和成功而自豪，让老师们因为自己的成长和成功而自豪，这里的教育就没有任何理由不优异和卓越。

"三明"教育呼唤教育的"三名工程"！

4.进一步强化德育课程体系科学性研究，在此基础上，统整和建构更加完美、更加科学的学校课程系统。

德育课程建设在三明学院附小已经破题，而且卓有成效。但是作为一个"体系"，并且完善到"福泽"教育之大系统中可能是一个不小的工程。这一件事可能要成为未来附小发展的一个重要工程。建议，在福泽教育文化价值观的统领下，从国家课程和校本课程以及地方课程诸领域，通过开发、整合、建构等多种方式，逐渐形成继承附小传统、具有附小特色的课程体系。

在课程建设过程中，要结合德育课程改革尤其是《道德与法治》教材的推出，更多从教育规律出发，研究学生道德养成的机制，激发学生的自主发展意识，让学生真正成为德育的主体。要将道德教育与审美教育结合起来，借助教育部与相关省份签署的审美教育备忘录精神，从美和行为美的高度来认识道德的意义和价值，从而提高道德教育的实效。

5. 进一步提升家长"百家讲坛"家校合作，为家庭教育提供资源和智力支持，为突破现实教育困局做出探索。

附小的家长学校已经做出了一些努力，为家庭教育、家校一体的教育提供了一些支持和帮助。但是，与现实家庭教育乏力、无奈的格局比，与家长对于家庭教育的知识、能力的诉求比，我们还做得远远不够。也就是说，通过对家庭教育的支持，实现家庭教育与学校教育的和谐共进，达成学生素质的真正生长，我们还有很大的腾挪空间。在条件许可、不影响正常的教育教学秩序的前提下，实行学校向学生家长开放学校所有学习资源、提供可能服务的制度。比如图书阅览、文娱活动等场所，比如可以创办提供家庭教育知识的小报，可以定期或不定期开设家庭教育专家讲座等。其中的意义和价值，尤其是对于家校合作、学生发展诸多方面，是"善莫大焉"。

6. 进一步加强教育的合作交流，借助比较特别是国际比较，提升学校发展层次和境界。

三明学院附小的内涵发展非常优秀，但是其对于区域和更大范围的辐射和影响力还不是很强，不是很大。与领航班其他学员所在的小学比，还是有距离。现在是"心"有了，"理想"和"理念"也有了，如学校中已经有了蓝色的天空长廊、醒目处悬挂的世界地图等。但当下需要或者说迫切需要的是"走出去，请进来"和"有合作，多交往"。这里的进出、交流应该是国际视野，地球村庄。国内外一流学校的"结盟"应该成为学校发展"升级换代"的重要追求。这需要林校长及其团队发扬"山高不碍乾坤眼，洞小能容宰相身"的先人传统，努力实现"偏远地，大视野""小学校，大情怀"。

7. 进一步改善办学条件，以"扩容"位突破口，全面提升学校办学硬件条件，实现学校新一轮的又好又快发展。

如前所说，附小的发展条件尤其是硬件方面存在着几乎可说是制约的瓶颈。校舍面积、学生活动场地、图书阅览馆舍严重不足，现代化设施的配备因此也难以到位。而且很多问题因为历史因素，眼下几乎没有可以展望的前景和思路，也就是说，学校发展走入困境。

我们觉得，若是在原址上的"扩容"已经没有可能，是否可以考虑有如下思路或者说方案？在此郑重提出，以供林校长和三明教育局、相关政府决策部门决策时参考和选择。

第一条思路：另择新址，重建一所附小。现址学校可以出让、置换。这是最为理想的，但因为三明土地资源奇缺，操作有难度，但如果打破常规思维，跳出城中心，也许会换来附小发展的新天地。这一方案的好处是，可以在一张白纸上画出最新最美的图画。问题是，土地是最大的制约因素。

第二条思路：选择一所生源下降但校园面积较大的相邻学校，两校合一校，现址学校出让或置换，在新校中按照现代学校标准重建。这一方案最大的好处是回避了土地矛盾，问题是需要有这样一所学校作为"候选"。

第三条思路：以三明学院附小这样一所三明市名校为核心，组建一个紧密型小学教育集团。开始可以有三所左右学校，以后逐渐扩展到五六所甚至更多。管理上实行一校多区，人、财、物统一掌控，均衡配置，每一校区的学生规模取决于校舍面积。这样的"制度设计"就回避了同一区域内学生择校的很多矛盾，也解决了现址学校发展的面积瓶颈问题。小就按小的规模来办，大就按大的规模来办。

这一切的实现，需要附小人的设想、想象和胆识，当然更为重要的是三明教育局和市委市政府的支持和支撑。衷心希望三明市能够重视已有的优质学校资源，重视三明市已有的这张教育名片，重视林校长和附小已经"打出"的这一方天下。有些契机、机会、背景、平台、资源，真的是千载难逢，可遇而不可求。作为三明教育的朋友，严格意义上讲，应该说是"局外人"，我们心里十分清楚，假如这样的学校和校长不是在福建，不是在三明，会怎样？三明教育培育了这样一所学校，培育了林启福这样的优秀的教育家型校长，但三明人又应该如何来重视他们，如何来发扬光大他们，做大做强他们，这是一个举足轻重、不能不深长计议的大问题。这不独是为了林校长和三明学院附小，也是为了三明教育本身，三明乃至福建的社会事业发展。

衷心祝愿三明学院附小有长足的发展，三明教育有更好更快的发展！

发现·思想与情怀

守望教育的本真

——林启福与三明学院附小的福泽教育

点评：

建构教育哲学：教育家型校长的始终追求

一位优秀校长就应该有自己关于教育的思考、理解和追求，一所优秀的学校就应该有独特的关于学生、教师和学校成长和发展的教育理念、思想和哲学。构建学校发展的比较成熟和稳定的教育哲学，应该是教育家型校长的基本职责、使命和不懈追求。

三明是一座山环水绕、充满现代文明气息的"桃源"般的山林城市，三明学院附小却有着与这所城市不很匹配的逼仄和"古旧"。尽管如此，走进三明学院附小，这一点也不妨碍我们对于这所学校异常整洁、十分现代的观感深切，不妨碍我们对于三明人明亮、诚厚和坚韧的印象强烈，更不妨碍我们对于附小教育理念和学校发展优秀和卓越的判断明确。与老师们交流，我们总是为他们的专业、敬业和幸福感而感动；走入教室，我们更会被教室文化的精细、周到、入心和儿童视角所感染。是的，生活在这样的教室中、校园里的学生和老师一定是快乐的、满足的，充满幸福感的。哪里仅仅是附小人，即便是偶尔驻足的我们，时刻萦绕在心头并且动辄跳出口来的就是两个词：温馨和幸福。

　　这一切当然与林启福校长有关。林校长有着一般小学校长少有的谦逊和低调。在领航班的学习中，他听课和交流极为认真潜心，学得多，想得多，问得多，记得多。但于稠人广众之中又很少张扬和表现。林校长善思且切实，总是思多于言，做多于说。每次阶段学习结束回校后，总要立即带领班子成员和相关老师集中研讨在培训中的所学所思，希望分享、共赢并以此指导学校改革发展并产生即时的进步和变化。林校长给人最深的感受是特别友善，富于激情和爱心，总能给人带来暖暖的幸福感。他总是饱含真情，对同学、导师，对身边的每一个人，总是考虑周到，关怀备至。在附小，几乎所有的老师言及林校长，都会充满感激，感激他所精心营构的如此和睦、温情洋溢的教育田园，尽管在每一天的教育生活中他们是那样的刻苦和辛劳。

　　这一切，当然与林校长的"福泽思想，幸福教育"有关。福泽，而有幸福，福泽教育几乎是所有附小人的心声，从教师到学生，从师生的教学到生活。

　　那么，福泽教育作为一种教育主张、理念和思想，其魅力何在呢？

　　我们以为，福泽，是关于教育的科学的表达。

　　"福泽"，福之大泽，这是对于学校和师生教育教学关系的贴切准确的描述。学校，本身就是一条注满幸福之水的长河，老师则是一条条水源丰沛的幸福小河，在这样的学校和老师的熏染教育之下，学生未来都应成为无数的幸福小河。"福泽"，以学校和老师之"福"来润泽学生，润泽他人；学生终有一天又能以自身之福来润泽他人，润泽社会，进而反哺、润泽学校。就此而言，教育，就是人与人之间幸福的润泽，而且是立体交互的润泽。

　　福泽，是基于教育现实的理想追求的表达。

　　"福泽"，泽被天下，泽之所"被"，应该是普惠的，应该是公平的，绝无厚此薄彼的；而"泽"的动态的过程，恰恰是教育应有的姿态，那就是静静地缓缓地浸润，就像"随风潜入夜，润物细无声"。这种舒缓、沉静，内隐着一种精神和哲学，那就是耐心、忍性，期许和等候着生命的幼芽和清纯的儿童悄悄静静地"生长"。这种表达的深刻，就因为对于现实教育的观察和思考的真切；而这种理想的追求，表现的是林校长及其团队成员教育的大爱和良知。

福泽，优秀的理念还有着扎实的教育行动的支持和支撑。

附小的校训是"从小事做起，把小事做好"，恰恰对应了"福泽"之"泽"性。涓涓、滴滴、细细、悄悄，可以说，起点在"微小"处，但又落点在大福中。这样一种基于儿童视角和立场的、深入人心的、简明质朴的话语方式，在当今学校文化建设"高大上"成风的大潮中，很是另类，却又是难能可贵的返璞归真。不仅如此，学校已经建构的"七色花"德育课程以及正在建构并完善的福泽教育课程体系，都为这样的教育到位实施提供了至为重要的"物质"保证。

林校长的"福泽"教育观，根植于我国儒家教育的优秀传统。有教无类，因材施教，除了呈现出孔子教育的一种基本原则和策略，更表达了"让每一个受教育者都能公平地受到教育，都能受到适合自己的教育，获得应有的发展"这样一种博大的教育家胸怀和理想。这可以说是"福泽"思想之源。林校长偶尔会讲起他自己的教育经历和故事，他感恩于亲人、老师、同伴、领导甚或家长之处甚多，他以为，受惠于他人并进而播惠于世界和未来，这就是教育和传承。这应该是"福泽"教育之基。

什么是一个校长和一所学校的"教育哲学"？美国课程学者泰勒认为，学校的教育哲学指的是对美好生活的看法所持的价值观，以及对社会适应、社会改造和社会分工等问题的态度。它不是一般的学校发展理念，而是带有认识论和方法论意义的教育理念，而是积淀在学校中的历史传统，反映了学校的发展背景，体现着校长和广大教师共同愿景的核心教育理念。

以此来观照三明学院附小的"福泽"教育，我们会发现，"福泽"就是三明学院附小的教育哲学，而且是优秀的教育哲学一类，因为林校长的思考是哲学的，他的教育哲学的建构是科学的。古人云："筚路蓝缕，以启山林。"林校长名为"启福"，也许是天造地设的机缘。林启福校长一心要开启的三明学院附小的教师和学生的幸福之门，而"福泽"哲学，体现的是基于规律的个性、有所根据的原创和极具智慧的表达；"福泽教育"

的践行，实现的是教育的公平、普惠、生长、温润、细腻之功，这正是现实和未来基础教育所要达成的至为关键的目标任务，这也是教育的无量功德。

福泽，启福，在林校长这儿，真正是实副其名，名至实归。

而这恰恰是教育家型校长应有的姿态，至高的境界。

附录：

幸福教育的守望者——林启福校长

一、有教无类，福至心灵：林启福校长的办学思想与办学业绩

"教育的本真，不是甄别，而是对当下每一个生命的深切关怀。关怀生命，让走进校园的每一个孩子自由呼吸、幸福成长，让校园里的一切润泽他们生命的亮度，让每一个孩子都有机会过一种完整的教育生活，然后从容地走向属于他自己的幸福人生。"这是林启福校长在近20年的校长路上，探索出的儿童教育的真谛，形成的"有教无类，福至心灵"的办学思想。

一千个孩子就有一千种幸福。林启福校长带领三明学院附属小学100多位教职工恪守"爱岗敬业、无私奉献、敢拼会赢、勇于担当"的附小人精神，在历史沿革发展的基础上不断推进附小"名校"发展战略，形成了"幸福教育"办学区域特色，辐射全市，成为三明地区首屈一指的"名校"，老百姓心目中的好学校。附小确立了"为学生幸福人生奠基"的办学理念，秉持"精雕细琢，终成大器"的治学精神，以"五优"为办学目标（育人环境优美、教师队伍优秀、学校管理优质、教学设备优良、教学质量优异），倡导"从小事做起，把小事做好"，推进"年级好习惯"教育，全面实施"素质教育、名师、名校"三大工程，形成了教师队伍建设、心健教育、艺术教育、写字教育、校园安全管理教育等鲜明的办学特色，努力让每个孩子的个性得到尊重，艺术得到熏陶，特长得到发挥，最大限度给每个孩子提供个性、和谐、快乐、发展的空间，让学校成为幸福的地方，为学生幸福成长创造良好的生态教育环境。

林启福校长认为：校园不只是培养知识、提高能力的场所，更是一个见证师生生命成长的神圣之地，让每一天的校园生活都成为儿童生命中阳光灿烂的日子，成为他们一生的记忆。附小人充分尊重教育规律，以儿童的视角来思考教育，热爱儿童、尊重儿童、呵护儿童，在"为学生幸福人生奠基"的责任使命下启动"幸福"教育模式，努力使校长和老师成为儿童生命中的福星，以仁爱之心、智慧之水润泽儿童的成长，传播有益于学生身心发展的福音，提升生命的亮度，使学生福至心灵，走向幸福人生。学校通过科学规划顶层设计，有计划有步骤开展微观办学项目探索和研究，目前已经确立儿童发展"三基"课程目标（"学会做人的基本道理、适应社会的基本素质、持续发展的基本能力"），构建"四生"幸福课堂（"生本、生态、生活、生长"），推广"幸福七色花"年级特色活动，着力"幸福学生的样子"好习惯培养，实施"幸福"师生发展目标，守望"幸福花开附小"的美好愿景，形成独具特色的完整"幸福"教育生活，成了三明新教育的办学名片，受到了广大师生、家长和社会群众的好评。

二、他山之石，臻以攻玉：领航班助力名校长成长

《礼记·学记》中说："独学而无友，则孤陋而寡闻。"林启福校长成为教育部首期中小学名校长领航班学员后，专业发展得到了很大的促进。"要想教育好儿童，自己首先就要变成一个大儿童"，这是林启福校长在与国家级教育成果特等奖获得者李吉林老师的交流中感悟最深的一句话。林启福校长深信：教育就是要让儿童成为儿童，即使是成人，也可以拥有不老的童心，和孩子一起享受慢成长。与李吉林老师的这次面对面交流，林校长更加坚定了"有教无类 福至心灵"的儿童教育观。

三、悦纳幸福，福泽绵长："林启福名校长工作室"领航者行动

林启福校长践行着他的办学思想，躬耕在基础教育的最前沿。2015年9月，"林启福名校长工作室"正式挂牌启动。"福至心灵"的领航者行动从附小出发，走向三明乡村、城镇，走向省城福州。

1. 悦纳学校，让学校成为一个幸福的地方

"林校长，我好久没有看到您了。告诉您个好消息，您和我打赌后，这两天上学不迟到了！"一位同学骄傲地向林校长报告。

就像"世界上没有两片完全相同的树叶"，走进校园的儿童也千差万别，他们中间有的勤奋好学、阳光向上，有的多动调皮、学无所长，更有甚者害怕学习、惧怕交往，等等。林启福校长常常对学校老师说"有教无类"，就要不分美丑、不分贫富、不分优劣、不分聪慧或愚钝，为每一个学生提供均等的发展空间。多年来，林校长能细数得出每届学生里那些特殊群体的孩子。他关注学校群体中每个"具体人"的幸福感，建立校长是师长的关系，注意捕捉每一个细小的教育细节，努力用自己的言行影响儿童的言行，用自己的灵魂照亮儿童的灵魂。

"楼顶空洞洞的，可以在上面画上蓝天白云吗？"

"没有塑胶跑道，我们用力跑起来摔破皮怎么办？"

"我的水杯太小了，万一在学校活动口渴了没有水呢？"

……

林校长对儿童心充满尊重，身体力行校训"从小事做起，把小事做好"：他找来工人为楼顶喷漆，把孩子们脑海中的"蓝天白云"梦想变成现实；他四处奔波协调各方力量趁着孩子们暑假散学完成了塑胶环形跑道和绿茵球场的改造扩建，组建了全市第一支校园足球队；他得知不少孩子在体育运动后没有足够的水喝会偷偷去买饮料或者吃零食，马上落实安装两台净化直饮热水器，让孩子们喝上放心水；他听孩子们说"幸福"，随后孩子们的"幸福"寄语映着活泼可爱的卡通形象绽放在校园的角角落落……倡导"有教无类"的教育主张，林校长就这样在附小践行着"福至心灵"的教育目标，让附小成为一个幸福的地方，成为儿童幸福人生启航的摇篮。

2. 守望相助，让"扶志"帮扶促进地区教育均衡

开展结对帮扶活动，是落实教育公平，加强农村薄弱学校建设，缩小城乡差别，促进城乡教育均衡发展的重要举措。林校长作为教育部首期中小学名校长领航班培养人选，以"林启福名校长工作室"为依托，在三明地区12个县市区大力开展结对帮扶活动，引领了100多位名师、校长跟岗助理的成长。他着力通过跟岗学习、名师带徒、送教送培、入校诊断、巡回讲学、教育思想报告会等多种方式，以实施"学校帮扶工程""教师帮

扶工程"为载体,通过"设施帮扶""教学帮扶""德育帮扶""管理帮扶""活动帮扶"等多种路径,培养带领出一批引领示范作用的骨干校长团队,用"高速"火车头带动同城化、小片区兄弟学校和薄弱学校又好又快地发展。

"我深深感受到校长在学校的重要地位,林校长作为师傅,他既有魅力,更有魄力,经常学习,经常看书,能够在各种场合用先进的知识理念引领老师。我现在知道了,校长要比老师更勤奋学习,更勤奋工作。"

跟岗助理张升家如今已是三明市梅列区洋溪中心小学的校长了。他没有忘记帮扶的初心,现在学校的"关爱留守儿童""周末班车""乡村少年宫"等品牌活动在当地引起了很大反响。林校长常常引用著名教育家波斯纳的教师成长公式和助理们阐述"反思"的益处。每周"学习反思"成为他和学校教师团队研读教育思想、探讨教育现象的必修课。一年下来,教师每人都会有超过万字的"学习反思"笔记。

"好的教育应该是尊重每一个孩子,相信每一个孩子,为每一个孩子的自由发展提供充分选择的机会和自由发展的空间,使'每一个'都能体验成功的快乐。"林启福校长从"扶志"入手,在一次次入校诊断交流中不断唤醒校长管理的责任意识,促进乡村校长敢作为、有作为,重拾教育的理想追求和对少年儿童自觉担当的教育使命,提升帮扶学校校长的管理水平,为实现城乡基础教育均衡发展而做出了积极的贡献。

3. "附小"现象,素质教育发展的一种新常态

"一个人走得快,一群人走得远。合作、信任、沟通、执行,在附小团队得到了完美体现……"

福建省第6期小学骨干校长培训班漳州地区10位学员到学校进行为期一周的考察跟岗。学校有条不紊安排骨干校长们跟岗学习,既有管理层面上的干部工作交流,又有课堂观察、校园文化、特色活动展示等方面的呈现。在一周的跟岗学习中,他们看到学校克服了硬件条件上的困难,把全体师生幸福发展作为各项活动开展的落脚点,全面搭建了展示平台,在和谐积极的氛围中,师生伴随学校发展同步幸福成长,达到了幸福的双赢。件件桩桩小事,让骨干校长们由衷感慨:"附小团队,是一支幸福的力量!"

据不完全数据统计，近两年来，在林校长"有教无类，福至心灵"的办学思想下，学校"幸福"教育的办学特色日益彰显，吸引了省内外300多人次团体的考察学习和调研指导。"附小在开展少先队活动中，以先锋争章活动为抓手，把社会主义核心价值观、学校幸福教育相结合的特色做法很有成效"，共青团福建省委副书记兰明尚到附小调研少先队工作时指出，要将附小的有效做法在全省推广。

"附小'幸福'教育办学思想下折射的校园文化成体系、有特色，各种主题式教育活动提炼了学校的'幸福'符号，内容丰富，有教育意义，展现了素质教育发展的新常态。"林校长"有教无类，福至心灵"的办学思想和学校呈现出来的小学校大教育情怀，展示了学校独特的办学思想和办学特色，不断提升和加强了学校在当地更广泛的引领、示范和辐射作用，以点带面，推进了三明市地区的基础教育改革的步伐，成为福建省新教育的一颗启明星。

有教无类，福至心灵。林启福校长带着美好的教育理想铿锵出征。"只要上路，总会遇上隆重的庆典。让学校成为一个幸福的地方，让每一个孩子都在纯净的、人性的、温情的天空下有尊严地、自由地、个性化地成长！"

将"家国情怀"根植教育沃土

——邱成国和他的"教育维稳"理想

点评1：

有"家国情怀"，才有"教育家"

邱成国校长身上，最震撼我的，是富足丰盈的"家国情怀"。

邱成国是新疆生产建设兵团华山中学校长，也是教育部首期名校长领航工程江苏干训中心班学员。对他的特别关注，是在第一次集中时所做的汇报交流，交流中他提及"教育维稳"的理念。还记得与会专家对这一理念的质疑和邱校长稍有点情绪化的辩解。后来我成了邱校长的指导老师，再后来就有了2015年暑初带着专家和学员前往他所在学校的调研和诊断。

华山中学之旅很不平凡，这几乎是我们随行所有人的感受。邱校长煞费苦心，不仅安排我们观察华山中学，而且走访了华山中学对口援助的南疆地区多所中小学，其中绝大多数是民族学校。两三天时间，我们从乌鲁木齐到喀什，再到皮山、和田，去到三所小学，带着慰问品访问了两户维吾尔族学生家庭，接触了相关团部、师部和兵团总部的教育领导。我们充分感受到，尽管还存在这样那样的困难和问题，但是南疆地区的教育，在中央政府的领导和支持下，整体状况正得到大幅度的改善和进步。所到之处，我们印象最为深刻的是，很多学校的校长、教师，所有的教育行政官员，很多维吾尔族家庭，都特别感谢华山中学特别是邱成国校长为所在区域教育和学校提供的无私的奉献和支持。

那么华山中学和邱校长究竟为这些区域的教育和学校提供了怎样的支持呢？原来，最近许多年来，华山中学几乎每年每学期都要安排10位左右的中层以上干部和优秀教师进驻南疆近10所左右中小学。他们从远在千余公里之外的华山过来，一干就是半年甚或一年，抛妻（夫）别子，冒着多重不稳定甚或危险因素，帮扶教师，引领教学，关爱孩子，甚至以本就不多的工资资助民族孩子和家庭。与这些教师交流，他们并无多少慷慨激昂，也没什么豪言壮语，就是为了这些孩子，就是为了区域的未来更多一些稳定因素。

我知道，这就是邱校长之"教育维稳"的理念。只有这时候，只有在南疆的亲历，只有感同身受了此情此景，你才会知道，"教育维稳"对于南疆是多么贴切的教育理念，是多么真实的教育主张，是多么有价值的教育观。

长途跋涉，风尘未洗，我们终于最后走进华山中学。华山中学位于库尔勒市，这是一座富于江南水乡和城市山林特点的塞外绿洲，是古代中原通往亚欧，也是丝绸之路的重要节点。在这样一种特殊的悠远历史和多重文明的交汇滋润之下的华山中学，因为邱校长的 10 多年承上启下、励精图治，真正实现了政治家们"人民满意"的理想，其教育质量、学生综合素质等综合教育评价指标一枝独秀，成为兵团乃至全自治区非常出色的学校。他们的"才丰似花，德厚如山"的教育理想，"玩在华山"的教育理念，合规律，有人性，成熟、鲜活，切实、个性，显示出这所学校文化的应有品位和风格。

成熟，稳健，声名远播，邱校长可算是功成名就。如果是一般校长，在如今很多校长都在"两耳不闻窗外事，一心只教'升学'书"的时候，而邱校长却从一般办学、教育学生的"一己"格局中突围，"没事找事"，提出"教育维稳"的理念，并做出务实的制度安排，采取切实有效的行动。一批批教师被派驻到南疆广大地区的学校，真正做到了不仅"口惠"而且"实至"。邱校长为什么要不遗余力地支持、援助南疆广大区域的学校，并且已然用非常切实的行动做出实实在在的实绩呢？

在与邱校长的交流中，我们听到最多的是：我是"兵团二代"，我生于斯长于斯，看着南疆的教育现实，我寝食难安；我觉得我们有责任和义务为南疆教育、社会事业乃至稳定做出努力，而教育恰恰可以通过对于一代又一代孩子的引领、教化，以文化人，增强国家意识，实现文化认同，达成民族和解与和谐。

我以为这就是"家国情怀"。

"家国情怀"是一个人对国家和人民的深情大爱，是对国家富强、人民幸福的理想追求。它是对自己国家高度的认同感、归属感、责任感的体现，是一种深层次的文化心理密码。这种家国之爱，在中华民族的历史上，它如浩浩江河，载满浩然正气，源远流长，代有传人。从屈原的"哀民生之多艰"到杜甫的"丛菊两开他日泪，孤舟一系故园心"，从文天祥的"臣心一片磁针石，不指南方死不休"到顾炎武的"天下兴亡，匹夫有责"，慷慨悲歌，呈现的是一腔爱国热血、肝脑涂地，展现的是赤诚的"死国"情怀和精神。这情怀，惊天地而泣神鬼；这精神，感日月而动江河。中华古国因为它而总得圆满，中华文明因为它而总得存续。

邱成国校长身上这样一种闪闪发光的家国情怀，当然传承自古老中华的先贤高圣，也得之于他的兵团父辈的"家国"基因。表面看，这其中难免有对父辈事业的承继和捍卫的"小我"因素，但它径直指向"天下"太平的共同襟怀和理想，显见其早已是"小大无界""家国一体"，所以实质看来，家国情怀，也许起因于"家"，但总是汇流向"国"，它从来真诚、厚重，沉甸甸，活生生，身植于大地，而其义直抵云天。

正因为此，富于家国情怀的校长，从来关乎教育的立意高远。

华山中学的教育是着眼于长远，他们不仅仅关注孩子的今天，他们更为重视他们的未来。他们从来不回避质量，但这种质量的获得，是在基于孩子身心健康和教育基本规律之上的，依靠教师教育教学智慧的辛勤努力。华山中学的教师们总是说，我们的教学理念是"玩在华山"，但学生之"玩"，来自我们教师的"不玩"，老师辛苦十分，可能才有孩子快乐一分。每读华山校训"才丰似华，德厚如山"，这种真正为孩子一辈子负责、一生奠基的教育理想和践行，都让我深深感慨邱校长和他教师团队的卓异。

不仅如此，教育家型校长教育立意之高远，还表现为对于学校和教育本体的超越。

校长当然应该是一所学校的校长，好校长就是那些把一所学校建设好、发展好的校长。所谓建设好和发展好，也就是本真、朴素而务实，合乎规范和规律，既成就学生，也成就老师，同时也成就自己。在我看来，好校长就是那些能够让一校之教师和学生生活得既有意思又有意义的校长。

即便如此，这样的好校长也还不是我心目中的教育家型校长。

身处一所学校，情系整个教育，由一校之进步进而关注整个教育的变革，并且能够为现实教育的改变，殚精竭虑，苦心孤诣，理性思索，踏实创造，智慧表达，"出"有用之"谋"，"划"务实之"策"，那才是教育家型校长；由教育进而重视教育的社会责任，国家使命，其言其行，始终以家国为己任，洋溢着家国情怀，那才是教育家型校长的大智慧、大胸襟、大气派，也是教育家型校长的至高境界。在今天，对于教育现实的忧虑和关切，对于求真、向善、审美教育的坚守和倡导，对于摧毁人性的教育的高度警惕和批判，对于教育理想的深切呼唤和切实力行，对于一校进而一个区域教育改革和改变的机制和策略性设计和安排，特别是从一校小环境的微观变革做起，进而辐射和影响区域学校和教育的大环境，这种种的"言行事功"，既是现实中国教育对于优秀校长和教师们的殷切期盼，也是教育家型校长们的精神追求和毕生使命。

家国情怀，总来自教育人生命主体的自觉。

兵团人的献身祖国和民族的"高贵"血统，兵团环境下的正统教育的熏陶渐染，某些非常态现实的激发和感召，这种种因素聚集于心，而逐渐化合、融汇，进而逐渐积淀、孕育，又在一朝顿悟中破土而出，吸纳大地万物之精气，终于生长成有血有肉的参天大树。而一旦了解了诸多南疆社会事业发展中存在的现象和问题，感受到教育尤其是学校教育发展的严重不平衡，而这种不平衡、这种教育的"缺席"有可能甚或必然带来或者说加剧社会的不稳定的因素，如邱校长一般的兵团后人早已生成的"家国情怀"马上被激发，且迅速升温，最终点燃，成就烈火燎原之势。

"教育维稳"是针对南疆的社会局势，根据教育"价值""功能"乃至学校教育现实职责的可能性，做出的从感性到理性的真实判断。邱校长所言的"学校多一个孩子，社会就多了一份和谐的因子"，很实在，很有用；"学校多教成功一个孩子，未来社会就少了一份不稳定因素"，很理想，也很朴素。但这却不是每一位校长都会做出的教育考量和自觉哲思。

也正因为有了这样一种关乎社会和未来的大局深思，已经处于新疆生产建设兵团和新疆维吾尔自治区系统内高中教育宝塔尖的、具有邱成国思维方式和思想水准的学校，学校中的其他管理者和教师们，就几乎毫无悬念地将"支教"顺理成章地演化而为华山中学教师的"团队共识"和"集体意识"。

家国情怀，从来拒绝低俗和利益。

它总是生发于个人、团队或者单位，但它绝对超越世俗和功利。也许富于这种情怀的英雄，一向抱着建功立业的英雄主义情结，但一定不是从功名利禄出发，也不是为着小我的利益诉求和回报。所以，才有屈原"亦余心之所善兮，虽九死其犹未悔"的坚贞，才有弱女子花蕊夫人"十四万人齐解甲，宁无一人是男儿"的悲叹。也才有邱校长和华山中学的不带有任何个人和单位功利的一个又一个、一批又一批，分赴南疆广大地区薄弱中小学的帮扶、引领和全心全意的指导。借用一句曾经的网络流行语，他们是当下中国教育的"最教师""最校长"，也是我心目中久违了的教育"英雄"！

当下的中国教育，虽然在有均衡和公平的"外延"追求上，取得不断的"辉煌"，但内涵层面的"应试"如巨大的泥淖，让孩子和教育工作者包括校长们苦苦挣扎，步履艰难。斩断应试的"毒瘤"，需要教育家型校长的"打开大门办学校，跳出教育看教育，着眼未来育人才"，这其中，家国情怀的修炼和养成，方可如滋补骨血精气的良方，较好地提升校长、学校和中国教育的品格、视野和境界。

邱成国校长已然是一个优秀的先行者，而且是一位起点和定位极高的开拓者，他自身和他的团队成员的身体力行和成效日彰，已然使之毫无疑义地成为中国校长或者说教育家型校长的一个标杆。追寻其"所以然"，我们几乎别无悬念地直觉到，家国情怀是其最为重要的精神和动力之源。

可以设想，这丰足的"源头"，还将催动邱校长在教育学家型校长成长的道路上走得更远更高。

点评 2：

"理解"优秀，才有"教育"卓越
——我看邱成国及华山中学

对邱成国校长独特的"教育理念"的认识经历了一个过程。

邱成国是新疆生产建设兵团华山中学校长，也是教育部首期名校长领航工程江苏干训中心班学员。对他的特别关注，是因为他提出"教育维稳"的理念，并做出务实的制度安排，采取切实有效的行动。一批批教师被派驻到南疆广大地区的学校，真正做到了不仅"口惠"而且"实至"。四五年时间，一批批教师的无私、慷慨的奉献，遍布南疆大部分地区，数十所学校的面貌尤其教育教学质量大幅度提高，越来越多的民族孩子进入较高水平的学校上学，此举赢得了该区域广大学生、学生家长、学校、教育行政和社会各界广泛赞誉。而且，在邱成国及其学校的引动下，兵团和自治区很多学校、教育行政诸多单位和部门，都纷纷加入精准帮扶南疆教育的行列。

邱校长为什么要不遗余力地支持、援助南疆广大区域的学校，并且已然用非常切实的行动做出实实在在的实绩呢？

在我看来，他的教育帮扶、促进南疆社会稳定的理念和理想，源自他对教育的精准、深刻的理解。

教育究竟是什么？教育的价值究竟在哪里？孔子说："大学之道，在明明德。"蔡元培说："教育是帮助被教育的人给他能发展自己的能力，完成他的人格，于人类文化上能尽一分子的责任。"陶行知说："教育是依据生活、为了生活的生活教育，培养有行动能力、思考能力和创造力的人。"基于这些教育观点，邱成国觉得，相对比较封闭的南疆，从孩子到民族家庭，最为缺失的是丰富多彩的文化文明，最为缺失的是现代教育的阳光普照。虽然我们可以从社会治理、经济扶持乃至政治和军事手段方面赢得一个时段的平安稳定，但长治久安，一定离不开教育。只有当一代一代的南疆孩子真正沐浴到知识文化和优秀高尚的价值观的阳光雨露，才能实现融合、团结、和谐的现代文化自觉。所以，从现实看，我们应该从制度和战略层面对南疆的长治久安做出战略性的安排，应该短长结合，标本兼治；应该充分重视学校教育在社会长久稳定方面的重要和重大的意义价值，并对之做出制度性的设计。邱校长认为："学校多一个孩子，社会就多了一份和谐的因子。"这种理解，很实在，很有用。他还说："学校多教成功一个孩子，未来社会就少了一份不稳定因素。"这种表达，很理想，也很朴素。

这种教育理解已经超越了一般的教育学原理，已经将教育对于生命个体的"改造"功能，也即一般的"教书育人"，上升到不仅对人而且对社会、现实和未来发展走向产生重要影响的价值高度。邱校长的认知和理解，绝不是每一位校长都会做出的教育考量和自觉哲思。

邱校长的如此"宏大高远"的教育理解，所来有自。

宏阔的视野。邱校长是一位"打开大门办学校""跳出教育看教育"的校长。国家的大政方针，社会的未来发展，科技的迅速进步，新疆的和平稳定大局，这些虽然不是教育却对教育至关重要的背景或者生态，都是他关注的重点。就教育而言，除了他的学校，他作为一个名校长的专业发展，他还关注着其他国家、国内本区域和其他区域的同类、不同类学校的发展状况，特别是他与南疆广大地区学校和校长的深厚友谊，让他对于南疆教育有了深切的了解和发言权。

人格的底色。邱校长是兵团二代，他的父辈为新疆的和平稳定做出过积极的贡献，兵团人的"家国情怀"积淀为邱成国人格的底色。我以为，这样一种闪闪发光的家国情怀，当然传承自古老中华的先贤高圣，更得之于他的兵团父辈的"家国"基因。表面看，这其中难免有对父辈事业的承继和捍卫的"小我"因素，但它径直指向"天下"太平的共同襟怀和理想，显见其早已是"小大无界""家国一体"。所以实质看来，家国情怀，也许起因于"家"，但总是汇流向"国"，它从来真诚、厚重，沉甸甸，活生生，身植于大地，而其义直抵云天。邱成国校长身上这样一种推己及人、由小我到大我，由家到国的情怀和境界，在今天的中国"芸芸"校长中，是罕见而难能可贵的。

教育的坚守。邱校长是坚守教育本真的校长。当应试如雾霾参天，当分数取代了一切，基础教育几乎是在泥淖中挣扎。即便如此，邱校长与华山中学的发展理念和教育行动一再表明，学生全面发展，教育教学质量同步提升，为学生未来发展负责。这些在一般学校仅仅是口号的教育理念和理想，仍然有成为现实的空间和可能。"玩在华山"作为华山中学的"核心理念"从来就不仅仅是理念，而是华山中学师生真真实实的教育行为方式。若是没有这样的教育理念和教育践行，若是校长和一群师生，紧闭大门，埋头应试，直奔分数，所有人苦不堪言、不堪言苦，谁又能关注南疆？谁又能提出帮扶南疆教育？谁又能一声令下赢得仁勇者的回应，群起而义无反顾南疆支教一年、两年甚或三年？

写到此处，不由不提起华山中学的一位支教"女侠"刘小丽老师，她三度南疆支教，改变了南疆多所学校乃至区域的教育面貌，赢得广泛的美誉，获得2017年国家五一劳动奖章的殊荣。

邱校长的教育坚守、高尚人格和宏阔视野决定了对于教育的高尚的理解。而从这样的"理解"出发，就有了他的卓越的教育理念和崇高的教育理想。而这样的理念和理想的践行的过程，便成就了邱校长和他的团队、他的学校。

这带给教育家型校长的发展提供众多的启示。

附录1：

邱成国：天山之南的教育"侠客"

在武侠小说的世界里，"侠"意味着责任与担当，"侠之大者，为国为民"。新疆兵团农二师华山中学校长邱成国，则是一名将"家国情怀"注入教育事业的"侠客"。

一、打造疆地"华山"品牌

邱成国所在的华山中学位于天山之南、昆仑山之北的巴音郭楞蒙古自治州境内的库尔勒市内。华山中学隶属于新疆生产建设兵团农业建设第二师。农二师在当地承担着国家赋予的屯垦戍边的职责，而以农二师原名"华山部队"命名的华山中学也渐渐成为南疆之地的教育担当，这与校长邱成国的办学思想不无相关。

在教育界有这么一句话："特色是一个学校生存的生命线，无特色就无法生长"。把一所学校办成什么样，让这所学校具备什么样的特色，这是指引华山中学办学的根本问题。在邱成国看来，"给不同的学生提供不同的发展空间，因材施教，有教无类"，为学生终身发展奠基，为学生的身心健康奠基，让孩子们既具备浓浓的本土情怀，又具备宽广的国际视野，成长为德智体全面发展的人，这才是一所学校、一名教育人应有的担当。在邱成国校长的带领下，华山中学已发展成拥有 8 000 多名学生，600 多位教职员工的 12 年一贯制省级示范性优质学校，教育质量在南疆地区首屈一指。

但邱成国并不满足于仅仅做优、做强华山中学自身，多年来，他一直探索构建南疆兵地一体化基础教育发展网络。具体而言，就是围绕自身实践将教育的社会责任具体化和系统化地加以落实，在课程体系、文化建设、师资队伍等方面进行改革与整合，在做好内涵式发展的基础上，追求外延拓展，主动帮助和带动更多学校共同担当起推动社会发展的重任。到目前为止，华山中学已经与南疆 50 多所中小学签订了援建协议，从学校当地、第二师内部、南疆兵团范围、南疆兵地跨区域四个层次，建立稳固的网络架构，辐射全疆各地。

经历多年的发展，华山中学在库尔勒、巴州、兵团乃至新疆享有了很高的社会声誉，形成了特有的"华山"品牌。"推动教育均衡发展，发挥教育维稳作用"已经成为华山中学的一张名片。

二、修炼教育家型校长"内功"

成为教育家，是每一名教育人的梦想，邱成国也不例外。顾明远先生认为："凡是长期从事教育工作，有成熟的教育经验，有自己独立的教育思想，能够按照教育规律办教育，并为教师所公认者，可称为'教育家'。"在邱成国的记忆中，自己离这个目标更近一步是在 2015 年。

2015 年 6 月 25 日至 7 月 3 日，邱成国在江苏教育行政干部培训中心参加第一次集中研修。江苏教育行政干部培训中心是承担"校长国培计划"——首期中小学名校长领航工程培养任务的 8 个培养基地之一。中心一直致力于培养一批在全国范围内具有重要影响力、能够在基础教育事业中发挥示范引领作用的"教育家型校长"。在 2015 年，培训中心开展了 7 次主题研修活动，助力名校长办学能力的提升和办学思想的凝练。

在培训中心研修的时间里，邱成国需要呈现自己的办学实践情况、办学所处的生态环境以及办学实践的需求，陈述自己在教育实践过程中的优势、劣势与面临的挑战。在此基础上，中心采取导师与名校长双向选择、集体培养的方式，为邱成国聘请了理论导师与实践导师。邱成国与导师结成学习共同体，未来三年为达成培养目标而共同努力。

为了更加全面、深入地了解邱成国的办学实践与思想，更好地帮助其凝练自己的教育思想，2015年8月6日至9日，培训中心组织包括邱成国校长导师在内的专家团队赴华山中学调研。专家们到若羌县学生家中走访，到和田十四师皮山农场学生家中走访，看望与了解孩子们的学习和生活情况。被华山中学的帮扶活动所感动，江苏省天一中学校长沈茂德表示："江苏省天一中学与华山中学将进行全面深入的合作，为兵地教育融合发展添一把劲。"

2015年8月8日，"邱成国名校长工作室"成立。"名校长工作室"是以名校长为带头人，引领地区中青年校长成长，推动区域校长队伍建设，促进基础教育优质、均衡发展的重要路径，是"校长国培计划"——首期中小学名校长领航工程在培养名校长过程中的重要内容。邱成国构建南疆兵地一体化基础教育发展网络的教育理想开始落地生根。

三、助燃红枣之乡教育火种

2015年高考成绩公布后不久，华山中学和农二师党委收到了来自红枣之乡若羌县的三封感谢信："感谢兵团党委支持地方发展的好政策，感谢二师党委、华山中学无私的支持和帮助……""若羌县2015年高考成绩喜人，这是二师党委大力支持和华山中学无私援助的结果……""感谢华山中学对若羌县中学的支教援助，开展联合办学……"三封信言辞恳切，满载着若羌县干部群众对华山中学教育援助的谢意。这是"邱成国名校长工作室"引领地方教育优质发展的一次实践。

若羌县是我国县域面积第一大县，也是著名的红枣之乡。"红枣经济"给农民带来了可观的收入，可红枣富县却带来了让人意想不到的后果：农民"口袋"富了，脑袋却没随之变富。一方面，一些家长因为不愁钱了，对孩子受教育却不那么上心了；另一方面，家长因为有了钱，索性在库尔勒市等地买房，把孩子送进城里就读了。若羌县的教育陷入了恶性循环。

为了扭转局面，邱成国把帮扶力量送到了若羌县，他在审慎思考后决定安排副校长栾雪辉和另一名骨干教师到若羌县中学担任校长和副校长，并先后派出20多名教师赴若羌县开展业务培训，同时分批吸纳若羌县中学教师和学生近200人次到华山中学进行体验式学习。华山中学还组织近80人的师生团队赴若羌县，开展了同台文艺会演和篮球友谊赛等的交流活动。华山中学优质教育资源源源不断地注入若羌县的教育"洼地"，华山中学成熟的办学理念、先进的管理制度很快在若羌县中学扎下了根。

随着教育生态的逐渐恢复，若羌县中学焕发了生机，也促进了若羌县教育事业的整体复苏。经过不到一年的援建帮扶，2015年，若羌县中学的中、高考实现巨大突破，高考的各项指标由以往巴音郭楞蒙古自治州各县垫底跃居全州各县前列。

2015年年终，兵团全面推广华山中学经验，启动了28所兵团学校支援帮扶地方学校的试点，并将不断扩大试点范围，全方位深入推动兵地教育融合发展。

四、为基础教育发展合作校"造血"

2006年挂牌成立的新疆建设兵团第二师38团是国家基于长远发展战略在塔克拉玛干沙漠腹地投资兴建的新型生态团场，对稳定南疆具有十分重要的战略意义。新建团场干部职工子女教育问题是基础性工程，办好新建团场的学校教育刻不容缓。邱成国接下了援助38团中学发展的硬任务。

为确定帮扶措施，邱成国多次前往距库尔勒市800公里之外的38团进行调研诊断，并安排学校德育处主任张文志任38团中学校长。为扭转38团中学教师懈怠、教学质量滑坡、生源流失的局面，他带领着华山中学骨干教师前去做培训、上示范课。尊师重教的意义和"发展孩子、幸福家庭"的主张，是邱成国在与38团中学的教师、家长交流时一直挂在嘴边的话。

和田十四师皮山农场也是邱成国基础教育发展合作网络中的一员。十四师皮山农场是南疆少数民族聚居区的样本。这是一个维吾尔族人口占比超过 95% 的国家级贫困团场。这里封闭落后，宗教氛围浓厚，文化生活单一，教育质量低下，家长大多数没接受过学校教育，不通汉语。

邱成国认为，学校是民族团结的一线阵地，课堂是文化认同的主渠道，优质教育是争夺下一代的主要依靠，基础教育关乎新疆的未来。于是，华山中学申报了"南疆基础教育对促进社会稳定的现状调查和策略研究"课题，联合华中师范大学、塔里木大学等高校力量，主动向十四师皮山农场伸出援手，启动了引领帮扶援助和田十四师皮山农场教育发展试点工作。

邱成国亲自带队将由 5 名女教师组成的首批支援教师队伍送抵 1 400 公里之外的十四师皮山农场。走进皮山农场的华山中学骨干教师刘小丽等 5 人分别任职农场教育中心主任和 4 所中小学副校长等职，开始了一场和困难较劲的修行。她们从走访学生家庭开始，了解最基层的情况，积极参与学校管理，指导课堂教学，开讲座，上示范课，设计校园文化建设方案，组织师生文体活动。虽然牺牲了所有周末时间，但她们忙得不亦乐乎。

华山中学作为援助大后方，提供了全方位的支持，组织了"共学共居共乐、交往交流交融"师生结对扶贫帮困活动，开展了多次捐助。邱成国校长率华山中学艺体教师团队深入南疆若羌县、38 团、皮山农场一线送课交流并开展了同台演出等文化交流活动。在皮山农场学校，邱成国深入连队和家庭走访，走进校园推门听课，并向十四师皮山农场政委、场长、主管教育的领导、教育中心干部、学校领导们反馈了情况，就改进学生考试方式、完善教师评价管理、注重汉族教师发展等方面提出了意见和建议。

"皮山农场老师工作态度在转变，各学校管理水平在提高，孩子们上学积极性也高了，家长的观念也在改变。"皮山农场教育中心主任麦麦提敏·如孜买提说。

华山中学对皮山农场的援助在当地产生了积极的影响力。看到皮山农场教育在短时间内就发生了显著变化，邻近的和田地区皮山县委、县教育局主动联系华山中学，提出要到华山中学考察学习，并希望华山中学也能派出援教团队实施联合办学。

邱成国说，从根本上讲，华山中学所要努力打造的兵地一体化基础教育发展网络完全不同于集团化和捆绑式发展的名校帮扶模式，它具有更加平等、开放、自主和广泛的合作基础。走合作办学的路子，要因地制宜、因势利导，要让当地教育有依靠，通过实地参与输出先进教育思想，通过心贴心交流和手把手帮扶，帮助薄弱学校走出困境，又要助力当地学校的自主发展，这远比托管和接管要有价值得多。华山中学看重的是助力造血、生长能力。

"在偏远地区特别是少数民族聚居贫困地区做帮扶援助是与各种困难较劲的持久战，重在交心，贵在坚持。不求功在当下，但一定利在千秋。"像一名侠客一样，邱成国将推动区域教育发展的责任负于肩上，为自己成为一名教育家型校长不断加码、前行。

附录2：

大漠红柳，教育女侠
——我心目中的南疆支教志愿者刘小丽

一

世界上很多事，真的有着难以抗拒的因果。

正在与同事讨论落实南疆皮山对口支持的事儿，手机里跳出一条短信，内容恰恰是《教师月刊》约写关于刘小丽的文章。去年暑后，在新疆生产建设兵团华山中学，在华山中学举行的专题论坛现场，我承诺小丽（其时，她已经在皮山某所小学担任校长）在江苏安排学校对口支持她和华山中学团队在皮山挂职的学校。谁知库尔勒（华山中学所在的城市）一别，大半年悄然过去，许诺小丽校长之事还未能落实到位。《教师月刊》的短信一下子勾起我许多的回忆，也让许多内疚的情绪无限地蔓延开来。

二

认识小丽纯属偶然。

2015年暑中，我为了教育部中小学名校长领航项目，率专家团前往位于库尔勒的新疆生产建设兵团华山中学。华山中学邱成国校长是首批名校长领航班学员，是我所在的江苏教育行政干部培训中心参训的8位校长之一。按照教育部该项培训文件的要求，培训基地应率专家到学员所在学校实地观察、诊断指导，为学员和所在学校的发展研制方案、提供切实有效的帮助，真正发挥"领航"的作用。

然而，本次新疆之旅异乎寻常，邱校长的安排让我们一行终身难忘。

到达乌鲁木齐，我们并不是按照常规转飞库尔勒，而是飞往喀什。途中，邱成国校长向我解释这样安排的初衷和苦心。

邱校长的学校是新疆兵团系统最好的学校之一。办出一流教育后的邱校长，想得最多的，是南疆广大地区的教育。作为兵团二代，长期以来，他对南疆问题、南疆社会的稳定问题，忧心、焦虑，耿耿于怀。基于自己对于新疆发展历史的经历和比较，对于边疆发展的切身的感受和理解，他觉得，南疆问题的解决，教育是可以大有作为的，基础教育应该是可以做出切实贡献的。为此，在广泛调研、深入分析和长久思考的基础上，他提出了"教育维稳"的主张，并且立即在自己的职责和工作范围内予以实行。

应该是在2012年前后，征得兵团教育领导的认可，邱校长从自己学校中选择少量教育教学精英（也是志愿者），开始奔赴南疆的皮山、和田等地的兵团或地方学校挂职帮扶。首批支教涉及多位老师，多所学校。不试点不知道，初试下来，对口支持单位一片叫好之声，这倒又出乎邱校长的意料了。

正是在这样的背景之下，邱校长参加了教育部名校长领航班学习，又赶上了领航专家赴校指导，他当然不肯轻易放过这样的好机会，他一心希望他的这一"试点"，能够得到评价，能够被教育被行政认可，甚或他还希望有更多的校长、学校和志愿者能够加入、加盟，真正让教育成为"维稳"的一个重要支撑。

车子在塔克拉玛干沙漠的边缘逶迤而行，大漠孤烟、长河落日激发起我们的思古和苍凉之情。听着邱校长的陈述，他的教育情怀、人文情怀，特别是一般校长所难以具备的家国情怀让我感动。联想到教育部启动的这一"领航校长"培训，培训的目标设定，就是要把这首批的64位校长"用三年时间，把他们培养成为教育家型校长"，我不禁想，什么是教育家型校长？像邱校长这样的富有家国情怀的校长才真正名副其实。

半天多的行程，我们在夕阳西斜时，到达皮山团场所属的一所小学。早已有相关的教育行政和学校领导等在校园里，我们下车与他们见面、寒暄，接着是参观和座谈。

在候着的人群中，邱校长向我们特别隆重地介绍一位女士。我们都以为她是团场的领导或者是校长，邱校长却说：这一位是我们华山中学在这里支教的老师，是这所学校的挂职副校长，已经来了半年了。她叫刘小丽。

我开始认真打量这位刘老师，现在担任着皮山农场教育主任的支教干部，一位抛夫别子、自愿只身冒险支教的女士。她高挑，清丽，精瘦，干练又很文秀，并非想象中的那般坚毅和刚强，几乎就是那种也需要保护的弱女子一类。

三

在接着的参观学校、座谈和交流过程中，我越来越发现刘小丽对于皮山团场的这所小学、团场学校和教育的至多的意义和价值。接待的教育行政和学校主要负责同志，其中不少当地的民族同志，他们每每发言，都会特别夸赞和称赏刘小丽所做出的努力，对于民族孩子、孩子的父母乃至家庭的重大影响，对于学校教育教学和管理产生的重大冲击和重大变化。"她就是拯救了我们这里的教育，学生、家长、老师和校长对她十分认可，很是依赖。我们的教育太缺这样的教师和指导了。"校长和行政官员都有同样的表达。由此我也深深体会出华山中学、邱成国这样一种努力的教育意义和教育意义之外的社会和政治价值。

最让我震撼的还是接着的"节目"——慰问和看望当地的维吾尔族学生家庭。

盛夏的沙漠的傍晚，遥挂在昆仑山顶的夕阳认真地洒下最后的余晖，让红柳和知名不知名的杂树的梢头披上银光，甚是耀眼。我们一行十余人，带着华山中学早已准备好的慰问品，踏着坑坑洼洼、灰土乱飞的乡间小径走向小丽老师选定的学生家庭。乡人三五一堆在村头村尾闲坐散聊，安静、随意，尽管村居破败、衣衫不整，还是显示出我们想象之外的平和。心头原先的设想和担心倒也随之缓解和消散。一路上，小丽不断地在我的耳边讲述我们要去的两个家庭的故事。第一个家庭，神经不很正常的残疾的父亲，两个还未完全成人、不读书也没有工作的儿子，最小的妹妹就是在小丽学校读书的一位。经济无着，除了小妹，都不通汉语，生活全靠一点国家的经济扶贫款项。小妹很懂事，刻苦，很优秀，非常好学。小丽来支教后，赢得邱校长支持，发起了一场专为支教学校民族学生提供的体验助学"运动"，就是在做通家长工作的前提下，将民族学生有选择地分批次地组织前往华山中学，与华山学生一起学习和生活，为期一周左右。这位小妹自始至终积极参与，认真学习，回来后好像变了一个人，立志一定要走出大漠，成人成才。谈起这个孩子，谈起这两个家庭，小丽异常兴奋，满眼放光，她如数家珍，仿佛在谈及自己的孩子和家庭，滔滔不绝，没有丝毫的疲累。

她还激动地告诉我，邱校长是一个极有情怀和理想的校长，他认为学校多一个民族家庭的孩子，未来社会就多了一份和平、安全和稳定因素，我看到的和正在做的，实际上这样的效果已经是很明显了。那些懂汉语的、语言问题解决得比较好的，那些去过华山中学与华中学生一起生活过的，不论是孩子还是家庭，其教育认同、国家认同，就是与其他学生和家庭有着极大的区别。说这话时，小丽很有成就感，自信满满，对未来的希望满满。我在想，"维稳"就像是一条漫长的道路，其上的块块砖石，就是一个个在基层一线的各条战线的劳动者包括像邱成国、刘小丽这样的普通的教育工作者铺筑而成。

走到第一个家庭，泥墙围就的院子，破旧、矮小、简单至极的木门。这样多的一群人涌入，可能是整个家庭破天荒的事儿。个子不高、腿脚不便的父亲前来开门，因为一时性急，手忙脚乱，打不开。这位父亲掉转头，随手拿起一把斧头，走向门来，我们不禁一愣。等到他挥斧砍门，我们才知道他的热情、真诚和急迫。进院子，进屋子，眼前的一切让人目瞪口呆，几乎都是以泥土为原材料的生活设施和用具，我们想到的就是"家徒四壁""一贫如洗"。正是晚饭时候，最小的妹妹正在厢房里煮饭。低矮、少有光亮的屋子里，小妹正在把不多的面条在清水里煮过，再将面条用筷子捞出，放到盛满冷水的脸盆里凉着。没有看到什么佐料和辅菜，这就是一家人今天的晚餐了。小妹妹看到我们，不声不响地做完这件事，静静地站在一旁，只是有点紧张，有点害羞，不敢望着我们。只有小丽上去抱着她，摸着她的头脸，给她说着什么。来到正屋——假如也可以叫"正屋"，我们对着家长说几句问候的祝福、关于孩子教育的俗语套词，那位爸爸和他的两个儿子木木地看着我们，爸爸眼里满含着感激，但说不出话。我和我的团队成员几乎无一例外地热泪盈眶。

第二个家庭也是如此，生病在床的父亲、站在一旁的妈妈、一群不懂汉语的男孩；只有一个孩子上学，上学的孩子成为全家改变的唯一希望。孩子很努力，也去过华山中学，非常希望有更多的机会走出南疆。看到我们，特别是看到小丽，上学的孩子、孩子和家长……那种眼神，眼神中流泻出的期盼和依恋，让我们久久难以心安。

四

接着的一路，受到兵团领导和地方政府的盛情款待，领受到对于华山支教的千恩万谢，也看到学校因为支教而发生的由内而外的教育教学的变化，感受到教育的新生给民族孩子和家庭带来的越来越多的惊喜和改变。但是我们也看到学校发展的困难，硬件投入，教学管理，教师素质，双语教学，诸多领域简直困难重重；也部分感受到中央扶贫政策、扶贫款项"落地"到位的艰难。每到一处，一次次的观察、一次次的交流，越发让我感受、体会出邱成国校长支教决策的必要和及时。我想，假如不仅仅是华山中学，不仅仅是兵团系列的优质学校，不仅仅是新疆地区的优秀校长，假如中国所有区域有情怀和境界、以中华兴亡和民族和谐稳定为己任的校长和教师们都来关注关心、同心协力来做这件事，是不是可以为南疆的建设和发展、南疆的和谐和稳定，从教育这一个方面做出更为巨大的贡献呢？

问题是，这样的校长，这样的教师，从何而来？

因为教育和教师、校长培训工作，因为教育部的众多高端培训项目，我去过国内几乎所有的边远地区，我曾经三次率团赴西藏支教，仅新疆，就去到伊宁、克拉玛依、库尔勒、乌鲁木齐等地。我和我的专家团队朋友，牺牲假期，不畏高原反应，不考虑利害得失，辗转奔波，每每看到当地参训校长、教师的满意和满足，我总自认很高尚伟大，常生发出慷慨奉献而有的成就感。但面对刘小丽，我真是自惭形秽，无地自容。因为我们所做，多数常人尽可以为之或者稍努力一下就可以达成。

我身边的同事和朋友，很多去新疆、西藏挂职，一去多年，在我心里，他们都是勇敢的志愿兵，非常了不起。但细想想，那多数是男士，而且是党员干部，很多时候就是组织的要求和发展的必需。刘小丽，普通教师，一个妻子和母亲，小小的弱女子，且深入的是直到今天仍然时刻潜藏着一定危险因素的区域，她这是为什么？

五

离开皮山，我们前往和田，又看过一些学校和家庭，经济的落后、家庭的贫穷和教育资源的紧缺几乎是共性。从这些方面，我们也越发认识了新疆社会问题产生的部分根源。

从南疆前往华山中学所在的库尔勒市，是一次终身难忘的旅行。沿着沙漠公路，横穿塔克拉玛干，而且是在40度左右的高温下。似乎永远高悬在头顶的大太阳，烈日烘烤下的无边无垠的沙包，沙包上孤傲独耸的一株株一丛丛红柳，永远的单调，永远的重复，500公里的路程，绵延无绝，仿佛要走一个世纪。

这时候，我才想起一个问题：从库尔勒到皮山，究竟有多少距离？有人告诉我，要1 100多公里。

在这个世界上，不论何时何地，总有一些人甘愿做苦行僧，甘愿做先驱者，甚至有人甘愿下地狱。假如我们来研究刘小丽的言行事功，挖掘她的内心世界，追寻她的价值取向，我们会有怎样的发现呢？

为教育公平的理想，为了成就自身的美誉，还是为爱国，为南疆的稳定？

显然，刘小丽支教的"初心"，一定是受到他的校长邱成国的"鼓动"，用教育的变化促进南疆社会部分问题的解决，这样的宏大叙事，这样的美好愿望，肯定能够感染和影响如小丽这样优秀的中青年教师的。

但一旦到了南疆，深入到南疆学校的生活，了解了民族学生的内心和家庭，那时呈现在眼前的芸芸众生的深重苦难，天真无邪却无助无望的孩子，孩子的那种渴求的眼神、那种期盼着抓住哪怕一根稻草一样的眼神，一定会击中小丽柔软、脆弱、单纯的心灵，这心灵的深处潜隐着的是什么呢？

应该是善良，应该是由此生长出来的怜悯、慈悲。我想到了"菩萨心肠"，想到了播火的普罗米修斯，这人间的一切的崇高，似乎都可以从"善良"中找出根由。可以说，善良就是高尚的基因。这就比较好解释，小丽为什么一定要我们去看她的学生，看学生的家庭，而且是最需要帮助的那些学生家庭。

这样就好解释，一年之后，当我再次去库尔勒，刘小丽设法跟我见面，这时的她，已经是二度南下，担任皮山县一小的校长；她再一次反复地向我叙述学生和学生家庭的故事，说他们的变化，说学校和教学需要的帮助。在我临行前，她还送我一幅芦苇烫画。我并没有来得及细看画的内容，但我知道她的意思，希望我或者通过我设法给她再度支教的南疆学校提供可能的支持。

这幅画我一直挂在我的办公室。画中是一个大胡子的老人，正骑着一峰极有精气神的骆驼；他背插一柄钢叉，手举一只展翅欲飞的苍鹰，正缓行在黑魆魆的夜空。背景的黑、人物的淡黄和枯黄，勾勒出一个特别有生气的场景，烘托出一个十分重要的人物、故事和主题，那就是阿凡提，普度穷苦人民，阻止权贵剥削穷苦人民，他是中亚细亚和新疆广大地区传说中最为深入人心的救苦救难的英雄。

当功利、世俗、平庸等"温柔富贵"的雾霾满布苍天大地的时候，当英雄和英雄主义早已被势利和恶俗围剿得如落荒的"骑士"绝尘而去的时候，当中国教师在如今这样说特定的转型期，顽强、坚韧地做着艰难教育的时候，刘小丽恰恰如云雾之中陡然爆出的一道闪电，她刺破青天，究问大地，深深地考问我们每一个高言大调"爱国"的人们！

小丽还在南疆，阿凡提则时时站在我办公桌右前方的墙壁上。看画，我总想到小丽，想到阿凡提，想到知和行，想到名和实，想到人格之本源与行为之高尚；尤其是我们每一个人身上，这几者之间的关系。

更多的想到我自己，为了小丽的那些孩子，如何多做一些，做得更多一些。

六

从向《教师月刊》力荐，到今天小丽的故事刊出，时间倏忽间两年。小丽的学生需要关心，小丽也需要支持。《教师月刊》做到了，我想包括我在内的读者都一起来做，那就是南疆孩子、"小丽"们和南疆教育乃至南疆的福音。

此文完稿时，接到华山中学邱成国校长来信：刘小丽已经成为2015年的国家五一劳动奖章获得者。我顿时释然，又泪如泉涌，心说：小丽，天道酬勤，你值了！邱校长，你值了！

具有卓越的课程教学领导力的校长

——严忠俊和他的"博才教育"课程体系

点评：

校长领导，关键在着力精准

在对"教育家型校长"成长的观察和研究中，我们有许多很有意义和价值的发现，比如掌控学校强有力的管理权的一校之"长"，恰恰很少轻易动用自己可以信手拈来的"管理权"。在这些学校，虽然很少见到行政色彩、权力管控的踪影，但校长的影响，对于校长人格、主张和思想等的认同和追随，却几乎无处不在，随时随地可以发现。在浙江湖州吴兴高级中学，我们深深地感受到这一点。严忠俊校长是正高职称，特级教师，有着精深厚实的专业功底；做过所在区域教育局分管局长，有行政管理的经历；他对于教育的理解、学校管理的主张，对于转型期高中教育教学及其管理的改革和发展，常有惊人之见和过人之举；他对教学的热爱和教育的激情、办学上的理性和智慧，使得他和学校在很多领域总是高人一筹。与他接触，你总是情不自禁地将他与一般校长做出比较。在高中教育现实的艰难窘境中，他却总是化繁为简，干脆利落，举重若轻而又成就斐然。这是一位极富领导力的校长。

就一位校长而言，其"领导力"的关键又在哪里呢？

在严校长看来，校长在学校建设发展中的核心工作、关键性的工作，就应该是在学校整体的课程建设和教学推进方面。假如要将校长的素养做出主次之分，"课程教学领导力"应该是其核心素养。因为该项工作关乎学校发展的全部要素，课程是学生成长的主要资源，课程决定了学生的成长方向和品质，有什么样的课程就有什么样的学生；课程开发、建设和实施，是教师工作的主体内容甚或是全部内容，也是教师成长发展的主要平台和载体；尤其是在应试雾霾极为深重的高中，假如真要突破突围，假如真要逐渐"转型"，可能最为稳妥的是从课程的"改良"做起。正是基于这样的认知和理念，严校长开启了吴兴高中课程建设的"动员令"，他们在专业的引领下，经由教师"共同体"的学习、探索和总结，梳理、筛选、提炼，构建了基于吴兴高中教育发展历史、现实高中教学实际以及学生未来发展需求的"博才"课程体系，通过"博学""博爱""博闻"的"三维"课程，以实现"着眼未来"的具有中国灵魂、世界胸怀的大美公民的培养目标。从"全人"教育、培养中国公民和地球村民的视角看，这一体系是全面的，这一定位是科学的。

不仅如此，严校长十分重视教师队伍的建设，他深知：教师即教育，再好的课程没有一流的教师，又怎么实施以实现其价值和目标。所以在他的学校，教师队伍建设是其学校工作的重中之重。一方面，课程的开发和建设是发展教师的主要抓手；另一方面，大量的教师发展平台纷纷搭建，机会被创造。尤其是课程的实施、教学的推进，变成了教师成长的最为重要的路径。在这一过程中，严忠俊校长成为一个或者幕前，或者台后的最为重要的推手。

更为关键的是，严校长总是以自身的教育思想影响教师的思想，用自己的教育情怀感染教师的情怀，用自己的教育守望坚定教师的守望。在吴兴高中，从教师的言谈举止和神情态度，你无不深深感受到一种特别的教育情境和文化氛围，温文尔雅，谦恭礼让，诚善敦厚，富有爱心和温度，富于情怀和坚守。这是严忠俊和他引领的教师团队营构的在当今异常难得的"育人场"。

按照美英研究"领导力"的学者们的研究"共识"，"领导力"不是管理，也不是职位，而是一种"向前迈进"并且能够"鼓舞他人"的一种"变革"行为；决定"领导力"之高低强弱的主要是诚实、远见、能干和激情等要素；"领导力"之产生和锻炼主要依靠学习、实践和教导。

严校长在学校治理中，针对高中教育的问题和困境，瞄准高中学生，牢牢抓住课程建设这一"枢纽"，以教师发展和课程实施的推进作为抓手，脚踏实地，稳扎稳打。有的是远见卓识，有的是引领和引导"鼓舞他人"的"践行"，有的是充满激情的一步一个脚印的"向前迈进"。这样卓越"课程教学领导力"必将陪伴严校长成长为"教育家型校长"并稳步走向"校长，教育家"。

附录：

严忠俊：一条教育理念奉行 30 年

一、人物小传

严忠俊，1986 年开始执教，先后任教于浙江省湖州中学、浙江省吴兴高级中学，任教学科为高中物理。2011 年调入浙江省吴兴区教育局，先后任局长、党委书记等职。2014 年至今，任浙江省湖州市吴兴高级中学校长、党总支书记。

二、成长之最

对自己影响最深的教育著作：《人类是宇宙中的精灵》。

教育教学中最有成就的改革创新：2008 年，提出"三个转移"的新目标，即"传统管理向现代管理转移，规模发展向内涵发展转移，争创名校向成为名校转移"；坚持走内涵发展之路，同时构建独具特色的"一体两翼"的博才教育课程体系。

学校改革创新最亟待解决的问题：在实施绩效工资考核背景下，如何调动教师的内驱力和工作积极性的问题。

对于浙江省湖州市吴兴高级中学校长严忠俊来说，有一条始终奉行不悖的教育理念——"教育即发展"。30 年的教育生涯中，他一直在学习、在探索，并努力将学习和探索的成果施之于教育实践，在理念与实践的交织中书写了一段段关于教育、关于学校"发展"的动人故事。

三、多管齐下，破解合并校发展困境

2001 年，原浙江省湖州四中、湖州八中、湖州十二中等几所学校高中部合并组建成吴兴高级中学，而校长一职则落在了严忠俊的肩上。此前，教育领域内存在着一条"合并中学难发展"的魔咒，再加上新学校面临着生源差、办学条件简陋、多校融合困难等诸多难题，这让刚接手这所新学校的严忠俊颇感"压力山大"。

然而，从踏进吴兴高级中学的那一刻起，"教育即发展"的理念就一直在他炙热的心头回响。他暗自发誓，作为学校掌门人，自己一定要以促进学生、教师、学校发展为己任。于是，他从多方入手，为学校破茧蜕变蓄势。

在学校发展上，严忠俊确立了"以人为本，促进成长"的办学理念，从"抓校风、抓质量"入手，将刚性管理与柔性教育相结合。一方面，他建章立制，实施"扁平化管理"模式、年级部负责制，提高了管理效益；另一方面，他努力建构学校文化、"一训三风"，建设了校园勒石名言文化景观、编印了《名言勒石传大音》校本教材等。

发展无止境。2008 年，严忠俊又提出了"三个转移"的新目标，即"传统管理向现代管理转移，规模发展向内涵发展转移，争创名校向成为名校转移"，坚持走内涵发展之路。与此同时，学校独具特色的"一体两翼"博才教育课程体系也逐渐搭架成型。

在教师发展上，严忠俊秉承"学而不厌"的理念。在他看来，学风首先是对教师的要求。师，生之范也。教师有了"学而不厌"的追求，才有"诲人不倦"的底气。因此，为了促进青年教师快速成长，他狠抓"135 青年教师校本培训工程"（一年成长，三年成熟，五年成才）。他还主动为青年教师搭台，让青年教师到名校跟岗培训，让青年教师在省市级教研活动中积累经验。

随着学校的发展，教师培训的重点也开始转移，培训内容也从教学技能转向教学科研。为帮助教师提高教科研水平，学校经常邀请高校专家、省市名师来校讲座，并主动与华师大课程所合作开展研究。严忠俊最常挂在嘴边的话就是："教师是学校的最大财富""走教科研之路，是教师发展的最大捷径"。

在学生发展上，严忠俊秉持"天生我材必有用"的信念。在他看来，"我材"非"彼材"，世间的"我材"是多样性的，教育就是要顺随"我材"的特性，为学生的"个性发展"服务。

在具体实施层面，他主持构建了学校的"博学·博爱·博闻"三大课程群，来支持学校的博才教育、博爱文化。学校组织教师开发了 132 门选修课，其中省市级精品课程有 38 门。此外，学校还建设了红十字实践基地，纵深推进了博才教育课程体系中的"博爱课程群"建设。

在一系列发展举措收效后，严忠俊又有了一个新的愿景，那就是把吴兴高中建设成为更有品位、更有活力、更有影响力的特色示范学校。为此，他带领行政团队围绕"博才教育"特色进行了顶层设计：一个规划，四大工程，N 项行动。历经半年打磨，《吴兴高级中学"博才教育"中长期发展规划》浮出水面。现在，学校文化建设提升工程、师德师能建设提升工程、学生素养培育提升工程、服务师生保障提升工程四大工程，列在了严忠俊的校事议程表上，他又踏上了新的征程。

四、上下求索，将理念升华为实践动力

32岁破格晋升为中学高级教师，36岁成为省物理特级教师，2010年被评为浙江省功勋教师……严忠俊的个人成长史，正是一名教师自我教育、自我发展的样本。

1986年，大学毕业的严忠俊被分配到浙江省湖州中学任教。初出茅庐，他就立志要做一名一流的物理教师。刚入职时，他连续四年带初三毕业班。由于教学效果突出，1990年转入高中部教学，连续五年任教高三毕业班，成为毕业班"专业户"。

严忠俊对科研有着特殊的热情，备课时喜欢对教材进行系统的分析和研究，课后喜欢反思教学的困境。想不明白，他就跑新华书店、图书馆看书、看杂志，或是向老教师请教。他及时记录疑惑、思考、解决路径及启示，并整理成论文发表。超常的付出让他品尝到了快速成长的甜头。他的课堂教学极有特色，课堂节奏松弛有度，处理教材深入浅出，尤其注重发挥学生的主体作用，让学生主动学习，激活学生思维，做到与学生"思维共振""情感共鸣"。1993年到1998年，他连续五年执教毕业班，拼命三郎式的工作作风也为他带来了高质量的教学成果。

成为校长后，严忠俊个人的成长之路并未画上句号。2015年，他入训江苏教育行政干部培训中心，成为"国培计划"首期中小学名校长领航班的一员，开启了他向教育家型校长发展的进阶之路。

严忠俊通过自我规划制订了个人三年发展规划。他重新梳理了自己的成长历程，对自我的优势与劣势、挑战与机遇有了更清晰的认识，从而确立了发展目标与行动路径。自我阅读是严忠俊的内在渴望，培训中心为所有学员提供了"走近教育家"分类阅读活动指导计划，严忠俊在阅读之余还经常在学校行政会、教工会、教研活动中与教师分享他的读书体会。作为学员，严忠俊沉潜下来，厘清自己的教育生涯、办学行为与教育理想，提炼出藏在现象背后最本质的东西。对他来说，理性的飞跃尽管步履维艰，但也最能感受到"洞见"的喜悦。

培训中心还通过定制菜单、双导师制、搭建平台来实现外力助长。培训中心为严忠俊量身定制了一份个性化的培训菜单。为此，中心派专家到吴兴高中开展田野调查，通过校长自述、师生座谈、问卷调查、环境视察等环节收集相关数据，进行现场会诊，最终为严忠俊定制了一份包含"反思澄清、优化重构、岗位实践、总结反思"四个模块的培训计划，这一专业发展培养方案定时定点，定人定法，有过程路径，有终端评估。

培训中心还特地为严忠俊指定了两位导师：一位实践导师，来自江苏省锡山高级中学的唐江鹏校长；一位理论导师，来自华东师范大学的博导范国睿教授。范教授建议要敏锐地感知大数据对教育的影响，要预见未来教育的发展趋势。唐校长首先从价值论的角度指出，办学的一切目的是为了学生，这才是教育的终极意义；其次从方法论的角度指导他要冷静科学地明确当下的历史方位感，清晰地知道自己从哪里出发，又将向哪里前行。

2015 年至今，江苏省教育厅行政培训中心又举行了五次集中培训，严忠俊由此获得理论提升、思维启发，从自己的实践中提炼出学校进一步发展的实践动力，进一步完善独具特色的博才教育体系。

五、辐射发展，在互助中担当领航角色

2015 年 10 月 19 日，中小学校长"国培计划"卓越校长领航工程名校长领航班暨严忠俊校长工作室启动仪式在吴兴高中举行。工作室不仅是展示严忠俊办学才能的窗口，更是引领青年教师成长的指路明灯，对促进其办学思想的校内实践与校外辐射具有重要意义。

依托"国培计划"卓越校长领航工程，湖州市教育局为工作室遴选了十位学员，共同组成了合作学习和协同研究共同体。严忠俊领导工作室通过三大途径对学员进行深度培养。

需求导向，个性化培养。作为"国培计划"中浙江省唯一一个高中名校长工作室，压力与动力并存。严忠俊充分发挥团队力量，与学员共同探讨制订了工作室发展规划。对于学员个人的三年发展规划，他强调要把个人研究计划与学校创新实践融为一体，切忌形成"过度关注自身价值、过分追求成名成家"的浮躁风气，在问题研究和创新实践中实现发展，用研究推动学校改革创新，用学校改革创新丰富研究成果。

问题驱动，研究学校中的真问题。作为领航校长，要引领基础教育发展，实现教育家办学，所研究的问题不能仅仅关注个人及所在学校的追求，而应在推动区域教育发展乃至整个基础教育发展中发挥领航作用。严忠俊要求学员们放眼基础教育，聚焦学校问题，在研究真问题中谋求发展。

品质修炼，收获满满情怀。工作室是合作学习和协同研究的共同体，严忠俊致力于让学员们在共同体中共同学习、共同研讨，潜心修炼，做一个有教育情怀的校长，快速成长为教育家型校长。苏霍姆林斯基说过，领导学校，首先是教育思想上的领导，其次才是行政上的领导。处于教育改革大潮中的学校管理者，面对变革，应该及时把握教育的真实面貌，以先进的教育思想引领学校前进。严忠俊撰写的《高中教育在吴高》诠释了个人的教育思想，更流露了他满满的教育情怀，学员们在研读后深受启迪。

学员徐雪莉副校长以"培养生命·完善生命·生成生命——以新型育人观打造学习共同体"为题，写下了这样的感悟："著名教育家费巴拉说过，校长手里不应该拿着鞭子，而应该举着旗帜，走在前面。这里所说的'旗帜'，是指校长的教育教学理念，包括育人观。一名优秀校长的管理，应是一种思想、理念和思维方式的管理。校长，应是学校的旗手，是学校的精神领袖，是先行者，是指挥家。"在她看来，严忠俊手里拿着的正是引领学校发展的旗帜，上面写着"天生我材必有用"。吴兴高级中学正是以"天生我材必有用"的新型育人观为全校工作的指导思想，以全面推进素质教育为目标，以优化课堂为重点，以提高教学质量为中心，在实践中不断生成教育智慧，不断推进、深化课程改革，实现了由传统教学到现代教学的嬗变。

领航的意义不只在于自身光芒的显露，更在于一个"领"字。苍穹之上，雁群飞过，人们欣赏的是领飞大雁身后齐整的队伍与昂扬的姿态。在严忠俊看来，自己在领航之路上还有更多工作要做。从吴兴高中强势崛起成为湖州基础教育的一个典范，到个人终身学习走向教育家型校长，再到作为领航者引领更多人发展，"教育即发展"的思想始终是严忠俊教育生涯的主线，而他还将会继续信奉这一教育信条，为教育的发展担起更多的责任。

具有优秀人文情怀的教育家型校长

——杨刚和北京中关村二小的文化

点评：

杨刚：富于优秀人文情怀的教育家型校长

去中关村二小，是一个乍暖还寒的初冬，但走在校园，走进教室，与老师、学生交流，却总是感到热情洋溢，温馨异常，如有春天般的温暖。我想，在这背后，一定站着一位有"温度"的校长。

印象最深的是一位副校长给我们说的：教委领导征求意见，很希望我到另一所学校去做校长，我选择了留下。因为二小的教育理念、环境、氛围，让人舒心、温暖、安全，可以做自己想做的理想的教育。

两天多的"二小"观察、分析，我们越来越感受到杨刚校长的魅力所在。

"二小"的学生自由甚而"任性"。在与学校管理者和大量教师交流的过程中，我们很少听到对于孩子管束、限制的说辞和要求，相反，孩子的需要成为所有教师工作的重点。在班级，一个孩子可以自由地调整座位；在每一年级教师办公室，你可以看到这样的"座右铭"："你知道某年级孩子最喜欢的老师的样子吗？"接着列出的是在广泛调研的基础上获得的极为珍贵的"标准"。在学校，比较规整的课程体系中，指向孩子综合素养提升、满足孩子个性成长需求的带有另类色彩的课程比比皆是，比如多米诺骨牌小组活动、数学嘉年华、科技节、义卖、梦想书社、魔方活动等。所以，很多孩子由衷地说：我们最喜欢学校，因为在这里学习、生活，特别快乐。正因为如此,孩子的聪明才智、创造潜能获得超乎寻常的成长。"蓝博豆",作为众多学生"集体创造"的成果,以其灵动的视觉形象、丰富的想象空间、深刻的教育寓意,理所当然地成为"二小"的文化标识;而"金帆"和"银帆"艺术团以其出类拔萃的艺术展示,将"二小"非凡的艺术教育乃至整个教育品牌推向国内外。

"二小"的教师乐业而进取。二小是合并了多所学校后"三校一体"的学校。多元的教师文化和学校文化之间并无常见的同类体制的学校那样剧烈长久地碰撞,而是顺利和畅地融汇并存;教师个体的存在感、自足感、成就感、自豪感很强;很多教师想得最多的不是获得和索取,而是如何做到尽善尽美,更多回馈学校。为什么会如此?教师觉得这个学校让人特别温暖,家园式管理,"无为而治",让人舒展、安全;学校干群关系、教师关系和谐,亲如家人;与一般的用制度、用权威管控,给人很大压力迥然不同,在这里,得到尊重,找到尊严,每个人都被平等对待;只要有才能,都有机会和发展;每个教师都可以向校长申述自己的理想,只要言之有据,合理可行,都可以有机会得到实现,从学校发展到教师成长,从文化建设到课程开发。二小发展的丰富和厚重,正是源自教师个性张扬、自主发展以及积极主动的进取。

"二小"的文化清新而厚重。在某些区域将学校文化炒成了"热""潮",将学校文化变味为高词大言的"跃进"口号的当下,杨校长的学校文化观、二小的发展理念平和、切实,甚而有着北京人难得的"低调"。他们将培养儒雅少年作为培养目标,确立"桃红李白,春暖花开"的教育理念,显示出对于儿童、生命成长特点和规律的尊重,诚厚、智慧、优雅并且富于个性的成长和发展、生活和创造,恰恰是现实和未来走向社会、作为公民的人的理想状态,这才是教育的意义、价值和真正追求。杨校长的办学理念"二小是大家的,二小的发展是靠大家的,二小的发展是为大家的",体现的是"共治""共享"的民本、民主思想,这恰恰是现代学校制度的基础。而"把简单的事情做彻底,把平凡的事情做经典,把每一件小事都做得更精彩"则更是一种十分切实、贴心和人性化的学校工作理念。这些教育思想的凝练，源自杨校长和团队成员关于教育特别是儿童教育的深刻理解，以及基于儿童视角的科学主张，这在当下的比较浮躁的教育文化氛围中，可说是十分难得的精准。而且他们的文化表达也别具一格，本真、平实，没有常见的那种幼稚、夸张，言过其实，耸人听闻，让人感觉到异常灵动、活泼、清新，而又真诚、感人，从而真正如春风化雨般化育人心。

有温度的校长，成就有温度的学校。这种温度，这种春天的"温度"其源头主要在杨刚校长身上的"人文情怀"。

什么是人文情怀？

"人文"，有两个文化之源。一是起源于欧洲文艺复兴时期的一种思想体系，是从人道主义和人文主义出发的一种处世胸怀，提倡的是关怀人、尊重人、以人为中心的世界观。一是源自中国博大精深的传统文化，强调"文"以"人"为本，"人"以"文"为质；人文，是指对人的生命与尊严、意义与价值的理解。两源合流，今天我们所言的"人文"，重点强调做事和待人应从人的本性出发，承认人性的弱点，能够全面地了解人，理解人，关心人，体谅人，尊重人，宽容人，甚至悲天悯人，最终是要发展人。这恰恰是教育工作者都必须秉持的理念和精神。在杨校长身上，这些有着近乎完美的体现。

杨校长醇厚善良、温文尔雅，是真正的儒雅书生、"温良"校长。他尊重人，尊重学生、教师，所以才有二小的自由放任的学生、自主创造的教师，才有基于此而成长、完善并依然在发展成熟的学校民主、宽松、温和的文化。他理解人。他理解学生的个性需求，理解不同教师不同的诉求和发展欲望，所以才有学校富于个性特色的课程体系和多元课程，才有站在儿童立场的文化表达。他发展人。教师的愿望他总是尽可能创造条件满足，学生的个性张扬和想象创造从来总是被鼓励，所以才有师生艺术的科学的甚或文化的成果不断涌现。

尽管如此，杨校长却一向平和、谦逊，不仅低调做人，而且低调做事。总是静静地思考，静静地实行，静静地改变，除了为师生，几乎从不张扬自己的个性和自己。这是尽心为学生为教师，这是尽力做学校做教育，这是在做真正的教育。

杨校长身上的人文情怀，来自中外优秀人文传统的学习传承，来自我国古今文史哲经典的阅读滋补，来自对于教育尤其儿童教育、民主教育的准确理解和实行；更来自对于教育现实、教育问题的哲学思考，思考之后的自省自悟。

我们常常夸赞文化管理的神奇，以为只有文化才可以超越权威和制度，抵达如道家"无为"的管理境界。这可能还只是书生之见。文化管理，说白了，还是离不开"人"的"在场"。"学校文化"还是得附着在每一个学校中包括校长在内的所有的教育者身上，才能发挥其教育功能，实现其育人价值。而这其中，校长是核心，校长是学校教师、文化和教育的核心。就此而言，校长卓越的领导力（即文化品格的优异和卓越）就显得异常重要；而这种异常重要的文化品格或者领导力，其根基就在于如朗星明月般的人文情怀和精神。

我们常常追问教育究竟是什么？教育实际就是以文化人，就是人文，就是让生活在这个世界上的人们越来越有文化，有文明，有人文。假如此一理解和观点成立，那么，优秀之校长具有优秀的人文情怀、素养和精神，就是天经地义、理所当然。可敬的是，杨刚校长为我们教育家型校长树立了一个光辉的榜样。

附录：

把学校建设成富于人文情怀的家园

一、"桃红李白，心暖花开"：杨刚校长的办学思想与办学业绩

杨刚校长在中关村第二小学办学过程中凝练和提升了办学思想，可以概括为"桃红李白，心暖花开"。"桃红李白"：表达了桃李之间和而不同的自然属性，寓意每个生命都是独一无二的个体；"心暖花开"：预示着每一个孩子都是含苞待放的花蕾，每一朵花蕾的盛开都需要悉心呵护、用爱守候。"桃红李白，心暖花开"体现了中关村二小尊重生命个体差异，因材施教、因人而异的教育主张，是全校师生共同追求的教育愿景。基于此，把中关村二小办成一所让师生幸福绽放的最美精神家园，是杨刚校长的教育理想和教育追求。

在杨刚校长的带领下，中关村第二小学已发展成为拥有 110 个教学班，4 764 名学生，267 位教职员工的"一校多址"的品牌名校。作为海淀区首批素质教育优质校，在推进义务教育均衡发展中，学校始终承担着优质教育资源辐射的社会责任。在过去 18 年中，二小共参与了 7 个学校或校区的发展建设，成为海淀区小学中参与办学形式最多、承接新建校、合并校最多的学校。面对校区的发展变化，杨刚校长始终坚持"一个二小一个标准一个质量"，探索出了以业务横向管理为主，行政纵向管理为辅的扁平化立体管理模式，带领二小人走出了一条实现多校区同步、优质、均衡发展的特色办学之路。2013 年 12 月，由中共海淀区委教工委、海淀区教委主持，在全市范围内召开"同步优质均衡——中关村二小一校多址办学现场会"，把二小的典型经验在全市甚至全国推广。来自市人大、市政协等社会各界人士，纷纷高度赞誉二小人为推进义务教育均衡发展所做出的突出贡献。

作为"联合国教科文组织中国可持续发展教育项目国家实验学校"、全国信息技术教学应用示范校和"北京市中小学校长培训实践基地"，学校每学期都会与来自世界和全国各地的友好校进行跨国、跨省区、跨学科互动研修；多次迎接"国培计划"项目考察团、新疆双语培训班等，进校交流学习；先后与河北、内蒙古等地的贫困山区学校结为手拉手友谊校，持续深入地开展系列公益教育活动；主动承接八期北京市农村中小学教师研修工作站任务……多途径、多形式地把二小的优质教育辐射到世界和全国各地。"以大爱情怀发挥名校辐射作用，最大限度地推动义务教育优质均衡发展"成为中关村二小义不容辞的教育使命和教育当担。

二、凝练与提升：助力名校长成长

江苏教育行政干部培训中心（以下简称中心），是承担"校长国培计划"——全国首期中小学名校长领航工程培养任务的 8 个培养基地之一。中心紧紧围绕"造就一批在全国范围内具有重要影响力、能够在基础教育事业中发挥示范引领作用的教育家型校长"的培训目标，根据8位校长所在学校、所处环境以及所面临的发展现状与困境，制定出三年的个性化培养方案，助力8位名校长进一步凝练办学思想，提升办学能力，优化办学实践。

中心自2015年6月开班以来，先后开展8次主题研修活动，其中包括自我陈述、专家诊断、名著研读、听取名家讲坛、实地考察等。在此基础上，中心采取理论指导与实践成长相结合的培养方式，为杨刚校长聘请了理论导师与实践导师，帮助杨校长提升理论水平与办学实践能力。

1. 现场诊断，帮助杨刚校长提炼办学思想

为了更加全面、深入地了解杨刚校长的办学实践，更好地帮助其凝练自己的教育思想，2015年10月21日至23日，中心组织包括杨刚校长导师吴康宁、彭小虎在内的专家团队12人赴中关村二小进行现场诊断调研。专家们走进学校，通过与师生交流座谈，通过参加杨刚校长办学实践研讨会，被这样一所安安静静的学校、认认真真的校长、勤勤恳恳的教师、快快乐乐的学生所深深打动。中心的严华银主任在点评反馈中直言不讳地说："走进二小第一感觉就是舒服，这里让人感到自由、安全、温馨，因为这所学校始终从儿童的视角来看一切问题。每一位教师的精气神阳光、大气、儒雅，每一个学生的形态天真、活泼、可爱。"二小家园式的校园文化以及"桃红李白，心暖花开"的教育愿景得到了专家的认可。同时，专家对学校进一步深化文化建设，进一步完善课程体系，对杨刚校长及其团队进一步提升思维力提出了宝贵的意见和建议，为学校下一阶段的发展指明了方向。

2. 跟岗实践，提升杨刚校长的综合办学能力

为了帮助杨刚校长总结办学实践、提升综合办学能力，2016年4月18日，中心为杨刚校长精心设计了为期一周的跟岗学习方案。杨刚校长及其干部团队，分别走进导师彭小虎校长所在的南京市陶行知小学和孙双金校长所在的南京市北京东路小学。两位校长分别安排了丰富且务实的培训活动。杨刚校长连续四天深入驻扎学校，与两位教育家型校长及其团队的干部教师共听课11节，并一起开展集体教研、座谈交流，一起深入课堂、走进学生、研磨教法、讨论课程建设、畅谈教育情怀……一周的跟岗学习，杨刚校长从两位导师那

里再次感受到了教育家型校长的教育情怀和办学实践，不仅提升了综合办学水平，也再次坚定了他"以生为本，求真务实"的办学追求。

3. 交流研讨，促进杨刚校长在实践中反思成长

在集中学习的过程中，中心通过专题研讨、讲座分享等形式，帮助杨刚校长对教育理念、对办学实践、对师生发展等问题进行深入的思考，促进其在实践中反思成长。2015 年 11 月 27 日，中心组织 8 位校长以"我心中的教育家型校长"为题进行专题研讨。杨刚校长从学校的生命状态、教师的专业发展、学生的健康成长、家长的认同感、校长的社会责任与情怀等维度，论述了教育家型校长应有的样态。

带着对心中理想的教育型校长的追求，杨刚校长赴江苏省徐州市，深入当地的学校，以"基于以人为本教育情怀下的校长领导力建设"为题，从以人为本的教育情怀出发，用学校发展的真实案例，深入浅出地解读了校长领导力是推动和引领学校整体可持续发展的原动力，并从文化与理念、育人与助人、制度与管理、危机与机遇四个方面进一步阐释校长领导力的内涵与外延，与 300 多位当地的校长和教师交流办学经验与实践体验。一次次的交流研讨，促使杨刚校长不断反思、不断总结、不断成长。

三、领航者在行动：思想结出硕果

1. 召开教育家办学实践研讨会，再次推出优秀办学成果

经过几十年的实践探索，中关村二小已经积淀了深厚的办学思想。继 2013 年召开的"一校多址"办学现场会后，2015 年 10 月，中共海淀区委教工委、海淀区教委再次在全市范围内召开了"聚力·绽放——中关村二小教育家办学实践研讨会"，再一次将杨刚校长在办学中的理性思考与实践创新和他的教育理想、教育追求和教育智慧，呈献给来自全市几十家友好单位及兄弟学校、全区 200 多所中小学的校长及团队教师。500 多位与会者真切地感受到：在这个和谐、温暖、快乐的大家庭里，始终涌动着杨刚校长和二小教育家群体的教育激情与梦想，那就是"桃红李白，心暖花开"。中关村二小能够发展到今天的高度，离不开杨刚校长的责任与担当，更离不开几代二小人的不懈努力，是这一切成就了师生们最美的绽放。吴

康宁教授点评道："中关村二小就是一个在当下中国的社会近况中，在当下的中国基础教育界，一个可以真正称作学校的地方。"亲临研讨会的学生家长感慨道："研讨会高潮迭起，惊艳与暖心一个连着一个。这是一个个不断充盈、不断聚力的结果，这逐梦的过程是艰辛难忘的，这最美的绽放是家园文化集体的智慧点亮！愿三校同步、优质、均衡发展，让孩子们更受益；愿暖心之路家校同行，桃红李白，遍满天下！"

研讨会的成功召开，不仅推动了《国家中长期教育改革和发展规划纲要（2010—2020）》提出的"鼓励教师和校长在实践中大胆探索，创新教育思想、教育模式和教育方法，形成教学特色和办学风格，造就一批教育家，倡导教育家办学"的落实，更实现了教育部首期中小学名校长领航工程关于"加快推进名校长队伍建设，梳理名校长教育理念和办学经验，更好地发挥优质学校和名校长的辐射带动作用"的目标。

2.依托名校长工作室，持续发挥辐射引领作用

"杨刚校长工作室"于2015年10月22日成立，主要以工作室成员的发展需求为导向，突出个性化培养特色，以解决成员校发展难题为着眼点，切实提高工作室成员的综合素质及其所在学校的办学质量和辐射示范作用。自工作室成立以来，杨刚校长依托这一学习共同体，通过成员间的自主学习、网络研修、课题带动、下校诊断、到江苏基地参观学习等方式，为工作室成员量身定制了多套"好吃又有营养"的学习大餐。

套餐一：化解工作室成员困惑的一剂良方。

"经历了这么多的教师培训，'教师个性化脱产培训'我还是第一次听说，通过参训教师的现场交流，我觉得这样私人订制的培训很大胆、很有新意，也很务实、接地气，对教师的个人成长受益很大，值得我们好好借鉴和学习。"

"这种培训好是好，但却存在着人员调配方面的难度，杨校长您是如何更科学地协调人事安排，激发教师全员参与热情的呢？"

······

这是发生在2016年5月12日杨刚校长工作室第一次活动"现场互动"环节的一幕。工作室的活动以"中关村二小教师个性化培养交流研讨"为

主题，杨刚校长分别从问题背景、创新实践、目的初衷、内涵解读几个层面，向来自房山、昌平、石景山等郊区学校的7位骨干校长详细介绍了二小开展教师个性化培养工程的始末，同时邀请了刚刚参加完第三期个性化脱产培养的教师分享他们的成长收获，并就一些细节问题与7位校长进行了深入探讨。这一活动主题，极大地引发了成员们对教师队伍建设的深入思考，解答了困扰他们多年的关于"在职教师工作量大、工作压力大，学习时间零散，集中培训无法满足个性化学习需求"方面的困惑，给他们送上了"突破教师专业发展瓶颈，助力教师再发展"的一剂良方，让他们在看到中关村二小教师培养已经从关注教师队伍整体提升到关注教师个体成长的同时，也找到了本校教师个性化培养的方向。

在此后的几次进校诊断中，杨刚校长欣慰地发现，这些成员校的校长不仅为本校教师量身定制了多样的个性化培训方案，还把这一培训经验推广到本区多所学校，使教师们在培训中不仅找到了自身新的发展点和生长点，同时助力了所在团队的提升，进而推动了全校教师队伍的整体提升。

套餐二：与工作室成员共享高端美味的教育盛宴。

"工作室的学习是实时的、互动的，是多样的、开放的，除了我们校内的优质资源，我们还定期为大家准备了丰厚、高端且前瞻的优质教育资源。如：在工作室第一次活动期间，就已经有多位骨干校长带领着团队教师，参加了在我校举办的、为期两天的、难能可贵的第五届'北派名师'之'南北名师汇'小学语文'整合教学'观摩研讨活动。大家纷纷反馈，这样的盛会对本校语文教学方式的反思与改革大有裨益，希望这样的高端资源能够持续分享。今天，我就再次提前向大家发出盛邀：6月14日，新东方教育集团创始人俞敏洪老师将走进二小的名师大课堂，与我们共同分享他的教育之'道'。俞老师可是我费了一年多的时间才请到的重量级嘉宾，到时也欢迎你们来共享这道高端美味的教育大餐……"

杨刚校长刚刚在工作室的网络学习平台里向7位校长发出邀请，立即就有人回复道："杨校长，我可以带着我们全校的教师去吗？""我们可以像二小的老师那样跟俞老师互动吗？"

"没问题，只要你们能够从中受益，中关村二小的大门随时为你们敞开！走进工作室里的每一位成员都是主人，让我们共同学习、共同提升，最终实现'思想上有新的突破，办学上有更好的创新与实践'的学习目标。"杨刚校长就是这样一位谦逊、睿智、豪爽的教育引领者。

为了提升工作室成员的学习力，还定期向成员们推荐并赠送包括中心的严华银主任的力作《让学校安静》《让语文安静》等书籍，希望大家在阅读的基础上，有思考，有行动，最终真正实现内化于心、外化于行的自我成长。

思维理性：教育家型校长的创造之源

——杨琼英和云南玉溪一小的"阳光"文化

点评：

思维理性：教育家型校长的创造之源

杨琼英校长是一个不断带给我惊喜的校长，她几乎完全改变了我对于小学校长、小学女校长的全部看法。

她的办学理念是科学的。与一般的"为学生一生奠基"等的严肃、凝重和高大上有所不同，玉溪一小的"快乐童年，成就未来"可能是更多基于教育规律、儿童认知规律和儿童视角而确立的教育理念，更加具有教育哲学的特质。童年是人生的一个阶段，一个重要的阶段，快乐应该是人生尤其是童年阶段最为重要的特点，无论生活如何艰难，学习多么辛苦，都不可以任何理由剥夺儿童享受快乐的自由。没有童年的快乐体验，怎会有人生未来的幸福追求。以为用童年的身心牺牲就可以必然获得未来的幸福奠基，至少在理论和实践领域都是站不住脚的。这样的教育理解是深刻的，这样的教育主张是科学的。

她的文化表达是精准的。玉溪一小已经建构了比较完整的文化系统，从教育价值观到学校发展愿景，从教师精神到学生精神，尽管从规范性的角度而言，可能还有可以进一步斟酌之处，但其各自的表达却是精准的。"快乐童年"与"成就未来"之间的逻辑关系显而易见：若无童年之"快乐"，又何来未来之"成就"？"生命、阳光、快乐"这三者间的顺承、递进也一目了然："生命"本来离不开"阳光"，"生命"本身自当具有"阳光"的特点；个性"阳光"，才会有生活和学习的"快乐"。假如我们把"快乐童年，成就未来"作为学校上位的教育哲学，那么，"生命、阳光、快乐"就可以是学校"中位"的指向、学生发展的教育教学的指导思想和基本原则。尊重"生命"，播撒"阳光"，洋溢"快乐"，这才有童年的幸福，进而可能生长出未来的"成就"。不仅如此，看杨琼英校长培训期间发表的文章，听她围绕学校发展理念的现场陈述，侃侃而谈，凿凿有据，其思考大多成熟而深刻。

她的课程建构是完整的。玉溪一小的课程体系以国家课程为基础，以校本课程为重点，从显性和隐性课程两个领域，开发和建设了"静态校园文化""多彩班级文化""灵动的活动文化"和艺术类、学科拓展类、健体类、语言类、科技类等八大类课程。课程设计是站在的儿童立场，课程目标所指在童心生长，课程的价值取向则紧扣学校教育哲学，就是要达成儿童学习和生活的快乐。这样的体系建构可能还处在课程建设的中级阶段，但其中已经显示出整体架构和体系的逻辑性，各门课程设计的务实、切用以及其间关系的合理性。这在学校课程建设方兴未艾的当下，已是难得。从中足以见杨校长及其团队深思熟虑的初心。

由此可见，玉溪一小的发展理念、文化表达、课程建构融汇了杨校长及其团队成员的智慧，其以科学、精准和完整的特点，突显了一小教育的个性和独特性。这些，都无一不体现出杨琼英校长的思维理性。

理性思维是感性思维的深化，是对感性思维成果的进一步加工，是对大脑中已获知识的深加工，是对事物本质和事物运动规律的揭示过程。理性思维，对过去和现实来说，能够揭示事物的真实和本质，认识事物的规律。就此而言，理性思维是一种质疑和批判思维；对未来而言，具有前瞻性和预知性，能够运用已知的事物规律和已知的思维规律，推导出事物进一步发展的趋势和可能。就此而言，理性思维是一种哲学思维和超前思维。

但是，这许多年来，或者是应试导致的教育思维的僵化，或者是课改推进中的部分理论家的话语强势，教育一线普遍呈现出一种跟风、赶潮的"运动"态势：一个口号，可以一夜传遍大江南北；一种模式，可以数年掀起冲天狂热；中小学教师和校长中的"大师崇拜"时有抬头。更为可怕的是，在10余年学校文化建设、课程建设、课改推进和教育教学改革的"转型"过程中，真正的富于独创、具有个性和特色的教育成果究竟有多少呢？

复制、雷同、照搬、移植，教育的传统和历史，学校的文化和个性，正是在这样的"跃进"浪潮中，被以发展的声音而淹没，被以建构的名义而消解。

其症结何在？我想，除了这样那样的外在因素，一些人的思维理性缺失是最为主要的原因。

教育，本来就是要培养孩子的思维理性的，但学校育人者自身的理性丧失，应该是现实教育最为令人忧虑的。在这一点上，杨琼英校长是出类拔萃的。

她的学校在她的引领和带动下，对于儿童、对于学校教育，对于儿童发展理解科学，对于办学秉持开放理念，对于实践绝不排斥先进理念和理论，但她们迥异于一般学校的是，坚守本真，探求规律，即便"拿来"，也必然"运用脑髓，放出眼光；去伪存真，祛除糟粕，吸收精华"，一言以蔽之："为我所用"。

这样的思维理性，这样的理性指导下的教育实践，才有了她们关于玉溪一小教育文化的"原创"。原创，对于中国教育而言，是一个多么珍贵的字眼。假如我们把一国或者一个区域的教育发展做一个阶段划分，假如

129

这样的阶段可以被分为初级的"为证"——为别人的教育理论证明的阶段，"证伪"——发现别人理论的不足和缺陷的阶段，"自为"——自身教育的原创阶段，那么，我要说的是，中国基础教育如今应该或者说必须尽早尽快地跨入"自为"时代。但现实依然"骨感"，教育的内涵和价值不断被冲击，教育的环境和氛围依然沉闷和令人忧郁，教育"转型"步履维艰。

也正因为如此，思维理性对于基础教育一线的精英群体就显得尤为重要，富于理性思维的杨琼英校长就显得尤为难能可贵！

从杨校长以及教育家型校长的实践和表达，我看到了思维理性引领的基础教育"转型"的曙光，我听到了教育"自为"、原创时代大步前行的足音。

附录：

播撒童心文化　滋润生命成长

2005 年，杨琼英校长从一名优秀教师成为云南省玉溪市第一小学这所百年老校的校长。担任校长后，杨琼英在学校教学管理方面进行了新的探索与尝试。她认为，成为一名优秀的教师，是最快乐的事；为孩子们铸就快乐的人生，使孩子成长为社会有用之才奠定坚实的基础，是从事教育的人最大的快慰与幸福。那么，如何在新的历史时期，延续玉溪一小百年名校的风采，不断改革创新，提升学校管理理念，提高办学质量和效益，是杨琼英苦苦思索的问题。杨琼英始终认为"儿童教育应该根植于儿童自己的世界，关注儿童文化及哲学，走进儿童内在的心灵，从精神层面去关注儿童身心健康让儿童快乐地成长"。怀揣着这份教育理想与追求，从教师转变为校长的杨琼英开启了她更深层次的小学教育研究之路。

小学教育该干什么？在儿童文化及儿童的生命价值的研究中，杨琼英和她的团队提炼了"快乐童年成就未来"的教育理念，凝练出"师爱无痕、激情育人"的教师精神，总结出培育"活泼灵动、博雅艺精"的学生精神，共同构筑"生命、阳光、快乐"六字学校愿景。以"播撒童心文化，丰富生命成长"为主旋律，一系列的儿童文化理念成为他们对小学教育的价值判断与教育追求。

为唱响"播撒童心文化,丰富生命成长"这一主旋律,杨琼英和她的团队从童心课程文化入手,以童真作业拓展孩子的个性空间,让童趣评价尊重生命之差异发展,开启了童心文化的创建工作。

一、童心课程激扬孩子的生命成长

课程是学生生活、生命的一部分,"童心课程"是玉溪一小校本课程开发的核心,是发展学生兴趣,形成学生特长的基本途径,其目的是充分挖掘学生的潜能优势,促进学生的个性全面、和谐发展。

玉溪一小的隐性课程涵括了"静态校园文化"建设、"多彩班级文化"创建和"灵动的活动文化"等几个方面。在"静态校园文化"建设中,他们以儿童视角去规划与设计校园的静态环境文化,力求让校园文化浸润孩子的心田。他们让孩子家长和老师共同参与设计的学校整体形象标识犹如一株嫩芽在阳光雨露下茁壮成长,又像一只美丽的和平鸽在蓝天上翱翔,象征着学校的平安与和谐。童心校旗图案体现了孩子们载歌载舞的欢乐景象;孩子们自己参与了设计和命名的"悠悠谷"卫生间、"生态小农庄""雏鹰路灯""雅乐池塘""四季芳香"走廊、"幸福凯旋门"等,也都充分体现了童心与童趣。

班级是儿童心灵栖息和精神成长的家园,班级文化是儿童精神文化建设的主阵地,在"多彩班级文化"创建中,玉溪一小倡导以童心家园为载体的班级文化。走进教室,映入眼帘的便是一幅幅栩栩如生的班级文化墙,有"成长快乐""艺苑风景""家风班风""俭约花园""书香园地""每周之星""环保之星""孝敬之星""勤奋之星""互助之星""友善之星"等善行义举榜。不同的中队特色、中队理念和中队目标直击孩子的心灵,触及孩子的内心世界。

"灵动的活动文化",学校每年都组织举办由全校师生参与的大型文化活动,如体育节、艺术节、英语节、读书节、演讲节、种植节、民俗节等。丰富的童心文化活动,灵动了校园生活,丰富了孩子的生命成长。体育节以"阳光体育,健康成长"为目标,按照"我运动,我健康、我快乐"

131

的原则开展冬季、夏季运动会，培养孩子的健康意识和锻炼身体的好习惯；艺术节以"童心描绘世界书画展""快乐跳动舞台""童年如歌演唱会"等活动"张扬个性、展示特长"为主题，从培养孩子的艺术素养为出发点搭建艺术展示平台；英语节里有"英语风采大赛""洋话连篇"英语角等；读书节有"诵读经典、浸润人生"经典诵读大赛、"故事大王"比赛、《中华魂》读书演讲赛等，目的是培养孩子读书的好习惯，从而营造书香校园氛围。

显性课程的开发。在强化基础性课程的同时，玉溪一小创造性地开发了一些全面的、富有生命的、可供选择性的课程。学校校社团活动课程分为艺术类、学科拓展类、健体类、语言类、科技类五大方面的类型，并提出活动目标，那就是提高学生的实践能力，培养学生的创新意识和人际交往能力，促进学生的终身发展。其中，健体类主要有"小姚明"篮球、玲珑棋艺、健与美、"飞翔"田径等课程；艺术类有"和谐之声"合唱、红舞鞋、金孔雀民族舞、管弦交响乐（多种西洋乐器）、多彩的云南民乐（巴乌、葫芦丝、芦笙、二胡等）；美术类有七彩画笔、小小巧手（剪纸）、小小神笔（书法）等课程；语言类社团有"金话筒"小主持、"快言快语"演讲与辩论、"洋话连篇"英语课程等；科技类社团有"创意无限"、生态农庄、设计空间站、科学观察员、太阳能发电等课程。

二、童真作业拓展孩子的个性空间

为谋求学生的个性发展，促进学生全面发展提供时空和机会，激发学生生命的潜力，2007 年，玉溪一小对学生作业开始了革故鼎新。学校成立了童真作业研发组，深入研究开放性实践作业。倡导以儿童发展为本，结合学生年龄特点和生活实际、时政等来布置开放性、实践性、趣味性假期作业，其内容涉及调查、书画、阅读、摄影、习惯、锻炼、特长等内容。学生完成作业，不再是简单地埋头做题，而是拿起相机、提起画笔、翻开自己喜欢的书本，用自己喜欢的方式学习，做到真正让学生从学校、家庭出发亲近自然、走向社会、走进生活，体验生命、学习技能，这种自主学习的方式让学生非常激动，极大地满足学生爱动、好奇、爱表现、爱探究的天性。这样的作业还把学校教育、家庭教育、社会教育进行很好的整合。如"文明美德·伴我成长"板块要求学生能够制作一张春节贺卡（可以是纸质，也可以是电子贺卡），给长辈、父母、老师、伙伴、同学送上一份浓浓的祝福。"良好习惯·与我同行"板块设计了"我是爸妈小帮手""我的房间我来秀"内容，让孩子学会整理自己的房间等力所能及的家务活，当好家庭的小主人，主动关心父母及长辈，以实际行动报答父母的养育之恩，争做一个有孝心、善于感恩的小学生。"良好习惯"的作业要求：如，看电视和上网不超过30分钟，养成早睡、早起的好习惯，每天锻炼半小时等，以作业的形式帮助孩子养成好的生活习惯和锻炼习惯。

童真作业让学生把原本很枯燥的作业以儿童喜闻乐见的形式尽情地表达出来，从而改造了校园的活动领域、释放了师生的个性，拓展了他们精神生命和个性空间，让学校成为孩子们学习生活的乐园和家园。

三、童趣评价尊重生命之差异发展

杨琼英认为，多元评价学生是对生命个体的尊重，是智慧之源的唤醒。要以儿童文化为价值基础，尊重个体差异，构建灵活的和满足儿童成长需要的多元童趣评价体系，促进学生和教师两个主体积极、主动、持续地发展。她把评价学生分为四个层次：一是每学期终结性评价。每学期终结性评价时学生均可选择自己的强项，实行"选优评价"，如音乐课评价项目包含律动、演唱、舞蹈、器乐（钢琴、巴乌、葫芦丝、二胡、大管、萨克斯等多种乐器），美术课评价选项可分硬笔和软笔书法、水粉画、国画、油画、水彩画等内容；二是记录孩子的综合素质发展轨迹。其内容除了各学科的成长记录，还增加"社团活动课程""三生教育""我的特长""实践活动"等；三是"校园激励卡"，让孩子享受评价过程的乐趣。当她看到孩子手中形形色色的魔幻卡时引发联想，能否把这些成人看似无聊但孩子爱不释手的卡片变为激励卡呢？学生在课堂上所表现出好的行为都可以获得不同学科不同颜色的激励卡，达到一定的数量时可以获取"免做卡"。有了这张卡，学生可以选择免做一些他们认为没有必要的作业；四是"尊重特质评价"，允许学生差异性发展。

儿童文化强调"尊重"，尊重孩子差异性的发展，允许学生差异性的发展。世界上没有两片完全相同的叶子，每个儿童都有自己不同于他人的个性，有自己的个性发展潜能与优势。在这样的理念下，玉溪一小校园里出现许多"自主儿童团"，如"半天童""跳跃童""休假童""自乐童"等。

"半天童"。即学生上午在学校上课，下午回家练习各种特长。有的孩子练声乐，准备当歌唱家；有的孩子练舞蹈，为将来从事艺术做准备；也有的回去练习各种体育项目的。玉溪一小有许多"半天童"都有所成就，其中，2012年伦敦奥运会体操团体冠军获得者郭伟阳就是一小当年的"半天童"。

"跳跃童"和"休假童"。即允许有特殊智力的孩子跳级学习，其中有一位名叫伏田的小男孩就是连跳三级，12岁就读初三年级，学习也非常好。"休假童"的孩子可根据家长和学生的需求自己规定放假和上学的时间，曾经有这样一名学生，三年级开始就双脚无力，上学艰难，根据家长的要求，杨琼英允许他申请"休假童"，学校安排老师轮流抽时间到家辅导。在学校、家长和孩子的共同努力下，孩子成绩优秀，最终考取了清华大学。

"自乐童"。"自乐童"的孩子有其多样性特点：如智障的、多动症的、脑瘫（残）的。面对这类孩子，学校没有放弃，而是针对他们各自的特点，选择适合他们的校园活动。每一名"自乐童"都有一位学校领导挂钩，协助班主任和其他老师共同培养孩子，本着"爱和包容、等待和期盼，给孩子空间，让他慢慢长大"的教育方式，尊重儿童权利，体现儿童个性化教育。

经过多年的苦苦探索与实践，玉溪一小的教育效益和社会效益稳步提高，办学品位进一步得到提升，学生的综合素质得到了全面发展。学生任孝君、薛诚等在参加全国、省、市的英语风采大赛中获特等奖；梁潇艺等获全国民乐二胡独奏金奖；邹梦娴等参加全国葫芦丝邀请赛，获云南赛区金奖；学生管弦乐团蝉联两届云南省大赛金奖，并以全国八强的雄姿到北京参赛获铜奖，被誉为"西南片区最杰出的小学生管乐团"。百人合唱队、舞蹈队参加市、区文艺调演均获得了第一名；游泳队蝉联三届团体总分第一；学生交通小警察手势展演连续三届获市级第一名；在"青春玉溪欢乐青年——电信杯"第二届青少年电脑作品大赛中，玉溪一小共有33件作品获奖。其中，大赛唯一的特等奖被该校的学生苗冠瑜收入囊中；在"玉溪市第二十届青少年科技创新大赛"中，玉溪一小获得了133个奖项。

办学之路日复一日，年复一年。当玉溪一小已然成为全省乃至全国名实至名归的名校时，杨琼英在校园里肃立看着学校冉冉升起的五星红旗，心中有太多的感慨和难以言表的感动。她为学校的发展，为孩子们的成长而感到无比的自豪。她认为，"教育家办学"是历史和时代的呼唤，担当起教育现代化的重任是当代校长责无旁贷的历史使命。教育家型校长本身不是真理的代表，他们是在不断实践与思考中不断向教育真理走近的人，只要矢志不渝、坚持梦想、勇于反思、善于创新，领悟教育规律、尊重教育规律、实践教育规律，成为一名"教育家型校长"的道路并不遥远。

具有原创精神的教育家型校长

——于大伟和西宁二十一中的虚拟社会化实践活动课程

点评：

于大伟：富于优秀原创精神的教育家型校长

教育家型校长理所当然是那些在学校发展和教育改革领域超越了一般校长的优秀者，这其中最为基础和核心的元素究竟是什么呢？我以为应该是创造力，创造中的创新，创新中的原创。这是我与于大伟校长接触、交流、深度了解并两度到其所在的青海西宁二十一中访问、研讨之后的最为深切的体会。

这是一所有着百年历史却又在数年前异地新建的学校，至今已完善为从幼儿园、小学到高中全学段的学校。老树逢春，于大伟校长带领班子成员和全校老师励精图治，寻求新校新象，寻求教育教学改革的大突破，大格局。从2014年开始，他们在课程体系建构尤其是校本课程开发领域精心研究，精心设计，推出了"虚拟社会化实践课程"。

这一课程体系注重学习实践相结合，孩子在一个多姿多彩的学习实践过程中，"学中做、做中学、学做合一"，实现用孩子创造的生活教育孩子，用孩子创造的成就激励孩子的教育理想。在学校中，师生共同创建一个虚拟的社会，每个孩子在这个社会中扮演一个社会角色，在角色的扮演中尽可能真实地体验社会，达到在生活中学习，在实践中发展的目的。同时建立与社会化实践活动相契合的学生综合素质评价体系，激励学生全面发展。

这一课程体系可以用几个关键词来描述。一是公司化运作。在这一虚拟社会中，人与人的关系，通过公司体制机制来运作。每一学生可以自主申请成立相关的生产经营实体，自行决定生产什么和经营什么，可以自由"招兵买马"，自己决定生产方式、经营思路。在这里，一个三年级的孩子可以由着自己的捏泥人的喜好，组织一帮年龄不等的孩子，生产泥塑艺术品并开展经营活动。一个高中学生可以利用学校中的小河资源成立水上游乐经营公司，开展丰富多彩的水上游览服务。二是智慧币。生产和经营活动自然离不开"买卖授受"，于是"代价券"性质的智慧币应运而生。智慧币的意义和价值就在于便于交换、标志交易的发生，兑现劳动报酬，考量生产、经营的绩效，评价经营主体的持续发展的能力。"产品"是否优质、适销能否对路，经营和管理是否有方，自然决定智慧币的多寡和经营者的智慧程度。所以，在二十一中此项课程开展的现场，你会看到一群很小的孩子也可以获得成堆的智慧币，即便是高二学生大哥哥大姐姐组建的公司，也有可能经营困难，囊中羞涩。三是智慧银行调控。学生银行主要承担发行货币和管理货币流通，开展存取款业务、办理贷款等业务。为了加强对智慧币的管理，维护智慧币的信誉，稳定智慧币秩序，根据《西宁市第二十一中学社会化实践教育活动实施方案》，制定了《西宁市第二十一中学智慧币管理条例》。

于是，你可以发现，在原本相对比较隔绝社会的一所学校里，一个小型的虚拟的社会、社会运作体系就被建构起来了。生产、经营、货币、银行，相关的社会生活元素齐备，再加之与之配套的"行政管理"部门和"司法"机关的逐渐到位，一个规范有序的和谐稳定的虚拟社会从此诞生，与现实学校、系统的课程学习几乎可以说是并行不悖，和睦共生，而且有机渗透、融合，共建二十一中独特的教育生态。

这是一种十分有意义的教育原创，这是一种极富科学精神的教育突破。学校是学生从家庭人转化而为社会人的学习、练习平台，当现实学校中的学习尤其是应试式学习将分科课程的教学极端专门化之后，学校与家庭与社会疏离和分割已经越来越明显。学习是学习，生活是生活；学校是学校，社会是社会。如今已经很少来研究和追问教育和学校办学的"初心"，应考和分数似乎已然成为学校教育的全部。在"举世皆醉"的教育境遇中，于大伟校长从古圣先贤那儿，从国内外大教育家那儿，从孔子、苏格拉底、夸美纽斯、杜威、胡适、陶行知那儿，汲取营养，寻求智慧，遵循教育规律，融汇社会、市场、经济诸多元素，整合、建构、创造出这样一种"大伟式教育"，这种突破，这种原创，在当下的社会生态和教育生态下，几乎就是一种教育壮举。我一向以为，一个国家或者一个区域的教育发展一般都应经历三个阶段："为证"也即引进他国先进教育理论并为之证明的时代，"证伪"也即逐渐发现并批判或矫正他国之理论在本土化过程中的不足的时代，"自为"也即广泛地学习和实践的基础上自我发现、自我发明和创造的时代。当下之中国教育究竟处在什么时代？可能不同的区域不同的学校和不同的校长都会有着不大相同的回答。无疑，于校长和他的团队已经走入教育的"自为"时代，这也正是作为教育家型校长培养对象的校长们的应有姿态，也是这些未来教育家对于中国教育的价值意义之所在。

但原创，自古以来便是中国社会相当稀缺的元素，传统文化中封建、保守、求稳怕乱的心理因子，教育中的一元、一统、一致、答案唯一的思维求同，尤其是近现代以来意识形态的过度膨胀夸张，虚无浮躁之风大盛，工匠之务实求精之气逐渐被消解，上百年的中国教育除了欧风美雨、苏联模式、芬兰模式，似乎很少有人多言孔孟教育，很少有人敢提经院模式、私塾传统，更不要说有什么基于本土、完全自创的教育"图谱"和"秘诀"了。很多时候，中国基础教育成为西方某些教育理念和理论的试验田和"跑马场"。这一方面表明学界研究之风的不正，另一方面也表明原创尤其是教育原创之艰难。

原创，需要原创者广泛地学习并在此基础上的比较研究的能力，需要自由放任、天马行空的大胆的想象力，需要质疑求异的思维品质，需要主动开拓进取的意识和精神，还需要原创者自身丰富的经历和生活体验的积累。从外部因素而言，社会尤其是教育行政的宽容、信任、支持和保障是甚为关键的。远远地看着，悄悄地帮着，可能这是当下行政对于校长应有的管理姿态。于大伟校长的成功，与其曾经的西宁钢厂行政管理的经历，与省市教育行政部门和地方党委政府的理解和支撑都有着直接的关系。

而尤其重要的是，当下的教育变革和教育创造，还迫切需要教学、教育、管理和经营的智慧。这20余年的教育应试，其最为残酷的恶果，就在于让应试本身被社会上下和教育内外所公认并普遍接受。而且，对这样一种现实，谁要是反其道而行之，可能还要引发反弹和动荡。最近，河北涿州教育改革遭遇到的强烈的社会"阻隔"和地方行政果决的"熔断"，可能恰恰表明在当今之中国，任何一个领域的变革都要综合考量各方"利益"，反复斟酌权衡，从顶层设计和布局，到可能的风险防控的预案，一点都不能松懈。

在这一点上，于校长及其团队的设计、部署是缜密的有序的，推进、落实是平稳的和谐的。比如他们对于教育教学质量的高度重视，学生人文素养和学科教学质量的稳步上升；他们对社会实践活动时间的科学安排、考核评价机制的综合化实施，都指向学生的真正的综合素养修炼，都显示出折中、平和、均衡的教育特点，不但不影响学科教育反而促进学生学习能力的发展。而且进入教育部中小学名校长领航班学习以来，于校长借助"同学"资源，带领班子成员"南征北战"，到江苏、浙江、安徽、新疆的一批优秀中小学驻校学习，获取真经，最为重要的目的就是，博采众长，综合施治，全面提升二十一中学科教育质量，全面发展学生素质。两年的中高考成绩表明，二十一中的教学质量稳步上升，一年一个台阶。这反过来又更加证明虚拟社会实践活动课程的优秀，也更可以促进这一课程的实施向更深更广处发展。

这带给我们的教育改革者和创造者十分重要的启示。

附录：

于大伟：教育路上的追梦人

1987年，刚从陕西师范大学物理系毕业的于大伟回到了青藏高原的古城西宁，回到了他曾经学习的地方——西宁市第二十一中学（原西钢中学）。在这个多民族融合的地方，他开始了近30载的教育耕耘。他用自己的整个青春叙写了对高原、对第二故乡的情怀，谱写了二十一中精彩的历史。多年来，于大伟通过不断的学习和思考，丰富完善了自己的教育思想，提升自己的教育理念，在全面推进学校素质教育的道路上不懈探索。

这是一个有梦的地方

二十一中校园的徽派建筑与苏州园林为粗犷的青藏高原增添了一份江南的钟林毓秀，体现出了中国古典园林设计的理想品质——精雕细琢，折射出中国文化取法自然，而又超越自然的深邃意境。此外，校园各建筑以《四书》"大学"篇中的"三纲八目"命名，将中华文化自然地融入校园，意蕴深远。置身校园，粉墙黛瓦，绿树掩映，花窗湖石，碧水蓝天，蜂抱花落，鱼吹莲动，鸢尾如蝶，柳丝袅娜，滋蕙湖面涟漪泛泛，鹅雁嬉戏，孔雀振屏，与人相伴，其乐融融。师生们在这样的校园中调素琴、描丹青、绘山水、阅诗书，心灵自然会为校园灵秀、静雅、精致、和谐、厚重的意蕴所荡涤，这正体现了"好景怡情，大美育人"的环境育人理念：以校园之灵秀养人性情，以校园之静雅修人身心，以校园之精致教人做事，以校园之和谐滋人心田，以校园之文化厚人底蕴。

在这里，每个教师用自己对孩子的爱，萌发着孩子内心"爱、知识、虔性"的三颗种子；学校用多姿多彩的生活，使孩子实践一个多姿多彩的学习，让多姿多彩的学习成为孩子生长的土壤；学校对孩子无处不在的信任与尊重，为孩子的成长提供充足的水与养分。二十一中的每个孩子都自信阳光，个性与特长得到了最大限度地发展；每个孩子都独立自强，用自己的双手创造成功的喜悦；每个孩子都协作互助，用共同的追求描绘和谐的画卷。孩子们的身后挺立着一支笃志勤业的教师队伍，他们或沉着老练，甘为立本之基，或朝气蓬勃，勇立岸前潮头。

走进这片土地，每个孩子与老师便拥有了对未来、对人生的无限憧憬，走上了逐梦的路，成为逐梦的人，也让二十一中成为一个有梦的地方，于大伟就是筑梦、逐梦的领航人。

守望教育的麦田，做逐梦的领路人

"灿烂人生多风雨，辉煌业绩尽艰辛"，用它来描述于大伟的教育人生再合适不过。于大伟21岁本科毕业，回到母校任教，这是他梦想的起点，二十一中是他梦想的园地。作为普通教师的五年间，于大伟钻研专业，不断学习，提升学科素养，出类拔萃，成为青年教师中的佼佼者。26岁被提拔为当时的西钢中学校长，面对教育教学的困境，于大伟勇挑重担，带领学校中坚力量攻坚克难，取得了一个个喜人的成绩。29岁又被提拔为西钢集团教育处副处长。2001年，在企业主辅分离之时，他拒绝了集团公司的再三挽留，放弃了优厚的待遇以及高级别的岗位，回到了令他魂牵梦绕的校园。

于大伟常说，做教育就要耐得住寂寞，守得住孤独，在淡泊中播撒幸福的种子，在宁静中收获幸福的果实；老师们说，于校长就是一团熊熊的火焰，燃烧到哪里，枯枝败叶化为灰烬；孩子们说，校长就是一潭清澈的泉水，流淌到哪里，哪里便焕发出一片盎然的春色。二十多年来，从西钢学校到西宁市第二十一中学，这一方土地所发生的一切，在父老乡亲的心中引起了不小的震撼。人们为他欣慰，被他折服，对他充满敬意。敬意的背后，照应的是这位血性汉子逝去的青春。很多人劝他，太累的时候就歇歇吧，可他却说自己要做的事情还有很多，闲不得。他为教育执着追求了近三十年，成为一名实实在在的"教育麦田的守望者"。

逐梦的领路人必定是对教育怀着诗人般浪漫情怀和哲人般深刻思考的教育者。于大伟化用王国维先生在《人间词话》中提到的人生的三种境界，用以描述他心目中的教育家成长历程的三个阶段："昨夜西风凋碧树。独上高楼，望尽天涯路"——这是教育家成长的第一阶段。教育家首先得是一个清醒的教育者，不苟同、不随众，有着自己独立的思索，自然也能承受不为人理解的孤独与苦痛。"衣带渐宽终不悔，为伊消得人憔悴"——这是教育家成长的第二阶段。在独立思索教育真理的征途中，教育者要有"九死不悔"的追求，几经痛苦的历练、风雨的摔打，人生走向成熟，轻浮、轻狂、诱惑和怨天尤人等都随着时间的推移而逐渐远离，前路越发清晰。"众里寻他千百度，蓦然回首，那人却在灯火阑珊处"——这是教育家成长的第三阶段。当教育者历经千难，不改初心，对教育有了彻底醒悟之时，便能在宁静淡泊中享受教育和人生的乐趣，对人世拥有春风化雨的崇高情怀。

于大伟常说，教育者应该做有价值的教育，做有意义的教育。他推崇怀特海在《教育的目的》中的论述：把一个孩子当成有血有肉的活生生的人，激发他们自我发展，让他们所具有的专业知识成为他们进步、腾飞的基础，最终成长为既有哲学的深邃，又有艺术的高雅；既有广泛的文化修养，又在某个特殊方面有专业知识的人才。在夸美纽斯教育理论的影响下，他深信每个孩子心中都有爱、知识和信念的"三颗种子"，并把对孩子的信任和尊重作为一切教育行为的前提，去萌发这三颗种子，使之成为孩子成长发展的内驱动力，最终使孩子长成参天大树。他更希望像孔子、杜威、苏霍姆林斯基那样，带上他的孩子走进社会、走进生活，并在社会实践、生活实践中学习。他主张让教育从成人的自娱自乐中走出来，让孩子过上多姿多彩的生活，实践一个完整的学习，用孩子创造的生活教育孩子，用孩子创造的成就激励孩子，使孩子的个性得到尊重、兴趣得到满足、特长得到发展，最终成为能独立思考、独立行动，拥有独立高贵人格的人。

于大伟的思想是在品悟中外教育家的人生、品味教育家思想的过程中逐步成熟的，在这一过程中，他不断提升自己的教育境界，教育之路走得愈有品位、愈加敞亮。

路在脚下，梦在天空

"纸上得来终觉浅，绝知此事要躬行"。于大伟认为要想让孩子成为能独立思考、独立行动，拥有独立高贵人格的人，就应该像夸美纽斯那样，把对孩子的信任和尊重作为一切教育行为的前提，还要像孔子和杜威那样，带上孩子们走进社会、走进生活，在社会实践、生活实践中学习，并在这种学习中萌发心中爱、知识和信念的"三颗种子"，使之成为孩子成长发展的内驱动力。而这三颗种子就像极美的三颗珍珠，需要有一根"线"将之串联，这根"线"就是"社会化教育实践活动"。

为了构建一个学习和生活相结合的情境，使孩子实践一个多姿多彩的学习过程，做到学中做、做中学、学做合一，在于大伟的主导和策划下，学校在教育实践中不断探索，由师生共同创建了一个虚拟的社会，并通过发行校园虚拟货币——智慧币，使学生在实践活动中创造的劳动成果能够自由地相互交换，实现了学校学习实践与社会的贯通，每个孩子在这个虚拟社会中扮演一个社会角色，在角色扮演中尽可能真实地体验社会，达到在生活中学习，在实践中发展的目的，极大地调动了学生创新、创造、创业的积极性。学生不但开设了手工制作工厂，还创办了商品贸易公司，组建了以服务、文化传播、培训、科研等为主的团队，并以公司的形式运营。这些不同性质的团队，面对社会的选择和挑战，创造性地解决着自己所面临的问题，提高产品质量和品位、丰富产品种类、提升服务水平、加强团队管理成了孩子们不断学习、探索的内容，在这里，他们学会了团队内部的协作，学会了团队间的合作，甚至实现了学科的整合。孩子们在竞争中学习吸纳，在失败中反思整改，在成功中总结前行，用创造来丰富自己的生活，用自己创造的生活来教育自己，为将来走入真实的社会增添一份经验、技能、勇气和信心，真正实现了于大伟做教育的初衷——用孩子创造的生活教育孩子，用孩子创造的成就激励孩子。

随着社会化教育实践活动的发展，虚拟社会越来越丰富，越来越复杂，也为学生自主管理机构在治理社会方面提供了丰富的实践和学习的样本。孩子们围绕着如何保障社会化实践活动的秩序，建立起一个民主、文明、和谐的学校，如何构建自由平等、公正、法治的社会实践环境，如何实现学生爱岗敬业、诚实守信、和睦相处等问题，积极思考，多方征询意见，并展开讨论，逐步完善了管理机构，增设了二十一中智慧银行、工商局、统计局、资产管理部、人力资源和社会保障部、体育协会等；同时完善了法规制度，由立法委员会制定并经学生代表大会审批通过了一批适应新形势的规章制度，这些规章制度模仿了国家相应法律法规的命名及文本格式，包括《智慧币管理条例》《公司法》《劳动法》《贸易法》《破产法》《学生最低收入保障条例》《公务员法》等。在机构与制度的不断完善中，孩子们逐步提高了治理社会的水平。

这种多姿多彩的社会化教育实践活动，给孩子提供了一种接近社会化的实践生活，使每个孩子找到了适合自己生长的土壤，满足了丰富的个性需要，并在这种社会化的生活实践中找到适合自己，能充分发挥自己潜能的角色，在角色的扮演过程中不断发展、不断生长。这种扮演的实践基于孩子的个性，更能唤醒孩子社会化的冲动，从而激发孩子的生命力。这种让孩子社会化的过程再不是一个把孩子当产品塑造的过程，而是提供阳光、水分、土壤，使他自由生长的过程，在这一过程中，孩子的生长变得快乐、愉悦，对社会的认识变得生动、深刻，最终把自己的社会化改造行为转变为人生的自觉。

于大伟校长始终是教育之路上的行进者，在淡泊中播撒着幸福的种子，在宁静中收获着幸福的果实。回首逝去的岁月，多少切磋琢磨，渐成今日"清雅""精致""至善"的校园品质；几番苦心孤诣，方积淀"自信""独立""协作"的学子精神；几多磨砺修养，乃成就汲汲自修、笃志勤业的园丁风貌。追风赶月创未来，春华秋实在杏坛。于大伟校长将继续带领二十一中人高

具有强烈的文化建构意识的教育家型校长

——郭长安和山西晋中高师附属学校的幸福教育

点评：

郭长安：具有强烈的文化建构意识的教育家型校长

近许多年来，在学校内涵发展的追求中，学校文化建设成为热点。而在学校文化建设的热潮中，许多重要的问题却一直难有定论，比如学校文化究竟是什么？学校文化建设的重点是什么？学校究竟应该如何建设学校文化？

郭长安校长是一位年轻的校长，其所在的山西晋中师专附属学校也是一所异常年轻的学校。办学四年来，郭校长领着团队一班人在建设学校、管理学校、发展教师、促进办学质量尤其是教学质量不断提升的同时，用心着力建构学校的"文化"，并且已经初步建立起带有晋中师专附校特点的"幸福教育"体系，很好地书写了一所新兴学校也可以构建好的文化的大文章。

"幸福教育"是晋中师专附校的教育哲学观，也是学校文化建设这篇文章的"主题思想"。

这一主题源自郭校长个人对于教育的理解和主张。郭校长认为，校长为一校之魂，而校长之魂实际就在于校长的教育思想和办学理念。有了科学优秀的学校发展理念和科学的学生发展观，就抓住了学校工作的核心。他在语文教育和学校管理的经历中，深感让孩子的学习生活幸福本身就是教育的应有之意，就是为孩子的一生储备幸福，也是为孩子未来的发展奠基。这样一种教育理解和理想，在应试教育的今天其意义和价值是值得高度肯定的。

有了这样的初步理解，郭校长接着便带领班子成员深入学习，反复研讨：什么是好教育？什么是好学校？学校教育要培养什么样的人？做这样一件事，表面上看好像很简单，但对于今天的中国教育而言，笔者以为十分重要，甚至以为是当下中国教育甚至中国社会至为重要的一件大事。其理由就在于最近20年间的教育，这种以"应试"为手段也是目标的教育，其影响最为深远的就是国人对于"教育"的认知和理解。现实教育之改变，最为困难的就在于国人对于教育共识的重构。如何重构？我以为需要来一场面向全社会的"教育启蒙运动"。其主旨就在让国人明白：什么是教育？孩子为什么要接受教育？我们的孩子应该接受什么样的教育？没有这样的启蒙和启蒙之后的科学的教育共识，任何教育的改革都将遭遇阻隔。就此而言，郭校长引领团队关于教育价值观问题的探索，就是对于教育"初心"的追问和回味，其比照和反思的意义是深远的。

也正因为如此，班子成员在共识之后，发挥集体的智慧，从儿童立场和视角出发，最终确定了"面向全体，为学生的一生储备幸福"的办学理念和"为学生的快乐成长奠基，为学生的多元发展奠基，为学生的幸福人生奠基"的教育目标。不仅如此，在短短的四年时间里，郭校长引领全校老师，基于"幸福教育"的教育价值，不断开发相关校本课程，不断探索并梳理、总结课堂教学模式，逐渐构筑并清晰起具有晋中师专附校———一所新办学校个性特色的"学校幸福文化—幸福课程系统—幸福课堂模式—学生幸福成长"的教育思路和线索。

一所新兴学校的成长和发展的大文章，这样做，是不是一个好的结构、一条好的思路、一种好的模式？从郭校长和晋中师专附校的成功的实践看，答案显然是肯定的。

从郭校长新办校快速成功的实践中给了我们很多启示。

用科学的符合教育和儿童认知规律的教育文化动员教师、引领学校发展，是完全可行的。学校文化当然需要本校本土的教育积淀，需要时间和历史的淘洗过滤，但文化也是有共性和个性之分的，共性的文化是可以"拿来"的，借鉴的。从这一意义而言，"内生"和"外引"是可以共生互补的两种学校文化建设的路径。

学校文化建构是需要优秀校长的教育理解和管理智慧的。个性化的教育理解和主张不管多么正确和科学，只有形成全体成员之共识和认同，才有被执行和落实的可能。这其中，管理者思维的深刻，表达的灵动，"动员"的力量，其作用和价值一点也不亚于科学的理解和主张本身。

学校文化应该是一个相对完整的体系。幸福教育作为一种教育哲学，并非晋中师专附校所独有，也不是郭长安之独家发明。但借助教育理念和教育目标来做出合适的解说和阐释，并构建相关的课程体系来支撑，并通过优秀的课堂模式来实行，这就是郭校长和他所在的学校的"专利"了。这是郭校长的难能可贵之处，他和他的团队已经迈出了很好的第一步。

当然，学校文化是一个非常复杂的系统，其建构的过程是一个漫长的过程。成熟的学校文化可能是需要一所学校中的多少代校长和教师甚或学生共同努力、代代积淀、千锤百炼而成。也就是说，文化的主体应该是内生的，真正的学校文化可能主要不是外显出来的物质、有形、文字和图片的东西，而应该是精神或者说可以转化为精神层面的东西。所以有人说，学校文化就是我们这一群人"在这所学校学习、生活和工作的方式"。而这需要一代又一代校长和师生的努力奋斗才能够达成，这样的"内生"过程，是学校文化的关键。

学校文化建设永远在路上，只有进行时，没有完成时；学校存在一天，学校文化就将发展一天；学校文化永远是一个完全开放、总在运动的系统。

学校文化作为学校发展形而上的价值观，还需要与学校课程体系的建设紧密结合、同步开展，因为文化最终的落脚点在学生，但文化最为直接地作用于学生，必须借助、经由、依靠课程，所以才有"有什么样的课程就有什么样的学生"的教育观。

如此而言，郭校长和他的团队，就晋中师专附校的文化建设而言，已经开了一个好头，破了一个好题，其未来仍然任重而道远，相信郭校长和他的团队建设文化和发展学校的道路将越走越宽广，越来越幸福！

附录：

郭长安：幸福教育的践行者

教育的真正意义是什么？如何让学生做一个幸福的人？让师生在共同的价值追求和精神信仰中体味快乐，感受幸福，收获成长？山西省晋中师范高等专科学校附属学校校长郭长安，将其当作教育人生的重大使命与根本追求。

幸福教育是一种储备

郭长安所在的晋中师范高等专科学校附属学校（以下简称晋中师范附校）位于晋中市北部的"城中村"，学校北靠占地万亩、高校10所、师生20万人的山西高校园区；南临具有70年深厚底蕴的晋中师范高等专科学校；东、西两侧交通发达，是一所区位和文化优势明显，改革和发展潜力巨大的育人摇篮。

晋中师范附校创办于2012年9月，是山西省晋中市教育局直属的唯一的九年一贯制学校。建校时间不足四年。作为一所新校，既没有丰厚的人文积淀，更没有现成的经验分享。然而，特殊的位置、重要的使命，使得学校的社会关注度极高。

什么是好教育？什么是好学校？学校教育要培养什么样的人？上任伊始，郭长安便与学校领导班子开始了探索。最终，将"面向全体，为学生的一生储备幸福"作为办学理念，并确定了"为学生的快乐成长奠基，为学生的多元发展奠基，为学生的幸福人生奠基"三维目标。

几年来，晋中师范附校紧紧围绕幸福教育理念，积极构建品位高雅的幸福文化，成就敬业乐教的幸福教师，培养智慧阳光的幸福学生，打造教学相长的幸福课堂，开展情趣洋溢的幸福实践。在课堂教学模式、校园文化建设、师资队伍建设、学生兴趣培养等方面进行了积极探索。如今，幸福教育已成为该校一张靓丽的特色名片。

朱永新说过，教育是人的事业，也是思想的事业。唯有思想，才能真正让"人"成为"人"，才能让追求变为憧憬，让希望变为现实。郭长安与他的团队认为：幸福教育是一种储备。特别是义务教育，应当"面向全体，为学生的一生储备幸福！"应当在教育中创造、生成丰富的幸福资源，培养出能够创造幸福、享受幸福的人；应当引导每个学生有理解幸福的思维、有创造幸福的能力，有体验幸福的境界，有奉献幸福的人格；应当让教师享受教育的幸福，让学生体验幸福的教育，让每位师生在快乐中获得成功与幸福；也应当让学生接受磨难教育，这才能提高他们未来适应社会的能力和生存能力，这也是储备幸福的具体体现。

幸福教育是一种使命

二十多年的教育生涯，郭长安先后当过语文教师、教导主任、初中校长、特殊教育学校校长。教育实践让他更加明白校长是学校之魂，思想是校长之魂，只有做一个好校长才能办一所好学校。校长的办学思想、办学理念决定着学校发展的方向，校长的教育情怀、教育视野更决定着学校发展的品位与高度。

2015年6月25日至7月3日，郭长安在江苏教育行政干部培训中心参加第一次集中研修。该中心是承担国家教育部"校长国培计划"——首期中小学名校长领航工程培养任务的8个培养基地之一。在三年的培训过程中，中心将紧紧围绕"造就一批在全国范围内具有重要影响力、能够在基础教育事业中发挥示范引领作用的教育家型校长"的培训目标，助力名校长办学能力的提升和办学思想的凝练。

"有幸成为教育部首期中小学名校长领航班的一名学员，是我个人教育生涯中的一大幸事。这里汇聚了全国各地的优秀校长，更有拥有丰富教育经验的专家导师团队，一定是一次提升自我，革新自我的机会！"郭长安更加坚定了自己的教育使命。

在首期培训中，中心借助"校长个人三年发展规划"这一工具，要求郭长安呈现自己的办学实践情况、办学所处的生态环境以及办学实践的需求，陈述自己在教育实践过程中的优势、劣势与面临的挑战。同时，中心采取导师与名校长双向选择、集体培养的方式，为郭长安聘请了理论导师与实践导师，未来三年将为达成培养目标而共同努力。

此外，中心还安排名校长们赴北京市海淀区中关村第二小学、安徽省亳州市第一中学等全国知名学校实地考察，并与当地的校长和教师交流办学经验和实践体验。

一次次的参观考察，一次次教育思想的激烈碰撞，让他更加深切地感受到：学校教育归根结底是人的教育，教育是朴素的，是要有情怀的，只有让师生在共同的价值追求和精神信仰中体味快乐，感受幸福，才能收获成长。郭长安以"教育的使命"为题，生动地阐释了自己的幸福理念教育实践，他认为，作为一名校长，践行幸福教育是一种使命、责任，必须自觉担当、主动作为！

为了更加全面、深入地了解郭长安的办学实践与思想，更好地帮助其凝练自己的教育思想，2015年9月18日至21日，教育部全国首期中小学名校长项目组来到晋中师范附校进行实地调研。专家们与学校的干部、师生进行了座谈，了解学校发展的优势与劣势，也为学校的办学理念、发展规划谏言献策，并对学校的幸福理念给予充分肯定。

"一来这里，就深切感受到了幸福的氛围、浓浓的文化气息，晋中师范附校要不断创新探索，让幸福文化向更深更远处蔓延，加快学校发展，打造幸福教育品牌！"江苏教育行政干部培训中心副主任刘明远的一席话，对晋中师范附校的发展充满信心与期待。

2015年9月20日，项目组还为"郭长安名校长工作室"举行了挂牌仪式。"名校长工作室"是以名校长为带头人，引领地区中青年校长成长，推动区域校长队伍建设，促进基础教育优质、均衡发展的重要路径，是"校长国培计划"——首期中小学名校长领航工程在培养名校长过程中的重要内容。郭长安的"幸福教育"理念实践将继续向着更深、更远处前行。

幸福教育是一种分享

学校以"幸福教育"为愿景，致力推进师生的精神成长，把精神层面的东西树立好让大家共同追求，把环境层面的东西建设好让大家共同享受，把制度层面的东西设计好让大家共同遵守，把行为层面的东西落实好让大家共同践行，让幸福教育成为师生幸福生活的历程。

在学校的师生展台，有这样两段诗意的文字："那满园盛开的花，不曾有相同的色彩。那满山挺立的树，不曾有相同的姿态。我们和而不同的心，你有你的色彩，我有我的姿态！""我不做辛勤的园丁，将你剪成千篇一律的模样；我不做前行的灯塔，将你指向唯一神圣的理想。我们之间，是智慧与智慧的碰撞，是生命与生命的牵手成长。"

晋中师范附校始终相信：没有一个教师不愿意把工作做好。因此"欣赏每一位教师、尊重每一位教师"就成为学校的工作准则。如，一改以往检查督导的做法，将教学管理变为成果展示，一次次展示让教师找到了自信，让教师明确了努力的方向，也让精益求精成为可能。

"学校领导给我们请来了身边的、平凡岗位中涌现出来的杰出教育工作者。他们对教育的解读不是那些高深的理论，缥缈的艺术，而是从心底散发出来的最为朴实的人性芬芳，这也让原本并不轻松的教育，变得亲切自然，真实有趣。我愿意就这样在各位前辈老师的指引下，带着爱上路，幸福地做教师。"这是青年教师孙永昌在"温情师德"培训后写下的心得。

"温情师德"教育是学校培养幸福教师的一个举措，旨在促进教师精神成长，立足岗位，做一名幸福的教师。温情德育净化着师生的心灵，凝聚着高尚的师魂！通过开展温情师德教育，一个信念已经变得坚定有力：干一行、爱一行、钻一行！有一个目标正在悄然生根：用力、用心、用情做好每一项工作。

让教师幸福成长的第二个重要法宝就是"师生共读"。"只有读书，才能让教师过上真正有品质的教育生活。厚积薄发才能算得上是一名优秀老师。"学校要求教师每学期精读一本教学专著，并为教师赠送书籍，这里的教师有学习精神、钻研精神、反思精神，使自己逐渐拥有厚重的语言表达，厚重的课堂引导，厚重的文本理解，厚重的学法渗透，厚重的人文关怀……学校还积极倡导"工作质量就是生活质量"的价值取向，微笑面对学生，用心上好每一节课，真诚帮助每一位学困生，仔细批阅好每一次作业，热情帮助每一位同事。

让教师幸福成长的第三个重要法宝就是"无痕教研"。即在上完课后趁热打铁，顺便拉上几位教师，长则一两节课，短则十来分钟，及时探讨课堂得失的"同伴互助式"教研。这样的随机教研让教师们品尝到成长与成功、成事和成人的双重成就感，有效地增强了大家的事业心，也自然地提升了对幸福感的理解，难怪教师们说："能够和大家分享成长的喜悦、烦恼和困惑，也是一种幸福。其实，幸福教育何尝不是一种分享？"

幸福教育是一种力量

2016年4月中旬，晋中师范附校100余名学生组成的管弦乐队正在演奏。和他们一同表演的还有其他40多个社团，覆盖全校所有学生。每天下午活动时间，社团便成为一道亮丽的风景线。社团活动是师生们最幸福、最快乐的时光……

为培养学生的实践能力，晋中师范附校紧紧围绕"每班形成一个特色，每生拥有一个特长"的目标，积极开发活动课程。目前，已成立了书法、古筝、十字绣、脸谱、葫芦丝等40多个社团，拓宽了学生享受幸福的资源，构建了品位高雅的幸福文化，彰显了学校幸福教育的特色品牌。

如何帮助学生打开幸福之门，培养智慧阳光的幸福学生？他们打出的第一张牌是"与黎明共舞，与经典同行"。2012年以来，学校坚持每天20分钟的晨诵课雷打不动。学校还组织编写并编印了国学经典诵读系列读本，旨在让学生心灵深处播下优秀文化的种子，为学生的幸福人生打下厚实的精神底色。

几年来，晋中师范附校以"五环五学"课堂教学模式为抓手，改革教学方式、优化学习流程；注重提升教师的学识魅力和人格魅力，注重挖掘学生的潜能、焕发学生的生命活力。"让每一节课都使学生有所收获"已成为老师们的共同追求，真正让学生们享受到成功的喜悦，感受到学习的幸福。

如今，行走在晋中师范附校的校园里，每一朵鲜花都绽开着笑脸，每一片绿色都摇曳着生机，每一个角落都播撒着希望，每一处都显现出温暖。该校副校长杨志坚说："我们学校践行的幸福教育，为教师的幸福从教、专业发展，为学生的幸福成长、全面发展注入了正能量。幸福教育不仅是我们学校全体师生校的共同信仰，更给我们增添了一股改革发展的力量。"

"教育就是培养习惯，当教师与学生有了共同的精神信仰与价值追求，当丰富自身文化内涵、提升自我成了全校学生共同的自觉行动，学生的幸福人生便不再遥远！"郭长安如是说。

"下一步，将不断完善工作制度和运行机制，借鉴先进经验，开展理论研究和实践活动；将借助名校长工作室这个平台，与国家级专家团队互动交流，同全国各地的名校长对话研讨，不断学习、认真探索，为推动晋中现代教育做出贡献。"郭长安校长谈起下一步的规划，信心满怀。

幸福教育，需要守望，更需要践行，郭长安将带着责任与使命，不断探索前行！

一位最具执行力的教育家型校长

——张勇和安徽亳州一中的管理文化

点评：

张勇：最具执行力的教育家型校长

在讨论校长"领导力"的大量文献中，学者们更多关注的是领导力的组成元素、形成机理和价值大小，往往忽略了发生机制、实现原理。最近参与长三角名校长高端论坛，上海市教委的一位副主任的发言让我很受启发。他说，当下的中国教育，中国校长，并不缺理论，不仅不缺，而且很多甚或太多，问题是，究竟有多少理论，被我们的校长转化为了教育行为？

由此我想，当我们把校长领导力看作一个精神层面的符号进行观察和研究的时候，稍稍化虚为实，转变一下视角，你会发现，最富于领导力的校长，恰恰是最能够将理论转化为操作行为，将理想逐渐转变为现实的。这样的"转化""转变"的能力，实际就是"执行力"。安徽亳州一中的张勇校长就是这样一位具有特殊的执行力的教育家型校长。

张勇校长的办学观，集中起来就是指向思想，指向方向，指向文化。我特别欣赏"指向"一语。因为由此我想到的是温家宝同志所孜孜以求的"脚踏实地，仰望星空"的教育家境界，"星空"之"仰望"是建基于"脚踏实地"之"干活"的；由此我还想到 2 000 余年前的孔子，正是在长期、辛勤的点点滴滴的教育实践中，感受、体会、思索、探求、总结出直至今天仍然富于引领、指导意义的教育思想，比如因材施教，比如有教无类；更不必说从美国的杜威到我国的陶行知和胡适，无论是"教育即生活"还是"生活即教育"的教育思想几乎无一例外都是根植于他们各自博大的扎实的教育生活实践的。可见，优秀的真正堪称教育思想的"思想"之形成，还是应该是有规律可循的。思想者扎实持久的践行，本地本土的坚守，永不停息的思索，学习借鉴的理性，可能都是不可或缺的因素。这些对如今仍然从事着教育理论研究和教学工作的学院派人士都是很好的启发。现实教育的许多问题，似乎都可以从此获得理解。不务实求真，不注重实际实效实绩，随意搬弄某一所谓的理念理论，夸大其词，装神弄鬼，唬人蒙人；好高骛远，空喊理想思想，举着一杆旗帜，假借一个口号，掀起一轮炒作，竟然能风行、左右教育之大"市场"一时。记得课改之初，某些理论家靠着一个"建构主义理论"，几乎通吃天下，打遍天下无敌手。任何人都不可以对这一理论说半个不字，似乎它是放之四海而皆准的"真理"。一时间，"建构"取代"构建"成为教师们"有口皆碑"的时髦词汇。实际上，拿过这一理论，专家们谁也没有在任意的教育现场做过像样的"实验"；实际上，就笔者研究，20 世纪 80 年代，美国人以此为理论基础，已经经历过一次几乎"完败"的课改实验。对美国的这样一段为期并不遥远的教育历史，专家们也许有人知道，也许并不知道，不知道则罢，如若知而不究，知而不言，竟然"理直气壮"地将中国一千多万教师、数亿学生，一起"卷入"如此浩荡豪华的"运动"，这不知道是一种怎样的行为？未来的教育历史又会做出如何的定评？课改之后，"翻转课堂"在部分区域的哄闹一时就是一例。原创者的国度无论是中小学还是大学对此一直小心谨慎，很少有人敢于名诏大号地鼓吹惑众，而是不断研究和反思这一模式的问题和缺失；我们中的一些人却不分青红皂白，在少数专家的鼓噪下，让一些不明就里的一线教师卷入其间，其中的用心实在不敢妄加揣测。教育领域这样的现象和人物不在少数。教育问题之产生，不能不说，有些与此是有很深的渊源的。

张校长是一位异常特别的校长。他到亳州一中前，是亳州市教育局的副局长。当亳州一中这样一所百年老校遭遇教学质量滑坡、社会评价度下降的非常时期，张勇同志毅然决然，临危受命。这样的担当、胆识和底气是令人钦佩的。说胆识和底气，那就是受命者必须具有对于重点高中的办学、对于高中学校教学质量的提升、对于教学管理的真知灼见、真材实料。从行政管理到校长办学的角色转换，张局长成为张校长，张校长也由教育的行政思维因此而转化为学校管理思维，从"面"转为"点"，由宏观转为"中观"和"微观"。张勇校长从这所百年老校的教育历史文化的挖掘和在新时期发展过程中的矛盾和问题分析出发，目标指向学校教学质量提升和文化重构，以实现学校发展的"跨越"和再度振兴。

从具体的操作层面而言，张校长做了几件事。

先是造势。古语有程咬金"三斧头"之说，连续的"砍斧"之举实际是一种先声夺人的"造势"。初显"衰颓"之象并在社会上出现欠佳之评的一中人，尤其是其中爱校如家、像爱护自己眼珠一样维护学校名誉的老师们，在这一段的时间里一直心有憋屈，渴盼改变。张勇正是从此出发，通过个别交流、小组研讨、大会宣讲，分析问题，寻找症结，在这一过程中，融情，明理，得法，凝聚心、情、意，振作精气神。

接着引领。在对于本校历史和文化传统进行挖掘后，紧密联系学校实际，确定学校近期和未来发展目标定位。他们针对学校学科教学质量、高考升学率有所下降的严峻事实，响亮地提出了"以提升教学质量为突破口，促进学生全面发展，建设亳州一流名校"的发展思路和目标，思路清晰，目标明确，质朴，务实，可望而可及，给教师带来可以预期的前景和希望。

再接着是机制建构。学校管理是科学，学校教学管理有时就是基本的技术，技术需要结构，需要程序，这结构和程序当然又要符合教育、教学和学生成长的规律。如今的很多重点高中规模越来越宏大，有些学校一个年级的班级和学生数，相当于过去几所学校的规模，如果这样的学校教风、学风和校风又比较散漫，而教学质量又成为矛盾焦点，那传统的科层管理的"框架"肯定无以适应。张校长大胆借鉴优秀高中"年级部"制这一模式，学校行政管理的"大部制"，整合原有机构，减少层级，突出"扁平"，使得课堂、教学、学生学习和评价与管理者之间实现了真正的"直接""面对""迅速"，其管理的效能成倍增长。当然在年级部管理和传统的层级管理之间，年级部与学校行政之间，又重视职责和权限上的分工协作、互有侧重，于是实现了学校教学领域的"和谐共进"。

机制之后，张勇最为重视和精心选择的是"工具"。他与团队成员广泛学习、深入研究，在博采众家之长后整合提炼出包括"心理技术主平台"和"教师自主发展动力系统"在内的"七主五系统"模式，借助新老"三论"、考试学、测量学、教育学和分层评价理论等，建构了极具亳州一中个性的备考教学模型，他们提出的分层教学、因材施教、抓"临界生"等具体的教学策略和方法，都充分显示出行政经历带来的行政智慧与化学正高教师特有的理性两相融合之后的独特的管理思维和逻辑。

当然还有评价。对于当下以培养优秀人才和高考升学为主要追求的重点高中，最为权威的评价就是高考，或者说最有说服力的评价标准就是高考分数。张校长的选择和决策，很快取得实效，亳州一中很快重整旗鼓。这一过程本身就充分说明，张校长的优异卓越的教学领导力，而其中最为关键的是，这样一种领导力，经由其极具理性和智慧的"操作"，被认真地到位执行。细细分析，这里有很多道理可说。

率先之才是基础。论及学校的每一项具体工作，比如课堂教学，教学管理和质量保障等，其责任主体是教师和中层管理人员，虽然不排除有校长直接参与教学或者直接指挥教学，但总体说来，校长的作用是非直接而是间接的。张勇校长的优秀就在于他是久经沙场的专家型教师，是可以随时冲上一线并且可以大获佳绩的校长。他不仅可以做出非常优秀的顶层设计，就是对具体的教学管理环节、教学环节、课堂环节、复习环节，他都能够现身说法，实战演练。老师们说，很多时候，在很多教学研讨、复习交流和问题分析的现场，张校长向来喜欢率先垂范，不在意别人"好为人师"的评价。他总觉得，为老师教育教学释惑解难是一个称职校长的天职。这种可以亲力亲为的才干加上总是亲力亲为的示范，而且是卓有成效的示范，带给教师的震撼和影响，其意义和价值是莫大的。这可以说是领导者之"领导"和"决策"能够为教师所响应并得以落实和执行的基础。

理性之思是核心。张校长善思考，多理性。在一团乱麻中，他能很快理出思路和头绪；面对复杂的局面，他冷静，沉得住气，注重分析辨析梳理，发现问题的来龙去脉之后，才会做出轻重缓急的取舍和应对。一所百年老校，一旦教学质量出现问题，要想改变，是一件绝对很为棘手的事儿，正所谓"病来如山倒，病去如抽丝"。但张勇校长却似乎早有绸缪，他对于亳州教育的现状的全局把握和准确判断，对于亳州一中历史渊源和现实成因的了解和分析，尤其是对于一所学校教学质量提升胸有成竹的思路和策略，这样的思维理性，是他敢于从教育行政位置转任校长将自己置身亳州教育风口浪尖的底气和核心竞争力。

转化之能是关键。张勇校长手中还有"金刚钻"，故而敢揽这样的"瓷器活"。他了解教师，了解亳州一中教师群体的"心气"和"心劲"。他的下车伊始的静观静思，他的不久之后的动员造势，就都是为着这一目的。"感人心者，莫先乎情。""精诚所至，金石为开。"世间一切事物中，人是最可宝贵的。只要瞄准了"火候"，只要抓住了"人心"，一切人间奇迹都能创造出来。学校抓教学抓质量的一切理念和举措，只有在全体员工高度认同之后才会深入人心，才会融会贯通，才会有"转化"为教学行为的动力和可能。而后来提供的各类"工具"和制度，以及其顺畅"落地""到位"便是水到渠成的事了。

这对每一位正在苦寻学校管理突破创新的校长们一定会有很多的触动和启发。

附录：

培育高贵　引领风雅

当下普通高中教育如何打破"应试魔咒"，回归教育本真状态，培育精神之高贵，引领生命之风雅是非常重要的问题。对此，安徽省亳州市第一中学校长张勇带领他的团队，身体力行，探索建立并逐步完善"指向思想、指向方法、指向文化"的管理文化建设体系。

一、指向思想——仰望星空，激发原动力

位于道源圣地，曹魏故里的安徽省亳州市第一中学，历史文化背景悠远深邃，精神思想资源丰厚富赡。她自1910年由美国传教士包士兄弟肇创的"福音学堂"迄至于今的省级示范高中，历经时代风雨，穿越世纪百年，孕化而为"公和勇朴、勤恒细严"的敦实校训，蔚然形成"教真求真、真教真求"的纯正校风。因此，挖掘并传承学校厚重的历史文化，整合而激活学校丰富的思想资源，理清历史逻辑，思考现实状况，着眼未来发展，是履新后张勇校长责无旁贷的使命担当。

百年老校在教育改革的大潮中波澜起伏，方向不明，动力不足，质量不优，如何把握机遇，迎接挑战，再创第二个百年辉煌？张勇校长有着清醒的认识和清晰的价值判断。他认为，思想是行动的先导，大道至简，万流归宗，教育管理就是以人为本，思想引领。为此，明晰发展目标，明确思想指向，提振师生精神，激发师生热情，统一思想认识，实践思想引领，是继任校长在治校方略的题中要义和当务之急。在工作实践中，他尊崇"感恩、善良、包容、快乐"的现代管理理念，实施"指向人性、指向人心、指向人文、指向人生"的管理路径。这是一种人性的光辉，让人舒心舒服，由内向外散发出来的高贵。落实"教真求真做真人，真教真求真教育"，

157

践行"公和勇朴、勤恒细严"八字校训。对广大教职工，生活上关心，人格上尊重，情感上抚慰，精神上鼓励，业务上指导，事业上支持，是张勇一贯的工作常态。为此，他深入调研，座谈交流，了解情况，从上而下，从下而上，进行思想发动，开展"校长我想对你说""学校是我家""寻找教育的根""校园故事"等主题活动，来统一思想认识，进行思想引领，激发创造活力，提高全校师生的归属感、荣誉感。

张勇常说一句话："知识是有情感的，教育是有温度的。"他认为，知识的学习是和具体学习情境以及人的情感直接关联的，教育活动不是生硬的冰冷的，而是可以触摸和感受到教育的温暖的，这种理念彰显思想的指向，体现出知识与教育的力量。学校每年评出"感动校园十大人物"，他亲自书写颁奖词卡片并献上鲜花，榜样示范，行为引领。

如果说，"教，上所施，下所效也"，那么，"育，养子使作善也"。如果说，德国哲学家雅尔贝尔斯所言"真正的教育是一棵树去摇动另一棵树，一朵云去推动另一朵云，一个灵魂去唤醒另一个灵魂"。张勇认为，所谓摇动，唤醒就是"指向人性，指向人心"的思想引领，就是故之"上行下效""养子作善"的时代衍发，即以爱的施予各种方式，激活学生的灵性和欲求，提升其生命的价值与尊严，从而臻于其心智结构的优化状态。从张勇校长亲自开发的校本课程和各种讲座报告，到他主持并带头捐助的各类助学活动；从班主任由教室走廊到学生宿舍熄灯后的轻脚慢步，到课任教师课后的耳语面批；从校园绿地中一棵歪倒的小苗被一抔泥土的培扶，到心理咨询室柔和灯光下的耐心开导，思想的阳光雨露洒满校园的各个角落。

二、指向方法——提高执行力

毋庸置疑，在"应试教育"现实背景下，高考升学率依然是衡量一所学校，尤其像亳州一中这样一所具有百年历史的省级示范高中教育质量高低的重要指标。怀揣教育的理想，如何实践理想的教育？张勇与许多中学校长一样，有着较多的困惑、苦涩与无奈。但他同时坚信，既然无路可走，就要"绝处逢生"。跳出题海和机械训练等"应试教育"的老路，走科研强效、减负增效之路，走科学管理、提高执行力之路。于是，我们欣喜地看到他与他的团队果敢踏上了提升教育教学质量的艰辛而又坚实的追梦之旅。

基于学校管理的内在规律和提高教学质量的迫切要求，张勇带领其团队，针对现状，广泛讨论，深入分析，厘清主次，确定推动学校发展"七主"的基本路径。即唱响提高教育质量主旋律，建设教师队伍主力军，夯实课堂教学主阵地，抓实教育科研主手段，打通教育技术主动脉，用活心理教育主平台，抓细学习分析技术主策略。上述诸要素，既相互独立又紧密衔接，相辅相成而为多方位立体化教学管理网络。其目标导向明确，工作思路清晰。例如，在教师队伍建设方面，张勇就学习与研训、团队建设、集体备课、教学环节的优化等提出了明确的要求和具体工作措施，提高了可操作性和执行力。其中集体备课活动提出了"94421"的工作要求，即"九有要求，四次备课，四个关注，两点反思，一点体会"。比如，"四次备课"即自主备课、研学备课、实践备课、反思备课"，这是一个封闭的、螺旋上升的闭合环，环环相扣，循环上升。自主备课就是各位老师各自独立备课，体现个性与特色，这是基础。研学备课就是在自主备课基础上，由主备人展示备课内容及思考的问题，大家共同讨论，达成共识，各自取长补短，完善自己的教学设计，然后进行课堂教学。实践备课是在课堂教学中生成的问题及时记录下来进行研究，然后进行反思整改，在下次集体备课时交流研讨，再一次完善分享，这就进入反思备课环节，带着新问题进入下轮备课，循序渐进，螺旋上升。这对于促进教师专业成长，大面积提高教学质量，培育教师团队协作精神，构建民主、开放、和谐的教师文化起到了积极作用，这也是这几年亳州一中快速提高教学质量的重要法宝。

应用心理专业技术手段，尤其是运用元认识心理干预技术指导学生学习是近年来亳州一中提高教学质量的又一抓手。学生的许多心理问题往往是由于学习障碍引发的，学习障碍解决了，心理问题也就迎刃而解了。学习障碍一般表现为学习动力不足，基础较差，解题一错再错，学习偏科，不细心，考试焦虑等。解决这些问题老师和家长往往采取空洞地说教和单独补课等方式来解决，往往事与愿违。张勇校长外请元认知专家到校对全校教师进行普及培训，对学校心理健康教育教师、班主任和部分骨干老师进行专业培训，让他们掌握元认知干预技术和学习分析技术，通过开办"学习力提升营"，团体辅导和个别辅导等，运用心理技术手段解决学习障碍问题，从而达到解决心理问题的目的，效果明显，这是从根本上解决问题的一个有效措施，也是亳州一中正本清源，摒弃"应试教育"，寻求突破的科学实践，是亳州一中"考试文化"中的一大亮点。

三、指向文化——文化引领，滋养生命力

如前所述，亳州一中历经百年沧桑，地沐老庄哲脉，浴建安文流，吸纳当代之风，吞吐五湖海浪，经由教育薪火的熏治灸练与时代活水的激撞陶涤，熔铸出厚重儒雅的民族气质，育成了灵动鼎新的文化品格。鉴于她所独有的"中西合璧、道儒交融、知行合一"的鲜明文化特质，在彻底摆脱了"质量生存危机"，暂时满足和适应社会的单向需求之后的亳州一中如何发展？这是摆在张勇面前的一个现实课题和历史选择，而"文化立校"则成为必然的选择。张勇从历史的逻辑、现实的思考、未来的眼光三个视角认识到，亳州一中丰厚的思想积淀和优秀的文化传统为学校健康发展提供了历史必然；另一方面，独特的教育品质与深入的课改机遇为学校华丽转身带来了现实可能。即必须走"科研强校、文化立校"的可持续发展之路，学校教育要"知行合一"，走向文化，打造与百年老校、与"中西合璧"的教育发展起点，与"道儒交融"的亳州历史文化贯通一致的教育高地。

当然，理念认识上的凌空高隔与目标愿景上的恢宏诱人，有待转化为清晰的战略思想，具体的实施办法和显性的实践成果才有实际价值与意义。对此，张勇及其管理团队有着紧迫的发展诉求和科学的规划布局。首先，要确立学校管理的基本走向，即由以往的"经验管理"，向符合教育规律的"科学管理"迈进，以最终走向"有为而有不为，无为而无不为"的"文化管理"的高端境界。二是尊崇"教真求真做真人，真教真求真教育"和"公和勇朴、勤恒细严"的校风校训，彰显学校特有的文化品格，构建学校文化体系。例如，齐心协力，持之以恒，建立民主、开放、合作、进取、奉献的教师文化。

三是提升学校办学品味，着力打造"六大校园"，即"书香校园、人文校园、活力校园、智慧校园、幸福校园"，最终实现"学生发展、教师发展、学校发展、教育发展"四位一体的文明和谐、共生共荣的文化共同体的美好愿景。

学校教育要指向思想，以唤醒生命，点燃智慧；指向方法提高效率，提升质量；指向文化培育高贵、引领风雅。这是教育的期待，时代的召唤。

引领·思路与关键

南疆部分区域优质教育的 "孵化器"

——评点邱成国名校长工作室

邱成国校长是在我中心学习的 8 位领航校长中极为特殊的一位。他来自新疆生产建设兵团所辖的华山中学，学校在库尔勒市，在新疆南北交界的天山脚下。往南去，就是浩瀚无际的塔克拉玛干沙漠，其南部边缘，就是如今众所周知的安全隐患仍存的南疆。

邱校长把华山中学办成了兵团和自治区内出类拔萃的学校，所以才有机会参加教育部首期领航班的学习。按照教育部 "领航班" 项目的顶层设计，他学习的目的和重点，应该是自己的成长、自己学校的发展，兼其他校长的发展。但是，他在我们江苏教育行政干部培训中心学习、交流、研讨中，向专家、学者、同仁请教的过程中，他钟情最深、言谈最多的却是 "南疆教育"。记得第一次在中心的专家见面会上，他提出 "教育维稳" 的概念，并且就此问题侃侃而论，不仅谈自己的这一显然带有政治色彩的教育理想，而且叙述自己在这一问题上已经付出的努力和初显的成效。现场有人大为不解甚至不以为然。稳定问题是党和政府的事，是行政管理者和政治家的事。教育与它搭得上边吗？当即有专家质疑，邱校长耐心解释，并且说："我是兵团二代，生长在新疆，对南疆稳定问题有深刻的了解和认知。你们只有到了现场，才会感同身受。希望大家有机会到南疆去考察，这样就会理解我的所作所为。"

接着我成了邱校长的导师，然后我去了他和团队成员支教的南疆的多个地区多所学校，还参加了他的围绕"教育维稳"的高端论坛，其间认识了他的团队，尤其是星星之火一般散布在塔克拉玛干沙漠南部边沿的支教团队。很快，我自己也成了他们支教团队的积极支持者，"教育维稳"理念的积极鼓吹者，甚至成了他们支教团队的一员。

之所以说这么多，是因为我实际是要阐释邱校长的"名校长工作室"特别和卓越之处，尤其是这种特别和卓越的来龙去脉。

一般的"名校长工作室"的工作主体都是"名校长"本人，邱成国校长工作室的工作主体，却是以邱校长为核心的一支规模宏大的团队。华山中学的副校长、中层干部、教研组长和教师精英们，都是邱校长教育思想、管理理念的代言人和传布者，他们在邱校长的感召、组织和安排下，分期分批前往南疆从兵团到地方的一所又一所学校，对口帮扶，倾情支持，从管理到教学，从课堂示范到教师培训，务实精准地引领带动，形成了对于南疆教育由点及面的巨大辐射。如果以所支持学校的辐射的区域范围而论，以邱校长为核心的工作群体，工作总量是最大的，其邱成国校长工作室成了教育能量巨大的辐射源。

一般的"名校长工作室"的工作对象是"校长"，关注的是校长自身的成长和发展；邱成国校长工作室关注的，还有学校与学校中的教师和学生。学校管理层次、教学质量、课堂模式和学习效果，是他们帮扶工作自始至终的重点。这样的工作已经远远超越了"工作室"工作的职能，但是这恰恰是南疆地区广大学校存在的最为普遍也最难解决的问题。解决这样的问题，其目的是争取更多的少数民族孩子走进好学校，享受优质的教育，实现有效学习，最终成人成才，带动家庭摆脱贫困。这是现代教育致力普惠、公平的题中应有之意。对教育欠发达或者落后区域的帮扶可能真的应该从此立意，从此着力。总是高谈宏观理论，空言文化战略，勾画教育理想，则永远也难让穷困家庭的普通孩子享受切实贴身的教育实惠。

一般的"名校长工作室"工作范围和方式，仅仅局限在"一室之内"；

而，邱校长工作室则走出"室"门，引经据典，现身说法，传经布道，跨越千里荒漠，面对真实的反差巨大的教育现场和真实情境，针对真实存在的棘手异常的问题，从细节层面，从行动领域，逐渐改善、改良，直至换来南疆教育的星星闪烁，天天向上。

一般的"名校长工作室"其价值取向仅仅在学校教育或者教育自身的健康可持续发展，邱校长则将南疆教育理解为南疆社会的一个重要的稳定源。他以为，学校教育多培养好一个少数民族孩子，未来南疆就多了一份社会稳定的因素；我们的现实教育实际就是与邪恶敌对势力争夺人力资源，争夺稳定源。有了这样的教育理念，也就有了如上所述的他的对于"工作室"从工作主体到工作重点，从工作策略到工作目标的定位的突破和超越；也就好理解邱校长不辞艰难、痴心不改地帮扶南疆的教育壮举。实质上，这就是邱校长身上所独具的家国情怀，也是教育家型校长应有而难有的英雄风范。

由此观之，邱校长工作室，早已不是一个狭小、简单的关于校长发展的工作空间；她，博大丰厚，是一个蓄满教育正能量的资源库；她，无极无限，又是一座优质教育资源的发射场；她，幕天席地，还是一片孕育优质教育的芳草园。这样一个极为特殊的"名校长工作室"，其突破、创造意义，其价值、功德意义，早已超越了顶层设计者们的初衷和想象。

问题是，做这件事、这样做而且如此执着而为的人，必须富于人文情怀、教育情怀和家国情怀；这样的校长才真正是教育家型校长。

附录：

侠骨豪情见担当
——"邱成国名校长工作室"工作侧记

"欢迎！欢迎邱校长一行专家。36团广大干部职工期盼已久啦！"2017年4月7日，下午7时许，浓浓的沙尘尚未散去，在兵团第二师36团米兰中学校门前，36团分管教育工作的副团长丁毓磊迎着刚下车的几位嘉宾，激动地伸出了双手。华山中学校长邱成国也快走几步，紧紧握住丁团长的手说道："您客气啦！我们可是一家人哪！"……

36团位于阿尔金山北麓、罗布泊南缘，紧靠塔克拉玛干沙漠边缘，距华山中学所在地巴音郭楞蒙古自治州首府库尔勒市517公里。

这跨越千里的握手，正式宣告"邱成国名校长工作室"启动了华山中学与36团合作办学工作，在全面调研后，双方将协商推出多项改革举措，激活米兰中学提质发展的动力和活力。

合作办学、深度帮扶，这是被称为"天山教育侠客"的邱成国校长发挥领航作用的重要方式之一。

敞开校门，构建协作网络

新疆地域辽阔，纵横的山脉、连绵的大漠、无边的戈壁和星罗棋布的绿洲构成了一幅壮美的画卷。但是，一些偏远地区人才难聚，资源匮乏，教育生态脆弱。如何最大限度地发挥优质教育资源的辐射作用，大面积促进基础教育均衡化发展？长期以来，这一直是困扰着新疆教育人的一大重要难题。

"在导师的指点和各界的支持下，我个人和学校取得了一些成绩，走在了改革发展前列，这些资源和红利都应该和同仁们分享。华山中学应该以开放、接纳、互利、共赢的姿态，带领同行共同发展！"2015年8月，在"邱成国名校长工作室"揭牌仪式上，当着兵团教育局领导的面，邱校长做出了郑重承诺，将辐射引领的大门进一步敞开。

挂牌"邱成国名校长工作室"后，邱成国放眼广袤的新疆，主动谋划，分层推进，以开放的胸襟将本师域中小学校长和周边地方学校以及兵团、新疆范围内友好学习校长都纳入到工作室培养范围，特别以年轻校长、副校长为重点，确立了以"沙龙交流""课题研究""实地诊断""互访交流""任务分担"为主的工作模式，积极构建名校引路、资源共享、协作共赢的发展网络，着力选拔和培养适应新疆本土教育特点，尤其是对在民族融合状态下促进教育发展具有责任担当的优秀校长。

结合本地实际，邱成国接受兵团教育局重托，连续八次牵头策划和承办了系列兵团中小学校长论坛，聚焦主题"使命、责任、担当"。他借助"校长国培计划"中小学名校长领航班的资源和优势，邀请教育部领航校长江苏培训基地导师严华银、江苏天一中学校长沈茂德、江苏锡山高级中学校长唐江鹏等专家前来讲学指导，并广泛邀请全新疆兵团和地方中小学校领导和骨干教师前来聆听报告，组织大家针对"教育维稳""精准协作"和高效课堂等专题开展深度研讨和交流。

2015 年 9 月 20 日，北京大学国际关系学院副院长、国际关系研究所所长袁明教授应邀参加兵团第七届校长论坛，做了"国际视野与大国青年"的精彩报告，并走进华山中学高中校园与教师代表进行了面对面的座谈交流，他欣然题词："愿华山精神照亮更多人的内心！"

"校长论坛有思想的启迪，有精神的鼓舞，有经验的分享，也有方法的交流，坚定了前进方向，加入了互助团队，很受益！"喀什市第十小学校长蒋竹青说。

在邱成国校长的带动下，在与会专家和各地校长教师们的共同努力下，兵团中小学校长论坛已经被打造成为目前新疆基础教育界首屈一指的交流探讨盛会，形成了广泛的影响力。

"邱成国名校长工作室"成立后，还通过华山中学与其他学校签署友好学校协议的形式，有针对性地强化了天山南北中小学管理者、教师和友好学校师生来华山中学跟岗学习和开展短期体验学习的力度。对此，邱成国这样解释："要培养更多中坚力量，切实提高偏远、贫困地区学校办学水平，让优质教育成为当地拴心留人的稳定器。"

"有幸在华山中学跟岗学习两个月，较为全面地了解了华山中学素质教育模式和教育教学管理文化，切实感受到邱成国校长创办优质教育的责任担当，看到了他致力于打造兵地一体、共建共享基础教育发展网络的种种努力，多次听邱校长谈新疆基础教育的特殊使命，对我提升目标追求、增强管理能力都有很大的帮助。"作为"邱成国名校长工作室"的培养对象，十四师224团中学副校长樊鹏顺利完成了跟岗学习任务，在返回和田前，他真诚坦言。

华山中学副校长闫建明给出了这样一组数据:"这两年,有近50所兵地学校与华山中学签署了友好学校协议,200多名外校管理干部和骨干教师在华山中学完成了跟岗学习,仅巴州若羌县中学来参加体验式学习的初高中师生就达300多人次。"

"我个人有幸得到了国家教育部的重点培养,接受了高层次的研学培训,回到新疆,在本地加强辐射引领,展开教育帮扶,这便是我义不容辞的责任。"邱成国深明大义,语气坚定。

输血帮扶,激活造血机能

2016年8月31日,第二师华山中学与巴州若羌县第二轮深度联合办学干部任免仪式先后在若羌县中学、若羌县第一小学举行。华山中学高中德育处副主任、新任若羌县中学校长张庆磊做表态发言时表示:"在首轮联合办学所取得的优异成绩的基础上,要继续以华山中学为依托,加强若羌县中学内涵发展和质量提升,进一步完善和细化学校的管理、考核制度,最大限度地调动教师的积极性,为学生营造一个自我学习、自我管理、自我教育的平台,朝着'学生喜欢、教师幸福、家长放心、社会满意'的目标不断前行……"

之后,邱成国分别召集若羌县中学和若羌县一小的领导干部,举行座谈会,针对在新一轮帮扶中打通十二年一贯制办学、进一步推动若羌县中学夯实发展基础、激活内生力量、全方位带动若羌县教育协调化优质化发展,征求大家意见,并阐述了自己的观点。

对若羌县中学的帮扶始于2014年9月。应若羌县委县政府的请求,结合若羌县多民族杂居情形,邱成国推出了优秀干部任职、骨干支教、按需送教送培、远程互动教研、同步迎战高考、教师换岗交流、师生体验学习等一系列帮扶举措,全面推动了若羌县中学的发展。挂牌名校长工作室后,邱成国进一步将若羌县作为领航发展试点,加强指导,全面移植华山中学教育管理经验,深入推动帮扶援助。

功夫不负有心人。经过短短两年的援助,若羌县中学的教育质量就得到了大幅度提升,高考上线率增长超过了50个百分点,学校各项指标从原先的巴州地区排名倒数跃居第三位，各民族师生家长欢欣鼓舞，敲锣打鼓把感谢信送到了县委县政府。

"我主张学校间平等互助、资源共享、合作共赢。这种'输血'帮扶的方式目的是为了促进薄弱学校'造血'机能换代升级，生成适应发展新要求的内在力量。"邱成国如是表达了初衷。

38团是基于南疆发展需要由国家批准投资的新建团场，距师机关所在地及华山中学800多公里。由于地处偏远、条件艰苦，招不到优秀的大学毕业生做教师，加上职工多是从内地贫苦地区迁移来的农村人口，家长文化素质不高，孩子也大多没有接受过优质教育，致使38团学校在建校初期处境艰难，教师队伍很不稳定，教学质量不高，社会认可度比较低。

十四师皮山农场则是维吾尔族人口占95%以上的国家级边境贫困团场。由于经济落后，社会环境复杂，师资力量薄弱，缺乏尊师重教基础等原因，双语教育推进缓慢，学校发展滞后。

了解到这些情况，邱成国校长迎难而上，果断地把工作室重点培养的管理者分别送到了38团和皮山农场等地挂职，并为他们配备了优秀教师，组成帮扶团队，共担使命，攻坚克难。他自己也多次穿越大漠，到各学校了解实情，诊断把脉，与当地领导商讨改革方案。

在38团中学任职校长，一干就是三年的张文志这样总结："在邱校长的指导、帮助下，在团党委的支持下，以华山中学为援助大后方，我放开手脚开展工作，基本完成了理顺管理制度积淀学校文化、打造管理团队积蓄领导人才、加强师资培养积攒发展后劲这三件事。38团中学有活力、有未来。"

"38团中学不仅实现了质量提高，而且成了引领团场文化建设的高地，汇聚干部职工共建家园力量的加速器。"现任38团领导郭飞对张文志的工作和38团学校发展也给予了高度肯定。

同样受到当地领导好评、得到教师认可和家长欢迎的还有在皮山农场任职援教的刘小丽、李金旭、易伟等华山中学优秀干部和教师。特别是刘小丽，在邱校长的精神感召下，她舍弃在库尔勒市的优沃生活，自愿申请，三赴皮山，开展帮扶，并且凭着忘我的奉献精神，赢得了广泛赞誉，被授予 2016 年兵团民族团结道德模范和 2017 年全国五一劳动奖章。

"派出的管理者和重点帮扶的学校应该成为当地的火种，要再进一步辐射带动更多学校共同进步。"邱成国这样勉励大家。

传承责任，层层落实。2016 年 10 月 18 日，以"邱成国名校长工作室"为大本营，由华山中学外派干部、若羌县中学校长张庆磊牵头推动的"塔东南区域兵地基础教育校际协作交流网络"成立大会在若羌县中学隆重举行，又为塔里木盆地东南区域兵团第二师、且末县、若羌县、轮台县等地共 15 所学校搭建起了深度融合、协作发展的交流平台。

走访送教，助推共建共融

华山中学是一所十二年一贯制的省级重点学校。"5+2""白加黑"是校长邱成国的工作常态。但为了切实把领航责任落到实处，他每年都要坚持挤出不少时间，去各地学校走访察看，督导督促，并结合实际，派遣团队，到各学校开展相关培训，推动共建共融协同发展。两年来，"邱成国名校长工作室"组织华山中学管理干部和骨干名师为主到各地学校送培送教，共计达 180 余人次。

2017 年 1 月 10 日，邱成国率部门主任和骨干教师一行 15 人，赴巴州博湖县，分四个会场，对该县 700 多名管理干部、中小学教师进行了丰富多元的培训指导，分享了先进办学理念和有效管理模式等教育改革成果。邱成国以"校长如何影响和领导价值提升？"为题，与博湖县教育管理干部进行了深入交流，以"不谋万世者，不足谋一时；不谋全局者，不足谋一域"的开拓精神，激励管理干部要有大格局、大视野。

结合对偏远地区中小学的调研，邱成国认为，只有让先进的办学理念和教育教学方法得到上至校长、下至每一名教职工的共同认可，才能形成合力，产生同频共振。与校长相比较，一线教师学习机会少，更需要得到具体指导和帮助。

基于这种想法，邱成国鼓励和支持工作室骨干成员不定期到各地中小学开展送培送教，在此基础上，又组建起了"专家型教师巡回支教队"，派出富有经验的老教师团队，开展巡回指导和培训。

2016年9月，刚刚退休的华山中学小学年级组长武红欣老师就受邀参加了支教队。武老师从38团中学、皮山县第一小学、皮山农场一小、二小等一路走过，深入课堂听课，和一线教师进行专项交流，重点把她在运用信息化技术优化教学和培养低年级学生良好行为习惯方面的研究成果毫无保留地传授给了受援学校教师。

"这些学校路途遥远，学校环境也比较差。但看到众多少数民族师生渴望优质教育的眼神，我觉得去帮助他们是值得的。"武红欣说。

邱成国并不曾为"名校长"的头衔所累，他依然将自己定位成是一名在路上的学习者，即使每天的工作再忙，他也一定会抽出时间阅读，并且利用各种场合，以撰写文章、头脑风暴、主题讲座、即兴演讲、微信推送等多种方式，分享自己的心得和观点。在他的带动下，名校长工作室成员和一大批教师也都喜欢上了阅读和写作，一个有情怀、讲担当的学习者群体正在他的身边悄然形成。

2017年2月，作为北京人大附中承办的"教育部双卓基地"的学员，他积极争取，组织和带领30多名南北疆的教育局长和学校校长，组团参加了在人大附中举办的2017年创新人才教育研究会年会，并观摩了人大附中第十九届教科研年会。参会期间，他白天听会，晚上就在宾馆召集团队成员，交流心得，分享感悟。"不忘初心，方得始终。要像刘彭芝校长那样，心系民族大义办教育，要扎扎实实提高发展质量，要努力共享优质资源，要切实造福一方百姓。"邱成国这样表达着自己的意愿。

从北京返回，恰逢新学期开学。邱成国又召开工作室主要成员会议，进一步安排工作。他坚定地表示："我们要坚持通过开放校园、输出干部、巡回送教等方式，在培养优秀校长、建设优良师资、传播先进理念等各方面，持之以恒，用心用力。"

2017年4月初，邱成国参加了兵团党代会，在回答记者的提问时，他一字一句地说道："建设和谐美好的新疆，关键是民族团结，根本在基础教育。要打造更多优质学校，用优质教育培育孩子、影响家庭、带动社会、赢得未来。这，就是我们新疆基础教育工作者的最大责任和担当！""天山教育侠客"的豪情在这掷地有声的话语中再次彰显。

回到学校，在邱校长的主持下，帮扶36团米兰中学、协助筹建铁门关市高级中学等新一轮领航工作又紧锣密鼓地展开了……

四月的南疆，正是风沙肆虐的时节，但风沙再大，也掩不住春天的气息，梨花、桃花、杏花竞相绽放，一簇簇、一片片，渐渐铺满田野，漫上山坡，绘出一个五彩缤纷的春季。

春日的繁花已经盛开，秋天的硕果难道还会远吗？！

名校长工作室，更加可以培养名校长的个性

——教育部中小学名校长领航班江苏基地杨刚校长工作室工作点评

关于名师、名校长工作室这一列旨在帮助一般教师和校长成长的培养模式，不少人在承认其优势的同时，也不同程度地担心，它可能带来的负面影响：将名师名校长教学、教育和管理的比较个性的最为直接的经验和做法，教给一群又一群教师和校长，会不会导致学校管理和教育教学的万马同音呢？如果如此，又会不会因此而导致因材施教原则的丧失和学生发展的千人一面呢？

教育部中小学名校长领航班江苏基地学员——北京中关村二小杨刚名校长工作室的实践给了这一问题很好的回答。

杨刚校长的名校长工作室工作的开展，肇始于观摩杨刚所执掌的中关村二小的一次校本"研修"活动。这一活动的主题是中关村二小教师的专业成长，提出的目标是通过学校层面的"个性化培养"追求每一名教师的个性发展。二小相关的"私人订制"个人发展规划正被其所培养的老师现场展示着，展现了他们的学习、研究、行动的过程、方法和已经取得的实绩。杨刚校长也向所有的参培教师和工作室分布在全北京市各区县的优秀校长

介绍了这一创意、设计以及实施方案、培养过程的诸多情况。重要的是，杨刚校长清晰地表达了他对学校发展与教师发展关系的认识和理解。这一理解和思想集中而言就是我多年前就提出的"教师即教育""教师即学校"。尤其重要的是，杨校长在这样的理解和思想之上，他开辟了一条与当前应试情境中一般学校发展教师的路径不同的个性化发展之路。

可以这么说，课改之后，校长专业标准和教师专业标准颁布之后，当全社会都在强调教师发展的教育情境和社会情境中，几乎没有校长敢于公然否认教师发展之重要，问题是，真正重视这一工作，有计划、有方案、有落实的，仍然不是多数。鼓励教师读点书、参加各级各类培训，利用开学前、学期末或者假期组织专项学习，那已是佼佼者；真正主动作为、有意而为、实实在在地内引外联而为、通过项目实施精准而为的，那是凤毛麟角。

而杨刚校长则超越了所有的前者。

这些分布在北京各地的优秀校长观摩了这样的"现场""情境"之后，果然从中受到启发，他们回到自己所在的学校，纷纷动员起来，大张旗鼓地宣传发动，激发教师成长的梦想和愿望，研制带有鲜明个性色彩的自主发展三年或者五年规划，学校则乘势而上，适时启动旨在发展本校教师的校本研修工程。

促进学校教师的个性化发展，像一支力量无限的引擎，发动起学校发展的无限动力和活力，杨刚所在的中关村二小是如此，他工作室成员所在的学校也是如此。

这其中有道理可说。

名校长工作室，顾名思义，是由名校长经由工作室平台，向自己的工作室成员面授机宜，传经送宝，将自己的成员化"蓝"成"青"，点石成金。而正因为是在一个平台上，自然要防止学习、借鉴过程中的"师徒"同质化倾向。

这其中的关键是，你呈现了什么？你向谁呈现？你如何呈现？

你可以教给具体的操作和做法，你可以呈现思路和思想，你也可以传授理念和经验。我们也看到少许工作室变成了名师名校长营销自己和自己所在学校独有的管理模式与课堂模式的大平台。但是，杨刚校长不是，他呈现的是学校发展的基本规律，他呈现的是他和学校对于校长和教师专业标准核心元素和主要精神的践行，以及遵循并践行规律所取得的丰硕成果。

而这样的规律、规律的践行以及成果呈现，其对象又不是一般的校长，而是本区域处于第一方阵的成熟的可以造就的校长。他们有理念和思想，有思维和创造，其中，理性和独立精神，是他们的典型特征。于是，面对杨刚校长关于教师个性发展的成果展示，他们自会有理解，有判断，自会深思熟虑之后，结合本校实际，有取舍，有运用。

而且，尤为重要的是，这一展示，面向的是多数教师，而要义却在个性化发展；而且，杨校长也向工作室成员一再强调，不论何种学校，教师发展的基本规律就在于全面发展之外的个性成长；而且，杨校长对于本工作室的所有成员更加尊重并保护他们的个性，希望他们弘扬个性并努力成长为一个个富于个性的名校长。

从这一意义而言，杨校长第一次的对于教师个性化培养的过程与成果的展示，与其说是为了本校教师和工作室成员所在学校的教师的，还不如说是为了名校长工作室成员本身的。

就此而言，如杨刚工作室一类的名校长工作室，更加有利于工作室成员的个性成长和发展。

附录：

杨刚校长工作室："私人订制" 共享教育智慧

2015 年 10 月 22 日，杨刚校长工作室正式授牌成立，7 位在北京市遴选出来的优秀骨干校长在杨刚校长的带领下组成了一个新型的"学习共同体"。由于这 7 所学校来自不同区县，有的是新合并的新校、有的是有着悠久建校史的老校，有的是当地区县的优质校。工作室如何针对成员校不同的建校史和发展阶段，以及成员校长个人的成长经历，助力成员校长的发展及所在学校的整体提升？成员校长如何成长才能更好地发挥引领作用？一直是杨刚校长思考的问题。

杨校长对工作室的预期就是成长。什么是成长？过程即成长、参与即成长、自主即成长。成长既包括我们共同的发展和成长，也包括每个成员个体的收获与成长。为此，杨刚校长提出：依托工作室这一学习共同体，根据每所学校的实际情况和成员校长的发展需求，通过成员间的自主学习、网络研修、课题带动、下校诊断、到江苏基地参观学习等方式，为工作室成员私人定制发展规划和培养方案。

实践引领，共探教师个性化发展之图

"经历了这么多的教师培训，'教师个性化脱产培训'我还是第一次听说，通过参训教师的现场交流，我觉得这样私人订制的培训很大胆、很有新意，也很务实、接地气，对教师的个人成长受益很大，值得我们好好借鉴和学习。"

"这种培训好是好，但却存在着人员调配方面的难度，杨校长您是如何更科学地协调人事安排，激发教师全员参与热情的呢？"

…………

这是发生在2016年5月12日杨刚校长工作室第一次活动"现场互动"环节的一幕。第一次的工作室的活动以"中关村二小教师个性化培养交流研讨"为主题，杨刚校长分别对教师个性化培养工程从问题背景、创新实践、目的初衷、内涵解读几个层面，向来自房山、昌平、石景山等郊区学校的7位骨干校长详细介绍了二小开展教师个性化培养工程的始末，同时邀请了刚刚参加完第三期个性化脱产培养的4位教师分享他们的成长收获，并就一些细节问题与7位校长进行了深入探讨。

杨刚校长强调："个性化脱产培训"，不是学校统一安排的规定动作，而是针对教师个体发展需要的私人订制；不是面向少数教师的个别培养，而是自主申请、全员参与的个性培训；不仅有面向教师专业成长的培训，而且有面向教师个体发展的多方面提升；培训内容不是静态不变的，而是因人、因需动态调整的。因为，每一位教师都独特，每一位教师的成长需

求都不一样，因此，每一位教师都有一份专属的课表。这一张张专属的培训课表，是在充分尊重参加培训老师自身发展需求的基础上，与学校对该教师的发展要求相结合，不断地沟通和反复研讨形成的。在前期的沟通中，老师们纷纷提出希望能够进一步走近学生、了解学生；更希望能够跳出教师角色看教育，能够跳出学科观课堂。因此，在培训过程中，学校为他们牵线市区教研员，作为影子教研员跟岗学习；为他们请了班主任师傅，走进班级管理实践；多学科骨干教师向他们开放了自己的课堂……最大限度地帮助每一位参加培训的老师从综合育人的角度，重新理解教育、理解学生、构建课堂。为期两个月的培训时间虽然有限，但对助力老师的发展却有着非常重要的作用。这是举全校之力，让每一位教师都能够受益的培养工程。

众所周知，教师队伍建设是学校发展的重中之重。没有好的教师，学校一切都无从谈起。杨校长对于"教师个性化脱产培训"这一实践，极大地引发了成员校长们对教师队伍建设的深入思考，解答了困扰他们多年的关于"在职教师工作量大、工作压力大；学习时间零散；集中培训无法满足个性化学习需求"方面的困惑，给他们送上了"突破教师专业发展瓶颈，助力教师再发展"的一剂良方，让他们在看到中关村二小教师培养已经从关注教师队伍整体提升到关注教师个体成长的同时，也找到了本校教师个性化培养的方向。

在此后的几次下校诊断中，杨刚校长欣慰地发现，这些成员校的校长不仅为本校教师量身定制了多样的个性化培训方案，还把这一培训经验推广到本区多所学校，使教师们在培训中不仅找到了自身新的发展点和生长点，同时助力了所在团队的提升，进而推动了全校教师队伍的整体提升。

工作室第一次活动同样得到了江苏教育行政干部培训中心回俊松博士的认可，他点评到："随着现代经济发展，社会对教师质量提出更高的要求，20世纪60年代，教师质量提升主要着眼于教师队伍整体素养的优化，这就是我们所知的'教师专业化运动'，20世纪80年代后，教师质量提升从关注教师队伍整体转向教师个体，这个转变主要受到知识经济影响，强调个体多元需求，个体差异和个体丰富性，也就是我们所熟知的教师专业发展。杨校长工作室提出的'教师个性化发展'理念，与时代发展并行不悖，工作室活动内容丰富多彩，团队成员态度务实谦逊！在中关村二小，真切体会到'好校长是学校发展的最关键因素'的意蕴！"

敞开校门，共享优质教育资源

"工作室的学习是实时的、互动的，是多样的、开放的，除了我们校内的优质资源以外，我们还定期为大家准备了丰厚、高端且前瞻的优质教育资源，如在工作室第一次活动期间，就已经有多位骨干校长带领着团队教师，参加了在我校举办的、为期两天的、难能可贵的第五届'北派名师'之'南北名师汇'小学语文'整合教学'观摩研讨活动。大家纷纷反馈，这样的盛会对本校语文教学方式的反思与改革大有裨益，希望这样的高端资源能够持续分享。今天，我就再次提前向大家发出盛邀：6月14日，新东方教育集团创始人俞敏洪老师将走进二小的名师大课堂，与我们共同分享他的教育之'道'。俞老师可是我费了一年多的时间才请到的重量级嘉宾，到时也欢迎你们来共享这道高端美味的教育大餐……"

杨刚校长刚刚在工作室的网络学习平台里向7位校长发出邀请，立即就有人回复到："杨校长，我可以带着我们全校的教师去吗？""我们可以像二小的老师那样跟俞老师互动吗……"

"没问题，只要你们能够从中受益，中关村二小的大门随时为你们敞开！走进工作室里的每一位成员都是主人，让我们共同学习、共同提升，最终实现'思想上有新的突破，办学上有更好的创新与实践'的学习目标。"杨刚校长就是这样一位谦逊、睿智、豪爽的教育引领者。

杨校长为了提升工作室成员的学习力，还定期向成员们推荐并赠送包括中心严华银主任的力作《让学校安静》《让语文安静》等书籍，希望大家在阅读的基础上，有思考，有行动，最终真正实现内化于心、外化于行的自我成长。同时，杨校长还借助"校长国培计划"中小学名校长领航班的资源和优势，邀请教育部领航校长教育培训基地的专家、导师到成员校长中间来讲学指导，并带领成员校长参加江苏基地的各项培训活动，并先后走进山西晋中师范附校、云南省玉溪第一小学等学校进行跟岗学习，与当地的师生深度交流。

他山之石，激活每一个细胞

工作室是成员间相互学习、共同交流、共同提升的平台。杨校长希望每一位成员在分享交流的过程中自然而然的生成，内化于心、外化于行。在思想上，有新的突破；在办学上，有更好的创新与实践。

"在为期一年多的系列培训活动中，使我感触最深的是杨校长对学校教师队伍的建设。在杨校长的带领下，中关村二小制定了多元、个性的教师个性化培养方案，开展教师个性化脱产培养工程，创新教师发展机制，提出'1＋N'的教师团队发展模式，关注教师队伍的整体提升和教师个体成长，打造了一支优秀的教师队伍。"通过在杨刚校长工作室的学习，北京石油附属实验小学王梅校长结合自己学校的实际，反思道："教师是学校发展的第一原动力，教师队伍的建设影响着整所学校的发展壮大。联想到自己学校的教师队伍建设情况——建校时间只有短短六年，教师平均年龄32岁，硕士研究生占26%，教师们学历高、素质好、年纪轻，充满活力和干劲，但是教学经验普遍较为欠缺。我们一直努力探寻一条更高效的队伍建设途径，杨校长的经验分享如同一场及时雨，使我更新了理念，提升了站位，深受启发，并将所学到的经验方法应用在自己学校的教师队伍建设上。"

首都师范大学附属房山小学张亚辉校长在杨校长以"家园文化"凝聚多校区发展的启发下，也找到了撬动自己学校文化建设的杠杆。她在工作发言中分享了这样一个故事。

去年寒假开学前，一位老师在群里推出一首打油诗"小鸟出笼复又归，东西南北再同回。携手并肩齐奋进，附小阳光更明媚。"在诗中，我读出了老师对新学期的憧憬，更读出了对未来的美好期望。也感受到这首诗其实是在给管理者提出一个课题。那就是，如何让老师们爱上学校，让老师们永远充满希望，感到幸福，自觉主动地投身教育工作。在现实世界中，没有小鸟不热爱可以自由飞翔的天空，没有小鸟不贪恋大自然的美好。那为什么"小鸟出笼复又归"呢？一定是因为这鸟对这鸟笼充满了深深的眷恋与热爱。作为管理者，就是要用心工作，将限制自由的"鸟笼"建设为幸福温馨的"鸟巢"。这一点，杨刚校长依托"家园文化"做到了。

真正意义上的团队一定要有共同的目标。中关村二小作为优质学校，在推进义务教育均衡发展中，始终承担着优质教育资源辐射的社会责任。在承接新建校、合并同类校的过程中，杨校长在"以人为本"办学理念指导下，坚持用"家园文化"引领学校发展，缩短心与心的距离，以此实现同步、优质、均衡发展。其中，"家园文化"就是撬动一校多址办学的有效杠杆。我校虽然不存在一校多址办学，但是由于学校早期是由厂矿学校划转到地方，师资重组同样面临凝心聚力的需求。"家园文化"中关于"二小是大家的，二小的发展是为大家的，二小的发展是靠大家的"这一解读给我以启示。在办学中，我也在老师团队中营造"学校发展为大家，学校发展靠大家"的氛围。在教育活动中传递信号，凝聚人心。每一项活动都要精心设计，引领教师感悟"我们在一起做什么""我们在一起怎么做"。例如新年庆祝我们一同走进国家大剧院，欣赏高雅音乐，表达了"学校工作如同乐团演奏，人人都很重要，人人都可以成为首席。共谱附小华章就是我们在一起要做的事情"。在教师长走活动中，不设裁判员，全体教师自觉自愿向着终点进军。旨在向大家传递一种声音：长走时由于年龄、体质等诸多因素，老师们走起来，步子有大有小，速度有缓有快，但我们都在愉快的氛围中前进，都在既定的场地内紧跟队伍不退缩，不掉队。这就是告诉大家"我们在一起怎么做？"其实长走状态就如同我们的工作状态，附小是一个共同体，工作中虽然年龄有差异、能力水平不均等，都要在学校大的环境中，以制度为自律，以发展为目标，积极参与，携手同心并进！上学年末，学校集结了《我们在一起——致敬 2015 至 2016 学年》《我们一直在努力——教师成果集》《跃动小星在成长——学生成果集》。这些作品记录了学校一年来的发展与变化，记录了附小家人"一直在努力"的奋进步伐。

"1+N"，发挥辐射作用

"成员校长不仅要自我提升，更要发挥'1'的种子力量，带动所在区县的'N'所学校共同发展，这也是我们工作室的责任与担当。"杨刚校长说。

作为联合国教科文组织中国可持续发展教育项目国家实验学校、全国信息技术教学应用示范校、北京市中小学校长培训实践基地和海淀区首批素质教育优质校，杨刚校长带领着二小人始终积极承担着越来越多的优质教育资源辐射的社会责任，在全国范围内主动开展各种形式的帮扶工作，力争让更多的师生都能够享受到二小的优质教育，围绕领航力，发挥成员种子力量，实现领域内和区域内的逐级传递和领航。

近两年，工作室联动学校利用网络研修平台，组织了与来自世界和全国各地的友好校进行跨国、跨省区、跨学科互动研修20余次；连续两年接待了"国培计划"项目考察团、新疆双语培训班300余位教师等进校交流学习；先后与内蒙古乌兰察布市察哈尔右翼后旗大六号中心小学、河北省滦平县涝洼乡中心小学和付营子乡明德小学，以及树仁学校、行知实验学校、团河实验学校等北京市农民工子弟学校结为手拉手友谊校，组织学校师生通过"六一义卖"捐款、捐建爱心书屋、执教爱心课堂、捐献办公及学生用品、种植友谊林等多种形式，持续深入地开展系列公益教育活动；依托工作室承接八期北京市农村中小学教师研修工作站任务，通过跟岗学习、名师带徒、送教送培、入校诊断、现场报告、名师大讲坛等多种形式，先后对来自大兴、怀柔、平谷、昌平等郊区农村学校的几十位教师进行了专业引领与指导，促使他们的业务素质和综合素养得以全面提升……

用心、真心，才有"走心"

——教育部领航工程林启福名校长工作室工作点评

教育部2014年底2015年初启动的"中小学名校长领航工程"首次明确提出，将"名校长工作室"作为名校长培养工作的主要策略之一。该工程培养方案要求："参训校长通过建立名校长工作室、与薄弱学校校长结对帮扶、巡回讲学、名校长论坛、成果展示等形式，宣传推广自己的教育思想，引领其他学校校长开展理论和实践研修，提升办学理念能力，同时在示范引领过程中进一步检验、丰富、提升自己的教育思想。"江苏教育行政干部培训中心在工程启动不久，就赢得各地省级教育行政的支持，郑重其事地为参培的 8 位校长挂上了"名校长工作室"牌子，同时也按照教育部文件精神，对名校长工作室的工作的开展提出了一些原则性的建议和要求。但具体如何计划安排？何以落地实行？怎样卓有实效？我们还是希望各位名校长八仙过海，各显神通，充分发挥各自的聪明才智，创造性地开展工作。这其中，来自福建三明的林启福校长的工作是卓有建树的。

其一，林校长十分用心而有名校长工作室工作思路和策略的精准。林校长工作室具体活动方案完整、系统、缜密，从工作室校长学员到学员所在学校，从"扶贫""扶志"到"扶业"，可谓精心考虑，认真策划。从对象看，不仅帮助校长，而且帮助学校，这恰恰吻合于本中心落实教育部培训文件精神过程中明确提出的"双主体发展策略"；从内容看，"扶贫"，提供一定的发展资金的赞助；"扶志"，提供的是包括教育理想、信念精神支撑；"扶业"，则是从教学技术、方法和教育管理理念和策略层面提供必要的指导。这些，瞄准的是工作室学员成长和成员所在学校发展过程中迫切需要解决的问题，迫切需要补上的"短板"。

其二，林校长一片真心而有名校长工作室工作开展的扎实。林校长对于工作室成员所在学校投入的是"真金"。他自己的学校并不富有，三明学院附小几乎可算"弹丸之地"，建筑陈旧，教学设施的现代化水平较低，但他和他的团队真心希望广大农村地区的学校能够有与其同步发展。林校长对工作室学员的培养采取的是"实招"。他不仅如常规的那样，让学员到三明学院附小来集中学习、跟岗，面授机宜；更多的是将学员们一并带上参与自己在江苏基地的"必修"，或者另行安排在江浙沪一带名校跟岗学习，一年多来，他 10 余次只身或者率团赴学员学校交流、诊断和指导。

其三，如此精准扎实的"培训"而有的"走心"带来学员及其所在学校发展的"增殖"。笔者多次在江苏、福建多地与林校长工作室学员接触交流，从他们的神情态度，从他们的教育言说，尤其是他们教育情怀的提升、教育理念的变化，充分感受到学员在工作室中日新月异的成长，感受到学员对林校长、对林校长团队成员和所在学校的真心感激之情；也深深体会到真心、用心而为的名校长工作室，精准扎实的工作室工作的巨大意义和价值。不仅如此，工作室成员在所在区域的引领和示范，积极主动的辐射和推动，其产生的"几何增殖""溢出效益"和"传递效应"，可能早已大大出乎本项培训的设计者、执行者的意料之外。

问题是，这需要一个个具体的"名校长们"真的像林启福校长一样的真心和用心。

林校长是一位极具"领导力"的优秀校长。他的个人品格、教育品格和管理品格，他的真诚、善良、认真、执着，他的教育理解、教育践行，使得他的团队成为和谐、忠诚和极具执行力的坚强集体，他的学校成为富于价值认同、谨遵教育规律、极具发展潜力的优质学校。

林校长又是极具大情怀、大境界的教育家型校长。他名为"启福"，也许他的父辈期望他开启自己或者家人的幸福之门，但他恰恰做了为他人开启幸福之门的教师、教育工作。他秉承学校传统，追寻幸福教育，并且在专家的指导下，又探索建构"福泽"文化体系。由原先静态的"幸福"理念，转而为"以福泽人"的动态教育，这是传承基础上的突破，而这样的创新，这样的文化，恰恰展现出林校长及其团队、三明学院附小独有的教育情怀、人文情怀。而这种情怀的延伸、扩展，也就有了林校长名校长工作室开展中独有的真心和用心，精准和扎实。

也正是这样的工作，让我们看到了林校长身上越发丰满的教育理想和思想，越发鲜明的"奉献精神"和家国情怀。这便很好地实现了"领航工程""名校长工作室"设计的初衷，即"在示范引领过程中进一步检验、丰富、提升自己的教育思想"。

附录：

丹心筑就均衡"教育梦"
——"林启福校长工作室"精准教育帮扶侧记

又一个春天到来之际，教育部首期中小学名校长领航工程"林启福名校长工作室"领衔人、三明学院附属小学校长林启福来到了永安市槐南中心小学，为山里的孩子送来了翘首以盼的"大礼包"。这个"大礼包"有孩子们喜欢阅读的书籍，还有体育用品，还有这个以"深切关怀当下每一个生命"为教育使命的校长对城乡教育均衡发展的美好期盼……

设施帮扶重"扶贫"

三明位于福建省闽西北，属于"山路十八弯"的典型丘陵地区，是森林覆盖率和氧离子含量全国极高的山区，四季常绿，美景如画。"在极具优势的生态环境下，我们更要直面的是自然经济的相对落后和教育生态的滞后问题。"林启福说。

如何改变教育生态滞后，促进教育全面均衡发展？自2015年9月"林启福名校长工作室"成立起，林启福的视野就从本校拓展，把目光投向工作室成员学校以及地区所在的其他薄弱学校的全面发展上。

工作室8位校长成员里，其中有3所乡镇学校和2所村级学校的校长。这些薄弱学校办学条件相对落后，教学现代化设施不足。

为彻底拔除教育贫困"穷根"，工作室通过深入学校，实地考察等方式实施教育精准扶贫，着力从提升薄弱学校硬件设施开始，促进办学质量改善。

2015年11月，工作室为大田县太华中心小学送去一批3 000多元的学具和保温杯，又提供1万元资金用于学校添置基础设施；同年12月，为大田县文江中心小学全体学生采购了一批5 000多元的图书和体育器材；尤溪县梅仙中小是附小"手拉手"帮扶的薄弱校之一，工作室为其送去了5 000元的基础办学改善资金，同时为其所管辖的村小送去了2 000多元的学具；为尤溪县梅仙镇东头村投入5 000多元，举点滴之力帮助改善村民阅览室等教育文化配套设施……

在林启福的眼里，教育帮扶没有地域之分。2015年12月，林启福得知新疆兵团十四师皮山农场第二小学迫切需要图书,他就组织全体师生开展"同在蓝天下 共享一本书"的图书捐赠活动。3 000多册共计5万余元图书满载着附小师生浓浓情谊辗转3个多月,终于送到了皮山农场第二小学的师生手中。

爱出者爱返,福往者福来。近两年来,工作室以牵手企业家协会、商会募捐等方式筹措资金近10万元,为尤溪、大田、永安等10多所学校改善了办学条件,以解决学校当下最实际的困难传递教育帮扶的力量,让受帮扶的学校师生们真正享受教育扶贫政策的阳光,感受社会的关爱。

管理帮扶贵"扶志"

诚然,相比硬件设施的改善,教育扶贫的"扶志"显得更为关键。为了拓宽工作室的8位骨干校长更高的教育眼界和更丰富的教育思想,林启福以活动为抓手,通过"走出去""学起来"等方式,提高工作室骨干校长理论修养和实践能力,实现办学思想与办学行动的统一。

"走出去"就是在省厅和市教育主管部门的大力指导和支持下,积极创造骨干校长跨县、跨市甚至跨省学习的机会与平台。林启福校长工作室先后组织了"江苏教育行"跟岗学习交流活动,到苏州市吴江区盛泽实验小学、常州清英外国语学校、南京市陶行知小学3所名校进行考察学习。一场场思想冲击和碰撞锤炼,让工作室的骨干校长们打开了固化的教育视野,重新点燃了办学理想与激情。

沙县夏茂中小校长周丽婷在跟岗小结中写道:"责任与使命同在,这一切因为学习碰撞有了重新的建构与理解。"

"学起来"就是要求知行合一,要将学习成果转化为落地的教育实践。林启福特别重视校长们的理论修养和内化的能力提升。他要求工作室成员每年阅读教育专著不少于4本,撰写读书笔记不少于1万字。特别聘请江苏教育行政干训中心的严华银主任和季春梅副主任作为工作室理论研究和实践指导导师,常年为成员们提供理论指导和意见咨询,帮助学员开拓思路、提高认识。

内化理论学习后,为将学习思考转化为落实学校管理的具体行动,林启福又以组织骨干校长"办学思想交流会""校园文化建设现场观摩交流"等具体形式,从学校的现状及问题入手,针对学校课程设计、学校管理创新、学校文化特色等进行实战研究，帮助每所学校找到适合自己的发展思路、精准定位学校独特的办学发展之路。

"校长办学思想交流活动，开辟了三明市小学校长同台展示办学思想与践行的先河。"时任三明市教育局副局长黄茂锋作为教育主管部门领导，在参加了林启福名校长工作室组织的校长办学思想交流活动后，他为林启福的执着与用心点赞，为工作室骨干校长们的成长点赞。

如何深入教育帮扶措施的广度和深度？如何发力？林启福认为，每一位校长都要着力抓住学校的灵魂，要明确学校办学的出发点，并形成凝聚力和向心力，最终形成核心竞争力的品牌。近2年来，梅列区陈大中心小学"金拇指赏识教育"、沙县金沙小学"生态幸福教育"、沙县夏茂中心小学"尚美教育"、闽侯甘蔗中心小学"自信至和"文化理念、大田城关第三小学"真知善行"教育主张、太华中小的"养正教育"……在"林启福校长工作室"的助推下，其办学理念、办学品牌开始凝练，不断成熟、发展。

思想是行动的领袖，林启福从"扶志"入手，在一次次入校诊断、帮扶励志中不断唤醒校长管理的责任意识，促进城乡校长敢作为、有作为，重拾教育的理想追求和自觉担当的教育使命，提升了帮扶学校校长的管理水平。

教学帮扶系"扶业"

俗话说：术业有专攻。林启福认为，"送培送教"活动是最直接、最实际的一种传衣布道的帮扶，他希望工作室的骨干校长们、同城化学校和薄弱校的校长、教师能在专业发展领域不断提升人文素养和学科素养，在课堂上践行"以人为本"的发展理念，真正站在儿童的立场实施教育教学，办儿童喜欢的学园、乐园，成全每个儿童生命成长，助力儿童向往美好，拥有更幸福的人生。

"林启福名校长工作室"成立以来，林启福个人身体力行，积极参与市教育局主管部门开展的义务教育管理标准化检查指导，检查评估指导培训涉及12个县市区30多所学校。工作室卓光准、叶文香等骨干校长受到带动辐射，也主动作为参与市、区教育主管部门举办的"送教送培"活动，并发挥自己所在学校优质教师资源，充分考虑帮扶学校实际需求，依学校需求选派教学技艺精湛的学科教师到农村学校支教或送教。送教送培"活动将最前沿的课堂教学改革理念，贯彻落实到课堂上，将学校最新的课堂教学成果与个人教学特色相结合，呈现扎实有效、灵动个性的课堂风采，给予农村教师最直接的示范和引领。

近两年来，工作室联动学校组织"送培送教"活动12次，足迹遍布永安、沙县、大田、尤溪、梅列、三元等8个县或区的12所学校，送培15人次，送教23节。

"每一次送教送培都是'雪中送炭'，都是当下教育教学最前沿的引领。"大田太华中心小学校长苏元炜说道。

"名校长工作室搭建了一个校长共同体的成长平台，校长们都在努力做同样一件对生命和成长富有意义的善良的事，都走在追求美好、成全生命的路上，希望我们低头做事、抬头看路的同时，也不断仰望星空，共同创造充满活力的教育新生活。"林启福名校长工作室就是这样通过跟岗学习、名师带徒、送教送培、入校诊断、巡回讲学、教育思想报告会等多种方式，以实施"学校帮扶工程""教师帮扶工程"为载体，借力"设施帮扶""管理帮扶""教学帮扶"等路径，在三明12个县（市区）开展结对帮扶活动，引领了100多位名师、校长跟岗助理的成长，培养带领出了一批引领示范作用的骨干校长团队，用"高速"火车头带动同城化、小片区兄弟学校和薄弱学校又好又快地发展。

提振"精神"为核，建构"文化"为要

——杨琼英名校长工作室工作评述

为每一位领航校长学员组建他们的名校长工作室，发挥其引领辐射作用，是本项目顶层设计的"规定动作"。杨校长工作室的挂牌、成员遴选，是在云南省教育厅的全力支持下，高标准和高规格完成的。比如，其工作室成员就是教育厅师资处依据一定的标准，反复筛选确定的。而且在一般的要求之外，他们充分考虑了成员分布的广泛性，几乎涉及全省的每一个州特别是比较边远和经济教育欠发达区域，以实现最优质教育资源的最大限度的覆盖和增殖。作为杨校长所在的培养基地的负责同志，在杨琼英校长工作室工作启动的现场，我当时还替她捏一把汗，她的成员整体层次与同样在我中心参训的另外的名校长所组建的工作室的成员相比，还是有着一定的差距的，而关键的是，这些成员所在的区域，或者交通不便，或者条件较差，而其中的多数距离杨琼英校长所在的玉溪都十分遥远，杨校长要经营好自己规模不小的两个校区的学校，还要完成这样的工作室工作，时间又是那么短促，这工作又如何开展且能够真正卓有成效？

接着便是一路的培训工作和活动，在江苏也好，在各位学员所在的学校也好，也有就是在江苏的一些名校，总是会出现杨校长与其工作室同时出现的场面。微信群里，也不时会跳出从云南某一个区域某一所学校传来的工作室成员发布的活动消息，带着情感的激动，带着理性的感悟，更带着一朝顿悟才有的情怀和阳光。总之，看她的工作室成员的面容，听他们的赤诚坦荡的表达，特别是读他们行云流水般的文字，总感受到他们对于杨校长那种"自然无饰"的感激、称赏和钦佩。如果说任何工作的开展都必须讲求效益，那么，这些是不是考量工作效益的最好的依据和证明呢？显然是的。

那杨校长名校长工作室成功的关键在哪里呢？

杨校长重点抓了两件事。

第一是为所有的工作室校长成员立"志"提"气"。这几年，为教育均衡而推进的"帮扶"举措，成为欠发达区域教育发展的利器。就其绩效而言，可能关乎师资培养和培训，促进其能力素养提升的策略最为重要。这其中，校长则是最为关键的少数。那么这关键的少数，其发展的关键在哪里呢？按照杨琼英校长的理解，一定是在其"志气"。杨校长从自身成长和学校发展的历程，深悟出：校长的教育思想和教育理想，校长的教育情怀和教育激情，就是校长发展乃至学校发展的原动力。没有这样的原动力，仅靠外力的推动，仅靠教育教学技术和管理技术的"武装"，他和他的学校走不远，也走不久。于是，乘着领航班和江苏基地的顺风船，工作室成员从云南各地到玉溪，到江苏，再到北京等杨校长"同学"所在的省市，向专家大家学习，与名师名校长交流，感受其胸襟和气度，体会其精神和境界，人生价值、教育功德、家国情怀，事业的激情、责任和担当，就这样耳濡目染、潜移默化起来。而杨琼英自身的现身说法、身体力行以及发展的鲜活现实，其示范、引领意义更是不可小觑。

今年的 5 月中旬，我中心在教育部教师工作司和国培办以及云南省教育厅师资处的全力支持下，举办了杨琼英校长等三位小学校长的教育思想研讨会，会上，杨校长梳理了她的办学思想、管理经验和名校长工作室开展的思路，她的工作室成员代表饱含深情地回顾杨校长为工作室成员及其所在学校所提供的实实在在的引领、指导和帮助，尤其是各成员及成员校所产生的巨变。

研讨会结束，我中心管理团队、在我中心参训的包括杨琼英校长在内的 7 位校长在教育部教师司黄贵珍处长的率领下，赴云南怒江州进行教育的"精准帮扶"。在辗转奔波的旅途中，我们考察了杨校长工作室成员所在的两所学校。听校长介绍，看学校建设，我们感受最多的最强烈的就是校长和学校的"变化"。

杨校长工作室，追求的就是成员及其所在学校的变化。这是教育部此项工程的要求，也是我们中心对于工作室工作的定位。

这变化的最为根本之点就在于"校长"，校长的精气神的提升。

不仅如此。这些变化也还得益于杨校长工作室开展的第二项工作，抓成员校的"文化建设"。按照教育部中小学名校长培养工程的顶层设计，我中心设定了工作的"双主体发展目标"，即校长与所在学校的同步成长。名校长工作室的工作定位自然也应与此和谐一体。那么，什么才是促进校长、学校共振共进的"牛鼻子"呢？杨校长选择了"文化建设"。她用自己学校"童心文化"建设为样本和模板，引领成员校长由此切入和突破，通过学校核心教育价值观的确立、学校文化系统的创建以及相关课程系统的梳理、整合，从而聚合教师人心，提振教育信心和决心，最终形成学校发展的理想和共识。我们在其工作室成员所在的德宏州芒市的一所小学中，看到校园，虽然十分简陋，但师生士气高昂，精神振作；听校长谈学校文化，头头是道；言及文化建设的过程，文化建设在号令团队、建构课程、发展学校方面的意义和价值，感同身受，喜形于色。尽管其所言文化，可能还难以说是基于本土本校历史传统和教育教学现实的一种自主自觉的建构，可能还有着明显的借鉴、移植甚至搬用的痕迹，可能还没有多少个性和特色的东西，我虽然对学校文化建设有许多固执的认知，但是，对杨校长的做法，对于她工作室成员校的还很粗疏的文化建构却抱有更多的理解和宽容。我想，在特定的区域，在教育发展或者学校建设的初级阶段，借用先进的、科学的、带有较多教育共性的"文化"，来触发热情，激荡思维，启蒙教育，传递新知，也应该是一种教育和学校跨越式发展的选择。我非常支持杨校长这样一种智慧的选择、设计和安排。

在杨琼英校长教育思想研讨会的现场，我用"彩云之南，有一条美丽的河流，叫玉溪；红塔之下，有一朵教育的花儿，叫琼英"来表达我对杨校长的欣赏和钦佩。水边的花儿，自然有灵动之智，杨琼英当然是一个工作室工作的智者，她从校长的"志气"出发，从学校的"文化"出来，围绕着知情意，提振着精气神，这真可谓是教育的精准帮扶。

杨琼英校长创造了在教育欠发达区域引领学校文化建设和学校发展的新思路，创造了名校长工作室工作的新思路。这样的带有样本意义的创新之举，值得其他领航校长学习和借鉴。